全国企业管理现代化创新成果

（第二十九届）

上　册

中国企业联合会　编

企业管理出版社
EMPH ENTERPRISE MANAGEMENT PUBLISHING HOUSE

图书在版编目(CIP)数据

全国企业管理现代化创新成果. 第二十九届. 上 / 中国企业联合会编. -- 北京:企业管理出版社,2023.6

ISBN 978-7-5164-2848-1

Ⅰ. ①全… Ⅱ. ①中… Ⅲ. ①企业管理-现代化管理-创新管理-成果-汇编-中国 Ⅳ. ①F279.23

中国国家版本馆 CIP 数据核字(2023)第 099205 号

书　　名:全国企业管理现代化创新成果(第二十九届)上册
书　　号:ISBN 978-7-5164-2848-1
作　　者:中国企业联合会
责任编辑:尤颖　徐金凤　李雪松　黄爽　田天　宋可力　张艾佳
出版发行:企业管理出版社
经　　销:新华书店
地　　址:北京市海淀区紫竹院南路 17 号　　邮编:100048
网　　址:http://www.emph.cn　　电子信箱:emph001@163.com
电　　话:编辑部(010)68701638　　发行部(010)68701816
印　　刷:北京环球画中画印刷有限公司
版　　次:2023 年 6 月第 1 版
印　　次:2023 年 6 月第 1 次印刷
开　　本:880mm×1230mm　1/16 开本
印　　张:32.5 印张
字　　数:936 千字
定　　价:488.00 元(全三册)

全国企业管理现代化创新成果（第二十九届）

顾　问： 王忠禹

主　编： 胡文瑞　朱宏任

副主编： 史向辉

专家组成员：（按姓氏笔画排序）

王　毅　王利平　王继承　冯海旗　宁连举
吕　萍　刘丽文　杜莹芬　李晓光　杨子真
吴贵生　吴剑锋　汪　涛　宋毓钟　张文彬
张学平　张秋生　范合君　罗　鹏　周绍朋
项安波　赵　艳　赵　峰　赵剑波　秦志华
高红岩　崔永梅　崔新健　董小英　焦　豪
蔡曙涛　蔺　雷　魏秀丽

深入学习贯彻党的二十大精神，全面开创企业管理新时代

中国企业联合会、中国企业家协会党委书记、常务副会长兼秘书长　朱宏任

各位嘉宾、各位代表、同志们：

大家上午好！很高兴与大家相聚在历史文化名城南京，共同参加2023年全国企业管理创新大会。首先，我代表中国企业联合会、中国企业家协会，代表王忠禹会长，向莅临大会的各位领导、嘉宾和企业代表表示热烈欢迎，向荣获第28届、29届全国企业管理现代化创新成果的企业和创造者表示热烈祝贺，向为大会顺利召开做出精心准备、热情付出的中国电子科技集团28研究所的领导和同志们表示诚挚感谢！

今年是我们组织召开全国企业管理创新大会20周年。20年来，我们以大会为平台，以创新成果发布推广活动为载体，持续推进中国企业管理创新，见证了中国企业一步步由小变大、由弱变强的成长历程，记录了中国企业管理如何从学习模仿西方经验，到逐步形成中国式现代化管理模式的演进轨迹。我们要珍视这个活动品牌，站在新时代、新征程的更高起点上，进一步开拓创新，为更好展现中国企业管理创新风采贡献力量。在此，围绕会议主题谈三点看法，供大家参考。

一、我国企业管理创新取得的新进展、新成效

党的十八大以来，面对世界经济复苏乏力、逆全球化掣肘、新冠疫情冲击等一系列压力，广大企业在以习近平总书记为核心的党中央坚强领导下，全方位推进企业管理创新，企业发展质量和效益明显提高，取得了显著成效。

（一）扎实推进战略管理创新，企业高质量发展取得新成就

近年来，广大企业主动适应经济发展新常态，准确把握社会主要矛盾新变化，扎实推进战略管理创新，全面树立创新、协调、绿色、开放、共享的新发展理念，建立健全适应企业高质量发展的体制机制，着力推动发展方式由主要依靠增加物质资源消耗向依靠科技进步、劳动者素质提高和管理创新转变，走内生增长、创新驱动的新发展道路。中国石油从2017年以来，结合企业发展战略与经营管理实际，构建以盈利能力、竞争能力和可持续能力为核心的企业高质量发展能力评价指标体系，并以此为基础开展管理诊断与提升，连续五年发布集团公司评价总报告和所属110多家下属企业分报告，为下属企业充分发挥比较优势、深入查找短板弱项、促进高质量发展提供了一套行之有效的管理工具。

（二）深入推进科技管理创新，打造企业增长新引擎

过去十年，一大批行业龙头企业瞄准国家战略技术需求，深入实施创新驱动发展战略，强化科技管理创新，一批产业关键共性技术实现突破，显著增强了科技自立自强能力。刚才中国电子科技集团公司第二十八研究所（以下简称28所）党委书记毛永庆为大家分享了28所以打赢信息化战争为使命，推进研发管理模式全面转型的创新经验，彰显了28所履行强军首责的高度责任感和使命感。中国重燃公司自2018年以来，首次创造性地提出“科研工程化”理念，探索形成以“科研内核、工程驱动，架构引领、系统集成，链条贯通、整体提升”为特征的新型科技攻关模式，按期高质量完成了国家确定的阶段战略任务，突破了85项关键核心技术，为我国重大科技专项实施及大型复杂装备正向研制提供了有益借鉴。

（三）大力推进管理变革创新，国企改革实现新突破

2015 年 9 月，中共中央、国务院印发《关于深化国有企业改革的指导意见》，标志着国企改革已经进入分类改革的新阶段。经过近 10 年的艰苦努力，尤其是国企改革三年行动的有效实施，国有企业改革取得突破性进展，党的领导全面融入公司法人治理结构，公司制改制全面完成，企业独立市场主体地位从根本上得到确立，混合所有制改革有力促进了经营机制转换。鞍钢集团 2010 年以来，以市场化改革为方向，坚持在现代企业制度框架下，对成员企业实行差异化授权和分类管控，按照市场化规则构建分级分类的差异化管控体系，并在更大范围、更深层次推进三项制度改革，让管理人员能上能下、员工能进能出、收入能增能减实现制度化、常态化和规范化，有效提升企业活力。

（四）积极开展数字化管理创新，培育企业发展新动能

进入 21 世纪以来，以数字化、网络化、智能化为主要特征的新一轮信息科技革命和产业变革加速演进。我国企业紧紧抓住这一时代机遇，全面推进企业数字化创新。从近年来我们接收的管理创新成果申报材料来看，数字化管理创新的比例逐年上升，目前已接近 20%，涵盖了战略规划、体系方法、平台建设、产品装备升级、研发设计、生产制造、经营管理等方面，数字化正在成为企业管理创新越来越重要的领域，成为企业高质量发展的新动能。中国石化近年来积极开展 5G、人工智能、工业互联网、数字孪生、智能制造等在石化行业的创新应用，着力打造自主可控的“石化智脑”，深入推进以业务变革为核心的数字化转型，成效显著。

（五）持续推进运营管理创新，企业集约化、精益化水平显著增强

近年来，广大企业按照工信部、国务院国资委等相关部门部署，以提质增效降本为重点，持续开展企业管理提升活动。刚才中国中车集团有限公司（以下简称中车集团）总经理楼齐良分享了中车集团精益管理创新经验，让我们印象最深的是从 2008 年南车集团开始，中车集团就锚定精益管理不放松，15 年来持续开展管理创新，从拉动式节拍化精益生产方式开始，到精益产线、精益车间和精益工厂建设，从协同精益运营、精益管理体系、精益供应链到今天的精益企业打造，一步一个台阶，将中国高铁打造成了响当当的世界品牌。

二、深入学习领会党的二十大精神，开启企业管理新征程

党的二十大站在民族复兴和百年变局的战略制高点，科学谋划了未来五年乃至更长时期党和国家事业发展的目标任务和大政方针，为新时代坚持和发展中国特色社会主义提供了新的战略指引，也为我们推进企业管理创新工作提供了根本遵循，我们要深入学习领会，全面贯彻落实。

（一）以党的二十大创新理论指引新时代企业管理创新

党的二十大报告指出，继续推进实践基础上的理论创新，首先要把握好新时代中国特色社会主义思想的世界观和方法论，坚持好、运用好贯穿其中的立场、观点、方法。新时期的企业管理创新工作要力求做到以下几点。一是以人民至上为引领。就是要摈弃西方企业片面强调利润最大化和股东至上的企业管理原则，通过持续不断的管理创新，推动企业成为股东、员工、客户、社会等利益相关者共建共享共治的平台。华为公司自成立以来就秉承共创共享共治的理念，最大限度地激发员工的创造力和活力，推动了华为公司的持续成长。二是以自信自立为方向。就是要破除“西方至上”、全盘吸收西方企业管理经验的错误观念，坚持道路自信、理论自信、制度自信、文化自信，走出一条符合当今时代发展方向、具有中国特色的企业管理创新之路。三是以守正创新为原则。我们都知道，一年企业靠产品，十年企业靠管理，百年企业靠文化。坚持守正创新就是要带领企业走正路、干正事、扬正气，合规经营，开拓创新，营造风清气正、干事创业的管理机制和文化氛围。四是以问题导向为标准。就是要将解决企业实际问题作为企业管理创新的出发点和落脚点，瞄准企业高质量发展面临的重点难点问题和薄弱环节开展创新实践，以问题的解决作为衡量管理创新效果的标准。五是以系统观念为根本。就是要从系统管理角度

整体谋划思考新时代企业发展战略，注重管理创新的体系性、协同性，尤其是在数字化浪潮加速演进的当今时代，要从战略高度和全局视野谋划管理创新，探索构建适应时代发展的新管理模式。六是有胸怀天下的格局。就是要在推进管理创新中将以我为主和兼收并蓄结合起来，秉承我会创始会长袁宝华同志倡导的“以我为主，博采众长，融合提炼，自成一家”的方针，充分汲取世界各国企业管理先进经验，探索形成独具特色的企业管理模式。

（二）以中国式现代化的新使命定位新时代企业管理创新

党的二十大开启了以中国式现代化全面推进中华民族伟大复兴的新征程。这是国家发展新的历史方位，也是企业管理创新的基本遵循。我们要深刻认识国家发展阶段变化带来的新特征和新要求，准确识变、科学应变、主动求变，将管理创新主战场和着力点放在落实国家战略部署上，以管理创新推进企业发展融入国家大局，紧跟时代发展步伐。海尔创业近40年来，管理创新的脚步从未停止。从创业之初的“管理13条”，到当众砸毁76台“问题冰箱”，在国内率先开展全面质量管理；从20世纪90年代的OEC管理法、“市场链”经营到2005年开始的人单合一管理创新。正是这种“咬定青山不放松”的持续创新精神，使海尔从一个集体小厂快速发展成为全球化经营的企业，从最原始的经验管理一步步走到了世界管理前沿。

（三）以高质量发展为首要任务，推进新时代企业管理创新

高质量发展是全面建设社会主义现代化国家的首要任务，新时代推进企业管理创新要以此聚焦。过去十年，我国企业发展虽然取得了显著成绩，但与此同时，也还面临许多短板和薄弱环节。从美国500强制造企业和中国制造业500强的数据来看，2018年到2022年，美国企业的营收利润率从8.3%增长到12.75%，增长4.45个百分点，而中国企业从2.31%增长到2.89%，增长仅0.58个百分点，差距在扩大；美国企业净资产收益率从15.7%增长到25.87%，增长10.17个百分点，而中国企业的净资产收益率仅从8.72%增长到10.97%，增长仅2.25个百分点。尽管存在许多不可比的因素，但管理水平差距导致的经营绩效差距仍是不争的事实。为此，我们要正视不足，全面加大管理创新力度，按照构建现代化产业体系的要求，培育一大批创新能力强、盈利能力高的世界一流企业和领先的专精特新企业。

三、瞄准世界一流，深入开展企业管理创新实践

去年，中央深改委审议通过了《关于加快建设世界一流企业的指导意见》，强调要加快建设一批产品卓越、品牌卓著、创新领先、治理现代的世界一流企业，为我国企业管理创新指明了努力的方向，明确了奋斗的目标。明天上午，我们专门邀请了清华大学全球产业研究院首席专家何志毅教授，为大家做“世界一流企业建设”的专题报告。在此，我只从工作层面强调几点。

一是要立足中国，放眼全球。管理创新是中国企业发展壮大的必由之路，创建世界一流企业必须坚持治理现代的标准，突出管理创新作用，充分利用我国超大规模、不同层次的市场需求，全面提升自主创新能力和管理竞争力；同时，要放眼全球，主动融入全球市场和世界产业链，加快构建双循环新发展格局，实现资本、资源、技术、人才等的全球化配置，打造具有国际竞争力的中国企业品牌。

二是要因企制宜、注重实效。创建世界一流企业，要结合企业实际和发展阶段，找准产业特点，紧扣客户需求，从管理创新角度做好顶层设计。对于大企业集团、500强企业要力争带动引领国际国内行业发展，努力打造成为世界一流企业主力军；对于中小企业，要瞄准细分行业和市场特点，力争成长为专精特新企业。管理创新是治理现代的核心，不管哪类企业，创建世界一流务必坚持管理引领，确保有质量、效率高、效益好的增长，力争在营业收入利润率、净资产收益率、全员劳动生产率等方面争创世界先进水平。

三是要整体部署、协同推进。建设世界一流企业是一项系统工程。从国内外先进企业的发展经验来看，企业不仅需要持续深化改革，推进体制机制创新，激发活力，还需要进一步强化技术创新，提升企

业硬实力，同时必须把管理创新放在重中之重的位置上，提升企业软实力。要着眼政产学研用各方携手，及时总结推广管理创新经验，加快世界一流企业建设进程。中国企业联合会近年来积极支撑国家相关部门开展世界一流企业建设相关课题研究和推动工作，将以推动世界一流企业建设为抓手，推动各项企业服务工作迈向新时代。

四是要尊重市场规律、久久为功。在市场激烈竞争中打拼出来的优秀企业无不拥有自己独特的管理创新经验。建设世界一流企业本质上是企业管理体系能否达到世界一流的市场检验标准。因此，建设世界一流企业要把管理创新作为核心要旨，顺应时代发展大势和产业发展趋势，遵循企业成长客观规律和市场经济规律，在市场竞争的洗礼中不断总结、不断反思，不断否定自己，不断提升自己，不断开拓进取，只有具备这样的持续创新精神，我们才有可能建成基业长青的世界一流企业。

各位代表，今年企业报名参加管理创新大会的热情很高，人数远超预期。这充分说明，在三年新冠疫情以后，企业学习借鉴先进管理经验、谋划推动新一轮高质量发展积极性高涨。去年，我们很荣幸地邀请到了中国工程院第八届主席团成员、工程管理学部第七届主任胡文瑞院士担任全国企业管理现代化创新成果审定委员会主任。胡院士长期从事低渗透油气田勘探开发研究和工程管理工作，学识渊博，管理实践经验十分丰富，他曾经领导的长庆油田目前油气当量已突破6000万吨，成为全国第一大油气田。刚才，胡院士为大会做的主旨报告，让我们学习了解了工程管理领域的前沿信息和发展动向，大家受益匪浅。我提议，让我们再次以热烈的掌声感谢胡院士的辛勤付出！下一步，我们将坚守推进中国企业管理现代化的初心不变，广泛汇聚产学研各方资源，积极支撑配合政府部门开展管理创新工作，助力企业实实在在提升管理水平。

各位代表，同志们，全面建设社会主义现代化强国的宏伟蓝图已绘就，中国式现代化的新征程已开启。让我们紧密团结在以习近平总书记为核心的党中央周围，以习近平新时代中国特色社会主义思想为指导，深入学习贯彻落实党的二十大精神，以高质量发展为首要任务，深入开展企业管理创新，加快建设世界一流企业，为中华民族伟大复兴贡献力量！

谢谢大家！

（2023年4月13日在2023年全国企业管理创新大会上的讲话）

目　　录

战略管理与新产业培育

卓越运营与服务管理

绩效管理与人才队伍建设

战略管理与新产业培育

以建设具有中国特色国际领先的能源互联网企业为目标的战略管理体系构建

国家电网有限公司

国家电网有限公司（以下简称国家电网）是中央直接管理的国有独资公司，以投资建设运营电网为核心业务，是关系国家能源安全和国民经济命脉的特大型国有重点骨干企业。公司设有1个集团总部（29个部门和机构）、6个区域分部、27个省级子公司、37个直属单位、11个驻外机构，经营区域覆盖我国26个省（自治区、直辖市），供电范围占国土面积的88%，供电人口超过11亿。20多年来，国家电网持续保持全球特大型电网最长安全纪录，建成30项特高压输电工程，成为世界上输电能力最强、新能源并网规模最大的电网。国家电网位列2022年《财富》世界500强第3位，连续18年获国务院国资委业绩考核A级，连续10年获标准普尔、穆迪、惠誉三大国际评级机构国家主权级信用评级（标普A+、穆迪A1、惠誉A+），累计专利拥有量连续11年位列央企第一，连续7年获中国500强最具价值品牌第一名，连续5年位居全球公用事业品牌50强榜首，稳健运营10个国家和地区的骨干能源网，是全球最大的公用事业企业，也是具有行业引领力和国际影响力的创新型企业。

一、以建设具有中国特色国际领先的能源互联网企业为目标的战略管理体系构建背景

党的十九大以来，国家电网公司内外部环境发生一系列深刻变化，对提升战略管理能力提出了新的更高要求。

（一）贯彻落实党中央最新决策部署、服务国民经济和社会高质量发展的战略需要

党的十九大以来，党中央在国企改革、国企党建、能源电力发展等领域做出了一系列重大战略部署，为新形势下公司转型发展指明了战略方向。针对国企改革发展，中央明确要深化国资国企改革，做强做优做大国有资本和国有企业，完善中国特色现代企业制度，加快建设“产品卓越、品牌卓著、创新领先、治理现代”的世界一流企业。针对能源电力发展，中央要求推进能源革命，加快规划建设新型能源体系，构建新型电力系统，确保能源安全。作为能源领域骨干央企，国家电网必须坚决贯彻落实中央决策部署，牢牢把握正确战略方向，建设世界一流的战略管理体系，以此引领经营发展、驱动改革创新，全力在服务党和国家工作大局中发挥好“大国重器”和“顶梁柱”作用。

（二）主动应对外部环境的VUCA特点、提升企业战略管理应变能力的需要

受国际形势、新冠疫情等多重因素的叠加影响，公司外部环境的易变性、不确定性、复杂性、模糊性（VUCA）特点日益突出，影响企业发展的因素日益增多。随着新一轮电力体制改革的深入推进，传统能源企业加速转型，大量充满活力的新兴市场主体进入电力市场，公司面临日益增多的跨界竞争。围绕关键核心技术的国际竞争日趋激烈，能源电力领域的前沿性、颠覆性技术创新活动十分活跃。公司规模体量大、管理链条长、分支机构多、服务领域广，对环境变化的敏捷反应能力先天不足。这要求公司扩展战略环境感知的广度和深度，提高企业战略管理应变能力。

（三）主要适应新一轮能源革命、持续推动电网转型升级的战略需要

以电为中心、以新能源大规模开发利用和电动汽车等新型用能设施广泛发展为标志的新一轮能源革命蓬勃兴起，大量新能源、微电网和互动式设备接入电网，电力系统“双高”“双峰”（高比例可再生能源、高比例电力电子装备；早晚高峰，夏冬高峰）特征进一步凸显，对电网增强电源侧、用户侧感

知能力提出更高要求。电、氢、气、冷、热等多种能源互补互济、综合利用，能源利用方式更加多样化、互动化，催生出综合能源服务、能源大数据、能源聚合商等新业态。随着能源电力网络互联互通，以及“大云物移智链”等先进信息网络控制技术的广泛应用，国家电网加速向具有更高智能化和互动化水平、更强资源配置和价值创造能力的能源互联网转型升级。公司亟须提升战略识变应变能力、积极适应电网向能源互联网转型升级发展趋势，迭代提升战略体系，赢得发展主动。

二、以建设具有中国特色国际领先的能源互联网企业为目标的战略管理体系构建主要做法

2017 年以来，国家电网结合行业和企业特点，着力加强战略管理创新，在引领集团高质量发展、彰显战略价值、发挥央企“顶梁柱”作用中提供重要支撑。

（一）围绕企业发展战略目标，构建战略管理体系总体架构

国家电网有限公司按照实施统一战略、保证战略领先、坚持战略统领、确保依法合规、持续改进提升的原则和标准，围绕企业战略目标，逐步构建以企业战略目标为核心，以“研—定—施—评”闭环管理机制为主线，以智能平台、智库研究、制度标准、组织保障为支撑保障的战略管理体系总体架构（见图 1）。

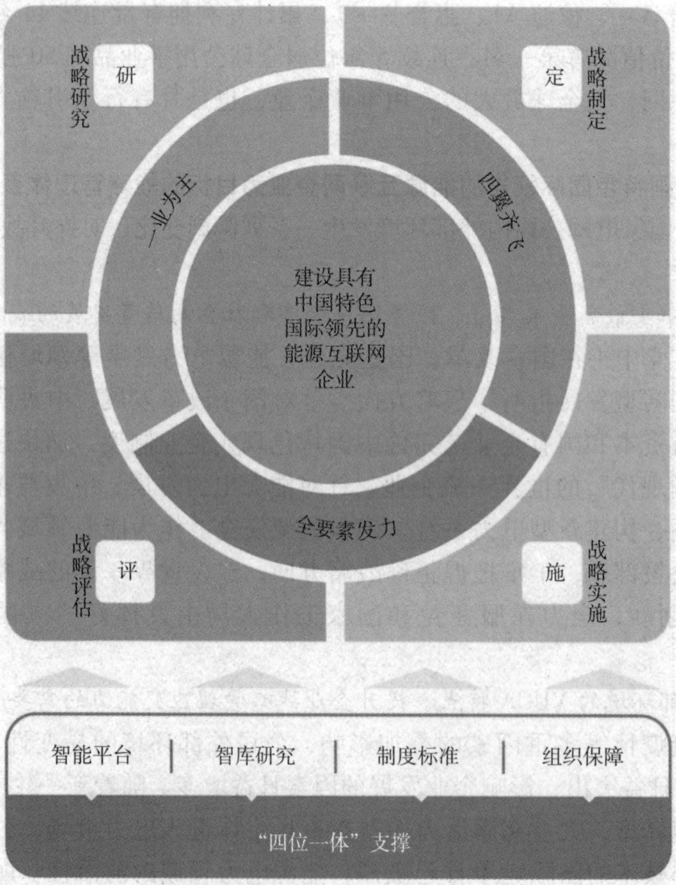

图 1　公司战略管理体系总体架构

1. 建立“研—定—施—评”战略闭环管理机制

在战略研究环节，综合利用分析模型工具、数字化手段和各类工作机制（包括外部环境变化、内部资源要素和综合研判等），定期对公司内部、外部发展环境进行系统分析研判，明确自身的优势、劣势和所面临的机遇、挑战，确保对内外部环境变化的感知力，为战略制定、实施和评估提供支撑。在战略制定环节，基于战略研究和战略评估结果，及时制定与修订公司战略，确保对内外部

环境的适应力。通过定期滚动修编《国家电网发展战略纲要》和公司战略在大区分部、省级子公司、直属单位的落地实施方案，形成以《国家电网发展战略纲要》为龙头的“1+N”战略文本体系，推动公司战略上下贯通、逐层衔接。在战略实施环节，聚焦企业战略目标，按照职能、层级和工作链条进行分解落实，组织动员和部署。围绕转变电网发展方式、提升新能源利用水平、满足多元用能需求、突破关键核心技术等能源互联网建设重点任务，大力推进战略实施，确保战略实施的执行力。在战略评估环节，针对公司战略运行情况进行评估分析，及时发现和纠正战略执行偏差，确保战略自控力，保持战略适应性，为战略研究、制定、实施提供依据。

2. 打造“四位一体”支撑保障体系

为支撑“研—定—施—评”架构高效运转，国家电网积极构建智能平台、智库研究、制度标准、组织保障“四位一体”的支撑体系。一是开发智能平台。以促进数智赋能为目标，依托国家电网“决策支持系统”构建集团级战略闭环管理智能分析平台，强化闭环管理各环节的数智力。该平台能够在线处理战略环境信息，为总部各部门、省级电网公司、直属单位、驻外机构等环境感知主体提供在线信息收集接口，支持开展量化分析，进一步挖掘战略动态信息的深度价值，支撑实现分析成果标准化、可视化，并可按需定制导出。二是强化智库研究。以提升决策支撑力和政策影响力为目标，构建集团特色智库体系，为闭环管理各环节的量化分析工作提供支撑，对行业政策的制定提供决策参考，持续推动战略环境改善。打造以国网能源研究院（能源领域高端智库）、国网英大集团金融研究所（金融领域高端智库）、公司各单位智库为主体，相互支撑、相互协同的“1+1+N”智库体系，为公司党组决策和改善外部战略环境提供智力支持。三是制定制度标准。以提升制度力为目标，在中央企业中率先构建集团公司层面统一的战略管理制度办法、企业标准、工作机制，以企业标准的方式明确集团战略闭环管理的方式方法和流程，为全集团战略管理量化分析能力建设提供制度保障，也为各单位加强战略运行分析、防范战略风险等管理活动提供标准和依据，推动企业战略管理专业能力持续优化提升。四是加强组织保障。公司建立了决策主体、实施主体、职能主体相结合的战略管理组织体系。其中，公司董事会是公司的经营决策主体，主要负责定战略、作决策、防风险。公司发展战略等重大事项经公司党组前置研究讨论后，由公司董事会做出决定。公司总部各部门（各机构）、各分部、各单位是战略的实施主体，负责贯彻落实公司战略决策，开展日常战略管理工作。公司总部政研室作为公司战略管理工作的归口部门，负责组织开展公司战略管理相关职能工作。公司各分部、各单位明确了本单位战略管理工作的归口部门，确保战略管理工作有效开展。同时，公司积极围绕战略需求优化组织架构和管控模式。2017年以来，持续开展“三项制度”改革和“放管服”清单管理，强化放管赋能，促进权责匹配。2018年，开展多维精益管理变革，对经营活动进行多层次、多视角、多属性、多节点的分析。2019年，分类推进“放管服”改革，动态优化集团管控模式，调整总部与各单位的职责界面，合理分权授权，调动基层积极性，进一步压实基层责任。2020年，按照权责对等、风险与效益效率平衡实施差异化管控，对省电力公司采用“战略+运营”型管控，对市场化单位采用“战略+财务”型管控。2021年，实施“战略引领·三年登高”总部建设行动计划，着力打造“五强三优”的总部。2022年，进一步优化综合能源、电动汽车、基础资源共享应用等合资公司股权结构和管控机制，厘清管理界面、压实管理责任。

（二）深入开展战略环境分析，建立战略问题分析机制

着眼于公司战略环境的主要特点，创新量化分析方法，对外部环境变化和内部资源情况进行全面感知、深度分析和综合研判，推动企业战略体系优化升级。

1. 构建环境变化感知网络，实施战略环境量化分析

一是构建分布式采集与集中式扫描相结合的感知网络。公司充分利用电网连接千家万户、网络覆盖广泛这一独特组织优势，建立了分布式感知和集中式扫描相结合的广域感知网络，实现对企业战略环境

的全面监测、全景扫描（见图2）。一方面，将29个总部部门、27家省公司、37家直属单位、11家驻外机构等作为直接感知环境变化的“触角”，分别跟踪国家、行业、地区范围内对企业有直接影响的重大政策调整、改革进展、市场动向、重大技术突破、突发事件等重要动态。这项工作自2017年实施以来，已经梳理逾2.7万条战略环境动态信息，形成了超过500万字的环境动态信息数据库。另一方面，将内部智库（国网能源研究院、国网英大集团金融研究所等）和相关专业机构（国网英大传媒等）作为洞察环境变化趋势和规律的“千里眼”“顺风耳”，设置环境指标框架，主动持续进行扫描追踪，超前感知未来的变化趋势，支撑实现环境感知站得高、看得远。

二是探索基于数据驱动的战略环境量化分析方法。公司从三方面入手着力增强战略环境信息的处理能力和效率。第一，创建战略环境量化方法，实现环境信息数字化画像。针对战略环境信息主要是定性文本的情况，研究设计了四维定量转化方法（四维即影响的方向、时间、强度、扩散程度四个维度）进行量化，对每一条采集的环境动态予以赋值，利用数理分析工具进行统计分析和空间描绘，识别战略环境影响的“高点”与“洼地”，找出对电网企业影响最为显著的关键信息。第二，开发战略环境分析指数，实现变动趋势准确化识别。对每一条环境动态信息进行业务单元归类标注，标注信息应归入的“业务单元”，编制形成业务单元战略环境指数（SEIB）、企业集团战略环境综合指数（CSEI），作为衡量公司战略环境影响的“温度计”。按月量化测算战略环境分析指数，其时间序列高低变化直观反映公司战略环境总体变化的趋势性特征，为完善战略决策提供参考依据。第三，实施战略环境在线监测，实现靶向信息大数据挖掘。面向重点观测的关键环境指标，利用大数据技术主动跟踪分析，形成关键环境指标波动情况、热点信息词云、可视化数据图表等成果输出展示材料，识别需要关注的重要动态，并对重要信息开展盘点分析。

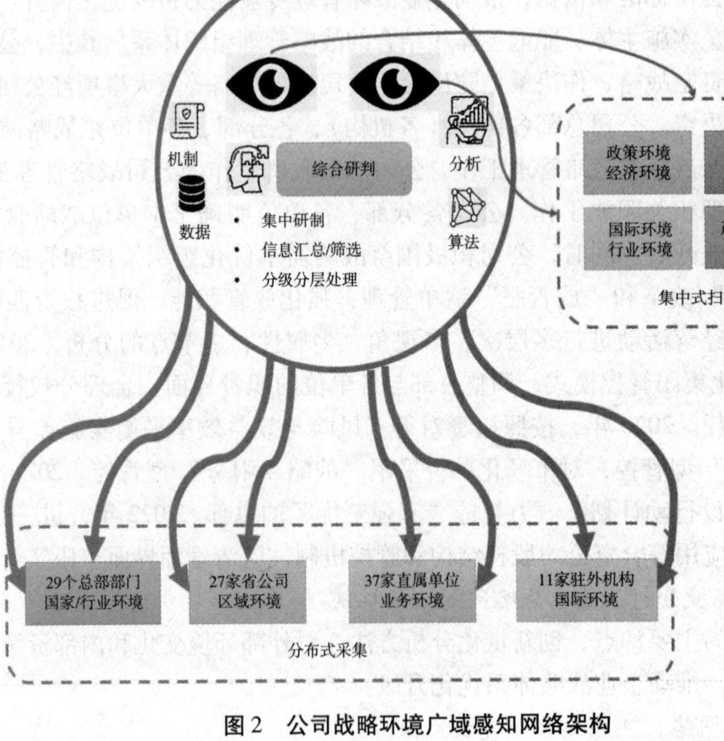

图2　公司战略环境广域感知网络架构

2. 在线监测核心资源要素，拓展经济活动分析深度

自2017年以来，公司坚持过程性分析与结果性分析相结合，依托大数据手段对内部资源要素开展在线监测，持续拓展经济活动分析深度。一是加强对核心资源要素的在线监测。基于数据中台建立大数据分析应用体系，对主营业务、核心资源、关键流程开展在线监测分析应用，监测实时运行绩效，为战略部署、日常决策、改进和创新提供支持。着眼于海量数据挖掘利用，2019年建成公司大数据中心，主要开展企业中台运营、能源大数据中心建设运营、数据产品开发应用及推广、数字化建设管理支撑、数据基础共性技术研究和数据安全合规保障等业务。二是拓展集团经济活动分析深度。公司基于趋势分析、敏感性分析、因素分析、量本利分析等方法，覆盖集团整体、省市县公司、直属单位等层次，按季度对各业务板块经营效益和电网发展、物资供应、人员绩效、资产效率等经济运行情况进行全面分析，通过"全面体检"系统反映资源要素配置与经营发展情况，准确定位关键问题和深层次原因，促进公司管理优化提升。

3. 逐级开展环境研判，全面把握战略环境态势

在实践中，公司逐步探索出一套包含"三个层次、五项机制"的战略环境研判模式。一是召开战略环境分析例会，研判战略发展态势。每月月底召开公司战略环境分析例会，由公司分管领导主持、总部各部门负责人参加，集体研判月度战略环境态势，分析经济能源重大形势、政策法律法规变化、重大技术突破、重大商业机遇、突发事件、重大风险等，查找和识别存在异动的环境信息，对需要进一步关注和研究的问题做出部署。其中，对于影响很明确的动态信息，直接结合相关工作做出安排部署；对于影响较为明确但还需要深入研判的紧急信息，及时组织"专班"开展专题分析；对于影响未知且需要更大范围研讨的重要信息，组织专家交流会商；对于涉及企业基本面的全局性、战略性、前瞻性动态信息，纳入年度重大战略课题开展研究。二是开展战略形势会商，分析战略环境重大形势变化。不定期召开系统内战略形势交流座谈会，聚焦业务发展重点问题，比如监管和非监管业务、综合能源服务、"放管服"改革等，探讨行业变化趋势，分析公司机遇和挑战。三是针对重要事件，专班开展紧急问题分析。针对外部环境出现的紧急事件，包括涉及能源电力和公司改革发展的重要形势变化等，第一时间成立专班开展专题分析。近年来，先后针对全球电网安全事件、能源央企混改、要素市场化配置改革、降低用户用能成本、电价国际比较、电力大数据看经济等主题开展专题分析，提出一系列具有重要参考价值的决策建议。四是持续开展重大战略课题研究，集中研究前瞻性全局性问题。针对战略环境分析例会识别的重大战略性问题，纳入十大战略课题进行深入研究。近年来，公司建立了战略课题研究机制，每年组织10项重大课题，持续跟踪分析内外部形势变化，在服务公司重大决策、解决重大问题、防范重大风险等方面发挥了重要的支撑作用，为公司科学决策做出积极贡献。五是建立定期综合研判机制，全面分析环境态势。集团层面，在年度、季度工作会议之前，组织召开由公司高层领导参与的务虚会、研讨会，对一段时期内的公司战略环境进行综合研究，形成综合判断，通过年度和季度工作会议对下一步工作进行系统部署。各单位召开本单位的务虚会、研讨会，实现全公司系统领导人员集体研判年度战略环境，分析公司发展面临的机遇和挑战，提出下一年度工作的重点举措，通过职代会工作报告做出部署。

（三）动态优化战略目标，健全战略体系要素

1. 持续优化升级公司战略目标

公司主要从三个方面把握战略目标制定，即服从服务党和国家工作大局、向世界一流标准看齐、顺应能源行业和国有企业发展规律，以此确保公司始终保持正确的战略方向。同时，还充分考虑战略目标的前瞻性、可行性、延续性、针对性、易接受性。顺应内外部形势变化，公司于2017年研究提出建设能源互联网企业的战略目标，开启了从电网企业向能源互联网企业的转型之路。经过充分酝酿、反复研

究、集思广益，于2020年将公司战略目标进一步明确为“具有中国特色国际领先的能源互联网企业”，实现了战略目标的优化升级。其中，“具有中国特色”是根本，“国际领先”是追求，“能源互联网”是方向，明确回答了公司“走什么道路、做到什么程度、干成什么样”等重大问题。“具有中国特色”“国际领先”“能源互联网”三足鼎立、三位一体，彰显了公司的政治本色、行业特色和发展角色，构成指引公司发展的航标。2021年，深入分析国家对中央企业高质量发展的有关要求，基于外部环境和发展基础，研究确立了“一业为主、四翼齐飞、全要素发力”（一体四翼）的发展布局，明确了“五个不动摇、四个统筹好”的原则要求和“六个更加”发展思路，完善了公司战略的“四梁八柱”，标志着新的战略体系架构全面形成。其中，“一业为主”即始终聚焦电网业务这一公司最核心最关键的业务；“四翼齐飞”即金融业务、综合产业、国际业务、战略性新兴产业齐头并进；“全要素发力”即在加强传统要素投入的同时，更加注重知识、技术、管理、数据等新要素投入，提高全要素生产率，推动企业内涵式增长。“五个不动摇”即坚持党的领导、加强党的建设这个根本保证不动摇；坚持做强做优做大这个战略方向不动摇；坚持引领能源清洁低碳转型这个使命责任不动摇；坚持科技自立自强这个战略支撑不动摇；坚持建设具有中国特色国际领先的能源互联网企业这个目标蓝图不动摇。“四个统筹好”即统筹好发展和安全“两件大事”；统筹好监管和非监管“两类业务”；统筹好政治、经济、社会“三大责任”；统筹兼顾经济效益和社会效益，彰显央企的责任担当。

2. 丰富并完善公司战略体系要素

公司深入学习贯彻党的十九大精神，充分考虑中央要求、行业趋势、企业特点、历史传承和员工认同，先后确立了“人民电业为人民”的企业宗旨，“为美好生活充电、为美丽中国赋能”的公司使命，“国民经济保障者、能源革命践行者、美好生活服务者”的战略定位，同时传承“努力超越、追求卓越”的企业精神、“你用电，我用心”的服务理念，阐明国家电网“为谁而存在”、应该发挥的作用或体现的角色、应坚持的价值追求和秉持的理念。

（四）聚焦能源互联网目标，扎实推进战略实施

公司一方面按照职能、层级和工作链条对战略目标进行分解落实，开展广泛动员和部署（见表1）。另一方面，发挥集团化运作优势，聚焦能源互联网建设的重点环节和关键领域，推动各级单位协同发力，共同促进战略实施。

表1　公司推进战略落地的主要工作

主要工作	主要内容
分层对接	将公司战略目标、战略重点等全面落实到本分部、本单位的落地实施方案中，实现与公司战略的一体化精准对接
过程续接	按照战略指导规划、规划指导计划的原则，推动“战略—规划—计划—预算”相互衔接，将各项战略部署落实到发展规划、综合计划和全面预算等工作中
任务承接	针对公司战略重点和战略决策部署，制定专项任务或行动方案，有效承接和落实
指标衔接	以公司战略目标指标体系为依据制定规划指标、综合计划指标、预算指标、对标指标、绩效考核指标等各类指标，并逐级进行指标分解，确保指标有机衔接

续表

主要工作	主要内容
任务部署	通过职代会、工作会等重要会议，通过印发年度计划、专项计划、重点工作等文件，通过签订责任书等机制，对战略实施相关工作进行安排
思想发动	通过宣传宣讲、交流沟通等方式，广大干部员工掌握了战略部署，提升了战略认同，形成了一致的步调
管理优化	根据战略实施需要，动态优化组织架构、创新管理模式、变革体制机制，促进人、财、物和知识、技术、管理、数据等各类生产要素高效配置
对标提升	围绕实现战略目标和专项工作目标，开展各种形式的对标，包括国际对标、国内对标、内部对标等，查找不足，学习先进，改进提升，追赶超越
跟踪督导	运用重点督办、专业督导、专项检查、综合跟踪督导等多种形式，跟踪战略部署实施情况，促进战略有序有效推进
考核引导	健全和完善基于战略导向、覆盖全系统和全员的绩效考核体系，包括企业负责人业绩考核、全员绩效考核等
生态建设	争取宽松政策环境；争取广泛的理解和支持
风险控制	综合运用依法治企、内部审计、财务稽核、营销稽查、安全监察、效能监察、合规审核等手段，发挥党内监督重要作用，构成严密的风险监控体系，编制全面风险管理报告，确保战略执行过程中的重大战略风险可控、能控、在控

1. 适应能源资源大范围配置趋势，加快转变电网发展方式

自2017年以来，公司围绕国家能源战略部署，大力发展以特高压、超高压为骨干网架，各级电网协调发展的现代化电网，提升电网智能互动和安全运行水平，推动电网向能源互联网转型升级，构建新型电力系统，支撑清洁能源在全国范围优化配置。一是提高电网资源优化配置能力。2017—2021年，公司新建成投运12项、累计29项特高压工程，跨区跨省输电能力从2亿千瓦提高到2.4亿千瓦，110千伏及以上输电线路、变电（换流）容量分别比2017年年底增长22%和28%，并网发电装机容量从13.8亿千瓦提高到18.4亿千瓦，增长33.3%，国家电网成为能源资源配置能力最强的电网，形成“西电东送、北电南供”的局面，支撑能源资源在全国范围内的优化配置。二是建设现代智慧配电网。公司依托数字化手段聚合各类可调节负荷、储能资源，促进灵活接入、精准控制，提升电网灵活性和系统稳定性，服务微电网和分布式能源发展，满足各类电力设施便捷接入、即插即用。加大中压配电网智能终端部署、配电通信网建设和配电自动化实用化，并向低压配电网延伸，大幅提高可观性、可测性、可控性。推动应用新型储能、需求侧响应，通过多能互补、源网荷储一体化协调控制技术，提高配电网调节能力和适应能力，促进电力电量分层分级分群平衡。三是推动构建全国统一的电力市场。公司立足我国国情和能源禀赋特点，遵循电力运行规律和市场经济规律，坚持“统一市场、两级运作”，大力推动全国统一电力市场建设工作，深化电力市场体系建设顶层设计，夯实电力市场的安全保供作用，完善能源低碳转型的市场机制，建立合理的电价形成和传导机制，助力形成主体多元、竞争有序的市场格局，扩大电力资源优化配置范围，保障电力安全可靠供应。截至2021年年底，公司经营区域内电力交易平台已累计注册各类市场主体36.6万家，市场化

交易电量达 2.87 万亿千瓦·时，是 2017 年的 2.4 倍。四是推动电网数字化转型。在电网规划领域，打造“网上电网”一图一网一平台，融汇各类业务系统和数据，推进电网问题图上诊断、规划智能生成、项目在线审查、计划智能优选、报表自动生成，支撑公司配电网格科学规划和电网基建项目全过程精益管控。在调控领域，打造新一代调度技术支持系统，推进电网运行状态全息感知、源荷资源可观可控和调控业务高效运转，支撑大电网安全稳定运行。在运检领域，推广无人机自主巡检，推动设备巡视图像自动识别、变电站（换流站）智能巡视，初步形成“机巡为主、人巡为辅”的“机器代人”巡视模式。

2. 适应能源开发清洁化趋势，提升新能源开发利用水平

公司利用数字化技术赋能电网助力新能源发展，大力提高系统灵活调节能力，多措并举促进新能源消纳利用。一是建设“新能源云”平台，服务新能源科学开发与合理布局。自 2018 年以来，公司着力应用大数据技术打造“横向协同、纵向贯通”和“全环节、全贯通、全覆盖、全生态、全场景”的“新能源云”平台，设计开发了环境承载、资源分布、规划计划、厂商用户、电源企业、电网服务、用电客户、电价补贴、供需预测、储能服务、消纳计算、技术咨询、法规政策、辅助决策、碳中和支撑服务 15 个功能子平台，为新能源规划建设、并网消纳、交易结算等提供一站式服务。截至 2021 年年底，累计接入新能源场站超过 267 万座，有力支撑高比例新能源并网和高效利用。

二是大力发展抽水蓄能电站，提升系统调节能力。按照开放合作、创新驱动、专业服务、高效利用的原则，推动公司抽水蓄能事业高质量发展。公司在运抽蓄 2656 万千瓦、在建抽蓄 4273 万千瓦，在运在建总规模是 2017 年年底的 1.4 倍，显著增强了系统调节能力。通过风光水互补及大电网余缺互济，创造青海省连续 31 天全清洁能源供电的世界纪录。截至 2021 年年底，公司在运抽蓄 2351 万千瓦、在建抽蓄 3878 万千瓦，在运在建总规模是 2017 年年底的 1.3 倍。

3. 适应能源消费电气化趋势，促进节能降耗，满足多元用能需求

近年来，能源消费电气化水平不断提升，公司利用数字化手段持续提升电力精准服务、便捷服务、智能服务水平，满足日益多元化、个性化和互动化的客户需求。一是创新推进“供电 + 能效服务”，促进全社会节能降耗。打造省级智慧能源服务平台，聚焦工业企业、公共建筑等客户，提供用能分析、能效对标、节能提效方案推介等服务，引导客户自主开展节能改造、清洁替代。提供智能运维服务，应用人工智能算法进行智能派单、故障自动研判，为客户降低运维成本。打造融合线上线下服务的“网上国网”平台，全面推行线上办电等业务功能，服务一个入口、客户一次注册、业务一网通办。二是打造智慧车联网平台，服务电动汽车出行需求。公司以充换电设施和服务平台建设为着力点，全力服务电动汽车发展，建成覆盖全国 171 个城市、“十纵十横两环”高速公路快充网络，构建全球覆盖范围最广、接入充电桩最多、车桩网协同发展的智慧车联网平台，接入充电桩数较 2017 年增长了 7 倍。同时，还加强大功率充电、无线充电、V2G 等新技术研发应用，形成中国充换电标准体系，成为世界四大标准体系之一。二是打造现代智慧供应链，服务物资供应链提质增效。公司年物资和服务采购超过 5000 亿元，其中物资类采购近 3000 亿元，采购规模大、质量要求高。自 2018 年以来，公司立足电网实际，依托“大云物移智”等先进技术，着力打造现代智慧供应链，实现“仓储资源一盘棋、物流配送一张网、实物资源一体化”，支撑形成了电网领域的现代流通体系。现代智慧供应链建成后，公司供应链总体运营效率提升 50%，业务办理时间压减 63%，每年为公司提质增效近 160 亿元，显著提升了物资供应的效率、质量和防风险能力。在 2021 年河南“7·20”特大暴雨应急抢险保供电中，从公司系统各单位快速、精准调集各类设备和紧缺物资，首批跨省物资实现 1 小时匹配、5 小时发运、8 小时送达，有力保障了应急抢险物资供应。三是打造“电 e

金服”平台，服务上下游中小微企业。公司融合数字经济和实体经济，2020年5月发布上线数字化产业链金融服务平台——“电e金服”，将自身资源禀赋和要素优势拓展辐射到全产业链，促进金融供需高效匹配，打通金融血脉、畅通产业循环，助力缓解中小微企业融资难、融资贵的问题。截至2021年年底，累计帮助约6.8万家中小微企业获得低成本融资约641亿元，释放保证金约459亿元，与市场平均利率相比节约融资成本约18亿元，在维护产业链供应链安全稳定、助力中小微企业纾困解难、支撑地方经济社会发展等方面发挥了重要作用。四是深入挖掘电力大数据价值，服务政府和行业治理。开发电力看经济、电力看“双碳”、电力看环保、电力助应急等大数据应用成果700余项，有力支撑政府决策和社会治理。自2020年以来，发布复工复产指数和小微企业景气指数，协助政府做好防疫及有序复工工作。承建全国碳排放监测服务平台，聚焦碳排放、碳足迹等重点领域，创新电力看“双碳”大数据应用，形成浙江“双碳数智监测”、青海“基于电力高频数据的碳排放监测服务”等应用，有效支撑精准测碳、合理控碳。深化与生态环境部合作，开发智慧环保用电监测大数据产品，助力精准测污、科学治污。

4. 适应能源科技竞争升级趋势，打造原创技术“策源地”

公司充分发挥企业创新主体作用，锐意强化自主创新和原始创新，全力打造能源电力原创技术“策源地”。一是着力攻克关键核心技术。2017—2021年累计研发投入超过1500亿元，特高压分接开关、穿墙套管、电力工控芯片等关键技术取得重要突破，在大电网运行控制、大容量柔性输电等领域取得一批具有自主知识产权、世界领先的重大成果。在河北张家口建成投运世界上首个具有网络特性的±500千伏张北柔直工程，在浙江建成投运全球容量最大的220千伏分布式潮流控制工程，在上海建成世界首条35千伏千米级超导电缆示范工程。2021年制定实施“新型电力系统科技攻关计划”，部署推进18个重大科技项目攻关和6类重点示范工程建设。二是大力推动协同创新。公司发起成立新型电力系统技术创新联盟，围绕新型电力系统重大技术需求，开展联合攻关、标准制定、经验交流和成果共享，预计研发总投入及产业带动将超过1000亿元。发挥新型举国体制优势，与国家自然科学基金委共同设立智能电网联合基金、与清华大学等6所高校成立创新联合体，汇聚产学研用协同创新的强大合力。构建高水平科技研发平台，推动国家级实验验证平台和公司级实验室全面覆盖新型电力系统、能源互联网等关键技术领域。

（五）构建多维评估机制，保持战略适应性

公司坚持数据导向、自下而上、内外结合，定期对战略体系、战略执行过程、战略实施成效、战略与环境适应性等进行评估，系统研判战略风险，查找偏差、发现问题、反馈建议，确保战略方向不跑偏。

1. 开展年度战略评估

2017年，公司对战略评估分析工作进行了积极探索，组织省公司首次编制地区战略报告，评估公司战略的经济价值、服务价值、环境价值和安全价值，并针对新形势下政企关系、基层市场竞争能力进行专题研究。此后，公司结合新战略目标，按照各单位、“一体四翼”业务、集团整体的步骤开展战略评估，推动战略评估工作系统化、体系化。一是开展各单位战略落地实施情况自评估。评估工作既关注公司战略执行绩效结果，也对战略闭环管理工作过程进行梳理总结；既对关键指标、价值贡献进行定量分析，也对重大部署实施等进行定性判断；既总结以往经验、分析存在的问题，也明确了下一步工作思路，对公司战略优化提出意见建议。二是开展“一体四翼”业务战略评估。主要评估内容包括业务总体推进情况、发展成效评估、内外部环境适应性分析，以及对公司战略提升的工作建议等，基于“一体四翼”业务战略评估，识别公司各业务板块面临的最新形势变化和公司发展要求，诊断当前业务发展存在的薄弱环节，进行有针对性的改进提升，促进各业务板块优势互补、相互支撑、相互赋能，形成“一盘棋”格局，实现集团整体价值最大化。三是开展集团整体战略评估。年度战略评估工作于每年1月启动，历经动员、准备、研讨、总结等环节，从公司战略体系优化情况、战略体系科学性、战略实施过程、战略实施成效等方面进行综合评估分析，编制形成公司年度战略评估报告，全面评估分析上一年度的战略执行情况，查找问题短板，分析环境变化，研判战略风险，提出改进建议。

2. 开展第三方评价

一是组织第三方专家进行战略研讨。自2017年以来，围绕战略落地通过各种方式听取外部意见。邀请外部知名学者和智库专家召开战略研讨会，从外部视角分析最新形势，研判电网企业发展可能面临的“黑天鹅”“灰犀牛”等事件，提出对公司战略工作的意见建议。二是开展年度战略实施第三方评价。委托外部高校、研究机构成立联合课题组，采用深度访谈和问卷调查相结合的方法，开展公司战略实施第三方评价工作。为确保调研的权威性、专业性、针对性，第三方评价聚焦三类群体开展，包括政府部门处级及以上领导干部、高校和研究机构的专家学者及资深媒体记者编辑、产业链上下游企业中高层管理者等，第三方评价内容主要针对公司高质量发展水平、履责担当、工作亮点和改进建议等方面开展。

三、以建设具有中国特色国际领先的能源互联网企业为目标的战略管理体系构建效果

自2017年以来，国家电网有限公司逐步构建符合中央要求、适应行业发展趋势、契合自身实际的战略管理体系，为公司彰显央企战略价值和实现高质量发展提供重要支撑。

（一）企业经营效益实现显著提升

2017—2021年，综合线损率从6.66%降至5.48%；售电量从3.87万亿千瓦·时增至5.17万亿千瓦·时，增长33.59%；营业收入从2.36万亿元增长至2.97万亿元，增长25.85%；资产总额从3.81万亿元增长至4.67万亿元，增长22.57%；资产负债率从57.6%下降至56.0%，实现稳中有降；全员劳动生产率从76.7万元/人·年提升至81.3万元/人·年，增长6.0%。五年来，公司连续获评央企负责人业绩考核A级、三大国际评级机构国家主权级信用评级，持续位居中国500强最具价值品牌第一名，《财富》世界500强排名始终保持前列。

（二）能源互联网企业建设取得长足进展

截至2021年年底，公司累计建成投运29项特高压工程，最远输电距离超过3000千米，成为全球输电距离最远、能源资源配置能力最强、保持安全运行纪录最长的电网。公司经营区风光新能源并网容量达到5.4亿千瓦，是2017年的2.2倍，规模超过全球装机总量的30%，新能源利用率达到97%以上，成为全球新能源并网装机规模最大、清洁能源发展最快的电网。电网数字化、智能化水平显著提升，对用户侧、电源侧的感知能力、互动能力迈上新台阶。2017—2021年，公司经营区内电力交易平台累计注册市场主体数量增长超10倍，智慧车联网平台接入充电桩数量增长了7倍，新能源云平台累计接入新能源场站超过267万座，在能源互联网生态圈建设中发挥重要作用。

（三）为服务党和国家工作大局贡献力量

公司持续深化战略落地实施，在大战大考中展现了责任担当，在服务党和国家工作大局中实现自身发展。成功应对2021年夏季月份电力供需突出矛盾及2022年入夏以来多轮次极端高温天气带来的电力供需矛盾，圆满完成庆祝建党百年、进博会、冬奥会等重大保电任务。全力服务稳岗扩就业，新增就业岗位18.3万人，特别是新冠疫情以来累计扩招2.61万人。全面完成新一轮农网改造升级、“三区三州”深度贫困地区和中西部381个国家级贫困县改造、抵边村寨电网建设等任务，彻底改变了贫困地区电网面貌，建成一批“西电东送”“北电南供”跨区跨省输电项目，促进区域协调发展。2017—2021年，累计投资超过1200亿元支援西藏、新疆电网建设，在雪域高原新建藏中、阿里联网两条“电力天路”，推动西藏、新疆电网实现跨越式发展。在264个城市推广“三零”（零上门、零审批、零投资）、“三省”（省力、省时、省钱）服务，累计节省客户投资超过1000亿元，推动我国在世界银行“获得电力”指标排名大幅跃升至第12位，有力服务国家营商环境改善。

（成果创造人：辛保安、庞骁刚、李　凯、张　玮、邱忠涛、石书德、刘　拓、赵九斤、孔　雷、郝福川、马　莉、张笑峰）

中央企业以“三链”为核心的网信业务发展

中国电子信息产业集团有限公司

中国电子信息产业集团有限公司（以下简称中国电子）是1989年5月经国务院批准，由原电子工业部所属企业通过行政划拨组建而成的国有独资特大型集团公司，主要业务涵盖先进计算、网络安全、集成电路、高新电子、数据治理等战略性、基础性、先导性电子信息产业领域，已成为国内网络安全和信息化（以下简称网信）领域产业链布局完整的中央企业，打造的中国自主安全“PKS”（P是飞腾CPU，K是麒麟操作系统，S是立体安全）体系被誉为“中国架构”，2017至2019年连续三年获国家科技进步一等奖。2021年年底，总资产3496.6亿元，营业收入2710.1亿元，员工总数约20万人，连续11年位列世界500强企业，2021年排名第334位。目前拥有包括19家上市公司在内的600多家所属企业。

一、中央企业以“三链”为核心的网信业务发展背景

（一）发展自主网信产业是保障国家安全的必然要求

推进网信事业发展、网络强国建设，是习近平新时代中国特色社会主义思想的重要内容，事关社会主义现代化建设、事关中华民族伟大复兴中国梦的实现。没有网信产业的自立自强，一切先进制造和服务就好比“在别人的墙基上砌房子，再大再漂亮也经不起风雨，甚至会不堪一击”。2018年以来，我国部分网信企业面临“被断供”“被封杀”的外部冲击事件，更是证明了网信领域已经成为大国战略博弈的前沿阵地和焦点之战，西方正是通过争夺全球网信产业链的控制权，谋求在国际竞争中获得稳固的政治、经济和军事优势。发展自主网信产业是国家安全和现代化发展的必然要求。

（二）统筹产业链、创新链、资本链是推动网信产业高质量发展的迫切需求

目前我国网信领域的发展格局由多种力量组成：一是主导技术标准等基础要素的行业主管单位；二是中国电子等国有电子企业；三是以中国科学院为代表的基础研究力量；四是高等院校教科体系；五是军工等有关企业的行业电子体系；六是领军民营科技企业特别是互联网企业；七是西方外资在华企业；八是“专精特新”企业和独角兽企业。产业力量整体分散，各主体发展理念和利益诉求不同，协同程度偏低；产业需求与基础研究存在断层，大量科研成果缺乏市场适应性；资本逐利导致部分企业长期处于跟跑状态，产业链长期处于中低端；“产品不好用—不管用—用户不愿用”的应用生态不完善，等等。自主网信产业陷入原始创新动能不足、产业链堵点痛点众多、应用生态不完善的发展困局。发展网信产业需要的投入高、回报周期长，产业链的全球化形成了垂直分工模式，高度依赖于产业生态，没有哪一支力量能够“包打天下”。当务之急是发挥新型举国体制优势，选择能代表国家意志的龙头企业，更好地发挥市场机制组织“政产学研用”的力量，统筹推动产业链、创新链、资本链融合发展，形成自主网信产业高质量发展的新格局。

（三）管理变革是中国电子打造网信产业核心力量的必由之路

中国电子作为以网信产业为核心主业的中央企业，是推进网络强国建设的主力军，但由于历史原因，所属企业布局结构分散，缺少统一使命和价值观、清晰战略路径和强有力的管控手段，加之受资本金短缺限制，一度在代加工、电子商贸、系统集成等传统赛道上“惯性生长”，自主创新能力薄弱，传统的发展模式难以适应新时代网信产业的发展要求，对国家战略的支撑能力不足被加速放大，企业经营效益徘徊不前。亟须以落实国家战略作为企业使命信仰，践行新型举国体制，按照市场经济规律，从产

业布局、创新部署、资源优化等方面多措并举实现管理变革，发挥央企主体支撑和融通带动作用，打造网信产业核心力量，为推动我国网信产业高水平自立自强，实现高质量发展贡献力量。

二、中央企业以“三链”为核心的网信业务发展主要做法

（一）科学研判，系统规划网信业务发展

1. 科学研判外部环境

第一，精准把握政策、建言优化政策，发挥政策引导支撑的推力作用。公司成立政策研究办公室，主动和相关部委沟通汇报，及时跟踪、研判国家政策，将落实政策作为中国电子重大战略决策的重要依据，写入总体规划并及时调整修订。积极“上书”国家部委，建言献策并助推开展自主可控应用工程实施；牵头组织研讨会，制定行业标准，帮助有关部委优化政策。2019 年十九届四中全会提出“新型举国体制”概念后，中国电子协同政府和社会各方力量，主动谋划并牵头开展关键核心技术联合攻关，探索新型举国体制运作模式，为打造中国电子网信事业新发展格局提供了稳定的政策推动力。目前，践行新型举国体制完善网信产业生态已逐步具备条件。一是国家大力培育自主网信市场，为国产化网信厂商带来巨大商机；二是培育国产化产业链、供应链逐渐成为业界共识；三是网信产业创新难度大，必须加强协作的观点也逐渐被认可。

第二，精准洞察市场、做好市场预测，强化市场资源配置的拉力作用。建设行业洞察和信息发布平台，完善情报收集、分析、共享、应用流程，利用“全国一盘棋”的市场营销体系，对行业、友商、客户数据进行综合核算，形成覆盖全国各省，细化到各城市的市场预测台账，不断更新优化，做好市场预测。2019 年超前谋划，瞄准 2020 年党政国产替代的千亿级市场，引导各企业合作分工；2020 年准确把握政策导向，联合能源、金融、交通等关系国计民生的行业央企共同策划，培育需求、编写指南，率先开展自主网信产品应用推广，为中国电子网信事业高质量发展提供强劲的市场牵引力。

2. 识别产业链痛点

2020 年 10 月，由集团主要领导负责，组织所属 18 家企业、外部 5 家专业机构全面查找我国网信产业短板弱项，历时 8 个月，案头调研超 20 万字研究报告，实地调研数十家网信企业，深入了解我国网信产业在技术、产品、产业链和生态链等方面的现状，调研网信企业空间布局和发展现状；邀请 32 位行业权威专家进行四轮深入研讨，构建轻度依赖、依赖、严重依赖、卡脖子的四级分类指标，找出我国网信产业存在的 44 个卡点堵点，其中，“卡脖子”或严重依赖的短板有 36 个，依赖或轻度依赖的短板有 8 个（见图 1）。

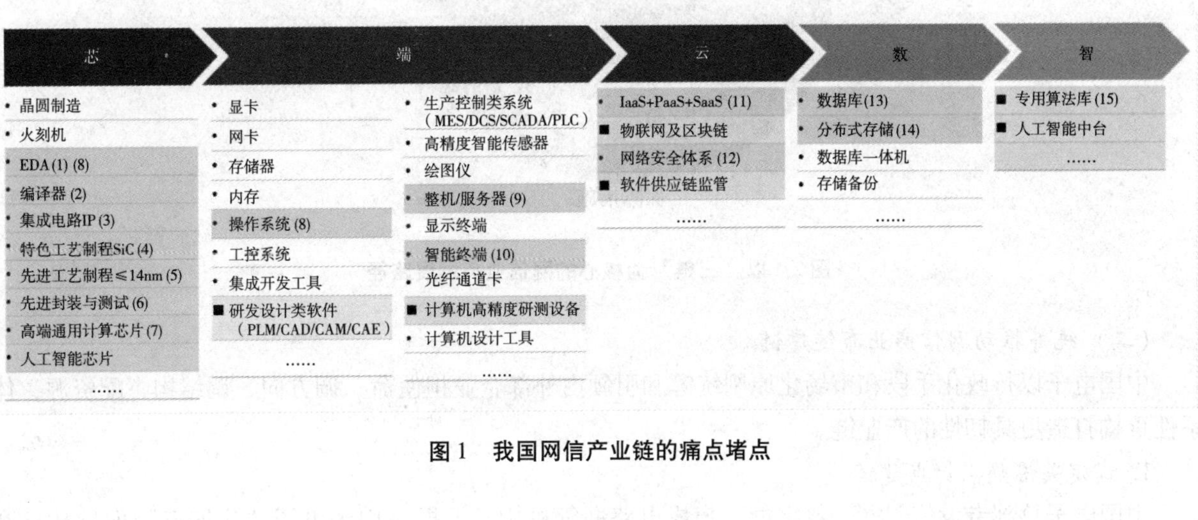

图 1　我国网信产业链的痛点堵点

3. 制定网信产业发展规划

立足政策导向、市场需求、产业链痛点，中国电子基于“六个坚持”（坚持党的领导、坚持服务大局、坚持平战结合、坚持改革创新、坚持体系发展、坚持组织协同）的战略原则，制定网信业务发展规划，提出以“三链”为核心的网信业务发展路径（见图2），汇聚企业之力、社会之力和国家之力，统筹推进产业布局、科技创新、资源配置，加快推动新型举国体制在网信领域的探索实践。在产业布局上，立足业务发展需要，以中国电子为主统筹布局，重点布局安全先进绿色计算底座（高端芯片、基础软件、网络安全）和信息化中的关键应用环节（数据治理、党政等重要领域数字化支撑），基于“PKS”体系、市场化原则、行政化手段，打造覆盖“芯端网云数智”的自主网信产业链，确保极限情况下产业链的安全运转。在科技创新上，坚持自主创新和开放创新，围绕产业链痛点组织内外部科研力量部署创新链，优化人才、平台、资金等科技创新要素资源，形成务实、高效、灵活的技术创新机制，打通供给和需求匹配通道，攻关以高端芯片和操作系统为代表的100项“卡脖子”关键核心技术，转化形成不少于50款产品，确保关键基础设施中计算底座的核心技术自主可控，为产业链发展注入动能。在资源配置上，围绕产业链和创新链嵌入资本链，以核心主业混改作为龙头工程，依托资本市场多元融资，实现产业协同联动、资源共建共享，促进科技创新成果向生产力的现实转化，带动产业链上中下游、全产业链企业融通发展。

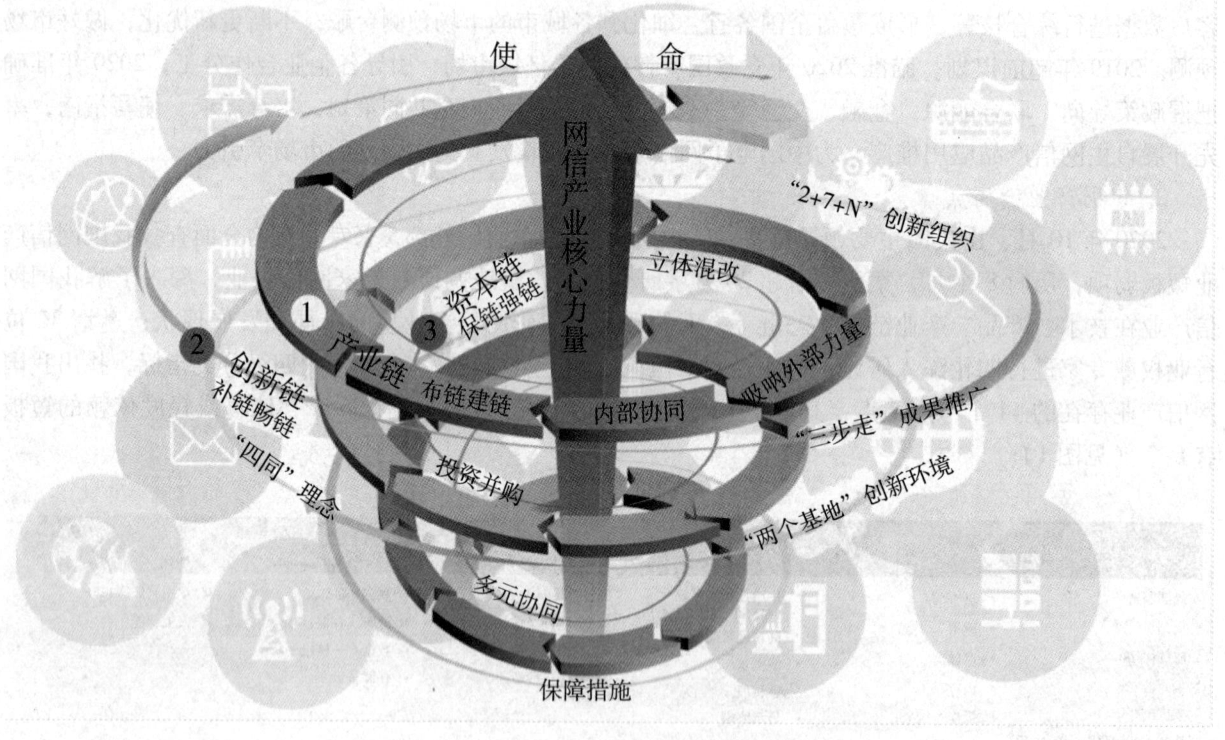

图2 以“三链”为核心的网信业务发展路径

（二）统筹推动网信产业布链建链

中国电子以行政化手段和市场化原则统筹和引领内外部企业担使命、调方向、调结构、配资源，体系性重构打造更具韧性的产业链。

1. 锚定关键痛点堵点建链

中国电子总部专设信创办、数字办、集成电路办等机构，根据《中国电子“十四五”发展战略和规划纲要》，统筹推进产业链布局。确定企业主责主业方向和产业链建设任务，明确“一把手”主责并纳入绩效考核，实行“挂图作战”。高效推进高端芯片、基础软件、网络安全、数据治理等产业链细分领域堵点痛点，通过项目周例会、项目早会多方对齐，进行项目立项、概念、计划、开发、验证、发布六个阶段闭环管理。截至2021年年底，已完成EDA（电子设计自动化）、高端通用计算芯片、数据库、分布式存储和网络安全体系等15个关键核心环节布局，自主网信产业主体支撑能力初步形成。

2. 行政化手段推进内部企业协同

中国电子强力推进集团内部网信产业链上下游配套和业务协同，成立产业协同领导小组，负责重大事项决策、重点问题协调和重要资源统筹；下设协同工作组，负责研究制订产业协同机制，监督并组织各企业协同业务推进。发布《中国电子业务协同三年行动计划》，通过行政化手段统筹内部产业链采购、研发、服务等各环节深化协同。发布《中国电子信息产业集团有限公司企业协同共享考核配套细则》，将从部件、整机、软硬件产品到系统集成的协同指标纳入集团年度重点任务考核，对协同表现突出的企业予以考核加分或专项奖励。管理变革促进集团网信业务协同规模提升近118%。

3. 市场化手段以重大项目吸纳外部企业力量

中国电子以党政及行业重大网信项目为牵引，鼓励支持集团外企业参与上下游产业链配套，共同建强产业链、提升产业链韧性。搭建“PKS”软硬件基础环境的项目合作平台，通过“底层标准开放、创新成果共享”的市场化协同机制，邀请国内头部云厂商共同参与集成和测试验证工作，完成国产云平台、国产分布式数据库、中间件和业务系统在国产服务器上的适配验证，有效提升自主网信产业链对大规模生产系统的支撑能力。以打造中央企业数字化转型样板示范工程为契机，牵引带动用友网络、金山软件、金蝶软件、小鱼易联等外部企业参与“PKS”适配验证和试点应用，丰富了生态圈，为公司延链展链提供助力。

（三）瞄准卡点堵点部署创新链补链畅链

中国电子准确把握创新链的内涵，确立“海纳百川、敢为人先”的创新理念，统筹顶层设计，集聚创新资源，攻克关键核心技术，强化成果转化和产业化水平，通过加强中国电子主导的产学研深度融合，完成中国电子科技创新能力的系统性重塑。

1. 确立“2+7+N”的创新组织体系

为解决科技创新顶层设计和各主体协同组织不够的问题，中国电子牵头成立了统筹创新主体、梳理创新需求、做出任务安排的“2+7+N”创新组织体系（见图3）。“2”即战略总体院和技术总体院，“7”即覆盖计算芯片、操作系统、网络安全等7个主要环节的专业研究院，“N”即外部科研机构、高校院所和行业创新力量。

创新组织体系由院士科学家作为总指挥，统筹网信产业科技创新体系“四梁八柱”，推动各项创新攻关顶层设计和任务分解，目前已完成网络安全、集成电路等27个研究方向和113项研究任务设计，组织完成飞腾桌面CPU芯片D2000、服务器CPU芯片S2500、麒麟操作系统、EDA设计工具、网络交换芯片等29项攻关任务。已同150余所高校推进学科建设、人才联合培养、校企联合创新，成立企业数智化专业委员会、网络安全专业委员会等6个委员会，促进供需对接、知识共享、优势互补。

2. 打造中试适配与联合攻关的创新环境

为解决产品性能不足、上下游适配薄弱、生态协同不完善的问题，中国电子自筹资金，成立联合攻关和中试适配两大基地，搭建基于“PKS”的软硬件实验环境，支撑总体院、专研院和外部科研院所的产品适配及关键技术的攻关工作。聚集产学研400多家单位，集结超3000人研发团队，封闭攻关关键技术，为网信产业的补链畅链提供有力的技术支撑。

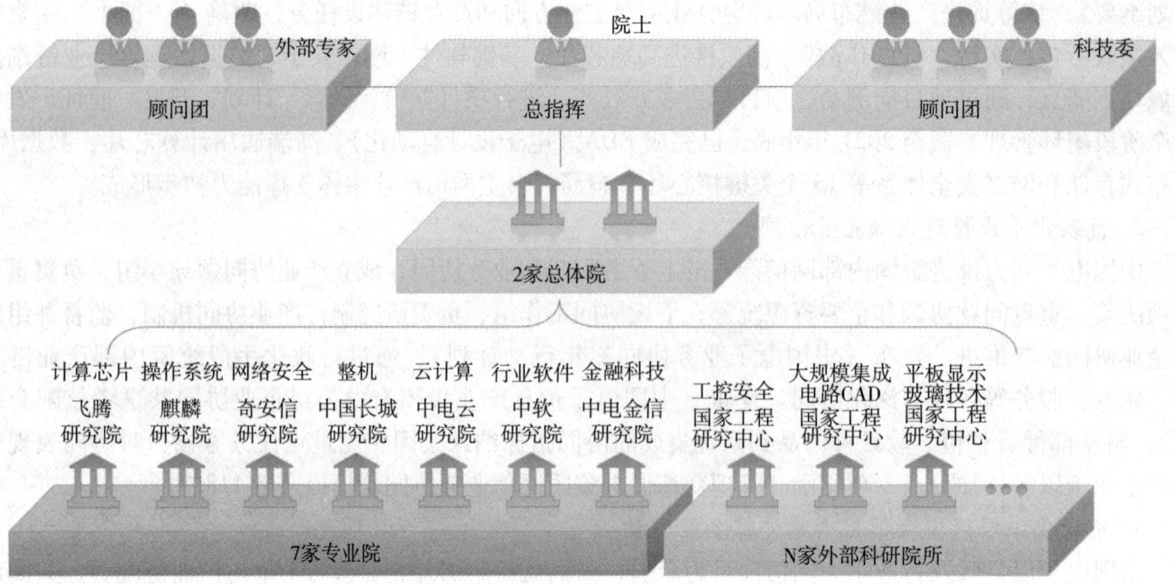

图3　中国电子科技创新组织体系

联合攻关基地通过"PKS"体系的行业影响力与品牌号召力吸引创新主体免费入驻，规划联合创新路线，提供场地环境、设备支持、专业人才、技术方案，构建统筹内外部创新主体多方共赢的联合攻关机制，突破80余项关键核心技术，设计完成6大类300余种整机产品，移植优化6大类1000余种软件，不断提升产品性能。2020年年初，针对麒麟操作系统主打产品缺乏突破性创新、不适应国产化应用的短板，在新冠疫情突袭而至的形势下，中国电子迅速成立由院士专家领衔攻关团队，组织国内顶级高校科研人才、所属企业研发骨干超100人赴联合攻关基地实施"百日攻关"，推出具备显著竞争优势的银河麒麟操作系统V10版本。

中试适配基地通过模拟各大型国产化项目仿真环境，提供技术适配与应用场景验证急需的验证环境和条件，推动自主网信产品系统调优和规模化应用，有力保证自主可控大型项目的可复制、可纠错。2021年，在某部委自主可控项目的标杆工程中，中国电子组织60余家关键软硬件研发生产厂商与相关院所高校集结该基地，组织相关厂商适配验证67款软硬件产品，基础环境进行6次整体升级，带动国产产品升级200余次，完成部委132个应用系统整合重构，形成5大类平台应用，实现数据共享、业务协同。

3. 分类突破网信领域关键核心技术

基于"2+7+N"的创新组织体系，中国电子形成了跨部门、跨主体的资源配置、高效研发和考核奖励的创新耦合发展机制，分类分级突破自主网信产业关键核心技术。一是针对基础架构类技术产品，依托联合攻关基地，由产品总师通过"点将+招募"的方式筹建技术支撑团队，坚持需求牵引，推行"一日一页纸合同"细化研制攻关工作界面，建立需求、产品、问题、处理、反馈的高效闭环模式。例如，基于全自主关键核心技术，从场景化需求出发，正向设计具备产品化应用规格的"PKS 3.0"计算架构。将5个安全创新技术融入CPU、操作系统、固件、内存等基础软硬件中，在整机内部形成一个最小的、完备的安全体系，在底层建立安全根，并通过标准接口给上层应用提供安全能力，使国产计算机具有了安全的基础免疫力。该成果在2022年数字中国峰会正式发布。二是针对系统应用类技术产品，依托中试适配基地，采用系统工程思维和工作方法，把基础软硬件各分系统能力充分打开，疏通系统运行链路瓶颈、发挥单品性能特点、提升资源应用效能，实现了计算系统的"整体强、体系优"。以企业数字化转型上云为例，中国电子超前布局打造中国电子云，满足政府机构、央企国企、重点行业客户上云需求，以体系为视角、以架构为核心，充分释放飞腾众核处理器并行处理优势，发挥麒麟操作系统柔性剪裁能力，从基础芯片、操作系统、数据库、存储网络到安全服务、系统集成、解决方案，通过自底向上的整体调优，实现系统级的应用重构、效能提升和安全体验，打造安全、先进、绿色的自主计算基础底座。

4. 践行“三走”路径，形成创新成果

一是走出去，深入了解市场需求。按照自主网信产品的“替代、升级、重构”进阶式发展要求，提出把握需求、满足需求、培育需求发展策略。组织高水平市场活动，推动高层对接60余次，召开党政市场专题会66次、金融重点客户专题会36次，以及重点行业专题会29次，精准把握用户需求。建立协同联动的营销研发体系，并针对专、特市场，以国家级重大项目国产化重构为目标，成立由高校科研力量、企业研发专家和市场销售专家共同组成的小分队，匹配研发供给和市场需求，推出网信产品30余款，让市场真正成为产品研发的牵引力，让产品迭代和应用升级形成良性循环。

二是走进去，与用户联合开发。为促进自主网信产品和关键行业应用高效融合，中国电子同25家兄弟央企成立联合实验室，完善金融、电信、能源、交通等关键行业定制优化产品，打通自主产品在关键基础设施领域应用的“最后一公里”。联合某国有大型银行，共同打造全栈国产大型协同办公系统标杆示范。调动各产品线四千余人协同攻关，以真用促完善，开展用户全员参与的“提点子、捉虫子”工作，通过高层动员、真试真用、捉虫有奖等激励措施，实现系统敏捷迭代优化，短时间内快速优化1667个“点子”，解决480个“虫子”，高效驱动国产软硬件及应用快速完善，显著改进提升用户体验。整个项目历经七项重大技术升级、五次系统迭代，使基于“PKS”构建的银行大型协同办公系统达到界面清晰、功能丰富、响应速度明显超过原X86系统的效果。

三是走上去，形成产业标准。围绕国内应用场景需求，开展技术和标准研制，以标准赋能产业链、创新链协同发展。已发布涵盖基础标准、技术规范、产品、检测等核心环节37项“PKS”企业标准。联合绿盟、电子商会等行业组织形成团体标准15项，进一步将“PKS”技术成果向行业推广。联合百度、阿里巴巴、腾讯、浪潮等创新链协同企业研究并发布“PKS”白皮书、蓝皮书，共同推进自主计算产业的技术生态建设。

（四）瞄准资源缺口，嵌入资本链保链强链

中国电子全面强化市场化配置资源能力，围绕“筹资—投资—资本运营—资金回笼—再筹资”的资本链，同战略合作伙伴、客户、政府力量探索更加紧密的资本型协作机制，共同破解资金困境，集合精锐力量打造网信产业核心力量，为产业链、创新链注入资本保障，让资本链与产业链、创新链深度融合，构建繁荣产业生态。

1. 积极融资巩固主体支撑作用

在资本链筹资环节，针对最难的关键卡点堵点，积极引资融资。设立中国电子有限公司，积极谋划推进核心主业混改，提出《中国电子有限公司混合所有制改革试点实施方案》并获国家发改委批复，2020年8月启动第一阶段混改。考虑到在自主网信产业培育阶段，创新红利尚未充分释放，企业市场价值存在明显低估，但又亟须战略投资加速产业成长，中国电子引入其他国有资本，扩大国有资本金规模，相继完成与战略协同、市场互补的10余家中央企业和投资机构的对接工作，与航天科技等7家战略投资单位磋商达成一致，采用增资方式释放约18.34%股权，引入资金130亿元。目前，引战资金已全部投入高端芯片设计、网络安全核心技术研发应用、集成电路高端制造等项目的科研创新攻关，有效补齐当前EDA工具、关键IP供应短板能力，解决最“卡脖子”的问题，进一步巩固中国电子作为网信核心力量的优势。

2. 反向混改强化融通带动作用

中国电子作为网信产业核心力量，既要兼顾主体支撑又要强化融通带动，针对产业链上协同企业，通过市场化手段盘活资本链，提升产业链协同度和创新链互补性，把生态建起来、维持住、繁荣起来。在资本链投资环节，基于战略认同对技术积累雄厚、市场地位领先的民营企业进行“反向混改”，以资本链为纽带激活资源传导机制，把民营企业导向关系国家安全和国民经济命脉的重要领域，带动民营企业转型发展。2019年5月，通过资本运作战略入股以网络安全产品为主业的奇安信，导入网络攻防技术，同时向其开放自身技术底层体系与关键客户资源，培育奇安信成为综合实力强、具有世界一流水平的网络安全企业。在资本运营与回笼环节，通过“反向混改”发挥融通带动作用，中国电子2020年战略控股软件服务企业文思海辉后，以资本链纽带为其提供产品、品牌、客户关系、协同创新渠道等关键资源优势，从经营、治理、制度、人力资源建设、科技创新等方面全面提升文思海辉资金营运能力，促成文思海辉进一步打开银行金融机构市场、巩固行业领先地位。

3. 多元协同放大生态聚合效应

在资本链“再筹资”环节，中国电子充分发挥资本协同作用，多元化手段建强产业集群。完成华大半导体增资扩股，强化其国内集成电路龙头作用；完成中电金信引资，打造基于全栈信息技术的金融数字化咨询及软件提供商；完成华大九天战略增资工作，助力构建国产EDA领域龙头企业；支持奇安信于2021年7月22日在科创板上市，开启打造世界一流网络安全企业的新征程；启动中国系统与深桑达重组相关工作，打造现代数字城市子集团，推进现代数字城市业务创新发展。组织产业链协同企业共同战略入股澜起科技、安路科技，同超20家中央企业和金融等行业用户开展资本合作，深化战略合作关系，进一步壮大生态圈“一盘棋”协同效应。

（五）坚持系统思维，协同构建有效的支撑保障体系

中国电子坚持系统思维，将产业链、创新链、资本链作为有机整体，通过建立健全战略管控、长效激励、人才培养和品牌塑造等体系，构建系统内部所需的相对稳定、协同有序并能动态适应外部变化的“机制”，为中国电子加快打造国家网信产业核心力量提供有力保障。

1. 完善与“三链”建设相匹配的战略管控体系

中国电子在三链建设中完善并固化了“顶层设计—体系组织—管理融通”战略管控机制。以系统思维推进“国家使命—中长期规划—年度计划考核”闭环管理，打通了战略研究、规划编制、年度计划及考核、年度预算及投融资计划的全流程分解传导链路，保证了组织平台各层级、各领域、各环节、各要素同向发力。例如，召开中央企业联合创新大会、“PKS”生态大会，宣贯战略任务，明确时间节点、任务分工和考核体系，最大限度地在“三链”中凝聚战略共识、增强战略认同。对内发挥行政管控手段，对外发挥市场化体制机制，体系推进重大项目，双管齐下推动“三链”高效协同。2020年为合兵突围国产操作系统，中国电子强力整合所属中标软件有限公司和天津麒麟信息技术有限公司形成麒麟软件有限公司，发布“遨天计划”，投资100亿元发展自主操作系统。战略的传导和项目的组织，离不开管理融通的数字化平台。

2. 建立健全长效激励和责任约束机制

为从根本上应对个体、团队、组织各层面主体“愿不愿”和“敢不敢”的动机与行为挑战，中国电子建立健全符合网信事业的长效激励与责任约束机制。一是建立“标准合规、效果最优”的激励机制。在激励机制建设的个体与团队层面，坚持物质激励与精神激励相结合原则，召开年度科技创新奖励大会，对杰出科技人才和优秀科技项目进行表彰；科学合理地运用上市公司股权激励、国有科技型企业股权和分红激励、骨干员工持股、超额利润分享等激励工具，将有限资源赋予最核心的人才，激励人数超过8000人。组织生态层面，中国电子固化利益分配共享机制，深入践行共同参与、共同思考、共同

分享、共同成就的“四同”理念，充分让渡合法、合理利益给生态伙伴，共享成果，进一步巩固战略合作伙伴关系，通过营造“有效市场”外部环境，激励促进与生态伙伴之间多赢、共赢的“正和”合作互动。中国电子建立“产业共同体”机制，组织16家核心企业共同出资50亿元设立中国电子产业共同体投资公司，并实现核心企业间相互持股、扩大各企业长期收益回报空间，显著激发企业科技创新与市场开拓意愿，有力保障“三链”管理行稳致远。

二是健全“上下贯通”的责任约束机制。在个体责任约束方面，制定《中国电子职工绩效管理办法》，推行各个层级员工岗位责任制与责任考核制度，动态更新员工岗位工作对象、工作标准、工作流程、职责职权等内容规定，建立管理人员“能上能下、能进能出”的责任考核机制，完善激励与约束并重的保障体系。在高管团队与部门组织层面，基于定性与定量结合的理念，建立定期跟进、滚动迭代的部门企业年度重点工作任务考核机制，制定《中国电子年度重点工作任务管理办法》，明确集团各部门组织年度任务性质类别、任务内容分值、责任企业、牵头部门、负责领导等关键约束内容与对象，形成重点突出、分级约束、责任到人、量化可控的全方位责任约束体系，全力保障“三链”管理可控、依规、有序。

3. 打造适应网信领域的人才培养体系

一是统筹把握国家战略要求、行业发展规律、自身能力特点，以广阔的前景吸引帅才、将才共创事业。布局建设对保链稳链具有重大意义的集成电路特色工艺生产线，成功吸引20多名国际一流人才加盟，受到市场高度评价、关注和投资者热捧。打造面向党政和行业的信创云，成功引进来自国内云计算龙头企业的一流人才100多名，迅速成为支撑信创工程建设的云计算骨干力量。所属麒麟软件自2020年合并重组以来，瞄准关键核心技术攻关，大力引进操作系统领域人才，实现人员总数从合并之初的811人增长到3300余人。中国电子已经形成了明显的“人才磁场”。

二是瞄准业界高水平团队进行联合，成建制、成体系引进网信人才队伍补齐能力短板。围绕计算机CPU、操作系统等核心技术研发，联合国防科技大学整体引入60名优秀博士领军人才组建专业化公司，推动“PKS”安全先进绿色计算体系加快迭代。通过战略并购文思海辉，掌握一支3万多人的软件开发队伍，并推动其迅速转型成为金融信创主力军，成功实现人才从民企到国企的“倒流”，做到“民为国用”。

三是对待奇才、怪才等特殊人才采取特殊政策，根据事业发展需要不拘一格降人才。敢于打破隐性台阶启用优秀年轻干部，实绩特别突出的三级企业正职可直接提任二级企业正职，二级企业领导班子已由“70后”“80后”挑大梁。2021年首次组织集团总部和企业干部大规模“双向挂职”，安排挂职干部52人。畅通职称评审“绿色通道”，2021年，1名仅有大专学历的网络攻防“极客”获评正高级工程师，28人通过“绿色通道”获评高级职称。创新推出总部“直选生”计划，吸引北大、清华等名校博士毕业生20多人踊跃加盟。

4. 强化“国之大者”的品牌塑造和文化传播机制

一是树立“与时俱进、唯变所适”鲜活时代的文化理念和“国之大者、心中有数”国字当头的价值观念。通过不断整合客户价值与员工价值，“国家为大”的价值观念深入“骨髓”，铸造和重塑中国电子CEC的品牌效应，打造一系列如长城、奇安信、飞腾CPU、麒麟操作系统、华大九天EDA、达梦数据库、盛科网络、澜起科技等民族品牌，展现了家国情怀，“国之重器”“中国深度”已享誉全国，并与时俱进丰富央企初心使命的内涵和外延。

二是系统展开“对内凝心聚力，对外塑造形象”的品牌塑造行动。构建全媒体立体传播格局，创新主题宣传，打造中国电子特色传播品牌，树立并传播网信产业核心力量形象，参与的《信物百年》栏目仅在央视频平台播放量超过1023万人次，在2021年9月中央企业新媒体指数榜中，位列第19名。

积极参与四届“数字中国”建设峰会，展览展示中国电子数字技术最新成果，获得国家部委、合作城市、与会嘉宾的良好反响。成功举办“PKS”安全先进绿色计算生态大会，近10万专业人士参会。扩展“PKS”体系生态联盟会员单位至114家，吸引“PKS”生态伙伴超10万家，成功传递了中国电子作为核心力量愿与生态伙伴“聚势聚能，共擎共飞”的发展理念。

三、中央企业以“三链”为核心的网信业务发展效果

通过构建和实施以“三链”为核心的网信业务发展管理，网信产业核心力量使命已在中国电子全体员工中深入人心，中国电子实现了产业发展能力的体系性重构、科技创新能力的系统性重塑和生态带动力的显著提升，网信产业共同体的格局初步形成。

（一）“三链”融通成效显现，公司网信产业影响力显著提升

通过以产业链、创新链、资本链“三链”为核心的管理变革，实现了产业链需求带动创新链、创新链畅通产业链、资本链赋能创新链强化产业链、产业链利益反哺资本链的紧密耦合、螺旋上升。中国电子网信产业组织力、带动力、引领力显著提升，向国家网信产业核心力量迈进一大步。累计攻克“卡脖子”技术102项，打造CPU芯片、EDA工具、操作系统、数据库、FPGA、PLC等16类53款国产化产品。“PKS”体系已成为我国自主网信产业的核心技术底座，中国电子构建了国内最完整的“芯端网云数智”网信产业链，产业防断供能力切实增强。

（二）竞争能力显著增强，经济效益快速增长

“PKS”体系关键产品的市场优势持续扩大。高端芯片飞腾CPU国产市占率第一，澜起内存接口芯片全球领先，盛科交换芯片国产市占率第一；麒麟操作系统、达梦数据库、迈普网络设备等产品党政国产化市场中市占率稳居第一，网信集成项目中标从12.6亿元增长21倍，达277.8亿元。网信业务增长，产业结构优化，带动经济效益大幅增长。2021年相比2019年营业收入增长24%，达2781亿元；毛利率、利润率分别提高了3.4个百分点与2.1个百分点，利润总额增长近7倍，达51.5亿元，其中网信业务利润43.9亿元，带动作用显著。《财富》世界500强排名第324名，提升64位。

（三）有效履行央企使命，社会效益成效显著

中国支撑了65个部委和31个省（区、市）的党政网信工程，率先实现金融行业规模化国产替代，首批涉及46家金融机构，20多台套网信设备开始进入能源、交通、通信等13大关键基础行业，为保障国家网络安全贡献了力量。引领国家自主网信产业迈入新发展格局，相关成果获得“国家科技进步一等奖”“十大国之重器”等荣誉，备受业界关注；塑造了“中国电子”“CEC”“长城”“麒麟”“飞腾”等一系列民族品牌，赢得央视、人民网、《光明日报》等主流媒体的广泛报道，在广大公众中树立国货自强的信心。与超5000家高科技企业厂商建立合作关系，带动超万亿的网信产业生态、超过600万从业人员，催生共生共长、葳蕤蓬勃的“大网信”生态。中国电子已经成为国家自主网信产业值得信赖的核心力量，有力地担当起国家所赋予的历史使命。

（成果创造人：曾　毅、周进军、孙迎新、杨　林、刘燕武、邓子畏、李玉照、程子阳、李　博、刘　宁、周英超、郭晨钟）

助力数字经济高质量发展的新型信息基础设施建设管理

中国移动通信集团有限公司

中国移动通信集团有限公司（以下简称中国移动）是于2000年组建成立的中央企业，注册资本3000亿元，是全球领先的通信及信息服务企业，是全球网络规模最大、服务客户最多、盈利能力和品牌价值领先、市值排名前列的电信运营企业。截至2021年年底，资产规模超过1.81万亿元，移动客户总数9.57亿户，家庭宽带客户数2.18亿户，政企客户数1883万家，对外可用IDC机架40.7万架，累计投产云服务器超过48万台。2021年全年营运收入为8483亿元，增长10.4%，其中，通信服务收入为7514亿元，增长8.0%，连续18个年度获得中央企业负责人经营业绩考核A级，已连续22年入选《财富》世界500强企业，2022年列第57位。“中国移动”品牌在2021年再次荣登Millward Brown的“BrandZTM全球最具价值品牌100强”第68位。

一、助力数字经济高质量发展的新型信息基础设施建设管理背景

（一）践行网络强国战略、履行央企政治责任的重要使命

党的十八大以来，党中央提出网络强国的战略部署。信息基础设施作为网络强国的“基石”，与电一样，已成为支撑全面建设社会主义现代化国家的战略性公共基础设施。进入新时代，如何引领国际移动通信标准，打破西方国家在芯片等领域的技术封锁和“卡脖子”问题，不断推进通信技术自主创新，实现从网络大国向网络强国转变？作为信息化领域骨干中央企业，中国移动理应坚决贯彻落实“网络强国”建设的决策部署，扎实履行中央企业政治责任和社会责任，充分发挥网络和技术等优势，积极推进新型信息基础设施建设。

（二）不断做强做优做大我国数字经济的客观要求

当前，我国经济正处于转变发展方式、新旧动能转换的关键期。与此同时，全球正处于新一轮科技革命和产业变革的加速推进期，数字经济日益彰显出巨大的发展潜力和无穷的创新活力。在我国，数字化、网络化、智能化在生产生活各方面逐渐普及应用，不断催生出工业互联网、数字乡村等数字经济新形态，对信息基础设施提出更高的要求。国家相关部委发布《“十四五”数字经济发展规划》、“上云用数赋智”行动、“东数西算”工程等重大规划，要求加大5G、云计算、数据中心等新型基础设施建设力度。身处通信产业链核心地位，中国移动必须构建新型信息基础设施，发挥信息通信的战略性、基础性、先导性作用，助力我国数字经济做强做优做大。

（三）建设具有国际竞争力的世界一流企业的必然选择

世界一流企业处于全球经济舞台的第一方阵，在全球经济发展中发挥着引领、支撑和融合作用，是一国综合国力和国际竞争力的集中体现。作为信息通信业唯一入选国务院国资委首批10家创建世界一流示范企业的公司，围绕国务院国资委“领军、领先、典范”要求，打造成为具有全球竞争力的世界一流企业，是中国移动新时期的政治责任和必然选择。经过多年发展，中国移动已成为有重要影响力的国际性企业，具备成为世界一流企业的基础，但与各行业世界一流企业相比还存在不小的差距。目前，移动用户手机普及率超过100%，行业空间、时间、支出已经接近天花板，传统用户规模驱动的增长模式难以为继。伴随数字经济蓬勃发展，数字生活消费升级和千行百业数字化转型，孕育出巨大蓝海，为信息通信业带来新的发展机遇。这要求中国移动必须要加快推进企业转型升级，科学高效地推进新型信息基础设施规划建设，实现高质量持续发展，成为全球信息产业中具有重要话语权和影响力的领军

企业。

二、助力数字经济高质量发展的新型信息基础设施建设管理主要做法

（一）明确总体工作思路，分类制定建设规划

中国移动以创世界一流企业"力量大厦"为战略指引，以助力经济转型升级、高质量发展为主线，提出系统打造以5G、算力网络、智慧中台为重点的新型信息基础设施，系统构建以连接+算力+能力的新型信息服务体系，在激活数据潜能、服务数字经济中进一步彰显"主力军"的责任担当。

1. 确立世界一流"力量大厦"的发展战略

中国移动积极顺应信息和能量融合创新的发展大势，立足"创世界一流信息服务科技创新公司"的新定位，准确把握信息服务行业的时代价值，借鉴中国古代建筑"顶、梁、柱、台、基、枋"的结构，创新提出中国移动创世界一流"力量大厦"发展战略，即：以党建为统领，以"创世界一流企业，做网络强国、数字中国、智慧社会主力军"为总体目标，以"推进数智化转型、实现高质量发展"为主线，围绕转型升级、改革创新着力点，加快"三转"、聚力"三新"、深化"三融"、提升"三力"，全力构建基于5G+算力网络+智慧中台的"连接+算力+能力"新型信息服务体系，统筹推进CHBN（个人、家庭、政企、新兴市场）全向发力、融合发展，加速信息服务融入百业、服务大众。

为持续做好网络基础设施建设，夯实公司"力量大厦"发展根基，中国移动坚持"三个面向"原则（即面向国家政策要求、面向行业技术演进和面向公司发展战略），统筹各方因素编制《"十四五"网络发展中长期规划》，绘制未来五年网络总体发展目标蓝图，明确提出以"数智云网"（网是根基、云是中心、云网一体，智是内核、数是价值、融数注智）为核心理念，以"高速泛在、安全可靠、敏捷高效、绿色节能、可管可控"为方向目标，系统打造以5G、算力网络、智慧中台为重点的新型信息基础设施，为客户提供品质一流连接服务、泛在融合算力服务、开放共享能力服务，支撑公司转型发展，赋能全社会数字化转型。

2. 明确建设原则、目标和总体框架

建设原则：坚持"方向正确、结构合理、重点突出，严控规模、确保效益、支撑发展"原则，积极推进5G建设，科学布局算力网络和智慧中台。具体包括：坚持效益优先，完善投资闭环管理；精准投入精准建设，避免资源重复浪费；从严管控投资规模，强化有保有压有控；深化分级分类管理，因企制宜精准施策。

建设目标：一是构建覆盖全国、技术先进、品质优良的5G网络和千兆光纤网络，奠定信息高效流动的基础底座，畅通经济社会信息大动脉。二是以算为中心、网为根基，整合新一代信息技术，优化数据中心布局，构建泛在融合的算力网络，将算力服务打造成像水、电一样即取即用的社会级服务，健全数字经济智慧大脑。三是建设具有运营商特色、中国移动特点的智慧中台，包括技术中台、数据中台和业务中台，汇聚内外部海量高价值数据，沉淀人工智能、区块链、精准定位、安全等领域的优质能力，加速全社会信息和能量的融合创新，以数智化手段为千行百业注智赋能。

总体框架：以贯彻中央决策部署、落实公司创世界一流力量大厦战略为导向，强化超前研发与协同创新突破关键技术难题，协同促进数字产业发展，构建"投资计划—项目计划—工程建设"的能力体系，以体系化制度为保障和以数智化管理平台为支撑，推进新型信息基础设施建设取得显著成效。新型信息基础设施建设管理总体框架如图1所示。

3. 制定实施三类设施建设规划

一是规划5G精品网。2019年6月，工信部正式发放5G商用牌照。中国移动制定5G一期工程建设方案，明确31省5G基站建设规模、区域、原则等，开展5G预商用网络建设。2020年，制定5G二期工程建设方案，提出在全国地级以上城市实现商用；兼顾大众、垂直行业"两个市场"，独立规划建设

2C、2B 的 5GC 核心网；以 2.6GHz 室外宏基站覆盖为主，按“先东部、后西部，先重点城市、后一般城市，先室外、后室内”的次序执行。2021 年，制定 5G 三期工程建设方案，重点打造 700MHz 基础覆盖网络，按需精准建设 2.6GHz 主力承载网络，做好 4/5G 协同建设，5G 网络建设优先保障重点城市、重点区域、重点场所、重点客户需求，适度合理部署室内覆盖；坚持网随业动、效益优先，多措并举、全力支撑垂直行业从“示范性样板房”到“标准化商品房”的快速复制、规模发展。

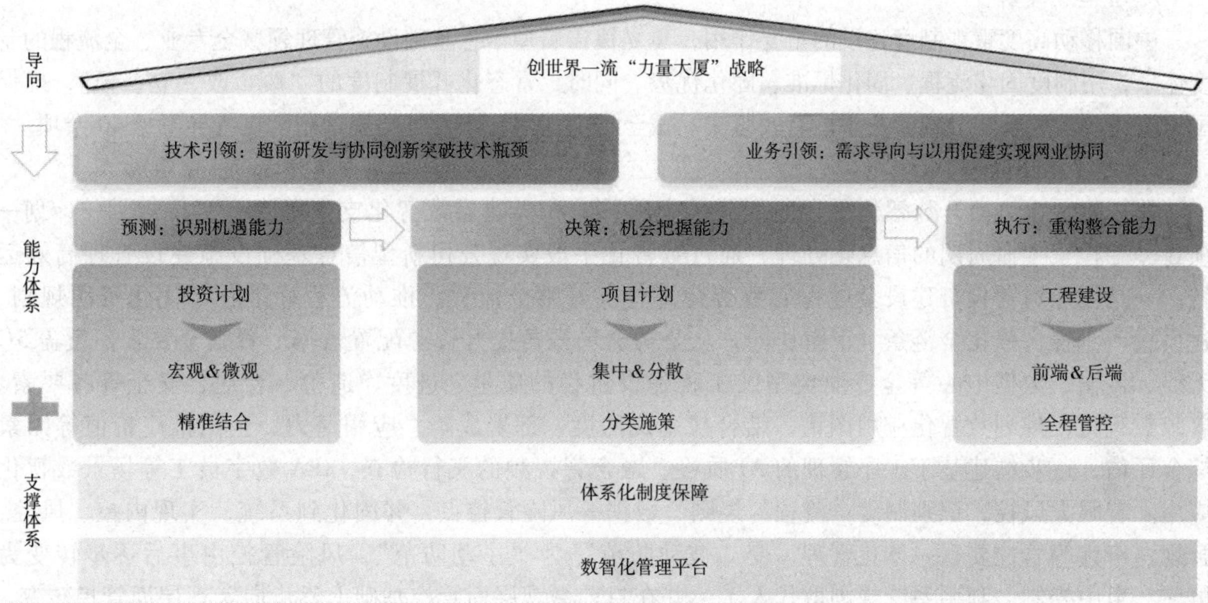

图 1　新型信息基础设施建设管理总体框架

二是编制实施《中国移动算力网络规划》。按照三个阶段系统推进算力网络发展，在第一阶段（2021—2023 年），泛在协同，实现算网向布局协同、运营协同发展，通过协同算网服务入口，实现资源互调，满足用户一站开通需求；在第二阶段（2024—2025 年），融合统一，推动算与网逐步融合发展，加快算和网管理编排“大脑”的融合统一，实现在算网资源层面的统一管理、编排和调度；在第三阶段（2025 年以后），一体内生，彻底打破算网边界，形成算网一体化基础设施，为用户提供融合多技术要素的一体化服务。同时，积极优化算力网络布局，推进大型数据中心规划。贯彻落实国家“东数西算”工程部署要求，按照全国 8 个算力枢纽节点建设布局，优化中国移动数据中心“4+3+X”布局，积极推进增节点、补规模工作，推进江苏苏州、河北张家口、四川成都、贵州贵阳、宁夏中卫、重庆江南、上海青浦、内蒙古呼和浩特等数据中心征地建设。优化网络承载能力。在长三角生态绿色一体化发展示范区、重庆、成都、和林格尔、贵安 5 个算力枢纽数据中心集群部署了云专网骨干节点，实现算力资源本地市接入、高效转发，并在宁夏中卫新增两个骨干节点，实现东部与西部算力枢纽区域间、区域内骨干节点间全互联组网。

三是打造开放共享的“智慧中台”。依托全网集中统一的技术中台，将多年来形成的大数据、AI、区块链等领域优质能力组织上台，形成统一能力视图，构建具有运营商特色、中国移动特点的“业务+数据+技术”智能中台能力服务体系（AaaS），对内在营销、服务、管理、创新等领域深入推广，支撑企业数智化转型；对外为政务、金融、文旅等行业应用提供有力支撑，积极探索全社会数智化应用。

（二）强化组织领导，完善投资建设制度体系

1. 优化组织体系

为进一步统筹推进中国移动新型信息基础设施建设各项工作，中国移动成立中国移动新基建推进领

导小组，杨杰董事长任组长，其他公司领导任副组长，成员包括集团公司相关单位主要负责人。领导小组下设5G推进、算力网络、智慧中台三个模块。其中，5G推进模块下设技术等七个工作组。算力网络模块下设技术产业策略组等五个工作组。智慧中台模块下设管理委员会，管理委员会下设综合工作组等三个工作组。各工作组各司其职、各负其责，在领导小组统一指挥下，高质量协同推进公司5G、算力网络、智慧中台新型信息基础设施建设相关工作。

2. 健全制度体系

中国移动高度重视制度建设的重要作用，建立覆盖新型信息基础设施管理领域全专业、全流程的制度体系，用制度固化流程、固化标准、固化优势。同时，常态化开展制度的“废、改、立、释”，确保国家有关政策要求、公司管控举措有效落实。截至目前，累计印发各类规章制度、指导意见40余项。

3. 突出平台赋能

数智化转型离不开数智化平台的支撑，中国移动积极建设数智化支撑平台，实现规划—计划—项目—工程全生命周期的信息化处理，通过数智化手段实现公司新型信息基础设施建设管理高效运转。一是构建覆盖投资建设全过程的数智化平台。着眼全流程，推动流程标准化，优化资源规划、建设投产流程，强化全链条上下游协同，从公司全局视角提升资源配置效率。着眼全要素，覆盖5G无线、传输、数据中心等全专业类型及工程建设过程的质量、进度、造价、合规、安全等各要素。着眼数智化，规划数智化应用图谱，结合技术成熟度、部署成本、应用潜力、全网推广价值等因素综合评估，逐步构建基于工序管理的AI质检、融合音视频的飞行检查、IPA数字员工等场景数智化应用。着眼大风控，识别制度、流程、规则、数据等风险管控点，并固化到系统，实现内控、风控、合规、审计等管控要素一体化管理，变“被动防范”为“主动防范”，风险管控由事后逐步转变为事前、事中控制，利用系统规则取代人工，并在目前微观层面管控基础上逐步向宏观层面管控转变。

二是支撑投资建设管理等工作高效有序。根据5G无线网建设精准建设要求高、工期实施要求高的特点，创新管理方式助力5G全面建设。依托数字孪生、BIM、GIS、云计算、大数据等技术，初步实现土地、局房、机房、哑资源的数字孪生视图，通过生产过程实现资源静态管理向动态协同转变、实现以基本生产功能为主向数智赋能转变，为新基建、算力网络的基础资源构建提供信息和流程支撑。同时，针对运营商行业特点，在设计环节通过物资清单和预算控制机制，保障资源配置管控有效落地；在施工环节通过工序管理及基于工序的质量控制矩阵，将工程质量管理落实到每个细节；在工程转资环节通过自动化转资平台，衔接上游工程采购与下游资产资源；全流程环节通过嵌入式风险防控识别点，依据固化规则自动进行流程环节风险识别，减少人工干预。此外，通过电子签章技术进行一键归档，大幅降低人工作业模式下的归档工作量；通过AI图片识别模型算法进行工程现场质检，实现从“抽样现场检查”逐步过渡到“全量AI质检”的质变。

（三）突破关键技术难题，为开展规模化建设奠定基础

1. 推动5G技术研发攻关

我国是全球首批启动5G研发的国家，中国移动大力推动5G网络技术研发攻关，实现无线网、核心网、传输网端到端核心技术突破，引领全球通信技术发展。一是始终坚持推动TDD技术，主导5G技术发展方向。中国移动坚持TDD创新战略，推动TDD技术成为5G核心基础和主流方向，确保从3G TD-SCDMA、4G TD-LTE到5G，TDD技术一脉相承。二是研究提出众多原创性技术。无线网方面，在全球最早开展大规模无线技术攻关，将相关技术在4G网络提前商用，使中国5G产业成熟度领先国外1年以上。核心网方面，引领最关键的网络架构研发，中国移动提出基于云化、服务化的5G新型网络架构设计，深刻改变传统电信网络的设计理念，加速移动通信产业的ICT融合步伐。传输网方面，主导新型光传输网络，实现更精确的时钟同步、更低时延、更可靠的隔离性，更好适应5G高速率、低时

延、可切片的用户业务需求。

2. 推动数据中心技术和标准变革

一是创新研发双层双联微模块数据中心。数据中心是算力网络关键基础设施。中国移动创新研发基于双层双联微模块的数据中心，突破传统数据中心机房在施工、设计、建设、供电等方面的局限。双层双联微模块开创数据中心工业化融合建造，实现6个月交付，缩短约60%建设周期。首创通信设备双层薄壁框架结构体系，攻克薄壁钢结构强度、刚度、稳定性、节点连接等专业难题，充分利用建筑空间，同等建筑面积可安装机架数翻倍，填补微模块在高大空间应用的国内外空白。运用复合构造保温防水、冷热交替隔绝等关键核心技术，破解大型模块产品密闭难题，封闭冷热双通道，进一步提高空调末端回风温度，增加自然冷源利用时间，PUE低至1.2以下。各项指标处于国内领先水平。二是推进数据中心标准化设计。跟踪技术演进趋势、业务装机需求，不断更新迭代数据中心标准化设计方案，最新迭代升级到V4.1版本，装机效率与成本控制业内领先，推进"平面标准化、配置标准化、设备标准化"，装机效率与成本控制业内领先，单机架建筑面积节省约40%，单机架建设成本降低23%，已在全网近500万平方米数据中心得到应用，中国移动呼和浩特数据中心B09机楼荣获发改委绿色节能示范工程。

3. 推动技术中台协同创新

一是在没有任何先例可循的情况下，中国移动将应用软件、硬件设备、标准规范、组织、文化、流程等元素有机结合，通过"中央厨房"的易用开放模式，开创性地打造国内领先的智慧中台AaaS（A-bility as a Service：能力即服务），提供统一封装、灵活调用的能力服务，为生产、经营、创新、管理、服务等各领域、各环节注智赋能。二是积极推进技术中台建设，创新研发磐基PaaS平台，牵引应用从传统IT架构迁移至云原生架构体系，将通用技术能力沉淀，将上层应用微服务解耦，大力提升IT系统对企业业务需求的快速响应和敏捷交付能力。实现云化部署后，系统主体中断时长从90分钟缩短至120秒内；开发效率整体提升25%，有效提升全网业务运营稳定性。月均订单处理量达到百万级，月均话单处理量达到百亿级。三是创新打造企业级大数据平台"梧桐大数据"。通过构建数据中台积淀能力，实现全网数据的统一采集、处理、计算，已汇集中国移动内外部高价值数据规模达EB级，为金融、防疫、人社、应急等千行百业注入数据动能；自主打造的"九天"人工智能平台，已汇聚智能算力1.8E FLPOS，对内对外支持智能化应用超600个，为产业伙伴提供实现AI技术和产品规模化价值的平台环境。

（四）科学制订投资计划，加速推进项目建设

1. 分类别制订投资计划

近年来，中国移动每年在信息基础设施方面的资金投入在1800亿元左右。为做好资金的精准投入，避免浪费，中国移动始终坚持"方向正确、结构合理、重点突出，严控规模、确保效益、支撑发展"基本原则，做好资源的科学分配，持续打造面向新型信息基础设施建设的网络资源配置体系。一是重点向新型信息基础设施建设领域倾斜。在投资总盘子上，通过"自上而下"与"自下而上"相结合，采用宏观把控、微观审核相结合方式制订年度资本开支计划，宏观把控以保障整体投入产出为目标，微观审核以确保项目投入合理性为基础，对所属单位进行资源配置。在投资项目上，通过"负面清单、监管清单、分级分类"实现有保有压有控。在资金投向上，重点向5G、算力网络、智慧中台等新型信息基础设施建设领域倾斜，2022年5G网络、算力网络和智慧中台投资超过1500亿元，占年度总投资比例80%以上。二是完善投资计划管理闭环。构建由月度分析、专题分析和年度分析组成的综合投资监控分析体系。通过月度分析发现异常、及时预警，通过专题分析实现热点、重点、难点问题的有针对性的深入分析，通过年度分析发现问题短板、提升管理效能，并将资本开支、转资进度、资本开支占收比、刚性管理项目管控等指标纳入业绩考核，定期开展投资后评估、健康度评价，实现闭环管理。

2. 分阶段规划项目建设，加强项目群管理

信息通信网络包含无线网、核心网、传输网、业务支撑网、局房土建等众多专业类别，不同专业间的技术特性和发展特点不一。在进行各专业网络资源配置时，为推动实现网络价值最大化，通常以年为单位，中国移动坚持全国一盘棋统筹管理，统一制订战略性、基础性、重点区域网络建设计划，确保新型信息基础设施与国家重大工程、政策对接落地。一是提升工程项目端到端的全程管控能力。中国移动的信息基础设施既庞大无比又极其复杂，覆盖全国东南西北每个角落，跨越不同气候、海拔、地形地貌，施工难度千差万别；网络结构复杂，包括无线网、核心网、传送网、业务网、支撑网、房屋土建等多张网络，每年新立项的建设项目近 2 万个，软硬件的集成实施，更涉及与运行中庞大网络的实时割接，实施风险难度极大。为提升工程建设的质量、进度并加强成本管理，确保已制订的项目计划能够如期转变为网络能力，中国移动围绕工程管理“质量、进度、造价、合规、安全”五要素，强化基础管理和项目全过程管控，制定并印发项目全生命周期、建设期、施工期控制标准，将项目全生命周期标准化为 6 个阶段、35 个关键环节，逐一明确把控要点，持续提升工程管理规范化、科学化、精细化水平。

二是建立推进 5G 建设联席会议制度，加快 5G 网络建成投产。克服芯片供货紧张、产业上游原材料价格上涨、疫情冲击导致制造商供货滞后等多重困难，加强产业链协同联动，全力以赴推进 5G 网络建设。梳理制定《5G 关键任务清单》，形成技术、计划建设、网络、市场、宣传、垂直行业、IT 线条共 73 项关键任务、247 项里程碑事件，并按月进行督办。按照计划目标倒排工期，指导所属各省公司根据疫情轻重、区域特点制订建设计划、挂图作战；打破常规，组织规模组网测试，通过边测、边建、边完善、边优化，全力加速产业成熟；创新招投标方式，通过电子化手段在线汇报、评标；实施赛马机制，有效发挥各省公司、厂家两个积极性，向配套准备充分、建设进度快的省公司及质量好、价格低、供货快的厂家倾斜；开展内部劳动竞赛，激发广大员工投身 5G 网络建设的积极性、创造性。2019 年建设 5G 基站超过 5 万站，在超过 50 个城市实现 5G 商用。2020 年克服新冠疫情对于物流运输、工程实施造成的不利因素，全年新增 5G 基站超过 34 万站、年底累计开通 39 万站。2021 年，扎实推进共建共享，建成全球首张 700MHz 频段 5G 共建共享网络，全年新增 5G 基站超过 34. 5 万站，年底累计超过 73. 5 万站。2022 年，继续拓展 5G 网络覆盖的深度和广度，截至 10 月底，已提前超额完成 5G 网络全年建设任务，实现全国市县城区、乡镇 5G 连续覆盖，以及重点区域、发达农村、部分重要物业场所的有效覆盖。

（五）携手合作伙伴，促进新型信息基础设施落地应用

中国移动坚持以用户需求为导向，携手行业合作伙伴，不断优化技术方案和建设规划，推进新型信息基础设施不断完善。

1. 推进产业数字化合作

中国移动发挥重要的产业牵引作用，在全球率先发布中频段白皮书，吸引和聚集 5G 研发力量，助力我国主推的中频段成为国际主流。中国移动基于复杂多变的现网环境，组织产业开展全球规模最大、最完备的 5G 外场试验，组织全球 16 个主流的设备、芯片和终端厂家在全国 5 个城市并行开展测试，超过 2000 人参与，历时一年，通过 2 万条试验用例，打通端到端产业瓶颈，帮助产业修订 2000 余项问题，确保我国 5G 商用领先，并通过新技术的持续演进、试验和部署，使国内产业近水楼台、资源聚焦的优势转化为商用产品的群体优势，对华为、中兴等国内企业完成从“服务领先”到“技术领先”的跨越，对全球产业链成熟都起到了重要的促进和推动作用。

中国移动成立全球首个 5G 联合创新中心，在全球设立 28 个区域联合创新实验室及 7 大行业联盟，汇聚 700 家产业合作伙伴，挖掘千余个 5G 创新方案。联合跨行业龙头持续打造 5G 应用试点，引领技术创新，推进标准成熟，带动 5G 应用规模复制。联合中石化物探院打造基于 5G 尊享专网的野外智能

节点油气勘探系统，首次实现勘探装备的完全自主知识产权，打破国际技术垄断（第四届“绽放杯”全国赛第一名）；联合南方电网，打造全国首个5G+智慧电网，完成配电网差动保护等7个核心应用验证，助力输电巡线效率提升11倍，5G配网差动保护实现停电恢复零感知；联合中煤科工、阳煤集团等70多家企业及高校成立“5G智慧矿山联盟”，获得全国首张5G基站防爆、煤安双认证，推动5G煤安认证标准制定；联合北京协和医院、中日友好医院、华西二院等1100余家医疗机构，打造全球首例5G远程人体手术、5G眼底激光治疗、5G床旁医疗车诊疗、5G远程超声等数十项创新应用；联合全球货物吞吐量最大的宁波港，打造首个5G港机远控智慧港口，打造5G龙门吊远控、5G桥吊智能理货、5G内集卡自动驾驶等应用，为龙门吊作业降低人力成本50%以上，节约设备改造成本20%以上；联合国家能源神宝煤矿，打造世界首个极寒地区5G+无人驾驶编组运行项目，完成5G无人驾驶、5G远程操控、5G无人值守等5个核心应用验证，煤炭产量同比增长21%，实现5G端到端时延平均保持在20ms左右。横跨6省市建成全国最大的5G专网，助力宁德时代“智变”，采用2.6GHz+4.9GHz双频组网，5G UPF+下沉方案，打造最高安全等级的5G专网，实现福建、江苏、四川等6省40个厂区的网络全连接，总面积近500万平方米，是全国覆盖面积最大的企业5G专网。

2. 协同推进算力网络应用

一是根据业务发展重点，持续完善数据中心布局。结合京津冀、长三角、粤港澳大湾区、成渝4大业务集中热点区域，将“4+3+X”布局优化为“4+N+31+X”布局，形成“热点集约、跨区辐射、边缘覆盖”的算力梯次布局和基础设施能力，即提升“4”——强化京津冀、长三角、粤港澳大湾区、成渝4个热点区域的数据中心规模和能力；增加“N”——对标国家枢纽节点数据中心集群部署和公司现有资源，将现有3个跨省中心调整为N个中心节点；覆盖“31”——突出超大型数据中心在31省的全面覆盖；扩大“X”——将所有地市核心机房楼均纳入“X”层级。

二是充分发挥算力网络新特性，加快现有产品升级和前瞻业务试点验证。一方面，打造云XR、云游戏、云魔百和等应用，升级云专线、云互联等云网融合产品，拓展无人采掘、港机远控、工业质检等行业解决方案，探索车联网、元宇宙等新业态新模式。另一方面，强化东数西存、东数西算、东数西训、东视西渲、中训边推、算力交易等新型场景落地。例如，在东数西存方面，联合国家心血管病中心，将东部地区的医疗影像温数据、冷数据自动搬迁至西部数据中心，实现高可靠、低成本存储；在东视西渲方面，打造“任务即服务”模式，让东部影视制作单位可按需设置清晰度等参数，通过自动配置网络带宽和算法模型，远程高效调用西部算力进行视频渲染，目前已支撑完成多部电影和动画的制作。

3. 强化智慧中台赋能应用

智慧中台作为全网统一平台，针对使用中存在流程衔接不到位、精细化运营能力不够等问题，中国移动坚持“边建设、边运营、边完善”，不断完善功能、丰富应用。一是持续沉淀全网优质能力，汇聚基础通信、大数据、人工智能、区块链、精准定位、安全认证等领域的一批成熟好用能力，包括44家单位470余项能力，实现能力在重点领域的全覆盖。二是完善选、推、用、优的闭环运营机制，通过严选赛马、市场引导、反哺优化、动态评价，实现可上可退、优胜劣汰的良性循环，持续甄选“有需求、有品质、有信任”的优质标杆能力，推动从量到质的进一步提升。三是积极引入外部能力。秉承“开门建中台”理念，通过招募、认证、签约的能力引入流程，积极引入合作伙伴的优秀能力。比如，在智慧京雄高速项目中，中国移动运用5G专网、大数据、云计算、人工智能、高精度定位、车路协同等技术，为京雄智慧高速设计了涵盖建设、管控、养护、运营的全流程的智慧高速解决方案，采用“1+1+1+5+9+N”的架构设计模式，即1套泛在感知体系、1套融合通信系统、1个数据中心、5个综合应用平台、9个智慧应用及服务、N个未来扩展应用。涵盖5G+C-V2X车路协同+北斗三网协同方案，其中依托 OnePoint 平台及4400个基站，打造全球最大的5G+北斗高精定位系统，将京雄高速打造成“国际领先、世界一流”的新时代示范性智慧高速。

三、助力数字经济高质量发展的新型信息基础设施建设管理效果

（一）建成全球规模最大、技术领先的新型信息基础设施

截至2022年9月，中国移动累计开通5G基站达120万座，约占全国5G基站总数的50%以上，约占全球5G基站总数的30%，5G基站遍布全国，最高位于6500的珠穆朗玛峰、最深位于地下900米的煤矿；建设千兆宽带网络，千兆覆盖住户达到2亿户；持续深化数据中心布局，总机架能力超110万架；持续深化移动云布局，建成13个中心节点，15个省级节点，边缘节点600个；构建智慧中台能力服务体系，汇聚人工智能、大数据等领域325项共性能力，促进全社会“上云用数赋智”，能力月调用次数超110亿次。同时，主导了技术标准制定，提升了我国5G领域国际话语权。中国移动从需求愿景阶段参与标准制定，提出的5G关键指标被国际电联接受并成为全球共识，是中国企业首次牵头制定新一代移动通信需求；主导5G系统架构标准制定，是中国公司首次主导新一代网络架构标准制定；在3GPP、ITU等国际组织中累计牵头180余个关键项目，提交标准提案3000余篇，申请2000余篇专利，5G国际标准贡献度稳居全球运营商第一阵营；担任领导职务30余个，有效提升我国在5G国际标准化领域的地位和影响力。

（二）有效助力我国数字化发展

2019—2022年，中国移动围绕新型信息基础设施建设累计投资达7000多亿元，其中5G相关投资达3500多亿元，有效支撑我国数字经济蓬勃发展。同时，在产业升级、惠民利民和促进信息消费升级中发挥了关键作用，不断助力生产方式、生活方式、社会治理方式数智化转型。目前，5G套餐用户达5.3亿，居全球运营商榜首；超1400家合作伙伴，带动5G产业共创、共生、共赢；超15000个5G行业商用案例，5G已在工业、医疗、教育、交通等行业领域发挥赋能效应，覆盖国民经济97个大类中的40个。在广大农村地区投资1800亿元完善信息设施，极大地缩小了城乡数字鸿沟，让亿万农民共享互联网发展红利。不断提升信息服务品质，咪咕视频等10个产品客户规模破亿，北京冬奥会内容全场景累计播放340亿次，助力信息消费品质升级。

（三）企业高质量发展取得显著成效

2021年中国移动客户价值、企业价值、股东价值实现全方位提升，收入增速创十年新高，净利润增长良好，经营业绩表现出色，连续18年获国务院国资委中央企业负责人经营业绩考核A级。其中营运收入达到8483亿元，同比增长10.4%；其中，数字化转型业务收入达到1594亿元，同比增长26.3%，对主营业务收入的增量贡献达到59.5%，以数字化转型收入为主要构成的“第二曲线”，正在成为推动中国移动收入增长的第一驱动力。净利润达到1161亿元，同比增长7.7%，实现良好增长；净资产收益率为9.8%，较上年同期提升0.3个百分点，盈利能力继续保持国际一流运营商领先水平。2021年中国移动再次被《福布斯》选入其“全球2000领先企业榜”、被《财富》杂志选入其“世界500强”。

（成果创造人：李慧镝、周承阳、边燕南、丁宏庆、李重严、蔡亚莉、李海滨、王晓东、张鹏飞、孙　晟、孙　伟、杨志军）

航天科研院所基于关键要素的战略实施体系构建

中国运载火箭技术研究院

中国运载火箭技术研究院（以下简称火箭院）成立于1957年11月16日，隶属于中国航天科技集团有限公司，是我国最大的导弹武器和运载火箭研究、设计、试制、试验和生产基地，是中国航天事业的发源地、中国长征运载火箭和东风战略战术导弹的摇篮，孕育、弘扬了具有鲜明时代特征的航天三大精神。经过六十多年的发展，火箭院形成了功能齐全、完整配套的武器系列，奠定了国家战略安全基石，自主研发的战术导弹是维护国家和平统一的关键装备；研制的运载火箭可以将卫星、飞船、宇航员送入地球任何轨道，并安全返回；充分发挥航天技术溢出效应，积极培育“航天+”新业态，在节能环保、特种车辆、智能制造等领域处于行业领先地位。火箭院现有从业人员3.4万余人，总占地面积9435亩（1亩≈666.67平方米），经济发展规模位列世界军工前20强，资产总额超1600亿元。

一、航天科研院所基于关键要素的战略实施体系构建背景

（一）履行强国强军使命的需要

航天科技是探索、开发和利用太空资源、维护国家战略安全的重要力量，对经济和社会发展具有广泛带动性。当前，世界各国高度重视航天领域的发展，将其视为国家综合国力和国际地位必争领域，竞争异常激烈。与此同时，我国国家安全形势严峻，新军事变革加速演进，近年一系列国际事件等，对加快实现武器装备现代化、提高捍卫国家主权、安全、发展利益战略能力提出迫切要求。党的十九大提出建设航天强国、建设世界一流军队的宏伟目标，党的二十大进一步提出加快建设航天强国、加快建成世界一流军队的要求。坚定践行强国强军的初心和追求，坚决落实党和国家意志，火箭院必须从“两个大局”视角出发，更好地履行建设航天强国、维护国家安全的使命，强化战略管理，加速科技向战斗力、生产力转化。

（二）铸就世界一流公司的需要

火箭院既是军工企业，要全面贯彻落实国家重大工程等政治性任务，同时也是中央企业，要按照国务院国资委做强做优做大的要求，不断增强经济发展的规模和效益，提升企业核心竞争力。早在2005年年底，火箭院明确了“导弹武器系统、航天运输系统的总体研制与系统集成企业”的战略定位，提出“铸造国际一流宇航公司”的战略目标。在战略指引下，火箭院取得一系列辉煌的成就，实现跨越式发展，但战略实施有待加强、战略闭环管理体系亟须完善等问题也日渐突显。新时代以来，火箭院贯彻新发展理念，落实高质量发展要求，进一步提出要从技术、产品、能力、人才、管理、文化等方面全面“铸就世界一流宇航公司”的战略目标。新征程战略定位明确，战略目标清晰，战略任务紧迫，火箭院必须更好地兼顾上级战略安排及自身未来发展需要，保持战略定力，增强战略实施管理能力，确保战略闭环、基业长青。

（三）应对企业复杂经营环境的需要

与一般市场化企业不同，火箭院面临内外部经营环境更为复杂，具有一定的特殊性和复杂性，主要体现在三个方面：一是多元业务经营导致的管理复杂。火箭院经营业务领域广泛，军品覆盖导弹武器、运载火箭等细分领域，民品涉及节能环保、高端装备、特种车辆、航天服务业等板块。军品经营具有显著的计划经济属性，而民品发展必须遵循市场经济规律，不同业务领域面向用户、行业政策、竞争环境差异很大，不同类型的任务资源配置方式、要求、流程差异很大，需要综合平衡院内、院外不同属性主

体的发展利益。统筹不同业务领域发展，实现各细分领域战略定位，支撑火箭院总体战略定位对战略实施管理提出更高的要求。二是庞大的组织体系导致的管理复杂。航天型号研制涉及光、机、电多种科学与技术门类，需要建立全国范围的协作配套网络，调动众多军工集团和社会企业力量，通过“全国大协作”完成工程项目的技术配套和实物配套。同时，火箭院组织体系庞大，院本级和院属单位两级组织架构下，包含13个事业单位、13个院级全资/控股公司、2家上市公司，统筹管理的法人户数近60家，且院属各单位所处领域、市场不同，产业链定位、价值链环节差异较大，发展目标并不完全统一。火箭院战略目标的实现，需要在多级、多类、多区域主体间进行目标任务分解、资源配置、考核评估，实现一体化发展，对战略实施管理提出更高的要求。三是型号科研生产的特殊性导致管理复杂。火箭院以军品为主，具有型号数量多、产品种类丰富、技术复杂、质量要求高、资源保障难等特点，型号产品属于小规模定制生产组织方式。当前，火箭院加快推进以研制为主向研制与批产并重转型，不同型号处于预研、研制、批产、售后等不同阶段，各个阶段又可进一步细分，例如研制包括立项、方案研制、工程研制、鉴定定型等，不同类型、不同阶段的型号任务、要求不同，管理十分复杂，新型号的研制往往跨越十余年时间。长周期环境下，领域技术、国际形势、国内政策环境等均可能发生多重变化，统筹牵引不同型号产品发展，持续贯彻战略意图，对战略实施管理提出更高的要求。

二、航天科研院所基于关键要素的战略实施体系构建主要做法

（一）构建关键要素匹配模型，明确战略实施总体思路

1. 拓展航天系统工程理论，明确战略落地关键要素

航天工程管理是系统工程管理的最佳实践，航天工程不仅要确保设计正确的系统，还要确保正确的系统设计，其关键就是在完整的寿命周期内，将“系统设计—系统分解—产品实现—系统集成—系统校验”关键要素及其运转机制以迭代递归的方式在各个阶段反复应用。航天企业战略管理实质上也是对“战略”这一“系统”从制定到分解实施，到监控评价，再到修订完善的全过程管理，同样需要满足“两个正确”：不仅要制定正确的战略，还要正确地实施战略。

经过长期战略管理实践，火箭院总结明确战略实施的三大关键要素：一是目标。党和国家明确了建设航天强国、建设世界一流军队、培育世界一流企业的战略部署，火箭院作为我国战略战术导弹武器和运载火箭的总体研制单位，始终是我国航天事业发展的中坚力量，其战略目标服务党和国家意志，是清晰、刚性的，贯穿企业发展始终。二是任务。完成国家重大工程任务是火箭院的第一要务，履行强军首责，带动科技发展进步，服务国民经济和社会发展，落实战略目标必须以任务或项目为抓手。三是资源。由于航天型号产品复杂、协作配套体系庞大，要实现跨越发展必须适应组织目标与任务的特殊管理需求，有效应对资源统筹与有效配置的挑战。

2. 构建目标、任务、资源三层要素匹配模型，指导正确有效实施战略

火箭院构建总体战略目标、业务战略目标、职能战略目标的三层次战略目标体系。总体战略目标锚定铸就世界一流宇航公司不动摇；业务战略对照各细分领域战略定位，分别明确包括战略导弹武器领域、战术导弹武器领域、航天运输系统领域、空天装备领域等八个军品业务领域，以及包括节能环保、特种车辆、智能装备、航天服务业四个“航天＋”产业板块的战略目标；职能战略明确创新管理、质量管理、人力资源、财务金融、能力建设等不同领域战略目标，业务战略与职能战略共同支撑总体战略，职能战略保障业务战略的执行。

任务是实现企业战略的载体，也是企业经营发展的载体。火箭院作为我国最大的导弹武器和运载火箭研制基地，承担众多航天型号装备的研制、生产、制造工作，以型号研制为基本单元承接领域发展战略，组织完成研制生产任务，是航天事业发展重要的体制创新。以航天运输系统为例，火箭院抓总研制包括长征十一号（小型火箭）、长征七号（重型火箭）、长征五号（大型火箭）、新一代载人火箭（重

型火箭)、捷龙一号(商业火箭)等十余型运载火箭,承担着国家重大工程、军事航天、民用航天、商业航天等来源和性质不同的任务,支撑火箭院巩固航天运输系统主导地位战略定位及引领世界航天发展战略目标的实现。

资源是完成任务所必需的实际投入,航天型号研制生产需要设施设备、物资、人力、资金、时间、信息、文化、技术能力等有形资源和无形资源。在当前航天多型号并举、多批次并行、多阶段并存成为常态的环境下,并行任务争夺资源,特别是大型试验设备、场地、人力等共享资源的形势愈加严重。战略有效实施必须从组织整体利益最大化角度,统筹航天科技工业系统内部资源和全国范围的社会化资源,妥善处理好跨项目、跨领域、跨单位的资源需求与供给矛盾,不断强化对资源的规划和管理,动态监控资源利用情况,科学配置平衡资源,确保各项任务既落地可行,又不偏离发展目标。

目标、任务、资源有效衔接互动,构成战略实施管理过程中各项活动有效开展的最小单位,其内在关系如图1所示,自上而下要强化目标导向、狠抓任务落实、优化配置资源,增强任务的执行能力;自下而上要统筹考虑军民资源,统筹考虑近期需求与长远发展,统筹考虑存量使用和增量投入,充分发挥资源体系效能,有效匹配现有任务,任务支撑目标实现。需要说明的是,资源作为组织发展的重要因素,还应发挥其主动创造价值的能力,依托优势资源,增强任务获取能力,实现增量发展,支撑战略规划目标实现。

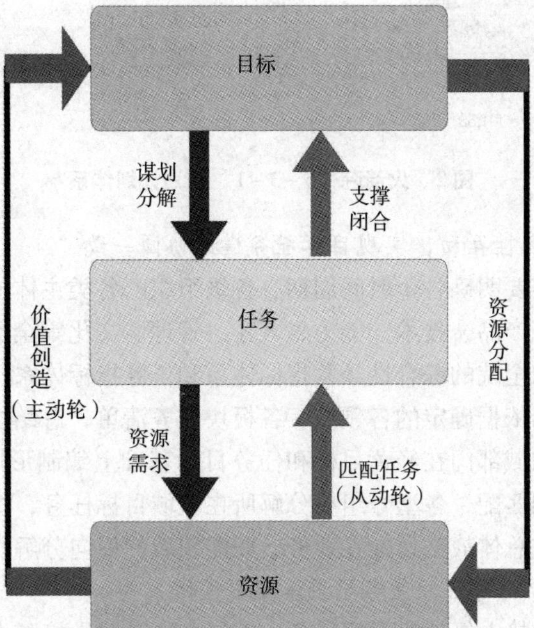

图1 战略实施关键要素衔接匹配关系

基于上述模型,火箭院坚持战略导向和问题导向,面向院本级、型号、院属单位等各级各类组织,覆盖战略目标任务分解、执行、监控评价等过程,构建确保各级组织、不同时期目标对齐一致、任务一体协同、资源统筹匹配的战略实施体系,并配合体系建设,开展管控模式与机制创新,搭建数字化、信息化平台,为提高战略实施管理水平奠定坚实的基础。

(二)构建规划—计划有效衔接的工作体系,实现目标时序横纵分解

1. 建立"5-3-1"规划计划体系,推进战略规划滚动实施

"5-3-1"规划计划体系(见图2)是战略实施管理的核心。通过将十五年战略逐步划小单元,

在时序上按照五年发展规划、三年滚动计划、年度综合经营计划解构展开。五年发展规划是为达到既定的阶段战略目标，在“以终为始”的理念下，按照战略指明的方向和路径，对企业的经济发展、产业布局、空间格局、能力建设等做出的一系列安排。三年滚动计划是推动规划计划体系有效落地的抓手，也是规划与年度经营计划有效衔接的传动轴。每年根据内外部情况变化和发展，对标分析规划目标完成情况，分析实际执行存在的问题，并适时滚动修订未来三年的发展目标、统筹安排任务、提前筹措资源，增进五年发展规划的可实现性。年度综合经营计划在战略规划指引下，对发展环境、竞争态势及经营策略进行研究和取舍，确定年度经营目标、经营活动、经营策略，是各级管理者年度内日常运作和决策的行动纲领和指南，是“5－3－1”规划计划体系发挥效能、确保战略规划有效落地的基础单元。

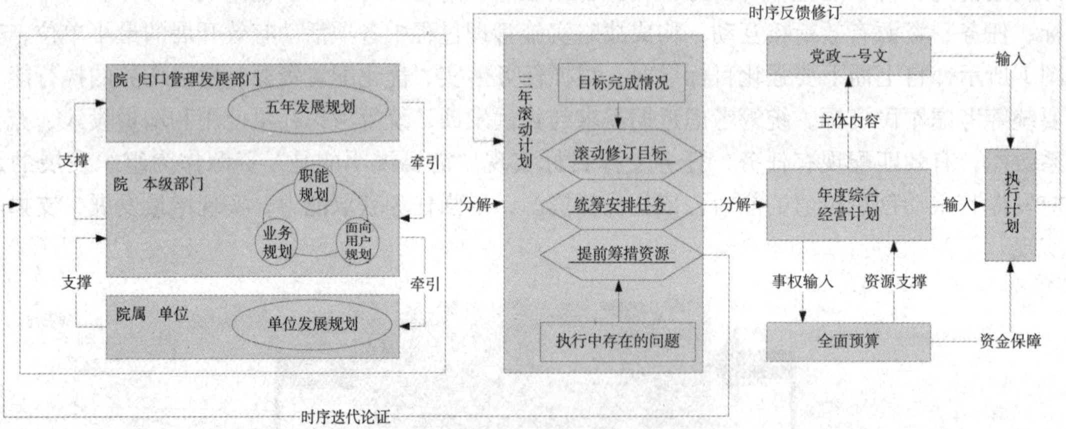

图2　火箭院“5－3－1”规划计划体系

2. 强化“综合—领域”良性互动，实现目标任务横向协同一致

在时序分解的基础上，需要明确各个时间周期、各级组织、各类主体的目标任务，完成横纵方向上的战略分解。在横向上，围绕产品、技术、能力、人才、管理、文化等全面一流的目标要求，由战略管理归口管理部门牵头形成面向全院的综合性经营指标体系和任务指标体系；财务部门形成经营分目标建议；军品、民品综合业务部门依据确定的各领域、各板块任务清单，总结提炼形成任务分目标建议；其他各相关职能部门、各业务领域部门在经营目标和任务目标基础上编制形成相关职能发展分目标建议，确保业务—职能领域目标协同匹配，各型号组织分解所在领域目标任务，这样经过多轮迭代，明确每个领域、每项职能的目标，完成总体战略目标在业务、职能领域的横向分解。

3. 落实高质量发展要求，构建目标任务层层压实责任体系

在纵向上，火箭院全面承接上级战略目标任务，院属单位纵向承接院发展战略和型号任务，横向自主拓展市场，支撑火箭院总体战略。火箭院改变以往定量化目标任务的“单一”衡量标准，科学论证，明确自身发展目标的“确保值、力争值、拼搏值”，设置“做成、做好、做优”的阶梯标准，既坚持实事求是，又强调奋发有为；聚焦高质量发展目标，以“效益增长必须高于规模增长，当期发展必须优于上期发展”的“两个必须”为基本准则批复院属单位发展目标任务，确保实现“1＋1＞2”的体系型增长。各级组织发挥自身产业链核心主体作用，牵引明确配套单位、合作伙伴目标任务，各级各类组织明确自身战略定位、任务和职责，形成有机、立体的目标体系和层层压实的责任体系。

（三）加强任务精细经营管控，提高多项目管理科学性

1. 聚焦重点任务举措实施，实现远中近期衔接落地

以重大任务工程实施为抓手，围绕“战略—规划—计划”实施链路，承接铸就世界一流宇航公司

战略目标，聚焦“六个一流”，明确实施面向中长期发展的技术攀登工程、产品提升工程、产能跨越工程等六大工程，以及深化战略闭环管理、狠抓人才效能提升、弘扬航天精神文化等六大举措；五年规划承接落实战略目标任务，细化提出二十个方向重大工程、九个方向重大举措，形成面向业务领域和职能发展重点任务的“施工图”；年度综合经营计划对照重点任务里程碑节点，进一步细化分解，明确年度重大战略事项和重大研究课题，形成远、中、近期逐步分解落实的重点任务体系，有力推动战略落地实施。

2. 建设战略闭环管控系统，强化数字化信息化赋能

为提高战略实施过程管控效率，强化经营管理数据信息的穿透性、一致性、及时性、准确度，提升战略实施全局掌控能力，火箭院依托先进的数字化技术手段，搭建覆盖院所两级的战略闭环管控系统。系统主要包括战略规划管理、经营计划管理、经济运行管理、绩效考核管理四大业务管理模块和基础指标库管理、组织机构管理两大基础管理模块，关键要素的衔接匹配作为各个模块的重要功能，各级各类组织战略的实施基于统一的信息系统，支撑实现“战略—规划—计划—经济运行—绩效评价”的闭环管理流程。

战略闭环管控系统建设遵循四个“一”的总体思路，一是“一个平台”，即采用全院统一的战略闭环管控系统来建设各个业务功能模块，从而避免同类业务功能模块之间的孤岛化、重复建设；二是“一套流程”，采用统一的业务流程平台实现系统涉及的所有业务流程和数据流程，以保证实现各应用模块之间的关联关系；三是“一个中心”，火箭院大数据中心为上层的各应用模块提供全院唯一的、真实的、标准的数据来源，实现数据集成；四是“一个通道”，采用统一的数据集成通道将系统所需要的来自业务系统的所有原始数据采集到大数据中心，实现各级组织的在线一体协同，整体提高战略实施管理全过程工作效率。

在战略闭环管控系统运行过程中，火箭院充分认识到，无论是军品型号任务，还是产业各板块业务，还是一项专题任务，其本质都是一个个来源不同、目标不同、内容不同、价值不同的“项目”，需要从长周期经营视角对全部项目进行全过程、全要素管理。依托信息化手段，火箭院构建实施一套包括月度经营情况、项目基本信息管理、项目全周期经营信息、项目收款到款及完工情况信息、军品甲方合同签订工作计划、项目经营问题等在内的项目管理信息系统——项目库。项目库既对存量项目进行动态监控，同时关注各领域增量项目储备，适时进行策划与调整，不断强化提升项目规范化、精细化、动态化管理水平，既为科学论证战略目标提供重要依据，也为统筹任务、配置资源提供基本输入。

3. 科学评价项目优先级，提升多项目管理的协调性

当前，火箭院承担的型号任务全线进入高密度常态化阶段，多个型号同时进行研制、生产，科研生产管理模式面临严峻的竞争挑战。为使项目管理综合效果达到最优，火箭院将组织战略与优先级相关联，提出包括战略因素、财务因素、进度因素和综合因素四类因素优先级指标评价体系。战略因素包括战略目标一致性、客户重要度、技术创新水平。其中，战略目标一致性主要衡量项目与企业战略目标的契合度；客户重要度从客户关系和客户潜在价值方面进行综合评判，关系紧密、对企业发展影响较大的客户，享有较高的优先权；技术创新水平考虑产品复杂度、产品创新度等方面的综合性因素，产品复杂度高、新技术应用度高的项目有利于企业的长远发展，优先安排执行。通过对项目的优先级排序，实现战略对项目的指导，既为科学合理配置资源提供了依据，提升了多项目管理的协调性，同时也有利于从全局把控战略实施进度。

（四）强化资源统筹集约布局，提升资源配置效率效益

1. 深化院本级实体化改革，加强人财物一体化管控

一是建设人力资源共享中心，推进人力资源管理战略转型。火箭院针对全院人力资源“一盘棋”

管理力度不够、人力资源效能未能发挥不够等问题，按照“业务上移、数据集中、资源共享、效率提升”的总体思路，将原本分散在院属各单位和部门的同质化的事务性、基础性、标准化、集中化的人力资源共性业务实施一体化管理，建立人力资源数据中心和人力资源共享服务中心，有效减少多级管理重复劳动，从而使人力资源部门更加聚焦于组织战略落实、业务绩效改进、深化改革落地、员工能力提升等战略性人力资源管理，实现人力资源“服务效率提高、服务质量提升、运行成本降低、资源管控加强”，提升人力资源战略伙伴能力和决策支撑能力。

二是建设财务共享中心，提升价值创造能力。火箭院建设财务共享中心，重构财务组织和数据网络，将财经核算组织从各单位自身管理转型为共享中心统一管理，构建全院成本价格及基础核算一体化管控模式，夯实价格及核算基础；将标准规范从各单位存在差异转型为共享中心形成标准统一规范，打牢标准化、信息化，组织人力建设基础，实现资金业务集中收付、薪酬统一发放、跨组织审核及人员的统一管理。财务共享中心不仅促进了财务管理模式创新，提升了财务基础管理能力，进一步强化了全院统一管控，而且促进了单位集中有限的财务资源专注于核心业务和主要战略，实现财务工作从“核算事务型”到“价值创造型”转型。三是提升物资中心管理层级，强化物资“供、管、控”核心作用。物资作为科研生产的基础，直接影响型号的质量和成本水平。为加强对科研生产物资的集中管控能力，火箭院调整物资中心三级单位管理模式，纳入院本级直属管理。强化物资采购与型号计划、生产计划协同，优化物资需求、计划、采购、供应等全业务流程协调运行机制，提升物资供应保障工作全链条管控能力；推进集团公司和院物资标准建设工作，强化选用管控与型号研制紧密结合的管理模式，不断提升元器件应用验证及评价准入能力，创新面向各级组织的物资质量保证模式和方法，物资质量问题得到有效控制；分级分类加强全级次供应商管理，强化型号供应商集中管理，实现物流、信息流、资金流的协调匹配，构建体系完整、安全高效的航天物资供应链，确保物资供应到位、管理到位、质量管控到位。

2. 深入落实国家战略部署，强化内外资源统筹互动

一是深入落实开放融合战略，加强军民资源统筹。党的十九大提出构建一体化的国家战略体系和能力的目标，党的二十大进一步提出要巩固提高一体化国家战略体系和能力的要求。火箭院坚持把军民协同创新作为争取主动、实现突破的战略途径，充分发挥在控制、伺服、通信、指控、车辆等方面的军民两用技术优势，充分利用民用企业在人工智能、量子科技、智能制造等方面的技术优势，加强成果双向转化应用和重点产业发展，推动军民两用战略性、前沿性、颠覆性技术研究，推进军地科研设施资源共享，推进重点领域项目、基地、人才、资金一体化统筹，强化组织内部资源与市场资源的共享和互补，实现军民资源统筹集约管理，积极培育战略性新兴产业。

二是落实区域重大战略，强化空间资源统筹。随着国家区域协调发展战略、区域重大战略的实施推进，火箭院改变传统单一能力建设视角，以支撑和牵引主业高质量发展为目标，把推动专业技术发展作为第一要素，协同“航天+”产业发展，科学集约开展能力建设，提出基于专业、主业、产业、能力“三业一力”的区域布局管理体系。其中，专业布局强调通过共建实验室、创新平台等方式促进专业发展和技术创新；主业布局强调依托地方产业优势壮大军品主业；产业布局强调基于市场机制的主业资源配置方式，充分发挥航天技术溢出优势，促进地方经济发展；能力布局强调全院一体化、体系效能型能力规划与建设。按照“三业一力”区域布局管理体系，火箭院进一步明确在各区域重点发展业务与定位，统筹院、所、公司资源，结合地方优势资源，融入和服务区域经济发展，建立了以北京为中心，河北、山西、山东、湖南、海南，以及天津六地为主要支撑的“1+6”重点区域布局，争取重大工程任务、培育优势产业，资源效能充分显现。

三是深入推进世界一流军队建设，强化军品领域资源统筹。火箭院军品领域业务广泛、涉及用户多、型号任务量大、寿命周期长、部分型号不断改型，资源统筹存在跨型号资源冲突严重、跨单位协调

效率不高等突出问题。为此，火箭院强化推进实施基于型号的全领域资源统筹和全要素闭合管理变革，强化军品“全领域、全寿命、全流程、全要素”的一体化经营管控，系统提升军品科研生产统筹与资源综合协调能力。强化院本级总体抓总核心地位，深入推进总体设计部门改革，强化型号项目的技术经济统一，完善并行协同工作机制，实现总体效率效益最优的一体化设计和设计生产一体化。优化总装管理模式，强化院本级对总装总测计划、资源的综合统筹管理，大幅提升任务完成能力，实现军品领域的高质量、高效率、高效益转型发展。

3. 建设动态可视化资源池，强化资源主动配置能力

火箭院构建对人、财、物、专业、技术等所有资源进行统筹管理的虚拟平台——资源池。资源池描绘了组织生存发展的基础，从院体系效能型能力体系的全局出发，全面统筹院内外、院所两级，以及军民资源，覆盖航天型号研制—生产—交付全流程。在多项目实施过程中，通过实时生成任务和资源匹配视图，监控任务—资源的匹配状态，动态配置优化。资源池建设一方面破除资源统筹的组织信息壁垒，保障各领域、各阶段任务完成，同时通过提前储备扩充资源、开发共享区域及市场上的闲置资源，主动统筹谋划获取任务，有效发挥资源主动轮、从动轮“双轮”效应，确保“目标—任务—资源”链路的完整闭环。

（五）健全战略支撑保障体系，促进战略—运营有效链接

1. 建立战略管理三层组织体系，完善科研生产组织管理机制

战略实施需要健全的组织结构来保证，火箭院建立了决策层、管理层和执行层三个层面的战略管理组织体系。院长办公会是最高决策机构，负责战略审定、战略调整等重大事项的决策；院战略管理委员会是火箭院打造的战略思想分享平台、战略管理推动平台和战略问题研讨平台，负责战略制定与组织实施具体工作，动态管控发展目标，研究审议影响中长期发展的其他重大事项等。院战略管理归口管理部门负责院战略管理全面工作，院本级有关部门、院属单位设立相应的战略管理部门，负责本领域、本单位的战略管理相关工作。院本级各部门、院属各单位是火箭院战略管理具体执行单位。火箭院不断健全“院抓综合，两总抓型号，单位抓产品”体制机制，完善建立院本级“综合经营—领域经营（项目经营）”、厂所“产品经营”纵向一体，“领域—型号”横向统筹的科研生产管理体系，明确了战略管理各项工作中各类组织的权利与责任，以及组织间的接口关系，为战略实施管理提供基本保障。

为强化目标、任务、资源关键要素闭环匹配，保证战略执行效果，火箭院面向军品主业创新设立了军品任务—资源协同匹配推进组，由主管军品综合的院领导担任组长，军品业务综合管理部门、能力建设归口管理部门主要领导担任副组长，其他有关部门担任成员，负责各军品领域重大任务与资源（包含但不限于人、财、技术、能力等资源要素）的衔接匹配，确保任务与资源筹措科学可行。面向“航天+”产业，设立“航天+”产业目标—资源闭环推进组，由主管产业的院领导担任组长，产业归口管理部门、财务管理部门、能力建设归口管理部门、军品综合管理部门主要领导担任副组长，其他有关部门担任成员，负责“航天+”产业战略目标与所需资源投入的闭环论证与组织。面向不同领域设立关键要素闭环匹配的工作组织，有针对性地解决处理好任务与资源、目标与投入的关系，显著降低了沟通成本，明显提升了战略实施的效率效果。

2. 推进精细化制度流程体系建设，实现基于流程的管理变革

为有效解决职能型组织管理孤岛、目标要求和执行“两张皮”、组织价值流失等问题，火箭院构建实施“战略引领、一体协同、精益管控、流程驱动、智能高效、追求卓越”的精细化制度流程体系。体系建设按照体系搭建、全面实施、运行改进三阶段实施，在体系搭建阶段，确立流程建设方法与路径，完成各级组织精细化制度流程试点建设（1892 条基础流程、528 份制度、11659 项管理记录）。在全面实施阶段，面向科研生产与经营管理全过程，优化流程设计规范，推进“制度流程化”建设，并

以信息化平台进行固化，在设计上实现对产品化、数字化、标准化等要求的源头固化和规范，生产上实现齐套、总装和交付能力大幅提升，优化工时和成本，管理上打通从客户需求到客户满足的端到端流程，实现对全流程工作的实时监控。在运行改进阶段，实现院业务精细化流程全覆盖，推进院、型号、院属单位等组织的一体化经营管理，形成制度流程文化，实现基于流程的管理变革。

3. 系统梳理绘制会议地图，强化关键问题点式管控

会议是保证战略目标任务顺畅执行的关键决策场景，特别是具有航天特色的型号任务协调会和调度会，能够确保各项业务工作落到实处。为健全完善会议体系，强化领导资源保障，火箭院在每年年初梳理明确全年会议召开的时间先后顺序、会议的触发条件、待决定的议题、参与人的角色等，自上而下梳理重大事件、流程、决策项，绘制年度会议地图。以会议地图为输入，一方面将主要领导从具体的经营事务和各类会议中解放出来，使其更加聚焦战略管理和体系建设；另一方面，将经营计划有效转化为各部门、各单位的工作执行计划，解决跨部门的协同与配合问题，确保各部门保持步调一致、战略执行不发生偏移，支撑促进战略落实落地。

（六）建立战略监控评价体系，保持战略—环境平衡匹配

1. 建设战略风险预警系统，及时响应内外环境变化

战略目标的实现是战略与外部环境、内部条件之间相互作用、平衡匹配的结果。战略风险预警系统充分依托信息化手段或管理工具开展战略环境扫描和战略行动监控。战略环境扫描主要跟踪监测外部宏观环境、上级政策要求、用户需求、竞争对手行动以及内部资源和能力条件等在内的各种因素的关键性变化；战略行动监控是对战略执行过程中一些重要生产经营活动及其结果进行监测，这些活动和结果依据战略目标任务分解确定。战略风险预警系统实时监测战略风险因素变化，各管理部门在统一的数据平台上随时提取生成风险监测视图，判定影响战略实施的环境趋势、问题、事件或信号并进行预警预示，各级组织采取相应的风险预控对策，并将监测诊断结果和预控方案提供给决策层，再由决策层下达各相关部门或单位执行，直至企业的战略状态恢复正常。

2. 构建绩效评价大体系，实现目标任务有效传导

火箭院按照“一体化设计、差异化实施”思路，设计绩效考核的评价指标体系，通过发挥绩效考核“指挥棒”作用，有效连接个人利益与组织利益，激励个人与组织共同成长，支持组织目标实现。针对院本级、型号、院属单位等三类主体，对标规划计划体系的目标与任务，一体化设计三类组织的五年任期、三年任期的中期和年度绩效考核方案，构建矩阵式的评价指标体系。在组织维度上，针对三类组织的职能和任务特点，在同一考核期内制定差异化的评价指标，以确保责任传导和落实到位；在时间维度上，对同一类组织在不同考核期内制定差异化的评价指标，以确保目标任务有效传导。

3. 定期开展战略规划回顾，强化阶段性节奏效果把控

为确保航道正确，火箭院定期、阶段性开展战略、规划的评估与完善。在规划实施的第三年进行规划中期评估，对规划目标进展和实施程度进行系统总结和客观评估；在规划期末进行规划总结评估和战略阶段评估，对规划内容、战略阶段完成情况进行全面系统评估，及时获取规划执行情况与规划目标的差异并及时采取处理措施。在战略期末进行战略评估，从战略方案、战略执行、战略管理三个方面，对整个战略完成情况进行全面衡量、分析与评价，识别存在的问题及原因，提出启示与建议，为下一轮战略制定、实施、监控、调整全过程提供参考依据。

三、航天科研院所基于关键要素的战略实施体系构建效果

（一）重大工程任务完成能力显著提升，有力推动航天强国建设

火箭院聚焦关键要素作用发挥，着力提升战略实施效率效益，圆满完成以载人航天、月球探测、北斗导航、火星探测等为代表的一系列国家重大工程任务，火箭院研制的长征五号 B 运载火箭用连续 3

次圆满成功向世界宣告属于中国人的空间站时代已经到来；运载火箭近年持续高密度发射，发射能力和效率大幅提升，从第一个百次发射用时 37 年，到第四个百次发射仅用 2 年多，不断打破历史纪录连续成功；圆满完成“过于先进，不便展示”的亚轨道重复使用演示验证项目，为和平利用太空提供技术支撑；在极短时间内攻克世界性难题，成功研制出多型世界领先的跨代武器装备，抢占领域的科技制高点；新立项型号产品化率持续上升，导弹武器交付数量和计划完成率同步增长，有力支撑世界一流军队建设和建军一百年奋斗目标实现，航天强国建设加快推进，国际影响力和话语权显著提升，强国强军作用和地位充分彰显。

（二）高质量发展取得阶段性重要成就，有效支撑服务国家战略

火箭院战略实施坚持以高质量发展为主题，近年在国家整体经济下行压力较大的形势下，实现了经济效益的稳步增长；以长征五号、长征七号为代表的新一代运载火箭应用飞行，使我国进入空间能力达到世界先进水平；打造开放、融合、协同、高效的创新生态，推动人工智能、量子信息等前沿颠覆性技术在航天领域的应用，培育未来军事能力新的技术增长点；落实国家重大区域战略，完成海南商业发射场等国家重大工程立项，积极融入和服务构建新发展格局；打造拥有航天核心技术基因的新型产业，在煤气化、特种车辆、航天检测、油服装备等领域始终保持行业领先地位，在新能源新材料、智能制造和人工智能等新兴领域不断取得突破，有效支撑服务国民经济和社会发展；顺应新时期竞争性采购和市场化配套形势，充分利用民用工业基础、技术创新能力、社会资本等社会化资源，打造军民一体融合的弹性供应链，有效支撑提高一体化国家战略体系和能力。

（三）全面塑造新时代中国航天新形象，赢得国际国内广泛赞誉

火箭院在加快推进一流企业建设进程中，不断强化央企使命担当，履行企业社会责任，积极参与国家“走出去”战略，有力支撑“一带一路”倡议和国家外交大局；圆满完成北京 2022 年冬奥会和冬残奥会开闭幕式技术保障等工作，让“中国式浪漫”温暖世界；传承弘扬爱国精神，支撑培育新时代北斗精神和探月精神，与“两弹一星”精神、载人航天精神一并纳入中国共产党人精神谱系；在航天系统率先圆满完成 11 个城市、62 家单位、1.5 万余名退休人员社会化移交，荣获“全国老干部工作先进集体荣誉”“全国文明单位”等荣誉称号；向全世界传达有责任、有担当、有胸怀的中国航天新形象，航天事业发展极大地增强了民族自豪感，鼓舞和激励全国各族人民奋力推进中华民族伟大复兴，赢得国际国内高度赞誉，获得社会各界广泛认同。

（成果创造人：王小军、王国辉、王占宇、陈海东、李　征、饶成龙、李占丞、李　飞、谷志星、杨雪娇）

地方国有投资运营企业“五位一体”战略性新兴产业培育管理

青岛西海岸新区融合控股集团有限公司

青岛西海岸新区融合控股集团有限公司（以下简称融合控股集团）成立于2018年11月，是西海岸新区深入推进国资国企改革的践行者，注册资本50亿元，总资产2100余亿元，拥有AAA信用评级。成立以来，以创建全国一流国有资本投资运营公司、争创世界一流企业为目标，依托国家级新区承载的战略叠加优势，深度践行经略海洋、军民融合等国家战略，聚焦科创引领下的国有资本投资运营，倾力打造集成电路、光电显示、装备制造、生命健康、新经济等战略性新兴产业集群，积极承担青岛市集成电路产业园、光电显示新材料产业园投资管运任务；担当中国（山东）自由贸易试验区青岛片区、国家（青岛）军民融合示范区古镇口核心区、中日（青岛）地方发展合作示范区等区域开发建设主体职责，投资运营教育、医疗、交通、乡村振兴等民生领域，坚定不移做强做优做大国资国企。至2022年9月，资产规模达2125亿元，资产规模、营业收入、利税年均增长30%以上，列2021中国服务业500强253位，先后获评全国AAA诚信企业。

一、地方国有投资运营企业“五位一体”战略性新兴产业培育管理背景

（一）抢抓战略性新兴产业发展机遇的客观要求

数字经济及其相关产业繁荣发展，不仅是经济增长的新引擎，更可以为社会发展蓄能增势。我国数字经济规模连续多年稳居世界第二位，党的十八大以来，党中央高度重视发展数字经济，将其上升为国家战略，制定发展规划、出台鼓励政策。党的十九届五中全会提出，发展数字经济，打造具有国际竞争力的数字产业集群。作为数字经济核心产业，集成电路、高端显示成为全国各省市数字经济发展的重点产业，纷纷引进落地一批新型显示、光电材料、晶圆制造、芯片制造等项目。

数字经济核心产业是典型的战略性新兴产业，已成为拉动地区经济发展的主导力量，各地纷纷结合产业实际情况和自身优势发展特色数字产业。为抢抓新兴产业发展机遇，山东省和青岛市政府积极培育先导性、支柱性、战略性新兴产业，抢占未来产业发展先机，推动产业融合化、集群化、生态化发展，尤其构建在芯片制造、新型显示等数字经济核心产业领域的竞争力。作为地方国有资本投资运营公司，融合控股集团承担着重大项目投资和新兴产业培育重任，有责任落实省市战略部署，抢抓数字经济及其核心产业发展机遇，培育和发展战略性新兴产业。

（二）加速区域经济新旧动能转换的必然选择

2018年，国务院批复了《山东新旧动能转换综合试验区建设总体方案》，山东省产业结构转型升级亟待加快，重点领域关键环节改革任务依然艰巨，面临着“商难招、资难引、产难布、企难育”的困境。大力发展以“芯屏”产业为代表的战略性新兴产业，是贯彻落实山东省党代会提出的“着力突破芯片等高端领域”和青岛市党代会提出“加快发展集成电路、新型显示等新兴产业”的重要实践。自2018年起，西海岸新区就明确提出“要大力发展芯片、面板等重点产业”，集聚产业链上下游企业，打造芯屏千亿级产业集群。从市场前景看，芯屏产业有着广阔的市场需求空间，然而发展机遇稍纵即逝，必须加快发展步伐。如果按照过去那种“满足市场供应需求、依据需求组织生产、预判需求布局产能”的发展思路，既无法实现园区健康发展，也无法抢占市场需求预期的先机。

融合控股集团肩负“做强做优做大国有资本”的使命，承担着新旧动能转换等重大发展战略，必须有效发挥国有资本投资运营公司的功能作用。融合控股集团围绕前瞻趋势研究、科学战略规划、创新

开发投资模式、强化产业孵化培育、加强园区运营服务等任务，提出产业园区运营必须要按照“构建产业链、形成产业集群、构建产业生态”的创新发展模式。按照这一思路，积极落细落实西海岸新区决策部署，加快推动项目落地，推动战略性新兴产业蓬勃发展和国有资本做强做优做大，助力新区打造战略性新兴产业青岛样板。

（三）优化投资结构实现高质量发展的战略需要

2018 年，青岛市要求市区两级国有企业“优化产业布局，加快推进传统产业数字化转型升级，积极发展战略性新兴产业，强化产业链供应链基础支撑能力”，不断做强做优做大国有资本和国有企业，增强国有经济竞争力、创新力、控制力、影响力、抗风险能力。要想成为产业聚集发展的坚强保障，成为产业园区投资建设主力军，就必须以持续经营现金流为核心重塑企业投融资模式、业务结构，这对于提升企业发展质量非常关键。唯有如此，通过重建可持续的经营现金流，企业才能与园区共生共赢，成为园区的综合开发运营商，实现高质量发展。

发展战略性新兴产业是青岛市产业高质量发展的客观要求，也是融合控股集团经济效益新的增长点，而赛道的精准选择对于投资结构优化、产业升级发展至关重要。赛道选择的基础是科学的行业分析，选择的标准是符合行业发展趋势，市场需求量巨大，技术具有全球领先性。以新型显示为例，全球显示面板产业的中心正在向大中华地区转移、集聚，预计至 2025 年，我国平板显示产能占比将达到 51%，全球产能向我国内地市场集中趋势不可阻挡。近年来，市场对显示屏幕性能要求不断提高，中小尺寸显示面板将向轻薄化、触控一体化、低功耗等方向发展，产生相关的衍生前沿技术。在青岛市重点发展的 24 条产业链中，以集成电路和新型显示为代表的“芯屏”产业，排在十大战略性新兴产业的前两位。融合控股集团作为地方国资企业，有责任发挥国有资本战略性投资引领作用，领投集成电路、光电显示、装备制造、生命健康、新经济等战略性新兴产业，聚焦集成电路和光电显示产业领域，融合科技、产业、资本、人才、园区等关键要素，构建新型显示、集成电路等战略性新兴产业生态体系，制胜“芯屏”产业赛道。在装备制造、生命健康、新经济等赛道上，集团也采用类似模式，并构建良好的退出机制，保障赛道选择及退出的灵活性。

二、地方国有投资运营企业“五位一体”战略性新兴产业培育管理主要做法

（一）科创引领，瞄准核心技术项目

培育战略性新兴产业，最关键的是坚持科技引领，提升自主创新能力，掌握核心技术。因此，构建了“一委一院三平台”的科技创新体系，促进科技创新成果与产业发展良性互动，提升企业科技创新能力。

1. 围绕技术图谱，锁定产业核心环节

按图索骥。始终坚持科技创新主线，注重核心技术、先进工艺的引进。制定五大产业领域的技术图谱，重点引进与投资那些在战略性新兴产业的各个细分领域能够掌握核心技术的龙头企业。以光电显示为例，2019 年中国玻璃基板市场规模约 203 亿元，日本旭硝子、电气硝子和美国康宁公司三家企业占据了超过 70% 以上的市场份额，尤其在盖板玻璃原片领域，康宁大猩猩玻璃系列一直是全球下游主要企业的首选，基本垄断了中高端市场。我国企业近年来在电子玻璃技术领域取得较大突破，成功切入部分高端市场，东旭光电等企业成功挤入行业前五。融合控股集团坚持专业聚焦，深刻把握产业发展特点与趋势，围绕新型显示产业体系，全面梳理产业链上中下游关联产业图谱，梳理园区产业链各个环节的关键短板和弱点，形成产业全景图和现状图、产业客商库和项目库、产业资金池和人才池、产业链招商报告和分析报告。以青岛光电显示新材料产业园项目为例，引进的龙头企业已经掌握高新标显示用载板玻璃的核心关键生产技术，打破了日本旭硝子、电气硝子和美国康宁三个厂家的行业垄断地位。项目建成投产后，将对我国新型显示产业链“延链”“补链”“锻链”具有重要作用。

瞄准高端。在具体项目选择上，要求每个项目在行业内独占鳌头，代表着行业顶尖科技水平。以光电显示技术为例，在原材料领域，依托核心技术和工艺专利，生产超宽幅、超大尺寸载板背板玻璃，市场前景广阔；在零部件组装领域，解决超薄柔性玻璃切割、裂纹等难题，性能指标达到国际领先水平；多项技术自主研发水平国内第一、居国际领先水平，解决关键核心技术的“卡脖子”问题，打开了进入国际科技前沿地带和占领未来主导产业制高点的窗口，实现关键核心技术的自主自控、自立自强，抢占产业发展制高点。又如，集成电路产业半导体高端封测项目，掌握了具有自主知识产权的扇出型系统级封装技术，可在相同面积的芯片上承载两倍以上凸块数量，处在国际领先水平，具备较强的市场竞争力。坚持科技引领，项目选择主要集中在高精尖和“卡脖子”领域，各个项目投产以来，产业链“链主”地位逐步显现。

2. 瞄准技术前沿，储备产业发展势能

提升持续创新能力。针对关键装备、材料等基础工业薄弱的问题，加强产学研协作，引导协同创新，组织和支持有能力的企业实施重点攻关突破，进一步完善产业链布局，促进技术迭代升级，为未来产业发展积势储能。在光电显示领域，青岛融合光电显示新材料产业园一期高新标显示用载板玻璃、光电高端装备及研究院、3D 车载盖板、Mini LED 背板等项目兼顾技术迭代升级需要，从第三代有机发光材料（OLED）显示技术，到次毫米发光二极管（Mini LED），再到激光全息显示等推动三维立体显示，这些产业链环节技术含量高、处于价值链高端、在产业链占据核心部位，其发展水平决定产业链的整体竞争力，尤其是各项目技术水平一个比一个高，随着技术轨道不断跃迁，产品附加值也在不断提升。

增强装备供应能力。装备制造是“制器之器”，新兴产业发展离不开生产装备，我国芯片产业等领域面临着光刻机等装备“卡脖子”难题。融合控股集团不断突破光电装备领域“卡脖子”技术，推动光电显示高端装备国产化。融合光电高端装备及研究院项目包括 6 个研发实验室和 2 个先进装备制造基地，专注技术优势领域，聚焦光电显示材料、先进功能材料、先进装备等领域引领产业发展，致力于硅基、碳基高端材料项目和装备研发。高端装备基地专注产线主要装备的研发设计、制造及应用，该项目重点研发市场前沿技术和我国光电行业领域“卡脖子”技术难题，使新技术孵化成为新的产业。

3. 洞察技术动态，延伸创新网络触角

凝聚专家智力资源。打造国际一流的常态化高端智库咨询机制，建设对外开放新平台，建立全球产业创新体系，以融合控股集团为运营主体，西海岸新区成立青岛国际海洋产业资本咨询委员会，通过咨询委员会，灵活运用平台思维和生态思维，谋划全球布局，发挥智库在项目选择以及可研阶段的专家作用，参与产业整体研究、各专项研究、可行性论证等，选择细分市场，选准新兴技术赛道。

布局全球创新触角。高端智库形成“1 + N”网络布局，立足打造产业、资本、人才、科技等要素资源全球化配置枢纽，先行在上海、北京启动“创新中心”，逐步辐射全国乃至全球。在青岛本地建设总部，筑巢引凤，依托总部陆续在北京、上海、深圳、武汉、成都、西安等城市设立分中心，分步实施，层层推进，逐步将资源整合的触角延伸至国内其他城市及海外。围绕这一创新网络，形成全方位、多领域的技术触角，能够迅速捕捉到行业前沿技术变化，并汇集形成投资项目库。

（二）产业集聚，培育新兴产业生态

随着芯恩集成电路投片成功、富士康半导体高端封测项目投产、京东方物联网显示器件生产基地开工、光电显示产业园高端装备及研究院项目投产，西海岸新区集成电路及光电显示产业链规模以上企业达到 30 家，一个千亿级“芯屏”产业集群雏形初现，融合控股集团在其中发挥着重要引领和产业带动作用。

1. 引进龙头企业，锁定先发优势

围绕青岛市确定的24条重点产业链，发挥国有资本引领带动作用，当好产业发展的"引领者"，靶向瞄准龙头项目发展需求及产业链的薄弱环节，招大引强、招新引优、招群引链，做好强链补链延链文章。结合西海岸新区产业基础、发展现状，锚定产业链各环节龙头企业、链主企业，与富士康、京东方、芯恩等国内外龙头科技企业战略合作，吸引先进技术和人才团队，推动项目落地达产，将关键核心技术和科技成果转化为先进生产力。合资合作的富士康半导体高端封测项目，处于集成电路设计、制造和应用产业链上的核心环节，位于产业链的中下游，是我国半导体产业链中国产化水平较高的环节，主要采用世界领先的扇出型封装和晶圆键合堆叠封装技术，与第一代或第二代封装技术相比，产品良率能够提升5%到10%。联合投资建设青岛光电显示新材料产业园，依托国内显示材料领域龙头企业，深耕光电显示上游核心材料，与京东方等终端企业形成产业链，共同打造千亿级光电显示产业集群，形成芯屏产业的"雁阵梯队"。

2. 推动链式协同，延伸产业链条

开展以商引商，以链带链，强强联合，合作共赢，以龙头项目带动产业链纵深拓展。光电新材料产业园项目为显示面板产业链上游核心材料供应商，重点瞄准3D玻璃盖板、背光源显示模组、光电设备及精密辅材等关键环节，加强与上下游配套产业链主企业、龙头企业对接洽谈，实现由单个项目招商向产业集群招商转变。项目下游对接京东方、TCL等显示面板制造商，形成"引进一个、带来一批，发展一个、辐射一片"效果。促进链主企业联合上下游企业、科研机构、高校等，联合开展技术攻关，共享实验室及仪器设备等创新资源，建设中试基地，打造一批跨区域科技创新共享示范平台。在产业链上游，围绕核心技术研发，在光电产业园的高端装备及研究院项目设置六个实验室、两个研发中心及高端装备制造基地，聚焦光电显示、硅碳新材料等半导体高端装备进行研发制造，提速技术创新、加快成果转化，为产业园后续项目提供成套技术及装备解决方案。

3. 发挥联动效应，发展高端产业

围绕核心环节，发挥产业联动效应，带动相关行业的发展。在培育战略性新兴产业方面，依据"少而精、小而强、小而美"的原则，抓住核心环节，吸引相关产业的聚集。例如，从产业整体布局看，光电新材料产业园共有三期、十余个项目，形成涵盖装备制造、原材料、零部件组装以及面板制造等上下游产业体系，与京东方物联网移动显示端口器件、中南高科、福建万达光电智造、诚志永华液晶显示材料等项目形成链式协同。同时，从产业链环节选择看，重点瞄准新型显示上游背光模组、偏光片、驱动IC、玻璃盖板、柔性线路板等核心材料和镀膜、光刻、刻蚀、封装、检测等设备积极布局，着力做强模组制造，突破发展TFT-LCD、OLED等显示面板，通过发挥产业联动效应，吸引下游手机、平板、车载显示等终端制造企业的聚集。基于这一思路，靶向引进产业链上下游企业，投资重点环节，提升新型显示产业对青岛市新兴产业发展的贡献度。

依托相关核心技术，瞄准产业未来发展短板，引进高端产业项目。例如，在药用包装材料领域，随着国家对药品安全质量监管趋严，药用包装材料行业持续升级，中硼硅药用玻璃将逐步替代占市场主导地位的低硼硅和钠钙玻璃。中硼硅药用玻璃是国际公认的安全药用包材，特别适宜于盛装生物制品、血液制品、冻干制剂、疫苗等附加值较高的药品和pH值较高的特殊药品。相关产品在药品包装领域得到大量应用，并已经得到国际医药包装市场的广泛认可。因此，在光电新材料产业园二期项目中选择投资建设5.0中性硼硅药用玻管项目。

（三）资本赋能，激发产融结合效应

为构建适合战略性新兴产业培育发展的组织框架，促进战略性新兴产业与其他主业板块之间的协同发展，成立产业投资事业部，按照"集团总部—事业部—子集团"架构体系开展业务，与其他事业部形成工作联动。坚持国有资本稳健运作，发挥资本力量，领投集成电路、新型显示等产业链链主企业，形成产业链集聚效应。

1. 构建融资体系，畅通融资渠道

为保障安全发展的融资需求，支持产业发展壮大，充分发挥 AAA 信用评级优势，打造直接融资和间接融资相配合、近中远期融资相呼应的融资体系，优化融资结构，并利用多种融资手段，拓宽融资渠道，降低融资成本。

2. 推动产融结合，赋能产业发展

聚焦战略性新兴产业，按照“专业化、市场化、国际化”的原则，充分发挥国有资本投资运营公司功能作用和 AAA 信用评级优势，通过“基金 + 直投”“基金 + 产业”双轮驱动模式，以国有资本撬动社会资本，引导优质企业加速集聚，促进千亿级芯屏产业垂直崛起。在实践中探索出“国有基金管理人 + 国有产业资本 LP + 社会资本”模式，充分发挥国有资本对社会资本的引导作用，发起组建市场化运作的产业投资基金，充分利用市场化手段募集资金，构建良好的金融支撑体系，提升社会资本在地方经济发展中的参与感、获得感、认同感，推动混合所有制发展。例如，会同京东方、海林基金等共同组建规模 10 亿元的初芯产业投资基金，重点投资半导体与液晶面板产业；联合省、市、区三级引导基金组建 10 亿元新动能基金投资保税物流中心，发展跨境电商新业态。在青岛市和西海岸新区政府指导下，正在发起设立总规模 100 亿元的青岛新型显示产业基金和 10 亿元的青岛融合新型显示基金，引入市区两级引导基金、国有企业、社会资本等，投资新型显示产业链上下游项目，打造“芯屏”产业的雁阵梯队。

3. 实施投资管控，确保保值增值

严格投资项目计划、立项、审核、论证、评价全过程管理，规范控参股公司管理，创立以“协同管理”为核心、“价值管理”为重点，涵盖“产权管理”“考核管理”“风险管理”的“5M”工作法，确保国有资本保值增值。项目投资前，除日常尽调外，针对体量大、技术先进、专业性强的项目，组织专家评审会，深入研讨项目前景，防范投资风险，完善投资方案，切实发挥投资委员会、风控委员会作用，严格投资逻辑和全过程投资管控。投资期间，根据投资项目股权比例和重要程度，对股东会、董事会、监事会、经理层等治理主体实行授权清单管理，加强董监高委派人员管理。按照可研报告测算收益及投资回收期，据此设定约定期内的营业收入及收益指标，如考核期内出现经营异常，融控方在董事会可行使“一票否决”。对已投产项目定期审计评估，核实投资的效率和效益，后续项目委托中介机构全过程跟踪审计，确保国有投资安全可控。强化退出管理，为降低项目后期退出风险，投前筹划退出方案，避免项目投资无法回收。针对重大产业项目，深入调研跟进项目进展，全力协调解决问题，保障项目顺利完工投产及有序运营管理。建立重大项目联席会议机制，形成齐抓共管、运转高效的工作格局，提升协同作战实效，为战略性新兴产业集聚发展、垂直崛起提供强有力的保障。

（四）园区承载，投建运服一体化

1. 加速项目建设，完善园区配套

高效推进项目建设，全力保障园区内重点项目建设，全流程跟踪项目建设各环节，压茬推进厂房建设、设备采购、调试生产等工作任务。在项目建设过程中，集中商务、投资、招采、规划、工程等方面的专业骨干，“一盘棋”谋划，“一股劲”攻坚，全力推进商务谈判、资金支持、工程建设、设施配套等作战任务，实现项目洽谈、签约到开工建设、竣工投产无缝对接。

在项目建设过程中，商务合作高质高效。富士康半导体封测项目实现当年签约、当年落地、当年开工、当年封顶。该项目于 2020 年 4 月正式签约，7 月开工建设，12 月主体封顶，从开工到量产仅用 18

个月，创造了业内最快速度。光电高新标显示项目从洽谈到落地仅用28天，从签约到开工仅用31天，2022年11月投产；高端装备及研究院项目从拿地到正式投产仅用7个月，展示了西海岸新区推动新旧动能转换和经济社会高质量发展的“新区速度”。

2. 汇聚多元资源，服务项目需求

围绕项目需求，在产业园区汇聚土地、人才、资金等要素资源，以及产业政策、科技创新、园区服务等生产服务性资源，以项目建设与运营为中心，提供全方位、一体化的产业园区服务。通过搭建园区服务平台，从项目落地、投融资、政策支持等方面发力，积极以特色园区定位、城市发展空间和高端城市配套吸引项目落地，加速汇聚高端人才，形成产业发展聚集效应。

为帮助项目尽快进驻投产，成立攻坚专项小组，转换思路，调整方式，协调各方面资源优势，将过去供地招商转变为标厂招商，采用“代建—租赁—退出”新模式，为项目“量身定制”工厂，打破传统招商自建或预置厂房周期长、闲置多的旧模式，加速项目落地进度。在这种新模式下，按照高端封装项目团队的规划设计方案，把通常由项目企业承建的建设厂房、办公用房和配套公寓等设施改造工作，改由子公司代建完成，工厂设施建设完成后再以不高于市场价格租赁给项目企业使用。在高端封装项目达产或上市一定时间后，项目企业可通过收购股权或其他形式收购代建的工厂和设施，融合控股集团实现项目退出。通过“筑巢引凤、拎包入住”的招商模式，帮助项目企业减少了7.2亿元前期固定资产投入，提前半年实现投产，保障其生产经营不受项目建设施工的影响，让企业将全部精力投入技术研发及产能扩大工作中去，为促进项目落地投产创造有利条件。

3. 搭建运营平台，提供综合服务

搭建园区运营服务平台，为各园区入驻企业提供一站式的政策服务，通过营造环境与提供服务，增强产业链之间的协同发展。

政策服务平台。结合产业研究部门，加强对招商工作的推进，增强企业对生产工艺和产业链位置关系的理解，并在推进过程中建立各方沟通机制和互信基础。站在园区企业角度，集合政府各类产业政策，根据政府各层级政策和实施政策对象的不同，预先规划政策服务实施方案，合法合规有序利用政策，最大限度地助力产业发展、让企业受惠。搭建线上云政务智慧厅、线下园区政府服务厅，为园区企业提供企业工商注册、税务办理、政策申报、企业资源、项目审批等政务对接服务。

运营服务平台。主要围绕“企业”要素，为产业的孵化、成长、发展、壮大提供全生命周期的服务体系。全流程办理企业入园、驻园、退园的各种事项。全过程处理企业落地后的生产、生活、经营的意见收集、快速处理、跟踪反馈。构建完善优质的运营服务体系，从产业园区的硬件环境（办公、交通、住宿、餐饮、休闲娱乐、创业孵化等）和软件环境（人才服务、信息服务、技术服务等）全方位提高园区的运营服务水平。结合园区区位和现状，规划建设生活综合体，为园区工作人员提供便利的生活设施。

人才服务平台。针对园区企业对人力资源需求较高的现状，构建人才服务平台，为园区提供了源源不断的高素质人才，以及人才培训服务、资源配套等服务，满足人才入驻需求，为企业提供专业的人力资源服务。

（五）人才支撑，打造创新人才集聚高地

坚持以人为本，践行“有为就有位，有为才有位”人才理念，创新人才引用育留机制，以人的全面发展促进企业的发展进步，营造持之以恒、追求卓越、勇于成功的企业文化氛围。

1. 以“库”聚才，坚实智力支撑

成立全球高端智库，以“咨询委员会”为平台，开创“政府引导、企业主导、市场化运作”招才引智模式，打造地方国有企业服务政府双招双引工作的创新经验。国际海洋产业资本咨询委员会下设海洋人才、海洋科技、海洋产业和海洋资本4个专业委员会，首期聘任委员10名，从50名候选人中遴选产生，汇聚来自达索系统、美中国际商会、世界华商青年联合会、苏伊士固废资源管理等10名国内外企业家、行业领袖、专家学者，整合全球产业资源，放大配置功效，推动人才链、科技链、产业链、资本链融合发展。加强与协会、高校、科研机构产学研合作，建立首批30人的专家委员会，投资委员会、风险审计委员会、战略委员会，吸收外部专家作为委员成员，发挥专家在项目选择以及投资决策的作用。

2. 以“产”引才，促进产才融合

基于融合科技人才平台，应用拓展院士工作站、博士后科研工作站、大学生实践基地，打造科技人才引留育用高地。新一代半导体、光电显示产业投产以来已引入高科技人员489名，其中，新核芯半导体高端封测项目引进台籍半导体专业人才64名，平均半导体专业年资10年以上；引进博士4人、硕士31人、本科101人，本科以上学历67.6%，高科技尖端人才达130余名；青岛光电显示新材料产业园项目引进光电显示领域高科技人才204人，达总员工人数的67%；绿色智能矿山装备产业园项目已引进装备智造领域高科技人才24人。此外，与两院院士共建院士工作站，联合攻关海工装备领域“卡脖子”技术难题；与复旦大学、中国石油大学、中国海洋工程研究院等10余所高校及科研机构在人才培养、科技创新、管理创新、成果转化等方面进行产学研合作，促进产才融合。

3. 以“业”育才，实现人企共生

坚持以人才发展进步促进企业发展进步，实现人才与企业的共荣共生。深入实施“思想淬炼、政治锻炼、实干锤炼”和“专业训练、导师带练、市场历练”双重锻造计划，淬炼一支实字当头、干字为先的“实干家”队伍。实施“请进来、走出去”计划，采取轮岗交流、挂职锻炼、外派历练等多种方式，以重点业务领域、重大投资项目、重点建设一线、急难险重前线为人才培养阵地，多领域、多层次、多岗位历练人才。全面实施“一线工作法”，在一线锻炼人才、发现人才和培养人才，择优选派青年骨干到项目一线去，让人才在学中干、从干中学、学做结合。建立典型培育长效机制，以评选公司年度十大事件、工作创新成果、特别贡献人物、优秀共产党员、先进工作者、青年突击手等为抓手，充分发挥典型示范、榜样引路作用，创建公平、公正、有温度的人才发展环境。构建“党建统领、实干铸就”的融文化体系，创新融合党建共建模式，在半导体高端封测、光电显示新材料产业园等战略性新兴产业项目一线设立28个兼合式党组织，在一线设立党员先锋岗、青年突击队，以党建共建联合攻坚。“工作是员工的事，员工快乐幸福是企业的事”，通过创建公平、公正、有温度的发展环境，形成特有的重视人才、发展人才的企业文化，保障战略性新兴产业的可持续发展与创新活力。

三、地方国有投资运营企业“五位一体”战略性新兴产业培育管理效果

（一）实现了战略性新兴产业及资源的快速聚集

融合控股集团发挥国有资本的带动作用，组合主题园区投资、优质项目投资等，充分利用股权直投、产业基金等多种方式，形成专业化的产业投资能力，推动园区战略性新兴产业加速发展。2018年以来，深耕集成电路、光电显示、装备制造、生命健康、新经济五大产业，项目总投资千亿元。芯屏产业在西海岸新区“从无到有”，培育出集成电路产业园、光电显示新材料产业园两个青岛市重点建设的新兴产业“千亩园区”，推动青岛市“芯屏”产业快速崛起。融合控股集团在其中发挥了主力军作用，推进重点项目37余个，成为产业集聚、芯屏崛起的中坚力量。与富士康科技合资合作新核芯半导体高端封测项目，与参投的芯恩集成电路项目形成了覆盖集成电路设计、制造、封装、测试等领域的全产业链条；总投资近500亿元的青岛光电显示新材料产业园分三期建设10余个项目，形成了涵盖装备制造、原材料、零部件组装以及面板制造等上下游产业，多项技术自主研发水平国内第一、居国际领先水平，解决关键核心技术的“卡脖子”问题。战略投资复旦大学国家大学科技园，打造青沪两地产学研合作

的典范；与世界工业软件巨头达索系统联合建设青岛达索融合创新中心，数字经济赋能工业企业高质量转型，"青达融"模式走向全国；培育转转科技、保税物流中心、易触科技等独角兽、专精特新、新旧动能转换重点企业40余家，其中拟上市企业11家，在践行国家战略、融入城市发展中蹚出一条新路子。

（二）形成了地方国投运营企业做强做优做大的成功经验

融合控股集团以"一盘棋"模式整合资源、统一推进，担当市场经营主体，实施集团化、专业化运营，建立起市场化的发展机制，构建起"五位一体"战略性新兴产业培育管理体系，抓住科技、产业、资本、园区、人才五个关键因素，全面发力、融合发展，引进一个、带来一批，发展一个、辐射一片，促进全产业链协同聚集。聚焦以科创引领下的国有资本投资运营，建立科学规范的项目投融资机制和投融资体系，在战略投资和产业运营过程中，注重提升科技创新引领力，在高新标显示用载板玻璃、高端芯片封测、纯电动无人驾驶自卸矿车等技术领域，已累计获批国家级、省级科创平台11个，专利、软件著作权等知识产权210项，参加制定国家、地方和行业标准18项。在融入国内国际双循环发展格局中抢抓机遇，在带动青岛市"千亿级"芯屏产业垂直崛起中实现和提升了企业价值，资产规模从成立之初的664亿元增长到2125亿元，资产规模、营业收入、利税年均增长30%以上，成为引领和助推青岛市新旧动能转换和经济社会高质量发展的重要力量。

（三）形成了良好的企业品牌形象及广泛的社会影响力

融合控股集团从科技服务、产业服务、资金服务、园区服务、人才服务等方面构建战略性新兴产业培育模式，可以跨区域与其他产业园区合作，输出品牌和管理，该模式获得社会各界的广泛认可。成立三年来，企业发展、产业培育、党建文化、管理创新、改革开放等工作被市级以上媒体报道300余篇次，如《富士康半导体高端封测项目落户青岛西海岸新区》《青岛光电显示新材料产业园研究院及高端装备项目投产》《达索系统"平台+服务"赋能青岛西海岸新区创新发展》等20余项工作被新华网、人民网、《科技日报》等国家级媒体报道。获得了"全国AAA诚信企业"等荣誉称号。

（成果创造人：高树军、张黎明、王　健、王辉娟、郭文军、姜海成、包文祥）

钢铁企业集团以“五化”为核心的战略转型管理

河钢集团有限公司

河钢集团有限公司（以下简称河钢集团）作为世界最大的钢铁材料制造和综合服务商之一，以“建设最具竞争力钢铁企业”为愿景，致力于为各行各业提供最具价值的钢铁材料和工业服务解决方案。目前，河钢集团已经成为中国第一大家电用钢、第二大汽车用钢供应商，海洋工程、建筑桥梁用钢领军企业，在MPI中国钢铁企业竞争力排名中获“竞争力极强”最高评级，是世界钢铁协会执行委员会成员单位、中国钢铁工业协会轮值会长单位。

一、钢铁企业集团以“五化”为核心的战略转型管理背景

（一）落实新发展理念、构建新发展格局的必然要求

从国际形势看，近年来全球贸易争端、区域政治摩擦频发，国际关系愈发复杂，且全球新冠疫情起伏反复，世界经济复苏放缓，产业链供应链安全稳定挑战加大，供给和需求面临诸多约束。从国内形势看，我国经济发展已由高速增长阶段转向高质量发展阶段，处在转变发展方式、优化经济结构、转换增长动力的攻关期，正在加速构建“双循环”格局。这一阶段面临的经济增速放缓、投资增速继续回落、资金流入放缓、外贸环境复杂等不稳定、不确定因素较多，对企业构建新发展提出很多挑战。

（二）钢铁工业高质量发展的基础

在全球金融危机及新冠疫情的影响下，西方发达国家实施“再工业化”战略，重塑制造业竞争新优势，特别是随着德、美、日、英、法等国发布振兴制造业的计划或战略，一些发展中国家也抢抓全球产业再分工的机遇，利用局部区域钢铁需求加快增长、劳动力和资源优势等，积极参与承接产业及资本转移，拓展国际市场空间。以新一代信息技术与制造业深度融合为特征的新技术革命正在引发影响深远的产业变革，新的生产方式、产业形态、商业模式，正在对全球钢铁行业竞争格局调整产生深刻的影响。钢铁工业作为我国国民经济的重要基础产业，进入市场格局深度调整期和创新发展历史机遇期，面临国际贸易形势趋紧、化解过剩产能任务艰巨、兼并重组步伐加快、绿色低碳约束日益趋紧、生产组织模式变革加快等挑战，加快产品品牌化、上下游产业链融合化、产业布局国际化、低碳绿色化、智能化发展，已成为钢铁行业新格局下、实现高质量发展的基础要求。

（三）河钢集团区位调整背景下高质量发展的最优路径

2014年6月，经国务院批准，国家发展改革委批复了《河北省钢铁产业结构调整方案》，明确提出支持河钢集团建成具有较强国际竞争力、较大市场话语权、国际领先水平的特大型钢铁集团，并进入世界钢铁行业第一梯队。2018年年初，河北省提出，到2020年全省钢铁产能控制在2亿吨以内，河钢集团要带头压减产能，推进城市钢厂退城。河钢集团下属6家钢铁子公司中，河钢唐钢本部、河钢邯钢老区、河钢石钢3家单位需进行退城搬迁，涉及河钢集团过半钢铁产能。在此历史条件下，河钢集团跳出传统的钢铁产业发展思路，求新求变求突破，走出创新发展的新道路，坚持以钢铁产业区位调整转型升级为契机，以“品牌化、融合化、国际化、绿色化、智能化”为方向，推动战略转型，推进新技术、新工艺、新设备、新模式在钢铁产业中的应用和产业链国际化布局，打造以新一代信息技术、绿色环保产业等为代表的战略性新兴产业集群，加快产业链供应链多元化，增强产业链供应链抗风险能力。

二、钢铁企业集团以“五化”为核心的战略转型管理主要做法

（一）加强顶层设计，明确发展方向

按照供给侧结构性改革要求，结合企业“十三五”规划，统筹多个钢铁生产基地区位调整要求，将“五化”理念融入企业发展战略，对全产业链资源重新进行系统梳理，制定形成《河钢集团转型升级规划》《河钢集团“十四五”发展规划》等顶层设计文件，明确以“以钢铁产业为基础，新兴产业、海外产业和产业金融协同发展”的现代化产业体系布局，建成产业结构合理、抗风险能力强、产业协同发展的现代化产业链供应链体系。

一是强化产业链发展基础，明确产品品牌化发展方向。结合区位调整，按照产线优势，打造高端冷轧、精品中厚板、优质长材、高品质特殊钢等精品钢材生产基地，更多注重产品核心技术和功能，延伸产业链、打造价值链，着力提供近终形产品、一站式服务，推进从钢铁向材料、制造向服务转变，打造尖端化、差异化产品，实现产品品牌化发展。

二是推动与上下游产业融合化发展，提升产业跨界发展能力。依托钢铁主业链条，丰富链条内涵，全面与上下游企业合作，提供工业服务业，嵌入家电产业、建筑装配式业，提供工业品一站式在线采购、大宗商品物流解决方案等专业化服务，增加与上下游企业黏度，增强产业链韧性。

三是坚持全球化理念，积极构建产业链供应链“双循环”格局。立足国内市场，推进全产业链全球化布局，发展国外原料基地，拓展全球钢铁产品市场，在更大范围、更广领域和更高层次参与全球资源配置和市场竞争，提升资源保障能力和产品竞争能力，积极构建产业链供应链“双循环”格局。

四是坚持生态优先、绿色低碳，筑牢产业链稳定可持续发展先决条件。实施绿色矿山、绿色采购、绿色制造、绿色产品、绿色物流、绿色产业六位一体的绿色发展行动计划，率先发布低碳绿色行动计划，推进碳达峰、碳中和目标在企业落地，实现钢铁产业与生态环境和谐共融发展，全面夯实产业链稳定可持续发展的先决条件。

五是推进新一代信息技术与传统钢铁制造的融合，提升产业链发展韧性。以产业数字化的思路，坚持智能化发展，推进工业互联网在钢铁产业应用，通过人、机、物全面互联，打通从研发到市场的全价值链，实现从产品设计到生产调度、故障诊断等环节的智能化驱动，在提高效率、降低成本的同时实现个性化、定制化生产制造，提升产品科技溢价。

（二）坚持品牌化发展，强化钢铁产业链竞争力

1. 以区位调整强化钢铁主业竞争力

围绕钢铁产业布局和高质量发展要求，结合实施唐钢本部、邯钢老区、石钢退城搬迁及宣钢转型升级，打造高端冷轧、精品中厚板、优质长材、高品质特殊钢等精品钢材生产基地，做精做强钢铁产业，提高专业化制造能力，打造品牌化钢铁集群。依托河钢唐钢新区、河钢邯钢西区，打造以汽车板为代表的高端钢材生产基地；依托河钢舞钢、河钢石钢，打造以宽厚板和特殊钢棒材为代表的精品特钢生产基地；依托河钢唐山中厚板、唐银、河钢邯钢新区、河钢承钢，重点发展具有低成本、高效率、高质量的高效钢材生产基地；依托河钢衡板、河钢新材，进一步做大做强涂覆板产业，打造高端钢材深加工基地。

在钢铁产业退城搬迁和布局调整的同时，推动装备及产线升级，ø逐步增加电炉炼钢装备比例。冷热轧板带、深加工产线具备产品宽度1450mm～2250mm、厚度0.2mm～25mm全系列生产能力，满足第三代汽车用钢、顶级汽车外板和家电面板生产需求；宽厚板产线具备产品宽度2800mm～4200mm、厚度6mm～700mm生产能力，海洋工程用钢、水电及核电用钢、锅炉压力容器用钢等成功用于国家重点工程建设；高端特钢棒、线材产线覆盖具备ø5～ø300mm全系列产品生产能力；百米高速重轨、高强抗震、高耐蚀螺纹钢产线、大规格型钢产线等轧钢、深加工装备全部达到世界先进水平。

2. 实施产品结构优化

坚持与强者为伍理念，加大与全球钢铁全产业链顶级科研院校及龙头企业的合作力度，汇聚全球创新要素，以共建研究机构的方式建立更加包容、开放、深度融合的全球技术研发平台，推动产品质量和产线效益提升。近年来，河钢集团与中科院、中国钢研集团、东北大学、北京科技大学、澳大利亚昆士兰大学等高等院校及单位，以实体化运作和项目合作形式，建成32个全球技术研发平台。从铁前—炼钢—轧钢—产品全工序，系统梳理产业链发展中的系统性、关键技术问题，实施180项科研合作课题，有力解决板坯轻压下、无缺陷连铸坯、氧化铁皮控制等一大批行业技术难题。

全力推行EVI服务模式，充分发挥河钢海尔、河钢中集、河钢大明等高端客户技术研发平台资源优势，研发投入重点从钢铁企业内部向下游战略客户转移。瞄准解决行业难点、痛点关键技术问题，以高附加值和定制化产品为方向，以“一站式”解决方案服务满足客户个性化需求为重点，推动新产品开发，深化应用技术研究，加快从零件到整体、从局部到全局的服务全覆盖，提供一揽子材料解决方案，实现与高端客户的无缝衔接，进一步提升钢铁供应链上下游的刚性与黏性。

3. 实施客户结构优化

遵循“加快打破资源归属局限，重新对原有资源进行统一再配置”和“进一步向市场端配置资源，激活客户端”的思路，在原有营销体系基础上进行再优化、再提升，成立营销中心及区域公司，实现营销管理水平、管控能力的提升及“管”“售”分离，建立集中统一、快速适应市场变化、运行高效的营销管理体制。

营销中心全面负责营销决策、资源投放、产线优化、价格政策、市场开发及有关业务管理，实现对各钢铁子公司的统一资源计划管理、统一价格管理、统一销售业务管理、统一客户技术服务、统一合同物流管理。组建贴近市场、贴近客户的“区域公司”营销团队，实现销售资源高效统一，全面提高市场响应速度和服务能力，进一步提升市场竞争能力和品牌形象。借鉴浦项TSC模式和西门子大客户经理制等营销模式，率先在全国钢铁行业全面推行大客户经理制，以定制化的“一站式”材料解决方案服务，集中力量培育优质高端客户群。

深入贴近市场，建设钢材加工配送中心，贴身服务客户，增强产业链黏性与刚性。如在天津、黄骅、保定等华北地区汽车制造基地建设落料线，实现与北汽新能源、长城等汽车主机制造厂无缝衔接；入股五矿、台州向海、宝鸡宝锦等加工中心，向国内多家汽车主机厂供货；与福然德股份公司联合，在汽车零部件企业集中的开封市建设示范区，共同打造国内一流现代化工业4.0工厂。成立钢筋加工与配送原材直供基地，在华北市场首家提供工程成型钢筋加工配送，为用户提供零距离、点到点的差异化服务。

（三）坚持融合化发展，提升产业跨界发展能力

1. 延伸发展工业技术服务

把“钢铁材料+工业服务”作为产业多元发展方向，推进钢铁产业链条向先进制造业及高端工业技术服务领域延伸，引入社会资本和激活企业存量相结合，全面提升资源配置效率，培育一批具有品牌影响力和市场竞争力的工业服务企业，实现“从制造到服务”融合发展，构建以钢铁材料为基础的产业生态圈和工业服务平台。

成立河钢工业技术公司，作为工业材料技术解决方案的投资、管理和运营平台公司，围绕新能源、新材料、新技术等战略性新兴产业及高端工业服务业，面向汽车、能源、高端装备制造、机械装备、零部件技术、工业技术解决方案等领域，发展全产业链一体化服务，推进集团钢铁产业链向先进高端制造业领域延伸，尤其是依托河钢产线管理实力、市场资源，与世界一流冶金技术服务企业——普锐特公司合资合作，成立专业化公司，引入普锐特公司设备管理理念和技术创新能力，开展冶金技术服务，实现

专业化、产业化发展和协同创效，提供冶金工业技术整体打包解决方案。

2. 全面嵌入家电及装配式建筑产业链

河钢集团“延伸产业链”“提升价值链”，在产业链融合发展方面，通过控股海尔特钢成立河钢新材，快速进入海尔的家电用板材供应渠道，将钢铁产业链镶嵌到家电产业链上，打通进军国内外高端家电用钢市场的战略通道，实现由“卖钢卷”到“卖半成品”跨越。为进一步提升冷轧涂镀深加工产线协同能力，通过委托经营方式，使河钢新材托管河钢子公司科弘公司，进行业务整合并实施一体化运作，实现区位互补，全面提升河钢彩涂板深加工产业综合竞争力。

建筑业是最大的用钢领域。河钢集团以钢结构为突破口，与中建钢构、河北建投合资成立河钢中建钢结构公司，充分发挥三家企业在钢铁原材料、钢结构建筑、资本投资运营优势，打造集设计、生产、施工一体化的装配式建筑龙头企业，实现钢铁和建筑有机结合。

3. 发展供应链服务产业

河钢集团依托庞大的产业链资源，借助互联网+、云计算等全新技术手段，打通采购、物流、销售环节，面向广大客户提供优质钢材和工业品一站式在线采购、大宗商品物流解决方案等专业化服务。

采购服务方面，建设铁铁工业品超市，整合行业内优质资源，打通工业品采购瓶颈，汇聚海量高品质工业品资源，打造“门类齐全、性价优良、服务完备”的一站式工业品采购服务平台，以品质保证、数据分析、技术支持、产业金融等特色服务，帮助客户降低采购成本，提高采购效率，实现价值再造。

物流服务方面，瞄准解决物流行业空驶率的痛点，汇聚丰富货源和社会海量运力资源，建设铁铁智运网络货运平台。对内链接河钢集团子公司计量系统、门禁系统，对外链接中交兴路、中交智慧、航信及政府交通、税务系统，打造集用户管理、招投标、物流在途管理、金融服务等于一体的综合性物流服务平台。逐步发展服务业务，形成油气、保险、轮胎、维修、汽车租赁等汽车后市场增值服务能力，提供“找货无忧、用车无忧、养车无忧”的物流一体化解决方案，形成车货资源高效匹配、全程物流可视可控的网络货运平台。

生活服务方面，打造铁亿平台，以生活现实需求为立足点，以12万河钢集团员工体量为支撑，整合优质资源，提供衣、食、住、行、财、险、知、娱全方位一体化服务，打造消费品领域的行业标杆。铁亿平台内部用户有7万+，外部用户2万+，年交易量为1000万元。

（四）坚持国际化发展，完善全产业链全球化布局

1. 高标准打造国际钢铁基地

在成功收购塞尔维亚唯一一家国有大型支柱性企业斯梅代雷沃钢厂后，加大技术、管理和装备支持，先后派出11批、200人次赴河钢塞钢工作，从生产全流程帮助塞钢查找、解决问题。嫁接全球营销及原料优质资源，充分利用德高全球营销平台，以及国际优质原料资源掌控配置能力，为河钢塞钢提供优质低价原料和广阔国际市场。以“人员本地化、文化本地化、利益本地化”为原则，妥善安置原企业5000名员工，并将集团先进管理方法有机嵌入管理流程。

2. 强化全球原料供应保障能力

立足国内与国际两个市场，不断夯实钢铁产业供应链稳定性，在打造国内原料保障基地的基础上，推进资源全球化布局，成功收购南非PMC公司。该公司在约翰内斯堡交易所上市，是南非最大的铜冶炼厂，拥有2.4亿吨磁铁矿、6200万吨含铜量在产铜矿、1.35亿吨含铜量铜矿二期资源，以及年产销量约20万吨的世界级蛭石矿。目前，南非PMC高品位铁精粉生产能力基本达到1000万吨水平。

3. 打造全球销售网络

树立全球拥有客户、全球拥有市场发展理念，推进销售端全球化发展，打造全球钢铁贸易加工与金融服务平台。河钢集团完成对覆盖全球钢铁营销服务网络的国际知名营销服务公司——瑞士德高公司进

行收购，充分发挥德高公司全球钢铁营销、贸易融资及海外市场分析等优势，有力推动高附加值钢铁材料及钒钛产品的出口，并通过德高公司境外低成本融资，促进多个生产基地的区位搬迁和转型升级项目。

（五）坚持绿色化发展，推动产业可持续发展

1. 实施六位一体绿色发展行动计划

践行“人、钢铁、环境和谐共生”的绿色低碳发展理念，在行业内率先实施从绿色矿山、绿色采购、绿色制造、绿色产品、绿色物流到绿色产业的六位一体绿色发展行动计划，打造绿色低碳发展的标志性企业。近年来，河钢集团以超低排放为重点，累计投入305亿元实施500余项节能环保项目。全面研发应用超低排放技术，率先在国内实现烧结机脱硫设施全覆盖和烧结烟气旁路全部拆除，实施CSCR（活性焦选择催化还原反应）脱硫脱硝技术，主要排放指标优于“国家钢铁企业清洁生产”一级标准，成为国内首家实现铁前工序超低排放的钢铁企业。主持研发的钢铁行业多工序多污染物超低排放控制技术，获得国家科技进步二等奖并入选生态环境十大科技进展。

建设全流程“绿色物流”体系，率先全部采用国六以上汽车及氢能源和电动重卡，建成我国第一条“柴改氢”绿色物流链。推进“汽运”改“铁运”，与北京铁路局合作，打造和构建开放共享的“智慧物流信息平台+绿色集疏运网络”新模式，实现“外集内配、绿色联运”，打造城市绿色货运配送示范项目，铁路运输比例达到93%以上，清洁运输水平居国内钢铁企业前列。

2. 在业内率先发布“低碳绿色发展行动计划”

在钢铁行业内率先成立“碳资产公司”，挖掘碳配额资产属性，利用金融手段进行保值、增值，促进低碳发展战略落地，制定2022年“碳达峰”和2050年“碳中和”的整体目标，在钢铁行业内率先发布低碳绿色发展行动计划，制定低碳发展技术路线图。通过对集团低碳绿色发展进程中采取的各项措施进行归纳分析，明确6条技术路径，即铁素资源优化、流程优化重构、系统能效提升、用能结构优化、低碳技术变革、产业耦合降碳，建设具有自主知识产权的产品LCA碳足迹及碳数据管理两大平台，全面推进“碳中和”目标实现。

3. 率先布局氢能绿色产业

以钢铁产业能源结构调整、产业结构优化及转型升级发展需求为出发点，以氢能产业技术研发和应用为核心，以为客户提供全流程绿色解决方案为基础，逐步构建制氢、储氢、运氢及氢燃料电池和重卡汽车的全产业链布局，打造京津冀氢能产业集群。

一是建设制氢产线，启动1.5万吨河钢（滦州）制氢项目建设，可满足3000辆重卡运营。二是建设加氢站点。已在唐山、邯郸各建成一座500公斤加氢示范站，并与中石油成立合资公司，共同搭建河北省加氢站网络，首期完成唐山地区30座加氢站的布局规划。三是率先实施氢能绿色运输。在唐山举行氢燃料重卡商业化运行全国首发式，目前已形成三条氢能运行专线，50辆氢能重卡累计行驶148万千米，减少碳排放5143.8吨，建成绿色、可循环的工业生态运输体系。四是开展技术创新研究。与中国工程院战略咨询中心、中国钢研集团、东北大学共同成立氢能技术与产业创新中心，聚焦京津冀、辐射国内外，加强氢能应用研究和科技成果转化。利用张家口地区国家级可再生能源示范区优势，与意大利特诺恩公司合作，率先启动全球首例富氢气体直接还原示范工程建设，从分布式绿色能源利用、低成本制氢、氢气直接还原、CO_2脱除等全过程进行创新研发，实现对传统高炉碳冶金工艺替代，预计年减碳幅度达60%。

（六）坚持智能化发展，推动产业数字化、数字产业化发展

1. 自主建设中央数字中心数字化平台

为适应数字化转型发展要求，按照“标准化、集中化、平台化、集成化”原则，建设中央数字中

心数字化平台，建立以信息化为手段、以平台化为支撑的经营管理模式，加强资源共享，提高运营效率，支撑集团平台化管控和创新生态体系，实现集团公共服务、业务服务和数据服务的统一，形成自主可控的、以智能化为主要应用场景的工业互联网体系。

建成公共服务平台，打造河钢集团智能门户——河钢在线系统，使各个系统互联互通，实现车辆管理、一卡通管理、员工自助、物资管理等一站式日常管理，解决河钢集团300余家子公司、11万员工间信息系统林立、孤岛现象严重的问题。

建设河钢业务服务平台和数据服务平台，统一数据及流程规范，与各子公司系统进行集成，规范钢材及大宗原燃料的物料编码、规格、技术参数、集成接口标准、评价体系等，把物料、客商主数据、评价数据统一为标准格式，使各系统共用一套编码，实现各系统之间主数据层面的“语言互通”，形成统一高效的运营系统。

2. 推进智慧产线建设

以降本、提质、增效为主要目标，以“信息化、模型化、智能化”为主要路径，编制《河钢集团产线智能化提升三年行动方案（2021—2023）》，建成一批智能化示范产线和全流程示范基地，形成一批自主可控的核心技术，建立一套具有推广价值的企业标准，推动质量变革和效率变革，引领行业智能化发展。

高标准规划建设唐钢新区、石钢新区，打造引领行业发展方向的全工序、全流程智能制造示范基地。河钢唐钢新区将数字化信息流贯穿于产业链，广泛应用5G网络、图像识别、三维工厂、工业机器人等技术，打造世界领先的智能制造体系，整体实现物流、资金流和信息流的数字化、智能化管控，成为国内钢铁行业首个覆盖全流程的数字化平台。基于“绿色、智能”理念建设河钢石钢新区，全面应用物联网、大数据、云计算、5G技术、人工智能等新兴技术，在研发、生产、管理、服务等环节，形成具有自感知、自学习、自决策、自执行、自适应等功能的新型生产方式，实现制造过程数字化、柔性化、智能化，经营管理精益化、集约化，交货过程敏捷化、准时化，满足用户个性化、定制化的服务需求，助力特钢短流程绿色化智能工厂建设。

在技术研发及产线升级方面，依托钢铁产业链优势，吸纳包括西门子、华为、哈尔滨工业大学等知名企业和高校，成立技术联合体，建立多个创新平台，深入推进物联网大数据跨行业跨平台综合应用技术、产线数字化转型升级技术、工业互联网应用示范等前沿技术项目研究，瞄准产业发展关键技术，加快攻关突破。

3. 整合内部资源推进数字产业化

2018年12月，河钢集团按照数字产业化发展思路，将子公司——河北沃亨信息技术公司作为整合主体，组建河钢数字技术公司，作为河钢集团数字化能力的输出平台、数字产业化的市场主体。以河钢数字为平台，实施6家子企业信息化资源整合，大力提升数字产业竞争力。近年来，河钢数字自主研发首批符合国家标准的工业互联网产品——WeShare工业互联网平台，实现生产过程精准控制和业务运营高效决策；自主研发的基于人工智能技术废钢自动验质系统，达到国内领先水平。与雄安新区、唐山市、廊坊市、沧州市政府合作，构建形成多个工业互联网平台，赋能政府治理与产业集群升级。目前，河钢数字公司授权专利与软件著作权等拥有量超200项，成功入选国家第三批“专精特新”小巨人企业，顺利通过国际软件成熟度最高级别认证。

三、钢铁企业集团以“五化”为核心的战略转型管理效果

（一）企业竞争力整体提升

2018年以来，河钢集团坚持以“五化”为方向的战略转型，在结构调整、布局优化、国际化、绿色发展、智能制造、品牌建设等方面精准发力，构建形成产业结构合理、抗风险能力强、产业协同发展

的现代化产业链供应链体系。目前，河钢已经成为中国第一大家电用钢、第二大汽车用钢供应商，海洋工程、建筑桥梁用钢领军企业。其资产总额、营业收入、利润保持逐年增长，2021 年时分别达到 5086 亿元、4267 亿元、103 亿元，比 2018 年分别增长 16.2%、26.7%、110.2%。连续三年入选世界品牌实验室中国 500 最具价值品牌，2021 年以 1008.75 亿元的品牌价值位列总榜单第 57 位，钢铁行业第二名。在中国钢铁企业竞争力排名中获“竞争力极强 A +”最高评级；成为中国钢铁行业国际化程度最高的企业；连续 13 年位列世界企业 500 强，2021 年居第 200 位，较 2018 年提升 39 位。

（二）产品结构迈向高端

自 2018 年以来，产品档次和品种结构全面提升。高技术含量、高附加值的品种钢比例达到 75% 以上，高端产品产量达到 2300 万吨，其中汽车钢达到 700 万吨，家电板达到 400 万吨。锌铝镁、镀铝硅等特殊涂层产品实现了从无到有的突破，产量超过 10 万吨，达到行业领先水平；以超宽高延伸率核电用钢、功能性锌铝镁板、2300mm 宽幅 4Cr13 高端模具钢为代表的 52 个新产品填补了国际国内市场空白；大量高端产品广泛应用于港珠澳大桥、“华龙一号”核电站、“天眼”工程、国产大飞机、极地重载运输船等国家重点工程，在铸就“大国重器”中彰显了“河钢品牌”。汽车板实现了强度级别的全覆盖和知名乘用汽车“整车造”；家电板实现知名品牌“全覆盖”，涂覆家电板市场占有率 50% 以上。特殊涂层锌铝镁、镀铝硅市场占有率国内第一，是国内极薄规格镀铝板厚度规格“全覆盖”的唯一企业。

（三）产业布局实现科学优化

钢铁材料、新兴产业、海外事业与产业金融深度融合、高效协同，钢铁板块领域，系统谋划实施了河钢唐钢本部、河钢邯钢老区、河钢宣钢及河钢石钢等区位调整和布局优化项目。战略性新兴产业领域，围绕钢铁衍生资源的极致利用和全产业链创效，重点培育钒钛新材料、工业技术服务、数字技术、先进装备制造、现代服务业及新型绿色建材等具有自身特色的新兴产业集群，形成了河钢金融、河钢工业技术、河钢数字、河钢钢构等一批专业化特色明显的战略性新兴企业，正在逐步成为新的战略支撑点和效益增长极。在国际化方面，河钢境外资产从 60 亿美元增加到 100 亿美元以上，已经形成资源、制造、贸易三大核心业务板块和“四钢两矿一平台”的海外事业发展格局，海外钢铁产能达到 500 万吨，累计向国内供应矿石资源超过 5000 万吨。供应链金融板块，工业品超市平台已引进优质供应商 2356 家，上架商品 38 个大类、1324 个小类、32.43 万个单品。铁铁智运平台累计注册企业用户 1055 家、活跃车辆 5 万多辆；通过平台认证的合格运力方达 4.9 万家；2021 年全年完成运量 4950 万吨，交易额 25 亿元。

（成果创造人：于　勇、李毅仁、王宇辉、孔维明、
李　洋、张晓康、张　妍、郑　仲）

建筑企业集团以世界一流企业为导向的全过程战略管理

中国中铁股份有限公司

中国中铁股份有限公司（以下简称中国中铁）是一家集设计咨询、工程建造、装备制造、特色地产、资产经营、资源利用、金融物贸、新兴业务于一体的综合型建筑产业集团，是全国首批“创新型企业”，拥有建筑业资质2500余项，业务范围涵盖几乎所有基本建设领域，施工地域遍布全国各地和全球92个国家（地区）。自1894年山海关造桥厂开办，中国中铁参建的铁路占中国铁路总里程的三分之二以上、电气化铁路占中国总里程的70%、高速公路占中国总里程的八分之一，城轨工程占中国五分之三。中国中铁现有员工29万余人，中高级技术人员10.27万余人。作为全球最大的建筑工程承包商之一，中国中铁连续17年进入世界企业500强，2021年实现营业收入10732.72亿元，实现净利润304.70亿元，居2022年《财富》世界500强企业第34位，中国500强企业第5位。

一、建筑企业集团以世界一流企业为导向的全过程战略管理的背景

（一）适应行业和环境变化的需要

新一轮科技革命和产业变革深入发展，我国已转向高质量发展阶段，宏观经济政策保持连续性、稳定性和可持续性，为企业持续健康发展和抵御外部风险提供重要依托。“十四五”时期，建筑业规模预计将持续扩大，发展方式逐步由要素驱动向创新驱动转变，但基建投资增速放缓，行业进入全方位竞争，对建筑央企带来新的重大机遇与挑战。建筑央企需要深度洞悉和解构发展环境和自我优势禀赋，加强系统性战略谋划，坚持战略思维，增强战略定力，强化战略研究，把握战略方向，积极应对生存发展考验，努力在危机中育新机，于变局中开新局，实现高质量发展，勇当大国顶梁柱。

（二）建设世界一流企业的迫切需要

建设世界一流企业是着眼于党和国家事业发展需要做出的重大战略决策，建筑业作为国民经济的支柱产业，在推动国家经济和社会发展、建设世界一流企业过程中发挥着重要作用。建筑央企作为国内建筑领域主导力量，更要立足中央企业使命担当，始终把服务国家战略作为企业最大的战略和最重要的政治责任，加快建设世界一流企业。建筑央企要以提升战略管理为导向，构建与世界一流企业相适应的战略管理体系，强化战略闭环管理，努力成为国有企业管理体系和管理能力现代化的卓越代表、中国特色现代企业制度的优秀典范。

（三）推动企业长远稳健发展的需要

推进高质量发展、建设世界一流企业是一个系统工程，需要加强顶层设计，以高质量战略规划为正确指引。建筑行业进入高质量发展阶段以来，建筑央企加速引入全球先进理念、模式和机制，以发展规划、管理制度、工作方案为载体，转化为企业战略发展的导向。但全过程战略管理很少能全面高效落地，还普遍存在没有形成战略认同、战略内容脱离企业实际、战略实施缺乏有效支撑、战略规划路线不清、不可持续等问题，亟须强化战略运行全过程的评估总结和纠偏导正机制，既要重引领、重融合、重创新，更要重落实，形成全过程管理思维和手段，切实引领和保障企业实现长远稳健的高质量发展。

二、建筑企业集团以世界一流企业为导向的全过程战略管理主要做法

（一）坚持目标导向，构建全过程战略管理体系

中国中铁将建设世界一流企业目标融入战略管理全过程，结合央企战略管理的新形势任务和企业实际，深入研究国内外战略规划编制理论模型，全面系统构建起有机连接、闭环管理的全过程战略管理体

系，即以1个目标导向为逻辑起点，贯通6个环节为推演逻辑，4个战略阶段为管理过程，N个管理节点为方法步骤，3种主要保障措施为后台支撑的“1+6+4+N+3”结构模型。各环节依序影响、动态循环，战略指引规划，规划指导计划，计划框定预算，预算锚定行动，行动确保绩效，绩效达成战略，实现全过程闭环管理。在战略分析阶段，以战略推演方法全面研判形势矛盾，形成战略顶层设计；在战略制定阶段，制定公司战略定位、目标和路线，编制形成由总体规划、专项规划、子公司规划组成的规划体系；在战略实施阶段，对战略规划进行解码和统一编码，全面推进战略实施落地，确保预期绩效；在战略考评阶段，以全景考评方式衡量战略达成效果。通过组织、制度、资源等保障措施，为战略运行提供坚强后台支撑，确保战略管理全流程保障、全过程可控、全层级贯通、全方位落地。

（二）开展复盘推演，形成企业战略顶层设计

中国中铁在全面复盘的基础上，系统采用“战略推演”的方法，通过“三察两审”，以洞察各类市场机会和识别内外矛盾为前提条件和切入点，设置企业各种资源配置方案，寻找最优途径，最大限度地解决战略执行过程中的不确定性，使战略要素配置更加合理，战略制定落实更贴合企业实际。

1. 洞察环境机会演绎方案

中国中铁改变以往制定战略规划时相对单一的分析视角，采用“三察”的方法，洞察环境侧、需求侧、供给侧，厘清发展趋势、市场形势、竞争态势，综合分析研判机遇挑战，演绎各种战略发展方案。一是从环境侧洞察发展大势。从国内外环境和建筑行业视角，把握宏观环境、行业地位和发展阶段，研判环境和行业发展趋势对企业的影响。二是从需求侧洞察市场变化。从市场视角观察细分市场，把握传统市场竞争加剧和新兴市场机遇凸显等现状，从客户需求视角把握投建营一体化等趋势，分析市场前景及客户需求变化对企业的影响。三是从供给侧洞察竞争格局。从历史、上期规划、技术和国际等视角分析企业的百年积淀、五年成就、专业建树和国际地位，从综合视角全面对标国内外行业先进企业，分析能力建设和资源利用方面的优势差距，形成具体借鉴经验。从国资视角，深化认识中国中铁作为国内基础设施建设领域“国家队”“王牌军”的使命担当。通过全面洞察、全景揽视，明晰企业的相对位置和使命愿景，通过沙盘模拟、路演推导等演绎方式，预演各种战略方案实施全过程，提前谋划战略管理中各类问题的解决预案。

2. 审视资源能力比选路径

中国中铁采用“两审”方法，审视企业发展方式、能力体系与市场发展形势的内外匹配性，审视企业核心能力、资源配置、体制机制与做强做优做大的内部协调性，在演绎方案基础上模拟比选，最终确定创建世界一流的战略方案。一是内外匹配性，识别出市场机会与资源约束、业务发展模式快速变化与企业发展方式滞后的内外矛盾，形成问题清单。二是内部协调性，识别出经营规模与业务结构间、功能定位与管控行为间、体制机制与市场化运作间、资源冗余与资源紧缺间的内部矛盾。中国中铁在企业使命和愿景的引领下，通过内外审视，准确研判企业在资源配置、发展能力上的突出问题，并组织集中专题研讨、论证，反复模拟对比不同战略方案的发展路线，使方案经得起理论和实践检验，从中找到企业实现战略目标、达成战略共识的最优途径。

（三）分解顶层设计，制定战略及规划体系

在“三察两审”基础上，中国中铁按照“三定四编”的思路，系统制定企业战略，分层分级编制各类规划，将战略顶层设计转化为实现路径，把战略推演的成果变成高质量、可落地的战略规划文本。

1. 高标准制定企业战略

在世界一流企业的总体导向下，中国中铁从国家、行业、产业、国际和社会五个层面找到愿景与使命双向推演的交点，打造新时代“五型中铁”的总体战略定位，即铁肩担当型大国重器、基建领军型开路先锋、绿色发展型产业链长、品牌影响型跨国公司、社会尊重型现代企业。基于总体战略定位，进

行业务组合和空间布局，提出“八域四层”业务策略结构，即做强设计咨询、工程建造、装备制造三大核心业务；做优特色地产、资产经营两大重点业务；做专资源利用、金融物贸两大支持业务；做大相关新兴业务。中国中铁基于战略定位，系统解构世界一流企业的基本特征，形成“四强五优、世界一流”的总体战略目标，即在“创新能力、竞争能力、抗风险能力、发展能力”上做强，实现“人才优秀、资产优良、产业优质、业绩优异、文化优胜”，建构起以做强做优做大为主干的战略目标体系。为实现企业战略定位和目标的落地转化，中国中铁梳理出“聚焦一大任务、突出两项原则、坚守三条底线、实现‘四强五优’、统筹六大关键”的“123456”发展路线、“两个转化”的经济路线、“两大行动”的商务路线、“六大能力提升”的组织路线，以及“十大工程”的职能路线，系统解决统揽世界一流创建、可持续发展、企业经济运行源头、组织配套，以及规划落地操作等问题。

2. 高效率编制规划体系

一是构建统分有序的规划体系。中国中铁系统构建由 1 个总体规划、9 个业务专项规划、12 个职能专项规划和 45 个子公司规划组成的“1 +9 +12 +45”规划体系，上下衔接、协同贯通，支持总体目标落地。总体规划突出统筹引领，体现纲领性和全面性，全面规划中国中铁未来发展方向和目标，确立总体发展思路、目标和举措的纲领性文件。业务专项规划突出分类施策，体现前瞻性和竞争性，是在 9 项主营业务支线上的具体延伸，并制定了差异化的战略定位、目标体系和发展策略。职能专项规划突出落地支撑，体现专业性和针对性，是在职能支线上的具体延伸和战略保障，明晰了各职能系统发展方向和任务清单。子公司规划突出目标支撑，体现系统性和差异性，是在机构支线上的统合与延伸，子公司规划参照总体规划的文本架构和逻辑层次，与总体规划编制同步推进、同步完成、同步修订，确保企业在纵向组织体系中实现高度协同。

二是构建科学高效的编制模式。中国中铁制定规划编制总体方案和实施方案，确立编制时间表、路线图和任务书，统领策划、编写、论证、评审的全过程。策划阶段以调查研究奠基础。以专题访谈、专题调查、专题研讨、基层实地调研等方式，多层次掌握“一手信息”；系统梳理各级重要文件，形成详尽内参；编制《规划编制工作手册》，明确思想、组织、保障和工具等标准，为高质量编制规划奠定基础。编写阶段以碰撞机制优思路。围绕规划核心思路，各级编制组定期开展集中研讨，针对过程问题及时专题研讨；总体规划与专项规划编制组均与内外部专家建立定期对接机制，及时交流完善规划思路；突出核心编制团队信息甄别和统合作用，定框架、融思路、成初稿。论证阶段以充分辩证求真知。以公司领导班子务虚会、外部董事专题会和各业务系统评审会等形式，研讨规划初稿；规划部门“自上而下”征询可行性，相关部门“自下而上”反馈意见，“两上两下”充分交换各方意见；坚持企业内外专家论证相结合，打破思维定式，实现“开门”编规划。评审阶段以高端评审提质量。针对总体规划，邀请国家部委和行业专家、知名学者等高端智慧人群开展综合评审；针对专项规划，组织企业内外部专家开展系统评审；针对子规划，由总部组织企业内部专家集中审核、交叉复审、研讨审定，确立战略规划在政策、理论和实践等综合领域的权威性。

（四）推进分解实施，将战略规划转为责任行动

中国中铁将战略分解实施作为工作重心，创造性地引入“战略解码”概念，以“重点任务书”为载体，进一步诠释分解企业战略，转化为一线员工能够理解的语言和行动指南，并落实为绩效产出，通过战略解码、统一编码和立体推进，形成“两解一统三推”工作思路。

1. 双向解码分解战略任务

一是纵向解码，按照“战略规划—年度计划—预算目标—资源保障—行动任务”的逻辑线进行。中国中铁对总体规划和专项规划重点内容进行分类，形成 12 个领域 219 项“战略任务”，实现系统化、条块化、清单化管理。各级企业和业务系统依据本级年度报告，将“战略任务”逐级分解为“年度计

划”和“季度要点”，并依此实施战略引领下的全面预算管理和资源配置。建立可量化、可衡量、可考核的指标体系，按照阶梯性向好趋势，将全面预算指标逐年分解至各业务板块、各成员企业，形成基于市场导向的战略管理、基于战略管理的要素纵向流动，将战略规划层层解码为可落地的“行动任务”，提升各层级组织的执行力。二是横向解码，按照贯通“经营系统—管理系统—生产系统—监督系统—党建系统”的系统线进行。中国中铁充分发挥各级规划部门对“战略任务”的统筹作用，以及牵头编制部门对相关专项规划的带动作用，将“战略任务”精准分解至各业务系统，极限分解至专项行动、工作方案、经营生产等具体事项，匹配至具体责任领导、部门负责人、联系人等执行末端。通过发挥职能部门的纵向引领作用，提升各系统的横向协同度，打破部门墙、层级墙，推动立体联动、协调一致的战略执行。

2. 统一编码统筹战略资源

基于双向解码，中国中铁将总体规划、专项规划和年度重点工作等具体任务全部纳入清单式管理，形成“重点任务书”，清晰展现具体行动、责任分工、要素保障、时限要求等执行要素，并按年更新；同时，对“战略任务”进行唯一编码，并以此编码为基准，统一企业督查督办事项清单、各专项工作清单和各职能系统工作清单中的相同任务编码，有效避免各口径工作交叉重叠导致管理资源重复投入问题。以此，实现“一书管全局、一书管全年”，未来图景与当前行动有效衔接、贯通融合。

3. 立体推进实现规划落地

基于战略解码编码，中国中铁建立多角度、全方位、高质量的立体式战略推进机制。一是多角度宣贯。中国中铁建立以总体规划为重点的集中宣贯、以专项规划为重点的业务宣贯、各级将中国中铁与本企业发展规划结合的融合宣贯、将战略宣贯纳入党校培训课程的常态宣贯等多角度、全覆盖的宣贯体系，使规划在各层级达成战略共识。二是全方位推进。中国中铁建立公司领导集体带头推进、牵头部门专题推进、职能部门日常推进的组织推进机制。公司领导对企业战略规划核心思想和重点任务做到“逢会必提”“逢培必讲”，全面提升战略规划灌输和推进力度；牵头部门定期通报战略规划执行情况和向董事会专题汇报；职能部门将战略任务与日常工作紧密结合、协调推进，并将规划重点任务纳入办公室信息化督办系统。三是高质量督导。中国中铁将战略规划执行情况纳入“大监督”体系，在巡视巡察、纪委“再监督”、审计监督等工作中重点关注规划执行的风险偏差，及时监控预警、解决问题、加强协同；将规划部门牵头抓总、督导纠偏，与业务部门“挂图作战”、定期销号相结合，推动战略实施监督向基层延伸，做实过程督导。

（五）强化战略考评，全景检验规划实施成效

中国中铁围绕“重点任务书”落实情况，建立战略考核、战略评估、述职质询等“360°全景”督导考评体系，检验战略实施效果，为战略管理责任落实和执行调整提供依据。

1. 定量定性结合推进绩效考核

基于战略实施中的全面预算管理，中国中铁将战略规划目标完整融入各级绩效考核指标体系，使各部门、各单位战略执行情况，与战略期内各年整体考核结果有效联动，与领导人员薪酬、奖惩挂钩，发挥绩效考核“指挥棒”作用，提升各业务系统、各层级战略执行能力。同时，在绩效体系中设置专项考评指标，按年对各部门、各单位“重点任务书”落实情况进行考评，以“匹配度”考评“年度计划”的全面性、准确性和对“战略任务”的支撑性，以“完成度”考评“重点任务书”实施的成效性，按部门和企业两个序列由高到低综合打分排序，进行考评定级。

2. 内外结合开展效果评估

一是内部评估方面，中国中铁按照短、中、长期，分别评估每年、三年和五年的战略执行情况：每年完成财务决算后，形成年度战略规划执行情况评估报告，第四年评估前三年执行情况，第六年评估整

体五年执行情况。如出现战略顶层设计调整变动、主要战略规划目标发生较大偏差、外部环境或内部资源能力发生重大变化等情形，由规划部门或编制牵头部门提议，适时进行战略规划调整。二是外部评估方面，由咨询机构牵头按年评估，更加客观定位企业的国际实力和地位。同时，充分运用大数据手段，动态监测战略任务执行情况，形成战略管理“驾驶舱”，实现战略规划各项指标和任务落实情况可视化、庞杂数据信息图表化，特别是依托权威机构研究数据，从规模实力、经营绩效、技术经济3类共13个指标和综合排位企业指数，对标国际国内标杆建筑企业，形成关键性战略指标雷达图，直观展现优劣势，实时校准创建世界一流企业方向。

3. 实行全层级年度述职质询

根据对战略目标和“重点任务书”的考核结果，以及内外双评情况，中国中铁每年上半年组织领导和专家对评价为B类的部门和子公司进行现场述职和质询，让战略执行不力的领导干部“红红脸”“出出汗”，对于问题做到早发现、早干预、早纠正，确保以考核促落实的导正作用。

（六）完善战略保障，全程护航战略预期达成

中国中铁建立完善多维度的战略保障体制机制，在党建引领、深化改革、政策激励、法律合规等方面进行全方位保障，特别是通过组织、制度保障和合理配置人、财、物等战略资源，支撑战略规划高效落地。

1. 以组织保障确保落实有权责

为提高战略管理的决策效率，中国中铁从企业法人治理结构入手，理顺党组织、董事会、经理层及其他主体的战略管理职能定位。党组织负责研讨总体规划、专项规划等重大方向性、原则性事项。董事会负责审议企业战略规划及战略管理相关政策和制度，通过战略管理委员会实施战略规划定期评估、纠正执行偏差和战略规划调整。经理层负责拟订总体规划、业务专项规划及其调整方案，审议决定职能专项规划及其调整方案，审议子公司规划，讨论战略管理的重大事项，落实相关决策。规划发展部是战略管理的牵头部门，负责战略管理的组织协调、制度拟定，以及总体规划全过程管理的组织工作。其他职能部门根据职能分工牵头负责相关专项规划的全过程管理工作，成立专职工作组，并设立规划管理专员。各级企业成立战略工作领导小组，主要领导任组长，将战略管理定义为“一把手”工程，全面打通战略执行的组织网络。

2. 以制度保障确保执行有章法

一是以战略管理制度提高战略管理的密度。修订《战略规划管理办法》，规范战略规划编制、实施和动态管理，提高战略规划的科学性、可操作性和稳定性，横向确保各类规划与总体规划有效承接，纵向健全“齿轮咬合”式闭环管理机制，实现战略规划全链条、规范化、标准化管理。二是以预算管理制度提高战略管理的精度。修订《全面预算管理办法》，将战略规划目标作为年度预算编制的起点和基础，以预算落实作为战略落地执行的重要保障，通过预算执行的跟踪和监控，及时掌握战略推进和经济运行情况，合理配置资源。三是以绩效考核制度提高战略管理的力度。修订《总部部门业绩考核与薪酬管理规定》《二级单位经营业绩考核暨负责人薪酬管理办法》，实现战略执行与业绩考核、薪酬相挂钩，进一步提高战略执行效率和成效。

3. 以资源保障确保实施有抓手

一是统筹各级战略管理资源。各级规划部门加强统筹协调，以“重点任务书”为依托，强化各业务系统的定期沟通会商和协同合作，确保战略各项任务有序推进；将“重点任务书”纳入办公室系统的督办工作范畴，按季度督促责任人强落实，并如实报告执行情况。二是建立管理咨询专家库。遴选管理咨询服务商形成名录，借助外部咨询机构力量，赋能各级企业宏观环境、政策环境、行业和标杆企业的研究能力。三是完善规划资金保障体系。强化各级企业战略资金统筹力度，加大对规划重点任务专项

投入，确保规划实施经费得到保障，同时加强专项资金使用监督，按年按需按进度逐项拨款，最大限度地确保战略资金使用效率。

三、建筑企业集团以世界一流企业为导向的全过程战略管理效果

（一）全过程战略管控水平全面提升

中国中铁通过全过程战略管理，有效将战略规划转化为引领各级组织、各项工作、各个岗位的全时指引。一是实现由线性管理向环状管理转变，打通“战略—规划—计划—预算—行动—绩效”关键环节，实现从战略分析、战略制定、战略实施到战略考评的全过程闭环管理，有效保障战略落地，形成持续滚动改进的战略管理机制。二是实现由孤立观向系统观转变，构建起上下贯通、统筹协调、相互衔接的战略规划体系，编制完成60余项规划文本，形成以总体规划为引领、专项规划为支撑、子公司规划为基础的战略规划体系。三是实现由长周期向短周期转变，将五年规划周期有效链接到年、季，引导各层级目标思维与过程思维相融合，全面提升战略管理的控制力和行动力。四是实现由静态观向动态观转变，动态掌握各级战略执行情况，敏锐监测战略误差，及时纠偏导正，阶段性分析内外部环境变化，并制定规范的战略调整程序，保障战略规划与时俱进。五是实现由“重编制、轻实施”向“编制、执行和考评并重”转变，将规划执行与企业各项管理工作紧密结合，建立健全战略导向下的考评机制，为破解战略规划束之高阁的企业管理共性难题，付诸积极探索和有益经验。

（二）经济效益和竞争实力有效提高

面对疫情波折反复、经济持续下行、风险挑战交织等复杂局面，中国中铁充分运用世界一流企业导向下的全过程战略管理引领高质量发展，实现了“十四五”时期的“开门红”。“十四五”以来各项经营指标稳中有升、持续向好，与“十三五”末相比，新签合同额平均增幅12.55%、营业收入平均增幅12.34%、总资产平均增幅13.55%、归属于上市公司股东的净利润平均增幅8%、资产负债率平均降低1.54%；新增“一院士、两大师”，获得国家科学技术奖7项，詹天佑奖12项，居建筑央企榜首。中国中铁在企业经营规模、效益质量、科研创新和品牌商誉方面实现新的跨越。

（三）建设世界一流企业成效显著

中国中铁迈出建设具有中国特色世界一流企业的坚实一步。在战略管理实践过程中，中国中铁通过数字技术和智慧施工不断提升中国建造品质，实现了产品市场竞争力的进一步增强；贯彻落实“三个转变”重要指示，通过培育打造“中国高铁”“中国大桥”“中国隧道”“中国装备”等国际知名品牌，进一步提高全球影响力；通过在智能高铁、智能高速公路、智慧城市、高端装备制造等方面的技术突破，打造原创技术“策源地”，进一步提升创新发展驱动力；通过全面建设现代化企业，使管理体系和管理能力更加成熟，业务结构和市场布局更加合理优化，风险防控体系运行更加安全可靠，实现了集团管控力的进一步增强。同时，全过程战略管理的探索实践汇集了中国中铁近30万员工强大的集体智慧，构建起全员参与、全员笃定、全员奋发的世界一流企业队形，较好地解决了行业战略管理的难题，开辟出建设世界一流企业的系统路径，为建筑央企提供了管理借鉴。

（成果创造人：陈　云、陈文健、于腾群、任鸿鹏、耿树标、王德志、张学军、李景贵、程子潇、王　丁、韩　毅、束永保）

百年煤炭企业以新发展理念引领的战略转型管理

徐州矿务集团有限公司

徐州矿务集团有限公司（以下简称徐矿集团）是江苏省政府直属的特大型能源集团，至今已有140年煤炭开采史。产业涉及煤炭、电力、煤化工及工程建设、煤矿机械、煤炭物流等关联领域，总资产500亿元，在册职工4万人，位列中国大企业500强，全球煤炭企业综合竞争力30强。连续多年被评为“信用江苏诚信单位”、资信AA+等级企业，先后荣获“国务院国资委全国重点企业管理标杆企业”“全国煤炭行业科技创新特等奖”和“现代化管理创新成果一等奖”等奖项和荣誉称号。

一、百年煤炭企业以新发展理念引领的战略转型管理背景

（一）衰老矿区产业转型的需要

随着资源长期开采，徐州市被国务院列为全国42个煤炭资源枯竭型矿区之一，徐矿集团徐州本部矿区逐步进入资源枯竭期，到2016年年底先后关闭6对矿井，徐州本部仅剩1对生产矿井，煤炭资源枯竭，企业亏损严重，历史负担沉重，各类风险叠加，百年徐矿一度走到濒临倒闭的边缘。

（二）关闭矿井人员安置的需要

煤炭产业是劳动密集型行业，因资源枯竭带来“矿关了，人怎么办”这个煤炭行业的难题。徐矿集团作为老字号煤炭企业，随着6对矿井相继关闭，有2万多名职工面临失岗失业。徐矿集团作为省属国有企业，必须解答好“矿关了，人怎么办”这一“现实之问”。

（三）采煤迹地生态治理的需要

历经长期煤炭开采，徐矿集团本部累计形成采煤沉陷区24.9万亩（1亩≈666.67平方米），占徐州市总面积的2.15%，地陷、房裂、天灰、水黑、田荒，并伴生水系损毁、土地沙化、大气污染等一系列严重的环境破坏和生态衰退问题。如何把衰败的采煤迹地变成绿水青山、金山银山，也是徐矿集团的必答题。

二、百年煤炭企业以新发展理念引领的战略转型管理主要做法

（一）以新发展理念为指导，确立企业战略转型方向、实施路径

2017年，徐矿集团面对企业产业失续、发展停滞、经营艰难的困境，立足企业实际推动思想大解放，提出独具徐矿特色的“五满”治企新观念，并由此确立了“一体两翼”战略转型的实施路径。

1. 坚持党的领导，催生“五满”治企新观念

面对艰难困局，围绕路子怎么走、困局怎么破、大局怎么稳、人心怎么聚、规矩怎么立五大痛点，徐矿集团新一届领导班子积极贯彻中央精神，坚持加强党的领导、党的建设，凝聚职工智慧，催生出具有徐矿特色的“五满”治企新观念，即：满怀对党忠诚，切实发挥企业党组织把方向、管大局、促落实作用；满眼都是资源，发掘具有丰富采矿技术的产业工人队劳动力资源及老矿区土地、房产、铁路、电网等存量资源的价值；满眼都是人才，坚持人人是人才、人人可成才、人人展其才；满怀家国情怀，坚持以职工为中心，着力提升职工幸福感、获得感、归属感；满满正能量，发扬新时代徐矿精神，营造干事创业正气充盈的正能量，形成指引企业转型升级的核心观念体系。

2. 聚焦主业主责，实施“一体两翼”战略总路径

在“五满”治企新观念的引领下，坚持把企业的历史与未来贯通起来思考，对企业发展战略进行深度思考和重新定位，确立了以煤电化为主体产业，以盘活存量土地、铁路、电网等资源和开发技术、

人才、品牌等资源为两翼的“一体两翼”战略总路径。

（1）坚持满怀对党忠诚，聚焦能够干、应该干、干得好的事，明确能源主体产业地位不动摇。深入贯彻党中央决策部署，从自身历史和使命出发，把服务江苏能源安全保障作为最大使命，确立煤电一体化作为核心主业的发展战略，立足煤、发展煤、延伸煤、拓展煤。全力巩固现有产能稳产，有效推进产能核增提产，加速推动资源整合扩产，并由煤炭向大能源拓展、向新能源拓展、向清洁高效利用拓展，由煤炭生产企业向综合能源生产商、供应商、服务商转型。

（2）坚持满眼都是资源，聚焦发挥存量资源优势，明确把盘活土地、电网、铁路发展关联产业作为两翼产业之一。针对因本部产能退出形成的11120亩土地、52万平方米房产、129千米铁路、270千米电网和各类配电设施等存量闲置资源，积极把握“一带一路”、“1+3”功能区和淮海经济区中心城市建设等的机遇期，统筹国家和地方退城入园、土地收储和增量配电等利好政策工具包，将土地、房产、铁路、电网、热力等存量资源开发纳入徐州市及各县区空间和产业规划，重点实施“土地+”存量资源综合开发，努力把资源变成资产、把资产变成资本、把资本变成财富。

（3）坚持满眼都是人才，聚焦发挥煤炭开采技术优势，明确把开发人才、技术、品牌发展服务外包作为两翼产业的另一翼。徐矿集团拥有世界领先的采煤技术，电力、煤化工建设与运营水平保持行业一流水平，能源基地规划建设与运作的经验丰富、队伍成熟，在国内外形成广泛的品牌认可。发展服务外包产业就是最大限度发挥品牌和人才优势，推动发展方式从单纯依靠资源消耗转变为依靠劳动者技术管理和运营水平提升上来，真正实现新旧动能转换，真正实现高质量发展。同时，发展服务外包产业可以把人员作为资源主动走向社会，把“包袱”变成创效财富，把成熟劳动力变成高效生产力，切实破解“矿关了，人怎么办”的重大难题。

（二）深化国企改革，提升企业治理效能

积极推进中国特色现代企业制度建设，构建“五型”董事会，加快融入多层次资本市场，深化推进劳动、人事、分配三项制度改革。

1. 坚持“两个深度融合”，构建现代化治理结构

坚持加强党的领导与公司治理和党的建设与生产经营深度融合。把党建工作要求写入集团及各级子企业章程，修订完善“三重一大”实施办法，制定党委前置研究讨论重大事项规程和清单。准确把握董事会建设的改革方向，着力建设决策型、战略型、规范型、协同型、高效型“五型”董事会，55家应建董事会企业全面建立董事会，42家应实现外部董事会占多数的企业全面实现董事会成员“外大于内”，14家重要子企业全部制定落实董事会职权实施方案。健全董事会向经理层授权的管理制度，集团及55家应建董事会企业全部制定董事会授权经理层的实施方案、管理制度和授权清单，充分保障经理层依法行权履职。

2. 推进混改+科改+上市，融入多层次资本市场

高度重视用好多层次资本市场，积极打造“1+N”上市平台，为企业转型升级提供新动能。“1”是推进徐矿能源股份上市：按照“混改+上市”的上市路径，通过整合集团公司煤电化等核心主业资产组建成立徐矿能源股份公司（以下简称徐矿股份），2020年12月成功引入7家战略投资者，2021年9月中国证监会正式受理了徐矿股份首发上市申请，目前已完成两轮中国证监会问题反馈答疑工作。“N”是打造威拉里新材料公司、徐矿热力公司、徐矿置业公司、淮海大数据中心等上市平台，2022年6月完成首轮混改战略投资引进和员工持股工作；徐矿热力公司布局徐州市主城区东西两翼稳定增长供热市场，培育中小服务型上市公司；徐矿置业公司依托自身优质资产积极推进资产证券化业务。

3. 推进国企三项制度改革，提高企业市场化活力

深入推进经营机制市场化改革，大力实施人事“两去两能”、劳动“两市两能”、分配“两全两

能”三项制度改革。一是推行管理人员去行政化、去身份化，实现职务能上能下。集团公司及71家子企业全面推行经理层成员任期制和契约化管理，240名经理层人员全部签订“两书一协议”。二是推行市场化招聘、市场化用工，实现员工能进能出，新招聘员工公开招聘率达100%。14家重要子企业率先推行管理人员竞争上岗、末等调整和不胜任退出，形成能者上、平者让、庸者下的市场化机制。三是推行全员绩效考核、全周期工资调控，实现收入能增能减。树立提低、扩中、稳高的薪酬分配导向，健全全员绩效考核机制，分配注重向创业一线、生产一线和苦脏险累岗位倾斜。完善工资总额管理方式，构建工资总额与经营绩效挂钩，实行年度预算、月度考核、累计平衡的全周期薪酬管理机制。

（三）调整产业结构，解决产业接续问题

坚持“一体两翼”总路径，抢抓国家煤电基地布局和江苏能源战略调整机遇，把握煤矿智能化建设、能源数字经济及新能源产业发展等政策导向，有效推进存量资源高效盘活，实现传统单一能源产业的转移布局和转型升级。

1. 优化区域布局，建设六大能源基地

作为江苏唯一省属实体能源企业，主动顺应国家煤电基地由东向西转的战略部署，借助江苏省长期以来开展并积累的省际能源战略合作，布局建设“陕煤入苏”“蒙电送苏”“新疆煤电化”“晋焦入苏”“一带一路能源服务”和省内清洁能源六大能源基地。

（1）巩固老基地。在“新疆煤电化”基地，天山矿业经两次产能核增至850万吨，建成南疆最大井工矿，塞尔能源500万吨产能核增有序推进，年产400万吨哈密能源公司已建成投产，年产300万吨红山煤矿正在建设；阿克苏220万千瓦电厂及与国电均股的266万千瓦电厂已建成投运。在“陕煤入苏”基地，大力推进郭家河煤矿650万吨产能核增、新安煤业150万吨产能核增，高效运营长青能化60万吨/年煤制甲醇项目，打通陕煤入苏“公铁水”多式联运物流贸易通道。在“一带一路”能源服务基地，充分发挥徐矿集团技术、管理、品牌优势，以煤矿、电力托管运维为基础，先后开发运营了印尼、印度、巴基斯坦等煤矿技术服务外包项目，建设运营孟加拉国历史上第一座也是目前唯一一座现代化井工煤矿。在江苏清洁能源基地，射阳港单台百万电力机组项目正式开工建设，阚山电厂正在推进重组并购。

（2）开拓新基地。在“蒙电送苏”基地，依托“锡盟—泰州”直流特高压输电通道，以电促煤全力建设煤电一体化大型电力送苏基地，目前国内首个百万褐煤发电机组项目乌拉盖2100万千瓦电厂已开工建设，266万千瓦白音华电厂正在重组。在“晋焦入苏”基地，与山西焦煤建立能源战略合作，全产业链推进苏晋两省煤焦钢产业链协同发展；正在推进山西鑫飞能源390万吨主焦煤及配套选煤厂项目并购重组，拟通过“日瓦线”打通直供江苏的主焦煤生产直供基地。

（3）开辟新领域。在聚焦“煤电化”主业的同时，注重能源多元化布局。重点发展天然气发电、垃圾发电、光伏发电，合作建设江苏沿海油气管网和核电、海上风电，向清洁能源转型。加快盘活苏新能源项目，建设好长青能化二期，适时向甲醇制烯烃等精细化工延伸。

2. 加速产能优化，提升产业发展能效

坚持“是矿不像矿，产煤不见煤，采煤不用煤”思路，坚持“内部全面落地，遍及江淮大地，走向全国各地”导向，坚持“智能化生产、高效化转化、循环化利用”方式，着力推动生产方式、生活方式、用能方式和产业结构绿色转型。

（1）产能数字化。围绕产业数字化、数字产业化，构建符合新时代特色的数字化战略架构，深度推进人工智能与采矿工艺技术深度融合，即实施全面感知与高速传输网络、矿山地理信息系统、安全生产管控一体化平台、统一计算存储管理、统一数据接口与编码标准，以及诸多智能化子系统与设备为主要内容的“六个一”工程，推进安全生产的统一管控，建立徐矿集团煤矿智能化运营管理中心，推进全面的生产经营决策管理，开发部署集团云服务平台，实现面向不同业务部门的上云服务，先后建成10个智能化工作面，两座国家智能化示范矿井。

（2）产能绿色化。坚持走生态文明发展之路，着力推动生产方式、生活方式、利用方式和产业结构绿色低碳转型，积极推进“煤电化”主业绿色升级改造。加强企业环境改善和美化亮化，充分利用厂房屋顶和闲置土地合理布局光伏发电等新能源，煤矿做到“是矿不像矿，采煤不见煤，产煤不用煤”，非煤单位实现环境景观化、生产洁净化、用能清洁化，建设现代化花园式企业，实现传统能源与新能源有机融合，煤炭开采与生态保护相得益彰，工业生产与生态文明和谐共生。

（3）产能低碳化。大力推进煤矸石、煤泥、矿井水综合利用，煤泥、煤矸石综合利用率达100%，矿井水综合利用率达95%，实现煤炭伴生资源吃干榨尽。拉长火电企业产业链，实现发电、供热、供汽、大数据一体化发展，成立热力公司为徐州市主产区2/3以上区域供热，通过电厂高温制冷打造了绿色节能淮海大数据中心；聚力开展机组提效改造、供热改造与灵活性改造“三大改造”，扎实推进“减煤、替煤、控煤”技术革新，推进煤泥、城市污泥、纺织边角料等一般工业固废掺烧，助力“无废城市”建设，每年消化城市污泥20万吨。截至2021年年底，所属三家控股电厂碳排放权盈余60余万吨，市场交易创效超过3000万元。

3. 推动业态升级，催生新动能、新经济

深刻把握新一轮科技革命和产业变革方向，以技术创新为引领，以新技术、新产业、新业态为核心，积极培育“高大上新”产业，加快发展壮大新动能，助推企业抢占未来产业制高点走在前列。

（1）发展新能源。一是内部全面落地。集团公司内部所有单位，按照能建尽建的原则，大范围建设太阳能光伏项目，打造一批集光伏发电、生产用电、车棚充电、生活照明于一体的示范项目。同时，利用关闭垞城矿井建设储能基地，研究氢能、新型储能和煤炭地下气化技术。二是遍及江淮大地。抢抓徐州打造新能源之都的机遇，积极争取发展整县制光伏项目，已先落地沛县、贾汪、泉山、陆港区等一批整县制光伏项目。三是走向全国各地。重点围绕“外电入苏”通道，在内蒙古锡林郭勒盟、鄂尔多斯、阿拉善，以及青海、山西等地布局建设风光火储等一体化大型清洁能源基地。先后完成光伏发电项目立项39个，开工建设7个，建成并网发电4个。

（2）发展高大上新试验田。根据国家关于新材料、新经济等产业发展导向，成立威拉里新材料公司，推进粉末冶金和3D打印产业发展。目前，该公司创出了全国金属粉末领域唯一生产大气环境中具有霍尔流速铝合金粉末，唯一拥有稳定生产CuCrZr粉末技术，唯一拥有多体系高熵合金生产技术的“三个唯一”；利用原庞庄矿工业广场建成拥有4000多个机柜的淮海大数据项目，实现对计算、存储、网络、软件进行统一的数字化管理，加速煤炭、电力、新能源及能源保供等业务领域的智能化、物联化；组建徐矿置业公司，在南京河西区域建成集商务、办公、酒店、会议、商业、公寓于一体的大型楼宇和总部经济的综合体——徐矿广场，成为南京市服务业标杆单位。

（3）升级存量资源开发。把握徐州市淮海经济区中心城市建设机遇，利用原九里山矿、垞城矿、垞城电厂、东城井和张小楼井等存量土地，支持淮海国际陆港建设、进行棚户区改造、开发高端住宅区，提升基础配套和整体环境，推动综合整治和商业地产联动开发；依托现有铁路专用线，建立“多式联运”货物集散基地，成功引进“一汽大众汽车物流园”；以华东机械公司为主体，发展智能矿山装备，形成了液压支架、皮带机、防爆电器三大类拳头产品；利用222千米区域电网资源开展配售电业务，用户数量、售电收入双列江苏售电公司首位。利用原权台煤矿存量土地和工业遗迹，开发潘安湖生态文化旅游小镇和工业旅游项目。

（四）面向域外创业，解决人员就业问题

以满腔家国情怀造福职工，郑重承诺不让一名职工下岗。在矿井关闭过程中，不把人员推向社会、不把困难推给地方、不把包袱推给政府，着力破解“矿关了，人怎么办”的行业难题。

1. 走向富煤省区，推进煤矿托管产业化

坚持满眼都是人才的理念，充分整合关闭矿井人才资源，依托集团公司煤炭开采技术优势，组建专业队伍，完善专业管理，实施专项运营，在晋、陕、甘等省份开展以煤矿技术管理为主的服务外包，从单个工作面承包，逐步发展到煤矿整体托管，把煤矿服务外包打造成现代服务产业，妥善解决了2.1万人的就业问题，累计创收60亿元、创利6亿元，成为集团公司重要经济增长点。

2. 面向“一带一路”，推进能源服务国际化

积极响应国家“一带一路”倡议，充分发挥世界领先采煤技术优势，在孟加拉国、土耳其、印尼等“一带一路”沿线国家开展煤矿及电力项目技术服务外包。其中，在孟加拉国建设运营该国第一座也是唯一一座现代化矿井巴拉普库利亚煤矿，为该国培养了第一代煤矿产业工人，2021年成功签订四期3.86亿美元承包生产合同。目前，徐矿集团服务外包产业共涉及6个国家、8个省区，运营项目30余个，赢得了国内外广泛赞誉，打响了国际能源服务品牌。

3. 转向融合服务，推进业务经营多元化

细化关停矿井职工分流渠道，优化煤矿配套资源整合方式，分别组建了专业矿山救援队、工程施工队、物业管理公司、淮海医疗集团等，从煤炭开采向煤矿建设、托管、运营、维护全产业延伸，在煤矿辅助领域向工程施工、灾害救援、物业服务、医疗服务等领域拓展，实现以煤矿为核心的服务外包产业多元化。其中徐矿救护大队多次圆满完成多起事故应急救援和处置工作，得到市政府、市应急办多次表扬；华美物业公司顺利通过了徐州市第一批星级物业服务企业复评考核，成为13家保留原四星级企业的单位之一。

（五）推动绿色发展，解决生态修复问题

修复治理生态、盘活存量资源、企地携手共荣，把衰败的采煤迹地变成绿水青山、金山银山。

1. 协同土地保护，实现增地于农

针对采煤形成的采煤塌陷地，按照“节地减沉、征复并举、因地制宜、分类施策”的原则，对破坏不太严重可恢复为耕地的，煤矿企业与所在地集体经济组织签订复垦协议，企业及时足额支付复垦资金；对中度塌陷区，采取“挖深垫浅法”，通过挖鱼池、筑台田，形成上粮下渔生产格局；对破坏相对严重的塌陷地，采取“土壤剥离、交错回填、灌浆防渗”等复垦技术，用煤矸石等对塌陷地进行预回填，复垦造地，或者对已塌陷的土地，利用煤矸石深埋充填复垦治理成农田。先后复垦建成沙河林场二分场果园、孙大庄村有机稻种植稻田、沙塘果园苗圃培植基地等。

2. 协同生态治理，打造绿水青山

深入对接地方发展规划，坚持塌陷地治理与生态修复相结合，分类改造利用，打造生态修复示范区，建设湿地公园、水源涵养区等。对塌陷深度大于1.5米、大面积积水的塌陷区，采取生态治理措施。区位优势明显的，开发景观园林或湿地公园；没有区位优势的，或成水源涵养区，或进行水面养殖，或建光伏发电等。先后建成泉山区九里湖湿地公园、贾汪区潘安湖国家湿地公园、沛县安国湖湿地。

3. 协同乡村振兴，迁建美丽新村

坚持“先搬后采、以迁保采”原则，筹措专项资金，统筹压煤村庄搬迁与推进新型城镇化和新农村建设、促进城乡统筹发展相结合，在空间布局、功能定位、基础设施等方面，与地方政府部门充分对接，对新建村庄实行统一规划、统一拆迁、统一标准、统一建设、统一配套、统一管理，确保水、电、路、程控电话、有线电视、宽带、天然气“七通”和硬化、绿化、美化、亮化、净化、电气化“六化”达标，其中马庄村、湖里村等成为新农村建设的亮丽名片。

（六）强化管理变革，提高经济运行质效

以开展对标世界一流管理提升行动为抓手，按照现代企业制度要求、瞄准国内外一流能源企业，补短板、强弱项、树标杆、创示范，健全和完善徐矿集团现代企业治理体系。

1. 开展对标管理，建设一流徐矿

对标中煤集团，提出具有徐矿特色的“3125”对标工程，即在省内、行业、全国三个层面创建典范；在党的建设、企业转型、科技创新等十二个方面树立标杆；争创一流业绩、一流担当、一流民生、一流标杆、一流“生态”“五个一流”目标，在集团公司层面形成可量化、可操作的48项提升任务。通过采取两级一把手“亲自抓”、党委巡察组“全面察”、多部门协同“合力推”的三维推动举措，保障对标提升行动质量与速度并进，获得了江苏省国资委的高度认可。

2. 健全“十大体系”，建设合规徐矿

持续开展制度“废改立”，废止制度79项，修订制度53项，新增制度46项，汇编制度381项，构建了党的领导、公司治理、安全生产、经营管理、投资管理、科技创新、风险管理、平台管理等“十大治理”体系，形成具有徐矿特色的“徐矿之治”。其中，在安全管理方面构建“意识＋责任＋标准化”安全管理体系；在资源优化配置方面推进构建物资采购、煤炭销售、资金管理“三集中”；在民生工作方面构建底线民生、基本民生、质量民生三重保障；在党的建设方面构建铸魂、强基、战略、人才、护航五大工程。

3. 实施“五血疗法”，建设高效徐矿

坚持质量导向，扭住效益核心，针对资源枯竭型企业转型发展面临的突出矛盾和瓶颈短板，综合采取扭亏“止血”、创效“造血”、创业“补血”、融资“活血”、防控“抑血”的“五血疗法”，推动企业走出困境、夯实家底。集团公司十大历史遗留问题全面解决，偿还债务及利息103亿元，清理劣势企业165家，完成55家集体企业改革任务，压减亏损企业27家。

三、百年煤炭企业以新发展理念引领的战略转型管理效果

（一）产业结构优化，经营效益显著提升

基地建设取得重大突破，新增煤炭产能1210万吨、累计煤炭产能达到2320万吨，新增电力装机容量696万千瓦，累计权益装机容量达到1024万千瓦。经济运行取得显著成效，2017年以来累计实现经营性现金净流入165亿元，创造经营利润120亿元，上缴税费125亿元，偿还历史债务及利息105亿元，2021年企业资产负债率下降至59%，较2017年年末下降10个百分点，企业劳动生产率达到173万元/人，实现高效稳步增长。

（二）民生福祉改善，职工地位显著提升

全力打造共同富裕国企示范，大力实施“三三民生”工程、“139人才工程”，引领职工素质持续提升，出台包括提高人才学历、职称、住房等补贴、激励人才创新创造等举措的“人才九条”。五年用于改善民生支出累计超过50亿元，职工工资在2020年实现比2016年年末翻一番的基础上，2021年又增长10%，10件民生实事全部办实办好，走访慰问6000余人，发放慰问金、帮扶资金1800万元。

（三）履职担当有为，社会形象显著提升

积极履行社会责任，累计吸纳高校毕业生就业2382人，2.1万关闭矿井职工得到妥善安置，五年来没有一名职工下岗。产业工人队伍改革建设走在全国前列，产改做法两次荣登《工人日报》头版，两名职工荣获“全国劳模”，1名职工荣获“全国五一劳动奖章”，1名职工荣获“全国五一巾帼标兵”，1名职工荣获“大国工匠”，集团被全国总工会授予“产改示范单位”的荣誉。

（四）绿色发展赋能，生态效益显著提升

徐矿集团先后投入50.77亿元，累计治理塌陷地22万亩，建成了4A级风景区潘安湖及九里湖、安国矿区生态湿地，绿色闭坑技术研究被评为2021年度“中国好技术”。截至目前，集团各矿区绿化覆盖率达46%，郭家河煤业建成中国煤炭工业首个第四代矿井、全国七家生态文明矿井，张双楼煤矿获评国家级“绿色矿山”；长青能化通过绿色和智能工艺改造，获评陕西省工信厅“绿色工厂”称号。

（五）对标一流提质，管理成效显著提升

2021年，徐矿集团被国务院国资委评为“全国国有重点企业管理标杆企业”。有效破解了产业接续、人员安置和环境治理“三大难题”，成为全国老矿区转型示范，并被国家发改委列入在全国总结经验的三家单位之一。全国老矿区转型发展大会、全国总产业工人队伍改革建设推进会、煤炭行业党建与生产经营深度融合座谈会等三场全国性会议先后在徐矿集团召开，一致认为徐矿集团的经验做法可学习、可借鉴、可复制。其在江苏省高质量发展综合考核中位列第一等次集团。

（成果创造人：冯兴振、陈清华、陈伟东、邓国新、商振栋、赵晓博、张晋波、袁　泉）

重组新设企业以高质量发展为导向的战略驱动型组织建设

中国铁工投资建设集团有限公司

中国铁工投资建设集团有限公司（以下简称中国铁工投资）是中国中铁向新兴市场发起冲击的排头兵，于2019年12月16日重组设立，注册地位于北京市，注册资金50亿元，中国铁工投资聚焦生态环境、城市空间两大业务领域，拥有产业研究、规划设计、科技研发、投融资、建设管理、运营维护、咨询服务等一体化系统优势，致力于成为国内一流的生态环境系统服务商和现代城市投资运营商（以下简称两商），为客户、用户、政府、社会创造更具价值、更有品质的系统性解决方案。2021年完成营业收入146亿元，利润总额7亿元，资产负债率72.73%，全年新签合同额、营业额、营业收入、净利润同比分别增长80.25%、20.48%、14.48%、16.15%。

一、重组新设企业以高质量发展为导向的战略驱动型组织建设背景

（一）高效率完成专业重组的需要

为深入贯彻落实生态文明思想和关于国有经济布局优化、结构调整的重要指示精神，有效整合企业内部优势资源，进一步提升企业在专业化领域内的核心竞争力，推动产业转型升级，2019年年底中国中铁对所属水务环保投资、运营和部分相关施工资源进行专业化重组，成立中国铁工投资，定位为在生态环境和城市空间领域专业化、特色化、差异化、实体化发展，自主经营、自负盈亏、自我循环、自力更生的“投建营”全链条一体化企业。在国务院国资委积极推动中央企业专业化整合的背景下，作为一个重组新设企业，如何高效率、高标准、高质量完成各项重组任务，快速实现公司化运行、集团化运作，成为中国铁工投资重组新设阶段亟须思考与解决的首要问题。

（二）高标准实现产业转型的需要

中国铁工投资承载着中国中铁转型升级、向新兴市场发起冲击的重大战略使命，肩负着打造中国中铁投资板块的旗舰企业、“投建营”一体化模式的领军企业、重组单位的标杆企业、改革先行先试的典范企业的目标责任。中国铁工投资两商的战略选择及“投建营”全链条一体化发展模式，在现有市场中鲜有成熟或成功的经验和做法可以借鉴。作为一个承载“中国中铁生态环境＋绿色城市板块创新发展”的新生企业，如何打造一支与战略适配且具有自我进化能力的新型组织，保障专业化整合战略目标实现，成为中国铁工投资发展过程中的一道必答题。

（三）高质量实现差异发展的需要

近年来生态环境和城市综合开发领域市场竞争日趋激烈，叠加新冠疫情的冲击，在市场规模总体放缓的形势下，竞争压力陡然增大，“标兵与追兵”“竞争与合作”“整合与分化”相互交织，进一步加剧市场的复杂程度。产业格局步入行业巨头合纵连横的新阶段：现有行业龙头企业通过股权合作、成立合资公司、联合战略采购等方式提升生态链、价值链的竞争优势；建筑类头部央企发挥自身投资、设计、建设、运营等优势，积极布局生态环境和城市综合开发领域；金融企业通过设立基金、股权投资等方式加码水务、固废、危废、环卫、城市综合开发等板块；各省属投融资平台及产业集团充分依托属地资源，向城市综合开发、环境治理等领域延伸布局；而地方政府购买服务的空间越来越小，传统PPP、特许经营类项目竞争越来越白热化。作为“投建营”全链条一体化经营的新型企业，如何在激烈的市场竞争中找准自身的“赛道”，实现差异化发展，塑造核心竞争力与竞争优势，成为中国铁工投资发展过程中面临的现实问题。

二、重组新设企业以高质量发展为导向的战略驱动型组织建设主要做法

（一）突出顶层设计，科学谋划发展战略

1. 凝练企业发展理念

中国铁工投资结合企业主营主业的特点，围绕股份公司转型升级的发展要求，凝练提出以“六新”为核心的发展理念（新领域、新业态、新模式、新思维、新组织、新气象）。新领域作为企业发展的市场定位，为企业提供做强做大的广阔新空间；新业态作为产业定位，为企业提供竞争竞合的澎湃新动力；新模式作为商业定位，为企业提供致优致胜的市场新方案；新思维作为精神定位，为企业提供创新创造的思想新境界；新组织即组织定位，为企业提供聚合聚力的创业新平台；新气象作为形象定位，为企业提供同行同向的文化新氛围。通过“六新”发展理念的牵引，科学研判企业未来发展方向，统筹推进企业高质量发展。

2. 构建战略规划模型

为充分发挥战略引领作用，高质量推进“十四五”规划编制，中国铁工投资秉承“六新”发展理念，编制发布《“十四五”规划编制工作方案》，成立规划编制领导小组，先后召开10次专题会议，集众智、凝共识，创建中国铁工投资“十四五”规划“14631”战略规划模型，即以生态环境与城市空间协同发展为基点擘画企业发展方位；以未来、问题、标杆、任务4个导向系统分析企业内外环境；以愿景、使命、价值观、定位、目标、逻辑6个维度立体解构总体战略；以总体规划、职能规划、业务规划（子企业规划）3个层面支撑战略执行；以任务解码、时间节点、预期成果、协同机制融合成的1张任务清单锚定行动路线。通过“14631”战略规划模型的构建，为实现企业“十四五”规划从编制到实施的有效闭环提供一整套科学合理的方法。

3. 确定企业发展战略

中国经济的高速增长催生生态环境与城市空间产业的蓬勃发展，目前市场竞争格局已经相对固化，专业分工相对明晰，但在短期内，以水务环保等生态环境类企业向城市综合开发业务跨界融合，以点状水务运营项目向线性流域治理项目、网状城市空间开发项目转型还存在能力鸿沟。这也为中国铁工投资在存量竞争时代的生态环境产业下如何挖掘增量发展空间提供战略机遇。通过深入研判行业现状、发展规律与未来趋势，以依托已积累的建设、资本、品牌、资源及复杂性项目管理等方面的系统绝对优势，快速培育发展在生态环境与城市综合开发运营等方面的专业化比较优势为战略逻辑路径，中国铁工投资明确成为国内一流“两商”企业的定位和愿景，确定“生态环境+城市空间”总体战略和“品质优先+成本领先+价值投资+全链经营+生态共生”五项支撑战略（以下简称“1+5”战略），以开辟全新赛道、打破市场壁垒、形成比较优势。通过创造性打造“投建营”全链条一体化的系统解决方案，在市场竞合中以生态环境的塑造与提升作为基础变量、核心资源和比较优势，联动产业、科技、人才等资源的聚合裂变，带动城乡空间、生产关系、生活方式的融合嬗变，系统打通“绿水青山就是金山银山”的价值转化路径，为区域城市能级提升、美丽中国建设、人民美好生活打造示范样本。同时为保障“1+5”战略的落地，中国铁工投资同步提出“三一二一”业务组合策略，即以城乡水务环保、环境综合治理、城市空间开发为核心业务，以基础设施建设为基础业务，以绿色资源开发、地下空间开发为特色业务，以运营维护服务为拓展业务。

4. 理顺组织建设思路

战略要依靠组织落实，组织能力建设是实现战略的根本。中国铁工投资遵循企业战略规划方向，根据业务风险度、管理成熟度、主体稳健性，分类明确差异化的管控模式，以管控模式确定与之相适应的组织机构形态，配套标准化的组织设计流程、规范化的组织管理机制、模块化的岗位管理体系，将战略贯穿于组织建设全过程，以系统性、科学化的组织建设保障战略规划措施的执行与目标的落地，全方位助推企业高质量发展。

（二）聚焦全链条发展，构建差异化管控模式

中国铁工投资以战略为引领，立足“三一二一”业务组合策略和企业发展阶段，实施动态分类管控模式，强化集团化运作。一是业务风险度方面。结合企业重组新设的实际与中国中铁决策授权的要求，对业务管控能力有待提升、风险较大的投资业务，包括基础设施项目投资、股权投资等，采用战略+运营管控模式，中国铁工投资总部强化战略方向引领、发展目标规划，根据业务全周期进行授权，各子分公司重点参与项目信息获取、前期策划、商务谈判，中国铁工投资总部统筹基础设施项目的整体策划、风险评估、投资决策等。二是管理成熟度方面。对相对成熟的城乡水务环保、环境综合治理业务，采用战略+财务管控模式侧重战略方向引领、结构优化，赋予各管理主体较大的自主空间，以结果为导向强化年度预算目标考核。对处于探索、培育、孵化期的城市空间开发、绿色资源开发、地下空间开发等业务采用战略+运营管控模式，侧重战略方向引导，积极鼓励各子分公司自主创新与业务拓展，同时强化过程跟踪、评价与监管。对基础设施建设业务，其中建设管理业务，采用运营+战略管控模式，总部总体统筹全集团范围内工程总承包、施工总承包的管理，随着各子分公司能力提升逐步放权；传统成熟的施工业务采用战略+财务管控模式，强化领导班子建设、业绩考核及安全质量环保的过程监管。对运营服务业务，结合项目的具体类型综合实施财务、战略、运营管控模式。三是主体稳健性方面。对内控体系相对完善、自我管控较强的单位，采取战略+财务管控模式，在与集团总体战略方向一致的基础上，赋予各单位相应的自主权限。对于成立时间较短、模式定位较新、内控体系尚未健全的单位，采取战略+运营管控模式强化中国铁工投资总部对各单位的战略引领、支撑服务和风险管控，持续评估其管理体系运行质量、效率及经营绩效，逐步扩大授权范围，细化授权内容。

（三）依据业务发展模式，开展标准化组织设计

中国铁工投资秉承“新组织”要求，立足企业“两商”发展定位及“投建营”全链条一体化发展模式，对标行业标杆企业，以适应市场竞争和服务战略落地为根本出发点，以构建现代企业治理体系和提升治理能力现代化水平为目标，明确“做精后台、做强中台、做实前台”的组织建设原则，综合职能式、直线式、直线职能式组织模式及事业部等组织模式的体制优势，标准化组织设计流程，构建前中后台权责明确、协调统一、高效运转、管理科学的组织架构。一是企业后台。总部实行“大部制”，设立12个职能部门，致力于打造构建生态、推动变革、塑造文化的价值服务型总部，其中为加强对投资项目统筹、服务与管控的力度，根据差异化管控模式优化调整设立投资和运营管理部，作为投资项目决策程序的主责管理部门及投资项目全生命周期管理的牵头、归口与主要管理部门，代表总部统筹对直属投资项目公司履行归口管理职责，对投资运营平台公司及其所属项目公司履行业务指导与监督管理职责。二是企业中台。针对新领域、新业态对专业能力的高要求，结合企业重组、转型、开创时期的发展特点，致力于打造方案解决、数据共享、技术引领的链接赋能型支持平台，其中基于业务中台，设立投资经营事业部、建设管理事业部（商务管理部），同时为强化建设管理对技术、商务的统筹职能，优化调整建设管理事业部内设机构，成立技术管理部、工程管理部、商务合约部；基于数据中台，设立财务共享中心；基于方案中台，遵循“上下联动、内外协同”的原则设立“四院一室一中心”；基于服务保障中台，设立社会事业管理中心；基于监督稽查中台，设立安全质量环保稽查大队。三是企业前台。致力于打造专业突出、布局合理、价值创造的敏捷活力型作战组织，成立覆盖全国的“8+1”区域经营机构；重组整合3家实体子公司，同时为强化组织模式创新、探索投资区域管理模式，在泰安设立山东分公司；依托基础设施投资项目设立的若干项目公司；以战略合作为纽带设立两家合资公司。

（四）立足全生命周期，推动规范化机构管理

中国铁工投资立足企业“业态分布广、业务链条长、协同环节多、机构类型多”的特点，研究发布《中国铁工投资建设集团有限公司机构管理规定》，对机构进行精细分类、动态管理、周期评价。一

是精细分类。从不同的视角选择互相独立的维度要素对机构进行立体式拆解分类，分为注册类与非注册类两大类，为规范化机构管理奠定基础。对注册类机构，从机构客观自有属性出发，选择层级管理、组织形式、持股比例三个维度进行分类；从机构主观赋能属性出发，选择功能用途、管理模式、战略定位三个维度进行分类。对非注册类机构，按照资源配置及管理形式，分为内设机构、议事协调机构、派出机构。二是动态管理。以机构的全生命周期为主线，"一机构一定位"，合理确定机构所处的阶段，动态施策，确保机构全生命周期综合受控。在机构决策阶段，分类编制标准化操作模板，提升上下协同的效率。在机构运行阶段，建立组织建设联席会机制，构建统一、集成式的机构要素管理指引体系，分类细化备案信息、资料清单及标准，严格执行机构备案制，建立"一事一备案""一季一核查"的动态跟踪机制，持续强化过程协调与业务协同，保持组织体系的适应性。在机构退出阶段，强化注销、撤销管理，完善注册类机构注销标准化操作指引，建立注册类机构常态化风险排查机制和议事协调机构年度评估与动态清理机制，优化机构文件要素，明确项目实施机构存续的有效期，建立定期集中撤销机制，明确风险点、卡控点、关键点，实现机构全生命周期综合受控。三是周期评价。健全组织体系动态评估机制，充分融合管理评审、战略考核及其他内部管理活动，针对实体公司、项目公司及其他重要机构的管理体系运行成效，建立定期综合和不定期专项的评估评价机制，充分挖掘管理中优秀的做法和典型案例，深度剖析机构运行中存在的问题和瓶颈，有针对性地形成管理建议报告书，为企业管理者提供决策支持，推动组织体系过程动态调整与定期整体优化。

（五）强化"四定管理"，实施模块化岗位管理

中国铁工投资立足企业重组新设的实际，在公司本部积极推进市场化"岗位管理"转变，丰富完善定编、定岗、定员、定责的"四定管理"思路，将前中后台的宏观架构分解落实到管理职责边界清晰的微观岗位，推动岗位设置标准化、模块化管理。一是从"两台"到"三类"转变。依据集团中后台的组织框架与功能定位，将其分解为职能部门、事业部、直属单位，实现组织类别精准化、功能定位差异化。二是从"三层"到"两层"转变。在部门"大部制"运行的背景下，改变传统国有企业"部门—科室—职员"的设置模式，精简"科室"层级，压缩组织管理链条，实现组织链条扁平化。同时，将职位与职级进行剥离，实行"双线"管理，实现岗位晋升阶梯化。三是从"两定"到"四定"转变。以独立的任务事项为依据，对部门职能进行模块化分解，以任务事项的关联性为线索，对模块化的职能进行岗位分类，形成"定编定员"框架严格把控、"定岗定责"内涵精准定位的模块化管理模式。四是从"刚性"到"柔性"转变。根据中国铁工投资组织战略的变化及"定岗定责"的应用情况，不定期地对组织机构的岗位设置与职责分工实行动态调整，同时职能部门岗位与定员原则采用"1∶1"的模式，事业部、直属单位、区域经营机构等岗位与定员原则采用"1∶N"的模式，实现机构编制弹性化。

（六）健全保障体系，实现组织良性运转

中国铁工投资围绕企业战略方向，聚焦组织建设，系统构建制度体系、人才体系、资源体系、党建体系四大保障体系，助推战略驱动型组织建设落地生根。

1. 统建"1+N"制度体系

中国铁工投资立足全链条经营的战略需要，秉承"1+N"的制度建设理念，坚持"立足企业实际、强化体系规划、先行固化成熟的、优化已实施的、持续研讨未确定的"整体思路，统筹规划设计各业务系统的制度体系、操作流程、责任矩阵与执行标准。一是标准先行。推动制度全周期标准化管理，研究制定《制度建设标准化实施手册》，将制度全生命周期管理划分为制度规划、起草编制、评审与确认、发布与宣贯、执行与监督、评价与改进6个阶段14个环节35个要点，推动制度标准化、规范化建设。二是分级管理。依据股东会、董事会、经理层法人治理结构，构建根本管理制度、基本管理制度、

具体管理制度、操作手册四级规范性文件体系，实现制度的分级决策，提升制度建设效率，同时适配组织职能模块，钩稽规范性文件横向协同、纵向衔接的结构关系。三是系统联审。建立制度评审联席会机制，作为集团制度体系建设的专项议事协调机制和核定环节，同时构建适用性、结构性、协同性、操作性4个维度的制度评价体系，全方位立体评估制度的合理性、科学性、可执行性，严格管控制度文件输出质量。

2. 构建“135”人才体系

战略驱动型组织需要有与战略适配的人才来执行战略。中国铁工投资始终把与组织同心同向的人才当作集团高质量发展的第一资源，立足“六新理念”，提出人才发展要聚焦聚力“135”的总体架构。一是锁定一个目标。通过三年的时间，全力打造一支系统领先、行业一流的专业化团队，为集团的高质量发展奠定人才基础。二是夯实三大体系。建设岗位胜任力体系，通过将企业的战略目标和管理目标转化为组织能力发展的方向，细化分解为岗位胜任力模型和标准，实现人才在“选育用留”环节更具精准性和战略性，推动个人有方向、有目标、有方法、有计划地“科学成长”。建设员工职业成长体系，重点关注新毕业的潜力人才、社会选聘的专业人才、内部转岗的优秀人才三个群体，分别建立“135”进阶路径、“361”融合计划和“361”转型目标。建设组织学习体系，以服务企业发展战略为中心，构建企业的组织学习体系，推动个人学习与组织学习相融合、组织学习与企业战略相融合、学习与实践相融合。三是实施五大工程。以关键岗位新型能力提升工程实现关键少数能力率先转型提升，打造一支符合战略实施的核心团队；以训战结合的岗位练兵工程，建立“以训促战、以战促训”的岗位练兵机制，聚焦补能力短板、提升工作标准和持续改进绩效；以个人自驱成长工程持续实现个人在岗位胜任力提升上、职业成长通道上和学习规划上的成长目标，完成个人精进与组织建设目标的融合统一；以领导、专家上讲台工程将个人管理经验、实践感悟与专业认知形成共享，转化为组织的智慧与能力；以“头雁领飞”工程促进人才梯队的高效建设和组织能力的快速提升，为中国铁工投资战略实施奠定坚实的人才基础。

3. 搭建“生态圈”资源体系

中国铁工投资以“系统外、体系内”的理念，聚焦打造生态主导型现代产业链“链长”的建设目标，围绕策划、规划、设计、科研、投资、建设、制造、运营、咨询等全链条环节，精心筛选能够形成“同频共振、相互促进”的价值伙伴，全方位提升产业生态主导力，持续丰富拓展战略驱动型组织的外延。通过形成面向未来且相对稳定的战略合作关系，构建生态共同体，提升集团资源共生与聚合的能力，发挥企业构建引领生态圈的整体竞争优势。

4. 创建“生态效能”党建体系

如何创新党建工作，把党的政治优势、组织优势转化为企业的治理优势、竞争优势、发展优势，推动企业高质量发展是新时代国有企业党建面临的一个新课题。重组成立以来，中国铁工投资党委紧密结合生态环保领域行业特点，坚持以生态文明和经济发展为指引，以“致力美丽中国建设，服务人民美好生活”为使命宗旨，聚焦政治生态、自然生态、经济生态、组织生态和文化生态，以问题为导向，以构建生态文明型党组织为根本落脚点，按照“精准实效、创新增效、集约高效、持续聚效”建设原则，系统打造具有中国铁工投资特色的“生态效能”党建体系，将党建优势转化为推动企业高质量发展的“红色引擎”。

三、重组新设企业以高质量发展为导向的战略驱动型组织建设效果

（一）超额完成经济目标，经济效益显著

中国铁工投资克服新冠疫情袭扰、人员缺少、资质缺位、品牌缺失等不利因素影响，统筹谋划、精准发力，于 2019 年 12 月 16 日开始重组筹备，2020 年 2 月 24 日正式转入公司化运转，2020 年 7 月 16 日成功更名为中国铁工投资建设集团有限公司，2020 年 12 月 30 日正式揭牌并入驻首都临空经济核心区，生产经营工作稳健开局。2021 年年底，中国铁工投资完成新签合同额是 2019 年年底重组初期的 9.34 倍；完成营业收入是重组初期的 3.53 倍；完成利润总额是重组初期的 4.54 倍，全面超额完成各项任务目标。

（二）实现专业重组目标，示范效益显著

中国中铁战略性重组成立中国铁工投资，既是转型升级的需要，也是先行先试的试验田，更是新领域、新业态、新模式下的新创业，中国铁工投资立足“新”的特质，坚持勇于创新，通过战略驱动型组织的建设，迅速搭建起支撑企业高质量发展的“四梁八柱”，在发展理念、治理架构、管理体制、制度标准、投资模式、产业技术等方面取得一大批创新成果，探索出一条具有中国铁工投资特色的管理之路，为实施专业化整合的同类型企业高质量、高标准、高效率实现重组目标提供一套可借鉴的方法论与模式路径，被中国中铁选树为投资板块的旗舰企业、“投建营”一体化模式的领军企业、重组单位的标杆企业和改革先行先试的典范企业。

（三）彰显企业特色品牌，开拓细分市场

中国铁工投资在战略驱动型组织的引领下，坚持以“践行‘两山’理念、实现绿色发展”作为企业的责任与担当，大力推进品质设计、品质建设、品质运营，通过实施银川供水项目服务 280 万城乡居民，供水规模 90 万吨；泰城水生态环境治理项目实施 7 大子项，打造 8 处河道景观、3 万多亩生态长廊；唐山花海项目修复治理 300 万平方米的采矿塌陷区及污染土壤；石家庄滹沱河项目治理水域面积 208 公顷（1 公顷 =10000 平方米），绿化面积 1076 公顷，打造石家庄城市“绿肺”；淮安黑臭水体项目治理 18 条河流、排沟及 3 个湖、池塘，再现“运河之都”生态美景。一系列项目的落地与高品质的实施，满足人民对美好生活的向往，同时切实提高企业的知名度和美誉度，中国铁工投资在生态环境、城市空间领域的金字品牌初步打响。

（成果创造人：张建国、耿树标、李　亮、肖　圣、王　刚、
年福兵、李　凯、马　林、张荣耀、杨　昊）

地方国有投资公司基于“钻石体系”的生物医药产业赋能管理

合肥市产业投资控股（集团）有限公司

合肥市产业投资控股（集团）有限公司（以下简称合肥产投集团）成立于2015年3月，由合肥市国有资产控股有限公司和合肥市工业投资控股有限公司合并组建而成。作为合肥市国资委所属三大平台公司之一。合肥产投集团注册资本165.41亿元，国内主体信用评级AAA级、国际信用评级BBB级。拥有全资企业25家，控股企业5家，参股企业20余家。截至2022年6月底，资产总额761亿元，净资产338亿元。

一、地方国有投资公司基于“钻石体系”的生物医药产业赋能管理背景

（一）政策机遇下提升生物医药产业链价值水平的需要

2016年中共中央、国务院印发《“健康中国2030”规划纲要》，我国生物医药产业随之迎来长达15年发展建设的重要战略机遇期。2021年年初《中华人民共和国国民经济和社会发展第十四个五年规划和2035年远景目标纲要》发布，绘制了生物医药产业发展总体蓝图。随后，国家陆续发布“十四五”医疗装备产业、医药工业、生物经济等发展规划，多领域深化布局、系统推进我国生物医药产业发展。在利好政策引导下，我国生物医药产业驶入发展“快车道”，但仍存在不小的差距。向内看，需整合资源持续加大基础研究投入，提升原始创新能力，增强生物医药高端产品及设备供应链保障水平；向外看，要立足国内医药大市场，吸引全球人才等创新要素向国内聚集，提升全产业链价值水平。

（二）城市崛起中赢得生物医药产业发展主动权的需要

合肥承东启西，经济腹地广阔，创新资源丰富，在长三角生物医药产业从“地方集聚”向“区域协同”的关键跃升期，生物医药产业自然成为合肥聚焦发展的关键产业之一，2020年6月《合肥市加快推进大健康产业发展工作方案》发布，2021年12月《合肥市“十四五”生物医药产业发展规划》提出要打造生物制药、特色医疗器械、化学高端制剂、智慧医疗及医药衍生产业、中医中药、现代医药流通六大产业集群，明确到2025年，全市生物医药产业产值规模将突破1000亿元，力争建成国家战略性新兴产业集群。近年来，合肥认真贯彻落实“健康中国”战略，充分发挥综合性国家科学中心的科研和创新优势，积极培育、壮大以生物医药为核心的生物医药产业，但在炙手可热的行业背景下如何下好创新先手棋、赢得产业发展主动权，依然任重道远。

（三）二次增长中再造企业发展新动力引擎的需要

合肥产投集团自2015年成立以来，在产业培育、投资并购、利用资本市场等方面形成了丰富经验，在集成电路、智能制造等产业领域取得了重大突破。合肥产投集团正在实施“十四五”发展战略，并在国企改革三年行动背景下开启合肥市第一家国有资本投资公司改组试点行动，突出高质量发展、强化创新引领、优化资源配置、培育和巩固核心产业成为合肥产投集团的“重大课题”。一方面，亟须“布局新赛道、培育新动能、形成新打法”，助力企业在“十四五”期间开启“第二增长曲线”；另一方面，生物医药产业是朝阳产业，依托独特优势、雄厚实力和专业能力，合肥产投集团应当为合肥市打造新的千亿产业集群打头阵、挑重担、当主力、作贡献。

二、地方国有投资公司基于“钻石体系”的生物医药产业赋能管理主要做法

（一）底层逻辑引领，形成“钻石体系”管理思路

生物医药产业主要由生物医药制造业、生物医药服务业和前沿技术三部分组成，从基础研发到生产、流通、服务构成较长的产业链条，存在着“三高一长”的特征，即“高风险、高投入、高回报和长周期”，既是离科学最近的产业，也是离产业化最远的产业。因此，发展生物医药产业既要有创新能力，又要对产业链有着价值和方向把控力。合肥产投集团在发展生物医药产业的道路上一直遵循产业发展的底层逻辑，坚持围绕科技链部署创新链、围绕创新链布局产业链、围绕产业链完善资本链，逐渐形成以生物医药科技、产业、创新、资本为核心要素的“钻石体系”（见图1）赋能管理思路。

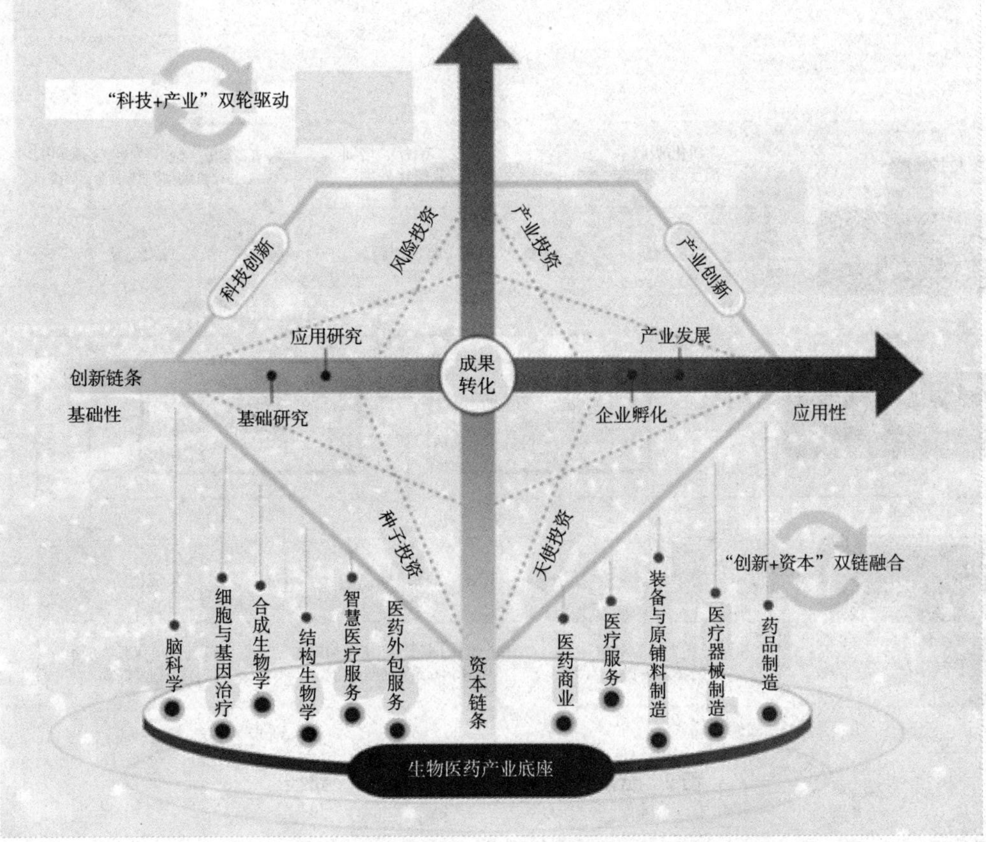

图1　合肥产投集团构建赋能生物医药产业的“钻石体系”

“钻石体系”横轴代表按基础和应用程度不同划分的“基础研究—应用研究—成果转化—企业孵化—产业发展”创新链条，纵轴代表按周期划分的“种子投资—天使投资—风险投资—产业投资”资本投入体系。通常“基础研究”“应用研究”这两个环节属于科技创新的范畴，“企业孵化”“产业发展”这两个环节属于产业创新的范畴，“成果转化”则是链接科技创新和产业创新的关键环节。合肥产投集团沿着创新链，构建全周期投资体系，用“科技＋产业”双轮驱动叠加“创新＋资本”双链融合明确可持续发展的方向和重点，通过全面提升成果转化、创新孵化、产业投资等功能，形成生物医药产业持续发展的系统能力。

（二）“创新＋科技”破局，攻克医工交叉前沿难题

合肥是全国4个综合性国家科学中心之一，中科大、中科院合肥物质科学研究院等一流高校和科研

院所在此汇聚，挂牌首批国家实验室，拥有同步辐射光源、全超导托卡马克、稳态强磁场等多个大科学装置。多年来形成的原始创新资源助力合肥成为全国名列前茅的科技创新“策源地”，也是合肥产投集团推进生物医药产业创新发展的宝贵财富。

质子或重离子射线治疗肿瘤是当今国际上公认的最尖端的放射治疗技术，建设相关医学中心，不仅能大幅提升我国肿瘤治疗水平、造福肿瘤患者，也能实现我国肿瘤放射治疗技术的“弯道超越”。但是，该项目成本高、投入大、回报周期长，社会资本一般不愿意参与此类项目的投资。合肥产投集团以“创新＋科技”破局，联合“学、研、医、用、产”上下游优势力量，在质子高端医疗领域超前布局，以关键核心技术攻关、重大科技任务为牵引，高效配置基础科技力量和原始创新资源，坚持“政府主导、企业投资、市场化运作”机制，为高端医疗及高端装备发展做出有益探索。合肥产投集团“创新＋科技”路径如图2所示。

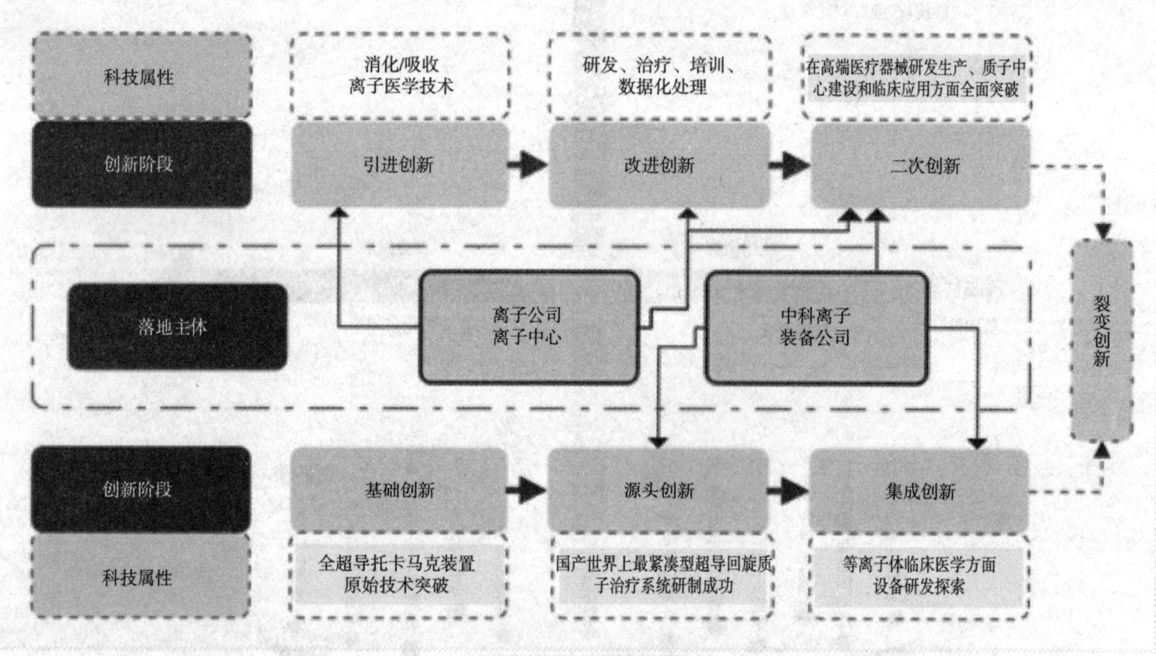

图2　合肥产投集团“创新＋科技”路径

1. 机制创新贯通产业发展路径：以“引进创新”带动“二次创新”

2015年，合肥市委市政府与中国科学院合肥物质科学研究院（以下简称中科院合肥研究院）签署战略合作协议，携手共同打造“合肥离子医学中心项目”，由合肥产投集团作为投资主体。该项目是合肥综合性国家科学中心建设的重要内容，将引进先进的质子治疗系统，同时开展超导质子治疗系统的国产化研制，布局高端医疗装备产业，建设集离子医学技术研发、治疗、培训、数据化处理中心和离子医学医疗装备的研发、国产化两个公共平台于一体的创新科技基地。

规划初期，国内当时仅有上海质子重离子医院正式运营，借鉴意义有限，合肥产投集团打破基础研究依靠项目拨款、财政投入的惯例，以企业化运作为路径，构建“一体两翼”运营模式——包含合肥离子医学中心（以下简称离子中心，目前由合肥产投集团经营管理）、合肥离子医学中心有限公司（以下简称离子公司，合肥产投集团全资子公司）和合肥中科离子医学技术装备有限公司（以下简称中科离子装备公司，合肥产投集团控股子公司）。作为市场化主体，两家公司分别负责设备引进和自主研发工作。在项目推进过程中，合肥产投集团在人、财、物等方面给予全方位的支持，紧贴市场需求，加快研发进程，推进基础研究转化为现实生产力。

引进质子治疗项目由离子公司和离子中心负责具体实施。离子公司负责医学中心建设、资产管理、资金筹措管理等；离子中心负责医疗运营管理。历经6年建设，2021年离子中心质子治疗项目迈入临床试验新阶段，2022年8月临床试验最后一名患者完成治疗出院，标志着国内首家引进的具有360°旋转治疗机架Probeam质子治疗系统向正式临床应用迈出关键一步。

在此基础上，持续二次创新。以引进项目对比验证国产设备临床性能，在高端医疗器械研发生产、质子中心建设和临床应用方面，“二次创新”全面突破，实现以质子治疗系统为代表的国产高端医疗器械产业化目的，复制推广“合肥离子医学中心项目”成功运营经验，最终通过成果与经验的双“裂变创新”打造高端医疗创新和产业化平台阵地。

2. 自主研发填补高端装备缺位：以“源头创新”延展“集成创新”

中科离子装备公司作为合肥离子医学中心的自主研发承担单位，是合肥离子医学中心的“利器”，主要从事质子治疗装备的研发、国产化平台建设，致力于提供质子治疗建设及运行全周期解决方案，打造核技术应用与医学装备科技创新基地。聚焦源头创新。合肥的EAST全超导托卡马克装置（东方超环）是国家重大科技基础设施，多次创造高温等离子体运行时间世界纪录。依托EAST，中科离子装备公司自主研发超导回旋质子治疗系统，先后突破部件研制、集成总装、系统联调测试等关键节点“卡脖子”技术，于2021年3月研制成功世界上最紧凑型超导回旋质子治疗系统，打破高能量级超导回旋加速器特别是医用超导回旋加速器的进口垄断。

聚力集成创新。中科离子装备公司在发展质子治疗设备的同时，致力于等离子体临床医学方面的设备研发探索，团队继续“沿途下蛋”，围绕等离子体技术进行技术攻关和技术转化，将目前在研的等离子体皮肤治疗设备、等离子体治癌设备、等离子体空气消毒设备进行产业化，开发系列高端医疗设备。目前，公司产品已涵盖质子治疗系统，医用回旋加速器，二、三类医疗器械，消毒类医用级设备的生产和服务技术，并致力于提供完备的质子治疗一体化解决方案。

（三）“创新+产业”发力，加强产业创新载体建设

合肥产投集团致力于搭建创新资源汇聚、融合、转化的新路径和新渠道，将“创新+产业”向“硬”走“实”，在成功运作新型研发机构的基础上统筹全市创新资源成立合肥市科创集团、人才集团，实现创新链与产业链的紧密结合，多角度助力本土生物医药企业孵化，打造集技术研发、成果转化、产融结合、政策支持、空间支持、企业发展于一体的产业创新生态。

1. 新型研发平台先行先试：以“体制创新”协同“机制创新”

在产业创新生态圈的打造中，新型研发机构作为桥梁，发挥着重要的孵化和对接作用，同样也引领着产业发展的新方向。2014年，合肥产投集团与中科院合肥研究院共同投资成立中科院（合肥）技术创新工程院有限公司（以下简称创新院公司），生命健康正是创新院公司重点聚焦的三大产业领域之一。

成立伊始，创新院公司即采用“两个平台一套人马”的企业化运作方式推进科技成果转移转化。因在探索科技成果转化机制、人才引进机制等方面的突出表现，创新院公司于2016年11月被列入安徽省首批“全面创新改革试验试点单位”。推进“全创改”过程中，创新院公司也充分利用制度先行先试优势，围绕创新全链条进行改革设计，推动原始创新、技术创新、产业创新联动发展，营造有利于创新、创业、创造的发展孵化环境。

创新院公司构建创新链，推动新技术与创业孵化的有效衔接，尤其在利益分配与风险分散层面，破解机制束缚，激发创新主体积极性，通过授予职务科技成果发明人对成果的自主处置权，解决科研人员“不想转”的问题；通过探索职务科技成果退出国有资产清单的机制，解决科研人员“不敢转”的问题；通过产业化经费进行股权投资，放大财政资金的引领和杠杆效应，显著提升科技成果转化效率；通过创新产业发展机制，把创新落脚点放在产业发展上，推动生物医药产业集聚发展。目前，已孵化中科易康达、中科金臻、中科微力、中科亮视、中科艾迪尔、中科支众、中科赛飞尔、中科迪沃宁等一批生物医药类企业。

2. 产业创新资源群英荟萃：以“平台创新”孵化“产业创新”

2021 年 4 月、2022 年 1 月，合肥产投集团分别组建合肥科创集团、合肥人才集团，围绕合肥综合性国家科学中心建设，通过聚合全市创新资源，按照“整合—新设—赋能”的总体思路，深化与大院大所合作，推进合肥市（院）地合作模式进阶升级，坚定不移地推动科技成果“三就地”，服务引进高端人才，引导新兴产业集聚，切实推动科技成果从院所“实验室”走向产业“应用场”。

合肥科创集团目前已经整合创新院公司、合肥工大智能研究院、安大绿色产业研究院等协同创新平台资源，同时与集团投融资平台联动，促进“融资 + 基金 + 孵化”联动。一是产融首创新。协同创新平台在实际运营中，受现金流不足和抵押物限制，融资渠道受限，摸索“资产资源化、资源资本化”之路——由合肥科创集团牵头对接，创新院公司二期项目顺利获得商业银行 18 年期 4. 18 亿元贷款。二是投孵双创新。合肥科创集团聚焦创新源头，聚合资本资源，聚力成果转化孵化，挖掘可转化成果，辅以市种子基金提供的资金支持，对接落户场地给予租金减免，提供专业咨询降低转化过程中的各种风险，整合多方资源助力企业开拓市场。目前，已围绕预防早筛、精确诊断、精准治疗、康复治疗等产业方向，孵化投资天港免疫、科生景肽、中科普瑞昇、阿法纳生物、核信生物等一批与生物医药领域相关的创新型企业。

（四）“资本 + 科技”聚焦，蓄势生物医药前瞻项目

1. 精准浇灌，种子轮基金点亮“科技树”

“产投系”种子轮系列基金均将生物医药作为重点聚焦领域：合肥综合性国家科学中心专项基金投资对象为纳入科学中心项目库、具有向现实生产力转化且落地合肥的项目；省级重大新兴产业基地专项引导基金支持全市范围内生物医药、集成电路等 7 个产业领域项目；合肥市种子基金专注于支持高校、科研院所中具有产业化前景、拟进行转化的科研项目，以及高校院所与地方政府合作共建的协同创新平台在孵项目。

种子轮系列基金投资的生物医药项目在科技属性上十分亮眼：合肥综合性国家科学中心专项基金投资的天港免疫（创新免疫药物开发），省级重大新兴产业基地专项引导基金投资科生景肽（多肽、蛋白质产品研发）、星眸生物（基因编辑），合肥市种子基金投资的核信生物（新型 mRNA 药物与疫苗）、阿法纳生物（细胞治疗膜方向）、博雅迈特（口腔材料）均掌握生物医药核心前沿技术。

2. 投早投小，天使轮基金铺就“满天星”

合肥市天使基金成立于 2014 年，由合肥产投集团旗下创新投资公司运营管理，截至 2022 年 6 月底，总规模达到 14. 46 亿元，已发展成为安徽省最大的、全国位居前列的直投型政府天使基金。

多年来，合肥市天使基金以“母基金直投 + 县区子基金”的特色运营管理模式，通过母子基金两级放大资本，立足合肥战新产业布局，扎根本土，投早投小投科技，加强与高校、科研院所的深度合作，挖掘优质科技资源，加速科技成果转化，推动区域科创优势转化为产业优势。目前，生物医药成为

合肥市天使基金重点布局的第三大领域，已投资30个项目，包括利夫生物、中科金臻、启灏医疗、中科普瑞昇等，涉及医疗设备、基因检测、创新药等领域。

（五）“资本+产业”支撑，拓宽生物医药布局深度

合肥产投集团作为合肥市产业发展和创新推进的国有资本投资平台，以总部为核心，以产投资本、创新投资等子公司为载体，通过“基金牵引+产业深耕”协同作战，打造大循环、强互动、错位发展、优势互补的产业赋能型投资平台，全方位拓展“产投系”基金在生物医药领域的投资覆盖面。

1. 建基金链，资本与资源双向奔赴

合肥产投集团投资平台通过旗下产投资本公司、创新投资公司，依托政策性基金及市场化基金群，构建覆盖企业全生命周期的基金群，除上述种子轮基金、天使轮基金，“产投系”基金在企业“成长期”“成熟期”也有众多分支，一路助力生物医药企业“从无到有、从小到大、从大到强”。目前，合肥产投集团投资平台累计投资生物医药项目67个，合计投资规模超38亿元，其中迈瑞医疗、科济生物登陆创业板或香港联交所。2021年合肥本地企业获得国有资本投资的19家企业中，康诺生物等9家企业均在其发展过程中获得“产投系”基金的支持，占比近50%。

2. 补发展链，赛道与地域多维布局

全产业对接，多赛道投资布局。“产投系”基金投资项目全面覆盖生物医药产业原材料及零部件、研发生产、流通服务等上中下游，在生物医药医疗、医药、器械等赛道均有布局，例如长海医院（医疗系）、中科金臻（基因检测）、迈瑞医疗（医疗器械等）、锐世科技（医疗数字PET）、三联机器人（护理床）、利夫生物（医药中间体）、科生景肽（多肽、蛋白合成）等。

全地域谋划，立足合肥面向全国。通过参股子基金，或者“双GP”模式管理基金，“产投系”基金群的投资项目不仅仅局限于合肥本地，在全国各地均有布局，例如参股基金先进制造业基金投资的北京术锐、南京药捷安康、江苏威凯尔医药、浙江新码生物、苏州博腾生物制药等项目，合肥凯泰基金投资的江西中科体检等。通过基金形式的合作，合肥地区的国有资本也可以参与分享长三角地区生物医药产业所带来的溢出效应。

全要素盘活，多层次联合投资。为全力支持优质的生物医药项目，合肥产投集团利用旗下基金谋划多轮次、多类型的投资，为创新企业注入规模化资源。例如，深圳迈瑞医疗进行融资时，“产投系”基金润丰基金、合肥国耀伟业合计为其提供6000万元的投资；合肥市产业投促基金、合肥市天使基金合计为启灏医疗提供2000万元投资；赛乐医药完成近亿元融资，由安徽创谷资本领投，合肥产投集团旗下合肥市产业投促基金、天使基金共同完成，省、市、区联合投资，助力赛乐医药生产基地落地合肥。

3. 强本土链，引入与落地激活动能

以全球视野深挖潜力项目，通过“引进来”“落本地”激活生物医药高质量发展新动能，以并购方式达到本土产品管线的组合创新和多元化发展，以投资方式吸引外地企业落地合肥，海纳医药、景泽生物、锐世科技等都是落户合肥的典型生物医药企业代表。

引进来——海森生物。2020年9月，合肥产投集团联合康桥资本（亚洲最大、最活跃的医疗健康行业私募股权基金）、肥东县共同投资组建创新型生物医药科技企业海森生物医药有限公司（中国）（以下简称海森生物）。2022年3月底，随着海森生物宣布完成对武田制药五个心血管及代谢领域药品的收购，这笔历时一年半、斥资2.3亿美元、合肥市国资委首次参与对全球TOP10级别药企资产收购的交易终于顺利落地。

落本地——景泽生物。景泽生物致力于生物大分子药物的开发和产业化，瞄准辅助生殖和眼科用药

广阔的蓝海市场。合肥产投集团投资团队调研这家企业后，认为其拥有扎实的技术功底和产业化背景，具备显著的竞争优势和较强的增长预期，在2021年通过旗下合肥市产业投促基金向企业投资了近3000万元。采取工商地直接迁移的方式在合肥设立总部，为此合肥产投集团让渡自身部分利益以溢价承接造成阻力的原有投资方股权，帮助企业顺利落地合肥。

（六）“钻石生态”融合，打造产业发展底座基石

打破科技、产业、创新、资本之间的“藩篱”，充分发挥国有企业统筹带动作用，构建“科技 + 产业 + 创新 + 资本”融合的产投路径，助力生物医药产业链上各创新主体高效互动和资源要素顺畅流动：通过充分利用科技先导力量，以国内外先进技术方向为“锚”，聚合本土优势技术、人才、信息等资源，从更大范围激发系统内各创新主体以国际视野对接生物医药产业链资源的活力；通过激活创新高地体制机制，以科创集团和人才集团为抓手，打造“科技创新加速器”和“人才集聚加速器”，落实产业发展所需技术和人才，创新生物医药科创孵化模式，将科技先导力量转化为产业关键力量；构建高端产业矩阵匹配高端市场需求，围绕生物医药重点产业环节不断布局，打造一批具有影响力的“专精特新”企业；以国有资本引领生物医药产业“新经济”，以资本协同科技进步加速产业破圈，以高效机制统筹配置产业资源，在更高层次上实现生物医药“创新 + 资本”双链深度融合。

如中科普瑞昇公司聚焦涉及国家战略性生物安全及产业安全的细胞工程核心技术，其创始人是著名的“哈佛八剑客”之一刘青松。刘青松团队归国后依托中科院合肥研究院稳态强磁场进行基础研究，在成果转化的关键环节，恰逢创新院公司成立，在合肥产投集团及创新院公司的支持帮助下，中科普瑞昇公司于2015年成立。其后的发展过程中“产投系”基金不断提供资本支持，并叠加科创服务、产业资源、机制创新等多重优势，从股权结构设计、专业政策咨询到资本运作多轮融资，助力企业科技成果转化。目前，中科普瑞昇公司正在建设中国可再生癌症原代细胞生物银行（简称LPCB），助力我国解决生物医药产业发展的“关键芯片”问题，提升战略性生物资源的应用深度和广度。

三、地方国有投资公司基于“钻石体系”的生物医药产业赋能管理效果

（一）实现关键突破，打造了生物医药原创研发新高地

合肥产投集团构建“钻石体系”，发力“创新生态”，从概念到项目，从成长到成熟全方位、全过程陪伴，从研发平台、扩大产能、开拓市场、产业链协同、融资上市等多个角度，解决“最先一公里”和“最后一公里”的问题，实现关键核心技术突破，加速形成重大成果。例如，中科离子装备公司主持起草了多项国家标准，拥有200多项授权专利，立项国际标准1项，发布国际联盟标准17项，突破了高端医疗装备的“卡脖子”技术。中科普瑞昇公司的“LPCB”项目是基础病理研究的战略资源，将为我国生物医药产业的发展提供精准、可靠、持续、稳定的支撑资源。天港免疫在国际上较早发现并验证多个NK细胞免疫检验点，已申请11项发明专利。

同时，在项目的背后，是一批中国生物医药产业领军人才的汇聚崛起。离子医学中心首席医学物理专家卢晓明教授高票当选国际粒子治疗联盟（PTCOG）副主席，是亚太地区的唯一代表。中科离子装备公司领头人宋云涛同时兼任中国科学院合肥研究院副院长、等离子所所长。天港免疫由合肥综合性国家科学中心大健康研究院院长、中国工程院院士、欧洲人文和自然科学院院士田志刚及其团队创立。科生景肽项目研发团队以中国科学院“百人计划”专家田长麟博士为核心。以这些领军人物为引领，合肥生物医药领域培育了一支自主创新能力强的专业队伍，为我国生物医药产业发展积蓄了有生力量。

（二）延链补链强链，塑造了合肥生物医药产业新地标

探索“科技+产业+创新+资本”协同发力的产业育成之路，以股权投资牵引产业上下游向优势企业集聚，同时嫁接金融资本、社会资本和项目资源，引导合肥生物医药产业形成集群化发展格局，投资建设合肥离子医学中心，牵头组建海森生物主导海外并购“武田资产包”，助推海纳医药、景泽生物、启灏医疗、锐世科技等一批业界明星企业落户合肥，孵化众多新兴企业，塑造了合肥生物医药产业新地标。

（三）反哺自身生长，开辟了企业生物医药板块新空间

合肥产投集团的生物医药产业版图日趋完整，覆盖高端装备、医药医疗、健康服务等多个赛道的“产业矩阵”新空间逐渐打开。一是在“做产业”上，发力医药、医疗、流通、服务等细分领域，以离子项目为龙头，以养老、康复等生物医药延伸领域为配套，逐步形成“产投”大健康强品牌。二是在“孵产业”上，以科创集团、人才集团及多个协同创新平台为载体，聚焦原始创新源头，集聚全球创新要素资源，完善科创服务体系，打通创新全链条，促进产业培育孵化。三是在“投产业”上，全周期式生物医药投资基金蔚然成型，投资路线更加清晰，投资团队也得以历练成熟。

（成果创造人：雍凤山、江　鑫、王　晴、白玉静、杨希娟、李静芸）

军工院所提升研制能力的“五步联动”战略管理体系构建

上海航天化工应用研究所

上海航天化工应用研究所（以下简称动力所）隶属于中国航天科技集团有限公司第八研究院，始建于1965年，是我国航天领域唯一一家集固体火箭动力系统与推进剂配方设计、研制、生产、试验为一体的专业研究所。经过60余年的发展，已成为涉及地空、舰空、空空、超低空便携式、反坦克、战术地地、空地导弹发动机，以及“神州”号飞船返回舱着陆缓冲发动机等各类固体动力产品研制与试验的综合性研究所，产品质量可靠，性能稳定，受到用户广泛好评，为我国国防工业进步做出突出贡献。单位跨申、湖两地，分为上海本部和湖州基地，总占地面积0.44平方千米，职工1045人，先后获得全国科学大会、国家科学技术进步奖等各类科技成果110余项。

一、军工院所提升研制能力的“五步联动”战略管理体系构建背景

（一）落实国家建设航天强国发展战略的必然选择

近年来，世界百年未有之大变局正在加速演变，我国安全形势不确定性、不稳定性增大，党中央高度重视航天事业发展，提出“发展航天事业、建设航天强国”的战略性目标。着眼航天强国建设，航天科技集团公司确立建设“世界一流航天企业集团”发展战略，并提出“高质量保证成功、高效率完成任务、高效益推动航天强国和国防建设”（以下简称“三高”）的发展目标，“三高”发展目标聚焦质量、效率、效益三个发展关键因素，对保证成功、完成任务、推动航天强国和国防建设提出更高要求，同时也对航天院所发展定位提出更高标准，动力所迫切需要不断提升产品研制的核心竞争力，支撑“三高”全面发展，顺应新时代航天强国战略发展需要。

（二）应对航天领域竞争加剧和任务激增新态势的必行之举

随着空天攻防技术不断升级和国防武器装备体系建设的快速发展，动力所作为航天军用固体动力领域的骨干单位，研制生产任务面临从多型号、小批量转变为多型号并举、高强度研制、大批量生产的新常态，任务量急剧增长，圆满完成任务更加艰巨。同时，当前国家武器装备领域竞争愈加激烈，军方对装备的采购不仅考虑质量和进度，而且关注成本以及用户体验，对研制能力提出更高要求。然而，动力所仍停留在面向型号需求的定制式产品研制生产模式，“一个型号一支队伍”“型号强，专业弱”，资源配置不科学，效率也不高，研制能力难以满足当前任务急剧增长和市场激烈竞争的新态势，迫切需要进行系统提升。

（三）解决动力所自身研制过程中存在问题的迫切需要

面对国家航天强国发展战略的不断推进及行业内竞争日趋激烈的态势，作为武器科研生产体系中不可或缺的重要力量，动力所在“十二五”中后期，研制过程中各类问题、矛盾日渐凸显：对主业定位及未来发展规划不清，导致各业务条线发展缺乏整体性、系统性，持续发展和创新发展乏力；业务体系间存在工作界面不清晰“多头管理”的现象，导致管理链条长，效率不高；研制过程自动化程度低、火工品作业安全难度高等带来的产品质量一致性差，导致产品质量问题频发。这些自身发展存在的短板问题致使动力所的竞争优势逐渐弱化，发展举步维艰，迫切需要从战略层面，构建一套战略管理体系，以此为引领，有规划、全面地开展管理变革，实现研制能力系统提升，全面满足未来发展需要。

二、军工院所提升研制能力的“五步联动”战略管理体系构建主要做法

（一）明确思路，开展“五步联动”战略管理体系顶层设计

1. 明确战略管理体系构建思路

面对严峻的发展形势，“十二五”后期动力所先后开展过一些研制能力提升工作，但因为缺乏系统性、整体性，未形成合力，收效并不明显。动力所深刻认识到现有研制能力要适应国家战略需求并满足自身发展需要，实现跨越式、可持续发展，必须从组织机制、业务流程、运行体系、资源配置等方面开展全面系统、综合性的管理变革，通过构建一套系统的战略管理体系，从战略层面重新进行全局规划和实施，才能实现研制能力提升。为系统论证战略管理体系建设方案，动力所由所长亲自牵头，战略管理委员会全员参与，通过召开各类专题会、研讨会、交流会，借鉴航天系统工程方法论、系统工厂规划方法论等先进管理理论，形成总体建设思路：以战略为顶层引领，理顺管理关系、优化资源配置、条件保障支撑、调整管理机制，依托战略管理体系的实施将战略“一以贯之”的执行落地，从而实现研制能力提升，全面支撑动力所未来可持续发展。

2. 开展战略管理体系的总体架构设计

根据体系建设思路，动力所统筹考虑当前研制任务与长远发展需求，结合现有研制能力水平与未来预期，先后组织10多轮的讨论，不断迭代完善，构建了提升研制能力的“五步联动”战略管理体系总体架构。该架构厘清研制能力的各要素之间内在逻辑和辩证关系，将研制能力提升过程进行复杂性降解，通过“定战略—建体系—理流程—配能力—调机制”五个具体战略管理步骤，系统、综合地开展变革，解决研制过程中的瓶颈短板问题，实现研制能力提升。

“五步联动”作为环环相扣的有机整体，具体设计为：通过制定发展战略，聚焦主责主业，明晰“建设世界一流的中小型固体发动机研究所”总体建设目标，基于此开展战略任务及实现路径规划，解决以往研制能力提升缺乏系统性、规划性的问题；通过搭建支撑战略任务转化为实际行动的业务体系架构，解决现有业务体系间业务工作重叠、战略任务落地管理层面不清晰的问题；通过业务流程梳理，厘清业务接口，消除研制过程中冗余不增值环节，解决管理链条过长、效率低下的问题；通过科学配置发展所需的核心军工能力，支撑研制生产任务高质量高效率完成，解决现有火炸药装填行业安全难度大、自动化程度低导致产品质量问题频发的困扰；通过开展管理机制变革与调整，解决管理职责界面不清、“型号强、专业弱”、薪酬激励未体现岗位价值激励不够精准等问题。此外，在体系构建过程中，建立闭环运行机制持续开展研制能力短板诊断，利用“五步联动”不断闭环迭代改进，从而实现研制能力“螺旋式”持续提升。

（二）“第一步”定战略，制定未来战略发展路径

研制能力提升是一项复杂的系统工程，既要平衡各专业、各领域的资源，又要兼顾技术因素与管理因素，单靠“碎片式”改进与提升无法取得实效。必须秉承国家发展战略，结合研制生产任务及未来发展需求，以统一的顶层战略目标、任务为引领，科学规划产品研制生产过程，并确保各条线、部门贯彻执行，从而才能累进提升战略管理水平和执行效果。为此，动力所明确实现研制能力提升的第一步即战略制定，通过“战略三定”，科学地制定未来发展路径，指导研制能力转型升级与提升。

1. 形成指引方向的战略目标

面对新的发展形势，动力所所长围绕国家赋予的神圣使命和责任，依据固体动力专业布局，深入开展内外部环境形势分析，通过“对标世界一流”进行核心竞争力分析与论证，从而制定中长期总体战略目标：建设成为专业特色明显、技术水平先进、竞争能力突出，世界一流的中小型固体发动机研究所。为支撑总体战略目标实现，确立体现核心竞争力的经济、主业、技术、能力、人才5方面战略分目标，并细化为“5个一级指标+14个二级指标+39项三级指标”的战略目标体系，为动力所中长期发

展提供精准的方向指引。

2. 制定支撑目标实现的战略任务

战略目标应通过战略任务来实现，为实现建设世界一流的中小型固体发动机研究所这一战略目标，动力所根据战略重要度设置两个层面战略任务：重大战略事项和重点规划任务，全力构建高质量发展战略新格局。重大战略事项具体包含：创新驱动大力推进固体动力专业发展、全面深度优化科研生产模式转型、开展精细化运营管理机制建设3个重要事项。重点规划任务是指围绕研制的产品发展、专业技术、军工核心能力、技术基础、人才队伍、信息化、企业文化7个方面规划的57项具体任务。

3. 绘制确保战略落地的路线图

为确保战略目标及任务能顺利落地，从责任与任务分解两个方面构建战略实现线路图。建立战略责任落实矩阵分解表，明确各战略任务的责任所领导、牵头责任部门、配合部门、责任人、确认途径，突出责任导向。基于"战略—规划—计划"层层分解传递的思路，组织各部门对全部战略任务进行战略解码分解，形成由五年规划、三年滚动计划、年度综合计划、部门员工PBC承诺表构建成的战略实现路线和时间表，通过滚动迭代的方式确保每项战略任务实现五年规划的闭环和三年计划、年度计划的衔接递进，将顶层、宏观的战略任务形成可实施、可操作的具体工作事项，分阶段达成目标。

（三）"第二步"建体系，搭建协同高效的业务体系架构

随着研制型号数量及任务量激增，产品研制及交付过程复杂度、协调度不断增大，现有业务管理界面不清晰"多头管理"的问题导致研制任务工作协调难度大，组织效能不高，难以满足日益复杂严峻的发展态势。动力所通过逐项梳理分析各业务与战略实现间的关系、各业务构成内容间的逻辑关系，进行系统的归集，形成基于战略实现"横到边、纵到底"的业务体系架构设计，围绕研制过程的三个业务层、15个业务体系、211项业务单元，对全部业务进行全面、系统、规范的梳理，反映各业务与发展战略间的支撑关系，直观展示业务全貌及其间关联关系，进一步规范各项业务的职责界面与协作关系，为后续流程制度梳理、组织机构调整奠定基础。

1. 构建主业发展层业务体系

业务体系架构中的主业发展层主要由产品体系、技术体系组成。动力所聚焦主业主责，以武器装备发展需求为牵引，贯穿产品设计→仿真→生产→测试→试验交付全过程，开展产品体系、技术体系和学科发展建设。一是形成围绕9项核心专业，包括"3项应用技术+4项基础技术+2前沿技术"的核心技术体系；二是梳理形成包含"2类系统级+6类单机级+12类部组件级"的产品体系，建立包含"14个大类+36个小类+872个规格"的分层级的产品型谱，推动货架式产品体系的逐步形成；三是构建面向固体发动机创新链的学科建设生态圈，形成"小核心、大外围"产学研创新研发模式，为实现核心技术突破、推进专业技术发展、加快研发成果转化奠定能力基础。

2. 构建运营管理层业务体系

业务体系架构中的运营管理层是覆盖计划管理、预算成本管理、科研生产管理、质量管理、产品保证、人才队伍等活动的运营管理体系，其构建途径为通过精细化梳理经营管理活动，来厘清运营过程的权责利关系，并明确界定各活动的环节、标准、资源及操作规范等，以此指导各项业务活动规范、高效开展，为业务层的产品、技术和学科发展保驾护航，规范和夯实基础管理。

3. 构建企业文化体系

业务体系架构中的企业文化体系包含企业观、价值观、行为准则等文化要素。动力所根据企业60余年的发展历程，将航天精神教育与战略目标实现紧密结合，提出"求真、创新、坚韧、致远"的特色企业文化理念，明确企业观、价值观，通过多途径的宣传方式将企业文化根植于员工内心，提升其对单位的忠诚度、强化其行为规范，以企业文化推动科研生产实践，以科研生产实践丰富企业文化，为动

力所的发展提供精神动力和智力支持。

（四）“第三步”理流程，梳理业务链条厘清业务接口

畅通高效的业务流程是高质量开展研制活动的基础，随着研制项目井喷式增加、批量生产产品量大且种类多的特点不断凸显，由于研制过程中管理链条过长，研制和生产过程衔接不畅，导致工作效率不高，直接影响产品及时交付。动力所借鉴 BPMN 流程定义方法，以质量管理体系为准则，进行覆盖产品实现全过程的业务流程梳理，澄清各业务工作的层级关系、关联接口现状等。流程梳理围绕业务流程架构设计、优化、固化三部分开展。

1. 业务流程架构设计

业务流程的架构设计，是以动力所的组织机构为基础、以项目的技术状态管理为主线，对覆盖固体动力产品实现全过程的工序及业务进行重构设计，形成包含“10 项职能 + 44 个业务域 + 123 个科研生产业务流程”的业务架构，涵盖科研生产管理、技术研发、产品设计、仿真技术、工艺制造等主要内容。按照流程间的接口关系，该架构中包含一个由五个层级构成的业务流程总图，其中：一、二级为涵盖战略、财金、计划等管理职能的管理流程；三级为包括科研生产管理、产品设计、技术研发、仿真技术、生产制造的五类科研生产主流程，主要为一系列围绕产品实现，将投入转化为产品的全部活动过程的集合；四级为支撑三级流程实现，各部门内、岗位间的工作事项流程；五级为各岗位内的具体工作流程，即岗位标准化作业程序、规范。

2. 业务流程优化

业务流程的优化，是基于业务流程架构，将风险分析与控制、仿真分析、型谱选用等内容纳入各业务流程，对各业务流程逐项进行梳理与优化，并将其与相关制度进行一一对应，确保现行有效。根据优化形成包含流程编号及接口编号的流程接口清单，统筹全所 30 个部门、390 个岗位及软硬件资源的配置方案，为组织机构优化、企业数字化转型提供科学依据。

3. 业务流程固化

为确保优化后的业务流、数据流能得到固化，支撑业务工作高质量、高效率运转，动力所通过信息化流程地图设计、业务流程接口清单设计、业务活动与信息系统功能清单设计及业务数字化关键技术设计，构建三个平台（快速设计平台、先进制造平台、智慧决策平台）、四层（企业层、业务层、执行层及支撑层）、五大系统（MPM 多项目管理系统、PLM 协同研发系统、TDM 试验数据管理系统、ERP 科研资源管理系统、MOM 制造运营管理系统），打通各业务信息系统的接口，将梳理构建的业务流程与数据流程以信息化手段固化，从而实现产品研制效率提升。

（五）“第四步”配能力，配置发展所需军工核心能力

为应对国家安全和统一的严峻形势，国防科工局提出军工核心能力要从“任务型”向“体系效能型”转变，型号研制保障能力、批产交付能力和综合保障能力提升的紧迫性愈发显著。而动力所现有工艺单元相对离散，缺乏系统规划，导致物流流线复杂，生产效率不高，现有军工核心能力已难以满足未来发展需求。因此，动力所以专业发展需求和核心业务流程为牵引，依据德国工程师协会“数字化工厂规划与建设标准 VDI5200”，启动军工核心能力规划论证工作，围绕调研、建模及规划三阶段，构建“四化三轴”军工核心能力建设规划方法。

1. 调研阶段确定目标，开展数据收集

一是确定目标，确立“四化”能力配置的规划目标，主要包含快速设计数字化、生产制造自动化、试验验证通用化、经营管理精细化四个方面，对未来核心军工能力将达到的水平进行定位。二是开展数据收集，围绕“三轴”三个分析维度挖掘、收集现有厂房、设备、设施、工艺、工时等 10 大类 6300 余条数据，依次开展工艺数据、实际工时、厂房与车间设备测绘，并对工艺流程、管理流程进行梳理与

分析评估，进而逐步深化论证。

2. 建模阶段开展分析，构建建设模型

依据工艺相关性分析，对前阶段所收集的数据，围绕三个主线分析维度逐项开展分析：一是产能分析，是工艺布局的核心，通过产能模型进行量化分析形成相应能力提升需求；二是工艺细化分析，与工艺革新与生产线建设相对应；三是业务流程分析，将流程梳理的结果通过信息化手段固化为业务流、数据流、标准。在分析的基础上完成生产线、工艺单元等建设模型构建，将关系紧密（物流当量大的）的工艺专业统筹布置形成新的工艺单元布局，科学规划配置未来发展所需的军工核心能力。

3. 规划阶段进行设计，形成军工能力配置规划方案

根据建模阶段所形成的分析结果及建设模型，开展概念设计及详细设计，形成核心军工能力建设顶层规划和详细规划。制订包含工序物流线的规划、生产单元的布置、自动化与数字化的改造详细设计，从而形成详细的军工能力配置规划方案。根据军工核心能力建设规划方法，动力所以智能制造为远景目标，制定《动力所智慧研究所规划》，打造“体系效能型”能力建设架构，自2016年起结合科工局投资项目、装发等国家专项经费，多渠道筹措资金分步开展实施，先后建成三条国内行业首创、先进自动化示范性生产线，构建了数字化协同设计仿真示范性平台，有效助推发动机生产制造水平实现新跨越，持续提升设计研发、生产制造、试验验证等核心能力，全面满足未来型号任务及技术发展需求。

（六）“第五步”调机制，深化改革推动三方面管理变革

在对标“两个世界一流”标准和“三高”发展要求过程中，动力所存在一个型号配置一支队伍的组织架构，“型号强、专业弱”不利于型号研制及技术发展；薪酬激励以“大锅饭”为主，未体现岗位价值精准激励不够等问题，相应的组织机构、队伍、激励等配套机制还不够健全。因此，动力所启动组织架构重塑、规章制度优化、薪酬体系改革三方面管理变革，进一步健全体制机制，确保在机制上保障研制能力提升。

1. 组织架构重塑优化

根据流程优化结果，启动产品研制模式改革和组织结构调整，厘清各管理层级间权责界面，形成“职能部门抓管理、型号项目办抓型号、专业室抓技术”的科研生产管理新格局，改变之前以型号线为主单打独斗完成任务的组织模式。建立按业务领域划分的组织模式，根据发动机类型将30余个型号线按产品类型整合为5个领域项目办，成立12个专业研究室体现专业技术对发展的支撑作用。

2. 建章立制规范管理

规章制度是内部管理关系设计和运行的依据，将制度分类由原先按照职能划分调整为按业务划分，重构“所级—部门级”“19个业务模块+87个业务子类+189项制度”制度框架，树牢“遵章办事”作风。实现制度的动态管理，采用“上下交互方式”对制度运行有效性开展评估，“上”即为根据上级巡察、审计及各条线专项检查发现的问题，要求必须在当年纳入制度修订计划中进行立行立改；“下”即为定期对业务条线制度进行评价，从针对性、操作性、有效性三方面进行评价，评价结果运用到制度制修订计划中，实现持续迭代优化。

3. 开展薪酬体系改革

确立“以岗定薪、以能定级、以绩定效”的薪酬分配原则，“基于岗位价值和任职资格”为核心薪酬分配体系，形成5个层级116份任职资格标准，结合职工能力素质差异，确定各岗位薪酬标准，全面落实薪酬待遇向科技一线倾斜，充分体现“薪酬与岗位、薪酬与能力、薪酬与效能”的匹配。同步开展员工全面绩效考核评价体系建设，打通“价值创造—价值评价—价值分配”流程，为切实推动“三能”机制落地提供依据，全面突出岗位价值和业绩贡献，解决以往“吃大锅饭”、激励性弱等问题。

三、军工院所提升研制能力的“五步联动”战略管理体系构建效果

动力所深入推进提升研制能力的“五步联动”战略管理体系建设，通过六年实践，经营质量得到显著提升，型号策划水平、研制效率、质量管理、生产能力均实现大幅提升，主业市场竞争力不断提高，价值创造能力显著提升，凝聚力、向心力也得到增强。

（一）聚焦主业效果明显，高质量运营能力显著提升

动力所将战略制定、分解有效地传递到各个层面，实现了经营行为和管理方向统一到聚焦主业、短板改进、提质增效的主线上来，核心竞争力持续增强。近三年，通过建立一套业务流程及数据梳理方法和规范，极大提升工作效率，型号异地协同设计、制造效率分别提高40%、30%，动力所科研生产任务协调周期缩短15%，计划完成率提升近20%。产品交付量不断刷新历史新高，产品交付率达100%，产品出口实现零的突破，所研制配套的7型武器装备亮相历次阅兵，接受了祖国和人民的检阅。规模与效益实现“双提升”，营业收入、利润均保持年均15%的增速，劳动生产率年均增幅达17%，负债率始终控制在30%以内，在职工人数未增加的情况下，2021年主业产值达13.5亿元，手持订单11.28亿元，员工收入翻番。

（二）打造发展不竭动力，高质量创新驱动成果丰硕

在一揽子创新政策牵引下，搭建的“小核心，大外围”创新平台确立了动力所国内中小型固体动力领域的重要地位，彰显技术创新推动发展的重要作用。固体动力专业前沿性、核心技术攻关和成果应用成效不断显现：5项技术填补国内空白，2项技术达国际先进水平，5项技术处于国内领先水平，10项技术达国内先进水平，为先进导弹武器装备跨越式发展提供了有力支撑。获批研发项目达200余项，落实经费较“十二五”同比翻两番。智力成果数量实现显著增长，省部级以上科技成果奖12项，申请专利近400余项，授权专利150余项。

（三）核心能力持续提升，高质量发展基础全面夯实

动力所建成以网络化、数字化、自动化为支撑的核心能力体系，全面提升了固体动力核心研发能力、规模化生产能力。建成以发动机绝热层、氧化剂处理等为代表的三条国内领先的自动化示范性生产线，彻底改变装药“手工作坊式”生产模式，解决了困扰火炸药装填行业多年的安全与效率难题，实现发动机生产制造水平跨越式发展，较2015年，氧化剂处理产能提高2倍，混炼胶效率提高2倍，绝热层贴片、打毛效率提高1倍，装药II界面粘接工序时间缩短50%以上。固体火箭发动机异地协同研制、异地协同制造新模式2项获“上海市工业互联网创新成果奖”，支撑型号任务高质量高效率完成，实现设计、制造效率提高30%。

（四）管理体系可用性强，战略管理能力有效提升

通过战略管理体系的构建，有效解决了动力所顶层战略管理体系缺失的不足，高度回应了研制能力提升的战略管理需要，有效解决了一系列短板瓶颈问题，支撑动力所战略目标及战略任务的高质量推进。在体系构建的探索与实践中，积累了大量宝贵经验，有效指导了动力所中长期发展战略管理、五年规划制定，战略管理能力得到显著提升。2022年，在集团公司“对标世界一流管理提升行动”创建活动中获“管理标杆模式”的荣誉称号，在军工院所及同行中具有推广和实践意义。

（成果创造人：叶　勋、王学峰、李梦宇、王　勇、姚　珍、
计晓军、刘　杰、刁吉阳、夏　俭、陈　晨）

中药民族药企业坚持走“专精特新”特色发展道路的产业链优化升级管理

新疆银朵兰药业股份有限公司

新疆银朵兰药业股份有限公司（以下简称银朵兰药业）成立于2001年，总资产81684万元，有着50余年制药传承，多年来始终围绕产业链部署创新链，打造了集新疆道地药材种植和药品研发、生产、销售于一体的民族药产业链，累计研发17个新疆民族药，获得11个国药准字产品，在研6个民族新药，获得5个新药临床批件，4个产品已进入Ⅲ期临床。20余种特色药材实现标准化、规模化种植。承担国家级项目11项、省部级44项，获得国家级创新成果奖2项，省市级科技进步奖13项。2019年上榜全国首批16家医药行业专精特新“小巨人”企业，是国家高新技术企业、国家级绿色工厂、国家级博士后科研工作站、自治区技术中心和成果转化工程中心，被列入工信部疫情防控重点保障物资（医疗应急）生产企业。产品涉及呼吸系统、皮肤病、泌尿系统等治疗领域。产品远销全国各地，现如今已成为行业内领先的中药民族药企业。

一、坚持走“专精特新”特色发展道路的产业链优化升级管理背景

（一）响应国家政策，坚持走专业化、精细化、特色化、新颖化发展之路的必然要求

2018年11月，工信部发布《关于开展专精特新“小巨人”企业培育工作的通知》，着重提出专精特新“小巨人”企业主导产品应优先聚焦制造业短板弱项、符合国家重点鼓励发展的支柱和优势产业。在“专精特新”政策支持下，中小企业通过补链强链，不断完善产业链供应链，与处于供应链上下游的企业建立起长期稳定的合作关系，为国内大循环奠定基础。同时企业自身也通过采购模式优化，突破发展中产业链不完整“卡脖子”难题，提升企业应对市场价格波动风险的能力，保障自身稳定可持续发展。

（二）符合集团产业发展战略，推动中药民族药产业高质量发展的内在要求

2000年年初，银朵兰药业提出“以振兴民族药为己任，全心全意为人民健康服务”的中药民族药产业化发展理念，抢抓中医药创新发展机遇，优化产品结构，传承精华、守正创新，开启经典民族药的成果转化之路。经过十余年发展。通过把控药材种植、药品制造、研发创新与市场营销等关键环节，不断升级优化“种植基地+生产制造+科研院所+市场营销”的产业化经营模式，打造药材种植、生产、销售、研发为一体的民族药全产业链。

（三）解决公司内在矛盾，适应加速发展规划的迫切需要

近年来，银朵兰药业正处于加速发展阶段，同时国内外风险挑战明显上升，传统的研发、生产、销售机制，落后的人员技术管理水平，粗放的管理模式越来越不能与企业的发展需求相适应。实施“专精特新”特色发展道路的产业链优化升级管理有助于增动能、补短板，推动银朵兰药业高效发展。

2016年，银朵兰药业提出“主攻专业技术发明、向精细化的管理和服务要效益、利用特色资源打造特色产品、加速创新成果高效转化”的专精特新发展新思路。围绕产业链打造创新链，以创新链建设供应链和市场链，以数字化、智能化发展为核心进行产业结构优化及转型升级，标志着银朵兰药业进入“专精特新”高质量发展新格局。

二、坚持走“专精特新”特色发展道路的产业链优化升级管理主要做法

（一）开展产业链优化升级顶层设计

1. 明晰战略定位，制订产业链中长期发展规划

银朵兰药业牢固树立“抓创新就是抓发展，谋创新就是谋未来”的发展理念，持续优化产业结构和产业布局，促进产业链、创新链、资本链、服务链、供应链、人才链等建设和融合发展。面对企业内部发展管理矛盾，银朵兰药业确立以建设“专精特新”中药民族药产业链为战略目标，围绕产业链部署创新链，围绕创新链布局产业链，确立产业结构优化和产业优化提升的补链强链顶层设计；围绕“药材种植基地、中药民族药产业园和民族药产业研究院”三大项目，形成以“中药民族药为主，适度多元”的发展战略。通过精细化管理，以全流程数字化技术赋能生产管理；建立特色化服务，健全市场链建设与专业化学术保障管理；加速创新驱动，提升产品价值和科技成果附加值；以人才建设为保障，打造千人专业技术队伍，实现企业专精特新高质量发展。

2. 确立“专精特新”产业链优化升级目标

银朵兰药业坚持创新引领发展，继承和发扬中医药文化，提高研发和自主创新能力，不断扩大和丰富产品结构；高品质打造民族药产业链，加大传统产业与现代技术相结合，不断提高绿色标准化生产制造能力；完善国内市场营销网络，探索拓展国际市场，进一步提高在国内市场的占有率；形成以规模化种植和制剂生产为基础，研发和销售为两翼，品种齐全、结构合理的产品链条发展；巩固国内市场，逐步打入国际市场，把银朵兰药业打造成为疆内第一、行业内领先的“产—学—研—用”四位一体的中药民族药企业。

（二）科学统筹合理布局，搭建民族药产业链支撑平台

1. 建设中药材种植基地

银朵兰药业因地制宜，充分挖掘发挥资源优势，以道地和特色产品为重点，推行“公司 + 基地 + 农户”联盟机制，建设药材种植四大体系，积极推进中药材标准化、规模化种植，满足独家、经典民族药产品的生产供应和质量保障。

一是建设集药材种植示范、育种和科普教育为一体的“1 + 1”基地模式：即 1 个绿色健康、生态环保的现代化“药材种植生态农业观光园”和 1 个以地产性民族药材为主的药材标本园；二是全面提升中药材基地的“三大能力、四大体系”建设，“三大能力”为科技支撑能力、基地规模能力、示范带动能力，“四大体系”是良种繁育体系、标准化生产体系、科技推广体系、文化宣传体系；三是推广自有种植技术的示范应用，补足特色药材供应量的短板，目前建成一枝蒿、洋甘菊、菊苣等药材 3500 亩种植示范基地，在摸索实践中形成神香草、锦灯笼、小茴香等 20 余种药材的种植生产技术规范，有 6 个品种正在申请地方标准加强道地特色药材种植技术研究。

2. 打造中药民族药产业园

新疆银朵兰民族药产业园新建项目定位为国家级中药民族药绿色园区，以高效产出创新成果，优化提升民族特色医药产品，打造药材种植、研发、生产、市场高质量产业链为目标，核心区建设模式为“2 + 2”，即 2 个基地——中药民族药生产基地 + 创新成果转化基地，2 个中心——现代物流仓储中心 + 文化成果展示中心；同时配套行政办公区，消防环保设施，配电锅炉设施，人物流、餐厅/食堂、职工宿舍和专家公寓等建设。

3. 组建民族药产业研究院

银朵兰药业采用“233”模式（2 为药物研发中心和科技成果转化中心，第一个“3”为小试研究室、中试研究室和药物分析室，第二个“3”为临床医学部、科研管理部和学术推广部），通过 2 个中心、3 个室、3 个部，开展民族药新药药学研究（小试 + 中试）、药效、毒理研究、临床研究，以及药

品上市后再评价和专业学术推广，培育创新药物研究领军人才、学科带头人和技术骨干，完善创新药物研究、已上市产品的保护和推广的组织管理机制，打造2~3个高品质、年销售额过亿元的上市药品大品种，取得3~5个民族药临床批件或生产批件。

（三）精细化管理，以全流程数字化技术赋能生产管理

1. 打造智慧供应链，保证药材质量和功效

银朵兰药业通过对环境、土壤、水质及气候等条件的考察，选取生态环境优良的天山脚下建设药材种植基地，引入冰山雪水进行灌溉；应用环保生态的现代化智能控制灌溉系统，采用太阳能控制102套红外线传输电动磁阀接收器，通过网络无线随时进行田间灌溉操作；选取杀虫灯、黄色黏虫板等绿色环保的物理病虫害防治方法，通过人工锄草和机械中耕，杜绝农药残留和土壤环境、水污染；农家腐熟肥有效地改善药材根际微生物群，改良土壤，易于疏松、排水和耕作，同时提高药材的抗病虫能力。

通过对不同栽培密度、不同灌溉水量的一枝蒿药材进行一枝蒿酮酸含量数据分析，筛选出最佳种植参数，进一步促进一枝蒿药材的优质增产，有效保证制剂产品质量，打造形成集药材种植示范、育种和科普教育为一体的供应链，为银朵兰药业提供安全稳定有效可控的中药材，使药品从源头得到质量和品质保障。

2. 专业化制造，提升中药民族药智能制造水平

银朵兰药业按照产品生产工艺、工艺规程、生产操作和质量控制要求，围绕用地集约化、原料无害化、生产洁净化、废物资源化、能源低碳化等各项指标，选用高效、先进、自控程度高、节能的设备，先进生产工艺与现代化、智能化先进设备相匹配，满足产品质量、规模及生产工艺的要求。

为了全面提升中药民族药绿色制造生产装备水平，构建中药民族药绿色智能制造体系。2012年，银朵兰药业率先引进中药提取自动化控制系统，利用26台设备408个控制点对中药提取全过程实施数字化监控管理，工时缩短30%、蒸汽节能35%、提高收率10%~20%；2018年，在新疆首家引进一套集“分装—称量—装盒—激光喷码—三维热缩—赋码—封箱装箱—打包”等功能于一体的颗粒剂全自动包装线，生产效率增加2.6倍。2021年，加大资金投入力度，又引进片剂和胶囊剂铝塑泡罩包装联线设备、高速压片机、颗粒剂双联袋联线等国内外先进生产设备，高速压片机及全自动胶囊充填机，实现单台产能提升4倍；两条包装联线设备最高装盒速度达到每分钟120盒、产能提升2倍。

推动生产过程控制、生产管理系统与数据平台实时互通，控制中成药生产全过程，实现重要设备的连通率100%、数据采集率100%、数字化率100%、自动化率90%。通过对制药装备和制药工艺的有效融合，集信息采集、在线监测、数据反馈为一体，不断提升制药过程自动化、智能化水平。

3. 全过程管理，实现民族药大品种降本增效

当前医改进入“深水区”，药品生产成本在不断攀升的同时，而市场价格却在不断下调，压缩了企业的利润空间。银朵兰药业通过提升中药民族药品种自动化集成化水平，特别是复方一枝蒿颗粒、尿通卡克乃其片、寒喘祖帕颗粒等品种，极大缓解了银朵兰药业面临这种不利因素所带来的影响，给企业带来良好的经济效益与发展。

实施技术改革和更新计划。按照“完成一项总结一项”的思路，持续在全公司范围内开展小改小革等技术改革和更新计划，营造改革创新、提质增效的良好氛围。例如，制剂二车间旋涡震荡筛设计加装真空上料机，通过生产实际状况减少人工2~3人，减轻人员工作强度、减少物料损耗提高功效，降低粉尘污染等。

4. 精益求精，提升产品质量稳定性和均一性

根据企业发展需要，银朵兰药业定期召开生产计划会议、质量通报会议、财务分析会议、人力资源分析会议等专业会议，收集和汇总信息，统计数据，使信息更加及时、数据更加集中，加强信息沟通协

调，强化制度落实，提高计划执行力，严肃计划指令，跟踪生产进度，协调生产全过程正常运转，使公司资源充分利用，创造更大价值。

民族药的安全有效和质量是民众关注重点，是国家增强全民健康水平的战略工作，银朵兰药业以自动化、数字化、网络化、智能化为核心，精准地测制每一道生产工序，实现生产制造过程中定性及定量的动态质量控制，保证药品原料药材投入药品产出再到销售全程可追溯，提高药品质量批次间的稳定性、均一性。

（四）特色化服务，健全市场链与专业化学术保障体系

1. 变革营销管理模式，创建专业化的学术推广体系

采取多元营销组织方式，由单一的招商模式向直营转化，涵盖临床、OTC、第三终端、院外多种业态，通过建立系统化的学术推广体系，结合“呼吸、风湿、皮肤、泌尿、消化”五条产品线，分别对五条产品线的临床学科、适应证、临床路径开展产品学术研究，按照大型循证研究、500 例级临床研究、1000 例级临床观察研究和药理、药代为核心的药事研究路径，分层级、分目标、分组合地充实完善各类产品的临床推广、政府事务、品牌建设所需要的学术内容基础。通过整合市场要素资源，构建临床学术研究和综合推广体系，形成具有整体性、灵活性、兼容性的市场运营决策支持系统。

2. 高效配置资源，实现市场管理专业化

第一，拓宽全国独家产品“复方一支蒿”及经典药品市场管理渠道。围绕产品结构进行优化调整，对产品技术、市场结构、产品价格和市场开拓投入等要素和环节有针对性开展分析研究，有重点有目标地实现市场突破。

第二，创建学术推广团队。在完善药品质量保证体系和药品管理过程系列大数据资料的基础上，按照“一线销售团队必须是专业的团队，医药代表要成为专家型人才”的理念，每月定期组织医药代表进行产品专业知识更新培训，把医药代表逐步打造成为新疆民族药的学术推广者、建设者、维护者、专家学者。

第三，制定产品推广策略。认真梳理总结以往的学术推广经验，针对不同地区条件和地域环境，结合全国独家产品、临床新药，并与国内外市场和各个学术机构、专业学会组织等进行合作，借助专家团队的影响力和号召力，秉持高品质发展理念推广销售药品。

3. 创新销售模式，挖掘产品潜力和品牌价值

品牌建设推进销售模式转变，通过整合资源突出产品竞争优势，结合互联网与现代科技推进营销模式创新，找准市场切入点，精准定位客户，选择符合项目价值定位的广告宣传模式，在品牌建设上狠下功夫。围绕销售计划管理，实现销售薪资市场化、营销宣传专业化、技术支持常态化。

（五）创新驱动，提升产品价值和科技成果附加值

1. 多层次高效率，管控临床研究全过程

经过 20 多年的摸索实践，银朵兰药业总结出特有的基于成果、循证评价、开放纳新的经典民族药产品的临床研究模式，以“药材种植—制剂工艺—标准研究—安全性评价—临床研究—临床再评价”等产业一体化管控为核心，大力开展临床评价研究和知识产权保护，形成覆盖全过程、多层次、高效率的临床研究产业链。

为持续保障新药研发项目课题按计划高质量推进，银朵兰药业通过科研创新驱动企业高质量发展，培养一批优秀的科研人才队伍。持续盯紧新药研发，比那甫西颗粒三期累计入组 453 例，苏孜阿甫片Ⅲ期临床完成立项 14 家中心，获得伦理批件 13 家，启动 8 家，完成入组 34 例。

2. 创新民族药科研成果转化实施路径

第一步，强内功。为提升研发团队专业研究能力和水平，引进药学、中药学专业高素质的研究生、

博士生，开展药材种植标准、民族药基础理论、生产工艺革新等课题研究，在中药材种植、制剂生产工艺、临床研究和管理等领域掌握民族药产业化关键核心技术，在创新研发合作中获得更大话语权。

第二步，完善研发管理机制。针对新疆临床研究较为落后、临床研究普遍时间久、投入大的难点，在药物临床前研究和临床研究过程中充分整合国内顶尖专家团队、临床中心资源，多措并举推进民族药科研成果高效转化。

第三步，打造形成“产业集成创新和系统创新”双创平台。在取得阶段性转化成果的基础上，整合各类优质资源，把技术优势转化为产品优势与市场竞争优势，培育新疆民族药大品种、大品牌。

3. “产、学、研”深度融合，提升创新驱动转化水平和效率

与中国中医科学院中药研究所、中国医学科学院协和药物研究所、华西医院、新疆医科大、新疆药物研究所、新疆维吾尔医药研究所等30家科研院所协同开展项目合作。先后与中科院新疆理化所、自治区药物研究所、自治区维吾尔医药研究所、中药民族药研究所、新疆农科院等签署战略合作协议，组建并依托自治区级地产中药（民族药）研发联合实验室和中药材种植技术研究中心，促进重大基础研究成果产业化转化。

借助中医药创新发展系列产业政策和“一带一路”核心区位优势，巩固和推进与区内外顶尖专家和科研院所的持续合作，充分发挥双方在新疆民族药领域的创新资源优势和产业基础优势，通过“内健全、外整合、重实效”的平行创新研发管理模式，使银朵兰真正成为技术开发与创新的主体，创造出可复制、可推广的创新合作经验。

（六）依托产业发展，打造专业管理团队

1. 实行“技术—能力—素质”协调统一的人才培养模式

为保证人才培养的针对性、有效性，对列入培养计划的各级人员采用不同的培养方式，按照“技术—能力—素质”协调统一的人才培养模式，注重综合素质教育的基础上，以提高大学生的基础素养为目标，以培养大学生的技术创新能力为重点，努力培养“适应公司发展需求，实践能力强、综合素质高、创新性”的应用型人才。

建立内培师队伍。中高层管理者亲自带头，延伸到部门主管，承担培训任务及课程，成为部门及某个专业领域的培训师，形成企业的师资力量；为培养中层岗位所必需的沟通能力、表达能力及知识自主积累总结能力，凡列入“菁英工程计划”的人员，均成为银朵兰药业的内部培训师，并完成相应的讲课工作任务。

实施“双师制”。一是组织相关专业具有较高职业技能和较好职业道德的骨干，或比新入职人员早两年的“学哥学姐”、班组长为目标责任人，没有身份地位的差距，建立实习情况反馈机制，帮助指导大学生树立职业理想，让大学生能够迅速融入集体、切入工作。二是在挂职锻炼到车间主任阶段，安排厂级领导一带一专人负责指导、管理、考核。

2. 坚持“专业培养与复合培养”相结合，完善人才成长通道

为了满足产业化、规模化发展需求，结合员工职业生涯规划，坚持“专业培养和综合培养”同推进的人才培养理念，全力培养复合型管理人才和专家型技术人才。一是培养复合型经营管理人才。采取宽口径培养方式，即一线轮岗工作（不同系统）时间为1年；挂职锻炼从副班长到班长（不同车间或部门）时间为1年；从车间副主任到主任（不同车间或部门）时间为1年；挂职锻炼从中层副职到正职（不同部门）时间为1年。培养期间采用继续教育、内外培训、双师培养制、分段式多模块培训体系。二是培养专家型技术人才与业务管理型人才。以专业技术为主线进行交叉培养，采用专业（业务）领域类内轮岗、项目锻炼、内部指导、继续教育、内外培训模块训练等方式进行培养。

3. 分类分层实施差异化的人才管理策略

中高层管理人才推行“五个强化”策略。强化岗位管理，形成明确的岗位管理职责；强化绩效考核，加强制度化建设；强化竞争选拔，形成公平公正的人才成长环境；强化岗位工资制，充分体现岗位价值；强化实践锻炼，加快年轻干部的成长步伐。

专业技术（技能）人才实行“三个激励”机制。实施薪酬激励，认可专业技术人才创造的业绩和价值，稳定核心人才队伍；实施成长激励促进专业技术人才的终身成长；实施精神激励，使专业技术人才得到持续的发展动力。

营销人才实施“三个引导”策略。引导培养方向，销售人员向产品学术推广员角色转换；引导理念思维转变，创新营销渠道及营销策略；引导职业规划，完善营销人员内部晋升体系。

三、坚持走“专精特新”特色发展道路的产业链优化升级管理效果

（一）专精特新补链强链，促进民族药产业化高质量发展

成果实施以来，综合管理水平迈上了一个新台阶，市场竞争能力显著增强，经济效益稳步增长，在新疆制药行业起到明显的引领带动作用。通过持续高效的新产品开发转化，补足不同临床应用领域的产品短板，2018 年 6 月取得神经系统用药醒脑库克亚片和白癜风用药苏孜阿甫片的临床批件；同时加强民族药制剂的智能制造技术升级，通过引进中药自动化提取联线设备、颗粒剂/片剂内外包装自动化联线设备，产能扩增和提效 50%；加强生产全过程质量管理体系建设，如通过大数据的质量分析建立高于国家标准的企业内控标准，如确定复方一枝蒿颗粒制剂中一枝蒿酮酸含量测定指标为 1.6mg/袋。三是通过项目制的新药研发管理模式，补足药物分析、制剂和临床管理的专业人才短板，目前已形成近 40 人的专业研发团队，正在开展 6 个新药的研发；通过加强独家、经典民族药的基础研究，加强专业化产品学术推广，开展临床真实病例的收集、上市后安全性再评价和循证医学研究，收集病例 6000 余份，形成 20 余份专业化的产品学术课件和报告。

（二）产学研用融合发展，中药民族药成果转化率稳步提高

成功掌握了一枝蒿等 20 种特色民族药材的种植技术，累计研发 17 个新疆民族药，获得 11 个国药准字产品，在研 6 个民族药新药获得 5 项临床批件，4 个产品已进入Ⅲ期临床；承担国家级项目 11 项，省部级 44 项，获得国家级创新成果奖 2 项、省市级科技进步奖 13 项、专利授权证书 32 项，主持、参与编制国家及地方标准 14 项。通过持续升级优化“种植基地 + 生产制造 + 科研院所 + 市场营销”的产业化经营模式，已成为集药材种植、生产、销售、研发为一体的民族药全产业链国家高新技术企业。

（三）品牌影响力持续增强，中药民族药产业链运营管理成果丰硕

近三年银朵兰药业公司获得国家级博士后科研工作站、国家级绿色工厂、自治区级科技进步一等奖和二等奖荣誉，2 项工艺制造发明专利，获得自治区产业发展专项、自治区重大专项、自治区创新团队、自治区重点技术创新项目和道地药材种植专项等立项支持。产品价值提升带动企业生产经营、技术开发和全面质量管理的水平明显提升，资产运营质量显著提高。管理创新工作的实施，节约了人工、生产、质量等各项成本，减少生产过程中的各项损耗，提高生产效率，降低劳动强度。根据近年的统计分析，车间生产效率上升了 30%，生产成本降低 15%，年产值增加 20%，利润增长 15%。

（成果创造人：李　俊、黄　磊、陈　菊、王红云、牟秀梅、郭晓红、张　军、冷英莉、彭雅荣、何莎莎）

高端智能传感器“四位一体”自主可控产业化体系构建与实施

中国船舶集团有限公司第七一三研究所

中国船舶集团有限公司第七一三研究所（以下简称七一三所）创建于1963年，坐落于河南省郑州市，隶属于中国船舶集团有限公司，是专业从事机电成套设备、智能无人装备研制和工程应用的国家重点研究所。建所以来，以“支撑国家战略、引领行业发展”为使命，聚焦强军首责，做强做优科技产业，逐步发展形成“主责主业突出，产业结构优化，核心实力雄厚，效益质量领先，创新自主可控，军民协同发展”的一流高科技企业集团。现有职工2000余人，下设5个专业研究室、13家全资及控股子公司、4个事业部和1个生产制造基地。拥有3个硕士学位授权点、2个博士学位授权点、1个博士后流动站、20多个基础性实验室和14个科学技术专业委会。先后荣获400多项国家、省、部级科技成果奖。具备传感与驱动控制、无人系统、能源与动力等特色专业一流的科研人才队伍和完善的配套保障能力，是国内自主掌握超低温高精度温度、液位监测和超高温高可靠极速探测技术研发及测试验证能力，拥有成熟完整研发链和产业链模式的高端智能传感器优势企业，研制的各型装备及产品为国防现代化建设和地方经济发展做出突出贡献。

一、高端智能传感器“四位一体”自主可控产业化体系构建与实施背景

（一）新时代高质量强军目标提出更高顶层要求

在中美战略博弈和新冠疫情影响大背景下，地缘风险和科技封锁不断加剧，高科技产品创新、技术储备和国产化替代需求更加迫切。对照强军目标及高质量发展要求，在重点基础领域理论创新、研制模式、试验验证、质量管理、服务保障、产业拓展等方面存在不少薄弱环节。同时，武器装备竞争性采购、事后报审价常态化，行业内外竞争更加激烈，在装备提质上档、成本管控、创新发展等方面对军工科研院所发展提出更高的要求。如何应对新环境、新挑战，改变现行传统行业创新时效性差、核心技术储备管理分散、要素融合度不高、创新成果与产业衔接不畅等问题，系统解决瓶颈和短板问题，建立现代高效的科技创新与产业拓展管理模式，是七一三所更好地履行强军首责，向创新和管理要效益，提高市场竞争力和发展引领力的必然要求。

（二）进军世界一流对智能传感技术自主创新提出迫切要求

国内资源、市场、技术和人才等全产业链竞争激烈，主要依靠投入和需求扩张来拉动增长的难度加大，部分战略性新兴产业使用的关键共性技术和高端智能装备与国外、行业龙头企业还存在差距。一批“卡脖子”“急难重”问题亟须攻克，基础研究和基础学科领域创新、国产化替代等工作刻不容缓，科技创新管理体制还未理顺，资源配置机制还不健全，产学研合作还不顺畅，技术创新存在引进和模仿路径依赖等，对智能传感装备行业科技创新和组织管理能力提出了迫切要求，要求对现有智能传感装备从创新链到产业链管理体系、管理方法和管理手段进行创新性变革，围绕产业链部署创新链、围绕创新链布局产业链，把关键核心技术牢牢把握在自己手中，掌握竞争和发展的主动权，推动科技创新能力从跟跑、并跑转向领跑，推动经济高质量发展迈出更大的步伐。

（三）军民产业做强做大对融会贯通创新链和产业链提出新发展需求

军工科研院所依托人才、技术优势及成熟的科研体制机制，通常拥有较强的科研能力、生产组织能力，但市场意识和产业拓展能力偏弱，在产业拓展风险识别防控、成本管控、品牌影响力及市场敏感性等方面往往存在不足，创新链到产业链全过程管理体系建设意识和具体举措还有差距，未能形成各个环

节有效衔接和科学匹配。后疫情时代国内外贸易壁垒、绿色壁垒和供应链安全风险不断提高，智能传感器是整个船舶行业的短板弱项，唯有采取加大创新力度、优化市场结构、核心技术自主可控、机制体制赋能等多元化应对举措，打通智能传感装备从创新链到产业链的难点、痛点、堵点，占领技术市场制高点，打造全方位感知、一站式服务体系，在智能传感领域做出声誉、创出品牌，才能确保军工科研院所在产业链的生态位，在动荡变局中谋求军民产业发展新机遇。

二、高端智能传感器“四位一体”自主可控产业化体系构建与实施主要做法

（一）加强产业顶层策划，明确发展目标思路

把握政策机遇，对标国际一流水平，持续强化顶层策划引领，聚焦基础研究、技术突破、成果转化、产业应用主线，制定完善《七一三所特种防火防爆及安全专题发展规划》，统筹推动智能传感产业系统性管理架构建设。

一是组织保障，实施分级管控，各司其职，成立“七一三所智能传感产业推进领导小组”（以下简称领导小组）和“智能传感技术攻关创新团队”（以下简称创新团队），领导小组、科技委特种防火防爆及安全专委会（以下简称专委会）作为战略决策层指挥部署，军品发展部、产业发展部作为管理层居中协调、提升效率，创新团队和项目组作为实施主体具体开展创新工作，领导小组定期组织召开领导小组扩大会议，及时梳理当前面临的困难和问题，研究明确今后各时期重点工作任务，并形成会议纪要，统筹推进产业发展；海为高科及子公司认真履行产业孵化职责，推动产业化实施。

二是补齐短板，瞄准基础研究、型号研制、应用研究等方面市场需求，围绕核心技术掌握、产品转化、产业开拓三大方向，着力突破精度高、响应快、线性度好等关键核心技术，深入开展集成优化、信息化、智能化研究，形成《七一三所智能传感器产业发展可行性报告》，从提供系统化、个性化服务的角度出发开展基础研究和市场拓展工作，形成涵盖更广应用对象需求的产品型谱。

三是细化目标，深入梳理智能传感器产业化目标，组织完成《智能传感器产业化任务目标分解表》，细化各环节各阶段目标任务，分阶段逐级推进产业发展，明确工作内容、责任领导、责任部门及时间节点等要素，通过表格化、模块化管理层层压实责任，领导小组定期考核任务完成情况和实施效果。

四是打通堵点，找准市场定位并敏锐捕捉市场渠道信息，通过门户系统流程中心、应用系统等可视化信息手段，落实各环节管理要求和管理程序，确保各环节有效贯通。同时，打通“两个通道”，即实验室基础研究成果与系统设计的衔接通道，批量应用数据反哺系统改进优化设计的衔接通道，使管理工作真正做到战略引领产业发展，将七一三所打造成为军用防火防爆领域、民用特种场所消防应急领域研产一体的智能传感器知名供货商。

（二）把握技术发展规律，开展基础理论研究

1. 找准市场痛点，梳理完善技术图谱

依托原有弹库防火防爆系统技术积累，围绕各军兵种及国家和地方政府对智慧消防、智能安防及安全应急的迫切需求，领导小组、专委会、实验室协同创新团队，系统梳理对比国际、国内、行业和集团智能传感器产业技术现状、产业化条件、产品竞争优劣势等环节，以智能传感器及以其为核心的消防处置系统在军民特种场所的技术缺口为主攻方向，开展全要素的调研，找准市场痛点，通过资料收集、用户分析、实地调研、集中研讨等方式，坚持“抓核心、建配套”的工作理念，从专业领域管理出发，梳理特种智能传感器产业关键核心技术图谱。

2. 把握发展趋势，筛选技术创新重点

根据技术图谱研究方向和研究内容，依托特种防火防爆及安全专业技术人才优势，聘任行政路线负责人、技术路线设计师及三师系统，以行政技术“双线”负责为抓手，严格落实《质量师、可靠性师

与标准化师管理办法》，以点带面，明确分工，细化目标，确保基础研究项目时序进度和完成质量，开展爆燃物质安全特性研究等十余种试验平台建设，精准提炼场景要素，开展基础技术研究。

3. 围绕技术图谱，优选技术发力领域

对标美欧俄先进智能传感技术，依托特种防火防爆及安全专业技术人才优势、实验室创新平台基础研究能力及已承担的防火防爆领域装备项目，由领导小组牵头，梳理分析现有军、民创新产业链协同可行性，构建军民融通创新组织模式，瞄准“6+3”军民需求领域（海、陆、空、天、警、贸特种场所及民用高危险、高价值、人员密集场所），制定特种场所智能传感器产品体系型谱，规划智能传感器及其衍生装备军用科研、生产项目，民用电力、化工等特种场所中产业化应用路径，在基础科研、安全保障技术、专用技术、背景项目等领域全方位开展基础科研，致力于形成集智能传感器生产、示范、销售、售后维护为一体的综合性产业模式。

（三）梳理技术发展路线，实现关键技术突破

1. 围绕项目研制流程，规范技术研发体系管理

建立点—线—面研发体系，点的突破依托所内开发项目，线的突破依托各类外部预研开发课题，面的突破依托产业发展带来的内驱动力，通过面的突破带来经济效益、产业发展反哺点、线的突破。

在项目研制管理过程中，军品部、产业部等职能部门组织协调，研究室负责具体实施，系统梳理智能传感器技术研发开发价值、方案、关键技术、技术路径、应用前景等内容，针对专业发展中的难点、痛点问题和“卡脖子”技术，发布“揭榜挂帅”项目指南或签订“军令状”，实现项目与人员双向选择，激发科研人员创新动能。实行项目负责人负责制，根据计划细化节点要求，同时布局论文、专利和成果等知识产权工作，负责人享有充分的人、财、物支配权，项目验收后，由管理部门对项目进行等级评定及奖励。

2. 规划标准规范建设，引领智能传感领域发展

坚持“一流企业做标准”，开展标准体系建设规划布局和实施，组织开展调研，充分论证标准规范体系建设的可行性方案，明确标准体系技术规范内容、实现标准引领的有效途径，统筹人力、经费保障需求，深入推进产品设计、生产、调试、试验、验收、售后维护等方面的企业标准和技术规范的修订完善和编制实施。标准建设过程中，联合优势力量，成熟一个发布一个，由企业标准、地方标准、行业标准、国家标准逐步递进，通过企业标准规范开发生产流程，行业、国家标准引领产品发展走向，充分发挥技术标准的规范和引领作用，跻身成为行业领域标准制定的“领跑者”，以核心科技促进装备产品转型升级。

3. 注重系统实际效能，开展功能性能试验验证

在智能传感器研究开发管理过程中，根据实际应用场景需求，聚焦关键要素，在火灾场景仿真的基础上，开展真实火灾场景下多种工况点火试验。模拟应用场景搭建火灾防护研究试验平台，编制试验大纲和试验验收细则，根据场景损害环境危险特征，开展单个、多个传感器多场景横向、纵向综合效能对比试验，设计师系统协同计量检验测试人员对总体技术指标、关键技术和功能性能进行验证。利用广电计量等外部专业测试力量和资源，开展可靠性、环境和电磁兼容试验，充分释放研发过程中的技术风险。在积累大量试验数据的同时，总结丰富的项目实践经验，突破一批关键核心技术，有力支撑开展多类型、多尺寸的火灾特性研究，为产业发展奠定了坚实基础。

（四）优化成果管理流程，提升成果转化效率

1. 加强成果策划，明确定位成果转化方向

做好智能传感器科技成果策划工作，在项目立项之前，开展知识产权检索、分析、市场调研及知识产权评估工作，论证项目可行性。在项目立项后，开展知识产权、论文、科技报告等创新成果的创造、

保护和运用，提高科研创新与成果转化协同效率。围绕关键核心技术开展国内外专利申请分布、权利人情况、技术领域等相关信息检索、分析，形成专利导航分析报告，挖掘和布局产品相关专利，为项目可行性研究、技术方案提供指导意见。

2. 优化管理流程，合力落实成果转化举措

聚焦特种场所智能传感器关键核心技术、技术空白，依据场所量身配置等要素特点，在研究国家、教育部、河南省相关科技成果转移转化政策导向的基础上，制定《技术成果转化实施办法》，规划符合地方实际的成果转化有效路径，充分发挥成果“孵化器”功能。产业部作为归口管理部门，统筹负责对外、内部部门间、军民之间协同联动，灵活运用研发合作、技术转让、技术许可、作价投资等方式，推动科技成果与产业、企业需求有效衔接，在资源配置、任务部署等方面促进科技成果转化；各研究室、海为高科本部及其下属子公司作为成果转化的参与和分配主体，建立产品技术支持和市场营销团队，加强科技成果、科技报告、知识产权、论文论著、标准等信息的关联，关注科技成果信息交汇与发布动向。重点项目与高校、科研院所和企业联盟转化，建立联合攻关、利益共享的模式。

3. 强化技术储备，有效提升成果转化效能

深耕特种防火防爆及安全领域，部署并突破一批智能传感器的关键核心技术，积累成果的同时建立知识管理技术和组织体系，通过系统的定义、获取、存储、利用和评估，实现知识的积累、应用和创新，在员工个人、组织运营、客户价值及经济绩效等方面形成知识优势并产生价值。在研究室层面，下设综合管理岗和项目知识管理专家、专员，牵头组织和管理项目相关专利、论文、科技报告、标准、成果等科技成果的策划、申报、编制、入库、分享、考核等工作，保证成果管理工作与项目开发进度一致，避免出现成果滞后的“两张皮”现象。为鼓励职工成果创造的积极性，在七一三所制定的《单专项奖励评选办法》奖励基础上，对相关人员进行补充奖励，激发职工创新发展、干事创业的主动性和积极性。

在智能传感器方面发表高水平学术论文60余篇，申请发明专利30余项。同时，重视资质申报和积累，破领域准入门槛，具备向目标市场推广的前提条件。

（五）聚焦传感产业特征，创新产业应用模式

1. 突出战略导向，推进军民产业协同布局

聚焦智能制造产业发展趋势，发挥传感器产品在智能装备中关键硬件入口作用，瞄准“6 +3”军民需求领域，精准定位客户需求，采用自营、授权代理、合作开发、个性化定制、服务化延伸等，两大市场协同布局，用军用产品品质渗透做活民用领域，用民用领域市场认可支撑军用领域同类产品议、审价，打造出军民产业互哺双曲线增长模式。面向不同场景特定需求，组织开展核心技术迭代发展，持续开发系列化产品，扩大产品型谱体系，构建更为完善的研制—试验—应用—产品循环体系，推动系统性解决方案在多领域多场景的推广应用，支撑产业快速发展。

2. 突出顾客导向，解决用户堵点痛点问题

根据用户的特点进行精准营销，如特高压变电站、机场行李分拣库等场所现安装的传感器抗干扰能力差、误报率高，电力燃气舱泄漏探测难度大等用户痛点，采用“关键共性技术内部驱动 + 内外部环境关键要素精准提炼”的管理模式，突破智能特种传感器全国产化、多敏感元件智能融合等多项共性关键技术，自主开发适用于极高温、极低温、高盐、高湿、易燃易爆等特种环境工况的多要素、系列化军民两用智能传感器，大力推广应用于全军种战略资源及民用高危高值高密等场所，并拓展应用至重点领域/对象的监测传感器国产化替代。

3. 突出问题导向，提升产业供应链稳健性

从系统角度构建以成本、质量、供期为核心的灵活式逻辑框架，构建更具安全和竞争力的新型产业

链结构。一是动态评估供应链安全性，针对产业链的上、中、下游环节设置冗余，并对配套厂家开展“穿透式”管控；二是动态优化合格供方库，严格供方资质遴选，及时剔除产能落后、效率低下配套厂商，新构建慧眼平台，在全行业范围内遴选配套厂家和议价，降低成本，缩短供期；三是打造产业链“行星”管控模式，打造优质供方“小行星”地位，形成“一核心 + 多行星 + 满天星”的新型供应链体系。

4. 突出市场导向，灵活运用产业拓展模式

以智能传感器关键核心技术为牵引，围绕市场需求开展技术要素配置，建立理念营销、技术营销两大营销团队，对接产品底层需求方，牢抓市场需求方。军用领域，跟踪用装需求，推介新产品和新技术；民用领域，以军用技术转化为特色，针对特定对象定制化设计。多维度量身定制产业拓展路径，做足市场需求和应用前景调研，针对市场应用前景广阔的项目，找准切入点，打造应用示范明星工程，推广宣传产品特色，由点带面不断壮大，促进项目订单矩阵式扩展；灵活运用产业搭车模式，借助特种防火防爆及安全专业影响力，系统融合智能传感装备，做大产业，做优品牌；典型项目采取增值模式，借助青岛北航项目宣传推广自主研制的全国产化火警系统，多场合宣传推广产品。

5. 突出结果导向，强化专业技术服务保障

在产业全寿命周期管控方面，为用户提供技术培训、技术咨询、技术支持等相关技术服务，建立虚拟训练/半实物仿真/装备实物训练三位一体的培训中心；在成本管控方面，落实对成本管控有效团队奖励，提升“用设计控制成本”的意识；在技术咨询方面，线上充分利用专家库、成果库、需求库等资源库，线下充分利用技术推广、概念验证、二次开发、孵化投资等专业服务；在技术支持方面，开展新技术、新产品的研制，为完善产品功能性能提供技术支持。

（六）整合集聚创新资源，提升体系整体效能

1. 布局学科建设，发挥创新平台优势

围绕装备发展、专业学科建设需求，紧密衔接产业链、创新链，推动由项目管理向专业管理转变，重塑实验室布局，深化“一室多平台”发展，以实验室创新平台为载体，随建设运行深度逐步固化完善实验室研究队伍，多渠道争取预研、科研项目，强化专业基础技术研究能力和成果输出，打通基础研究成果与系统装备设计之间的支撑衔接桥梁，发布实验室基金招揽外部优质团队动态进驻实验室开展研究，拓展交流合作的范围渠道，汇聚创新智力资源和创新要素。近年来，已完成 16 个省市级科技创新平台申报、建设与管理，实现了创新平台重点产业领域全覆盖。

针对特种场所火灾探测及灭火抑爆处置，建有“郑州市特种场所火灾防护技术重点实验室”“智能传感器实验室”“特种防火防爆及安全技术实验室”“中国船舶集团有限公司—河南省鼎信军民融合产业技术研究院特种场所火灾智能预防与应急处置技术联合实验室”，对火灾防护过程中防火、探火、灭火、抑爆及评估的一系列关键问题，进行专题技术攻关。面向产业链，构建统一的海为高科技科技成果转化平台，促进“创新 + 产业”的联通发展。

2. 聚积创新资源，打造协同创新模式

整合集聚创新资源，形成跨领域、大协作、高强度的“1 + N”创新组织模式。对内加强内部资源整合协同，推动创新平台之间“基础研究 + 应用研究”联动，以专业发展带动所内相关单位共同发展。联合所内科研生产平台，加强分工合作；依托实验室创新平台，打造智能传感器创新研发中心，争取相关基础性研究项目。利用计量检验测试机构开展相关试验验证工作，以先进的试验验证能力，为智能传感器提供试验验证保障，实现传感器较为全面的功能性能指标验证、考核能力。对外加强与军方、地方政府、高校及行业龙头企业的沟通合作，构建“配置合理、功能实效、性能可靠、适装经济”的特种场所安全防护系统总体架构。把握好国家及地方相关政策和建设要求，积极申报科技研发项目，以推进

数字河南建设为契机，重点突破多领域关键技术瓶颈，形成小型化、智能化、集成化为方向的新型智能传感器研发；基于合作共盈模式，与知名高校、科研机构建立技术理论研究合作关系；基于合作盈利模式，借助合作伙伴的市场应用资源，制定合理的利润分成模式，完成示范项目建设，另外借助合作伙伴的渠道资源，联合开展多点营销，逐步扩大产品的市场占有率和品牌影响力。

（七）发挥职能保障作用，加速赋能创新发展

1. 聚焦思想文化引领，营造良好创新环境

强化政治“引领”，采取“理论学习＋现场学习＋研讨感悟”的方式强化日常学习，同时以核潜艇精神、航母精神、载人深潜精神鼓舞团队，将党的创新理论学习成效转化为事业发展的蓬勃力量。强化文化“引领”，始终砥砺“兴装强军、兴船报国”的初心使命，聚焦“凝心向党、创新图强、利剑在鞘、安全护航”的发展愿景，形成崇尚创造、追求卓越的创新文化氛围。强化榜样“引领”，内树典型、外学先进，引导人、激励人、教育人。

2. 优化人力资源配置，构建新型组织模式

坚持以人为本，构建一支“分可独立作战、聚可合力攻关”的创新团队，采用“外部团队动态进驻＋内部人才伴随培养”和关键人才柔性引进的新型人才资源模式，开展全链条、跨部门协同攻关，更好发挥各类人才的作用。

一是建立健全人才培养机制，针对人才队伍专业短板，积极参与重大项目实施，将交叉融合和创新型高科技人才纳入科技委专委会，培育智能感知工程、数据科学与大数据技术等专业型人才，建立过硬的高水平创新人才队伍。二是实行高校和企业联合培养高素质人才的机制，推动产学研深度融合。三是采取灵活人才引进机制，采用“候鸟型”人才引进和使用机制，采用柔性引进和全职人才相结合的人才结构模式，在创新团队中吸收其他军种、领域和知名高校聘用专家及团队，形成人才与产业的良性互动。四是实行人才对外开放双向原则，坚持“引进来”与“走出去”并重，坚持“开门”搞科研。五是建立大项目攻坚团队，在项目争取、预研开发、领域拓展等方面全局上谋划、关键处落子，开展跨组、跨部门甚至跨领域合作。六是加强内部合作，解放科研人员，弥补总装、调试等环节人手不足问题。

3. 健全管理制度体系，打造创新制度体系

建立健全以科技创新质量、贡献、绩效为导向的组织管理方式和评价制度。实施自由探索和任务导向型科技项目分类评价制度，实施首席专家（学科带头人）负责制、青年科学家项目等创新机制；构建市场导向的科技成果转移转化体系、机制，注重成果转化评价，建立符合科研和市场规律的项目运作机制和激励机制，对取得科研成果转化效益的科研人员加大激励力度。

4. 抓好评价制度改革，强化机制体制赋能

一是针对智能传感器关键核心技术突破，实行“揭榜挂帅”机制，让青年科技人才挑大梁、当主角。二是建立健全责任制和“军令状”制度，年初制定科研生产计划，明确责任人和节点进度，同时签订工作重点责任令，对项目完成情况按照《军品项目奖惩管理办法》《奖励与绩效发放办法》进行奖惩，确保科研生产项目取得成效。三是抓好绩效分配改革，形成并实施更具精准性和灵活性、有利于科技人才潜心研究和创新的评价机制，在激励奖励基础上，制定班组《奖励与绩效发放办法》，调动职工从事预研开发工作的主动性和积极性。四是畅通科技创新人才晋升通道，发挥科技委顶层策划牵引，加大所级和部门级专家选拔及专家团队和优秀人才队伍建设。

5. 强化信息技术应用，助力设计提质增效

全面深化信息化平台应用和数字化改造升级。建立 PDM 协同设计平台，实现与 CAD、Creo、网关、档案系统的集成，有效提高项目设计研发效率与质量。面向应用场景利用 FDS、Fluent 等 CFD 仿真计算

软件，开展仿真计算。利用物联网、大数据及人工智能等技术，深入分析、挖掘传感器获取的数据，构建多元信息可靠接入的典型场景数字孪生平台，建设从使用端到设计端的信息反馈链，实现基于传感器监测数据构建典型应用场景全面信息的数字复现。

三、高端智能传感器“四位一体”自主可控产业化体系构建与实施效果

（一）管理水平提升，激发企业创新动力

该成果的实施，推动了七一三所智能装备领域研制模式的变革，全面激发企业创新动力，促进青年人才快速成长，骨干年龄平均降低4.7岁，增强了企业的核心竞争力。通过一系列的体系化科技管理改革，预研开发项目从2019年的60项增至2021年的107项。

（二）经济效益显著，促进产业转型发展

智能传感装备产业拓展路径构建和运行以来，克服郑州新冠疫情、“7.20”特大暴雨灾害、经济复苏缓慢等严峻考验，成功研制几十种火灾智能传感器，技术水平处于国内领先、国际先进，承担国家基础科研、安全保障技术等共计20余项，实现多型复合探测器、超低温高精度探测传感器研究立项，顺利实现技术研发与产品、市场紧密联合。财务增长类和运营类指标连年增长，2018年以来，成果累计收入52496万元，单项产值收入从2018年的9431万元，增长到2021年的17432万元，利润从1539万元增长到2811万元，成功在海军、其他兵种及民用特种场所推广应用。实现智能传感器在全军种战略资源及民用高危高值高密等场所的产业化应用，形成集生产、示范、销售、售后维护为一体的综合性产业模式，稳步将七一三所打造成为国内军用防火防爆领域、民用特种场所安全应急领域及国产化替代需求领域，集产学研用为一体的智能传感器知名品牌供货商，具备年产数万台智能传感器及数百套特种场所安全防护系统的能力。

（三）社会效益明显，树立行业品牌效应

七一三所作为河南省创新龙头企业，在智能传感领域，强化技术引领，以标准推动行业门槛设位，打造中原领军、牵头平台，以核心技术名录为支撑形成系列化与定制化产品开发能力，推进“云大智”等新一代信息技术与传统产业融合创新发展，分享传统装备转型升级中形成的创新管控理念和实践方法，并形成示范效应，助力传统装备转型升级。

（成果创造人：庞国华、陈延伟、张　宏、张玲玲、周　凯、王　阳、王　贝、张基明、石邦凯、葛胜利、李苹慧、赵喜磊）

国有平台型企业以资源聚集为核心的智能网联产业培育管理

湖南湘江智能科技创新中心有限公司

湖南湘江智能科技创新中心有限公司（以下简称湘江智能）成立于2018年，注册资金50亿元，员工150余人，研发人员占比30%以上，平均年龄约33.8岁，是湖南湘江新区重点培育的新兴产业载体，负责国家级湖南（长沙）车联网先导区建设运营。2019—2021年营业收入保持高速增长。获批湖南省专精特新“小巨人”企业、国家高新技术企业、湖南省制造业创新中心、国家技术标准创新基地（长株潭）智能网联汽车标准创新中心。湘江智能以智能网联汽车为主，产城开发、产业投资为辅三大业务板块：建设运营了全国规模领先的智能网联新基建；打造了智慧公交、智能环卫、智能重卡等一批应用场景，形成了车路协同与智慧交通解决方案、车联网运营服务、智能驾驶系统集成及终端三条业务产品线，自主研发智能环卫车、T－box、v2x协议栈等产品，正在建设长沙市十个重大引领性产业项目湘江智能网联产业园，占地面积约35.8平方千米，总投资为2080亿元。

一、国有平台型企业以资源聚集为核心的智能网联产业培育管理背景

（一）贯彻落实国家智能汽车创新发展战略、实现城市智慧化升级的需要

智能网联汽车产业是全球及国内备受瞩目的战略新兴产业，各地方高度重视智能网联汽车产业的培育发展。目前美、欧、日、韩等发达国家和地区均将智能网联汽车作为未来发展的重要方向，在政策法规、关键技术研发、场景应用示范等方面取得了重大进展。中国将智能网联汽车产业作为国家战略产业，经过10年快速发展，智能网联汽车无论是技术水平还是产业发展都取得了令人瞩目的进步，逐步从全面落后和追赶态势，发展为与欧、美、日等汽车强国并跑，部分领域领跑的态势，抢抓智能网联汽车产业发展的重大历史机遇，将实现汽车产业转型升级，建立新的产业生态。2020年2月，国家发改委等11部委联合发布《智能汽车创新发展战略》，提出加快汽车产业转型升级，推动加快建设制造强国、科技强国、智慧社会，增强国家综合实力。中国智能网联产业虽然还未实现大规模产业化，但已得到政府、多类型企业的积极参与，各方共同探索推动产业快速发展。智能化成为产品差异化的核心亮点，各车企、交通设施商、智能终端商等纷纷加大智能网联研发投入，积极布局智能网联产品。各地方政府相继出台智能网联汽车产业扶持政策和规划细则，明确构建产业创新生态，开展载人、载货、环卫等多场景应用，并以车联网建设为发力点，协同建设智慧城市、智慧交通、助力数字经济高质量发展。

智能网联产业培育发展将推动汽车产业、交通产业跨越式发展，同时实现现代城市的智慧化升级。发挥中国市场和体制优势，基于国内在新基建、智慧城市等优势，实践产城协同发展路径，将打通客流、物流、能源流和信息流，实现城市运行效率提升及节能减排。智能网联汽车和智慧城市的融合，将实现城市中产业、经济、生活、工作的完善布局，带动城市实现智能化转型的目标。智能网联汽车培育的基础设施、云服务、软件算法、场景应用等可被拓展复用到智慧城市其他场景，利用智能网联汽车技术赋能，助力打造有颜值、有气质、有内涵、有格调、有品位的智慧城市样板和标杆。

（二）解决智能网联产业发展及智慧城市发展痛点难点的需要

智能网联汽车产业面临产业链本地配套率低、创新应用转化不够、商业应用场景不足等痛点。虽然长沙市智能网联汽车产业取得了长足发展，但仍面临诸多痛点、难点，比如本地产业链配套率低、技术创新应用转化不够、商业应用场景不足等，导致企业的盈利能力、科技研发、培育壮大等存在瓶颈，影响了产业的持续稳定发展。政府及平台公司聚集资源，将为产业提供创新应用场景，引进及培育本地配

套产业链，助力新技术的商业应用，实现技术产品的迭代升级。

助力解决现代城市面临的交通安全、道路拥堵、能源消耗、环境污染等问题。随着现代城市的快速发展，交通安全、通行效率、能源消耗、环境污染等问题逐渐凸显，严重影响了城市可持续发展。通过聚集场景资源，可实现智能网联技术与智慧城市、智慧交通的协同，将打通客流、物流、能源流和信息流，实现城市运行效率提升及节能减排。通过路侧基础设施、新型网络、城市基建、车城网、智能网联场景等建设，实现智能网联新技术在城市交通、城市生活的规模应用，助力解决以上的痛点、难点。

（三）推动地方经济、人民美好生活和企业高质量发展的共同需要

智能网联产业培育是推动地方经济、人民美好生活和企业高质量发展的共同需要。长沙市作为传统制造业城市，面临着产业转型升级、寻找新产业增长点的迫切需要，而智能网联汽车产业作为战略新兴产业，具有技术密集、产业链长、发展前景大等优点，培育智能网联产业将孵化新经济增长点；将车联网、智能驾驶、导航定位、大数据等新技术、新产品规模化应用到城市交通出行、城市公共服务、城市休闲娱乐等领域，建设现代化智慧城市，满足人民群众多样化、个性化、不断升级的美好生活需求。同时，湘江智能公司作为政府平台企业，需要在服务产业的基础上实现市场化转型，培育市场化核心竞争力业务实现自我造血，通过新基建、示范场景等资源打造，将实现湘江智能公司的智能网联产品业务应用到项目建设中，不断迭代升级技术产品，打造具有市场竞争力的核心业务，实现企业的高质量发展。

二、国有平台型企业以资源聚集为核心的智能网联产业培育管理主要做法

（一）协助政府搭建组织机制和政策规划体系

1. 成立智能网联产业培育发展的组织机构

由省委常委、长沙市委书记与长沙市委副书记分别担任“湖南省新能源与智能网联汽车产业链”“长沙市人工智能与智能网联汽车产业链”链长，成立长沙市智能网联汽车（车联网）产业工作领导小组。建立由市领导任召集人，湖南湘江新区管委会及市发改、财政、住建、工信、交通、数据资源管理等市直单位为成员单位的智慧城市基础设施与智能网联汽车协同发展试点工作联席会议制度，以高效统筹推动智能网联新基建、新场景建设的工作。各级领导高频次开展现场调研，厘清思路、解决困难。

2. 建立“政府＋国企平台＋生态企业”的组织机制

探索并实践了引领国内智能网联产业发展的“长沙模式”组织机制，实现政府、国企平台、生态企业的组织协同。湘江智能作为长沙市智能网联产业的“排头兵”，通过四年的发展，探索出国内智能网联产业发展的“长沙模式”组织机构，即“政府＋国企平台＋生态企业”的“铁三角”组织模式。一是政府侧，省市相关部门出台了一系列政策举措，提供顶层设计和政策支撑，为智能网联汽车产业发展营造良好、创新的环境和氛围；湖南湘江新区则推出了具体的行动计划，积极构建开放包容、协同创新、人机融合的智能网联汽车产业发展生态。二是国企平台侧，湘江智能扮演搭平台、聚生态、促发展的角色，围绕网联场景打造、产业生态集聚和行业品牌塑造，牵引整合生态资源实施，负责新基建建设、示范场景运营、解决方案集成等；通过建设一个共性的平台，不同的解决商、不同的设备商、不同的算法商，围绕应用用起来、经常用，智能网联汽车的发展就会更加贴近客户的需求。三是生态企业侧，提供技术赋能，包括关键技术研发、产品与服务等。通过政府、国企平台和生态企业相互赋能、优势互补，形成了发展智能网联汽车产业的“长沙模式”。

3. 协助出台顶层规划和支持政策

前瞻性制订产城协同规划目标，出台一系列顶层规划和支持政策。根据产业、城市开发等规划目标，省市区先后出台了《长沙市新型智慧城市示范城市顶层设计（2021—2025年）纲要》《长沙市新型智慧城市示范城市建设三年（2021—2013年）行动计划纲要》《长沙市智能汽车产业生态火炬计划》《长沙市智能汽车与智慧交通融合产业头羊计划》《长沙市智能网联汽车道路测试管理实施细则》《湖南

省新能源及智能网联汽车三年行动计划》《湖南湘江新区核心区智慧交通专项规划》等规划政策，湘江智能主动作为，积极对接，支撑省、市、新区出台支持智能网联汽车产业培育发展的规划体系，实现规划目标协同，确保总体规划目标、领域分目标的协同，推动产业和智慧城市的快速发展。

（二）建设新基建项目，聚集业务资源培育产业链

通过智能网联新基建项目聚集资源培育产业。湘江智能作为发展智能网联产业的政府平台企业，通过推动长沙市新型基础设施项目建设，重点开展智能网联路侧基础设施、新型网络、车联网应用平台等项目建设，聚集项目资源培育孵化智能网联产业，为行业企业提供产品试验田，扶持上下游产业链企业发展。

1. 建设智能化基础设施

一是开展智慧道路改造。依托新基建项目建设，加快道路基础设施的智能化改造，对长沙主城区210个交叉口的城市道路和三环线、长益复线100千米高速公路进行智能化改造，安装部署近400套LTE-V2X路侧单元。二是建设5G智能物流车路协同示范线。打造了重卡园区5G智能物流车路协同示范线，满足物流重卡智能驾驶研发测试及应用示范的需求。三是建设“多杆合一”智慧灯杆。开展了三一大道—岳麓大道道路空间品质提升项目，实现湖南省首条“多杆合一”示范道路试运行，通过多杆合一，并将交通信号灯、交通标识牌、道路指示牌、电子监控等传统设施集成在道路照明灯杆上，实现城市建设和管理集约化、精细化、智慧化、低碳化。

2. 完善新型网络基础设施

一是加快5G网络布局。与中国移动、中国电信、中国联通等密切合作，加快无线通信5G网络布局，完成了2万个5G基站建设，累计完成5.5万余个。二是开展车联网身份认证系统部署。基于“新四跨”及智慧城市产业生态圈（SCIE）的安全技术及信息安全产品，重点部署LTE-V2X通信安全机制，推动建立安全可靠的LTE-V2X规模化应用环境。

3. 搭建“车城网”平台

一是建设城市超脑系统。“长沙城市超级大脑”基座已初步建成运行，联通长沙市各级政务部门信息系统356个，上线发布3458个数据资源目录和3519个信息资源目录，汇聚各领域数据131.7亿条，成为智慧城市的能力核心，“一脑赋能，数惠全城”的格局正在加快形成。二是建设城市CIM系统。出台《关于下发推广建筑信息模型（BIM）应用工作实施意见的通知》和《长沙市新型城市基础设施建设试点实施方案》，开展CIM平台建设。三是建设智能网联云控管理平台项目（二期）。强化云控平台能力建设，实现云平台与多种产业平台、政府监管平台的互通，实现智能网联及智慧交通的监管和运营。

（三）推动应用场景项目落地，实现产品培育和业务模式探索

通过建设国内领先的智能网联应用场景，支持智能网联产业链企业的产品落地应用，带动其不断迭代升级，实现产品技术升级。

1. 推动全国领先的智慧公交规模化应用

湘江智能牵头完成了2072辆公交车的智能化、网联化升级，在主动安全、准点率、驾驶员监管、交通信号优先等方面示范应用。基于信号优先和专享路权的“梅溪湖—高新区”智慧定制公交，有效避免等车困难、堵车迟到等情况。

2. 开展智慧环卫示范应用

打造车路协同的低速自动驾驶环卫场景，为城市运营增添了智能网联元素，开发了基于V2X车路协同的小型自动驾驶环卫车辆装备。

3. 开展重点营运车辆监管与服务

湘江智能对30台渣土车进行智能化改装，并投入运营，重点车辆（两客一危、渣土车、校车、公交车）加装汽车电子标识4000余辆，有效降低了重点车辆的违法违规现象。

4. 开展智慧停车项目

打造智慧停车信息平台“湘行天下”及App，注册用户数达34万，日均为车主提供停车服务超过11万次；完成桃花岭自动泊车示范停车场建设。

5. 开展智慧物流示范应用

湘江智能与三一重工签订合作协议共同打造5G－V2X智慧物流示范项目，推动新一代智能驾驶工程机械机群的研发与商业运营。

6. 推出RoboTaxi智慧共享出行

率先在全国开展L4级自动驾驶出租车示范运营，已投放30台自动驾驶出租车。

7. 构建公众出行一体化（MaaS）体系

湘江智能推出“湘智行”智慧定制公交小程序，市民可通过App预约智慧通勤公交上下班、乘坐智慧通勤公交。

在智能网联企业孵化方面，企业在应用场景运行中，不断采集海量环境感知数据、复杂场景数据，为技术和产品提供自动化迭代能力，最终实现企业产品的大规模商用化，实现企业的培育壮大目标；在智慧城市新型场景探索方面，构建“车、路、云、网、图”一体化协同智能网联城市全场景体系，重点推动智慧网联公交、无人接驳、智能环卫、无人末端配送、智慧停车、智能安防等应用场景落地，为智慧城市场景建设提供新应用、新服务、新亮点，实现城市建设的智慧化升级。通过智能网联场景建设，实现智能网联企业孵化和智慧城市发展的协同效应，不断验证技术产品可行性和稳定性，实现技术协同。

（四）打造“车路云网图”协同园区体系，加速产业群聚集及产城融合发展

为加速产业和智慧园区开发的协同发展，湘江智能2021年启动湘江智能网联产业园建设，为智能网联产业提供地理载体，实现产业集群聚集发展和产城融合。以“中国智联高地，湘江绿智新城”为愿景，以“双新（新基建、新产业）”“双融（产城融合、长株潭融城）”为特色，将智能网联新技术、新产业、新理念应用到城市开发中。产业园聚焦“人工智能、智能汽车、智慧城市、智慧工业”等产业及相关细分赛道，打造产城人一体化融合发展示范园区。总规划面积约35.8平方千米，由人工智能科技园、智联创新园、智联加速园、智联制造园、智联服务园、智慧农业科技园、数字融城示范园七个“园中园”组成，为长沙市智能网联产业集群发展提供了良好载体。产城融合发展是产业园的核心特色，按照“车、路、云、网、图”一体化协同打造湘江智能网联产业园，涵盖智能网联大数据中心、打造城市级路云系统、5G基础设施、慧路灯体系、智慧管网、片区“多网合一”驻地网。

1. 构建智能网联大数据中心

依托智能网联云平台，按照“分层定位、分类实施、分期建设”的原则，建成国家智能网联汽车大数据中心属地分中心，湖南省车联网运营服务中心及湖南湘江新区智慧交通应用服务中心“三个中心”，同时，为湘江智能网联产业园提供统一新基建项目的数据治理、AI算法及智慧交通平台SaaS云端应用等服务能力。

2. 打造城市级路云系统

正式启动部署约470个路口总计470套智能网联路侧系统，构建车联网5905－5925MHz频段一张网，具备智能驾驶测试、先行示范、运营服务等能力。

3. 完善5G基础设施建设

产业园部署20个5G基站，确保已建成成熟片区5G网络全覆盖。

4. 构筑智慧路灯体系

推进现有电力塔杆、通信基站、交通指示牌、监控杆、路灯杆等城市挂高资源开放共享和数字化改造，新建集智慧照明、视频监控、交通管理、环境监测、5G通信、应急求助等功能于一体的智慧杆柱2000个。

5. 规划智慧管网

统一对片区道路的强电、弱电、排水等管网进行规划和建设，运用物联感知、智能控制等技术，对管井内积水、井盖异常等状态进行实时监测，支持设备远程维护、智能预警等；部署城市管网三维地理信息系统，以三维虚拟场景直观呈现管网空间分布和工作状态，实现管网实时监测、自动预警和智能处置。

6. 建设片区"多网合一"驻地网

统一规划片区通信基础网络设施，整体考虑片区居民、企业的有线宽带、有线电话、广播电视、无线通信和片区公共智慧城市应用的网络需求，统一规划包括整体网络拓扑结构、机房、光交位置、容量及覆盖范围、光缆路由、管道位置容量，部署高速光纤通信基础网络，实现片区"多网融合"节约建设。

（五）搭建公共服务平台，孵化产业生态实现产业聚集

提供产业孵化器、科技创新平台、人才培育平台、标准创新平台、产业协会联盟等发展要素，建设公共服务平台，通过服务资源协同实现智能网联产业生态聚集发展。

1. 打造国内领先的智能网联产业孵化器

湘江智能积极打造湖南省及长沙市级孵化器，孵化器引进在孵企业16家，储备入孵企业10余家，成功孵化5家以上。发挥长沙智能汽车产业促进会和长沙市汽车产业链办公室桥梁纽带作用，引导生态企业落户湘江智能网联产业园。引进吉大长沙汽车创新研究院、舍弗勒、中国汽研，围绕智能网联及新能源汽车产业发展技术需求，开展科学研究开发及科技成果转化。紧扣产业招商、产业园招商，积极推动空天智能飞行器湖南省工程研究中心项目与湖南航天产业化合作等重点项目落户产业园。

2. 建设以湘江实验室智能网联分实验室为代表的科技创新平台

为抢滩布局长沙市智慧交通与智能网联产业，加强校、政、企三方的合作，探索建设具有长沙特色的、智慧交通与智能网联的城市智慧交通大脑，湘江智能与长沙市交通局和湖南工商大学三方共同联合成立湘江实验室/长沙市人工智能社会实验室智慧交通研究中心。智慧交通研究中心采取"以智慧交通与智能网联创新为主，加强校、政、企三方的合作，突出技术推动产业"的建设策略，实现短中长期资产的多元化布局，创造明显的战略协同效应，互促互融，共同推动产业和经济社会发展，解决交通领域的痛点和难点问题，攻坚关键核心卡脖子技术以支撑产业发展。

3. 建设湖南湘江人工智能训练营为代表的人才培育平台

湖南湘江新区管委会及湘江智能公司高度重视智能网联人才培养，2018年年底成立了湖南湘江人工智能训练营，采取了校企联合培养、科研课题揭榜、人工智能训练营、后备军培养计划、工程师精进计划等人才培养模式，先后实训了逾千名学生、数百名技术人才，组织了数十个科研课题揭榜，打造了湖南湘江新区的智能网联人才培育平台，取得了良好的人才培育效果。

4. 建立国内领先的智能网联标准创新平台

在湖南省市场监督局领导下，按照国家车联网（智能网联汽车）产业标准建设指南要求，湘江智能积极承担了国家技术标准创新基地（长株潭）智能网络汽车标准创新中心和湖南省智能网联汽车标

准化技术委员会秘书处工作，为智能网联产城协同发展提供标准创新平台，开展了湖南省智能网联汽车特色化发展技术标准规范体系和对策研究及湖南省智能网联汽车标准体系规划，起草智能网联汽车相关标准40余项。

5. 建立生态聚集的产业协会联盟

为智能网联产城协同提供了协会联盟服务。湘江智能在工信部主导下，与国内15家智能网联汽车第三方测试平台共同签署了《智能网联汽车测试区（场）共享互认协议》，实现资源共享、资质互认、标准共建；湘江智能牵头成立了长沙市智能汽车产业促进会，吸纳会员单位54家，长沙市智能汽车产业集群被确认为湖南省先进制造业集群。

三、国有平台型企业以资源聚集为核心的智能网联产业培育管理效果

（一）长沙智能网联产业实力进步明显，企业高速发展，经济效益良好

长沙市智能网联产业发展实力不断发展。长沙市智能网联汽车新基建规模水平、应用场景水平居全国前列，保持领跑态势，践行了国家智能汽车创新发展战略。在2020年赛迪研究院推出的智能汽车产业投资潜力榜中，作为中部城市，长沙位居全国第三，湘江智能助力长沙先后获得国内唯一的四块国家级牌照，包括国家智能网联汽车（长沙）测试区、湖南（长沙）国家级车联网先导区、国家智能网联汽车质量监督检验中心（湖南）、智慧城市基础设施与智能网联汽车协同发展试点城市。

产业聚集能力和经济发展水平不断提高。生态企业“百花齐放”，当前长沙已吸引10余家智能网联及相关行业世界500强企业落户，汇集产业链上下游企业350余家，实现年产值逾150亿元。目前长沙先后集聚了华为、腾讯、博世、舍弗勒等70多家国内外行业优势企业和中车时代、地平线等12家科研院所，本地产业链配套率快速提高，拥有国家级实验室2家、省级重点实验室11家、省级技术研究中心11家。以湘江新区为核心的智能网联汽车全产业链实现产值超过150亿元，其中产值过亿元的重点企业36家。

企业经营业绩连年高速增长。湘江智能经营收入连年保持稳步增长，从2019年1475万元增长到2021年3882万元，年均增幅82%，公司资产达11亿元。湘江智能成立4年，已获得湖南省专精特新“小巨人”企业、国家高新技术企业、国家技术标准创新基地（长株潭）智能网联汽车标准创新中心、湖南省智能网联汽车标准化技术委员会、湖南省制造业创新中心等，企业实现高质量发展。

（二）长沙智慧城市、智慧交通转型升级，社会效益显著

通过聚集资源培育发展智能网联产业，取得了显著社会效益，获得了社会广泛认可。针对长沙市区的交通安全、交通拥堵、环境污染等痛点，湘江智能支撑打造了基于车联网的城市级智慧公交场景示范应用，对长沙市2000余辆传统公交车进行了网联化、智能化改造，并结合路侧通信、传感、计算等信息化基础设施及智能网联云控平台，可实现公交车辅助驾驶、公交车信号优先通行等功能，提升公交运行效率及准点率，保障公交运行安全，提升城市智能化水平，改善群众出行体验。经统计，智慧公交行程时间平均缩短了约13.3%，高峰准点优化率达80%，智慧公交调度平台帮助湖南巴士提高运营管理效率25%，服务群众超过1000万人次，得到了体验市民的一致好评。“梅溪湖—高新区”智慧定制公交服务通勤人口10000余人，均支持主动式公交优先、红绿灯信息共享、App预约出行、准点准时出行等多项功能，较私家车按地图推荐线路的通勤时间平均节省约27.5%，据抽样分析，约有24.7%的乘客由开车通勤转变为乘坐智慧通勤公交通勤。长沙市主动式公交优先项目荣获联合国人居署、世界经济论坛、西班牙工业部联合颁发的2021年“世界智慧城市出行大奖”。RoboTaxi智慧共享出行，已在全国率先开展L4级自动驾驶出租车运营，实现了商业收费运营，投放30余台自动驾驶出租车。载人测试里程超过100万千米，网上订单累计服务5万人次，满足了市民多样化的出行需求，公众反响热烈。

（三）企业及长沙的新基建建设水平取得进步，管理效应凸显

提高了智能网联产城协同新基建的工程管理水平。在2018—2019年时期，智能网联新基建作为全新领域，因全国无经验可循，项目工程管理处于边摸索边突破，其工程进度管理水平受各方因素影响不佳，2020年后新基建建设的工程管理水平有了质的飞跃，进度管理、成本控制、质量管理等均有了较大的进步。湘江智能《基于场景体系构建推进智能网联汽车产业发展的管理创新》获得“2019年湖南省企业管理创新成果一等奖”。

增强了跨部门的协调管理水平。探索出了“政府+国企平台+生态企业”的“铁三角”管理模式，加快了重大项目的推进速度，提高了跨部门、跨区域、跨层级的协调管理水平。

提升了新基建项目的标准化管理水平。出台了智能网联产业项目建设及运营的系列标准，规范管理新基建、项目运营、体系。2021年编制发布了《湖南省智能网联汽车产业标准化体系》《智能网联汽车云控平台运营服务规范》《智慧城市路口智能化路侧系统技术要求》《智能网联汽车自动驾驶功能测试规程》《智能网联公交车路云一体化系统技术规范》等湖南省地标，编制了《智慧公交智能网联基础设施建设技术导则》《智能网联道路新型基础设施建设标准》，通过标准化提高新基建建设及运营的管理水平。

（成果创造人：谢国富、高培基、姚　广、谭　敏、胡　锐、许星伟、田军锋、姜勇钢、刘　婷、覃业钊、秦之遥、毛荣标）

以建设“投建营”一体化高速公路产业集团为目标的战略转型管理

中铁交通投资集团有限公司

中铁交通投资集团有限公司（以下简称中铁交通）前身是中铁西南投资集团管理有限公司，于2007年12月28日在广西壮族自治区南宁市注册成立。2012年7月更名为中铁交通投资集团有限公司，是中国中铁最早成立的专业投资建设、运营服务管理类全资子公司，是中国中铁高速公路板块投资、建设、运营的专业化公司。拥有公路工程、市政公用施工总承包一级资质，主营高速公路投资、建设、运营，交通、市政等基础设施项目投资、建设，土地整理开发，城市轨道交通，房地产开发。目前，中铁交通注册资本金80亿元，净资产198亿元，管理总资产超过626亿元，项目累计投资及新签合同3338多亿元。

一、以建设“投建营”一体化高速公路产业集团为目标的战略转型管理背景

（一）适应市场环境驱动企业高质量发展

近年来，随着国家推进建筑业发展“放管服”改革，建筑业转型升级步伐加快，基于项目全生命周期的、一体化的服务需求日益增强，倒逼企业不断提升全产业链服务能力和系统内外部资源整合能力。“十三五”期间，中铁交通在规模、实力、影响力方面取得质的飞跃，但在市场经营、业务布局、项目管控、资产运营等方面仍存在短板，呈现出大而不专、重投轻管、揽干分离、建营分离、收益欠佳等不利局面，原有分散发展、粗放经营、末端管控的发展方式已不能适应市场环境。

（二）落实企业定位聚焦主业发展

2020年，中铁交通结合“十四五”规划编制工作，提出实施战略转型的构想，打通“最后一公里”，即将之前投资、运营割裂开来的经营模式，转变为以打造“投建营”一体化高速公路产业集团作为发展目标，走主业聚焦、产业融合、专业发展的新道路。近年来，随着中国中铁改革投资公司、进行专业化整合，明确中铁交通“三中心一基地”定位，中铁交通迎来战略转型的新机遇。在战略转型目标的驱动下，中铁交通亟须加快改革步伐，提高核心竞争力，聚焦主责主业，以改革创新驱动高质量发展。

（三）为企业长期稳健发展奠定基础

在向“投建营”一体化高速公路产业集团战略转型过程中，中铁交通在高速公路投资运营转型的基础已深厚，但是转型的思路还是雏形，如何能够行稳致远，是摆在转型面前的一个重大课题。因此在战略转型中必须精准施策，把握好整体与部分的关系，处理好整体推进与重点突破的关系，按照总体布局，树立问题意识，扭住短板、断点、堵点，精准靶向发力，为企业长期稳健发展奠定坚实的基础。

二、以建设“投建营”一体化高速公路产业集团为目标的战略转型管理的主要做法

（一）分析优势劣势，明确转型目标

基于SWOT和KSF等分析研判，中铁交通提出要转变战略导向，由“项目思维”向“战略思维”“全局思维”转变，由“工程思维”向“投资思维”“商业思维”“运营思维”转变，由“产品思维”向“产业思维”“服务思维”转变。以三个转变为基础，中铁交通明确战略转型的总体目标：以建设“投建营”一体化高速公路产业集团为目标，推动企业高质量发展，企业经济实力大幅提升，走上稳定持续盈利轨道，发展质量位列中国中铁投资集团前列，成为差异化专业化实体化发展的高速公路产业集团，区域市场占有率稳步提升，产业布局更加优化，高速公路领域专业化优势更加凸显，投资创效和资

产运营水平明显提升，资产质量全面提高，治理体系运转高效，人力资源整体水平显著提高，科技赋能管理水平持续提升，企业品牌和形象更加优良，党建与生产经营深度融合，企业凝聚力显著增强，员工幸福指数和满意度全面提升。

（二）整合高速公路运营业务，形成规模化优势

聚焦高速公路主业，整合优势资源，在母公司中国中铁的支持下，对中国中铁全公司范围内高速公路项目运营业务进行整合，将中铁交通打造成为中国中铁高速公路运营业务专业管理中心。一是整合盘活资产。中铁交通自2009年开始不断接收整合运营中国中铁旗下的高速公路，2019年又通过资本运作，将旗下11条高速公路打包和招商公路合作，盘活了资产。中铁交通探索高速公路管理体系，提出“投建营”一体化战略思想，积累丰富的实战经验。二是开展运营委托。对暂不具备股权收购条件的高速公路项目公司采用“轻资产”模式开展运营委托，中铁交通与项目公司签订运营委托协议，承担运营业务，产权单位仍为中国中铁各二级公司。三是提前介入建设。对在建及待建高速公路项目，中铁交通向项目公司派驻运营管理人员，在工程设计、建设管理等关键阶段导入运营理念，提供咨询与服务工作。四是联合参与投标。对高速公路项目市场经营开发，中铁交通作为联合体成员参与项目投标，并在联合体协议上明确由中铁交通负责项目运营管理，中铁交通秉持“投建营”一体化理念，介入项目全生命周期各阶段管理。

（三）衔接延伸产业链，促进“投建营”一体化融合

按照全生命周期管理理念，以中铁交通为运营业务平台，穿透全程，协同赋能，保证项目在投资、建设与运营不同阶段的目标相互衔接，投资总体目标前后一致，达到投资预期，实现全价值链一体化。

1. 建立“投建营”一体化管理体系

践行项目全周期理念，注重产业链协同运作、无缝衔接、整体考虑、全盘推进。项目投资阶段通过选择好项目、设计好项目、运作好项目，把好投资项目源头质量关。建设期通过大力推行“4421”管理举措，即四个策划（前期策划、建设管理策划、运营限期策划、融资策划）、两个控制（控制投资、控制成本）、一个确保（确保安全质量），强化项目全周期管理策划和投资控制、成本管控，降低管理成本，提高管理效益。运营期推行“八化”管理（运营管理标准化、资源整合区域化、人力资源市场化、路产经营创新化、增收节支多样化、资产经营价值化、用工模式科学化、养护管理专业化），不断提升运营管理水平，实现高速公路从投资、建设再到运营的全周期策划管理，最大限度实现投资收益。

2. 建立大商务管理体系

中铁交通建立投资、建设、运营全周期贯通，经营开发、项目履约、成本管控、确权结算、考核激励各环节穿透的大商务管理体系。从时间轴上实现“投、融、建、营、退”的全生命周期贯通，从管理轴上实现“业、财、商、法、税”的全业务链条融合，从空间轴上实现“上中下”全管理界面穿透。以大商务建设为核心，坚持“一切工作到项目”原则，开发建立大商务云平台，从集团顶层宏观战略管控、资源管控到基层微观计量管理、物资管理；从宏观数据分析与决策到微观工作流激发，实现全面数字化赋能，充分激活大商务管理价值。

3. 探索延伸产业链

挖掘高速公路运营端的附加价值，融合产业链上下游业务，以内部产业链链长的思维，在服务好中国中铁范围内高速公路的同时，积极开源，开启“高速公路+”模式。一是探索产业链延伸方向。在高速公路运营价值链中寻求产业延伸，探索路衍、能源、养护、咨询、机电等产业的发展潜力，通过资源整合，形成全产业链成本优势和专业化优势。二是积极与行业头部企业对接寻求合作共赢，先后与中国石油、中国石化、浙商集团、中铁二院等行业一流企业深入探讨合作模式，促进相关产业链走上规模化、专业化道路，有利于统一标准、控制成本、创新技术、调配资源，强化市场竞争力。

（四）专业化发展，降本增效培育竞争优势

以运营思维推进投资开发、建设管理和运营维养等全周期全环节专业化管理水平，实现以专业换市场、以专业增效益、以专业促发展。

1. 投资经营专业化

一是统筹经营要素，形成市场“分进合击”之势。充分融入市场明晰投资方向、掌握蓝海地带、找准富油区域，以客户为核心，精研项目信息，提供全方位、一揽子、优于竞争对手的运作模式和实施方案。二是设立工作专班，发挥全产业链优势。制定营销专班管理办法，为重点项目成立工作专班，专人盯控、方案引路、专班跟进，压实责任分解目标，将设计单位、相关工程局一并纳入专班，充分发挥中国中铁全产业链优势。三是实施大数据策略，数字化赋能经营工作。利用商务云平台，搭建中铁交通营销管理看板系统，构建营销系统大数据、云平台，数字化赋能项目跟踪、投标进度、客户管理、市场研判等营销组织工作。

2. 建设管理专业化

推动建设管理专业化发展的核心是实施八大管理法则。一是“两阶段、深研判”的设计优化法则，抓好两阶段施工图设计。二是“好向导，在运营”的运营先导法则，坚持以运营思维推进投资开发、建设管理和运营维养等全周期全环节专业化管理水平。三是“重控制，不压制”的成本管理法则，防止不必要的成本发生，保证项目质量。四是“庙算胜，得算多”的项目策划法则，依法合规加快前期手续办理，加强新上项目目标策划，落实项目管理交底责任。五是“论胜负，看工期”的敏捷施工法则，进场快、施工优、抢抓路基施工黄金季、边坡支护及绿化工序同步施工。六是“主与辅，要同步”的同步部署法则，服务区加油站等房建工程同步设计、同步施工、同步开通运营。七是“立规矩、强遴选”的分包准入法则，精心选择施工单位及项目经理等关键人员。八是“勤调度、多协调”的施组优化理念，根据边界条件重大变化，及时优化施工组织设计、施工方案，适时调整资源配置。

3. 运营管理专业化

一是注重标准化建设。印发高速公路运营管理标准化指导手册，构建管理科学、流程优化、运作规范、监督有效的运营管理标准化体系，构建“组织结构统一、资源配置统一、薪酬制度统一、管理体系统一”的高速公路运营管理模式。二是注重流量营销。建立两个“圈层表”，即司机车主、后台车队、物流公司、重点企业等客户“圈层表”和平行线等竞争对手“圈层表”，有效打通客户链条，精准识别对手优劣，形成引流穿透力；绘制六张“施工图”，即车辆流量调查图、区域经济分析图、公路网络及车流路径分析图、沿线旅游资源分析图、沿线物流节点分析图、沿线路域资源分析图，按图作战，打通客户痛点、堵点。三是注重开发路衍经济。按照沿线路域资源分析图，系统梳理闲置站房、土地资源、管道线缆、桥下空间等资源，深挖服务区、出入口、匝道区、互通点等场地潜能，最大限度释放公路交通溢出效应，有效盘活存量资源。四是注重信息化建设。积极探索高速公路收费、养护、服务区等智慧管理，增加智能设施设备投入，建立运营管理数据库，构架“高速大脑”，打造“智慧高速”。五是注重品牌建设。打造“中铁高速通和”主品牌，及窗口服务、救援养护、服务区、旅购服务、物流接驳、路产开发相关的6个副品牌，打造具有中国中铁特色的行为识别系统，形成覆盖中国中铁高速公路的统一形象标识。

4. 成本管控专业化

一是把控投资成本。加强概预算管理，严格落实“方案优、概算足、预算紧”的管理理念，对投资项目工程概预算管理实现持续性、连贯性和程序性，项目在预算报行业部门前先经中铁交通本部审核通过，做足概算总价，确保资金来源能够覆盖投资、施工利润覆盖出资额。在项目前期筹备中，高度重视优化路线方案、调整设计结构，稳定线形线位，减少占用基本农田，征拆数量无大幅度增加，总体降低投资项目施工图预算总额。二是降低融资成本。严格按照投资进度进行融资，根据现场投资建设进度，投入资本金，确保资金随到随用，避免资本金闲置；利用政府金融支持政策享受贷款利率贴息。三是把控建设成本。结合项目特点和属地要求，超前组织，快速进场，有序推进，合理工期内科学安排施工顺序，尽早形成产值；统一梁场、钢筋加工场、项目驻地等大临、小临建设标准和规模，严控管理成本，严禁“高大上”的浪费；针对隧道、桥梁等控制性节点工程工期长、抢工难、工序复杂、安全风险高等特点，倒排工期，先行开工，确保整体工期可控；督促工程局科学、精准测算成本，过程中运用信息化手段，加强监管，及时分析，发布预警，避免因自身管理不到位而造成成本增加、项目亏损。四是降低运营成本。探索和推广“全生命周期＋数据化手段＋预防式维养”管养模式，延长养护周期和道路运行寿命，控制养护成本；贷款坚持长短结合、流固结合，积极研究贷款结构，调整贷款期限，开展高息借款置换，降低资金成本；建立 KPI＋OKR 双关考核，“一路一策”下达预算指标，实施费用包干、节约分成、超支惩罚的成本控制模式。

（五）“全过程”风险管控，开展一体化大监督

对投融资风险、现金流风险、债务风险、安全生产风险及合规风险等重点风险领域进行管控，不断完善风险识别、评估、控制、预警、化解和应急处置机制，建立“五打通”大监督格局，实现部门间共通共融、信息交互、无缝对接，提升一体化体系执行监督效能。

1. 控制核心风险领域

一是确保安全的现金流量。树立“现金为王”的理念，深度挖掘内部资金归集潜力、外部资金支持潜力、企业盈利潜力，蓄好资金池；树立“落袋为安”的强烈意识，将“双清”工作作为财务管理工作的主线，利用政策红利，寻找突破，全力拓宽回款渠道，做好清收清欠，及时回笼资金，加强“两金”压降，改善资产质量；实施“现金流自平衡”管理，保持项目建设期间业主支付资金与成本支出之间的现金收支平衡，实现竣工后经营性现金流量与利润匹配；加强资金流入流出管理，严防资金超付，实施全过程、全周期现金流管控。二是加强债务风险管控。通过线上建立融资、资产证券化、担保、资金集中等台账，完善债务风险防控监测预警和融资预算刚性约束机制，及时监测债务风险，严控融资规模，实现全级次风险动态监测预警和风险穿透管控，防范流动性风险。三是加强投资风险管控。通过多种途径不断提高投资项目可行性分析、管理、运营和评价的科学性，坚决贯彻公司“三大原则、八项注意”投资决策框架，严把项目论证决策，努力实现标前算赢。四是是严防依法合规风险。不断加强规章制度管理工作，坚持立改废释并举，提升企业依法合规经营管理能力，持续改进内部控制建设与执行工作；严格落实“无预算不得支付、无合同不得支付、超预算不得支付”规定，实现全业务板块合同上线率100%，法律审核100%。五是严格防范安全生产风险。刚性落实新时期安全生产“2468”管理要点和“铁腕治安全硬十条”，深刻汲取内外部重大安全事故、生态环保事件等风险教训，坚决遏制事故频发不利态势，牢牢守住安全环保红线。

2. 建立一体化大监督机制

融合重大风险防控、依法合规管理、内控流程执行、纪检监督与审计评价监督五大效能，统筹推进风险管理、内部控制、合规管理、纪检监督、审计管理一体化建设，打破业务壁垒，深化五项管理体系，逐步构建起中铁交通特色风险、内控、合规、纪检、审计的“五打通”大监督工作机制。一是梳理合规风险点，搭建合规风险库。从管理制度和业务流程等方面，定期梳理部门内控法律合规风险点，搭建、更新集团公司合规风险库，对集中合规风险及重大合规风险进行评估，分门别类制定防控和处置措施。二是开展内控流程再造，建立企业风险矩阵。各职能部门结合风险排查、合规检查结果，编制重点岗位合规职责清单，完善内控管理手册，将内控风险合规管理要求嵌入公司各项重点业务流程。三是加强纪检审计监察，形成信息联动督导。把“合规建设”“反面警示教育”等合规元素融入政治监督、

日常监督、内部巡察，对问题按照规定追责问责。四是搭建风险控制信息化平台。运用自有云平台“交道云”搭建“五打通”大监督一体化贯通信息化流程，实现五项职能体制协同、体系协同、机制协同、成果协同，形成上下互通、横向联动的信息共享局面。

（六）完善配套机制，强化组织保障

1. 搭建科学合理的组织架构

一是优化本部机构设置。将各部门按照职能管理系统、投建营管理系统、监督保障系统进行分类，新增商务管理部，根据新的业务模块对部门职责进行重新调整。二是优化区域经营机构。结合中国中铁对区域总部的调整，对广西总部、湖南总部、江西总部的职能进行调整，充分发挥各公司属地企业优势。三是建立运营管理组织管理架构。本着节约运营成本，便于协调管理，高效运转的大商务原则，设置西南、西部、东部、北方、西北、华南共6家运营中心，同步对各高速公路项目设置17个运营管理处，搭建“集团总部直管、运营中心片区管、运营管理处具体管”的三级管理架构，采用“1+N”模式配置运营中心领导班子，采取“一项目一核定”方式核定编制。

2. 培育精干高效的组织团队

一是从严从实加强领导班子建设。不断调整优化领导干部队伍，对领导班子成员实行任期制和契约化管理，提升两级领导班子活力。二是加大年轻干部培养力度。开展管理岗位公开竞聘，推进专业技术干部岗位晋级，实施年轻干部挂职交流，建立岗位牵引、复合多向的干部培养机制。三是加强六支人才队伍建设。以大商务培训为主线，创建“投建营”微课知识库，组织“六支人才队伍建设”线上专题培训，为企业提供坚实的人才支撑和智力支持。四是大力引进紧缺人才。通过引进高校毕业，招聘新兴领域、关键岗位紧缺人才，企业人员年龄、专业结构得到进一步优化。

3. 重构服务转型的企业文化

建立“四通八达”为核心的企业文化体系。“四通”作为文化核心价值理念，主要包含“交运天下，通达未来”的企业愿景，“致力于成就客户和员工，连通美好生活”的企业价值，“精简、敏捷、通力创造”的企业精神和“融通赋能，做实投资价值”企业战略。“八达”作为文化执行理念，主要包含“党建是企业工作的重要法宝”的党建理念，“帮助客户做出明智的选择”的经营理念，“沟通、协同、简约、务实”的管理理念，“让科技创新融入企业抱负”的科技理念，“质量和环保是人品和未来的象征”的质量理念，“只有不足，没有满足”的服务理念，“人人是人才，关键在发挥”的人才理念及“遵章守纪、依法合规、廉洁自律”的风控理念。

4. 建立高效协同的组织体系

一是建立定期沟通协调机制。实行交班会议制度，按月组织交班会，公司领导、高管及各部门正副职出席，重点研究布置公司商务、投资、运营、财务管理等工作开展情况及需协调解决的事项。二是实行重要事项督查督办。建立重点收文任务清单，明确办理部门、任务要求、时限要求，做到任务台账的闭环管理。三是以数字化升级促进组织协同。构建“投建营”一体化数字云平台，即中铁交通“交道云”管理平台，主要包括“党建云”“投资云”“建设云”“运营云”四朵专业云和“安质树”“人力树”“财务树”等八棵保障树，涵盖中铁交通所有业务场景。通过平台建设逐步实现全集团范围的数据构建，打造真正贯通的数据底座，通过数字化升级改变过去业务人员组织紧密程度不足，业务工作协同配合不够等问题，实现人员的业务数字化能力提升，业务能力和水平提升，协同工作方式更流畅，监控监督更透明，消除组织间业务间隔。

5. 建立科学精准的考核分配体系

一是建立全员全覆盖的考核体系。以企业年度目标为导向，层层分解落实考核指标，形成“所属企业—主要负责人—分管领导—部门—员工”的全员全覆盖考核指标分解体系，实现领导人员任期制契约化考核全覆盖，机关及基层单位部门、员工绩效目标考核全覆盖，形成责任落实和压力传递的有效机制，突出价值贡献和结果导向，实现考核指标定量化、标准统一化、程序简单化、结果公平化。二是深化收入分配制度改革。修订绩效工资挂钩浮动内容，增加月度、季度考核，加大业绩考核与浮动工资挂钩力度，动态调整月绩效工资发放比例，进一步拉开薪酬差距，有效推动员工收入能增能减，引导薪酬收入向基层单位、关键岗位、业绩优秀者倾斜。

三、以建设“投建营”一体化高速公路产业集团为目标的战略转型管理效果

（一）构建一体化管理机制

投建营一体化管理体系将运营思维带入可研、初设、施工图、建设等项目各个阶段，真正实现高速公路“投建营”全生命周期管理，从源头提升投资项目质量。建立了投资、建设、运营全周期贯通，经营开发、项目履约、成本管控、确权结算、考核激励各环节穿透的大商务管理体系，统筹、策划、联动的算计能力显著增强，创效水平显著提高，做到优承揽，强建管，重运营，细算账，足应收，巧激励，重协同。经营性净现金流保持为正，有效确保企业经济稳定。内控体系和内部审计各项工作为企业效益提升、价值创造提供优质保障，全面风险管理、合规管理和依法治企能力不断提升，有效应对投资风险、资金风险、安全质量风险和廉洁腐败风险等重大风险，为企业改革发展营造了良好环境，确保了国有资产保值增值。

（二）业务规模长足发展

通过实施“投建营”一体化战略，形成以高速公路产业为核心、基础设施和轨道交通为两翼的投资、建设、运营产业链集群，业务地域从原来的 3 个省发展到现在遍布广西、湖南、江西、北京等 17 个省、自治区、直辖市。运营管理高速公路从 2019 年的 13 条发展至现在的 19 条，运营总里程超过 3000 千米，同时在投在建 11 条高速公路，总投资 1541 亿元，建设里程 1024 千米。城市基础设施建设板块以 BT、PPP 及总承包模式投资建设市政项目从原来的 10 余个项目发展至目前的 31 个项目，总投资约 617 亿元。城市轨道交通及铁路板块发展至总建安费约 300 亿元规模。从高速公路市场到市政、轨道交通，从省内市场到国内市场，企业自我积累实现了多元化，发展内涵不断集聚。

（三）降本增效成果显著

中铁交通自投自建的高速公路项目在实施“投建营”一体化战略后，成本控制成效显著，设计优化成果突出，通过整体策划，南横项目批复施工图预算较批复概算减少 12.21 亿元，湖南炉慈桑龙高速项目建安费较预算减少 1.14 亿元。资金成本显著降低，中铁交通本部和南横项目公司积极利用广西区政府“桂惠贷”优惠政策，直接享受 200BP 贴息；汕揭公司新增置换交行高息贷款 17 亿元，利率降低 40BP；集团所属子公司和参股公司用好用活增值税留抵退税政策，收到留抵退税款合计 13.62 亿元，有效弥补了项目建设资金缺口。近 3 年来，中铁交通各项经济指标保持高位增长势头，新签合同额年平均超过 440 亿元，其中 2022 年上半年，中铁交通年度完成新签合同额 409.47 亿元，提前超额完成 390 亿元的年度任务；资产规模年平均增长超过 100 亿元，资产负债率始终控制在 70% 以内；营业收入及利润呈增长态势，收入规模年平均超过 160 亿元，营业收入利润率年均增长超 2%；自运营高速公路通行费同比增长 58%，流量经营和差异化思路有效促进收入显著增长；经营性净现金流每年保持正流向，平均每年超过 25 亿元；全员劳动生产率不断提升，从 2019 年 174 万元/人到 2021 年提升至 314 万元/人。

（成果创造人：谭世俊、李建光、刘进友、陈　戈、罗　波、
林玮鹏、王　画、王　敏、刘正强、胡　宁）

纺织装备制造企业基于智能制造的个性化定制服务管理

江苏鹰游纺机有限公司

连云港鹰游纺机集团（以下简称鹰游集团）是以装备制造、纺织品、碳纤维及碳纤维复合材料制品相结合的综合性企业集团，有着60多年的发展历史，是全国纺织后整理设备制造行业的领军企业，建有国际领先的闪染免水洗生产线，已建成我国首个万吨碳纤维基地。现拥有十多家分公司、近5000名职工，其中高技能人才占比达55%。江苏鹰游纺机有限公司（以下简称鹰游纺机）是鹰游集团全资子公司，是国家高新技术企业、国家专精特新“小巨人”企业、纺织行业“专精特新”中小企业、纺织行业绒类织物染整装备技术创新中心、江苏省高性能纤维机械工程技术研究中心、江苏省认定企业技术中心、江苏省博士后科研工作站、江苏省管理创新优秀企业等。鹰游纺机注重科研及新产品开发，已形成起毛、烫光、剪毛、刷毛、磨毛、印花、拉幅定型、特种整理设备、合成皮革设备、碳纤维设备十大系列100余种产品，部分产品填补了国内空白。2018年，与中复神鹰碳纤维公司联合开发的“干喷湿纺千吨级高强/百吨级中模碳纤维产业化关键技术及应用项目”荣获“国家科技进步一等奖”。2021年，自主研发的“涤纶绒类织物连续式免水洗染色成套装备”项目经中国纺织工业联合会鉴定，达到国际先进水平。

一、纺织装备制造企业基于智能制造的个性化定制服务管理背景

（一）适应纺织行业个性化发展趋势的需要

纺织机械是纺织工业的生产手段和物质基础，其技术水平、质量和制造成本，直接关系到纺织工业的发展。纺织行业对高质、高效、节能环保纺织机械设备的需求持续增长，而市场供给单一，不仅使用进口设备采购价格高，售后服务的费用高昂及时间的不及时也对企业的生产经营形成了制约。面对成本上升不可逆转，人工、税费、材料、土地等因素，低成本不复存在，只有不断进行技术创新升级、提升产品附加值才是未来的出路。纺织行业高品质服务需求越来越大，企业意识到装备制造业的发展需要现代服务业的有效供给，而这种供给也为装备制造业的创造力和竞争力提供了持续的保障。

（二）打造“专精特新”企业的迫切需要

党的十九大明确了我国经济发展已由高速增长阶段转向高质量发展阶段，企业面对的外部发展环境和增长的要素条件发生了重要变化，高速增长转向质量与速度并重，更加注重质量。企业的发展方向直接指向把创新作为引领发展的第一动力，而“专精特新”企业的灵魂就是创新，坚持把科技创新和管理创新摆在突出位置、融入生产经营的各环节和各项工作谋划。“专精特新”的发展要求企业必须彻底摒弃一味以规模扩张来降低成本、获取利润的方式，把更多的力量放在提高质量、适应需求方不断变化、具备个性的要求方面。企业坚持“专精特新”的模式，更加有利于企业由单纯生产型向服务型制造转变，以专业、精细的服务延长制造链条，获取更大的发展空间。

（三）提高企业市场竞争力的内在需要

当今，国内国外各类纺织机械企业同台竞技，竞争异常激烈。意大利的高密、克劳斯特，德国的祖克米勒等国际品牌因为成本增加等因素已经逐渐退出了中国市场。自动化程度高、节能环保的个性化高端纺织机械设备在我国仍有着巨大的需求。目前我国纺织机械行业仍然以中小企业为主，且绝大多数是单纯的制造型企业。国内的纺织机械制造商的传统供应模式已经远远不能满足市场的需求，所以急需开展服务型的纺织后整理生产线来满足市场需求。因此，将单纯的制造型企业转变为研发创新型的制造企

业、服务型制造企业，是整个行业能够实现转型升级的根本所在。

二、纺织装备制造企业基于智能制造的个性化定制服务管理主要做法

(一) 明确战略转型目标

纺织行业曾经是劳动密集型的代表行业，而随着设备、工艺、面料的不断更新换代，该行业发展到今天，已经是机械与电气自动化、数字化及智能化相互融合技术行业。鹰游纺机作为纺织高端装备制造企业，逐步由传统制造向定制化服务转变。从客户的需求出发，定制化的订单在销售业绩中占比逐年升高，定制化的内容也不单仅仅是设备本身，覆盖了厂房规划、设备安装、调试、生产、维护保养及后续升级等方面，定制化服务主要从以下几个方面着手。基于智能升级的个性化定制服务管理体系框架如图1所示。

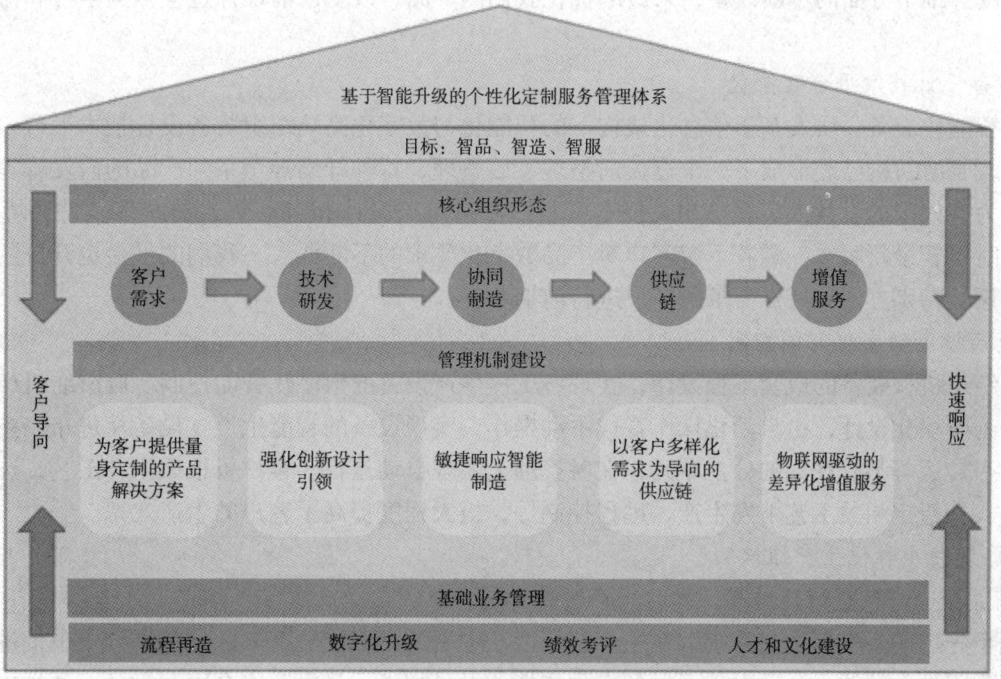

图1　基于智能升级的个性化定制服务管理体系框架

技术研发智能化。由于核心客户的需求趋于个性化，企业要改变传统的单一设计策略，利用计算机技术和信息技术，以需求为导向，早期介入，占据主动优势，利用新、老技术对客户的需求进行分解，并根据行业发展趋势，赋予产品更多的智能化，让客户的个性化能够得以实现。作为产品的源头，技术研发部门决定了设备的定位，设备要创新，思想同样要不断进步，只有让设计人员充分理解个性化的需求，才能在最终客户使用时落地。

生产制造均衡化。鹰游纺机经过不断摸索，利用信息化生产手段，实现规模化生产与定制化生产两种模式。做到将订单分解到两种生产环境中，既保证了批量主件的精益生产，亦能将定制化零部件柔性加工，保质、保量、按期完成。

供应链体系全面化。从产业链上下游企业间的生产关系向各类主体网络化协同配合转变，改变以往的计划生产模式，对企业内外资源进行重组，尤其在如今小批量定制化产品已经成为常态，更是要对内外供应链做好协同工作，对上下游供应单位的产能和物流配送进行规划，以快速响应客户的个性化需求。

增值服务多样化。鹰游纺机以生产要素为基础，以客户定制化需求为导向，创新服务模式，在更大范围整合技术、生产、供应链等，为客户提供更加系统、更加专业的“产品＋服务”，打造市场竞争新优势。

（二）提升个性化设计能力

1. 开发适销对路新产品

以新技术、新工艺、新材料的广泛应用为切入点，积极开发适销对路的新产品并对传统产品进行升级改造。鹰游纺机将企业的全部系列产品归纳进信息化系统平台，做到产品从高速、高效、环保及智能化等方向，有效运用新技术、新工艺、新材料来保证设计要求。设计人员根据已有技术的发展方向和市场使用情况，每年推出新产品，通过不断的量变，例如，车速的提升、加工周期的缩短，数据采集和在线分析准度等细节方面的不断改善，来最终优化我们的产品，改变以前设计过程多为学习和仿造的被动局面。

2. 装备设计技术平台智能化

开发智能化装备，研发基于信息化架构下的智能化与数字化高端纺织装备设计技术平台。通过近十年的发展，鹰游纺机已经形成了一个覆盖前整理、后整理、特种纤维等全系列产品的研发管理平台。该平台能够为有权限的设计人员提供相关技术资料，支持机械设计和自动化人员在多软件环境中信息交互，并实时更新最新版本。随着下游客户对产品数字化要求的不断深入，我们的平台也开放测试了多种协议的接口，特别方便有特殊需求的客户进行前期验证。

3. 生产设备数字化智能控制

开展纺织机械装备的成套工程设计，实现各工序生产设备的数字化智能控制。鹰游纺机产品基本实现了设备的模块化设计，由自动化操作替代手动操作，实现设备的智能生产。设备从进布→主机运行工艺→出布→转运等都有独立的分控单元，在触摸屏上实现自动运行。客户可根据生产工艺，选择相关的程序文件，并指定相关工艺下发生产、远程控制等，极大程度提高了客户的生产效率。

（三）实施个性化生产组织

1. 精益生产与敏捷制造结合，推动生产制造过程升级

依托于先进的生产信息化系统，在生产组织活动中鹰游纺机能够有效区分销售订单中批量生产的零件和定制化零件。精益生产针对前者做到有预测性的批量加工，且设有安全库存管理，通过协调内部加工和外协单位的有序生产，保证生产效率和质量，做到均衡化生产调度和降低系统运行成本；敏捷制造则是将订单中的离散型定制化零件，在系统运算环节留有15%的产能用于快速响应，通常以功能性加工小组为单位，由系统分配，其他组织如外协、供应部门进行柔性辅助，保证交货期。精益生产与敏捷制造相结合的生产模式彻底解决了以往生产每天都在抢急件，生产主管都在排急件而最终装配发机环节永远在等急件的不良生产模式。

2. 智能化物流仓储，助力生产、装配发机有序完成

仓库作为纽带环节，可以协助生产部门制订出更合理的生产计划，更高效地提升作业调度，完成最终的发机任务。鹰游纺机智能化物流仓储存取了大量的表格，如货位明细表、出入库信息登记表、采购计划表，库存量档案、运行记录等。ERP系统在进行MRP运算时，会自动扣除已有库存，并提醒安全库存剩余数量，协调生产科出具生产计划表和采购计划表。各级加工车间在组织生产时，通过现场仓库的调拨，及时将零件周转信息发往调度中心，由系统安排配送。最终在成品组装环节，完全采用配送制度，改变了以往由发机人员去领料出现的缺件及效率低等问题。特别是在定制化服务订单中，很多定制化的零部件在进入最终装配前，已经提前组装完并存入装配现场仓库。这种对现场仓库的运用，可以减轻主仓库的物资周转周期，做到随到随发，现场配送也更方便，效率也有了很大提升。

3. 控制系统间兼容互联，产品组合能力进一步提升

鹰游纺机实现在印染装备之间、装备到控制系统之间存在物理上和协议上兼容的连接线路，信息语义能够相互理解，该技术有别于传统的单机组装模式，现在大部分订单需要联机测试，能够进行端到端的数据交换，实现真正的互联互通，实现设备的多种组合。如，印染定型机采用的台达操作系统，而后整理烫光机采用的是西门子控制系统，两个系统需要采用统一的 OPCUA，在这个统一架构下进行数据互通，并实现一定的互操作，如一键启停和故障停车。

(四) 细化市场，打造以客户为导向的供应链体系

鹰游纺机通过细分客户市场，准确把握客户面料需求风格，对内、外资源的有效整合和计划，组成企业供应链，并组织供应链上各企业之间的协同，快速响应客户瞬息万变的个性化需求，在一定程度上进行离散标准化，形成标准化产品组件及针对定制化的功能性配件。

1. 完善客户需求大数据平台建设

细化市场供应链，有效引导客户。通过每年的年中与年度市场分析，鹰游纺机已经对客户所在区域形成了分布地图，并标记了各区域的特色面料和代表企业，每年都要对这些颜色区域进行微调整，尤其在现如今染整企业都是在工业园或者开发区，规模化比较突出，特别容易在客户中形成跟风采购，各区域经理人都是平台网络建设的织网人，他们提供了整个市场的需求信息，也形成了各个区域的特色设备需求。

供应链是连接企业和顾客的桥梁，鹰游纺机通过供应链协同预测机制，加强消费需求预测，通过网络定期推送给客户。结合各个园区的政策要求，通过预测，不但可以了解和把握未来市场的需求变化，还可以揭示和描述市场需求的变动趋势，与客户共同勾画未来市场需求发展的轮廓，并能对市场需求发展可能出现的种种情况——有利的方面和不利的方面、成功的机会和失败的风险，进行全面的、系统的分析和预警，从而为个性定制化提供目标和方向。

2. 有效整合企业内部资源

提高企业内部资源的利用效率和整体动作水平，夯实个性化定制的基础。鹰游纺机充分整合内部资源，从流程优化、提高效率角度出发，把企业内部彼此相关但却彼此分离的职能加以整合，取得 1 + 1 > 2 的效果。从销售管理系统（CRM）开始，连接设计开发平台，下发到生产管理计划（ERP），将供应、营销、服务等环节有效串连，实现对人力、财力、物力和技术等资源的协调，特别做好以下两个方面的工作。

一是加强对组织结构和企业员工的整合与重构，使组织结构和员工技能柔性化。为了适应定制化生产的需要，定期开展生产会议、质量分析会议、企业管理运营会议，旨在宣传对客户订单保持高度的敏感，并使他们的个性化需求得到迅速满足，不断强化反应迅速的组织体系，以流程代替纸质文件，尽量减少管理层次，缩短信息沟通渠道，并增加一线管理人员的能力和权力。在员工队伍的培养上，改变了以往那种过分专业化的分工，通过开展交叉培训，鼓励员工掌握多种技能，员工也有机会轮岗或者被安排到不同的岗位工作，以提高其应变能力和解决问题的能力。

二是对现有产品进行合理化调整，共用部分通用化，定制部分功能化向模块化转变。合并、淘汰多余的零部件或功能相近的产品，减少仓库供应链成本，提高物流效率，多样化并不等于个性化。个性化定制就是要高效完成，不能因产品个性化而导致额外的成本和时间延迟。在此基础上建立起外部协作关系和企业联盟，通过供应链来实现定制化服务。

3. 优化推—拉式供应链，强化制造能力

大规模定制化是以供应链为基础的，供应链通常分为推动式和拉动式两种。推式供应链要求我们本身要能够对顾客需求预测进行生产；而拉式供应链是指企业根据订单进行生产。

在推动阶段，鹰游纺机根据市场需求预测生产订单量，协同供应商，大规模生产半成品或通用化模块，获得大量生产的规模效应；在订单执行的拉动阶段，根据订单需要，再将各种模块进行有效组合，或将通用化的半成品根据要求进行进一步加工，以满足个性化需求。

以延迟制造作为定制化服务的实现手段，一是增加了最终产品的功能，能更好地满足顾客的个性化需求；二是缩短了交货期，提高了快速反应能力；三是降低了不确定性，减少了产销不对路带来的存货跌价损失，有利于提高企业的经济效益，降低资金风险。

（五）开展多样化增值服务

增值服务，就是将客户需要的非核心技术、产品或服务利用我们自己的方式予以交付使用，以创造更高的价值。增值服务的本质在于“差异”，即能够提供满足客户的个性化定制要求，而别人无法提供或短时间提供不了，这样使得企业在整个订单投标或执行时更具有竞争力，关键点在于“拥有垄断有质的差异”，以客户增值体验为中心，为客户提供产品全生命周期的服务

1. 以 IT 服务为实现手段，提升增值服务

引导以客户增值体验为中心。现在的设备在硬件上大都有一个或多个智能核心的 PLC，通过它，可以获得设备使用时的各种数据，如产品性能动态数据、累计产量、工作时间、工艺结构、使用习惯数据等。通过在线监测或实地回访，在大数据、人工智能等数字技术的赋能下，将这些数据转化为信息或知识，辅助改进产品性能或根据用户偏好推送信息、优化使用体验，来支撑对新业态新模式的探索。

数字化销售平台发挥的是汇聚数据的作用，平台承载的用户越多、接入的智能硬件越多，采集的数据量越大，通过大数据分析形成的信息和知识越有价值，提供的增值服务就会吸引更多的用户，由此形成一个良性循环。目前，鹰游纺机已经完成对常熟法兰绒面料市场、绍兴短绒面料市场、义乌毛毯面料市场、宁波毛皮面料市场，以及广东部分针织面料市场的数据监测网络。在这些区域内，每家客户的要求都会最终以数据、信息和知识内容数字化存储在销售平台中。

以涤纶绒类免水洗成套装备为例，设备研发人员通过数字化平台对接客户现场设备，与现场工艺工程师、染化料专家及客户共同生产、不断调试改进，最终优化成最终的生产线装备，该生产线包括坯布预处理设备、“闪染”机组、预烘干机、烘固机组。与以往的热熔生产线或染缸生产线相比，该生产过程自动化程度高，全线智能化控制，操作简单，水耗降低 90% 以上，人员降至 2 人/线，大大地提高了生产效率，同时该生产线解决了涤纶绒类织物传统缸染或者热熔染色带来的“三高”问题，推进印染织物染色的节能减排、智能制造，实现了清洁生产，为印染行业节能减排和可持续高质量发展提供示范。涤纶绒类免水洗成套装备在 2021 年经中国纺织工业联合会鉴定为国内领先。

2. 利用工业物联网和人工智能技术包装产品，提供增值服务

鹰游纺机利用工业物联网和人工智能技术，发展具有感知、分析、推理、决策和控制功能的智能化装备，从而为下游垂直应用领域提供智能检测检修和预测性维护保养服务，帮助客户实时了解设备运行状态，及时备品备件。比如在多台设备联机生产线中，优化了联机传感器的感知范围，从原来的只能检测浅色面料，发展到现在的除纯黑色面料的多色系面料；在设备关键轴承加油保养的面板中，加入了间隔保养记录，提醒客户周期性加油；在程序中提供多种协议的接口，可以为更多客户提供额外的联机服务。

自新冠疫情开始，我们强化了在特殊危险环境下提供无人值守的远程操控服务，特别是海外客户，自 2020 年起，在南非、埃及、巴基斯坦、印度等客户现场开通远程操控调试，而客户只需按照安装操作手册，即可快速上手，大幅减少了安装周期和差旅费用，而培训也改为线上培训。

3. 细化专业服务类型，做好全流程服务

（1）提供无偿增值服务。鹰游纺机为客户提供免费安装调试服务；为客户免费提供培训服务，包

括设备集聚区集中培训和现场技术培训等；对有需求的客户提供采购服务与咨询服务，做好前期规划。根据客户需求定制生产线组合单元设备和设备的个性化定制，并且设备交付中的验收合作；设备交付后的使用现场安装或技术指导、调试运行、可靠性运行；其他交付售后服务包括设备的日常维护、项目维修、大修、周期性维护及备件供应更新。运行期间鹰游纺机服务团队保证产品在运行过程中的维护、检修，保证产品正常运行所需要的备件及配件材料。

（2）提供有偿增值服务。鹰游纺机有偿为客户提供定制服务，做好机器设备的跟踪维修工作，提供相应的定制服务、改造服务、维护与技术支持、工艺服务，根据服务类型的不同，收取相应的费用。专业服务类型如图 2 所示。

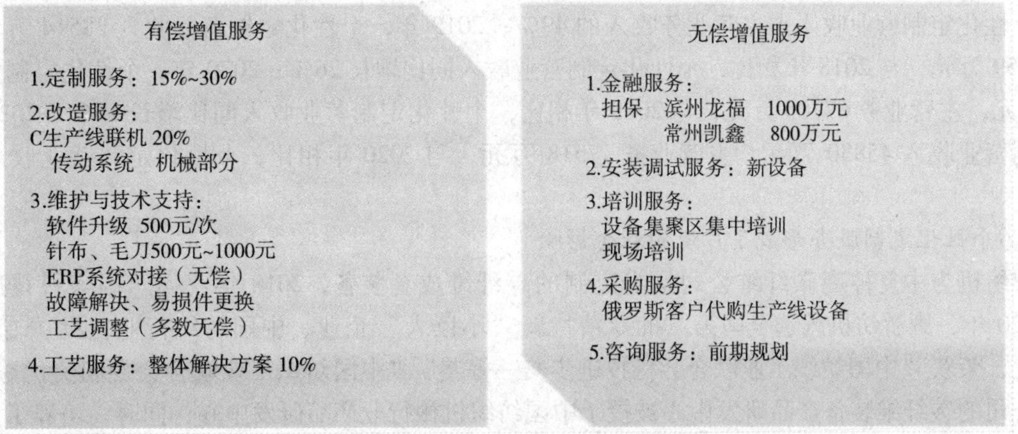

图2　专业服务类型

（六）打造知识型人才队伍

1. 引进高端人才，壮大专业人才队伍

人才是企业发展的关键，鹰游纺机制定并不断优化招人、育人、用人、留人的人才制度，规范人力资源管理，建立人才库和储备干部库，出台职称和技能等级评聘办法，畅通各类人才的成长通道。先后与武汉理工大学、东华大学、江南大学及连云港本地院校建立产学研合作关系，着力创新技术的产业化。在产学研合作中加强人才建设，多方位引进高层次管理、技术人才。先后引进江苏省高层次创新人才 2 人，江苏省“333 高层次人才培养工程”首批中青年科学技术带头人 6 人，与东华大学联合培养博”士后 2 人，形成一支以 2 名享受国务院特殊津贴专家以及有突出贡献的国家级专家为核心、以 78 名具有中高级技术职称的人员为骨干的科技人才团队。

2. 加强员工培训，培养技能工匠队伍

鹰游纺机建立复合型人才培养及激励机制，鼓励多技能复合型发展，对参加高级工、技师、高级技师培训并取得职业资格证书的员工，按地方政策申请补贴。开展“精一会二学三”活动，产业工人每取得一个现职外第二技能职业资格证书给予一定奖励。鼓励产业工人自主学习提升，取得大学本科及以上学历者给予一次性奖励。建立师带徒机制，徒弟技能得到提升的，对师傅进行奖励。

3. 考核评价激励，发挥员工积极性和创造力

鹰游纺机为各类人才提供发展空间，启动“职工职级薪酬改革”项目为鹰游纺机职业生涯管理的体系化、规范化提供良好的基础。为配套职级体系，将薪酬实行岗位工资、计件工资、绩效工资、项目兑现、年薪工资、协议工资等，做到每日工资上墙，基本薪酬透明化，增强了基本薪酬的激励性、公平性，并引导员工成长，促进人才合理流动，体现企业人文关怀，提高员工满意度。

三、纺织装备制造企业基于智能制造的个性化定制服务管理效果

（一）个性化定制满足了客户多样化需求

项目实施以来，鹰游纺机根据客户个性化需求，开发适合多种工艺路线的设备生产线，实现了织物从坯布到成品的绿色、低碳生产。设计全新的多品种自动化联机生产线，提高了绒类面料的生产效率，降低了生产成本；全新的自动化高效生产线包含定型、烘固一体机、起毛、烫光、高刷等设备，客户可根据相应的工艺进行组合，联机设备可以存储工艺，方便客户进行智能化管理。

（二）个性化定制专业服务稳步提升企业经济实力

个性化定制服务型纺织后整理设备的成功实施，使鹰游纺机每年的营业收入稳步提升，有效提升了企业经济实力，扩大经济总量。2018 年，个性化定制累计实现营业收入 22611 万元，主营业务 45887 万元，个性化定制营业收入占主营业务收入的 49%；2019 年，个性化定制营业收入 28514 万元，主营业务 52459 万元，与 2018 年相比，个性化定制营业收入同比增长 26%；2020 年，个性化定制营业收入 32696 万元，主营业务 67705 万元，与 2019 年相比，个性化定制营业收入同比增长 15%；2021 年，个性化定制营业收入 45830 万元，主营业务 77518 万元，与 2020 年相比，个性化定制营业收入同比增长 40%。

（三）个性化定制服务形成了广泛的社会影响

鹰游纺机为中复神鹰碳纤维公司量身定制的碳纤维成套装备，2018 年获得“国家科技进步一等奖”。2020 年，鹰游纺机入选全国第二批专精特新“小巨人”企业、中国纺织行业首批“专精特新”中小企业，荣获“中国纺织工业联合会科技进步奖一等奖”“中国纺织工业联合会专利奖优秀奖”，鹰游纺机公司的碳纤维装备产品研发中心被授予中国纺织机械行业产品研发中心；同时，培养了大批专业化服务人才团队，为在国内市场创新推广个性化定制专业服务商业模式打好基础。

个性化定制服务型制造的纺织后整理设备的产业化及高性能碳纤维成套装备的贴身定制，将大大提高我国纺织后整理设备及高性能碳纤维装备的专业化生产水平，有效促进我国纺织业自动化、信息化、智能化的提升，有利于提高我国纺织后整理设备在国际市场上的竞争力，对于开拓纺织后整理设备市场的新领域、保障战略性新型材料应用具有广泛而深远的意义。

（成果创造人：张斯纬、葛海涛、刘　燕、王赛虎、毕　雪、赵　菲、董　越、夏文静、仲丽平、周振利、涂丽虹、柏　睿）

装备制造企业促进转型升级的战略优化管理

山东能源重型装备制造集团有限责任公司

山东能源重型装备制造集团有限责任公司（以下简称山能重装），是世界500强企业山东能源集团的二级企业，是山东能源集团“六大主体产业”之一高端装备制造产业的重要承载企业，是国有大型煤机装备制造企业。山能重装于2014年12月成立，总部位于山东省泰安市高新区，注册资金49.2亿元，员工人数6531人，拥有山东省内新汶、宁阳、泰安、枣庄、莱芜5个集群化工业园区和内蒙古再制造工业园区，拥有9家省级企业技术中心、7家高新技术企业、2家山东省技术示范企业，与10余所高校、科研院所、研究机构建立产学研合作关系，具备研发支撑基础，在煤炭生产价值链采、掘、机、运、提、洗、装等环节形成成套化生产能力，煤机装备维修及再制造优势突出，拥有国内外100余项专利技术，掌握再制造核心技术激光熔覆，年产能达3万平方米，快速定量装车站、立式压滤机等非煤优势产品市场竞争力较强，2021年实现营业收入115亿元，居中国煤炭机械工业50强第2位。

一、装备制造企业促进转型升级的战略优化管理背景

（一）落实制造强国战略的客观要求

党的十八大以来，党中央高度重视制造业发展，强调把制造业高质量发展作为构建现代化产业体系的关键环节，做实做优做强制造业，推动我国从“制造大国”向“制造强国”迈进。国家“十四五”规划提出实施制造强国战略，实施“强基、强链、升级、降本”，推动制造业高质量发展。山东省将高端装备制造产业纳入新旧动能转换“十强产业”，全力落实扶持政策，着力增强制造业核心竞争力。山东能源集团把高端装备制造产业作为重点培育的战略新兴产业，紧跟工业4.0和中国制造2025发展方向，突破关键技术与核心部件，加快重大装备与系统的研发、应用和产业化，打造世界一流的高端装备制造产业集群。山能重装作为山东能源集团高端装备制造产业的重要承载企业，立足促进转型升级推进战略优化管理，从根本上看是落实制造强国战略的客观要求。

（二）落实集团战略转型发展的客观要求

山东能源集团是山东省委、省政府认真贯彻做强做优做大国有企业的指示精神，组建成立的大型能源企业集团，以矿业、高端化工、电力、新能源新材料、高端装备制造、现代物流贸易为主导产业。煤炭产业拥有116个生产矿井及基建矿井，国内外产能3.4亿吨/年，产量居全国煤炭行业第3位。顺应“碳达峰、碳中和”战略要求，落实保障能源安全、优化能源布局、优化能源结构的主体责任，建设安全、高效、绿色、智能“四型矿井”，实现打造清洁能源供应商和世界一流企业的目标，高端装备制造是重要支撑之一，对作为山东能源高端装备制造产业平台的山能重装提出更高的期望。

（三）实现企业高质量发展的客观要求

实现高质量发展，是国有企业必须落实的经济责任。经过多年发展，山能重装积累了一定的发展基础，但是进入发展新阶段，企业战略不够清晰，产业布局分散杂乱，市场竞争和盈利能力较差；管控体系不合理，人员结构性矛盾突出；科研能力薄弱，高端人才匮乏等制约企业发展的短板和痛点充分显现，企业发展质量不高。立足企业现状和面临形势，发展什么、不发展什么、怎么发展，成为必须面临的首要问题。为此，从促进转型升级的高度，明确总体思路、遵循原则、

产业布局、发展路径、发展目标、保障措施等，推进战略优化管理，是企业实现高质量发展，落实经济责任、满足客户、组织和职工期盼的客观要求。

二、装备制造企业促进转型升级的战略优化管理主要做法

（一）确立战略优化的总体思路

坚持“问题导向、实事求是”“强内固基、内外协同”“上下联动、重点突破”“依法合规、积极稳妥”四大原则，抓住产业产品优化整合和体制机制颠覆变革两条主线，坚持优化存量、培育增量，实施全方位、颠覆式战略优化，加快内部改革重组和布局优化，建立健全权责清晰、精简高效、运转规范的管控体系和活力迸发的市场化、精益化运行机制，推动业务整合、产品优化、组织重构、质量提升、机制变革等重点领域和关键环节快速实现转型升级。坚持以优化整合为基础，聚焦煤机装备制造、装备维修及再制造、优势非煤装备“三大主导业务”，清理非主业，收缩产品线，重塑全过程质量管控体系，形成区域集约化、产业专业化、产品聚焦化的“主导产业+优势产品”新格局。坚持以颠覆为驱动，突出“规范、精简、高效、活力”，重构三级管控体系、深化三项制度改革，清理劣势单位，稳妥分流安置人员，形成适应发展需要的新型管控体系和新型组织人员结构，为企业转型升级、高质量发展提供组织保障。

（二）构建战略优化的科学化管理体系

1. 建立生产经营效能评价体系

成立生产经营效能评价组，围绕产业布局、产品选择、管控体系、薪酬分配等重点问题，进行全方位体检分析，制定针对性整改措施，推动战略优化。一是产业布局方面。山能重装产业布局多，协同效应不高；区域布局散乱，产业布局交叉，实体产业发展薄弱。二是产品选择方面。产品布局庞杂，市场份额低、利润空间小，多数产品缺乏核心技术，关键部件无法自给。主要煤机产品目标客户单一，严重依赖内部市场，盈利能力缺失。三是管控体系方面。管控层级多，组织机构臃肿，人员结构性矛盾突出，管理人员占比偏高。研发创新能力薄弱，资源分散，专职设计研发人员占比低，研发投入严重不足。员工招聘难度大，技术人员和技能人才比例、层次偏低，技能工人队伍老化。是考核体系方面。未建立统一的薪酬体系，工资决定机制尚未与劳动力市场基本适应，未与经济效益和劳动生产率挂钩，未实施“一厂一策”精准调控，关键岗位、重要岗位、技术岗位薪酬水平缺乏激励性，对生产经营单位设定指标以量为主，薪酬结构的不合理，直接导致经营单位“重规模、轻效益”。生产经营效能评价体系的建立为推动战略优化起到摸家底、找问题、做优化的作用。

2. 建立战略优化评价评估体系

成立战略优化评价评估领导小组，领导小组负责精准评估生产经营效能评价结果，进行战略优化和战略实施的指导、决策；同时负责组织工作计划、方案的实施和战略实施的总协调。领导小组下设办公室，负责具体落实领导小组下达的改革方案及决策部署；起草工作计划及实施方案，提交领导小组研究决策；控制风险，确保国有资产不流失；推进企业清理整合，有序退出劣势目标企业，确保达到企业工作目标。办公室下设六个专业工作组，分别负责产业整合、亏损治理、体制改革、质量研发、政策综合及安全稳定等具体工作。

3. 建立战略优化实施保障体系

制定战略优化的总体工作方案，领导小组、办公室按照总体工作方案，制定重点工作的时间表和路线图，建立工作例会制度，每半月召开一次工作例会，每月向能源集团汇报一次工作进展；及时协调解决推进过程中遇到的困难和问题。各责任单位（部室、中心）加强协同配合，分解目标任务，制定工作清单、任务清单和责任清单，确保分工明确、责任到人、推进有力有序。同时，严格操作决策程序和内部审核流程，按照山东能源集团《企业改革改制管理办法》《资产处置管理暂行办法》《财务审计及资产评估工作管理办法》等相关规定，坚决防止处置过程中的国有资产流失，切实维护职工合法权益。同时，向职工群众广泛深入宣传企业优化发展战略，增强广大干部职工的理解和支持。要加强舆情研判，积极回应社会关切，营造良好舆论氛围。

（三）聚焦主导产业调整优化战略目标

对照效能评价发现的问题，经战略优化评估领导小组研究，形成战略优化目标，明确“三大主导业务”，全面清理非主业，优化产业产品结构和区域布局结构，推动协同发展、高质量发展。

1. 明确“四个三”发展目标

发展导向上，实现“三个转变”。一是推动由追求规模向务实发展转变，发展壮大实体经济。二是推动由依赖扶持向断腕自救、自立自强转变，向内进行自我革命，做到内强管理提质量、外拓市场稳规模，颠覆式重构产业布局、组织架构、管控体系，提升自我发展能力。三是推动由多点布局、多元发展向收缩战线、聚焦集约转变，集约区域布局，优化产业布局，压缩产品种类，实现资源集中优化配置。

总体思路上，做到“三向并进”。一是有效依托煤炭求生存。深耕煤炭行业，提升产品质量与经营成效，最大限度保现金流、保日常运转。二是完全市场化谋发展。依托现有优势产品，精准选项培育有竞争力的产品，有序向非煤产业服务领域拓展，逐步形成煤炭市场与非煤市场并重、相互掩护支撑的发展格局。三是高端化转型赢主动，将向高端化转型作为主攻方向，推动生产过程自动化、智能化，提高生产效能与质量，培育低成本竞争优势。

产业布局上，聚焦“三大业务”。一是巩固发展煤机装备制造产业。重点围绕支架制造、带式输送机及配套业务，立足服务山东能源集团内部，拓展外部市场，发展成为山能重装核心主导产业和效益支撑产业。二是集约发展装备维修及再制造产业。推动再制造业务由产品生产向服务领域跨越，整合山东能源集团内部装备维修资源，打造装备维修旗舰品牌。三是稳定发展优势非煤装备制造产业。围绕全自动立式隔膜压滤机等优势业务板块，创新经营机制，稳定产业规模，作为煤机主导产业有益的“造血”补充。

发展目标上，实现“三步走”目标。一是清理规范期（2021 年 1 月至 2021 年 12 月），突出问题导向，深化清理整合，形成覆盖产业布局、产品选择、组织优化、管控提升等改革突围方案，完成煤机装备制造、维修及再制造、非煤机装备制造产业整合，发展新框架基本建立，部分领域取得突破、初步见效。二是调整优化期（2022 年 1 月至 2022 年 12 月），完成所属企业清理整合，市场化精益化运行机制基本建立，形成战略清晰、布局优化、产品聚焦、管控高效的新格局，转型发展全面起势。三是稳健发展期（2023 年以后），发展成效集中彰显，相关定位目标基本达到，步入稳健良性发展轨道，进一步提升产品服务质量，优化业务布局结构，提升市场竞争力和盈利水平，实现做优做强做大。

2. 深化产业区域整合

一是深度调整产业结构布局。聚焦煤机装备制造、装备再制造及维修、优势非煤装备制造等“三大主导业务领域”，剥离非主业业务，退出超高压压滤机、减速机、电动机等劣势业务。二是聚力发展优势煤机制造业务。重点生产液压支架、带式输送机、刮板机等产品，做强高端结构件、高端油缸等关键零部件和卡脖子环节，构建“主机 + 核心部件 + 服务 + 再制造”商业运营模式，整改塔高宁阳园区、莱芜园区、鲁南园区，提升核心竞争力、产业支撑力和价值创造力。三是整合发展维修再制造业务。依托新汶园区，整合内部再制造资源，建立区域化维修再制造服务中心，探索与国内一流采煤机、刮板机等生产厂家合作。四是审慎有序发展新兴业务。依托泰安园区，稳妥进入新能源装备制造业务领域，按照先易后难、分步推进的原则，与国内一流企业战略合作，开发塔筒、光伏逆变器、智能支架等产品，发展海上风电制造业务。五是深化企业清理整合，有序退出劣势单位。结合亏损企业治理，因企制宜，一企一策，采取整合、混改、关停、注销、破产等方式进行清理整合，同时对具备“专精特新”特点的企业加快培育上市。

（四）深化体制机制改革，扁平化管理

大幅压减权属企业内设机构，大力实施组织机构扁平化管理，减少层次、整合机构，降低部分单位规格，逐步将重装及所属企业机构数量和管理岗位总量压减，严控管理人员的在册人数占比。

1. 搭建扁平化垂直化管控模式

搭建重装总部、专业管理主体、生产主体（车间）组织架构，逐步形成战略执行 + 运营管理的管控模式。一是优化治理管控体系，构建扁平化、高效化管控模式，打造透明、规范、高效的公司治理结构，实现管理高效运行。建立权责法定、权责透明、协调运转、有效制衡的现代企业制度，完善“三重一大”决策流程，梳理“两会一层”议事清单，坚持依法治企，合规经营，建立合规管理长效机制。二是厘清总部与基层的权责关系，形成总部与基层权责分明、协调运转的运行格局。集团总部要完善流程，简化管理，抓好战略协同、人力资源协同、资金协同和研发协同等工作，促进资源有效配置。权属企业要强化作为成本中心和利润中心的经营管理职能，抓好经营指标分解落实、成本控制、项目管理，落实好集团决策部署。三是优化调整组织结构布局。按照能源集团的批复意见，优化总部机关组织机构设置，理顺各单位的组织架构，完成机构改革。同时，人力资源部系统总结鲁南装备的改革经验，并转发各单位学习。

2. 稳妥分流安置人员

科学制定关停并转单位员工的安置方案，明确安置原则、安置方式、政策规定、保障措施和实施步骤，通过办理退休退职、退出现岗位、1～6级工伤安置、解除或终止劳动合同、分流安置、关停撤销企业留守、能源集团安置等方式，有序开展人员分流安置，确保大局稳定。

3. 深化劳动人事分配制度改革

推进劳动人事分配制度改革，实现管理人员能上能下、员工能进能出、收入能增能减常态化。一是深化选人用人机制改革。建立完善市场化选人用人机制，畅通经营管理者与职业经理人转换通道，合理增加市场化选聘比例，实行管理岗位“全体起立、挪开椅子、竞争坐下”全员竞聘，规定管理人员“下”的比例。加强高素质专业化人才队伍建设，按照专业类别建立人才库，采取专编专岗、挂职锻炼、轮岗交流、放宽任职年限等措施，加快优秀年轻干部选拔培养。二是深化劳动用工制度改革。优化建立管理、技术、技能等多序列岗位管理体系。控制员工总量，严格执行增人审批制度，新岗位需求严格按照“三定”标准配置员工，优先内部调剂。规范员工进入退出机制，出台《关于规范员工退出现岗位管理的规定》，鼓励办理特殊工种退休，经理层成员实现任期制和契约化管理全覆盖。

（五）针对重点领域，开展管理提升

1. 强化品质管理

坚持质量第一的价值导向，聚焦品质管理，打造形成以技术、标准、品牌、服务为核心的质量竞争新优势，建立品质目标、品质标准、零缺陷制度和组织保证，实现优品质、优服务基础上的优价格、优效益。一是加强质量管理机构建设。加强质检队伍建设，实行岗位固定、人员固定、挂牌上岗，实现质检工作网格化管理。各单位设立专门质量管理机构、专职质量总监，由集团与所在单位双重管理。二是完善产品质量管控体系。建立精益化质量管理系统，实现产品制造工序过程控制全面追溯。按照卡特彼勒制造标准，制定主导产品企业标准和工艺流程，推动产品制造体系升级，形成《集团产业质量标准》，全面推行可视化工艺，提升产品可靠性、安全性。三是强化外协质量管控。完善合格供应商、外委外协产品质量考核管理办法，健全外协厂家进入退出机制，严控外协厂家数量，建立定期考核、资格评估、动态调整的黑白名单管理制度，优选技术先进、质量可靠、较强竞争力的头部企业，坚决清退不符合要求的企业。四是推动精益化质量管控。完善质量检验标准体系，提高质量门运行质量，持续优化质量管控流程，减少生产过程中的过度检验；加快推进精品工区建设，全面贯彻精益化管理内涵；以通用化、系列化、组合化的标准化设计，提升质量标准化水平；建立质量课题悬赏制，鼓励员工立足实际解决质量问题。

2. 聚焦管理运营

以提高效率效益为中心，推动管理精细化和经营精益化，不断提升经济运营质量。在管理精细化方面，全力抓好增收、降本、提效，打好经营提质攻坚战。一是全力抓好增收，实现营销利益最大化。坚持市场订单为王和内外市场并重，内部市场上抓核心产品质量，确保内部产品应协尽协；外部市场上巩固优质客户群体，坚持“一矿一策”量身定制成套解决方案，提高综合配套服务实力。实施“主机+配件”销售方案，扩大配件销售比例，提高利润率。二是全力抓好降本，实现成本控制最小化。围绕生产经营成本费用控制各环节，按照成本管控制度化、固定成本可变化、可控成本最低化等原则，建立成本月度分析例会制度，明确成本费用的来源去处，着力压缩采购成本、生产成本、销售成本及可控期间费用，实现挖潜降本。三是全力提升效率，确保实现产能最大化。抓好生产策划工作，提高全面预算的准确性，平衡好订单式生产与仓储式生产的关系，缓解工期压力。深挖生产装备产能，落实“两化融合”精益化生产思路，利用生产设备全生命周期信息化系统信息，强化设备运维管理，做好点检、巡检、大修及技改等业务，满足生产需要。全面核实人员、设备、厂房资源分布情况，制定产能提升方案，提高生产效率。

在经营精益化方面，完善精益化管理平台建设。一是深化全面预算管控。利用新ERP信息管理系统，强化财务基础管理，深化精益化成本管理和全面成本管理理念，持续做好全面预算的编制、执行和考核，强化预算的刚性管理，发挥全面预算的引导作用。二是深化全面市场化管理。灵活选用事业部承包、项目承包经营、竞聘承责经营等市场化运作模式，制定差异化的考核指标。完善内部要素市场，明确要素价格、内部结算价格、计量体系，保障市场化的正常运行。三是深化全面成本管理。推行岗效工资制改革，按照市场化工资系数分配工资，开展基薪和绩效薪考核，发挥员工管理职能，个人绩效工资与目标考核得分挂钩，体现联职、联责、联薪、联效。四是深化分配和激励方式创新。分层分类建立专项和激励政策，奖励做出突出贡献的人员，提高核心人员的薪酬竞争力，推行超额利润分享等形式的中长期激励机制，留住关键核心人才。

3. 聚焦创新驱动

坚持把创新作为企业做强做优的动力源泉，以新理念、新机制、新模式赋能企业高质量发展。一是统筹设立研发机构。设立煤机装备技术研究中心、环保装备技术研究中心，配备具有发展潜力的技术研发人员。二是深化创新研发模式。围绕提升核心产品的价值链竞争力，强化对关键技术的自主掌控、相关外部技术成果吸纳再创新，加强与国内知名院校、科研机构合作，提升研发应用效率效果。三是攻关关键共性技术，形成核心技术体系。突破液压支架、带式输送机、刮板输送机可靠性研究，提高产品质量；以立式压滤机性能提升及洗选装备智能化、集成化为主要研究内容，扩展产品应用范围，提高市场份额。在高可靠性煤机装备、再制造技术等方面确定研发方向，加快实现向高可靠性、高智能化装备的转变。四是引进培养科技人才，加强产学研合作。建立健全外部专家引进及考核管理办法，采用虚拟股权、项目跟投等激励方式，充分调动科研人员积极性。创新“人才+”模式，在济南、泰安设立研发中心，通过社会招聘、科研院所招聘、企业离岗人才选聘等方式，多层次引进再制造、新能源装备等行业的领军人物。深化产教融合、校企合作，与中国矿业大学、山东大学等战略合作，培养复合型管理人才、高端化技术人才和工匠型技能人才。五是完善创新机制。有序提高研发投入，确保科研投入占实体收入比例不低于5%。建立“揭榜挂帅”、研发费用包干机制，提高核心人才工资待遇，提高自主研发能力。深化创新成果转化，突破技术瓶颈。

（六）完善保障措施，确保优化措施落地

1. 强化党建引领

发挥党委“把方向、管大局、促落实”作用，发挥党建工作围绕、融入、服务、提升中心的作用，突出政治建设，保持政治定力，感悟思想伟力，强化理论武装，坚持强基固本，加强基层基础建设，聚焦人才强企，强化干部人才队伍建设，坚持正风肃纪，营造风清气正生态，倡树“严真细实快”工作作风，为企业发展保驾护航。

2. 强化责任落实

引领各级党组织、党员领导干部切实增强责任意识，坚持守土有责、守土负责、守土尽责，主动融入整体工作部署，切实担负起把握方向、统一领导、建强队伍等方面的责任，研究制定推进工作的“规划书”“路线图”“任务表”，并逐条进行梳理分解，明确工作责任、推进措施、完成时限，及时解决工作推进中的问题。职能部门牵头抓总，相关部门齐抓共管，形成一级抓一级、层层抓落实的工作责任体系，把抓好工作落实的责任抓在手上、扛在肩上，推动工作落实落地。

3. 强化绩效考核

落实方案纳入集团班子、权属企业、机关部室绩效考核。对各单位实行经营业绩和工作目标考核，建立工资与效益、效率同向联动的差异化分配机制，工资收入与考核利润、产品质量、营业收入和改革任务挂钩，强激励、硬约束。机关部室建立 KPI 个性化考核指标，建立岗位价值与薪酬标准相匹配、岗位工效与工资收入相一致的工资制度，实现差异化薪酬设计，提高全员工作的积极性、主动性。

三、装备制造企业促进转型升级的战略优化管理效果

（一）产业产品结构更加优化、符合实际

坚持存量优化、增量跨越和有所为、有所不为原则，产业产品结构全面优化，清理整合 24 家劣势企业，有序退出 12 类劣势产品，完成液压支架、刮板机、皮带机、油缸产业整合，制定高端液压支架、维修再制造业务和高端油缸混改等产业发展方案，再制造产业完成内部资源整合布局，优势非煤机产品和新能源装备有序发展，形成“三大主导产业”结构和省内 5 大园区加内蒙古再制造基地的区域布局。

（二）体制机制更加健全优化、激发活力

机构完成优化设置，压减机构 176 个，压减比例 67.69%；压减管理人员 476 人，平均压减比例 55.28%；压减副科级及以上人员 268 人，平均压减比例 50.19%；退出现岗位 99 人，落聘人员转岗一线 155 人；管理人员平均年龄降低 2 岁。实施岗效工资制和全员绩效考核，实施经营多元化试点，10 个车间试点承包经营，独立承担生产、安全、质量、经营等管理事务，工资总额单独考核，建立市场化选人用人机制，全面建立“三通道”，技术通道和技能通道分别发放津贴 283 万元、286 万元，充分调动职工的积极性、创造性。

（三）企业发展质量更加高效、支撑有力

完成“三步走”目标，企业经济效益同同比大幅度提升，2021 年比 2020 年实体收入增加 10 亿元，2022 年预计增加 15 亿元。产品质量稳步提升，液压支架产品验收合格率由 82.27% 提升至 97.26%。研发体系整合重塑，成立技术中心，内设煤机装备、环保装备 2 个技术研究中心；下设三机配套、煤机新

材料、智能控制、设计工艺一体化4个研究室；招聘补充技术研发人员35人。坚持聚焦矛盾、解决问题的思路，逐步理顺流程不畅、核心工种人员不足、供应不及时等制约生产效率的关键环节，全面提高效率，全力保证工期，实现高效生产。以精益思想为指引，构建形成集技术、生产、质量、经营、服务于一体的精益管理体系，精益管理理念深入人心，企业发展质量稳步提升。

（成果创造人：赵洪刚、冯　军、李　斌、赵兴克、付国龙、段　强、闫　燕、褚红艳、张　霞、殷　俊、刘孝利、潘立强）

卓越运营与服务管理

基于多维度建模仿真的光纤预制棒全过程数字化生产运营管理

江苏中天科技股份有限公司

江苏中天科技股份有限公司（以下简称中天科技）1992 年起步于光通信产业，是目前江苏南通最大的先进制造业企业，中国企业 500 强、全国质量奖和中国工业大奖获得单位，产品出口 160 个国家和地区，现已形成新能源、海洋、电网、通信、新材料、工业互联网等多元化产业格局，拥有 80 多家子公司，16000 多名员工，设有 54 个海外办事处，运营 13 个海外营销中心，在印度、巴西、印度尼西亚、摩洛哥、土耳其和德国设立 6 家海外基地。2021 年销售收入突破 800 亿元。

一、基于多维度建模仿真的光纤预制棒全过程数字化生产运营管理背景

（一）摆脱国内光棒技术长期受制于人、提升产业安全的需要

我国光棒行业起步较晚，关键制造设备大多从发达国家整机进口，国外厂家出于技术保护，在设备出厂时对核心控制程序进行加密处理，导致使用方无法打通底层信息流，无法实现设备数据互联互通；一些关键光学检测仪器长期被国外某企业垄断，近年来对我国实施限售，直接造成国内光棒企业检测水平落后、效率低下。此外，国内光棒企业大部分是中外合资性质，关键岗位由国外工程技术人员担任，国内人员无法掌握核心生产制造工艺，只能通过不断摸索，积累经验；再者，国外各光棒厂家生产信息相对保密，目前仅能通过一些公开渠道了解竞争对手的生产运营管理现状和发展规划信息，对我国光通信产业发展带来一定程度的影响。作为国内光通信行业龙头企业，中天科技有责任、有义务利用最新数字化技术率先破局，打破国外垄断，发展自主光棒产品和技术。

（二）促进企业长远发展、持续提升核心竞争能力的需要

中天科技作为国内光棒行业“主力军”，目前仅在生产规模上具备领先优势，若要长期稳健发展，必须求新求变，争取多赛道“弯道超车”。当前，光棒产品参数控制主要依赖技术人员经验，产品参数变更验证周期通常为 15 天左右，一旦出错，将出现大批量产品报废，造成无法挽回的损失，因此亟须通过建模仿真手段构建产品最佳制造模型，并将建模仿真技术创新融合应用于光棒生产制造过程，从而大量节约资源和费用、大幅降低试错成本、有效提升数字化管理水平，培育形成企业新的核心能力，推动企业持续健康发展。

二、基于多维度建模仿真的光纤预制棒全过程数字化生产运营管理主要做法

中天科技围绕“智慧化生产”战略目标，以数字化为核心手段，分别以提升经营绩效、推动光棒产业数字化升级、扩大品牌影响力为短、中、长期目标，通过多维度建模仿真技术，结合多种特色数字化管理平台建设，成功实现光棒全过程生产运营管理数字化。

（一）设计总体架构，完善数字化工作推进制度和流程

1. 开展基于数字化手段进行全过程生产运营管理顶层设计

中天科技根据光纤预制棒生产现状，瞄准国际一流，结合建模仿真等数字化技术应用，以实现全过程数字化生产运营管理为目标，制定了光纤预制棒数字化生产运营管理总体架构（见图 1）。其重点是打破信息孤岛，将生产实时数据采集系统（SCADA）、制造执行系统（MES）、企业资源计划（ERP）等进行互联互通和融合应用。利用 SCADA 实现现场工艺、设备数据的自动采集、处理及展示；MES 有效衔接上层 ERP、下层现场控制及数据采集系统，实现设备、质量、工艺及生产信息化高效管控；应用 ERP 对人资、生产、财务、销售、仓储及经营管理六大模块进行监管，有效解决传统光棒企业存在

的管理痛点，提升企业运营管理绩效；应用工业 PON 网络技术、智能设备集群和传感系统，建立全光工业互联网和产品数据共享平台，形成产业链信息集成与联动，实现光棒产品全生命周期管控。

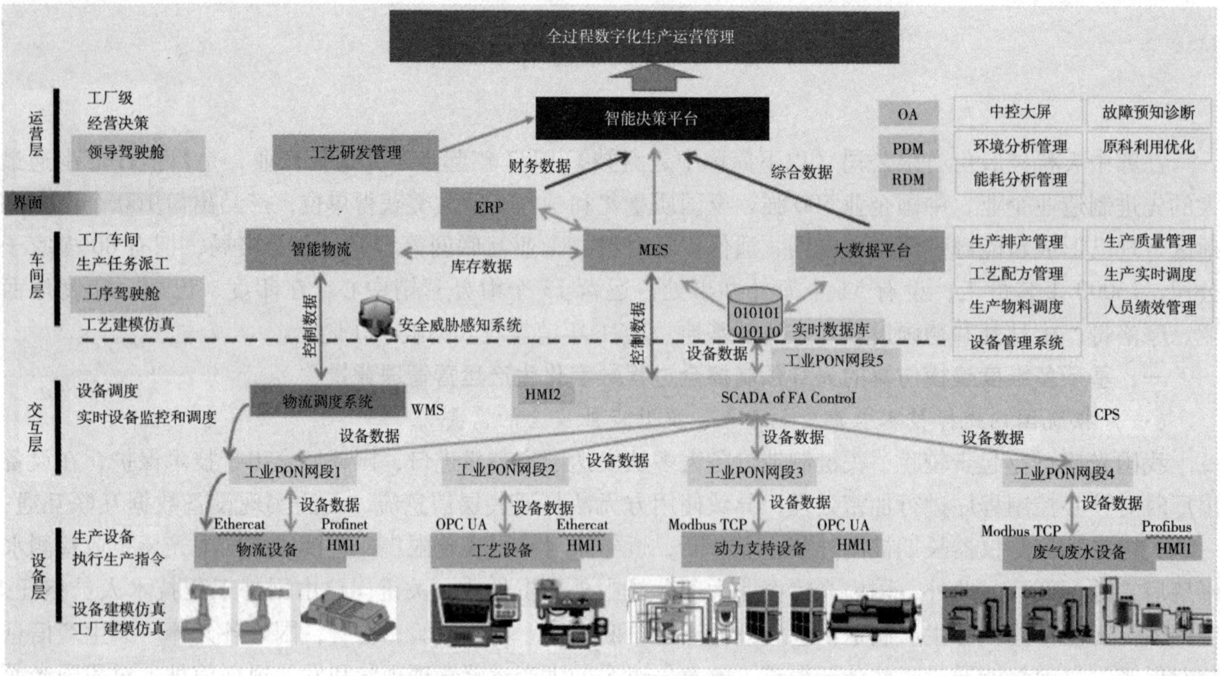

图 1　光纤预制棒数字化生产运营管理总体架构

2. 建立数字化工作组，明确职责分工与考核标准

光棒作为传统行业，数字化人才相对短缺，为快速实现光棒产品数字化生产管理创新，中天科技从组织框架上进行优化，从各专业抽调人员，成立数字化生产管理专项工作组（以下简称工作组），全面负责光棒产品数字化生产管理创新工作推进。为高效推进各项工作，一方面，通过“产、学、研、用”模式，分别与清华大学、浙江大学、上海大学、东北大学等知名高校进行合作（例如，联合清华大学研发气相沉积尾气无害排放技术和数字化环境管理系统、与浙江大学共同设计开发多输入参数芯层光棒精密延伸模拟仿真系统）；另一方面，与国内外数字化知名企业，如日本日立、德国西门子、德国菲尼克斯、南京金智信息、南京埃斯顿、无锡雪浪云等强强联合，共同研究攻克光棒产品数字化生产管理技术瓶颈问题（例如，利用日立工业控制技术对光棒全生产流程进行智能控制和数据集采、应用埃斯顿六轴机器人取代人工搬运光棒、应用雪浪云机器视觉和 AI 技术替代人工目视检测）。

为保障数字化生产运营管理创新工作高效推进，工作组建立了各项制度和流程，使各业务板块流程得以畅通，各项工作有章可循、有“法”可依。以设备设计制造过程管控为例，通过制定《精密机械设计管理标准》《精密电气设计管理标准》等，将数字化生产运营管理创新工作要求进行细分、量化，保证“一次性把事情做对”。此外，中天科技创新应用“项目经理考核制”，建立以“关键性绩效指标”为导向的业绩考核体系和以企业核心价值观为导向的行为指标，注重以人为本，强调团队合作与个人能力相结合。

（二）开展生产制造过程数字化建模仿真，实现生产制造数字化管控

1. 通过生产全流程评估分析，开展数字仿真和模型设计

针对光棒生产制造工序繁多、过程复杂的特点，工作组组织工艺、设备、生产、质量、安卫环等各板块数字化技术人员对整个生产制造过程进行讨论分析，利用建模软件对工厂结构、设备布局、生产场

景等进行3D建模，形成“光棒智能工厂整体建模图”，再通过仿真技术推演各生产环节中物料流转等待、流转干涉等问题，针对性进行内部结构优化，大大缩短项目设计周期，有效降低数字化升级改造试错成本。

2. 通过模拟仿真，优化生产流程

中天科技针对传统光棒企业空间布局不合理、作业流程不畅、设备综合利用率低等生产管理痛点，通过生产流程整体建模，从操作人员、生产设备、物料流转、生产工艺、生产环境、过程检测等维度进行虚拟仿真和设计优化，构建生产统筹调度及智能决策系统，推动光棒全过程数字化生产运营管理模式集成应用。

一是基于Python语言技术建模，实现生产全流程溯源管理。传统制造执行系统（以下简称MES）运作模式为：从计划层获取生产计划信息，并在系统中进行识别分解，将信息传递出去；从控制层获取反馈，将反馈数据和设备状态存储到系统中，经过后台分析和处理后再传回计划层。直接将传统MES应用于光棒生产制造会面临诸多问题。中天科技在传统MES基础上，基于Python语言（一种计算机编程语言）建模开发新型光棒制造执行系统（见图2）。该系统以独立工序为基础，根据实际生产流程灵活配置工艺路线，在减少基础数据维护量前提下，满足各种复杂多变新产品新工艺路线需求；实现从计划、进料、生产到检验、出库全流程监管，并开发出相应数据处理模型和可视化图表，实现整个生产过程透明化管理；在MES半成品管理与ERP物料管理基础上，增加半成品库位管理，实现半成品入库、出库信息化管控，有效提高半成品流转效率。

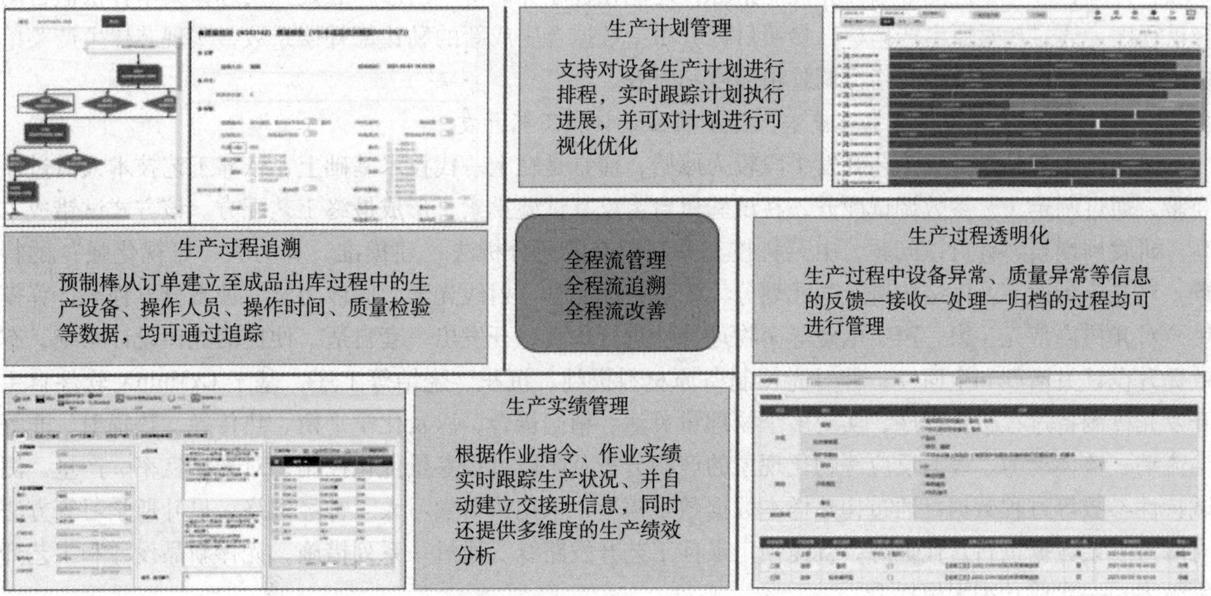

图2 基于Python语言的光棒MES管理流程

二是基于仿真模拟技术，搭建数字化生产物流系统。光棒在生产制造过程中主要包括两个物理态：粉末态和玻璃态。以往一般通过人工进行运输，不仅耗时耗力，且在运输过程中由于运输车辆颠簸等原因易导致产品开裂报废。针对该问题，中天科技创新借鉴汽车制造行业物料流转技术，通过建模仿真自主研发和批量应用国产高精度大负荷六轴机器人自动装卸棒系统、OMV及EMS物流系统、基于视觉智能识别技术的七轴机械手智能搬运及立体棒料升降系统等，有效实现在制品自动化、高效率、安全运输。

三是打造互联网标识系统，实现生产物料数字化溯源管理。以往光棒生产物料流转信息依赖手工表单记录，数据汇总、溯源难度大，且存在数据易丢失等问题。中天科技通过建模仿真，基于条形码和二维码技术，自主开发出一套完整的生产物料流转数字化管理系统，其中，条形码用于电脑端扫码，二维码用于手机 App 扫码。前道操作人员通过扫码，将物品的 ID、类别、名称、供应商、生产日期、产地、入库时间、货架号快速录入后台服务器数据库，后道操作人员通过扫码快速获取当前工序在制品清单及库位，与此同时，客户也可通过扫描产品工业互联网标识快速查询产品参数。通过该管理系统，减少纸质表单使用，实现生产物料流转电子化，同时，推动销售、采购、生产、仓储、运输和服务等环节的数据协同，深化数据溯源的深度和广度。

（三）开展工艺研发数字化建模分析，实现工艺研发过程预测及设计优化

中天科技重视产品工艺研发，同时，结合数字化管理手段的应用，进一步提升工艺研发的精准度、效率以及一次成功率，提高工艺研发管理成效，使得本企业核心竞争力进一步凸显。

1. 自主设计开发数字化计算程序，实现产品参数预测及优化

光棒从芯棒制备到拉丝测试过程工序多、验证周期长，关键性能指标只有基础测试值，还需人工进一步分析判断，存在分析判断不准确风险，容易引发批量性质量问题，长此以往将使工艺及研发管理效率低下，无法满足未来发展需求。为此，中天科技创新性自主开发数字化仿真模拟软件，实现产品参数快速计算、自动预测和自动调整优化。一是基于 Python 语言开发芯棒折射率剖面计算程序，自动读取芯棒测试数据源，对几何、折射率及分布指数等关键参数进行批量化快速计算、拟合，并利用中位数、标准偏差等数学转换对芯棒参数进行自动测算，实现性能提前预测；二是基于 MES 开发测试数据自动处理和计算程序，不但能准确计算性能指标，还能在程序界面呈现图形；三是开发芯棒菜单补偿值自动修正程序，通过比对原生产菜单，参照目标分布指数拟合生成新的勒让德补偿系数，实现芯棒生产菜单快速、自动调整，有效提升指标调整精准度和时效。

2. 借助建模仿真和数据拟合技术，开展新品设计和工艺开发

以往光棒新品设计和工艺开发手段较为原始，通常是在上一代技术基础上，依靠工艺技术人员过往经验，通过制定工艺参数调试配方，在试验机台上反复试验摸索，形成最终工艺配方。该方式试错成本高、研发周期长，针对该问题，中天科技充分利用有限元分析法“建模准、算力大、可视化强”的特点，对光棒折射率及微结构进行微元划分，配合波动光学、射线光学、固体力学、偏微分方程等计算模块，对光棒内部光、力、声、电磁等多物理特性进行仿真，开发出一套自适、便捷的光棒设计系统，有效提升设计灵活度和全面性；针对光棒制备原材料提纯、沉积、烧结等工序，基于 CxMultiX 软件自主开发光棒制备过程拟合程序，实现多个物理量灵活、精确耦合，以及化学平衡、热传导、热辐射、非等温流动、流体动力、表面反应等物化现象的产物分析及阶段过程参量优化控制；对光棒良率、产量、测试特性参数等过程数据，通过构建样本数据数学模型，采用机器学习人工神经网络、贝叶斯学习等方法对海量复杂数据进行迭代训练，快速锁定最佳工艺开发路线。通过一系列措施，光棒新品设计和工艺开发效率、一次成功率大幅提升。

3. 推动数字化算法介入光棒拉丝工艺过程，减少人为经验依赖度

光棒拉丝过程受外径波动、弓曲度影响，时常会出现直径波动不达标问题。传统做法是通过人为经验调整生产速度，但人为控制难以保持高品质稳定生产。对此，中天科技创新性开发数字化前向滚动算法进行拉丝控制，实现产品参数快速计算、预测和调整优化，大大降低了人为经验依赖度，有效提升了管理成效。

（四）设计开发关键制造设备和检测设备，提升生产制造自主性

1. 利用三维建模手段测绘并二次创新，自主开发光棒制造关键设备

2010 年前，光棒关键制造技术一直被美国、日本、德国等发达国家垄断。为此，中天科技成立光

棒关键制造技术攻关组，花重金组织8人队伍常驻日本一年多，在H公司生产现场学习。回国后，利用三维建模软件对各种部件进行测绘和二次创新。经过5年左右时间，成功研发和批量化应用一批全自主型光棒生产关键制造设备，形成发明专利60多项。目前设备自主化率达99.4%，牢牢掌握核心设备自研、自产技术，成功打破国外同行技术封锁，为设备数据互联互通以及数字化生产运营管理奠定硬件基础。

2. 依托建模仿真及AI识别技术，自主开发光棒检测设备

光棒作为光纤上游产品，其品质高低直接影响光纤拉丝效率和拉丝质量。通过前期工艺、研发、设备人员建模仿真及自主创新，光棒直径、长度实现翻倍，生产效率、规模大幅提升，然而，随之而来的是品控问题，由于业内缺乏大尺寸光棒专业性检测设备，一些关键性能指标（如气泡气线、杂质、不圆度、偏心率、弓曲度等）依赖人工检验，检测误差大、效率低。中天科技瞄准行业痛点，自主设计开发多功能光棒性能检测设备：（1）通过对现场人工检测过程进行调研并组织头脑风暴，形成检测功能需求分析报告；（2）设计人员搭建检测数据和检测设备模型，利用计算机仿真，将大尺寸光棒置于具备AI识别技术的模型中进行虚拟检测，导出仿真检测结果，与人工检测结果进行比对，找出差异，再组织相关人员进行评审和调整优化，最终成功开发出独具特色的大尺寸光棒检测设备，实现业内从无到有的突破，为检测过程的数字化管理奠定坚实基础。

（五）推动质量、安卫环及能源管理数字化，助力企业绿色低碳转型

1. 推动全流程数字化质量管控

中天科技从供应商、原材料质量到制程质量，再到成品和客服质量管控开发了一套质量数字化管控系统。通过该系统实现了供应商认证、年度评审线上管理，解决了资料易丢失、易被篡改、追溯难的问题；实现了到货检验数据线上管理，可输出检验合格率、不良品8D报告（包括D0计划、D1建立团队、D2定义及描述问题等八个方面）等信息，大幅度降低了检验人员工作量，同时提升了原材料质量管理人员工作效率；通过梳理每一道工序关键质量指标，并在生产过程中找到对应CTQ（Critical-To-Quality，关键质量特性），将CTQ管控范围要求导入计算机平台，通过巡检机器人及实时感知系统，将实时采集的数据传输到计算机平台，建立CTQ监控SPC，实现质量管理迁移，保障了过程质量稳定性和可靠性，同时，基于质量感知模型及质量成本模型，结合MES输入/输出标准、BI（Business Intelligence，商业智能）可视化平台构建“内部顾客管理”机制，提升了上下游工序协作水平，减少了过程不良率；通过在系统中预先创建检验标准，实现成品检验良率、检验指标能力指数分析及趋势分析，消除了成品检验数据人工整理效率低、易出错的弊端，同时实现了数据的科学管理，对产品质量的改善起到积极作用；通过在系统中创建客服管理模型，实现了客户满意度线上调查、分析，同时针对不同客户需求提供定制化、差异化服务，在提升服务效率的同时，也提升了客户满意度。

2. 推动安卫环数字化、智能化管控

光棒生产制造必须在洁净、恒温、恒湿环境下进行（万级净化、温度控制±2.5℃，湿度控制±15%以内），生产过程会有废水、废气产生，处理不达标将直接影响工厂及周围安全卫生环境。为此，中天科技通过在净化车间各生产区域安装温度、湿度、粒子度等传感器，同时在废水、废气处理设备核心部件处及排放口处安装设备及环境状态监测传感器，对温度、湿度、粒子度、酸碱度、噪音等数据进行实时采集，再通过工业控制器处理、汇总，上传至大数据服务器，经过智能平台对车间各区域安全卫生环境数据进行分析，预判设备状态变化趋势，并将分析结果推送给各级技术和管理人员辅助其决策。此外，系统通过对季节、人员密度、产品流转速率等变化因子进行实时监控、分析，按照不同时间、地点、设备状态给出最佳管理方案，真正实现安全卫生环境数字化、智能化管控。

3. 推动能源数字化、智能化管理

中天科技积极响应国家“碳达峰、碳中和”政策规划，通过信息化手段自我把脉，弄清自身实际能耗，再对症下药。光棒成本中电能消耗成本占比高达35%左右，通过能耗大数据分析平台对全厂电能数据进行分析，找到点、线、面可改善点加以改善，采集每台负荷设备实时用电量，通过大数据分析，预测和合理调配负荷，以及利用变频、伺服技术和先进的LED固化工艺、磁悬浮技术，有效提升电能使用效率，减少不必要的能耗浪费。智能能源管控平台的应用，取代了人工点检和抄表作业，大幅降低了现场作业人员和管理人员工作负荷，也为能源管理持续改善提供了数据支撑，使得能耗逐年下降，其中，2019年光棒综合能耗11.36tce/t，2020年11.18tce/t，2021年10.36tce/t，在同行业中达到领先水平，成功通过能源管理体系及国家绿色工厂认证。此外，在用水方面，中天科技以建设“节水型”企业为目标，通过搭建水资源数字化管理平台，自动采集、分析水流量，并基于建模预测技术开展水资源数字化、精细化管理，有效降低了用水单耗。

（六）打造多维度数字化生产管理驾驶舱，助力公司经营管理透明化

1. 依托车间级工序驾驶舱，实现生产管理向底层延伸

中天科技在各车间设置工序级驾驶舱，通过可视化界面对各工序当前产品实时生产状态、设备运行状态、当班人员信息、该工序所在区域环境信息、互通信息等进行实时展示，实现实时监控和综合管理。此外，各工序驾驶舱还包含了单台设备维修、产量及质量履历，可查询任意时段原料消耗、电耗等信息。便捷的现场信息化措施，更加有利于一线操作人员、维修人员把控单台设备实时情况，让以往数据库中的隐性数据、信息通过工序驾驶舱实时展示给一线生产人员，提升了现场人员对制造过程的参与感、掌控感。以芯棒工序为例，通过工序驾驶舱，芯棒操作人员坐在电脑前便可实时查看各台芯棒设备气体流量、温度、压力、腔体负压等运行参数，也可实时查看车间温湿度、洁净度等实时数据，以及设备故障信息、当班人员信息等，一旦发生异常，操作人员可第一时间发现和处理，设备故障率、产品不良率显著降低，管理的效能大大凸显。

2. 依托企业级领导驾驶舱，辅助经营层决策

中天科技通过构建面向光棒制造全流程管控的企业级领导驾驶舱，基于30余张智能报表，对18道工序、89个关键运营指标及相应业务进行实时、全面监测。围绕光棒生产过程的物料流和信息流，聚焦流程薄弱环节和精益化管控，以跨领域、全过程视角，综合精益制造、智能制造需求，运用数据挖掘、新知识发现等技术，将生产制造全过程数据按不同归口、级次和维度进行整合，通过历史数据同比、环比，运用大数据技术手段，利用聚类、回归等分析方法加工后呈现给各层级管理人员，为管理层在生产、工艺、设备、质量、安全、财务、仓库管理等方面的决策提供强有力的信息支持。

3. 车间级和企业级驾驶舱相互支撑，形成多维度数字化管理模式

中天科技车间级工序驾驶舱和企业级领导驾驶舱互为犄角、相互支撑，通过“底层数据直通上层、上层指令直达下层”，生产运营数字化管理能效进一步激活。围绕物料流转、过程质量追溯、生产人员绩效评定、能耗管理等生产运营核心业务，一方面，构建多维数据应用，以上下联动、可视化图形、自助式报表相结合的方式，全面、实时展示时、日、周、月指标完成情况；另一方面，深化大数据应用，利用聚类、回归等分析方法，对数字化生产运营管理进行深刻洞察和智慧预测；再一方面，运用关联式、动态式分析方法，建立复杂预警模型，实现异动因素精准定位、自动预警。

三、基于多维度建模仿真的光纤预制棒全过程数字化生产运营管理效果

（一）打破国外封锁，实现光棒制造技术自主化

中天科技自主设计150多套设备图纸，总量达20多万张，掌握了70多种光棒设备制造核心技术（例如，研发出毫克级原料蒸发、恒温恒压VAD气相沉积、一体式绿色真空烧结、步进式OVD气相沉

积等核心制造设备)，打破了受制于国外的局面；攻克多个关键工艺（例如，动态喷灯定速沉积、VAD精准芯包比控制、剖面边界过渡层匹配、多喷灯高速沉积工艺，实现了掺杂量ppm级精确控制，剖面轴向六西格玛级稳定度，百克以上（110g/min）沉积速率，而国外同行沉积速率仅为50±10g/min。建成全合成光棒、光纤和光缆交合工厂，形成完整的“棒—纤—缆”一体化产业链，生产的各种光棒服务于5G基础建设、数据中心等“新基建”项目，是行业唯一与中国移动、中国电信、中国铁塔三大运营商开展5G合作的企业。经权威专家鉴定，中天科技光棒制造工艺达到国际领先水平)，经中国移动现场审核和中国电子材料行业协会认定，中天科技为中国最大的全合成光棒制造企业。经过十多年发展，中天科技在全合成光棒产品生产制造方面形成深厚的技术积累，依托全合成技术生产的光棒，从G.652D拓展到G.654E、弯曲不敏感多模系列、G.657B3、小直径抗弯单模、高兼容性弯曲不敏感单模、超低损耗G.652D等，打破了国际垄断，填补了国内多项技术空白，突破了高性能光棒产品技术瓶颈，助力宽带中国战略实施，促进了中国光棒行业发展。

（二）业界首创建模仿真数字化管理模式，大幅提升管理效能

通过本轮数字化管理创新升级，中天科技实现生产运营管理效能大幅提升，打通了工厂内部设备层、交互层、车间层、运营层之间的数据流，实现了生产数据100%互联互通，消除了信息孤岛；依托建模仿真技术，实现了生产制造、工艺及研发、设备设计开发、质量、安卫环及能源管理最优化设计，极大程度降低了试错成本，通过数字化生产运营管理驾驶舱，实现经营管理透明化，管理效率提升50%以上，单位成本持续下降，产品品质持续提升，企业市场竞争力显著提升。2019—2021年光棒产品销售情况及效益、单位产品成本和成品良品率分别见表1~表3。截至2021年，中天科技全合成光棒产品全球市场占有率达11.7%，国内市场占有率达24.7%，位列全球第二，全国第一。全合成光棒产品打破了国外长期垄断，产品质量受到中国移动、中国电信等通信运营商，以及华为、中兴等5G龙头企业的一致好评。

表1 2019—2021年光棒产品销售情况及效益

年份	2019	2020	2021
销售量增幅/%	15.81	21.92	22.16
产品销售增幅/%	35.53	19.46	18.28
利润增幅/%	67.54	33.23	28.47

表2 2019—2021年光棒产品单位成本变动情况

年份	2019	2020	2021
单位成本环比下浮/%	13.11	31.17	26.58

表3 2019—2021年光棒成品良品率

年份	2019	2020	2021
良品率/%	99.62	99.85	99.91

（成果创造人：沈一春、赵海伦、林　峰、卢　军、陶　伟、陈娅丽、曹珊珊、朱刘盅、田　刘、陈　丹、秦　钰、陈京京）

建筑机械企业满足客户个性化需求的全价值链服务型制造管理

徐州建机工程机械有限公司

徐州建机工程机械有限公司（以下简称徐工塔机）是徐工集团起重机械事业部的核心企业，总部位于徐州市国家级经济开发区，占地500亩，是研发、制造、销售各类塔式起重机的专业化生产企业，徐工塔机产品主要覆盖63吨~15000吨米塔式起重机，广泛使用于各类建筑工程、水利电力、住宅施工、桥梁建设等领域，在全球100多个国家和地区实现销售覆盖，市场占有率始终保持行业领先地位，先后被评为“江苏省高新技术企业”“江苏名牌产品”“江苏省示范智能车间”“标准化示范创建先进单位”等，现已成为中国建筑起重机械行业规模宏大、品种齐全，独具竞争力和影响力的大型企业。2021年营业收入突破82亿元，强势跻身“2021年全球塔式起重机制造商”前二强。

一、建筑机械企业满足客户个性化需求的全价值链服务型制造管理背景

（一）满足客户个性化需求，是建筑机械行业经营模式创新的必然要求

我国建筑机械行业总体仍处于国际产业价值链的中低层，存在严重的“高端不足、低端过剩”现象，同时市场供给体系对需求的适配性不断提高，对产品的创新、品种多样性、定制程度、交货速度和服务及时性的要求正在不断地变化。必须采取更加灵活的创新思维模式来应对更加动态的市场需求，与顾客和产业链上下游进行密切的合作，将产品生产和服务相融合从而产生差异化，以满足顾客不断变化的需求。服务型制造模式在价值增值、运作方式、组织模式和运作模式方面与传统制造模式完全不同，是制造与服务融合共生发展的新型产业形态。作为行业领军企业，徐工塔机主动引领传统产业进行模式创新，积极探索实践服务型制造管理模式，按照“高端化、智能化、绿色化、服务化”的方向引领行业健康发展。

（二）聚焦高质量发展理念，是践行徐工集团珠峰登顶目标的必经之路

徐工集团作为国家装备制造业的脊梁，必须始终高度重视发展壮大实体经济，抓实体经济一定要抓好制造业。徐工集团提出“一二三三四四”战略指导思想体系，以转型升级、高质量发展为战略主线，推进产业高端化、企业智慧化、业务国际化，并向服务型制造转型。促进“制造＋服务”融合发展，加快“新老拳头”打造和行业小巨人崛起，实现“珠峰登顶”战略目标。徐工塔机依托徐工集团成熟的思想定位，以新思维、新举措、新方法，把准“产品升级＋服务创新”两条线，真正树立起高质量、高效率、高效益、可持续“三高一可”高质量发展典范。

（三）加快全价值链转型，是实现企业自身发展战略的必然选择

随着市场的变化，塔机客户日渐成熟和理性，更加关注塔机的品质、品牌，甚至包括材料、结构、工艺、配套件、服务等细节问题，国内建筑机械行业同质化竞争明显。在转型前，徐工塔机两端的产品开发和服务环节比较薄弱，缺少核心优势，供应链体系不健全，产品认可度低，整个经营价值链不畅通。为实现企业“珠峰登顶”目标定位，徐工塔机抓住机遇，变革创新，在产品定位上从塔机产品制造商转变为塔机服务提供商，在生产模式上向“智能制造”演变，在商业模式上向服务型制造演变，在资源与能源消耗上向绿色制造、环境优化转变，在企业愿景上趋向于实现制造价值链的协同和产业生态链的共建。推进以满足客户个性化需求为目标的全价值链服务型制造，提升企业整体竞争力，是徐工塔机实现企业发展战略的自身发展需求。

二、建筑机械企业满足客户个性化需求的全价值链服务型制造管理主要做法

（一）制定服务型制造战略目标与路径，聚焦客户需求变革组织架构及流程

1. 转变管理理念，制定服务型制造战略的总体目标

依托徐工集团“一二三三四四”战略指导思想，2019 年徐工塔机提出“珠峰登顶三步走”战略，打造“国内首选、世界一流”的塔机品牌，明确从生产型制造向服务型制造转型，从塔机产品提供者向塔机服务提供者转变，价值链从生产领域向服务领域延伸的总体目标，全力推进高质量、高效率、高效益、可持续“三高一可”高质量发展。

基于增值服务的服务型制造的商业模式相对传统塔机制造企业的商业模式，是一种营销方法和营销手段的重大变革。与传统制造相比，服务型制造从客户的角度出发，客户的真正需求不是一台塔机，而是在全生命周期内提供的始终如一的吊装功能。徐工塔机全力转型“产品 + 服务”的新的生产经营模式，从低附加价值的生产制造环节向高附加价值的研发设计和销售服务环节发展，从追求大规模制造的低成本向个性化需求的客户满意度转型，探索建筑机械产业从封闭走向开放和融合。

服务型制造作为徐工塔机转型升级的重要引领，确定“智品、智造、智服”三个维度的推进方向，其中智品是主线，专注于产品本身的优化与扩展，增强实用性、提高客户的使用体验；智造是保障，在生产模式上向智能制造、绿色制造转变，运用新信息技术，实现顾客全程参与的个性化、柔性化生产制造；智服是模式创新，以客户需求为导向，实现定制化服务，提高竞争优势。

2. 围绕转型升级，确立服务型制造战略的实施路径

面对制造和服务融合发展的新型产业形态，围绕“三维”服务型制造的推进方向，徐工塔机主动创新优化生产组织形式、运营管理方式和商业发展模式，搭建与服务型制造相适应的扁平化组织架构，完善管理机制，包括为客户提供量身定制的产品解决方案、协同研发创新设计引领、敏捷响应智能制造、供应链管理专业化服务、物联网驱动的差异化增值服务、人才培养和新型文化引领，推动管理创新，进一步延伸和提升价值链。从顾客需求开始，到接受订单、采购原材料、共同进行产品设计、开展大规模定制生产、面向客户订单的供应链管理，向用户提供覆盖需求调研、远程诊断、实时维修等产品服务系统全生命周期的价值增值活动。推动徐工塔机的价值链由以制造为中心向以基于制造的服务为中心转变，实现徐工塔机产业价值链子系统的互联互通、协同运行，提升徐工塔机的体系性服务能力。

3. 变革组织架构，再造制度和业务流程

根据服务型制造网络化、平台化、分散化、扁平化的特点，为快速推进服务型制造，徐工塔机转变管理理念，重建“顾客”的概念，抛弃传统的仅仅将外部终端者视为顾客的概念，而将顾客的概念扩充到整个价值创造网络，横向密切协同配合，使之与服务型制造的要求相适应。由公司总经理牵头，各职能部门负责人层层落实，稳步扎实推进徐工塔机服务型制造转型升级。同时，不断完善优化制度流程体系，最终形成《供应商管理手册》《生产物资管理规定》《信息系统运行管理规定》等 80 余项管理制度，以“流程导向”取代“职能导向”，极大地规范各职能主体的操作规范，明确客户导向意识，物流和信息流通畅有序，为徐工塔机的服务型制造发展提供了强有力的管理支撑。

（二）精准识别客户实际需求，提供量身定制的产品解决方案

1. 与终端客户深度对接，为客户提供成套解决方案

为适应按需设计的个性化定制方式，工况调研和需求分析的准确性和及时性成为订单的重要因素。改变过去“终端—渠道—销售—生产”的信息调研流程，向终端工况环境不断打穿信息不对称壁垒。通过市场调查、客户访谈、工地实摸等方式获取客户使用状况、客户需求、客户期望等足够全的信息，挖掘客户的实际需求。以工程实地工况的基础形式、地面承重能力、吊重、高度、幅度要求、建筑物距离、塔机群配合、装配式建筑占比和施工管理为抓手，解决关键施工问题。通过和客户的深度对接，发

掘客户隐藏于深层的关联需求，为客户提供集成化、一体化、系统化的产品整合解决方案，保障“无忧施工”。

2. 客户全程参与定制服务，提升客户满意度

树立“要为客户找产品，不为产品找客户”的市场价值观，根据客户需求和施工工况开展大规模工业化定制，从“产品导向”转变为“顾客导向”。通过功能强大的移动终端“X - Smart” App 和微信公众号“螳螂网 - 全球机电类产品交易服务平台”，在线上展示产品，用户可以直接下单，同时为国内外客户提供非标的砼基础、转换盘、起重臂臂长、附墙、特殊电压、机构容绳量、企业 Logo、颜色等个性化服务，客户可以自由搭配组合，并引入客户参与设计，提供设计建议，全程互动沟通，实现顾客全程参与的价值链增值。根据国内装配式建筑、大型场馆、桥梁、风电等工程建设及海外区域市场需求，推出 S 系列和 S1 系列塔机、风电动臂塔机等针对性产品施工解决方案，实现超高层、水利水电、桥梁、火电、核电等高端市场的新突破。与中铁大桥局联合研发出全球最大 XGT15000 - 600S 塔式起重机，满足桥梁建设模块大型化发展的新需求，以市场为导向，为客户创造最大化价值。

（三）实施客户互动的高效协同设计，快速满足客户个性化需求

1. 建立在线设计中心，提供客户个性化定制需求的创新设计

在客户需求端，主动调研需求与客户主动提需求相结合，构建客户需求信息输入多通道平台，客户可以主动通过微信、手机 App、CRM 移动端、公司网站等平台输入个性化需求信息。为更加敏捷响应客户个性化需求，从组织结构上进行资源保障，专门成立应用技术研究所，技术人员在进行充分的需求分析、技术可行性分析后精准定位客户个性化需求及满足度，明确产品开发计划，进入方案策划、产品设计。在设计过程中和客户进行互动，通过可视化的方式直观地评价方案的适应性，并通过并行设计的方式快速响应客户的需求及个性化的变化要求，建立“准、快、高、好”私人定制产品开发流程，及时提供个性化施工需求的成套化解决方案。

2. 搭建产品快速研发设计平台，缩短非标产品研发设计周期

在模块化、标准化、统型化设计理念的引导下进行产品设计，设计标准制定和设计平台搭建两手抓。制定《塔式起重机技术条件》等 20 多项设计标准。近三年，研发费用由 2500 万元增加至 3.6 亿元，研发人员由 54 人增加至 123 人，搭建平头式塔机整机有限元参数化计算平台、产品数据信息化管理平台（PDM）等 10 多套设计平台，实现共享平台下的多项设计工作同步进行、协同设计，结合故障模式分析（DEFMEA）、发明问题解决理论（TRIZ）等新方法论，提高研发效率、设计准确性及产品安全可靠性。同时，在设计阶段和营销、生产、采购、物流、工艺等部门进行物料数据 PDM 系统同步传输，实现快速生产和交付。与大连理工大学、吉林大学等国内著名高校合作，创新研发技术，解决重大工程特殊施工需求。

3. 建立完善的整机产品 CDT 试验方法，有力保障产品的高可靠性

全力打造控制系统、液压系统、传动系统、材料等性能检测试验平台有效支撑技术创新及产品研发，有力保障产品质量。成立材料实验室，增添冲击试验机、三坐标测量仪等检测设备，在行业内首推以超载强化试验为核心的整机循环强化测试（CDT）试验方法及体系，对新产品、新技术、零部件进行测试试验，开展产品可靠性评估，对整机性能、关键子系统、产品外观、产品设计细节等方面进行测试试验评估，推进研究成果的转化效率，推动产品改进完善，持续提升产品质量，给客户交付高可靠性产品。

（四）全面推进协同制造新模式，快捷响应客户个性化需求

1. 产销无缝衔接，形成敏捷响应的柔性生产方式

快速响应个性化订单的需求，生产和营销动态沟通客户实时需求，建立“三月滚动计划—月计

划—周计划—三天滚动计划—日计划”的需求信息传递方式，确保产品资源产出顺序与需求紧急程度一致，提高对用户的响应速度。生产部门全程参与合同评审，根据定制产品的需求信息与技术人员的沟通，掌握产品配置，包括产品平台、通用模块、定制关键件明细等，并根据产品构成信息，盘查系统库存和定制化实现所需关键件采购周期，快速响应市场。基于各产品型谱的个性化设计，采取“积木式”组合的生产计划下达方式，将各机型的个性化需求进行配置调整，根据个性化模块特殊生产订单的配送指令进行物料配送和组织生产，按照“积木式”组合的方式进行非标件装配，形成敏捷响应的柔性生产方式。

2. 搭建动态“积木式”组合的模块化生产，快速满足客户个性化需求

对产品标准化零部件、模块化部件做动态的个性化重组，建立动态“积木式”组合的模块化生产方式，实现产需互动的高度协同。根据塔机“离散型制造—模块化发货—立塔组装”的产品特点，结合S系列塔机产品“高安全、慧智能、强性能、优品质”的核心特质，将塔机按模块分解成平衡臂、起重臂、塔身、起升系统、回转系统、顶升系统等十三类“积木”模块，并在SAP系统中维护物料主数据（BOM）。通过自动化焊接、自动化加工、柔性化工装，实现模块化组件焊接，在装配环节匹配专属计划订单进行装配调试，其余模块进行标准化作业，全程进行跟踪控制，实现各模块组块的标准化和最终产品的可变性，加快产品生产速度，实现生产过程的透明化及低成本大规模定制，满足客户个性化的需求，实现快速交付。

3. 建立互联互通的数字化工厂，实现生产全过程数据化驱动

大量应用新工艺、新技术，近三年共投资3.4亿元，新增800余套智能化、自动化设备，实现关键工序自动物流输送、自动化焊接、自动化加工、柔性化工装，突破生产线关键技术瓶颈和难题。以制造运营管理平台（MOM）为核心，与产品数据信息化管理平台（PDM）、徐工全球数字化供应链系统（DSC）、客户关系管理系统（CRM）、备件协同管理平台（PMS）等系统深度集成，快速提升生产过程管理、质量管理、物流管理、设备管理等方面的信息化应用水平，向下与设备层焊接机器人、龙门加工中心、积放链等大型工业装备融合，构建敏捷化、网络化、在线化、透明化的生产制造执行体系。通过FIRD扫码技术的应用，制造执行系统（MES）能够自动采集生产数据，提供生产线所有工序环节的“实时数据”，实现各生产关键环节的工艺参数和设备运行参数等生产信息的在线监测和分析，对生产过程半成品、成品工序和仓储出入库数据进行动态计量，从而做到对生产操作自动实时跟踪，对产品质量的稳定性和工艺参数的执行率进行监督。精益管控，实现研发、生产、采购、物流、销售等业务同步协调，满足高效率、高质量的生产需求，支撑企业打造“技术领先、用不毁”做成工艺品的产品。

4. 整合业务流程外包资源，搭建协同化的服务型制造网络

充分利用徐工集团的品牌影响力和徐工塔机在行业内的技术优势积极拓展外包服务，外包生产加工环节，形成生产制造网络，最大限度实现价值增值。同时和徐工集团其他分公司、子公司根据生产计划安排和设备开机率等信息，开展产能调剂业务，充分整合制造资源。通过企业资源计划（ERP）、MES、物联网等信息化网络的协调和运作，资源的合理分配，建立销售订单拉动的从最终产品到各个部件的生产协同，打破时间、空间的约束，在各个工厂、仓库之间调配物料、人员及生产等，减少订单交付周期，更好地监控和控制制造过程，更加灵活地实现制造敏捷性，降低物料库存成本，因此，徐工塔机的存货周转率全行业遥遥领先。

建立拉动式的网络化协同制造的业务流程，对设计、配置、计划、生产、检验、装配、入库等整个制造流程进行集中管理，大大节约实施成本和流程维护与改善成本。将传统的串行工作方式转变为并行工作方式，提高了设计、生产的柔性，最大限度地缩短了生产周期和新品上市的时间，快速响应了客户需求。

5. 开展"1+2"异地协同制造新方法，降低客户购机成本

基于SAP、物联网等信息化平台，建立包含徐州、重庆、佛山三个基地的"1+2"异地协同制造新方法，其中徐州本部是主体和指挥中心，重庆工厂、佛山工厂是外部基地和协同支柱。三个基地使用统一的研发、营销、供应链，进行集成化、协同化生产制造，实现异地协同发货，减少订单交付周期，更灵活地实现整个企业的制造敏捷性。三个基地按照客户到货地距离远近，采用就近原则进行发货，为顾客节省物流运输成本和时间。如西南地区客户运输成本可占整机价值量的近10%，从重庆基地发货后整体运输费用可降低75%，运输周期缩短67%。

（五）构建客户导向的服务型模式，打造上下游数据协同的柔性供应链

1. 面向客户订单，建立"供应链+生态圈"的服务型供应链模式

充分利用ERP、MES、DSC、智能仓储管理系统（WMS）等数字化管理平台，建立面向客户订单的供应链管理方法。从采购计划、生产制造、物流配送、服务及异常处理，对供应链进行全方位管理，深化推进采购物流一体化，通过全量库存可视化，调拨供需智能匹配，配送物资快速查询、提报、协调、过程监控，库存定额智能分析优化，消除传统供应链的信息不对称、资源不匹配等问题。打造具有互联性、共享性、可视化的敏捷供应链网，实现厂内外工艺协同及生产标准化管理，以及订单执行的透明化、同步化、可追溯化管理，大幅提升供应链的协同研发能力、交货及时性、质量管控以及精益化水平，从而在整体上将孤立的上下游企业整合形成快速反应、敏捷响应市场需求的"协同共同体"，建立跨界融合、平台共享、共融共生的供应链生态圈。

2. 提升供应链服务管控能力，打造服务型供应链

面向市场客户需求，以订单信息流为纽带，基于智能化和网络化改造，围绕"服务系统化、系统智能化、业务多元化"，打造徐工塔机一体化、协同化的新型供应链服务管控能力。推动各供应商建立三包备件储备，通过高效快捷的物流保障，构建徐州总部、供方库、网点库三级仓储物流体系，通过销售信息实现下游备件网点和客户缺货备件的实时响应，全程跟踪供应链库存，对可能的断料零件进行预警，提升备件的充足度。监控供应商服务的及时性和有效性，重点关注供应商服务人员10分钟响应、4小时到位、24小时完工等关键指标。引领供应链提升协同发展能力，引导供应商从以产品为利润来源向以附着在产品上的服务为利润来源的思想转变，持续打造徐工塔机服务型供应链。

3. 构筑高标准、高起点的钢铁同盟军，建立行业优质供应链

以选择与行业内"数一数二"的供应商合作为指导思想，高标准选择和培育"同盟军"，深度聚焦供应商"五项能力"建设，包括协同研发能力、产品保障能力、成本控制能力、质量保证能力和运营管理能力。同时坚决推进供方帮扶，扎根供应商现场，推进实施供应商自动化设备改造，实现少人化及效率提升，构建穿透式管理外协同盟军标杆模式，实现帮扶穿透、培训穿透和文化穿透，建立供应商联盟，实现风险共担和利益共享，近三年共发展战略合作供应商67家和排他采购供方31家。同时构建以客户个性化需求为导向的更加柔性、动态化的供应链管控方式，实现徐工塔机供应链的总成本最低、顾客利益最大化。

（六）提供物联网驱动的数字化智慧服务，实现全生命周期服务保障

1. 全过程数字化运输及装机保障，全方位打造"保姆式"无忧服务

徐工塔机为客户提供运输服务，和第三方物流公司徐工智联签订战略合作协议，自主开发发货车辆指挥系统，装货司机扫描实现自动识别成品地图、装车路线、等待车数、合同号、装货配置等信息，根据当日发货车辆情况实现精准车辆调度，用户可以实时查询装车信息，全过程进行GPS监控，确保高效、便捷、安全到达指定工地。为保障客户塔机安全施工，树立"用不毁"产品形象，实施"两大一新"客户服务保障机制，每名干部主管每月至少带队一次去客户工地进行"首装首吊"，实地调研客户

的使用需求和改进建议。专业化服务工程师队伍，由2018年的46人发展到现在的125人，做到有市场就有销售，有设备就有服务，覆盖率达到100%。推行贴心式、个性化的全生命周期服务，保障塔机快速装机、调试、验收使用，满足客户重大工程技术指导、重大问题应急处理特殊需求。

2. 远程诊断及故障主动预警，为客户提供精准智能服务

围绕“超越客户期望，追求客户感动”的服务理念，通过徐工塔机物联网平台的智能故障采集功能，对塔机实时作业工况的参数进行监控，根据产品动态运行参数、设备疲劳度、历史故障、历史工况数据等大数据对产品的健康状态进行评估。如果出现异常，平台就会自动跳出报警信号，根据整机、系统、零部件的健康状态分析，通过显示器显示故障代码、故障参数、故障逻辑图、故障的可能原因及解决方案，为施工现场的塔司、服务人员故障排除提供依据。徐工塔机针对每一台全生命周期内的塔机都定制了9次保养策略，在保养时间到来之前，平台将保养信息进行提醒，并生成日常保养类型的服务单，由400服务人员第一时间通知客户，为用户提供专业化、差异化的维护保养服务。

3. 塔机动态监控及违规操作预警，满足用户超值需求

利用物联网平台和智能管家系统，提供客户“行为指纹”，塔司在操作设备时，如果出现超载和超速现象，平台会自动识别信息，客户可对超载次数和超载系数进行详细了解，规范塔司的安全操作。实现对工作设备的动态监控，方便客户查看多台设备的工作状态。根据设备的工作饱和度，客户可以灵活地调配资源，合理分配工作强度，有效延长设备使用寿命的同时保证了工程项目的快速推进。

4. 实施“企业上云”，为客户提供全生命周期服务信息系统

部署企业私有云，围绕“面向市场，面向客户，简洁高效”的核心目标，借助基于微软Dynamic365平台的CRM系统、全球数字化备件服务信息系统（X-GSS）、备件协同管理平台，建立销售全过程的业务协同机制。开发徐工塔机智能化客户移动应用（X-Smart），提供设备中心、服务中心、商务中心等功能板块，助力客户在手机端实时获取设备分布、工况情况，享受在线报修、安装预约、服务进度查询、财务对账、电子合同等后市场服务功能。整体打造云端营销管理体系，实现从客户下单、生产制造到售后服务一体化的全价值链营销管控流程，为全球客户提供精准、增值、满意的全生命周期服务信息系统。

（七）建立科学的考核评价机制，增强正向激励的新动能

1. 建立科学的考核评价机制，细化客户导向绩效指标

创新绩效考核体系，围绕顾客的价值创造，更加关注顾客的忠诚度、满意度和服务的财务绩效。基于业务流程匹配管理要求，明确服务型制造管理流程各环节的岗位职责、制度标准、风险控制、考核指标、绩效评价等要素，通过对流程和关键控制点的梳理，建立客户满意度、准时交货率、一次装机合格率等17个通用指标和46个关键指标，规范系数指数数据来源、计算方法，实现由单向考评体系向综合效能评价体系的转变，引领各职能主体发挥协同效应。

围绕客户导向，对内部员工开展岗位价值评估，构建“让组织更高效、让员工更幸福”的魅力型企业的良好用人环境，畅通管理、技术、营销、生产四支人才队伍的职业发展通道，评选价值贡献“先进个人”和“先锋模范团队”，2021年员工整体薪酬同比提升10%以上。对经销商实行月度销售返利、年度超额奖励、销售进度率月度奖励、服务满意度提升奖励、市场占有率和品牌美誉度提升专项奖励，持续提升整个价值链上内外部各环节的正向激励力度。

2. 分梯队培养服务型制造所需人才，提高人才保障能力

大力开展人才引进及培养工作，建设定位清晰、标准明确的三层级人才梯队，固化形成资格培训、岗位实训、外培研修、导师带徒、项目锻炼、复合型培养等多条快速成长路径，以满足不同类别、不同梯队层级人员的学习发展需求。开展徐工塔机服务型制造规划目标、实施路径、运营管理流程培训和关

键岗位人员的业务能力提升专项培训，使员工对服务型制造有清晰认识，并具备满足岗位胜任能力的技能。

徐工塔机坚持人才培训培养工作的前后向管理，不断完善人才甄选、培训、培养到评价、使用、晋升、薪酬和激励的一体化链接机制。围绕“智品、智造、智服”目标，层层分解形成各部门、各岗位KPI指标和工作计划，通过科学的绩效管理工具和方法，对员工进行多维度的评价，形成较为完整的人才成长链，实现对人才选、育、用、留的对接，在企业内建立良好的人才成长激励导向。

3. 构建新型文化体系，发挥文化引领作用

全力打造导向文化、开放文化、柔性文化、创新文化的文化引领。建立坦诚的、双向沟通机制，营造改进创新、快速反应、学习、和谐的环境。从顾客的个性化需求出发，在产品全生命周期中为顾客提供定制化的产品服务。在价值链的各个环节实现为客户提供服务或解决方案的目标，主动站在客户的角度考虑问题，主动服务客户，从而在徐工塔机内部建立起高效的客户服务文化，重建“顾客”的概念，凡是在为顾客创造价值的整个价值链中接收自己输出的对象都是顾客，都需对自己的直接顾客和间接顾客负责。在徐工塔机内部形成动态、柔性的组织能力，建立柔性的企业文化，适时根据外部环境和顾客需求的变化，调整组织的边界、结构及业务流程、规则等，推动组织和员工的价值观、信念以及组织惯例的转变，从而带来企业能力的适应性转变。鼓励员工的创新精神，从以顾客被动适应企业所生产的产品为主的模式，向主动发现客户需求和价值创造的缝隙，打造自身的动态能力，从而创造出符合顾客个性化需求的产品及服务的模式转变。

三、建筑机械企业满足客户个性化需求的全价值链服务型制造管理效果

（一）转型塔机服务提供商，管理效益显著提升

提升了徐工塔机的整体管理水平，管理理念发生了颠覆性变革，改变了原来的“以塔机售卖为主，服务作为塔机的附属品”管理方式，实现了以标准订单生产转变为基于用户的规模化个性定制，由产品导向转变为客户导向，由制造产品转变为价值创造。公司营业收入由2018年不足12亿元上升至2021年的82亿元，提升597%；其中个性化定制产品收入逐年递增，由占总收入的比重不足20%提升至73%，比行业平均个性化定制程度高30%以上，成为主要盈利点，市场占有率提升至国内第二、全球第二。品牌影响力得到大幅提升，市场规模、客户满意度、产品结构及区域市场等得到中国建筑、中国中铁、中国铁建等央企系统客户和塔机租赁公司的一致认可，客户朋友圈不断扩大，客户结构持续优化。客户服务满意度连续四年大幅度提升，产品美誉度广泛认可。

（二）增强企业整体运营水平，经济效益稳步提升

帮助徐工塔机培育竞争差异化优势，避免产品同质化，为企业带来丰厚的回报，拓宽了徐工塔机在市场竞争的发展空间，实现了产能和盈利能力持续裂变式增长。产品运维成本显著降低，促进上下游产业链效率提升，融合数字化和网络化的塔机生产制造打通了产业链，信息流通效率显著提升。从2018年至2021年，全员劳动生产率提升4.93倍，存货周转率提升5.02倍，整体生产周期压降40%以上，响应时间缩短33%，工业总产值增加5.96倍，利润增长4.95亿元，实现了企业效益和效率的大幅提升。产业链价值重心向“微笑曲线”的两端转移，实现低成本延伸价值链，保证了企业高质量、高效益、高效率、可持续的发展目标。

（三）树立行业发展新标杆，社会效益日益彰显

近年来，徐工塔机累计掌握核心技术60多项，申请专利近500件，授权专利449件，其中发明专利授权27件；参与编制《塔式起重机使用说明书编写导则》等5项国家标准行业标准，并荣获中国机械工业科学技术三等奖一项，江苏机械工业科技进步奖一等奖一项，是江苏省认定工程技术研究中心、江苏省知识产权标准化示范先进单位、国家知识产权优势企业。2021年万元产值保全能耗由0.0106吨

标准煤降低至0.0089吨标准煤，实现了土地集约、运营集约、功能集约、设备集约。连续六年位列中国塔式起重机用户品牌关注度十强，XGT600－25S获2022年度中国工程机械年度TOP50产品奖。研发制造出全球最大的塔式起重机XGT15000－600S，突破了60余项关键核心技术、20余项世界级技术难题，创造了10项世界纪录，彰显大国重器。联合全国建筑机械租赁与安全管理理事会成功举办行业年会，全国各地安监局、建筑施工单位、行业标杆客户、其他建筑机械制造企业逾700人前来交流学习徐工塔机服务型制造创新新业态。

（成果创造人：夏泳泳、王治国、张　娇、仇建杏、石亚东、李　彪、衣　磊、李晓峰、吴建明、杨　森）

核电企业以世界一流为目标的卓越运营管理

中国核能电力股份有限公司

中国核能电力股份有限公司（以下简称中国核电），由中国核工业集团有限公司（以下简称中核集团）作为控股股东，联合中国长江三峡集团、中国远洋海运集团和航天投资控股共同出资设立。投资控股秦山核电、江苏核电、三门核电、福清核电、海南核电、漳州能源、辽宁核电等核电基地。拥有控股子公司26家，合营公司1家，参股公司11家，总资产约4000亿元，市值超1200亿元，员工总数约16000人。控股在役核电机组25台，控股装机容量2371万千瓦，累计发电超1.2万亿千瓦时，安全运行累计超220多堆年；控股在建核电机组7台，装机容量762.7万千瓦。2021年19台机组WANO综合指数世界第一，核能年发电近2000亿千瓦时。围绕核电厂安全运行、降本增效和绩效提升工作，中国核电投资成立核电运行研究（上海）有限公司（以下简称运行研究院），定位于中国核电的运行支持、科技研发和国际合作平台与技术研发和管理创新的“人才、技术、创新”高地，以解决影响长期安全运行的共性技术问题，夯实长期安全稳定运行的基础；研究共性管理课题，提升管理的标准化水平、管理效率和效能；开展前瞻性、基础性和应用性的研究，改善系统设备的安全可靠性能，提高运行管理水平。

一、核电企业以世界一流为目标的卓越运营管理背景

（一）实现国家能源战略目标的责任担当

能源的多元化，是国家能源安全战略的重要保证，核电是一种清洁、高效的新能源，大力发展核电，符合国家能源利用的趋势，具有重大意义。随着国家明确提出“2030年碳达峰、2060年碳中和”目标，清洁低碳能源将成为增量主体，以核电为代表的稳定基荷能源与间歇性、分散性可再生能源互补发展的局面正加快形成，核电迎来新的发展机遇。国家名片“华龙一号”作为“走出去”的重要载体，在国际上已赢得良好口碑。中国核电作为核能发电的中坚力量，坚定不移执行中央决策部署，高质量发展核电产业，推动能源结构清洁低碳化，更好支撑国家战略和国民经济社会发展。

（二）打造世界一流企业推动行业发展的必然要求

中国核电作为中核集团核能发电的中坚力量，肩负推进“建成核工业强国”和“构建现代能源体系”双重责任，责任重大、使命艰巨。面向未来，核事业快速发展，一个个核电基地应运而生。按照国家每年核准6~8台核电机组的计划安排，中华人民共和国成立百年之际，中国核电在运机组预计将增长到70~100台。随着市场竞争的日益激烈、社会分工的日趋细化、数字技术的快速发展、专业化程度的日益增强，要想站稳脚跟、适应环境、赢得竞争、引领行业，就必须建立一套标准高效的管理模式，提高生产、运营、管理每一个环节的精细、专业水平，以局部的精细合成整体的卓越，尽快实现从跟跑、并跑到领跑的跨越，打造具有全球竞争力的世界一流企业，推动行业发展。

（三）实现企业高质量发展的迫切需要

中国核电经过近30年的发展，实现了从秦山核电“国之光荣”到华龙一号“国家名片”的重大跨越，并积极践行“一带一路”倡议，深化国际核能合作，取得了一系列重要成果。对标世界一流，中国核电在安全指标、生产效率、运营管理水平上与卓越目标之间依然存在提升空间，实现“领跑世界核电运营”的战略目标任重道远。中核集团积极贯彻国家发展要求，提出建设先进核科技工业体系、打造具有全球竞争力的世界一流集团和助推我国建成核工业强国的新时代奋斗目标（简称“三位一体”

奋斗目标）。作为我国整体核工业体系中最先与国际接轨、市场化运营、规范化管理的一家核电企业，提出“集约、增效、精准、创新”的总体目标，建立以集约化思想为核心的精细化管理方法，赋能中国核电实现高质量发展。亟须通过管理创新，探索新的管理方法，建立一套行之有效的“管理体系”，全面提高运营管理水平，建立完善的运营体系，使运营管理持续处于安全、稳定和高质量的状态。

二、核电企业以世界一流为目标的卓越运营管理主要做法

（一）以战略目标为引领，系统构建卓越运营

中国核电在2019年年初，适时对自身战略体系进一步审视、研究和优化。基于发展历史回顾、核心竞争力、内部资源能力、宏观环境扫描、行业环境等内外部分析的基础上，进行战略选择，确定未来中国核电的“一核心两主力双责任”的战略定位。最后，把握国家低碳新能源发展大势，瞄准全面提升核电运营能力，明确“清洁化投资、国际化发展、现代化运营”的战略方针，确立“领跑世界核电运营”的战略目标。

作为我国整体核工业体系中最先与国际接轨的一家核电企业，中国核电的运营体系无疑是适合当下发展状态的，但聚焦战略目标，对标世界一流，中国核电安全指标和生产效率仍存在提升空间，数据标准各机组间还存在差异，高质量发展之路任重道远。因此，亟须统一标准，系统构建一套行之有效的“管理体系”，逐步解决存在的问题，为实现“全球持久核安全、稳定、高效”提供“中国方案”。

以战略目标为引领，系统构建卓越运营管理体系。通过构建设备可靠性管理和安全监督纵深防御体系，打造本质安全；通过打造安全文化“核引擎”和创造卓越人因绩效体系，夯实安全之基；通过优化以工单为核心的电厂生产体系和完善生产决策指挥调度与风险控制体系，实现高标准稳定运营；通过优化大修和降低库存，实现经济效益提升；通过构建数据资产、统建群堆数智核电支持系统和经营管理驾驶舱，实现管理层对整体经营管理、安全生产等状态的全面了解，更好地辅助管理层科学、合理决策，从而实现多机组、多堆型的运营管理水平长期处于安全、稳定和高质量的状态，运营业绩持续提升，最终领跑世界核电运营。

（二）以“设备管理、安全监督”为重点，打造本质安全

1. 完善设备可靠性管理体系

中国核电以“减少非停”“降低机组运维成本”为目标，超越WANO指标，追求卓越，建立“可量化、可分解、可评价、可考核”设备可靠性绩效指标（EQP）体系。EQP从更长时间的维度去评价设备可靠性管理工作，同时还考虑时间权重因素，这与设备可靠性管理工作的延续性、长期性相匹配。EQP更关注可量化的结果指标，而不关注那些难以量化的过程指标，体现指标的结果导向，使得EQP指标更具指导性，更利于指标分解、分工、评价等工作的开展。

成立设备可靠性管理委员会（ERC）、设立工作组专家组，遴选专家担任组长，开展巡回督导与专项评估、推广运作关键功能小组等为设备可靠性管理体系提供组织支撑。ERC通过委员会会议、治理非停月度专题会、技术研讨圆桌会，以及下设的工作组、专项组、专家组来推动各项工作的开展。

自主研发国内首套具备完全自主知识产权的核电设备可靠性管理平台（ERMs），应用于所有运行机组。以“数据可视化、效率高效化、办公移动化、分析智慧化”为原则，利用云、大、物、移、智等现代信息技术手段，实现设备实时监测、趋势分析、故障诊断与健康评价，构建一套全流程运维辅助系统；围绕关键敏感设备管理、预维大纲优化、状态维修及预测性维修、热力性能监督、寿期管理等核心业务，打造“标准化、集成化、敏捷化、协同化、信息化”的设备可靠性“一站式”管理系统，实现全范围、全流程、全寿期、全过程管理。结合管理实践，在工作风险控制、设备系统管理、关键敏感设备（SPV）管理等细分领域，引入五大生产岗位责任主体，明确各自的主体责任，注入新活力。针对SPV设备，明确设备负责人、维修负责人，专人来负责SPV设备的管理和维修工作，确保管理质量。

借鉴行业先进管理流程，开发管理与技术导则，实现标准化、规范化；通过 ERMs 建设，实现管理流程的信息化；通过总结与积累，结合自身机构与职责特点及实际需要，动态补充和完善管理流程，不断丰富内涵；通过深度的内外部经验反馈，国产化替代和专项评估等方式，持续提升设备可靠性。

2. 构建安全监督纵深防御体系

中国核电实施“多角色、多视角、多方法、多层次”的安全监督，降低共同模式失效的风险，构成电厂安全和绩效的纵深防御体系。安全监督包括工作人员的互检、一线主管的检查、质量控制检验、技术审查。职能监督由工作责任部门管理层及分管领导实施，通过自评估、管理者观察指导、巡视、管理层审查会等方式实施。独立监督工作由公司派驻电厂安全总监办公室、电厂安全质量监督部门在各自不同的监督目标与范围内实施。

发挥总部安委会协调监管作用，建立驻厂安全总监独立监督与工作指导机制与安全环保领域同行工作组常态化运作机制。总部安委会设置安全总监组，并向电厂派驻安全总监、在电厂设立安全总监办公室，对电厂安全相关领域的管理状况进行独立监督和评估。定期组织安全总监巡查、同行工作组交流等活动，帮助被检查单位发现安全隐患和问题、提出改进建议，同时提出被检查单位在安全管理领域的良好实践，加强各单位之间的经验交流和互补，促进中国核电整体安全管理水平的提升。安全生产委员会架构如图 1 所示。

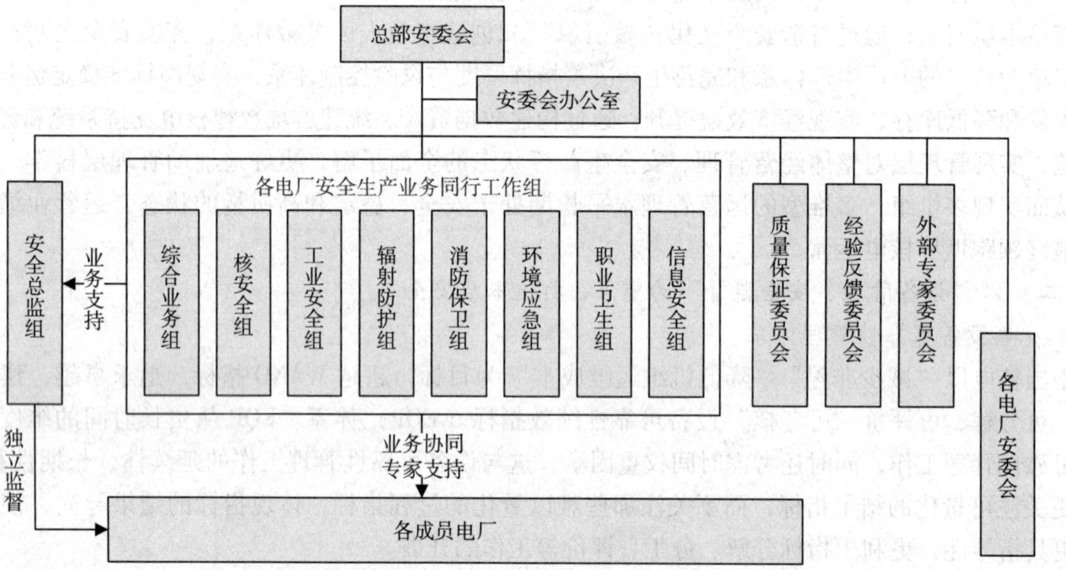

图 1　安全生产委员会架构（设安全总监组、同行工作组）

电厂层，建设专业细分型安全监管组织架构，按专业分工设置安全监督部门，配齐配强安全监管技术人员，培养形成核电安全监管人才队伍。围绕核与辐射安全、工业安全、消防安全、职业卫生、环保、应急管理、经验反馈等安全监管核心业务领域推进标准化管理，形成电厂安全管理导则、技术标准体系，从制度层面推动核电厂安全生产工作实现集约化、标准化管理。

打造安全生产“双重预防机制”核电方案。探索核电特色“双重预防机制”建设方案，基于区域安全责任落实、危险源与安全环保敏感 SSCs 分级管控等实践推动风险分级与隐患排查治理工作落到实处。通过安全环保信息化、可视化平台建设，实现重点安全区域、高风险作业的实时监控，提高安全监管技术能力。

（三）以人因管理为关键，夯实安全之基

1. 打造聚焦核工业精神的卓越文化

传承“两弹一星”和“四个一切”核工业精神，弘扬“强核报国、创新奉献”的新时代核工业精神。牢固树立安全发展理念，坚持生命至上、安全第一，以“安全第一”为根本方针，以维护公众健康和环境安全为最终目标，坚持“安全是中核集团的企业核心价值观”，坚持核安全文化推进与安全生产同步协调发展，坚持核安全文化引领导向，一体化推进核安全文化共建共享。发挥主人翁精神，推动全员坚持高标准，营造“人人都是一道安全屏障”的核安全文化氛围。

逐步建立起以“追求卓越，超越自我”为核心的企业文化理念，卓越文化融合路径、卓越文化树模型、卓越文化徽章、卓越核安全文化十大原则等在内的卓越文化理念体系。2019 年，发布卓越文化体系理念及释义，全面承接了集团公司的核心理念，明确“责任、安全、创新、协同”的企业核心价值观，并将具有中国核电特色的文化理念集中表达，主要包括：“奉献安全高效能源、创造清洁低碳生活”“争做最具魅力的国际一流核能企业”“追求卓越、超越自我”“规模化、标准化、国际化”“创造企业价值、创造股东利润、创造员工幸福、创造社会财富”等。与时俱进，增加“我是中核人、我是中国核电人”的职业身份认同的文化表述，为公司集约化、高质量发展注入思想文化活力。

2. 创造卓越人因绩效

开展系统化规范与强化人因管理，构建自上而下多层次人因管理文件体系，规范指导人因管理工作。完善各生产岗位行为规范，全面、详细、严格规定核电厂现场工作的全部注意事项及操作要求，通过人员行为规范宣贯，强化员工遵章守规意识，严格遵守人员行为规范，将各级人员行为规范纳入授权考核和签订承诺书，强化“四个并重”核安全观的贯彻落实，使其真正入脑入心，提升人员绩效，减少人因失误。

电厂常态化开展防人因失误工具培训和行为训练，强化防人因失误工具在各级班组和协助单位规范使用，在生产规程中全面应用（覆盖反应性操作、关键敏感设备维修规程）。开发观察指导手册、标准指导卡和视频教材，从观察指导实践方法、观察项设置等方面指导电厂开展观察指导。对观察指导数据进行系统归纳、趋势分析，找出人员行为存在的劣化趋势，挖掘深层缺陷，制定纠正行动，实现闭环增益。通过观察指导，发现和收集现场工作人员在使用防人因失误工具及识别现场失误陷阱方面存在的不足和偏差，不断改进人员绩效。

针对人因非停事件反映的值长领导力、操纵员基本功等弱化现象，党委会开展专题研究，完成值长能力和培训评价，识别值长能力和培训中存在的弱项。开发和完善值长领导力培训大纲和课程，开展值长领导力和操纵员基本功强化培训，降低人因执照运行事件数量，杜绝人因造成的非计划自动停堆停机。严把根本原因分析质量关，重大事件开展独立调查，开发系统化的根本原因分析手册以及辅助智能软件。开展根本原因分析报告“优中选优”和良好实践交流，群厂学习，持续提升质量。

（四）以工单为核心驱动生产全流程闭环管理，实现高标准稳定运营

1. 优化以工单为核心的电厂生产体系

以生产计划为内核、紧急抢修与状态报告为抓手推动生产运营管理，打造核电厂“人、机、法、环”生产全流程闭环管理，持续改进，实现核电卓越运营的目标。

实现以工单管理为核心的核电运营优化。以生产计划为龙头，保证工单的安全性、时效性与准确性。由于业务流程自动化，系统自动关联流程的相关信息，缩短人工准备时间、工单流转时间。由手动开工单改为系统自动触发工单，实现涵盖工作申请、工作计划、工作准备、工作许可、工作执行、工作关闭、最终统计归档的工单全流程数字化管控，有效打通维修、人力、库存、采购、财务等环节的数据共享，利用人工智能优化人工、设备计划等。有效减少操作量、提高了生产效率、降低了运营成本，人

均工时从 50 分钟降低到 10 分钟，平均每个电厂每月可节省 9000 个管理工时，每月节省约 50 万元。

实现核电厂“重复性工单”的标准化管理。建立重复性工单准备过程、实施过程的标准化文件，降低劳动成本，有效管理风险，精益求精，提升管理水平。完善工单标准化内容，进行标准化设计。以十三周滚动准备计划为例，在计划零点的倒数第十二周工单自动弹出，触发工单准备，工单准备工程师在规定时间内完成准备。重复性工单可以预测设计寿期的备件、材料等的采购需求，为国产消耗性备件、材料的采购优化提供前提。

实现“零”紧急抢修、“少”SSC 失效事件的目标。构建数字化的生产计划管理和预防性维修体系，建立燃料循环紧急抢修的数量统计管理系统，与生产体系中不希望出现的重要偏离、触发紧急工作等相互衔接，并通过根本原因分析和纠正行动执行，不断减少关键重要 SSC 失效的事件数量。

实现自动化状态报告、经验反馈、持续改进的闭环管理。状态报告是核电厂开展经验反馈工作的基础，通过对核电站异常的报告、分析，制定纠正行动、反馈的循环流程，所有缺陷都会触发状态报告，且状态报告会按照标准分级。对人员、环境、安全及计划目标构成重要影响的缺陷或异常会定为 A/B 类，自动生成详细的状态报告，并智能分析导致缺陷的全面原因，如直接原因、促成原因及根本原因，以及相应的纠正行动与改进计划。同时状态报告会在整个集团各电厂层面进行智能推送、经验反馈与共享，有效防止其他电厂类似事件的发生。

2. 完善生产决策指挥调度体系

中国核电奉行“安全第一，保守决策”的原则，建立电厂生产运行决策指挥调度体系。生产决策领导小组总体负责管辖生产单元机组的日常运维，保证机组安全稳定经济运行。建立生产早会、日计划会、管理晚会协调机制。由值长主持生产早会，通报机组重要信息，布置当天重点生产工作；由生产计划工程师主持日计划会，布置落实机组日常生产工单计划；由生产厂长主持管理晚会，督促生产早会、日计划会安排任务的落实和执行，协调解决生产单元日常管理中的问题，做到每日闭环管理。

电厂运行部门发挥在电厂生产工作中的主导作用，以当班运行值长为中心开展运行控制活动。生产厂长直接负责管辖单元机组的生产运行，直接指挥管辖单元调度指挥处（科）室开展机组生产运行，机组发生紧急状况时，厂长可指挥调度公司内任何生产相关资源，确保生产运行控制所需要的人力、物力资源得到足够的保障，确保生产运行的高标准、高效率和高序性。

3. 构建风险管控体系

建立日常计划风险管控机制。通过 24 周长周期计划管理，保障预防性维修项目和定期试验的有效执行，提高关键重要设备的可靠性和可运行性；通过概率安全评价和日常计划风险分析，严格做好每日生产计划及其高风险作业的风险把控，有效防止现场工作的实施风险；通过运行决策，做好重要缺陷的可运行分析和决策，及时将设备和机组置于安全可控状态。

围绕稳定运行设置机组健康指标，通过健康指标，监测机组日常运行中的弱项和问题，全面反映机组的健康状况和中长期发展趋势，以指标数据驱动运营改进。以问题为导向，持续优化，将困扰生产运行的重要问题转化成指标，配套管理措施，着力解题破题。运用人工智能和专家经验等数字化技术，智能分析相关指标差距的影响，提供电站运营管理优化的重点方向和改进措施，提升机组安全、稳定、高效、经济运行的水平。

（五）以优化大修和库存管理为抓手，提高经济效益

1. 优化大修管理

建立大修指挥体系和大修优化项目组织机构，集约化推进，提升大修业绩。电厂大修推行“项目经理制”，全面负责“四大控制”；建立大修优化定期评价制度和大修优化项目专项组评优机制，从计划执行、研究成果、成果转化和优化项目策划四个方面对大修管控开展年度评优工作。

全局统筹考虑开展大修优化工作，推进大修优化成果在电厂的落地，围绕“谋全局、抓关键、控范围、建标准、推共享、重科研”六个方面，全面细致地开展大修优化工作。

谋全局，对标国际先进大修业绩，结合自身实际情况，确定机组平均能力因子96%的奋斗目标，从时间和资源两个维度管控机组大修，实现中国核电机组全寿期大修规划最优化，力争卓越大修业绩。

抓关键，分析每次大修里程碑窗口内关键路径的工作安排，从计划和具体工作两个层面入手：挖掘最佳实践，制订标准计划和标准工单；梳理关键路径主要类型工作，分门别类地研究分析，挖掘增值点，制定优化方案。

控范围，开展维修策略研究，控制检修项目。开展设备可靠性管理、开发维修有效性评价规则、运用概率安全分析技术等手段，对设备重要性开展分级工作、对电厂运行设备进行配置管理、对设备检修导致的风险增量进行量化评估，从多个维度对预防性维修开展优化工作，减少不必要设备检修，控制大修检修范围。

建标准，挖掘历史数据，制订标准计划和工单。针对不同堆型的机组，分别制订大修标准关键路径计划，作为各电厂制订大修计划的对标计划。各电厂也能够在标准关键路径计划上做项目加法，从而为快速准确确定大修计划提供有效策略。

推共享，收集良好实践，适用电厂推广应用。大修优化项目组通过大修观察活动、大修窗口分析研究主动发现提炼创造性的工艺方法，或由电厂方法创造人主动总结申报，形成大修绩效范例或良好实践案例报告，持续推进其在适用电厂的推广应用情况，可将单一电厂创造成果尽快应用生效，产生群堆优化效应。

重科研，促进“业务科研”融合。通过分析研究电厂大修实施过程中的痛点卡点问题，结合大修优化专项工作内容，策划共性科研项目，并充分利用运行研究院信息中枢的优势，强化多领域、多专业合作，促进业务痛点卡点和科研融合，打破各电厂各自为战的局面，形成集约研发、协同优化机制。

2. 优化库存管理

对于大宗和共性需求，通过整合，争取通过集中采购来实施，签订集中框架协议执行，提高采购量来降低采购成本。从机制创新和集采创效两手抓，着力推进集采做深做实。结合工作实践，优化集采运作机制、实施流程，升级集采管理制度，在解决“集中什么、向哪里集中、如何集中、谁来决策”等关键问题上持续发力。

厘清权责，建立健全“共享联用”体系。建立“谁储备、谁采购，谁入库、谁摊销，谁销售、谁补库”的联储备件使用办法，明确储备单位维持共享定额的责任，制定单位之间备件流转按“正常销售”处理的办法。对于各电厂与制造商间开展的生产备件联采联储，联储各方遵循清单共同确定、出资合理分配、信息实时共享、长期互利共赢、深化战略合作的总体原则。

在电子商城采购的基础上，创建供应商寄售管理方式。先签订框架协议，供应商将货物先存放在企业处，货物所有权仍归属于供应商，由企业进行实物和库存水平的管理。生产企业领用或消耗后，方与供应商进行结算。先领用后结算的“寄售”管理模式，逐步实现“寄售”物资的“零库存”管理，实现现买现用。积极推行联采联储机制，通过内部、纵向、横向等多维度实现联采联储工作。纵向与哈尔滨电气集团联储、与上海电气集团联储、与东方电气集团联储。横向与中广核战略备件联采联储。

（六）构建数字化支撑平台，提升管理层数智决策能力

首先，开展5G无线网络、数据中心、工业互联网数据基础平台（DHP）建设，构建数据资产。其次，围绕安全生产、经营管理，以数智化业务监管模型为基础，利用已有数据资产，统建信息系统。最后，以数字化平台支撑，提升卓越运营全要素联动效率，实现对整体经营管理、安全生产等状态的全面了解，更好地辅助管理层科学、合理决策，有效保障公司全部资源和运营管理在控、可控。

1. 建设群堆基础数据资产

通过开展核电厂5G无线网络建设、数据中心建设、DHP建设，建立数字化、智能化硬件网络、数据平台基础，汇聚全生命周期信息和数据，打破系统独立建设、设备独立运维、部门独立管理的数据孤岛，建立互联互通的数据环境。将滞留分散在各业务系统之间、电厂的数据汇集贯通，实现横向跨系统、纵向跨层级的数据融通管理与分析挖掘，打破数据分而治之僵局，实现支撑全局“一盘棋”运营管理。海量数据在数字平台上汇聚和交互，通过对数据的灵活应用，业务系统的智慧化交互，并基于平台探索创新应用，构建数据资产，激发更多数据价值，实现电厂智慧化升级。

2. 统建群堆数智核电支持系统

中国核电坚持“统一领导、统一规划、统一架构、统一标准、统一管理、统一建设、集中运维”的工作原则，围绕安全生产、经营管理，以数智化业务监管模型为基础，利用已有系统数据，统建信息支持系统。

一是以设备信息管理为基础，以工作管理流程为主线，建立将设备管理、工作管理、运行管理、辐射防护管理以及安全管理集成为一体的核电生产管理信息系统（EAM）。中国核电存在压水堆、VVER、重水堆、AP1000、华龙一号等堆型，导致各电厂的管理程序、业务规范和流程设计上存在差异。原有的生产管理业务流程、管理信息系统各不相同，对标管理困难，集约化、精益化管理不够。因此，统一各电厂安全生产业务流程，构建统一、标准的EAM是实现“核电业务标准化”的重要支撑。

二是遵从“技术先进、性能可靠、架构可控、灵活拓展”的原则，全新构建“前、中、后”三台联动架构模型，体现“横向新单位推广接入、纵向新业务融合拓展”的管理思路，建立核电人财物一体化管理平台（ERP）。通过ERP打造会计共享、智慧财务体系，推动会计核算集约化、标准化、信息化水平提升，促进业务规范统一，降低运营成本，驱动财务全面转型。

三是为实现对不同单位、不同机组、不同类型的内容从产生、捕获、分类、存储、保护、管理、使用到处置的全过程管理，建立企业内容管理系统（ECM）。将企业所产生的数据进行集中统一管理，支撑业务流程一体化管理体系，同时为其他业务系统提供内容支持，最终支持企业迈向知识管理。

四是围绕设备管理的难点痛点，结合大数据技术、5G应用、知识图谱、语义库等技术，建立设备可靠性管理系统（ERMs），提高设备管理的便捷性。ERMs作为电厂“一站式”设备智慧化管理解决方案，实现设备、定期试验、工单、图片、文件、物料清单、备件、变更、定值、预维项目等数据全面互联互通，实现设备管理知识的高效传递，实现设备知识的透明化、智能化和智慧化。

3. 提升管理层数智决策能力

开展智能化基础设施及统建应用系统建设，以集成数据、高效流程、智能支持、便捷入口为运营管理提供信息技术底座。通过业务数字化，联动卓越运营要素，挖掘数据的关联关系和潜在价值，以数据可视化方式为中国核电业务监管和管理决策提供支撑。构建数字化、智能化的经营管理驾驶舱，以及时预判预警风险的发生，“用管理的思维发现问题，用数据化的思维分析问题，用技术的思维解决问题”，以数据支撑运营管理，对运营风险进行跟踪和预测，主动识别潜在风险，实现业务数据自动获取和关联深度分析功能，实现管理层对整体经营管理、安全生产等状态全面的了解，更好地辅助管理层科学、合理决策，有效保障公司全部资源和运营管理在控、可控。

三、核电企业以世界一流为目标的卓越运营管理效果

中国核电探索构建了一套卓越运营管理体系，发挥精细化群堆管控职能，构建与实施了群堆设备可靠性管理体系、卓越人因绩效体系、科技创新体系、安全监督纵深防御体系、群堆经验反馈体系、标准生产流程体系，以核安全文化为引领打造了卓越文化“核引擎”、实施了群堆大修精准优化、开展了库存管控精细化提升，统建了“3A4E”信息系统，创新引领赋能核电数字化转型。

（一）创造世界领先的安全运营卓越业绩

管理创新实施期间，中国核电极大地提升所有机组的安全稳定生产指标，实现安全运营指标世界领先。截至2021年年底，中国核电22台机组WANO综合指数平均值99.51，19台机组满分，持续保持良好运行业绩，位居世界第一；WANO满分机组数量由5台逐年增加至19台，占比从19%直线提升至82.6%，位居全球之首；机组非停次数呈逐年下降趋势，由14次减少到4次，平均0.16次/堆年，非停指标达到卓越水平；大修绩效国内第一，非A类大修平均工期从37.76天减少至28.66天，超越国内同行，年均创效10.6亿元；设备原因导致的非停率由0.6次/堆年下降到0.13次/堆年，超越中国核电内控目标值0.2次/堆年，国际领先；机组能力因子呈逐年上升趋势，由87.66%提升至92.49%。

（二）实现发电量与经济规模持续双增长

中国核电经济规模逐年扩大，效益不断提升，规模和效益实现同步双升，高质量发展能力持续增强。2021年，中国核电控股在役核电机组24台，装机容量22549MW，发电1732亿千瓦时，利润总额165.58亿元，实现多年持续增长。

（三）实现绿色环保与品牌影响力的双丰收

近三年累计安全发电超过5780亿度，相当于减排二氧化碳约4.6亿吨，相当于植树造林约301个西湖景区，为实现中国“碳达峰”“碳中和”目标贡献力量。此外，持续拓展核能应用范围，在核能供暖、海水淡化及工业供汽等国民经济领域发挥重要作用，进一步降低社会碳排放总量，绿色低碳能源供应能力再创新高。

中国核电荣获“中央企业先进集体”“国有重点企业管理标杆创建行动标杆企业”“全国电力行业企业文化建设示范单位”“十四五最具投资价值上市公司”等荣誉。先后发布2项国际标准，成为核工业发布国际标准的先行者。恰希玛核电站合作项目成为“南南合作的典范”，华龙一号海外示范工程全部并网发电，满足国际最高安全标准，成为中国为世界贡献的三代核电优选方案，从而使得国际影响力持续提升。

（成果创造人：卢铁忠、刘志勇、马明泽、徐　侃、王国华、张福海、
王　兰、王　欣、刘旭嘉、梁　军、徐　涵、朱术超）

中央企业“三横三纵”管理制度体系建设

中国华电集团有限公司

中国华电集团有限公司（以下简称中国华电）主要业务涵盖发电、煤炭、科工、金融四大产业板块，资产及业务分布在全国31个省（区、市）以及印度尼西亚、柬埔寨、俄罗斯、西班牙等20多个国家。公司控股6家境内外上市公司，现有职工9.2万人。中国华电其发电装机1.8亿千瓦，其中清洁能源装机占比达44.9%，是国内最大的天然气发电运营商，拥有同类型企业中最多的水电和分布式发电装机；其煤炭产能5420万吨/年，拥有4个千万吨级煤矿，自有船舶运力34.8万载重吨，港口吞吐能力7750万吨；其科工产业拥有国家级火力发电检测、分布式能源技术等科技创新平台，在国内率先构筑起覆盖火电、水电、风电、电网的电力自主可控工控产品系列；其金融产业拥有8家机构，取得财务公司、信托、证券、保险经纪、保理、融资租赁6种金融（或类金融）牌照。公司连续10年荣获国资委年度经营业绩考核A级，连续4个任期获评经营业绩考核A级企业，获评国资委2021年度中央企业改革三年行动考核A级；连续10年上榜《财富》世界500强，连续多年荣获“联合国全球契约最佳实践奖”，2022年位居中国500最具价值品牌榜第57位。

一、中央企业“三横三纵”管理制度体系建设背景

（一）加快建设世界一流企业的迫切要求

党的十八大以来，以习近平同志为核心的党中央把制度建设摆到了更加突出的位置，对建设中国特色现代企业制度的一系列新要求、新部署，提出了“两个一以贯之”，强调构建系统完备、科学规范、运行有效的制度体系，使各方面制度更加的成熟、更加定型。2022年中央做出加快建设世界一流企业的重大部署，一流的企业离不开一流的公司治理，一流的公司治理最终要靠一流的规章制度来实现和保障。科学构建中国特色现代企业管理制度体系，对于建设世界一流能源企业具有重要的意义。

（二）国有企业改革发展的内在需要

改革发展，制度先行。在建立现代企业制度体系方面，国有公司肩负着充分发挥中国特色社会主义制度优势、建立符合国有企业特点的管理制度体系的重要使命。工作实践中，国有企业管理制度建设方面通常会面临一些问题。一是制度缺失。部分业务领域存在制度盲区和空白，缺少行之有效的规制制度。二是制度冲突。部分制度在内容上存在矛盾，在职责界面上存在交叉、重复，制度上下位阶、层级不够清晰，不同业务领域制度横向不协调等。三是制度滞后。面对重大改革突破和新的管理探索，有的制度立改废没有及时跟进，与现代企业管控新要求不相适应，滞后于公司战略发展、深化改革和管理创新的步伐。国有企业在改革发展、做强做优做大的进程中，必须克服以上问题，加强制度的全生命周期管理，保障企业的运作有序化、规范化，降低企业的经营运作成本，增强企业的竞争实力。

（三）深厚的企业管理底蕴为科学构建“三横三纵”管理制度体系夯实了基础

规章制度是企业核心竞争力的重要构成要素，也是实现企业治理体系和治理能力现代化的内在需要。中国华电自成立以来，持续创新管理模式和方法，优化“总部抓总、区域做实、基层强基”三级管控模式，创新运用精益管理、7S管理、星级企业创建、一流示范企业创建、QC、职工创新创效等管理手段，形成了具有华电特色的管理文化，并将好的经验和做法固化为制度。经过20年的探索实践，各类管理制度更加完善，规章制度的引领、规范和保障作用充分发挥，为科学构建一套与企业改革发展目标和管控实际高度契合的“三横三纵”管理制度体系奠定了坚实基础。

二、中央企业“三横三纵”管理制度体系建设主要做法

（一）加强顶层设计，科学统筹推进

1. 明确路线图和时间表

制度建设是一项系统工程，涉及企业“一委三会一层”的治理机制，涉及各级公司的有效管控，涉及各业务管理领域的高效协同，必须加强顶层设计，规划实施步骤，有序组织实施。中国华电借鉴优秀企业先进的制度管理模式，结合国有企业发展实际，制定《管理制度体系建设2018—2020三年实施计划》《管理制度体系建设指导意见》《制度信息化管理系统建设实施方案》，明确“系统完备、科学规范、内容简明、运行有效”的建设目标，确立制度建设“一体系、一张网”的工作任务，“一体系”即全集团协同一致的制度管理框架体系、“一张网”即全集团上下贯通的制度信息化管理网。按照建设规划，从2018年开始，组织开展制度清理优化，制定“总部先行、压茬推进、三年建成”的总体工作安排，编制制度建设路线图和时间表，坚持公司系统上下一盘棋，自上而下、统筹推进制度体系建设。

2. 成立权威制度管理机构

中国华电成立制度管理委员会，明确人员组成和职责分工，制度委员会主任由公司党组书记、董事长和总经理担任，副主任由其他公司领导担任，成员由各部门主要负责人担任，制度委员会负责统筹制度管理工作。制度委员会下设办公室，负责组织制度草案预审、拟订制度建设计划、筹备制度委员会会议等工作。公司系统各单位也按照制度建设规划，成立相应的制度管理组织机构。

3. 规范制度全生命周期管理

根据制度体系建设实际，中国华电制定《规章制度管理办法》，将其作为制度管理的总纲，从组织与职责分工、管理框架体系、管理流程等方面进行全面细致的规范，实现制度管理有章可循、有据可依。重点加强对制度从立项、起草、审核、发布、宣贯、执行监督、清理优化到后评估的全生命周期管理。

4. 创新构建制度“家谱”

中国华电在建章立制的过程中，始终贯彻落实“两个一以贯之”，一方面遵循党内法规体系，另一方面遵循以《公司法》为代表的国家法律法规体系，同时注重学习借鉴国内外先进企业的制度管理理念、工具和方法，全面推进现代企业制度体系的建设，科学构建“三横三纵”现代企业制度框架体系，“三横”由4个一级业务领域、29个二级业务领域、123个三级业务领域构成，“三纵”由基本制度（11件）、专项制度（293件）和实施细则（158件）三类制度位阶构成，形成《制度业务领域框架图》和《制度层级树状图》。通过构建制度图谱，厘清制度上下位关系，明确制度对应匹配的业务领域，避免制度交叉重复，增强制度体系的科学性。

一级业务领域包含战略决策、业务管理、保障支持、企业党建四个领域，其中战略决策领域共有制度58件、业务管理领域共有制度211件、保障支持领域共有制度128件、企业党建领域共有制度65件。每件制度横向所在业务领域、纵向所在树状层级都清晰可视、精准定位，每件制度都有唯一编码，相当于配备专有的“身份证号”，便于制度高效查询及立改废管理。以《风光电项目前期工作管理办法》为例，按业务领域图来展示制度的横向定位，该制度位于一级业务领域“战略决策”，二级业务领域“投资管理”，三级业务领域“前期管理”，每件制度都能在相应业务领域中找到准确位置。

以投资管理制度体系为例，按树状图来展示制度的纵向上、中、下三层关系，最上层制度为《投资管理办法》，属于基本制度；中层制度为专项制度，包括《风光电项目前期工作管理办法》《火电项目前期工作管理办法》《水电项目前期工作管理办法》《科工项目前期工作管理办法》《境外投资项目前期工作管理办法》等制度；下层制度为实施细则，包括《投资项目后评价管理办法》《投资项目经济评价办法》《投资项目前期费管理办法》《新能源项目概算指标管理细则》等制度。通过业务领域图和

树状图，就能清晰展示出每件制度的纵向上下位关系，以及横向左右关联关系，确保了制度体系的完整和协同。

（二）严把审核“四关”，提高制度质量

建立以制度委员会为平台的制度统一审核工作机制，在审核制度草案时，制度委员会审核作为制度制修订的必经程序。创新审核机制，配套制定“三表一流程”，即起草部门制度征求意见及合规审查表、制度委员会办公室预审表、制度委员会审核表以及制度审核工作程序，明确制度委员会办公室、各部门的审核职责，确保每件制度的出台都能严格按流程把好“四关”。

第一关，征求意见和合规审查关。制度起草部门充分征求相关部门、单位的意见，确保制度立项的必要性、可行性和可操作性。全面准确查找所依据的所有内外部合规规范，明确合规审查责任人，充分发挥部门专业合规审查作用。

第二关，制度委员会办公室预审关。制度委员会办公室通过组织召开预审会等方式，对拟提交制度委员会审核的制度，从合法合规性、规范性、协调性、合理性等方面进行统一审查，形成预审意见。

第三关，制度委员会审核关。制度委员会根据制度内容及要求，实行繁简分流的审核机制。对于时间要求紧、争议分歧少、修订内容简单或涉及部门较少的制度，用签批方式的简易审批程序；对于其他制度，用会议方式的一般审批程序。制度委员会对制度草案内容进行全面审核，形成审核意见，制度起草部门会同制度委员会办公室，按照制度委员会提出的意见建议，对制度进一步修改完善。

第四关，决策会审批关。根据制度重要性，中国华电制定了《制度审批权限清单》，明确了基本制度、重要制度及其他制度的审批流程。基本制度方面，党建类基本制度提交党组会审议/审批，经营类基本制度提交党组会前置研究、董事会审议/审批。重要制度方面（包括重要的一般性制度和实施细则），重要的党建类制度提交党组会审批，重要的经营类制度提交董事长专题会或总经理办公会审批。其他制度，由制度委员会审批。

中国华电通过严把制度审核“四关”，做到所有制度都经过制度委员会办公室预审、所有制度都提交制度委员会审核、所有制度都统一编“制”字文号的“三个100%”。同时通过抓好制度“三控”（控总数、控条文、控字数），压减制度总量，精简制度条文，提高制度质量。

（三）全面清理优化，完善制度体系

中国华电全面开展制度清理优化和适应性修改，给每项制度都配备《单体制度评估表》，对该制度的业务领域、层级管理及合法合规性、协调性、规范性等进行具体评估，明确制度留、立、改、废。在此基础上，制订制度清理优化方案，做好制度“加减法”，废止一批老旧制度，修改一批不适应管控要求的制度，填补一批业务领域的制度空白，各项新制度定位更加清晰，各类管理制度体系架构更加科学合理、规范协同。

在优化完善“三横三纵”制度框架体系的基础上，加快构建各专业领域制度子体系建设，先后整合形成“1+12”应急管理制度体系、“1+9+x”电力生产制度体系、“1+10”基建管理制度体系、“1+6+x”环保管理制度体系、“1+7”审计管理制度体系等。在填补业务领域制度空白方面，先后制定实施《组织机构管理办法》《“揭榜挂帅”制项目管理暂行办法》《税务管理办法》《上市公司国有股权变动管理办法》《管理人员处分规定》《违规经营投资责任追究办法》等一系列新制度。自2018年以来，在落实巡视、审计、深化治理、专项检查等整改要求方面，坚持立行立改，重新修订一系列制度，并督促指导系统单位整改制度8000多件，制度笼子越扎越严密。截至2022年6月，中国华电现行有效制度462项，较2018年初制度调整修改面达到90%、制度数量压减20%，精简瘦身效果明显。

(四) 加强管控督导，实现上下协同

1. 实现“一体系”协同建设

围绕“一体系”建设目标，按照建立上下统一的制度框架体系的要求，完善以章程为核心的公司治理制度体系，加快推进公司系统制度建设。重点对与公司总部不一致的制度进行修订完善，2020 年全面完成系统 400 多家单位制度清理优化，逐步实现制度体系上下协同。按照不同管控要求，对每项制度是否要求直属单位、基层企业制订相应制度或落实措施等情况进行明确，制订印发《适用于公司系统现行有效制度分级分类管理名录》，加强对系统单位制度建设的服务指导。截至 2022 年 2 月，公司系统统一执行集团公司、可不参照制定的制度 259 项，占比 61.2%；要求系统单位制定相应制度的 164 项，占比 38.8%。

2. 实现“一张网”全面覆盖

中国华电制定《制度信息化管理系统建设实施方案》，按照现代企业制度体系的先进理念，设计开发协同管控、制度制定、制度管理导图等 11 个系统模块，实现制度建设的全生命周期信息化管理。2020 年，中国华电制度信息化系统全面上线运行，实现制度管理上下贯通、协同管控、多维查询、数据分析等功能，形成了覆盖全系统统一的制度信息化管理网，促进提升了制度管理水平。

(五) 强化监督问责，保障执行效能

1. 通过内控合规风险一体化管理强化制度执行

中国华电创新建立“三单一流程”，即《合规规范清单》《风险控制矩阵清单》《责任及权限指引清单》及业务流程，将内控合规管理要求和风险防控措施嵌入岗位职责、业务流程和业务管理信息系统，推动一体化协同高效运行，确保各项制度得到刚性执行、合规要求得到有效遵循。

《合规规范清单》。有效识别评估相关法律风险和合规风险，及时将外部有关合规要求转化为企业内部规章制度。也就是“外法内化”，并动态调整《合规规范清单》，营造依法合规、稳健经营的内部制度环境，确保用制度管权、按制度办事、靠制度管人、依制度问责的长效机制有效运行。

《风险控制矩阵清单》。根据内控合规监督评价结果和风险评估结果，对业务流程中的风险高发点、管理薄弱点、操作易错点等进行梳理识别，结合企业规章制度中的规则性条款和具体操作要求，建立健全相应的内控合规审查要点和风险控制措施，作为业务流程内部控制点（含合规审查点）的控制依据。在重要业务管理制度的制定、修订过程中，将相关内控合规要求和风险防控措施嵌入规章制度，并动态完善《风险控制矩阵清单》。

《责任及权限指引清单》。根据“三重一大”事项决策权责清单，优化调整职责权限分配和审批程序设置，实行分事行权、分岗设权、分级授权，确保不相容职责分离，形成相互衔接、相互制衡、相互监督的权力制衡机制，防范权力运行风险。

业务流程。将内控合规风险管理要求融入业务流程，通过业务流程节点及标准的有效运行，推动内控合规风险管理融入日常业务管理，使风险在业务流程中得到有效控制。制定《内控合规风险管理手册》，建立 40 个一级管理流程，涵盖中国华电各主要业务领域；明确风险点（含合规风险）439 个，确定内控点 803 个、合规审查要点 768 个。将内控合规要求嵌入信息系统管理流程，涉及 ERP－SAP 系统、ERP－FAM 系统、财务核算系统、FPM 燃料全过程管理系统等 19 个信息系统，增强了内控合规执行的刚性约束。

以燃料采购信息系统为例，将业务流程中的计划、采购、竞价（询价、议价）、合同、调运、供应商管理、结算等全部环节进行串联，下一环节的数据由上一环节自动生成并单方向运行，对电煤购销业务实行全流程信息化管理。对制度明文禁止的业务行为进行熔断或设置审批流程，设置 17 项报警点实施监控预警，将廉洁风险防控融入业务全流程。同步嵌入自动阻止相同 IP 企业报价、相同联系人企业参与报价等智能管控措施及“企查查”等辅助功能，实现了燃料采购过程中的内控合规风险管理更加智能、有效。

2. 通过内控合规监督评价堵塞制度漏洞

中国华电制定《内控体系监督评价工作规划》，将内部控制、合规管理、风险管理一体化纳入监督评价范围，建立企业自评、上评下、外部审及“回头看”相结合的监督评价工作机制，促进各级企业规范流程、消除盲区、夯实基础。内控合规自评实现了各级企业每年100%全覆盖，每三年完成上对下的监督评价全覆盖。

建立台账管理、季度督导、年度核查、对账销号的内控合规缺陷问题和风险隐患闭环整改工作机制，督导相关单位针对发现的问题缺陷和隐患，及时修订制度、优化流程、完善系统，形成抓整改、促提升的长效机制。建立业务部门专业垂直督导、牵头部门整体协调督办的整改督导工作机制，牵头部门及时向业务部门反馈移交监督评价发现的内控缺陷和合规问题，业务部门每季度督导核查整改进展和成效并向牵头部门反馈，将整改进度和实效纳入年度绩效考核。

定期开展合规风险识别评估，重点分析风险变化和突出表现，将内控合规监督评价发现的重大缺陷和风险隐患纳入风险管理，有针对性地采取应对措施，及时完善制度，堵塞管理漏洞，通过内控手段实施有效防范。

3. 通过制度固化权力运行的制约和监督机制

监督问责是公司治理的内在要素，是强化制度执行落实的重要保障，通过制度固化权利运行的制约和监督机制，真正做到有权必有责、用权受监督、失职要问责、违法要追究。中国华电建立系统完备的监督问责机制，对制度体系的健全完善和有效执行进行监督，对违规行为进行追责，有力地维护制度权威。

中国华电坚持党对监督工作的统一领导，推动各类监督贯通协同、有效衔接、形成合力。健全集团总部、直属单位和基层企业的“三级管控”监督组织体系，形成纪检监察、巡视巡察、审计三支专业监督队伍“三剑合璧”，构建业务监督、职能监督、执纪监督“三道防线”的“大监督”工作机制。这些监督检查都把制度建设和执行作为重点。中国华电针对煤炭营销、工程建设、资产处置等重点领域制度执行存在的突出问题，连续4年开展新能源项目、招标采购、煤炭生产运销、法律合规等15次专项整治工作，对违规违纪或制度执行不力的严肃追责问责。公司建立“项目审计+日常监督”工作机制，加强对重要子企业、高风险金融业务和境外经营投资的审计，实现了“应审尽审、凡审必严”，促进了制度的规范执行和责任的有效落实。中国华电制定《违规经营投资责任追究实施办法》，在国资委第37号令通用模板的基础上，结合企业实际，增加了电煤管理等内容，把责任追究要求融入企业管理制度，将责任追究范围拓展到16个方面116种情形，实现了追责情形清单化、系统化。公司建立制度执行检查监督工作机制，明确年度制度检查监督重点，将制度执行情况作为基础性、必备性指标，设置科学合理的考核内容及权重，融入业务管理各环节。公司制定实施年度《重点监督检查制度计划表》，自2020年以来共将200余件重点制度纳入巡视、审计、党建考评等各项综合性检查、专项检查和日常业务检查，对故意违反或随意变通制度而对企业造成不良后果的情形纳入法治工作考评，实现了制度建设与业务管理同部署、同推进、同考核。

（六）加强制度宣贯，厚植法治文化

1. 实施全员法治素养提升行动

中国华电编制《开展法治宣传教育的第八个五年规划（2021—2025年）》，实施全员法治素养提升行动。一是按岗位需求推进全员普法，分类编制公司系统领导人员、法务人员、全体人员三个《应知应会法律法规清单》，分步骤、系统化提升全员法治能力。重点抓住领导干部这个关键少数，以三年为周期开展全体轮训。二是按企业特点推进专业普法，分产业明确发电、煤炭、科工、金融板块，以及国际业务相关企业普法重点，有针对性地开展专业普法工作。三是按国家宣传日要求推进专题普法，运用新技术新媒体组织开展国家宪法日、安全生产月、全国知识产权宣传周等主题普法活动，深入开展以“美好生活·民法典相伴”为主题的民法典学习宣传普及工作。

2. 建立以案普法长效机制

中国华电举办《民法典》《刑法修正案（十一）》等专题培训，编制《总部合规管理手册》《合规行为准则》《境外员工合规行为规范指引》《企业员工刑事合规手册》等，通过“华电网校”平台录播、直播等方式，每年举办覆盖全体法务合规人员的法治培训。组织系统单位选取贴近企业实际、具有典型意义的案例开展法治培训，组织干部职工旁听案件庭审，通过以案释典、以案说法的形式传播法律知识。健全以案普法长效机制，深刻剖析发案原因，特别关注案件背后反映的制度问题，及时完善制度，堵塞制度漏洞，持续提升企业风险防范能力。

3. 开办“华电法治大讲堂”

中国华电设立“华电法治大讲堂”，对新制定或修订的重要制度进行宣贯。自2018年以来，共培训约7万人次、组织宣贯制度300多项，营造了遵规守纪、照章办事的良好氛围。系统各单位结合企业实际，开展形式新颖、富有特色的制度宣贯活动，取得了很好的效果。例如，有的企业将职工经常使用的制度进行汇编，并提取主要章节条款，形成制度“口袋书”；有的企业开展制度“一月一讲”活动，各业务部门负责人轮流上讲台宣讲制度，有效提升了干部职工的依法合规观念和制度意识。

三、中央企业“三横三纵”管理制度体系建设效果

（一）“三横三纵”管理制度在国资央企系统推广，树立起制度管理标杆和品牌

中国华电始终贯彻落实“两个一以贯之”的要求，将国企改革重点要求纳入规章制度体系，在落实巡视、审计、深化治理、专项检查等整改要求方面，坚持立行立改，重新修制定了一系列制度，制度笼子越扎越严密，各类制度更加完善，建成符合国有企业特点的“三横三纵”管理制度体系，实现了“系统完备、科学规范、内容简明、运行有效”的管理制度体系建设目标。中国华电“三横三纵”管理制度体系荣获国资委管理提升标杆项目，并作为典型案例在国资央企系统推广。

（二）管理效率大幅提升，建立起权责法定、权责透明、协调运转、有效制衡的公司治理机制

通过完善中国特色现代企业制度体系，各治理主体之间权责关系更加清晰，公司章程在企业治理中的基础作用充分发挥，通过优化“总部抓总、区域做实、基层强基”三级管控体系，完善组织架构，推动传统型管控向治理型管控转变，进一步压缩了管理层级，缩短了管理链条，提升了管理效率，实现了上下协同、纵向贯通，打造了权责界面清晰、授权放权精准、激励约束有力的干事创业环境，全面建立起权责法定、权责透明、协调运转、有效制衡的公司治理机制。中国华电荣获国资委公司治理示范企业。

（三）依法合规经营能力不断增强，企业经济效益和社会效益持续提升

中国华电通过严格制度执行、强化监督落实，依法合规经营能力不断增强，近年来营业收入利润率、净资产收益率等主要经营指标保持行业先进水平，研发投入强度、资产负债率、供电煤耗等指标持续保持同类型企业最优水平。发电作为核心业务，在剔除2021年四季度能源保供因素外，近三年累计实现利润286亿元；公司系统主动担当、积极履职，开足马力应发尽发、多发满发，切实发挥能源保供主力军作用，确保经济社会平稳运行，彰显了央企责任担当；持续加强电力工控“卡脖子”技术攻关，

新能源国产密码系统上线运行，“华电睿蓝”实现国内首次 9E 燃机控制系统全站国产化，“华电睿”系列电力工控系统入选国资委“2022 年国有企业数字化转型十大成果”，累计实现集团外应用 71 台套，创造了一年 7 个“国内首次”。中国华电连续 14 年发布企业社会责任报告，蝉联中国社科院“五星佳”（典范级别）最高评级。

（成果创造人：董全学、黄兴根、郭　妍、叶楠楠、肖尹进）

汽车企业有效支撑“智能化、网联化、电动化、共享化”转型的标准体系建设

重庆长安汽车股份有限公司

重庆长安汽车股份有限公司（以下简称长安汽车）是中国汽车四大集团阵营企业，拥有160年历史底蕴、38年造车积累，全球有14个生产基地，33个整车、发动机及变速器工厂。2021年，长安系中国品牌汽车销量累计突破2000万辆。长安汽车拥有来自全球24个国家的工程技术人员1.1万余人，建立起“六国九地”各有侧重的全球协同研发格局。

一、汽车企业有效支撑“智能化、网联化、电动化、共享化”转型的标准体系建设背景

（一）加速全球性竞合，促进可持续发展

近年来，标准已成为发达国家非关税壁垒的重要手段，“得标准者得天下”竞争规则的形成，意味着全球经济进入标准制约市场的时代，世界各国和区域纷纷出台标准化战略。我国是全球主要经济体之一，但在汽车国际标准治理体系中仍处于弱势地位，在ISO/TC22（国际标准化组织道路车辆技术委员会）中，已发布汽车标准960项，中国仅牵头5项（占比0.52%）。在研标准项目232项，中国仅牵头11项（占比4.74%），前景仍不乐观。长安汽车需要运用好标准这把“双刃剑”，加快提高标准国际化水平，不断夯实国际标准化工作基础，主动适应和把握世界发展的新趋势，促进全球经济可持续发展。

（二）构筑新发展格局，助力高质量发展

新时代推动“中国制造”向“中国创造”转变，迫切需要进一步加强标准化工作。我国相继出台《国家中长期科技发展规划纲要（2006—2020）》《国家标准化体系建设发展规划（2016—2020年）》等文件。全面深化标准化工作改革，大力推动实施标准化战略，加快完善标准化体系，可以显著提升我国标准化水平，助推以“国内大循环”为主体、“国内国际双循环”相互促进的新发展格局的构建，以“标准化”助力中国高质量发展。

（三）表征创新性程度，推动新四化转型

标准是衔接科研与产业，推动科技创新成果转化为生产力的桥梁，也是表征创新性程度的重要指标。近年来，汽车行业呈现“智能化、网联化、电动化、共享化”的新四化趋势。长安汽车作为自主品牌汽车领军企业，必须紧跟国家战略方向，稳步向智能低碳出行科技公司转型，对传统制造流程进行改造，推动智能制造的快速落地，致力于打造世界级国际化品牌。自2017年起，长安汽车力求通过建立先进的标准化体系，有效解决标准与业务支撑的难题，力争用标准化的手段满足用户个性化的需求，从而建立各领域的最佳秩序，推动汽车“新四化”转型。

二、汽车企业有效支撑“智能化、网联化、电动化、共享化”转型的标准体系建设主要做法

（一）系统性布局体系规划，保持标准前瞻性

长安汽车积极落实国家发展战略，搭建“1445”标准化体系（简称CA－ESM）。即，以“汽车新四化转型”为目标，着眼“智能化、网联化、电动化、共享化”汽车新四化发展方向，按照“体系规划、标准建设、落地执行、迭代更新”的业务逻辑，推动标准化工作改革创新，支撑“精准研判技术趋势、提前把握发展方向、前瞻布局技术规划、充分保障规划落地、有效支撑产品开发”等业务能力，系统解决科技成果转化的问题，同时，夯实“制度保障、组织保障、人力保障、激励约束、集团管理”五大基础保障，确保标准化引领业务发展，助力长安汽车快速转型，最终实现汽车产业转型升级。

1. 系统布局，技术专利标准“三协同”

以科技创新、价值创造为目标，以“新四化”转型为牵引，长安汽车率先构建“技术专利化、专利标准化、标准产业化”的正向驱动体系，打通技术、专利、标准之间的业务渠道。聚焦新能源汽车、智能网联汽车、共享出行等新四化领域，搭建“一个团队”、建立“一套流程”、实施“双线运作”(项目线、专业线)、打通“内外循环”的策略，实现技术、专利、标准规划的协调统一，形成“技术、专利、标准”协同发展生态圈，从而加快培育自主核心能力，提升长安汽车科技创新水平，加速科技成果转化，抢占市场，分享产业红利，开辟一条以企业为主体、市场为导向、产学研相结合的中国标准创新之路。

在实施层面，以技术规划为牵引，以技术、专利、标准三大规划结果的一致性和实施过程协同性为手段，推动建立协同工作机制。标准趋势研究、专利情报分析支撑科技规划，同时，科技规划指导专利布局和标准体系构建。以技术研究项目、上级项目为载体，基于技术创新点，深度挖掘高价值专利及外部标准提案，通过专利和标准推动技术创新成果产业化，逐步扩大技术优势，加速科技成果产业化进程，支撑科技创新企业打造。

2. 两纵五横，贯穿经营业务“全过程”

两纵，是指以“产品实现标准体系”和“基础保障标准体系”两大维度，按照研、产、供、销、运、服“广覆盖”的业务逻辑，纵向到底进行体系重构，支撑各业务领域有效运行。在搭建过程中，围绕产品竞争力提升，全面梳理业务范围，以业务开展实际需求为视角，依托标准化技术委员会，搭建覆盖“研、产、供、销、运、服”等20个业务领域的标准子体系，按其内在的联系形成科学的有机整体，全面支撑“以产品为主线、以客户为中心”的业务开展，以标准来提高对应业务领域能力，构建最佳秩序。

五横，是指基于“新四化”转型方向，结合业务实际问题，搭建“智能网联标准体系、智能制造标准体系、新能源标准体系、低碳标准体系、客户体验标准体系”五大核心领域的专业标准体系，实现横向到边联通生态，业务分层分级“全支撑”形成系统合力，其中“智能网联、智能制造”标准体系支撑“智能化”“网联化”；“新能源、低碳”标准体系支撑“电动化”；“客户体验”标准体系支撑“共享化”。具体操作上，在传统纵向标准体系基础上，长安汽车着眼国家政策指引方向，结合长安汽车战略重点领域，聚焦资源，强化能力提升，独创横向标准体系建设模式。基于客户需求，着重解决业务重、难点问题，提升解决问题的效率和质量。实现标准体系融入业务，跨界发展，联通合作伙伴共同构建汽车生态。

（二）生态化开展标准建设，共建标准新模式

1. 标准先行，构筑汽车产业“生态圈”

以用户个性化、网联、生态需求为基础，明确产业目标，以标准引领企业开展技术研究和产品开发。长安汽车秉承标准先行的理念，兼顾当下、将来与长远，开发一代、储备一代并前瞻一代，坚持标准方向引领技术趋势，标准制定融入技术研究，标准应用同步产品开发，为汽车产业及其生态圈产业链贡献智慧，持续不断引领、创造消费潮流。组织行业内标准及技术专家，根据新汽车未来发展特点及技术发展趋势，布局重点领域，抢占市场主动权，抢先研究新汽车标准，在关键领域抢先布局。优化技术研究项目开发模式，按“前瞻类”“研究类”“应用类”三大类项目开展标准研究，通过标准趋势洞察引领技术研究方向，通过标准同步研究掌握规则主导权，通过标准应用促进技术变现，并加快产品应用搭载，加速技术商业化进程。

构筑汽车产业“生态圈”，推动国内国际标准化协同发展。与软件、通信、数字化行业相关部分主动建立标准，打造产业链生态圈，提供更好的客户体验，促进新生态构建。通过互联互通，降低生态的

进入及运营成本。如与通信领域开展跨界合作，共同开展智能网联汽车研究，建立国际、国家、行业等标准。创建行业新的盈利模式、发现新的利润增长点，引领消费需求。

2. 直面竞争，推动标准制定“全球化”

长安汽车践行“凡投入必产出”的理念，提出标准制定全价值链分析的思路，搭建外部标准优先度评价模型，集中资源，聚焦重点。为适应行业跨界发展需求，加入 ITU（国际电信联盟）、IEEE（电气与电子工程师协会）、CCSA（中国通信标准化协会）等国际国内通信相关标准化组织，努力在智能网联新赛道掌握标准主导权，立足国内标准，放眼国际标准，以国内驱动向国内国际相互促进转变，推动标准制定“权威化、生态化、全球化”。同时，构建“任务、资源、信息”三大管理机制，瞄准外部标准管理关键环节，推动任务统筹化、资源精益化、信息共享化，以实现对外沟通和对内协调，为生产经营和产品规划等决策提供依据，提升行业话语权和影响力。

在任务统筹化方面，以项目管理的方式，成立融合“管理层、标准化部门、技术部门、产品部门”的跨部门团队，建立贯穿标准制定全过程的工作流程和机制，用 KTM（Key Task Monitor，关键任务监控）对标准化技术委员会、学会、外部标准工作组的各项工作进行过程管控。

在资源精益化方面，按“人、财、物”的划分逻辑，分别建立精细化的要求，对参与人员能力、职责、职级要求做出规定，确保标准质量；细化费用计划、费用类型及支出渠道，确保“钱用在刀刃上”；搭载产品项目、技术研究项目，以应用为目标优化试验资源调配，实现资源利用最优。

在信息共享化方面，全面应对新汽车、新生态带来的外部信息来源更广泛，信息传递及处理需要更迅速等问题，通过国际国内标准化组织、行业交流会等途径，全方位统筹收集最新信息。针对低碳、智能化等重点领域，定期开展专题分析，为公司经营决策提供参考。

3. 加强合作，推动产政学研“相结合”

长安汽车长期致力于科研平台打造，整合全球资源，聚焦科技生态规划，与高校、科研机构、企事业单位联合开展基础、前沿技术探索研究，核心关键技术突破与能力建设等科研活动，推动产学研协同创新，打造科技“生态圈”。标准化在科研合作平台基础上，构建标准化创新合作模式，凝聚行业优势资源，合力开展标准化创新工作。

在标准合作需求方面，通过内部需求和外部趋势双向梳理，基于长安汽车业务规划、构建技术和能力地图，全面审视标准需求；开展科技趋势洞察，行业热点分析，以及国家政策、法规、标准趋势分析，主动布局。

在合作模式构建方面，着力打造“朋友圈”，建立包含高校、科研院所、科研机构、科技型企业、行业组织、外部专家的合作资源库，牵头首批国家智能网联领航项目、首批国家智能制造标准应用试点等项目，代表乘用车企业参与国家智能制造标准化研究项目，承研汽车公益性研究课题，基于各方的技术研究成果，优势互补，联合开展标准制定、标准化课题研究等，推动科技成果产业化。

在合作效果评估方面，建立健全评估评价和激励约束机制，有力地提升合作成效，对合作各方的能力提升、人才培养及成果产业化方面起到有效促进，实现各方利益的“多赢”，通过标准化的工具和方法，共同推进科技成果产业化。

（三）业务化推动标准落地，贯通业务全流程

1. 实施流程伴随，以标准带动产品领跑

一是标准贯穿产品周期，以指标领先实现产品领先。在汽车产品研、产、供、销、运、服全生命周期建立《机器人系统设备验收规范》《整车出厂检验规范》《零部件重力仿真评价标准》等先进企业标准。

二是强化标准执行，确保标准要求落地实施。开展标准执行监督检查，并在产品项目中设置标准符

合率、产品图样一次通过率等标准执行情况的监控指标，对检查或监控的指标进行通报，并形成整改计划，切实保障全公司范围内贯彻执行标准的要求，确保产品过程质量受控。

三是关注标准应用效果，以先进标准的示范带头作用引领行业发展。一方面，在重庆市示范开展“百城千业万企对标达标专项行动”，主动对标国际先进标准，提升国际国内标准一致性程度，推动产品、工程和服务质量提升。另一方面，积极响应《市场监管总局等八部门关于实施企业标准“领跑者”制度的意见》的号召，在重庆市开展企业标准“领跑者”评价，使“领跑者”评价目标融入产品设计任务书，指标层层分解，确保指标达成；验证管理融入方案及实车评审；“领跑者”评价结果应用于品牌宣传及上市推广，引导消费者购买高质量、高性能的产品。

2. 推动软硬解耦，实现产品开发模通化

基于新汽车6层架构，协同产业链及生态伙伴实施汽车软硬解耦，从硬件、接口、软件三方面梳理，开展模块化和通用化的相关标准的规划及制定。同时，结合企业标准布局外部标准，推动汽车产业链软硬件的“模通化”，促进互联互通，实现产业链降本，同时满足消费者个性化需求。

在硬件模通化方面，通过对转向、制动、悬挂、下车体等进行模块化、标准化开发，降低供应链企业制造成本，提升供应链的稳定性。在接口标准化方面，集中在接插件（I/O接口、充电设施接口等）、涉及外部设施及售后常用的件，通过建立标准，以“标准件”形式在全产业链供货，降低开发成本及售后成本，同时便于硬件插拔、软件替换升级。在软件模通化方面，针对传输协议、控制策略等建立统一标准，实现车与系统、车与车、车与路等数据交互，提升传输效率；建立基本功能软件标准库，提升基本软件复用性，实现“硬件可插拔，软件可复用”，从而降低开发成本，并实现各项服务迭代升级。

3. 构建数据体系，促进标准数字化转型

标准数字化是利用数字化技术对标准及其生命周期进行全过程赋能，实现标准文本进阶，更好地推动标准制定、宣贯、实施和评价工作，从而提前预判风险、提高运营效率、实现数据驱动的智能决策，助推标准业务数字化转型。长安汽车建立“标准法规数字化平台”，通过标准化数据的全过程收集、分析与处理，助力企业决策。

为实现标准文本进阶，长安汽车通过“标准法规数字化平台”，按照ISO提出的标准数字化五层级SMART概念，将标准从开放数字格式（如PDF）转化为“标准条款”，将标准全文拆解为原子化的技术要素，集成标准属性、适用产品、专业、零部件、实施日期等各类标签信息，打造标准的“全息影像”，为标准数字化转型奠定基础，推动标准化工作向数字化、网络化、智能化转变。

为提前预判法规风险，降低产品设变及整改成本，长安汽车创新性地采取“标准条款拆分评价”方法，依托“标准法规数字化平台”并按照“拆解条款、打标签、推送评价、跟踪整改”的工作步骤，将标准技术要素根据产品类型、里程碑、专业、项目角色等精准定位推送到产品设计过程进行评估，并对不符合项进行整改，实现标准与工作场景紧密伴随，有效提升标准执行能力，通过数字化手段助力产品开发风险早预判。

为提高工作协同效率，长安汽车通过“标准法规数字化平台”，将企业标准工作、外部标准工作、项目标准工作等实现完全在线化，根据用户需求实现个性化订阅等功能，并结合用户的使用场景，将标准及条款按项目、按角色、按节点进行场景化推送与评估；同时与协同办公系统、项目管理系统、在线设计系统等建立数据接口，进行信息交互与共享，通过各业务系统间对任务、人员和标准等信息的集成，实现工作任务的高效处理，以在线化与集成化的方式提升信息共享与传递效率，支撑数字化产品的高效开发。

为实现数据驱动管理，长安汽车建立“1+2+N”的标准化数据体系（1-用户搜索使用数据；2-企业标准、外部标准制定全过程数据；N-标准宣贯、检查、推送等其余数据），通过“标准法规数字化平台”，利用大数据分析方法，对用户搜索使用、标准数据推送与标准业务处理全过程的各类数据进行统计分析，通过图形报表对“标准制修订完成率”“标准符合率”等指标进行可视化呈现，并利用Tableau等数据分析软件对标准化数据进行处理分析，通过指标监控与数据分析，形成指导业务改善的建议，从而实现以数据驱动标准化业务的持续改善，助力业务工作质量与决策效率提升。

（四）敏捷化进行标准迭代，标准业务全同步

1. 开展标准验证，确保标准指标科学合理

一是标准验证与政府管理相适应。总结标准验证过程，形成可用于政府管理的方法，在外部标准制定工作组中提出管理优化的建议，用于产品准入，大幅减少测试次数，提升产品的安全性和可靠性的同时，提升效率，节约社会资源。

二是标准验证与产品开发相融合。将标准验证工作融入产品开发过程中，解决汽车复杂应用场景下无法通过试验完全覆盖的情况。标准指标及方法的设置不仅可能通过最终的试验来认证，还可以通过过程管控的方式来保障，确保最终交付产品安全可靠。

三是标准验证与产品质量相促进。形成一套科学的标准验证制度及体系，通过严谨的标准验证过程，修正标准指标及方法，提升标准质量水平，确保标准可落地，可执行。

2. 问题回到标准，确保标准业务保持同步

为避免质量问题再次发生，以标准验证及产品开发的质量问题为牵引持续优化标准体系，长安汽车建立并实施“问题回到标准”的闭环机制，针对问题开展根本原因分析，制定整改措施并优化完善标准。在标准验证及产品开发过程中，一方面，所有问题进入“问题库”，推进在各个项目中进行应规避问题排查，有效避免同期同类问题重复发生；另一方面，根据问题逆向优化标准，从根本上杜绝问题的再发生。此外，还通过六西格玛项目、体系评价、监督检查等发现的问题，审视标准内容及标准体系存在的问题。通过构建“问题回到标准”模型，保证标准体系的动态更新，促进标准与业务需求保持同步。

（五）夯实保障机制，实现可持续发展

1. 健全“行政+专业”组织保障，实现管理有条不紊

一是建立“行政+专业”双线组织架构。专业线方面，以标委会模式构建“专业标准化技术委员会”的组织架构，形成标准化沟通与资源共享平台，拉通各板块、各业务领域，随标准体系展开逐层落地的管理和专业团队，建成11个领域的标准化分技术委员会。行政线方面，科技及项目管理部统筹管理“技术、管理、工作”三类标准，通过专兼职标准化员、标准化专家的分工配合及对分公司、子公司、二级单位等的授权管理，确保标准化工作质量，达成标准化工作目标。

二是建立“行政+专业”双线运行机制。专业线主要解决专业问题，提出标准计划，结合业务实际需求，推动技术研究成果提炼成标准，构建本专业领域的标准体系，促进本专业领域的技术产业化；行政线主要解决资源、跨领域协调等问题，确保工作顺利推进；各专业线形成的结论需与行政线达成一致，标准建立在专业线，推动实施回到行政线。针对重大事项及跨专业领域统筹的事项，及时上升至公司标准化委员会进行报告和决策，避免重大风险事项发生。同时，通过标准化专员建立专业线和行政线的沟通桥梁，形成标准化核心价值，实现标准化管理的“两条腿走路”。

2. 推行“理论+实战”系统赋能，落实人才强企战略

一是注重顶层设计，建立标准化人才培养资源平台。由标准化、人力资源、培训部门组成联合主办方，与标准化主管部门合作并引入外部先进理念，打通从企业到行业、国家、国际的标准化专家职业发展路径，由技术单位选送骨干进入培养库，确定培养目标、框架，并提供必

要的资源，通过标准化“理论+实战”相结合的综合培养体系历练，畅通标准化人才进阶发展通道，将个人成长融入长安汽车不断发展的事业中，并持续为行业、国家、国际输送标准化优秀人才，助力长安汽车标准化工作创效。

二是实施分类培养，构建标准化人才个性化培养路径。根据不同类型的人才特点，通过规定动作和自选动作的结合，扬长避短，培养复合型人才。先于同行，建立人才“选、聘、用、评”的标准化专家循环认证机制，从专家库到能力专家库、精英专家库，构建起联通企业内外的标准化人才遴选和成长模式。

3. 兼顾“激励+约束”双向促进，激发员工参与热情

为充分调动全员参与标准化工作的积极性，更好地制定和运用标准，为智能低碳出行科技公司转型提供更有力的支撑。长安汽车经过深入研究、大胆创新，构建“激励与约束”相结合的管理体系。完善制度，拓宽科技成果标准化渠道，健全科技成果转化为标准的机制，推进技术、科技成果标准化，促进创新成果产业化应用；同时，将标准纳入科技成果范畴，将标准研制融入共性技术平台建设，支撑汽车行业的新技术、新工艺、新材料、新方法等标准研制，加快成果转化应用步伐。依据标准化人才的贡献度判定规则，对其进行多维度考评，领先于行业创建了包含标准化创收、标准化专项激励、标准化荣誉奖、各类科技奖、知识积分、红黑榜通报等标准化管理激励和约束机制，有效推动标准化知识转化为产品，并走向市场。通过“正向激励与负向约束”双向驱动，激励员工主动奉献，持续创造价值，实现员工与企业“共赢”。

三、汽车企业有效支撑“智能化、网联化、电动化、共享化”转型的标准体系建设效果

（一）建立了业务最佳秩序，有效支撑了汽车新四化转型

长安汽车通过开展支撑“新四化”转型的标准体系建设，优化了标准体系顶层架构，建成智能化、网联化、新能源等领域的标准体系，制定企业标准7500余项，深入主导和参与外部标准制定162项，较上一个周期分别提升了53.3%和170.6%，逐步形成了一套可复制、可传承的标准体系构建方法，并且随着管理水平和数字化水平的不断提升，以及标准体系的实施与运行，促进了标准与业务的深度融合，长安汽车的智能化、网联化、电动化、共享化水平得到大幅提升，有效支撑了长安汽车新四化转型。

（二）激活了内外创新要素，促进了协同价值创造

在创新模式方面，形成了包含政府、标准化组织、相关行业精英团队的创新合作平台，“产政学研”合作得到进一步深入，通过标准实施，实现科技成果产业化。在提升质量方面，随着标准制定与业务流程的深度融合，企业标准指标的设置越来越接近业务实际，为标准有效执行创造了条件。在降低成本方面，一是联合上百家生态伙伴，通过标准化手段，将零部件模块化，实现了多平台通用，降低了零部件的开发成本和采购成本；二是建成软件标准库，软件复用率提升31%；三是结合长安产品设计方案，从设计前端开始，通过参加外部标准制定，针对性地提出意见，避免了大量的法规整改。在经典产品打造方面，标准化助力CS75、CS55、UNI－T、UNI－K、UNI－V等产品“上市即成为爆款”，2021年长安汽车品牌销量387.9万辆，较2016年市占率提升1.4个百分点，累计投放智能网联汽车245余万辆。

（三）提升了企业品牌影响，落实科技强国战略

第一，助推品牌持续上扬，提升了企业竞争能力。一是扩大品牌知名度，在汽车行业、国防科工系统等分享经验20余次；二是提升品牌价值，通过在国际标准及技术研讨中成功提案，通过在国家标准化及技术研讨中引导走势；三是独家赞助联合国国际电信联盟FNC（The Future Networ ked Car，未来网联汽车）国际论坛等标准化活动，丰富了“科技型”企业内涵。第二，主导国际标准制定，巩固了行

业领导地位。推进中国标准“走出去”，在长安汽车13个海外基地及重点市场中大量应用长安标准。第三，助力长安汽车转型，落实科技强国战略。2017—2021年，承担国家及省部级重大科研项目64项，突破关键核心技术700余项，获得科技项奖项125项，拥有国家及省部级实验室17个，获得专利授权3883项。

（成果创造人：张晓宇、李雪梅、赖薪郦、王建斌、贺　刚、詹樟松、陈文波、刘　玲、李显峰、王福新、吴学松、张诚民）

轨道装备制造业敏捷制造管理体系构建

天津中车唐车轨道车辆有限公司

天津中车唐车轨道车辆有限公司（以下简称天津唐车公司）注册成立于2010年，主营轨道装备制造、维保和维修，是中国中车投资的重点战略项目，也是天津市重点建设项目。累计完成投资近20亿元，占地0. 787平方千米。天津唐车公司先后获得“国家高新技术企业”“天津市科技领军企业”“天津市专精特新企业”等称号。先后完成天津地铁5号线、1号线东延、1号线大修及改造、4号线南段，以及阿根廷、埃及、古巴、尼日利亚等国有关项目。截至2021年年末累计纳税1. 67亿元。

一、轨道装备制造业敏捷制造管理体系构建背景

（一）转变管理观念，提升行业竞争能力的需要

市场复杂多变和行业竞争的存在需要企业采用敏捷制造的管理模式。近年来，轨道交通装备行业迎来新的机遇和挑战。一是国内经济面临下行压力，有效需求和供给不足，投资增速减缓，企业产业布局、经营格局、管控模式面临变革，创新发展面临新挑战。二是行业格局深度调整，世界轨道交通装备制造行业巨头的并购与重组，将对轨道交通市场格局产生重要影响。国内轨道交通装备及城轨市场、干线铁路建设、铁路运营权全面放开，外资准入限制门槛进一步降低，民营和地方企业抢滩市场，数字经济蓬勃兴起，新产业、新业态、新模式跨界融合，新的和潜在竞争对手试图打破既有格局，市场竞争将会呈现同质竞争、全面竞争的态势，国际同行围堵、国内企业角逐日趋明显。三是市场需求复杂多变，新造市场持续减少，检修运维服务市场持续增大。因此，如何在激烈的竞争中抢抓机遇，加快自身的变革和调整，以适应复杂多变的市场需求和经济环境，是轨道交通装备制造企业必须考虑的课题。

（二）提升管理能力，满足产品快速交付的需要

轨道交通装备产品生产特点需要企业采用敏捷制造的管理模式。轨道交通产品资金投入量大；轨道交通装备制造涉及面广，产业链长，产品配件多，原材料供应分布非常广泛，供应周期长、难度大；轨道交通准备周期长，配套技术项目繁多；轨道交通产品对技术的要求非常高。根据上述轨道装备产品复杂的生产特点，企业是否转变管理观念、创新管理方式，将直接影响产品的成本、效率、质量、性能、交期，最终影响客户对产品的满意度和评价等级，影响轨道交通市场未来的开拓能力。

（三）加强企业柔性，提升快速响应能力的需要

轨道交通产品定制化程度高，用户对产品的设计、标准、用料等因素影响大，产品的生产存在差异性，现有的技术难以满足用户多样化的需求。同时，轨道交通产品的生产模式正在由大批量单一品种向多品种、小批量模式转变。大批量单一的生产模式已经不能适应目前轨道交通市场复杂多变的需求，只有提升企业柔性制造能力，采用敏捷制造管理模式，通过先进的制造工艺，引进数字化的管理方式，加速产品更新迭代周期，才能对市场变化、需求变更做出快速反应，迅速转变为适应市场变化和客户需求的快速决策、快速实施的动态管理模式，保证企业能够迅速、经济、保质、保量地生产出具有竞争力的产品。

（四）提升管理效率，实现节约资源的需要

轨道交通装备行业以其科研投入高、技术项目复杂、产业链分布广泛、定制化程度高等特点对产品投入和成本有着较大影响。产品在批量生产前需要进行试生产，试生产期间存在的相关问题，将会对产品成本造成很大影响。比如，产前准备不充分，对生产试制各项要素估计不足，从而造成生产计划制订

的不准确。另外还会造成可利用资源的浪费，以及出现由于人员经验少而变更频繁的现象，不利于节约成本。只有通过实施敏捷制造的管理模式，提高产品设计的准确性和可实施性，固化产品生产流程、物料供应标准、用工总量、操作方法，才能减少返工及设计变更造成的产品加改，从而在量产过程中极大程度地节约因返工和加改而造成的物料浪费和人力资源浪费，实现降本增效。

二、轨道装备制造业敏捷制造管理体系构建主要做法

（一）搭建敏捷制造管理机制，推进生产总体规划和部署

1. 组建快速响应的项目制生产管理团队，协同量产所需资源

根据轨道装备产品制造特点，在产品生产前，以项目制方式建立快速响应、高效协同的生产管理团队，协同量产所需资源，完善产前总体规划和部署。项目组以快速响应为目标和结果导向。在项目经理的直接领导下，根据市场环境的变化和服务对象的需求变化合理配置生产所需资源，协同各个项目团队，充分发挥项目团队各成员的技能优势和工作能力，高效协同运行，有效达成项目特定目标，顺利完成项目生产任务。

2. 建立技术质量直通车，实现相关部门快速高效协同反应

天津唐车公司在产前准备阶段，建立技术质量直通车，通过组建以技术骨干和质量骨干员工为核心的质量控制（QC）小组，转变班组成员发现问题逐级上报的层级管理方式，实施管理直达工位生产管理方式，实现与生产相关部门的快速高效协同反应。在产前准备阶段，QC 小组常驻车间生产一线，生产操作员工生产过程中遇到问题直接联系 QC 小组成员解决，QC 小组成员无法及时解决的问题召集相关部门召开技术质量现场会议，共同研讨问题解决方案，指导班组职工进行加改，保证问题在 2 小时内解决，提升现场生产管理决策效率。同时 QC 小组成员还负责现场工艺纪律执行监督和指导任务，提升生产作业效率和效果。

3. 延伸管理触角，实施供应链动态化干预管理

天津唐车公司注重供应链规范管理，在产前准备阶段将供应链管理触角延伸到对产、供、销各环节干系人的管理，如物料供应方的管理，客户方的维护及内部技术、质量、操作、管理等部门的管理。对于客户方的维护管理以实现和满足客户的需求为第一要义，在与客户沟通过程中充分识别客户需求，固化产品设计标准，避免反复设计变更给后续生产带来不利影响。对产品生产各相关部门的管理以建立顺畅的沟通渠道为抓手，尤其是对产品变更的沟通和反馈机制竭力保持顺畅，确保每一个职能部门都能够在第一时间获取信息，避免信息不对称对后续生产造成不利影响。对物料供应的管理以加强对供应商的动态化干预性管控为重点，一方面将企业物料变更信息及时准确传达到供应商处，确保供应物料质量符合生产要求；另一方面，在试制转批量生产后及时派驻经验丰富的质量检验人员或生产操作骨干到供应商现场盯控物料生产过程，从供应源头杜绝试制过程中物料存在的所及问题，保证物料供应的及时性和所供应物料的高质量，为批量生产提供稳健的物料保障。

（二）开展“大产前”配套准备管理，实施产前全流程各环节敏捷能力构建

大产前管理是对项目生产前的人、机、料、法、环、测各项要素的配套准备管理。主要是基于项目生产计划、项目需求要素、项目达成目标等确定生产纲领、生产节拍、技术方案、质量控制方案、产前准备计划、物料供应计划的策划落实，并梳理前一个项目的负面清单，确保现行项目生产或试制如期完成。

一是人要素的管理。主要包括搭建项目管理团队、确立项目组织机构；根据工序分割合理评估各工序人员需求，配备项目操作人员；根据关键特殊工序培训关键特殊过程人员；根据产品特点结合配置资源培训重难点技能人员，结合工序分割评定工时定额；根据项目工艺技术特点、研发设计需求配备项目所需的设计人员、工艺技术人员和质量检测人员；在杜绝人力资源浪费的情况下，保证项目所需人员的

配备到位。

二是机要素的管理。主要根据产品特点和工艺技术要求，结合制造资源分析，在产前准备阶段为产品生产配置通用工装工具、特殊工装工具、检测计量器具等，并根据生产要求配置通用设备、特殊设备、质量检测设备等，提前做好工装工具、设备设施的维护和保养，保证设备设施的配套性和完好率，能够及时满足生产阶段的所有需求。同时提前开展设备操作人员的培训和取证工作，保证设备操作员工能够按照产品工艺流程、设备作业指导书、安全作业指导书正确操作设备，满足项目对工装、设备、设施的需求。

三是料要素的管理。主要根据工艺规划和 MBOM（制造物料清单）搭建形式确定物料供应模式，建立物料供应商清单，有明确可行的物料采购、仓储、运输、质检等方面管理制度和执行措施；建立来料检验、入库、保管、标识、发放流程，严格质量控制；对不合格品有控制办法，职责明确，做好不合格品的有效隔离、标识、记录和处理；加强物料的信息化管控，实现物料质量问题的有效追溯。加强供应商的管控和评价，建立供应商信用评级机制和质量问题考核机制，帮助供应商提升物料生产质量，提升物料来料质量管控。

四是法要素的管理。主要结合制造资源分析、工序分割情况、产品制造标准等因素科学合理布局工序流程，保证产品质量满足要求；区分关键工序、特殊工序和一般工序，有效确立工序质量控制点，对工序和控制点标识清楚；建立有效的生产管理制度、质量管控制度和工艺操作文件，为产品生产过程提供执行标准；对每个质量控制点规定检查要点、检查方法和接收准则，为产品质量管控提供检测依据；规定并执行工艺文件的编制、评定和审批流程，保证生产现场所使用文件的正确、完整、统一性，工艺文件处于受控状态，现场能取得现行有效版本的工艺文件。

五是环要素的管理。主要结合产品特点开展工艺环境分析、安全环境分析、新产品安全风险辨识等，建立生产现场环境方面的管控措施，使环境因素如温度、湿度、光线等符合生产技术文件的要求；生产现场环境保持清洁、有序、整齐，5S 管理到位，为产品生产提供良好安全的作业环境。

六是测要素的管理。主要结合产品生产和物料供应特点，形成质量检验标准，编制自互检卡片，做好产品生产期间的检验准备。确定测量任务及所要求的标准，选择符合工艺要求的准确度和精密度的测试设备，定期对所有测量和试验设备进行确认、校准和调整，使其处于有效状态。

大产前各要素之间是相辅相成的关系，其中法要素和测要素起到关键性的作用，各要素的充分准备是产品开工生产和试制的前提条件。大产前配套准备管理是否高效将直接影响轨道交通装备产品生产的效率和质量。

（三）建立“首工序开工规范”，形成生产流程的初步规范

首工序开工规范管理是为了满足批量开工条件，在试生产过程中，对首工序开工的问题识别及关闭的闭环管理过程。产品生产过程中每项工序第一次开工生产被称为首工序，首工序开工规范就是要把生产任务分解到每天、每个工序，对每个工序人、机、料、法、环、测等要素进行验证的过程。

一是安排高技能、高技术人才开展试生产工作。在产品试生产阶段，配备高技能水平的设计人员、工艺技术人员、现场操作人员、质量检测人员开展产品试制工作。按照设计方案、工艺技术方案、作业指导书、质量检验标准开展产品试生产工作。研发设计人员、工艺技术人员做好对生产操作的盯控和指导，建立良好的设计变更沟通渠道，对试制产品更改及时传递到技术、操作及供应商处，对物料齐套率、符合性、供货质量等进行定期监督，并查验物料供应存在的问题。

二是通过试生产加强对每项要素的验证和评估。通过对每道工序的试生产，严格验证设计图纸、工艺参数、物料齐套、人员技能、工装工具、设备性能和配套性等是否满足预期，是否存在相关问题，质检人员对完工工序进行评估和验证，及时发现问题并反馈干系人处理。

三是梳理并解决试生产过程中存在的问题。通过QC小组，对现场问题进行全过程管控，建立首工序开工规范异常记录机制和闭环问题管理机制，通过工序完工检查或者问题反馈梳理统计试制期间所有问题，确定问题类型，联系异常接口人员制定问题临时解决方案，及时闭环问题，保证日事日毕。问题解决后对问题形成的原因进行系统性分析，组织制定问题固化解决方案，形成指导标准。

四是建立成熟的生产标准。首工序开工规范就是要将产品试制过程中所有问题全部梳理出来，针对每种问题形成的原因进行系统的分析，对问题形成的影响要素进行评估校核，建立一套成熟的技术标准、操作标准、检验标准和人员使用标准，实现产品生产的标准化和精细化管理，将试生产逐步推广到批量生产中，从而提高量产后产品的生产效率和质量。

五是为量产培养技术和技能人才。通过首工序开工规范，培养一批技术和技能人才，形成标准化的作业流程和检验方法，推动产品生产的一致性，有效提升后续量产的效率和产品质量。

首工序开工规范为产品的批量生产提前做出评估和验证，形成可执行、系统化的标准和规范。

（四）贯彻“三个标准和四个到位”，规范生产作业行为

1. 形成“三个标准”，固化解决问题措施

一是技术标准，即设计、工艺标准，天津唐车公司通过大产前和首工序开工规范对产品试制期间发现的技术、设计问题统一反馈研发设计和工艺技术团队，对试生产期间发现的瓶颈问题进行深入研究、讨论，对先前的产品设计方案做出相应的修改和优化，形成最佳的解决措施，最终形成统一的技术一致性标准，包括基础技术标准、产品标准、工艺标准、检测试验方法标准及作业环境标准等。

二是工序标准，即操作标准，天津唐车公司通过大产前和首工序开工规范，将首批车辆试制期间发现的设计、工艺问题固化的同时，将工艺文件、设计图纸、技术规范等标准转化为可执行的标准作业指导书；将首工序开工规范期间发现的操作问题形成长效、固化的解决措施，优化建立标准化的操作技术规范，指导生产操作团队正确开展后续生产任务，避免重复问题的发生。

三是交付标准，即质量检验标准，通过大产前和首工序开工规范更新、优化并形成统一的质量检验标准，包括来料质量管控标准、产前开工检验标准、生产过程质量检验标准及产品完工检验标准，将检验标准覆盖供应链全过程，实现全面质量管理。

2. 执行“四个到位”，规范生产作业行为

一是标准制定到位。根据大产前和首工序开工规范建立统一的技术标准、工序标准和交付标准，做到标准覆盖全面、职责清晰、规范明确，具有很强的指导性和可操作性。

二是标准宣贯培训到位。在制定统一可行的各项标准后，企业各级单位将相关标准对相关责任者进行系统性培训和宣贯，保证各工序执行人员对标准的理解和执行到位。

三是对标准执行的监督检查到位。工艺纪律检查人员定期对各工序作业人员标准执行情况进行监督检查，对于未按标准执行或执行出现偏差的人员及时进行纠偏，保证标准和规范执行到位。

四是奖励考核到位。在标准检查过程中对于标准执行力强，规范操作的员工给予一定的奖励，对于未按规定执行给生产造成影响的单位和个人给予考核和惩处，进一步为生产作业的有序运行提供有效保障。

（五）精准安排生产任务，实施“小产”前生产管理

在产品生产期间各生产单位需要按照生产计划开展生产。小产前解决的是生产单位各工序、班组开工的问题。生产班组安排专人核实开工当天生产内容、节拍计划需求的物料、操作人员、工装工具、设备设施等，实现物料、人员、设备的齐套性。所需资源出现偏差时及时汇报调度员及工位长、线长解决，重大偏差请示主管领导协调解决或确定是否停线、转序，以确保现场生产能够按照节拍和生产计划顺利推进。

通过实施小产前生产准备管理，能够精准安排生产任务，合理安排生产资源，提前做到预警，能够及时协调解决生产资源短缺或不足的问题。开展小产前管理一方面有助于提高生产计划的兑现率，保证生产节拍的落地，提高生产效率；另一方面能够确保生产定员和工时定额的准确性，避免用工浪费，提高人员的使用效率，节约人工成本，以保证 WBS（工作分解结构）单元工作按计划开展。

（六）推行数字化转型，构建“流程敏捷＋数据驱动”制造模式

1. 建立工位制节拍化流水线生产模式的造修一体数字化生产线

将生产管理分解落实至最小管控单元——工位；基于工位将计划、人、机、料、法、环、测等管理工作有效分解和落地；打造精益节拍标准化流水线，实现均衡生产。以工位制节拍化生产线为基础，打造资源类、技能类、物料类、技术类、环境类工艺基础数据库，建设 FMEA 分析、系统资源规划（SLP）、产线负荷分析、价值流分析、工位推移图等数字化工具，实现“六要素”“七任务”数字化落地，持续优化提升工位工序的均衡性，提升工位数字化管理水平，实现制造过程的高品质、高效率和高效益。

一是以面向工位的模块化设计为基础，实现设计图纸和技术文件信息化直达工位。构建基于标准工序数据库的结构化工艺设计模式，打造工艺敏捷开发能力，通过制造运营管理系统（MOM）将数据下达至工位，驱动现场工位执行。以流程驱动的模式，建立基于工位的管理输入输出标准化，输出基于车档管理的实造物料清单（BOM），支撑产品全生命周期运维服务。

二是开展造修一体的工艺基础数据库建设。以标准化、结构化、平台化的工艺设计为目标，以数据源唯一为原则，建设工艺基础数据库，依托工艺设计 PLM 平台，搭建设备库、工装库、工具库、人员技能库、材料库（消耗类＋辅助类）、工位库、作业环境库等工艺基础数据，支撑产品模块化工艺开发业务过程，实现工艺输出的标准化，提高工位制节拍化生产线数字化设计水平。

三是基于标准工序数据库的结构化工艺开发建设。结合车辆制造工艺过程特点和构型理论，建立工艺标准工序数据库，通过标准工序的重用对具体产品制造工艺过程信息进行定义，实现人、机、料、法、环、测全要素的结构化输出，通过 MOM 系统及时高效地推送至工位。通过标准工序数据库的建设，实现工艺技术数据的重用和六要素的数字化落地。

2. 以 MOM 系统为核心，拓展数字化支撑管理平台

一是打造资产管理平台。以生产工位为载体，借助 SAP－PM 模块、MOM 系统和业务中台，制定设备、工装、工具等资源信息化全流程标准，打造资产管理平台，开展资产管理由事后管理向自主保全、全面预防管理转变，实现资产全流程全寿命周期管理。

二是打造人力资源平台。建立人员工种向人员技能转变的培养模式，形成多能工培训体系；借助 SAP－HR 模块、智训平台和 MOM 系统开展人才储备、人才培训、人才统筹规划和调配、定额分配、能力平衡等人力资源管理工作，打造人力资源平台，实现人力资源培养及使用高效化、最大化。

三是打造安全环境平台。基于生产现场产线和工位，将工位作业安全、职业健康安全、现场安全点检、风险点识别与防控、环境管理等工作内容进行数字化集成，优化搭建安环双控平台，确保作业现场本质安全。

四是打造信息化平台。结合数据总线、业务中台、数据中台和 BI 等系统，整合各业务系统数据，实现信息化平台与管理线、管理平台及生产流水线进行对接，并集中系统展示，实现全业务全流程数据的贯通，支撑公司经营运营的高效运转。

3. 完善关键工序数控化率和数据采集能力，提升大数据应用能力。

通过数字化管控，以数据驱动为核心的企业决策和管理机制，实现基于数据模型驱动的业务实时化运作和运营分析管控应用，形成“流程敏捷＋数据驱动”的实时化运作能力，能够有效缩短车辆产品

的研制周期，有效降低生产制造管理成本，同时将数据驱动应用链条向上下游协同推广，经济和社会效益倍增。

三、轨道装备制造业敏捷制造管理体系构建效果

（一）构建一套产前敏捷项目制管理体制机制

天津唐车公司通过建立高效协同的项目制生产管理团队，实施供应链动态化干预管理，建立技术质量直通车，开展管理直达工位生产管理方式，实施“大产前”“小产前”“首工序开工规范”等机制，运用数字化载体，实行各管理要素的信息化管控等方式，构建一套产前敏捷项目制管理体制机制。贯彻技术、工序、交付标准，做足产前配套准备，规范生产作业行为，实现产品正式投入生产的组织规划和统一部署，实现量产前闭环管控，为产品批量生产提供标准指导，从而有效地提升企业管理效能，实现降本增效，保障产品生产品质，收获良好的社会效益和经济效益。

（二）合理配置企业管理资源，降本增效实现经济效益

天津唐车公司通过实施轨道交通装备敏捷制造管理，对交通装备产品制造特点、生产过程进行全面深入研究，构建一套系统性、完善的产前敏捷项目制管理机制，通过大产前管理、小产前管理、首工序开工规范等机制的运行，合理配置企业管理资源，有效解决试生产过程中存在的各项问题，实现产品生产的标准化管理，有效提高产品量产后的生产效率、产品质量，节约成本。有效地解决产品设计阶段存在的可实施性差的问题，提高产品设计准确性，减少设计变更带来的物料、人力资源的浪费，实现人均劳产率提高10%，生产效率提高20%，产品不良率降低20%，生产运营成本降低20%，单位产值能耗降低10%，生产计划兑现率达到95%以上，节拍兑现率达95%。实现出口项目单车节约成本约8万元，节约国内城轨项目单车成本约4.7万元，降本增效成果显著，自成果实施以来生产成本和制造费用已节约1200万元。

（三）明显提高企业社会效益

天津唐车公司通过建立轨道交通装备敏捷制造管理体系，规范顺畅的生产管理流程，为量产的顺利实施奠定坚实的基础、提供强有力的保障，确保产品量产实现高标准、高质量，为企业赢得良好的市场口碑，提高公司在中车、天津乃至国内的知名度。通过获取更多的外部订单，进一步拉动轨道交通配套产业的发展。在轨道交通产业链发展方面，从多维度积极与优质供应商进行对接共享，依托在手项目积极扶持具备配套能力的本地供应商纳入产业链，提升了本地配套能力，优化售后服务质量。以共赢为目标确立合理的合作政策，全方位地进行帮扶，使本地供应商全方位地加入供应链体系建设，充分发挥供应商在公司供应链建设中起到的关键作用。在对地方经济发展贡献方面，在现有的轨道交通新造业务基础上，大力发展轨道交通新造、服务、新产业三个业务板块，形成三个产业链深度融合、全周期产品供给的发展格局，带动东丽区乃至天津市的轨道交通新造和服务相关产业发展，为地方经济的发展和就业机会的增加做出贡献。同时，节约了能源消耗，减少了碳排放，为碳达峰贡献了一份力量。

（成果创造人：徐　军、潘　隆、刘东旭、张树春、贾培芸、巨　星、
康浩声、谢恩强、张建辉、李福生、马　强、胡凤博）

熔喷布制造企业有效应对重大公共突发事件的柔性生产经营管理

天津泰达洁净材料有限公司

天津泰达洁净材料有限公司（以下简称泰达洁净）的前身为天津毛毡厂，始建于1959年，目前是泰达股份的全资子公司，是以熔喷技术为核心专业生产空气过滤材料、液体过滤材料、服装保暖材料、吸音隔热材料的熔喷非织造材料制造商，拥有7条国际先进熔喷生产线，年产能7000吨，自主研发新产品达100余种，拥有知识产权30余项、发明专利4项、实用新型专利12项，参与制定国家标准6个、团体标准两个。泰达洁净是中国熔喷非织造新材料研发基地、国家高新技术企业、国家级绿色工厂，是国务院应对疫情联防联控机制医疗物资保障组指定的重点防疫物资供应保障单位，荣获“全国五一劳动奖状”等荣誉称号。

一、熔喷布制造企业有效应对重大公共突发事件的柔性生产经营管理背景

（一）坚定履行国企使命，及时应对重大公共突发事件

泰达洁净已从事无纺布专业生产60余年。在企业快速发展中，经历了一次次重大公共突发事件的考验，出色完成了战备物资应急生产任务，为应对突发事件时如何做好生产组织积淀了宝贵经验。新冠疫情突袭而至，国家发改委、市工信局等部门下达了多项紧急调拨任务。面对严峻形势，泰达洁净认真总结和反思企业过往生产经营管理工作中的成功经验和存在的不足，深刻认识到，只有建立应对重大公共突发事件的柔性生产经营管理体系，才能切实做好重大公共突发事件应对工作，才能出色完成疫情防控等重大突发性工作任务，才能履行好新时代国有企业的使命和担当。

（二）积极践行国企社会责任，敏捷应对市场需求变化

面对新冠疫情重大公共突发事件，泰达洁净果敢践行国企社会责任，在不同防控阶段持续凭借敏锐的市场洞察力和快捷的生产组织能力，敏捷应对市场需求变化。疫情期间，市场对口罩的需求较疫情初期有所变化，人们在选择口罩时，对口罩的质量、技术性及品牌会有更高的关注，优质的口罩滤材供应商将会占据更大的市场份额。面对市场环境的不断变化，需要泰达洁净更加敏捷应对复杂动态的市场环境，充分发挥柔性生产经营管理能力，以柔性战略面对市场需求变化，发现并抓住市场机会，及时、快速地调整生产，有效减少生产成本，提高生产效率和产品质量，强化和锤炼企业的敏捷应变能力，更加有力践行国企的社会责任。

（三）坚持高质量发展理念，应势变革生产经营方式

泰达洁净在“十四五”发展战略中明确提出要立足国民经济和国防重大需求，以提高轻纺防护新材料自主创新能力为核心，以先进基础材料、关键战略材料、前沿新材料为发展重点，坚持可持续发展，实现轻纺防护材料产业转型升级和结构优化；以创新驱动发展，建立以企业为主体，“产学研用”深度融合的轻纺新材料自主创新体系，全面提升我国轻纺防护新材料自主保障能力和市场竞争力。为此，持续推动企业高质量发展，迫切需要应势变革企业生产经营方式，规避传统生产管理方式的弊端，根据重大公共突发事件和市场需求，以完善的柔性生产经营管理体系组织实施生产经营管理工作，有效应对重大公共突发事件，有力满足市场需求，助力企业持续高质量发展。

二、熔喷布制造企业有效应对重大公共突发事件的柔性生产经营管理主要做法

（一）坚持党建引领，构建柔性生产经营组织管理体系

1. 坚持党建引领，保障柔性生产的实施

泰达洁净坚持党建引领，积极推进党建与生产经营的深度融合。坚持企业党组织前置研究程序，有力把控企业管理和发展方向，不断提升企业决策治理水平，在应对重大公共突发事件时实施柔性生产经营工作中为企业保驾护航。以应对新冠疫情突发事件为例，泰达洁净党组织充分发挥党员先锋模范作用，针对柔性生产经营难点组建突击小分队，并根据小分队成员的特点对突击队进行命名。各突击小分队在企业党组织的引领下，积极应对突发事件，开展攻坚克难，以忘我精神攻克难关。

2. 以生产任务为导向，构建柔性生产经营组织管理体系

泰达洁净以应急生产任务为导向，基于网格化布局构建柔性生产经营组织管理体系，涵盖生产调度、后勤保障、市场销售、资金人员、对外宣传、安全生产、产品质量 7 个方面的组织管理工作团队。

生产调度工作团队负责协调生产、调度物资、提产增产、技术改造；后勤保障工作团队负责食宿供应、来访接待、现场改造、跟踪督办；市场销售工作团队负责对接调拨、客户安抚、价格稳定；资金人员工作团队负责解决人员短缺、资金筹措问题；对外宣传工作团队负责对接媒体、宣传发声、行业引领；安全生产工作团队负责疫情防控、排查隐患、安全保障；产品质量工作团队负责质量保障、标准制定、品牌打造。

森达洁净应对重大公共突发事件时，各方工作团队既各司其职，又密切配合，在柔性生产经营组织管理领导小组的统一指挥下，发挥协同作战功能，有效应对突发事件。

（二）完善应急管理机制，建立柔性生产产能管控体系

1. 实施看板管理，管控柔性生产产能

泰达洁净组织生产班组三班倒，实施 24 小时不间断生产，在车间的每条生产线上设置了日报看板，每条生产线上的产量一日一结，通过每条生产线上日产量的对比来管控产量、鼓舞员工士气。泰达洁净对每条产品生产线的要求，在生产过程的不同时间段采用不同的方法：第一阶段，企业对每条生产线上的产品进行质量与数量的对比，要求员工在保证质量的同时追求数量；第二阶段，在追求数量与质量的同时，要保证设备故障率指标，在人员编制上每个小组也指派了设备保障人员；第三阶段，在第二阶段要求的基础上，要求员工在生产过程中的规范性，对现场进行 5S 管理。

泰达洁净应对新冠疫情实施应急生产看板管理，为湖北省的口罩企业紧急提供 6 吨熔喷无纺布，保障了下游企业抗疫所需的医用防护口罩的生产，为将疫情阻击在一线做出重要贡献。

2. 完善应急机制，实施柔性生产攻关

以应对新冠疫情为例，泰达洁净为加紧生产口罩滤材，组织全体员工开展产能攻关活动。面对订单的骤增，泰达洁净调动一切可用的资源，保障一线需求。85 后的年轻员工把“床”搬到了生产车间；即将退休的老工程师、技术员自发组成“银发突击队”，将一条废弃将近 20 年的生产线修复并投入生产，有效提升了产能。随着疫情的发展，医护口罩极度稀缺，泰达洁净主动延伸产业链，研发生产医用 N95 级口罩，建立十万级的洁净室，正式投产后，经过产能攻关，产量由首期半自动生产线每天近 10000 只提升到二期全自动生产线每天近 40000 万只。经过后续杀菌解析后，直送防疫一线，最大限度地保障了医护人员的物资供给。通过实施柔性生产看板管理和产能攻关，切实提升了泰达洁净应对重大公共突发事件的应急生产组织和管控能力，各种产品的产量持续飙升，有力保障了新冠疫情防控等重大公共突发事件所需物资的及时精准供给。

（三）响应重大公共突发事件，建立柔性生产敏捷服务体系

1. 响应突发事件，快速精准定位需求任务

泰达洁净着力捕捉市场信息，深入分析重大公共突发事件的发生发展动态，强化对信息的收集和研判工作，时刻以应对突发事件的心态判断市场需求。为更好地了解和掌握市场需求，泰达洁净自建口罩生产试验线，以更加专业的视角，模拟下游企业的生产，逆向分析市场需求点，精准提供市场所需求的产品和服务。为强化与客户之间的交流沟通，主动协调与所服务的各类客户及客户的下游客户之间的产品技术难题，定期走访客户，主动贴近客户，针对客户提出的各种需求召开专题研讨会，制订改进方案，实现客户满意。

2. 分析需求任务，快速组织实施敏捷服务

泰达洁净在对需求任务精准定位后，以最快的速度进行需求分析，解读任务特点，快速组织实施相应的应急服务。

以应对新冠疫情突发事件为例，2020 年 1 月 20 日，泰达洁净根据工信部开始在行业内摸查防疫物资信息及春节停产情况的信息，预判到市场对防疫物资将有大的需求，立即启动应急管理机制，实施柔性生产。1 月 21 日上午 10 点口罩试验机启动生产，所有管理人员进入生产一线。1 月 23 日，当工信部的领导到泰达洁净巡查时，泰达洁净的生产线已全部开满。1 月 24 日，国家工信部指定泰达洁净为国家重点防疫物资保障单位。自此，泰达洁净柔性生产经营管理体系开始进行常态化运行。期间，根据防疫物资供应需要，快速实施设备改造转产；成立提产攻坚组将产能由 7 吨提升到 10 吨；紧急攻克医疗器械生产许可证的取证难关，开始生产医用防护口罩；建设十万级洁净室提产扩能；按照国家调拨计划重点供给湖北及武汉地区防疫物资；应对国际疫情，对标国内外生产标准，生产出口防疫物资；为应对秋冬季防疫储备需要，国家工信部指定泰达洁净为疫情防控常态化下重要医疗物资保供企业；持续供应疫情防控常态化下的医疗物资和防疫物资。2020 年，泰达洁净累计生产口罩滤材 2949. 65 吨、医用 N95 级防护口罩 311 万只，以快速、高效、优质的产品技术和服务赢得了各方好评。

（四）坚持高水平产品质量标准，建立柔性生产质量管控体系

1. 完善检验检测手段，坚持高水平产品质量标准

泰达洁净拥有严格的质量控制程序及完善的检测设备，检测技术与国际同步。已通过了英国劳氏公司的 ISO－9001 质量体系认证，并拥有 Topas PSM－165 孔径仪、Frazier 透气仪等用于新品研发、产品过程控制、成品检验的各种先进检测仪器。除严格的自检外，泰达洁净所生产的产品定期送往中国人民解放军特种防护服装质量检测中心、美国 Nelson 实验室、Caribbean 生物研究院等国内外 43 家著名检测机构，进行 50 余项技术指标及安全性能的权威测试及认证。泰达洁净是国内符合欧、美、日、韩等标准的“全牌照”企业，出品的滤材产品外销时是出口海外免检产品，在国内销售时则被下游企业当作信用背书。

尽管拥有严格的质量控制程序及完善的检测设备，泰达洁净还在产品质量和标准把控上建立“高标准、严要求”的工作准则。按照市场标准，穿透率低于 12% 的就是合格的产品，但泰达洁净则要求所生产的产品穿透率要低于 8%。这样的标准把控让下游企业对“泰达芯”的使用更加放心，有些口罩生产企业甚至会将“泰达材料有限公司监制”标注在产品上后再投放市场销售。在此严苛的质量管控下，泰达洁净自主生产的“泰达芯”颗粒防护口罩荣获欧盟 CE 认证。

2. 参与标准编制，管控产品品质

泰达洁净为应对重大公共突发事件实施柔性生产经营管理，为有效管控产品品质，建立完善的企业内控管理制度，编制《企业内部控制管理手册》，对产品生产、研发、质量检验检测等方面的工作流程进行了细化，做到有依可循、有据可查，环环有管控、事事有监督。同时，严控产品质量检测标准，积

极参与国家和行业标准的编制工作，作为主要编制单位先后参与编制《纺织品 细颗粒物过滤性能试验方法》（GB/T 38413－2019）、《民用卫生口罩标准》（T/CNTAC 55－2020T/CNTAC 09104－2020）、《儿童口罩技术规范》（GB/T 38880－2020）等国家和行业标准，成功研制出专用于儿童的“泰达童芯”口罩滤材。

（五）严格把关投产条件，建立柔性生产设备及材料保障机制

1. 管控生产线及设备，自主进行生产线设计和设备升级改造

一是实施技术革新下的生产线自主设计。为满足柔性生产对生产设备所提出的保障性需求，泰达洁净持续进行技术革新，不断审视生产线的适用性和先进性，为提高对突发事件的应变能力，居安思危，未雨绸缪，针对S生产线的产品覆盖面较窄、市场定向较为单一的现实情况，根据对行业发展趋势的判断及民众对个体健康的追求，适时对S生产线进行改造，以扩大口罩滤材的生产能力，确保沉着且敏捷应对重大公共突发事件下的市场供给所需。

二是实施柔性生产管理下的生产设备自主升级改造。泰达洁净针对增加口罩滤材产量的迫切需求，迅速成立设备技改专项组，明确技改目标，确定技改实施方案，将已超过使用年限且仅用于生产保温材料的美达生产线快速切换为口罩滤材生产线，经过30天的改造，完成了设备原故障件维修、设备附属部件改造、设备生产运维突破设备原设计产能的自主升级改造任务。随着医用N95级口罩变得越来越紧缺，泰达洁净根据对市场变化形势和自身优势的研判，向下拓展产业链，由专业口罩滤材生产产业拓展到口罩生产产业，自主建设口罩生产线。2020年3月5日，医用N95级口罩生产线正式投入生产。投产后，医用N95级口罩生产以每天近40000只的产能保障了一线医护人员的防疫物资供给。

2. 管控原材辅料，敏捷实施应急采购管理

泰达洁净本着防患于未然、应势而战的指导思想，着力建立并完善原材辅材采购保障机制，以敏捷应对柔性生产所需，为重大公共突发事件下的柔性生产经营提供有力的保障。以应对新冠疫情突发事件为例，当新冠疫情时期而市场尚未反应过来时，泰达洁净凭借敏锐的市场洞察力和对形势的分析研判，预感到形势的严峻性，从生产源头做起，第一时间启动原材辅材的应急采购工作。制订并出台原材辅材采购工作应急方案，确定广开渠道、优中选优、借款预付、紧急调运、加大储备的工作方针，抢先储备了充足的原材辅材，保障了新冠疫情时期的柔性生产所需。

泰达洁净及时了解和掌握采购市场动态，及时掌握更新原材辅料的价格动向。建立询价比价工作制度，对于因供应渠道唯一而形成的单一来源采购，积极开拓思路，极力冲破地域限制，充分挖掘潜在供应商，建立并实施比价机制，在满足交货期的前提下有效降低采购成本。

（六）应急攻关核心关键技术，构建柔性生产产品和技术研发体系

1. 实施产研学一体化，建立熔喷非织造新材料研发基地

作为国家高新技术企业，泰达洁净与国内双一流大学天津工业大学和天津科技大学具有紧密的产学研合作关系。两所大学在新材料和非织造领域底蕴深厚，技术背景雄厚，融合泰达洁净强大的设备、生产、检测等能力，实施强强联合，取得了丰富的研究成果。依托强大的研发能力和产学研合作，泰达洁净承担了多项国家级、省部级、区级科研课题。泰达洁净每年把营业收入的40%投入研发当中，迄今为止累计开发了近百种新产品，拥有发明专利3项、实用新型专利10项、外观专利1项。

2. 应急攻关核心关键技术，实施技术升级和新产品研制

泰达洁净强大的研发能力为突破核心关键技术提供了有力支撑，推动企业实现技术升级和持续开发满足市场需求的新产品。新冠疫情突袭而至后，泰达洁净作为国内市场占有率名列前茅的专业呼吸过滤防护滤材研发生产企业，以最快速度、最优质量保障疫区及政府疫情防控工作的需要，在快速对现有设备进行整体改造升级的同时，运用最新研发的驻极技术，开发了获得“天津市科学技术进步奖一等奖”

的高性能呼吸过滤材料（此材料命名为“泰达芯”），“泰达芯”为升级的熔喷工艺与后处理技术结合生产的高效低阻材料。该项技术的攻克和突破将生产线整体产能提高了30%，在降低材料呼吸过程阻力的同时，较传统呼吸过滤材料相比，过滤效率提升到99.97%。

随着新冠疫情的常态化发展，全民佩戴口罩出行亦是常态化，儿童群体防疫口罩的研发工作随之呈现出紧迫态势。市场上的儿童口罩产品大部分只是成人口罩的“缩小”版，但儿童口罩需要根据儿童的肺活量和身体状况合理设计开发。为此，泰达洁净成立了儿童口罩滤材攻关组，面对儿童口罩规范技术化生产尚且缺乏的严峻情况，进行了大量试验及数据积累，参与制定了国际上第一个儿童口罩生产技术标准《儿童口罩技术规范》，研制了儿童卫生口罩滤材及儿童防护口罩滤材，为降低儿童心肺负担，提高儿童口罩技术水平做出显著贡献。

3. 开展技术储备，实施不间断的产品和技术研发

泰达洁净以创新研发、持续领跑的战略思想，本着核心产品“生产一代、储备一代、研发一代”的技术创新宗旨，进行储备式的技术升级和不间断的新产品研制。一方面，深耕熔喷非织造业务板块，加大科技创新深度，对现有产品和技术进行升级改造，重点围绕高性能过滤非织造布的研究与制备，开发出高效低阻的功能性的过滤材料，并开发与优化高性能纤维结合的复合材料；另一方面，通过与高校进行深度的产学研合作，以泰达新材料研究院为载体，积极在过滤与分离材料、隔热保温材料、吸附材料、新能源材料等领域开展研究。构建轻纺复合材料研究中心，在特种功能纸、木素化学及木素高分子材料、生物技术应用、非织造功能性材料等方面开展研究，并构建新型分离膜与纤维研究中心，在分离膜成形机理、膜材料及功能化设计和膜集成技术与膜标准化研究室、熔融纳米纤维、溶吹纳米纤维，以及溶液纳米纤维等方面开展研究，研制新产品已满足应对重大公共突发事件的柔性生产所需。

（七）培养高素质人才队伍，建立柔性生产经营的人才保障机制

1. 树立柔性生产经营管理理念，培养敏捷应对突发事件的思维意识

泰达洁净将应对重大公共突发事件的柔性生产经营管理列入企业常态化管理方式，一方面对市场及外部环境实时进行监测预判，一旦感知到重大公共突发事件，立即启动柔性生产经营管理措施；另一方面通过企业管理层会议、员工大会、部门例会、班组例会，常态化分析企业面对重大公共突发事件的可能性和市场需求趋势，时刻在思想认识上绷紧敏捷应对突发事件启动柔性生产经营管理这根弦，在思想上树立备战意识，将应对突发事件由“无准备之战”转变成时刻准备着的“有准备之战”。

2. 开展岗位劳动竞赛，培养应对突发事件的敏捷处置能力

泰达洁净在人才培养中注重对应对突发事件的敏捷处置能力的培养。定期组织开展以“鼓干劲、上产量、保供应”等为主题的劳动竞赛和岗位练兵活动。在劳动竞赛的第一阶段设定一定量的生产任务，实施任务量完成情况考核；在劳动竞赛的第二阶段，加入了设备故障修复时间竞赛内容，实施应对突发事件的处置情况考核；在劳动竞赛的第三阶段增设了产品包装规范化和生产现场5S管理竞赛内容，实施工作质量和效果考核。通过三个阶段的劳动竞赛，锤炼员工立足本职岗位全面提升应对突发事件实施柔性生产的岗位技能和工作经验。

3. 实行新型学徒制，培养高精尖技术人才

泰达洁净为让更多的年轻员工快速成长，实行新型学徒制。陆续出台《天津泰达洁净材料有限公司首席专家、专业带头人、技术工匠选拔培养管理规定》《天津泰达洁净材料有限公司积分制管理实施细则》《天津泰达洁净材料有限公司专家库管理规定》等人才管理制度并逐步落地实施。通过举办拜师仪式，构建一带一、一带多的人才培养机制；通过推行管理、技术双通道的人才晋升机制，畅通人才晋升通道；通过积分制管理方式，充分调动员工工作积极性，让员工的工作行为有依可查、有迹可循，促进人才评价工作更加科学化；通过对内部专家的培养和挖掘，促进企业在人才队伍建设上积累了宝贵的

经验，使企业应对重大公共突发事件的技术和产品研发能力得到持续提升。

与此同时，加大高端人才引进力度，充分发挥人才引领作用。围绕岗位职责胜任人才画像，突出研发资深工程师过滤分离、生态环保、新材料开发三个方向的人才定位，着力培养与企业未来发展规划高度匹配的博士、硕士人才；加大对金蓝领技能人才队伍的选拔培养，建立技能大师工作室，在非织造操作、自控智能、机电维护、工艺优化四个方向建立金蓝领人才团队。

三、熔喷布制造企业有效应对重大公共突发事件的柔性生产经营管理效果

（一）建立了应对重大公共突发事件的柔性生产经营管理体系，推动企业高质量发展

泰达洁净建立了应对重大公共突发事件的柔性生产经营管理体系，有效缓解了传统生产经营方式下存在的产品切换时间长、生产效率低、设备经常损坏、多种原因导致企业短时间内生产不出产品、为了能够及时交货而不得不增加库存等生产经营管理问题，让企业的生产经营活动更能够适应重大公共突发事件和市场需求的变化，更具备敏捷的应变能力，更能够有效降低生产成本，满足市场需求，实现柔性管理，彰显了泰达洁净对现代生产经营活动的适应性。

（二）在应对重大公共突发事件中做出突出贡献，彰显了国企使命担当

泰达洁净通过建设应对重大公共突发事件的柔性生产经营管理体系，保障了新冠疫情等重大公共突发事件的应急物资供应，以国企的使命担当为有力应对重大公共突发事件做出突出贡献。泰达洁净通过了“中国熔喷非织造新材料研发基地”的审核；先后被国家工信部、国家发改委、国务院联防联控机制医疗物资保障组、解放军联勤保障部队指定为防疫物资重点保供单位，为疫情防控做出突出贡献。

（三）企业敏捷响应能力不断提升，经济效益持续增长

泰达洁净应对各类重大公共突发事件的敏捷响应能力不断提升，不仅树立了敏捷应对突发事件的思维意识，还提升了应对突发事件的敏捷处置能力。以应对新冠疫情为例，通过运行适应重大公共突发事件的柔性生产经营管理体系，有序组织开展应急生产、技术攻关、产品研发等方面的工作，确保了产品生产高质高效；企业员工团结协作、攻关克难，协调配合，勇挑重担，以忘我的精神齐心协力打赢攻坚战，取得了骄人业绩。2020 年泰达洁净的营业收入为 41790 万元，净利润为 14412.6 万元，营业收入较 2019 年增长 382%，净利润较 2019 年增长 160%。

（成果创造人：宋　逍、谢敬伟、王　波、赵国闽、杨东昇、孟召曦、姚增玉、刘秀峰、王际影、孔德宏、刘　晶、吴　涛）

基于“一核五化”的舰船敏捷高效保障体系构建

中船黄埔文冲船舶有限公司

中船黄埔文冲船舶有限公司（以下简称黄埔文冲）隶属于中国船舶集团有限公司，始建于1851年，是我国第一家近代船舶工业企业，是台湾海峡以南、南海区域规模最大的船舶企业。黄埔文冲始终坚持国家利益至上，以全心全意为海军装备建设服务为使命，先后经历了由修到造、由艇到舰、由以造为主到造修并举的持续跨越，已经发展成为员工总数16300人、占地面积258万平方米、资产总额285亿元、年营业收入120亿元以上的核心军工生产企业，成为我国导弹护卫舰、大中型登陆装备、高端军辅船等防务装备的重要建造和保障基地，多型产品屡获国家“装备发展建设突出贡献奖”“国家科技进步奖一等奖”“武器装备型号研制金奖、银奖”和“省部级科技进步特等奖、一等奖”等殊荣。

一、基于“一核五化”的舰船敏捷高效保障体系构建背景

（一）支撑海军装备发展战略，满足部队战斗力提升的迫切需要

党的十八大以来，我国对加快国防和军队现代化提出明确要求，对海军发展建设高度关注、寄予厚望，要求努力建设一支强大的现代化海军，为实现中国梦、强军梦提供坚强力量支撑，引领人民海军在迈向世界一流海军的伟大征程上扬帆远航。伴随着新时代海军的高速发展，舰船装备加速升级换代，装备规模快速提升，不断向“信息化、大型化、远洋化”发展，一批高新技术装备密集列装，综合作战性能稳步提升，装备保障难度逐步加大。同时，国际安全形势日趋复杂多变，捍卫国家主权和领土完整的迫切性愈发凸显，应对海上威胁的实战化演训要求使海军装备用装强度大幅提升，装备保障需求日益增强。在此背景下，海军装备部门和使用部队对保障单位管理水平、综合技术能力的要求也随之快速提高。如何做好战略牵引、如何变革管理机制、如何提升综合实力，成为装备保障单位支撑海军装备发展战略所要直面的突出问题。

（二）顺应海军装备建设规律，引领军地保障能力升级

纵览全球主要海军强国的装备发展历程，装备建造任务的短期快速增长必然带来长期的保障需求，同时，保障模式趋向军地一体化保障也是普遍规律。我国海军装备保障任务在21世纪初期主要由海军系统工厂承担，随着大批新型舰船的陆续服役，装备数量、技术难度大幅提升，地方工业企业的保障力量逐步发展并参与其中，但传统军地舰船保障企业的总体产能与技术工艺能力提升速度缓慢，军地保障资源的一体化程度较低，难以满足海军装备发展急需。在中国船舶集团“引领行业发展、支撑国防建设、服务国家战略”企业使命的引领下，黄埔文冲作为海军装备建设的重要力量，顺应发展规律、强化责任担当，将海军装备全寿命周期保障作为重点发展的战略性业务，发挥引领军地保障能力升级的核心作用，成为公司履行强军首责的必然选择。

（三）立足海军装备保障需求，增强企业核心竞争力

近年来，伴随海军装备建设的快速发展，黄埔文冲舰船保障业务已逐步实现由艇到舰、由单一产品向多型高性能装备延伸，由应急保障向等级修理的拓展，体现出一“广”、两“多”、三“高”的特点。一是涉及范围“广”，从主要保障一个战区两个支队扩展至两个战区超10个支队；二是舰船型号“多”，由两个型号增长到各类水面舰艇10余个型号；三是舰船数量“多”，每年保障任务量由10艘次增长到70艘次左右；四是任务等级“高”，从低等级保障任务扩展至最高等级保障任务；五是技术含量“高”，由常规舰艇拓展至新型登陆装备与高端军辅船等高技术产品；六是保障要求“高”，从重交

付到规范化、短周期、低成本转变。面对舰船保障任务急速升级的现状，要在短时间内实现项目管理、周期管控、全域流程、军地协同、空间布局、人才队伍等全方位能力提升面临巨大挑战，构建新型舰船保障体系，形成系统方案、长效机制，切实提升敏捷高效保障能力成为增强企业核心竞争力的必然要求。

二、基于“一核五化”的舰船敏捷高效保障体系构建主要做法

（一）发挥项目管理核心作用，引领保障能力全面提升

黄埔文冲建立以垂直穿透、平行协作为主要特征，并辅助实施四级网络计划体系的项目管理机制，有效牵引保障能力的全面提升。

1. 构建六线垂直管理模式，推动管理纵向穿透

结合舰船保障项目个性化特征，组织军工部、技术中心、质量部、物资部、事业部等跨部门选派人员组建项目组，并设立各专业领域业务经理，构建以“生产、质量”为主线，以“器材、工艺技术、安全、保密”为子线的六线垂直管理机制。成立以公司分管副总经理为组长的项目管理工作领导小组，向项目组下达《项目目标管理责任书》，并对项目组授予人力资源调动、作业队伍选择、项目资金使用“三大”自主权。项目组在授权范围内，对所负责项目的计划进度、工程质量、成本、安全、保密等全面负责。六线垂直管理机制显著提升了项目管理的纵向穿透力，有效保障了各节点计划按期、保质、安全完成。

2. 发挥平行协作机制优势，支撑实现高效管控

组织建立以公司相关部门、舰队机关、直属队、代表室、总体设计院所横向联合为特征的平行管理机制。公司相关部门依据各类资源配置要求、一二级网络计划生产节点，围绕“人、机、料、法、环”五要素，对船坞、码头、车间、场地、设备、工具、劳动力进行全面策划，实现在多型号、多产品同时保障情况下生产资源的合理科学调度；通过与舰队机关和直属队充分沟通，及时落实施工过程中的舰船官兵配合、器材备件加急协调、追加工程确认等难度较大的项目协调工作；通过与代表室和总体设计院所共同研究海军标、设计图纸，确定设备修理级别、性能恢复数据范围、器材技术协议等技术工艺方案和预采购清单，提前确定项目边界条件，为高效项目管理奠定基础。

3. 拓展四级网络计划体系，提升全员执行效率

在军方要求的传统三级网络计划即一级大节点计划、二级系统计划、三级专业计划基础上，首次将网络计划拓展至指导施工班组的四级计划。实施项目经理主导的计划管控考核，重点围绕“生产、安全、质量”主题，强化例会工作制度，各相关方对存在的施工问题及时分析和做出决策，落实具体责任方、责任人，避免施工过程问题对总体进度的不利影响。通过重点设备修理计划优化，联合设计院所梳理设备出舱清单，明确进出舱优先级，出舱设备责任到人、时间明确到小时，避免前后工序衔接影响，使计划管理颗粒度进一步升级。

（二）创建阶段与层级划分，实现周期管控标准化

针对舰船保障项目部队要求高、工程量大、施工阶段多、作业风险高等特点，强化顶层策划与推动。通过科学划分施工阶段并形成标准周期、建立标准化四梯次嵌套风险控制形式、实施标准化复盘总结，有效提升周期管控的标准化水平。

1. 细化全过程阶段分解，建立标准周期模型

通过全面分析与总结规律，针对舰船保障合同规定的阶段划分进行生产阶段合理前移，将修前准备策划至验收和工程扫尾全过程分解为 7 大阶段和 25 个具体步骤，并针对各船型建立各阶段标准周期与计算权重。根据不同阶段项目的施工过程，将项目施工内容进行动态分工，按各单位负责的专业职责，将项目分区块进行责任区域划分，明确责任边界，避免管理重叠或管理缺位的情况出现，切实提升管理

效率。同时，建立各型舰船保障项目日增量表，采用以各阶段实际权重、各系统日实际进度计算总体进度的测算模型，为实施有效计划管控创造条件。

2. 实施四梯次嵌套控制，确保周期风险受控

针对周期风险管控需要，实施以“方针控制、目标控制”为牵引，以“技术工艺控制、复杂作业控制”为支撑的标准化四梯次嵌套控制。一是实施方针控制，由公司领导牵头对接部队要求，依托公司决策流程形成总体工作方针并着力抓好布置落实；二是实施目标控制，制订基于标准化模板的重点装备风险管理计划及风险控制措施，定期进行联合巡检，建立计划及措施的检查、反馈、考核与纠偏机制；三是实施技术工艺控制，在生产技术准备阶段提前开展技术工艺策划、器材预采购、安全生产预案策划等，前瞻性地开展新型舰船等级修理的技术工艺开发与储备；四是实施复杂作业控制，梳理重点、难点工程清单，并在施工过程中重点关注拆检、修理进度、质量控制、安全生产。

3. 推行完工后标准复盘，持续优化管理机制

结合海军相关要求，建立完善在舰船保障项目完工后一个月内组织复盘总结的工作机制，形成全周期复盘的标准路径和标准模板。通过军、厂、外协单位充分交流、思维碰撞，不断激发新思路、新方案，重点针对存在的不足梳理出了外协单位管控、用装部队保障策划、技术工艺标准、工程管理、器材采购等方面的改进清单，建立标准化工程管理制度，成立专业化的关重件、关键工序、设备系统调试施工班组，提高施工人员的施工水平、熟练程度、施工效率与施工质量，并借鉴舰艇装备建造项目千分制维护保养要求，确定精细化施工范围，形成涂装、装备保养的标准规范。

（三）提升多维度管理效能，支撑全域流程精细化

科学合理确定舰船全寿命周期内各类保障任务范围与时机要求，基于对开工准备、施工组织、离厂保修等全域流程的过程分解，建立装备质量制度体系、全要素成本管控机制、先进管理信息系统，支撑实现保障业务全域流程的精细化管理。

1. 健全装备保障制度体系，有力支撑质量精细管理

根据海军舰船修理质量要求、中国船舶集团质量管理精细化要求，黄埔文冲针对舰船保障质量管理特点与规律，结合总体院所提供的装备性能参数，建立完善“1+2+10”的装备保障质量管控相关的制度体系，即1套质量管理体系、2套作业指导书和10型舰船技术工艺方案。1套质量管理体系包含军修工艺评审、军品等级修理勘验及生产技术准备、工艺纪律管理等28份质量体系制度，以标准清晰、过程规范、操作便捷为原则制定拆检鉴定单、装备技术状态勘验报告、勘验记录单、工艺评审申请报告等标准文本和操作流程，达到海军提出的舰船保障质量管理规范化要求。通过对各型舰船保障经验的总结，组织多轮专家评审，编制2套作业指导书，其中2型护卫舰共66篇、2型驱逐舰62篇，建立10型舰船技术工艺方案，包含标准技术工艺方案532份，为实现质量精细化管理提供了重要的技术工艺支撑。

2. 多策并举实施成本管控，推动降本增效目标的实现

以提质增效、精细管控为核心理念，重点围绕技术牵引与人工控本两个方面制定落实管理措施，实现各环节效率提升、降低成本的目的。通过强化设计源头控本降本作用，优化舰船保障项目的技术工艺方案，在符合装备性能的前提下减少换件范围、改进修理工艺、降低技术成本。通过完善人工成本管控体系，扎实做好薪酬管理，实现薪酬分配更加科学、公平、合理，使间接工、辅助岗位或替代性高的岗位薪酬进一步与市场接轨，把更多的资源倾向于紧缺岗位与骨干人员。编制规范、精准的劳务定额手册，覆盖11个工种、4个方面的难度系数、1500多种工序价格，以定额标准为基础推进劳务精细化派工与劳务班组实物量计酬，持续开展劳务单价成本构成、劳务公司盈亏平衡点分析，建立具有竞争优势的劳务单价体系，进一步支撑舰船保障业务人工成本的精细管控。

3. 开发先进管理信息系统，助力保障业务高效运行

通过引入制造执行系统，面向舰船保障运作全过程梳理业务流程，建立覆盖生产计划、安全管理、动能和设备保障、技术质量管理、物资采购五大业务流程，以及促进各岗位人员快速、高效工作的生产管理系统；通过梳理2型舰船全部器材清单、故障清单、部队需求信息等数据，建立了包含经营承接、派工、成本核算、大数据管理四大功能的业务管理系统；建立交互式电子技术手册，将舰船装备的结构组成、工作原理、操作使用、维护保养、常见故障、零件图册、调试试验等过程文件以文字、图片、解说视频等形式进行数字化；建立主要舰船的寿命周期内常态化装备故障点数据收集、分析和评估工作机制，在基准修理结构的基础上，构建舰船装备故障点数据库，为装备保障部门在保障过程中的决策、优化工程范围提供依据。

（四）打造资源能力共同体，推动军地保障一体化

黄埔文冲与海军机关、海军系统工厂、军地院校、总体院所、设备厂商等组成跨单位、跨行业的资源能力共同体，积累装备故障数据，建立舰船装备保障标准，共享器材储备资源，联合开展技术攻关，共同推动实现军地保障一体化。

1. 建立跨行业协同机制，有效整合军地保障资源

由于舰船系统设备的集成化程度高、技术复杂、保障难度大，单独依靠船舶企业的资源力量不足以支撑完成保障任务。通过高效整合外部资源，建立以黄埔文冲系统抓总，设备配套厂商、海军系统工程分工协作的资源共同体，以不定期开展保密、质量、施工进度等视频会议、飞行检查等方式实施穿透式管理，解决公司部分专业设备、特种设备修理资源不足的问题。通过建立互联互通、开放共享的军地协调与沟通机制，实现与海军、设计院所、设备厂商的共同协作，积累装备故障数据，建立舰船装备保障标准，实施“体检式”保障，舰船平台故障率下降了15%。

2. 实施军地供应链联动，切实提高器材供给效率

舰船保障项目的器材采购存在散件多、单批次采购量小的情况，供应厂商快速反应、及时供货存在难度。黄埔文冲联合海军机关、海军系统工厂、设备配套厂商组成项目器材保障组，总结装备维修保障经验，细化维修项目、器材及轮换件等条件，编制易损件、长周期采购项目清单，协调各系统及设备配套厂商适量储存主要舰船必备的复杂部件、半成品及消耗量大的标准件、通用件，以缩短生产转换周期。通过充分发挥海军储备器材齐全的优势，建立信息互通机制，打通器材领用通道，形成军、厂、舰三地联动模式，舰船保障项目器材供给效率提升了20%。

3. 组建军地多领域团队，提升装备保障技术能力

依据国军标等外部标准规范和保障指南，黄埔文冲积极与海军系统工厂、设计院所交流学习，结合军品建造经验，针对保障产品特点分别制定各修理等级的技术工艺、作业指导书和质量检验标准，为提升技术能力、保障施工进度奠定基础。针对部队用装过程中反复出现的难点问题与共性问题，整合军地各方面技术力量，协调军地院校、科研院所、设备厂商等组建联合攻关团队，集合各方技术优势，在关键技术积累、国产化替代等攻关方向逐项突破技术瓶颈，有效解决保障过程中出现的重点和难点技术问题。

（五）部署跨区域多点保障，实现空间布局层次化

统筹优化跨地域、多厂区空间布局，按照“统一归口、资源集聚、分布推进”的原则，逐步建立“总部基地+保障中心+前置保障点”的三级空间布局，并创新服务机制、释放保障效能，形成各级主体相互支撑、协同推进的发展局面，满足两个战区的保障需求，成为全国除海军系统工厂以外保障范围最广的工业企业。

1. 实施造修资源统筹共享，打造总部基地核心能力

以流程顺畅、工序合理、效能提升为目标，统筹规划能力建设与空间布局，将广州市三个主厂区作为总部基地。针对舰船高等级保障项目生产资源不足的问题，充分整合已有造船生产资源，对造船生产流程下的生产设施进行适度改造，重点结合舰船保障业务特点开展技术工艺流程规划、专用工具自制和采购，并将一座15万吨级干船坞、400米码头、27800平方米车间、60余台（套）大型设备等造船设备设施投入舰船保障业务中。通过对造修资源的有效整合，实现设备设施能力翻两番，形成以长洲厂区为主、文冲和龙穴厂区为辅的“一体两翼”总部基地能力布局，给予舰船保障业务充分的资源支持，确保高效率、高质量完成海军下达的保障任务。

2. 设立多区域前置保障点，补齐部队驻地保障短板

针对海军驻地舰船保障需求，以就近就地快速保障为目标，结合各区域保障业务量与技术含量，完善保障中心与前置保障点布局，合理配置常驻与轮换人员。跨地域保障业务以南海保障中心为根据地，按照“军地共建、试点先行、阶段总结、全面推进”的发展思路，覆盖南海方向各类水面舰船的舰员培训、重大任务保障等工作。同时，分别在华东、华南等地区建立5个前置保障点，主要从事临抢修、巡检、勘验等业务。依托公司总部基地下辖的技术中心、质量部、物资部、事业部等部门，建立和完善技术支持、器材采购、质量管理、项目管理、外协资源、内部协作、评价考核机制，为保障中心与前置保障点的业务开展提供有力支撑。

3. 推行现场“三随”敏捷服务，充分释放前置保障效能

舰船交付部队使用后，黄埔文冲组建前置保障项目组，建立“随时、随地、随航”的贴身式“三随”保障机制。项目经理每天带领项目组成员上船了解装备情况，参与装备日常预防性保养，及时发现并排除故障，对部队在使用过程中发现的设计问题，及时向总体院所与总装企业技术部门反馈并提出改进意见。同时，与总体院所、主要系统与设备单位联合成立保障专家组，在舰员和伴随保障力量难以完成装备保障任务的情况下，以线上方式实施远程支援，必要时快速赶赴现场指导解决存在的故障。

（六）构建全方位培养机制，推动队伍建设长效化

舰船保障业务发展对管理人员、技术工艺人员、技能人员素质都提出高要求，黄埔文冲通过完善管理体系和培养平台、创新人才激励机制，形成人才“传帮带”良好局面，建立长效化的人才队伍培养机制，为高效高质完成舰船保障任务奠定坚实人才基础。

1. 加强人才培养规划引领，打牢人才队伍建设基础

对标舰船制造人才队伍建设与海军系统工厂人才配置状况，结合公司自身人力资源和舰船保障业务实际，研究编制舰船保障业务人才建设专项规划，全面、快速、持续补充舰船保障业务中的专业业务、工程技术、技能等关键岗位人员，从事舰船保障业务的人员连续两年以15%的幅度快速增长；以保障项目为载体，建立“工程优质、人才优秀”的双优人才体系，从低等级至高等级保障项目跨阶段锻炼和培养人才队伍，培养出一批管理水平高、政治素质过硬的项目管理人才和工艺技能水平突出的技能人才；通过着力优化用工结构、深化用工改革，推进舰船保障业务关键工序、关键岗位劳务用工穿透式管理，建立一支人员规模大、技能水平高和战斗力强、稳定可控的劳务用工队伍，成为技能人才队伍的有效补充。

2. 搭建人才岗位培养平台，发挥骨干人才引领作用

黄埔文冲加强顶层设计、统筹谋划，建立依托重大工程项目设立专项团队的人才岗位培养平台，加大不同型号产品之间的人才交流力度，加快提高生产管理、工艺技术、质量管理人员的项目管理、技术把控和质量管理能力。通过充分发挥技能大师工作室示范带头作用，扎实做好培训教材、师资保障体系建设。坚持以赛促学、以赛促用的培养理念，搭建保障业务专业工种技能实训基地，统筹组织和参加各

类国家、集团、广东省技能竞赛，促进优秀青年技能人才脱颖而出，形成了以中华技能大奖1人、全国技术能手1人为引领的80余名舰船保障工匠级技能人才队伍。以舰船保障项目复杂作业为平台建立专业化施工队伍，相对固定主机班、辅机班等主体施工班组，抽调骨干组成对中组、调试组、自动化组等专业化施工团队，切实发挥骨干技能人才队伍优势。

3. 持续优化员工绩效体系，着力塑造高效绩优团队

构建涵盖高效管理流程、周期、考核维度、考核权重、方式表格、面谈辅导等方面内容的员工绩效管理体系，以“月度评委会”为主体，依托“自评+上级评价”两步流程，聚焦组织绩效、工作业绩、关注态度三个维度，明确月度、季度、年度考核周期，逐步提高绩效管理的有效性与及时性，鼓励和帮助员工正视绩效结果与关注公司战略目标，各级管理人员与下属共同修订计划，实现绩效的持续改进。强化绩效结果应用，月度、季度绩效结果与薪酬分配挂钩，实现即时奖励或扣减，充分调动员工积极性，年度绩效结果为职务晋升、培训发展、职称评定、年终绩效等工作提供依据，有效传递企业与员工共同发展的价值观与正向绩效理念，充分激发干部员工干事创业的热情。

三、基于“一核五化”的舰船敏捷高效保障体系构建效果

（一）构建完善的管理体系，实现保障周期的大幅缩短

黄埔文冲通过建立“一核五化”的舰船保障体系，实现舰船保障的敏捷化与高效化，为实现快速响应、实施周期管控和提升舰船保障质量奠定了基础。实现前置保障一般性故障在8小时内排除、重大故障专业人在24小时内赶赴现场处理的目标，同比2020年响应时长缩短50%；舰船高等级修理平均周期由2020年滞后4.5个月到2021年提前一个月，其中某新型舰船实现总周期7.5个月的全国最短修理记录，比标准修理周期缩短65.9%，也为实现后续重大产品的周期管控目标和高质量保障目标奠定基础。

（二）提升企业的经济效益，实现保障业务的跨越式发展

黄埔文冲舰船全寿命保障业务呈跨越式发展，从2016年修理1艘次等级修理任务、产值仅0.1亿元，历时5年后历史性跨越到2021年等级修理9艘次、产值6.5亿元的首创纪录，取得较好的经济效益。2021年人均产值达到45.6万元/（人·年），海军系统某工厂人均产值为32.9万元/（人·年），而同时期国内18家大型修船企业人均产值为25.8万元/（人·年），黄埔文冲的生产效率处于行业领先地位，舰船全寿命保障业务成为公司新的经济增长点。

（三）树立保障周期新标杆，推动部队能战兵力的有效提升

该项目的实施，不仅保障了舰船保障周期管控目标的顺利实现，还同步形成某新型舰船保障周期的新标准，得到海军的高度评价，后续将成为指导全国军内外企业开展该型舰一级修理工程的新标杆。通过保障体系的实施，黄埔文冲形成“1个总部基地、1个保障中心、5个前置保障点”的层次化布局结构，成立全国船舶企业中首家省级舰船维修动员中心，成为华南地区防务装备保障范围最广的企业。通过自身周期管控能力的提升，使公司服务的某舰队舰船适航数量、能战兵力提升30%以上，为切实提升部队战斗力做出积极贡献。2021年年底，黄埔文冲年度保障工作获得某舰队会议表彰。2021年年底另一舰队向集团公司发送表扬信，对黄埔文冲在某项目中做出的突出贡献进行表彰。

（成果创造人：聂黎军、刘一飞、蔡忠民、李　强、许振波、贾祥锋、朱　丹、孙　晖、李立宇、李敬伟、杨　涛、黄登锋）

机电设备研究所以“保障战斗力”为导向的装备全寿命保障体系构建与实施

中国船舶集团有限公司第七〇四研究所

中国船舶集团有限公司（以下简称中船集团）第七〇四研究所（以下简称七〇四所）成立于1956年，地处上海市徐汇区衡山路10号，是国内规模最大、最有影响的舰船特种装置和辅助机电设备研究所，主要从事相关装备和系统的研发设计、生产总成和集成服务。经过60多年的发展，形成了动力电力、航空保障、船舶装置、热能环保、减震消磁、非船装备、检测试验及标准研究8大业务板块，为各型舰艇研制了数万套关键系统和设备，已成为我国舰船机电装备研制生产的主体力量和创新发展的骨干研发机构。七〇四所现有员工约2000人，其中专业技术人员约1100人，高级及以上职称人员约500人。多年来，获得国家、部委级科研成果奖600余项，荣获“全国文明单位”“全国五一劳动奖状”“全国创先争优先进基层党组织”“全国模范职工之家”“全国精神文明建设先进单位”，以及国务院和中央军委联合颁发的“航母工程建设重大贡献奖”等荣誉称号。

一、机电设备研究所以“保障战斗力”为导向的装备全寿命保障体系构建与实施背景

（一）兴装强军，是不忘初心的历史使命

建设一支强大的现代化人民海军，寄托着中华民族向海图强的世代夙愿，是实现中华民族伟大复兴的重要保障。坚持以军为本，为海军舰船提供一流机电装备和优质服务是七〇四所的初心使命。作为国内规模最大、最有影响的舰船特辅机电设备研发单位，七〇四所数十年来交付数以万计的海军装备，几乎涵盖海军所有型号舰艇。随着舰船实战化训练任务的深入开展，构建规范高效、创新引领的实施体系架构，全力做好海军装备保障是新的历史使命。

（二）担当作为，是迫在眉睫的形势需求

随着我国海军入列舰船型号和数量的不断增多，以及常态化训练任务的全面实施，对舰船装备技术保障能力的配套建设要求也逐步提高。自2019年以来，海军以实现战斗力为导向，全面开展舰船装备维修保障模式改革，新形势对装备承制单位的保障任务实施体系带来了新的挑战。近20年来，随着海军舰船建造步伐的加快和国防科技工业的飞速发展，在役舰船装备技术状态和性能指标日新月异，无形中增加了装备保障工作的难度。一是各型舰船建造时间跨度长、更新换代频率高、性能状态差异大，造成了装备保障实施情况复杂、难度较大；二是装备承制单位随着内外部形势的变化，存在进口部套件渠道受限和国内供应商“违规失信”等不可控因素；三是保障任务承担单位多且情况各异，资源较分散，导致舰船装备保障工作的管理成本高、组织效率低等问题。新形势下的海军，需要装备承制单位进一步提高认知站位、形成创新的管理理念并尽快完善实施体系，积极主动承担装备保障任务。

（三）重构体系，是势在必行的业务革新

随着成建制的攻击舰艇和辅助舰船相继服役，海军装备建设将逐步放缓，七〇四所的装备科研生产任务量将大幅度减少。同时，随着单一来源装备的减少和竞争性采购模式的引入，给装备承研承制带来不确定性，将无法满足七〇四所军工业务持续健康发展的需求。海军装备保障工作对任务响应及时性、实施时效性及靠前保障能力要求较高，科研院所以往被动对接和组织实施的传统模式，无法满足舰船任务需求和业务发展。七〇四所专业范围广、装备类型杂、在役数量多，

原有的实施模式已捉襟见肘。综合上述背景因素，七〇四所为了响应国家号召并紧跟中船集团战略部署，必须全力发展装备全寿命保障业务，构建一套创新管理理念和实施体系。

二、机电设备研究所以“保障战斗力”为导向的装备全寿命保障体系构建与实施主要做法

（一）调整战略思路，发布顶层规划

随着2019年军队全面改革工作初步完成，七〇四所紧跟海军战略政策调整，分析保障需求和发展形势，解读海军保障工作现状，梳理以往工作业绩、自身优势与不足等情况，并于2020年年初发布《七〇四研究所全寿命保障工作报告》，确定装备保障实施体系的构建思路，正式拉开七〇四所装备保障管理与实施创新改革的序幕。同时，随着装备保障工作的深入实施，结合七〇四所“十四五”规划的编制与发布，进一步明确打造装备保障“一站式”品牌和“一体化”模式的发展目标和路径。

1. 统一调整认知站位

一是开展系列化宣传策划，突出“保障工作是装备从设计、生产到使用全寿命周期的重要环节”和“科学、规范、及时的装备保障是部队形成战斗力的重要基础”两大理念，切实增强全员以军为本、服务海军的崇高政治情怀；二是结合舰船综合保障工程的全面实施，将装备保障性设计工作纳入研发体系的一个重要环节，使装备保障工作深入人心；三是开展荣誉表彰，宣传先进、树立典型，带动全所保障业务高质量发展。

2. 分析自身工作现状

七〇四所大力发展舰船装备保障工作的优势，一是自成立以来的60余年里，向海军交付了数万台（套）装备，是名副其实的海军装备建设领域的“国家队”，具有较大的品牌优势；二是作为海军多型装备技术责任单位，具有雄厚的技术实力；三是在海军某重点型号工作中，负责装备全寿命周期的保障工作，积累了系统性保障的经验基础。七〇四所的不足是装备保障任务实施体系在经营、响应、实施等环节存在较大短板，各项保障任务需求对接不及时、派员实施效率低。因此，七〇四所明确优化内部分工和实施体系的发展思路，理顺任务对接实施流程、合理整合布局优势资源，以重点使命装备为切入点，主动出击、全力保障，快速占领保障市场，重塑品牌形象。

3. 发布保障战略目标

七〇四所结合自身特点和业务发展需求，提出建成现场快速对接、内部高效实施的舰船机电装备一站式保障品牌的战略目标。针对装备保障多元化保障需求，大力推进系统级修理工程和器材筹措任务承接，以核心技术为抓手，发挥多专业融合优势，为海军量身定制系统化、集成化解决方案，桨轴系统、供电系统、海补系统、热能环保等重点装备构建系统集成修理的保障模式，提升重点装备保障工作质量和效益，并助力海军节省管理成本和缩短修理周期。通过形成集靠前保障力量、内部管理机制、系统集成服务、专业技术支持于一体的保障能力，以及多元化分级、分流实施的装备保障任务承载力，在海军重大任务的维修器材应急筹措和舰船装备检修中，积极承担七〇四所专业范围内的装备保障任务，一站式响应海军舰船装备保障需求。实时收集各项保障任务信息和装备故障等信息，反馈至装备研发设计阶段，逐步形成七〇四所舰船装备从研发设计、生产试验、维修保障、可靠性提升到装备升级迭代的全寿命周期一体化科研、生产、保障模式。

（二）补充实施能力，优化组织机构

1. 成立保障专职组织机构

七〇四所交付的装备分布在沿海各地，装备保障工作范围包括大连、青岛、舟山、福建、湛

江、三亚等20多个地区，涉及专业范围广泛。七〇四所于2020年4月成立专职从事装备保障的组织机构——保障大队，负责靠前保障、快速响应、组织管理和应急任务的实施。同时，职能部门设立专职管理团队，负责装备保障业务的战区化管理和协调，业务部门分别设立装备保障专职组织机构，负责业务对接和技术任务实施。

七〇四所保障大队积极完善人才队伍建设，已具备60人的管理人员和靠前保障常驻服务人员的队伍规模，牵头负责临抢修、应急器材等时效性要求极高的保障任务，负责大量标准维修器材的筹措，并负责大型保障任务的现场组织管理。同时，明确由保障大队负责统一建设并管理靠前保障组织机构，全力发展装备保障任务前置对接、管理、实施的思路，以形成立体化的装备保障实施体系，达到合力经营、统一管理、规范实施、高效到位的新局面。

2. 建立前置保障实施网络

七〇四所根据各战区海军装备保障需求，建立青岛、三亚等6个前置保障中心，作为保障大队下辖管理的靠前保障一级组织机构。在前置保障中心下设旅顺、湛江等6个前置保障工作组，作为保障大队下辖管理的靠前保障二级组织机构。各前置保障组织机构配备各专业常驻管理和服务人员，以及配套的党建、安全、保密、项目等二级管理体系，确保规范、高效运行。

3. 加强保障任务处置能力

七〇四所面对海军训练任务常态化，以及综合性强、复杂度高的装备保障任务大量增加的形势，加强了分级对接、分流实施的任务处置能力。临抢修、应急器材、巡检巡修等应急任务，由保障大队对接并牵头实施、职能部门负责协调、业务部门技术支持；等级修理和改换装等大型任务，由职能部门对接并组织协调、业务部门负责实施、保障大队负责现场管理和配合安装调试；战储器材和年度器材等维修器材计划采购任务，由职能部门对接、业务部门负责实施、保障大队配合并负责统一交付，大力加强七〇四所任务对接处置能力。同时，七〇四所综合考虑战时动员能力建设，制定科学、合理的科研动员和生产动员的机制，进一步落实保军首责。

4. 夯实保障队伍能力建设

在七〇四所舰船装备保障体系中，保障队伍的能力建设是重要环节，重点针对技术服务团队，充分注重人才队伍建设和管理，在个人能力方面，注重对个人综合素质的培养，特别是派驻现场人员，开展专业培训和管理培训。业务部门保障团队针对各型装备编制修理规范、作业手册及流程指导，并结合装备保障实践经验优化迭代，逐步形成规范、成熟、可复制的修理技术文件，进一步提高装备修理工作效率。每季度由业务部门技术骨干对服务人员开展技术培训工作，从各型装备研发、生产和试验及最后交付全流程开展培训，从源头上掌握装备关键技术。在项目实施方面，按片区、分专业施行项目技术管理，各前置组织机构技术负责人与业务部门主管设计师对接，确保装备保障与研制技术管理程序一致。同时，对职能部门、保障大队、业务部门保障团队定期开展对管理流程、采购流程、技术管理流程、质量管理流程和现场管理规定与要求等方面的培训与考核，不断提高和巩固七〇四所保障人员技术水平和综合能力。

（三）修订制度流程，适配业务发展

1. 修订专用管理制度

七〇四所于2020年编制《七〇四研究所装备维修保障管理办法》，规范装备保障业务主要涉及内容定义、任务类型及管理与实施流程。经过一年多的试行，七〇四所于2021年年底开始修订该项制度。修订过程中，充分结合海军现行的装备保障模式和七〇四所工作现状，将新组建的组织机构职责和业务纳入管理制度中，重新定义任务类型、管理模式及实施流程，实时匹配业务发展、指导任务实施。

2. 优化质量管理体系

七〇四所根据装备保障任务特性，结合近年来装备保障业务发展，对质量管理体系进行修订，并与管理规定相关内容呼应。针对维修器材，简化应急器材、年度器材的项目验收流程；针对临抢修，明确项目质量管理范围和职责；针对等级修理，明确原位修理和返厂修理项目的质量要求和管理范围，进一步规范七〇四所装备保障各类项目的质量管理和实施流程。

3. 简化应急任务流程

装备保障项目中临抢修、应急器材等任务具有时间短、任务急、筹措难等特性，按照以往的任务管理和实施模式，任务管理周期长、流程繁、效率低，无法适应业务发展需要。七〇四所围绕此问题，组织开展一系列对流程优化的研讨，一是在任务管理方面做出优化，临抢修和应急器材项目由于临时突发性较多，采用每年度历次任务统一课题、合并管理、分批结算等形式，由保障大队牵头实施，大幅提升工作效率。二是研究发布《临抢修采购流程优化试运行通知》《应急器材采购流程优化试运行通知》《维修器材检验流程优化试运行通知》系列流程优化通知，改善应急类保障项目策划节点多、运行效率低的问题。同时，在试运行结束后汇编纳入专用管理规定中并正式发布。

（四）提高团队素质，注重管理效能

1. 加强职能管理团队的工作能力

通过在职能部门设立专职管理科组，按照装备保障片区和业务类型相结合的形式设置岗位职责，克服经验不足，以及装备保障类型众多、客户分布广、任务急且数量大等特点，重点加强团队建设和提升单兵作战能力。通过集中学习规章制度、管理体系及工作手册，快速掌握工作方法、形成管理思路、落实项目管理责任担当；团队内在宏观上讨论项目实施的流程优化，在细节上交流管理工作经验，相互学习提高，形成团队合力；针对项目实施过程中碰到的难点或堵点问题，及时交流研讨、制订应对策略，团队作战、加强补位、共同协调。经过近两年的高强度、高负荷运转，管理团队的管理能力显著提高，各项任务管理扎实推进，提升装备保障业务总体管理水平。

2. 提高业务规划和管理牵引力

装备保障相较于传统军品业务，具有外部需求形势变化快、计划性任务来源少等特点，以及涉及面广、协调量大、时效性强等要求。七〇四所职能管理团队加强顶层策划能力，结合内外部形势，从任务经营、实施、交付的全流程，开展了主动性更强的牵引式管理。一是紧跟业务发展趋势制订年度经营计划，发扬“尖刀班”精神，冲到各项业务经营第一线，引领业务发展、组织任务实施；二是坚守军工任务管理“底线”，面对应急保障需求、突发质量故障、重大项目风险等情况，牢记责任使命，积极协调各相关单位，提高站位、充分准备、积极应对；三是重点加强项目计划管理，提前识别风险，牵引各项任务计划管理，牵头协调各项维修器材的工作流程，消除由管理导致的项目拖期风险。

（五）推行创新举措，丰富保障模式

1. 快速响应应急保障任务

通过保障力量的靠前延伸，七〇四所形成装备保障任务现场在两小时以内快速响应机制，较大故障问题所内技术支援12小时内响应处置的保障能力，以及现场保障工作统一对接、统一管理、规范实施、高效到位的保障模式，大幅改善以往故障处理、任务响应不及时的问题。2020年5月至今，七〇四所快速响应部队需求，完成的装备临抢修、应急器材筹措任务量较以往均有10倍以上的大幅增长。

2. 常态化全覆盖巡检、巡修

七〇四所依托前置常驻保障力量，开展各前置保障组织机构管辖范围内的舰船装备走访工作。以七〇四所交付装备为主线、专业范围内的装备保障需求为辅线，建立交付装备月度巡检、故障问题处理回访等工作模式，与海军各部队形成顺畅的沟通交流和信息收集机制，在满足保障需求及时响应的同时，主动提供预防性保障服务。保障大队将前置保障组织机构收集的装备技术状态、任务开展情况、巡检走访进度及用户意见建议等信息进行梳理统计，编制装备保障半月报，在全所范围内公布。同时，形成装备信息台账，拉条挂账式逐项落实解决，做到故障问题第一时间处理解决。

3. 独立考评专用合格供方

七〇四所吸纳了一批资质健全、口碑良好、能力突出的协作单位，补充装备保障队伍梯度，并建立保障专用供方管理模式，统一纳入采购管理制度。首先，将供方按照常驻区域、擅长专业、合作黏性进行分类，避免资源投入重叠浪费；其次，引入竞争激励机制，每年根据考评细则对各区域、各专业的供方进行考评排序，并根据排序指导下一年度临抢修、巡检巡修等应急类任务的承接比例和选取次序；最后，将安全、保密、竞争等因素列为一票否决项，保证外协力量的规范作业和良性合作。保障专用供方在七〇四所各前置保障中心统一调度下，配合现场常驻技术人员，快速应对各项临时性、突发性、复杂性保障任务，有效补充了保障队伍实施能力。

4. 自筹开展应急器材储备

七〇四所结合各战区历次应急器材、各类器材筹措周期等因素，综合考虑进口器材渠道受限、单位“失信”等风险，自筹经费，提前筹措部分常用器材建立应急器材库。该方案得到了部队的高度认可和赞扬，并表示七〇四所应急器材库可作为部队器材库的编外库存，可以提高部队应急器材筹措效率，降低部队备货压力。

5. 规范高效交付维修器材

七〇四所重点加强器材任务实施中间过程管控，大幅提升了承接任务量。其中，2021 年七〇四所维修器材业务新签合同额约 3.6 亿元，涉及 7048 项、42503 件器材。为进一步提高器材工作规范和效率，在各个前置保障中心建立器材周转仓库，统一负责全所维修器材的接收中转、二次包装、清点统计及交付入库等工作。同时，前置保障中心结合日常巡检走访工作，主动协助部队正确申领和使用维修器材，以及开展器材信息核对工作，改善器材筹措和交付能力，已逐步完成一站式承接七〇四所专业范围内的维修器材任务。

6. 系统集成实施维修任务

在临抢修和巡检巡修方面，七〇四所各前置保障组织机构基本覆盖海军舰艇部队，专业范围覆盖多数机电装备，并通过常驻人员和配套外协力量的整合，成为舰船机电装备领域一支技术全面、响应及时、处理快速的装备抢修和检修队伍，大量承担七〇四所承制装备及专业范围内的临抢修和巡检巡修任务，为部队解决机电装备厂家杂、故障多、任务重的保障难题，是大力发展装备保障业务的基石。

在等级修理方面，海军对舰船等级修理的周期管控、降本增效等要求逐渐提高，需要承修单位在修理效率、成本管理的能力方面进一步加强。七〇四所发挥自身技术优势，并通过前置保障中心统一组织实施，加强等级修理等大型保障工作现场规范管理能力。近年来，七〇四所以承制的重点使命装备为切入点，积极汇报全寿命保障思路，全力争取等级修理任务，并逐步推广专业范围内装备修理任务的系统级承接与实施。

7. 压缩任务实施周期

海军开展了一系列装备保障专项提升工作，对承制单位的装备保障能力提出较高的高要求。尤其是以修期管控、提升在航率和战斗力为主要目标的舰船装备修理模式改革，针对舰船全寿命周期修理模型、计划、周期、经费等传统架构进行了大幅度优化和改进。七〇四所充分发挥近年来的体系重构、管理提升等方面的优势，配合部队较好地完成多型装备的修理模式改革和规范文件编制等工作，检验了近两年的保障能力建设成效。在某舰中修大型工程中，七〇四所承担的某型装备维修工作，通过详排计划、压实责任、周密布置，并发挥职能部门、保障大队、业务部门各级组织机构协同并行实施的作用，将修理周期由以往的240天缩短至80天，有力保障了战区海军改革创新工作，提升了舰船战斗力水平。

8. 收集信息反哺装备研发

装备保障工作的舰船装备是七〇四所科研、生产、交付、保障、升级全寿命周期内的重要环节，是其中持续时间最长、直接关系战斗力的过程，也是收集用户意见和运行数据以促进后续研发升级的基础工作。一是主动开展常态化巡检巡修，主动收集装备运行状态和海军部队使用意见；二是梳理统计承担的临抢修、等级修理等任务中的装备质量信息和修理过程记录；三是建立装备运行和故障信息数据库，实时反馈至业务部门，便于了解交付装备的运行状态。在装备研发阶段，七〇四所高度重视装备的保障性和可靠性设计，将装备保障信息数据作为重要技术输入，进一步提升设计的合理性和先进性。结合“调距桨可靠性提升”等专项工程，充分发挥全寿命保障体系优势和保障数据积累，针对在役装备进行全方位的状态摸排、故障隐患处置及后续装备研发升级，有效开展装备全寿命周期内的可靠性提升。

三、机电设备研究所以“保障战斗力”为导向的装备全寿命保障体系构建与实施效果

（一）落实了保军首则，助力战斗力提升

在海军各批次护航任务及各项重大作战演习任务中，面对突发性、大面积、周期紧的装备保障需求，七〇四所发挥快速响应、体系保障的优势，规范、高效地完成装备保障任务，装备的可靠性和安全性有效助力了海军舰船战斗力的提升。在2021年某护航任务中，七〇四所克服重重困难，在短短40天任务周期内，完成了700余项应急器材筹措和3艘舰船机电装备的巡检巡修，实现了任务数量和周期“双百分百”的完成。

（二）提升装备可靠性，促进了研发升级

七〇四所前置保障网络与各部队建立顺畅的沟通平台，及时排除故障并做好部队用户维护，全寿命一体化保障思路，有效降低了装备故障频率、提高了装备可靠性。2018年至2021年，七〇四所收到装备质量问题通报数量由10余项下降至1项，装备可靠性提升和管理成效显著，部队用装反馈良好。同时，通过装备保障业务的发展，收集了更多的装备实际运行数据和用户意见建议，为技术研发过程提供了宝贵的实践经验，有效促进了七〇四所装备研制的优化升级。

（三）树立了保障品牌，提升客户满意度

七〇四所以系统集成为牵引、以核心技术为抓手，充分发挥多专业融合优势，为海军用户量身定制系统化和集成化的“一站式”解决方案，并明确了装备全寿命周期的“一体化”保障模式。在临抢修、巡检巡修和应急器材业务中，前置保障组织机构快速响应，日常化主动巡检，已成为海军部队故障处理任务坚实的后备力量。2021年，七〇四所共计完成临抢修和巡检巡修任务3727次，应急器材筹措任务3186项16680件，年度器材任务3851项25518件，开展了50余艘舰船等级修理，累计派遣保障服务人员21000余人天，各类保障任务量较2019年以前呈10倍以上增长。近三年，获得各部队、船厂感谢信150余项。七〇四所主动担当的意志品质和扎实高效的实施体系赢得了良好的口碑，树立了品牌形象，大幅提升了客户满意度，将机电装备修理由多个单位承修的复杂局面，转变为技术能力强的国家队统一组织对接，大幅降低了部队和总承修单位的管理成本，提高了装备修理技术水平，有利于海军施行修理周期管控等改革措施。

（四）构建了高效体系，形成经济新增长

七〇四所建立了覆盖海军各主要部队保障需求的装备保障网络，达到了全覆盖、多方位的装备保障经营和实施新局面，拥有了一支保障有力、能打硬仗的保障队伍，形成了一套运行有序、规范高效的体制机制。2020 年和 2021 年，七〇四所装备保障新签合同额分别为 6.75 亿元和 7.81 亿元，对比 2019 年的 3.13 亿元均大幅增长，而 2009 年至 2018 年的装备保障平均合同额仅 5200 万元。开展保障体系重构至今，舰船装备保障业务经济总量实现了跨越式上升，在中船集团成员单位中连续两年位居第一，已成为七〇四所新的经济增长点，有力支撑了军工业务高质量发展。

（成果创造人：丁　虎、金　晓、郑彦民、王　敏、刘得良、王风翔、董思远、黄　杉、夏　淼、李新喜、甘跃文、高孝忠）

以提升综合效能为导向的军工装备“三化”管理

中电国睿集团有限公司

中电国睿集团有限公司（以下简称中电国睿）具有引领国内、世界前列预警探测技术创新能力。现有员工9400余人，拥有中国工程院院士两名，国家及省部级专家200余名，2021年实现营业总收入214亿元。中电国睿始终牢记“国防、科技、电子信息”的使命责任，成功研制出“空警2000”“中华神盾”等高端雷达装备；在“两弹一星”“载人航天”等诸多国家重点工程中承担关键任务，受到中央多次嘉奖，累计荣获国家级科技奖励60余项，依托军工科研优势打造了民用雷达、高端芯片、智慧交通、智能制造、智慧气象、智慧显示等产业生态链，为我国高端制造业及网络信息领域提升自主可控能力奠定了重要基础，为建成世界一流创新型科技企业而不懈奋斗。

一、以提升综合效能为导向的军工装备“三化”管理背景

（一）响应装备建设发展新形势，提升装备体系作战综合效能

现代战争是信息化战争，是体系与体系的对抗，装备体系化、信息化、智能化是新军事形势下装备发展的必然方向，其核心是要实现信息化装备互联、互通、互操作（即“三互”），而“三互”的前提就是装备要实现通用化、系列化、模块化（即“三化”）。因此推进装备“三化”是提高装备一体化作战效能的重要战略举措，已成为国际上军事装备建设发展的广泛共识。

（二）适应装备研制变革新趋势，实现装备高质、高效和低成本

随着武器装备采办体制的深入变革，从提出军事需求到提供装备产品的采购周期不断缩短，对装备高质量、高性能、低成本研制的需求迫切增加。为此，军委装备发展部发布了《关于“深入推进装备‘三化’工作要求”的通知》，明确开展军工装备通用化、系列化、模块化研制是解决装备开发投入大、周期长、不便于使用维修、不易形成规模生产等诸多突出矛盾的有效措施和途径。同时，提升军工装备“三化”水平，可最大限度地压缩新研产品的品种和规格数，使“多品种、小批量”的产品转变为“品种少、批量大”的生产制造，为装备制造业产业化升级创造基础条件。

（三）顺应企业高质量发展新要求，打造企业可持续发展的核心竞争力

中电国睿肩负着建设世界一流电子信息装备和支撑服务国家战略的责任使命，如何保持在高精尖电子信息装备研制领域的领先优势和竞争力刻不容缓。实践证明，实施装备“三化”研制是实现中电国睿高质量可持续发展的有效途径之一。装备“三化”需要一整套科学、合理的企业管理体系和运行机制加以保障，中电国睿探索并构建了符合我国军工装备研制特点的“三化”工作体系和保证机制，在装备论证、研制、定型、生产和交付使用的全生命周期内加以贯彻实施。随着“三化”应用领域的不断拓展，能够解决装备研制短周期、低成本和高质量高性能之间的瓶颈矛盾，提升中电国睿研制装备的核心竞争力，为中电国睿可持续高质量发展提供重要支撑。

二、以提升综合效能为导向的军工装备“三化”管理主要做法

（一）构建“三化”管理制度，形成高效运行机制

中电国睿以提升装备综合效能为导向，系统构建了相对完备的“三化"管理制度，建立了五维一体管理体系，分层分级组织管理架构，装备全寿期管控机制，为装备“三化”提供制度与机制保障。

1. 建立五维一体“三化”管理体系，实现“五全覆盖”

基于电子信息装备需求多样、复杂度高、技术更新快、多品种、小批量的研制特点，中电国睿以“作战牵引、创新融合、系统验证、效益集聚”为需求出发点，全面推进实施装备“三化”管理，从构建“三化”管理制度、规范“三化”工作流程、丰富“三化”成果资源、制定“三化”标准规范、搭建“三化”共享平台等五个维度一体化构建装备“三化”管理体系（见图1），实现了“三化”管理制度覆盖全业务、“三化”工作流程覆盖全专业、“三化”标准规范覆盖全领域、“三化”成果资源覆盖软硬件、“三化”共享平台覆盖全要素的“五全覆盖”格局，实现了装备“三化”从需求、开发、验证到应用推广的全链路贯通。大幅提升装备研发效率，产品“三化率”指标行业领先，装备研制周期缩短60%以上，装备研制质量水平稳步提高，支撑了中电国睿由装备交付型向效能交付型的装备研制能力转变。

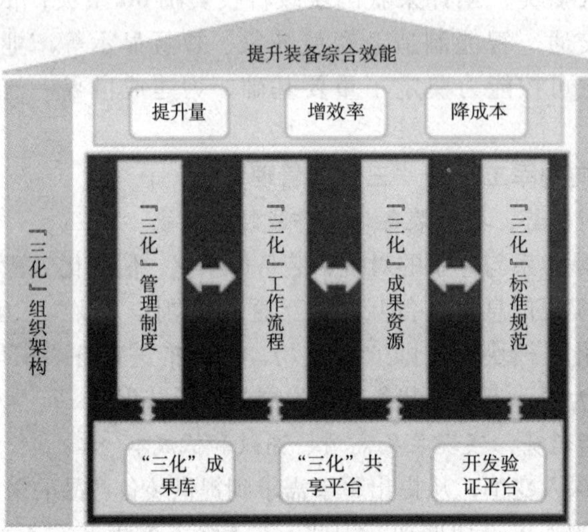

图1 装备“三化”管理体系架构

2. 建立“1+2+N”“三化”组织架构，保障高效管理

装备“三化”是一项系统工程，中电国睿专门建立“三化”组织机构，以“分管集团领导挂帅、标准化部门组织、首席专家指导、各研发部门协同”的组织方式，形成“一级领导、二级管理、多支团队支撑”的装备“三化”组织管理架构。具体做法：一是以“三化”组织管理机构为依托，建立相关制度、流程和标准，将“三化”目标计划纳入首席专家和各主研部门的年度绩效考核指标；二是按产品领域组建包括领域首席、电讯结构软件总师、标准化主师等的产品“三化”团队，从各领域产品研制需求出发，进行“三化”顶层规划和总体策划，提出“三化”实施要求，并对实施结果进行把关和审定；三是按专业领域组建包括专业首席、标准化师、质量师等的专业“三化”团队，负责具体实施“三化”论证、设计开发、验证评估等“三化”工作，保证装备“三化”目标的实施。

3. 构建装备全寿期三化管控机制，提升研制效率

中电国睿以装备全寿期“三化”工作为目标，以制度建设、流程控制和监视测量为手段，强化装备全寿期各阶段的“三化”管控闭环，具体做法：制定《“三化”管理办法》《产品“三化”开发管理》《“三化”成果入库评价》等专门制度，标准化部门归口管理，研发部门作为实施主体协同开展“三化”，统筹推进“三化”顶层规划、“三化”开发、验证管理与应用推广等各业务环节；建立装备“三化”工作流程，细化装备研制各阶段软硬件“三化”设计流程、“三化”管控

环节与控制要求，并以“三化”指标体系进行产品“三化”量化评价；配套制定一系列“三化”专项检查与管控作业指导书，规范软硬件模块“三化”成果的开发、评价、入库及复用管理等业务过程，常态化开展“三化”执行情况的监测评估。装备全寿期“三化”管控机制及流程的建立，促进了装备“三化”研制的规范有序，提升了装备研制效率。

（二）强化“三化”论证规划，发挥顶层引导力

中电国睿坚持装备“三化”规划与国家装备“三化”要求相一致，主动适应装备发展建设新形势，着力强化装备“三化”的顶层规划和型谱设计，牵引装备“三化”的不断迭代，提升了中电国睿快速响应装备研制需求的能力。

1. 实施装备“三化”顶层规划，牵引装备按“代”研制

中电国睿根据装备技术的发展趋势，按照“预研一代、研制一代、装备一代”的装备发展思路，顶层规划各代雷达装备通用体系架构、技术体制和技术指标体系，确定装备“三化”研制开发方向，形成各代雷达装备“三化”系列规划，牵引装备按“代”研制。借助装备“三化”的论证规划，开发了一系列“三化”成果，在满足新装备、在研装备和在役装备等各“代”装备的发展需求和研制要求的同时，稳步提高雷达装备质量和性能等综合效能，实现从“交装备”到“交能力”的能力跃升。

2. 系统规划装备“三化”型谱体系，实现简型号、增效能

根据用户“精简型谱、缩减规模、优化部署、提高性能”的装备统型思路，中电国睿在分析陆海空天预警探测装备需求的基础上，统筹开展各领域雷达装备型谱体系规划。整合现有装备资源，通过阵地改造、升级换代等进行型谱精简和升级，纳入新的型谱体系。对规划新建的装备系列，则最大限度考虑通用性，压缩品种规格，减少重复、遗漏与不当规划项目。如中电国睿牵头将防空预警探测装备型谱精简成3大类10多型装备（原有70多型），在满足预警探测体系作战能力需求的同时，型号数量大幅压缩，大幅提高国防装备经费的利用效率，达到既缩减型号又提增效能的装备建设目的。

3. 统筹装备“三化”通用模块建设，实现成果迭代升级

中电国睿按照“精简型谱、提高性能”的思路构建装备模块体系，优化、简化模块品种，加强模块的通用质量特性设计与管理，以更少品种、更优质量的模块满足各型装备的组合应用。以雷达装备模块体系为例，其构建过程如下：先进行各领域雷达模块需求分析，按模块完成的主要功能进行类别划分，以模块的技术性能、环境适应性、结构参数等细分模块品种系列，形成覆盖各领域、各专业的通用模块型谱体系。

基于上述三化思路，中电国睿构建形成了军用雷达模块型谱体系，并通过修订军用雷达模块化顶层标准GJB 3760《军用雷达模块化通用要求》，将模块体系和模块化开发要求纳入其中，在行业内推广应用。

（三）推动装备“三化”研发，支撑各代装备需求

不同代的装备其“三化”开发的需求和方式是不同的，中电国睿结合各代雷达装备的“三化”规划要求，多措并举推进装备“三化”开发，以适应和满足各代装备研制需求。

1. 部署“三化”专项预研开发，满足新一代装备需求

中电国睿针对新型装备的发展需求，设立“三化”专项课题进行预研，对将在新一代重要装备中广泛采用并包含先进核心技术的成果进行集中预研开发。中电国睿通过预研项目开展原理验证、模块设计和试验验证，确保开发出技术先进、性能稳定、质量可靠、广泛通用的“三化”成果；再通过工程样机完成“三化”模块在分系统和系统内的应用、改进、验证，不断提高“三化”模块技术性能和技术成熟度。通过“三化”专项预研开发，推动了“技术—产品—成果”的迭代升级和工程应用，中电国睿先后投入近亿元基金，设立300多项“三化”开发专项，形成了

400 多项重要的“三化”成果，满足了各代装备对“三化”成果的应用需求。

2. 实施“三化”协同设计开发，满足在研在制装备需求

对于同期在研在制装备，中电国睿开展协同开发管理，通过对同领域、同体制、同波段雷达装备进行共性技术与产品的梳理，采取协同设计的方式进行“三化”模块的开发，共享其中的成熟设计技术、设计经验和试验经验，形成多装备通用的“三化”成果，并在同代装备中推广应用，有效降低在研装备的技术开发风险，同时带动装备用物资器材的统一选型和集中采购，降低物资器材采购成本。通过这种协同开发方式形成了一系列装备可用的“三化”成果，如雷达装备的接收用模块系列、显控用模块系列、伺服用模块系列已纳入新制定的国军标，在雷达行业内进行推广使用，带动整个雷达装备行业“三化”水平和效益的提升。

3. 开展“三化”升级转化开发，满足在役装备改造的需求

中电国睿目前在役装备有数千多台（套），服役时间跨度大，涵盖产品领域广，隶属技术体制多，许多老装备上安装的器件已停产，维修、保障、改造任务繁重。中电国睿针对已有装备进行成果数据管理，挖掘其通用性好、技术成熟先进、质量可靠性高的模块级产品，组织进行“三化”升级转化开发，固化形成可用的“三化”成果，满足在役装备改造升级的需求。具体做法：选择有代表性的在役雷达装备，梳理形成其模块清单，分析模块在多产品上的复用情况；重点对包含进口元器件或停产元器件的模块进行国产化替代设计方案分析，确定其转化升级为“三化”模块的必要性和可行性；对于升级转化的模块，在不改变模块功能、接口等前提下，尽量采用先进成熟技术进行升级改造，提高模块通用性和应用范围，以兼顾新老装备的使用需求。

（四）严控“三化”验证评估，确保成果可用、好用

中电国睿针对装备“三化”建立了专门的验证评估体系，规范验证评估的流程与步骤、验证评估的方式与手段，搭建相应的验证平台，并强化装备“三化”验证评估的管控。

1. 多环节优化验证评估流程，规范“三化”成果验证步骤

装备“三化”成果的有效性对装备的可靠性有着极大的影响，为有效提升装备的保障性能，中电国睿立足装备的正向设计链，在设计验证、试验验证、使用验证、专家评价等环节建立“三化”验证评估流程，规范“三化”成果的验证步骤，确保装备“三化”成果的功能、性能得到充分验证。其中，在研发阶段侧重于设计师开展的仿真分析验证，根据计算或仿真得出的结果验证“三化”成果的可生产性、力学性能、热学性能等。试制阶段侧重于实物试验与虚拟试验相结合的验证方式，科技部门、质量部门和研发部门三方面专家共同参加对“三化”成果的试验验证，试用阶段着重对实装使用的“三化”成果进行考核性验证评估与优化改进；最终的“三化”成果入库评审与评估由“三化”管理机构牵头组织实施，联合设计、工艺、质量等部门专家进行综合评价，确保“三化”成果的技术资料齐全完整。

2. 多层次丰富验证评估手段，提升“三化”成果验证能力

中电国睿针对不同阶段、不同形式的装备“三化”成果，采取“虚拟仿真验证、数字孪生验证、实物试验验证”等具有针对性的验证手段，开展“三化”成果的技术验证，确保“三化”成果在正式入库前和装备应用时，其功能、技术性能、质量稳定性、使用可靠性及互换通用性等均得到了充分验证。具体验证方法：一是虚拟仿真验证，借用数字化仿真软件（CAD/CAE/CAM），将实物通过建模仿真，开展装配干涉、力学、热学、电磁兼容等方面的仿真验证，提前释放设计风险。二是数字孪生验证，主要是对开发的“三化”成果实物样机和数字化样机进行同步孪生验证，实物验证侧重于主要性能指标的试验验证，数字化验证偏向于装配接口关系、运动干涉、承载、温度、可更换性、加工性等参数的模拟仿真验证。三是实物试验验证，采取军企协同验证方

式，对成果实物开展实验室试验验证和装备实际使用环境条件下的考核验证。

3. 建立差异化验证评估方式，满足各代装备的验证需求

中电国睿结合“新型装备、在研装备、在役装备”等各代装备的差异化验证需求，分门别类设置了“渐进式、结合式、补充式”三种不同的成果验证评估方式，以满足不同代装备对“三化”成果应用的验证需求。其中“渐进式验证评估”适用于“预研一代”装备，主要针对专项预研开发的“三化”成果，分别在立项论证、方案设计及成果应用等各阶段进行逐步升级的验证评估，确保“三化”成果能满足新型装备的使用要求。“结合式验证评估”适用“试制一代”装备，主要针对同期装备“三化”协同开发的成果，通过同期装备的相互对比验证，获取成果在不同阶段的验证结果，串接起验证的完整性，确保“三化”成果能满足在研装备的使用要求。“补充式验证评估”适用“列装一代”装备，通过装备在役考核期间的实装使用进一步验证“三化”成果的使用性能和质量稳定性，为“三化”成果的优化改进、迭代升级提供依据，确保“三化”成果能满足在役装备升级改造需求。

（五）强化“三化”成果共享，实现价值最大化

中电国睿针对装备“三化”研制的不同需求，建立了装备“三化”“供给—评价—管理”联动机制，促进“三化”成果共享应用，最大限度发挥“三化”成果的价值。

1. 持续丰富“三化”成果资源库，支撑装备“三化”应用需求

中电国睿在推进装备“三化”的过程中，始终把“三化”成果资源的开发利用放在首位。以机载、地面、舰载等领域典型雷达为基线，规划形成雷达装备模块型谱体系，每年根据装备研发新需求进行谱系的更新迭代。中电国睿始终以型谱体系为指引，结合装备研制需求部署开发“三化”成果，并经充分验证评估后归入“三化”成果资源库，供新研装备使用。到目前为止，已有入库硬件“三化”模块3500多项，软件“三化”模块500多项，“三化”标准规范300多项，覆盖雷达装备十余个专业分系统，为各代雷达装备提供“三化”成果资源，满足“三化”研制需求。

2. 建立装备“三化”评价体系，推动装备“三化”水平升级

中电国睿结合雷达装备的特点，研究构建了“三横三纵”装备“三化”评价体系，如图2所示。

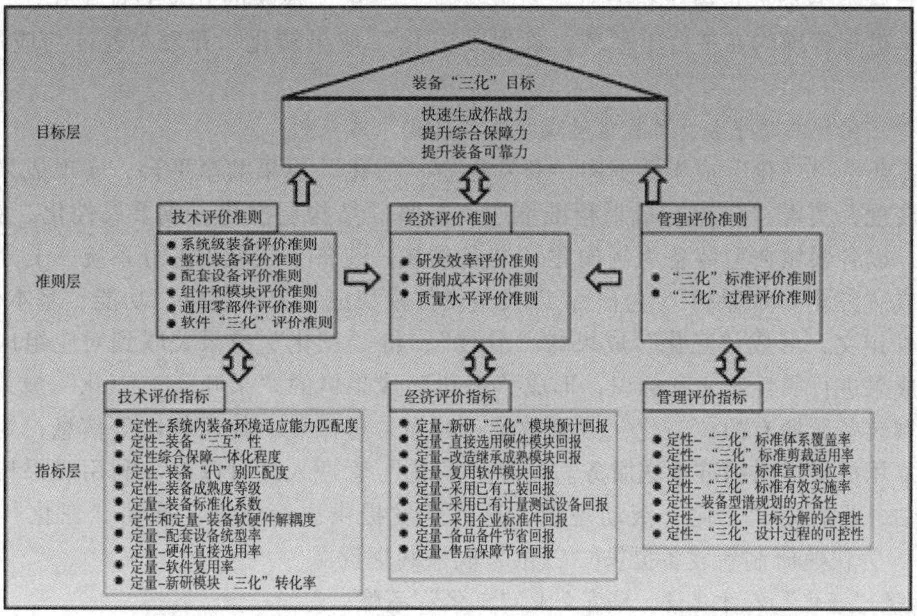

图2 装备“三化”评价体系架构

装备“三化”评价指标的设置是评价体系的核心部分，其中技术性评价指标是对装备“三化”研制水平和“三化”实现程度的评价，共设立 11 个指标；经济性评价指标是对装备“三化”研制所创造的直接经济价值的评估，共设立 9 个定量评价指标；管理性评价指标是对装备“三化”研制管理所产生的“三化”成果及标准成果的推广应用价值的评价，共设立 7 个定性评价指标。

3. 加强研制过程“三化”管控，确保“三化”成果应用尽用

中电国睿有针对性地设立了装备“三化”设计开发流程，以装备“三化”目标为需求牵引，通过不同阶段“三化”量化指标的论证、分解、下达和执行情况监视测量等过程，实施全流程“三化”管控。具体做法：装备论证阶段，初步论证用户的装备“三化”需求，确定装备的“三化”目标和量化指标。方案阶段，将“三化”指标落实到实施方案中并经评审通过，由装备总师系统向分系统分解下达“三化”指标和要求，各分系统设计师在分系统方案中进行“三化”设计论证，细化落实相应指标。工程研制阶段，产品“三化”专职人员跟踪分系统“三化”设计的实现情况，动态掌握“三化”设计指标的偏离度，及时组织设计师系统采取纠偏措施，保证“三化”设计指标得到有效落实。

（六）搭建“三化”信息化平台，实现管理精准化

中电国睿以打造智慧院所为目标，开发建立了装备“三化”数据库、“三化”开发验证平台和“三化”成果共享平台等“三化”管理信息化平台，并同已有主平台进行高度集成，实现成果“全流程、全对象”精细化管控及精准推送应用。

1. 搭建装备“三化”验证平台，把控成果转化应用过程

建立装备“三化”成果开发验证平台，用信息化手段对雷达装备不同层级、不同类型“三化”成果的验证过程进行管控。具体做法：通过前沿技术动态和专项课题研究，借助平台流程驱动机制，进行技术原理论证、模块设计和试验验证的管控，实现创新技术从原理论证向“三化”成果的转化；通过共享成熟技术成果，在平台上建立同领域、同体制、同波段雷达装备的“三化”开发与验证流程，推动预研技术成果转化为“三化”成果；基于 PDS 平台的产品数据挖掘与分析，自动抽取其中技术先进、复用度高、成熟度高的模块级产品，列入“三化”转化开发计划，再由“三化”专职人员组织相关研发团队实施“三化”模块的开发验证工作。“三化”成果开发与验证全过程管理均在平台上呈现，确保“三化”成果转化、开发、验证与应用过程可溯、结果可控。

2. 建设“三化”共享平台，可视化展现装备“三化”成果树

中电国睿基于“三化”成果数据库，开发建立“三化”成果共享平台，实现成果数据管控及多维可视化展现，实现“三化”成果精准推送。按照“结构层次化、成果属性化、展示多元化”的架构思想，以各领域典型装备为例构建“装备领域—装备子领域—主分系统—子分系统”的组成结构，形成“三化”成果树“主干”；以典型硬件模块成果为例建构“功能、基本信息、技术、三化”的属性定义，形成“三化”成果树“分枝”；将“三化”成果关联到对应组成结构的根节点，并对各成果进行属性定义和标识，形成“三化”成果树的“果叶”。“三化”成果树可以直观展示某一领域装备所拥有的“三化”成果数量、分布、可用度、使用频次等信息，为产品研发设计人员选用复用成果提供精准推送服务。同时“三化”管理人员可以充分利用成果树进行数据态势分析和评估，为后续“三化”滚动规划、迭代开发提供决策依据，推动“三化”成果树不断“枝繁叶茂”，为快速研制新装备提供“三化”成果共享资源。

（七）加强“三化”人才建设，培育企业“三化”品牌

为保障企业管理的持续高效运营，中电国睿多措并举，构建“三化”人才体系，实施岗位能力认

证，并建立对应的激励机制，在企业内部树立和传播“三化”文化，形成共识，有效推动装备“三化”持续发展。

1. 构建专精人才队伍，引领装备“三化”发展

中电国睿着力建设“三化”专兼职人才队伍。一方面，加快培养和引进通晓国际国内业务规则和专业技能、具备实战经验的各类高端标准化人才。另一方面，在培养环节上聚焦装备“三化”需求，建立专业技术人员标准化能力评价标准，通过实践培训、轮岗交流等形式推动“三化”专职人才的能力提升，打造高端人才体系。特别在企业核心竞争力的技术和产业方面，鼓励技术专家积极参加国际和国家级前沿技术活动，快速成长为相关领域、行业的“三化”专家，为支撑装备制造业发展提供坚实的人才基础和保障。

2. 实施岗位能力认证，构筑“三化”文化氛围

中电国睿结合工作岗位能力需求，实施岗位能力认证，强化各岗位的标准化应知应会能力。根据各岗位能力图谱，确定岗位应知应会的知识清单。借助培训考核进行“三化”岗位能力认证，并作为职级晋升的条件之一。针对不同岗级设置相应标准课程，并确定其达标要求（标准掌握程度、参培课时数和考试成绩），结合在线平台+线下的方式进行考核。通过岗位能力“认证”，提升全员“三化”意识和能力。

为激发全员“三化”创新意识和创新能力，中电国睿建立了装备“三化”专项激励机制和政策，设置“中电国睿‘三化’工作先进个人”和“中电国睿优秀企业标准奖”，以经济奖励、荣誉和职称评定加分等举措推进“三化”标准制定和装备“三化”工作，形成浓厚的企业“三化”文化氛围，进一步激发专业技术人员和“三化”专兼职人员的内生动力，不断扩大中电国睿的品牌影响力。

三、以提升综合效能为导向的军工装备“三化”管理效果

（一）年创超亿元的直接经济效益

中电国睿承担了大批国家预警探测领域重大工程、重大专项和重点型号任务，为国家提供了一大批预警探测骨干装备。平均每年有十型左右总值5亿~8亿元规模的新装备研制任务。

基于装备“三化”评价指标体系中的“三化”经济性评价指标测算装备“三化”直接经济效益。雷达装备“三化”经济效益包括：新研“三化”模块、直接选用成熟模块、改造继承成熟模块、复用软件模块、采用标准件、备品备件节省等直接经济效益回报。据对某典型雷达装备的不完全统计，雷达装备实施“三化”研制产生的直接经济回报平均可达装备单价的20%以上，有些“三化”设计水平较高的甚至可达30%。

按中电国睿年均6亿元新研装备的总价值计算，年均创经济效益的20%为1.2亿元，装备“三化”的经济效益十分显著。

（二）军工装备“三化”示范效应显著

中电国睿的装备“三化”管理模式，推广到电子、航天、船舶、兵器等各军工装备行业，示范效应主要体现在：一是该项目成果切实提升企业管理效益和核心竞争力，在大型军工装备研制企业中具有广泛的推广价值。二是“五维一体”装备“三化”管理机制、“供、管、评”“三化”验证模式、装备“三化”评价指标体系等创新成果的输出，带动军工装备行业“三化”能力水平的整体提升。三是总结“三化”工作经验，制定多项雷达装备模块化相关的国军标，通过国军标牵引雷达装备乃至其他军工装备的“三化”建设，提高了不同装备研制厂所间装备应用模块的通用性、互换性，同时牵引装备元器件、原材料和机电产品等基础产品的“三化”统型，大幅压缩品种规格，对提高装备综合效能意义重大。

（三）加速装备制造产业体系形成

通过项目的实施和在军工行业的推广，一方面在促进装备快速生成战斗力，提升装备使用可靠性，提高装备综合保障性能等方面产生显著的军事效益，大幅提升装备研制企业的研发效率、缩短研制周期、降低研制成本，同时保障产品的高质量输出。另一方面，装备“三化”的实施，带动装备制造上下游产业链的快速发展，推动装备制造产业体系的形成。如在雷达装备领域，雷达处理模块、国产CPU等配套产品企业已形成了规模化的产业布局，涉及企业包括贵州航天、中航光电等连接器企业，电科数字、山东浪潮、南京华创微等模块研制企业，以及飞腾、华睿、魂芯三大系列芯片处理器厂家等，据不完全测算，产业经济总规模超三百亿元。

（成果创造人：马建林、周凤拯、彭　迪、毛秀红、赵玉洁、周建华、陈振宇、刁兆勇、尹丽杰、杨　婷、童赞平、黄　涛）

钢管制造企业以客户需求为导向的协同管理体系建设

天津源泰德润钢管制造集团有限公司

天津源泰德润钢管制造集团有限公司（原天津市源泰工贸有限公司，以下简称源泰德润）成立于2002年6月，坐落在天津市大邱庄工业区，现有员工2200人，是以方矩管为主的集结构钢管研发、生产、销售和服务为一体的大型钢管制造企业，矩管年产能达1000万吨以上。拥有天津、唐山两大生产基地，下辖12个法人独资子公司，位列中国制造业企业500强。

一、钢管制造企业以客户需求为导向的协同管理体系建设背景

（一）满足客户个性需求，建立定制化生产服务标准

源泰德润在国内方矩管的市场占有率长年独占鳌头，产品质量稳定可靠。但制管行业抗风险能力普遍很弱，最大因素是产品同质化严重导致的过度价格竞争，企业盈利能力过度依赖规模成本优势和规模行情优势，库存规模已成为行业内最大的风险源，而微薄的加工利润更影响了行业的持续发展。因此，满足客户个性需求，建立定制化生产服务，成为源泰德润面临的新挑战，也是与同行竞争对手争夺的经营制高点。

（二）整合行业资源，带动钢管制造行业协同发展

我国方矩管产业消费需求持续增长、应用领域持续扩展且高端需求增长，但是方矩管行业也同样面临诸多挑战：产业集中度较低、低端无序竞争激烈、产品质量参差不齐、上下游协同有待提升、产业品牌亟待建立；规模效应的成本优势在快速减少，人口红利消失引发的劳动力成本在急剧增加，以往依靠成本、供求、期货对价格判断的模型渐渐失效，加上常态化的小批量、定制化的消费趋势，让经销商们赖以生存的通过库存投机获得盈利的传统做法也面临着极大的经营风险。为此，源泰德润于2018年5月联合冶金工业规划研究院发起成立“方矩管产业发展与合作创新联盟”，通过共享生产线的建立和发展，将基于生产的产品经济和基于消费的服务经济进行有机融合，实现行业内分散化制造资源的整合和同行业各企业自有核心竞争力的高度协同，从而形成高效创新的制造方式，进而带动整个钢管制造行业的协同发展，成为源泰德润不可推卸的协同行业发展重任。

（三）提升企业竞争实力，实现企业转型升级

中国钢铁新格局正在渐渐呈现，细分市场越来越多，细分市场中规模化的比例在不断提高。方矩管消费量持续增加，目前市场规模预估达到1500万吨左右，占到焊管行业钢材消费量的15%左右，占我国整个钢材消费量的比例超过1%。面对严峻的行业竞争，源泰德润从2017年开始积极布局企业转型升级，以设备的智能化作为生产优势，不断完善产品全生命周期的监控，加快生产线、生产车间的自动化、信息化建设和智能化改造升级，加大各种复合型人才的储备，构建面向市场的快速反应机制，努力由传统制造业向服务型制造业发展。企业在转型升级的过程中，深刻认识到以客户需求为基准点建立协同管理体系的重要性，逐步在企业级多层次工业互联网平台建设、智能制造和标准化推进等方面进行有益探索。

二、钢管制造企业以客户需求为导向的协同管理体系建设主要做法

（一）确立协同管理体系建设目标，制定客户定制化标准

1. 确立协同管理体系建设目标

以客户需求为导向的协同管理体系通过统筹生命周期、系统层级、智能功能3个维度，形成“智

能 + 制造”两个维度来构建智能制造的核心组成部分，进而分解形成设计、生产、物流、销售、服务、资源要素、互联互通、系统集成、信息融合、新兴业态 10 大类核心能力，并结合企业战略目标、各业务发展方向、现实条件等因素，突出工艺、物流、管理决策、IT 架构等核心应用元素，建立各核心应用的关键构成、结构关系与建设目标，有侧重、分步骤逐步实施。

一是统筹联合行业内制造资源，建立共享生产线，将基于生产的产品经济和基于消费的服务经济进行有机融合，实现行业内分散化制造资源的整合和同行业各企业自有核心竞争力的高度协同，从而形成高效创新的一种制造方式，带动同行业企业协同发展。

二是针对客户的个性化需求，为客户提供自选生产线的定制化生产 + 服务，将客户需求与企业生产和服务能力进行合理匹配，形成行业内的生产 + 服务管理标准。

三是建立基于互联网平台的客户服务系统，开发方矩管销售平台和方矩管订单自助报价微信小程序，进一步提升行业协同能力，减少客户和业务员的工作量，提高询价高峰期的现货留货和订货报价效率，让所有合作伙伴在共享经济条件下提升效率，享受共享生产线带来的快捷和便利。

2. 构建协同管理组织领导体系

源泰德润协同管理体系由企业“一把手”主抓，企业内部统一思想，建立组织领导体系，并有针对性地进行管理体系的调整、优化，做好企业协同管理体系建设的顶层设计，结合企业自身不同阶段的发展需求，以点带面，分步实施。一是统一组织开展顶层设计，信息化管理部牵头，各部门提供业务对接，企业高层和相关部门负责人积极参与，成立三级组织机构，自上而下统一管理，确保顶层设计符合源泰德润的整体要求。二是围绕协同管理效果开展应用设计，以管理驾驶舱为重点，设计系统原型，兼顾其他模块的需求，形成标准化模块，基于统一的工厂模型、技术平台、标准规范进行设计。三是引进与自主开发相结合，引进成熟技术和国际最佳实践经验，立足源泰德润的实际情况，采取以我为主的建设策略。

3. 实施评价机制，制定制化标准

企业通过进行客户需求分析，构建分析评价机制，进一步建立协同发展生产下的生产服务标准。在 SAPM 模型基础上，以客户的需求为焦点，可以将销售活动中的客户关系建立过程划分为 3 个过程：客户需求发现或创造关系过程、客户需求实现关系过程和客户需求维护关系过程。据此将销售活动客户关系推进能力划分成 3 种能力：客户需求发现或创造能力、客户需求实现能力和客户需求维护能力。将销售活动客户关系推进能力分为 3 个方面进行评价，不仅能够全面地反映客户关系推进能力，而且能够简化客户关系推进能力的评价，使组织能够及时发现在销售活动推进过程中哪一方面的能力需要改善和提升，为达到销售活动的目的和效果提出一个可行的推进方案。根据这种思路设计评价客户关系推进能力的一级指标，即客户需求发现或创造能力、客户需求实现能力和客户需求维护能力。同时，从每一种能力所涉及 SAPM 模型的阶段出发，分析影响客户关系推进能力的因素。在一级指标下，结合 SAPM 模型中所涉及的业务活动，分别设计分指标，构建销售活动客户关系推进能力的评价体系。

客户需求分析评价体系的目的是全面评估客户需求，对相关的要素进行评估，并借助需求指数帮助组织了解需求的管理、运作和成效的状况，通过指数分析直观地展现组织的需求水平与变化趋势。源泰德润运用所形成的客户需求指数，对行业整体的需求进行分析，准确识别出客户需求改进的优先级，结合体验评价获得的对现存问题的全面理解，识别关键的客户需求差距，进行更具长效的全面设计和持续改进。应用客户需求评价体系，审视客户需求的管理和运作过程，将需求管理思维以直观的方式传递到企业的各个层级，发挥企业中与客户需求相关的职能，提高体验意识，主动采取优化和改进行动，提升企业整体实力。

（二）明确生产管理流程，构建协同发展的生产运营体系

通过结合六大业务模块，将产品经济和服务经济进行有机融合，构建协同的发展生产运营体系，实现了行业内分散化制造资源的整合和同行业各企业自有核心竞争力的高度协同发展。

1. 生产制造模块

生产制造模块能够实现生产现场一体化管控，将销售订单所经历的仓库、计划和生产活动进行流程一体化跟踪管理，其中最重要的功能就是对生产制造过程进行预设。计划以生产工单排程为指导，打开整个制造过程中的“黑箱”，通过与设备互联实现无纸化生产执行、流程跟踪、工艺路径控制和数据收集、分析，通过测试设备集成，保障生产有序、可控，通过相应的质量计划，保障生产过程中的质量可控，实现生产过程精益化、可视化，减少生产成本，提升生产效率，提高产品质量。

由于产品的特殊性，根据企业实际需求定制软硬件集成解决方案，打破“信息孤岛”，通过与底层设备集成，推进工业机器人、码垛机器人等技术和装备在生产过程中的应用，推动生产设备互联、设备与产品互联，建立自动化车间。

协同发展生产运营体系对于生产层面，可以精准地将订单计划及相关生产信息发放到制造车间，快速准确地完成工单数据的导入和修成，实现了对生产过程中订单情况的监督，确保了订单的交期；对于订单的全程监控有效实现了对生产的透明化管理，一旦出现订单生产异常，一线管理人员可以快速响应，做出相关处理的判断。

2. 设备管理模块

协同管理体系依托于高度网络化的生产组织方式，构建于高度的信息化和自动化基础上，其有别于传统的制造模式，生产设备自动化，智能化水平逐渐提升，设备的稳定运转将直接决定生产效率的高低。

一是通过数据终端设备，可有效收集设备综合效率、故障信息、备件信息，通过大数据分析、云计算运用，可以更加精准地对设备综合效率进行分析，对其薄弱环节进行改良维护。

二是在智能制造环境下，重视设备预测性维护，通过大数据分析，得出设备关键部件的使用寿命，从而提前对其进行更换，以确保设备生产的稳定顺畅，有效减少设备运行中的故障损失。

三是在高度的网络化、信息化基础上，备件管理也会更加精准，通过条码化管理，备件的来龙去脉将可进行全程追溯，同时可通过备件寿命的分析，为备件供应商的管理提供数据的支持。

智能设备根据已建立的控制机制，向自动收集信号和信息，以及基于信息反馈的自主操作方向发展。在这样的制造环境下，智能设备运行的有效控制将不再依赖于传统的设备操作员，即智能设备的智能运行和独立处理能力将改变人与智能设备的关系。

3. 能源管理模块

能源管理系统对能源的统一调度、优化资源平衡、提高环保质量、降低产能消耗和提高劳动生产率有重要作用，鉴于此，源泰德润搭建可视化能源管理平台通过对能源的分析诊断，为企业节能改善提供量化的决策支持，实现用能效率提高、能源消耗成本下降的目的。

能源管理模块采用分布式系统架构，建有能源监控系统，按需实施，灵活组网，互联自治。其中通过实时在线能耗监控，监视使用能源情况，主要目的是：实时监视使用能源率，当最大量接近设定值时报警提醒；构建大数据平台，通过数据采集系统关键要素数据，对设计的数据进行有效筛选、梳理、分析和报表管理。

4. 仓储物流模块

在协同发展生产运营体系中，智能仓储物流解决了库存的柔性反应、快速交付及响应，快速解决库存问题，而更重要的是降低了生产成本，使生产性投资性价比更高，最为关键的是仓储用地的利用率大

大提高。智能仓储物流实现物流与生产的高效对接，使工厂内部的原材料、半成品、成品及零部件等存储和输送更加智能、高效。

仓储物流系统不是简单的设备组合，而是以系统思维的方式对设备功能的充分应用，实现软硬件接口的无缝和快捷。这是一个全局优化的复杂过程，通过运用系统集成的方法，使各种物料最合理、经济、有效地流动，实现物流的信息化、自动化、智能化、快捷化和合理化，使货物的存储形态从静态存储过渡为动态存储，使货物在仓库内按需要自动存取，使仓库转变为企业生产物流中的一个重要环节；通过短时储存，使外购件和自制生产件在指定的时间自动输出到下一道工序生产，进而形成一个智能化的物流作业流程。

5. 质量控制模块

协同发展生产运营体系中的质量控制以标准化为基础、以卓越绩效评价准则（GB/T 19580 - 2012）、ISO 9001：2015 质量管理体系标准和 IATF 16949：2016 质量管理体系标准为指导，将解决质量问题的着眼点从生产制造过程扩大到全流程和各职能。

通过本模块的实施，基本可以形成支持多种质量抽检规则的快捷自定义抽样方案；支持基于检验单的质检判定维护，以及检验指标、检验样本；同时支持检验单判定后结果维护；支持基于检验指标的检验样本维护和样本判定；支持指标检验员检测流程化作业。本模块上线后解决了企业质检人员在大规模质检数据应用下的负担；支持实验室环境下的专人专项的检验样本检测流程化管理方式；支持多种质量抽检规则的实施。

6. 管理决策模块

智能决策是实现端到端集成的核心，作为六大模块中最为核心的一块，从实际出发，构建以生产运营为主线的量化数字平台，注重传统经验，将这些经验量化并纳入数字制造系统，用嵌套分割系统描述整体，用非线性规划处理局部的优化问题，强化生产反馈的控制功能，让整体的管理决策形成循序渐进持续改善的过程。

协同发展生产运营体系是一个以企业智能决策框架为核心的整体运营管理解决方案，开发的管理系统将依据 CPS 的科学原理，组成操作单元级的 CPS、生产线系统级 CPS，以及工厂和供应链的系统之系统级的 CPS。基于 CPS 的三层框架，该管理系统以嵌套分割方法对全局实施管控，用非线性规划处理局部优化问题。该系统将融合集成所有有效的管理系统，最终让生产运营从决策管理到业务流程管理形成一个完整的无缝整体。

（三）实施技术革新和设备改造升级

源泰德润针对方矩管生产过程自动化程度低、耗费大量人工操作、生产效率低、产品质量波动大的问题，采用智能制造技术对方矩管生产过程进行全面改造，提高生产过程自动化程度和产品质量，实现远程自动换型、数据记录、实时监控，方矩管外形尺寸在线检测，多道次孔型预报设定等功能。

在确定自动化设备的基础上，对现有的车间布局进行改善、优化，经过详细分析，再确定是采用工艺布局形式，还是成组技术布局形式。通过合理的布局，使整个车间的物流更加顺畅，距离更短，人、物交叉的现象大为降低，提升作业效率和作业安全。

采用统一身份整体架构，为协同发展生产管理体系提供用户访问的统一接入、集中认证和单点登录服务，实现用户账号在企业全生命管理，实现 HR 人员数据与身份管理系统的同步、相关证书的申请、发布及与 OA 系统的账号同步。

通过基础建设的完善，实现管理网与工控网的安全隔离及安全数据交换，保障双网的独立运行、互不干扰，安全隔离网关采用工控协议分析识别技术，防御工控协议攻击，实现网络隔离，安全数据采集网关采用灵活的组件式设计，实现安全数据采集，信息安全管控平台实现信息安全事件综合展示、报警及安全事件智能分析。

（四）构建产品质量保障体系

通过加强对生产过程、计划过程和产品数据的集成管理，提高对多品种生产管理的能力，构建产品质量保障体系，不断降低生产成本，缩短交货期，对订单进行控制，提高生产率和市场竞争力。

该产品质量保障体系促进了企业管理升级与技术进步，促使知识、标准得到积累和传承。通过强化工艺纪律检查工作，督促问题整改落实，并严格评价考核。目前生产单元已由原先被动式接受检查转变为主动检查现场工艺，且现场工艺纪律检查更加细致和翔实，浅表违章的行为明显减少，进一步规范了现场执行力，工艺纪律符合率有明显的提升，生产过程的稳定性得到提高。

此外，该产品质量保障体系在工艺标准化、产品标准化，生产智能化、管理数据化方面推动了方矩管产业的高质量发展和行业升级，推动了制管企业质量分级评定工作，从企业、产线、产品多维度进行评级，在满足下游用户实际需求的同时提升优质企业的利润水平。

（五）应用大数据管理平台，提升生产效率

通过应用大数据管理平台，能够为公司高层提供公司运营关键数据展现和推送，大幅提高决策的准确率和效率。同时，大数据管理平台可为财务、运营、销售等部门，提供常用的分析数据、自主拖拽；为生产各负责人，提供生产制造数据多维展现，提供预警等功能，能够大幅度提高工作效率，降低人员成本，优化办公流程，为协同管理体系建设提供有力保障。该大数据管理平台方案由数据源、数据处理与存储、分析与可视化引擎、可视化平台及使用与展示终端五部分组成。根据实际工作需要，采用多种类终端看板，包括驾驶舱看板、报告看板和移动端看板。通过大数据管理平台的建设，可以实时、全面看到数据，及时分析和优化业务、生产流程。从取数、创建数据信息关系（模型）、ETL 实际操作、剖析字段名拖取、数据图表展现转换，BI 全线可视化实际操作，无需 SQL 取数和手动式模型，只需根据业务流程剖析逻辑性，将所需数据信息取下，依照层面指标值挑选适合的数据图表，再根据数据图表间的逻辑性关系，就可以迅速生成一个 Dashboard，能够顺畅地运作在 PC 和移动终端上。

（六）搭建电商平台，建立客户服务体系

通过建立基于互联网平台的客户服务系统，开发方矩管销售平台和方矩管订单自助报价微信小程序，进一步提升行业协同能力，减少客户和业务员工作量，提高询价高峰期的现货留货和订货报价效率，让所有合作伙伴在共享经济条件下提升效率，享受共享生产带来的快捷和便利。

方矩管销售平台为钢管生产企业、营销公司、客户单位及行政监管部门提供电子商城服务，所有参与方只需在该服务平台注册，即可使用该平台进行钢管营销电子化交易。提供产品查询、产品买卖、产品询价、产品定制等交易方式，满足企业客户不同类型、不同项目交易活动的需求。平台根据客户需求提供全流程电子化解决方案，能够实现企业展示、产品发布、网上订购、网上询价、网上定制、产品查询、数据统计分析等功能。通过该平台，能够提高交易效率，降低交易成本；实现节能减排，绿色交易，改善钢管行业销售结构。交易客体和主体行为立体透明、全面动态、真实可靠、可以追溯，是市场主体诚信自律的基础。同时，规范交易方式和促进监督方式转变，实现行政、行业、公众立体监督，以有效遏制和消除弄虚作假行为，以及垄断、封锁、保护、违法干预、腐败交易等行为。

通过方矩管销售平台、ERP、CRM 等系统为导向，在经营活动中配置、开发和整合企业内外的各种资源，主动利用、分析和管理客户信息，迅速满足客户个性化需求，从而建立协同管理模式下的客户服务体系，形成竞争优势的知识和技能的集合。

在订单管理中，针对挂单类产品（非个性化需求类产品），客户浏览方矩管销售平台选择所需产品进行“留货”或加入“购物车”，并确定产品型号、需求量，以及交付方式，生成订单。销售部业务员在方矩管销售平台收到客户“留货”信息后，进行留货操作，并线下与客户确定销售意向。之后，销售部业务员在方矩管销售平台收到客户订单信息后，线下与客户签订销售合同后按订单所需产品数量确定库存是否足够。

针对个性化需求产品，客户浏览方矩管销售平台发布询价信息，注明所需产品尺寸、规格、材质、需求量、收货地址、报价截止时间、客户联系方式等，销售部业务员在方矩管销售平台收到客户询价信息后，在规定的报价截止时间内线上提供报价。如客户同意报价，则由销售部编制排产计划表，传递至生产部进行生产，完成后开具《提货单》并传递给客户。在生产管理中，生产部按排产计划实施生产，并由生产部统计员对当日的生产情况进行统计，成品入库时由财务部在云镜 E5000 中进行入库操作。在交付管理中，客户按《提货单》进行提货，并通过地磅称重系统后，将《磅单》和提货单提交至财务部结算科。

三、钢管制造企业以客户需求为导向的协同管理体系建设效果

（一）加快企业由传统制造业向服务型制造业转型的进程，进一步提升企业的综合实力

源泰德润通过实施以客户需求为导向的协同管理体系，不断完善产品全生命周期的监控，加快了生产线、生产车间的自动化、信息化建设和智能化改造升级，加大了各种复合型人才的储备，构建了面向市场的快速反应机制，实现由传统制造业向服务型制造业转型。同时，解决了制管行业抗风险能力普遍弱，盈利能力过度依赖规模成本优势和规模行情优势的问题，为企业提供强大的生产动力，降低了设备的闲置率，进一步拓展了企业生产规模，提升了企业的综合实力。

（二）实现行业内分散化制造资源的有机整合，进一步带动钢管制造行业各企业的协同发展

通过实施以客户需求为导向的协同管理体系，源泰德润实现行业内分散化制造资源的整合和同行业各企业自有核心竞争力的高度协同。通过完善自身信息化基础设施建设，实现软硬件同步发展和生产过程的横向、纵向及端到端的集成，促进了生产系统的数字化、智能化，提高了生产效率。带头发起成立的“方矩管产业发展与合作创新联盟”，使多个企业可以共同使用制造资源，能够实现订单共享、协同生产。通过基于大数据支持下的精准匹配，需求方可根据采购习惯和标准灵活选择供给方，能够更好地满足服务需求方的需要，解决供需双方需求不对称的问题，深化与上下游客户、业界同仁的真诚合作，打通供应链各个环节，创造更多的产业增值效益，实现价值链的利益共享，促进全行业的协同发展。

（三）增强产品生产制造能力和客户服务能力，进一步提升企业经济效益

通过以客户需求为导向的协同管理体系的有效建设，源泰德润产品生产制造能力和客户服务能力得到进一步提升。在生产制造方面，减少对人工的依赖，降低了 12% 的人工成本，产品生产周期将缩短 15%，大幅提升产品质量和生产、管理效率，在保障安全生产等方面做出行业表率。在客户服务方面，通过方矩管销售平台和方矩管订单自助报价微信小程序，进一步提升行业协同能力，减少客户和业务员工作量，提高询价高峰期的现货留货和订货报价效率，满足了企业客户不同类型、不同项目交易活动的需求。方矩管销售平台客户准时交付能力也取得一定程度的提升。同时，源泰德润大幅提升企业生产销售资源的利用率，避免高价值的固定设备出现闲置、过剩的情况，从而使整体生产效率提高 30%，运营成本降低 20%，年产能、产值提升 10%，销售额持续稳步增长。

（成果创造人：黄亚连、刘凯松、袁令军、
王德利、赵　普、李威呈）

强军战略导向下的飞机脉动式生产管理

成都飞机工业（集团）有限责任公司

成都飞机工业（集团）有限责任公司（以下简称航空工业成飞）创建于1958年，隶属中国航空工业集团有限公司，是我国航空武器装备研制生产和出口的主要基地，民机零组件重要制造商，国家和省市重点优势企业。航空工业成飞研制生产了歼-5、歼-7、歼-10、枭龙、无人机等3000余架，出口10余个国家，实现了三代机向四代机跨越、有人机与无人机协同发展；具备民机机头、舱门、翼面、壁板专业化制造优势，研制生产了ARJ21、C919、运20机头、空客A320后登机门、波音787方向舵等民机大部件，是国际民机大部件优秀承包商；在飞机整机装配、试验试飞及维修服务等方面具有显著优势，整体实力处于国内行业领先地位。航空工业成飞拥有雄厚的技术实力和与国际接轨的质量保证体系，获得"国家和省部级科技进步奖"500余项，专利700余项，一批具有世界先进水平的新技术、新工艺、新材料被广泛应用于产品研制过程。先后荣获全国"五一劳动奖状""全国质量奖""中国企业自主创新奖""全国两化融合突出贡献单位""全国企业文化建设典范企业"等数百项省部级以上荣誉。

一、强军战略导向下的飞机脉动式生产管理背景

（一）应对全球复杂形势，满足武器装备大批量交付的迫切需求

先进战机是确保领土安全的国之重器。随着我国周边安全环境日渐紧张，为确保领土安全，需进一步增强海空力量。在强军思想、新时代军事战略方针的指引下，坚持以推动国防和军队建设科学发展为主题，以加快转变战斗力生成模式为主线，全面加强军队革命化、现代化、正规化建设，这对武器装备制造提出了优质高效的迫切需求。作为高端航空武器装备制造的龙头企业，更应聚焦客户需求，以创新发展为驱动力，加快高效、敏捷的制造脚步，提升制造能力，实现"从交付产品到交付战斗力""从工厂走向战场"的转变，满足先进武器装备大批量交付迫切需求，支撑国家强军战略，确保与周边国家形成武器装备的对等态势。

（二）顺应行业发展趋势，实现先进战机自主创新的必由之路

脉动式生产是介于固定机位装配与连续移动装配之间的一种装配生产模式，其典型特征是产品移动时不进行装配作业，装配作业时产品不移动。该模式能够显著缩短交付周期、保证产品质量，是世界航空制造行业先进生产能力的标志。国外洛马、波音等航空制造企业采用脉动生产模式实现了飞机总装批量生产，但对我国进行技术封锁。我国飞机制造主要以传统固定机位装配模式为主，装配质量和效率与国外先进航空制造企业存在较大差距，尤其是产能提升乏力，难以满足武器装备"快、多、好"的交付需求。中国要实现由制造大国向制造强国的转变，就迫切需要通过自主创新，探索适用于我国先进战机制造的脉动式生产模式，掌握核心关键能力，引领行业发展。

（三）面对企业转型升级，提升飞机制造链整体效能的内在需求

飞机制造涉及材料采购、零件制造、部件生产、飞机总装、试飞交付等众多环节，存在供应商多、管理幅度大、质量要求高等管控难点，加之技术状态多变，使飞机制造周期长、质量波动大、产量低。随着用户对先进战机"快、多、好"的迫切需求，航空工业成飞科研生产任务呈现快速增长趋势，原有传统的生产组织模式已难以满足制造需要，急需通过跨越式、高质量发展，探索一种新的生产制造模式，做大做强核心制造环节，打造航空产业生态圈，从而整体提升飞机制造效能，满足武器装备优质、准时、大批量地交付。

二、强军战略导向下的飞机脉动式生产管理主要做法

（一）顶层规划，搭建“3544”脉动式生产方法体系

基于国家强军战略导向，通过顶层策划、系统设计、分步实施，以“优质、准时、批量”三大目标为牵引，以系统工程模型为指导，在材料采购、零件制造、部件生产、飞机总装、试飞交付等制造链全流程环节推进脉动式生产，通过搭建“3544”方法体系，为脉动式生产组织与实施提供了强有力的指导和支撑。

1. 统筹核心目标，保障飞机制造链的整体绩效

根据用户对武器装备“快、多、好”的交付需求，明确了飞机制造链的三大核心目标，提升整体绩效。其一是装备准时交付。面对当前复杂的军事环境，航空工业成飞以强军战略为导向，必须按用户需求准时交付航空武器装备，因此要求飞机制造各环节必须快速高效、顺畅流动；其二是装备产能提升需求。面对武器装备批量制造的需求，需整体提升制造链能力，尤其是部件、总装、试飞等核心制造环节的效能，需实现跨越式、高质量的转变；其三是装备精良，在提升内部制造效能的基础上，加快对上游供应商的赋能，保障零件成品的优质准时配套，同时积极响应后端客户需求，真正实现由交付产品向交付战斗力转变。通过前端拉动、后端响应，最终打造航空产业链生态圈。

2. 确立实施路径，保障脉动式生产的可行可控

在强军战略导向下，基于武器装备优质、准时、低成本的制造需求，集成运用精益六西格玛、目标管理、价值流、应用物联网、5G 等管理理论和方法，搭建脉动式生产管理“3544”方法体系，在飞机制造链整体推进脉动式生产。通过在稳链、强链、补链 3 个阶段的推进，打造航空产业生态圈，系统提升飞机制造效能。首先，通过五流融合稳链举措，实现制造链的高效运行；其次，通过四体系赋能强链举措，实现制造链的强核归核；最后，通过四机制补链举措，打造航空产业链生态圈。

3. 制定实施对策，保障脉动式生产的刚柔相济

基于脉动式生产管理的设计思路和实施路径，通过对标目标、分析现状、评估风险，确定了四大实施对策：一是明确节拍，一体化推进。基于用户需求，根据历史产量数据、结合航空工业成飞的战略需求，明确制造链的标准节拍，便于一体化推进。二是由内而外，逐级推进。在脉动式生产推进过程中，会面临内外部各种压力与阻碍，基于现有资源支持，采用先理顺内部管理，总结经验后再推广至外部供应商的做法，保障脉动式生产的顺利推进。三是虚实合一，精确控制。通过计划预警、开工条件确认、物料补给、动态调度完成信息流（虚拟世界）与物料流（物理世界）的相互验证，实现对生产的精细控制。四是综合治理，抑制波动。脉动式生产管理面向制造链全过程，综合治理供应链影响环节，需从生产计划精准、物料准时齐套、人员充足等方面综合治理，可有效降低异动风险。

（二）五流高效融合，实现制造链的高效运行

以工业工程方法为指导，集成信息流（Message Flow）、作业流（Machine Flow）、物料流（Material Flow）、管控流（Manage Flow）、人员流（Manpower Flow）简称为 5M 流，实现脉动式生产的高效运行。其核心是以作业流为核心，协同优化物料流、信息流、人员流和管理流，多管齐下，打通壁垒、消除瓶颈，实现作业高效、布局精益、人员专业、生产有序、信息可视，达到五流高效融合、一体化运行，支撑制造链的高效流动。以某生产区域场景为例：飞机作业指令通过管控中心下达到各站位，各站位按流程依次排开，站位一侧配置操作人员、物料工装等生产资源，另一侧配置快速响应中心，在完成某个站位所有工作后飞机按既定节拍向后移动。通过节拍拉动，实现作业流、物料流、人员流、信息流和管理流的高效协同。

1. 重构作业流，实现作业节拍均衡化

根据用户产能需求，明确飞机制造链标准节拍，以节拍为牵引在材料采购、零件制造、部件生产、

飞机总装、试飞交付等制造链全流程开展流程设计。采用主辅分离，优化作业面等技术系统设计工艺流程，按照“产线流程设计、站位流程设计、工序流程设计”三个阶段自上而下规划、执行，并依据关键路径、最大开工面、瓶颈资源等流程设计四大原则，均衡站位生产节拍，识别最优路径，梳理工位时序关系，重新定义最小作业单元，确定作业优先级，实现工艺流程的正向设计，满足脉动式生产的节拍需求。

2. 三定物料流，实现资源配置精益化

依据“产品专业化、产线柔性化、工艺合理化”原则及精益制造理念，以高效协同和效率提升为导向进行制造链整体布局规划，并构建了装配制造资源模型合理分配资源。通过 BOM（物料清单）数据和信息化平台支持，充分考虑制造资源、生产能力、物料配套、工装设备、厂房设施等情况，结合现有厂房条件与资源，依据归属原则、统一原则、就近原则等七大布局原则，根据各制造单位的作业流程和特点，开展人、机、料等制造资源统一管理，完成脉动式生产的整体布局和各制造环节飞机点位、工作平台、物料区、工装设备区、线边办公区、主通道等区域功能布局，细化管理颗粒度，实现工装、物料、设备等资源的定点、定时、定量（三定）管理，从源头消除资源分配的浪费和工装设备、装机物料等生产资源的等待浪费。

3. 适配人员流，实现人员配置专业化

基于制造链均衡装配节拍，缩短制造周期、提升效率的需求，聚焦“专业化、科研生产一体化”原则，通过对人员负荷率，重塑可量化、可评价等维度构建员工能力素质精细化评估模型，结合未来精益、柔性、智能化需求分步配置，评估能力需求，对现有人员能力进行盘点、评价、建档，识别能力差距，通过培训、考核、测评等手段确保能力补足，将一线操作、生产组织、工艺技术等人员精准匹配至各岗位，满足脉动式生产的需求。同时为保障现场快速响应，线边办公区还设立了以站位工程师、精益工程师、质量工程师组建的“铁三角团队”。其中，站位工程师（PE）负责协助站位长处理现场问题，完成站位工艺文件编制、优化；精益工程师（或称工业工程师，IE），负责推动现场精益改善，参与产线规划和设计；质量工程师（QE），负责生产质量监督、现场质量提升及“质量门”交接。

4. 细化管理流，实现生产组织精细化

构建以脉动式生产为核心的生产管控架构，围绕协同计划、精益物流、精准保障三个支撑，以节拍为牵引，以 ERP 管理系统为载体，统筹考虑制造链内外部资源，综合各生产单位交付要求及实际生产能力，基于有限能力制订年度生产计划大纲，以计划为牵引制订涵盖产品交付、装配试飞、零组件制造、原材料及成品采购等业务的全流程计划体系，实现计划一体统筹。通过监控各层级计划的执行情况，及时发现供应链运行的各类问题，有效识别风险，促进快速响应。以精准的装配计划管理能力，促进原材料、零组件、成品的精准配套。通过作业计划牵引，拉动装机物料的准时配套，实现生产资源的协同管理。

5. 打通信息流，实现装配制造敏捷化

应用物联网、5G 等新一代技术建立公司级管控中心，实现生产制造信息收集、传递、响应、处置全过程的敏捷响应。一方面利用云计算等新一代信息技术，实现数字系统与 ERP 管理系统、PLM 系统无缝对接与全面融合，打通采购、配套、部装、总装、交付等全流程制造环节，建成生产区现场数据实时采集、生产进度、物流跟踪、质量信息反馈及现场可视化等信息的动态管控。另一方面为确保问题发生后第一时间得到响应和解决，建立由工艺、质量、调度、站位等骨干人员组成的快速响应中心，并制定《脉动式生产现场管理办法》，对计划下达时限、人员的巡线、问题响应时间、应急方案处置等方面进行了规定，形成计划管理、现场执行、过程跟踪、结果反馈的 PDCA 闭环管理机制。通过数字管控中心的建立和运行，确保制造链上的问题得到及时响应和解决，提升过程管控的敏捷化。

（三）四体系赋能，实现制造链的强核归核

针对零件制造、部件生产、飞机总装、试飞交付等制造环节的特点和瓶颈，通过健全高效技术体系、重构流程组织体系、构建敏捷精益体系和构建协同创新体系，做大做强核心制造环节的制造能力，整体提升飞机制造链效能。

1. 健全高效技术体系，强化制造链的敏捷制造能力

在现有技术体系的基础上，强化对技术状态控制、技术手段应用和风险预警管控，消除技术瓶颈，强化敏捷制造能力。其一是针对飞机制造过程中存在大量技术状态更改的问题，航空工业成飞充分发挥主机主责，按照一个目标、两线统筹、三个协同、四位一体的思路开展技术状态管控工作，通过与设计所、成品配套厂家充分对接，形成技术状态变更关注清单，根据技术状态更改协调、执行、完成情况及时更新，实现技术状态源头控制。其二是以敏捷高效为目标，以专业化为指导，面向作业场景，开展辅助装配、智能检测、自动化对合平台、可视化看板等技术应用，解决制造过程中的“卡脖子”技术问题，通过技术手段提升制造效能。其三是建立“研制—需求—决策”进度周期匹配预警模型，提前识别存在的风险并采取针对性措施，通过对进度和风险及时预警并反馈设计所，减少生产主线受技术状态变更的影响，同时为后续对状态更改决策起到支撑作用。

2. 重构流程组织体系，强化制造链的核心制造能力

以公司高质量转型和用户需求为牵引，对标发展战略，建立完整的流程体系架构，打破原有职能分工，重构适应脉动式生产的流程型组织。按照“补短板、强核心”原则，基于制造链主线流程职能，补齐制造链前后端的短板，强化核心制造环节，注重整体管控。在制造链前端，为进一步强化对材料、成品的入口把关，成立物资供应中心，在制造链后端为加快用户问题的响应和处置，成立交付中心；对部分零件专业厂进行整合，保留核心零件能力，将其他制造能力向市场释放，对“部、总、试”核心专业厂进行拆分补强，通过整合拆分将公司资源向核心单位倾斜，实现强核归核，同时为进一步统筹公司资源，加强全过程、全生命周期及质量、进度、成本等全要素管理，组建了科研生产部。通过流程型组织体系重构，进一步补齐制造链条的短板，强化核心制造能力。

3. 构建敏捷精益体系，强化制造链的持续改进能力

围绕构建“一个精益工厂”的目标，持续推进以“目标驱动、持续改善、动态提升”为原则的精益制造体系建设，以体系强化过程管控，以精益指标强化目标牵引，持续推进生产组织运行改善，强化持续改进能力。由公司精益制造部门牵头，针对航空工业成飞生产过程中的痛点、堵点，成立跨部门的精益推进团队，根据交付目标确定生产节拍，基于目标节拍设计和构建装配精益生产线，实现节拍化的装配计划驱动前端零（组）件和成品准时配套，在装配单位全面推进精益制造，解决当前制约装配的关键瓶颈问题，减少装配各环节的浪费，缩短装配周期，提升装配效率和整体生产能力。以产品价值链为核心、零件族类为基础、基础数据为支撑、计划为牵引、零件外包策略为指导，根据产品特性、产品制造所需的设备资源，建设40余个零件制造精益单元，有效满足装配节拍式生产需求。

4. 构建协同创新体系，强化制造链的设计制造一体化能力

强化价值导向，通过技术状态平台构建、设计制造一体化能力提升等举措，打通设计制造壁垒，缩短设计发图、工艺审查周期，强化制造链的设计制造一体化能力。以单一数据源为目标，按照避免新增、能用尽用、可返尽返的原则，构建技术状态一体化管控平台，打通设计、制造、用户的数据通道，实现技术状态跟踪执行、归零机制，持续跟踪、显性化展示，执行归零的全生命周期管理。加强国家高端航空装备技术创新中心、飞行器创新协同中心，高端无人机科创中心、工业软件创新中心的建设；协同设计所，开展新型材料研发、快速研制等重点项目技术攻关，选派工艺人员参与飞机设计研发，初步掌握飞机设计能力，将制造能力由工艺端向设计端延伸，促进设计与制造协同，缩短研制周期，强化制

造链的设计制造一体化能力。

（四）四机制拉动，打造航空产业链生态圈

依托供应商精准赋能、质量门、敏捷交付和公有云协同四个机制，前端拉动供应商，后端快速响应客户，以“链主”带动“链属”，“链属”协同“链主”，打造稳定、健硕的产业链、供应链，形成上下游产品联通，前后端技术互通，信息资源打通的完整制造链生态圈。

1. 建立供应商精准赋能机制，拉动前端物料的准时配套

按照“小核心、大协作、专业化、开放型”的发展思路，建立航空工业成飞供应商管理学院，对重点供应商制定分层分级、分阶段的差异化培训方案，采取“集中培训、现场实操、一对一帮扶”等灵活培训方式，输出航空主机企业成熟的技术及管理经验，精准帮扶重点供应商，快速提升供应商的制造能力。为激发入园企业主动提高配套质量和交付准时性，航空工业成飞优化全流程供应商管控程序，从供应商准入认证、评估选择、履约监控及退出等全流程细化明确管控策略和控制措施。实施供应商分类管控及健全索赔机制，优化产品外包控制程序，强化监督检查，提升供应商的合同意识与契约精神；重构供应商绩效评价体系，完善供应商评价管理办法和供应商绩效改善规定，强化绩效评价结果应用，采取“绩效与选择”“绩效与付款”等联动机制，将供应商绩效评价结果与供应商选择、采购份额分配、财务付款、退出淘汰等直接挂钩，降低供应链成本，激发了供应商优质准时配套交付的积极性。

2. 创建质量门的网格化机制，拉动制造链的稳步管控

以“高质、准时交付”为导向，打造“横向到边，纵向到底”的质量管理模式，该模式采取“开或关门”的形式，按用户最终交付标准在供应商入厂、零件交付、部件交付、装配交付、试飞交付等环节设置质量门，实现动态监控各制造环节的质量状况，减少生产扰动。由于常年面临故障缺件频繁、技术更改频繁、技术状态复杂、多线作业交叉的现状，设置四大质量监控点：物料缺件、AO 开工或完工、设计更改、质量故障，确保交付质量。通过创建质量门机制，实现制造链的网格化管控，将最终交付的责任和要求按统一标准层层传递，保障各环节交付的质量，大幅减轻飞机交付环节的质量压力，实现制造链的稳定管控。

3. 构建“三阶五段”敏捷交付机制，拉动用户需求的快速响应

以“精准识别用户需求、缩短接装周期、减少接装问题、提升管理能力”为交付管理目标，紧密围绕用户需求、交付计划、接装问题、保障装备、交付风险等交付管理内容，依托用户需求模型、交付验收工序排程模型、交付风险管控模型和质量问题闭环管理平台，构建“三阶五段”交付机制，实现复杂装备交付的全过程管理。“三阶”指交付前、交付中和交付后三个阶段；“五段”指调研、预检查、交装检查、回访与总结五个环节。通过创新开展“三阶五段”规范敏捷的复杂装备交付管理，缩短了复杂装备交付周期，提升了交付质量，顾客满意度大幅提高，实现航空工业成飞交付能力全面提升。

4. 建立“公有云”数据协同机制，促进制造链信息互通互享

为了提升从投产到交付的制造链全制造过程协同管控能力，实现一体化管理，基于航空工业成飞“公有云”搭建供应链协同管控中心，通过实施数字赋能专项工程，应用物联网、5G 等新一代技术，建成合同履约监控、供应商制造过程信息、协同计划、制造过程生产可视化、用户问题信息反馈等数据共享功能，搭建从供应商到飞机制造的全链条数据协同平台，实现制造链的计划、采购、生产、交付等动态信息的统一管控，显著提升制造链进度管控、问题协调处置效率，促进制造链信息互通互享。

三、强军战略导向下的飞机脉动式生产管理效果

（一）形成了高效、优质的飞机制造能力，提升了制造链整体效能

飞机脉动式生产管理的构建围绕用户优质、准时、批量的制造需求，通过生产模式变革，实现工艺流程、产线布局、组织适配、生产管控、质量控制等要素改进和材料、零件、部件、总装、试飞等全过程管控，达到现场信息的可视、可控、实时，线边物料的定点、定时、定量，过程管理的精细、敏捷、协同，实现飞机制造由被动等待向节拍拉动的新突破，提高了对飞机交付“短周期、高质量、大批量”的响应速度，形成了高效、优质的核心制造能力。通过脉动式生产的组织与实施，飞机制造周期缩短、质量提升，极大提升了飞机制造效能。

（二）提炼了脉动式生产通用方法，增强了企业核心竞争力

脉动式生产管理已成功应用于我国多款先进战机的批量生产，拥有作业流畅、物料精准、人员专业、信息可视、管理高效的制造能力，实现了飞机制造由传统模式向脉动模式的转型，增强了企业核心竞争力，提升了自主创新能力，保障了在激烈的竞争中保持行业管理领先优势和卓越的技术核心价值创造能力。同时总结提炼出一套“3544”脉动式生产管理通用方法，编制了《飞机脉动式生产管理技术路径》《面向飞机脉动式生产管理工艺编制原则》等技术规范文件 11 份和管理规章制度 23 份，专利成果 28 项，标准作业指导书 54 份，AO 编制原则 64 条。该方法在其他主机厂、民机零件制造、供应商成品生产上得到推广应用，已成为行业内普遍认可的高效制造模式，还可以向船舶、航天等领域推广应用，形成了较好的示范效应，对促进传统制造模式转型升级意义重大。

（三）形成了航空武器装备的供给能力，有力支撑国家强军战略

通过推进脉动式生产管理，突破传统组织模式，实现管理的节拍化、显性化和敏捷化，系统提升了飞机制造效率和产品质量，形成航空武器装备的供给能力，保障了先进战机的优质交付，并实现“从交付产品到交付战斗力”“从工厂走向战场”的转变，确保我国与日本、韩国等周边国家形成武器装备的对等态势，具有较强的国防及社会效益。

（成果创造人：蒋　敏、隋少春、周显峰、孙守强、许杨玲、赵　轶、
孟　菖、黄吉传、周春华、齐世文、徐剑波、张立新）

油气矿企业基于“油公司”体制的高含硫气田水外排管理

中国石油天然气股份有限公司西南油气田分公司川中油气矿

中国石油天然气股份有限公司西南油气田分公司川中油气矿（以下简称川中油气矿），矿权总面积2.24万平方千米，以遂宁、南充为中心，横跨川、渝两省36个区县，是川渝地区重要的“油气并举”的资源勘探、油气生产、销售及化工生产基地，年产量连续5年保持在百亿立方米之上，并在2020年成功创建千万吨油气矿，是西南油气田公司300亿战略大气区重要组成部分，也是目前西南油气田公司常规天然气生产的主力军。已发现19个含油气层、15个油气田，累计探明地质储量天然气9202亿立方米、原油7339万吨，累计生产天然气1074亿立方米、原油577万吨，具备天然气年生产能力107.8亿立方米，石油液体年生产能力3.5万吨。所属职能科室14个，直属机构7个，直属单位6个，基层单位24个，在岗员工共计3500余人。先后荣获“全国文明单位”“全国五一劳动奖状”“改革开放40年中国企业文化优秀单位”等称号，多个集体和个人先后荣获“全国劳动模范”“全国采气工职业技能竞赛”金奖和银奖等，充分彰显了油气矿的软硬实力与员工的优良风貌。

一、油气矿企业基于“油公司”体制的高含硫气田水外排管理背景

（一）实现西南油气田公司战略目标的重要支撑

根据西南油气田公司的发展战略规划，到2025年，天然气产量将达到500亿立方米，油气当量达到4000万吨，建成中国第一大气田；到2030年，天然气产量将达到800亿立方米，油气当量突破6400万吨，建成国内最大的现代化天然气工业基地。其中安岳气田磨溪区块龙王庙组气藏天然气探明地质储量4403.85亿立方米，技术可采储量3082亿立方米，是目前我国发现的单体规模最大的特大型海相碳酸盐岩整装气藏。自2016年开始已按90亿立方米规模连续稳产6年，年产量占分公司总产量的25%～45%，是西南油气田分公司名副其实的压舱石。

气田水通常是指在采气过程中随着天然气一同带出地面的地下水，在天然气开采中，随着气藏压力的降低，地层水会逐渐侵入气藏并伴随着天然气一道被采出。龙王庙组气藏的持续产出，是实现西南油气田公司“上产500亿，奋斗800亿”战略目标的重要保障。然而，安岳气田磨溪区块龙王庙组气藏主体区南北两翼边底水沿9条通道向气藏内部侵入，水侵形势严峻，产水量逐年增加，气藏主体区块受水侵影响逐步显现，战略目标的完成受到挑战。

（二）保障龙王组气藏绿色稳产的关键

根据《安岳气田磨溪区块龙王庙组气藏开发调整方案》中安岳气田磨溪区块龙王庙组气藏整体治水对策：部分井无法携液生产后，利用人工助排措施排水采气，2020年气藏产水将上升至2000立方米/天，2023年达到最高的2505立方米/天，2021—2027年基本稳定在2000立方米/天以上，仅采用回注方式保障龙王庙组气藏稳定生产存在一定风险，预计2025年年底剩余回注井因达到极限回注量将全部停用。目前龙王组磨溪开发项目部的6口转、注水站（磨147井、磨207井、磨205井、磨005-U2井、磨005-U3井、磨005-U4井）需要员工驻守，劳动用工量较大，人工成本较高，且转、注水站设备设施老旧，需要运维人员定期检修，再加之维保期间技术管理、操作服务人员储备不足，人力资源无法全面优化，急需专业势力和新模式来改善存在的这些问题。

再者，气田水中溶解有硫化氢，且含有较高的COD、氨氮、钙、镁及氯离子等，不能直接外排，目前气田水采用回注方式进行处理，但受地层、地质情况及输送距离等影响，单井可回注量低，回注井

的回注空间及处理能力有限。而且后期回注井井口压力增高，回注井及地层长期在高压作用下存在窜漏及污染地下水的风险。因此，气田水回注处理方式已不能满足日益增加的气田水产生规模和处理环保要求，特别是到了气田开采中晚期，采取强化排水采气措施会使气井的产水量迅速增加。随着国家对环保要求越来越高，气田水不能随意排放，同时受国家环保政策影响，难以再开展回注井新建工作，气藏产水形势岌岌可危，长期稳产面临挑战，气田水达标外排已刻不容缓。

（三）推动矿区高质量发展的必然要求

“油公司”模式是成熟的市场经济和石油企业自身发展相结合的产物，是以效益最大化为目标，将市场化手段与先进的自动化管理手段相结合，有利于提高企业的生命力和人均劳动生产率，通过集中化决策、专业化管理、市场化运行、社会化服务等管理新模式，提高管理效率。2018 年，中国石油集团公司下发指导意见，拟定到 2025 年，各油气田企业基本完成“油公司”体制构建，建立完善的运行机制。“油公司”模式改革是落实国家国企改革三年行动的重要内容，也是集团公司深化油气业务改革的重要举措，更是推动油田高质量发展的现实需要。

对于非含硫、含硫、含缓蚀剂、含泡排剂等气田水最终实现达标外排，目前国内采用的处理工艺基本成熟、可靠，可以工业化应用。国内油田企业采用自建自运营、自建外委运营管理模式都存在技术储备不足、技术工艺存在风险、建设费用高、安全环保风险大等问题。第三方建设并进行市场化运行，安全环保责任界面清晰，降低了油气矿在气田水达标外排技术储备不足对矿区油气生产的影响，符合“油公司”模式的改革趋势。

二、油气矿企业基于“油公司”体制的高含硫气田水外排管理主要做法

（一）基于“油公司”理念，明确市场化协同管理思路

1. 确定“甲乙甲模式”构建项目运行构架

川中油气矿基于“集中化决策、专业化管理、市场化运行、社会化服务”的新型“油公司”模式，从专项提速、畅通协作方面入手，充分发挥主导部门带头作用，围绕“优化方案、提前报规、合理储备、竞争施工”四大建设阶段，组织相关科室精湛技术力量先后多次赴行业内不同企业下属气田对其气田水处理达标外排工艺、装置运行情况、固废物处理及装置能耗等方面进行调研交流。经过分析、试验和前期工作，矿区各部门经过从选址、工艺调研、初步设计、施工图、采购、施工等环节进行比选，最终确定以“甲乙甲模式”构建项目运行构架。

“甲乙甲模式”即川中油气矿（甲方）负责对气田水处理站总项目进行规划、总领及外排输水管线的建设，遴选第三方市场机构（乙方）全面负责气田水处理站出资、设计、施工建设、营运，川中油气矿（甲方）对乙方进行监督、管理和考核。甲乙方分工明确，界面清晰，各自发挥其管理及技术专长，共同完成该项目的建设及投运。

2. 成立项目联合管理委员会，构建“1+4”管理模式

一是整合油气矿相关科室资源与合同方企业力量，成立项目联合管理委员会，组织双方精湛技术力量，开展集中分析讨论，从选址、工艺调研、初步设计、施工图、采购、施工等各环节采取最优措施。二是在项目全周期管理中采用“1+4”——1 个例会机制 +4 个专业工作组的管理模式。1 个例会机制即组织矿区基建部、开发科等部门召开气田水达标外排项目生产建设季度例会，开展气田水生产动态分析，对接阶段工作进展，同时解决存在问题，明确下步重点工作；4 个专业工作组是指按照“专业人员解决专业问题”的原则，成立前期工作、建设工作、交接试运、生产运维等四个专业组，明确牵头部门及联系人，对口沟通协调，支撑气田水达标外排生产建设平稳有序推进。

3. 协同联合办公，高效推进项目进度

以川中油气矿自主选择作为项目核心，坚持油气矿主导地位，对项目进行整体策划，细化明确项目

的重点工作、实施路径和进度安排，确保项目的质量、安全及进度能得到有效落实。在综合管控方面，以项目联合管理委员会协同联合办公为主，项目建设全周期组织多方定期召开推进会，推动基建、企管、开发等部门的协作协调，建立运行大表，明确场平施工完成等关键节点。在服务商施工期间，气矿主要负责督办落实各项工作，协调解决推进过程中的各种问题困难，并派专人蹲点驻守指导，进一步规范标准化施工。

（二）地企协作，确保项目顺利规范落地

1. 建立联系合作机制，积极引导政策支持

与地方政府建立联系机制和合作运行机制，共同制定深化企地合作的原则，对项目可能涉及地方民生和环保的问题，定期会商，坚持“发展共谋、责任共担、城乡共建、协同共抓，相互支持、相互配合、密切协作”，形成政企良性互动、企地双赢的良好局面。在地方政府制定发展政策时，积极建言献策，主动配合地方做好地方天然气发展规划和方案的编制，推动地方出台与气矿发展相匹配的规划布局和实施方案。先后组织开展复杂气田勘探开发、交通用气、外排管线改造等的相关推进政策研究，形成的政策建议上报地方政府并得到认可，有效引导地方天然气发展布局。

2. 持续强化企地关系协调，创建良好项目建设环境

川中油气矿根据气藏勘探开发和气田水外排管线部署，提前与地方政府进行项目推动工作对接，搭建协调沟通平台，协调政府开设油气勘探开发“绿色通道”，加快手续申办、占地用地、道路通行等各环节工作。同时，建立联席会议、现场沟通等形式的沟通机制，及时解决施工现场矛盾，确保项目建设顺利开展。特别是与遂宁市政府建立完善了政企战略合作常态化机制，成立深化合作日常联席工作小组，在遂宁境内的市、县、乡分别成立工作机构，加强与属地发改部门及国土资源、交通运输、林业等职能部门沟通联系，建立项目建设受阻应急处理机制，及时发现并排解现场突发问题，确保项目建设得到地方的认可和支持，有力保障气矿勘探开发与管线建设的顺利推进。

（三）规范服务商准入与合同合规化，保障项目质量

1. 严控服务商准入，甄选优质服务方

川中油气矿在引入第三方服务商时，明确服务商申请市场准入或参与招投标应具备的 7 项 HSE 条件，制定《服务商市场准入 HSE 能力评估调查表》，严把“五关”管理——队伍资质关、队伍素质关、施工监督关、现场管理关、HSE 业绩关，由领导小组牵头，专业人员开展招标文件的编制和审核，特别对技术评分细则反复推敲、重新完善，从第三方单位的装置配备情况、科研能力、水处理工艺及相关配套设施设备的完整性、项目建设进度的安排、应急环保处理方案、质量安全环保管理等方面制定严格标准，对参与作业活动的所有人员的能力、培训和授权提出严格要求，甄选出一家技术能力强、管理优秀的团队。

2. 优化投资模式，分解经济指标

气田水处理采用由第三方自行选择处理工艺、自行申报排放口、自行取得相关手续，川中油气矿委托两家专业燃气工程设计有限公司开展费用测算咨询，取平均估值作为招标控制价进行招标。

在项目决策阶段，川中油气矿组织财务科、基建部、概预算部梳理项目投资管控流程，针对项目管理模式的调整，会同各业务科室及开发事业部对投资管控责任进行梳理和细化，明确各部门职责。在项目概预算阶段，强化事前投资控制、事中预警纠偏、事后对标分析，投资控制指标下达后及时分解并转发，按部门职责分工将成本控制目标分解落实到责任部门，确保项目工程投资控制在控制指标内。在项目立项阶段，投资项目全面实行提质增效任务目标分解，按责任部门对控制目标进行概算分解，编制投资控制任务书，全面实施项目全过程造价管理个人负责制，突出岗位责任与执行力。

3. 合同合规管理，规范化运行

在项目建设前，川中油气矿认真研究合同的各项条款，加强对合同的规范化管理，包含分包合同、采购合同、加工合同、租赁合同等项目涉及的所有合同，使合同能真正推动市场运行机制的规范化、规模化，大大缩减设计、取证、建设周期，为油气平稳生产提供及时保障。同时，加强项目合同履行情况监控，定期清查合同履约情况，保证气田水处理交接点的安全环保责任界面划分清晰，减轻油气矿和合作方在气田水达标外排相关合规性手续的申请、审批、协调工作难度。

（四）深化环境评估与监测，严控区域生态安全

1. 开展生态环境评估，确保项目选址科学

川中油气矿在项目规划建设前，通过气田开发环境影响评价技术（即针对项目开发规划和建设实施后，可能对当地的大气、水文、生态环境等造成的影响进行分析、预测和评估，提出预防或减轻不良环境影响的措施，将工程对环境的不利影响预先降低到最小），由矿区质控部门、环控部门及第三方环境水文检测机构，联合对项目的环境风险进行分析和论证，并征询各级环保部门及属地部门的建议和意见，开展项目施工、运行环境污染评价评估及预后措施的跟进，确保选址决策的科学性、生态性、民主性，最大限度地避免项目施工过程或运行后的各类风险。

2. 严格检查建设资质，开展多方评价

在项目开工投运前，川中油气矿组织质控部门和专家分次到气田水达标外排处理站现场检查处理站安全环保设备设施，确认装置试运行的必要条件。在项目交工时，项目联合管理委员会组织多部门检查施工管理方各项行政许可证书、排污许可证、环境影响评价、安全评价、水土保持评价、水资源评价、节能评价、地震安全性评价、压覆重要矿产资源评价、职业病危害等文件的批复情况，同时对管理界面及职责划分、信息联络、交接计量等进行明确，共同确保项目开工过程的安全、平稳运行。

气矿以3年为周期，持续滚动开展领导干部安全环保履职能力评估，根据集团公司下发的《基层单位领导人员安全环保履职评估办法》狠抓安全环保履职，并将评估成绩作为干部提拔调整及服务商人员聘用准入的重要条件。评估办法包括沟通访谈、问卷调查与知识测试，利用西南油气田公司QHSE测试题库，根据被测试对象专业和管理层级自动生成试题，自动判卷。设立全员安全环保风险控制奖，以年度综合考察评价报告为准，每年评定发放。

3. 坚守生态保护红线，实时环境监测

生态保护红线是国家和区域生态安全的底线。项目所处区域位于生态保护红线面积20平方千米的遂宁市，在外排水处理站和管线规划选址初期，川中油气矿根据遂宁市生态保护红线分布图，尽可能完全避开生态保护区和环境脆弱地带。项目建成后，严格对项目周边大气环境、地表水环境、土壤环境、声环境质量、生态环境质量进行实时监控监测，确保项目产生的污染物不会对环境造成损害，且严格按照《环境影响评价技术导则地下水环境》防渗分区原则，对厂区进行防渗处理，保护地下水系统不会造成影响。

对施工运营过程中可能出现的污染隐患，建立“业务主导、专业支持、分级排查”的工作模式，业务部门组织业务管理范围内的隐患排查工作，质量安全环保科汇总业务部门治理计划，对隐患评估定级，编排年度治理建议提交管理委员会。委员会组织服务商全年开展隐患排查4次，从源头上控制污染的发生。

（五）科学精准管理服务商，实现效率提升与合作共赢

1. 开展“三违”巡回检查，提升服务商履约能力

在项目建设期间，川中油气矿组织开展服务商“三违”（违法转包、违法分包、违规选商）巡回检查和服务商管理工作检查，每年针对上年检查情况，开展“回头看”活动，查看原问题的整改情况，

提升各单位服务商管理能力，强化服务商履约能力。同时，开展年度服务商业绩考评工作，组织召开审查会进行综合评审，将属地规范、企业规范管理、红线意识等输入至第三方企业。

2. 强化监督检查履职，持续开展典型问题追责

项目运营期间，川中油气矿创新 HSE（健康、安全与环境管理体系）监督模式，夯实质量与安全“防火墙”，按照“监督有计划、实施有方案、检查有确认、事后有总结”的工作法则，发布《外排项目作业管理实施细则》，制定安全生产大检查分项表，细化两级 12 类风险作业管控措施要求，由质监站、HSE 监督中心、矿监督站对服务商每周开展日常监督检查、每月开展月度综合检查，并在日常监督基础上，扩展建设项目报监、驻场监督、视频监督和电话抽查等监督方式，对项目建设情况、人员履职情况、环保控制情况严格查验，填写上传周记录表与月度汇总表，交由项目联合管理委员会审查，发现问题并提出整改意见。要求服务商日常自检自查，找出管理中存在的突出短板，同时安排专人监督落实问题闭环整改，严格落实 100% 整改率，整改不达标不予通过验收并暂停施工直至整改达标。

项目联合管理委员会针对巡查中发现的典型问题开展严肃追责，并通过 QHSE 专委会、季度发文等方式在矿区通报。针对服务商自检自查，制定发现问题记录本和自检自查问题台账，同时将检查频次和合同绩效挂钩，促进企业方履职主动性不断提高。

3. 优化人力资源配置，优势互补

在项目立项和建设前期，气田水达标外排装置投运后，日回注水量将降低。川中油气矿按照尽可能发挥回注井生产潜力的原则，根据各回注站累计注入量，结合管网及井站实际情况分析，停运 5 座井站，2 座井站实施无人值守，最大限度节约人力资源，降低人力资源成本，减少安全风险管控单元。在优减人力后，进一步明晰双方员工职责界面与管理界面，原有中心井站员工主要负责日常巡检及达标外排处理装置故障处理等应急处置工作，服务商员工主要负责达标外排处理装置的运行管理，形成优势互补、专人专事、对口负责的格局。

同时，川中油气矿建立常态化的驻站机制，在项目开工前向站点派驻专业技术人员，与服务商管理人员联合办公，配合乙方采取各项措施，确保项目按时顺利运行。建立服务商核心管理人员 HSE 培训机制，分类编制培训矩阵和大纲，统一培训课件。加强安全文化的宣贯、引领，对员工开展气田水达标外排工艺、政策、法律法规等方面的培训，通过点对点、理论与实践相结合等方式加强对服务商管理与运维人员业务技能的指导和考察，开展专项审核，严格推行作业许可，要求施工方案、应急预案、工作前安全分析、能量隔离方案等详细、具体、可操作。

（六）信息化监控与分析，实时把控现场达标

1. 动态监控全覆盖，从被动处理到主动预防

为实现项目运行时全方位监控，便于矿区掌握项目运行情况，川中油气矿从顶层设计时就建立利用网络通信设备、物联网设备等形成一体化集中式运维管理的思路，实现水质监控工作由“被动处置”向“及时发现、主动预防”转变。在项目施工现场全面布局远程视频监控，安装移动式摄像机，实现全覆盖实时动态监控，调控中心 24 小时监控施工现场，配备专人轮换抽查，全程督促规范施工，增强水质监控管理能力，推动整体管理业务转型升级。

2. 实时把控水质数据，监测关键环保指标

川中油气矿请第三方环保公司在项目安装水质监测设备和开发信息化端口，对气田水达标外排处理站外排水进行 24 小时在线监测，并实时上传遂宁市生态环境局。气矿亦可登录管理端口，在项目部调控中心实现对水质的实时监控，一旦指标超标立即报警。

同时，川中油气矿不定期随机取处理站外排水送四川科特检测技术有限公司、四川省天晟源环保股份有限公司等专业机构进行水质检测，全部按照国标一级标准执行。

3. 利用生态环境影响评价技术，快速获取数据

气矿利用集团公司“3S”技术，即遥感（RS）、地理信息系统（GIS）、全球定位系统技术（GPS），RS 从遥感卫星影像数据获取环境信息，GPS 用于精确导航和快速定位，为遥感数据提供空间坐标，利用 GIS 强大的空间分析能力对环境数据进行分析和处理。通过该系统，全面、及时、准确、客观地获得评价区内生态现状，在土地利用调查、植被调查、环境敏感目标管理、野生动植物调查、生态制图、生态承载力评价等方面及时、准确地提供大量实时数据，供气矿对当前项目运营效果进行快速反应与处理。

同时，利用地下水三维数值模拟技术，摸清污染物在地下水含水层中的迁移、扩散过程，对地下水含水介质各向异性的特点实现精细刻画，加载单个和多个污染源，实现对污染物影响范围和影响程度定量化及可视化预测。

三、油气矿企业基于“油公司”体制的高含硫气田水外排管理效果

（一）气矿运营成本大幅降低，项目安全质量明显提升

气田水达标外排处理站投运后，大大缓解了龙王庙回注系统的转注压力，有效解决了龙王庙组气藏气田水大幅增加和回注站回注能力有限的矛盾，为龙王庙组气藏天然气安全、平稳生产奠定了坚实的基础。变革信息化监控运行与管理模式，共享数据，气田水处理与排放效率都得到了显著的提高，统一监控分析调度，大幅度减少了各站点安全管理、远程控制、人员成本等资金投入。该模式节约了近 3 亿元的建设资金，停运 4 口回注井和一个转注水站，气矿气田水处理单方成本从 274.74 元/立方米降到 267.45 元/立方米。

（二）环保达标上新台阶，引领油气绿色开发

新装置与新技术上线后，气矿处理后的外排水水质达到优于《污水综合排放标准》（GB 8978－1996）一级标准和《四川省水污染物排放标准》（DB 51/190－93）一级标准，“三废”外排达标率100%，水样送检测技术公司按《生活饮用水卫生标准》（GB 5749－2006）检测，主要指标达到了《生活饮用水卫生标准》，可在一般性生产中替代自来水使用。对环境的影响降到最低，多项环境监测技术的应用充分保护了矿区的生态环境，年度未发生一起一般生产安全事故和环境污染事件，得到了地方相关业务部门和环保部门的高度评价，成为行业内新标杆。

（三）“油公司”模式成功应用，气矿经济效益和管理效率提升

采用“油公司”管理模式，引进第三方专业单位运营装置，气田水日处理量超1000立方米，开启了西南油气田分公司含硫气田水地面处理达标外排的先河，有效解决了回注井地方批复难度大、建设周期长、管理风险大、回注周期有限的问题，缓解了气矿在气田水地面处理达标外排方面操作人员、专业技术人员、管理人员缺乏的现状，降低了达标外排技术储备不足对矿区油气生产的影响，减少了近 40 人的定员，优化了人力资源配置，9 条通道水侵形势得到缓解，气藏主体区块受水侵影响得到明显改善，生产组织模式实现了转型升级，积极推动了工程服务市场化，完善了油气生产辅助与后勤服务等外包业务市场化运营机制，推动了“油公司”模式在油气矿企业内部的实践，提升了企业的市场竞争力，为行业内其他企业提供了可借鉴的经验，为气矿稳产增产、西南油气田公司战略目标的实现提供及时保障与奠定良好基础。

（成果创造人：方　进、刘　路、郑荣军、冯泽江、杨　立、李　亮、谢旭龙、田心宁、代　娟、甘　宇、马　骁、陈定朝）

以“两提一降”为目标的海上油田注水开发“五维管理”

中海石油（中国）有限公司

中海石油（中国）有限公司（以下简称中海油）是中国最大的海上石油及天然气生产商，亦是全球最大的独立油气勘探生产公司之一，主要负责国内油气生产业务，主要产油气区包括渤海湾、南海西部、南海东部和东海。公司自1982年成立以来，经过40余年的高速高效发展，国内油气产量从1982年成立时年产9万吨上升到2021年油气总产量6500多万吨规模，2021年渤海油田建成国内最大的原油生产基地，为保障国家能源安全做出重要贡献。目前，国内海上共有油气田137个、油气生产平台280座、14艘FPSO、14个陆岸终端、168台钻（修）井机、379条（7395千米）海管、220条海底电缆。其中注水油田51个，在生产油水井4000多口，年注入水量达1.6亿立方米，每年油水井措施作业工作量超过3000井次，为建成国际一流能源公司做出重要贡献。

一、以“两提一降”为目标的海上油田注水开发“五维管理”背景

（一）保障国家能源安全的必然选择

随着国家经济的持续快速发展，能源需求逐年快速攀升，我国原油对外依存度达到70%以上，从国际形势看，国际环境错综复杂，过高的油气对外依存度对我国能源安全构成重大威胁。为响应关于能源发展的重要批示指示，要大力提升油气勘探开发力度，充分保障国家能源安全，把握未来发展主动权，牢牢守住新发展格局的安全底线。海洋石油原油年产量占国内原油总产量的1/4，原油同比增长逐年攀升，是国家原油供应的主力军。中海油坚持以保障国家能源安全为首要任务，持续深入探索低成本的油气增储上产新手段，切实落实国家对加大国内油气勘探开发的战略性发展要求，积极践行海洋强国建设者和能源安全保障者的政治责任。

（二）推进中国特色国际一流能源公司建设的迫切需要

随着我国迈入新发展阶段，中海油也开启了加快建设中国特色国际一流能源公司的新征程，积极推动油气勘探开发“七年行动计划”，力争到2025年国内油气产量向亿吨级规模迈进。中海油提出在生产油气田“两提一降”重大战略部署，即“提高单井产量，提高采收率，降低自然递减率”。因此，将提升注水油田开发水平作为落实公司“两提一降”工作的重要抓手，是实现公司高质量发展、建设中国特色国际一流能源公司的迫切需要。

（三）实现注水油田高效开发、保证油田持续稳产的现实需求

经过长期的衰竭开发，地层能量不足，自然递减率逐年升高是海上主力油田面临的挑战。随着海上油气田开发的不断深入，油气田进入开发中后期，需要通过注水的方式，向地层补充能量、扩大波及体积、提高油田采收率、降低自然递减率。油田注水管理技术水平的高低决定着油田开发效果的好坏，同时也决定着油田开发生产寿命的长短。同时，通过与国际一流能源公司对标，发现海洋石油面临着平台空间小、开发井数少、地面水处理设施流程短、水处理效率和水质要求高、单井注采强度大等多重挑战，海上油田注水开发的特殊性使海上油田注水采油成效量化表征、注水核心技术发展和注水综合治理体系等方面难以找到成熟样本。因此，需要不断探索、实践与提升，形成具有海洋石油特点的油田注水开发管理模式，持续提升油田开发水平，有效控制油田自然递减，实现油田持续稳产。

二、以“两提一降”为目标的海上油田注水开发“五维管理”主要做法

（一）深挖注水提升的价值创造点，实施注水问题短板管理

1. 明确注水大调查工作思路

按照“立足油藏、找准瓶颈、发掘价值”的总体工作思路，从油藏、井筒、地面等方面系统摸清油田开发所面临的问题，分类分析影响补充油藏能量、化解注采矛盾、扩大波及体积、挖掘储层潜力的关键短板，找到解决问题的具体措施和技术方案，指导下年度的配产配注、修井作业、地面改造、井网调整的工作部署。

2. 建立注水大调查工作方法

根据渤海油田地质油藏特征及开发的主要矛盾，参考大庆、大港和吉林等陆上典型注水油田问题大调查内容，建立包括地质油藏大调查、井筒大调查和地面设施大调查的32张图表，不仅涵盖陆上典型油田注水大调查的72张表格核心内容，还结合海上油田实际情况进行补充调优，使调查表格更加精练好用；调查过程中采用“平台、油田、作业公司、分公司”的逐层汇总、逐层分析、逐层归纳的工作程序，通过层层研讨找准问题短板。

3. 形成注水问题清单

通过地下、井筒、地面等方面的系统开展注水状况大调查，全面系统认识油田注水状况，结合开发形势需要和短板问题，按轻重缓急排序，建立注水油田问题清单。发现的短板问题包括：某些油水井存在功能缺陷，影响油田注采井网完善；局部区域井控储量仍较大，井网完善程度有待提高；部分油田地层压力保持水平不高，影响了油田挖潜；一些油藏储层纵向动用程度较低，影响开发效果；部分注水井未实施分注，不能满足精细开发需求；部分井套管承压，存在安全隐患；部分井存在管柱漏失问题，功能不够完善；地面注水设施存在能力瓶颈，影响油田注水能力。

4. 实施针对性改进措施

在充分研究技术方案的基础上，通过设立注水升级资本化项目，推动地面设施、井筒管柱和油藏注采等短板问题批量治理，包括针对性改善措施工作量492项，批量改造53台注水泵及增压泵和92口井地面注水流程，完成40口井大修作业，实施油水井措施5570井次（其中注水作业措施占比大幅提升）。在注水油田地面、井筒、油藏全方位系统优化技术管理方案指导下，实现了自动化、低成本的分注增注，提高了分层配注合格率、油藏压力保持水平，有效化解了层间和层内矛盾，显著降低了油田自然递减率和含水上升率，助力油田绿色开发。

（二）开展全海域、全行业对标管理，持续提升注水关键指标

1. 科学设计注水指标

为正确认识和评价油田水驱开发规律和开发水平，以注水指标为引领，指导油田注水开发提升工作。科学设计了9+2项注水考核指标系列，明确指标定义，统一计算方法。针对注够水设计了注入量和原始地层压力保持水平两项指标；针对注好水设计了注水水质达标率指标及考评的主要参数；针对精细注水设计了分注率、测试率、动态监测完成率和分注井层段合格率四项指标；针对有效注水设计含水上升率和自然递减率两项指标；在九项主要注水指标基础上，针对智能注水，设立智能注水井占比、智能分注井完好率两项辅助指标。

2. 开展全海域、全行业对标

中海油着眼海上注水油田开发特点，与一流的工作标准、技术保障、管理方法对标，追求海上油田注水工作达到行业一流水平，为增储上产和“七年行动计划”做出贡献。通过参考行业一流指标水平，明确各单位分年度、逐年递进的考核指标要求，按季度开展全海域和全行业对标分析，明确阶段目标，找准差距短板，指导提升改进。通过注水工作多角度、结构化的目标管理，提升注水工作向石油行业一

流水平的对标能力。一是以注够水为目标，对标年注水量、单井注水量、原始地层压力保持水平，提高注水压力优化技术，将原始地层压力保持水平由90%提升至95%的行业一流水平。二是以注好水为目标，对标注水水质达标率，开展地面设备设施扩容、生产流程优化、修井设备提升，保持注入水水质达标99%的行业一流水平。三是以精细注水为目标，对标分注率、测试率、动态监测完成率和分注井层段合格率，提高智能分注技术，保持分注率99%、动态监测完成率90%的行业一流水平，将测试率由75%提升至95%、分注井层段合格率由70%提升至90%的行业一流水平。四是以有效注水为目标，对标自然递减率和含水上升率，开展精细地质油藏研究和流场调控，将自然递减率由10%降低至8%、含水上升率由2.3%降低至0.5%的行业一流水平。

3. 提升注水关键指标的总体成效

通过实施注水提升专项工作，在油藏精细描述、采油工艺攻关、工程设施设备改造等方面多管齐下，突出“地下、井筒、地面”一体化和管理协同增效，完善注采井网，加强流场调控，通过多种手段扩大平面、纵向波及，减缓自然递减，夯实了老油田稳产基础。油田开发指标持续改善，各海域自然递减率指标明显下降。

（三）发展注水工艺、完善技术系统，增强注水挖潜能力

1. 建立注水压力优化方法，助力海上油田低成本增注

以渤海油田为主的注水油田，在大液量注入条件下注入水固相悬浮物和油滴在井筒附近吸附滞留，会产生附加阻力，且附加阻力会随油量、注水压力和运移位置而动态变化。由于对附加阻力认知不准，通常参照水质控制标准控制注水压力，影响了油田注水。通过研究，海上油田提出了“视地层破裂压力”概念，建立附加阻力计算模型，创建了注水压力优化方法，并通过梯级流量测试进行验证，实现科学、安全注水，降低注水成本。同时，为防范地质溢油风险，通过科学实施发挥低成本注水潜力，依据《中海油油田注水管理细则》要求，制定油田注水压力优化后评估工作程序，每半年组织一次，确保注水安全。依据实施过程要求，按照五个步骤开展风险评估。一是分析钻井期间地漏试验确定的储层破裂压力值、完井压裂期间获得的储层破裂压力值、生产期间阶梯排量测试获得的破裂压力值，结合三个阶段数据判断是否存在超破裂压力注水风险。二是利用《注水油田井口压力计算方法》计算附加压降值、管流摩阻损失值、水嘴损失值及井口最大压力值，判断优化注水压力方法是否科学合理。三是分析注水井连通周边采油井情况，判断注采对应关系是否明确，是否存在有注无采情况。四是分析注水井与最近断层距离、注水井与通海底断层距离，判断是否存在开启断层可能。五是通过注水井套管CBL测试资料来判定固井质量，并进一步分析注水井套管水泥返高，以此判断井筒完整性是否可靠。

2. 提高海上大排量智能分注技术，实现智能调配、监测分析和控制

海上原有空心集成、同心分注和一投三分等分注技术，在分层测试与调配过程中需要借助钢丝或电缆作业多次投捞配注芯子和测试仪器串，受平台作业窗口、井斜等因素影响，普遍存在注入井分层测调不及时、大斜度井无法测调、测调效率低等问题。中海油结合海上油田注入管柱结构、注入工艺特点，开发出适用于海上平台规模化应用的注水井大排量智能分注技术，包括有缆智能分注、无缆智能分注、液控分注、边测边调四种工艺。经过创新实践，智能分注产品工具质量得到显著提升，有缆智能分注测调工具逐步升级为第三代产品，有缆智能分注工具故障率显著降低，完好率达到80%以上。中海油正在逐步推动智能分注技术由“有缆、无缆、液控、边测边调”四种向“有缆、无缆”两种集中实施，并建立三个海上智能分注示范油田，评价整体应用效果，提升测调效率，进一步挖掘增油和控制递减率的技术价值。同时，通过开发一体化协同平台，实现智能分注、监测分析和控制的远程操作，提升分注井层段合格率达到75%以上。当前中海油渤海注水油田的智能分注井覆盖率已达到70%以上，对“两提一降”、稳油控水、降本增效、节能减排具有重要意义。

3. 推进在线调剖调驱工艺应用，提升海上注水油田流场控制水平

从老油田注水开发存在的主要问题入手，根据目标井组和区块的地质油藏特点、开发特征，创新调堵技术思路，提出“逐级调堵、深部调堵”的理念，对目标井组的注水动态响应进行深入分析，研判注水开发过程中的主要矛盾，提出控制层内矛盾、平面矛盾、层间矛盾的强窜流条带治理技术方案。自主研发油藏动态分析系统、海上油田开发单元剩余油分布预测系统、强底水油藏水平井开发动态预测软件、优势渗流通道识别软件，从动态分析、剩余油分布、水线推进等方面综合判断水窜等级，确定采用调堵技术类别，优选深部调堵技术体系。在此基础上，全面评价深部调堵的静态指标参数、流动性实验参数、驱油实验参数，进一步优化体系性能，并利用相关图版、数值模拟软件、油藏工程软件等手段优化工艺方案设计。同时，针对海上平台空间小、设备效率要求高等特点，区别于传统调剖调驱工艺，研制并成功应用海上在线调剖调驱工艺技术，可满足 3 个以上井组同时调剖调驱作业，提高了实施规模和作业效率，实现调剖调驱工艺规模化应用。在线调剖调驱工艺作业设备减少施工占地面积 85% 以上，降低作业成本 25% 以上。

（四）开展全员管理，落实注水权责

1. 优化注水工作组织机构

推动分公司增设注水工作专职副总师、研究院专职副院长及作业公司（采油厂）专职主任工程师，明确岗位职责和任务要求，实施注水工作“三层级”（分公司级、作业公司级、油田级）全员管理，有效提升注水组织保障能力，实现“全员关心注水、全员重视注水、全员参与注水”的管理局面。

2. 完善管理机制，分解考核指标

在优化注水工作组织机构、制定注水管理规定、完善注水技术标准基础上，研究并建立公司注水技术管理体系，固化公司注水技术成果并完善工作机制，促进海上注水技术的发展和应用。海上注水技术管理体系参照国家标准、行业标准和企业标准，将技术标准和海上优秀作业实践贯穿融合，从注水质量、注水效果、注水安全和注水成本四方面确定了注水井方案设计要求、注水水质设计及水处理等 23 个关键控制节点，对注水技术进行评估、固化和升级，制定了技术体系文件。技术管理体系充分考虑实施过程中的可操作性，围绕影响海上注水指标提升的关键点，明确体系文件实施控制责任人、关键表征指标、指标的统计分析和监管人员、实施控制要求等内容，用于指导注水技术优化和注水井管理，覆盖油田注水全过程。通过与行业一流水平对标，中海油研究制定公司三年内九项注水考核指标并滚动更新，按月进行指标分解，制定考核指标权重，与绩效考核挂钩，落实单井、油田、作业公司和分公司工作量，压实主体责任，并以月为时间节点，以油田、作业公司和分公司三个层级为单位，对标发布注水指标实现情况。通过油田、作业公司和分公司指标横向对标，督促各油田单元围绕注水大调查短板问题、落实注水工作计划、推动注水措施作业，不断创新技术、推动新工艺矿场试验，实现注水指标不断提升。

3. 开展全员注水培训

为借鉴经验找差距，强化培训补短板，先后组织 8 批次开发生产等骨干人员 200 余人，到大庆油田进行注水技术与管理专项培训。通过学习培训，树立“注水是确保油田持续稳产，提高采收率最经济有效的措施之一，是实现原油稳产高产的基础，是提高油田采收率的有效途径”的科学理念，认识注水工作中存在的差距和不足，通过找差距，补短板，增强做好渤海油田注水工作的信心。在此基础上，结合海上油田注水开发工作实际需求，组织研究编制《油田注水开发技术与管理》培训教材，并开展两期近 600 人的面授培训和以公司“海学网”为载体组织近 1600 人的网上培训。注水全员培训涉及机关部室、作业公司、油田现场等各单位，覆盖地质油藏、钻完井、采油工艺、地面工程等专业。同时，针对智能分注等专项技术实施要求，在 35 个生产平台开展智能调配现场作业培训，覆盖率达到 100%；

针对智能分注方案设计和实施效果评估要求，组织研究院、作业公司等技术骨干开展智能配注模块培训。通过线上、线下培训基本实现了注水培训全员覆盖，提高了全员注水意识，提升了全员注水技术和管理水平，为注水工作的提升打下坚实基础。

（五）建立注水优化常态管理机制，建立健全制度、标准

1. 推动注水工作集中治理，提高注水问题批量解决效率

推动海上油田注水工作从“分散治理”向“集中治理、批量作业”的跨越。针对注水问题由易到难持续开展分阶段、分年度的专项治理，科学安排“注水启动年”“注水推进年”“注水提升年”“注水深化年”的工作重点、工作目标、工作方法、成效目标，提高了注水问题批量解决效率，建立了注水常态化管理机制。

2. 建立注水管理制度体系，覆盖注水油田全过程

注水油田在推进过程中，共新编《油田注水管理细则》等管理制度9项，技术规范与标准10项，使注水工作有章可循、有据可依，为固化管理和技术成果不断夯实工作基础。以注水作业实施为例，规范注水压力管理、水质管理、分注管理、调剖调驱管理、井筒完整性管理的细项要求，保证各生产环节有效衔接及规范运行，为注水开发效果的提升奠定了制度标准基础。

3. 创新奖励机制，激发创新创效积极性

通过设立注水年先进个人、注水工作先进集体等注水年度表彰方式激发人员的能动性，并将奖励与人员技术系列晋升和专家评选直接挂钩，形成不同层次人才的奖励机制；通过设立有限公司、分公司和分公司下属单位三级组织的注水专项即时奖，提高奖励时效，即评即发，表彰激励在注水工作某些领域中做出贡献的先进组织和个人；在注水考核指标的引领下，建立注水标杆油田评比标准，评选注水标杆油田和进步突出油田，推广标杆油田的经验和做法，提高精细化管理水平。

三、以“两提一降”为目标的海上油田注水开发“五维管理”效果

以“两提一降”为导向的油田开发注水“五维管理”实践成果在实际应用过程中具有很强的可操作性和较高的推广价值，成果自2018年实施以来，有效提升了海上油田开发注水管理水平和控制油田递减能力，为保障国家能源安全、推动公司高质量发展、实现油田低碳绿色环保、提升海上油田开发水平做出重要贡献。

（一）形成海上油田注水开发管理体系，确保实现“两提一降”目标

以“注够水、注好水、精细注水、有效注水、智能注水”为主线，取得九大注水指标体系、注水问题大调查工作机制、注水工作专班及资本化治理项目管理方法等一系列有形化工作成果，大幅改善了海上油田注水指标，为实现“两提一降”目标奠定重要基础。一是“注够水”指标逐年提升。海上油田的年注入量从2017年的11082万立方米提高到2021年的16226万立方米，提升1.46倍。2021年平均单井日注水平466立方米/天，是陆地油田的5~15倍。海上主力注水油田原始地层压力保持水平从2017年的86.5%提升到2021年的89.4%。二是“注好水”指标行业领先。海上注水油田水质达标率从2017年的75.0%提升到2021年的99.6%，达到国内一流水平。三是“精细注水”指标逐年提高。海上注水油田井分注率从2017年的91.3%提高到2021年的98.5%；分注井测试率从2017年的62.1%提高到2021年的76.5%；动态监测完成率从2017年的63.1%提高到2021年的93.2%；全海域的分注井层段合格率从2017年的59.7%提高到2021年的69.2%，精细注水取得明显成效。四是“有效注水”成效显著。海上油田含水上升率从2017年的2.11%降到2021年的1.29%，海上主力油田自然递减率从2017年的14.3%降低至2021年的7.9%，含水上升率和自然递减率得到有效控制。

（二）推动海上油田注水技术升级，助力中国特色国际一流能源公司建设

一是推进分注技术向智能化跨越。推进分注技术从常规同心集成、空心集成向智能化有缆、无缆、

边测边调技术跨越，主力注水油田智能分注井占比提升至70%，全海域分注井层段合格率提升至69%，实现了海上注水井的智能分注、监测、分析和控制，注水工作效率和工作成效大幅提升，为智能油田建设和绿色低碳发展奠定了技术基础。二是建立动态注水压力优化技术方法和技术标准。推进292井次注水压力优化和安全评估工作，促使低成本增注工艺占比大幅提升。截至2021年12月，累计增加注水量437万立方米，减少解堵174井次，增加作业时间窗口490天，实现低成本、低能耗、高效率的注水技术升级。三是推动油水井措施作业结构优化。在注水油田地面、井筒、油藏全方位系统优化技术管理方案指导下，推动了海上油水井措施作业结构优化，实现了注水作业措施占比从50%到75%的大幅提升，有效解决了油藏层内、层间矛盾，显著降低了油田自然递减率和含水上升率。

（三）经济和社会效益显著，实现油田绿色低碳环保

2018—2021年实现累计增油超过115万吨，创造直接经济效益达27.5亿元，助力渤海油田建成国内第一大原油生产基地，为保障国家能源安全做出重要贡献，对国内外海上油田注水开发具有重要的借鉴意义。与此同时，实现了海上注水油田绿色低碳环保，智能分注等技术的有效实施，大大提升了注水效率和管理水平，节约了大量油水井作业资源和平台作业占用时间，提高了油水井生产时效和原油产量，减少了资源的消耗和对生态环境的冲击，减少碳污染物的排放，为油田绿色、低碳、环保建设做出重要贡献。通过注水压力优化等技术的应用，有效规避了超地层破裂压力注水，大大降低了地质溢油风险，明显减少了近井地带储层污染的解堵工作量，有力保障了海洋生态安全，为油田提液增产措施提供了重要保障，为建设资源节约型社会做出重要贡献。

（成果创造人：徐可强、阎洪涛、赵春明、潘亿勇、张春生、徐文江、刘义刚、张　鹏、姜维东、唐晓旭、戈仁刚、郑　伟）

采气企业以降本提质增效为目标的生产运营网格化目标管理

陕西延长石油（集团）有限责任公司延长气田采气三厂

陕西延长石油（集团）有限责任公司延长气田采气三厂（以下简称延长气田采气三厂），历经天然气勘探事业部、天然气勘探开发部机构变革，2006年3月组建天然气勘探事业部，2007年11月更名为天然气勘探开发部，2018年7月更名为延长气田采气三厂，主要负责延安市安塞区和志丹县石油天然气矿产勘查、开采，与油气共生或钻遇的其他矿藏的开采及相关的勘察设计、技术开发、技术服务等。资源总面积4177平方千米，天然气探明地质储量为1326.8亿立方米，资产总额126.98亿元，累计完成钻井624口，试气577口，已建成净化厂2座、集气站15座，投运了延439、延899、延873三个开发区、天然气年产能12.2亿立方米。公司有员工982人，其中领导干部88人，设党支部11个，党员202名。延长气田采气三厂职工创新工作室被评为“陕西延长石油（集团）有限责任公司工会2021年职工创新工作室”；延长气田采气三厂安塞沿河湾净化厂化验分析中心荣获2021年度集团公司“巾帼文明岗”称号；延长气田采气三厂荣获“2021年度延长石油（集团）股份有限公司安全生产先进集体”荣誉称号。

一、采气企业以降本提质增效为目标的生产运营网格化目标管理背景

（一）国有企业健康发展的需要

随着我国市场经济的快速发展，国有企业面临越来越严峻的市场竞争与挑战，全球经济环境日益严峻，经营环境存在诸多不确定性。通过有效措施实现国企降本增效，能够有效提升企业综合竞争实力和企业盈利能力、优化企业管理水平、规范管理流程，从而实现国有企业健康持续发展。2020年，中央全面深化改革委员会第十四次会议审议通过《国企改革三年行动方案（2020—2022年）》，提出了推进国有资本布局优化和结构调整、激发国有企业的活力等重点任务，实施降本增效是确保重点任务高效落实的基础保障。国有企业作为国民经济发展的重要支柱，必须承担更多责任，以更快的发展为国民经济发展做出贡献。针对这一现状，延长气田采气三厂亟需通过实施网格化目标管理模式，将降本增效嵌入公司运营的各领域、各层次、各环节，实现责任到人、控制到位，提高管理效率，助推生产经营降本增效，促进国企健康发展。

（二）提高企业竞争力的需要

与此同时，天然气行业发展正面临着较大的机遇，能源消费结构的变化使天然气的优势更加凸显，蓝天保卫战、污染防治等国家层面的政策要求对天然气的需求也产生带动作用，天然气行业快速发展，这是危机中的新机。石油人必须认清严峻形势，准确抓住机遇，扎实推进提质增效，为保障国家能源安全做出积极贡献。在此背景下，通过管理模式的创新，实现石油行业的结构创新、深刻思考、深入变革，能够为处在不同时期的企业发展需求提供支撑，充分激发和释放企业动力，提高石油企业的市场竞争力和发展引领力，相互协调促进，形成合力发展。延长气田采气三厂亟需通过实施网格化目标管理模式，为公司的提质增效探索有益经验。

（三）企业突破发展瓶颈的需要

2020年以来，集团公司在全集团范围内，开展为期两年的“三比三提升”活动，以“比一流，提升企业管理水平；比贡献，提升市场竞争力；比作风，提升担当作为能力”为主要内容，推动质量变革、效率变革、动力变革，提升企业核心竞争力。油气勘探公司开展了生产单位创亮点，职能部门创方

法的“双创”主题管理活动，从而打造和创建管理亮点品牌，建立管理标杆，示范带动管理提升。延长气田采气三厂深入贯彻落实上级各项要求，在管理上提标准，打牢了一定的管理基础，但随着工作的逐步推进，在管理上出现了一定的瓶颈。如管理条线之间的沟通对接不协调，协同不够，难以形成发展的凝聚力；管理者创新意识不强，管理手段不新，生产效率增速不快，管理团队工作效率低下；由于管理制度的不完善和管理机制的不协调，一定程度上还存在工作任务交接不到位或工作效率低下等问题，部分员工工作态度不积极或团队意识不高，影响了管理效率与质量。延长气田采气三厂亟需通过探索实施网格化目标管理模式，有效提升管理水平，着力打造成“叫得响、拿得出、过得硬”的管理品牌，努力提高企业应对风险能力，激发干部职工的创新意识。

二、采气企业以降本提质增效为目标的生产运营网格化目标管理主要做法

（一）明确网格化目标管理总体思路

为全面贯彻落实国资委、延长石油集团、油气勘探公司关于国有企业提质增效工作部署要求，不断深化企业改革，优化布局结构，强化监督管理，推进企业创新发展。延长气田采气三厂结合自身特点，坚持从发展需求出发，从工作实际出发，从存在问题出发，寻求出一条符合实际、独具特色的经营管理办法——网格化目标管理模式，通过构建“厂领导—职能科室—班组—班组成员”四级架构的“竖线”，以台账式、项目化等制度管理延伸“横线”，形成“横向到边、纵向到底”的管理网格。

（二）强化组织领导，打造网格架构

1. 专班专项推进，实现重点突破

抽调党建引领、企业管理、生产经营、技术攻关、人力资源、后勤保障等相关领域业务骨干，成立延长气田采气三厂“网格化目标管理”工作专班，由厂长亲自挂帅、亲自谋划、亲自部署、亲自推动，确保工作高效落实。结合公司发展规划和全年生产任务目标总体要求，制定整体探索思路，统筹规划，形成厂层面的顶层设计。同时，先后多次到基层开展调研，帮助解决问题，先后召开工作会议20余次。研究制定系列方案文件，明确任务目标，列出任务清单，细化责任分工，实行挂图作战，层层压实各级网格管理层级、网格管理工作人员责任，由各部门主要负责人作为成员，重点负责管理模式完善及管理要求落实等各项工作，真正建立起指挥高效有序、信息传导迅速、基层响应灵敏、工作推进有效的网格管理机制，扎实推进各项任务按时间节点完成。

2. 规范层级管理，搭建纵向架构

明确延长气田采气三厂管理层作为网格一级架构，强化统筹、严格管理，发挥管理生产“一级指挥部”作用。主要负责公司层面的目标规划、工作设计和督导检查。结合公司发展规划和全面完成全年生产任务目标总体要求，制定和完善相应的管理制度，涉及企业管理、技术攻关、后勤保障等，负责做好顶层设计，统筹规划，落实领导决策部署、组织协调、督促和考核评估等工作，确保管理架构制定到位，工作任务部署到位。明确职能科室作为网格二级架构，主要负责工作的具体谋划和落实，在上级安排工作的基础上，确定本部门重点任务，建立工作例会制度、联席会议制度、调研督导制度，集中力量、集中资源，推动完成各项生产经营目标。明确各班组作为网格三级架构，年初向上级上报年度工作目标，明确班组的年、季、月的具体工作任务，对工作进程中发现的问题及时提出建议，动态掌握工作进展，总结提炼成果和经验。明确班组成员作为网格四级架构，实行“分岗明责”制度，明确每名职工的具体工作任务和工作目标，建立“周总结、月报告、季评比”的工作推进制度，确保各项任务有人管、工作推进有计划、目标完成有实效。

3. 完善运转机制，链接横向网格

坚持将目标管理贯穿网格化管理的始终，由管理层根据发展战略明确工作重点，将各部门的工作目标、主要任务、措施、时间节点等制作成规范台账，形成横向网格，指导各单位按照台账开展

工作。一是科学制定工作目标。结合延长气田采气三厂发展需要，明确实施“网格化目标管理”的工作目标，即通过提升整体管理水平促进生产经营提质增效，发挥网格横纵坐标作用，将各种资源有效配置，切实把各项责任明确到人，压实到岗位，推动生产经营、安全环保、技术攻关、后勤保障等各项工作提质增效，重点将网格化模板管理的推进和相关指标的提升纳入目标责任制考核体系，确保网格化目标管理与生产经营发展相互促进、相互提升。二是明确网格管理原则。坚持重塑组织架构、畅通指挥渠道、实行规范管理三个原则。通过实施网格化目标管理，实现组织架构的进一步完善，进一步理顺体制机制，从而完善管理架构、明确条块权责、强化考核监督，实现指挥一体化、责任一体化、落实一体化，以优化管理提升和生产提升促进提质增效，进一步推动采气三厂高质量发展。三是规范网格运行机制。在网格运行过程中，对各项工作任务实行台账式管理，四级架构主要负责人根据工作目标分别认领工作任务，细化工作举措，明确工作载体和时间进度，并明确到具体责任人，确保工作任务按节点推进。各层级架构之间建立联席会议制度，对重点工作明确牵头责任人和具体责任人，由牵头人结合工作实际定期组织召开会议，研讨工作中存在的重点问题，通过各部门之间的密切配合予以解决。通过制度化管理，明确工作责任和工作举措，确保各级网格责任人形成有分有合的工作机制，在减轻基层负担的基础上提高了工作效率。

（三）搭建推进平台，倒逼责任落实

1. 以激励保障促推进

专班设置专门的督查考核组，将管理制度推进落实情况、生产经营情况、重点任务落实情况纳入督查考核内容，考核结果与年度考核激励相结合，挂钩奖励对应领导班子成员年薪，挂钩基层单位绩效考核加分，挂钩各级员工绩效激励。在规范落实好绩效考核制度的基础上，对表现优秀者，通过提拔重用、工资调档、发放奖金等方式，调动和保护大多数员工的工作积极性。比如，在政治激励方面，根据日常工作实绩及考核督查情况，择优将15人纳入干部人才库，12人纳入骨干人才库，将2020年度10名厂级“三岗”示范人员纳入人才库；再如，在精神激励方面，经常关心关爱员工，通过座谈了解思想动态，帮助解决员工生活中的个人难题，对表现优秀和进步明显的员工给予精神奖励。

2. 以观摩评比促推进

充分利用好工作推进会、任务完成挂牌公示、通报评差考核等手段，确保各项任务条条落实、件件落地、事事见效。例如，2021年11月，就冬季保供及抢险减灾工作，及时召开冬季保供及抢险减灾工作专题会，在会上通报各相关责任科室保供生产运行情况及抢险减灾项目建设进度，将工作推进情况逐一点评，进一步传导工作压力，确保高质量完成恢复生产与重建工作。

3. 以典型引领促推进

注重对基层实践经验的总结提炼和宣传表彰，及时挖掘党员勇挑重担、冲锋在前，发挥先锋模范作用的做法和典型故事，在系统内各级平台发布“三岗”专题报道90余篇，结合“两优一先”评选、党支部“四个堡垒”创建等进行宣传，发布“党员风采”等系列专题报道，深入推广在改革发展及党的建设工作中的好经验、好做法，在全厂营造了大抓创新、大抓落实、大抓生产的浓厚氛围。全年在央视层面媒体发布稿件3篇，省级层面媒体发布14篇，集团及公司级媒体156余篇。同时，制作发布工程建设类、员工文娱类创意短视频50余部，制作工作汇报篇及微电影4部，有效提升企业形象和美誉度。

4. 以高效运转促推进

在网格责任划分的基础上，实行“专班+责任人”相结合的制度，利用网格实现计划、任务等工作有序、高效运转，确保传达工作任务指令清晰，落实工作任务质量过硬，反馈意见建议及时高效。例如，在抓好安全环保工作中，围绕深入贯彻落实“安全生产三年专项整治”要求，充分发挥专班统领作用，一方面利用网格及时征集基层意见建议和工作难题，结合工作实际，修订完善《危险作业管理制度》等管理制度6项，确保管理制度满足上级要求，符合基层实际；另一方面利用网格做好安全督导和业务培训，一级管理一级，一级培训一级，实现安全督导常态化和新《安全生产法》培训全覆盖。2021年，顺利实现全年安全环保无事故目标。

（四）搭建指导平台，促进效率提升

在探索实施网格化目标管理模式中，按照网格划分，一级网格和二级网格的管理者常态化到基层调研指导，为一线指方向、提思路，能够让基层开展工作更大胆、落实任务更精准、生产经营更高效。

1. 设置指导热线

设置专门的联系电话，明确具体的工作人员，汇总基层日常工作中的疑难问题，将问题归口到相关部门解决，及时答复基层，问题答复率达到100%。

2. 设置专班指导日

明确每月10日为专班指导日，专班办公室不定期组织人员到一线调研指导，一方面了解工作推进情况，另一方面通过现场指导答疑解惑。

3. 实行一线蹲点制

延长气田采气三厂班子成员定期到分管联系的基层单位蹲点调研，厂主要领导每月调研一次，厂分管领导每月调研两次，通过听取汇报、现场指导等方式，解决实际问题。

（五）搭建交流平台，提升员工能力

一线员工是推动生产经营的主要力量，能力素质的高低直接关系到生产成效和公司的发展走向。通过搭建各类学习交流平台，帮助员工实现理论能力、业务素养、专业技能等方面的综合提升。

1. 搭建理论学习平台

以推进“党建321+”为抓手，结合常态化开展党史学习教育，开设“党史百年天天读”“有声延长”专栏，宣传贯彻党的百年光辉历史和党史学习教育工作的重大决策部署，第一时间传达关于国有企业改革发展和党的建设重要讲话和指示批示精神。

2. 搭建实践锻炼平台

以推进“师带徒”为抓手，组织签订攻关课题目标责任书、师徒小组协议书，严格按照师徒协议培养目标和内容开展相关教学交流活动，充分发挥师傅“传、帮、带”作用，帮助徒弟尽快提升业务能力、综合素质。自2021年以来，延长气田采气三厂共有34名师傅、74名徒弟结成34对师徒小组，为高质量发展提供强有力技术支撑。例如，成立《低压低产井增压排水采气技术研究》师带徒攻关小组，开展“连续循环排水采气工艺”研究试验，自主创新工艺流程，有效排出气井井内积液，改善生产状况，提高气井产能，最终形成一套适合该区域的排水采气工艺体系。2021年，“师带徒”参与单位同比增长633%、人数同比增长131%、攻关课题同比增长325%，10项课题被确定为公司级攻关研究课题。

3. 常态开展员工培训

聚焦各级员工在管理生产中的知识弱项、能力短板、经验盲区，针对不同类型的管理人员和工作人员，常态化开展综合培训，提高综合能力。例如，在培训财务管理人员时，侧重财务管理相关的事宜，对财务管理制度及工作技巧进行传授，使财务部门的管理人员可以以更高的工作效率完成日常的财务处理工作。2021年邀请职业技术学院老师开展业财一体化平台相关工程造价知识培训，并组织理论考试，有效推动业财一体化系统的应用。面对其他类型的人员，培训活动也保持一定的差异，侧重人员工作需求，提升综合能力，为落实工作奠定稳固的基础。

（六）强化四个提升，提高网格实效

延长气田采气三厂坚持把优化完善管理机制与生产经营、重点活动、提质增效、日常工作等同安排、同部署、同落实，先后新建、修订制度50余项，使各项管理活动有章可循、有据可依，通过提升整体管理水平促进生产经营提质，达到相互融合、相互促进、相互提升的目标。

1. 以网格管理促进生产经营

依托网格结构分岗明责、定责，年初对各个层级签订任务承诺书，制订工作计划、明确年度目标，通过台账式管理，实现项目化推进。同时，将生产经营需要的专业能力作为员工培训的重要内容，定期组织召开工作推进会、观摩会，推动生产经营高质量发展，持续提高企业经济效益。

2. 以网格管理促进重点活动

在探索实施网格化目标管理模式中，紧盯上级各项活动要求，通过完善管理制度、落实管理要求，促进公司部署的各项重点活动高效开展。自2021年以来，围绕“管理提升年”主题，组织开展“三比三提升”活动。延长气田采气三厂依托网格化目标管理架构，及时传达活动精神，召开各级工作研讨会，通过15次讨论会的反复讨论，以7项关键指标为基础，结合采气三厂现状，形成29类98项166条措施93个指标，工作任务清单98条，为全面深入开展“三比三提升”活动奠定了基础。

3. 以网格管理促进提质增效

坚持问题导向，把生产经营中的问题短板作为网格化目标管理中重点关注的对象，通过补短板、强弱项实现整体质效提升，切实解决一批包括工程项目、财务造价、招标审计、法务合同、勘探开发、资产设备在内的经营管理难题。例如，针对储层改造工艺方面的不足，重点设置《TCP多层分级射孔与压裂联作工艺》课题，通过工艺改进，较以往施工工艺省略了压井、打桥塞、捞桥塞、重复通洗井、配下压裂管柱、重复排液等一系列工序，极大地简化了单井储层改造施工工序，平均单井作业周期缩短约30.3天。该工艺能一次性将本溪层分段充分改造，以及上、下古不同储层一次性同时分层改造，规避了转层压井作业带来的储层伤害，同时储层动用程度高、改造更充分对提高单井产量有重要意义。2021年平均单井产量2.77万立方米/天，同年整体试气平均单井产量1.28万立方米/天，增长1.49万立方米/天，增加收入约2500万元。

4. 以网格管理促进日常工作

通过理顺网格纵向的联动指挥，做畅网格横向的沟通协同，形成网格间的“横竖”网络，推动工作任务落实上通下达、快捷高效。例如，在疫情防控工作中，发挥网格化目标管理密切联系职工群众的独特优势，通过线上线下方式，开展“党员先锋岗”、“党员责任区”、志愿服务等活动，做好防控措施的“执行者”、政策宣传的“讲解员”，常态化掌握了解“两码”、体温等信息，一旦发现异常及时按流程落实防控措施，构筑起全覆盖、大纵深、动态化的坚固防线，最大限度地保护全体职工生命安全和身体健康，保障安全生产大局稳定。在安全生产工作中，制定并下发《延长气田采气三厂2021年安全生产标准化推进方案》，通过网格化目标管理明确各级各人的安全职责，组织各单位签订安全生产目标责任书22份，除了做好本职工作的安全防护外，还承担安全教育、安全宣传、安全排查等责任。通过将“网格化”管理实施和现有安全生产管理体系密切结合，构建安全防护屏障，切实提高企业安全生产管理水平，先后排查并整改安全隐患583个，全年无安全事故发生。

（七）依托数字手段，强化网格保障

把网格化目标管理实施与大数据、互联网充分融合，发挥数字治理作用，提升日常管理数字化能力，达到优化流程、提高效率的最佳效果。

一是坚持把行政办公流程搬到线上，充分利用好OA系统、财务共享系统、ERP系统等，实现文件收发、报账业务处理、财务审批、物资采购等管理活动的线上操作及全程信息化，实现无纸化办公，进一步提高办公的审批效率，实现时间维度的效率提升。

二是充分利用好数字手段，将其应用到生产经营当中，促进生产效率和质量的双提升。例如，开展“安全环保问题隐患随手拍”活动，设计线上平台，通过扫描二维码，填写隐患发现日期、位置、描述等基本信息，上传现场照片和视频，同时登记上报人信息，点击提交，即完成隐患上报，后台可统一查看隐患上报情况。管理员通过后台，可定期统计、分析上报的问题隐患，将问题隐患下发给具体责任单位，督促整改，确保问题隐患得到“闭环管理”，精细化采气树管理节约成本68万余元，提升了工作效率。同时，注重加强数字化运用在生产经营中的促进作用，重点设置《数字化平台在气藏管理中的应用》课题，依托开源可视化库 ECharts，创建一个数字化平台，展示气井基础信息、生产动态、措施、监测等数据，提高气井分析效率。依托该数字化平台，凭借信息系统的强大数据处理能力，可以有效减少数据处理方面的人力资源投入、提高数据处理的效率、提升数据分析准确性，每年可节约人工成本约30万元。

三是依托数字化手段，在员工教育培训方面，打造“线上+线下”交流平台。利用微信公众号、微信工作群等线上平台，定期分享交流生产经营工作开展过程中好的工作经验、好的做法；定期组织开展交流分享会、留言平台、面对面座谈交流、工作成效展评等活动，组织优秀员工发言，引导员工向优秀员工看齐，在示范带动和共同交流中促进整体提升。

三、采气企业以降本提质增效为目标的生产运营网格化目标管理效果

（一）降本提质明显增效

通过优化生产运行机制、组织运转架构、管理监督制度、安全生产模式、企业文化等，实现工作任务的清单化管理、项目化推进、动态化考核，使之与技术发展和生产需要相适应，集中力量高效解决生产难题，有效地缩减生产周期，提前180天完成钻前井场任务，提前16天完成全年钻井任务，提前33天完成压裂任务，提前7天完成全年天然气交气量任务，累计节约成本约3600万元。

（二）经济效益明显提升

在2021年，围绕10.8亿立方米交气量中心目标，突出抓好生产环节衔接，延439井区提前3天完成检修任务。产建提速方面，率先完成钻前井场任务，较计划提前180天。在钻井作业方面，提前16天完成全年13口钻井任务，保障建井质量，井身合格率连续3年达到100%。提前33天完成76口99层压裂任务。在遭遇强降雨期间全力抗灾自救，确保大灾面前不减产。多措并举保障日定额，全年交气11.04亿立方米，同比增长26.46%，天然气单位综合生产成本同比降低10.19%，总资产报酬率同比增长60%，劳动生产率同比增长30.57%。累计增加收入3.46亿元，天然气的质量从二类气提升到一类气。在与同行业企业对标中，延长气田采气三厂多项指标排在前列，其中高含硫致密区气田开发达到同行业先进水平。

（三）综合效益明显强化

累计为陕西省燃气公司输送天然气864万余立方米，为延安市安塞区输送民生用气9799万余立方米，为陕西延长石油（集团）油田股份有限公司志丹采油厂煤改气业务输送天然气1045万余立方米。在单位内部效益方面，通过网格化目标管理促进队伍建设，2021年，“三岗”示范申创人员同比增长37.5%，新增示范团队10支、示范党组织11支。油气工程建设大队荣获2021年度“延安市青年安全生产示范岗”荣誉称号、志丹双河消气防中队荣获延安市企业专职消防队伍数字化灭火救援预案比赛第一名、职工韩斌荣获延安市“五一劳动奖章”、职工李扬被授予第二十五届“延安青年五四奖章”、职工史勇等4名同志荣获“2021年度水土保持生态文明建设先进工作者”。延长气田采气三厂职工创新工作室荣获“陕西延长石油（集团）有限责任公司工会2021年职工创新工作室”，累计接待100余人。通过网格化目标管理促进安全建设，结合实施网格化目标管理，梳理完善岗位清单173个，职工岗位“一口清”通过率达96.5%，作业现场标准化考核达标率100%。2021年，成功承办勘探公司“质量管理试气”现场观摩会，“绿色工厂”建设任务按期完成，顺利通过延安市反恐二级达标验收，顺利实现全年安全环保无事故目标。

（成果创造人：朱永贵、张　旭、菅　浩、王　鑫、谭云龙、许志远、郭　瑞、齐轩朝、康钧毅）

发电行业以数智化转型为核心的招投标质量管理

华能招标有限公司

华能招标有限公司（以下简称招标公司）成立于2000年1月，原名为河北华能招标有限责任公司，由原中国华能国际经济贸易公司与河北华能实业发展有限公司共同出资成立。2006年，中国华能国际经济贸易公司（以下简称国贸公司）与华能能源交通产业控股有限公司（以下简称能交公司）重组，国贸公司所占招标公司51%股权无偿划转至能交公司。2012年12月，河北华能实业发展有限公司将所占招标公司49%股权无偿划转给能交公司。调整后能交公司持有招标公司100%的股权，注册资本金增至5000万元，更名为华能招标有限公司。2015年2月，按照采购体制改革的总体部署，招标公司纳入华能集团公司直管，业务归口物资部管理。招标公司是全国招标行业第一批获得甲级资质的代理机构之一，也是华能系统内唯一具有建设工程招标代理甲级资质、中央投资项目招标代理甲级资质的招标代理机构。

一、发电行业以数智化转型为核心的招投标质量管理背景

（一）落实“三新一高”战略和“十四五”规划的重要举措

当今世界正经历百年未有之大变局，新一轮科技革命和产业变革正在蓬勃兴起。2017年，党的十九大开启了我国建设发展的新时代，以习近平同志为核心的党中央作出立足新发展阶段、贯彻新发展理念、构建新发展格局，推进高质量发展（“三新一高”）的重要论述，国家“十四五”规划也把“加快发展现代产业体系，推动经济体系优化升级”作为经济社会发展的重点任务，明确提出要提升产业链、供应链现代化水平。中国华能作为国有重要电力骨干企业，电力装机容量约占全国10%，担负着向社会提供清洁能源电力的重大责任，每年工程、物资、服务采购额约1000亿元。传统的招标采购模式已不能满足大额采购任务需求，作为集团公司专业化采购招标公司以数字化、智能化转型提升采购服务质量，是确保满足新时代电力建设发展对工程、物资、服务采购的需要，是落实国家“三新一高”战略和“十四五”规划的重要举措。

（二）创建一流现代化清洁能源企业的内在需要

2021年，中国华能提出加快建设世界一流现代化清洁能源企业的战略，以落实“两线”“两化”战略为重点，以基地型、清洁型、互补型和集约化、数字化、标准化“三型”“三化”大型能源基地开发为主要路径，坚持增量以清洁能源为主体，加快构建高质量发展新格局。中国华能创建世界一流现代化清洁能源企业战略对采购效率和质量提出了更高要求，招标公司作为服务华能全系统的招标采购专业化机构，牢牢把握效益为先的高质量发展要求，牢牢把握深化改革的关键一招，牢牢把握风险防控的底线红线，以数字化、智能化转型提升采购质量，持续提升采购管理效率效益，推动中国华能建设世界一流现代化清洁能源企业迈出坚实步伐。

（三）助力公司高质量发展的需要

2021年是“十四五”开局之年，也是集团公司全面开启二次创业、加快建设世界一流现代化清洁能源企业元年，招标公司聚焦中国华能“六个新领先”战略任务，以积极进取姿态拥抱数字化时代，紧密结合职责定位，深入分析现状、查找差距、寻找对策，主动谋势求变，提出“为集团公司采购风险防控承担责任、为集团公司生产经营发展提供保障、为集团公司提升竞争力做出贡献、为公司和全体员工共成长搭建平台”的“四个定位”，提出着力建设“专业型、数字型、科技型、智慧型”企业的

“四型企业”的发展战略。招标公司认真落实中国华能数字化转型规划要求，进一步增强加快推动数字化转型工作的责任感、使命感、紧迫感，以数字化、智能化转型助推采购质量变革，是实现“四个定位”、“四型企业”战略，打造一流的现代化采购科技公司，助力公司高质量发展的现实需要。

二、发电行业以数智化转型为核心的招投标质量管理主要做法

（一）建立“1+5+N”采购体系，提升采购服务能力

新冠疫情突袭而至后，传统的聚集开标、集中评标模式受到严重影响，关系中国华能战略发展和生产经营的招标采购活动也受到巨大冲击，许多重要项目被迫暂停。招标公司党委坚决贯彻落实党中央疫情防控政策要求，第一时间全面暂停聚集性评标活动，为适应常态化疫情防控要求，根据国家发改委《关于积极应对疫情创新做好招投标工作保障经济平稳运行的通知》要求，结合集团公司招标采购实际情况，积极克服疫情影响，本着安全、稳定、高效的原则，按照建设、管理、监督“三统一”标准，迅速在全国范围内建立“1+5+N”采购体系（即1个北京集中开评标中心、5个采购分中心和24个远程评标分中心），依托现有的采购招标投标系统，实现“投标不见面、评标不聚集、集中+远程”管理，形成“统一平台、线上集中、分级分散、全程可控”的招评标新模式，做到采购工作不断、秩序不乱，切实保障了中国华能基建、生产、服务等采购工作的正常运转。

一是优化建设选址。招标公司紧密结合集团公司“两线”“两化”战略布局和近年来系统各单位招标项目数量、评标专家分布等情况，优先在呼伦贝尔、呼和浩特、南京、兰州、济南建设了5个采购分中心，重点服务于集团公司“两线”“两化”战略；分批次在全国24个省份建立远程评标分中心，服务于华能全系统二级单位采购需求。根据专家所在的区域，就近安排专家到分中心进行评标，通过统一平台和专业工具进行远程异地评标，切实保障了采购活动的正常开展。

二是统一标准配置。招标公司对分中心硬件、软件设施实行统一建设、统一配置，根据分中心规模大小，并结合各单位业务需求，配置设施设备数量和内网条件。北京集中评标中心设立远程评标监控中心，对分中心、远程评标场所实现视频会议、远程桌面和评标室现场监控，保证评标全过程可视化、可管控、可监督；分中心内设置远程评标、评审、谈判会议室和工作工位，满足不同业务板块采购需要，充分利用系统各单位现有场地，有效节约投资、盘活资源。

三是实现协同共管。招标公司全面推进远程评标分中心建设，与二级区域公司进行全面对接，制定《远程评标分中心会议现场管理实施细则》，明确与区域、产业公司各方职责、管理要求及保障措施，构建协调共管机制；充分发挥好北京集中评标中心职能，依托视频会议系统全面上线，利用云计算和图像智能分析等技术，将智能监管平台相关权限分配给各区域（产业）公司相关部门，协助招标公司进行监督检查，与区域公司、物业合作方三方共同监督、管理，形成监管合力，形成“统一平台、线上集中、分级分散、全程可控”的“集中+远程”管理模式。

截至2021年年底，5个采购分中心、24个远程评标分中心先后全部建成投入使用。2021年全年至2022年5月底共有8410名专家在远程评标分中心开展评标，相比集中北京评标，全年节约会议费、交通费约350万元，全面提升了采购调度和保障水平，有效克服了疫情的不利影响，有力夯实了采购服务管理基础，提升了采购服务保障能力。

（二）建设智能招标系统，实施智慧采购

招标公司围绕建设一流现代化采购科技公司的战略目标，依托“大云物移智边链”现代技术手段，以实现全流程数字化、智能化招投标，实现招标源头到末梢全流程、各环节的管控为目标，构建大数据支撑、网络化共享、智能化协作的招标采购系统，在智能招标系统建设过程中谋定而后动，历经电子化、数字化、智能化三个阶段，逐步构建起具有华能采购特色的智慧招标系统。

第一阶段为2013年至2016年，着力电子化建设，2013年建成第一代电子招标系统，在信息门户

发布招标采购公告。通过数字证书等工具的使用，将招标文件电子化，系统自动售卖标书，保证了交易流程及文件的合法合规性，为实现电子化交易提供了基本的技术保证；第二阶段为2016—2020年，聚焦数字化建设，2016年建成第二代招标系统，与物资管理平台对接，实现了采购需求、采购计划到采购招标的采购全过程数字化，采购全程可追溯、可管控；第三阶段为2020—2021年，推进系统智能化升级，2020年全面投运第三代招标系统，以智能化为主要特征，以标准化采购文件为基础，结合相应的模型、算法，实现流程自动化、辅助评审和智能监管。

智慧招标系统以招标信息结构化、数字化为基础，以智能化为创新思路，采用全新的微服务架构，与内外部17个系统互联互通，着力建设业务流程自动流转、关联数据自动传输、业务数据有效汇集、多场景深度融合的智能招标系统，推进公司采购流程智慧化升级转型。

一是在招标人端，以模块化、结构化、数字化方式把300余套通用、专用招标文件固化到智能招评标系统；开发招标文件编制客户端，提升文件的规范性、效率和质量，招标文件评审办法、投标文档格式等全面结构化；开发范本管理工具，规范各类范本编制及版本管理，相关基础素材一处修改，涉及的范本批量同时更新，招标文件编制效能提高60%。

二是在投标人端，开发投标客户端，在投标阶段录入结构化数据，使投标文件的制作更加规范和便捷，开发自动检查功能，帮助投标人自动检查文件的完整性，极大提高投标效率，降低评审阶段流标的概率。

三是在评标专家端，自动生成专家的评议表，实现分值控制、偏离度提醒、自动生成评标报告、在线签章等功能；系统具有自动清标、自动解析投标人响应的结构化投标内容功能，投标文件解密后会自动生成表格，其中量化指标可以自动评分，并进行汇总展示；评审工作完成后，系统自动生成评标报告，可一键生成中标通知书，文档及过程资料可一键归档。

四是对异常情况自动监测及预警。系统自动检查投标文件特征码，进行围标串标分析，发现异常及时预警；系统自动获取投标客户端的电脑硬盘信息、主板信息、网卡信息、CPU信息等特征码信息并进行对比分析，形成特征码雷同性结论，对于多个特征码一致情况，自动提示专家进行围标串标判断；系统通过大数据检索供应商信息，自动预警违法失信风险和供应商关联关系风险。

五是实现招投标费用网络化管理。系统实现投标保证金、标书费用、专家评审费等线上一键管理，相关发票自动开具，自动发送投标人邮箱，全程可查可追溯；在保证金方面，引入虚拟子账号技术，投标保证金自动入账，定标后一键发起退款，银行将投标保证金原路退回给投标人，高效便捷，减轻投标人资金压力，优化营商环境。

六是实现专家全链条数字化管理。系统与华能集团人资系统，网络学院、智招系统、商旅平台等系统互联互通，实现专家申报、审核、入库与退库、盲抽、评标任务接受（请假）、订票、专家评标管理、远程评标智能监管、专家评价、费用处理、出勤率统计、网络培训全链条数字化管理。

七是实现专家盲抽操作自动化。通过专家管理系统，对专家进行盲抽，抽取专员按照所需专业抽取，项目经理进入评标室后方可获取评标专家名单；评标专家本人进入评标室后方可获取评标项目信息；系统按设定程序自动抽取、自动通知，提高了抽取效率，降低了评标专家信息泄露的风险。

（三）建设智能辅助评标决策系统，提升采购保障能力

招标公司通过建设智能辅助评标决策系统，为评标专家评标提供快捷、客观的辅助决策，系统纳入火电项目历史性能数据，对接中国华能新能源运维中心，系统具备风力发电机组、物业服务、火电三大主机、新能源施工、光伏组件五大模块功能。

一是风力发电机组模块创新应用。系统以数据接口的形式每月一次自动接收动新能源运维中心动态数据，通过算法模型智能计算出评审所需的维度数据，重点解决生产与采购相分离的问题，引导供应商

持续关注设备全生命周期的质量情况，引导整个行业的技术进步和质量提升。一方面开发可视化界面，供专家按照风机品牌、风机容量、投产年份等维度进行筛选、对比查看系统内在役风机的基本情况；另一方面开发评标参考界面，选取部分能够反映风机性能和经济效益的参数指标，如机组平均无故障时间、风机可利用率、风机各大部件的故障次数和持续时间等，建立与招标文件技术评审因素的一一对应关系，通过量化部分评审因素，将设备的历史生产运行数据反馈到技术评审环节，为专家评审提供辅助评审。

二是物业服务模块创新应用。系统整理了31个省份及重点市（区）的最低人工工资标准、社保缴费基数查询链接，明确养老、医疗、失业、工伤保险的取费比例，形成汇总清单，为评标专家提供物业服务项目成本核算依据；设计最低用工成本计算公式并在系统中固化，根据评审项目的所在地区，实现自动计算最低用工成本，为项目评审时的成本核算提供智能辅助，提高专家的评审效率和质量。

三是火电三大主机模块创新应用。系统收集了华能所有在运火电机组的运行数据，按照额定容量、制造厂、机组类型等进行筛选对比，以集团公司火电主机设备基础数据调查表为基础，筛选系统内600MW及以上容量的机组44台，并以招标文件范本中技术评审评分标准表为基础，遴选出能客观反映机组设备性能的核心因素，设定为辅助评审指标，其中锅炉指标8个、汽机指标两个、发电机指标10个，收集机组的性能试验数据，以图表的形式直观展示不同供应商设备的实际运行状况与投标承诺值的真实对比，辅助专家客观评审。

四是新能源施工模块创新应用。新能源施工模块数据来自集团公司风电光伏标杆造价指标、投标人报价和历史采购项目的中标价，着力解决风电光伏施工项目的报价合理性问题。该模块具备三项功能，一是正在评审项目报价与标杆造价对比，二是正在评审项目与历史相似特征项目报价的对比，三是正在评审项目不同投标人报价的横向对比。风电施工项目选取风电机组安装平台、机组吊装、塔筒吊装、风机基础、变电站基础5个关键指标报价，采集风场类型、装机容量等项目特征；光伏EPC项目选取设备购置、安装工程、建筑工程等的分项报价，采集项目地貌、变电站接入方式、直流侧接入容量等项目特征，通过与对应的标杆造价指标和历史相似特征项目报价对比，准确分析项目报价的合理性，通过不同投标人报价的横向对比，及时发现不平衡报价。

五是光伏模块创新应用。光伏模块收集了华能系统内所有光伏电站的参数数据，可以按照品牌、组件类型、峰值功率等进行筛选，对比组件转换效率、组件衰减率、逆变器最大转化效率等关键指标的承诺值和实测值，为评审提供数据支撑。通过设定指标、获取数据的筛选、对比和查看，将生产真实运行情况反馈至技术评审环节，为专家评审提供工作辅助和数据支撑。主要具备以下三项功能：一是将真实生产运行情况反馈至技术评审环节，为专家评审提供数据支撑，有效解决专家评审自由裁量权过大问题；二是解决招评标与生产实际相分离的问题，有效提高评标质量和效率；三是引导供应商持续关注设备全寿命周期质量情况，促进投标文件编制更加真实客观。

（四）建设智能远程评标监管平台，强化采购监督管理

一是实现“集中+远程”全过程实时监控和监管。为满足“集中+远程”招标采购体系下的评标全过程、全场景闭环管理要求，在统一的软硬件设施基础上，招标公司采用人工智能、计算机视觉智能分析等技术，研发新一代智能远程评标监管模块，具备视频会议、监控视频融合、智能识别、智能预警四大功能，实现“集中+远程”招标采购全过程实时监控，评标专家音视频及电脑桌面操作过程实时存储，相关异常行为智能报警，历史招标采购监控画面、信息可随时调阅。

二是研发专有的视频会议系统，满足多角色业务场景视频界面需求。招标公司研发专有的视频会议系统，摆脱对公用视频会议系统的依赖，针对项目经理和专家角色应分别设计不同的视频会议窗口和功能。在项目经理视频会议定制界面，除远程视频会议沟通外，还可以查看到每个专家的桌面操作画面。

评标专家登录评标工具，进入评标项目后，点击“视频会议”一键加入当前项目的视频会议中，无法通过其他途径进入会议，使评标视频会议更安全、更保密。

三是率先实现国内招标采购领域面部、桌面、场景视频融合监控新模式。招标公司充分运用人工智能、计算机视觉智能分析等技术实现面部、桌面、场景视频融合监控，对专家的面部视频基于AI算法进行异常行为分析，发现相关异常行为时进行智能预警提醒；在视频会议过程中，后台自动对每个专家的面部视频、桌面视频和场景视频分别进行单独录制，在查看录像视频时可自由组合查看，实现可控、可查、可追溯。

四是采用智能计算机视觉识别技术，实现精准识别。专家在登录评标客户端时，通过人脸识别技术实现专家身份验证，认证通过后采用评标工具进行相关评审操作，通过计算机视觉识别技术实现对专家评标过程异常行为的精准识别。通过构建目标（评标专家）人脸特征识别算法，实时智能识别是否本人评标，再通过轻量化网络分离卷积算法，实时检测专家在岗情况，利用人工神经网络模型，智能判断他人是否闯入评标区域。

（五）建设采购大数据平台，挖掘采购管理价值

一是建成全流程数据仓库。招标公司积极打通华能电子商务平台、智慧招标系统、电子招投标模块、专家管理系统、区块链平台、采购管理平台、法务系统，实现了从采购计划到采购合同的全流程数据汇总，构建起“合纵连横”的集团级数据资源池。目前数据仓库已接入各系统数据表907张、梳理数据字段15988个、数据量220G，梳理完成了7个系统数据，形成7个业务系统数据字典，实现多系统数据的互联、互通、共享。通过整合招标采购历史数据，对数据进行梳理挖掘、分类整合、需求分析、应用价值研究，对采购需求、供应商信息进行数据收集与处理，满足企业管理数据的调取需要，帮助提升采购管理水平，对采购习惯、需求情况、资金使用情况等进行统计分析，帮助企业提前准备物资为物资招标采购管理提供依据。

二是深化数据智能分析。招标公司深化大数据智能分析，利用集团采购业务的历史数据、生产实时数据、市场主体数据、政府及行业数据等构建集团采购业务大数据中心，在采购决策制定、辅助评审、采购过程风险防控等方面提供数据支撑，从而提升采购业务的智能化水平，提高集团采购质量。在供应商分析模型中，从供应商维度展示、分析统计时间段内供应商活跃度、供应商分布情况、供应商参与项目情况和供应商中标情况等数据。在采购项目分析模型中，从项目管理维度，分析和展示采购项目情况，包括采购数量、金额、类别、项目节资、超概等。在评标专家分析模型中，从评标专家管理维度，展示统计时间段内专家抽取总体情况，包括各专业专家抽取率、专家出勤、专家本地远程占比等数据。

三是制定系列标准。招标公司明确系列采购管理指标统计口径，完成一级21个指标、二级30个管理指标标准编制，制定《招标采购数据管理规范》，开展采购数据分类分级工作，同步开展数据安全治理及数据交易方面的研究。同时完成内网采购管理、采购过程、供应商、专家数据等系统的数据接入数仓工作，并具备分类查询功能，结合采购运营中心建设，初步梳理了120个指标体系。基于采购数据平台各交易数据，采购管理部门可以通过该模块查看所有平台上的采购行为，有效实现采购监管的科学化、精细化，实现采购全过程可视化。

三、发电行业以数智化转型为核心的招投标质量管理效果

（一）采购质量和效率明显提升

“1+5+N”评标新模式运营管理，以遍布全国的29个远程评标分中心为支撑，以开评标计划为统领，利用智能招标系统智慧化功能，推动了评标全流程再造，形成分工明确、责任到位、反应快速、运转高效的精细化智能运营管理体系，切实保障了中国华能基建、生产、服务采购工作的正常运转。“四大系统”（智能招标系统、智能辅助评标决策系统、智能远程评标监管系统、采购大数据平台）运用标

准化、结构化、数字化、智慧化技术手段，有力推动中国华能采购数字化转型实践，实现采购招标全流程数字化、智慧化运转，为专家快速、精准、客观评标提供在线辅助，降低招标失败率和异议投诉率，全方面提高采购质量和效率。智能招标系统解密时间较传统平台提高 8 倍，综合评标效率提高 30%。2021 年，中国华能招标失败率同比下降 5.93 个百分点，项目评标平均时长下降 0.22 天，采购项目异议投诉同比下降 41%。全年总计采购金额 1204 亿元，较概算节约资金 317 亿元，节资率同比提升 2.1 个百分点。

（二）服务保障能力显著增强

一是招标公司通过数字化、智能化转型助推采购质量提升，为中国华能提供强有力的采购服务保障，助力中国华能 2021 年实体开工新能源项目超过 1600 万千瓦，低碳清洁能源装机占比同比提高 1.51 个百分点，向着“目标双碳”稳步推进。二是 2021 年招标公司营业收入为 3.89 亿元，利润总额为 1.62 亿元，实现利润总额为 1.61 亿元，完成考核指标的 144%；经济增加值（EVA）为 1.36 亿元，完成考核指标的 149%。三是保障了能源电力安全稳定供应，中国华能成立采购保障小组，制订采购保障方案，2021 年第四季度采购各类生产服务、物资为 260 亿元，机组应开尽开、应发尽发。中国华能全年发电量同比增长 9.43%，供热量同比增长 8.87%，能源电力保供得到国家发改委、能源局和有关地方党委、政府高度肯定，充分彰显了华能“三色”宗旨和责任担当。

（三）企业发展动力更加强劲

2021 年，招标公司全年营业收入利润率为 38.33%，在中国华能 51 家二级单位中排第 10 位；技术投入比例为 6.09%，在中国华能 51 家二级单位中排第 4 位；人工成本利润率为 262.34%，在中国华能 51 家二级单位中排第 15 位；净资产收益率为 47.06%，在中国华能 51 家二级单位中排第 1 位，数据显示企业发展动力强劲。2021 年招标公司《智能远程评标监管平台在华能“集中 + 远程”招标采购体系中的应用》获得“2021 年全国电力行业物资管理创新成果管理类特等奖”；《采购文件标准化、结构化推动集团公司采购工作数字化转型应用研究》获“中国华能软科学研究优秀成果奖”。公司获得“中国华能数字化转型示范企业”“中国华能党风廉政建设示范企业”称号，获得党建工作责任制考核“优秀”，连续两年荣获中国华能“先进企业”称号，连续五年获得年度绩效考核 A 级。2021 年华能承办中国招标投标协会央企会员单位交流座谈会、第六届国有企业物资采购与供应链研讨会，会议高度评价华能以智能招标为核心的数字化转型实践和智慧转型采购管理工作，招标公司获得中国招标协会“2021 年度推动行业发展重要贡献单位”荣誉称号。

（成果创造人：赵东明、牛问哲、李应宽、张又新、刘维娜、侯　军、张守玉、邵维梓、程建胜、张　鹤、田　森、周　涛）

提升专业化能力的盾构施工优化管理

中铁四局集团有限公司城市轨道交通工程分公司

中铁四局集团有限公司城市轨道交通工程分公司（以下简称城轨公司）是中国中铁四局集团有限公司旗下以城市轨道交通及地下空间开发为主的行业一流的专业化工程公司，2019年跻身中国中铁三级专业工程公司“20强”。城轨公司以城市轨道交通土建施工为主，以“地下空间、有轨电车”等地铁专业相关业态为辅，专业从事各种复杂地质条件下的盾构施工、矿山隧道、盾构过江穿湖等以及地铁车站施工。城轨公司员工1300余人，其中各类中、高级专业技术人员350余人，各类技能人才130余人，一级注册建造师83人，拥有盾构设备33台（套）和各类施工机械设备近360台（套）。2021年度其营业收入为67亿元。

一、提升专业化能力的盾构施工优化管理背景

（一）适应行业竞争，推进降本增效

基建投资是拉动中国经济成长的绝对主力，城市轨道交通则是基建领域的领头羊，增速领先于其他基建投资领域。受全球疫情影响，当前市场经济资金压力加大，投资增速放缓，工程建设行业步入下行新常态。城轨公司施工的地铁项目中，不同区域地质和施工单价差异较大，目前优质地铁施工地区减少，施工难度增大，隧道施工造价高利润低，企业转型升级进入攻坚期的大背景下，以“减负、降本、提质、增效”为理念适应市场竞争发展，实施“总成本领先”策略，是施工企业立足于激烈的市场竞争的应有之举。在当前的市场大环境下，施工导向除了结果，更有施工过程中质量与效率的控制的严格导向，为了实现“减负、降本、提质、增效”的市场竞争目标，盾构施工管理需要深入施工的全周期，做好施工技术、物资、人才等多重科学化管控，保证利润点，为企业的发展注入新的活力。

（二）立足自身定位，提升专业能力

在当下竞争激烈的地铁建设市场中，能够更高效、更高质量地完成地铁项目施工建设的企业才能获得业主的优异评价，进而获得更高的市场份额，因此，提升自身专业能力，保证高效、高质量的施工成为企业立足市场、提高占位的重要途径。目前的盾构施工工艺刚刚步入成熟，仍有大量因素会严重影响施工进度与施工质量，如出土问题、设备故障问题等，其工艺流程缺乏稳定性，有较大的提升空间。人才资源方面，盾构设备涉及的知识面广，内容较深，学习难度大，且市场上高技能盾构设备操作人才紧缺，施工行业人才流失严重，如何合理地安排盾构人才与快速培养高精尖盾构人才成了企业提高自身技术面临的重大问题。

（三）适应施工难度，提高利润空间

盾构施工是地铁区间施工最为关键的组成部分。盾构工作效率低是当前项目管理的主要困扰因素，比如因设备维修、出土困难导致现场进度停滞；因注浆不及时，地层形成空洞，造成路面塌陷安全隐患，最终导致进度滞后、安全事故等问题的发生，都会造成项目盈利能力下降。对于以地铁工程为主营业务的城轨公司而言“成也盾构、败也盾构”，盾构施工“双效提升”不仅是城轨公司迈向高质量发展之路的重要因素，更是城轨公司生死存亡的决定性因素。

二、提升专业化能力的盾构施工优化管理主要做法

（一）组建专业管理单位，细化、落实管理责任

1. 盾构公司

成立盾构公司并对盾构设备、人员进行专业化管理。一是机组人员调配管理。盾构机在掘进期间实行“机长负责制”，统一管理各地铁施工项目的盾构机组人员。二是盾构技术创新攻关。盾构公司组件专业技能大师工作室，从盾构机结构、流体、电气等核心技术层面对盾构设备大范围开展科研技术攻关工作。三是盾构机维修管理。为保证盾构机能够以良好的性能持续使用，在盾构机完成项目施工任务进入下一项目使用前，对整机进行系统的检修。

2. 物资公司

针对现场众多周转材料、消耗材料进行统一存放管理，物资公司对龙门吊、电瓶车、旋喷桩、钢轨、电缆和配电箱以及泡沫剂的生产和配送等主要设备材料区间调转使用，进行资源整合，设备材料配备电子标签并进行出入登记，根据施工场地布局及施工顺序，对大型施工材料进行有序进场安放。

3. 施工监控中心

在城轨公司总部成立盾构施工监控指挥中心，并将施工现场的摄像头全部连入施工监控中心，从而实现对现场工作情况的实时把控。监控中心实行 24 小时不间断工作制，值班人员可以操纵各个工点的监控装置，一经发现存在不安全的作业行为或者存在风险的现场布置，马上在安全质量管理群内通报，要求施工现场负责人立即整改，并有权要求施工现场停止危险作业行为，以及对相关责任人进行处分。

4. 管片制造中心

从源头管片生产入手，大力开展科技攻关，不断完善施工工艺，管片生产采用自动化流水线模式，自动化浇筑生产，同时配备多套智能化蒸养系统，流水线上配备管片模具 24 套，预制厂年产 18000 环盾构管片、同时可生产管节、管廊以及地铁专用轨道板及附属混凝土预制产品。

5. 盾构拆装机队

在盾构机组装、调试、拆机过程中由专业技术人员负责液压、电气、结构等部件的施工任务，以及拆装时的工序安排和施工安全工作。下井前，拆装机负责人进行现场条件核查同时协调材料和机具进场，同时业务部门根据现场工期和人员情况组建盾构机拆装与调试团队，并下令明确责任分工，细化工作任务以及施工标准。

（二）聚焦重点耗材使用，精细化降低施工成本

1. 盾构机刀具管理

城轨公司对所有刀具建立全生命周期维护管理档案，管细管好刀具。一是统计和梳理刀具故障情况。收集下属盾构公司、盾构项目部、厂家对各类刀具使用年限的相关信息，对刀具维保周期和使用寿命进行数据统计，提炼和掌握刀具维保和使用的共性问题。通过对不同刀具维保和使用的统计分析，对在建盾构项目的刀具情况进行全面梳理，对一些刀具可能引发的故障提前预警，并向盾构项目管理人员发送预警信息。二是掌握和监控推进刀具问题。盾构项目对刀具情况密切监控，例如珠三角城际广佛环线 GFHD－1 标月平均掘进 200 米、设备运转时间日平均 20 小时方可满足总体工期要求，为确保不因刀具问题卡壳，把刀具检查分为定期检查和定期保养两类：每掘进 30 米检查一次，每掘进 50 米保养一次。白夜两班做好交班，实现盾构刀具实时监控，主动更换保障掘进效率的管理目标。三是督促和整改刀具存在问题。多个盾构项目在使用刀具过程中，现场管理人员对各类刀具的利弊熟练掌握并验证，由城轨公司本部统一汇总并形成合理化改进建议后提交给刀具生产厂家，由刀具生产厂家不断改进和完善刀具参数性能。

2. 盾构机油品管理

一是全方位监控油量变化。盾构项目每周对液压系统进行一次系统检查，把液压油箱液位照片上报至城轨公司盾构管理微信群，城轨公司本部安排专人盯控油位变化速度，结合盾构掘进剩余任务量、设备运行状态，及时向机组维保人员警示油量异常情况。二是高标准管控油品质量。各盾构项目对油品存储分为已开封和未开封两类分别存放。一类是未开封油品由专人管理，在油品存放区按型号分类存放；另一类是已开封油品，液压油原则上整桶使用，尽可能避免单次未使用完油品存储，确因现场原因出现开封油品需要存储，则使用油盖封存器，在油桶上做好明确标识，按照新装油品规范封存，但与原装油品分别存放。

3. 盾构机核心部件管理

一是攻克配件易损件的“易”字。一方面建立配件易损件管理档案，统计设备故障信息和易损件分档归类，结合常见与频发故障配齐配全易损配件，通过上传故障信息了解配件更换情况，实时更新易损件库存情况，库存低于警报值系统自动通知管理员。另一方面实施区域配件信息化共享管理，建立区域信息化配件系统，统筹管理区域各工点配件库的配件采购，在配件快速供应和备件成本控制中找到最佳平衡点。二是攻克配件易损件的“损”字。配件维修全部依赖进口，价格昂贵且一些配件很难购买，因此城轨公司大力推进“盾构配件国产化替代”。同时，将配件的损耗情况及替代情况反馈进行审核并推广。

4. 盾构机出土管理

一是出土量行程控制。在出土量体积和重量控制的基础上增加掘进行程控制，进一步量化每环出土量，避免因超挖或欠挖引起地表沉降或隆起。二是出土量称重控制。每环掘进完成后，渣土通过电瓶车运输至井口用龙门吊进行出土，龙门吊安装电子称重系统，通过起吊测量每个渣土斗重量以及卸完渣土后的重量，技术人员收集龙门吊称重记录表，计算每环出土重量并进行数据反馈。三是出土量审核机制。所有盾构项目每日向城轨公司本部上报出土量，由安质部、工程管理部、技术管理部、物资设备部共同核验出土量情况，共同掌握出土量，能够及时发现问题、处理问题。

（三）完善制度、强化执行，提升施工效率

一是从制度层面推进盾构管理工效提升。其一把盾构管理工效提升纳入生产管理体系，城轨公司于2021年7月出台《项目周期生产管理实施办法》，以项目全周期管理为视角，从宏观层面抓住施工生产的重点，从微观层面加强施工方案的落实。明确生产过程中盾构施工各阶段管理目标、要求、标准，通过优化盾构施工工序有效缩短施工时间，提升盾构管理工效。其二把盾构管理工效提升纳入安全管理体系，城轨公司于2021年5月出台《工程项目周期安全管控办法》，明确项目全周期、各阶段安全管控要点、标准、措施，重点针对盾构施工专业要求，提前筹划、预判安全风险和制定措施。要求项目在盾构始发、接收、吊装、下穿建构筑物等重大风险施工前，召开安全风险预控会，明确风险分级，确定预控措施。尤其是盾构在复杂地质条件掘进前，加密地质勘探频次，提前调整盾构掘进参数及方案。其三把盾构管理工效提升纳入成本管理体系，城轨公司于2020年11月出台了《工程项目全周期提升盈利能力实施细则》，盾构施工是项目创效的重中之重，每半月对正在施工的盾构机转场情况进行一次优化和配置，保证盾构机“人停机不停”，保证盾构设备持续稳定运行，与此同时通过优化减少盾构机投入。

二是从执行层面推进盾构管理工效提升。其一明确工序分段时长，城轨公司在所有盾构项目部开展盾构工效提升活动，把盾构工效管理分为洞内、后台两个部分，洞内工序指盾构掘进、管片拼装等内容，后台工序指电瓶车出碴、倒土、进料、放浆、调车等内容，若后台工序总时长不大于盾构施工总时长，则后台工序组织正常，若后台工序总时长大于盾构施工总时长，则后台工序组织异常。其二，监控工序分段时长。盾构掘进司机、跟班技术员填写《洞内工序时间统计表》，中控室值班人员填写《后台工序时间统计表》，盾构副经理填写《盾构掘进工效统计表》，每日召开盾构工效提升碰头会，每周向城轨公司本部上报盾构工效汇总表。其三，分析工序分段时长。盾构项目部每日分析《后台管理工序时间统计表》中影响正常掘进的工序问题，由盾构副经理、盾构机机长、盾构司机、施工队长、设备维保人员以及项目技术、安质、物资等部门人员结合岗位，找出工序耽误原因并及时整改。

（四）开展“数字盾构”建设，促进数字化、智能化施工

1. 数字盾构之“信息中心”

“数字盾构”系统对数据和信息只采集不审批、只收录不修改，数据信息的真实性和准确性基于“四个统一”。一是数据源头统一。采集数据全部来源于在现场运行的盾构机，数据一经采集，无授权任何人不得修改数据。二是数据格式统一。数据中涉及盾构的专业术语、工号名称、构件编码、设备型号和编码、材料规格等数据全部以“数字盾构”规定为准。三是数据工号统一。工号是把一个工程分为多个单项工程，多个单项工程的代号和名称，在实际运用过程中因名称、层级混乱造成核算口径不同的问题难以解决。“数字盾构”把盾构项目分为单位工程、子单位工程、分部工程、分项工程四级，认真梳理各类单项工程的共性和个性，制定了统一工号。四是数据规则统一。其一是清单措施费挂接规则。结合34个盾构项目招标图、清单项目特征、招标文件等制定挂接规则，实现措施费与形象结构的匹配。其二是确认收入计算规则。对施工总承包、BT、PPP等不同类型项目的不同造价计费程序、清单形式、概算费用组成等进行梳理制定计算规则。把清单划分为分部分项、技术措施费、组织措施费、其他项目和其他费用、规费1、规费2、危险作业意外伤害保险费、税金等类型，依据进度计价、签证计价、比例计算、公式计算4种计价方式确认收入。其三是清单变更索赔计算规则。把单价合同、总价合同概算调整、批复阶段对应的变更分为“出入图、变更设计、现场签证、政策性调差、索赔、工程保险”6种类型，设定了数量减少、数量增加、新增项目、取消项目、单价调整、数量优化、设计优化、金额增减8个变更属性。

2. 数字盾构之“决策中心”

一是产值BIM建模“瘦身”。把BIM（建筑信息化模型）作为单纯的展示，通过把模型导入特定的软件后对上百兆的BIM模型进行“瘦身”，大幅降低了轻量化模型对硬件的要求标准。二是同步确认收入。通过对盾构项目合同清单的分类整理，按照分部分项、技术措施费、组织措施费、其他费用、规费、税金进行清单类型统一固化，设定计费程序及取费标准，结合盾构掘进参数、BIM模型实现盾构项目收入同步确认。三是同步确认成本。实际成本费用按照劳务/专业分包费用、材料费用、机械费用、其他直接费用、间接费用按月进行统计录入。四是同步分析核算。核算颗粒度能够达到按需同步分析，一方面固化盾构单机核算费用分类，实现盾构单机成本核算。根据企业定额计算理论单机成本费用和实际单机成本费用，结合理论单机成本、区域各项目实际单机成本横向对比，及时发现单机成本存在的问题，同步改进和优化单机成本。另一方面每月均可实现核算。

3. 数字盾构之“指挥中心”

一是远程监控会诊。城轨公司要求所有在建项目隧道全部联接光纤网络，通过远程同步监控所有盾构机的推进参数。监控内容为：盾构区间工点总体情况、盾构区间监测点变化情况等盾构姿态参数。盾构管理人员和盾构专家通过网页或移动App同步掌握信息，同时随时查看盾构区间概况、工程GIS图、区间地质剖面图、风险源资料等相关工程资料。二是自动分解任务。数字盾构中的盾构调配系统根据盾构管片外径，对盾构机和盾构区间信息进行分类，结合盾构机性能、适用地质条件、区间地质情况、区间水平曲线最小半径、区间最大坡度等要素，综合分析盾构机调配距离、盾构机出洞后大修预留时间、衔接盾构区间时长等指令，自动形成并下达盾构调配指令，分解任务至相关部门。三是定期推送报告。“数字盾构”可定期自动推送盾构项目创收（收入）、创利（利润）、创现（经营性现金流）和设备资

产管理数据等内容的综合数据报告，对存在问题的预警部分，要求城轨公司本部业务部门、盾构公司、盾构项目相互监督并及时处理预警问题。

（五）多元激励，打造素质过硬专业队伍

1. “小机组、大部制”合理配置基层盾构岗位

为了组建技术过硬的盾构专业化作业队伍，合理化配置盾构施工人力资源，城轨公司提出“小机组、大部制”的人力资源管理思路，实现精简一线机组，培育专业化人才队伍的人力资源配置大方向。城轨公司减少一线机组配置人员，将人员根据专业技能水平分类，根据专业类别组建相应的专业维保队伍，用于解决专业化问题及现场“急、难、险、重”工作。精简盾构机组成员的首要前提是保证现场配置人员技术技能的全面性，通过推进复合型人才培养的培训方式，促进盾构机组成员不断学习并掌握盾构机推进、电气、流体、结构等技术，通过技能不断提升实现一人多岗，优化一线机组人员的组成结构，达到提质增效，营造技术生态，节约人力资源成本的目的。

2. 创新培训模式，提高员工业务技能

为调动一线机组人员的工作、学习积极性，充分发掘员工成长潜力，培养一专多能的盾构复合人才。在新旧员工“传、帮、带”方面，将传统的“1+X”带徒模式转变为“X+1”创新带徒模式，并建立导师带徒考核评比奖惩制度，每年评定一次，根据徒弟年度技能考核结果给予师徒双方奖惩。在经验技能分享形式上，城轨公司利用时下新兴的短视频媒体形式制作更容易被接收的教学资料，用于对盾构技能人员进行培训。城轨公司项目分散在全国各地，集中培训较为困难，为了克服工学矛盾，城轨公司人力资源部组织师资前往项目较为集中的区域进行现场教学，送培训到施工一线有效缓解了工学矛盾，同时也节约了差旅费用。

3. 加强考核激励，提升人才培养效果

城轨公司对员工薪酬管理文件多次论证、修订，以“责权利一致”为原则，明确“贡献者优先”薪酬分配秩序，确保员工薪酬与其承担的责任和企业贡献值相一致。针对一线盾构机组人员技术技能考核制定了严格的考核制度。通过线上理论考核与线下实操考核相结合的形式，将考核分为盾构推进、电气系统、流体系统、结构技术4个技术科目，并将安全施工作为统考科目做硬性要求。通过多方位考核，详细掌握每一位员工的各方面技术水平，并依据考核结果中每位员工对不通技术科目的知识掌握水平来优化人员配置，调整工作岗位，制定培养计划，提供提升方案等。考核结果作为员工技术水平掌握情况的数据是有浮动空间的，为了更好地掌握员工成长情况，考核工作将会定期开展，形成员工的技术技能水平的动态评价体系，结合培训工作，形成每一位员工的动态成长档案。在荣誉表彰和职务晋升上，城轨公司始终以绩效和贡献为导向，对获得业主认可的和具有突出贡献的员工给予通报嘉奖，同时把业务能力、业绩双优的员工纳入后备人才库，优先提拔任用。

三、提升专业化能力的盾构施工优化管理效果

（一）盾构施工管理体系

通过实施创新管理，城轨公司为盾构施工作业出台了完整的盾构施工管理流程，规范了从盾构机组装、掘进、拆除到转场维修作业的标准化进程，为盾构机调配，施工进度安排、物资管理调度等工作提供了可靠的指导，盾构机调配利用率提高，施工进度安排准确，物资管理调度充足，保证了盾构施工井然有序进行，减少了各工序衔接间隔，提高了盾构施工流程的稳定性，降低了外界特殊条件对施工进度安排的影响。通过实施创新管理，对所有现场施工步骤制定了标准化作业规范，明确了维保项目与维保作业标准，降低了作业难度，提高了作业效率，减少盾构设备故障及因故障维修、更换设备所产生的时间浪费。通过实施创新管理，人才调配更加科学，现场施工受“急、难、险、重”等突发情况影响程度持续降低，在盾构转场维修过程中，通过“小机组、大部制”的人才调配制度，组建了庞大的盾构

机维保大修专业化队伍，对盾构机进行高效率高质量的转场大修作业，提高了盾构设备的任务衔接。通过实施创新管理，城轨公司组建专业的盾构作业维保队，涵盖盾构机电气技术、流体技术、结构技术等，充分服务现场盾构机的施工生产工作，保证了盾构机的顺利掘进。通过维保队集中盾构人才的专业技术力量，在人才培养、技术提升方面产生群聚效应，提高了员工技术技能提升速度，保障了城轨公司盾构人才梯队建设。

（二）提高盾构施工水平

单台盾构机年平均掘进里程增长明显。自创新管理实施以来，盾构设备人力、物料等方面有序配合，有效提升盾构机物资周转、维保大修效率，实现了盾构机掘进里程的稳步增长，2021 年前后，单台盾构机年平均掘进里程从 0. 8 千米增长至 1. 5 千米；盾构机配件采购成本降低。通过配件国产化，配件更换成本大幅度降低。2021 年全年配件支出 230 万元，比 2020 年同期降低 35%，做到了国产化配件替代率 100%。盾构机部件故障率大幅减少。2021 年盾构机故障比去年同期下降 35%，对现场施工影响比去年同期下降 23%，盾构单机成本降低 12%，低故障率带来配件更换维修成本大幅度降低；盾构项目管理成本降低。强化组织层级融合，通过“三流合一”数字化管理的构建与实施，部门间联动增速，管理流程减少，实现管理成本降低。盾构项目现场经费占收入比从 2020 年的 7. 71% 降到 2021 年的 6. 71%。盾构机调配效益有效提升。通过“数字盾构”平台，合理调配盾构机投入，达到提升效益的目的。2021 年全年调整了 9 次盾构机调配方案，减少了 4 台套盾构机投入，减少盾构机投入费用 4573 万元，并将 5 台闲置盾构机对外租赁，盈利 4239 万元。

（三）企业整体稳健发展

一是培养了一批优秀人才。组建的流体专业维保队，提供专业化液压油保养，2021 年降低液压油成本费用 700 万元。组建拆装机队伍，拆装机用时同比下降 60%。同时，培养了一大批优秀盾构高技能人才，在中铁四局第十届、第十一届青工大赛上城轨公司包揽盾构操作个人前十，团体第一的好成绩。二是获得一批专业理论成果。基于高技能人才的专业知识储备与运用，城轨公司在盾构设备管理方面已发表 8 篇专利、17 篇 QC 成果、科研论文 40 篇、方法总结 100 余篇，对盾构掘进、维修工法、施工安全等进行了多方面的理论总结。三是打造了一批优质工程。深圳北站综合交通枢纽工程、南京地铁机场线工程被评为“国家优质工程奖”；上海地铁 7 号线工程、苏州有轨电车工程荣获“全国市政金杯示范工程奖”；杭州地铁 6 号线 6 标项目部获“首批全国建筑业文化建设示范项目部”称号；成都地铁、苏州地铁等 40 余个项目部均获评省部级以上荣誉称号。四是拓展了多个营销市场。通过高质量的盾构隧道掘进施工作业，城轨公司在行业内打出了品牌，获得了业主广泛的认可，并由此稳固了青岛、苏州、上海在内的多个城市的地铁建设市场。

城轨公司通过以上一系列的制度体系建设、管理体系提升、人才培养等措施，取得一系列科研成果，培养一大批技能人才，提升了企业的核心竞争力，提高了企业品牌影响力，为城轨公司在竞争日益激烈的市场环境中占据有利优势，为企业的持续发展与提质增效目标的实现提供了强大创新支撑。

（成果创造人：汤　恕、卜　阳、柯尊伟、黄琦恒、陈　斌、姜学广、
廖江培、周　霞、张　誉、张　鹏、连文江、曹　伟）

供电企业基于“共识共建共享”理念的电网建设管理

国网重庆市电力公司市区供电分公司

国网重庆市电力公司市区供电分公司（以下简称重庆市区供电公司）于2011年5月由原城区、杨家坪、沙坪坝供电局合并组建而成，现有全口径员工1809人。公司承担着主城九龙坡、渝中、沙坪坝、大渡口四大行政区域和国家级开发区高新区的保供电任务。公司供区面积950平方千米，服务常住人口约401万人。供区内共有公用变电站98座，其中500千伏变电站2座、220千伏变电站18座，110千伏变电站72座、35千伏变电站6座。近年来先后荣获“全国五一劳动奖状”“全国文明单位”“全国青年文明号”等荣誉称号。

一、供电企业基于“共识共建共享”理念的电网建设管理背景

（一）服务区域经济社会高质量发展的必然选择

重庆市区供电公司供电服务区域位于重庆政治、经济、文化中心，传统模式下的电网建设管理难以支撑重庆主城经济社会高速发展和高质量发展定位。一方面，电网项目从规划立项到建成投产，审批程序繁杂、工程建设周期长，往往难以跟上城市发展节奏，影响政府招商引资、项目开发用电，制约了地方经济社会快速发展。另一方面，随着城市发展提档升级和土地高度开发利用，城市规划、土地利用、项目开发对电网建设的敏感性日益增强，传统模式下的电网建设不仅伴随大量的利益相关方相互博弈，制约了各方发展，而且无法实现城市资源综合利用最大化，难以满足重庆主城高质量发展的需要。

（二）支撑公司转型战略落地的客观要求

电网建设是供电企业的核心工作，只有高质量建设世界一流电网，打造坚强可靠、友好互动、经济高效的能源互联网，才能持续提升电网供电保障能力和供电企业核心竞争力，才能顺应能源革命大趋势。对照世界一流水平和战略目标要求，重庆市区供电公司电网发展不平衡不充分问题依然突出，东部建成区电网落点难，电力供需矛盾突出；西部拓展区电网基础薄弱，电网运行效率较低。与此同时，电网建设内外专业管理壁垒较深、资源整合利用效率不高、电网投资效率效益较低等问题依然存在，制约了供电企业战略转型落地。

（三）破解电网建设难点问题的现实需要

重庆市区供电公司供电服务区域为山城特色的大都市核心区，城市品质提升和电网投资、基础设施建设和城市空间资源矛盾突出，各方利益诉求交织，电网建设管理困难重重。一是前期工作难。重庆主城核心区可利用资源有限，地上地下空间资源紧张，电力建设资源稀缺，变电站建设用地、输电线路走廊难以落实，供电企业单方面推动电网项目落地难度大。二是建设协调难。近年来城市基础设施建设加速，轨道、桥梁、立交等大型市政设施纵横交错，电力设施与市政设施建设相互制约，相关利益主体诉求多，建设过程协调推进难度大。三是“邻避效应”① 突出。城市核心区人口密集，社会公众对电力设施电磁环境的误解、排斥和恐惧引起的阻工现象频繁。四是绿色建造要求高。电网建设项目大多位于城市建成区、人口密集区，政府部门和社会公众对电网建设项目绿色建造、绿色施工等提出了更高要求。

① 邻避效应指居民或当地单位因担心公共设施建设项目（如核电厂、变电站、垃圾厂等）对身体健康、环境质量和资产价值等带来负面影响，从而引发人们的强烈的、坚决的、高度情绪化的集体反对甚至抗争行为。

二、供电企业基于“共识共建共享”理念的电网建设管理主要做法

（一）确立管理理念，明确管理路径

重庆市区供电公司坚持“创新、协调、绿色、开发、共享”五大发展理念，直面山城特色、电网建设管理突出矛盾，确立“共识共建共享”电网建设管理理念，提出“价值共识—项目共建—资源共享”电网建设管理总体路径，以价值共识凝聚电网建设合力，以项目共建实现电网优化发展，以资源共享促进跨域高效协同，积极改变传统电网建设管理中供电企业与利益相关方相互博弈、相互制约的不利局面，高质高效推进电网建设，加快建成世界一流城市电网，支撑地方绿色转型发展落地，服务地方经济社会快速发展。同时，建立内部畅通、外部联动、精简高效的组织体系和协同监督保障体系，确保管理落地生根、高效运转，形成长效机制。

（二）搭建组织架构，畅通内外“双循环”

1. 组建内部协同电网建设领导小组，畅通“内循环”

成立党政主要负责人为组长，规划、建设、营销、运行、检修、产业等专业分管负责人为副组长的电网建设领导小组，下设电网建设工作办公室，由电网建设专业分管负责人担任主任，建设部主任担任副主任。组织机构成员涵盖电网建设相关的部门和车间主要负责人，畅通电网建设“内循环”。

领导小组和工作办公室按照管理层级，负责编制和审定年度电网建设工作方案，分解落实电网建设重点任务和量化目标管理，定期研究解决电网建设重大事项和专项奖励表彰，形成方案审定、目标下达、计划实施、过程监督、结果评估和持续改进的闭环管控流程。相关部门和车间按照职责分工，在工程建设组织、安全质量管控、技术支撑保障、物资供应保障和外部协调联动等方面协同推进，以及生产、调度、运行、营销等专业管理资源的统筹利用，形成“统一指挥、横向协同、纵向贯通”的内部长效协同机制。

2. 组建政企联动的电网工程建设指挥部，畅通“外循环”

主动对接地方党委政府，充分阐明电网建设与地方经济社会发展密不可分、相辅相成的紧密关系，推动各区政府成立政企联动电网工程建设指挥部，指挥部由各区政府区长或1名区委常委任指挥长，分管副区长和重庆市区供电公司主要负责人任副指挥长。指挥部办公室挂靠区住建委，具体负责协同推进电网建设日常工作。指挥部下设合法合规组、宣传疏导组、工作建设组、供电服务组四个专项工作组，分别由区住建委负责人、区委宣传部负责人、重庆市区供电公司电网建设分管负责人以及重庆市区供电公司供电服务分管负责人担任组长。组织机构成员单位包括区委宣传部、区经信委、区住建委、区规划和自然资源局、区城市管理局、区生态环境局、区信访办、属地镇街、政府平台机构和重庆市区供电公司等部门和单位。

指挥部和下属四个专项工作组按照管理层级，负责统筹协调推进辖区电网建设及配套服务相关工作，将片区电网基建、供电服务保障、电力设施迁改等纳入重点工作，形成重点项目清单，定期召开调度会议，协调解决项目推进过程中的重大问题。四个专项工作组通过专项工作组的常态化沟通和精准对接，具体负责电网基建和其他市政涉电工程建设前期手续办理、工程建设相关宣传疏导、统筹协调、片区供电服务保障和电力设施迁改等工作。

（三）构建“价值共识”机制，凝聚电网攻坚合力

1. 识别价值冲突关键点，找准价值共识契合点

一是坚持问题导向，总结多年来电网建设攻坚克难的艰辛历程，深刻剖析工程推进受阻原因和协调解决措施。二是多方走访调研，通过问卷调查、座谈交流，摸清项目属地政府、社会组织、公众对电网建设的态度和认知。

经过梳理分析，将电网建设管理关键利益相关方分为项目属地政府、公用事业单位、社会公众三大

类，归纳总结形成十小类电网建设管理价值冲突关键点清单。针对三大类关键利益相关方的政治属性、社会属性和关注重点，聚焦十小类价值冲突关键点，找准各方达成电网建设管理价值共识的契合点。

2. 精准把握政府关切，凝聚政企合作价值共识

强化沟通汇报。主要负责人深度对接地方政府，定期带队向属地政府汇报电网建设、供电服务情况，将地方经济发展需求与电网项目建设有效结合，阐明电网项目建设对地方政府招商引资、用电接入、土地开发建设和供电保障能力提升的重大意义和价值，给政府部门算清“经济账”，推动政府领导和相关部门的支持认同。

强化战略合作。推动电力企业与各区政府、重庆西永微电子产业园、沙坪坝工业园、西部物流产业园、重庆渝富集团等开发园区、政府平台机构签订战略合作协议，明确各方在电网建设土地供应、廊道资源保障、地块项目开发供电保障、电力设施迁改等方面深度合作事宜，实现政企合作、互补共赢。

优化电力布局。从规划层面优化电网建设项目选址、变电站布局和线路走廊，减少电网建设项目占地，降低征地拆迁难度和成本；在主城核心区和重点开发建设示范区合理采取电缆形式，探索综合管廊和电力走廊有机结合，实现土地资源综合利用，满足城市品质提升需要。

3. 坚持平等互利共赢，凝聚企企合作价值共识

一方面，对于电网项目跨越其他已建、在建和规划公用设施项目，严格按照资产权属单位技术安全规范要求开展专题评估论证，确保公用基础设施运行安全；通过设计优化和空间组合，为其他在建、规划公用设施项目预留足够的建设空间，实现城市空间资源的共同利用。另一方面，对相关单位市政基础设施建设、项目开发建设，在电力设施迁改、用电接入等方面给予大力支持，并提供建议方案，通过技术方案优化、资源综合利用等节省用户投资。对于特殊紧急项目，开辟绿色通道，支持各类项目顺利实施，形成各方合力支持电网建设、电网发展，优质高效支撑公用事业的良好互动。

4. 坚持以人民为中心，凝聚社会公众价值共识

深入开展宣传疏导。联合政府部门深入街道、社区、现场开展电网环保科普宣传，邀请电网环保专家现场答疑解惑，实地参观变电站和开通电磁环境科普活动直通车，以“四个坚持、四个相信、一个诚意”① 的“441”工作法与居民群众真诚沟通，引导居民群众科学、正确认识电网环保，消除其对电网建设和电磁环境的忧虑、误解。

大力推行绿色建造。在变电站结构和外观设计方面，积极打造资源节约、绿色环保、环境友好的绿色建筑，将城市变电站外观及功能设计与城市发展双融合，实现变电站建筑风格、外观与周边环境和谐统一；隧道施工采用先进的机械化施工工艺，采取最严格的防尘、降噪、排污等绿色施工管控措施，持续提升周边居民群众的感知。

切实为群众办实事。领导带队深入街道、社区、居民家中，了解居民群众的合理诉求和期盼，并积极协调配合政府部门现场解决，切实为居民群众解决用电和日常生活中的实际困难，赢得居民群众的广泛好感，获取居民群众支持。

① 四个坚持：坚持变电站建设有利于区域经济社会长远发展的目的，坚持变电站建设有利于提高周边居民生活供电保障，提升环境质量；坚持情理法相结合的沟通原则；坚持全面深入细致耐心的沟通方法。四个相信：相信科学，澄清电磁辐射误解；相信法律法规和技术标准，接受广大居民群众对变电站建设、运行的监督；相信党和政府，不会推动有损于人民利益的工程；相信百万电力职工的生产生活实践，证明电力设施对人身无危害。一个诚意：真心实意邀请居民、学生家长、人大代表实地参观变电站，开通电磁环境科普活动直通车，保持与居民代表零距离沟通。

（四）构建"项目共建"机制，实现电网优化发展

1. 政企规划联动，发掘项目共建目标

聚焦电力供需矛盾突出和电网建设资源匮乏区域，主动对接政府规划部门和发改部门，及时掌握片区整体开发、大型商住项目入驻等发展动态，结合电网规划和当前电网建设实际，发掘具有较大操作可行性的项目，确定项目共建合作目标对象。分管领导带领发展、建设、营销等部门，与相关开发主体就项目开发用电保障、项目共建的优势、做法等开展全方位、多轮次、数回合的沟通，逐步达成项目共建合作意向。联合项目开发单位主动向属地政府汇报，争取支持，落实工程建设用地指标、线路走廊，并纳入项目开发整体规划。

2. 强化技术攻关，优化项目共建方式

组织规划、建设、运检等专业部门联合项目开发单位、设计单位、重庆大学及环保、市政、消防等政府部门开展共建项目技术攻关，共同现场查勘项目地理位置、周边环境、进出线条件、线路路径走廊等情况，共同讨论确定变电站、电力通道与共建项目的结构布局、位置关系，商讨施工通道、设备进出场、运维检修通道及环保、消防、给排水等技术配合问题，确保既满足建筑技术标准规范和电网建设、运维专业管理需要，又不影响项目本体开发。

重庆市区供电公司在管理实践中已创新形成三种共建方式。一是上下结构共建。变电站、电力隧道与城市开发项目、市政设施上下布置，最大限度实现国土空间资源综合利用。二是平行结构共建。变电站与相关城市建筑设施结构共生相邻、平行布置。三是独立结构共建。地方政府、相关开发主体出资完成变电站征地、场平、变电站土建建设及电力通道土建建设等。

3. 明晰工作界面，加快项目共建落地

在项目共建方式和共建方案逐步讨论成熟之后，项目共建双方签订合作协议，明确双方职责，明晰工作界面，确定建设配合时序和协作配合方式。在投资分摊方面，开发单位负责出资完成变电站本体建筑和外观的设计和建设，以及相关电力通道土建设计和建设；重庆市区供电公司负责出资完成变电站内部装饰、电气设备采买、安装、调试及线路电气建设。在手续办理方面，开发单位负责将工程规划、环评、消防等报建手续纳入开发项目同步办理，重庆市区供电公司全力协同配合，确保项目及时进入建设流程，落地实施。

4. 过程管控联动，确保项目共建质效

建立设计联合管控机制。重庆市区供电公司建设部门和项目共建合作方联合统筹共建项目设计全过程管理，组织土建设计单位与电气设计单位、地块开发项目设计单位深度对接，定期召开设计工作推进会议，设计成果经重庆市区供电公司发展、建设、运维等专业部门、项目共建合作方及建委、市政消防等政府部门联合审查通过后，报国网重庆经研院评审，出具评审意见，确保设计成果满足国家建筑行业标准规范和国网公司相关专业管理规定、重大反事故措施等要求。

建立建设协同共管机制。组建项目管理团队，在土建施工阶段提前介入，联合项目共建合作方定期组织开展施工质量检查和过程验收，特别是对设备基础、接地、预埋等关键内容严格把关，确保满足设备安装和工艺质量要求。在电气安装阶段，针对现场交叉作业、协调配合等问题，项目共建双方建立定期协调机制，共同划定施工区域，布置安全隔离措施，并指定1人专司现场协调，点对点对接，确保协调意见出口统一，及时化解建设过程中遇到的各类问题，保障工程建设有序推进。

（五）构建"资源共享"机制，促进跨域高效协同

1. 规划资源共享，促进多规相融

精准对接政府规划部门和重庆市规划院、重庆市交通规划院等城市资源规划单位，结合重庆主城空间总体布局规划、综合交通体系规划，编制形成电力专项规划成果，实现电网规划与城市空间布局规

划、城市交通专项规划间的相融互通，规划成果统一报重庆市政府审批，确保电网规划的权威性和可实施性。对接开发园区、土地储备单位，以小片区整体开发储备为契机，引导属地政府、园区高标准编制片区电力专项规划，并与政府、园区开展联合审查，确保电网规划与片区整体发展规划高度契合、紧密衔接。

2. 审批资源共享，精简办事流程

积极对接市政设施建设业主单位、轨道、水务、燃气等公用事业单位，以互利共赢为基础，针对双方项目建设中的交叉跨越资料收集、方案审批、技术论证、管网搬迁、用水接电等常态化工作进行深入沟通，建立公开透明的工作对接机制，精简固化审批流程，明确各环节工作要求和时限，减少报审方案资料的往复修改和重复无效的咨询、沟通，提高办事效率。

3. 供电资源共享，深化服务协同

全面提高供电服务效率。全面推行小微企业“三零”① 服务、大中型企业“三省”② 服务，压环节、减时间、降成本，全力支持保障经济社会发展和项目开发用电，按行政区组建营配协同供电服务中心，实现营销客户服务和配网运行检修一体化协同管理。重构电力设施迁改流程。将电力设施迁改纳入电网基建“同质化”管理，统一取费标准，明确节点时限，全力支持地方政府和相关单位重大基础设施项目建设和土地储备开发利用，促进政府部门、相关单位对电网建设的大力支持。

4. 建设成果共享，助力共识共建

定期向属地政府、园区、相关单位通报电网项目建设进度和建设计划，为政府部门、园区招商引资工作提供便利和配套支撑。提前开展变电站 10 千伏配套送出工程建设，确保与变电站同步投入使用。结合现有变电站和新建变电站布点，协同政府部门、园区、相关单位做好项目开发临时用电、正式用电规划，永临结合，优化项目用电接入方案，降低项目开发用电成本，指派专人协助相关单位提前完成新投项目接入手续办理，确保变电站建成投运后，相关项目开发用电需求及时接入，让属地政府和相关单位感受到共同推进电网建设的价值和效益，推动“共识共建共享”理念逐步深入。

（六）打造坚强支撑保障，持续提升管理效果

1. 强化党建引领保障，激发团队担当作为

将电网建设、优质服务、重点项目开发用电和电力设施迁改等工作纳入党委领导班子重点工作，定期听取工作汇报，诊断分析问题，研究制定措施，严控工程建设领域廉政风险，发挥党委把方向、管大局、保落实的领导作用。推行“党建 + 电网建设”，联合属地镇街、村社和工程各参建单位成立工程建设临时党支部，组建党员突击队，建立“三联三增”（组织联动，增强凝聚力和战斗力；工作联动，增强解决实际问题能力；管控联动，增强现场安全管理能力）工作机制，激励党员干部担当作为，带头讲党性、顾大局、挑重担、做表率，冲锋在电网建设协调、现场管控的第一线。

2. 强化协同督办保障，提高工作协调效率

以刀刃向内的勇气，联合属地政府创建重点工程微信工作交流群，建立重点工作周通报督办机制，将每周重点项目进展、存在的问题、措施建议等重要信息公开发送至微信群，报至各区领导、相关部门、园区、平台机构负责人及重庆市区供电公司主要负责人知晓，重庆市区供电公司相关供电服务、电力设施迁改工作主动接受政府领导、相关部门和单位的共同监督；政府部门、相关单位应当协调解决的电网建设难题直接在周报内进行披露，双向促进工作责任的落实。

---

① “三零”：零上门、零审批、零投资。

② “三省”：省时、省力、省钱。

3. 强化流程制度保障，夯实专业管理基础

对照国网公司相关管理要求，结合重庆市区供电公司实际，梳理编制电网规划、项目前期、工程前期、工程建设主流程各阶段专业管理办法、工作意见，以及规划协办、业扩报装、电力设施迁改等相关专业流程制度20余项，明确各专业管理部门职责、管理流程、工作时限和考核评价标准，确保管理有章可循、有据可依。

4. 强化人才队伍保障，持续攻站攻线攻坚

树立“攻站、攻线、攻坚”电网基建精神，引领团队凝心聚力，奋勇争先，锚定每一座变电站、每一条线路目标，坚定攻坚克难的信心、决心，始终保持钻劲、韧劲、干劲和高涨的工作热情，扎实做好内外部协调工作对接，立足现场解决实际问题，狠抓工程安全、质量、进度、造价等专业管控，打造一支求真务实、斗真碰硬、真抓实干的基建铁军。强化专业素质提升，定期召开专业工作会，共同讨论学习上级文件和工作要求，对照检查问题，促进管理团队不断提升、共同进步。

三、供电企业基于“共识共建共享”理念的电网建设管理效果

（一）实现服务升级，保障了区域经济社会快速发展

重庆市区供电公司通过世界一流城市电网建设，提高了配套供电服务效率，有力支撑了地方政府发展战略落地，有效保障了区域经济社会快速发展。一是保障经济保持高速增长。“十三五”期间，重庆市区供电公司供电服务区域GDP年均增速8.03%，高于全市平均水平0.83个百分点。二是保障招商引资项目落地。在朝天门片区、大坪商圈、沙坪坝商圈等核心区域建成110千伏朝天门、七牌坊、渝碚路等变电站，保障了朝天门来福士广场、大坪时代天街、沙坪坝金沙天街等一大批重点招商引资项目的落地；投运220千伏桐子湾、微电园、宝洪等变电站，为西部物流园、西永微电园、高新区西部拓展区、西部科学城等园区加速发展提供了坚强电源支撑。三是保障重大基础设施建设提速。电力设施迁改周期平均压减50%，助力西部科学城科学大道、成渝高速、轨道五号线、白居寺大桥、快速路一纵线等一系列重大基础设施建设项目加快建设，得到了政府部门、相关单位的高度评价和赞扬。

（二）实现电网升级，支撑了公司转型发展战略落地

重庆市区供电公司通过管理成果落地实施，推动电网实现了跨越式发展，电网保供、清洁能源消纳能力及企业核心竞争力显著提升。一是电网结构更加坚强。自2016年以来，220千伏变电容量、输电线路分别增长19%和16%；110千伏变电容量、输电线路长度分别增长26%和18%，形成220千伏环网和110千伏链式结构为主的坚强网架结构，110千伏及以上线路N－1通过率100%，全面消除了110千伏及以上重过载变压器和输电线路，综合供电可靠率从99.925%提升到99.978%。二是电网运行更加高效。网架结构不断优化，设备负载率趋于合理、电网损耗稳步下降，综合线损率由2015年的4.71%，下降到2021年的2.49%，按照2021年供电量176亿千瓦时计算，产生直接经济效益上亿元。三是电网接入更加便捷。变电站布点增加，供电半径大大缩短，供电区域划分逐步优化，破除供电瓶颈166处，客户平均接电距离缩短50%，平均接电成本下降35%。

（三）实现难点突破，促进了电网建设效率效益提升

重庆市区供电公司倡导的“共识共建共享”理念逐步深入人心，形成了政府、社会、企业支持电网、共建电网、共享电网的良好局面，有效破解了电网建设难题，对于加快新型电力系统建设具有重要意义。一是项目前期更加快捷。电网项目前期工作得到了政府部门和相关单位的大力支持，前期手续办理时间大大压降。二是工程建设更加高效。电网建设外部环境持续优化，工程受阻现象大大减少，项目建设周期平均缩短30%~50%，例如110千伏武家输变电工程自开工建设至建成投产，仅耗时一年零两个月，较以往类似工程缩短工期近1年。三是电网发展更加优化。通过项目共建成功实施了一批选址落

地极难、阻工风险极高的电网项目，实现110千伏朝天门等8座变电站在城市核心区超前布点和土地资源综合利用，推动220千伏陈宝线等12项线路工程顺利实施，签订110千伏富力、科学谷等10项输变电项目共建协议，达成15座变电站建设无偿用地协议，争取建设用地19.1万平方米，累计节省土地成本和工程建设成本约7.6亿元。

（成果创造人：何永胜、张　捷、梁雨林、杨高峰、钟家华、曾　征、黄　涛、马怀冬、肖文浩、米雪松、何张凤、向　尧）

邮政企业“两集中”模式下一体化管控体系的构建与实施

中国邮政集团有限公司湖南省分公司

中国邮政集团有限公司湖南省分公司（以下简称湖南邮政）下辖14个市州分公司，93个县（市、区）分公司，是负责省内邮政通信网的建设、运行、经营与管理的大型国有企业，以邮政快递物流、金融、电子商务等为主业，实行多元化经营，依法经营各项邮政业务，承担邮政普遍服务义务，主要经营邮政专营业务，受政府委托提供邮政特殊服务以及商业化竞争性邮政业务，全省邮政员工2.3万人。2021年，全省邮政实现业务收入100.62亿元，同比增长6.69%；利润完成1.56亿元。

一、邮政企业“两集中”模式下一体化管控体系的构建与实施背景

（一）遵循行业发展的普遍规律

2020年全国邮政寄递网“两集中”改革工作电视电话会议指出：“我们落后于竞争对手，是我们的治理制度不健全、治理体系不完善，是我们的管控能力不足、管控手段不到位。其中，突出的表现就是网络集中化不够的问题。竞争对手是如何集中的？首先是网络规划、网络运营、网络管控的集中化，然后是资源管理的集中化、成本核算的集中化。要按照‘集团管全网、各省管域内’的两级分工，重新明确角色定位。”建立全网集中管控、统一调度、联合作业的运营模式，是网络型企业的共同特征。顺丰、中通等企业均对干线网络实行集中管理，对场地、设备、车辆、信息系统集中建设、集中采购，对运输、处理环节实施集中调度和标准化作业，总部强化管控，基层强化执行，是行业通行的集约化管理模式。这些企业的竞争优势，更多表现在集中管控优势、科技赋能优势和资源利用优势。

（二）推动高质量发展的客观要求

网络是寄递服务的物质基础和保障，是寄递企业的命脉，客户体验主要来自网络运营效率；寄递行业企业利润主要来自网络运营效益；竞争能力主要来自网络运营效能；寄递行业的竞争本质在于网络运营的竞争。建设“体系完整、统一指挥、扁平直达、快速高效”的集中管控体系，实现全程全网统一调度和网络资源的优化配置，增加网路核心竞争能力，提高全网运行效率，降低运营成本，既是应对行业竞争激烈态势的必然选择，也是邮政推动寄递业务高质量发展的内在迫切需求。一方面要以邮件提速为核心，规范端到端全网统一指挥调度流程，实现从分散管理到集中管控的突破，开展全环节、全过程、全时段动态调度，建立快速响应和解决机制，强化全网执行力，确保网络稳定高效运行，改善客户体验。另一方面要以降本增效为重点，通过全网统一规划，统筹配置资源，灵活调整作业组织、优化生产流程，提高网络运营效能，实现从成本控制向资源运营的转变，提高网路核心竞争能力。

（三）解决邮政自身不足的重要手段

邮政企业传统的网络组织模式和运营管理模式存在诸多不足，就湖南邮政而言，具体存在以下几个问题：一是全省邮政寄递网管控体系分散、力量薄弱；二是资源统筹利用度不高，存在网路衔接不紧密，运能组织不合理等问题；三是网络规划协同性不强；四是管控机制和流程不完善；五是科技赋能水平不高。这些问题的存在，导致邮政寄递网运营成本高、管理效率低，无法适应日益激烈的市场竞争和满足客户需求，也严重阻碍了邮政寄递业务的发展。寄递网一体化管控体系构建和实施，有利于全省邮政寄递网络管控模式从传统的“以块为主，条分割于块”逐步向“以条为主，块服从于条”模式转型，全网资源能得到有效整合利用，同时能保证全网运行指挥调度的协调统一，网络运营的效率效益会大幅提升，确保全网利益的最大化。

二、邮政企业“两集中”模式下一体化管控体系的构建与实施主要做法

（一）以体系建设为突破，强化全省集中垂直调度

1. 优化调度架构

全省压缩管控层级，实行“扁平化管理”与“垂直指挥调度”，对异常情况进行动态调度，指令直达生产一线，并追踪指令执行情况，全省形成“集中统一、扁平直达、快速响应、闭环反馈”的管控体系。一是强化省指挥调度中心集中管控。首先是整合市州部分职能，上收业务集中管理权限，加大对指挥调度、航陆组织、全程时限、运营资源、成本损益、邮运计划、控制数据、考核通报等统一管控力度，改造省指挥调度中心场地，增设台席设备，实现集中办公，开展7×24小时调度工作。其次是强化省指挥调度中心力量，在岗人员由8人增加到25人，成立指挥调度、揽投管控、内部处理管控、运输管控、协同客服五个小组，提高省指挥调度中心人员准入门槛，五个组长和骨干人员由省公司总经理亲自把关。此外实施组长责任制，明确各组管控内容、具体目标。二是弱化市县处理中心管控职能。市县基层生产部门主要执行上级调度指令，突出生产现场管理和协调，将原指挥调度班、处理中心值班调度等职能下沉到各个生产班组直接参与现场指挥，加大现场巡查，强化“六管控”，即现场“6S”管控、生产流程管控、时限服务管控、运行效率管控、安全生产管控和场院秩序管控，确保作业规范、交接有序、生产安全、场院通畅。

2. 强化调度权威

一是提高部门定位。省指挥调度中心直接对省公司领导负责，建立每周定期向省公司总经理汇报工作机制，及时收集上报全网整体运营情况、急需协调解决的突出问题以及相关建议。二是充分赋权。省公司赋予省指挥调度中心对营业、分拣、运输和投递全环节指挥调度权和经济考核权，紧急情况下可行使省公司总经理职权，调动全网所有资源；可直接对市州总经理进行考核，提高省内寄递网的统一指挥和集中管控水平。三是扩大管控职能。省指挥调度中心不仅是网运秩序的维护者，也是业务发展的支持者，还是客户利益的维护者，管控范围可以“纵向到底，横向到边”，即除了网运专业可以直管到底外，凡是涉及寄递业务的职能部门均纳入协同管控范围，包括对出口流量、收寄规格、收寄资费、成本损益、资源调拨和客户投诉等方面。

3. 理顺管控机制

一是优化调度机制。建立全省包括支局、班组在内的2675人关键责任岗管控体系，实现全环节、全岗位和全网点覆盖，建立“上下贯穿、直达到人”的垂直管控流程和“事前预警、事中纠偏、事后评价”的闭环管控机制，从结果导向转变为过程导向，按照7个环节，拟定核心指标，加大统管统控和直接干预力度，实施端到端的全链路过程管控。二是健全联动机制。为了强化横向协同联动，湖南邮政由省指挥调度中心牵头，在总结提炼“双11”协同作战模式基础上，打破部门和专业壁垒，建立省、市（州）两级贯通的“网运、经营、服务”三端联动日常保障和良性互动机制，畅通沟通渠道，共享网业信息（如资费政策、重点业务、优势线路等），共商解决对策，促进协同发展，特别是突出战略客户、重点项目、重点平台的运行管理和生产控制，强化客服支撑工作，协同处理疑难工单和投诉热点，2021年，全省网运协同工单处理及时率91.9%，全国排名第3位。同时，省指挥调度中心与财务、采购等部门成立降本增效工作组，定期召开会议，加强运营成本损益，通过优化网路组织，倒逼作业流程优化，大大提高运营效益和资源效能。三是严格追责机制。按照“任务到人、目标到人、责任到人、考核到人”的要求，全面夯实责任，强化履职管控，实时跟踪目标完成情况，分级亮牌警示督办。三级为蓝牌，责任人为指标岗位关键人；二级为黄牌，责任人为运管部经理；一级为红牌，责任人为分管副总，连续两次红牌升级，追责到市州总经理。指标连续2日不达标或当日低于达标值但不超过5个点，出示蓝牌警示；连

续3日不达标或当日低于达标值5个点，出示黄牌警示；指标连续5日不达标或指标低于达标值10个点，出示红牌警示，并按照相关规定进行预考核，月底结算，落责到人。专项督办约谈，按照“请上来，走下去”的方式，对指标落后单位进行专项督办，2021年以来，省公司集中约谈市州130人次，同时先后派人到长沙、衡阳、邵阳等单位进行现场写实，从源头查找和解决问题；此外，对突出机构和每日严重异常指标市州单位进行督导，累计下发调度指令201份，累计派发督办单435张。四是配套激励机制。湖南邮政按照“全面覆盖，高定标准，分组定责，正向激励”的原则，专门下发相关文件，明确团队年度整体运营目标（即全省综合运营时限质量考核在全国“保六争三”，全年压降运营成本4000万元以上），每月按完成进度给予相应奖励，通过完善机制持久推动团队高效运行。

（二）以能力建设为基础，开展省内网统一规划

1. 打破行政区域规划骨干网

按照“就近入网、扁平组网、能力强网”思路，全面优化调整省内网组网模式和节点布局。一是打破行政区划，合理划分各节点集散覆盖范围，原则上本地中心覆盖的城市和乡镇不超过100个，本地中心进口邮件在4万件以上，覆盖半径小于150千米，全省形成“3个省际中心（长沙、衡阳、常德）+3个本地中心（邵阳、郴州、益阳）+26个区域集包中心”的网络架构，本地中心直分到揽投部和农村网点，压缩县级层级，组织层级由4级缩减到3级，实现了省内“一次分拣+一次分拨+两次运输”模式，达到层级最少、时限最优、成本最低的目标。省际中心为干线网的核心节点，构成省际骨干运输网，主要承担进出口邮件的总包分拨、本地分拣与干线运输。本地中心以市州、县为基本单元，是本地网的基本节点，以分拣为主、分拨为辅，快速衔接干线网。区域集包中心是对“省际+本地”二级架构的补充，主要承担覆盖范围内邮件的出口集包、进口分拨与范围内运输，以集包为主、分拨为辅。二是突破运输行政层级，按量组网，加大出口源头直发力度。省际运输按照直发直运和尾量汇集减少经转；省内运输多点集散，多频直达和跨级直运，全省24个县市开通了直达省际中心上行邮路，出口邮件不再经市州处理，22个县市进口打破行政区划开通固定班期直达邮路，实现了省际中心进口直分和直达运输。

2. 统一投递网建设模式

以自提网建设为核心，推进邮政揽投网改革，按照“五统一”原则，大力推进投递网点转型，构建“集约化、平台化、社会化”的末端投递新模式，全省建设自提点36535个，自提率达到60%以上，大幅提升投递效率，降低投递成本。一是统一签约，由各市、县分公司与自提点签订服务协议，明确服务内容、操作规范、自提费标准，严禁违规收费等内容。二是统一形象，按照集团要求全省统一制定“邮政自提点”相关形象标识标准，定为“邮政综合便民服务站”。三是统一系统，邮政自提点统一使用“邮政包裹自提系统”，严禁使用第三方系统。社会品牌自提点统一对接邮政新一代寄递平台，并在新一代寄递平台做好社会自提点维护、绑定工作。四是统一结算，依据系统取件业务量，以业务代办费、劳务费等方式与自提点统一结算。按照“以量换价”原则，通过“阶梯结算”方式，提高站点积极性的同时，降低企业成本。五是统一管控，所有自提点均纳入系统管控，充分利用新一代寄递平台重点加强“快递包裹自提信息反馈规范，以及特快专递电话预约”的监控，对存在问题的揽投机构及时督导整改，不断改善服务质量。

3. 明确设备配置标准

对于散件处理为主的场地，日均处理量小于4.5万件的，配置圆盘分拣机（40个格口以内），效率约3000件/小时；日均处理量小于7.2万件的，配置收寄一体机+多层胶带机+环形集包笼，效率约1200件/台/小时；日均处理量小于18万件的，配置1台小件分拣机，效率为12000件/小时；日均处理

量小于 36 万件的，配置 2 台小件分拣机或 1 台双层小件分拣机，效率为 24000 件/小时；日均处理量大于 36 万件的，配置多台或多层供件小件分拣机。对于大件加总包处理为主的场地，日均处理量小于 3.75 万袋件的，配置 1 条自动/人工细分发运线，效率约为 2500 袋件/小时；日均处理量小于 30 万袋件的，配置 2 ~ 8 条自动/人工矩阵粗分线搭配若干自动/人工细分发运线，效率为 2500 袋件/条/小时；日均处理量大于 30 万袋件的，配置 8 条以上自动矩阵粗分线搭配若干条自动细分发运线，效率为 2500 袋件/条/小时。

（三）以科技赋能为依托，提高智能化管控水平

1. 搭建邮件全程可视化平台

省指挥调度中心加大业技深度融合，按照“信息化引领、实时化监控、动态化调度、精细化管理、高效化运营”的理念，不断加大科技投入，提高信息化和可视化水平。利用大数据、AI、5G、物联网等新技术，整合集成视频监控系统、车辆管理系统、智慧邮路 PDA 系统、智能跟单系统、指挥调度系统等信息化资源，形成集中化 IT 平台架构，逐步实现人、货、车、场的全场景感知、全流程可览、全环节可控，实时监控邮件收寄、内部处理、运输和投递等各环节的生产运行情况；实时监控邮件运递全过程和邮路运行全程轨迹；实时监控各生产作业现场情况；实时监控各地天气、交通等关联信息，全面提升智能化管控水平。

2. 大力开展非现场检查

全省视频监控系统有 4 万个监控探头，覆盖包括各级市县处理中心和揽投部约 2000 个网点，为了充分发挥视频监控系统非现场检查的技术优势，实时掌握生产运行情况，省指挥调度中心按照“三定”原则制定相关管理办法和表格模板，强化监控力度。一是定监控频次，每天分四个频次，白天和晚上各两个频次，主要检查市、县两级处理中心以及揽投部作业高峰作业段生产运营情况；二是定监控计划，对全体人员进行排班，规定检查的市州和内容，视频检查的市州、区域、时间、异常情况、处置措施全部登记留痕；三是定期通报考核，对于违规作业和异常行为截取照片或视频记录，每天至少下发一份督办单，每月定期汇总通报考核。

3. 完善预警报警功能

在各系统设置关键节点阈值参数，根据监控内容生成预报、预警和报警“三类”信息，实现运营过程监控的自动预警。通过全环节件量预测，形成各环节预计生产数据，指挥调度人员可根据生产实际情况，提前进行作业组织安排或调整；根据全程时限标准对全网各关键环节中即将逾限邮件或即将形成生产异常的事件形成预警信息，调度人员在接到预警后，及时调整或优化生产作业组织，预防异常事件发生。如：预计生产压力异常、预计发运逾限、预计发车逾限、预计投递逾限、道路拥堵等；邮件实际已逾限或作业类异常产生后，触发报警信息，调度人员需及时处理。

4. 强化督办执行

设置预报、预警和报警的发送范围，并以短信和调度任务单为载体，通过电脑终端、手机 App、电话、短信、微信等方式，向生产机构关键岗位进行推送，严格落实“限时处理、升级督办、追踪指令、闭环反馈”的原则，狠抓处理问题的时效性，加强对重点机构和突出问题邮件的调度督办，提高异常问题解决效率。生产机构调度的异常邮件，要求 60 分钟内响应，120 分钟内办结反馈，对于升级工单和被派发调度指令 2 次的机构，省公司直接督办该机构负责人或上级主管。

5. 深挖大数据分析

每天通过生产调度日志、中心局生产运行监控报告等综合报表，对当前全网运行情况进行快速评估分析，形成对邮件、运输、能力和客服等维度的历史、现状和未来生产趋势分析、研判和预测；对历史生产数据和调度管理数据加工汇总，形成可供系统调用和人工查询的生产调度智力库，相继编制《“双

11”生产运行评估报告》《全省干线邮路组开方案》《全省处理能力缺口分析》等大数据分析报告，为处理中心作业组织、车辆运力匹配、揽投部投递安排等事前准备和调度决策提供有力数据支撑。同时，根据系统提供的历史数据，总结分析各类客户用邮习惯、邮件流量流向的周期性、区域性规律，按照小周期、多频次，编制多套干线运输计划，实现邮件时限和运营成本的统筹兼顾。

（四）以支撑经营为重点，加大邮件时限集中管控

1. 建立“路长制”管控机制

邮件时限和各环节能力保障密切相关，为了协调解决重大问题，湖南邮政学习借鉴河长制、林长制，建立“路长制”，按照“谁组开谁负责”的原则，确保每条重点线路有人管、线路时限有保障、责任到人、目标到人，以此提升寄递网时限水平和竞争力。一是强化省内统筹联动，省分公司总经理任总路长，省指挥调度中心成立时限管控关键组，牵头经营、人力、财务和建设部门，建立跨部门、跨层级协同机制，加大通过紧盯“四张红图、四个环节指标、两组关键数、一张预警表”来发现问题、查摆问题和解决问题，及时掌握生产现状，对全省各条线路、各个环节时限协同管控，形成联合团队推行寄递网端到端、全流程、全时段覆盖管控。二是夯实市州责任，各市州总经理任市州路长，按照“一路一策”明确职责和目标，分角色建立评价体系。三是加大追责问责，湖南邮政按月分四档统计市州各级路长 KPI 指标得分情况，当月 KPI 评价不合格的市州各级路长，由省分公司组织约谈，连续 2 个月 KPI 评价不合格的市州各级路长，由省分公司组织质询。

2. 分类施策对标提速

湖南邮政重新梳理并统一编制全省邮路发运计划，逐条线路进行整改，并对 31 条重点干线邮路进行提速。一是够量直达，加强网业联动，先后开通长沙至宁波、温州、汕头、南通，衡阳至南宁等直达邮路，减少经转层级，加快全程时限，赶超竞品水平。二是提前发车时点，按照“投递倒推、衔接出口”原则，将长沙—锦州、常德—武汉、邵阳—武汉、邵阳—南宁分别提前 2 ~ 4 小时发车，确保进口省紧密衔接下行，能实现进口省当日投递；三是压缩运行时长，按照从紧从严的原则，对系统中维护的邮路里程和邮车运行时速逐条进行核实，压缩关键节点、关键卡点邮路运行时长，将长沙—青岛、衡阳—石家庄、邵阳—石家庄、衡阳—西安等邮路运行时长分别压缩 0.8 ~ 3 小时。四是优化发运计划，对实际时限小于计划时限的长沙 - 吕梁、呼伦贝尔、仙桃、丽江，株洲—吕梁，岳阳—廊坊，娄底—青岛等 7 条邮路调整计划库时限，确保计划库时限与实际时限一致。五是强化卡口管控，对长沙—北京、惠州、济宁等时限波动较大的线路，严格按照“出口、运输、进口”三个段落，紧盯收寄、及时发运、准点发车、准点达到、及时妥投 5 个管控卡口点，确保全程可控。

3. 优化运营标准

湖南邮政按季度动态优化四大时限库，定期优化调整标准时限库；对标竞争对手，优化调整截邮时间，组织各市州分公司分批优化重点城市、重点市场的截邮时间，提升客户用邮体验。

（五）以降本增效为核心，统筹资源综合利用

1. 加强车辆集中管控

充分利用自主开发的“车辆管理平台”系统，湖南邮政加大对干线运输时限、维修、油耗全方位集中管控。一是加强加班车和委办车型集中审批。自 2021 年 9 月 1 日起，全省各市州组开的干线加班车审批权限全部上收到省指挥调度中心，由运输管控组根据现场邮件量滚存情况逐车进行审批，并跟踪评价加班车实际派发及邮件装载情况。截至 2021 年年底，共计审批加班车 41632 车次，审批通过率 98.4%。在此基础上，从 2021 年 10 月起在全省推行委办车型集中审核工作，全省所有用车单位一、二级干线汽车邮路委办运输车辆、车厢必须先审核再使用。截至 2021 年 12 月底，共集中审核车型 26254

车次，审核通过率为79.0%。二是加强车辆油耗管控。严格实行“一车一卡”和定点加油制度，结合“车辆管理平台”提供的车辆行驶里程轨迹和测算的百千米油耗等相关数据，湖南邮政在全省组织开展车辆油耗专项整治活动。三是加强业财联动管控。从2021年8月1日起，所有车辆油料和维修费用报账必须附“车辆管理平台”油耗、维修费用清单，否则财务不予报账，进一步从源头堵死成本管控漏洞。

2. 推行全省集中采购

近年来随着邮件业务量大幅增长，湖南邮政自有车辆运输能力和邮件处理中心分拣能力出现瓶颈，全省各级邮政企业大量采取外包社会车辆运输和外包社会用工处理邮件来解决能力缺口。为了规范运营，降低成本，湖南邮政加大外包资源集中采购管理。一是全力推进外包运能的集中采购，对全省所有邮路运行成本、运能利用、时限效果和经营收入进行综合分析评估，确定对全省214条省际邮路和137条省内邮路运输进行外包，并对外包运能全省实施“集中采购，统谈分签”，外包运能集中采购后，省际邮路外包车辆运能全省平均单价下降21%，同等业务量情况下，年节约运输费用5032万元；省内邮路外包车辆运能平均单价下降14.9%，同等业务量情况下，年节约运输费用1300万元。二是全力推进邮件处理中心业务外包，湖南邮政收集全省各级邮件处理中心现状，统一制定业务外包模板，不断优化完善采购方案，选取邵阳市、岳阳市两个邮件处理中心，按照供应商纯人工外包和供应商自带分拣设备外包两种模式进行外包试点，节约成本达1709万元；在此试点基础上，进一步推动衡阳、常德等9个单位集中采购，全年节约成本达2200万元。

3. 提升单车装载效益

以提升装载率为重点，盯住关键环节和关键要素，强化车辆运行监控，由邮路管理向车次管理转型，灵活及时调整发运计划，规范派车管理，做到量能匹配。2021年，全省动态调整干线邮路628条次，装载率同比提升3个百分点，增加结算收入3600万元。

三、邮政企业“两集中”模式下一体化管控体系的构建与实施效果

（一）邮件时限质量大幅提升

一体化管控体系从2021年2月组建以来，管控效果逐步显现，运营时限、服务质量综合指标始终处于全国第一梯队。全省27项运营质量重点指标平均每月有18项进入全国前10位，其中9项进入全国前5位。邮件传递速度大幅加快，截至2021年年底，发往省际的特快邮件和快包邮件全程时限达成率分别为91.4%和78.2%，比年初分别提高7. 5个百分点和9.2个百分点；省内互寄的特快邮件和快包邮件次日递率分别达到95%和87%，比年初分别提高2个百分点和15个百分点；平信、挂信、普包等普通邮件全程时限较年初提速1.87天；党报党刊当日见报率保持100%；邮件时限水平均进入全国前列。客服体验明显好转，2021年全省客户满意度为99.6%，超集团标准4.6个百分点。

（二）寄递业务实现快速发展

邮件时限和服务质量持续改善，直接转化成市场竞争能力和获客能力，大大促进了全省寄递业务快速发展。2021年，全省实现寄递业务总收入规模排全国第9位，较2020年提升2位，同比增长16.9%，排全国第9位，较2020年提升13位；其中特快业务全年同比增长49.4%，在集团公司特快“比学赶帮超”中跃居第二组第1名。全省寄递业务量市占率为21.9%，高出全国12.5个百分点，排全国第5位，全省行业排名第1位，被国家邮政局高度肯定为“真正的国家队”。此外，入驻客户数量大幅提升，2021年，全省商企市场客户数量同比增幅40.3%，增幅全国排名第二；12月当月新增业务量672万件，客户数量及新增业务量均排小组第一。

（三）网路运营成本明显下降

网路运营效益明显改善，降本增效初显成果，收寄、处理、运输、投递、管理支撑5个环节成本较上年末分别下降15.23%、9.76%、1.20%、5.03%、26.56%；和全国相比，收寄环节件均成本低于全国平均0.31元/件，排全国第5位；投递环节件均成本低于全国平均0.6元/件，排全国第2位；陆运运输单位成本低于全国平均0.21元/吨·千米，排全国第3位。

（成果创造人：杜卫红、刘俊峰、肖立伟、
朱儒勇、张　锐、胡鹏程、沈　周）

钢铁企业以精益化为导向的高炉经济运行管理体系构建与实施

鞍钢集团朝阳钢铁有限公司

鞍钢集团朝阳钢铁有限公司（以下简称朝阳钢铁）隶属鞍钢股份有限公司，以热轧卷板为主要产品。2021 年朝阳钢铁获评国务院国资委“中央企业先进党组织”和“管理标杆企业”两项殊荣，2022 年获国务院国资委办公厅“国有企业公司治理示范企业”称号。2021 年盈利 15.5 亿元；销售利润率 13.58%，国内行业排名第 4 位；吨材利润 664 元，国内行业排名第 4 位。朝阳钢铁铁前系统包括 1 座年吞吐物料量 1200 万吨的机械化综合原料场，1 台年生产能力为 260 万吨的 265 平方米烧结机；拥有 2 座 6 米 50 孔焦炉及配套的 1 套 125 万吨干熄焦设施；1 座年生产能力为 200 万吨的 2600 立方米高炉。

一、钢铁企业以精益化为导向的高炉经济运行管理体系构建与实施背景

（一）对标一流的迫切需要

世界百年变局加速演进，外部和宏观经济环境复杂多变，新冠疫情防控形势愈发严峻，绿色低碳、智能制造给钢铁工业带来颠覆性变革和新的挑战，给朝阳钢铁全面完成生产经营和改革发展任务带来新的考验。面对多重压力，为激发企业管理效能，加强管理体系和管理能力建设，朝阳钢铁把实施精益管理作为实现全年生产经营目标的重要抓手，将精益管理作为提质增效、应对挑战的治本之策，把精益管理产生的效能转化为公司创新发展的动能，对标找差，锻长板、补短板、强弱项，推进减量化、集约化管理变革，切实提高效率效益，提升市场竞争力，将精益管理理念和方法融入生产经营管理全过程。炼铁生产是全公司生产的中心环节、瓶颈环节，工序多，流程长，铁前任何环节出现问题都会影响高炉平稳运行，影响公司整体生产经营，以精益理念为指引，应用精益工具改善提高铁前管理各环节，使高炉长周期稳定顺行、高产、低耗、低成本，达到高炉经济运行目的，从而提高企业核心竞争力，进而提升公司整体管理水平。

（二）低碳发展的可靠路径

2020 年，中央经济工作会议明确提出碳达峰、碳中和目标。据统计，人类活动产生的温室气体占全球温室气体的 74%，而所有活动中工业活动占了全球 CO_2 排放量的 21%，钢铁工业占人类工业活动 CO_2 排放的 15% ~17%。在钢铁工业中，铁前系统能耗占整个钢铁工业能耗的 70% 以上，CO_2 等温室气体直接排放或间接排放占到了近 90%，中国粗钢产量约占世界粗钢产量的 56%，粗钢原料来源主要是高炉生产的液态铁水，而铁前减排 CO_2 最重要的一个方向就是提高高炉能源利用率，即降低高炉燃料消耗。朝阳钢铁因为资源限制和经营需要，高炉炉料品位达不到国内先进水平，只能在现有水平下，建立高炉经济运行管理体系，在高炉稳定顺行的前提下使高炉燃料比达到最好水平，实现减少碳消耗的目的。

（三）降本增效的必然选择

生铁成本在朝阳钢铁整个生产成本中占比近 70%，如何优化生铁成本对朝阳钢铁充分发挥成本优势至关重要。通过系统分析技经指标，原燃料成本占生铁总成本的 95%，其中矿石消耗占生铁成本的 50%，燃料消耗占生铁成本的 45%。因此如何优化原燃料结构，降低燃料消耗是降低生铁成本的关键环节。降低矿石成本，需要紧跟市场，不断优化配矿结构，提高配矿结构性价比；降低燃料成本，不但需要降低燃料采购成本，提高燃料结构性价比，更重要的是降低燃料消耗，而不断优化原燃料结构成本和不断降低燃料消耗成本在高炉生产中是一对对立矛盾体，廉价的结构成本必然导致炉料质量下降，与

不断优化的燃料消耗指标发生矛盾，导致炉况反复失常，如朝阳钢铁2020年在不断降低生铁成本的过程中，高炉多次发生悬料、管道事故导致的次生事故造成了很大的损失。朝阳钢铁单线生产，实现高炉长周期稳定顺行是朝阳钢铁完成全年生产经营目标的必要条件，降本需要在生产稳定顺行的前提下进行，建立合理、合适降本体系迫在眉睫。

二、钢铁企业以精益化为导向的高炉经济运行管理体系构建与实施主要做法

（一）坚持四维推进，“铁焦联动”经济运行

朝阳钢铁铁前系统由焦化厂和炼铁厂两个单位构成，以往的管理思路更多的是各工序独立运营，单点突破，独立核算成本。“单打独斗”的结果往往会造成焦炭成本降下去了，但焦炭质量变差了，不能完全支撑高炉生产需要，高炉被迫减轻焦炭负荷，提高焦比维持规模。导致炼焦系统在降低成本上做了巨大努力，换来的却是铁前系统整体运营成本的升高。针对此问题，一是建立三级精益推进组织，成立公司、厂、工区三级精益组织，教授精益工具和工作方法、制定评价机制、搭建联动平台。二是定期组织配煤配矿周例会推进发现问题，解决问题。三是应用精益质量管理工具之5W2H思维模式，“铁焦联动”应运而生。“铁焦联动”主要从以下四个维度建立推进。

1. 围绕高炉稳定顺行，建立生产联动

一是焦化厂坚持以高炉为中心组织生产，随炉况需要动态调整生产节奏，以铁定焦，优化生产组织模式；二是厂际间生产信息共享，实事求是，内部生产问题相互之间“不捂盖子”“不当鸵鸟”“不护犊子”，充分暴露问题，联合解决；三是相应层级岗位建立健全沟通渠道，生产监控信息远程互看，电话随时联络，定期组织会议，使焦炭质量和炉况信息能够及时反馈、反应，确保高炉生产稳定顺行，成本最优。

2. 坚持按标作业，建立质量联动

一是焦化厂和炼铁厂在公司主管部门协调下，根据高炉生产强度需求不同，建立与生产相对应焦炭质量标准；二是焦化厂根据炼铁要求的焦炭质量标准，建立对应配煤结构模型，满足高炉生产调整需求；三是焦化厂提前预判焦炭质量反馈炼铁厂，炼铁厂炉况调整需要焦化厂配合调整焦炭质量，焦化厂无条件执行。

3. 统筹组产方案，建立成本联动

一是焦化厂和炼铁厂根据公司经营需求，结合公司生产计划，计算不同生产条件下的单位成本，形成不同生产组织方案；二是公司主导，焦化厂与炼铁厂充分参与，根据不同生产组织方案，联合计算铁焦成本，寻找成本最优解。

4. 追溯成本责任，建立激励联动

一是建立成本转移奖励机制，从质量、事故、产量三个维度追溯各工序成本责任，实施奖惩，一荣俱荣、一损俱损，激发全员参与积极性；二是建立系统降本奖励机制，焦化厂、炼铁厂联合计算降本金额，降本总额多则两厂奖励多，降本总额少，则奖励少，不以单厂降本金额定奖，不断深化铁焦联动。

（二）深挖价值改善，重构配煤配矿管控模型

1. 重构焦化配煤模型，丰富焦化配煤结构

当前煤炭资源越发紧缺，各钢铁企业都在争抢优质的炼焦用煤资源，而过去朝阳钢铁炼焦用煤只有10多个品种，很容易因为供货资源不足、供应节奏不匹配等造成单种煤资源紧缺，不得不临时调整配煤结构或高价购买紧缺资源。针对此种情况，结合精益管理理念，利用焦化厂全价值流图分析，查找浪费点，朝阳钢铁重建焦化配煤管控模型，一是对生产部门与采购部门实行一体化管理，确保采购部门将有关资源寻源、拓源的信息与焦化厂充分共享，采购部门提供资源价格，焦化厂判断资源价值，共同确认资源合理度；二是开发和丰富配煤模型，精确指导配煤管理，将原煤品种由原来的10多个品种增至

20多个品种，由煤焦实验中心充分运用煤岩学、经典配煤理论、结构化学等先进技术，针对高炉不同强度，开发和提前组合搭配建成60多个配煤模型，为根据市场情况实现资源灵活搭配和价位合理充足供应提供科学的决策依据；三是建立配煤模型的使用标准，以配煤结构必须满足原燃料质量底线为配煤结构优化的首要条件，根据市场煤资源供给情况及所开发的配煤结构模型，统筹分析质量、成本，从而选择最优配煤结构。

2. 重构炼铁配矿模型，动态调整配矿结构

铁前配矿成本约占生铁成本的50%，配矿结构科学经济是降低生铁成本最有效的措施之一。朝阳钢铁根据近几年的生产实践，引入精益管理念，应用炼铁全价值流图分析，重新建立配矿管控模型，一是建立烧结配矿管控模型，采取原料采购与烧结配矿一体化管理，充分考虑其经济性及对铁前运行的影响，寻求烧结配矿价格与价值最优，探索最优烧结配矿结构；二是建立高炉配矿管控模型，结合生产实际，形成不同烧结、球团比例下高炉操作制度调整方案，紧跟市场，依据烧结和球团性价比，动态调整烧结、球团比例，使目标高炉配矿性价比最优；三是建立适用于自身生产的烧结配矿与高炉配矿联合菜单——朝阳钢铁铁前配矿调整模型（见图1）。通过烧结配矿与高炉配矿联合菜单确定配矿品种，通过计算配矿结构成分确定是否满足生产要求，结合成本测算，确定是否满足降低成本需要，实现了铁前配矿成本的动态调整。

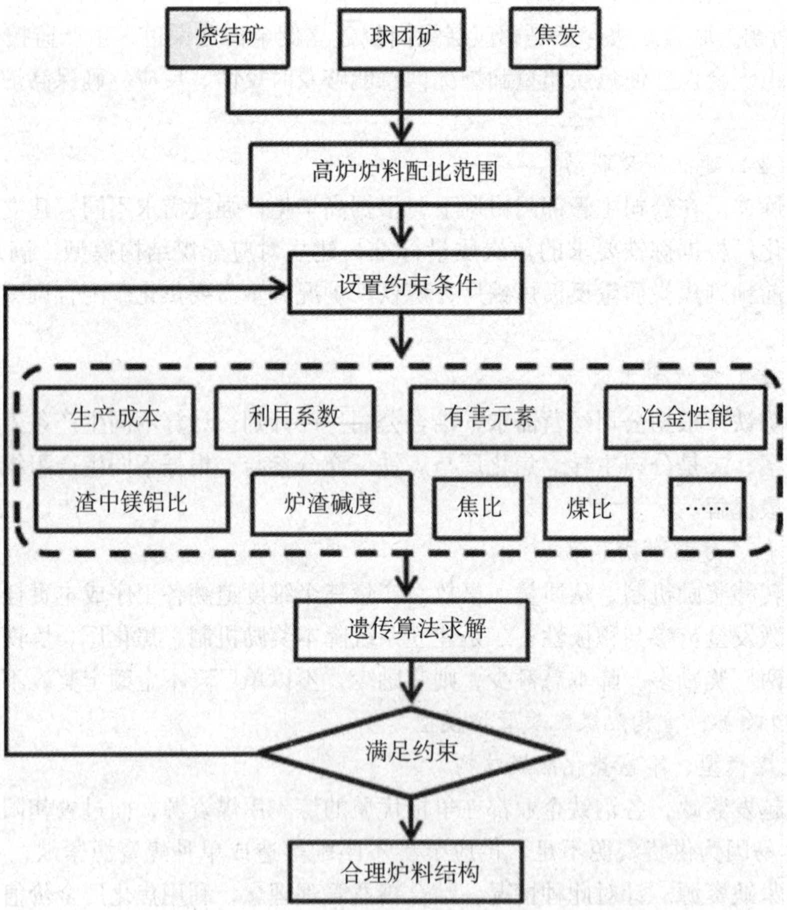

图1　铁前配矿调整模型（设安全总监组、同行工作组）

3. 重构高炉配煤模型，改善喷吹煤种结构

高炉喷煤结构在高炉燃料消耗成本中占有较高比重，不同成分煤粉进入高炉，对高炉冶炼进程影响较大，结合市场实践，重新建立高炉喷吹配煤工作管理体系，完善喷吹煤结构调整模型，一是改善调整喷煤生产条件，通过采取全氮喷吹、降低系统氧含量等技术手段，以利提高烟煤比例，优化煤种调整，克服贫煤黏性大、易堵枪的不利因素，提高贫煤比例，以利于煤种灵活调整；二是优化煤粉价值评价标准，煤粉采购使用固定碳单价结合发热量评价煤粉价值，使喷吹煤拓源、寻源导向明确；三是制定了《煤种转换操作管理细则》，煤种转换按标操作，科学合理组织生产，从而实现朝阳钢铁喷吹配煤结构调整能够紧密跟踪市场形势，在满足制粉工艺要求和安全前提下，可灵活调整配煤结构，确保喷吹配煤结构的成本最优。

（三）严控过程操作，固化高炉精细化管理标准

高炉操作对高炉生产至关重要，俗话说，“七分原料，三分操作”，原料搞好了，操作跟不上，高炉仍然不能取得良好技经指标，朝阳钢铁高炉结合长期操作经验，充分应用精益管理之高炉全价值流图分析，找出影响高炉生产最重要的四个操作关键点，即装料制度调整、炉前出铁操作、炉内日常操作、热风炉换炉，并固化以下四个精细化操作系统管理标准。

1. 装料制度调整操作管理标准

高炉炼铁生产四大操作制度中，装料制度操作调整对高炉平稳运行、改善技经指标至关重要，过去高炉装料制度调整严重依靠个人经验，调整易出现方向不明，进而反复实验，炉况波动时间长的弊病，结合长期生产实践总结，朝阳钢铁高炉制定了装料制度调整操作管理标准，并严格落实。一是严格落实日常管理规定动作，充分利用现有先进技术装备，每日专人定时通过炉顶热像仪传回的图像和炉身传感器，确定高炉边缘和中心气流的强弱，判断煤气流分布是否合理，通过在线激光扫料面扫出炉顶料面形状，得出堆尖位置、平台宽度和漏斗深度，形成高炉煤气流分布情况技术报告；二是总结装料制度调剂手段影响因子大小，根据气流分布确定调剂手段，专业人员撰写调剂具体方案；三是高炉管理和技术人员召开专题会，共同研究改进调剂方案，达成一致意见，最终落实调剂方案，实现装料制度从经验到精准把控的调整过程。

2. 炉前出铁精准操作管理标准

炉前及时出净渣铁是高炉稳定顺行的必要条件，因此建立了炉前出铁精准操作管理标准，并严格落实。一是优化炉前作业标准化管理，使出铁准备、出铁作业和出铁结束作业系统化和规范化。同时，将铁口合格率、出铁合格率、有效出铁时间、设备故障率、出铁均匀性等炉前生产关键指标纳入动态管理，加大评价和考核力度，落实责任，严抓管控，实现炉前操作的标准化；二是结合生产实际，实施精益班组管理，建立炉前耐材及耗材管理预警台账，确保炉前出铁耐材及耗材的充足，并进行阶段性评价和考评，制定出阶段性操作标准，专人跟踪，实现了炉前出铁动态管控，为高炉生产稳定建立坚实的基础；三是炉前出铁操作从以往粗放型管理向标准化管理转变。炉前出铁根据高炉强度进行精确计算，首先，计算高炉化铁速度，确定钻头大小；其次，计算炉内渣铁生成量、排出量，得出炉缸贮渣量、贮铁量，确定出铁时机，如朝阳钢铁高炉打破传统单铁口轮次出铁模式，根据确定好的炉缸贮渣量、贮铁量判断是一个铁口出铁还是两个铁口同时出铁，以实现出铁标准化操作；最后，格规范炉前出铁时间、出铁速度、间隔时长、铁口深度。

3. 炉内“五定”操作管理标准

高炉顺行的关键是平稳，结合朝阳钢铁高炉实际，在高炉精益管理试点班组通过完善与输出现场班组七大任务管理的标准，建立高炉“五定”操作控制标准（见表1）。一是定料批，确保高炉冶炼强度稳定；二是定炉温，确保高炉热量合理稳定；三是定碱度，确保高炉渣合适稳定；四是定顶压，确保高

炉强化冶炼有效执行；五是定压差，确保高炉煤气流合理分布，气流平稳、下料顺畅。高炉操作严格执行“五定”操作控制标准，同时要求高炉工长在正常炉况下每班煤量调剂次数不大于3次。超出标准范围，严肃考核，以此实现各个班组之间操作的统一性，减少了人为操作对炉况的影响，保证高炉的稳定运行。

表1　“五定”操作控制标准

风压/kPa	顶压/kPa	炉温/%	碱度/倍	料批（班批）/批
基准±3	基准±3	基准±0.15	基准±0.05	基准±1

4. 无扰动热风炉操作管理标准

由于工艺限制，为保证高炉热风温度的稳定，需要热风炉交替使用，传统热风炉换炉方式会造成热风压力波动20~30kPa左右，热风压力的大幅度波动会对高炉顺行造成一定影响，尤其当高炉顺行状态较差时这种影响会更加明显，往往会导致换炉后高炉减风的情况。为此，炼铁厂突破工艺限制，大胆尝试，自主研发无扰动换炉技术，制定无扰热风炉操作管理标准。一是严格落实无扰动换炉操作工艺流程，按标操作；二是严格执行换炉前后风压管控标准；三是严格落实换炉时机判断标准。对上述操作，每日专人检查监督，发现问题，立即改正，严肃考核，以确保高炉稳定运行。

（四）优化高炉经济运行，实施精益管理

朝阳钢铁针对高炉生产工序特点，实施高炉经济运行精益管理，并严格落实执行，高炉管理从以往凭管理者经验和知识储备管理到科学化、标准化管理，将各管理体系整合并形成数据库、历史记录，确保出现类似问题可随时调取历史数据和操作总结，规避以往出现过的错误路径，形成标准化操作流程。同时在科学化、标准化管理过程中，应用PDCA（计划、实验、检查、处理）工具，不断改善优化，以确保高炉精益标准化操作，高炉管理不因管理者的变化造成管理模式的改变。

1. 强化质量管理，实施原燃材料精益管理

高炉生产讲究“七分原料，三分操作”，原燃料质量把控对高炉生产来说至关重要。为保证高炉炉况长期稳定顺行，通过大量数据的积累和分析，朝阳钢铁制定了满足2600立方米高炉的原燃料质量管理体系。一是严格执行大宗原燃料进厂管理办法，无条件执行A类原燃料不合格管理办法，定期组织抽检，确保大宗原燃料质量稳定；二是建立高炉原燃料质量控制底线管理标准，一切生产调整、优化结构降本均围绕原燃料质量底线标准进行，底线不能破；三是建立有害元素管理办法，炉料中有害元素对高炉的危害是巨大的，朝阳钢铁结合生产实际，充分运用TRIZ（发明问题解决理论）分析方法，确定高炉炉料碱金属负荷控制在4kg/t以内，锌负荷控制在0.4kg/t以内为最优条件，定期委托第三方进行有害元素平衡分析，指导生产实践控制有害元素不超标。

2. 优化技经指标，实施高炉本体精益管理

高炉本体稳定运行是高炉安全稳定生产的基础，朝阳钢铁通过长期生产实践，认为影响高炉本体运行及高炉生产技经指标最重要的因素为高炉长寿和高炉操作炉型，以此建立了高炉本体管理体系。

一是建立高炉温度场管理标准。经过长期摸索实践，结合冷却壁长寿技术，朝阳钢铁建立了高炉温度场管理标准，一切的制度调整围绕温度场标准进行，以实现操作炉型稳定，气流稳定，提高煤气利用率。

二是建立炉缸运行评价管理标准。炉缸是高炉生产的“发动机”，是高炉安全生产的薄弱环节，因此建立炉缸运行评价标准，根据炉缸工作不同状态，采取不同措施应对。

三是建立高炉中部调剂管理标准。中部调剂主要是指高炉冷却强度的调整，当高炉操作炉型不稳或高炉强度发生重大变化，如休风或政策性调整，为避免渣皮大面积脱落或冷却壁结厚，炼铁厂高炉工区

对冷却制度进行调整，以稳定操作炉型，结合生产实践，建立了高炉中部调剂管理标准，使冷却制度调整从经验到标准转变。

3. 确保炉况稳定顺行，实施高炉操作精益管理

俗话说，“做好饭菜需好材料，好材料并不就是好饭菜”，高炉操作水平直接决定高炉炉况稳定顺行，为达到高炉长周期稳定顺行目的，寻找高炉操作关键点，实施高炉操作精益管理。一是建立高炉热量平衡调剂管理标准。高炉精益操作对炉况稳定顺行至关重要，热量平稳是高炉操作的重中之重，因此，炼铁厂制定了高炉热量调剂标准，分为正常炉况调剂标准和异常炉况热量调剂标准，从而使高炉热量调剂指导意见从定性向定量转换。二是建立高炉攻、守、退操作管理办法。高炉生产总是存在可变因素较多，如原燃料质量波动，设备事故等都会对炉况造成影响，高炉操作者要根据这些变量情况，及时做出调整应对。高炉在原燃料质量波动时，应做好预判，提前调整，避免炉况恶化已成势头对生产造成较大的损失。炉况可攻、可守、可退，都应根据炉况及生产条件实时调整。

4. 提升保障水平，实施设备系统精益管理

朝阳钢铁属单高炉生产，设备系统的有效支撑是高炉长周期稳定顺行的关键。炼铁厂以“设备零故障”为目标建立高炉设备管理体系，通过四个方面对设备进行管理。一是以精益管理为契机，在炼铁厂推进现场5S自主改善提升、设备看板管理等工作，以EMBP异常管理系统报警线的设定、日常数据提报分析等为工具，推动全员设备TPM（全员生产维护）管理，不断提升设备基础管理水平；二是按照设备的关键程度将设备分为A、B、C三类，同时，对炼铁厂区域内的所有设备进行归类，并制定《A类设备管理检修策略》，提高检修质量；三是制定设备互检和巡检制度，备互检由机关设备管理人员及各工区设备点检岗位人员参加，对全厂设备的隐患、记录、点检、润滑等情况进行检查，设备巡检由机关设备管理人员负责，主要对设备进行不定期抽查，以弥补定期互检存在的不足，实现设备长周期稳定顺行；四是以“零事故、零故障、零隐患”为目标，提高设备点检质量，减少设备事故对生产的影响，杜绝设备原因造成炉况波动甚至非计划休风，并制定相应的奖励机制。

5. 严守风险底线，实施事故防控精益管理

“生产稳定顺行是最大效益，事故损失是最大成本”。高炉生产始终以追求长周期稳定顺行为目标，低压运行或事故休风的出现，最终结果都会导致原有操作炉型或煤气流分布的变化。恢复高炉炉况，需要人为通过减轻焦炭负荷、疏松中心气流等措施去干预，会导致高炉燃料消耗阶段性的升高，在影响高炉产量的同时，也造成了原燃料的浪费，增加高炉生产成本。因此，如何预防和快速处置各种事故，降低休（减）风率，成为高炉各级管理人员和操作岗位共同追寻的目标。

朝阳钢铁作为单线条生产企业，高炉稳定顺行作为朝阳钢铁生产顺行的核心价值不言而喻。高炉通过对以往生产实践经验进行分析总结，建立一整套完善的高炉事故预防与处置管理体系。一是建立生产预警管理体系，通过不断优化升级设备设施，提升设备功能精度和智能化水平，将高炉生产系统关键性的控制点全部纳入在线监测，确立绿色、黄色、橙色、红色四级安全报警线，及时应对潜在的各类事故风险；二是提高岗位操作技能和事故处置能力，通过长期组织学习掌握《岗位操作技术规程》《岗位安全技术规程》《事故应急预案》《事故应急处置卡》等标准化的操作流程，能够有效地应对全系统各类突发性的事故，将事故损失控制在最小范围内。

三、钢铁企业以精益化为导向的高炉经济运行管理体系构建与实施效果

（一）实现高炉长周期稳定顺行

构建并实施高炉经济运行管理体系后，高炉管理从经验管控到标准管控，高炉炉况波动大大减少，悬料、管道事故发生次数大大减少，高炉实现了长周期稳定顺行，休风率（含计划与非计划）逐年降低。

2021 年，高炉休风率明显降低，准确反映了高炉管理水平取得地进步，具体为 2021 年休风率 1.34% 较 2020 年 2.54% 下降了 1.2%，实现了高炉长周期稳定顺行，使高炉增产 8765 吨，创效金额为 1908.3 万元。

（二）技经指标持续优化

实施高炉经济运行管理体系后，高炉燃料消耗指标得到了不断优化。在高炉坚持低成本经济料为"核心"竞争优势原则的前提下，2021 年，朝阳钢铁铁前大量使用性价比高的印度粉和全部使用朝阳地方产竖炉球团，入炉品位为 56.5%。

一是与行业同级别高炉比：较行业同级别高炉平均入炉品位 57.8% 低 1.3%，影响焦比升高约 13kg/t，入炉矿冶金性能差于行业水平，同时，在焦炭灰分与行业比高 0.11% 的情况下，剔除入炉品位影响，燃料比较行业低 15kg/t，燃料消耗水平进入行业同级别高炉先进水平（注：行业数据均来自冶金交流中心 26 家重点企业 53 座 2000 ~ 2999 立方米高炉对标）。

二是与自身 2020 年相比：2021 年同条件折算高炉燃料比完成 522.02kg/t，较 2020 年高炉燃料比降低 6.98kg/t。在原煤价格持续高位震荡的现况下，其经济效益十分可观。

由于高炉整体燃料节奏未做大幅调整，因此，取 2021 年全年平均燃料单价 967.67 元/吨，全年生铁产量 220.46 万吨计算。2021 年高炉因吨铁燃料比降低创效额约 1489.06 万元。

（三）低碳、低成本炼铁成效显著

高炉产量和燃耗的关系先呈负相关性，在高炉产能和燃耗突破交点后，燃耗和产能呈现正相关性，燃耗随产量的增加而升高。朝阳钢铁通过使用高炉经济运行管理体系，逐步优化、改进生产工艺流程与技术措施，在经济炉料条件下，在高炉长期超设计产能生产，多次实现突破极限产能，高炉燃料比仍处于行业先进水平，并找到了低成本、低消耗与高效冶炼之间的平衡点和最优解的有效路径。在符合政策导向的前提下，有计划地下调高炉工序能耗，为低碳炼铁做出贡献。

朝阳钢铁为单高炉单线生产，2021 年下半年"双控"限产，使铁前系统加工成本大幅上升，在此不利条件下，通过灵活实施高炉经济运行管理体系，不断优化生产经营策略，2021 年全年生铁成本平均完成 2979 元/吨，在中钢协 60 家重点企业中，排名第 3 位，初步验证了该体系对实现低成本炼铁有很大的指导意义。

（成果创造人：田　勇、刘继朝、王淑艳、王光伟、王　伟、钟启双、苗　龙、毛凤龙、李　涛、郑　旭、李泽安、吕宝栋）

新能源发电企业以集约化为核心的运维管理

华能国际电力股份有限公司河南清洁能源分公司

华能国际电力股份有限公司河南清洁能源分公司（以下简称华能河南清洁能源分公司）于2014年12月注册成立，是集团公司在豫清洁能源事业开发管理的分支机构，负责集团公司在豫清洁能源项目资源的获取、开发、建设和生产经营。华能河南清洁能源分公司当前管理项目公司共29家，全容量并网运行风电项目24个，风机648台，风力发电容量1609.8兆瓦，全容量并网运行光伏项目5个，光伏发电容量171.1兆瓦，在建风电项目1个，核准容量100兆瓦。自华能河南清洁能源分公司首台风机2016年并网发电以来，至2021年年底累计发电54.45亿千瓦时，创造利润13.29亿元。

一、新能源发电企业以集约化为核心的运维管理背景

（一）集团公司战略发展的必然选择

我国新能源发电行业在“十三五”期间进入快车道，随着碳达峰、碳中和目标的提出，“十四五”期间将开启高质量跃升发展新阶段。集团公司是中国最早的独立发电公司，也是中国首家进入世界500强的发电企业，长期保持着行业领先地位。在国家能源安全新战略的指引下，在新能源收益率明显高于公司总体水平的优势下，集中力量发展新能源是实现集团高质量战略发展的必由之路。近年来，集团公司新能源事业发展连创新高，2019—2022年实现新能源装机容量翻番，2021年新能源产业盈利同比增长85.8%，陇东能源基地、上都清洁能源基地一批多能互补大型能源基地开发初具规模，19个清洁基地项目入围国家大型风电光伏基地首批开工清单。这都印证了新能源发展是集团公司的必然选择，前景十分广阔。

（二）区域公司持续发展的必然选择

区域公司是集团公司在某一地区的派出机构，承担该区域能源项目的开发建设和管理的总体工作。但是，目前电力装机普遍过剩，设备利用小时降低，在煤电发展受到政策限制和煤价冲击、水电发展受到效益和环保制约的大环境下，区域公司经营压力和困难越来越大。对绝大多数区域公司而言，只有发展有效益的新能源项目，才能缓解和改善区域公司的经营状况，只有改善了区域公司的总体盈利能力，才有可能支持区域公司的可持续发展。华能河南清洁能源分公司是拥有煤电、燃气、热电联产、清洁能源的综合能源企业，管理沁北电厂、华能河南清洁能源分公司等7家单位，以21.24%的新能源装机占比实现了对化石能源发电企业经营亏损的覆盖，稳住了河南区域公司的经营基本盘，证明了新能源对区域公司持续发展的重要性。

（三）基层新能源企业高质量发展的必然选择

基层新能源企业肩负新能源项目的获取、开发、建设和生产经营等具体职责，随着传统能源发展后劲不足、盈利能力大幅下降，区域公司经营压力不断增加，基层新能源企业作为区域公司提质增效和价值创造的战略引擎，作用不断凸显。但是，基层新能源企业的发展也面临新能源项目点多面广、条件艰苦、人员流动大等难题；现行的生产运维管理方式与实际需求脱节，场站各自为政、各行其是，人才培养困难重重等问题随着企业体量的增加日益突出；电价退坡、全国碳市场启动等电力体制改革和产业大规模发展带来的技术进步，也为基层新能源企业的发展带来了挑战。上述问题在不同程度上制约了基层新能源企业作为集团公司、区域公司战略引擎作用的发挥，同时也潜藏着诸多风险。

华能河南清洁能源分公司在集团公司的政策指引下，在河南区域公司的全力支持下，首座风电场于

2016 年年底全容量投产，2019—2020 年实现了新能源装机容量由 184. 87 兆瓦到 1481. 94 兆瓦的跨越式发展。与此同时，一直沿用的以单个新能源场站为主体进行基础建设和生产运维的管理方式弊端逐渐显现，制约了企业的进一步发展。为此，华能河南清洁能源分公司结合自身发展经验，针对当前运维管理痛点，开始了以集约化管理为核心的运维管理变革。

二、新能源发电企业以集约化为核心的运维管理主要做法

（一）确立目标，明确运维管理思路

华能河南清洁能源分公司经过在行业内的不断调研，结合自身项目建设和管理经验，并吸取基层员工的意见反馈，总结新形势下新能源运维管理需要解决的四大需求。

一是运维管理的组织架构要有良好的可扩展性，以适应当前政策取向下新能源项目建设速度不断加快，各风电企业新能源板块体量快速膨胀的局面。

二是运维管理要实现人和物的统筹管理，以适应在新能源规模化连片开发潮流下运维管理范围的不断扩大和人员的持续结构性短缺。

三是运维管理要兼顾智能化、信息化，以响应新能源行业改变靠天吃饭局面的需求和由粗放型管理向精细化管理转变的需求，以及迎接产业大规模发展带来的技术更新迭代加快的冲击。

四是运维管理要有清晰明确的标准体系，以应对新能源场站点多面广设备多、专业界限模糊、员工身兼数职等现象普遍存在导致的运维管理难规范。

为此，华能河南清洁能源分公司通过体系建设、系统集成、资源共享、人和物的统筹等集约化管理手段，围绕“重构组织架构”“建设集控中心”“建设区域运维中心”“构建新安全保障体系”“构建新技术管理体系”“构建新生产管理体系”等方面进行运维管理改革，应对新形势下运维管理的四大需求，以达到扁平化、一体化的管理目的，缓解人员数量、质量和设备可靠性不均衡的矛盾，实现新能源场站的“无人值班、少人值守、远程集控”，提升运维管理整体效率，推动企业降本增效和体制改革，增强企业竞争力。

（二）重构组织架构，实现运维管理可扩展

以集约化为核心的运维管理，需要对传统单独场站独立管理的新能源运维管理组织架构进行重新构建组合，确保组织架构在可扩展的前提下不随新能源项目的增多而过度膨胀。其主要由多个区域运维中心和集控中心两大部分构成，其中区域运维中心由地域上较为接近的多个新能源场站组成，可根据公司的规模决定区域运维中心、集控中心是否为独立部门和是否设置多级区域运维中心。当新能源场站数量不断增加时，可选择扩充区域运维中心体量或成立新的区域运维中心，当区域运维中心数量不断增加时，可选择成立公司级或大区级的检修中心，通过组织架构的不断调整满足新能源发电企业的大规模发展需要。

在此组织架构下，集控中心与区域运维中心各司其职，二者的工作互相穿插和嵌套，互为监督和反馈，形成良性互动，能够促进生产管理工作安全高效开展。例如，工作票执行过程集控中心要承担接票、远方安措执行和远方许可等职责，确保工作票按照流程执行；检修工作中，集控中心要按照区域运维中心实际检修工作进度完成启停机、远方安措执行、试运行和检修计划调整上报，确保检修工作闭环完整；数据统计和分析中，集控中心要完成电量、故障、报警等生产数据采集，区域运维中心要对集控中心出具的生产数据进行校对，集控中心要对校核后的数据开展有效分析，确保数据统计的真实性和数据分析指导的有效性。

华能河南清洁能源分公司以集约化为核心的运维管理组织架构由 5 个区域运维中心和 1 个集控中心组成，集控中心和区域运维中心为运维部下设机构，由运维部统一管理。运维部主要负责生产运维统筹管理，协调组织好集控中心和区域运维中心之间的工作，同时设置机务专工、电气专工、安全专工等岗

位对两个中心的专业性工作进行具体指导和监督管理，集控中心主管新能源场站运行监视，区域运维中心主管新能源场站检修维护。部门管理人员也会与集控中心和区域运维中心人员进行定期轮值，确保运维部做出的管理决策更加符合实际情况、贴近实际需求，让现场员工能够在整体上了解生产管理运行机制，降低管理制度要求的落实阻力。

（三）建设集控中心，实现远程集控和无人值班

在能源行业各集团公司纷纷规划和建设集团级新能源智慧运维中心的形势下，基层新能源企业要首先加快集控中心建设的脚步，同时在建设集控中心的过程中要重点关注以下几个问题。

集控中心与新能源场站之间的生产数据传输通道要专业可靠且独占，最好使用国网公司电力通信专线。生产数据要与视频、安防、消防、风光资源等数据分通道隔离传输，生产数据要做镜像备份，以便在满足电网安防要求的前提下，为后续便捷性应用的开发提供基础。集控中心要做到升压站、输变电系统、风机信息点表的全部接入，做到生产数据的全覆盖，实现现场所有设备的远程监视与控制。同时搞清楚所有风机、逆变器故障代码，做好故障代码的释义和设备状态划分，为后续数据分类统计提供基础。

集控中心要实现全自动报表和定制报表功能，这是运维管理智能化的基础中的基础。数据存储容量要尽可能的大（现有数据存储量的三、四倍以上）、接口数量要尽可能地多、接口种类要尽可能地全，为后续智慧运维功能的扩展提供基础。

集控中心要加大云计算、大数据分析、人工智能、物联网等新一代信息技术的应用，进一步提升挖掘与利用生产数据价值的能力，在完成新能源项目集中运行监控的基础上，完善量化生产损失和收益、设备故障分析诊断等附加功能，将集控中心打造成为运维管理的强力支撑和新能源智慧运维的神经中枢。

要预留接入集团级新能源智慧运维中心的资源，考虑区域公司其他传统能源电厂接入并成为区域公司生产值班室的可能。使用国网公司电力通信专线的集控中心，经国网公司审查可成为新能源区域调度中心。

华能河南清洁能源分公司集控中心位于郑州，于2019年11月开始建设，2020年8月开启新能源场站数据接入，2021年1月开始运行。集控中心作为所有新能源场站的远程监控中心，主要负责运行管理、数据统计分析及上报、工作调度、应急指挥、省网协调、集控侧设备运维等工作，设置集控中心主管、值长（副）、主值（副）等岗位，执行“五班三倒”工作制。华能河南清洁能源分公司集控中心采用国网电力专线通信对现场设备进行实时监控和远方操作，集成各新能源场站的故障录波、功率预测、AGC（AVC）、OMS、振动监测、视频监控等系统，确保生产信息安全可靠传输和运行工作全面接管，进而实现了新能源场站的“无人值班”和“远程集控”。同时，在集团级新能源智慧运维中心的加持下，通过扩展大数据平台、设备健康管理、智能振动诊断等功能，其数据分析中心、工作调度中心、应急指挥中心的功能也日趋完善，为后续新能源智慧运维创造了条件。

（四）建设区域运维中心，实现场站少人值守

区域运维中心的建设是以集约化为核心运维管理中的重要工作，借由区域内分散在各新能源场站的人和物向区域运维中心集中，实现场站的少人值守，以及人和物的统筹管理，降低重复性工作、重复性配置和重复性建设等内耗。

区域运维中心的建设是建立在一定新能源装机体量的基础之上的，区域运维中心由地域上较为接近的多个新能源场站组成，作为一个整体进行管理，主要负责区域内各场站的检修管理、缺陷处理、应急处置、地网协调等工作。区域运维中心是各新能源场站的实际管理者，也是检修维护相关工作的具体执行者。建设过程中要重点关注以下两方面内容。

一是区域集中生活办公地点的建设，可新建也可选择区域内设施配置较为齐全的场站，但选址要在解决现场员工生活诉求和及时响应现场工作需要中寻找平衡，要在深入分析本区域各新能源场站地域特点、交通、设备可靠性和后续发展等因素的基础上选定，尽可能减少员工到区域内各场站的路途损失，提高作业效率。

二是区域仓储单元建设，要以区域为单位建设物资库，维持库存处于健康水平，必要时要与区域内的物流公司建立稳定合作关系，确保物资能够及时运输到现场，企业体量允许的情况下可以建设区域间的物资联储联运体系，进一步保障现场物资供应的安全、灵活。

通过以上两个问题的解决，将会带来新能源场站运维管理方式的变化，人员集中生活办公，统一调度，物资集中仓储或联储联调，及时调运，在集控中心远程监控调度的加持下，实现区域内新能源场站的“少人值班”，甚至可以像国网无人值守站一样实现“无人值守”。

华能河南清洁能源分公司根据下属新能源场站的地理分布，暂时划分了五个区域运维中心，分别为驻马店区域运维中心，容量236.07兆瓦，管理5座风电场和1座光伏电站；汝州渑池区域运维中心，容量306兆瓦，管理2座风电场和1座光伏电站；汤阴区域运维中心，容量411.8兆瓦，管理4座风电场和2座光伏电站；濮阳区域运维中心，容量735兆瓦，管理6座风电场；夏邑区域运维中心，容量92兆瓦，管理3座风电场。区域运维中心设置区域经理、副经理、安全员、班组长、运维工、综合员等岗位，建立若干检修班组和综合事务班组。其中，检修班组是区域内检修工作的具体执行单元，由班组长负责；综合组主要负责后勤保障工作，综合组由区域经理（副）管理，配合检修班组开展工作。

华能河南清洁能源分公司各区域运维中心目前均实现了人员和物资的统一管理和调度，成立区域运维中心后，生产现场人员没有明显增加，但从单条集电线路故障处理时间降低约50%、输变电系统检修预试平均停电时间减少约1.5天等方面看，现场工作效率得到显著提升。

（五）构建新安全保障体系，提升安全管控水平

构建新安全保障体系的目的是结合以集约化为核心的运维管理思路和建设过程，围绕安全管理体系的人员、设备和管理三个基本要素，通过要素质量的提升、投入的集中度和组合方式的调整等集约化手段来提升对现场的安全监督保障，强化公司对各区域运维中心安全工作的把控，确保隐患排查治理、反违章整治、安全教育、安全投入等工作落到实处、产生实效。

构建以安全专工、区域经理、区域安全员、区域班组为主线的安全监督管理组织机构。其中，区域经理为现场安全生产第一责任人，安全专工负责安全监督管理工作的统筹安排，区域安全员为安全工作的具体执行者，监督区域经理履职尽责和区域班组安全作业。

对照安全生产责任制、电力企业应急能力建设评估管理办法、安全生产标准化查评标准等国家、行业、集团文件要求，对现有安全管理制度进行梳理，编制安全管理标准性文本，并定期更新修编。缓解安全制度法规文件解读理解不到位的困境，为隐患排查治理、反违章整治、外包工程管理、安全教育等工作树立明确的标准，推动各项生产工作标准化、统一化。

结合各新能源场站特点和双重预防体系建设，一场一策，建立典型两票库和危险点分析辨识库，确保安全措施到位、危险点分析有效；上线移动两票应用，解决新能源场站开票难的问题；将集控中心串联入两票执行过程中，进一步完善规范两票执行，切实发挥两票的安全保障作用。

以反事故措施、安全技术劳动保护措施的落实和项目建设期遗留的安全隐患治理为载体，完善安全费用管控体系和安全措施、设施验收监督机制，做到安全预算到位、支出到位、验收到位、记录到位。

以季节性检查、特殊时段检查、专项检查和突击检查为手段，对各区域运维中心开展全年不间断轮流监督检查，并不断提高“四不两直”检查占比。对存在的问题做到发现一起、考核一起、公示一起，保持安全监督高压态势；对整改难度大、风险因素高的安全隐患，由公司组织各专业专工进行会诊并完

成整改。

（六）构建新生产管理体系，明确生产管理主线

构建新生产管理体系的目的是明确以集约化为核心的运维管理中新能源场站生产管理应当如何开展，理顺各项工作脉络，实现生产管理工作脉络的清晰化、规范化，在提升工作效率的同时能够兼顾对重（难）点及突发事件的有效处置。

首先，结合以区域化为核心的运维管理组织架构开展定岗定编定责，形成主要由部门主任、部门专工、集控主管、集控值长、区域经理、区域安全员、区域组长构成的组织体系，让既定的组织架构有血有肉，真正地运转起来，实现信息逐级汇报、压力逐级传导。还要明确各专业管理界面、主要任务和工作标准，制定各专业月度、年度工作计划，定期对专业工作进行抽查考评，落实专业管理人员职能，推动专业管理建设不断规范化。

其次，要完善配套制度体系。在以集约化为核心的运维管理的不断推进下，对传统运维模式制度体系进行调整精简，对安全、运行、检修、设备、培训、统计分析、班组管理等内容进行适应性调整，对生产管理部门、区域运维中心、集控中心的工作职责和界面进行明确，对两票执行、缺陷处理、质量验收、后勤报销等业务流程进行优化，让新的生产运维模式与公司的管理体系融为一体。

同时，要开展岗位交叉锻炼。开展集控中心与区域运维中心人员互换轮调，部门管理人员常驻现场兼职区域运维中心副经理，畅通信息沟通渠道，让生产管理部门能够第一时间准确掌握现场实际情况，让基层能够清楚明白上级管理层意图，同时培养员工技术的全面性和对不同工作环境的适应能力，激发生产运维工作活力。

再次，根据新能源场站在质保期内和出质保后检修运维方式不同的实际情况，明确“自主运维 + 外委运维”相结合，并逐步向全面自主运维转变的工作方向。开展运维市场调研，提前掌握潜在风机维护单位的技术实力和服务质量；根据检修维护工作开展情况梳理备品备件清单，做好出质保前的物资储备；固定单台风机作为自主运维训练风机，自主完成定检和维护工作，并与质保期内其他风机开展对标。

最后，要发挥区域力量优势。成立检修操作队参与不同场站的检修预试和重大故障处理，通过员工在检修操作队中轮训实现所有人员对检修工作由旁站学习到上手干活再到全盘接手的转变。

（七）构建新技术管理体系，健全统一技术标准

构建新技术管理体系的目的是完善以集约化为核心的运维管理中各项生产工作技术标准，明确技术要求，建立技术标准与实际工作互相促进、协调发展的良性循环。

要建立技术管理通道。明确区域班组为技术管理最小单元，建立起由部门专工到区域经理再到区域组长的技术管理通道，确保各项技术标准和要求能够有效传达并落实，执行效果能够顺利反馈。

要规范技术档案管理。对所有设备的图纸、说明书、检验报告等设备资料及时归档，并以此为基础编制检修规程、运行规程，绘制一次、二次系统图纸，为检修维护和人员培训提供基础。加强设备异动管理，定期开展设备复查、规程图纸修订和继电保护定值校对等工作。

要精简技术监督标准。编制符合新能源特点且精简易用的技术监督使用手册，并以此为核心开展全年的预防性检修维护工作。

要根据频发故障和疑难缺陷，结合技术监督使用手册，对已有风机定检和升压站检修预试项目清单进行完善，明确检修过程中的质量把控点、验收标准和验收流程，形成针对不同机型的定检维护手册和统一的升压站检修预试文件包，指导区域运维中心规范开展检修维护工作，避免设备的欠修和过修。

要以故障处理为切入点，发动全体员工参与故障处理手册的编制，奖励高质量编制故障报告和主动走上讲台传授经验的员工，进一步提升员工的思考和总结提炼的能力，并将故障处理手册作为后续检修

维护工作的重要参考和技术培训的重要教材。

要从检修维护工作中经常出现的项目和重难点项目两方面出发，编制操作规范或说明，不断改进完善形成企业标准，让每一项检修维护工作都能找到标准，推动检修维护工作的标准化和流程化，缩短人才成长周期。

三、新能源发电企业以集约化为核心的运维管理效果

华能河南清洁能源分公司结合自身实际情况，于2019年开启运维管理的变革探索，通过不断地调整完善，于2021年最终形成了以集约化为核心的运维管理并取得一定的效果。

（一）保障了安全生产平稳有序

2019—2021年期间，华能河南清洁能源分公司新能源装机容量由184.87兆瓦增长至1780.87兆瓦，投产新能源场站由3座增长至29座，2020—2021年期间新冠肺炎疫情不断反复，面对公司如此快速的发展、疫情压力的持续、设备数量不断激增等问题，生产系统始终未发生人身、设备事故，未发生疫情事件，实现了安全“零事故”目标，且顺利完成了所有新投产场站的生产准备、设备验收、项目接收等工作。

（二）提升了生产管理水平

通过区域运维中心和集控中心建设，基本实现了现场“无人值班、少人值守、远程集控”的阶段目标，随着集中生活办公和仓储建设的不断完善，将逐步实现“无人值班、无人值守、远程集控”的远期目标；2019年集团公司风电机组评级中，汤阴一期获得第三名；2020年集团公司风电机组评级中，汤阴一期获得第一名，华能河南清洁能源分公司风电板块位列第一；2021年中电联风电运行指标对标，在集团公司24家上榜风电中，获得5A级、4A级、3A级风场荣誉称号的各一座。

（三）培养了一批高质量人才

依据《HN－03－DZRZ037－2020新能源集约化管理企业机构设置和编制定员管理办法》（华能制度〔2020〕6号），按照目前华能河南清洁能源分公司装机1780.87兆瓦、投产新能源场站29座计算，生产现场需配置249名员工，而华能河南清洁能源分公司目前生产现场实际员工为113名。

2020年河南省电力系统风电运维职工技能竞赛中取得了团体一等奖、三人获得前十名；2021年河南省电力系统风电运维职工技能竞赛中三人获得前十名；获得“中国华能集团有限公司2021年风电智慧运维竞赛”优秀奖一人，获得“第十三届全国电力行业职业技能竞赛（风力发电运维值班员）”三等奖和“电力行业优秀技能选手”称号一人。

（成果创造人：赵树春、王家兴、郑康乐、党政文、马俊祥、陈志伟、王　磊、臧孟涛、崔利鹏、张晨晨、李来范、苗祎岑）

大型公立医院以“六化”为核心的后勤服务管理

中国科学技术大学附属第一医院

中国科学技术大学附属第一医院（以下简称中国科大附一院）前身为合肥基督医院，始建于1898年，1955年医院更名为安徽省立医院。2017年12月，安徽省人民政府、国家卫生和计划生育委员会、中国科学院三方共建，更名中国科学技术大学附属第一医院（安徽省立医院）。中国科大附一院是集医疗、教学、科研、预防、保健康复、急救为一体的大型综合性医院，是全国文明单位、全国百佳医院、全国百姓放心示范医院，主要拥有总院、南区、西区、北城院区和感染病院区五大院区，总占地面积1158亩（1亩约≈666平方米），总建筑面积超68万平方米，医院规模位列全国前10，现有职工总数7200余人，开放床位超5700张，2021年服务门（急）诊患者628万人次，住院患者32万人次。在2022年7月国家卫生健康委员会官网公布的全国三级公立医院绩效考核结果中，中国科大附一院考核等级为A+，列全国第22位、安徽省第1位。

一、大型公立医院以“六化”为核心的后勤服务管理背景

（一）贯彻实施健康中国战略的需要

党的十九大提出“实施健康中国战略”，要求深化医药卫生体制改革，全面建立中国特色基本医疗卫生制度，健全全民医疗保障制度和加快构建优质高效的整合型医疗卫生服务体系，健全现代医院管理制度，为人民群众提供全方位全周期健康服务。公立医院作为国家卫生健康体系的核心组成部分，理应在贯彻实施健康中国战略中承担着更多重要责任，必须加快提升医疗服务整体质量。随着人民群众对就医服务质量要求的不断提升，医院医疗服务不再仅指代狭义的医疗技术服务，还包含人民群众在医院整个诊疗过程中接受的各项后勤服务，医院后勤服务水平，已经成为影响人民群众就医体验满意度的重要因素。2017年2月，在国家和计划生育委员会、国家中医药局发布的《进一步改善医疗服务行动计划（2018—2020年）》中，就明确提出以医院后勤服务为突破、全面提升患者满意度，作为创新医疗服务的十大内容之一。因此，对公立医院而言，要深入贯彻实施健康中国战略，就必须全面深刻理解以人民健康为中心的内涵，不仅要进一步提升医疗技术服务水平，还需要加强医院后勤服务管理建设，全方位提升人民群众就医服务满意度。

（二）推动建设现代公立医院的需要

2017年7月，国务院办公厅下发《关于建立现代医院管理制度的指导意见》，提出强化公立医院引领带动作用，加快医疗服务供给侧结构性改革，推动各级各类医院管理规范化、精细化、科学化，形成维护公益性、调动积极性、保障可持续的公立医院运行新机制。同时，该指导意见还明确强调，要健全医院后勤管理制度，探索医院“后勤一站式”服务模式，推进医院后勤服务社会化。后勤服务管理提升是现代公立医院建设的应有之义和重要组成。但现实中，公立医院普遍存在重医技、轻服务，重医疗、轻后勤的问题。后勤服务作为患者与医院发生接触最多、最早的窗口，贯穿于患者在医院诊疗医、食、住、行等方面。因此，加强后勤服务管理，已经成为推动建设现代公立医院的当务之急。中国科大附一院作为中国医院协会后勤专业委员会副主委单位、安徽省主委单位，更有责任和义务加快后勤服务管理提升，为行业后勤服务发展发挥引领示范作用。

（三）提升医院后勤服务水平的需要

作为安徽省内具有较大影响力的大型公立三级甲等医院，2012年以来，中国科大附一院受益于省

会合肥市居住人口规模快速攀升，来院就医人数持续高速增长，医疗需求日趋多元。在高容量就医需求下，医院高负荷运转对后勤服务保障带来巨大挑战，让后勤服务保障面临服务质量提升、安全保障和成本管控等多重压力。面对这些现实问题，中国科大附一院作为省内代表性大型公立医院，肩负着为全省人民提供优质医疗服务的社会责任，意识到必须加快后勤服务管理提升，建立优质高效的医疗服务后勤服务管理体系，有效提升医院后勤服务水平。

二、大型公立医院以“六化”为核心的后勤服务管理主要做法

（一）以服务专业化为核心，改革后勤管理体制

1. 明确后勤管理建设的总体思路

中国科大附一院明确后勤管理建设的总体思路，将打造专业化后勤服务作为整体后勤管理提升的核心牵引，理顺后勤管理体制机制，把专业服务理念贯穿到后勤管理的各个环节和日常工作当中，进一步加强后勤服务标准化建设，提升后勤服务品质；充分利用科技赋能，提升后勤服务效能；导入精益化思维，在满足服务质量和效率的前提下，有效管控运营成本；全方位增强医院安全管理，保障患者和职工生命安全；不断完善人性化服务，优化就医环境。

2. 优化后勤管理部门分工与职责

中国科大附一院明确后勤管理部门分工和职责边界，优化的后勤管理部门主要负责三大业务：一是后勤保障相关职责，包含服务外包生活服务类项目管理，后勤设施设备维修维护及动力保障，医院新建、改扩建、大修等基建维修等；二是资产管理相关职责，包含医疗设备采购管理、运行、安全、维修、保养和相关档案管理，以及物资供应等；三是安全保卫相关职责，包含消防安全管理、治安安全管理、平安医院建设等。

3. 实施后勤服务社会化外包管理

中国科大附一院对医院后勤现场管理的保洁运送、医疗辅助、餐饮洗涤、机电运维、生活照护、安保消防等后勤服务内容，实施社会化外包管理。通过市场化公开招标方式，遴选具备专业化后勤服务能力的外包单位，同时，引入竞争性机制，在物业、餐饮、洗涤、机电维修等方面，选择两家以上经营业务范围在同一领域、服务保障能力在同一档次的优质后勤服务专业外包单位，便于职工及就医人员对外包单位的服务质量进行对比评价，从而通过增强竞争提升外包单位服务品质。

4. 理顺医院对外包单位管理机制

中国科大附一院从组织构架、业务指导、运营监管三方面入手，理顺与外包企业的管理机制。首先，制定后勤管理组织架构图，建立三层垂直管理体系。第一层级由集团或所在院区院领导、分管院长组成“决策层”，负责医院后勤管理发展规划、核心人力资源配置，后勤预算管理、重大支出和招标项目实施的规划决策。第二层级由后勤部门总负责人和各院区后勤部门负责人组成“监管层”，推进落实后勤具体工作实施，监督后勤服务进度完成实施总体进度效果。第三层级由后勤部门专业监管岗位工作人员组成“执行层”，负责对各外包单位的具体日常监管，处理后勤管理服务的日常事务，不定时核查一线后勤服务品质效果。

其次，在业务指导上，每个季度“决策层”对后勤管理的外包单位服务质量进行整体性的分析；“监管层”每月召开会议，将国家卫生健康委关于后勤管理方面的最新文件精神传达给外包单位，同时将行业先进案例、典型经验做法分享给外包单位；“执行层”负责组织日常及专业化培训，提升外包单位后勤服务质量。

最后，在运营监管上，“监管层”和“执行层”负责对业务指导履行执行情况的落实，编制年度质量服务监督评价报告。同时，依照监管考评办法、标准，根据对口分工，每月组织开展对外包单位服务质量的监管、考评。运用岗位监管、部门监管、满意度调研结果相结合的方式，对后勤服务进行量化考

核，依照合同约定分值，评定外包单位月度等级，考核等级结果与服务费支付直接挂钩。

5. 组建后勤服务管理专家智库

中国科大附一院充分借助中国科学技术大学、合肥工业大学等高校科研平台和中国医院协会后专委、安徽省后专委主委等行业协会平台，并借助长三角一体化后勤管理联盟、复旦医院后勤管理研究院等资源，集聚国内医院后勤、规划设计、智能化、环保、政策研究、运营管理、公共管理等领域知名专家学者，组建后勤服务管理专家智囊智库。借助专家团队智慧，为后勤保障管理服务构建顶层规划设计、提供全方位专业咨询和智力支持，并进一步强化专业理论知识培训交流，促进后勤管理服务科研学术成果转化，为后勤保障服务专业化建设持续赋能。自2018年以来，中国科大附一院先后开展后勤安全质量管理、后勤运行管理、后勤绩效管理、老旧建筑维修改造、人力资源管理、医院文化建设等项目研究近10项，其中获国家级课题奖1项，省级课题奖2项。

（二）以服务标准化为基础，提升后勤服务品质

1. 持续完善后勤服务管理制度

中国科大附一院持续完善后勤服务管理制度，相关制度要求全面涵盖“综合服务、配电、给排水、智能化、消防、安保、医用气体、环境绿化、医疗辅助、餐饮”等后勤服务内容，同时，每年根据国家卫生健康委最新的要求和后勤管理中暴露的不足，有针对性地进行修改完善。2021年中国科大附一院南区分院完成汇编修订后勤服务管理制度三大类32项，编制专项管理表格38种，满意度调查表20类，应急预案24种。

2. 制定服务全流程作业标准

中国科大附一院在后勤服务外包单位选择方面，构建后勤招（投）标、准入、服务、退出机制的四位一体标准化管理模式；在后勤服务作业方面，以文字汇编总结经验的形式，细化各项专业后勤服务实施方法、实施过程、质控监督等全流程作业标准，形成完整闭环。中国科大附一院在后勤服务标准化方面的工作取得了行业主管部门的充分认可。2020年，中国科大附一院后勤服务标准化工作获批为安徽省级服务业标准化试点项目。

3. 建立服务人员优质服务规范

中国科大附一院持续强化人员优质服务规范。中国科大附一院要求后勤服务人员规范化着装，主动、耐心、热情服务就医人群，做到有问必答，耐心倾听，用规范的礼仪让就医人群感受到医院贴心的服务，用行动让患者少跑路、少排队。同时，优化陪检服务人员工作时间和工作流程，推动错峰陪检，适度缩短患者检查等候时间，提升患者就医体验。此外，通过评选表扬先进、推广总结经验，提升后勤服务人员的自我技能，进一步提高为患者和临床服务的效率和质量，积极主动服务于职工、患者。

4. 推行服务现场网格化管理

按照阿米巴经营管理思想，中国科大附一院在后勤管理服务中施行网格化管理，通过纵横两方面划分出多个阿米巴管理网格，实施管理网格化，赋予不同的管理权限和责任，以及在此基础上推进纵向和横向双重管理，并持续改进。通过阿米巴方格长“每天一检查、每周一汇总、每月一考评”的PDCA循环，提升员工主动服务意识，形成人人参与管理的良好氛围。

5. 优化服务人员评价激励机制

中国科大附一院在后勤服务人员入职上岗前完成胜任力评价，从宜人性、尽责性、外向性、进取性、情绪性五个维度展开测评，将适宜的人员安排在对应的岗位。为激发工作热情，中国科大附一院将后勤服务人员的固定工资，调整为“职级职务工资+岗位工资+工时工资+服务对象评价”综合评价激励机制，将人员工资与服务质量挂钩。其中，职级职务工资和岗位工资是分别根据服务人员职级、职务和岗位类型设定的工资标准，构成服务人员的基本固定工资。工时工资与服务对象评价相关联，作为

服务人员的绩效工资。

(三) 以服务智能化为抓手，提高后勤服务效能

中国科大附一院基于服务中台模式，综合运用大数据、人工智能、物联网等先进技术手段，构建后勤服务管理“一站式”集成化信息服务平台（简称一站式服务平台），将医废溯源管理平台、后勤报事报修平台、后勤耗材 SPD 管理平台、运送陪检平台、生活照护管理平台、在线点餐与便民生活服务平台、后勤在线评价与投诉建议平台、医用气体在线安全监测平台、电梯安全预警平台、自助通行系统平台等 10 多个平台进行集中数字化整合，同时将后勤保障的水、电、气暖、空调各类维修、应急及临床其他后勤需求进行资源整合，实现统一调度管理，提高后勤智能化服务水平。

1. 就医来访服务智能化

中国科大附一院启用导医机器人“晓医”，提供挂号提示、位置导航、地图指引等功能，实现线上预约就诊，到院扫码检查。自主研发多功能自助服务系统，200 多台自助机分布在门诊各个区域，实现九大类 30 余项服务功能，包括发卡、充值、预约挂号、取号、缴费、打印等。应用药房自动化设备，极大缩短患者取药等候时间，将“人等药”变成“药等人”。上线停车场智能化管理系统，通过远距离 RFID（射频识别技术）自动识别系统，实现 1 秒钟超速识别入场，同时，对急诊患者开放网上车位预约，节约就医时间，让就医患者停车更加便捷。运用电梯功能智能化管控手段，提升电梯运行和利用效率，在将人流和物流分开的基础上，考虑特需患者需要，开设轮椅、推床、手术专用电梯，保证最高需求患者得到尽快的响应。

2. 患者生活服务智能化

为了方便患者及陪护人员在院生活需求，中国科大附一院大力推行无接触式服务，开发面向患者及陪护人员的专用微信小程序，小程序后台自动连接一站式服务平台。患者及陪护人员通过扫描医疗区域张贴的“后勤保障服务码上办”二维码，即可发起“报事报修”“运送陪检”“在线点餐”“生活照护”“便民服务”等多项在院需求。此外，推行生活服务“一卡通”，患者入院时在住院大厅综合窗口办理生活服务“一卡通”，实现在院期间门禁、就餐、洗澡、停车、生活消费一卡通行。

3. 医院环境管理智能化

中国科大附一院积极借助智能化手段，为医院环境管理工作赋能。高效利用环境巡查和品控管理系统，量化岗位巡查任务和巡查频次，让发现问题、处理问题、解决问题的全过程可视、可追踪，压实各级管理责任，并对日常检查中存在的不足进行梳理汇总，按 PDCA 模式进行督导改善、分步解决存在的不足。

4. 服务人员调度智能化

中国科大附一院整合后勤资源，组建后勤服务调度中心，并按照 10086 模式开通后勤保障服务热线（4111），采用语音接入、人工客服、电脑派单模式 24 小时进行服务，实现服务人员调度智能化。医院职工或患者作为需求发起者，只需要拨打唯一热线号码（4111），或从微信小程序、App 端下达需求任务指令，服务调度中心人员将做好相关任务记录，减少职工及患者对后勤保障需求的判断难度，同时，服务调度中心人员将任务指令录入系统，由系统自动化派工、监督、统计和分析。以中央运送智能系统为例，中国科大附一院通过智能手机 App，对接智能工单分单及派单系统，对运送任务进行统筹管理，实现运送标本、病人护送、运送药品等科学调度，医疗文书、标本定期收集等运送项目实现预约提醒、到时提醒、超时提醒。

(四) 以服务精益化为导向，管控后勤运营成本

1. 推行标准工时绩效管理，精确管控人力成本

中国科大附一院推行后勤人力成本分摊到科室，物业人员岗位设定细化到科室，服务费用结算审核

到科室，最大程度节约人力资源，在此基础上推行了标准工时绩效管理。2019 年率先在机电维修方面，综合工作类别、技术难易程度、完成时效性、服务对象需求等因素，总结梳理机电维修涉及水、电、暖通、综合四大类共计 196 小项标准工时，推行“工分制”考核，即每位服务人员每完成 1 项维修工作，可获得对应的标准工时，月度累计的标准工时即是该服务人员的总工分，构成服务人员的绩效工资。2020 年，中国科大附一院进一步将该做法推广到运送陪检服务。

2. 实施后勤耗材 SPD 管理，精细管控耗材成本

中国科大附一院针对后勤耗材采用 SPD 管理模式，不仅有效消除耗材浪费成本，还有效解决后勤物资最后一百米配送难题。中国科大附一院编制了全品类后勤物资明细目录，细分为六大项共计 914 个品目，将其导入后勤一站式服务平台中的“后勤耗材 SPD 管理”子平台。各科室通过 App 直接线上发送物资需求，再由后勤服务人员送达科室；双方交接时，须由领用人扫码确认物权转移。实现后勤物资使用消耗量和产生费用的实时结算，量化各品类物资供货周期，使安全库存与供货周期联动衔接，现场库存物资总量最小化，降低医院资金成本。同时，让医院能够及时准确地掌握各科室后勤耗材使用情况，从而从多个维度达到精细化管控耗材成本的目的。

3. 强化能源集中控制管理，精准管控能耗成本

首先，实施节能技改，落实能源计量与节能监管。中国科大附一院将空调系统、液氧预警系统、公共照明、热水系统、大型设备用电作为能耗控制核心，实施节能改造，并在用能终端安装能源计量设备，从而掌握各个用能单元实时的运行状况。其次，建设能源集中控制优化系统，优化设备用能过程智能化干预。

（五）以服务安全化为目标，保障医患生命安全

1. 建立设施设备全生命周期管理

中国科大附一院对医疗、供电、给排水、消防、电梯、空调、安防、网络等相关设备，进行分类台账登记、制定日常维保计划并执行。通过对设备运行参数、运行环境、运行状态的大数据综合分析，实现设备全生命周期智能化管理，有效延长设备使用寿命。通过提前发现故障、提前处理故障，并降低运维成本。

2. 改进新冠疫情防控与核查管理

新冠疫情对大型医院的就医环境、通行及卫生健康管理提出较高要求。中国科大附一院通过智能化手段，为疫情防控持续赋能。在门诊入口处加装智能闸机自助通行系统。在住院病房，设置中转层。门诊患者通过门诊智能闸机自助通行系统，快速精准完成人脸、身份证、健康码信息核验，避免单纯人员核验“慢”、易“漏”检等问题。住院患者和陪客通过中转层中转进行人证合一核验通行，将住院病房核验关口前移，减轻病房核验压力和存在的管理漏洞，保障疫情防控下病区防控安全。有效缓解临床一线人员的防控和排查压力，让医务人员有更多的精力和时间更好地服务患者。

3. 强化餐饮卫生健康与品质管理

中国科大附一院在卫生健康安全管理方面，以“健康餐饮”为理念，持续提升餐饮品质。一方面，组建伙食监管委员会，定期召开餐饮管理沟通，借助卫生健康部门、工会志愿者等第三方力量进一步加强餐饮安全管理；另一方面，上线满意度调查电子问卷平台，不定期收集医护人员和患者需求，及时对存在的不足进行梳理改进。此外，定期开展“餐饮美食文化活动周”“餐饮安全管控我参与”等系列活动，不断提升餐饮安全管控水平。

4. 完善医疗危废可追溯闭环管理

中国科大附一院启用智能医疗废弃物管理平台，加强医疗废弃物收集转运安全管控建设，实现医疗废物院区内全流程可追溯闭环管理。在具体操作中，医废收集人员手持 PAD（掌上电脑），扫描各医疗

区域医废收集点二维码，自动录入医废编号、产生部门、医废类型、医废重量等信息要素。打包封口医疗废物称重后，自动生成打印条码纸，将其贴在医废袋上，收送人员和收集点科室人员在手持 PAD 上双签字，医疗废物送达暂存点，同时，医废信息实时上传后台医废智能统计系统，提升医疗废弃物安全管理水平。

5. 加强突发性事件应急预案管理

中国科大附一院每年开展安全生产月活动，对全院设施设备进行检查脆弱性分析，完善各类后勤应急处置预案、组织应急演练方案同时，严格执行维保计划，对专业维保单位的工作质量进行评价考核，加强岗位培训和专项技能培训，开展岗位练兵和技能比武，保障各项操作规范、安全、可靠。强化后勤人员的安全意识，提高面对突发安全意外时现场应急处置能力。

（六）以服务人性化为追求，改善就医整体环境

1. 持续改善硬件设施条件

中国科大附一院积极开展“健康庭院”行动，引入专业绿化养护单位，加强医院绿化管理，院区绿化环境持续改善。在院区合适位置增设排椅供患者休憩。合理设置吸烟区，引导管控来院人群吸烟行为。加强患者陪客餐厅建设，方便患者陪客就餐需求。此外，为进一步关怀患者及陪护人员身心健康，中国科大附一院在门诊二层公共区域引入书吧项目，将其成功打造为安徽省首家医院内部集阅读、休闲、文化为一体的阅读文化空间，尽力为就诊人群缓解病痛，舒缓压力。中国科大附一院还将书吧与合肥市图书馆建立业务连接，实现与合肥市图书馆书籍通借通还，升级可借图书 8000 余册。

2. 多方位丰富便民服务内容

中国科大附一院设立便民综合服务中心，提供前台协调、咨询查询、陪检送检、轮椅借用、配送服务、餐饮点送、租赁服务、包裹寄存、鲜花、水果、百货超市、多元化陪客餐厅、便民洗车等一系列便民综合服务。借助共享产品投放，对传统后勤管理变革补充。

3. 拓展医疗增值服务项目

中国科大附一院围绕临床生活照护需求，进一步拓展医疗增值服务项目，为就医人群提供更多元化服务选择，补充优化医疗服务流程中的配套服务。例如，在省内率先针对患者就餐，开展分级套餐自选式包伙服务，推行个性化点餐服务，满足住院患者及家属多样化就餐需求。

4. 畅通问题沟通反馈渠道

将后勤服务端口持续前移，进一步畅通问题反馈渠道，缩短问题处理时间。首先，建立到现场与服务对象沟通交流的长效机制，每周对口监管人员到现场与患者和医务工作者沟通交流，收集服务管理中发现的问题，并督促限时改进。其次，将服务评价与日常监管考核挂钩，通过公布监督电话、公示满意度收集二维码、发放书面意见调查表等方式多渠道收集服务意见，对收集意见进行专项分析整理，并将服务评价结果运用到外包单位专项考核中。

三、大型公立医院以“六化”为核心的后勤服务管理效果

（一）提升后勤服务水平，助推医院高质量发展

中国科大附一院为医疗、教学、科研等工作提供了电、水、气、冷、暖、衣、食、住、行、用等全方位的高质量、高效率服务保障，并在后勤服务保障过程中实现了安全事故“零”发生。其后勤能源支出费用稳中有降，每万元收入后勤支出、每万元收入能源费用支出两项行业考核指标逐年降低；在后勤劳务人员数量和人员成本未增加的情况下，服务平均机电维修日均完成工作件数增加 2. 43 件，每单运送陪检服务用时缩短 17%。2021 年，中国科大附一院营业收入突破 67. 6 亿元，较 2018 年增长了 48. 9%；手术量超 14. 6 万台次，较 2018 年增长了 56. 9%；门诊量超过 628 万人次，较 2018 年增长了 47. 4%；年收治住院患者数超 32 万人，较 2018 年增长了 39. 7%。在国家卫生健康委公布的三级公立医

院绩效考核中，从2018年的第31位上升至2021年的第21位，提升了10名，继续领跑安徽。

（二）增进患者健康福祉，提升患者就医满意度

中国科大附一院后勤服务更加注重患者的切身感受，把患者就医满意度的提升作为开展医疗、后勤等一切工作的准则。后勤服务综合满意度从89.7%提升至92.3%，增长2.6个百分点，餐饮满意度从83.1%提升至87.9%，增长4.8个百分点。2021年，仅后勤服务陪检团队就获得锦旗73面，科室及患者表扬信300余封。2019—2021年，中国科大附一院连续三年荣获安徽省服务行业居民满意度调查“医疗行业第1名”。

（三）形成行业示范效应，推动医院行业后勤服务发展

中国科大附一院以“六化”为核心的后勤服务管理建设，获得医院行业协会的高度认可，先后荣获“中国医院管理奖”银奖1项，“安徽省医院科技创新”一等奖和二等奖各1项，编制并发布医院行业标准2项。2018年以来，接待参观学习后勤服务管理建设的医院和企业团队共54批、总人数超过2800人。获得国家“首批省级节约型公共机构示范单位”“省节能工作先进单位”“省节能示范单位”等荣誉。后勤一站式服务平台相关做法已经在成都军区总医院、秦皇岛市第一医院等30多家省内外医院复制应用。此外，后勤人性化举措得到社会广泛关注和好评，获得新华社、新华网和多家省、市电视台等10余家主流媒体的关注和报道，其中新华社报道在线阅读人次超200万人次。

（成果创造人：盛文翔、董宇欣、梁朝金、郑雨辰、王成园）

以精益为导向的石油企业高效勘探

中国石油天然气股份有限公司华北油田分公司

中国石油天然气股份有限公司华北油田分公司（以下简称华北油田）是以油气勘探开发为主的大型国有企业，隶属中国石油天然气集团公司和中国石油天然气股份有限公司，总部位于河北省任丘市。主要从事油气勘探开发主营业务，勘探区域集中在冀中、内蒙古、山西等地，矿权面积 6.9 万平方千米。现有职工 2.8 万人，2021 年生产油气当量 560 万吨，先后荣获“全国先进基层党组织”“全国文明单位”等荣誉称号。

一、以精益为导向的石油企业高效勘探背景

（一）新形势下保障国家能源安全的必然要求

近年来，能源安全形势严峻复杂。从国际看，新冠疫情在全球传播蔓延，世界经济波动不断、国际油价中低位震荡运行，未来能源安全面临的风险因素将进一步增加。从国内看，我国面临能源需求压力较大、能源生产和消费对生态环境影响较严重等挑战，疫情叠加产生的阶段性挑战进一步加剧。从长远看，必须贯彻落实能源安全新战略。当前，正是华北油田战略转型、改革发展的关键时期。华北油田作为已勘探开发 46 年的老油田，正处于后期阶段，勘探开发难度不断加大，石油勘探开发成本长期持续处于高位。为保证产量，均采用二次开发或二次、三次采油，这也使得综合成本一直处于上升趋势，投资、产量、成本之间的矛盾不断加剧，资源接替逐步劣质化，油气稳产基础薄弱，投入大、稳产难、能耗高的矛盾逐渐凸显。

（二）问题导向下科技攻关的必然选择

我国原油和天然气对外依存度分别超过 70% 和 40%，并且呈现逐年增长态势，能源保供压力较大。能源需求作为国家最紧急、最紧迫的问题之一，科技攻关势必要以国家急迫需求和长远需求为出发点，着力解决在勘探开发过程中资源接替跟进迟缓，新增储量动用难度大等关键问题，尤其是随着剩余石油资源贮存条件日趋复杂，勘探难度不断加大，地质目标日趋复杂，石油丰度相对降低，储量品位越来越差，导致石油天然气勘探成本大幅提升，新增储量动用难度日益加大。包括现有理论认识难以满足新领域勘探的新需求、复杂勘探对象对勘探工程技术提速提效提出新挑战等问题时刻制约着勘探发开的快速推进。华北油田始终秉持科技强企精神，为科技人才打造高质量科技平台，突出专家引领，打造专业攻关团队，强化基础地质研究，外引内联，合作攻关，有效提升科研质量水平，在同步培养专业人才的基础上不断为科技攻关与创新提供有力支持。

（三）企业高质量可持续发展的必然保障

华北油田经过 46 年勘探开发，面临着油气产量不够高、结构性冗员缺员、资产包袱重、成本管控难等各种突出矛盾和问题，面对这些难题，关键是如何快速发现储量并转为产能以达到提升企业经济效益的目的。储量是油田企业高质量可持续发展的根基，华北油田勘探工作始终牢固树立高效勘探、智慧勘探核心理念，通过一系列针对性、差异化、低成本的管理创新举措，实现了从粗放式管理到精细化管理转变，从职能化管理向流程化管理转变，从成本化管理到效益化管理转变，在追求勘探效益最大化、成本管控有效化、技术创新持续化等方面做出突出成绩，以落实经济可采储量为目标，全力打好勘探“四场硬仗”，为油田企业高质量发展提供优质资源保障，这也是华北油田勘探工作在积极探索精益管理思想方面所做的具体实践。

二、以精益为导向的石油企业高效勘探主要做法

（一）整合战略，搭建精益管理架构，提升高效勘探保障力

1. 整合优势资源，强化顶层设计引领

针对重点探区，实行油田公司直接指挥模式，集全油田公司之力、聚全油田公司之才，由油田公司“一把手”为总指挥、优选勘探、开发、地面、地质、工程、安全、经营等各专业骨干组成指挥部，以实现中长期油田上产、稳产为目标，靠前指挥、现场协调，减少管理层级，提高管理效率。

以巴彦油田建设勘探开发指挥部为例，在巴彦地区采取新时期会战模式，成立由油田公司执行董事、党委书记任总指挥，公司副总经理、总地质师任副总指挥的巴彦勘探开发指挥部，并抽调各专业部门骨干力量参与指挥部工作。指挥部下设8个工作组，指挥部负责执行公司关于巴彦—河套地区的决策部署，统筹指挥巴彦—河套地区勘探开发、地面建设、原油产储运销、质量安全环保、经营合规管理等各项工作，以及各职能工作组的综合协调、联络沟通，以此达到靠前指挥，靠前指导，快速推进各项工作的目的。

2. 优化组织运行，突出专业协同攻关

施行勘探系统职能式组织架构推进各项工作的方式，以勘探部为中枢全面指挥协调勘探任务，以勘探开发研究院和工程技术研究院为两翼支撑进行科研攻关，以油气生产单位为实施主力现场组织运行。针对主攻方向大力推行项目部管理，组建矿权保增项目部，按照拓展新矿权区块、转化更多采矿权、争取新能源矿权、保有利矿权、保依法合规等“三增两保”思路（拓展新矿权区块、转化更多采矿权、争取新能源矿权、保有利矿权、保合法合规），加强已有矿产资源评价、矿业权动态管理、促进存量储量快速有效动用，力争做大矿权资产增量；组建非常规油气勘探开发项目部，成立了研究部署、钻井工程、增产改造、生产运行4个项目组，按照“直井探索储量规模+水平井摸清储量品质”思路，全力推进地质—工程—经济一体化评价；组建流转区块勘探开发项目部，第一时间搭建研究平台，汇聚各方力量，快速组建联合攻关团队，项目部统一协调勘探、科研攻关，围绕主生油洼槽周边多层系立体勘探流转区勘探跑出加速度。职能式组织架构通过统一协调生产、严格责任制，发挥专家作用，提高管理水平。

3. 改革工作模式，着力工作效率提升

勘探开发指挥部采取前后方一体化模式，分为前方工作（以下简称前指）人员和后方支持人员，前指人员采取A、B组轮岗，每组在现场工作15~20天轮换一次，后方支持工作组人员按照工作需要，不定期到前线工作。前、后方按照勘探开发一体化、工程地质一体化、生产销售一体化、管理监管一体化、科研现场一体化、采购管理一体化“六个一体化”思路，着力抓好增储上产重点项目实施，不断完善勘探开发建产一体化管理架构，为油田公司增储上产工作按下加速键。

（二）强化管控，推进精益生产运行，提升高效勘探驱动力

1. 加强过程管控科学性，多维提高管理水平

一是精细矿权管理，夯实油田发展根基。面对国家矿产资源管理改革政策，为全面打好矿权保护增列进攻战，公司勘探工作超前谋划，积极应对，创新“三增两保”矿权管理，做大做优矿权资产，科学锁定多个有利新区块，超前开展潜力和经济评价；加快新区和低勘探程度区勘探部署实施，确保有利矿权不丢；加速推进探转采，新增采矿权面积1008平方千米；持续推进矿权风险管控，保障依法合规生产。

二是优化物探管理，做好发现效益平衡。结合勘探进展实际，首先，优化三维地震部署，用好综合物化探手段，用最少的投资，实现最大的地质目的，以提供优质的地震和物化探资料。其次，加强地震采集处理技术攻关，用技术手段降本增效，在扎格三维推广单点高密度采集技术，采集日效提高明显，

实现了高效控本，新三维资料品质显著提升，临河三维采集和处理同步推进，民和盆地地震资料明显改善。

三是深化井位研究，锚定效益实现源头。创新井位研究管理，首先，坚持实行井位“三审”制（初审、复审、终审），充分调动各级专家、研究人员的积极性，各级审查明确责任分工，确保每口井位的科学性和效益性。其次，大力开展基础地质研究，突出整体研究和领域性研究，不断创新地质认识和找油模式。最后，注重把控井位研究的节奏，按照井位上钻环评的要求，倒排井位审查节奏，为后续上钻手续的办理留足时间，分探区排出井位审查时限表，按照2∶1准备井位，即终审准备井位为全年实施井位的2倍，确保井位供给到位。

四是细化储量研究，实现资源效益动用。不断强化以增加经济可采储量为核心的储量管理理念，全力推进“矿权—储量—勘探部署”三位一体协调联动，积极聘请国内储量专家对重点区块储量进行把脉问诊，优化井位部署和资料录取，进一步夯实了巴彦油田上产200万吨资源基础，为老区效益建产找到接替区块。

2. 狠抓现场管控及时性，切实提高生产效率

一是突出“一线工作法”。领导干部、技术骨干深入生产一线，靠前指挥，确保问题在第一时间发现、方案在第一时间形成、措施在第一时间落实，靠前解决安全钻进、钻井提速、复杂山地二维采集质控等工程技术难题。二是突出现场全过程管控。牢固树立“时间就是效率”的理念，加快探井现场生产运行，从井位坐标确定开始，倒排生产运行时间表，挂图推进，阶段检查，超前进行方案设计和关键措施讨论，创新生产组织模式，钻前准备、钻完井施工、压裂试油等工序提速显著。三是突出现代化管理手段。积极推进钻井、试油、压裂现场的安眼工程，即地质工程一体化远程作业支持系统，全过程、全时段、全天候对生产现场进行监督管理，研发现场生产管理系统App，随时随地对钻井、录井现场的情况进行跟踪督导。

3. 坚持绿色勘探必要性，追求企业低碳发展

为适应国家《中华人民共和国安全生产法》和《中华人民共和国环境保护法》等法律要求，华北油田始终牢固树立安全环保生产才是最大的效益理念，通过以下途径确保勘探工作低碳高效。

一是完善勘探安全环保制度。华北油田勘探战线长、战场广、领域多，所涉及的安全环保问题多种多样，为此制定《华北油田勘探部井控管理办法》等规章制度，压实各专业部门责任。二是冀中、巴彦探区全面采用泥浆不落地技术。通过严格钻井泥浆不落地技术管控，充分应用钻井固控设备，从源头减少废弃钻井液排放，严格现场监管，确保废固、废液从拉运到接收实现闭环管控。三是新技术应用不断推广。大力推行可控震源施工，实现绿色采集，避免了炸药震源钻井埋置、爆破飞石伤人等安全隐患，可控震源采集比例逐步提高到60%以上，外围探区实现100%可控震源施工；积极推行电火花微测井，实现了表层调查工序全程无炸药、无雷管，激发更安全、更环保；持续推进油井泵排技术，减少测试过程中的地面环境污染。四是强化承包商管理。建立承包商考核管理办法，大力开展“四不两直”检查，钻井、试油阶段每周至少到一次现场，做好承包商考核记录，优选排名靠前队伍进行探井施工，暂停排名靠后的队伍探井施工资质。五是做好“四条红线”的管控工作。重点井、关键工序安排专人驻井，重要敏感时段、重点工序、关键作业环节落实升级管控措施，不断提升承包商安全生产意识和现场管理水平。

（三）靶向发力，推动精益科研攻关，提升高效勘探战斗力

1. 突出多专业协同攻关，井位研究技术提档升级

一是加强以地质创新为引领，不断实现勘探新突破。坚持勘探跳出“热炕头”理念，突出成烃、成储、成藏等基础学科创新研究组织，推动形成了河套盆地洼槽区、武清凹陷、保定清苑斜坡等领域突

破发现。围绕洼槽区勘探的资源潜力和技术瓶颈问题，组织形成多项创新认识和新工艺。创新武清凹陷多层系成藏模式，创新饶阳沙三下段深层成藏认识，有力推动冀中探区深层碎屑岩勘探。开拓新盆地勘探新区，创新构建雅布赖、民和盆地成藏新模式，及时调整勘探方向，外引内联破解了复杂地形现场组织实施难题，流转5个月内完成勘探部署和重点井位实施，新思路指导下实施的雅华1井获得工业油流，新类型油藏见到重要苗头。

二是强化勘探项目管理，充分发挥各单位技术优势。首先，根据年度总体勘探部署和储量任务，分课题、分区带制定年度及各阶段的井位研究计划和任务，下达到各研究单位和各课题组，严格按照井位运行计划审查推进，若遇到疑难问题，由项目牵头及时组织相关专家召开分析会，共同讨论剖析，快速解决，保证区带研究及井位评价快速、全面、高质量完成。其次，向管理要效益，加强组织保障，完善管理机制，强化责任落实，全力打造“方案设计优化”专项管理团队，充分发挥各级领导和专家的跟进把关、过程管控作用，以管理水平提升推动勘探绩效提升。最后，充分利用好外部研究力量，实现技术互补，取长补短，注重发挥外部队伍构造成图及储层预测方法多样、资料齐全的优势。

三是构建井位研究闭环管理模式，持续提升井位研究质量。打破以往井位研究传统固有模式，延长井位研究战线，定期召开区带井位研究分析会，重点对已钻井位实际钻探情况从生油、构造、沉积、储层、油藏特征等多方位分析，论证其与前期井位认识的成功点与失败点，成功井分析其有利因素、寻找更加富集区带，失败井找到其失利原因，为下步井位研究提供新的认识。通过此方法，华北勘探成功率不断提升，2021年巴彦河套盆地探井成功率达73.6%，日产油百方井7口，井位研究质量显著提升。

2. 甲乙方联合靶向攻关，打造工程技术三把利剑

一是加强物探技术攻关，夯实高效发现资料基础。河套探区扎格三维项目采用“两宽一高一单点”地震采集技术（宽频激发、宽方位、高密度采集、单点检波器接收），扎格三维整体采用“两宽一高”观测系统，针对资料品质较差的纳林湖断裂带，采用加密炮点变面元的方式，有效提高复杂构造区资料的信噪比。针对民和盆地“双复杂+极低信噪比”超级难题，系统梳理以往资料存在问题与勘探经验，开展了地震采集与资料处理8项技术攻关创新。

二是加强钻井技术攻关，保障重点井安全快速钻进。地质、工程多单位联动，形成现场、二线甲乙方联合措施保障小组，切实让地质工程一体化措施手段落地。在泗探1X等重点风险探井，强化钻井周期倒排理念，精细化钻井施工流程管理，积极引进第三方技术服务公司，精准预测了下步可能出现的异常高压和复杂情况，对该井三开、四开顺利实施起到重要意义。

三是强化试油技术攻关，引领试油工程提质、提效、提速。持续探索华北探区页岩油储层高效动用压裂技术，推动束鹿页岩油实现高效、低成本整体动用。在二连探区首次完成“万方液千方砂”大规模体积压裂，打开了二连页岩油压裂改造的新局面。深化分层测试求产工艺攻关，有效缩短试油周期，施工费明显降低，高效、快速试油助力保定凹陷获重要突破。

3. 构建大数据智能平台，赋能信息共享高效挖潜

一是充分利用大数据、云计算等技术，积极推进梦想云平台和UPLAN勘探决策平台的深度应用，通过研究人员和决策人员跨地域、跨部门、跨专业的数据共享、成果集成、高效应用，优化生产组织模式，挖掘提质增效空间，实现油气资源综合评价、规划部署决策业务数字化转型、智能化发展。全面应用远程视频会议系统，尤其是在新冠疫情常态化管控情况下，远程视频系统方便、灵活、高效的特点有效提高了生产经营决策效率。

二是紧密联系生产需求，建立临时数据平台，解决科研与生产信息实时联动问题，钻井、录井、测井、试油等专业数据，在科研生产过程中发挥着重要的作用，为解决在用系统难以满足研究人员对数据时效性要求高的问题，建立临时数据平台，通过该平台及时收集钻井、录井、测井、试油等专业数据，

为科研生产及时提供了数据支撑。

(四) 落实落细，建强精益经营体系，提升高效勘探内生力

1. 靠实精准投资举措，推动企业优势发展

紧紧围绕“效益勘探”为中心开展投资管理工作，将“谋全局、筹投资、布重点、重效益”作为统筹勘探投资工作的指导方针，通过油田公司内部统筹安排勘探投资，着力强化勘探生产动态监控，一是将投资统计与生产进度紧密结合，靠实生产，精准统筹投资下达；二是针对结算情况调整各勘探项目投资计划，确保股份下达计划与生产实际进度进一步靠实；三是及时对油气生产单位投资进行调整，按照精准投资的原则，全力满足基层生产任务需要，从源头上消除投资浪费。

同时为进一步推动巴彦分公司勘探投资结算工作的准确性和及时性，公司机关部门和生产单位成立巴彦河套勘探投资结算领导小组，负责根据总体规划合理安排巴彦分公司勘探投资计划，加强单井核算与分析，以单井动态管理方式持续跟踪结算状态。

2. 升级提质增效版本，实现企业效益增长

一是坚持先算后干，事前算赢。通过“靠实生产、精细管理”优化地质方案设计，细化各工序投资费用，严格控制单井投资。二是勇于打破关联交易壁垒，积极推行市场化定额结算，利用“勘探开发一体化”和“合作开发平台”，结合深井复杂井、大型体积压裂井单井议价总包，单井成本降幅明显，2021 年累计节约投资 1. 07 亿元。三是针对非常规业务制定《华北油田公司非常规油气井钻井系统工程造价指标》，在非常规领域亮出提质增效利剑，利用该结算标准，节约投资3700 余万元。四是推动管理水平再提升。建立对标长效机制，对外横向对标渤海湾各油气田企业，纵向对标历年成本，深挖优劣势和潜力；对内各采油厂合理上层设计，开展横纵向对标，提质增效显著。

3. 筑牢依法合规底线，拉动企业质量提升

一是事前预防。首先，通过合规管理全员培训、领导干部法制学习等途径，对全员进行全覆盖式合规管理宣贯。其次，对现行体系文件不适用的情况进行完善，将风险及内控点、法律风险防范要求纳入体系文件中并定期修订。二是事中控制。首先，严格招（议）标和合同管理，对合同主要内容、合同价款、技术要求、验收方式等方面进行细致把关。其次，持续优化项目立项流程，对立项依据、价格组成、项目审计等环节进行重点审核，确保项目立项程序和关键节点受控。三是事后监督。对在各级内控和审计等专项检查中发现的问题，进行细致分析发现症结，能整改的立即整改，不能整改的制定防范措施，确保同类问题不再发生。

(五) 动态优化，完善精益管理措施，提升高效勘探执行力

1. 制度与方案并行，找准勘探工作发力点

一是为保证精益管理落地落实，公司勘探工作以建章立制为抓手，对涉及油气资源勘探管理的 10 个体系文件进行制定和更新，其中《矿权管理办法》《物探工作管理办法》《探井钻井工程设计管理办法》《探井井筒生产流程管理办法》等 9 个管理办法进行针对性换版，从制度层面对精益管理的实施进行明确，同时为解决未钻获具有经济开采价值井的后续操作问题，新制定管理办法以明确封井流程。此外，通过制定《油气勘探重大发现奖励办法》和《华北油田公司非常规油气井钻井系统工程造价指标》等配套制度，进一步保证精益管理的有效落实。

二是坚持问题导向和目标导向，直面探井成功率、优质储量控制程度、工程技术进步提效、生产运行效率等方面存在的不足，在勘探部署、井位质量、矿权保增、生产运行、井筒技术、物探技术、经营管理、QHSE（质量、健康、安全、环境）管理 8 个方面精准发力，制定以“四提一增一降一控一杜绝”为核心的提质增效方案，在井位、工程提质，工程实施和生产运行提速，工程措施和生产经营提效，试油提产，力争矿权增列，降低勘探成本，控制费用化比例，杜绝 QHSE 等事故方面进行靶向

施策。

2. 考核与激励并重，激发全员内生动力

制订探井井位管理办法，同时通过模拟市场化合同和技术专家业绩合同，明确前期研究分管领导和相关技术专家作为井位初审、复审的第一责任人，合理调配外部单位研究力量开展研究，加强新技术应用，井位研究从地质评价向地质工程一体化纵深发展。突出过程管控，强调井位研究时效性，压实了研究院井位分阶段考核指标，全年组织终审井位超百口。制订油气勘探重大发现奖励办法，增加风险探井、重要发现井位奖、存量储量升级等专项奖励，加大新区井位奖励、提高风险井位考核系数，建立“勘探重大发现功勋井”和“功勋专家”方案。

3. 生产与竞赛并进，营造高效勘探氛围

聚焦勘探“提质、提效、提速”攻坚，以高质量打好勘探“四场战役”和破解关键难题为核心，联合公司工会采取“劳动竞赛+”的模式，直面当前工作面临的新区甩开力度、效益发现进度、生产运行速度等方面不足，立足发挥新区勘探“开山斧”、矿权保增“稳根基”、工程技术“克险关”、生产运行“攻堡垒”效能，开展井位研究、矿权保增、工程技术、生产运行4个方面主题劳动竞赛。

按照“优化方案、快速落实、浓厚氛围、提升成效”原则，将4个方面劳动竞赛细化为16项工作方案，设置20项竞赛指标，突出高质量井位、新增矿权面积、技术进步提效、钻前协调周期等进攻性指标的权重，通过劳动竞赛运行表、推进表、评比表确定年度竞赛目标，分解季度任务，竞赛按照“上下联动、齐抓共管”模式推进，主要领导挂帅督战，分管领导领衔参战，并积极组织带队到各参赛单位宣贯勘探发现的引领作用和劳动竞赛的推动作用，推动老区高效勘探新进展。

三、以精益为导向的石油企业高效勘探效果

（一）勘探成效显著

立足四大探区，创新勘探认识，积极探索“四新”领域，持续开展富油凹陷精细勘探，在河套盆地兴隆构造带、冀中保定凹陷清苑斜坡、二连盆地阿北凹陷等多区带实现新突破，河套盆地兴隆构造带勘探成果获得“中石油集团公司勘探重大发现”一等奖，入选中国地质学会2021年十大地质找矿成果。新增三级储量超2亿吨，创40多年以来新高，推动华北油田公司SEC储量替换率首次大于1。

（二）社会效益良好

河套盆地勘探成果对华北油田在内蒙古西部建成200万吨新油田奠定了扎实的资源基础。“吉兰泰油田勘探开发生产建设一体化项目”被列为阿拉善盟与内蒙古自治区的重点工业建设项目，兴隆和纳林湖两个亿吨级规模储量区带的发现，打破了在内蒙古自治区巴彦淖尔市境内40余年油气勘探的沉寂局面，在内蒙古自治区和石油行业均引起了较大反响，有效地促进了当地的经济发展和社会稳定，受到地方各级政府高度肯定。

（三）经济效益突出

一是发现成本显著降低。通过精益管理模式的运作，石油发现成本由2020年的3.61美元/桶降低到0.88美元/桶。二是取得突出的经济效益。通过实施精益管理模式，实现了“四个当年”，即当年勘探、当年生产、当年销售、当年见效，产生了很好的经济效益。经计算，本项目产生经济效益63706万元。

（成果创造人：沈　华、吕江萍、史原鹏、钟小军、杨　静、王　超、田　宁、蔡　军、李小冬、罗玉财、尹　峥、卢　昊）

以提质增效为目标的“边小碎深”海上油田优快钻完井管理

中海石油（中国）有限公司天津分公司

中海石油（中国）有限公司天津分公司（以下简称天津分公司）是中国海洋石油集团有限公司（以下简称集团公司）所属分公司，主要负责渤海油田油气勘探、开发和生产管理业务，是中国海上最大的油气生产企业，承担着原油保障和环渤海地区天然气供应的重要任务。截至2021年年底，天津分公司现有6个下属作业公司，54个在生产油气田，185座平台设施，4艘FPSO（大型浮式储卸油装置），6个陆地终端，海管264条共2475千米，已建成环渤海三省一市，集勘探开发、工程建设、生产运行于一体的综合性油气生产基地。渤海油田油气勘探始于1965年，是中国海洋石油工业发源地。2010年油气当量上产3000万吨并持续稳产达12年。2021年原油产量超3000万吨，成功建成我国第一大原油生产基地。截至2021年年底已累产油气4.93亿吨，其中原油4.62亿吨，天然气391.1亿立方米。

一、以提质增效为目标的“边小碎深”海上油田优快钻完井管理背景

（一）国家能源安全形势严峻，需要科技创新攻关

能源是经济社会发展的动力之源。近年来，我国石油进口量不断增长，油气对外依存度屡屡创下历史新高，国家能源安全形势严峻。2018年，集团公司积极响应党和国家“今后若干年要大力提升勘探开发力度，保障能源安全”的重要批示指示，研究制订“七年行动计划”（2019—2025年），大力推进油气田增储上产。基于加大油气田开发力度的战略需求，集团公司提出“创新驱动、国际化发展、绿色低碳、市场引领、人才兴企”五大战略，明确了科技支撑作为实现油气田增储上产的重要途径。“钻完井”是建立油气由地层向地面运移通道从而获取产量的必要手段，是科技创新与应用高度集中的核心领域，需要联合多部门、多层次、多专业、多人员进行高水平的钻完井科技创新攻关，是一场涉及范围广、协调难度大的科技攻坚战役。因此，迫切需要创新管理模式为科技攻坚战的高效进行提供决策保障。

（二）渤海油田增产形势严峻，需要经济有效开发

依据集团公司“七年行动计划”，天津分公司所辖渤海油田原油产量在2025年计划达到3750万吨，占集团公司计划产量的71%，为中国海洋石油增储上产的绝对主力。近年来，渤海油田的勘探开发形势发生较大变化，已开发老油田逐渐走向衰竭，而新探明的整装优质油田越来越少，增产形势十分严峻。“十一五”至“十三五”期间，新发现油田中边际油田新增石油储量比例增加至近七成，边际油田处于经济有效开发边缘，单一油气藏可动用储量小、分散破碎，且埋深较大，“边小碎深”的特点使得经济有效开发难度大大增加，严重制约渤海油田油气上产。另外，渤海开发利用与环境保护的矛盾越来越多，用海矛盾和利益协调将成为持久战。非受限开发区域的油气储量为1.4亿吨，仅占已探明储量的13%。受限区的开发需要通过成本较高的大位移井技术，而生态环保的要求需要全过程零排放技术，这些科技的研发与应用成本是非常巨大的，受限区域使得本就处于经济有效开发边缘的边际油田面临更大的挑战，更需要公司合理统筹调度。如何在开发过程中实现降本增效、实现公司利益最大化成为渤海油田开发的重中之重。

（三）持续改善钻完井，提升钻完井质效

优快钻完井是具有中国海油特色的钻完井作业管理模式。20世纪90年代，受钻井技术水平及装备

能力制约，渤海地区油气田因钻井周期长、投资大，无法实现经济有效开发。1994 年，渤海油田大胆进行技术创新和管理变革，聚焦提高钻完井效率、降低钻完井成本，创建优快钻完井模式，将钻完井周期从近 60 天缩短至 18.82 天，实现了海上钻完井作业从粗放型到精细化、从甲乙方契约化到利益共同体、从追求最新技术到适用技术整合集成的深刻转变。一次优快钻完井助力渤海油田在 1995—2004 年实现上产 1000 万吨，在 2004—2010 年实现上产 3000 万吨。随着部分油田的产量递减与全球低油价挑战，渤海油田面临稳产压力大、成本持续攀升的现实挑战，2012 年，二次优快钻完井全面启动，形成了全过程储层保护等 4 项关键技术，摸索出一整套项目高效管理新模式，助力渤海油田在 2010—2020 年稳产 3000 万吨 10 年。进入高质量发展新阶段，中国海油迈上建设中国特色国际一流能源公司的新征程。边际、受限区油田逐渐成为开发主力，待开发油田“边小碎深”的特点使得钻完井技术难度大、经济门槛高、用海矛盾突出，亟须技术管理方面的新突破。天津分公司在两次优快钻完井先进管理经验的基础上，探索以提质增效为目标的“边小碎深”海上油田优快钻完井管理模式，进一步提升管理效率和钻完井效益。

二、以提质增效为目标的“边小碎深”海上油田优快钻完井管理主要做法

（一）专业协同，内部整合实现一体化统筹

1. 创建“三位一体”管理组织架构

天津分公司整合勘探开发生产各领域的工程技术专业板块，形成以工程技术项目为核心，工程技术部、工程技术作业中心、工程技术研究所“三位一体”的组织架构，实现管理和生产运营分离的“管运分离”新模式，强化专业协同，发挥整体优势，统筹调配资源，推动协调发展的目标。

其中，工程技术部作为机关部门，是天津分公司工程技术管理的职能部门，对工程技术专业进行归口管理，减少基层工作界面，提高工作效率。工程技术作业中心为生产经营主体，是天津分公司工程技术作业实施的所属单位。工程技术作业中心主要围绕油井全生命周期专业化管理目标，实施井筒技术大专业化管理，优化配置人力资源和设备资源，倡导一专多能，拓展职业通道，激发工程技术队伍积极性。工程技术研究所是工程技术科研主体。工程技术研究所以解放油藏为核心，实现增储上产、油田开发效益最大化和提高油气田最终采收率为宗旨。各组织要素依据部门职能明确分工，确保项目的每一层级、每一环节都具有足够的专业力量。同时，各个环节有效衔接，确保流程的完整性，实现了组织过程资产循环利用、持续改进的闭环管理，形成了工程技术一体化、集约化、专业化和规模化，持续提升管理效益。

2. 构建“三个一体化”专业联盟

钻完井专业以服务油田增产上产为己任，在天津分公司内部，以油田产量效益最大化为目标，积极推动地质工程、工技工程、工技生产专业之间的无缝衔接和相互嵌入发展，构建起油气勘探开发上下游之间的“三个一体化”专业联盟：地质工程一体化、工技工建一体化和工技生产一体化。

地质工程一体化：对地质条件进行全方位分析与评价，用于降低工程风险，统筹开发计划。通过地质工程一体化模式，建立了隐蔽性断层及裂缝性井漏预测模型，实现了对井漏风险的精准识别，将井漏影响降到最小；增加了 FLAIR、元素等专项录井手段，有效识别沙三混积岩、馆陶低阻油层等，对储层评价贡献巨大；为钻井方案优化提供了基础，实现区域开发计划的提前统筹。

工技工程一体化：对于海上进场离场的提前谋划，做到无缝衔接，大大节约时间成本。通过工技工程一体化模式，实现了共同推进项目计划，开钻时间和投产时间大幅度减少，能够确保当年开钻当年投产；实现了作业设施就位的零衔接，从导管架工程船撤离到扫测打捞，再到钻井船拖航进场一气呵成；实现了跨界面联合施工，预制隔水管坡口，联合设计建造外延钻井小平台，保障了作业安全，提高了作业效率。

工技生产一体化：工程作业为后期生产提前谋划、综合考虑，提高生产效率。通过工技生产一体化模式，优化分采为合采，降低了管柱下入风险，缩短了作业工期；考虑后期修井作业，提前安装安全接头，减小后期修井难度；主动采取完井增产措施，馆陶稠油开发采用优质降黏完井液、压裂充填，沙河街组进行深穿透动态负压射孔有效增产。

（二）内外部联动，搭建钻完井大团队

1. 与外部单位搭建作战大团队，促进高效决策

从集团公司利益最大化角度出发，天津分公司确定共担使命、共赴目标、共享成果、共享利益的团队作战理念，与中海油田服务股份有限公司（以下简称中海油服）、中海油能源发展股份有限公司（以下简称海油发展）等专业服务公司先后召开52次会议，各单位一起积极研讨管理办法、优化技术方案，审核各专业实施方案，推动装备升级、锁定优质资源和参战人员等，将各项顶层设计逐一落实落地。

具体分工方面，海油发展提供监督技术服务支持，中海油服钻井事业部提供装备升级服务并锁定作业设施与参战队伍，中海油服油田化学事业部提供钻井液技术服务与钻屑废液全回收技术服务，中海油服油田技术事业部提供定向井技术服务，中海油服油田生产事业部提供瘦身井技术服务等。

另外，由天津分公司油藏地质专家和钻完井专家牵头，联合中海油服钻井事业部钻井专家、中海油服化学事业部钻完井液专家和固井技术专家、中海油服油田技术事业部定向井专家及海油发展防砂技术专家等成立专家高效决策联合专家组，建设高效决策办公室，并依托数据实时传输分析系统，实现海上与陆地办公室互联互通。同时，编制多专业联合办公决策制度，充分利用陆地支持力量，打造海陆高效联动作业新模式：陆地泥浆站提前配置 NaCl 溶液（盐水），值班船直接输送，解决现场盐水需求，释放平台吊车及场地；根据井上作业需求，尽可能在陆地车间预接钻具组合且利用车间精密仪器测量角差，并实现钻具的整体出海与整体返回节约海上作业时间。

2. 建立多元化即时激励机制，调动员工积极性

建立多元化即时激励机制，从物质、榜样和荣誉三方面激发作业参与者的积极性和满足感，营造和谐的作业氛围。在物质激励层面，与各专业单位协商签订13项奖励合同，细化个人奖励方案，建立起服务商利益共享与考核方案制度，持续激发员工干事激情；在榜样激励层面，通过树立典型、即时宣传，带动现场作业人员的工作热情，激发形成一系列小创新，现场应用效果显著；在荣誉激励层面，开展全方位技能比武大赛，设置突出贡献奖、安全先进个人奖、优秀监督奖、优秀工程师奖等奖项，充分调动一线作业人员的积极性。

针对海上平台的现场作业人员，建立现场作业积分制度，对及时发现问题的员工进行加分鼓励，通知到各单位主管人员，并对员工工作表现和成绩给予肯定、鼓励和口头表扬或表扬信的奖励，以及执行员工安全奖品制度，即时鼓励其安全行为，提高作业人员的满足感。让每一个作业者都能即时感受到自己的工作与付出带来的实际反馈，营造和谐共赢的良好氛围和主动担当心系作业的“争先创优”氛围，从而打造天津分公司和各专业服务公司的命运共同体，持续激发作业人员的工作热情，保障作业高效实施。

（三）与各服务公司开展联合党建，打造过硬一线队伍

创新组织机构与共建模式，天津分公司与中海油服、海油发展等服务公司的党支部打造党建共同体，统筹管理海上钻完井作业，实现海陆联动、同频共振。针对每一个平台，组建党建共建组，统筹平台作业各参战队伍，以党建和生产共同目标为导向，制定年度和单作业点党建共建项目清单，构建起以“优势互补、资源共享、共建共融、共同提高”为主题的海上钻完井作业联合党建长效机制。

在陆地，通过集中学习“并”起来，一并开展日常集中学习，坚持理论指导实践，以学促行，提

升联合办公效能；通过户外课堂"联"起来，联合参观周邓纪念馆、建党百年主题展览等活动，丰富户外课堂形式，提升联合组织活力；通过特色活动"串"起来，组织参与党史知识竞赛、我心向党说、红色家书诵读会等活动，组织有效串联提升凝聚力。在海上，坚持党员上平台报到制度，强化现场党员统一管理，进一步巩固现场组织战斗堡垒；坚持海陆党员同频学习、海上党员集中学习，统一思想、全员奋进；坚持任务到人、责任到岗、落实到位，确保海上现场党组织引领行动统一。

通过联合党建，牢固树立安全发展理念，推动党员日常教育与安全生产教育深度融合。依托党建共同体，各级党组织建立统一制度防线、思想防线、监督防线，强化现场安全管理，提高全员安全意识，保障安全生产。制度方面，以党员为首的现场安全管理小组将现场安全责任分工细化，实现 JSA（工作安全分析）闭环管理，确保安全生产责任落实到岗，落实到人；思想方面，党员轮流主持安全知识讲堂与事故案例分析讨论会，提高安全知识水平，营造安全文化氛围，提高全员安全意识；监督方面，聘请安全顾问并授予"安全一票否决权"，建立现场网格责任区、安全监督、安全顾问、高队（总监）的四级监管机制，开展"每一名党员都是一名安全员"活动，狠抓安全管理政策落实落地，让现场人人主动抓安全、人人主动保安全。

通过联合党建，打造"两队三岗"5 个示范阵营，形成"局部带整体"的示范氛围，持续提升员工工作积极性："党员先锋队"围绕项目目标攻坚克难，发挥基层党组织战斗堡垒作用；以参战青年团队为主体，成立"青年突击队"，合力攻关各专业技术瓶颈，发挥青年生力军作用；以关键岗位党员为主体，设置"党员示范岗"，工作中率先垂范、以身作则，发挥党员先锋模范作用；以关键岗位青年为主体，设置"青年先锋岗"，工作中主动作为，发挥岗位能手和作业标兵示范作用；以经验丰富老师傅为主体，设置"工人模范岗"，积极向身边青年员工传递经验，彰显工匠精神、劳动精神。

（四）目标导向推进技术突破，完善钻完井技术体系

通过细化分解集团公司"提速、提质、提产、提效"的"四提"目标，挖掘有待突破的技术切入点，各基层研究单位针对每一个难点进行技术创新，形成完善的技术体系，既保障设定目标的完成，又推动钻完井关键技术实现突破。

针对钻完井工期节省 100 天的提速目标，以技术创新推动钻完井提速，并由此衍生出四刀翼攻击性钻头、TruLink 动态测斜工具、井眼瘦身技术、压裂充填不放喷技术等 10 多项创新措施，确保工期节省 100 天落地执行。

针对工程质量合格率 100% 的提质目标，以加强固井作业、录井作业和测井作业风险管控及技术创新作为主攻要素，保障工程质量合格率 100%。通过研制新型大位移井配套水泥浆和下套管技术、创新制订录井作业服务卡及新型 EcoScope 随钻四条线测井工具研制与优选等相关技术措施实现固井成功率、录井资料获取质量和测井资料获取质量三个 100%，确保提质目标的完成。

针对多贡献 10 万吨产量的提产目标，从极限空间双船对打、作业设施到位零衔接技术和针对性增产措施三大方面出发。通过极限空间双船对打创新应用实现增产 2.9 万吨，通过作业设施到位零衔接模式节约开发周期实现增产 2.2 万吨，通过储层精确识别技术、储层保护技术和针对性增产技术等创新措施实现增产 5.12 万吨，确保了提产目标的顺利完成。

针对节省费用 1.5 亿元的提效目标，从提速节省工期、瘦身井省材减排及钻完井液高效利用三方面对提效目标进行分解。通过提速工具、一趟钻无短起技术等提速手段节约工期，节省 10055 万元；通过井眼瘦身技术和减少废弃物回收处理分别节约 1712 万元和 1500 万元；通过新型 BIODRILLA 钻井液体系和三相分离 + PWS 双重处理技术等实现钻完井液高效利用，节约 2520 万元。最终总计实现约 1.58 亿元的节约量，确保提效目标的顺利完成。

通过"四提"目标的引领，从每一个技术突破点出发，形成了几十项创新技术，建立了"边小碎

深"海上油田优快钻完井三大技术体系：钻完井全过程零排放技术体系、井眼瘦身钻完井配套技术体系和极疏松地层大位移井关键技术体系。通过坚持目标导向，细化分解目标推动基层创新，获得"一种用于尾管井分段洗井的循环通路转换工具""隔水管用卡瓦式快装井口接头""海上油田返排液油水分离净化处理方法和结构""一种金属水力振荡器工具"等几十项国家发明专利和国家实用新型专利，加快科技成果的转化。

（五）细化作业流程，精准作业指导

组织各作业单位相关人员开展桌面演练，依据钻井施工设计和完井施工设计，围绕钻井作业和完井作业全流程提出问题并进行交互式讨论、推演应急决策、形成处置预案，从方案准备、装备物料准备、项目启动、作业计划等方面入手，将实施节点细化到天，具体工作落实到人，为项目的成功实施明确推进路径。

在方案准备阶段，通过组织32次技术方案交流会，完成技术方案编写、审查工作。通过技术方案优化首次讨论会，完成技术优化大思路研讨，确定优化方向；通过技术方案审查会，完成基本设计变更及施工方案中间审查；通过集团公司技术方案审查会，完成施工方案审查。在装备物料准备阶段，进行量体裁衣，特别定制适配作业器材，同时，采取药袋式管理模式，改造升级钻井平台设备。在定制器材方面，为起下射孔枪、下筛管、下油管等作业，无须更换钻杆吊卡，定制了4″钻杆吊卡配套提升器；为压裂头长度与现场钻杆吊环长度配套，无须拆卸喇叭口或更换吊环，定制了4″钻杆压裂头；为保证下筛管时能够直接坐卡瓦，使用油管钳进行筛管上扣，采办要求筛管上部基管范围1.1～1.2m，有效提高作业时效，定制长基管筛管。在改造升级钻井平台设备方面，采取药袋式管理模式，以钻井平台为主体，向装备部门提要求，如钻井平台需要什么，装备部门采购什么；对钻井平台关键设备、井控设备、平台动力设备进行拆检、大修、更换，保障平台设备性能稳定。

在项目启动阶段，遵循化繁为简的原则，将部分作业由海上作业优化至陆地提前进行。例如，陆地泥浆站提前配置NaCl溶液，值班船直接输送，解决现场盐水需求，释放平台吊车、甲板面积及人员劳动力；将部分能在陆地预连的钻具在陆地进行连接，最大限度减少海上作业时间。

在制定作业计划方面，充分利用紧张的钻井平台资源，提高作业的效率。例如，根据每个井的工期及难度合理规划槽口分布，由原来的只能一条钻井平台作业的条件，创造条件，采用双船对打、动态避让的方式，实现两条钻井平台同时作业，从而在相同的时间里，完成相对多的作业量。

针对每一项细化后的作业步骤，编制精准作业指导书，形成精准作业指导机制：依据井深与地质条件等实现钻井作业一井一策的精准指导，井深小于2500米时一趟钻钻至完钻井深，井深大于2500米时，第一趟深钻，倒划至管鞋，第二趟完钻，倒划至合适井段直起下套管；依据储层流体特性与完井方式等实现完井作业一层一招、一段一法的精准指导，馆陶组黏度高采用稠油降黏完井液体系，沙河街组中等偏弱水敏采用防水锁隐形酸完井液体系，对于射孔段长度超过200米且反循环摩阻超过3000psi的7″套管压裂充填井采用两趟射孔两趟防砂等。通过精准作业指导机制，让每一家服务公司提前制订针对性方案，保障现场作业的连续性。

三、以提质增效为目标的"边小碎深"海上油田优快钻完井管理效果

（一）超额完成"四提"目标

垦利16－1油田位于渤海油田垦利区块，位于生态红区内，属于典型的"边小碎深"油田，是新时期渤海油田开发的典型代表。作为优快钻完井管理模式应用的首个试点项目，实施效果显著，超额完成了"提速、提质、提产、提效"的"四提"目标。垦利16－1油田共完成23口井钻完井作业，实际工期192.70天，较基本设计共节省269.80天，提速58.33%，较施工设计节省145.04天，提速42.94%。作业期间，固井质量合格率、录井资料获取率和测井资料获取率达到"三个100%"，并且实现了人员伤亡、工程责任、环境污染和井眼报废“四个零”，圆满完成了提质目标。钻后配产 1773 立方米/天，实际返排产油 2068.61 立方米/天，返排超配产 16.67%，5 口井提前 120 天投产。通过作业提速、瘦身井节材减排、钻完井液重复利用等，23 口井钻完井实际费用较基本设计节省 40654 万元，较批复费用节省 19113 万元，超额完成一亿元的提效目标。

（二）建立三大技术体系

打破 3 项集团公司记录：KL16－1－A3 井钻井周期 5.78 天，打破集团公司 3000～3500 米生产井（定向井）最短钻井周期纪录；KL16－1－A16 井、KL16－1－A13 井完井周期 2.75 天、2.25 天，先后打破集团公司筛管分层防砂 5 层最短工期纪录。KL16－1－A10 井、KL16－1－A21 井完井周期 3.06 天、2.04 天，先后打破集团公司筛管分层防砂 4 层最短工期纪录。

取得 4 项海上油田创新技术突破：KL16－1－A1 井完钻井深 3536 米，稳斜角 85°，水平位移 3083 米，水垂比达 3.17，创渤海大位移井水垂比纪录；22 口井采用瘦身井身结构，实现了瘦身井在海上油田的全面推广应用；KL16－1－A16 井和 KL16－1－A7 井实现全程直起，其中 KL16－1－A7 井井深达到 1688 米，最大井斜达 85°；实现不短起钻下套管技术突破，18 口井一趟钻完钻通井，直接下套管到位，平均倒划眼速度达到 110.7 米/小时。

创造 14 项渤海油田之最：一开安装闭路井口 0.25 小时，二开安装井口 0.5 小时；连接 5－1/2″钻杆平均速度 14 柱/小时；2500 米当量钻井周期 5.17 天；海水膨润土浆深钻达到 2200 米；马达钻具一趟钻达到 2800 米；起下射孔枪 30 根/小时；钻井日效率达到 457.18 米；钻井一米成本仅 0.49 万元/米；生产时效达到 99.25%；套管内下钻最快达 810 米/小时；下 10－3/4″套管最快达 598 米/小时；双船对打导管架最小间距 10 米；3.88″大通径压裂充填内管长度达 175 米；大斜度井 9.5″井眼平均机械钻速达 76.57 米/小时。

（三）建立四项工作机制，形成可复制、可推广模式

以提质增效为目标的“边小碎深”海上油田优快钻完井管理模式建立了 4 项机制，为后续的钻完井管理提供了指引与借鉴：联合党建建立风险应对机制，以筑牢制度防线、思想防线和监督防线保障安全生产；与外部专业单位立体联动建立专家高效决策机制，成立高效决策联合专家组、全方位打造信息化数据化平台、海陆高效联动作业等一系列做法提升决策准确性；多元化即时激励机制激发作业人员工作积极性，凝聚团队提升作业效率；精准作业指导机制实现精准作业指导，细化作业流程，实现每一步作业有据可依。

以提质增效为目标的“边小碎深”海上油田优快钻完井管理模式带来显著的经济和社会效益，获得了集团公司领导的高度肯定。同时，完成了党建生产深度融合典范及命运共同体典范的建设工作，为党建引领生产、团队保障生产提供了指引。另外，优快钻完井管理模式打造了新时期钻完井工程示范标杆，该管理模式已经在渤海海域及南海海域的多个油田区块全面推广开来，实施效果显著。

（成果创造人：喻贵民、邓建明、刘小刚、彭　雷、马英文、许　杰、
刘　峰、张晓诚、韩东东、韩　超、向良炜、李大伟）

石油机械制造企业适应市场变化的精准生产经营管理体系建设

天津市东方先科石油机械有限公司

天津市东方先科石油机械有限公司（以下简称东方先科）成立于2004年，注册资本3.5亿元，位于天津市武清区，占地600余亩，在职员工1500余人，是一家集开发、生产、销售石油机械及配件、化工机械及配件、通用机械及配件为一体的石油钻采制造企业，产销量连续5年位居全国同行业前列。荣获“天津市‘五一’劳动奖状”，以及“国家高新技术企业”“国家火炬计划重点高新技术企业”“天津市科技小巨人领军企业”“天津市制造业百强企业”等称号。

一、石油机械制造企业适应市场变化的精准生产经营管理体系建设背景

（一）应对国际国内环境变化，提升企业抗风险能力的需要

自2020年以来，面对新冠肺炎疫情，石油工程机械装备行业的大型设备供应市场由供不应求急速转为供大于求，供需市场受到严重影响。随着疫情防控常态化，石油机械制造企业持续面临劳动力短缺、工业品产出不足、生产配套与交通运输导致的供应链等问题，影响企业生产运营。与此同时，面对国际油价起伏不定带来的压力，各大油服公司不断降低预算和投资成本。作为钻井、修井的下游供应链企业竞争程度日益激烈。如何应对国际国内环境变化，有效提升企业抗风险能力，成为石油装备制造行业内各个企业急需解决的重点问题。东方先科作为石油装备制造企业的代表，积极调整企业管理战略，紧跟行业发展趋势及国家政策导向，以客户需求为导向，抢抓市场、精准服务，重点发展积聚绿色、环保、节能、智能等特点的石油装备，通过构建迎合市场需求的生产运营管理体系，竭力提升企业的抗风险能力。

（二）发挥企业经营管理优势，持续推动高质量发展的需要

我国经济已由高速增长阶段转向高质量发展阶段，正处在转变发展方式、优化经济结构、转换增长动力的攻关期。为适应社会发展阶段需求，紧跟时代步伐，东方先科依据自身地理位置优势、相较于传统国企的成本优势及采购成本优势，提出“开源节流、降本增效、管理提升、务实高效，完善学习型组织”的经营管理工作总要求和“坚持开源节流、力求务实高效、持续改进工作、打造卓越品质”的产品质量管理方针，在学习、探索中不断优化流程，整合管理资源，打造过硬团队，以客户需求为导向抢抓市场、精准服务、完善经营管理体系，发挥企业经营管理优势推动企业高质量发展。

（三）提升企业运营管理能力，实现企业降本增效战略目标的需要

鉴于企业的生产运营体系存在着部门较多、程序复杂、办事效率低的问题，管理方式已不适应“短、平、快”的现代化生产节奏和市场需求，存在等待的浪费、闲置的浪费、管理的浪费等诸多问题。既要提升企业经营成本，又要面对国际原油价格快速下滑导致设备需求骤减的严峻市场形势，东方先科急需整合部门分工、实行流程再造，优化生产流程，改善工艺参数，提高生产效率，搭建与企业发展战略相吻合的生产经营管理体系，快速有效地解决企业实际问题，提升企业的运营管理能力。

二、石油机械制造企业适应市场变化的精准生产经营管理体系建设主要做法

（一）总体谋划、快速反应，实施定制化生产与服务

1. 建立生产经营组织领导体系

东方先科产品种类较多，每个月循环滚动的项目达10多个，经常会出现缺项、漏项的现象而耽误时间。单靠车间自觉性难以快速完成生产任务，各车间交接点模糊也会阻碍事情的快速发展。为此，针

对每份订单成立项目组，由生产部人员作为项目总负责人，技术、物资、质检、施工车间的骨干人员作为项目组成员，搭建生产经营组织领导体系。

2. 启动部门联动机制

生产经营组织领导体系搭建后，启动部门联动机制，由生产副总统一指挥技术、生产、质检、物资、安全、设备六大部门，全过程、全链条、全天候推进各项目工作。六部门人员做好各车间的计划、调度、技术、检验、统计等八大项工作，随叫随到，及时处理问题。在统一思想后明确部件产出顺序，以减少流转中的时间浪费。项目组长通过对图纸和产品的熟悉，全力调配人员，打破车间界限只争朝夕。在统一指挥下，减少了推诿扯皮和懒惰思想，快速弥补了运行的短板处，为产品的交付保驾护航。2019 年在长城国际 ZJ50D 钻机和长城乍得 XJ450 修井机两个多月的配套整改中，就是采用此战法紧盯现场，在车间人手不足的情况下也圆满完成了任务，得到了客户好评。

3. 实施定制化生产与服务

钻机制作周期较长，不考虑储备的情况下需要 130 天，而客户的期望时间是 90 天以内，否则签约的概率不大。为赢取更多的时间，生产部和技术部紧密联系市场部，对于老客户和意向强烈的客户需要的产品进行定制化提前投产，主要集中在钻台、井架、绞车等长周期部件上。

通过定制化投产方式精准预投，将技术沟通环节提前到销售阶段，经过风险评估后，技术、生产同市场提前联动，在安全系数较高的时间点尽早行动，提前生产通用部件，降低风险、缩短交货时间。通过这种方式，通常能将交货时间压缩到 70 天。

2022 年，公司接到中海油伊拉克项目 2 套 ZJ30 钻机配套的中标通知，要求 65 天具备发运条件，时间紧任务重。在投产初期，成立了以市场部张部长为组长，从技术、生产、物资、质检选派人员成立项目小组，在和客户对接的初期，物资部先行投产了泥浆泵、康明斯发动机、潍柴发动机、高压管汇、防爆电器等长周期件，车间备料车架、井架、钻台等常规结构件，在签订正式合同前已将生产工作推进了一大步。在生产过程中，小组成员利用微信平台每日发布物料进度及生产注意问题，及时调整工作顺序；在调试阶段，小组成员守在现场随时解决各方面配合问题。最终在用户要求的时间内圆满完成交付任务，同时高质量地完成了客户和 SGS 检测机构提出的近 200 项整改要求。

（二）保持沟通、注重评审，实施动态化需求管理

承接客户需求后，剖析客户需求显得尤为重要。从油服行业看，油服已从钻井、修井同时进行变成只修不钻，从大面积修井变成能不修则不修的市场需求状况。所以，客户需要的是一种既具有复合功能，又具有较低成本的装备。那么就需要打造一种既可以进行大吨位作业，又可以不打扰野生动物栖息的装备。

通过分析得出的思路要真正转化为实用的产品，必须与用户进行全方位的沟通。为此，设立客户沟通和合同评审机制，将技术沟通前置，掌控先机，缩短后期的设备生产周期；进行合同评审，确保精准、快速地满足用户的需求、法律法规的要求，能少走弯路。

市场部通过展会、会议、网站、电话、传真、信函、面谈等方式与顾客沟通产品和服务的用途、性能等信息。市场部应对顾客的问询做好记录，并及时反馈给顾客。当确定合同或订单的具体要求时，如技术要求、配置情况、价格、供货周期等，相关部门要做好配合。

为确保有能力满足向顾客提供产品和服务的要求，由市场部组织技术中心、生产部、物资部和检测中心等部门进行合同评审。根据 ISO 9001 质量管理体系和 APIQ1 体系的要求，在与客户沟通有关产品和服务信息时，通过市场部间接或直接与客户建立沟通渠道，从产品使用环境、工人操作习惯及相关法律法规和安全环保要求，剖析实际使用需求和关注点，并将这些关注点形成记录，最终通过客户进行确认。技术中心根据客户最终确认的技术协议和沟通信息，成立项目组并实施设计与开发策划，在策划过

程中特别注重考虑顾客及使用者参与设计和开发过程的需求，以及后续产品和服务交付顾客所提的要求。在设计和开发的后续阶段充分考虑顾客期望的对设计和开发过程的控制水平。

顾客要求不是一成不变的，随着项目的推进，顾客会随时调整合同订单和相关要求，当顾客要求发生更改时，技术中心按照建立的体系会及时评审顾客要求变化，形成最优方案告知顾客，并通过各种沟通渠道确保相关参与人员已知晓更改的要求。

（三）整合体系、强化质检，实现快速优质交付

传统的质量管理方式，强调的是制造过程的质量控制，多年来大多数企业对质量管理的认识一直局限于维持和控制产品质量。东方先科本着“持续改进工作，打造卓越品质”的质量方针，努力打造专业化、精细化、现代化的东方先科品牌，遵循“客户至上”的经营理念，始终关注客户，把理解和满足客户的需求作为首要工作，通过质量管理的创新使产品更好地满足客户要求，为顾客提供更大的质量效益，同时也为企业赚取更多的利润，并以此安排所有活动。

第一，完善质量保证体系。东方先科先后通过 ISO 9001：2015 国际质量体系认证，ISO 14001：2015 环境体系认证，ISO 45001：2018 职业健康安全体系认证，产品获得了世界制造厂识别代号证书，拥有美国石油协会 API Spec 4F、7K 会标使用权，取得挪威船级社（DNV）产品认证，俄罗斯海关联盟认证，欧盟 CE 认证，产品通过国家“3C”强制认证，具有 HSE 健康、环境和职业健康体系认证，同行业率先完成国六排放产品公告等一系列产品质量保证资质。完备的质保体系的建立和运行，适用于全球不同地域准入要求，满足不同客户需求，为企业市场开拓提供了有力保障。

第二，整合管理体系。通过深入研究各体系标准要求，结合内部经营管理情况，创新融合 ISO 9001、ISO 14001、ISO 45001、CCC 及 HSE 体系，整合组织机构和职责，实现体系要求的全面覆盖和管理提升。融合后的体系，组织机构和职责更加优化，减少了管理支出，管理成本降低 23%；结合各体系要点，要求从严，提升企业的管理标准；工作流程进一步简化，工作效率进一步提高。

第三，为满足客户要求、结合实际生产情况，实施具有东方先科特色的质量管理方式。一是树立以用户为关注焦点的管理理念，把满足顾客要求作为产品质量改进的目标和评价标准。二是提倡“大生产”系统，“扁平化”管理，通过管理创新、优化管理流程，减少无用功。三是实施各部门质量控制联动机制，实现全员参与。四是制定《外协外购产品控制管理办法》《整机产品验收管理办法》《生产过程质量控制奖励办法》，成立产品质量管理提升专项小组，推动监督各管理办法真正落实到位。

第四，实验室的建立为市场招（投）标和产品质量提供强有力的保障。实验室的建立是企业近年来管理创新的重要举措之一，是企业做大、做强、自身发展的需要，是产业创新驱动并面向市场提升产品竞争力的必由之路。

东方先科于 2020 年和 2021 年先后建立化学实验室和力学实验室，引进光谱仪、万能试验机、冲击试验机、磁粉、超声波探伤仪等先进设备，更加注重关键原材料的控制，致力于产品质量从源头控制，不仅降低了外送成本，同时为项目招（投）标提供强有力的资质保障。目前，该实验室已成为一个技术力量较强、检测手段先进、检验结果准确、工作环境良好的检验检测实验室。

实验室经过一年多的试运行和完善，在金属材料及产品力学性能、无损检测、物理检测等领域已经具备较强的检测能力，并依据《检验检测机构资质认定评审准则》、CNAS－CL01：2018《检测和校准实验室能力认可准则》（ISO/IEC 17025：2017）、CNAS－CL01－A006：2018《检测和校准实验室能力认可准则在无损检测领域的应用说明》、CNAS－CL01－A011：2018《检测和校准实验室能力认可准则在金属材料检测领域的应用说明》，结合实验室的实际情况，编制管理体系文件，目的是建立和完善实验室质量管理体系，保证最大限度地完成能力范围内的各项检测工作。

第五，为加强出厂产品验收，向顾客交付满意的产品，制定并且实施了多项控制措施。一是实施三

级产品出厂质量控制，实行专业检验员控制、车间主任和检验所长联合完工验收，企业领导最后检查的三级产品出厂质量控制方式，对质量责任实施连带追究制度，真正做到“有法可依，违法必究”。二是实施主要产品质量控制点制度，在各个车间实施重要产品主要质量控制点，对这些点实施重点控制，编制产品质量控制点控制要求、控制人员、记录的内容等都有明确规定，有效控制了产品内在质量。三是对产品质量控制，更注重在源头上控制，对外购产品外协产品加强控制，实行供方质量保证书制度，利用经济杠杆促供方抓产品质量，对其产品让步接收、返工产品实施打折的制度，在结算时给予价格扣减，促进其抓质量。四是在内部质量责任制建设上，除继续实施质量倒查，责任追究外，对发生较大质量责任事件的单位将给予主要单位领导扣罚岗位津贴、免职等比较严厉的质量一票否决制，强化领导干部抓质量的责任意识。

（四）强化延保、跟踪测评，实施产品全生命周期精准服务

一是建立客户满意度测量控制机制。东方先科作为传统的钻修机制造商，充分考虑并准确掌握客户的需求方向。每年进行两次用户满意度测评，内容涉及产品的质量、价格、服务、单证、交期等方面，旨在了解用户需求的动态变化，掌握先机。

二是建立重点客户进行单独的自我测评。设市场部主要负责国内，设英语部、俄语部、西语部，三个语种分别开发和服务不同的国家，每个市场都找到重点客户给予全方位的服务，旨在为用户提供更加及时周到的服务，提升用户体验。

三是建立全球跟踪服务网络。在售后服务上狠下功夫，不断拓展售后服务网络，在国内外设置多个服务站和零部件仓库，第一时间确保跟踪服务，为客户节约时间，解决用户使用设备的后顾之忧。通过各大服务站的成立，既提高售后服务水平，又减少运输成本，还为客户节约时间成本，同时提升公司的增值服务空间。

四是给出跟踪服务专业意见。根据客户的需求，安排工程师定期为客户检修设备，并以书面或者口头形式给出设备运行方面的专业意见和建议，与此同时，适时地为客户企业的员工提供免费的产品知识培训，既能解释其作业过程中遇到的一些疑问，也可以自然地拉近和客户的关系，把服务做得更好。

五是每年制定用户走访回访计划。以多种形式对用户展开走访、回访，收集工作中的不足，了解用户的潜在需求，创造二次销售及服务的机会。这些工作结果都会形成报告，供决策分析及改进。

（五）选好供应，综合把控，保障客户需求全方位实现

第一，针对供应商的选择，制定《供应商管理办法》，并对其设立质量、成本、交货、服务、技术、资产、员工与流程等指标，并进行年度考核，选择诚实守信的商家，分类出战略性供应商、重点供应商、友好供应商。在采购过程中，通过《招议标管理办法》，选择同类产品更有优势，更适合的产品，达成企业降本增效的目标。通过更多的优秀供货商，根据终端市场及顾客的需求变化，快速整合相关的技术及资源，提供适时、适质、适量的产品与服务，有效提升企业的竞争力。

第二，实行全面物资管理信息化系统，强化材料物资管理。一是建立全面物资管理信息化系统，推进物资管理规范化。二是发挥集中采购优势，降低采购成本。三是完善材料分类、分级管理制度。按可控性原则，分解落实到分管领导、相关职能部门，相关职能部门要层层分解到班、组、个人或岗位，材料管理部门负责对材料指标跟踪管理，做到旬分析、月考核，及时查找超节原因并提出整改意见。四是加大材料回收复用和修旧利废。配备专职人员负责回收和修旧利废工作，建立回收复用台账，制定奖惩措施，实施综合物资把控。

第三，通过招标方式，从价格、交期、运输能力等方面考察，根据国内外陆运、海运、空运的不同特点，选择2～3家物流供应商，并签订长期运输合同，保障客户的需求在运输过程中的准时交付。

第四，严格遵守美国石油协会 API Spec Q1 质量管理体系，并于2021年取得挪威船级社（DNV）

证书，不断增强软实力。质量管理部设立内审员岗位，按照美国石油协会要求，每年组织年度内审，确保供应链管理系统正常运转。

（六）注重人才，强化团建，夯实企业发展的人才基础

东方先科近千人的员工，给人力资源管理部门的工作提出了很大的挑战。人力资源管理部门运转效率较高，运用有限的部门人员配置能够有效完成全公司人员的招聘、培训、薪酬福利等管理工作，并且通过组织内外部培训有效提高了员工的执行力。公司采用扁平化的组织架构，整体人员效率较主要竞争对手有优势，人员结构相对精简，人力成本负担小。在员工福利方面，公司比较人性化，不仅提供食宿，而且为了照顾占大部分的河南员工，食堂提供河南口味的家乡饮食。

在中层人员进行团队沟通协作培训方面，从思想意识上提高团队骨干人员的团队意识和团队思维。挑选中层和核心人员分批次参加卡内基为期三个月的团队协作培训，并定期对参训人员进行培训效果追踪，了解参训人员在团队合作中的改变。同时要求参加培训的人员将所学内容以多种形式向下属讲授，提高团队意识。

开展团建活动，打造团队凝聚力和协作力，增强团队荣誉意识。开展篮球比赛、拔河比赛、焊工技能大赛等活动，借助活动，增加团队成员之间的交流和团队协作能力。

开展定期业务培训。根据人才个人发展和企业经营需要，有针对性地制定人才培训计划，从企业内部和外部寻找合适的培训师，对后备人员开展相关的管理和专业技术培训，培训的内容包含管理基础能力、变革与创新、管理模拟等，培训周期贯穿到整个工作年度内，同时要求人才每季度完成相应的自学任务，保证人才在做好本职工作的同时，不断提升自身的专业技术水平和管理能力。

加强人才轮岗计划。组织开展部门间和跨部门轮岗，跨部门轮岗的时间一般不少于三个月，目的是培养一部分符合企业发展需要的复合型人才，以防止关键岗位人员流失时出现关键岗位空缺的风险。

根据市场和服务人员的反馈信息，及时进行人员方面的调整。市场销售人员和服务人员是距离客户最近的人员，能够第一时间反馈客户的现实和潜在需求，以及产品在使用过程中存在的问题。针对客户的需求进行人员方面的培训和调整。一是针对客户对产品焊接的高要求。东方先科为了保证产品的焊接质量，定期开展焊工技能比赛，激励焊工作业人员提高自身的专业技能水平，同时对焊工作业人员进行外送培训，考取 AWS 焊工操作证，公司持 AWS 焊工操作证的人员的作业水平完全能够满足客户需求。二是针对客户对产品交货期的要求，交货期要求越来越短，为了降低交货风险，必须保证人员的稳定，企业对各部门和岗位进行了梳理，建立了关键岗位人员花名册，对关键岗位人员实施动态管理，建立相关的风险预警和处理机制，一旦有关键岗位人员变动，需要对关键岗位人员的变动进行风险分析，并启动风险处理预案。

通过实施以适应市场的精准生产经营管理体系，管理队伍每年流失率小于 5%，管理团队中 90% 以上员工在企业工作年限超过 5 年，60% 以上员工超过 10 年，管理团队对企业认可度、忠诚度高，团队协作能力强。

三、石油机械制造企业适应市场变化的精准生产经营管理体系建设效果

（一）客户满意度持续提升，市场竞争力显著增强

通过以客户需求为导向的生产经营管理体系有效实施，东方先科产品受到了国内各大主要油田用户的一致好评，提升了企业产品的品牌认可度，国内市场订单由上一年度的 47 台（套）增加到 60 台（套），国内市场占有率显著提升。在国际市场如俄罗斯、乌克兰、阿根廷、伊拉克等市场占有率名列前茅，尤其在钻采设备主要需求国——俄罗斯更是稳稳占据销量榜首位。

（二）降本增效取得实效，管理效益显著增长

一是单台制造成本降幅 8%。通过以客户需求为导向的生产经营管理体系建设，东方先科在发动

机、阀件、电气元件等外购部件方面的采购成本降低10%左右，减轻产品重量5%，单车制造成本约降8%。二是一年期以上无动态库存减少。通过实施以客户需求为导向的生产经营管理体系，精益投产，计划控制更具明确性，减少了资源占用的浪费，使资金利用周期大大缩短。2018年，库存一年期无动态项目共3450项，价值1650万元；2019年，库存一年期无动态项目共2720项，价值1230万元；2020年，库存一年期无动态项目共2409项，价值903万元。三是减少了无效的浪费，效率得到提升。小批量订单式的生产，增加了转运过程的效率，减少了等待时间的浪费，生产总量较往年逐渐增加。2018—2020年库存价值正在降低，零部件占用的资金占比下降。

（三）管理团队和谐稳定，抗风险能力显著增强

东方先科已成长为一家现代化的以高端制造、工程技术服务、油气田开发为一体的大型综合性石油开发集团。公司员工凝聚力、忠诚度较高，管理团队和谐稳定，以人为本的企业文化有效推动了企业的繁荣发展。针对新冠疫情等突发情况，企业结合自身情况，迅速调整经营策略。在出口严重受阻的情况下，进一步提高了企业在国内市场的份额，连续两年实现国内订单份额增速20%以上。面对国际市场，公司利用在俄罗斯、苏丹、哥伦比亚等地的分公司优势，凭着多年来的品牌影响力，不断开拓新市场、维护老市场，保持了较好的市场份额。东方先科产品市场占有率稳步增长，管理团队持续稳定，企业品牌影响力日益提升，企业的抗风险能力显著增强，保持了良好的发展态势，在同行业中持续占据领先地位，为中国石油装备产业的发展贡献了力量，为当地社会经济发展承担了责任。

（成果创造人：蒋　治、李喜录、丁　峰、郭俊锋、李孟强、葛玉涛、尹会军、党　瑜、王齐旺、李井新、陈　强、张明明）

实现我国首台套 IGCC 示范电站“安全高效”运营的跨领域融合管理

华能（天津）煤气化发电有限公司

华能（天津）煤气化发电有限公司（以下简称天津 IGCC）负责建设和运营华能天津 IGCC 电站。天津 IGCC 坐落于天津市滨海新区，企业性质为中央企业，由华能集团进行管理。主要业务为电力生产和供应，职工总数 388 人，装机容量 26.5 万千瓦，总投资约 36 亿元，上一年度营业收入 5.3 亿元。天津 IGCC 作为我国自主研发、设计、制造、建设和运营的中国第一座、世界第六座大型煤基 IGCC 电站，是“国家洁净煤发电示范工程”和“基于 IGCC 的绿色煤电国家 863 计划研究开发基地”，于 2012 年 11 月投产发电，多项技术和工艺在我国属于首次应用，主要污染物排放达到天然气电站水平，是我国目前最清洁的燃煤电站。项目先后荣获国家级成果奖项 18 项，行业级成果奖项 83 项。

一、实现我国首台套 IGCC 示范电站“安全高效”运营的跨领域融合管理背景

（一）有效解决我国能源安全与环保之间矛盾的难题

在可预见的未来，我国人均电力需求刚性增长和环境承载能力的矛盾将进一步凸显，在天然气供应紧张、环保形势日趋严峻的背景下，我国“富煤少油缺气”的资源特点，决定了短期内以煤炭为主的电力生产格局不会改变。做好 IGCC 示范，探索建立以科技创新为核心的精益管理体系，将有利于解决我国能源安全与环保之间的矛盾，构建清洁低碳、安全高效的能源体系。

（二）推动我国煤炭清洁高效利用技术道路发展的需要

作为“绿色煤电”计划第一阶段示范工程，天津 IGCC 的重要作用是充分发挥新技术实验平台作用，利用化工系统与电力系统集成的优势，为燃烧前碳捕集、燃料电池等前沿技术的研发、实验提供平台，促进相关技术的进一步整合，推动我国煤炭清洁高效利用技术（绿色煤电技术）发展并达到世界先进水平。因此，建立跨领域融合的科技创新管理体系，运营好 IGCC 示范电站，对于实现煤炭“吃干榨净”的目标，推动我国煤炭清洁高效利用技术（绿色煤电技术）发展至关重要。

（三）实现我国首台套 IGCC 示范电站“安全高效”运营的需要

天津 IGCC 融合电力与化工两大行业特点，在运营过程中，对比传统火电厂，在具备电力特点的同时，还存在化工行业易燃、易爆、高温、高压及有毒有害气体等危险特点。技术上，多项技术和工艺在我国属于首次工业化应用，存在着技术不成熟、设备不稳定、系统安全水平低、专业技术人员匮乏等问题。管理上，行业标准不统一、管理界限不清晰、管理理念差异等，给运营、管理带来重重困难，产生较多突出问题。电站亟待构建一套适用于 IGCC 行业融合特点的管理体系，切实解决电站电力与化工行业跨界、学科交叉、专业融合的管理难题。

二、实现我国首台套 IGCC 示范电站“安全高效”运营的跨领域融合管理主要做法

（一）构建跨领域融合管理体系

1. 明确“安全高效”运营目标

IGCC 对比传统火电厂，在具备电力特点的同时，还存在着化工行业易燃、易爆、高温、高压及有毒有害气体等危险特点，安全管理难度远大于常规火电机组；同时，IGCC 作为我国首台套示范机组，多项技术为首次工业化应用，电站管理水平远大于常规火电厂。因此，电站确立了“安全高效”运营的管理目标。

2. 构建跨领域融合管理体系

我国首台套 IGCC 机组跨领域融合的管理体系主要涵盖跨领域技术融合、管理融合、人才融合、安全融合，并引入精益管理理念，切实解决了行业交叉、新技术运用及管理水平提升等难题，为国家重大科技项目“安全高效”运营提供保障。

3. 实践跨领域融合管理

自电站投产以来，于 2013 年起开始实践跨领域融合管理，通过聚焦跨领域技术融合、管理融合、人才融合、安全融合，有效解决电站跨领域融合难题。为进一步落实“安全高效”运营目标，于 2017 年起，引入精益管理理念，通过聚焦管理基础、效率效益提升、对标一流管理，实现电站安全生产、经营效益、管理水平大幅提升。

（二）聚焦跨领域技术融合，实现我国煤炭清洁高效利用技术重大突破

1. 实现化工气化技术与电力发电技术结合

IGCC 技术结合了净化燃煤的气化技术和高效的联合循环发电技术，是目前国际上被验证的、能够工业化的最洁净、颇具发展前景的高效燃煤发电技术。具体表述为由煤到合成气过程属于化工领域净化燃煤的气化技术，通过燃烧合成气到做功发电过程属于电力领域高效联合循环发电技术，通过结合净化燃煤的气化技术和高效的联合循环发电技术，实现由煤到合成气再燃烧做功发电全过程。

2. 实现跨电力与化工领域控制系统融合集成

IGCC 由空分、气化、净化和联合循环发电和公用工程等单元组成，包括空气系统、N_2 系统、O_2 系统、煤粉输送系统、煤气系统、除尘系统、脱硫系统、蒸汽系统、循环水系统、冷却水系统、黑水系统、电气系统等，其存在行业交叉、相互影响等复杂特点。电站开发出 IGCC 各单元过程模拟模型，揭示了 IGCC 各单元、各子系统的动态特性与交互作用的规律，创建了 IGCC 整体系统多目标集成方法、多变量复杂系统的协调控制和安全联锁保护策略，开发了 IGCC 协调控制软件系统，使 IGCC 电站的自动控制投入率达到 100%，保证了机组的安全可靠性，实现 IGCC 跨电力与化工领域控制系统融合集成。

3. 实现化工合成气在电力燃气轮机稳定燃烧技术突破

电站通过技术攻关，解决了燃机燃料切换过程的燃烧震荡及燃烧器过热的难题，实现燃气轮机（电力）从高热值燃料（电力）向低热值合成气（化工）切换的稳定燃烧技术突破，掌握了 IGCC 各单元及整体系统启停、变负荷及稳定运行的规律，构建了 IGCC 的运行、维护技术体系，并形成整套技术规范。

4. 实现化工干煤粉加压气化技术首次成功在电力领域应用

华能创立了两段式干粉煤加压气化及煤气全热回收系统的设计方法，使我国具备设计大型干煤粉加压气化炉及煤气全热回收系统的能力。IGCC 两段式干煤粉气化炉获得工程验证，打破了大型干煤粉气化技术被国外垄断的局面。同时，依托 IGCC 电站承担的“2000 吨/天级干煤粉加压气化技术开发与示范”和“IGCC 联产系统运行及控制技术”两项国家“十一五”863 计划重大项目课题通过科学技术部专家组验收，标志着具有我国自主知识产权的两段式干煤粉气化炉首次成功应用在电力领域。

（三）聚焦跨领域管理融合，有效解决电力与化工行业融合管理难题

1. 建立健全规章制度，填补行业融合管理制度空白

电站自投产以来，制定了我国首台套 IGCC 机组启动、调试、运行规程，以及 IGCC 电站设计、工程建设、运行管理及安全管理等系列规范；制定我国首台套《整体煤气化联合循环发电机组性能验收试验》电力行业标准（DL/T 1223 - 2013）。同时，先后组织修订、补充制度 228 项，完善防非停措施 1443 项，推动制度规范不断完善，并强化制度刚性执行，从上至下营造制度文化氛围。

2. 引入电力内控管理，确立电站融合管理主体思路

内控管理作为电力领域成熟的管理手段，可有效提高企业风险防范能力。针对 IGCC 行业融合特点，电站引入电力领域成熟的内控管理理念，并全面推行，把内部控制作为电厂内部管理的主要依据，充分发挥内控的约束力，通过采取自查自纠、重点工作评分、建设内控精品案例库等措施，建立起了一整套规范高效、运行顺畅、风控严格的管理体系，有效提升电厂管理水平。近年来，内控综合评价连续在华能系统内部获“优”。同时，充分发挥内控的约束力，进一步规范内部控制，切实杜绝有章不循、制度执行不到位的现象。

3. 重新划分管理专业，夯实行业融合组织管理基础

电站结合 IGCC 行业融合特点，打破常规电力行业火电厂管理模式，吸取化工行业好的管理经验，形成 IGCC 特有的组织管理模式（见图 1）。运行管理中，按化工工艺划分，形成空分、气化、净化专业；按电力工艺划分，形成动力岛机务专业、动力岛电气专业；将空分、气化、净化与动力岛参照电力行业单元机组进行平行管理。设备维护管理中，按设备性质划分成立了动力、电气、热工、综合专业，同时引入化工专业，实现扁平化、专业化管理，经过实践检验，这种模式适用于行业融合管理，提高了工作效率，取得了良好效果。

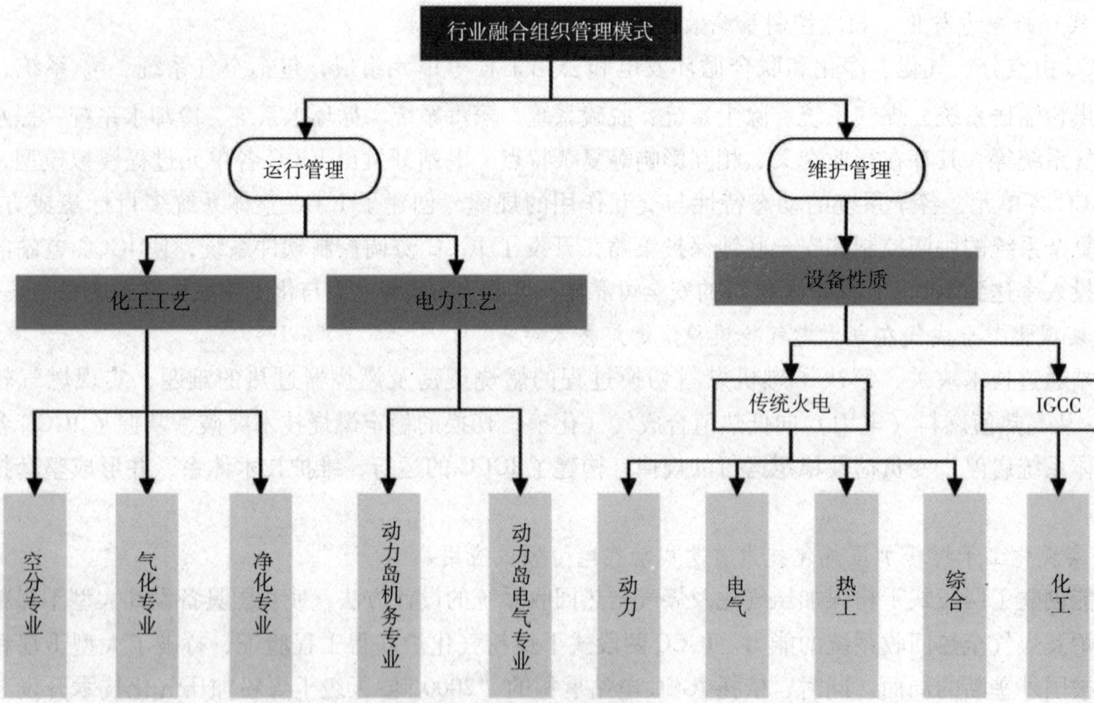

图 1　组织管理模式

（四）聚焦跨领域安全融合，筑牢国家重大科技项目安全基础

1. 确立 IGCC 安全管理标准制定原则，实现电力化工安全标准融合

天津 IGCC 作为行业融合产物，没有现成制度规范可以借鉴。投产初期，电站通过调研交流，根据华能管理模式要求，决定把化工和电力管理要求统一到电力管理上；把化工和电力管理不一致的地方，按最严格的安全、技术标准统一到 IGCC 安全、技术标准上；根据上述两个原则制定相应制度、规程、规范及技术要求，实现 IGCC“制度统一”“规范统一”“标准统一”，形成 IGCC 特色制度文化。

2. 实现化工HSSE与电力本质安全体系结合，筑牢行业融合安全管理基础

天津IGCC结合自身特点，形成“十大安全理念”和“十大安全禁令”，通过将化工领域中石化HSSE（健康、安全、安保、环境）先进安全管理理念与电力领域华能集团本质安全体系结合，创建适用于IGCC电站的HSSE本质安全体系，以风险识别、评估、持续控制和应急处置、行为控制为重点，由人员、设备、环境和管理4个子系统构成的HSSE本质安全生产管理体系，打破了原来各部门安全生产管理条块分割。体系包含了一级要素26个，二级要素173个，风险控制点1116个，管理流程图143个，表式229个。项目建设运营至今始终保持安全平稳局面，为IGCC技术首次工程化应用筑牢安全基础。

3. 标准管理“双参照”电力及危化品企业，有效提升电站安全管理水平

鉴于天津IGCC电站行业融合特殊性，在华能内部，IGCC按照电力企业标准进行安全管理；在地方政府区域管理过程中，保税区应急管理局按危化品企业标准对IGCC进行安全管理。大幅降低行业融合带来的安全风险，有效提升电站安全管理水平。

（五）聚焦跨领域人才融合，为我国首台套IGCC示范电站提供智力支撑

1. 注重化工领域人才引进，切实补齐化工领域人才短板

华能作为老牌电力企业，掌握整套成熟的电力发电技术，拥有一大批电力专业技术人才，但因涉及化工领域产业极少，导致化工领域专业技术人才匮乏。IGCC投产初期，相继从中石化、安庆石化、首都钢铁等化工企业引入一大批技术骨干，充实IGCC队伍，解决了电站化工专家“人才荒”问题。同时，电站在大学生招聘过程中，加大化工专业学生招聘比例和质量，相继一大批中国矿大、北京化工等化工专业学生加入IGCC，在工作岗位上不断提升，成为化工领域行家里手。目前，电站拥有全国青年岗位能手1人，中央企业技术能手1人，中石化技术专家6人，天津市青年岗位能手6名，“华能集团五四劳动奖章”5人，华能技术专家、技能专家20余名。

2. 创新实施轮岗培养机制，打通电力化工专业人才发展通道

天津IGCC围绕电站工程设计、施工、安装、调试这个实战平台，大胆开展跨部门岗位交流、专业岗位交叉任职、管理生产岗位轮岗，打通电力化工专业人才学习晋升发展通道，同时组织开展技术课题攻关、合理化建议、“安全知识”竞赛、科技论文评选等活动，通过比知识、比操作、比能力、比合作，为人才脱颖而出搭建舞台。通过一系列措施，电站技术人才数量不断充实，具有跨电力化工领域工作学习经历人员达到100余人，一大批一专多能职工走上前台，担当重任。

3. 开展我国首批IGCC运行全能值班培训，打造具备跨领域技术专业人才队伍

天津IGCC以培养我国首批兼备电力和煤化工技术全能值班员队伍为目标，在机组实现安稳运行基础上，创新开展IGCC运行全能值班培训，利用3年周期，分批次通过考试选拔、轮岗、集中培训等方式，切实提升运行值班人员各专业（空分、气化、净化、动力岛）技术水平，有效掌握电力与化工技术，大幅提升运行人员对全系统的统筹操控能力。

（六）跨领域融合管理引入精益理念，提升国家重大科技项目“安全高效”运营水平

1. 聚焦管理基础，推动精益化管理规范运行

天津IGCC积极转变观念，以管理突出问题为导向，重点抓制度建设，抓责任落实，抓执行力提升，不断补齐短板，强基固本，推动管理模式由“粗放化”向“规范化”转变。

聚焦闭环管理，确保责任落实。针对以往部分工作中，存在责任落实不到位、管理上存在空白地带，甚至有些工作责任不清晰、不明确等情况，造成工作无人问津情况的发生。天津IGCC优化完善制度体系建设，加强制度体系的有机衔接，严格按照制度制定、执行、监督、反馈、评价、完善的过程，形成逻辑严谨、环环相扣的闭环管理体系，落实督办机制，不断提升工作效能。对履行责任不到位的人

员运用提醒、警告、考核等手段，逐步杜绝“新官不理旧账”“管理空白地带无人问津”“遇到问题绕道而行”的问题发生。通过强化技术牵头部门的责任落实，层层传递压力到一线部门，解决一大批投产以来悬而未决的问题。其中，较典型的是化学水系统和地下管网渗漏专项治理，通过抓责任落实，实现化学制水率由47%提高至60%，日节水3500吨。

聚焦成本意识，形成良好氛围。推动全员成本意识深入人心，坚持“一切成本皆可控”理念，加大全要素、全过程成本管控，推行量化分析和标准化、数字化管理，形成全员算好“经济账”的良好氛围。比如，全力攻克“卡脖子”技术，完成LO－CAT溶液国产药剂工业应用试验，实现酸性气全部回收，打破国外进口药剂垄断，每年可节约成本120万元。

聚焦刚性执行，确保措施落地。充分发挥绩效考核的作用，以月度生产费用分析会、生产经营分析会等多种形式强化过程监督，修正奖励与考核的执行偏差。以2021年为例，进一步加大奖惩考核力度，截至目前，已对员工累计奖励3.82万元、考核14.19万元；对承包商累计考核4.7万元，有效推动各项目标任务落实、落地。

2. 聚焦效率效益提升，推动精益化管理高效运行

突出量化管理，激发管理潜能。职责落地的精益法则是量化管理，没量化无管理。以年度重点工作任务为目标，细化分解各项工作任务，量化工作指标，明确责任落实，建立健全精益管理体系，提升公司管理水平，切实解决IGCC盈利难、多元化发展慢等问题，提高公司核心竞争力。推行目标量化。为确保精益化管理工作开展过程中每项工作内容都能看得见、摸得着、说得准，将精益化管理目标、任务科学分解成各部门相应指标，用指标评价工作成效，并及时固化形成企业长效机制。比如，依托“年度绩效考核体系”“本质安全体系”“党建绩效考核评价体系”等一系列量化措施，进一步细化绩效考核内容，切实做到目标量化。推行数据支撑。坚持实事求是原则，通过定时、定性、定量、科学、客观分析生产、经营数据，从中挖掘出相应规律，不断总结经验，以数据化、具体化的指标为科学决策提供数据支撑。比如，通过分析长周期运行数据，判断出气化炉炉顶温度控制和气化炉SGC差压控制是制约气化炉长期运行的最关键指标。通过对投产以来的温度、压力、压差、煤量等关键数据的逻辑性、相关性分析，实现气化炉SGC压差控制技术取得突破，切实解决以往因积灰导致压差快速上涨的症结，为机组长周期运行突破一处关键的技术障碍提供支持。

突出奖惩机制，有效调动员工工作积极性。健全考核及奖励体系，逐级进行全方位评价，坚持考核与激励并用，以考核手段促进执行力和工作效率提升，以奖励手段鼓励员工主动献计献策，通过提高各部门二次奖金分配比重，实现多劳多得，全面营造公平公正氛围。比如，制定《红旗党支部评比管理办法》，根据14个支部创建情况进行考评、排名、奖惩，有效调动14个支部工作积极性，通过两轮评比，形成“一支部一特色”。比如，制定《5S管理考核办法》。组织各部门管理人员，按月度进行检查评比，持续巩固了“5S”管理成果。

突出部门协作，形成部门协作合力。针对以往部门间协作时，工作质量差、效率低、关注度不高、习惯性应付等问题，强化“把其他部门需要协调的工作放在部门工作首位”意识，提升部门配合意识。比如，通过对部门间的工作事例分析得出，涉及部门协同工作的任务，大约60%的时间和精力用在协调、配合等的工作上，造成工作交流不顺畅，效率不高。针对这种情况，领导层以上率下，提出“我为人人、人人为我”理念，加强服务意识，突出部门协作，公司整体工作效率大幅提高。比如，生产部门与财预部默契配合，共同推动“凝液回收及余热锅炉低温模块改造”“合成气激冷方式优化”等技改项目获天津市节能资金524.7万元。

3. 聚焦对标一流管理，推动精益化管理特色运行

天津IGCC将提升跨领域融合科技创新管理水平作为增强核心竞争力、着力打造世界一流IGCC电

站的必然要求，围绕华能对标世界一流管理提升行动，以科技创新管理为抓手，通过对标世界一流企业，聚焦自身突出问题，着力加强管理体系和管理能力建设，补齐短板和弱项，努力提升竞争实力。

天津 IGCC 与国外同类型 IGCC 电站对标，具有以下优势。一是发展储备优势。天津 IGCC 打牢了基础、丰富了技术、储备了人才，为 IGCC"可复制、可推广"做好了充足的准备工作。二是技术优势。开发具有华能自主知识产权的干煤粉加压气化技术，攻克"卡脖子"难题，打破国外技术垄断，技术性能达到国际先进水平。三是项目建设优势。建设工期 38 个月，比国外同类项目建设周期缩短近 2 年；单位造价相对较低，每千瓦造价约为 1.3 万元，为美国同期同类项目的一半。四是二氧化碳捕集优势。2016 年，国家科技项目，我国首套、世界容量最大的燃烧前二氧化碳捕集装置在天津 IGCC 验证成功，填补了国内技术空白，使我国在此领域跻身国际前列。该技术可相对容易实现二氧化碳的近零排放，为煤基能源实现高效近零排放发展奠定基础。五是机组稳定性优势。天津 IGCC 机组稳定期最短，时间为 3 年左右，可用率提升最快，同时天津 IGCC 机组性能效率（42%）受机组初期设计影响，相对偏低。

对标国内火电企业，具备七大优势。一是战略优势。天津 IGCC 示范成功，对我国燃煤发电的可持续发展，以及抢占清洁煤炭发电产业制高点等具有重要的战略意义。二是环保优势。IGCC 粉尘、二氧化硫、氮氧化物主要污染物排放达到天然气电厂排放水平，是我国最洁净燃煤电厂。三是资源优势。在环保形势日趋严峻、天然气供应紧张的情况下，完善 IGCC 技术、进行商业化推广，适应我国"富煤少气缺油"的资源特点，对破解我国能源难题具有现实意义。四是多联产发展优势。可与煤制氢、煤制油、FC（氢燃料电池）等组成更先进的能源多元化生产系统，灵活性强，发展空间大。五是跨领域融合管理优势。融合电力与化工两大行业管理特点，创建科研、工程建设、调试、运行、维护一体化管理体系，实现机组安全稳定运行，该模式对于具有行业融合特点的企业有较强的借鉴和推广意义。

4. 以党的建设为根本保障，形成跨领域融合管理合力

充分发挥党委"把方向、管大局、促落实"领导作用。全面落实新时代党的建设总要求，围绕华能"六个新提升""两大突破"发展战略，强根铸魂抓党建，凝心聚力促发展，为完成年度绩效目标任务、实现 IGCC 连续运行取得新突破、加快创建一流 IGCC 电站提供坚强保证。推动党建与跨领域融合管理工作深度融合。充分发挥政治优势，组织各党支部开展"我为安全生产做贡献"主题党员活动，建立党员责任区、党员示范区 61 个，设立党员攻关课题 14 个。创新开展党员科技论文撰写工作，印发《关于开展"专利、论文、成果撰写"主题党员活动的通知》，研究确定"IGCC 气化装置预防堵渣的新方法研究及应用"等 9 个研究方向，成功申请 8 个实用新型专利，刊发 25 篇技术论文。有效发挥临时党支部作用。检修党支部在机组检修期间，与外包单位常态化成立检修临时党支部，形成合力，有效提升检修质量和效率。

三、实现我国首台套 IGCC 示范电站"安全高效"运营的跨领域融合管理效果

（一）推动我国煤炭清洁高效利用技术发展

投产以来，天津 IGCC 实现了机组最长连续运行 166 天，创世界纪录，标志着机组稳定运行能力达到世界 IGCC 机组先进水平；我国首套、世界容量最大的燃烧前二氧化碳捕集装置在天津 IGCC 试验成功，使我国在此技术领域跻身国际前列，为煤基能源实现高效近零排放发展奠定基础；两段式干煤粉加压气化炉获得工程验证，打破干煤粉气化技术被国外长期垄断的局面；依托 IGCC 电站承担的 3 项国家"十一五"863 计划重大项目课题顺利通过验收。IGCC 关键技术相继获得"国家科学技术进步"二等奖、"中国电力科学技术进步"一等奖。

（二）充分发挥 IGCC 电站示范作用

天津 IGCC 的示范成功大大提升我国在应对全球气候变化问题上的国际影响力。电站投产后，累计接待国家部委和相关企业调研 200 余次，成为国内企业加强学习交流、促进共同发展的重要平台，《人

民日报》、新华社、中央电视台等媒体多次对电站进行报道。中国工程院 16 位院士及国际工程与技术科学院理事会 6 国院士先后到天津 IGCC 电站进行技术交流，对电站发展给予了高度肯定。天津 IGCC 电站的技术示范作用得到充分体现。天津 IGCC 建成后已经实现连续 10 年安全运行，累计向社会供应了 80 亿度的“绿色电能”，达到甚至优于天然气电站排放水平，是中国目前最清洁的燃煤电站，较同规模常规燃煤机组，每年可少排粉尘 800 吨、二氧化硫 1792 吨、氮氧化物 2475 吨。

（三）实现电站“安全高效”运营

天津 IGCC 示范电站兼备电力与化工两大领域特点，跨领域融合管理成效显著。针对 IGCC 安全风险管理难度远大于常规火电厂的特点，建立一套成熟的、经得起考验的 HSSE 本质安全生产管理体系，投产至今未发生人身安全事件。电站先后攻克气化炉烧嘴罩频繁泄漏、堵渣积灰、差压不稳等一系列难题，机组连续 3 年零非停，实现稳定运行常态化。提质增效方面，机组供电效率由 35.65% 提升至 42%，设备状态历史最好；在燃料成本大幅上升的背景下，2021 年实现利润总额同比减亏 6231 万元，达到历史最好水平；提质增效同比增利 3920 万元。自跨领域融合管理工作实施以来，电站累计获得“全国文明单位”、“国家科学技术进步”二等奖、“中国电力科学技术进步”一等奖、“中国电力创新奖”一等奖等荣誉和奖项。生产、检修人员值班频次由最初每 2 天值 1 次班，变为 8 天值 1 次班；运行人员由 4 值 2 倒变为 5 值 3 倒；月人均加班次数由 2019 年的 8.6 次降为 2021 年的 2.1 次；整体休假率由 2019 年的 13% 提升到 2021 年的 85%。党的建设方面，党建工作质量不断提升，全面从严治党不断加强，推动生产经营工作不断取得新成绩，党建品牌得到高度肯定，连续 6 年党建绩效考核在华能华北分公司排名第 1，取得 10 余项党建工作优秀成果。天津 IGCC 电站跨领域融合管理模式对于具有行业融合特点的企业有较强的借鉴和推广意义。

（成果创造人：王世伟、祁海鹏、艾云涛、庄　志、马　康、于　洋、郁　峰、王俊棋、嵇余成、刘树金、杜浩粼、边玥珂）

基于“四个面向”的用电报装服务优化管理

内蒙古电力（集团）有限责任公司

内蒙古电力（集团）有限责任公司（以下简称内蒙古电力公司）是内蒙古自治区直属国有独资特大型电网企业，负责建设运营自治区中西部电网，供电区域72万平方千米，承担着8个市（盟）工农牧业生产及城乡1400多万居民生活供电任务，同时向华北、陕西榆林和蒙古国提供跨省区、跨国境供电。截至2021年年底，内蒙古电力公司资产总额1070亿元，所属单位36家，员工总人数3.6万人。全年售电量完成2300.55亿千瓦时，电网运行500千伏变电站34座，220千伏变电站175座，110千伏及以下变电站1020座，抽水蓄能电站1座。2021年，内蒙古电力公司列中国企业500强第256位、中国服务企业500强第102位、全国能源企业500强第46位，连续10年获评自治区国资委业绩考核A级企业。

一、基于“四个面向”的用电报装服务优化管理背景

（一）落实国家优化用电营商环境部署的客观要求

营商环境是一个国家和地区的核心竞争力。根据世界银行《2018全球营商环境报告》，2017年我国在全球190个经济体的营商环境评价中仅列第78位。2018年，国务院明确提出“五年内供电企业办理电力用户用电业务平均时间压缩2/3以上、压减到40个工作日以内”的工作要求。2020年，国务院常务会议提出全面优化用电营商环境，强调全面推广居民和小微企业低压用电报装“零上门、零审批、零投资”，2020年年底前在全国实现用电报装业务线上办理；2022年年底，实现居民和低压用户用电报装“三零”服务全覆盖。国家发展和改革委员会、国家能源局联合下发《关于全面提升“获得电力”服务水平 持续优化用电营商环境的意见》，在办电更省时方面，要求将居民用户、实行“三零”服务的低压非居民用户从报装申请到装表接电的全过程办电时间分别压减至5个、25个工作日内；在办电更省心方面，要求将居民用户、实行“三零”服务的低压非居民用户的用电报装压减至2个环节；在办电更省钱方面，要求2021年年底前实现城市地区用电报装容量160kW及以下、农村地区100kW及以下的小微企业用电报装“零投资”，2022年年底前实现全国范围160kW及以下的小微企业用电报装“零投资”。电网企业联系千家万户、关系国计民生，在党和国家事业发展中肩负着重要责任和使命。深入落实国家优化营商环境有关要求，发挥公共服务行业排头兵作用，持续简化客户业扩报装手续，不断提高服务便捷性、降低客户用电时间和成本，推动客户实现从“用上电”向“用好电”的转变，具有十分重要的意义。

（二）提高内蒙古自治区“获得电力”指数的需要

内蒙古自治区地广人稀、幅员辽阔，落实国家提升“获得电力”服务水平各项部署、全面完成对应用电报装时限目标要求，具有很强的艰巨性与挑战性。特别是与发达沿海地区相比，迭代升级供电服务，奋进争先打造具有蒙电服务品牌特色的全国一流用电营商环境，难度更大、任务更重。自2018年起，着眼打造可预期的市场化、法治化、国际化、便利化的营商环境，内蒙古自治区政府先后多次印发《优化营商环境实施方案》，提出对标世界银行《全球营商环境报告》评价指标，针对存在的差距和问题，精简环节、精简时间、精简费用、优化流程、增加透明度，为各类市场主体投资兴业营造稳定、公平、透明、可预期的良好环境。在“获得电力”方面提出4个方面重点任务：一是精简获得电力流程，要求10千伏以上高压客户、低压客户办电环节分别压缩至4个、2个；二是压减获得电力耗时，将低

压、高压客户报装办理时限分别压减至15个、45个工作日以内；三是降低获得电力费用，由电网企业承担投资建设110千伏、220千伏供电线路、公用变电站间隔及引起的公用电网改造工程；对160千伏以下的低压小微企业，实现客户零投资接电；四是提高获得电力便利度，要求推广应用互联网渠道，方便客户在线提交申请，确认方案和查询进程。面对新形势、新要求，统筹落实国家优化营商环境工作要求和提升自治区营商环境工作任务，深入实施基于“四个面向”的用电报装服务优化管理，进一步加强服务流程管控，持续提升客户服务响应能力，打造高效率办电、高品质服务、高质量供电的用电报装营商环境，对提升自治区“获得电力”服务水平提出紧迫要求。

（三）适应形势变化提升企业核心竞争力的必然要求

随着经济社会发展进入新常态，电网企业利润空间逐步缩减，给企业发展带来严峻挑战。与此同时，电力体制改革不断向纵深推进，客户用电需求正在发生巨大变化，电网企业面临的市场竞争日益激烈。客户服务能力是保障优质服务水平的基础，也是供电企业的核心竞争力，特别是业扩报装作为电网企业新增市场、新增电量的物质基础，做好这篇文章更是重中之重。对照国家能源局《压缩用电报装时间实施方案》简化办电流程、压缩办电时间、降低接电成本的要求，内蒙古电力公司尽管已出台一系列措施，取得积极成效，但与自治区政府的期待、市场主体和客户的期望相比，仍存在办电时间长、成本高、环节多、流程多等短板弱项。其主要体现在：一是办电时间长，供电企业内部审批流程长、环节多，以高压客户办理新装业务为例从受理客户报装申请开始，需要进行供电方案联合审查和批复、设计审查、受电工程开工报告审查等多个环节，有的环节可能涉及多个审批步骤；二是办电成本高，针对降低客户办电成本的改革力度有待加大，业扩配套电网工程建设投入少，多数小微企业等低压客户、企事业单位等高压客户需承担从建筑规划红线投资到公共电网连接点电网建设成本，部分高压客户在建设自身受电工程的同时还需承担部分公共电网建设成本；三是办电材料多，客户需要提供身份证、营业执照、土地使用证、项目立项批复文件，以及承揽客户受电工程、试验企业的营业执照、承装修（试）许可证、安全生产许可证等资料；四是办电便利度需要提升，线上办电渠道有待拓展，客户按照办电流程的每个业务环节需要重复往返供电营业厅，对快捷办电需求迫切。着眼推动解决这些短板不足，大力实施基于“四个面向”的用电报装服务优化管理，以更有态度、更有温度、更有力度的服务策略，不断增强对市场竞争和用户服务需求的适应性，已成为新形势下提高供电服务能力和响应速度、提升核心竞争力的重要抓手。

二、基于“四个面向”的用电报装服务优化管理主要做法

（一）确立基于“四个面向”的用电报装服务优化管理指导思想、原则和目标

内蒙古电力公司根据企业内外部环境变化，结合营销服务现状，在开展一线调研、系统论证的基础上，科学规划用电报装服务管理目标任务。

1. 深入科学论证，明确指导思想

针对办电手续、流程环节、接电成本、供电可靠性等客户感知问题，开展调研诊断，站在客户视角重新审视现有供电服务体系，换位思考体验电力客户的用电感受和诉求，明确基于“四个面向”的用电报装服务优化管理指导思想，即以“电网坚强、服务卓越、治理科学、管理精益、文化优秀”的战略目标为指引，坚持“以市场为导向，以客户为中心，打造全新责任蒙电”的管理理念，面向政府、面向客户、面向专业协同、面向基层，将服务理念根植于各个专业、贯穿于公司全业务中，深入开展“获得电力”指标提升工作，持续优化办电环节、压缩办电时限、降低客户接电成本、创新服务方式，更好地满足自治区用户对美好生活需求的用电需要。

2. 立足企业实际，确立实施原则

内蒙古电力公司通过吸收借鉴先进企业经验、反复深入论证，明确用电报装服务管理“四个相结合”的实施原则。

一是坚持因地制宜与分类施策相结合。以客户需求为导向，兼顾区域、城乡发展状况和电网投资及供电能力，因地制宜、科学合理制定服务标准，最大限度满足客户“获得电力”需求。

二是坚持标杆引领与统筹推进相结合。鼓励部分基础扎实的供电公司对标国内标杆，先行先试，力争率先迈入国内先进行列；支持其他供电公司加快经验复制推广，逐步达到国内先进或中上水平。

三是坚持创新驱动与引领需求相结合。以科技创新为支撑，建设新一代服务信息平台，推动外部政企信息互通、内部系统资源融合，持续深化改革创新，拓展线上服务功能和增值服务内涵引领客户需求，最大限度利企便民。

四是坚持内部管控与外部监督相结合。强化内部稽查管控，自觉接受外部监管、营商环境评价，持续推进“获得电力”改革，积极兑现服务承诺。

3. 坚持系统观念，提出工作目标

以“快速响应客户需求，解决服务难点”为导向，坚持系统观念、创新引领，着力打造前端触角敏锐、后端高效协同的服务链条，建立起以服务贯穿企业各项业务、流程环节的全方位服务体系，不断优化电力营商环境，提高客户“获得电力”指数，助力形成高效率办电、高品质服务、高质量供电的一流用电营商环境。具体来看，即努力做到“高效率办电”，让客户办电更省心、更省时、更省钱；提供“高品质服务”，让客户服务更便捷、更透明、更贴心；实现“高质量供电”，让客户用电更可靠、更经济、更安全。

（二）面向政府，建立政企联动响应服务链条

1. 组建数字化管理组织，纵深推进政企共享协作

内蒙古电力公司坚持“打造自治区能源类数字化转型示范企业”，有序推进数字化转型和“数字蒙电”建设，成立数字化转型工作领导小组，下设办公室、新型基础设施组、智能电网运管组、客户营销服务组、企业经营管控组、综合党群应用组。组长由公司董事长、总经理担任，副组长由计划、生产、营销等各专业分管副总经理担任，明确主要职责、具体工作内容，组织策划、统筹协调、整体推动数字化转型中的数据共享、数据治理工作。由营销服务部和信息化部组成客户营销服务组，负责推进客户服务智能化的营销服务平台建设，实现公司与政府、发电企业、新能源企业、用电客户和合作伙伴等的互联，为实施数据驱动的市场营销业务和客户服务奠定坚实基础。

2. 突出“数字共享、线上联办”，共建政企服务平台

内蒙古电力公司坚持开放共享、互利共赢的理念，加强政企深度合作，与内蒙古自治区发展和改革委员会、内蒙古自治区能源局、内蒙古自治区住房和城乡建设厅、内蒙古自治区统计局等单位建立合作意向，签订保密协议，依托采控系统、营销业务系统向合作单位推送电量、电费数据。与内蒙古自治区政务服务局建立健全政务数据共享协调机制，全面接入政务数据共享交换平台，依托全区政务一体化数据资源体系，实现供电企业在线获取和验证营业执照、身份证件、不动产登记等用电报装信息，实现居民用户“刷脸办电”、企业用户“一证办电”等，为业务线上联办提供技术支撑。

3. 建立政企联动响应链条，提升业务综合办理效率

一是在8个盟市各级政务中心开设线下电力服务座席，办理业扩报装及变更用电等19项业务。二是入驻政府工程建设项目审批管理系统，通过该系统提前获取政府立项信息，建立用电报装项目信息储备库，在线查阅企业基础信息，实现“零证”办电，目前已正式运行，并成功受理办电申请。三是实行房产交易过户与电力过户“一窗通办”举措，按照“一件事一次办”模式，与不动产登记部门房产

交易过户业务联动，通过一张表单、一套材料、一个窗口申请，实现业务综合受理、数据平台流转、全程一站办结的工作模式。

（三）面向客户，着力解决客户服务痛点难点问题

1. 成立两级客户服务委员会，压紧压实各级责任

成立“公司—盟市局”两级客户服务委员会，公司级客户服务委员会以董事长、总经理为主任，各分管领导、总部机关各部门负责同志为组员组成。盟市局客户服务委员会以盟市局局长、书记为主任，各分管领导、相关部门组成。客户服务委员会负责决策用电报装服务管理重大事项，解决落实优化用电营商环境、提升供电服务水平举措在推进过程中遇到的困难和问题。下设客户服务委员会办公室，负责具体落实客户服务委员会决策部署和议定事项，分析解决各项举措在实施过程中遇到的一般类问题，组织开展落实各项管理制度和举措。

2. 建立双经理负责制服务链条，提供网格化服务

针对客户配套电网接入工程实行“客户经理+项目经理”双经理负责制，实现网格化全过程跟进。其中，“客户经理”负责协助客户办理各环节业务，主动对接客户用电需求，为客户提供用电报装全流程服务，进一步压缩客户自身办电用时；“项目经理”通过应用移动作业终端，负责后端配套电网工程项目建设，推动加快各期手续办理，加大工程实施的全过程管控力度，加快项目建设进度，实现客户受电工程与配套电网工程同步竣工、同步送电。

（四）面向专业协同，构建数字化营销平台

1. “五步走”构建数字化营销服务平台

内蒙古电力公司深入落实国家数字化相关政策，积极适应“互联网+”发展需求，立足企业运营管理、数据共享、技术架构，制定实施由“服务业务”向“服务客户”转变的“五步走”战略方案。全面构建数字化、智能化营销服务平台。第一步，推动营销业务省级大集中。采用“业务大集中、系统统一部署”的系统架构，构建“四层五线”的业务管理模式，构建“以电能采控系统为基础，以营销信息系统为核心”的营销智能化平台。系统用户日常在线约2000人，服务电力客户约350万人。完成9个盟市局业务的集中管理，率先实现省级业务集中的系统建设。第二步，建设营销统一平台架构。搭建跨平台统一工作流引擎，减少各系统之间烦琐环节；进行“纵向分层、横向剥离”，实现各模块间的“低耦合、高内聚”，构建了统一风格、统一入口、统一权限、统一管理的营销业务系统。第三步，拓展服务渠道。响应国家“互联网+”建设思路，相继建设短信服务平台、蒙电e家App、95598网站、微信公众号，初步构建面向用电客户的全方位服务体系，持续拓展线上服务渠道。第四步，应用微服务架构。着眼实现“数据共享、业务贯通”，强化线上、线下业务协同，深化数据共享应用，促进跨专业、跨层级多方联动，积极开拓各类新兴业务，增强平台并发处理能力，高效支撑对外服务。第五步，建设新一代营销信息系统。应用“大云物移智链”等现代信息技术，采用中台架构思想，聚焦客户服务、业务经营、运营管理、能源生态4个维度全面植入“数字化”理念，即客户服务数字化，如统一客户模型，实现各板块客户聚合在线；业务经营数字化，如实现各基层各作业班组人员操作便捷、智能提醒式作业（智能化）；运营管理数字化，如实现各管理层级自定义看板，一人一版（智慧化）；能源生态数字化，如实现内外赋能产业生态，全面支撑营销数字化转型，实现公司营销渠道、客户服务、营销管理、物联管理的数字化、智能化。

2. 建立快速接电的业扩项目承包配套机制

着眼降低客户办电成本、压减供电企业内部业务办理时间，进一步优化提升“获得电力”时间、成本、环节指标，内蒙古电力公司建立业扩包项目配套机制，服务客户零投资快速接电。

一是修订完善电网建设投资原则。针对小微企业等低压客户，明确由供电企业投资建设配套电网工

程，产权分界点为计量综合表箱出线压接螺栓，由低压接入引起的新建、改造10千伏线路分支及新装（增容）变压器工程也纳入电力公司投资范围，实现低压客户“零投资”接电。进一步将国家能源局要求的居民客户和小微企业客户“零投资”接电，扩大到全部低压客户，实现蒙西8个盟市供电区域内160千瓦及以下的全部低压用户全覆盖。针对高压客户，延伸供电企业投资界面，在城镇规划区域内的企事业单位客户，供配电设施全部由供电企业投资建设至用户规划红线。对于统建住宅小区，进一步延伸投资界面至客户规划红线内的公共配电室，显著减少客户后续电力设施的运维成本，让用户享受更经济、更便捷、更贴心、更到位的供电服务。

二是优化配套电网项目管理流程。深化“放管服”改革，下放35千伏及以下客户供电方案（接入方案）及业扩配套电网工程建设审批权限。简化客户接入系统方案、业扩配套电网项目可研批复、投资计划下达、工程管控等流程，加快停送电计划审批速度，结合客户意向接电时间和电网工程合理工期，实行由客户工程引起的配套电网工程建设契约制，有效衔接施工进度。建立业扩包物资动态储备库机制，加快建设10千伏及以下配套工程全类型物资“实体储备库”，提前储备业扩物资、设计和施工企业，实现业扩配套项目“随需而立”、物资“按需领用”，方便各供电单位根据实际需要灵活补充物资，提高物资供应效率和施工响应速度，压缩配套电网工程建设周期，确保及时有效满足客户报装需求。

三是进一步压减办电流程和环节。面向低压客户，取消供电方案审批、开工报告、设计审查、中间检查、竣工检验等环节。面向普通高压客户，取消开工报告、设计审查、中间检查环节。修订完善《业扩报装管理办法》，取消高、低压报装现场勘查客户签字确认手续。升级业扩报装系统，将办电涉及的各专业部门内部审批业务全部归类合并到国家规定的环节内，实现多专业联合审批环节线上办理，各专业内部审批、配套电网工程建设限时办理、责任到岗。

3. 建立专业互助响应服务链条

建立快速响应客户需求服务中心，设立2个专家组。一是用电服务专家组，负责对12398能源投诉热线、95598电力服务热线、12345政府服务热线传递的投诉、诉求工单进行研判，根据内容甄别事件重要程度、紧急程度、影响范围等，提出相应对策并协调相关责任专业部门进行处置。强化服务事件处理全过程跟踪督办，对责任部门的处置质量进行分析评价，按月对服务事件处理情况、客户满意度情况、绩效指标完成情况进行周期性评价，并提出改进和考核建议。二是抢修复电专家组，负责接收各相关部门的计划、故障停电信息，以及来自12398能源投诉热线、95598电力服务热线、12345政府服务热线的故障报修信息，依据营销信息系统、计量网络图、配电GIS系统等智能化信息平台数据，判断故障类型和影响程度，提出对应措施和预估修复电时间并及时下达处置工单；强化抢修队伍、装备、物资资源、应急发电设备的统一集中调配，并及时向政府相关部门、重要客户推送停电信息。

（五）面向基层，完善用电报装服务保障体系

1. 健全客户服务委员会协调机制

每季度召开一次会议客户服务委员会，统筹解决本季度优化用电营商环境各项举措在实施推进过程中遇到的重大问题，同步通报优化用电营商环境、优质服务方面指标成效。会后形成会议纪要，明确议事内容、工作要求和牵头部门，保障各项举措扎实推进和落地。

2. 选优配强组建专业内训师专家库

着眼发挥公司系统内部人才优势、合理有效利用人才资源，从基层选取具有现场勘查经验，能够独立制定供电方案并熟练使用营销系统的骨干技术人员，通过试讲、考评、业务能力测评等方式，动态组建业扩报装、用电检查等专业内训师人才库。按照“先培养骨干，再以点带面”思路，通过内训师培

训各级基层员工，达到全员短时间内熟悉和掌握优化营商环境等政策、业务操作流程和各类规范的目标。

3. 建立内部监督与外部评价综合管控机制

一是强化内部管控与监督机制。开展党委专项巡察和营销服务领域专项治理工作，坚持问题导向，深入查找、剖析各专业领域、服务客户过程中存在的突出问题，结合第三方评价，精准施策，强弱项、补短板。二是引入“业扩包”项目后评价机制。在各供电单位所辖区域内选取一个完整年度“业扩包”投资项目，聚焦立项的合规性、决策的科学性、整体建设目标完成情况等内容，管控项目全寿命周期，进行项目“后评价”。三是建立“负面清单”风险防控体系。以营销服务重点领域、关键环节发现的突出问题为切入点，形成并下发营销服务负面清单，对照清单所列负面事项、风险点和防控措施，强化监督管理，进一步堵塞漏洞、整章建制，强化综合治理。

三、基于“四个面向”的用电报装服务优化管理效果

（一）供电服务质效显著提升，电力营商环境持续优化

内蒙古电力公司提前一年完成国家发展和改革委员会、国家能源局《关于全面提升“获得电力”服务水平持续优化用电营商环境的意见》中明确的目标，实现电力客户报装接电“四压减一提升”。在全国省级电网企业中率先实施延伸高压客户投资界面至客户建筑区规划红线，即在城镇规划建设区域内报装的用电客户，从用户建筑区划红线连接至公共电网发生的入网工程建设全部由供电企业承担。在压减流程环节方面，将10千伏及以上高压客户业扩报装流程由原来的6个环节压缩为4个环节，低压业扩报装由原来的6个环节压缩为2个环节。在压减接电时间方面，低压“三零”居民客户全过程办电平均时间为3个工作日，较2020年压缩33%。低压“三零”非居民客户全过程办电平均时间为4个工作日，较2020年压缩81%。高压单电源、双电源客户各环节合计办电平均用时为11个工作日、16个工作日，较2021年分别压缩48%、42%。在压减客户办电成本方面，累计为7.5万户小微企业等低压客户实施“零投资”接电，直接节约客户办电成本5.1亿元。“三省”服务实施以来，已经累计为高压客户节省办电成本0.69亿元，通过不断完善线上报装服务功能，目前已为客户提供“蒙速办”、“蒙电e家”、微型公众号、95598网站4类线上办电渠道，客户线上服务率达到了70%以上，较2019年、2020年分别提升了69%、50%。在压减客户办电资料方面，将低压客户由原来4类办电资料，压减为2类，高压客户由原来6类办电资料压减为3类。实行“一证受理”，有效提高了市场主体和广大人民群众的办电便利度水平。

（二）企业竞争力显著提升，客户获得感满意度大幅提高

供电服务各项指标明显提升，企业效率效益显著提高，在2020年内蒙古自治区营商环境评价中，先行先试的鄂尔多斯地区的“获得电力”水平为内蒙古自治区标杆水平，其中低压客户办电环节被评估为2个，成为国内“获得电力”标杆。呼和浩特地区由2019年内蒙古自治区评价的最后一名跃居到第六名，服务首府的供电能力与质效大幅提升。2020年5月，成果经验已经在蒙西地区8个盟市全面推广，为推动民族区域协调发展，营造了良好的用电营商环境。与2019年相比，2020年国家能源局转派12398能源监管热线的客户投诉属实工单下降18.37%，95598供电服务热线客户投诉属实工单下降48.78%，百万客户投诉率下降21.69%；2021年上半年12398客户投诉属实工单同比减少42.86%，客户用电获得感和满意度不断提升。

（三）经验做法被国家发展和改革委员会采纳，取得良好的社会效应

内蒙古电力公司通过建立政企服务平台、三级快响中心、业扩包配套项目快速响应机制，针

对低压客户承诺实施零上门、零审批、零投资的“三零”服务和针对高压客户实施省心、省力、省钱的“三省”服务，被国家发展和改革委员会评选为全国典型改革经验和做法，纳入《2020年中国营商环境报告》一省一案例改革集萃，在全国进行推广和实施。在2020年国家营商环境评价中，代表内蒙古自治区参评的内蒙古电力公司低压办电成本指标得分全国第一。

（成果创造人：贾振国、郝智强、白凤英、尹　卿、田锦华、王永利、吴忠军、张月圆、王晓军）

军工企业架构引领的流程驱动管理

南京晨光集团有限责任公司

南京晨光集团有限责任公司（以下简称南京晨光）隶属于中国航天科工集团第四研究院，为国有独资大型军工企业，前身为1865年清朝创办的“金陵机器制造局”，是中国近代军事工业的摇篮。南京晨光主要承担产品总装，型号结构件制造、伺服机构研制生产、地面设备制造，以及智能制造产业、高端装备产业、节能环保装备产业。现拥有精密加工、精密成型、数字化制造等十二大类工艺专业技术，检测和校准实验室、理化分析和无损检测研究所均取得了国家和国防科技工业实验室认可证书，具备较强的综合工艺制造技术实力。在异型体加工等方面形成了技术优势，在高强度钢等难加工材料精密加工技术方面达到了国内先进制造水平，在电液伺服技术、燃气伺服技术研究方面具有国内领先优势。南京晨光本部坐落于南京市文化中心秦淮区，占地面积2346亩，科研生产场所主要分布在南京市江宁厂区和秦淮厂区，截至2021年年末，南京晨光资产总额106亿元，营业收入近100亿元，当年年末在岗职工2200余人。

一、军工企业架构引领的流程驱动管理背景

（一）响应国家发展战略，迎接数字经济时代的需要

近年来以互联网、大数据、人工智能、区块链、量子通信、边缘计算等为代表的新一代信息技术日新月异，工业经济时代正向数字经济时代变革，企业数字化转型已是社会经济发展中不可逆转的潮流。据世界经济合作与发展组织统计，有80%的成员构建了数字经济战略框架，全球经济正迈入体系重构、动力变革的新阶段。中国在“十四五”规划纲要中提出“加快数字化发展　建设数字中国”“迎接数字时代，激活数据要素潜能，推进网络强国建设，加快建设数字经济、数字社会、数字政府，以数字化转型整体驱动生产方式、生活方式和治理方式变革”，将数字化发展提到了前所未有的高度。国务院国资委也印发了《关于加快推进国有企业数字化转型工作的通知》，部署加快推进国有企业数字化转型工作。

（二）落实科工战略要求，打造数字竞争优势的需要

数字化转型是改造提升传统动能、培育发展新动能、提升经济发展质量的重要手段。中国航天科工集团在“十四五”提出“数字航天”发展战略，南京晨光作为我国航天事业履行主责主业的核心单位，率先推进了数字化转型工作。

受国内外安全形势影响，我国航天航空业正在经历新一轮的转型升级。生产过程由传统定制化向规模化、标准化转变，研发过程由风险型向敏捷型转变。由于航空工业体系较早引入国外先进流程管理理念，近些年形成了以航空工业运营管理体系（AOS）为整体框架的业务架构，并且自上向下实现了全面推行，获得了一定的成效，也促使航天领域加快推进流程架构体系建设。

（三）抢抓时代变革机遇，促进企业高效发展的需要

数字化转型的对象是经营与业务，要解决企业“提质、增效、降本、减耗”面临的问题，要推动企业生产方式、运营方式和管理决策方式的全面变革，推动产业向高端化、智能化、数字化、绿色化转型，促进企业高质量发展。南京晨光意识到数字化转型是实现战略目标的关键成功因素之一，并不断推进，但在实施过程中暴露出流程治理职能缺位、业务流程不明确、流程分工不合理等问题。数字化转型需要借助信息技术的支撑，信息技术的应用需要与业务的深度融合，把业务运行说清楚就需要通过流程

的方法。通过引入先进的流程驱动管理理念、方法，统一内部管理思想，构建流程架构与应用架构，优化典型业务流程，为实现基于流程的卓越运营奠定基础。

二、军工企业架构引领的流程驱动管理主要做法

（一）强化顶层设计规划，强调业务流程主导作用

1. 贯彻党和国家发展战略，确定转型发展目标

南京晨光以习近平新时代中国特色社会主义思想为指导，全面落实中国航天科工集团战略要求和新业态体系建设重大举措，并依据国务院国资委《关于进一步推进中央企业信息化工作的意见》等文件，确立了“建成国内一流的具有鲜明航天特色的创新型智慧企业”的中长期发展目标。通过流程驱动能力建设，推动南京晨光经营、研发、制造各领域业务上线与数字化管理，推进智慧企业形态和特征显化，突出业务流程建设和组织变革，推进南京晨光向决策管理智能化的柔性组织形态转变。

2. 结合装备建设任务要求，规划制定实施路径

南京晨光按照公司中长期发展目标，以“智慧晨光”战略方针为指引，按照开放小组架构框架（The Open Group Architecture Framework，TOGAF），梳理和优化公司的业务（流程、组织）、应用、数据和技术架构，通过先进、前瞻性的企业架构设计来牵引业务需求，同时引领新的信息化解决方案，为业务创新、系统建设和整合、信息化治理优化提供基础，保障数字化转型工作健康可持续发展，如图1所示。

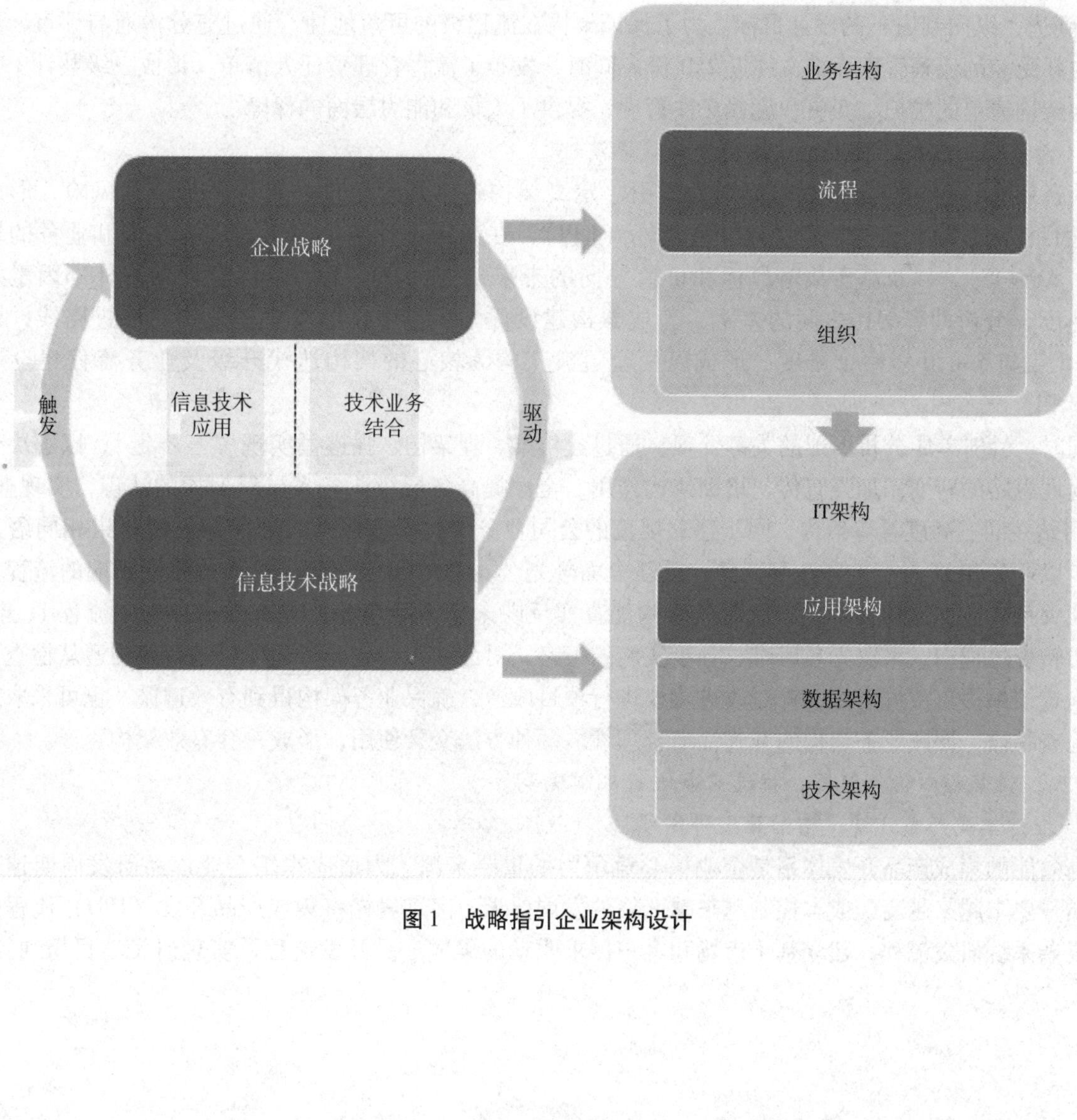

图1 战略指引企业架构设计

其中，流程架构作为信息系统建设、数据开发的“地基工程”，通过承接公司战略，规范自规划之下至执行之上的全部业务管理内容，形成以架构清单和流程图为核心的文件形态，充分达成组织内部共识，推进流程责任化、职责岗位化、运行绩效化、改进常态化，以成熟稳定、持续迭代的业务规则，作为信息化建设的有效输入，降低后续运行应用的风险。

（二）开展流程体系建设，实现架构引领转型发展

1. 以战略分析入手，实现业务分层分类到流程级

南京晨光采用战略导向的分析方法，从战略思路和管控机制着手，自上向下推导分析，实现对未来流程和信息化架构的整体设计，强化战略定位对组织、业务运作与管理流程、流程与信息化架构等的指导作用；通过对公司中长期发展战略的解读和分析，明确战略对业务运作与管理流程、流程与信息化架构建设的纲领性要求，并在此基础上对公司未来的管控机制和业务发展需求进行进一步分析，同时结合信息化新技术，规划未来流程信息化建设的架构。通过信息化现状分析、架构与机制规划、流程建设与推行辅导的三阶段方法，在战略、管控、业务的共同驱动下，明确未来流程与信息化架构的内涵和方向，实现架构对卓越运营的支撑。

南京晨光以公司现有部门职能和管理责任体系为基础，优先建立公司满足顾客要求的端到端业务场景和实现策略，形成公司 10 个一级业务域。以“穷尽不相融（MECE）”的结构化思维作为架构分解的总原则，根据各类业务特点和内在关系，选择合适的架构切分原则，开展业务架构分层分级设计，将架构切分至合理的流程级管理颗粒度，形成总计六级、近 700 个业务流程的架构模型，实现业务架构“横向到边，纵向到底”的设计目标。为了保证架构在流程级的可落地性，通过充分沟通与评审，形成公司内部受控的流程管理标准文件近 250 份。同时，发布了流程管理责任人清单，形成三级共计 190 余人，为架构清单的维护、变更和流程文件管理，提供了人员和能力层面的保障。

2. 通过差距分析，推进总体架构按路线图演进

南京晨光以公司中长期战略规划为指引，定义架构各级管理组件的目标、价值和风险，形成验证定性目标的定量化流程运行关键绩效指标（KPI）。在架构设计中统筹考虑即有职能和业务的现状架构（AS – IS），以及基于战略目标和价值导向的未来架构（TO – BE），综合评估内外部因素及业务成熟度，分析两套架构之间的差距，完成架构建设优先级排序，形成总体架构的演进路线，并基于 3 ~ 5 年与 5 ~ 10 年两个维度，形成以两套过渡架构为核心的架构迭代升级及业务流程建设（优化）计划。

同时，针对差距分析形成的关键发现，通过建桥梁、理架构、强遵循实现“三步走”，以解决公司内部管理思路的转变。加强宣传、培训架构作用，全面提高各层级业务人员对架构的认识，实现业务、IT 部门站在同一高度看待架构，同步建立规范的公司业务架构语言体系，确保全公司“讲相同语言”。进一步以业务和 IT 融合的方法和视角，重新全面规划公司总体架构资产，尤其关注端到端的流程、应用交互关系、数据流转关系，确保业务架构能真实反映未来实际业务，并有效指导未来流程 IT 建设。在思想转变过程中，采取先易后难、分步实施的策略，对已建、在建、待建项目进行架构遵从检查，并根据检查结果提出改进建议，针对改进建议进行项目改造，确保业务架构得到有效遵循；也可采取反向遵循检查手段，回顾业务架构的准确性与合理性。两种方法交叉使用，形成一套有效架构资产。

（三）聚焦核心价值流程，推进业务运行机制变革

1. 推行集成产品开发，精细管控研发项目

高效能的集成产品开发体系是企业核心竞争力的重要来源，为适应军工企业产品研发周期越来越短、质量要求越来越高、成本控制越来越严格的发展要求，南京晨光将集成产品开发（IPD）流程融入航天复杂系统研发流程，建立基于市场和客户需求驱动的集成产品开发流程，实现研发项目精细管控，

并集成知识构建与知识推送系统，加快市场反应速度，提高产品开发质量。

南京晨光从全生命周期、流程端到端、客户第一、价值创造等角度来审视产品与研发管理的架构，进行系统性创新和变革，建立了跨职能部门的重量级团队及绩效管理机制，规划、构建了端到端的研发流程体系和信息化系统，完成流程文件建设、重量级团队赋能培训等工作，引导各层级各领域人员思想解放，推行流程化运作；实行矩阵式管理，通过试点推行研究适合军工企业的集成产品开发流程、重量级团队管理及运作机制，完成流程、团队运行的监控及辅导，识别分析问题实现流程的改进优化；通过“端到端的流程执行、跨部门的重量级团队运作、集成互联的信息化系统支撑、正向激励的绩效引导”，实现产品研发能力的跨越式提升，最终达到优化产品开发过程、提高产品研发效率及质量的目的，推动企业高质量发展。

2. 推行集成供应链，研制生产高效协同运作

南京晨光基于流程驱动的集成供应链（ISC）管控机制创新，以集成化、数字化、平台化的思想，开展了航天型号复杂系统产品供应链机制变革原有的传统计划生产机制，将无限产能的推动式生产向订单拉动式生产转变，初步实现了从产品级计划到车间级工序计划的贯通，构建了基于需求导向、总装拉动的科研生产一体化计划管理体系和运作机制，业务流程架构和责权分工进一步明确，实现制造能力均衡、供应链保障协同的管控目标；同时，完成了集成供应链领域内采购、交付、委外、工艺、制造执行5个流程组30余份流程文件的设计和评审。通过ISC计划流程运行拉通了销售与运营计划、主生产计划、加工计划、车间作业计划，实现传统单一综合计划管理向面向总装拉动的多级计划管理转变，提高了计划制定的科学性和合理性，细化了计划的管理颗粒度，明确了内部责任分工，提升了供应链的拉动效应，实现基于总装拉动的内部供应链集成、外部供应链协同，提升“小核心、大协作”“两头在内、中间在外”的研制生产高效协同运作和总体质量，适应国防武器装备规模化、柔性化生产需求和发展要求。集成供应链业务域流程架构如图2所示。

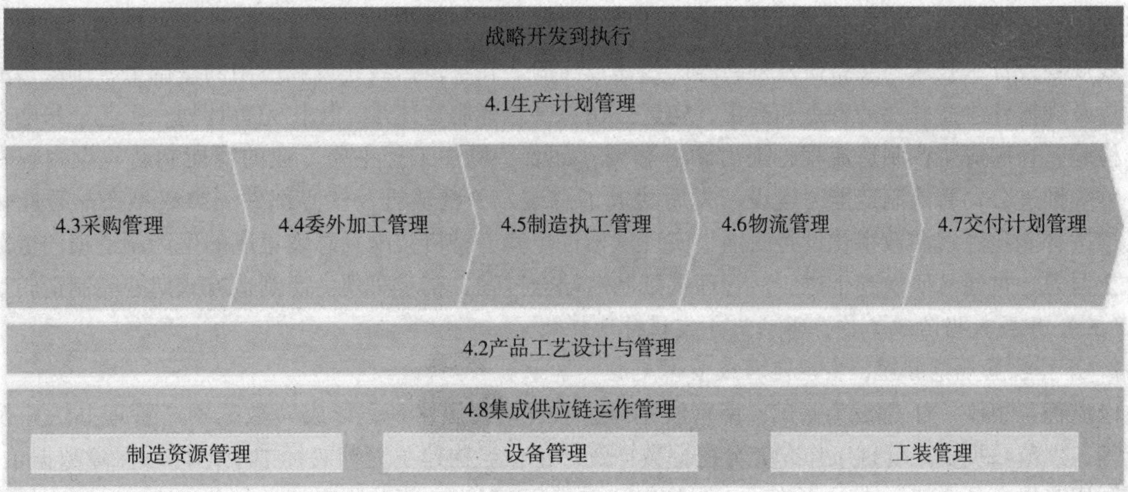

图2 集成供应链业务域流程架构

(四) 构建集成信息平台，推进两化管理体系融合

1. 建设集成信息平台，提升业务运行效率

南京晨光以流程架构为输入，高效推进基于模型的数字化协同研发平台、基于数据集成的数字化运营管控平台、基于流程的智慧企业管理三大平台建设，实现业务在线、人员在线、产品在线、用户在线，公司智慧企业建设和数字化转型工作水平快速提升。

数字化协同研发平台作为承载南京晨光集成产品开发业务域业务落地实施的信息化应用系统集合，可以实现所有产品研制C阶段及以上研发无纸化管控；实现工艺设计管理全专业、全级次结构化工艺设计的全覆盖；实现技术状态变更管理全面切换等。研发平台基本能够实现研发过程的线上运行，通过流程固化IPD研发方式，支撑产品研发由传统形式向集成产品开发形式转变，同时实现产品基于物料清单（BOM）的数字化管理和应用，为产品研发的数字化转型奠定基础。

数字化运营管控平台涉及8个业务域（战略、投资与计划管理，市场营销与销售管理，集成供应链管理，售后管理，质量管理，财务管理，人力资源管理，综合管理），以打通物流、资金流、信息流，优化南京晨光核心价值链为主线，通过数字化制造管理系统、企业资源计划系统、质量管理系统、人力资源管理系统等信息化系统建设实现计划、合同、订单、制造、仓储、质量、财务等核心业务上线。南京晨光“十三五”期间完成了以数字化制造管理系统和企业资源计划系统为核心的平台建设，涵盖项目管理、销售管理、生产计划管理、采购供应管理、质量管理及车间制造执行管理，并完成了与数字化协同研发平台业务链路的打通，实现对整个生产管理过程（计划—采购—加工—装配—成品产出）的管控。

智慧企业综合管理平台承载流程与信息化管理、综合管理两个管理业务域，同时承载各平台系统之间的协同工作，包括智慧企业门户、ARIS流程管理、档案管理、涉密载体全生命周期管理、IT服务管理等系统。综合管理平台可以为用户提供各类实时信息、工作待办和知识，串联各类业务流程。

“三大平台”的建设应用，实现了业务流程化、流程信息化，打通了各业务之间的“孤岛”，进一步巩固了业务流程在IT系统中的落地，为南京晨光数字化转型提供了良好的信息化平台基础。

2. 大力推进智能制造，贯通研发到制造流程

南京晨光以总装智能产线论证建设为抓手，按照总体规划、示范先行、分步实施的总体思路，推进型号产品交付、成本和质量管控能力提升。公司基于制造业数字化发展趋势和公司制造能力发展需求，制定智能制造建设规划，构建以智能制造业务、应用、数据和技术架构为核心的信息化总体架构。通过试点开展总装智能化示范产线建设，打通了计划、设计、工艺、生产、设备的纵向数据链路，积累了智能产线规划设计、技术与装备研发创新等产线建设经验。在示范产线建设和应用的基础上，围绕多品种小批量及规模化生产并存的特点和需求，构建公司总装智能制造体系，优化完善计划、工艺、采购、生产、检验、仓储等生产制造流程，提出涵盖总装、部装、机加工等主要专业的智能制造建设内容和目标，分步推进公司智能制造能力建设，先后建成了总装、关键整机及核心部件三类典型产品智能化产线，推进智能化产线和数字化设备联网，实现从零件生产、整机装配到总装集成的生产制造横向链路数字化全覆盖，贯通从研发到生产、从管理端到制造端全过程，初步实现生产制造方式向智能制造转型。

（五）开展数据治理工作，驱动业务流程持续优化

1. 开展数据规范管理，实现流程级数据集成共享

以流程、组织、IT建设为基础，南京晨光构建了数据管理体系，形成《数据资产管理办法》及相关流程，规范数据资产管理工作，充分挖掘数据资产价值，构建了完善的标准规范体系保障数据治理，数据利用率提高了30%，打通了产品工程物料清单（EBOM）—工艺物料清单（PBOM）—制造料物清单（MBOM）—生产计划—产品制造数据应用链路。通过一系列制度的制定规定各部门、单位在数据资产管理活动中的角色和职责及数据资产全生命管理流程，厘清各部门数据管理责任田，并发布了南京晨光IPD集成产品开发业务域数据标准体系，使业务数据资产建设有标可依。

南京晨光结合业务实际，构建了完整的主数据管理体系，明确主数据管理体系总体建设方案，对公司主数据设计规范、主数据管理规范、主数据管理系统建设、主数据清理等工作提出要求。通过主数据监督检查、通报整改的管理方式确保主数据在各系统的长效应用管理，实现“数出一源，多方共享”

的主数据管理目标，为基于各系统的业务流程贯通和应用集成奠定了坚实基础。

2. 开展数据模型建设，支持流程活动优化

南京晨光将数据看作是企业的核心资产，不仅要把数据中心建设成企业的数据资源池，还要把数据分析应用建成企业的中枢神经系统，真正把数据资产打造成企业核心竞争力，并且通过数据中心建设要实现两大能力，一是数据管理能力，即把数据有效地管起来，保证数据高质量、高可用性；二是数据分析应用能力，即把数据有效用起来，构建主要产品、设备、工艺、业务等的流程级数据模型，支持优化流程级的生产经营活动，为企业创造价值。基于以上定位，南京晨光完成了数据中心规划设计和方案论证，形成了以“两体系”+“采集、存储、治理、应用”为主线的数据中心架构设计，在基于充分选型调研的基础上，开展企业级数据中心基础软、硬件平台建设，对生产、设备、库存、质量、人员五大主题的关键数据进行客观、集中、实时展示，将企业的运营管理过程透明化，发挥数据价值逐步将制造数据中心建设成为南京晨光的大数据资源中心、运营监测中心、辅助决策中心和革新服务中心。

（六）构建流程治理机制，支持流程建设持续深化

1. 推进组织架构优化调整，奠定支撑转型组织基础

为规范和加强南京晨光的流程治理工作，支撑数字化转型体系的构建与实施，南京晨光建立了完善的流程治理组织体系，成立由公司董事长任组长、总经理及首席信息官任副组长、副总经理及业务部门领导为成员的工作领导小组，负责审定公司转型发展战略、发展规划、政策及发展目标，配置所需资源。同时，成立专门流程信息化部门，负责管理流程、体系和信息化的变革工作，组建数据管理部门，负责数据管理体系建设、完善数据管理组织，推进数据资产管理和数据价值利用。

为保障业务流程顺利运行，南京晨光建立流程驱动型的矩阵型组织机构，设置三级流程责任人体系，建立“上级任命、考核下级、下级向上级述职、横向互相评价、否决、弹劾机制及流程授权机制”为核心的流程运行管理机制，能够统筹协调相关业务部门，协同推进业务集成融合，利用业务流程系统赋能员工，以业务流程职责为牵引，协同有效履行业务流程职责、部门职责和岗位职责。

2. 完成制度流程体系建设，确保转型工作有效开展

为规范和加强流程治理工作，南京晨光深入开展两化融合管理体系运行，推进业务流程、数据、组织结构和技术四要素的互动创新和持续优化，实现先进信息技术、工业技术和管理技术深度融合，形成了以《流程管理工作规定》为核心，《业务架构设计流程》等流程文件为支撑的流程治理制度体系，形成动态优化的闭环管理机制，有序推动业务机制变革，持续打造信息化条件下的新型功能，稳定推进智慧企业建设不断迈向更高阶段。

（七）强化文化人才建设，保障转型发展顺利推进

1. 强化流程人才队伍建设，提供转型人才保障

南京晨光将强化人才作为“第一资源”，完善企业人力资源管理体系，逐步建立科学的编制设置与动态管理机制，设立人才激励基金制度，并将流程治理、数字化、智能化领域实现关键技术的突破作为技术领军人才、技术革新人才评选的一个重要因素，建立专家型人才成长通道，拓宽优化人才引进渠道，夯实人力资源管理基础，并且为加大资源分配向优秀人才倾斜的力度，鼓励各类技术领军人才和技术革新人才为南京晨光快速发展做出贡献。

针对流程项目建设应用特点，以项目团队方式推进流程与信息化建设，以流程架构梳理诊断团队、流程详细设计和优化团队、流程治理理念和建模基础团队形成梯次管理，以公司内训形式持续培养流程治理资质专业人员，有效推广流程治理理念和业务流程化方法，将重视逻辑关联和活动推演的深层次理念潜移默化到公司全部管理业务领域。同时，开展流程管理、IT 技术、产品研发设计、生产管理、经营管理等复合型人才的培养，特别是由业务部门经理担当项目经理，提升了业务部门流程管理素养，通

过自主团队推进项目建设，极大提升了公司人才对公司业务流程的理解、对新技术的掌握，提升了团队流程管理能力。

2. 加强流程驱动文化建设，营造转型发展氛围

南京晨光秉承航天精神和航天科工的使命、愿景、价值观，紧紧围绕“建设国际一流的具有鲜明航天特色的创新型智慧企业”中长期发展目标，坚持“以军为主、军民协同、创新驱动、数字晨光”战略方针，将数字化转型能力提升作为公司五大能力提升之一重点推进，围绕公司架构建设、流程治理、数字化转型、智能化升级，建设流程架构与数字企业文化，通过在公司内部培训、电脑屏保推送、电子期刊阅读、流程漫画宣传，在公司党代会、职代会、经济工作会等大型会议上作专题报告，在《晨光报》、晨光办公网络平台、《管理与科技》等内部刊物上发表文章等方式，在企业内组织各层级员工对流程治理理论、方法和实践进行系统学习，将流程治理、架构建设的理念融入企业文化，营造管理思想转变和持续优化改进的良好氛围。

三、军工企业架构引领的流程驱动管理效果

（一）运营效率取得突破，管理效益显著提升

南京晨光基于统一流程开展业务活动，固化了管理标准和业务流程，极大地减少了管理、沟通成本，围绕产品研发、生产制造等产品全生命周期业务全过程实现协同性、一体化、透明化、无缝对接，大幅提升了产品全生命周期的业务全过程的效率。目前已压缩管理制度文件数量87份，体系文件精简40%以上，管理效率提高50%以上，并且建成各类信息系统38套，十大业务域L3级信息化整体覆盖率达60%以上，科研生产主价值域（以集成产品开发域、集成供应链管理域为主）信息化覆盖率74.6%，基于业务需要实现流程与数据贯通，实现办公协同、设计协同、设计制造协同，多年来经营绩效持续改善，产品质量水平持续提升，顾客和员工等相关方满意度及员工的幸福指数持续提升。

（二）经营业绩持续增长，经济效益大幅提高

“十三五”以来，南京晨光主要财务指标实现大幅增长，2017年，实现营业收入45.81亿元，利润总额1.56亿元；2018年，实现营业收入53.73亿元，利润总额1.97亿元；2019年，实现营业收入57.45亿元，利润总额2.14亿元；2020年，实现营业收入71.13亿元，利润总额2.98亿元；2021年，实现营业收入100.03亿元，利润总额3.67亿元。全面完成规划目标，营业收入年平均增长率、利润总额年平均增长率、资产保值增值率都达到全国国有大型企业优秀值，南京晨光综合竞争力不断得到提升。

（三）参与多项标准编制，社会效益稳步提升

《以架构引领、流程驱动、数据治理为核心的军工企业数字化转型管理》在第二十八届江苏省企业管理现代化成果大赛中荣获一等奖。南京晨光近年来参与了《信息物理系统　参考架构》（GB/T 40020－2021）、《自动导引车（AGV）在危险生产环境应用的安全规范》（GB/T 37669－2019）国家标准制定，完成了《航天产品数字化设计与制造PBOM通用要求》、《航天产品数字化设计与制造MBOM通用要求》等行业标准制定，参与起草了航天行业《航天智能制造标准体系白皮书》（2021版）。加强行业交流分享，公司流程架构治理、IPD、ISC流程变革应用取得了一定成效，超过20家集团内部、科技、航空、兵器等行业兄弟单位，以及一些其他企业进行交流调研，取得了良好的社会影响。

（成果创造人：袁　勇、姚昌文、陈以亮、赵　晖、李建平、汤浩舟、黄　健、郭　磊、牛小青、彭　程、时小希、郭彦文）

聚合产业链资源的“我家有电工”供电延伸服务管理

国网湖北省电力有限公司襄阳市襄州区供电公司

国网湖北省电力有限公司襄阳市襄州区供电公司（以下简称襄州公司）成立于1976年，承担着服务襄州经济社会发展和人民美好生活用电的重要责任，供电区域面积1897平方千米，高低压用户30.60万户，其中专变用户2399户。襄州电网依托襄阳主网，形成了35千伏为主体，10千伏为支撑的供电网络。近年来，公司在国网公司和省市公司的坚强领导下，保持良好的发展态势，相继荣获中国企业社会责任“金蜜蜂·客户至上奖”，国网公司“电网先锋党支部”“五星级乡镇供电所”，湖北省国资委“先进基层党组织”，省纪委“省级廉政文化建设示范点”等奖项和荣誉。

一、聚合产业链资源的“我家有电工”供电延伸服务管理背景

（一）贯彻总体国家安全观，保障人民用电安全的需要

电力安全关系国计民生，与政治安全、经济安全、网络安全、社会安全等诸多领域密切关联，是国家安全的重要保障。同时，碳达峰、碳中和目标愿景提出后，我国终端电气化水平将快速提升，也对电力安全提出更高要求。当前，供电企业不断加大配网建设投入，对电网安全愈加重视，但由于产权问题，供电企业保障服务截止于电度表，长期以来，电度表到用户家中的用电导线（以下简称表后线）存在线路私拉乱接、导线断裂破损、截面过细等问题，短路、漏电等现象频发，人民生命财产安全受到较大威胁，也不利于消费终端电气化改造。因此，探索解决居民客户表后服务问题，进一步保障人民用电安全成为供电企业亟须思考与解决的重要任务。

（二）聚焦社会就业需求问题，落实央企社会责任的需要

就业是最大的民生工程、民心工程、根基工程，是社会稳定的重要保障。近年来，稳就业面临诸多挑战，世界经济复苏动力不足，地缘政治冲突升级，外部环境更趋复杂严峻和不确定，国内新冠疫情多点散发，我国经济发展面临需求收缩、供给冲击和预期转弱三重压力。在此背景下，部分群体求职难度加大，城镇调查失业率上升明显，就业形势持续承压。在表后线服务领域，客户有维修服务需求，但供电企业维护力量有限，而具备维护资质的社会检修力量有服务能力却无法及时获取服务需求信息，由供电企业牵头，聚合产业链上下游资源，搭建多方共享的线上服务平台，培训并签约社会检修力量开展服务，使“有需求”的客户与“解决问题”的社会力量对接，不仅能进一步延伸供电服务，而且能够为社会人员创造更多就业机会，彰显“人民电业为人民”的企业宗旨，履行央企主动担当作为的社会责任。

（三）解决客户供电服务痛点，提升供电服务体验的需要

襄州公司深耕供电服务市场，为提升供电服务水平，对区内各类用电客户开展需求调研，发现系统投诉中用户产权方面的占比达85.32%，主要存在表后线维修报修难、表后线维修市场乱收费现象频发、表后线维修质量得不到保障三方面问题。可以说表后线服务是供电服务的“最后一百米”，是供电服务的空白市场，更是关系到客户用电安全可靠的刚需市场，这“最后一百米”涉及人、财、物、管理责权等因素，是提升客户服务体验的痛点、难点。因此，构建供电延伸服务体系，是解决客户表后线维修难题，满足客户“随时、随地、多样化”需求，提升客户供电服务满意度的重要举措。

二、聚合产业链资源的“我家有电工”供电延伸服务管理主要做法

（一）明确延伸服务目标思路，填补表后服务市场空白

1. 梳理自身资源，挖掘内外资源优势

为解决用电客户表后电力服务难题，优化供电服务体系。襄州公司对内外资源进行全面梳理，发现公司具有以下资源优势：一是具有健全完善的供电服务体系，各镇（街道）均设有供电所，具备开展供电延伸服务的组织基础。二是与政府各部门建立良好的沟通合作机制，通过多年来供电服务的开展，与政府规划、建设、民政、网信、市场监督等各机构部门均建立了沟通和合作机制，有利于获取供电延伸服务的政策支持。三是与产业链上下游企业具有广泛和良好的合作基础，与电力工程企业、互联网企业、运营服务企业等均有历史合作经验，具备开展供电延伸服务的社会化资源基础。

2. 确定服务原则，落实央企社会责任

襄州公司立足于央企社会责任，基于客户需求、资源基础和市场环境，明确了供电延伸服务体系的构建原则。一是坚持以客户需求为导向。围绕解决客户表后线维修痛点难点，主动担当作为，突破产权责任限制，提供客户产权范围的维修服务，满足客户用电问题应急处理需求及“随时、随地、多样化”的服务需求，全面提升客户服务体验。二是坚持落实央企社会责任。聚焦社会就业需求问题，为社会人员创造更多就业机会，同时，关注五保户、孤寡老人、享受优抚补助的烈属等特殊群体，提供针对性优惠政策，践行“人民电业为人民”的企业宗旨。三是坚持多方共建共享共赢。按照“政府引导、电力主导、用户自愿、市场运作”原则，整合政府部门、施工队伍、用电客户、社会力量等电力产业链上下游社会资源，构建多方参与的供电延伸服务体系，实现利益相关方共建共享共赢。

3. 制定目标思路，打通服务“最后一百米”

襄州公司基于服务三大原则，以全面构建供电延伸服务体系，满足客户表后线服务需求为总体目标，明确了供电延伸服务体系的构建思路，即充分发挥公司客户沟通渠道、专业技术能力等优势，聚合电力产业链上下游资源，打造“下沉式”服务组织，搭建多方合作体系，建设供电企业、用电客户和社会化检修人员多方共享的“我家有电工”线上服务平台，依托社会化电工，面向用电客户推出“共享电工”维修服务，构建“线上下单、线下服务”的客户服务模式，实现用电客户个性化、多样化需求的快速响应，加强全过程运营管控，健全支撑保障机制，形成循环提升的供电延伸服务闭环管控体系，打通供电服务“最后一百米”，破解用电客户产权部分无人服务的历史难题，助力解决社会就业需求，形成供、用、维等利益相关方共建共享共赢的新局面。

（二）打造“下沉式”服务组织，夯实“多方共享”服务基础

1. 成立工作专班，建立服务组织体系

为了确保供电延伸服务工作稳步推进，按照分级管理、分工负责原则，成立包括供电延伸服务领导小组、专项工作办公室、工作专班的组织体系。一是成立领导小组。成立由公司分管领导任组长，各部门、各单位主要负责人任成员的工作领导小组，负责统筹供电延伸服务体系建设整体工作，全面监督把控各阶段重点工作及成果，开展内外资源统筹协调。二是设置供电延伸服务专项工作办公室。负责工作开展全过程的统筹组织、进度控制、总体策划、资源协调，就工作中涉及的重大问题进行决策和部署。三是健全工作专班。在各基层供电所设置工作专班，实现各镇（街道）网格化覆盖，作为供电延伸服务主体向用电客户开展服务。四是设置“社区驿站”“村组驿站”。在服务辖区内设置“社区驿站”“村组驿站”，派驻驻点电工和供电所网格员，负责接收本社区用电客户报修需求，配合开展上门维修等工作，切实打通供电服务“最后一百米”。

2. 厘清相关主体，搭建多方合作体系

以客户表后服务为核心的供电延伸服务涉及多个利益相关方，襄州公司立足于多方共建共享共赢的

原则，主导搭建多方合作体系。一是识别利益相关方，明确核心诉求与资源。基于利益相关方对项目影响、公司与利益相关方的合作潜力，襄州公司对用电维修服务的主要利益相关方进行梳理，识别出供电公司、政府部门、用电客户、社会施工队伍四大主要利益相关方，并通过实地走访、线上沟通等方式了解各方核心诉求和资源，分析确定用电维修服务工作的关键点、困难点。二是厘清责任边界，搭建多方合作体系。按照社会责任边界管理方法，从法律边界、现实边界和理想边界，明确供电公司、政府部门、社会施工队伍、用电客户各利益相关方的责任边界，明确利益相关方参与方式和实现理想边界的路径，助力形成利益相关方共同推进用电维修服务的共识。

3. 加强政企协同，获取市场准入支持

一是促请政策支持。襄州公司把握市物价局大力简政放权这一契机，多次与区物价局沟通。二是形成政企协同工作实施方案，共同推进供电延伸服务模式构建与实施。

（三）首创“我家有电工”平台，实现“线上下单、线下服务”

1. 建设线上平台，提供“电商化”延伸服务

自2015年起，襄州公司为解决客户表后服务报修难题，深耕表后线用电服务，确立“我家有电工”表后线电力服务品牌，并根据市场变化不断升级迭代，由线下签约转为线上服务，借鉴“滴滴打车”模式，邀请第三方软件公司开发了“我家有电工”线上服务平台，面向用电客户、社会化检修力量、供电企业、政府部门提供多种服务功能。平台以客户体验为核心，拥有极速推送实时工单与订单消息的功能，客户通过一键操作即可与客服人员一对一聊天咨询或生成维修订单。依托“我家有电工”线上服务平台，实现“线上下单、线下服务”，并满足客户线上支付、评价和订单状态跟踪需求，形成具有“电商化”特点的供电延伸服务模式。

2. 设置“驻点电工”，提供“应急化”快捷服务

用户家中用电问题一般均属突发且需迅速解决的紧急问题，解决不及时将带来很大的安全风险。由于供电企业检修服务员工数量有限，难以实时满足辖区近130多万的低压用户群体的延伸服务需求，襄州公司创新性提出“驻点电工”理念，依托社会化电工资源开展供电延伸服务。在试点乡镇招聘当地有能力的待业青年，经过专业技术考核和正式培训后正式上岗，通过“我家有电工”平台接收用户维修工单，实现电工的“共享”服务。“驻点”社会电工均为当地人员，对各自服务区域社区和道路情况较为熟悉，在服务过程中既能保证服务的快捷便利，又能有效融入供电所的管理体系，极大地提高了供电延伸服务的效率，确保第一时间解决用户突发的紧急用电问题。截至目前，已累计拥有160名社会化电工，且全部具备进网作业的资格，其中152人拥有高低压电工证，120人拥有登高证。随着“我家有电工”平台的推广和使用，将吸引越来越多的地方电工资源的加入。

3. 丰富产品体系，提供“多样化”套餐服务

一是提供多种服务套餐。面向低压用户，每年提供两次用电检查和147项日常维修、安装维护等服务，实行年费制有偿服务，居民用户95元/年，非居民用户200元/年；面向专变客户，按照单台变压器容量划分3个档次的签约费用，年费套餐包括变压器检测及用电负荷全天候监测、预警等服务，故障维修服务按照统一标准单独收费，对新签约的专变客户实施施工费用5折的优惠。面向企业用户，结合企业个性化的电力服务需求，签署服务合同，提供相应服务。二是向重点帮扶对象提供定向优惠。每年年初，襄州区民政局向襄州公司提供五保户、孤寡老人、享受优抚补助的烈属等特殊群体名单。一方面，襄州公司主动上门对接，为五保户、军烈属、老弱病残群体提供无偿线路检查服务及年费套餐优惠；另一方面，面向困难户集体、农村养殖户、抽水泵站、福利院等特殊集体和企业开辟专项优惠服务通道，与困难户进行“我家有电工”集体签约，与福利院和村泵站进行整体签约，积极履行央企社会责任。

4. 广泛吸纳商家，提供“自主化”定制服务

持续迭代升级线上平台，发挥公司品牌优势和客户资源优势，吸引电器商家入驻线上平台，上线其产品供客户选择，并不断扩大施工检修队伍入驻数量，使客户不仅可以线上发起维修订单，还可以进一步选择表后线或电器维修所需的材料和电器用品，亦可自主选择上门施工的队伍和员工，提升客户服务体验，实现“自由选择、定制服务”。同时，加强用户用电画像，主动开展上门检修服务，结合检修情况及用电情况数据分析，对客户用电习惯等进行画像，向客户提供用电数据分析等服务，提出用电优化建议。结合客户用电数据和用能习惯，向入驻电器商提供产品优化建议，并将其特色产品精准推送至有需要的客户群体，为商家创造更好的盈利环境，吸引更多电器商加入，扩大“电商化”平台规模。

（四）加强全过程运营管控，实现产业链上下游资源聚合

1. 签约独立运营公司，开展“一体化”运营管理

一是开展供电延伸服务代运营。襄州公司开展多轮资质和管理业绩调研，选取了供电延伸服务的独立运营公司，双方签署供电延伸服务代运营合作协议，以运营公司为主体对供电延伸服务的人力资源管理、财务管理、质量管理等开展“一体化”运营管理。二是强化服务过程指导监督。供电公司依托供电延伸服务专项工作办公室和供电服务指挥中心对运营公司供电延伸服务管理开展全过程指导和监督，并对管理流程优化、人员培训审核、服务质量管控等关键环节负责。三是推动服务全过程公开透明。将公开透明服务意识充分融入供电延伸服务运营过程，推进“内部工作外部化”，在服务流程中最大限度保障工作公开透明度，保证用电客户等利益相关方的知情权，并广泛听取各方意见建议，增进各方对表后线延伸服务业务和活动开展的利益认同、情感认同、价值认同。

2. 规范延伸服务过程，明确各方参与规则

用电客户可自行选择报修、咨询等服务，可通过线上沟通或拨打客服电话确认故障维修需求，进行线上下单并支付服务费用，服务完成后，可在线上对维修服务做出相应评价。供电公司线上接收确认客户报修信息后，生成工单，根据距离远近和用电辖区情况推送至相应施工检修人员，通过工单人员位置实时定位，跟踪客户订单状态，收集客户评价信息，统计用户满意度，开展服务质量管控，并依托平台审核服务队伍、人员资质。社会化检修力量通过相关资质审核加入平台，接收实时工单推送与订单消息，第一时间提供上门维修服务。政府部门通过平台实时监管表后服务市场，实时掌握平台分担就业压力的具体情况。

3. 积极对接政府组织，提供针对性优惠服务

针对个人客户和社区等集体客户，推行个人签约和整体签约双轨制。一是针对社区等集体客户，以襄州区政府为民减负文件为支撑，与乡镇、社区、居委会、村组实现对接，开展整体签约，实现全社区居民全年表后设施维修费的统一缴纳。二是针对个人用户，依托“社区驿站”的驻点服务人员，主动与用电客户对接，在用户自愿的前提下，与客户签署《低压用电设施委托维修协议》，明确有偿服务的范围、依据、收费标准及双方的权利和义务，提高客户对有偿服务的认可度。通过提供社区整体签约和散户个体签约两种渠道，最大限度地保障用户的自愿性和便利性。

4. 扩展延伸服务链条，构建节能低碳服务生态

一是线上线下协同联动，引导客户形成低碳消费习惯。一方面，在“我家有电工”App 上推出“电力碳银行”项目，同步配套建立“省电呗”微信小程序。用户可通过错峰用电等行为赢积分，积分可兑换电费、表后服务或其他商品，鼓励用户养成节能用电、错峰用电的习惯。另一方面，在线下团队上门服务时，结合客户用电情况，提出节能建议，并推广“省点呗”微信小程序，推动需求侧管理和综合能源服务。同时，在线下巡回组织开展“双碳”讲座，推动“双碳”理念深入基层。二是链接上下游资源，形成节能低碳产业生态。扩展节能减碳服务链，进一步聚合产业链上下游资源，持续推动电

气设备供应商、综合能源服务商、电动汽车公司、第三方负荷集成运营商、碳排放交易商等新兴产业服务商入驻，贯通网上国网、车联网、e享家等多平台接口，搭建集成业扩报装、光伏、用电报修、综合能源服务、电动汽车服务、碳双控服务等多样化客户服务的一站式供电服务线上平台，形成供、用、维等利益相关方共建共享共赢的新局面，推动消费侧用能绿色转型和“双碳”目标实现。

（五）健全服务支撑保障机制，确保服务体系持续改进提升

1. 建立培训审核机制，强化服务人员管理

一是强化检修人员管理。每年开展施工队伍专业资质审核，与不符合条件的施工队伍终止合作。针对新吸纳的电工，由襄州公司统一组织开展技能培训，参与资格考核，获取执业证书后方可纳入“我家有电工”检修人员库，接收派单。二是强化客户服务人员管理。定期组织各供电所延伸服务专员、平台客服及电话接线员进行业务技能培训，加深对供电延伸服务的认识和理解，提高与客户面对面沟通能力和宣传推广能力，不断提升服务意识，提高服务效率。

2. 建立评价奖惩机制，强化服务质量管理

一是定期开展客户满意度测评。每月对业务开展情况挂网公示，同时对服务时效和客户满意度进行闭环的监督和考核，持续开展暗访和第三方满意度测评，从服务行为、服务质量、费用收取、客户满意度等维度对服务人员进行评价。二是采取多样化激励措施。对社会化检修人员，依据推广目标达成率和成功签约数量，给予绩效工资和推广提成奖励；对襄州公司下属服务人员，设置签约激励和工作激励，依据推广签约数量和上门服务次数给予现金奖励。三是强化惩戒措施。针对用电客户不满意的评价意见，启动服务行为调查程序，对出现过错的服务人员进行处理。四是开展反馈控制。每月组织召开服务情况分析会，结合客户满意度情况，分析发现服务体系存在的运营管理问题，开展针对性流程优化和短板改进，不断提升服务质量，实现服务体系循环改进。

3. 建立联动宣传机制，强化服务推广管理

一是成立基于“我家有电工”平台的延伸服务宣传工作小组，统一“我家有电工，服务分分钟”服务口号和马甲、工具包、宣传单等物资，实施标准化服务管理和宣传推广。二是借助政府社区网格体系，配合服务活动推进。保持与当地政府、社区联系，深化与政府网格员互动，引导网格员配合宣传“我家有电工”平台服务。三是依托供电营业厅、电靓襄州等平台，讲解“我家有电工”线上服务的依据、范围和收费标准，广泛宣传年费制服务的好处，引导客户进行供电延伸服务签约。

三、聚合产业链资源的“我家有电工”供电延伸服务管理效果

（一）保障用电安全，提升客户服务体验

通过聚合产业链上下游资源，建立“我家有电工”线上服务平台和“下沉式”服务组织体系，开辟了多方共同合作参与的供电服务新模式，实现了用电客户个性化、多样化需求的迅速、高效、规范管理，保障了客户用电安全，全面提升客户服务体验，“我家有电工”供电延伸服务体系实施后，客户平均故障抢修时间缩短为1.2小时，减少客户投诉32.71%，表后线维修服务客户整体满意度99.98%。在客户服务过程中，加强了供电方和用电方的联系互动，提前收集并发现了众多服务风险。截至目前，针对发现的服务风险，累计派发投诉预警工单95起，除4起供电质量类诉求预警后拦截失败造成投诉外，成功化解了79起投诉隐患，防范率83.16%，有效促进了襄州公司供电服务管理质效和客户满意度的提升。

（二）开辟新兴业务，创造营业收入新增长点

以表后线服务为核心的供电延伸服务填补了表后服务市场空白，是襄州公司在电力市场化改革背景下主动作为，开辟的新兴业务市场。依托第三方运营公司，将收取的服务费用于负担工作人员维护过程产生的人工服务费、交通费、设备损耗费等支出，目前已确保收支平衡，并逐步实现盈利。截至目前，

“我家有电工”平台线上累计注册用户15872户，签约会员11481户，其中居民用户9185户，非居民用户2296户，签约成员占注册会员比率约为72.34%，累计入账1331775元，并有效降低维修服务的人工成本、时间成本，从而成功推动各类资源共享、社会资源整合、配套生态圈融合，创造巨大的间接经济效益。

（三）解决就业需求，彰显央企责任担当

襄州公司主动担当作为，提供用户产权范围内的维修服务，不仅为用电客户提供了电力维修便利，保障了社会大众用电安全，也为社会化检修人员提供了更广阔的市场机会，解决社会就业需求。对于用电客户而言，解决了用电维修“该找谁”“能找谁”的难题，显著降低了维修时间成本，有效避免乱收费、高收费，平均每年可为家庭用户节省350元的电力维修费用开支。对于社会化检修人员，通过签约合作，获得了稳定可靠的收入保障。截至目前，平台注册的社会施工检修人员累计160人，人均月收入从1200元提高至3800元。在全面推广后，可为社会化检修人员创造就业岗位超过3000个，人均年增收超过15000元，推动电力产业链上下游共同发展，形成供、用、维三方共建共享共赢局面。同时，专项优惠服务通道让困难群体也能享受优质服务，彰显“人民电业为人民”的企业宗旨，积极履行央企社会责任，赢得了社会各界的认可和肯定。相关项目在中央电视台朝闻天下栏目、《湖北日报》、《襄阳日报》等进行播放和刊发，先后荣获“金蜜蜂企业社会责任·中国榜——金蜜蜂·客户至上奖”“金钥匙·优胜奖”等，案例入选《金蜜蜂责任竞争力案例集》《中电联2021年度电力企业社会责任优秀案例集》。

（成果创造人：刘华锋、罗　威、王建华、汪瑞东、刘秦娥、张　卫、孙　勇、杨静文、孙小娟、胡金华、李珍珍、李　龙）

精细化工企业基于全生命周期的数字化质量管理

传化智联股份有限公司

传化智联股份有限公司（以下简称传化）创建于1986年，位于浙江省杭州市萧山区，是中国企业500强传化集团旗下的上市子公司，为全球80多个国家和地区的客户提供功能化学和新材料解决方案及服务，建有全球技术研发体系，拥有国家级技术中心、博士后科研工作站、院士工作站及欧洲研发基地，与斯坦福大学、清华大学、浙江大学等海内外高端院校展开广泛合作。获“中国化工行业技术创新示范企业”“全国印染助剂分标准化技术委员会秘书处单位”“国家先进印染技术创新中心建设单位”“浙江省标准创新型企业”等荣誉称号。

一、精细化工企业基于全生命周期的数字化质量管理背景

传化对全生命周期的数字化质量管理的探索，以提高产品质量、提升数字化水平及数据分析应用能力、增强企业核心竞争力为追求，实现产品从前端研发到下游客户管理各阶段管理一体化的全生命周期质量，构建质量数字化管理生态圈，打造国际化的质量标准和质量管理体系，构筑统一的数据底座，驱动业务卓越运营与模式创新，沉淀数据资本，助力企业高质量发展，旨在解决以下问题。

一是质量数据缺失，上下游连接不畅，质量信息无法溯源。新产品、配方改进产品在研发、中试、批量生产、试销各阶段的原材料收货、使用过程、库存管理过程、退货处理等场景中，缺少质量跟踪评价数据记录贯穿全生命周期。在产品研发阶段，新产品从实验室孕育而生，在研发环节多次质量数据未能进行系统性的跟踪与记录，均是在Excel表单或线下文档记录时，造成质量数据散落。在产品中试阶段，产品进入车间适当放大生产时，仅做理化指标的基础数据记录，未能对产品的应用性能、稳定性评价进行记录，再根据配方或工艺的每一步调整进行关联。在产品批量生产阶段，经过对中试产品的试用与评价认可后，产品进行量产，该阶段需与小试、中试阶段产品的质量数据进行溯源，查看质量的波动情况，是否出现偏差。过程中如涉及工艺变更等关键信息，需记录并关联值至产品的批次信息。在产品试销阶段，采购进货原材料的供应商质量变化未能系统性跟踪到下游中间体，再延伸到产品质量的稳定性情况，给产品质量管控带来较大未知风险。

二是无法实时预警，质量经验教训难以沉淀。对于生产过程中的产品质量控制，无法在线实现质量检测结果的预判，如超出了设定范围，系统则自动识别数据处于指标边缘线，在线实施报警（或标记），发挥质量“眼睛”的作用；无法对生产质量异常调整形成及时有效支持，保证产品质量信息，实时传递和反馈，导致质量经验未能有效积淀，造成同样质量问题的重复发生。

三是过程信息离散难聚合、未沉淀、无法行成合力。传统企业内，不同部门、专业之间信息格式不一致，质量数据分别游离于线上的SAP（企业资源管理系统）、BPM（流程管理系统）等系统，及线下的电子表单或纸质文档中，无法及时有效传递，质量信息在线传递率低于50%。由于数据结构的不统一、数据交互的不实时，使得质量数据汇总统计、质量检验结果预判、产品质量全生命周期分析等工作遇到较大的瓶颈。

四是数据在线分析能力欠缺。不同规格的物料无法进行聚合；不同时间段的产品无法统计质量情况；各类品质报表仍以阶段性手工统计为主，处于初级阶段，未能形成即时在线统计分析，更好地发挥质量数据作用，过程分析能力薄弱，无法解决过程管控盲点。

五是跨组织信息未得到有机整合。由于质量数据及流程的缺失、数据分散难聚合、数据无法溯源等

原因，产品全生命周期质量档案难以集成，从研发到销售管理每一环节的质量管控无法实现全面数字化；无法给研发技术、生产管理、工艺分析提供辅助支撑；无法赋能前线（销售），服务于客户，企业的核心竞争不足。

二、精细化工企业基于全生命周期的数字化质量管理主要做法

（一）集成企业主流沟通工具，构建完整而全面的信息流，信息在线高效传递

集成企业邮箱、企业微信等主流沟通工具，根据既定规则批量发送过程检验数据、异常信息、供方评审等信息，实现在线多维度多场景快速推送至内外部相关人员，并将其处理信息传回实验室信息管理系统（LIMS）留档。提高了工作效率和响应速度，降低了沟通成本，满足各阶段质量数据沉淀留痕，沉淀全生命周期的质量数据与质量处理的经验。

（二）即时在线质量预警

通过提前导入报警上下限范围，系统自动识别检验结果，对检验结果超出预警值的会显示橙色、超过指标范围的提示红色，实时预警同步至产品线相关方（预警信息包括：过程检验结果数据、检验标准的修改信息、各类待处理信息推送至相关人员移动端），以便生产管理人员及时采取措施，消除异常，恢复生产过程的稳定，保证产品质量。该功能快速、有效地指导生产，避免不合格品的产生，从而达到提高产品质量的目的。

（三）高频检测设备自动采集

对五大类设备（气相色谱仪、液相色谱仪、紫外分光光度计、电位滴定仪、粘度计）进行系统集成，通过采集文件的提取，可直接获取设备中原始检测数据，无须人工干预誊录，亦可调用原始谱图进行比对，提高了工作效率，以及数据的溯源路径，同比可节约数据处理时间 50% 以上。

（四）质量数据深化应用赋能业务

依附 LIMS 系统在品质提升、服务响应等方面实现质量数据赋能业务。不同的分析方法、模型构建等对于数据特征探索、问题解决效率影响重大。

在品质提升方面，一是运用统计分析技术，将六西格玛过程能力分析工具嵌入系统，构建统计过程控制（SPC）等分析模型。系统支持各类常用统计学操作和图表创建，对全生命周期质量数据进行一定的统计学分析，助力研发、工艺和质检运用系统工具分析解决质量问题，提升数字质量创新能力。二是引入“族”的概念，具有相同命名、相同功能结构或者性能特征的产品归为一族。有助于企业日常对同一类产品进行质量统计、分析。通过“时间 + 物料 + 项目”或“时间 + 物料族 + 项目”，提供质量数据实时的多维度过程能力分析报告；将不同包装规格的产品进行聚合质量统计，充分发挥信息化数据分析优势，对生产过程数据进行监控，科学地区分出生产过程中产品质量的随机波动与异常波动，从而对生产过程的异常趋势提出预警，及时采取措施，消除异常，达到生产过程的稳定，从而提高和控制产品质量。三是联合工艺、生产、技术，连续两年在质量月活动中推广数字化系统和分析工具的应用，2021 年组织“数字质量创新赛”，通过课题制在产品质量方面的问题分析与解决应用，对质量相关流程的不断优化与迭代，从而提升专业技术人员数字化质量分析能力，满足卓越运营的进一步升级策略。

在服务响应方面，营销人员在客户管理系统（CRM）前端一键获取防伪证明书（COA）报告并便捷下载，第一时间反馈给客户，呈现了质量信息化的高效率，提高人工作业效率 20% 以上。同时，质量看板呈现不同请检任务（来料、半成品、成品等），通过电视看板推送给质量部门，系统录入检验结果并通过看板或者微信反馈给前端业务，实现数据的快速流转，提升业务响应速度。

在智能化决策方面，以工厂为管理单元，设计并实现质量相关 KPI 考核指标形成质量信息看板，实现数据可视化展示，方便管理层查询使用。

（五）基础数据按集团化架构设计

针对传化各业务管理场景、全生命周期质量管理需求，为满足集团级跨业务发展需求，LIMS 系统从集团的“上帝”视角出发，明确质量数据权责、统一数据标准，基于系统性、全面性、结构性、差异性和重要性五大原则，着眼传化化学集团放眼其他兄弟公司，使用 LIMS 平台的分系统进行设计，在后台主数据上就进行子系统隔离，实现分公司的功能，为将来更多的事业部使用 LIMS 系统打下数据基础。

（六）高效集成周边相关系统，实现质量管理全流程管控

归集线上线下业务，围绕全流程管理闭环，满足跨系统数据交互需求，LIMS 与生产制造执行系统（MES）、SAP、研发管理系统（RDM）、CRM、供应商管理系统（SRM）、BPM、帆软平台系统紧密关联，打破信息孤岛，整合了不同场景下跨系统的业务流、跨数据库报表分析。通过采用互联互通的企业系统架构及大数据技术，实现产品数据一源一出处，信息充分共享，产品全生命周期内的信息在不同业务模块之间全面、透明地传递。将不同系统、业务信息有效整合起来，数据之间建立实时的联系，从而构建完整而全面的产品质量数据运行状态信息流。

一是与 SAP 集成。采购下达采购计划、调度员下达生产计划到达 SAP 后，仓库在接收到物料入库、车间在执行生产计划时，可以通过 LIMS 与 SAP 的集成接口把物料的请检信息推送到 LIMS 中，LIMS 执行完检验任务后把检验结论推送回 SAP 中，生产、工艺、采购人员根据 SAP 中物料的检验结果及其他物料信息来判断是否要对原料、产品进行入库、使用及生产。

二是与 MES 集成。MES 在投料生产过程中，对于中间产品或成品要进行检验，把样品的过程检验数据发送到 LIMS，LIMS 检测完成之后把结果返回给 MES，MES 根据检验结果及生产记录来判断是否对中间产品或成品进行放行。MES 通过 LIMS 获取质量数据并形成分析图表，对产品质量数据的稳定性进行实时跟踪，生产前即可调整配方，实现降本增效、减少能耗、提高劳动效率，最终达到产品质量的稳定。

三是与 RDM 集成。RDM 对研发过程进行规范化管理，涵盖研发决策管理、集成产品管理、研发流程和质量管理体系。RDM 提供产品各阶段研发数据、质量变更等原因并传递给 LIMS，在 LIMS 生成请检信息，记录产品各阶段小试、中试的质量检测数据及稳定性评价情况，反馈到 RDM，使研发人员能够集中精力“解决问题”，而不是“收集信息”，帮助研发人员发现问题、确认问题、解决问题，以及对过程和效果进行全程监控，对产品配方、技术进行改进。

四是与 CRM 集成。CRM 以客户数据的管理为核心，记录企业在市场营销和销售过程中和客户发生的各种交互行为，以及各类有关活动的状态，提供各类数据模型，为后期的分析和决策提供支持。CRM 与 LIMS 集成，销售员可在 CRM 根据不同客户的订单，直接获取中、英文测试报告，测试报告支持 PDF 在线直接转发给客户，快速响应客户的需求，较之前需质量人员线下手工出具纸质报告，提升工作效率 20% 以上。产品信息通过系统层层传递，响应及时，提升效率。

五是与 BPM 集成。BPM 是一种以规范化的端到端的卓越业务流程为中心，以持续的提高组织业务绩效为目的的系统化方法，实现端到端全流程信息化管理。从 BPM 发起原料小试、中试、质量指标审批、退货处理、产品投诉处理等流程，经与 LIMS 集成，将检测结果、工艺处理方案、产品稳定性评价等质量数据及信息及时回传 BPM，形成信息闭环，信息共享稳定且可控。

六是与 SRM 集成。SRM 平台主要用于和供应商之间的高效协同，实施供应商的全生命周期管理、样品管理、订单协同、送货协同、品质协同等。SRM 与 LIMS 集成，将供应商提供的 COA、安全数据表（SDS）、TDS、生态调研表传递到 LIMS，将检测数据、过程中使用情况，通过 SRM 反馈给供应商，实现在线互动。

七是与帆软平台系统集成。帆软是数据分析的专业平台，专注于智能化数据统计与分析。帆软通过提取 LIMS 质量数据，开发了全数据台账、单物料全指标、单物料生产时间曲线查询、工时统计报表、标准检验周期报表、过程检验一次合格率分析、产品线质量分析、产品全貌的统计查询等 50 多份报表。产品从“研发—工艺—生产—质检—销售”一体全生命周期质量管理，数据全过程智能化展示。为研发、工艺、生产、质检、采购、销售等业务环节提供科学化、规范化的数据，为决策、分析提供数据支持，跨系统数据整合并创建产品生命周期库。

LIMS 作为质量管理的核心系统，是企业质量信息化的基石。各业务场景、各阶段的信息都离不开 LIMS 的质量数据作为支撑，利用标准化接口与其他信息化系统进行业务集成，实现质量管理全流程管控。

以质量处理流程及质量变更管理为例：质量处理流程，业务从前端原料小试、中试为起点，贯穿产品小试、中试、批量生产等阶段的入库、不合格品、退货、积压品、复检、库存处理等各阶段全面质量流程进行评审处理，涉及相关方（采购、工艺、生产、技术、质检等）协同处理，可支持自定义的工作流配置实现多个业务部门的审批、给出处理方案，全程目视化，并对其下游产品的流向与溯源进行跟踪。

质量变更管理，通过线上质量管控体系的建立，实现产品的配方变更从研发—系统变更下达—工艺和生产控制实施—质检稳定性评价全过程在线监控，在变更发生时按要求实施管理，确保变化的提前预防，做到全面有效跟踪，使变更处于受控状态。变更前后及中试—试生产—批量生产各阶段信息串联闭环，从上线前被动跟踪到现在系统中生成任务单派发处理，需要跟踪的产品信息一目了然，让评价产品任务“管”得更实，形成变更质量管控台账，便于查询。变更评价信息录入系统与变更流程关联，形成数据库沉淀在系统中，实现全环节可追溯的目录，为产品质量控制发挥作用。通过线上质量管理全流程管控，实现了质量业务流程化、质量流程规范化、加强各个环节的控制，形成数字化全流程信息闭环，进一步提升管理效率及智能化水平，作为产品全生命周期档案数据进行沉淀。

（七）引入智能化 PDA 应用，提高工作效率

利用条码技术的唯一性，快速扫描识别，采用防爆手持终端远程在线留样检查登记、库存巡检登记、产品入库判定与过账、库存数量及状态查询、产品异常冻结与解冻，数据即时传输回 LIMS 中，通过 LIMS 与各系统接口，将业务数据给到相关部门。

质量数据支持平板移动端在线且支持多次检测结果的录入，大幅度提升了各环节的工作效率，缩短产品入库时效 1 小时以上，快速响应市场发货需求，为过程数据、档案数据留痕提供依据。

（八）构建产品全生命周期质量档案

通过物料族的构建、产品线的制定、检验阶段的划分、检验类型的定义、物料的关联关系的构建、质量处理流程的应用、主数据业务逻辑的设计与导入，实现产品从“研发—工艺—生产—质检—销售业务流程”一体全生命周期质量管理，记录产品从“孕育—成长—稳定”全过程各阶段的质量优化与逆向管理，对下游产品的流向与溯源进行跟踪，具有全面清晰的流程追溯及高效的数据发布管理能力，建立数字化全生命周期质量档案。积淀产品质量问题处理经验，将经验转化为知识，避免同样质量问题的重复发生，降低质量损失成本。

三、精细化工企业基于全生命周期的数字化质量管理效果

传化经过 3 年的实践，建设了质量数据底座，沉淀了数据资产，提升了企业数据价值。通过流程的优化、端到端打通，持续打造企业核心竞争力，借助于集成高效的信息系统平台——LIMS，实现信息共享及业务联动，传化数字化的全生命周期质量管理取得了显著成效，提升了用户体验感、质量管理能力，解决了过程管控盲点，为管理层提供决策支持，为公司全面实现智能制造打下坚实的基础，进一步

增强了企业核心竞争力，助力企业高质量发展奠定了良好的数据基础。

（一）提升用户体验感

一是通过智能化PDA应用，实现了在线留样检查登记、库存巡检登记、产品入库判定与过账、库存数量及状态查询、产品异常冻结与解冻，PDA携带方便，操作简单易上手。取样任务通过电视看板快速滚动传递；数据记录支持平板移动端在线、多次检测结果的录入；五大类实验室检测设备数据在线采集。产品检验时间大幅度缩短，主要表现在取样时间缩短0.5小时以上、检验时间同比缩短1小时以上、入库时间缩短1小时以上。二是通过系统搭建了各类报告模板，销售员在系统前端一键获取中、英文COA并下载，在线快速传给客户，不需要人工线下出具书面报告，作业效率提升20%以上，大幅度提升了客户体验感。三是系统支持单样品检测报告、多样品检测报告和委托检测报告；检验结果支持对内和对外的控制展现。查询质量数据的时间较原系统可缩短70%以上。

（二）提升数据分析能力

与帆软平台系统集成，实现了跨系统、跨数据库报表分析、智能大屏展示；通过SPC分析、过程检验一次合格率分析、产品线质量分析，质量数据线上率从原系统的60%提升至95%以上。给研发技术、工艺分析、生产管理提供了辅助支撑，提升了产品质量，使产品质量更为稳定。创建了数字化的全生命周期质量管理，重塑了传化的品质理念，构建了数字化品质管理体系，打造了国际化的质量标准和质量管理体。

（三）提升管理能力

一是主数据管理实现层级化、规范化。按集团化管理理念设计，标准及方法统一管理更新，多区域多基地检测能力从集团库中引用，统计数据更准确；检测能力与标准文件、仪器设备关联管理，便于在线查阅，积累数据可进行统计分析。二是资源管理实现标准化。实现实验室仪器全生命周期的管理，以及对现场标准试剂的需求提报、领用、二级库试剂的库存管理。三是通过质量相关流程的再建，打破了原部门之间的部门墙，企业内部执行力明显加强。通过应用LIMS处理日常业务，基于业务数据进行决策分析，员工绩效管理、质量风险管控水平得到很大提升，同时也促进了企业信息化意识的整体提高。

（四）创建智能化的大数据平台，增强企业核心竞争力

SAP、RDM、CRM、SRM、BPM、绿链平台通过与LIMS线上无缝连接，各系统可快速获取产品从研发到销售管理并直至售后的全生命周期质量管理业务各阶段的质量数据及文件，扩大了质量信息的共享，实现了数字化的全生命周期质量管理及质量管理的PDCA闭环。同时，通过LIMS赋能内部与外部客户，客户对传化品牌的认同感得到很大提升，提高了客户满意度。在质量管理数字化、智慧化方面跨进了一大步，提升了周边系统间的协作效率，为智能制造工厂的实现打下坚实的数据基础。

（成果创造人：赵　婷、张海婴、沈淑英、章　翔、马晓东、陈　涛、郑王伟、卞　立、倪培桦、袁碧云、王燕娣、梁　巧）

数据驱动的宇航型号产品过程质量确认管理

上海宇航系统工程研究所

上海宇航系统工程研究所（以下简称总体所）隶属于中国航天科技集团有限公司第八研究院，是国家核心保军单位，注册资本4164万元，固定资产净值11亿元。自1994年独立建制以来，已发展成为以“航天运输总体、空间科学总体和空间结构机构产品”为三大主业的综合性宇航系统工程研究所，先后取得“国家科技进步”特等奖4项、“国防科技进步”特等奖2项，“国防科技进步”一等奖1项；申请专利1020项，授权630项，获“国家知识产权优势企业”称号。先后“获全国‘五一’劳动奖状”“第六届全国文明单位”“载人航天工程突出贡献集体”“探月工程嫦娥三号任务突出贡献单位”“长征五号运载火箭首次飞行任务突出贡献单位”“嫦娥四号任务突出贡献单位”等荣誉。

一、数据驱动的宇航型号产品过程质量确认管理背景

（一）“高密度、高可靠、高动态”新常态下，质量管理模式转型的重要依托

“高密度发射、高强度研制”已成为新常态，总体所作为国内两家运载火箭总体单位之一，年度火箭发射量占国内发射总任务40%以上。高密度发射，对多型号、多类型产品协同推进和管控能力提出了更高要求，同时对质量稳定性与一致性，测试覆盖性和全面性，判读准确性和可靠性也提出了更高要求。传统的质量管理模式主要采取整理数据、图像，编制报告，评审报告的形式，完成各阶段工作的质量总结，在质量控制的及时性、针对性和质量责任体系等方面存在不足，已经不能满足质量管控的需要，必须将质量管理模式从原来的面向结果、面向最终状态及面向报告的模式演变成面向产品、面向流程、面向组织的过程质量确认管理模式。

（二）“责任重、任务重”新形势下，有效实施质量把关是关键所在

产品质量问题往往在验收时才被发现，增大了解决问题的难度及成本，浪费了人力、物力资源，影响产品的正常交付使用。为实现高质量保成功、高效率完成任务、高效益持续发展的目标，对运用数字化手段改变工作模式及提高型号管理工作效率的需求迫切。通过数字化手段加强过程质量监督，实现质量管理工作由结果评审向过程把关，由报告审核向数据确认转变。

（三）“多项目并举、快节奏推进”新态势下，经验有效传承的有效举措

型号研制工作管理需求都是落实到人的操作来实现，部分工作人员还在运用过往经验，机械性的开展工作，工作经验多寡、责任心高低及队伍年轻化都会对工作质量造成影响。岗位人员以自身的工作经验和工作敏感性去把握工作要求，对细节的把握也需要长期的培养才能实现。经验的传承依旧依靠师傅带徒弟“传、帮、带”的方式，而师傅是否会倾囊相授、徒弟的领悟能力对知识和经验的传承效果等都会给工作带来很大的影响。面向总体所多项目并举、快节奏推进的新态势，需要借助数字化手段将经验、制度和知识固化到条目化的业务流程，以有效解决复杂知识零散化难覆盖、知识应用不规范、隐性知识难传承等问题。

二、数据驱动的宇航型号产品过程质量确认管理主要做法

（一）系统思维、顶层设计，构建过程质量确认管理总体框架

1. 更全更准更系统，过程质量精准控制

任何一次离开地面的航天活动，必然涉及多个系统的有机配合，多个系统又是由许许多多的子系统组成，一个子系统又由成千上万元器件组成。航天事业长期以来应用系统工程理论和方法进行规划策划

和工程管理。新时代装备质量体系要求以系统工程的思路，基于流程将质量要求结构化、关联化、逐级落实，强调整体优化、有效识别和控制技术风险及快速聚焦、放大和量化控制关键细节的能力，坚持预防为主，从源头抓起和系统管理，实施全过程的精细化质量控制，确保型号任务一次成功。

数据驱动的宇航型号过程质量确认管理确立“质量管理要素数据化定义，产品研制过程与质量要素充分关联覆盖，数字化系统全面支撑应用”的总体思路，从过程质量确认工作活动出发，建立正向过程质量确认管理模式，以确保产品过程质量控制，从而实现精准记录，及时判读，预示风险，逐步挖掘复杂系统和流程下的隐性风险，推进质量工作理念、模式、方法的创新发展。

2. 做实做细做到位，工作即记录，记录即数据

数据驱动的宇航型号过程质量确认管理借助数字化手段，建立实时过程质量确认数字化系统，采用分布与集中服务器部署，移动式终端设备实时数据采集，安全无线网络覆盖，实时客户端服务器同步，实现在线式数据审查，过程质量确认管理模式着眼细节、落在实处，工作质量全面把关，将聚焦于质量评审的“点式”确认转变为面向过程把关的过程质量确认模式。

（二）充分识别，系统把握，将宇航型号研制要素作为数据管理

数据驱动的宇航型号过程质量确认管理聚焦产品、过程和岗位三个维度，开展研制要素全面识别。围绕“总体无限责任制”，针对复杂航天型号任务分解、传递与风险控制要求，从领域、型号、总体、分系统单机、元器件，设计、制造、总装、总测和发射场实施横向到边、纵向到底的“全级次”型号质量管理要素识别与数据化描述。

1. 注重系统，产品全级要素精准识别

航天产品结构复杂，内部系统关联紧密，对其质量进行把控尤为重要，任何一个零部件发生质量问题都有可能导致产品研制失败。

首先，从产品本身质量要素的精准识别，首先确立从产品功能要求、产品性能要求及产品批次质量一致性要求三个线索对产品要素开展识别。产品功能要求包括从产品研制及交付使用的全过程辨识影响性能可靠的要素；产品性能要求包括辨识影响产品全寿命周期内性能稳定的要素；产品批次质量一致性要求包括根据产品质量一致性检验方法中明确的抽样检验规则，从同批次产品的配套原材料和元器件、零件加工、外包（外购）及产品装配、测试等全过程，辨识影响产品批次质量一致性的要素。

其次，按照确保产品功能可靠、确保产品全寿命周期性能稳定和确保产品批次质量一致性等方面的要求，应用上述的识别线索，针对产品在技术设计、工艺设计、零部件加工、产品装配调试及试验测试、包装运输及使用维护的全过程，逐项分析实现上述要求的影响因素、识别因素。

2. 注重过程，过程环节要素清楚定义

结果是由过程保证的，过程决定结果，只关注结果，不关注过程的导向，质量不可持续。航天产品的实现活动是由一系列相互关联的过程组成，应辨识、分解出每一个子过程，并使每一个子过程具备可度量、可监视的条件。

过程环节要素的全面梳理要从顶层要求、岗位人员、总体、专业、产品等角度开展，重点关注各里程碑节点之间的网络化描述，每一过程需要明确每项完成时间、完成标志和责任人，时间精确到日，完成标志精确到文件，责任精确到人。通过精细策划过程技术事件链，强调各要素和各事件间相互影响、相互制约关系，通过不断迭代，实现系统随任务进程的精细量化和优化，形成逻辑清晰、过程高效、节点可控、成果可靠、过程环节要素描述清楚的业务流程网络，为过程管控提供高效抓手。

例如，在生产陀螺组件的过程中，经常会出现产品流程之间上部与下部缺少一定的关联，在生产过程中无法有效地连接起来，通过描述清晰的流程关系可以对陀螺的生产工作进行明确的掌握，从而改善了作业中存在的弊端，提高产品的质量和生产效率，对提高产品的质量和生产效率具有非常重要的

作用。

3. 注重落实，岗位执行要素数据描述

全面梳理分解航天产品生产过程中涉及的人员和管理因素，重点关注岗位设置、岗位职责及岗位要求，拆解、细分岗位，重新定位岗位职能及与其对应的岗位要求。研制活动的工作要求、操作要点、测试要求以简洁、量化和可评价的方式，细化到每一个工作步骤，可用于指导基本工作单元的现场操作、测试及判读等，做到过程步骤中每一个细节都被精确、细致、规范的识别；梳理每一层级下相应产品设计过程中所需要的输入、输出、质量控制要求等文件清单，对要素进行归集化。

同时，采用可落地原则将工作细化到单一岗位，对每一个流程，划清部门和岗位的职责，同时将业务工作基信息要素、产品统计信息要素、操作或确认信息、质量统计信息全面具象化提出具体工作内容和控制要求。以文字表格形式，说明流程描述、机构岗位、风险控制点、相关制度等具体工作要求，凝练集成岗位操作“一本通”。

以电子化“一本本通”的形式，将流程描述、机构岗位、风险控制点、相关制度等具体工作要求进行汇集，并嵌入工作流程，使岗位人员清晰了解在什么时候应该完成什么工作，知晓每一项工作需要如何完成及有何注意事项。

“一本通”作为电测、总装、运输、技术安全检查等作业的指导文件，以此为依据生成各项工作开展时的“现场工作记录表”及“质量过程确认表”。由现场测试、操作人员和检查人员及时填写，对数据的完整性、准确性、真实性负责，主要工作内容、工作步骤、设备设施、工具方法、防错警示、检验要求、注意事项、可视化图示、各级审签等内容。最终实现工作步骤的每一个细节精确、细致和规范，确保技术和管理工作的无缝衔接，做到工作精确、细致、规范，使每一项操作、测试都有依据、有记录、有确认，确保第一次就把事情做对。

（三）流程覆盖，责任清晰，紧密把握要素与流程的关联性

1. 面向过程与产品，建立贯穿研制周期业务流程网络

系统工程过程是针对工程实施过程中的复杂问题，通过反复迭代，不断深化、优化的过程。对于不同的研制任务、不同的研制阶段，都会有相互影响的要素，将这些要素的作用按研制进程纳入系统工程过程进行权衡、综合形成贯穿研制周期业务流程网络。

针对每一个主流程节点按模块化思维进一步开展流程梳理分解、流程问题分析、流程优化完善、流程有效控制、流程效果评价、流程要素固化、流程配套设计、流程迭代改进，将复杂的管理系统分解为功能明确的多个子系统，并逐级分解各级流程工作事项，直至各岗位最小工作单元，实现流程模块化重塑。构建形成“端到端”工作开始方式，实现型号各阶段工作的有效衔接，每一项工作均严格按流程进行，都要有书面结果，避免“责任不具体、分工交叉、时间节点不明确、结果不具体、审查层级不清”等问题。构建以任务进程为枝干，业务流程节点为枝杈，岗位工作要求为枝端果实的相互穿透、职责明确的业务流程网络，最终建立业务流程体系。

例如，在发射场阶段，围绕任务开展可以按主要的工作阶段划分，重点形成能宏观上指导与监督发射场工作进程的主流程业务网，实现发射场阶段全周期操作、测试、指挥工作的有序开展。以运载火箭某型号为例，以产品卸车、技术区技安检查、设备自检等主要流程为颗粒度将发射场阶段工作分解为39个主流程，能让岗位人员从顶层了解任务进程。

2. 面向工作与岗位，确保岗位责任层层落实

依靠型号总体和各级项目办、总师办等项目组织，梳理和落实系统工程组织管理职能，建立现场操作、检验、分系统指挥、质量、两总逐级确认的职责体系，涵盖总体、分系统、专业所、总装厂完整型号梯队。现场工作情况实现从操作岗、设计师到分系统负责人三级签署层层把关，工作完成后分系统指

挥、型号质量到型号两总三级层层确认，确保质量确认工作各级配套关系清楚、责任关系清楚、执行规范清楚，提高质量把关的有效性和工作效率。

3. 面向组织与管理，打造知识管理新体系

面向组织与管理，对以往的具象化流程经验进行固化，形成可复用的模块化、标准化的流程模板实现任务的复用。将每个岗位需要掌握的一般知识、专用知识和技能、操作过程中的方法步骤甚至各种细节进行有效的优化集聚。有效解决知识的传承问题，将显性知识在标准规范、规章制度中体现，将航天知识与研制生产流程紧密结合，实现隐性知识的显性化，并使其得到有效的传承，保证每一个新接手的设计师能够快速上手，有效继承，消除质量隐患，提升工作效率。

（四）数字赋能，数据驱动，建设实时准确的型号试验数字化管理系统

数据驱动的宇航型号过程质量确认管理在实践方面，建立型号试验数字化管理系统（LDM）数字化平台，在技术上不断优化，在管理上持续改进，提升操作规范、数据积累和数据分析利用的能力，从而切实提升宇航型号质量管理能力。

1. 结构化采集，在线化传递，工作质量全面把关

基于“一本通”指导手册，梳理形成用于现场岗位人员工作开展情况记录的“现场工作记录表”及工作质量确认的“质量过程确认表”，并通过结构化、精细化的电子表单方式呈现在产品研制全过程各阶段工作中。利用可视化流程图形式映射各阶段任务及其子任务串并联关系，实现流程与业务工作项目的关联，通过工作流程自动结合每日实际任务执行情况，生成任务调度单，并分发到各岗位人员手持终端的待办中。

在完成每一项工作后，岗位人员采用离线式数字终端对工作内容、工作记录、测试结果记录到终端，进行电子签名后，进入下一签署确认人。签署完成的检查确认、操作测试数据、多媒体记录等质量记录上传到服务器，通过该系统的同步管理功能，型号管理人员能及时全面掌握现场岗位人员工作数据，并评判完成质量，可以对各项操作检查确认情况进行检查，实现工作质量全面把关。

2. 中实时化共享，全局化贯穿，工作质量清晰可见

传统模式下，对宇航型号任务进展的把握要通过电话沟通、邮件确认和现场检查监督等方式开展型号研制生产进度管理。这种管理模式不仅耗费大量人力资源，同时由于进度信息延迟经常导致型号管理部门和研制生产单位信息不对称，导致沟通效率低下，型号队伍对产品的研制生产进程信息不能及时有效掌握。

针对型号任务重点关注的关键参数等数据往往贯穿设计过程、生产过程、总装和试验过程、发射场测试阶段等产品研制全过程。借助 LDM 数字化系统，通过 XBOM（型号关键参数在任意 BOM 下的贯穿、查询、分析、比对）跟踪产品质量数据，贯穿分系统与单机设计、生产、交付、总装、测试、发射场等型号产品研制全过程、试验测试全周期。通过数据接口实现全链条数据集成汇聚，对产品数据快速提取和分析，完成关键单机产品、零部组件的正向确认工作。

此外，针对现场工作完成情况按任务维度、分系统维度、岗位维度统计当前任务的完成情况。针对质量特性统计，按任务维度、分系统维度、岗位维度统计，如 I、II 类单点，强制检验点，易错操作等内容。此外，提供质量问题闭环情况可视化分析功能，能够按任务、分系统、岗位等维度统计相关质量问题的数量及问题闭环情况，实现宇航型号工作质量清晰可见。

3. 便捷化查阅，准确化确认，工作疑点一扫而空

当前的航天装备研制基本上采用了基于计算机系统和计算机软件的研制模式，在该过程中产生了大量的数据，大多以文本的形式被保存，而且在航天装备研制过程中产生的质量问题也大多以文本的形式保存。

中国航天工程技术专业难度大、全寿命周期链条长、质量管控要求严苛，形成了丰富的质量溯源数据。通过 LDM 系统单发任务跟踪到产品制造质量数据，单机与分系统、产品的试验测试数据等全周期数据，以及通过同一型号不同发次打通历次任务间的数据链路，最终实现型号全生命周期数据的有序汇集，从而为各参研方技术状态管控及型号数据价值的充分挖掘奠定基础。通过对产品制造、试验数据的快速提取、分析，完成关键单机产品、零部组件已制品的正向确认工作，提高数据收集效率、保证数据的准确性与可追溯性，在现场开展工作时任何不确定要素随时查阅，所有疑点一扫而空。

(五) 关注过程，确认前移，基于数据驱动过程质量确认

1. 贯彻系统工程思维，按研制流程开展正向过程确认

建立以产品层次为纵轴，研制计划流程为横轴的矩阵式质量确认模式，进一步以岗位为第三维，形成立体式数据驱动的全流程全要素过程质量确认管理模式。

将流程与岗位相结合，把工作传递到各级责任人，确保精细化过程质量确认机制的有效落实。一方面满足“流程表格完备，测试项目细化，记录完整”的管理要求，另一方面满足数据和多媒体记录的归档和分类需求，共同推动质量管理程度进一步提高。形成“当场工作、当场记录、当岗确认、当晚审查”的质量确认工作模式，真正实现“工作清、责任清、结果清”，不带疑点进入下一环节。

2. 关注细节科学量化，全过程管控

航天工程质量数据以数据文件的形式进行存储和管理，以某一电子单机产品为例，经过方案阶段、初样阶段、正样阶段和发射在轨服务阶段，形成百份量级的数据文件。若以分系统为例，则形成千份量级的数据文件。而对于国家重大专项类的航天项目，最终形成的数据文件会更多。这些数据文件是高标准严要求的结果，更是航天事业发展所积累的宝贵大数据资源。深入挖掘和应用这些质量数据，是提升航天工程高质量治理能力的重要手段。

利用大数据技术建立分布式数据采集模式，不断开展历史测试试验数据、成功包络分析、故障数据积累，针对测试过程数据与历史成功测试数据进行拟合对比，基于信息化技术实现表单内状态确认数据、关键特性参数等数据完整有效、可统计、可追溯、可利用分析，形成航天产品的性能、指标等要素的准确判读。在型号任务工作开展过程中产生填写的数值进行超包络超差等提示，提前预警风险，有效减少工作人员信息录入及统计等工作量，提高工作效率和信息化管理水平，保证每次任务的圆满成功，成为质量管理模式转型的有力抓手。

三、数据驱动的宇航型号产品过程质量确认管理效果

(一) 聚焦质量，筑牢质量之基

数据驱动的宇航型号过程质量确认管理成为新的质量控制有效抓手，以“一本通”式的岗位作业书指导生产过程的具体环节，确保了一次就把事情做对、做好，全程高质量高效率高效益推动工作开展。此外，该模式确保了工作的责任落实，将工作责任压实到人，实现对人员、状态、进度、质量、风险的全面高效管控，提升了型号质量管理水平，使质量确认工作重心前移，确保了过程和结果质量控制的及时性和有效性。据统计，型号平均单发质量问题数下降 44.7%，在多次型号任务执行过程中实现发射场零故障、飞行零故障。

(二) 管理优化，效率显著提升

进一步丰富和完善了质量控制的信息与形式，以更加形象、直观的方法反映质量控制的过程和结果；以电子化手段增强了措施的强制性，电子载体精确记录了质量控制行为具体实施的时间和过程，确保了质量控制行为的规范性、有效性，避免了事后补签、补表等现实问题的发生，进一步严格了质量管理效率。2021 年 5 月单个型号应用过程质量确认，2021 年 7 月八院宇航领域共计 6 个型号全面推进过程质量确认，覆盖总测、发射过程，发射场执行任务发次。据统计，通过数据驱动的宇航型号过程质量

确认管理，将单发任务的35份总结报告，转化为700多个质量确认点，将确认工作前移，在把关责任未削弱的情况下，大概节约15个工作日，工作效率大幅提高。

（三）以点带面，全面推广应用

数据驱动的宇航型号过程质量确认管理建立了全流程质量管理、全要素产品确认和全覆盖质量责任的过程质量确认质量管理模式，优化了发射场质量评审方式，并以发射场阶段工作为切入点进行了实践与推广应用，共为2000多岗位人员服务，形成结构化电子表格13300余份，质量要素确认项9万余条，积累77GB数据，取消型号质量评审会41场，其中发次流程、工作记录表、质量过程确认表等模板复用率达到80%以上。自数据驱动的宇航型号过程质量确认管理从运载领域首次应用，到运载、空间科学领域全面推广应用，覆盖范围从发射场阶段不断向前延伸，现已经在8个型号60余次任务中成功应用。

（成果创造人：何文松、刘鲁江、邹　薇、李建强、洪　刚、蔡益飞、崔宇新、吴佳林、李江道、宋　攀）

服务新型电力系统建设的电网建造绿色化融合化智慧化管理

国网山东省电力公司

国网山东省电力公司是国家电网有限公司的全资子公司，下辖18家地市级供电企业、17家业务支撑单位和综合单位，3家新兴产业单位及98家县供电公司，承担着山东地区5103万电力客户的供电用电任务，是全国第一家“中国一流管理的省级电力公司”，对标、业绩连续多年居国家电网公司前列。“十三五”以来，累计完成基建投资1188.15亿元，建成特高压1000千伏变电站5座、±800千伏换流站2座、±660千伏换流站1座，500千伏变电站52座、220千伏变电站464座，构建形成以特高压“两直五交”及银东±660千伏直流8大电源为支点、500千伏密集环网为核心、地区220千伏骨干网架为支撑的交直流混联大电网，为服务外电入鲁、新能源消纳提供了坚强可靠保障，支撑了地方经济社会高质量发展。

一、服务新型电力系统建设的电网建造绿色化融合化智慧化管理背景

（一）服务新型电力系统建设的客观需要

新型电力系统是以承载实现碳达峰、碳中和，贯彻新发展理念、构建新发展格局、推动高质量发展的内在要求为前提，以确保能源电力安全为基本前提，以满足经济社会发展电力需求为首要目标，以最大化消纳新能源为主要任务，以坚强智能电网为枢纽平台，以源网荷储互动与多能互补为支撑，具有清洁低碳、安全可控、智能友好、开放互动基本特征的电力系统。简而言之，新型电力系统需要清洁化、低碳化、智能化，是我国传统电力系统的升级，包括供给侧、用电侧、电网侧及全系统的全面升级。作为关系国计民生和国家能源安全的国有特大型骨干央企，发挥电网枢纽平台作用，推进绿色低碳发展，是电网企业的使命、职责和价值所在。统筹能源保供和能源转型，实施绿色、融合、智慧电网建造管理，加快推动电网转型升级，促进能源电力清洁发展，服务新型电力系统建设、助力实现“双碳”目标，具有重要意义。

（二）促进能源资源优化配置的必然选择

近年来，随着以新能源大规模开发利用为特征的新一轮能源革命深入推进，新能源呈现蓬勃发展态势，利用太阳能、风能、水能等清洁能源逐步替代化石能源是能源转型的大势所趋。面对新形势、新要求，着眼更好地服务能源清洁转型，国家电网提出跨区跨省输电能力由目前2.4亿千瓦提高到2030年3.7亿千瓦以上的发展目标，迫切需要发挥电网资源优化配置平台作用，坚持质量第一、效率优先，落实新基建要求，加快建设安全可靠、经济高效、绿色低碳、智慧共享的坚强智能电网。随着电网建设规模持续扩大，城乡土地资源日趋紧张，电网建设深度融入城市规划、自然风貌、人文景观，提高绿色融合建造水平，进一步节约城市空间、促进与自然和谐共生，对电网建造提出新的更高要求。

（三）加快工程建设转型升级的重要举措

近年来，山东电网基建投资保持快速增长，预计“十四五”期间，山东全省电网基建投资将达到1192.3亿元，较“十三五”增长10.58%，随着电网建设规模扩大，电网建设安全、质量和效率面临更大的风险和挑战。同时，新型电力系统建设提档加速，电力保供持续承压，面对严峻复杂的内外部形势，对国网山东省电力公司以扎实有力行动提升电网发展质量提出更高要求。经过系统梳理，国网山东省电力公司在电网建设高质量发展过程中面临以下突出难题：智慧化绿色建造等新技术、新要求给传统建设方式带来显著冲击；“与城市融合、与居民友善”的电网建设新模式有待健全完善；数字化、智能

化实用水平尚难以满足繁重建设任务的需要。着眼破解上述难题，亟须在工程管理等方面实施更多有效举措，在数字化、智慧化转型上迈出更大步伐，持续提升电网建设的“含金量、含新量和含绿量”，推动电网建设高质量发展。

二、服务新型电力系统建设的电网建造绿色化融合化智慧化管理主要做法

（一）明确绿色、融合、智慧电网建造目标、原则与实施路径

1. 系统科学论证，明确目标方向

聚焦“双碳”目标和新型电力系统建设要求，贯彻绿色发展理念，坚持系统观念，制定“安全优质、绿色低碳、经济高效、资源节约、环境和谐”的绿色、融合、智慧电网建造目标，即从绿色环保、数字智慧、技术创新、融合提升等方面重点发力，推动形成具有山东特色的电网建造全过程管理模式，建立绿色、融合、智慧电网建造管理“山东体系”，打造适应绿色、融合、智慧建造应用场景“山东样板”，树立“与居民友善、与环境和谐”的电网建设“山东典范”，引领电网建造迈上新台阶。

2. 立足全局谋划，确立基本原则

一是统筹建设原则，做好需求统筹、技术统筹、项目统筹、成果统筹，推进绿色、融合、智慧电网建造典型场景应用、基建数据贯通共享、电网基建城市融合，构建具有山东特色的绿色、融合、智慧电网建造生态圈。二是利旧育新原则，结合电网建设绿色化应用现状，将工程规划、设计、施工、交付全过程管理模式、资源等充分挖掘利用，应用优秀单位试点成果，整合绿色智慧建造新技术，杜绝低水平重复建设，提高电网建设质量效率。三是多元融合原则，将电网建设融入城市规划、人文生态环境，推进关口前移、重心下移，从前期规划阶段就协同政府规划部门，联合开展规划设计，推进新型基础设施建设，实现土地资源节约和空间高效利用。

3. 注重高效协同，制定实施路径

一是坚持上下“一盘棋”，制定绿色、融合、智慧电网建造管理实施路径。二是坚持创新驱动。秉承“绿色低碳型、节能环保型、精益化管理、标准化设计、智能化建造”的理念，开展绿色智慧建造新技术研究与推广，扎实开展绿色、融合、智慧电网建造管理创新、科技创新、工法创新，提升绿色、融合、智慧电网建造能力。三是坚持分步实施。统筹“安全、质量、效率、成本”四维管理，将绿色、融合、智慧做法贯穿电网建设全过程，实施“绿色策划、绿色设计、绿色施工、绿色移交”，降低建造全过程对资源的消耗和生态环境的影响。四是坚持协同推进。践行全寿命周期管理理念，落实专业分工，推动建设、设计、施工、监理、运行各方深度协同，因地制宜对建造全过程、全要素统筹协调组织，保障电网建设绿色、融合、智慧建造高效落地。

（二）构建绿色、融合、智慧电网建造管理体系

1. 建强组织机构，形成集约化协同机制

一是组建电网建造领导小组。健全管理机构，转变以部门为单元的传统管理模式，打破原有组织界限和专业壁垒，成立由企业主要负责人任组长、分管负责人任副组长的领导小组，对绿色、融合、智慧电网建造体系构建过程中重大决策、重点事项、关键技术方案等进行研究部署，协调解决难点问题。

二是成立建造实施工作小组。成立跨部门、跨专业的电网建造工作小组，贯穿建设、规划、人力资源、财务、物资等核心业务部门，负责开展建造体系数据提取、流程优化、应用推广等相关工作。

三是完善建造技术支撑体系。健全以经研院、电科院、信通公司、山东送变电为主体的建造技术支撑体系，由18家建设单位负责建造体系实施支撑。聚焦电网建设的重大事项、核心技术、重点项目，灵活采用“点将制”“揭榜制”等方式，按需组建“专业协同”或“专业互补”的柔性组织，发挥上下游专业和专家人才优势，实现群参共建、快速响应、项目共享、信息互通。

2. 完善制度标准，夯实专业化管理基础

以服务新型电力系统建设为目标，以“安全优质、绿色低碳、经济高效、资源节约、环境和谐”为中心，将绿色、融合、智慧电网建造管理理念融入电网建设全领域，建立绿色、融合、智慧电网建造管理制度标准库，以技术标准引领电网绿色建设变革升级。在绿色建造实施指引上，制定《输变电工程全面实施绿色建造工作方案》《输变电工程绿色建造工作流程》等7项绿色建造制度标准，将绿色低碳理念融入电网建设全领域，明确绿色建造的总体思路、工作目标、组织机构及18项工作任务，以制度标准引领电网绿色建设变革升级。在融合建造实施指引上，制定《城市融合型变电站规划设计指导意见》等3项制度标准。在智慧建造实施指引上，制定《智慧工地建设规范》等3项制度标准，指导电网规划、项目、现场施工的智慧化管理。

3. 优化管理流程，贯通全过程管理链条

深化输变电工程全寿命周期绿色建造管理研究，明确建设单位、业主、设计、监理、施工单位的职能衔接界面，将绿色、融合、智慧理念融入质量管控机制，贯通策划、设计、施工、移交、评价5个环节管理链条，形成统一管理流程。

在策划环节，立足源头分层分级开展全过程、全要素统筹，形成前期阶段绿色建造策划、审查常态机制。在设计环节，推进基于建筑信息模型（BIM）的绿色数字化三维正向集成设计，建立“全过程、全环节、全专业”三维协同设计工作模式，建设单位组织绿色设计审查。在施工环节，建立基于BIM技术的专业培训、工作交底及方案模拟工作模式，开展工期建模，科学制定合理工期标准，实现工程可视化建设，绿色施工从“被动接受”向“主动推进”升级。在移交环节，创新工程“码上移交”，推动交接试验与实物ID“智能移交”，策划数字化档案“一键移交”，在施工过程中利用基建全过程综合数字化管理平台，推进数字化成果与工程实体规范同步流转移交、存档。在评价环节，根据策划、设计、施工、移交各阶段特点，在建造过程中的关键环节同步开展绿色建造评价，评估绿色建造成效，根据评价结果及时改进提升。

（三）实施绿色建造，加快电网清洁低碳发展

1. 完善特高压骨干网架，提升绿电输送能力

成立特高压工作领导小组和专班，落实地方政府支持、业主项目部管控、参建单位主导、属地公司协助的整体协调联动机制，将特高压建设纳入省、市各级政府规划和年度重点工作。建立特高压属地建管模式，制定“一职四书”（职责分工、前期任务书、建设任务书、物资任务书、生产任务书），实施“四个无缝衔接”（项目前期与工程前期、施工单位与属地单位、工程建设与生产运行、工程建设与立功竞赛），健全建设协调“五个机制”（“工程包保联络”工作机制、“分管领导季度汇报写实”工作机制、分层级“日、周、月、季”建设协调工作机制、“四不两直”工作机制、“重心下沉”工作机制），构建形成以特高压为主要电源支撑，500千伏密集环网为核心、地区220千伏骨干网架为支撑的交直流混联大电网。外电接纳能力达到山东电网最大负荷1/3，为全省城乡电力可靠供应、新旧动能转换注入“绿色引擎”。

2. 源网荷储协同发展，提升绿电消纳能力

围绕发展总量全国领先、发展质量全国领先、示范效应全国领先的“三领先”目标，提升全省能源清洁低碳发展水平。结合省内资源条件、能源和产业特点，推动政府打造风光火储一体化、省级源网荷储一体化“两个一体化”试点示范，建立源网荷储灵活高效互动的电力运行体系。在资源富集区域规划建设500千伏高地站等输变电工程，引导优势资源向土地、新能源富集区域汇聚，优化特高压环网结构和局部输电网结构，确保不出现因局部网架“卡脖子”导致无法送出情况。推动抽水蓄能建设，加快推进文登、沂蒙、潍坊等抽水蓄能电站建设，提升电网调峰调频能力。推动整县分布式按照“就

地就近消纳、集中开发汇集”和“光伏＋储能”模式有序发展，规范户用项目发展，合理明确自然人光伏户均装机上限，支持农村居民建设“光储一体”家庭微电网；对接入后可能造成向上级反送电的区域，按照整县模式管理，集中开发、统一汇集，接入合理电压等级电网。

3. 实施“四化一型”，提升绿色建造能力

精益化策划，印发《电网工程建设前期阶段绿色建造实施方案》，明确各阶段建设管理部门、设计单位、施工单位、监理单位职责，管控输变电工程前期阶段的绿色建造，推进全寿命周期电网建设绿色化。协同化设计，立足设计前端，筑牢“标准化、绿色化、模块化、智能化”建设基础，制定《输变电工程绿色建造设计导则》，形成设计阶段绿色建造统一技术标准。以三维平台为基础，集成设计分析、计算软件，共享模型数据，实现设计“集成化”“精细化”“可视化”。强化“被动式设计”为主题的建筑节能措施应用，提升建筑节能水平。模块化安装，研究装配式变电站建造模式，制定“标准化设计＋一体化安装＋小型构件预制”技术路线，建成标准化预制件资源库，推行工厂化加工、装配式建设，变电站装配率达到90%以上。机械化施工，研究制定智能张力放线、旋挖钻机械化施工等工法，完善机械化施工设计指导手册与配套体系，开展机械化施工工法创新，提高机械化、智能化水平，降低对资源环境的影响。环保型作业，实施节水、节时、降尘、降噪等专项治理，形成工程建设全过程“五节一环保”一体化方案。制定《输变电工程绿色施工实施导则》，形成施工阶段绿色建造统一技术标准。总结编制《国网山东省电力公司输变电工程绿色建造典型做法清册》并动态更新，持续完善绿色施工工艺工法“资源池”。

（四）实施融合建造，推动电网和谐友好发展

1. 规划融合，推动电网规划与政府规划高效协同

与各级政府常态对接，建立内联国网经研院、规划院，外接地方规划院、咨询单位的合作机制，主动融入地方国土空间规划、城市空间规划。聚焦新能源发展趋势，统筹电源、电网、负荷、储能四要素，通过源网荷储一体化平衡将四要素资源聚合，科学编制“十四五”电网发展规划，与17个地市政府分别签订电网建设战略合作协议，共享规划成果。落实“土地总体规划留空间、块状用地留站址、线状用地留走廊、重点项目留指标，实现电力项目规划定位、区块定点、指标定向、用地定量”四留四定措施。规划编制、修编、审查等各环节沟通协作，推动变电站站址用地、线路走廊、电网布局等与城市建筑、管廊协同发展，供电、交通、绿化、供水、供热等公共设施融合共建。

2. 资源融合，推动电网设施与外部设施一体复用

以促进业务跨界融合、提高资源利用效率为目标，制定“网为基础、站为单元、融合发展”的建设思路，盘活变电站、线路走廊等闲置资源，实现一体复用的社会增值成效。研究新能源汽车、充电站、储能站与电网能量高效互动的示范应用，建设以变电站为主体、“光储充”多功能“1＋N”综合一体站。与省市政府、电信运营商及互联网等企业签订战略合作框架协议，对边缘数据中心站、充换电（储能）站、5G通信基站、北斗地基增强站等在电力基础设施上的空间布局、配套供电系统等进行统一规划和设计，因地制宜搭建客户侧设备监测中心，开展“多站融合”特色化建设。

3. 环境融合，推动电网形态与自然生态和谐共生

依据城市定位、特色风貌对变电站等电网设施综合规划，将变电站等电力设施嵌入片区主体建筑物，与城市综合体同步规划、设计、建设。与公益部门广泛合作，建设电网监测与湿地保护共享等远程监测平台，部署湿地鸟类活动、森林防火、地域生物等监测功能。针对特殊地形地质及易发生水土流失地区的杆塔，采取特殊基础形式、杆塔结构、网格护坡、植草绿化等措施，减少对地表土的扰动破坏。对穿越生态保护区、旅游景区的线路，采用与环境相适应的环保型耐候绿色杆塔和新型差异化绝缘措施，妥善处理鸟类等生物与电力设施的关系，实现电力线路与鸟类等生物和谐共生。围绕黄河流域生态

保护和高质量发展，推动太阳能和风能有序开发，打造具有清洁低碳、坚强智能、生态友好、统一融合、均衡协调特征的“黄河三角洲绿色生态电力系统”。

（五）实施智慧建造，促进电网优质高效发展

1. 智慧规划布局，构建电网发展新业态

搭建“多规合一”电网一张图，综合国土控规、空间资源、生态环境保护等信息，实现电网规划与国土规划、环保规划、林水规划等“多规合一”，利用电网项目空间资源，辅助规划实施决策。深化电网资源图上管理，研究廊道冲突规避策略，绘制待建站址、已批走廊、隧道、排管、桥架、电缆沟等电网站址廊道资源信息，在图上维护电网管廊等资源的地理路径、使用及可用情况，实现可用资源一网查看，支持智能推荐最优路径。实现网上协同规划融合。对内提供在线电源接入、供电方案批复等服务，开放共享电网运行工况、电网规划方案及规划项目进展等信息，促进电网建造高效协同；对外提供数据增值服务，构建 SGCC 电力景气指数、行业景气指数、用户能耗指数等。通过在线比选规划方案，直观绘制目标网架，制定设计在线化、定制化、智能化应用场景，自动生成规划报告。协同国土空间规划，支撑网上规划设计、计划投资、项目管控、统计分析、诊断评价，推动“营—配—调—规”全面贯通、“投—建—运—调”深度融合，实现电网规划数字化、可视化、在线化。

2. 智慧项目管理，开创电网建设新格局

搭建基建智慧化管理平台。建立集数字管理、基建工作、资源共享、决策支撑四大功能于一体的综合管控平台，嵌入建设管理全流程图，运用智能算法，自动抓取各流程节点信息，动态标识工程进度，智能分析建设队伍承载力，自动对比造价数据，通过一张图快速了解工程概况，实现从项目立项、核准、招标到工程设计、建设、验收、投产等关键环节依法合规的“一横”，以及具备安全、质量、进度、技术、技经、队伍 6 个专业的“六纵”数字化智慧管理。打通项目工程数据链。依托山东电力数据中台，开展海量信息收集处理、统计分析和深度挖掘，与网上电网、风控平台、ERP 物资、ECP2.0 等平台融会贯通、双向交互，实现信息“一次录入，互通共用”、数据共享，提高资源利用率。构建三大数据库。建成三维设计大数据库，集成三维地理信息、二维电网 GIS 数据、电网专题矢量数据等广域电网信息，实现项目设计资源共享和全过程、标准化管控。建成队伍承载力信息大数据库，实时分析“职能管理、项目管理、施工骨干、技术支撑”四类人员承载力，智能预警重负荷、超负荷情况。建成工程造价大数据库，融合估算、概算、预算、分部结算、竣工结算、决算数据信息，涵盖标准规范、价格信息、技经队伍、工程资料的造价资源，支撑各级造价分析及工程投资评价。

3. 智慧现场感知，打造基建管控新品质

开展基建智能感知试点建设，编制《智慧工地建设规范》，以济南高官寨 220 千伏输变电工程为综合试点，明确基建平台、边缘物联代理及感知设备之间的总体业务架构，确定感知层数据的具体流向，规范六大专题数据处理的逻辑，探索实现智慧现场感知，打造基建管控新品质。

围绕作业现场管理，部署应用 40 类智能感知设备，通过视频监控自动识别提取工程现场信息，结合自主研发的工程分析算法，对基础数据深加工，智能判定进度计划、预警超期工程项目，智慧感知工程建设状态信息。拓展升级“智能感知 + 监控预警”系统，开发违章识别“电子眼”，建成 36 类基建典型违章样本库。研发智能化管控系统，开展环境监控、异常预警、自动控制联动研究，全覆盖监控 35 ~ 500 千伏建设现场设备安装情况；研发国内首个电气设备交接试验智能管控系统，把住现场试验人员、设备准入关，智能判定试验结果，实现现场人员状态自动感知、作业环境自动检测、现场违章及成品质量智能识别，推动施工现场智慧管控。

（六）建立队伍保障与业务评估机制，确保建造管理持续提升

1. 深化技能培养，强化骨干人才队伍保障

打造高素质专业化基建施工骨干队伍，从4个方面着手：一是强化骨干人员培训全覆盖。依托山东送变电腊山培训基地，打造国网首批基建施工实训基地，举办6期安全质量管理培训班，完成9个批次、2600余人作业层班组骨干培训考试。二是开展基建重点工程专项劳动竞赛。聚焦安全生产、前期工作、建设进度、质量效益、创新技术，覆盖全部基建重点工程、全体参建单位，持续营造“学赶先进、争创一流”的良好氛围。三是开展建设专业大讲堂活动。以解决实际工作中遇到的突出问题为目标，倡导“工作是上课、处处是课堂”，为全体员工搭建学业务、学技能、学管理、保安全的良好平台，评选出优秀课程10项、金牌课程3项。四是加强核心分包队伍培育。加强高空作业、机械操作工等特种作业人员的岗位培训，做实“四统一”管理，加大重点扶持力度和考核手段，优化招标模式，引进优秀施工队伍，建立核心分包队伍长期合作机制。

2. 定期总结评估，强化循环改进机制保障

滚动实施PDCA管理，定期总结评估，及时发现问题，提出改进措施及建议，推动绿色、融合、智慧电网建造持续改进。一是结合基层单位电网规划建设、数字化转型等工作经验总结，固化规范性工作机制，优化提升工作方式。二是激励基层单位通过召开内部沟通会、收集内部各方意见等方式，对绿色、融合、智慧电网建造管理推进过程中存在的困难和问题及时做出改进，设立快速反馈渠道，收集意见建议，适时做出优化调整。三是建立综合评估体系，开展工作推进质量动态评价，评选出年度优秀单位予以表彰。同时，着力加强沟通宣传、统筹协调，建立指标评价体系和监督考核机制，进一步建立健全基于单位和员工贡献值、关键指标等与薪酬分配相适应的激励考核机制，激发干部员工的积极性、主动性、创造性。

三、服务新型电力系统建设的电网建造绿色化融合化智慧化管理效果

（一）形成了适应新型电力系统建设的电网建造管理模式

国网山东省电力公司通过实施电网绿色、融合、智慧电网建造管理，将绿色、融合、智慧建造融入全过程质量管控机制，形成绿色策划、绿色设计、绿色施工、绿色移交的统一标准、样板做法、评价体系，汇集建设、运检、项目中心、施工单位各专业力量，促进了建设各环节深度协同，实现了全过程一体化，有效提升了建造水平和品质。采用BIM、智慧管理、北斗、混合现实（MR）技术等智能管控手段，构建了省级三维设计协同平台及通用模型库，实现了全省三维设计资源共享和全过程、标准化管控，三维设计成果做到“一键移交”。初设评审效率、施工图设计周期、设计变更分别较上年度提高30%、缩短27.6%、减少32%；工程预算较概算、结算较概算偏差分别较国网指标要求下降4%、2%。在国网公司率先高质量建成基建全过程综合数字化管理平台，首创35～500千伏输变电工程建设管理全流程图，成功打造国网系统唯一的工程建设全业务、全流程、全场景线上管控样板。BIM技术在威海永怀220千伏输变电等4项工程试点应用，试点工程施工安全风险压降率达75%，全过程风险管控率达75%，绿色建造指标评分85分以上，建设工期缩短10%，三维正向设计率65%，杜绝了重大设计变更，在精准推进“六精四化”专业管理落地实施中取得了显著成效。

（二）推动了能源结构清洁转型

国网山东省电力公司通过实施绿色、融合、智慧电网管理，全力推动新型电力系统建设，为打造“天更蓝、山更绿、水更清”的生态山东做出积极贡献。建成投运“五交四直”9项特高压工程和36项500千伏工程，创造了电网建设的“山东速度”“山东质量”“山东模式”，为服务山东经济社会发展提供了坚强可靠的电力支撑。能源供给清洁化进程持续加速，鲁北千万千瓦级风光储一体化基地、渤中海上风电等一大批新能源项目落地实施，山东首个海上风电（华能半岛南）、全国首座盐穴压缩空气

储能（泰安肥城）、全球首堆四代核能华能石岛湾高温气冷堆核电站示范工程并网，抽水蓄能在运在建5座700万千瓦，列入国家“十四五”重点实施项目5座520万千瓦，21项国网“双碳”和161项乡村振兴工程投产，新能源并网接入新增1248万千瓦，新型储能并网在运56.3万千瓦，能源结构实现明显改善。

（三）打造了电网建造示范样板

通过实施绿色、融合、智慧电网建造管理，国网山东省电力公司打造了具有“山东特色”的新型电力系统落地典范，引领新时代电网建设发展方向。推广应用207项新技术、新工艺、新流程、新装备、新材料，清单式推进“3+30”电网绿色建造新高地打造，有效减少电网建设成本，最大化提升建设效率，实现了电网建设“与城市融合、与居民友善”的效果，建成了15项绿色建造示范工程，“全过程绿色建设、全场景融合建设、全专业智慧建设”在国网系统形成专业领先优势，并在国网系统实现“2个第一、3个领先、5项省部级及以上管理创新奖、6项经验推广”。打造了东营“黄河三角洲绿色生态电力系统”示范项目，威海“‘精致电网’支撑‘精致城市’发展示范”入选国网管理提升“三个标杆一个示范”，临沂孝河站、青岛神西神桥线、德州贝州站3项工程获“国网输变电优质工程”金、银奖，临沂智圣500千伏输变电工程获国网首批、山东省首个国家水土保持示范工程。济南“三体——基于电网信息模型（GIM）融合的工程计划预警机”获国网第六届“青创赛”金奖。绿色、融合、智慧电网建造管理模式普适性、可复制性强，打造了适应新发展理念的绿色建造应用场景“山东样板”，建立了输变电工程绿色建造管理“山东体系”，树立了“与居民友善、与环境和谐”的城区电网建设“山东典范”，为其他供电企业提升电网建设质量效率，探索形成了一条崭新道路，具有良好的示范推广应用价值。

（成果创造人：张宝栋、程　剑、丁　锐、张永武、段宏伯、龚文杰、张　涛、王斐凯、丁　一、王义元、于　淼、马玉龙）

新材料企业以打造世界级锰产业基地为目标的运营管理体系构建

宁夏天元锰业集团有限公司

宁夏天元锰业集团有限公司（以下简称宁夏天元锰业公司）是集矿石开采、冶金、化工、新材料、新能源、建材、仓储运输为一体的全产业链，废水、废气、废渣综合利用的循环经济链，热电联产、余热发电、供热的能源梯级利用链，园区绿色生态链为一体的民营企业集团，员工超过2万人，金属锰年产量达80万吨，占国内市场份额的48.5%，占全球市场份额的40.6%，被称为世界“锰业之都”。

一、新材料企业以打造世界级锰产业基地为目标的运营管理体系构建的背景

（一）保障国民经济发展对锰材料的需求

金属锰是生产不锈钢、特种钢的一种重要的工业原材料，也是国家重要的战略储备物资。近年来，随着国家钢铁产业结构的调整，高锰钢需求量增大。同时，金属锰在有色冶金工业中用途非常广泛。另外，金属锰还是生产P型电池、碱锰电池、锂离子电池的重要原材料。锰电池由于使用方便、价格低廉，至今仍是电池中使用最广，产值、产量最大的一种电池，因此，必须保障供给。

（二）打造区域经济发展重要支柱产业

中国是一个锰矿产资源贫乏且品位低的国家，锰矿产资源主要分布在广西、云南、重庆等地。海外锰矿巨头长期牢牢地掌握着市场价格控制权，而且进口锰矿资源一直被少数国外供应商垄断。宁夏天元锰业公司经过多年发展，电解金属锰年产量由原来的1500吨扩增到80万吨，占国内市场份额的45%，占全球市场份额的40.6%，是目前全球重要的电解金属锰生产企业。2021年，资产总额达1897.43亿元，实现营业收入662.74亿元，上缴税金1.57亿元。

（三）提升锰产品生产绿色创新发展水平

宁夏天元锰业公司组织技术团队，实现电解金属锰生产工艺自动化，工艺技术世界领先，填补国内外电解金属锰生产领域的短板。使用高品位进口二氧化锰焙烧锰矿生产工艺将锰离子还原率由国内原来的60%提高到98.5%，浸取率由原来的65%提高到98.6%，填补国内电解金属锰行业进口高品位二氧化锰矿石难以利用的空白。同时，原料工段实现封闭式运行，建成封闭化、智能化、精准化、绿色化自控流水线。生产中排放的废水，从废水进厂、工艺处理、过程监测、循环使用等环节，全部实现智能化和信息化控制。

二、新材料企业以打造世界级锰产业基地为目标的运营管理体系构建的主要做法

（一）准确定位，明确战略目标

1. 打造世界级锰产业基地

宁夏天元锰业公司以生态环保、创新驱动、质量为先、绿色发展、结构优化为指导思想；以做大做强锰产业，加快发展新兴战略产业，拓宽国际矿石贸易业为重点。围绕锰产业，发展中低微碳硅锰合金，延伸锰产业链；围绕电解金属锰，发展高纯硫酸锰、四氧化三锰、草酸锰，推进锰酸锂、锂离子电池等项目实施，增强辐射带动力，打造西部锰酸锂生产基地；围绕高锰酸钾，发展石墨烯生产及石墨烯材料、超级电容等产品；围绕“一带一路”倡议，进一步拓宽国际贸易领域，完善区域物流配送中心，实现物流配送快速化、功能集约化、服务系列化。形成以生态环保、转型升级、产业创新、绿色发展为引领和国际矿石贸易为支撑的经济体系和发展模式，使天元公司在生态环保、创新驱动、绿色发展、结构优化、经营规模、经济效益等方面再上一个新台阶，达到一个新水平。

2. 破解锰业发展技术难题

宁夏天元锰业公司始终把科技攻关作为提升产业竞争力的重点工作，紧扣关键工序自动化、智能化，使新技术、新工艺、新设备作为推动电解金属锰产业发展的支撑。研发了高品位进口矿石二次循环浸取工艺、电解锰渣无害化处理、自动化移动平台、锰渣煅烧脱硫烟气制硫酸锰、电解金属锰生产废水循环利用等重大技术，实施100多项技术改造项目，其中电解锰渣无害化处理、电解锰过程中金属离子实时观测技术、电解锰固液分离及二次浸出技术、自动化移动平台4个项目被列为“国家科技支撑计划课题”项目，“锰渣高温脱硫制硫酸锰资源化综合利用”获得科技进步奖。填补关键领域技术短板，实现“世界锰业看中国，中国锰业看天元”的壮举。

3. 推动锰业绿色低碳发展

实行资源综合利用，发展循环经济是宁夏天元锰业公司推进绿色低碳发展的重要举措。先后投资26.52亿元，实施节能创新项目60多项，加大对“三废”的治理力度，实现了生产工艺流程中对“三废”的综合利用，做到废气不外排，污水“零排放”，废渣循环利用，走清洁生产和循环经济的发展路子。被国家工信部定位为“重点行业清洁生产示范企业和首批绿色工厂示范企业”，走出一条环境保护和经济发展的共赢之路。

4. 实施两化融合，加强信息化建设

宁夏天元锰业公司始终把两化融合作为提高产业竞争力的重要工作。通过互联网信息的应用推广，使公司在生产经营、企业管理、安全生产、环境治理等方面形成了一整套科学管理体系；建立企业网站、公司邮件服务器，全体干部职工通过网络及时了解市场的信息；购置信息化管理系统，园区实现无死角可视化监控。

（二）汇聚资源，建设锰业基地

1. 汇聚全球资源

宁夏天元锰业公司实施“请进来”战略，以宁夏电解金属锰院士工作站、宁夏电解金属锰工程技术研究中心、电解金属锰生产力促进中心为平台，联合中国环境科学研究院、全国锰业技术委员会、中南大学、四川大学、天津水泥设计研究院等大专院校、科研单位的专家、教授，研制开发了先进生产技术、先进工艺和装备，破解电解金属锰废渣综合利用的世界难题，实现了经济效益和环境效益双赢；突破原材料瓶颈，实现锰矿资源的战略储备，收购英属联合矿业公司，拥有25亿吨属于自已的高品位锰矿储量。

宁夏天元锰业公司实施“走出去”战略，积极参与“一带一路”国际产能合作，收购了英属联合矿业公司，在澳大利亚、南非、加纳建设了金属锰矿基地，金属锰矿石年开采量达1500万吨，不仅提升了产业竞争力，而且保证了国内市场金属锰矿资源的有效供给，实现了金属锰矿资源的国家战略储备；开采的金属锰矿石和电解金属锰产品远销日本、韩国，以及欧盟等20多个国家和地区。2019年出口电解金属锰6.19亿元；2020年出口电解金属锰4.09亿元；2021年出口电解金属锰10亿元。

宁夏天元锰业公司实施“强储备”战略，在澳大利亚、加纳成立了矿业公司，直接从澳大利亚、加纳开采运输锰矿石，形成了锰矿石开采、物流配送等多领域、多元化的贸易体系，构建了资源共享、优势互补、合作共赢、安全发展、可持续发展的利益共同体，体现了大企业的担当和责任。不仅保证了国内市场锰矿资源的有效供给，实现了国家锰矿资源的战略储备，而且为企业的可持续发展奠定了坚实的基础。

2. 构建产业链条

宁夏天元锰业公司坚持创新发展、绿色发展，成长为以矿石开采、冶金、化工、新材料、新能源、建材、运输为一体的全产业链；废水、废气、废渣综合利用的循环经济链；热电联产、余热发电、供热的能源梯级利用链；园区绿化的生态链。

3. 打造产业基地

宁夏天元锰业公司围绕锰系产业，延伸上下游供给，拓展循环经济链，建设现代物流；做强做大，形成了规模化、集约化产业集群。以国外高品位锰矿为主要原料，以二氧化硒、福美钠、硫酸、双氧水（过氧化氢）、液氨生产作为生产电解金属锰辅料供应；硅锰作为市场补充；电力作为能源供应，实现电力全部自给；以现代物流为纽带，增强企业的市场竞争力。

（三）加大投入，破解技术难题

1. 成立研发中心

组建技术研发部，成立电解金属锰生产力促进中心；由宁夏回族自治区科学技术厅批准，成立“宁夏电解金属锰工程技术研究中心”（以下简称中心）。中心设管理委员会，由宁夏回族自治区科学技术厅、全国锰业技术委员会、中国环境科学研究院、中南大学、清华大学、宁夏大学、天元公司等主要负责人组成。

中心实行管理委员会领导下的主任负责制。管理模式分为决策咨询和运行管理两大部分，宁夏回族自治区科技厅是主管单位，通过管理委员会行使主管职责，进行决策、咨询、监督、检查和指导。研究中心实行董事会领导下的主任负责制，结合科技体制改革的有关精神，中心实行以资本、技术、管理、市场等为纽带，按照现代企业制度实施管理和运作。

宁夏天元锰业公司设立专项研发资金账户，研发资金做到专款专用。2019 年，研发经费投入 38441 万元，占主营业务收入的 1.36%；2020 年，研发经费投入 39401 万元，占主营业务收入的 2.24%；2021 年，研发经费投入 39450 万元，占主营业务收入的 3.91%。

2. 推动行业科技攻关，破解难题

宁夏天元锰业公司始终把科技攻关作为提升产业竞争力的重点工作，紧扣关键工序自动化、智能化，使新技术、新工艺、新设备作为推动电解金属锰产业的支撑。研发高品位进口矿石二次循环浸取工艺、电解锰渣无害化处理、自动化移动平台、锰渣煅烧脱硫烟气制硫酸锰、电解金属锰生产废水循环利用等重大技术，实施 100 多项技术改造项目，其中电解锰渣无害化处理、电解锰过程中金属离子实时观测技术、电解锰固液分离及二次浸出技术、自动化移动平台 4 个项目被列为“国家科技支撑计划课题”项目，“锰渣高温脱硫制硫酸锰资源化综合利用”获得科技进步奖。

宁夏天元锰业公司研发的焙烧锰矿工艺技术，使用高品位进口锰矿，采用研发的二段浸出工艺，改变传统工艺始终在同一化合罐浸出的做法，在不同酸度条件下对一次浸出渣进行二次浸出，锰离子还原率由原来的 60% 提高到 98.5%，减少了废渣排放，节约了锰矿石资源和原辅材料的消耗，填补了国内电解金属锰行业进口高品位矿石难以利用的空白。生产中排放的电解金属锰废渣经无害化处理后，作为生产水泥熟料和建筑砌块的原料，破解了电解金属锰废渣综合利用的世界性难题。

宁夏天元锰业公司拥有世界领先的工艺技术。研制开发出 RPP 节能型电解槽、阳极液断流节电、PE 冷却水管防漏电节能、组合式电解槽密闭、短极距节电等新技术、新工艺、新设备，实现节能减排。研制的自动分析、自动加料、自动插板、自动出板、自动洗板、自动剥离等装置，对电解金属锰的生产工艺实行计算机控制，实现电解金属锰生产工艺自动化。

3. 采用绿色科技改造生产车间和工段

一是原料、磨粉、化合工段采用研发的封闭化、自动化、智能化、精准化、绿色化自控流水线。二是生产中排放的废水经处理后，作为生产补充用水，废水实现循环利用不外排；生产中排放的废气经酸雾吸收塔收集中和后，成为化合制液的原料。三是电解工段采用机器人槽面自动化作业子系统，钝化液和水玻璃自动跟随子系统，智能 AGV 小车运送子系统，精确定位阴极板缓存子系统，剥离前清洗、烘干子系统，阴极板自动剥离子系统，阴极板脏板和变形板识别分拣子系统，阴极板机器人清洁子系统，阴极板高精度定位储存子系统，机器人阴极板上线等 13 个子系统，解决了金属锰生产中自动化程度低，原辅材料、能耗消耗高，产量、质量不稳定等问题，填补了国内外电解金属锰生产领域的空白。

（四）打造品牌，提升产业竞争力

1. 提升产品质量

成立推进商标战略实现品牌兴企工作领导小组，把品牌建设列入公司发展规划，全力把“实施商标战略、推进品牌兴企”作为建设“一个基地”、打造“一个中心”的重要手段，促进商标战略与生产经营深度融合。建立品牌管理体系，从品牌管理基础、品牌管理组织、品牌宣传、品牌维护等方面制定办法和制度，设立质量管理部，全面负责公司质量监督管理，质量管理实行公司、分厂（包括部室）、车间三级管理体制。明确规定各级管理部门的职责及奖惩办法；建立健全生产过程管理、原材料供应、产品监测等 14 个方面的质量保障管理制度；按照 PDCA 循环法实行质量控制，提高质量保障和服务体系，全面推进品牌建设。

制定《质量管理制度》《质量考核实施管理办法》，强化管理目标任务，严格质量工序管理，完善、落实检验制度；狠抓细节管理，用系统化、制度化的管理方式进行内部管理，使质量检验、质量监管落实到每个岗位。推进检测中心管理认证工作，完善公司化验手册工作，收录新的化验方法，加强 K3 培训，不断提高化验员理论知识、操作技能；实施化验员技能鉴定，化验员全部持证上岗；取得化验室管理体系的认定，生产的电解金属锰产品多次被宁夏回族自治区质检部门抽查，产品合格率为 100%，顾客调查满意率为 100%。

2. 实施安全生产，健全应急管理体系

成立安全生产管理委员会，建立健全安全生产管理制度，建立制度体系；制定了全面的管理组织、架构，建立组织体系；按照安全生产知识、法律法规等，建立安全文化体系；制定并签订安全生产目标责任书，层层落实，形成目标及责任体系；主抓安全教育培训，以多样化的模式进行培训教育及宣传，形成全面的安全培训教育体系；实行“一岗双责”，贯穿“人人都是安全员”的安全意识，加强监督管理工作，形成监督保障体系；组织技术人员进行摸排，制定隐患排查清单，从集团到岗位制定“五级”隐患排查规定，建立风险控制体系；成立专职应急救援队伍，配备各类应急救援车辆及工具，各分厂、车间成立应急救援领导小组并成立应急指挥部及应急物资库，加大应急方面的资金投入，在重点部位安装连锁报警装置及监控装置，建立良好应急管理体系。

在企业应急管理体系建设中，建立健全应急预案体系；建立健全组织指挥机构，形成强大的全员体系；建立健全应急管理体制；建立健全监测预警机制、信息报告机制、应急决策和协调机制、分级负责和响应机制、奖惩机制、管理机制、应急运行机制。加强应急管理法制化建设，建立健全应急法制机制。

3. 打造天元品牌

按照《电解金属锰产品质量标准》（YB/T 051 - 2015）进行电解金属锰生产，产品锰含量为 99.98%。2013 年，“天元锰业”被国家工商总局评为中国驰名商标。实施品牌战略提升了“天元锰业”品牌知名度、信誉度，提高了产品市场占有率，增强了市场竞争力，推动了新型工业化进程，促进了生产经营扩量提质，提升了产业规模和产业质量水平，推动“天元制造”向“天元创造”转变，促进了宁夏天元锰业公司生产经营又好又快和可持续发展。

（五）提升效率，发展循环经济

1. 提升资源综合利用效率

宁夏天元锰业公司先后投资 26.52 亿元，实施节能创新项目 60 多项，加大对“三废”的治理力度，实现对生产工艺流程中“三废”的综合利用，被国家工信部定位为“重点行业清洁生产示范企业和首批绿色工厂示范企业”。同时，认真贯彻执行国家“双碳”政策，成立“双碳”攻关小组，委托中国环境科学研究院编制《碳达峰、碳中和研究及行动方案》，方案依据宁夏天元锰业公司生产经营、项目建设及“十四五”规划，涉及冶金、化工、建材、发电、新材料等6个板块，32个子项目，对集团公司中长期碳排放、节能减排，碳达峰、碳中和进行顶层设计，明确工作目标，确定行动路线，为按期实现碳达峰、碳中和提供保证。

2. 实现产业发展“三个循环”

产业循环、资源循环、能源循环三条循环经济产业链在宁夏天元锰业公司已经形成。产业循环：生产的硫酸用于金属锰生产，生产的金属锰作为生产锰酸锂、锂离子电池的原料。资源循环：水循环——金属锰工业废水、生活废水分别经过膜处理后回用于生产中作为生产用水和循环冷却水；废渣循环——金属锰废渣经无害化处理，作为生产水泥的原料，石膏制酸废渣作为水泥熟料和生产建筑砌块的原料，实现资源利用、循环发展、“吃干榨尽”；废气循环——化合和电解过程中产生的酸雾通过回收利用生产硫酸，破碎、投料中产生的粉尘经布袋收尘系统收集后回用于生产。能源循环：利用硫酸厂沸腾炉、金属锰厂热动力车间、水泥厂回转窑排放的尾气余热，建设余热发电项目，将沸腾炉、回转窑、热动力车间排放的尾气用于余热发电，年发电量达2.53亿度，发电后的二次蒸汽用于车间、办公采暖，尾气余热实现循环利用不外排。

3. 狠抓流域生态治理建设

宁夏天元锰业公司狠抓园区绿化，推进荒漠化、石漠化、水土流失综合治理，强化园区绿化修复、园林管理和保护，形成山、林、草、花综合治理新理念，实现经济发展与生态治理的有机统一。成立150人的绿化队，实行常年管护，常年栽植，园区绿化率达23.6%，厂区绿化率达34.1%，建成绿树成荫、鸟语花香的生态工业区，被国家工信部认定为绿色制造业示范企业，被宁夏回族自治区工信厅认定为自治区绿色工厂。

（六）践行责任，打造“红色天元”

1. 抓党建工作，促领导班子建设

宁夏天元锰业公司把“围绕经营抓党建，抓好党建促发展”作为工作的出发点和落脚点，把党组织的政治引领作用和政治核心作用渗透到企业生产经营、员工思想道德建设中，使党建工作真正成为推动企业发展的催化剂、助推器。同时，招贤纳才、诚聘精英，延揽充实企业经营管理、市场、金融贸易方面的“科班”人才，优化各级班子配置，提高管理人员能力，加强集团总部与驻外办事机构工作联系和业务对接，畅通工作渠道和办事流程。

2. 塑造企业文化

一是开展“学党史、感恩党”教育活动。二是开展传统美德教育。三是开展学法律规章、学业务技术、做合格员工“两学一做”教育活动。

3. 履行社会责任

宁夏天元锰业公司先后投资35260万元新建办公楼及职工宿舍楼，建设职工食堂，改善了职工住宿、就餐条件；购置健身娱乐设施，建设运动场馆，开展文体活动；为职工修建浴室、活动室；开通中宁县至宁夏天元锰业公司的通勤车，方便职工生活。设立困难职工救助中心、教育基金，以及助老帮困、慈善助学、拥军优属、再就业、救助残疾儿童、见义勇为等专项基金，把发展经济与献爱心、送温暖活动结合起来；为员工提供5000套公租房，提高员工的生活质量，使大家普遍拥有幸福感。

三、新材料企业以打造世界级锰产业基地为目标的运营管理体系构建的效果

（一）产业实现新发展，资源利用效率不断提升

宁夏天元锰业公司拥有的自主知识产权核心技术达到国内领先和国际先进水平，截至2021年，宁夏天元锰业公司获得专利83项，其中发明专利5项，实用新型专利72项，外观设计6项。同时，能耗及环保指标达到同行业先进水平。万元产值综合能源消耗折算成标准煤0.4835吨，原材料利用率达100%，废渣利用率达82.6%、废水利用率达97.8%、废气利用率达95.6%。工业“三废”综合利用年新增利润达3.8亿元。在改善生产环境、节能减排等方面实现新的突破，实现废水循环利用不外排；电解金属锰废渣经无害化处理后，作为生产水泥熟料和建筑砌块的原料，破解了电解金属锰废渣综合利用的世界性难题，能耗、物耗和污染物的排放量控制水平均处于行业国际领先水平。

（二）质量管理体系进一步完善，提升了品牌知名度

宁夏天元锰业公司各生产单位推行质量管理体系培训及贯标工作，使质量管理系统更加规范，质量管理流程符合企业运行标准。建立和完善了规范化、系统化、科学化的管理体系；实施“三标一体”管理，科学地调配人力资源，优化了企业的管理结构，提高了管理的效率和有效性。连续八年被中国企业联合会、中国企业家协会评为“中国企业500强”“中国制造业企业500强”。品牌战略的实施，不仅提升了企业的知名度和信誉度，提高了产品的市场占有率，增强了市场竞争力，而且对促进县域经济发展，推进新型工业化进程，起到重要的促进作用。

（三）企业综合实力不断增强，实现了高质量发展

宁夏天元锰业公司形成了锰矿石开采、物流配送等多领域、多元化的贸易体系，构建了资源共享、优势互补、合作共赢、安全发展、可持续发展的利益共同体，彰显了大企业的担当和责任。企业综合实力不断增强，实现了高质量发展，在宁夏这片无锰之地，打造出了世界“锰业之都”。

（成果创造人：贾天将、高学祥、王旭飞、焦　双、马自祥、沈天海、
周建国、宋正平、闫秀梅、刘　宁、张志华、陆　帅）

钢铁企业促进全员快速改善的精益管理体系的构建与实施

首钢京唐钢铁联合有限责任公司

首钢京唐钢铁联合有限责任公司（以下简称首钢京唐公司）地处河北省唐山市曹妃甸工业区，是首钢搬迁调整和转型发展、落实京津冀协同发展战略的重要载体，是具有国际先进水平的临海靠港的千万吨级大型钢铁企业，于2005年10月22日挂牌成立，一、二期总投资已达902.67亿元；总体产能方面，铁共计1347万吨、钢坯共计1370万吨、钢材共计1341万吨，配套建设了海水淡化、制氧机、自备电站、成品码头等公辅设施。

一、钢铁企业促进全员快速改善的精益管理体系的构建与实施的背景

（一）提升企业高端制造能力、全面实现四个一流目标的需要

首钢京唐公司一直受到党中央、国务院的高度关注，制定了“低成本生产高附加值产品”的发展方向和“产品一流、管理一流、环境一流、效益一流”的目标定位，这是首钢京唐公司的重大使命，即瞄准“一流”，站在高端、服务高端、成就高端，从而决定了首钢京唐公司必须以精益制造提升企业竞争力。因此，“精益管理”就成为首钢京唐公司的必然选择。特别是近年来，从外部形势看，行业竞争激烈，市场变化复杂；从企业自身看，首钢京唐公司“四个一流”目标从“基本实现”向“全面实现”推进，产品结构不断向中高端突破，对各项工作提出更高要求和更高标准。内外形势的交织下，更需要把“精益”作为重要支撑，夯实京唐发展基础，持续提升竞争优势。

（二）保证全流程工艺稳定、实现高效管理的需要

随着首钢京唐公司进一步发展壮大，产品质量不稳定、设备功能精度不高、部门管理交叉重复、人员操作能力不能满足新产线的要求等问题凸现，对新产品开发、技术进步、管理融合等持续提升形成了越来越严重的制约，亟须通过精细、规范、高效的管理来推动经营观念从重产量转向追求综合经济效益，管理方式从粗放型转向精细化，管理标准从定性化转向定量化，管理手段从滞后性转向超前性，从而有效消除浪费、降低成本、缩短制造周期，确保工艺生产稳、产品质量优、效率效益高。

（三）培植全员创新文化、实现人企和谐共进的需要

企业发展离不开人，职工是企业经营活动中最根本、最核心的要素。有些企业员工缺少获得感、成就感，学习引进的先进管理理念和方法火热一段时间后不了了之。企业管理经验传承缺少一贯性或对一些问题视而不见、问题的解决未形成闭环管理，首钢京唐公司从传统长材转型到精品板材的生产过程中，也不同程度存在类似问题。如何充分尊重职工的主体地位和劳动创造成果，依靠职工推动企业发展更加安全、更高质量、更有效率，同时让职工自身丰富思想、提升技能、规范行为、满足个人利益，实现自我提高、自我发展，需要企业结合自身特点探索出切实可行的精益管理体系，引导职工在持续创新中成长、创造价值，最终达到人与企业良性循环、同频共振的效果。

二、钢铁企业促进全员快速改善的精益管理体系的构建与实施的主要做法

（一）十年一剑，系统构建全员快速改善精益管理体系架构

1.“舶来先进，哪好学哪”

2013年是首钢京唐公司实现达产达标的第一年，面对严峻的钢铁市场形势，解决产品质量不稳定、按期交付有困难等问题转而成为首要的任务。为解决这些掣肘问题，在已有的质量管理体系的基础上，首钢京唐公司于2013年年初引进了6σ管理方法，用系统的思维方式，以流程为中心，为专业技术和工

程管理等人员提供了解决质量、交付、流程等系统问题的新思路。换言之，公司由此在特定人群上开启了精益管理探索实践之路。

为进一步满足以冷系带钢产线为代表的高附加值、高表面质量产品的生产管理需求，解决生产现场不规范、清洁程度不达标的问题，首钢京唐公司于 2013 年年底引入以“整理、整顿、清扫、清洁、素养、安全”为管理要素的 6S 现场管理模式，侧重于现场的整理整顿、安全有序，并充分调动生产一线操作人员自主管理、自我改善的积极性，培养一线员工打破固有思维、善于发现问题的意识。

在这个阶段，首钢京唐公司就是以问题为导向，舶来先进，哪好学哪，学习用科学的方法对症下药，在解决问题的同时，初尝精益管理成果，初步具备了现场管理与持续改善的“全员雏形”。

2.“专项聚焦，哪疼治哪”

6σ、6S 管理方法的引进与实施，在持续推进两年后，为首钢京唐公司提质增效发展提供了不可或缺的动力，但是仍然不能满足生产需求，尤其是在检修现场暴露的低效、无序等问题，以及产线运行中的粉尘油水问题，成为现场管理的痛点、难点、堵点，也是冶金企业的“老大难”问题。为此，2015 年年初，首钢京唐公司在 6σ、6S 的基础上，增加了检修现场管理标准化建设、油水粉尘治理、精品车间推进及全员素养提升等专项工作，相当于是以标准动作加自选动作的方式，进一步解决制约企业现场管理的瓶颈性问题，持续加压，提升现场管理水平。

通过在两个完整年内扎实推进 6S 管理，首钢京唐公司在现场管理方面建立了全员参与的良好基础。2016 年年初，首钢京唐公司环环相扣、持续发力，适时引进了以提高设备综合效率为目标、以全系统的预防维修为过程、全员参与为基础的 TPM（全员生产保全）管理体系，一干又是两年，旨在持续发动全员力量夯实设备基础管理。

在这个阶段，首钢京唐公司就是在继续坚持以往做法的基础上，瞄准难点、专项聚焦、哪疼治哪，通过专业协同、部门协同，从生产系统整体出发，进一步依靠全员智慧来发现和解决问题，拉开了运用精益管理工具提升现场标准化管理的序幕。

3.“消化吸收，哪缺补哪”

随着时间的推移，6σ、6S、TPM 等管理方法逐步在首钢京唐公司生根发芽，消化吸收。2016 年年底公司领导因势利导、顺势而为，提出了“聚焦现场发现问题，结合岗位实际、结合专业管理解决问题，提升安全、质量、效率效益”的精益管理工作方针，进一步在管理思想上凝聚共识，进而以思想为引领，杜绝形式主义，引导员工自主管理和持续改善的行为自觉，即围绕“安全、质量、效率效益”的目标，聚焦现场发现问题，结合岗位实际和专业管理解决问题。

现场问题的发现与解决，既要有意识，也要有方法。为此，在推动方针落地的过程中，首钢京唐公司瞄准连续多年世界钢企综合竞争力排名第一的浦项，用浦项标准和眼光检视自身，以千方百计也要把先进理念“学到手”的态度，通过把老师“请进来”的方式，学习浦项在结合丰田公司现场管理和 6σ 的基础上自行开发的 QSS（Quality 质量、Stability 稳定、Safety 安全）现场管理系统，选定以一线作业长、班组长为主的现场骨干，以脱产三个月的方式开展理论结合改善实践的精益管理轮训。同时引进、学习制造业精益管理思想鼻祖——丰田生产系统消除“七大浪费”的精益思想，针对现场浪费，对包括现场骨干在内的全员展开培训。

在这一阶段，首钢京唐公司在消化吸收原有管理方法的基础上，与世界一流企业进行对标，明确差距，借鉴成功方法，哪缺补哪，力争使企业赶超一流公司。

4.“自主创新，完善优化”

随着公司的发展壮大，对协同高效管理的要求越来越高，6σ、6S、TPM 等管理方法和落地措施与首钢京唐公司一直以来执行的合理化建议、技术质量攻关、QC 管理等交叉重复，多部门分头管理、职责不清、激励政策不统一、基层员工负担重等问题凸显。2018 年年初开始，首钢京唐公司运营规划部、工会、制造部、人力资源部、宣传部等多部门协同，在充分征求上下意见的基础上，用时半年、几易其稿，去芜存菁、化繁为简，把各个精益改善管理工具整合成一套体系，重新赋予新的内涵，同时创新了改善成果激励机制，形成了全员快速改善精益管理体系。它是首钢京唐公司围绕冶金行业人员结构特点和工艺设备特点，在吸收国内外先进企业管理经验的基础上加以创新实践的基于生产现场的一整套全员自主管理、自我改善之管理体系，以现场标准化管理、全员快速改善为核心，以精益教育培训、快速激励机制为支撑。

现场标准化管理、全员快速改善、精益教育培训、快速激励机制，四大模块彼此独立又互为支撑。其中，改善来源于现场问题，措施固化到现场标准，培训赋予改善技能，激励增强改善意愿，可以说是有"赋能"、有"赋愿"、有"释能"、有"固化"，环环相扣的模式设计有效搭建了基于现场自主管理的面向企业全员的零距离、接地气的改善平台及通道，拥有了精益管理"本土化"之后的超强生命力。

在这一阶段，首钢京唐公司在前五年持之以恒的工作基础上，对世界先进精益管理工具进行无差异化的"跟进战略"，通过自主创新简化流程"做减法"，就精益管理进行了重识重构的"大一统"。

（二）四位一体，全员快速改善精益管理体系的运行实践

1. 以全员快速改善为核心，构建问题解决闭环机制

一是畅通三级快速改善通道。倡导"改善不嫌小，改善不畏难"，形成"改善亮点、改善提案、改善课题"三级改善管理模式，打通快速改善通道，覆盖生产操作、专业管理、后勤服务等人员范围，涵盖生产计划组织、原燃料采购供应、安全能源管理等企业经营生产各管理要素领域。改善亮点是针对现场不合理事项，改善提出人能够自主完成的、有效果的即时改善；改善提案是员工针对现场安全、质量、效率、效益、环境、流程等方面存在的问题点或可提升项，提出具体改善方案，通过组织人员协作完成、创意性较强、工作量较大的快速改善；改善课题是对公司生产经营指标提升或现场安全、质量、效率、效益、环境、流程等方面存在的重难点问题，通过组建攻关团队，运用精益、6σ 等方法，按照原因查找、原因分析、制定措施、实施改善、效果验证、措施固化的路径，进行解决的攻关性改善。该模式覆盖公司全员，拉近一线员工与企业持续改善工作的距离，为充分发挥一线员工智慧搭建了平台。对应三级快速改善通道，建立公司、作业部两级改善成果申报、评价、激励、推广的流程，实现问题的快速发现、快速解决及改善成果的快速评价激励。

二是搭建五效合一管理平台。开发全员快速改善管理信息化系统，搭建了集"问题清单共享""成果分类申报""系统双盲评价""积分快速激励""改善资源共享"五项功能为一体的管理平台，具有改善成果申报便利性、评审公平性、奖励合规性、成果共享性等特点，实现改善成果管理对全员公开透明管理。问题清单共享功能是结合公司的战略方向（VOB）、部门重点生产经营任务及产线瓶颈问题（VOP）、下游客户的需求（VOC），围绕提升安全管理水平、提升产品质量、提升效率效益，在系统内建立部门级、作业区级两级自主申报清单，为员工改善实施提供待解决问题来源。改善成果申报功能，满足首钢京唐公司正式工及维检单位人员全覆盖，鼓励倡导人人参与改善管理。改善成果评价功能在采用评委与改善申报人系统双盲措施的基础上，明确改善亮点、改善提案、改善课题评价标准，保障职工改善成果提报的积极性。其中改善提案评价维度包括改善相关性、改善构思、改善深度、改善难度、成果固化、有形收益、无形收益、成果推广八个方面；改善课题评价维度包括选题意义、工具运用、逻辑思路、改善难度、成果固化和移交、经济效益、成果推广价值七个方面。平台改善资源共享功能以改善方法共享、改善成效共享为理念，建立以标题、申报人、部门、类别、周期为维度的改善成果查询功能，为借鉴改善措施、学习改善思路提供便捷途径。

三是多措并举搭建改善展示平台。全员快速改善精益管理体系，建立公司、部门两级优秀提案发表

机制，配套实施公司级优秀改善成果集中公开评审及周期性公开展示机制，既保证了改善成果评价的公平公正性，也为各项改善成果实施人员及团队搭建了良好的展示舞台，形成了一种领导关注、员工进取的良好全员改善氛围。在优秀成果的公开发表中，既输出了优秀改善做法，也凝聚了对于全员快速改善精益管理理念的共知、共识，有效提升全体职工对于改善的认知水平。

四是推进改善工具融合运用。公司注重在问题的发现、分析、改善、验证、成果固化、推广中，遵循体系思维，有效运用引进、吸收的各项工具、方法，形成精益工具按需应用模式。在灵活运用各种工具解决问题后，对于已完成项目实施的改善成果，以管控文件、自动化程序或 SPC（质量管理与控制）控制点、制度办法、岗位规程、技术标准、点检标准等为载体，推进实施成果固化。同时建立公司统筹、专业负责的两级改善成果推广机制，对具备推广价值的改善成果分类筛选，并按照工艺、质量、设备、操作、安全、环境等类别横向推广。

2. 以现场标准化为基础，推进改善兑现长效化

一是实施网格化与 4MY 管理。针对公司点多面广、现场管理时有盲区存在的实际，建立网格化管理机制，以生产办公现场为中心，将管辖的现场划分成若干网格状单元，以网格单元内环境及物的状态为管理对象，实现区域管理全覆盖，形成"人人有责任区域、区域有责任人""执行、检查、评价、改进"PDCA 闭环式现场管理新常态。在管理网格划分上，涵盖生产现场、办公区域、厂房外围及协作单位全部区域。在管理标准制定上，从现场存放数量、专业要求、存放环境、区域清洁、功能布局、管理周期及责任人等方面建立《网格化管理基准卡》《定置管理卡》《临时存放管理卡》等标准，并从空间界限、物料用途、生产检修等方面明确管理标准的使用类型、制作形式、悬挂位置。在管理执行检查上，建立了作业区（职能室）、部门、公司三级检查机制。为强化网格内的设备管理，推行"My Machine（我的设备）、My Area（我的区域）、My Duty（我的职责）、My Action（我的行动）"4MY 管理，促进设备运行状态稳定。

二是推行现场诊断。公司着眼现场不合理、微缺陷等问题，坚持三现两原（现场、现物、现状、原理、原则），建立日常诊断、小组三级诊断、公司领导特别诊断的现场管理过程管控长效模式。日常诊断以领导干部、专业技术人员周期性现场查找不合理并予以解决为主，培养管理及技术层人员的现场问题意识和服务意识。小组三级诊断以小组阶段性主题活动成果为诊断主体，由作业区、部级推进办、公司推进办三级对现场管理基本项目、设备清扫管理、专项管理、自主改善进行诊断评价。公司领导特别诊断由公司领导对现场管理成果进行诊断评价，营造全员参与现场管理的氛围。

三是建立"通用 + 专业"可视化标准。通用可视化标准以公司范围内通用性设备、设施为管理对象，通过安全、消防、设备、能环、办公等专业协同，以国家标准为基础，结合自身特点，以统一的颜色、字体、标识等可视化手段，明确警示、提示等管理标准，分别制定京唐 VI 视觉管理可视化标准、职业健康及"双控"安全管理可视化标准、能源介质生产输送可视化标准、生产设备、检修、现场备品备件及仓储可视化标准、办公场所、厂容环境可视化标准。区域专用可视化标准以作业区为单位，依据产线特点，在现场完成整理、整顿基础上，按照动作、搬运、库存、等待、不良、故障等浪费最小化原则，运用物品三定及先入先出方法，对区域内的作业路径、物料、设备设施、看板、标牌等开展可视化打造，输出作业指导类、安全警示类、设备点检类等专用可视化标准。

四是规范员工行为标准。以全员快速改善精益管理为平台，建立党委领导、专业协同的全员素养提升机制，明确以规范着装、文明就餐、文明出行、盥洗清洁、岗位作业为核心要素的素养管理标准，实施检查引导为主、曝光考核为辅的过程管控，打造良好的企业管理形象。

3. 以精益教育培训为根本，提升全员持续改善能力

一是精准确定培训对象及内容。产品生产在现场、价值创造在现场、问题发生在现场、问题解决在

现场。公司坚持全员快速改善精益管理培训主体来源于现场，确定以一线作业长、班组长为主的改善人才培养对象，同时结合不同阶段的改善重点，有针对性地对公司中高层领导人员、专业技术管理人员及班组、维检等作业人员进行培训。在课程上，对不同培训对象分别设计精益管理理念，改善分析工具、先进管理方法、典型案例教育等不同侧重点的培训内容。

二是打造一线骨干培训特色品牌。针对一线骨干人员，2018 年，首钢京唐公司在如何培育“牢固树立改善意识、扎实掌握改善工具、积极开展改善实践”的一线管理型改善人才队伍上狠下功夫，创办学员针对性强、课程系统性强、能力提升性强、领导支撑性强、使命责任感强、极具京唐特色的培训品牌——改善骨干培训。目前，已举办 9 期改善骨干培训班，累计培养改善骨干 413 名，成为引领公司持续改善文化的中坚力量。

三是创建全员参与三维培训模式。围绕最大化发挥职工自主管理潜能，创建以“OPL（One Point Lesson）、云课堂、专项教育”为核心的三维培训模式。OPL 点滴教育借助班前、班后会等碎片化时间自主开展充分结合岗位实际、结合专业管理的点滴式培训工作，将直接影响岗位作业安全、质量、效率效益的安全隐患、操作经验、故障处理技巧等作为培训内容，以反复强化式培训丰富员工技能知识，促进职工自身成长与企业生产顺稳耦合式提升。全员快速改善精益管理线上云课堂系统，通过周期性、成体系地推送精益管理知识、经典改善案例分享等内容，改变以往知识培训方式单一、条件局限性强的弊端，赋予职工自主学习更大的灵活性，为全体干部职工学习精益知识提供便利。专项教育培训通过专门强化培训补短板，解决特定人群在精益理念理解、工具应用不足等方面的问题。

四是推动师资力量自我进化。以内训师队伍建设为依托，通过“选、学、干、讲、评”，培育在全员快速改善精益管理领域会设计课程、能讲解理论、善于指导实践的内部教师力量。首先，由各部门推选有意愿、有潜质的内训师培养对象，由公司筛选确定。然后，通过走出去与请进来相结合的方式，对其开展理论与教学培训。结业后，回归工作岗位，在改善中领悟、实践学习成果。结合实践案例设计课件，由人力资源部牵头组织开展试讲，经由相关专业领导和外聘评委综合评审出合格的内训老师。目前共计培养全员快速改善精益管理相关内训师 35 名，其中高级内训师 1 名、中级内训师 8 名、初级内训师 26 名。开发具有自主知识产权的精益管理相关课程 12 套，包括包含 1.5 学时入门级精益课程、12 学时进阶级精益管理及 36 学时系统性精益管理教材等。目前，改善骨干培训班、六 σ 绿带及中国质量协会黑带注册培训讲师，实现由外聘到自主的转变。

4. 以快速激励机制为保障，激发全员改善内生动力

一是用积分记录改善成长历程。立足于长远发展，建立独具特色的改善积分激励机制，为员工自己及员工间对比改善业绩提供了数据支撑，实现“管理评价有依据、状态分析有数据”，同时也以积少成多的乐趣激励员工以“小改小革”的方式持续改善。

二是用精神激励提升员工价值。推行“改善名人评选、改善金点子评选、工作现场颁奖、优秀学员赴外学习”的多维精神激励方式。针对公司“改善名人”和“改善金点子”，定期邀请公司领导现场颁奖，将荣誉激励的舞台搬到岗位，充分肯定员工价值，给予一线员工充分的价值认同感。同时，定期组织改善成果公开发表大会，为员工展现自我价值搭建平台。一系列精神激励措施的实施，让善于观察、勤于动脑动手的人有了用武之地，也培育了大展身手的心。

三是用改善业绩助力员工成长。在首钢京唐公司实施的工作业绩累积制管理规定中，将改善名人作为积分项纳入职务职级晋升指标，在职工年度绩效考核工作中，将改善积分纳入专项加分范畴，同时将改善业绩作为员工职称评定、评优评先的重要依据。一系列机制的固化，极大地鼓舞了全体员工参与改善的积极性，推动了全员持续改善的良性运行。

（三）以组织制度为支撑，形成京唐特色的持续改善文化

1. 纵向贯通、横向协同，筑牢组织保障

建立以公司、部门两级全员快速改善管理推进办公室为枢纽，纵向贯通公司、部门、作业区、班组，横向配套涵盖工艺、设备、安全、能源、环境、消防、人力、办公、宣传等专业的组织体系。其中，公司经理办公会对工作计划进行全面审核指导并提供支持；公司推进办公室作为常设管理机构，对全员快速改善管理整体工作进行全面策划并组织实施；作业部推进办公室对工作进行承接并配套多专业协同，确保体系内各模块工作的高效落地实施。

2. 系统设计，建章立制，做实制度保障

配套全员快速改善精益管理体系，出台公司统一执行的《全员快速改善管理办法》，明确各项业务管理职责、流程、标准，围绕标准落地，建立以集体荣誉感为激励关键点的每周问题曝光及每月"羚羊、蜗牛"评价机制。营造争创一流的竞争氛围，确保工作高标准开展。

3. 不断积淀、形成自觉，培植京唐特色的持续改善文化

坚持传承"敢闯、敢坚持、敢于苦干硬干"，发扬"敢担当、敢创新、敢为天下先"的首钢精神，以"思想先行、贵在行动"为工作理念，通过领导示范、骨干带动、媒体宣传的作用，加之改善名人评比、优秀案例竞赛、改善"金点子"评选等活动的持续开展，持续营造现场管理并持续改善良好氛围，不断激发职工改善的思想自觉、行动自觉，形成全员参与、自主管理、持续改善、具有京唐特色的企业精益文化。以文化的力量推动全员快速改善精益管理体系的落地，以全员快速改善精益管理体系运行丰富改善文化内涵，达到体系稳健与文化自觉相互支撑、相得益彰的效果。

三、钢铁企业促进全员快速改善的精益管理体系的构建与实施的效果

（一）改善收益显著，2018—2021 四年年均创效 3.92 亿元

2018—2021 年，全员改善参与度达到 90.3%，累计改善亮点数量 43803 项，改善提案 96470 项，改善课题数量 752 项。通过精益改善管理消除浪费、降低成本、缩短制造周期、提升产品质量，改善收益显著，平均每年产生改善收益 3.92 亿元。同时改善成果带来批量无形效益，获授权专利 1233 项。

（二）全员快速改善精益管理形成常态，高效协同提升管理水平

通过全员快速改善精益管理体系的运行，企业生产实现了长周期、满负荷、优质高效运行，产品质量不断提升，0.08 毫米"发丝钢"在首钢京唐公司诞生，5G 用钢实现新突破。安全管理实现"六个零"，2020 年达到环保绩效 A 级水平。同时培养出 2000 余名改善人才，其中改善骨干 505 名、6σ 绿带 1360 名，6σ 黑带 141 名，中国质量协会黑带 93 名，为企业的高质量发展注入了强大动力。

（三）实现精益管理品牌的输出，为行业提供参考

通过十年的推进与实施，全员快速改善精益管理体系在培育全员改善文化和人企和谐共进方面所取得的成效，为行业提供了范例，社会推广效应逐步显现。先后在全国机械、冶金、建材系统工会干部培训班，全国大型钢铁企业工会主席联席会，广西柳钢集团等企业进行交流，得到全国总工会、全国企业文化研究会等单位的高度评价。

（成果创造人：邱银富、曾　立、王贵阳、苏震霆、赵世杰、李海龙、冷艳红、陈　辉、韩建国、刘冀川、林绍峰、常永富）

促进新能源战略实施的电网规划管理

国网黑龙江省电力有限公司经济技术研究院

国网黑龙江省电力有限公司经济技术研究院（以下简称黑龙江经研院）是国网黑龙江省电力有限公司（以下简称省公司）电网发展和省公司发展支撑单位，接受国网经研院、国网能源院的相关业务指导，对地（市）供电公司经研所提供技术指导。负责全省电网规划和工程设计技术归口管理，电网发展总体规划和专项规划的研究与编制，地区宏观经济、能源发展、电力需求、电源发展等情况的研究分析等工作。2012 年 2 月，黑龙江经研院正式挂牌成立，现有员工 125 人，平均年龄 39.8 岁。其中，高级技术资格占比为 62.4%（教授级高级工程师 2 人），本科以上学历占比为 96%。2021 年完成各类规划任务 230 余项，各类评审近 2000 项，审减投资 6.46 亿元。实现利润总额达 1844 万元，同比增长 155%。黑龙江经研院先后多次荣获国家电网有限公司、黑龙江省直机关、省公司“文明单位”“文明单位标兵”“先进党支部”等荣誉称号，荣获省公司级及以上科技进步奖、管理创新成果、质量管理成果 50 余项，申请多项国家发明专利，具备设计、咨询“双甲”资质。

一、促进新能源战略实施的电网规划管理的背景

（一）研判分析新能源发展路径是落实国家战略的客观需求

2014 年 6 月，“四个革命、一个合作”国家能源安全新战略为新能源发展提出了新的更高要求，省公司充分认识到实现碳达峰、碳中和的深刻内涵及经济社会系统性变革，这既是“国之大者”，也是黑龙江发展全局之要者，是必须面对、必须解决好的重大问题，必须加快构建新型电力系统，在规划理念革新、硬件设施配置、运行方式变革、机制创新上做系统性安排。黑龙江经研院作为省内科研技术支撑单位之一，必须紧跟国家能源发展趋势，多维度研判分析新能源发展路径，积极探索适宜新能源战略落地的“黑龙江模式”。

（二）科学有序的新能源规划是振兴黑龙江能源经济的本质需求

黑龙江省新能源资源丰富，50 米高风能资源潜力约 10.2 亿千瓦，技术可开发量约 2.3 亿千瓦；年均太阳辐射量为 1316 千瓦时/平方米，太阳能资源储量相当于 750 亿吨标准煤，具有大规模集中开发利用新能源优势，如何科学有序地开发利用这些新能源是全省能源可持续发展战略的重要组成部分，是推动黑龙江能源转型、重振雄风的现实要求。“十三五”初期，黑龙江省新能源装机占电源总装机比例仅 19.08%，新能源发电量占电源总发电量比例仅 8.07%，为适应黑龙江新能源大规模开发需求，支撑省政府新能源战略落地，黑龙江经研院理应主动承担政治责任、社会责任，规划指引新能源长远发展的新航标。

（三）提升新能源消纳能力是引领战略落地的现实需求

随着风电、太阳能发电大规模开发，高比例并网，系统电力电量平衡、安全稳定控制等方面面临前所未有的挑战，新能源战略落地受制于黑龙江省内用电需求和东北电网消纳能力不足，需要更进一步提高新能源发展潜力预测精度和电网消纳能力测算准度。为有效地协调网—源协调发展规模和速度，需要结合新能源规划发展情况为新增变电站布点及网架加强提出合理的方案建议。黑龙江经研院作为黑龙江电网高质量发展的高端“智库”，理应以省公司战略目标为指引，全力支持黑龙江省“一带一群”新能源产业建设，为充分发挥黑龙江省新能源优势、助力能源经济振兴贡献经研力量。从 2016 年开始，黑龙江经研院针对上述情况，开展实施基于新能源战略落地的电网规划与管理。

二、促进新能源战略实施的电网规划管理的主要做法

（一）建立健全制度保障，解决新能源战略落地精准度

黑龙江经研院以“抓规划、重基础、强管理、求创新、创品牌”为实施路径和重点任务，明确既符合自身实际又满足黑龙江新能源发展战略的目标任务。逐步建立形成并固化以顶层设计为根本、以组织建设为基础、以科技保障为核心、以整体运行为重点、以数智赋能为支撑的“经研规划屋”管理工作模式。构筑“点、线、面、体”的顶层设计，打造“难题攻关、技术支撑、专项研究”的科技研究基础，实现“多维协作、专业协同、四全管控、经济分析”的整体运行方式，构建“三个统一”的数智思维模式，确保以新能源战略落地为核心的规划和管理全面提升。

1. 明确战略纲要，发挥“体”的效应

黑龙江经研院确定以构建清洁低碳、安全可控、灵活高效、智能友好、开放互动的黑龙江新型电力系统为战略纲要，以新能源为供给主体，以确保能源电力安全为基本前提，以满足经济社会发展电力需求为首要目标，以坚强智能电网为枢纽平台，以源网荷储互动与多能互补为支撑，为保障新能源战略落地、主干电网形成“三横五纵”网架格局制定整体管理架构。

2. 共享规划成果，发挥“面”的效应

黑龙江经研院针对能源网架、信息支撑、价值创造三大体系开展全方位、多部门、多机构技术支撑，推进新能源战略落地。一是建立信息共享平台。主动与省规划局、国土资源局、省设计院、工业园区等规划相关部门对接，依托黑龙江省“双碳”中长期发展规划，构建以新能源总体规划为龙头，把握好空间格局、土地利用、环境保护为3个主要空间性规划，以及源网荷储等多个规划组成的“1+3+X”规划体系，并同步配合完成省内新能源相关政策制定、项目批复、用地审批等工作。二是建立电网发展协同机制。构建“省公司—经研院—市公司—经研所”电网规划发展常态沟通机制，定期组织召开电网规划滚动调整分析会，统筹新能源发展、消纳及安全问题，对规划体系、空间布局、基础数据、技术标准、信息平台和管理机制进行详细规定，市县公司按照统一技术要求绘制“一张蓝图”。三是做好区域规划支撑。配合国网东北分部开展区域主网架规划，深入开展电网发展诊断分析等投资策略研究工作，聚焦投资成效，深度参与开展“十三五”新能源规划工作、电力需求、电源结构布局、电网安全性、经济性等重大问题研究。

3. 细化年度规划，发挥“线”的效应

黑龙江经研院依托五年规划制定年度工作主线，以促进新能源项目合理有序开发为目标，为黑龙江新能源战略精准落地绘制年度“路线图”和“时间表”。2016年，“抓规划、强内涵、促转型”；2017年，“重基础、强队伍、促发展”；2018年，“求创新、抓整合、重实效”；2019年，“抓机遇、强管理、上台阶”；2020年，“抓改革、重服务、创品牌”；2021年，“提效率、高质量、做标杆”。逐年组织各地市公司开展滚动规划调整工作，全面落实电力供需和新能源消纳分析的相关要求。建立“1（一个五年规划）+6（六个年度规划主线）+7（七项滚动规划）”电网规划成果体系，为电网规划调整和省内各阶段的新能源发展规模的确定奠定基础。

4. 强化专项规划，发挥“点”的效应

专项规划做到“三个衔接”：对上衔接，即为新能源发展提供坚实的需求基础，以满足地区经济社会发展需要为目标，统筹近期和远期发展需要。满足近期发展需求，解决电网中存在的薄弱环节，兼顾电网长远发展，留有合理发展空间，避免大拆大建和重复建设，导线截面一次选定、廊道一次到位、土建一次建成；对下衔接，为保障能够将新能源战略目标细化落实到各级电网规划方案中，组织开展专业人员集中办公、专项培训、师带徒等业务能力提升工作，结合规划网架构建、生产技改、业扩接入、电源送出等项目需求，有针对性地开展专项交流，从技术层面确保新能源项目规划不重、不漏，规划方案

整体最优，形成上下级电网相互支援、结构协调、容量匹配的坚强网架结构，保障电力的顺利疏散和消纳；横向衔接，即细化工作流程，强化滚动调整。针对各类型新能源接入对系统电能质量、电网安全稳定运行、无功配置要求、系统调度等方面的影响，按照“四级编制，两级汇总”的方式，保障新能源规划与主网架规划、配电网规划、智能化规划、电网生产技改规划在编制时间和规划内容上相衔接，合理安排装机布局和逐年投产时序，及时向市场发布新能源新增并网规模，实现对新能源的科学规划。

（二）全过程做好科技研究，强化新能源战略落地嵌入度

1. 聚焦难题攻关，谋划新能源战略在黑龙江落地路径

一是持续挖掘具有黑龙江特色的典型需求，加强对高比例新能源新型电力系统构建、“碳达峰、碳中和”等前瞻性重大课题攻关。针对新能源装机形势，以满足全省电网调峰、调频、调压需求为目标，深入研究黑龙江省电源侧、电网侧、用户侧的新型储能的布局原则、建设标准和省内布局建议，为黑龙江省“十四五”新型储能发展实施方案编制提供理论依据，为新能源战略落地建立持续保障。二是建立经研体系“统筹策划、超前布局、内引外联、培育提升、上下游贯通”的协同创新机制。统筹“攀高峰”探索类与“接地气”业务应用类项目申报立项。共储备《高比例新能源的极寒地区储能灵活运行策略及优化配置方法研究》等科技项目20余项。三是发挥经研体系“集团军”优势，申报国网经研体系“十大课题”研究，与多家其他省份经研院共同开展新能源相关课题攻关，致力打造上达国家、下至基层、汇集众智、行业公认的“经研智库”和“样板工程”。

2. 加强技术支撑，深度参与新能源战略规划决策

一是成立战略发展研究（智库）中心。聚焦省委省政府、能源监管部门关心的热点问题，深入开展战略政策研究，努力“生智”“聚智”“传智”。持续开展电力供需保障、清洁能源发展路径、终端电气化提升、远景电网目标网架布局等方面的专题研究，建设黑龙江省高端智库成果数据库，为新能源战略落地提供决策依据。二是超前规划支撑黑龙江电网转型升级。承担省级及以上规划专项、专题研究报告任务180余项。从黑龙江省“十三五”主网发展规划到各地市220千伏电网滚动规划地理接线图集绘制、基础数据整理、黑龙江省电网“十四五”规划、黑龙江省能源互联网规划等，全面梳理省内各区域主网架发展面临的突出矛盾，全力支撑新能源战略有效落地。从超前布局分析的角度保障了黑龙江省500千伏电网由“十三五”初期的横贯省内的“V”字形结构发展成为“自东向西、环环相连”的五个环网结构。三是强化技术服务支撑战略决策。在聚焦重大问题研究的同时，加强与各级政府部门的有机联系，在新能源规划对接、政策协调、机制设计上做好参谋助手，在理念传播、政策解读上当好纽带桥梁。以规划评审和战略研究两大业务为支点，积极参与能源电力领域重要政策研究与规划落地，完善政企合作机制，拓展研究深度与广度。承接黑龙江省“十四五”能源发展规划、电力发展规划、可再生能源发展规划，以及能源安全保障策略、能源发展思路等各类重大规划和专题研究，将公司发展理念和重大项目需求积极纳入政府规划，增进政府对公司战略的认同感。

3. 开展专项研究，促进黑龙江新能源项目并网消纳

黑龙江经研院立足黑龙江省情实际，积极拓展新能源发展空间，支持全省“一带一群”新能源产业建设。一是促进新能源消纳。开展《“双碳”目标下基于黑龙江风光资源禀赋对应能源基地规划建设方案研究》，通过调研黑龙江地理特点和自然条件得到风电和光伏资源禀赋情况，结合“十三五”以来黑龙江省电网负荷、光伏、风电及电力通道的出力系数，运用电力系统随机生产模拟，计及负荷的波动性和机组随机故障，深入分析黑龙江电网负荷特性及其变化趋势，测算出未来黑龙江省内新能源规划发展情况，以及各区域的发电潜力，提前做好黑龙江能源基地规划布点。二是促进能源转型。配合省发展改革委修编《黑龙江省农村电网巩固提升规划报告》，涵盖黑龙江全省县域行政区（含农垦、森工体系），以及市郊农电企业供电区域，涉及110千伏及以下电网。三是促进新能源并网。根据不同类型电

源发电特点，以既往评审项目的相关信息和数据为样本，编制安控装置配置原则表，并作为标准在全省电源接入系统评审中应用。为用户电源接入系统的设备配置原则提供技术支持。

（三）全维度做好整体运行，狠抓新能源战略落地契合度

1. 构建多机构、多部门协作的新能源战略落地运行体系

一是多机构对接，战略合作。与省政府建立专业人才派驻办公机制，支撑省发改委开展宏观经济、能源发展、电力体制改革等方面的决策咨询；与省国土空间规划研究院、省城市规划勘测设计研究院建立沟通合作机制，顺利完成多方规划建设方案专业对接，支撑政府对边境地区电力发展部署；与国能黑龙江分公司等主要发电企业签订战略合作框架协议，深化网源合作，充分发挥各自优势，建立长效合作机制，共同推动黑龙江能源转型。二是多部门协同，统筹推进。结合新能源项目落地路径，从项目规划、前期、可研、评审、接入、运行全过程，与省公司发策部、基建部、设备部、营销部等多部门建立项目管控协同工作机制，搭建交流、沟通、协调解决问题平台，共同推动新能源高质量发展。

2. 构建支撑新能源战略落地的经研专业协同体系

一是构建经研专业协同体系。分专业构建“国网经研院—省经研院—地市经研所”三级专业协同体系，搭建经研体系规划专业人员常态化交流平台。发挥经研体系内不同单位的资源优势，建立横向帮扶和集中工作机制，整合省、市层面相关专家和业务骨干等人才资源，在专项研究工作上加强交流互动。针对新能源相关课题研究、项目评审等工作向上挂职锻炼、横向调研交流、向下抽取专家骨干集中办公，打造管理技术人才高地。二是深入开展业务培训。以实现经研体系资源、能力和成果共享为前提，以提升能源经济、电网规划、项目评审、投资管控、技经造价和设计技术业务能力为支点，以全面支撑省公司和电网两个方面新能源高质量发展为目标，先后举办 8 期“新能源战略规划落地”专业培训，涵盖省、市、县三级规划计划管理和技术人员，累计培训 956 人，实现人员、业务、岗位“三个百分之百”覆盖，保障“新能源战略规划落地”体系各项业务集约高效开展。三是优化人才激励制度。全面分析经研人才行为和工作成果的特点，健全配套激励机制，鼓励员工参加各类职业资格考试、在职学历教育、发表论文、出版专著、申报专利，实现整体工作与人才建设的有机结合。制定《龙江经研院全员绩效管理办法》，实施《年度综合类及专项工作类评比表彰》《“四翼”特殊贡献奖励》等绩效考核政策，加快以青年业务骨干为主体的专业室主管队伍建设，为黑龙江经研院健康快速发展夯实人才基础。

3. 构建保障新能源战略落地的“四全”管控模式

提出“制度全覆盖、方式全监督、流程全透明和结果全公开”的“四全”管控模式，高质量推进新能源建设管理规范化、标准化。一是开拓市场，打开新能源接网新局面。主动对接国资、民营等发电企业，增大外部设计市场利润占比。陆续承接哈尔滨巴彦风电、哈尔滨呼兰风电接入、依兰鸡冠山风电项目接入等用户侧新能源项目可行性研究方案的设计工作。取得与华电集团、华润集团等大型企业所属新能源发电企业的多项电源项目接入系统方案合作意向。二是规划调整，满足新能源接网需求。持续开展新能源消纳分析工作和电网滚动规划工作，结合目前省内新能源和用电需求发展形势变化，以及远景目标网架及新能源发展规划，论证新能源接入及配套工程方案是否满足新能源规划和建设布局保障全省新能源接网需求。三是全面把控，搭建新能源项目绿色评审通道。为满足新能源重点项目投产时间要求，黑龙江经研院会同省公司发策部、基建部、设备部等相关部门建立新能源项目周报制度，密切跟踪项目前期进展情况，保障评审绿色通道畅通。四是超前部署，保障各批次项目有效衔接。根据已明确的项目规模及分布情况超前开展接续批次新能源项目接网方案研究工作，保障分批项目规划、评审工作的有效衔接。

4. 构建新能源项目建设投资经济敏感性分析模型

一是用“加法”聚焦主要项目。黑龙江经研院结合电网网架结构实际情况，对新能源网投资敏感性开展分析研究，通过项目入库、出库的优化决策形成投资计划，加强项目的可落地性，实现高效投资、集约化管理，制定科学的投资策略，助力加快建设形成“布局合理、技术适用、供电质量高、电能损耗低”的黑龙江电网，保障新能源供电能力和供电可靠性，助力新能源战略落地。二是用“减法”降低重复投资。电网的网架结构不同，系统消纳新能源的能力也不同，新能源项目受企业自身投资能力、经济效益、电网安全等因素的制约，需要考虑项目重要性和建设时序并做出必要的调整。三是用“乘法”提升利用效率。新能源集中接入能够充分利用线路走廊、变电站间隔和线路输送能力，有效提高资源利用效率，在电网可消纳能力范围内接入更多的新能源项目。四是用“除法”突出合规管理。在新能源项目接入系统评审时，制定同一区域新能源集中接入的原则：要求相邻的新能源场站优先以“T”接方式共用同一回线路接入电网；对于之前由新能源企业客户自行投资建设的线路，要求企业客户出具承诺书；允许企业自行投资建设的并网线路为后续其他新能源项目和公用电网项目共用。

（四）全方位构建数智思维，促进新能源战略落地公认度

1. 统一数据平台

黑龙江经研院以重构作业模式、培育数字生态为目标，全方位推进经研体系业务数字化转型。探索建设“数字经研院”，推动经研业务作业模式变革。一是充分利用“网上电网”“新能云”平台。推进平台数据治理工作，保障平台数据及时更新、随时校准。运用平台的能源监测功能，实现新能源出力、负荷曲线、发电效率、日发电量、场站档案、出力预测及与新能源出力密切相关的气象因素等按月评估，利用地理信息技术，直观展示黑龙江新能源场站分布情况，实现对场站运行信息的实时监测。二是搭建三维数字化展示平台。利用数字化技术实现对运营管理决策的全面量化管理，为公司决策层、执行层及一线基层提供数字化方案，在“双碳”背景下从去火电角度出发，考虑现有网架不新增节点，开展产业转型背景下的电网效率效益分析、2030 年东北电网发展格局计算分析研究、黑龙江省“十四五”新能源消纳空间测算、黑龙江“十四五”供需形势分析测算，深度挖掘电力数据在“观碳”“算碳”“降碳”等方面的应用价值。

2. 统一数据模拟

深入挖掘电力大数据价值，以数字化建设赋能提质增效。一是加强新能源消纳能力分析计算。基于 NEOS 的新能源消纳能力分析计算，搭建黑龙江电网模型，充分考虑新能源并网对功率平衡、电网潮流、电能质量和电网安全的影响，优化新能源参与电力平衡比例，对黑龙江新能源电网的逐年装机规模进行优化管理与控制，保证逐年并网的新能源装机始终处于电网运行安全范围极限内。二是深化“电力看经济”“经济看电力”研究。黑龙江经研院持续梳理省内典型产业、行业、企业用电量典型特征，依托同期电量系统及时、快速优势，将同期数据、历史用电数据、外部经济环境和新能源场景进行创新结合，研判省内新能源发展趋势，打造面向省公司和省政府决策支撑的“智库品牌”。

3. 统一数据分析

一是建立“可视”图形。开展并完成黑龙江电网“十三五”通信网规划、智能化规划编制工作，建立配电网诊断分析指标体系，以关键指标为特征，绘制配电网现状分布图，按照网格化管理研究区块负荷预测技术，以规划目标为区分，绘制配电网理想分布图，按照配电网典型供电模式，绘制配电网目标网架拓扑图。二是建立“可用”结果。每年开展黑龙江电网发展诊断分析，从电源到用户，从主网到配网，从项目到网架，从电网到运营，分析电网运行的效率和冗余度，评价电网发展与经济社会发展的适应性，参考诊断结果为电网规划发展优化方向；三是建立“可溯”源头。有效利用“三率合一”系统数据展示校核功能，经过“数据校核—数据录入—数据治理—数据展示”四个步骤，全面核查新

能源项目“四个链条”数据间的逻辑关联准确性和业务数据的完整性、准确性，深度挖掘基建管控系统、ERP（企业资源计划）系统、规划计划信息管理平台三个系统中的数据问题和系统集成的逻辑问题，建立新能源项目核准、开工、送出工程建设全过程管控制度，根据消纳能力合理引导新能源科学有序发展。

三、促进新能源战略实施的电网规划管理的效果

（一）黑龙江新能源发展方式实现了根本转变

黑龙江经研院坚持新能源与电网同步规划，有力推动了风电、光伏发电、生物质能、水电等清洁能源在黑龙江省的蓬勃兴起，彻底扭转了黑龙江电网过度依赖单一火力发电的模式，地区能源结构多元化发展的态势不断向纵深发展。先后完成数十项新能源相关的咨询、设计项目，具体成果指导了黑龙江新能源建设及“十三五”电网规划。精细开展项目评审，构建包括可行性研究评审、初设评审、结算审核的项目全生命周期管理评审机制，精准管控工程造价，深入开展施工图预算、招标工程量清单及最高限价审核，实现电网项目投资的数字化决策，为黑龙江省新能源有效消纳做出重大贡献。先后完成总计498.33万千瓦风电、光伏的新增装机，促进风力、光伏发电科学接入、有效并网，大幅提高企业收益。

（二）黑龙江新能源规划成果实现了政企共享

黑龙江经研院通过积极对接政府，共享新能源规划成果。将新能源实际并网“一手数据”结合新能源发展、市场机制、投资效益与资源储量专题分析，从新能源储量“现状态”和未来空白区域“发展态”两个时空维度，绘制新能源发展空间、时间高度统一的宏伟蓝图，为省政府新能源规划发展提供决策依据。同时，省政府将电网新能源接入规划纳入区域总体规划，为电网建设充分预留站址廊道资源，保障新能源接入配套电网建设有效落地执行。截至2021年年底，高质量完成45项电网规划报告，30项专题研究，10余项黑龙江脱贫攻坚、“煤改电”等重大战略部署相关问题研究，为黑龙江电网高质量发展提供了有力支撑。黑龙江经研院逐步成长为省内新能源消纳、电力平衡保供、电网仿真计算的坚实支撑。

（三）黑龙江新能源消纳水平实现了稳步提升

“十三五”以来，全省新能源快速发展。2021年度与2015年度相比，新能源装机由569.7万千瓦增长到1518.9万千瓦，其中风电装机由503.1万千瓦增长到834.6万千瓦，太阳能装机由2.07万千瓦增长到419.8万千瓦，全省新能源装机占比由21.5%提高到38.4%。在新能源装机规模保持高速增长的情况下，风电弃电率由20.5%降至0.5%，实现不超过5%的目标任务，风电和光伏发电利用率达99.6%，创历史最好水平。黑龙江经研院对新型电力服务能力和水平的提升，为城市生态环境建设提供了有力支撑，推进了地区能源结构向绿色环保方向转型，对促进黑龙江省经济、社会和环境可持续发展起到重要作用。

（成果创造人：边二曼、王　莹、袁诚斌、安　平、华　科、张　群、
杨静思、王智超、丛云花、左　峰、项　雯、陈　扬）

基于“四位一体”的航天装备型号过程质量确认体系构建

中国空间技术研究院遥感卫星总体部

中国空间技术研究院遥感卫星总体部（以下简称遥感卫星总体部）成立于2020年8月11日，隶属于中国航天科技集团有限公司中国空间技术研究院，前身为1968年8月16日成立的航天部五院五〇一部（以下简称五院），是我国相关军民商用领域遥感卫星的主要抓总单位，研制发射了我国第一颗实时传输型遥感卫星，形成了资源、高分、海洋等军民卫星系列。迄今已先后研制并成功发射了40余颗遥感卫星，涉及陆地观测、海洋观测、大气环境观测等众多军民商用领域。遥感卫星总体部承担了国家民用空间基础设施、相关军事装备体系论证及实施等国家重大任务，获得了国家部委等多项科研成果奖，取得了举世瞩目的成就，推动了我国遥感卫星事业的蓬勃发展。遥感卫星总体部有国际欧亚科学院院士1人、国际宇航科学院院士1人、俄罗斯宇航科学院院士2人，以及11名国家级专家和260余名高级专业技术人才。

一、基于“四位一体”的航天装备型号过程质量确认体系构建的背景

（一）推动高质量航天强国建设的客观要求

党的十八大以来，国家高度重视航天事业的发展，把建设航天强国作为建设创新型国家的重要目标。为全面贯彻落实党中央的指示精神，牢牢把握新时代加快建设航天强国的历史机遇，遥感卫星总体部党组提出高质量保证成功、高效率完成任务、高效益推进航天强国和国防建设的“三高”全面发展目标，强化宇航型号研制管理模式的优化和创新，努力实现航天事业的高质量发展，为航天强国和国际一流航天企业集团建设奠定基础。

（二）践行集团公司过程质量确认新理念的重要举措

为实现集团公司“三高”全面发展目标，必须做到工作一流、过程一流、结果一流。运用先进的科学方法提高工作效率，实现“同样质量的工作，用时更少；同样质量效率的工作，投入资源更少；同样的资源投入，获得产品的质量效益更大化”，从而实现“过程一流”。为此，遥感卫星总体部将全面推进质量把关由总结评审向过程确认转变作为全面深化改革的一项重点工作。推动质量管理由事后复查确认转变为基于流程“一次就把事情做对、做到位”的过程确认，提升过程管控能力，将风险控制点前移，以过程的高质量保证结果的高质量。航天装备型号过程确认的质量管理模式是践行集团公司过程质量确认的重要举措。

（三）提升型号质量管理能力的现实需要

随着我国航天事业的高速发展，航天研制任务不断增长，技术难度不断提升，保证质量、保证成功对型号质量管理提出了新的、更高的要求。装备型号还面临着研制周期、研制经费等诸多约束因素，需要在研制过程中尽可能少出问题、减少更改，尽可能一次做对、避免反复，降低研制成本。既满足“好、快、省”的需求，又能满足航天品质的要求。面对机遇与挑战，为实现上述目标、确保任务的圆满完成，需要在继承以往航天质量管理成功经验的基础上，进一步优化管理模式与之适应。

同时当前型号质量管理还存在需要完善的环节，如单机、分系统、整星三个层级责任界面、工作界面的连续与衔接，产品验收交付、总装厂出厂、发射场转场质量控制点的合理分布，产品保证专业支持机构介入型号的时机和深度等，需要探索实施航天装备型号过程确认的质量管理模式，使其具备更好的

适应性和有效性，不断提升型号质量管理能力。

二、基于“四位一体”的航天装备型号过程质量确认体系构建的主要做法

（一）覆盖研制全阶段，搭建“四位一体”质量过程确认体系架构

航天装备型号全阶段工作一般包括单机、分系统和系统研制三个层级，经历单机和分系统研制、联试和交付；在卫星总装厂开展整星总装、测试，完成分系统出厂把关、系统级专项出厂把关、整星出厂把关后运输至发射场；在发射场开展总装和测试，经过加注和转场把关后，加注燃料完成发射实施，最终实现在轨运行。

结合宇航装备型号研制流程和特点，从“流程、要素、载体、责任”4个方面，通过梳理流程、提取要素、构建载体、压实责任，搭建“四位一体”的过程质量确认体系架构。

梳理流程：识别关键环节和风险点，设置成质量确认点，以研制流程为主线，在流程中明确各确认点的确认时机、确认载体和确认人员。实现流程驱动的过程质量确认，确保研制工作项目、产品保证要素、质量责任的同步和全面覆盖。

提取要素：结合研制过程中产品保障要求，将装备型号的质量控制环节和具体措施进行工作分解，系统梳理并厘清各研制环节质量管理的最小功能单元。识别各功能单元的产品保障要求、检查要求和确认时机。

构建载体：通过制定统一的执行模板，承载各产品保障要素对应的工作项目执行结果、检查要求、确认人员等基本信息，建立结构化、表格化、可执行的确认载体。

压实责任：结合承载产品保障要素的确认载体，精准确定各确认环节的责任层级和签署人员，实现研制过程工作的分层、分阶段负责，分级逐项压准压实研制队伍和产品保证人员的责任。

（二）融合质量确认要素，梳理研制流程

1. 识别关键环节和风险点，设置质量确认点并纳入研制流程

依托五院航天器系统，分系统，单机研制全过程、全阶段或专项工作形成的“四个流程”（技术流程、计划流程、产品保证流程、技术安全流程）的管理成果，全面识别装备型号研制全过程、全阶段的关键环节和风险点，并将其设置为质量确认点，将各质量确认点与研制流程结合，纳入型号研制流程的“主线”，建立覆盖单机研制交付、分系统研制交付、整星总装厂和整星发射场全阶段且融合质量确认要素的研制流程。

2. 优化质量确认流程，实现工作重心前移

强调事前策划、过程中管控，通过流程驱动，确保确认项目的覆盖性和及时性，推动质量管理由事后总结向过程控制转变。通过对各阶段融入质量确认要素的研制流程优化，合理分配各确认项目实施确认的先后顺序及确认时机，在实现工作重心前移的同时，避免交付、出厂、加注与转场评审过于集中，造成把关确认不充分的风险，提升质量确认的有效性。

系统级专项出厂，根据各专项的特点和复杂程度，将专项出厂的工作开展时机由传统质量管理模式下的出厂前集中确认，优化为部分专项提前至整星模式测试后确认。整星模式测试完成后，组织各单机、分系统研制单位和专项产品保障中心提前对元器件、材料、工艺、空间环境专项进行确认并形成确认结论；整星出厂前，对技术风险、供配电安全、软件进行确认，对已提前开展确认的专项（元器件、材料、工艺、空间环境）变化部分进行确认，没有变化不再重复确认，在前移质量控制重心的同时，避免出厂前集中确认。同时将部分发射场最终状态确认项目，前移至总装厂完成，助力了发射场流程优化。

3. 复用各阶段、各层级确认数据，实现高效不重复

按照“分阶段确认、数据复用、不重复确认”的思路，通过流程驱动，对单机研制、交付，分系

统研制、交付，整星总装厂总装、测试、出厂，以及整星发射场总装、测试、加注与转场等全研制阶段的确认，实施逐级、逐项确认。单机阶段的确认结果可直接用在分系统阶段，分系统阶段确认结果可直接用在整星阶段，实现各阶段、各层级确认数据复用，不重复确认。

（三）提取质量确认要素，确保研制过程全覆盖

1. 要素提取的思路及工具方法

质量确认要素提取时，全面梳理型号研制、产品保证的各项标准规范，中国航天科技集团有限公司、五院的各项质量管理通知及要求，采用思维导图以瀑布式展开的方式按照单机研制交付，分系统研制交付，整星总装厂（含总装、测试、出厂），发射场阶段（含总装、测试、加注与转场）四个阶段，梳理质量确认项目和要素，通过要素归类整理、合并去重，形成确认项目和确认要素。确认框架灵活性好，可根据型号特点和最新质量管理、产品保障管理要求对项目进行重新组合和归集，各子项目建立了逻辑联系，工作内容各自独立，不同型号可根据型号实际情况进行调整，为过程质量确认的推广和应用提供有力支撑。

2. 分阶段要素提取，确保研制过程全覆盖

型号研制主要可分为单机研制交付、分系统研制交付、整星总装厂、整星发射场共四个阶段，要素的提取围绕四阶段进行。

一是单机研制交付阶段。关注单机功能性能符合性，测试、试验情况，空间环境适应性，元器件选用及质量控制情况，材料和工艺应用，生产过程控制，供配电专项，技术风险控制等，提取16个确认项目，106项确认要素。

二是分系统研制交付阶段。关注分系统功能性能符合性，可靠性、安全性，软件（FPGA）研制情况，过程质量控制情况，技术状态管理，技术风险控制等，提取了11个确认项目，40项确认要素。

三是整星总装厂阶段。该阶段主要包括整星总装、整量测试、分系统出厂、系统级专项出厂和整星出厂共5方面工作。

整星总装。依据总装流程，整合总装关键环节及主要风险点，提取总装实施结果、关键工序实施结果和总装强制（关键）检验点落实结果等3个确认项目，针对每个确认项目细化分解关键管控要素，形成合舱板前、太阳翼与星体对接、火工装置安装、星箭解锁装置、分离开关状态等26项确认要素。

整星测试。围绕整星测试准备情况、测试实施、测试结果确认，梳理2个确认项目，提取测试质量控制、测试覆盖性检查、测试异常闭环管理、测试数据等7项确认要素。

分系统出厂。重点对分系统交付至出厂期间开展的工作，提取确认项目和确认要素，包括研制流程执行情况、功能性能符合性情况、测试覆盖性情况、风险控制情况、技术状态控制情况、供配电专项等12个确认项目，40项确认要素。

系统级专项出厂。依据各专项的产品保障具体工作项目和工作要求，元器件、材料、工艺、空间环境、可靠性安全性、软件/FPGA、技术风险、供配电8个专项，共识别出8个确认项目，84个确认要素。

整星出厂。全面梳理并整合集团、五院研制和产品保证相关要求，重点围绕功能性能符合性、试验验证情况、测试覆盖性情况确认、技术风险控制情况确认、各专项出厂的确认结果、质量问题和举一反三情况确认等提取15个确认项目，69个确认要素。

四是整星发射场阶段，主要包括发射场总装、发射场测试，以及发射场加注与转场，确认保持方法、工具和结果连贯稳定。

发射场地区的确认方法、载体和工具，均沿用总装厂的模式，确认项目、确认时机和人员分工等均相同，实现方法连贯稳定、过程精准重复、签署责任继承、数据连续可查、重点项目突出。

发射场阶段主要包括总装、测试、加注与转场3方面工作。

发射场总装。梳理发射场总装关键环节及主要风险点，提取发射场总装最终状态、总装关键工序实施结果和总装强制检验点落实结果等5个确认项目，对每个确认项目细化分解关键管控要素，形成数传天线最终状态、星表热控最终状态、星箭解锁装置火工品状态、太阳翼压紧展开最终状态等44项确认要素。

发射场测试。围绕测试准备情况、测试实施、测试结果确认，梳理了2个确认项目，提取测试质量控制、测试覆盖性检查、测试异常闭环管理、测试数据等7项确认要素。

发射场加注与转场。围绕技术安全、运输情况、专项测试（试验）、大系统接口、质量问题归零、技术状态控制、推进剂加注等18个确认项目，提取66个确认要素。

（四）构建确认载体，实现结构化、表格化确认

1. 明确确认形式及签署责任

对各阶段提取的确认项目细化分解，用表格形式对质量工作进行确认，明确表格的签署职责，压准压实各岗位责任。表格主要包括现场记录表（b表）和质量确认表（a表），b表对a表逐项映射形成支撑。

现场记录表作为测试、试验、总装、检验等质量确认项目的原始记录，由现场测试、操作和检查人员及时填写，对数据的完整性、准确性、真实性负责。现场记录表充分继承已有的测试数据包、总装数据包等形式进行表格化记录。

检查确认表由技术要求提出方进行检查确认并签署；确保项目责任人依据完整的现场记录表（b表）及时组织完成本项目的质量确认工作。

2. 基于确认项目和要素，形成表格化确认载体

基于确认要素，采用结构化、表格化的方式制定含有确认内容和明确责任人的矩阵式确认表，对各项质量工作进行确认。

以总装结果确认过程为例，设计总装结果确认表，在各阶段总装工作完成后，总环AIT（集成与试验任务）经理基于现场记录表，对总装紧固件测力矩情况、封胶情况、接地阻值测量结果等进行检查，在确认结果符合要求后签字。以总装过程中火工装置安装确认要素为例，设计火工装置安装现场记录表，在火工装置安装完成后，由操作人员根据实际情况填写相关的确认内容，包括火工装置代号及名称，记录X光胶片编号和安装位置，由检验人员和供电回路阻值测量人员及时进行检验和测量，确认符合要求后签字，留下客观记录，确保该项工作完成后即由相关责任人及时完成记录和确认。

（五）组建确认队伍，落实责任体系

1. 组建队伍，提供组织保障

在过程质量确认工作策划时，明确由型号两总（总指挥、总设计师）、各确认项目责任人（副总指挥，副总师，产品保证经理，总体主任设计师，分系统、单机设计师，分系统、单机产品保证工程师，总体主管，系统级专业产品保证工程师）和一线人员（现场测试、操作、工艺、检验）组成的三级责任体系架构及确认队伍。

依托型号设计师队伍、产品保障队伍和五院专业产品保障中心队伍，对确认各项工作进行跟踪和闭环管理，为开展过程质量确认工作提供组织保障。

2. 分级逐项确认，压实各级责任

型号总指挥是型号过程质量确认工作的第一责任人，负责落实确认工作要求，明确每项确认工作的责任人，对确认工作负全责，并给出确认结论、签署部分确认表。

型号总设计师是过程质量确认工作的技术负责人，对型号总装厂和发射场阶段的总装操作、测试最终结果进行确认，对技术风险识别与控制、质量问题归零和举一反三、技术状态更改等进行确认，对确认的技术工作负全责，负责签署系统级相关检查确认表。

型号总指挥、型号总设计师按照中国航天科技集团有限公司、五院质量管理要求，对型号副总设计师、产品保障经理、总体/分系统主任设计师、系统级专业产品保降工程师等在过程质量确认工作中的责任界面分解落实。

五院各产品保障中心系统级专业产品保证工程师，对单机研制、交付，分系统研制、交付，整星总装厂总装、测试、出厂，发射场总装、测试、加注与转场四个阶段的元器件、工艺、材料、可靠性安全性、软件、空间环境 6 个专项进行确认，给出确认结论并签署质量确认表，充分发挥专业机构的支撑作用，对确认内容的正确性负责。

单机、分系统、总体、产品保障工程师等各级人员，按照确认项目的职责分工，完成具体确认项目检查、审核等确认工作，填写质量确认表，对质量确认内容完整性、正确性负责。

现场测试、操作和检验等一线人员完成具体工作记录确认，填写、签署现场记录表，对原始记录的完整性、正确性、及时性负直接责任。

（六）完善方法、工具，确保质量确认的高效实施

1. 创新测试数据单，提升测试效率

借鉴航天型号接口数据单的表格形式，设计 2 种电测检查确认表（测试准备情况检查确认表、测试结果确认表）和 7 种测试数据单（星上硬件产品、星上软件产品、地面测试设备软硬件、质量控制、测试覆盖性分析、异常现象闭环管理、详细测试数据）。

在整星总装厂和整星发射场阶段测试实施时，通过质量确认表能清晰反映出各阶段星上硬件状态和软件版本变化情况、前阶段待办事项闭环情况，以及各阶段测试覆盖性检查和测试数据一致性比对情况，便于及时关注测试状态变化和测试数据包络线的比对分析，提升测试过程质量。同时，以整星总装厂和整星发射场各阶段测试准备确认表、测试数据单、整星各阶段测试总结报告替代原来各阶段整星测试准备总结报告、各分系统测试总结报告，简化测试准备总结和各分系统测试总结报告编写的工作量，节省设计师写报告和专家、两总、总体主任设计师审查报告的时间，在提升测试效率的同时，使设计师有更多的精力关注产品质量。

2. 采用照片采存系统，实现总装实物状态确认信息的高效闭环

在整星总装厂和发射场总装过程的实物状态确认环节，通过设计总装结构化的拍照要求表，明确型号、设备名称、设备代号、阶段、照相要素（安装状态、电缆、开关和阀门、保护件、立方镜、热敏电阻或加热片、热控实施）和特殊要求，采用照片采存系统，建立各阶段总装实施要求、总装过程照片与实物状态链接关系，实现现场总装照片的闭环回传，打通总装技术要求下达到实物结果闭环回传的“最后一公里”。

在总装确认现场，通过便携式移动客户端实现照片采集，数据即时录入多媒体数据采存系统，提升数据获取效率。照片按照不同阶段、不同设备拍摄要求进行结构化存储，便于查找。照片与设备、操作步骤、拍照时机对应清晰，与总装模型物料清单一一对应，提高过程质量数据采集准确性和信息完备性，总装过程中所产生的照片，可在后续各项质量复查工作中直接应用，实现照片一次采集、全过程适用，实现各阶段照片随查随有、工作不重复开展。在全域网络任意联网点可授权查询总装厂和发射场地区确认数据内容、确认照片等，随时进行对比查询，便于不同层级设计师、产品保障人员和专家进行确认和把关，实现图片信息的高效传递，确认效率大幅提升。

三、基于“四位一体”的航天装备型号过程质量确认体系构建的效果

（一）完善了过程质量管理

基于集团公司提出的过程质量确认新理念，建立涵盖型号研制全流程的全部关键环节和风险点的确认流程，构建完整的以流程、要素、载体和责任为一体的过程质量确认体系架构，提出要素齐全、架构清晰、表格化的矩阵式确认途径，形成逐级确认、逐层监督的管理机制。以资源一号02E星作为试点型号，实践单机研制交付，分系统研制交付，总装厂总装、电测、出厂，发射场总装、电测、加注与转场的全阶段过程质量确认探索。

总结提炼航天装备型号过程确认的质量管理的经验，制定《五院航天型号过程质量确认实施指南》，适用于单机研制交付、分系统研制交付、整星总装厂和发射场的全阶段过程质量确认。基于过程质量确认的航天装备型号管理模式已在通信（中星19号卫星）、遥感（高轨20米SAR卫星）、批产小卫星（陆海卫星）等领域全面应用。同时，该质量管理模式已向军航机关作专题汇报并征得参会首长关于在军用航天器试点实施的许可，具备在国内卫星全行业推广的条件。

（二）提升了质量管理水平

航天装备型号过程确认的质量管理模式，将事后总结优化为过程确认，实现质量工作重心前移，以过程的高质量保证结果的高质量，质量管理水平明显提升。构建基于测试数据单的综合测试质量确认模式，测试团队由7人减至4人，测试文件数量减少85%以上；设计结构化表格拍照要求引入照片采存系统，建立总装过程照片与实物状态链接关系，实现结构化存储和在线共享，实现一次采集全过程适用；构建型号两总、确认项目责任人和一线人员组成的三级责任体系架构，明确并细化各级确认人员的职责；将验收交付文件、出厂文件，由“研制总结+产品保障总结+质量检查表”优化为“工作陈述+质量确认表”，文件编写工作量减少60%；将会议评审优化为审查确认，减少评审次数约80%，通过对各类文件的优化，避免单机（分系统）研制交付文件、各级出厂文件、发射场转场文件内容重复；通过前移工作重心和过程中确认分散质量控制点，实现专家资源的保障，使设计师在关键环节有更多精力去关注产品的质量。

（三）推动了研制质量提升

航天装备型号过程确认的质量管理模式，其本质就是将质量工作重心前移，规范过程管理，压实各级责任，实现有问题早暴露、早改进，避免对后期产品的影响。将管理学质量环的全阶段PDCA（计划、执行、检查、处理）循环，转化成若干个小的PDCA循环，形成紧密相连又相互依赖的质量链条。充分发挥各环作用，铸牢每个链环，分别更改闭环，分散管控各环节质量，减少全链条的研制成本。该质量管理模式的推广，能够提升分系统级、系统级产品的质量。以资源一号02E卫星为例，航天装备型号过程确认的质量管理模式实施后，研制过程中质量问题归零、技术状态更改及超差项目的发生数量，相对于前序型号资源一号02D卫星均有不同程度的减少，且都集中在单机、分系统阶段，进入整星总装厂阶段后，未发生系统级技术状态更改或超差。单机、分系统阶段出现的超差项目也在整星总装开始前及时调整和充分验证，未对整星阶段工作造成影响，真正实现提前暴露问题隐患、及时改进，推动产品质量的提升。

（四）提增了质量管理效益

航天装备型号过程确认的质量管理模式，通过对当前型号质量管理各环节工具、方法、手段的优化改进，实现人员压减和质量管理效益的提升。以资源一号02E星为例，航天装备型号过程确认的质量管理模式的实施，相对于前序型号资源一号02D星，总装厂阶段的工作可缩减3人/年，在装备型号整个研制周期内，单机研制交付、分系统出厂、系统级专项出厂、发射场

转场、各类质量复查等文件编制工作及各类评审对专家资源的占用合计减少约 2 人/年，按照单位全员劳动生产率 63.94 万元/人·年计算，单个型号研制全周期的综合经济效益合计约 319.7 万元。该质量管理模式在通信、导航、批产小卫星等多领域的推广，将为航天事业取得更大的经济效益。

（成果创造人：李大明、赵　宁、陈塞崎、黄　昕、李一凡、
韩　波、秦素然、张宏宇、郝志华、杨　黎）

基于系统履约的大型装备制造业项目管理

西安陕鼓动力股份有限公司

西安陕鼓动力股份有限公司（以下简称陕鼓动力）成立于1999年，是以陕西鼓风机（集团）有限公司（1968年建厂）生产经营主体和精良资产为依托发起设立的股份公司，2010年4月在上海证券交易所A股上市。截至2020年12月31日，注册资金达1677960233元，在岗员工3154人，秉承“为人类文明创造智慧绿色能源”的企业使命，致力于成为能源、石油、化工、冶金、空分、电力、智慧城市、环保、制药和国防等国民经济支柱产业的分布式能源系统方案解决专家，形成“能量转换设备制造、工业服务、基础能源设施运营”三大业务板块。

一、基于系统履约的大型装备制造业项目管理的背景

（一）“制造大国”迈向“制造强国”，供给侧结构性改革推动企业管理革新

国有制造业企业是我国从“制造大国”向“制造强国”迈进的实践主力军、改革先行者和发展受益人之一。这一重大使命要求作为重装领域排头兵企业的陕鼓动力必须进行管理的革新和改进。同时，在供给侧结构性改革中，对钢铁和煤炭进行的供给侧约束增强，这给作为上游企业的装备制造业企业提出新的课题。一是供给侧结构性改革之后产能利用率在不断提高，一边刺激新上项目，一边推动改造升级；二是供给侧结构性改革对高耗能的限制使环保限产成为常态化。陕鼓动力亟待进行管理改进和提升，完善相应的管理制度、方案，强化风险和危机防范的理念，实现多元提质增效，通过管理改进驱动，给用户提供成本更低、效益更好的服务。

（二）制造业服务转型升级，激发企业打造“服务交付”核心职能

制造业处于粗放增长状态时，其使命和归宿更多地趋向于产品的交付。制造业企业普遍面临项目管理出现“微权力”状态的问题，职能部门的管理比较被动，面对多项目或项目群时往往出现资源分配紊乱、管理方式和效果不统一的问题。随着原材料成本的上升，高竞争环境下的趋同压榨凸显，制造业呼唤新的利润增长点，向服务型制造业转型成为必然趋势，而“服务交付”作为转型升级的核心职能，亟须解决建立服务交付体系、明晰流程架构和配置有效支撑工具等问题。为此，陕鼓动力通过向内寻求突破，打造发挥自驱力的“服务交付”核心职能，实现个体的差异化，提升竞争力。

（三）企业业务多元化的快速发展，催生管理体系的建立与完善

陕鼓动力致力于建立项目管理体系，全力推行“两个转变”战略目标，从单一制造商向分布式能源领域系统解决方案提供商和系统服务商转变，从产品经营向客户经营、品牌经营、资本运营转变，并秉持与之相适应的科学管理态度，建立相应的规范的、行之有效的管理方法和运行机制。陕鼓动力以分布式能源系统方案为圆心，包括装备制造、工程总包、工业服务、综合运营、资本金融、供应链、智能化七大业务的“1 +7”价值服务，完善项目管理体系。在这一过程中，需解决的问题包括以下几方面。一是项目大型化、多元化对系统交付的能力提出更多要求，制度规范的修订、与实际业务的吻合程度需要加强。二是新技术、新工艺、超极限周期、军工项目的执行等还处在边摸索、边实践、边总结的阶段，需尽快完善对应的制度化和标准化执行流程。三是项目风险防范需全覆盖、日常化、多元化。另外，结合国家对“双碳、双高、双控”的要求，合规性手续办理对项目执行的影响日趋严峻，需持续跟踪排查、防范风险。四是配套设备去代理直采后，技术搭配的响应速度和交付速度还处在磨合期，直采配套设备的商务条款与主合同不一致，导致出现交付延期、服务不及时等情况。五是项目经理数量和

能力与“十四五”期间项目类型、数量变化不匹配，需增加重点领域项目经理素质及力量。基于此，陕鼓动力提出以建立和完善系统解决方案履约管理机制，牵好工程牛鼻子、明确气体运营项目的管理界面，持续深化陕鼓铁三角之一的“交付体系”为项目管理内涵，按照“投资—工程—机组”由大到小、由高到低、逐层分解、完善管理制度、创新管理工具、细化管理程序，实现技术、质量、交付、成本等环节100%精准履约为目标的，基于“1+7”系统履约的大型装备制造业项目管理。

二、基于系统履约的大型装备制造业项目管理的主要做法

（一）以项目管理的模式开展管理变革课题研究

陕鼓动力在梳理近年项目执行过程中存在的问题和提出改进提升思路的基础上，由公司总经理牵头召开项目管理提升研讨会，要求项目管理覆盖所有业务领域，正式启动符合陕鼓动力现阶段发展需要、经营模式、业务特点的陕鼓特色项目管理体系的搭建。组建涵盖项目管理全流程的职能和业务部门参与的跨部门课题小组，设立原则确保业务流程全覆盖。由公司总经理担任课题小组负责人，由公司主管经营的副总经理担任组织保障组长、公司总经济师担任执行组长，确保课题调研、课题内容的搭建、课题成果的落地实施均能实现强有力的推进。制订详细的节点计划，按照项目管理的模式细化课题研究节点。定期召开课题推进碰头会、阶段复盘会，有效管控课题过程，按照既定计划开展，课题研究全程可视、可跟踪、可纠偏。

（二）对项目管理顶层战略进行分解，对底层数据流进行规范化梳理

一是规范预算。建立以客户关系管理（CRM）和市场策划为基础，结合全面预算的经营计划范畴，明确指标测算和计划下达的方法和路径；协助各产业、各团队搭建经营计划体系并做好全面预算工作。二是智能化规划落实过程。建设可视化管理平台，搭建涵盖七大业务范围的市场策划、全面预算、经营目标、经营分析、履约计划、产品计划、项目管理、采购管理、货款管理、绩效考评、成本核算、数据管理等业务模块的运营管理平台，实现“一个体系算效益”目标。

（三）完善管理制度，明确特色项目管理

为使管理范围和内容扩展后的项目管理可以界限清晰、原则明确，做到“有法可依”“有章可循”，在项目管理提升的开局阶段，编制和修订三项具有基石意义的管理办法。

一是修订《各产业团队专业化分工原则及业务范围》。经营管理部针对陕鼓动力各业务团队承揽业务范围及专业化分工原则进行了更新明确，同时对各业务团队之间的协同做了相关规定，明确了各自按分工开展业务，不得越界承揽业务。公司内部坚持协同化业务，原则上不允许再次分包或转包等行为，并实现对“可为”“不可为”及“如何为”的界定。

二是编制《项目组织管理办法》。为使项目管理全面覆盖到各业务领域，贯彻分级、分层、分专业管理的原则，明确项目执行对应的业务种类、组织原则、各级项目经理的管理职责和权限。

三是修订《合同履约率考核管理办法》。首次提出以客户真实需求为履约目标的100%精准履约的要求，合理进行履约评价。对各产业团队或职能部门的履约考核也给出相应的核算原则。

（四）明确项目管理范围和原则，实现项目管理的精准组织

1. 明确全流程管控，实现分层级管理的原则

陕鼓动力对项目管理涉及的项目领域及具体细分市场首先明确领域，对签订的合同实现全流程管控。一是绘制适应陕鼓动力组织架构及业务特点、适合陕鼓动力目标客户及订单特点的项目组织框架。二是签订并执行的能量转换装备制造类合同，由经营管理部项目经理作为一级项目经理进行全流程管控。三是由陕鼓动力签转至陕鼓动力工程公司、节能公司、系统服务事业部等执行的能量转换系统服务领域的工程大包、节能改造等项目的执行，由签转承接公司项目经理作为一级项目经理负责全过程管控；此时经营管理部项目经理作为设备执行的二级经理提供机组的项目管理支持，同时作为签约主体的

陕鼓动力的项目经理，总体协调执行过程中跨线、跨部门的问题。四是上述两种项目经理在能源基础设施运营项目中，按照各自分工对公司设置的运营项目总体项目经理负责。

2. 明确管理分类，实现专业化、精益化要求

经营管理部一级项目经理按照工程、机组不同的项目属性，分设两个科室管理，并按照销售细分市场对人员分工进行专业细化，全面面向销售策划市场领域，人员分工相对固化。进行职责分级，对单体工程类、机组类进行明确分级管理，分级项目经理岗位逐步设置。

3. 明确项目分级，实现项目梯级化管控目标

按合同属性及金额，将项目分为：A 级精品工程项目；B 级常规项目；C 级备件及一般检维修项目。A 级项目由公司层面成立专门的执行组织，以经营管理部项目经理为一级项目经理，盯合同、控风险、促经营，具体业务负责主体设置执行经理对接执行。B 级、C 级项目由各承接签转业务的分公司、子公司确定具体执行项目的项目经理，并按业务属性对项目的具体实施负责，执行过程中的具体问题按照涉及的产业分工由各产业团队闭环解决。

4. 明确职责分工，实现项目执行高效提升

为解决过去各层级管理执行过程中责权不明晰、衔接不顺畅的问题，规定和完善经营管理部项目经理、销售经理、技术经理、采购经理、生产经理、质量经理、服务经理、工程经理、运营经理等各级项目经理的职责。

（五）设定标准化的项目管理过程

1. 规范项目管理操作过程及过程的开展频次

将制定项目管理方案、收集需求、定义范围、创建 WBS（工作分解结构）、制定预算、制订项目管理计划、规划范围管理、规划进度管理、规划安全管理、规划成本管理、规划风险管理、规划采购管理、结束项目或阶段 13 项管理设定为仅开展一次的活动。将定义工作内容、排列节点顺序、估算工作持续时间、制订进度计划、识别风险、实施定性风险分析、实施定量风险分析、规划风险应对、实施风险应对、管理质量、建设团队、管理沟通、管理相关方参与、指导与管理项目工作、管理项目知识、控制范围、控制进度、控制成本、控制质量、控制资源、控制采购、实施整体变更控制 22 项管理设定为需要持续开展的活动。

2. 制定特色“八大计划”标准化管控工具

一是履约计划。由经营管理部制订涵盖各产业团队的“1 + 7”一体化系统履约计划，信息包括投料时间、合同交货期等关键信息。各项目经理制订分项目履约计划。二是成本计划。结合售前报价构成、投标金额等进行项目成本拆分，为后续配套设备采购及收入计划制订提供支撑。三是资金分析及管控计划。按照以支定收和以收定支两种方式制订资金分析及管控计划，实时掌握和动态调整收支平衡状况。项目经理重点关注合同执行之初垫资点的预判、应对和执行过程中垫资点的规避及出现垫资的应对策略。四是质量检验计划。由质量检验经理在技术准备工作完成后制订质量检验计划，按照对应的技术标准、技术协议要求、图纸工艺要求等分解各个检验事项、检验见证方式、检验参照标准及检验方法等。五是人力资源配置计划。根据不同项目性质、项目级别、项目周期等，进行人力资源的配置，建立执行组织架构及人员分配，具体人工日按照常规工作日配置，涉及需赶工的事项，单独配置加班数量。六是安全计划。制订涵盖 HSSE（健康、安全、安保、环境）方案制定、重要安全项管理计划分解及落实的安全管理里程碑计划，由安全经理编制详细计划，现场项目经理监督落实。七是风险识别计划及应对措施。对 A 级项目及海外项目要在项目执行之初进行项目风险识别，按照风险识别流程完善相应步骤，做到风险有识别，预案有储备，形成风险的梯级防控。八是用户需求计划。由于用户现场新上项目或常规改造可能出

现计划后延、施工延期、手续办理延后等情况，导致工程交付、机组提货等计划安排偏离合同约定，为避免产生库存或给用户带来现场管理压力，陕鼓动力基于精准对接用户的需求，不定期安排项目经理落实用户需求变动情况，收集用户需求计划以指导排产。

3. 建立特色项目管理过程的管理工具模板

“1+7”系统履约项目管理方案，设置包括函件发送、会议纪要、会议资料提交、各类进度报告等在内的标准化、统一化、规范化的模板，规范项目管理的“统一语言、统一动作”，实现项目管理的模板化、管理基础的无差异化，为项目管理信息化系统的上线提供标准模块，特别是建立过程资料归档管理办法，要求过程资料的规范存档，确保过程组织资产有序积累，为后期项目复盘、风险事项处理提供重要过程资料，也为后续项目执行提供可借鉴的过程组织资产。主要模板包括经法务审核过的各类型款项催收函件，各类会议资料提交模板及纪要格式，合同分解、进度报告及项目总结等。

4. 开展项目管理团队建设，打通项目经理职业发展通道

一是进行项目经理专业化提升及培训，理论素养与实践经验相结合，建立专业化的项目管理队伍。按照“提升一级项目经理能力，夯实常规项目经理管理基础”的原则，开展外培、内培、取证相结合的培养模式。通过外部专业的项目管理课程学习，加强项目经理理论储备；同步开展内部业务的多部门实习、教学，提升项目经理的业务水平；开展专业的国际、国内项目管理认证考试（PMP、建造师），确保项目经理具备专业的从业资格及专业系统性思维。

二是设置专职从事项目管理的部长，主导项目管理基础规范的制定和建立，推动项目管理团队的能力提升；同步扩充项目经理队伍（尤其是具有设计采购施工总包经验的项目经理），通过社会招聘充实专业项目经理，缓解人均执行项目数量多、负荷过重、不利于优质化管理项目的状况，完善项目经理专业化构成。实现项目经理队伍以法规和专业知识为基础的业务能力提升，具备以协调和沟通水平为代表的组织能力和以全面履约为标准的管理能力，为100%精准履约奠定管理基础。

三是开展项目经理职业通道建设，开辟晋升渠道，激发项目经理干事创业的激情。按照从事项目管理的年限、管理项目的类型、绩效排名、团队贡献度等维度设置初级、中级、高级、专家、首席项目经理，并给出相应的基本任务要素。根据执行项目的难易程度、重要度及对项目管理系统性提升的参与度和贡献度进一步明确各等级项目经理的职责及评定晋升的要求。明确各等级项目经理应知应会内容，完善知识体系架构。

（六）建立管理、组织及协调机制，健全项目管理体系

1. 各项机制搭配改进，合力实现100%精准履约

一是形成由公司总经理主持的，经营副总、各产业团队领队及业务部门主管领导参加的履约周例会机制，以短平快的形式有效解决当期棘手的制约履约的问题。二是固化月例会对系统性制约履约问题的梳理和解决机制，从履约计划、交货计划的长、中、短、急的动态调节和把控来实现产能释放、精准履约。三是设立PMO（项目管理小组），负责系统分类总结典型项目管理的方法，制定规范（项目政策、程序、模板和其他共享文件），形成案例，讲解分享；指导、辅导、培训项目经理执行控制。四是运用即时通信软件，形成项目整体信息通报及协调的“陕鼓项目执行通报及协调群”，根据项目的特殊性、难易程度形成不同业务范围和人员参与的具体项目执行群，尤其是包含用户在内的群，实现信息及时分享、问题及时解决。五是项目经理在进入设备制造阶段后，每月按片区定期走访用户现场，了解用户真实需求，与计划对比并进行合理调整，确保按需履约。形成获取用户现场需求的时点、意义及动态，指导厂内排产，合理规划产能布局的方法、工具，解决现阶段制约履约率实现的内外需求匹配的主要矛盾。六是建立产品试车组织工作群，实时通报试车安排、试车问题协调及试车结果，动态调整试车资源的调配，加快试车环节的周转频率。七是项目经理、采购经理共同参与合同评审，对长周期设备、进口

设备、付款条款、违约责任等结合实际执行提出意见和建议，并按评审内容提前作准备，最大限度满足用户要求。重大项目的项目经理、采购经理提前介入项目促销，提供项目执行方案，并对合同条款直接参与谈判，在各自领域给出专业意见。八是经营管理部通过销售部务会释放的预计落单项目信息，提前安排项目经理进行项目执行方案的预设，提前策划超短周期项目预投方案。

2. 梳理全闭环风险防控逻辑，完善风险应对机制

一是推行标准合同文本，项目经理、采购经理参与合同评审，提前介入促销，通过销售部务会等提前掌握项目信息，项目经理根据用户需求指导排产、降低库存风险，重大项目事后梳理复盘，形成管理前后延伸，事前预防、事中调整、事后复盘的风险闭环管控体系。二是新增“1 + N”模式的风险防控计划。在充分认识项目需求、项目风险的基础上，各执行环节对风险进行预判并提出风险防范措施，由经营管理部项目经理统一形成风险“储备”及应对预案，形成“1 个风险识别卡 + N 项应对策略（各业务单元内控、新增风险识别、风险的转移、消除和应对）”实操工具。

3. 优化项目期量标准，指导销售订货与执行

按市场策划及细分市场完成各类型机组的技术准备、机组制造及产品交付三类期量标准制定或修订，下发各销售部门以指导订货周期的签订，各项目经理按此标准制订计划、监控实施。

4. 建立常态化履约因素分析机制，为 100% 精准履约保驾护航

一是从上一年的九月份开始，对未来一年内合同拥有量、产能分布进行分析，由经营管理部作为牵头单位，各履约主体结合各自职责，形成确保 100% 精准履约的措施安排，并结合上述内容，经营管理部对产能负荷较集中的月份、制约履约较突出的问题进行具体安排。二是不间断落实需求、排查问题。交付周期在三个月内的项目，与用户落实确切的可发货时间，确保产成即发货，避免产生库存；与采购、生产逐项排查存在的问题，想办法进行抢制；对存在的技术、质量等问题当天制定方案；坚持无条件确保履约原则。三是实施专项应对，确保重点问题措施得当。以新冠疫情暴发、零星散发为例，建立常态化履约管控应对措施，集团化人、财、物资源调拨，稳定供应链韧性，预防出现履约瓶颈。四是定期确认、及时预防。项目经理逐项排查，确保履约集中月份发货项目款项均已按期支付，定期走访需履约项目用户，现场了解用户真实需求，指导排产。经营管理部项目经理如未按精准履约的要求进行指导排产，将对项目经理进行考核。

三、基于系统履约的大型装备制造业项目管理的效果

（一）管理组织效果显著

通过“1 + 7”系统履约的大型装备制造业特色项目管理体系的建立，将管理过程中职责界限不清晰、项目组织开展实施过程中的衔接不畅、分工不明的问题、影响精准履约能力的短板进行了界定和提升，取得了显著的管理效果，2019 年、2020 年、2021 年精准履约率均达到 100%，获得了用户、配套商等合作企业好评。《陕鼓动力项目管理提升阶段总结》作为陕鼓动力“薪火相传”计划的一部分，已经成为公司内训课程之一。按照陕鼓动力项目管理方案参与促销的 100 多个项目完成了落单，贡献了制造企业服务链基本职能之一的服务营销，实现了服务交付提升的价值。同时，项目经理队伍日益充实。目前拥有一级项目经理 20 人，其中 80% 取得了国际项目管理 PMP 认证；拥有工程项目经理 38 人。

（二）管理经济效益显著

主要经济指标在“1 + 7”系统履约的大型装备制造业特色项目管理体系的推动下均实现了稳步提升，特别是在 2020 年、2021 年受新冠疫情影响情况下，高效的管理模式为企业控风险、稳增长贡献了巨大价值。

（三）社会效益突出

基于“1 + 7”系统履约的大型装备制造业特色项目管理方案，是陕鼓动力作为传统制造业企业向

分布式能源系统方案服务企业转型升级过程中的重大实践。历时三年的管理方案论证、推演及实践，为内部职能式管理向项目管理的平衡矩阵管理的发展，提供了改革的基础；实现了企业多项目并行、组合管理过程中的团队赋能化、风险可控化、效益最大化。其打造的卓越履约体系，对于同类型制造业转型企业均有极高的借鉴价值。

（成果创造人：陈党民、蔡新平、谢玉玲、王　敏、王国智、翟晓宁、贺　立、刘　辉、杨国锋）

石化企业基于数智化的全面精益管理

山东海化氯碱树脂有限公司

山东海化氯碱树脂有限公司（以下简称海化氯碱）成立于2004年8月，是山东省氯碱行业协会副理事长单位，也是氯碱化工产业智能化评估规范标准参编单位。现有资产7.15亿元，占地约31万平方米，在册职工486人，是山东海化股份有限公司（以下简称山东海化）产销一体的全资子公司，现有生产30万吨/年氯碱（以100% NaOH计）装置一套，生产工艺采用最先进的“离子膜电解法”。主导产品是32%液碱、液氯，其他产品包括：氢气、50%液碱、次氯酸钠、31%盐酸、75%稀硫酸。生产主要原料为原盐，水、电、汽等均由山东海化内部单位供给，是山东海化循环经济产业链的重要一环。2020年全年实现营业收入6.2亿元，生产经营利润2695万元；2021年全年实现营业收入8.99亿元，生产经营利润1.97亿元，同比分别增长45%和631%，创出建厂17年来新高；2022年上半年实现营业收入5.75亿元，生产经营利润1.29亿元，同比分别增长53.96%和274%。

一、石化企业基于数智化的全面精益管理的背景

（一）提升企业本质安全水平的需要

《山东省应急管理厅关于提升危险化学品企业本质安全化水平的指导意见》以下简称《意见》提出，自2020年1月1日起至2022年12月月底，集中3年时间，突出重点监管危险化工工艺和重大危险源，实现“三升三减一降低”目标，“三升”即提升危险化工工艺安全技术水平，提升生产装置和储存设施自动化控制水平，提升企业安全管理信息化应用水平。“三减”即减少重大危险源企业和重大危险源数量、重点监管危险化工工艺企业和重点监管危险化工工艺生产装置数量、生产现场作业人员数量。“一降低”即降低生产安全事故。海化氯碱作为省级重点监管的“两重点一重大”（即重点监管的危险化工工艺、重点监管的危险化学品、重大危险源）危化品生产企业，对照《意见》规范要求，仍存在企业安全信息化平台建设不完善、监测预警能力不够强、过程管控不够精、本质安全化水平不够高等问题，亟须引入精益管理理念，通过底层安全智能分析，找出和消除影响企业安全的各项因素，进行数字化、智能化升级改造，以技防代替人防、物防，全面提升企业本质安全化水平，实现企业更高质量、更有效率、更可持续、更为安全的发展模式。

（二）降低企业生产成本的需要

海化氯碱属于传统基础化工行业，随着行业的发展，装置产能已不占优势，产业链条短和产品库容小的弊端凸显，抵御市场风险能力偏弱。在生产过程中还存在人员操作失误、工艺管控不精、质量管控不严、原材料浪费等问题。相较于传统的粗放管理模式，数字化、智能化提升已然成为精准管控降低生产成本的有效途径。基于此，海化氯碱将智能化制造与精益化管理方法融入生产经营，进一步发现并解决设备管理漏洞和工艺管理风险，加强生产全过程管控，不断提升管理精度，确保生产系统安全、高效、优质、低耗，有效降低生产成本，提升企业竞争力，推动企业由传统管理模式向现代化管理模式转型。

（三）实现企业高质量发展的需要

近年来，数字化、智能化技术迅猛发展，为海化氯碱提升全面精益管理水平创造了重要技术支撑。按照山东海化“延长盐化产业、壮大能源产业、做大石化产业、发展新材料产业”的发展

思路，有多个重点项目落地海化氯碱，但也给企业的生产经营、安全环保、组织机构、员工素质和工作效率带来了新的挑战。着眼未来战略布局和高质量发展需要，海化氯碱亟须搭建数字化、智能化系统平台，融入精益管理，全面提升公司生产精细化、设备标准化、安全本质化水平，凝聚起推动企业战略布局、实现企业高质量发展的强大动力。海化氯碱瞄准制约发展的短板、弱项、瓶颈问题，抓住智能化转型变革机遇，客观分析了以数字化、智能化提升精益管理的必要性和迫切性。海化氯碱于2020年开始，将智能化转型与财务运营、稳定生产、成本控制、产品销售、安全环保等管理相结合，融入全面精益管理理念，致力于企业本质安全和效益水平的全面提升，为企业持续高质量发展提供新动能。

二、石化企业基于数智化的全面精益管理的主要做法

（一）构建基于数字化、智能化的全面精益管理体系的总体思路

以“两制”（即在企业内从上到下，按民主集中制原则建立企业领导体制，在民主管理的基础上建立高度集中的经理负责制；在分工协作的基础上，以责权相结合原则建立经济责任制）、“四全”（即在企业建立全企业的、全过程的、全员性的全面计划管理，全面质量管理，全面经济核算，全面人事劳动管理）体系为模型，在企业现有数字化建设的基础上，通过加入智能化的技术，将财务、生产、销售和安全等系统有机整合，建立起全链条数据智能采集、智能分析、智能存储的全面精益管理运营体系，实现各职能管理部门使用数据的实时联动和统一，为企业生产经营决策提供精准依据。

1. 实施软件集成整合

通过金蝶EAS，将金蝶招采平台、金蝶SHR系统、金蝶云之家、金蝶发票云和移动物流集成整合，对接生产过程控制DCS系统、生产制造执行MES系统、设备管理系统、智能能源管理系统、人员定位系统、智能设备点检系统、智能仪表检测系统、有毒有害气体检测GDS系统和人员监控系统预留的数据采集端口，完成对原材料、中间过程和质量检测的一体化信息采集，实现内部生产和外部供应、销售的融会贯通，建立起企业产、供、销一体化系统。

2. 加强安全底层管控

运用科技信息化智能分析技术，通过软硬件结合部署的手段，实现双重预防、风险监测预警、人员定位、视频智能分析、作业许可管理、三维倾斜摄影、全要素管理等功能，并结合GIS（地理信息系统）卫星地图服务，将公司相关安全信息与数据进行智能分析与实时展示，搭建全要素智能运行的安全管理流程。

3. 优化生产成本控制

在智能化升级的基础上，融入精益管理的理念，提高数据采集的精度和实效，借助智能趋势分析、智能能源管控、智能质量报警等功能，精准找出影响产量、消耗、质量的各类因素，精确控制生产计划、产品制造成本和质量，以数据指导生产，为企业决策提供依据。

4. 提升销售运行效率

依托物联网技术，通过移动物流系统和自动充装改造，全面解决业务车辆计量流程较长、客户操作烦琐、需要人工后台确认、工作效率不高、易造成堵车的问题，在无人干预的情况下实现迅速、准确、安全、稳定、可靠地完成整个发货流程，减少人员操作，提高工作效率。

（二）建设数字化和智能化管控平台

海化氯碱围绕财务、生产、销售、安全和项目建设，以数字化为基础，以智能化提升为抓手，瞄准精益管理目标，按照企业发展需求，分阶段实现由数字化到智能化的转型升级，打造出财务一体化分析、生产精细化组织、安全平台化管理、仓储物流自动化执行、设备全生命周期管理、

项目建设全面覆盖的综合管控平台。

1. 构建数字化基础

针对各系统不是统一规划、投用时期不同、受制于技术壁垒未能实现统一整合、系统间独立运作数据孤岛凸显的弊端，海化氯碱以数据自动获取、提升工作效率为目标，对金蝶 EAS、生产过程集散控制系统 DCS、生产制造执行系统 MES 和设备管理系统进行技术升级，全面强化财务管理、生产管理和设备管理，初步实现财务数据自动获取，生产系统实时监控、设备全生命周期管理等功能。

2. 搭建数字化平台

海化氯碱抓住各系统版本升级的机遇，根据项目建设和业务部门需求，预留开发端口，进行个性化开发。确定以财务管理为中心，将生产、设备、销售、安全、项目建设等跨系统整合，对接预留端口，实现数据孤岛互通，搭建起各独立系统的统一运行平台，进一步降低生产成本并提升管理能力，将有限的资源得到有效的利用。同时，将安全和项目建设统筹规划纳入数字化建设中，引入智能化理念，与第三方合作搭建“风险智能感知与安全预防控制”信息平台，进一步强化风险防范措施执行、主体责任落实和风险监测预警。

3. 推进智能化转型

海化氯碱现在已步入智能化快速转型阶段。通过硬件和软件升级，将财务管理、生产管理、销售管理和安全管理系统进行有机整合，实现数据全方位、多维度、高精度共享，建立全面数据感知网络，实现财务数据多样化收集与智能化分析、生产全过程实时监测与自动化控制。在财务管理方面，利用金蝶 EAS，通过数据采集端口，自下而上自动采集数据，实时进行高效率、高精度、可查询、可回溯、可视化的分析。在生产管理方面，通过生产集散过程控制 DCS、生产制造执行 MES 数据采集，将每日产量、消耗、利润情况进行汇总分析，精准找出影响产品成本的指标。为加强能源管理，接入智能能源管理系统，与 MES 对接并对能源消耗数据进行实时监控、报表统计、智能分析、自动报警，从而实现能源的精细化管理。在安全管理方面，引入人员定位系统，通过钛准定位技术和 AI 智能违章分析技术，对生产区域进行安全管控、人员在岗监管、人车违规行为纠偏。加入智能设备点检系统，实现设备巡检的规范化、系统化、信息化，确保装置的“安稳长满优”运行。在项目建设方面，还将数字化、智能化建设与项目同步规划、同步部署、同步施工，确保项目按期投用后与现有平台实现无缝衔接。

（三）实行全链条数字化、智能化精益财务管理

针对传统财务管理模式中各生产工序独立运作、大量数据人工核算手动输入、数据采集集成度不高、效率低下、错误频发的弊端，海化氯碱实行全链条数字化、智能化精益财务管理，实现财务系统与生产管理部门实时联动，及时对数据进行精准分析研判，为生产经营决策者提供精准依据。

1. 推进管理模式升级

海化氯碱通过金蝶 EAS 完成财务管理由传统模式向数字化、自动化模式的整合提升。财务自动获取原料消耗信息、库存物资信息、人工成本信息，即时生成产品综合成本。财务与业务前端之间建立起有效对接，能够快速找出影响成本的关键点。对业务运营安排提出有价值的指导、反馈，建立起“价值溯源、业务求本”的管理体系；为未来战略规划、经营决策提供有效支持；实现不同层级、不同业务职能的信息系统的集成对接；实现信息系统的协同作用。真正做到接得上“数据”、说得透“问题”、管得住“业务”、看得清“未来”。

2. 建立产销联动机制

根据次氯酸钠与盐酸、32%烧碱与50%烧碱等产品的强关联性，海化氯碱建立一套由营销、财务

和生产系统实时联动的产品结构调整机制，结合市场反馈、财务数据和后期市场情况进行研判，及时调整产品结构，实现生产组织效益最大化。在金蝶EAS产品成本和销售数据分析的基础上，海化氯碱自主开发产品利润自动测算系统，每天对各产品利润情况进行分析，整个公司做到“昨天的利润，今天就能看到”，在全国同行业内率先将利润核算由“每月核算”精准到“每天核算”。在数字化、智能化的加持下，海化氯碱提高资金运作的效率，降低财务人员的工作量，也为后续项目管理系统的接入打下基础。

（四）实施全过程数字化、智能化精益生产管理

1. 强化目标管理

在生产经营环节，海化氯碱以目标管理为导向，在“确保目标、奋斗目标”的基础上，设定“展望目标”，提出“确保目标是底线，不能突破；奋斗目标是任务，必须完成；展望目标是理想，力争实现”的总要求，并按照“三分三定”（即分类、分级、分责任，定数、定时、定奖惩）原则，层层分解，逐级加压，形成“一总六分”（一总：生产经营总目标；六分：安全、环保、生产、销售、费用控制、项目建设）的目标管理体系，并将生产经营指标进行分级拆解细化，精细管控，精准操作，精益求精，通过分目标的实现，确保总目标的完成。借助搭建好的数字化、智能化生产管理控制模型，将生产精细化管理作为生产核心管理手段，结合自动化数据采集，后台数据分析，把现有的优良传统和优秀做法进一步固化，不断提升生产管理精细化水平，将“稳产、高产、优质、低耗”的巨大潜力挖掘出来。

2. 创新卡边操作

“卡边操作”即对标同行业工艺指标控制最好水平，通过全面精益管理，将各项指标无限接近理论极值边界的操作方法。海化氯碱从2015年开始率先在全国同行业探索卡边操作，目前“卡边操作”已成为精益管理的一张“金名片”。为进一步追求卓越，发扬精益求精的工匠精神，近两年来，海化氯碱持续对“卡边操作”进行大胆的实验和改进，充分发挥在线碱液浓度分析仪的“眼睛”作用，对标烧碱工艺理论数值，不断寻找影响烧碱浓度的因素，在探索中总结经验，对工艺和消耗指标在稳定中持续优化，推动32%烧碱产品由32.2%±0.2%的“卡边操作法”向32.1%±0.05%的“极限操作法”延伸。克服气温、仪表数据、电解槽温度和电流变化以及过程设备对碱液浓度的影响，打造一套属于自己的操作方法，成功将32%成品烧碱的浓度控制在32.0%至32.01%之间，管控颗粒精准到万分之一，完成碱液浓度指标从“卡边操作”到“极限操作”的挑战。为深化提升推广“卡边操作法”，海化氢碱今年又紧盯盐酸、次氯酸钠的工艺指标理论极值，对“极限操作”发起新挑战，将好的经验拓展固化到盐酸、次氯酸钠等副产品的指标控制上，取得显著的生产经营绩效。

3. 实施精准维修

精细管控还体现在精准维修上。海化氯碱还将“精”字理念融合于电解槽管理中，摒弃过去到期更换的老思想，通过生产制造执行系统MES，对电解槽的电流信息进行采集，生产车间汇总形成性能趋势图，逐台进行分析，精准总结形成每一台电解槽的性能等级，建立《设备性能变化档案》。依据档案，对性能较差的电解槽由整体更换变为按片精准更换，烧碱产量增加明显，综合直流电耗有效降低。

（五）实行全流程数字化、智能化精益销售管理

海化氯碱主导产品均为液体危化品，受安全库容限制和销售半径制约，液氯最大储存能力为168吨，最大储存时长仅有5.85小时。在这种即产即销的销售模式下，如何确保产销平衡、实现效益最大化成为海化氯碱销售团队面临的永恒课题。

1. 致力于产品效益最大化

海化氯碱始终践行分秒必争的效率理念和锱铢必较的效益理念，针对液氯、烧碱、次氯酸钠和液氯、氢气、盐酸等产品关联性强的特点，面对瞬息万变的氯碱市场，发挥产销联动优势，利用财务测算程序及时测算各产品利润，瞄准32%烧碱和50%烧碱的利润差，液氯、盐酸、次氯酸钠和32%烧碱和50%烧碱的效益差，利用金蝶EAS分析，用数据指导生产，精准调整产品结构，抓住指缝间的效益，在生产组织与产品销售密切协同中实现效益最大化。

2. 打造“领争盯”销售文化

为克服行业销售传统淡季的影响，销售团队实施“变跟为领，变等为抢”的销售策略，瞄准一个“领”字，践行一个“争”字，落实一个“盯”字，依据智能仓储物流系统，及时掌握各产品库容、销价、销量和客户信息，提前谋划，周密部署，依托平台数据分析，不断做出精准预判，在发挥片区引领优势中树立起博弈自信，不仅做到“卖得了”，还做到“卖得好”，实现淡季不淡。

3. 创造“三零”销售成果

近年来，在数字化、智能化全面精益管理的推动下，海化氯碱通过践行“双争”理念和“领争盯”文化，始终保持着争一流的干劲、不服输的冲劲、能吃苦的韧劲，打造专业的销售团队，形成具有氯碱特色的销售成果，做到“零应收、零库存、零影响”，即外部应收货款一直为0，产销率始终保持100%，从来没有因销售影响生产连续稳定运行。

（六）实行全方位数字化、智能化精益风险管理

1. 基于风险管控的风险辨识与隐患排查治理

安全生产管理的目标是识别生产过程中所有风险并将其控制在可接受范围内，保障企业高效、平稳运行，而实现这一目标的主要方式就是辨识风险、管控风险。

一是风险辨识与评价。海化氯碱成立“双重预防机制”领导小组，组织全员对公司所有装置按照“功能独立、大小适中、易于管理”的原则分成10个安全风险分析对象，下设31个风险分析单元，针对每个风险分析单元按照《危险化学品重大危险源辨识》（BG18218）、安全检查表法、HAZOP（危险与可操作性）分析法等进行风险辨识，评估可能导致的事故后果，对事故后果采用LEC法（作业条件危险分析法）进行评价，根据评价结果确定管控层级，按照“上一级管控的风险下一级必须管控”的原则，建立主要负责人管控重大风险（红色）、分管负责人管控较大风险（橙色）、车间负责人管控一般风险（黄色）、班组长或岗位员工管控低风险（蓝色）的风险分级管控清单，绘制海化氯碱安全风险空间分布图，并从工程技术、维护保养、人员操作、应急措施等方面逐项确定管控措施。

二是隐患排查治理：为保障管控措施的有效性，将完善的风险清单导入信息平台“双重预防机制”模块，为各层级、各岗位人员配制相关排查任务。电脑端配置排查任务后，平台定期推送至移动端，提醒相关负责人完成隐患排查工作。为保证排查的有效实施，开启风险单元定位设置，移动端在接收排查任务后，责任人只有到装置现场设定的排查半径内，才能实行扫码排查，发现隐患可以实时拍照上传，隐患自动提交到相关整改单位责任人账号，整改完成后自动传递至验收人，减少信息传递的时间，整个过程平台可记录、可查看，实现隐患闭环管理与过程监控。

2. 基于高危作业风险管控的信息化审批与监控

特殊作业票证管控。为强化作业PDCA管理，通过“特殊作业审批”模块，严格作业审批流程。作业前一天由项目所在单位在PC端填报作业活动申请，项目主管部门对影响作业的因素进行综合分析，符合作业条件的，按照作业信息填报→JSA分析（工作安全分析）→安全措施落实

→安全交底→取样分析→票证签发→过程监护→完工验收的流程，进行作业审批；不符合条件的，项目所在单位调整作业计划后，重新发起申请。审批过程有效结合人脸识别、人员定位等技术，实现非现场不能签票。

特殊作业过程监控。作业人员现场携带便携式移动视频监控设备，实现现场作业画面的实时传输；现场作业时，移动视频监控设备支持按需配备气体检测探头，包括硫化氢、氮气、氯气等，对现场作业气体进行实时检测，方便监控人员了解现场作业情况。

3. 基于人员“三违管控”的智能视频分析

为杜绝员工“三违”，减少因人员违章、环境异常造成的事故，公司通过人员定位系统、智能设备点检系统和电子门禁系统，为现场监控植入AI智能分析，实现对人员脱岗睡岗、不按时巡检、劳保着装不规范、违规闯入受限区域、人员数量超限、明火、烟雾等异常事件的监测，系统将异常事件实时推送到应急办公室，值守人员接到报警后及时处理，纠正违章行为，发生重大异常情况时立即启动应急预案，实现闭环管控。

（七）健全数字化、智能化全面精益管理保障措施

海化氯碱成立以企业主要负责人为组长，各分管负责人分领域推进的数字化、智能化提升领导小组，建立健全组织机构，同时抽调专业力量成立工作专班，瞄准行业先进和企业短板，全面规划、实施、推动、完善数字化和智能化建设。

建立全面精益管理人才培养机制和奖励机制，依托山东海化数字化、智能化布局契机，搭建起展示的舞台，以精神层面的关心关爱和物质激励“双轮驱动”，重点培养一支品质优秀、作风优良、技术过硬的专业人才梯队，建设人才聚集阵地，攻克技术前沿高地，为数字化、智能化全面精益管理跨平台整合提供人才保障。

建立全面精益管理的持续改进机制，以问题为导向，对运行过程中遇到的难点和卡点，及时进行分析研判、持续改进。同时，强化行业对标，加强技术交流，及时解决运行过程中出现的新问题，不断推进全面精益管理取得实质性突破。

三、石化企业基于数智化的全面精益管理的效果

（一）企业本质安全水平大幅提升

老旧装置实现了更新迭代和技术革新，重点部位和关键装置的温度、压力、液位等参数实现了自动采集、自动分析、自动调节，生产系统实现了智能预警、超限联锁、紧急切断、紧急停车，“机械化换人、自动化减人、智能化无人”进程明显加快。同时，领导干部的示范带动作用得以充分发挥，安全领导力、穿透力和执行力不断强化，安全文化初步形成，企业安全管理软实力得到全面提升，为企业生产经营绩效提升和健康稳定持续发展奠定了坚实的基础。2021年，海化氯碱安全管理顺利实现了零事故、零伤害、零损失的“三零”目标。

（二）企业经济效益创历史新高

随着数字化和智能化的全面精益管理的推进，生产系统、安全系统和销售系统实现有机整合，各项工艺参数实现自动采集、集中管控，生产运行实现了精细管控，市场营销实现了精准施策，安全环保实现了精密保障，企业经济效益显著提升。2021年，公司累计生产烧碱（折百）283911吨、液氯234953吨，分别完成年度目标的102%和103%，产量分别比历史最高纪录高出了1588吨和2319吨；各种产品单耗创历史新低，综合产品能耗明显降低，实现降耗效益630万元；烧碱、液氯直供客户占比实现增长突破，主要产品出厂合格率始终保持100%，客户满意度始终保持100%；克服原材料、动力大幅涨价导致成本升高等因素，实现利润1.97亿元，创建厂17年来利润新高。

（三）企业高质量发展开创新局面

在数字化、智能化系统的加持下，精益化管理已成为海化氯碱高质量发展的“引擎舵”和“加速器”。企业在强化系统集成、完善信息共享、实时数据分析、智能风险预警等方面取得阶段性成果，受传统管理模式制约的诸多短板、弱项、瓶颈问题迎刃而解，全面精益管理的放大、叠加、倍增效应得以充分释放，企业生产运行优质低耗，安全管理持续提升，经营绩效稳定向好，员工幸福感不断增强。海化氯碱继续以全面精益管理的理念，致力于数字化、智能化工厂建设及氯的下游产品高值延链和氢能高值利用，加快推进新能源氢气项目、双氧水（过氧化氢）及过碳酸钠项目等重点项目建设，开启企业二次创业高质量发展的新征程。

（成果创造人：孙令波、王永志、张勤业、赵玉华、刘　飞、尹海生、王东良、袁永政、巩清明、庄　彬、王　琦、王希荣）

邮政企业增强国有经济“五力”的高质量发展综合评价体系构建与运用

中国邮政集团有限公司河南省分公司

中国邮政集团有限公司河南省分公司（以下简称河南邮政）是负责全省邮政通信网建设、运行、经营与管理的大型国有企业，以邮政、快递物流、金融、电子商务等为主业，实行多元化经营，依法经营各项邮政业务，承担邮政普遍服务义务，受政府委托提供邮政特殊服务，对竞争性邮政业务实行商业化运营。下辖 18 个市分公司、154 个县区分公司、2625 个营业网点，从业人员总数达 3. 8 万人。近年来，河南邮政坚持以新时代中国特色社会主义思想为指导，牢固树立“以农为本、为农服务、靠农兴邮”理念，在服务河南经济社会发展大局中实现自身较快发展。2021 年累计实现收入 147. 16 亿元，较上年增长 9. 28%（可比口径）；实现利润 9. 29 亿元，居全国邮政第 1 位。

一、邮政企业增强国有经济“五力”的高质量发展综合评价体系构建与运用的背景

（一）推动高质量发展的必然要求

党的十九大指出，我国经济已经由高速增长阶段转向了高质量发展阶段。推动高质量发展是新时代经济工作的使命，是当前和今后一个时期确定发展思路、制定经济政策、实施宏观调控的根本要求。2017 年 12 月 20 日召开的中央经济工作会议强调，要加快推动形成高质量发展的指标体系、政策体系、标准体系、统计体系、绩效评价、政绩考核，创建和完善制度环境。邮政企业作为党领导下的国有企业，构建高质量发展综合评价体系，是贯彻落实党中央决策部署、推动高质量发展的必然要求。

（二）落实国企改革任务的现实需要

国有企业是国民经济的主导力量，是推动经济高质量发展的主力军。随着我国经济转向高质量发展阶段，国企改革也步入深水区和攻坚期。《国企改革三年行动方案》提出，要“增强国有经济竞争力、创新力、控制力、影响力、抗风险能力”（以下简称国有经济“五力”），体现了新时代背景下对国有企业改革发展的根本要求。中国邮政集团有限公司根据国企改革精神，结合邮政企业实际，制定了《中国邮政集团有限公司改革三年行动实施方案》与任务清单，其中关键的一项任务就是“建立以高质量发展为核心的考核评价体系”。河南邮政构建增强国有经济“五力”的高质量发展综合评价体系，既是对中央深化国有企业改革的深入践行，也是落实集团公司改革任务要求的现实需要。

（三）提升企业治理能力的重要抓手

邮政企业经过多年持续发展，已经转型升级为业务多元化的大型企业集团，企业发展能力和实力有了显著提升，但面对国家推进治理体系和治理能力现代化的新要求，邮政企业还存在一定差距。河南邮政虽然收入规模居于全国邮政前列，但依然存在发展的质量和效益还不够高、管理模式还不够精细等问题，亟须建立一套与高质量发展相配套的评价体系作为“指挥棒”和“风向标”，全面衡量高质量发展的态势和程度，准确评价高质量发展的水平和影响因素，为企业提升治理能力，推动高质量发展提供有效的管理工具。河南邮政从 2019 年开始就积极探索对下辖市级分公司进行高质量发展考核评价，探索形成增强国有经济“五力”的高质量发展综合评价体系。

二、邮政企业增强国有经济“五力”的高质量发展综合评价体系构建与运用的主要做法

（一）坚持系统思维，确立整体思路

1. 明确一个目标

深入贯彻中央关于高质量发展和深化国企改革的要求，聚焦制约河南邮政高质量发展的主要矛盾和

关键问题，以加快构建一套具有邮政企业特色、贴合邮政企业实际的高质量发展综合评价体系为目标，对各市分公司高质量发展成效进行科学评价，引导各级邮政企业找差距、明短板、知不足，精准找到改进的方向和着力点，不断提升高质量发展水平。

2. 把握六个原则

一是质量第一，效益优先原则。以效益为核心，注重发展速度与质量的协调，引导企业提质量、降成本、增效益，不断提升发展“含金量”。二是战略导向，规划引领原则。紧紧围绕集团公司重点战略方向，将高质量发展综合评价体系构建与战略绩效考核相结合。三是系统思维，综合评价原则。强化系统性、科学性、导向性要求，构建多层级、多维度、全方位、立体化的综合评价指标体系。四是全面考量，重点突出原则。全面涵盖企业发展、管理、运营评价，对重点指标加大权重，推动重点工作攻坚突破。五是可行可比，公平公正原则。评价指标要具有较强的公认性、针对性和通用性，数据要可计量、可操作、可获取，增强评价结果的可信度与有效性。六是科技赋能，智能评价原则。加强业技融合，强化 IT 支撑，实现指标数据自动抓取，评价结果自动生成。

3. 强化三个保障

一是组织保障。河南邮政“比学赶帮超”领导小组负责全面指导高质量发展综合评价体系建设工作，总经理任组长，副总经理任副组长，成员由河南邮政本部各部门和直属各单位主要负责人组成。领导小组下设办公室，承担高质量发展综合评价体系构建的具体工作。

二是人员保障。“比学赶帮超”领导小组办公室从全省邮政企业抽调高学历、高素质、精通业务的骨干人员，全力推进邮政企业高质量发展综合评价体系构建；省分公司各部门安排分管副总和工作人员作为专项对接人，配合开展评价体系构建相关工作。

三是技术保障。在评价体系构建之初，就同步成立由 7 人组成的高质量发展智能化评价系统开发小组，强化业技融合，信息技术全程嵌入评价体系的架构设计、系统开发需求梳理、可行性论证等各项工作，确保系统开发与评价体系构建同步启动、同步推进、同步完成。

4. 构建六维框架

高质量发展是事关全局的系统性工程，必须准确把握其精神内涵，全方位系统性推进。建设高质量发展评价体系，也必须是在准确把握其内涵实质基础上，建立全方位系统性评价体系。经过实践探索，河南邮政充分认识到，坚持高质量发展，就是要坚持效率更高、效益更优、结构更合理、可持续能力更强的发展，其中“质量第一、效益优先”是高质量发展的核心要义。而增强国有经济“五力”是实现国有企业高质量发展的基本路径和必然要求，必须有较强的竞争力、创新力、控制力、影响力、抗风险能力，推动企业在市场竞争、创新驱动、内控管理、服务社会、防范风险等方面均实现高质量发展。

基于此，河南邮政在深刻理解高质量发展内涵的基础上提出，必须坚持“九新”工作理念，即以新目标引领新征程，以新市场拓展新空间，以新协同培育新优势，以新组织塑造新体验，以新流程提升新效能，以新科技增添新动力，以新机制激发新活力，以新管理创造新绩效，以新作风书写新答卷。实现“九高”工作目标，即谋划工作高起点，目标引领高定位，经营服务高质量，体制机制高效率，科技应用高水平，现代管理高标准，人才队伍高素质，员工生活高品质，作风建设高要求。

具体到高质量发展综合评价体系的构建，河南邮政结合自身特点，对国有经济“五力”的内涵进一步细化、具体化，设计包含“综合质效、市场竞争力、管理控制力、创新驱动力、社会影响力、风险防控力”六个维度的高质量发展综合评价体系框架。

（二）深入调研论证，优化指标设置

1. 综合质效维度

综合质效维度包含盈利能力、发展能力、营运能力、偿债能力4个方面20个指标。盈利能力评价企业获利水平；发展能力评价企业整体的发展质量；营运能力评价企业对资金资产的周转能力和使用效率；偿债能力反映企业控制债务风险的情况。其首次将企业发展与地方经济发展的匹配度纳入评价，在评价“收入完成率及提升度”的同时，新设置“收入与当地GDP匹配度”指标，将收入占当地GDP的比值、收入规模排名与当地GDP规模排名的位次差、收入增幅排名与当地GDP增幅排名的位次差作为衡量标准，评价企业发展是否与当地经济发展相匹配，是否达到应有位次与水平。

2. 市场竞争力维度

市场竞争力维度包含市场地位、经营质量、结构优化、客户拓展、人才培养5个方面23个指标。市场地位评价主营业务的市场竞争结果及业务发展趋势与行业发展趋势是否一致；经营质量主要评价邮政“四梁”业务（普遍服务、寄递业务、代理金融业务、农村电商）的经营发展质量；结构优化评价“四梁”业务内部对高效业务、重点业务的培育情况；客户拓展评价各项业务对重点客户的开发情况；人才培养评价干部人才队伍建设储备情况。

3. 管理控制力维度

管理控制力维度包含资源配置、运行时限、服务质量、成本管控4个方面30个指标。资源配置评价对资源配置的执行落实及投入产出的效率效能；运行时限评价寄递产品的时限达标情况，并从竞争的视角设置“特快与快包省内、同城赶超竞品线路占比”，评价邮政寄递产品时限与竞品的对标情况；服务质量从客户视角选取客户满意度、投诉率等反映服务水平和客户体验的指标；成本管控选取邮政经营管理中的关键成本指标与寄递业务降本增效中的关键要素指标，评价对关键成本的管控成效。

4. 创新驱动力维度

创新驱动力维度结合邮政企业特点，设置创新发展、转型发展、协同发展3个方面15个指标。创新发展评价企业在科技赋能、管理创新、最佳实践等方面的成果；转型发展评价对寄递改革、网点及队伍转型的执行与落实情况；协同发展评价邮政内部板块之间、业务之间的联动发展，外部与战略客户的对接合作情况。

5. 社会影响力维度

社会影响力维度包含员工权益、普遍服务、服务乡村振兴、绿色发展、社会美誉度5个方面17个指标。员工权益评价企业在与员工共享发展成果、关心关爱员工等方面的情况；普遍服务评价对国家财政部、邮政管理局重点考核指标的完成情况；服务乡村振兴评价企业在三级物流体系建设、惠农合作、农村电商等助推国家乡村振兴重大战略任务实施方面的主动作为情况；绿色发展评价绿色邮政推进建设情况；社会美誉度主要反映各级邮政企业获得外部嘉奖和荣誉的情况。其中首次将“员工权益”纳入评价，坚持“发展依靠员工、发展成果与员工共享”的理念，新设置“企业发展成果员工惠及度”指标，将员工人均工资与当地社会平均工资进行对标，员工工资增幅与企业利润增幅挂钩，在保证企业利润的基础上，推动员工薪酬待遇稳步增长，与社会平均工资相比具有持续优势。

6. 风险防控力维度

风险防控力维度结合河南邮政关于违反财经纪律处理处罚办法、违法经营纪律处理处罚办法、企业各项规章制度、内外部审计与巡视巡察中发现的问题等，设置财经风险防控、管理风险防控、业务风险防控、安全风险防控4个方面13个指标，重点反映企业高质量发展中的底线和红线要求。

（三）运用科学方法，量化评价方式

1. 合理确定指标权重

在权重分配中，采用专家意见法开展问卷调查，充分掌握各部门、各市分公司管理者对重点工作及薄弱方面的经验把握，构建判断矩阵；在判断基础上，按照层次分析法对各层级指标权重进行定量分配。在六个维度权重分配中，对邮政企业当前相对薄弱的综合质效（220 分）、市场竞争力（230 分）等维度加大权重；在二级指标权重分配中，突出效益效率导向和战略导向，如盈利能力（72 分）、成本管控（70 分）、服务乡村振兴（67 分）、资源配置（66 分）等二级指标分值较高；在三级指标权重分配中，对于经营效益相关性较高的指标加大权重，如利润完成及改善度（20 分），代理金融储蓄余额市场占有率及位次差（16 分）、代理金融业务收入增长贡献率（16 分）等；对集团公司重点工作相关指标加大权重，如三级物流体系节点建设完成率（15 分）、寄递降本增效环节件均成本（15 分）、特快“两专”（专网、专员）建设完成率（15 分）等。通过对重点指标提高权重，促进提高经营效益，引导推动战略落地。

2. 差异化设定评价标准

该评价体系对 118 个评价指标分别采用目标值和标杆值作为评价标准。一是对文件、方案、考核中具有明确目标依据的指标，采用目标值。其中对个别涉及市分公司客观差异的指标，设置不同目标值，避免“一刀切”。二是对暂时未有明确目标依据的指标，设定标杆值，跳出以往把全省邮政平均水平当成标杆的惯用做法，采用单个指标完成值前 9 名的平均值（全省共 18 个市分公司，高于前 9 名平均值为优秀，低于后 9 名平均值为较差）作为标杆值，以“跳一跳摘桃子”向合理又整体较高的标准看齐。

3. 分类制定计分方法

该评价体系灵活运用比率法、减分法等指标计分方法，对评价指标采用分类计分，区分正向指标（指标完成值越大越好）和逆向指标（指标完成值越小越好），对指标完成值进行无量纲处理，按指标权重计算得分，汇总全部指标得分为评价对象最终得分。计分方法有四类。第一类：评价指标为正向指标，且有统一的目标值或标杆值。当指标完成值大于等于目标值或标杆值时，该指标得满分；小于目标值或标杆值的，根据完成情况在该指标完成值的全省后 9 名平均值与目标值之间线性得分。

第二类：评价指标为逆向指标，且有统一的目标值或标杆值。当指标完成值小于等于目标值或标杆值时，该指标得满分；大于目标值或标杆值的，根据完成情况在该指标完成值的全省后 9 名平均值与目标值之间线性得分。

第三类：评价指标为正向指标，分组进行组内对标评价。当指标完成值为组内第一名时，该指标得满分；非组内第一名的，根据完成情况与组内第一名的比值线性得分。

第四类：对个别指标制定个性化计分方法。如风险防控力维度的指标，采用减分法；如“市场占有率及增幅差”等不适于采用上述计分公式进行计算的指标，设置个性化计分方法：市场占有率达到标杆值且不低于行业增幅的，得基本分；未达到标杆值的，或增幅低于行业增幅的，每低 1 个百分点扣 5% 分，扣完为止。

（四）开发智能化评价系统，实现可视化评价

1. 推进数据自动获取与在线填报

高质量发展智能化评价系统基于河南邮政企业数据中心平台而建，将智能化评价系统与企业内部各系统进行对接，使用 RPA（流程自动化机器人技术），实现对业务量收管理系统、新一代寄递业务信息平台等 16 个系统数据源的自动获取、自动解析、自动入库，解决了分散、复杂的数据源获取问题，保证了数据获取的及时性和准确性。对于暂无法通过邮政系统自动获取的外部数据，如“收入与当地 GDP 匹配度”中所需的各市 GDP，“市场占有率”中所需的相关行业市场总量等数据，通过网络搜索、

爬取，或通过相关业务监管部门获取数据后，在线导入；对于企业当前信息化未覆盖到的数据，如“风险防控力”维度的“审计发现问题整改率”“发生重大危机舆情事件”等指标，在系统中为相关指标的责任部门开通在线填报权限，由责任部门负责数据审核把关与填报，为自动评价提供准确的数据基础。

2. 做到系统快速响应与及时匹配

充分考虑高质量发展评价体系根据企业发展动态调整的前提，对指标分层、指标配置、指标加工逻辑、指标权重、计分、结果推送等完整的计算流程进行配置化实现，使系统能够快速响应指标增减、权重调整等变动因素，做到评价系统与评价体系的及时匹配。

3. 实现结果自动生成与可视化展示

以“专业、简捷、灵活”为导向，构建强大、全面的指标数据看板。根据评价周期需求，高质量发展智能化评价系统，定期自动生成各级指标的评价结果，并以更加清晰直观的区域排名地理分布图、柱状图等多种可视化图表，多维度展示指标及得分的数值、排名、趋势等分析结果，便于管理者快速了解自身所处位次与水平，掌握各项指标变动与对比情况，对关键数据信息真正做到了然于心、谋定而动。

（五）抓好“三个结合”，强化评价运用

1. 年度评价与季度监测相结合

依托高质量发展智能化评价系统，每年年初对上年度高质量发展成效进行整体评价，每季度对可评价指标进行监测。通过年度评价与季度监测相结合的方式，加强过程管控，及时预警纠偏，改变“平时不算账、年终算总账”的现象。一是对指标落后或波动较大的市分公司，发出预警提示，使其能够及时发现存在的差距和问题，及时采取改进措施。全省排名上升1位，在巩固余额规模的基础上实现点均效能提升。二是对全省得分普遍较低的共性指标，由相关业务管理部门组织专项分析，制定改进措施，推进工作开展。

2. 高质量发展评价与战略绩效考核相结合

战略绩效考核是邮政企业自上而下传导的、对各级领导干部进行的年度业绩评估，其评估结果是绩效薪酬和干部综合考评的重要依据。近三年来，河南邮政对各市分公司的战略绩效考核指标由两部分组成：一部分承接和传导集团公司制定的战略绩效考核指标，另一部分是新增设的高质量发展指标。在2022年的战略绩效考核中，高质量发展指标权重已从最初的10%提升至30%，即各市分公司年度战略绩效考核最终得分=战略绩效考核指标得分×70%＋高质量发展指标得分×30%。通过将高质量发展评价结果与战略绩效考核结果挂钩并逐年增加权重，引导各级领导干部关注高质量发展指标，在追求绝对值目标完成的同时更加注重经营质效、注重能力提升，有效增强各市分公司推动高质量发展的主动性和自觉性。

3. 评价结果与“比学赶帮超”活动相结合

将高质量发展综合评价结果与全省邮政企业正在开展的“比学赶帮超”活动相结合，一是依据评价结果，发现经营效益好、发展质量高的单位，总结其先进经验，树立起“比”的标杆与“学”的对象。二是依据各项指标评价结果，督导暂时落后的单位找到与其区域条件相似且发展基础相近的先进单位进行对标，通过学习好的经验做法并加以改进，实现差距缩小或赶超。

（六）建立动态调整机制，持续健全优化评价体系

高质量发展是不断向前推进的动态发展过程，高质量发展综合评价体系也必须与时俱进，做到动态管理，及时更新，才能匹配企业不同阶段的发展需要，促进企业管理有效提升。

河南邮政建立动态调整机制，及时跟进集团公司重要战略安排，在保持评价体系总体稳定的同时，

每年年初通过征求意见、评估论证，对高质量发展评价体系进行动态修订。一是随企业经营发展的变化，对评价指标进行调整优化，如集团公司在“寄递五大改革”的基础上，于2022年提出“寄递六大改革”，新增加了“市趟运输改革”内容，河南邮政及时响应，目前已在高质量发展综合评价体系中增设了“市趟运输改革”相关指标。二是随各项业务的不断深入推进，对评价标准进行调整。如“邮快合作建制村覆盖率”这一指标，2021年的评价标准根据河南邮政相关工作实施方案设定为38%，2022年已根据最新要求提升至80%。三是随企业信息化系统的不断完善，不断扩大高质量发展智能化评价系统可自动获取的数据范围。如2022年年初河南邮政服务质量考评系统完成开发并投入使用，高质量发展智能化评价系统第一时间对接该系统，实现服务质量类相关指标数据全部通过系统获取。

此外，高质量发展综合评价体系在当前对市分公司高质量发展进行评价的基础上，正在落实对省分公司各部门履行高质量发展引领、管理职责的效果评价，进一步探索适用于区县分公司、支局等更小经营单元的评价指标，以扩大高质量发展评价层级，实现更多场景应用。

三、邮政企业增强国有经济“五力”的高质量发展综合评价体系构建与运用的效果

（一）初步建立了一套较为科学完整的邮政高质量发展管理工具

河南邮政建立的这套高质量发展综合评价体系，对贯彻落实中央重大决策部署、国企改革任务要求和邮政集团战略的工作情况进行具象化展示，以可监测、可衡量的评价指标，对企业经营发展、改革创新、管理服务和综合实力等方方面面进行客观科学反映，为企业高质量发展提供了一套较为科学完整的管理工具，使河南邮政经营管理工作定有标尺、行有方向、干有抓手、评有依据。2021年评价结果显示，河南邮政风险防控力得分最高，社会影响力和管理控制力次之，但综合质效有待提升，市场竞争力和创新竞争力相对偏弱，与企业发展实际基本一致，也为河南邮政补短板、强弱项、固优势，持续提升高质量发展水平指明了方向。

（二）充分激发了全省邮政上下同欲推动高质量发展的活力

河南邮政形成了组织、干部、员工“三位一体”的内生动力激发体系。基层邮政企业作为一级经营组织，依据高质量发展综合评价结果，短有所知、追有目标、赶有方向，竞进意识进一步强化，“比学赶帮超”的氛围更加浓厚。全省各级邮政企业领导干部对“干什么”“怎么干”更清晰、更精准，从而牢固树立正确的业绩观，贯彻新发展理念的自觉性进一步增强，推动高质量发展的主动性、创造性得到有效激发。全省邮政广大一线员工得益于高质量发展评价体系中“员工权益”指标的运用，近三年个人收入年均增长8.37%，幸福感、获得感明显增强，工作积极性得到充分调动，进一步凝聚了全省邮政企业上下同欲推动高质量发展的合力，形成了比发展、比业绩、比贡献的良好态势。

（三）有力促进了河南邮政经济效益和社会效益的不断提升

在增强国有经济“五力”的高质量发展综合评价体系的引导下，全省各级邮政企业持续关注和改善发展短板，在不断夯实企业长远可持续发展根基的同时，带动企业经济效益和社会效益不断提升。2021年，河南邮政在经历了720特大洪涝灾害和先后五次新冠疫情冲击下，依然保持稳健发展，实现收入147.16亿元，较上年增长9.28%（可比口径）；实现利润9.29亿元，牢牢占据全国第1位；综合劳动生产率、人均利润均较上年实现提升；牢牢守住了不发生重特大安全生产事故和金融案件的风险底线；河南邮政工作多次得到省委、省政府充分肯定和批示，被省政府授予“服务河南经济社会发展优秀中央驻豫单位”。

（成果创造人：杜　福、席　森、曹卫平、刘宝兴、张晶晶、贾红伟、孙海鸥、罗文静、苗会会、黄中锋、杨　云、张伟坤）

绩效管理与人才队伍建设

中央企业以高质量发展为导向的多维度全周期业绩考核管理

中国华能集团有限公司

中国华能集团有限公司（以下简称中国华能）创立于1985年，是经国务院批准成立的国有重要骨干企业，注册资本349亿元，主营业务包括电源开发、投资、建设、经营和管理，电热力生产和销售，金融、煤炭、交通运输、新能源、环保相关产业等，拥有58家二级管理企业，480余家基层企业，5家上市公司，员工共13万人。截至2021年年末，中国华能装机容量超过2亿千瓦，煤炭产能超过1亿吨/年，供热面积超过9亿平方米，资产总额达1.31万亿元，管理金融业务资产规模超过1.6万亿元。

一、以高质量发展为导向的多维度全周期业绩考核管理的背景

（一）贯彻落实党中央关于深化国有企业改革的新要求

党的十八大以来，党中央对深化国有企业改革做出一系列重大部署，进一步明确国有企业功能定位和使命担当，提出了培育具有全球竞争力的世界一流企业的目标。国企改革三年行动方案要求中央企业加快改革步伐，在创新驱动、效益效率、体制机制等方面实现全面提升。中国华能要以管资本为主，改进考核评价体系、突出质量效益、服务国家战略、创新驱动发展和供给侧结构性改革，加强“两利四率”指标考核，完善目标机制，将目标档位与考核计分、工资总额挂钩，加强国际行业对标，引导企业由“大国俱乐部”向“强国俱乐部”转变，实现企业高质量发展。

（二）积极响应所属企业高质量转型发展的新需求

2018年，中央经济工作会议进一步指出，必须加快形成推动高质量发展的指标体系、政策体系、标准体系、统计体系、绩效评价、政绩考核，推动我国经济在实现高质量发展上不断取得新进展。中国华能下属管理企业对于寻求转型新方法、追求发展新高度的热情十分高涨。中国华能在充分调动管理企业的积极性的同时，时刻关注高质量发展要求，绩效考核体系设计和指标选取逐渐向突出效益效率、满足高质量发展多维需求倾斜，旨在引导管理企业牢固树立“突出价值创造、注重运营效率”的发展理念，统筹兼顾发展效率和发展质量，确保实现“两手抓，两手硬”。

（三）确保完成加快建设世界一流清洁能源企业的新任务

随着我国开启全面建设社会主义现代化国家新征程，能源格局深刻调整，清洁能源替代化石能源步伐加快，能源技术革命和数字革命空前活跃，行业竞争、企业竞争更加激励，能源电力产业形态、发展模式、管理模式、商业模式发生深刻变革。面对能源转型变革浪潮，中国华能强化战略引领，确立了建设以“五化”为基本特征的“三色三强三优”世界一流现代化清洁能源企业的战略目标。与世界一流企业相比，中国华能在发展质量、保值增值、科技创新、运营效率等方面仍存在差距，这对优化完善绩效考核体系提出更高要求。中国华能要以改革为契机，寻找差距、剖析根源，破除发展制约，提升管理水平，确保实现建设世界一流企业新目标。

二、以高质量发展为导向的多维度全周期业绩考核管理的主要做法

（一）划分“三类企业”，设置三类考核指标

根据国务院国资委分类考核原则，结合中国华能的业务板块和各企业职能定位，将参与考核企业分为市场竞争类、协同服务类和科技研发类。其中，32家区域公司及9家产业公司为市场竞争类企业（发电企业为主，投资、贸易企业为辅）；财务、财资、燃料、招标、置业、信息等协同服务类企业共6家，热工院、清能院、核研院等科技研发类企业共3家。

1. 依据所属企业功能定位划分为三类企业

（1）市场竞争类企业

以承接国资委考核任务、实现国有资本保值增值为导向，重点考核企业经济效益、资本回报水平和市场竞争能力，引导企业优化资本布局，提高资本运营效率，提升价值创造能力。其中，对国际化经营要求高的企业，加强国际资源配置能力、国际化经营水平的考核；对承接集团战略转型、结构调整任务较重的企业，加强战略性新兴产业收入、新兴市场份额占有率、重点工作完成情况、成本管控和投融资管理的考核；对供给侧结构性改革任务较重的企业，加强瘦身健体、去杠杆降成本、减员增效、处僵治困等重点改革任务重点专项工作的考核；对投资业务比重较大的企业，加强资本布局和结构优化、国有资本保值增值、资本回报水平的考核；对市场化程度较高的企业，加强产业竞争力改善、国际国内行业排名提升的考核。（见表 1）

表 1　市场竞争类企业考核指标体系

考核维度	考核指标	权重	考核内容
经营效益（50%）	利润总额	35%	重点考核利润完成情况，提高盈利规模
	经济增加值（EVA）	35%	重点考核 EVA 完成情况，提高价值创造能力
	劳动生产率	15%	重点考核要素生产效率，引导企业提高员工效率
	营收利润率	5%	重点考核主业盈利能力
	科技成果	10%	重点考核各单位专利、标准、奖项数量对标领先
	国务院国资委任务	控制指标	重点考核稳杠杆减负债、提质增效等国务院国资委任务
	科技创新	控制指标	重点考核研发投入执行及科技规划、制度建设、激励措施、组织机构、“双创”开展、科技统计、承担（办）科技项目等
	难点工作	控制指标	重点考核落实外部电价政策、两金压降、三项制度、产融协同等
	企业短板	控制指标	重点考核从业人员人数压减、人工成本利润率、净资产收益率、成本占收入比重单位、国有资本保值增值率等
发展绩效（30%）	前期工作	40%	重点考核前期目标任务完成、区域对标情况和规划发展工作效果，综合反映企业项目前期工作开展情况
	基建工作	30%	重点考核工程安全、工程质量、工程进度、工程造价、投产规模、技术管理等要素，综合反映企业基本建设工作情况
	投资工作	30%	重点考核投资管理（包括投资计划和投资回报管理），综合反映企业年度投资计划执行情况及发展质量
	并购工作	–	重点考核收购工作合规性、主动性，以及收购项目立项、尽调、决策和效益等事项的管理

续表

考核维度	考核指标	权重	考核内容
安全绩效（20%）	生产安全	55%	重点考核设备可靠性、人身伤亡事故、设备损坏事故、火灾交通事故、环境污染、金融安全等指标
	经营安全	15%	重点考核依法决策、依法经营、法治建设与法律风险防范和重大资产损失等指标
	政治安全	15%	重点考核贯彻遵守党和国家政策法规情况，国家安全和保密执行、信访维稳、预防违法犯罪情况等指标
	形象安全	15%	重点考核影响中国华能形象的媒体舆论炒作和新闻负面报道事件、形象安全体系建设和应急处置情况等指标
党建工作（前置）	重点考核党的政治建设、党建基层基础工作、党的干部人才工作、党风廉政建设和反腐败工作、党的宣传思想工作及党的群团统战工作等内容		

（2）协同服务类企业

以中国华能总体效益最大化为目标，重点考核服务质量、运营效率、协同效果、保障能力及其他协同服务内容，引导企业更好地保障集团战略、服务内部单位，提供高质量的产品和服务。其中，财务、财资公司协同服务考核指标为客户满意度、资金集中度、平均存贷比及存贷息差，置业、信息公司协同服务考核指标为客户服务满意度，招标公司协同服务考核指标为合法合规、采购效率、代理服务、工作质量及客户满意度，燃料公司协同服务考核指标为电煤的保量控价及客户满意度（见表2）。

表2 协同服务类企业（以财务公司为例）考核指标

考核维度	考核指标	权重	考核内容
经营绩效（40%～50%）	利润总额	35%	重点考核利润完成情况，提高盈利规模
	经济增加值（EVA）	35%	重点考核 EVA 完成情况，提高价值创造能力
	劳动生产率	15%	重点考核要素生产效率，引导企业提高员工效率
	营收利润率	5%	重点考核主业盈利能力
	科技成果	10%	重点考核各单位专利、标准、奖项数量对标领先
协同服务（30%～40%）	资金集中度	30%	重点考核系统内企业资金上存度
	客户满意度	30%	重点考核系统内企业对财务公司服务满意度
	平均存贷比	10%	重点考核财务公司存款贷款比例
	存贷息差	30%	重点考核财务公司系统内存款和贷款利息差额
安全绩效（20%）	生产安全	55%	重点考核设备可靠性、人身伤亡事故、设备损坏事故、火灾交通事故、环境污染、金融安全等指标
	经营安全	15%	重点考核依法决策、依法经营、法治建设与法律风险防范和重大资产损失等指标

续表

考核维度	考核指标	权重	考核内容
安全绩效（20%）	政治安全	15%	重点考核贯彻遵守党和国家政策法规情况，国家安全和保密执行、信访维稳、预防违法犯罪情况等指标
	形象安全	15%	重点考核影响中国华能形象的媒体舆论炒作和新闻负面报道事件、形象安全体系建设和应急处置情况等指标
党建工作（前置）	重点考核党的政治建设、党建基层基础工作、党的干部人才工作、党风廉政建设和反腐败工作、党的宣传思想工作及党的群团统战工作等内容		

（3）科技研发类企业

以引领行业技术进步、推动产业结构升级和优化为导向，重点考核科技创新能力、科技成果转化能力及科技人才建设等内容，引导企业可持续发展（见表3）。

表3　科技研发类企业考核指标体系

考核维度	考核指标	权重	考核内容
经营效益（50%）	利润总额	35%	重点考核利润完成情况，提高盈利规模
	经济增加值（EVA）	35%	重点考核 EVA 完成情况，提高价值创造能力
	劳动生产率	15%	重点考核要素生产效率，引导企业提高员工效率
	营收利润率	5%	重点考核主业盈利能力
	科技成果	10%	重点考核各单位专利、标准、奖项数量对标领先
科技绩效（30%）	科技奖励	20%	重点考核科研机构获得国家级科技奖、集团公司认可的社会力量设置的省部级科技奖及中国专利奖的情况
	承担国家科技项目课题	15%	重点考核科研机构作为牵头单位承担国家科技部或有关部委下达的科技项目课题的情况
	科技成果转化完成率	15%	重点考核科研机构科技创新活动收入增长及企业利润总额的完成率
	知识产权	10%	重点考核科研机构在科技研发活动中，开展技术创新并申报和获得实用新型专利和发明专利的情况
	科技项目完成率	10%	重点考核科技项目课题的执行和验收完成情况
	标准	10%	重点考核科研机构作为第一完成单位主持制（修）订技术标准的情况
	集团公司重大科技任务完成情况	10%	重点考核科研机构对集团公司开展国家重大科技创新任务的支持情况
	技术支持满意度	10%	重点考核科研机构对集团公司和产业（区域）公司的技术支持情况
安全绩效（20%）	生产安全	55%	重点考核设备可靠性、人身伤亡事故、设备损坏事故、火灾交通事故、环境污染、金融安全等指标
	经营安全	15%	重点考核依法决策、依法经营、法治建设与法律风险防范和重大资产损失等指标

续表

考核维度	考核指标	权重	考核内容
安全绩效（20%）	政治安全	15%	重点考核贯彻遵守党和国家政策法规情况，国家安全和保密执行、信访维稳、预防违法犯罪情况等指标
	形象安全	15%	重点考核影响中国华能形象的媒体舆论炒作和新闻负面报道事件、形象安全体系建设和应急处置情况等指标
党建工作（前置）	重点考核党的政治建设、党建基层基础工作、党的干部人才工作、党风廉政建设和反腐败工作、党的宣传思想工作及党的群团统战工作等内容		

2. 依据功能需求设立三类考核指标

中国华能根据功能需求设置关键指标、控制指标和否决指标三类考核指标。其中，关键指标赋予权重，有基本分值，可视完成情况加分或减分；控制指标不赋予权重，无基本分值，视未完成情况减分；否决指标不赋予权重，无基本分值，发生否决事件即扣减所在考核层次的全部分值。一是关键指标。关键指标主要包括经济增加值（EVA）、利润总额、分类指标（研发投入强度、全员劳动生产率、营业收入利润率等，金融等其他产业结合功能定位分类设置）。二是控制指标。控制指标主要包括国务院国资委和中国华能专项工作，如国务院国资委任务、企业短板、重点难点工作及产权资产效益提升等。三是否决指标。否决指标依据国家重大任务（如国企改革等）确定。

（二）构建长中短有效衔接的考核周期，开展三类考核目标

中国华能充分发挥绩效考核“指挥棒”作用，从“战略引领、结果导向、过程管控”三个维度，构建“以月保季、以季保年、以年保任期”的逐级保障机制（见图1）。

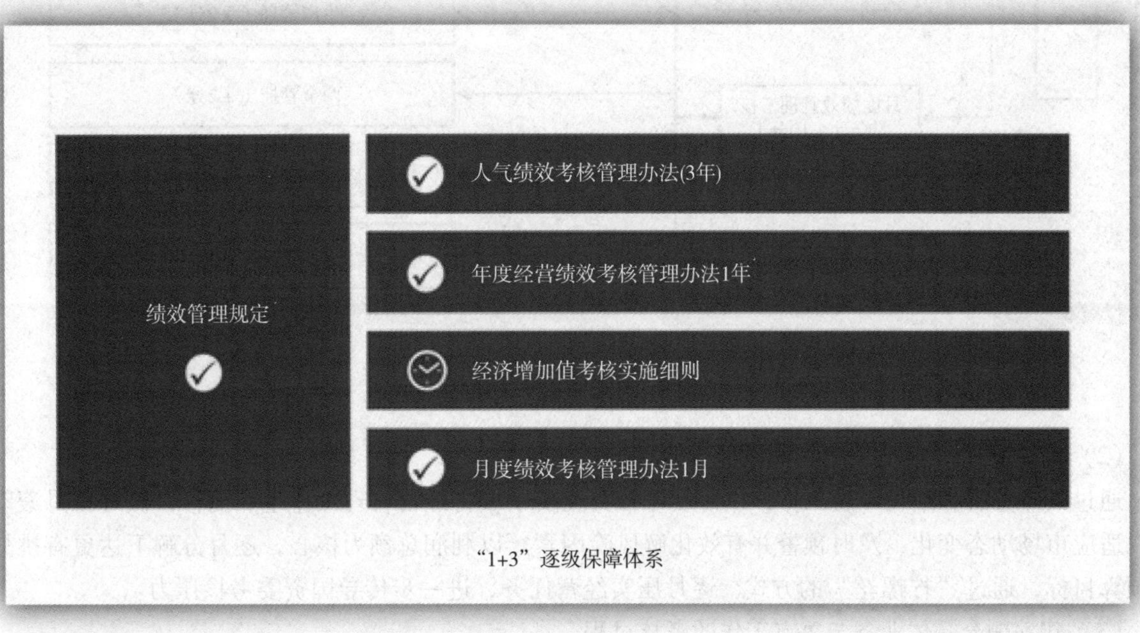

图1　绩效考核周期

1. 突出过程导向，构建月度考核机制

（1）确立月度考核主要导向

一是创建覆盖全系统的月度预算考核机制，实现年度预算、月度预算及经营在线的有机结合，强化动态预算管控，有效弥补年度预算管理中存在的预算周期长、预测难度大、动态管控弱等不足，真正实现考核目标可控、在控，通过以月保季、以季保年，为确保完成全年工作目标提供机制保障。二是聚焦企业重点、难点工作。月度考核重点考核企业“量、本、利”情况，形成利润、营销、燃料三部分月度考核框架，利润考核侧重提质增效，营销考核侧重售电收入稳定增长及应收账款回收，燃料考核侧重标准煤单价降幅对标领先和库存压降。同时，对安全生产、两金压控、融资成本、科技创新等企业日常管理准中的难点工作进行考核（见图2）。

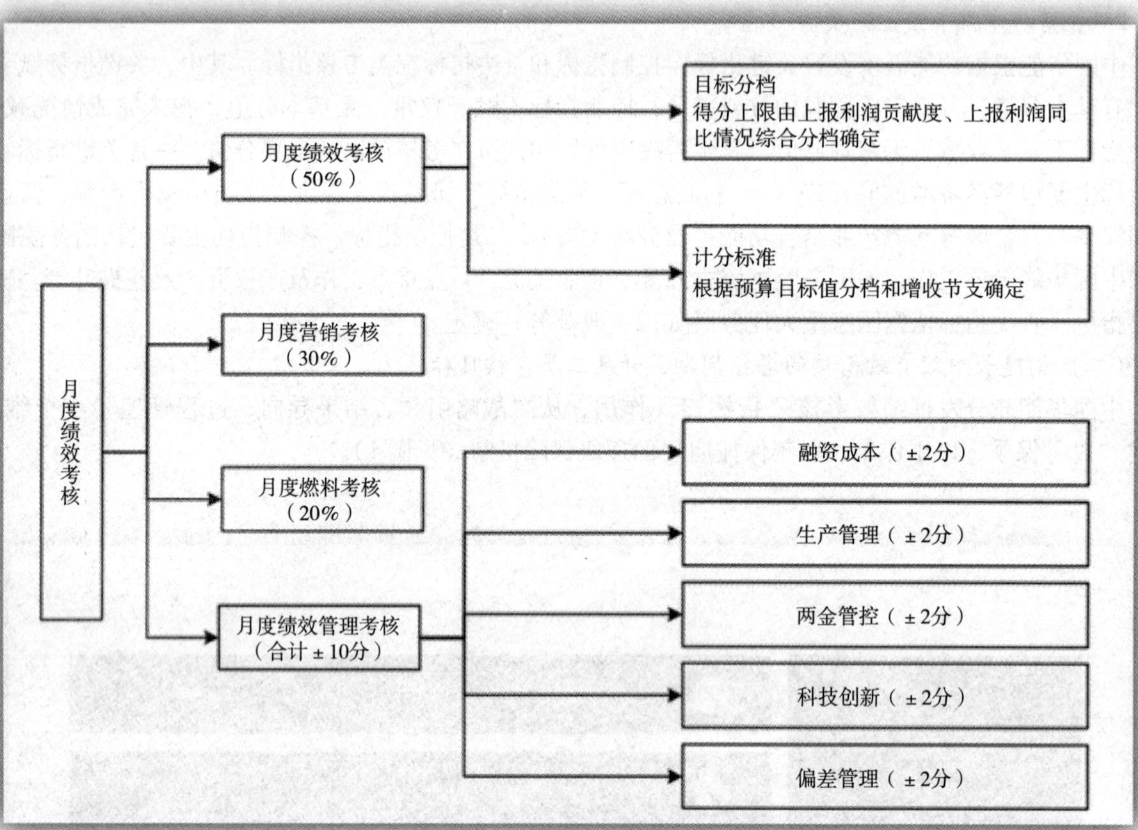

图2　月度绩效考核体系

（2）确立利用“滚动预测”辅助经营管理的考核目标

通过具体分解和细化年度工作，以月度考核为主要手段将经营管理工作重点前移，做好每月滚动预测以适应市场动态变化，及时预警并有效化解风险因素。以利润总额为核心，逐月分解下达更有挑战性的预算目标，通过“拧螺丝”的方式，逐月压实经营任务，进一步传导国资委考核压力。

（3）建立融合具体业务与重点工作的考核过程

月度绩效考核得分＝月度利润考核得分（50%）＋月度营销管理考核得分（30%）＋月度燃料管理考核得分（20%）＋月度绩效管理考核得分－安全事故扣分。

第一，突出效益贡献与同比改善，考核评价充分体现目标实现情况。

月度绩效考核内容由月度利润考核、月度营销考核、月度燃料考核三部分组成。其中，营销考核侧重售电收入稳定增长及应收账款回收，燃料考核侧重标准煤单价降幅对标领先和库存压降。没有营销、燃料考核内容的单位，相关权重调整至月度利润考核；相关权重比例结合年度重点、难点任务动态调整。月度利润考核中利润总额考核基本分为100分，最高得150分，最低得80分。为引导企业主动摸高、自我加压，减少上下博弈，集团公司结合各单位上报利润水平和同比改善情况，动态调整利润考核得分上下限分。利润考核得分上限分从利润贡献度和同比改善两方面计算，利润考核得分下限分根据月度下达预算目标的完成情况进行分档计算。

第二，狠抓工作落实与管理力度，考核评价充分实现全面监督作用。

月度绩效考核中增加绩效管理考核内容，对各单位上报当月预估利润的准确性、数据质量、两金压控、融资成本、科技创新以及安全生产等集团公司重点工作进行考核，不设权重，合计加（减）10分（见表4）。

表4 月度管理考核计分规则

考核内容	考核依据	考核方式
利润偏差度	依据各单位上报利润预估值与财务快报的偏差程度，给予分档	第一档：偏差率绝对值小于10%（含）或利润偏差绝对值在50万元以内的，加3分；第二档：偏差率绝对值在10%~20%（含）的，不扣分；第三档：偏差率绝对值在20%~30%（含）的，扣1分；第四档：偏差率绝对值超过30%的，扣3分；对偏差较大，数据质量存在较大问题的，扣5分
两金压控	根据企业功能定位和业务性质，对两金余额规模较大、增长较快、风险较大的单位进行考核扣分	原则上对两金余额规模（或增长）排名前5位的基层企业进行扣分，其中排名第1位的扣3分，排名第2位的扣2分，其他排名扣1分，二级单位当月累计扣分不超过3分
融资成本	根据各单位融资成本对标改善情况进行考核	原则上对融资成本对标同比改善的企业给予奖励，对融资成本对标同比下滑的企业给予扣分，原则上奖惩分不超过3分
科技创新	依据各单位研发创新进度情况进行考核	对研发经费落实不到位、科技创新项目合同执行滞后、存在违规列支研发费用现象的单位进行扣罚，对研发投入强度超日历进度较多、科技创新成果取得重大突破的单位给予奖励，原则上奖惩分不超过3分
生产管理	考核检修情况、非停次数、煤耗水平、环保指标等内容	原则上奖惩分不超过3分

（4）科学应用考核结果，充分发挥"指挥棒"作用

为更好地激励各单位努力完成年度目标，发挥绩效考核"指挥棒"作用，督促各单位重视日常工作管理，确保完成年度目标。将月度效益考核纳入年度经营绩效管理，权重占25%，并对每月职工薪酬的发放起指导作用。

2. 突出结果导向，构建年度考核机制

（1）年度考核主要导向

中国华能通过年度预算编制执行及绩效考核，将战略导向融入年度考核，层层传递，逐级落实，规范企业组织行为，优化资源配置，促进中国华能持续发展。一是考核导向突出央企责任担当。中国华能从担负的政治、经济和社会责任出发，在多年发展过程中，逐步形成了以安全、经营、发展、党建四方面工作为载体的年度考核框架，全面覆盖年度主要工作。安全绩效反映保障国家能源安全情况；经营绩效反映企业经济效益、运营效率、精益管理和价值创造及国务院国资委专项任务完成情况；发展绩效反映企业转型升级、发展质量与建设管理情况；党建工作反映落实全面从严治党责任、加强企业党的建设工作开展情况。二是考核内容承接国务院国资委年度要求。考核指标分为关键指标、控制指标和否决指标三类。其中，关键指标突出国务院国资委"两增一控三提高"要求；控制指标突出国务院国资委专项、短板及重点和难点工作；否决指标突出国家重大任务（国企改革）。具体如图 3 所示。

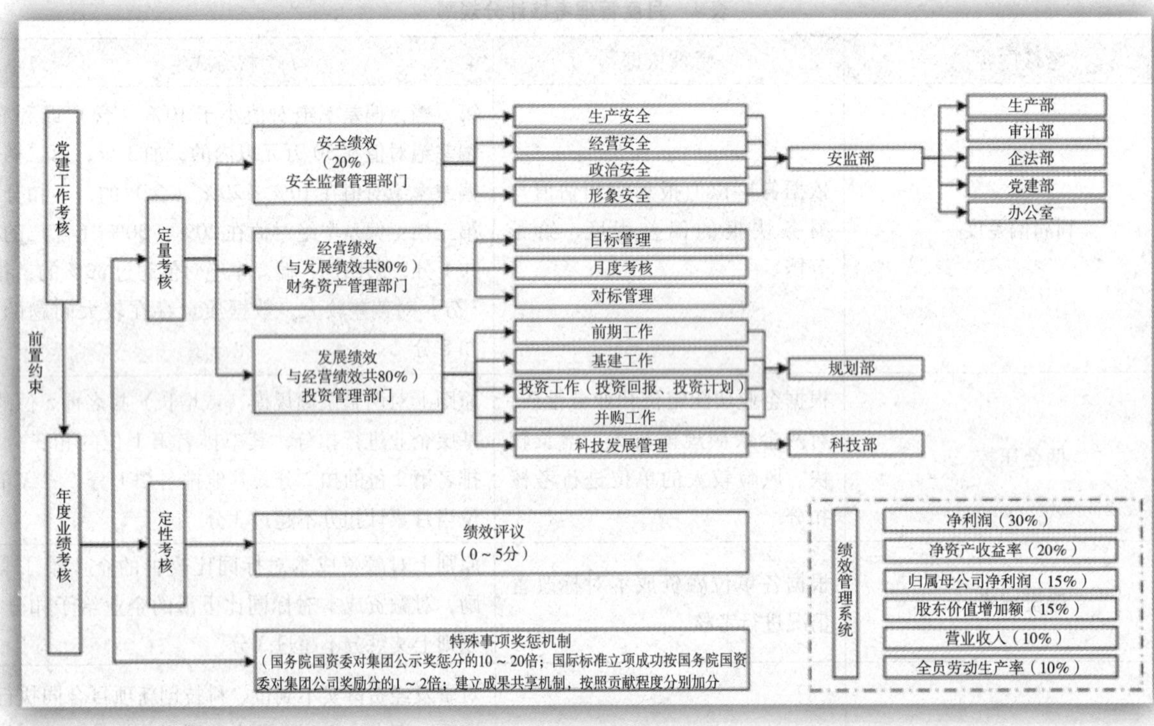

图 3　年度绩效考核管理体系

（2）确立基于"基准值"分档机制核定的考核目标

中国华能在经营绩效关键指标中引入基准值理念，对企业关键指标申报目标实行分档管理、分档计分，积极传递了国务院国资委考核导向，有效解决了"上下博弈"问题。各区域（产业）公司根据自身经营情况申报不同档位，集团公司以申报情况为依据进行专业审核、统筹平衡，形成集团年度预算与综合计划方案，确定各单位绩效考核目标值。

企业根据基准值，分档上报、自主选择、自负责任，变"谈"目标改为"选"档位。根据基准值不同增幅水平划定三条档位线，分四档管理，企业申报目标档位越高，基本分及考核得分上限越高，建立自我加压、追求"步步高"的目标确定与激励约束机制，促进企业不断改进和提升业绩（见表 5）。

表5　年度目标分档申报条件及计分规则

目标值分档	目标值申报条件	差异化分档考核规则
第一档	申报值较基准值增幅超过15%且增加额大于3亿元（含），且申报值比上年完成值增幅超过8%以上	基本分130分，完成目标值，最高加至150分（满分）；未完成目标值，最多扣至90分
第二档	申报值较基准值增幅超过8%且增加额大于0.5亿元（含），且申报值不低于上年完成值	基本分120分，完成目标值加分受限，最高加至135分；未完成目标值，最多扣至90分
第三档	利润总额预算申报值达到基准值	基本分100分，完成目标值加分受限，最高加至125分；未完成目标值，最多扣至80分
第四档	利润总额预算申报值低于基准值	基本分90分，完成目标值加分受限，最高加至110分；未完成目标值，在基本分上扣分，最多扣至80分

（3）突出引导企业提升自主发展能力的"管资本"考核导向

为激发企业内生动力和企业负责人主人翁意识，减少企业向集团总部无序申请（注资等）低成本资金，提高资金周转效率，中国华能在年度绩效考核中创新性引入"股东分红"考核，引导企业提高资本配置能力和运行效率。一方面，对新增集团注资（不含中央预算内投资）的单位，参照集团公司平均资本成本，按照4%的资本成本率及新增资本规模，从注资第二年开始，每年计算应上缴分红，在利润总额、净利润、归属母公司净利润等指标考核清算中予以剔除；同时上浮EVA考核资本成本率，原则上每增加1亿元抬高0.1个百分点，增加企业注资成本。另一方面，对于主动分红（"所有者权益变动表"中利润分配项下对所有者的分配）企业结合实际情况可给予一定奖励，按照上缴收益情况等比例还原资本成本率和考核利润，鼓励企业主动分红，加快资本回流。

（4）建立兼顾企业"硬指标"和"软实力"的考核过程

绩效考核总得分 = 定量考核得分（安全绩效得分、经营绩效得分、发展绩效得分）绩效管理系数 + 定性评议得分 + 奖惩得分。

①定量考核、定性评议双管齐下，考核评价充分考虑主观努力与客观事实。年度绩效考核评价由定量考核和定性评议两部分组成。其中，定量考核是根据相关办法在绩效考核年度内对企业安全、经营和发展绩效考核指标完成情况进行定量考核计分；定性评议是指在定量考核的基础上，围绕风险内控、物资采购等基础绩效管理工作，由绩效办公室负责组织总部相关责任部门对各区域（产业）公司企业年度绩效管理情况进行评议打分，综合计算各单位评议分值。

②绩效管理系数因子设置充分强调价值创造与股东回报。突出效益效率、相对值指标，弱化规模类、绝对值指标，系数指标及权重设置为：净利润30%、净资产收益率20%、归属母公司净利润15%、股东价值增加额15%（股东价值增加额 = 不含永续债等其他权益工具的账面价值 - 股东投资成本）、营业总收入10%、全员劳动生产率10%；绩效管理系数基础值为1.0，上限为1.15；绩效管理系数依据各因子权重及指标排名情况综合计算确定。同时，提高系数上限，适当拉开得分差距，体现优者上、劣者下。

（5）充分考虑贡献程度并设置考核等级

依据绩效考核总得分，考核评定为A、B、C和不合格四个等级。A级户数比例在30%左右，其中市场竞争类企业在A级户数中的比例原则上不低于80%，协同服务类企业A级户数占协同企业比例原则上不高于市场竞争类企业A级户数占比。对安全考核结果较差，党建工作责任制考核结果为“一般”，申报考核目标值档位为第四档，连续两年会计利润为负，违反财经法规或财务监管制度、造成重大不良影响或国有资产损失，经济增加值完成值和改善值均为负数，归属母公司净利润为负数且同比大幅下降等情况的企业，不能评定为A级。完成绩效考核任务的企业（绩效考核总得分达到100分以上），评定为B级。党建工作责任制考核结果为“较差”，或绩效考核总得分低于100分的，评定为C级。绩效考核总得分低于90分的，评定为不合格。

3. 突出战略引领，构建任期考核机制

（1）任期考核主要导向

一是考核导向突出集团战略规划。围绕“六个新领先”战略任务，重点突出科技创新和结构调整，将任期考核作为战略规划的实施路线和具体抓手。二是考核内容承接国务院国资委任期要求。将国有资本保值增值率、总资产周转率、全员劳动生产率等指标纳入考核，充分体现国务院国资委关于质量效益、科技创新、服务国家战略、供给侧结构性改革的考核导向，有效传递考核压力。三是考核评价对标世界一流企业。目标核定采取对标领先方式，计分规则引入对标一流，任期评级结合国际对标、行业对标综合确定。任期绩效考核体系框架如图4所示。

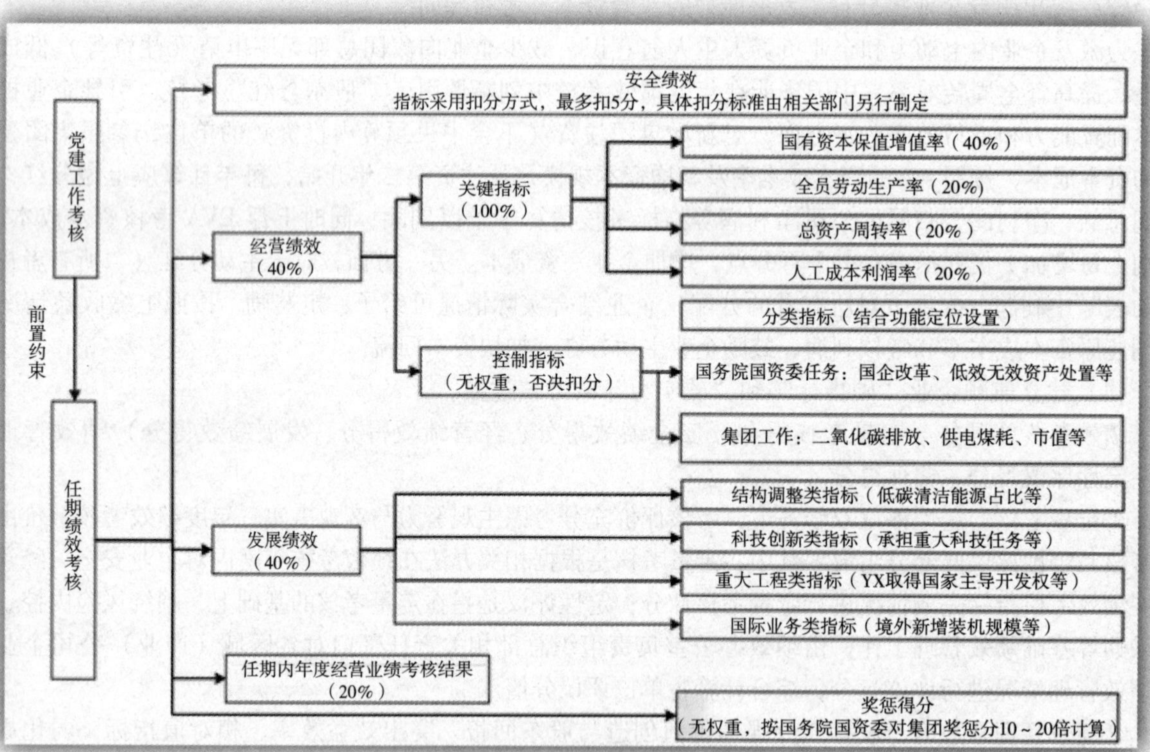

图4 任期绩效考核体系框架

（2）确立“战略引领、对标领先”的考核目标

为全面推动“十四五”规划，确保公司完成战略任务，中国华能实行分类管理和差异化考核，实现强激励、硬约束的刚性兑现。考核目标值与集团公司战略、产业发展规划、三年滚动规划、高质量发展目标相衔接，结合上一任期完成值和近三年最优值，不同类型指标采取不同核定原则和方法。经营绩

效指标采取对标领先、分类分档、短板改进的方式进行核定，发展绩效指标采取自上而下任务分解方式进行核定（见表6）。

表6　任期目标“对标领先”核定规则

考核指标	目标值核定原则
国有资本保值增值率	采取对标领先的原则分行业、分档核定，依据国务院国资委《企业绩效评价标准值》进行确定，其中市场化企业原则上按照本行业优秀值或良好值核定，协同服务类、科技研发类及费用化企业原则上按照平均值核定
总资产周转率	采取对标领先、兼顾行业特点及资产结构的方式进行分类核定，原则上依据国务院国资委《企业绩效评价标准值》各产业平均值，参照年度预算及业务转型进行核定
全员劳动生产率	采取战略分解、跑赢大盘、对标分档的方式进行核定，原则上以上一任期年度完成最优值或平均值（考核清算数）为基数，按照中国华能整体增幅水平及对标情况进行分类确定
人工成本利润率	采取对标领先、分类分档的方式进行分类核定，以上一任期年度完成最优值或平均值（考核清算数）为基数，按照中国华能整体增幅水平及短板改进要求进行确定

（3）建立兼顾年度绩效和国务院国资委评价体系的考核过程

任期考核得分 =（经营绩效得分相应权重 + 发展绩效得分相应权重）任期考核系数 + 任期内年度考核结果20% + 评议得分 + 奖励加分 - 安全扣分。任期绩效考核以三年为考核期，年度考核结果占20%权重。经营绩效侧重考核国务院国资委任期和中国华能战略性指标，分为关键指标和控制指标。发展绩效侧重考核中国华能发展规划任务等业务指标，综合反映企业结构调整、科技创新、重大工程、国际化战略以及协同发展等内容。安全和党建绩效不设权重。任期考核基本分为100分，最高得150分，最低得80分。关键指标得分原则上以基本分为基础，根据目标值完成情况计算得出，控制指标不设基本分，视指标未完成情况扣减得分，合计扣分最多不超过30分。在定量考核的基础上，围绕公司基础管理工作，对企业任期绩效管理情况进行评议打分，对做出特殊贡献的进行奖励加分。

（4）突出契约目标，充分考虑业绩水平并设置考核评级

任期考核评级分为A、B、C三个级别，根据任期考核得分综合确定。A级企业根据任期考核得分，结合国际对标、行业对标情况综合确定，数量从严控制原则上不超过30%。协同服务类企业进入A级户数占所有协同企业比例原则上不超过30%，如考核得分较高但未进入A级按照B档上限进行限分。任期考核等级评定设置晋级门槛：两次党建年度考核“一般”的任期不能评为A级，一次党建年度考核“较差”的任期不能评为A级；对发生较大及以上安全事故的企业实行一票否决，不能评为A级。任期考核得分低于100分的，原则上评级为C级；国有资本保值增值率低于100%的，原则上评级为C级。任期考核得分低于90分的，原则上评定为不合格；国有资本保值增值率低于90%的，原则上评定为不合格。

4. 建立“目标完成、同比提升、对标领先”三类考核目标

考核体系是衡量企业经营业绩水平的主要标尺。将“目标完成”一维评价优化为“目标完成、同比提升、对标领先”三维考核，减少主观因素和上下博弈，通过标准、机制引导企业不断自我改进、超越标杆。

（1）基于超额完成率的目标完成考核方式

目标完成考核以年度、月度预算考核为主。与国务院国资委考核总目标要求相衔接，依据中国华能批准的年度预算与综合计划，对预算目标值完成情况进行考核。

（2）基于插值法计算的同比提升、行业领先考核方式

同比提升、行业改进以对标考核为主。根据盈利能力、保值增值、价值创造、资产质量、债务风险、成本管控、产出效率、科技创新等维度，从同比对标、行业对标两个方面进行考核评价，标杆值引入国务院国资委《企业绩效评价标准值》，引导企业自我改进、超越标杆。对标考核评价标准如图5所示。

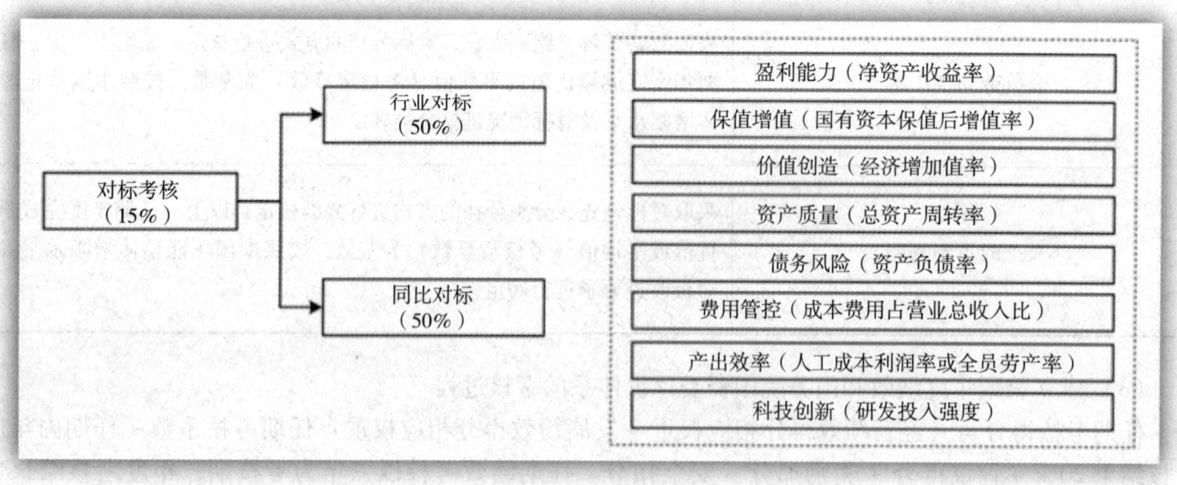

图5　对标考核评价标准

（三）建立分类考核激励机制，激发所属企业内生动力

1. 分类制定绩效考核还原和加分政策

（1）制定研发费用考核还原政策

一是加大研发费用还原力度。突出创新驱动考核导向，参照国务院国资委及税收优惠扣除政策，在计算利润总额、净利润、归属母公司净利润等指标时，研发费用按照100%予以加回。二是加大对关键核心技术攻关项目的支持力度。聚焦“卡脖子”问题，关键核心技术攻关项目研发投入的还原比例按照200%予以加回。三是建立延期兑现激励机制。还原上年研发费用决算数据，避免企业虚报、多报。四是强化研发经费落实和执行监督。将研发经费落实和科技项目合同执行情况纳入月度考核，加大项目执行过程监督力度，进一步推动科技创新工作。

（2）制定科技创新考核加分政策

一是提高科研机构科技考核权重。结合功能定位和发展阶段，适当降低效益类指标的考核权重，科技绩效权重占比逐步提高至60%。二是加大产业（区域）公司等非科研机构科技考核力度。承担研发任务的企业，在任期和年度考核中设置科技指标，考核权重提升至10%。对承担重大研发任务的企业，适当加大科技创新考核力度。三是建立科技奖励加分机制。突出科技引领，在绩效考核评价中设置特殊

事项奖惩机制，强化正向激励，对获得国家级重大科技成果、获得国家专利金（银）奖、制定并发布国家标准、完成国家重大科技任务使集团公司获得国务院国资委考核加分的企业，按照国务院国资委奖励分值的10～20倍给予加分；对于国际标准立项成功的企业，按照国资委奖励分值的1～2倍给予加分。四是支持战略性科技产业发展。企业因承担关键核心技术攻关任务、打造原创技术策源地和培育现代产业链链长科技创新核心能力、应用首台（套）及重点培育的战略新兴或科技创新产业，预期当期考核指标出现重大变化的，相关单位可在目标申报时提出，经总部相关部门予以认定后，在考核清算环节予以统筹考虑。五是鼓励企业积极申报高新技术企业。高新技术企业在计算经济增加值等指标时，给予一定考核奖励，引导企业更加重视科技创新和转型升级。

（3）制定科技成果转化考核奖励政策

一是完善科技成果目标核定机制。科技成果考核目标值与企业研发投入总额保持同步同向。二是完善成果共享机制。对考核加分项目可按贡献程度给予相关单位奖励，确保出资单位成果分享。

2. 分类设置绩效工资挂钩指标和比例

将年度绩效工资与年度考核得分、利润增长率挂钩，根据企业功能定位，差异化设置比例。市场竞争类企业挂钩比例为30%:70%；协同服务、承担重大战略任务及费用化企业，适当降低效益权重，挂钩比例为60%:40%；科技企业进一步突出科技考核导向，挂钩比例为80%:20%。(见图6)

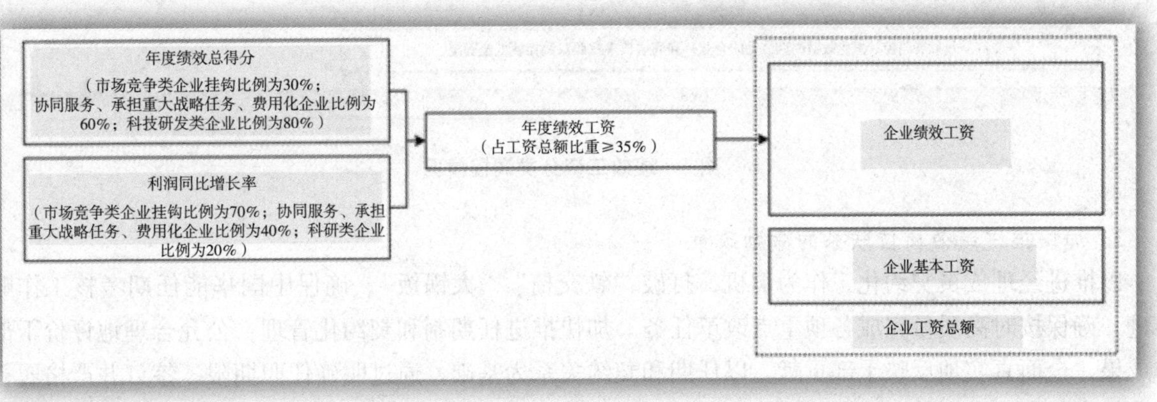

图6 绩效工资分类挂钩情况

分类调控绩效工资增长水平。引导企业实现高质量发展，规避企业利用市场周期波动调节利润增长水平，从盈利水平、价值创造、价值改善、投入产出效率、安全生产等方面，按照高质量发展和周期波动等规则进行分类从紧调控。利润下降企业，绩效工资同步下降；利润增长但EVA完成值为负、EVA改善值为负、人工成本利润率低于1或者发生较大安全事故的企业，利润增长率低于集团平均值；协同服务、承担重大战略任务企业参照中国华能总部功能定位和管理成效，按照中国华能平均值和考核等级综合调控（见图7）。

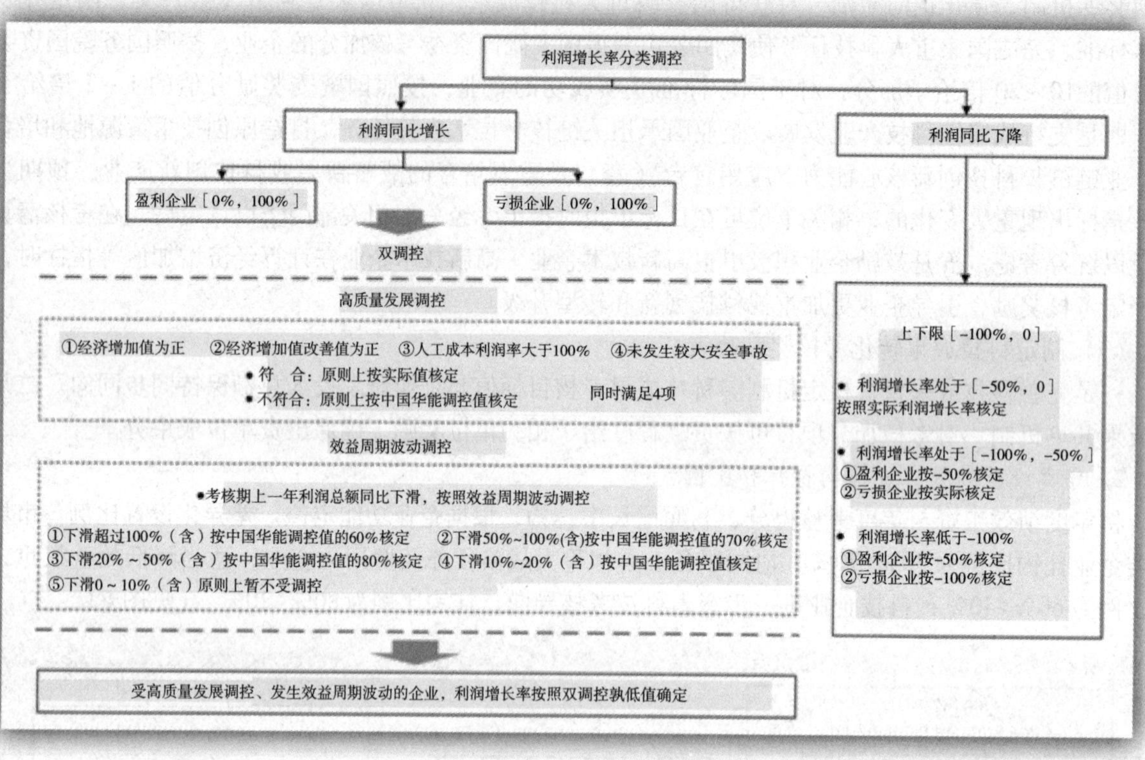

图7　绩效工资分类调控情况

3. 加快推进绩效岗位联系的激励政策

以推进经理成员契约化工作为契机，打破“铁交椅”“大锅饭”，确保中国华能任期考核工作顺利推进，确保按时高质量完成各项重点改革任务。加快推进任期制和契约化管理，公允合理地评价干部工作成果，全面真实地反映干部贡献。以任期和契约关系为基础，通过明确任职期限、签订并严格履行任期考核责任书，实现任期管理的规范化、常态化。突出契约目标的科学性和挑战性，推动落实考核结果奖惩刚性兑现；体现岗位兑现的强激励、硬约束，坚持业绩导向，强化精准考核有效激励。强调考核的刚性退出，实现经理层成员职务“能上能下”，充分激发经理层成员的活力和创造力，提升企业市场化、现代化经营水平。

三、以高质量发展为导向的多维度全周期业绩考核管理的效果

（一）促进集团高质量发展，综合实力稳步增强

中国华能坚持质量第一，效益优先，聚焦实业主业考核，不断改善发展短板，推进高质量发展。近三年，主要业绩指标保持快速增长，经营利润连创近年新高，累计实现经营利润900亿元，年均增长25%，近三年消化达450亿元的历史遗留问题，资产质量进一步夯实。净利润、归属母公司净利润大幅提升，境外企业彻底扭转了长期亏损的被动局面。引入行业对标考核。中国华能在国务院国资委考核排名逐年提升，2020年位列央企第30名，创“十三五”最好成绩，同比上升12位，增幅居行业第一。截至2021年，中国华能已连续13年，累计17次获得国务院国资委业绩考核A级，6次获得央企负责人任期考核A级，在国内同类发电企业中次数最多。

（二）优化集团发展结构，转型升级成效显著

中国华能新能源发展连年创新高，新增并网容量超过2400万千瓦，三年实现新能源装机容量翻

番。低碳清洁能源装机占比达到38.12%，比2018年提高4.94个百分点。将重大战略项目工程、碳排放等纳入年度任期考核。基地型规模化开发布局初具规模，一批多能互补大型能源基地进入成果收获阶段，投产海上风电呈现良性发展态势。同时储备了一大批战略资源，为“十四五”时期加快结构调整奠定了坚实基础。开展发展质量考核，新增新能源项目单位容量利润557.5元，远高于存量资产202.3元。新能源产业利润达到140亿元，同比增长47%，以17.5%装机占比贡献了中国华能电力产业400%的利润。

（三）有效激发所属企业创新动力

中国华能高度重视科技创新考核，科技创新体制机制改革不断深化，创新体系全面形成，国家级创新平台建设处于行业领先地位，突破了一批关键核心技术，在推进国家科技重大专项、攻克“卡脖子”难题、引领绿色低碳电力前沿技术创新等方面，展现了新担当新作为，国家重大专项——石岛湾高温气冷堆并网发电，实现了第四代核电技术的全球引领。近三年，中国华能专利质量和数量屡创历史新高，累计完成专利申请18605件，专利授权8869件，其中发明专利授权505件，海外专利授权53件，共发布国际标准5项、国家标准11项、行业标准72项。

（四）有效激活企业的发展活力

中国华能建立了较为有效的激励约束机制，通过绩效考核与企业负责人年度薪酬及企业工资总额直接挂钩，强化考核分配联动，形成了“强激励、硬约束”的国有资产经营管理机制。目标分档机制不断完善，有效解决预算博弈问题，更好地激发企业自我加压的内生动力，主动追求“步步高”，申报与核定目标差距由上百亿元缩小至几亿元，编制周期由半年缩减至两个月左右。三级考核管理体系更加完善。总部“四个中心”功能持续加强，绩效考核中心作用进一步加大，集约化管理效能不断显现，近三年全员劳动生产率从每人83万元提升至每人102万元，中国华能现代化治理水平不断提升。

（成果创造人：陆　飞、邱海松、孟泽河、聂智陶、陈学国、
赵东明、牛问哲、毛　剑、高淑军、任清一）

国际物流供应链集团战略导向的数字化人力资源管理体系构建

中国远洋海运集团有限公司

中国远洋海运集团有限公司（以下简称中远海运集团）是中央直接管理的特大型国有企业，在2016年由原中国远洋运输（集团）总公司与原中国海运（集团）总公司重组而成。中远海运集团是全球最大的综合航运集团，位列全球500强企业第127位，远洋航线覆盖全球160多个国家和地区的1500多个港口，在70多个国家和地区设有1600家分支机构，业务涵盖航运、物流、港口等领域，境外法人单位共1050家，海外资产和海外收入超一半以上。

一、战略导向的数字化人力资源管理体系构建的背景

（一）重组后人力资源管理“一盘棋”的需要

2016年，中远海运集团重组整合。整合前，原中国远洋运输（集团）总公司共有员工8.5万人，原中国海运集团总公司共有员工4万人，整合后的中远海运集团共有境内外员工近13万人，二级单位总数达56家，成为世界上规模最大的航运企业。原两家集团在理念文化、管理制度、管理方法上存在一定的不同，重组之后战略推进的效率和经营管理的有序性等方面遇到一些挑战。在人力资源管理方面，原两家集团的人力资源管理体系和管理流程有所差异，岗位体系、人才标准、激励手段、培训内容各有特色。如何充分发挥改革重组带来的新动能，充分调动两家集团人才队伍融合升级的内生动力，支撑中远海运集团战略目标实现，如何构建一体化的人力资源管理体系，推进两大集团重组整合实现“一盘棋”，是人力资源管理领域的重大挑战。

（二）解决人力资源管理痛点、支撑企业转型升级的需要

中远海运集团作为全球经营规模巨大的国有企业，在组织管控、资源配置和人才管理等方面需求多变，结构复杂、数量庞大的全球化员工队伍的动态信息和情况难以及时掌握，公司的管理理念、制度、流程、标准、工具等需要进一步规范统一和优化升级。传统的服务型人力资源管理理念在认知站位和专业能力方面也存在短板，对集团全球运营、改革转型、科学决策的支撑作用有限，在为集团高质量发展提供人才驱动力和人才引领力方面存在较大的差距。与此同时，在各行各业纷纷将数字赋能作为推进高质量发展的关键路径，数字经济成为产业转型升级新引擎的当下，中远海运集团需要主动把握和引领新一代信息技术变革趋势，借助数字化手段实现人力资源管理升级，解决人力资源管理痛点，助力公司经营管理。

（三）推动企业高质量发展的需要

重组初期，中远海运集团更关注规模增长与资源整合，人力资源定位为“服务型”，重点关注制度规范、管理效率和服务质量。重组5年后，进入“十四五”时期，中远海运集团提出围绕产业链经营、效益专精、数字驱动三大主题，以“3+4”（航运、物流、港口+增值服务、装备制造、航运金融、数字创新）产业为基础，打造世界一流的全球综合物流供应链服务生态，集团境外业务的营业收入要占到总收入的60%以上，这一战略目标的调整要求集团加强国际化布局、实现从全球承运到承运全球的跨越。中远海运集团需要建设一支能支撑国家重大战略、打造交通强国的人才队伍。为此，人力资源管理的定位必须从“服务型”向“专业型”和“战略型”升级，既要有“把方向、定规则、促发展”的统筹管控，又要有以战略为驱动、以科技为赋能，全面提升人力资源管理的专业化水平。

二、战略导向的数字化人力资源管理体系构建的主要做法

（一）确立数字化人力资源管理体系构建的总体目标和思路

中远海运集团希望通过数年努力，以自我革命的精神，对原有人力资源管理体系进行大刀阔斧的改革，打造战略引领、专业支撑、数字赋能、能够有效助力战略目标实现的人力资源管理体系（见图1）。该体系要实现如下目标：一是承接战略，围绕战略要求，规范管理概念，界定人才分类，统一人才标准，优化管理体系，实现“战略—组织—岗位—人员”的一体贯通；二是专业支撑，对人力资源管理的具体流程、模式、方法、工具围绕战略要求进行优化与升级，推动管理效率的提升，增强员工的归属感；三是数字赋能，统一人力资源数据标准和口径，实现数据全场景、全流程贯通，形成一套能完成数据质量监测和治理的指标体系和工具，使人力资源数据资产得到充分盘活，人才数据的分析和诊断能有力支撑经营管理决策。

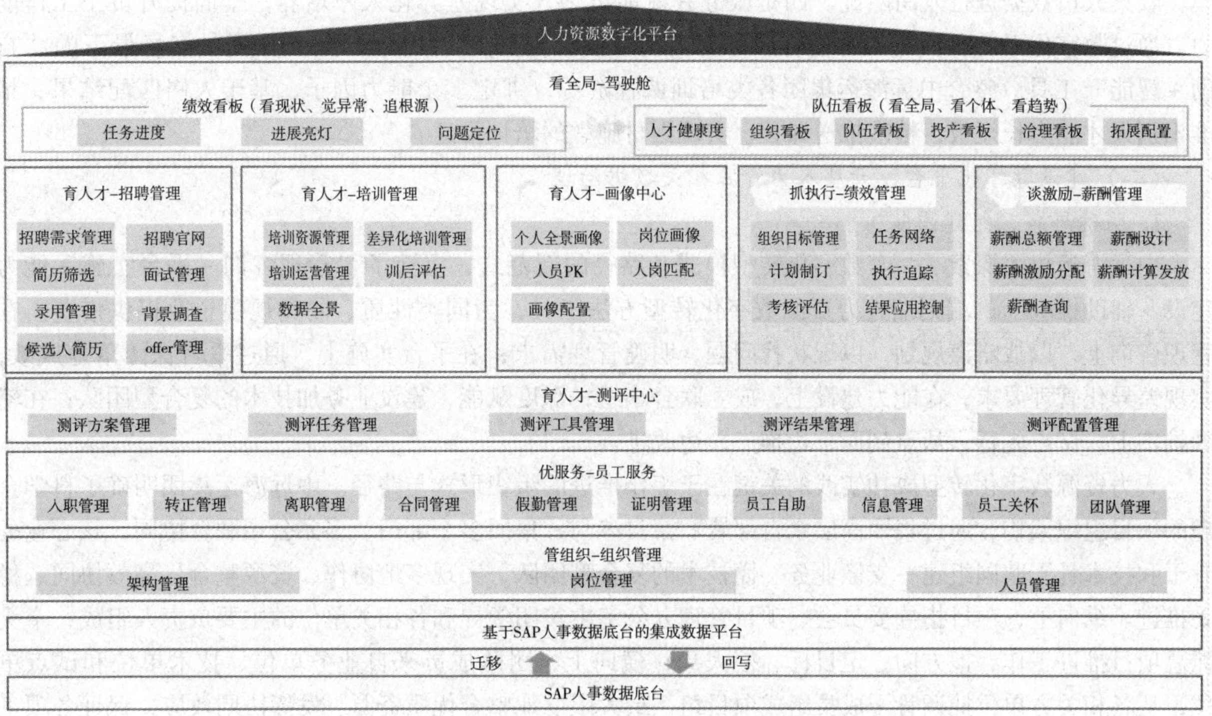

图1　战略导向的数字化人力资源管理体系

在具体实现路径上，通过两步来实现。第一步，2016—2020年，实现人力资源管理体系向一体化、服务型转变。中远海运集团围绕员工的“入转调离”等核心人事活动和流程，完善人力资源管理的基本框架，为后续工作奠定基础。主要工作包括：制度流程的建立、健全和统一，人力资源顶层设计和制度体系不断完善，员工“入转调离”等业务流程和场景不断理顺；管理理念和管理方法的统一，两家集团的管理理念深度融合，明确内部管控职责的边界，优化和统一管理方法和工具；管理标准、人员信息标准统一，在集团范围内进行人力资源标准信息分类与编码；数据集成与数据治理的加强，统一数据标准和报表口径，实现数据的集成；提升数据质量，为数字化管理平台的搭建奠定坚实的数据基础。

第二步，2020年至今，实现人力资源管理体系向专业化、战略型转变。在新的形势和战略要求下，中远海运集团以价值创造为导向，站在实现战略目标的全局高度重塑组织和队伍，构建可以持续促进高质量发展的人力资源经营体系。围绕“组织管理、队伍建设、人才赋能”三大关键能力做好四个方面

的工作。一是优化组织管理，实现岗位体系的上下贯通，承接战略要求。纵向上，将战略要求贯穿于“组织—岗位—人员”的完整体系，以组织架构和岗位设置承接战略要求，将执行战略所需的能力要求落在岗位标准上；横向上，用上下一张表的职级管理理念打造面向全系统员工的职位职级体系，为建立内部人才市场、实现全集团的岗位交流奠定基础，实现组织管理形态灵活、岗位序列上下贯通、人才标准和发展路径清晰。二是重构人才分类体系，建立人才健康度预警体系，助力战略落地。结合中央对人才工作的要求，锚定集团“十四五”战略和企业经营价值链要求，创新人才分类方式，重构三位一体的人才分类体系，同时梳理反映人才队伍总体态势的系列指标，创新构建人才健康度预警体系，为基于战略要求监测队伍现状、预测变化趋势打好基础。三是搭建岗位能力素质模型，实现人才精准识别，提升战略执行能力。在人才分类体系的基础上，构建既有上下一体的标准框架，又能满足个性化需求的岗位能力素质模型。基于岗位能力素质模型，设计完善配套测评工具，建立中远海运集团员工测评数据常模，收集人员数据进行人岗匹配。四是服务并赋能员工，实现差异化人才培养，全面提升员工工作能力。通过数字化平台实现员工管理与服务的全面自助，为员工、团队领导、HR 提供多场景下的“自助 + 智能”工具。整合中远海运集团各类培训课程资源，绑定多个能力因子，基于人岗匹配结果，精准识别人才能力长短板，精准推送课程，实现因材施教的培训推送。

（二）建设数字化平台，开展人力资源相关数据治理

1. 明确思路，组建团队

中远海运集团探索了一套数字化转型模式和路径的新范式，沉淀了“管理咨询 + 平台实施 + 能力建设 + 辅助推广”的端到端人力资源数字化转型方法工具，为同类性质、同类规模企业提供借鉴。在管理咨询上，以战略谋规划，以现状找问题，明确管理需求；在平台实施上，通过平台保障落地成效，实现差异化管理要求；在能力建设上，成立联合小组，深度赋能，建设业务加技术的复合型团队；在辅助推广上，试点先行，从点到面，边推广，边改进。

人力资源数字化转型成功实践的关键在于工作推进的组织形式与路径。中远海运集团明确了科学合理的项目组织架构，通过集团高层亲自部署、亲自参与，集团多个部门、多家公司联合协同，核心业务骨干和技术骨干共同组建一支懂业务、懂技术的复合型团队，实现多地协作、资源整合、高效协同、稳妥推进。纵向上，项目指导委员会、项目管理办公室由集团领导和各相关单位的主要负责人组成，牵头抓总项目推进工作，把方向、定目标、控大局；横向上，团队成员来自业务单位、技术单位和试点单位，从各相关方单位抽调骨干成员组成项目组，最大限度地整合优质资源、发挥协同效应，保证各项工作高效、有序、稳妥推进。项目执行的各小组结合平台建设需要，分工不分家，按照蓝图目标以周为单位，压茬推进项目任务，确保保质保量完成。此外，聘请第三方机构作为专家顾问团队参与项目的技术支持。

2. 分阶段、分步骤从信息化向数字化平台迈进

首先，构建 SAP 核心人事数据底台，完成信息化建设的阶段性目标。中远海运集团在 2017 年选择 SAP 核心人事作为人力资源信息化建设的支持系统，根据 SAP 标准实施方法论，按照需求分析、蓝图设计、系统实现、用户培训、上线切换等标准步骤开展工作，完成了核心基础操作、场景功能、自助查询、系统数据四大板块的建设。形成的 SAP 人事数据底台全面覆盖“入转调离”等人事核心基础业务场景和流程。面向 HR 用户，完成跟踪员工从入职到离职的全职业生命周期管理，支撑组织管理、人事管理、考勤管理、薪酬管理等各项业务的信息化建设，加强了内部不同系统的集成建设，强化了各类信息的汇聚贯通、标准录入和规范管理，实现了“上下一体化、管理系统化、业务标准化、流程信息化”，成为中远海运集团人力资源管理体系的坚实信息地基。

其次，构建数字化的人力资源管理平台，实现信息化向数字化转型的最终目标。在完成SAP核心人事数据底台建设、打牢数据地基的基础上，着力建设支撑经营管理、科学决策、自助服务等功能的上层应用平台。数字化转型是战略导向、数据驱动的，需要打破职能壁垒，重构人力资源管理的流程和场景，形成贯通“战略—组织—人”的数据闭环，让组织和人成为有效达成战略的最短路径。一是从优先级最高的业务需要出发，以人岗匹配、人才盘点、人才培养为切入点，为业务发展选优配强、干部人才有序流动打好基础；二是实现全程贯通和体验优化升级，建设人才招聘、人才测评及员工服务等内容，进一步规范选人、用人流程，完善测评体系，丰富员工服务场景，优化用户体验，打通人才“选、育、用、留、退”全生命周期的线上闭环，落实全方位培养、引进、用好人才。建设包括“驾驶舱、组织管理、招聘管理、培训管理、画像中心、测评中心、绩效管理、薪酬管理、员工服务”九大模块功能的数字化人力资源管理平台，最终通过“管理制度化、制度流程化、流程系统化、系统数字化”实现基于战略导向的人力资源数字化的转型目标。

3. 开展生态化数据治理，实现数据规范贯通和价值挖掘

中远海运集团通过建立科学有效的数据治理体系，持续开展数据质量提升与检查，在信息化系统建设和数字化平台搭建的过程中，盘点人力资源管理的业务数据资产，建立数据标准，深度挖掘数据价值，通过算法实现平台功能的灵活化和智能化。

首先，统一数据标准，开展常态治理。明确统一全集团人力资源管理相关数据的标准，编制系统数据字典并依据员工性质分类，制定人员信息录入标准和管理规范，支持全模块系统建设。为持续提升数据质量，督促集团内所有上线单位的数据治理工作，设计了4大类80个数据质量监测指标，随时查询各级单位数据质量情况，进行常态监控与治理。

其次，打通业务场景，驱动数据贯通。建设了覆盖领导、HR、主管及员工四大角色，囊括“选—育—用—留”人才发展全生命周期的线上管理流程，通过业务流转驱动过程数据的积累与沉淀，打通应用场景，搭建数据中台。同时，建立标准统一的标签体系，通过对文本类信息进行标签化处理，实现码值类信息和标签类信息均可通过标准算法完成二次计算和信息提取，实现数据的全流程贯通。

再次，盘活数据资产，赋能业务开展。基于数据的贯通，通过各功能模块的设计调用底台数据，盘活数据资产，通过数字化平台对数据的汇集、整理、配置规则、运算分析、展示结果，支持日常业务的开展，提升管理的效能，为人力资源管理的科学决策提供支撑。数字化人力资源管理平台通过各大功能模块的设计，实现了“以灵活化组织管控，赋能战略执行；以可视化人才盘点，赋能人才队伍管理；以智能化人岗匹配，赋能精准人才选用；以差异化人才培养，赋能员工素质提升；以科学化人才评价，赋能人才精准识别；以自助化员工服务，赋能管理效率提升”的总目标。各类业务在平台功能的运转中，沉淀了大量的数据，随着数据量的不断增加，不同业务功能的常模逐渐形成，为后续建立能随企业发展、人员变化而动态优化的智能化模型奠定了基础。

最后，维护数据安全、强化数据隐私保护。国有企业的人力资源相关业务数据安全关系到公司的生产经营安全，为此，在系统和平台建设的过程中，中远海运集团严格按照法律法规的相关要求，落实数据安全标准，梳理数据在收集、存储、使用、加工、传输等环节可能存在的风险，通过各类安保措施及不间断的数据安全培训与监督，确保数据安全，强化数据隐私保护。

（三）开展全集团可视化人才盘点，实现战略导向的人才经营

中远海运集团立足打造全新的人才盘点体系，并通过数字化平台实现可视化呈现，助力人才经营的全面实现。

1. 搭建人才分类体系，为组织和人才科学管理夯实基础

中远海运集团建立了“全面覆盖，重点突出”的人才矩阵。纵向上，参照央企人才队伍建设要求，

区分“经营管理、产业技术、技能操作”三大类人才标签；横向上，根据人才在集团业务价值链中发挥作用的主要环节，区分出“营销、产品、专业、客户支持、协同资源、科技”6大类人才标签。通过纵向和横向划分区分出总计78类人才，实现人才分类基于公司经营管理需要的全面覆盖。同时，结合集团战略发展的目标要求，根据人才的战略价值和稀缺程度，以复合型经历的条件组合形成独立的10类“复合型战略人才”（如产业链经营复合型人才、数字化复合型人才等），体现人才分类体系对企业战略落地的支撑，为精准掌握战略执行所需人才队伍的结构、质量、层次的动态变化夯实了基础，为管理层洞察企业人才状况提供了抓手。

2. 搭建人才健康度预警体系，助力精准人才评估和经营

中远海运集团充分考虑企业人才预测、供应与需求分析的需要，基于政策战略的强关联性、兼顾效率与务求实效、能即时反馈管理问题等原则，筛选人才健康度指标，最终确定“队伍结构、人才效能、人才市场化、人岗匹配度、人才流失率、组织竞争力”6大类共27项人才健康度指标，助力管理者看清队伍现状、预警潜在风险。

结合人才分类体系和人才健康度预警体系，面向经营管理者构建“组织、队伍、投产、治理”4大看板，全面展现中远海运集团人力资源管理的全貌，助力管理层全面掌握组织和人才队伍情况。一是“由总到分，看清看全”的组织看板。全面展示组织架构和人才队伍总体情况，如机构在全球的分布状况、在职在岗员工数量、入离职情况、退休人数等。二是“全面覆盖、重点突出”的队伍看板。涵盖央企三支队伍、六大价值链、复合型战略人才3维88类的人才矩阵，展示人才数量、质量、流动等方面近100个指标。三是“看总数、看趋势”的投产看板。围绕人工成本、营业利润、营业总收入等十余个经营指标，以时间维度看清人力资源投入产出变化趋势，以单位维度看清内部经营效率。四是“看事项，看队伍”的治理看板。落实改革要求，结合集团特色，提取董事会“应建尽建”指标，以及董事人才队伍数量及质量指标，看清关键治理事项及队伍情况。

3. 以平台承接四大看板、六大仪表盘，实现人才可视化盘点

人力资源数字化平台的“管理驾驶舱”模块秉承“横向行业可比、纵向发展可比”的原则，兼顾“管理目标刚性、科学管理柔性”的要求，坚持“看清看全助力人才决策、看清投产助力人才经营、看清治理分析公司治理”的价值主张，通过抓取底台人员信息数据和业务流转沉淀的数据、筛选关键数据进行二次计算、细化算法规则和设定量化管控指标，以亮灯的形式直观呈现预警结果，支持看清、看全、看透全集团人才队伍的数量、质量、流动等状况，预警潜在风险。目前，“四大看板”汇集100余项管理指标，承接超200万条数据，形成138张统计报表，含中远海运集团总部及全集团境内外共39家二级单位，2.5万岗位及超13万人才实时动态数据全面上线，实现从过去以“年”为单位统计各类人才数据升级到支持不同维度、不同视角、不同口径实时统计各类人才数据、实时诊断人才队伍状况的转变。“六大健康度预警仪表盘”汇集7类数据源，内置34条算法，通过“整体结构、党组管干部、年轻干部、人工效能、员工满意度、人岗匹配度”6个维度27项指标的动态指标展示，实现了管理问题预警、管理动作前移、管理效能提升的目标。

中远海运集团管理层和二级单位主要领导、全集团组织人事部门负责人根据权限设定的范围，能够全面、实时掌握中远海运集团人才队伍整体结构和质量，跟踪关键核心干部队伍的异动及变化，聚焦并关注复合型战略人才总体情况，根据关键指标预警情况，采取有效手段调整人才制度与政策，支撑以战略为出发点的人才队伍诊断、人力资源规划、人才招聘计划及配置等工作开展，实现对组织健康度、机制支撑度、人才匹配度的追踪预警、通盘分析。精准评估组织能力与战略的匹配程度，扩大选人、用人视野，助力人才队伍建设的动态优化和风险防范，支撑人才决策。

（四）开展智能化人岗匹配，实现智慧选人用人

为进一步扩大选人用人视野，精准识别关键岗位所需的人才，中远海运集团在岗位人才标准、人才评价和识别技术、人岗匹配机制等方面进行了大胆且富有成效的创新。

1. 构建岗位能力素质模型，精准传导岗位标准和要求

通过价值链人才分类结果进行岗位分类，结合具体工作内容及中远海运集团人才选用标准的价值导向，从“基本任职条件、关键经历要求、能力素质模型”三大维度立体刻画出岗位标准和要求。明确基本条件和知识技能要求；关键经历要求侧重过往工作经历，体现对复合型经历、挑战性经历的具体要求；能力素质模型侧重能力、素质、价值观，具体包括“看能力、看廉洁、看品德、看态度、看思维、看实绩”，既彰显政治标准、战略要求，又体现人才管理客观规律。岗位能力素质模型框架充分体现一体贯通、上下一致，具体标准要求及能力素质标准又兼顾个性需求、因岗而变。

纵向上，从总部到二级单位，模型结构均包括“基本任职条件、关键经历、能力素质”等模块，按照管理层级分类，区分为“公司级”“部门级”“处室级”“其他员工”4个职能等级（共10个级别），体现全集团人才标准的一体贯通。横向上，基于“营销”“产品”“专业”“客户支持”“协同资源”“科技”6大价值链人才大类和细分小类（共76个小类）确定的具体岗位，基本任职条件的具体标准、关键经历模型的不同履历及年限、能力素质模型“六看”所涵盖的能力素质因子各有不同，充分体现各单位在岗位管理、人才管理方面的个性化需求。当前，中远海运集团已完成了涵盖总部及境内外39家二级单位、不同类别人才近2.2万套岗位模型确认、2.1万套岗位画像、2.0万人岗匹配规则配置。

2. 完善全集团员工的全景画像，择机开展人才测评

一是全面梳理员工的关键信息，重新规划包括基本信息、职务信息、教育背景、工作履历、人才信息、工作表现、能力素质、奖惩信息、培训信息9大区块共128个指标的全景画像，做到员工信息全掌握，实现人员“全面看”。二是在人员全量信息基础上，提取关键特征标签，凸显员工特质，如复合型战略人才、关键经历详情、专项培训经历等信息，实现人员“重点看”。三是将全景画像全量信息与岗位能力素质模型进行一一比对，确保岗位能力素质模型所需要的信息全面完整，为扩大选人用人视野在数据层面打牢基础。四是对核心重要试点单位、专项人才选拔、人才培训专项工作、校招社招专门场景等择机开展人才测评，为稳步推进、全面推广精准识别人才能力素质做好准备。当前，中远海运集团已完成全景画像建设，整合9大维度128个指标，覆盖全集团13余万人；同时，完成了8000多人次的人才测评，助力智能化人岗匹配、人员PK数字化建设。

3. 基于看岗、看人、评人的业务需求，构建人岗匹配功能模块，实现全面客观的人岗匹配

一是建立动态静态信息结合的人才全景画像。通过SAP核心人事系统和数字化平台全面收集人力资源管理活动产生的动态静态数据信息和人才发展过程中动态变化的测评信息，提升人才画像各类数据的丰富性、有效性和即时性，实现静态信息与动态信息相结合，构建全时、全量、全貌的人才画像标签体系，为通过统一标准的数据结构和算法实现精准匹配提供全新的解决方案。二是建立科学分析的人才识别方法。通过科学测评员工的能力素质表现形成能力素质得分，借鉴绩优人员表现，通过不断积累数据逐步修正常模标准，形成中远海运集团人才评价常模，以此设定评价基准线。借助智能化的人岗匹配分析引擎，基于岗位画像与人才全景画像，进行多维雷达图式的智能匹配，为人才识别提供科学依据。三是建立持续迭代的人才评价模型。运用机器学习算法，调整优化模型参数，训练提升模型预测的准确度，持续修正与战略规划、组织目标高度匹配的岗位素质模型和人才评价模型，提高识别优秀人才的精准度和前瞻性。目前，中远海运集团完成了试点单位及重点核心人才队伍人员近8000人的测评评估及

人岗匹配工作。领导、HR 及主管可根据自己的权限，在全集团范围内进行人员 PK 及重点岗位的人岗匹配，为人才选拔任用提供决策支持。

（五）开展差异化人才培养，实现千人千面的靶向赋能

中远海运集团通过打造差异化人才培养的平台功能，锚定岗位能力素质模型对人才的要求，精准锁定人才待提升的领域，明确育人方向。基于人才能力长短板，借助系统平台精准推课，构建按需培养、因材施教的数字化培训平台，提升自主培养人才能力。

1. 完善教育培训体系，优化顶层设计

为不断完善教育培训体系建设，中远海运集团在 2021 年年底出台了《关于完善教育培训体系建设的意见》，从顶层设计上对教育培训工作进行了全面规划。一是优化分级分类培训体系。建立从新入职员工到中高级管理人员全覆盖的培训体系。对集团党组管理干部、集团总部员工、各直属单位不同岗位员工的培训工作提出明确要求。二是完善培训课程体系。坚持“干什么学什么、缺什么补什么”的原则，建立模块化课程目录和核心课程清单，使培训课程贴近实际需要，增强培训的针对性和有效性，尤其是根据不同层次、不同类别员工的岗位需求和健康成长需求，精心设计培训内容。相关课程类别包括政治理论课程、内部专业课程、外籍员工课程。目前，中远海运集团搭建了包括政治理论和党性教育，管理能力，专业能力，基础知识，职业技能 5 大类 38 小类的课程体系；同时，围绕全集团能力素质库建立了 6 看 24 因子的课程因子库，完成矩阵式课程体系建设。

2. 建设人才培训平台功能，实现培训全面线上化

按照中远海运集团《关于完善教育培训体系建设的意见》提出的目标要求，围绕“培训资源、差异化培训、培训运营管理、培训后评估、培训数据洞察” 5 大能力，统筹整合集团网络培训资源，建设兼容、开放、共享、规范的网络培训体系，搭建集团统一的在线学习平台及移动学习平台，发挥网络培训即时性、互动性强等特点，推动“互联网 + 教育培训”深度融合。目前，中远海运集团完成线上培训班 66 个，支持十九届六中全会宣贯、基层党组织书记培训班、深化国企改革专题培训等重要培训，为干部职工学习赋能，参训人员覆盖全集团 13 余万人。

3. 结合员工能力长短板精准推课，实现培训千人千面

一是实现从“千人一面”到“千人千面”的培训课程体系的变革，基于人岗匹配结果精准识别人才能力长短板，形成差异化配置和智能化课程推送的培训体系。二是实现从分类分层设计培训计划到贯穿人才发展全生命周期培养规划的转变，基于人才发展全生命周期不同阶段、不同场景，通过对平台积累的数据进行分析，制定全面系统的人才培养规划。三是实现从“有使用无培养、有培训无考核”的“孤岛式”培训到建立“选人—用人—育人”场景打通的培养体系的转变，打通人才培养、人才选用、考核评价等全场景。目前，中远海运集团现已沉淀 8000 多门内外部在线课程并完成课程打标工作，基本能够实现通过标签体系完成精准课程推送及专题课程运营的功能。

（六）提供自助化员工服务，优化多层面服务与体验

中远海运集团十分注重加强员工关怀，围绕“以人为本”的理念，站在不同层面员工角度关注其在企业工作全生命周期的需求，为员工、团队领导、HR 提供多场景下的“自助 + 智能”工具，用数字化手段改进员工体验，提升团队管理效率，减少事务性损耗，营造满意度和敬业度高、幸福感和获得感强的工作氛围，促使员工全力投入，提高工作成效，将个人价值融入企业发展前景。

1. 赋能员工，实现多样化自助服务和关爱

通过整合已有的员工自助服务模式和功能，丰富员工服务内容和场景，帮助员工在手机上就可以自助进行请假、证明办理、薪资查询、信息管理、一键打卡等服务大厅性质的工作，各级领导也可查询自

己团队成员整体情况及各成员的人员信息，实现空中服务100%自助，足不出户享受多样化员工服务，多样化自助服务，服务体验更便捷、更高效。此外，结合员工实际工作生活需要，完善服务热线、生日祝福、体检服务、周年祝福、健康问诊、工卡办理等功能，祝福模板预先内置、定时任务自动触发、员工亲密互动祝福，让丰富、权威、贴心的信息和保障举措快捷触达员工，创新融合线上线下，开启员工全方位保护新模式，体现全面关怀，激发干部职工的“获得感”。

2. 赋能管理者，系统性提升团队管理效率

通过全集团覆盖，一体化管理，将团队档案、BI报表、团队考勤、移动审批、督办提醒、任务派发等功能进行整合上线，满足管理者“看、管结合”的业务场景需要，实现看清整体及个体情况，管好队伍、任务和风险的业务需求，助力管理工作一体化、便捷化、高效化，成为管理者开展团队管理的有力抓手，有效提升团队管理效率。

3. 赋能HR团队，减少事务性损耗，释放精力

中远海运集团梳理入职、转正、假勤管控、合同流程、调动管理、离退办理等管理规范及流程，将核心流程导入线上，使日常工作自动化，去手工，释放精力；通过管理员工“入离转调”生命周期，定位不同时期的员工状态，分析现象背后的原因，帮助HR识别问题，提升管理，赋能HR团队，使HR团队可以减少手工，释放精力，将更多时间和精力花在如何更有效地服务员工、支撑业务上来。

三、战略导向的数字化人力资源管理体系构建的效果

（一）有效支撑公司战略落地，服务国家战略能力增强

通过构建数字化人力资源管理体系，助力整合中远海运集团内部管理理念、文化、制度、流程、工具和方法，实现内部数据的贯通和共享，真正实现从“物理整合”到“化学融合”的转变，保障“战略—组织—岗位—人员”的一脉相承和上下贯通。中远海运集团经营发展的战略意图通过组织架构设计、岗位能力素质模型搭建、人才队伍能力标准建立一以贯之地进行层层传递，在保证集团统一要求的前提下兼顾了不同业务单元、不同工作岗位的个性化需求，为扎实推进各项战略举措打下坚实的基础。集团重大战略举措顺利推进，尤其在供应链服务生态搭建、数字化转型、“一带一路”建设等方面均取得了重大突破与进展，重组整合后实现了综合运力等“六个世界第一”和集装箱船队等“六个世界领先”，成为国际航运业的重要力量。

（二）集团人力资源经营效能倍增

数字化管理体系已完善了1085家机构、2.2万岗位、10万在职在岗员工的数据，人力资源管理工作实现了数据、业务双重规范管理，做到了动作标准、线上严控、自动流转、流程高效，全面提升了人才选拔、培养、激励等工作的效能。全面覆盖人才基本信息和工作履职表现的全景画像、分层分类要求明晰的岗位画像，为精准实现人岗匹配提供了科学的工具。2022年9月—10月，中远海运集团在制订2023年度招聘计划的工作中，已从过去由各二级单位上报、集团总部审批的方式调整为通过人力资源数字化平台全面分析各类人才的年龄、学历、数量、流动性等因素，预测招聘合理规模，在与各二级单位充分沟通的基础上，制订2023年校园招聘总体计划。同时，通过数字化平台的智慧选人用人工具选拔并建立了集团年轻干部后备库“远航库”“启航库”共600余人，为中远海运集团干部的梯队培养、年轻干部储备打下了坚实的基础。结合人岗匹配识别能力素质长短板的结果，形成了千人千面的培训课程，目前数字化平台的培训功能已全面覆盖10万人。通过高效便捷的线上化人事服务、自助服务、关怀服务，完善激励机制，让全体干部职工有温暖感、获得感和归属感。

（三）赋能员工成长加速，人才聚集效应凸显

数字化人力资源管理体系进一步夯实了船员队伍建设，为做强航运主业提供人才支撑，选拔船员高

级人才库1073人，船员专家人才库560人，表彰“金牌三长”1558人，建成了安全管理、航运金融、网络安全、装备产业4个专家人才库；建成了产业链复合型人才、数字化复合型人才、船岸复合型人才、国际化人才、管理培训生人才等10类与战略紧密相关的复合型人才队伍。2021年年末，中远海运集团高级职称人数2053人、国家级人才8名。已建立1170人外派后备人才库，累计派出294人。海外直属单位中有9名外籍高管人员，300余名外籍员工进入直属单位部门或所属公司领导岗位。全力推进从“全球承运”向“承运全球”转变，全面推动中远海运集团全球化经营程度的提升。

（成果创造人：李　歆、关育德、唐继云、崔志鹏、韦秀民、李忱忱、罗丹枫、杨晓峰、刘权辉、廖　丹、史洪斌、郝　珊）

国有资本投资公司基于智慧绩效系统的精准考核管理

深圳市投资控股有限公司

深圳市投资控股有限公司（以下简称深圳投控）成立于2004年，由原深圳市投资管理公司、商贸控股公司、建设控股公司三家资产经营管理公司合并新设而成，是落实深圳市委、市政府战略部署的重要抓手，现已发展成为以科技金融、科技园区、科技产业为主业的国有资本投资公司。深圳投控注册资本为285亿元，拥有全资、控股并表企业40家，其中上市公司13家。截至2021年年底，深圳投控总资产达9348亿元、净资产达3674亿元；实现营业收入2425亿元，利润总额达309亿元，居2022年《财富》世界500强第372位。近年，深圳投控先后荣获“全国先进基层党组织”“第六届全国文明单位”“全国工人先锋号”“全国内部审计先进集体”“国有重点企业管理标杆”“国有企业公司治理示范企业”“中国企业改革发展优秀成果特等奖”等荣誉。

一、基于智慧绩效系统的精准考核管理的背景

（一）突破国有资本国企分类考核难题的需要

明确国有企业功能界定和推进分类改革是新时代深化国有企业改革的逻辑起点。尽管分类考核理论逻辑十分明晰，但在管理实践中却面临诸多难题。国有企业功能定位多元，产业与行业跨度较大，集团总部和所属企业之间普遍存在信息不对称问题，由此带来的上下博弈成为分类考核重点难点。具体表现为：一是考核对象难以合理分类，尤其当子公司在规模、行业、经营模式、发展阶段等方面存在较大差异时，分类比较困难；二是考核指标设计难以尽善尽美，多数企业的考核指标设计存在惯性，对所有所属企业一刀切，没有考虑所属企业的特殊性和彼此的差异性，想要推行“一企一策”精细化分类考核面临较大障碍。近年，在更加清晰的功能定位基础上，深圳投控深入探索分类改革、分类发展、分类考核，推动精准考核取得重要突破。深圳投控现有直属企业40家，各层级企业数量众多，这些企业功能定位不一、发展阶段各异、涉及行业广泛。在这种情况下，如何科学设置分类考核指标，并推动公司战略目标层层传导、公司经营责任分解落实，确保公司战略传导过程不消解、执行不走样，确保公司考核激励约束公平、公正、公开，是摆在深圳投控面前亟待解决的问题，也是当前国有资本投资公司普遍面临的共性问题。

（二）进一步提升企业数字化考核水平的需要

近年，深圳投控提出“转型‘深’计划”，确立2025年建成“数智深投控”的转型目标，但公司绩效考核仍面临数据赋能不深等问题。在外部数据方面，缺乏市场及标杆数据，无法构建总部与所属企业沟通交流上的统一参照系与度量衡，衍生出上下博弈、讨价还价等现象，深刻影响到企业业绩目标设置的挑战进取性、客观公允性及薪酬适配性。在内部数据方面，不仅存在“数据孤岛”现象，数据资料纸质、单机碎片化存储，手工统计“跑冒滴漏”、耗时费力、效率低下，还存在“重采集、轻应用”现象，缺乏数据标签化、标准化治理，缺乏工具平台实现快速搜索、精准分析、趋势预警，数据质量不高，数据价值无法挖掘，数据驱动经营也难以实现。

二、基于智慧绩效系统的精准考核管理的主要做法

（一）确立精准考核整体思路，设计开发智慧化绩效管理系统

1. 分步实践确立总体框架

深圳投控始终把绩效考核作为体制机制改革中的关键环节，立足所属企业众多、行业分散、业务庞

杂的客观实际，分两步走建设基于智慧绩效系统的精准考核管理体系。第一步是从 2010 年开始探索建立以市场化为导向的分类考核体系，核心做法包括综合所属企业功能定位、行业特征和发展阶段等要素，建立“六维度动态分类模型”，解决如何分类问题；针对不同类型企业，按“一企一策”原则差异化设置考核指标，解决如何考核问题；建立以战略为导向、以业绩结果为依据、与薪酬紧密挂钩的全员绩效体系，解决如何激励问题。第二步是从 2019 年开始探索应用智慧绩效系统，全面赋能绩效考核的各个环节，系统建设的基本原则包括四点：一是有效承载机制改革落地，通过信息技术内嵌管理要求、考核规则和分配原则，保障深化激励约束机制改革落地生根、执行不走样；二是破解博弈难题，依托“数字化、智慧化”技术搭建统一评价坐标系，助力企业管理层破解信息不对称博弈难题，真正实现业绩、薪酬双对标；三是提升监管质效，实现考核分配过程的数字化和自动化，提高信息传递和互联协作效率；四是精准输出干部绩效画像，为企业干部选拔任用提供坚实客观依据，实现更精准的“知事识人”。深圳投控精准考核管理体系总体框架如图 1 所示。

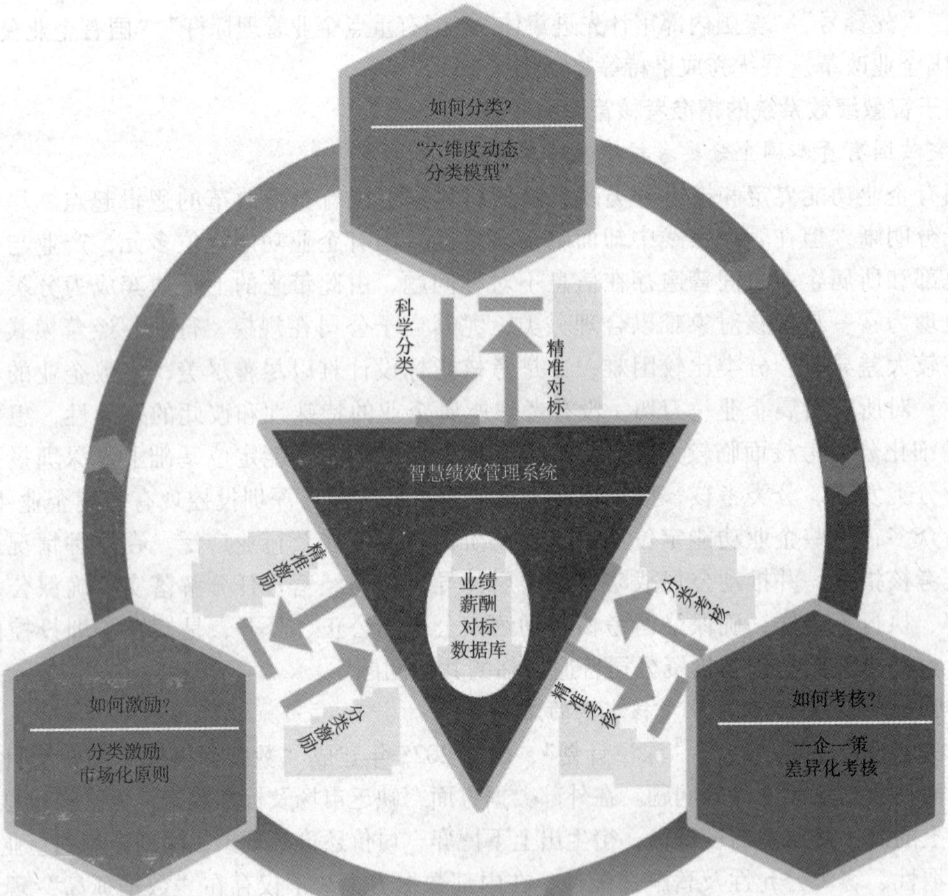

图 1　深圳投控精准考核管理体系总体框架

2. 搭建智慧绩效系统基本架构

2019 年，深圳市国资委启动智慧国资绩效管理系统开发建设，深圳投控以此为契机，基于分类考核改革的思路和方向，参考华为、平安、华润等一流企业的成功做法，结合深圳投控实际，推动在总部和所属企业中建立智慧绩效系统，为深化激励约束机制改革落地提供有效载体和可靠抓手，系统重点聚焦“两大看板、四力引擎和四大建设”（见图2）。

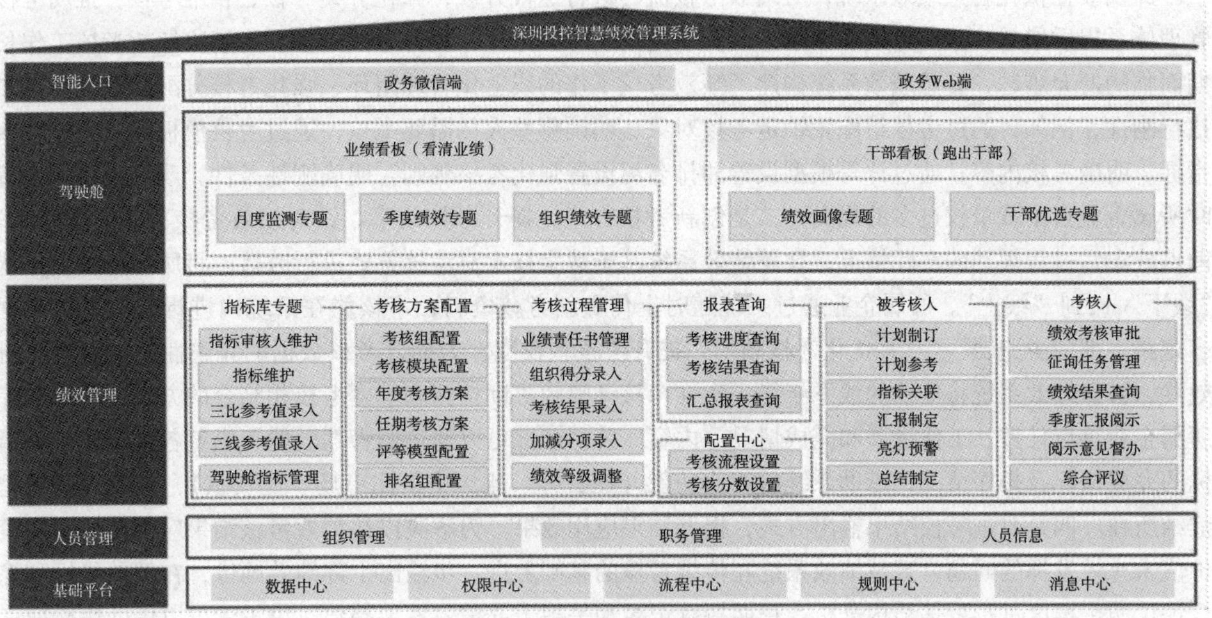

图2 深圳投控智慧绩效系统基本架构

“两大看板”是系统的可视化窗口，包括业绩看板和干部看板，满足深圳投控及所属企业董事长等核心用户的信息需求，实现对所属企业的层层管控，助力决策层洞悉全局。“看业绩”板块通过仪表盘洞悉业绩考核各项指标完成情况，借助任务网格将目标层层分解到位，支持过程预警亮灯、实时在线督办。设计月度监测、季度追踪，由浅入深，层层聚焦，支持公司总部纵览各级企业各项指标的完成情况及排序情况。“看干部”板块通过对各级企业组织绩效和干部个人绩效的追踪监控，识别绩优绩差两端人员，营造赛马氛围，根据业绩结果生成和展示个人业绩轨迹及绩效画像。提供快捷搜索及高级筛选功能，选拔出匹配条件的人才池，为组织选人用人提供业绩依据，助力用人部门知事识人、序事辨材。

“四力引擎”旨在围绕绩效考核的四个环节构建分类考核的线上化管理闭环。计划制订环节借助系统的“三比对标”（比历史、比市场、比标杆）划定三线目标（责任目标、挑战目标、卓越目标）进行考核计分，筑一个业绩评价的多维刻度尺，精确定位企业在薪酬业绩坐标系中所处水平，为企业经营目标制定提供明确参考依据，增加考核目标的挑战性，确保目标设定有牵引力。分解传导环节借助系统分布式生成任务网格，做到“事事有人干、人人有事干”，提升分解传导的传动力。过程追踪环节通过系统自动亮灯预警、被考核人季度汇报、考核人批示督办等功能，确保过程管理有驱动力。结果应用环节通过考核结果强制分布、横向排名、末等识别、绩效画像等功能，为识别两端、奖优罚劣、选人用人等方面提供关键信息，增强绩效考核应用的撬动力。

“四大建设”是系统落地的配套工程，深圳投控在系统建设之外同步推进机制建设、数据建设、能力建设和文化建设。其中数据建设的核心是打造业绩薪酬对标数据库，开发应用数据管理系统。业绩薪酬对标策略借助外部专业咨询力量，收集了与不同类型所属企业相关的45个全行业样本、49个定制化样本、25个标杆样本，结合咨询机构出具的200多组数据，包含22个行业共性指标（15个业绩指标和7个薪酬指标）、24个特性指标。数据管理系统可自动从“数仓”读取企业财务数据，同时满足外部对标数据导入及审核、上市公司数据自算分位值、企业数据历史分析和市场对标分析等诉求，将多源头、多类型数据整合在统一的数据系统内，实现数据治理。

3. 明确精准绩效考核管理重点

深圳投控依托智慧绩效系统，对绩效考核流程进行迭代升级，深化分类考核、精准考核，推动考核管理体系提质增效，主要体现在四个方面。一是严明考核纪律，提升考核刚性。为解决绩效考核工作长期面临的博弈难题，智慧绩效系统构建了绩效考核工作的线上化管理闭环，强化考核分配的政策刚性和执行刚性，例如，通过考核组配置锁定考核对象，明确哪些人员需要考核；通过考核模板配置固化考核指标，明确考核内容；通过评等模型设置和排名组设置强化考核规则，明确刚性条件，改变了线下考核时所属企业自由裁量权过多的局面。二是创新考核方式，提升考核效率。针对绩效考核工作面广量大、散点分布、过程烦琐的实际情况，智慧绩效系统基于数字技术对考核方式进行改造，将所有考核工作从“线下”搬到“线上”，所属企业通过系统随时上传更新考核资料，审核均在系统内进行，实现“数据多跑路、部门少跑腿”。三是优化考核频率，提升考核颗粒度。为提升考核数据的完整性、准确性和时效性，智慧绩效系统将传统的线下年终一次性考核调整为月度检测和季度考核相结合的方式，动态跟踪所属企业重点任务、工作进展和完成情况等内容。公司总部可以通过监管驾驶舱，纵览各级企业各项指标的完成情况及排序情况，借助系统的四比功能（比目标、比历史、比市场、比贡献），准确摸清问题症结所在。四是改进考核结果输出方式，提升结果应用效果。为解决以往绩效考核结果应用单一、决策价值未有效发挥的问题，智慧绩效系统在传统考核的基础上进一步输出干部绩效画像，在绩效指标和综合评议两个维度进行量化结构分析，长期持续记录和呈现干部绩效发展趋势，决策者可以借助快捷搜索及高级筛选功能，选拔出匹配条件的人才池，为组织选人用人提供业绩依据，助力用人部门知事识人、序事辨材。

（二）依据所属公司特点，构建六维度动态分类模型

1. 制定企业动态分类的解决思路

深圳投控在明确分类目的、原则的基础上，确定分类工作平台，通过大量细致的调查研究，梳理各企业的特性问题，收集所属企业经营管理层对行业、市场、战略定位及企业发展阶段等方面的分析判断，调查所属企业对深圳投控在业绩考核和薪酬分配等方面的意见及建议，统计出与企业分类相关的若干因子，最后使用因素分析方法将影响因子进行分析排序，筛选出六大相关因素，作为分类的主要维度（见图3）。当外部环境、企业发展阶段等影响因子发生变化时，动态调整企业分类，确保分类结果能够适用绩效考核、薪酬分配、企业管理等方面。

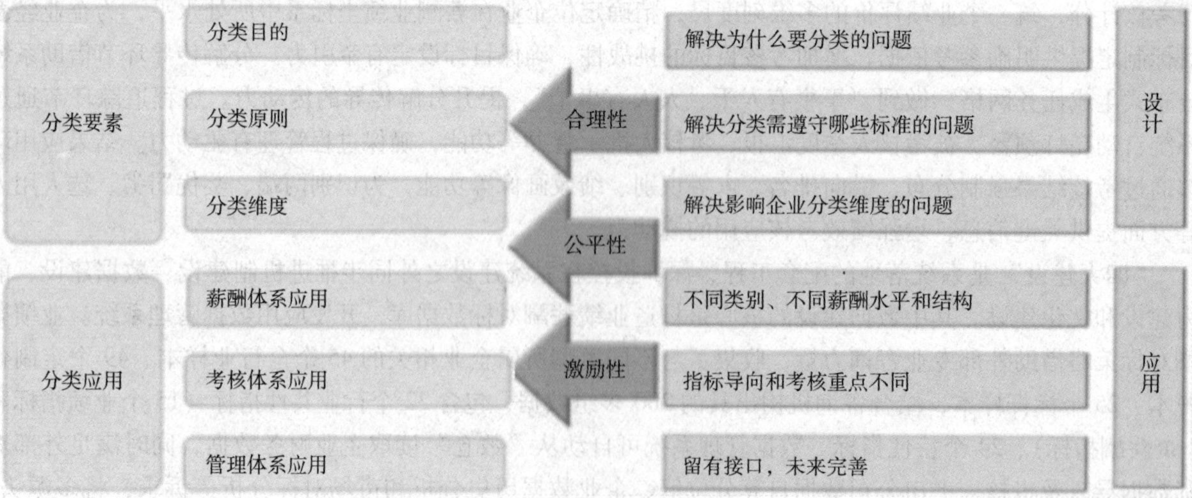

图3　深圳投控分类考核思路

2. 识别企业动态分类的六个分类维度

六个分类维度包括：所属行业、市场化程度、战略定位、发展阶段、经营模式和企业规模。所属行业和企业规模为企业自身特点；市场化程度反映所处行业的市场化竞争程度，以及企业经营业务的受限程度；发展阶段反映企业在不同发展周期的不同经营策略，需设计不同的业绩考核体系；战略定位包括企业在公司整体发展战略中的作用地位及本企业重点发展战略方向，直接关系到考核导向定位；经营模式主要反映企业资源的配置情况及经营管理的难易程度。通过六维度全口径综合分析，建立影响薪酬与考核体系的选项列表，根据差异化指标影响力分析赋予每个选项相应分值，将所属企业分为三大类：A类（完全竞争类）、B类（准竞争类）和C类（公共服务类），其中A类又进一步细分为A1类（以物质资本经营为主的模式）、A2类（以人力资本经营为主的模式）和A3类（综合经营模式）。

3. 开展企业动态分类

深圳投控的动态分类方法从2011年开始试运行，2012年开始正式实施。深圳投控对参与分类考核的企业，运用该方法进行分类，其中：A1类11家，A2类5家，A3类5家，B类15家，C类6家。例如，所属的深圳经济特区房地产（集团）股份有限公司等房地产板块企业，所处的行业处于完全的市场化竞争领域，其经营发展模式主要依靠股东的物质资本投入，因此按照分类原则确定为A1类；而五洲宾馆等酒店类企业，虽然行业属于完全市场化竞争领域，但由于所属的宾馆酒店承担了市政府的非市场化政务接待任务，这类企业需要在圆满完成政务接待任务之外加入市场化的竞争行列，所以分类确定为B类。最终的分类结果全面体现了既定的分类目的和分类原则，达到优化公司管理、体现相对公平、符合公司战略的目的，遵循了强化公司管控重点、追求大公平、忽略小差异、具有可操作性等标准和原则。

（三）以公司战略目标为导向，打造差异化考核指标

1. 基于公司战略“一企一策”设计重点考核内容

深圳投控依托六维度分析模型，基于公司发展战略，对不同类型企业不同维度下的考核重点进行分析，确定考核指标及对应权重（见图4和表1）。一方面，在考核体系设计原则上，用定量化的经济指标考核经济效益和股东回报，用定性化的重点工作、服务质量指标等考核相关公共服务、公共产品提供情况。另一方面，在指标体系统筹设计上，根据不同分类，设计不同指标权重，体现分类考核导向。比如，不同类别的企业经济指标、分类指标的权重有较大区别，在同类企业经济指标的考核上，也充分考虑所属行业、发展阶段、经营模式等方面的差异。

2. 完善考核指标，形成完整分类考核方案

通过分析各维度影响因素，最终确定各企业的考核方案，明确考核导向、指标设计原则、具体指标的选择与权重及考核计分方法（见表1）。考核方案中不仅设计了反映贡献的经济指标和反映重点任务完成情况、企业发展的分类指标，还设计了综合评议指标，将经营管理水平提升、企业文化建设、党建、班子建设等纳入考核体系，引导企业可持续、高质量发展。分类考核体系也充分体现了分类原则和方法，在企业发展战略指引下，推动A类企业以增大股东回报、追求企业利润最大化为主要导向，C类企业以提供公共服务为主要导向，B类企业则兼顾经济价值、政策性业务和公共服务质量。

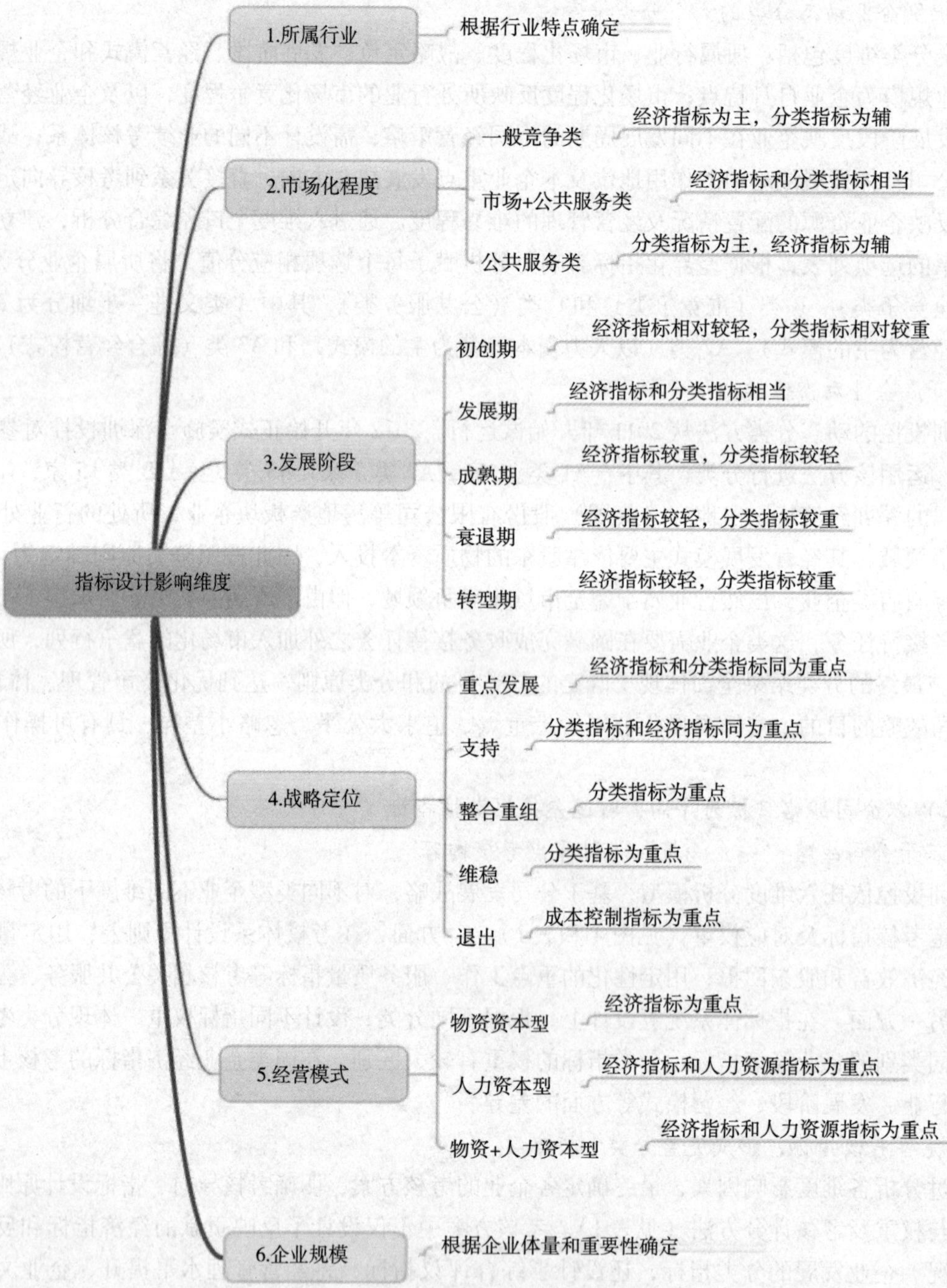

图4　深圳投控所属企业绩效考核指标设计图

表1　深圳投控分类考核实施方案

分类考核											
要素		完全竞争类（A）						准竞争类（B）		公共服务类（C）	
		A1（物质资本为主）		A3（综合模式）		A2（人力资本为主）					
考核导向		以增大股东回报、追求企业利润最大化为主要目的						提供公共服务兼顾市场经营		以提供公共服务和政策性工作为主要目的	
设计原则		经济指标为主，分类指标为辅						经济指标和分类指标相对平衡		分类指标为主 经济指标为辅	
指标及权重		指标内容	权重	指标内容	权重	指标内容	权重	指标内容	权重	指标内容	权重
	经济指标	1.EVA 2.ROE	50 15 20	1.利润总额 2.收入利润率 3.成本费用利润率	50 15 15	1.利润总额 2.收入利润率 3.人均创利水平	30 20 20	1.利润总额 2.成本费用利润率	30 20	1.利润总额 2.成本费用总额	20 10
	分类指标	年度重点工作完成率（投融资平台工作完成情况）	15	年度重点工作完成率（投融资平台工作完成情况）	20	1.年度重点工作完成率（投融资平台工作完成情况） 2.创新能力指标	20 10	1.年度重点工作完成率 2.公共服务工作完成情况（投融资平台工作完成情况）	30 20	1.年度重点工作完成率 2.公共服务工作完成情况 3.社会满意度	20 30 20
	指标权重	经济指标权重 分类指标权重	85 15	经济指标权重 分类指标权重	80 20	经济指标权重 分类指标权重	70 30	经济指标权重 分类指标权重	50 50	分类指标权重 经济指标权重	70 30
评议指标		1.综合经营指标 2.综合评议指标	40 60	1.综合经营指标 2.综合评议指标	40 60	1.综合经营指标 2.综合评议指标	40 60	1.综合经营指标 2.综合评议指标	40 60	1.综合经营指标 2.综合评议指标	40 60
考核方法		重点考核经济指标：考核得分=（经济指标得分+分类指标得分）×评议指标得分÷100×难度系数 总分100，最高可至120						介于完全竞争类和公共服务类之间 总分100		重点考核分类指标 总分100	

在具体指标方面，在设定利润总额、营业收入等通用类业绩指标同时，根据企业战略及行业特性分行业选择具体业绩指标，如房地产企业的房地产销售金额指标，酒店企业的GOP指标（酒店营业总利润），担保企业的担保代偿率，规划设计企业的签约合同额等。在指标目标值确定方面，采取历史值、样本值、行业值对标的多种形式相结合，并实行多元化计分方式，如对利润总额指标采取分档计分方式，鼓励企业主动选择高目标值作为考核目标，减少预算博弈；对酒店企业营业收入采取市场业务收入和政务接待收入相结合的方式计分。指标权重灵活设计，A类、B类、C类企业的经济指标、分类指标及评议指标的权重分别为70∶20∶10、50∶35∶15和30∶50∶20，另外对初创期和转型期企业，考虑到各企业差异性大，采取更加灵活的方式，未限定各类指标权重。同时，为了鼓励企业积极创新，建立单列考核、创新加分、创新投入视作利润等考核机制，引导企业增加创新投入，提高核心竞争力。

3. 依托考核方案实施差异化、精准化考核

按照考核方案，深圳投控从经济指标、分类指标、评议指标和加减分项四个方面对所属企业进行考核。经济指标采用预算目标、历史对标、行业对标等方式进行定量计分；分类指标根据各企业个性化KPI指标完成情况计分，其中定量指标参考经济指标计分规则计分，定性指标从质量、效率、时限等方面评价计分；评议指标根据各企业全面预算管理情况、企业规范经营管理情况、安全生产与信访维稳工作及年度综合评议进行考核和分析评价的指标进行评价评分；加减分项针对特定事项进行奖励或扣罚。定量指标在深圳投控对所属企业考核中占有较大权重，考核规则充分体现出差异化、精准化考核的特点。

一方面，绩效考核充分对标历史、对标行业，为超额绩效赋予超额得分。以ROE（净资产收益率）指标为例，最终考核得分综合考虑历史对标结果和行业对标结果计算。例如，房地产企业作为A类企

业，ROE 指标总分可以突破 100 分，最高可达到 120 分，最终考核得分 = 历史对标考核得分 + 行业对标考核得分，历史对标考核得分对标前三年实际平均值，行业对标考核得分根据本年行业对标值与上年行业对标值进行比较。另一方面，相同指标在不同类型企业中实施差异化的计分规则，精准匹配企业特征。以利润总额指标为例，三类企业的计分规则不同：A 类企业利润总额指标分为卓越目标、挑战目标和责任目标三档，最高分分别为 120 分、110 分和 90 分；B 类企业利润总额指标同样设置了三档目标，但最高分分别为 110 分、100 分和 90 分；C 类企业利润总额指标考核规则与 A 类、B 类企业不同，考虑到 C 类企业主要提供社会公共产品和服务，因此采用目标考核扣分原则，总分 100 分，完成或超额完成预算目标不扣分，比预算目标每降低 1% 扣 0.1 分，最低至 0 分。

（四）用足用好分类分级指挥棒，完善激励约束机制

1. 依托分类考核，完善所属企业薪酬决定机制

深圳投控遵循“业绩增薪酬增、业绩降薪酬降”薪酬总额与效益匹配联动机制，根据分类结果，建立薪酬总额决定机制框架，薪酬总额增幅原则上根据企业效益增幅分档确定，并紧密挂钩企业劳动生产率、人工效能变化及人力资源效能指标市场对标情况，同时设置人力资源效能调控和水平调控，针对性解决企业人力资源效能指标明显低于市场水平及员工平均工资明显高于市场水平情况下的薪酬增幅特殊情况。在此框架下，基本实现了所属企业薪酬总额与经营业绩同向联动，推动企业补短板、锻长板，实现稳定可持续的增长，让国企改革发展成果更多惠及全体职工。

2. 结合企业特点，建立相应长效激励约束机制

深圳投控基于分类考核，推动所属企业构建长效激励约束机制，为企业高质量发展注入新动能，目前主要采取三种模式。一是以深纺织等上市公司的限制性股票、混改企业管理层和核心骨干持股为代表的股权形式长效激励方案；二是以高新投、担保集团超额利润分享为代表的现金形式长效激励方案；三是以城建集团重大项目达成为代表的战略目标达成奖形式的长效激励方案；另外深圳投控也在探索房地产企业商业类项目员工跟投、创投企业员工跟投等其他形式的长效激励方案。截至目前，深圳投控本部及纳入国企改革三年行动的二级企业（30 家）中已建立长效激励约束机制的企业有 18 家，占比达 60%。在建立长效激励约束机制的过程中，实施全过程管控，强化精细化管理，结合企业和激励对象实际情况，灵活运用多种激励工具，确保激励措施落地见效。同时，根据激励对象特点实行分层分类管理，并采取递延和勾回的约束机制，激励周期一般是 3～5 年，加上递延的 3 年，总体周期长达 6～8 年，并且递延发放的激励奖金与递延年度企业效益挂钩，引导企业关注长期盈利能力。

3. 坚持市场化原则，持续优化激励约束体制机制

深圳投控按照“由市场评价贡献、按贡献决定报酬”导向，建立了“长效激励分配系数 = 激励对象岗位系数 × 考核系数”的分配机制，其中激励对象岗位系数是通过对激励对象的岗位价值做出评价而确定的系数，以企业高管人员为例，要求平均值不超过 0.85，考核系数按考核排名进行强制分布，第一名为 1，合格的最后一名不高于 0.67，中位值不超过 0.85，考核不合格的直接取消长效激励奖金分配资格。按照该分配方式，第一名与最后一名长效激励奖金相差近 50%，有力调动高管人员工作的积极性、紧迫性，避免了“平均主义”“大锅饭”等历来被诟病的现象，促进生产要素充分流通、资源配置合理优化，极大地增强企业的发展活力。

（五）大力开发数据库挖潜提效，持续改进精准考核管理体系

1. 打造业绩薪酬对标数据库，夯实精准考核的数据基础工程

深圳投控的智慧绩效系统在历史考核数据基础上，充分借助外部专业力量，联合国内知名咨询公司打造业绩薪酬对标数据库，构建符合行业特点的业绩刻度尺和薪酬参照系，做法如下。第一，选取业界

公认的涉及行业广泛、数据来源全面的两家第三方内资咨询公司，对两家公司提供同样本、同指标数据之间的数据偏差度进行批量化自动校验，确保数据权威、精准、独立、安全可控。第二，数据库涵盖各级企业所涉及一、二级行业共68个，赋能各级企业加强业绩目标管理，深度释放业绩潜力。第三，企业样本包含大样本、定制样本和标杆样本三类：大样本为咨询公司所掌握行业内全部企业；定制样本为依据“六维度动态分类模型”为企业定制的适用性高的样本群体；标杆样本采集于企业“十四五”规划和对标世界一流方案中设定的标杆企业。第四，指标体系包括净资产、营业收入、利润总额等15个行业常规业绩指标，以及薪酬总额、人工效能、各层级岗位年薪等7个薪酬指标数据，同时搜集若干行业特性指标数据，为未来薪酬业绩双对标应用提供全面的指标支撑。第五，对标标尺以五分位值作为基础刻度，细化各薪酬业绩指标刻度，精确定位企业业绩所处行业分位。第六，与咨询公司保持长期合作关系，持续更新后续年度薪酬业绩数据，保障数据的连续性。经过数据的长期累积，结合自身数据治理，挖掘同来源、同行业、同指标不同年度的数据波动情况规律，实现薪酬业绩数据自主更新迭代。

2. 历史数据和对标数据双轮驱动，提升考核指标设计的精准度

深圳投控的智慧绩效系统基于业绩薪酬对标数据库，以历史业绩考核数据和外部市场对标数据为依据，设置责任目标、挑战目标、卓越目标。以深圳投控对所属担保行业子公司考核为例，利润总额设置三档目标。责任目标以企业历史数据为依据，最高分仅为90分；挑战目标以行业数据为依据，最高分可到110分；卓越目标以标杆企业数据为依据，最高分可达到120分。所属企业年初在系统中自主设定考核目标，设定的目标值低于责任目标设定的标准时（如历史数据25分位），系统默认无法提交，至于选择哪种目标，完全由系统企业自主决定，极大减少了以往年初定指标时上下博弈的成本，有效解决了信息不对称带来的博弈难题。

依托数据库建设，深圳投控的绩效考核从“考核主体—考核对象”的二元结构向“考核主体—数据系统—考核对象”的三元结构转变，考核主体将更多精力集中在数据系统的运行和数据库的维护上，带来考核工作的三个提升：一是提升指标设计的科学性，三档目标基于历史数据和对标数据，逐年迭代优化，消除了人为干预，确保客观公正；二是提升指标设置的效率性，深圳投控和所属企业的博弈都抽象在同一个系统之中，极大减少了博弈成本；三是提升考核方案的差异性，不同企业的考核指标从目标设定环节就已经出现差异分布。

3. 全域互联打通跨系统数据通道，消除考核过程的数据壁垒

深圳投控的智慧绩效系统充分考虑绩效考核工作特点，在公司办公系统中与产权系统、财务管理系统、专项数据采集系统、科技创新系统等一体统筹、联动互通，打通端到端流程，实现相关数据互联，将多源头、多类型数据集成在统一数据系统中。这有效解决了以往数据在不同部门相互独立存储、独立维护、彼此间相互孤立而形成的数据孤岛问题，以及由此带来的绩效考核过程中重复填报、重复审批、数据冗余问题。考核主体只需要在个人办公电脑上登录管理人账号，就可以同步实现考核事项录入、综合查阅等功能，方便快捷、节约时间，从繁杂事务、无效衔接、多头考核中解放出来，实现“动态考核、主动考核、精准考核”，有利于从繁杂的事务性工作中解放出来，把主要精力聚焦在提高考核效能、提升经营质量上。

4. 整合结果数据，扩大考核结果应用的广度和深度

深圳投控的智慧绩效系统通过考核结果强制分布、横向排名、末等识别、绩效画像等功能，强化结果应用。具体来讲，系统将所有企业绩效考核结果统一为优秀、良好、称职、不称职4个等级，评等模型按照“考核优秀比例≤30%、优秀和良好比例≤2/3”的规则进行设置，当年度绩效考核得分在优秀、良好等级的高管人数大于限定比例时，将绩效考核得分从高到低排序，按限定比例核定优秀和良好

等级的人数。一方面，当年度业绩考核出现考核结果未达到完成底线（如百分制低于 70 分）、连续 2 年考核结果为不称职、总经理得分连续 2 年靠后、其他经理层成员连续 2 年排在末位时，系统会进行提示，经组织分析研判确属不胜任现岗位或不适宜继续担任现岗位的经理层成员，将予以免职或按有关规定退出经理人管理序列。另一方面，系统还能够形成干部绩效画像，长期持续记录和呈现干部绩效发展趋势，为企业干部选拔任用提供坚实的客观依据，实现更精准的知事识人。为确保画像底层数据扎实可靠，公司收集导入了所属企业 2018—2020 年 3 年历史业绩数据和上千条干部考核数据。

三、基于智慧绩效系统的精准考核管理的效果

（一）所属企业考核更加精准有效

深圳投控在精准考核管理体系的加持下，对所属企业的分类考核更加精准有效。A 类企业业务市场竞争程度高，考核以增大股东回报、追求企业利润最大化为主要目的，侧重经济指标，2021 年利润总额同比增长 21.4%。例如，A 类企业中的深物业考核指标以经济指标为主，在房地产行业下行的外部环境下，2021 年仍实现营业收入 44.9 亿元、利润总额 13.1 亿元、净利润 9.9 亿元，同比分别增长 9.4%、27.1%、34.9%，利润增速高于前三年水平。B 类企业考核兼顾经济效益和社会效益，经济指标和分类指标在考核中相对均衡。例如，B 类企业中的深投文化，2021 年度实现利润总额 158.3 万元，扭转连续两年亏损的形势，全年开展公益演出 441 场，社会满意度再创新高。C 类企业考核侧重公共服务质量。例如，体育集团开发运营“一键预约”平台，用数字化手段高效利用体育场馆资源，接入场馆超 1300 所，订单总量超 118 万宗，惠及市民 275 万人次。

（二）经济效益和社会效益稳步提升

深圳投控从 2011 年开始探索推进分类考核制度，“十三五”期间不断迭代创新公司的分类考核体系，推动公司实现跨越式发展，截至 2021 年年底，公司总资产、净资产、营业收入、利润总额等经济指标与“十三五”期初相比增幅分别达到 133%、110%、467%、105%，公司在 2020 年成功进入《财富》世界 500 强，提前一年实现“十三五”规划确定的战略目标。2019 年开始深圳投控在深圳市国资委指导支持下，开发应用了智慧绩效系统，并于 2021 年年初正式上线，多数所属企业制定了具有挑战性的经营业绩指标，努力克服新冠疫情反复、经济下行等不利因素的影响，实现了公司整体经营业绩逆势增长，全年营业收入和净利润同比分别增长 12.8% 和 12.6%，增速较系统上线前一年分别高出 5 个和 6.7 个百分点。深圳投控改革经验成果被国务院国企改革领导小组印发推广，获评全国“双百企业”三项制度改革评估 A 级企业，2021 年荣获“中国企业改革发展优秀成果”特等奖。

（三）得到政府主管部门的肯定，在系统内推广试点

深圳投控通过开发应用智慧绩效系统，打造了一个定位明确、内涵丰富、支撑有力的精准考核管理体系，为国有企业应用数字技术、完善分类考核、提升绩效管理水平提供了一套可行的技术路线。精准考核管理体系基于目标管理理念和对标管理理念，吸收数字化转型的最新成果，依托智慧绩效系统，实现对所属企业精准分类、精准考核、精准激励。目前智慧绩效系统已在深圳国资系统由点向面逐步铺开，在深圳投控开发应用基础上，深圳市国资委推动直管企业巴士集团、能源集团、深业集团、机场集团、特建发集团、资本集团、交易集团等进行试点，支持企业改善绩效考核科学性，提高系统在不同行业、不同发展阶段企业的适用性。

（成果创造人：何建锋、王文杰、王昱文、杜秀峰、甘卫斌、范　静、
彭兴庭、龚代辉、罗洪胜、邵留长、黄柏生、王兆楠）

中央企业以“二十字”标准为引领的干部管理体系建设

中国航空工业集团有限公司

中国航空工业集团有限公司（以下简称航空工业集团）是中央直接管理的国有特大型企业集团。1951年4月，中央人民政府人民革命军事委员会和政务院颁发《关于航空工业建设的决定》，成立航空工业管理委员会，并在重工业部设立航空工业管理局，标志着新中国航空工业的建立；从20世纪50年代开始，航空工业管理局先后经历划归二机部、一机部、三机部等管理。1982年4月，成立航空工业部，划归国务院直接领导。1993年6月，按照国务院机构改革方案撤部设立中国航空工业总公司。1999年7月，分拆改组为中国航空工业第一集团公司和中国航空工业第二集团公司。2008年11月，经国务院批准，中国航空工业第一、第二集团公司整合组建中国航空工业集团公司。2017年12月，完成公司制改制，更名为中国航空工业集团有限公司。航空工业集团设有航空武器装备、直升机、机载系统、通用航空等产业，下辖23家二级单位，100余家成员单位、25家上市公司，员工39万余人。

一、中央企业以“二十字”标准为引领的干部管理体系建设背景

（一）贯彻落实党中央对新时代国有企业领导人员“二十字”标准的必然性选择

“国有企业领导人员是党在经济领域的执政骨干，是治国理政复合型人才的重要来源，肩负着经营管理国有资产、实现保值增值的重要责任”，中央要求国有企业领导人员必须做到“对党忠诚、勇于创新、治企有方、兴企有为、清正廉洁”（以下简称“二十字”标准）。航空工业集团作为国家工业现代化进程中的排头兵、作为国民经济的重要骨干和中坚力量，秉承“航空报国、航空强国”的初心使命，必须首当其冲，走在第一方阵，贯彻落实好党中央对新时代国企领导人员的总要求。这就需要聚焦“二十字”标准，全面加强干部队伍政治、思想、能力、作风和纪律建设，培养造就一支符合党和国家新时代要求的高素质专业化干部队伍，为党和国家事业发展注入新的生机活力。

（二）加快建设具有全球竞争力的世界一流航空企业的时代性选择

党的十九大明确提出培育具有全球竞争力的世界一流企业，党的二十大报告又再次强调，“要完善中国特色现代企业制度，弘扬企业家精神，加快建设世界一流企业。”世界一流的航空工业集团，必须有世界一流的干部队伍，必然对大力培育和弘扬企业家精神，更好发挥企业家作用等方面提出更高要求。迫切需要中央企业立足新使命新任务，加强党对企业家队伍的领导，精准精细化落实好“二十字”标准，并以此建立起符合航空产业和航空工业集团特点的行动指南，建好、用好、管好企业家队伍，为加快建设世界一流企业提供支撑。

（三）航空工业集团系统化推进干部管理的科学性选择

经过多年探索实践，中央企业在干部管理和干部队伍建设方面取得了明显成效，但仍存在一些不足，需要改进，比如各地各单位干部工作推进不够平衡，选用导向一度不够鲜明、标准不够精准，选拔重“能人”、考核重GDP，干部管理系统性、整体性、协同性有待加强。对于航空工业集团而言，下属各级子企业数量超过100家，主营业务涉及面广，地域分散、业务独立性强，要想实现干部管理一体化推进，必须坚持目标导向，以“二十字”标准为引领，做到全集团范围一盘棋谋划、一张网布局，结合集团发展战略，深度细化“二十字”标准，实现对干部管理工作的全级次贯穿和一体化推进。

二、中央企业以“二十字”标准为引领的干部管理体系建设主要做法

（一）贯彻中央精神，架构干部管理科学体系

1. 构建系统推进的顶层工作架构

航空工业集团基于企业自身特点和领导人员特质，在国企领导人员以“二十字”标准为宏观目标指引下，围绕“论证、指标设计、系统构建与运行、持续改进”四个阶段，顶层架构干部管理体系（见图1），调查研究、广泛研讨论证“标准”，承接拆分、量化评价明确需要达成的“六大指标”。聚焦六大指标，进一步将队伍建设目标明确为“育好、考准、选对、管好、激发”五个子目标。围绕五个子目标，分别构建“素质培养、知事识人、选拔任用、从严管理、正向激励”干部工作五大系统。五大体系共同构成贯彻“二十字”标准的具体载体，分别将“二十字”标准作为素质培养的依据、知事识人的要求、选拔任用的条件、从严管理的原则、正向激励的导向。

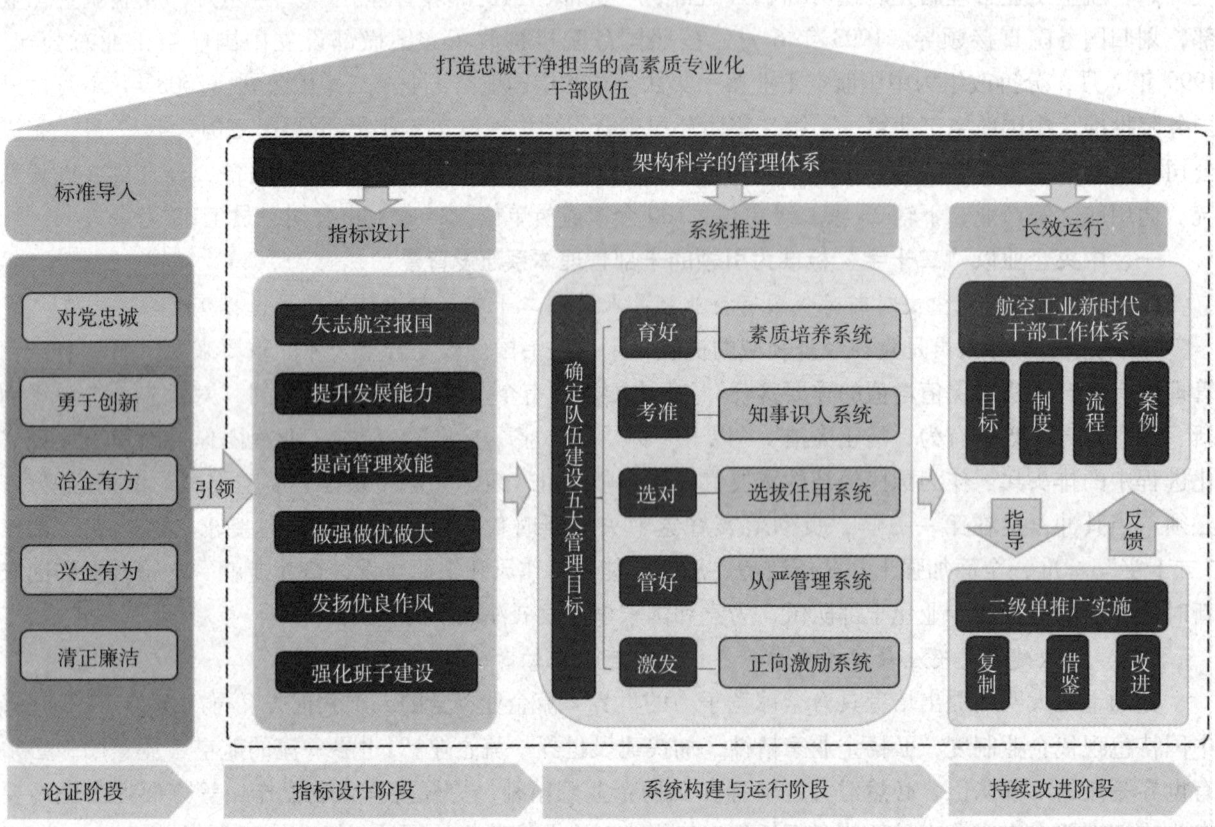

图1　干部管理体系建设整体框架逻辑

2. 设计聚焦“二十字”标准的六大指标

按照“承接、拆分、量化、评价”的基本理念，以“贯彻落实中央要求，充分结合航空工业集团发展特点”为原则，充分借鉴外部重要观点和表述，提出符合自身实际的细化指标分解体系。一是贯彻中央要求，充分吸收、全面承接“二十字”标准，赋予具有航空工业集团特点的内涵；二是系统梳理“弘扬企业家精神”重要论述，进一步融合关于国企领导人员“政治人、经济人”的研究成果，总结提炼关键要素，形成“坚定理想信念、勇于任事担当、推动创新发展”等指标要素；三是立足中央企业使命任务，进一步明确“全力保障型号任务按计划保质量完成”“全面实现国有资产保值增值”等具体要求；四是采取调研访谈、问卷调查等方式进一步丰富内涵，树立鲜明导向，如将“心系‘国之

大者’，聚焦强军首责，坚守军工初心，扛起‘航空报国、航空强国’职责”等作为“坚定理想信念”重要内涵。在系统设计基础上，发布“关于认真落实‘二十字’标准，切实加强领导班子和领导人员队伍建设的决定”，作为干部队伍建设上下贯穿的纲领性文件，形成具备航空工业特色的6个一级指标要素、22个二级指标要素，每个指标要素既是领导人员的日常行动牵引、又是闭环评价管理的测评维度，为工作系统构建和运行奠定基础（见表1）。

表1 国企领导人员“二十字”标准指标细化

一级指标要素	二级指标要素
对党忠诚，矢志航空报国	坚定理想信念、增强四个意识、树立四个观念、勇于任事担当
勇于创新，提升发展能力	树立创新意识、提升创新能力、推动创新发展、营造创新环境
治企有方，提高管理效能	完善治理模式、提高履职能力、实施科学管理
兴企有为，做强做优做大	推进改革落地、争创优良业绩、促进人才辈出
清正廉洁，发扬优良作风	带头廉洁自律、严格依规用权、服务职工群众、狠抓作风建设
管理监督，强化班子建设	精准选配干部、增强整体功能、强化激励约束、严格落实责任

3. 推行向下穿透的长效运行机制

航空工业集团遵循“业务是根、流程是魂、体系是平台”的基本原则，通过顶层设计，统一体系建设总体目标纲领、梳理完善管理制度体系、统筹设计业务流程，系统构建上下贯穿、全面联动的新时代航空工业干部工作体系，构建全级次贯穿的“长效管理机制”，确保规范运行、持续改进迭代，实现管理体系有效运行。按照“目标+制度+流程+案例”的模式，编制印发《新时代航空工业干部工作体系》手册，为所属单位深入贯彻落实新时代党的组织路线、持续做好干部管理工作提供理论指导和实践参考。一方面以手册为载体，统筹推进所属单位学习、复制、借鉴，并通过选人用人工作检查、人力资源培训等方式“抓两头、带中间”，规范干部工作基本流程，确保执行到位；另一方面，采取专题调研、谈话走访、申报课题、报送简报等方式收集典型实践案例，总结经验做法，持续迭代升级、定期回看，保持体系活力。

（二）聚焦育好干部，夯实素质培养

1. 建立及时发现培养赋能对象的推荐机制

航空工业集团以“二十字”标准为引领，坚持纵向推荐与横向推荐、面上了解与重点调研、当前需要与长远需要相结合，建立逐级定期推荐优秀年轻干部的常态化工作机制，确保将符合标准要求的“好苗子”及时发现出来、尽早纳入视野。集团党组领导、总部部门每两年，二级单位党委每年向集团公司推荐一定数量的优秀年轻干部，各基层单位定期向二级单位党委推荐优秀年轻干部，同时，组织人事部门通过班子考核、干部考察等日常工作调研发现年轻干部情况，推动各级党组织按管理权限掌握一定数量可培养“苗子”。集团公司现已直接掌握不同层次、不同成熟度的优秀年轻干部400余人。

2. 强化系统提升素质能力的教育培养

“二十字”标准是对领导人员素质能力的综合要求，也是领导人员教育培养的素质能力模型和输入。航空工业集团对“二十字”标准进行拆解，将领导人员培养细分为三个重要子模块，统筹实施，夯实素质培养这一重要基础。一是围绕“对党忠诚”“清正廉洁”，加强政治训练，突出党的基本理论教育与党性教育；二是围绕“勇于创新”“兴企有为”，突出实践锻炼，注重选派干部到航空武器装备研制一线和吃劲关键岗位历练，常态化开展达到交流任职年限干部交流、总部和所属单位领导人员双向挂职，推动领导人员在实践中墩苗壮骨、提升业绩、提高解决实际问题的本领能力；三是围绕“治企有方”，强化业务培训，聚焦推进治理体系和治理能力现代化，结合“提升领导水平、提高履职能力、实施科学管理”等指标，策划系列课程、做好及时赋能。

3. 实施引领正确成长路径的跟踪管理

航空工业集团围绕领导人员“修枝剪叶、茁壮成长”，以“二十字”标准为能力素质要求，建立“及时跟踪、动态管理”工作机制。一是构建联动责任机制，二级单位定期向集团公司报告本单位上年度优秀年轻领导人员培养举措、培养效果，以及选拔使用情况和下一步培养建议；二是充分发挥组织主导作用，由集团公司审核把关，确保培养锻炼举措落地见效，及时提拔使用经过“吃劲”岗位历练、业绩突出、群众认可度高的优秀年轻干部，对岗位历练不扎实的干部及时调整培养方案、确保培养效果。三是持续优化成长路径，在着重抓航空武器装备均衡生产交付“短板”等工作中，将年轻领导人员放到生产管理、技术管理、设计研发等主价值链岗位锻炼，搭建干部成长成才舞台。

（三）聚焦考准干部，抓好知事识人

1. 采用易于综合评价的评价方法

航空工业集团将综合评价系统拆分为任务评价、民主测评、现场考核等三个基本载体。一是任务评价，集团总部职能部门每年定期根据职责定位对所属单位重点任务完成情况进行定性、定量评价，重点反映所属单位主要任务完成情况、关键指标达成情况。二是民主测评，每年年底、年初依托所属单位集中性会议等机会开展民主测评。三是现场考核，围绕“二十字”标准的落实情况，每三年对二级单位领导班子和领导人员进行一次现场考核，重点掌握领导班子整体功能发挥和领导人员履职情况。

2. 设计精准量化融合的考评指标

以“二十字”标准为考核评价基本框架，融合贯通集团战略，统一考评语言。一是突出精准量化，将“二十字”标准分解为可描述、可衡量、可评价的评价指标。对党忠诚维度分解为理想信念、四个意识、四个观念、任事担当 4 个指标；勇于创新分解为创新意识、创新能力、创新成果、创新环境 4 个指标；治企有方分解为领导水平、履职能力、科学管理 3 个指标；兴企有为分解为改革落地、争创业绩、队伍建设 3 个指标；清正廉洁分解为廉洁自律、依规用权、服务职工、作风建设 4 个指标。各维度权重相同。二是把集团战略与“二十字”标准融合贯通，每个评价指标根据集团战略细化描述为指标评价要点和标准。以“对党忠诚”维度的“四个观念”指标为例，进一步结合实际，描述为“坚守航空工业制高点、支撑大国强军战略的战略观，主业强则航空强、航空强则产业兴的业绩观，部队的所思所想就是我们的所作所为的客户观，非为人而为己、非眼前而长远的质量观”的具体评价要点。注重与时俱进、丰富完善评价要点，在全集团发布，作为定量打分统一评价内涵。三是每年组织所属单位领导班子和领导人员围绕“二十字”标准开展述职，所属单位领导人员述亮点、述进步、述不足，对照“二十字”标准找不足、找方向，实现管理闭环，促进形成对照“二十字”标准查找不足、改进提高的自觉。

3. 强化综合研判的结果应用机制

将综合分析研判作为领导人员队伍建设的经常性、基础性、先导性工作，综合运用日常了解、集中调研、核实甄别等研判方式。一是注重研判内容全面精细，对领导人员的研判，重点看专业、经历、能力等与岗位是否适宜，是否人尽其才、才尽其用。二是突出研判过程的综合分析，运用数据分析、民意分析、比较分析等方法，客观分析领导人员承担的重要工作和重点任务完成情况，分析领导人员品行才能，评价领导人员个性特点、优势和不足。三是强化结果刚性应用，定量反馈“二十字”各维度考核分数及排序，刚性兑现结果，主要领导考核得分连续两年排名后 1/2，班子副职连续两年排名末位的，经组织认定为岗位不匹配或不胜任的，及时予以调整，引导干部见贤思齐、担当作为。

（四）聚焦用对干部，规范选拔任用

1. 构建贯彻中央要求的选用标准

航空工业集团将“二十字”标准作为民主推荐的基本条件、考察的评价标准，修订完善《所属单位领导班子和领导人员管理规定》，明确将符合“二十字”标准及其细化要求作为选拔所属单位领导人员的重要标准；围绕“二十字”标准优化推荐标准和谈话提纲等，引导干部职工科学推荐、精准评价岗位人选；将“二十字”标准作为所属单位选人用人工作检查主要内容，重点关注所属单位将“二十字”标准贯彻到选拔任用各环节具体情况，确保各层级有效落地。

2. 规范任人唯贤的选用程序

航空工业集团严格执行选人用人程序，将其作为基本线，并不断迭代优化。一是用好调研谈话这个干部考察的基本方法，针对不同谈话对象设定谈话要点，深入谈、仔细问，围绕“二十字”标准了解行为表现，注重使用专项调查、延伸考察等方法，掌握干部的“活情况”；二是充分发挥党组织领导和把关作用，落实干部提拔“凡提四必”审查核实机制，开展廉洁从业结论性评价，建立纪检监察组主要负责人全程监督选人用人工作机制，防止“带病提拔”；三是围绕“二十字”标准，优化选用程序，利用信息化手段，创新疫情防控时期选人用人的工作方式，开发在线民主推荐、民主测评系统，通过手机扫码方式开展会议推荐、民主测评，通过视频方式开展谈话调研推荐、考察考核谈话，在严守选人用人程序和疫情防控要求前提下，确保选用工作有序开展。

3. 提升人事相宜的选用效能

一是注重选用治企兴企、管党治党的复合型领导人员；注重选用政治能力、驾驭能力、决策能力强，善于抓班子带队伍、聚人才强党建的优秀领导人员担任主要领导；从单位发展、班子结构、岗位需要出发研究提出动议人选，多考虑“该用谁”而不是“谁该用”。二是不断完善现代国有企业制度下“双向进入、交叉任职”领导体制，理顺干部管理权限和管理层级，健全基于岗位管理的职务职级并行机制，严格班子职数管理。三是精准科学选干部配班子，持续优化班子梯次结构，大力选用优秀年轻干部，注重使用各年龄段干部，做到“人岗相适、用当其时、人尽其才”。

（五）聚焦管好干部，全面从严管理

1. 做好突出党性淬炼的政治监督

航空工业集团将政治监督放在干部管理监督的第一位，一是把习近平总书记对航空工业的重要讲话和批示指示落实，党内政治生活执行和政治生态营造情况作为班子考核、干部考察、选人用人检查重点，推动政治监督常态化、长效化；二是探索政治监督有效工作机制，组织人事部门列席所属单位经济运行分析会、战略研讨会、年度工作会等重要会议，近距离了解各所属单位领导班子和领导人员贯彻中央和集团党组决策部署的现实表现；三是紧盯“关键少数”，加强对一把手和领导班子的监督，将监督“一把手”情况作为领导人员年度述职的重要内容，推进上级“一把手”、抓好下级“一把手”，让各级“一把手”和领导班子时刻在监督中。

2. 建立注重作风和纪律监督的行为标准

一是以打造铁的作风、纪律，打造忠诚、干净、担当的领导人员队伍为目标，从理想信念、政治纪律、组织纪律、廉洁纪律、群众纪律、工作纪律、生活纪律、航空报国八个方面明确正面要求和负面清单，制定发布《领导人员正心明道四个注意》《领导人员修身正己八项纪律》，确立基本行为规范；二是把“四个注意八项纪律”要求纳入选人用人过程之中，细化为领导人员考察的重要标准，在廉洁从业结论性评价、廉洁从业情况说明和新任职领导人员任职承诺书中增加“四个注意八项纪律”执行情况，在新任领导人员任职宣布时由领导人员本人宣读包括“四个注意八项纪律”要求在内的任职承诺；三是逐级建立完善领导人员担当作为定期分析报告机制，持续加强担当作为考察考核，严格组织认定和结果应用，对慢作为、假作为、不作为、乱作为的领导人员按规定进行谈话提醒、诫勉教育、岗位调整或降免职。

3. 健全融入日常、抓在经常的长效监督

航空工业集团持续健全领导人员日常监督机制，一是把“四个注意八项纪律”执行情况作为领导人员考核、民主生活会、选人用人检查和个人有关事项填报的重要内容，强化行为监督、严格考核检查，对违反“四个注意八项纪律”的领导人员严肃精准问责，视情况给予相应组织处理和纪律处分，使“四个注意八项纪律”内化为领导人员的日常习惯和自觉遵循。二是严格落实组织工作重要事项请示报告制度，进一步扎实做好干部个人有关事项报告查核，严格规范领导人员兼职、因私出国（境）、配偶子女经商办企业和移居国（境）外等管理，确保各项纪律要求落到实处。三是强化党内监督，发挥群众监督、舆论监督等作用，丰富监督手段，形成监督合力，坚持抓早抓小、防微杜渐，综合运用监督执纪“四种形态”，管好关键人、管到关键处、管住关键事、管在关键时。

（六）聚焦激发干部，强化正向激励

1. 树立重实干重实绩的用人导向

坚持有为才有位，注重在“集团抓总、主机牵头、体系保障”军品管理机制落实过程中考察识别领导班子，注重在航空装备研制生产一线、科技创新攻坚克难一线、市场竞争拼搏厮杀一线、装备质量人命关天一线，大力选拔使用经过实践考验、勇于担当作为的优秀干部。坚持党管干部原则和发挥市场机制作用相结合，推进经理层成员任期制和契约化管理，建立完善“刚性目标确定”“刚性考核管理”“刚性结果应用”的所属单位领导班子成员经营目标管理体系，逐级传导“干好干坏不一样”导向，经营业绩主要指标底线管理、不设“兜底分”；业绩考核兑现实施分档管理，打破“高水平小锅饭”；经营业绩考核结果不达标的，扣减全部绩效年薪或全部任期激励收入、及时予以解聘，加快健全市场化经营机制，充分激发干部干事创业活力。

2. 实施以厚爱促担当的正向激励

一是优化评优表彰激励。突出“优者奖”，将“二十字”标准作为领导班子和领导人员评优的主要标准，对落实“二十字”标准坚决有力的优秀领导班子和领导干部进行表彰。二是健全担当作为情况分析报告机制，每年收集掌握各层级所属单位中以实际行动践行“二十字”标准、为单位改革发展做出突出贡献的先进人物及事迹，通过重点媒体平台进行专题宣传报告，充分发挥先进典型示范作用。三是完善与领导人员实绩挂钩的薪酬激励机制，用好激励方式，加大激励力度，扩大中长期激励范围，对大幅超额完成目标任务的单位领导班子给予专项奖励，贡献突出的班子副职年薪突破额度限制，经营业绩考核为A级的单位，可另外给予1—2名班子副职专项奖励，做到“业绩升、薪酬升，业绩降、薪酬降”。

3. 实施日常关心关爱的加油鼓劲

持续加强领导人员关心爱护。认真落实“三个区分开来”要求，研究制定容错纠错实施办法和为党员干部澄清正名、严肃查处诬告陷害办法，加强信访举报综合分析研判，以组织为领导人员的担当促进领导人员为事业的担当。对被问责处分影响期满的领导人员，区分不同情况正确对待，该使用的及时合理使用，表现突出的予以提拔使用。做好谈心谈话，及时了解和帮助领导人员解决实际困难；精准科学地实施函询、谈话和问责，对信访举报实事求是、客观公正地分析，结合一贯表现及问题产生的客观因素，视不同情况进行分类处置，避免问题处理简单化，不“一函了之”“一问了之”。

三、中央企业以“二十字”标准为引领的干部管理体系建设效果

（一）高素质专业化领导人员队伍建设成效明显

“二十字”标准在航空工业集团成为干部队伍建设的统一标准和通用语言、广大干部干事创业的思想自觉和行动自觉，领导班子和领导人员队伍建设质量持续提高，干事创业热情进一步激发。从结构看，领导人员队伍的年龄结构、知识结构等有效改善，所属单位领导班子专业结构、年龄结构不断优化，二级单位领导班子成员平均年龄为50.01岁，较2018年年底下降1.51岁；总部部门和二级单位正职中，50岁以下的占比29.03%，高于中管企业20%的平均值。十九大以来有5名年轻干部交流提拔到其他央企担任班子成员。从满意度来看，集团公司2021年选人用人满意度较2018年提高7.9%，二级单位2021年选人用人满意度较2018年提高7%；二级单位领导班子和领导人员民主测评得分不断提高，2021年得分较2018年分别提高2.68分、2.87分，2021年度二级单位领导班子、班子成员“担当作为”平均得票率达到99.69%、99.41%。

（二）领导人员管理和企业发展效率效益有效提升

干部工作体系化提升的同时，推动了全集团领导人员队伍建设质量的提升，一支符合“二十字”标准的高素质专业化领导人员队伍有力支撑了集团公司改革发展。集团公司经营质量与效益全面提升，航空装备发展实现新跨越，民机产业体系能力持续提升，航空科技创新不断取得新突破，融合发展持续深入形成新格局，改革攻坚点面共进成效显著，集团公司整体营业收入由2018年的4388亿元提升至2021年的5190亿元，劳动生产率由2018年23.3万元/人提升至2021年34.7万元/人，企业发展效益实现有效提升。

（三）对国防建设和地方发展有效支撑

领导人员作为“关键少数”，以上率下，担当作为，团结带领干部职工，坚定航空报国初心，践行航空强国使命，推动我国航空装备建设实现跨越，有效支撑我国航空武器装备现代化建设和国防建设，特别是在“国庆70周年阅兵”和“建党100周年庆典活动”中，各型飞机威武接受祖国和人民的检阅，取得显著品牌效应。同时，领导人员带头改革创新，抢抓发展机遇，与地方政府和社会资源共促产业发展，产业园区加速建设，区域产业联盟不断走深走实，为地方经济发展做出突出贡献。航空工业集团2018年营业收入名列《财富》世界500强排行榜第161位，2021年名列第140位，并连续在国资委中央企业经营业绩考核中获得“A”级。领导人员管理和企业发展效率效益有效提升的同时，企业社会影响力和品牌效应同步提升。

（成果创造人：李清堂、李　燕、于　浩、牛董超、尚　磊、张翔霞、
刘　波、田　力、陆　涛、郭　壮、黄方林、袁毅力）

油田企业以价值创造为导向的劳动绩效全要素量化考核管理

大庆油田有限责任公司

大庆油田有限责任公司（以下简称大庆油田）位于黑龙江省大庆市，是中国石油天然气股份有限公司的全资子公司，是以石油、天然气勘探开发为主营业务的国家控股特大型企业。大庆油田 1959 年发现、1960 年投入开发，曾连续 27 年原油年产量达到 5000 万吨以上，累计生产原油 24.63 亿吨，天然气 1462.23 亿立方米，上缴税费及各种资金 2.93 万亿元。为维护国家石油供给安全、支持国民经济发展做出高水平贡献，孕育形成了大庆精神、铁人精神。目前管理油水井 12.64 万口、各类站库（间）7059 座，员工总量近 10 万人，年产原油保持在 3000 万吨以上、油气当量 4000 万吨以上。

一、油田企业以价值创造为导向的劳动绩效全要素量化考核管理背景

（一）提高劳动生产率、优化人力资源配置的内在需求

近年来，大庆油田生产规模不断扩大，生产维护工作量也随之不断增加。同时，员工总数一直比较庞大，人工成本占总成本的比重达 20% 以上。在油价剧烈波动、经营风险加大、员工潜能仍有挖掘空间的情况下，不可能大量补充员工。推行低成本战略、实施减员增效是可持续、高质量发展的唯一出路，员工总量逐年递减成为常态。“十三五”期间，大庆油田员工总数减少了 1.17 万人。“十四五”期间预计退休 1.75 万人，平均每年退休 3500 人。基层单位特别是新建、扩建产能的单位要求补充员工的呼声越来越高。经过调查分析，宏观上油田属于结构性缺员状态，注、采、输等主营业务缺员，非主营业务冗员，但正向流动的动能不足；微观上员工能力与实际工作负荷、劳动贡献与薪酬待遇不匹配。必须深入研究，大胆探索，积极挖掘人力资源潜力，提高劳动生产率。

（二）深化三项制度改革、强化激励约束机制的必由之路

基层油气生产单位长期存在按人头分配奖金的平均主义倾向，奖金分配机制上以员工数量为基数，区分前后线和单位性质，影响因素不明确、考核机制不量化、规则不透明、差距不明显、激励不到位的矛盾逐渐凸显。一是同一层级的不同单元之间，奖金分配过程中对管理规模、难易程度等因素考虑得较少，整体工作量与奖金总额之间关联度不大，影响了员工工作积极性和主动性的发挥。二是同一单元的不同工种之间，类比不合理，岗位价值量不清晰，缺少科学的类比依据，依靠感性认识和经验判断来确定奖金系数。三是同一工种的不同岗位之间，评价不科学，井距、机型、驱替方式、工作环境等诸多客观因素没能有效体现在奖金分配过程中，员工对奖金分配模式及结果认可度低，影响工作积极性。在这种情况下，迫切需要进一步深化劳动、人事、分配三项制度改革，从操作层面实现“人员能进能出、岗位能上能下、薪酬能增能减”，优化内部收入分配结构，实现收入和付出硬挂钩、薪酬与价值创造相匹配的目标，激发全体员工的积极性、主动性和创造性。

（三）实施精细管理、推进高质量发展的必然选择

经过 60 多年的开发，大庆油田已处于特高含水期开发阶段，管理的复杂程度持续加大。技术上，可采储量采出程度高达 90% 以上，综合含水 95% 以上，井网密度越来越大，注水层段越来越多，注采关系越来越复杂，单井措施效果越来越差，管线、设备老化越来越严重；经济上，资产规模逐年攀升，材料价格持续上涨，运行成本控降空间小，内部挖潜难度大，特别是近年来原油价格剧烈波动，经济效益面临严峻挑战；随着国内外形势的变化，企业面临的环境更加复杂，健康、安全、环保要求越来越

严，节能减排压力越来越大，社会关注度越来越高，面临的风险越来越大。新形势新挑战，对精细管理的要求越来越高，大庆油田必须进一步改进和完善管理方式，将管理目标进行量化细化，将管理责任明确化和具体化，把精细管理覆盖到生产经营管理的全过程。考核机制也要随之跟进，从定性向量化转变，从粗放向精细转变，保障精细管理落实落地。

二、油田企业以价值创造为导向的劳动绩效全要素量化考核管理主要做法

以价值创造为导向的劳动绩效全要素量化考核，就是通过建立一套统一的能够覆盖基层班、站主要生产管理要素的综合评价体系，实现员工工作量及其价值量的可量化、可评估，从而使奖金分配由按人头、按系数的宏观相对公平，向按工作量、价值量的微观量化公平转变，更好地做到劳酬对等、工效挂钩，从而有效提高一线员工人力资源管理效能。

（一）顶层设计，对劳动绩效全要素量化考核进行整体规划

大庆油田在广泛调研、深入论证基础上，本着系统性、整体性、协同性的原则，制定《以价值创造为导向的劳动绩效全要素量化考核机制构建实施工作方案》，对项目进行整体谋划、周密部署。

一是全要素。在考核要素及评价体系设计上，综合考虑工作内容和环境、数量和难度、结果和过程、共性和个性、质量和效率、分工和协作、个人和组织、操作和管理等影响因素，并最大限度细化、量化、标准化，客观、真实、全面、准确、高效地考核评价单位和员工的工作量及其价值。

二是全覆盖。在考核体系框架及功能设计上，从人、组织、人与组织协同三个维度出发构建考核体系，覆盖所有油气生产作业区和业务单元，适用于所有地域、不同驱油方式、各类在用工艺和设备，通过全面推广、深度应用，提升整体劳动效率，发掘人力资源的潜在价值。

三是全过程。在考核机制构建与实施路径设计上，按照探索、优化、固化、信息化的思路和试点先行、典型示范、全面推广的步骤循序渐进。建立要素归集、借鉴类比、量化评分、工效挂钩和持续完善改进的全过程闭环工作机制，岗位员工、班组、作业区、油气生产单位和公司总部各层级广泛参与、协同推进的运行机制，各单位思路、方法、技术和成果的共享交流机制，做到目标明确、框架完整、路径清楚、职责清晰、运转高效。

（二）系统归集，建立要素项目体系

1. 自下而上，筛选归类，系统梳理确定考核要素

为了使各项考核要素形象具体、便于梳理和量化，以业务领域、独立的工作对象及其主要影响因素为载体进行适当归集。以采油生产业务为例，分两个阶段进行考核要素的梳理。

第一阶段，全面收集，由少聚多。由各岗位员工向基层班组提出与自身关联紧密的工作内容及工作量，再由基层班组、作业区逐级归纳整理，上报厂项目组，一共汇总16个类别、202项。

第二阶段，删繁就简，筛选归纳。把最直接、占比大、关键性的要素项目筛选出来，组织各级业务人员反复研究论证，最后敲定与生产管理、员工工作和劳动效率直接相关的因素，对要素项目进行归集整理。经过逐项筛选、梳理及合并，将最初的16个类别、202项，归集为5个类别、55项。在5个类别中，采出井、注入井、计量阀组间属于工作对象，工艺和井距地域属于主要影响因素。在此基础上，将每个类别进一步细分为要素项目。

2. 准确写实，全程记录，测算确定要素工时

要素工时，是指严格遵守操作规程、正常合理使用设备和工具的条件下，在油田平均劳动熟练程度和劳动强度下，完成每一单项要素所必需的工作时间。

为准确测算所有工序的必要工时和所有岗位的工作量，在试点采油厂成立项目组对生产工序开展贴身紧盯、全程记录，同时要求试点单位所有同类班种（业务）岗位同步进行量化写实。以基层班组为

起点，逐级汇总各个管理单元的要素总量，采取相互监督、交叉检查的方式，到生产现场逐井、逐站、逐岗、逐个场所、逐台设备核实确认基础数据。检查方、被检查方履行双方签字确认手续，确保工作量统计不多不漏。在核实采油班组要素的过程中，每口井都走到、看到、问到、查到，经得起员工的质疑，确保员工信服。对巡检、测试、资料录取等日常性工作，全天候实时写实；对更换毛辫子、减速箱、曲柄销子等周期性工作，采取专项模拟写实，还原实际操作场景，记录相应工时消耗。

经过6个月的详细调查，实现了"五写实"，做到"五清"。即：开展油水井管理写实，厘清油水井管理各工序工时消耗；开展设备工艺写实，厘清生产工艺对工作量的影响；开展站库写实，厘清站间日常管理工作量；开展环境写实，厘清不同丛式井组对生产管理难度和效率的影响；开展操作写实，厘清不同项目之间的日常生产管理差异。通过现场写实，确定各个要素项目的平均必要工时，为后续确定要素类别系数和要素项目系数提供依据。

大庆油田生产规模庞大、分布范围广，所属油气生产单位各具特点，差异较大。为确保劳动绩效全要素量化考核管理机制可操作、可复制、可推广，具有广泛的适用性，公司本着循序渐进、优化提升的原则，在一个采油厂、一项采油业务试点经验得到广泛认同的基础上，将试点的单位范围扩大到三个不同类型的采油厂，业务类别扩大到采油生产、站库集输、技术支持、生产保障和安全保卫5个业务单元，进一步丰富要素项目。以试点采油厂前期梳理的5大类、55项要素为基础，"按各厂实际梳理业务单元、按业务单元确定要素类别、按要素类别确定要素项目"为思路，更加详尽地梳理要素项目，最终形成5个业务单元、21个要素类别、317项要素项目，基本能够涵盖90%影响工作量的主要因素。

（三）科学类比，建立要素评分体系

为了便于计算、类比、调整和套用，把要素工时由绝对值转换为相对值，根据写实结果确定要素系数，作为对作业区、班组及岗位员工的工作量进行价值评价的载体。

1. 借鉴类比，归纳测算，科学确定要素系数

要素系数，是指要素工时与基准要素工时的比值。具体分为两种：一是要素类别系数，即某要素类别的要素工时与基准要素类别的要素工时的比值；二是要素项目系数，即某要素项目的要素工时与基准要素项目的要素工时的比值。

根据现场工作量写实结果，采用借鉴类比法，对比平均水平并考虑难度因素，计算各要素类别的工耗时长对比关系，从而确定各评价要素的类别系数。以采出井为例，工作量写实结果表明：1口标准采出井投入的工作量分别是注入井的1.6倍、计量间的1.85倍、工艺因素影响的1.85倍、地域因素影响的2.5倍。

依据以上等量关系编制《采油业务要素类别类比表》。每行分别以采出井、注入井、计量间、工艺因素、地域因素对应的工作量为基准"1"，按照"同行各单元格工作量相等"的原则，在对应的单元格内分别填入相应的倍数，如1口采出井投入的工作量相当于1.6口注入井投入的工作量，则在采出井和注入井交叉的"1B"单元格内填写倍数1.6。以此类推，再分别把同行的各个倍数相加，得到基准要素类别对应的积分，把积分纵向累加得到各个要素类别的总积分。每个要素类别的积分占总积分的百分比，即为该要素的类别系数。

对同一要素类别下的具体要素项目，选取最具代表性的要素项目为对比基点，结合现场写实结果、管理经验，合理确定各要素项目的考核系数，简称要素项目系数。以采出井为例，把常规抽油机井的要素项目系数设为1；依据工作量写实结果，1口常规螺杆泵井的管理工作量是常规抽油机井的0.85倍，1口捞油井的管理工作量是常规抽油机井的0.04倍，因此螺杆泵井和捞油井的要素项目系数分别定为0.85和0.04。

2. 分析构成，合理拆解，划分工种贡献比例

在实际工作中，各个要素项目的维护管理工作往往涉及多个工序，且由多个员工分工协作，共同负责。为了将共同完成的工作量合理归集到个人，对照工作量写实结果，依据各要素项目中不同工种付出工作量的比例关系，把多岗位综合性工作量构成进行拆解，将集成的管理活动分解给相应的不同人员。以采出井为例，其管理活动中巡检占58%、维修占15%、监督占10%、夜巡占7%、资料占5%、测试占5%，合计100%。

相应地，根据工作量写实结果，采用统计和类比的方法，分别确定要素类别系数和要素项目系数，形成劳动绩效全要素量化考核评分表。在推广应用过程中，将全要素量化评分表下发至所有油气生产单位的作业区和基层班组广泛征求意见，16家油气单位全程参与，反复结合，持续优化，对评分表的具体要素项目进行补充完善，对要素系数进行微调，经过半年时间，最终形成《油气生产单位劳动绩效全要素量化考核评分表》，并以文件形式正式发布实施。

在测算工作量的基础上，依据岗位责任制、操作规程、《基层班（站）管理手册》和《基层班（站）岗位标准化操作手册》，制定工作质量考核评分细则，建立岗位责任制检查机制，根据存在问题扣罚相应分数。

（四）工效挂钩，量化考核劳动绩效

1. 员工自愿认领工作任务

在明确考核政策与岗位工作标准的前提下，对基层班组的生产任务和工作量进行重新分配。具体坚持以下原则：一是资质符合岗位要求，工作强度合理，特种作业人员必须持证上岗；二是自主自愿，员工可根据个人身体状况、工作能力和意愿，主动认领适合自己的工作任务，身体好、能力强的员工认领的多，身体差一点、能力弱一点的员工认领的少一点，员工能力与工作量合理匹配；三是优化组合，综合考虑工作对象分布相对集中、巡检路线科学合理、有利于精细化和专业化等因素，对工作任务进行适当整合，努力追求整体方案最优。

在实际应用过程中，结合岗位员工的表现，对员工工作岗位进行适当优化和微调，比如对承担工作任务较重但完成质量不达标的员工减少工作安排，对考核分值也进行同步调整。

2. 根据量化分值核算奖金

一是测算各作业区奖金总额及单位分值奖金含量。各油气生产单位以量化评分表和岗位责任制检查奖罚分数为基准，将各作业区承担的工作量转换为劳动绩效全要素量化考核分值，并根据各作业区劳动绩效全要素量化考核分值在全厂所占的比例，确定各作业区的奖金总额，并计算单位劳动绩效全要素量化考核分值的奖金含量。

各采油厂依据全要素量化分值重新确定各作业区月度奖金总额，根据人均劳动绩效全要素量化考核得分与全厂平均值的对比关系判定各作业区的相对劳动生产率水平。

二是测算员工个人劳动绩效考核分值及奖金数额。首先，依据要素项目及其评分体系，确定各岗位员工的劳动绩效全要素量化考核分值。

再依据个人的劳动绩效全要素量化考核得分、工作质量考核得分以及标准分奖金含量，确定员工实得奖金。

3. 开发考核信息管理平台

为提高考核效率和质量，开发了“劳动绩效全要素量化考核信息平台”，经过输入测试数据51万余条，对平台架构进行6次较大调整，由7大功能模块组成。

一是考核信息公开透明。平台集成各类要素信息，将劳动绩效全要素量化考核标准导入信息平台，

使操作更加简捷。将导入的信息与每名员工建立起对应关系，员工对考核要素、考核标准、考核结果、奖金数量等信息一目了然。建立员工与工作量对应关系，工作价值量化到点项，岗位责任落实到人。

二是考核过程固化规范。对日常奖金考核方法、操作界面、考核流程等统一标准、统一步骤、统一形式，分级审批，自动计算并生成奖金公报，提高考核效率。

三是统计分析实现自动化。依据考核结果，从不同角度反映管理状态，发现生产管理薄弱环节，帮助管理人员有针对性地制定预防整改措施。

（五）完善机制，确保优质高效推进

1. 加强组织领导

建立由公司项目组牵头、以基层为主体、各系统广泛参与的纵横联动一体化运行机制。各油气生产单位成立"一把手"挂帅的工作机构，人事、企管、生产、设备等部门全员参加，建立企业管理部门牵头抓总、各业务部门专业主导、试点作业区具体实施的工作机制。各厂的劳动绩效全要素量化考核办法及实施方案，分别提交厂领导班子会议及职代会审议通过后执行。公司印发《关于加强基础管理重点工作的安排意见》，明确16家油气生产单位劳动绩效全要素量化考核工作的目标、要求、路径和推进时间表。公司每月召开运行分析例会，检查工作进展，剖析解决实际问题，确保优质、高效推进。

2. 坚持以人为本

劳动绩效全要素量化考核工作推行过程中，充分尊重员工的意愿和自主权，在明确工作内容、工作标准、考核分配机制的前提下，由基层员工结合个人资质和岗位要求自主选择岗位、自愿认领工作任务，实行多劳多得、优劳优得。对特殊员工群体给予适当照顾，确因身体或家庭原因导致劳动绩效畸低的员工，发放基础奖金，保障其基本生活。坚持激励有尺度、管理有温度，对各作业区及班组，设置过渡期，留足消化冗员的空间。从应用劳动绩效全要素量化考核管理的时点分界，之前形成的超员人数，在没有妥善安置前，暂按60%下达奖金，作为过渡政策；之后发生的则执行"增人不增资、减人不减资"政策。

3. 坚持全员参与

以价值创造为导向的劳动绩效全要素量化考核管理机制，让员工充分参与奖金考核体系的构建和实施。在要素项目归集、评分过程中，基层操作员工和管理人员全程参与，上下结合，反复论证。同时，通过电视、报纸、网络等媒介耐心细致地做好宣传引导工作，激发调动广大员工参与劳动绩效全要素量化考核的积极性。层层开展座谈讨论，面对面征求各层级员工的意见，平均每个采油厂召开专题讨论会19次，解答基层疑问104项，撰写问题分析报告2万余字。

4. 持续改进提升

2010年首先在管理基础较好、生产规模适中的采油九厂开展试点，在试点经验得到广泛认同的基础上，兼顾老区和外围区块特点，2016年将采油五厂、七厂纳入试点范围，以实现要素全面、普遍适应、直观易懂、上下认同的目标，进一步提升适用性、可操作性和可复制性。2018年在16个油气生产单位、102个采油（气）作业区全面推广应用。信息平台建成后，不断修正，确保要素项目及其系数科学合理、准确可靠。

三、油田企业以价值创造为导向的劳动绩效全要素量化考核管理效果

（一）劳动效率显著提高，缺员矛盾有效缓解

劳动绩效全要素量化考核机制的应用，把基层班组和员工的工作量、工作难度等因素直接与奖金分配挂钩，多劳多得、优劳优得，发挥了释放劳动力、引导人力资源合理流动的作用，推动员工向生产一线流动、向缺员岗位流动、向新建扩建产能区块流动并保持稳定，促进了员工能力与工作任务的合理匹

配，优化了人力资源配置，有效缓解了结构性缺员的矛盾，提升了整体劳动生产率。近五年来，大庆油田在新增油水井16600余口、站库400余座的情况下，用工总数不升反降。按照定员标准，消化了3万人的工作量。采油工人均管井数从7.43口增加到10.6口，劳动效率提高了42.7%。

（二）考核更加精准公平，激励效果显著改善

劳动绩效全要素量化考核，实现了奖金分配从以人头为基数向以工作量及其价值量为基准的转变，调动了员工承担更多工作量的积极性，调动了作业区管理者优化管理的积极性，提高了人均劳动效率，优化了人员结构。价值量的高低成为奖金分配的重要依据，建立健全了与劳动生产率挂钩的差异化绩效工资分配机制。采油五厂、七厂和九厂实施劳动绩效全要素量化考核前后对比，采油工基础奖金差距分别扩大到4.3倍、6.2倍和1.7倍，维修工基础奖金差距分别扩大到3.2倍、8.5倍和0.8倍；采油三厂采油工月度奖金极差（最高值与最低值之差）从原来的1000元左右扩大到2200元以上。切实落实了“凭劳动挣薪酬、贡献大薪酬高、贡献小薪酬低”的价值理念，让“多劳多得、优劳多得”落地生根。

（三）引导作用充分发挥，深化改革顺利推进

精细考核带动精益管理，实现了工作量与价值量、劳动与分配、管人与管事、管过程与管结果的集成统一，“指挥棒”“风向标”作用充分发挥，员工主观能动性进一步激活，自主管理意识和能力显著增强，思想观念逐步进入改革轨道，为深化改革提供重要助力。应用劳动绩效全要素量化考核思想，科学制定定员标准，为“瘦身健体”、精简机构、压缩层级提供了重要参考。近年来，大庆油田全面推广“油公司”模式，油气生产单位全部实行扁平化管理，采油厂取消小队层级，压减三级机构22%、三级领导职数15%，取消小队1827个、压缩班组8664个。所属庆新油田等3家单位直接建立新型管理区，新型采油气管理区作业区建设到位率达100%，提前2年多完成中国石油集团部署的改革目标。2021年，油气生产单位内部转岗分流安置富余人员1718人，业务划转调整7829人，接收并安置外单位输入人员3306人，人力资源配置进一步优化。

（四）精细管理落实落地，经营业绩持续改善

精细考核带动精细管理，明确的考核对象、健全的考核体系、完善的考核机制、规范的考核流程，提升了作业区、班组和员工的执行力，促使管理人员改进管理理念和方式，操作人员提升岗位责任心和操作水平。劳动绩效全要素量化考核管理的应用，有效促进了油田管理水平的提升。油田开发指标持续改善，与扩大试点应用前对比，抽油机系统效率提高2.19个百分点，抽油机井检泵率下降5.4个百分点，注水用电单耗下降了0.1千瓦时/立方米，油井有效时率提高0.77个百分点，注水合格率提高0.62个百分点。在油水井数不断增加的前提下，油气运行成本与用电量分别下降15%和10%。油田安全环保形势稳定向好，杜绝了较大及以上生产安全亡人事故，工业生产事故较上一个5年下降了54.6%，并在2021年被评为中国石油集团“安全生产、文明生产金牌单位”。在中国石油集团2021年度业绩考核中，大庆油田获评A级，在油气和新能源板块排名第一，并被选树为“对标提升管理标杆单位”。

（成果创造人：朱国文、张　赫、周仕林、高　伟、朱传宝、成继平、马国良、沈明义、郭金勇、林亚光、冷宇恒、于淼川）

汽车物流企业适应智慧化转型的人力资源管理变革

重庆长安民生物流股份有限公司

重庆长安民生物流股份有限公司（以下简称长安民生）是专业的智慧物流与供应链平台服务商，成立于2001年8月，是香港上市的汽车物流企业，注册资本1.62亿元。经过20年发展，长安民生已成长为我国汽车物流行业领先、西部地区规模较大的智慧物流平台服务商，主营业务覆盖产业链、供应链全部领域，是全国重点中外合资物流企业、外商投资试点物流企业、全国5A级综合服务型物流企业、全国先进物流企业、“全国五一劳动奖状”“重庆市文明单位”“重庆市工人先锋号”“重庆五一劳动奖状”获得单位。

一、汽车物流企业适应智慧化转型的人力资源管理变革背景

（一）主动适应政策变化迎接新机遇和挑战的必然选择

近年劳动力成本上升让物流业机器取代人工成为趋势，人们对美好生活的向往提出了对物流的柔性化与个性化需求，推动物流系统向资源整合、协同共享方向发展，国家政策对智慧物流产业发展提出多项政策措施。为响应政策机遇、挑战，更好地为社会提供优质的物流服务，长安民生作为国家物流发展的重点企业，需紧跟智慧物流浪潮，改变物流操作模式，提升物流核心技术，加快向智能化、自动化转型的速度，整合社会资源，推动物流业与制造业深度融合，才能在日益激烈的市场竞争中立于不败之地。

（二）深化国企改革、激发员工活力的必由之路

在智慧物流大时代，物流企业的人力资源管理对物流企业发展起重要作用，但长安民生现行人力资源管理跟不上时代发展的步伐，基础管理薄弱：组织机构、管理幅度长期缺乏标准，基础管理“荒芜地带”多，机构只增不减、因人设岗现象严重；干部老龄化严重，“汗水型”干部多，背靠大客户、守业思想严重，经营意识不足，不关注投入产出，缺乏与时俱进的创新意识和变革思维；缺乏技能技术性人才；用工类别较为复杂，部分人员经常出工不出力，安于现状，作风散漫，缺乏积极奋斗的活力和激情。长安民生以国企改革为契机，制定“规定动作 + 自选动作”的改革举措和推进计划，将改革问题梳理成问答式的宣传答疑材料，上下一心达成改革共识，推动人力资源变革，助推智慧物流转型。

（三）助推企业转型升级及提升核心竞争力的切实需要

长安民生作为综合性大型物流企业，前期以劳动密集型及手工方式操作为主，机械化、自动化程度不高，人均劳动效率低；信息化投入不足、水平不高；物流技术落后，缺乏核心技术研发创新能力，在行业中竞争优势不明显。要实现“成为世界一流的绿色智能供应链物流科技公司”的愿景，必须在数字信息化浪潮中与时俱进，加快物流信息技术和物流智能技术的研发和运用。这对干部队伍建设、员工的思维、素质、能力、结构、效能提出更高要求。如何变革机制体制以吸引、留住优秀人才，提高转型升级能力成为提高核心竞争力的关键。

二、汽车物流企业适应智慧化转型的人力资源管理变革主要做法

（一）推动机制模式革新，打通智慧物流转型脉络

1. 建立SBP模型，连通人力资源与智慧物流转型主线

长安民生发布智慧物流“六化”（数智化、平台化、一体化、定制化、绿色化、生态化）发展战

略，聚焦绿色、智能和数字化三大核心技术能力，依托应用平台、研发平台两大技术平台，建设技术能力体系、技术标准体系两大支撑体系，不断导入智能搬运、智能分拣、智能立库、无人设备等，逐步打造核心技术自主可控能力。长安民生以“人才打造科技、科技赋能业务、机制驱动创新，智慧创造价值”为人力资源推动智慧物流转型、提高核心竞争能力的核心主线，转变“事务性人力资源管理”角色，以“战略、业务、员工”三位一体，构建SBP（Strategic Business Partner）领先人力资源管理体系，发挥人力资源在公司战略、业务与员工中的纽带作用，实现效率及效益产出最大，成为“战略决策参谋”。以机制模式创新打破“智慧物流开发共享思维不广、技术应用推广不够、快速响应落地终端缓慢”问题；建立、做强科技创新的“人才引擎”，打造科技创新人才发展的良好环境，提高物流行业对人才的吸引能力；创新激励约束机制，激发队伍干事创业活力，营造风清气正、激情创新、积极向上的工作氛围；不断培育、培养高端、专业、专技人才，提高深度协同，高效执行，技术应用快速实施的能力。

2. 推动组织架构及管理模式革新，释放运转活力

一是精简机构，建立以“小总部+事业群+区域制+新业务孵化”思路的“平台化、分布式、扁平化”组织架构，提升运行效率；推行三标管理（“管理层级标准化、管理幅度标准化、机构设置标准化”），减少管理层级，提高组织与业务适配度，快速响应。二是革新管理。为快速响应市场，推动技术研发实施，建立“数字化物流研究院”“智能化物流研究院”“绿色化物流研究院”“先期技术研究科”四大研究院，助力先进技术开发及实施；与业界知名智慧物联网公司G7达成全面战略合作，应势成立“大数据+”“互联网+”“智能化+”“客户体验+”四个项目办公室，向“数据驱动，在线管理”转型；推行项目制管理，对重点的市场开发项目、技术研发及攻关项目、工程项目等实施项目制，明确项目的里程碑节点，制定KTM（Keg Task Monitor）表，定期考核。长安民生每年立项10～20个重点市场开发项目和技术研发和攻关项目，项目由相关部门的专家组成，授权项目负责人对项目全权管理与决策，根据对项目立项认证、过程管理、验收认证、项目完成情况兑现绩效工资和奖励，促进项目快速、高效推进。

3. 拥抱时代变革，推动智慧共建共享新模式及技术应用

一是为破除干部缺乏前瞻意识和开放合作心态，长安民生与一汽物流、东风车城物流、风神物流、武汉东本储运达成物流战略合作协议，推动智慧共享共建新模式。建立数据共享机制，共同打造“互联网+汽车物流”服务平台；相互开放现有物流资源，共同研发行业核心关键技术，实现资源共用；合力打造全国性的物流服务网络和国际物流服务网络，实现平台共建；共同向行业开放合作，实现生态共融，涉及运输协同、城市共享仓合作、共建联合物流技术研究中心。二是以提质增效倒逼业务单位改变传统的操作模式，加快向自动化、智能化操作模式转变的步伐。长安民生与先进的物流技术应用接轨，运营“终端智能化+机器换人”“大系统大数据+统筹挖掘分析市场”“互联网思维+实现创新渠道”“客户体验+创新服务”，协同作战，导入智能搬运、智能分拣、智能立库、无人设备应用，替换传统劳动密集型用工模式。

（二）打造三支人才队伍，筑牢智慧物流转型根基

1. 构建职业化、市场化、经营性的管理队伍

一是建立“赛场选马”机制，抓好管理干部“领头羊”素养。一方面按照“市场化选聘、契约化聘任、职业化管理”方式，对管理干部实行全体起立竞聘，实现管理干部的精准配置和培养。另一方面建立市场化选聘机制，释放鲇鱼效应。引入市场化选聘机制，通过内部推荐、外部“猎聘”的方式，面向全国范围内招聘优秀人才，快速弥补人才短板。

二是启动“青年50领航计划”，夯实经营型人才梯队。精选潜力苗子，为长安民生未来10—15年的高质量发展培养一批青年企业家队伍。通过“定期轮岗+限期外派+集中认证培训+线上课程自学+总监带教”等方式，精心动态培养。

三是聚焦经营发展，建设多元化专才。打造狼性营销队伍。建立“同创汇”“创享家”的营销激励机制，倡导人人都是营销者；实施“市场拓展项目价值分享惠”激励机制，鼓励员工以创客、项目合伙等创新方式自主经营业务，经营好则收益高；培养“营销+”复合型人才，将技术、成本、业务操作能力培训认证作为营销人员职级晋升必要条件。建设“支部海绵工程”，打通支部书记与行政岗位轮换锻炼渠道。

2. 构建专业化、领先性、创新性的科技队伍

一是建设博士后科研工作站，形成共智合力。长安民生以建设具有影响力的科创中心为目标，把博士后工作站建成人才孵化和产学研合作交流的平台。推进校企合作，甄选优秀学术研究人员，以项目合作、导师互聘方式实现高级人才和资源共享。长安民生参与研究多项国家级、部级科研项目和物流技术项目，成立智慧物流专业实验室，联合各高等院校建立工程实践教育中心、卓越工程师实践基地。

二是精准定位高端人才。勾勒高端人才画像，精准识别人才。借力咨询公司和猎头机构，对标物流平台型企业发展趋势、成长路径和技术要求，准确制定高端人才岗位任职资格标准。锁定重点领域定向挖掘人才。完善激励机制留住人才。

三是打造专业的人才机制维度需求目录。对技术人才打造三级技术体系人才目录：初期根据业务形态进行专业分工，配备选聘“特定专业”方向人才对象，根据推进数字化建设、建立智慧物流全场景信息系统，自主研发产品，应用智能化技术，智能化项目等方面划定需求人才专业分工需求目录；中期根据技术业务“七个”融合（流程体系融合、需求项目融合、技术架构融合、实验可视融合、信息安全融合、数据共用融合、运维服务融合）为架构，建立二级成熟人才需求目录；后期将成熟技术人员定向培养，向产品经理、平台总监、架构师、带头人、大师升级的三级高端人员目录，专项配备技术人员职称评审渠道和流程。

四是多渠道多方式引才。围绕产业布局集聚科技、创新人才，长安民生规划突破高端人才瓶颈（2023年领军人才超目标），充实技术人才数量（2024年预计达到249人），填补非汽车物流、化工物流等细分领域人才空白，做好战略性人才储备。聚焦“科技领军人才，智能化、信息化、经营类、营销类”等重点领域，社会招聘市场成熟人才。精准定位，精选招聘院校，引进储备智能化、物流规划、营销类专业大学生；与高校签订校企合作协议，储备生产操作技能和后备基层管理人员，推进人才结构转型。借力重庆市引才平台，参与区人才巡展与宣讲，锚定目标人群，资源共享，合作共赢。

3. 构建多元化、实操性、精干型的技能队伍

一是建设基层技能人才队伍，务实产业发展。对外引进成熟、高端的技术研发人才，大量引进技能型的中高职生替代“三低一高”（低学历、低能力、低绩效，高年龄）操作型员工。邀请在校高校毕业生参加见习，见习经历视同基层工作经历，打造个性化的培养方案，建立导师—学员“传帮带”，引导基层高绩效人员从“基层员工”向“基层管理者”转变，形成实习—入职—发展良性循环。

二是建立人机优化模型，科学定编定员。以“数据化、标准化、科学化”为目标，建立以“工时定额”为核心的人机优化模型，精益定编定员，科学配置人员，提升作业效率。“工时定额”常态化模型是以具体业务项目用“工时定额”测定得出基准值，以基准值作为精益化长期目标，初期根据项目实际情况分流人员，中后期使用先进技术手段向精益化目标迈进。

三是提高用工模式灵活度，提升人员素质。以合同制和劳务派遣用工为主，业务外包和非全日制用

工为补充，提高用工的弹性和灵活性，使企业用工成本最小化。培养多能工，实现员工“一岗多能”，提升人员素质。

四是建立人岗优化中心，划定红线，实现人岗匹配。下发《人岗优化管理办法》，建立不合格人员退出机制。打通全业务链 HR 系统工具壁垒，划定行为红线，对不胜任业务人员进行分流，制定安置方案报职代会审议，分级开展政策宣讲及答疑，实现富余人员平稳、合理的安置分流。

（三）建立激励与约束机制，激发价值创造新活力

1. 建立“契约化”职业经理人模式，构筑运营新模式

长安民生通过“两合同、两合约、两办法”（劳动合同、聘用合同，年度绩效合约、聘期绩效合约，绩效管理办法、薪酬管理办法）的“契约化”职业经理人管理模式，对部分关键岗位打破常规，市场化选聘与任用、契约化考核和兑现。长安民生 2021 年已全面推行“契约化”经营模式，公司领导及 20 家运营单位管理干部实现覆盖面 100%。

2. 实施“阿米巴”经营模式，激励价值创造者

为激发创新并激励价值创造者，长安民生分两个层级实施“阿米巴”经营，一是在业务单位层面，各“巴”承担经营指标，与薪酬收入刚性挂钩，按“3333”的激励策略实施，分享超额利润奖励。“3333”策略指“3 步走”实施计划推进（第一步 2018—2019 年试点实施，第二步 2020 年总体推进，第三步 2021—2022 年深入基层）、针对“3 个群体”（业务单位一把手、管理人员、基层员工）实施差异化的激励策略、按累进制分“3 个阶梯”提奖（必保目标、奋斗目标、超奋斗目标）、按“3 级授权”分配奖励（按“谁用人、谁考核、谁奖惩”的原则，授权每级管理层直接根据下属的贡献大小分配奖励）。二是在职能单位和操作班组层面，建立以成本领先为核心的价值共享机制，按“增人不增资、减人不减资”的原则进行奖惩，体现多劳多得，激发员工活力。

3. 建立人力资源指标承包模式，助推先进设备应用

将人力资源指标进行承包，倒逼管理者加大自动化、智能化设备应用，主动调整用工模式，最大程度上合理布局资源，促进各级管理者紧盯市场动向，重视经营质量，由“汗水型”企业向“经营型”企业转变。长安民生每个单位签订一份人力资源指标承包书，明确人力资源关键管理指标，明确各单位的“责权利”，赋予责任，充分授权，根据指标完成情况进行奖惩兑现，营造“不进步收入低，不胜任被淘汰”的紧迫感。

4. 实施职位薪酬体系和荣誉体系，激发员工活力

一是实施职位薪酬体系，建立外具竞争性、内具公平性的分配机制。按照“3P”（价值、能力、绩效）付薪理念进行薪酬体系变革，建立工资收入正常增长机制，激励员工主动提升业务技能，创造更多的业绩和价值。对岗位价值进行评估，建立 20 个等级的岗位价值地图，通过岗位等级反映岗位的复杂程度及重要性，体现岗位的价值与薪酬的匹配度。建立员工专业发展通道，制定任职资格标准，对员工的能力进行等级认证。制定差异化的薪酬策略。增设薪酬宽带。

二是以“价值创造”为导向，构建直击人心的荣誉体系。设置“金字塔型”层级的荣誉体系：公司级奖项是最高层级荣誉奖项，设置劳动模范、最佳新锐等标杆性奖项；根据当期重点经营目标和重点工作，设置重点专项激励奖项。单位层级奖项为基础保障级荣誉奖项，授权基层单位设置“特色化、直通一线、直击人心”的奖项。

（四）聚焦战训一体培训，助力升技赋能

1. 建设学习型组织，搭建赋能平台

一是完善培训赋能机制。成立企业内部大学——长安民生智慧物流战训中心，明确组织机构职责及

运营模式。建设培训课程体系、培训师资体系、培训评估体系、培训管理体系，构建专业人员的任职资格学习地图、操作人员的 KET 岗位培训标准，开发新员工的通用管理、开发技术技能人才的专业课程；以班组为基础开展组织建设，实施学习型组织认证和员工能力认证，采用积分制，将积分与组织绩效和个人绩效挂钩。

二是开办互联网课堂。以“互联网+”的思维，开展微信直播、斗鱼直播、云课堂直播，让员工利用课余时间，提升学习内容；开展 I-learning 平台，支持“移动化、碎片化”的培训，共享行业领先资讯；创新开展“玩”中求体验的学习形式，将游戏和兴趣娱乐相结合，提升参与度和学习意愿。

三是打造“特色化”培训品牌。企业层面打造总监大讲堂、专业公开课两大特色学习品牌。总监大讲堂，一周一期，面向公司中干和后备干部，由公司领导、总监进行授课，主要作为跨部门业务交流的平台，分享业务板块大事件、大政策、业务精益管理、团队建设优秀案例，每年开展 40 期。专业公开课，针对 P 序列专业人员，双周开展专业讲座，由专长骨干人员培训专业技能。

2. 建立培训认证体系，规范评估能力标尺

实施培训认证体系，建立能力评价的操作流程和实施标准，确保所有单位步调统一、动作规范；实施 100% 覆盖的管理序列能力盘点答辩，操作序列 KET 技能评价及 M 序列领导力评估。依据每个员工的盘点结果，实施“一人一策”的培训解决方案，确保针对性培训落地。效果追踪要求落实到每位员工的培训解决方案中的每项内容，做到“项项有认证，结果可识别”。对于培训认证全部达标、完全满足岗位需求的，给予新的继任、发展培养支持；对于培训认证未达标的，进入人岗优化中心进行能力再造，同步调整薪酬直至重新竞聘上岗，传递压力。

3. 强化领导力培育，赋予管理魅力

针对高管实施北斗计划，策划 CEO 总裁培养课程，提供 BOSS 商学院 EMBA 创新班培训资源。针对全体管理干部实施灯塔计划，组织开展《从战略到执行》《非财》等课程培训，组织开展通用领导力课程培训和总监大讲堂专项业务培训；针对近年晋升的中干、后备中干实施火炬计划，从自我管理、业务推动、团队赋能三个维度，帮助其快速转变角色、提升管理能力。针对基层管理者实施星火计划，开展班组长精益管理能力提升培训和主管能力孵化培训，开展大规模多频次专业培训认证、主管班组长开展系列培训。

4. 实施“蹲苗”计划，培育实操能力

长安民生开展“蹲苗”计划，对新进大学生实行三年成长计划，第一年松土阶段，对公司业务进行轮岗实习，让员工熟悉基层，了解业务，完成由新进大学生向物流工作人员的转变；第二年施肥阶段，新进大学生实习一年考评合格进入职能部门，理论与实践相结合，操作业务，培养技能，系统性学习应用工具，培养解决问题的思维模式；第三年成长阶段，厚植基础。后干成长和中干提拔必须有基层经验，鼓励优秀青年深入基层，服务客户，成就自我。

（五）建立三项保障机制，提升落地能效

1. 建立红黑榜机制和 PK 机制，用好提质增效指挥棒

一是建立红黑榜机制，将人力资源体制机制的改革分解为 13 个维度进行评分，并将改革得分排名应用到红黑榜，红榜表扬，黑榜警示批评。二是建立内部 PK 机制，每半年组织一次 PK 赛，营造“比学赶超”的氛围。三是建立预算滚动监督考核机制，以全面预算管理为切入点，建立月度、季度考核机制，设立预警机制，年度以指标为牵引，严格考核严格管理。

2. 构建数字化转型，打造人性化的共享服务平台

一是打造数字转型模式，将人力资源管理从“经验驱动”转化到“数据驱动”。构建以“人力资源运营健康度”“人力资本投入产出”“人力资本价值体现”三大类指标的HR数据运营分析体系，以数据支撑管理决策，驱动管理变革。二是搭建人才共享平台，将内部余、缺岗位信息与各部门需求联动，实现驻场式共享、项目式共享、富余人员共享，实现人员动态调剂。三是打造智能自助化的员工信息渠道，实现员工办理合同签订电子化、考勤系统智能化、员工档案电子化、信息查询自助透明化，推进人力资源管理服务效能。

3. 以文化铸“魂”，创新求变、赛美更美

长安民生把企业文化建设提到战略高度，从无到有搭建并不断迭代更新了CM1710“赛美”文化理念体系。“赛美”文化将“布局科学、卓越运营”的网络与规划理念、“流程驱动协同、科技赋能业务”的数据与科技理念、“精干高效、人才领先”的组织与人力理念、“质欲其精、精益高效”的精益与运营理念等10个理念融入经营管理各环节，用领先精神助推领先事业，加深全员文化认同感；“赛”是“激情与创新”，是“敢为人先、创新求变”的具体体现，“美”是“专业与高效”，是“拒绝借口、争创一流”的落脚所在，“赛美”文化体现长安民生人“创新物流服务、创造美好生活”的初心与追求，是长安民生发展之基、超越之道、进取之魂。

三、汽车物流企业适应智慧化转型的人力资源管理变革效果

（一）经济效益显著

一是在人力资源方面，机构精简30%，人员精简1/3，劳动效率年均提升25%，技术人员从15人增加到134人，“80后”中层管理干部占比达到36%，薪酬差距拉大到2—3倍。特别是疫情以来稳定就业，保障了员工收入的稳定增长（2021年人均工资增幅12%），实现了劳动效率15%以上的增幅。二是在生产经营方面，2016—2020年协同客户实现降本超10亿元，为主要客户每年综合降本10%以上，已成为客户信任的最佳伙伴，成为汽车物流整车、零部件行业KPI标杆企业；长安民生2019—2022年实现营业收入提升40%，营业利润翻番，经营质量持续提升。

（二）员工面貌焕然一新

以智慧物流转型为目标人力资源变革给长安民生员工的精神面貌带来了六大改变：改变了客户对长安民生的印象，实现了从劳动密集型向科技型物流转变；改变了长安民生的散漫管理，实现了压力层层传递；改变了部分中干只管“生产”、不懂“经营”的意识，由“汗水型”向“经营型”转变；改变了员工对长安民生“质疑、失望”，营造了风清气正的氛围；改变了薪酬“大锅饭”的现象，合理拉开差距、释放员工活力；改变了干部员工“等靠要”思想，改出了“只争朝夕、奋发有为”的精气神。

（三）智慧物流核心竞争力显著提升

一方面全力推进智慧物流建设，打造以应用信息化技术、智能化技术、包装技术、供应链集成技术、大数据技术5大核心技术的体系建设。围绕“仓、配、运、包、管”实施上线信息系统及自主研发信息化产品，核心业务系统应用覆盖度达90%，建成“以核心自主可控”的智慧物流全场景信息系统产品；完成无人车、无人仓、智能立体库等20余个智能化项目实施落地，建成国内汽车行业最大的立体库，建成具有标杆性的国内汽车行业规模最大智能无人仓；构建重庆、南京“两城三地”包装技术创新平台，打造包装+整体服务解决方案和低碳环保包装产品；围绕汽车供应链全场景搭建物流规划方法模型，发布15套物流规划标准产品，为中国绿色低碳物流行业标准建设开展物流全过程碳识别、碳盘查、减碳等技术研究；IT技术架构和数据架构具有领先性，核心系统无故障

率从92%提升到99.9%，累计申请知识产权220项，现有有效专利84项。另一方面行业地位明显提升。长安民生进入2022中国供应链及中国合同物流企业排行榜20强，2021年在中国物流行业排名前20强，全国汽车物流行业前6强。

（成果创造人：谢世康、万年勇、周智伟、陈　刚、罗　涛、吴雪娇、蓝海英、牛钰娟、徐　媛）

战略引领型中央企业高端科技智库运行体系建设

中国电子科技集团公司电子科学研究院

中国电子科技集团公司电子科学研究院（以下简称电科院）是中国电子科技集团有限公司（以下简称中国电科）于2010年组建的高端科技智库，是中央企业智库联盟的成员单位，也是中国工程院国家高端智库体系的重要组成部分和支撑机构。大部分研究人员具有博士研究生学历和高级职称，专业分布覆盖电子信息、通信、网络空间安全、国际关系和管理学等，形成具有电子信息行业特点的智库平台，同时与行业内知名院士、专家和学者建立常态化机制化的合作研究模式，实现“平台+网络”有组织的专家体系。长期以来，电科院以“服务国家、支撑集团、开拓市场和构建创新生态”为发展方向，以全面支撑科技强国、国防和军队信息化建设、国家电子信息技术产业发展为己任，围绕国家、军队和电子信息行业发展重大战略问题，积极发挥学术研究和管理决策的桥梁作用，为国家机关、军队、行业主管部门、集团总部及其他企事业单位提供高质量的专业咨询服务。

一、战略引领型中央企业高端科技智库运行体系建设背景

（一）中央企业常态化参与国家科技创新决策的重要举措

中国电科作为我国军工电子主力军、网信事业国家队和国家战略科技力量，不仅是我国信息电子技术与产业的建设者，同时也是网信事业的推动者和思想者，是我国科技创新体系的重要组成部分，在提高国防和安全技术水平同时，负有引领电子科技行业发展、参与国家科技创新决策的重任。为此，中国电科在原有各个研究所情报研究室的基础上，重组集团公司的科技战略研究体系，组建集团公司发展战略研究中心，提出引领集团公司发展、服务国家科技决策高端智库建设要求。至此，电科院迎来了大发展的新机遇，同时在定位、组织方式、运行方式等方面都面临新的考验。电科院积极吸收国内外智库建设的有益经验，结合自身的特点和我国科技自立自强的发展要求，按照“以科学咨询支撑科学决策，以科学决策引领科学发展”的目标构建常态化支撑国家科技创新决策运行体系。

（二）应对大国科技竞争实现高效战略支撑的使命要求

新一轮科技革命和产业变革正在重构全球创新版图、重塑全球经济结构，尤其是以人工智能、量子信息、移动通信、物联网、区块链为代表的新一代信息技术领域成为大国博弈的主战场。信息技术发展呈现出两个明显的特点，一是分化细化，不断衍生出新的学科和领域；二是与其他学科之间的交叉融合，对其他领域具有广泛渗透性和带动性，向着综合化和整体化方向发展。信息技术的快速发展和日趋复杂，成为世界各主要国家谋求国家竞争优势的战略领域。做好信息电子领域行业前沿科技探索和战略研究，争取大国科技竞争优势，迫切需要搭建熟悉领域发展的战略决策咨询平台，形成开展战略研究的管理体系，集成本领域前沿发展与工程实践的卓越智慧，全面系统跟踪世界信息与电子产业与科技发展现状与趋势，准确完整把握我国信息与电子工程科技发展位势与挑战，为党中央在科技创新的战略决策提供专业化、可实践的咨询建议。

（三）提高对工程科技引领能力实现高质量发展的内在动力

中国电科作为我国大型军工企业集团，集科研、生产、市场等多种功能于一体，在数字化变革时代做出及时、准确和科学的决策，更好协调重大科技工程并形成创新联合体和思想联合体，引领数字化时代背景下工程科技的前瞻发展，需要一个能够专门开展调查研究、系统分析、科学预测以

及从定性到定量的综合集成工作的专业化机构，需要具有专家网、信息网和稳定的运行体系，充分发挥其在科技决策咨询中的支撑和引领作用。电科院通过深度结合中国电科面向电子信息领域的前沿科技优势和工程实践经验，系统完善组织架构设计，持续提升信息化管理手段，规范健全监督管理制度，畅通协同运行机制，持续提高战略研究的系统性、专业性，在战略决策支撑服务的敏捷响应能力，支撑国家科技创新决策的效能方面发挥了重要作用。

二、战略引领型中央企业高端科技智库运行体系建设主要做法

（一）明确使命定位，实现服务国家科技决策、支撑工程科技创新和引领产业发展的有机融合

1. 按照“总体设计部”的理念进行体系架构设计

“总体设计部”是钱学森系统工程思想的重要组成部分，也是钱学森系统科学思想的组织形式。基于“总体设计部”思想提出的组织方式和研究方式，构成了电科院建设高端科技智库运行体系的核心理念。电科院基于中国电科自身作为领军型科技企业的使命和定位，以服务决策为核心提出建设“顶天立地、战略引领”高端科技智库，通过聚焦世界科技前沿、科技创新范式变革，为党和国家决策机构、集团公司领导提供科学的咨询成果，引领工程和技术科学进步、产业发展。

2. 明确提出“顶天立地”的高端科技智库使命定位

电科院针对中国电科作为工程和技术科学领域的国家领军型高科技企业自身的特点和国家科技创新的战略需求，提出“顶天立地、战略引领”的定位，将“服务国家和集团公司科技决策、引领工程科技和产业发展、构建创新生态体系”实现有机融合，形成完整的科技智库运行体系。“顶天”是指履行中央企业责任，将服务决策作为高端科技智库的核心使命，以向党中央和国务院的重大科技决策积极建言献策为基本工作指向，形成常态化参与国家科技创新决策的机制；“立地”是指充分发挥中国电科的行业特色优势，扎根于网络信息技术体系，通过理论与政策研究的引领作用，将国家战略转化为中国电科的发展规划，通过工程科技实现落地。电科院将“顶天”与“立地”紧密结合，形成“理技结合、网络连接、战略引领”的鲜明特色。

3. 构建“1+3+4”的高端智库运行体系

围绕“顶天立地”的定位，电科院积极落实科技决策支撑与工程科技战略引领的双重角色深度融合要求，以“科学研究支撑科学决策，以科学决策引领科学发展”为指引，发挥中国电科“军工电子主力军、网信事业国家队和国家战略科技力量”的行业优势，组织筹划信息与电子领域战略研究工作。构建“1+3+4”运行体系架构，即在明确“顶天立地、战略引领”的高端科技智库定位基础上，提出聚焦科技范式变革、世界科技前沿和科技战略咨询3项核心业务，形成包括组织管理创新、研究范式创新、内控机制创新和信息管理创新4个方面的运行体系。

（二）按照圈层业务结构，形成业务管理、人才组织和研究管理体系

1. 构建“情报—科技—产业—战略”四圈层业务结构

电科院按照“顶天立地、战略引领”的定位和三个聚焦的业务领域，构建“情报—科技—产业—战略”四圈层业务结构，形成电科院组织变革的依据以及核心竞争力布局的基本思路。一是强化科技情报的“耳目、尖兵”功能。建设世界一流企业必须要“面向世界科技前沿”进行大科学技术的组织开发，重视技术情报工作，引领工程科技发展形成“面向经济主战场、面向国家重大需求、面向人民生命健康”的科技成果。电科院把全球信息电子领域科技创新以及信息技术对经济社会的影响作为研究对象，把“情报观”作为安身立命的基本业务能力，提出“看得到、想明白、说清楚”的工作要求。二是强化理论研究与服务科技创新和产业发展的应用导向相结合的思想，以促进科技进步和产业发展，构建技术与科学的协同演进和相互促进的创新生态为基本目标，形成“理技结合”的研究特点。针对

集团公司存在研究工作以工程项目为主、考核评价“唯生产第一线论”的倾向，电科院深入研究钱学森先生提出的“系统工程”思想，强化技术、科学和创新生态的共生性，将战略研究依托工程科技一线的专家学者，同时为工程科技的发展提供战略引领和科技情报支撑，从而在集团内部找准业务定位。三是将战略引领作为发展最终目标，努力将集团公司发展战略上升为国家战略，积极推动国家战略在集团公司落地实施，形成的战略研究成果不仅服务国家战略决策，而且也引领工程科技发展。四是强化研究的科学性，注重研究方法的凝练。电科院有理工科背景的研究人员占比大，大多重视和熟悉循证决策、定量分析、模型模拟等研究方法的运用，探索形成的“透镜”式研究范式，积极发挥“大成智慧”思想。

2. 构建“平台 + 网络”的专家人才体系

电科院根据“四圈层”结构进行人才布局，突出“大成智慧工程”思想，形成稳定可持续的平台和动态可扩展人才网络相结合的“平台 + 网络”运行模式。一是搭平台、建机构、聚人才，突出平台的系统集成和组织能力，形成科技情报、战略研究、规划论证等有分工、有层次的内部机构设置和专业化的平台研究团队。目前共有专职研究人员 53 名，80% 具有博士学位，90% 具有高级职称，形成首席科学家、首席专家、高级专家和专家为核心人才团队。在专业构成上强调多学科交流以及专业化研究的融合，研究人员包括电子信息、网络空间安全、通信等与中国电科强相关专业，还包括管理学、经济学、政治学专业等。不同学科交叉所形成的综合性、系统性、渗透性在洞察科技动向、解决国家科技发展面临的许多新问题、新挑战上发挥了重要作用，成为取得原创性重大成果的重要途径。二是网络化、专业化、动态化外部专家合作团队。电科院通过与中国工程院共建“中国信息与电子工程科技发展战略研究中心”等方式，面向熟悉国家安全和科技决策的高水平专家，建立特聘研究员制度，已聘请300多名长期在科技领域、决策部门和高端智库工作的高水平院士、专家担任特聘研究员，基本覆盖科技企业、高等院校、研究院所和民间智库的网络化研究队伍，提升战略咨询院的决策咨询能力和影响力。三是发挥智库平台的延伸功能，发挥科技智库培养战略科学家等复合型人才的育才功能，为观点辩论、同行交流、引智引技提供专业场所及平台，提高为科技创新提供咨政建言服务的能力。

3. 构建“使命 + 利益”的研究协作机制

电科院“平台 + 网络”的智力资本组织模式，充分考虑市场经济体制下不同利益主体的关系。电科院提出“使命 + 利益”共同体的研究协作模式，从而解决对不同利益主体的能力综合集成问题。通过高端智库建设，电科院每年从国家有关部委、军队获得大量预研和战略研究课题，从经费和研究方向上形成对电科院重要支持，引导电科院支撑国家决策的发展方向。中国电科为将电科院打造为高端科技智库，每年在人、财、物等方面予以大力支持，从而确保电科院全身心投入服务国防和国家安全的使命工作中。通过课题合作方式，电科院与外部单位形成合同关系、战略合作关系等，利益共享、成果共同，通过切实利益形成紧密相连关系。

（三）按照“三看五出”的成果导向构建“透镜”式研究范式，实现科学咨询引领科技发展的目标

1. 构建“透镜”式研究范式

电科院认真学习钱学森系统工程理论，重视循证决策、定量分析、模型模拟等研究方法的运用，在一般智库“出思想、出政策、出声音”基础上，结合中国电科使命责任提出“三看五出”的工作标准，提出“集成研讨会厅”的“透镜”式研究范式，在科技路线图研究、科技规划、科技评估中均得到很好的应用和验证。“透镜”式研究范式，将研究输入到成果输出的全过程划分为四个阶段。一是研究体系基础建设，强化权威、专业的情报库、专家网络建设、完善定期研讨机制，作为整体研究的能力支撑。二是需求分析，以国家战略需求为导向，基于决策支撑需求、工程科技前沿发展引领需求、行业发

展指引需求，凝练战略研究选题、确定研究选题方向，确保管理体系的战略研究工作具有战略引领性。三是专业研究、集成研讨阶段，在前面两个阶段的基础上，结合目标领域发展现状、趋势、挑战和问题，明晰方向和道路。四是战略引领阶段，基于前三个阶段的研究成果，结合现实急迫问题与长远发展需求，立足当前能力条件与政策环境，提出具体可操作化的政策建议。

2. 践行综合集成研讨厅理念

“透镜”式研究范式的核心是钱学森“综合集成研讨厅”理念的具体实践。电科院围绕“战略引领”这一发展目标，在具体研究过程中始终坚持“科技情报集成、战略需求聚焦、专家智库集成、战略研究引领”几个方面，充分融合国家高端智库资源以及中国电科工程科技和产业实践经验，广泛连接高校院所科研力量，形成“基于情报数据分析—准确理解战略需求—深入进行理论与对策研究—广泛邀请产业界、学术界专家研讨—提交战略研究成果、提出对策建议”的战略研究路径，构建出一套全链条、多学科、宽领域、专业化的协同研究体系与决策支撑机制。在此基础上，进一步发挥集智效应为决策者及集团战略布局提供参考，并同步扩大战略研究体系和学术影响力、决策影响力和社会影响力。

3. 强化“三看五出”成果导向

电科院在传统智库“出思想、出政策、出声音”的基础上，提出了“看清趋势、看清方向、看清道路；出思想、出理论、出政策、出规划、出战略”的“三看五出”更高标准和要求，特别强调研究成果专业、务实、管用，加强成果可见度和战略引领的能力，以成果为导向构建研究运行管理体系，为电科院发展贡献了道路引领和考核指挥棒的作用。在实践中，出思想，通过战略性研究课题形成一批业内有影响力的研究报告，如《中国电子信息工程科技发展战略研究》等。出理论，重视专著译著、学术论文的出版与发表，凝练了业内科学的研究管理方法，在过去3年时间里，电科院在数字经济、网络空间安全、科技创新、人工智能等领域出版了大量有影响力的原创新研究成果。出政策，强调围绕国家重大科技战略决策建言献策，通过院士建议、政务信息、电科专报信息等渠道积极上报政策建议；出规划、出战略，电科院积极参与国家战略规划和集团公司战略规划制定，在支撑国家行业战略方面发挥了重要作用，一些战略规划在集团公司得到落地、实施。

（四）进一步细化内控管理机制，实现激发智库活力与提升服务质量的有效结合

1. 构建相对完善的研究成果规范标准体系

高品质研究成果是智库形成高影响力和塑造权威性的根基，而智库的质量管理直接影响智库产品的质量和水平。电科院建立学术委员会、实行项目经理制度，通过制定研究成果、数据产品的高质量研究规范与分析标准，以内外部同行专家严格评审与监督等方式进行质量控制。研究部门设置负责审核的集团公司专家（同时作为中心学术委员会委员），负责研究成果的质量控制、中期审查和结项审查，出具评审报告，以判断是否达到要求。在研究报告或对策建议提交发布之前，都要经过学术委员会批准。外部独立评审小组按照规定的评审标准（指南）予以独立、严格评审。

2. 深化考核评价制度改革，实现量化激励

完善的考核制度能够充分发挥指挥棒作用，对深入推动平台发展、强化能力建设产生正向激励。电科院根据“简化程序、明确职责、提高效率、创新机制”的要求理顺职能、流程、分工，通过加强规章制度的指导性和可操作性，实现程序规范、责任清晰、方向明确，确保战略咨询平台健康发展，强化平台各维度能力建设。在人才考评制度方面，电科院根据智库运行特点制定考评制度及配套政策措施，包括科研管理、人事制度、经费使用、考核评价、人才激励五大方面，为人才成长提供良好环境。通过修订完善部门绩效考核管理办法，建立责、权、利相统一的激励约束机制，调动研究人员研究问题的积

极性和创造性；针对咨询研究工作特点，推进重大任务执行力、内部协作和工作量定量考核等，探索推进积分制考核办法；针对平台决策支撑能力建设，突出重点领域和关键环节，针对电科院团队长期根植于科技研究院所的特点，电科院团队按照“三看五出”的标准制定“三个影响力”考核体系，即决策影响力、学术影响力、社会影响力的建设要求，针对重点激励作用不明显的情况，建立决策影响力专项奖励机制，进一步提升决策影响力。

3. 构建差异化科学考评体系激励团队成长

电科院针对研究人员职业发展不同阶段的特点，采用分类、分级培养及激励措施。如，针对新入职博士，加强“传帮带”，带领新入职博士从基本工作流程学起，了解国家高端智库基本工作要求、国家信息与电子行业基本情况、中国电科的“红色基因”与“蓝色基因”、自身岗位职责等内容，提升使命感与责任意识。针对入职年限两年以内的研究人员，鼓励支持结合自身岗位和研究专长申报自主课题开展研究，为电科院团队长远能力建设和青年人才成长创造条件。针对专业能力较强的骨干研究人员，建立“项目组长”制度，通过组织承担跨领域、跨部门协同合作的“急难险重”任务，加强“火线”锻炼，通过“干中学”，快速提升专业素养，切实发挥组织和个体优势，做到无边界合作；针对全体科研人员，鼓励进行交流学习，推动员工积极“走出去”，为员工创造出访交流、实地调研、学术研讨等外部活动。坚持战略研究必须深入一线的观念，建立中心与集团各研究所之间的协作机制，通过充分利用集团各研究所专业力量，加强电科院与总部机关的衔接，完善落实调研机制。

（五）开展数字化“三库”建设，打造数字化研究信息管理体系

1. 建设内外部知识协同，持续丰富研究资料库

信息化与智能化技术被应用于智库的科研及管理相关环节，包括数据采集、数据分析、成果产出、任务管理等，能够有效提升智库成果产出的质量与效率，提高智库支撑决策的敏捷响应程度。电科院通过科学的信息化支撑方法和技术手段，在完善的架构设计与运行机制的基础上，进一步通过科学信息化支撑方法和技术手段支撑战略咨询研究、增强信息化对国家高端智库的支撑作用。电科院聚焦三大研究领域构建云共享资料库。在资料库的完善维护中，做到任务及时跟踪、信息及时沟通、知识及时共享，进一步强化内部“小核心”团队成员之间的交流及知识共享，通过内部学习进一步提升团队专业能力及水平。

2. 创建行业发展最新信息动态跟踪数据库

电科院聚焦网络安全、信息电子、量子计算等前沿领域，动态跟踪信息与电子领域发展态势，以前沿资讯、科技动态、统计数据、行业报告等数据内容为主体，为研究人员提供专业化服务，搭建行业发展动态跟踪数据库与共享传播平台，配置专门的信息资料采集专员，以周为频率定期更新数据库内容，完善以数据服务为主体的环境建设。

3. 信息化管理工具促成全流程项目管理库

电科院采用信息化管理工具，根据研究/咨询任务的“接收—组织论证—开题—中期—结题”不同阶段，实行信息化管理。围绕任务接收至结题全过程开展实时管理，做到各项任务目标明确、各团队职责清晰、节点可见、进展可控，提高各项工作效率，促进多任务协同运行。注重内容牵引，加大科技创新智库对创新发现、产品创新、产业升级、知识转移、成果转化、产学研融合与知识产权保护等新内容的支持力度。赋能技术驱动，基于人工智能等关键核心技术，进行社会调查、统计分析、案例收集，形成务实管用的专题数据库。做实特色服务，积极支持科技创新智库提供专题咨询、科研协作、创意启发等专业化服务，促进知识获取、创新交流与发明创造。

三、战略引领型中央企业高端科技智库运行体系建设效果

（一）支撑国家科技战略决策能力效果显著

电科院为我国信息与电子领域创新发展建言献策，提供思路和启发，为科技决策部门和集团产业布局提供战略导向，长期作为中央网信办、国家发改委、科技部和军委机关的常态化决策支撑机构，为我国数据安全、网络空间安全等战略政策制定发挥重要支撑作用。在国家战略科技力量、数据安全、关键核心技术和网络空间安全等领域开展的研究成果多次得到上级机关领导正面批示，公开发表论文30余篇，出版了《科技预见未来》《美国网络空间安全治理军民协同问题研究》《人工智能》《思维决定创新》《未来网络架构与设计》等专著、译著10余部。仅在2020年至2021年，向上级机关提交内部研究报告40余份，上报的政策建议获得省部级以上领导批示10余份。

（二）助力国家科技进步和集团公司产业发展取得重要进展

电科院承担《中国电子信息工程科技发展研究》，先后发布中国电子信息工程科技发展十大趋势（2019）、十六大技术挑战（2020）、十四大趋势（2021）和十三大挑战（2022），公开出版4部蓝皮书《中国电子信息工程科技发展研究（综合篇）》、29本中文专题、5本英文专题。在国内外具有重要行业影响力，连续多年在中央电视台新闻联播中播出，并被新华社、《科技日报（头版）》、《人民邮电报（头版）》等广泛报道，在工程科技项目论证中得到广泛应用。《中国工程科技未来20年发展战略研究》，对重大工程论证及工程科技发展形成了强有力的战略引领作用。电科院将国家战略在集团公司落地实施的工作中，形成数据技术支撑抗击新冠疫情的系列重大专项，在量子信息产业、数据安全、网络空间安全、网络信息体系、天地一体化信息网络重大专项方面进行的战略研究支撑了集团公司产业化发展，以及智慧城市研究院、平安城市专项、空气消杀机重大工程和产业市场开拓工作中发挥战略引领作用。

（三）形成可复制可推广的高端科技智库运行管理模式

电科院作为中央企业内部建设高端科技智库担负“服务国家、支撑集团、开拓市场和构建创新生态”的使命责任，提出“顶天立地、战略引领”的使命定位，在具体的运行过程中，充分学习实现了钱学森提出的“总体设计部”理念，在运行管理上提出“情报—科技—产业—战略”四圈层业务结构，组织管理上提出“平台+网络”的专家人才体系、“使命+利益”的研究协作方式，在研究管理上提出“透镜”式研究范式，提出“三看五出”工作标准，通过支撑决策的政策研究、研究报告、论证报告与评估报告，在高端智库体系和其他研究机构中得到广泛认可，实现“服务决策、适度超前”的高端智库建设初衷，科技决策与支撑体系范式具有可复制可推广的潜力。

（成果创造人：张洪天、计宏亮、曾倬颖、刘　畅、刘静岩、
线珊珊、赵　楠、郝英好、陶　利、龚振炜）

宇航企业基于积分制的人才管理变革

中国航天科技集团有限公司第五研究院

中国航天科技集团有限公司第五研究院（以下简称五院）隶属于中国航天科技集团有限公司，成立于1968年，前身是中国人民解放军五院，是我国主要的空间技术及其产品研制基地，在载人航天、月球探测、火星探测和北斗导航等空间技术研究与发展方面取得了一系列具有民族复兴标志性的重大成就。作为国家战略高技术领域发展的重要支撑单位，五院始终坚持“人才的高度就是事业高度”的理念，始终把人才建设作为推动事业发展的重中之重。当前，五院已经打造出一支以科技人才为主导的高端化、年轻化人才队伍，共有中国科学院和中国工程院院士9名、国际宇航科学院院士12名，国家级专家29名；员工队伍平均年龄38岁，硕博以上学历比例超过50%。

一、宇航企业基于积分制的人才管理变革实施背景

（一）人才管理体系升级是贯彻新时代人才强国战略和航天强国建设的重要举措

人才是实现民族振兴、赢得国际竞争主动的战略资源。面向航天强国建设的新使命和“高质量保证成功、高效率完成任务、高效益推动航天强国和国防建设”的新要求，五院原有的人才管理模式已经难以有效满足高效、精准培养使用战略科学家、打造大批一流科技领军人才和创新团队，造就规模宏大的青年科技人才队伍和培养大批卓越工程师的需求，需要更加科学的理念、先进的方法、有效的组织、完善的机制，需要高水平的人才管理体系做支撑。

（二）人才管理体系升级是深入挖掘人才潜力，促进人才快速成长的必然选择

面向大型军工科研院所人才长期稳定发展、人才密度较大的特征，以及人才高度重视自我成长和提升的特点，五院原有的人才管理模式不能充分适应撬动和激发人才的内生活力和发展动力的新要求，迫切需要凝炼航天人才的成长规律，建立具有高度辨识度和航天特质的人才特征模型，将人才的“个人所长”与“岗位所需”精准对接，从“轮廓式”粗放人才培养任用向“个性精准”人才培养任用转变，为人才的发展指明方向，牵引人才不断自驱成长，提升人才培养工作精准度和敏捷度，有效缩短人才培养周期，推动人才快速成长。

（三）人才管理体系升级是系统提升人才效能，实现企业高质量发展的迫切需要

“十三五”以来，面对蓬勃发展态势和高水平人才的迫切需求，五院越来越发现，原有的人才管理体系和模式已难以有效适应满足世界一流宇航企业向人才管理要质量、要效益、要增长的新要求。迫切需要提升人才工作的精细化管理水平，建立一套科学、量化的管理工具，盘活人才工作各方面数据，实现从经验为主、数据为辅的管理向体系化、结构化的精细量化管理转变；迫切需要提高人才管理过程的时效性、动态性，实时掌握人才队伍建设情况，从相对静止、基于结果的管理向面向过程动态管理转变，高水平、全方位推动人才管理体系和管理能力的“进阶”发展。

二、宇航企业基于积分制的人才管理变革主要做法

（一）构建积分制管理整体架构，分步推进体系落地实施

1. 构建积分制管理整体体系

通过研究理论，分析实际工作情况，五院认识到积分制管理作为全院人才管理的核心关键基础，

在构建过程中采用系统思维，形成体系设计，推动积分制管理体系的真正落地。五院构建的积分制管理主要包括积分要素、积分应用、积分信息化、组织和机制保障共 4 个主要系统，各系统相互配合，有机衔接。

积分要素系统，主要通过确定积分维度、指标来构建一套有效满足人才管理体系需要的统一数据结构，设计面向不同应用场景的积分要素模块，以及灵活组合的赋分方法。

积分应用系统，主要通过积分要素的模块化组合，满足人才管理具体应用场景的管理需求，从事人才管理工作的具体部门可以通过自主抽取数据进行应用，也可以直接使用固化在应用系统中的应用模块，还可以结合工作需要，按需扩展积分要素，满足更多个性化管理需要。

积分信息化系统，主要依托信息化手段开发积分管理数字化系统，实现积分数据快速采集和处理，并建立维护积分计算模型库，实现全要素计算快速排序比对。

组织和机制保障系统，主要通过成立积分制管理领导小组、积分制管理工作小组和信息化建设工作小组，以及建立院所联动机制、管理机构与智库联动机制、信息化机构与各单位的联动机制，为积分制管理体系的研究、设计、建设、试点和推广应用提供有效组织保障。

2. 制定“三步走”实施策略

第一步，体系设计，在研究吸收积分制管理理念、方法的基础上，结合人才管理工作具体实际，构建符合五院实际需要的积分制管理体系和实施方案；第二步，试点推进，结合各单位性质特点及基础优势，自 2019 年起，选取 3 家院属典型单位，分别在科技人才管理、人才梯队建设、信息系统开发与应用等方面开展试点，率先形成可推广、可借鉴的经验，带动五院各单位、各领域全面推进积分制管理；第三步，全面推广，自 2020 年起，在全院范围，在人才管理各个领域推广积分制应用，有力推动人才管理体系的优化升级，并为质量、经营、市场等多方面管理提升行动提供全方位人才支撑。

（二）科学分解组合赋值，建立积分要素系统

1. 分解建立积分要素体系

面向人才培养开发、选拔荐用、科学评价等各人才工作模块管理需要，基于人才能力、行为等不同维度，构建积分要素体系。在积分要素选取过程中，从成熟业务、显性指标入手，充分考量“四性”标准：客观性，确保积分要素指标的可衡量、可量化，做到用事实说话，用数据说话，保证积分应用的公正客观；普遍性，保证积分要素可覆盖不同岗位系列、等级的员工，可覆盖员工职业成长的全生命周期，能够适用于全体人员；导向性，保证积分要素能够有效对员工进行正向引导和正向激励，能够及时矫正员工的负面行为；应用性，保证积分要素和模块的单一和组合使用，均能有效测度、评价人才的某一方面的特征，服务于人才管理工作。

基于以上标准，五院系统梳理人才量化管理指标，形成“A + B + C + X”积分要素系统。A 类积分为基础分，包括基本情况、工作履历，考量员工个人基础能力；B 类积分为表现分，包括学习培训、能力水平、荣誉奖励、行为表现，考量员工能力素养与绩效表现；C 类积分为负向分，包括保密、安全、廉洁、交通等事件扣分。X 为积分“扩展”项，支持各单位、各部门根据主责主业差别，对科研生产、质量管理、研发创新、市场开拓、管理提升和成本控制等不同管理侧重点自主增设积分要素，实现在全院“大积分”体系下“小积分”体系的扩展和应用，形成了院与成员单位多级联动、协同运行。

2. 组合形成通用能力维度

以人才发展的战略导向为牵引，对人才队伍素质能力维度进行科学定义与划分，对基础分和表

现分等积分要素指标进行抽取组合，形成经验值、交流值、考核值、资历值、贡献力、开拓力、创新力、学术力、影响力、认可力、学习力、传承力共“四值八力”组成的通用能力维度，将原来定性的、离散的人才能力指标转化为一套定量的、结构化的、相对全面的人才能力指标体系，用于快速聚焦、精准识别、量化评价个体或群体某一方面能力特征，并可根据管理需求不断完善与扩充，提高人才管理效率效能。

3. 科学确定综合赋分方法

一是设置基础分值，统筹模块间与模块内积分要素分值比重关系，分层分类为积分要素赋予基础分值。二是计算贡献度分值，按人才业绩贡献和发挥的作用，设置基于贡献度的赋分方法。三是计算组合分值，在积分组合使用时，不仅采用常规的“求和”模式，还根据应用需要设置了“取高、同项取高、累计、年累计、分项累计、限高”等十余种组合计算方式。多种组合分值计算方法，为应用场景设计开发提供了丰富的数据组合和处理方式。

（三）全面对接人才管理需要，打造多样化积分应用场景

1. 精准高效开展人才培养

五院围绕科技队伍、型号队伍、领导干部等重点队伍建设与管理需要，将人才培养计划与积分制应用相结合，构建了以选拔、培养、使用和评价为核心的积分应用矩阵，发挥积分数据在队伍建设中“前端数据牵引、中端动态监控、后端量化评估”作用。主要应用在五个方面。

应用于高层次研发创新队伍建设。实施以培养造就高层次科技人才队伍为目标的“珠峰计划”，将积分制管理应用于战略科技人才、科技领军人才、科技领军后备人才、青年拔尖人才四个层次专家梯队培养与储备。一是建立科技人才积分模型，重点聚焦“四力”维度，其中创新力主要包括科技进步奖、技术发明奖、自然科学奖获奖积分；学术力主要包括论文、论著、会议报告积分；影响力主要包括专家称号、人才奖项、学术团体与专业组任职积分；贡献力主要包括型号任职与成功、负责创新项目、参与国家级人才支持计划积分。二是依托人才数字画像实施精准培养，采用绩优标杆法，基于现有四个层次科技人才群体的“四力”特征大数据进行模拟画像，既用于现有各层级科技人才整体情况分析，又面向关键领域重点人才，定制“一人一策”培养路径，加速高层次科技人才成长，抢占空间事业人才高地。三是应用于人才荣誉评选推荐，已成功使用积分制开展国家级与省部级青年拔尖人才、五院杰出青年基金支持对象的遴选推荐。

应用于型号研制队伍建设。将积分制管理应用于型号队伍“蓄水池”后备培养计划。一是量化分析型号干部任职成长规律，基于现任型号“两总”队伍的岗位任职经历积分数据，有效支撑各研制领域、多层级、各年龄阶段后备人才蓄水池的整体布局与重点人选范围。二是训战结合加速后备人才成长，聚焦型号研制人才的“贡献力”和“学习力”两大积分维度牵引队伍建设。五院针对型号两总、主任（副）主任设计师、产保队伍、型号班组长等岗位，制定上岗必备知识技能清单并纳入积分要素，通过岗前培训与考核取证获取积分，作为上岗必备条件。通过积分数据和模型运算，有效支撑“提前储备人选、加速培养锻炼、优化年龄结构”的后备人才培养工作。

应用于领导干部队伍建设。一是牵引年轻干部多岗位交流历练，建立“干部交流值”积分模型，由跨部门交流、跨层级交流、行政与党务交流、挂职借调交流4个维度积分组成，快速识别多岗位交流值较高的优秀年轻干部，鼓励年轻干部通过多元化交流任职加速成长。二是有效支撑领导干部识别培养，建立“干部成熟度”四维培养模型，经验成熟度主要由当前岗位任职年限积分组成，交流成熟度主要由干部多岗位交流积分组成，业绩成熟度主要由业绩考核、素质测评积分组成，资历成熟度主要由制度规定进一步使用资格条件积分组成，运用四维成熟度模型开展干部群体与个体画

像，为干部队伍建设提供重要决策与管理参考。三是建立干部积分预警机制，设定考核结论、素质测评、任职年限等积分数据阈值，直观提示岗位任职年限将满退出，年度考核结果、素质测评末位调整等预警信息，推动干部能上能下，保持干部队伍一池活水。

应用于技能人才队伍建设。将培养影响力的技能领军人才作为当前重点任务，实行高技能人才“接力工程”，将积分制管理运用于高技能人才梯队体系建设。一是建立高技能人才“接力工程”积分模型，主要由技能技艺力、代际传承力、大师影响力三部分组成。二是以数据牵引培养高技能人才，将高技能人才划分为中华技能大奖、全国技术能手、集团技能大奖、集团技术能手、五院技术能手五个梯次，基于现有五个梯次技能人才体系积分大数据进行模拟画像，加速锻造技艺精湛、代际传承的高技能人才队伍。

应用于新入职员工培养。制定新入职员工“积分制培养计划”。一是定制新员工积分体系，为新入职定制专属积分“拓展”模块，牵引指导新员工努力方向。二是定期监控培养情况，每季度发布新员工总积分榜单及各维度积分榜单，为新员工个人开放个人能力雷达图，对不达标维度进行预警。三是打造“新员工见面会”专属仪式，固定每年举办一次，会上向新入职员工宣讲积分培养方案，对上一届综合积分及专项积分较高的员工，由五院党政正职向新员工和其督导师颁发荣誉证书，引领新员工在入职初期跑好职业生涯“第一棒”。

2. 支撑多样化人才专项建设需求

面向宇航产业和航天技术应用产业人才队伍的差异化建设需要，利用积分制形成的人才管理数据结构和统一标准数据源，职能部门可以根据不同的管理应用需求，灵活选取相关指标要素进行组合，为相关管理工作提供有效数据支撑。目前，五院已经在人员职称评审、专业化岗位评审、解决两地分居、京外调干、青年拔尖人才评选等工作中采用了积分制管理数据作为重要参考。同时，利用积分制要素体系的良好扩展性，根据经营管理、产品保证、科研生产、财务等不同领域专业人才的能力诉求，将新的能力要素指标引入进来，形成针对更加细化专业领域人才的能力建设标准和指导，加速培育专项人才，形成人才管理与多领域管理的有效“交互”。

3. 动态灵活实现人才盘点

通过积分制管理有效积累和盘活人才管理工作中各项数据，有效实现人才摸底、洞察人才价值、分析人才潜力，同时结合数字化手段实现人才数据可视化，为研究制定更具针对性的人才管理措施提供了全面、及时、丰富的数据支撑。一是动态盘点组织人才现状，依托人才积分制管理数据常态更新与维护，将原来定期的年度人才盘点转变为动态的及时人才盘点，有效提升人才盘点的效率；二是灵活盘点人才能力水平，根据积分要素进行自主抽取和模块化组合，快速识别人才队伍群体或某一个体各维度能力特征，支持各类人才建设情况的前后纵向对比和跨单位横向对比，重点识别人才建设中存在的共性问题和突出短板，及时研究制定针对性措施进行解决；三是有效盘点人才发展方向，通过深度挖掘人才积分数据，支撑关键岗位继任计划、高潜人才培养计划与人员配置调整计划，构建面向未来的人才发展体系，提高人才管理对战略的支撑。

4. 牵引激励人才自驱成长

为研发人员、工程型号人员等不同成长通道的员工，建立了差异化的成长导航模型，帮助员工明确自身职业成长目标，形成持续成长成才的强大自驱力。主要应用在两个方面，一是通过“四值八力”等基本能力维度设计，勾勒出研发人员、工程型号人员、技能人员、经营管理人员、领导干部、新员工等不同类型人才的“基准画像”，为员工职业发展成长提供了多通道、多层级、多岗位的对标分析，每位员工对照自身能力特长和自身发展追求，能够更加清晰准确地选好自身成长“赛道”；二是通过设立不同类型人才的“标杆画像”，明确不同类型人才各维度的标杆值，员工通过对比标杆，查找自身能力差距和短板，并运用积分制的及时、正向激励特点，增强员工自我成长的驱动力，更加积极、更有方向性地在自身能力提升、工作业绩改善方面主动作为。

（四）开发数字化系统，提升积分管理效能

1. 建立人才数据中心，实现积分数据高效积累

基于积分要素体系构成，以统一的数据标准和数据源，打造院人才数据中心，实现全员积分数据集中采集与灵活抓取。建立院人力资源“数据湖”，横向打通院员工积分管理系统、集团人力资源信息系统、各所厂自有系统间的数据链路，纵向打通院、所厂、部门、员工间的数据链路，实现数据同源同步。在积分数据采集方面，支持管理者设定积分数据体系，通过系统自动集成、管理人员批量导入、员工自行录入及审批等方式积累积分数据，实现积分数据高效采集、传递、整理和应用。

2. 打造一站式应用中心，突出积分应用灵活配置

面向领导者、管理者和员工三类群体需求打造14个常设应用场景，一站式满足院、所厂、部门、员工多级次积分应用需求，以数字技术赋能领导决策、管理提效和成长牵引。面向领导决策的应用场景，主要集中在人才队伍数据的多维展示，包括人才盘点、群体画像等功能模块，为决策提供直观、量化的支持；面向管理者的应用场景，主要集中在干部队伍、型号队伍、专家等不同类型员工队伍的选拔、培养管理；面向员工成长的应用场景，主要集中在个人成长指导、标杆对标等方面，包括个人积分看板、能力雷达图比对等。根据业务需要建立计算模型，实现积分数据的快速加工运算，通过数据挖掘进行分析预测，通过直方图、饼图、散点图、雷达图等多种图形化工具，立体、直观地辅助人才管理，有效支撑各级分析决策与管理应用。

3. 强化系统可拓展性与兼容性

随着积分体系的扩大和数据规模的增长，尤其是各院属单位人力资源管理个性化要求，重点强化积分管理系统的可扩展性与兼容性，可以根据管理需要进行垂直和横向扩展，菜单式调用不同的组件，形成满足不同场景的应用系统，支持院属单位建立个性化积分体系，开展本级个性化积分应用，灵活对接业务需要。

（五）健全组织保障体系，完善管理运行机制

1. 建立健全适应积分制要求的组织体系

一是成立积分制管理领导小组。由院党委书记亲自“挂帅”，统筹协调解决积分制管理工作中的重要事项和重要问题。以党委书记例会、积分制专题研讨会等形式开展工作动员，专题研究部署积分制管理工作，将落实情况纳入各单位党委书记责任体系，确保全院力量有效集成，上下一盘棋，确保积分制管理理念联动贯通。

二是成立积分制管理专项工作组。专项工作组实行周例会制度，由各单位人力资源部门、信息化部门领导及主管组成积分制工作推进专班，每周围绕积分体系建设情况、信息系统建设、基础数据采集情况、积分应用开展情况等进行会议研讨及进展通报，协调调度管理资源，确保积分制工作执行有力。

三是成立信息化建设工作小组。形成以院人力资源部和信息化部门为主体的信息化建设工作小组，统筹抓好前端开发、中端使用、后端支撑三方面工作进度，系统推进积分制管理的信息化和数字化建设。

2. 健全完善协同高效的长效管理机制

一是坚持院所联动，形成齐抓共管合力。坚持开展院、所厂、处室三级积分制管理培训，提

高员工积分管理参与度，加强员工对积分管理的组织认同。通过杰青评选等院级应用，牵引各单位快速响应积分管理要求，推进积分应用向下延伸，促进积分数据治理。着力加强积分管理柔性，建立院、所厂两级积分数据及应用体系，以适应不同单位特点及管理需求，提高积分制数据使用积极性，确保积分管理快速落地见效。

二是多管齐下，确保一体推进。坚持积分数据体系建立、积分应用建模和积分管理系统建设三条腿走路，做好计划流程与技术流程的“双流程”管理，确保计划流程无空档，技术流程好衔接，一体推进积分制推广实施。

三是建章立制，确保稳定运行。制定《五院员工积分制管理工作实施细则》，明确积分制运维责任主体、工作流程、管理要求等，确保积分制管理有章可循。强化考核牵引，将积分制建设及应用情况纳入年底人才队伍考核指标体系，奖优惩殆，确保积分制工作长期稳定运行。

三、宇航企业基于积分制的人才管理变革实施效果

（一）积分制管理体系基本建成，人才管理更加精准量化科学

五院已经基本建成覆盖全院各个层级、各支队伍的统一的积分制管理体系和系统，在人才管理上实现了以“精、准、快、全”为特征的精细量化管理，人才管理由以“专业化管理”为特征的2.0时代向以“数据化管理”为特征的3.0时代跨越。一是建立基于积分制方法的科学、量化管理模型工具，将人才管理工作各方面数据、信息进行结构化设计处理，实现从经验为主、数据为辅的管理向体系化、结构化的精细量化管理转变，管理精准度、敏捷度得到根本性跃升，管理效率大幅改善，将管理人员从繁杂基础性信息获取处理工作中解放出来，实现从人力协调向数据驱动转变；二是实现人才的“个人所长”与“岗位所需”精准对接，从原来“轮廓式”粗放人才培养向“个性精准”人才培养转变，充分挖掘人才的个性，组织推动与个人驱动同向用力，构建一套“优选赛道”“精准指导”“标杆引领”的人才培养新模式，更好适应当前人才队伍建设发展新态势新要求；三是五院基于积分制管理信息系统，从相对静止、基于结果的管理向面向过程动态管理转变，实现全程精准受控，提高人才管理的时效性、动态性，实现管理过程效果的有效评估和纠偏，从而高水平、全方位推动人才管理体系和管理能力的“进阶”发展。

（二）人才培养效果显著提升，高层次高水平人才加速涌现

五院将积分制方法应用于人才培养各个环节，人才培养工作更加精准高效，对人才成长规律的认识更加量化科学，有效牵引人才的自驱成长，有力提升人才培养效率和效果，科技领军人才、高水平研究创新人才、综合经营管理人才等方面人才加速涌现。“十三五”以来，五院新增两院院士4名，国际宇航科学院院士5名，国际欧亚科学院院士1名，俄罗斯宇航科学院院士4名，13名专家入选“万人计划”科技创新领军人才；9名青年专家入选“万人计划”青年拔尖人才，10名人才入选中国科学技术协会青年人才托举工程，14名人才入选北京市科技新星计划。培养了一支“业务精湛、结构合理、充满活力”的科技创新与工程研制队伍，为圆满完成以“嫦娥五号”“天问一号”“北斗卫星导航系统”等为代表的重大工程任务奠定了坚实的人才基础，大批航天青年挑大梁、担重任，展现了新时代中国青年奋发进取的精神风貌。

（三）人才效能持续增强，经济效益显著提升

五院通过基于积分制方法的人才管理体系优化升级，实现以不同类型人员差异量化为基础的人才精选优配，通过系统对比，让更多优秀的人才脱颖而出，走上重要科研岗位和经营管理岗位，让合适的人做适合的事，最大限度发挥员工特长，实现人与岗位的深度融合，推动人才效能显著提升。五院人均营业收入由2016年年末的139.6万元/人增长到2021年的188.9万元/人，复合增长率

6.24%；人均利润由 2016 年年末的 10.5 万元/人增长到 2021 年的 20 万元/人，复合增长率 13.74%。五院整体经营业绩也呈现良好态势，2021 年营业收入较“十三五”初期增长 23.3%，利润总额较“十三五”初期增长 73.4%，加速迈入高质量发展，建设世界一流宇航企业的新阶段。

（成果创造人：赵小津、于　江、陈国宇、李炤坤、侯凤妹、连　程、宋　达、赵小兵、周　磊、李　力）

面向石化企业集团的数字化人力资源共享服务业务开拓管理

中国石化集团共享服务有限公司南京分公司

中国石化集团共享服务有限公司南京分公司（以下简称共享服务南京分公司）是共享服务公司下设分公司，主要负责业务的推广和实施。现有员工1300人，为集团内部及外部企业提供财务共享、人力资源共享、IT共享等一体化运营和支持服务。人力资源共享作为共享服务南京分公司核心业务模块之一，为集团公司95家直属单位提供员工关系、薪资计发、信息维护、报表分析等在线支持服务，在中石化企业较为集中的南京、武汉、成都、广东、上海等地区，为内部企业提供社保、档案、招聘、培训、职称评审等现场支持服务，为有定制化需求的企业提供政策咨询、管理咨询、人才评价、数据洞察、方案解决等增值服务。2021年，共享服务南京分公司实现营业收入4.1亿元。

一、面向石化企业集团的数字化人力资源共享服务业务开拓管理背景

（一）顺应行业发展趋势，推动人力资源管理转型

人力资源管理现代化的发展趋势是依托人力资源共享服务中心建设，不断提升人力资源管理服务企业战略、支撑业务转型的能力。根据德勤公司的统计数据，2015年世界《财富》500强中50%的企业集团、100强中80%的企业集团均实施了共享服务，建立了支撑全球业务运营的共享服务中心。工信部、财政部、国务院国资委等国家部委要求大型企业积极探索共享服务建设，对公司治理模式和管理方式提出新的要求。为积极响应国家号召，中国石化集团立足于特大型央企管理实际，于2015年在央企层面率先启动跨区域、跨业务板块的人力资源共享服务建设。

（二）落实集团决策部署，推动集团战略落地实施

共享服务南京分公司全面落实集团公司人力资源共享服务建设的决策部署，从人力资源共享服务中心筹建初期就参与建设方案的规划设计，参与集团人力资源业务现状的专题调研，参与共享服务平台的开发设计和运行测试，并率先选择江苏地区13家企业进行试点探索，打通业务流程，积累了宝贵经验。在此基础上，共享服务南京分公司按照集团总部和共享服务公司的业务推广计划，由点到面、分步实施，历时4年全面完成95家直属单位的业务推广、平稳运行和优化提升，积极探索推动集团公司人力资源共享服务战略目标有效落地的方式。

（三）持续创造共享价值，创新人力资源共享方式

中国石化集团作为特大型央企，产业链条长，人员规模大，行业和地域分布广，集约化管控难度大。虽已建立集团统一的人力资源管理制度体系，推广应用全集团统一的人力资源管理信息系统，但由于业务分散、人员分散、专业力量分散，各成员单位在制度执行上存在偏差，在系统应用上发展不平衡，难以有效保证数据质量，与此同时，企业人力资源从业人员陷于日常性、事务性工作，人力资源对企业战略的支撑作用不明显。为发挥共享专业化优势，深入应用共享理念，共享服务南京分公司全力配合集团总部和共享服务公司推进人力资源共享服务建设，聚焦客户需求，拓展服务深度和广度，持续提升共享业务覆盖率，加快实施服务关口前移，加大与企业合作力度，创新人力资源共享方式，助力企业人力资源管理转型升级。

二、面向石化企业集团的数字化人力资源共享服务业务开拓管理主要做法

（一）聚焦人力资源共享服务战略定位，开展顶层设计

共享服务南京分公司筹建团队全面参与项目的规划设计工作，配合集团总部完成了功能定位设计、

产品体系设计、组织机构设计、实施路径设计等各项顶层设计，并率先启动业务试点、业务推广和业务拓展探索。

1. 明确功能定位

按照集团公司党组提出的“服务员工、支撑发展”发展要求和“提供卓越服务、成就客户价值”的发展目标，明晰中国石化集团人力资源共享“三个中心”的发展定位。一是打造业务运营中心。以业务的规范化、标准化、规模化处理为遵循原则，全面打造基础业务全流程管控、智能化运行、一体化集成的高效卓越业务处理中心，确保业务处理信息化率达60%以上，在线共享业务处理智能化率70%以上。二是打造流程创新中心。持续推进人力资源全景业务流程优化，促进各业务流之间互联融合，深化智能化、标准化应用，建成中国石化人力资源业务流程标准体系，实现人力资源业务全流程信息化。三是打造数据共享中心。构建中国石化人力资源数据仓库，开展人才数据建模、数据应用、数据分析，为人才配置、对标评价、战略规划等提供决策依据，形成产品化、定制化、面向未来、深度洞察的数据服务产品。

2. 设计业务体系

全面参与216家直属企业近2万名人力资源从业人员问卷调查和现场走访，将人力资源业务活动场景化分解，细分为12大类113项业务445个活动步骤。在此基础上，依据人力资源管理业务分型理论，将规模型、现场型业务纳入共享，将管控型、运营型、专家型业务留在企业，由此梳理形成在集团公司统一推广的员工关系、信息维护、薪酬计发、统计分析等4大类16个产品服务目录（见图1）。

图1 人力资源共享业务体系

针对不同业务的特点，明确了0—3层人力资源共享服务体系，其中：0层是自助服务，借助员工自助系统，帮助服务企业开展员工入职、离职申请、培训需求调查等自助办理，提供信息查询、政策咨询等服务，减轻人力资源部门的工作量。1层是客户服务，为每一家服务企业设置客户经理角色，提供标准化的业务流程咨询、表单填写答疑、系统操作支持等服务，对客户问题解决情况进行回访、督促、检查、跟踪。2层是共享服务，培养专业运营团队来提供人力资源系统配置、维护标准等个性问题解答，提供员工入离调退休、信息维护，薪资计算等非标业务处理。3层是专家服务，配合集团党组组织部和共享服务公司，统筹全集团人力资源专家资源，针对企业和员工提出的业务需求进行分析评估，提供专业领域解决方案，主要包括政策解读、薪资体系、绩效激励体系、岗位体系、人才评价、数据分析等。

3. 组织机构设计

按照“大共享、一体化”的设计思路，建设成融合财务共享、人力资源共享、IT 共享不同业务单元，并不断充实新业务单元的专业化共享服务公司。共享服务公司本部设立在北京，下设东营、南京两个分公司，分别负责集团北方、南方 2 个区域和不同专业板块。共享服务南京分公司作为业务推广和实施主体，下设综合管理部、党群工作部、党委组织部（人力资源部）、服务管理部（市场开发部）、财务计划部 5 个职能部门，以及财务共享、人力资源共享、IT 共享 3 个业务部门，同时，为减少人员迁移成本，在扬州、武汉设立 2 个区域服务部，充分利用所在地区人员聚集优势，提供专业服务，降低运营成本，推进业务拓展。

4. 实施路径设计

共享服务南京分公司按照集团公司的决策部署和安排，聚焦建设“国内领先、国内一流”的愿景目标，分两个阶段推进人力资源共享服务建设，致力于成为“卓越共享服务的引领者、企业转型创新的推动者”。第一阶段（2015—2020 年）完成人力资源共享服务建设规划设计和统推业务上线实施，聚焦运营效率和服务提升，建成统推业务境内企业全覆盖、集约化管控、标准化运营的人力资源交付中心。第二阶段（2021—2025 年）根据公司经营发展需要，推进增值业务、定制业务、外部业务拓展和服务创新，打造业务拓展示范企业，推动整体业务覆盖率达到 50% 以上、示范企业业务覆盖率达到 80% 以上，并适时推动境内业务向境外业务拓展。

（二）聚焦人力资源共享服务价值创造，构建业务体系

2015—2019 年，配合总部全面完成 95 家直属企业统推业务上线，通过标准梳理、流程再造、数据治理，全面实现跨区域、跨板块业务集中，建成基于“员工关系、信息维护、薪酬计发、统计分析”4 大类基础业务在线交付的业务运营中心。2020—2022 年，在配合集团公司完成统推业务推广上线的同时，共享服务南京分公司立足于业务覆盖率提升、客户体验提升、产品价值链形成、全方位支持保障、专家型服务团队锻造，致力于成为集团总部人力资源管理决策和数字化转型的参谋助手、企业人力资源业务支撑和专业支持的合作伙伴，从服务总部、服务内部企业、服务外部市场 3 个维度，从专业、标准、规模、数字、效率等角度深度挖掘共享服务的价值，构建人力资源共享“4 + 1 + N”业务体系。

1. 以流程化、数字化支持集团总部管理决策

共享服务南京分公司发挥自身的专业优势和掌握的全集团人力资源域数据资源，作为集团公司人力资源信息域专业力量，借助员工关系、信息维护、薪酬计发在线业务处理，推进标准化、流程化建设，确保全集团信息数据的完整性、准确性、及时性。同时，为集团总部常态化提供报表定制、报表编制、数据分析、指标评价、报告编制等组合式决策支持服务，受到集团总部的充分认可。

一是人力资源共享服务在线业务处理。员工关系方面，协助集团总部开展员工入职、离职、调动、退休等劳动合同管理全生命周期业务处理，强化流程和管控，规避管理风险。薪酬计发方面，协助集团总部开展薪酬主数据维护、工资计发及过账、奖金单独发放及过账、薪酬计大数过账、历史数据结果导入，规范薪酬规则、分类、对应科目等。信息维护方面，协助集团总部开展直属企业数据治理，全面完成核心数据治理，整改涉及机构类、岗位类、成本中心类数据，支撑数据质量提升和加工应用。在此基础上，以数据为核心，协助集团总部全面开展人力资源域数据指标标准化建设，形成人力资源域 124 个信息集、1022 个信息项、215 个码表库、1.6 万个标准码值的一体化数据架构和 9.6 万字的数据标准体系，构建全集团人力资源数据仓库，建立数据标准更新、数据资源共享、数据资产管理机制，有效提升

全集团人力资源域数据质量，为管理决策奠定数据基础。

二是人力资源共享数据决策分析。报表定制方面，每年年底配合集团总部，按照各业务部门和企业需求完成统计指标梳理、HR系统调整、报表表样修改、取数逻辑编写、报表测试、培训资料编制等工作。报表编制方面，每月为直属（二级、三级）单位提取、核对、编制、上报定期报表，每年为直属单位编制国资委人才资源报表。数据分析方面，协助集团总部完成各类个性化数据的统计和分析，制作各类统计分析报表。指标评价方面，配合集团总部开展"三项制度改革"评价指标数据分析、人力资源价值增值指标数据分析等。报告编制方面，配合集团总部完成集团公司薪酬对标、人才发展、人才流失、人才规划、风险提示等分析报告编制，充分挖掘数据资源价值。

2. 以标准化、专业化支持内部企业转型发展

共享服务南京分公司通过客户回访、交流研讨、问卷调研等多种方式，准确把握企业需求，面向服务企业不断丰富和拓展增值服务产品，目前已形成8类迭代更新的增值服务产品：一是社保类业务，包括单位社保登记、信息变更、账户注销等社保和退休业务办理，如养老、医疗、生育、工伤、失业保险办理和历史问题处理等社保办理服务；退休档案预审、送审、退休材料制作及发放等退休办理服务。二是档案类业务，包括人事档案的整理装订、专项审核、专业整改，以及材料归档、社会化移交、数字化建设等档案日常管理。三是年金类业务，包括人员变动、信息维护、待遇支付等业务办理，如新建企业账户、后台数据配置、个人账户转入、税费缴纳计算、年金政策解读等服务。四是医保类业务，包括补充医保政策解读、方案设计、业务受理、单据审核、数据统计分析等服务。五是招聘类业务，包括校园宣讲、简历筛选、资格审查、证书验证、背景调查、笔试面试组织、入职办理等服务。六是培训类业务，包括培训需求调研、培训方案设计、培训组织实施、培训效果评估、培训资源统筹及专业性人才培养等服务。七是数据类业务，包括指标体系搭建、数据模型构建、数据对标分析、数据定制分析、数据可视化展示等服务。八是咨询类业务，包括岗位职位体系设计、薪酬体系设计、绩效考核体系设计、岗位价值评估、人才评价、"三项制度"改革评价、专业性解决方案设计、最佳实践案例分享等服务。

3. 以标准化、产品化积极探索服务外部市场

共享服务南京分公司将推进人力资源共享服务建设的实践进行总结，打造成可复制可推广的对外服务产品，为外部企业特别是国资央企提供人力资源共享建设规划、标准化运营、一站式解决方案等管理咨询服务，打造共享服务生态圈。通过不断完善和迭代更新，共享服务南京分公司固化形成人力资源共享服务建设的七大经验，构建可体系化推广的人力资源共享服务建设标准。

一是EAQ调研分析法，调研人力资源从业人员在各项工作中的时间分布，科学反映企业各项人力资源工作的实际情况，为人力资源共享组织和人员设计、业务迁移计划等提供基础数据，有助于科学设计人力资源共享建设方案。二是业务分型法，通过梳理人力资源工作活动，将人力资源业务分为管控型、经营型、现场型、规模型、专家型5种业务类型。其中现场型、规模型业务同质性高，集中后体现规模效应，适合纳入共享。同时，随着共享服务中心从SSC向SDC转变，逐步纳入专家型业务，发挥共享中心的数据优势、资源优势、专业优势和平台优势。三是中心定位设计法，包括内部职能中心和独立运营主体两种定位，其中内部职能中心定位偏重于控制职能，通过标准化、规范化，实现规模经济和降本增效；运营主体定位偏重于服务职能，考核更注重利润和效益，同时服务于企业内外部客户。四是交互流程设计及简化重组法，按照效率、成本、投入和风险四个维度进行运营效果评估，发现问题表征、进行问题归纳、分析根本原因、提出改进环节、简化重组流程。同时，通过消除无效流程环节、节省审核成本、完善复核机制等，设置自动功能取代人工处理，提升工作效率和质量。五是中心选址测算法，主要包括迁移成本、运营成本、人力资源、基础设施和社会环境等因素综合评估，重点对选址城市

企业数量、人员数量、迁移意愿、当地人力资源水平、安置及建设成本、网络资源可用性、交通便利情况等进行分析，科学确定中心选址。六是组织架构搭建及定员设计法，按照“科学先进、业务驱动、精干高效、统筹规划、分步实施”的策略设计组织架构和人员三定。以业务为导向，合理设置机构、岗位，突出“大部制”“大岗位”定位，先试后推、先易后难，体现不同阶段、业务差异特点，确保中心设置科学、人员精干、平稳过渡、高效运行。七是“七步法”上线实施法，包括业务设计、远程对接、现场对接、系统配置、人员培训、试点运行、正式运行七个步骤。通过系统性上线流程，全面摸清企业人力资源业务现状，梳理业务标准化规则并进行对接、整改、验收，完成职责切分和权限设计，利用3个月时间双轨运行、持续优化完善，实现业务平稳切换。

（三）聚焦人力资源共享服务数据驱动，构建系统平台

1. 建设人力资源共享标准化

中国石化集团体量大、管理模式多、管理幅度大、管理层级深，企业之间、上中下游板块之间在人力资源管理上的差异客观存在，共享服务南京分公司遵循“不规范不上线，先标准后上线”的原则，全力配合集团总部推动人力资源域标准化建设，为规模化运营、集约化管控、智能化提升打下坚实基础。

一是建立业务迁移标准。按照集团公司党组组织部（人力资源部）的管理要求，共享服务南京分公司基于“服务端前移、共性和个性结合、管控和授权有序”的工作思路，科学界定企业端、共享端的职责归属，针对不同业务场景，梳理明确每个业务单元，包括职责界面、人员分工、交付清单、交付标准、风险提示、权限分配等的《业务上线标准》。同时，全面梳理95个直属企业业务现状，从考勤项、工资项、薪酬计规则、系统配置规则、信息维护标准等方面着手，明确业务规范要求，设计整改验收清单，形成针对不同企业、不同层级、不同业务单元的《业务迁移模板》，共计300余万字，为顺利实现共性业务在线迁移、难点业务现场对接提供了遵循依据。二是建立业务处理标准。为确保业务高质量交付，共享服务南京分公司针对每项业务，组织编写了5大类《业务操作规范》、311个《难点问题处理集锦》、50个《典型业务案例》、30个《业务培训教程》、185家《企业知识字典》、2000个《标准岗位目录》，统一各项业务的处理标准，并动态细化修订、持续迭代更新。同时，以业务处理标准为指引，实施业务的交叉审核、专项稽核、智能校核，确保业务处理“零差错、零等待、零隐患”，客户满意度逐年攀升。

2. 再造人力资源共享流程化

共享服务南京分公司充分发挥自身专业优势，为95家直属企业提供标准化流程优化。同时，定期收集集团总部和各企业对业务流程优化改进需求建议，配合集团公司持续实施人力资源域业务流程优化提升。一是开展流程梳理。共享服务南京分公司基于流程化再造的工作思路，全面梳理和再造了涵盖4大类业务的55个标准流程，规范业务表单，明确流程功能点，实现业务流程化、流程表单化、表单在线化、在线智能化。二是开展交付优化。以构建规范标准为基础，共享服务南京分公司持续整合、优化业务流程，改进运营绩效，提升客户体验。如将员工关系表单由13张精简为5张，率先探索基于原始文件、原始台账的交互方式，大大减少企业端用户的工作量。三是开展流程再造。2021年，共享服务南京分公司配合集团公司开展人力资源信息化提升工作，推进服务端前移，将共享业务嵌入流程，实现全流程业务在线提报、在线处理、在线审批、在线反馈和数据互联，为集团公司人力资源信息化假设、数字化转型奠定基础。

3. 搭建人力资源信息化平台

中国石化集团所属企业分布于全国各地，管理跨度大，必须通过深化各类平台推广应用，实现业务

的跨区域联动、集约化运营。多年来，中国石化集团规划和建设了11个人力资源域信息化平台，以共享业务平台建设为基础，从提升业务处理效率和质量出发，开发共享智能平台，通过不断标准化迭代，让更多人工处理工作不断转接由RPA（机器人流程自动化）智能平台操作，提升全员劳动生产率。从人才发展战略和数据出发，开发人才盘点平台，利用业务平台产生的信息仓库，不断丰富数据，用数据分析、评价人才并不断跟踪成长使用情况，实现用工管理、组织机构管理、干部人才管理、薪酬绩效管理、员工自助管理等各类业务大集中管理、平台化运行。

一是推进共享业务平台建设。涵盖面向用户的前台、面向共享的中台、面向业务的后台等6大平台。前台系统包括企业运营平台、员工自助平台。企业运营平台使企业用户能在线发起业务申请，实现业务在线审批、流转、查询、协同反馈；员工自助系统使在岗员工能在线自助申请、自助办理，及时查询政策动态、案例分享、个人信息等各类信息，参与全过程人力资源管理，实现“去中心化”和“跨区域联动”。中台系统即共享运营平台，能实现企业端和共享端的在线交互，支持业务授理、协同交流、自动派单、延时预警等工作交互，实现业务在线处理、实时监控、闭环管理。后台系统包括业务处理平台、综合应用平台、服务管理平台。业务处理平台提供全集团员工关系、信息维护、薪资发放等各类业务的在线办理；综合应用平台提供全集团报表开发、报表编制、数据分析、数据展示等综合应用；服务管理平台实现对每一单业务的在线评价，并能够提供针对不同场景的客户满意度在线测评，自动生成共享运营分析报告，促进共享运营质量的持续提升。二是推进共享智能平台建设。共享服务公司承接全集团大批量的事务性、重复性、标准化业务，如员工关系、薪资发放、报表编制等，月均业务量百万人次以上。在持续推进业务标准化提升、流程化再造的基础上，共享服务南京分公司自主开发“享当当”智能创新平台，其中涵盖人力资源共享的100多个业务场景，35个RPA每天从系统中自动调取42万条数据进行智能匹配、模拟人工处理、结果智能校验，人力资源共享在线业务自动化率近50%，大幅提升人均劳效，确保了业务处理的准确率、及时率，同时有效缓解业务不均衡带来的“井喷”期人员紧张压力。三是推进人才数字化平台建设。共享服务南京分公司配合集团总部、共享公司，会同开发团队联合开发，以组织盘点、岗位盘点、人才盘点、职业规划和精准培训等业务为依托，集能力技术、评估技术、发展技术为一体，充实不同职位、不同岗位、不同层级的人才能力库、标签库、量化评分指标库，嵌入信息采集、360在线测评、在线校准、性格测试等工具，为集团公司所属企业常态化开展人才评价提供平台支撑。

（四）聚焦人力资源共享服务客户思维，构建运营体系

1. 建立内部市场化服务运营体系

一是构建内部市场。中国石化集团率先提出并实施以利润中心为定位的共享运营方式，建立起集团内部高度市场化的共享服务运营机制，通过FTE（全职用工当量）核算方式进行收费标准定价，实现共享服务独立运营、升级自立发展。共享服务南京分公司每年与企业签订服务水平协议，约定企业与共享双方的职责分工，明确共享服务的业务范围、服务方式、质量承诺等市场化运营指标，推动人力资源共享服务在市场化道路上行稳致远。二是构建服务机制。共享服务南京分公司强化“客户至上、止于至善”的服务理念，构建以“承诺、敏捷、融合、改善、提升、有效”为目标的“六位一体”服务方式，兑现“问题归零、投诉归零、延时归零”的服务承诺。建立客户交流机制，通过远程和现场回访、定期召开客户座谈会、举办高峰论坛等形式，强化与服务企业的沟通交流。建立客户服务平台，全流程跟踪服务质量，实行每单评价，落实首问负责制，快速响应机制，定期面向全集团客户开展服务满意度调查。建立精准服务机制，以客户需求为出发点，差异化定制“一企一策”服务产品，实现精准营销，多维度收集客户需求建议，持续改进服务质量，持续增强客户黏度。

2. 建立外部项目制契约化管理体系

共享服务南京分公司通过招投标等方式承接外部项目，与外部客户签订服务合同，约定双方职责，推行项目制运行，接受市场考验，紧贴行业发展。2021 年以来，加大外部市场拓展力度，推进“揭榜挂帅、跨兵团作业”，实行薪酬绩效与项目绩效挂钩，推动外部项目成功落地，实现外部收入从零到千万元的突破。共享服务南京分公司构建项目成员选聘机制、进度管理机制、成本管理机制、质量管理机制、保密管理机制、风险管理机制等体系化项目制管理机制。项目团队成员由项目经理根据项目规模、类型、预算等因素，提出任职条件和要求，通过“项目管理人才池”在公司范围内选聘。项目经理严格控制项目进度，按照实施计划预定的时间节点提交项目交付物。项目经理按照项目合同等相关约定，对项目各阶段任务的完成质量、交付物质量进行管控，项目总监和市场开发部门全程进行质量监督，确保高质量完成项目实施工作。

（五）聚焦人力资源共享服务能力提升，打造人才高地

共享服务南京分公司坚持以员工能力建设为导向，基于岗位任职资格体系和产品知识体系，持续强化员工培训和关键历练，持续提升员工专业能力、复合能力，持续培养各类领军人才、骨干人才。

1. 强化培养培训，提升专业能力

一是抓好人才通道建设。以岗位任职资格体系建设为指引，明确各类岗位层级的素质、能力模型和上岗要求，鼓励公平竞争，畅通员工成长发展通道，让各类人才在各自的成长通道上竞相成长。二是抓好全员大培训。以业务为单元，开发职位晋升、转岗交流等特色培训“产品包”，开展导师带徒、岗位练兵、轮岗交流、挂职锻炼，持续提升员工专业能力、复合能力。三是抓好人才梯队建设。面向未来战略和业务发展，构建能力素质模型，开展内部人才盘点，找准能力短板，分层分类实施精准培养，造就专业、技术、市场等各类领军人才。

2. 强化关键历练，实现快速成长

一是建立以“创新价值、能力、贡献”为核心的人才评价体系，加快培育适应“升级自立”高质量发展需要的多层次人才队伍，努力打造共享与企业融合发展的人才中心和创新高地。二是建立“生聚理用”人才发展机制，拓展员工成长舞台，建立员工“成长档案”，模拟“成长路径”，实施“精准滴灌”。坚持“走出去”战略，学习标杆企业先进做法和先进经验。采取“项目＋平台”的培养方式，鼓励员工创新创造，让业务骨干特别是优秀年轻骨干在关键项目中历练，在战争中学习战争，在实战中经风雨、见世面、壮筋骨、长才干。

3. 强化文化引领，凝聚精神力量

一是构建“三基”工作体系。将“严细实”要求贯穿到共享服务基层队伍建设的全过程，打造“求真务实、严谨高效”的文化氛围，始终做到严细求实、精益求精，确保基层建设求真、基层工作务实、基层管理减负、基层能力过硬。二是传承石油精神、弘扬石化传统。将弘扬“敢为人先、锐意进取”的创新精神贯彻共享服务工作管理中，不断拓展共享业务范围，不断追求价值创造，有敢于否定自我的斗争精神，始终做到勇于探索、矢志创新。

三、面向石化企业集团的数字化人力资源共享服务业务开拓管理效果

（一）贯彻集团战略部署，共享服务落地见效

2015 年以来，共享服务南京分公司稳步推进业务规范化整改、权限配置、表单定制、系统测试、人员培训、流程贯通等一系列工作，于 2019 年提前一年完成集团公司统推业务上线硬任务，服务企业总数达到 95 家，服务各类员工总数达到 58 万余人。在内部员工增量基本不变的基础上，借助 RPA 技术覆盖全部人力资源业务场景，实现 RPA 全流程贯通、全流程人工替代，为拓展增值业务和外部市场

创造了条件。7 年来，共享服务南京分公司将集团公司的战略部署成功转化为人力资源共享服务建设的生动实践。

（二）持续拓展业务领域，共享价值日趋凸显

在全面完成集团公司统一推广业务的基础上，越来越多的业务从企业转移到共享，从分散处理转变为集中处理，从基础服务转向增值服务，从内部市场转向外部市场。7 年来，通过人才招聘、管理咨询、人才培训、数据服务等核心业务的培育，共享服务南京分公司将数据驱动贯穿于人才招聘、人才盘点、员工培训等“选育管用”全链条，成功实现从“数据分散”向“数据集中”、从“数据管家”向“数据智囊”转变，推动了集团公司人力资源数字化转型，提升了集团公司人力资源管理专业化、标准化、信息化、数字化水平。据统计，集团公司人力资源共享服务实施以来，人力资源从业人员减少了近 13%。共享“享当当”RPA 品牌，近年来在集团内部和外部企业全面推广应用，并于 2021 年荣获第一届“中国 RPA + AI 开发者大赛”银奖。

（三）持续提升客户满意度，共享影响力充分彰显

经过 7 年来的探索和实践，集团内部对共享服务南京分公司人力资源共享服务的满意度不断提升，自 2019 年实施年度客户满意度评价以来，客户满意度逐年攀升，2019 年为 97.04 分，2020 年为 99.47 分，2021 年为 99.53 分。2021 年，业务处理准确率 100%、及时率 99.95%；2022 年 1 月至 7 月，业务处理准确率 100%、及时率 99.995%。2018 年至 2021 年，累计收到 95 家企业 425 封感谢信，体现了内部客户对共享服务南京分公司的高度认可。同时，集团外部社会影响力也在不断增强，共享服务南京分公司成功将中石化人力资源共享服务建设方法论在澳门南光集团、中国核工业集团等国资央企进行复制推广，多次被国资委等权威部门和专业媒体专题报道，体现了中国石化人力资源共享服务建设在央企和行业中的品牌影响力。

（成果创造人：吴玉玲、刘金彪、张　蕾、丁卫伟、付明海、江　虹、徐安科、吴　鹏、陈　磊、阮　珊、方红仕、姚分忠）

国有建筑企业以“五共”为核心的农民工管理

中铁四局集团有限公司

中铁四局集团有限公司（以下简称中铁四局）诞生于抗美援朝时期，前身是1950年11月成立的中国人民志愿军铁道工程总队，是中国中铁旗下的骨干成员单位，经历了70余年的发展历程，拥有25家子分公司，员工23000余人，是具有综合施工能力的大型国有建筑企业。拥有铁路、公路、房建、市政等4项施工总承包特级资质和铁道、公路、建筑、市政、测绘、园林等6项行业甲级资质，是全国为数不多的“四特六甲”施工企业。业务遍及境内以及海外近20个国家，涵盖建筑业绝大部分领域以及上下游基础设施投资、地产开发、勘察设计、新材料研发生产、商贸物流、技术服务等领域，是建筑业“全能选手”，累获詹天佑奖42项、鲁班奖36项、国家优质工程奖66项。2011年被中国中铁选树为标杆企业。2021年实现新签合同额2366亿元，完成营业额1131亿元，稳居中铁工和中铁建系统榜首。

一、国有建筑企业以“五共”为核心的农民工管理背景

（一）深化产业工人队伍建设改革，培养造就新时代产业工人的需要

2017年《新时期产业工人队伍建设改革方案》发布，指出要按照“政治上保证、制度上落实、素质上提高、权益上维护”的总体思路，改革不适应产业工人队伍建设要求的体制机制，提高产业工人素质，畅通发展通道，依法保障权益，造就一支有理想守信念、懂技术会创新、敢担当讲奉献的宏大产业工人队伍。农民工作为新时期产业工人的重要组成部分，是建筑企业产业工人队伍的主体。新形势下，随着企业规模不断扩大，在人员不增反减的情况下，农民工队伍管理的水平直接决定生产一线安全、质量、工期、效益、形象，如何推动由劳动密集型向技术管理密集型转变，充分提高人均劳动生产率，加强农民工管理服务显得尤为重要。中铁四局作为大型国有建筑施工企业，平均每年使用农民工超过十万人，但是大部分协作队伍实力不强、规模不大、管理不优，施工现场服务力量不足，农民工素质提升等工作仍需要加强，深刻要求企业提质增效，变革管理模式。

（二）依法维护农民工合法权益，构建企业和谐劳动关系的需要

劳动关系是否和谐，事关经济发展与社会和谐，事关广大职工、农民工和企业的切身利益。党和国家历来高度重视构建和谐劳动关系，党的十八大以来，对构建和谐劳动关系提出明确要求。建筑业作为劳动密集型行业，从事一线建筑业的农民工达到5500多万人，根据国家统计局数据，1980年之后出生的“新生代农民工”已经成为建筑业农民工的主体。十多年前农民工离不开企业，五年前农民工和企业谁也离不开谁，现在企业离不开农民工，农民工成为推动国有企业改革发展的生力军。中铁四局在建工程项目600多个，每年平均使用农民工10万余人，其中45岁以下的新生代农民工占到了48.9%。这些新生代农民工文化程度较高，思想活跃，有较强的适应能力，善于接受新事物、新思想，既和传统的农民工一样面临共同的问题，也具有自身的新特征和新诉求。一是受教育水平高。与传统的农民工相比，新生代农民工大专及以上文化程度的占17.1%，思想观念和行为方式日趋城市化。二是追求生活品质。建筑施工现场生活条件较为艰苦，娱乐休闲设施和活动较为缺乏，农民工业余文化生活单调枯燥，新生代农民工生活在网络发达、信息多元的新时代，尤其追求生活品质。三是追求权益维护。早期的农民工外出就业主要是为了赚钱养家，对劳动权益的诉求相对较低。进入新时代，由于就业环境的改善，文化水平的提高，新生代农民工维权意识和自我保护意识不断增强，对劳动权益有了更高的要求。

四是追求融入城市生活。大部分新生代农民工有着较强的融入城市的意愿，但由于户籍、收入、人际关系等各种因素导致他们处于“市民”和“农民”之间的尴尬境地，融入城市较为困难。这些新特点给企业的农民工管理提出更高要求。

（三）破解农民工管理难题，助推企业高质量发展的需要

随着社会经济的快速发展，建筑业农民工存在的无序流动性大、技能素质低等问题日益突出，制约了建筑企业的高质量发展。一是农民工流动性大。农民工主要来自中西部地区，大多依靠亲缘、地缘关系结帮而来，跨区域流动性大。二是技能素质较低。农民工在岗前接受技能培训普遍较少，进入施工现场后，主要是接受安全教育，系统接受职业技能、创新创效、系统管理等培训的比例非常低。三是队伍结构不均衡。目前协作队伍中高素质、高技术、高技能人才队伍梯队建设不足，熟练技术工人较为匮乏。四是劳务分包企业组织管理薄弱。劳务分包公司人员配置不健全、资质借用和挂靠较多、管理水平和控制风险能力低，导致农民工欠薪现象。当前，我国经济已由高速增长阶段转向高质量发展阶段，建筑企业也向智能化、机械化、自动化的“高精尖”方向转型发展，中铁四局也确定了打造建筑央企高质量发展新样板的目标，要实现“十四五”的宏伟蓝图，亟须破解当前农民工队伍中出现的突出问题，促进企业规模化和高质量发展。

二、国有建筑企业以“五共”为核心的农民工管理主要做法

（一）坚持强化组织领导，健全规章制度，构建产改工作的新格局

中铁四局依据《新时期产业工人队伍建设改革方案》，结合建筑行业新生代农民工的新特征、新诉求和四局农民工管理实际情况，因地制宜制定了农民工“五共”管理方案，并经工程管理部等六部门综合研讨，形成了“五共”管理的实施方案，形成《关于推行中铁四局农民工“五共”管理的指导意见》《关于全面开展农民工“五共”管理的通知》《关于加强中铁四局农民工“五共”管理宣传学习工作的通知》等系列文件制度，从责任义务共担、安全质量共管、管理效益共赢、文明和谐共建、使命梦想共圆等五个方面详细阐释了农民工“五共”管理的主要内容与路径。责任义务共担致力于明晰企业与农民工队伍的双方责任、义务，主要通过依法合规管理协作队伍、成立农民工民主管理组织、搭建农民工维权服务平台、构筑工资保障支付系统工程等，解决农民工队伍自身管理薄弱、权益维护难等问题；安全质量共管致力于加强建筑施工企业安全质量管理，主要通过健全安全质量共管体系、健全群众保安全队伍、搭建安全质量共管平台等，解决农民工队伍重施工，轻安全、轻质量等问题；管理效益共赢致力于加强施工管理、提升经济效益，主要通过开展主题劳动竞赛、畅通共同管理渠道、搭建创新创效平台等，解决农民工队伍风险控制能力低等问题；文明和谐共建致力于维护农民工的物质、精神、文化需要，主要通过打造产业工人生活社区、丰富农民工精神文化生活、关注农民工身心健康，解决农民工工余生活单调，生活品质不高等问题；使命梦想共圆致力于实现农民工梦想和个人价值，主要通过思想政治引领、倡导劳动光荣、搭建技能提升通道、拓宽发展晋升空间等，解决农民工渴望身份认同、融入城市、个人发展等问题。在组织领导上，建立三级机构立体推进的格局，中铁四局成立“五共”管理领导机构，各工程公司成立指导机构，项目经理部成立实施机构，均因地制宜地制定实施方案。在子分公司层面，公司党委负责专门研究部署，强化分类指导，公司行政负责具体实施，工程管理部、技术管理部、安全质量部、商务管理部等职能部门加强对项目经理部的业务指导，公司工会作为牵头部门，负责抓好统筹协调、重点推进，督导落实。在项目经理部层面，项目党组织负责抓好研究部署、统一领导，项目行政包括工程部、安质部、商务部、财务部等业务部门加强对农民工队伍的管理，项目工会负责抓好综合协调、推进落实等工作，构建党委领导、行政支持、工会牵头的齐抓共管工作格局，努力做到“五坚持、五立足、五构建”，走出一条产改新路子。

（二）坚持责任义务共担，立足规范管理，构建创新发展的新格局

1. 依法合规管理协作队伍

不断完善落实农民工实名制管理制度、工资管理制度、维权制度、协作队伍准入管理制度等系列制度，中铁四局按照管理职责抓好协作队伍准入管理、策划管理、信用评价管理等工作。项目部结合项目实际进行工程项目分包策划，协作队伍经过考察合格后取得《资格准入证》，参加项目施工作业。项目部每年 1 月、7 月通过成本管理信息系统对协作队伍资源配置与合同履约、作业质量、施工组织进度等 6 个方面内容进行考核评价，将协作队伍资信等级划分为 A、B、C、D 四个等级。协作队伍也通过反向考评机制对项目部技术管理与服务保障能力、现场收方与结算的及时性、农民工实名制管理与工资支付等 7 个方面的内容进行评价，促进协作队伍规范管理。

2. 成立农民工民主管理组织

中铁四局各基层项目部指导、协助协作队伍积极和地方工会联系，成立农民工工会组织，通过源头入会、工作地网上入会等方式让农民工做到“应入尽入”。选举成立工会委员会、民主管理委员会，健全农民工民主管理机构，将党群协理员充实到农民工民主管理委员会中，同时选举优秀农民工代表担任项目民主管理委员会委员。坚持涉及农民工切身利益的重大问题经职代会审议通过，邀请农民工代表列席项目职工大会，在重大决策上征求协作队伍意见，充分保障农民工知情权、表达权、监督权，让农民工主动融入和承担项目管理工作。

3. 搭建农民工维权服务平台

中铁四局各基层项目部建立农民工志愿者服务站，制定服务站管理制度、帮扶维权制度、法律援助制度等规章制度，明确服务站的各项职能、职责。每个志愿者服务站均选聘 3—4 名志愿者，开展志愿者轮值服务和“接待日”活动，坚持做到“登记、处理、反馈”闭环处理，农民工反映的各类工作、生活和学习问题得到及时有效的处理。服务站结合农民工的需求，适时邀请 EAP 心灵专员、公司法事部门开展心理辅导、法律问题援助等活动。项目部聘任项目工会主席或副经理担任党群协理员，通过走访慰问、信息反馈、联带帮扶等，及时掌握农民工思想动态，工资发放情况、生产生活情况等。

4. 构筑工资保障支付系统工程

中铁四局严格落实《保障农民工工资支付条例》（国务院令第 724 号），制定完善《中铁四局农民工实名制与工资支付管理办法》，切实加强农民工工资支付工资，构筑了农民工工资专用账户、工资保证金管理、实名制管理、总包代发工资、维权信息公示等多维工资保障支付工程。各基层项目部严格按照业主和所在地相关监督部门的规定开设农民工工资专用账户并按照差异化缴存政策进行农民工工资保证金（或保函）的缴纳工作；按照分包合同约定向分包企业收取相当于 1—3 个月工资金额的工资保证金，并入农民工工资专用账户进行专款管理。加强实名制管理，对进场农民工进行实名验证，备案农民工身份证和劳动合同书复印件；通过企业劳务实名制管理系统，利用信息化手段开展日常考勤管理。加强总包代发工资工作，将分包单位农民工工资计算单与月度结算工作进行绑定，坚持农民工工资支付优先原则，落实农民工工资发放主体责任。分包单位按月考核农民工工作量并编制工资支付表，经农民工本人签字确认和项目审核后，经专用账户直接支付到农民工银行账户。做好维权信息公示，在项目施工现场醒目位置，按照统一规定，对项目劳资专管员、最低工资标准、工资支付日期、维权电话等信息进行公示。截至目前，全局在建项目无拖欠农民工工资现象。

（三）坚持安全质量共管，立足夯实基础，构建安全发展的新格局

1. 健全安全质量共管体系

中铁四局健全完善《中铁四局安全质量责任制》《中铁四局安全、质量与职业健康管理制度》《中

铁四局施工作业班组长安全质量责任制及诚信班组建设管理办法》等规章制度，明确企业领导人员、项目领导人员、项目职能部门、协作队伍等各层级的安全质量责任，将安全质量管理覆盖到项目部、协作队伍全员。逐级签订责任包保共管责任书，划分责任区，落实责任人，将各项任务目标层层分解到作业人员，构建全员管安全管质量的共管体系。

2. 健全群众安全监督队伍

落实群众安全监督员（以下简称群安员）52523 工作法。“5”：群安员的比例按一线员工总数（含协作队伍）的 5% 以上设置，做到每个班组或作业点、每道工序必须设置 1 人。“2”：每月 200 元岗位津贴，对有突出贡献的群安员实行一次性奖励措施。“5”：五个纳入，纳入安全管理体系，纳入集体合同，纳入安全稽查、安全大检查的重要内容，纳入项目经理和项目班子年度安全生产考核指标，纳入安全文明标准工地评比内容。“2”，两个直接：一是项目部可以依据任职条件直接聘任上岗，二是项目部依据考核结果直接发放群安员岗位津贴。“3”，三个结合：与劳动竞赛考核评比相结合，与“三工”建设评比相结合，与工会好班子、模范职工之家评比相结合。中铁四局各基层项目部从协作队伍中选聘工作认真、责任心强、素质较高的农民工担任群安员。落实班组长安全质量责任制，推广班组长与群安员双聘工作，确保每一个施工现场、关键工序都有群安员、班组长。严格执行安全技术交底、班前讲话等措施，把安全风险信息交底给每一位农民工，把安全生产规范落实到每道工序，把安全生产责任落实到具体岗位，真正使农民工掌握安全风险和安全生产注意事项，切实提高施工一线“最后一公尺”安全生产保障能力。开展群安员技能大赛、安全卫士竞赛、群安工作联合互检、群安员课堂等活动，对一线群安员、班组长进行再教育，切实提升其安全质量责任意识和安全隐患排查能力。定期选树表彰“群安之星”“群安标兵”“优秀班组长”等，激励广大一线群安员、班组长积极参与安全管理工作，充实项目安全管理力量。目前全局有群安员 3013 人，每年排查安全隐患万余起。

3. 搭建安全质量共管平台

以项目与农民工协商对话机制为基础，组织召开农民工建言献策座谈会，听取农民工对项目安全质量管理的意见和建议，特别是对施工现场安全质量规范、风险管理等意见和建议，逐步转变农民工由被管理到互相管理的思想。推行安全质量“网格员”制度和安全积分机制，增强农民工参与安全质量管理的互动性，使项目方和农民工双方行使同等权利、义务，形成齐抓共管、群防群治、共担责任的工作格局。在施工现场设置安全质量“网格员”，建立“网格长—副网格长—网格员”三级管理体系，将现场管理人员和农民工充实到网格员队伍中。通过每天“十分钟班前讲话”“保姆式”服务等，建立横向到边、纵向到底的安全质量管理体系。建立安全生产积分超市，对农民工安全操作规范、隐患排查等行为予以积分量化，凭积分在积分超市兑换商品，调动农民工主动参与项目安全生产管理的积极性。

（四）坚持管理效益共赢，立足提质增效，构建高质发展的新格局

1. 广泛开展建功竞赛

中铁四局各基层项目部将各班组作为劳动竞赛的主要参与者，围绕重要节点工期目标，结合局及子分公司竞赛建功活动，深入开展建功立业竞赛，广泛开展形式多样的主题赛、专项赛、阶段赛、立功赛和企地联合赛。通过倒排节点工期，明确考核奖励标准，每月、每季进行总结考核表彰，评选产生先进集体，工地之星。例如，2022 年，全局开展“决战决胜四季度”劳动竞赛，并与安徽省总工会、西藏自治区总工会联合开展“建功川藏铁路、筑梦雪域高原”主题劳动竞赛，一批优秀农民工脱颖而出。

2. 畅通共同管理渠道

中铁四局各基层项目部邀请农民工代表参与项目生产交班会、经济活动分析会、管理例会等会议，开展“思想解放大讨论”“生产管理协商会”等活动，会商研究施工生产和成本管理中存在的问题，共

同制定应对措施，解决施工生产难题。

3. 搭建创新创效平台

中铁四局各基层项目部成立以劳模、工匠为带头人，以项目部和协作队伍技术骨干为主体的创新工作室。围绕项目施工生产管理中的基础性、关键性、实用性等问题，设立课题，开展技术革新、难题攻关、发明创造、合理化建议、难题会诊、课题分析等创新创效活动，及时总结、推广先进操作法，引导农民工对施工工序、工艺、小型机械等进行小改小革。同时，创新开展技术顾问活动，基层项目部聘用项目现场技术负责人作为外协队伍技术顾问，通过“施工前调研指导、施工中监督执行、施工后复盘提升”，为外协队伍提供优质技术服务。

（五）坚持文明和谐共建，立足以人为本，构建和谐发展的新格局

1. 打造产业工人生活社区

中铁四局将协作队伍驻地及人员管理纳入企业“幸福之家”建设，在基层项目部开展农民工“幸福小家”创建活动，成立产业工人生活社区，配置物业服务中心、社区食堂、便民超市、理发室、医务室、活动室、智能洗衣房、阳光晾衣棚、智能浴室、充电房、探亲房、丰巢快递柜等服务设施，打造集生活、娱乐、学习一体的产业园式驻地。引入物业化管理服务团队，为广大农民工提供“管家式”的服务。组建农民工志愿者服务队、伙骑兵服务队，提供送餐、购物等服务，调动农民工自主建家、自我管理的自觉性，切实改善农民工生活环境。

2. 丰富农民工精神文化生活

为丰富日常工余、节假日文化体育生活，中铁四局各基层项目部常态化开展读书、观影、趣味运动会等活动。定期以道德讲堂、座谈会等形式向农民工宣传普及法律法规、文明礼仪知识，引导农民工培养科学、文明、健康的生活方式，自觉尊重施工驻地的民风民俗，实现体面劳动、愉快工作、幸福生活。

3. 关注农民工身心健康

中铁四局各基层项目部每年定期组织农民工进行职业健康体检，调整高温天气室外工作时间，配置防暑降温物品，加大对隧道及地下工程的劳动保护工作，保障好农民工队伍身心健康。开展农民工疗休养活动，安排优秀农民工代表参加疗休养。在有条件的项目部建设农民工心灵驿站，常态化开展“心理健康大讲座”“线上心理咨询”“送健康下基层”等活动，有效保障了农民工的身心健康，提升了农民工的幸福感获得感。目前全局有 EAP（员工支持计划）健康专员 75 人，为农民工提供心理辅导千余次。

（六）坚持使命梦想共圆，立足价值实现，构建协同发展的新格局

1. 突出思想政治引领，听党话跟党走

坚持用习近平新时代中国特色社会主义思想引领广大农民工，深入学习贯彻习近平总书记关于产业工人队伍建设改革的重要指示精神、致首届大国工匠创新交流大会的贺信精神和《新时期产业工人队伍建设改革方案》，通过媒体、微信、网络、工作群等渠道大力宣传新时代产业工人队伍建设改革的重大意义、目标任务和主要举措。深入重点工程专题宣讲《产改方案》、农民工“五共”管理等，通过微信平台开辟产业工人队伍建设改革和农民工“五共”管理专栏，充分利用好《产业工人队伍建设改革职工知识 50 问》《中铁四局农民工管理工作巡礼》等有形化宣传产品，让农民工“五共”管理工作和产业工人队伍建设改革工作进项目、到一线，推动广大农民工自觉投身产业工人队伍建设改革。坚持理想信念教育常态化制度化，建立健全班组常态化学习制度，充分发挥农民工夜校、农民工书屋、产业工人学习社区等平台作用，开展党课进工地、演讲比赛、知识竞赛、“党史半小时”等活动，不断加强农

民工的理想信念教育，始终做到听党话跟党走。坚持开展农民工党建工作，在工作载体上形成了由“党员代表”“政治工作联络员”向“党群工作协理员”的升华，通过开展“党群协理员暖心服务”“党群协理员亮身份”活动，在施工现场和生活驻地张贴党群工作协理员公示牌，向广大农民工公开协理员工作职责和联系方式，尽心尽力提供思想、技术、生活等多维度、全方位服务，架起企业通向协作队伍的“连心桥”。

2. 大力倡导劳动光荣，突出价值共鸣

中铁四局通过举办劳模宣讲会、先进人物座谈会、发出倡议书等方式，持续弘扬劳模精神、劳动精神、工匠精神，劳动光荣、技能宝贵、创造伟大成为农民工群体的主流价值观。2021年在全局各单位及重点工程开展劳模宣讲活动50余场，覆盖项目近百个，引导农民工自觉争当新时代建设大军的主人翁，使农民工融入中铁四局项目大家庭中。积极引导协作队伍通过诚信经营，走上与企业长期“合作共赢”的发展道路。

3. 搭建技能提升通道，提升个人价值

针对施工现场对电焊工、测量工、钢筋工等技术工种的需要，中铁四局各基层项目部设置农民工技能提升培训室，坚持将培训室打造成“线上线下”双联动的学习培训管理平台，功能上有临时用电、消防安全、支架搭设、墩身制作、钢筋加工等实操应用区，同时融入多媒体教学和模型体验区，实现传统教育管理方式与新兴媒体的融合。丰富技能培训形式，实施“个性化”“定向式”“定单式”技能提升方案，常态化开展“我为工友讲一课”“一周微课堂”“技术课堂进一线”等活动。积极发挥好劳模、工匠的示范作用，采取现场演示、即席答辩、咨询交流等形式，传授绝技绝活。健全技能竞赛体系，结合工程建设需要，与地方总工会联合开展农民工技能比武、技术练兵，以赛促学，培养了一大批有知识、懂技术、善攻关的高技能人才。

4. 拓宽发展晋升空间，助力农民工追梦

中铁四局坚持为农民工提供学历、技能、职业晋升渠道，组织开展职业技能鉴定，协助农民工考取相应特殊工种证件，对在各类技能大赛中获得一定奖项的优秀农民工，在评先评优、职业培训、录用等方面予以优先考虑，为农民工职业发展拓宽了通道。出台《中铁四局职业技能等级认定管理实施细则》《中铁四局进一步加强技能人才队伍建设实施意见》《中铁四局高技能人才评聘分开管理办法》等规章制度，建立局、子分公司和项目部三级工作机制。成立中铁四局、中铁四局二公司、五公司、八分公司、电气化公司、城轨分公司6个职业技能等级认定培训考核基地，细化技能人才评价流程、标准和要求，开展技能等级评价，促进农民工个人职业发展。

三、国有建筑企业以“五共”为核心的农民工管理实施效果

（一）农民工身份实现新转变，主人翁地位进一步彰显

中铁四局在开展“五共”管理中，始终坚持把农民工的思想政治建设作为夯实党执政基础和阶级基础的有力抓手，加强农民工理想信念教育，企业文化理念、管理制度得到广大农民工的认同，逐渐融入企业的生产经营管理活动，农民工群体逐渐实现从“社会边缘型”向“主人地位型”，从“企业附属型”向“有生力量型”，从“临时打工型”向“合作双赢型”，从“生活单调型”向“品质高雅型”，从“体力打拼型”向“知识技能型”的新型产业工人转变。先后有2人荣获全国“五一劳动奖章”，5人荣获省级“五一劳动奖章”，2人荣获“江淮工匠”称号，1人荣获“安徽省最美农民工”，2人荣获中国中铁劳动模范；局优秀农民工代表徐露平当选为安徽省总工会兼职副主席，荣获中国中铁股份公司“十大新型农民工”、安徽省十佳“最美农民工”、安徽省职工技术协会副会长、安徽省“五一劳动奖章”、全国“五一劳动奖章”等荣誉称号。

（二）农民工权益得到有效保障，劳动关系更加和谐

“五共”管理工作开展以来，中铁四局持续加大对农民工的服务管理工作，使得广大农民工的合法权益得到切切实实的保障，呈现“一个延伸三个保障”的特点。一个延伸：农民工的权益维护从单一的经济权益向福利保障延伸。三个保障：首先解决了农民工工资拖欠问题，经济利益得到保障；农民工加入工会组织，参与项目管理，民主政治权利得到保障；读书、观影、趣味运动会等文体娱乐丰富了农民工的业余生活，精神文化权益得到保障。通过开展农民工“五共”管理，为农民工提供量体合身的服务保障，打造了企业与农民工同发展的命运共同体，全局上访、讨薪事件呈逐年下降趋势，进一步落实了党和国家关于构建和谐劳动关系的要求，赢得了社会声誉和认同，被授予“全国文明单位”“全国模范劳动关系和谐企业”等荣誉。近年来，在国务院保障农民工工资支付工作实地核查组开展的农民工工资支付核查中，中铁四局受检的一公司滁宁城际二期项目、二公司杭州 03 省道项目等 6 个项目管理到位，农民工工资支付无拖欠，获得项目所在省市人力资源、住建等相关主管部门的肯定和好评。

（三）农民工技能水平显著提高，推动企业高质量发展

组织农民工进行教育培训、业务学习、交流对标、技能比武和技能鉴定等，开展各类技能培训千余次，累计培训 2 万余人次。开展技能鉴定、取证工作 150 余次，协助农民工取得电工、焊工、架子工等特殊工种证达 6000 余本。在中铁四局帮助和支持下，农民工的综合素质不断提高，业务水平和技能水平显著提升。例如，在 2022 年安徽省重点工程职工（农民工）群安员、测量工、试验工和信号工技能大赛上，有 60 余名农民工获得竞赛等级奖。

农民工“五共”管理工作在中铁四局各工程单位全面实施，各项管理措施充分落地，农民工队伍与企业的合作更加紧密，劳动生产率大幅提升，企业营销额、营业额大幅增长，中铁四局成为中国中铁首家“双超千亿”的工程局，企业生产经营规模和综合实力更上一层楼，排头兵地位日益凸显，吸引了中国中铁股份公司 17 家工程局、中交、中建等建筑央企多次到中铁四局重点项目进行调研。2016 年至 2021 年，人均劳动生产率从 29 万元增长到 48 万元；中铁四局累计完成营销额 9641 亿元，营业额 6035 亿元，营销额从 2016 年的 1068 亿元增长到 2021 年的 2166 亿元，营业额从 2016 年的 701 亿元增长到 2021 年的 1356 亿元；获得“全国五一劳动奖状”“全国思想政治工作优秀企业”“全国重合同守信用企业”“全国工程建设质量管理优秀企业”“全国质量诚信标杆企业”“全国建筑业 AAA 级信用企业”等。2019 年被评为“中华人民共和国成立 70 周年工程建设行业‘功勋企业’”。2022 年被评为“工程建设诚信典型企业”。“五共”管理工作在《人民日报》、新华社、“学习强国”、《工人日报》等 15 家中央媒体、地方媒体广泛宣传，被中国中铁列入全系统推广的农民工管理工作典型。2022 年 7 月，中铁四局被全国总工会、推进产业工人队伍建设改革协调小组办公室列为“十大产业百家企业深化产业工人队伍建设改革专项行动”百家企业。

（成果创造人：冯善恒、范　敏、邵　刚、陈海如、张　凯、孙明华、任保华、占苏龙、潘　磊）

国有相对控股境外上市企业的市场化人才管理

北京能源国际控股有限公司

北京能源国际控股有限公司（以下简称京能国际）注册于百慕大，于香港联交所主板上市，是一家兼具境外主体、跨境经营、混合所有制、国企相对控股、国有资本绝对控股等特点的企业。京能国际经营业务范围涵盖太阳能、风能、氢能、储能、综合能源等清洁能源全产业链，业务范围遍布全国及澳洲、越南等 RCEP 国家新能源市场。公司现有员工 983 人，其中具有国际化背景员工 148 人，境外员工 39 人、外籍员工 20 人。截至 2021 年年底，公司控制总装机容量约 416.8 万千瓦，总资产 461.59 亿元。按照公司发展战略，预计到“十四五”末公司总装机容量超过 1500 万千瓦，总资产规模超过 900 亿元。京能国际是京能集团重点打造的国际化投资平台，是清洁能源产业生态体系投资的重要载体，是天然的市场化体制创新“试验田”。

一、国有相对控股境外上市企业的市场化人才管理背景

（一）适应企业国际化格局接轨市场的需要

人才队伍的稳定性和综合素质水平，是企业发展的重要保证，更是在激烈的竞争中立足的核心价值。自京能集团控股以来，京能国际面临着解决历史遗留问题、明确战略规划、加大发展动力，强化经营效能等方面的任务。原有的管理模式不能适应企业特性及新的发展要求，需要进行系统性变革。无论是企业国际化发展，还是经营创效、改革创新，都需要人才支撑，需要优化管理和专业人才队伍，并通过竞争机制调动和发挥员工积极性。重塑人才管理体制实现国际接轨、市场接轨，是有效吸引各类型人才的先决条件，是提高团队活力的有效措施。

（二）多元化融合凝聚企业发展效能的需要

国有相对控股企业的发展历程通常呈现多样性，投资方的多元化导致企业体制的多元化，不同体制的投资方对于人才任用的理念以及特性需求均有差异，必然导致企业人才队伍的多元化。京能国际是人才队伍多元化的典型代表，人员来自“五湖四海”，经验背景、职业履历、国别文化以及海内外环境存在差异，对于建立统一的企业价值观，凝聚团队合力、提高工作效益、实现快速高质量发展方面，既存在巨大挑战，又是必须攻克的难题。两年以来，京能国际围绕明确战略发展规划、完善体制机制建设、强化经营管理效能、解决历史遗留问题四条工作主线，从凝聚人心、融合团队、统一思想、形成共识入手，必须迅速提振广大员工对公司未来发展的信心，将不同背景履历、不同地缘文化，来自“五湖四海”的员工有机融合，形成企业文化认同。

（三）党管人才与国际化环境、市场化机制融合的需要

“十四五”规划明确，全面贯彻党的组织路线，加强干部队伍建设，完善人才工作体系，培养造就大批德才兼备的高素质人才。贯彻落实党管干部人才原则，是将党的政治优势、组织优势转化为企业竞争优势的有效方式；国际化环境是企业走向更广泛的全球市场，实现境内外产业发展布局、经营联动所必须适应的条件；市场化机制是激发企业员工干事创业动力、保持创新创效活力的有力抓手。实现三者相融合相统一，是促进企业形成优势互补，在新时代取得高质量快速发展的最佳选择。京能国际的多重特点决定了企业具备探索和实践的基础条件，但企业的独特性又难以直接借鉴成功经验，需要摸索一条创新之路。

二、国有相对控股境外上市企业的市场化人才管理主要做法

京能国际根据公司多元化、国际化、市场化、流动性大的企业人才队伍特性，围绕加强党的领导体制机制建设，促进市场化体制与国企体制优势互补，强化人才队伍建设与市场化选人用人机制的协调统一，激发和保持人才队伍活力，凝聚企业文化共识等任务，从人才规划建设入手，不断完善公司组织架构，健全一体化人才分类选聘任职模式，重塑薪酬及人才评价机制，创新激励及考核评价体系，提高培训效能促进员工发展，强化人效管控提高平均效能，全面实现才体制改革，为京能国际的健康快速发展提供政治保障和组织保障。

（一）突出企业特点制定人才工作规划

京能国际围绕“打造一流的国际化清洁能源生态投资运营商”的企业愿景，以及在“十四五”期间“把握能源革命大趋势，加快转型升级，加快改革创新，加强能力建设，加强文化引领，打造管理模式先进、盈利能力稳健、人才队伍精干、改革成效显著、绿色安全高效企业”的发展目标，明确“匹配战略、创新机制、国际接轨”的人才发展原则，突出“市场化、国际化、规范化”特点，以提升公司核心竞争力为出发点和落脚点，以充分引进和培养骨干人才为重点，不断优化组织机构和激励分配机制，夯实人力资源管理基础，提高公司在人才市场的竞争优势，科学建立人才双向流动评价机制，为公司业务快速可持续发展提供充足的人才保障。

京能国际持续延贯市场化管理机制，积极探索与国企改革“双百行动”相协同、相统一的有效路径，通过变革人力资源管理体系，与干部队伍建设实施理念有机融合，构建起伴随京能国际发展、伴随市场变化而灵活可变的人才配置模式。一是绘制人才画像，拓展招聘渠道，完善人才评价机制，实现重点岗位精准引才；二是强化人才培养，上接战略下接绩效，基于员工能力短板和业务痛点设计培训项目，助力业务发展；三是充分发挥绩效考核“指标棒”作用，构建以量化任务目标与能力素质相结合的综合评价体系；四是丰富和创新激励模式，建立与工作业绩紧密联系、充分体现人才价值、有利激发人才活力的多元激励效果；五是健全人才市场化配置和流动体系，强化人员能进能出、岗位能上能下、工资能升能降的全员动态管理。

（二）建立灵活高效的组织架构新模式

优化组织机构设置，在京能国际10级股权出资架构、200余个公司主体的传统模式基础上，提高管理视野维度，将所属企业分类归集，创新建立管理平台，并将管理平台与资产平台分离平行设置，将人员归集于管理平台，将资产归集于资产平台，互不交叠，形成管理与资产“双平台”模式。

1. 形成管理与资产“双平台”模式

管理平台仅履行管理职能，管理人员全部入职在管理平台公司主体，按照“做精总部、做强区域、做优电站”的改革思路，明确公司总部“4+1”（战略推进中心、业务经营中心、利润创造中心、绩效优化中心、市场化改革试点中心）职能，以及分子公司“3+1”（成本控制中心、生产运行中心、安全管理中心、区域业务拓展中心）职能，将内部管理层级精简为两级，有效压缩管理层级，与京能集团三级分类管控体系形成契合，提高纵向层级的管理效率。资产平台仅履行投资主体职能，按股权出资体系，前中端公司主体逐步空壳化，由公司总部进行统筹管理，末端项目公司，按区位“打包”，委托管理平台各分支进行“区域化”“车间化”运营管理。通过“双平台”模式，有效厘清各层级、各主体的管理界面，实现股权资产公司主体的集中管控和运营资产公司主体的区域化管理。

2. 搭建双向运营管理体系

通过管理委托、管理授权，依托“双平台”搭建双向运营管理体系。公司依托管理平台设置公司党委，既实现了党组织与人员归于同一主体，又有效解决了境外企业主体难以将重大事项党委前置审议

要求写入公司章程的难题。同时，管理端的设置不受资产端股权出资方式影响，根据公司发展和管理的实际需要，灵活构建、调整分支机构，“可大可小、可合可分”，有利于及时优化人力资源配置，不断提高市场化效能。资产端的发展不受管理端的地域影响，在公司统筹发展路径下，分支机构不局限于属地市场，可以充分发掘资源优势，先取得项目开发、投资合作的机遇，落成项目，再由公司总部调节分配增量资产的运营权，在公司层面形成跨区域协同发展、分区域运营管理的高效经营发展模式，有利于公司在国内外市场波谲云诡的变化环境抢占先机。

3. 建立新兴业务领域的专业平台

在“双平台”管理模式的基础上，根据新兴业务领域的市场发展机遇，发挥组织灵活特点，建立专业平台作为业态孵化和业务专业化发展试点的载体，对组织架构进行有效补充。在公司清洁能源投资运营主业区域化分公司为基础，建立综合智慧能源等专业平台，借鉴“阿米巴”组织模式优势，拓展培育综合智慧能源解决方案、分布式能源、智能微网、储能、氢能等业务相关多元发展业态，以及电力营销、运维管理等轻资产商业模式，从而形成“1 + N”矩阵化运营的可持续发展组织体系。

（三）建立人才分类分级管理的新模式

京能国际根据组织机构特点，打通纵向层级与横向区位间的岗位壁垒，统筹在境内外及各级机构建立了13级职级管理架构，引入管理类、专业类两个职位序列，管理序列覆盖中层及以上管理岗位，专业序列覆盖职能支持、专业技术、一线运维等岗位。为引进和培养管理型、技术型专业化人才，以及复合型人才、国际化人才、特殊人才均提供了适配的岗位空间。按照职位序列类别和岗位特性，实行分类管理，实现了“因人而异、因岗而异、因地而异”的管理需求，在劳动力市场形成鲜明的比较优势。

1. 拓展职业经理人模式，实现管理岗位全覆盖

京能国际作为国企改革重大任务试点，参照“两个指引”，在企业经营层建立职业经理人制度，按照“市场化选聘、契约化管理、差异化薪酬、市场化退出”的实施要求，开展社会化招聘，聘任总裁、副总裁岗位人才，打造经营层职业经理人团队，明确市场化身份属性；逐岗订立契约，以三年为任期签约，结合责任分工与每个职业经理人签订个性化的目标责任书；增大薪酬差异，职业经理人采用与市场接轨的年薪制体制和激励模式，按照年薪制的薪酬分配方式，除基本年薪固定外，其他部分均与经营目标业绩、个人贡献绑定；明确退出机制，将退出情形条件签入劳动合同，严格监督执行。在经营层授权方面，京能国际遵循职业经理人制度的市场经济逻辑，强化责权利统一协调，按照公司法人治理体系赋予较为充分的经营管理权限，公司党委、董事会为职业经理人在授权范围内独立开展经营活动提供配套空间。按照坚持和完善“双向进入、交叉任职”领导体制的实施要求，职业经理人中的党员按照组织程序担任企业党委副书记、委员等党内职务的，依然保持“体制外”身份，与契约化、任期制及市场化退出等制度相契合。京能国际通过构建完善相应的企业管理制度，逐步形成经营层职业经理人在公司党委选举进入，随劳动关系、聘任关系终止同步退出的模式。进一步拓宽职业经理人模式的适用范围，实现各级管理岗位全覆盖，建立人才评价及推荐任用机制，畅通内部人才晋升与外部引才、猎才“双通道”，设置一年任职试用期，严格执行考评机制及相应留任、终止、退出条件，给予管理人才充足的发展机遇和展示舞台，营造“宽进宽出”的人才选用氛围。

2. 实现专业岗位的全员市场化管理

针对专业岗位人才，按照职能支持、技术支持、一线运维的不同岗位属性，赋权各级管理主体进行全员市场化管理。明确岗位画像进行差异化人才选聘，职能支持岗位突出国际化与业务特点，技术支持岗位突出技术与理论特点，一线运维岗位突出技能与实操特点；采用差异化薪酬体制适配人才需求，职能支持与技术支持岗位采用“岗位绩效制”，一线运维岗位采用“固定薪酬制”；结合岗位属性分类设

置岗位责任与任务目标，以各级管理主体为单元，统一纳入经营考核管理，直接与薪酬增减关联；建立岗位退出制度，对应不同适用情形，进行职级调整直至辞退。

（四）构建全周期的三维立体激励体系

绩效考核机制的构建，关键在于目标设置的科学性、评价标准的客观公平、执行效果的刚性，以及与企业发展理念、文化氛围的匹配。京能国际在职级薪酬体系的基础上，创新建立绩效考核体系，以价值创造为导向，与目标业绩完全挂钩，有效衔接。主要包括组织绩效和个人绩效两个维度。组织绩效层面，实行全部量化指标考核。总部职能部门的组织绩效以公司整体业绩量化考核结果为基准值，对职能部门横向进行相对性考核评价；分子企业的组织绩效完全对照本企业的经营发展目标任务，充分考虑各分子企业基础条件、市场资源禀赋等因素，进行差异化目标设置和定量化评价。个人绩效层面，以主观测评为主，通过个体在其团体内的相对性评价确定个人绩效系数。通过组织、个人两个维度的绩效考核结果，以及员工个人的职级薪酬标准，确定绩效薪酬，随职级逐步增大绩效薪酬比率，充分体现员工的个人薪酬水平、个人绩效水平、所在团队绩效水平等差异因素，充分展现奖优罚劣的激励导向，个体综合绩效薪酬浮动比例范围可达 36% 至 225%。

在关注和实现年度激励效果的同时，京能国际大力倡导“能上能下、能增能减、能进能出”的市场化用人导向，绩效评价的等级与个人在次年的职级升降、薪酬增减甚至淘汰机制分别关联。这种定量化与相对性评价结合，组织与个人绩效结合的考核模式，有效消除了部门因职能差异、考核任务分解设置不科学、不合理带来的争议，有效将团队目标和个人目标融于一体，有效促进各级企业将工作重心聚焦在业绩目标任务，一定程度上激发了各级员工的危机意识，充分调动出各级团队及员工个体的主动性、积极性和创造性。

在绩效考核激励以外，京能国际进一步加大差异化奖励的力度，建立专项奖励管理制度作为有效补充，设置常设奖项、即时奖项两类奖励项目，伴随每年公司重点任务进行动态调节，配套公司不同发展时期不同的重点发力方向，形成以年度、季度、月度为期的短周期奖励项目，以及适当的实时奖励项目，年均专项奖励额度达到全年工资预算的 15%，奖项涵盖公司各项业务、覆盖全体员工。同时，发挥上市公司优势，建立中长期激励机制，通过股权激励评价模型，对公司关键岗位、重点人员进行股票期权激励，形成发展预期，不断提高公司对核心团队成员、业务骨干的吸引力，从而形成由短期至长期全周期，由个体到团队全跨度，由专业到职能全覆盖的“三维立体激励体系”，不断引导各级团队、员工形成有效合力，为企业长期保持快速高质量发展态势提供持久动能。

（五）建立企业人工成本动态总控模式

在企业合并重组、机构调整的改革过程中，定职能、定机构、定编制的“三定”方案通常是首要明确的任务。京能国际在构建灵活高效的组织机构过程中，依托职级体系、薪酬体系、绩效考核体系的建设理念，尝试探索激发分子企业主动优化人员效能的新途径。京能国际的分子公司具有较高的业务同质性，基于这一特点，京能国际创建了“动态工资总控”的管理模式，通过定企业职能、定部门限量、定职级限比的“新三定”方式，对分子公司建立与管理规模关联的标准职数动态模型，但并不以标准职数作为人员配置的限制要求，仅通过标准职数结合职级限比进行工资总额的计量，每月对分子企业按照管理规模的发展变化进行工资总额的核定，月度工资总额仅与管理规模的发展相关，不与企业实际聘用人员数量相关，实现增人不增工资总额、减人不减工资总额。通过“新三定”管理模式，将传统工资总额申报预算上级审批的管理模式，转变为由企业自主通过发展进行“挣取”的管理模式，有效调动全力谋求发展的动力，通过积极扩大业务规模，提高经营效益，实现工资总额水平的提高，同时在有限的工资总额幅度内，不断提高员工能力素质，尽可能减少用工人数，提高员工劳动生产率，从而稳步提高全员的平均收入水平，保持未来引进高素质人才的薪酬支持空间，支撑长期发展。

（六）强化人才梯队与流动通道建设

随着国家“3060”双碳目标的提出，京能国际从事的清洁能源行业热度空前，市场化专业人才逐渐稀缺，人才的引进和培养成为关乎企业长期发展质量的重要因素。京能国际面向国际化、市场化人才，统一按照学历、工作经验、同职经历、职业资格及职称、综合评价等五个维度，建立人才综合评价模型，给予公司员工、储备人才、市场人才相对公允一致的评价标尺，在招聘、薪档核定、人才配置、培优选优等过程中应用。建立符合市场化要求人才双向流动机制，打造“人才驿站”，通过社会化招聘、猎聘过程，不断积累具有潜质的外部市场人才形成储备库，与内部人才库衔接，在人才选拔任用过程中形成充分竞争；打造“人才飞地”，对于公司需要特殊引进的关键岗位人才、核心领军人才、稀缺紧缺人才等，单独建立人才通道、适配条件和动态评估终止机制。有效贯通人才发展通道，根据员工特质给予个性化成长空间，明确岗位退出条件和退出路径，形成适度危机感，切实营造出“能者上、庸者下、劣者汰”的竞争氛围。

在人才引进方面，结合企业市场化特点，多渠道选拔优秀人才。京能国际通过社会公开招聘、市场寻聘、定向猎取等多种方式，面向全国乃至境外广发“英雄帖”，突破传统观念和思维定式，打破地域限制，不拘一格吸纳人才。一是动态规划人才需求，围绕公司战略目标，按照公司重点工程、重大项目建设需求，对各类人才进行超前预测，并通过绩效考核与人才盘点建立关键岗位人才预警机制；二是建立精准的人才评价标准，完善不同类型、不同层级员工的胜任力模型，通过科学的评价手段，有针对性地选拔各类优秀人才；三是拓宽招聘渠道，采用校园招聘、网络招聘、猎头招聘、内部推荐、专业网站和论坛、社交媒体等渠道的招聘方式；四是统分结合完善招聘流程，应届毕业生及大规模人才招聘由公司统一组织，区域公司个性化的人才招聘，经公司批准后自行组织，高效录用人才；五是建立流失人才跟踪和回聘机制，针对流失的关键人才，完善离职面谈与原因分析，建立流失人才库与沟通交流平台，定期跟踪、了解现状，并在合适的时机酌情进行回聘。

在人才培养方面，充分鼓励给予内部人才成长空间。逐步加强内部培优选优的工作力度，通过引入人才盘点工具，将高潜质员工识别出来，建立人才储备库，找准员工个体特点和短板，通过组织特性化专项培训，促进每一个员工的快速成长，形成员工能力培养、员工发展意愿与提高公司岗位匹配度的相互促进、良性循环，有效解决内部优秀人才供应不足的现状。通过员工的稳定成长，逐步加强员工的企业认同感、归属感。一是建立体制机制保障，结合京能国际员工市场化身份特点，按照公司法人治理程序，通过建立《党委会议事规则》《“三重一大”决策制度实施办法》，进行公司中层以上管理人员选任的党委会前置审议，但并不干预董事会、经营层执行薪酬体系、绩效考核体系；二是加强对优秀人才的挖掘培育，重点关注中层管理人员、业务骨干人员，建立基于胜任力模型的分层分类培训体系，根据各层级、各类型的任职资格、素质模型要求，定期进行人员盘点。针对重点人群、业务骨干设计课程体系，建立高层、中层、一般管理人员、专业技术人员、管理培训生等系列培训内容，逐步形成明确的各职类“学习地图”，有针对性地强化人才培养工作的有效性，促进后备优秀人才不断涌现；三是通过建立和完善团组织，逐步构建青年员工培养工作机制，加大青年人才培养力度，引导青年成才，让青年员工实现自我价值，更好地服务企业发展，促进企业从各层面快速形成人才梯队。

三、国有相对控股境外上市企业的市场化人才管理效果

（一）提升市场吸引力，人才结构显著优化

京能国际进行市场化人才管理以来，逐步展现出适配企业快速可持续发展的管理效能。通过重塑组织机构设置，实现人才分类管理，建立人才评价模型，融合培优引才程序，强化绩效激励机制，形成

“招猎结合、引培兼顾、灵活调配、创效为先”的选人用人体系，以及“职薪定基、配额限比、动态总控、工效联动、统筹调节”的人工成本管控体系，打通人才双向流动通道，优化人才梯队，顺利完成人才体制改革。京能国际逐步展现出企业品牌吸引力、广纳贤才，员工队伍从年初410人扩展到752人，其中境内员工715人，香港员工24人，境外员工13人。职级结构分布更加合理，公司高管8人，中层管理人员56人，一般管理人员357人，一线运维人员331人。公司员工平均年龄34岁，本科以上学历人员占比74%（提高15%），管理人员中级以上职称占比45%（提高10%），具有国际化背景管理人才占比15%以上，一支具有国际视野、善于经营、强于管理、充满活力的精英团队初步形成。

（二）形成市场化机制，人效水平大幅提升

京能国际根据市场需要灵活布局，构建相应的境内区域化、专业化分支机构，拓展RCEP国家产业机遇，人才发展与组织发展相辅相成，系统优化人才队伍结构，有效激发各级团队人才活力，实现持续提高区域化协同管理、协同发展的企业效能。持续以高质高效、改革发展为核心，以价值创造为根本，树立国际化市场化理念，加强顶层设计，不断完善法人治理体系，完成董事会改组，积极维护投资者关系，树立提高公司品牌的市场价值，促进市值提升。通过开展市场化人才管理机制改革，重塑管理架构，建立职业经理人制度，充分发挥市场化体制优势，重新构建绩效激励等人才支撑体系，增强发展动能，持续提升各级团队的战斗力。2021年，公司劳动生产率达到213万元/人，达到行业先进水平，实现人均创利110万元/人，同比提高52.8%。在京能国际各级专业化、区域化管理团队的共同努力下，公司实现总资产463亿元，同比增幅78%；利润总额7.2亿元，同比增加一倍以上；控股装机容量从年初200万千瓦提升至目前“控制+确权”总装机容量超过1200万千瓦。按照香港上市规则，完成减值计提目标，顺利披露2020年度及2021年度的业绩报告与定期报告，进一步消化解决重大历史问题，为公司卸下“包袱”、轻装前行奠定坚实基础。

（三）秉承绿色理念，企业社会价值充分展现

京能国际与时偕行，秉承构建“绿色为主、多能互补、智慧协同”产业生态的发展理念，围绕“双碳”目标大力拓展绿色低碳经济产业规模，2021年输出绿电38.8亿千瓦时，减排二氧化碳322.8万吨，建立农光互补、林光互补、牧光互补、渔光互补多种融合经济形态，促进地方经济的协同发展。京能国际的改革试点，探索出一条适合国有相对控股企业改革的有效路径，为推进国资国企“契约化、任期制”改革，构建“职业经理人”制度，推行国际化、市场化人才管理机制，践行混合所有制改革及“双百行动”做出试点成果，有效激发出企业活力，促进企业开启快速高质量发展的征途。

（成果创造人：张　平、朱　军、韩秀会、刘国喜、张代富、贾　耕、金　鑫、赵　立、刘吉广、王亚坤、Ho Lai Kuen、李业伟）

电力企业以增强凝聚力和战斗力为目标的常态化、结构化职工服务体系建设

国网湖北省电力有限公司、国网吉林省电力有限公司、国网新疆电力有限公司

国网湖北省电力有限公司（以下简称国网湖北电力）是国家电网有限公司（以下简称国网公司）的全资子公司，所属单位33家（其中地市供电公司14家），直供直管县级供电企业84家，用工总量7.53万人，服务全省用电客户2941万户。近年来，国网湖北电力先后获得“全国抗击新冠疫情先进集体”“全国扶贫开发先进集体”“全国先进基层党支部”“全国文明单位”等荣誉称号。

国网吉林省电力有限公司（以下简称国网吉林电力）是国网公司的全资子公司，经营区域覆盖省内9个地（州、市），还是东北电网北电南送的重要通道。本部设置22个部门，省公司层面业务支撑实施机构及直属单位15家，合资公司3家，地市供电公司9家，县公司49家，共有员工3万余人。近年来，国网吉林电力先后获得“全国文明单位”“全国五一劳动奖状”“吉林省文明行业”“模范集体”等荣誉称号。

国网新疆电力有限公司（以下简称国网新疆电力）是国网公司在新疆注册的全资子公司，经营区域覆盖疆内14个地（州、市）和新疆生产建设兵团部分区域。本部下设23个部门，下属15家地（州、市）供电公司、14家业务单位、81家县公司和1家省管产业单位，共有员工3万余人。国网新疆电力消费帮扶工作成效突出，连续3年位列国网前两名；2021年获得自治区“民族团结一家亲”先进集体称号；荣获自治区产业工人队伍建设改革“最佳实践单位”；荣获全国省级电力行业透明度排名第4位。

一、电力企业以增强凝聚力和战斗力为目标的常态化、结构化职工服务体系建设背景

（一）落实中央决策部署，满足职工美好生活的需要

“要坚持以人民为中心的发展思想，维护好工人阶级和广大劳动群众合法权益，不断提升工人阶级和广大劳动群众的获得感、幸福感、安全感。”在2020年全国劳动模范和先进工作者表彰大会上被提到。《中华人民共和国工会法》于2021年完成第三次修订，明确工会的基本职责由“维护职工合法权益”扩展为“维护职工合法权益、竭诚服务职工群众”，深刻体现了坚持“以人民为中心”的发展思想。国网湖北电力、国网吉林电力、国网新疆电力（以下简称三家单位）需坚持以习近平新时代中国特色社会主义思想为指导，深入贯彻落实中央决策部署，坚持以职工为中心的基本工作导向，以解决问题为导向，全力服务职工美好生活需要，扩大服务范围，提升服务精度，提高服务水平。

（二）支撑国网战略落地，凝聚企业发展合力的需要

国网公司党组在深入分析发展形势、目标任务、管理原则的基础上，提出建设“具有中国特色国际领先的能源互联网企业”的战略目标和“一业为主，四翼齐飞，全要素发力”的发展布局。职工是企业的基石，是支撑战略实施的主要力量，是实现宏伟蓝图的根本保障，国网公司坚持恪守“以职工为中心”“职工利益无小事”的原则，2019年发布《中共国家电网有限公司党组关于关心关爱职工为职工办实事的意见》，并在2022年“两会”报告指出“要关心关爱职工。坚持全心全意依靠职工办企业，建立健全为职工办实事长效机制”的要求和指示。三家单位需要紧紧聚焦服务企业发展和职工成长成才，更好地开展统一思想、凝聚人心、化解矛盾、增进感情、激发动力的服务职工工作，达到强信心、聚民心、暖人心的实效，团结动员广大职工为建设具有中国特色国际领先的能源互联网企业做

贡献。

（三）升级职工服务机制，提高职工幸福指数的需要

三家单位高度重视职工服务工作，连续四年开展“为职工办实事”活动，制定了班组减负、单身职工联谊、改善食堂环境、完善帮扶机制等不同服务举措，切实做到关心关爱职工，取得显著成效。伴随着经济发展的新趋势、技术发展的新态势，职工的服务需求逐渐呈现出多元化、个性化、动态化的特征，为进一步深化、细化、优化职工服务工作，更好地满足不同性别、不同岗位、不同专业、不同年龄段职工的服务需求，急需探索建立精准化、开放化、智慧化的服务模式及闭环管理机制。特别是在新冠疫情常态化防控形势下，国网公司职工要压紧压实责任，从严从紧落实疫情防控措施，毫不松懈战疫情保供电，急需构建职工服务长效常态机制，打造具有国网公司特色的职工服务模式，提高广大职工的满意度，为保持经济平稳健康发展和社会大局稳定做出积极贡献。

二、电力企业以增强凝聚力和战斗力为目标的常态化、结构化职工服务体系建设主要做法

（一）顶层规划设计，明确职工服务工作思路

1. 梳理工作思路，把控工作方向

把握新发展阶段、贯彻新发展理念、构建新发展格局，三家单位贯彻全心全意依靠职工办企业的方针，按照“以职工需求为导向，以服务升级为核心，以管理闭环为抓手，以智慧平台为支撑”的总体思路，充分借鉴马斯洛需求层次理论和 PDCA 循环理论，将传统的非结构化职工服务工作上升为常态化结构化的职工服务体系模式。一是把准服务需求，定位服务跑道。二是升级服务模式，优化服务举措。三是建立闭环机制，实现常态管理。四是建立智慧平台，畅通服务路径。

2. 确立服务原则，明确服务要点

三家单位在职工服务体系建设过程中，遵循“以人为本、精准服务；因企制宜、多方联动；开放生态、和谐发展”三大原则，进一步明确职工服务工作要点。

3. 加强顶层设计，构建体系模型

以满足职工日益增长的美好生活需要为出发点，以构建“央企特色、电网特点、国内领先、模式创新、职工满意”的服务职工的幸福企业样板为目标，通过“直接调研 + 间接调研”相结合的方式，牢牢把握职工多层次、个性化的服务需求，以需求数据分析为导入，分别定位基础需求、健康需求、人文需求及精神需求“四层需求”，打造标准化职工服务项目矩阵，依托单一项目和项目集群管控方法，建立服务项目动态监督跟踪机制，并健全职工服务评价机制及改进完善机制，驱动职工服务工作不断升级发展，由此构建贯穿“需求调研—服务矩阵制定—过程监督—效果评价—改进完善”的职工服务管理闭环常态模式，为更好地促进该服务模式高效运转，三家单位建强横纵协同组织保障、内外交互资源保障及智慧互联平台保障“三位一体”保障体系，目标层、原则层、服务层、保障层四层相互作用、相互支撑、相互影响，形成适配国网公司发展的创新型、开放型、精准化、平台化的职工服务体系，给出高质量服务职工的“国网答案”，打造新时代企业服务职工体系的升级版（见图 1）。

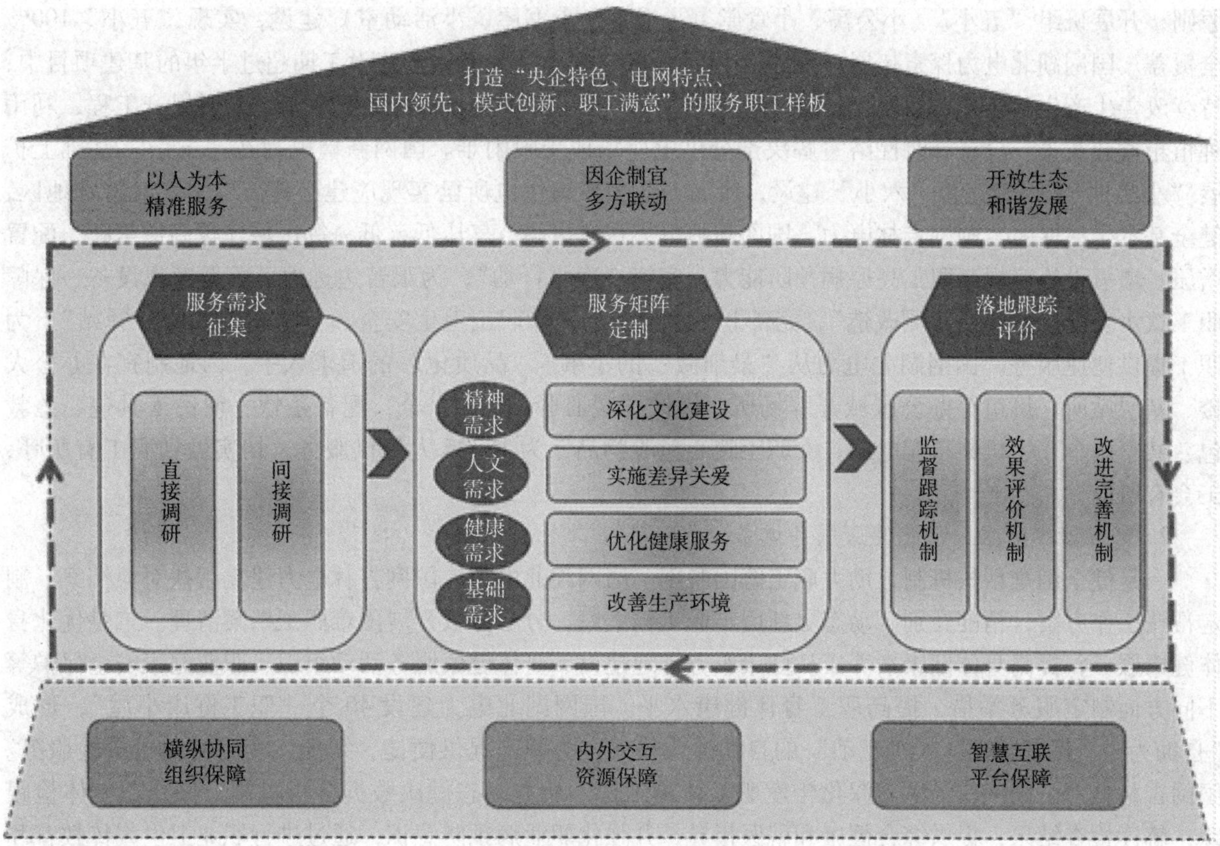

图1 职工服务体系模型

（二）开展需求征集，明确职工服务具体需求

1. 依托三种方式，定向分析服务诉求数据

三家单位采取“问卷调研 + 座谈调研 + 实地调研”相结合的方式，按照“明确现实需求、挖掘潜在需求”的思路，面向广大职工，覆盖运检、营销、建设、调控、后勤、信通、物资等专业，定向开展服务需求征集活动，把准职工思想脉搏，摸清职工真实诉求，并借鉴马斯洛需求层次理论，将职工的具体需求划分为基础需求、健康需求、人文需求、精神需求四层需求，分析职工在不同层次需求的关注度。针对关注度在50%以上的需求分项，制定相对应的服务举措，并引入“项目化”管控理念，按照“一分项一项目”思路形成服务职工项目层次化矩阵格局。

2. 通过三个融合，间接了解职工服务方向

一是与职工思想动态调研相融合。建立“公司领导接待日”机制及领导班组下基层与职工“面对面交流”机制，把握职工的思想情绪，了解职工心理诉求及服务诉求。二是与合理化建议相融合。三家单位依托线上线下相结合的方式，向职工发起合理化建议征集活动，并对合理化建议提交结果进行分类，锁定在职工服务方面的具体建议。三是与总经理联络员机制相融合。总经理联络员机制是职工直接参与管理的重要形式，联络员在职工群众与公司总经理之间搭建起彼此联系的桥梁与纽带，确保职工群众意见“上行”和公司管理者意见“下行”通畅。

（三）聚焦不同需求，打造分层服务项目矩阵

1. 定位基础需求，改善生产生活环境

一是深化“五小”建设，改善基层生产环境。遵循“以人为本、依法合规、因地制宜、注重实效”

原则，开展班组“五小”（小公寓、小食堂、小浴室、小书屋、小活动室）建设，实现“五小”100%全覆盖。国网湖北电力探索拓展“五小”内涵，将“五小”元素用于建设工期超过半年的基建项目中，持续改善生产生活条件，为职工打造“移动的家”。国网吉林电力开展“五小”供电所提升工程，利用种植箱盆栽蔬菜、设置临时性浴室解决部分供电所场地受限困难。国网新疆电力在“五小”基础上扩展“小实训”，持续完善“六小”建设，所属523个乡镇供电所已实现应建必建。二是针对特殊地区，健全基本生活保障。国网吉林电力、国网新疆电力在海拔高、气压低、低氧等区域建设高原氧吧，配置增压、增氧设施，提高职工高原病预防能力；实施“净水行动”，为艰苦边远地区配置净水设备，保障职工饮水安全；落实“旱厕改造”，完备上下水设施，保障职工卫生安全。三是建设“暖心驿站”，为职工提供便捷服务。国网湖北电力从“最细微”的小事、“品质化”的追求入手，因地制宜在办公大楼、基层站所、班组等办公区域开辟场所，建设“暖心驿站”355个，配备茶饮、便民工具包、急救包、共享雨伞、手机共享充电站、女职工暖心包等物品，为18795人提供服务，切实做到职工有所呼，工会有所应。

2. 定位健康需求，优化健康服务体系

一是健全困难帮扶机制，助力职工解困脱困。国网湖北电力、国网吉林电力建立帮扶对象档案，制定帮扶工作方案，精准甄别、动态更新困难职工档案库，分层分级开展困难职工档案清理。二是优化身体健康服务，提高身体健康素养。从健康服务阵地建设、身体健康服务活动组织、职业健康安全保护等不同方面制定服务举措，提高职工身体健康水平。国网湖北电力建设40个“职工健康小屋”，形成“自助为主、医师辅助、人机互动”的自助体检模式，为职工提供便捷、智能、实用的健康自检服务。国网吉林电力、国网新疆电力深化年度职工体检工作，建立动态健康数据分析机制，做好职工体检跟踪，解读检查结果，提供综合健康和就医指导，并强化职业病预防意识，通过进行职业卫生宣传教育和培训，提高职工的自我健康保护意识，预防职业病的发生。三是深化心理健康服务，缓解职工心理压力。三家单位落实“四个有”标准（有实体站点，有专人负责，有功能分区，有服务手册），建设功能完备、技能专业、服务高效的心理关爱服务站点，开通心理咨询热线84条，培育心理健康师254人，服务职工13368人次，促进职工心理关爱走深走实。按需举办线上线下压力与情绪管理心理健康讲座上百场，通过专业讲师授课、知识讲座、科普体验、心理沙龙等方式开展心理知识培训，强化职工心理健康管理意识。

3. 定位人文需求，实施特色关心关爱

一是针对青年职工，助力过渡安家。国网湖北电力按照“利旧改造一批、清理盘活一批、新建一批”的总体思路，立足青年职工多元化个性化需求角度，极大满足异地单身青年职工温馨舒适的过渡期住房需求。二是针对单身职工，开展“牵手行动”。针对青年职工交友难问题，发挥红娘志愿者“热心大哥”“知心大姐”作用，开展单身职工联谊需求调研，倾听职工心声，深化“牵手行动”，服务职工8000余次，为单身职工创造沟通交流和展现自我的平台。国网新疆电力设计“遇见·幸福疆来”形象标识，编制边疆青年交友“百宝书”，收编典型案例为各级工会“红娘”提供活动样板，全面展现“疆电”职工交友模式特色。三是针对职工子女，延伸服务触角。三家单位积极整合公共资源，推出职工子女假期托管服务，成立“职工子女托管”活动领导小组，制定暑期托管班组建工作方案，建立托管志愿者轮班机制，协助老师为托管子女辅导、授课、开展活动。四是针对基层班组，深化减负行动。三家单位响应基层减负需求，以“三精简两强化一转变”为基本思路，精简台账、指标、会议，强化科技减负、素质减负，转变工作作风，帮助基层“松绑解绊”，助力班组轻装上阵。

4. 定位精神需求，深化职工文化建设

一是丰富职工文化活动类型。围绕重点工作任务和重点工程建设，广泛开展各类活动，培养职工兴趣爱好，打造积极向上、团结和谐的团队精神。二是深化“全员悦读”行动。拓展和完善职工书屋功能，建立图书更新长效机制和流动书箱漂流机制，实现流动书箱班组（站所）全覆盖和职工数字阅读平台职工注册全覆盖。三是开展职工志愿服务。坚持自愿参与、量力而行、务求实效、持之以恒的原则，建立志愿服务队，并在实践总结基础上编制形成《职工志愿服务管理办法（试行）》和《职工志愿服务志愿者公约》，建立志愿服务工作体系，推动志愿服务标准化、规范化。

（四）加强监督评价，驱动职工服务优化升级

1. 建立监督跟踪机制，掌握项目实施动态

运用项目群及单一项目管控方式，将职工服务所有工作项视为整个项目群，将每一具体任务视为单一项目进行管控，建立“双月报总结 + 进展跟踪 + 专项会议”“三位一体”过程管控体系，全面保障项目群高效推进。一是建立双月报送机制。以“双月”为周期，三家单位按照国网公司的指示和要求，制定职工服务工作双月报模板，所属地市级电力公司根据模板每双月报告本单位各项职工服务工作的数据、做法亮点、存在问题及下一步推进工作举措。二是建立进展跟踪监督机制。建立“线上 + 实地”灵活匹配的过程跟踪监督机制，分批次、分类别采取面对面、线上会议等不同形式，详细了解各服务项目进展情况，并实施“红黄绿”灯预警机制，开展动态跟踪、问题协调及过程指导，确保项目出成绩、出实效、出经验、出亮点。三是建立专项协调会议机制。三家单位选取季度、半年度或重大里程碑节点，召开专项协调会议，传达国网公司的指示要求，与所属地市级电力公司共同讨论交流职工服务工作的相关进展情况，定方向、定基调，提出下一阶段的工作重点及工作要求。

2. 建立效果评价机制，明确职工服务成效

三家单位从公司整体层面及职工服务工作本身出发，分别以对标指标体系和职工满意度评价反映职工服务工作效果。一是纳入公司对标体系。国网公司为更好地服务和促进公司战略目标和“一体四翼”发展布局落地实施，搭建成套对标指标体系，其中将“产业工人队伍建设改革任务完成率”纳入省公司层面的对标体系中，而产业工人队伍建设改革任务中包含完善多层次保障计划、推进为职工办实事、推进职工志愿服务等多项与职工服务相关的任务，对标的结果间接反映职工服务的结果。二是建立职工满意度评价机制。站在职工的角度，采取问卷五级量表法，对一系列职工服务项目的实施情况、实施效果等进行评价，明确总体满意度。以国网湖北电力为例，于 2021 年末面向广大职工开展职工服务工作满意度评价，共计发放调研问卷 11332 份，回收有效问卷 11127 份，问卷有效率达 98.19%。经调研，职工对服务管理组织模式、实施流程、实施数量、实施效果等方面总体比较满意。

3. 建立改进完善机制，形成服务管理闭环

三家单位通过过程改进与结果改进相结合方式，确保职工服务工作在管理体系上形成闭环结构和常态长效模式。一是加强服务过程改进完善。根据职工服务工作过程跟踪监督情况，及时发现存在问题和缺项漏项，并采取针对性举措进行协调、调整和改进，制订职工服务过程改进计划表，明确改进具体事项，并从重要性、紧迫性、可行性、成效性等维度梳理改进事项优先级，确保当年职工服务各项工作顺利实施并争取获得预期成效。二是加强服务结果改进完善。在开展职工服务满意度评价调研过程中，挖掘在服务组织、服务内容、服务流程等方面存在的改进空间，同时进一步征集广大职工对职工服务项目的优化诉求和建议，在次年职工服务工作方案制定过程进行完善，从而推动职工服务工作更具延续性，让职工的获得感、幸福感、安全感更加充实、更有保障、更可持续。

（五）夯实服务保障，建立三位一体保障体系

1. 建强组织保障，提高组织管理效率

一是打破部门壁垒，建立横向组织。根据职工服务工作的领域、构成、内容、要求等，对所有涉及

的部门包含党建部、人资部、办公室、后勤部、安监部、工会等，组建形成横向组织，明确不同部门的职责定位，将过去由“单一部门主导”向“多部门协同”转变，减少管理层次，打破不同部门之间的界限，解决由于部门间横向冲突带来的结构性内耗。二是凝聚联动合力，建立纵向组织。建立“省级电力公司—地市级公司—县级公司—乡镇供电所（班组）”四级纵向组织体系，明确不同层级组织在服务职工工作中的具体责权利，且各级组织的负责人亲自带队形成领导小组及工作小组，加强对服务职工工作的组织领导及协调，有序推进各级单位服务职工工作的高效开展。

2. 加强资源保障，引入社会优质资源

一是明确资源合作方式。探索资源供应、运营支撑、共建共享等不同的合作方式，充分利用外部的专业化资源，借助其专业优势，为广大一线职工提供更加精准、高效、全面、贴心的服务。二是建立社会资源合作库。加强与外部社会机构、医疗机构、公益慈善、线上服务平台等与服务职工紧密相关机构或企业的合作交流，建立不同类型、不同主体的外部合作单位库，形成纵横交织的立体合作架构，为职工提供资源丰富、需求精准、种类多样的服务群。三是做好资源质量控制。立足服务前、服务中、服务后“全周期”，分别从服务实力、服务过程、服务效果三个维度构建社会资源质量控制指标体系，包含3个一级指标、8个二级指标、18个三级指标，并以此为出发点，把控社会资源服务质量。

3. 优化平台保障，增强智慧响应速度

一是打造线上职工诉求管理平台。在线下诉求服务中心全覆盖的基础上，运用“互联网+”思维，开设职工诉求服务小程序、微信公众号、内外网邮箱等网络服务平台，实现全天24小时服务在线，随时收集、处理、反馈、汇报职工诉求事项，第一时间掌握职工真实诉求。二是打造“S365”职工运动健康平台。将职工文体活动与职工健康管理相结合，利用App前端职工运动数据采集与后台职工健康管理数据的整合分析，充分运用公司文化体育和医疗卫生资源，通过App的运动计步、活动组织、社交、心理咨询、健康监测、医疗健康服务等功能，为职工提供运动指导、健康帮助和精准服务，并提供在线问诊、预约挂号、家庭医生、线上购药等服务。三是打造“爱如电”职工综合服务平台。定位于服务职工日常工作及生活，为广大职工提供信息资讯、法律咨询、慰问关爱等服务，并依托平台的消费数据分析职工购买偏好，对职工购物信息及数据进行智能画像，从而对职工提供精准性、专属化的慰问品和商品推送。四是打造“爱予电”单身交友平台。通过实名认证、安全监督等方式，专为央企单身职工创建线上资源优质、信息安全、诚信可靠的交友平台，扩大职工的朋友圈、交友圈，以“社区+活动”等方式，推动单身联谊线上化、日常化。五是推动专项服务平台建设。国网新疆电力推进志愿服务平台建设，设立专项课题，总结检修公司、奎屯公司试点经验，编制职工志愿者服务平台建设方案，制定职工志愿服务细则，研发并运行职工志愿服务小程序，及时为公司志愿者提供技术、信息支持。

三、电力企业以增强凝聚力和战斗力为目标的常态化、结构化职工服务体系建设效果

（一）提高职工服务水平，提升职工满意度

在生产环境改善方面，三家单位累计完成2000余个“五小”供电所建设，有效解决边远变电站职工“就餐难、住宿难、洗澡难”现状、乡镇供电所等无房危房以及后勤服务类设备短缺陈旧等诸多问题。在健康服务方面，对因病致贫、因灾致贫的职工进行经济救助和爱心帮扶，三家单位共计帮扶1500余人次，助力职工脱困解困；开展心理关爱活动近300场次，覆盖职工近3.5万人，提高职工心理健康水平。在人文关怀方面，针对不同年龄段的职工需求，开展“线上单身职工交友联谊活动”“爱心妈咪小屋建设”“低龄子女假期托管”“中高考名师网授课”“爱心助学”等一批特色服务项目，实现各年龄段职工特色关爱服务全覆盖。

（二）助力打造和谐企业，增强企业战斗力

在维稳发展方面，成套关心关爱职工、服务职工举措的落地，切实解决了职工的操心事烦心事，提高职工队伍的稳定性，有效预防和化解劳动关系矛盾，建立规范有序、互利共赢、和谐稳定的劳动关系，增强企业发展的凝聚力和向心力，助力打造和谐型企业。在提质增效方面，按照“三精简两强化一转变”要求，班组考核指标同比压减85%，固化班组台账和记录同比压减51%和67%，应用系统同比压减36%，服务器同比压减35%，班组参会数量同比减少32%，参会人次同比减少28%，通过减轻职工工作压力和负担，持续增强班组团队的凝聚力、战斗力。在经济发展方面，2021年三家单位合计售电量3988.34亿千瓦时，同比增长9.07%，营业收入2297.23亿元，同比增长12.51%，职工劳动生产率58.69万元/人·年，同比增长4.12%。

（三）彰显公司品牌价值，提高社会影响力

三家单位积极践行“人民电业为人民”的企业宗旨，将服务职工扩展到服务社会，充分彰显央企责任担当，体现国家电网发展的初心所在。国网湖北电力高度重视人文关怀工作，着力打造“520”爱心帮扶品牌，新冠疫情期间，全面启动职工心理关爱应急服务机制，为广大职工、家属及社会人士疏导内心恐慌和焦虑情绪，为职工在至暗时刻点亮心灯，2.38万余人次职工受益。打造“电妈妈”志愿服务品牌，加强与留守儿童结对帮扶，助力实现“微心愿”，获得全省第七批学雷锋活动示范点荣誉称号。国网吉林电力发布《消费扶贫倡议书》，让扶贫产品进节日福利、进活动奖品、进慰问品，鼓励职工自主消费。同时大力开展职工诉求服务工作，得到中华全国总工会、吉林省总工会和中国电力企业联合会的高度认同，2018—2021年，央视新闻频道连续4年报道国网吉林电力职工诉求服务工作经验。国网新疆电力自2019年以来，广泛组织动员公司各级工会和广大职工积极参与自治区定点消费扶贫点策勒县特色农产品采购、央企富民兴疆消费帮扶行动、央企消费帮扶兴农周等多项活动，采购当地蜂蜜、核桃油、民族特色糕点等及时帮助当地农户增加收入，帮扶解困，践行央企担当。2021年获得自治区“民族团结一家亲”先进集体称号。

（成果创造人：许子武、钟永泰、张珊珊、陈亚新、庹滔敏、叔大光、
王艳丽、肖　琛、刘欣阳、吴光美、王　芳、李雪娇）

以精干高效为目标的油气服务专业化工程队伍管理

中国石化集团中原石油勘探局有限公司

中国石化集团中原石油勘探局有限公司（以下简称中原油田）成立于1986年03月，主要经营石油天然气及矿藏的勘探、开发、加工、综合利用和产品销售，石油物资和化工产品的制造、加工、销售，技术服务，水务、电力、热力、通信、园林绿化工程、安全技术防范工程、机电设备安装工程等。中原油田下属的专业化单位采油气工程服务中心（以下简称服务中心）成立于2016年9月，主要承担公司东濮老区、川东北工区的井下作业、特种车辆、油管杆修复、潜油电泵技术服务等业务，年作业能力4000余井次、特车出勤11万余台班，电泵运行200余口井，管杆修复110余万根。近年来，服务中心产值、利润逐年增长，万元操作成本连年下降，人均利润、万元收入成本指标创中国石化国内上游标杆。

一、以精干高效为目标的油气服务专业化工程队伍管理背景

（一）顺应新时期全面深化改革的必然选择

党的十九大提出“四个全面”的战略布局，全面深化改革成为新时代的鲜明特色。中国石化在深化改革三年行动实施方案中明确要以“优化体制、深化机制、管理创新、一体化管理、基础管理、风险管控，加强党的建设”为重点，以加强制度、流程标准化管理体系为抓手，做到深化改革与管理提升联动，全面激发活力、提效率、强动力、增效益。以市场为导向、以专业化为目标是打造行业竞争力和影响力的重要内容和关键环节。服务中心必须顺应新时期全面深化改革和提升专业化队伍创效能力的要求，从机构改革、效能考核和管理创新等方面下功夫，不断增强单人创效能力、提高单台设备创效水平，夯实中心新时期高质量发展基础。

（二）大力提升油气生产工程保障能力的实践路径

中原油田“十四五”提出“一百亿方天然气生产商、一百亿方储气库运营商、一千万吨级油气田、中国石化一流油气公司”的发展目标。作为专业化单位，油水井作业工程技术服务是中心生存和发展的根本。但随着国家储气库建设的持续进行，以及公司东濮老区的油井措施、水井治理工作量的加大，一线作业人员严重不足的问题逐渐凸显。基层单位多、机构臃肿、内部协调不畅、工作配合不顺、内耗严重，体制建设、人力资源配置与打造国内一流工程服务品牌的要求严重脱节。亟待全面实施体制机制改革，简化劳动组织形式，优化人力资源配置，增加一线操作人员，保障作业队伍数量，提高全员劳动生产率，提升油气生产工程服务能力，为保障国家能源安全“加油争气”。

（三）加快推进专业化高质量发展的迫切需要

随着专业化改革的持续深入，改革利好政策逐步转入日常轨道，服务中心生产经营压力骤然增大，大而不强、大而不优、创效能力差成为制约服务中心可持续、高质量发展的瓶颈问题。技术升级迭代慢，在提高疑难修井成功率、专业技术市场占有率、电泵普及率上没有实质性突破，高产值高利润比的业务和项目短缺，在国内采油气工程服务行业缺乏企业核心竞争力。面对新时期新要求，中心亟须转变发展方式、提高管理效能、优化服务质量，加快提升质量、效益、品牌等要素指标，补短板、强弱项，化解成本竞争加大、全员劳动生产率不高、专业化优势发挥不明显等矛盾。

二、以精干高效为目标的油气服务专业化工程队伍管理主要做法

（一）实施“三个重组”，打破运营能力“差”

1. 机关部门重组，职能优化提效率

以打造忠诚、担当、务实、高效、清廉的“五型”机关为目标，以“小机关、大服务”为导向，进行机关部门优化调整。一是优化组织结构。全面梳理业务构成和管理要素，整合“职责交叉、职能相近”的业务部门，压减机关部门，推行“四能四不”（能设专岗的不设部门、能设兼岗的不设专岗、能设总岗的不设分岗、能设浮岗的不设定岗），强化服务中心机关管理，赋予岗位复合型职能，岗位分工动态优化，实现机构和人员的精简高效。二是再造业务流程。以服务中心两级机关职能优化为切入点，以建立专业化高效运行机制为落脚点，突出机关参谋服务作用，自上而下对业务流程进行再造，厘清部门分工，明确流程责任，缩短管理链条，压减审批层级，消除冗余程序，打通梗阻节点，有效融合信息化管理工具，构建协同高效运行的现代化管理体系。三是提升机关效能。以强化教育为抓手，建立完善的学习教育激励和保障机制，加强队伍建设，切实提升机关人员的业务能力、服务能力、协调能力。以创建学习型机关为载体，把提高机关干部职工工作能力放在突出位置，通过理论、业务及新知识、新技能培训，提高综合素质和工作本领，保持追求高效率、高质量、高水平的工作状态，适应中心快速发展的需要。

2. 基层单位重组，定员压减提效能

以提升服务保障能力和专业化发展水平为目标，聚焦“精专、优质、高效”，推行作业区规划建设。一是实施作业特车区域一体化改革，做实作业区责任主体。以属地单位合并作业、特车大队，整合成立6个作业区；优化整合作业、特车三级机关，统一设置综合办公室、安全环保室、设备管理室、工程技术室和生产指挥中心“四室一中心”，实现基层单位管理“五减一升”，即三级机构、机关组室、机关人员、管理成本和单位内耗减少，组织管理效率提升。二是优化操作技能岗位，挤干定员水分用好存量。以安全生产为前提，综合考虑设备新旧程度、管理幅度、岗位间关联性等因素，推广系统化操作。深入掌握各基层单位人力资源存量情况，按照不同业务特点进行优化；与集团公司定员标准、同行业先进企业对标，改进内部组织模式、运行方式，推行一岗多责、大工种和大岗位设置，全面系统优化业务和岗位，核减操作技能岗位定员编制，缓解缺员压力，精准实施“三定”目标。三是破解林格尔曼效应，剔除无效人员，盘活人力资源存量。广泛征求干部员工意见，制定结构调整中人员分流安置方案，依托公司“内部退养、特殊工种提前退休、外部项目借聘”等政策，转移分流安置富余人员，实施措施性减员，消除无效员工对在岗员工的影响，降低人工成本支出。

3. 外部项目重组，系统运行提效益

坚持“干前先算账、预先算盈”工作原则，引导外部项目算效益账、干效益活，巩固存量市场，拓展新兴市场，退出低效市场。一是撤回内蒙古探区低效项目。全面研判内蒙古市场潜力，开展经济效益评价及可行性研究，鉴于内蒙古项目规模小、工作量不足、增收难度大等问题，研究制定专项调整方案仍扭亏无望，按照“三重一大”决策程序决定退出内蒙古市场。二是整合川东北工区外部项目。为避免业务发展带来机构繁多等问题，以“集约化经营”理念为指引，将连续油管项目、通南巴项目并入普光项目部，实行大项目管理、一体化和系统化运行，项目部内部实行“资源共享、设备共用、人员互动”组织模式，变“单兵独立作战”为“兵团协作作战”，打通管理壁垒，构建贴近市场、精简高效的组织架构，保持扁平化管理模式，实现川东北工区组织反应灵敏、决策高效、衔接紧密、统筹协调的运行格局。三是优化华北市场项目。坚持“价值引领、创新驱动、中高端布局、全链条服务”，培育同井采注优势项目，巩固扩大市场规模，推动与华北油气分公司深度合作，实现互利共赢、共同发展。

坚持效益导向，围绕合同额、新增合同额、收入、边际效益、利润等指标，定期开展效益分析，切实降低运营成本，提高项目质量效益。

（二）推行“五项举措”，打破生产运行“慢”

1. 作业双机运行，提升组织效率

根据各作业区的实际情况，动态实行“一队双机”或“白班队”等联队运行模式，增开作业动力。“一队双机”即在大班人员不增加的情况下，增开1部动力，每部动力配备4个5人班组，双机队定员47人，与原先2支整编作业队伍相比减少7人。“白班队”是在人员无法满足双动力配置情况下一种灵活的组织形式，每队约10人，挂靠在原有整编队伍下形成联队。“白班队”仅承担白天施工工作，夜间安排专班看井，既可在人员不足情况下增开动力，也可解决夜间施工等问题。这两种联队模式运行机动灵活，可根据工作量和人员情况随时调整优化，极大提升油气生产保障能力。

2. 实施多元管理，减少生产等停

坚持狠抓生产组织运行和作业时效提升，着眼减少井场道路、射孔测试等造成的施工等停影响，加强与采油厂、第三方的深度沟通，强化生产工作写实管理，及时协调解决基层生产问题，始终与油气生产单位同频共振、同向发力，施工等停时间同比降低15%。坚持“四个提前、四个及时”工作法，提前探明井场道路，确保上修不误车；提前审查施工设计，确保工序无差错；提前运行施工计划，确保各环节衔接紧凑；提前协调工农关系，确保作业施工运行顺畅；及时安排施工井号，减少无效看井时间；及时进行技术交底，减少质量井控风险；及时调派各种车辆，减少作业现场等停；及时组织生产施工，减少作业施工周期。

大力推行“等停穿插作业”“班组看井互动”生产方式，根据各井施工进度和当班作业工作量，及时排出富余劳动力穿插施工运行表，重点调剂补充到起下作业量大、班组人员不齐、井场环境较差的施工井，增强现场施工力量，提高生产运行节奏，推动全员劳动生产率持续提升，施工周期显著缩短。在老龄化严重的队伍中试点“三班一倒”倒班模式，降低作业队定员，优化组建整编队，增创产值的同时，提高人均劳效，降低一线员工夜间劳动强度。

3. 区域联动施工，提高作业时效

按照“做强作业区，做专作业队”的思路，拆分重建原基层小队职能分工。根据采油主业的油水井措施和治理的需求，采用“流程化”管理模式，对作业施工各业务流程进行细分。将作业队从搬迁、看井、收尾等非核心业务中解放出来，专职修井主营业务，设置作业队和辅助施工队。作业队按照作业性质进一步细分为大修、小修、试油试气、带压作业等业务。辅助施工队，由中心抽调统一管理，将作业区非主营业务人员及机构改革中失去原岗位的人员划入人力资源服务中心作业项目部，整合组建搬家队和看井队，辅助作业队施工300余井次，有效提高作业施工的专业化水平和生产运行效率，作业区非生产人员与生产人员占比提高，非核心业务人员创效能力大幅提升。

4. 信息协同共享，形成团队合力

坚持以保障油气稳产上产为己任，创新思路抓生产，千方百计提速度，创建“区域化服务、一体化运行、中心总协调”的生产运行机制，变“一对一”传统保障方式为“多对一”新型服务模式，通过增强“调度令”的效力和总协调力度，做到队伍有活干、车辆不闲置、工作量不丢失。同时，充分利用现代科学技术成果，集视、听、数据远传于一体，对生产运行系统进行提档升级改造，建立信息化智能化生产运行指挥系统，运用融入作业现场视频监控、特车北斗导航，即时掌握作业进度、特车动向，自动生成生产报表、车辆使用及待派查询结果，及时协调解决问题，补齐区域间短板，最大限度发挥中心资源共享优势。

5. 党群勠力同心，全员奋楫笃行

深入开展全员劳动竞赛，将目标任务细化到最小单元、量化到具体人头。加强干部带班跟班顶班管理，充分发挥各级干部示范引领作用，认真落实指挥员和战斗员“双重身份”，异常天气、夜间搬迁等重点施工坚持到现场组织生产、排除隐患，起重吊装、大型施工、关键工序和急难险重等任务跟班率100%，切实为基层员工带好头、表好率，确保生产组织高效运行。坚持重心下移、关口前移，服务中心机关部门、直属单位每月深入重大风险现场和危害承包单位进行帮扶指导，党员干部带头干一件效益活，设备管理干部指导修一次车，技术干部送知识、送成果到班组，安全部门、督查中心跟班劳动开展体验式督查，生产部门现场指挥大修、不压井搬迁，党群干群攻坚创效的合力持续增强。紧盯储气库群建设、“增储增产增效”攻坚战等重点任务，抽调基层单位机关后勤人员组建白班队支援一线生产，成立党员突击队和青年志愿服务队。

（三）把好“四个关键”，破解创效水平“低”

1. 统筹经营，把好市场收入“增长点”

秉持“打铁必须自身硬”的信念，深入贯彻“提高站位，聚焦主业，服务大局”要求，不断在提高工作效率和效益上下功夫，最大限度地提高投入产出比。一是持续巩固本部创收主阵地。抓住储气库建设和东濮老区稳产机遇，抽调业务精、作风硬的队伍，苦练“储气库建设换套管头、下承留器、长井段注灰挤堵”技术，全力推进储气库施工；依托资源共享优势，坚持“自己能干的活自己干”，加大人力、设备设施调剂力度，切实提高施工保障能力，全力保油上产增效益。二是积极寻找外部利润增长点。坚持多元化创收模式，做大做强做优普光“新阵地”，租赁液氮泵车，新承揽普光气井维保、场站抢维修业务，拓展项目部业务范围，提升创效能力；配置连续油管设备及技术操作人员，稳步拓展实施连续油管涉硫作业；购置XJ650山地作业机，抢占通南巴高压试气业务市场；发挥自主研发的“同井采注排液采气”技术优势，采取“技术+服务”的模式，加大华北市场合同份额；加强潜油电泵在陕南煤田的现场试验，增加外部产值中高技术含量收入的比例，以技术链带动产业链，真正实现由劳动密集型向技术密集型转变。

2. 指标分解，把好成本费用“控制点”

秉持“增收节支、开源节流”管理理念，以节约、高效为价值取向，强化预算引领，深化业财融合，严格审核和控制各项费用支出，最大程度挖掘单人、单台设备的潜力与潜能，达到降低成本、高效管理的目标。推行全面预算管理，“全口径”分解成本指标，确保“横向到边，纵向到底”，让经营压力层层传递到每一名员工，实现“千斤重担千人挑，人人身上有指标”；推进滚动预算管理，按月编制运行预算，按季度编制滚动预算，及时分析反馈经营风险；建立“效益论证机制”，从项目立项之初就算清经济效益账，不干亏损的项目，严格做好新增项目合同签订、续签时的效益论证和项目完成后的效益核验工作，促进经济效益有效提升；增强基层单位经营自主权，本着“谁的业务谁负责”的原则，确保“干不干基层说了算、定了干机关后勤办”，让基层单位自主寻求产值与成本的最佳结合点；严格审核和控制各项费用支出，重点费用严格把关，招待费、办公费等非生产性费用大力压减。

3. 绩效驱动，把好考核利润“激发点”

锚定全年生产经营目标，强化效益引领、价值创造与活力激发，秉持“岗位价值决定基本薪酬、工作业绩决定绩效工资”理念，创建“1+3”绩效考核机制，以“人均利润”指标为核心，建立“月度绩效+季年绩效+专项奖励”的考核模式。针对工作性质、艰苦程度、指标高低、贡献大小，设置不同的考核系数，实行差异化考核，做到“以辛苦定薪酬、以汗水定薪水”。配套专项激励考核，提高基层队“脏苦累险”岗位员工的收入待遇。按照“超多少、奖多少，欠多少、扣多少”的绩效分配原则，在保持全员收入稳定增长的基础上，将多创收多创效带来的绩效增量，按照“哪里来的，到哪里去”原则进行考核，完成基本目标，核发基本绩效；超额和亏欠部分，按照相应比例进行奖罚，并实行保底不封顶政策。创建“2+3”精准激励机制，全力推行“两个倾斜、三个加大”的分配机制，即“（服务）中心向作业区、作业区向作业队”倾斜，加大“基层与机关、一线与后勤、效益好与效益差”之间的差距，调动广大基层员工争先创优积极性，引导机关后勤员工向生产一线、艰苦岗位流动，推动服务中心工作步入良性循环的“快车道”。

4. 专项激励，把好对标效能“保障点”

深入开展组织效能对标评价，编制对标管理提升行动实施方案，成立组织、设备、财务、质量4个专业管理组，明确对标管理目标及提升措施，建立分层级、分类别的对标评价体系和评价标准，组织开展阶段评价和总体分析评估，形成对标提升工作闭环，力争4至5支作业队伍进入中原油田业务排名前20、1支特车队伍进入板块排名前10。针对作业区创建“1+N”对标提升机制，以“创建标杆基层单位”为主线，对标对表组织效能“N项”指标，设置“先进奖”“进步奖”“创标奖”等考核奖励，同时对排名较差的队伍采取扣减绩效、干部调整、队伍整合重组等措施，推动管理效能排名提升。针对机关部门，使承包指标挂钩考核，按照完成比例，分别进行奖励或扣减部门绩效，推动效能管理指标再创新高，确保标杆基层单位“立得住、推得开、叫得响”。

（四）提升“三种能力”，破解服务意识“弱”

1. 分级把关质量，提升修井服务能力

秉持“井深千米负责到底，挤堵封窜永固百年”的质量理念，按照高、中、低质量风险等级，建立“中心—作业区—作业队”分级负责、过程管控、重点把关的质量管理机制，做到67个施工工序、302个质量控制点全覆盖。实行“6321”质量控制工作法，严把设计审核、技术交底、入井材料、管杆丈量、刺洗清洁、试抽完井6个关键环节，执行现场工序验收、重点井监控和完井质量考核3项制度，落实技术干部跟班、关键工序过程控制2项措施，坚持每季度召开1次质量分析会，基层班组严格落实“上道工序为下道工序负责”的管理要求，实现“工程事故、井控事故”零目标和“施工一次合格率、施工井全优率、大修井成功率”3个提升。紧密围绕中原油田勘探开发生产需要，推行“大兵团”作战、专家揭榜挂帅工作机制，集中优势力量开展技术攻关，破解腐蚀管柱打捞、套管变形、小套管复杂井筒处理等“卡脖子”难题，推进连续油管解堵、震击解卡、同井采注等技术升级迭代，试油试气、修套换套、大修作业、带压作业能力不断增强，实现技术链带动产业链的效益提升。

2. 升级改造设备，提升施工保障能力

加快作业设备自动化、机械化、智能化、电动化更新改造，引进XJ550作业机、XJ650山地作业机等作业设备，配齐井控装置、钻杆、值班房等基础设施，完善操作规程和管理制度，加快推进新设备投入使用和创效；升级改造55台大修、小修作业机，减少操作人员，降低劳动强度，改善作业环境，提高劳动效率，增强工程服务保障能力。聚焦生产设备管理水平提升，建立“提高完好率、降低故障率、杜绝事故率”三率管理机制，全面加强出车前和回场后车辆检查，创建设备信息“一键查”管理模式，通过设备车号或编号一键查询投产年限、运行状态、故障维修情况等相关参数信息，及时掌握设备运行情况，精准调派保障生产运行，车辆利用率提升至85.5%。设备维修实行挂牌业务，优先内部单位承揽，统一维修结算标准，在结算产值的同时，结合修理难度、综合耗时、用工用料等因素，按照8%的比例进行绩效兑现，平均每年节省外委维修费用300余万元，提高内部业务承揽积极性，带动整体维修能力提升。

3. 完善管理机制，提升安全管控能力

认真组织HSE管理体系宣贯学习，通过全员综合知识“一键考”，检验安全能力、隐患排查治理、风险分级管控和应急处置考评，营造全员学安全、懂安全、会安全的良好氛围。狠抓“3+2”安全工作配套管理机制，严格落实“双重预防”机制，前移风险关口，过程消除隐患；广泛开展案例“学查考”机制，提高全员安全素质；建立注册安全工程师聘任机制，发挥专业优势，充实安全力量；完善作业现场标准化“四标两树”管理机制，确保施工现场干净清洁、整齐规范；创新年度“安全自评估”管理机制，加强安全数据的累积分析对比，为制定安全规划、工作部署提供依据。完善“百队千里一键看，千站万井一键到，千人万证一键查，百岗千人一键考，违章信息一键询”五个一安全工作法：升级“一键看”系统，实现违章自动识别；将“一键到”纳入中心信息系统，实现应急联动；完善“一键查”，实现证件到期警示提醒；实施“一键考”与培训中心网站联网，丰富考试内容；“一键询”连接中心违章大数据，为违章数据分析，精准施策奠定基础。

三、以精干高效为目标的油气服务专业化工程队伍管理效果

（一）人力资源布局更具活力

服务中心坚持“对标先进，刀刃向内”，推进专业化体制改革工作，各项工作效果显著，机关部门、三级单位、基层组室分别压减25%、42.8%、52.4%；正科级干部压减14人，压减管理及后勤服务人员423人，剥离轮岗、借聘等人员445人，管理服务人员占比由17.4%下降至7.8%，形成高效集约化管理模式。与中心成立之初相比，虽然员工总量自然减员27.3%、作业区一线员工减员25.6%，但作业区一线人员占比提高9.6%，运行动力增加15.6%，每部动力配置人数下降22.2%，创效能力明显增强。普光、通南巴和连续油管大项目部管理，整体经营考核、单独盈亏分析、一体化生产运行，3个项目实现资源共享、设备共用、人员互动，增收创效合力日益显现。

（二）油气生产保障能力明显提高

服务中心以提高人均创效水平为目标，持续深化改革、夯实基础管理，积极推进专业化工程队伍标杆单位创建，狠抓“本质安全、作业时效、施工质量、科技创新、设备升级、经营效益”六大工程，为公司油气开发和储气库建设精心提供优质高效服务，全年作业完井3348口，特车出勤11.3万余台次，在公司“三增”攻坚战中取得了优异成绩，全年实现产值利润创新高、安全生产无事故、疫情防控零感染、员工队伍和谐稳定、员工收入待遇大幅提高，全面完成公司下达的各项指标任务，荣获油田“先进单位”和“五项劳动竞赛”优胜单位。

（三）对标管理关键指标持续提升

服务中心对标中国石化先进指标，学习先进管理经验，建立以“创标争星”为核心的对标考核机制，深入开展组织效能对标评价，积极推进对标管理提升行动，实现关键指标“四升四降”：人均利润4.5万元/人，同比增加3.27万元/人；人均创收29.8万元，同比增加38.9%；收入利润率15.09%，同比增加9.36%；设备综合完好率99.98%，同比增加0.27%；万元收入成本0.85万元，同比下降9.57%；万元收入用工成本0.36万元，同比下降21.7%；万元收入管理服务费0.02万元，同比下降77.78%；管理人员占比4.92%，同比下降79.74%。人均利润、万元收入成本在中原油田专业化队伍中持续保持领先水平，被集团公司选树为标杆基层单位。

（成果创造人：张庆生、刘　伟、王德宇、姚志刚、张志全、王燕丽、
窦彦辉、封书华、肖昌军、郭　强、徐晓辉、赵　静）

国有资本投资公司多层次人才体系构建

湖南高新创业投资集团有限公司

湖南高新创业投资集团有限公司（以下简称高新创投）成立于2007年6月，系湖南省属大型骨干企业，湖南省股权投资协会、湖南省咨询业协会会长单位。公司以战略性新兴产业、军民融合领域为主要投资方向，以国有资本为纽带，集聚高端资源要素，持续推进尖端高新技术落地湖南和高新技术项目产业化。始终坚持以"把事干成"为第一工作导向，大力践行"高端带动、产投联动、创新驱动"的经营理念，坚持"三个一流（技术、机构、团队）"的合作标准，聚焦新材料、高端装备制造两大投资领域布局，致力于成为湖南实施"三高四新"战略定位和使命任务的重要抓手、湖南省属国有资本布局结构调整和军民融合协同创新的重要平台、奋力建设现代化新湖南的重要力量。截至2022年6月底，资产管理规模551亿元，在管直投项目63个，在管基金81支，基金管理规模305亿元，投资项目379个，已投项目上市43家。

一、国有资本投资公司多层次人才体系构建背景

（一）实现公司战略转型的需要

2017年以来，高新创投根据省委巡视组交办的主业不聚焦等问题整改，结合省委省政府赋予新的职责使命，实施新的战略转型，改变原有以财务性投资，阶段性持股分享股权增值收益的业务结构及金融投资、财务管理为主的人才结构及能力短板，调整为以产业投资和创业投资双轮驱动业务结构，资产重点布局到产业领域，投资加运营一体化运作，聚焦新材料、高端装备制造中的"卡脖子"技术产业化。高新创投战略转型对多层次人才结构和数量提出新的更高要求，原有人才结构基本不能满足公司的发展要求，尤其是懂产业运营和技术创新领域的多层次人才奇缺。如何快速建立新的符合公司战略转型的多层次人才体系、培育选用大批人才成为当务之急。

（二）适应新形势下投资行业发展规律的需要

世界百年未有之大变局加速演进，新冠疫情愈演愈烈，中美贸易战加剧，地缘政治冲突频发，国内外经济形势愈发严峻，投资行业也在深刻变革，募投管退均有所降温，部分指标断崖式下降，经营理念和管理模式均在调整。随着投资行业整体逐步回归理性，各投资机构对产业的研究和理解越来越重视；一、二级市场估值倒挂迫使投资阶段前移；单纯财务投资向投资与参与经营转变等等。这些新的趋势和变化，无不对投资机构多层次人才提出更高的要求。国有资本投资公司多层次人才建设，既要解决人才管理体制机制不顺畅的国有企业普遍存在的困难，也要积极顺应投资行业发展规律，解决从业人员行业研判能力不足、履职经验欠缺、专业技术知识不匹配等问题。

（三）打造一流国有资本投资公司的需要

高新创投擘画建设一流国有资本投资公司的目标，重点落实湖南"三高四新"战略定位和使命任务，完成国务院国资委对标一流任务，服务国家战略，优化国有资本布局，提升产业竞争力，促进"卡脖子"技术加速转化。而"十三五"初，高新创投面临引才机制不顺导致人才数量不足、用才导向不明导致人才结构不佳、育才效果不好导致人才素质不高、留才手段不够导致人才流失严重等困难，多层次人才体系不健全成为制约公司打造一流国有资本投资公司的重要因素之一。如何快速破解上述难题，构建一流的多层次人才体系，是实现高新创投"建设一流国有资本投资公司"宏伟目标的现实

需要。

二、国有资本投资公司多层次人才体系构建主要做法

（一）构建多层次人才战略规划

高新创投从多层次人才体系顶层设计入手，制定符合实际的多层次人才发展战略。一是明确多层次人才战略指导思想。坚持以习近平新时代中国特色社会主义思想为指导，认真贯彻落实新时代人才工作，全面实施人才强企战略，有效解决多层次人才体系建设“中梗阻”，将人才优势转化为企业核心竞争力，促进企业经济效益显著提升。二是明确多层次人才战略基本原则。坚持党管人才原则，坚持人才建设与业务发展相统筹、人才价值与企业价值相统一、组织原则与体制创新相协调。三是制定多层次人才战略总体目标。培养与引进并举，数量与质量同步、能力与结构相适的多层次人才队伍，在人才能力、分布、学历、专业、年龄等多维度设置结构化具体目标，确保企业高质量发展。

高新创投探索和完善多层次人才工作保障体系，以支撑业务的高质量发展。一是坚持“一把手”抓“第一资源”。集团总部“一把手”带头，各级“一把手”亲自抓人才工作，做到“四个一”，人才工作第一时间研究，每年主持一个重点人才项目，解决一个制约人才发展的突出问题，联系一名优秀年轻人才。二是成立人才工作领导小组。集团党委书记任组长，专职副书记任副组长，班子成员和主要二级公司负责人为成员，办公室设在人力资源部，落实中央、省委人才政策，对全集团多层次人才工作进行指导、协调、监督，落实多层次人才工作战略研究和规划，研究多层次人才相关制度的制定、完善和实施，组织实施重大人才工程，推进多层次人才体制机制创新等。人才工作领导小组作为集团党委常设机构，人员精简高效，做到重要人才工作马上协调、马上研究、马上实施。三是建立健全多层次人才工作制度。五年来，制定或修订相关制度40余项，涉及人才引进、培育、使用、考核、激励等方面。

（二）构建价值共享引才模式

针对引才机制不顺导致的人才数量不足、水土不服、责任不明、引真才难引庸才易等问题，高新创投构建靶向引才体系解决引才困惑。分层分类定义多层次人才，打造“国企出资、政府土地入股、技术团队知识产权入股”的价值共享引才模式，分类授权放权。通过构建靶向引才体系，释放二级公司人才活力。

1. 以三个层级定义多层次人才

对符合企业发展阶段、业务需要的人才做好界定。一是重点引进或培育60名“四梁八柱”性质的核心人才，为集团公司中层正职或同等职级的专家序列人员。根据业务布局，倒推出要发展和运营好已有的资产所需的核心人才数量，进一步将60名人才分为三个类型：20名领军人才，负责综合管理、战略研究、财务管理、人力资源、党务及风险控制等工作；20名明星投资经理，负责募资、投资、投后管理及项目退出等；20名高端产业运营管理人才，进行实体项目综合管理、技术研发及市场营销等。二是引进或培育80名中级人才，一般为集团公司中层副职或同等职级的专家序列人员。中级人才具备较好的学历、专业和工作经历，能够出色完成本职岗位工作，具有良好的培养潜力。其中，综合管理类10名，投融资类20名，产业运营类50名。三是引进或培育160名初级人才，为集团公司员工或二级公司中层管理人员。初级人才技能熟练，能较好地胜任岗位要求，并具有一定的发展潜力，一般年龄不超过35周岁。高新创投根据实际情况，在总部各部门、二级公司各部门，以及重点产投项目委派产权代表中均明确2至3名初级人才，进行重点培养打造。

2. 以价值共享模式引入“卡脖子”原创技术团队

要在较短时间内拥有大批具有“卡脖子”原创技术人才，创新引才模式十分重要。核心技术人才

培养周期太长，成建制引入成为必由之路。高新创投与院士、高校等一流技术团队合作，打造出价值共享引团队模式，以“国有资本出资、地方政府土地作价入股、核心技术团队知识产权入股”的价值共享模式成建制引入核心技术团队，缩短技术吸收磨合时间，大大提升转化效率，有效支撑湖南高科技成果快速产业化。高新创投现金出资占股35%以内，地方政府土地作价占股20%左右，技术团队知识产权作价占股20%至30%，其余股份由其他战略投资者和非技术研发类核心骨干团队股权激励组成。该模式既能有效捆绑技术团队，又能以市场化运作的方式极大释放企业活力，既符合高科技企业的运行规律，也解决了科技成果转化技术人才缺失的问题。

3. 以授权放权激活二级公司引才活力

二级公司是财务独立核算的市场经营主体，更是创新中心、利润中心，高新创投对二级公司多层次人才引进实施分类授权、充分放权机制，放手让二级公司招募到符合岗位实际的人才。建立以“分管领导牵头、用人单位为主、组织部门协调”的引才机制，明确“谁用人谁引进、谁引进谁负责”的责任体系，最大限度挖掘真实用人需求，明确用人单位负责人责任，有效确保人岗相适，破除“唯关系论”，禁止近亲繁殖和小圈子，破解了“请神容易送神难”难题。对二级公司引才进行分类授权，二级公司班子成员引进由集团人事部门负责实施，充分尊重二级公司的用人需求及推荐建议，如无重大原则冲突，基本按照二级公司的推荐意见实施；对二级公司中层干部及以下人员的引进实施充分授权，集团公司不参与、不干预，其中，中层干部的引入只需事后报备。通过充分放权，既激活了二级公司的活力，也明确了责任，迅速提升二级公司人才选聘的市场化水平，支撑公司业务快速发展。

（三）构建一线战功用人体制

针对用才导向不明导致人才结构不佳，“论资排辈、近亲繁殖”“上得去、下不来”“进得来、出不去”等问题，高新创投不断通过科学选人用人重构用人体制、破解用才困扰，明确用业绩说话、凭战功用人导向，实施“蹲苗计划”培养年轻干部，建立人才退出20条负面清单。

1. 树立突出一线业绩用人导向

高新创投牢固树立用业绩说话、凭战功用人的导向，注重结果导向选人用人，采取赛马制代替相马制，鼓励肯干实干苦干。以业绩硬指标破除干部选用的论资排辈，不搞刷履历、刷学历式虚功，做到让组织放心、群众满意、干部服气。集团上下做到用人所长，不求全责备，用人单位负责人做到对人才优缺点心里有数，发挥人才的长处，将合适的人放在合适的位置。对能干成事的人才，不论出身，均将其提拔至相应岗位上来。高新创投还十分注重从基层一线、业务一线、关键事件线渠道选人用人，激励大家到基层、艰苦、情况复杂的地方去历练，第一时间识别、提拔重用业绩突出的人才。公司60名核心人才中，有超过半数是从一线艰苦岗位中成长和挑选出来的。

2. 实施“一线蹲苗”计划培育年轻人才

为培养好年轻干部，高新创投大力实施“一线蹲苗”计划。一是精准滴灌“育好苗”。坚持干什么学什么，缺什么补什么原则，帮助蹲苗人员知责明责、理顺思路，尽快进入工作角色。实行结对帮扶制度，结合蹲苗人员工作领域、业务能力等实际情况，安排经验丰富的人与蹲苗人员结对，进行教育引导，帮助提高解决实际问题能力。二是压担淬炼“用好苗”。让蹲苗人员去基层一线岗位直接面对客户、机器等，进行全脱产锻炼，汲取知识、学习经验。同时，严把底线，探索回炉重造制度，将工作推进缓慢、执行力差、担当不够、不服从管理，影响集团发展大局的人调整至更艰苦的岗位历练，有效压紧压实墩苗人员担子，杜绝保苗式培养现象发生。三是严管厚爱“管好苗”。始终把严管理贯穿蹲苗全过程，严格执行请休假制度，规定年轻干部在蹲苗锻炼期间必须吃住在基层，蹲苗结束后由所在单位负责人进行鉴定，防止蹲苗镀金、走过场等形式主义现象。强化督查问效，集团人力资源部不定期开展跟踪督查，对未按时在岗、不服从管理的蹲苗人员从严追责问责。强化激励关怀，经常性开展谈心谈话，所在单位负责人定期看望蹲苗人员，了解思想动态和工作情况，帮助解决困难和问题。通过“一线蹲苗”计划，公司一大批年轻人脱颖而出，公司60名核心人才中，有近60%是80后，80名中级人才中，有近30%是90后。

3. 构建“人才退出20条”负面清单

退出机制是多层次人才工作体系的重要组成部分，高新创投建立负面清单完善人才市场化、法制化退出机制。建立人才退出20条，对每一种退出情形进行精准表述，对300名集团重点关注的人才每年按5%的比例实施动态优化调整。一是考核不达标，根据情况进行调整，充分发挥试用期、契约期、年度考核评价三大工具作用，对人员进行精准审核和评价，根据考核结果，相应做出不签约、不续签、降职、降薪、调岗、待岗、解聘等决定，确保人员与岗位、岗位与能力相适应，营造能者上、平者让、庸者下、劣者汰的竞争氛围。二是“一票否决”情形，对重大违纪、违法、违规的一律清退；对严重失职，营私舞弊、损公肥私，对公司利益或形象造成重大损害的一律清退；对不思进取，不担当不作为，明显不在工作状态，“躺平式员工”，“官油子”中层干部等坚决劝退；对不认同公司价值和文化，不适应公司发展形势的坚决劝退。

（四）构建多层次人才培育方式

针对育才效果不佳导致人才素质不高，培育理念陈旧、方式单一、不注重成效评估等问题，高新创投大力提升育才实效破解育才困境，以“三20”核心人才培育计划重点培养核心人才，以“博士领头、硕士领队、学士领班”人才梯队计划带动中级、初级人才共同提升，以“线上+线下”全方位评价动态优化人才。

1. 以“三20”人才培养计划重点提升人才能力

人才培养是人才工作的基础和难点。高新创投制定“三20”人才培养计划，明确个人培养方向，实施订单式培训，打造“高新大讲堂”，每月邀请院士、行业专家等授课，针对性派出参加省里的调训以及对外交流学习。“三20”人才是集团四梁八柱式的核心人才骨架，即培养20名领军人才，针对本部及二级公司业务特征，注重综合管理能力的提升，提升其独当一面、开疆拓土的能力，成为综合性管理人才和重点后备干部。培养20名明星投资经理，重点提升其政策研判、行业研究、投资实务、财务法务尽调等方面的能力，使其成为每个投资环节的专家，为他们创造多参与、接触投资行业人士的机会和平台，不断增长知识和见识。培养20名高端产业运营管理人才，主要针对重点战略直投项目的行业技术特点，聚焦新材料、新装备核心领域，重点提升其产业运营管理、技术研发、市场开拓等方面的能力，使其成为产业板块的行家里手，重点支持对本专业领域内新动态、新前沿的了解，支持其发表专业论文和增加业内曝光度。

2. 以“博士领头、硕士领队、学士领班”计划整体促进人才队伍

高新创投结合实际大胆探索师徒制培育方式，以60名核心人才为师，中级、初级人才为徒，形成人才梯队的发展格局，带动团队共同提升。重点实施“博士领头、硕士领队、学士领班”计划，打造适应投资行业发展新趋势的精干特种作战小分队，确保战略目标的完成。组建“新材料、先进装备制造”2支产业团队，每支团队安排一名高专业水平的博士领头，带领若干名中级、初级人才队伍不断攻克技术难关。组建“新能源、新一代信息技术、航空航天、生物医药”4支创投团队，由资深硕士领队，带领若干名中级、初级人才组成项目小组，主要负责行业内创投项目的牵头、行业研判等工作。学士领班主要是由业务骨干组建包括核心人才、中级和初级人才组成的小分队，承担募资融资、项目尽调、投后管理等工作。通过“博士领头、硕士领队、学士领班”计划，形成核心人才带动中级、初级

人才，中级人才带动初级人才的良性循环，为公司多层次人才体系构建注入强劲动力。

3. 以“线上+线下”全方位评价方式动态优化人才结构

人才培育评价是比较容易忽视的方面，高新创投探索了独具特色的“线上+线下”全方位人才评价方式，及时调整优化人才，始终保持人才地位与能力相匹配，使入选公司人才计划的人员时刻保持压力和动力。线上评价主要以一年为周期，对人才在网上开展各类技能、知识考试，领导能力、价值观、个性风格、心里风险、思辨能力等测评，同时要求测评对象根据岗位实际，在线上提交自己及团队在政治能力提升、业务开拓、管理效果、财务表现等方面的自我评价报告。线下评价主要是公司组织人事部门通过实地走访调研、个别谈话、平时观察、团建活动等方式，360 度了解考察对象德能勤绩廉等方面情况，同时还借助第三方评估机构进行综合分析，包括专业的人力资源评估公司的评估，巡视审计，以及上级部门的考核检查报告等。最终由组织人事部门综合线上、线下考察情况形成综合评估报告，提交公司党委会审议决策。5 年来，公司根据评估结果，调整优化 5 名核心人才，占 60 名核心人才的 8.3%；调整优化 15 名中级人才，占比 25%。

（五）构建市场化科学化激励机制

针对留才手段不够导致人才流失严重，人才对事业缺乏信心、企业对人才缺乏情感、薪酬制度不够科学等问题，高新创投不断丰富激励手段化解留才困局。用员工跟投机制构建企业与人才命运共同体，用超额分享机制构建科学的留人薪酬制度，用“一把手”情感关怀留住核心人才。

1. 实施员工跟投机制

国内国有投资机构实施员工跟投机制时，大部分因操作不规范导致管理混乱、变向利益输送等现象。为做好员工跟投，高新创投研究一套符合国有企业实际、符合证监会监管要求的员工跟投机制，出台员工跟投办法，对跟投范围予以明确，项目直接相关人员必须强制跟投，其他人员可自行选择是否跟投；对跟投比例予以明确，根据投资金额的大小，充分考虑强制跟投人员的资金承受能力，建立阶梯式跟投比例，明确上限和下限，对强制跟投人员设置跟投下限；对跟投方式予以明确，由核心员工自行发起组建与公司无关的有限合伙企业进行跟投，将员工跟投与公司法务纠纷进行有效隔离，实施单个项目结算机制。高新创投在实施规范的员工跟投机制以来，所投项目无一失败，部分项目获得超过 30 倍以上的投资收益，同时也很好地实现公司与多层次人才的利益捆绑，留住了人才。

2. 实施超额利润分享机制

薪酬制度是国有企业留人的重点也是难点。高新创投构建薪酬制度与激励制度为一体的留人制度，做好两个联动。一是工资总额与效益联动，从工资效益联动、效率对标调节、工资水平调控 3 个维度对所属企业工资总额进行调控。以工资总额和效益同向增减为基础，明确工资总额增幅不高于利润总额增幅；二是薪酬与绩效联动，人员薪酬与经营业绩强挂钩，绩效薪酬占比 70% 以上，超额完成目标的给予利润分成，未达目标或同比下降的扣减薪酬或下调薪酬基数。建立“两个 30%”的超额收益分享机制，对超额完成年度目标利润的企业，按超额部分的 30% 实施分享，主要奖励团队有功人员，其中班子成员不超过总额的 30%。激励制度方面主要是做好正向激励。推行专项激励、即时兑现，制定《董事长特别奖励办法》，激励关键人物在关键阶段取得关键性突破，强化精准滴灌，激励内容涵盖募资、投资、退出等业务内容，也包含增收节支，特别贡献等非业务内容。注重打造激励文化，持续在全集团上下开展“五个给谁”（即：工资给谁、奖金给谁、高薪给谁、股权给谁、重要岗位给谁）大讨论，通过反复讨论，逐步凝聚为公司创造价值的共识。

3. 分层实施“一把手”情感关怀机制

高新创投着力打造分层次的“一把手”对人才的关怀机制，助力解决人才流失问题。公司组织人事部门每年初制定“一把手”与人才面对面谈话方案，明确谈话时间、谈话范围，做到一年内谈话实现全覆盖。集团公司“一把手”重点与核心人才进行谈话关心，集团公司分管高管重点与中级人才进行谈话关心，集团中层正职重点与初级人才进行谈话关心。集团“一把手”以身作则，按照年初方案，每月与核心人才进行不少于40分钟的当面交谈，着重了解人才的思想、学习、工作、生活情况，认真听取对公司的经营发展提出的意见建议，并及时做出回应，认真了解在工作、生活中遇到的困难，并及时予以解决。如集团“一把手”亲自组织修订《董事长特别奖励办法》，以适应当前业务发展形势，解决对中后台人员奖励项目过少等问题。

三、国有资本投资公司多层次人才体系构建效果

（一）人才工作体系科学完备

通过不断探索实践，人才数量不足、结构不优、素质不高、流失严重等问题有效解决，人才“多起来、动起来、强起来、活起来”。成功打造2支专业的产业团队、4支专业的创投团队和以“三20”为核心的骨干人才队伍。一大批年轻干部脱颖而出，中层管理干部平均年龄41.8岁，具有硕士及以上学历占比61.9%，80后占比57.89%。

（二）经济社会效益显著增长

“十三五”期间总资产、净资产、收入、利润年均增长50%以上；国有资产保值增值率年均103.49%；近5年社会贡献总额33.67亿元；全口径人均产能年均增长率、人均创效年均增长率均超过20%；国有资本的引领带动效应逐步显现，国有资本功能放大10倍；累计支持300余项科技成果产业化，大部分为“卡脖子”技术；企业品牌影响力、号召力不断增强，规模效应不断彰显。

（三）示范带动作用日益彰显

人才短板转化为人才优势，相关做法在省内主流媒体充分报道，人才工作受到省领导肯定性批示。2021年获国家科技进步一等奖1人，获省部级以上奖励20项，获8个省级创新工程中心，示范效应凸显。

（成果创造人：汪学高、吕诚伦、杨　洁、李俊杰、
龙朝霞、蔡胜平、张志清、刘恋林、彭树立）

电网企业打造高效执行单元的卓越班组建设管理

国网浙江省电力有限公司杭州供电公司、国网浙江省电力有限公司宁波供电公司、
国网浙江省电力有限公司绍兴供电公司

国网浙江省电力有限公司杭州供电公司（以下简称为杭州供电公司）是国网浙江省电力有限公司（以下简称国网浙江电力）直属分公司，是国网公司34家大型重点供电企业之一，担负着杭州市全域电网建设和运营业务，截至2022年9月，总资产达到541.45亿元，员工人数5017人。国网浙江省电力有限公司宁波供电公司（以下简称为宁波供电公司）是国网浙江电力直属骨干企业，承担着保障宁波市2市、2县、6区450万用户的电力供应责任，2021年全市用电量938.41亿千瓦时，最高负荷1736.07万千瓦，用电体量保持全省最高。国网浙江省电力有限公司绍兴供电公司（以下简称为绍兴供电公司）是国网浙江电力直属分公司，已有百年历史，截至2022年9月，全口径用工6537人，营业户数294万余户。

近年来，杭州供电公司先后荣获全国文明单位、全国“五一劳动奖状”、中央企业先进集体、国家电网红旗党委、国家电网先进集体、联合国实现可持续发展目标先锋企业等荣誉。宁波供电公司先后荣获全国文明单位、全国“五一劳动奖状”、全国“安康杯”优胜企业、国网公司红旗党委等荣誉，涌现了以江小金、钱海军、张霁明、叶莺等同志为代表的一大批一线先进人物。绍兴供电公司先后荣获全国“五一劳动奖状”、全国五四红旗团委、全国“安康杯”竞赛优胜单位、国网公司首批对标世界一流管理提升标杆企业、国网公司先进集体、浙江省企业文化建设示范单位、浙江省学习型党组织建设先进单位、绍兴市“改革开放创新发展突出贡献奖先进集体”等荣誉。

一、电网企业打造高效执行单元的卓越班组建设管理背景

（一）推进班组转型升级，支撑新型电力系统建设的必然要求

2021年3月，党中央明确提出构建新型电力系统的战略部署，电网形态随之发生深刻变化。随着分布式能源、电动汽车、虚拟电厂等交互能源设施大量接入，保障高比例新能源并网消纳、系统安全和可靠供电的难度更大，对电网核心业务提出更高标准、更严要求。与此同时，新型电力系统建设不断催生新业务形态和新商业模式，市场在电力资源配置中的作用不断彰显，现有规划设计、调度运行、运维检修、营销服务等业务将发生深刻变革，电网企业迫切需要夯实基础管理，提升持续经营、核心竞争和创新发展能力。班组作为企业最基层的业务执行单元，是一切经营管理活动最直接的执行者，面对业务形态变化和市场化改革，需要不断提升业务执行效率、客户服务效率，更好地支撑新型电力系统建设。

（二）提升班组技能水平，融入数字化电网建设发展的客观需要

近年来，以大数据、云计算、物联网、区块链为代表的数字技术与电网技术加速融合，多能互补、综合用能、智慧能效等新兴业务不断涌现，电网业务执行方式发生深刻变化。在输电方面，需要实现输电全景信息融合、全域智能决策，提高输电网安全运行和防灾抗灾能力。在变电方面，需要构建全景感知、风险可视、操作可达的数字孪生变电站，提升智慧操作水平。在配电方面，需要实现配电网设备状态透明、运行状态透明，提升智能运维、智能服务、智慧作业能力。客户服务方面，需要加快推广电能替代设备、微网和储能产品，实现绿色低碳、科学有序用能。作为业务执行前端，班组还存在着班组信息系统较多，缺少数据贯通、智慧作业水平不高的短板，亟需打通班组数据壁垒，推进数智应用、机器代人、人机协同，提升执行效率。

（三）提高班组执行能力，促进企业战略目标落地的迫切需要

国网浙江电力坚持“走在前、作示范，打造示范窗口”目标定位，将提升班组执行能力作为企业战略目标落地的有效手段，先后开展达标班组、专业化星级班组、精品典型班组建设，取得良好的成效。但与支撑企业战略目标落地的总体要求相比，班组管理模式上的差距影响着班组执行力的价值发挥。一是在管理模式上存在“大锅饭”的弊端，个性化管理方案不足，导致一些班组责任不清晰、业务不通畅。二是在激励机制上不能充分体现贡献价值，薪酬激励未能向一线重大贡献员工倾斜。三是未能激发班组转型升级的内生动力，班组核心技能不突出、文化赋能不充分、创新链条不完善等阻碍着班组的自我成长。

针对上述问题，自2020年起，国网浙江电力以抓基层、打基础、练好基本功为出发点，开展卓越班组建设，通过管理赋能，破解班组转型升级瓶颈。

二、电网企业打造高效执行单元的卓越班组建设管理主要做法

（一）科学谋划卓越班组建设目标、内容和路径

1. 明确卓越班组建设目标

国网浙江电力围绕新型电力系统建设和公司战略落地，紧扣电网高质量发展新形势、新任务，将班组视为新型电力系统建设的实践者、战略落地的执行者，聚焦班组建设重点难点，向班组导入卓越管理理念和科学管理方法，培育适应现代电网发展趋势的卓越班组。卓越班组以打造企业高效执行单元为核心目标，以精益管理、智慧作业、自我驱动为主要特征，聚焦清单管理、数智赋能、卓越评价、创新激励等要素，以清单管理梳理核心业务实现精益管理，以业务中台推进数智赋能实现智慧作业，以“能上能下”卓越评价驱动班组自我发展，以机制建设和人才培养为“两翼”保障，构建班组螺旋式提升发展生态。

2. 规划卓越班组建设内容

围绕卓越班组建设目标，充分考虑不同专业班组核心职能和业务特点，按照运检、营销、调控、基建、物资、信通六大专业类别，进行场景审视。结合专业面临的内外部形势和技术发展趋势，开展痛点、难点、风险点和提升点分析诊断，规划不同专业卓越班组建设方向。以运检类班组为例，分别从队伍专业化、装备智能化、业务数字化三个方面规划建设方向和具体任务，主动适应“互联网+”和智能电网发展，深化智能运检发展模式和核心业务能力建设，推动新兴智能技术与设备运检的高度融合。在不同专业班组建设方向场景化分析的基础上，坚持“党建+班组”建设，融合共性、突出个性，落实专业管理主体责任，形成国网浙江电力“十四五”班组管理提升实施意见，确定深化数智应用、主动服务基层、释放创新活力、锻炼人才队伍等4大类别、14项具体提升内容。

3. 确定卓越班组建设“三步走”路径

国网浙江电力将班组视为企业管理的最小组织细胞，以企业管理部作为班组建设归口管理部门，设立“十四五”班组管理提升专项工作组，明确提出各专业、各单位主要负责人为卓越班组建设“第一责任人”。紧扣卓越班组“精益管理、智慧作业、自我驱动”特征，确立“三步走”建设路径。一是聚焦核心业务，推行班组清单管理方式，开展班组业务清单式梳理、清单式推进、清单式提炼，推动班组业务精益化提升；二是聚焦效能提升，依托数智业务平台，开展数字化班组建设，推行智慧作业，提升工作质效；三是聚焦内生动力，通过卓越班组“定性+定量”评价，实现班组评级“能上能下”，激活班组员工干事创业能动性，促进班组自我驱动、自我发展。

（二）聚焦核心业务，提升班组精益管理水平

1. 编制核心业务共性场景清单和个性提升清单

针对部分班组粗放式、经验式管理造成人财物资源浪费、作业效率不高等问题，国网浙江电力借鉴

《清单革命》管理精髓，基于班组核心业务场景，全面推行清单管理。按照“二八原则”，结合班组实际做法，提炼形成“简明扼要、操作简单、要点清晰、流程顺畅”的班组核心业务共性场景清单和个性提升清单。共性场景清单在调研基础上，由企业管理部、班组共同制定出具。按照六大专业分类，从核心业务、数智应用、激励机制、队伍建设四个方面，提升空间、人力支撑、技术支撑三个维度，确定重点任务，为卓越班组建设提供目标和范本。个性提升清单由班组针对性梳理本班组管理痛点、难点、堵点，结合班组作业典型场景，明确改进提升措施。班组通过共性场景清单和个性提升清单，确保工作指标化、路径清晰化、责任明确化，为持续改进提供信息和线索，精准提升工作效率效能。

2. 细化班组业务执行管控要点清单

在共性场景清单和个性提升清单的基础上，国网浙江电力进一步推进清单管理可视化、可量化、可优化，根据核心业务和实际需要，聚焦对关键业务有直接影响但容易被忽视的清单事项，通过清理、转换、合并、重塑等方法，形成更加精确、便于高效执行的班组业务执行管控要点清单。以浙江电力绍兴公司变电检修室渡东集控站为例，该班组分析10类业务场景，依托共性场景清单，提炼《三规范一流程》《一图三表》等10张管控要点清单，其中《变电运检智慧作业》强化数字技术对运检作业赋能，推动班组数字化、智能化水平达到新高度；《以一岗多能为基础的专项激励》实现骨干人才的绩效量化考核，有效推动运检工作与员工技能融合提升；《个性化多途径培养》《职业发展通道设计》结合班组业务特点和人员构成，推进人才培养模式趋向多元化。

3. 持续提升班组精益管理水平

为确保各类班组清单能够动态符合班组实际情况，国网浙江电力深植自驱迭代思维，通过持续优化清单的科学性、有效性，推动班组精益水平提升。一是基于指标分析优化个性提升清单。根据相关业务指标的统计结果，如线损率、供电可靠率、采集成功率、客户满意度等指标变动情况，分析个性提升清单中各项举措的有效性，及时剔除无效举措，结合数据价值挖掘结果，持续优化个性提升清单科学性。二是基于业务成效优化管控要点清单。组织班组对核心业务执行情况进行定期诊断、常态分析，及时发现管控要点清单中重点遗漏、要点缺失等不足之处，持续优化完善管控要点清单，提升核心业务精益管控水平。三是联合开展专题精益诊断分析。依托运营监控中心数据资源，结合清单提升举措和管控要点，开展第三方专题分析，联合相关专业、班组共同开展诊断、分析与改进工作，实现业务管理闭环，持续推动班组精益化管理水平提升。

（三）创建业务中台，推进班组智慧作业

1. 创建班组业务指挥中台

一是打造班组数字化业务中台。围绕“电网一张图、数据一个源”目标，整合输变配电网数字资源，构建班组级数字化业务中台，将中台系统定位为班组业务执行“作战指挥部”，推动设备状态数据互联互通，促进智慧变电站、智慧输电线路、配电物联网等项目落地应用，实现资源可视、可控、在控。二是推动数据跨专业协同融合。依托数字化业务中台，开展数据资源二次整合，归并源头、建立标准、完善数据逻辑对应关系，确保“数据一个源、业务一条线”，实现设备域、调控域、安监域等多领域信息系统与班组智能管控微应用之间数据共享交互。三是构建业务执行数字终端。将班组数智业务平台PC端和移动端作为班组综合业务的前端操作平台，确保“业务一条线、执行一终端”，推动各项业务在执行中通过终端进行数字化智慧管控，确保业务执行前端流程与数据相一致，实现班组作业“一个流程走到底，每个环节都智慧”。

2. 推动班组管理数字化转型

一是清单管理信息化。鼓励班组将操作步骤、安全要点等管控要点清单内置在二维码工具中，便于员工在业务执行过程中随时扫码观看，促进严格按照规范操作。二是现场管理智慧化。开发小程序、App 等实用化小工具，精准核实施工现场进场人员身份，上传图片或视频监管安全措施和作业质量，实现后台对施工现场的远程指导。三是班组管理数字化。班组推行“业务工单化、工单数字化、数字绩效化”，改变组织形式、作业模式、技术路线、辅助决策等管理方式，实现“营配融合协同、业务工单驱动、人员复合高效、运营智能精益”。

3. 全面推行班组智慧作业

一是推行协同化作业模式。推广应用无人机、机器人、图像识别、单兵作战等智能装备，建立智能装备与班组人机协同模式，实现自动化操作、智能化管理，提升作业质效。二是推行数字化业务执行模式。在班组布置涵盖安全监督、设备运检、业扩报装、客户报修等功能的 App 应用，推进现场作业全流程智能化、规范化，优化业务传导机制，变革班组工作组织方式，促进业务执行“管理无距离、时间无滞延、协同无障碍”。三是推行智慧化客户服务模式。建设“1+1”智能互动平台，即一个面向客户前端的“网上国网”App，集成所有的客户业务，实现低压业扩、缴费、过户等16项简单业务“一次都不跑”，高压业扩等5项复杂业务“最多跑一次”。一个面向电网后台的“网上电网”App，建立内部电网资源数据平台，实时公开区域内电网动态、可接入容量，自动快速匹配业扩项目的电源接入点，实现供电方案及时答复。

（四）开展卓越班组评价，实行卓越班组“能上能下”

1. 建立班组卓越评价标准

一是以清单管理和智慧作业为主要评价内容。清单管理方面，从班组清单布局、过程管控、清单成效、固化推广4个维度评价班组场景分析是否透彻，管理清单是否实用。智慧作业方面，从业务中台建设、过程管控、智慧作业、推广程度4个维度，评价班组应用新技术、新设备推动业务和管理数字化转型成效。二是以量化分析为手段。对每个评价维度赋予不同的权重分值，并明确赋分标准，确保在评价过程中能够通过量化评价精准反映班组建设成效。同时明确评价取数渠道，将评价标准与业务中台、清单管理等进行对接，通过平台进行取数，确保数据真实性。三是设定否决指标及加分指标。拓展评价范围和评价深度，聚焦企业核心业务和班组本职本责，设置否决指标和加分指标。将发生八级及以上人身事件、恶性违章等7类情况列入否决项，实行一票否决制。同时将班组荣誉、人才建设、竞赛比武等5类情况设为加分项，明确加分认定标准。

2. 定期开展卓越班组评价

一是建立卓越班组培育库。将已命名“智能型、复合型、学习型”等优秀班组纳入培育库，指导各单位按照“精益管理、智慧作业、自我驱动”开展培育，每年组织自评，自评达标后申报卓越班组评审。二是开展卓越班组验收评审。采取“综合评价+班组长答辩+复评回头看”形式，对申请班组进行验收评价。对进入复审环节的班组，通过“问题改进回头看”等方式进行终审。三是实施评价结果闭环管理。对卓越班组评审验收过程中发现的问题及特色亮点进行可视化展示，确保班组全员了解自身业务状况与差距，及时整改提升。

3. 实行卓越班组评价“能上能下”

一是卓越班组培育库“能进能出”。明确卓越班组必须从培育库进行选拔。若培育库班组连续两次申报仍未入选卓越班组，则退出培育库，适时增选优秀班组进入培育库。二是卓越称号“能增能减”。严守安全生产、违法违纪、信访稳定等一票否决事项“能下”标尺，针对已获评卓越称号的班组，一旦发生否决事项，即时取消卓越称号，实现卓越班组总量“能增能减”。三是卓越复评“严进严出”。建立“重点突出、评价量化、联合督导、飞行检查”复评流程，每两年对卓越班组进行复评，对综合评分处于末三位、分值在总分 85% 以下且未发挥示范引领作用的卓越班组给予“黄牌警告”，下发“督办整改单”。未及时整改或连续两次收到“黄牌警告”的班组退出卓越班组序列。通过“能上能下”评价机制，杜绝“一评定终身”弊端，助力卓越班组始终保持先进性。

（五）强化核心技能培养，培育班组全科人才

1. 聚焦“能干”，有力推进核心技能提升

一是加大实训力度，实现“自己都能干”。梳理运检班组核心业务 456 项，基建班组核心业务 384 项，供电所核心业务 12 项。针对核心业务开展专项培训，开展班组核心业务自主实施，提升班组员工核心技能。2021 年累计开展运检、营销、基建三大专业班组核心业务培训 6105 人次。二是制定分阶段培养方案，实现“新人也能干”。集中对青工开展适岗基础培训，开展入职 1—3 年、3—5 年、5 年以上不同阶段青工调研，明确不同年龄层次青工职业生涯发展规划，将青工关心的、容易被忽视的成长制度按时间轨迹汇编成《员工成长手册》，根据人才发展“四个通道”，分类制定具备成长流程图的成长攻略篇，和汇集劳模成长事迹的典型引领篇，帮助青工不断修正职业生涯规划。三是加强技术骨干培养，发挥“专科医生 + 全科医生”合力，实现“攻坚带头干”。针对营销、运检类班组，重点加强营配融合实操技能、新型业务、复合业务等方面培养，通过模拟实战、现场实训等方式，培养“专科精、全科懂”的复合型人才。

2. 聚焦“巧干”，搭建班组创新创效平台

一是搭建班组创新平台。以数智应用为方向，以创新工作室、质量人 e 站及质量管理（QC）小组活动、青创赛为载体，鼓励班组立足岗位参与创新，解决班组安全生产、优质服务、增值贡献中的实际问题。加大与班组相适应的 QC 成果、群创成果推广转化力度，夯实创新成效。二是提升班组创新能力。组织开展班组论坛、交流互学等活动，促进不同专业班组创新交流，互相借鉴创新理念和创新方法，持续提升班组创新能力。三是促进班组产研融合。国网浙江电力牵头构建与浙江大学等外部科研单位合作通道，鼓励和支持班组围绕节能减排、能效提升、电力支撑共同富裕等重点领域，开展产研合作，提升价值创造能力。

3. 聚焦“智培”，推动人才培养精准化

国网浙江电力主动适应当前数智化培训趋势，以数智教培改变传统班组培训精准化不足、穿透力不够的问题，进一步夯实卓越班组人才基础。一是搭建“数智教培”场景。通过线下“智慧实训场”，线上“智慧教室”，实现理论课堂、实训现场与运检、营销等生产一线的互动互联，实现定制化培养。二是首创 AI 电力知识图谱。按照电力设备、电力环节、电力业务、电力企业、电力理论、电力信息化 6 个维度搭建培训知识体系，聚合企业内外部培训资源，实现教育培训资源提取智能化、推送个性化、匹配精准化。三是实施“云模式”下的 PDCA 培训方法。以“互联网 + 培训”“云管理”为基本理念，通过“浙电公开课”平台建立培训数据云端运营大区，形成数据沉淀、数据分析、效果呈现、指导实践的链条式闭环管理，从学习、知识、项目、活跃度等多维度提炼 KPI 指标，作为员工绩效考核、岗位晋级、人才选拔的决策依据。

（六）创新正向激励，推进卓越班组持续提升

1. 优化班组薪酬分配体系

一是完善绩效工资实施细则。强化全口径用工配置率与薪酬分配、绩效考核的挂钩力度，完善绩效工资实施细则。根据班组指标、重点工作、上级绩效落实、专业指标考核等内容，对班组进行“加扣分”，兑现以经济奖惩。班组根据具体工作与班组员工关联程度，逐级按比例分配落实。二是深化多元量化考核方式。引入薪酬激励离散系数，鼓励各单位在二次分配中进一步合理拉开差距。采用“积分

制、目标制、竞标制、包干制”绩效管理方式，增加不同类型班组绩效精准适用性。三是推进绩效数据分析联动。面向班组员工建立完善的“积分制”绩效考核体系，推广工单工分评价机制，优化基于工单的效薪联动体系，员工薪酬与工作量、获得积分正向关联。

2. 文化赋能激发班组活力

一是以人为本的卓越文化增强员工归属感。树立“企业与员工共同成长”发展理念，加大硬件投入，改善作业环境和作业条件，减轻员工劳动强度，解决员工后顾之忧，增强员工归属感。二是以自我驱动的卓越文化激发员工动能。通过组织学习《卓越班组创建指导手册》，开展卓越班组建设主题活动，为班组业务工作开展赋予“刚性”管理和“柔性”文化氛围，通过卓越文化的凝聚力、向心力、吸引力，指引员工行为向卓越靠拢，实现自我管理，自我驱动。三是以多样化载体和形式丰富卓越文化内涵。指导班组结合业务特点和地域特色，不断丰富卓越文化内涵，发挥“链式服务”效能，推动卓越文化在班组落地。

3. 卓越引领推进可持续发展

一是对卓越班组进行双重激励。印发班组建设专项激励方案，对获评卓越班组所在单位进行绩效加分激励，对卓越班组给予物质奖励，在各单位工资总额中列支。二是以卓越班组为标杆推广典型经验。指导卓越班组总结提炼建设过程中优秀经验和典型做法，编制创建典型案例，融入《卓越班组创建工作指导手册》全省进行推广。三是以卓越班组为引领开展“1+N 携手联建”。组织卓越班组与地域相近、专业相似班组开展“携手联建”活动，发挥“突出典型、担当作为、争先示范”作用，深化卓越管理理念方法，提升班组管理水平。

三、电网企业打造高效执行单元的卓越班组建设管理效果

（一）提升班组执行效率，有效促进企业战略目标落地

国网浙江电力有效降低时间、资源、人力等方面的浪费，提升业务执行效率。低压巡视用时由原来的 3 个工作日降低为 1 个工作日，效率提升 60%。创新“操作+检修”工作模式，缩短开票录入时间 20%，移动终端和 App 数量减少 30%，手工台账同比降低 44%，作业效率提高 5%，职工劳动生产率、全员劳动生产率同比 2020 年分别提升 7.23%、33.12%。全面推进输电线路无人机规模化应用，总体人工替代率达到 70%，节约巡视时间 90%，效率提升近 10 倍。通过物资一体化管控平台，实现多线程智能引导作业，流程覆盖仓储作业 11 类典型场景，累计产生应用单据 38 万余条，库内作业效率提升 20%，平均审批效率提升 85%。截至 2022 年 9 月，浙江电网特高压直流能量可用率提升至 98.2%，主网输变电故障停运率压降 40%，中压停电时户数降低 28.2%，不停电作业率提升至 92.5%。2021 年台风“烟花”影响期间，受灾用户 24 小时恢复率达 99%，有效保障了电网安全稳定运行。

（二）提高班组技术水平，有力助推企业数智化转型

班组员工技术技能水平得到有效提升，培育核心业务骨干 11746 人，运检、营销、基建等专业技能人才同比 2021 年 9 月分别上升 6.9%、7.5%、7.2%，职称人才同比上升 3.6%、4.2%、3.9%，经第三方检测认证的核心技术能力同比提升 30%、20% 和 32%。班组长中级职称及以上人员比例提升至 18.62%，技师及以上人员比例提升至 11.13%，处于全国领先水平。截至 2022 年 9 月，完成供电所 15 套信息系统集成、3 类终端整合、7 个移动应用迁移至“i 国网”，建成“一平台一终端”，解决“多系统”“多终端”操作不方便、数据不共享等问题。建成全国首个电力“营销大脑”，350 个“三型一化”营业厅、152 个“无人化”营业厅、487 家数智化供电所，实现涉电业务全程线上、线下数字化智慧办理。建成 481 个数字化运检班组，推进变电“运检监”深度融合。2021 年，在首届中国电力班组创新创效案例评选中，国网浙江电力共有 7 个班组案例获奖，获奖数量位居国家电网公司第一位。5 个 QC

小组获第46届国际ICQCC金奖，其中湖州供电公司“配电求索”QC小组自主研发成果正式与日本TECHNO ARC株式会社签订采购合同，实现国网系统QC自主研发产品“出境”第一单。

（三）推进班组转型升级，全面支撑新型电力系统建设

国网浙江电力卓越班组建设，通过班组的业务与服务效能提升，打造新时期高效执行单元，积极向社会传递电网企业“人民电力为人民”“为美好生活充电、为美丽中国赋能”“努力超越、追求卓越 ”等责任央企的使命愿景，涌现出一批卓越班组典型代表。截至2022年9月，42个班组获评国家电网一流班组，253个班组获评国家电网先进班组。国网浙江电力卓越班组建设成效获得国内主流媒体关注，《人民日报》《新华每日电讯》分别以《浙江：班组里蕴藏助企纾困的“电力密码”》《老徐的“低碳排放”账单》为题对卓越班组建设进行宣传报道。先后有福建、宁夏、安徽等电力公司、国华电力等央企单位到企业调研，卓越班组建设理念与模式在电力行业中推广应用。

（成果创造人：黄晓尧、李颖毅、钟　晖、张黎明、张胜鹏、钟　慧、赵赛锋、赵仲夏、方奇凤、徐巍峰、陈飞铃、孟永平）

中央企业提升管档用档质量效率的干部人事档案信息共享管理

中国能源建设集团有限公司

中国能源建设集团有限公司（以下简称中国能建）是由国务院国资委管理的中央企业，成立于2011年9月29日，是一家为中国乃至全球能源电力、基础设施等行业提供系统性、一体化、全周期、一揽子发展方案和服务的综合性特大型集团公司，主营业务涵盖传统能源、新能源及综合智慧能源、水利、生态环保、综合交通、市政、房建、房地产（新型城镇化）、建材（水泥、沙石骨料等）、民爆、装备制造、资本（金融）等领域，具有集规划咨询、评估评审、勘察设计、工程建设及管理、运行维护和投资运营、技术服务、装备制造、建筑材料为一体的完整产业链。中国能建连续9年进入《财富》世界500强，在ENR全球工程设计公司150强、国际工程设计公司225强、全球承包商250强和国际承包商250强排名中位居前列，在90多个国家和地区设立200多个境外分支机构，业务遍布世界140多个国家和地区。

一、中央企业提升管档用档质量效率的干部人事档案信息共享管理背景

（一）贯彻中央决策部署，加强改进干部人事档案管理工作的需要

党中央始终高度重视干部人事档案工作，围绕深入贯彻新时代党的组织路线，充分发挥干部人事档案在建设高素质专业化干部队伍中的重要作用，推动干部人事档案工作科学化、制度化、规范化。2018年11月中共中央办公厅印发《干部人事档案工作条例》，为做好新时代干部人事档案工作提供基本遵循依据和行动指南。中央组织部深入落实从严管理干部要求，把加强和改进干部人事档案管理工作摆在突出重要位置，在全国集中开展干部人事档案专项审核工作，确保干部人事档案真实、准确、完整、规范，维护干部人事档案工作的严肃性和公信力，充分发挥干部人事档案在干部工作中的重要基础作用。国务院国资委围绕构建精准高效的干部人事档案专项审核工作机制，要求委管中央企业持续推动干部人事档案集中化管理，提出探索建立干部人事档案区域共享管理中心，依托当地一个干部人事档案较多的集团所属单位，统一管理集团在当地的其他所属单位的档案，做到集约规范、责权分明。深入贯彻党中央、国务院部署要求，实施干部人事档案区域共享管理，具有十分重要的意义。

（二）发挥档案资政作用，建设高素质专业化干部人才队伍的需要

干部人事档案作为组织人事工作的重要组成部分，是干部选拔任用工作的重要基础。一方面，从严管理干部人事档案是贯彻落实从严治党要求，匡正选人用人风气、防止干部“带病提拔”、增强干部工作严肃性和公信力的必然要求和重要举措。另一方面，只有加强干部人事档案工作，强化对拟任用干部、人才档案的审核，才能够准确全面掌握人员信息及经历，确保干部选得准、用得好。着眼进一步加强干部人事档案管理和专项审核工作的制度化、规范化、专业化水平，2021年，经国务院国资委推选，中国能建作为中央组织部唯一央企试点单位，创新建立干部人事档案区域共享管理中心，对于更好地发挥档案资政作用、服务高素质专业化干部人才队伍建设具有十分重要的意义。

（三）适应新形势新要求，提升干部人事档案管理质量水平的需要

党的十八大以来，国务院国资委管理的47户中央企业2866家管档单位，管理干部人事档案881万卷，各层级组织人事部门和干部人事档案工作者以高标准和扎实作风认真开展干部人事档案工作，持续推动档案工作的科学化、制度化、规范化，全面清理干部人事档案，取得正本清源、教育干部、深入人

心的效果，以档案的清清爽爽保证选人用人的清清爽爽，为培养选拔党和人民需要的好干部提供有力支撑。但与新时代新要求相比，企业干部人事档案工作依然存在一些短板与薄弱环节，主要体现在：一些企业档案审核态度不鲜明，政策把握不准，把关不够严格；一些在专项审核工作中发现的问题还没有整改到位；档案人员专职少兼职多，岗位编制较少，培养周期较长，政治素养、专业素养、作风素养有待提高。中国能建作为一家综合性特大型集团公司，在全国 30 个城市分布着 112 家全级次企业，管理着近 12 万卷干部人事档案，上述这些情况在中国能建也不同程度存在。面对新形势新要求，着眼推动解决干部人事档案管理中遇到的共性问题、难点问题，具有很强的紧迫性。

二、中央企业提升管档用档质量效率的干部人事档案信息共享管理主要做法

（一）强化顶层设计，明确干部人事档案区域共享管理指导思想

中国能建党委经过深入调研论证，系统科学谋划，坚持整体考量、统一部署、一体推进，抓紧抓实干部人事档案创新试点工作，以高度的责任感和光荣的使命感，直面问题与挑战，通盘研究、系统谋划干部人事档案区域共享管理中心建设方案，档案天津区域共享中心提出以建设“中央企业人事档案工作标杆、集团公司组工干部培养基地、区域共享模式宣传推广样板”为目标，坚持“三共享、三提升、两拓宽”的指导思想，统筹推进中国能建干部人事档案天津区域共享管理。

1. 深入推进“三共享”

“三共享”即推进能力共享、资源共享、经验共享。能力共享，通过专职档案管理人员的集中使用，有效解决部分单位档案专业人才缺乏、配置不足和档案管理水平参差不齐的问题；资源共享，通过档案管理场地、硬件的集约使用，减少重复建设，降低单卷保管成本，提升资源使用效率；经验共享，通过共享中心的试点运行，探索出一套共享管理制度的流程和经验，为共享管理模式的推广应用提供可借鉴的方案。

2. 持续发力“三提升”

“三提升”即聚焦提升管档质量、利用效率、监督水平，持续发力，久久为功。提升管档质量，推动基础管理专业化、流程化、标准化，增强管档能力比较优势；提升利用效率，使用管理表单化、数字化、信息化，实现档案线上利用高效便捷；提升监督水平，通过监督管理常态化、具体化、责任化，以选人用人工作纪实材料“入档五张表”为抓手，监督各企业党委“凡提必审”落实情况。

3. 致力实现“两拓宽”

“两拓宽”即在履行好档案管理职责的同时，一方面，拓宽组工干部培养模式。把共享中心作为组工干部培训基地、档案管理人员业务培养基地，提高整理、鉴别、审核、归档、数字化的实操能力。另一方面，拓宽档案管理人员职业通道。畅通专业技术职务通道，研究区域共享中心考核晋升标准，强化激励引导，更好地激发档案管理人员积极性、主动性、创造性。

（二）系统科学论证，确定档案共享管理试点区域

选择天津地区作为档案共享管理区域，深入开展区域共享管理的实践。2021 年 7 月 20 日至 7 月 30 日，中国能建总部和在津 7 家企业勠力同心、通力协作，充分发挥各企业优势和特点，仅用 10 天时间完成了档案天津区域共享中心的机构组建、制度建设、三室建设、档案集中和专业支撑，使档案天津区域共享中心具备启动运行条件。在津 7 家企业入驻，实行双组长管理，4 名专职档案工作者，管理档案数量 4271 卷，目前已运行满一年，实现了集约规范、权责分明。

1. 加强组织领导，组建筹备机构

第一时间成立领导小组和工作组，统筹协调筹备工作，统一思想，提高认识，加强协同，做好组织保障。进一步明确筹备工作方案，设置任务书、路线图、时间表，细化里程碑工作目标，强调工作纪

律，明确工作标准，确保工作有力有序地推进。

一是统一思想，明确任务。2021年7月20日印发《关于成立中国能建干部人事档案区域共享管理中心的通知》等文件，设立档案天津区域共享中心。明确机构定位，由中国能建党委组织部直接进行业务指导，集中管理在津7家所属企业干部人事档案，确定专兼职人员编制。干部人事档案日常管理和监督审核由中国能建干部人事档案天津区域共享中心（以下简称档案天津区域共享中心）完成，干部人事档案原件由天津电建档案库房集中保管，干部人事档案数字信息由各在津企业按相关规定自行保管。明确机构设置，根据《干部人事档案工作条例》要求，每管理1000卷人事档案应配备1名专职档案管理员。档案天津共享中心拟设置兼职经理1名、副经理2名、专职档案管理人员4名，以上干部人事关系仍由原单位管理，职务岗位变更需向集团公司人力资源部报备。明确机构职能，档案天津区域共享中心负责天津区域7家所属企业干部人事档案日常管理、制度建设、专项审核、数字化管理、转递利用和纪律监督等相关工作；负责天津区域7家企业在职干部人事档案原件的集中保管，实现档案管理人力、物力、空间、管理等资源共享；负责承担所在企业组工干部基本业务培训实习基地功能，凡从事干部人事管理岗位必须在档案管理岗位实习满3个月；负责中央组织部试点宣传工作，建立标准化、规范化、科学化的管理流程和操作流程，具备迎接参观指导和现场检查的相关条件。

二是落实责任，加快建设。2021年7月21日印发《关于成立中国能建人事档案区域共享管理中心的工作方案》，明确10天时间分6个阶段完成专项筹建工作。成立9个工作组，分别是组织机构建设组、制度流程建设组、档案转递移交组、库房改造建设组、档案借调人员协调组、物资采购组、档案审核组、宣传展示组和汇报材料组。下设7个专项筹备工作小组，即制度流程组、档案转递组、库房改造组、物资采购组、档案审核组、新闻宣传组、专家支援组。分别由7家在津企业组织人事部门主要负责人担任各组组长，由7家在津企业档案工作者担任联络员，明确建设周期和责任分工。2021年7月21日印发《关于借调干部人事档案管理业务骨干协助在津企业筹备迎检工作的通知》，从全国企业抽调人事档案管理业务骨干20人参与筹建，实行专人专项负责制，扎实开展筹备建设工作。

三是启动运行，稳步推进。2021年8月1日印发《关于做好中国能建干部人事档案天津区域共享管理中心试运行相关工作的通知》，为多维探索运行经验，扎实搞好试点示范，稳步推进试点建设，正式开展试运行期间工作。结合机构设置现状，成立运行工作小组，配合专项工作领导组，确保各项工作正常运转。运行工作小组设置双组长制，主要负责档案天津区域共享中心的运行管理、日常管理、财务管理、业务管理、宣传推广和迎检筹备等工作，实行每月例会制度，实行人财物集约化管理，组长双签字制度，双组长为兼职管理，办公地点在各所在企业。运行工作小组设置常务副组长1名，主要负责档案天津区域共享中心属地化管理协调和安全维稳工作，兼职管理，办公地点在所在企业。设置副组长2名，主要负责协助组长做好具体工作落实，兼职管理，办公地点在所在企业。设置常驻工作人员4名，主要负责档案业务管理、专项审核、转递利用和日常监督等工作，专职档案，驻地办公，日常考勤考核由档案天津区域共享中心负责。设置档案管理联络员4名，主要负责所在企业档案专项审核、认定上会、材料归档和档案转递入库等工作，兼职管理，办公室地点在所在企业。

2. 完善硬件设施，做到“三室分开”

始终坚持高标准化建设，夯实档案管理硬件基础。在承办单位天津电建干部人事档案管理既有条件基础上，设计设置区域标识标牌，宣贯展示档案天津区域共享中心的建设指导思想，按照集中管理需要重新划分存放资源，优化三室布局，确保符合阅档室、整理室和管档人员办公室“三室分开”的要求。其中，阅档室支持多家单位同时查档且隔离保密，任前查档制度上墙展示便于指导监督；整理室兼具数字化制作存储功能；办公室提供来访预约服务和机要转递服务。

3. 着力建章立制，织密制度防线

根据《干部人事档案工作条例》的要求，坚持把制度建设贯穿于档案天津区域共享中心筹备工作全过程，围绕干部人事档案“建、管、审、用”环节，结合“一中心对多企业”的干部人事档案集中管理工作需要，广泛征求在津企业意见和管理需求，制定出台《干部人事档案管理暂行细则》《档案天津区域共享中心管理操作手册》等，建立健全制度规范体系，规范档案工作管理标准，明确日常业务操作流程，确保干部人事档案材料的查缺、收集、鉴定、分类、编页、归档、整理、装订等流程真实准确、及时完整，确保干部人事档案的立卷、专审、查（借）阅、复印、转递、保管、保密、数字化加工利用等环节有章可循、有规可依。

4. 集中统一管档，确保严格规范

根据“凡提必审”“凡转必审”“凡进必审”的要求，对转递至档案天津区域共享中心的7家企业4271卷档案逐一开展材料查缺鉴定和专项审核复核工作，确保转递档案“三龄两历一身份”等相关材料的真实性、准确性、完整性；同时，结合7家在津企业的管档实际，形成适合档案天津区域共享中心集中管理的转递流程，实行档案出库、提取、运送、转递、接收等环节双组长签字。设定每周周五为区域内档案转递日，由专人专车点对点到企业开展接收转递，节省企业机要转递成本和运送时间成本，确保档案转递及时高效、保密安全。

（三）开展共享基础建设，推动共享能力提升

1. 发挥专业优势，促进能力共享

一是建设“三支专家队伍”，即整理业务专家、专审业务专家、数字化业务专家。在全国所属企业范围内选派政策熟、业务精、作风好的60名优秀档案工作者，充分发挥专业优势，作为“先锋队”投入档案天津区域共享中心建设中，高起点、高效率、高标准推进各项工作展开；二是分布建立“档案联络员队伍”，每企业1人，主要负责本企业档案专项审核、认定上会、材料收集、档案转递等相关工作，作为区域共享管理中心与各个企业的沟通联系桥梁，与专职工作人员紧密协同，共同落实运行工作任务。三是输出共享管理成效，政策上宣贯宣传，管理上服务企业，团队上协作互助，业务上培训引导，专业上做优做精，监督上从严把关，实践上敢闯敢试，成果上总结提炼。在创新中实践，推动档案天津区域共享中心共建共享、稳步提升。

2. 整合各方力量，促进资源共享

一是集聚各方优势，整合资源，打造共享实体，形成发展合力。根据《档案法》要求，档案库房应做好“八防”措施，配备专用的硬件设施设备，实现库房防蛀、防潮、防盗、防尘、防光、防霉、防火、防光的要求。通过档案集中管理，在天津区域管档企业硬件配备中优中选优，场地硬件集约使用，节省重复建设资金，避免设备设施成本浪费。二是通过严管理、强机制、抓服务等措施，档案天津区域共享中心加强与在津企业组织人事部门的联动效应，建立档案联络员机制，规范档案材料收集的时间、类别、内容、标准、鉴定和台账要求，确保双重源头把关，多人多岗收集审核，防止档案材料造假和张冠李戴，不断提高档案管理的质量和水平。三是通过集中管理干部人事档案，提升档案管理的专业化水平。

3. 加强总结提炼，促进经验共享

探索研究共享管理制度流程和推广经验。一是企业内部共享，中国能建电商平台为档案天津区域共享中心建设提供一站式、定制化、标准化的解决方案，统购统签办公设备、办公家具、档案整理及数字化等大宗类，超市化定购宣传标识、档案耗材、办公用品等小宗类。二是系统外部共享，档案天津区域共享中心联合电商平台形成的一站式、定制化、标准化解决方案，整体打包干部人事档案整理业务、专

审业务和数字化加工业务，由档案天津区域共享中心向央企兄弟单位输出专家队伍业务服务，提供低于市场价格的档案整理装订、专项审核和数字化加工服务。

4. 坚持共建共享，推动管理提升

一是立足当下、着眼长远，将共建共享理念贯穿干部人事档案工作的建、管、审、查、用、转等全过程，稳步提升各项管理水平，不断加强管理能力，提高干部监督管理水平；二是聚焦关键、团队作业，提供档案管理全程服务，提升档案天津区域共享中心专业化程度和档案管理质量；三是标准规范、便捷高效，理顺档案天津区域共享中心管理流程，确保只跑一次、一次查全、一次查准，通过实施档案材料数字化、档案管理信息化，使档案利用不受物理距离影响，档案利用高效便捷；四是档案天津区域共享中心以选人用人工作纪实材料“入档五张表”为抓手，常态化监督各企业党委选人用人纪实工作开展情况，将干部选拔任用工作纪实责任制落到实处，有效开展监督，推动各企业对档案重视程度显著改善。

5. 注重选优配强，拓宽培养渠道

实施干部管理和干部人事档案管理资格准入机制，赋予档案天津区域共享中心组工干部业务能力培训和岗前见习职能，从事干部人事管理岗位须在档案管理岗位实习满三个月，通过以干代训、测试上岗。坚持高标准，严把入口关，选配政治可靠、作风正派、责任心强、业务素质好的中共党员从事组工管理和干部人事档案管理工作，从源头上保障组工干部队伍素质水平和专业能力。

（四）利用数字赋能，搭建“三个一”管理平台

1. 建立干部人事档案数字化平台

遵循“严格管理、安全保密、方便利用”的原则，开展中国能建总部及档案天津区域共享中心人事档案数字化加工整理，转化为可存储的数据和图像，实现数字档案的采集整理、日常管理、查询统计，全面盘活档案资源，提高档案管理的工作效率。

2. 建立干部人事档案信息化管理平台

在不断完善纸质档案的基础上，加大现代信息技术在干部人事档案管理工作中的运用，对退休人员人事档案进行规范分类、整理，选择数字化加工标准，将退休人员档案全面数字化，并运用新的检索工具，提高档案管理利用工作效率，构建起安全、便捷、共享、高效的干部人事档案信息化管理平台。

3. 建立档案服务一站式超市化采购平台

在中国能建商城设立专区集成干部人事档案管理所需商品以供比较、选择，面向各企业实际需要提供办公家具、设备定制式设计、安装服务、档案用具等；推动铭牌及标识的样式与内容模板化、规范化、定制化。

（五）探索运行经验，推进区域共享中心试点建设

1. 成立试运行工作组，压紧压实责任

由中国能建总部党委组织部直接管理，配置专兼职人员，明确职责分工和工作要求，全面启动试运行，试运行期间专项工作领导组和专项工作小组各司其职继续做好相关配合工作。明确工作组负责人，统筹负责档案天津区域共享中心的日常管理、财务管理、业务管理、宣传推广等工作，实行组长双签字。配置专职工作人员，从在津企业选派 4 名中共党员，政治素质好、专业能力强、作风正派，专职从事档案工作，具体负责干部人事档案日常业务、专项审核、转递利用和监督管理。工作人员在档案天津区域共享中心集中办公管理，人事关系由所在企业管理。

2. 健全完善流程规范，保障运行效果

加强在津企业选人用人任前考察档案审核工作，严格落实“凡提四必”要求，把审核档案作为选

人用人环节必经程序，深度嵌入干部管理链条，档案天津区域共享中心编制并上墙宣，明确干部“三龄两历一身份”审核认定方法、标准和要求，做到“凡考察对象的干部人事档案必审”“凡干部公示信息必核”“凡发现档案造假的必查”。结合试运行工作需要，档案天津区域共享中心编制《办事指南》，汇集干部人事档案移交、接收、转出、查（借）阅、材料收集整理等工作流程、须知及表单，规范中心与在津企业间的办事标准。

3. 组织先进经验交流，促进共同发展

结合试运行工作需要，召集在津企业召开试运行中期研讨会，实地检查试运行工作情况，总结试运行探索中发现的问题和经验，明确下一步工作目标和要求，高标准、高质量推进试运行工作。常态化开展干部人事档案理论及业务培训，重点面向中国能建总部及所属企业组织人事部门、党群工作部门和纪委内设机构参与选人用人干部考察工作人员、干部人事档案管理人员，培训内容涵盖档案政策规范、业务知识、工作实务、经验分享、案例分析等。

4. 做好档案利用服务，提升管理水平

档案天津区域共享中心坚持“凡提必审”“凡进必审”“凡转必审”，严格执行“谁管理、谁把关，谁考察、谁审核，谁签字、谁负责”的要求，严把“质量关”“准确关”“认定关”，让档案存得踏实、用得放心。先后接洽中国能建总部、所属企业及外部单位档案业务人员700余人次，档案材料转递336人次，档案材料复印73人次，开展任前查档213人次，并对干部人事档案审核中发现的问题及时进行整改和处理。集中开展专项审核工作复审3725卷，督促相关企业整改落实，收集归档材料73200份，推动相关企业持续提升干部人事管理工作水平。

5. 坚持多维创新举措，提高利用效果

通过与天津市机要通信局沟通，明确档案中心功能定位和管理层级，申请开通“中国能建干部人事档案天津区域共享中心机要通道”，具备干部人事档案机要转递和接收功能。实行定期上门收发机制，明确审批、转递、入库等职责，定期、统一转递在津企业干部人事档案，确保档案转递过程安全保密，提高转递效率，降低转递成本。注册档案天津区域共享中心微信公众号，定期宣贯宣传中央精神及上级要求，发布试运行工作情况，分享试运行经验成果，推广干部档案业务知识，宣传优秀档案工作者，推广区域共享管理模式等内容。

三、中央企业提升管档用档质量效率的干部人事档案信息共享管理效果

档案天津区域共享中心运行工作获得中央组织部和国务院国资委的认可与好评，于2021年9月刊发在中央组织部组工通讯总〔3232〕号。

（一）促进资源重构集约化，取得显著的管理效益

“三共享”降本增效成果显著。一是人工成本降低。仅设4名专职档案管理工作者，有效地满足了档案整理、审核、转递、利用等实际需要，大幅压缩了在津企业档案从业人员数量，节约人工成本。二是培训成本降低。通过建强“三支专家队伍”，邀请企业内业务骨干授课，实现业务资源共享和专家团队能力共享，档案人员培训成本和成长周期缩短，培训基地作用凸显。三是采购成本降低。实行档案一站式超市化采购解决方案，对内降本增效，提升管理效率；对外拓展业务板块，建立长效机制，增强企业影响力。四是管理成本降低。区域共享管理显著压减各类成本，累计节约463.98万元，其中档案整理及数字化费用325.02万元、档案管理人员成本90.5万元、档案室场地费用19.29万元、设备耗材费用29.17万元。

（二）实现流程标准规范化，管档用档水平持续提升

一是管档质量提升。由各企业单一管理方式和错综复杂的管理形式变为区域统一集中管理，制度规

范和动态管理得到统一，档案立卷及时性和材料收集时效性得到统一，调档用档速度比同期提升了27.5%。二是管档责任提升。建立档案联络员“一岗双责”制，将档案材料收集工作纳入党建目标责任制考核，由软指标变成硬任务，建立健全责任制和长效机制，档案收集归档每月完成率提升了45.7%。三是审档标准提升。严格采用逐一初审、交叉复审、疑难会审、随机抽审的专审方式，严格落实初审、复审人员双签字制度，确保“三龄两历一身份”审准审好，档案专审速度提升了39.5%，专审准确率提升了23.3%。四是用档水平提升。制定“任前查档”审核标准和操作流程，定制查档专用平台，以信息化手段分析干部的履历、学历背景、培训经历等情况，增强“常查档、勤查档、提拔使用必查档”的意识，切实提高科学有效用档的本领，档案利用率提升了37.5%。

（三）打造可复制典型样板，有效发挥示范带动作用

一是共享建设模式。档案天津区域共享中心建立统一品牌标识、统一企业文化、统一制度规范、统一操作标准、统一人才培训模式等的管理模式，可实现专业输出、人力输出和资源输出服务。二是共享服务资源。建设档案天津区域共享中心一站式超市化采购解决方案。整体打包开展档案服务输出，各央企兄弟单位和中国能建系统内企业，可根据企业管档需求定制个性化服务，签订超市化采购框架协议，一站全包，无须招标，价格最低，方便快捷。三是共享培训平台。通过发掘一批、培养一批、转型一批、分享一批“四个一批”举措，构建大格局、大平台、大资源、全体系、全覆盖“三大两全”的组工业务培训体系，培养造就中国能建组工业务专家队伍，不断增强组工人才发展优势。四是共享数字化资源。中国能建积累形成了“1+1+1”数字化档案建设经验，即干部人事档案管理信息系统、档案数字化加工系统、退休人员档案数字化管理系统，具备干部人事档案数字化整体推广能力。

（成果创造人：马明伟、武　璇、李琳琳、江用德、刘志勇、于家鹏、
梁芥鹏、王井山、许　栋、王少伟、黄存友、白宇亮）

全国企业管理现代化创新成果

（第二十九届）

中　册

中国企业联合会　编

企业管理出版社
ENTERPRISE MANAGEMENT PUBLISHING HOUSE

图书在版编目(CIP)数据

全国企业管理现代化创新成果. 第二十九届. 中 /中国企业联合会编. -- 北京:企业管理出版社,2023. 6

ISBN 978-7-5164-2848-1

Ⅰ. ①全… Ⅱ. ①中… Ⅲ. ①企业管理-现代化管理-创新管理-成果-汇编-中国 Ⅳ. ①F279. 23

中国国家版本馆 CIP 数据核字(2023)第 099204 号

书　　名:	全国企业管理现代化创新成果(第二十九届)中册		
书　　号:	ISBN 978-7-5164-2848-1		
作　　者:	中国企业联合会		
责任编辑:	刘玉双　蒋舒娟		
出版发行:	企业管理出版社		
经　　销:	新华书店		
地　　址:	北京市海淀区紫竹院南路 17 号	邮编:	100048
网　　址:	http://www. emph. cn	电子信箱:	emph001@163. com
电　　话:	编辑部(010)68701638	发行部	(010)68701816
印　　刷:	北京环球画中画印刷有限公司		
版　　次:	2023 年 6 月第 1 版		
印　　次:	2023 年 6 月第 1 次印刷		
开　　本:	880mm×1230mm　1/16 开本		
印　　张:	32. 25 印张		
字　　数:	935 千字		
定　　价:	488. 00 元(全三册)		

全国企业管理现代化创新成果（第二十九届）

目　录

科技自立自强与协同研制管理

深化国企改革与管控优化

社会责任与绿色发展

科技自立自强与协同研制管理

加快实现科技自立自强的航空发动机体系化协同研制管理

中国航空发动机集团有限公司

中国航空发动机集团有限公司（以下简称中国航发或集团）成立于2016年8月28日，是中央直接管理的企业，注册资本500亿元，下辖27家直属企事业单位，拥有3家主板、1家科创板上市公司，总资产2024.2亿元，净资产1114.3亿元，员工7万余人，拥有包括7名院士、200名国家级专家学者在内的一大批高素质、创新型科技人才。主要从事航空发动机、燃气轮机、辅助动力装置、飞机和直升机传动系统的研制、生产、修理和服务。主要产品广泛配装于各类飞机、直升机和大型舰艇、中小型发电机组，客户涉及航空、航天、船舶、能源等多个领域。

一、加快实现科技自立自强的航空发动机体系化协同研制管理背景

（一）践行科技自立自强国家战略的使命担当

当今世界正处于百年未有之大变局，坚持创新发展，打好科技自立自强“主动仗”，已成为国家现代化建设与发展在变局中育先机、开新局的重大战略举措。为加快实现航空发动机科技自立自强，党和国家从富国强军战略高度出发，采取重大举措，借鉴航空发达国家“飞发分离、动力先行”模式，2016年推进航空工业体制改革，将航空发动机和燃气轮机业务从中国航空工业集团公司剥离出来，组建中国航发，要求中国航发“坚持实施创新驱动战略，大胆创新，锐意改革，脚踏实地，勇攀高峰，加快实现航空发动机及燃气轮机自主研发和制造生产，为把我国建设成为航空强国而不懈奋斗”。

（二）突破关键核心技术、保障国家安全的重要举措

航空发动机是最复杂精密、多学科集成的工程机械产品之一，涉及气动力学、燃烧学、传热学、结构力学、控制理论等众多领域，是技术密集、知识密集的高科技产品，对材料、加工工艺、装配工艺、基础试验等要求苛刻。航空发动机具有技术门槛高、研制周期长、产业带动能力强的特点。据日本通产省统计，以产品单位重量创造的价值来计算，如果船舶为1，则汽车为9、电视机为50、电子计算机为300、大型飞机为800、航空发动机为1400，因而航空发动机被誉为现代制造业“皇冠上的明珠”。航空发动机从设计到最终装机服役一般至少需要20年以上，研发费用通常在几十亿美元到上百亿美元。目前，世界上仅中、美、俄、英、法五国能独立研发航空发动机，其中军用航空发动机被美、俄、英主导，并严密封锁关键技术。因研制难度大、启动时间晚，当前我国航空发动机仍与世界顶尖水平存在较大差距。中国航发必须直面现实，加速完成航空发动机产品研制、技术创新和产业培育任务，增强我国空中力量，保障国家领空安全。

（三）破解航空发动机研制体制机制积弊的必然之举

我国航空发动机的研制始于20世纪60年代，大致经历了“引进仿制与改进改”“自行研制”“建立相对完整的发动机研制生产体系”三个阶段。中国航发组建时，具有“新集团、老企业”的特点，全级次法人户数250余户，分布在18个省市，大部分为老国企，企业管理层级多达5级，近一半单位从事与航空发动机无直接关联的业务。这种经过多年发展和历次调整形成的格局，虽然满足了特定历史条件下的需要并为我国航空发动机发展做出了应有的贡献，但进入新发展阶段以来，原有布局已经不能很好地适应新形势、新任务的需要。

中国航发成立后，强化聚焦主责主业，着手进行诸多体制机制变革。受起步晚、起点低等因素影响并要满足体制机制的边界要求，航空发动机“设计—试验验证—修改设计—再试验”反复迭代的串行

研制模式和“依靠实物试验暴露设计问题”的传统思维没有得到根本改变；研发技术储备不充分、研发效率和产品质量成熟度不高、高层次人才队伍不成熟、部分关键核心技术“卡脖子”等问题依然存在；设计所与承制厂分离，设计环节与制造环节信息不易及时共享，“从立项到性能达标慢、从达标到首飞慢、从首飞到定型慢”的“三个慢”问题严重制约着自主研发和制造生产。构建新的研制管理模式，已成为加快产品研制步伐的当务之急。

二、加快实现科技自立自强的航空发动机体系化协同研制管理主要做法

中国航发成立6年多来，围绕党中央要求和国家战略部署，树立“国之大者”的大局意识，发挥新型举国体制优势，应用系统工程、项目管理、并行工程、流程管理、激励理论等科学管理方法，加快转变研发理念，以“一次成功”为目标，创新研制管理模式，加大研发投入和仿真技术研究应用，建设数字化研制平台，聚集优势资源，体系化协同开展关键核心技术攻关，着力培养和打造高素质人才队伍，以只争朝夕的紧迫感，加速航空发动机科技自立自强进程。

（一）聚焦主业制订实施发展规划，锚定航空发动机科技自立自强

中国航发组建伊始便牢牢把握“创新发展”主基调，坚持“聚焦主业、强军首责”，明晰“国家利益至上”的核心价值观、“动力强军、科技报国”的集团使命、“建成世界一流航空发动机集团”的远景目标，构建了全新的“12345”战略框架体系，坚持“业务聚焦、资源聚焦、精力聚焦”“不追求经济规模、不追求争当世界500强、不追求个人名利”，紧跟用户重大关切，制订顶层发展规划，加快战略规划落地执行。

1. 突出需求牵引，明确产品与技术发展主攻方向

以军、民、燃需求为牵引，根据系统工程的V形生命周期模型，以产品分解结构为基础，正向分解政府、军方、用户、集团、行业等利益相关方需求，构建基于需求的航空发动机研制全过程模型，结合“探索、预研、研制、生产、装备”五个一代产品发展谱系布局，进行产品和技术规划。

首先，按照装备分类，形成产品规划体系（见图1）。其次，充分对接国家、军方发展战略，紧扣产品发展需求，基于技术发展规律，结合航空发动机技术体系，形成技术规划体系（见图2）。

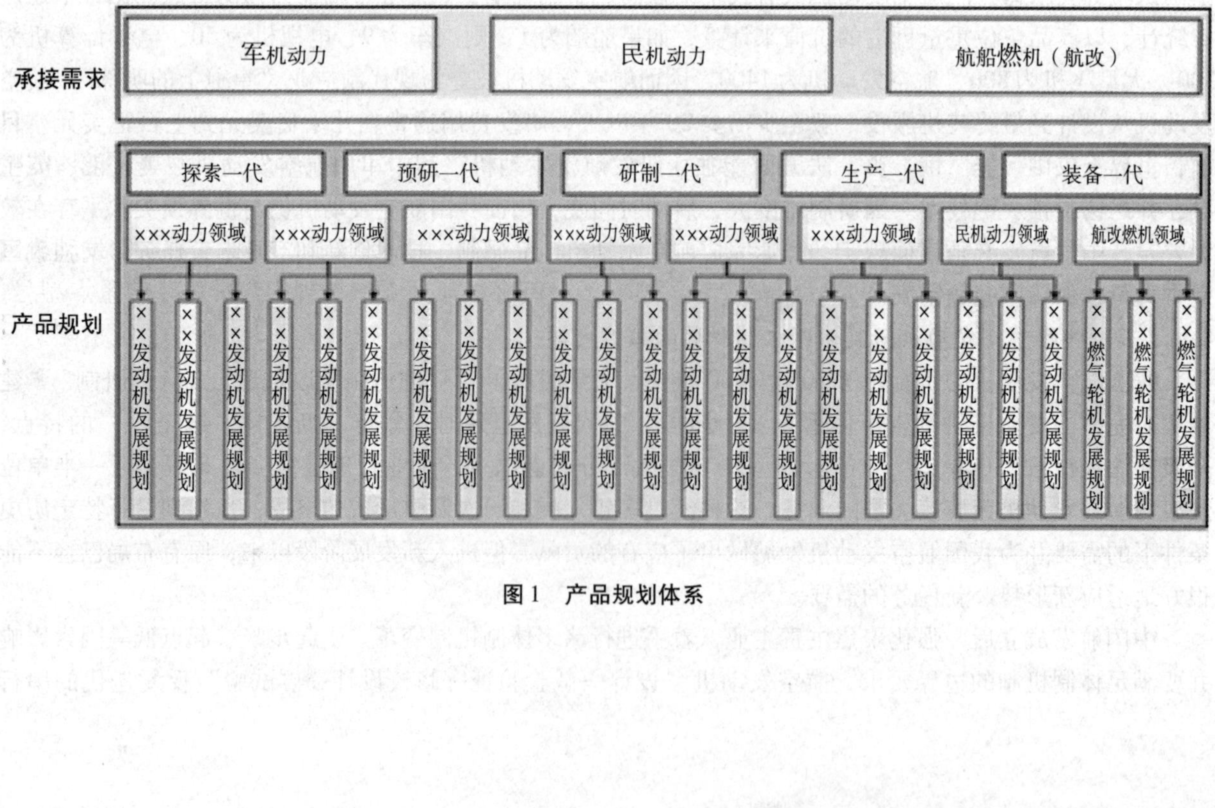

图1 产品规划体系

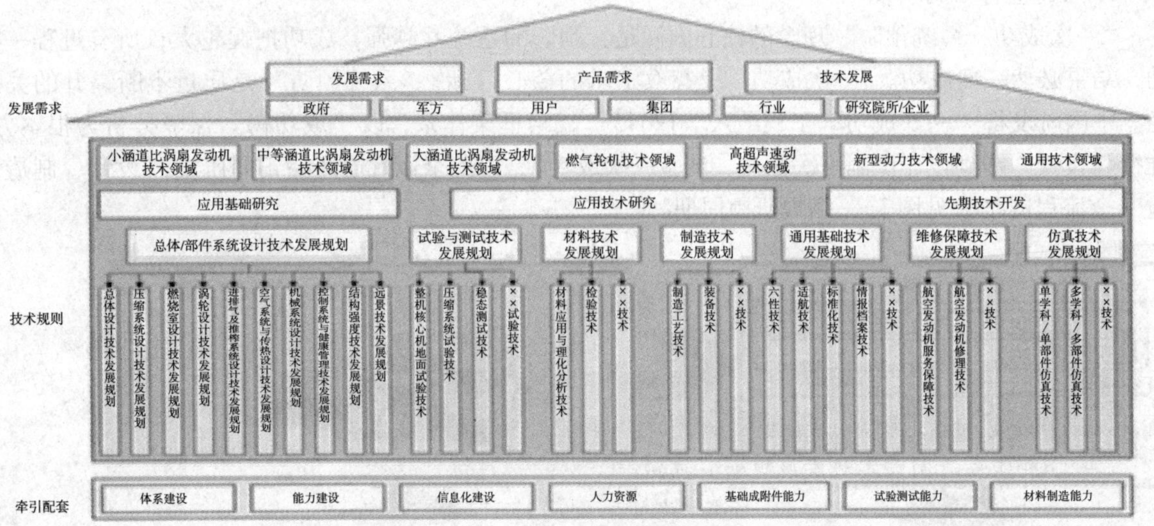

图2 技术规划体系

在集团中长期发展战略及“十四五”规划引领下，充分结合集团科研生产能力总体布局、以往研制经验、研发流程与基础现状等情况，制定了“重点原则、时间原则、闭环原则、模块化原则、分层级原则、一把手原则”等产品与技术发展规划编制实施原则；以20余型产品为牵引，形成近10个技术领域、30余个特征技术群，细化编制航空发动机产品与技术规划，统筹实现产品发展与短板瓶颈技术互锁、共性技术和核心关键技术互锁、总体与部件/系统技术互锁、设计与试验/测试协同互锁、节点与资源需求互锁的“五个互锁”；牵引配套条件建设、关键材料制造和核心元器件发展，进一步明确了产品与技术发展主攻方向。

2. 加快战略执行，统筹实施“揭榜挂帅”激励机制

中国航发每年组织召开战略研讨会，针对集团发展重大战略问题进行研讨，凝聚共识；强化战略规划组织机构和职能，厘清集团党组会、董事会和规划牵头部门等研究主体的权责边界，加强战略规划的编制、协调、宣贯、调整、组织实施和宏观调控；以实现集团战略管理纵向到底、上下贯通、全流程闭环为目标，编制集团《战略管理程序文件》《战略规划管理指导书》，开展战略洞察、战略制定、战略解码、战略执行与评估等工作，通过年度计划落实集团战略目标。有力的战略管控举措确保了集团战略目标的实现。

为进一步跑出战略执行“加速度”，有效激励战略主攻方向加快落地实施，加速实现航空发动机自主研制，中国航发创新实施“揭榜挂帅”激励机制。2018年，集团系统梳理用户最关注的重点型号，形成关键核心技术和重点攻关技术“双清单”。2019年年初启动实施“021工程”，遴选21个重点型号及关键技术项目开展“揭榜挂帅”，从严设置到2021年的三年攻关目标：“021工程”以“提质加速、挑战摸高”为重点，将考核目标计划节点前置于用户要求，考核难度高于任务计划，实现“超预期完成、超计划奖励”；入选型号综合考虑创新难度、产品代表性、团队规模等因素设定奖励额；以正向激励为主，统筹进度与质量，侧重引导加速核心关键技术突破，促进资源、精力向重点工程任务聚焦。

（二）加快转变研发理念，以“一次成功”为导向打通正向研制链路

为深入贯彻国家关于“加快实现航空发动机自主研发和制造生产”的重要指示精神，中国航发创新实施“一次成功”工程，围绕研制管理全过程，着力解决“从立项到性能达标慢、从达标到首飞慢、从首飞到定型慢”的“三个慢”问题，全力以赴加快实现航空发动机科技自立自强。

1. 推进型号正向研发

“一次成功、系统预防”理念的核心内涵是：预防的系统性越强，成功把握越大；所有过程一次成功，结果必然一次成功。“一次成功”是持续追求的核心目标，“系统预防”是质量不断提升的关键路径。中国航发将“一次成功”工程纳入“12345”战略框架体系，以“成功树”保障分析为根本方法，推行“设计一步到位、试制一次做对、试验一次成功”，以此全面打通产品正向研发“设计、制造、试验”全流程链路（见图3），缩短研制周期。

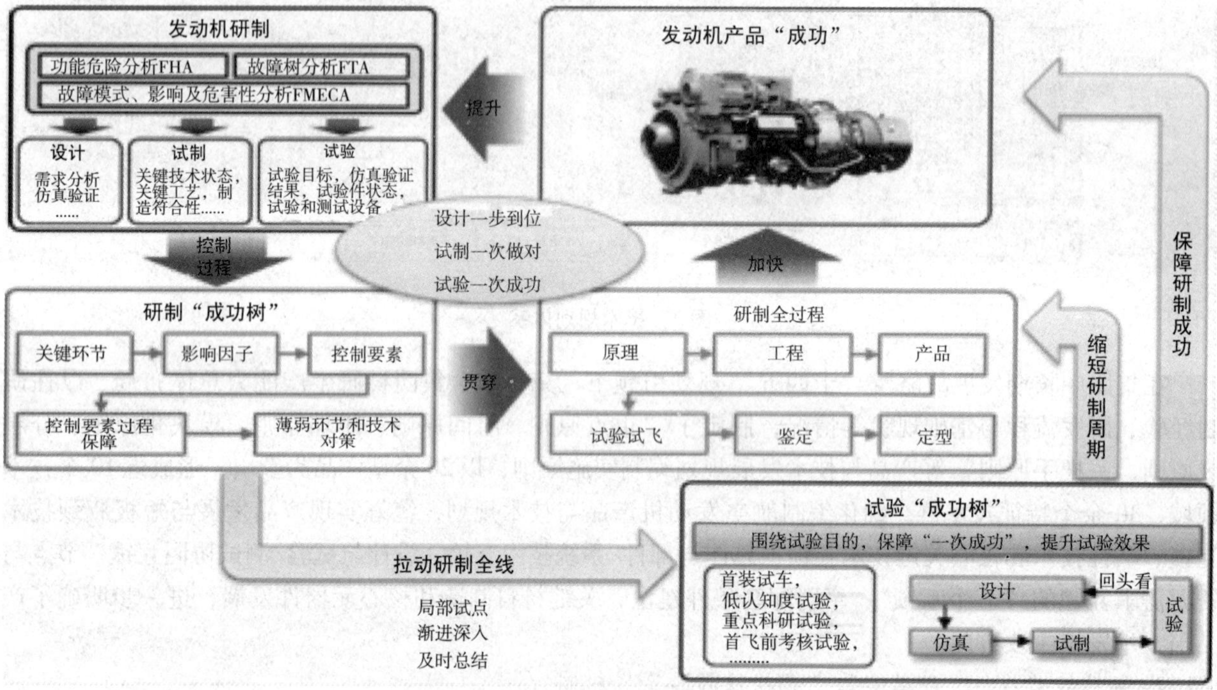

图3 “一次成功”正向研发流程

首先，结合航空发动机型号研制经验，研判试验中暴露的质量问题是制约研制进度的重要因素，在试验阶段率先推进“一次成功”。按照“试验为先、注重实效，重点带动、由点及面，固化经验、滚动迭代，全面覆盖、塑造文化”的思路，针对重点科研试验、首飞前考核试验等开展“成功树”分析；选取典型重要试验项目先行先试，取得的经验全面推广；提炼形成各类试验通用“成功树”，建立通用模板库；形成“一次成功”意识和文化认同，推进全业务“一次成功”实践。

其次，面向总师单位和参研单位的整机级、系统级、零部件级研制全过程及其薄弱环节，以“试验一次成功”为顶事件，识别顶事件的影响因素并层层分解为关键环节、影响因子、控制要素、保障对策，形成贯穿“原理、工程、产品、试验试飞、鉴定、定型”全过程和“设计、制造、试验”各环节的研制“成功树”；通过局部试点、渐进深入、及时总结拉动“设计、仿真、制造、试验”等研制全线“成功树”迭代，形成指导业务的指南规范、典型案例；创建“正向设计、正向集件装配、正向试验保障”的正向研发流程。即基于需求管理设计试验任务，基于构型管理确定技术状态，基于“成功树”保障一次成功，打通了正向研制链路，提升了正向设计能力，提高了试验保障水平，探索出一条缩短研制周期、保障研制成功的可行路径。

2. 以“型号设计一步到位”规范需求管理

（1）是突出设计需求正向管理。

运用“成功树”全面识别发动机试验需求的关键环节、需求与设计过程影响因素、制造过程控制因素，正向分解和设计需求收集、分析确认、分解分配、验证变更等需求管理活动，促进需求自顶向下的正向设计能力提升，减少需求分解不全面、不准确、不协调造成的设计反复。

（2）是搭建需求架构，统一需求管理。

面向市场和客户需求的场景，通过收集分析、决策分发，将需求分解至产品/技术规划开发、产品/技术立项论证、产品/技术开发和研发维护等流程；明确产品研发内部需求实现路径（见图4），全程跟踪需求实现，为研发全流程及研发维护流程提供统一的需求输入，持续满足客户需求。

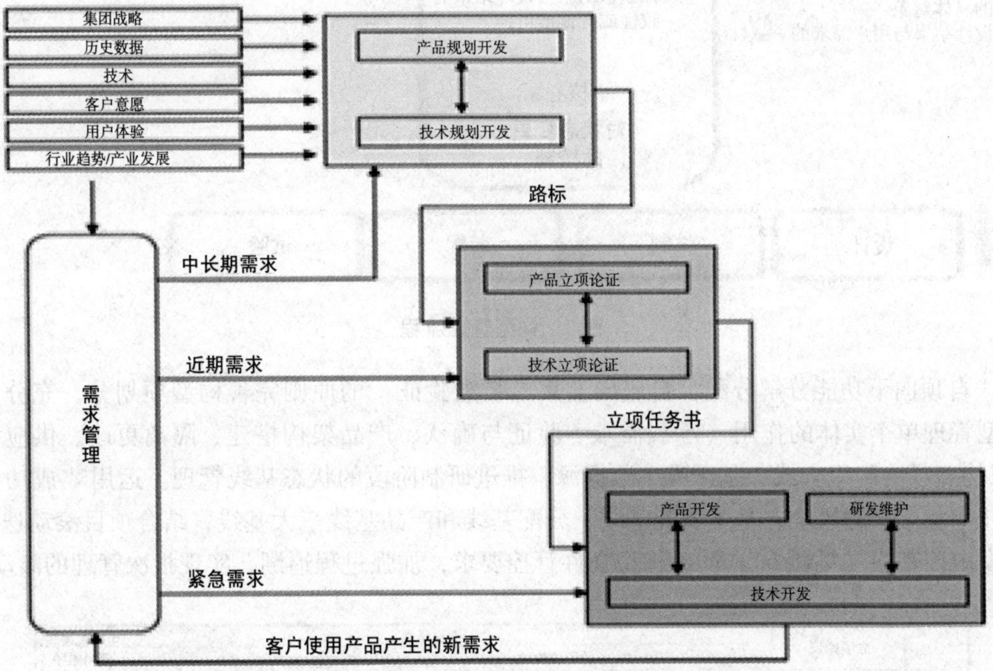

图4 产品研发内部需求实现路径

3. 以“产品试制一次做对”规范构型管理

中国航发结合项目研制阶段特点和要求，明确分级构型管理委员会的决策机制和职责要求，优化构型项的更改、偏离和超差控制，以及相关活动的纪实和审核流程与要求，确保产品定义、产品特性与用户需求的一致性、有效性、完整性和可追溯性，使产品全寿命周期标识唯一、更改受控，实现对从用户对产品的需求到产品的设计、制造、交付、使用的全过程及产品系列配置的管控（见图5）。

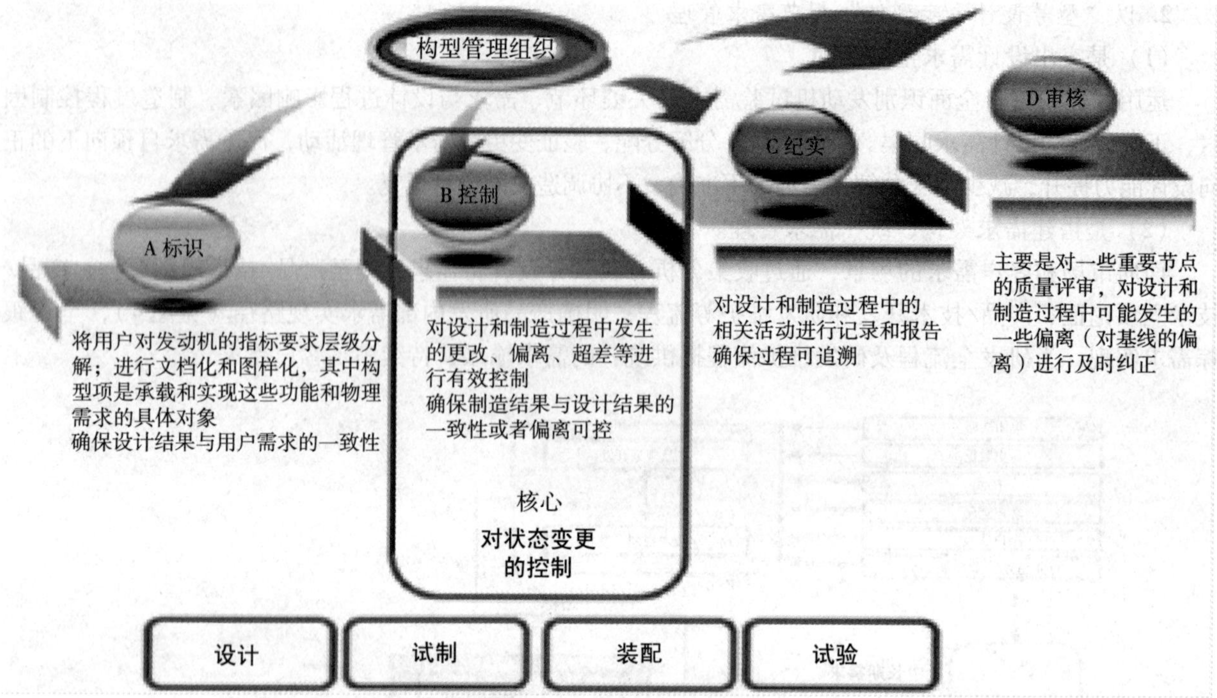

图5　构型管理流程

按照“自顶向下功能分解分配、自底向上集成装配验证”的原则完善构型项划分，充分发挥构型项作为构型管理单个实体的作用（承载需求、验证与确认、产品架构搭建、隔离更改、供应商构型管理等），以构型项为组织方式，基于唯一数据源，推进研制阶段的状态基线管理。运用“成功树”分析查找试制技术状态中的风险，基于功能基线、分配基线和产品基线三大基线，结合项目滚动迭代的研制思路，增设内控基线（见图6），明确构型文件管控要求，加强过程追溯，实现批次管理的滚动迭代。

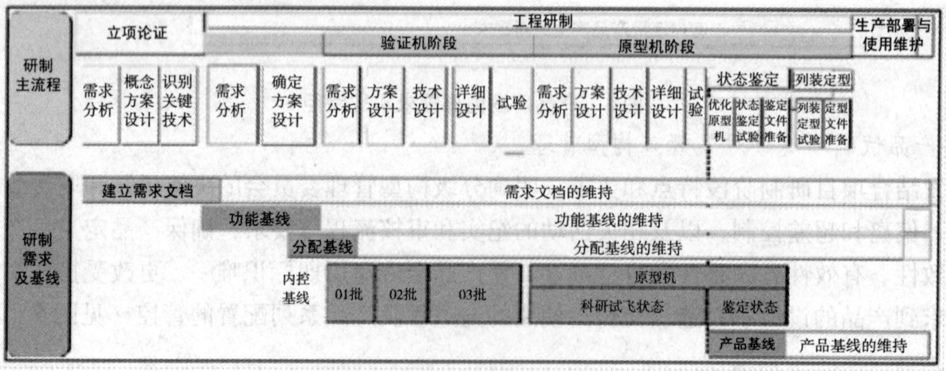

图6　发动机研制需求及基线设置

加强构型变更管控，按分级验证控制流程，细化影响分析和分级验证与审查等工作，明确构型变更各管控环节要求，强化对构型基线的更改申请、评估决策和监督检查环节，使影响分析和分级验证流程更加规范化、显性化，职责清晰化，降低构型变更带来的技术验证风险，有力提升研发质量和效率。

4. 以“保障项目一次成功”规范试验管理

以航空发动机“成功树”保障分析方法作为型号试验顶层要求，将“试验一次成功”作为顶事件，分解关键环节，查找影响因素和控制因素，明确关键零部件/成附件试验、部件/系统试验、核心机试验、整机试验、试飞等试验风险等级管控要求；围绕设计、制造、装配、实施和总结全流程，提前策划各阶段的过程保证措施，分阶段检查措施执行情况，分阶段控制试验风险，构建“一条成功主线、多维风险来源”的试验风险管控体系。(见图7)

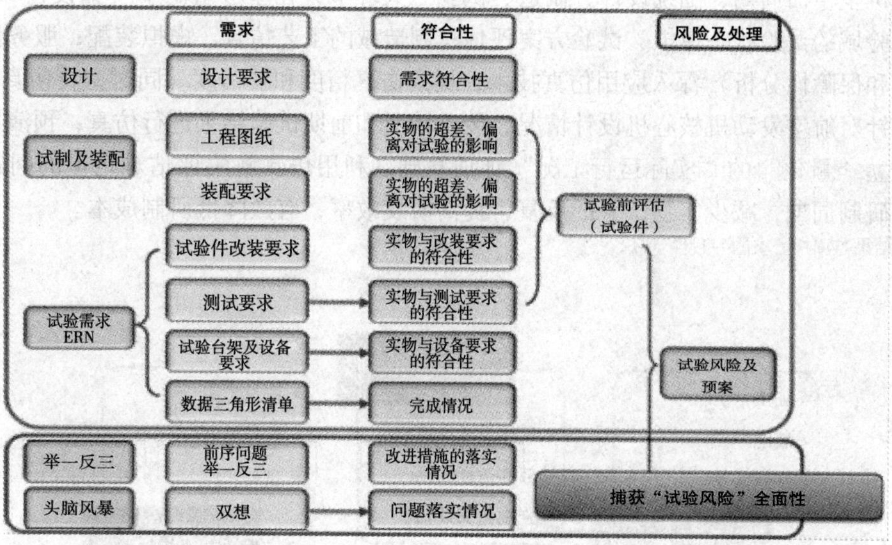

图7　试验过程风险管控体系

例如，在设计保障维度，查找与影响因素相关的设计要求满足情况，开展影响因素分析；在生产质量控制维度，梳理制造、分解检查、装配、试验准备等环节的工艺关键控制点；在前期试验验证维度，识别整机/核心机/部件/系统/成附件等支撑性试验；在装配及测试检查维度，梳理装配技术要求提出的重点检查项目；在试验前检查阶段，明确发动机试验台、开车试验前需要检查确认的工作（工具是否归位、进气防护网是否破损、发动机与试验台架连接保险是否有效、发动机上排气口盖是否打开等）；在检验试车阶段，确定机械运转、出厂前的检验试车。运用“成功树”充分暴露试验风险，结合发现的问题制定改进措施，进行举一反三和各要素快速迭代，保证试验风险识别的全面性，为“试验一次成功”提供可靠保障。

（三）大力推进仿真技术研究应用，提升数字化协同研发效率

中国航发坚持创新驱动，变革传统研发模式，大力推进仿真技术研究应用，开展数字化协同研制平台建设，将新一代信息技术在航空发动机研发、制造、供应链、服务保障等全生命周期业务环节深入应用，实现全业务域、业务链数字化协同并行。

1. 积极推进仿真应用，构建敏捷高效的“预测型”研制模式

仿真技术应用是加强航空发动机正向设计、提升自主研发能力的重要举措，是助推研制从传统模式到“预测型”模式转变的重要手段。中国航发按照有限目标、逐步递进的发展原则，制订仿真工作五年规划、明确中长期发展思路，将仿真纳入研发流程及任务考核，明确“以虚辅实、以虚补实、以虚预实”迭代演进的发展思路，采取“以仿真应用技术能力为核心、仿真专业技术能力为基础、仿真支撑能力为依托”的策略，开展仿真前沿技术研究，设立多个仿真专项计划，稳步实施仿真研究与应用工作，以实现“需求牵引、型号应用、协同攻关、成果共享”；突破整机二维仿真、部件多学科耦合仿真、多部件联合仿真和制造工艺及装配仿真技术，实现仿真技术在多个重点型号全面应用，力争实现“三个减少30%”（问题减少30%、研制周期缩短30%、研制成本降低30%）。仿真应用助力了重点型

号研制取得突破，某型发动机的仿真周期从8个月缩短至1个月，某型发动机的设计方案迭代周期缩短80%；建设集团仿真中心，建成了1200万亿次/秒超算中心，组建仿真专家委员会，新研型号全部实现三维数字化设计；推进航空发动机三维数字仿真软件自主研发，具备发动机典型部件的全三维仿真计算能力，不断提升国产软件技术成熟度。

基于发动机全生命周期，围绕设计、制造、试验三大环节，在型号研制中（如设计域的需求验证、方案优化；试验域的试验状态模拟、试验方案评估；制造域的工艺仿真、虚拟装配；服务保障域的虚拟维护、维修性和保障性分析）深入应用仿真技术，提高仿真精度和置信度。同时，将仿真与“成功树”分析相结合，针对航空发动机核心机设计情况、装备情况和前期试验结果进行仿真，预演发动机试验状态和流场，建立“量化”的“实际运行工况”评估基础，利用仿真解决评估难定量的问题（见图8），大幅缩短型号研制周期，减少实物试验的反复，提高研发效率，有效降低研制成本。

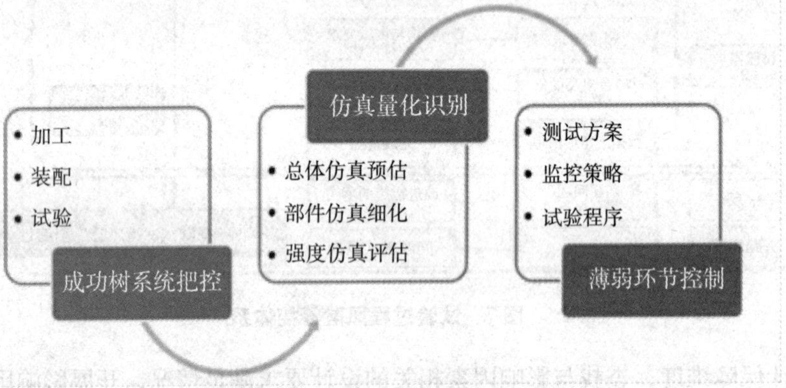

图8 与仿真紧密结合的“成功树”分析流程

2. 坚持共建共享，打造跨地域、跨组织、跨专业的协同研制平台

中国航发秉持以“数字化、网络化、智能化”为特征的产品研制理念和发展模式，统建共用，开发协同设计管理系统（见图9）和产品数据管理系统，建立数据中心，建设基于共性需求的协同研制平台。协同设计管理系统主要面向集团内设计人员，对设计过程相关数据进行有效管理，固化研发流程、封装方法工具、集成标准规范和管理过程数据，实现设计过程的深度协同，形成集团统一的跨地域、跨组织、跨专业的协同设计环境，通过数字化平台有效提升航空发动机协同研制效率。

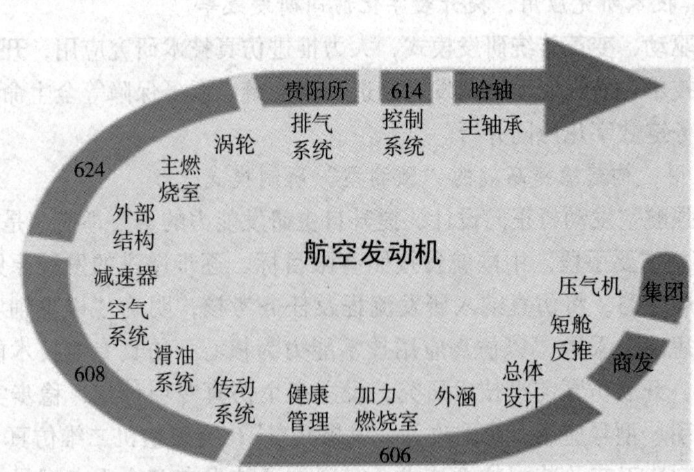

图9 协同设计管理系统涵盖范围

产品数据管理系统主要面向产品/工艺设计人员，通过与各类设计工具的集成，对设计过程的结果数据（图文档、几何模型、BOM 数据等）进行管理，对数据的版本状态进行控制，为其他业务系统提供数据源，实现跨组织、跨地域、跨系统的数据协同管理。中国航发数据中心采用两级部署模式，分别建设集团数据中心和各直属单位数据分中心；主数据由集团数据中心向各分中心发布，业务结果数据从各直属单位数据分中心提取。

3. 坚持客户至上，开发建设数字化制造平台

中国航发以项目组合管理、企业资源管理、制造过程管理为标志，同步开发建设数字化制造平台。项目组合管理系统基于项目管理全过程信息，建立项目全景视图，实现项目多维度之间的统筹协调，协助项目管理人员和项目参与人员高效完成项目管控和实施，加快决策层、管理层和执行层之间信息传递的速度。生产管控系统以客户需求和年度计划任务为牵引，对型号生产的关键节点进行管理与控制，对主机厂所、配套单位、协作单位的任务执行情况进行重点监控。在各厂所建设以企业资源计划、制造执行为核心的制造过程管理信息化系统和开发供应商全生命周期管理系统，实现采购计划、生产计划、仓储、物资配送、作业计划、作业执行、质量控制、制造资源等业务的信息化协同管理，数字化制造平台有效实现了“试制一次做对”。

（四）发挥新型举国体制优势，“四位一体”协同发力

中国航发积极发挥新型举国体制优势，坚持不包打天下、不保护内部落后，构建“小核心、大协作、专业化、开放型”科研生产体系；聚焦主业、靶向施策，大力实施产业协同、资源协同、组织协同、管理协同，“四位一体”聚集航空发动机优势资源，为产品研制“一次成功”提供有力保障。

1. 广泛动员参与，以产业协同促进技术大创新

中国航发在制定产业协同策略时，根据政府、军方、高校和科研院所等相关方角色定位梳理明确其利益诉求，明晰了集团在产品研制目标任务、攻关组织、成果转化应用等方面跟进诉求、牵头抓总、动员实施的职责与作用，带动产业链条上所有相关主体协同合作，共同参与航空发动机的技术攻关和技术创新。（见图 10）

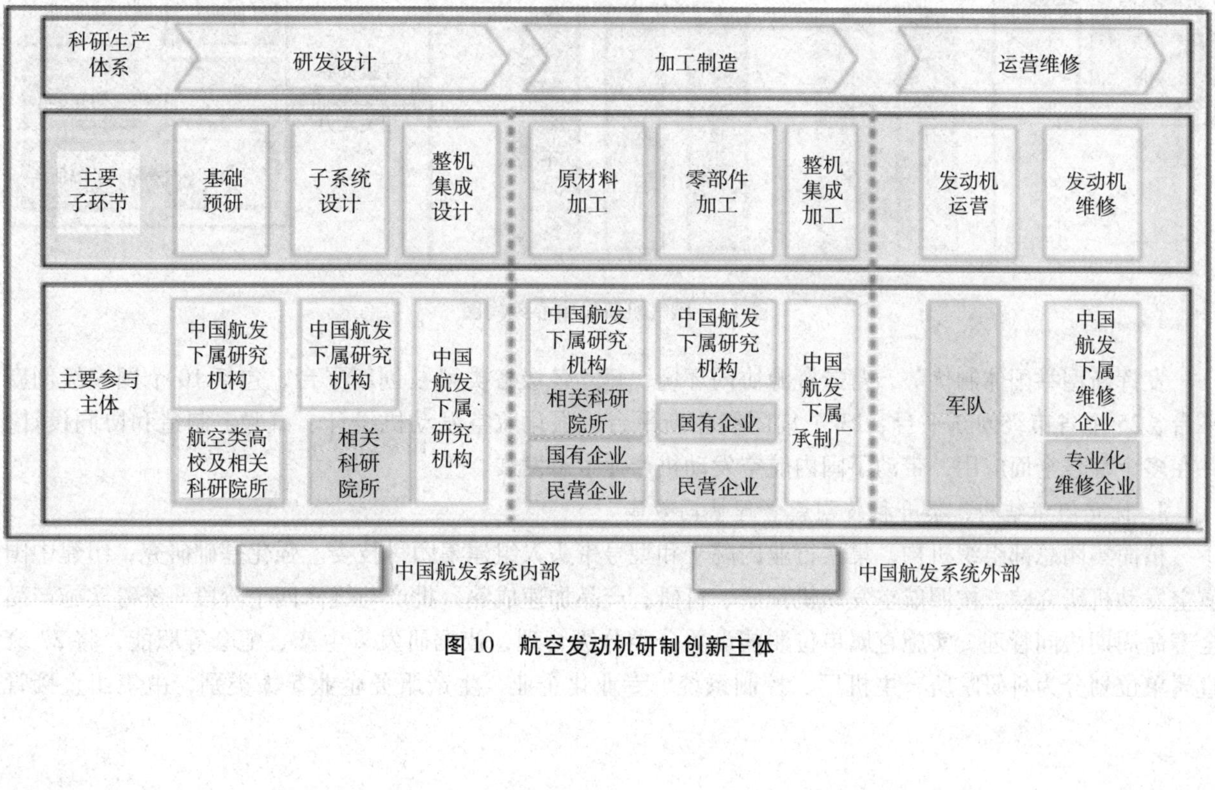

图 10 航空发动机研制创新主体

积极深化与高校、科研机构协同创新合作，广泛凝聚全社会、全行业以及研制全线力量，建立“1 + X”引智新模式，积极引导科研院所和民营民口企业等社会优势力量参与关键核心技术攻关，牵头成立航空发动机产学联合体，与多家高校和机构共建多个联合技术中心及实验室，组建多支联合攻关团队，针对发动机“卡脖子”领域开展协同攻关，共同推进技术创新。积极与地方政府开展合作，签署战略合作协议；设立产业发展基金，积极开展技术创新和产品研发相关投资建设。与战略供应商构建良好协同关系，建立采供双方走访沟通机制，派驻技术/质量代表开展驻点指导，协同攻克技术难关。

2. 推进资源协同，以机制改革助力产品研发

针对集团组建之初资源分散、业务多元的状况，中国航发坚持深化机制改革，大力开展“瘦身健体、处僵治困”、参股管理、剥离社会职能、厂办大集体改革、非主业及主业非核心业务剥离等行动，实现主业集中度超过90%，有效促进了资源聚焦、主业聚焦。构建扁平化组织架构，全级次法人户数从251户减至122户，控股企业户数从198户减至83户，清理亏损企业36户，管理层级由5级减至3级，产权层级从7级减至4级，形成精干高效专业化发展格局。上述机制改革有效服务了主业发展，提高了资源协同效率，助力了产品研发。

按照“两头在内、中间在外、关键在手”原则，优化配置资源，提升资源协同效能。例如，依托“互联网 +”技术组建集团压气机研发中心（见图11），创新研发模式，整合航空发动机压气机研发资源和力量，建设先进、协同、跨地域的集成研发平台，共建共享共用，有效地支撑了军、民用航空发动机压气机的自主研制。

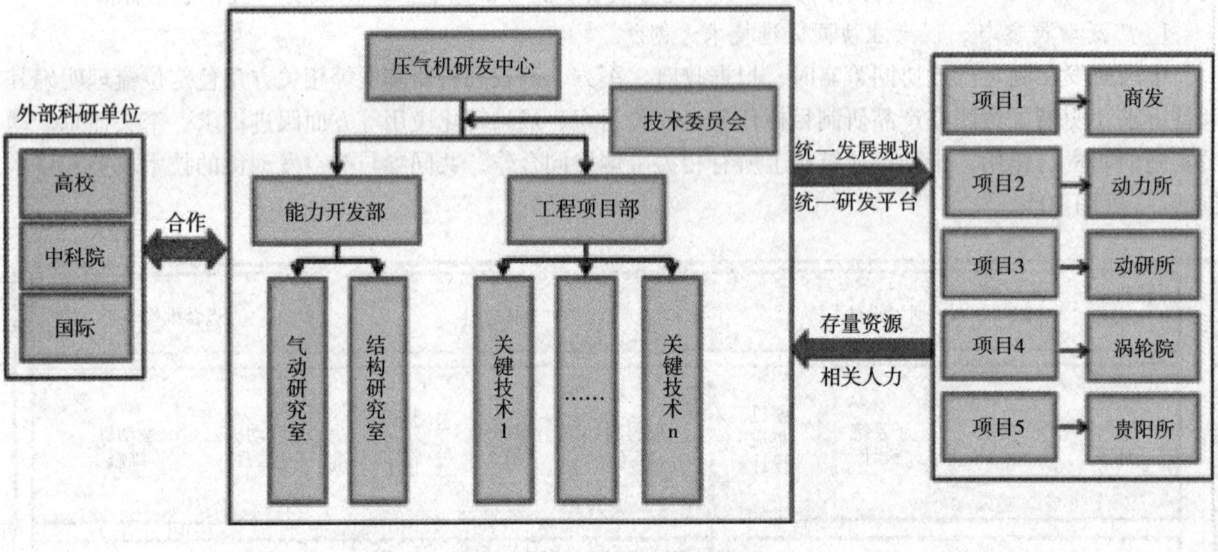

图11　压气机研发中心架构图

发挥新型举国体制优势，营造资源协同环境，建立各级各类科技创新平台，包括10个国家级创新平台、25个省市级创新平台、13个集团级创新平台，强化航空发动机设计、试验、制造和协同设计，并在多个型号全面应用，带动了国内航空发动机产业生态发展。

3. 优化组织结构，提升科技创新管理协同效能

精简集团总部组织机构，集聚行业内院士和型号带头人组建集团科技委。强化基础研究，组建中国航空发动机研究院。按照航空发动机预研、科研、产品加速成熟、批产与维修四个阶段，统筹实施产品全寿命周期协同管理。实施直属单位职能设置分类分级管理，依据研发、生产、配套等职能，将27家直属单位划分为科研院所、主机厂、控制系统、专业化企业、生产服务企业5大类别，由集团直接管

理，下达任务、实施考核。

坚持系统工程理念，按照“集团总部统筹管控、总师单位具体项目抓总”的原则，设置“纵横结合”的集团两级项目管理组织。纵向由型号“两总”（行政总指挥、型号总设计师）系统进行垂直指挥；横向有机协调总部科研生产等部门各管理要素。总指挥是型号项目的第一责任人，代表集团履职，对研制过程的质量、进度、成本等实行有效管理；总设计师是型号项目的技术总负责人，牵头抓总技术和有关项目管理、体系及人才队伍建设等工作。以并行工程理论为基础，借鉴集成产品研发（IPD）管理模式，打造重量级产品开发团队（PDT），组建“产品级—部件级—零件级”的型号研制跨厂所协同团队，分级确定负责人及其团队角色与职责，开展高效协同，确保航空发动机型号项目有序推进。

4. 突出业务联动并行，强化研制全过程管理协同

着眼航空发动机研制全过程业务联动并行，建立“顶层策划、方案设计、技术设计、工程设计、实物生产装配”设计制造协同流程，按照型号设计不同阶段，细化厂所协同各阶段的工作内容，规范厂所协同标准，将制造厂全程纳入设计过程（见图12）。在方案设计阶段，由设计所主导，与制造工程师和工艺人员深度协同，完成设计结构方案。在工程研制阶段，由设计所构建制造模型，提出参数要求，与制造工程师和工艺人员深度协同，形成制造模型，设计所编制技术方案和设计图样，制造厂编制整机工艺方案和毛坯图。

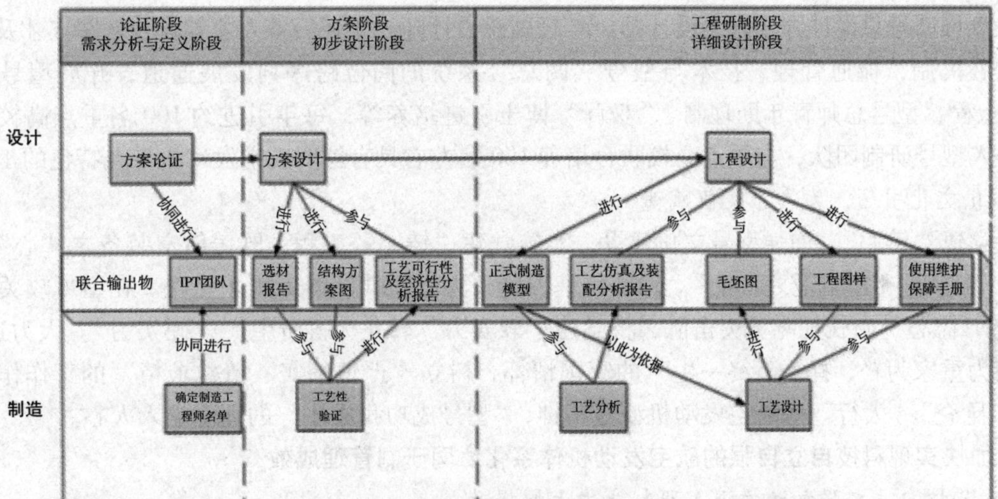

图12 设计制造协同工作内容

按照“四共同”（有问题共同解决、有风险共同承担、有余量共同掌握、有成果共同分享）的科研生产原则，持续推进厂所优势互补、利益共享、风险共担；打破行政单位界限，成立厂所联合管委会，以问题归零和研制攻关为突破口，深层次推进厂所设计、制造、试验、服务等全域融合；实施厂所利益共享机制，推进设计、制造深度协同，针对批生产产品，总制造厂向总设计师单位支付技术服务费，用于产品技术攻关、解决外场技术质量问题、提高产品的可制造性和经济性、持续提升产品质量等；整合厂所企业标准，建立统一的厂所协同基础/平台/设计/仿真试验/制造/数据管理标准等；以实现均衡生产为拉动，在各批产型号推行三年滚动需求计划和年度计划，实现主机生产和配套交付协调同步。

（五）实施精神激励与物质激励“双驱动”，锤炼科技领军人才

1. 推行专职化改革，为人才队伍赋权

自2017年开始，集团分三个阶段推进型号总设计师专职化改革，给待遇、树权威，免除重点型号

总设计师不相关的行政职务，但是赋予总师高度的技术决定权、资源调配权等，让总师能够集中精力抓技术。设置集团级专职型号总设计师、成员单位三级专职型号总师，形成“1+3”专职型号总设计师岗位体系，印发责任清单，明确型号总设计师责任和权限。提高总设计师地位，项目责任主体由职能部门转移至型号研制团队，以确保总设计师站在国防安全、集团发展和用户需求的高度，综合考虑型号改进改和系列化发展。

2. 加大考核激励，为人才队伍赋利

通过“021工程”完善科技领军人才目标责任考核体系。集团直接与型号总指挥、总设计师等领军人才签订目标责任书，明确重点工作任务指标并进行考核，设定的考核目标计划节点前置于用户要求，考核难度高于任务计划，充分体现“提质加速、挑战摸高”的特点，推进考核模式由“任务完成率”向“任务完成率+任务量”转变，分配模式由“职能型”向“职能型+项目型”转变，型号研制团队成员考核由“职能线”考核转向“项目线+职能线”双线考核；考核结果与科技领军人才薪酬、晋升退出、评优评先直接挂钩；加大“揭榜挂帅”项目专项激励力度，提前明确“揭榜”型号“两总”及核心团队奖励金额标准，最终根据考核结果兑现奖励，型号总设计师一次性可获得数倍年薪的奖励，专职型号总设计师年薪最高可达单位正职的1.5倍。不同年龄段的青年科技骨干纳入集团青年科技人才系列专项奖评定，奖励10万元每人年等。

3. 完善岗位发展，为人才队伍赋智

系统盘点型号总设计师、副总设计师、年轻副总设计师、年轻后备人才等科技领军人才及梯队，优化人才发展机制，梳通管理、技术与型号“两总”系统的岗位跨序列发展通道，开展型号总师单位“百青”工程、型号总师青年助理制、“双百”博士引进培养等，每年引进约100名重点高校相关专业博士生进入型号研制团队，与重点高校联合培养100名左右具有鲜明航空发动机专业特色的工程博士。

4. 强化文化引领，为人才队伍赋魂

坚持党建“铸心”，加强型号文化建设，实施党建“铸心”工程，既铸航空装备之“心”，也铸理想信念之“心”、干事创业之“心”。用红色基因凝聚人心士气、铸炼团队魂魄。在型号攻关一线组建2000余支“铸心”新长征党员突击队，将党建“软实力”转化为科研生产“硬实力”。大力选树典型，弘扬“国为重家为轻、择一事终一生”的家国情怀，树立“严慎细实、精益求精”的工作作风，提炼“玉龙”“昆仑”“太行”等航空发动机型号精神，“型号成功我成才”的理念深入人心。

三、加快实现科技自立自强的航空发动机体系化协同研制管理成效

（一）科技自立自强加速推进，研制能力大幅提升

中国航发开展体系化协同研制管理以来，科技成果不断涌现。“十三五”定型/鉴定的型号数量较“十二五”增加78.6%，获国家科技奖多项、国防科技奖100余项、军队科技奖多项，专利申请总量超万件，较“十二五”增长67%，每万人发明专利拥有量达800余项；航空发动机预先研究取得突破，“021工程”揭榜挂帅项目达到或超过预设目标，全面提升了我国先进航空发动机研制能力水平。

（二）主业聚焦度稳步提升，企业发展迈入新格局

通过提升航空发动机需求、研发、制造、试验、服务全过程的自主创新能力和协同发展能力，中国航发技术研究模式从试错式和串行研制转变为流程和数据驱动的并行研制；生产制造模式从传统制造方式初步转变为数字化制造模式；供应链模式从经验式管理转变为一体化、协同运作的敏捷式管理；服务保障模式从定时维修、事后维修模式向集成、实时共享的全寿命周期综合维保模式转变。2021年全年营业收入较集团成立之初增长了39.3%，其中主业收入占比位居央企前列；2019年以来，连续3年获评央企年度经营业绩考核A级，首个三年任期获经营业绩考核A级，被授予“业绩优秀企业”和“科技创新突出贡献企业”荣誉。

（三）形成“产学研用”创新生态，航空发动机产业链初步形成

中国航发积极构建“小核心、大协作、专业化、开放型”科研生产体系，引入优势社会资源参与研制生产。牵头成立航空发动机产学联合体，与36所高校和科研院所建立90余个UTC或联合实验室，与13家单位签署战略合作协议，与优势高校共建3个发动机学院/研究院；设立国防科技工业航空发动机创新中心、航空发动机高空模拟等国防科技重点实验室、先进航空动力创新工作站；建成国家级科技创新平台10个、省市级25个、集团级13个；2022年上半年，中国航发网上商城累计成交额超112亿元，外部配套率提升至32.1%，初步形成国家航空发动机产业链。

（成果创造人：曹建国、陈少洋、赵　亮、于建军、张永新、马　论、徐　新、王俊兵、欧珍艳、何龙江、徐　俊、王丁杰）

以打破国际封锁为目标的高质量碳纤维材料工程化管理

中复神鹰碳纤维股份有限公司

中复神鹰碳纤维股份有限公司（以下简称中复神鹰或企业）成立于2006年，是隶属于中国建材集团的混合所有制企业，是国家高新技术企业，在关键技术、核心装备等方面具有完全自主知识产权，系统掌握T700级、T800级千吨级技术和M30级、M35级和T1000级百吨级技术，是国内第一家同时掌握湿法和干喷湿纺两种技术的企业，其中干喷湿纺是当前国际上最先进的纺丝技术，该技术此前被日本和美国长期垄断。目前中复神鹰碳纤维产能达到每年6000吨，在国内处于领先地位，在国内国产碳纤维市场占有率连年达50%以上，并成功进入了欧美亚等国际市场，已成为国际最具影响力的碳纤维供应商之一。

一、以打破国际封锁为目标的高质量碳纤维工程化管理背景

（一）打破国际封锁，解决国家战略物资国产化的需要

碳纤维作为高性能材料，应用于国防工业以及高性能民用领域，是国家安全、武器装备的关键战略物资，是新兴战略产业发展的重要支撑。全球碳纤维需求量每年以10%的增长率稳定增长，2021年，全球碳纤维需求量124821吨，其中中国市场的需求量就达到62300吨，占比接近50%，但我国2021年碳纤维供给量仅29730吨，难以满足国内及国际市场巨大的需求，仍有很大的发展及进步空间。由于国际对碳纤维的技术封锁和产品垄断，长期以来我国碳纤维严重依赖进口，急需解决国产化问题。中复神鹰作为我国碳纤维行业的领军企业，肩负着保障国产碳纤维稳定供应的责任。

（二）引领行业发展，满足碳纤维供应规模化的需要

过去十年，我国碳纤维行业取得了快速进步，中复神鹰作为代表，于2012年打破了日本东丽和美国赫氏的垄断，在国内率先攻克世界最先进的干喷湿纺技术，该技术是生产T700级、T800级、T1000级以及更高级别碳纤维的必要核心技术，这些产品广泛应用于航空航天以及国防军工等领域。在打破国际封锁，率先攻克世界最先进的干喷湿纺技术以后，需要将单线百吨向千吨能力提升，并迅速规模化，将核心技术转化为生产力，以量大质优的产品与国际一流的碳纤维企业竞争，引领碳纤维市场，并满足国内航空航天和国防军工等关键领域的急需，实现国产化替代。

（三）扩大企业优势，拓展碳纤维产品应用领域的需要

当前国产碳纤维应用主要集中在体育休闲和风电叶片等领域，航空航天、新能源汽车等工业领域应用还未完全打开，未来发展空间巨大，其中体育休闲、建筑加固及风电叶片等主要是对T700级碳纤维的需求。在国内碳纤维生产企业中，具有T700级以上产品的批量化生产能力的企业较少，中复神鹰碳纤维主打干喷湿纺小丝束碳纤维产品，对未来市场的发展充满信心。在“双碳”目标背景下，氢能源压力容器、光伏、碳/碳复材、体育休闲领域碳纤维供给量远小于需求量；国产碳纤维厂家的湿法大丝束迅速扩产，风电领域出现供过于求的情况，中复神鹰把握住企业在干喷湿纺性能的优势（如毛丝少、力学强度更高），拓展风电叶片应用领域，可以避免产能过剩带来的恶性竞争，并能够引领高性能碳纤维市场。

二、以打破国际封锁为目标的高质量碳纤维工程化管理主要做法

（一）明确战略定位，确立总体思路

1. 确立以研发为核心、市场应用需求为牵引的工程化基本思路

通过对宏观经济和碳纤维行业发展状况的分析，中复神鹰明确将“高端化、规模化、绿色化”作为战略定位，集中技术力量研发突破新一代高强、高模的高性能碳纤维，在生产装备的先进性、自动化、智能化等方面加大投入，进一步提高生产效率、扩大产能规模，提升规模优势，增强核心竞争力，总体思路见图1。主要内容包括：在新的战略机遇期，中复神鹰集中力量进行新技术新产品研发，不断提高研发投入强度。同时，企业加快推进产能建设，开展T1100级超高分子量聚合物制备技术研究，力争实现新一代高强、高模的高性能碳纤维产业化；积极推进航空级预浸料项目建设和产业链延伸，推动风电、氢能等领域专用碳纤维产品开发，扩大产业布局，进一步提升企业核心竞争力；持续保持国内碳纤维行业领先优势，力争成为航空、航天、兵器、电子等国防工业领域的主力供应商，力争成为风电叶片、压力容器、碳/碳复材和轨道交通等工业高端领域的最大供应商，力争实现企业规模跻身世界碳纤维行业前列。

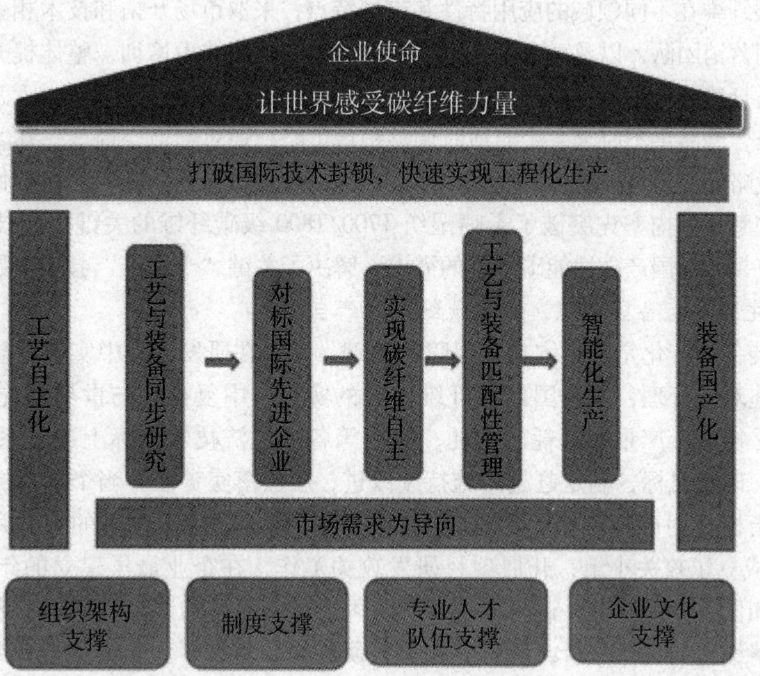

图1 以打破国际封锁为目标的高质量碳纤维工程化管理体系总体思路

2. 科学开展细分市场分析，为新一代碳纤维工程化应用奠定市场基础

企业围绕高层次的应用项目，结合碳纤维行业的特点和企业战略要求，对顾客和市场进行了细分。对顾客依据应用领域的不同进行细分，具体的应用领域包括航空航天、储氢能源、光伏能源、风电叶片、体育休闲、汽车以及建筑加固等。航空航天应用具有战略意义是重中之重；储氢能源和光伏能源属于新能源应用市场，具有广阔的发展潜力和空间；风电叶片是近年增长最快的应用领域，对碳纤维的需求量最大。企业通过细分把未来市场分为潜在顾客和竞争对手的顾客，企业关注潜在顾客的需求和期望，同时考虑竞争对手的顾客。调查分析潜在顾客的需求，为其提供完善的前期和售后服务，使潜在顾

客逐渐成为现实顾客，从而拓展新的市场。企业通过了解竞争对手的顾客需求，保持交流与沟通，分析同竞争对手的各项差异，采取有针对性的竞争措施，使竞争对手的顾客变成自己的顾客。企业通过各种渠道获得顾客信息，并通过市场调研和与顾客的沟通，明确顾客的需求、期望和偏好，包括工期、质量、价格和顾客提出的合理化建议。企业通过合同评审，在能够满足合同要求，具备技术和生产能力，双方达成一致的基础上，最终确立合作关系。

（二）紧跟市场用户需求，攻克关键技术难关

1. 紧盯“双碳”目标，发展战略合作伙伴

近年来，风电、光伏以及氢能等可持续发展的新能源领域依托国家产业结构调整政策，紧盯“碳达峰”和“碳中和”目标，迎来了行业高速发展期，产品市场空间潜力巨大。中复神鹰为实现“碳达峰，碳中和”的发展目标，结合企业主营产品特性，提前布局统筹规划上述应用领域的市场开拓，与各行业的龙头企业形成战略合作伙伴关系并签订了长期战略合作协议。通过与行业龙头企业的强强联合，推动了整个行业的发展速度，同时在行业内形成了积极的市场反响，其他具有一定市场影响力的客户也纷纷表达了合作意愿，企业逐步提高了市场占有率。

2. 聚焦重点领域需求，解决关键技术问题

中复神鹰根据碳纤维在不同领域的应用特性和市场特点，采取市场开拓和技术相融合的管理方式，通过引入应用工程师到营销团队，以及对市场开发人员进行系统化的技术培训，整体提升业务水平，实现市场与技术紧密联动，打造细分到每一应用领域的精益化的应用工程师型营销团队。近几年，由于碳纤维下游市场需求快速增长，产品供不应求，企业适时调整销售策略，通过与航空航天、压力容器、碳/碳复材、交通建设等领域的战略客户签订战略协议优先保障其产品供应，增强业务经营的稳定性。为解决快速增长的市场需求，中复神鹰在国内率先突破了干喷湿纺 T700/T800 级碳纤维的关键生产技术并实现规模化生产，满足了国内重点领域对国产高性能碳纤维的需求，解决了关键“卡脖子”技术问题。

3. 推进工艺自主化和装备国产化，实现碳纤维研产自主

工艺自主化和装备国产化是碳纤维自主保障的关键，企业在研发过程中实施精益化管理，在技术研发过程中，坚持实施对标管理，基于国内碳纤维发展的实际，中复神鹰与世界最先进的碳纤维企业对标，在技术、工艺、性能、产量、能耗、物耗、收率等各项经济技术指标上进行系统化细致化对比分析，积极寻找差距，确定目标，制定赶超措施持续改进，层层落实责任。当个别指标暂时居于行业领先水平时，便把当前指标作为确保能力，再确定新的奋斗目标，以持续改进的方式用心打造神鹰品牌。2009 年，中复神鹰成立了攻关小组，开展项目研发攻关工作，在企业最早建立的年产 500 吨原丝生产线上进行工艺开发和设备升级改造，进行干喷湿纺聚丙烯腈基原丝的试验，积累了大量的试验数据，通过对试验结果进行精细化的规律分析，取得了大量科研成果，掌握了大量高性能碳纤维生产技术参数。通过精益化的管理、持续改进的态度，以及夜以继日的研发，中复神鹰在国内率先实现了干喷湿纺的关键技术突破和核心装备自主化，成为国内第一家、世界第三家自主掌握干喷湿纺技术的企业，建成了具有完全自主知识产权的千吨级干喷湿纺碳纤维产业化生产线，整体达到国际先进水平，成功地打破了国外技术和装备垄断，基本实现了碳纤维研产自主。

（三）加快推进数智化改造，提升生产精益化水平

1. 打破信息孤岛，实现数据信息高效集成

中复神鹰坚持以信息化建设赋能产品质量管控，以构建万吨级碳纤维智能工厂为总体目标，建设 DCS、数采、MES、ERP、私有云平台等 5 个层级的智能化系统，重点围绕智能工厂的产品研发、需求订单、计划排产、调度过程、制造执行和产品交货等主要阶段，形成智能化生产、数字化管理的标准化形式。企业融合 IT 和 OT 网络，通过五大智能化系统的互联互通，打破信息孤岛，实现设备级—产线

级—车间级—企业级数据与信息的高效集成，协同底层控制和上层管理，结合流程驱动和数据驱动，为企业实现数据化、智能化的精细管控与自主决策提供坚实基础。

2、搭建私有云，挖掘分析工厂数据

企业在国产碳纤维工程化/产业化进程中，致力于打造“千吨级高性能碳纤维智能化工厂”，将物联网、大数据、云计算等新一代信息技术与先进自动化技术、传感技术、控制技术、数字制造技术结合，完成产品、设备、工艺、生产、能源与管理的精细化、精准化、自动化、信息化管理与控制。通过私有云平台的搭建，实现设备与产线、车间与企业之间异构数据的采集、汇聚及高效存储。同时，采用大数据挖掘寻优技术，深度挖掘和分析工艺过程数据、能源管理数据、产品质量数据等工厂海量数据，寻找设备与产线最佳运行参数及能耗消耗的基本规律，从而降低运行损耗，提高生产效率，提升产品品质。

3、建设智能控制系统，实时优化控制生产全流程

中复神鹰开创性设计开展碳纤维工厂的“产品生命周期管理”“系统层级应用”“智能化功能”三个维度的智能化建设，利用先进的传感技术以及智能控制技术，建设以“最优化、自适应”为特征的智能控制系统，进行实时监测、故障诊断、自主决策，使生产流程长期稳定保持最优区域，并能快速适应和执行管理平台的智能调度计划，实现生产全流程自动、高效、稳定控制。千吨级干喷湿纺碳纤维生产流程涉及4大系统和3000余个控制点，体系复杂交互影响大，质量控制难度高。中复神鹰在制造生产规模化放大的过程中，实行工艺和装备的匹配性管理，采用成套高性能碳纤维生产智能装备，建设依托智能数据链的智能生产平台。由于碳纤维具有长流程、多控制点的特点，在智能化部件设计过程中根据生产工艺流程细分为聚合装置的智能化、溶剂回收的智能化、纺丝系统的智能化、碳化系统的智能化及生产管理系统的智能化等多个子系统。每个子系统可单独调节，独立运作，通过各系统间的数据传输可由中央控制系统进行联动调节和控制，从而实现成套设备的全过程智能控制。同时，推进6S、目视化、标准作业、精益班组、TPM管理等生产线基础管理的落实与完善，结合DCS、MES和质量追溯等系统，将长期积累的工艺规律模型和工程化经验植入系统中，实现对生产的智能化指导，提升碳纤维生产装备的自动化和智能化水平，实现生产过程的智能化。

（四）加强高层次人才队伍建设，为高质量工程化提供人才保障

1. 实施人才引进和自主培养双驱动战略

中复神鹰制定集团化人才发展目标，实施人才引进和自主培养双轮驱动战略等，建立科学、立体、健全、有效的人才选用育留新机制。在人才引进方面，通过开辟招聘渠道、深化校企合作、构建产学研体系等，直接或间接引进各类专业技术人才、经营管理人才和复合型人才。其中在技术人才引进方面，建立了专项人才的引进制度，专业研发团队负责专项研发。在人才培养方面，通过改革人才评价机制、拓宽岗位晋升通道、出台鼓励科技创作一揽子方案、提供多样化的学习培训机会、完善储备干部制度、制定关键岗位人才继任计划等，为员工提供清晰的职业发展规划，提高员工履职尽责能力，丰富员工职业素养，鼓励员工成为一专多能的复合型人才。建立企业、部门、车间三级培训机制，针对不同层次人才开展相应培训，企业质管部定期开展各个层次的质量管理知识培训，全体员工通过系统学习质量管理体系知识，进一步深化质量管理相关人员对质量管理体系的认识，提升管理人员的质量意识和过程执行能力，助力企业打造一支素质过硬、技术过关的质量管理人才队伍。

2、优化绩效考核制度，全方位激发员工工作热情

为保障组织和目标的达成，充分发挥绩效管理的激励作用，企业成立内部绩效考核领导小组，领导、组织与统筹绩效管理工作。绩效考核领导小组组织制定相关绩效考核指标和标准，编制年度考核工作计划，对各相关责任部门考核指标完成情况进行考核与评价，完成绩效考核工作报告；考核后对员工

进行绩效面谈，通过及时与员工进行绩效反馈沟通，可促进考核结果的公开化，保证考核的公平与公正，让员工及时认识到自己在本阶段工作中取得的进步与存在的缺点，了解上级对自己工作的看法，认同绩效评价的结果，分析原因，认清自己在组织中的价值；为员工的职业规划和发展提供信息与辅导，提升员工满意度、促进员工不断提升工作业绩。

三、以打破国际封锁为目标的高质量碳纤维工程化管理效果

（一）快速高质量实现工程化，企业发展步入快车道

中复神鹰通过多年的自主创新探索，成功实现了高性能碳纤维规模化生产和批量供应市场。根据中国化学纤维工业协会统计，2020 年度国内碳纤维总产量 18000 吨，企业 2020 年碳纤维产量 3777. 21 吨，占国内总碳纤维产量的 20. 98%，排名国内碳纤维产量第二位；2020 年度国内碳纤维总消费量达 48800 吨，企业 2020 年碳纤维国内销量 3625. 28 吨，市场占有率达 7. 43%。以 2018 年为基准，企业 2019 年营业收入约为 4. 15 亿元，2020 年企业营业收入增长到 5. 32 亿，同比增长约 28. 2%，2021 年企业营业收入约为 11. 73 亿元，同比增长约 120. 5%，2019—2021 年营业收入年均复合增长率为 68. 13%，归母净利润年均复合增长率为 226. 47%。2022 年，企业一季度工作开局良好，达到预期，实现了首季开门红。通过抢抓春节关键节点，科学谋划生产，在连云港市突发新冠疫情期间，精准防控施策，实现全线满产运行。截至 2022 年 3 月月末，企业实现营业收入 4. 6 亿元，同比增长 229%；实现归母净利润 1. 18 亿元，同比增长 200. 8%，经济效益大幅提升。

（二）成功解决关键技术和工程化难题，增强高性能碳纤维自主可控能力

国产高性能碳纤维的规模化投放市场，有力地冲击了国外碳纤维企业在国内市场的长期垄断地位，扭转了我国高性能碳纤维完全依赖进口的局面，推动了我国高性能碳纤维及其先进复合材料等相关行业的发展，同时也为区域经济的快速发展做出了贡献。在满足市场的同时，企业承担了多项国防军工任务，已完成了近百批次的现场取样和供货，扭转了国家重点型号武器装备关键材料长期依赖进口的局面，逐步实现国产化替代，保障了国防安全。2018 年，中复神鹰的碳纤维项目“干喷湿纺千吨级高强/百吨级中模碳纤维产业化关键技术及应用”获得了 2017 年度国家科技进步一等奖，该奖项为国内碳纤维行业获得的最高荣誉，同年企业还获得了创新人才推进计划重点领域创新团队奖。企业至今共获得国家级荣誉 3 项，协会荣誉 27 项，省级荣誉 8 项，市级荣誉 11 项，企业影响力大幅提升，社会效益得到彰显。

（创造人：张国良、刘　芳、罗皞宇、席玉松、李　韦、陈秋飞、
金　亮、连　峰、王　暖、张刚翼、郭鹏宗、毕建全）

满足运 –20 系列化、多状态研制要求的数字样机构建

航空工业第一飞机设计研究院

航空工业第一飞机设计研究院（以下简称一飞院或集团）是我国目前唯一集歼击轰炸机、轰炸机、民用飞机、运输机和特种飞机设计研究于一体的国家级大中型军民用飞机设计研究院，是航空工业及陕西省首家获得国家认证的“国家级工业设计中心”“国家国际联合研究中心”。一飞院承担的主要任务是飞机的总体设计、整机主要性能试验、主要分系统功能验证性试验和系统集成，拥有完整的飞机型号远景规划、论证、设计、研究、集成、试验、保障、科研管理专业体系；建立了包括国防科技重点实验室、陕西省重点实验室在内的完整配套的科研及试验设施，具备整机航空产品谱系开发以及同时承研多个先进军民用飞机及其配套产品的研发能力。目前，科研主体共有职工 2236 人，院士 2 人，集团技术技能专家人才 66 人，包括集团首席技术专家 9 人、特级技术专家 23 人、一级技术专家 28 人、首席技能专家 2 人、特级技能专家 4 人。

一、满足运 –20 系列化、多状态研制要求的数字样机构建背景

（一）完成运 –20 系列化、多状态研制的迫切需要

运 –20 飞机作为满足中国空军战略需求的关键装备，在提升中国空军战略投送能力的同时，为中国空军后续发展出加油机、侦察机、预警机、反潜巡逻机、电子干扰机等特种飞机提供了绝佳平台。2016 年运 –20 飞机列装服役，随着参与国内外抢险救灾、救援、接志愿军烈士遗骸回国、国庆 70 周年阅兵、联合军演等数十次重大行动，运 –20 飞机产生了巨大的军事效益、社会效益和国际影响力，系列化飞机研制需求接踵而来。零部件在千万量级、涉及“一院十厂”主承研、全国 400 余家高校院所/供应商直接参与、600 余家供应商间接参与的运 –20 飞机研制，规模之大前所未有，机载配套、试验试飞、外场等各种业务场景在单机下已异常复杂，运 –20 系列飞机“研、试、用、改”并行走更是使这些业务场景复杂度呈指数级上升趋势，亟须构建单一数据源，满足分布在全国各地的参研单位及军方基于同一数据基础进行协同工作的需要。构建满足型号不同研制阶段、不同业务场景的数字样机体系，成为提升运 –20 系列化、多状态研制能力的迫切需要。

（二）践行集团“数智航空”战略部署的必然选择

2020 年，中国航空工业集团有限公司发布专项文件，明确了数智航空专项这一重大战略举措，目标就是通过数据治理、云原生、数字孪生等新一代信息技术手段充分有效整合和利用各类内外部资源，实现信息流、业务流、价值流的高度集成与融合创新，重塑航空工业科研、生产、管理体系，推动企业数字化转型。运 –20 系列飞机有着异常复杂的全生命周期组织生产过程，在此过程中将产生类型庞杂、数量巨大的异构需求、设计、制造、服务数据，同时更改频繁、协调更改量大，造成飞机产品的数据管理极其复杂。如果不能对这些飞机的全生命周期数据进行有效管控，保证其一致性并对其进行动态维护，研发效率和数字化带来的经济效益均将大大降低，甚至造成产品质量缺陷、项目拖延。因此一飞院必须要借助这一轮数字化转型的契机，坚持目标和问题导向，从全方位、全要素、全产业链角度，通过战略管理能力和经营管理能力的变革提升企业应对产业变革的能力。

（三）实施型号全生命周期管理的重要支撑

2017 年之前，一飞院支撑型号研制的信息系统建设，包括各类 PDM（产品数据管理系统）、功性能 CAx 仿真分析工具等主要以单体、单点架构为主，支撑型号的研制阶段也以一飞院内部的详细设计

阶段为主，如全三维多厂所协同研制环境；已经交付外场的运－20 飞机的外场信息、作为飞机三大组成部分之一的机载设备、试验试飞信息等型号研制过程中的主要业务场景，基本上还依靠人工和文档的方式来传递和管理，信息化应用水平还处于较低层次。2017 年之后，随着运－20 飞机的研发过程管理向外场和试验试飞延伸，系列化型号越来越多，“单体、单点”架构以及文档管理模式已不能适应型号研发需求导致的业务量急剧增加的情况。运－20 系列飞机带来的异常复杂的型号研发需求，促使总设计师系统对信息系统的单体、单点架构和业务过程进行全面优化和整合，按照“延伸两端，加强中间，夯实基础”的思路，以“构建支撑飞机研制全生命周期数据管理的数字样机体系”为目标，以有效支撑一飞院实施运－20 系列飞机的全生命周期管理。

二、满足运－20 系列化、多状态研制要求的数字样机构建主要做法

（一）实施系统化顶层设计，构建数字样机体系管理框架

1. 确定数字样机体系管理的总体思路

按照运－20 系列飞机“研、试、用、改”并行走的核心业务需求，充分考虑全价值链、全产业链、全寿命周期的协同，确定“全面综合和统筹规划标准规范、型号数据、数字样机体系环境等多个管理要素”的总体思路（见图 1），主要分为三步走：第一步，建立全要素融合的标准体系和统一数字化研发环境两大基础；第二步，构建多维度数字样机，包括功能样机、性能样机、几何样机；第三步，开展一系列虚拟及实际应用，并通过在实际飞机研发过程的应用中发现的问题反向对数字飞机进行深层次的优化，达到以虚映实、以虚驭实和以虚代实的目标，形成面向飞机研发全生命周期“需求→设计→制造→服务”的双向控制体系，形成 PDCA 的闭环螺旋提升态势，为未来飞机的改型或新研奠定数据基础，提升运－20 系列飞机的可扩展性。

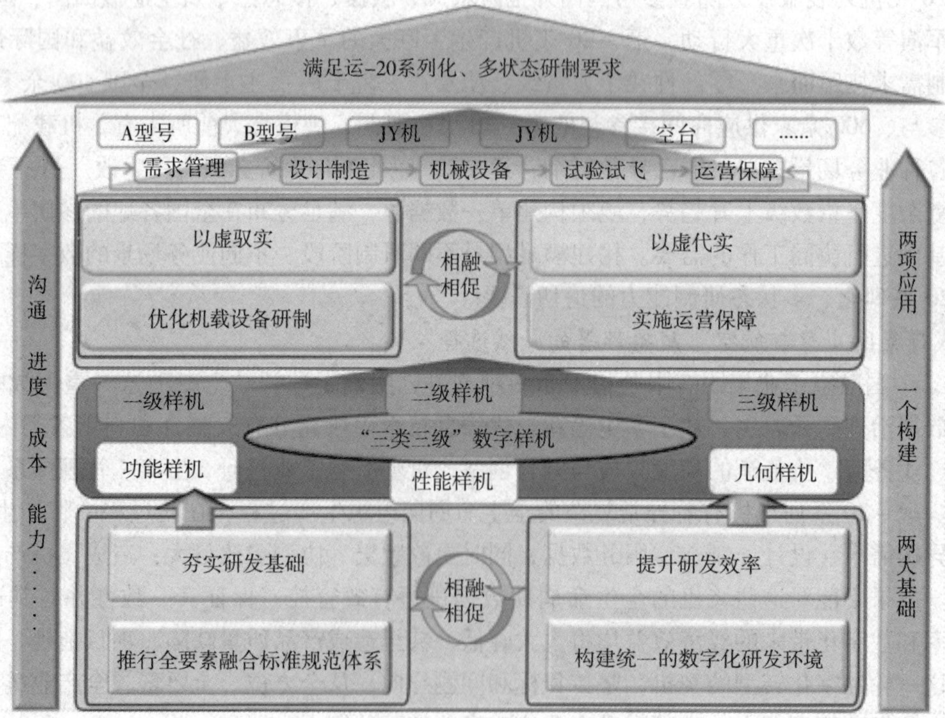

图 1　满足运－20 系列化、多状态研制需求的数字样机体系构建总体思路

2. 建立“三类三级”数字样机体系

一飞院经过多年的工程实践，结合先进的理念，将数字样机从横向和纵向两个维度进行细分。横向

从数字样机的应用广度提出了飞机研发过程中的“三类样机”，即几何样机、功能样机和性能样机。几何样机主要从组成结构的视角描述产品的几何特征及其相关的制造信息；功能样机主要从功能的视角描述产品的多学科性能；性能样机主要从性能的视角描述产品的多学科性能。纵向从数字样机的深度将概念设计、方案设计和详细设计等型号研制阶段的几何样机、功能样机、性能样机又进一步分为“三级样机”，即一级样机、二级样机、三级样机。一级样机主要面向概念设计和初步设计阶段；二级样机主要面向详细初步设计阶段；三级样机主要面向详细设计及后续的试制、综合保障等阶段。“三类三级”数字样机体系的建立，使运-20系列飞机的“研、试、用、改”并行以及全生命周期研制过程，从串行工作、后期验证的传统研发流程，转变为并行工作、持续验证的研发流程（见图2）。

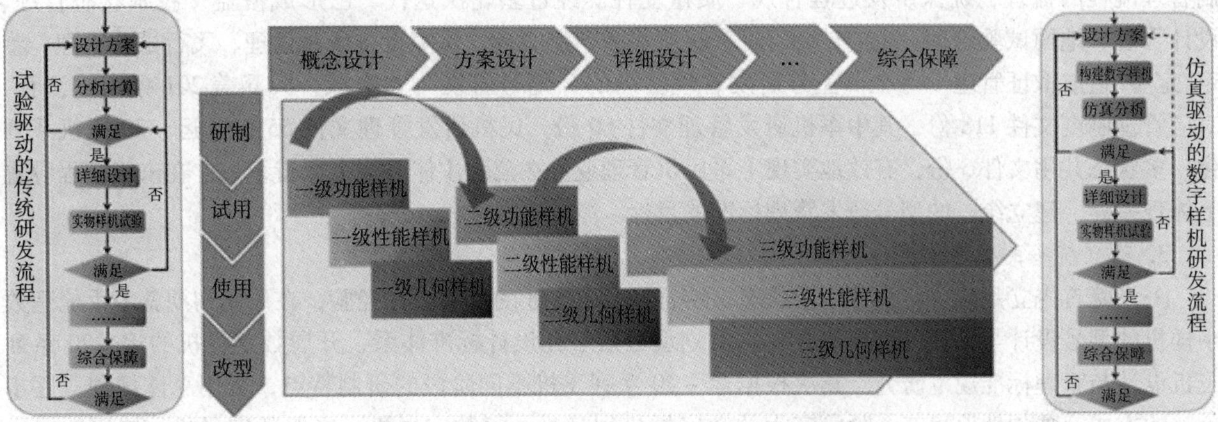

图2 “三类三级”数字样机体系对研发流程的改变

3. 建立型号研制全链条的组织架构

着眼于畅通运-20系列飞机研制总设计师单位到机体制造、机载配套单位，试验试飞、外场等飞机研制链条，避免数字样机体系建设与型号研制“两张皮”问题，加强体系建设过程中的组织保障，数字样机体系的组织机构与运-20飞机型号研制领导组织机构“一套班子、一套人马”，由研制全线主要参研单位组成领导组织机构、研制全线参研单位组织成执行机构。领导组织机构及执行机构负责项目的整体推进、资源统筹管理、重大事项协调解决等工作，并在型号研制过程中，定期就数字样机应用及使用过程中的设计、机载设备、试验试飞、服务保障技术及管理问题召开月度、季度、年度现场协调会，发现问题立行立改，保证在数字样机设计信息迭代、优化过程中，打通总设计师单位内部各专业间以及总师单位→主机单位→机载配套单位→试验试飞单位→外场的研制全线的企业壁垒，做实项目管理、技术研发和过程质量管理职责，建设具有复合思维的队伍，将数字样机体系建设提升到战略层面，与战略同谋划、同部署、同跟踪、同评价，使技术线、质量线在管理线统筹下开展技术研发、质量监管，加强对型号研制的进度管理和资源管理。

（二）建立全要素融合的标准规范体系，夯实数字样机研发基础

1. 建立基于需求的型号研制标准

一飞院秉承“型号研制、标准先行”的原则，建立基于需求的型号研制标准规范。首先，规范与需求输出的对应关系，通过对各层级需求的传递和分解的分析，得到需求在每一层级传递过程中都会产生顶层需求和底层分配需求，将这两次需求分别输出，形成顶层需求规范和底层需求规范，最终形成各层级顶层需求与系统规范/研制规范的一一对应关系。其次，按照用户下达的飞机研制总要求提出的战、技指标，在充分考虑需求层次划分合理性的基础上，建立基于需求的型号研制标准体系，包括型号专用规范中的系统规范、研制规范和产品规范，飞机级、系统/分系统级的底层分配需求规范，以及飞机级、

系统/分系统级接口控制文件等，分别对应产品的功能基线、分配基线和产品基线。已形成运-20飞机系列化、多状态型号研发功能基线文件15份，分配基线文件43份，产品基线文件261份，其中有相当比例的文件属于系列型号共用文件，极大地提升了运-20系列飞机的研制效率。

2. 建立军民机通用的管理流程标准

一飞院首先在高层达成了要有效区分管理流程体系和设计流程体系的共识，明确了管理流程体系应剔除飞机设计专业技术流程，只涵盖飞机研发管理各阶段活动的基本原则。同时结合集团公司AOS建设方法论，以《军用航空器研制生产与保障程序》作为顶层指导，结合一飞院型号管理工作实际，围绕型号研发全过程流程梳理做了大量研究和讨论工作，重点强化对运-20飞机系列化、多状态研发控制管理流程的梳理，确保研发过程合规、质量受控。经过多轮次迭代，已形成覆盖“技术状态管理、设计管理、地面试验管理、生产试制管理、机载设备研制管理、保障设备研制管理、飞行试验管理、鉴定/定型/适航取证管理”等全部型号研发管理活动的“型号研发”业务域，共涵盖201条末级流程，对应管理制度文件118份，其中军机研发管理文件60份，民机研发管理文件55份，运-20飞机系列化、多状态共用文件3份，有效地实现了军民机管理业务在流程主体架构上保持统一、在末级流程设置上体现差异、建立统一的型号研发管理标准的目标。

3. 建立统一的数字化标准

一飞院首先立足数字化设计应用状况，结合型号各专业的既有设计经验，在研制初期就着手梳理数字样机的型号设计与管理标准规范资料，策划型号数字化设计标准体系，开展数字样机的运-20系列飞机设计与管理标准规范研究。其次根据运-20系列飞机不同阶段的研制特点，采用总体规划、逐步分解的方式，独创性地将三个阶段产生的数字样机划分为一级数字样机、二级数字样机、三级数字样机，构建需求与模型驱动的三级数字样机设计与管理体系，分别支撑飞机多方案设计、协调打样设计和详细设计发图等业务活动。最后按照的“一套模式、一个统一”的指导思想，建立了一套由30份顶层标准规范、265份操作文件组成的完整的数字样机标准规范体系（见图3），并指导主机单位、机载配套单位、试验试飞单位，以及用户完成制造、检验、外场保障和质量控制等相关作业文件规范的编制。

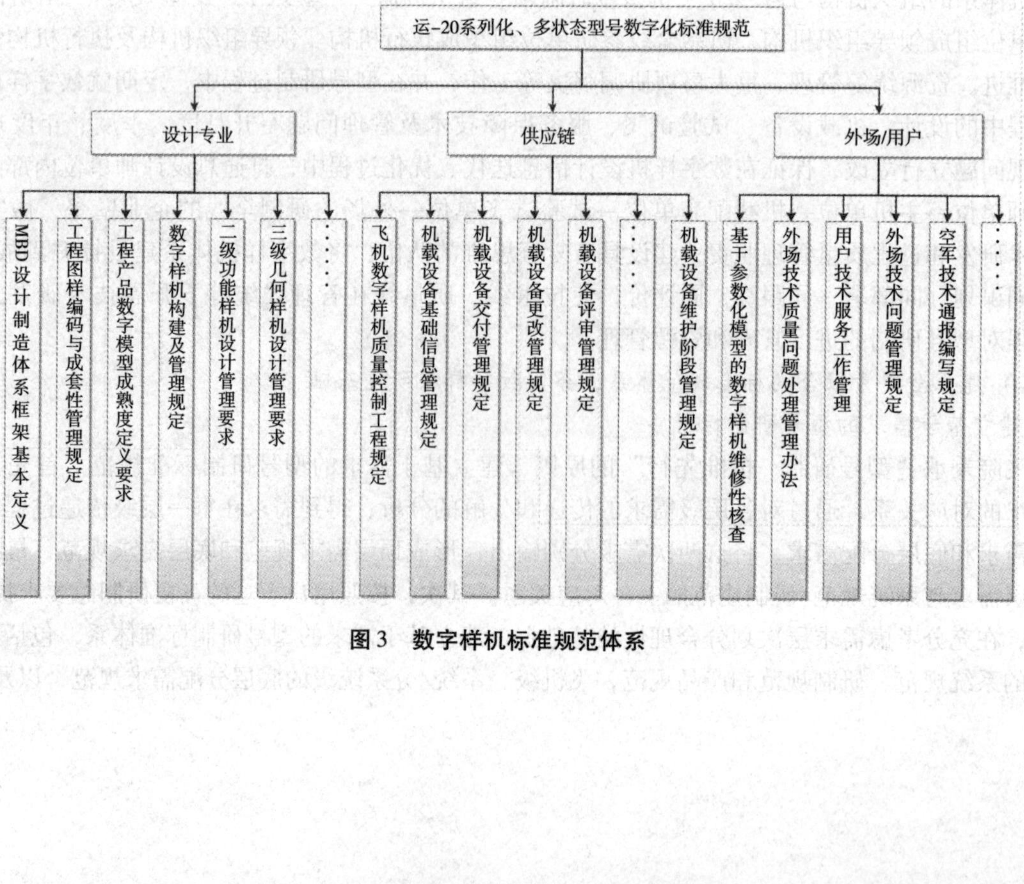

图3　数字样机标准规范体系

（三）建立统一的数字化研发环境，提升数字样机研发效率

1. 开展面向系列、型号的双向数据治理

建立与一飞院运－20系列飞机的业务战略相一致的数据战略，根据飞机需求分析、工程研制、批产交付和服务保障的研发流程，分析所有工程数据类型，定义面向MBD的飞机协同研发主数据，形成包含数据定义、数据组织、数据存储、数据共享、数据维护等过程的系列飞机研发数据治理体系（见图4），指导开展机体结构件设计、系统管线设计、工艺工装设计，保证研发数据的一致性、准确性、完整性，为制造、交付、服务保障等阶段提供全生命周期的唯一数据源，形成一个相互驱动与共享、双向闭环的数据网，加强系列型号双向的信息联动，并对数据之间的网状关系不断深入挖掘，增强产品研发过程的协同和管控，提升运－20系列飞机型号研制过程的全数字化表达能力。通过对型号研制全生命周期的各类海量数据按照需求进行抽取、汇总、挖掘与分析，从而提升总设计师单位对型号全研制链的风险防控能力，全方位地提升型号研制数据的规范性，为数据在型号研制全生命周期内双向流动奠定坚实的数据规范性基础。

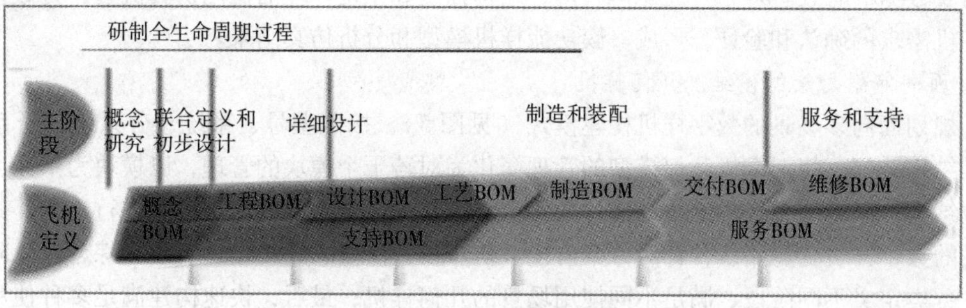

图4 面向型号研制全生命周期的数据治理

2. 采用面向中台的微服务技术

为适应运－20系列飞机带来的异常复杂的型号研发需求的变化，一飞院确立“十年规划”，逐步淘汰单体、单点架构的信息系统和仿真分析工具，借鉴去中心化、天然分布式的微服务架构理念对复杂系统和业务场景进行拆分，对运－20系列飞机研发过程涉及的多厂所协同研制、需求管理、数字样机、机载设备、试验试飞、FRACAS、外场信息管理等进行有效分布式管理，按照业务领域拆分为100多个高内聚低耦合的小型服务，每个小服务独立运行，降低业务模块之间的耦合度，使系统更高效和易于扩展。在互联网领域被证明且相当成熟的中台架构，已经具备在企业落地、执行的土壤，一飞院以微服务作为核心基础能力，支撑各种场景的快速迭代和创新，支撑企业未来构建面向多项目管理、全生命周期的“业务中台＋数据中台”高效型号研发管理模式。

3. 构建基于云原生的广域研发环境

深入贯彻“集团抓总、总师牵头、体系保障”的军品管理要求，加强公共基础设施的共建共享、数据治理和数据资源利用，基于航空工业金航网，依托自研的新一代微服务架构基础平台，通过数据治理、云原生、微服务等新型信息化技术，构建面向运－20系列飞机跨厂所、跨地域的广域研发环境，实现多租户、多型号、个性化应用需求敏捷落地。在设计领域，开展基于MBD的全三维关联设计平台的构建，支持机加、钣金、管理、电气、复材等多种设计需求，支持在线关联设计；在管控领域与过程控制领域，支持设计与制造的协同、设计与机载设备研制单位的协同、设计与试验试飞的协同等，促进运－20系列飞机全生命周期研制过程管控的清晰、统一、准确。基于云原生的广域研发环境，运行资源动态分配、运行负载动态平衡、系统多活运行云化，有效提高系统面对大数据量、多单位协同、复杂业务场景并行的承载力、可靠性和应对风险的能力，为数字样机体系很好地满足运－20系列飞机的研

制奠定坚实的环境基础。

（四）开发面向需求的多维度数字样机，实现飞机研发以虚映实

1. 开发基于型号研制需求的功能性样机

聚焦飞机概念论证和方案设计过程，以需求在研制全过程的动态捕获、分析、分配和验证为重点，突破基于场景的需求捕获技术、基于模型的架构设计等技术，形成从任务域、需求域、方案域到产品域的功性能样机设计体系。首先，建立一致的、可追溯的、可关联的、可验证的需求模型，定义需求从体系级、飞机级、系统级、分系统级到设备级，进行自顶向下的功能的分解分配，并建立需求的上下、左右关联追溯；其次，基于需求模型，确立从体系级、飞机级、系统级、分系统级到设备级样机的模型建模方案，建立模型总体设计功能架构并制定功能性样机建模流程、手段和规范，依据方案及建模相关规范开发功能性模型；最后，结合飞机结构、系统专业的不同需求特点以及它们之间的交联关系，找到系统/分系统、行为、交互三者之间的一对一、一对多、多对一的逻辑关系，在几何样机的基础上，建立需求模型和功性能样机模型耦合机制，通过自身属性及与其相关方进行交互产生特定的功能性行为，实现对分析仿真数据的有效管理，打通总体气动、结构强度和系统专业的协同仿真流程，打破仿真数据孤岛，完成飞机需求的确认和验证，形成一簇功能样机模型和分析仿真结果。

2. 开发面向使用场景的多维度几何样机

首先，规划面向多场景的数字样机构建模式（见图5），按照型号、系统、分系统、子系统的自顶向下的产品结构分解，将对全机几何模型的管理简化为对若干个模块的管理，以模块为单元，按照全机结构、区域结构、区域全系统、部段结构、全机全系统、部段全系统等使用场景进行重构；其次，定义面向多阶段的数字样机构建路线，针对方案阶段、初步设计阶段、详细设计阶段、综合保障阶段等型号研制特点，分类定义不同阶段、满足不同使用场景的几何样机；最后，快速构建满足多种使用需求的几何样机，结合系列飞机的模块化配置式的技术状态管理方式，通过采用市场上主流的转换技术以及对模块进行分类标识和划分等手段，构建模块化可配置的几何样机，最终实现全机数字样机按照有效性、区域、部段等对飞机不同研制阶段、不同研发场景的全覆盖。

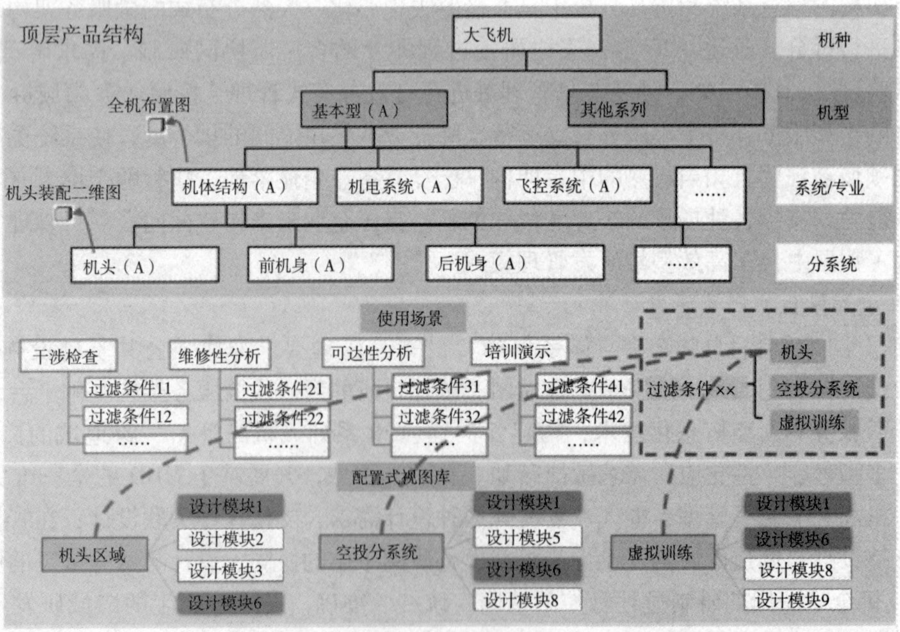

图5　几何样机构建

3. 逐级分解、验证与实现研制需求

一飞院在全面识别体系级、飞机级、系统级等各层级研制需求的基础上，通过功能样机、性能样机、几何样机三类样机定义和仿真验证，实现需求的逐级分解、验证与实现（见图6）。一飞院构建联合研制平台环境，建立各层级综合仿真模型和联合仿真机制，以支持三类样机的数据交互和动态运行，并以人机交互方式对所建立的功性能样机的正确性和有效性进行仿真和确认，实现对复杂系统功能、性能、几何研制需求的正确性、规范性、完整性验证。其次，基于对体系级、飞机级、系统级需求的分解，同时考虑行业规范、标准、相关领域的要求及与相关联系统接口关系，构建典型使用工况下可实现系统基本功能的样机，以验证与相关联的系统的匹配性、需求捕获的完整性及准确性，验证系统的基本功能指标，为后续方案的迭代优化提供数据及方向。在功能样机和性能样机的飞机功性能分析验证的基础上，构建面向制造的几何样机，以几何样机作为研制流程的落脚点，承载各级研制需求的物理实现。几何样机以三级四类骨架模型为核心，利用参数化设计思想，建立系列飞机间的多专业关联设计、设计与工艺的关联设计、设计与工装的关联设计，建立三维模型之间的约束、控制和依赖关系，实现飞机研制总体/结构/系统的上下游专业之间、A飞机/B飞机/JY机等系列飞机之间更改影响的自动传递、模型更改的同步和自动更新。基于三类数字样机的设计模块，不仅可以大大地提高设计效率，减少各种潜在设计缺陷造成的损失，更重要的是，其设计理念为飞机设计提供了一条行之有效的方法和思路。

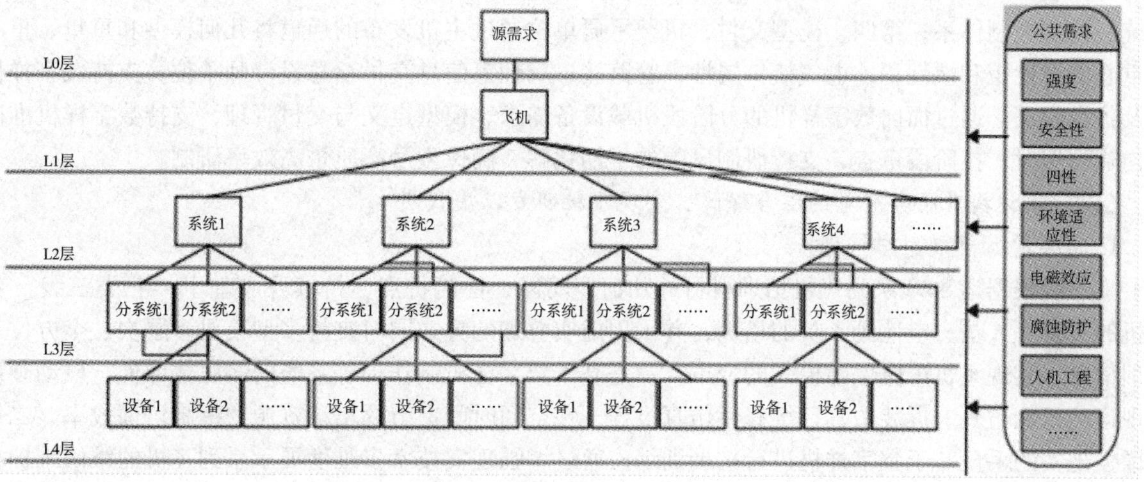

图6 需求的层级划分

（五）深度优化机载设备研制过程，实现飞机研发以虚驭实

1. 开展机载设备全周期一体化管理

一飞院对运－20系列飞机机载设备采用“总体把控、细节落实”的管理方针。总体把控单架机400余项机载设备的配套单位、资质等级、研制水平等。基于统一的广域研发环境，实现全线机载设备研制的高度并行，支撑总师单位与配套单位的联通互通机制，达到设备全生命周期管理过程受控、装机状态清晰、故障归零/处理完整的目标。对每一项机载设备要求责任到人、注重细节落实，由专人负责每一个系列型号配套设备的划分定义、指标提出、集成联试、过程管控、飞行验证跟踪、外场服务保障全周期的过程管理状态控制。建立贯穿设备研制周期的全过程管理模型，即建立从设备协议书模板设计、协议书签署、设备研制、交付联试到维护保障的管控流程及数据模型，构建机载设备控制流和数据流，实现运－20系列飞机以数字样机为核心的机载设备配套数据的精准提取，最终实现通过数字化手段确保总设计师单位精准把控飞机技术状态，保证飞机各研制阶段状态一致，从而达到以虚驭实的

目的。

2. 开展机载设备自顶而下的需求定义

通过对机载设备的需求进行定义与交付管理，支持需求自顶而下的分配与验证。针对复杂装备技术需求多变、系统架构复杂、管理模式创新等特点，以基于模型的系统工程理念为指导思想，借鉴国外先进设计理念，在型号研制中，突出基于能力的需求管理、需求驱动的精细化设计，建立飞机需求以“自顶而下的分解分配与自底而上的逐级验证”为特征的闭环控制体系。按照“抓两头、促中间”的推进思路，机载设备承研单位以机载设备协议书和技术要求为依据，建立内部机载设备需求管理工作流程，开展条目化的需求定义，完成机载设备需求规范、机载设备需求传递追溯矩阵和符合性验证追溯矩阵的定义与交付，支持需求变更后主机—供应商的统一管控、F/C/S/D 转阶段的评审鉴定，实现需求的逐层分解、传递和验证过程受控，确保机载设备需求的技术状态追溯可控。

3. 开展机载设备的模型设计与交付管理

针对运 -20 系列飞机业务场景异常复杂的特点，一飞院基于飞机优选设计方案开展结构与系统、机载设备安装协调设计和设计制造大部段协调等工作。第一，机载设备承研单位准确识别主机单位的输入条件；第二，模型构建，根据安装接口等输入条件，开展几何模型建模方法、建模工具等的分析，使用相应工具构建机载设备几何模型；第三，模型管理，构建以机载设备模型为核心的协同研制数据管理能力，实现机载设备模型版本的清晰有效管理，记录并描述几何模型与机载设备状态之间的关系，并融入统一构型控制体系；第四，模型交付，机载承研单位通过主机发布的通道将几何模型和重量、重心及对重心的惯性矩和惯性积，电气接口属性，管路接口属性等信息交付给总设计师单位，支持数字样机构建及仿真验证。通过面向数字样机的分阶段机载设备需求、模型定义与交付管理，支持数字样机准确完整构建与实时、按阶段审查，支持研制风险的早期化解，确保型号高质量高效率研制。

（六）实施提升服务质量的综合保障，实现飞机研发以虚代实

1. 虚实叠加开展用户培训

一飞院根据运 -20 系列飞机培训科目的几何、功能、性能特点，持续开展基于“三类三级”数字样机的对机务人员、空地勤人员的培训，并采用虚实叠加的方式同时支持多型飞机多层次、全方位呈现培训信息，实现飞机维修保障模式的变革。一是基于数字样机制作训练系统的多媒体课件，以动画形式呈现运动机构仿真、拆装仿真、维修性仿真过程，在空间时间上节约培训资源，提高培训效率。二是利用增强现实的手段基于数字样机进行扩展训练，通过增强现实技术多维度展示系列飞机的维修维护相关信息，辅助对受训人员的部件识别、诱导式拆装训练，提升受训人员维护维修技能，升级型号培训手段。通过基于数字样机的虚实叠加的用户培训，可以使飞机使用及维修人员提前感知系列飞机的几何、功能、性能指标是否满足使用方提出的战、技指标，并第一时间提出问题，促使设计师更改、优化和完善系列飞机的几何、功能、性能设计方案，从而达到以虚代实的目的。

2. 精准管控六类三级外场故障

为加强对运 -20 系列飞机外场信息的管理，依托数字样机建立同时支持多型飞机的外场运营情况、问题分级管控与解决封闭流程等。一是规划面向系列飞机的数字样机基本信息进行“一次建立、多次引用”模式的统一管理，包括飞机谱系、多个飞机型号、飞机系统、机载设备信息、客户信息等公共信息要素，以及各要素之间的关系，形成外场飞机基本信息唯一数据源；二是建立单架次飞机日常飞行、维护、维修、贯改、停放情况实时记录，清晰掌握多场地、多架次飞机交付后每日动态，使总设计师单位及时掌握飞机的最新状态，并将外场保障信息与数字样机数据相关联，始终保持数字样机与飞机实物一致；三是规范飞机从交付到使用过程中的六类三级问题处理流程，根据问题严重程度、影响范围、响应时间要求定义问题分级管控业务模型，并基于数据模型、流程模型和业务模型，结合外场问题

处理的实际业务场景定义应用模型，提高了问题处理过程的管控能力和管理效率；四是分析故障现象和故障模式，自下而上进行安全性需求验证，完善功性能数字样机安全性设计，记录故障现象的出现频次，评估并计算故障模式的故障率，进一步完善功性能数字样机，对于飞机使用效能的发挥以及可靠性等指标的提升具有较大的推动作用；五是创新外场问题全周期多要素显性化监控技术，满足客户部门和相关管理人员对处理场景多、过程复杂、周期长的外场问题全过程动态监控的需求。

3. 精准跟进外场通告的全周期状态

在综合保障阶段，依托数字样机建立外场技术单/技术通报的管理模块，管理飞机交付后更改原因、更改流程、更改落实等业务环节。一是外场技术单/技术通报和飞机架次的一对多更改管理、一对多更改反馈管理，从外场技术单/技术通报的单据维度、单架次维度、场地维度等多视角清晰掌握更改情况和贯彻情况，作为翔实有效的更改输入有效提升设计水平；二是设计原因引起编发外场通告，对数字样机进行设计更改与迭代，把外场实物飞机的更改需求完善到后续架次及其系列化中，提升设计能力；三是应用外场通告跟进并贯穿外场故障处理全流程，记录的制发原因、落实范围、实施指令、落实步骤、实施反馈等信息为飞机的基于数字样机的可靠性、维修性设计和评估提供一手、翔实的数据，为未来运-20飞机进一步改型提供数据基础。精准跟进外场通告的全周期状态，可以有效地提升总设计单位对外场飞机更改需求的反应速度与设计能力，促使设计师优化和完善数字样机的功性能和几何设计，从而达到以虚代实的目的。

三、满足运-20系列化、多状态研制要求的数字样机构建效果

（一）有效推动了运-20系列化、多状态研制

数字样机体系大幅提升了运-20系列飞机全研制链以及用户的整体研发能力，构建了集面向全生命周期的“三类三级”样机、产品数据管理于一体的、统一集成化数字样机体系环境，使传统的串行、后期验证的、试验驱动的研发过程，转变为并行、持续优化的、仿真驱动的数字样机研发过程，使型号数据在飞机需求、设计、制造、服务等全生命周期流动、共享，高效率支撑“研、试、用、改”不同需求的机型，利用先进技术极大地化解了一飞院军民机多项目并行研制与人力资源之间的矛盾，在我国航空工业技术发展史上具有里程碑的意义。在一飞院承担型号任务急剧增加，地仅运-20飞机就有五型系列飞机并行研制，参与系列飞机研制人员相比运-20飞机减少近70%的情况下，新一代空中加油机仅用了两年即首飞、五年即交付并开展实战化训练，相比运-20飞机首飞以及交付的时间均缩短约40%，显著缩短了型号研发周期（见图7）。

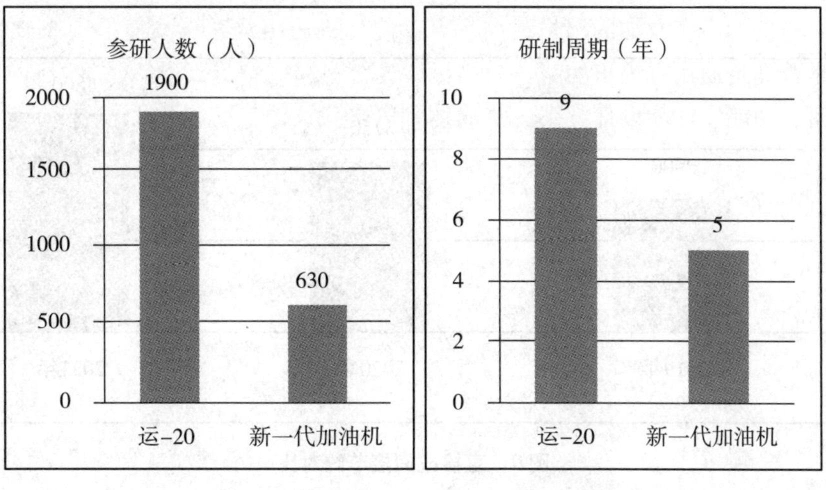

图7　两型号参研人数及研制周期对比图

（二）形成了航空行业新型数字化研制模式

通过数字样机与运－20系列飞机管理模式的有机融合，形成了面向飞机研发全生命周期需求设计→制造→服务的双向闭环控制体系、基于“三类三级”数字样机的新型数字化研制模式，使系列飞机研制过程更加规范、可控、高效，从而很好地满足了运－20系列飞机“研、试、用、改”并行走的研制需求。本成果可以在基于“三类三级”数字样机的虚拟环境下实现对飞机的功能演示、性能计算、仿真试验等，将型号原本在研制、使用、维修等阶段才能暴露的问题提前发现、提前解决，使型号质量得到明显提升，达到了以虚映实、以虚驭实和以虚代实的目标。在设计、制造、综合保障阶段发现的问题相比未使用数字样机管理体系逐年递减，直接或间接节约的返工成本、人工成本、管理成本、协调成本等逐年递增，减少了每款机型平均投入的人力、物力、财力（见图8、图9）。

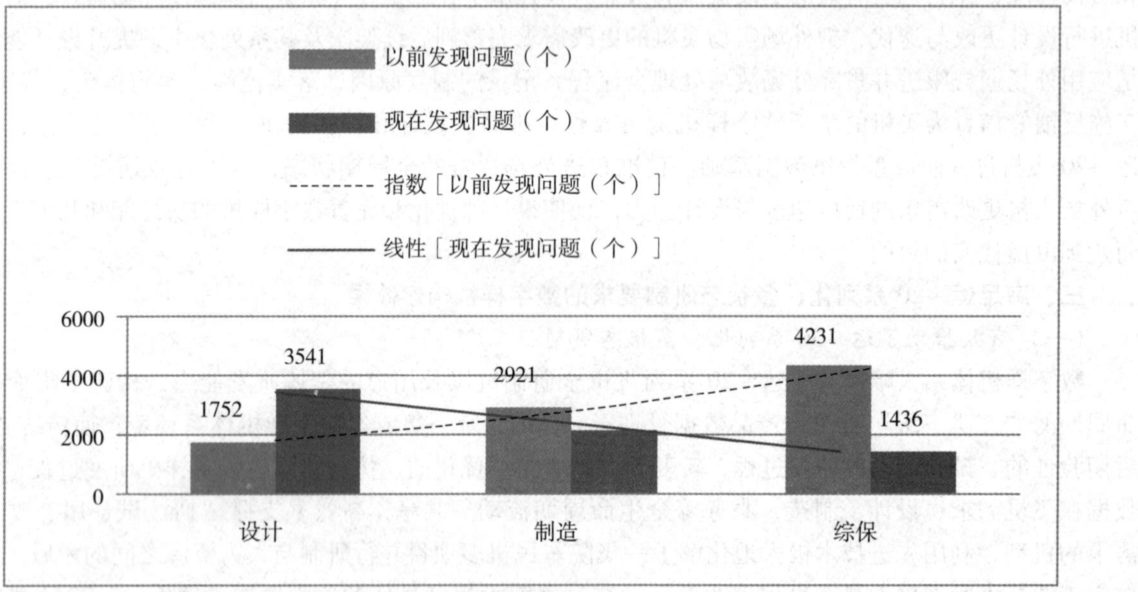

图8　发现质量问题情况对比

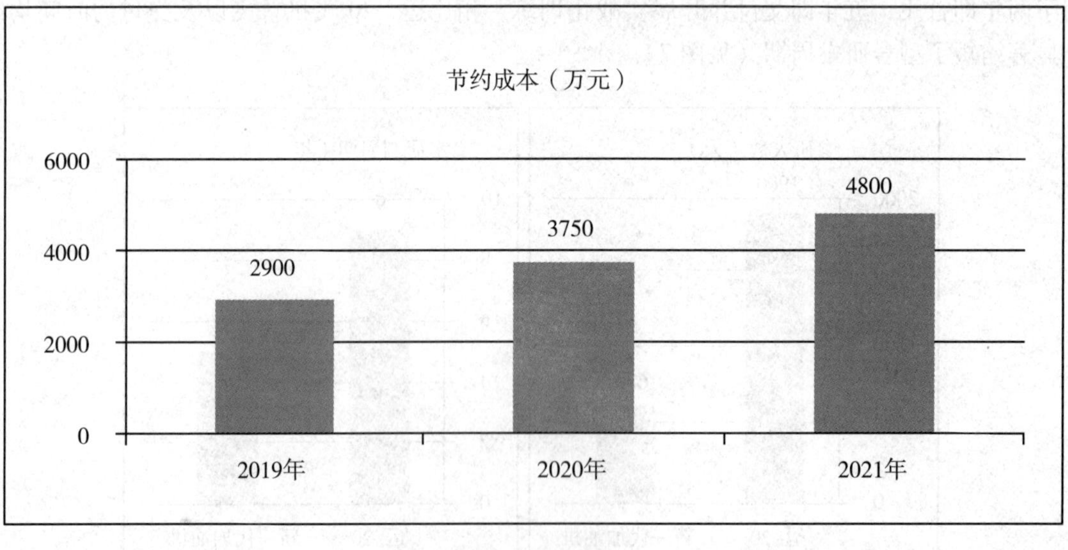

图9　直接或间接节约对比

（三）显著提升了一飞院的核心竞争力

多年来，数字样机体系包含的一系列标准规范、平台环境、技术手段、工具方法等多项子成果获得了多项省部级科技成果奖、专利及软件著作权，形成了30余人的研发团队，其中有数位已成长为行业知名专家。为使知识得以传承，研发团队以此为基础编撰了专业书籍《国家重大专项数字化研制体系》并发表多篇论文，该体系成功入围工信部“2021年工业创新领航应用案例”，且成果已推广应用至一飞院承研的EA飞机、MA700飞机、无人机系列、YS10等军民机多个机型，并成功地支持了多个军民机型号的并行研制。本成果基于新一代信息技术形成的数字样机管理体系、标准规范以及设计工具等技术和方法具有通用性，经过研制团队多年的完善和细化，其水平已逐步与国际接轨，可以推广至船舶、航天、汽车等多个领域。

（成果创造人：冯　军、赵　攀、任冀宾、杨　波、王译娴、郑晶晶、王小艳、屈卫刚、马　智、高　澎、蔡明学、孙　敏）

实现技术跨越的大型复杂核系统工程集简管理

中国核动力研究设计院

中国核动力研究设计院（以下简称核动力院）位于四川省成都市，隶属于中国核工业集团有限公司，是国有大型科研事业单位，是我国从事核反应堆工程研究、设计、试验、运行和核材料研究的规模最大的综合性基地，现有职工10000余人，先后产生10余位中国工程院院士。核动力院自主设计建造了我国第一座压水型核动力反应堆、第一座高通量工程试验堆、第一座脉冲反应堆、第一座60万千瓦核电反应堆、第一座数字化的百万千瓦核电反应堆、第一座自主三代百万千瓦核电反应堆“华龙一号”等，是我国研发军民核动力反应堆的“国家队”。核动力院已经形成了包括核动力设计、核蒸汽供应系统设备集成供应、反应堆运行和应用研究、反应堆工程实验研究、核燃料和材料研究、同位素生产和核技术应用研究等一系列完整的研发体系，是国家战略高科技研究设计院，先后获“高技术武器装备发展建设工程突出贡献单位”“国家科技进步一等奖”“国防科技进步一等奖”“国家优质工程奖、“全国五一劳动奖状”“第二十二届中国专利奖金奖”等荣誉。

一、实现技术跨越的大型复杂核系统工程集简管理背景

（一）发展新型核工业，夯实国家安全基石的战略需求

综观我国核工业发展历程，先后经历了“以军为主”“保军转民”“融合发展”三个阶段。中华人民共和国成立以来，党和国家对核工业十分重视，不断加大投入，我国的第一代核动力潜艇，就是在毛主席的号召下，由周恩来总理亲自指挥，中央专委具体负责，国家部委和部队具体组织，核动力院会同诸多科研院所、装备企业全国一盘棋实施，取得的令人瞩目的成就。

作为发展中的大国，我国正面临着多元复杂的安全威胁，遇到的外部阻力和挑战逐步增多，维护国家统一、维护领土完整、维护发展利益的任务艰巨繁重。因此，必须加快新型核工业技术研发，筑牢维护国家安全的基石。

（二）突破“跨代”技术，加快核工业创新的发展需求

核技术是衡量一个国家国防实力的重要标志，历来是有核国家高度重视、优先发展、严密封锁的核心关键技术。特别是“跨代”的核技术创新，研发、验证、建造往往需要数十年时间，对各国都是挑战。美国经过几十年的探索发展，在核技术上仍存在研发周期长、投资大的问题。我国的核工业经历了不同历史阶段的管理模式。在研制一代陆上模式堆期间，充分发挥了计划经济体制集中力量办大事的优势，取得了全国各地8000军民大会战的伟大胜利。改革开放以来，多年成功实践，核电工程大多在市场机制下通过总承包模式（EPC）、设计—建造模式（DB）等商业化的建设工程管理模式实施项目管理。然而，我国的核工业体制仍存在相对封闭、体制内外创新活力不足的问题，特别是复杂系统工程管理存在较为严重的路径依赖和思维定式，影响了我国核技术更新换代的步伐。

核动力院作为国家核技术研发的“国家队”和“主力军”，要实现核工程研发的加快发展，必须摆脱思维定式和路径依赖，创建一套既适应紧迫形势、体现国家意志，又遵循市场规律，结合我国国情的复杂系统工程管理模式，支持我国核技术的“跨代”发展。

（三）追求卓越绩效，打造国际一流科研院所的工程需求

核动力院是国家战略高科技研究设计院，长期承担着国家重要型号工程、重大专项工程的军民核技术研发任务。对标世界领先机构，核动力院科技创新步伐和项目管理水平还存在差距，特别是在强核兴

国的时代要求和大型科研院所转型升级的紧迫需求背景下，核动力院面临着更大压力。比如，传统管理模式主要依靠单一行政手段，管理资源配置在一定程度上还存在分散、重复、封闭、低效的问题，制约管理创新驱动的深层次体制机制和思想观念依然存在，改革创新举措“最后一千米”问题亟待解决，强军思想落实落地落细还有待加强。因此，核动力院急需深化创新发展理念，构建自觉担当、集成创新、简约高效的新时代复杂系统工程管理模式，切实提升核心竞争能力，创建国际一流研究设计院。

二、实现技术跨越的大型复杂核系统工程集简管理主要做法

（一）针对核系统工程的不确定性，明确集简管理总体思路

核动力院面对突破性技术创新的大型复杂核系统工程边科研、边设计、边研制、边建造等特点带来的不确定性，针对工程资源分散、管理多头、效益不高等管理问题，坚持以“强军思想”为价值引领，打造并实践出一套“1责任、1创新、3协同”五位一体的“113”集简管理模式。“集”指集成创新，主要包括协同攻关、核安全可控的一体化管理；“简”指简约高效，即精简、节约与高效。通过打造价值引领的专项责任体系，创新制定“三融合、三联动”机制，实施扁平化的组织协同、过程协同以及要素协同，一方面将国家战略意图、民族情怀使命转化为工程全线可量化、可检验、可考核的具体活动，激发工程全线内生动力，充分发挥集中力量办大事的社会主义制度优势，有效化解、平衡市场化冲击；另一方面核心管理团队通过实施组织、过程、要素三协同，实现传统职能管理向现代流程管理的转变，做到30人的核心管理团队协同数百家建设单位，做到“小核心，大协作”，确保工程高标准、高质量、高效率实现目标，成功实现新型核技术跨越发展（见图1）。

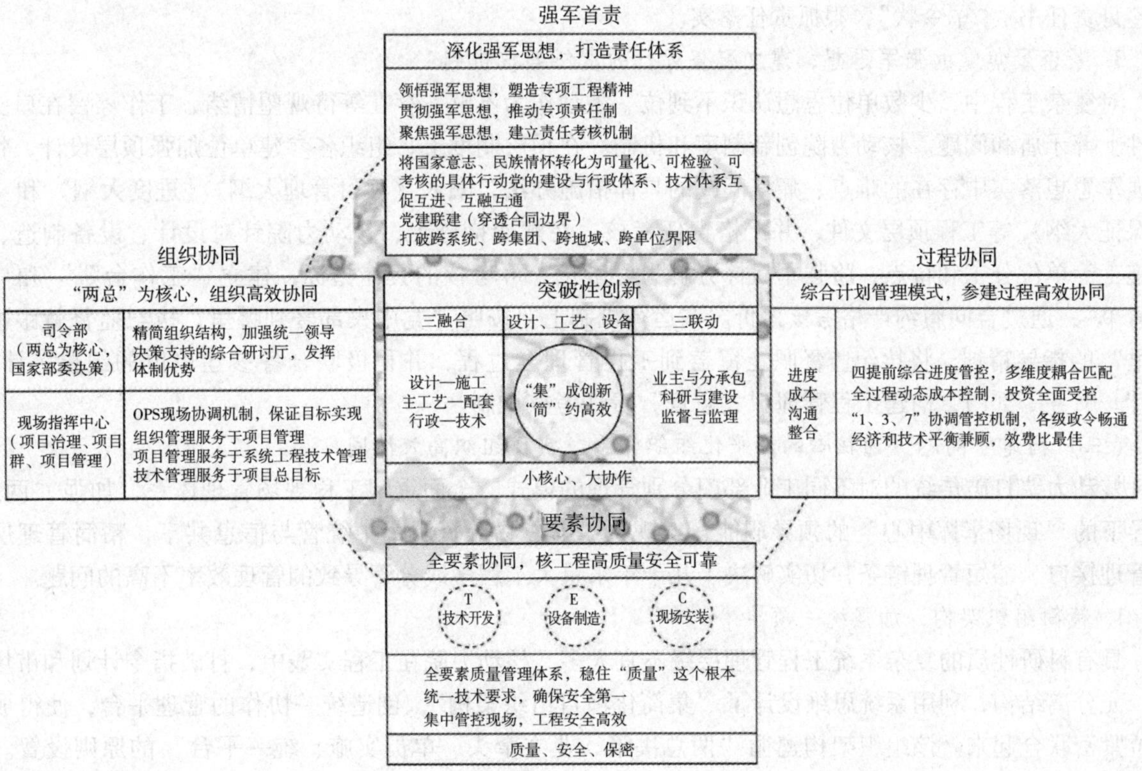

图1　突破性技术创新大型复杂核系统工程五位一体“113”集简管理

（二）深化新时代党的强军思想，打造价值引领的专项责任体系

核动力院利用实施重大科学工程的良好契机，以新时代党的强军思想作为推动工程的战略指导，聚

焦国家使命任务，遵循市场客观规律，打造新形势下基于强军首责的工程管理总体思路、目标和原则。在工程管理顶层通过统一领导、全面协同、需求对接、资源共享机制实现工程重大技术创新。

1. 深刻领悟党的强军思想，塑造专项工程精神

面对复杂工程跨行业、跨地区、跨单位属性的困难，以及影响工程加快推进和协同合作的体制性障碍、理念性分歧，核动力院深刻领会习近平总书记关于新时代党的强军思想的重要论述和指示精神，组织工程全线深刻领会重大工程伟大意义。同时，加强党建联建，推行“党员进班组、委员进支部”，打破系统、集团、地域、单位的界限，彻底改变各单位技术、管理人员“本位主义”思想，解决传统项目矩阵式管理的职能与项目交点上难以协调的矛盾，所有“战斗部队”都配备政委，将工程全线（国家部委、集团公司、参建单位、设备制造厂等数百家单位）“拧成一股绳、连成一条心”，形成推动工程的强大合力，锤炼出“团结协作、攻坚克难、砥砺前行、勇于担当、甘于奉献”的专项工程精神。

2. 贯彻推进党的强军思想，推动适应形势的专项责任制

复杂工程涉及面广、利益相关方多，且诉求理念不能完全统一，长期存在利益冲突。核动力院在国家有关部委和集团公司的全力支持下，采用“自上而下”的思路，积极贯彻以强军为导向的“一把手”责任制，推动强化专项责任体系。在国家层面，有关部委建立联合工作机制，有关领导任召集人，以新时代党的强军思想为遵循，及时指明全线工作方向。在集团层面，集团主要领导高度重视，亲任工程总指挥，以“强核报国、创新奉献”精神为指导，把握大势全力以赴协调推动。在现场层面，核动力院主要领导任现场指挥长，以“责任、安全、创新、协同”为指南，常年扎根工程一线，精心组织工程实施。在工程全线，各参建单位主要负责同志以专项工程精神为纲领，严格落实“一把手”工程，通过签订责任书、“军令状”，狠抓责任落实。

3. 紧密聚焦党的强军思想，建立配套可行的责任考核机制

对复杂工程中，少数单位思想认识不到位、主动作为不够，存在等待观望情绪，工作停留在口头和文件上等矛盾和问题。核动力院创新制度和机制。在顶层制度上，组织各参建单位加强顶层设计，将解决强军思想落实中存在的难点、痛点问题的具体措施办法，融入《项目管理大纲》《进度大纲》和《质量保证大纲》等工程顶层文件，并严格责任考核。在配套措施上，核动力院针对设计、设备制造、建安施工等单位分工和特点，将强军目标分解为可量化、可考核的具体指标，建立“工作台账”和“负面清单”，通过合同履约严格考核评价。在运行机制上，按照“党中央部署到哪里，执纪监督就跟进到哪里”的指导精神，将执纪监督职能覆盖到工程管理全过程，并积极联合各参建单位的纪检、计划、审计、财务等部门，构建工程管理“大监督”责任考核机制。

（三）构建“两总”为核心的扁平化组织体系，实现组织高效协同

核动力院打破传统的对不同工业部门分别管理的模式，全面重塑工程现场管理体系，加强“两总”领导下的“现场指挥中心”的领导职能，实现人、财、物等资源集中统管与信息共享，精简管理层级和管理接口、缩短管理链条，切实解决了几十年来重大工程多线分管导致的管理效率不高的问题。

1. 精简组织架构，加强统一领导

具有科研性质的复杂系统工程管理层级不宜太多。核动力院在工程实践中，打破指令计划和市场经济二元分离结构，利用系统思维设计了“集简化项目组织架构”，创造统一协作的管理平台，使得成员单位紧密联合起来。该组织架构遵循“两总决策、业主牵头、单员实施、统一平台”的原则设置。一是司令部，由“两总”系统负责工程重大决策，由全国范围内的知名专家学者组成的综合研讨厅作为其参谋助手。二是参谋部，即“两总”领导下的“现场指挥中心”，负责项目治理规范的建立以及项目总体策划、执行、监督和绩效评价，该中心是项目管理的核心，由核动力院选派的30名富有经验的技术专家和项目管理专家组成。三是作战单元，根据系统、专业、领域等划分WBS任务包，形成若干个

由多家成员单位（如设计、土建、安装、设备、调试等单位）组成的PM单元，每个成员单位指定6～10名不等的核心成员，负责系统范围内的项目管理。成员单位PM同时负责范围内供应商管理，每家供应商指定1～2名负责人加入网络组织。整个精简统一的组织架构可实现快速高效的交互。

2. 构建“两总”决策支持的综合研讨厅，发挥新型举国体制优势

传统的“两总”系统决策体系，由于各单位存在领域分散、政出多门、条块分割的问题，导致“两总”系统决策效率低，决策周期长。核动力院为保障“两总”系统应对复杂性快速高效决策，构建了集中不同领域的专家协同工作的综合研讨厅，其中包含专家体系、模型体系、知识体系、信息体系等四个基础模块，通过群决策支持系统、信息融合技术、多媒体会议系统、全周期项目管理及附属系统等手段，实现了信息化平台下的综合研讨，形成了“两总决策、综合研讨、群策群力”的良好格局。

3. 建立组织—项目—系统（OPS）的现场协调机制，保证成果导向的多目标实现

核动力院积极推行“总体框架稳定、动态灵活调整”的思路，实现工程全线扁平化、民主化、网格化的管理。在项目实施过程中，现场指挥中心负责项目管理，总设计师负责基于系统工程的技术管理，院行政负责组织管理，组织管理服务于项目管理，项目管理服务于系统工程技术管理，技术管理服务于项目总目标。OPS集中统一贯穿系统、子系统、设备（部件）三级，各领域、各环节各司其事，又相互协同，实时依据国家重大需求、技术创新态势、现场形势变化等因素，在权限分配、决策审查等方面不断进行微调。每个月，各领域都召开专项协调会；每两个月项目举行OPS高层协调会；针对重大问题、关键环节，及时组织专题协调。在工程关键阶段，核动力院按照OPS三层管控，及时成立专项现场协调小组，组织华中、西北、西南、华东、东北等五大片区，数十家单位，进行了50余次重大系统或设备制造进度专项检查和协调，极大地推进了工程进度并提升了工程质量。

（四）制定并实施“三融合、三联动”机制，突破战略性关键核心技术

1. 明确“三融合、三联动”机制，实现专项系统性创新

为有效化解重大创新工程参建单位领域分散、条块分割的体制机制问题，核动力院从顶层设计上明确“设计—施工”“主工艺—配套”“行政—技术”三个融合，以及“业主与分承包”“科研与建设”“监督与监理”三个联动。三个融合方面，围绕设计、工艺和设备的重大技术突破，注重进度匹配、作业面协调、资源分配，管理组织和技术决策等，明确各环路、各阶段工作计划，业务领域的主体责任，信息渠道，保障措施等内容，保证各环路有序衔接。三个联动方面，围绕工程生命周期的关键利益相关者与关键阶段，明确统一全线目标，发挥整体合力，研判科研、建设各自关切和突出的问题，较好地整合各类监管和工程监理力量，发挥各自职能优势，相互借力，实现联动，促进协同创新。同时，核动力院通过党建联建、联合办公、集中办公等有力措施，不断加强设计、设备、施工、调试、监理等单位工作衔接和协调配合，形成有效合力，确保了关键技术突破协调匹配快速推进。

2. 紧紧盯住设计“龙头”，实现技术攻关协同创新

专项工程设计及核、船、土建工艺等多专业、多单位接口复杂，不同设计单位理念差异较大，标准难以统一，给技术状态管理带来压力。为加快推动核心设计工作，工程现场采取强化顶层设计、统一技术规定、积极开展供图协调、定期组织设计复查等具体措施。在技术攻坚关键阶段，多次组织召开专题协调会，及时解决供图瓶颈。结合以往核工程实践中的经验和教训，组织召开专家咨询会，针对设计管理提出切实有效的意见和建议。对设计接口实施动态管控机制，围绕跨系统、跨行业、跨领域的创新协调，努力解决设计各自为政、自成体系等顽固问题，取得了积极效果，保障了现场供图并满足了技术服务需求。

3. 牢牢把住工艺“基础”，实现关键工艺协同创新

专项工程具有系统层级复杂、技术接口繁多、质量和核安全要求高等特点，特别是建造工艺、安装

工艺等在我国核工程历史上属首次应用，无成熟经验，且关键工艺缺乏必要的科研支撑，部分关键验证试验前期技术贮备不足，安装、试验、调试等都需要在过程中边摸索、边施工、边调整。对此，现场指挥部组织核、船两集团抽调各自骨干力量，成立现场领导小组和专项攻关小组，深入开展全新安装、系统调试等方面的工艺科研攻关，并对重点领域制订专项计划，实施精准协调，集中优势技术力量，逐项突破，克服了一系列瓶颈弱项，有力地确保了关键环节顺利推进。

4. 时时抓住设备“关键”，实现重大设备协同创新

在重大创新工程前期就充分识别关键路径的长周期主设备，提前启动设备订货和原材料采购工作，提前释放设备研制相关风险，为后续安装工作奠定基础。同时狠抓原材料供货瓶颈问题。针对部分设备原材料批生产供货瓶颈问题，及时组织专题协调会，全面梳理问题，研究制定措施，并组织督促相关民口配套单位全力保障供货。针对关键路径上重大设备突破工作，制订专项计划，建立例会制度，对材料采购、锻件投料、加工焊接、组装试验、出厂试验等节点目标实施控制，并采用周报、月报以及现场实地检查见证等多种方式加以监督检查，极大地确保了重大设备协同创新。

（五）建立综合计划管理模式，实现数百家参建单位高效协同

核动力院准确把握核工程时间紧、任务重、要求高的特点和规律，坚持按照现代化科学管理要求，围绕“TEC”（技术开发 technology、设备制造 equipment、系统安装 construction）全要素，提出一体化过程管控模式。在此基础上，将各领域作业环节重新整合优化，考虑技术难度、成本控制、现场作业环境等多种因素，深入识别关键路径和关键工序；结合工程设计、土建施工、设备研制、系统安装、调试试验等各阶段、各领域的特点，科学统筹各领域工作过程，不断优化关键路径顶层规划，将诸多领域整合一体，制订全系统、全要素、全覆盖的综合计划。同时涵盖组织体系、资源保障及接口管理等，实现进度管控的领域综合、资源整合、接口耦合、文化融合，实现了统一步调、统一号令。

1. 实施“四提前”的综合进度计划管控，实现进度多维度耦合匹配

针对复杂工程多线并举的特点，采取“设计提前介入设备制造、施工提前介入设计交底、技术服务提前介入施工、调试提前介入系统安装”的四个提前介入，按照合理的工艺工序逻辑重新优化排序，优化初订施工计划，使各环节更有条理、更加高效。按照施工计划，倒排设计、设备采购计划，以设计、采购计划对科研、条件建设进行前置管控。研究制定设计、设备、土建、安装、调试等全要素、全领域、全覆盖的，强逻辑关联的多元信息全景图，灵活运用前锋线图、鱼骨图等方法做到挂图作战，打表推进。核动力院针对现场边摸索、边施工、边调整的现象，及时动态调整进度计划，以确保进度计划的科学性、合理性、客观性，更好地发挥综合计划的全局调控与监督考核的平衡统一作用，而不是传统的“一竿子到底”做法。

2. 构建全过程动态成本控制模式，达成投资全面受控

聚焦国家战略需求和工程建设目标，紧抓战略核心技术和用户使用需求两条主线，创建基于需求导向的全过程目标成本控制模式，通过系列化、体系化的工作措施，较好地解决了复杂工程成本控制难题。一方面，科学确定阶段性目标，对静态投资实施动态管控。例如，将可研阶段的投资估算、初设阶段优化后的设计方案的投资概算、施工图设计阶段优化后的施工图预算，作为阶段性管控目标，且相互补充、相互支撑，共同构成项目投资控制的目标体系。另一方面，贯彻全周期成本控制理念，实施全过程工程造价管理。一是积极引入独立的专业化第三方造价审核机构。二是从源头上贯彻成本意识，要求设计单位在确保安全和功能的前提下，杜绝超标准设计和结构上的超保守设计，积极推行限额设计，图纸设计概算造价原则上不能超过批复的投资概算。三是管理过程强化成本管控，严格管控施工方案及原材料采购，监督施工单位采购质量可靠、价格合理的原材料，实施专业化合同审价，严格审核把关，其中建安施工类合同审减率约35%，设备类合同审减率约30%，坚决贯彻中央全面从严治党要求，切实

抓好资金使用的监督管理，同时从手段上优化成本控制，强化竞争性采购，提升工程质量，节约工程投资。四是强化设计变更和工程变更的管理，制定的工程变更管理程序，对各类变更严格把关，重点就变更的合理性、必须性进行充分论证，既要防止“跑冒滴漏”，也要防止非工艺或安全所必需的“锦上添花”行为，坚决杜绝不必要的浪费，从而实现投资全面受控。

3. 建立“1、3、7”协调管控机制，确保各层级政令畅通

针对工程系统性、复杂性、艰巨性的突出特点，不断探索并形成“1、3、7”协调管控机制，即一般问题当天解决、重要问题3天解决、重大问题7天内提出解决建议。并通过考核评价、激励问责、现场约谈等多种方式，强化计划牵引，严格跟踪考核；按级负责，一级抓一级、一级带一级，各司其职、各负其责，有力推动各项任务按计划节点有序推进；较好地解决技术跨度大、新研设备多、新工艺要求高等因素带来的进度管控压力，实现质量、进度、投资有序受控。对工程进度滞后的瓶颈阶段，及时引入TOP 10风险控制、设立施工单位重大节点奖励金等先进管理理念，极大强化对现场的集中统管，实现设计、设备、试验等领域的协调统一，有力地保障了对质量、安全的有效管控。

4. 经济和技术平衡兼顾，达成工程效费比最佳

核工程必须坚持安全第一、质量第一，在设计、施工时要给予确保，不能因为节约投资而忽视质量安全，诸多涉及安全性的冗余性设计是客观要求。同时也要注意避免过分保守的设计和超标准的设计。特别是对施工单位所做的施工组织设计与施工方案进行审核时，不仅要进行技术审查，同时也要进行经济性论证，从技术和经济两个方面综合考虑，权衡利弊、进行科学评判，选取不仅技术可行而且经济合理的方案，从而达到提高工程效费比，合理控制投资的目标。国家战略工程由于进度要求刚性，因此存在大量的赶工作业，势必会加大建设成本。优化进度、压缩工期本身意味着节约投资，增加效益，赶工作业则需要投入大量的人力、物力资源。为此，应科学统筹好周期、资源、成本等因素，深入分析投入产出比，做好工程经济分析，结合工程全周期计划，做好各工序、各作业面的无缝衔接，切实科学、合理地赶工，坚决杜绝前面赶工、后面窝工等现象。

（六）强化全要素协同，确保核工程高质量、安全可靠

在技术、设备、工艺和质量等具体要素上实现协同，确保工程目标实现，针对工程技术创新强、质量和核安全要求高、建造和安装工艺难度大的特点，工程建设指挥部构建了全面的安全质量标准、统一的技术要求、一体化的接口要求。

1. 构建全要素的质量安全管理体系，稳住“质量”根本

工程建立和运行必须满足《国防科技工业军用核设施安全监督管理规定》《国防科技工业军用核设施质量保证规定》，以及民用《核电站质量保证安全规定》《核电站质量保证大纲的制定》的要求。针对军民安全标准要求的差异问题，自始至终贯彻“质量第一、安全第一”的方针，牢固树立“质量就是生命、质量就是胜算”的理念，及时发布《质量保证大纲》，以及与《质量保证大纲配套》的管理程序（76个）和工作程序（37个），覆盖TEC全要素，并在工程建设中不断优化运行。采取有力举措，保证各项规定要求落到实处。建立现场质量管理例会制度，质量趋势定期分析、重大问题及时报告和质量问题拉条挂账工作机制，确保质量问题高效快速解决。整个工程实现由合格的人员，按照有效的程序，使用合格的设备完成，辅之以必要的检验、验证、证实、监督活动，实现工程的质量目标。

2. 统一技术要求，确保安全第一

工程技术复杂，质量和核安全要求高，多项建造工艺和安装工艺等在我国核工程历史上属首次应用，涉及核、船等行业标准不统一的问题，并覆盖机械、电子、土建等多学科体系，给安全管理带来巨大的压力。采取强化顶层设计、统一技术规定、开展图纸协调等措施。在攻关关键阶段，多次组织召开专题协调会、专家咨询会，力保设计的统一性和工程目标实现。多个单位的联合设计与设计接口协同是

关键，建设指挥部对设计接口实施设计复查与设计接口动态协调管理。组织开展七轮全覆盖、全系统的设计复查，针对设计接口、深度、完整性以及文件有效性，逐项梳理设计缺漏。同时针对重点环节、重点领域、重点专业，开展分系统的专项设计复查。通过接口复查专题工作会，及时、准确、高效地固化设计接口，明确技术状态，为现场施工创造有利条件。强化设计变更和工程变更的管理。由于工程建设的工艺和结构相当复杂，施工现场往往出现设计变更和工程变更。一般核电工程在施工阶段的设计变更达到几万份，核动力院制定工程变更管理程序，要求对各类变更严格把关，有效地保证了设计质量，消除了安全隐患。

3. 集中管控现场作业，实现核工程安全高效

现场施工土建、设备安装调试相互交织，几百个单位参与，工程指挥部对现场实施综合管控制度，按照计划统筹各单位的现场施工，实现施工现场协同管理。编制《工程现场安全环保管理大纲》《工程安全管理实施细则》《安全环保风险管理手册》，并与相关单位签署安全管理责任书，落实安全管理责任。

三、实现技术跨越的大型复杂核系统工程集简管理效果

（一）全面实现国家战略工程目标

核动力院发挥“小核心、大协作”机制作用，安全可控地加快突破性技术创新，全面实现国家战略工程目标。仅 30 余人的工程指挥中心，不仅顺利完成科研攻关、试验研究、设备研制、研制保障条件建设、工程建设，而且重要试验一次成功，重大设备无一返厂，技术指标均满足要求，质量安全保密全面受控，最终全面完成了新型核动力的研发、设计、建造，高质量实现国家战略科技创新工程建设目标，全面形成了我国核动力技术的自主创新，自主可控的研发、建造能力。系统设计、设备建造、安装调试和建造风险已全面释放，技术成熟度全面满足工程应用条件。工程全线深入贯彻成本意识，严格规范从严从紧管控投资，较国际同类核工程，成本大幅下降。研制周期大幅缩短，远低于国外同类工程，获得国家有关部委高度肯定：该项目作为该技术领域重大突破，周期远小于国内外同类工程，刷新了我国核技术发展史上的纪录，走出了一条新时代自主创新发展核技术研发道路。通过国家战略工程实施，探索创建了一条适用于国家战略工程的集简管理模式，该模式已在核领域多个重大项目中进行推广和借鉴。

（二）推动我国核技术跨越式发展

核动力院通过实施国家战略工程，立足高起点、高层次推进技术创新，克服了技术跨度大、创新难点多、复杂程度高等一系列困难，从科研攻关、实验验证、设计研制、安装调试到实现目标，都达到国际先进水平并投入应用，极大地推动了我国核技术跨越式创新发展。作为我国新型的核动力工程，采用世界最先进设计建造理念，以提升功率、提高性能、减小重量为目标，实现了原始创新、集成创新和引进吸收再创新，成功突破多项技术瓶颈，陆续验证了重大设备研制、重要设备装焊、全新建造工艺等新技术和新工艺。工程成功实现了近千项新技术、新工艺、新材料国内首次运用，特别是相关设备重大工艺均属国内首次工程应用，是我国核工业建造史上的重大技术突破。相继完成了一系列核心系统设计以及性能考验，制定完善了相应设计准则，攻克了结构设计、材料研发、设备研发、计算分析等一系列核心技术，从根本上解决了长期制约我国核技术发展的一系列“卡脖子”重大技术难题，实现了关键指标大幅增长。

（三）促进国防、经济和社会发展成效显著

多个先进工程实验装置的研发成功，大大增强了我国核能力，为国民经济建设发展和国家安全保驾护航，为落实“强核强国”使命做出了重要的贡献。

工程采用的新材料、新工艺作为成果溢出，形成了核动力领域完整的创新链和产业链，推动了相关

产业的发展。核心关键设备和研制工艺，摆脱了我国长期跟踪研仿的路径依赖，实现了新型技术领域的“弯道超车”；已有多项技术成功实现了成果转化，有力地推进了在多用途小型反应堆、核电宝、海上核电宝等领域的应用，已实现年产值10亿元。2021年7月13日，全球首个多用途模块式小型堆科技示范工程正式开工。模块化小型堆未来可实现供电、供热、供汽、海水淡化等多种用途，将有力支撑我国“碳达峰、碳中和”战略目标实现，带动我国核电装备产业发展，提升我国核电技术的国际竞争力。

（成果创造人：王丛林、唐传宝、赵志杰、扶靓庋、陈炳德、周　捷、朱志勇、田志伟、李文钰、金　檑、青　松、付祖刚）

钢铁企业集团以世界一流为目标的科技领军计划构建与实施

鞍山钢铁集团有限公司

鞍山钢铁集团有限公司（以下简称鞍山钢铁）始建于1916年，被誉为“中国钢铁工业的摇篮”，是一家中央企业，位于辽宁省鞍山市，主要从事黑色金属冶炼及钢压延加工，主要产品包括铁路用材、大型及中小型型材、棒材、钢筋、线材、特厚板、厚板、中板、热轧薄板、冷轧薄板、中厚宽钢带、热轧薄宽钢带、冷轧薄宽钢带、镀层板（带）、涂层板（带）、电工钢板（带）和无缝管等18大类钢材品种，700多个产品细类，2000多个钢牌号，60000多个规格的钢材，广泛应用于机械、冶金、石油、化工、煤炭、电力、铁路、船舶、汽车、建筑、家电、航空、国防等领域，累计有100多种产品获得省部级以上名优产品称号。2021年，企业实现利润总额167亿元，综合研发实力位居钢铁行业领先地位，企业国际竞争力日益增强。

一、钢铁企业集团以世界一流为目标的科技领军计划构建与实施背景

（一）瞄准世界一流企业建设，履行高水平科技自立自强使命担当

面对世界百年未有之大变局，加速世界一流企业建设步伐，对鞍山钢铁引领产业链重构升级、加快高质量发展具有重大意义。要建设好世界一流企业，构建科技领军计划发展模式，才能开辟更多创建世界一流企业的新领域、新赛道。鞍山钢铁与世界一流企业相比，在首发产品和关键核心技术研发掌控上，还存在较大差距。通过实施科技领军计划，抓住科技创新这个“牛鼻子”，在关键领域、“卡脖子”技术上有所突破，研发更多首发产品，掌控更多关键核心技术，才能在加快世界一流企业建设步伐中更好地践行“把科技自立自强作为国家发展的战略支撑”的使命担当。

（二）加快企业转型升级步伐，担当大国重器

鞍山钢铁面对我国钢铁高端产品过多依赖进口的问题，立足“碳达峰、碳中和”目标，贯彻新发展理念，锚定“钢铁旗舰”目标，提出了加快首发产品和关键核心技术研发进程的高质量发展的战略主线。通过实施科技领军计划，研发更多集强、塑、韧、应变、耐蚀、抗压和耐疲劳等综合优异特征于一体的高端首发产品和低碳冶金、洁净钢冶炼、高效轧制、基于大数据的流程管控、节能环保等先进工艺技术，加快转型升级步伐，担当大国重器。

（三）解决企业自身科技存在的问题，提升科技服务战略能力

鞍山钢铁在与国内先进企业的对标中发现，科技创新存在有影响力的高水平项目不多、具有行业话语权的领军人物不足、重大科技成果产出不高、服务公司战略能力不强的问题。为更好地解决这些问题，全面增强科技创新的动力、活力、引领力，明显提升技术领先能力，显著增强科技核心竞争力，鞍山钢铁推出了大型钢铁企业集团以世界一流为目标的科技领军计划构建与实施工作。

二、钢铁企业集团以世界一流为目标的科技领军计划构建与实施主要做法

在学习国内外先进企业科技创新体系的基础上，鞍山钢铁构建了以“技术领先、品质精良、担当重器、永站排头”为愿景，面向经济主战场，面向国家重大需求，面向公司战略主线，面向“碳达峰、碳中和”行业发展方向，涵盖目标、指标、权利与义务、绩效与评价的科技领军计划体系。

（一）瞄准行业科技前沿，谋划制订企业科技领军计划

鞍山钢铁以组织领导体系构架、确定目标和技术路线，确保科技领军计划高效开展。成立了科技创新管理委员会和技术专家委员会，发挥科技创新管理委员会把方向、做决策的作用，强化了技术专家委

员会审规划、评项目的作用，形成了面向基础性、前沿性、引领性国家战略的科技卓越项目、面向公司难点问题的技术领先计划体系、面向成果转化和服务现场实际的“一厂一所一室”的塔式科技领军计划项目体系，搭建了由科技领军人、首席专家、技术总监、项目团队构成的协同运营职责构架，以实现对总体目标、总体思路、计划构成、管控系统、具体方向与指标管控的全覆盖和高效控制，全面地提高了鞍山钢铁效率提升、成本变革、技术领先、服务引领、智慧制造、生态融合的能力。

1. 确立科技发展目标

瞄准行业、市场引领产品和技术，以技术中心科技研发平台、制造单元应用转化平台、产学研用深度融合平台、服务客户持续改进平台、知识系统检索传承平台为依托，通过全面打造激发动力、活力、引领力的内部高效技术创新生态，深入抓好经济技术、绿色制造、智能制造等重点项目，显著提升科技创新力、产品竞争力、行业影响力，培养造就一批在行业有重要影响的科技领军人才，努力把鞍山钢铁打造成高端人才的集聚高地、行业技术的引领高地、未来科技的探索高地。

2. 确立科技发展规划

围绕产品全覆盖和提高市场占有率的发展战略，对炼铁等9个工艺领域和汽车钢等12个产品领域，规划涵盖研发方向、目标、指标、权利与义务、绩效与评价的项目体系。围绕每个领域的攻关方向、经济技术、绿色制造、智能制造、平台建设、效率、知识产权等总体与年度指标，规划项目系统。围绕管理职责、计划制订、领军人选拔、计划实施、计划及领军人变更、绩效考核与激励，规划形成完整的科技领军计划管控体系，把牢科技领军计划的方向和重点任务。

3. 确立重点任务及研发方向

按照科技与公司战略相融合、研发与国家战略相融合、产品与工艺技术相融合、引进与激励人才相融合、理论研究与成果转化相融合的原则，确立由3个一级指标、13个二级指标、35个三级指标构成的三链融合的科技领军计划技术重点任务，使科技领军计划思维更开阔、思路更清晰、路径更快捷、管理更规范，实现技术获取由无序到有序、由零散到系统的转变，全面地提升科技领军计划价值链、技术链、供应链协同创新水平（见图1）。

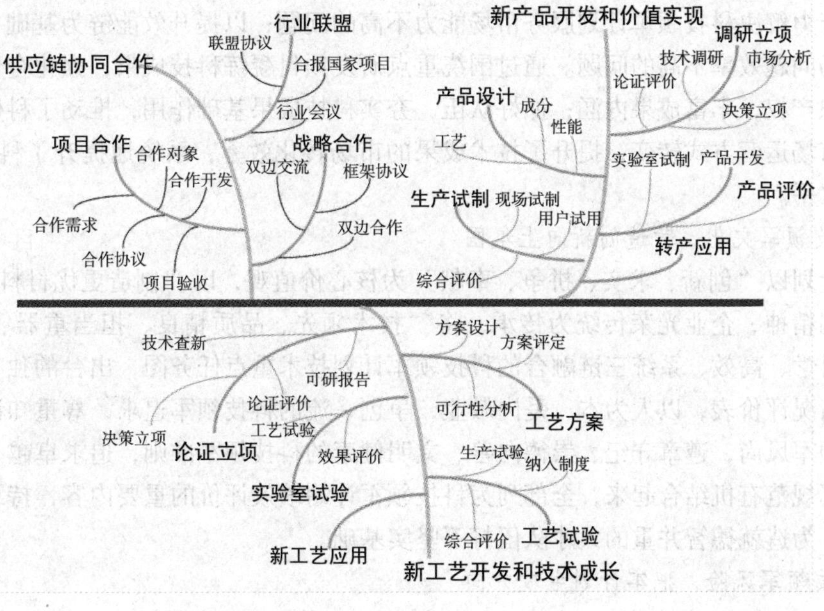

图1　科技领军计划技术重点任务

鞍山钢铁按照国家重大需求与企业发展战略并重、科技计划与公司发展战略协同策划、关键核心技术和拳头产品共同研发、基础前瞻研究与成果转化同步推进的原则，坚持补短板、锻长板的协同统一，面向新工艺、新产品、新装备、高质量、低能耗、低排放等，在炼铁、煤化工、炼钢、热轧、冷轧、中厚板、节能环保、重轨、造船用钢、海工用钢、铁路车辆用钢、桥梁用钢、管线用钢、核电用钢、汽车用钢、军工用钢、智能制造、家电涂镀、线材制品、电工钢、炼焦等 21 个科技领军的工艺和产品领域确立了研发方向，形成了 357 个科技领军计划支撑课题。

（二）完善科技管理制度，建立科技计划评价体系

鞍山钢铁围绕铁素流、碳素流、能源流、信息流“四流合一”，构建绿色低碳科技领军计划管控体系，高起点研发关键核心技术，高水平提升科技研发效能，高层次开展产学研用合作，高效率抓好知识资产运营，实现了科技领军计划项目全过程的高效运营。

1. 构建追求卓越模式，提高计划评价水平

鞍山钢铁在全公司完成科技领军计划领军人、首席专家、技术总监的推优、招聘、选拔及责任书签订工作。制定《鞍山钢铁集团有限公司 2025 科技领军计划管理办法》，建好“项目”平台、“放权”平台、“手段”平台。通过下放管理权限，深入开展科技卓越项目、“揭榜挂帅”项目，创新“一厂一所一室”等模式，较好地调动了科技人员创新的积极性。在此基础上，鞍山钢铁以体现领导、战略、顾客与市场、测量分析改进、资源、过程管理、经营结果为基本内涵，形成了包含 8 个方面、涵盖目标、指标、权利与义务、绩效与评价等 14 个指标，具有鞍山钢铁特色的科技领军评价体系，覆盖本企业钢铁链条全领域，实现对科技领军项目的精准评价。具体包括创效情况，获得国家资金支持情况，承担国家、省部、集团重大课题数量，用户需求反映数及解决率，技术贸易收入，获得国家、省部级科技奖励项目数，获得知识产权情况，当年主持或参加制定的国际、国家、行业标准数等。

2. 加快成果转化进程，提升科技领军价值

通过出台《鞍山钢铁集团有限公司科技创新效益评价及奖励管理办法》等，把价值创造作为科技领军计划评价的重要维度。坚持以提升价值链为重点，着力解决科技领军计划协同创新价值创造效率不高的问题；以提升技术链为核心，着力解决科技领军计划关键核心技术研发效率不高的问题；以提升供应链为保障，着力解决科技领军计划服务市场能力不高的问题；以提升效能链为基础，着力解决科技领军计划解决现场问题效率不高的问题。通过围绕重点研发项目凝练科技成果，强化合作，提升科技成果水平，协同知识产权，丰富成果内涵；抓好队伍，夯实科技成果基础作用，推动了科研成果转化由以技术供给方式向市场运营方式转变，提升了技术成果的市场转化效率，系统地提升了科技研发的创新性、系统性和价值水平。

3. 创新科技领军文化，营造创新向上氛围

科技领军计划以“创新、求实、拼争、奉献”为核心价值观，以“制造更优材料，创造更美生活”为使命，以鞍钢精神、企业光荣传统为传承，将“技术领先、品质精良、担当重器、永站排头”的科技领军愿景，科学、高效、系统三链融合的科技领军计划技术重点任务图，出台的独有的科技领军计划创新指数完成情况评价表，以人为本、爱岗敬业，争创一流的科技领军追求，尊重知识、尊重人才、尊重创造的科技领军风尚，遵章守纪、崇德向善、文明健康的科技领军准则，追求卓越、严格标准、严格执行的科技领军规范有机结合起来，全部列为科技领军计划绩效评价的重要内容，持续丰富科技领军计划的文化内容，为造就德智并重的人才队伍打下坚实基础。

4. 控制科技领军风险，把牢计划主攻方向

鞍山钢铁明确了创新科技领军风险管理方法。一是坚持顶层决定性原则，在最短时间内纠正科技领军计划可能出现的偏移问题。二是坚持整体关联性原则，确保科技领军各关联部分相互促进，共同发挥

协同作用。三是坚持实际可操作性原则，充分利用时间、空间等因素，高标准、完整、准确地开展相关工作。同时，通过强化科技领军风险战略分析、辨识与评价、预警、监控、目标化管理、监督等工作，将风险控制纳入科技领军计划绩效体系，落实科技领军计划风险责任。计划实施以来，形成科技领军风险预案3个，完成科技领军风险预控制报告3个。

（三）锚定关键核心技术，全力抓好领军项目

鞍山钢铁立足国家和公司战略，积极服务经济主战场，准确把握客户需求，围绕研发更多集强、塑、韧、应变、耐蚀、抗压和耐疲劳等综合优异特征于一体的高端首发产品和低碳冶金、洁净钢冶炼、高效轧制、基于大数据的流程管控、节能环保等先进工艺技术，全力推出科技领军计划项目系统。

1. 建设原创技术“策源地”

鞍山钢铁按照强力组织、充分放权、高效管理、有效激励的原则，聚焦国家重大战略需求和国际科技竞争的前沿领域，通过统筹资源，精心策划，依靠“策源地”建设提升原创技术需求牵引、源头供给、转化应用能力，推出海洋装备用先进钢铁材料原创技术“策源地”建设方案，确定4个研究领域，16个攻关方向，全面规划了原创技术策源地组织管理、机制建设、工作方案、技术布局、研发平台、研发投入、协同创新、成果转化、科学评价、人才与团队激励、项目管理、容错机制、科研诚信等工作，在基础理论、基础工艺、关键核心技术、原创技术成果方面取得较大进展。

2. 抓好高质量领军项目

一是在科技领军项目推进过程中，鞍山钢铁立足国家战略，从“全产业链的安全可靠，关键核心技术的自主可控”角度，与上下游企业共同梳理卡点图谱，重点解决产业链上下游用户的卡点和堵点问题，推出4个国家级关键核心技术研发项目。研发高效纵向变厚度钢板轧制技术，创新钢板成分与工艺设计，实现Q345qD－LP01桥梁用钢全球首发，助力打造创新型绿色桥梁工程。二是面向行业转型发展的方向，积极争取国家部委、省市科技重点计划、自然科学基金、强基工程等项目，挂图作战，积极在引领行业低碳冶金、洁净钢冶炼、高效轧制、基于大数据的流程管控、节能环保等先进工艺技术上有所作为。如开发深海高应变海洋管线钢板，产品应用具有强、塑、韧、应变、耐蚀、抗压和耐疲劳等综合优异特征，通过国家石油管材质量监督检验中心和中石油工程材料研究院评价，产品全面达到标准要求，实现了我国深海高应变海洋管用关键材料从无到有的突破。三是依托国家重点实验室，以联合实验室、实质性产学研联盟建设为载体，加大关键领域、“卡脖子”技术研究力度，提升原始创新能力。组建智慧化研发、材料计算等8个研究团队，推出80个前瞻基础研究项目，多个项目获政府政策资金支持。

（四）聚焦科技领军效果，强化项目高效管理

鞍山钢铁通过推出科技卓越项目、“揭榜挂帅”项目、“一厂一所一室”模式、加强质量过程管理和满足市场用户关切等，全面提升科技领军计划效果。

1. 聚焦关键核心技术，推出科技卓越项目

鞍山钢铁面向经济主战场，服务国家重大需求，依托科技领军计划，组建汽车用钢等5个卓越计划团队，通过下发《鞍山钢铁集团有限公司科技卓越计划项目管理办法》，给予团队年度立项、对外合作、无合同试制、国际学术交流等自主决策权，实施科研费用承包制，充分调动科技研发团队的积极性，为鞍山钢铁高起点研发关键核心技术，创建世界一流企业做足技术研发准备。开发低碳当量、低焊接裂纹敏感系数、高耐候性指数的新型HPS系列高性能耐候桥梁钢，成为国内500MPa级免涂装耐候桥梁钢唯一向国内外批量供货的厂家。

2. 聚焦补齐短板领域，实施“揭榜挂帅”组织方式

鞍山钢铁依托“揭榜挂帅”组织方式，着力解决自身科技难点问题，补齐短板。通过强化科技重

大项目超前设计、用“军令状”压实责任、加大价值创造奖励力度等方式，全面推出 5 个“揭榜挂帅”项目，对挂帅人赋予团队组建、对外交流、团队绩效评价、奖金分配等自主决策权，并重点在研发资金上给予优先保障。如国家科技重大专项“高强度安全壳板研制”课题，超额完成目标任务，钢板综合性能远高于国际同类产品水平，实现了高强度反应堆安全壳用钢研发理论、技术、工艺高效协同创新，形成了高强度反应堆安全壳用钢配套的集成制造及应用技术体系，建立了我国自有的高强度安全壳板标准。聚焦“碳达峰、碳中和”目标研发的“绿色高效转炉冶炼—干法除尘协同技术开发与应用”项目，设计了具有自主知识产权的除灰尘回收技术，实现除尘灰零排放，显著地改善了烟气固体颗粒物排放和煤气回收指标。

3. 聚焦生产实际问题，实施“一厂一所一室”攻关模式

鞍山钢铁依托“一厂一所一室”攻关模式，聚焦“碳达峰、碳中和”目标，在铁前系统、节能环保、产品全生命周期等领域布局一批减碳、零碳攻关项目，着力从系统角度推进低碳技术研究；聚焦生产工艺的“痛点”，着力解决生产现场的重大技术问题，抓好重大工艺成果和产业提升工程，落实好技术攻关任务；聚焦拳头产品的“难点”，以“绿色、高强、耐蚀、易加工、多功能”等为导向，着力解决拳头产品市场占有率不高、盈利能力不强等问题；聚焦数字鞍钢的“重点”，加快数字化技术研发应用步伐，提升数字赋能水平。通过采用自主研发的独有新技术，解决了热轧油泥因含油率高无法利用、污染环境的难题，鞍钢 1780 线热轧油泥含油率由 16.1% 降至 2.17%。

4. 聚焦质量过程控制，抓好科技降本增效

鞍山钢铁坚持把科技降本增效作为科技领军计划的重点任务之一。围绕生产经营的关键点、扭亏增效的切入点、环保减排的发力点，通过组织科技领军团队、生产一线和机关管理部门系统梳理、反复提炼、科学设定目标、重在抓好落实，下发科技降本项目计划 6 个，强化科技领军计划对质量全过程管理的作用，深入抓好科技降本增效工作，为推进节能减排和绿色制造技术的研发应用，为公司依靠质量占领市场、降本增效、提高产品差价、提升核心竞争力，做出突出贡献。

5. 聚焦国家市场关切，研发一流服务技术

按照“连续投入、专注研究、成果共享、效益分享”的原则，科学确定科技领军计划服务客户的新路径，组建 11 个重点产品产销研一体化团队，实行“营销 + 技术”双组长制，发挥产品总监技术营销作用，为客户量身定制个性化的产品解决方案。围绕川藏铁路、“国和一号”、中俄东线等国家重点建设工程，开展专项产品开发，做好技术营销服务及储备工作。充分发挥技术与市场用户高效对接的协同作用，增强科技领军计划的协同性、系统性、整体性，打造出市场满意的创新高地，显著提高了产品市场占有率，如转向架用钢独家供货全球首条“跨海云轨”。

（五）深化科技体制改革，激活科技创新活力

科技领军计划以月总结、季汇报、年评价为载体，充分发挥科学、高效、系统的科技领军计划技术重点任务图和创新指数完成情况评价表的作用，通过深化研发体制改革，激活科技创新活力，高效推进科技领军计划工作的开展。

1. 加大激励力度，激发领军计划动能

通过完善关键科技人才中长期激励制度，健全以创新能力、质量、实效、贡献为导向的科技人才评价体系，构建充分体现知识、技术等创新要素价值的受益分配机制，用活以科研业绩为主的“基本条件 + 知识价值贡献积分 + 同行评议”360 度竞争性评价模式，营造尊重人才、人尽其才的工作环境，确保各类人才“引得进、留得住、用得好”。制定《鞍山钢铁集团有限公司青年人才成长激励实施办法（试行）》《鞍山钢铁集团有限公司关键人才中长期奖励办法（试行）》等制度，围绕增值效益激励、政府项目管理、基础项目研发、专利与专有技术管理、职业培养与晋升通道等方面，实现普惠式奖励和专

项奖励协同推进。已给予科技领军计划团队5005万元奖励，人员最高收入为最低收入的8.9倍，同层级收入差距超过3倍。

2. 立足共赢共进，激活产学研用效能

科技领军计划以海洋装备用金属材料及其应用国家重点实验室为依托，构建目标明确、阶段实施、相互约束的产学研用合作机制，强化联合实验室建设，高效利用“外脑”，形成与重点院校所“开发、合作、共享”的新局面，持续扩大高层次国家级协同创新“朋友圈”。科技领军计划实施以来，已选择具有相关学科优势的院校所，孵化跨学科、专业的研发平台17个，对外签订技术开发合同93个，主办了36个学术会议。国家重点研发计划“低温高压服役条件下高强度管线用钢”项目，汇集国内管线钢科研、生产、应用、评价等领域16家单位，采用“产—学—研—检—用”协同创新模式，在理论、技术、方法、产品、标准等多个方面取得了丰硕的研究成果。

3. 创新运营模式，提升知识管控能力

按照“创造、保护、运用”的思路，坚持战略导向、问题导向和未来导向，强化专利竞争力分析，把牢知识产权创造的方向与重点领域，提升知识产权“创造”水平。依托重点技术领域强化专利群布局，增强关键核心技术保护深度和广度，提升知识产权“保护”水平。利用专利导航分析功能，加强专利实施许可、技术贸易工作，提升科技成果转化水平，强化专利技术风险防范，规避知识产权法律纠纷，提升知识产权“运用”水平。有2个项目获得中国专利优秀奖，形成专利分析报告5篇，形成包括275个发明专利的35个专利集群，发明专利申报、授权比例大幅提升，提升了关键核心技术的掌控能力，彰显了创新主体的地位。

三、钢铁企业集团以世界一流为目标的科技领军计划构建与实施效果

（一）取得显著的科技创新成效

科技领军计划有效地解决了鞍山钢铁有影响力的高水平项目不多等问题。完成结题课题59个，创造直接经济效益66.3亿元，带动实现科技降本增效间接效益71亿元。有5名科技人才获得国务院政府特殊津贴，8人入选辽宁省百千万人才，293篇论文获辽宁省自然科学学术成果奖，9个项目获中国创新方法大赛奖，鞍山钢铁2020年被确定为辽宁省首批高价值专利培育中心。大型集装箱船用止裂钢（EH40/EH47）等4个产品系列入选《中央企业科技创新成果推荐目录（2020年版）》。管线用钢领军团队开发的第三代超大输量管线用钢板关键技术，3年生产极地低温造船及海工用钢和极地管线用钢21万多吨，销售收入10亿余元，明显地提升了技术领先能力和科技核心竞争力。

（二）有效支撑企业高质量发展

通过实施科技领军计划，鞍山钢铁研发出更多集强、塑、韧、应变、耐蚀、抗压和耐疲劳等综合优异特征于一体的高端首发产品和低碳冶金、洁净钢冶炼、高效轧制、基于大数据的流程管控、节能环保等先进工艺技术，加快了企业转型升级步伐。2018年到2021年，鞍山钢铁吨钢颗粒物降低20.9%，二氧化硫降低23.4%，COD排放降低50%。科技领军计划助推鞍山钢铁成为中国船舶及海洋工程用钢领军者，桥梁钢引领者，名列前茅的汽车钢供应商，核电用钢领跑者，铁路用钢、家电用钢、能源用钢重要生产基地，为鞍山钢铁打造世界一流企业，强、塑、韧、应变、耐蚀、抗压和耐疲劳等产品的研发，做足了技术贮备，引领了行业高质量发展。

（三）有效提升行业影响力和市场竞争力

研发的“钢材热轧过程氧化行为控制技术开发及应用”等3个项目获得国家科技进步二等奖，58个项目获得省部级科技进步奖。研发63个引领技术，实现18个产品全球首发，33个产品国内首发，一大批产品广泛应用于“复兴号”等国家重点工程。承担的4个国家关键技术攻关项目全面完成目标任务；牵头的国家重点研发计划“低温、高压服役条件下高强度管线用钢”顺利通过结题验收。核电

用钢领军团队研发的600MW四代快堆用奥氏体不锈钢316H使鞍山钢铁成为全球唯一一家完全依靠自身装备实现316H供货的企业。军工产品实现重点型号用材全覆盖，制造的多型新式武器装备亮相国庆70周年阅兵式。科技领军计划紧抓科技创新，在关键领域、“卡脖子”技术上实现突破，成果先后被《世界金属导报》《中国经济导报》《中国发展网》《冶金报》《冶金经济与管理》《辽宁日报》等媒体报道，可借鉴意义较大。

（成果创造人：王义栋、孟劲松、任子平、丛津功、王忠润、李维兵、孟昭萍、曹新全、仉　勇、张　营、林东盛、徐长维）

航空主机所基于自主创新的空天融合项目协同研发管理

中国航空工业集团公司成都飞机设计研究所

中国航空工业集团公司成都飞机设计研究所（以下简称航空工业成都所）建于1970年，主要从事有人战斗机、无人机系统、临近空间飞行器等高新科技产品研发和多学科综合性研究，拥有以航空为主的多专业、多领域优秀人才1900余人，资产总额92亿元，建立了满足先进航空、空天产品研发所需的完整专业体系和管理体系。航空工业成都所已成功自主研制了第三代歼－10系列、“枭龙”系列战斗机，国内最先进的侦察、打击一体化的“翼龙”系列无人机，以及具有世界先进水平的第四代战斗机等航空武器装备。

一、航空主机所基于自主创新的空天融合项目协同研发管理背景

（一）建设现代化国防新型武器装备体系的必然需要

进入21世纪以来，空天领域是各国军事科技竞相发展的新高地，走空天融合发展之路是立足当前航空、航天技术发展的理想选择，打造新型空天融合装备将是构建空天一体化攻防作战体系的重要支撑，是推动太空跨域打击体系建设的急切需求。航空工业成都所以国家空天安全和战略使命为牵引，前期通过3个五年计划，完成新型空天融合产品研发所需的重要基础理论研究、部分关键技术攻关和典型试验验证，逐渐形成了开展跨域产品研发的综合能力。在已有成果基础上进行跨越式提升，进一步深度融合航空、航天技术，全面突破空天领域核心关键技术，实现新型可重复使用航天器的飞行试验，必将为我国抢占未来太空领域主动权，捍卫我国空天利益和国家安全贡献重大力量。

（二）推进航空企业跨域协同发展的必然选择

航空工业成都所作为我国重要的飞行器研制总体单位，在充分发挥航空领域前沿技术引领作用，从传统型装备的跨代研制到颠覆性技术的探索预研方面，在迈向更高、更快、更强的空天领域新征程上，有责任突破技术领域的限制，打破原有的文化束缚、习惯思维定式，走创新融合发展之路，为我国空天技术发展贡献力量。技术的革新必将推动管理的变革，航空产品既有的研制管理模式已不再适用于跨域融合产品研发管理的新要求，只有兼容并包，充分吸收航空、航天领域产品研发管理的有效方法，实现跨域产品从0到1的创新突破，形成跨域融合协同管理的新机制，才是推进航空企业跨域创新发展的必然选择。

（三）实现跨域产品研发高效管理目标的现实需求

该类空天融合项目在国内尚属首次研制，技术风险极大，进度节点刚性，且总体单位实行“赛马制”，一旦落后将被淘汰；跨域产品系统组成复杂，需要满足航空器、航天器的使用环境和通用技术要求，技术研发管理难度大；航空装备渐进式能力开发与航天装备能力一步到位的本质不同，航空、航天单位在研制流程、设计理念、研发工具、质量文化等方面均存在显著差异，协同研发管理难度大。如何构建空天融合产品技术路径，精准策划关键技术攻关、飞行器系统集成与验证，协调统筹跨领域优势资源和飞行试验任务组织保障，高效优质实现研制目标，促进航空、航天在技术域、管理域、产品域的渗透融合，打造空天融合产品研发管理模式和机制，是航空工业成都所跨域发展过程中亟待解决的问题。

二、航空主机所基于自主创新的空天融合项目协同研发管理主要做法

（一）开展目标导向的管理策划，打造“三融”研发平台

1. 根据项目研发特点明确管理目标

空天融合项目具有五个特点：一是任务要求高，既要符合航天产品的“一次成功”又要满足航空产品的可重复使用，即“重复使用、次次成功”；二是技术难度大，总体综合、气动力/热、防热与轻质结构、返回控制等四大核心关键技术亟待突破；三是系统组成复杂，任务实施需要飞行器、运载工具、测控系统等6大系统跨区域协同；四是进度节点刚性，任务窗口一经确定不可调整，飞行器总体单位实行“赛马制”，一旦落后将面临淘汰；五是文化差异大，参研参试单位涉及航空、航天、其他行业、多军兵种各领域，各单位均有其惯有的研发文化和行为方式，缺少沟通机制。航空工业成都所以研发目标为导向，通过项目特点分析，运用解释结构模型法（ISM）识别出该项目的核心管理要素为研制流程、团队组建、计划管理、质量管理、风险控制和经费管理，明确了以研发流程梳理为切入点，以研发平台搭建为基础，以组织/进度/质量/风险/经费控制为手段，实现研发目标达成、技术能力提升和高效协同运作机制建立的管理目标。

2. 基于霍尔模型打造“三融”研发平台

一是在技术维，根据项目任务特点，通过采用航空、航天领域相对成熟的技术路线以实现项目最优。比如借鉴航天能源舱思路，按照本体+筒体分舱布局的技术途径，巧妙实现利用分段成熟技术解决飞行安全问题；通过对空间导航和近场导航传感器的共用，提高了系统集成度，降低了重量、提高了性能，节约了经费；技术验证方面，在创新性的构建基于一体化开发环境的半物理验证手段，搭建囊括所有重要成品和重要飞行过程的半物理验证环境基础上，按照统一的国军标软件工程开发过程，全要素开展软件/硬件的测试开发，按照航空+航天全集，完成环境试验的测试。

二是在管理维，将航天产品研发的风险防控方法、测发流程与航空产品研发的综合主计划、基于数字设计的正向质量控制等管理方法与工具手段相结合，形成新领域项目研发的管理思路。项目研制之初，在技术状态管理上首先统一标准、规范用语。通过分别梳理各自系统研发的传统技术过程，将航空和航天XX分系统研发过程显性化，对标对表，通过“求同化易”，构建“航空+航天”的XX分系统开发基础，统一标准、语言和规范。

三是在产品维，优先选取已有通用化、型谱化的产品，基于系统冗余设计和模块化设计等基本准则，实现质量、进度和费用三大目标的协调统一。通过选用航空飞控计算机和航天飞行计算机实现分段控制，提高了产品余度，降低了研发成本，缩短了研制周期；通过搭建基于模型的一体化开发环境，将空间相关的数学模型和大气层以下和飞行器本体数学模型，统一到同一个基于模型的数字设计仿真环境中，形成系统研制的内核，同时开展并完成背靠背的模型校核，将空天模型与各自传统的航天和航空设计仿真环境进行分段校核和第三方验证，确保开发仿真环境的正确性。

通过上述三个方面的深度融合，互融互促，实现在轨控制、受控着陆和重复使用的技术高度融合，探索和建立空天项目在管理上的跨界融合。

3. 立足高效协同确定项目总策划

在“三融”研发平台基础上，以高效协同为基本管理思路，通过梳理全生命周期的业务内容识别出该项目在设计、生产、试验、任务实施等过程中与传统航空、航天项目存在差异的关键部分，以技术成熟度评估和风险分析为基础，找出关键路径，分析整理形成整个项目的研制总策划，随着项目推进，项目工作安排按年度进行调整、修订和完善，形成项目年度工作策划书，达到顶层策划、滚动实施的目的。以策划书为技术研发和项目管理工作的依据，细化编制研制技术计划流程、项目管理大纲、质量管理大纲、风险管理大纲、供应商管理要求、快速试制管理办法等一系列制度规范，实现研制全线高效的

协同运行。

（二）通过航空、航天技术融合，实现研制流程敏捷化

1. 对比分析航空、航天产品研发流程

航空产品具有可重复使用的特点，首飞前配套产品可完成首飞安全试验后确保满足飞机首飞包线使用条件，后续通过调整试飞和科研试飞，进一步实现能力渐进的迭代设计；在装机件试飞的同时，鉴定件同步进行鉴定级环境验证试验，在获得装机件科研试飞结论后，完成产品鉴定冻结产品技术状态；首飞前，一般不开展整机的鉴定级环境试验。而航天产品（以卫星为例）为确保一次成功，要求配套产品在卫星出厂前完成鉴定级验证试验，并冻结技术状态，到达发射场后不再进行设计更改；投产一颗鉴定星完成鉴定级环境验证试验后，冻结整星技术状态；在冻结状态后，投产正样星在地面完成验收级环境验证试验并实施飞行任务。

2. 基于技术成熟度分解项目研发目标

空天产品的研发流程共同点，是转入工程研制阶段的条件为技术成熟度达到 TRL6，转入飞行试验的条件为 TRL8。采取基于技术成熟度的项目目标分解。将实现跨域飞行试验的任务目标分解为突破关键技术攻关、快速试制与集成验证、多地大型复杂飞行试验等逐级递进的三层级目标，从而实现一定周期范围内目标可检查、可达成。为推进关键技术快速突破，技术成熟度快速提高，航空工业成都所采用关键系统开发与综合（KSDI）的量化管控手段，结合可追溯、可测量的独立综合主计划（IMP）和综合主时间表（IMS）的应用，可全程监控关键技术的成长情况，有效地降低了研制风险。

3. 构建敏捷化的空天融合项目研发流程

上述分解的三层级目标的逐步实现是项目目标的重要里程碑节点，基于流程匹配目标的原则，将空天融合项目全生命周期相应划分为方案设计及关键技术攻关阶段、工程研制与地面试验阶段、飞行试验与评估阶段的三个阶段。在第一阶段，将亟待突破的关键技术细分为新型材料、单机技术、系统集成等类别，分别与飞行器方案论证、方案设计和初步设计的工作并行开展，在实现关键技术验证达到 TRL6，技术风险基本释放后再全面投入工程研制。在第二阶段，以航空器研发流程为主，辅以航天器研发流程中的技术状态冻结控制点和首飞前地面验证要求等方面的阶段工作内容，待技术成熟度达到 TRL8，转入飞行试验阶段。在第三阶段，开展具有任务复杂、多地联动、军地协同等特点的跨域飞行试验，其工作内容具有典型的航天器项目实施特点，因此，采取以航天器测发流程为主的阶段工作安排，有效推进试验过程的技术状态、进度、质量管控。通过技术协议要求和现场工作会宣贯等方式相结合，航空、航天领域的参研单位打破行业壁垒，以空天融合项目的研发流程开展配套产品研发。

（三）通过预研与型号研制组织融合，实现组织架构柔性化

1. 确定组织架构搭建原则

航空工业成都所提出“顶层策划、跨域协同、柔性灵活、分段实施”的组织机构搭建总原则。针对各阶段研制目标、涉及资源、任务特点等，以提高工作效率为出发点，以解决组织关系上的主要矛盾为落脚点，提出各阶段组织机构搭建的分原则。方案设计阶段坚持扁平化管理原则，工程研制阶段坚持责任第一的原则，飞行试验阶段坚持集中高效原则。

2. 建立扁平化的专家负责制

项目初期采用“专家负责制”，专家组人员由上级机关发文明确，考核约束通过合同形式与专家组进行明确。合同由专家组与承研单位签订，合同中明确的课题负责人便是承担任务的技术专家，使整个管理层次扁平化，管理路线缩短。在辅机配套上积极引入竞争机制，从而达到竞合融优的高度有机结合，即总体上高度集中，分系统和成品充分竞争，促进优势单位强强联合，按期实现 4 项核心关键技术成熟度 TRL 从 3 ~4 级提升到 5 ~6 级。

3. 成立跨行业的“两总”系统

管理层级由专家组—主机所—配套单位升级为上级机关—工程总体—工业集团—主机所—配套单位，管理范围由飞行器本身系统间的交联扩展到工程大系统接口协调、试验规划、场区对接等，协调关系增加飞行器总体与工程总体、配套厂家与工程总体、工程总体与场区等多条路径。航空工业成都所提出基于产品分解结构（PBS）搭建跨行业“两总”系统的思路，按设计师系统、行政指挥系统两条线设置，涵盖总体、器载分系统和保障系统，航空工业集团外的成员也达到较大比例，“两总”系统的任命由航空工业集团公司发文，进一步提高了效力和责任传递。同步，航空工业集团发文成立试验任务领导小组和现场临时党委，充分发挥党组织的领导作用，进一步压准压实责任，发挥整体优势，强化协同协调力度。

4. 建立高效协同的“试验队+”模式

为高效实施跨场区多地协同、持续不间断、多行业配合的空天融合项目试验任务，航空工作成都所探索建立“试验队+”的外场试验组织模式，即由队长挂帅，下设“6个职能组+5个中队”，并将“临时党委+临时党支部”分别设置在试验队和各中队层级中，从而形成党建融入科研、科研反哺党建的双循环新型试验队组织模式。试验队成员由三个方面的专职团队组成，即面向业务工作的专职技术团队、面向后勤需求的专职保障团队、面向党建宣传的专职团队，将来自不同行业、单位的人员有机地融合在一起，。实施过程中，技术工作由总体牵头，统筹策划、分片联动，保证试验工作按计划整体推进；现场管理统一指挥，通过队长令发布工作要求，行政领导既挂帅又出征，所有问题现场决策、执行和验证；党建融入科研，充分发挥战斗堡垒作用；后勤保障归口实施，体现总体单位担当。

（四）通过研制全线进度协同，实现计划管控精益化

1. 编制横纵结合的项目主计划

以空天融合项目研发流程为依据，以总体设计、成品研制、生产试制、集成验证为主线，进行工作分解，结合各项工作的开展顺序、开始及完成时间及其相互衔接关系等形成项目的零级计划。根据四大类关键技术的攻关情况和总进度约束条件，确定里程碑节点，设置决策门；针对跨领域任务环境验证需求，在费用的约束条件下，统筹确定投产的飞行器、配套产品数量及使用顺序安排，包括各架次的用途、配套产品状态、验证项目和测试条件等；根据生产制造规划、新型防热结构试制专项安排，以及空间环境等大型试验条件的资源分配，规划机体部件、整器大型试验的进度安排；根据产品分解结构、系统/单机技术特点和任务使用特点，确定个性化交付验收要求，设置强制检验点等。将全生命周期业务通过计划流程相互衔接，设计、生产、试验等过程中对应的质量、风险等管理要求通过技术流程横向打通，形成横纵结合的项目主计划。

2. 识别关键路径，破解进度短板

一是通过提前投产综合试验台架以加速系统成熟度，暴露配套产品问题，为配套产品装机件的研制赢得了时间，也有效缩短了机上地面试验时间，由原计划的45天缩短为25天完成；二是通过提前开展制造装配的关键技术攻关为整机生产打下基础，组织开展了围绕复合材料大部件制造的多项典型件试制；三是建立设计主导下的快速试制模式，确保机体生产和热防护系统装配进度，即推行工艺审查前置、设计主导试制问题快速处理，有效缩短了生产周期，从而提高了“一所一厂”格局下试制现场问题处理效率。

3. 推行差异化的阶段计划管控

航天项目惯用技术流程图的模式明确工作间的逻辑、保障条件，直观体现工作用时、用量等信息。根据阶段业务活动特点，在方案设计至工程研制阶段采用以事件为驱动串行表达工作安排的IMP和IMS结合的计划管理方法，结合年度工作策划书明确事件、成果、标准三层级关系；按月检查工作计划符合

情况，并形成月报上报任务专家组和集团主管部门；结合年度合同验收考核供应商，对于产生重大进度、质量偏差的单位，可考虑延迟合同验收，暂缓经费拨付，情节严重的可淘汰并及时更换供应商。进入飞行试验阶段，业务活动具有典型的航天特点，在IMP表达方式基础上，针对按天安排的工作计划采取测发技术流程的方式进行表达，两种工具结合运用进一步优化节点控制。

（五）通过航空航天质量融合，实现质量管控结构化

1. 自顶向下梳理项目的关键质量管理要素

航空工业成都所基于“设计缜密、试验充分、质量受控、流程精益”的管理原则，完成工程研制阶段的质量工作策划。立足“一次成功且必须成功”的任务目标，以航空歼-20飞机质量管理模式为基础，同步借鉴以载人航天工程为代表的航天产品保证方法，梳理出重大工程项目的关键质量管理要素，即项目组织架构、人员角色责任、各阶段事件/里程碑、流程/方法/工具、评审/审查流程等，通过系统性的结构化这五大管理要素，形成明确的工程研制活动质量管理要求，充分发挥项目质量保证体系支撑的作用。

各级产品研制单位虽均已建立质量管理体系，但具体运行过程中难免存在满足本单位质量体系要求但不满足项目总体质量要求的现象，因此研制全线必须在总体单位的牵引下，建立并实施针对产品特点的项目质量管理体系。完善的研制队伍组织架构是项目管理体系能够正常运行的根本基础，详细的角色定义和清晰的职责划分让参研人员充分、清楚地了解自身在重大工程项目中需要承担的质量责任，细化分解的事件/里程碑使整个研制团队具有明确、统一的各阶段工作质量目标，适宜的流程/方法/工具搭建起团队通往项目成功的路径，严格的评审流程确保了整个项目向着正确的方向稳步前进。

2. 强化设计需求验证的过程追踪审查

为确保项目质量管理体系落地、生效，航空工业成都所参照系统工程要求，策划并下发工程研制活动质量管理的具体要求，对产品配套、软件开发、地面试验、质量控制四个方面的情况进行梳理和改进，策划项目出厂评审，贯彻零缺陷质量文化。研制全线按此开展并复核研制过程的各类设计、试验活动，确保在飞行试验任务前各项工作充分，工作结果有效，工作过程质量受控。通过实施自顶向下的质量要求分解落实，自下而上质量检查确认活动，将航空成熟的“功能构型审核—系统验证评审—准备状态评审”与航天特色的“单点—双想—三个吃透”有机融合，在技术突破的同时，开创了空天质量管理的新模式。

3. 实施自下而上的质量工作量化评估

航空工业成都所按照质量管理策划实施了对装机产品的各级质量确认工作。通过航空、航天的质量控制要求、方法和工具的融合，提出质量审查标准共598个检查点，覆盖项目的设计、验证、制造、技术状态控制、风险控制等方面。通过对成品单位功能技术状态审核（FCA）/任务准备状态评审（FRR）、分系统验证评审（SVR）/任务准备状态评审（FRR）、大系统自底向上的检查确认，确保符合质量标准，明确质量责任。通过分级分阶段的审查，确认各系统/子系统和单机产品对任务试验需求的满足程度，检查试验准备到位情况以及存在的风险，明确后续风险应对工作计划和措施，确保试验质量安全。研制期间组织各级配套产品根据总体设计需求条目化梳理出功能需求、性能需求、接口需求、通用质量特性4000余条，对所有设计需求条目的设计验证情况建立了追踪。

（六）通过建立风险防控长效机制，实现风险管理预案化

1. 全面识别空天融合项目研制风险

航空工业成都所成立空天融合项目风险管理小组，进行项目风险识别和分析，采取基于工作分解结构（WBS）—风险分解结构（RBS）的风险识别方法，从技术风险、进度风险、经费风险、管理与组织风险、外部风险等方面全面识别风险，形成WBS—RBS风险识别清单。在风险识别清单中明确风险

的范围、分解、责任人和最终控制目标，结合项目的主计划和进度表，规定成长度评价指标、监控节点和赋值方法，用于指导技术主管部门树目标、定计划、攻堡垒、植精益，避免项目研发部门负责人和技术骨干对风险识别的主观性和局限性，确保风险识别的科学性和准确性。同时，在项目方案与关键技术攻关、工程研制与地面试验、大型试验与评估的每一个研制阶段识别具体的风险项，按任务级、事件级、分系统级归类，评估风险发生的可能性和风险发生后的严重性，确定风险评价指数和风险接受准则。

2. 实施“三层级”故障预案编制和验证

依据项目研制全流程风险分析与评估，以产品分解结构为基础，分别编制任务级、事件级、分系统级三层级故障预案，对可测试项逐一验证，不可测试项进行分析评估，确保对技术风险均有应对措施。形成 6 个任务级故障预案，描述飞行器级重大故障宏观处置策略，用于指导工程总体层面应急决策；形成 120 个事件级故障预案，用于指导飞行故障处置及操作，以保证飞行器安全和任务执行；形成 664 个分系统级故障预案，在飞行试验期间，作为分系统状态持续监控过程中可能出现的故障处置依据。预案以操作卡片形式编制，并在地面逐一触发验证，通过设置单一故障及组合故障，对任务级和事件级故障均实现检查验证。故障预案的编制与验证最大程度地将故障处置在地面，同时使空天融合项目任务期间的突发故障处理做到了有的放矢。

3. 逐级落实并分阶段强化风险控制

按照风险监控清单分级落实风险管理责任，各责任单位实施研制全过程风险监控，对偏离基线的问题零放过。建立故障返回设计源头的闭环机制的核心，是在技术上按照“三个吃透”（吃透技术、吃透状态、吃透规律）的原则，对发现的技术质量问题进行管理，技术“双五”归零处理，排除深层次的质量隐患，进一步识别剩余风险和次生风险，更新风险监控制清单，制定应对措施。研制全线建立故障通报和考核制度，加强对全员风险控制措施的学习和考核，充分掌握各岗位故障预案处置措施，将风险预控任务融入系统台架试验、全机模飞试验和大系统联试演练每个岗位的日常试验任务中，形成一级抓一级、一级保一级，全员、全过程、全覆盖的风险防控长效机制。

（七）通过“限费用”设计，实现经费管理的精细化

1. 刚性落实成本激励约束机制

在课题合同管理模式下的空天融合项目中，航空工业成都所首次把目标价格摆在同技术指标的突出位置，从项目伊始便与承研单位签订产品/服务总合同。严格分解落实合同概算，确定经费控制基线，编制全研制周期收支规划并规范细化年度预算编制，避免以单位资源承受能力为限按需编制预算；严格预算的调整审批和预算执行，把预算管控纳入日常管理和决策层视野中，过程严格控制，结合利用数字化研发管理信息系统与计划管理平台，按月或季度检查预算执行情况。

2. 严格从设计源头管控成本

传统的型号研发过程中，基层技术人员往往关注技术突破和产品功能实现，较少考虑成本控制。航空工业成都所在设计过程中，尽可能集成已有研究成果，减少设计反复，在总体技术方案选择时就坚持尽可能沿用航空、航天成熟技术，同时将技术方案与经济性迭代论证，推动低成本“限费用设计”，同时加强控制新技术、新材料、新工艺运用，以降低设计成本；在试验规划中整合各类环境试验、鉴定试验等试验，同时将同类产品进行合并打包试验，优化综合试验项目，降低试验成本；在项目上试行“红黄灯”成本风险管控，在整个研制过程中把成本作为项目调整、暂停的依据。

3. 落实经济性管理团队职责

严格遵循《国防科研试制费管理规定》等相关文件规定的科研成本开支范围、标准，对科研项目进行成本核算和计价。设置项目经济性管理团队专职机构，协调组织研制全线经济性管理人员开展经济

性工作；设置项目会计师，参与项目概算、预算、外协外购、节点验收等经费收支相关的各环节管控；设置成本工程师，作为经费管理和专业技术衔接的纽带，辅助总师系统开展技术经济性权衡，参与加强外协外购管控等工作，把经费管理要求落实到技术活动中，把技术活动反映到经费管理中。

三、航空主机所基于自主创新的空天融合项目协同研发管理效果

（一）建立空天融合项目研发管理规范，管理水平提升

通过该成果的实施，形成了一套空天融合项目的管理规范，构建了空天融合项目的创新研发流程，注重产品研发与体系流程相互驱动，确保了项目节点受控；构建了一套适应空天融合项目质量管理的工具和方法，关注组织责任、设置重点事件、完善流程/方法/工具等全过程，确保了项目质量受控；建立了一种空天融合项目外场试验组织架构和运行机制，强调复杂系统的协同，确保了整体协调统筹。通过这一系列的管理创新活动，确保了空天融合项目试验任务的圆满成功，实现了我国在该领域零的突破，为我国航空、航天科研院所强强联合、拓展新领域新产品、提升企业综合管理能力提供了重要示范。

（二）实现研发周期缩短及成本降低，经济效益显著

空天融合项目在研发管理模式及技术路径选择等方面进行了大胆创新，较好地协调了新技术与成本、进度与质量、总体与配套单位的关系，在有限的时间和经费约束下圆满地完成了空天融合项目的研发任务，取得了显著的经济效益。通过研制流程创新构建、技术计划协同安排，减少配套产品/部件的试验件约30%，提高系统试验和飞行器地面试验效率约40%，节省研制成本约1500万元，减少人力资源投入约90人年。与国外同类项目相比，经费投入不足其一半，研制周期缩短了近两年。

（三）获得国家及社会各方面充分肯定，社会效益凸显

航空工业成都所通过空天融合项目协同研发管理，成功开拓了空天技术研究新领域，打造了具有完全自主知识产权的空天融合产品，形成专利申报120项，技术成果22项。项目成功后，中央电视台等新闻媒体第一时间进行了宣传报道，社会反响热烈，得到了各方认可，被评为相关上级机关评选的“2020年度科技进步十大进展”之首。项目总设计师荣获航空工业集团“卓越青年”和“航空之鹰”奖，航空工业成都所获得了航空工业集团嘉奖。

（成果创造人：赵　民、房元鹏、许　泽、胡红东、杨卫东、李振翼、
秦志伟、尹　智、方　圆、唐万元、杨　虎、樊小龙）

军工企业覆盖全员、全过程的体系化创新能力建设

四川九洲电器集团有限责任公司

四川九洲电器集团有限责任公司（以下简称九洲公司）始建于1958年，是国家“一五”期间156项重点工程之一、国家保留核心科研生产能力的地方军工骨干企业。成立64年来，九洲公司始终坚持以军工为根基，不断拓展军工阵地，产业领域从建业之初以某识别为核心，逐步发展到空管、特种对抗、卫星通信与数据链、指挥控制、信息系统、微波射频等多个领域。公司现拥有总资产87亿元、净资产26亿元，职工2660余人，建有九洲国防先进技术研究院、国家企业技术中心、国家空管监视与通信系统工程技术研究中心、北斗国家地方联合实验室，先后承担了大运、航母等100多项国家重大工程任务，参与国家、军用标准制定37项，荣获国家科技进步特等奖、国家级企业管理创新成果一等奖等重大奖项近100项。2021年实现营业收入47.37亿元。

一、军工企业覆盖全员、全过程的体系化创新能力建设背景

（一）践行使命担当，服务国家科技自立自强的战略选择

面对复杂严峻的国际形势，国家层面提出创新是引领发展的第一动力、科技是第一生产力等发展理念，推动关键核心技术自主可控。面对严峻的外部形势，通过创新，切实攻克制约企业、行业、国家发展的“卡脖子”技术难题，加速装备国产化，打赢关键核心技术攻坚战，是九洲公司响应时代号召，践行地方军工企业强军使命担当，服务国家科技自立自强的战略选择。

（二）应对激烈竞争，牢牢把握发展主动权的迫切需要

2019年，随着各大军工集团企业化改制的完成，央企集团的资源优势和专业优势进一步凸显，大系统、大项目总体能力不断提升。与此同时，随着军队装备竞争性采购不断深入，军方明确了从方案竞标到实物比测的全过程竞争方式。九洲公司不仅面对央企军工集团、科研院所等传统军工领域的竞争对手，还面临来自华为、阿里巴巴等民营企业的全面竞争，只有通过技术创新研制开发出满足市场需求的高质量产品，通过非技术创新改进优化组织运行关系，提升运行效率、降低运营成本，从质量和价格两个方面提升产品的市场竞争力，才能在双面夹击的市场竞争中抢占发展先机、牢牢把握发展主动权。

（三）激发内生动力，推动公司高质量发展的重要抓手

2019年，九洲公司实施内部资产重组，新设“九洲投控”专注于集团总部管控职能，九洲公司作为存续主体专注于军工业务。九洲公司面临核心能力不足、发展速度缓慢等一系列问题。要实现目标每年必须保持11.37%以上的年复合增长率，而九洲公司历年营业收入增幅不足6%，所在国防军工行业平均增幅也仅有8%左右。九洲公司只能走高质量发展道路，只有充分发挥每一个人的作用，从公司的方方面面入手，依靠创新提升能力、提高效率，才能引领推动公司高质量发展，实现战略目标。

二、军工企业覆盖全员、全过程的体系化创新能力建设主要做法

（一）加强顶层设计，明确总体思路

1. 建立全员、全过程创新管理组织

为系统地推动全员、全过程创新工作，建立了由领导小组、专家小组、工作推进办公室组成的三级管理组织。领导小组由公司第一负责人牵头，公司级领导、各部门一把手共同组成，负责全员、全过程创新重大事项研究决策；专家小组由首席科学家牵头，内部技术专家、外部行业专家共同组成，负责为全员、全过程创新提供决策支撑；领导小组下设工作推进办公室，负责全员、全过程创新工作的具体推进。

2. 制定全员、全过程创新顶层指导意见文件

研究制定《关于实施全员、全过程创新的意见》，顶层设计全员、全过程创新。明确围绕创新载体、创新产品、创新资源、创新机制、创新文化等方面体系化构建创新能力，包括技术创新能力和非技术创新能力。技术创新能力主要指技术、产品、工艺、质量能力，非技术创新能力主要包括观念、战略、模式、组织、制度、文化等技术创新以外的创新能力。

3. 构建全员、全过程创新能力模型

以体系化提升创新能力为驱动，以战略能力、研发设计能力、组织管理能力、资源保障能力为支撑，构建全员、全过程创新能力模型。以“百亿军工”“国家创新驱动发展典范”“国企高质量发展表率”战略目标为导向，通过文化牵引，重塑全员、全过程创新观念；通过优化产品开发策略，锻造全员、全过程创新引擎；通过搭建创新载体，明确全员、全过程创新主体责任；通过加大创新资源投入与共享，夯实全员、全过程创新基座；通过机制设计，激活全员、全过程创新内生动力。

4. 实施能力清单化管理

每年年底由公司领导挂帅，组织研究并拉条挂账制定年度创新能力建设方案及目标任务。2019 年 4 月启动全员、全过程创新能力 1. 0 建设，从创新载体、创新产品、创新资源、创新机制、创新文化等 5 大方面 24 项任务全面推进，重塑全员、全过程创新观，重构全员、全过程创新体系，设计全员、全过程创新机制。2020 年 3 月启动全员、全过程创新能力 2. 0 建设，通过实施“治智工程”“三地工程”2 大工程 15 项任务精准发力，加强创新资源投入、布局高能级创新载体。2021年启动创新能力现代化建设，通过聚焦“研发设计能力提升”1 个核心 14 项任务不断提升创新能级。

5. 建立全员、全过程创新项目管理体系

依据创新类型和影响程度进行“矩阵式”定位。横向按照类型将创新活动分为技术创新和非技术创新 2 个大类 13 小类；纵向按照影响程度分为大创新、大革新、小改进 3 个层级 7 个等级。大创新能够对发展或者组织形态产生重大影响，包括战略级（7 级）、系统级（6 级）、跨业务级（5 级）；大革新能够改善具体业务工作，包括业务级（4 级）、工作级（3 级）、流程级（2 级）；小改进是对特定的、单点的工具、方法、措施等进行的创新，包括节点级（1 级）。所有创新活动均按照项目制进行管理，各层级管理方式不同。等级较低的创新活动由各部门自行管理，等级较高的创新活动由公司专职部门统一管理。

（二）搭建创新载体，明确全员、全过程创新主体责任

1. 建立虚拟创新中心

树立整个公司是一个创新中心的理念，对经过 60 余年发展沉淀的生产制造、研发设计、检测试验、质量保证、管理经验等资源，应用经营的思维、发展的思维，建好加工制造平台、咨询服务平台、供应链业务平台、检测试验平台、公共研发平台、双创基地等系列平台，让这些沉淀下来的资源焕发生命，成为公司新的增量。

2. 建立区域创新平台

组建成立我国国防科技工业部门首个某识别研究院——九洲国防先进技术研究院。研究院实施专家治院，实行轮值院长制，由首席科学家、首席专家担任轮值院长，以科学家、专家视角开展研究院治理、建设。研究院积极融入京津冀都市经济圈、成渝双城经济圈和粤港澳大湾区等国家重大战略，以绵阳为前沿技术转化中心，在北京、深圳、成都、重庆等国家创新活力区域新建四大分院，因地制宜，充分利用区域技术、人才、资源优势，构筑创新高地。

3. 建好专业领域平台

九洲公司按照“能建尽建、须认尽认”的原则，在空管、卫星通信等优势领域组建了一批高能级

创新平台，实现专业优势领域的领位、占位、卡位。平台采用虚拟独立运行模式，在人、财、物等方面与现有公司保持相对独立；平台实施主任全权负责制，平台主任享有人事、经费、奖励考核等权力；平台建立多路径对抗发展机制，针对同一个项目由多个团队沿着不同路径同时开展技术攻关；平台面向全行业广泛征集创新需求，凝练发布行业创新课题，揭榜挂帅聚集行业资源，解决行业创新难题。

4. 建设联合创新载体

新建多个联合实验室，围绕声学、微系统、数字孪生、先进计算、无人系统等公司急需突破或新布局的技术领域，联合开展关键性技术攻关、重大项目突破、专业技术人才培养、重点技术成果转化，以及新产业孵化等，打破以往“用户提需求，企业出题目，科研院所/高校做答题”的单线合作模式，建立“共同挖掘需求，共同提出课题，共同研究解答”的网状合作模式，实现了产学研真正的联合、融合。

（三）开发创新产品，锻造全员、全过程创新引擎

1. 开展技术异步开发储备

九洲公司按照工程性、应用性、前沿性技术的分类方式开展技术异步开发与储备，其中工程性技术是产品开发所需的核心/关键技术，由事业部负责；应用性技术是提升产品功能性能所需的新兴技术，由技术创新中心负责；前沿性技术是形成代际产品的前瞻性、探索性或颠覆性技术，由国防先进技术研究院负责。由此同步推进关键/核心技术储备，支撑产品高效开发。

2. 实施产品开发战略管理

组建由首席科学家、总师、副总师、市场营销主管、设计开发骨干等构成的产品战略团队，负责制定产品战略，为产品线的市场成功和财务成功负责；制订产品战略规划，通过市场分析、客户分析、竞争分析、产出线策略分析等，明晰未来产品发展方向和发展路径，确保产品战略落地；以产品战略规划作为重要输入和指导，研究制订公司技术发展规划与年度实施计划，实现产品研发和技术开发的有效衔接；以“揭榜挂帅”方式激励和引导产品开发团队提炼和萃取开发经验，研究编制硬件工程师、软件工程师、结构工程师、工艺工程师等设计指导手册，指导研发工程师开展新产品开发和适应性改进。

3. 重塑标准化研发流程

导入卓越绩效及新时代质量管理体系试点建设要求，建立健全产品研发流程。加强需求管理，明确各项设计活动的输入、输出，规范设计活动及其数据传递关系，让用户对装备的需求无衰减地在产品开发全流程传导；促进管控与设计融合，将质量、成本、进度要求等管控要素融入从论证立项、方案设计、样机研制、性能试验验证、性能鉴定及状态鉴定到列装定型的产品开发全寿命周期各项设计活动；加强产品研发流程中的决策评审、技术评审等重要节点监控，让研发有约束，以降低设计返工与质量风险，从而使产品的设计过程有序、正确、高效。

4. 开展软件定义产品试点

围绕未来装备“小型化、综合化、智能化”发展趋势，通过“揭榜挂帅”和专项激励方式选定典型项目开展软件定义产品试点，探索构建以软件为核心、采用开放式体系架构的新型装备体制和产品开发路径，充分发挥软件架构产品功能可重构、开发周期可控、迭代维护经济便捷等优点，降低硬件架构产品带来的物料齐套不可控、研制周期长、维护成本高等风险，成功地探索研制了软件化雷达。2021年，在全面总结软件定义产品试点经验的基础上，九洲公司稳步扩大试点产品范围，推动以专用软件和通用硬件平台实现产品功能，逐步改变公司产品软硬件比例构成，打造新的利润增长点。

（四）加大资源投入及共享，夯实全员、全过程创新基座

1. 加大资金投入

设立“全员、全过程创新专项资金”，在保证研发投入占主营业务收入比例不低于20%，预研投入

占研发投入比例不低于10%的基础上，每年再投入不低于1亿元的资金支持全员、全过程创新。设立5亿元“科技创新专项资金”，支持重大技术研究、重点产品开发、重大平台建设和核心能力建设，单项最高支持1000万元。积极承担国家、省、市重大科技专项，争取外部政策资金支持。

2. 加大人才投入

一是实施“创新领军型人才计划”。技术创新方面，建立首席科学家、首席专家、总设计师等高层次创新人才选聘、培养机制，打通创新人才从骨干、专家、总师、首席专家、首席科学家到院士的职业成长路径；非技术创新方面，实行中层管理人员任期制和契约化管理，推行竞争上岗。加强专业人才的梯队建设，建立后备人才资源池。

二是实施“专业人才成长计划”。按专业领域建立人才资源池，一方面内部从员、专员、主管到高级主管不断升级，另一方面定期动态梳理国家、省（部）、军队、市、行业等专家需求，根据个人专业领域和能力系统性推荐专家，打通设计、工艺、质量、经济、统计、财会、技师等各类专业人才从内部到市、省、国家的职业成长通道，为每个员工提供适合成长和发展并能够实现自我价值的支点。

二是建立外聘专家资源库。以“不求所有，但求所用”的理念，与高校、科研院所、企业、咨询机构、金融机构等深度合作，充分利用公司国家企业技术中心、工程技术研究中心、重点实验室等创新平台，集聚具有较高科研水平的专家为公司创新发展服务。

3. 加大条件建设投入

系统构建军工大数据中心，部署CRM、ERP、PMS、PLM系统等数字基础平台环境，构建多业务协同和全要素联动的“大总管”模式，全面覆盖市场、项目管理、设计、工艺、采购管理、生产计划、生产制造、质量检验、发货、财务核算等过程的全流程创新链条；聚焦实现端到端业务高效协作和全业务链决策优化，系统地打造数字化协同设计仿真平台，无缝集成多种设计、仿真工具，打造“全三维一体化”研制新模式。建立以XBOM为核心的产品数据链体系，涵盖产品各环节，促进不同机体间互联互通；以MES系统为核心，在生产设备控制层之间搭起信息化的跟踪和控制桥梁，实现生产工艺图纸及三维模型在线查看、跨车间任务交接、虚拟投料自动指定、刷卡报工、配料提醒、入库产品价格校验等40余项业务互联互通，打通从产品设计到制造各环节的链路。

4. 加大创新资源共享

一是推动内部创新资源共享。九洲公司从业务痛点及各单位对创新管理、成果共享的实际需求出发，启动了创新与成果共享信息化平台建设。平台系统集成了创新政策、创新项目、揭榜挂帅、创新平台、科技成果等12大业务子系统，涵盖技术创新和非技术创新。平台构建从“线索获取—资源匹配—立项实施—创新管理—成果推广应用”全链条管控服务网络，并有效支持业务场景数据建模和可视化展示，深入挖掘数据价值，不断提升数字化管控和数据洞察能力。平台以场景数字化思维推动全员、全过程创新管理变革，高效促进技术创新成果快速转移转化和非技术创新成果的实时推广。

二是推动外部创新资源共享。通过重点项目“揭榜挂帅”，集结50余家单位解决公司技术创新和非技术创新难题。通过牵头组建技术创新联盟、参与行业学会协会、共建联合实验室等，构建外部创新资源网络，充分利用社会资源提升公司技术创新能力和非技术创新能力。

（五）建立创新机制，激发全员、全过程创新活力

1. 实施重点项目“揭榜挂帅”

研究制定“揭榜挂帅”机制。举办两届创新挑战大赛，自上而下与自下而上相结合，打破身份、资历、学历、年龄等条条框框限制，面向全体员工广泛征集制约公司发展的重大创新需求，面向全社会征集解决方案，为重点项目遴选最优秀的攻关团队。通过“擂台比拼”为重大难题找到优秀的攻关团队和解决方案。同时适时征集公司经营各方面难题并征集解决方案。

2. 分类建立创新综合评价指标体系

公司层面，技术创新方面，坚持科学性、代表性、可比性、可操作性、导向性、多目标性的原则，从创新成果、创新效益、创新效率三个维度对技术创新进行综合评价；非技术创新方面，从创新性、实践性、效益性、推广性四个维度对非技术创新进行综合评价，并依据创新等级进行分级评价。

部门层面，“一部一策”设计创新评价指标，技术研发部门重点评价“新技术研究、成果转化率、技术需求响应度、知识产权”；产品开发部门重点评价“新产品销售收入、核心关键技术、CBB 复用率、设计质量、技术外协”；质量管理部门重点评价“体系设计、流程优化、制度建设”；市场部门重点评价“外部需求导入、跨系统解决方案、新渠道拓展、新产品销售”；生产制造部门重点评价“工艺创新、方法改进”；项目管理部门重点评价“计划进度、项目绩效”；财务部门重点评价“成本管控、投入产出率”；信息化部门重点评价“创新工具、创新手段”；创新管理部门重点评价“创新机制、创新体系、创新平台、创新成果、创新合作”；综合管理部门重点评价“创新投入、创新文化传播”等。

同时将评价结果与经营班子薪酬包和工资总额挂钩，技术创新任务目标纳入年度经营业绩战略任务指标考核，比重不低于20%；非技术创新综合评价结果作为年度组织绩效的加分项，按照大创新、大革新、小改进三类，1~7 级分别给予 1~18 分组织绩效加分。

3. 实施创新多元激励

一是实施综合奖励。坚持“创新皆奖励”的原则，技术创新方面，设立九洲科技进步奖、工艺创新奖、质量改进奖、CBB 专项奖、核心关键技术奖、科学技术奖配套奖等奖项；非技术创新方面，设立创新突出贡献单位奖、创新突出贡献团队奖、标准制定奖、创新平台奖、创新成果转化奖、数据治理奖、能力建设奖、管理创新奖、创新创业奖、小改小革奖等奖项，累计 20 余类，覆盖公司科研、生产、管理等方方面面，单项奖金最高 150 万元。

二是实施中长期激励。对推动公司核心领域持续发展具有重大战略意义的工程项目实施定额激励，最高 2000 万元；对推动公司重点领域转型升级具有关键支撑作用的科技成果转化实施项目收益实施分红激励，其中自行转化的从营业利润中提取 5% ~30% 作为奖励；对推动公司新领域、新产业开拓具有重要贡献的科技成果实施股权奖励，奖励金额不低于科技成果形成的股份或者出资的 50%。

（六）建立创新文化，重塑全员、全过程创新观念

1. 融入制度建设

九洲公司编制文化手册，将创新文化作为公司核心子文化纳入公司文化体系。同时，公司在《关于实施全员、全过程创新的实施意见》等系列制度中，将创新文化建设独立成文，明确公司树立包容的创新文化，尊重首创精神，建立容错机制，鼓励在创新方面大胆探索、大胆试点、大胆实践，支持科研人员特别是青年科研人员勇闯科研“无人区”，支持全体员工积极探索实践发展的新模式、新方法、新流程。

2. 丰富创新活动

定期开展“1 节 1 会”活动。九洲公司将每年 6 月 18 日确定为九洲公司的“创新节”，并通过举办创新知识竞赛、创新成果展示等特色活动，营造了全员创新的氛围。每两年举办创新发展大会，邀请政府主管领导、行业专家、用户、高校、科研院所、金融机构参加，表扬创新人物，发布九洲最新的创新机制和成果，与行业知名企业签署战略合作协议，邀请知名行业专家作创新专题报告。

3. 强化专题培训

九洲公司通过军工大讲堂、奋斗者训练营、员工内训课堂等内部平台定期开设“全员创新激活力，全面创新助发展”“不忘初心力行求是，砥砺创新行稳致远”等创新课堂，每年不少于 2 次；不定期举办创新大家谈、创新云展播、创新论坛、创新知识竞赛、创新学术交流、创新案例讲解、创新经验分享

等创新专项活动，大力宣传全员、全过程创新。

4. 树立创新标杆

九洲公司大力表扬创新突出贡献单位、团队、人物、项目，并通过钉钉、微信公众号等平台大力宣传创新业绩和事迹，树立先进典型和标杆，提升全员自豪感、荣誉感、成就感和影响力。

三、军工企业覆盖全员、全过程的体系化创新能力建设效果

（一）形成可供推广的地方军工企业体系化创新能力模型，管理效益突出

形成了一套符合地方军工企业的体系化创新能力模型，推动全员创新、全面创新，创新动力和创新能力大幅提升。2019 年 3 月以来，九洲公司创新培训实现全员覆盖，参与创新活动人员超过 80%。来自科研、生产、管理、市场等一线员工的小改小革创新成果 600 余项、论文专著 40 余篇；来自专业技术人才的创新成果包括工艺创新成果 30 余项、质量改进成果 30 余项、公共构建模块创新成果 40 余项、重大技术成果 23 项、新增授权专利 350 余件、论文专著 30 余篇；来自领军人才的成果 18 项，包括国防科技进步特等奖等科学技术奖 6 项，国省管理创新成果奖 4 项，国家标准制定 2 项，SCI、EI 等高质量论文 6 篇。与 2018 年相比，2021 年九洲公司预研科技成果转化率从 36.4% 增加到 64.5%，增长 77.2%；人均产出由 42.53 万元每人年增加到 202.44 万元每人年，增长 375.99%。

（二）在激烈竞争中赢得了发展主动权，经济效益显著

技术创新方面，攻克了核心关键技术 40 余项，开发了一批核心产品，拓展了新领域新产业，2021 年，新产品销售收入占营业收入比例超过 40%，新产品销售利润占利润总额的比例近 40%。非技术创新方面，改进优化组织运行关系，提升产品的单位产出量，为公司节省了大量成本。2021 年，九洲公司实现营业收入 47.74 亿元，同比增长 112.2%；利润总额 1.42 亿元，同比增长 34%。

（三）服务国家相关领域科技自立自强，社会效益凸显

围绕国家国防领域推进相关技术和产品自主可控，加快国产替代研制。识别领域，获批国家战略工程、全军信息系统顶层体系工程“某体系工程”；光电雷达领域首次入围国家重点型号工程。联合北京航空航天大学研制的国内首个面向空管管制运行需求的卫星成功发射升空，具有重要的里程碑意义。2019 年 3 月以来，多家媒体对公司全员、全过程创新进行采访报道。九洲公司国家企业技术中心高分通过 2021 年国家评价。九洲公司揭榜国家发改委、科技部全面创新改革任务，荣获国家主管单位颁发的突出贡献奖。

（成果创造人：程　旗、袁瑞敏、喻　敏、赵平路、陈玉忠、
陈　君、姜　凤、齐凯毅、张嘉良、闻建华）

航空制动产品基于模型驱动的全数字化协同研发管理

西安航空制动科技有限公司

西安航空制动科技有限公司（以下简称航空工业制动）隶属于中国航空工业集团有限公司（以下简称航空工业），始创于1955年，是“一五”期间156项重点建设项目之一，是我国唯一具有独立研发制造航空刹车系统能力的专业国营军工厂家，承担着国家重点型号研发任务，覆盖研发、生产、试验、维修等业务。航空工业制动高度集成了航空机轮、刹车系统及液压附件等相关专业，综合了机械、液压、电子、软件、材料等学科，取得了百余项科技成果。

一、航空制动产品基于模型驱动的全数字化协同研发管理背景

（一）模型驱动的全数字化协同研发是保障实现国家战略目标的根本需要

党的十九大提出“加快建设制造强国，加快发展先进制造业，推动互联网、大数据、人工智能和实体经济融合”。航空工业集团公司提出转换为数字化企业的新时代发展战略，在数字空间构建全新的数字神经网络，打通信息“大动脉”，重塑航空工业的价值创造模式是践行国家数字改革的战略需要。航空工业制动积极响应集团公司对企业的发展要求，全面承接国家军民机重大任务，构建基于模型驱动的全数字化协同研发新模式，实现对机轮刹车专业设计、制造、试飞、运营的全生命周期管理的数字化转型。

（二）模型驱动的全数字化协同研发是践行集团数字航空发展战略的必然需要

航空工业“十四五”规划把“数智能力体系”建设作为与科技、产品、产业并列的发展主线，做出了“数字航空”的战略部署，提出通过“数字航空”承接“数字中国”和“数字央企”的建设要求，提出以数字化、智能化深度融合为工作要点，建立数字化、网络化、智能化的航空机载系统，建设数智航空工业能力。面对新形势、新要求，航空工业制动作为提供保障飞机起降安全的关键机载系统的单位，亟须从根本上把握新时代发展理念，以问题和目标为导向，做出适应性改进。

（三）模型驱动的全数字化协同研发是提升企业研发效率的迫切需要

早期机轮刹车系统研制过程是基于文档的研制，直到模拟实验时才进行综合测试，导致专业的信息孤岛、系统早期不可测试、开发效率不高等问题，此外，系统需求是动态变化且变化周期越来越短，因而产生了传统系统研发难以适应新时代的发展要求等问题。国际标杆企业都有一套具有自主知识产权的基于模型的全数字化研发流程，相较之下，航空工业制动在数字化、模型化的研制方法、流程及指南等方面存在一定缺失，并未形成完整的协同研发工具链和协同研发平台。

二、航空制动产品基于模型驱动的全数字化协同研发管理主要做法

（一）基于问题和目标导向，实现企业数字化变革推进总体规划

1. 分析现实，精准定位问题

针对型号研制流程差异大、研制周期长、研制成本高、技术难度大、各专业相对封闭等问题，分析其根本原因在于技术基础不牢靠、管理能力不高、质量意识不强、体系建设不全面等问题，航空工业制动直面研发模式存在的问题和痛点，综合考虑新时代对复杂机载系统功能和性能等方面的要求，以战略为导向开展专项分析，系统性改革航空制动研发管理机制。

2. 统一思想，重塑研发文化

企业党委发挥“把方向、管大局、保落实”的领导作用，立足国家“自主创新”新发展阶段，深

入贯彻集团“十四五”新发展理念，发布了《推动公司数字化转型，建设数字化设计、制造、管理体系》，组织全员全线深刻领悟及贯彻，构建有助于建立模型驱动的研发生态主线，带动产业链数字化模型能力提升，实现与客户的数字模型无缝对接，推进企业持续高质量发展，助力航空工业数字化转型。

3. 战略引领系统规划

企业对标国际一流的机轮刹车系统研发模式以及数字化协同创新研发模式，借鉴国外机轮刹车系统研制经验，依据国际标准，吸收凝聚国内优势资源和创新要素，结合机轮刹车专业特点，从模型化、数据化、集成化和全生命周期的角度进行全要素分析，打通系统全生命周期的数据链路，支持系统的需求捕获、架构设计、确认、实现以及集成验证等系统工程活动。构建端到端的数字线程，基于单一可信数据源的数字化开展系统设计及模型设计，以全生命周期的建模仿真能力支撑设计闭环，从多维度多层级确认与优化多专业多领域的需求及设计。

（二）统筹全数字组织机构，实现全数字化运行的高效组织实施

1. 优化组织机构，强化职责分工

一是为持续推进创新驱动，科技引领成立了创新中心，按专业分为系统组、液压组、结构组、电气组，负责构建各专业领域的基础模型；二是对技术中心进行机构重组，成立了总体室专业团队，由各专业副总师、各领域建模仿真人员以及其他通用质量特性人员组成，实现了各型号系统、设备、软硬件等专业全覆盖，负责模型驱动的全数字化总体布局、标准规范的建立及相关型号的推广应用；三是在试验中心重组了专项团队，专设人员负责试验数据反馈到集成平台，保证设计、制造等相关人员能够实时监控试验数据，创新中心及技术中心根据试验数据对相关的模型进行持续更新迭代。同时，成立了专项办公室，对项目的总体运行进行计划考核、资源统筹，进行过程管控，加强系统研制的全生命周期的模型及数据的管控，保证整个研制周期的统一模型同一数据源。

2. 建立可持续发展的人才梯队

通过集中资源强化建模仿真队伍建设，建设“创新研究+型号设计+工具使用”的多领域梯队，为项目的有效实施提供人才队伍保障，建立专项团队，包括总师团队、专家团队、专业团队、专项检查团队。总师团队由各型号总师组成，负责总体规划、制定战略目标、重大问题决策、资源统筹、人员安排等。专家团队由设计、工艺等各领域专家及高级业务经理组成，负责指导流程制度的建设、规范标准的评审、基础模型、专业模型出入库评审及问题解答等。专业团队由创新中心博士后团队、技术中心总体室专业团队、项目团队以及IT团队组成，博士后团队负责各领域基础模型的建立；总体室专业团队负责流程制度的制定，向项目团队负责人宣贯更改的流程制度以及基础模型的推广应用；项目团队负责在型号中贯彻落实流程制度以及基础模型的应用，同时向总体室反馈各型号中模型应用情况以及需修正及新增模型，并在平台中记录型号的设计数据；IT团队由信息中心骨干组成，负责平台的测试维护、编制平台使用手册、组织培训平台的使用等。专项检查团队由各部门业务骨干组成，负责对项目的总体实施情况进行定期评估，并根据项目实施情况进行不定期检查。

3. 持续优化健全效能评估机制

为持续推进基于模型驱动的全数字化研发在各型号的应用，建立系统全生命周期数据模型评价机制，系统地支撑建模仿真能力、协同研制能力、设计能力以及平台应用能力。

为持续提升专项队伍的能力，实施差异化培训，建立岗位胜任能力评估标准，对团队内不同专业、不同阶段人员开展有针对性的多层次培训；针对团队新成员开展建模规范、模版、模型等专业培训；定期组织团队成员针对典型案例进行分享交流。通过多样化的人才培养机制，加强各专业领域人员的基础知识培训和系统研究，营造尊重人才、重视人才的文化氛围，对核心骨干给予相应的资源倾斜，对做出突出贡献的团队及个人给予嘉奖，促进人才自身价值的提升，激发企业核心骨干人才的主动性及创新性。

（三）完善全数字研发流程，推动系统工程和模型工程充分融合

1. 全局规划，统一布局完善系统研发流程

强化系统基于模型驱动的全数字化的总体统筹规划，由文档传递模式改为模型传递模式，开展多维度、多层级建模标准、基础标准、专业标准、协同标准的规划，形成规范化、标准化、通用化、专业化"四化"。基于统一建模标准构建的系统模型将呈现全面性、通用性、交互性、实体化，能够有效地梳理并约束物理实体间的关系。机轮刹车专业通过建模方法和建模流程指导约束系统多领域模型的建立过程，并以规范的建模语言和建模工具作为支撑手段，共同指导、约束、形式化建模过程，建立统一、标准规范的多领域模型。

2. 统一研制标准，强化多领域多维度协同

机轮刹车系统采用统一的系统建模语言来构建系统模型，使用一系列标识法在模型中显示模型及其关联关系，包括统一的命名规则、统一的接口规范、统一的建设规范、统一的文档模板。

统一命名规则，采用"一规则一示例"的形式，统一通用模型命名规则、专业模型命名规则、常数参数命名规则、变量参数命名规则，其中示例为某型号从顶向下所涉及的模型、数据的实际名称。

统一接口规范，通过统一系统与外部系统之间的接口，各层级接口、数据和模型之间的接口，保证各层级模型的集成及迭代的可行性及规范性。

统一建设规范，明确各领域各维度所需的模型，采用"一规范一图形"形式形成各领域各维度的建模规范，确保各领域的人员对建模有统一的认识。

统一文档模板，对现有的标准规范及型号中涉及的对各层级的模型文档的要求进行梳理和对标，形成通用模板，同时将通用模板固化到平台，实现相关文档的自动生成，用于指导各领域相关人员按模板有序规范开展研制工作。

参数命名以及统一的模型表达方式，确保了各专业对模型的理解的一致性，消除了不同型号、不同领域、不同设计员研制工作的差异性。

3. 固化共享模型，推动系统全数字化研制

企业将散落的知识进行提炼，依据建立的流程、标准对型号研制过程中的模型、数据、流程、方法进行固化，不断积累模型和数据形式的知识，同时制定模型成熟度标准，评估模型的类别以及是否具备进入模型库条件，实现了各机型、各专业研制的模型共享、复用，实现了既有知识库的积累、传承、复用。在集成平台工具库中新增了机轮刹车系统专业模型库，对机轮刹车系统性能计算进行固化，形成各性能计算的专业模型 APP。

（四）建立数字模型方法论，推进复杂系统工程的研发模式变革

1. 构建"场景牵引 + 模型映射 + 数据驱动"研制方法

基于模型的系统工程作为一种形式化建模方法，支持 ARP 4754 国际标准定义的系统各研制阶段，包括需求捕获、架构设计、确认和验证的系统研发活动，以逻辑连贯一致的多视角系统模型为桥梁，通过模型的不断演化和迭代递增实现系统全生命周期的动态关联。机轮刹车系统的研制因考虑运行外界因素多样性和多变性，对系统全生命周期的运行场景进行识别分析，分析场景下利益相关方对系统的预期行为，捕获行为发生过程中与外界系统的交互关系，得到系统的顶层功能需求，尽可能完备地识别系统在预期运行场景下所需功能，提高需求捕获正确性和完整性，形成多维度多层次的运行场景构建思路，以模型支持系统交互操作、功能需求和接口的捕获。针对机轮刹车系统开发实际需要，引入结构化框架，以逻辑连贯一致的多视角系统模型为桥梁，构建基于场景的机轮刹车系统 MBSE 研发模式，规范基于模型的多视角系统功能需求捕获与分析过程，建立运行场景到功能需求的映射，以识别可能被忽视的功能需求，实现模型与系统研发生命周期的动态关联。

2. 构建核心参数驱动 KDD 的系统多维度研制方法

开展基于场景的机轮刹车系统模型系统工程方法分析的过程中，根据利益相关方期望，识别影响机轮刹车系统设计的核心指标，在运行维度层级开展核心技术指标与利益相关方的相互影响分析，在功能维度进一步开展核心技术指标所涉及的功能间的相互影响分析，最终随功能分配至物理设备，开展核心技术指标在设备间的相互影响分析。通过核心参数驱动机轮刹车系统设计，将系统的关键技术指标分配到功能—逻辑—物理设备，实现逐层落地，推动核心技术参数的从黑盒—灰盒—白盒，实现逐层展开。

3. 构建复杂系统全生命周期数据模型的综合评价方法

依据“场景牵引＋模型映射＋数据驱动”多领域协同研发架构开展机轮刹车系统设计后，对实施效果开展综合权衡评估。主要从数据模型角度实现系统的全生命周期的需求、功能、行为、参数的描述的一致性；实现基于模型的全数字化协同研制流程与系统研制流程深度融合；实现全生命周期关联模型的积累复用；实现数据模型在多领域的集成与传递，开展综合权衡进行系统研制的整体评估。

（五）构建全要素管理制度，实现模型和数据的多维度协同管理

1. 统一模型接口，实现横纵一体化管理

从系统顶层需求开始，以需求为导向通过模型开展系统的功能定义和架构设计，逐层级构建各领域模型，逐步开展各层级多领域多专业模型的建立，建立模型全生命周期的“纵向贯通”管理，同时建立权威真相源，支持系统研制过程中的快速迭代以及构型管理。

2. 统一数据接口，实现数据的高效传递

采用全生命周期管理工具，从需求捕获过程开始，建立统一的数据库，对数据进行统一收集、管理及关联。一是设计数据，建立系统、设备、软硬件的设计数据的关联追溯关系，当一个数据更新后，自动识别其上下层关联数据，实现设计过程的单一数据源；二是试验数据，建立试验平台和集成平台的接口，将根据统一测试用例完成的系统、设备、软硬件的试验参数导入数据库；三是外场数据，根据制定的外场试飞保障制度，对外场的试飞数据及故障数据进行统一处理导入数据库。确保设计过程的单一数据源，实现数据的有效积累。

3. 统一信息中枢，实现项目的协同管理

一是人员协同，指全生命周期的角色进行云上协同，研发过程中的各角色，包括需求人员、架构人员、验证人员以及实施运维人员等，都可以在统一中枢上完成其研发工作。二是专业协同，指协同所有专业进行协同创新，客户也可参与前期的系统设计，“客户与系统设计”“系统设计与设备设计”“设备设计与软硬件设计”“设计与工艺”“设计与试验”“设计与管理”联动。三是过程协同，指系统研制的各阶段，即需求捕获、架构设计、系统实现、集成验证以及综合管理过程，均在平台上协同完成，前一过程的输出为后一过程的输入。四是地域协同，指西安中心、兴平基地、贵州基地、上海团队、海外专家可在线上实时参与及监控系统的各研制阶段。

（六）打造“三合一”平台，实现技术加管理的全周期数字赋能

1. 打造跨地区、跨领域集成设计平台

在需求捕获过程中，开展需求模型和功能模型的形式化建模，完成功能需求到模型的映射，并通过需求管理工具与 MBSE 工具的集成化，进行需求与需求模型和功能模型的关联追溯。在架构设计过程中，根据需求阶段的需求模型以及功能模型进行接口模型定义，对系统外部接口以及内部接口进行管理，进行架构权衡研究，开展基于架构的功能分配活动以及状态描述。在需求确认和验证过程中，根据需求阶段的需求模型以及架构设计过程中的架构模型开展验证模型的构建，基于模型的全数字化协同设计平台开展验证模型与需求模型以及需求的追溯关联，对需求进行验证。

2. 打造全生命周期的多项目管理平台

一是建立项目管理系统，实现在研和预研项目计划的在线管理，提供计划的分解、下发、调整、反馈及监控等功能，对项目计划执行过程中形成的各计划相关文件、资料进行管理，实现项目执行的透明化，实时掌握研制进度。二是多维度管理，从项目计划、资源统筹、经费管控、风险管理等维度进行协同管控，实现项目经费概算、明细计算嵌入计算公式及连接等，项目成本经费关联到各项目，实现项目的成本、经费与项目计划的强耦合，实现过程的风险自动识别预警。三是建立数据中心，包括问题库、信息库，其中问题库包括研制过程中发生的问题、原因分析、解决措施、反馈、跟踪；信息库包括系统体系文档模板以及工具使用指南等。

3. 打造动态、静态全过程可视化平台

在需求捕获过程中，以利益相关方数据和系统工程信息（流程活动、周期等）为系统需求捕获的输入，通过图形建立形式化模型对系统的运行场景、活动、状态等进行显示。

机轮刹车系统研制过程中，通过过程协同和专业协同、模型降阶技术、标准封装流程与规范，将各类专业模型、有限元仿真模型进行有效集成，构建集成多学科的系统功能模型、系统架构模型，基于多架构权衡、性能参数优化、分系统试验验证等实现基于模型的验证过程，并将仿真试验数据不断反馈以进行系统验证确认，在系统模型的基础上正确地反映物理世界的特性和参数。

在需求确认过程中，通过全生命周期的管理平台 Polarion、系统仿真建模平台 Matlab/Simulink 以及接口驱动模块，进行需求—模型的可视化管理，实现了静态可视化。将 Sysml 建模工具、系统仿真建模平台 Matlab/Simulink、基于 Prepar 3D 的视景系统通过接口驱动模块进行集成，实现跨生命周期支持多个建模领域，实现了动态可视化。同时，设计可视化提供了一种需求模型验证机制以验证需求是在设计中实现的，允许利益相关者验证并确认系统执行了预期的功能。

（七）实施计划与激励并行，驱动全过程全层级全系统闭环管理

1. 强化计划引领多项目并行实施

一是项目计划强覆盖，按照研发体系各阶段设立的里程碑节点进行重点管控，约束各节点的输入、输出、开始时间、完成时间、任务要求及负责人等信息。二是计划与责任部门责任人强关联，实现计划到部门、分解到个人。三是计划与关键节点强管控，关键节点可视化、突出化，以关键节点为重点考评项。四是计划与进度强关联，任务计划执行情况直观地在个人工作中实时更新，打破电话询问、现场查看等反馈方式。五是计划与资源统筹强耦合，平衡项目年度任务的资源，合理调配内部资源、协调外部资源，对人力资源、设备资源、材料资源等负荷情况实时监控。六是计划与风险识别强耦合，通过风险管理机制对项目计划执行中的风险及时反馈，提高协同研发效率。

2. 强化能力考核差异化评价机制

根据实际技术岗位建立差异化评价机制，对影响系统研发活动的关键因素进行权衡总结，建立多维度评价机制，以成熟度、创新性、应用性、完整性四个维度作为评价点，确定了“2332”价值机制，构建了基于模型驱动的全数字化研发管控评价体系。一是成熟度评价“2”衡量其在多型号中的应用情况，在具体型号研发活动中的使用程度。二是创新性评价“3”衡量其是否具有创新性，包含创新的方法、工具使用、流程优化等，评价创新在实际的型号研制过程中的贡献度。三是应用性评价“3”在型号研发过程中的应用开发和优化服务，提高研发效率，使用的友好程度、易用程度以及使用率等。四是完整性评价“2”支持项目型号研制的研发活动，对各研发活动的覆盖率，对顶层需求的覆盖率为主要评价指标。

3. 强化激励导向多维度考核机制

建立多种考核方式以及长效激励机制，强化考核激励导向。一是建立专项考核经费，评选每月一

星、正面典型、岗位能手、青年榜样等。二是专项检查团队对新型号研制全过程进行评估，新型号研制过程中逐级研发活动的模型覆盖率、逐级的故障率、考核模型覆盖率达到80%以上时年终岗位绩效上调。三是专项检查团队对新型号研制全过程进行评估，考核新型号研制过程中逐级的试验通过率，试验一次通过率达到70%以上，年终岗位绩效上调。四是鼓励青年人才主动学习应用创新工具，将数字化协同研发能力作为团队选人用人的重要标准，对业绩突出者优先推荐担任团队主任师、副总师等，打破传统的"资历论"。五是考核评估中对模型更改提出有效意见达到5项以上在年终积分、专业技术职称评比中给予加分。

三、航空制动产品基于模型驱动的全数字化协同研发管理效果

（一）提升了企业组织运行能力，项目承研数量显著增加

实现快速成型虚拟仿真，提前发现设计缺陷，提升了研发效率，提高了研发质量，承研项目扩展了3个。一是在综合管理方面，已经实现了民机项目的100%覆盖。在全数字化协同设计方面，通过数字赋能实现了人员协同、专业协同、过程协同、地域协同，提升了系统研发效率。二是在人才队伍建设方面，打造了有力的工作团队。三是在共享知识储备方面，形成了覆盖多层级多维度的需求库、模型库、测试用例库，在新型号研制中可直接调用，节省了人力资源，缩短了研制周期。以此为基础提升了企业组织运行的整体效率，企业管理效率逐年提高。

（二）降低了研制成本，缩短了研制周期，经济效益得到大幅提升

比如，新舟700试验室系统集成试验的一次性通过率达到了80%，试滑试飞一次成功；AG600飞机研制周期缩短50%，研制成本降低约3000万元。企业的科技研发能力持续增强，缩短了研制周期，减少了共性知识的重复构建。实现技术和管理的综合信息化集成，统筹规划了全领域、全要素的平台建设，缩短研制周期30%，实现了多项目并行管控，资源的最优配置。建立可持续发展的人才梯队、激励机制，人才效能不断提高，节约了人力，优化了重复建模仿真人员共计23人，按照成本人均20万元每年，可节约460万元每年。

（三）建设了新型研发管理路径，融入国际航空产业链

通过构建基于模型驱动的全数字化协同研制模式，聚焦战略部署、重点项目、关键技术推进模型驱动持续提升机轮刹车系统研制能力，大大地提升了企业在国际市场的知名度，先后获得柯林斯亚太地区先进供应商，新舟系列飞机银牌供应商等称号，同时空客将企业列入供应商发展计划，企业受邀参加空客新型号机轮刹车系统的竞标，为企业融入国际航空产业链奠定了坚实的基础。

（成果创造人：付鹏锋、陈国慧、强　刚、马晓军、刘　航、黄　星、张　娟、谢　玄、赵　珊、张　皎、张　卓、王嘉忆）

充分发挥设计制造合一优势的水陆两栖飞机研制管理

中航通飞华南飞机工业有限公司

中航通飞华南飞机工业有限公司（以下简称通飞华南）隶属中国航空工业集团有限公司旗下中航通用飞机有限责任公司，成立于2012年，注册资本金10亿元，地处广东珠海。具备通用飞机及大型水陆两栖飞机总装、调试测试能力。现有员工1000余人，本科以上学历占比80%以上，其中百千万人才工程国家级人选1人，享受国务院特殊津贴专家7人，航空工业特级和一级专家17人、珠海市高层次人才15人。设有国家级博士后科研工作站、广东省博士工作站、珠海市院士工作站，是广东省首批职业技能等级认定试点企业。曾获“中央企业先进集体”“中央企业青年文明号”“国家高新技术企业”“珠海市专精特新企业”“珠海市高新技术企业创新综合实力100强”等称号。

一、充分发挥设计制造合一优势的水陆两栖飞机研制管理背景

（一）落实国家自主创新发展战略的重要举措

党的十九大报告明确我国将加快建设创新型国家，深化科技体制改革，建立以企业为主体、市场为导向、产学研深度融合的技术创新体系。大型灭火/水上救援水陆两栖飞机“鲲龙”AG600是在工信部、财政部等国家部委领导的支持下，为满足国家应急救援体系及自然灾害防治体系建设自主研制的重大航空装备。通飞华南作为AG600的主机企业（主制造商），坚持国家自主创新战略“导航”的根本遵循，肩负企业“领航”的创新主体作用，践行国产大飞机事业“启航”的伟大使命，以大飞机自主研制创新能力和产业链自主可控能力落实国家创新发展战略，填补我国大型水陆两栖飞机空白，实现航空强国、海洋强国和平安中国建设。

（二）顺应新形势航空装备研制模式的发展要求

当今世界航空装备以新能源新科技的发展势头引领浪潮，研制模式更加注重资源整合和设计制造协同。区别于其他航空装备研制，大型水陆两栖飞机在研制历程上面临诸多难点。一方面，在关键技术攻关和飞行试验上每一步都是从无到有的探索；另一方面，中国民用航空局对民用航空器的管理体系要求缺乏对水陆两栖飞机的适应性，同类飞机的适航审定经验匮乏，同时多体系间存在部分重合或壁垒，加大了研制过程和标准体系建设的管理难度。AG600要想真正实现“水陆两栖全能”，不仅要克服诸多技术难题，更对新形势下的飞机研制管理模式提出了挑战。

（三）打造新时代航空企业核心能力的必由之路

AG600早期采用的是我国传统飞机设计、制造相分离的串行研制模式，产品、工艺、生产和检验等方面不能有效协同和融合，造成设计制造返工频繁、研制周期拖长，无法满足国家应急管理部等用户的急迫需求，不利于工程化应用。战略不统一、价值观不一致、激励机制不完善阻碍企业融合，设计端与制造端的数据、流程不打通，缺少一体化信息平台影响设计制造并行协同。通飞华南迫切需要在用户需求紧迫和资源有限的情况下，从整体和全局的高度建设一套既能整合和优化配置设计制造一体化的资源及要素，更能提升飞机研制能力和凝聚向心力的新型航空主机企业全价值链管理体系，切实提升新时代航空装备研制企业核心能力。

二、充分发挥设计制造合一优势的水陆两栖飞机研制管理主要做法

（一）顶层策划设计，为新型航空主机企业建设指明方向

1. 确定“新型航空主机企业”建设目标和路径

通飞华南以保障大型灭火/水上救援水陆两栖飞机 AG600 研制成功为首要任务，在“飞机研制全价值链”组织架构一体化格局初具雏形的基础上，启动“设计制造深度融合”为导向的运营管理一体化建设，进而实现基于“鲲龙精神”价值取向一体化，推进设计制造一体化的深度融合，提高飞机研制能力。

2. 制定“六位一体，分步推进”实施策略

通飞华南分析诊断企业整合管理难点和项目研制痛点，从企业合并、飞机设计制造并行两个方面探索，结合麦肯锡组织诊断工具，确定以战略规划、流程体系、技术管理、信息平台、激励机制及企业文化六个方面作为新型航空主机企业全价值链管理体系建设的主要抓手，结合 AG600 型号研制阶段，明确三阶段分步实施路线，形成“六位一体，分步推进”的实施策略。

第一阶段是内外部梳理利益相关者需求，包括客户对产品研制的需求、上级机关和监管机构对企业运营的要求、干部员工对企业发展的期望、流程建设的管理要素等；第二阶段是研究制定战略，确定一体化业务域，编制流程文件，提炼企业文化精神，构建信息平台；第三阶段是实施一体化激励机制，战略和文化精神发布宣贯，提高企业凝聚力。

3. 成立“高层领导负责的多专业”团队

通飞华南成立领导小组和多专业协同的工作组，将管理体系建设列为企业管理能力提升重点工程以及年度“必胜战役”之一。领导小组由高层管理人员构成，负责提出战略和政策方面的指导，带头宣讲相关重要方案，把方向、管大局、做决策。工作组由相关部门负责人和专项工作人员构成，负责协调和开展体系建设具体工作。工作组每月组织工作例会，向相关业务主管副总经理和部门负责人汇报工作进展，将进程中的难点、痛点、堵点等摆在台面上解决。

（二）制定“目标同向”的企业战略，实现飞机研制全价值链的一体化

1. 确定“基于全价值链一体”的总体战略

综合运用五力模型、SWOT 分析等工具方法，结合应急救援航空装备客户需求调研结果，通飞华南研究制定“十四五”及 2035 年中长期发展战略，确定了“建设具有基于系统工程的正向研发、基于准时交付的生产运营、基于客户价值的市场客服管理能力的国内领先、世界一流的新型主机企业”的战略目标，“产品 + 运营、自主 + 协作、专业 + 集群、能力 + 体系”的“四个 +”发展策略，将市场、研发、供应、制造、试飞、交付、运营等产品全价值链融为一体，明确了型号研制、示范运营、预先研究等 5 大类、18 项指标、30 条具体目标值，详细地规划了 2 型工程研制机节点，规划了 4 型系列化特种飞机、5 型谱系化产品的初步计划方案。

在战略制定过程中，坚持群策群力、集思广益原则，开展高层访谈、专家研讨、深入各业务部门调研，让部门负责人、职工代表、内外部专家全过程充分参与，在这一过程中逐步强化目标同向，企业融合进一步深入。

2. 建立“1 + N”的分层战略管理框架

在总体战略统领下，运用价值链分析法，识别出对总体战略起核心支撑作用的市场、产品、客服等业务战略，以及起重要保障作用的科技、能力建设、财务、人力、信息化等职能战略，由此形成“1 + N”的分层战略管理框架（即 1 个总体战略、N 个专项战略），各战略编制均遵循“下位战略服从上位战略、下级战略服务上级战略、等位战略相互协调”的基本原则，全面承接总体战略要求，实现了业务交联、协同一致。

3. 采用“多措并举”的战略实施方式

为了让战略深入人心，自上而下开展多层级战略宣讲，领导小组开展总体战略解读，各部门负责人在部门内部宣讲并组织讨论，同时通过宣传栏展示战略要点、线上答题活动等多种形式，使员工多渠道、全方位了解企业战略，统一思想、统一目标、统一行动。

在战略执行过程中，通飞华南借助平衡计分卡，采用“战略地图 + 衡量指标/行动指标 + 滚动计划”模式，从横向业务轴、纵向时间轴，对总体战略目标进行细化分解，构建纵向到底、横向到边的任务责任矩阵。通过下达年度经营计划、签署业务部门年度绩效合约的方式，结合 PDCA 法，每年对战略执行情况进行评估反馈，辅助绩效考核手段，形成对战略的闭环管控，确保战略落地。

（三）重构“多要素融合”的流程体系，实现流程在飞机研制与企业治理上的一体化

1. 建立“流程驱动”的管理思维

通过深入分析企业合并前各业务流程、组织与流程匹配度，通飞华南启动一体化流程体系建设，高层领导召开启动会并部署行动方案，划分业务域并设定流程所有者，开展多轮流程管理培训，号召干部员工建立流程驱动的管理思维，落实流程责任，推动各业务领域牵头部门发挥头雁效应。

2. 开展“多体系融合”的要素整合

通飞华南确定流程体系外部利益相关者要求，一方面从飞机研制交付维度梳理设计保证体系、质量管理体系、试飞安全管理体系、运行支持体系审核要素；另一方面从企业治理维度梳理风控、环境职业健康等管理要素。

通过解读国家、行业、上级机关和监管机构的规章制度和体系文件要求，分析各体系在关注的对象目标、管理职责等方面的异同，捋顺要素的覆盖范围，形成流程管理要素分解承接表，并精准推送至相关业务部门承接落实每一份流程文件的工作要求及步骤中。同时，将质量管理体系等八大外部体系作为强制执行体系。

通飞华南将规章制度文件与各体系文件进行融合，既融合了企业治理制度规定等管理要素，又融合了质量适航等飞机研制审核要素；建立起一套既承接上级机关规章制度和各外部审核体系相关要求，又满足企业内部流程运转的一体化流程体系；实现了多体系融合、内部仅一个体系运行的目标，规范了员工必须共同遵守的管理规定和行为准则，推进形成了管理理念一致、管理要求协同、制度及流程相互融合完善的科学管理格局。

3. 实施“飞机研制全周期”的流程建设

通飞华南按照企业维（E）、产品维（P）、价值链维（V）三个维度划分业务单元，设计高阶业务流程。战略层面为企业指明党建引领原则和战略目标；运营层面聚焦主价值链业务；管理与支持层面为主价值链流程提供资源、环境、实现、创新等方面的支持。通过梳理业务，构建流程地图，建立了一套从市场需求分析、预先研究、关键技术攻关、整机概念研究、立项研制、进入市场到客户服务的飞机全生命周期的研制程序和流程，实现了业务流程“横向到边”覆盖全部业务，“纵向到底”直至操作层面。同时，自主开发流程信息管理系统，迭代过程全记录，使流程信息系统化、数字化、智能化。设计四层与各级流程匹配的管理文件架构，不同层级的管理文件对术语和活动描述进行规范。

（四）实施“研制合一”的技术管理，实现产品定义在飞机研制全生命周期管理的一体化

1. 统一“产品全周期”的构型管理

通飞华南建立了全方位覆盖、分层级授权的构型管理组织架构，突破了传统工程领域的局限，将管控范围拓展到影响质量、进度、成本、安全、保密等各相关方面的信息，形成了针对各层级利益相关方的全面高效的构型评估与决策机制。

统一构型管理以产品为核心，综合考虑功能划分、区域安装、生产策划、供应商分工、维护维修等

各方面因素，统筹产品分解结构和构型标识，对每个零组件产品赋予贯穿生命周期的唯一编码（件号）。利用信息化平台将构型管理方法与基于模型的定义进行深度融合，将设计数模/图纸和需求文件、产品定义文件、工艺文件等文档，更改、偏离等单据，以及材料、标准件、基础标准、技术注释、工艺资源等基础数据全面纳入一体化构型管控范围，通过信息化平台实现与产品件号的全面关联，从而形成以产品为中心的全生命周期构型管理的协同框架。

2. 统一“主供模式”下的工艺规范标准

在AG600型号机体结构件制造用工艺规范管理的基础上，研制初期与相关部门明确机载设备及成品的系统结构件清单、系统结构件工艺规范及特殊过程的管理原则，健全统一了整机制造工艺规范标准体系，实现了整机机体结构及机载设备、成品用工艺规范主机企业全面动态管理。

AG600工艺规范基于已取证的成熟机型所采用的工艺技术及型号采用的新材料新工艺，在研制初期与相关部门达成共识，按照研制阶段相关部门初步认可的工艺规范有效目录、取证阶段最终认可的原则，达到研制风险共担，加快了研制进度。同时，开展多轮工艺试验、适航验证，推动整机制造工艺规范标准体系持续更新迭代和技术沉淀。

3. 统一“全级次”的工程变更管理

基于正向设计理念，统一工程变更管理，在全面识别评估更改范围和各利益相关方需求后，开展技术评审与决策。同时，建立与之对应的全方位管理、分层级决策的“全级次”工程变更机制，分为企业级、飞机级、系统级、设备/模块级四个层面，人员组成涵盖项目管理、设计、工艺、制造、财务、供应链、供应商等多专业。通过多层级、多团队的人员授权完成各层次各方面影响的全面评估与评审，完成对更改执行和在制品处理的全面策划和管理。辅助设置更改管理员角色，独立履行流程管控和责任人管理职责，确保数据更改按等级进行合理高效的评估与处理。

（五）构建“唯一数据源”的信息平台，实现数据传递在飞机研制全方位管理的一体化

1. 打造“唯一数据源”的信息平台

通飞华南建设“AG600研制协同研制平台”（GACE）作为研制一体、数据主线、构型管理、供应商协同的核心数据平台，打破设计端与制造端的数据孤岛，推进产品数据源统一管理，进而形成基于单一数据源的产品数据架构，对产品多专业、多类型、多环节数据进行集中管控；形成基于单一平台的设计、工艺、供应商一体化集成协同环境；从型号序列化发展、设计制造一体化角度，形成支持产品研发和供应商交互的完整过程数据管理环境；通过自主开发CAD（计算机辅助设计）与PDM（产品数据管理）集成接口改变了传统集成插件接口转接效率低等问题。

以GACE平台数据为核心，通飞华南分步构建试验管理系统、制造执行系统（MES）、试飞管理平台、客服管理平台等信息化平台，并将各平台和OA办公集成到门户网站，对物流、资金流、信息流进行有效控制，达到集约化管理。

2. 优化“消耗式”的数据传递路径

通飞华南对设计—制造过程数据的传递和重构采用基于X-BOM（物料清单）的信息化平台管理、消耗式构建。在设计阶段，划分产品分解结构并赋予产品件号，在相应节点关联产品数据，形成飞机的EBOM（工程物料清单）。在EBOM规范化管理的基础上，对数据进行消耗式规划与拖曳式重组形成PBOM（工艺物料清单）。PBOM对工艺分离面进行完善，并按路线分工管理供应商交付规范，形成SPSBOM（供应商交付规范物料清单）。在PBOM管理基础上，消耗式实现MBOM（制造物料清单）建立及工艺设计，为下游总装生产提供准确的工艺指导。

3. 规范“全对象结构化”的供应商数据交互接口

通飞华南与各供应商签署信息化数据传输协议，统一了数据传输接口。一是基于可扩展标记语言

(xml) 对产品数据的 BOM 结构、属性、版本、有效性及关联文档等详细信息进行描述，确保了产品数据的完整、规范与统一；二是通过流程驱动的方式实现了数据自动的发放，实现了数据打包、上传、发放及接收的一体化服务，确保了数据的准确性及发放过程可记录、可追溯；三是基于数据协同区构建了供应商数据发放/接收机制，支持供应商在异地接收数据，缩短了数据传递周期。

(六) 建立“三维两码”的激励机制，实现员工成才与企业成长的一体化

1. 建立“三维两码”的激励机制

通飞华南导入“战略解码”方法，开展组织绩效管理，建立“三维两码”激励机制。企业层面按 SMART 原则，确立年度必胜战役（一级解码），推动各业务主管领导挂帅，细化各战役高阶计划，建立与科研生产密切关联的指标评价体系，形成“企业维”里程碑策划，并将之落实到“部门维”绩效合约（二级解码）。在部门内部，推动部门行动计划战略承接，并将计划目标分解落实到“员工维”。在战略解码基础上，持续探索组织绩效管理的创新优化，确保组织绩效多维一体。

2. 确定“价值导向”的员工岗位

针对企业整合前人岗不匹配、岗位价值不统一等矛盾，结合总报酬理论，实行“因需设岗、以岗设人、人岗匹配、以岗定薪”岗级薪点管理模式，设置 4 个序列、20 个岗级、12 个薪点的岗位薪点矩阵。以差异化激励为导向，拉大核心岗位与非核心岗位之间的价值差距，统一岗位价值。完善岗位职责及胜任力标准，并针对重要紧缺的关键岗位，开展企业内部竞聘，畅通人才发展通道，让一体化岗位价值设置成为优化人力配置、体现人才价值的催化剂。

3. 实施“正向激励”的绩效管理

基于职能制及矩阵制兼具的组织架构特点，通飞华南统一规范全员绩效管理，将员工既作为部门员工又作为 IPT 成员的绩效目标相统一。各部门在企业授权的基础上，根据年度任务目标，结合岗位层级特点及主要职责，设置主要评价指标及评分细则，形成部门员工绩效考核实施细则。建立员工全年薪酬收入与企业经营业绩考核、部门年度任务考核及个人业绩考核结果的联动机制，由部门负责人刚性兑现绩效薪酬，实现业绩贡献价值与收入成正比，合理拉开收入差距，形成绩效考核管理正向激励机制。

(七) 塑造“为国铸器”的企业文化，实现企业使命与飞机研制定位的一体化

1. 提炼精神层面“为国铸器”文化

通飞华南严格对标党中央关于宣传思想、文化建设、意识形态工作的系列要求，以及航空工业集团、通飞相关工作要求，结合企业整合现状，将中国特色社会主义、社会主义核心价值观的宣贯与树立文化自信相结合，使“航空报国，航空强国”为核心价值的文化体系在通飞华南以“坚定为国家应急救援体系和自然灾害防治体系需求铸造重大航空装备的信念，坚定航空报国初心，确保项目研制成功”为核心的“为国铸器”文化体系形式落地生根。同时，确定以“玉汝于成”的匠心文化塑造敬业文化，丰富“为国铸器”文化。

2. 推进行为层面“共赢”文化

通飞华南在行为层面推进共赢文化，扩大认知群体，将核心价值观和经营理念转化并融入员工日常行为规范。领导小组通过开展召开企业文化专题发布会，深入各部门宣讲，开展征文演讲、主题创建、答题竞赛等活动，在日常的管理、研发生产、文体生活等行为中强化文化落地，强化工作的文化属性。逐步将门户网站、微信公众号建设为集企业文化、群团活动、员工互动、福利发布于一体的全员参与的综合性平台，让员工快速、清晰、真实地了解企业生产经营动态，营造企业与员工“共赢”的氛围。同时基于 AG600 主制造商—供应商的研制模式，通飞华南将文化价值向外输出，打造“共赢”文化。

3. 打造先锋模范“拼搏”文化

发挥先锋模范导向作用，构建奖励体系，形成三类八项奖励项目（三类：年度先进、两优一先、

杰出青年+青年岗位能手；八项：年度鲲龙之星、年度明星团队、团队协作楷模、特别贡献奖、优秀党务工作者、先进基层党组织、优秀共产党员、杰出青年+青年岗位能手）。宣传人员每月定点到各基层单位了解、收集素材，与通讯员沟通新闻热点，通过选树典型，积极宣传先进人物团队投身航空事业的感人故事，展现干部职工在型号大干过程中的先进事迹，形成核心价值观的良好引导。深入基层一线挖掘"一线故事"，通过"最美一线""鲲龙故事""我的青春会闪光"等专栏讲述真实感人故事、一线奋斗拼搏案例，宣传典型人物。

三、充分发挥设计制造合一优势的水陆两栖飞机研制管理效果

（一）大幅提升了AG600飞机研制效率

通飞华南建立了大型水陆两栖飞机设计制造一体化研制体系和模式，显著提升设计制造的并行程度，最大限度地发挥并行协同的效益。AG600M全状态新构型灭火机是对设计制造一体化实现工程应用的关键验证。相较于技术验证机研制，设计制造周期由原57个月缩减至25个月，整体研制效率提升128%，2022年5月31日AG600M陆上首飞后第89天即顺利完成了水上首飞，再一次刷新了"鲲龙"研制速度纪录。

（二）全面打造了企业高质量发展能力

通飞华南提高了企业凝聚力，建立起一支贯穿设计、工艺、供应商管理、质量检验的复合型研发人才队伍。面对国外技术封锁，在空白领域突破了一系列关键技术和多项重难点技术。在标准体系建设方面，与相关部门共同制定35项专用条件，获批有效专利170余项，填补国内水陆两栖飞机适航标准的空白；共编制行业以上标准37项，航空工业集团标准25项，形成具有型号特色的飞机标准和规范体系。早期技术验证机从初步设计到总装完成共投入2738人年，新型航空主机企业管理体系建设后，全状态新构型灭火机共投入2220人年，人工投入量减少约19%，共节省成本9300余万元，全面打造了企业高质量发展能力。

（三）有力彰显了大国自主创新硬实力

优化改型后的AG600M全状态新构型灭火机满足了国家应急管理部等客户需求，填补了国产大型航空灭火飞机的空白，实现了我国特种用途飞机研制领域重大突破。面对国外技术封锁，立足国内产业链、供应链、创新链，实现了包括发动机、关键机载系统在内的100%国内自主配套，一大批新技术、新材料、新工艺得到应用，有效地带动了相关产业的快速发展和质量提升，展现了突出的示范带动作用，树立了新时代重大航空装备研制管理和企业管理的新模式、新典范。2019年团队荣获"中国青年五四奖章集体"荣誉，2021年AG600飞机总装生产线获评全国爱国主义教育基地。AG600阶段性研制进展被新闻联播、新华社、《人民日报》、新华网、《中国日报》和《环球时报》等多家媒体报道，彰显了我国应急救援强大的组织力、凝聚力和战斗力。

（成果创造人：赵静波、王　彬、张学振、陈泽銮、李长庆、申蒸洋、陆汉东、殷和贵、邻　翊、程　玲、黄万甲、郭　爽）

军工企业基于产业链整合的浮空器国产化研制管理

中国电子科技集团公司第三十八研究所

中国电子科技集团公司第三十八研究所（以下简称38所），1965年建于贵州省，1988年年底整体迁建合肥市，现有员工3300余人，是国家一类研究所。建所50余年来，共取得1600多项科研成果，获国家级、省部级科技进步奖150余项，多项成果填补国内空白、居于国际领先地位。研制出以“空警500”预警雷达为代表的一大批明星装备。先后获得“全国先进基层党组织”“全国文明单位”“全国五一劳动奖状”等系列光荣称号。中国电子科技集团公司浮空平台研发中心成立于2005年5月，依托38所管理，主要从事系留气球、飞艇两大浮空平台系列产品和无人飞行器系统的研发，已成为国内规模最大、浮空器产品最多、市场占有率最高的专业浮空器团队。

一、军工企业基于产业链整合的浮空器国产化研制管理背景

（一）履行强国强军使命责任，发挥大国重器军事价值的战略需要

党的十九届六中全会通过的《中共中央关于党的百年奋斗重大成就和历史经验的决议》指出“强国必须强军、军强才能国安”。强大的国防是国家生存与发展的安全保障，是实现中华民族伟大复兴的基石。在国防现代化建设过程中，浮空器等新型战略科技武器的重要性日益凸显。浮空器是一种依靠大气浮力升空的新型飞行器，具有部署机动性强、滞空时间长、载荷能力大等特点，具有十分广泛的军、民用途，素有“亚卫星”之称，受到美、日等发达国家的高度重视。38所作为国内最早从事浮空器装备研制的央企，在浮空器平台及载荷电子信息系统领域深耕10余年，积累了深厚的总体技术、平台载荷一体化技术和大系统项目管理、创新技术管理、质量管理经验。38所肩负“履行强军首责、打造大国重器”的光荣使命，需要围绕浮空器建立一套新型产业链体系，发挥“以系统带整机，整机带元器件”的牵引作用，不断提升产业基础能力，推进产业链、供应链现代化，及时响应国家战略需要。

（二）提速关键装备自主可控的紧迫需要

经过10余年的持续发展，以38所为代表的国内浮空器及其载荷电子信息系统已在传统领域取得长足的进步，具备了一定的自主可控能力。然而，2018年以来，部分浮空器装备关键材料进口渠道受到影响，一定程度上制约了我国浮空器的研制生产工作。同时，临近空间长航时飞艇、氢燃料等新质新概念的提出，也对浮空器装备基础技术的发展提出了更高的要求。38所作为浮空器装备总体单位，迫切需要发挥关键“枢纽”作用，贯通产业链条，对上游培育产品市场，争取技术和经费支持；对下游牵引整机研制、材料研发和技术迭代，构筑支撑浮空器装备全生命周期的研发、制造和保障能力，提速关键装备自主可控步伐，保障装备可持续发展。

（三）推动产业链协同升级，破解浮空器国产化研制难点的现实需要

浮空器作为国家战略预警体系核心装备，其研制存在一个极其复杂的“巨系统”，具有约束紧、任务重、难度大，参与承研单位范围广、技术接口多等特点。浮空器国产化研制除以上通用难题外还面临两道难关，一是决定浮空器安全性的关键材料及元器件技术性突破，需要跨越理论技术、样件研制、联合验证的技术性障碍；二是关键材料的产业链协同突破，需要跨越院所、机构、企业的地域、层级、管理关系的行政性障碍。我国浮空器产业基础相对薄弱，呈现“散”“小”“弱”的粗放型发展局面。38所作为国内浮空器领军企业，迫切需要加强产业链顶层策划，破解关键材料国产化研制系列难点，推动

供给和需求协同、推动研发与生产协同、推动上游与下游协同，推动全产业链的创新协同与能力升级，不断提升浮空器装备自主基础研发能力。

二、军工企业基于产业链整合的浮空器国产化研制管理主要做法

（一）明晰产业链整合方向，确定浮空器研制战略

1. 确定浮空器研制战略目标

38所贯彻“建设世界一流创新型研究所”战略目标，以“需求牵引、生态协同、验证推动、研用结合”为浮空器国产化研制指导思想，以“建立面向自主创新的国产材料体系满足武器装备发展需求”为关键技术攻关目标，充分发挥38所在关键材料方面的需求引领作用，发挥高校在基础理论方面“专而精”的科研优势，发挥配套企业规模化生产和市场化运作方面的经验，以“平台、机制、资源”为整合纽带，系统性地解决制约浮空器装备发展的产业链协同问题，统筹规划，系统布局，分步实施，确保实现技术成功、产品成功、产业成功的“多赢”。

2. 明确产业整合思路和路径

浮空器国产化是多学科、多领域、深度耦合的复杂系统工程，38所形成了“小核心、大外圈”的差异化整合思路。

“小核心”以浮空器国产化创新联合体为载体。38所发挥“双向牵引”的总体单位优势，向上牵引基础科学技术理论突破，向下牵引关键材料元器件分系统的设计研发，牵头组建浮空器国产化“创新联合体”，明确目标、确定任务、组建团队、切分边界，实现任务有效承接、管理有效协同。“创新联合体”以浮空器平台和载荷关键技术突破和重点装备研制为目标，以科研院所核心人员团队为主导，以重点任务的论证、分解和结果实现、验证为主要工作。

“大外围”以浮空器产业生态为载体。38所联合中国科学院、中国航天科工集团公司等5家科研院所及行业重点企业组建“1+5+N”浮空器装备国产化研制“国家队”，实现对跨行业优势资源的整合和研发能力的互补提升。浮空器产业生态以构建完整的产品链、创新链、价值链为目标，以“产学研用”上下游企业为主导，以完成具体任务的技术和管理循环为主要工作，并构建相应的协调控制机制，形成以企业为主体、市场为导向、技术为引领、开放协同的产学研用融合协同研制管理工作体系。

3. 构建产业链整合管理组织

38所通过与产学研用相关单位密切沟通协商，以国家重大课题实施为契机，调动骨干人员组建联合攻关项目团队，借鉴世界一流企业项目管理模式，构建矩阵式项目管理组织。贯彻落实新时期强军强国发展战略，以满足军方用户需求为目标，构建“项目主战、部门主建、体系保障”矩阵管理组织。项目组织内部组建行政线、技术线、质量线“三线”队伍，行政线负责资源支持、问题协调和条件保障；技术线负责技术路线选择、工程设计和装备交付；质量线负责体系支撑、执行规划和遵从监督。

在产业链角色分工上，研究所负责装备研究和技术体系顶层规划、发展路线制定、复杂系统抓总研制和核心关键技术研究，牵头提升顶层规划、产品研制、技术攻关能力；企业负责与自身定位相关的特色技术攻关、工艺研究与应用、试制、产品实现和装备保障，牵头提升试制工艺技术研究能力和高质量集约化生产能力；高校负责前沿技术、基础研究，设计方法等技术支撑。最终形成一个产学研整体协同管理创新体系，确保科技成果向现实生产力的成功转化，合作过程中更能发挥各自的强项，实现技术、资金、人才等创新要素的集约集聚和优化配置，加快技术成果产业化，进一步增强企业自主开发和创新能力，带动产业持续发展。

（二）实施差异化整合策略，培育国产化研发生态

1. 主导构建“产学研”核心技术创新平台

38 所发挥总体单位枢纽优势，发挥核心技术攻关“出题人”作用，牵头组建浮空器国产化创新联合体。创新联合体以总体任务分配、促进成果转化、承担科技攻关项目等为主要任务，按照自愿和市场化原则、以大带小的方式，整合产业链内上下游企业，联合高等学校、科研院所共同参与，目的在于突破一批“卡脖子”关键核心技术，攻克一批制约产业发展的重大科技问题，取得一批标志性成果和战略性产品，助推形成创新型产业生态。38 所以承接国家重大课题为契机，发挥专业全的技术优势和装备多的市场优势，联合优势单位牵头组建联合创新实验室，打破“院”“所”围墙和技术“壁垒”，由分管所领导牵头，以集团公司首席科学家、首席专家为核心，以多领域技术骨干为主体，围绕平台载荷一体化、囊体集成智能化、缺陷无损检测等多个方向开展攻关，确保未来业务和技术主导权。

2. 构建重点供方“产供销”深度绑定战略同盟

为确保供应链核心器材供应可靠，支撑重点装备研制，38 所围绕供应链核心厂商，以战略合作协议方式深度绑定，确保风险共担、利益共享。一是横向联合，发挥 38 所浮空器总体和雷达研制优势，联合其他关键载荷研制单位结成同盟，开展市场联合攻关、项目联合承制、装备联合交付，实现“产供销”深度绑定，确保核心供应链稳定可靠，以某探测浮空器为例，38 所与集团内兄弟单位、中国科学院某院所、航天科技某院所事前约定、共同谋划、共同创造、共同分享，开展某装备研制，较原“一家独揽、分包承制”模式在成本、质量、交期方面均获得大幅优化。二是纵向联合，针对元器件、核心材料、关键基础技术等下游产业企业，及时发现种子供方，以入股的方式实现战略绑定，同时导入 38 所较为完善的质量管理、研发管理工作体系，实现能力快速突破，以某探测技术为例，提前并购核心团队并控股，以核心团队科技成果作价入股方式联合组建新公司，以项目牵引技术迭代，实现技术快速转化和产业化。

3. 引导各方资源广泛参与构建产业生态

针对产业链外围层单位，为进一步提升产业生态活力，发挥产业集聚规模经济效用，38 所以市场化合同方式引导各方资源参与产业链建设。一是提升产业吸引力，培育潜在供方和资源，38 所通过院士工作室、行业高峰论坛、技术交流会、产品发布会、高端航展等形式，向高校、企业传播产业影响，提高产业知名度和认可度，发挥市场作用，吸引潜力人才和企业加入浮空器新兴产业生态。二是提升供方管理能力，实施分级分类管理，除战略同盟核心供方外，将已纳入的供方根据替代性、可靠性等分等级，等级越高，合同条款越优惠，任务分配比例越倾斜，同时也开辟了试用供方渠道，为更多企业参与创造了机会，为供应链不断注入了源头活水。

（三）健全产业链合作机制，促进研制管理协同高效

1. 构建“分层分级”协调机制

浮空器国产化涉及材料研制、材料制备、性能考核、应用验证等全过程，根据各阶段技术、成本、计划等方面情况建立项目级、组织级和系统级沟通协调机制。项目级召开周例会，每周固定时间通报上周工作进度和本周工作安排，挂图作战，非必要不偏离，简化工作复杂度；组织级通过项目月报、半年总结形式传达月度、年度目标完成情况，既要低头拉车，更要抬头看路，避免方向不可控偏移和范围无序扩张；系统级通过工作协调会、技术交流会以及电话会议等多种形式协调解决项目实施过程中遇到的技术性问题，确保技术有保障。

2. 建立“421”竞争机制

在浮空器国产化元器件技术外协过程中，竞标阶段集中国内有实力的合格供应商入围，为控制项目

成本，优选4家优势单位进入初样阶段研发投标。针对供应商提供的产品进行系列化验证，优选2家性能测试良好的厂家进入正样阶段的产品研制。针对正样阶段的产品进行专项验证，优选1家进入批产阶段的研制。通过这种竞争选拔、逐级淘汰的制度，既能在初样阶段培育扶植目标供应商，避免项目成本被一家供应商牵制，又能保证进入批产阶段供应商的产品性能已基本具备替代进口产品的技术状态。

3. 实施多元化激励机制

制定多项与浮空器国产化研制相适应的激励机制，以充分激发设计、管理、市场人员的积极性和创造性。38所加强引导、扶持及奖励等三个方面的激励机制建设。一是出台“揭榜挂帅创新驱动工程”“科技创新评价办法”“科技自主创新项目研究与奖励办法”等创新激励办法。二是设立“科技创新专项资金”和“新兴产业发展专项经费”，大力扶持具有军民融合科技产业化前景的科研项目。三是在考核奖励、收入分配、市场开拓、内外合作等方面进行倾斜，探索项目管理、员工持股、分红激励、人才培养、成果转化及中长期激励模式。

4. 优化管理流程和机制

为提升产业链管理稳定性，38所创立基于原材料性能、工艺参数和产品性能的“三条成功包络线”管理体系，提出以参数偏离裕度定量分析评价方法为基础的“定性定量结合”管理方法，实现了产品精细化、量化、可追溯的控制，一是优化固化推广工作流程，梳理并系统总结浮空器研制几十年探索形成的组织过程资产，优化固化形成管理流程、研发流程、生产流程，形成管理标准并在产业链核心供方内进行推广。二是优化推广生产组织模式，通过总装生产模式化、装配过程数据化、技术参数固定化的“三化”措施，逐步提升关键材料生产过程的可靠性，支撑国产替代效率提升。

（四）集聚关键核心资源，夯实研制工作条件基础

1. 制定统一技术管理标准

一是从技术层面进行分类，建立覆盖设计、试验、验证和应用全过程的技术标准体系，从顶层对关键材料、飞行平台、有效载荷等领域进行大系统间的约定，规范协作过程。二是加强共性技术开发规划，以最大程度地实现技术、模块、子系统等研发成果的共享，并按系统、专业形成一系列共性技术和专用技术模块。三是加强技术状态管理，在推进浮空器国产化研制与验证过程中，建立了三条技术状态基线：功能基线、分配基线和产品基线。功能基线主要是研制合同、总体工程实施方案；分配基线是系统分配给关键材料的性能指标、设计约束条件、可靠性、维修性、测试性等，具体体现为研制任务书、工程实施方案、配套设备技术协议等；产品基线指规定加工、装配、调试、验收、试验、包装、架设等一系列要求的技术文件，包括图纸、产品规范、调试细则、试验大纲等。

2. 建设关键核心人才队伍

建立一支满足浮空器国产化研制需要的核心人才队伍。一是完善人才培养体系，结合38所技术、技能双通道发展体系基础，开拓科研创新人才通道，设立“院士大讲坛”，定期开展“总师训练营”，针对40岁以下总师后备人才实施“一人一案”定向培养，让有潜力的年轻科技骨干“进项目、压担子、带队伍”，促进科技创新骨干快速成长，实现人才梯队动态发展；技能人才通道方面，设立“技能大师工作室”，为技能人才破难题、传绝技、带高徒创造良好条件。二是积极推动人才交流，38所牵引相关单位积极对接行业顶级专家，将前沿技术、新概念领域、新材料、新工艺引入浮空器国产化研制工作中，实现研发效率和效益双提升；同时38所发挥军工院所质量管理体系完善健全的优势，加强总体单位技术专家与配套供应商的管理咨询和技术交流，培育合作单位的人才力量，共同打造覆盖产业链关键过程的创新人才队伍。

3. 提升关键核心能力水平

38所组织协同单位，针对关键材料重点技术难题，系统分析理论解决路径，梳理验证试验攻关重

点，依托国家重大课题，提升近空间浮空器材料与结构应用理论基础，开展自主能力建设，主要包括系统验证能力和迭代优化能力两个方面。

一是系统布局，提升关键材料系统验证能力。采用精细化设计技术、数字化仿真技术、先进的仪器等综合手段，项目团队将国产材料研制验证设计、试验、制造、调试、运行、经验反馈等全生命周期的数据进行整合管理，并建立统一的验证数据共享服务中心，支撑关键数据的追溯和全过程管理。

二是应用牵引，推动不断迭代优化。浮空器国产化攻关包括材料配方研制、材料制备、性能考核、应用验证等全过程，材料性能需满足各单位、各环节的考核要求。38 所采取工程化应用和持续改进两线运行的思路，一方面在性能合格的前提下保障型号装备优先使用，另一方面迭代优化，促进工程化水平持续提升。具体过程中，后序应用验证单位发现的问题会及时反馈给前序材料制备单位，根据出现的问题及需求，前序单位及时进行材料配方和制备工艺的改进，同时针对出现的难题及时与后序单位进行沟通协调，推动后序工艺验证进行优化，以达到双方研制验证目标的协调一致。

4. 多方渠道聚集发展资金

一是积极申报国家重大项目和基金支持，在国产化浮空器研制过程中，先后承担了以“国家安全重大基础研究项目”为代表的几十项前沿课题，获得支持资金超过 1 亿元，在获取国家资金支持的同时也获得了任务分配和监管的国家背书，有力地督促了相关单位完成相应的理论研究、技术攻关和工程研制任务。二是积极获取部委、军队机关的资金支持，通过承担相关用户装备需求任务，一方面解决了工程研制资金问题，另一方面也获得了第一手装备使用资料，以装备应用推动生态建设，同时依托各级军代室实施项目监管，利用军方协调优势，确保产品符合相关质量要求。三是企业、院所配套自筹资金，重点解决相关技术的模块化、通用化问题，尽快实现相关技术在其他领域的应用，38 所依托浮空器总体技术和关键结构技术研发，自筹资金 2000 余万元，开发飞控、验证等关键技术，并推广应用在无人机、高空气球等领域，从而实现了技术的有效复用。

（五）强化项目过程管理，推动研制进程可控可靠

1. 实施项目分阶段管理

借鉴研发管理最佳实践，将浮空器国产化研制分为方案、初样、正样和批产等四个阶段，分别明确各阶段的工作目标和主要任务，“化整为零”推动项目进程稳步推进。一方面实施规范的阶段内管理，各阶段均构建技术决策、业务决策“双线决策”体系，其中技术决策由技术管理系统相关专家进行评审，以技术可靠为目标；业务决策由行政指挥系统进行评审，强调浮空器工程应用和业务达成目标；围绕国产化装备 QCD 进程，协调问题、配给资源、监督改进。另一方面实施严格的转阶段控制，既确认上阶段的工作成果，也明确下阶段的工作目标，确保项目研制进程和研究成果成熟度稳步提升。

2. 施行“三图一表”计划管理

为确保跨领域研制验证有效协同，38 所针对各联合工作组，实行“三图一表”计划管理，即项目作战图、实施方案示意图、工艺流程图和里程碑计划表，逐级细化，逐步明确工作任务、进度、交付和验收要求，确保整个项目过程进度可查、计划可控、稳步推进。

承制单位严格履行科研管理程序，对照“三图一表”总体要求，下发年度大纲、季度计划、月度计划，实行目标责任制。每季度召开协调会，检查本季度计划完成情况，布置下季度计划，同时协调计划执行中出现的较大问题。项目计划执行情况和预算执行率纳入各承担单位的科研管理考核体系。项目工作进展情况和经费预算执行情况纳入科技创新月报。项目科研团队应严格执行工作计划，将研制计划和研制任务层层分解、明确节点、落实到人，有问题及时反馈、解决，确保计划按时完成。

3. 加强全供应链风险管理

38 所以浮空器关键材料研制过程为基础，梳理全供应链风险点，形成风险矩阵，制定浮空器国产

化“两步走”策略。第一步对标国外进口材料技术指标，关键材料实现部分国产化；第二步在前期探索的基础上，实现全面国产化，“两步走”策略以螺旋式上升方式有效地降低了技术风险。

为支撑“两步走”策略有效落地，38所引领产业链配套单位建立基于“四性”的质量管理方法。一是将浮空器国产化研制过程，从差异性、工艺性、性能稳定性、环境适应性等四个维度建立约束性指标体系，全面识别国产替代潜在的技术风险和隐患；二是引入故障模式识别与控制、质量问题归零等风险控制方法，将技术风险控制要求纳入关键材料研制的技术流程、工艺流程、试验流程，实现方法适用特点、应用场景与具体的研制阶段、产品类型、产品结构层次和关键控制节点的有机融合，保证技术工作过程清楚、节点控制清楚、方法使用清楚。

4. 定制“一体化”管理信息平台

为提高管控效率，38所结合“智慧院所”工程，全面推进浮空器研制数字化转型，构建基于国军标质量管理体系，面向用户、质量、成本、制造的智慧研发平台。

一是自主开发集成化研发数字化平台。38所发挥工程软件开发优势，依托国家级工业设计中心和工业软件中心，先后开发了浮空器设计仿真系统、试验数据管理系统、工艺设计与管理系统，实现了对浮空器关键工程领域的全覆盖，陆续开发了机、电、控、软、电磁等多种数字化设计仿真工具，并基本实现了工程设计、工艺设计、试验测试以及科研项目管理的电子化流程支撑与数据集中管理。

二是建设开放式的多项目管理平台。以科研制度体系、科研流程体系全方位梳理为基础，构建流程集成化、要素条目化、过程可视化项目管理平台，实现项目计划、进度、经费、资源等要素的实时化、可追溯管理，支持各级领导、管理部门、项目主管、研发团队、研究人员同一平台、同一数据、同一进度同步化管理，支撑浮空器国产化承研单位相关业务管理的一体化。

三、军工企业基于产业链整合的浮空器国产化研制管理效果

（一）浮空器国产化率逐步提高，自主可控显著提速

38所通过协同管理，联合国内十几家企业单位，取得多项核心技术突破，打破国外技术封锁，型谱化产品战略布局取得显著成效。关键材料研制周期从5到6年缩短至2到3年，研制成本相比同行降低了约60%，国产化率从55%提升至92%，材料级、部件级和整件级关键技术指标达到国内领先水平，军民融合效果良好。38所建立了多种关键核心材料完整的技术管理体系，经过多个批次的验证试验和产品迭代升级，国产化材料基本力学性能、工艺应用性能和综合老化性能已达到与对标进口材料的等效替代的技术状态，实现了浮空器关键材料迭代优化创新发展的良性循环。

（二）产业链核心地位持续巩固，经济效益大幅提升

38所通过实施“小核心、大外围”的产业链整合策略，吸引了超过200家企业、院校加入浮空器产业链，并以国家重大课题为抓手，以重大装备研制为载体，构建了覆盖浮空器国产化基础理论、设计验证、批量生产和装机应用的全生命周期能力体系，突破了高校、研发机构、制造企业的行政、技术障碍，解决了预研基础缺乏、核心技术缺失、工业基础薄弱等诸多瓶颈问题，形成了一般技术、关键技术、核心技术模块和成果，圆满完成了国产重点浮空器型号装备的研制，开创了我国浮空器装备自主发展的新局面。按照单项因素直接测定法（MTP）测算，本工程实施后，实测年均增加产值超1.4亿元，新增利润0.3亿元/年，收入与利润增长均超200%。本工程有力地支撑了浮空器集成研制和产品范围向邻近空间球载、艇载解决方案的延伸，为38所和产业链相关单位高质量发展注入了新动力。

（三）产业链整合实现关键突破，管理能力有效提升

38所在推动国产浮空器研制过程中，梳理构建了一套适合军工装备国产化研制的管理体系，在技术管理上，形成型号统一化技术标准规定270项，覆盖设计、试验与制造全过程，有效地保证了关键材料复杂系统的性能匹配协调、设计和制造的一致性，规避了研制验证工作出现偏差和反复的可能性，保

证了产学研用协同创新顺利推进；项目管理上形成了以成熟度、图表计划、全面风险管理为特征的运作管理体系，最大程度地保证了技术研发、装备研制的并行异步开发，推动技术、模块、子系统等研发成果的共享和市场应用。通过实施以上管理体系，大幅度提升了浮空器装备交付的及时性和可保障性，有力地支撑和保障了国家重大军事演习、重大活动和自然灾害的空情态势感知和目标探测识别，浮空器战略预警能力得到进一步发挥。

（成果创造人：徐如清、李向阳、茆　磊、田　越、李明荣、
孔　元、彭桂林、郭　黎、董　莉、高　峰、朱善璋）

央企科改示范企业以攻关物联网“卡脖子”技术为目标的管理变革

中移物联网有限公司

中移物联网有限公司（以下简称中移物联）是中国移动通信集团有限公司（以下简称中国移动）的全资子公司，成立于2012年，聚焦“卡脖子”重点领域，持续锻造芯片、模组、操作系统、平台、应用、安全等原子能力，融合打造优质行业解决方案，构建面向5G时代的物联网产品体系，支撑数字产业化和产业数字化发展，助力国家抢占物联网技术的领先优势。

一、央企科改示范企业以攻关物联网“卡脖子”技术为目标的管理变革背景

（一）贯彻落实党中央关于加强国有企业自主创新能力重要指示精神

党中央、国务院高度重视国有科技型企业的改革创新，要求不断深化。2019年12月国务院国有企业改革领导小组办公室印发《百户科技型企业深化市场化改革提升自主创新能力专项行动方案》，打造一批国有科技型企业改革样板和自主创新尖兵，在此基础上复制推广成功经验。按国务院国有资产监督管理委员会（以下简称国资委）要求，经中国移动内部评审推荐，中移物联入选首批“科改示范行动”名单。中移物联以科改示范行动为契机，完善治理、强化激励、突出主业、提高效率开展改革行动，提升企业管理水平。

（二）核心技术攻关任重道远，亟须新机制促进科技创新

只有把关键核心技术掌握在自己手中，才能从根本上保障国家经济安全、国防安全和其他安全。物联网芯片、操作系统作为国家战略型新兴产业布局的重要部分，我国无法完全自主掌控，是可能面临国外关键技术“卡脖子”的重点领域。中移物联在攻克关键核心技术问题上勇担重任，承担芯片、平台、操作系统、物联网安全、5G组网及应用等国家级核心技术研发项目，有使命、有责任、有能力履行国有企业政治责任、社会责任与经济责任。

（三）企业运营面临多重挑战，亟须通过改革以机制创新激发企业内生发展动力提升效率

改革前的中移物联企业运营面临多重挑战。一是治理机制需进一步优化，问题体现在对外缺乏快速灵活的市场响应决策机制，对内缺乏完善的治理机制；二是激励机制需进一步完善，问题体现在激励机制不适应科技型企业要求，缺乏中长期激励；三是选人用人机制需进一步加强，任期制契约化需进一步完善，组织运营体系需完善；四是科技创新体系需进一步改革，问题体现在未展现出关键核心技术优势，缺乏适应科创的对外合作的自主权。中移物联亟须通过改革以机制创新加速赋能科技创新，达到“加强党建、完善治理、健全机制、强化激励、激发创新”的改革预期，实现高速、高质量发展。

二、央企科改示范企业以攻关物联网“卡脖子”技术为目标的管理变革主要做法

（一）谋划改革路径

1. 创新两级协同一体的改革模式

中移物联分析国家政策和企业实际，准确把握“国企改革三年行动方案”及“科改示范行动”政策要求，践行“两给两出”的科研改革指导思想，根据中国移动《关于印发“科改示范行动”实施指导方案的通知》，谋划《物联网公司“科改示范行动”实施指导方案》，创新两级改革架构：在中移物联施行全面综合性整体改革，力求体制突破、机制创新，推动企业占据行业领导地位；在中央企业三级子公司芯昇科技先行先试，通过混合所有制改革等手段进一步深化体制改革、探索更加市场化的机制创新，以重点突破带动整体推进。

2. 成立科改工作组

成立科改领导小组和工作小组，建立改革推进机制，明确工作组职责、人员和考核规则。领导小组设组长（董事长担任）、副组长（分管领导担任）和3名组员，负责审议改革方案，指导改革工作，决策改革中的重大事项，为落实集团及上级机关各项要求提供指导和支持。领导小组下设8个工作小组：科改执行办公室、科技创新推进组、芯昇改革推进组、人员与激励推进组、效益提升推进组、公司治理推进组、党建引领推进组、健全监督推进组，各组均指定责任部门作为牵头单位，落实各自领域主体责任，制定关键指标提升方案并落实，督促相关部门完成本组相关改革任务，定期向领导小组汇报本组关键指标提升及改革任务完成进展，提出需协调事项。

3. 制订改革计划

中移物联贯彻落实国资委"科改示范行动"政策要求，针对科技型企业改革中的市场化程度还不够高等痛点难点，积极向各行各业的标杆企业学习先进经验，实地走访10余家国企改革标杆企业，学习改革经验，制订改革举措计划。

（二）积极稳妥推进子公司混合所有制改革，实现股权多元化

1. 双选组建创业队伍

中移物联响应国家振兴集成电路产业号召，围绕物联网芯片国产化，把握市场脉络，分拆发展空间和市场竞争力较强的业务，设立独立子公司芯昇科技。同时鼓励担当者勇于脱离体制"襁褓"，160余名干部员工按照"自愿加入、双向选择"原则主动跳出"舒适区"，与母公司中移物联解除劳动关系，并与芯昇科技签订劳动合同，除担任董事或监事外，原则上中移物联人员不兼任芯昇科技负责具体生产经营的经理层职务，以激发队伍干事创业活力。形成了以总经理为首的作战单元、业务单元、支撑单元的组织架构。

2. 稳慎制混改方案

中移物联在严保持国有资本控股地位的前提下，明确了混改的目标是以"混"促"改"，促进经营机制深度转换。制定《芯昇科技首轮混合所有制改革方案》：拟引入不超过3家具有较强业务协同或一定政策、产业背景的战略投资人，且计划同步实施员工持股计划。一是引入战略投资者。在中国移动的指导下，考虑到芯昇科技设立初期公司治理较为薄弱，引入政策类投资者规范公司治理；同时，由于在资本运作经营经验欠缺，并考虑推进公司上市需维持持续融资能力等，引入产业类投资者。二是同步开展员工持股。为保障管理层及员工对公司短期和长期发展目标期望一致，综合考虑员工出资能力和绑定力度，根据岗位设计了不同级别员工的持股份额梯度，绑定核心骨干员工，实现利益共享、风险共担。

3. 设置评分标准，优选战略投资者

芯昇科技向上海联合产权交易所递交增资项目公开进场交易申请后，增资项目在上海联合产权交易所公开挂牌。谈判小组从认购价格、企业综合实力、协同能力及合作意愿三个方面对意向投资人进行量化评分。将投资人按照最终得分由高到低排序，同时累计认购份额，以累计认购数达到增资后出资比例的7%为限。本次增资价格高于经备案评估值，确保了国有资产保值增值。

4. 设计持股原则，开展员工持股

芯昇科技员工持股方案侧重岗位价值较高的芯片研发核心人员，激励人员占比设置在20%到25%。根据岗位设计7档持股份额，按照"第一档持股比例不超过0.6%，第一档和最后一档持股比例相差不低于10倍"的原则，对激励员工的持股比例进行合理化区分。员工持股的认购价格按进场交易增资价格确定，与最终投资人同股同价。对员工持股方案，中移物联及芯昇科技开展了3次调研、2次座谈，充分征询员工意见。芯昇科技职工代表大会对员工持股方案和持股名单表决，对员工持股结果在全公司范围内公示，接受全体员工监督。

（三）完善治理机制，落实中国特色现代企业制度要求

1. 规范治理体系

一是改选董事会，引入外部董事并发挥外部董事积极作用，加快推动科技型企业董事会配齐配强，形成了3名外部董事和2名内部董事组成的董事会，实现外部董事占多数。二是健全董事选聘、管理、考核、评价、退出等机制，全面落实科技型企业董事会依法行使重大决策、选人用人、薪酬分配等权利。

子公司芯昇科技完善“三会一层”治理制度。通过改引入战略投资者、开展员工持股，构建多元化股东主体，各股东按持股比例享有权利；设监事1名，落实监督评价、定期检查；构建权能完备的企业董事会，落实董事会对企业经营重大事项的决策权限；保障经理层经营自主权，选人用人、薪酬激励等经营事项原则上由企业自主决策。

2. 子公司实行以资本为纽带的管控模式

一是实施差异化授权制度，根据子公司的股权结构、行业差异、业务成熟度、业务关联度等因素，按照“一企一策”方式设计差异化的管控策略及授权事项。二是建立动态评估机制，由芯昇改革专项推进组定期组织对芯昇科技进行权能力评估，基于评估结果，调整授放权事项及幅度范围，避免“一放就乱”。三是施行权利清单制，印发《关于明确芯昇科技有限公司权限管理有关事项的通知》，包含15大类92事项，明确股东、董事会和经理层权限，以及授权芯昇科技制定管理制度自行管理等。

（四）健全市场化选人用人机制，全面推进市场化转型

1. 本级干部动真碰硬退出机制

一是全面推行经理层成员任期制和契约化，全体高层管理人员签订《岗位聘任协议》《经营业绩责任书》，中层管理人员签订《岗位聘任协议》，真正做到“一级抓一级，一竿子抓到底”，实现任期制契约化向中层延伸；通过“一人一表”，建立“科技指标、市场化指标”定制化考核制度，划定退出红线，为实现干部“能上能下”提供制度依据，不断激发企业内生动力。二是积极发挥干部述职的监督作用，施行年度党支部书记抓基层党建述职，同期中层经理正职和副职全员进行年度干部述职，年度综合考评得分的后5%强制退出，持续强化干部责任目标意识。

2. 子公司对标市场建设人才队伍

一是契约动真格，结合中国移动“拔尖计划”，引入芯片行业高端人才，参照职业经理人制度开展契约化管理，预计2023年全面实施职业经理人制度。二是总监“脱军装”，总监层级全体“脱军装”，不再纳入管理序列，设置一、二级TL（Team Leader）角色，人员管理更加灵活；设置角色激励，明确带团队、拿结果的导向；对导师增设带徒角色激励，做好试用期员工“传帮带”。

（五）强化市场化激励约束机制，深度绑定员工与公司发展

1. 本级设置差异化薪酬制度

一是对标市场薪酬水平，设置技术与非技术两条薪酬曲线，在体系设计上，同职等同绩效的技术与非技术岗位薪酬差距拉开约为1.2倍。二是将薪酬与绩效进行有效匹配，构建调薪矩阵，刚性执行薪酬增减，拉开绩效奖惩差距，同岗薪酬差距达到约2倍，构建调薪矩阵，强化业绩导向。三是设置专项激励，设计基本、挑战、高挑战三层次激励目标，牵引攻关团队“摸高跳远”，保障关键核心技术攻关任务。

2. 子公司构建市场化薪酬体系

一是绩效更严格，强制绩效分布，强化岗位调整、员工退出机制；按职级横向拉通绩效考核，同序列同职级最高最低薪酬差异约为2.33倍。二是薪酬市场化，设置IC设计、IC产品与验证、技术、市场、职能5条薪酬曲线，分类对标市场薪酬，IC与职能同等绩效薪酬差异约为1.57倍。

3. 探索开展中长期激励模式

一是稳妥推进虚拟期权，为将骨干员工和部门、公司的中长期业绩绑定，稳定核心力量，选定不超过20%的核心骨干人才（其中技术人员占比不低于70%），激励总额兑现挂钩公司业绩，个人激励兑现挂钩个人绩效，分三年滚动兑现。二是开展科技型企业项目分红，根据战略意义、发展前景、团队绩效、市场化程度、营业利润等因素公开征集评选优秀项目、项目团队，严控激励范围，采用三年项目目标营业利润滚动计提激励，每年滚动兑现，激励项目组成员将科技成果转化为营业利润，培育有潜力的创新单元，最大程度激发主体活力。2021 年共收集 21 个项目申报，从产品指标、财务指标、技术指标等几个维度，经两轮评选，最后选定 OneNET 数字感知基台项目作为试点。

（六）完善科技创新机制，奋力开创高质量发展新局面

1. 开展核心技术攻关

一是开展芯片核心技术攻关。芯昇科技通过市场化转型带动科技创新，以实现国产物联网芯片自主可控为目标，着力攻关芯片关键技术难题。芯昇科技基于 RISC－V 内核围绕物联网芯片低功耗、高集成度等方向进行了多项技术攻关，加速构建自主可控的芯片能力。二是力争取得物联网操作系统产业新突破。中移物联以建立开放多元的物联网生态为目标，打造具备自主知识产权的 OneOS 物联网操作系统，主要应用于智能表计、智慧交通、智能穿戴、工业自动化、智能家居等领域。

2. 借助资本优势快速补齐能力

中移物联锚定“补短板、强能力、聚资源、建生态”，积极探索参股布局前沿技术领域，围绕数智化核心领域，加强科技与金融的结合。建立芯片联合实验室、物联网操作系统应用创新联合实验室。同时发挥股权投资研投协同、构建生态、价值贡献作用，参股联合实验室重要研发合作方，以资本联合带动技术合作，向参股企业派出董事参与重要决策，充分地发挥参股企业人才资源和技术优势。

3. 强化科创管理

一是初步形成科学研发项目管理体系。为深入实现研发管理精细管控、投入产出、能力协同“三大聚焦”，中移物联全面重构、规范研发项目全生命周期管理，制定管理办法，发挥中环作用，构筑优势平台及推动产品创新，持续推进协同互动的“一体四环”研发布局演进，提升研发技术、质量、效益。二是围绕集团科技创新奖励体系，构建了“三大七小”科创奖励体系。围绕集团科技创新奖励体系，构建了“三大七小”科创奖励体系，全面落实并加强推进内部双奖、科技成果转化、在岗革新、专利奖励、自主开发大赛等奖励活动。

4. 大力推进“五个一流”工程落地

中移物联联合央企、产学研用单位，推进落地国内一流物联网展示中心、国内一流物联网战训中心、国内一流物联网开放实验室、国内一流物联网研发中心、国内一流物联网产业园“五个一流”工程，以宽视野、高目标、大格局打造物联网产业的靓丽名片，引领全国物联网产业创新，助力成渝地区双城经济圈建设。

5. 培育创新生态文化

中移物联打破传统职级体系，坚持文化再造，以“拼搏精神”“工匠精神”“创新精神”的文化论述为基底，再造全新文化体系。举办 IoTclub 物联网技术俱乐部、IoTtalks 物联网技术沙龙等活动，打造开放、交流、分享、沉淀的技术氛围。

（七）坚持党的领导

1. 加强党的建设，以党建促改革

中移物联探索将国有企业的政治优势与市场化机制的活力相结合，全面发挥党建引领作用，落实中

国移动党组党建创新工作要求，聚焦“科技型企业改革示范者”定位，打造“OneIoT·数智先锋”党建品牌，明确领航行动、强基行动、护航行动、为民行动、融合行动“五项行动”，以及OneIoT·学习强企、OneIoT·党委领航、OneIoT·文化再造、OneIoT·典型引路、OneIoT·廉洁防控、OneIoT·清风护航、OneIoT·实事为民、OneIoT·物联之声、OneIoT·创新引领、OneIoT·两和升级“十大工程”，将改革发展党建融为一体，凝聚改革创新强大动力。创建“红芯”党建品牌、成立科改示范行动青创先锋工作室，以党建引领改革，以党建促进改革。紧扣2021“党建工作融合发展年”主题，将改革实践总结形成政研论文《以“六缸动力源”模型探索国有资本具有实际控制力的混合所有制企业党业融合工作的机制》。

2. 落实嵌入式风险防控体系，筑牢科改根基

中移物联积极探索将嵌入式防控体系与科改示范行动相结合，通过责任落实、廉洁教育、监督检查等措施，确保市场化经营机制转化、科研机制改革与嵌入式防控体系有机结合，保障科改示范行动有序高效运行。责任落实方面，公司党委高度重视，切实扛起责任，制定了具体的落实举措，在科改相关领域中，以签署责任清单卡、定期总结汇报、加大监督检查力度等方式夯实责任。廉洁教育方面，对科改领域的相关人员开展个性化风险防控教育指导，综合发挥教育提醒、惩治震慑的整体作用。监督检查方面，结合国有产权管理综合治理专项行动，对改革领域可能发生的利益输送等问题进行检查；结合集团公司巡视工作，深入检查技术研发领域嵌入式风险防控机制建设。

三、央企科改示范企业以攻关物联网“卡脖子”技术为目标的管理变革效果

（一）经济效益

通过改革，中移物联转型发展成效明显。一是全网业务快速增长，业务规模与价值双提升，为“十四五”目标达成创造较好开局。二是收入结构持续改善，转型升级成效显著，公司产品收入结构明显改善，行业产品迅速补位，向DICT转型成功，重点产品贡献超过三分之一，转型升级成效显著。

（二）科创效益

一是人才队伍结构优化，科创能力稳步提升。形成一支年轻有活力、技术属性明显、专业的人才队伍。专利数量、质量显著提升。二是产品体系初步构建，业务发展聚焦主航道，各产品线取得新突破，形成了“四类入口产品、三大平台产品、三个应用领域、一个应用商城”的4331产品体系。三是关键能力加速积累，推出了国内首颗基于RISC－V支持TEE特性的通用MCU芯片，OneMO模组市场份额已达国内前四，OneLink连接管理平台用户规模居运营商首位，OneNET城市物联网平台支持设备接入协议数居行业第一。物联网芯片、操作系统圆满完成年度关键技术攻关目标，填补多项基于RISC－V内核的物联网芯片产品空白，充分地彰显了央企的使命担当。

（三）社会效益

改革产生示范效应，获上级单位和专业机构认可。改革实践做法入选由国资委改革办主编的《改革创新：“科改示范行动”案例集》，在全国国企改革单位中推广，多次入选国资委国企改革三年行动简报。在国资委2021年开展的科改专项评估中，中移物联被评为“优秀”。由于在改革创新、国有资本保值增值等方面取得的成绩，2021年12月中移物联获得上海联交所颁发的2021年度“资本运营金奖”。2022年年初，中移物联作为中国移动科改示范企业代表参加“国企改革典型宣传中国移动专场媒体座谈会”并发言。

（四）推广效益

中移物联两级改革架构具备可推广性，对中国移动集团内科技型企业深化改革有极强的参考价值。两级改革路径在落实中国移动战略前提下，不断打造核心技术能力，激发中移物联整体活

力，达到了做好全网物联网运营支撑和打造市场主体的有机统一的效果。在落实科改示范行动中形成的改革路径，产生了示范效应，为信息通信行业公司内部科技创新单元的市场化提供了路径参考。已向中国移动集团内10家以上专业公司/省公司进行项目输出，路径可操作性强、参考价值高。

（成果创造人：俞承志、刘春阳、肖　青、薛少杰、刘翰林、邹文婷、高志强、于万鹏、莫新竹、白晴川、杨　红、冉　浪）

国产操作系统企业以保障国家信息安全为目标的核心竞争力提升管理

麒麟软件有限公司

麒麟软件有限公司（以下简称麒麟软件）是中国电子信息产业集团有限公司（以下简称中国电子）下属专业化科技型公司，主要面向通用和专用领域打造安全创新操作系统产品和相应解决方案。麒麟软件是中国电子为聚力突破操作系统领域关键核心技术、更好保障国家网络空间安全，于2019年12月将旗下中标软件有限公司和天津麒麟信息技术有限公司整合而成的。麒麟软件坚持国有控股，不断优化股权结构，实现股东权益增值最大化，是典型的混合所有制企业。2021年公司营业收入11.34亿元，同比增长85%，净利润2.68亿元，同比增长63%。

一、国产操作系统企业以保障国家信息安全为目标的核心竞争力提升管理背景

（一）保障国家信息安全的需要

当前，世界百年未有之大变局加速演进，全球经济形势和产业格局正迎来复杂深刻的变化，科技领域已经成为全球竞争焦点，国家数字化经济转型迫在眉睫。在操作系统领域，微软、红帽、苹果、SUSE等欧美企业占据绝对优势，国产操作系统大多源于开源技术，技术沉淀和人才积累相对薄弱，而绝大多数开源基金会和开源项目都出于美国，绝大多数开源许可证和代码托管平台也都由美国的学术界和工业界主导，一旦美国在法律层面上限制开源项目，便会对我国软件产业的发展产生较大影响。在这种形势下，如何稳步推进国产操作系统的自主创新，解决“卡脖子”关键技术，更进一步保障国家信息安全，成为麒麟软件重点关注的焦点。

（二）提升行业产品性能的需要

现阶段国产操作系统相较于国外成熟的操作系统，存在两个问题，一是随着数字信息处理需求的提升，党政、行业、企业等用户对操作系统产品安全、稳定、性能等方面提出了更高的要求；二是国产生态相对较为匮乏且生态产业号召力不强，尤其是面对应用需求较大的用户，生态缺失导致产品使用体验较国外产品还处于劣势。麒麟软件在操作系统领域深耕多年，具有深厚的技术积淀和人才积淀，致力于解决关键技术“卡脖子”问题，助力实现国产操作系统技术突破，提升行业产品性能，并号召软硬件厂商提升对于国产操作系统在原生支持和适配应用层面的支持力度，构建出满足用户需求的产品生态体系。

（三）打造企业核心竞争力的需要

麒麟软件在发展过程中高效完成了两个公司组织架构和管理模式的融合、两套产品体系的技术路线统一，在激烈的市场竞争中保持了优势，取得了显著的成绩。与此同时，也暴露出企业管理较为粗放、绩效管理相对薄弱，激励措施不够全面、企业价值观不够统一等问题。麒麟软件作为“科改示范企业”，需要用好各项政策，强化企业创新能力，重点围绕优化公司治理机制体制和深化三项制度改革，激发干部职工的积极性、主动性和创造性，建立一支结构合理、素质优良、创新能力强的科技人才队伍，为进一步强化企业创新能力、打造企业核心竞争力提供保障，推动公司的持续健康发展。

二、国产操作系统企业以保障国家信息安全为目标的核心竞争力提升管理主要做法

（一）明确思路，制订发展规划

1. 明确核心竞争力提升的工作思路

全面提升操作系统可用性和可靠性，就是提升保障国家信息安全的能力，在当前时代背景下具有重

大意义。因此，麒麟软件以战略规划为指引，聚焦产品能力提升，不断完善支撑体系，全面贯彻落实习近平总书记建设网络强国的战略部署，提升核心竞争力，实现打造中国操作系统核心力量的发展愿景（见图1）。

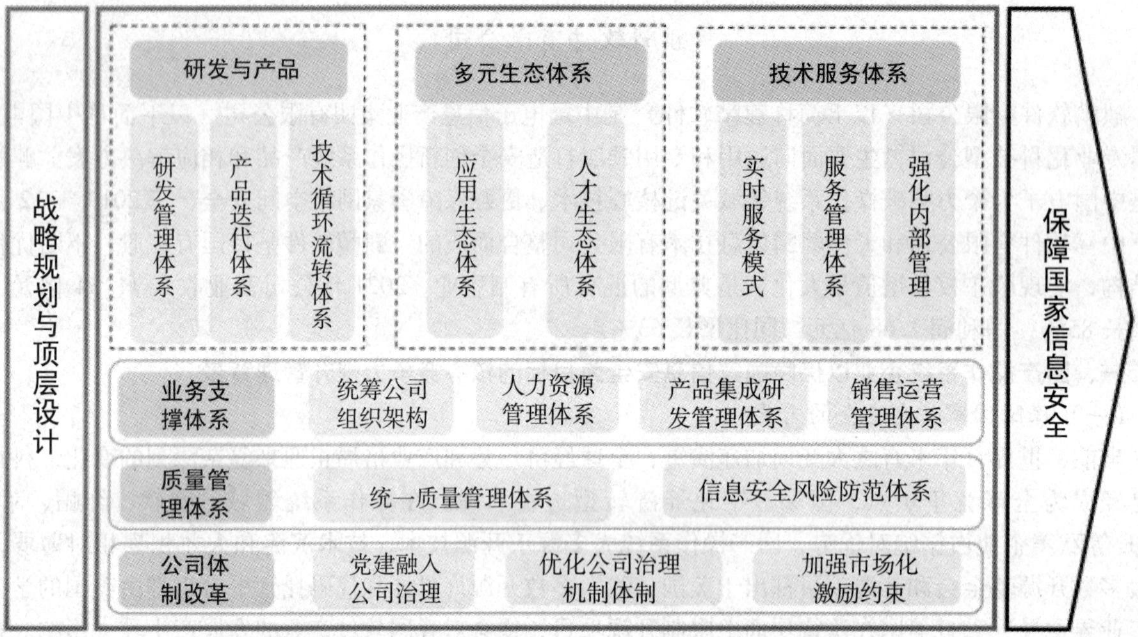

图1　国产操作系统企业以保障国家信息安全为目标的核心竞争力提升管理的框架

2. 强化战略引领，锚定发展规划

麒麟软件持续优化战略政策研究能力，从业务端、职能端和高校挖掘高学历人才，通过行业研究能力评估，成立战略政策研究团队，主要负责政策追踪、产业研究、技术研判等工作，为麒麟软件战略目标提供谋划参考。战略政策研究团队在麒麟软件领导和科技委的指导下，定期发布决策参考。自组建以来，战略政策研究团队共产出决策参考19篇，联合外部专业机构进行行业研究分析，提出决策4篇，对外报送行业分析和决策分析7篇。为保证战略目标的落地，战略政策研究团队牵头组织公司各部门锚定发展路线，形成战略研讨报告7份，并与公司高层领导进行沟通交流，在公司领导对大方向的把控下，梳理思路、分析差距，进行战略规划编制，结合公司情况，依据国家"十四五"规划完成麒麟软件"十四五"规划。之后，依据公司实际业务发展情况开展"十四五"滚动规划编制工作，不断更新路径和落实方法，通过"战略引领、规划落实、管理提升、考核激励、运行监控"的战略闭环管理，确保战略目标高质量落地。

（二）贯彻系统思维，打造"三位一体"的技术研发体系

麒麟软件以"构建'组织+平台'研发管理体系""形成'快速响应市场需求'的产品迭代体系""形成'贡献开源、反哺产品'的技术循环流转体系"为核心，打造具有麒麟特色的技术研发体系。

1. 构建"组织+平台"研发管理体系

麒麟软件以"组织+平台"为牵引，组建项目研发管理团队、搭建多个管理平台。项目研发管理团队主要由研发经理和项目经理组成，按照具体的项目需求成立不同的虚拟研发团队，分别对接产品管理、市场销售和技术服务等部门，实现代码质量管控、研发问题记录和解决、项目进度的持续跟踪以及项目风险的评估和告警。管理平台包括统一的代码管理平台、立项管理平台和持续集成平台。

2. 形成“快速响应市场需求”的产品迭代体系

针对过往产品管理距离市场端较远、获取产品需求有限且离散、缺乏整体和长远的产品规划等问题，产品管理中心围绕 DSTE（战略到执行）理论，按照“战略制定—战略展开—战略执行与监控—战略评估”的闭环流程，开展包括产品规划、需求分析和产品设计、产品版本管理、版本审批、产品培训、项目支持、产品立项、内部信息系统的保障、厂商协作等工作。一方面，产品管理中心的所有产品经理全部前移到市场端一侧，与用户直接接触，了解实际的场景需求，针对不同项目、行业特征规划专属产品版本，并将需求汇总结果提供给产品研发部门和生态部门。另一方面，产品研发根据需求研制对应版本的产品，生态适配部门根据需求制作行业生态图谱，分析特定行业内需要适配的头部主流软件硬件及对应厂商，新的软件版本研发出来之后，再按照生态适配的图谱来进行商务对接和产品适配。

3. 形成“贡献开源、反哺产品”的技术循环流转体系

麒麟软件利用数十年的操作系统研发成果，以及 10 余年开源社区的开发和建设经验，秉承着开源聚力、共创未来的社区理念，携手 10 余家产业同仁共建国内首个桌面操作系统根社区。同时积极布局高校开源人才的培养，进行校园推广，将社区开源操作系统引入高校课堂和课程实践，在学生中推广和发扬开源文化、普及 Linux 基础知识，为培养国产操作系统用户的使用习惯和运用环境提供有效的支撑，完成麒麟软件技术产品升级迭代的自适应循环流转体系建立。麒麟软件在 OpenStack 社区贡献位列国内第一、全球第三；作为 openEuler 开源社区发起者，以 Maintainer 身份承担 80 个项目。

（三）明确需求导向，搭建多元生态体系

1. 形成“正向引导生态发展”的应用生态体系

麒麟软件坚持战略思维创新和系统思维创新，以银河麒麟操作系统为中心，打造基础通用和行业应用生态最为丰富、支持国内外主流软硬件的“国内国外双生态”体系，成为国产操作系统生态体系核心和引导力量。通过构建覆盖全国的专业化生态适配中心和标准化的生态适配信息化平台，举办生态合作大会、开发者大会和建立生态专项基金、联合认证等举措，与国内主流芯片厂商建立战略合作关系，建立国产芯片和操作系统统一的联合设计开发的标准规范体系，对国产主机形成技术支撑和辐射影响力，并与主流 ISV 厂商建立密切合作关系。麒麟软件产业生态建设已涉及软硬件适配认证、培训教育、用户群体、产业联盟协会、政府关系、上下游伙伴、开源社区、行业联合实验室和技术中心、技术服务等多样的合作伙伴和合作模式。

2. 构建基于“产教融合”的协同创新人才生态体系

麒麟软件围绕“构建一支结构合理、具备卓越实践能力和创新能力的高水平操作系统人才队伍”的目标，构筑企业“科技人才蓄水池”，以产教融合、校企合作、协同共建创新人才培养体系为手段，锚定“校企协同育人平台建设”“实训基地共建共享机制建立”“产学研合作机制健全”三个重点方向，打造具有麒麟特色的人才生态培养体系，探索高质量软件科技人才培养新模式，对标市场需求、对标行业需求，精准培养科技创新所需的高素质科技人才队伍，实现关键软件技术突破，促进软件生态体系建设。

麒麟软件分别与国防科技大学、清华大学、北京航空航天大学、天津大学等高校联合申报并成功入选首批 33 所国家特色化示范性软件学院，开展特色软课程体系联合研发、联合实训、思政课程实践、信创实验室建设、国家级优质课程、研究生联合培养等深度合作。

2021 年，麒麟软件成功入选产学合作协同育人项目指南企业名单，将麒麟特色深度融合到高校的教学活动中，提升了高等院校操作系统人才培养质量。麒麟软件与 25 所重点院校合作，成功获批立项新工科建设、实践条件和实践基地建设两类项目共 34 项。同时，麒麟软件积极申报并成功入选 2021 年首批教育部供需对接就业育人项目指南企业。

（四）推进服务升级，强化“前后联动”技术服务体系

1. 搭建技术服务体系，完善实时服务模式

为打造麒麟软件技术服务品牌，麒麟软件从组织架构入手，构建三级技术服务体系，打通前中后场，衔接区域、行业技服团队与产品、研发等部门的双向互动，完成“做大前场、做强中场、夯实后场”的科学部署，为客户提供24小时快速上门应急响应，实现问题的快速解决。一是在全国31个省会城市和5个计划单列市建立服务网点，将技服团队下沉到各区域一线，并迅速扩大一线队伍，增加整机厂商驻场技术支持力量，构建端到端业务支持模式。二是扩充技术服务中心力量，打造客户问题解决和分发中心，快速对一线问题进行分类、解决和分发。三是联合研发部门，解决代码级的软件 bug，满足客户深度需求。

为满足用户 7×24 小时的服务需求，麒麟软件不断创新服务模式。一是加强在线服务力量，扩大在线服务人员数量，为客户提供远程故障受理、在线咨询、售前咨询及投诉处理、电话回访等多种远程支持服务项目。二是构建创新的在线服务模式，坚持快捷高效的服务理念，以客户需求为导向，通过全面应用在线技术，提供微信客服、Call－Center、邮箱客服等多种服务模式，为客户打造便捷的服务通道，满足客户日益多样化、差异化的需求，切实为客户快速提供需求的“一站式”整体服务方案。

2. 搭建技术服务管理体系，提高用户服务满意度

技术服务管理体系（ITR）流程是实现客户服务请求的过程，强调解决问题不只是售后服务领域的事情，而是实际涉及服务、生产、研发、市场等诸多部门，并把服务业务梳理清晰，使服务规范化、标准化、可衡量，明确服务的核心，快速响应客户，解决问题，提升客户满意度。技术服务管理体系建立之后，麒麟软件服务响应速度提高了19%，服务满意提升了55%。

3. 强化内部管理，提高团队赋能

一是建立公司层面的 PMO 机制，成立技服项目管理办公室，针对重大项目，设置项目经理，根据项目的行业和业务特点，量身定制项目管理流程，对项目提供顾问式指导、提供专项技术支持，并将技术服务工作实践、过程和运作标准化，为项目保质保量交付提供资源支撑和保障。二是加强内外部培训工作，持续完善知识库平台，为更好地提高技术人员的业务水平，持续对员工进行线上、线下培训，提升员工工作能力和工作效率。三是建立数据化考核评估机制，实现百分制量化考核，完善服务规范和流程，实现区域、行业、总部之间的有效联动和协同。

（五）完善支持活动，优化企业发展支撑保障体系

1. 优化业务支撑体系，提升公司运营效率

（1）统筹组织架构，提升协同效能。

麒麟软件依据战略目标，全力推动公司组织整合，组织架构经过三次优化调整，按照重点行业重新划分，市场与技术服务混编团队，产品和研发团队按照产品类别重新组合，将涉及关键核心技术的研发工作统一划分至研发中心分管，并根据技术方向，设置桌面研发部、服务器研发部和共性研发部。围绕主要产品及外围生态，将产品中心划分为产品管理部、产品适配部和产品生态部。在技术服务中心设置服务管理部、客户服务部、二线技术部、售前技术部和售后技术部，同时以提升服务响应效率为目标，把一线技服划归行业营销中心与区域营销中心。彻底构建起“用户—技服—产品—研发”的全贯通渠道，完成公司组织机构设置升级，明确各部门职责分工，梳理优化业务流程，组织效能获得极大提升。

（2）构建现代人力资源管理体系，提升人力资源效能。

麒麟软件聚力打造融合协同平台，构建现代人力资源管理体系，推动公司高质量发展。围绕自身业务实际，出台岗位体系管理制度，明确岗位、族群序列、职级、职位说明书等标准、管理决策机制，构建岗位责任体系。建立健全公司岗位、族群调整操作规范，确保各岗位权责清晰，符合公司岗位管理工

作需求。完善考核评价体系和激励约束机制，建立并实施人力资源效能评估体系、KPI 绩效考核评估体系，对人才进行科学评价，使资源向更优秀的人才倾斜，实现“员工能进能出、领导能上能下、薪酬能增能减”。搭建管理与专业双职业发展通路，设置 5 大族群、11 级职级，通过明确各级别的定级标准、评定机制，打通专业发展路径，指明职业发展方向。

（3）搭建产品集成研发管理体系，缩短产品研发周期。

面对市场导向不足、部门协调困难等问题，麒麟软件构建产品集成研发管理体系（IPD），核心是形成覆盖市场行销、研发系统、生产、用户服务、财务、采购等方面人员的贯穿整个产品业务流程的管理模式，建立起基于市场和客户需求驱动的集成产品开发流程，加快市场反应速度，缩短开发周期，减少开发成本，提高产品的稳定性。通过产品集成研发管理体系，麒麟软件的产品研发周期由 6 个月缩短到 4.5 个月，产品研发成本降低 23%。

（4）搭建销售运营管理体系，提高产品销售达成率。

麒麟软件建立销售运营管理体系（LTC），覆盖从线索发现至收回现金的全过程。体系以客户为中心，聚焦企业核心业务，贯穿业务全流程，构建“从客户中来”“到客户中去”的端到端的企业业务运营系统。销售人员对销售机会进行漏斗式管理和推进，并将销售线索逐步转化为机会点，形成正式的销售合同后提供具有竞争力的供货和交付保障，提升交付资源效率，降低交付人力和管理成本。体系运行后，麒麟软件销售达成率提高 31%，交付周期缩短 14 天。

2. 强化质量管理赋能，规范公司业务流程

2020 年年初，麒麟软件结合实际业务情况以及天津麒麟、中标软件已有质量管理体系，以 ISO 9001 和 GJB 9001 为主体，纳入 CMMI 和 GJB 5000 的要求，整合、修订形成统一的麒麟软件质量管理体系，覆盖公司产品研发、生产、销售与服务等关键业务环节，突出体现操作系统软件产品开发过程的独特质量管理模式，实践 CMMI 高成熟度方法和 GJB 5000 的国防级严格控制要求。

在此基础上，为适应新的需求，向客户提供更好的软件产品和服务，2020 年年底，麒麟软件引入并推动 ISO 20000 信息技术服务管理体系和 ISO 27001 信息安全管理体系以及 GB/T 23001 信息化和工业化融合管理体系在公司的落地与实施，提高信息管理的安全性和可靠性，有效提高了公司对信息安全风险的管控能力及提供高水平信息技术服务的能力。

自 2021 年起，麒麟软件便开始进行多体系融合工作，在公司级统一各体系内容，实现管理方针和目标一致，重点突出军民一体的综合性管理体系；围绕各体系的共同要求，整合体系文件与流程，并保留各体系的特殊要求。以组织级体系要求为基础和主干，以各部门制度为补充，根据实际业务需要建立不同分支结构，形系统化管理体系。

3. 完善公司治理体制，推进公司体制改革

（1）推进党建融入公司治理，规范企业决策程序。

为进一步保证研发决策的前瞻性和合理性，麒麟软件不断推动党组织发挥“把方向、管大局、促落实”的领导作用，促进党的领导与公司治理有机融合。按照中国特色现代企业制度更加成熟定型的目标要求，明确和落实党组织在公司治理中的法定地位。围绕党组织“定”和“议”两条脉络，并根据脉络的重要程度走不同级别的审议流程，最终梳理形成涵盖发展战略、研发立项、流程调整等事项的 6 大项、48 小项的“党委前置研究清单”，明晰党组织与董事会、经理层之间的权责边界，实现党的领导在制度上有规定、在程序上有保障、在实践中有落实。

（2）优化公司治理机制体制，提升企业治理效能。

为推动企业治理效能持续提升，麒麟软件围绕建设专业尽责、规范高效的董事会要求，共引入 4 名外部董事，实现外部董事占多数，同时发布《麒麟软件有限公司董事会授权管理制度》及相关授权清

单，并设立战略投资委员会、提名委员会、审计与风险委员会、薪酬与考核委员会，保障董事会决策的科学性和合理性，有效发挥董事会“定战略、做决策、防风险”功能作用。引入 2 名职工代表，完善监事会组成结构，监督公司董事会和高级管理人员履行职责的合法性，维护职工的合法权益，增强企业的凝聚力。

（3）加强市场化激励约束机制，激发员工创新活力。

麒麟软件颁布《麒麟软件高管团队任期制和契约化管理办法（暂行）》与《麒麟软件高管团队任期考核激励实施办法（暂行）》，与董事会任命的公司经理层签订《岗位聘任协议》《任期经营管理目标责任书》《年度经营目标责任书》，实现经理层成员任期制和契约化管理，明确经理层的责任和权利，并通过董事会对经理层进行严格考核，确保管理层人员薪资水平与工作绩效挂钩，提升对公司管理层人员的激励与约束，切实发挥管理层成员任期制和契约化管理的“牛鼻子”作用。

为进一步提升员工主观能动性，实施两次股权激励和一次员工持股，实现 554 名核心骨干人员持股，将公司长远利益与员工个人利益相捆绑，有效地提高了核心团队的稳定性和公司的创新能力。

三、国产操作系统企业以保障国家信息安全为目标的核心竞争力提升管理效果

（一）企业经营情况持续向好，各项经营指标不断提升

麒麟软件通过对公司全方位的分析和系统化的改革创新，在推进企业高质量发展方面取得了显著成效。研发技术、科技创新、市场经营等方面实现全面突破，综合管理水平、员工凝聚力得到持续增强，高效完成了银河麒麟操作系统 V10 的研发工作，并持续通过迭代升级，提升产品的稳定性、安全性和易用性。企业外部吸引力持续增强，软硬件生态伙伴积极进行产品适配测试，生态体系建设化“被动”为“主动”，截至 2022 年 6 月 30 日，合作厂商超 5400 家，软硬件适配数量超过 43 万款，麒麟软件生态适配官网累计注册用户超 31000 人，共为 5400 余个合作伙伴展开了超 43 万项兼容适配组合。先后申请专利 545 项，其中授权专利 211 项，登记软件著作权 544 项，主持和参与起草国家、行业、联盟技术标准 60 余项，成为国内拥有专利数量最多的操作系统厂商。麒麟软件加强市场形势分析研判，统筹协调市场开拓工作，为国内逾万家客户提供了优质的产品与服务，2021 年公司营业收入 11.34 亿元，同比增长 85%；净利润 2.68 亿元，同比增长 63%。根据权威机构统计，银河麒麟操作系统连续 11 年位列中国 Linux 市场占有率第一名。

（二）产品性能大幅度提升，保障国家重大工程顺利实施

麒麟软件不断加大研发力度，推动产品性能大幅度提升。2020 年年初麒麟软件百名员工克服新冠疫情影响，赴海南开展新一代麒麟操作系统的研发工作，推出全新一代银河麒麟操作系统 V10，全面支持飞腾、鲲鹏、龙芯、海光、兆芯、申威等 6 款主流国产 CPU，并且全面兼容安卓应用，在综合性能、内存带宽、图形显示等方面高于同类产品 17% 至 397%，实现了国产操作系统的跨越式发展，被国务院国有资产监督管理委员会评为“2020 年度央企十大国之重器”。在此基础上，2021 年发布的银河麒麟桌面操作系统 V10 SP1 是针对我国网信产业转型升级的实际需求，在云计算和移动互联网进一步普及的产业大势下，研发出的升级产品，作为一款移动时代的安全操作系统，具有移动融合、安全保障、智能好用、性能优异、开发无界、生态繁荣 6 大优势，达到了我国操作系统的全新高度。银河麒麟操作系统全面支撑自主网信工程，保障国家战略任务，赋能自主网信产业发展，已在包括天问一号、天河超算、远望 6 号、嫦娥五号等大国重器上实现应用部署。

（三）获得国家人民高度关注认可，提振自主基础软件产业发展士气

麒麟软件注重品牌建设，不断提升媒体关注度，形成社会影响力，获得了国家和人民的高度关注和肯定。在获得国家认可方面，麒麟操作系统发展历程入选国务院国有资产监督管理委员会联合中央广播电视总台推出的百集微纪录片《信物百年》；年内 7 次亮相中央电视台新闻联播；中央广播电视总台 4

个频道，6个新闻栏目多频次报道；中央广播电视总台将“中国银河麒麟操作系统取得重大突破”评选为“国内十大科技新闻”。在获得人民关注度方面，银河麒麟操作系统V10发布期间，由新华视点主持的“银河麒麟操作系统V10发布”微博话题阅读量超1.4亿人次；在天问一号成功着落火星期间，由参考消息主持的“中国航天用的是麒麟操作系统”微博话题阅读量超4200万人次，为民族品牌的打造、自主基础软件产业发展提振了士气。

（成果创造人：芮晓武、谌志华、韩　光、韩乃平、孔金珠、刘浩驰、王　冠、张　堃、李立峰、米梦迪、王迪雯、刘锦叶）

特高压电力装备制造企业品牌文化引领下的科技创新体系建设

保定天威保变电气股份有限公司

保定天威保变电气股份有限公司（以下简称保变电气）始建于1958年，是中国兵器装备集团有限公司（以下简称兵器装备集团）控股企业，上海证券交易所A股上市公司，注册资本15.35亿元。保变电气是中国知名的输变电设备专业制造企业，在国内外变压器行业中占有重要地位，拥有保定、秦皇岛、合肥等生产基地，变压器类产品总产能达到17000万千伏安。2020年，保变电气实现营业收入40.85亿元，资产总额达到56.41亿元，拥有职工4038人，已成为中国变压器类产品品种齐全、企业规模较大的输变电产业基地，产品出口至美国、加拿大、法国等50多个国家和地区。保变电气技术创新成果先后荣获国家及省部级科技奖励160余项，其中国家科技进步特等奖2项、一等奖2项、二等奖4项，彰显保变电气技术创新能力在行业内的领先地位。

一、特高压电力装备制造企业品牌文化引领下的科技创新体系建设背景

（一）打造国家高端制造特高压“中国名片”的战略需要

2016年5月，中共中央、国务院发布《国家创新驱动发展战略纲要》提出“推动质量强国和中国品牌建设。完善质量诚信体系，形成一批品牌形象突出、服务平台完备、质量水平一流的优势企业和产业集群。推动中国优质品牌国际化。”“发展智能绿色制造技术，推动制造业向价值链高端攀升。重塑制造业的技术体系、生产模式、产业形态和价值链，推动制造业由大到强转变。”“发展……特高压输变电等高端装备和产品。”

虽然特高压输变电技术已发展成为在高端制造领域领先世界的一张“中国名片”，但是中国特高压电力装备制造企业品牌建设水平仍然参差不齐，推进特高压输变电等高端装备和产品的品牌建设，已经上升到国家战略层面，符合国家创新驱动发展战略需求，对促进我国进一步引领世界特高压输变电技术发展具有重要意义。

（二）推进河北省输变电装备制造业转型升级的需要

2016年9月，河北省人民政府办公厅发布《关于发挥品牌引领作用推动供需结构升级的实施意见》，提出“实施品牌基础建设工程”，“支持有实力的企业牵头开展行业共性关键技术攻关，加快突破制约行业发展的技术瓶颈，推动行业创新发展”，“重点培育……天威输变电气等省级装备制造名牌产品……”，“推动产品高端化、差异化、品牌化”，“助推河北省企业创建国内、国际知名品牌”。提升产品质量、推进品牌建设成为实现河北省装备制造业高质量发展、加快建设制造强省的重要抓手。

围绕河北省输变电装备制造业转型升级需求，加强产业链各领军企业的科技创新品牌文化建设，打造一批具有较强核心竞争力的行业龙头企业，充分发挥其“头雁效应”，引领河北省输变电装备制造产业实现高质量发展，对提升河北省装备制造业竞争力和品牌形象具有重要意义。

（三）提升企业自主创新水平、打造世界知名品牌的需要

经过多年的发展，特高压已经成长为中国在世界上具有绝对竞争力的技术和产业，形成了强大的产业集群。作为国家自主创新品牌之一，特高压技术促进了“中国制造”向“中国创造”转变，中国品牌加快发展正当其时。

作为中国最大的特高压输变电装备专业制造企业之一，保变电气树立了“打造国内一流，国际知

名输变电产业集团”的企业愿景。为实现企业美好愿景，保变电气必须持续加强品牌建设，大力实施品牌提升战略，打造具有较高知名度的自主创新品牌，为河北省乃至国家特高压电力装备制造产业发展提供技术和装备支撑。

（四）营造全员参与科技创新氛围的需要

全员参与科技创新的关键在于激发员工的参与热情、提高员工的参与度。作为拥有多年历史的传统产业，电力变压器制造业全员参与科技创新的水平不高，尤其是特高压技术领域，存在员工参与科技创新意识不足、参与动力不够、害怕创新失败等问题，企业科技创新氛围不强。

企业品牌文化对员工的价值观有着潜移默化的作用，是影响员工思想的灵魂，用价值观来影响员工，是提升企业科技创新水平的重要途径。因此，探索建立品牌文化引领下的科技创新体系，有利于进一步提升特高压电力装备制造企业全员参与科技创新的整体水平，营造全员参与科技创新的文化氛围，从而提升特高压电力装备制造企业技术创新实力。

二、特高压电力装备制造企业品牌文化引领下的科技创新体系建设主要做法

（一）强化顶层设计，明确科技创新品牌文化建设导向

1. 明确科技创新品牌文化建设整体工作思路

加强顶层设计，以“科技驱动产业发展，创新推动转型升级”的科技创新品牌理念为指导思想，以品牌文化建设领导小组为组织机构，以品牌文化建设规划为战略指引，大力推进机制创新、技术创新、产品创新的科技创新体系实施策略，持续加大科技创新品牌文化人才团队、资源投入、制度体系和考核评价等基础保障力度，提升保变电气品牌文化引领下的科技创新体系建设水平。

2. 明确品牌文化引领下的科技创新体系建设指导原则

（1）导向性原则。

以市场为导向，在建设过程中始终面向市场和客户，以市场信息、客户需求为输入，以提升客户满意度、提升企业品牌形象为目标，合理配置各类资源，建立面向价值创造的科技创新品牌文化。

（2）适合性原则。

贴合企业实际情况，根据适合自己的人员能力、资源规模和技术实力发展适合自己的业务模式，脱离现实，盲目模仿先进，必将导致失败。

（3）协同性原则。

科技创新体系建设涉及技术、市场、服务、工艺、测试、制造、宣传等各类要素，要建立跨部门协作的组织结构，实现跨部门协作的品牌文化管理和建设。

3. 凝练科技创新品牌文化建设理念

凝练“科技驱动产业发展，创新推动转型升级”的科技创新品牌文化建设理念，始终坚持自主创新，大力推进关键技术攻关和重大产品研发，为国家重大电力工程建设提供技术和装备支撑。

“科技驱动产业发展”主要体现在坚持走科技创新驱动产业发展的道路，把创新摆在核心位置，以增强技术实力为战略支点，聚集创新要素，整合创新资源，从观念、体制、机制、管理、技术、文化等全方位创新，统筹推进科技、产品、管理、品牌和商业模式创新，尤其要立足自主创新，紧紧把握市场脉搏，引领科技发展方向，实现超越领先，加强创新型人才队伍建设，营造有利于全面创新的制度环境，构建充满活力的创新生态，不断提升保变电气的核心竞争力。

“创新推动转型升级”主要体现在坚持创新驱动，提高自主创新能力，加快抢占科技制高点，加快科技成果转化，着力打造高新技术产业链，做引领科技发展的先行者，对科技、对产品、对管理、对品牌、对商业模式敢于大胆创新，不墨守成规、不循规蹈矩，紧跟时代潮流、敢开历史先河，主动汲取新知识、钻研新技术、运用新方法，始终做到自强不息、与时俱进，精益求精、追求卓越，不断超越目

标、超越对手、超越自我，坚持以科技创新助力高质量发展，实现保变电气输变电产业转型升级。

4. 成立科技创新品牌文化建设领导工作小组

成立以董事长为组长、总经理和副总经理为副组长、各职能部室负责人为组员的品牌文化建设领导工作小组，作为保变电气品牌文化建设工作的最高领导机构，品牌文化建设领导工作小组的主要职责包括贯彻落实兵器装备集团关于企业文化建设的方针政策和工作部署，研究决定保变电气企业文化建设重要事项，组织开展企业文化宣传教育和企业文化建设活动，负责企业文化建设各项工作在保变电气的组织实施，指导、监督和检查保变电气相关政策和工作部署的落实情况等。

5. 发布实施科技创新品牌文化建设战略规划

研究制定并发布实施《企业文化建设指引》。作为保变电气品牌文化建设的战略指引文件，《企业文化建设指引》明确保变电气文化建设的指导思想，紧紧围绕保变电气加快发展、深化改革中心任务，以丰富完善保变电气企业文化理念体系为核心，以企业文化理念融入发展战略、经营管理和员工行为规范为重点，以作风建设和法治建设为抓手，要求扎实推进企业文化落地，着力打造优秀企业文化，不断提升企业软实力，增强企业凝聚力，为打造“国际知名、国内一流输变电产业集团”提供了强大的精神动力。

（二）加强机制创新，营造“鼓励创新、宽容失败”氛围

1. 优化“鼓励创新”的科技创新激励机制

为提高科技人员创新积极性，围绕科研项目、科技成果等内容，持续优化科技创新激励机制，建立“鼓励创新”的氛围，对在企业科技创新、技术进步工作中做出突出贡献的人员及时给予重奖。

（1）科研项目激励。

针对不同类型的科研项目，结合其各自的研发特点和管理模式，采取不同的激励措施。对于外部科研项目，以鼓励员工积极争取外部资金支持为主，使其成为保变电气研发投入的有益助力；对于内部科研项目，以鼓励技术人员加强关键技术攻关和基础共性技术研发为主，解决生产经营中遇到的重点和难点问题，提升保变电气科技创新水平。

外部科研项目激励方面，保变电气持续完善健全项目人员激励机制，调动项目人员的积极性和工作热情。根据单个项目获得外部资金的数额大小，对争取科技资金支持的项目人员进行奖励，根据其所在岗位价值、项目实际贡献等因素，进行项目奖励分配，鼓励员工积极争取外部科研项目，获取资金支持。

内部科研项目激励方面，发布实施《科研项目管理制度》，修订完善《重大科技项目揭榜挂帅激励制度》。对列入保变电气科研计划的项目，结合项目成果技术水平、实施难度和实施应用效益情况，项目奖励金额为0.5万至10万元（重大新产品项目可提高至30万元）。根据《重大科技项目揭榜挂帅激励制度》规定，揭榜挂帅课题主要针对生产经营中遇到的重点难点问题、长期悬而未决的技术瓶颈问题，包括重大技术攻关、基础研究等，揭榜挂帅课题采用悬赏揭榜、联合攻关的模式，鼓励跨单位、跨部门、跨专业技术人员组成攻关课题组进行联合攻关的形式，结合课题成果技术水平、实施难度和实施应用效益情况，课题奖励金额为5万至50万元，以此充分调动科技人员创新积极性，进一步加强协同创新。

（2）科技成果奖励。

保变电气科技成果奖励分为三个层次，一是一般性的科技成果，包括专利、论文、软件著作权等；二是重大科技成果，设立科技进步奖予以奖励；三是科技成果转化奖，对在促进科技成果产业化工作中的个人和团队予以奖励。

对一般性的科技成果，每项PCT专利、发明专利、实用新型专利、外观设计专利以及软件著作

权给予500至10000元奖励，对被SCI、EI以及中文核心期刊收录的论文，给予1000至3000元奖励。

对重大科技成果，设立科技进步奖，分为产品研发类和技术研发类。根据重大科技成果的自主创新程度、技术难易程度、技术指标先进程度、综合效益、应用情况等，设特等奖、一等奖、二等奖、三等奖4个等级，奖励金额为3万到50万元。

对科技成果产业化奖（主要指产品谱系空白点和弱竞争力产品），鼓励技术人员进一步加强协同创新，实现技术资源贡献和成果一体化推广，为产业发展提供技术支撑，根据成果转化后取得的经济效益，对产业化攻关课题组予以奖励。

2. 完善“宽容失败”的科研项目管理机制

结合自身实际情况，持续优化科研项目管理机制，探索鼓励创新的科研项目管理模式。对于因客观情况变化而不能按计划实施完成的科研项目，由项目负责人提出项目调整报告，专家技术指导委员会审议通过后，按照调整后的计划实施。对于确实非主观因素导致研发失败的科研项目，项目负责人应对科研项目实施过程中获得的设计、工艺、试验等基础数据进行梳理总结，对研发失败原因进行全面分析，形成项目总结报告，由保变电气科研管理部门进行汇总整理，并在保变电气内部一定范围内共享，形成科研项目研发信息库，规避后期科研项目研发失败风险。

3. 推动内外部协同创新，实现创新要素合理配置和高效流动

从外部协同创新和内部协同创新两个方面着手，全面提升企业科技创新能力。外部协同创新包括横向协同创新和纵向协同创新，横向协同创新主要指与横向企业或其他主体之间的协同，纵向协同创新主要指产业链上企业主体间的协同。内部协同创新指企业内部各单位之间的协同。

（1）外部协同创新方面。

一是加强横向协同创新，借助毗邻京津的优势，构建产业支撑技术开发体系，与清华大学、华北电力大学、河北工业大学，以及中国科学院等高等院校及科研院所建立长期稳定的合作关系。在自主研发的同时，充分利用高校的优势，与合作单位共同组成科技攻关课题组，承担超、特高压大容量变压器电磁热力等研究工作，并对研究成果在保变电气开展试验研究和模型验证，强化技术合作与自我开发的有效结合。二是加强纵向协同创新，与产业链上游材料供应商广泛开展合作，与宝钢公司、武钢公司、首钢公司分别成立联合实验室，共同开展取向硅钢材料性能研究；与产业链下游国家电网有限公司等用户合作，签署战略合作框架协议，联合成立实验室，建立合作共赢的机制，促进科研成果紧密贴合生产实际，形成了良好的科研成果转化机制，推进了保变电气科技创新能力持续提升。

（2）内部协同创新方面。

保变电气充分发挥本部技术创新优势，鼓励各下属公司和单位加强内部协同创新，通过联合项目攻关、组建创新联盟、技术人才交流等多种形式，加强科技创新要素在保变电气内部的有效流动。近年来，保变电气开展内部协同攻关项目56项，涵盖产品设计、工艺、试验、模拟仿真、基础研发等多个层面，极大地推动了保变电气科技创新水平的提升；组织开展技术培训和技术交流会100余次，实现了科技创新资源互通有无、内部共享。

4. 优化软硬件基础设施，营造轻松高效创新环境和文化氛围

持续优化软硬件基础设施，完善产品设计和基础研发手段，设立创意沙龙，为科研人员提供头脑风暴的创新场所，营造轻松、高效的创新环境和文化氛围。

（1）软件方面。

保变电气拥有德国西门子MENTOR公司的电、磁、热仿真软件和美国ANSYS公司的机械结构、

流体仿真软件，配备多台仿真工作站，具备模拟变压器、电抗器及其部件的电场、磁场、温度场和结构力学的仿真分析能力；拥有自主开发和产学研合作开发的电磁性能等专用软件，包括绕组漏磁场、主绝缘电场、电抗器磁场、波过程、互感器电场等计算软件，可为绕组漏磁场、主绝缘电场、波过程等研究提供技术支持，完善的产品设计和基础研发软件，为科研人员开展产品研发提供了便利的科研软环境。

（2）硬件方面。

设立科技创新创意沙龙空间，充分发挥创意沙龙对激发技术人员创新活力的促进作用，丰富技术人员进行技术交流的形式，激发技术人员创新灵感。完善创意沙龙管理机制，在使用创意沙龙前，需要明确3～5项具体交流主题，提高技术交流的效率和质量。改变传统的会议室座位布置方式，形成3～5人为一组的交流模式，可以随时进行人员重组，充分发挥头脑风暴法的效用。采用便于技术交流的电子展示设备，提高技术交流过程的灵活性和便捷性。采用较为鲜艳的色彩，设计并悬挂有助于引发思考、激发灵感的创意图画，提供工具书、资料等备查，营造充满活力、轻松活泼的创新环境。

（三）加强技术创新，稳步提升特高压装备创新品牌质量

1. 持续完善“515”核心技术体系，提升特高压产品技术水平

为进一步增强产业技术优势，提升核心竞争力，明确关键技术攻关方向，建立更加完善的产品研发管理体系，组织开展核心技术体系梳理工作，组织技术专家，采用头脑风暴法，将输变电产业技术按照变压器结构、材料组部件、电磁热力声研究领域，构建“515”核心技术体系。第一个“5”指绕组、铁心、器身绝缘、油箱、变压器总成5大领域，“1”指材料组部件技术领域；第二个“5”指电、磁、热、力、声5大技术领域。

通过对变压器结构、材料组部件和电磁热力声的详细划分，“515”核心技术体系涵盖关键技术69项、研究方向143项，涉及主要研究内容345项，覆盖了变压器产品95%以上的关键核心技术，为保变电气集智攻关指明了方向，可以为企业加强技术攻关、持续提升技术水平提供重要参考依据。

2. 持续完善核心技术研发体系，提升特高压产品研发效率

为实现保变电气输变电产业各公司、各区域研发和制造能力高效协同，有效促进技术力转化为产品力，保变电气在尊重变压器产品技术研发客观规律的基础上，结合保变电气实践，提炼并形成独具特色的“四位一体”的产品技术研发体系，包括设计开发体系、工艺制造体系、试验验证体系、基础研究体系，四体系相互支撑、相互促进，形成了产品技术研发的内在动力。

推进设计开发、工艺制造、试验验证和基础研究各体系联动机制建设，形成产品研发管理内在动力。确保设计开发体系输入面向市场需求和客户要求，通过设计开发水平的提升，带动工艺水平、试验验证水平的提高；针对工艺制造、试验验证过程中出现的难点、重点问题，促进设计开发的持续优化。在基础研究过程中，由设计研发和生产一线提出技术需求和委托，推进基础研究与设计开发紧密结合，对基础研究形成反馈；基础研究成果促进设计开发的精细化，提升产品性能和质量。

3. 持续加强关键节点管控力度，提升特高压产品研发质量

从项目立项、设计评审、样机试制、产品试验、项目验收、成果鉴定等关键节点，持续加强管控力度，提升特高压产品研发质量。

（1）项目立项。

由科技管理部门组织专家技术指导委员会对各单位的《立项报告》进行评审，并形成评审意见。

（2）设计评审。

设计评审的目的在于评价设计和开发各阶段成果满足要求的能力，识别设计开发中的问题或不足并

采取适当措施，分为公司级评审和部门级评审。公司级评审主要面向新开发设计的重大产品以及重大新组件，其余属于部门级评审。通过评审委员会的设计评审活动，形成《设计开发评审报告》，作为设计开发改进的输入信息。

（3）样机试制。

工艺审核主要包括现有技术水平和设备条件能否满足设计要求；设计图纸是否有良好的加工工艺性和经济合理性；加工工序和工艺路线是否可行，是否存在优化空间等内容。同时，根据生产的发展、工序职责的调整以及技术改造取得的成果，采取必要措施，制定必要的工艺方案，及时调整工艺路线，以确保产品质量。

（4）产品试验。

试验管理包括半成品试验和成品试验。半成品试验包括“铁心半成品试验”等，依据国家标准、产品技术说明书、变压器试验指导书等，进行半成品试验，试验合格后方可转入下一道工序；成品试验是依据国家标准、行业标准以及企业标准，按照产品技术说明书、试验程序、试验方案、变压器试验指导书等，进行产品例行试验、型式试验、特殊试验，例行试验在每台产品上进行，型式试验在试制产品上进行，特殊试验由用户提出经协商在指定产品上进行。

（5）项目验收。

实行“结题立验收、验收立奖励”的基本原则。项目完成后，由项目负责单位或个人向科研管理部门提交《科研项目结题报告》，由科研管理部门组织专家技术指导委员会进行评审，对科研成果的内容和水平、成果交付形式、研究周期、研究费用等重要内容是否符合相关要求，进行严格、客观公正的评审，并出具评审意见。

（6）成果鉴定。

对完成验收的科研项目，根据项目负责人申请，组织专家对项目技术成果进行鉴定，出具《鉴定证书》，并进行推广和交流。

（四）加强产品创新，持续提高特高压装备创新品牌知名度

1. 依托国内重大电力工程建设，提升品牌国内知名度

保变电气始终面向国家重大电力工程建设需求，研制成功50余项“中国首台套”技术创新成果，在中国电力工业发展史上具有“里程碑”意义，为三峡水电、西电东输、特高压交直流输电、百万千瓦发电机组等国家重大电力工程建设和电力工业发展进步做出了突出贡献。

保变电气研制330千伏及以上交流变压器1400余台，特高压交流产品综合市场占有率20%以上；全面掌握±1100千伏及以下换流变压器技术，研制换流变压器300余台，参与全国31条直流输电线路中20余条输电线路建设；全面掌握水电变压器设计、制造和试验技术，为国家数十项大型水电工程提供主变压器，包括三峡地下电站全部主变压器，金沙江乌东德水电站左岸、右岸全部主变压器；提供核电站变压器200余台，市场占有率超过60%，为国家核电工程建设做出了重要贡献。

2. 依托“一带一路”倡议实施，提升品牌海外知名度

以国家“一带一路”倡议为契机，不断拓展海外市场，进一步助力保变电气成为世界知名的变压器制造企业。在印度阿特兰卡建立了变压器研制基地，输出产品、技术与管理；参与印尼、越南等“一带一路”国家电源和电站项目、远距离直流输电项目的设计和建设；研制成功中国首台出口欧盟“国际热核聚变实验堆计划”（ITER项目）法国核变电站用300兆伏瓦/400千伏三相三绕组有载调压电力变压器，被业内专家誉为“制造精良、达到国际领先水平的精品高端变压器”。

（五）加强基础保障，夯实科技创新品牌文化建设底蕴

1. 加强人才团队建设

在着力加强高级科技人才队伍建设的同时，按照企业文化职业标准，加强企业文化队伍资格认证和培训工作，把企业文化队伍建设纳入企业人才规划，既注重培养企业文化落地的高端人才和领军人才，又注重加强基层企业文化人才队伍建设，推进企业文化队伍职业化进程。

2. 加强资源投入力度

建立规范的企业文化建设投入机制，保变电气企业文化建设经费预算为上一年职工工资总额的0.5%（重大专项另行制定专项经费预算）。经费主要用于企业文化宣传教育基地、文化活动阵地、文化工程建设和改善员工生产生活环境等，为企业文化建设提供强有力的物质保证。

3. 加强制度体系建设

发布实施《品牌建设管理制度》《企业文化建设指引》《企业文化建设对标评估办法》等企业文化建设相关制度，形成较为完善的文化建设制度体系，进一步明确品牌文化建设的指导思想与目标任务、方法步骤、工作要求等内容，为保变电气品牌文化建设提供制度支撑。

4. 加强考核评价力度

建立定期检查、研究分析、纠正偏向的企业文化考核评价制度，推行企业文化建设业绩考核和动态评估，定期研究工作，及时通报、检查企业文化建设各项任务的落实情况，研究部署和推进工作。每年末对企业文化建设情况进行监督检查，并针对存在的问题进行修正、补充、完善。

5. 加强制度流程创新

制定《品牌管理制度》，明确特高压装备品牌建设流程。通过对品牌管理流程中关键内容的明确阐述，指导保变电气品牌管理工作有序开展，保证营销目标顺利实现，以达到品牌营销的目的。通过优化品牌文化建设流程，对流程进行持续创新，把先进的特高压装备品牌建设理念融入科技创新各环节之中，使之贯穿于各项规章制度和工作标准，转化为可执行的制度规范。

三、特高压电力装备制造企业品牌文化引领下的科技创新体系建设效果

（一）提升了特高压技术水平，为国家重大工程建设提供支撑

通过本项目的实施，保变电气作为中国输变电装备制造产业的领军企业，在特高压变压器、发电机变压器、移相变压器、气体绝缘变压器、铁路牵引变压器、智能化产品等多个领域进一步巩固了市场领先地位。保变电气作为特高压变压器、特高压电抗器的主要供货商，参与了我国多项特高压输电工程的建设。

（二）营造了全员参与创新的良好氛围，提高了自主创新能力

保变电气通过积极打造特高压电力装备科技创新品牌，努力营造全员参与科技创新的良好文化氛围，自主创新能力得到了显著提升。近年来，保变电气累计评审企业内部科技进步奖42项，形成公司级科技成果66项，征集科技创新改善提案242项，形成“五小”成果400余项，员工科技创新活动参与率达到98%以上，助力保变电气科技创新能力实现稳步提升。

自本项目实施以来，保变电气科技创新水平不断提升。项目实施期间，累计承担省部级以上重大科研项目7项；获得授权专利235项，其中发明专利18项；荣获省部级以上科技奖励10项，其中国家科技进步二等奖3项。

（三）提升了保变电气品牌形象，助力打造世界知名企业

保变电气科技创新品牌文化建设及应用，助力保变电气自主研制成功世界首个昌吉—古泉±1100千伏直流输电工程用特高压换流变压器、世界首台“双百万”特高压现场组装式电力变压器等代表世界先进水平的大型电力变压器，为国家重大工程建设提供了装备和技术支撑，显著增强了保变电气核心

竞争力，为实施自主品牌提升战略奠定了坚实基础。

通过保变电气科技创新品牌文化建设及应用，保变电气品牌价值稳步提升，先后被中国品牌榜、品牌网、买购网等评为“中国变压器十大品牌”，互感器产品被评为2020年度电力电气“互感器十大品牌”，被中国机械工业企业协会选入2018年度中国机械工业500强，被河北省高新技术产业协会选入2021年河北省战略性新兴产业创新百强企业，旗下多家单位获得“全国青年文明号”“中央企业青年文明号”荣誉，为公司品牌文化建设奠定了坚实基础。

（成果创造人：索　超、赵志伟、杜振斌、彭广勇、李艳青、薛月芬、李亚红、韩雪峰、崔静卿、蒋晓辉、王月英）

新一代百万千瓦高效燃煤智慧电厂工程技术集成管理

华能国际电力股份有限公司

中国华能集团有限公司（以下简称华能集团）是国务院批准成立的国有重要骨干企业。公司可控装机超过2亿千瓦，煤炭产能超过1亿吨每年，供热面积超过9亿平方米，资产总额1.31万亿元，员工13万人。华能国际电力股份有限公司（以下简称华能国际）是华能集团核心产业的核心企业，公司可控装机容量近1.2亿千瓦，在纽约、香港、上海三地上市，主营业务为开发、建设和运营发电厂，是中国最大的上市发电公司之一。

一、新一代百万千瓦高效燃煤智慧电厂工程技术集成管理背景

（一）践行国家能源安全战略，推动煤电绿色发展

随着“碳达峰、碳中和”目标的提出，我国能源领域迎来了绿色转型发展大变革，当前大背景下的传统火电建设思路也要向清洁、高效、安全、灵活转变。发电企业需要建设以先进技术为支撑的，具有更高的汽机参数、更高效节能的主辅设备、更优化的工艺流程、更低的排放指标，以及具有更加安全可靠运行控制能力的新一代高效智慧电厂工程项目。华能集团是我国大型能源发电企业，应通过强化顶层设计、大力推动科技创新，寻找一条新形势下火电优化发展的新路径，并率先走出一条实现传统煤电绿色转型的发展之路，为保障国家能源安全、助力实现“双碳”目标做出应有贡献。

（二）落实集团科技规划要求，实现煤电创新发展

新形势下，传统煤电普遍面临减碳目标带来的能耗指标压减、污染物排放管控等压力，企业生产经营面临诸多困难和挑战；另外，一批先进控制技术以及新设备、新材料、新工艺、新方案等还依赖国外产品。为此，华能集团提出要抓住“十三五”“十四五”重大战略机遇和特殊窗口期，立足国情，走出一条技术集成创新、优化发展煤电之路，力求实现“科技创新、绿色转型、效率效益、国际化发展、公司治理、党建质量”六个新领先战略目标，并以建设瑞金二期工程为契机，大力推动科技创新和新技术应用，全力打造清洁高效的新一代百万千瓦机组，构建技术领先的智慧型燃煤电厂。

（三）探索技术集成管理模式，建设行业示范工程

华能集团具有近30年的火电建设管理经验，瑞金二期工程是“央企入赣”、精准扶贫的红色项目，是华能集团“十三五”期间开工建设的唯一百万千万机组工程，华能集团抓住机遇并以之为平台，运用先进设计理念，集成应用全国产化智能安全型DCS、国产高温新材料、烟气脱硫及废水一体化协同治理、渗铝涂层技术，并采用当前最新科技成果和一系列最新设备技术和工艺方案，建设投产清洁高效、指标领先的智慧型燃煤发电厂工程，不但对改善革命老区电源结构、促进赣南经济社会发展具有重要作用，更对我国新形势下引领火电行业科技进步和绿色发展，以及为火电工程领域解决“卡脖子”问题、推进发电设备技术新突破，建设管理新一代智慧型燃煤发电厂工程提供了更深入的探索和实践。

二、新一代百万千瓦高效燃煤智慧电厂工程技术集成管理主要做法

（一）坚持科技引领，构建煤电未来发展新模式

1. 确定技术集成示范目标

为应对我国能源建设新形势，华能集团前瞻性地制定了“六个新领先”（即力求实现科技创新、绿色转型、效率效益、国际化发展、公司治理、党建质量新领先）战略目标，其中首要任务即加快推动能源强企，实现科技创新领先。为此，华能集团以瑞金二期工程为契机，坚持把创新摆在项目建设的核

心位置，高效整合行业技术资源，全力提升科技自立自强能力，努力突破关键核心“卡脖子”技术；明确提出以瑞金二期工程为技术集成创新平台，开发和推进全国产化智能分散控制系统（DCS）、全国产汽轮机数字化电液调节系统（DEH）、厂级监控信息系统（SIS）、具有自主知识产权的大尺寸厚壁高温高压材料，以及其他最新技术创新成果在工程项目中进行集成和示范应用。

2. 大力推进先进技术应用

华能集团分管领导亲自挂帅，针对瑞金二期项目建设主要设计方案、关键设备方案、重要参数指标、“卡脖子”技术开发等重大事项跟踪督导，多次组织专家讨论会、科技专题会，提出目标要求、细化工作部署、协调整合资源、配套相关政策，并深入现场检查指导；华能集团总部火电建设中心全过程参与项目设计优化和工程建设管理，成立专门协调机构，调动全集团火电领域技术力量，强化组织领导，逐项落实集团公司目标要求，确保高效灵活的超超临界二次再热技术、配置发电机的BEST双机回热系统、全国产安全智能型DCS/DEH应用等十大科技集成项目在瑞金二期工程上得到成功应用，为项目高水平投产和创建国家优质工程奠定了坚实的技术基础。

3. 建立技术集成推进机制

华能集团牵头成立由设计院、施工单位、设备厂家、特邀专家，以及建设单位人员组成的多个专业工作组，有针对性地开展技术攻关。在工程现场，各专业组充分发挥各自技术优势、利用各种技术资源，结合项目建设实际研究分析技术难题、持续开展设计优化，通过紧盯现场关键技术工艺质量、审核细化调试方案、完善试验技术措施，及时发现并解决存在的问题，杜绝返工和重大设计变更发生，为工程的稳步推进奠定坚实的基础。

（二）高起点超前谋划，积极布局行业前沿技术

1. 决策确定领先的参数指标设计

华能集团发扬敢于领先、勇于创新精神，通过与国内外先进百万千万级机组对标，并进行大量的收资调研，从国内外大容量超超临界机组技术现实发展趋势，技术先进性、成熟性，以及国内主机制造能力、高温高压材料特性等方面，开展全方位、多方案技术经济论证，决策确定了瑞金二期工程要积极集成先进技术和最新科技成果，打造国内指标最优、占地面积最小、工程造价合理的新一代百万千瓦火电工程。

2. 缜密谋划主机技术路线和参数方案

在瑞金二期工程立项初期，华能集团多次组织上海电气、东方电气、哈尔滨电气、GE武锅、GE北重、北京巴威等主设备厂家及有关专家，结合燃煤机组最新技术发展及其在工程中的实际应用进行深入交流研讨，并针对不同技术路线、工艺方案，以及配套辅机选型、设备材料可靠性等进行全面比选和论证，最终确定620℃等级二次再热方案，即主机参数采用31MPa/605℃/622℃/620℃超超临界高效二次再热技术方案，实现行业领先。

3. 打破思想束缚，坚持推动科技创新

瑞金二期工程立项后，华能集团提出高起点设计、高质量建设、高水平投产工作要求，把火电领域领先的专业技术和优秀科技成果集成应用在瑞金二期工程中，建设引领行业科技进步火电工程的战略定位。瑞金二期工程勇于承担国家能源局重大装备首台（套）“全国产化DCS/DEH+SIS技术”的研制与应用工作，旨在解决长期制约我国发电领域工控系统“卡脖子”关键技术，克服芯片和操作系统一直以来对国外进口的依赖，彻底解决工控系统易受网络攻击和入侵控制等严重影响我国电力系统安全的重大问题；积极推动新技术研发与应用，选择带BEST小机的双机回热系统、高效单台100%容量汽动给水泵组、立式蛇形管高加等新技术，进一步提升机组热效率，降低机组发电能耗指标；以执行全国最优环保标准为目标，按照超低排放标准，同步建设高效烟气除尘、脱硫、脱硝装置，确保烟气排放指标优

于燃气机组；设计采用生活污水和工业废水经处理后全部回用不外排方案，实现真正意义的零排放目标。

4. 积极推动智慧电厂系统研发与应用

在华能集团的统一部署下，瑞金二期工程结合当前最新网络信息技术发展，与工程建设同步设计研发了基于工业互联网技术的云边协同智慧电厂平台体系；按照华能集团数字化转型工作总体规划，开发出融合智慧基建、智慧运行、智慧巡检、智慧营销四大应用的智慧电厂系统，将“云大物移智链”等先进信息技术应用于传统电力能源行业，成功构建了厂站侧一体化智慧发电生态体系。

（三）高标准优化设计，打造技术集成创新平台

1. 推动应用节能绿色发电技术

（1）采用高效灵活的超超临界二次再热技术。

通过与先进百万机组对标，结合国内外大容量超超临界机组技术状况及发展趋势、技术先进性和成熟性、国内主机设备制造能力、高温高压材料特性等方面开展多方案技术经济论证，大胆突破，将汽机入口蒸汽参数提升至31MPa/605℃/622℃/620℃，为国内外同类二次再热机组进汽最高参数；采用更优的汽轮机回热系统（12级抽汽回热系统）以及更灵活的气温调节手段（烟气再循环和挡板调温等手段相耦合）。瑞金二期工程设计发电效率49.25%、发电煤耗249.7g/kW·h、厂用电率2.52%、汽机热耗6909kJ/kW·h①，达到了国内领先水平。

（2）应用配置发电机的BEST双机回热系统。

设计研制国内首座配置发电机的BEST双机回热系统，BEST系统配置小发电机，用于吸收小汽轮机与给水泵之间的不平衡功率，即通过变流器控制小发电机的出力，调节给水泵转速。根据经济性核算，在热耗率验收工况下，机组热耗率可降低30kJ/kW·h，折算到煤耗率下降约1.2g/kW·h以上。

（3）实现烟气脱硫及废水一体化协同治理。

瑞金二期工程烟气脱硫及废水一体化协同治理项目，采用华能集团公司自主研发的烟气协同治理技术，大大降低了污染物排放和环保设施的能耗。华能集团自主研发的烟气协同治理技术采用高效低温电除尘方案，通过高频+脉冲电源配合前置低低温省煤器降低烟温等措施有效提高电除尘效率不低于99.955%；采用脱硫除尘一体化设计技术，使脱硫吸收塔的除尘效率达到70%以上，综合除尘效率不低于99.987%；省去了湿式除尘器，在达到超低排放标准的前提下降低了工程造价和除尘耗电率。

（4）采用单列立式蛇形管高加技术。

瑞金二期工程率先在百万千瓦二次再热机组上应用5级单列立式蛇形管高加技术。立式蛇形管高加采用极薄的管板、机加工式集管与蛇形管全焊透焊接连接以及特殊的类折流杆支撑结构，具有优秀的抗热冲击性能，并以极低的管损率和超长的寿命，表现出优异的抗振性和可靠性。单列立式蛇形管高加节省了占地面积。

（5）创新应用高位收水冷却塔方案。

瑞金二期工程冷却塔采用高位收水设计方案，能够使内外区空气流场较为均匀，减少进风阻力，使塔内填料换热更加充分，塔内外区配水均匀程度更好，提升冷却效果和节能水平；还可降低循环水泵扬程，节约循环水系统运行用电，获得更好的经济效益。

2. 突破和掌握基础性关键技术

（1）实现全国产安全智能型DCS/DEH应用，解决控制系统“卡脖子”问题。

华能集团依托瑞金二期工程开发并应用具备全部自主知识产权的国家首台（套）全国产安全智能

① 1kJ=0.2389Kcal

型 DCS/DEH 一体化系统，首次实现火电厂主辅功能全覆盖，技术性能居于国内领先水平，部分关键性能指标优于同类进口产品。除了具备常规 DCS 功能以外，系统还新增了安全、智能模块和 SIS 下沉设计，并首次实现全国产 DCS 现场总线全部功能应用。

（2）完成全国产 SIS 系统研发与应用。

瑞金二期工程成功实现国内首套全国产安全自主可控 SIS 系统的示范应用。该系统由华能集团自主研发，100% 采用国产芯片、软件（含操作系统）、通信设备和计算机系统，再次破除重要芯片及元器件、操作系统和重要软件对国外产品的依赖，实现火电厂 SIS 系统软硬件的全面国产化。

（3）实现 700℃高温新材料 HT700T 试验性工程应用。

华能集团自主研发的我国首个 700℃高温新材料 HT700T 在瑞金二期工程首次实炉验证。作为发展 700℃超超临界煤电技术的关键，该高温新材料的设计、制备并实炉验证，有效测试蠕变性能、焊接性能、抗氧化和腐蚀性能、抗疲劳性能以及组织结构的稳定性等材料性能属性，为高性价比 HT700T 新材料应用于 700℃机组奠定良好的基础。

（4）示范应用渗铝涂层技术。

瑞金二期工程首次实现锅炉管内壁渗铝涂层的规模化示范应用，充分释放现役钢种高温使用潜力，扩大了未来在高参数机组上的应用范围。该涂层提升了接管座内壁的抗氧化性，650℃及以下抗蒸汽氧化性能达到“完全抗氧化级”，可彻底解决瑞金电厂二期百万千瓦机组再热器集箱 T92 接管座的氧化皮隐患，大幅降低了锅炉的后期运营维护费用和对汽机的潜在危害。

3. 开发应用智慧系统技术

瑞金二期工程设计构建“云边协同”智慧电厂体系，在厂内建设完成了支撑智慧安全、智慧运行、智慧巡检、智慧营销四大应用的超融合一体化边缘云，并有效融入华能集团电厂侧智慧发电“1+4+N”架构模式生态体系，率先成为华能集团公司智慧电厂科技示范工程。

4. 集成应用更多优化方案

瑞金二期工程采用烟气再循环加烟气挡板调节再热汽温调节方案，保证在较宽的负荷范围内再热汽温度保持额定值；主要烟、风、煤粉管道采用圆形管道设计，大幅减少风机能耗；首次在二次再热百万千万等级机组中采用二列式侧煤仓布置技术，原煤仓至给煤机采用防堵结构设计，既简化了系统又很好地解决了原煤仓下煤不畅问题；采取烟气深度余热利用设计方案，进一步提升了节能效率；采用灵活的高位室内 GIS 布置，有效减少了用地面积；主厂房内重要负荷段（锅炉、汽机、保安、工作）采用经电阻接地配电方式，使供电可靠性得到进一步改善；设计采用 APS 一键启停功能，充分发挥机组控制系统能力，使机组启停安全稳定并降低了运行人员的工作强度；采用华能集团自主开发的多级湍流高效脱硫技术实现高效脱硫；采用多项脱硫协同除尘措施，在脱硫吸收塔中实现烟尘的超低排放；采用多重导向拦截高效除雾器专利产品，实现高效除雾；采用脱硫废水浓缩减量前的污泥预分离装置技术，实现污泥无害化处。

（四）强化协同管理，为落实集成创新提供保障

华能集团加大对各工程参建单位的协同管理。通过强化与设计院协同，深入开展技术调研和方案比选，对标国际先进，在方案优化、参数指标等方面提出行业领先的设计，打造出国内国际设计最优的火电机组工程；通过强化与设备制造厂家协同，针对主机及关键辅机设备工艺需求进行深入技术交底，加强设备监造，确保设备制造和供货质量；通过强化与科研单位协同，组织专家团队进行重点攻关，破解技术难题，并及时开展技术总结、制定标准规范，为项目推进和后续工程建设提供了指导；通过强化与施工单位协同，树立创建“国家优质工程金奖”目标，强化过程创优管理，最大限度地提高了工程建设和设备安装调试质量；强化华能集团系统内部协同，华能集团分管领导牵头挂帅，总部火电建设部门

进行全过程专业化、扁平化管理，汇集华能集团骨干力量、整合技术资源，细化工作部署、协调进度管控，成立专项工作组、强化现场跟踪指导，为技术集成创新在瑞金二期工程中的成功实践提供了管理保障。

（五）抓牢统筹管理，实现高质量工程建设目标

1. 狠抓重点难点，扎实开展集成创新管理

（1）精准发力，突破关键技术问题。

华能集团针对瑞金二期工程全国产 DCS/DEH 一体化系统“卡脖子”技术的研发应用任务，按照协调、研发、组态、现场总线、APS、集成等专业，细化分工界面、明确工期节点，强化各方责任，进行重点攻关，并同步进行系统优化、画面规划、过程监造、功能测试等工作，对设备安装调试质量实施全过程跟踪，减少隐患问题发生，使系统研发进度以及系统运行的安全性、可靠性得到有效保障。针对 BEST 双机带小发电机回热系统在火电项目上的首次应用，华能集团组织协调设计院、主辅机制造厂、研究院等系统内外专家进行联合攻关，解决重大问题 30 余项，确保 BEST 双机系统稳定投运并达到设计要求。

（2）精细管理，创新优化施工方案。

瑞金二期工程建设过程中，通过加大设计图纸会审工作力度，及时发现解决图纸存在的问题，避免发生设计变更；通过强化施工方案审查管理、创新运用 BIM 三维动画模拟工法等方式，解决立式高加吊装等众多施工安装难点问题；通过紧盯现场关键施工节点及过程，做好技术交底和质量验收，杜绝了返工现象发生；通过细化调试方案、完善试验目标、落实保障措施，规范有序地完成了全国产 DCS/DEH 一体化系统、BEST 双机回热系统等诸多复杂工况调试工作，为工程的稳步推进创造了基础条件。

（3）树立质量目标，开展全过程创优。

瑞金二期工程坚持发扬“百年大计，质量第一”的质量管理要求，始终贯彻“两项加强（过程检查、标准执行），三道关口（工艺关、质量关、验收关），四个一（项目一个不漏、标准一丝不降、表格一张不少、时间一分不差），五大法宝（合同、标准、方案、厂资、设资）”的总体要求，保持质量管理体系有效运行，对勘察设计、设备监造、设备材料入厂、设备监装、三级检查四级验收五方联检、检验监检检测、调整试运等环节，实现全流程管控，同步充分发挥质量监督、特种设备检测等外部质量监督机构作用，切实做到全过程创优管理。“从主厂房浇第一灌混凝土到 168h 满负荷试运”共 20 个关键节点实现高质量一次成功，确保了工程顺利投产，为工程获“国家优质工程金奖”奠定了坚实基础。

2. 强化进度管控，确保工程有序推进

瑞金二期工程围绕里程碑节点和一级网络进度计划，科学合理管控工期进度。通过紧盯现场关键施工节点，及时对照各阶段计划目标盘点进度、分析偏差，找准关键路径，强化计划执行的刚性，确保工期合理可控；通过成立物资催交专班进驻重点设备厂家进行现场跟踪交付，最大限度地落实物料与现场施工无缝衔接；通过建立“关键小事当场解决、重难点问题牵头解决、头等大事督办解决”的联动机制，按照“天天调度、事事督办、件件闭环、全程精益”的要求，以工程调度会、现场专题会、专业协调会、试运调度会等多种方式，全时段、全流程、全区域做好图纸交付、物资到货、现场施工组织和统筹协调。

3. 严格系统调试，确保机组投运质量

华能集团成立现场督导组和试运专家组，统筹领导机组试运各项工作；各参建单位建立系统调试联动机制，确保全时段沟通无拖延，做到现场问题每日盘点、实时闭环。特别是面对大量技术集成产生的系统协调、工况匹配、参数调整等问题，现场技术团队细化调试方案编制和审核、完善试验内容及配套措施，落实各项预案，快速有效地解决了系统调试过程中的大量难点、堵点问题，全面做好了单体调

试、系统调试和整套试运工作，切实保障了机组设备系统的安装及试运安全、有序、高效推进。例如，为做好全国产DCS/DEH一体化系统调试工作，现场督导组通过一手抓投产协调、一手抓技术帮扶，为机组高质量投产构筑有力保障；结合在火电项目第一次应用BEST双机带小发电机回热系统，试运专家组对BEST系统优化、控制策略、系统协调等各环节进行全程技术支持，为BEST双机回热系统的顺利投运、相关指标达到国内领先水平提供了保障。

4. 严格安全管理，以智慧科技筑牢安全网

瑞金二期工程认真落实华能集团安全管理工作相关要求和部署，始终牢固树立人民至上、生命至上理念，严格落实全员安全管理责任制，积极开展双重预防机制建设，确保安全保证体系和监督体系的正常运转。充分结合本工程智慧电厂建设，通过搭建智慧工地管控系统实现对工程现场的安全管理智慧化、智能化，确保安全风险始终可控在控，实现工程基建期间安全事故零纪录。通过应用智慧工地管控系统，织密新冠疫情防控网，实现了基建期间防疫零感染目标。

5. 发挥机制优势，党建基建深度融合激发活力

瑞金二期工程在项目管理方面依托瑞金二期混合所有制模式创新管理机制，建立具有瑞金特色的精益管理体系架构，完善工程建设管理机制和人才培养激励机制，形成一整套华能经验，充分激发出全体参建员工的技术创新原动力。华能集团大力推动党建基建深度融合，以高质量党建引领高质量发展；成立了瑞金二期工程联合党支部，发挥党建战斗力作用；组织项目单位和各参建方成立党员突击队，充分调动全体参建人员争先创优、攻坚克难的积极性、主动性和创造性；在项目建设过程中坚定树立争创国家优质工程金奖目标，全面落实“追求卓越，铸就经典”国优精神，激活工程建设效能，助力工程安全、有序、高效推进。

三、新一代百万千瓦高效燃煤智慧电厂工程技术集成管理效果

（一）集成应用先进技术，提升了生产运营指标

在华能集团技术集成创新管理模式指引下，瑞金二期工程集成了国家首台（套）全国产安全智能型DCS/DEH应用、全国产SIS系统应用、智慧电厂科技示范、高效灵活的超超临界二次再热技术、配置发电机的BEST双机回热系统、单列立式蛇形管高加技术应用、烟气脱硫及废水一体化协同治理、700℃高温新材料HT700T试验性工程应用、渗铝涂层技术示范应用、高位收水冷却塔应用等“十大科技创新”，以及其他20余项创新设计和优化方案，建设投产了我国参数等级最高、煤耗最低、指标最优的高效百万千瓦级二次再热燃煤发电机组，并使其成为国内领先且具有华能特色的、全部技术自主可控的智慧运营中心和智慧电厂科技示范工程。得益于技术集成创新管理和高质量移交生产运行，该工程机组性能考核实验发电煤耗达到248.08克每千瓦时、厂用电率仅为2.5%，电厂各项主要性能指标均保持行业领先，环保指标实现最优。

（二）优化提高发电效率，取得了良好经济效益

瑞金二期工程的建设投资得到有效控制，电厂系统效率进一步提升，企业投资效益和经营指标显著提高。该工程静态投资66.5亿元（单位投资3328元每千瓦），相比同类项目平均静态投资80.9亿元（单位投资4310元每千瓦），节约投资14.4亿元；设计供电煤耗259.7克每千瓦时，相对同类项目平均供电煤耗266.7克每千瓦时节约7克每千瓦时，按照2022年度计划电量110亿千瓦时计算，可节约燃煤7.7万吨，按照到厂标煤价格1581元每吨计算，可节约1.22亿元。截至2022年4月，瑞金二期工程共发电48.07亿千瓦时，实现营业收入20.28亿元。在社会效益方面，瑞金二期工程的建成投产有效地解决了江西电网特别是赣州地区电力供应紧缺问题。

（三）积累集成创新经验，形成了行业示范效应

一方面，瑞金二期工程作为我国首台（套）全国产DCS/DEH+SIS一体化的新一代百万千瓦超超

临界高效二次再热燃煤智慧火电机组工程，它的建成投产，标志着华能集团坚持以科技创为新引领、以技术集成管理为抓手，推动完成了建设新一代燃煤智慧发电厂工程的成功探索和实践；标志着华能集团已形成了统筹发挥集团管理优势、资源优势，推动火电基建项目高起点超前谋划、高标准设计优化，依托新建工程打造的技术集成创新平台，以及精细化管理、多方协同、全过程创优的火电基建管理新理念和新模式。

另一方面，瑞金二期工程作为先进技术集成应用以及科技项目研发实践平台，有力地推动了电力行业技术进步。该工程建设投产以来，已累计获得近 10 项省部级科技成果奖、14 项省部级 QC 奖、4 项省部级工法，发表科技论文 15 篇（其中 SCI 论文 1 篇），申报国家及国际专利共 300 余项、申请软件著作权 67 项，完成了 2 项行业标准制定工作。

（成果创造人：赵克宇、陈书平、程　阳、张　晟、陈　丰、张泉水、王　默、刘景海、刘晓航、周　民、李海滨、石伟栋）

科研院所助力高质量发展的知识产权管理体系构建与实施

中国空间技术研究院

中国空间技术研究院成立于1968年2月，隶属于中国航天科技集团有限公司，经过50余年的发展，已成为中国主要的空间技术及产品研制基地，是中国空间事业的骨干力量，为实现我国航天三大里程碑跨越发展做出了突出贡献。中国空间技术研究院始终致力于知识产权管理体系的优化与完善，注重核心技术和产品的知识产权保护，助力产业化、国际化发展。截至2021年，累计申请专利16686件，授权9811件，获得中国专利奖55项，其中金奖3项、银奖4项；注册“神舟”“CAST”等商标624件；获得国家奖84项，其中“载人航天空间交会对接工程”“北斗二号卫星工程”“嫦娥四号工程”等9项成果先后问鼎国家科技进步特等奖，“深空探测航天器系统创新团队”获得国家创新团队奖，“高精度微小气体流量测量新技术及应用”等15项成果获得国家技术发明奖；获得国防奖、军队奖等各类省部级奖2501项，获得航天科技集团科技奖287项、十大技术突破11项。

一、科研院所助力高质量发展的知识产权管理体系构建与实施背景

（一）实施创新驱动，加速实现“航天强国”的战略要求

进入新时代，我国经济由高速发展转向高质量发展，发展动力由要素驱动逐步转向创新驱动，知识产权在创新驱动发展中的重要作用日益凸显。“十三五”期间，我国颁布的《国务院关于新形势下加快知识产权强国建设的若干意见》等文件，体现了党和国家对知识产权的重视程度。建设“知识产权强国”是建设创新型国家和社会主义现代化强国的坚实保障；建设“航天强国”是新时代国家赋予航天科技工业的神圣使命和历史责任。中国空间技术研究院必须“航天强国”为根本使命，以创新驱动为发展动力，发挥知识产权的引导作用，深入研究落实“知识产权强国”战略，实现“知识产权强国”与“航天强国”的高度契合。

（二）应对市场竞争，提高抵御中外风险能力的必由之路

全球经济格局和治理体系正在发生深刻变革，知识产权规则竞争已经成为大国竞争的重要内容。在积极深入参与“一带一路”建设和商业航天运营，开展国际合作，实现航天产品和服务走出国门的过程中，离不开打造牢固的知识产权保护防线，以降低国内外市场风险。中国空间技术研究院必须快速推进知识产权管理体系建设，加速实现关键核心技术自主可控，提升在航天领域乃至高端装备制造行业的竞争力，向着成为世界一流宇航企业的目标迈进。

（三）盘活无形资产，提高知识产权转化收益的内在需求

中国空间技术研究院始终将创新发展作为提升核心竞争力的根本途径，专利申请总量已超过1.5万件，有效专利近1万件，发明专利所占比例超过90%，各成员单位的知识产权管理水平均有显著提升。然而同时，知识产权这一无形资产的转化运用效益仍然不高，对外转化的专利占比不到1%。中国空间技术研究院必须将科技成果的创新、保护和转化紧密结合，将知识产权作为最重要的无形资产和核心竞争资源，加强知识产权的掌握和运用，推动实现经济增长方式的转型升级。

（四）提升创新能力，推动自身高质高效发展的必然选择

中国空间技术研究院积极践行中国航天科技集团有限公司“高质量保证成功、高效率完成任务、高效益推动航天强国和国防建设”的目标要求，全面开启经略太空新征程，努力成为“航天强国建设的引领者、空间事业发展的领导者”。离开了技术创新，知识产权就是无源之水；没有了知识产权，创

新成果的权属就无法得到保护。中国空间技术研究院必须将知识产权管理体系融入企业创新的全链条，提升知识产权创造能力、保护和运用能力，实现前瞻性知识产权高质量布局，更有力地支撑航天产业优化升级、自主可控和自主创新发展。

知识产权保护和运用是现代企业管理重要的组成部分，在建设世界一流企业的过程中发挥其作用，必须解决三个方面的核心关键问题：一是知识产权管理以“下任务、下指标”的单一模式为主，知识产权构成“大而不强、多而不优”；二是知识产权对军工科研院所的经营业绩贡献不足，经济效益不明显；三是存在核心技术及产品专利申请滞后，知识产权过程管控手段不足等。

二、科研院所助力高质量发展的知识产权管理体系构建与实施主要做法

（一）基于目标和需求导向，提出“三步闭环”知识产权管理体系构建方法

提出以“规划、实施、考核”为闭环，以“机构、制度、队伍、工具”为保障的科研院所知识产权管理体系构建方法，解决知识产权与主业规划联系松散、职能部门与科研部门联动不够、核心技术及产品知识产权布局不足等问题，使知识产权管理真正融入主业发展一体推进。

1. 靶向调研，明确体系建设需求定位

2018年，中国航天科技集团有限公司提出“必须坚持创新是引领发展的第一动力；必须坚持发展拥有自主知识产权的核心技术、培育自主创新能力”。中国空间技术研究院根据集团要求，启动面向高质量发展的知识产权管理体系的研究与建设工作。从体系建设的主客观需求、知识产权分析布局、侵权纠纷和维权处理、转化运用和经济效益等多个维度，通过问卷调查、上门访谈等方式，在全院范围内系统地开展调研工作。通过深入研究分析，明确中国空间技术研究院知识产权管理体系的需求和定位——支撑科技创新、强化技术积累，助力突破空间领域的关键技术，形成一批核心专利，防范知识产权风险，推进知识产权管理融入科研、生产、经营全过程，显著提升中国空间技术研究院市场竞争能力。

2. 聚焦目标，系统规划体系建设方案

针对体系建设的核心关键问题，围绕体系建设目标，集中开展中国空间技术研究院知识产权管理流程再造，提出“三级闭环”知识产权管理体系构建方法，以宇航业务规划、空间技术规划等为牵引，顶层规划知识产权管理体系，围绕“布局、产出、评估、转化”等环节深入推进体系实施，通过考核不断优化完善体系建设，确保体系升级与创新提升同步发展。

战略层以中国空间技术研究院主营业务规划、空间技术发展规划和创新体系规划为顶层牵引，制定中国空间技术研究院知识产权规划和体系实施方案，明确知识产权在各类规划中的切入点和发力点，促进知识产权与主业规划深度融合。

建设层以知识产权规划和体系实施方案为输入，从全过程知识产权分析、全周期高质量管理、分级分类评估和高效转移转化等四个方面依次推动知识产权专利布局→高质产出→精准评估→转化收益等各环节有效运行。通过考核形成知识产权规划和体系优化建议，推进体系的持续优化和完善。

保障层以“机构、制度、队伍、工具”等四个方面机制建设为重点，提出高质量知识产权评审、高效率分级分类方法等创新做法，确保体系各环节有效衔接、通畅运行。

（二）提升保障能力，健全完善知识产权管理体系制度和工具建设

提出面向研究院、所厂、项目团队（知识产权专员）的三级组织架构和两级规章制度体系，通过知识产权专员制度的优化，培育精通专业技术和知识产权业务的人才队伍，建立激励机制、考核体系等制度，解决知识产权管理模式单一松散的问题；在内网环境开发航天领域专利信息检索分析平台，解决创新实践过程中专利信息检索运用时效性差的问题，提升基础保障能力。

1. 提出科研院所知识产权管理三级组织架构

根据大型科研院所组织结构特点，针对知识产权管理松散的问题，提出中国空间技术研究院、所

厂、项目团队（知识产权专员）三级组织架构，在项目团队设置知识产权专员，以专员为纽带实现管理和技术双线的紧密结合。其中，中国空间技术研究院主要负责知识产权管理体系的顶层规划和组织实施，与各所厂紧密联动；所厂主要负责知识产权管理体系的具体实施，连接中国空间技术研究院和项目团队做好组织和协调工作；知识产权专员主要负责组织开展科研项目立项论证、研发、验收、奖励申报等各阶段的知识产权和科技成果管理工作。

2. 完善科研院所两级知识产权规章制度体系

按照中国空间技术研究院《深化规章制度体系建设实施方案》，融合《企业知识产权管理规范》《装备承制单位知识产权管理要求》，构建适用科研院所的两级知识产权规章制度体系，实现知识产权与科研、生产、经营的融合管理。打造知识产权专业队伍，形成合力，建立双向激励机制，完善考核体系，立目标、明奖惩、严考核，确保体系推进参与人员的责任感、成就感和获得感，变“要我做”为“我要做”，切实保障知识产权管理体系持续发挥作用。一是建立双向激励机制，放大体系运行效果，一方面，通过评选先进单位、奖励专利申请等方式，鼓励加大专利储备、提高实施转化效益；另一方面，对于知识产权工作开展不力的单位，采取必要的惩处措施。二是完善考核体系，形成体系运行监督机制，对标军工考核与经营业绩考核指标体系，将知识产权管理体系建设情况纳入对所厂的经营业绩考核，评估所厂知识产权体系实施效果，确保知识产权战略管理工作闭环。三是健全工作队伍，凝聚力量发挥合力作用，中国空间技术研究院在2019年对知识产权专员制度进行优化，形成由知识产权管理人员、专业人员、一线科研人员组成的各司其职、分工合作的知识产权工作团队。院所两级管理机构定主管领导、主管部门负责组织协调，项目团队中定专员负责跟踪落实。

3. 开发基于内网环境的专利检索与分析系统

为满足科研人员在内网工位上实时检索查询专利、开展专利技术分析借鉴、谋划布局策略、梳理转化运用方向的需求，提高专利信息利用效率和科研安全，开发了针对涉密内网环境的航天领域专利检索与分析系统。

一是以服务创新为导向规划平台功能需求。中国空间技术研究院开发了一套基于内网环境的航天领域全球专利信息检索分析平台，既能为知识产权战略分析提供必要手段，又能为科研、生产提供专利技术信息检索、利用、预警等服务，打造了集专利管理、检索与专利分析于一体的综合性专利服务系统，为中国空间技术研究院科技创新、科学研发等工作提供了信息支撑服务和保障。

二是以筛选数据资源为基础确保平台效用。对全球1．3亿多件专利数据，运用国际专利分类号，筛选涉及航天装备建设的专利数据导入中国空间技术研究院内网，确保数据的全面性，支撑广大科研人员充分开展专利信息利用，跟踪竞争对手发展趋势和竞争态势，开展关键技术领域专利战略研究，高起点、高水平、高效能地开展技术攻关和科技创新活动，掌握自主知识产权，形成核心竞争能力。

经过不断建设、更新和完善，平台已涵盖航天领域全球、全行业专利等信息资源，专利数据达8900余万条。中国空间技术研究院利用该平台指导创新团队开展《低轨卫星通信系统技术知识产权分析》，通过深入研究星上信息通信关键技术领域的专利信息情况，为我国新一代卫星网络通信技术的高速发展提供方向和参考。同时研究成果由国家知识产权局牵头，精编整理31万字资料出版发行。

（三）优化创造流程，提出一种知识产权与科研项目融合的管理方法

提出知识产权工作融入项目研制全过程的管理模式，形成核心技术和产品知识产权分析布局方法，有效地解决了知识产权布局滞后，专利产出呈散点式分布等问题，实现了高质量专利保护。

1. 研究制定科研项目全过程知识产权管理流程

在科研项目全过程构建了知识产权管理工作流程，将知识产权创造、保护、运用和管理融入项目立项论证、方案编制、项目研制和项目验收各环节，明确每一环节知识产权工作的具体内容。包括在立项

论证前期通过知识产权分析，获取专利技术借鉴与启示，明确风险规避策略；在方案编制阶段策划核心技术知识产权布局方向，指导项目研制阶段实施知识产权申请保护；在项目验收阶段做好知识产权资产归档与维护，策划后续成果转化方向等。以此推动知识产权管理体系落地，带动全院科技创新能力提升，助力创新成果的产出与运用，实现知识产权管理体系战略目标。

中国空间技术研究院组织所厂建立重大科研项目知识产权管理制度；所厂负责项目的知识产权工作总体策划和实施计划，监督并落实；项目团队负责具体任务的创新点提炼，知识产权分析、布局、申请、维护和转化等工作。中国空间技术研究院坚持以重点型号、关键单机和系统、创新项目为主要对象加强知识产权规划和专利布局，围绕关键核心技术开展专利信息分析利用研究100余项，将知识产权管理由项目后端延伸至项目前中后全链条。

2. 形成核心技术和产品知识产权分析布局方法

中国空间技术研究院从项目规模及周期等角度有针对性地遴选核心技术和产品开展知识产权分析，通过分析指导形成布局方案。具体包括：梳理核心技术和产品关键技术谱系，开展专利检索，建立专利数据库，通过深度的专利技术检索分析，掌握技术发展趋势，并结合技术演进、市场变化、竞争态势等情况及时调整分析重点，进而有效地排查潜在侵权风险；指导具有自主创新的研发成果挖掘创新点，对创新点进行评估，给予恰当的专利保护，形成专利布局方案，通过科学规划和合理布局，构建核心技术或产品保护网，支撑自主可控、筑牢竞争优势，最终形成核心技术和产品创新成果的高质量专利保护体系。

（四）规范过程管控，提出知识产权全寿命周期的管理方法

研究制定专利申请评审流程和方法、具有中国空间技术研究院特色的专利分级分类方法，通过加强专利全寿命周期管理，强化源头质量控制，解决了一直以来专利申请普遍存在的文本质量不高、专利维护和转化过程中评价标准缺失等问题，从而营造以质量为导向的专利申请环境，为自主专利维护与转化提供依据。

1. 制定专利申请前评审流程，促源头质量控制

对全寿命周期管理中的关键环节进行研究分析，制定专利申请前的评审流程。专家组人员包括待评发明创造的技术领域专家、知识产权管理人员，判断是否属于保护客体，知识产权管理人员具有一票否决权。技术人员介绍本发明创造将解决的技术问题、现有技术情况、本技术方案的创新点；专家组进行方案详细评审，严格评审创新点的可专利性、技术交底书的合理性，从源头控制专利质量。

2. 研究分级分类方法，为维护和转化提供标准

开展知识产权分级分类管理研究，一是基于中国空间技术研究院及所厂专利数量达到一定规模，需要提高专利管理效能；二是改变专利沉睡状态，为转化运用奠定基础；三是实现对逐渐增多的专利进行更高效的管理。通过专利分级分类能够挖掘发现高价值专利，提升专利工作对中国空间技术研究院创新发展经营的助推作用。

基于以上分析，根据包含技术系数、保护质量、技术创新、市场价值的“四维四级”结构，研究构建一套适用于中国空间技术研究院并具有航天特色的专利分级分类指导方法。一是专利分类管理，进一步挖掘专利的自身技术特征，对其进行分类；二是专利分级管理，由高到低依次为：核心、重要、一般、外围。为每一件自主专利建立转移转化档案，合理谋划专利转化运用策略。

（五）提高价值效能，提出一种知识产权保护与转化紧密结合的管理方法

以转移转化为导向策划布局创新保护方向，构筑产权保护壁垒；从知识产权产出的前端入手，以“内外”“军民”等多种转化模式为牵引，发挥中国空间技术研究院、所厂、项目团队合力，通过渠道和模式双轮驱动，扭转知识产权贡献与效益不足的问题，实现知识产权效益快速提升。

1. 在科技成果创新端形成保护壁垒

中国空间技术研究院以历年战略管理委员会会议精神为导向，以中国空间技术研究院核心技术发展体系为依据，有计划地开展专利申请、商标注册、软著登记等工作，在专利保护方面形成核心专利与外围专利有机结合的科学布局，围绕出口产品进行国际专利布局，对重点商标实行全类注册，及时进行软著登记，充分发挥对中国空间技术研究院技术创新成果的保护作用。与此同时，中国空间技术研究院将知识产权布局与成果转化工作紧密结合，强化科研项目在立项之初就以商业化为导向。知识产权产出成为从研发投入到经济社会效益链条中的一个环节。

2. 发挥合力，实现知识产权市场价值

制定中国空间技术研究院对外知识产权许可、转让相关程序和技术推广目录，建立健全科技成果转化机制，充分利用工资总额、股权激励、分红权激励等分配激励政策，促进知识产权转化。发挥政策“指挥棒”作用，从根本上激活创造的源泉，确保发明人合法权益能落到实处，从而激励产出更多的发明和应用。为使创新成果转移转化工作落在实处，中国空间技术研究院勇于面对科技成果转化难题，从知识产权、产品、核心技术、运用团队角度出发，理顺创新成果挖掘与甄别、知识产权保护、市场调研开拓、市场协同机制、转化模式筛选、转化收益运用的创新成果转化全流程设计。

由中国空间技术研究院牵头，各单位从“单打独转、各自为战”转变为“优势互补、整体出击”。已梳理对外转化项目40余项，按年度编制《知识产权转化应用项目名录》，并通过“中国空间技术研究院搭台、研发团队唱戏”，组织各单位积极参加国家和军队有关部门举办的各类技术转移、项目推广活动，积极与上下游进行项目对接，逐步建立起长期、固定的合作关系，从而提高了转化工作成效。

2020年，中国空间技术研究院遴选技术优势单位和知识产权专业单位，与国家级知识产权平台共同组建“卫星智能装备制造领域高价值专利培育运营中心”。该培育中心是北京市海淀区专项项目，在中心建设过程中，中国空间技术研究院针对卫星智能装备制造领域开展高价值专利挖掘270件，构建智能制造、高精度设计等4个专利池，形成国际专利布局30项，形成专利技术标准3项，完成由北京卫星制造厂有限公司、北京空间科技信息研究所、专利技术开发公司共同发起的专利联盟构建工作，已具备开展高价值专利运营的坚实基础，预计将实现转化收益2600余万元。

在渠道畅通的同时，中国空间技术研究院科技成果转化工作模式也逐渐成熟起来。一种模式是“内转内”，对拥有核心技术或背景应用需求、具备通用性的知识产权，各单位在院内部不同系列型号、不同产品、不同领域中转化，节约了时间和经费，提高了投入产出效益。另一种模式是“内转外”，对技术优势明显、具有广阔市场前景的知识产权，通过许可或作价投资的形式，快速投入市场以取得竞争优势；对无型号背景且非密的非核心专利，采取直接转让的方式快速实现经济价值。

渠道和模式双轮驱动，让转化工作明显提速。已打造北京、天津、怀来、西安、兰州、烟台、深圳、杭州等产业基地，多家单位已成为北京、天津、西安、杭州等地国防技术转移中坚力量。

三、科研院所助力高质量发展的知识产权管理体系构建与实施效果

（一）体系构建实施成功，专利产出量质齐升

中国空间技术研究院成功构建了适合本单位高质量发展的知识产权管理体系，专利信息利用、预警跟踪、备案申报、成果转化等一系列知识产权工作有机融入科研、生产和经营活动中。累计有效专利增长显著，截至2021年，累计有效专利达8839件，相比2018年的5783件增长近53%，其中累计有效发明专利8056件，占比超过91%。实现了专利申请数量与质量的同步增长，从而大幅提升了知识产权质量和效益。近年来，中国空间技术研究院及所厂累计申请专利5026件，获得专利授权2882件，有效专利总数达8839件；获得国家科学技术奖3项（特等奖1项），获得各类科技奖励218项，获得集团十大技术突破11项，获得中国专利银奖2项、优秀奖16项；专利转化直接收益近5亿元，经济效益显著。

同时，推动重点型号立项，市场竞争能力获得提升。知识产权创新成果支撑了 22 个型号项目在竞争择优中胜出，45 型 105 星成功立项，立项经费 585. 7 亿元，实现了良好的综合效益。

（二）支撑核心技术攻关，技术创新能力获得提升

体系的构建实施同步于中国空间技术研究院推动航天强国和国防建设实现新跨越的关键时期，在这一阶段，载人航天、深空探测、北斗导航等重大工程捷报频传，彰显科技实力。根据相关研究机构的统计，中国空间技术研究院在我国与载人航天工程关键技术相关的专利中占比达 40%，探月工程专利占比 27%，北斗导航工程专利占比超过 50%，为航天重大工程核心技术攻关以及实现自主可控发挥了重要作用。同时，中国空间技术研究院积极在海外开展专利布局，形成在国际市场博弈的竞争优势。

（三）试点项目作用突出，市场转化收益明显

成果的推广实施为中国空间技术研究院及所厂知识产权规范化管理提供了手段，多家单位利用体系成果加快贯标进程，顺利通过《企业知识产权管理规范》《装备承制单位知识产权管理要求》双认证。全院实践表明，本成果构建的知识产权管理体系可为其他央企单位知识产权管理与实践提供参考借鉴，具有良好的示范效果。科研创新与成果转化相互促进、相互融合，以“宇航静电防护与应用技术”为例，该项目为 2019 年中国航天科技集团有限公司成果转化试点项目，项目开展了静电测试校准技术向应用产品的转化，从项目管理、二次开发、市场开拓、知识产权布局等方面积极推进转化工作，2019 年至今累计形成市场直接经济规模 1. 7 亿元。此外，积极发挥知识产权的跨项目作用，以高分工程为例，“三反同轴”技术是提高卫星分辨率的核心技术，中国空间技术研究院对之及时采取专利申请保护，并成功推广转化应用于商业遥感卫星，在节省技术开发成本的同时，大幅提升了我国商业遥感能力，获得了显著的间接经济效益。

（成果创造人：胡大勇、及　莉、杨　冬、周玉新、郭　荣、
薛培元、钟　心、胡　月、宋海龙、刘永喆）

造船企业以设计能力提升为目标的知识管理体系构建与实施

上海外高桥造船有限公司

上海外高桥造船有限公司（以下简称外高桥造船）成立于1999年，是中国船舶集团有限公司旗下的上市公司中国船舶工业股份有限公司的全资子公司。公司全资拥有上海外高桥造船海洋工程有限公司、控股上海外高桥造船海洋工程设计有限公司、参股中船邮轮科技发展有限公司。公司主要经营范围覆盖民用船舶、海洋工程、船用配套等领域，在大型邮轮、好望角型散货船、大中型原油船、超大型集装箱船、超大型液化气船、海上浮式生产储油船（FPSO）、半潜式/自升式钻井平台、海工辅助船（PSV）等船海产品领域的设计建造能力突出。发展至今，公司已成为业内最具规模化、现代化、专业化和影响力的造船企业之一。

一、造船企业以设计能力提升为目标的知识管理体系构建与实施背景

（一）响应国家智能制造战略要求

工业和制造业是国家命脉，智能制造更是制造强国建设的主攻方向，是国际公认的实现工业体系转型升级的新一代工业技术，能够从根本上提升我国复杂产品的创新能力和科研水平。实现国家智能制造战略目标要求企业积累大量有关产品研制的设计知识、工艺知识、生产知识、设备维修知识、管理和决策知识等，并通过高水平数字化技术的大规模应用，搭建工业软件和数字化产品模型，从而更好地控制数字产品和物理产品，更优地配置制造资源，逐步实现产品本身的智能化、产品系统结构定义的数字化、产品研制生产过程的数字化，以及庞大的零部件供应链的网络化，形成全新的产业形态。因此，知识管理成为实现国家智能制造战略目标的必经之路。

（二）支撑船舶工业转型升级

新冠疫情使全球产业链和供应链受到严重冲击，世界政治经济局势变化引发国际产业分工和生产格局调整，给具有高度国际化特征的船舶工业带来巨大挑战。虽然我国相关新接订单和在手订单始终位于全球第一，但在高技术和高附加值的高端船型制造方面国际竞争力较弱，仍存在很多“卡脖子”的关键系统和建造技术难题，实现船舶工业高质量发展、加速推动造船企业转型升级，迫切需要科技创新引领。知识创新可以为技术创新提供重要的保障，已成为获得竞争优势的主要来源。通过知识管理实施，利用知识创新推动船舶工业创新能力不断提升，加速了造船行业转型升级。

（三）赋能企业数字化转型和科技创新

随着5G、大数据、人工智能等新一代信息技术不断发展，加快推动数字化转型将为企业提供新的发展机遇和广阔空间，知识管理成为赋能企业数字化转型和科技创新、推动企业高质量发展的重要基础。大型造船企业的研发设计，涉及产品技术密集、专业复杂，对技术稳定性和可靠性要求越来越高，同时要求研发设计快速、高效、灵活，因此亟须对大型造船企业的知识管理实施与应用进行实践性探索，通过建立符合行业特点的知识管理体系提高产品研发设计能力。外高桥造船经历20多年的快速发展，对知识仍缺乏有效管理，存在重复犯错、经验和知识流失严重、新员工适岗慢，以及数据缺乏标准化和规范化管理等痛点。为促进“隐性知识显性化、显性知识系统化、知识应用场景化、知识复用增值化”，推动知识管理实施与应用的落地，外高桥造船必须坚持目标导向和结果导向，必须解决三个关键问题：一是知识如何汇聚管理，如何解决企业知识来源分散、知识结构离散问题；二是知识如何赋能业务，企业的业务痛点很多，如何找到适应自身发展实际的业务结合点；三是如何保障知识共享顺畅，

怎样才能最大限度地鼓励员工贡献知识，真正盘活企业的显性和隐性知识，赋能企业数字化转型和科技创新，推动企业高质量发展。

二、造船企业以设计能力提升为目标的知识管理体系构建与实施主要做法

（一）强化组织管理，健全推进机制，构建责任保障体系

知识的沉淀和积累是一个长期工程，知识要不断更新、升级和反刍深化，知识管理更需要持续化管理，坚持一把手工程，将知识管理定位成战略目标，建立相应的组织机构、配套制度，提供充足的资源保障，推动知识持续化管理，不断产生和共享新的知识，活跃和流通已有知识，并通过学习和内化让知识发挥作用。

1. 成立专门机构，强化组织管理

成立知识管理委员会，负责顶层规划指导和审议决策；设立跨部门跨专业组织机构，以知识的管理、应用和运维为核心，覆盖科技部门、人事部门、信息部门、规划部门、业务部门等；设立专家组，负责技术指导和审核把关；设立管理办公室，负责知识管理规划、制度及流程优化等；设立专门组织，成立成果（知识）管理室，坚持公司、部门及科室三级一把手工程，以行政组织机构保障知识管理的持续推进。建立横纵交叉的知识管理组织体系，上下联动、权责明晰，强化组织保障，全力推动知识管理的实施与应用。

2. 建立配套制度，健全管理机制

为规范和积极推动知识管理工作，促进知识采集、存储、共享、应用和创新的良性循环，遵循 PDCA 管理思想，针对知识的全流程管理，制定多项配套制度，包括《知识管理办法》《知识管理考核与激励管理办法》《知识运营管理办法》《知识分级管理办法》，保证知识管理的准确性、科学性、实效性，从制度上为知识管理提供高标准的保障。

3. 依托创新平台，提供资源保障

依托企业技术中心、大型邮轮创新中心、工程技术研究中心等平台，结合已有技术基础和软硬件条件，提升知识管理需求策划能力。扩大与一流高校、知名科研院所和大型优势企业合作范围，推动产学研协同创新建设，加强智力资源互通互用，积累大量成果知识，提高知识源的质量。引进高端人才，深化校企合作，增加人才储备，打造青年拔尖人才、管培生培养体系，推进博士后工作站、研究生工作站及技能大师工作室等队伍建设，为知识管理的实施与应用提供强有力的人才保障。

（二）识别业务场景，构建顶层规划，明确总体目标策略

船舶领域知识管理的研究仍处于起步阶段，多停留在信息系统中数据采集和数据应用层面，尚未实现数据和知识的普遍性管理。外高桥造船立足自身发展和管理需求，研究提出“整体规划，分步实施”的三步走策略，确保知识管理的实施与应用真正落地。

1. 开展走访调研，强化管理理念导入

外高桥造船围绕知识管理的顶层规划、组织架构、推进模式、试点业务的选择，以及试点建设规模等，编制详细的调研提纲。开展多轮跨行大型制造业及兄弟单位的走访调研，参考学习外部单位优秀实践，了解知识管理实施的思路、建设内容和实践经验，吸取精华、规避风险。邀请国内知名供应商制定实施方案，对比供应商的建设规模、资质、荣誉、重要案例及实施方案的可行性等，分析优劣势，选定合适的信息化供应商。同时加强知识管理理念的导入，为知识管理的实施奠定理论基础。

2. 识别业务场景，厘清业务主线知识

为全面了地解企业的知识管理状况，制订合理的知识管理建设规划，开展企业领导层、管理层和业务层等多层级调研，明确业务范围；采用“先发散再聚焦”的方式，开展对 10 多个业务部门的访谈，围绕业务痛点、难点，识别界定业务场景；基于场景分析业务，梳理分析该场景涉及的部门角色、业务

活动、先后关系等，厘清业务逻辑流程；基于场景梳理知识，通过业务的主线脉络，串联散乱的知识，梳理知识与业务之间的“挂接点”，将知识管理真正融入业务，避免“知识管理与业务两张皮”。

3. 制订顶层规划，明确总体目标策略

基于外高桥造船的知识管理状况及业务需求，组织多轮次领导层、需求层、实施层参与的实施论证，明确知识管理建设的总体目标：实现船舶设计全业务链知识的统一管理、积累与共享，提供多样化的应用场景和服务，稳定设计质量，提高设计效率，提升设计能力，加速人才培养，赋能企业数字化转型和科技创新，推进企业高质量发展。同时，制定具体实施策略：聚焦邮轮、民船、海工设计核心业务汇聚相关信息资源，融合智能化技术持续提升知识加工与服务能力，挖掘业务智能化的模式与规律，实现数据、知识互联，实现设计软件知识集成和知识的全流程管理，使企业知识资产得以传承和有效流转，企业创新能力得以持续提升。

（三）架构知识体系，智绘知识图谱，夯实知识应用基础

知识体系架构与设计是知识内容的基石，科学合理地架构知识体系是知识管理实施与应用的重要基础。外高桥造船建立跨组织跨专业联合团队，通过盘点梳理知识资产，识别关键知识领域，找出知识分类维度，确定知识的顶层架构。汇聚多源异构系统数据，搭建可扩展的、面向业务的知识体系框架和设计，推动显性知识系统化，支撑企业知识内容的有序存储和长期稳健增长。在知识体系设计的基础上，构建知识图谱与知识库，从知识中识别、发现和推断事物与概念之间的复杂关系，支撑知识的精准化、智能化应用，更好地为知识管理实施与应用服务。

1. 注重上下结合，架构知识体系

梳理知识体系，实现知识资源的高度有序化，同时保持知识体系的弹性和可扩展性。外高桥造船充分采纳技术领导层的建设思路，赋能知识管理推动者，掌握知识体系架构设计的方法，从企业战略出发，识别对现在及未来有重大影响的知识领域，分析知识分类的维度并确定最重要的维度，自上而下，确定知识体系顶层架构。抽调各部门的代表与专家，成立知识体系共创研讨小组，依据调研需求分析与知识管理本体理论，对已有知识进行系统的梳理及盘点，自下而上，对各知识维度的深阶知识分类进行详细的设计，针对具体的业务场景（如项目、岗位）进行知识体系架构与设计。通过自上而下与自下而上相结合，搭建架构外高桥造船的知识体系，设计 11 个维度的知识分类、147 条知识关系、17 个知识模板。知识分类保持已有信息化系统中的分类方式，在应用中帮助员工快速准确导航；知识关系支撑多种场景化、个性化知识应用，控制图谱复杂度对系统性能的影响降低；知识模板用于描述知识要素的属性，内容属性支撑知识应用中的内容展现，关联属性构建知识间的关系，分类属性用于支撑快速搜索，管理属性用于支持知识运营。（见图 1）

2. 围绕业务场景，智绘知识图谱

一是分析业务场景，梳理知识来源，系统地提取知识体系中的维度、关系、模板、数据等要素，构建业务对象概念图谱。二是知识采集与加工，开展知识治理及标准化工作，利用接口集成技术，采用主动获取与被动接收相结合的方式，实现多源异构数据的高效采集，基于知识模板设计实现采集数据与模板的映射，并通过自然语言处理等技术实现知识的加工处理。三是以构建的概念图谱为基础、知识的采集及加工自动发现抽取实体、实体关系等，利用定制化产品，实现概念图谱的实例化与可视化、关系检索、图谱搜索等功能，构建完整的实例知识图谱，实现知识自动、智能关联，支撑面向业务场景的智能化知识应用。概念图谱包括概念节点 37 个、关系 147 种，实例图谱节点超过百万，集成数据量达到千万级，是国内船舶行业规模最大的知识图谱。

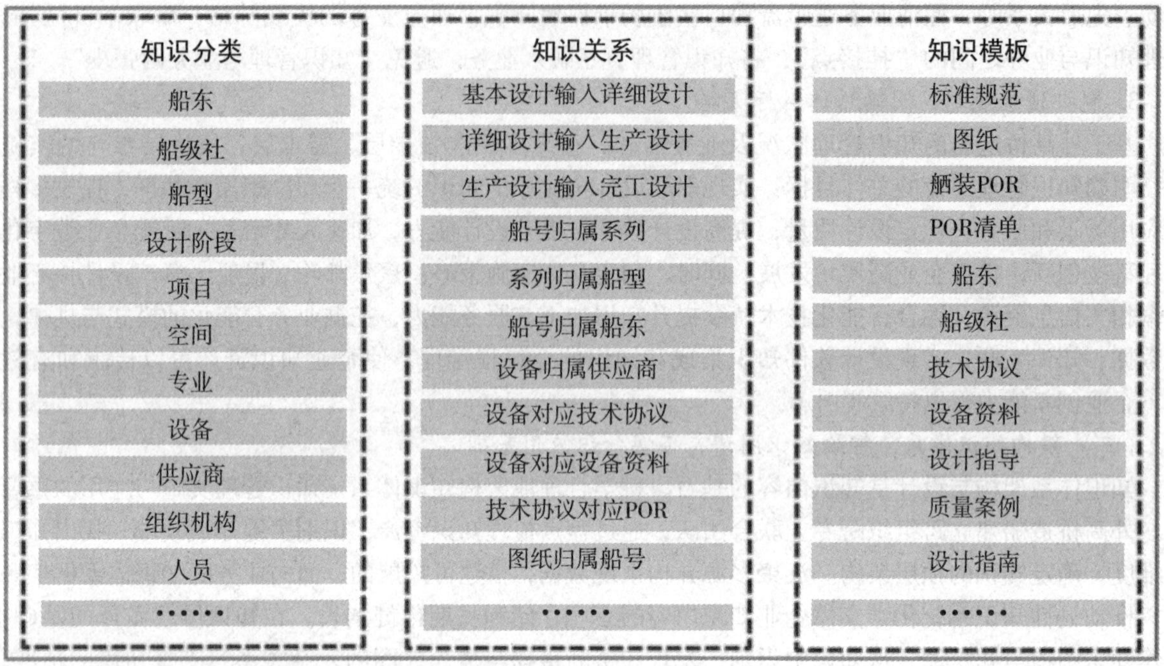

图 1　知识体系设计

3. 基于知识需求，搭建知识库

一是构建基础知识库，集成人事系统、标准规范系统、业务系统等依托数据和信息等要素，建立数据及知识之间的关联，采集加工后得到所需的知识，搭建标准规范库、经验案例库及设计图纸库等，形成标准规范 10395 条、图纸超百万、惯例指南 799 条，建成了船舶设计专业的百万级知识库。二是搭建本体知识库，围绕关系模型、关系模式、关系实例、属性等，搭建项目库、社区库、体系库、加工库等。三是设置权限控制，继承业务系统的权限设置，将人的密级、知识的密级、知识公开范围三者相结合，以便最大限度地实现知识共享，保护知识安全。建立知识库便于员工查用知识，随时学习，提升专业水平。

（四）开发信息平台，再造业务流程，实现知识管理应用

开发知识管理平台，打造外高桥造船知识的汇聚中心，通过知识管理平台与现有业务系统的深度融合，让知识能够无缝流转、定向推送，简化跨系统查询与跨业务域查阅等流程，实现知识应用场景化，打破信息孤岛，连接知识与知识、知识与人、人与人，支撑业务运营过程中的知识共享交流、积累、运用和创造。建立知识“采存管用”全生命周期管理模式，围绕设计流程中的关键活动，实现知识的智能获取与推送，促进业务管理过程持续改进，实现内部管理运作的成本优化和效率提升。

1. 丰富管理模式，实现知识统一管理

一是建立知识“采存管用”全生命周期管理，梳理已有知识，挖掘隐性知识，评估知识的准确性和时效性，加快知识的采集；汇聚零散知识，集成各业务系统，打破信息孤岛，实现知识统一汇聚和存储；通过自然语言处理、知识图谱等信息技术，对知识进行碎片化、轻量化、标准化、图谱化、精准化及智能化处理，实现知识的统一管理；知识的利用与业务充分融合，通过复用知识推动知识创新，实现知识的更新迭代及知识“采存管用”的良性循环。二是建立协同空间，以项目为中心建立虚拟空间，初始化 173 个项目空间（包括全部历史工程，已交船 427 个，在制船 45 个），汇集项目中产生的有价值的研究成果、案例、经验总结等，形成产品体系维护、项目知识贡献、文件框架管理、权限权利等 8 种

应用，支撑项目设计工作更加有效地协同开展，以实现知识的积累和沉淀。三是搭建知识社区，为业务人员提供一个围绕知识开展社交的空间，以知识交流、知识问答等形式，加快知识的传播与分享，促进个人隐性知识的共享、沉淀和复用。四是打造个人知识空间，集中管理个人相关的、感兴趣的知识以及任务消息等，同时实现平台内容、应用使用情况、用户访问等多维、细粒度的运营统计分析。通过知识同源和信息同步，支持知识的统一汇聚、统一管理与共享，平台访问量高峰达到7174次每月，得到用户的广泛认可。

2. 再造业务流程，创新知识应用模式

首次将知识管理应用在大型造船企业的设计软件上，设计61个应用场景融合，在不离开设计软件的前提下，通过智能推送、右键菜单自动获取、主动检索三种方式，为用户自动识别背景和设计任务，智能推送相匹配的设计要点、校审检查点、标准规范、设计惯例、经验案例、工艺和相关图纸等知识，简化了跨系统查询与跨业务域的申请查阅等事务性流程，提升了设计管理成效，做到了设计前指导、设计中提醒、设计后核查。打破数据孤岛，实现数据贯通，基于22520个船舶行业专业词汇及术语的语料，建立船舶设计知识的一站式精准获取模式，从而提高了员工获取知识的效率，提升了用户体验。此外，知识应用与设计业务的深入融合，保证了知识管理实施与应用的持续生命力。

3. 加工设计输入，实现知识精准应用

技术规格书是船舶设计最重要的输入知识，涉及全专业设计输入要求，知识点众多。通过模型加工，按章节进行碎片化分类，通过专业特征词自动匹配，根据用户角色自动推送对应专业的章节。同时，按照知识库中的船舶专业词条进行信息抽取，提取知识属性及关系等知识要素，设计人员也可根据需要对技术规格书章节自定义图号、图名等信息，进一步细化知识属性信息。通过知识碎片化加工，实现设计过程中技术规格书要求的精准化推送和使用，促进了设计质量和效率的提升，进一步确保了产品设计满足规定使用要求和顾客期望。

（五）建立业务标准包，汇聚业务知识，缩短员工适岗时间

建立业务标准包，以业务为中心，将业务开展过程中需要的支撑资料汇聚成业务标准包，设定管理制度、业务流程、案例总结、培训材料、操作说明、标准模板等6大模块，汇聚管理流程、培训材料、工具模板、设计指导、设计惯例、校审要点、质量案例、标准规范等支撑资料，完成20个标准包的上线应用。按标准目录格式分类保存，对标准包文件进行统一编号与格式管理，进而改善了科室分散管理、员工查阅烦琐等状况。业务标准包架构见图2。

通过设计新员工培养体系，将人员、岗位、业务与业务标准包关联起来，在开展业务活动时，以知识包的形式提供给业务人员，保证业务人员能够方便、全面地获取业务相关知识，使新员工能够快速地适应新的岗位，降低新手学习成本，也使业务专家更易聚焦业务创新。同时，解决传统的“传、帮、带”知识传承时间长、成本高、个性化程度高等问题，提高人才培养效率，促进员工快速成长为复合型人才。

（六）推行考核激励，设置管理节点，深度融入业务流程

一是制定考核激励办法，将知识管理考核内容纳入员工综合评价和科技考核中，定期评估知识管理开展情况，实施激励。二是业务部门将知识管理纳入科室绩效考核计分卡，设定各科室每月知识贡献的KPI，按月对各科室知识的采集、共享及应用情况实施考核评价并形成报告。三是设定资深设计人员年度贡献指标，将年度知识贡献指标作为对主任设计师、高级设计师及资深设计师等资深设计人员进行年度绩效考评及激励的重要依据。

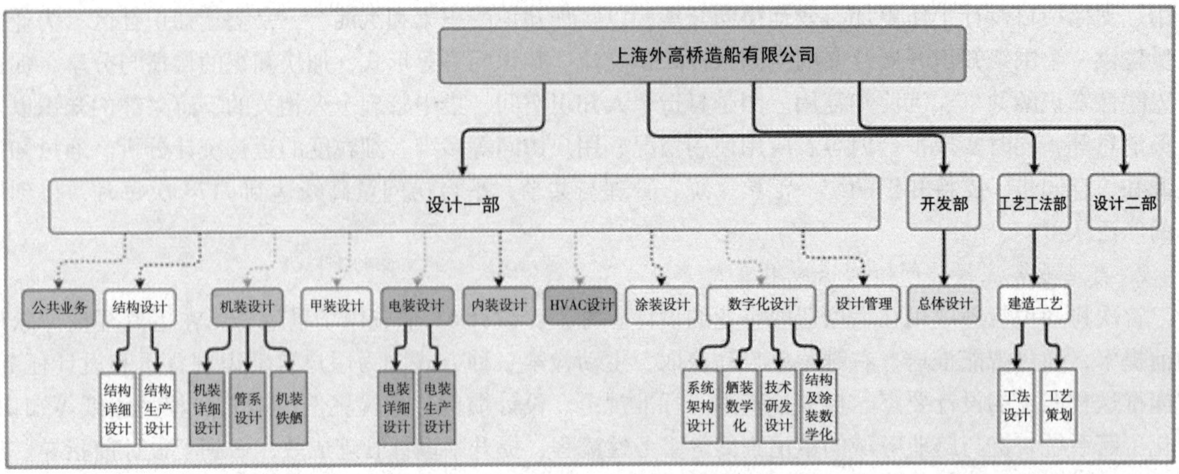

图 2　业务标准包架构

将知识管理融入项目的全过程管理。在项目策划阶段，组织进行项目知识策划，形成《项目知识清单及计划》，列入项目《设计策划书》，知识导入计划落实到责任人。项目设计推进阶段，组织建立并维护管理项目协同空间，按计划开展项目知识的梳理、评审及入库，同时组织项目人员对已有知识进行有效管理和应用，为项目推进提供知识支撑。项目结束后，针对本项目知识创造情况、知识应用情况及协同空间运行情况等，开展项目知识管理的工作总结，梳理知识的“采存管用”情况，并列入项目《设计总结》，从而实现知识管理的常态化，推动隐性知识显性化。

（七）实施管理运营，改变工作习惯，促进知识共享复用

为保持知识管理的生命力，保证知识的持续导入、系统的持续优化、场景的持续丰富，借鉴互联网运营思想与方法，策划多维度的知识运营活动，倡导全员参与的文化导向，引导员工改变工作习惯和工作模式，促进知识共享、交流、传承和应用，发挥知识的最大价值。围绕知识运营设计开展活动，参与活动人数超过 7500 人次。

一是开展知识管理培训，围绕平台操作应用、知识管理业务流程及知识管理理念导入等开展多维度培训，帮助和指导设计人员理解知识管理理念，快速地了解知识管理平台的功能、知识的应用和服务形式，提高员工主动获取知识的效率和贡献知识的意识。二是开展设计知识管理竞赛，围绕业务标准包，开展设计知识竞赛活动，重点考核知识学习效果、知识掌握程度及对知识管理平台的应用操作，加快业务知识学习，不断完善业务标准包功能。三是加快平台深度应用，围绕平台操作应用、业务知识、知识管理等，组织开展知识管理平台深度应用改善性方案征集活动，针对改善性方案开展梳理分析落实，持续改进知识管理，不断完善知识管理平台功能，更好地实现知识的管理和复用。四是开展知识管理应用典型案例分享交流活动，总结成功的经验与失败的教训，引导员工改变工作习惯和工作模式。五是打造知识管理文化，设置最佳知识、最佳话题、最佳业务专家、最佳知识贡献等评选活动，并纳入公司科技创新大会评奖，加大对知识管理的宣传力度。

三、造船企业以设计能力提升为目标的知识管理体系构建与实施效果

自 2020 年开展知识管理以来，外高桥造船坚信创新驱动导向的知识管理能帮助企业提高核心竞争力，通过知识复用增值化，赋能企业数字化转型和科技创新，推进企业高质量发展。

（一）提升设计能力，加快人才培养

一是缩短设计周期，减少设计工时，通过知识管理实施与应用，稳定了设计质量，提高了设计效率，提升了设计能力，设计周期进一步缩短，船舶设计投入工时减少。2021 年，20.9 万吨散货船的设

计工时为96448小时，较2020年节约设计工时7.8%。是提升知识获取效率，知识搜索时间由原来的平均5分钟，缩短到1分钟以内。三是缩短新员工适岗培养时间，由原来的平均6个月缩短为2个月。三个维度的改善使得2021年实现经济效益1593万元。外高桥造船通过知识管理的实施与运用，实现了设计软件的智能推送和搜索，提高了设计质量和效率，减少了设计改单和重复犯错。在新冠疫情期间，支撑900名设计人员开展远程设计工作，提前32天完成国产首艘邮轮全船生产设计图纸，为大型邮轮顺利设计建造提供了重要的技术保障。

（二）产出丰富成果，具备推广价值

外高桥造船将知识管理与企业统一管理平台“SWS TIME”深度融合，实现业务系统互联互通，与业务流程相结合，按照“人找知识”转向“知识找人”的思路，重新构建业务场景，将知识管理与业务深度融合，提高了业务协同水平，推动了设计模式革新，为数字化转型打下了坚持基础，在行业内树立了良好形象。外高桥造船申请知识图谱、平台架构、智能应用等知识产权12项，获批上海市“科技创新行动计划”社会发展科技攻关项目，获得2022年中国MIKE大奖和最佳知识运营奖、2021年全国工业APP和信息大赛“工业APP优秀解决方案奖”等荣誉，在数字化实践大会等场合多次亮相。外高桥造船以设计能力提升为导向的知识管理实施与应用，具有强劲的时代前沿性和良好的迭代发展能力，为国内造船行业甚至其他制造行业带来可复制、可借鉴的宝贵经验。

（成果创造人：陈　刚、袁飞鹏、张学辉、吴幼奇、房奎凯、吴燕子、
袁　轶、张世超、邵　丹、熊　勇、吴传伟、王　焰）

以突破指挥控制领域原创技术为目标的科技创新管理

中电莱斯信息系统有限公司

中电莱斯信息系统有限公司（以下简称电科莱斯）隶属于中国电子科技集团有限公司（以下简称电科集团），2018 年在电科集团第二十八研究所基础上组建成立。电科莱斯聚焦“以指挥控制为核心的信息系统”主业，不断创新和提升经营和科研生产能力，成功研制、生产、装备了一大批具有国内一流水平的军民用指挥信息系统。电科莱斯始终坚持把创新摆在改革发展的核心位置，凭借在系统总体设计、软件开发和系统综合集成领域的技术优势，共获得百余项重要科技科研奖项，成功打破欧美顶尖企业在指挥信息系统领域的垄断，市场覆盖 40 余个国家和地区。电科莱斯拥有员工近 6000 人，其中院士 5 人、国家及省部级各类专家 129 人、研究员级高工 166 人，研究生以上学历人员占比达到 60%，人才队伍持续壮大。电科莱斯业务规模连续多年保持高增长态势，以高度的责任感和使命感发挥“国家队”作用。

一、以突破指挥控制领域原创技术为目标的科技创新管理背景

（一）支撑实现国家高水平科技自立自强

面对百年未有之大变局，科技创新成为提升国家竞争力的核心变量。科技领军企业是国家战略科技力量重要的组成部分，中央企业要自觉履行高水平科技自立自强的使命担当。作为科技领军中央企业，电科莱斯要全面落实国务院国资委关于中央企业加快打造原创技术策源地的部署与要求，以高度的政治自觉践行国家创新驱动战略，履行“国家战略科技力量”的责任，坚持创新是引领发展的第一动力，加强基础性、紧迫性、前沿性、颠覆性原创技术研究，强化原创技术供给、加速创新要素集聚、深化创新主体协同，着力提升原创技术需求牵引与源头供给能力，为实现高水平科技自立自强、加强国家战略科技力量提供重要支撑。

（二）打好指挥控制领域关键核心技术攻坚战

随着人工智能、大数据、云计算、物联网等新兴技术的发展，科技创新对推动产业迈向中高端、增添发展新动能、拓展发展新空间，提高发展质量和效益的核心引领作用不断凸显。面对武器装备“三化”融合发展、“交通强国”等国家、军队建设的重大战略需求，指挥控制系统作为军民用网络信息体系的中枢，面临新的运行概念和新质应用能力涌现的挑战，电科莱斯要坚持核心技术自主可控，重点瞄准战略性、基础性、前沿性领域，以生产力与战斗力生成的标准推动科技创新，努力成为原始创新和核心技术的需求提出者、创新组织者、技术供给者、市场应用者，坚决把技术进步和产业发展的主动权牢牢掌握在自己手中，加强并提升在无人化、智能化领域的自主创新、原始创新能力，着力提升产业链和供应链的现代化水平，加速数字化转型，培育新的经济增长极。

（三）转换企业转型升级发展动能

面对新时期国家和行业改革发展的迫切要求，电科莱斯作为指挥控制领域的领军中央企业，正在以实现“成为指挥信息系统领域具有全球竞争力的世界一流企业”为战略目标，按照“做大市场、做强产品、转变机制、强化赋能、管控风险”发展思路，深化企业改革，提升企业发展活力。围绕中央企业加快打造原创技术策源地的使命担当，电科莱斯将科技创新摆在了推进改革的核心位置，迫切需要进一步深化推动创新驱动战略，坚持效果导向，建立适应新形势的履行大国重器担当的科技创新体系，增

强原始创新能力，强化顶层谋划、全局把控、应用牵引、技术积淀等能力，实现创新链与产业链的贯通，以更加坚实的核心技术能力，服务于国防和国民经济信息化建设，持续引领我国指挥信息系统技术的发展。

二、以突破指挥控制领域原创技术为目标的科技创新管理主要做法

（一）构建“1+1+N”的科技创新规划，牵引原创技术布局攻关

1. 强化各领域原创技术顶层设计，明确技术布局方向和思路

面向人工智能等战略必争领域，以提升自主创新和前沿创新能力为目标，进一步强化原创技术、前沿技术和应用技术的顶层设计，组织论证和编制科技创新规划，形成“1+1+N”的科技创新规划体系，成体系开展关键核心技术和产品的攻关，突破国外技术封锁，做强科技创新第一动力。其中，第一个“1”是制订科技创新五年发展规划，以国家、军队、集团等五年规划为牵引，梳理各技术领域的发展状况和趋势并进行深入分析，明确技术布局方向，指导开展原创技术攻关；第二个“1”是制订科技创新三年滚动规划，每年对技术攻关计划开展滚动迭代，进一步细化实施路径，确保扎实推进；“N”是制订专项发展规划，围绕军事智能、智慧空管等重点发展方向，制订年度行动计划，加速原始创新成果的形成，确保“规划变计划，计划变行动”。

2. 以重大工程为抓手，强化技术体系性突破

以科技创新规划为牵引，对其中重点攻关方向设立重大工程，加快创新资源的集聚，以重大工程牵引技术攻关。一是建立首席负责制，加快推进重大工程的实施，通过委任行业高层次技术专家担任重大工程的牵头人，把控技术整体方向和研究路径，实现关键技术在短时间的突破。二是通过工程试点，瞄准认知决策博弈、智慧航班调度、军事智能计算平台，以及智慧城市交通等领域，设立关键技术攻关工程，推动新一代指挥控制系统、智慧空管系统的研制发展，为我军在未来智能化作战中实现战略制胜、推动企业的高质量发展提供技术支持。

（二）集聚优势创新资源，努力成为前沿引领技术之源

1. 依托各类创新平台，统筹打造“前沿—共性—应用”创新链

一是加强院士工作站前沿技术创新布局。聚焦网信体系、空中作战、导弹作战、海上作战、智慧空管等核心领域，设立五个行业顶尖院士领衔的院士工作站，每年投入不低于1000万元专项经费，成立创新研究团队，开展前沿性、引领性科技攻关，在网络信息体系建设论证、智能化指挥信息系统、智慧空管等方面发挥院士高端引领作用，有效提升自主创新、原始创新能力。

二是依托国家级重点实验室提升共性技术创新能力。以C4ISR国防重点实验室、空管国家重点实验室和联合作战实验室为创新平台主体，在创新链中发挥承上启下作用，运用院士创新团队提出的机理、方法，面向应用突破关键共性技术，打通技术路径，开展先进技术验证，着力解决技术空心化问题。在实施路径上，主要以重点实验室为核心，与子公司、事业部、研究部等互通技术需求，结合现役系统应用需求和新一代系统发展需求，联合开展共性技术攻关，充分实现成果共享。

三是汇聚优势创新资源，共建原创技术创新生态。汇聚高等院校、用户单位、优势企业优势创新资源，与国内知名互联网企业共建“智能指控联合实验室”、与紫金山实验室建立“伙伴实验室”合作关系、与南京航空航天大学共建“无人集群联合实验室”，引进先进技术成果，贴近用户需求助力技术创新，推动产学研用协同创新。

2. 强化资源保障，统筹创新项目研发和管理

一是建立原创技术策源地工作专班。以行政指挥线和技术指挥线为核心，形成战略科技人才、科技领军人才、青年科技人才、大项目经理等多层次、多类别人才梯队，牵头论证研制大量由装发、军科委、国家科技部支持的前沿颠覆性科技创新项目，瞄准领域基础前沿技术、关键核心技术、“卡脖子”

技术等，凝聚大团队、构筑大平台、承担大项目、培养大成果，发挥骨干支撑作用。

二是强化项目组织管理。以《科技创新项目过程管理程序》为依据，紧抓创新项目管理进度、质量与成本，强化项目组织管理。细化工作方案，提出总体工作目标、重点任务举措、重大工作节点，明确责任分工、实施路径、推进计划等内容。严格管控重大、重点创新项目，以周例会、月检查的形式严格把控创新研究进度和质量，确保科研任务高质量推进。

三是强化创新协同。与项目主管机关、使用总体、用户和评审专家等建立长效稳定的沟通机制，在对项目的总体目标、实施方案、预期成效等达成一致理解和认识的前提下，联合外部多家行业优势单位和内部多个承研主体，群策群力、各展所长，开展针对态势认知、智能指挥决策、智能空管等原创关键核心技术的攻关，边研边用，进而实现系统功能性能的迭代提升。

（三）以创新资源投入为抓手布局技术攻关，引领原创技术突破

1. 加强国家级重大项目的布局谋划，不断提升原创技术水平

通过“首席挂帅+多部门协同”，主动承担国家级重大创新项目，提升原始创新能力。组建由首席牵头，多部门联合的技术攻关团队，主动承担军民领域国家级重大创新项目，支撑国防和国民经济信息化建设。

一是加强军事智能前沿技术领域项目布局，从方案论证、技术攻关、原型研制三个方面，成体系开展重大创新项目论证和布局，并积极争取落实，以此促进自身技术发展，强化原创技术突破。

二是推动智慧城市等产业领域的技术突破，聚焦智能交通、智慧社会等国家关注领域的发展需求，深化“科技+产业”的发展方式，主动承担“面向绿色生态城市的一体化综合管理服务系统与应用”等一批国家目标导向的应用示范类重大创新项目，强化原创技术成果凝练，并加强推广应用，为产业的高质量发展聚力蓄能。

2. 设立自主创新投入基金，加快关键核心技术自主突破，推动成果尽快落地。

面向国家数字经济的大力布局，以及装备向无人化、智能化进行拓展，结合“十四五”科技创新规划及关键核心技术清单中的布局要求，面对无外部经费支持但急需紧前突破等情况，设立自主创新投入基金，并建立“补短—修长—超越”三类技术攻关计划，组织优势资源开展技术突破，培育发展新动能，支撑市场开拓和产品研制。

一是推进“补短”计划，推进基础软件技术攻关，带动建立全产业链自主可控生态。牢固树立“100-1=0”的底线思维，围绕组织机构设置、自主平台支撑、供应链管理等方面，通过设立自主可控管理机构和专家组，制定工作推进方案，修订发布激励自主可控创新等管理规定等方式，加强自主可控技术攻关的顶层指导和审查把关，确保“补短”计划顺利推进。

二是推进“修长”计划，在核心关键领域培养“一技之长”，形成反制能力。依托装备预研，采用边研边用的创新管理机制，快速迭代形成智能原型系统并部署试用。通过建立供需互通融合、紧密互动、协同攻关迭代演进的机制，助力指挥信息系统功能智能增强。

三是推进“超越”计划，加强前沿性、颠覆性技术的研究，形成战略制衡能力。依托国家级重点实验室、院士工作室等科技创新平台，定期组织新兴技术发布会，研讨新兴技术发展与应用效益。按照产学研深度融合的技术创新思路，与用户单位、知名高校建立常态化合作机制，凝练技术创新重点方向。

（四）建立基于“OODA环”的科技创新信息化平台，实现创新活动全过程管理

1. 建立科技创新活动全过程数字化模型

基于“OODA环”理论（观察—定位—决策—行动），围绕科技创新活动的各要素和各业务环节，聚焦原创技术突破，建立科技创新活动全过程数字化模型，着力提升原创技术需求牵引、创新资源配

置、转化应用能力等。

一是展现创新资源态势，打造创新资源“一张图”，直观地展现公司在关键共性技术、前沿引领技术、现代工程技术、颠覆性技术的创新资源配置，包括创新人才、国家级重大项目科研经费、科研环境投入等核心要素，实现态势感知可视化观察。

二是通过查看分析各业态、各部门、各技术领域的创新投入情况，重点分析在前沿和战略必争领域的投入情况，定位到薄弱环节并给出建议，实现指挥决策工具化。

三是展现创新规划、核心关键技术攻关、成果转化等创新活动的进展情况，发现问题并及时决策纠偏。

四是实时评估各部门创新能力，建立涵盖国家级重大项目科研经费、知识产权、科技奖项、全球知名荣誉、领军人才、成果转化等重要创新能力指标的综合量化评估模型，指导各部门后续创新工作。

2. 实时展现各创新主体的原创技术创新能力

科技创新信息化平台与已有的市场开发、项目管理、人力资源等系统相互集成，能够实时、精准、直观地展现各创新主体的原创技术创新能力，重点评估群体智能、自主无人等关键共性技术及智能感知、智能对抗现代工程技术的创新能力。以饼图、仪表盘、柱状图、甘特图等多样化形式展现近年科技创新成果，支持按业态、按部门、按技术领域等维度查看科技创新活动，以雷达图形式综合展现科研经费、知识产权、科技奖项、全球知名荣誉、领军人才、成果转化等重要创新能力指标，分析当前状态和总体趋势，实现各领域、各部门的科技创新能力的实时评估和预警，指导各创新主体后续创新工作，最终实现科技创新各项指标循序渐好。

（五）打造完备人才梯队，制定多元化激励政策，优化创新生态

1. “引、育、用、励”相结合打造高水平人才队伍

加强创新人才培养，采用“引、育、用、励”相结合的方式，打造一支攻坚克难、奋勇拼搏的科技人才队伍，为电科莱斯的创新发展夯实人才基础。

一是积极挖掘行业翘楚，设立人才创新发展基金，多措并举，靶向引才。聚焦人工智能原创技术策源地建设，面向C9院校人工智能、计算机等紧缺人才，建立英才延期激励；加强靶向引才力度，以举办“莱斯杯”“军事智能·机器阅读”挑战赛、全国“谋略方寸·联合智胜”智能博弈挑战赛等为契机，广纳人才。探索人才引进新途径，建立A、B、C、D、E五类引进人才的分类管理体系，最高可提供150万元年薪，高层次人才队伍不断壮大。

二是充分发挥领军人才的“传帮带”作用，建立“骨干人才内部交流机制”，聚焦主业领域前沿技术方向，组建智慧空管、新一代指挥信息系统构建等数十个领军人才挂帅的创新团队，打造老中青梯次衔接的人才队伍，打牢创新发展根基。同时按照培养的人才层次给予公司主要领导/部门主要负责人最高50万元奖励，激发自主高层次人才培养热情。

三是在以核心人才培养和岗位履职能力提升为着眼点，全面构建分层分类、组织培养与自我学习相结合的人才培养机制，在重大项目攻关一线锻炼人才，优先提供培训、进修、学术技术交流等员工发展通道。依托国家部委、省市学会，建立“青年托举—青年拔尖—领军人才—卓越人才”培养体系，实现人尽其才、才尽其用。

2. 聚焦原创技术攻关，建立多元化、精准化激励政策，精准施策

坚持多元化原则，短期与中长期相结合，综合政策、精神、物质、事业等手段，围绕创新平台、成果转化、股权激励等制定激励政策。

一是着力建设高水平创新平台，实现“前沿—共性—应用”创新链的贯通，构筑创新能力跃升基石。聚焦智能网体、智慧空管等核心领域，设立五位院士领衔的院士工作站，每年投入不低于1000万

元专项经费，提升原始创新能力；探索设立创新特区，公开选聘科研领军人才入驻，实行目标管理模式，给予经费使用、研发路线和团队成员绩效分配等自主权，鼓励技术创新探索；设立开发基金，吸引外部优质创新资源协同创新，加快技术交叉融合，引进先进技术成果。

二是着力促进原创成果转化，加速创新链、产业链融合发展，提速新技术赋能装备应用。鼓励自主创新成果支撑重大市场突破，视合同规模最高可给予200万元的现金奖励；设立成果转化项目，建立实验室与产品研制部门的联合团队，通过“先投入、后补助”方式打通成果转化“最后一千米”；组建AI、5G、区块链等创新团队，打造开箱即用的使能技术产品集，降低转化门槛，供各领域系统快速集成应用。

三是把握中央企业混合所有制改革契机，设立电科莱斯、地方政府和员工共同持股的成果转化法人单位，激发员工干事创业热情。2019年成立莱斯网信技术研究院新型研发机构，探索科技与产业融合落地“试验田”，成功孵化“引航家”智慧船舶交通管理系统等产品，成为细分领域行业龙头，先后获得南京市创新名城突出贡献集体奖、新型研发机构绩效评估优秀奖等，并入选南京市2021年度高水平新型研发机构培养名单。

3. 多措并举，确保激励政策精准落地，营造“我要创新”的全员创新氛围

电科莱斯大力倡导“创新、联合、开放、共享”的工作理念，弘扬敢为人先的创新精神，全面营造全员创新的文化氛围，激发科研人员顽强拼搏的斗志。

一是构建精准化的目标、资源、考核激励一体化机制，层层落实政策实施责任主体。将政策实施目标纳入创新发展规划，细化分解年度目标、季度计划，落实责任体系，加强计划管控，重要内容纳入十大重点任务、职代会目标管理，并作为年度创新考核重要指标项。将重大创新项目争取、新使能技术研究、成果转化试点等内容列入职代会目标进行重点管控。

二是定期召开年度创新大会和季度创新例会，全面分析科技创新面临的内外部形势，并对科技创新的重点工作统一部署，统一科研人员思想认识，并将相关精神和要求贯彻落实到各项工作中去，推动创新驱动战略落地实施。

三是鼓励技术创新和成果共享，设置最高科技奖和评选年度“十大创新成果”，构建正向激励、即时激励的创新奖励体系，给予对电科莱斯科技进步做出重大贡献的科技工作者与团队奖励，树立标杆、塑造典型。通过各类宣传渠道，加大对创新先进个人和团队的宣传，营造了良好的创新氛围。

三、以突破指挥控制领域原创技术为目标的科技创新管理效果

（一）承担一批国家级重大创新项目，实现行业地位持续引领

自科技创新体系实施以来，自主创新能力显著增强，极大地助力了国防和国民经济信息化建设，进一步彰显了电科莱斯大国重器使命担当。

一是成为重大原始创新的策源地。“十三五”期间承担9X3、1X3等重大创新项目，首次提出并解决信息系统构建与评估的重大科学问题，荣获国家技术发明二等奖1项。

二是成为重大应用创新的“国家队”。在军品领域牵头承担装发“武器装备智能推进工程”某智能参谋系统研制任务，实现指挥信息系统功能智能增强；在民品领域承担“绿色生态城市综合管理服务系统”“机场飞行区设施智能监测”等国家重点研发计划任务，以加速推动电科莱斯在智慧机场、绿色生态等产业的培育和发展。

三是成为科技自立自强的主力军。承担“2XX工程”，为电科莱斯进入自主可控指挥信息系统平台建设奠定重要基础，具有重大的军事应用前景和工程应用价值。近30项科技成果通过鉴定，达到国内领先、国际先进水平，其中32项技术达到国际领先水平。系统具备与世界先进系统抗衡能力，在部分领域取得领先优势。

四是成为智能高端赛事的引领者。成功举办三届国家级军事智能挑战赛，既扩大了公司在智能指挥控制领域的影响力，也奠定了公司在我国指挥控制领域的引领者地位，赛事相继获得装发首长、指挥控制领域院士及专家的充分肯定。

（二）科技创新体系管理效应大幅提升，驱动高质量发展

自“引领＋强基＋赋能”为核心的科技创新体系重塑实施以来，科技创新引领带动作用显著提升，直接支撑电科莱斯斩获电科集团首次设立的“任期科技创新特别奖”（全集团仅有5家单位），管理效益显著。

一是承担武器装备智能化推进工程、国防科技创新超越工程、国家重点研发计划项目等国家级重大创新项目32项，有力地支撑了国家重大战略的落地实施。

二是在体系设计、仿真验证、数字化协同、云计算等关键技术攻关和核心产品研制中取得一系列重大突破，形成关键技术成果近千项，填补多项国内空白，有力地支撑了某方向指挥信息系统、大兴机场建设项目等40余项国家级重大工程顺利实施，并荣获国家科技进步特等奖、一等奖、国家技术发明二等奖等40余项高级别奖项，进一步彰显了电科莱斯的行业引领地位。

三是协同创新网络更加完善，新增五个院士工作站，与北京航空航天大学、南京航空航天大学、紫金山实验室以及国内知名互联网企业共建联合实验室四个，实现“前沿创新—共性创新—应用创新”创新链的贯通。

四是引进和培养高层次人才数量获得较大增长，极大地提升了电科莱斯的人才竞争力。

（三）以科技助力高新技术产品研发，赋能经济社会数字化转型

通过超前布局系列前瞻性原创技术，突破高密度航班运行调度技术、基于数字孪生的城市交通控制技术等一批领先技术，打造了多个“首次”，承建大兴机场建设项目首个实现Ⅳ级运行标准的高级地面引导与控制系统；主研的全国飞行流量系统建设是国际领先、国内唯一的区域流量管理系统，有效地保障了国家战略的顺利实施。融入新技术，加快打造新一代产品，巩固行业领先地位。国产化空管系统自主研发率100%，成功打破国际垄断。打造的新一代信号机产品市场占有率全国前三，自主研发的信控系统市场占有率位列全国第一梯队，数字交通系统覆盖全国160多个城市，出口古巴、肯尼亚、白俄罗斯等国家。

（成果创造人：蒋　炜、蔡　疆、端木竹筠、高海超、蒋　锴、王晓璇、赵晨亮、羌凌飞、卢　波、陆　晃、林　鑫、贺佳文）

深化国企改革与管控优化

特大型国有企业以深化三项制度改革为核心的市场化机制构建

鞍钢集团有限公司

鞍钢集团有限公司（以下简称鞍钢集团）是涉及钢铁、钒钛、矿业、金融、贸易、工程技术、信息产业、物流能源等多个产业的具资源优势的特大型钢铁企业集团，拥有普钢、特钢、不锈钢和钒钛等完整产品系列。鞍钢集团拥有两个国家重点实验室，是国家首批“创新型企业”、中国首家具有成套技术输出能力的钢铁企业。鞍钢集团“十四五”战略目标是成为国内钢铁行业高质量发展的排头兵，实现“7531”目标，即：7000万吨粗钢、5000万吨铁精矿、3000亿元营收、100亿级利润。重组本钢后，粗钢产能达到6300万吨，位居国内第二、世界第三。

一、特大型国有企业以深化三项制度改革为核心的市场化机制构建背景

（一）落实国家关于国企改革决策部署的需要

《国企改革三年行动方案》提出，“健全市场化经营机制，尊重市场经济规律和企业发展规律，紧紧围绕激发活力、提高效率，切实深化劳动、人事、分配三项制度改革”。深化三项制度改革是激发活力、提高效率、提升劳动生产率的必然要求，鞍钢集团充分认识到深入推进、彻底落实以深化三项制度改革为核心的市场化机制构建是落实党中央决策部署的政治任务，必须举全集团之力，握指成拳，正视问题，破除积弊，加快构建市场化运营机制，实现管理人员能上能下、职工能进能出、收入能增能减，使企业活力动力进一步增强、效率效益进一步提高，实现企业增效、职工增收，不断增强企业竞争力、创新力、控制力、影响力和抗风险能力。

（二）推进高质量发展的需要

鞍钢集团是中华人民共和国成立后第一个恢复建设的大型钢铁联合企业和最早建成的钢铁生产基地。多年来，一些体制机制的固化、传统思维的限制严重制约企业高质量发展，特别是大企业行动缓慢的毛病特征明显。“十三五”期间，鞍钢集团的销售收入利润率、吨钢利润率等主要技术经济指标均处于行业中下游水平，盈利能力不强，大而不强问题比较突出。市场化运营机制还不健全，存在体制不顺、机制不活、动力不足、管理链条较长、授权放权力度不够、身份级别意识强、公开选拔程度低、“能上不能下”等问题。同时劳动生产率偏低、人工成本相对较高，还存在“养懒人”“养闲人”“大锅饭”等现象，“收入凭贡献、多劳多得、少劳少得”还没有完全体现。这些问题严重挫伤了职工的积极性、创造力，成为制约鞍钢集团高质量发展的难点、痛点和堵点，推进企业高质量发展成为广大职工群众的期盼。

（三）持续提升企业效益效率的需要

面对当前竞争异常激烈的钢铁行业市场形势，鞍钢集团的发展空间不断压缩，挑战迫在眉睫，做强做优做大势在必行，躲不开、绕不过，更拖不起。近几年，鞍钢集团的生产经营屡次创造历史最好水平，但也清醒地看到，主要技经指标在行业排名还不理想，面对复杂多变的市场环境，改革是鞍钢集团发展的必由之路，也是关键一招。以深化三项制度改革为核心的市场化机制构建不仅是一个改革的问题，更是一个发展的问题，只有完善现行管理模式，进一步加大授权放权力度，完善治理机制，推动资源和业务整合，精简机构，提高效率，同时健全用人和激励机制，激发干部职工活力，才能为企业转型升级和可持续发展提供不竭动力。

二、特大型国有企业以深化三项制度改革为核心的市场化机制构建主要做法

（一）加强顶层设计，确立总体框架

根据鞍钢集团党委二届三次全委会确定的“突破五个关键、聚焦四个重点”主要工作安排，明确要求构建以深化三项制度改革为核心的市场化机制，突破“三能”机制难点，充分激发活力，提高效率，全员劳动生产率同比提高10%以上，为实现鞍钢集团“十四五”发展战略和“7531”战略目标提供坚强的体制机制保障。

为使市场化机制构建更加系统化、制度化、程序化，鞍钢集团在工作启动伊始就坚持“奔着问题去、揪住问题改”，会同中智咨询公司全方位开展调研工作，在全集团范围内发放调查问卷1.5万份，梳理出4个方面22个问题。聚焦突出问题和关键环节，坚持市场化改革方向，制定指导意见，形成“1+12+2”配套制度体系，累计形成制度文件达70余份，为深入推进以深化三项制度改革为核心的市场化机制构建提供有效支撑。同时，借鉴央企的做法，构建了以“两制一契”“两个合同”“五个倾斜”为主要抓手的“225”市场化改革举措。形成了“1条主线、3个标准、聚焦4能、5个工具、8个机制”的“13458”体系架构模型（如图1所示）。1条主线：坚持市场化方向、坚持战略引领、坚持问题导向、坚持“授权+同利”。3个标准：效益有改善、职工有获得感、发展可持续。聚焦4能：机构能设能撤、干部能上能下、员工能进能出、收入能增能减。5个工具：“对标一流”“两制一契”“两个合同”“赋能中心”“五个倾斜”。8个机制：推动落实机制、赛马淘汰机制、摸高挑战机制、即时激励机制、典型引领机制、改革评估机制、督导检查机制、维稳保障机制。

（二）完善授权体系，实现各级企业自主经营

授权体系是建设差异化管控体系的核心，差异化管控体系是构建市场化经营机制的关键。适应产业多元化、基地跨区域、经营国际化的发展需要，鞍钢集团在对成员企业进行分类的基础上，实施分类管控、分类授权、分类发展。

1. 实施分类管控

鞍钢集团根据产业关联度并结合功能定位、业务结构，将成员企业业务细分为核心业务、专业化业务和服务型业务三类，综合考虑企业经营规模、产业成熟度等因素，科学匹配管控要素，实施分类管控。

一是对核心业务类公司实施战略管控。在投资管理等方面充分授权，打造独立的经营中心和利润中心。核心业务公司肩负服务国家战略、提高区域钢铁产业集中度、优化产业布局的重任。在集团总体战略执行、产业发展规划、规范法人治理结构上具备成熟的自主决策及运营能力和管理经验，作为独立的业务单元和利润中心，经营活动享有较高的自主权。

二是对专业化公司逐步由战略管控向财务管控过渡。在充分授予投资融资等权限的同时，把控投资方向，加强风险防控。对于与核心主业产业关联度较高、主要依托内部市场的企业，继续采取战略管控模式，管控要素匹配参照核心业务公司执行；对于与核心主业产业关联度较低、外部市场占比较大的企业，逐步由战略型管控向财务型管控模式转变。

三是对功能性服务型公司实施操作管控。对其业务运营进行直接管理。服务型公司既包括集团对成员企业实施有效监督的平台，也包括为成员企业提供服务的直属机构，由集团总部对其业务运营进行直接的、深度的管理控制，指导推动服务型企业完善监督、服务功能，提高监督、服务水平和效率，逐步提升自主创效能力。

2. 实施六维放权

在将所属企业细分为三类公司的基础上，围绕13个方面126项核心业务事项，按照“适应职能转变放、结合市场主体需求放、设定边界条件放、清晰职责边界放、突出差异化特征放、满足监管要求

放”的“六维放权”方式，“一企一策”授放权。集团对子企业审批事项减少24.4%，赋予市场主体更多自主决策权。

一是坚持“应放尽放”。取消生产经营计划、用工管理制度等方面共33个管理事项，由子企业依法自主决策，集团重点加强事前规范指导、事中过程监督和事后考核评价管理；延伸到子企业所属企业的管理事项，原则上归位于子企业，共下放118项管理权限。如，战略规划管理方面，集团批准子企业中长期发展战略和规划纲要；人力资源管理方面，在集团总体原则和标准框架下，下放正常用工、大学生和社会成熟人才引进权限，充分授予子企业用工自主权。

二是突出差异化特征。综合考虑功能定位、产业特点、发展阶段、布局结构、管理成熟度、自我约束力等因素，围绕投资、资产处置、人力资源管理等市场化经营决策事项，实施差异化分类授权。在投资管理方面，在投资额度上体现差异化。基于行业特点和产业发展实际，考虑投资管理体系完善程度、风险防控体系健全程度等因素，设计投资管理权限额度。在资产处置方面，根据企业行业特点，结合企业的资产规模以及拥有的实物资产、土地和矿权现状，同时考虑企业的管理成熟度和自我约束力，在资产处置的权限额度上体现差异化。核心业务公司实物资产、土地等资产处置额度相对较大，专业化公司及服务型公司额度相对较小，甚至不予授权。在人力资源管理方面，对战略性新兴产业、以外部市场为主的专业化公司充分下放自主用工权及薪酬分配权，其根据人员结构、效率指标等因素，结合市场环境、行业标准，自主决定人员引进、薪酬分配制度；其他企业按集团相关规定履行审批程序。

在建立差异化授权体系的基础上，推进建立子企业对单元企业的分类授权，健全集团内部逐级授权体系，完善决策、审批流程，确保企业接住管好授权事项，提升各级企业运营效率和经营活力。

3. 深化“授权+同利”机制建设

聚焦全面激发各级微观主体活力，以朝阳钢铁为试点，实施“授权+同利”，打造民营机制的国有钢铁企业样板。在授权方面，让“拉车扛活的人”有更大话语权，让“听得见炮声的人”有更大决策权。鞍钢集团对朝阳钢铁实施“穿透式”放权，朝阳钢铁内部实施差异化精准授权，机构编制权、选人用人权、薪酬分配权等分级分类量化下放至基层厂长、工区长，有决策权的岗位186个，下属“四厂三中心”成为独立的内部市场主体。在同利方面，强化业绩导向，实现收益共享，企业与职工同向、同求、同行。强化超额利润分配，实施“三层次两斜率”分配结构，2021年职工工资平均增幅达到20%，兑现“企业多创效、职工多挣钱”的改革承诺。降本创效按比例奖励给揭榜人，累计奖励职工创新365万元。鞍钢集团大力推广朝阳钢铁“授权+同利”改革经验。鞍钢股份鲅鱼圈分公司、冷轧彩涂分厂、攀钢工程公司、矿业东烧厂、四川鸿舰公司等单位，成为新的一批改革“尖兵”，带动各级微观主体改革向纵深迈进。

（三）推行管理人员任期制契约化，实现管理人员能上能下

为解决管理人员级别意识强、晋升台阶多、能上不能下等问题，鞍钢集团树立重担当重实绩导向，完善市场化选人用人机制，深化任期制和契约化管理，畅通上的通道，明确下的底线，推进管理人员能上能下。

1. 精干岗位编制定员，实现机构精简高效

一是发挥总部带头示范作用。按照“集团总部管资本、子企业管资产、制造单元管生产”的三级管控定位，落实“六大管控要素+九大核心机制”管控模式和国资监管要求，集团总部以上率下，优化机构职能设置，确定机构优化目标。总部部门数量减少23.5%，定员精简10.8%；子企业围绕资产经营中心和利润中心功能定位，机关部门压缩25%。

二是优化各级企业编制定员。推进子企业内部同类资源整合和子企业间同类业务资源整合，实行专业化、一体化。充分下放机构编制管理权，子企业完善机构编制管理授权体系。建立工作规范和指导标

准，管理层级原则上控制在四级以内。开展行业对标，一企一策确定优化目，推进集中一贯制和扁平化管理，规范机构编制设置标准，重新核定岗位编制、管理和技术岗位数量，推进生产组织模式变革，推进智慧鞍钢建设和业务流程再造。2021 年，整合压减各级厂矿及作业区 237 个，占比 13.2%。人员由 2015 年的 41290 人减至 24298 人，减幅 41%；各级班子的领导职数由 2015 年的 2909 人减至 1614 人，减幅 44.5%。

2. 破除身份级别界限，扩大选人视野

一是实行领导人员分级分类管理。建立与企业分级分类相适应的领导人员岗位管理体系，着力去身份化，去行政化，彻底取消原有的部长、处长等行政级别和称谓。按照企业分级分类结果，将领导人员岗位层级分为二级正职、二级副职、三级正职、三级副职，树立看岗位、看贡献的市场导向。减少晋升台阶，按照组织结构和管理关系，打通纵向晋升、横向交流通道。

二是下放选人用人权限。坚持“党委管、市场选”的市场化选人用人机制，落实党管干部原则与市场机制作用有机结合，企业董事会对经理层成员拥有提名权和建议否决权；对推行职业经理人制度的企业，董事会依法选聘职业经理人，对基层管理人员鼓励推行揭榜制、组阁制和推选制。按照市场规律对经理层进行管理，明确责权利，干得好就激励，干不好就调整。例如：鞍钢建设公司在选聘下属单位领导时，面向全集团进行公开招聘，采取招投标方式设置契约化指标，对自我加压做出超额完成指标承诺且举措有效的竞聘者，给予超额加分；优化面试方式，加大岗位履职、创效能力指标权重，有效避免“三道题定终身”；公开发布领导能力的应知应会试题库，随机抽取面试题目，激发主动学习的积极性。通过竞聘，有 10 人退出领导岗位，11 人降级使用，“下”的渠道更加畅通。

三是加大年轻干部培养选拔力度。坚决破除论资排辈、平衡照顾观念，扎实推进“摇篮计划”。建立立体式培养体系，举办“70 后”“80 后”“90 后”中青年干部培训班，强化政治理论培训和对标交流学习。搭建“赛马”平台，健全“考、用、调”激励约束机制。截至 2021 年年底，鞍钢集团二级班子成员 45 岁左右、三级班子成员 40 岁左右总人数占比 20.6%。

3. 打破领导干部“铁交椅”，推行任期制契约化管理

一是全面推行推进任期制契约化管理全覆盖。充分发挥经营层成员任期制契约化管理“牵一发动全身”、以上率下的撬动作用，各级法人企业、非法人注册分支机构、内设独立核算单元，均纳入任期制契约化管理实施范围，对功能性服务型单位，实行责任制考核、任期制管理，900 名经营层成员全部完成聘书、年度及任期经营业绩责任书签订工作，同时对年度内新任职人员及时组织签订合同契约，始终保持人员全覆盖。

二是强化契约的刚性执行。推行“揭指标竞聘，带契约上岗”，优化竞聘方式，建立“重新就位”和“任前承诺”制度，对接受考核指标的经营层成员签订岗位聘任协议；对不接受指标的，予以解聘。明确退出底线和方式。2020 年以来，有 9 名鞍钢集团党委管理的领导人员因考核未达标被免职或调整，二三级企业中因业绩考核免职或调整的领导人员有 45 人。

三是推行中层管理人员聘期制。打破职务终身制，层层传导压力，借鉴任期制契约化管理模式，对职能部门、作业区等中层管理人员，创新推行聘期制，聘期届满自动解除聘用关系，并以岗位合同的形式约定绩效达标要求。大力推行竞争上岗、末等调整和不胜任退出等制度，促进各类人才脱颖而出。对年度考核排序后 10% 的或不胜任的，解除岗位合同，其可重新参加岗位竞聘、转任专业岗位、调整到下一层级岗位或培训转岗等，健全市场化退出渠道。2021 年，各级企业新聘任上岗的管理人员共 2071 人，其中通过竞争上岗方式聘任的管理人员 1558 人，占比 75.23%；末等调整、不胜任退出的有 515 人，占管理人员总数的 10.34%。各项指标在央企名列前茅。

（四）推行员工管理“劳动与岗位双合同化”，实现员工能进能出

为解决劳动效率低下、员工流转不畅、能进不能出等问题，鞍钢集团坚持以人力资源规划为引领，深化用工机制改革，通过加强劳动定员定额管理，推行“两个合同”，建立人才赋能中心等路径，全面推进用工市场化。

1. 对标先进一流，优化总量结构

一是坚持效率决定用工。根据鞍钢集团“十四五”战略发展规划，按照“瞄准先进、追赶先进、实现先进”原则，对子企业差异化设置劳动生产总值、实物劳动生产率、人工成本利润率等效率提升指标。其中，以每年劳动生产率提高不低于10%为目标，在全面优化业务和流程的基础上，结合信息化建设、技术升级改造和生产组织模式创新等，持续推动人力资源优化，2021年，鞍钢集团全员劳动生产率56.9万元/人·年，同比提高44.3%。

二是健全市场化人才引进机制。落实企业用工自主权，子企业在年度经营盈利和完成劳动效率指标的前提下，根据战略规划和业务发展，自主编制人才引进计划，明确年度人才引进数量、专业工种和来源渠道。全面推行公开招聘制度，实行校园招聘和社会招聘“双驱动”，公开招聘比例达到100%。注重人才的引进质量，在充分授权的基础上，明确引才标准和条件，按照国家教育部学科评估等级确定高校毕业生引进专业和院校范围，以满足科技创新和新产业发展需要。2021年硕士及以上学历高校毕业生占比60%，首次实现毕业生签约率100%。同时建立分级分类的招聘机制，按照“效率决定用工”原则，对高端人才、成熟人才、毕业生引进实行录用结果备案制管理，对自主用工单位实行用工标准备案制管理。经营亏损或未完成劳动效率指标的企业，原则上不得新增人员，并有计划地做好人力资源优化工作。

三是推行全口径管理。健全劳动用工管理机制，创新管理模式，结合岗位性质、技能要求和责任大小，规范合同制员工和劳务用工岗位范围，建立全口径定员和全口径人工成本管理模式。建立劳务用工管理信息系统和供应商评价体系，提高供应商的专业化能力。推行“实名制”考勤，提供“薪酬发放”银企直连服务，实现劳务用工人数及费用的实时监控和分析。坚持“自己的活儿自己干”，建立劳务置换激励机制，将压缩劳务费用的三分之一用于增加当年工资总额，提高置换劳务岗位的职工收入。优化用工结构，通过扩大作业范围、区域承包、返岗置换等措施，有序压缩和置换劳务用工，到2021年年底，已压减劳务58%，到2022年年底全部清退。例如：鞍钢集团下属企业鞍山钢铁以深化三项制度改革为核心的市场化机制构建为契机，坚持问题导向与目标引领，采取“自下而上、自上而下、横向统筹”多渠道并行的工作方式，高效推进劳务供应商优化整合，使劳务供应商集中度进一步提高、劳务费用进一步降低、供应商支撑和保障能力进一步增强。通过推进劳务供应商优化整合，鞍山钢铁劳务供应商数量大幅减少，集中度进一步提高。截至2022年8月末，外部劳务供应商数量为109家，优化整合率为43%，预计2022年同口径劳务费同比降低3.5%。

2. 建立“两个合同”管理体系，全面推行用工市场化

一是发挥劳动合同法律效应。严格劳动合同管理，强化试用期满和合同期满考核，对不符合续签标准的，解除劳动合同。细化劳动合同条款，指导下属企业按照劳动合同模板，结合本单位规章制度，明确合同双方续订、变更、解除、终止等具体规定，强化契约意识，保证劳动合同和规章制度相关内容的一致性，规章制度不完善的，须及时修订，明确虚假证明、小错不断等11类32项解除条款，避免法律风险。

二是推行岗位合同管理。建立岗位合同管理制度，将岗位合同作为员工进退流转的管理抓手。用人单位在员工上岗当月与其签订岗位合同，岗位合同为劳动合同的有效补充，与劳动合同具有同等法律效力。岗位合同期限在劳动合同期限内，一般不超过三年，劳动合同解除或终止时，岗位合同自动解除或

终止；合同期满或聘任岗位被撤销、调整时，岗位合同自动终止。同时，岗位合同中明确岗位绩效考核指标和胜任标准，不胜任的，解除岗位合同待岗培训；解除岗位合同达到三次的，解除劳动合同，为实现员工能流能转提供制度保障。其中，下属企业合谊地产通过市场化招聘、契约化管理、市场化退出，定期淘汰落后员工，为引入优秀员工腾挪位置，促进人员合理流动，2021 年员工市场化退出率为 18%，2022 年前 8 个月员工市场化退出率为 11%，帮助合谊地产不断优化人才结构，补充更优秀、更适配的人才，激发组织活力，推动合谊地产业务的持续发展和壮大。合谊地产资产规模由 16 亿元跃升到 60 亿元，连续 4 年累计实现利润 7.3 亿元，所有者权益从 7 亿元增加到 14.77 亿元。2022 年 1—7 月实现经营利润 1.22 亿元，完成全年预算基本目标的 108%。营收利润率达到 12.26%，既跑赢大盘，又跑赢了自身。

三是专项整治“上花班”“泡病号”等历史顽疾。通过开展清理整顿工作，规范劳动关系管理。对在岗人员加强劳动纪律管理、考核，严格考勤制度，规范执行待岗、上岗制度，对于严重违反劳动纪律和企业规章制度，符合解除劳动合同条件的，要依法与其解除劳动合同。对在岗、编外人员中的在外经商、办企业、务工，在其他单位任职，承担刑事责任，出国定居等人员，符合解除劳动合同条件的，按照《劳动合同法》等法律法规及单位规章制度，依法履行告知程序，严格按照法律流程及单位有关规定办理解除劳动合同手续。同时，通过采取刷脸考勤、门禁比对、建立举报奖励机制、追究两级管理者责任等措施，遏制劳动纪律涣散苗头，消除“上花班”“泡病号”“吃空饷”“挂名”等现象造成的恶劣影响，塑造职工队伍良好精神面貌，彻底净化用工环境，让懒人、闲人无处藏身，2021 年共清理整顿 1344 人，直接解除劳动合同 120 人，处理两级管理者 78 人。

四是建立人才赋能中心。坚持市场配置资源的决定性作用，促进人力资源开发和利用，实现合适的人干合适的事。各级企业结合人员规模、地域情况，按照差异化原则，分级设置人才赋能中心，对因不能胜任工作、违反规章制度（但未达到严重违反规章制度）等情形待岗或解除岗位合同，以及岗位被撤销、调整或终止岗位合同后暂时无法安排岗位的人员，进行培训。用人单位应结合岗位需求情况，围绕履职能力提升开展培训，周期一般为 3 个月。培训合格的，采取竞争上岗、置换劳务、跨企业流动等方式转岗安置，建立“下岗—培训—竞争—再上岗”的常态化流转机制，盘活内部资源，打造一池活水。2021 年，全集团共有 2827 名职工进入赋能中心参加培训和竞聘上岗，实现实质性赋能、制度化流转。

3. 完善竞争机制，激发动力活力

一是建立公开招聘、竞争上岗长效机制。坚持不看身份看本领，不看资历看能力，完善岗位竞聘管理制度，对岗位空缺和职务晋升，全部采用公开招聘、竞争上岗的方式，彻底打破原有干部工人身份界限，竞争的岗位一律取消身份限制，搭建公平竞争的平台，让优秀者优先、有为者有位，使职工有更多实现自我价值的机会。2021 年，共有 804 名操作人员竞聘到管理或技术岗位，有 486 名管理岗位人员调整到操作岗位。

二是完善人才序列发展体系。破除“千军万马过独木桥”“重长轻师”等观念，健全以岗位任职资格为基础、以能力业绩为导向的岗位管理体系，建立完善涵盖管理、技术、操作等的多序列人才晋升机制，形成“横向序列、纵向层级、横纵贯通”的 H 型管理模式。通过不同序列间平级交流或参加上一层级竞聘，实现了各序列人才横向能流动、纵向可升降，促进各类人才发展。其中，首席专家比照二级企业正职，首席技师比照三级企业正职。截至目前，共培养中国工程院院士 3 人、各类序列人才 5254 人，其中首席专家 3 人、首席技师 20 人。

（五）坚持贡献决定薪酬，实现收入能增能减

为有效解决经营业绩考核精准度不够、分配即时性不强、中长期激励应用不足等问题。鞍钢集团坚

持业绩贡献导向和市场化改革方向，以“授权+同利”为主线，推进考核层层穿透，不断完善制度体系。

1. 完善工资效益联动机制，充分调动基层单位积极性

一是健全效率导向的减员工资总额保留机制。为激发各级企业提高劳动效率的积极性，建立差异化工资总额保留政策。对材料、矿产资源、工业服务事业子企业，实行增人不增工资总额的制度。减员的在岗职工工资总额的制度，依据劳动生产率与行业对标情况差异化确定保留比例，其中对全员劳动生产率处于行业75分位及以上的企业，保留100%。2021年，鞍山钢铁、矿业公司等主要子企业上年度劳动效率达到行业75分位以上水平，100%保留了减人工资总额。该政策落实到车间班组等一线岗位后，职工因此获益最大，再也不喊“岗位缺人”了。另外，对所处行业周期性特征明显的企业，实施工资总额周期预算管理，以3个会计年度为一个预算管理周期，周期内企业增人不增工资总额，减人不减工资总额，给企业更大的灵活自主调整空间。例如，德邻陆港公司作为鞍钢集团周期预算试点企业，企业活力动力显著增强，2021年完成利润同比增长61.11%，在岗职工人均收入同比增长28.12%。

二是建立递进式工资效益联动、增效“赛马”、效率对标调节的工资总额决定机制。坚持“业绩升、薪酬升，业绩降、薪酬降”原则，引导各子企业构建分档赛跑机制，在效益、效率等方面与行业对标，业绩增速超过行业平均水平。对不同类型企业分别按照超过上年利润10%以内部分、10%~20%部分、20%以上部分，递进式核增工资总额预算，实现差异化超额利润分享。通过“赛马”机制，根据超上年利润比例排序情况，对排名前三和排名末位的子企业，分别再增加或减少2%的工资比例，真正体现“工资是挣出来的”理念。

三是完善工资总额结构化管理机制。为合理调控不同类别人员数量结构、工资发放水平，实行工资总额预算结构化管理，按管理人员、技术生产服务人员、离岗人员三类分别设定。根据实际需要，按一定比例核减管理人员工资总额，相应增加技术技能人员工资总额预算，倒逼子企业压减管理人员数量，优化收入分配关系。2022年，按照各单位压减管理岗位比例的40%核减管理人员工资总额预算，并相应增加技术生产服务人员工资总额预算。动态跟踪结构化工资预算执行情况，确保完成压降5%管理人员工资总额目标。

2. “战略绩效+岗位绩效”双轮驱动，增强企业内生动力

一是强化战略绩效考核。承接国资委“两利四率”考核指标，构建“4+N+1”KPI指标体系。“4”为基本指标，即反映企业生产经营效益的指标，包括净利润、经济增加值、营业收入利润率、经营性现金流等指标；“N”为集团重点工作及企业发展战略性指标，原则上控制在3个以内，“一企一策”制定，包括全员劳动生产率、亏损企业治理、出口占比、战略性新兴产业、新业态项目等指标；“1”为提质增效专项考核指标，落实国资委专项考核要求及改进生产经营短板，包括资产负债率、研发经费投入率、产量、投资计划完成率、调品指数、“两金”压控、安全环保等指标。实行“跑赢大盘、跑赢自身”二维评价，引导企业超越自我；将效益指标分为基本目标、奋斗目标、挑战目标三档，构建“三区间”步步高赛跑机制。2021年，在推行任期制契约化管理企业中，有148户完成挑战目标，占比47%。通过“摸高”机制，把“蛋糕”做大，可用于差异化分配的额度增高，坚持正向激励，让多劳者多得。

二是强化全员岗位绩效管理。坚持“授权+同利”主线，将组织效益层层转换、层层分解为技经指标、任务指标、岗位指标，做精做细岗位绩效指标体系。指导各级企业逐级充分下放考核分配权限，按照“干什么考核什么”原则，强化基层作业区、班组考核分配自主权，加强考核激励的即时性和精准性，激发微观主体的活力动力。目前，各级企业已将绩效考核指标贯穿具体岗位，考核分配权全部赋予班组长，形成了“人人盯目标、事事为目标”的浓厚氛围。建立机关考核倒逼机制，每年按照子企

业考核结果，确定机关人员中不低于1% ~5%的比例与基层单位交流，强化绩效考核结果的刚性应用，解决各级机关考核难的问题。2021 年，各级企业机关与基层单位交流 1340 人，占各级企业机关总人数的 11. 9%。为保证绩效考核结果及时应用，鞍钢股份鲅鱼圈分公司建立了“e”考核岗位绩效管理系统，以各产线 MES、ERP 等自动控制系统为依托，改变原有考核模式，通过“指标表单化”“考核信息化”“分配一键式”，实现岗位绩效管理由“月考核”向“日考核”转变，绩效奖在线自动核算，做到日清日毕、即时激励，提升管理效率。

三是合理拉大收入差距。随着薪酬分配制度改革的持续深化，强化即时激励、精准激励，加大收入分配向高级管理、高科技、高技能、营销、苦脏累险岗位倾斜。不断完善子企业负责人综合考核评价与薪酬管理办法，对子企业经营层根据业绩贡献给予增效奖励，2021 年子企业负责人年度薪酬最大差距达到 4 倍以上；对科研岗位采取员工跟投、分红激励等方式，激发科技创新活力，最高收入突破 100 万元；对营销岗位根据销售收入进行提成，业绩报酬上不封顶；首席技师最高收入达到 48 万元；苦脏累险等一线岗位通过岗位评估，提职级、提待遇，增强职工获得感，员工实现了从“怕多干”到“抢活干”的转变。

3. 建立健全多元多层激励机制，激发员工干事创业热情

一是建立关键人才中长期奖励机制。聚焦研发、工程技术、高技能等方面的关键人才，按本人上年当期收入的 15% 和职工平均工资的 1 ~2. 5 倍，给予中长期奖励，延期兑现。建立青年人才成长激励机制，聚焦年龄在 45 周岁以下、当期业绩突出、未来成长潜力大的青年核心人才和骨干人才，分别按照其当期薪酬的 30% 和 20% 给予中长期奖励。2021 年对 123 名关键人才实施中长期奖励，年人均奖励额 15. 1 万元。

二是积极推进上市公司、科技型企业实施股权和分红激励。鞍钢集团下属 2 家上市公司鞍钢股份和钒钛股份，分别于 2020 年和 2021 年实施了股权激励，对 270 名高级管理人员和核心技术人员授予了限制性股票。积极推进科技型企业实施股权和分红激励，充分调动广大技术人员与管理人员的积极性和创造性，在 10 家科技型企业中，已对 9 家科技型企业实施了股权出售、岗位分红、项目收益分红等中长期激励，年度个人激励最高可达 90 万元。2022 年将确保 10 家科技型企业全部实施符合自身实际的股权或分红激励机制。

三是健全科技创新激励保障机制。落实科技创新激励保障机制，充分发挥集团的“中枢和推手”作用，以科研机构“试点单位 + 试点项目”双突破为目标，在工资总额、激励措施、服务保障等方面给予政策支持，按照“应用尽用、可用尽用”原则，对承担关键核心技术攻关任务等的科研团队和骨干人才给予激励保障支持，提供系统、全面、可操作的“工具箱”和“政策包”。成都材料院和纳米二氧化钛项目已分别作为试点单位和试点项目，探索出一条适合科技成果转化的新路径，尤其是纳米二氧化钛项目，集成了科技成果转化、员工跟投、股权激励等多种激励手段，形成科技创新激励组合拳，具有较强的典型引领示范作用。

（六）建立健全保障机制，确保改革举措落实

鞍钢集团始终坚持以习近平新时代中国特色社会主义思想为指导，深入学习贯彻习近平总书记关于国有企业改革发展和党的建设的重要论述，落实国务院对国企改革的工作要求，通过健全工作保障机制确保改革举措有效落实。

一是建立推动落实机制。以深化三项制度改革为核心的市场化机制构建作为“一把手”工程，各级企业主要领导靠前指挥、亲自推动，成立领导小组负责开展调查研究、明确改革目标和任务、制定政策，统筹推进改革工作；通过定期召开调度会、下发任务清单等形式，形成了“月初提醒、月中督促、月末点评”的推动落实机制。二是建立赛马淘汰机制。坚持“党委管、市场选”的市场化选人用人机

制，明确责权利，打破领导干部“铁交椅”，干得好就激励，干不好就调整。三是建立摸高挑战机制。构建“双跑赢、三区间”摸高机制，科学分类，精准考核，市场对标，鼓励“摸高”，引导企业不断挑战行业最高。四是建立即时激励机制。坚持业绩贡献决定薪酬分配，强化全员绩效考核，构建“人人担指标，人人争绩效”的岗位绩效管理体系，实施即时激励、精准激励，做到“绩优、薪涨”，让职工有获得感。五是建立典型引领机制。深入挖掘内部案例，通过在鞍钢日报、鞍钢视讯等媒体宣传以及工作简报、现场交流等方式，营造良好的改革氛围，发挥典型引领示范作用，加大宣传推广力度，实现改革“做有标杆、行有示范”“干一个、成一个”。六是督导检查机制。成立专题指导检查组，经常深入基层进行调研指导，查找存在问题，挖掘典型案例，并对基层遇到的问题开展政策辅导，推动改革落实落地。七是建立改革评估机制。制定鞍钢集团改革评估体系，实行“月度跟踪、季度评估、年度考核”，各子企业也同步建立对三四级单位的考核评估体系，确保改革任务全面落实到位。八是维稳保障机制。提前做好摸底调研，广泛听取职工意见建议，梳理不稳定因素，做好风险研判，做好职工思想稳定工作，制定稳定风险应对预案。

三、特大型国有企业以深化三项制度改革为核心的市场化机制构建效果

（一）企业市场化机制构建取得显著成效，有效激发企业内生活力和动力

鞍钢集团各基地、各单位、各产线已“多点开花”，市场化、契约化理念深入人心，应用效果逐步体现。2020 年，涉及 15 万名职工的厂办大集体改革和涉及 22 万名退休人员的社会化管理“两项改革”实现历史性突破，一举解决了多年想要解决而未能解决的历史难题。2019 年至 2021 年，实行任期制契约化管理的经营层成员人数占比分别为 7. 32%、11. 02% 和 100%；管理人员退出比例分别为 1. 45%、3. 16% 和 10. 34%；员工市场化退出率分别为 0. 33%、0. 28% 和 1. 19%；新进员工公开招聘比例均达到 100%。职工收入与企业效益大幅提升，2021 年，80% 在岗职工收入同比上年增长 10% 以上，同时收入差距倍数合理拉大，职工活力显著增强。国务院国资委等上级部门及社会媒体也对鞍钢集团改革成效给予好评：三项制度改革在 2021 年度国务院国资委评估中，得分排名第十位，评估为一级（A 类）；国企改革三年行动在国务院国资委评估中，排名第九位，评估为 A 级；2021 年度首次荣获中央企业经营业绩考核结果 A 级；2021 年度实现了国务院国资委党建工作责任制考核评价首次晋级“A”。

（二）企业高质量发展迈上新台阶

2021 年，鞍钢集团全员劳动生产率同比提高 44. 3%，顺利实现提升 10% 以上的目标。鞍钢集团重组本钢顺利实施，粗钢产能位居国内第二、世界第三，形成“南有宝武，北有鞍钢”的钢铁产业新格局；2021 年经营效益创历史最好水平，营业收入、经营利润首次突破 3000 亿元、300 亿元关口，“十四五”取得开门红。

一批曾经的困难企业通过以三项制度为核心的市场化机制构建走出了泥潭。朝阳钢铁从曾经濒临绝境，到浴火重生，从 2016 年之初累计亏损约 60 亿元，发展到 2021 年年底累计盈利 56. 2 亿元。朝阳钢铁之所以能够发生起死回生的巨变，最核心的原因是在市场化机制构建中抓住了三项制度改革这个“牛鼻子”，通过改革有效解决了企业内部机制不够灵活、活力动力不足、运行效率低等问题，职工精神面貌焕然一新，工作热情空前高涨。东鞍山烧结厂（以下简称东烧厂）曾是国务院国资委挂牌困难企业，多年来长期亏损，2018 年年末累计亏损约 10 亿元；2019 年实现减亏 2. 3 亿元，提前脱困；2020 年实现利润约 4. 4 亿元，职工人均收入较上年增长 20%；2021 年实现利润 12. 04 亿元。东烧厂也是通过市场化改革一跃成为鞍钢集团基层厂矿“处僵治困”的标杆，被誉为市场化改革的“探路尖兵”。西昌钢钒通过构建以深化三项制度改革为核心的市场化机制，深化对标管理，与中国宝武湛江基地建立了“公司—厂—作业区—班组—机台—岗位”六级对标体系，降本增效，吨钢成本大幅度降低，2020 年劳动生产率达到行业 90 分位值水平。鸿舰公司通过聚焦“三能”机制建设，打破身份界限，形成“能者

上、庸者下、劣者汰”的用人机制，建立“能者多劳、多劳多得”的市场化收入分配机制，使一个“老厂房、老设备、老职工、老观念、老问题”的老企业，走出了“新项目、新市场、新技术、新业绩”的新路子。

（三）企业市场化改革经验在全国推广

2021 年 4 月 15 日，国务院国资委在鞍钢集团召开深化东北地区国资国企改革现场推进会，推广朝阳钢铁改革经验。2021 年 5 月 20 日，鞍钢集团在国务院国资委组织的国企改革先进典型媒体见面会上介绍了鞍钢集团改革经验，现场接受了人民日报、新华社等众多新闻媒体的采访。2021 年 6 月 4 日，在国务院国资委召开的中央企业改革三年行动推进会上，鞍钢集团就“授权 + 同利”市场化改革经验作交流发言。2022 年 3 月和 5 月，鞍钢集团以深化三项制度改革为核心的市场化机制实践经验、任期制和契约化案例被国资委推荐纳入大连高级经理学院网络课程，在全国范围内宣传推广。改革成果入选国务院国资委国有重点企业管理标杆创建行动的标杆项目名单。

（成果创造人：栗宝卿、谭克建、李顺健、李学佳、刘　强、张绪凯、郭　明、刘　俊、李　巍、周　克、王永刚、陆　颖）

打造材料产业国有资本投资公司的体制机制变革

中国建材集团有限公司

中国建材集团有限公司（以下简称中国建材）是经国务院批准、由中国建筑材料集团有限公司与中国中材集团有限公司重组而成的中央企业，是全球最大建材制造商和综合服务商。目前，中国建材在水泥、商品混凝土、石膏板、玻璃纤维、风电叶片、国际水泥工程及玻璃工程等七个领域居世界第一，连续12年入围世界500强，排名第196位，稳居全球建材行业榜首，2021年中国建材经营业绩再创新高，实现营业收入4155亿元，净利润287亿元，同比增长42%，利润总额387亿元，同比增长27%，近三年净利润、利润总额年均复合增长率39%、28%，经营性净现金流567亿元。荣获国资委经营业绩考核年度和任期“双A”，被评为2019—2021年任期业绩优秀企业，国企改革三年行动2021年度考核“A”级。

一、打造材料产业国有资本投资公司的体制机制变革背景

（一）深化国企改革、改革国有资本授权经营体制的需要

党的十八届三中全会首次提出，改革国有资本授权经营体制，组建若干国有资本运营公司，支持有条件的国有企业改组为国有资本投资公司。党的十九届四中全会进一步提出，形成以管资本为主的国有资产监管体制，有效发挥国有资本投资、运营公司功能作用。《改革国有资本授权经营体制方案》（国发〔2019〕9号）进一步阐述了国有资本投资公司的功能定位和作用，指出国有资本投资公司以对战略性核心业务控股为主，建立以战略目标和财务效益为主的管控模式，重点关注所出资企业执行公司战略和资本回报状况。由此可以看出，国有资本投资公司改革试点，是上联国资改革、下接国企改革的一项意义重大、影响深远的综合性改革，是完善国有资产监管体制、以管资本为主推进监管职能转变的重要举措，是完善法人治理结构和市场化经营机制、打造更具资本投资运营能力的现代企业的重要示范，是更好落实国家战略、有效优化国有资本布局、培育优势产业的重要平台。

2019年10月，中国建材获批成为国有资本投资公司改革试点，明确以国有资本投资公司作为改革目标，提出“4335”投资公司改革指导原则，树立“管好股权、通过公司治理管理股权、通过派出董监事管股权、管好资本流动和收益收缴”四个理念，建立“投资管理、人力资源管理、综合监督”三大闭环，加快“管企业向管资本、建筑材料向综合材料、本土市场向全球布局”三大转变，以打造战略管控型总部为基础，以建设治理型管控体系为核心，以优化国有资本布局结构为使命，以完善市场化经营机制为保障，推动存量资本重组整合有序进退，大力发展先进新材料产业，努力建设世界一流材料产业投资公司。

（二）发展新材料产业、落实国家发展战略的需要

发展新材料是中国从制造大国转变为制造强国的必然要求，是中国摆脱关键材料与技术“卡脖子”困境的根本性举措。党的十八大以来，我国新材料产业对标发达国家奋起直追，在产业规模、体系建设、集群效应、技术创新等方面取得了长足进步。产业规模不断扩大，已经形成了全球门类最全、规模第一的材料产业体系和生产能力。然而从总体上看，我国材料领域仍然以传统材料为主，新材料产业关键技术相对不足，高端新材料国内供给有限，受制于人的短板问题仍然突出。我国新材料产业还处于从中低端产品自给自足向中高端产品自主研发、进口替代的过渡阶段，位于全球新材料产业第二梯队，与美国、日本等存在一定的差距。中国建材作为我国无机非金属新材料领域的国家队，国务院国资委在

《关于中国建材集团有限公司国有资本投资公司改革试点方案有关意见的复函》中要求中国建材“落实好我国材料工业发展的使命担当”。中国建材应当在关键领域履行好特殊使命的需要，在科技前沿、战略新兴、核心保障等关键区域，肩负起国家使命、行业责任、区域责任，成为国有资本布局优化的“特种兵”。

（三）应对新发展阶段、提高资源配置效率的需要

中国建材在长期的发展中，资产、收入、利润过度依赖水泥业务，水泥行业的需求逐渐进入平台期，产能严重过剩的矛盾越发严峻，环保、资源、能耗等约束趋紧，节能降碳任务艰巨。而新材料产业受益于新能源、电子信息、航空航天、节能环保、绿色低碳等需求的强力拉动，同时自主可控、国产替代和技术迭代等要求倒逼产业升级，不断形成新的增长点。中国建材在无机非金属材料领域具备雄厚的科研实力，占领行业标准制定的制高点，具备由建材产业向新材料专业转型的基本条件和内在动力。战略、资源、路径构成有利闭环，中国建材转型为材料产业投资公司必然成为企业发展的内生需求。

二、打造材料产业国有资本投资公司的体制机制变革主要做法

（一）强化投资能力建设，打造战略管控型总部

集团总部是落实国有资本投资公司投资职能的主体，具有战略引领、资源配置、资本运作、风险防控、党的建设等关键职能，中国建材聚焦国有资本公司总部功能定位，着力提升总部投资能力，建立投资管理闭环体系，打造引领发展、管控科学、决策高效的“强总部”。

1. 明确总部功能定位，发挥战略引领作用

集团总部围绕定方向、定规则、定制度、强监督，引导企业聚焦主责主业、执行出资人战略意图。集团总部完成对全部11家二级企业主业的梳理，根据不同业务的发展需求优化资源配置，设立专业投资平台开展战略性新兴产业孵化培育等资本运作。二级企业围绕集团核定的主业，聚焦专业化经营，打造专业化产业公司，限定在“主赛道”内开展资本投资，做强做优主业，形成一批边界清晰、主业精锐、具有产业链控制力的主产业平台。集团总部完善战略回顾机制。结合战略执行效果及环境变化定期复盘，必要时进行适当调整和修正；对战略执行情况开展定期评价，将重要战略任务实施情况与年度业绩考核挂钩。

2. 健全集团层面公司治理，提升总部治理效能

中国建材董事会聚焦定战略、定决策、防风险，充分发挥集团董事会的经营决策中枢作用，在董事会“会前、会中、会后”全流程中充分发挥外部董事的作用。会前组织经理层与外部董事召开议案沟通会，或组织外部董事深入子企业开展现场调研，外部董事与经理层未达成一致意见的议案暂缓上会；会中由经理层成员汇报董事会议案，强化经理层向董事会负责的意识，每位外部董事独立、充分表达个人意见，深入研讨，畅所欲言，每个议案都在充分讨论的基础上进行表决；会后加强对议案执行情况的跟踪，及时向外部董事报告决议执行情况，形成决策闭环管理机制。中国建材制定了董事会对经理层的授权管理办法，规范了授权原则和程序，充分保障经理层行权履职。建立了6类39项授权事项清单，量化、细化事项超过60%，均由总经理召开办公会研究决定，使经理层行权履职效能显著提升；对董事会授权经理层事项，总经理做好与董事长的事前充分沟通，董事长一般不列席总经理办公会，不干预经理层履职行权。

3. 调整总部机构和人员，调整优化工作流程

围绕总部职能定位，设置10个行政业务部门和7个党群部门，实现“四个强化”。强化投资与资本运营、股权管理和非债务性融资功能，设立负责投资、资本运营与股权管理的专业部门；强化资本流动理念，突出投资公司管资本功能，由资金管理向资金、资本一体化管理转变；强化战略研究与管理、战略目标的落地，国内市场与国际化发展的协同，将战略规划与国际化职能合并；强化监督问责，将过

程监督与事后评估问责合理分离，建立内控机制完善、合规性管控与监督评价问责相协同的管控机制。

按照精简高效的原则，打造与总部定位相适应的人才队伍，集团总部员工编制控制在不超过100人（不含领导班子、助理级、专职董监事、行政中心和其他非常设机构）。建立人力资源管理闭环体系，完善总部考核激励，集团总部建立刚性的KPI指标体系，结合集团重点工作分解和部门核心职能、岗位重要职责，每位员工都签订年度绩效责任书，其中KPI量化指标不低于80分，总部人员薪酬、晋升、退出均与考核指标挂钩。

健全总部部门间高效沟通协调机制，一类事项由一个部门牵头办理，提供“一站式”服务。全级次开展制度“废改立”工作，集团总部根据管理事项对制度进行分类，并根据效力层级对制度进行分层，完成涵盖集团公司总部和各级次企业的制度体系框架重构优化工作，规章制度累计废止11821项、修订19751项、新立20916项。优化数据采集平台建设，建设OA网络办公、三重一大和运行监督、人力资源、采购管理等13个集团性信息系统模块，持续推进信息共享，减少企业重复报送。

4. 提高总部资源配置能力，建立良好产业资本生态

中国建材加强国有资本收益收缴，对出资企业的收益收缴比例逐步提高到上市公司35%以上、非上市公司50%以上，大幅提升集团总部的国有资本投资能力。2021年共收缴分红25.8亿元，向子企业增资17亿元，重点投向新材料业务，在集团内部构建了“以成熟业务反哺支持战略性新兴业务”的协同发展生态。在集团外部，中国建材发起设立150亿元新材料产业投资基金，以30%出资带动70%社会资金，聚焦无机非金属领域先进新材料产业开展投资，培育的碳纤维企业中复神鹰、投资的第三代半导体企业山东天岳均在2022年上半年实现科创板上市，此外还结合国家战略需要，在集成电路产业链上向电子级多晶硅、光刻胶等“卡脖子”材料进行投资，在新能源产业链上向氢能、锂电池负极材料等进行投资。

5. 培养产业投资思维，强化总部投资能力建设

优选产业投资赛道，重点考虑产业成长空间、生命周期、自身独特优势三个因素，根据不同生命周期打造梯次接续的产品和产业组合，抢占未来产业发展的制高点。立足技术、工艺、渠道、人才等独特优势，快速拓展市场空间。优化投资路径选择，综合运用内生增长、并购重组和资本运营三种方式，多管齐下提高价值创造能力。开展战略并购，灵活运用基金、上市等资本手段，加快培育创新能力强、管理能力优、引领作用大的龙头企业。精选竞争策略，把做产品、做产业链、做产业生态结合起来，由点到线到面，全方位拓展盈利能力。“点”上，推动产品增品种、提品质、创品牌、降成本、拓销量、优价格。“线”上，沿着上下游开展一体化经营，从单产品竞争到多业务协同，提高产业链安全性、稳定性和竞争力。“面”上，深挖价值关联，打造与利益相关方互惠互利的网状产业生态，在快速变化的商业环境里对冲风险、保持活力、获得持续竞争优势。在牢牢掌握核心竞争力的基础上，通过培养产业投资思维、构建利益共同体，建成一流投资公司运作体系。

（二）健全公司治理机制，完善治理型管控体系

1. 明确集团总部与出资企业管控边界

按照集团总部不干预出资企业日常经营的原则，中国建材主要通过资本纽带实施对出资企业经营发展的管控，通过派出董监事实现股权管理。明晰投资公司总部与子企业的权责边界和功能定位，不断强化总部“管资本”、产业平台“管价值”、基层企业“管经营”模式，各级企业各司其职、协同发力，初步形成产业投资公司的经营逻辑。建立总部与所出资企业的穿透管控与非穿透管控清单，明确除党建、纪检、巡视、审计、安全、环保等事项须实施穿透管控外，其他事项一般通过公司治理途径的非穿透方式实施管控。建立数据化管控的机制，在刚性的公司法人框架下，通过“2422”（应收账款和存货，其他应收款、预付账款、带息负债和货币资金，资产负债率和资本开支，法人户数和员工人数）

经营数据对标管理，以柔性的数据流监测实现对出资企业的有效管控。

2. 加强子企业董事会规范运作

中国建材以股权关系为基础加强子企业董事会建设，全级次有452家子企业设立董事会，并全部实现外部董事占多数，其余子企业设立执行董事、提高经营效率。对建立董事会的子企业，集团公司出台指导意见，细化子企业董事会各操作环节的规范运作。2021年制订了工作方案，以设立董事会的集团二级、股份公司二级企业作为16家重要子企业，结合各企业实际率先开展个性化落实董事会职权，并在1家三级企业试点落实董事会差额选聘经理层，在1家四级企业推进经理层全员转为职业经理人试点；在此基础上，2022年进一步扩大落实董事会职权的子企业范围，延伸到业务规模较大的集团四级企业。对设立董事会的452家企业，中国建材分级分类、有序推进全级次企业建立董事会向经理层授权机制，加强经理层"谋经营"职权，督促各级企业的董事会职能进一步向战略决策、重大决策和风险防控聚焦。

3. 配齐建强子企业外部董事

中国建材建立了82人的外派董事库，包括专职外部董事和兼职外部董事，并制定了4项专兼职董事管理制度，形成了选聘、派出、管理、考核和薪酬兑现的闭环体系。创新探索并建立了派出董事分类表决机制，除重大事项须按国有股东意见表决之外，一般情况下，派出董事立足公司整体利益，按照个人判断进行表决，并独立承担责任，从而充分激发外部董事深入企业调研、加强战略布局谋划的积极性和责任心。强化履职评价和激励约束，畅通专职外部董事与现职领导人员双向交流通道，形成激励机制闭环。采取会议、培训、文件、调研等多种方式，加强对外部董事的政策宣贯和决策信息支持，提高外部董事战略决策、资源整合、风险管控、沟通协调四种能力。

4. 健全规范有序的授权和监督体系

对二级企业规范开展投资授权。中国建材统筹考虑11家二级企业的发展阶段、治理水平、资产负债等多种因素，"一企一策"进行投资授权。依据投资项目是主业还是非主业、是否列入年度投资计划、是境内投资还是境外投资、是成熟产业还是新兴产业等，差别设定授权额度，主业固定资产投资项目的授权额度在不同企业间最大相差约15亿元，使子企业董事会获得充分且适度的投资授权，既促进了优秀企业聚焦主业更快发展，又管控了一般企业的投资风险。

对相对控股混合所有制企业实施差异化授权。中国建材积极探索对相对控股混合所有制企业实施差异化管控，对于集团持股比例低于50%、非国有资本股东派出董事的集团三级以下境内企业，实施差异化管控机制。在差异化企业，经理层成员差额选聘、业绩考核、薪酬管理等重大职能，均由董事会主导完成，上级党组织事后备案；对纳入年度计划、主业范围内的固定资产投资和股权投资项目，由企业董事会依据公司章程决策，国有股东不再事前审批。相对控股企业中国巨石实施差异化管控后，计划内主业投资权限由原来的5亿元提高至其净资产的10%（即21亿元），减少了决策程序、提高了决策效率。

坚持授权动态管理，有效防范经营风险。中国建材对各类授权事项坚持"可授可收"，形成闭环管理，实现"放活"与"管好"的协调统一。例如对差异化管控企业，从人事授权、投资授权、穿透管控等方面开展了阶段性评估，依据评估结果相应采取扩大、调整或收回等措施，动态调整差异化管控事项。同时强化穿透管控，在党建、纪检、审计、巡视、安全环保等方面保持穿透管控。

（三）推进存量资本重组整合，实现国有资本有序进退

加快内部资源的专业化整合。针对集团内9家水泥企业同质化竞争问题，中国建材以上市公司天山水泥为主体将分布在华东、西南、华北、东北等区域的6家非上市水泥公司整合，提升了资产证券化比例，打造了全球业务规模最大的水泥上市公司。整合后的新天山水泥扎实开展内部优化，打破原有组织

架构，按市场区域进行业务重组，组建了 14 个区域公司，实施集中采购，降低成本，管理人员全体竞聘上岗，不断提升企业管理水平。2022 年启动第二阶段水泥业务整合，对另外 2 家位于西北的水泥业务上市公司宁夏建材、祁连山水泥进行资产重组，并开展数字化转型，基础建材板块的运营质量、竞争力有望显著提升。在工程服务板块，中国建材以上市公司中材国际为主体，整合集团内部矿山工程与采矿服务资产，并整合 2 家非上市水泥工程服务企业，延伸了产业链、形成了规模效应，整合后实现“1 +1 > 2”的效果，打造了水泥工程服务领域全球市场份额领先的“隐形冠军”。

深化新材料板块战略性重组。中国建材以下属产业平台为主体，以战略性重组拓展新材料产业的新发展空间。北新建材加快“一体两翼、全球布局”战略落地，在石膏板全球市场占有率达到 20%、实现全球领先的基础上，在集团外部推进建筑防水、涂料业务的战略性重组并购，快速实现行业领先。凯盛科技深化“3 +1”玻璃新材料战略布局，牵头组建玻璃新材料国家制造业创新中心，成立玻璃新材料研究总院，大力发展显示材料与应用材料、光伏新能源材料、优质浮法玻璃及特种玻璃产业，进一步增强了产业链控制力，研发量产了柔性可折叠玻璃、新冠疫苗药用玻璃等“卡脖子”材料。

做好非优势业务调整退出。中国建材开展非主业贸易物流业务的退出和整合工作，目前正在积极推进以物流贸易为主业的 3 家二级企业整合，并主动压减和退出非主业的铁矿石贸易等业务，2021 年非主业贸易收入同比减少 128 亿元，压降幅度达 57%。用好资产管理公司，督促各级企业做好本企业下属的非主业非优势业务的退出，至 2022 年 6 月底全部完成国企改革三年行动确定的“非主业非优势业务”退出任务。通过持续做好瘦身健体，提升了整体的组织精健化水平，集团管理层级保持在四级，2020 年以来累计压减法人户数 257 户，促进国有资本向更具优势、更有效益的领域集中。

（四）践行使命责任，增量资本投向先进新材料产业

面向世界科技前沿，强化自主创新，支持国家重大工程。中国建材作为建材领域唯一的央企，以努力引领行业不断取得科技进步为使命，研制的前级光纤光锥、微孔定位板、后级光纤光锥、微孔板、衍射板 5 种关键元件，成功服务保障中科院高能宇宙辐射探测设施项目，为实现在宇宙高能射线的高分辨高精度探测、读取和传输等方面的历史性突破提供了重要助力，推动了我国空间高能宇宙辐射探测技术的跨越发展。此外，中国建材研发的石英玻璃、大型复合材料结构件、高性能耐烧蚀树脂、高强玻纤纱、特种涂料等新材料在载人航天、中国空间站、火星探测、探月工程等国家重大工程顺利实施上都起到了支持作用。

面向经济主战场，着力成果转化，推动产业升级。中国建材坚持面向国民经济主战场推进新材料产业化，在加快科技成果转化的基础上，打造完整产业链，并推动产业向高端化、量产化、全球化方向发展，让新材料更多地“飞入寻常百姓家”。通过加强研发和集成创新，实现了 0. 12 毫米全球领先超薄触控玻璃、0. 03 毫米柔性可折叠玻璃、8. 5 代大尺寸液晶显示玻璃基板等关键核心技术突破和工业化量产，大大推进了相关制造领域的国产化进程。自主研发的铜铟镓硒和碲化镉光伏玻璃用于建筑发电，建成世界单体规模最大的 12 万平方米薄膜光伏一体化建筑，总装机容量达到 10 兆瓦。

面向国家重大需求，优化资本布局，服务国之重器。中国建材扎根碳纤维领域布局数十年，持续投入资本培育孵化出碳纤维企业中复神鹰，2021 年 9 月在青海西宁投资建成国内最大的万吨高性能碳纤维生产基地，在国内率先实现高端碳纤维成套技术的自主可控，打破发达国家的长期技术封锁和市场垄断，保障了航空航天、重点型号装备等大国重器的应用需求，加快了我国高端应用市场碳纤维国产化进程。布局实施大飞机复合材料重大专项，联合中国商飞集团深入推动航空级 T800 级碳纤维及其预浸料国产化、主次承力结构等国产大飞机用关键材料研制攻关，成为国产宽体大飞机 3 个机身部段供应商。

面向人民生命健康，加快低碳转型，实现绿色发展。中国建材在产业发展和国有资本布局优化中，突出绿色低碳和生态环保的理念，着力解决绿色建材发展缓慢、环境负荷重、能源效率低、资源瓶颈制

约等重大关键共性问题，布局绿色技术研发及产业化应用，努力实现产品低碳化转换和工艺绿色化转换。产品低碳化方面，开展薄膜太阳能电池成套技术及工程化应用、海上大尺寸风电叶片研制等 10 余个绿色低碳产业项目，加强新型胶凝材料、低碳混凝土等低碳建材产品研发应用，引领建材行业加快绿色转型。工艺绿色化方面，投资建成 72 家国家级绿色工厂、45 家绿色矿山，升级改造水泥窑炉，协同处置工业固废、医用垃圾、生活垃圾，在全国 36 个城市建成 47 条协同处置生产线，守护城市生态和居民健康。

（五）激发出资企业活力，健全市场化经营机制

1. 深化混合所有制改革，完善治理机制

精选具有战略价值的积极股东参与混改。中国建材坚持“价值认同、治理规范、利益共赢”原则，选择资源优势明显、资源禀赋互补的非国有投资者开展混改。同时，将非国有股东对中国建材企业文化和价值观的认同作为前置条件，确保混合所有制企业股东层面的“同频共振”。在发展过程中，中国建材在基础建材、新材料、检验检测等领域大力开展控股型并购重组，组建混合所有制企业，有效放大了国有资本功能、增强了国有资本的控制力和影响力。（截至 2021 年年末，中国建材以 400 多亿元国有资本，吸引 1700 亿元的社会资本，撬动 6500 多亿元的总资产，带动大量的非国有资本在服务国家建设的主航道上规范经营。）

充分发挥非国有股东作用。中国建材支持非国有股东依据股权比例、按照公司章程约定派出或提名人员，通过法定程序进入董事会、监事会、经理层。健全国有股东与非国有股东的事前沟通协商机制，对重大投资等涉及股东利益事项，积极听取非国有股东的意见，最大限度凝聚共识。对以张毓强、贾同春等为代表的一批来自非国有股东的优秀企业家，中国建材给予充分信任和经营自主权，如中国巨石的非国有股东张毓强一直担任企业副董事长、总经理，并兼任党委书记，国有股东的充分信任为张毓强创造了专注事业的良好环境，助推了企业快速发展，中国巨石近十年净利润年均复合增长率 18%，带动集团玻纤产能快速增长到 359 万吨，位居全球第一。

2. 推进三项制度改革，健全三能机制

中国建材在全级次企业坚持实施市场化选人用人。持续采取管理人员竞争上岗、员工末等调整和不胜任退出机制，引入竞争活力，畅通人才流动通道。2021 年员工公开招聘比例达到 99%，全级次管理人员竞争上岗比例达到 56%，管理人员退出比例达 2. 2%，员工市场化退出比例超过 2. 8%。四级企业安徽节源推行职业经理人制度，以 97% 的淘汰率优选 6 名职业经理人。对成员企业领导班子成员健全绩效考核体系，将绩效考核结果与绩效年薪直接挂钩，将综合考核作为领导班子调整和领导人员选拔任用、教育培养、管理监督和激励保障的重要依据。在全级次企业强化绩效体系目标设定、过程管理和结果运用，实现全层级企业、全部员工 100% 承担业绩考核，以业绩论薪酬。

中国建材推出 5 类 9 种中长期激励“工具箱”，细化制定混合所有制企业员工持股、科技型企业股权激励和分红激励、超额利润分享、创新跟投、境外跟投等多种激励工具实施指引，建立起系统多元的激励体系，使骨干员工与企业中长期发展实现“利益绑定”。2021 年新增 17 家企业应用中长期激励工具，涉及骨干员工超过 2300 人。

三、打造材料产业国有资本投资公司的体制机制变革效果

（一）改革试点任务顺利完成，正式成为国有资本投资公司

中国建材深化国有资本投资公司改革，形成了一整套具备中国建材特点的管控模式和制度体系，基本形成以公司治理为依托的治理型管控模式、培育战略性新兴产业和做优专业化产业平台相结合的产业投资机制、有序授权放权和综合性监督管理闭环相统一的企业管理机制、以提升全体员工效率和活力为特色的市场化经营机制，初步建成了服务国家战略发展需求、服务国民经济主战场的科研创新体制机

制，在国有资本投资公司改革方面取得了阶段性成果。2022 年，经过国资委全面评估，认为中国建材功能定位准确、资本运作能力突出、布局结构调整成效显著，成为首批五家正式转为国有资本投资公司的企业之一。

（二）有效推动世界一流企业建设，规模效益持续提升

目前，中国建材形成基础建材、新材料、工程技术服务“三足鼎立”的产业格局，连续 12 年荣登《财富》世界 500 强企业榜单，2022 年排名第 196 位、稳居全球建材企业榜首，全球品牌价值 500 强排名第 249 位。水泥、商混、石膏板、玻璃纤维、风电叶片、水泥和玻璃工程技术服务等 7 项业务规模位居世界第一，形成高性能玻璃纤维、高性能碳纤维、薄膜太阳能电池等世界一流水准的新材料产品成套技术与装备集群。2021 年经营业绩再创新高，运行质量进一步提升。营业收入利润率同比上升 1. 36 个百分点，资产负债率同比下降 0. 91 个百分点，研发投入强度同比提高 0. 52 个百分点，全员劳动生产率同比增长 5. 9 万元/人。

（三）资本和产业布局更加优化，企业运行更加健康

中国建材加快推进资本布局优化，基础建材板块启动 2 家上市公司重组，同步实施数字化转型；新材料板块推动院所重组，加快玻璃新材料、先进陶瓷、人工晶体、石墨等产业链创新链整合融合；工程技术服务板块整合装备制造业务；贸易物流业务启动重组整合。围绕服务国防建设、国家重大工程和国民经济主战场，推进增量资本投向“国之大材”产业前沿。通过调整优化，成熟业务基础建材稳定增长，压舱石作用持续夯实，2021 年营业收入、利润总额占比 44%、54%；新兴产业新材料板块跑出加速度，新材料业务增势迅猛，营业收入、利润总额占比 22%、42%，今年上半年达到 25%、59%；工程技术服务业务践行“国际国内双循环”，水泥玻璃工程全球市场占有率超过 65%，保持全球市场领先地位。

（成果创造人：周育先、李新华、魏如山、
黄振东、张　华、牛振华）

建筑企业集团面向市场新格局的协同经营体系构建与运行

中铁十七局集团有限公司

中铁十七局集团有限公司（以下简称中铁十七局）是中国铁建股份有限公司的核心成员单位，其总部位于山西太原，拥有铁路、公路、建筑、市政、矿山工程总承包“八特八甲”资质，下设6家综合工程公司、9家专业公司及中心医院、抢险救援队共17家成员单位，主营业务涵盖设计咨询、投资开发、工程承包、物资贸易、运营管理等，市场布局覆盖全国各省份及海外10多个国家。中铁十七局年经营承揽1300亿元以上，年施工能力600亿元以上，先后参与了国内外400多条铁路、500多条高速公路以及北京、上海、深圳等数十座大型城市的地铁、市政、房建等工程建设。作为主导者之一研发建立了中国高铁技术体系及建造标准，打造了京津城际、京沪高铁等国家名片工程，获得国家科技进步奖6项（特等奖2项）及中国土木工程詹天佑奖、建筑工程鲁班奖、国家优质工程奖60余项，是国内具有较强实力的大型综合建筑产业集团。

一、建筑企业集团面向市场新格局的协同经营体系构建与运行背景

进入新时代，中国建筑业市场从增量竞争转为存量竞争。作为国有大型建筑企业，中铁十七局面临规模增长动力缺乏、行业竞争日趋激烈、经营难度持续加大、客户要求不断提高等市场新格局带来的挑战。2019年以来，中铁十七局加快构建面向市场新格局的协同经营体系，并在运行实践中取得了较好成效。

（一）适应建筑行业市场格局演进的需要

近年来，国内基础设施建设市场容量趋于饱和，政府投资主导的公招项目数量锐减，建筑企业面临市场订单少、质量差、中标难的困境。2013年至2018年，中铁十七局新签合同额一直在500亿～800亿元停滞不前，尤其是2018年新签合同较上年同比降低26.5%，东北、西北等传统优势市场增速放缓，华东、华南等潜力市场长期未取得实质性突破。同时，在行业市场集中与分化加剧的形势下，由于传统施工企业发展的思维定式和路径依赖，中铁十七局铁路、公路等业务板块合同长期占新签合同80%以上，施工承包在营业收入中占比近90%，业务整体处于盈利水平较低的产业价值链底端，缺乏高收益、高成长性的新市场、新领域业务支撑，导致企业价值创造能力偏低、抗风险能力较弱。

（二）提升企业市场竞争力和抗风险能力的需要

随着建筑行业的持续发展和市场规则的健全完善，建筑企业面临更加严格的行业监管、更加多样的客户需求、更加复杂的风险变量以及更加严厉的违约惩罚。中铁十七局经营理念、经营机制和工作措施等未能及时接轨市场，实现与时俱进的转变和更新，所属经营机构、管理部门和生产单位“揽干脱节”，条块分割、资源分散，出现较为严重的系统内耗问题；部分经营管理人员市场思维、质量意识和信用观念不强，缺乏对客户和产品负责的责任感、使命感，项目停工返工、履约失信、质量缺陷等问题时有发生，造成了严重的经济信誉损失，甚至动摇了立足市场生存和发展的根基。

（三）推进企业高质量发展的需要

对标党中央、国务院国资委和中国铁建的目标要求，中铁十七局虽然经营规模保持增长，但盈利水平基本锁定在原地，发展质量不高的问题非常明显。2013年至2018年，中铁十七局产值利润率始终在2.5%附近徘徊，除去盈利能力较高的投资业务增长等因素影响，实际处于负增长状态，不仅阻碍了高

质量发展，也导致企业无法实现股东价值最大化的追求，难以履行促进国有资产保值增值的央企责任。总体来看，在外部市场环境的不确定性和内部经营体系的滞后性影响下，中铁十七局如何加快构建面向市场新格局的协同经营体系，成为提升市场竞争力和抗风险能力、实现高质量发展的关键性问题。

二、建筑企业集团面向市场新格局的协同经营体系构建与运行主要做法

（一）开展协同经营体系顶层设计

中铁十七局贯彻落实党中央、国务院国资委和中国铁建的战略部署，围绕市场新格局实施“五个导向”经营战略，即：战略上以市场新格局为导向，坚持经营工作龙头地位和先导属性，以其为出发点、着力点和落脚点，统筹部署生产运营管理全面工作；机构上以市场新格局为导向，做实以区域总部（经营部）为代表的经营机构和管理部门，组建及扶持投资运营、勘察设计、新基建等产业单元做大做强；资源上以市场新格局为导向，加大新开发市场、新拓展业务的资源投放力度，落实“精英搞经营”人才优先战略；运营上以市场新格局为导向，顺应市场新标准和客户新需求，提高管理水平和生产效率，致力于提供符合市场和客户偏好的建筑产品及服务，提升质量和价格竞争力；文化上以市场新格局为导向，坚持以客户为中心的经营理念，塑造良好的市场形象和品牌价值，打造市场领先的竞争“软实力”。

“五个导向”战略指引下，中铁十七局通过制定规划、整章建制、调整机构、专项考核等方式，从组织、业务、模式、市场、文化五个方面，构建适应建筑业市场新格局和国有大型建筑企业发展特质的协同经营体系（见图1）。一是组织协同：明确集团总部、区域总部（经营部）、工程公司、工程项目四级经营主体责任分工和价值共享机制，形成各司其职、高效联动的组织管理体系。二是业务协同：同步推动铁路、公路等传统业务提质增效，新型城镇化、环保治理、新基建等新兴业务快速发展，实现“原基本盘+新增长极”双轮驱动。三是模式协同：以传统施工承包模式作为撬动设计、投资、集成、运营等上下游产业环节的支点，向盈利点更多、创效能力更强的“投建营”一体化商业模式转型。四是市场协同：坚持深耕属地优势市场与聚焦拓展高成长性区域市场相结合，科学配置经营资源，充分发掘市场潜力，增强可持续发展的动力。五是文化协同：树立“以客户为中心”的企业信条，坚持“国之大者”的央企信念，在服务客户、造福人民中赢得各界的支持、信赖和尊敬，为提升企业市场竞争力、影响力提供支撑。在顶层设计的指引推动下，中铁十七局面向市场新格局的协同经营体系构建有序、运行良好，各项工作取得预期成效。

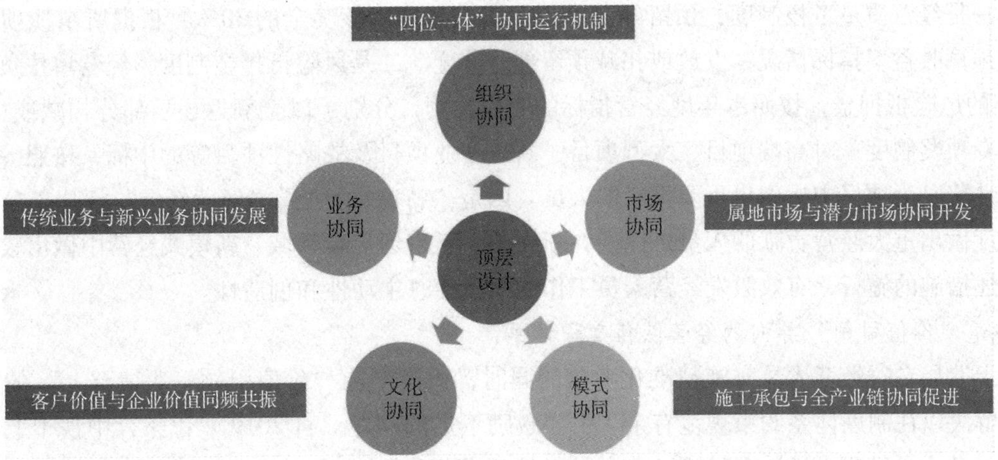

图1　中铁十七局协同经营体系

（二）构建协同高效的组织管理体系

1. 构建“四位一体”协同运行体系

中铁十七局传统的经营组织体系，强调以区域总部（经营部）为代表的专职经营机构的功能发挥，而忽视了建筑业经营活动作为上下联动的正向耦合系统，其中集团公司资源调配的引领作用、工程公司要素集聚的管理优势和工程项目贴近客户的服务价值。经营工作中，区域总部（经营部）往往在市场上“单打独斗”，重点项目由于缺少信息、资源支撑而丢标的情况时有发生。为此，中铁十七局在中国铁建区域化经营管理体制的总体框架下，于2019年制定实施《经营工作指导意见》《关于经营工作若干事项的通知》，2020年出台《关于加快推进工程公司经营工作的通知》，统筹整合各层级、各领域经营资源，建立集团总部、区域总部（经营部）、工程公司、工程项目“四位一体”协同经营机制。其中：集团公司围绕国家部委、国铁集团和大型央企、民企等顶层客户，主抓10亿元以上规模大型投融资项目、铁路项目、海外项目经营；区域总部（经营部）瞄准铁路业主、地方政府等核心客户，对位经营区域市场内重点项目；工程公司聚焦属地市场和优势区域市场的重点客户，根据自身资质和实力条件独立开展经营活动，打造部分地区市场和专业细分市场竞争优势；工程项目紧贴业主客户，以干促揽、揽干结合，以施工履约良好业绩确保既有工程新增任务和后续任务经营承揽。该协同体系中，中铁十七局根据中标项目各参与单位的经营贡献度分别计算考核指标，在保持区域总部（经营部）经营主体责任不变的基础上，通过在经营流程中引入其他主体资源支撑，构建分工明确、优势互补、高效联动、成果共享的协同运行机制，形成合力攻坚的“大经营”格局。

2. 构建“开发度+成长性”考核评价体系

国有大型建筑企业传统的以新签合同额为核心的经营考核评价体系，在高质量发展要求下难以对市场竞争力和订单质量做出准确评价。中铁十七局在2019年修订出台了新版《经营工作考核指导意见》，对所属区域总部（经营部）及承担经营职能的机构实施“开发度+成长性”双重评价：开发度主要评价在区域内同类建筑企业中的新签合同排名，强调横向领先；成长性主要评价本区域上年度经营承揽额同比变化，强调纵向增长。据此综合评判该经营机构的市场竞争力及发展走向，采取调整区域负责人、经营资源等措施，对开发度、成长性均较差的经营机构视情况进行整合、重组、撤销。在经营人员业绩考核上，中铁十七局于2021年11月出台《经营工作薪酬管理与绩效考核办法》《经营工作特殊贡献奖评选管理办法》《“经营新星”评选办法》等系列制度，在年度考核的基础上同步实施多类型的补充激励机制。一是经营质量考核制度：预留经营单位负责人年度考核奖金的30%，根据所承揽项目下一年度的责任预算收益率指标情况，发放或扣减预留部分奖金。二是风险抵押金制度：经营单位负责人缴纳8万元/年的风险抵押金，按照本年度经营指标的完成比例，分别予以全额返还、部分扣减或全部扣减。三是经营专项奖制度：对高端项目、大型项目、新兴产业项目及战略性项目等的中标，按照一定比例系数，一次性奖励为项目中标做出重要贡献的人员。四是“特殊贡献奖”“经营新星”评比：分别适用于奖励本年度做出重大经营贡献的人员，以及在新岗位、新市场、新领域、新模式经营中做出较大贡献的人员。上述措施的施行，有效激发经营人员工作的积极性、主动性和创造性。

3. 构建“价值引领”导向的经营队伍建设体系

中铁十七局在对经营人员实施精准化考核的同时，积极塑造“价值引领、业绩至上”的选人用人观，着力解决以往制度体系约束规范有余、引导激励不足的问题。自2019年以来，中铁十七局先后制定出台《经营人员管理办法》《区域经营人员考核管理规定》等多项制度，提出“亮剑精神、忠诚精神、实干精神、专业精神”的“四种精神”评价标尺，对经营战线的优秀年轻干部打破任职年限、工作资历等限制提拔任用，重点选拔和培养在新兴市场开发、重点项目经营、核心客户维护等方面业绩突出的经营人才，引导和激励高学历、高素质的青年干部到新区域、新业务市场拓荒奋斗，全方位营造“讲业绩、讲能力、讲贡献”的内部竞争氛围。2019 年至 2021 年，中铁十七局在实现经营规模大幅增长的同时，经营人员数量总体保持稳定，平均年龄降低到 36.1 周岁，本科及以上学历占比达到 83%，队伍干事活力明显增强。

（三）构建传统业务与新兴业务协同发展的业务布局

1. 创新市场开发模式，促进传统业务提质增量

在以铁路、公路、房建、城市轨道交通等为代表的建筑企业传统业务领域中，“政府招标—企业投标—竞价中标”的公招模式长期占据主流地位。这是一种买方主导的交易方式，建筑企业往往只能被动等待市场需求，不仅中标不确定性大，在关系到项目盈利的设计方案、支付条件等方面也缺少话语权。中铁十七局通过前市场开发模式，变被动为主动，精准把握地方政府在城市发展规划、新区招商开发、优势产业导入、民生工程建设等方面的潜在需求，发挥作为国有大型建筑企业深度参与数十座大中型城市建设的丰富经验和比较优势，在山西、江苏、湖南、广东等省份深度对接各地方政府，参与规划、引导需求、引入投资，创造了湘潭经开区新能源汽车产业园、南京江北新区综合管廊、太（原）忻（州）一体化基础设施工程等一批体量较大、收益良好的优质项目。其中，湘潭汽车产业园是中铁十七局根据湘潭市政府发展需求和合作意愿，围绕湘潭市建设规划量身打造的产业项目，项目估算总投资 78.4 亿元，包含 129 万平方米产业园区和 3 条道路建设，引入吉利汽车集团入驻，为湘潭市实现了新能源汽车产业导入。同时，针对地方政府债务压力大、不熟悉 PPP 项目报批建设流程等“痛点”问题，中铁十七局超前介入并主动提供设计、咨询、预可研等增值服务，协助解决项目立项、入库、报批等关键事项。在贵州贵安新区开发中，中铁十七局深度参与新区规划、建设、运营全过程，在市场竞争中掌握主动权，承揽建设任务超过 180 亿元。在建筑市场公招项目规模缩减的形势下，中铁十七局保持了传统业务平稳较快增长。

2. 布局新兴产业板块，构建发展新增长极

围绕“新基建”“新型城镇化”“双碳”，中铁十七局结合自身的资源禀赋和比较优势，全力开拓五大新兴产业市场：一是以城市更新、产城融合等为代表的新型城镇化产业；二是以智慧交通、智慧城市、智慧建造等为代表的新基建产业；三是以环境治理、生态修复、固废处理等为代表的环保产业；四是以抽水蓄能、海上风电、低碳材料等为代表的双碳产业；五是乡村振兴、文养康旅、JM 融合等社会发展的新业态。针对重点开发市场，中铁十七局组建成立新发展事业部（北京总部），作为从事新兴产业市场开发及运营的专职产业单元，明确 1 名集团公司副职领导专职管理，指定 2 ~ 3 家区域总部（经营部）协同推动具体项目，并对承担新兴领域项目建设的分子公司实行年度绩效考核加分、同类项目优先分配等政策，培育新兴产业专业化优势。同时，针对新兴业务所需核心技术，中铁十七局加快推动建筑机械化、工业化、数字化、绿色建造等科技研发应用，持续拓展产品线，优化产品结构，在新兴业务板块加快形成竞争能力。自 2019 年以来，中铁十七局片区开发、生态环保、矿山开发等新兴业务连续 3 年实现 60% 以上增长，矿山隧道、智慧工地、绿色建造、建筑节能等领域形成一批国内领先科研成果，在智慧管廊、地下空间、光伏能源、水污染治理等市场形成较强专业品牌。中国黄金集团华泰龙公司甲玛铜矿项目是西藏自治区大型重点建设项目之一，设计日处理矿量 15000 吨，中铁十七局通过将基于青藏铁路建设研发的高原隧道施工技术、冻土地层处理技术等引入新业务领域，攻克了海拔 5000 米无人区矿山施工难题，项目成功实现提前 7 个月投产，创造了我国高原大型矿业建设史的新纪录。中

铁十七局承建的石家庄滹沱河生态修复工程是河北省最大的生态修复工程，在为石家庄市提供排泄洪涝功能、保障1100余万名市民用水的同时，通过河道治理、生态修复、景观绿化等措施，构筑起“六园一湖一湿地”城市风景线，有效带动了沿线旅游产业振兴，形成了新兴业务持续快速发展的良好势头。

（四）构建优势市场和潜力市场协同开发的市场布局

1. 拓展属地优势市场开发深度

由于面向全国开展业务，导致在各省市市场平均用力、摊薄资源，难以形成持续经营的中长期发展优势，中铁十七局将经营资源向属地优势市场集中，推动分散式经营“游击战”向聚焦式经营“兵团战”转变。在集团公司及主力工程公司所在地市场，以及长期深耕的具有资源优势、业绩优势、品牌优势、人脉优势的传统市场，明确一名集团公司副职领导常驻当地，将经营网点向地、县级市延伸和织密，经营责任人实行分片负责、网格化管理，专职经营人员向核心客户“一比一”配备。在分子公司经营业绩考核中设立“属地经营”专项指标，给予一定权重加成，鼓励各单位积极承揽属地项目，做大做强“家门口的市场”，实现扎根当地、滚动发展目标。与政府部门、当地企业和驻地社区党组织联合搭建“党建联盟”平台、开展“主题党日”活动，通过党建工作交流互鉴的渠道密切沟通联系，积极参与驻地疫情防控、道路抢险等活动，在上缴税收、解决就业、精神文明建设等方面主动作为，将“中央企业”“属地企业”两重身份有机统一起来，与地方政府建立深度互信合作关系，实现本土化发展。自2019年以来，中铁十七局及各分子公司所在的山西、河南、重庆、贵州、福建等市场经营规模持续增长，新签合同占比达到全集团的60%以上，“大本营”经营优势持续巩固提升。

2. 加大高成长性市场开发力度

中铁十七局立足建筑业政策性强、资金需求大等特点，改变固守东北、华北、西北等传统优势市场的路径依赖，主动对接粤港澳大湾区、长三角一体化及国家级新区、自贸区等国家战略支撑的重点区域，加大对华东、华中、华南、川渝等具有政策优势、经济优势、市场需求优势、营商环境优势的区域市场的经营资源投放力度。2021年4月，中铁十七局制定出台《关于加强城市经营和潜力省市经营工作的通知》，重组华东、华南区域总部（经营部），新建广州建设公司、深圳建设公司、成都建设公司等单位，配备专兼职经营人员40余名。对新组建区域总部（经营部）和分子公司，中铁十七局实施差异化政策，开展绩效考核加分、降低分包差收取、颁发经营特别奖等，并在模式设计、边界条款、财务支持等方面给予重点帮扶，按照国内一流企业标准培育市场竞争优势。同时，中铁十七局立足发达地区政府、业主对建筑工程快速施工、绿色环保、争创亮点等工作的高标准严要求，精准把握新客户的关注重点和管理偏好，及时调整工作侧重点，利用后发优势加快形成市场竞争力。2021年中铁十七局新成立的广州建设公司，2022年上半年新签合同超过40亿元，发展势头良好。

3. 聚焦海外核心国别市场开发运营

国际化发展是国有大型建筑企业化解过剩产能、实现可持续发展的必由之路。2018年前，中铁十七局海外经营一度覆盖20多个国家，但随着国际政治经济形势急剧变化，海外业务规模的快速扩张带来了产业定位不高、项目管理失控、风险要素叠加等问题。从2020年开始，中铁十七局改变过去撒网式多点经营方式，主动退出部分局势动荡、风险较大且长期没有项目支撑的国别市场，集中资源深耕柬埔寨、老挝、巴基斯坦、阿尔及利亚等有资源和项目支撑的13个核心国别市场，持续巩固东南亚、南亚、北非等重点地区市场竞争优势。同时，中铁十七局利用深耕海外30多年的经验和央企品牌资源，加强商务部援外项目合作，与中信建设、中兴通讯、中国土木等大型窗口企业打造“抱团出海”的海外联合舰队，利用专业外经单位的成熟经验、海外资源和国际化管理体制等，有效应对新拓展海外业务的风险和不确定性，实现自身的持续健康发展。自2019年以来，中铁十七局海外新签合同突破百亿元大关，高标准建成中老铁路（玉磨段）、湄公河沿岸公路、孟中友谊八桥项目等“一带一路”重点工程，成功打入海外超高层建筑市场，国际化发展步伐持续加快、空间不断拓宽。其中，孟中友谊八桥项目是孟加拉国西南部重要交通枢纽项目，连接库尔纳专区和巴里萨尔专区，大桥建成结束了当地居民靠摆渡往来两岸的千年历史，对孟加拉国南部经济社会发展产生积极促进作用，受到孟加拉政府和民众的广泛赞誉，多名政要在当地主流媒体及Facebook、Twitter、YouTube等海外平台上正面宣传“中国建造”。

（五）构建施工承包与全产业链协同促进的商业模式

1. 打造“投资+建造”融合业务

基于市场新格局，中铁十七局加快推动传统施工承包模式向“投建营”一体化全产业链模式转型，从传统的施工承包商向投资商、总承包商升级。2020年11月，中铁十七局将原先分别承担投资项目经营、投融资、监管及房地产开发等业务的公司和职能部门进行整合，组建成立投资开发事业部（房地产公司），全面履行投资项目经营职能、总部业务管理职能和投资管理职能三重职能，厘清管理界面和权责清单，推动投资项目经营进入专业化发展轨道。投资开发事业部实行独立经营、独立运营、独立核算、独立招聘、独立考核，自主开展面向建筑领域投融资业务的市场经营、政策研究、业务咨询和外部合作，灵活运用PPP、ABO、TOD等模式，科学选择战略合作、参股控股、组建联合体等途径，全方位提升“一站式”综合服务能力，推动业务领域向产业价值链高端延伸。中铁十七局应用“投建营”一体化模式的代表性工程——南京江北新区综合管廊是国内规模、技术、运营管理首屈一指的智慧化管廊工程，入廊电缆管线长度创全国之最，为江北新区节约土地价值超过400亿元，创造了良好的经济价值和社会价值。

2. 实施“产品+服务”盈利组合

中铁十七局依托施工承包主业，积极延伸开展设计咨询、工程监理、系统集成等高附加值的服务型业务，形成互为支撑、多点创效的盈利组合。围绕建筑产业链中具有引领作用的勘察设计板块，中铁十七局大力扶持所属勘察设计院发展，在任务分配、资质申报、人才引进等方面给予支持性政策，指导帮助勘察设计院成功申报建筑、市政、铁路、公路四个行业的设计、咨询、监理甲级资质，形成了同类单位中具有较强经营能力和设计业绩的竞争优势，勘察设计板块年均增长率超过25%。同时，对暂不具备能力或资质未覆盖的领域，中铁十七局联合国内铁路设计院、城市规划院等单位，打造集咨询机构、设计单位、科研院所等于一体的产业联盟，引入优质社会资源对自身服务能力形成有效补充和支撑。

3. 实现“运营+管理”全链创效

运营是全产业链项目经营的重要组成部分，建筑企业持有和运营项目、实现持续正向收益，是适应市场新格局的必然要求和重大挑战。中铁十七局携手业内具有成熟运营经验和丰富运营资源的专业企业组建联合运营单位，在快速形成专业化能力、确保持有项目及特许经营项目在短期内投入正常运营的基础上，通过委外培训、定点培养、岗位练兵等途径，用1～2年时间实现由合作运营向自主运营过渡，逐步构建起“公路+管廊+站房+文体场馆”等4大类12个自主运营平台，形成覆盖全产业链的复合型经营能力。自2020年以来，中铁十七局陆续投入运营的南京江北新区综合管廊、锦州文化艺术中心、玉溪火车西站、青岛中德管廊和部分房地产开发及物业项目均实现正常运行和预期收益，初步建立起一支专业化的自主运营团队。其中，锦州文化艺术中心作为辽西地区最大规模的综合型文化场馆，先后承办辽宁省庆祝建党100周年优秀舞台艺术作品展演、国家公共文化服务体系示范项目“群星大课堂”

及锦州市春晚、名人书画展等文体活动，累计迎来近 10 万名观众到场，收获良好经济效益和社会效益。

（六）构建客户价值与企业价值同频共振的市场品牌

1. 打造诚信履约的客户服务文化

中铁十七局打破传统国有建筑企业行政化、官僚化的刻板印象，面向市场提出“以客户为中心”的经营信条，打造核心客户服务的规范流程和标准化制度。在前期工作中，积极登门拜访、强化高端对接、开展政企合作，持续拓宽工作交流的广度和深度；在项目建设中，定期开展客户拜会、电话回访、定期沟通、日常问候等工作，增进双方的合作信任；在竣工交付后，继续保持常态化的沟通联系，及时响应业主对工程整改、收尾、修缮等方面的需求，真正做到“全生命周期”服务，形成并维系真诚互信、重在长久的客户合作关系。同时，中铁十七局高度重视并做好行业信用评价工作，以高效率施工和高品质工程赢得市场，打造国有大型建筑企业讲信用、能干事、负责任的“金字招牌”。

2. 塑造担当有为的央企社会形象

作为中央企业，中铁十七局积极承担和履行社会责任，为市场开发奠定良好的信誉基础和民意基础。中铁十七局成立以集团及分子公司主要领导为组长的工作小组，制定 10 余项专项制度和保障性措施，依托遍布全国的 20 余家单位、400 多个项目以及国家级抢险救援队、中心医院等机构开展社会责任工作。自 2021 年以来，中铁十七局先后定点帮扶青海甘德县、山西汾西县 3 个贫困村脱贫摘帽，支援武汉雷神山医院、太原定点收治医院、长春方舱医院及尼日利亚中企在建项目等疫情防控及防疫设施建设，派遣抢险救援队及驻地项目 2000 余人次参与山西、河南、吉林、重庆等地的抗洪、山火抢险，受到了各级政府和人民群众的广泛赞誉，企业影响力和传播指数不断提升。

三、建筑企业集团面向市场新格局的协同经营体系构建与运行效果

（一）企业经营规模稳健增长，经济效益显著提升

在宏观经济下行压力加大、行业竞争加剧的形势下，中铁十七局经营规模逆势实现持续增长。2019 年新签合同 818 亿元，同比增长 38.6%；2020 年新签合同 974 亿元，同比增长 19%；2021 年新签合同 1347 亿元，同比增长 38.2%，连续刷新历史纪录，福建、广东、四川等新开发市场成为规模增长的主要来源，增速在同类单位中处于领先水平。2019 年，中铁十七局海外经营承揽 108.8 亿元，首次突破百亿元大关；2022 年，以联合体中标 430 米高度的柬埔寨国际会议中心项目，创中国铁建国内外承建建筑高度之最。

（二）企业经营质量持续提高，新兴市场有效拓展

中铁十七局加快推动主营业务转型升级，向投资商、施工商、运营商身份转变。自 2019 年以来，企业自主投资项目规模逐年攀升，其中，2021 年自主投资项目 167.6 亿元，成为支撑企业发展的支柱性业务。2021 年，中铁十七局以房建、市政、城市轨道交通等为主的城市经营业务规模达到 815 亿元，同比增长 24.6%，在经营总额中占比上升到 60%；生态环保、土地整治、物资贸易等新兴业务规模 177.2 亿元，同比增长 84.8%。中铁十七局成功申报矿山工程施工总承包特级资质，地下综合管廊业务入选中国铁建“十大品牌”。

（三）经营品牌有效塑造，央企形象充分彰显

中铁十七局坚持诚信为本、优质履约，为主营业务持续健康发展奠定基础。自 2019 年以来，全集团 486 个工程项目按期优质交付，公路信用评价在 10 多个省份保持 AA 级，水利信用评价保持最高等级 AAA 级。单位工程一次质量检验合格率 100%，创建国家级、省部级优质工程 30 项，保持安全生产

无重大事故，在系统安全生产年度考核中连续获“优秀”等级，多个项目获“全国公路水运平安工程”“中国铁建安全标准工地”等称号。中铁十七局所属单位及个人先后获得“全国脱贫攻坚先进个人”“中央企业抗疫先进个人”“山西省最美劳动集体”等荣誉称号，多次登上国内外主流媒体，展示了优良的央企品牌形象。

（成果创造人：陈宏伟、杨永睿、武宝君、陈爱嵩、丁晓东、李　鹏、黄　焯、童康为、刘亚鹏、马海龙）

轨道交通装备企业基于分层分类的机制改革管理

中车株洲电力机车研究所有限公司

中车株洲电力机车研究所有限公司（以下简称中车株洲所）始创于1959年，是中国中车集团有限公司（以下简称中车集团）所属企业。近年来，中车株洲所积极转变发展方式，依托同心技术的多元应用，将列车牵引系统（列车的心脏）和网络控制系统（列车的大脑）等关键部件核心技术延伸应用于新能源汽车、船舶、工业自动化、轨道工程机械等多个领域，逐步转型升级成为涉及电气传动与自动化、高分子复合材料、新能源装备、电力电子器件四大产业的高科技企业集团，年营业收入过400亿元，境内外员工17000余人（其中境外员工近5000人）。

一、轨道交通装备企业基于分层分类的机制改革管理背景

（一）落实国企改革“双百行动”和“改革三年行动”的要求

为贯彻落实习近平总书记关于国有企业改革发展和党的建设的重要论述，深化国企改革“1 + N”政策文件落实落地，党中央、国务院研究制定和发布国企改革三年行动方案，国务院国资委以更高起点、更大力度推动“双百行动”“科改示范行动”等国企改革专项工程企业深化落实综合性改革，要求国企改革专项工程企业率先闯出改革新路子，以点带面、积厚成势，形成改革乘数效应，提高改革综合成效。中车株洲所作为专项工程试点企业，紧扣“双百行动”“改革三年行动”的总体目标和要求，以改革破除活力激发、效率提升、产业发展的障碍，推动国有企业治理体系和治理能力现代化、强化国有企业对外经营、内部管理机制市场化，加快显现国企改革综合成效，充分发挥国企改革专项工程企业的示范和引领作用。

（二）适应行业发展趋势的需要

迈入新时代，轨道交通行业“天花板”来临，民营企业准入门槛放开，优化产业结构、平衡资源投入、提升经济效益成为产业稳健发展的关键；能源板块百花齐放，合资合作、重组整合成为争夺市场的有力抓手，资本驱动市场竞争更趋白热化，风电、新能源汽车、储能等领域进入超级竞争阶段；同时新基建、碳中和、补短板、数字化等系列政策释放重大政策利好，以“大智移云”、机器人、5G等为代表的新一代信息化技术助推传统制造业数字化、网络化、智能化转型，技术迭代速度指数级加快，科技发展日新月异。中车株洲所深刻意识到转变传统经营思维和业务模式的紧迫性和必要性，唯有守正创新以改革激发企业活力、增强内生动力、提升资源配置效率，才能形成应对快速变化和适应激烈竞争的核心竞争能力。

（三）中车株洲所高质量发展的需要

中车株洲所是一家跨行业发展、全球化经营的企业集团，在全球20余个国家、60余个城市布局百余家分子公司，管理幅度大、法人层级多，目前所属产业形态各异、成熟度不一，以市场化为导向，提升组织决策效率、行业适应性、创新发展和产业转型升级的速度，达成组织赋能和高效管理的目标，已成为企业本轮国企改革的重点领域和关键环节，必须破除束缚发展的机制藩篱，打破好人主义、平均主义，以发展眼光推动差异化机制建立，破除传统行业惯性，依托改革势能补齐竞争要素、整合行业资源、激发人才活力、有效传导压力、释放发展红利，在实现“大象起舞”的基础上，打造“与狼共舞”的实力，加快从装备制造商逐步向系统解决方案提供商转型，实现轨道和交通领域的改革创新再发展。

二、轨道交通装备企业基于分层分类的机制改革管理主要做法

（一）确立总体思路、实施原则和组织领导

1. 总体思路

中车株洲所深入贯彻党中央国务院关于国企改革的推进部署要求，以国企改革“双百行动”和“改革三年行动”为契机，立足自身科技驱动、多元发展、充分竞争、集团管控等特点，按照系统谋划、分层分类、突出重点、示范引领的原则，着眼于“提效力、添动力、促合力、传压力、激活力”的目标，在规范化治理完善现代企业制度、精准化稳慎实施混合所有制改革、差异化管控打造价值协同型总部、市场化经营构建新型经营责任体系、价值化激励重塑员工价值创造体系等方面深化机制改革，赋能企业植入市场化基因和确立企业市场主体地位，充分发挥价值协同型总部功能定位，助力中车株洲所成为技术引领、行业一流，高端、高效、高质量的全球化产业集团。

2. 实施原则

系统谋划：改革坚持以解放生产力为前提，遵循企业实际和行业发展规律，有机结合自上而下的顶层设计和自下而上的基层意愿，因地施策、因业施策、因企施策，以机制改革创新破解企业在治理效能提升、产业多元发展、内生动力活力激发等方面的问题，实现方向、动力、活力、效率的协调统一。

分层分类：根据企业战略与产业定位，区分实施不同行业、不同阶段、不同特点企业的改革策略，进一步提高企业改革的针对性、有效性和科学性，并且根据内外部环境变化坚持对规定动作和自选动作进行转化和调整，积极处理好改革与发展、改革与创新、改革与稳定的关系。

突出重点：改革是一项系统工程，需要聚焦重点难点、补短板强弱项，转变传统管理思维，扫除体制机制障碍、激发内生动力和聚合竞争势能，实现规范化治理、精准化混改、差异化管控、市场化经营、价值化激励等改革重点领域和关键环节的率先突破。

示范引领：改革试点无具体范式可循，需要企业在探索实践的同时进一步总结提炼形成理论成果、制度成果和实践成果，形成可复制、可推广的改革经验，实现从试点到示范的转变，以点带面发挥示范引领作用。

3. 组织领导

在机制改革过程中，中车株洲所成立纵向贯穿、横向协同的跨主体、跨职能联合工作组，构建领导挂帅、组织保障和业务联动的保障机制。一是强化领导责任，成立以中车株洲所党委书记、董事长亲自主持的改革领导组；二是健全工作机构，专门设立深化改革办公室和改革专家组，负责研究改革政策案例、统筹指导推进和策划经验推广；三是强调集团职能部门负责人和产业单位第一责任人应直接参与具体工作推进，按照“上门问诊、专项攻坚、闭环管理、改革评估”的管理机制开展穿透式推进，针对重难点领域率先由集团本级实施职能域机制改革，将改革创新管理与传统职能管理相融合，持续推动企业完善管理内核，赋能支撑业务域变革发展。

（二）完善中国特色现代企业制度，有效提升企业治理效能

中车株洲所始终坚持以法人治理效能为突破，推动党的领导融入公司治理、应建尽建配齐建强董事会、融合构建“管控+治理”管理模式等工作，根据各级次股权比例、业务性质、业务规模、发展阶段等实际情况，通过分层分类精准授权制定治理决策清单、行政审批清单、授权放权清单和共性共享清单，依托清单构建起权责法定、权责透明、协调运转、有效制衡的治理型管控机制，有效提升企业集团治理效力。

1. 将党的领导融入公司治理作为现代企业制度建设的前置条件

一是全级次企业确保制度化地实现党建进章程、规范化地明确权责事项清单、程序化地落实党委前

置研究讨论重大事项；二是以清单为载体发挥党组织领导作用，对不同层级的控股及参股子企业，分门别类确定“三重一大”事项范围，差异化地确定重大资金额度划分标准，以清单形式确定党组织在决策、执行、监督各环节的权责和工作方式，根据企业实际发展需要动态更新完善清单；三是分类落实混合所有制企业党建治理，绝对控股混改企业实施“整体平移、一体管控”，控股全资企业实施党建要求全覆盖，相对控股混改企业着力“深度渗透、有效协同”，守正创新协同非公股东党建联动，参股混改企业聚焦“规范到位、加强监督”，坚持底线思维，防范化解经营决策风险。

2. 将应建尽建、配齐建强董事会作为现代企业制度建设的关键环节

一是制定董事会应建尽建清单，对于市场化程度较高、业务多元、投资高频、处于成长期或成熟期的企业，以推动董事会建设为重点，充分发挥定战略、做决策、防风险的治理效能；二是配齐建强董事会，建立专业多元、能力互补的外部董事人才库，成立支撑履职的专门委员会，明确职能部门与董事协作机制，规范实施董事选用考评机制，以专职化促专业化、专责化；三是引入外部董事优化治理运行机制，充分发挥外脑专家和监督制衡作用，防止内部控制，促进企业科学决策、民主决策、依法决策；四是落实董事会权利，在治理机制健全和实现外部董事占多数的企业，动态评估法人治理行权能力，授予董事会选人用人、考核分配、重大财务事项等决策权利，促使各级法人更加充满活力和竞争力。

3. 将法人治理与行政管理融合作为现代企业制度运行的核心载体

一是根据法人单位不同特点实施战略导向下的差异化复合型管控模式，“一企一策”明确差异化管控要素；二是进一步完善法人治理体系，厘清企业股东会、董事会、监事会、经营层权责事项清单，融合串接行政事项清单，确保治理决策和行政审批的统筹融合；三是对于具备行权能力的企业，在“三会一层”权责事项清单、行政事项清单的基础上进一步区分授权放权清单和共性共享清单，充分发挥控股股东治理协同作用和支撑董监事发挥自主决策市场主体作用，将治理型管控体系作为市场化程度高、产业发展稳健、管理基础良好的企业开展高效能治理的重要途径。

（三）精准化稳慎实施混合所有制改革，注入多元产业发展动力

中车株洲所结合多元产业形态特点，从战略定位、核心竞争力、资源配置、经济效益等维度将产业界定为支柱型、成长型、培育型、退出型，遵循“分层分类、混资引战、转制提效、依法合规”的原则，从产业协同补短、体制机制创新、资本价值回报等方面各有侧重地寻求新突破。

1. 以产业分类为基础确立改革方向

一是支柱型产业，主营业务稳定，主要产品及市场成熟，行业地位持续领先，能贡献稳定利润及现金流，在确保国有股东控股地位的前提下，可以有序实施混资引战和加快转制提效，通过协同外部资本、智慧和资源，促进内部机制体制转换和产业创新升级，提升引领优势和强化核心竞争能力。轨道交通、新材料属于支柱型产业，所属上市公司时代电气、时代新材通过上市“广积粮、高筑墙”，累计募集资金超百亿元，为重点产业突破和智能化、数字化转型发展募集发展资金。二是成长型产业，主营业务尚处于成长壮大阶段，但已具备一定市场地位和竞争优势，在确保国有股东控股地位前提下，可以积极稳妥实施深化改革，以资产和资本互动为纽带，加快瓶颈突破、释放发展势能，促进体制机制转换和产业创新升级。风电、半导体属于成长型产业，风电事业部、时代半导体公司分别通过超额利润分享“多打粮食”、员工持股“共享共担共发展”，圆满完成风电抢装任务，实现产值百亿元跨越，获得半导体核心能力突破，率先完成 IGBT“芯片—器件—模块—系统”技术创新与工程制造。三是培育型产业，主要产品处于市场导入的初期，尚未形成成熟的、可持续盈利的业务，是企业未来发展的新动能。可以灵活设置股权结构，初创期可以灵活参股、成长期须控再控，引入利于孵化业务率先破局的外部资

本，积极开展股权融合、战略合作、资源整合，紧抓破局点，率先形成有力基本盘，建立培育期风险分摊机制和市场化经营机制，着力激发各类资源主体活力。智轨产业属于培育型产业，引入有助于市场推广的战略投资者，2021 年开通两条商业运营线路，新增开通城市 4 个，年度销售收入同比增长 70% 以上，2022 年通过股东纽带首次斩获海外订单，马来西亚、阿联酋项目合同金额超 10 亿元。四是退出型产业，依据企业战略需要实施退出的产业，基于外部价值认知和内部最优判断，择机引入投资者探索参股形式资本运作，绝缘、工塑、桩工属于退出型产业，以退为进，转变经营机制，实现国有资产保值增值。

2. 以引入战略投资者为重点规范混资引战

中车株洲所依据政策法规，进一步明确和规范了投资者引入过程所涉及的活动环节、文档要求和管控项点，确保引入投资者能够成为改革企业产业链、供应链、价值链上中下游深入合作的战略伙伴。一是搭建资本合作联系平台，定期发布资产评估机构、产权交易所、行业协会、产业链上下游关联企业、政府及金融机构长名单，以更合规、更精准、更高效地对接投资者；二是重视商业计划书编制，以投资视角评估产业“含金量”，明确各产业成长空间、竞争能力和团队实力，掌控谈判过程节奏感；三是对于进入重点考察范围的短名单投资者，围绕“高战略匹配度、高文化认同感、高产业协同性”评估投资者与企业中长期发展规划的匹配度、对企业经营理念和文化的认同感，分析投资者在市场拓展、技术创新、管理提效和资源互补等方面发挥的协同作用，判断其是否有利于促进企业突破瓶颈、优化资源和激活机制；四是签订投资协议前，企业职能部门将对投资者开展反向尽职调查和专项评审，充分识别投资过程可能存在的风险；五是强化公司章程、合资协议管理，对于招商引资、人才引进、市场协同、技术协同、“三会一层”权利义务、知识产权归属及授权使用规则等领域实施标准化、模版化设计，最大限度保障各方股东权益和合资合作目标达成。

3. 以战略规划为导向推进转制提效

股权多元化和混合所有制改革作为国企改革的有效突破路径，股权层面资本合作是手段，机制层面激活提效是重点，根本上是要以提高核心竞争力和资源配置效率为目标，加快形成有效制衡的法人治理结构、灵活高效的市场化经营机制。一是在改革前确定产业未来发展战略目标、业务布局、商业模式、技术路线、管控方式，剖析制约企业活力激发、效率提升、效能提高的短板及瓶颈；二是从股权多元、混合所有制改革、员工持股等方面评估资本运作的必要性，从完善法人治理、推动三项制度改革、强化中长期激励、释放科技创新活力等方面评估机制转化的可行性，制定“混资本 + 改机制”综合改革方案；三是对于机制类改革，须理顺改革政策导向、产业发展需求、职能管理要求间的关系，统筹发展路径、资源配置、管理效能，打破机制束缚，释放市场主体活力，赋能产业超常速发展。

（四）差异化管控打造价值协同型总部，促进产业组织发展合力

中车株洲所结合企业自身产业分类和特点，创造性地建立了以战略主导型为主的差异化复合型管控模式，充分发挥多产业协同竞争优势，支撑实现“本级业务管理 + 集团化职能管理”定位，将提升专业职能整合和专业协同能力作为打造价值协同型总部的关键举措。

1. 以产业组织分类为基础确立管控重点

匹配不同管控模式，明确不同产业组织管控核心点的管控范围和管控深度。对于上市公司以及业务进入产业化发展轨道、自身管理体系完整、管理能力成熟的分子公司（含并购或合资公司），采取战略主导型管控模式，即以战略管控为主导，兼顾运营监督，中车株洲所下属时代电气、时代新材两大上市公司，采取的就是战略主导型管控模式，管控核心点为党建、战略、投资、干部、合规风控等。对于处

于培育、成长初期阶段，管理能力较弱的非上市下属公司，以及为承担种子产业、培育产业而新设的分子公司，采取管理支持型管控模式，例如中车株洲所风电事业部、智行公司、襄阳电机公司等，中车株洲所总部对其实施管控、支持服务等职能，促进其发展，管控核心点为党建、战略、投资、干部、财务、人力资源、信息化、合规风控、管理支持与运营支持等。对于联营或参股公司，采取财务管控型管控模式，例如时代高新投资公司、中车电动，中车株洲所采取财务管控型模式，管控核心点为投资收益和风险控制。

2. 以分类考核为抓手牵引产业发展

在区分支柱型、成长型、培育型、退出型的基础上，增加资源平台、财务投资平台两类。对于支柱型产业，主要考核收入、利润、资产收益率等经营性指标，强调为公司贡献稳定的现金流；对于成长型产业，主要通过看齐行业标杆，在考核中均衡关注规模收益和关键能力建设；对于培育型产业，主要依据战略规划考核落实情况，确保培育型产业按行业规律孵化发展；对于退出型产业，主要完成存量业务交付和风险化解；对于资源平台，主要考核战略性创新任务、重大科研项目的实施完成情况，重点培育内生动力和发展能；对于财务投资平台，重点考核投资回报、投后项目管理等内容。

3. 以资源协同共享赋能产业发展

构建“总部母体－业务单位子体”之间的“脐带”关系，推动建立各业务板块间的紧密耦合关系，支撑和赋能改革推进、产业发展。一是强化产业战略协同，避免内部跨主体的产业各自为政，对于支柱型业务“稳定份额、转型升级、引领创新”，对于成长型业务着重“坚定方向、适时投入、改革发展”，对于“非战略核心、非战略优势”业务实施有价值退出。二是强化研发协同，以中车株洲所研究院为依托，为产业发展提供技术和先进方法工具支撑，各业务单元面向市场需求开展应用技术研究、产品开发以及研发方法和工具适应性的改善；凭借中车株洲所完整的产业链和技术链优势，基于行业新趋势实施跨专业学科、跨业务单元的联合研发，充分激发研发协同优势，支撑多元产业发展。三是强市场协同，实施“经营城市”策略，深耕产业和市场资源富集的重点地域（城市），通过系统谋划和长期战略协同，促进交通和能源相关产业的市场拓展。深耕行业，成立汽车产业协同平台（DCB）、能源产业协同平台（DEB）、国际业务协同平台（DIB）、经营城市协同平台（MCB），共享市场信息，协同开展重要城市/客户的交流走访，助力重大订单获取。四是强化管理协同，发挥决策支撑、服务共享、管理赋能的突出作用，通过合署办公、共享中心建设，实现职能管理资源的共享利用，先后组建财务共享中心、人力资源共享中心、信息化共享中心、企业大学、专业委员会、专项帮扶工作组等，聚焦产业发展短板弱项，协同推动和指导产业提质增效，最大化提升组织效率。

（五）以市场化经营构建新型经营责任体系，传导干事创业压力

中车株洲所始终坚持领导干部人事制度改革走在前、干在前，以上率下带动三项制度改革走深走实，在创新实践考核排序、总经理组阁、经营层任期制和契约化管理等系列举措后，内部市场化氛围日趋浓厚，人才队伍干事创业热情与活力得到有效激发。

1. 扎实推进领导干部末位淘汰

实施领导人员强制排序，综合考虑产业板块、工作关联度等因素划分排序群体，第一次评价排序由上下级和相关部门完成，各群体排名前、后10%的人员由企业领导班子实施二次排序，对于排序后5%的人员列入扣减绩效年薪和末位淘汰范围，将排序考核结果作为干部选拔任用、评先推优、能上能下的重要依据。自2018年以来，通过赛马排序，有9位领导干部因处于末位而退出领导岗位，近50位领导干部因年度考核不合格而受到调岗、降薪、诫勉谈话等不同程度的处罚，同一层级年薪最高者是最低者

的近两倍。

2. 开展经营管理层竞聘上岗

一是实施经理层公开竞聘和总经理组阁制，建立了“选一人，一人选，权责共担”的管理模式，充分落实总经理在竞聘打分、提名组阁等环节的选人用人权，构建了总经理与经理层共进退的共生关系；二是经营层竞聘通常采用“发帖揭榜”的形式，明确任期内经营层各岗位的业绩和薪酬目标，常有勇者主动加码提出更高的经营目标。截至目前，通过总经理组阁制，有12名经理层成员竞聘连任失败被转入普通岗位。

3. 实施刚性考核

一是推行“两制一契”管理（聘任制、任用制、契约化），通过建立任期和契约关系，进一步完善考核评价、激励约束、过程监督和退出机制；二是扩大任期制和契约化管理范围，在经营层领导人员的基础上，将董事会成员、党委领导人员、职能部室资源中心负责人纳入“两制一契”管理范围；三是实施差异化管理，对于经理层领导人员实行聘任制，以营业收入、净利润、总资产收益率、总资产周转率等为主要考核指标；对于非经理层领导人员实行任用制，着重履职承诺与监管，在管理价值创造、能力提升专项、横向职能协同、纵向产业支持等维度设置考核指标，确保相关年度战略重点工作的高效推进和目标落地；四是构建短期与中长期相结合的契约化管理，构建“基本+绩效+任期+中长期”目标考核体系和薪酬兑现体系，浮动薪酬占比超过80%（含绩效年薪、奖罚工资、任期激励和中长期激励等）且与契约化目标考核结果刚性挂钩，有效引导企业负责人从关注短期经营业绩指标到重视长期企业发展类指标。

（六）以价值化激励重塑员工价值创造体系，全面激发企业创新发展活力

中车株洲所始终坚持以“人与激励”为核心，遵循“事其所好、精其所专、成其所想、得其所值”的人才发展理念，完善全员职业发展平台、精准化多样化强化员工激励、探索员工持股实践模式，建立企业与员工共创共享共担机制，持续激发员工干事创业激情和内生动力，实现员工利益、企业发展的相互和谐统一。

1. 完善全员职业发展平台

以淡化官本位思想、强化专业能力提升为导向，结合企业发展阶段和群体时代特征构建员工职业生涯发展通道和职位等级体系。一是丰富多元职业发展通道，由最初管理、技术、制造迭代为项目管理、工程技术、营销贸易、专业管理、生产制造，打造了复合人才与专业人才分类培养、领导干部与企业员工齐头并进的职业发展赛道；二是建立多层次职业发展等级，坚持岗位管理与能力管理并重，将基本素质和知识水平作为员工职业生涯赖以立足的根本，核心价值标准为企业和员工的成长提供方向、指引和原动力，关键能力与行为标准帮助员工在事业道路上快速发展，组织贡献与绩效标准科学激发人才核心价值创造；三是重视科技人才、青年人才和核心人才培养发展，畅通“心无旁骛做科研”晋升机制，将研发人员的层级上限设为最高，基于能力变化的梯度，设计青年人才“小步快跑”晋升机制和核心员工“稳步迈进”培优机制，目前已有20名资深专家被认定为T层级（与经营班子及高管同一层级）、1名科学家被认定为最高的S层级（高于经营层层级）。

2. 以分类为基础强化激励

中车株洲所结合企业特点、团队特征，多样化、精准化完善激励机制。一是构建“3+X”复合差异化价值分配模式，以岗位、能力、绩效为三要素，量化评价岗位工资标准体系，以重大科研项目预约奖励、创新提案奖励、设计知识积分奖励、质量攻关奖励等个性化的即时激励工具为“X”，注重价值

创造和激励即时性，持续激发创新内驱力，有效避免“躺平”。2021 年，各类重大科研项目预约奖励累计超过 5000 万元。二是明确激励目的和实施群体，岗位分红聚焦科技人才激励、超额利润突出经营班子及核心骨干贡献，围绕利润目标完成值核算激励总额度，鼓励员工创造业绩增量，分享发展红利，让奋斗者和价值创造者获得与贡献相匹配的回报，激励实施期间，累计分享激励金额超过 4000 万元。三是实施特殊群体工资总额单列管理，率先对国家级研发机构的核心技术攻关团队和骨干科技人才实施工资总额单列，创新性地提出保障工资、激励工资、奖励工资三种单列模式，保障核心科技人员“粮袋子”水平在企业内部相对领跑，2021 年技术研发岗位平均薪酬增幅达到公司全体员工人均薪酬增幅的 4 倍以上。

3. 创新员工持股实践模式

围绕激发活力、吸引和留住核心人才的目标，遵循“依法合规、共享共担、突出核心、以岗定股”的原则，建立适于不同产业发展的员工持股管理机制。一是对于初创期产业，综合实施混合所有制企业员工持股和科技人员“上持下”跟投，打通市场化、资本化的引才和留人通道，让一线研发人员参与创新业务孵化培育和共享转化成果；二是对于市场热度高、人才竞争激烈的产业，用好用足政策，实施科技型企业股权激励等市场化激励方式，吸引和留住核心人才；三是对于处于转型升级阶段的合资企业，探索员工受让非公资本股权模式，唤醒沉睡股东、凝聚员工信心，重塑产业发展格局。自“双百行动”以来，累计向 1600 余名核心员工实施混改企业员工持股、科技型企业股权激励、科技人员跟投、科技成果转化奖励和科创板战略配售，其中以智轨产业为试点，依据促进科技成果转化法实施股权奖励，以股权的形式将无形资产评估增值部分的 30% 奖励至创新业务孵化的核心技术团队，有力调动和激发科技人员创新和转化的积极性。

三、轨道交通装备企业基于分层分类的机制改革管理效果

（一）动力活力持续激发，创新能力显著提升

自 2018 年以来，中车株洲所新活力、新动能彰显，积极承担国家战略任务，推动科技自立自强，在创新平台建设、高层次人才培养和科技成果申报方面硕果盈枝。先后打造“复兴号高速列车”动力之芯，推动解决 IGBT 等“五基”问题，加速突破芯片、SiC 器件、高性能复合材料等“卡脖子”技术，攻克时速 400 千米高速动车组、时速 600 千米高速磁浮、新一代永磁牵引系统等前沿核心技术；建成变流技术国家工程研究中心、新型功率半导体器件国家重点实验室等 5 个基础、前沿研究平台，成立电气技术与材料工程研究院、双碳中心及 26 个专家工作室等共性、平台技术研发平台，依托产业建立 12 个行业应用中心；获国家科学技术奖 5 项、省级一等奖 12 项、学会特等奖 11 项及二等奖 40 余项；培养工程院院士候选人、国家万人计划、科技部中青年领军人才、湖湘青年领军人才等 218 人次；申请专利 5564 项，其中发明专利 4120 项，斩获德国纽伦堡国际发明展金奖和银奖各 1 项，中国专利金奖 2 项、银奖 2 项、优秀奖 10 项。

（二）多元产业赋能取得突破，经营业绩跃上新台阶

自 2018 年中车株洲所成为国企改革专项工程试点企业以来，企业营业收入从 295 亿元增长至 2021 年的 362 亿元，资产总额从 513 亿元增长至 2021 年的 750 亿元，累计创造利税 200 亿元。分类改革推动多元战略性新兴产业发展，不仅在轨道交通主业方面成长为全球产品型谱最完备、综合技术实力最强、产品应用数量最多的牵引控制系统首选供应商，并已在电气自动化（例如深海机器人）、高分子复合材料（例如弹性元件、风电叶片）、电力电子器件（高压 IGBT、晶闸管）、新能源装备（例如电动汽车）等领域的一些细分行业中进入全球前列。

（三）改革示范效应明显，加快了建设一流企业步伐

中车株洲所机制改革创新已成为推动企业高质量发展、建设世界一流企业的关键策略，在经营业绩、活力动力、科技创新、治理能力方面的成果丰硕。管理实践经验先后入选国资委国企改革简报和国资委《改革样本》（《全面推进综合性改革 不断打造企业内生发展力》），在国资委主办的“双百行动”现场推进会、“科改示范企业”负责人培训班、国资委改革三年行动培训班上授课分享。中车株洲所目前已成为国资委“学先进、抓落实、促改革”典型示范企业（全国共33家）、国资委“双百行动”专项评估的“标杆”企业（全国共39家），并作为11个典型案例之一入选国资委《国资报告》国企改革三年行动专刊典型案例，获得中车集团2021年第六届管理创新成果一等奖、2020年调研课题成果一等奖，连续三年获得中车集团改革发展专项奖，为中车集团加快建设世界一流企业做出突出贡献。

（成果创造人：李东林、刘可安、张向阳、王　力、邓青瑞、何政军、
刘　曦、陈　昆、唐远远、叶　朋、程　惠、涂晓红）

建筑企业集团充分发挥所属企业特色优势的分类管理

中铁建工集团有限公司

中铁建工集团有限公司（以下简称中铁建工）是中国中铁股份有限公司的全资子公司，下设各类型分子公司17家，员工近17000人，注册资本金64亿元。中铁建工立足于房建工程总承包、基础设施总承包、房地产、设计四大业务板块，统筹协调路内、路外、海外三大市场，形成了规划、投资、设计、施工、安装装饰、物业管理一体化的全产业链发展优势；累计获得国家级工程奖项226项，其中鲁班奖48项，获得“全国文明单位”“全国五一劳动奖状”等众多荣誉。2021年，完成新签合同额逾2000亿元，营业收入近1000亿元。

一、大型建筑集团充分发挥所属企业特色优势的分类管理背景

（一）行业变革对建筑企业提出了更高标准

建筑业作为传统行业，在我国国民经济中占有重要地位。行业变革逐步深化，政府监管日益严格，市场秩序日趋规范，对市场主体的发展质量和综合竞争优势提出了更高要求。目前，国内大型央企建筑企业仍普遍采用“央企总部—工程局—工程公司”的组织架构，其中，央企总部和工程局总部主要履行管控职能，工程公司作为经营生产的责任主体直接参与市场竞争。提高工程公司的发展质量和综合竞争优势，势必成为改变建筑央企或建筑集团（工程局）大而不强现状的关键。

（二）推动集团战略落地的内在要求

多年来，中铁建工形成了以工程承包为主体，投资和设计协调发展的产业体系。工程承包板块累计贡献了集团公司85%以上的营业收入和75%以上的利润，是中铁建工发展壮大最重要的基础和最核心的支撑。中铁建工“十三五”发展规划明确了工程承包业务的核心地位，并要求在注重发展速度的同时，更加注重发展质量，做到量质并举、速效并重。“十四五”发展规划进一步明确了工程承包业务是中铁建工的立业之本，并提出了要实现工程公司建设升级的发展思路，明晰了诸多发展举措。在“十四五”期间乃至未来更长时间，中铁建工将继续坚持以战略为指引，综合施策，集聚各层级各方面发展合力，持续增强工程公司的竞争优势。

（三）应对所属工程公司发展不平衡的现实需要

中铁建工所属的11家工程公司，发展阶段、产品结构和产品特色、市场经营布局、资源禀赋情况各不相同，加之管理风格和管理水平、企业文化和企业品牌的差异，对中铁建工的贡献度存在较大差异。如果采用整齐划一的管理方式搞一刀切，不适应各工程公司的个性化发展要求，更不符合企业发展实际，因此必须基于所属工程公司的差异实施分类定位、分类管理，充分发挥各工程公司的优势锻长板，切实克服各工程公司的劣势补短板，采用差异化的管理策略和发展路径分类施策，推动所属工程公司全面协调发展。

二、大型建筑集团充分发挥所属企业特色优势的分类管理主要做法

（一）加强统筹谋划，明确工程公司分类管理的总体思路

中铁建工实施工程公司分类管理以国企改革三年行动方案为指导，以对标世界一流管理提升行动为抓手，以提升企业整体竞争优势为目标，通过建立多层级的工作体系，进一步优化提升企业系统管理，强化“集团总部配资源建机制、工程公司强能力创品牌、工程项目部抓履约重创效”的功能定位，统

筹策划，系统推动，协同实施支柱型、品质型、专业型工程公司的分类管理工作，进而实现企业动态均衡和高质量发展。

1. 确立工程公司分类管理的基本原则

坚持问题导向的原则。中铁建工及所属工程公司在近年来的高速发展中暴露出来一些问题，例如规模快速扩张与资源储备不匹配、管理理念不适应企业发展需要、发展效益不高、基础管理不实、风险管控不严等，给企业持续健康发展带来较大风险和隐患，因此，加强工程公司建设、提升工程公司竞争优势，就必须直面问题，深度剖析问题的本质、产生问题的深层次原因，对症下药，制订直击痛点、切实有效的建设举措。

坚持分类施策的原则。中铁建工所属工程公司的发展具有多样性和不平衡性是不容回避的客观现实。用同一把尺度、同一个标准，搞一刀切不符合企业发展实际，也容易造成分子公司发展僵化，“一抓就死、一放就乱”，不能充分激发各分子公司的发展活力、不能充分发挥各自的特长和优势。采取差异化的发展策略和管理要求是解决现实问题的基本遵循。

坚持统筹兼顾的原则。分类管理是在满足中铁建工战略规划的统一部署前提下的一种管理方式，力求在加强党的领导、实现愿景目标、增强创新能力、提升管理水平、落实社会责任、注重人文关怀等方面齐头并进，在战略精准定位、市场布局完善、产业产品选择、组织模式调整、资源优化配置、绩效考核评价等方面实现分类管理，最终实现共性和个性、整体和部分统一。

2. 在横向上对所属各工程公司进行结构化分类

中铁建工下属11个工程公司，大多数工程公司以总承包业务为主，部分工程公司以专业承包业务为主，因此在业务结构上，中铁建工将所属工程公司划分为综合类和专业类两大类别。各综合类工程公司虽然业务结构趋于同质，但其发展规模、竞争实力、产品特色、竞争优势以及对中铁建工的贡献度各有差异，需要进一步划分。经科学分析和评估，中铁建工将综合类工程公司划分为“支柱型”和“品质型”两类。支柱型公司由发展速度较快、发展规模较大、跨区域布局且对中铁建工的发展具有重要支撑作用的头部企业构成。品质型公司由发展相对稳健、聚焦区域市场、需要进一步夯实发展基础的工程公司构成。综上，最终将所属工程公司划分为“支柱型”“品质型”和“专业型”三类，其中支柱型公司5家，品质型公司5家，专业型公司1家。

3. 在纵向上厘清各层级组织的职责定位

集团总部做好资源配置和体制机制建设。集团总部负责配资源建机制，是全面提升工程公司整体发展质量和竞争优势的责任主体。通过完善经营体系、创新经营模式、加强高端经营、优化区域布局、做好立体经营和协同经营、强化大项目经营，为工程公司开拓市场提供有力支撑；通过加强领导班子建设、给予资金支持、优化资质布局、提升后台技术支持等措施强化工程公司发展要素保障；通过优化管理模式、科学放权授权、强化业务指导、捋顺责权利关系、实施基层减负清单、主动为基层解决实际困难等方式为工程公司提供服务支持；通过强化目标责任考核向工程公司传导发展压力；通过进一步完善市场化考核体系、强化任期考核和业绩考核、实施专项奖励、强化执纪问责等手段加大对工程公司建设的奖惩力度。

工程公司做好能力建设和文化品牌建设。工程公司负责强能力创品牌，是提高自身发展质量和发挥竞争优势潜能的实施主体。工程公司通过组织架构、生产组织模式、管控模式优化提升组织管控能力，通过配强项目管理团队、加强项目管理策划、加强供应链管理提升生产组织能力，通过创新驱动、完美履约和低成本运营塑造核心竞争能力，通过全要素、全周期的分级管控机制和实时防控机制，提升风险管控能力；通过拓展区域市场和客户资源，提升市场开发能力；通过狠抓人才梯队建设，提升人才优势，促进公司提升专业能力；通过强化执行能力建设、打造创效文化、打造风清气正的用人文化来加强企业文化建设；通过加强品牌建设与维护、创先争优树标杆、履行社会责任树立市场信誉、行业信誉和社会信誉。

工程项目部做好优质履约和价值创造。工程项目部负责抓履约重创效，是提升工程公司发展质量和竞争优势的根本支撑。工程项目部通过加强项目策划能力、生产组织能力、资源配置能力，加强安全质量责任体系建设、风险分级管控和隐患排查治理双重预防机制的运转能力和应急处置能力，提升施工生产管理水平，提升安全质量管控水平，从而提升履约水平；通过做实商务策划、做强成本管控、做精方案比选、做细成本核算等商务管理工作，开展实用性技术创新活动，加强行业前沿技术应用，提升价值创造能力。

（二）坚持精准定位，发挥各类工程公司的特色优势

中铁建工出台《加强工程公司建设实施方案》等一系列配套文件，明确三类工程公司的发展定位和总体工作部署，为深入推动实施方案落实，在全面调研、分析、论证的基础上，有针对性地出台了针对支柱型、品质型和专业型工程公司高质量发展的指导意见，进一步明确了三类工程公司的发展导向、发展路径和具体发展举措。

1. 将支柱型公司打造成集团发展的中流砥柱

中铁建工对支柱型公司的总体要求就是在保证发展效益的前提下，尽力发挥规模优势，做足长板，弥补短板，成为中铁建工高质量发展的中流砥柱，发展思路是实施规模化高质量发展战略，持续巩固"铁路站房王牌军""大型公共建筑专家""综合交通枢纽领军者"的行业地位，坚持规模和效益并重，突出做大做强做优，要成为聚焦核心主业的"排头兵"。中铁建工对支柱型公司进一步授权放权，提高其适应市场变化的能力。支柱型公司着力提升盈利能力，持续提高向母公司贡献利润和现金流的能力；持续提高优质履约能力，创造企业信誉和品牌，丰富充实"诚信立业、品质兴企"企业核心价值观的内涵；持续优化产业、产品结构和市场布局，提升集团化管理能力，面向全国布局市场，打造集投资、设计、施工、运营于一体，多业态、多模式的综合型工程公司。

2. 将品质型公司培育成深耕区域市场的主力军

中铁建工对品质型公司的总体要求是以区域市场为发展基础，不盲目追求规模扩张，以提升发展效益、提升市场竞争优势和可持续发展能力为主攻方向，不断提升发展质量，以适度的规模打造高质量发展的典范。品质型公司的发展定位是成为深耕区域市场的主力军，突出做深做强做优，发展思路是实施质量和效益并重的精益化发展战略，着重抓好降本节支、增收创效。品质型公司按照"品质第一、效益优先、规模适度"的总要求，实现品质、效益与规模的动态均衡发展。品质型公司聚焦施工核心主业，不刻意追求多元发展，立足区域化发展，在主责区域市场内精耕细作，提升经营能力和经营质量，持续提升优质履约能力，持续提升企业管理水平和项目管理水平，实施低成本运营战略，着力提升企业发展质量。

3. 将专业型公司建设成开拓专业市场的特种兵

中铁建工对专业型公司的总体要求是以聚焦主责主业中的细分专业领域品牌优势培养和提升专业能力为核心，积极打造细分行业的标杆企业。专业型公司的发展定位是做中铁建工高质量发展的"专业品牌代言人"和做精专业市场的"特种兵"，突出做专做精做优，发展思路是实施品牌和效益并重的专业化发展战略，塑造专业品牌影响力。专业型公司细分专业工程市场，健全专业工程资质，强化专业施

工能力，持续优化业务结构，以打造精品工程提升品牌内涵，以建设重点工程提升品牌影响力，以降本增效提升管理水平，整合供应链体系，打造专业工程 EPC 总承包能力。

（三）统筹市场布局，推动工程公司深耕细作

中铁建工依据各工程公司总部所在地的区域分布特点、各城市经济发展状况和建筑市场行情，对各公司的市场布局统筹谋划，划定各工程公司的主责区域市场和主责城市。

1. 鼓励支柱型公司面向全国布局

支柱型公司总部所在地均在经济发达地区且具有较好的发展基础，在人才、资金、社会资源等方面具备比较优势，有能力持续开拓主责城市以外的市场。因此，中铁建工通过政策支持、资源倾斜等多种手段鼓励支柱型公司在深耕主责市场的基础上，积极开辟新的市场，原则上对区域布局不做限制，支持各支柱型公司各显神通，并积极为支柱型公司拓展更大市场扫清体制障碍。其一，五家支柱型公司的原名称均有地域属性，随着经营规模逐步壮大，这使得客户对工程公司的综合实力产生了一定的负面评估；其二，五家支柱型公司有三家是分公司，公司性质与中铁建工对支柱型公司走集团化发展道路的定位不相适应；其三，为争取地方政府更多的支持，便于在地方纳税纳统，在当地设立子公司的需求日益突出。基于此，中铁建工通过新设子公司和变更现有子公司名称相结合的方式，将支柱型公司变更为五家“号码公司”，采用分子公司并存的模式运行，在号码公司运行的风险防控要点上进行系统识别，在运行主体、印章使用、对外行文、财务管理、纳税入统、经营要素、工程业绩、人员管理、关联交易等方面做出规范性要求。在分子公司并存的过渡期，要求尽量以子公司名义承揽中小型工程，不断积累业绩，提升资质等级，拓展资质类别；以中铁建工名义承揽中大型工程，持续巩固市场地位。

2. 引导品质型公司巩固区域市场

品质型公司与支柱型公司相比发展基础相对薄弱，所能够掌握的经营资源相对较少。历史上，品质型公司区域经营战略和城市经营战略不够明晰，“打一枪换一个地方”“哪里有项目就到哪里去”“干一个项目交一次学费”的现象普遍存在。同时，品质型公司主要分布在华北、西北、华南、西南等区域，具有较强的区域特色和属地优势，中铁建工实施区域经营战略，厚植主责区域市场，品质型公司责无旁贷。为此，中铁建工要求品质型公司聚焦于主责区域市场，主动收缩战线，放弃长期没有业绩的区域市场，集中、整合优势资源深耕主责城市，坚持“以现场保市场”的经营方针，干一个项目树一个丰碑，最大化利用属地的人才和社会资源，在主责城市、属地市场实现滚动发展。在主责城市以外的区域市场，原则上只承揽既有客户的项目或高于合同限额的项目。

3. 支持专业型公司拓展专业市场

专业型公司由于其专业属性，在产品构成上与支柱型公司和品质型公司有较大差异，形成内部竞争的可能性不大，因此中铁建工对专业型公司不设定明确的主责区域，而是要求其充分发挥自主能动性，不以摊大饼方式进行市场拓展，稳扎稳打，仍以城市经营和属地经营为理念，拓展一个巩固一个，成熟一个发展一个。如所属建安公司总部所在地专业工程一般不单独发包，经营开发工作面临较大压力，为此中铁建工支持建安公司积极寻求专业工程单独发包的区域市场，到市场潜力较大、适宜发挥专业工程优势的区域落子布局，开辟第二战场。此外，鉴于专业型公司与支柱型公司、品质型公司具有较强的互补性，中铁建工进一步激活内部市场机制，抓住利益分享和绩效考核两个关键点，在依法合规的前提下，引导支柱型公司和品质型公司将总包工程中的部分专业工程交由建安公司实施，达到以内部市场培育提升建安公司专业能力的目的，同时，中铁建工对建安公司提出“外部市场自主经营为主，企业内部市场为辅”的经营方针，鼓励支持其独立参与外部市场竞争，全面提升管理水平，树立企业品牌。

（四）因业因企施策，提升所属工程公司专业能力

1. 分类强化资质体系建设

培育支柱型公司自身资质。由于支柱型公司采用分子公司并存的模式运行，但根据中铁建工对支柱型公司的定位和长远规划，最终要将支柱型公司打造为具有独立生产经营能力的综合性建筑企业集团，原则上要完全使用子公司的资质承揽工程。为此，中铁建工与支柱型公司签订资质建设责任状，限期获取建筑工程高等级资质，并要求各支柱型公司尽量压缩分子公司并存的过渡期限，在过渡期内，尽量减少对中铁建工资质的依赖，同时加大子公司资质获取和升级力度，承揽项目时，在子公司资质满足要求的原则上要使用子公司资质承揽，积累子公司业绩，培育子公司资质体系。

品质型公司维护中铁建工资质。品质型公司长期以分公司形式参与市场竞争，但为了快速拓展市场，满足客户要求，中铁建工为品质型公司配套设立了经营性子公司，作为打入相关区域市场的战略资源，也将作为集团公司资质体系的有益补充。虽然品质型公司具有配套的经营性子公司，但还不具备很强的竞争力，且由于中铁建工鼓励支柱型公司使用子公司承揽项目，因此品质型公司就势必担负着维护中铁建工资质的主体责任，通过提升项目现场管理能力和后台监控能力，“以高品质履约”“以现场保市场”，以保现场安全确保资质安全，切实落实资质维护职责。

整合专业型公司资质。中铁建工曾经拥有安装公司和装饰公司2家专业型公司，且公司性质均为子公司，均独立建设资质体系。但专业板块拥有2家独立法人，资源相对分散，不利于集聚发展合力，不利于形成专业优势。为更加突出中铁建工“专业品牌代言人”及做精专业市场“特种兵”的定位，2020年年初，中铁建工将专业板块的2家子公司重组为1家子公司，解决了2家公司分兵作战难以协调的问题，资质和资源利用效率大大提升。

2. 依需完善纵向组织架构

由于各工程公司发展基础、管理能力、区域集中度、市场拓展阶段不同，成立区域性公司的条件和时机也不尽相同，因此中铁建工出台了设立区域性公司的指导意见，统筹管控要求，厘清各级组织管理边界，科学合理授权放权，明确区域性公司的类型、主要职能和设立条件，指导各工程公司实施规范管理。工程公司探索自身三级管控模式时，遵循经营中心—经营性公司—区域性公司的发展路径，在探索式、尝试性进入某市场时，首先设立经营中心，经营公司在具有一定资源基础和拓展潜力，运作3个及以上项目时可升级为经营公司，在有更多个项目落地且市场日趋成熟时可升级为生产经营一体化的区域公司。各工程公司可以根据自身需求设立区域性公司，工程公司结合自身实际和管理特色对所属区域性公司实施分类管理，在授权清单、责权利关系、部门设置、定员标准、考核方式等方面均表现出差异。从中铁建工整体来看，纵向组织机构的差异化管理适应了各公司发展不平衡的现实情况，有利于工程公司灵活应对内外部环境的变化，及时做出适合自身发展实际的调整。

3. 扎实推进治困帮扶行动

中铁建工所属工程公司中，虽然大部分公司保持了良好发展势头，但个别公司面临发展困境。只有扶持发展困难企业走出困境、提升自主发展能力，才能全面提升中铁建工的竞争优势。为此，中铁建工经过系统研究，决定采取定向帮扶、管理提升、经营突围等多种途径，实施治困帮扶三年行动，并编制发布治困帮扶行动指导意见，审慎选出发展相对困难的工程公司进行定点帮扶，坚持“以自强自立为主体，以帮扶支持为补充，造血和输血并重，发展成果惠及职工群众”的理念，由集团总部牵头，动员发展态势较好的工程公司与发展困难的工程公司结对帮扶，由集团班子副职任组长，协同总部相关部门和结对单位建立多个帮扶小组，按照“一企一策”的原则，在发展理念、管理手段、市场经营开发、

内部任务分配、人才交流、内部借款、政策倾斜等方面对困难企业进行帮扶。各包保小组对帮扶企业进行精准会诊，明确帮扶目标，确定具体帮扶措施和推进计划，合力攻坚。例如中铁建工鼓励结对公司在条件容许的情况下开展联合经营，实现经营突围；从支柱型公司抽调多名优秀干部到困难公司担任领导，有效加强了困难公司的班子建设；中铁建工分管领导亲自参与制定某困难公司的发展规划。

（五）围绕价值创造，激发工程公司人才活力

1. 健全差异化的干部选拔机制

中铁建工坚持“优秀的企业多出优秀的人才”原则，近三年来从5家支柱型公司提拔61人，占新提拔干部的39.4%，择绩优者而用之的导向不断彰显。根据不同单位的不同发展阶段，针对性、差异化选优配强领导班子，支柱型公司的领导班子一般从本单位提拔产生，形成内部蓄水池。品质型公司和专业型公司的领导班子一般从其他单位交流产生或从本单位提拔使用，形成内外双循环。特别是对于发展乏力的单位，有侧重地从支柱型公司选配年富力强的年轻干部进行补充，为其注入源头活水，形成了有序流动、互为补充、齐头并进的良好氛围。

2. 实施差异化的人才培养措施

中铁建工基于三类工程公司发展阶段差异、所处细分行业差异及人才需求差异等现状，制定三类公司“双一流”高校毕业生引进比例，并对大学本科、硕士研究生等不同学历层次的人才引进占比提出差异化底线要求。结合三类工程公司发展阶段差异，开发各专业个性化学习地图，运用线上学习平台，提供分层分类学习资源，满足员工差异化培训需求，实现个性化培训。根据三类工程公司发展特点及优势，在本单位优势领域大力培育专家型、领军型人才，例如中铁建工在对第四建设公司商务人才的培养与选树上，加大其商务内训师的使用力度和优秀案例分享推广力度。加大海外人才培养力度，在支柱型公司选派优秀人员参与海外项目，并给予薪酬福利、职业发展、职称评审等各方面政策倾斜，使其通过一段时期的海外历练成为国际化复合型人才，为进一步拓展海外市场奠定基础。

3. 推行差异化的薪酬分配政策

中铁建工锚定价值创造，结合三类工程公司发展战略、功能定位、发展阶段，工资总额分配突出人均效能和人工成本投入产出率，不同类型工程公司设置不同效益系数，差异化建立工资总额分配机制。2021年支柱型公司工资总额占中铁建工总额比例达51%，较“十三五”末提升12个百分点。鼓励各工程公司结合企业效益和个人绩效差异化制定薪酬策略，强化“工资是挣出来的，绩效是干出来的”理念，立足岗位价值和绩效创造分配薪酬，充分体现薪酬分配效益和市场导向。

（六）强化考核引导，精准推动工程公司提升发展质量

1. 健全绩效考核体系

明确效益提升、价值创造的绩效考核导向，以业绩论英雄，用真实数据说话，坚持“高激励、高效益，更高激励、更高效益”的考核原则。建立覆盖各级企业到项目部，涵盖从营销、生产到收尾的全链条科学考核体系。坚持一切指标有分解，分解到每个层级、每个系统、每个部门、每个岗位，统筹纳入考核目标责任书，做到“人人肩上扛指标、人人身上有责任”，有效引导全员价值创造。实现考核指标的数字化，突出精准考核，例如针对项目管理提升行动，中铁建工制定了58项定量指标，各工程公司不断完善自身指标库，提升考核指标覆盖率、量化率、可考核率。强化考核兑现和责任追究，树立“小功不奖则大功不立，小过不戒则大过必生”的理念，严格按照考核制度执行，提升考核机制的权威性和威慑力。

2. 分类考核经营业绩

精准划分“做强、做优、做大”三类九大指标，引导各级单位清晰认知、科学设置和精准落实指

标，其中“做强”的指标有净利润、经营活动现金净流量、净资产；“做优”的指标有收入利润率、资产负债率、两金占比；“做大”的指标有新签合同额、营业收入、总资产。科学设置三类工程公司的指标权重，例如针对新签合同额、营业收入、净利润、经营活动现金净流量四项指标，支柱型、品质型、专业型三类公司分别按照 25%、35%、20%、20%，20%、20%、35%、25%，20%、30%、30%、20% 设置权重，支柱型公司更加强调规模，品质型公司更加强调效益，专业型公司更加强调规模和效益的均衡性。根据三类公司实际情况设置不同的考核标准，例如因专业型公司与支柱型公司、品质型公司有着不同的业务结构，中铁建工为专业型公司划定特有的全员劳动生产率、人工成本利润率、人事费用率考核标准；针对“竣工结算项目利润占比”“管理费用控制”等指标，品质型公司和专业型公司执行同一标准，支柱型公司执行更高标准。

3. 务实开展专项考核

健全经营专项考核，综合考量项目规模、经营效益、付款条件等要素，科学设定经营质量调节系数，充分体现经营创效贡献，将城市经营、大客户管理、“第二曲线”业务纳入经营专项考核。完善结算专项考核，明确竣工未结算项目年度销项清单，定期追踪、动态调整，推进落实项目结算确权，做到高效结算、及时考核、快速兑现，并且做到真考核、真奖惩、真兑现。推行管理费用专项考核，将非生产性支出压缩 25% 作为硬性标准，对临建费用超标的进行严格考核。强化分包履约考核，将合同工期履约率、风险工期延误率、无费用补偿工期延误率作为主要考核指标，提高项目整体履约能力。

三、大型建筑集团充分发挥所属企业特色优势的分类管理效果

（一）企业经济效益显著提升

中铁建工实施工程公司分类管理，激发了各工程公司的发展活力，经营业绩快速提升，中铁建工新签合同额从 500 亿元到 1000 亿元仅用了 3 年，从 1000 亿元到 1500 亿元仅用了 2 年。“十三五”期间新签合同额年均复合增长率达 24.3%，营业收入年均复合增长率达 12.4%。进入“十四五”以来，各项经济指标进一步向好，2021 年与 2020 年相比，新签合同额增长 24.9%，其中支柱型增长 23.8%，品质型增长 29.8%，专业型增长 3.6%；工程公司营业收入增长 32.8%，其中支柱型增长 29.6%，品质型增长 37.2%，专业型增长 92.5%；利润总额增长 18.9%，其中支柱型增长 19.5%，品质型增长 13.1%，专业型增长 23.1%。从数据对比看出，中铁建工及所属工程公司的规模和效益实现了同步提升，支柱型公司持续保持了规模优势和效益优势；品质型公司的新签合同额和营业收入增长超过工程公司平均增幅，虽然利润增长率因为消化历史遗留问题低于平均水平，但其目的是抛弃历史包袱，实现长远健康发展；专业型公司新签合同额实现平稳增长，营业收入和利润总额增幅明显。

（二）企业发展质量持续向好

中铁建工实施工程公司分类管理以来，三类工程公司坚持各自的发展定位，更加聚焦自己的核心专长，市场竞争优势进一步增强。支柱型公司在规模上大幅增长，在效益和质量上持续提升，因品质型公司和专业型公司不追求规模的扩张，其发展效益和可持续发展能力得到显著提升，各工程公司发展质量的不平衡问题得到有效解决。多家支柱型公司连续多年入选中国中铁三级工程公司 20 强，且居于前列；品质型公司有意识地收缩战线，更加聚焦区域市场，更加强调经营质量和成本控制，基础管理更加扎实，不再过分追求发展规模，而是专注于自身能力建设，发展可持续性得到进一步提升，某品质型工程公司 2021 年突破性入选中国中铁三级工程公司 20 强；专业型公司深耕专业市场，合同额超亿元的专业工程项目占到经营总额的 70% 以上，专业资质进一步健全，市场开发能力和生产组织能力快速提升，专业品牌逐步确立，专业竞争优势逐步加强，所属建安公司获得国家高新技术企业认定。

（三）综合实力大幅跃升

自实施分类管理以来，中铁建工综合实力大幅跃升。经营战略在各工程公司差异化的实施路径中切实得到落实，区域市场稳步拓展，截至2021年年底，全集团重点区域新签合同额占比超过60%，新签合同额超百亿元的省份达到6个，新签合同额超80亿元的核心城市超过5个，战略协议客户数量大幅提升；科技创新活力充分释放，重大关键技术取得突破，雄安站综合体建设施工关键技术被鉴定为国际领先，高铁站房装配式建筑设计与施工技术等3项成果被鉴定为国际先进，近年来中铁建工获得省部级及以上科技进步奖超70项；参建的京雄城际铁路、中老铁路、川藏铁路拉林段等多项工程入选“央企十大超级工程”，先后19次远征南极，中铁建工和某所属工程公司双双获评“全国文明单位”。

（成果创造人：王玉生、苏卫东、杨启昉、邓小英、邓延伟、李红玲、李树雄、刘一梦、马艳春、程本垚、姜宝昕）

促进5G新发展的跨企业数字化合作管理

中国电信集团有限公司；中国联合网络通信集团有限公司

中国电信集团有限公司（以下简称中国电信）是国有特大型通信骨干企业，拥有全球规模最大的宽带互联网络和技术领先的移动通信网络，主要经营移动通信、互联网接入及应用、固定电话、卫星通信、ICT集成等综合智能信息服务，资产规模超过9000亿元，年收入规模超过4300亿元，公司在2021年《财富》世界500强中列第126位。

中国联合网络通信集团有限公司（以下简称中国联通）于2009年1月6日由原中国网通和原中国联通合并重组而成，在国内31个省（自治区、直辖市）和境外多个国家和地区设有分支机构，主要经营移动宽带、固网宽带、移动语音、固网语音、信息通信技术服务、数据通信服务以及其他相关增值服务。中国联通是目前唯一一家在集团层面整体进行混合所有制改革试点的中央企业。

一、促进5G新发展的跨企业数字化合作管理背景

（一）贯彻落实网络强国战略、推动数字经济发展的需要

5G网络建设作为数字新基建的领头羊，是新型基础设施的底座，是云网融合的最佳实践。在发达国家积极布局、争夺5G发展主导权的背景下，加快推动5G网络建设、开展5G共建共享是贯彻党中央重大决策部署的一项重大政治任务。中国电信和中国联通作为“新基建”的5G技术先行者、5G建设实践者，积极开展5G网络共建共享，认真践行创新、协调、绿色、开放、共享新发展理念，推动供给侧结构性改革，扛起企业数字化转型标杆旗帜，肩负5G赋能千行万业重任，助力国家早日实现全面建成社会主义现代化强国之目标。

（二）协同提升共建共享5G网络竞争力的需要

在共建共享方面，中国电信和中国联通积极协同，共同探索数字化管理创新模式。随着共享网络规模扩大，共享数据互通互信缺乏统一技术保障、共享资源配置运营缺乏高效调度手段、联合规建缺乏大数据支撑等一系列问题逐渐凸显，制约共建共享合作效率。为解决双方基础数据相互隔离、数据规范标准不统一、网络规划精准性不一致、网络共享进度及质量难管控、日常办公数字化流程未对接等问题，双方共同研究，共同打造一套双方认可且安全、可信、高效的数字化工具，来整合双方数据资源、统一数据标准口径、打通电子办公流程、优化共建共享协同机制，实现共建共享工作的全流程、全周期协同管理，探索共建共享工作的新型数字化管理模式。

二、促进5G新发展的跨企业数字化合作管理主要做法

2019年9月9日，中国电信与中国联通签署《5G网络共建共享框架合作协议书》，约定在5G全生命周期、全网范围内共建共享一张5G精品网，双方紧密合作、开拓进取、锐意创新、互利共赢，高效低成本地建设一张优质的5G网络。随着共建共享的全面深化和不断拓展，2021年12月，双方进一步签署了全面深化共建共享战略合作备忘录，在常态化深入推进4G/5G共建共享基础上，加快双方在科技创新、IDC（互联网数据中心）等云网融合领域的合作共享，以及传输、管线、机房等基础设施和重点业务平台的共建共享与共维共优，持续提升国有资产运作效能。

（一）基于区块链平台开展跨运营商5G网络联合精准规划

中国电信与中国联通的5G网络联合规划，是我国通信史上首次跨运营商的全国范围联合网络规划，规模大、难度大、要求高。面对双方网络资源现状、规划建设目标等方面的差异以及带来的挑战，

项目组同心协力，在开展2.1G和3.5G频率协同、网络指标协同、高铁地铁等特定场景覆盖协同等专项研究的基础上，统一流程、统一规划、统一指引、统一模板、统一方法，组织和指导全国开展网络规划编制，初期的5G网络规模与行业可比、覆盖与行业相当，共建共享的前景进一步明朗，推进节奏进一步清晰。

双方明晰策略，坚持聚焦、坚定共享，高低频协同打造TCO最优、全球领先的5G精品网。以大数据为驱动，以精准建设方法论为抓手，统一模板及规划方法，提升投资有效性。通过双方数据联合分析、AI定位智能算法等大数据建模，识别电联高价值栅格群，实现了电联双方5G联合网络规划，资源联合精准调度。对技术演进、市场需求、竞争态势、经济效益四要素进行量化，并对量化后的四要素进行建模，综合确定部署节奏和部署规模。基于O+B+APP大数据，对于人口、用户、业务的分布及活动区域进行多维度分析，精准识别价值区域。结合行政区划，适度考虑连片，确定最终部署区域。结合部署区域内4G站址结构，选取合理站点进行5G站址规划。仿真迭代，形成最终规划方案。

双方通力合作，联合进行规划方案编制及评审，将联合规划方案上报流程平台化，基于区块链平台实现规划方案联合上报，双方确认流程上链确权，确保规划方案满足双方需求，双方共同认可，避免不必要的争议。2021年11月底，双方基于共建共享区块链调度平台顺利完成第一次跨运营商的全国范围联合网络规划编制及评审5G网络联合规划，实现了联合规划双边确权，顺利通过双方集团公司党组审议，得到双方集团管理层的高度认可。

（二）开展5G基站全生命周期数字化管理，依托平台形成一体化联合运营模式

通过平台数字化赋能，进一步加强双方协同，助力“统一规划、统一标准、统一部署、统一质量、统一口径”五统一落地，实现双方对共建共享网络的端到端全流程全周期管理。

一是统一数据口径，对等接入电联双方网络基础数据，一点掌握全网。建立统一的数据标准和体系，双方数据均按照约定数据格式与要求进行对等接入。根据接入配置数据可查看网元级参数，依靠区块链自动监管参数异常情况。通过纳管设备数量折合套站口径的统计来辅助集团、省分进行建设节奏把控及调度。通过整合双方现有资源，系统性输出共址/近址清单，为4G“一张网”建设提供支撑。通过区分PLMN的用户、流量、接通率、掉线率、登网率、用户感知速率等指标比对共享网络下的双方差异，挖掘双方不对等区域或站点进行针对性调优，为网络共维共优提供信息化手段和支撑，实现跨运营商多网元一点管理，深挖数据价值，释放数字化红利。

二是联合规划编制上报及评审，有效指引“一张网”建设。项目组同心协力、紧密协同，统一流程、统一规划、统一指引、统一模板、统一方法，组织和指导全国开展网络规划编制。依靠平台进行规划指导意见和规划任务下发，省市公司根据集团指导意见和本地实际情况，指引双方本地网联合开展本地规划方案编制。平台接入的双方工参数据、站址资源、业务数据、MR数据、区域GDP图层、人口密度、常驻用户数等基础数据为地市编制方案提供数据支撑和依据，根据“打造技术先进、覆盖广、网速快、效能高、体验好的全球领先5G精品网络”的总体策略，依靠平台协同双方需求，完成最优化选址，协助双方编制“一张网”方案。通过方案上报全过程上链，做到过程可回溯，提升规划方案及过程公信力。兼顾双方现有规划流程，重新拟定联合上报流程，打通了原有流程的关键节点，形成了统一的联合规划评审流程，确保双方规划编制有章可循、有规可依。平台可根据省内情况灵活配置上报主体，支撑不同的管理模式，规划方案发起上报后，每级审核均有双方共同确认，达到过程合规、结果共认的目的。同时将规划需求库沉淀，同后期建设方案进行比对，确保建设合理性。

三是统筹调配双方资源，提升建设效率及精准性。平台展示双方建设立项、完工、入网等建设节点数据，为集团、省分、地市提供建设进度管理的驾驶舱。展示建设进度，为集团、省分针对性实施调度提供数据依据，省市协同完成双方资源的调配，可有效提升整体建设效率。建设站点清单同建设方案库

进行比对，监督建设精准性，对于重点场景进行名单制管控，通过站点打标签来计列重点场景覆盖完成情况，通过站点经纬度和重点场景图层来查验覆盖准确性，助力管理人员及时了解重点场景建设完成情况，有效提升品牌口碑。

四是对网络质量、状态对等进行监控，助力“一张网”共维共优。通过关键配置参数和性能指标的对等监控，为联合运营团队提供数据支持，可从单方、双方角度来对网络质量进行查看审视，通过区分 PLMN 的用户、流量、接通率、掉线率、登网率、用户感知速率等指标比对共享网络下的双方差异，保障双方质量感知一致，发现数据缺失、字段填充率低、数据不准确等问题通过系统工单督促省分、地市进行数据源修正，在数据应用过程中发现数据问题，修正后再在应用中验证数据，使网络数据质量得到有效提升，促成网络线数据治理闭环，助推共建共享网络质量提升。

通过一点接入双方两个“一张网”数据，将规建维优全生命周期、双方网络线各部门串联，以业务体验一致、网络质量一致、服务支撑一致的总体目标提供系统化手段，形成依托平台的规建维优一体化联合运营模式。

（三）首创双方协同办公数字化新模式，建立高效紧密实时互通桥梁

双方创新运营商间共建共享沟通协作机制，打通双方集团、省、市三级协作办公通道，共同制定协同办公流程，以“两单四文”方式督促双方信息实时互通高效协作，拓展双方协同办公维度，实现集团、省、市三级共建共享全面工作相互监督、相互督促。

“两单”是协同单和任务单。协同单旨在为省市双方间逐级工作高效顺利开展提供协同手段，以省协同单和市协同单并行的方式逐级汇报，督促双方达成共识并帮助双方根据统一标准对工作进行快速定位和实施，紧密配合形成工作闭环。任务单旨在为电信或联通双方及单方集团、省、市三级立体式工作高效顺利开展提供协同手段，督促双方达成共识并高效反馈工作，以实现工作闭环。集团下行任务单，均由双方共建共享工作组集团接口人发起，根据工作范围起草电联双方或单方工作任务单。省下行任务单，均由双方共建共享工作组省接口人发起，根据工作范围起草电联双方或单方工作任务单。地市上行任务单，均有双方共建共享工作组地市接口人发起，根据工作范围起草电联双方或单方工作任务单。

“四文”是指联合发文、工作通报、会议通知以及会议纪要，双方工作组科学高效的管理方式，将集团、省、市三级工作进行统一管理，双方加强协作和配合。

（四）首创跨运营商、跨云部署的区块链联盟网络，打造跨运营商跨云部署 BaaS 联盟

中国电信和中国联通 5G 共建共享工作组、云网、智网部门统筹推进，双方试点省公司、研究院、设计院共同设计，电联共同组建研发团队，充分调用双方云、大数据及各自拥有的系统能力，通过天翼云、天宫云统一部署、跨云组链，实现了全球首个跨运营商安全、可信、高效的区块链网络赋能应用。

一是双方联合开发跨运营商的 BaaS 平台，并实现了天翼云、联通云跨云部署。基于 BaaS 系统灵活的多租户多参与方资源独立管理能力，实现了在电信天翼云与联通云资源环境一键部署区块链计算节点，构建跨域区块链网络；基于 BaaS 平台对区块链节点进行容器云平台集群部署能力，实现了区块链网络、组织结构、成员的动态化管理。以上为双方区块链三大上层应用场景接入提供了标准统一的对接流程，实现了全国各省数据快速接入电联共建共享区块链网络。平台首创核心 BaaS 服务系统，深度融合高安全、弹性可伸缩的跨云组网技术，保障了共享网络架构下区块链高可靠性与服务稳定性，为未来百万级共享基站服务与数据管理奠定了基础。

二是创建平台跨云部署新模式，实现云网融合跨云组链、异构云协同。面对电联双方在云架构、区块链技术、内部 IT 架构、管理模式等方面的诸多差异，双方 5G 共建共享工作组组织多方共同研讨，创新平台跨云部署新模式。制定了复杂网络下部署底层联盟链及 BaaS 服务的技术方案，攻克了跨云组链、数据同步等难点问题，实现了平台云网融合跨云组链、异构云协同，形成以区块链为底层，以场景应用

为上层的整体解决方案。为保证平台具备良好的灵活性、可操作性和可扩展性，双方共建共享小组采用自研云化平台跨云部署技术，采用分层解耦、跨云部署的方式，实现平台天翼云、联通云跨云部署，实现了区块链云网融合跨云互通，异构云间协同组网治理，保障了共享网络架构下区块链高可靠性与服务稳定性。为快速实现5G共建共享区块链创新应用示范落地，创新采取共用BaaS平台的应用架构。在联通的云环境和电信的云环境各部署同等数量的区块链节点，由一个统一的BaaS平台进行区块链网络的创建、管理和运维。

三是推进共建共享网络数据全部上链，实现共建共享网络数据全面交换。双方实现共享基站数据共享，保障数据完整性和准确性。在电信采控平台和联通ESB数据采集交换的基础上，实现了5G双方规划、建设、运营所需全部网络数据的交换，实现双方数据对等监测。双方组织完成共建共享关键参数数据采集和解析，根据数据应用需求单位开展数据质量稽核和结果通报，协调厂商共同促进采集数据质量提升。

在5G共建共享网络数据全面交换的基础上，双方明确4G共享数据交换范围和原则，制定4G数据共享集团系统对接方案，并双方IT部门组织落地实施。通过共建共享区块链调度平台，实现双方手动维护的基础数据、上层应用系统处理后的配置、性能数据等全面共享。双方通过4G共享网络数据交换，推动了双方4G“一张网”的规划和落实，能实现资源共享、优势互补和降本增效，大幅提高4G网络能力。4G“一张网”，将能够有效地降低双方的网络成本，提高运营效率，提升用户感知。

（五）区块链赋能共建共享网络对等，确保用户感知一致

双方结合实际需求，协定建设关键参数上链存证核验、工单双向确权赋能、智能合约资源调度三大区块链应用场景。构建基于联盟链技术的区块链网络，建设可跨云部署、跨云组链、异构云协同的分布式管理，全面提升网络共建共维共管能力与效率。

一是网络关键配置参数透明化、可信化存证，实现网络状态可视可管。在共建共享工作中，双方根据网络实际建设区分承建方、共享方，存在共享方不能及时掌握网络建设及运行状态、承建方私改配置参数等情况，共享方通常处于被动态势。区块链服务将接入的双方承建站点性能数据、配置数据进行Hash算法加密后传入区块链存证平台，利用区块链技术保障双方互信，支撑跨运营商多网元的一点监控，推进网络共维共优，解决了三个管理难题：一是通过算法加密确保数据真实性，避免单方篡改数据情况；二是使网元关键参数在平台可视，满足双方及时了解网络运行状态的需要；三是可对上链参数进行有效监管，每天进行数据稽核，自动比对参数合理性、对等性、变更情况，有效节省网络状态监控的人力成本。

二是网络配置调整双边确权，实现网络共管共用。双方维优人员发现网络问题需要进行配置调整时，线下协商后由承建方优化人员实施网元配置调整，共享方无法掌握调整内容和实施进度。引入区块链调度平台后，双方可采用电子工单形式进行网络调整双边确权，即任意方发起网络调整工单后，须先经对方确认同意后才可调整，实施完毕后通过上链数据进行效果验证，确保调整内容同方案保持一致。整个过程双方平等参与，过程可视可查，由线下协商、人工监管模式转换为数字化存证和智能监管，实现共享网络共管共治，共同发现网络不足并提升，充分发挥双方资源能力推进共维共优，最大效能释放网络能力。

三是智能合约自动发现网络配置问题，自动确权修改请求，释放人力成本，保障网络能力对等开放。结合前两个区块链应用场景，通过将双方约定好的网元配置规则写入合约账本，形成网络策略并下发执行，通过将每日存证参数按合约账本规则进行自动校验，异常时预警提示，自动发起批量修改工单并自动确权，节省双方人力成本，将人为时延降低到网络时延，有效提升效率，确保网络配置规范性和一致性。通过将区块链技术同共建共享生产场景相结合，切实践行国企打造原创技术策源地的要求，加

强原创技术供给，促进成果转化，以平台促生产，以应用沉淀能力，提升企业基础能力和创新水平。

三、促进5G新发展的跨企业数字化合作管理效果

（一）取得了显著经济效益

截至2022年6月，中国电信和中国联通商用部署共建共享5G基站超80万个，占全球已建5G基站数40%以上，累计节省网络投资超过2100亿元，每年节约网络运营成本超200亿元，每年节电超100亿度，每年降低碳排放超600万吨。共建共享区块链调度平台已赋能电联双方31省（自治区、直辖市）300多个本地网，支撑双方网络线、业务线等多部门使用。纳管电联双方5G共享基站超90万个，关键参数及流程上链超亿条，实现5G网络联合规建维营的数字化管理和资源联合调度，运营效率提升1倍以上，助力5G共建共享充分整合双方资源，高效支撑了“一张物理网，两张逻辑网，N张ToB网”的共享网络架构。通过共建共享，建成了全球首个、规模最大的5G独立组网（SA）共建共享网络，实现了大规模产业化应用，拉动了上下游产业链，引领了全球5G发展，推动了5G产业高质、健康、绿色发展。中国电信和中国联通两个大型运营商开展5G全生命周期网络共建共享属全球首例，开创了央企协同发展的新路子，为全球电信行业提供了“中国经验”。

（二）探索了共建共享的成功经验

基于共建共享区块链调度平台，中国电信和中国联通双方协同管理全球最大的5G共建共享网络，深化了双方共建共享范围，建立了网络规建维优一体化联合运营模式，为业界树立了共建共享的合作典范，对通信行业发展、运营商及国企改革产生了深远影响。平台的上线同时加快了5G网络部署进程，推进5G行业应用融合创新发展，高效满足人民群众的通信体验需求、助力产业数字化转型，为全球电信行业提供了“中国经验”。

（成果创造人：刘桂清、买彦州、张　新、苗守野、李　鹏、田元兵、
孟照方、薛超粤、王建斌、李　菲、汪昌帅、谢云龙）

知名白酒酿造企业对标世界一流的管理提升

中国贵州茅台酒厂（集团）有限责任公司

中国贵州茅台酒厂（集团）有限责任公司（以下简称茅台集团）于1996年改制成立，是国家特大型国有企业，拥有二级全资、控股子企业22户，参股企业16户，涉足产业包括白酒、保健酒、葡萄酒、证券、保险、银行、文化旅游、教育、房地产、生态农业及白酒上下游产业等。以贵州茅台酒股份有限公司为核心子企业，主导产品贵州茅台酒是我国酱香型白酒的典型代表。2021年，茅台集团累计实现白酒产量17.1万吨，销售收入1326亿元，利润总额851亿元，上缴税金540亿元，企业总资产达3301亿元，近年来先后荣获“全国脱贫攻坚先进集体”“全国国有重点企业管理提升标杆企业”等荣誉称号。

一、知名白酒酿造企业对标世界一流的管理提升背景

（一）建设世界一流企业的客观要求

自2018年以来，国务院国资委遴选11家中央企业开展创建世界一流示范企业工作；2020年6月，国资委印发《关于开展对标世界一流管理提升行动的通知》，要求国有企业充分认识新形势下对标一流的重要意义，引导企业从先进管理中要质量、要效益、要增长，切实提升经营管理效能。面对新形势、新要求，深入贯彻落实党中央、国务院建设世界一流企业的重大决策部署，切实肩负起国企责任，开展对标世界一流管理提升行动，朝着建设世界一流企业的目标坚实前进，是茅台集团的使命所在、职责所在、价值所在。

（二）践行“香飘世界”品牌发展战略的重大举措

站在新时代新起点，茅台集团积极践行新发展理念，主动融入新发展格局，以“打造国际一流企业，塑造世界一流品牌”为愿景，秉承“酒香、风正、人和”的核心价值观，践行“香飘世界”品牌发展战略，坚持“做足酒文章，扩大酒天地”，集聚各方力量，以“渴望美”的姿态，努力追求和创造“美人之美、美美与共”的美好生活，努力打造世界一流企业。深入开展对标世界一流管理提升工作，既是巩固提升茅台品牌地位的关键抓手，更是增强企业发展动能和后劲、实现茅台集团“十四五”战略目标的有力支撑，对建设具有全球竞争力的世界一流企业具有十分重要的现实意义和长远意义。

（三）促进企业高质量发展的必由之路

近年来，面对新冠疫情影响和内外部环境变化，茅台集团吸收借鉴一流企业的优秀实践，主动应对市场和环境变化，坚定不移沿着“五线”发展道路，完善企业治理体系，增强企业治理能力，不断提升企业现代化管理水平，取得积极成效。但与高质量发展要求相比，依然存在一些短板与薄弱环节，迫切需要引进一流企业先进的管理方法，开展对标世界一流企业管理提升行动，通过强化各领域、全过程的对标管控，推动传统与创新相结合，加速管理提升与转型升级，持续提升企业运营效率和质量管控水平，更好地适应内外部环境变化和消费场景变迁，解决企业发展过程中遇到的痛点难点问题，助力企业高质量可持续发展。

二、知名白酒酿造企业对标世界一流的管理提升主要做法

（一）明确对标世界一流的指导思想、目标与步骤

1. 坚持高标站位，明确总体思路

茅台集团将建成世界一流企业作为光荣使命和目标追求，确立对标一流管理提升总体思路：以对标

世界一流管理为出发点和切入点，以加强管理体系建设和管理能力提升为主线，明确对标一流管理提升途径，健全完善现代企业管理制度体系、组织体系、责任体系、执行体系和评价体系，实现发展战略引领绿色生态运营与财务精益管控、全面质量管理、数字化转型升级，推动茅台集团加快成为具有全球竞争力的世界一流企业。

2. 系统科学谋划，确立工作目标

茅台集团围绕对标世界一流，以提升管理、推动高质量发展为主线，聚焦管理体制、管理机制以及监督机制三个方面，科学规划“11 大领域”管理顶层设计，开展对标管理提升行动，建设具有茅台特色的现代企业管理体系，提升茅台集团管理能力和水平。通过深入调研、系统论证，科学确立工作目标，即坚持战略引领，通过实施对标世界一流企业管理提升行动，推动解决制约企业发展的体制机制障碍，构建形成系统完备、科学规范、运行高效的与茅台品牌相匹配的现代化管理体系，经营业绩规模与效率效益保持全球领先，实现“双翻番、双巩固、双打造”发展目标，打造白酒行业企业管理标杆企业，成为贵州省内首家世界 500 强企业，为满足人民对美好生活的向往贡献茅台力量；品牌价值保持全球领先，构建起“香飘世界”的知名品牌，产品与服务品质实现世界一流，管理能力达到或接近世界一流水平，持续巩固中国白酒头部领军企业地位与世界蒸馏酒第一品牌地位。

3. 制定实施步骤，分步有序推进

茅台集团对标世界一流管理提升实施分四个阶段，即启动准备阶段、深化研究阶段、组织落实阶段、深化提升阶段，分步骤有序推进。

（二）开展对标管理组织，构建对标世界一流管理体系

1. 建立对标管理组织体系

建立对标世界一流管理提升行动组织机构，成立“对标世界一流管理提升行动”领导小组，由集团公司党委书记、董事长任组长，党委副书记、总经理任副组长，全面负责对标世界一流提升行动总体部署，审查对标行动方案及实施路径，推动解决对标过程中遇到的重大突出问题。领导小组下设办公室，负责定期组织各单位进行自查、总结，动态监督各项工作任务推进情况，及时协调解决推进过程中存在的问题。

2. 健全对标一流管理机制

茅台集团围绕实施对标世界一流企业管理提升行动，加强管理体系管理能力建设指导意见的总体规划，瞄准行业领先企业确立对标对象、关键指标和阶段性目标，着眼逐步形成“系统完备、科学规范、运行高效”的企业管理体系，做好统筹谋划，按阶段分步推进，精准发力、持续提升，推动管理体系和管理能力全面提升。通过明确实施步骤，确定对标一流标杆企业，构建对标世界一流管理体系，确立对标世界一流范围，运用对标世界一流管理方法，制定对标世界一流提升工作清单；实施对标过程管控，推动对标行动全面展开；利用现代信息技术，搭建数字化“智慧茅台”，推动对标世界一流品质管理提升，进一步强化企业管理的组织保障、人才储备、品牌文化建设，实现管理体系和治理能力现代化。

3. 完善对标管理工作流程

一是制定《茅台集团对标世界一流管理提升行动深化实施方案》，综合运用调研座谈、案头研究等多种方式开展对标，按领域制订专题对标研究方案，客观分析长板、短板，科学策划实施提升行动；二是建立对标世界一流工作推进流程，通过开展对标一流工作任务周报送、月调度、阶段评估等方式，日常不定期进行跟踪督促、指导协调，确保对标提升行动各项任务有效落实；三是建立对标监测反馈流程，收集整理行业标杆和竞争对手公开数据，利用数据分析外部企业管理方法与成效，支持组织决策和改进创新。通过实时监测、反馈行业相关信息，及时了解并掌握行业动态，特别是针对产品定位、业务

等方面具有较高相似之处的企业，全面监测分析相关指标数据，掌握竞争对手与对标企业情况。

（三）推进对标一流行动，明确对标对象、内容与任务

1. 明确对标世界一流对象

茅台集团按照“国际国内相结合、同业异业相结合”的原则，采用“3+X”模式，选择全球领先的烈酒企业帝亚吉欧和国内的中粮集团、华润集团这两家行业相关、体制相近的优秀中央企业作为主要对标对象；同时，根据业务领域的差异，在各个专项领域选择保乐力加、三得利、华为等具有代表性的国内外一流企业进行研究分析，确定11个重点方面对标世界一流目标，制订实施方案、时间表、路线图，有序开展精准对标。根据疫情适时与内外部标杆企业开展线上及线下对标，总结提炼一流企业管理特征，对标借鉴优秀模式和典型经验做法，对茅台集团管理提升产生显著的带动作用。

2. 确定对标世界一流内容

茅台集团在国务院国资委明确规定的战略管理、组织管理、运营管理、财务管理、科技管理、风险管理、人力资源管理、信息化管理等8个领域对标“必答题”的基础上，结合自身实际，自加压力，提高要求，增加质量管理、安全管理、生态环境管理等3个领域对标“加试题”作为自选动作，共涉及11个管理领域，基本覆盖企业生产经营管理主要方面。战略管理领域，旨在构建形成贯通茅台集团和子公司的战略规划体系，加强战略分解执行管理，促进战略落地；组织管理领域，旨在优化集团总部组织架构，进一步完善总部职能，梳理集团管控模式，丰富茅台文化；运营管理领域，旨在稳步推进营销体制改革，理顺品牌与产品管理机制，强化供应链管理；财务管理领域，旨在优化财务管理机制，提升资源掌控、统筹资产运营、发展资本效能；科技管理领域，旨在对科技创新进行前瞻布局，配套建立科技创新项目管理机制；风险管理领域，旨在推进法治建设与合规管理取得突破，进一步增强审计监督强度和效能；质量管理领域，旨在进一步锻造长板，深化具有茅台特色的“五匠”质量观和质量管理体系；安全管理领域，旨在全面监管安全相关方面，推动安全监管更加细致；人力资源管理领域，旨在全面升级人才建设机制，建立技术技能人才返聘等人才管理制度，提供强有力的人才支撑；信息化管理领域，旨在全面推进“智慧茅台”建设，利用数字化赋能，有力支撑企业经营管理；生态环境管理领域，旨在以对生态环境保护进行全方位立体式的规划和部署，发布社会责任报告、ESG报告，全面展示茅台在环境、社会、治理各个方面的贡献。通过以上11个方面精准全面对标，全面提升企业现代化管理水平。

3. 制定对标管理任务清单

茅台集团贯彻落实对标世界一流企业管理提升行动要求，通过对比分析茅台集团与对标企业之间的差距，科学设定管理提升目标，对应制定重点任务，进一步将重点任务分解为“夯基础、上台阶、创一流”三种类型，层层递进建设具有茅台特色的现代企业管理体系，推动企业发展战略落地实施。按照对标世界一流提升行动11个管理领域，对照对标指标，深入查摆39项专业管理具体问题表现，编制形成《对标世界一流重点提升工作任务清单》，涵盖31个牵头部门的提升工作任务，针对性制定165项重点举措，从战略管理、运营管理、科技管理、安全管理、生态环境管理等11个方面重点开展对标提升工作。

（四）强化对标提升管控，施行全过程控制与结果考核

1. 搭建“智慧茅台”管控平台

茅台集团聚焦信息化基础管理、供应链管理、市场管理、运营服务管理等业务领域，推进“智慧茅台”管控平台建设，提升茅台集团数字化运营能力。首先，大力推进现代信息技术与业务深度融合，夯实基础环境、整合数据资源、贯通业务流程、提升支撑能力。其次，围绕组织、物料、商品、供应商、经销商五类主数据，完成9个业务域、17个业务系统、450大类、6534小类，共1000余个原始数

据表的数据资产盘点，初步形成数据资产目录、主数据管理标准。在此基础上，深化数据共享和数据应用，充分发挥数据驱动业务的价值，进一步集成供应链相关数据，实现从原料生产到产品出厂全过程数字化、可视化，支撑生产和供应链运营的精细化管理以及全流程质量追溯；打通供应链业务和数据，推动企业核心价值链数字化、智能化升级，构建形成支撑茅台特色的数字化经营管理平台。最后，积极打造“小而美”的移动应用支撑对标工作，依托爱茅台 APP 相关功能，通过业务单位每周定时报送的推进情况等相关信息，分析任务推进过程中存在的问题，并按需截取重点推进内容在每月对标工作调度会上进行通报。

2. 实施对标一流管理过程控制

一是明确牵头实施责任和协助责任，强化目标约束刚性要求，确定 31 个牵头单位和责任单位；二是每月召开对标世界一流提升行动工作推进例会，通报工作推进情况，着重解决进度目标、任务分工、成果产出等方面存在的重点难点问题；三是强化跟踪督导，通过每周报送对标工作推进情况、统计工作进度，分析出存在问题的工作任务，进行重点跟进，密切跟踪督促，全面掌握各部门需要企业管理部支持的事项，尤其是需要跨部门协调的相关问题。

3. 加强对标一流结果考核应用

一是结合企业实际，坚持目标导向、需求导向、问题导向，聚焦影响企业发展的重点领域和环节，筛选确定基层单位对标管理提升重点主题，研究部署管理提升具体举措及考核方法。二是实施对标提升情况评价与考核。依照对标工作任务清单，纳入年度绩效考核工作，检查任务完成情况；开展对标管理提升成果评选活动，配套建立评审机制与激励方案，通过荣誉与物质激励相结合的方式，对优秀项目团队、成员进行奖励，提升团队积极性，激发企业活力。三是依据对标结果优化资源配置。将对标指标提升情况作为企业资源投入和项目安排的重要指标，统筹兼顾需求与能力、成本与投入的关系，有针对性地进行重点保障和适度倾斜。

（五）开展重点领域对标，推动管理提升行动全面提质

1. 实施战略与规划管理提升

坚持战略引领，将战略管理作为对标主线，以价值创造作为战略管理工作的指导思想和出发点，建立以价值创造为核心的战略管理对标工作机制，贯穿企业各个管理体系，使各体系间形成有机整体。一是战略分析与制定，前瞻、深入地进行内外部环境分析，并对未来中长期战略风险进行合理分析和把握，制定《集团公司战略管理办法》《集团公司战略分解工作细则》《集团公司战略评估工作细则》，构建形成贯通集团公司和子公司的战略规划体系，完成 17 家子公司战略发展规划编制。二是战略分解，通过战略横向纵向的有效分解，促使分子公司战略规划充分承接落实上级战略、中长期战略有效分解至年度，与年度计划预算、KPI 挂钩。三是战略实施监控，建立覆盖全面、监督刚性和时效性较强的实施监控机制，有效发现战略实施中的问题，分析战略执行偏差的深层次原因，制定应对策略并组织实施，提升战略执行效果。四是战略质询与复盘，按年度进行战略总结评价与调整，以高层管理者牵头召开战略质询会议的方式进行战略复盘，回顾目标、评估结果、总结经验，反思战略制定和执行情况并进行动态调整，促进与战略制定分解环节的有机融合，动态更新战略任务并分解到下一年度的经营计划中，形成战略管理闭环。

2. 推行运营与财务精准对标

茅台集团选择帝亚吉欧、保乐力加、青岛啤酒、京东物流作为核心对标企业，构建系统、科学的战略执行与经营计划体系。在运营管理领域，一是将发展战略科学分解为经营计划，构建企业计划管理体系，将企业战略与目标管理紧密结合，形成目标管理运行闭环，通过全面预算有效配置资源，配套绩效考核落地实施。二是年度经营计划管理形成 PDCA 闭环管理，对企业的经营过程进行持续监控分析，将

经营目标执行情况纳入经理人考核评价范围，并与经理人薪酬、任免挂钩。三是对计划执行情况和内外部环境进行动态评估，适时调整经营策略，确保企业经营与内外部环境动态适配，促进企业持续健康稳定发展。在财务管理领域：一方面，优化财务管理机制，开展子公司资源整合等工作，通过完善子公司财务制度体系、向子公司外派财务负责人的方式，统筹资产运营、发展资本效能，提升资源管控能力，支撑集团产业发展；另一方面，实施规划资产管理与业财一体化，推动财务工作信息化。

3. 开展全生命周期质量管控

茅台集团积极推动质量管理要素、管理方式对标和变革，对原料种植、生产检测、质量督查过程等进行全过程对标，实现在“时、空、位、节”维度对产品的全生命周期质量管控。

一是强化原料种植管理，高标准打造“第一车间”。高标准建设集农业机械设备安装、病虫害防控、收储一体化的茅台酿造原料红缨子有机糯高粱示范基地2万余亩，持续提升采购供应质量。

二是引进多种先进检测技术和管理手段，建立53个包含713项因素的风险因子筛查体系，构建形成关键风险因子重点管控、高风险因子常规监控、低风险因子前端管控有机结合的食品安全风险管控体系，实现全产业链质量风险的有效防控。

三是构建实施以“质量专员日常检查、工序质量考核、产品质量监督抽查、质量体系审核、型式检验”等日常检查考核为基础，以“飞行检查、质量事件专项调查”为补充的“5+2”质量监督体系，推动质量管理体系科学、规范、有效运行并持续改进。

（六）建立长效保障机制，推动管理提升持续深入实施

1. 健全优秀人才培养机制

实施新时代人才强企战略，培育具有茅台特色的人才竞争优势和发展优势。一是启动实施领军人才“首席计划”、酿造人才“传承计划”、青年人才“杰青计划”、经管人才“培优计划”等四项计划，实施人才引进“筑巢引凤”工程、人才培养“墩苗育树”工程、人才使用“裂变创效”工程、人才留用“倾心服务”工程等四项人才工程；二是召开科技创新与人才大会、人才培养体系专题会，对创新工作室创建、技术职称评聘、技能等级认定、员工职业发展通道建设、表彰奖励、技能竞赛等工作进行总结梳理和安排部署，评选首届“茅台杰出人才奖”、返聘部分优秀技术技能人才，发布集团公司党委人才工作报告；三是启动实施人力资源管理提升行动，通过聘请第三方人力资源服务机构，对人力资源管理体系进行转型升级，不断夯实人力资源管理基础；四是开展“春雨生百谷，人才酿未来”人才日系列活动，举办“茅台谷雨讲坛”，发布《茅台集团党委致广大人才的一封信》，开展线上线下人才招聘会，举行“岗位大练兵，技能大比武”劳动竞赛启动仪式，营造爱才惜才、敬才用才的良好氛围。

2. 打造“茅台”品牌文化

根据发展战略和高质强业新时期发展需要，明确以“打造世界一流企业、塑造世界一流品牌”作为发展愿景。一是构建形成企业理念识别、视觉识别、行为识别三大系统，印发企业文化手册、员工行为规范等文件，将“酿造高品质生活”上升为全集团的企业使命，打造“五匠”质量理念作为企业文化顶层架构；二是以“树立品牌形象、提高消费体验”为重点，打造与茅台品牌和声誉相称的“第一窗口”，2021年兴建多家茅台文化体验馆、系列酒文化体验中心，文化“展台”更加亮眼；三是开展系列文化交流、品鉴体验、主题展览、公益活动等丰富多样的活动，讲好茅台故事，传播茅台声音，持续举办端午祭麦、茅台重阳祭酒及二十四节气文化活动，形成具有茅台特色、行业特色、中国特色的文化IP，构建“人、文、物、艺、礼、节、和、史、器”九大系列，多角度、全方位解析和丰富茅台的文化生命力，展现茅台文化的独特魅力。

三、知名白酒酿造企业对标世界一流的管理提升效果

（一）企业管理水平全面提升，建设世界一流迈出重要步伐

茅台集团通过开展对标世界一流的管理提升行动，有力促进了全产业链、全生命周期、全员质量管控，数字化转型等，企业运行效率进一步提升，发展动力进一步增强，构建形成了系统完备、科学规范、运行高效的，与茅台品牌相匹配的现代管理体系，主导制定国家标准 1 项，国家、行业及团体标准的复审 6 项，企业级技术标准会审 24 项、评审 14 项。完善生产作业指导书、《危害识别分析与评价管理规定》及《HACCP 计划》等管理制度及执行标准 20 余项。完成各项对标工作任务，管理体系和管理能力显著提升，实现了“双翻番、双巩固、双打造”发展目标，产品与服务品质实现世界一流，成为贵州省首家世界 500 强企业。2021 年，茅台集团获评国务院国资委全国国有重点企业管理提升标杆企业，企业管理能力达到或接近世界一流水平。

（二）促进企业高质量发展，推动企业经济效益全面提高

开展对标世界一流管理提升行动，全面落实国企改革三年行动，加速数字化转型升级，助力公司经营效率、效益、效能显著提升，有力推动了茅台集团高质量发展，充分彰显了在服务党和国家工作大局中的“大品牌、大担当”作用。茅台集团及下属子公司建立市场化用工机制，推行经理层任期制、契约化管理，激励约束机制进一步完善，有效解决了制约企业发展的一批难题，企业经营成本有效降低，企业盈利能力不断提升，经营业绩和可持续发展能力显著增强。2021 年实现营业收入 1326 亿元，增幅超 16%；利润 851 亿元，增幅近 15%；上缴税收 540 亿元。主要经济指标保持两位数增长，为助力贵州省经济社会发展、实现“十四五”圆满开局奠定了坚实基础。

（三）打造标杆企业示范样板，塑造了“香飘世界”的品牌形象

茅台集团深层次开展集团内部管理提升标杆企业、标杆项目、标杆模式（简称“三个标杆”）创建行动，积极打造标杆企业示范样板，发挥好标杆企业的引领带动作用，品牌影响力进一步增强。自 2009 年以来，连续 13 年发布社会责任报告。高质量打造原辅料基地，辐射高粱种植面积 70 余万亩，小麦种植面积 80 余万亩，惠及农户 14 余万户，带动乡村就业发展，推动巩固脱贫攻坚成果同乡村振兴有效衔接，荣获“全国脱贫攻坚先进集体”称号。茅台品牌价值持续增长，塑造了“香飘世界”的品牌形象，成为对标世界一流管理提升行动的标杆企业，为白酒酿造行业提供了可推广、可借鉴的示范样板。

（成果创造人：刘　刚、谢钦卿、范志雄、梁显金、陈扬小艺、周　利、罗祎祎、杜珊珊、武兆伟、刘　玄、粟小宝、周朝政）

构建国际一流综合服务能源企业的全过程对标管理

北京能源集团有限责任公司

北京能源集团有限责任公司（以下简称京能集团）是北京市国资委管理的国有独资企业，注册资本 204 亿元。前身是北京国际电力开发投资公司，成立于 1993 年，随后与北京市综合投资公司、北京市热力集团有限责任公司、北京京煤集团有限责任公司进行合并重组。经过近 30 年的资本积累和资产整合，形成了煤、电、热一体化的大能源格局，涵盖电力能源、热力供应、煤炭经营、地产置业、节能环保和金融证券等业务板块，投资区域超过 25 个省（自治区、直辖市）。

在证券市场上，京能集团拥有京能电力、昊华能源、京能置业三家沪交所上市 A 股企业以及京能清洁能源、北京能源国际两家港交所上市企业。截至 2021 年年末，京能集团总资产 4012 亿元，全年实现营业总收入 801 亿元，利润总额 60.2 亿元，随着“自建 + 并购”内外共生发展模式的综合应用，资产规模加快扩张，资产质量稳步向好，盈利能力显著提高，社会知名度和影响力日益提升。

一、构建国际一流综合服务能源企业的全过程对标管理背景

（一）加快培育世界一流企业的需要

国务院国资委发布《关于开展对标世界一流管理提升行动的通知》，提出国有企业须准确意识到自身与世界一流企业相比存在的差距，充分认识开展对标提升行动的重要性和紧迫性，要求部分国有重点企业于 2022 年接近世界一流水平。同时，京能集团入选北京市国资委对标世界一流管理提升行动重点督导范围，加快培育世界一流企业、全面提升京能集团整体管理能力已成为必由之路。

（二）提升综合能源服务质量的需要

京能集团作为北京市属国企，对支撑韧性城市建设负有义不容辞的重大政治责任。京能集团需要创建首都综合能源服务新模式，以保障首都能源供应安全、提升首都人民用能体验。因此，京能集团要进一步明确任务、强化统筹、凝聚共识、形成合力、落实责任，把保障首都能源供应放到更加重要的位置上谋划，为北京构建绿色低碳、安全高效、城乡一体、区域协同的现代能源体系提供坚强可靠支撑。

（三）探索优化对标管理新模式的需要

基于京能集团多年对标实践，发现集团型企业对标提升普遍面临着对标提升效果难以达到预期及对标实践中目的性及方法不明确的问题。一是缺乏整体性，各下属企业对标范围、重点、颗粒度不同，水平和效果参差不齐，总部和下属企业对标相互割裂，形不成合力。二是缺乏系统性，对标一流管理提升作为一项覆盖面广、复杂度高的工作，易自成一体，与京能集团“十四五”规划实施、国企改革等重点工作难以形成联动。三是缺乏落地性，对标往往关注数据指标，对指标背后的软实力关注不足、难以提升；或对标领先企业的管理机制和方法，但存在机械照搬、水土不服、难以落地的情况。

京能集团在国有企业全面开展对标提升行动之际，需要积极识变、求变、应变，总结各企业过往对标实践中存在的突出问题，尽快补齐对标实践短板和弱项，为国有企业开展对标一流提升行动形成新范式。

二、构建国际一流综合服务能源企业的全过程对标管理主要做法

（一）总体思路

1. 一条主线

京能集团将对标管理运用于经营管理主线全过程。业务战略为对标管理提供指导、方向和目标，对

标管理是业务战略落地的方法之一。对标工作计划是综合计划的重要组成部分。对标管理工作是日常经营的一部分，经营分析报告中需要包含对标管理的工作内容；对标管理工作的成效需要进入业绩评价，各层次绩效合同中要包含对标管理内容；对标管理工作是内部审计工作的重要内容之一，各层次的内部审计工作需要包含对标管理工作内容。对标管理是经理人工作的重要内容之一，各层次的经理人考核要包含对标管理的内容。

对标管理推进可分为定方向、育人才、抓重点、立规则、树文化五个阶段。分阶段开展对标工作，明确各阶段工作任务、有关要求和工作目标，确保对标工作循序渐进地进行，力求取得实实在在的成果。

2. 两大目标

对标管理工作的首要目标是帮助企业实现高质量发展。对标框架和要素作为对标世界一流工作的起点，应当充分体现京能集团中长期战略发展要求，全面包含业务发展与核心能力等关键要素，既符合企业的短期提升要求，也满足中长期高质量发展的需要，有力支撑战略解码和落地（见图 1）。

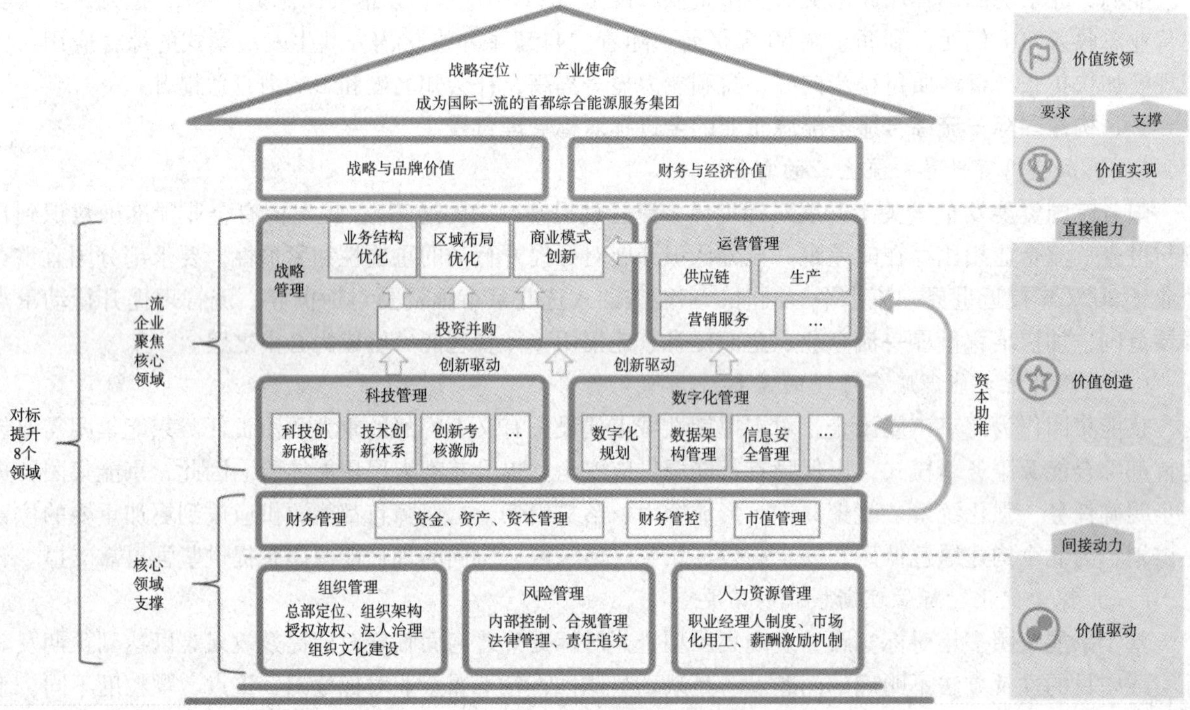

图 1　京能集团对标一流框架

在企业高质量发展过程中，员工个人高水平成长，实现企业和员工双赢。在对标管理工作中，京能集团使用薪酬贡献指数来衡量员工成长，薪酬贡献指数通过对标管理纳入考核。其计算方法：为薪酬贡献指数 = 人均创利/人均薪酬 = 当年企业利润总额/当年企业从业人员应付薪酬计提总额。其中，人均创利 = 当年企业利润总额/当年企业平均从业人数，人均薪酬 = 当年企业从业人员应付薪酬计提总额/当年企业平均从业人数。通过薪酬贡献指数的对标和提升，持续优化人力资本积累和回报。

3. 三个原则

牢牢把握系统谋划、深度联动两大基本原则。一是把握改革、管理和创新“三个联动”。深入贯彻落实国企改革三年行动方案中明确的各项重点任务，加快市场化经营机制改革，培育企业市场经济主体，为管理改善和管理提升奠定基础。要鼓励创新，通过创新体制机制、创新方法手段，加快形成系统完备、科学规范、运行高效的管理体系。二是持续增强京能集团管理对标工作的系统性、协同性。积极推动各部门、各单位根据京能集团对标提升行动指标体系，深入开展本部门、本单位管理对标工作。加强京能集团总部对标与所属单位对标、整体对标和专业领域对标、指标对标和管理能力对标等方面的衔接和协同。以系统思维审视管理体系，强化管理体系之间的横向联动和上下级企业之间的纵向联动，避免各领域相互割裂。以战略管理和组织管理为核心，建立一套环环相扣、协同联动、适应国有资本投资公司和京能集团三级架构的管理体系，打通栓塞、衔接断点，落实到制度、责任、组织、执行和评价。

（二）构建对标提升实施体系

1. 计划体系

对标管理以三年行动计划为抓手，抓弱项、补短板，逐年迈上新台阶。

第一个三年计划（2020—2022 年）按照国务院国资委和北京市国资委要求，开展"1+6+N"对标提升，分为现状调研及标杆分析、制定提升目标和策略、实施与总结三个阶段，在总部及 6 家平台公司高质量、高效率组织下，对标工作已顺利完成。

第二个三年计划（2023—2025 年）将在前期工作基础上进一步完善体系、提升能力、下沉落地，分为对标管理体系建设、管理能力对标提升和所属企业竞争力对标提升三个层面。到 2025 年，京能集团总部将基本建成一流总部，八个管理领域基本达到国内一流水平；各板块所属企业基本建成一流产业，主要平台公司基本达到国内一流水平，基层企业涌现一批行业标杆。

2. 管理体系

完善对标管理体系，建立组织体系、跟踪体系、知识体系、评价体系循环工作法，形成闭环管理。组织体系覆盖京能集团三级组织架构，协同联动；跟踪体系通过将对标跟踪融入经营分析等管理报告，动态、定期监控关键指标和举措进展，促进对标提升有效落实；知识体系指建立指标库、知识库，管理创新成果库，并形成京能集团内部成功经验交流、领先实践案例分享的平台；评价体系指建立针对所属企业的对标提升评估表、针对各级员工的对标管理调查问卷，形成对标管理综合评价体系，对工作成果进行年度打分、星级评定、自评与综合查评相结合，与业绩考核和激励体系挂钩，保障对标提升有效落地。

3. 制度体系

编制管理提升对标管理办法，进一步明晰各级权责清单和具体任务、措施，确保路径清晰、措施有力。建立健全组织运行机制、指导督促机制、评价激励机制，统筹京能集团上下形成强有效的合力，形成对标提升行动的工作闭环，集中力量实现管理体系和管理能力的突破。

京能集团侧重于统筹规划、顶层设计和系统集成，加大日常调研和指导力度，深度挖掘内外部优秀管理实践，以体系化架构建设思维，通过在线培训、现场交流、指标调研、标杆分享等多种形式的交流活动，引导支持各单位开展对标提升行动，推进系统能力提升。

各产业平台企业侧重于打造专业领域的体系和能力，探索最佳实践，发挥典范引领，实现重点突破。京能集团各层级单位应参照重大项目管控模式，借鉴专业咨询机构的先进经验，积极拓展国内外行业先进视野，引入创新管理模式和理念，对对标提升行动的进度、质量、风险等开展全方位管控，防止制度与执行两张皮等问题；同步构建常态化的督查督办机制，推动各项保障机制在对标提升行动各级组织机构落实落地，动态跟踪总体目标和任务节点的进展情况，及时纠偏，解决问题，统筹推进。

（三）建立纵向贯通、横向协同的整体对标提升模式

京能集团从 2015 年起制定了《控股企业全方位对标管理办法》，组织控股电力企业系统性、持续性地就生产管理、指标管理、科技管理、环保管理、信息管理工作向同行业标杆企业、京能集团电力运营管理优胜企业、机组竞赛优胜企业进行学习，通过数据收集、分析比较、找差距、制定措施、抓改进

等系列规范化程序，提升企业管理水平和竞争力。京能集团高度重视国务院国资委和北京市国资委“对标世界一流管理提升行动”要求，结合京能集团实际，根据总体目标和三阶段部署、基于三级管控架构，依照全面覆盖、分层分类、突出重点的原则，制定整体推进、有序实施的“1 +6 + N”京能集团整体对标提升模式。

“1”是京能集团整体对标提升，重点是围绕八个管理领域搭建整体架构、明确提升路径、制订工作方案、形成标准规范。其中，战略管理领域应建立对标指标、分析自身竞争力现状、明确提升重点，加强项目投资全过程管理，重点保障发展质量和速度、控制投资风险；组织管理领域应加强法人治理、优化管控界面；运营管理领域应加强板块专业化、精细化运营能力；科技管理领域应突出创新驱动，将科技与业务紧密衔接，加快关键技术研发和转化；财务管理、人力资源管理、信息化管理、风险管理领域应加强京能集团总部及各平台公司一致性，实行由上至下纵向贯通的统一管理。

“6”是深化推广对标，以京能集团所属北京热力、京煤集团、京能电力、清洁能源、昊华能源、京能国际六家平台公司为主，其他各级企业为辅，形成覆盖各级企业的对标体系和提升方案。平台公司对标提升应与京能集团层面对标提升的范围、目标、重点和方式相一致，根据二级企业的管控定位，在八个重点管理领域有效承接京能集团要求，形成与京能集团紧密衔接的配套落地举措，实现整体有效提升。

“N”是综合性的、影响京能集团整体的重点专项，是攻坚国企改革、业务发展、科技创新等重点难点的突破口。关键在打破部门和层级壁垒，加强横向、纵向协同，取得重点突破。

根据对标的阶段进展，初步提出建议、拟进一步研究的重点专项包括“国有资本投资公司整体架构设计”专题，通过优化国有资本投资公司顶层设计、资本运营策略、投资制度和流程、资本运营职能与配套机制、超额利润分享机制探索、制订资本运作落地方案，深化建设国有资本投资公司。

一是整体性。强化能力建设，对标覆盖京能集团三级架构，总部和所属企业对标紧密衔接、形成合力，尤其落实以北京热力为主的产业平台对标工作的有效开展；建立京能集团整体对标的框架和标准，所属企业对标范围、标准、颗粒度相统一的同时，根据企业实际突出特色、有所侧重，强化标杆打造。

二是系统性。将对标一流管理提升与国有资本投资公司建设、国企改革三年行动、“双百”试点等京能集团重点工作深度融合，通过系统性对标，各管理领域联动解决综合复杂的改革重点难点问题，促进各项改革工作高水平、高质量开展。

三是落地性。强化精准对标，深入诊断分析管理短板和难点，对标领先企业管理机制和方法，在京能集团、二级企业、三级企业层面充分研讨、设定目标、逐级分解、落实任务，形成落地解决方案。

（四）从结果出发，挖掘管理软实力

1. 构建结果型+管理型对标指标体系

根据京能集团及下属企业自身行业特点及发展周期，围绕结果、管理维度分别建立十余个一级指标及数十个二级指标库，系统收集信息，深入挖掘每项指标背后的因素。一是结果型指标：营业收入、营收增长率、资产规模、装机规模、人均利润总额、毛利、净资产收益率等。二是管理型指标：人均营业收入、周转率、年利用小时数、时间可利用率、度电成本、发电气耗、人均管理面积、管网热损失率、客户回访满意度等。

2. 融合“五精”管理与对标管理

一是精细管理。精细管理是企业文化引领的，以人为本，通过对管理对象、管理流程、管理机制进行的编码分解管控、系统整合协调，实现管理要素有效整合、管理过程闭环的标准化的科学管理系统。其实质在于细，以精求细，彻底改变粗放管理。将精细管理落实到对标提升中，重点是各管理体系逐步精细化，不断优化制度、流程和机制，在抓好关键环节的同时，补强薄弱环节，提升效率，防控风险。

二是精准管理。精准管理是在企业文化引领下、以人为轴心、采用最适宜最科学的管理技术和手段，对管理对象、管理流程、管理机制等要素实施精准管控，最大限度地提高正确度的科学管理系统。其本质是要对，即正确；核心是要定，即确定。将精准管理落实到对标提升中，重点是京能集团和平台公司推动数据标准建设，各管理体系逐步系统化、数字化，为对标提供实时、准确的数据基础。

三是精确管理。精确管理是在企业文化引领下、以人的自觉能动性和高超技能为依托、采用最适宜的科学技术手段和管理操作方法、精确掌控管理操作点和重要环节、精确管控流程机制、最充分有效地发掘管理资源效能和操作资源功效、最大限度地提高管理和操作的精确度、最大限度地逼近设计预定目标和理想结果、实现效率效益最大化的科学管理系统。将精确管理落实到对标提升中，重点是运营管理提升，包括工程建设、供应链、生产运营、安全管理、资产管理等领域的标准化体系建设和落地，实现管理和作业过程的偏差最小化、浪费最小化。

四是精益管理。精益管理是以人为本、以企业文化为引领、无休止地创新管理机制和技术方法、无边界地优化资源配置、无极限地超越他人和超越自我、以永续超越的创新创造、追求卓越管理。精益管理的精益，指的是精益求精。其本质是卓越，即更精、更优、更好；其核心是创新，即永续超越地创新创造。将精益管理落实到对标提升中，重点是各级企业形成可对标、可衡量、可分解的指标体系，通过数据积累形成数据集，结合精益、六西格玛等方法工具持续开展迭代优化。

五是精美管理。精美管理是以人为本、以企业文化为主导，在精细、精准、精确、精益的基础上把审美评价注入管理过程和管理方式方法，在创造物质财富的同时，以精美的管理感受美、创造美。精美管理是人文化、真善美的和谐管理。将精美管理落实到对标提升中，重点是加强对标管理文化培育，结合对标培训、交流、评估、考核、激励等方式，形成无对标不管理的企业文化，让对标提升深入人心。

3. 突破结果型指标对标

（1）从一级到三级，层层分解指标体系及管理能力

京能集团层面工作围绕战略管理、组织管理、科技管理、运营管理、信息化管理、财务管理、风险管理、人力资源管理八个重点管理领域，形成33项提升策略、71项提升举措。通过精准选择标杆、制定落地举措、持续跟踪进展，在战略、投资、财务等多数领域开展了提升专项，管理能力显著提升，与一流水平的差距大幅缩小。

所属企业层面，为保证与京能集团层面对标提升的范围、目标、重点和方式相一致，各二级企业根据自身的管控定位，在各自重点管理领域承接京能集团要求，制定定制化对标指标体系，明确自身优劣势和与一流企业的差距，并就重点管理领域提出191项对标提升举措，企业管理能力和业绩有效提升。

（2）是围绕结果型＋管理型对标，建立管理提升方案

京能集团所属宁东发电发现在电价低、煤价高、纯发电收益长期倒挂的客观形势下，相较于世界一流企业内部管理效能有待提升，存在经营要素找寻不全，相互关系确认不准，应对措施针对性不强，组织管理不顺畅等问题，难以实现生产经营的效益最大化。围绕这一发展难点，宁东发电通过管理创新、科技创新，运用五精管理工作法，以问题为导向，抓本质找规律寻标杆，建立管理提升优化方案。

首先，构建以经营为核心的生产经营体系。一是选派业务能力强、管理水平高的人员充实到经营计划部，明确经营计划部是生产经营体系的第一部门，强化经营计划的指导、监督、评价职能。二是赋予节能中心涉及生产的经营指标二级管控职能，使其起到经营指导生产的桥梁纽带作用。三是明确检修服务运行，构建以提升机组可靠性、经济性、灵活性为目标的设备质量管理体系，为经营奠定基础。四是在现有煤源的基础上，由发电部制订燃煤掺配计划，指导燃料部采购工作。

其次，构建实现经营目标的制度体系。一是重新梳理生产经营体系各部门的职能，做到边界清晰，划分合理。二是明确各部门工作的起点就是经营目标，制度是实现的途径。三是围绕合规性和实现经营

目标，完善制度，优化运行机制，同时开展信息化建模工作。

再次，开展生产经营大数据建模工作，实现生产经营全流程的目标测算、分解下达、过程监督、结果分析、绩效评价、改进提升。

最后，构建量化绩效管理体系。一是完善以经营指标量化的岗位责任制。二是取消传统专项奖励设置，建立完全以经营业绩为导向的奖惩机制。三是构建绩效运作组织体系，明确主体部门和监督部门的职责和工作流程。四是建立绩效公示机制，做到原因清晰，措施明确。

（五）构建对标管理闭环机制

1. 强化考核激励

严格执行考核评价，针对管理提升工作易反复、易反弹、易虚化的特点，将对标提升行动作为京能集团巡察和督办的重要内容；将对标提升行动纳入京能集团综合考核评价体系，分类、分阶段、分层级进行差异化考核，实施动态评估评价，强化考核激励约束，形成对标提升行动工作闭环；突出正向激励，对先进单位和最佳实践进行表彰，在考核评价中兑现加分奖励，落实配套分配机制，充分调动各层级工作积极性，保障对标提升行动取得实效。

2. 抓好先进推广

持续固化、深化成效。全面梳理，对各阶段成果及任务节点完成情况进行逐一分析，成体系地输出对标提升行动成果，固化已获成效，不断加深对标提升行动的理念、范围、深度，使之全面融入企业工作的方方面面。

树立典型、持续推广。全面提炼先进实践和有效经验，形成可复制、可推广的对标管理范式，强化经验交流平台，借助对标方法分享、最佳实践案例交流等工作营造对标和创新的氛围，构造对标提升行动工作规范化、长效化、常态化的生态环境。

正向激励、凝聚文化。进行全面检查评价，将对标工作与各企业业绩、绩效考核相关联，优化评价机制，兑现奖惩措施，体现正向激励，激发全体员工的效率意识、市场意识、创新意识，凝聚对标世界一流的先进企业文化，增强管理工作的主动性、积极性和创造性，使之成为京能集团做强做优做大的重要战略支撑。

充分利用各种宣传媒介及时在系统内进行推广宣贯，打造共建共享平台，全方位地展示工作的进展、成效和亮点，抓好对标提升行动的工作总结评价，研究分析过程中存在的问题不足，注重发现不同业务领域、不同业务层级的经验与成果，通过专项工作平台与机制，固化成果，在实践中反复锤炼，促使全系统优化提升，确保先进实践在系统内遍地开花，确保对标提升行动应用成效不断扩大。

三、构建国际一流综合服务能源企业的全过程对标管理效果

（一）京能集团整体管理能力提升

一是经济效益显著提升。京能集团与全国企业及能源行业对标处于全国中上游水平，在中国企业500强中位列第259位，在全国地方能源类企业中综合实力位列前三。京能集团授信额度突破4500亿元，维持国内国际高等级信用评级。截至2021年年末，京能集团运营发电装机总规模达3400余万千瓦，机组利用小时数高于全国平均水平。京能集团供热管理面积5.18亿平方米，拥有全国最大的热力管网，供热技术处于全国领先水平；煤炭产能1372万吨/年；多个项目获得国优金奖和鲁班奖。

二是管控体系全面优化。京能集团及所属企业按照“1+6+N”对标提升模式，将国企改革三年行动、国有资本投资公司建设与对标提升有机结合，累计完成262项管理提升举措，在八个重点管理领域明显缩小了与一流水平的差距，并在2022年8月取得了北京市市属企业国企改革第一名的优异成绩。京能集团还曾获评国务院国资委标杆企业。

（二）促进京能集团整体转型发展

以京能集团发展战略为指引，积极加速产业结构调整，坚持向绿色低碳转型。推动清洁能源规模化发展，京能集团清洁能源装机容量占比超过 50%，新增可再生能源投产装机 505 万千瓦，同比增长 89%，超过行业平均水平；推动化石能源清洁化发展，煤电机组全部实现超低排放，燃气电厂大气污染物实现减半排放；积极推进清煤降氮任务落实，完成 11486 蒸吨燃煤供热锅炉改造，为首都的蓝天白云做出重要贡献；积极疏解非首都功能产业，京西煤矿如期全部关停退出，化解煤炭产能 600 万吨，结束北京千年采煤史。

（三）形成综合能源服务新模式

服务首都能力与北京市市管企业对标位居前列。直供京津冀电网控制装机容量达 1300 万千瓦，占北京市日均用电负荷的 85%，京内控制发电装机 502 万千瓦，约占北京市总装机的 38%；京内供热管理面积 3.67 亿平方米，占全市供热面积近 40%，中心城区供热市场占有率超过 50%，首都功能核心区市场占有率突破 80%。

以现有能源为基础，承接能源低碳转型需求。京能清洁能源基于国家“双碳”战略目标，京丰燃气利用现有优势，力争打造北京“低碳 - 零碳”能源供给示范项目，逐步构建区域综合能源中心。

构建火电机组现货交易管理体系，为电力市场化要求提供支撑。京能电力现货交易管理体系以“全电力优化、新能源优先”为核心思想，以“双边交易，协同运营”为市场模式，以“时序、品种、类型”为划分原则，以涵盖跨省跨区域交易的市场运营体系为管理内核，搭建年度目标分解体系，通过报表与核算管理、分工与协同管理确保举措妥善落实，并打通成本与核算体系，保障考核、奖励落实到位，充分激发企业火电现货效益活力。

（成果创造人：姜　帆、阚　兴、王永亮、
田　野、金　立、马　力、师　淳）

地方国有投资平台公司控股民营造船企业的混合所有制改革管理

青岛军民融合发展集团有限公司

青岛军民融合发展集团有限公司（以下简称融发集团）是青岛响应融合创新战略而专门成立的地方国有企业，主营业务包括开发建设、靠前保障、金融投资、贸易、资产经营、文化旅游等，致力于打造全国一流的融合创新专业化投资平台。企业总资产从 2018 年的 10 亿元增加到 2021 年的 800 亿元，营业收入从 2018 年的 2 亿元增加至 2021 年的 152 亿元。获得全国诚信经营示范单位、山东省诚信建设示范企业等荣誉 100 余项。集团主要负责人 2022 年 2 月被山东省委省政府评为“山东省优秀企业家”。

一、地方国有投资平台公司控股民营造船企业的混合所有制改革管理背景

（一）展现国企使命担当、服务融合创新的需要

融合创新在全国各地都处于探索阶段，体制机制不完善，社会多元投资、多方技术力量服务融合创新的产业体系尚未建立，深远海靠前保障能力急需提升。融发集团作为响应融合创新战略的国有企业，深刻认识到融合创新形势与现状，主动对接国家融合创新趋势，聚焦舰船技术保障领域，大力发展舰船设计、建造、维保等一条龙产业，立足青岛，面向山东，建设深远海保障基地，担起打造国际一流舰船修造基地的使命。

（二）补齐发展短板、双方企业转型发展的迫切需要

2019 年年初，融发集团作为国有投资平台企业，在关系国家安全和国民经济命脉、主动服务国家战略方面发力不够，在海洋装备、大国重器、深远海保障等领域存在短板。经过深入研究，融发集团锚定青岛市产业布局和企业自身发展的战略目标，以混改重组的方式控股京鲁船业，首次向舰船修造领域进军。

京鲁船业成立于 2006 年 4 月，作为修造船领域知名民营企业，自身区位优势、硬件优势、资质优势、产能优势显著。该企业拥有特种海工装备修造资质，是目前国内唯一可以修造特种船舶的民营造船企业。但造船业被列为产能过剩行业以来，京鲁船业出现新船市场成交低迷、价格下行、盈利水平逐年下降、资金链绷紧、融资难等困境，生产经营面临极大困难。京鲁船业体制机制改革势在必行。

（三）响应国企改革、做强做优做大国有资本的需要

融发集团将推动落实国企改革作为激发发展活力、打造竞争实力的重要契机，聚焦主责主业，利用国企平台进行资本化运作，大胆创新，先行先试，勇闯混改“深水区”，探索混合所有制企业经营管理的新路径、新模式。通过企业并购、股权投资等方式，向深远海靠前保障、海工装备等关系国家安全的重要行业和关键领域投资，入股高成长性企业和上市企业，积极探索更具可持续性的资产布局路径。

二、地方国有投资平台公司控股民营造船企业的混合所有制改革管理主要做法

（一）确定混改经营的指导思想、基本原则以及实现路径

1. 明确混改经营的指导思想

在充分调研的基础上，融发集团积极稳妥地推进混合所有制改革，提出了“打造全国一流的深远海装备保障基地”的战略目标和“释放优势、完善治理、提高效率、实现双赢”的指导思想，为京鲁船业制定了“聚焦主业、破解融资、多元发展、推动上市”的经营管理思路。一是明确功能定位。融发集团是专门服务融合创新国家战略的国有企业，舰船修造、深远海保障是融合创新发展的重要一环，围绕产业培育和转型升级，战略重组京鲁船业，有助于优化产业结构布局，填补山东省深远海装备保障

基地的产业空白。二是优化资源配置，民营企业最大的特点是市场化机制运作灵活高效，融发集团以管资本为主要方式，对京鲁船业经营管理给予进行有效授权，同时融入国有企业的现代治理结构，有效放大国有资本功能，把国企优势与民企活力充分结合，形成一套治理有效的组织结构、治理方式，实现双赢。三是坚持服务融合创新发展，通过破解融资难题，助力企业摆脱经营困境，实现健康可持续发展；通过做强做大船舶修造等多元化发展业务，不断增强企业实力，进而推动企业上市。

2. 坚持“以混促改”的基本原则

一是坚持提高资本运营效率，持续释放混改红利，做强做优做大国有企业；二是坚持战略引领，从股权结构、企业治理、资本运作、产业链布局等多维度协同发力，打造全国一流的深远海装备保障基地；三是坚持优化京鲁船业内部资源配置，制订专业化整合实施方案，开放性推进内外部资源整合重组，补短板、强弱项，完善产业链、供应链。

3. 制定反向混改和经营管理的具体思路

融发集团采取反向混改的形式，对适宜混改的企业进行充分调研，选择与“打造全国一流的深远海装备保障基地”战略目标具有高匹配度、高协同性的企业，通过反向混改的方式，开展精准并购，优化股权结构，释放民企国企不同优势；以党建为引领，构建责权清晰、关系协调、运转高效的监管经营体系，完善现代法人治理结构；以夯实制度为基础，形成业务监督、综合监督、监督问责“三位一体”的监督工作闭环；以破解企业融资为突破口，优化资产结构，畅通融资授信渠道，保障企业资金链的健康稳定。明确混改经营管理目标，力争2024年年产值达到100万载重吨，年营业收入达到20亿元以上，稳步推进京鲁船业上市。融发集团在京鲁船业顺势打造全国一流的舰船修造基地，拓展海洋发展空间，增强靠前维修保障能力和国家深远海保障能力，提升服务融合创新国家战略的硬实力。

（二）优化股权结构，以战略引领开展精准并购

融发集团根据自身功能定位及业务特点，充分研究论证反向混改的可行性，成立山东融发舰船修造有限公司，推进战略重组。

1. 科学调研评估，确定混改目标企业

融发集团根据“打造全国一流的深远海装备保障基地”的战略目标，选定多家舰船修造企业，制定混改评估模型，从企业特点、发展战略、法人治理、财务状况、评估定价、股权结构、运营机制、集团管控、核心团队等9个维度对符合条件的企业进行综合评估，先后考察山东省内十余家造船企业，通过评估结果，对目标企业进行横向对比，京鲁船业具备以下优势：一是京鲁船业所处的蓬莱市西城临港工业区是重要交通要道和船舶修造基地，具备独有区位优势和环境优势；二是京鲁船业是目前国内承接船舶产品种类最多的大型造船企业之一，在部分产品领域已形成了核心竞争力和品牌影响力；三是船厂总面积大，拥有30万吨船坞，主航道水深－14米，最大年生产能力可达100万载重吨，舰船维修和生产等硬件条件优越；四是相关经营资质、生产资质、荣誉成果都优于其他同类企业；五是财务管理较为规范，债务债权清晰，无贷款逾期记录，近三年无欠税记录，资信情况良好。但京鲁船业受近十年行业低潮期，以及去产能大环境双重影响，面临巨大资金压力，其产品结构布局、高息债务、家族式管理、制度缺失等更是面临发展困境的主要问题，京鲁船业增资扩股、变革公司治理结构无疑是京鲁船业积极应对行业变化、重塑企业竞争力的战略性选择。

2. 推进股权收购，优化产权结构

京鲁船业原股东持股情况为夫妻式家庭控股，单一的股权结构导致家族成员担任企业高级管理人员，出资人或家族成员做出重大决策，而且直接参与企业日常管理。融发集团对京鲁船业进行资产负债评估，经过各方协商一致，融发集团成立山东融发舰船修造有限公司，收购京鲁船业51%的股权，并购后，融发集团与京鲁船业的持股比例分别为51%、49%，融发集团成为京鲁船业第一大股东，实现

了国有资本为主体，民营资本占一定比重的股权结构。以股权结构为引导，实现企业产权的社会化和多元化、控制权的去家族化，优化产权结构，为京鲁船业构建规范的组织管理体制奠定了基础。

3. 引入对赌机制，避免国有资产流失

对京鲁船业完成尽调工作后，融发集团向上级部门汇报收购意向并敲定收购方案。在混改重组前引入对赌机制，双方协商签订对赌协议，以应对京鲁船业发展不确定、信息不对称等风险，避免国有资产流失，规避经营风险，保障国有企业的权益。

（三）强化党建引领，完善现代法人治理结构

融发集团注重将国企与民企管理优势有机结合，坚持两个“一以贯之”，把党的领导融入京鲁船业公司治理各环节，以党建高质量推动发展高质量，建立科学合理的现代企业制度。

1. 健全党组织架构，为混改企业提供组织保障

融发集团坚持“国有资本投资到哪里，党的建设就跟进到哪里”原则，确保混改企业的党建有组织、有活动、有作用、有影响、有保障。在反向混改京鲁船业后，融发集团第一时间沟通烟台市蓬莱区党工委及京鲁船业所在地北沟镇党委，成立京鲁船业党委，为进一步加强国有控股企业党的建设和规范化管理奠定坚强的领导核心。及时召开换届大会，选举产生党委委员和党委书记，根据组织架构、管理模式、职能业务等情况，坚持支部建到车间班组一线，科学设置基层党组织，健全支部班子，注重选拔工程业务骨干、经营能手担任支部书记和支部委员，确保党的工作全面、有效覆盖，充分发挥党员的先锋模范作用和基层党组织的战斗堡垒作用，激发全体干部职工干事创业的激情。

2. 把党建工作贯穿企业经营管理全过程

融发集团把国企优势与民企活力充分结合起来，形成一套国企民企共进、治理有效的组织结构、治理方式，通过“混资本”，促进“改体制”“转机制”。始终坚持以党建工作为引领，坚持把党建工作贯穿企业发展大局中谋划。严格落实“一岗双责”，做到管工作就要管党建、管廉政、管稳定、管安全，以“党建工作品牌化、组织建设规范化、示范引领常态化”为目标，加强京鲁船业的党员管理、业务培训、党内学习教育，引导党员干部充分发挥先锋模范作用，围绕企业生产经营中的重点、难点开展攻关，使党的工作融入经营、服务发展，为企业做强做优做大、服务融合创新战略提供了强大的组织保障。

3. 构建权责清晰的治理结构，制定决策事项清单

家族式治理、产权结构不清晰是京鲁船业重组前所面临的问题。融发集团依托法人治理结构，通过派出董事、监事、财务总监等参与京鲁船业的重大事项决策。对京鲁船业党委会、董事会、总经理办公会等议事规则以及“三重一大”事项决策等进行修订完善，明晰重大决策事项标准，厘清党委会、董事会、总经理办公会权责边界，健全各决策主体运行机制等，全面提升京鲁船业法人治理制度建设水平。

融发集团对京鲁企业的管理事项实行权属管理后，对需要国有股东决策事项实行清单管理，以京鲁船业自主经营决策为原则，精简项目，制定决策事项清单，清单内事项按国有企业相关规定，国有股东代表应事前征求融发集团意见后再发表；其他事项由国有股东代表独立发表意见。清单内事项包括制定或修改公司章程、注册资本及变动、企业发展战略和规划、年度投资计划以及投资、担保、财务、贷款等20余项。

（四）加强制度建设，形成混改企业监管闭环

针对重组后的实际需求，融发集团更新完善总部级制度和京鲁船业子公司制度，分级分类做好制度顶层设计、管理衔接、条款制定和宣贯执行，定期会同有关部门研究解决管理过程中的问题，完善流程。

1. 建立量化指标的综合监督制度，形成以监代管

融发集团设置年度、季度等重要节点的经营指标，坚持“结果导向、过程监督”的管理理念，以监督代替管理，抓住生产经营过程中的主要矛盾及关键节点，加强监督，建立“以指标为核心”的压力传导机制。以召开重点工作会、经济运行分析会、专题调度会议的方式，形成定期汇报机制，及时掌握京鲁船业年度指标在各时间节点的完成情况、存在的问题、解决的路径及需要的支持等，推进京鲁船业年度经营目标任务的顺利完成。健全以职工代表大会为基本形式的民主管理制度，坚持和完善职工董事制度、职工监事制度，鼓励职工代表有序参与公司治理。

2. 完善市场化的经营管理制度，形成监督问责

融发集团对京鲁船业的经营管理进行深入调研后发现，京鲁船业内部薪酬考核体系相对完善，但是企业高管、研发人员、管理人员的市场化经营管理制度还有欠缺，分类别、分层次的差异化考核体系存在短板。融发集团根据重组后的业务调整，完善了更加市场化的经营管理制度。一是建立职业经理人考核、培养制度。融发集团探索在混改企业建立“突出经营业绩、突出刚性考核”的职业经理人制度，建立与市场化接轨、与业绩相适应、与利润增长同步的市场化薪酬，职业经理人签订聘任协议与经营业绩考核责任书，经理层成员肩负年度考核、任期三年“双重”考核任务，综合运用领导干部年度考核评价结果，形成强激励硬约束，通过考核的刚性退出，推动经理层成员职务“能上能下”。同时，注重对京鲁船业职业经理人的选聘，内部培养选拔为主，外部引进为辅。根据职责特点，建立职业经理人的素质模型。素质模型按照岗位职责等从通用素质、领导力、业务素质与技能等多个维度进行综合设计，涵盖企业发展对职业经理人的各项核心要求及其所任职岗位的专业化要求。二是完善市场化薪酬激励体系。经过深入调研发现，京鲁船业在薪酬激励方面市场化激励程度较高，但是研发人员的激励针对性不强，融发集团牵头，以项目完成为标准，完善研发人员激励体系。研发人员在实行“基本工资＋绩效工资”的基础上，特别针对船型研发人员建立科研项目奖励制度，将科研项目的研发进度、研发难度、研发质量以及技术沉淀等因素与项目奖励挂钩，进行项目评级，对项目进度进行阶段性考核，以此来激励广大研发人员开展工作、提质增效。三是引入中长期激励。以经营业绩为导向，完善核心管理人员激励体系。在实施年薪制管理的基础上，让核心管理者更加关注企业的长期发展。年底依据每位核心员工的业绩、承担的压力和贡献等指标做好薪酬分配，将核心管理者的利益和企业年度经营效益挂钩，引导其更加关注企业中长期的发展。

3. 优化跟踪过程的管控制度，形成业务监督

京鲁船业在混改前，维持着简单粗放的生产经营模式，导致部分船型订单交付时才发现单船净利润极低，甚至造船成本高于订单总价。针对这一问题，融发集团派出财务总监，协助京鲁船业出台单船成本核算制度、预算管理制度、资金监管等管理制度，推进造船精细化管理，从船舶建造开始，严格监控从船舶设计到材料供应、构件加工、建造周期、设备安装、人工费用等整船建造全流程环节的资金流向，跟踪生产过程成本管控，突出结算成本分析，计算每艘单船的资金投入回报率，用以指导生产经营活动，有效规范各部门的业务开展、职责履行及成本管控。规避利润低、不赚钱的修造业务，全面推行“转模”造船，缩减成本高利润少的船型，形成主力船型产品，优化船型业务结构，推动主力船型向价值高、利润高、技术含量高转变，推动订单结构向成规模、成系列、成批量转变。

（五）精准补链强链，实现经济效益，尽显使命担当

重组后，融发集团深入研判市场行情，抢抓世界造船业复苏机遇，精准做好市场方向定位，搭建上中下游产业链，形成高效协作平台，实现多赢局面。

1. 做好市场定位，畅通上中下游产业链

针对以往船舶维修和供应链配套产业规模小、产品种类少、技术档次低、研发能力弱的劣势，着力

推进造船基地建设和船舶配套业的发展，从船舶设计、船舶配套、原材料等产业链上游入手，加大力度开拓船舶维修、保养市场，不与传统 JC、大厂竞争，更好地为 JC、大厂做配套，构建便捷高效的配套产业链供应链；紧抓船舶总装制造产业链中游的新机遇，融发集团积极推进京鲁船业与研究所合作开发智能造船管理系统，引进国际先进的智能化生产设备，建设数字化生产线，提高生产线控制系统的数字化水平，提高生产效率和产品质量；瞄准国际航运市场，完善船东和船舶租赁公司产业链下游，与多国国际航运公司建立长期、深度战略合作，不断巩固国际市场份额，快速释放订单和产能。混改后已累计新增国内外民船修造合同额 80 亿元，在谈意向合同额 60 亿元。建立客户满意度调查机制，对客户反馈意见进行收集、分析，不断优化产品，提升市场竞争力。

2. 延伸服务，拓展维修保障业务

民营企业直接承接特种舰船维保任务有一定体制机制的局限性，融发集团反向混改京鲁船业后，带领京鲁船业转换工作思路，紧紧抢抓目前维修保障任务不断增加，但舰船维修保障企业产能严重不足的契机，拓展船舶维修保障业务，积极与特种机械厂、青岛前进船厂、政府部门对接，将京鲁船业作为战略合作基地，利用现有的维修设备设施和维修改造能力，提高舰船综合保障能力，降低维修成本。针对应急救援保障任务紧急、对象多元、头绪繁多的特点，着重提高京鲁船业应急维修效率，提升舰船维修服务质量，构建融合创新一体化保障体系，以满足应急维修、临时抢修和综合后勤保障的要求。建立保障需求与对接机制，根据相关政府部门的职责和任务需求，建设综合维保基地，提供低成本、高质量、便捷化的一站式高标准服务，做到应用船只全周期维修保养、全船零配件供给，畅通双向互联互通渠道，形成高效协作平台。

3. 补齐产能短板，打造一体化保障基地

为更好地服务融合创新发展战略，融发集团以京鲁船业为依托，打造集舰船修、造、拆解、综合保障等多功能于一体的深远海装备保障基地，致力于提升京鲁船业生产和维修保障能力。大型船舶制造是造船生产力由小变大、由大变强的重要标志之一，在京鲁船业原有规模基础上，融发集团启动建设 35000 吨举力浮船坞一座，改扩建舰船停靠深水码头一座，新建 30 万吨级修船坞一座，新建 6000 平方米涂装厂房、机电维修车间、6000 米防波堤、70000 平方米分段制造场地，改建 5 万吨级船台为分段制造场地，解决不同船型尤其是大型船舶制造、维修保障条件不足的问题，为京鲁船业提升产能提供硬件保障，补齐设备设施短板。

4. 搭建研发平台，赋能技术创新

融发集团牵头建设协同创新平台，设立山东省院士工作站、山东省船舶与海洋工程装备创新中心等 5 个省级研发创新平台，引进中国两院院士、泰山产业领军人才、国外船舶专家、长江学者特聘教授，通过“传帮带”方式，为京鲁船业培养各类创新人才，帮助企业解决关键技术难题，开发新产品新技术，获得发明专利，带动船舶产业新增产值。建设协同创新中心，先后与保利科技有限公司等企业建立战略合作关系。与哈尔滨工程大学、航空航天等研究所建立了“产学研”合作关系，建设山东省新型船舶制造融合创新工程技术协同创新中心，研制紧贴国家战略需求的两用高技术船舶等，不断提升产品竞争力。

5. 开发非船业务，寻找新的盈利点

融发集团加快推进京鲁船业产能布局转型和市场业务拓展，统筹推进京鲁船业国际船务管理、金融投资、航运产业园投资管理等业务，在快速释放船舶修造订单和产能的同时，推动船舶、航运和港口业务转型升级。加大非船业务的开拓力度，加快产品转型，优化公司生产结构，开拓新兴市场，拓展海洋装备市场，自 2019 年 6 月承接并顺利交付第一套大型海洋渔业装备——半潜式大型智能网箱平台以来，积极拓展靠泊浮箱、海上风电设备、海工装备配套、海上钻井平台、油气平台、海洋牧场、水下无人装备、半潜式大型智能网箱平台等非船产品，作为主营业务的有益补充，打造新的业务盈利点、增长点。

(六) 利用资本市场，破解企业融资瓶颈

融资难、高比例垫资生产运营，成为困扰京鲁船业的首要问题和重要生存问题，融发集团积极寻找融资问题的突破口。

1. 优化资产结构，降低利率成本

融发集团以“调结构，降成本”为基调，对京鲁船业资产进行评估，将现有部分固定资产转化为投资性房地产，增加净资产 8.5 亿元。协调股东按比例进行增资，增加日常经营流动资金。通过业务开展增加营业收入，摊薄固定成本。通过上述方式，京鲁船业总资产由 2019 年的 29.43 亿元增加到 59.75 亿元；资产负债率降低 13.37%，优化了资产结构。同时，积极联系金融机构，通过资产抵押、集团担保等方式增加京鲁船业授信，逐步替换混改前京鲁船业贷款额度小、利率高的部分贷款，优化融资结构、降低财务费用，减少利息支出。通过与银行协调，降低了融资成本，降低了贷款利率。

2. 畅通融资授信，化解债务风险

随着京鲁船业产能提升，船舶修造订单呈爆发式增长，但大部分订单在交船前须垫付约 70% 的建造资金，且需要通过银行开立预付款保函，导致保函融资额度需求大幅度增加，运营资金十分紧张。融发集团聚焦限制京鲁船业发展的融资授信瓶颈，持续加大和金融机构的沟通力度，充分利用银行、融资租赁、基金等形式增大授信规模，确保生产经营所需资金，同时做好资金成本控制，通过提前远期锁定汇率等方式，保证订单收益。集中精力解决运营资金紧张的难题，积极破解融资限制，化解公司债务风险。不断争取扩大授信额度，做好扩大生产提供资金及授信保障。依托融发集团国企身份及中国 AAA 级信用企业资质，京鲁船业进一步拓宽融资渠道，破解发展运营资金困境。

三、地方国有投资平台公司控股民营造船企业的混合所有制改革管理效果

(一) 经济效益稳步增长，提升京鲁船业知名度

融发集团反向混改京鲁船业方案得到山东省、青岛市、烟台市的联动协同和大力支持，重组后的京鲁船业在市场信心、生产秩序、经营活力、员工士气、研发实力等各方面呈现迅猛发展势头。一是带领京鲁船业海洋船舶、融合创新产业加快起势，实现了造船管理精细化与修船服务标准化。2022 年，京鲁船业造船完工量逾 46 万载重吨，各个生产节点按期实现率达 100%，所有船舶全部按期交付，目前在手船舶订单 52 艘，近 75 亿元。交船量年均增长 42%，营业收入从 2019 年的 6 亿元增长到 12.35 亿元，年均增长 45%。所建船舶远销瑞典、德国、希腊等 10 个国家和地区，得到市场高度认可。二是为集中攻关舰船修造技术、加快产业升级创造了条件，促进了技术创新与技术成果转化。新建 35000 吨举力浮船坞，增强了大型舰船应急抢修能力，自主研发 77 米秋刀鱼/鱿鱼钓船、59.6 米超低温延绳钓船和 1200GT 金枪鱼围网船，多项技术填补国内空白。入选泰山产业领军人才工程蓝色人才专项人选；各类新型渔船设计与建造技术获得中国工业大奖表彰奖、山东省科技进步奖等国家、省级荣誉，拥有专利近百项。

(二) 国企改革步伐稳健，推动国有资本持续做强做优做大

融发集团通过混改重组京鲁船业，探索混合所有制企业经营管理新路径、新模式，推动了融发集团的经济布局优化和结构调整，为后续企业混改提供了可复制可推广的经验参考。继京鲁船业混改以后，融发集团通过企业并购、股权投资等资本运作手段，成为上市公司石大胜华第一大股东，投资入股多家拟上市企业并带动其加快上市步伐，累计培育高新技术企业 12 家、全球独角兽企业 2 家、国家省市专精特新企业 9 家、省瞪羚企业 3 家、2022 年省级绿色工厂 1 家、首批青岛市人工智能产业链链主企业 2 家、2022 青岛十大资本青睐企业 2 家。企业总资产由 2018 年的不到 20 亿元增加至目前的 800 亿元，营业收入、利税年均增长超过 50%。

（三）融合创新成果显著，为践行国家战略提供有力支撑

在海洋装备制造、海洋船舶修造方面多方发力，搭建起胶东半岛海洋船舶修造的全国一流协同创新产业发展平台，从舰船研发设计、生产设计、建造、维修、改装到报废退役的船舶修造工业全产业链搭建，建成了全国一流的舰船修造基地，码头岸线超过 15 千米，可以停靠维修大中小型船舶近百艘次，在服务国家深远海保障的战略中担当重任，顺利完成了全国海上演练任务。总投资额约 50 亿元的京鲁船业“深远海装备保障基地项目”入选“山东省 2020 年新旧动能转换重大项目第一批优选项目库”，成为极具综合优势和发展活力的国家海洋产业力量。

（成果创造人：张金楼、陈　伟、于相金、李蓉蓉、仝　颂、王德波、王志远、李兴雷、王会千、刘明华、刘明泉、袁灵秀）

国有工程技术企业提升市场化经营能力的混合所有制改革

鞍钢集团工程技术有限公司

鞍钢集团工程技术有限公司（以下简称工程技术公司）是中华人民共和国成立后建立的第一个企业设计研究院，为鞍钢和钢铁工业的发展做出了重大贡献，2009 年 11 月改制为国有一人有限责任公司，2020 年 12 月完成混合所有制改革。工程技术公司是国家高新技术企业，是全国勘察设计行业百强企业，具有工程勘察、工程设计、工程资信、工程测量、工程监理等 8 项甲级资质和工程总承包资格，现有在职员工 1000 余人，拥有国家及省级各类专家 68 人、中高级技术人员近 550 人、各类注册资质人员近 350 人，在中国冶金行业设计单位和工程公司中拥有最为完整的专业技术体系。设有炼钢、机械制造、化检验、机械设备、电气自动化热力、测绘、工程经济等专业，拥有冶金工厂全流程的综合设计能力、系统集成能力及相关配套服务能力，能够为客户提供冶金工程项目建设全生命周期服务。

一、国有工程技术企业提升市场化经营能力的混合所有制改革背景

（一）履行改革试点要求的需要

按照《中共中央、国务院关于深化国有企业改革的指导意见》等相关政策与《鞍钢集团有限公司综合改革试点实施方案》的要求，工程技术公司 2018 年 8 月入选国资委“双百行动”试点企业，2019 年 6 月入选发改委第四批“混改”试点企业，成为鞍钢集团唯一一家“双试点”单位。依据相关要求，坚持“完善治理、强化激励、突出主业、提高效率”的国有企业混合所有制改革方针，坚持“战略导向、问题导向、结果导向”，以激发企业活力动力为目标，紧密结合企业实际，通过实施混合所有制改革，集聚优质资源、补齐发展短板，提升市场化经营能力，推进企业高质量发展。

（二）解决企业生存危机、紧跟行业发展趋势的需要

工程技术公司曾经拥有辉煌的历史，长时间保持在冶金勘察设计行业第一梯队，2009 年正式转制成为有限责任公司，初步完成现代企业架构的搭建，但在整体发展上落后国企改革进程十余年。一直以来，工程技术公司在人均营业收入和人均利润等方面跟上了行业领先水平，但在人力资源总量、核心技术能力、营业规模总量、利润总量等方面与中冶系仍有较大差距，如不改革体制机制，不仅难以实现高质量发展，甚至面临着行业影响力下降、核心竞争力退化的风险。在钢铁行业转型发展的新时期，冶金勘察设计行业分化趋势必将进一步明确，中冶系的强势发展必将进一步压缩工程技术公司的生存空间。

（三）提升市场化经营能力的需要

工程技术公司是国有独资企业，资源能力有限，发展要素不足，企业发展受体制制约。董事会相关职能难以充分发挥，企业在激烈的市场竞争中的活力不足。

工程技术公司缺乏科技创新的资源和环境，科技研发处于低水平，孵化力度有限，科研创新孵化机制不健全，很难激励现有员工主动适应新业务，无法将科技创新成果高效化、常态化地进行有效转化。

工程技术公司市场化机制、市场化薪酬未完全建立，对核心科技人员的激励方式单一，缺乏长效激励机制，员工活力不足，引进并留住高端人才、核心关键人才的难度较大。

二、国有工程技术企业提升市场化经营能力的混合所有制改革主要做法

（一）明确混合所有制改革的总体思路

一是要引资源。充分发挥战略投资者的资源优势，增强全方位服务客户的能力。

二是要健体制。增加外部股东，加强内部治理结构，理顺“三会一层”权责关系，提高董事会决

策水平与效率，推动工程技术公司成为体制优、机制活、效率高、竞争力强的市场主体。

三是要转机制。进一步完善现代企业制度建设，构建市场化经营机制，全面激发企业活力动力。

（二）优化股权结构，实现股权多元化

1. 科学设计股权结构

一是鞍钢集团具有控制权。根据“股权生命九条线”，为保证鞍钢集团内部企业战略高度协同，鞍钢集团全资子公司鞍钢集团工程技术发展有限公司、鞍山钢铁集团有限公司（以下简称鞍山钢铁）和攀钢集团有限公司（以下简称攀钢）作为一致行动人，鞍钢集团通过一致行动的集团内企业对工程技术公司行使控制权。

二是外部资本相对集中。根据股权集中度和资本回报率的一般规律，引入战略投资者过多，会出现在战略规划和业务发展上的多种声音难以统一，影响企业决策和经营效率；外部股东持有股权比例大于5%，尤其是大于10%的投资者数量越多，占投资者比例越大，对工程技术公司关注程度越高，越有利于资本价值提升。

三是核心员工持股。实施骨干员工持股，突出绑定原则，分享收益、风险共担，激发骨干人才的创新创效积极性，实现人力资本的价值提升，使其成为驱动企业持续改革和长期发展的力量。

工程技术公司混改，采取鞍钢集团内部股权转让，鞍钢集团外部战略投资者和核心员工增资扩股方式。鞍钢集团内部由鞍钢集团统一协调工程技术公司向鞍钢集团内部企业转让股权，工程发展公司、鞍山钢铁和攀钢统称鞍钢系股东。鞍钢集团外部引进2家战略投资者，其中民营资本和国有控股各1家。核心员工持股平台按《国有科技型企业股权和分红激励暂行办法》（以下简称财资4号文）规定，员工股权激励比例按不超过5%设置。

最终形成鞍钢系3家占46%，民企1家占39%，外部国企1家占10%，员工持股占5%的多元化、制衡化股权结构，通过股权变革激活发展的一池春水，推动资本增值。

2. 精选战略投资者

工程技术公司采取增资扩股方式引入外部资本。引进外部战略投资者与核心员工股权激励同步实施。具体操作以“内转外增”方式进行，其中，鞍钢集团内部股权转让交易采用非公开协议方式、鞍钢集团外部战略投资者增资交易采用进场公开挂牌方式、员工持股平台增资交易采用非公开协议增资方式。

在鞍钢集团内部，为与钢铁主体建立紧密有效的股权纽带关系，充分发挥工程技术公司的技术服务和技术创新作用，鞍钢系股东通过签署一致行动人协议方式，对工程技术公司行使相对控制权。

在鞍钢集团外部，从近200家企业中确定12家目标企业进行深度沟通，筛选出与工程技术公司的产业协同空间大、契合度高、行业知名，兼有战略客户和业务合作伙伴双重特性，能够形成协同效应的战略投资者。

一是坚持五项引战原则：坚持聚焦制约发展的问题短板，引资源、引机制、引能力、引市场，强强联合；坚持能够提供战略价值的标准，通过资本联姻，形成协同效应；坚持行业地位优势明显的标准，坚持引入一家行业知名、能够提供优势资源的民营企业；坚持引入多元化投资者，实现多元化经营发展。

二是围绕三个要点。首先是突出自身优势。对自身战略进行梳理，在分析内外部环境及行业发展趋势的基础上，明确企业的发展定位、目标体系、业务结构、市场布局、经营模式、支撑体系等，根据战略的发展需要确定投资人标准，有的放矢。其次是突出匹配度和互补性。选择“最适合”的投资者，强调意向投资方在产业、资源、文化等方面的匹配度和互补性，形成协同效应和聚合效应。最后是突出开放性选择，在“选”上做文章：多选，充分运用产权市场、企业集团、平台公司、行业协会和各类中介机构等多种渠道，广泛吸引社会资本，组成专业推介队伍和谈判队伍，多选合作对象，深入洽谈；优选，原则上优先选择有利于带动企业机制创新、主业做强、结构升级，匹配度高、互补性强的投资者，能够有效提升混改企业的竞争优势和续航能力；比选，坚持公开透明与市场化操作原则，充分发挥专家和产权市场的作用，综合运用竞价、竞争性谈判、综合评议等多种方式，反复对比、综合权衡、公开择优选择战略投资者。

最终，为实现民营企业的产业资源、效率效益等方面优势与工程技术公司的技术优势有机融合，引入世界500强民营企业建龙集团；为实现产业国际化和技术信息化，引入外部国有企业中冶赛迪，在文化、思想、战略等方面交流融合，达成合作共识，引进外部资金4.4亿元。

3. 实施骨干员工股权激励

按照“财资4号文”精神，实施核心骨干自愿出资参与股权激励，提高员工的凝聚力和工程技术公司的竞争力，充分调动关键员工的积极性和创造性，建立完善关键员工投资收益机制以及劳动者与所有者的利益共享机制，使员工利益与工程技术公司长远发展更紧密地结合，实现可持续发展和国有资产保值增值，最终达到员工与股东的利益共享、风险共担、责任共当、事业共创的目的。157名管理与技术骨干采取间接持股方式，自愿拿出4000余万元购买股权，与企业共建共享。

（三）健全法人治理结构

厘清“四会一层”权责边界，构建权责法定、有效制衡的法人治理结构。健全以工程技术公司章程为核心的企业制度体系，充分发挥章程在企业治理中的基础作用，严格规范履行出资人职责的机构、股东会、董事会、经理层、监事会、党组织和职工代表大会的权责，强化权利责任对等，保障有效履职，完善符合市场经济规律和实际的企业法人治理结构，进一步提升运行效率。

工程技术公司董事会建立科学制衡的董事会议事规则，建立规范透明的重大事项信息公开和对外披露制度，保障董事会会议记录和提案资料的完整性，建立完善董事会决议跟踪落实以及后评估制度，对董事会决议事项严肃评估考核。董事会设立提名委员会、薪酬与考核委员会、审计委员会等专门委员会，为董事会决策提供咨询。

董事会成员设9人，其中，鞍钢系股东拥有5个董事席位（其中包含董事长1人）；建龙集团拥有3个董事席位，中冶赛迪拥有1个董事席位。董事长人选由鞍钢集团在参与骨干员工持股的人员范围中推荐。建龙集团和中冶赛迪只通过股东会、董事会发挥作用，不向经理层派出管理人，保持新经营的独立性。

（四）构建全新市场化经营机制

1. 系统推进六大变革

思维模式变革，践行新发展理念，由内部任务型为主的技术思维向市场化产业思维转变。体制机制变革，实施重塑性改革，打造微观市场主体。商业模式变革，实施产业链纵向拉伸和业务链横向跨越，拓展“设计+”商业模式。核心能力变革，以培育技术能力为核心，强化关键技术创新。人才成长变革，实施递进性改革，构建知识员工成长新模式。市场格局变革，构建立足钢铁、跨行跨界、服务全国的多元市场格局。

2. 以产业思维重塑组织架构

以产业化思维推进内部改革不断深化。在机关做减法，实行大部制改革，打造精干高效的机关。整合相近职能部门、岗位业务，人员能兼则兼，业务能并则并，机关部门由7个减少到4个，人员由59人减少到42人，将机关压缩的3个高级管理岗位放到了一线。

在基层做加法，加速专业成就产业，实施重塑性改革，打造微观市场主体。立足钢铁，坚守钢铁，围绕技术产品化、装置化，将传统设计院业务组织结构变革为市场化经营主体，打造符合科技型企业内在发展规律的高效独特的赋能体系。对外部市场化程度高、竞争力较强的专业，形成微观市场主体，按照“一部一策”充分授权。工程技术公司坚持市场化导向，将专业优势转化为产业优势，持续深化组织机构改革，实施两轮裂变+重组，将基层设计单位按产品类型进行整合，到2020年，形成了以产品为中心、以产业为方向、独立面向市场的14个创效单元。

加快向战略性新兴产业布局，实施产业链纵向拉伸和业务链横向跨越，重点实施主体工艺与设备专业深度融合，培育钢铁工艺技术品牌产业；将能源动力专业，裂变为节能环保领域的微观市场主体；整合工艺、电气专业资源，布局数字产业新赛道。目前，工程技术公司高端镀锌板工艺技术全国领先，大气治理、水务科技、储运等三个专业成为隐形冠军。

以“产业平台+市场窗口+基地培育”模式，在上海、北京、成都、本溪、鞍山高新区等设立分子公司，实施全国市场布局战略。以节能公司为平台，以上海环境公司、北京中科圣泰公司、四川分公司、北京分公司为窗口，以本钢分院为开发本钢基地的桥头堡，构建全国化市场“大三角”布局，巩固开发沙钢、本钢、酒钢、南钢、河钢等战略客户。以合作共赢机制牵动市场开发，构建“市场开发部+事业部/子公司+战略伙伴+外部营销商”四位一体的营销体系，加速构建全新产业版图。

3. 深化三项制度改革，激发内生动力

一是着力建设肩负企业发展责任的“火车头”。以开放的视野和市场化的规则，选聘拥有企业家精神的职业经理人，构建专业结构匹配、年龄梯次合理的职业经理人队伍。工程技术公司制定职业经理人管理办法、职业经理人经营业绩考核管理办法、职业经理人薪酬管理办法等系列文件，建立健全职业经理人选聘、评价、考核管理机制。所有职业经理人签订与其任期一致的劳动合同、聘任合同，并在与工程技术公司及董事会充分沟通的基础上，签订职业经理人年度经营业绩责任书和任期经营业绩责任书。在职业经理人指标设计上，以战略目标为引领，突出个性化和挑战性，既关注工程技术公司总体经营指标，也重视个人管理指标，并兼顾分管单位经营情况，加入风险管控，落实一岗双责，同时明确奖惩机制和薪酬追索机制。明确规定，职业经理人年度经营业绩指标设置整体指标和关键指标“双70”底线，当年不达标，退职退企；年度经营业绩指标考核合格分数线为80分，连续两年不合格，退职退企；职业经理人任期经营业绩指标考核未达到80分合格分数线，退职退企。

二是系统构筑支撑企业发展的“四梁八柱”。以稳定队伍和长效激励为目标，锁定混改员工、锁定核心骨干。实施全体起立，员工明确选择是否参与混改，并自愿加入；核心管理和技术骨干确定自愿出资参与股权激励；每名员工写出个人竞争上岗申请，既是确认参加混改的表态，也是让大家体会到工程技术公司进入混改新阶段的一种标志和仪式。

三是牢牢抓住三项制度改革这个“牛鼻子”。工程技术公司从人的问题破局突围，坚持结合知识密集型企业实际，建立健全多层次、系统性的正向激励体系，强化岗位，淡化职位，规矩在先，刚性落地，阳光操作。实现干部由“上去容易下来难”向“谁行让谁干”转变，实现人员由“进去容易出去难”向“不行就流转”转变，实现薪酬由“增加容易减少难”向“干好待遇优”转变。

全面实行契约化任期责任制。事业部负责人全部公开招聘，最终原主任层级的21人有13人成功到事业部层面任职，100%签订契约化责任书，未完成契约底线指标100%退出岗位，自2019年以来，11人因未完成底线指标，被免职或调岗。

构建知识员工成长新模式。深化设计师能力评价管理，实施递进性改革，结合知识密集型企业特点，为提高人才使用效能，打破论资排辈传统思维，建立并持续完善以能力、业绩为核心要素的人才评价模型，形成“核心骨干+支撑力量+基础力量”的宝塔型人才梯队。实施设计师职级动态调整机制，随员工的能力和业绩变化能上能下；打通管理与技术发展双通道，按员工的潜质和特长优势能流能转，实现人岗匹配，不断完善更加符合设计工作规律、知识员工与企业共成长的管理模式。开展全员竞聘，对近年来技术创新成果显著、项目创效业绩突出、综合能力提升明显的普通设计师，通过竞聘和能力评价，可破格跨级提升至高端技术岗位。

实施“两进两出”用人机制。差异化薪酬引进高校毕业生，改革以来引进双一流院校毕业生由不足30%提高到60%以上。多元化方式引进成熟人才，采用协议薪酬制、专家顾问制等多种用工形式，自2020年以来，引进成熟人才59人。实施适应性退岗机制，不胜任岗位工作的技术人员退出设计主体岗位，流转到一般管理和服务岗位，自2020年以来，适应性退岗37人。加强考核不合格人员退企力度，加大全员绩效考核和新入职大学生试用期考核力度，成立人力资源赋能中心，作为年度绩效考核不合格人员的中转站，连续两年考核不合格员工退出企业，2020年以来，辞退新入职大学生2人，解除劳动合同9人。

以价值贡献为导向，以人才为本、以贡献者为本，构建员工绩效评价体系，提高员工薪酬总体满意度。参照杰克韦尔奇推出的“20－70－10”活力曲线，工程技术公司创新分配模式，构建事业部层级“两突出”KPI评价体系，突出当期利润贡献和合同签约贡献，将人事费用率、劳动生产率、人工成本利润率作为价值指标、效率指标、效能指标纳入KPI指标评价体系，引导事业部、分子公司在经营活动中向市场化、高效化、长效化转变。工程技术公司对事业部进行一次分配，绩效奖总额由月综合绩效激励和季度同利共享激励组成。

同时，构建“二维度四要素”薪酬分配激励机制，事业部对职工进行二次分配，推行“基本岗薪＋浮动奖励”二维度薪酬和能级评价、劳动绩效评价、创新创效评价、同利共享评价四要素浮动奖励的薪酬分配激励机制，调整以产值作为单一的绩效分配评价要素，突出利润贡献的价值，向有突出贡献的职工倾斜。

在同利要素方面，实施事业部、分子公司“双考双挂”模式的季度同利共享机制。各单位的季度同利奖励额度与工程技术公司利润完成情况考核挂钩，与本单位利润完成情况考核挂钩，工程技术公司全年利润目标分解至各季度，按照每季度实际完成利润情况进行考核，原则上完成或超额完成利润分解目标时，方可发放季度同利奖，未完成时不予发放。季度同利奖总额按照全年实际完成利润的5%～10%控制。前三个季度发放的季度同利奖总额不超过全年季度同利奖总额的60%，每季度投入的奖金额度由工程技术公司统筹安排，第四季度根据全年利润实际完成情况，在年末进行核算后适时发放。季度同利奖的发放，按照本季度实际完成的利润情况投入奖金额度，其中各事业部季度同利奖的30%与工程技术公司本季度完成利润情况挂钩，70%与本事业部利润完成情况挂钩。机关部门（含协同部门）按照季度考核评价结果，执行挂钩0.5～0.8系数。

通过调整，员工薪酬分配模型固浮比由最初的40∶60，逐渐拉大到20∶80，充分凸显绩效贡献的价值，绩效优的事业部普通职工收入可以超过绩效差的事业部负责人。通过推行基于利润贡献的市场化薪酬分配制度，充分激发了职工干事创业的动力活力。

（五）突破改革难点，健全保障机制

一是统一思想。为了顺利推进改革，工程技术公司党委坚持将统一思想放在首位，通过召开支部书记会、职代会团组长会、各层级职工分组讨论会等形式开展研讨活动，改革小组通过问卷调查、个人访谈、全程参加研讨等，广泛收集意见与建议，对相关问题逐一分析解答，并梳理汇总整理成书面材料下发到全体员工，进一步解疑释惑，同时邀请相关中介机构对混改及股权激励方案进行宣贯讲解。开展讨论，举办论坛，凝聚改革发展共识，形成“坚持长期艰苦奋斗、坚持长期埋头实干，成就企业基业长青、成就员工美好生活”的共建共享企业文化。

二是依法合规解决好历史遗留问题。工程技术公司就以往年度尚未结算清晰的17个总承包项目，与各项目方就项目开展了详细梳理工作，明晰债权债务。与各项目方协商，应付各项目方的款项待有盈余现金流支付能力时逐步支付。

三是建立市场化经营机制。面对生存与发展的挑战，工程技术公司以混促改，混资本和改机制同步发力，围绕系统推进“六大变革”、以产业思维重塑组织架构、深化“三项制度”改革，坚定不移构建全新市场化经营机制，优化业务结构，向产业链中高端延伸，提升市场化经营能力，实现高质量发展。

四是保障机制。工程技术公司严格按照《劳动合同法》和《国务院关于国有企业发展混合所有制经济的意见》相关规定，依法妥善解决混合所有制改革涉及的国有企业职工劳动关系调整、社会保险关系接续等问题，确保职工队伍稳定。依法进行职工安置方案的制定和实施，规范操作，坚持“公开、公平、公正”原则，维护国家、工程技术公司及职工的合法权益。工程技术公司党委以“准、细、稳”推进改革工作。成立改革工作专班，聘请律所、财务顾问、咨询公司等业内知名中介机构全程指导；编制3期《改革政策汇编》700余页30万字，精准把握国家政策；建立改革推进台账，细化重点任务6个方面35大项530余子项；邀请专家解读政策，开展问卷调查与员工访谈，编制内部宣传专刊15期，召开宣讲会、答疑会7次，编制《改革热点问答》书面材料解答员工关注问题46项。

三、国有工程技术企业提升市场化经营能力的混合所有制改革效果

（一）企业治理能力和活力效益提升

混合所有制改革大大增强了工程技术公司治理能力、发展活力和核心竞争力，激发内生动力，通过构建全新市场化经营机制，打破传统国企的“大锅饭”和“铁板凳”，激活了长期休眠的人力资本潜能，市场化经营水平得到显著提升，改革发展和经营业绩双双取得新突破。2021年，实现营业收入30亿元，利润1.5亿元，合同额47亿元，分别同比提高36.5%、65.9%、82.2%，外部市场合同额同比增长71.1%，人均合同额同比翻两番，人工成本利润率同比提升32.3%，全员劳动生产率121.3万元/人·年，达到行业先进水平，实现历史性跨越。总承包合同额在全国勘察设计行业排名第81位，改革模式与经验获得鞍钢管理提升“标杆企业”荣誉，入选国企混改典型案例，位居第49位。被国务院国有企业改革领导小组办公室授予专项考核最高等级——“双百标杆企业”称号，在全国251家参评企业中排名第22位。

（二）科技创新成果丰硕，企业影响力显著增强

混合所有制改革极大激发了科技人员研发创新的热情，“鞍钢30万吨焦油深加工典型工艺技术和装置研发与应用”“千万吨级钢铁工业园全生命周期节水减污技术”等一批具有自主知识产权的前端技术，达到国际领先水平，获得冶金科学技术一等奖1项、二等奖2项。

（三）国有资本权益和功能提升，企业杠杆率下降

通过国有资本实力优势和社会资本市场活力优势的有机结合，工程技术公司实现了国有资本功能放大和保值增值。以49%的股权撬动了4.4亿元资金，为节能环保项目投资、创新技术科研投入、合同能源管理投入等提供资金来源，净资产收益率23.6%，资产负债率下降20.7%。

（成果创造人：冯占立、王　岭、张绪凯、毛希文、王　刚、王　昆、梁凯铭、张咏梅、邱　东、王寅虎、陶　伸、胡宝彬）

省级电网企业以综合改革为突破的现代企业治理体系构建与实施

国网天津市电力公司

国网天津市电力公司（以下简称国网天津电力）是国家电网有限公司的子公司，负责天津电网规划、建设和运营，致力于为天津经济社会发展提供清洁低碳、安全高效的电力能源。供电面积1.19万平方千米，供电户数705万户。截至2021年底，资产总额814.79亿元，资产负债率55.63%；2021年售电量817.8亿千瓦·时，营业收入482.95亿元。天津电网共接入各类电厂116座，发电装机容量2192.45万千瓦；建成1000千伏变电站1座、500千伏变电站10座、220千伏变电站89座，电网保持安全稳定运行。国网天津电力曾获评中国城市能源变革“十大杰出贡献企业”，作为国网系统两家单位之一获评国务院国资委管理提升标杆企业，涌现出“时代楷模”“改革先锋”等一批先进典型，凝聚了“逢山开路、遇水搭桥”的“推土机”精神，形成了从“个体先进”向“群体先进”的拓展升级。

一、省级电网企业以综合改革为突破的现代企业治理体系构建与实施背景

（一）实施国企改革三年行动的必然要求

国有企业必须通过立足自身、苦练内功，对标世界一流提升企业管理水平，从先进的管理中要质量、要效益、要增长，运用改革的方法抓重点、补短板、强弱项，不断增强国有经济竞争力、创新力、控制力、影响力。

（二）建设具有中国特色国际领先的能源互联网企业的重要举措

随着国家能源转型战略的实施，电力生产和消费结构将迎来快速转型升级，新能源更加快速发展，国家电网公司全面贯彻落实党中央、国务院关于国有企业改革发展的决策部署，以“构建具有中国特色国际领先的能源互联网企业”战略目标为统领，以完善中国特色现代企业制度为主线，坚持党的全面领导，聚焦“市场化、透明度、高效率”三个关键点，变革体制机制，完善公司治理，促进产业升级，激发企业活力，增强创新动能，持续提升企业核心竞争力、创新力、控制力、影响力和抗风险能力，推动国家电网公司在能源资源优化配置中发挥关键作用。

（三）推动企业可持续高质量发展的根本需要

国网天津电力深入学习宣传贯彻党的二十大精神，以推动公司和电网高质量发展为主线，对标“产品卓越、品牌卓著、创新领先、治理现代”的世界一流企业标准，强化改革的系统性、整体性、协同性，探索破解“计划式”资源管控僵局，解决企业发展中存在的突出问题，使改革更好对接发展所需。健全中国特色现代企业制度，加快构建适应市场响应、客户服务、新技术研发应用、新业务开拓发展的体制机制，走出符合绿色发展要求的电网发展创新之路，高质量收官国企改革三年行动，努力输出更多“天津经验”，探索更多“国网模式”。

二、省级电网企业以综合改革为突破的现代企业治理体系构建与实施主要做法

（一）确定总体思路，建立管理变革工作体系

1. 坚持顶层设计，确定管理变革总体思路

构建“一个目标、两个导向、三大路径、六项重点”管理变革体系框架，打造目标统一、分工明确、高效协同的运营体系。

“一个目标”：以建成产品卓越、品牌卓著、创新领先、治理现代的世界一流企业为目标。

“两个导向”：以客户为导向，破解制约企业高质量服务客户的突出矛盾和问题；以价值为导向，让客户的需求在各个环节有效传导，根据价值链重塑服务体系。

“三大路径”：以改革赋能实现公司治理体系和治理能力现代化；以改革创新服务国家战略落地，服务打造一流营商环境；以改革激活公司内生动力和发展潜力。

“六项重点”：强化“三个坚持”加强党的领导和党的建设；聚力“三个优化”提高现代化企业治理能力；聚焦“能源四化”打造“双碳”先行示范；着力“一体两翼”优化电力营商环境；狠抓“三个升级”提升市场竞争力；着眼“三个突出”激发企业内生活力。

2. 注重系统思维，明确管理变革基本原则

国网天津电力管理变革围绕工作目标，强化系统思维，坚持“稳妥有序、改革有效”方针，牢牢把握“四个坚持”实施原则。一是坚持党的领导，强根铸魂。充分发挥党委领导作用、党支部战斗堡垒作用和党员先锋模范作用，为高质量发展提供坚强政治和组织保证。二是坚持守正创新，战略引领。始终保持战略定力，围绕建设具有中国特色国际领先的能源互联网企业目标，对标世界一流企业，持续提升公司的核心竞争力、创新力、控制力、影响力和抗风险能力。三是坚持系统优化，协同高效。将深化改革综合试点与国企改革、电力改革有效衔接，增强改革的系统性、整体性和协同性，基于数据贯通提升管理透明度，打破专业壁垒，避免令出多门、各自为战。四是坚持安全合规，稳妥推进。严格履行重大改革事项内部决策和上报审批程序，确保依法合规；强化改革风险评估和管控，确保队伍稳定；对于探索性改革措施，选取试点先行先试，稳妥推进改革实施。

3. 突出机制建设，强化管理变革工作保障

一是加强组织领导。国网天津电力成立以主要负责人担任组长的管理变革领导小组，依托改革牵头部门成立管理变革办公室，各部门主要负责人任成员，涵盖人资、财务、物资、信通以及电网规划、建设、运检等核心业务，“一揽子”推动改革任务举措。二是深化上下联动。国网天津电力先行先试，构建横向贯通、纵向协同的联动机制，确保实施过程可控、在控、能控。建立工作例会机制，听取进展成效，协调解决跨部门、跨专业、跨流程重大事项，把握整体工作推进进度。三是强化宣传引导。注重宣传引导，做好改革前期工作铺垫，加强改革思路和目标宣贯，做好改革任务的解读。改革中，充分尊重基层首创精神，调动一线改革积极性，凝聚改革共识和力量。及时总结提炼改革成果经验，推广改革方式方法，推动管理变革高质量落地。四是防范改革风险。以做到改革依法合规，确保国有资产保值增值为底线，始终增强风险防范意识，制定防控措施，防控预案与改革事项一一对应，强化责任落实，确保生产经营和职工队伍稳定。

（二）强化“三个坚持”，改革赋能党的领导和加强党的建设

1. 坚持“国企姓党”，打牢深化改革政治根基

坚持以忠诚落实习近平总书记指示精神提升改革成果。推动建成首批智慧能源小镇、首个省级综合能源服务中心、城市能源大数据中心等一批示范项目；组织团队迭代研发第四代配网带电作业机器人，抢占国际标准制高点；建成津门湖新能源车综合服务中心，成为新能源领域靓丽名片。坚持以学深用实党的创新理论推动改革实践。推动建成首个电力“双碳”先行示范区等重大任务实施；创新党委理论中心组学习深化巡听旁听、交叉互查等机制，走出去、请进来，加强工作调研，推动一系列理论与实践相关结合改革措施落地落实。

2. 坚持“旗帜领航”，铸强深化改革机制保障

规范落实“两个一以贯之”。贯彻《关于中央企业在完善公司治理中加强党的领导的意见》，建立前置研究讨论重大经营管理事项清单，推动不同类别企业全部实现“党建入章”；制定《“三重一大”

决策事项清单（试行）》，规范重大事项前置审核把关程序，保障改革发展正确方向。

创新实施“旗帜领航”。发挥党组织把关定向、凝聚力量的优势，深入推进“旗帜领航”党建工程。结合企业改革发展目标、经营管理重点、管理调整需求，全面提升党的组织覆盖和工作覆盖质量，在重大工程、重点任务中，及时规范设立党组织，完善工作机制，突出党组织在推动改革中的政治功能。用现代管理思维深化党建创新，健全基层党委、党支部标准化体系，建设党建专业标杆，推进党建对标管理，深化党建领域“放管服”。

深化党建融入中心机制。启动实施“党建+”工程，做到党建与生产经营同谋划、同部署、同考核，在安全生产、科技创新、提质增效等重点领域找准党建融入着力点，推行“一党委一品牌一示范”“一支部一项目一特色”等举措，建立党委主责、专业主导、支部主推、党员主力的机制，形成党建与改革发展中心任务一体推进良好态势，充分发挥出党建赋能改革发展强大作用。

3. 坚持“党管人才”，优化改革中坚力量

建设高素质领导人员队伍。坚持党管干部原则，政治标准贯穿干部工作全过程，形成《全面提升党员干部政治素质实施意见》等50项制度文件，近三年选派53人参加驻村帮扶、东西帮扶等专项工作，每年发布党员干部作风转变“百项承诺”，促使党员干部忠诚勤勉、干事创业。

构建国企“群体先进”育人模式。紧扣国企责任和使命，探索新时代国企队伍建设新路径，弘扬时代楷模精神，深化群众推、基层育、专业评、公司选机制，实施高端人才引领工程、技能人才培养工程、青年人才托举工程，创新青年干部班、青年马克思主义者培养工程培训班“双青”联合培养等模式。

创新“三支队伍”建设实践。坚持“建强队伍、筑牢堡垒”理念，建立支部书记“一次述一年抓”机制；建立党务干部包保后进支部点，跨单位学习观摩、业务互查，开展联合党建课题研究；建立党员教育支部实践教学点，打造党建初识中心等党员党性锻炼阵地，搭建共产党员服务队、突击队、责任区、示范岗建功平台，让基层党员在企业改革发展中唱主角、展价值。

（三）聚力“三个优化”，改革赋能现代企业治理能力提升

1. 优化“战略+运营”，推动管理变革创新

国网天津电力聚焦市场化、透明度、高效率，结合自身特点，构建“一体两翼三驱四联”的管控模式，持续提升公司治理体系和治理能力现代化水平。以支撑国家电网公司战略目标落地模式和实践为主体，推进以承诺制为核心的“放管服”改革，提升管控效率；推进以质量管控为重点的制度体系建设，提升执行效能；坚持客户驱动，提高服务效率；坚持公开驱动，提高管理效率；坚持价值驱动，提高流程效率；建立清单、制度、流程、信息系统同步调整的联动机制。

突出战略引领。构建“能力框架－战略地图－任务集群－执行保障”一整套以战略管理为“总纲”的工作体系，聚焦主责主业，厘清业务界面，推动实现监管业务与非监管业务有效分离。构建一套统一的战略落地指标体系，分类实施绩效考核，为基层肩负松绑。优化资源配置。分类优化工资总额核定模式，建立增量工资与经营效益、业绩考核结果挂钩机制。应用公司标准成本作业化改造成果，提高成本管理精益化水平。分业务板块制定财务业绩考核评价内容，提高效益类指标考核权重。强化专业管理。优化调整公司规划体系，增加主导、支撑、新兴和省管产业规划，确保战略落地，整体最优。优化公司综合计划管控模式，提升电网业务发展效率效益。

2. 优化“放管服”改革，促进管理提质增效

国网天津电力按照“一诺四减两强化”的总体思路（承诺制，减事项、减环节、减材料、减时限，强化履责、强化服务），牢牢抓住“审批”这个关键，建立“审批主体服务承诺”和“服务对象信用

承诺”机制，持续优化权责配置，强化事中事后监管，培育信用文化，确保责任更清晰、审批更简洁、监管更有力、服务更优质。

聚焦“承诺制”，全面推行信用管理。设计承诺制改革公开平台，推进公司内部信用体系建设，将各部门、各单位及员工践诺守信情况纳入信用积分管理，降低企业管理内耗，提升运营管理质效。

聚焦“四减”，系统优化审批流程。发布审批事项公开清单，明确审批依据、申请材料、审核标准、办理时限。减少审批、服务事项具体办理环节，凡无制度标准依据的一律取消。通过限定时限、流程“串改并”等措施，统筹压减时限，接受服务对象和“第三方”监督，解决审批链条长、手续繁、效率低等问题。

聚焦“履责、服务”，强化事中事后监管。建立承诺事项“双随机、一公开”监管机制，提前公示检查及监管要求，随机抽取检查对象和检查人员进行检查，检查结果公开发布，有效防范监管部门自由裁量。同步建立基层问题协调反馈闭环机制，有效打通改革梗阻。

3. 优化制度管控，健全依法治理体系

聚焦统筹协同，优化制度体系。以厘清制度体系内在逻辑关系、提升制度体系协同性、优化健全制度体系为目标，对各级各类1148项制度开展梳理评价，查找制度空白和冲突矛盾，搭建专业制度体系逻辑结构，形成制度立、改、废评价结论，为制度体系的科学设立和持续优化提供了重要依据。将规范性文件纳入制度管理，明确只有对制度进行细化解释和因“放管服”改革等变革创新两种情形，可以发布规范性文件，并在一年有效期内将其转化为制度，有效维护公司规则体系完整性并支撑改革措施落地实施。

聚焦规范高效，强化制度设计能力和管控能力。严把制度“出台关”，持续提升制度质量，在差异条款中进一步细化制度质量要求。明确规定制度设计应体现公司发展战略导向，符合企业文化，确立依法合规七项原则和权责对等七项要求，协同配合“放管服”等改革工作，按照SMART原则将承诺事项、检查标准及监督措施纳入制度，征求意见覆盖全部基层单位，将立法技术纳入编写规范，提高制度的可操作性。

聚焦风险防控，抓实制度合规评估和执行评估。按照专业检查、审计、巡察、考核问责、制度执行矛盾等9个维度，对全部现行有效制度的执行情况进行评估，从制度质量、执行监督考核等多个角度查找制度执行问题源头，进一步提出制度完善建议，提升制度执行效力。明确规定规章制度必须具备执行检查周期、节点、方法、途径、评价标准以及责任追究等内容的监督检查条款，制度发布后必须纳入“五位一体”平台进行流程匹配，并作为公司开展审计、巡察以及各类专项检查、考核的制度依据，确保违反制度行为得到及时发现、准确处理和有效追责。

（四）聚焦“绿色发展”，改革创新打造“双碳”先行示范

1. 探索实践“双碳”运营服务，支撑能源行动规范化

按照“平台化服务、市场化合作、专业化运营”的整体思路，全力打造“1+3+5”（一个平台、三类服务主体、五大功能）碳达峰碳中和综合运营服务体系，为政府主管机构、高排放企业（园区）、新能源企业（业主）等提供一站式服务平台，全力推动经济社会发展绿色转型，形成碳中和数字化服务生态体系。推进碳排放精准监测与管理，建立健全碳排放管理机制，强化排放单元管理、活动数据管理、排放信息统计分析等功能，为行业及政府开展碳达峰碳中和决策部署提供数据支撑。加快能源电力领域低碳转型，整合行业、市场、企业多层面数据的分析及信息资源，为具有交易需求的用户提供全国统一碳市场以及各地方碳市场的动态信息服务。带动产业链、供应链上下游，加快能源生产清洁化、能源消费电气化、能源利用高效化。积极服务碳市场稳健发展，通过平台监测、核算、数据挖掘和区块链

等技术将碳资产数字化，打造区域及企业碳效码，支持扫码查看企业名称、社会信用代码、碳达峰指数、碳排放量、碳减排量、碳汇量等信息。建设低碳学院，为全社会用户定制化提供技能培训、业务咨询等知识类服务，有效提升平台整体服务质量，推进各方业务需求高效衔接。

2. 提升电网优化配置资源能力，服务能源供给清洁化

政企融合、联合推动，大力提升电网建设效率。通过“六步法”推动构建高规格、集约化的指挥体系，主动向地方政府作专题汇报，提出工作建议，促请市政府印发在建党100周年初步建成世界一流能源互联网的实施方案，成立由电力主管副市长挂帅，18个委办局、16个区政府为成员的高规格指挥部，统筹协调解决建设难题2742项，工程前期及施工外协周期分别压减30%和50%以上，保障了电网建设任务按期完成，推动“十一五”“十二五”受阻工程67项取得重大突破，一大批受阻近10年的工程建成投产。

城乡一体、多线并进，强力推进民生工程建设。提前一年完成“煤改电”和1342个村庄农网升级改造任务，惠及47.2万户居民冬季清洁取暖。农网户均配变容量由2.41千伏安提升至4.58千伏安，农网核心指标进入全国前列，为脱贫攻坚、乡村振兴提供了坚强支撑。220千伏电网形成6个供电分区，110千伏链式网架结构现状提升，联络通道增长17%。35千伏变电站升压改造，联络通道增长1.8%。10千伏电网供电能力大幅提高，可合环点数增长35%，电网清洁能源供给和配置能力显著增强，相较“十三五”末新能源接入规模增长164%，新能源电量在全社会用电量中的占比提升106%。

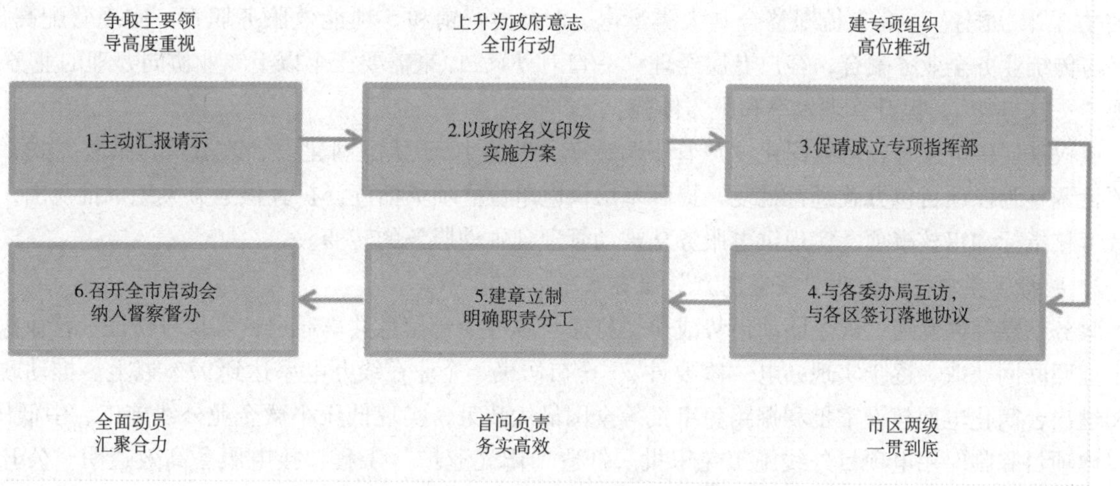

图1 “六步法”构建高规格指挥体系

3. 加快向能源互联网转型升级，支撑能源配置智慧化

创新“数据共用、产品共创、成果共享”的能源大数据产品开发模式。在区域内签署首个城市运营大数据政企共享共用协议，合作成立能源发展研究中心，打造能源大数据众创空间。面向政府、企业、居民、能源系统开发30项能源大数据产品，通过政务平台实现产品在线发布、精准推送，服务经济社会高效运行。创建“资源共享、信息互通、项目共建”的智慧能源服务产业联盟发展模式。依托综合能源服务中心，联合政、产、学、研、用等各类主体，组建省级综合能源专家服务站，成立中国（天津）智慧能源服务产业发展联盟，发挥115家联盟单位集成优势，通过优势互补、联合创新，精准对接客户用能需求，提供一揽子智慧能源定制化服务，带动各类市场主体共同发展。创建“供电+能效服务”“定制+组合套餐”的综合能源服务新模式。面向区域内工业企业、园区、大型公共建筑差异

化需求，推广“供电 + 能效”服务，就地开发用户侧可再生资源，挖掘能源梯级利用潜能，提供定制化、系统性能源解决方案，试点企业户均节能 10% 以上。

4. 提供一站式能源解决方案，助力能源服务便捷化

强化生态聚合，争当产业链链长。搭建新能源汽车产业发展的平台，将新型电力业务与传统电力营业厅业务融合，建成国内首家一站式、全周期综合充电服务中心，为用户提供找桩、充电、比价“一站式”服务，满足购车、维修、金融“一条龙”需求，实现看车、买车、用车、报装“全周期”服务。

强化能源管理，打造一体化服务。运用 CPSS（融合信息物理社会系统理念）系统理论，做了大量工作，同时，合理调整包含充电设施在内的“光储充换”一体化清洁能源利用系统。采取共建共享的合作模式，针对园区内充电区域进行细分优化，建成国内首个多主体合作运营的综合充电站。

（五）着力“一体两措”，改革创新优化电力营商环境

1. 重构供电服务体系

优化前端服务机构，开展市场驱动的“一站式”网格服务，构建台区、客户、营销服务“三经理”服务机制。主动对接政企客户，提前获取项目投资规划，配合优化电网规划建设时序，实现客户申请即开工、完工即接电。

聚焦重点客户，主动上门提供能效方案，实现由被动“坐商”向主动服务的“行商”转变，全面推广实现从多专业前端服务到“统一融合、综合管理”服务的转变。重塑协同服务平台，整合专业班组，按区域地理环境、客户类型、用电规模、设备状况等因素形成 5 个网格组，每个网格服务面积约 30 平方千米、配置 7～8 人梳理整合 6 大类配电、8 大类营销和 5 项能效服务职责，实现营配高低压、新兴与传统业务全业务融合，客户专属经理“一口对外”，原来需要三个以上专业协同办理的业务 70% 实现“一次办毕”，提升管理效率和服务体验。

放权基层供电服务，持续深化“放管服”改革，改变 10 千伏配网建设、改造项目批复方式，由单一项目调整为以项目包方式进行批复，提高基层供电单位立项灵活度，扩大供电方案免审批范围，全面压减考核指标和审核事项，实现供电服务从被动管理到主动服务的转变。

2. 更新服务举措，提升“获得电力”服务水平

政务信息互联互通，政企联动借势成事。打通与政务平台信息共享通道，实现身份证、营业执照等电子证照联网获取，逐步实现办电“零要件”，全市居民、企业在线办电率达到 97% 以上。推动政府部门相继出台简化电网建设审批和掘路免审批等全国最优政策，实现低压小微企业外线施工、中低压 200 米以内项目和临时用电项目外线施工免审批。打造“阳光业扩”工程，接电服务高效透明。公开办电流程、进程、时限、接电方案、技术标准、造价标准，为客户办电提供查询、知情和监督的渠道。让电等企业，建立“一池两库”，对接地方政府“云签约”渠道，提前掌握重要项目信息，提前规划电网建设方案。深化大云物移技术应用，贯通内部专业系统平台，推动电网资源等信息透明共享，实现移动作业终端现场制定、答复供电方案。

3. 孕育新常态“心”举措，“双进双服”助推经济社会发展

防控疫情全面助力企业复工复产，国网天津电力主要负责人亲自带队，领导班子和基层供电单位党员领导干部走访天津百强企业，天津市 125 项市级重点建设项目工程。推出供电“更安全”、接电“更快捷”、用电“更省钱”、信息“更透明”等十二项服务措施，让企业感受到实实在在的惠企成果。优化营商环境，服务地方经济发展，累计走访企业和现场 11722 户，收集、解决客户诉求 1500 余件，解决率 99.35%。对接政府帮扶工作组 5949 个，实现区域全覆盖。主动对接市区两级政府设立的企业家服务机构，建立常态联络机制，通过高效、快速响应客户涉电问题，全面了解企业最新用电需求，快速

解决企业用电问题，持续助力天津地区经济发展。

（六）狠抓“三个升级”，改革激活市场竞争力

1. 聚焦资源整合，狠抓科技创新升级

构建“三位一体”科技创新组织体系。以科技创新中心主任委员会、办公室、柔性创新团队的“三位一体”协同创新组织体系为核心，发挥统筹决策、组织协调、实践攻关作用。建立高效协同的工作机制。完善科技创新会议机制，对重大示范工程建设等重点工作进展情况进行督导，协调解决重点难点问题。统筹管控科技项目申报、重大成果培育等重点工作。建立开放的交流机制，各柔性创新团队开展跨专业技术交流，针对安全生产、示范工程建设难点等问题，开展生产一线调研交流，通过调研走访、邀请座谈等方式，与外部高校和科研机构的高水平专家团队开展外部交流，进一步拓宽研究视野，凝聚创新合力。强化科技创新管理举措。实行科研助理制，培养选拔科技创新“三级”人才梯队，实施人才成长积分制，推行科技立项“揭榜挂帅”制，统筹开展科技贡献评价和人才评价，打破仅以专利、论文数量和获奖为导向的科技人才评价标准。落实创新专项管理成本，在电网工程项目中增设新技术应用专题分析，健全以应用为导向的立项机制，强化科技创新经费投入。规范科技成果转化流程，打通基层转化应用路径，推动科技成果转化为现实生产力。

2. 聚焦能力建设，狠抓产业转型升级

优化新型管控模式，加快省管产业现代企业治理体系建设。构建行政管理协同化、股权管理集约化的“双线”管控体系，通过定模式、定红线、定流程、定职责，实现从直接业务管理到标准化管控、从行政指令到授权管理的转变。

平台企业履行出资人责任。以股权为纽带强化平台企业经营计划、资源调配、管理调控功能，将人财物等核心资源的决策权、调配权、监督权集中到平台企业，对重大经营决策实施管控。

实施省管产业转型升级，加强核心能力建设。推动平台企业参股省综合能源服务公司和项目公司，发挥省管产业单位贴近用户的特点和工程服务业务全产业链优势，为用户提供从建设到运维“一条龙”服务。

以“能力提升年”活动为载体，强化施工承载能力、安全管控能力、科技创新能力建设，管理基础不断夯实，专业水平持续提升。

3. 聚焦现代治理，狠抓新兴产业升级

投资方与新兴业务公司“一臂之距”管理，实行两权分离。通过“抓班子”（任命新兴业务公司党组织班子和高管）、“立指标”（国网公司针对新兴业务公司设置经济性考核指标）、“定范围”（落实国网战略，明确新兴业务公司的经营方向）、“看效益”（分析和调查新兴业务公司的财务状况）等措施保持国有资本管控力，并具有知情权，股权投资、注资审批等战略投资权。其他股东方可通过授权委托，统一运管，实现所有权与运营管理权的分离。

新兴产业管理公司与新兴业务公司“一臂之距”管理。新兴产业管理公司履行或代行出资人职权，主要负责以市场化方式招聘优势互补、适合市场化公司的董事、监事向新兴业务公司董事会推荐，并通过增加董事比例，组建多元化董事会，提高董事会科学决策能力，组织向股东方和新兴业务公司董事会推荐，提高新兴业务公司经营层的管理水平，引入外部高水平专业机构，定期审查新兴业务公司经营状况，做到指导不执行、支招不越位、制衡不掣肘。

（七）着眼“三个突出”，改革激活企业内驱力

1. 突出“三项制度”改革，激发员工队伍活力

紧盯目标，统筹改革全局。滚动出台三项制度改革工作方案，明确年度目标、重点任务和责任主

体，建立常态跟踪督导机制，分类制定三项制度改革成效评估指标体系，纳入企业负责人业绩考核，发挥指挥棒作用。健全改革配套制度体系，开展现行制度执行质效分析评价，完成 17 项制度制修订，印发 12 份改革配套文件，健全规范管理长效机制。聚焦关键，破除机制梗阻。深入推进岗位聘任管理，制定《经理层成员任期制和契约化管理工作方案》，完成全部经理层成员岗位聘任协议签订。通过严格开展考核，对 5 名低绩效人员进行降岗、待岗处理，共 28 人退出所聘岗位，切实推进不胜任人员退出。全面推广团队绩效管理，划小经营核算单元，构建供电服务、市场拓展、运维检修、工程建设、科技创新、职能管理等 6 类差异化团队绩效机制。以小站供电服务中心为代表，员工最高绩效薪金超出平均水平 6.6 万元。用好资源，激发活力动力。畅通人员流动渠道，加大存量盘活力度，内部市场累计交流 1161 人次，促进人岗精益匹配。大力推行岗位公开竞聘，基层单位调整到公司本部，空缺管理、技术和重要技能岗位人员补充优先以公开竞聘方式选拔人员，2021 年非管理岗到管理岗竞聘比例达 53.5%，牢固树立竞争择优用人导向。深入推进人才培养“三大工程”，建立领导职务、职员职级、专家人才三条通道并行互通机制，拓展员工职业发展空间。

2. 突出“双百双青”建设，塑造青春电网铁军

精准选拔，畅通源头活水。创新“双青学员”（青干班、青马工程）选拔，将政治立场坚定、政治素质过硬作为学员选拔首要标准，实施由基层党委推荐、考试测评、组织考察遴选到公示并报党委常委会审定的选拔程序，坚持“好中选优”原则，重点选拔民主推荐集中、近期能够使用的优秀年轻干部。做实“两个 100”（100 名四级单位领导人员、100 名优秀青年员工）推荐调研，通过全面梳理摸家底、条块推荐作比对、深入调研听口碑、综合研判定人选“四部曲”，择优确定 100 名四级单位领导人员、100 名优秀青年员工。

系统培育，练就过硬本领。“双青学员”实施系统政治培养，“青马工程”实施为期一年的系统化培养，着力打造一支听党话、跟党走的青年先锋队。青干班以政治理论培训为主，注重引进中央党校、浦东干部学院等高层次师资授课。“两个 100”注重日常专业训练。建立由组织部直接掌握、与专业部门和基层单位共同实施的“两个 100”联合培养模式，推动优秀年轻干部在不同的工作岗位经风雨、长才干。注重个性化、定制化、浇灌式培养模式，把好苗子培养成为素质过硬、本领高强、培养成熟、独当一面的优秀人才。

严格管理，跟踪成长表现。全程培训观测“双青学员”，建立成长档案，对学员学习和日常表现、示范引领作用发挥情况进行全过程跟踪，完善“培训 + 实践 + 考核”的全过程培养体系，确保学员“严进严出”。动态跟踪管理“两个 100”，对经实践检验不符合条件以及不宜继续作为优秀年轻干部人选的，予以及时调整；对表现突出、符合优秀年轻干部条件的，及时进行培养，实现“有进有出”，始终保持“一池活水”。

大胆使用，激发队伍活力。突出“双青学员”的政治属性，将学员用在关键时、用在关键事、用在关键处，有针对性地安排学员到营销环境优化等重点工作中实践锻炼，使其发挥好引领和表率作用。突出“两个 100”人选的梯队作用，从“两个 100”中抽调政治素质过硬、专业性强的优秀人员到公司临时重点专项机构培养锻炼。

3. 突出“担当作为”导向，打造领导人员队伍

突出政治之要，树牢担当作为的思想自觉。抓实政治教育，把学习贯彻习近平新时代中国特色社会主义思想作为领导人员教育培训的首要任务。提升政治能力，引导领导人员积极投身营商环境优化、“煤改电”攻坚、“黎明”带电作业机器人研发等重要政治任务。

把握用人之道，强化担当作为的鲜明导向。制定《领导人员队伍建设三年规划》，配套制定《加强

年轻领导人员跟踪培养实施意见》，破除论资排辈、平衡照顾，让敢担当、能作为的“好苗子”及时冒尖、快速成长。强化人尽其才的价值取向，把合适的人用到合适的岗位，变“伯乐相马”为“赛场选马”。坚持以实绩论英雄，大力选用敢于负责、勇于担当、善于作为、实绩突出的领导人员。

紧绷作风之弦，营造担当作为的浓厚氛围。出台强化担当作为20项措施，发布转变作风“百项承诺”，推动过硬作风成为领导人员队伍最鲜明的底色。将职工群众满意度作为领导人员作风的“晴雨表”和“温度计”，赋予基层单位评价本部部门的权重，有效扩大基层话语权。

三、省级电网企业以综合改革为突破的现代企业治理体系构建与实施效果

（一）完善公司治理体系提升治理能力

党的领导融入公司治理各环节。实现“党建入章”全覆盖，以章程为核心，由基本管理制度、专业管理制度和其他运营规则组成的与公司治理体系相适应的制度体系，实现业务制度化覆盖率100%。制定、修订董事会议事规则、“三重一大”决策管理办法等制度，建成“1+2+9+2”治理制度体系。国网系统内首家完成“两委”换届，基层党组织标准化体系建设100%达标。国网系统首家成立战略执行委员会，获评国网公司创建世界一流示范企业“三标杆一示范”全满贯，相关经验在《国资报告》刊发。

高质量党建引领保障高质量发展。建成习近平总书记重要指示批示精神3大类16子项学习资料库，深刻认识“两个确立”的决定性意义，践行“两个维护”。创新“百名书记讲党史”等特色载体，实施“我为群众办实事”项目170项，典型经验做法3次在中央、国资委党史教育简报刊发。建成党性、廉政、保密三大教育基地，天津电力科技博物馆入选全国爱国主义教育示范基地。围绕电网主业抓内嵌融入，实施“党建+”项目1500余项，形成支部建在青藏联网工程一线、党员服务队联盟入驻社区“红网格”等典型经验，构建党委抓统筹、专业抓融合、支部抓落实、党员当先锋的工作矩阵。

（二）为企业经营管理质量效益明显提升提供强大动力

电网发展迈上新高度。500千伏“三横两纵”双环网基本建成，220千伏及以上变电站突破百座，配网自动化实现全覆盖，万年桥站、板中线等一批长期受阻工程投入运行，华北首个顶盾结合的电力隧道等一批首台首套工程建成送电，德万等一批调结构补短板的工程按期投产。构建新型电力系统，新建天津北、扩建天津南特高压工程及全部500千伏工程纳入国家“十四五”电力发展规划；推动电网工程纳入政府审批制度改革试点，大港500千伏工程顺利开工。1项工程获国家优质工程奖，2项工程分获国网优质工程金奖、银奖。启动建设国网首个综合性供应链服务智慧园区，获评国家电网公司现代智慧供应链创新与应用示范先进单位。建成首个多站融合的海光寺数据中心，数据管理实践成果入选工信部2021中国数字赋能经济大会优秀案例。

经营业绩取得新质效。“十三五”期间，累计实现利润总额53.91亿元，较“十二五”增长56.52%，资产负债率保持在53%~58%合理水平。电网主导产业实现高质量发展，网架结构、供电能力、整体功能全面升级，局部地区供电可靠性达到99.999%。通过对标提升，75%对标指标达到国际领先水平。高压、低压平均办电时间分别压减43%、44%，“获得电力”指数全国排名第四，助力天津市成为全国营商环境十佳城市。“十三五”末省部级以上科技奖项、发明专利、技术标准较“十二五”增长3.5倍、4倍和7倍。

（三）为助力天津打造社会主义现代化大都市贡献力量

电力营商环境跃居全国前列。综合能源、电动汽车等新兴业务初具规模。连续三年落实降电价政策，累计降低用户成本超过70亿元。对标国际标准升级服务举措，先后出台“电十条”“高十条”等系列举措，推广“三零三省”“限时办电”等服务模式，高压、低压平均办电时间分别压减43%、44%，“获得电力”指标位居全国前列。将电力公共服务事项纳入政务网“一网通办”，拓宽电力业务

办理渠道，简化客户办电手续。电压质量投诉量降低近 86%，供电可靠性投诉量降低 70%，触电人身伤害事件和案件分别下降 78% 和 60%。

服务京津冀一体化协同发展。实现京津冀业务办理标准一体化，联合梳理京津冀三省市跨省办电业务清单、流程、时限和标准，构建“环节精简、标准统一、异地通用”的统一业务标准流程，统一业务办理告知内容。推动构建京津冀三省市办电业务新体系，建立跨省联网电力业务办理平台，实现电力业务京津冀三省市“跨省一网通办”，高效服务用电客户。发起成立国内首个“双碳”产业联盟，作为名誉主席单位成立天津新能源产业联盟，举办首届“智慧新能源”论坛和城市储能发展论坛。

（成果创造人：赵　亮、周　群、韩　冰、李永卓、肖建光、钟　奕、王鸿雁、杨泽勇、白婧婧、杨仲运、马　婷、刘　涛）

通信企业基于“三效驱动”的三项制度改革管理

中国联合网络通信集团有限公司北京市分公司

中国联合网络通信集团有限公司北京市分公司（以下简称北京联通）隶属于中国联合网络通信有限公司，是北京地区实力雄厚、品牌强劲的全业务电信运营商，运营全球最大的本地固定、移动电话网之一，拥有全球最大的本地传送光网和全波段专业龙头地面卫星站，是中国数据网的核心、互联网国际出口局、国际互联网的枢纽节点之一，服务面积16400平方千米，服务人口超过2100万人，资产规模近500亿元，年收入规模超过260亿元，年利润超过90亿元，现有用工总量15000余人。

一、通信企业基于“三效驱动”的三项制度改革管理背景

（一）落实国家深化国企改革新要求

完善现代企业制度、创新管理机制，是新时代国有企业全面深化改革的重要内容，是企业加快转型升级、增强发展动力的迫切需求。2020年6月30日国家审议通过了《国企改革三年行动方案（2020—2022年）》。深化三项制度改革，是激发活力、提高效率、提升劳动生产率的必然要求，是国企改革三年行动的关键环节和标志性工程。北京联通作为央企，更要坚决贯彻落实党中央、国务院的重大决策部署，瞄准公司用工总量大、效率低、活力弱等问题，高质量推进三项制度改革，形成以改革促发展、以发展助改革的良好局面。

（二）应对行业数字经济发展新挑战

近年来，受到传统业务饱和、流量增长放缓、OTT冲击、新一代网络投资增长等因素的影响，电信行业增量不增收等问题严重。虽然数字经济的蓬勃发展为作为信息基础设施建设者和产业数字化转型赋能者的电信行业带来了转型升级的新蓝海，但同时也对电信运营商的发展模式和管理模式提出了更高的要求。面对数字经济发展的新需求，电信运营商存在传统岗位员工数量过大、数字技术和数字研发岗位人员紧缺以及人力资源管理创新的工具及方法不足等问题。快速吸引、培养和储备数字化人才队伍以适应技术的快速迭代和商业模式的激变，创新人力资源管理模式和方法以提高管理效率和效益，是数字经济对电信运营商提出的巨大挑战。

（三）解决企业人力资源管理新矛盾

人才是兴业之本、创新之源，最大化激发人才创新创造活力、提升人力资源全要素生产率及合理的人才配置，有助于推进企业高质量发展和数字化转型。作为一家大型国有企业，北京联通在实现人才转型升级方面存在一些困境和制约。

一是人员“规模困境”的制约。一方面，由于历史原因，国有企业已形成规模庞大的员工队伍，但人员效率低下、余缺并存、结构不合理等问题突出；另一方面，对于央企而言，履行社会责任、维护社会稳定更是与生俱来的使命，所以规模庞大的沉淀人员必须在企业内部逐步消化，国有企业人员规模优势逐渐转换为劣势，制约着企业全要素生产率的提升。

二是人才“能力关卡”的制约。创新驱动、人才先行。北京联通虽然人员规模庞大，但要实现以创新为引领的发展，还存在数字化人才严重短缺、核心能力亟待提升等问题。在创新人才数量上，北京联通研发人员占比不足1%、政企人员占比仅11%；在创新能力上，自研能力低、对技术外包依赖严重；在科技创新成果上，2019年授权专利仅有3项。这些都严重制约着企业高质量发展和创新转型升级。

三是“泛行政化”机制的束缚。国有企业长期以来在“泛行政化”状态下运营，虽然近年来市场化机制改革也取得了一些成效，但观念上的障碍、制度上的缺陷和机制上的阻梗依旧存在，制度化、常态化尚未完全实现。如何继续深化机制体制变革，将看不见的人力资源价值转换为看得见的组织效能，是当前北京联通亟待解决的一个重要问题。

北京联通自2020年起，聚焦难点问题和关键环节，以三项制度改革为重点，进一步探索人力资源市场化运营机制，持续激发企业内生动力活力，提升企业整体效能。

二、通信企业基于“三效驱动”的三项制度改革管理主要做法

（一）锚定三效驱动，系统规划三项制度改革蓝图

1. 瞄准定位，绘制变革全景图

人力资源三项制度改革牵一发而动全身，为确保全公司上下目标贯通、横向高效协同，北京联通由公司党委统筹、改革专班牵头，紧紧抓住三项制度改革的关键环节，系统设计“1+3+N”的改革规划图。锚定1个目标，即公司整体效能提升。实施3大改革，创新N项机制，即：突出“绩效决定位置”，实施干部管理改革，重点强化干部任期制和契约化改革，同时探索创新领域专业干部的弹性化动态孵化机制；突出“效能决定岗位”，实施用工管理改革，重点创新以组织效能改善为核心的用工总量自控制机制，以岗位效能透视为基础的低效岗位合理化转型机制；突出“效益决定薪酬”，实施薪酬管理改革，重点创新以效益牵引和业绩对赌为核心的工资总额配置机制，以量化计薪和精准激励为核心的员工薪酬分配机制。持续提升管理水平和效能，实现人力资源由“支撑保障”向“三效驱动”转型，全面助力北京联通实现持续高质量发展。

2. 机制先行，助推改革高协同

为有效推动三项制度改革落地实施，北京联通坚持机制先行、高效协同。组织保障机制，成立改革专班，公司主管领导作为第一责任人，亲自抓总谋划、研究推动重点工作、解决难点问题；人力部统筹规划，组织推进整体改革工作；各专业部门一体推进，优化业务模式、提升专业线效能；联合审议机制，重点针对各专业线因业务模式变化或业务发展需要制定的用工配置、能力布局及考核激励方案等，由专业部门联合审议通过后组织实施，促进高效协同。挂图作战机制，制定总体施工图，明确每项工程的改革目标、任务清单、工作举措、配套制度及责任部门，同时针对每项任务制定更为详细的工作推进清单，分步推进、定期复盘、实时督导，确保实效。

（二）突出“绩效决定位置”，推动干部管理改革

1. 干部队伍动态化配置、契约化管理、刚性化退出，激活人才池

一是坚持动态化配置，推动职数能增能减。北京联通根据公司战略布局和组织生产效能，动态化配置各机构的干部职数，充分发挥统筹职数的灵活效应。各分公司，严格按照创收规模配置干部职数，创收规模超过10亿元最多配置5名副职干部，1亿元至10亿元之间最多配置4名副职干部，低于1亿元最多配置3名副职干部，效能升、职数增，效能降、职数减；支撑类单位，区分单位性质按照市场、网络和职能三类单位，差异化设置职数系数，并在三类单位内部严格进行总量控制，其中市场类单位职数系数>网络类单位>职能类单位。

二是坚持高绩效驱动，强化干部契约化管理。为撬动更高经营业绩，提升绩效水平，北京联通按照“分类管理、一人一书”的原则，统一组织制定并签署经营业绩契约书，指标统筹设计、目标层层承诺。以收入、利润、客户感知等关键业绩指标为核心，联动三年自由现金流、市场竞争能力等中长期能力评价指标，建立量质构效相统一的契约指标体系；契约目标的确定，突出挑战性和差异化，按照“跑赢历史、跑赢预算、跑赢市场”的三跑赢原则，差异化实施“底线目标、预算目标和挑战目标”三档目标管理。其中，底线目标是红线要求，以历史业绩为基准；预算目标是刚性要求，有效衔接联通集

团下达目标；挑战目标是摸高标杆，以发展规划和行业水平为基准。领导干部主动摸高、自主认领，形成贯穿各级领导干部的业绩承诺体系。

三是坚持刚性化退出，推动干部能上能下。北京联通打破职务“铁交椅”，搭建组织研究退出、业绩考核退出、聘任测评退出、引咎辞职退出等退出路径，设置明确的“底线”，对不作为、懒作为的干部实施常态化退出和职级下降，以压力驱动活力。其中，在经营业绩考核和聘任测评实行强制分布的基础上，强化“刚性达标”机制，任何一项不达标原则上应退出。例如，本单位经营业绩考核连续两年排名后10%或末位，个人年度综合考核结果为“不称职”或者连续两年“待改进”，能力素质评价排名后10%等情形，均纳入退出研判范围，由公司党委综合研判并最终确定退出人员和调整方式。退出干部岗位后，易岗易薪，职务层级、职位等级区分不同情况进行差异化调整。

2. 探索创新领域柔性组织专业干部的动态孵化机制，提升承载力

一是凸显敏捷反应，创新柔性组织专业干部孵化机制。随着日趋复杂的市场环境和快速迭代的技术变化，在创新业务领域，相对固化的机构设置已不能适应弹性化管理的需要，北京联通持续推进组织体系变革，凸显市场导向和敏捷反应，从2020年起在大数据、产业互联网等关键创新业务领域，探索出更加灵活的柔性组织设置，初期共设1个战略级项目组和12个创新行业团队，并匹配设置项目总监、行业总经理等非管理序列“专业干部”；后续严格按照业绩达标情况，决定柔性组织是否取消、继续孵化或转为正式机构，专业干部是否继续聘任或直接解聘。另外，为吸引优秀人才，北京联通按照“职级对等、发展对等、薪酬对等”的原则，为专业干部搭建人力资源发展平台。其职位等级比肩本单位管理干部，使专业人才不用挤“独木桥”，也可以有纵向“上”的通道；专业干部具有上级管理干部的选聘资格，使专业人才有横向“动”的通道；专业干部薪酬水平按业绩贡献可高于同级管理干部，使其有“薪”的保障。

二是强化揭榜挂帅，构建专业干部“赛马”机制。为锤炼柔性组织专业干部的竞争意识，北京联通强化揭榜挂帅，鼓励跑道赛马。竞岗与竞标同步，明确目标。发布选聘通知的同时，同步公布收入及创新产品业绩标的，优秀人才可通过公开竞聘、摘牌业绩；聘任与契约同步，压实责任。专业干部聘任的同时，同步签署岗位聘任书和经营业绩契约书，清晰知晓本人应承担的责任，正式承诺业绩目标，压实责任、激发干劲；考核与应用同步，及时激励。考评的同时，同步进行结果的正负向应用，实现对业绩优秀的专业干部及时激励，业绩不达标的及时调整，确保能上能下、能进能出。

（三）突出“效能决定岗位”，实施用工管理改革

1. 以组织效能改善为核心，创新用工总量自控制机制

一是全面建立组织用工效能评价模型。北京联通打破员工用工身份限制，全面统筹合同制、劳务派遣及外包人员全量用工，打破一刀切的“零”增量管控模式，创新从绝对到相对、从单边到双维的用工效能评价模型。从绝对到相对，即从管控用工总量绝对值，转变为管控各单位用工效能改善值；从单边到双维，即从单边看合同制员工劳动生产率，转变为看全口径用工劳动生产率和全口径人工成本占收比双维指标，整体评价各单位用工效能情况。

二是分类对标确定用工效能改善目标。外部对标北京地区其他运营商、联通集团其他省份用工效能情况，内部对标各单位用工效能现状，北京联通对各分公司实行分区管理，针对每区差异化确定改善目标，通过效能评价模型，联动人力资源投入与用工效能，倒逼各单位通过提升收入规模或减员增效方式改善用工效能。

2. 以岗位效能透视为基础，创新低效岗位合理化转型机制

一是基于效能识别，精准定位需要转型的岗位和人员。为破除企业人员效率低下、余缺并存、结构不合理等用工问题，北京联通依托企业人力资源数字化系统，开放对接业务系统、财务系统、经分系

统、数字化运营平台等数十个信息系统，贯通业务发展、财务效益、考核评价、生产操作等信息，改变以前看考勤、靠统计的老做法，针对重点岗位构建岗位人员行为活动模型和岗位效能评价模型，判断员工是否真的“在岗”执行规定动作，以及业绩积分等效能情况，精准识别并及时预警低效岗位和低效人员，为用工结构合理化转型夯实基础。

二是搭建四条路径，实现低效岗位人员合理化转型。北京联通坚持全量统筹，破除人员流动壁垒，搭建四条路径，实现富余岗位人员向政企创新岗位、市场前台岗位、集约改革岗位等高价值领域和外包自主替代岗位批量转型，优结构、提效能。

路径1：基础业务单元，推动集约化改革精简一批。重点针对营业厅、呼叫中心进行业务重新布局和专业集约管理，集约管理后的富余人员统一向政企账务、市场前台岗位转型。以营业厅为例，2021年人力资源数字化系统通过分析后台人员一段时间里在企业各信息系统的行为大数据，有23%的人员“到岗”却没有执行职责要求的规定工作，系统自动判定其为“低效岗位”。据此，北京联通推动营业厅后台稽核集约化改革，重新构建集约化、智能化的稽核模式，将占后台工作量81%的订单关键资料及高风险业务办理合规性稽核等事项，转变为系统实时智能稽核为主、兼职人员人工稽核为辅的方式，撤并了营业厅后台低效岗位，节省大量人员，280人通过转型培训全部优化至创新领域急需扩充的政企账务支撑岗位或营业厅前台岗位，稽核差错率由原来不足0.1‰提升到10%以上，有效防范了风险。

路径2：中台支撑单元，实施运营模式转型释放一批。以中台业务模式调整为例，通过将原分散在两个单位的移动和固网两大中台业务整合，由运营支撑中心统一承担，实现宽融和移网中台业务受理、热线支撑、资金账务流程、实名制管理和物流合并等集中管控，通过人员复用释放了51人进行转岗。

路径3：网络技术单元，工作向市场前移延展一批。打破原有的网络侧人员工作界限，推动工作向客户和市场前移。例如，在公众业务交付方面推动全部432名装维人员进入市场网格，打造统一调度、统一响应的营维一体化体系；在政企业务交付方面转变ICT项目开发与交付外包模式，以自有人员、自有能力、自主承接市场侧交付工作。2021年，ICT自主交付项目达到1500多个，自主实施率由2019年的16%提升至59%。

路径4：创新业务单元，高端人才社会招聘引入一批。为快速提升关键领域核心能力，围绕战略布局，针对高端研发人员以及智慧医疗、工业互联网、税务等行业专家、稀缺人才开展社会招聘，迅速集聚高精尖人才助力行业领军能力的打造。

（四）突出“效益决定薪酬”，实施薪酬管理改革

1. 坚持效益效率协同，创新人工成本配置机制

一是对标效率改善目标，双向调整“挣”存量。为鼓励各单位以更好的业绩挣回人工成本存量，北京联通创新基于效能改善的存量抢盘机制。增量归零，各单位存量包不以上年度人工成本包为基础进行核定，而是增量全部归零，引导各单位关注当期业绩和未来发展，避免“躺赢”和“躺平”；对标调整，即对标各单位全口径劳动生产率和全口径人工成本占收比两项指标底线目标的改善情况，对10%的存量在［-7%，7%］区间进行正负双向调整，驱动各单位不断提升人工成本资源的使用效率。

二是强化效益协同增长，业绩牵引“抢”增量。北京联通搭建以收入利润增量分享为核心、高价值业务发展对赌为辅助的增量配置机制，驱动资源流向高效益领域和高价值领域，强化人工成本与企业效益协同增长。聚焦整体效益，围绕收入及利润同比增量，差异化设置分享比例，增量越多，分享越多，牵引各单位增收创利、跑赢历史；聚焦发展质量，围绕宽移、双线、自有IDC业务等高价值重点业务，叠加双向对赌式激励，收入目标认领越高，完成越多，激励越高，牵引各单位将资源投向高价值领域，跑赢预算。2021年，各单位工资总额增幅拉大差距，最高增幅达28.6%，最低为-5.4%。

三是牵引科技创新提能，战略投入“硬”供给。为快速推动科技创新和自主提能，北京联通实施

以科创激励硬供给为核心的战略性资源投入机制，驱动激励科技创新领域倾斜化配置。聚焦自主研发资金支持保障，持续加大研发投入，2021 年研发投入达到 5.68 亿元；聚焦科技创新综合能力提升，设立科技创新专项奖励基金（每年不少于 100 万元），根据研发投入、创新成果、科创能力、创新人才四个维度的综合积分，实施专项基金抢盘，快速提升综合创新能力；聚焦科技创新研发成果，按照 3 万～20 万元/成果的标准，重点奖励科技创新研究、新技术试验、技术应用解决方案等方面的优秀技术创新成果，加强科技赋能生产；聚焦自研成果市场转化，按照自研成果的市场销售收入对研发人员进行增量收益分享，上不封顶，推动创新应用。

2. 强化价值贡献，分类施策实施薪酬精准激励

一是坚持高目标牵引，构建领导干部契约年薪激励机制。北京联通坚持高价值贡献、高目标牵引、高薪酬激励的原则，针对领导干部搭建“基本年薪＋业绩牵引”的契约激励机制。其中，基本年薪重点突出规模贡献，年薪基数与单位收入规模、经营难度系数挂钩并分五档确定，兑现系数与经营业绩契约书考评结果刚性挂钩，差异化进行兑现；业绩牵引激励重点突出超额贡献，分别围绕收入和利润基准目标、预算目标及挑战目标三档目标达成情况，按照业绩对赌、正向倾斜的原则进行额外奖励，超额贡献越多、奖励系数越高，下不保底、上不封顶，从机制设计上引导领导干部主动“摸高”。

二是坚持量化透明，构建基层员工积分＋增量分享激励机制。首先，效能联动、精准激励。北京联通打破分配“黑匣子”，重点针对综合网格、行业网格等基层单元 4000 余人搭建以“量化积分薪酬＋增量收益分享”为核心的薪酬激励机制。其中，量化积分薪酬由公司重点围绕直销发展、存量保有、产品交付等方面统一设计，规范积分项目、明确积分标准；增量收益分享，重点围绕网格超预算毛利贡献和重点创新项目超额贡献进行阶梯式分享提成，促进薪酬激励与个人效能及网络效益正向联动。其次，平台赋能、计薪到人。为确保基层员工对自己的薪酬都能“看得明、算得清”，北京联通以人员清、成本清、目标清、薪酬清、客户清、资源清等“六清”为目标，搭建“数字化运营平台”，对接各类生产、财务、业务和人力系统，自动获取网格及人员收入及业务发展等信息，按照事先设置好的规则系统自动计算个人积分及薪酬数据。同时，通过看板中心，小 CEO 借助“一网格一表”实现网格目标一点看全、网格效能一点评价以及网格薪酬包一点算准；基层员工借助“一人一表”实现个人业务发展一点掌握和薪酬一点算清，促进努力有方向、薪酬可预期、工作有动力。

三是坚持事前算赢，构建高价值项目团队成员快激励机制。为推动 V 智护、V 智航、V 智税、2B2C2H 兵团作战等高价值项目的快速发展，拓展新的增长引擎，北京联通搭建“小微项目”运营机制，通过微军团作战方式迅速在全公司范围内跨组织揭榜挂帅、集结资源、实施攻坚。同时建立内部结算机制，差异化厘清项目成本及收益边界，针对项目团队成员实施快激励。坚持“事前算赢”，即前置自研产品的项目效益计算模型及分享规则，根据项目效益及成本预期，提前测算项目收益分享，让项目成员做到心中有数；坚持“透明量化”，按照事先确定的项目成员贡献积分占比进行项目收益分配，让成员贡献得到公平体现；坚持“即时激励”，项目结项即根据可进行分享，成员可通过结项自动触发的“激励通知单”清楚获悉项目及本人激励情况。

三、通信企业基于“三效驱动”的三项制度改革管理效果

（一）深化三项制度改革工作获得认可

北京联通在三项制度改革过程中，形成了涵盖干部管理、用工管理、薪酬管理三大类 35 项制度，促进管理的制度化、程序化和常态化。在联通集团内部，获评 2021 年度三项制度改革评价 A 类，《赋能提效，激发活力，北京联通积极推动用工“提质增效”》《聚焦创新引领，分层激励牵引，助力增收提能》《探索人力资源管理数字化转型，推动企业高质量发展》等案例均在《中国联通 HR 交流》《中国联通改革动态》等专刊发表；在国家层面，北京联通获评国资委国有重点企业管理标杆创建行动

“标杆企业”荣誉称号，相关工作得到了高度肯定。

（二）效能驱动，人力指标大幅改善

用工效能改善。北京联通 2021 年全口径用工较 2019 年净减 1044 人，全员劳产率提升 13.3%，人力资源总投入占收比改善 2.81%。

人才结构优化。通过四条路径的人力资源批量迁转，从营业厅、综合网格、业务中台、技术支撑等岗位向政企重点岗位输送 366 人，政企创新人员从 10.8% 提升至 14%，营业厅客户触点人员占比从 61.4% 提升至 80.6%，综合网格销售触点人员占比由 39.6% 提升至 41.3%；从创新领域看，研发人员占比提升 7.8%。

能力布局优化。2021 年参与国资委央企创新联合体 5G 项目 3 个，较 2019 年“零”参与有重大突破；参与联通集团核心技术攻关项目 15 项，参与数量省内排名第 2 名。自主研发能力提升，2020 年至今获授权实用专利共 37 项，2021 年当年正式授权专利数量较 2019 年提升 200%。

（三）机制牵引，经济效益快速提升

北京联通整体经济效益持续高位增长，2021 年主营业务收入较 2019 年增长 8.4%，利润总额增长 21.3%，收入及利润份额均保持北京地区行业领先。科技创新成果转化效益显著，8 项自主研发产品仅 2021 年就签约 187 个项目、取得 4600 万元收入，其中“V 智护”荣获 2020 年度北京工业 APP 和信息消费创新大赛一等奖，“5G 智慧观赛”更是在 2022 年北京冬奥会和冬残奥会中让全世界观众得到了极致的观赛体验。

（成果创造人：王传宝、张　猛、刘　颖、康　锐、刘　旸、付红宇、樊敏燕、赵　昕、林志鹏、刘伟伟）

战略性新兴企业以市场为导向的全链条垂直整合与升级管理

吉林华微电子股份有限公司

吉林华微电子股份有限公司（以下简称华微电子），位于吉林省吉林市，成立于1999年，是国内功率半导体器件行业具有国际竞争力的IDM领军企业、业内首家主板A股上市公司。多年来，华微电子专注于功率半导体器件设计研发、芯片加工、封装测试及产品营销。企业总资产69亿元，员工2300余人，拥有4英寸至8英寸多条功率半导体分立器件及IC芯片生产线，芯片加工能力每年400万片，封装能力每年24亿支，模块每年1500万块。企业拥有百余项专利，核心技术国内领先，达到国际同行业先进水平。目前IGBT、MOSFET、SCR、SBD、IPM等系列产品覆盖功率半导体器件全部范围，被广泛应用于新能源汽车、光伏、变频、工业控制、消费类电子等战略性新兴领域。企业2020年销售收入17.2亿元，2021年销售收入22.1亿元，同比增长28.6%，呈现强劲发展趋势。华微电子积极参与行业顶层设计，承担行业重大项目，被评为国家级高新技术企业、国家企业技术中心、国家级绿色工厂，拥有CNAS国家认可实验室、国家博士后科研工作站。

一、战略性新兴企业以市场为导向的全链条垂直整合与升级管理背景

（一）在新一轮科技革命和产业变革中保持领先的必然要求

新一轮科技革命和产业变革正在加速演进，科技迭代、产业升级浪潮席卷全球，各类新科技雨如后春笋，将科技应用端推向了全新高度。随着技术快速迭代发展，功率半导体器件应用也逐渐从传统工业领域快速扩展至新能源、充电桩、光伏、大数据、物联网、智能电网、智能机器人、轨道交通等战略性新兴领域。各战略性新兴企业都争相迭代技术、研发新品，行业竞争越发激烈，产业升级加速推进。华微电子已调整产品、市场、客户三项结构，积极推动企业自身转型升级，但仍要以市场前沿为导向，实施全链条垂直整合升级，以在科技革命与产业变革中保持领先状态。

（二）推动实现我国功率半导体器件自主可控的迫切需求

国际贸易形势较为严峻，新冠疫情持续反复，各类企业的发展都呈现出不稳定性。中兴事件的突发，使“中国芯”问题凸显，为民族半导体产业发展敲响警钟。国际贸易形势的变化进一步强化了我国实现半导体自主可控与芯片国产化替代的迫切需求，科技自立自强已经成为我国科技发展的重要议题。加之全球新冠疫情突发、蔓延，对进出口与货运造成影响，半导体行业发展出现上下游资源紧缺的阶段性特点。面对科技的遏制封锁、疫情的时好时坏，全产业链整合与升级已经成为我国战略性新兴产业发展的必由之路。企业须从人才链、创新链、产业链、价值链等方面进行全面升级，来增强抵御环境风险的能力，实现半导体自主可控。

（三）推进企业转型升级、助力国家战略落地的重要需求

随着科技进步，生活中各类电子产品、家居用品、汽车电子等应用终端逐渐趋向智能化与智慧化。同时，气候环境也提出了进一步的要求，碳达峰、碳中和已成为全球绿色发展的共同目标。面对市场新变化，产业转型升级势在必行，智能制造、绿色低碳、可靠安全已成为科技发展的主流方向，为战略性新兴产业建设指明新的航向。华微电子以市场为导向开展全链条垂直整合升级，推动战略性新兴企业转型升级，产品及其应用领域满足快速变化的市场需求，也为国家“双碳”、创新驱动、制造强国等发展战略落地贡献力量。

二、战略性新兴企业以市场为导向的全链条垂直整合与升级管理主要做法

（一）市场导向的全链条整合升级规划

1. 确定全链条整合升级目标

由于国际贸易形势不稳定因素，战略性新兴产业地位逐渐凸显出来。在国际贸易环境影响与国家产业政策的引导与扶持下，功率半导体行业发展十分火热，竞争异常激烈。而受到新一轮科技革命和产业变革影响，功率半导体市场应用领域快速向战略性新兴市场方向转型。华微电子规划实施全产业链整合升级，确定主要目标：通过全方位的链条梳理、整合、升级，提升企业综合竞争力，打造出企业差异化核心竞争优势，在产业升级变革中保持前瞻性和行业领军地位，并实现企业可持续高质量发展。

2. 梳理全链条整合升级思路

综合分析技术革命、产业变革、贸易形势、新冠疫情所带来的影响，无论是终端应用领域的变化，还是产业链的不稳定性，若要在这些影响与变化中把握先机，最科学、有效、创新的方法是以市场为导向，实施企业全面的、链条性的整合与升级。根据高新技术企业、战略性新兴产业的性质，最终将思路定位在人才链、创新链、产业链和价值链四个链条上。

3. 制定全链条整合升级规划

一是升级人才链。升级选、用、育、留人力资源管理体系，提升企业底层竞争力。二是强化创新链。通过创新组织建设、专业创新载体打造、产学研用结合，打造高新技术企业核心竞争力。三是打通产业链。强化企业核心生产制造基础，向上下游产业链延伸，推进企业重大项目建设，增强全产业链竞争优势。四是塑造价值链。深耕核心领域，数字系统赋能，提升产品质量，升级品牌管理，塑造企业垂直领域差异化优势，打造出具有鲜明特质的民族半导体品牌。

（二）升级人才链，提升企业底层竞争力

作为高新技术企业，技术创新发展的原动力和企业底层竞争力均来源于人才。华微电子推进人才链升级，从选、用、育、留四方面全面升级企业人力资源管理体系，真正做到尊重人才、呵护人才、关爱人才，赋予企业新发展动能。

1. 招才引才，尊重人才

功率半导体行业属于技术密集型行业，高端人才资源极为稀缺，人才的紧张供给与行业的迅猛发展十分不匹配。华微电子大力推进高端人才引进与校企合作，开启多方位优秀人才引进通道，为企业发展注入新动能。一是引进高端人才，升级人才队伍。聘请国内外高层次人才、资深技术研发、管理专家，推动企业关键技术突破与产业链重点项目建设，推进企业半导体工艺平台建设、前沿产品开发及外延、封装生产线建设，升级了企业核心骨干人才队伍，强化了“头雁精神”，起到了良好示范与带动作用。二是校企合作，加强人才引荐与储备。华微电子与吉林大学、哈尔滨理工大学等专业对口高校开展校企合作，建立相关专业校企实习、优秀应届毕业生推荐等人才引进与输送渠道，多线条为企业储备专业人才资源。

2. 育才用才，呵护人才

在搭建系统的人才培养体系方面，一是长期开展企业内部培训。持续优化企业内部培训讲师团队，提升培训质量与培训内容的针对性，完善内部培训体系。二是持续开展外部培训。聘请行业各领域专家到企业授课及进行技术交流，开阔员工视野，促进内部管理优化和技术提升。三是不断创新培训形式，开展“师带徒”培养模式。考虑到半导体产业人才培养周期较长，华微电子开展“师带徒”活动，做到新人工作有人教、疑问有人解、心态有人调。同时通过拜师仪式、评选优秀结对小组等方式，增强师

傅责任感和荣誉感，通过相关指标设置，考评、激励多措并举，为“师带徒"工作有效开展增添动力，形成良好闭环。四是加强企业人才梯队建设。华微电子重视人才梯队建设，科学推动人才培养与储备。每年针对后备人才梯队开办技术人员集训班、干部后备青训班、后备生产管理人员提升班，提升后备人才综合能力，建设稳固的人才梯队。

在完善人才职业发展与评价体系方面，一是建立全方位、多通道的人才职业发展体系，分别建立技术、管理、操作人员的培养和晋升通道，为员工制订职业发展规划，使员工在工作中目标明确、动力十足。如企业以搭建“想干事的人有机会，能干事的人有舞台，干成事的人有地位”的技术人员发展平台为目标，以激励技术人才向“专”“深”方向发展为目的，制定全新职位等级，为技术人才提供明晰发展路线。二是建立双通道、多维度的人才评价体系。华微电子进行电子工程系列中、高级专业技术职称自主评聘，激发人才创新创造活力，为企业产品研发、技术创新和长远发展奠定专业技术人才基础保障。同时，将技术类岗位按职级职等分档对应不同薪酬等级，每年组织以业绩为导向的技术评聘和晋级评聘，推动技术人员终身学习的态度，激发技术人员的工作热情。

3. 惜才留才，关爱人才

在薪酬福利体系方面，一是提升薪酬竞争力。华微电子本着激励性、竞争性、公平性的总体原则，不断完善与市场接轨的、有综合竞争力的、持续升级的薪酬体系，同时企业定期开展技术人员与管理人员评聘，并进行薪酬调整，调动员工争先创优的积极性。二是丰富员工激励形式。针对不同岗位类别的员工，华微电子设置年度表彰大会、质量奖、新产品新领域激励等多种激励形式，激发员工全力发挥才干、争先争优，营造积极进取的工作氛围。三是增加员工福利与关怀。华微电子在激励分房、单身宿舍、节日福利基础上，又推行免费四餐、免费班车福利，实现员工免费吃住行，增强员工的幸福感与归属感。

在鼓励人才留吉方面，一是鼓励择吉留吉。加强本地优秀人才引进，积极参加各类高层次人才招聘与对接平台，积极引进择吉杰出人才，鼓励凤凰还乡。二是迎接华微人回家。对于去外部发展的优秀骨干人才，敞开企业胸怀，欢迎回家发展，并给予一定提升空间，推动了优秀人才归家还乡，助力企业与地方经济发展。

（三）强化创新链，打造企业核心竞争力

华微电子以市场需求为导向强化创新链，通过创新组织建设、专业创新载体打造、产学研用结合，赋能企业创新链，打造高新技术企业核心竞争力。

1. 升级创新组织，强链提升竞争力

一是建设市场支持部，以市场为导向。华微电子成立市场支持部，负责市场端与技术研发端对接，将市场需求与企业研发方向紧密衔接起来，提升产品市场占有率。同时，深度研究市场新兴应用领域与发展趋势，助力企业把握市场先机，率先打入重点新兴应用领域，使产品快速占领市场。

二是拆分产品与研发，分工明确专注化。华微电子将原产品研发团队拆分为研发中心和产品中心，研发中心主要负责第三代宽禁带半导体、高端功率器件等市场前沿新产品、新技术的研发；产品中心主要负责企业常规产品开发、系列化与推广等工作。调整后的团队更加专注、专业，与市场支持部的衔接也更具针对性，真正做到产品研发或系列化以市场为导向，实现创新研发的动态运行。

三是深化工艺整合，提升研发转化效率。集中拔尖工艺技术人员，脱离基础工艺执行、管控工作，专门负责工艺平台建设、工艺模块整合，并与产品研发人员形成紧密对接，选择最佳工艺平台，聚力推动疑难工艺问题攻关，建立工艺与产品间的桥梁和纽带，大幅提升产品量产速度。

四是整合芯片制造平台，各类资源共享。整合成立芯片制造部，统筹共享人才资源、设备资源、技术资源、生产资源，综合管理工艺、设备、生产类人员，扬优势、补短板，实现各生产线的高效协同运行。

2. 打造创新载体，固链增强硬实力

一是建设国家级实验室体系，夯实创新支撑力。华微电子持续完善技术管理体系，优化组织架构，明确发展规划，建成具有行业竞争优势的企业技术中心。华微电子技术中心配备可靠性实验室、应用实验中心、计算机仿真实验室、失效分析试验中心和计量中心，已形成多项核心技术、自主知识产权与产品，广泛用于各系列产品研发及生产。各类科技成果的转化加速了我国功率器件国产化替代，解决了高速列车、新能源、电动汽车、工业变频等多个高端领域技术“卡脖子”问题。二是打造专业领域认证体系，迈向高端新领域。华微电子正在建设汽车电子专用可靠性实验室及相关认证体系，升级8寸线车用IGBT芯片制造平台，合作开发汽车电子级封装平台，打造集研发、测试、芯片制造到封装及可靠性测试于一体的车用功率半导体平台。致力于打破车用高端IGBT、低压MOS产品国外垄断，实现汽车电子级芯片自主封装，推动企业产品向专业、高端应用领域转型升级，已具备国际、国军标、JEDEC、MIL－STD－750、AEC－Q101和AQG324等标准试验能力。三是扩建功率半导体生产线，夯实基础坚韧性。华微电子正在扩建8英寸新型电力电子器件基地项目，并向上下游方向建设外延与封装项目，进一步夯实企业芯片制造基础，扩大生产规模，垂直打通半导体产业链，为企业创新成果产业化奠定重要载体基础。

3. 产学研用结合，延链汇聚新合力

在科技发展突飞猛进的今天，企业在自有技术基础上推进产学研用合作，实现1+1>2的效果，真正释放企业创新优势。一是与高校深攻产品设计，打造前沿产品研发优势。华微电子聚焦前沿设计、全产业链布局、新兴领域开拓，与北京大学、吉林大学、电子科技大学等高校开展产学研用合作，着力研发半导体前沿技术，力争成为国内第三代半导体全产业链研发生产先行者。目前企业研发的部分产品已实现在消费类快充、5G、数据中心、通信、工业控制等战略性新兴领域的应用，助力我国智能绿色发展与“双碳”战略实施。二是与企业开展技术合作，增强系列产品产业化优势。华微电子与创维、麦格米特等国内外知名企业开展技术交流与战略合作，建设联合实验室，合作研发新品，丰富了企业产品系列，推动企业产品的产业化应用，建立了华微电子产品产业化、系列化独特优势，增强了产品市场竞争力。

（四）打通产业链，增强企业全链条优势

1. 提升核心制造能力，筑牢芯片制造硬件基础

一是扩大生产规模，提升芯片制造能力。华微电子正在扩建新型电力电子器件基地项目，项目建成达产后将形成年产96万片8英寸芯片生产规模。项目建设大幅提升企业生产制造能力，扩大企业芯片制造规模，对企业快速发展形成重要支撑。二是升级产品规格，提升产品综合价值。新型电力电子器件基地项目主要产品包括IGBT、Trench MOSFET、SGT MOSFET等新型功率半导体器件，面向新能源汽车、光伏、变频等战略性新兴领域。随着华微电子产品结构调整，企业提升了高产品附加值、高规格产品的生产与销售占比，推动企业产品向价值链高端发展。

2. 向上下游延伸发展，强化功率器件全产业链

华微电子向上下游产业链延伸发展，推进外延与单管、模块封装项目，垂直打通产业链，将业务拓展覆盖功率半导体整个产业链，加速了企业全产业链建设，加强了半导体自主可控与产业链安全。一是

建设外延项目，加强上游材料供应。企业向上游原材料制备业务拓展，建设电力电子器件外延生产线项目，预计每年新增硅外延片72万片。项目建设将提高企业自身硅外延片生产技术能力，节约采购成本，减轻外延片采购压力，保障供应链安全可控，提升企业半导体产业链的完整性与坚韧性，增强企业抵御市场风险能力。二是建设封装项目，助力下游封装成品。企业向下游封装业务延伸，建设先进功率器件封装基地项目与斯帕克IPM模块扩产项目，这两个项目分别为单管与模块封装，项目将在一定程度上降低企业下游外部代工风险，助力芯片下游封装成品，对于企业建设半导体全产业链具有重要意义。

（五）塑造价值链，赋能企业差异化优势

价值链竞争已成为现代产业竞争的核心，企业发展也呈现出由劳动力密集向技术、资本密集和渠道、服务密集转化，不断提升价值链附加值。华微电子通过深耕核心领域、数字系统赋能，提升产品质量，升级品牌管理，塑造企业垂直领域差异化优势，推动企业在激烈的竞争中、变化的形势中实现高质量发展，打造具有鲜明特质的民族半导体品牌。

1. 深耕核心领域，打造独特优势

一是打造领域独特优势。华微电子产品目前已覆盖功率半导体器件全部范围，在此基础上，企业并没有大幅拓展其他领域，而是专注做功率半导体，持续丰富产品系列，打造高端产品，力争做到垂直领域最强。二是垂直打通全产业链。华微电子多年发展一直专注于功率器件领域，企业并没有因为竞争激烈而盲目跟风去建设更大尺寸的芯片生产线，而是通过科学研判，向上下游拓展，打通功率半导体全产业链，不仅加强了半导体自主可控，还降低了产业链不稳定带来的风险，全面塑造出企业在垂直领域的差异化竞争优势。

2. 数字系统赋能，高效生产办公

制造业与数字化的融合，使企业生产模式、商业模式发生了重大变化。华微电子持续推进数字化转型发展，通过打破数据孤岛，促进IT和OT融合发展，助力实现业务全面数字化、设备全面网络化、决策全面智能化的高效生产办公。

在数字化生产系统建设方面的做法如下。

一是实施MES系统整合，提升生产管理效率。基于产线横向管理、资源共享原则，MES系统配合管理调整，不断拓展、整合，实现部署一致性。通过系统整合和数据建模，多产线系统一致，打通数据流从生产到分析的通道，规避了多异构系统并存环境下的各类问题，实现管理决策支撑数据的有效提取，大幅提升工作和管理效率，大幅降低工作人员因横向调动所产生的MES系统学习与适应成本。

二是实施8英寸数字建设，推进生产管理升级。华微电子推进实施8英寸生产线EAP、FDC、RMS项目，致力于实现自动化数据采集和数据分析，将8英寸生产线打造成企业数字化应用最先进、管理决策最智能、生产管控最精准的生产线。通过RMS实现对配方的审核与发放，防止出现误操作，保证工作准确性；通过EAP与MES系统联合校验，确保批次与工步对应；实现设备数据自动采集，保证数据真实可靠；设备SPC应用能够确保设备参数运行在合理区间，保证设备运行稳定性；能够实现数据实时、大量采集，为生产线大数据分析打下坚实基础。

在线上管理系统应用方面的做法如下。

一是线上办公系统，实现远程办公。疫情期间华微电子迅速组建“远程办公支持群”，使用已经投入运行的VPN服务，在第一时间为居家员工提供虚拟接入企业网络通道。

二是线上备案系统，助力疫情线上管控。华微电子采用智能测温、食堂刷卡登记、微信小程序“华微芯行动”等新型移动数字化技术为疫情管控保驾护航，实现人脸识别、测温记录实时上传、员工就餐乘车扫码、出行轨迹报备、入厂审批证明等功能。

三是线上管理系统，助力技术资料管理。技术项目资料、开发资料的整理与规范是高新技术企业管理难点之一，企业引入 PLM 系统，将项目任务以 WBS 方式分解，并在系统中使用规范的审批流程，确保技术资料与 APQP 管理过程的规范统一。

3. 提升产品质量，打造华微品质

质量是品牌的基石，华微电子近年着力开展质量评比与产品合格率提升活动，鼓励提质强芯、攻关创效。一是在各条生产线开展质量攻关活动。加强员工对工艺、操作规程的尊重，对细节的关注，弘扬以极致态度对所做产品精雕细琢、精益求精的工匠精神。在 2021 年上半年质量工作总结暨产品合格率提升表彰大会上，华微电子各生产线产品综合合格率均有同比提升，企业产品综合合格率创近三年历史新高。二是聚焦重点产品开展质量攻关活动。芯片制造部与相关管理部门联合，针对重点产品开展了专门质量攻关活动，充分运用质量分析方法，从人、机、料、法、环、测多方面对整个制造过程进行整体性提升，各部门团结一致，高效协同，推动企业重点产品综合合格率不断实现新突破。

4. 升级品牌管理，打造民族品牌

华微电子注重企业品牌管理，加深文化认同，内化塑造品牌；升级对外宣传，外化彰显品牌。本着对投资者、上下游企业的责任，专注品质，高效交付，与投资者、客户、供应商建立共赢价值体系，树立良好品牌形象与业界口碑。

（1）加深文化认同，内化塑造品牌

一是推行务实高效的工作作风，鼓励争先争优。引导员工以务实精神高效地工作，以实干精神推动企业创新发展，鼓励员工敢闯敢干、诚信负责、开拓创新、拼搏争先，有助于形成品牌基础，为企业高品质产品生产与高效交付提供重要精神保障。二是推动责任关怀的践行落地，始终心怀大者。华微电子致力于铸造具有国际竞争力的“中国芯”，打造功率半导体民族品牌。企业将民族半导体人的情怀注入员工血液，员工也将民族责任感倾注于工作之中。此外，华微电子做到为每名员工负责，给予员工安全绿色的工作环境、合理的薪酬、丰富的福利、广阔的成长发展空间，积极听取员工意见。三是弘扬精益专注的工匠精神，崇尚创新卓越。华微电子注重产品品质，开展质量评比活动，鼓励孜孜以求、追求卓越、专注做精芯片，深化工匠精神，引导员工创造卓越产品品质，为客户提供高质量服务，塑造出良好品牌形象。

（2）升级对外宣传，外化彰显品牌

一是升级 VI 系统，强化品牌识别。2020 年华微电子全面升级 VI 视觉识别系统，创新品牌建设。新版 VI 体现华微电子对发展历程的深刻总结与全新认识，表达新时代新形势下作为中华民族品牌的主张和发展愿景，从 VI 规范管理、联动识别、视觉美学角度重新塑造了企业高端品牌形象，强化了品牌视觉识别。二是注重媒体效应，深化品牌宣传。华微电子重视媒体效应，以积极态度迎接人民日报、中国新闻网、《中国经营报》、新华社、《吉林日报》等各大主流权威媒体，深化品牌宣传。三是加强企业宣传，树立品牌形象。在企业对外宣传方面，华微电子通过微信公众平台、官方网站、展厅等多种形式，就企业发展、文化内涵、荣誉成果、发展势头等内容进行宣传，展示良好企业形象，实现企业文化的针对性传播，全面释放品牌效应。

三、战略性新兴企业以市场为导向的全链条垂直整合与升级管理效果

（一）打造差异化竞争优势

华微电子实施全链条垂直整合升级，从人才链、创新链、产业链、价值链角度推进管理创新，升级

了企业人才队伍，提升了企业管理与研发创新水平。深耕功率半导体领域，开拓了战略性新兴领域，强化了功率半导体全产业链建设，打造出了企业在功率半导体垂直领域的独特核心竞争优势，使企业在新一轮科技革命与产业变革中保持行业领军。2020 年实现销售收入 17. 2 亿元，2021 年实现销售收入 22. 1 亿元，同比增长 28. 6%。2022 年上半年实现销售收入 10. 5 亿元，同比增长 5. 8%，净利润 3897 万元，同比增长 46%，为地区经济发展做出了贡献。

（二）推动半导体自主可控与国产化替代

华微电子在实施全产业链整合升级过程中，着重推进了企业芯片制造能力升级及上下游外延与封装产业链建设，形成了坚韧、完整的功率半导体全产业链，加强了半导体自主可控，增强了企业抵御贸易形势变化、新冠疫情反复等风险的能力。同时，企业通过专注、持续的研发创新，向战略性新兴领域快速拓展，推进了功率器件大规模国产化替代，推动了民族半导体产业发展。

（三）助力智能安全绿色发展

华微电子通过价值链升级，实现了向功率半导体器件更加核心、高端应用领域的转型。企业所面向的新能源汽车、光伏、智慧家居、轨道交通等领域，都与国家制造强国、智能制造、绿色低碳等发展方向契合，对智能安全绿色发展起到了推动作用。另外，企业工艺的不断优化升级，降低了生产设备工艺能耗，提升了企业绿色发展绩效，于 2020 年获评国家级绿色工厂，在制造业中起到了绿色低碳发展示范作用。

（成果创造人：于胜东、连远新、李　强、孟　鹤、钮立君、杨寿国、左建伟、宋宇宁、赵凯歌、孙建伟、庞丽霞）

电信企业基于“三维联动”的市场化承包经营管理

中国电信股份有限公司东莞分公司

中国电信股份有限公司东莞分公司（以下简称东莞电信）作为中央特大型国有通信运营企业的分支机构，是中国电信集团公司的SBU战略单元之一，是东莞市信息化建设的主力军及城市数字化战略转型升级的信息服务提供商，拥有覆盖全市的光纤传输网、高速宽带城域网、国内领先的4G/5G移动网络以及智能固话网络，发挥云网融合优势，为广大市民和企事业单位客户提供综合智能信息服务。东莞电信2021年主营业务收入49.39亿元，全口径员工5025人，曾荣获全国五一劳动奖状，获评“广东省文明单位”“广东省用户满意服务明星企业”等荣誉称号。

一、电信企业基于“三维联动”的市场化承包经营管理背景

（一）落实国企改革三年行动的需要

国企改革三年行动是在三年内落实国有企业改革“1+N”政策体系和顶层设计的具体施工图。中央企业在实施国企改革三年行动中要做表率，切实把国企改革三年行动抓到位，见实效，在提升国企活力和效率上取得明显成效，做强做优做大国有资本和国有企业，切实增强国有经济竞争力、创新力、控制力、影响力、抗风险能力。

为有效贯彻国企改革三年行动，按照中国电信集团公司和广东公司的统一部署和安排，东莞电信成立企业改革发展领导小组和工作专班，深入领会精神实质，坚决推动改革。以“三维联动”改革推动组织与流程变革，提升企业运行效率和渠道经营能力；加大市场化承包经营管理和三项制度改革力度，激发组织活力，提升客户满意度，在提升竞争力的基础上持续推进公司高质量发展。

（二）落地“云改数转”战略的需要

中国电信集团“云改数转”战略以党建为统领，强化科技创新核心能力，加快建设云网融合、绿色、安全的新型信息基础设施，夯实绿色发展和网信安全底座，构建数字化平台枢纽，打造合作共赢生态，深化体制机制改革，为客户提供灵活多样、融合便捷、品质体验、绿色安全的综合智能信息服务。粤港澳大湾区整体规划建设、东莞市数字化城市战略转型升级，为东莞电信发挥云网融合优势实现规模化发展创造了巨大的战略机遇。东莞电信认真研究国内国际政治经济形势和所处环境，以市场化为导向，下定决心推动公司业务经营和管理模式变革，通过优化深层次的体制机制改革，激发全员参与公司变革和推动数字化转型的动力，落实集团“云改数转”战略。

（三）提升国有企业活力效率的需要

基于“中国电信”品牌，以及改革开放以来电信行业的高速发展，东莞电信为员工提供有竞争力的薪酬福利待遇和职业发展机会，吸引并积累了一大批优秀人才。但是，多年来相对僵化的职能制组织体系、按照岗位层级和绩效考核进行分配的薪酬分配体系，以及干部能上不能下、人员能进不能出的人事管理制度，在很大程度上限制了企业活力和员工动力。深化国企改革、提升活力效率，从本质上讲就是要给优秀人才搭建充分施展才华的舞台，给予其更多的自主权，提供更有激励性的薪酬待遇，从而真正盘活国有企业的人力资源存量，实现提升组织活力效率的目的。

东莞电信深入研究国企三项制度改革“干部能上能下、员工能进能出、收入能增能减”的核心要义，全力推进市场化承包，引导330位有创业激情的员工辞职创业，按照市场化的薪酬激励机制承包电信业务；加大力度招收大学毕业生，进一步优化企业员工结构，建立一支适合企业“云改数转”的专

业人才队伍；创新设计基于岗位价值的富有竞争力的薪酬激励机制，激发员工的活力动力。

二、电信企业基于“三维联动”的市场化承包经营管理主要做法

（一）以市场化承包推动国企市场化改革

东莞电信认真学习国资委、中国电信集团和广东省公司关于国企改革的总体要求和系统部署，应用交易成本理论，结合本公司的实际情况，制订以市场化承包为抓手的市场化改革方案。

东莞电信依据“交易成本”理论，根据资产专用性、交易频率和不确定性的程度，按照市场化的程度，把市场化承包划分为三类：绝对市场化承包（也叫社会化承包）（由符合条件的社会法人机构承包东莞电信业务）、有限市场化承包（由东莞电信承诺“八保留”的员工辞职成立公司承包东莞电信业务）和内部市场化承包（也叫内部责任制承包）（由东莞电信员工内部承包东莞电信业务）（备注：“八保留”是指东莞电信对于参加有限市场化承包的人员承诺在公司工龄、人员编制、职业发展、社保服务、企业年金、补充医疗、党团工会、人事档案等方面予以保留）。

在实施市场化承包的过程中，不涉及资产专用性投资的业务，例如标准化电信产品的销售，东莞电信就采用绝对市场化承包，开发社会化渠道代理销售；涉及资产专用性投资，同时，交易频率较低的业务，比如，公众客户和个人客户的“营维服”业务，涉及中国电信的网络/云和客户两大核心资产，资产专用性投资大，同时，大多数营维业务都是标准化的，交易频率较低，东莞电信就采用有限市场化承包，鼓励电信员工辞职（公司承诺“八保留”），成立公司承包此类业务；对于涉及资产专用性投资更大，同时，交易频率较高的业务，比如政企客户营服、核心网络运营等，东莞电信就采取内部责任制承包，由电信员工内部承包此类业务。

（二）打造“后台 + 中台 + 前端 + 生态”市场化承包经营的平台型组织

1. 把前端“营维服”组织划小构建数百个包区

包区是电信企业接触客户的一线组织，分为综合型包区和政企清单型包区。综合型包区负责所在区域内公众客户（个人客户和家庭客户）及中小商业客户的营销、装维和服务；政企清单型包区负责较大型政企客户业务的营销和服务。2021 年东莞电信共划分 409 个综合型包区和 71 个政企清单型包区，共计 480 个包区。综合包区的收入规模平均为 659 万元，包区平均配置 4. 1 人；政企清单型包区收入规模平均为 1165 万元，包区平均配置 2. 7 人。

在改革的过程中持续优化包区划分，结合区域大小、客户密度、人员能力、人员管理幅度（建议 5 ~ 12 人）等，综合包区年收入规模优化为 1000 万 ~ 2000 万元；规模较小的营服中心，直接作为一个包区承包；包区的调整，原则上应采用现有包区合并的方式实现，不对现有包区进行过多分拆；强化小 B 客户（中小商业客户）的营销，优化商客包区设置，包区增配商客经理或具备商客营销能力的人员。

2. 在中后台构建具有强大赋能支撑能力的大平台

包区能够快速响应客户需求、提供优质服务，与公司在中后台建立大平台的赋能支撑密不可分。

在中台建设方面，东莞电信市公司统一规划，坚持自下而上，构建“为一线输送炮火”的专业化运营团队。通过专业赋能和支撑服务，促进各项重点工作任务在细分市场有效、扎实落地，实现包区的能力提升和业绩提升。

在市公司层面共组建 30 个专业化运营团队，配置人员 335 人，其中面向包区的运营支撑团队 21 个，后台维护专业团队 7 个，以专业序列岗位认证为核心的专项工作跨部门虚拟团队 1 个。针对共性需求的“集中培训 + 点对点辅导”支撑，从一线需求出发，提高运营支撑效率；启用包区助手教练台和点单式支撑平台，开展赋能培训。

在区分公司营销服务中心层面组建直接面向包区的渠道专业运营团队和行客专业运营团队共 69 个，深度赋能支撑包区。渠道专业运营团队的主要职责是赋能支撑综合包区做好“营维服”；行客专业运营

团队的主要职责是赋能支撑政企团队做好“营维服”。

在后台建设方面，为进一步强化面向包区的集约化、扁平化、专业化支撑服务，市公司组建以综合服务支撑中心牵头，联合客户服务调度与资源中心、网络操作维护中心、IT及业务支持中心以及解决方案中心组成的“1+4”倒三角综合支撑体系，发挥综合支撑中心枢纽作用，共同为包区注智提效。通过组建面向一线的“1+4”一点响应支撑团队，开展全市装维、营业和甩单集约支撑。

在综合支撑方面，每月开展酬金分析和辅导，改进包区运营。

不断拓展集约支撑事项，强化一点受理、全程跟踪，为承包人减负；强化一线运营问题专项攻坚，主动梳理分析一线存在的疑难问题，组织优化相关机制和流程，从根本上解决。

在营业、装维支撑和甩单支撑方面，市公司100%集约支撑，甩单支撑人员全市集中；集约支撑人员100%到位，全职工作，保障支撑效率和效果；优化考核激励，支撑人员薪酬与支撑工作量、满意度强关联；支撑服务时间和一线人员工作时间保持一致。

围绕更好支撑一线，在合法合规前提下，针对各项集约事项进行梳理优化，其中包括终端申领与配送、公章日常使用、代理财务报账、资料收集、物料代发等多个事项流程，为承包人提供更多的流程便利；建立综合支撑各项规范和制度，促进一线高效运营。

3. 打造开放多元的生态体系

自“三维联动”改革和市场化承包以来，越来越多的外部机构作为平台参与者，如代理商、渠道合作店、智慧类解决方案的系统集成供应商等外部机构，与东莞电信一道，共同探索平台化、生态化的平台治理模式，最大程度发挥平台参与者的合力，营造体系内企业互相影响、协同治理、相互合作、创造价值的生态体系。

（三）在前端对负责“营维服”业务的包区实施有限市场化承包

东莞电信鼓励前端包区的员工辞职创业，与企业解除劳动合同，组建团队成立独立经营实体（注册有限公司或个体工商户），东莞电信与他们签订1~3年的业务承包协议，将前端“营维服”业务采取有限市场化承包的方式承包给他们。2022年年初，409个综合包区和71个政企包区已100%完成有限市场化承包。

东莞电信在承包协议框架下对包区实施契约化管理：既要对包区实施严格的系统化业务管理，又要对包区持续提供系统化赋能支撑。

对包区实施有限市场化承包后，包区在经营管理方面形成了以下优势：首先，在资源配置方面包区拥有了更大的自主权，可随时根据需要灵活、高效配置；其次，机制更灵活、收入更多样，承包人可以根据实际情况，方便快捷地去拓展异业合作，发展泛渠道、社会能人，使渠道触点快速规模扩张，可以从对外合作方处获取其他收入；最后，解决了为谁干的问题，承包人为自己干，积极性更高，更愿意投入更多时间、精力和资源。

同时，在风险管理方面，基于电信员工的职业素养和身份要求，在公司严格的系统化业务管理之下，网络质量有保证；市场化承包员工希望在电信平台上永续经营，为了自己的利益也会全力做到保存激增。这在更大程度上避免了绝对市场化承包后资本逐利的本性所导致的电信网络质量降低和客户服务质量下降的风险。

东莞电信对于参加有限市场化承包的人员承诺“八保留”，即在公司工龄、人员编制、职业发展、社保服务、企业年金、补充医疗、党团工会、人事档案等方面予以保留，彻底解决了有限市场化业务承包人的后顾之忧，使其在东莞电信的强力扶植下放手开展包区业务经营，双方合力把业务做大做强做优。

（四）在中后台对职责不同的团队实施差异化的市场化承包

东莞电信为激发中台专业化运营团队和后台“倒三角”支撑团队的能动性，向包区提供迅速、敏捷的赋能支撑和综合服务，在对前端包区成功实施有限市场化承包的基础上，在中后台根据团队职责设置专业化团队，并实施不同形式的市场化承包模式，下面举例说明。

东莞电信在区分公司下设的营服中心层面，组建直接面向包区的渠道专业运营团队和行客专业运营团队，深度赋能支撑包区。渠道团队的主要职责是：统筹营服内综合包区、营业厅和社会渠道业务发展；负责营业厅的日常运营管理及赋能工作；负责综合包区日常运营管理和赋能工作；负责渠道门店日常运营管理和赋能工作；负责小 B 客户运营和赋能支撑；负责数字化综合网格的标杆打造和复制推广；负责装移维等相关工作。行客团队的主要职责是：统筹营服内政企包区业务发展；负责政企包区日常运营管理和赋能工作；负责营服政企项目运营和赋能支撑。区分公司营服中心下设的专业化运营团队，其职责涉及公司核心专用资产，服务对象为包区团队，交易频率比较低，东莞电信决定对其实施有限市场化承包。

东莞电信政企客户部下设八大行业 BG 团队，服务的都是公司最重要的核心大客户，与客户的交易频率高、不确定性大，根据市场化承包模式的三大分类标准，除对金融行业 BG 团队探索实施有限市场化承包外，其他 7 个政企 BG 团队实行内部责任制承包，团队成员以公司员工身份与东莞电信签订目标责任书。通过责任制承包强化政企 BG 团队收入导向意识，将团队收益与企业效益形成强关联，按团队业务收入认领值及实际完成值分档分系数计算收入提成，实现员工多劳多得，充分挖掘员工潜力、增强工作能动性。

（五）建立并持续优化市场化激励和约束机制

东莞电信以价值创造为核心，以业绩为导向，以岗位价值贡献为依据，根据不同群体的服务对象及工作特性，为各类市场化承包对象制定针对性的市场化激励约束机制。

1. 前端包区的酬金模型设计

包区酬金模型的设计，充分体现公司对包区业务发展的强激励和经营风险的严管控。东莞电信根据包区的“营维服”业务特征，设计的承包酬金模型主要包括：运营酬金（运营酬金 = 包区人数 × 人均标准）、收入提成（超收提成，欠收扣罚）、装维酬金（计件薪酬模式）、发展奖励（与社会渠道保持一致，确保渠道平衡）、奖扣项、承包补贴（针对员工辞职并承包新包区店且验收合格的，可一次性补贴）。收入提成、装维酬金和发展奖励，充分体现了公司对业务发展的强激励；针对各阶段工作重点和风险点设置奖扣项，这是公司对包区实施严格的系统化业务管理的重要举措，引导方向、防控风险。

2. 中台专业化运营团队的激励方案设计

中台专业化运营团队激励方案设计，打破薪酬天花板和平均主义，更强化了中台对一线包区的赋能支撑效果。比如，区分公司专业化运营团队采用市场化激励，基本酬金包含赋能支撑激励 1000 元/月、收入提成与赋能支撑的包区收入及其增量直接挂钩。一系列差异化的专业化运营团队的激励方案不仅显著地提升了专业化运营人才的活力效率，而且促进了其对前台包区的赋能支撑效率，实现了前端和中台的高效联动，进而提升了组织运营的效率和客户需求的响应速度。

3. 后台“倒三角”支撑团队的激励方案设计

为了激发大家工作的积极性，特别是为了提升“倒三角”支撑团队对包区和社会渠道的综合支撑效率，东莞电信在原来基本薪酬及福利的基础上，为倒三角支撑团队增加了部分激励性酬金，这部分激励性酬金和服务支撑前端的成效强关联。

东莞电信为了解决包区和社会渠道的酬金（佣金）结算问题（结算金额庞大，结算工作量大；佣金当月支付率低，跨年结算较多；佣金手工数据较多，管操未实现有效分离），有效提升酬金（佣金）

结算效率，决定组建团队专业运营，按照一点接应、集约支撑原则，综支中心集约社会渠道佣金结算，设立酬金（佣金）结算团队。团队设置总监 1 名，下设包区酬金结算小组、渠道佣金结算小组，负责全市包区酬金结算、分析和辅导，负责社会渠道佣金集约结算；进行团队内部分工整合，制订结算团队内部考核方案，团队成员薪酬与结算效率和结算满意度挂钩，充分发挥市场化机制，激发结算人员活力，积极参与三维联动改革。结算团队激励与结算效率挂钩，结合东莞电信历史酬佣金结算及时率情况，设置酬金（佣金）结算及时率关键指标，分阶梯设置 T0（效率提升 7PP）、T1（效率提升 12PP）、T2（效率提升 17PP）共 3 档工作目标，对标设定达标激励标准 1000 元/人·月、1500 元/人·月、1800 元/人·月。自实施以来，分公司酬金（佣金）结算效率明显提高，2022 年第 1 季度平均值为 68%，到 2022 年 8 月结算及时率提高到 86.2%，效率提升 18.2PP。

4. 将资源下沉、权力下放和约束机制建设相结合

开展资源下沉和权力下放。对承包人下放用人权、考核分配权、费用审批自主权等，将广告、展览、宣传及客服等日常成本纳入包区打包费用，占区分公司相关资源的 50%，使市场化承包人享有更大的决策和运营空间，能够针对各种变化快速响应，提高工作效率。

实施负面清单管理。将不规范用工、资产流失损毁、虚假用户发展、泄露用户和企业信息、恶性服务事件、违反安全生产规定等禁止性行为列入负面清单，若违反负面清单将受到严厉的经济惩罚，情节特别严重的，企业有权单方面解除承包协议。

建立优胜劣汰的竞争机制。一方面，对于年度业绩完成优秀的承包人，可直接续约签订承包年限为 3 年的承包合同，稳定承包人预期，鼓励承包人投入人力、物力开展长期经营。另一方面，建立包区红黄牌机制，承包人触碰公司经营红线或其履职能力明显无法胜任包区工作的，可亮红牌解除承包合同；按月对五级承包人进行综合评价，评价不达标的，给予黄牌警示，连续 3 张黄牌，可解除承包合同。

（六）推动企业数字化转型，为市场化承包赋能

1. 为前端包区进行数字赋能，提升包区营服效率

东莞电信在省公司的支持下，为包区提供多种数字化业务管理管工具，在帮助包区提升“营维服”工作效率的同时，也为中后台对包区实施精准化赋能支撑和精细化运营管理提供了数据支撑，下面举例说明。

天机系统——新客户派单营销系统，为一线提供新注册工商企业信息，便于拓展新客商机；沙盘系统——市场空间管理系统，为一线提供全市场、全客户、全业务的市场空间展现能力和精准营销支撑能力；翼销售——一线销售工具，提供包含实时受理、甩单、查询一应俱全的销售工具，为销售人员提供简便的业务受理流程；手机看数——经营数据查询工具，随时查看区域内业务和收入数据，便于一线分析经营效果，提供营销决策支持。

2. 为中后台进行数字赋能，提升运营效率并高效赋能前端

东莞电信在省公司的支持下，为中后台提供了许多数字化运营管理工具，利用数字化综合网格技术和标准规范，坚持以收入为纲，结合内部人力资源、成本配备，综合考虑门店覆盖和包区收入规模、客户规模、区域特征、市场环境等外部因素，从实际出发进行数字化“责任田”划分，为市场化承包和科学化经营提供精准的数据支撑；通过“天翼云呼平台”解决业务开展和办理一般问题，高效直接，事倍功半；通过“知识云”在线支撑系统解决一线突发紧急问题，快问快答、处理迅速；通过“逆向派单”系统给中后台进行逆向业务派单，解决跨专业、跨部门、跨层级的疑难问题等；客服投诉工单自动派单工具在推进客户服务落实至包区、减少人工环节和提高效能方面，发挥了重要作用。

三、电信企业基于“三维联动”的市场化承包经营管理效果

（一）提升了公司与个人的价值，促进了公司业务高质量发展

东莞电信2021年业务收入结构和利润获取向好发展。2021年业务收入同比增长5.06%（2020年同比增长1.35%），利润同比增长4.92%（2020年同比增长-0.54%）。东莞电信包区人均薪酬相较市场化改革前有了大幅度的增长。2021年4月实施市场化承包改革前，包区人均薪酬为1.26万元/月，2021年5月到2022年6月，实施市场化承包改革后，包区人均薪酬为1.87万元/月，增长率为48.41%。东莞电信2022年上半年核心业务的规模化拓展取得明显进步。宽带业务有效净增2.85万户，实现同比由负转正；入网量16.05万户，同比提升28%。移动业务有效净增6.2万户，同比提升2.1万户；入网量52万户，同比提升20%。

（二）推动了公司数字化转型，加速了“云改数转”战略落地

首先，东莞电信包区数字化综合网格建设推进顺利，2021年年底个人和家庭客户100%落网格；“知识云”在线支撑系统截至2021年年底，累计接单25.8万单，响应及时率由原来的89%提升到99%，包区评价满意度达到98.4%；“天翼云呼平台”截至2021年年底，累计接通呼叫电话16.6万通，接通率达89.6%，包区评价满意度达91.2%；逆向派单及点单支撑系统截至2021年年底，逆向派单累计接单746单，包区评价满意度96%；点单系统累计点单120单，包区好评率95%；工单订单本地数字化集约系统，2022年前6月累计新增57个机器人受理脚本，累计支撑订单264.67万单，集约受理占比从31%提升至47.7%。其次，电信东莞分公司积极参与“宽带东莞”“数字东莞”“智慧东莞”的落地工作，为客户提供了大量数字化智能化产品和服务，推动东莞市信息化发展，助力城市数字化转型。

（三）落实了国企改革三年行动要求，提升了企业的活力效率

通过市场化承包实现了人员的能进能出，促进了内部人才流动，合同制员工辞职参与市场化承包330人。市场化承包实现了公司和个人收入的双增长，起到了较好的示范效应，加速了内部职能人员向一线流动，到一线去施展抱负和才华。辞职承包的员工释放出来的人力成本可用于引进高质量专业人才，用于增加其他在职员工的激励，激发了全员的积极性，提升了企业的活力效率。东莞电信委托广东邮电人才服务有限公司东莞分公司为辞职参与市场化承包的员工缴纳社保和公积金，推出了“八保留”制度，解除了承包人员的后顾之忧，增强了“下海”的信心，充分体现了企业的社会责任担当。

经过一年多基于“三维联动”的市场化承包经营管理模式创新，东莞电信数字化、平台型组织初步形成，人力资源得以盘活，企业活力显著增强，企业与员工价值协同提升，改革成效获得企业广大干部员工的认同，也得到了省公司领导的充分肯定，公司已经稳步迈上高质量发展之路。

（成果创造人：胡　平、朱圣开、虞伟强、许　斌、
胡夫远、张绍勤、王　慧、刘绍强、刘铭钊）

省级电网企业以推动内生活力为目标的经理层任期制契约化管理

国网安徽省电力有限公司

国网安徽省电力有限公司（以下简称国网安徽电力）是国家电网有限公司（以下简称国网公司）的全资子公司，承担着优化安徽省能源资源配置、满足经济社会发展电力需求的重要职责，主要从事电网建设、生产、经营、科研、设计和培训等业务。公司本部设22个部门，下辖16个市公司、71个县公司和16家业务单位，管理员工6.7万人，服务客户3460万户。目前，安徽电网现已基本形成以特高压为骨干、500千伏电网覆盖全省的坚强电网格局，是华东电网的“桥头堡”、西电东送的“大枢纽”。国网11条特高压线路跨越安徽，线路总长2994千米，位居华东第一、国网第三；特高压密集输电通道6处、463千米，位居国网第一，是向华东地区输电的“大动脉”。截至2021年年底，安徽省全社会装机容量达8466万千瓦，风光新能源高比例接入，光伏发电装机规模居华东地区首位，新能源最大发电已突破1000万千瓦，新能源出力占负荷最大比例接近50%，为华东电网最高。

一、省级电网企业以推动内生活力为目标的经理层任期制契约化管理背景

（一）有力落实国企改革纵深推进的现实要求

推行经理层成员任期制和契约化管理，就是要推动建立中国特色现代企业制度下的新型经营责任制，对经理层提出市场化发展要求，按照市场规律明确经理层的职责权利，严格任期和考核管理，实现职务上下、收入增减、人员进出动态调整，从而推动国企改革纵深发展，提高国企市场化水平和经济竞争力。国网公司也全面推行经理层成员任期制和契约化管理，实现应推尽推、全面覆盖。因此，国网安徽电力坚持以改革创新为动力，有力落实国企改革行动，围绕“改革实效年”各项部署，以经理层成员任期制和契约化管理为基础，持续健全市场化管理机制，加强深化应用，有力支撑国企改革目标的实现。

（二）有为应对电力行业发展态势的迫切要求

随着“双碳”目标的提出和构建新型电力系统工作的深入推进，传统电网向能源互联网转型升级，电网投资规模不断扩大，投资需求刚性增长与盈利能力不匹配的矛盾凸显，亟待加快企业经营方式转型，重视高质量人才队伍建设。而长三角一体化发展、输配电价改革等加速推进，引起电网公司发展方式的深刻变化，盈利能力缩减，经营发展进入“瓶颈期”。同时电网企业仍存在管理体制机制、领导人员队伍能力素质不适等问题，亟待通过经理层成员任期制和契约化管理，建立健全与任期制相匹配的管理举措，进一步选强配优领导人员队伍，释放企业活力、激发组织活力，满足电力行业发展形势需求。

（三）有效促进公司实现跨越发展的内在要求

国网安徽电力贯彻落实党的决策部署，全面推进任期制管理工作，建立“四个全覆盖”岗位聘任管理体系，但仍存在标准不明确、退出不及时等问题，亟待在经理层队伍聘任管理方式上进行优化升级，促进各项管理有效落地。同时，当前的人力资源管理方式和组织模式无法完全适应市场变化，要编制、要人员等传统思维仍然存在，市场化招聘、个性化培养、差异化考核、精准化激励等方面综合施策不够，数字化建设相对滞后，促进管理提升能力不强，迫切需要规范任期管理、强化岗位意识，引入市场机制、优化功能结构、健全考核机制等，更好地推动经理层干事创业、担当作为，全力支撑国网安徽电力高质量发展。

二、省级电网企业以推动内生活力为目标的经理层任期制契约化管理主要做法

国网安徽电力立足“一体四翼”发展布局，奋力攻坚、创新突破，坚持顶层设计与统筹协调，突出国网安徽电力特色亮点，以“岗位市场化、契约市场化、薪酬市场化”为主线，扎实推进电网企业经理层成员任期制和契约化管理，激发动力活力，助力战略目标落地实施和国有资本做强做优做大。

（一）制定一套统一化契约标准，夯实管理模式转变基石

1. 做好科学化顶层设计，纵深推进改革工作

一是明确整体思路。准确把握国资委及国网公司部署要求，聚焦知事识人、选拔任用、从严管理、正向激励等重点，编制《国网安徽电力有限公司经理层成员任期制和契约化管理实施方案》，明确任期制管理、契约化管理、监督管理等主要举措及组织保障。二是做细实施计划。根据公司实施范围，梳理各级单位实际情况，形成单位清单，明确关键步骤、时间节点和质量要求等，确保各项工作有序开展。三是健全组织架构。成立工作领导小组，抓好政策宣贯和思想动员，加强统筹谋划，总体管控国企改革的工作进度、风险、质量、变更等。建立实施、考评、监督等工作小组，负责各阶段、各维度任期制契约化管理的具体实施工作，及时汇报改革进展情况并解决工作推进中的各项问题，确保整体计划稳步推进。

2. 健全任期制管理制度，转变传统职务模式

一是规范任期管理。编制《国网安徽省电力有限公司经理层成员任期制和契约化管理办法》等，明晰“任期期限+任期届数+最高任职年限”的任期标准，明确经理层成员每届任期一般为3年，与董事会届次保持一致。二是加强期满考核。任期期满后，聘任协议自然终止，严格按照契约约定开展考核，符合续聘条件的，重新履行聘任程序，未能续聘的自然解聘，推动传统的“身份管理”向市场化“岗位管理”转变。

3. 厘清经理层人员权责，提高成员工作效能

一是精细划分权责界面。规范党组织、董事会、经理层权责界面，参照国网公司《子企业董事会授权管理暂行办法》及实施方案，明确对经理层授权范围、程序及监督要求，保障经理层依法行权履职。二是建立岗位管理体系。结合企业定位、战略需求，区分不同领域、不同单位，明确各经理层成员岗位具体职责和任职条件，制定岗位说明书，包括岗位基本信息、工作职责描述及任职资格等必要模块。三是强化落实一岗双责。注重岗位专业能力的同时，坚持把政治标准放在首位，全面贯彻执行党的理论和路线方针政策，推动党建责任制和生产经营责任制有效联动。

4. 加强岗位契约化管理，确保签约有据可依

一是做细协议签订主体。按照不同企业性质和法人治理结构，明确主体分类，签订岗位聘任协议。二是做实契约协议内容。以岗位说明书为基础，编制“一人一岗”签订岗位聘任协议和经营业绩责任书，突出任期期限、权利义务，明确约定奖惩依据、退出条件。三是做好契约合同模板。统一规范契约模板，明确双方权利义务，编制各级经理层成员与公司签订的《岗位聘任协议书》《任期经营业绩责任书》和《年度经营业绩责任书》。

5. 建立动态化退出机制，实现能上能下

一是标准化退出流程。坚持党管干部原则和契约化管理方向，编制《强化领导人员担当作为 推进能上能下实施办法（试行）》，修订完善《领导人员管理办法》，健全制度机制，明确调整动议、考察核实、组织决定等程序，执行退出流程，推动经理层成员退出制度化、规范化、人性化。二是差异化退出渠道。根据年度、任期考核评价结果，结合经理层成员个人能力素质、所在单位领导班子整体效能发挥

情况，建立“退薪、退岗、退级、退企”的“四退”差异化退出机制。三是长效化退出保障。针对实施退薪、退岗、退级的成员，坚持分类管理和开发，通过日常管理、关心关爱、继续培养等方式，使其放下思想包袱，继续发挥应有作用。

（二）创建一个精准化匹配模型，助力人岗价值最大化挖掘

1. 构建岗位任职资格，实现“一表”知岗

一是搭建岗位任职资格模型。聚焦战略规划、班子需要、岗位要求等因素，系统梳理经理层各岗位权责要求，建立任职要求清单，结合原有的干部任职资格条件，构建包含政治素质、任职条件、业绩水平、个人特质四个维度的经理层任职资格模型。二是建立多维任职资格指标库。多层次、多维度、有针对性地对当前岗位绩优人员进行大规模系统访谈，梳理经理层不同岗位在政治素质、任职条件、知识技能、个人特质等方面的实际要求，构建多维岗位任职资格指标库。三是差异化选取岗位资格指标。结合发展规划、班子机构、队伍建设等个性化需要，差异化选取不同岗位的关键指标，形成岗位任职资格表，为成员选聘、业务配合、契约签订及绩效考核等工作提供科学依据，推动经理层队伍不断优化。

2. 描绘干部全景画像，实现“一图”知人

一是建立经理层能力素质模型。基于胜任素质模型，结合实际工作需求，从通用胜任力、专业胜任力和职级胜任力三个维度入手，将干部职业发展阶段细分为初任期、适应期、胜任期、提升期4个阶段，提炼5类目标群体的素质能力要求，并逐个指标设置分值，构建“5+5+5+4”胜任力模型。二是开展360度全景评价。采取同层级横向比较、同班子纵向比较的方式，通过工作亮点比较和业绩差距分析，观察领导人员工作发展趋势，评价专业能力素质。建立纪实机制，采用任职履历（成长路径）、考核评价、关键业绩（综合评价）“三位一体”干部评价模式，挖掘人事档案基础信息，汇集行为表现事例集，建立数字化档案库，生成动态评价分析报告单。加强了解主管部门对本专业领导人员的认可标准和能力、特质要求；与基层单位建立定点挂钩联系制度，近距离了解领导人员工作情况；深化开门迎谈制度，组织定期沟通交流，了解领导人员自我诉求。

3. 开展人岗匹配测评，实现“一体”匹配

一是构建智能匹配测评系统。利用BP神经网络算法等数字化技术，搭建智能匹配测评系统，结合360度评价结果，提炼领导素质的关键特征，设计关键特征赋分规则，并进行权重赋分、量化累积，形成领导人员关键特征积分。二是开展队伍匹配盘点。基于测评系统，开展胜任力评价，同时输出干部个人画像、360度评估报告，对领导人员的胜任力、关键特征予以量化定级，横向在本专业同类进行比较，清晰展示个人特质及所处“段位”。纵向展现领导人员近年来关键特征等量化指标变化情况，客观展现其当前工作业绩与特征梯度。三是精准配置目标岗位。将胜任力模型、全景画像与目标岗位的关键能力素质条件进行比对，快速匹配岗位合适人选范围。建立队伍、班子、个人、管理痕迹逐层逐级考察“穿透”关系，全局展示队伍结构分布、班子总体质态，为强化领导班子配置方案、优化领导人员“育选管用”提供历史经验。

（三）建立两种优质化选聘路径，促进人才良性流动

1. 建立内部转化路径，盘活企业人才资源

一是畅通选人通道。打破干部部门化，拓宽选人视野和渠道，加强经理层成员跨领域交流。组织优秀年轻领导人员上挂下派，统筹用好各年龄段干部，不断优化经理层人员队伍结构。二是培养继任人才。根据企业战略目标和实际业务场景，开展人才需求分析，制订培养储备计划，构建“队伍规划—识别储备—跟踪培养—选拔聘任”全链条继任人才发展路径，建立完善数量充足、质量过硬、充满活

力的年轻领导人员“储备库”，确保企业发展管理的连续性。三是完善转岗机制。按照“横向搭建通道、纵向设置层级、分类全面覆盖”的原则，针对各业务板块不同特点，对接岗位分类，构建多元、并行、畅通的职业发展通道，及时畅通职业发展通道，确保人岗相适、人事相宜。

2. 建立外部选聘路径，拓宽人才引进渠道

一是严格管控选聘过程。通过资格筛选和简历评审，严筛精选入围人选；通过前置沟通访谈、领导力测评和半结构化面试，优中选优考察人选；严格开展背景调查，联系人选所在单位开展组织考察，严把人选入口关。二是设置任职“缓冲带”。针对外部选聘人员，先承担代理职务，根据考核结果再正式任命，进一步考察人才的同时，给人才创造取得业绩的机会，减少外来人才的融入难问题。三是逐步推进外部选聘。选择市场化、半市场化单位作为试点单位，先行开展外部人才选聘，进而不断完善外部选聘机制，逐步增加公司经理层人员的市场化选聘比例，以便更加快速地应对市场变化。

（四）以考核评价为管理牵引力，强化干部主动担当作为

1. 差异设置考核指标，提高考核精准性

一是“一企一策”分类设置指标。根据管控模式和功能定位，分类设置考核指标和权重，考准考实经理层成员工作实绩。省电力公司经理层成员指标重点关注经营效益、运营效率、市场服务、创新成长，市场化单位和金融单位关注经营效益、市场竞争、风险防范等，运营保障和支撑服务单位关注核心业务和成本控制等。二是“一人一表”精准设置指标。根据不同考核周期、岗位职责、分工确定考核的年度和任期指标，年度指标注重发展的质量和效益，包括共性指标和个性指标。共性指标根据上级单位下达的经营业绩指标确定，与本单位企业负责人业绩考核内容相契合。个性指标根据经理层成员职责分工和承担重点工作任务差异化设置。任期指标注重价值创造、中长期发展战略、风险控制等，包括反映企业未来盈利保障能力、持续发展能力等便于评价增量、增幅情况等指标，突出“与自身比”和“与行业比”。

2. 科学制定考核方法，提高考核科学性

一是构建“三位一体”考核评价体系。坚持定量和定性相结合，开展综合考核评价，明确不同周期的考核定位和要求，丰富经理层成员测评维度，确保考核评价更加立体全面。日常考核评价重点关注日常工作表现、在大事要事难事中的担当，年度考核评价从上级评价、民主测评和业绩评价三个维度开展，任期综合考核评价是对一届任期内总体表现进行全方位考核。二是开展“一岗一策”差异化考核。根据经理层成员岗位职责，突出业绩考核重点，通过“一岗一策”确定年度和任期岗位专项考核目标值，明确主要计分规则、不合格标准等，确保考核内容适当区分、各有侧重、有效衔接。三是建立“摸高挑战”考核机制。按照“跳一跳、摸得着”原则，结合发展战略、经营基础、近三年的历史业绩、行业对标等情况，分档制定考核目标，不同目标档位匹配相应的考核计分与薪酬分配机制，确保经营压力有效传导到经理层成员。

3. 充分利用考核结果，提高考核有效性

一是明确差异化考核。注重考核等次归级，按照市公司、直属单位进行分组，将考核结果分为“优秀、称职、基本称职、不称职”4个等次，充分考虑业务板块、地区差异等因素，确定各等次占比，倒逼实行差异化考核，将经营业绩考核结果作为年度考核和任期综合考核结果评定的重要参考，设置明确的退出“底线”。二是加强结果分析应用。综合分析研判“三位一体”考核评价结果，全面、历史、辩证地分析个人贡献、态度与客观条件，增长速度与质量效益，显绩与潜绩，发展成果与成本代价等，作为经理层成员培育、选拔、管理、使用、退出的重要依据。三是推进考核闭环管理。加强考核评价过

程管控，结合国网安徽电力例会、经营活动分析会、业绩考核分析会等，总结分析经营业绩指标及重点工作任务推进完成情况。推动考核结果与评先评优、职务调整、管理监督挂钩，实现绩效考核的闭环管理。

（五）以薪酬激励为管理驱动力，推进领导效能充分发挥

1. 以岗定薪，体现价值“差异化”

一是建立基于岗位价值的评估体系。从岗位环境、岗位要求两个维度，聚焦岗位分类、岗位责任、服务导向、工作环境、岗位风险等要素，完善制定基于岗位价值的10项评估标准，建立评估体系。二是科学设置岗位系数。根据岗位评估结果，按岗位设计差异化薪酬分配比例系数，根据岗位价值及承担责任风险，赋予不同岗位系数，打破同职级薪酬体系差距小的现状。三是注重基础保障与鼓励。注重给予领导人员特别是工作在艰苦地区和战斗在急难险重任务第一线的人员理解与支持，在政策、待遇等方面给予倾斜，按照“三个区分开来”要求，支持担当作为，允许试错，宽容失误。

2. 优化结构，增强绩效“影响力”

一是推行业绩联动的薪酬激励。实行顶层设计与业绩联动的薪酬管理制度及薪酬分配方案，设置差异化权重系数，设置5个层级，细化考核系数，将薪酬激励与经营业绩考核结果紧密挂钩，实现“业绩升、薪酬升，业绩降、薪酬降”，充分调动经理层成员积极性。二是实施“三元”薪酬结构。优化调整薪酬结构，设置“基本年薪+绩效年薪+任期激励”薪酬组成方式，根据任职岗位、任职年限、承担责任及风险等因素，核定不同经理成员基本年薪倍率；基于差异化考核系数，按年核定考核结果并刚性兑现；以任期内薪酬总额的10%为基数，根据任期业绩考核结果确定任期激励收入。

3. 双向兑现，打破薪酬“大锅饭”

一是加强正向激励，确保收入“能增”。在任期考核中增加历史任职考核情况作为新聘任岗位定薪的重要标准，提高长聘期考核绩优人员岗位薪酬水平。实行年度“突出贡献奖励”机制，为国网安徽电力做出突出贡献的单位，给予经理层成员专项奖励。建立领导人员表彰奖励制度，对表现突出的人员予以通报表扬、授予荣誉称号，并计入个人档案，最大限度地调动经理层成员的积极性、主动性和创造性。二是设置扣减红线制度，实现收入“能减”。对于经理层人员个人受党纪政纪处分、企业发生安全生产事故等情况，直接扣罚相关经理层人员绩效薪酬，并建立薪酬追索扣回止付制度，完善关于薪酬追索扣回、止付的附加条款。

（六）采取多元化支撑保障措施，确保任期管理有效落地

1. 建立“一提两抓”监督机制，营造良好政治生态

一是提升监督渠道多元化水平。组织部门协同纪检、审计、信访、舆情等部门，建立“1+4”协同通报预警机制，实现“大监督”管理，与纪检部门快速联动建立管理监督联席会议制度，与审计部门合作掌握经理层经济审计情况，与信访、舆情等部门沟通了解经理层成员在信访举报及意见投诉方面的情况。二是抓住“关键少数”人员管理监督。开展上级“一把手”对下级“一把手”监督，人事部门及纪检、党建、审计机构对下级“一把手”的同级监督，构建“两级多元监督”模式，推动形成上下贯通的监督合力。对优秀年轻干部，通过提醒、函询、诫勉等方式，开展预防和事前监督。三是抓好多维度、多方式监督。以“政治监督把首关，选任监督树导向，履职监督提业绩，决策监督展形象，要事监督强作风”为主线，应用综合监督、定向监督、日常监督、协同监督、分类监督等方式，实施分层分类差异化管理监督，并对管理监督结果进行合理化应用，切实提高管理监督的时效性。

2. 优化“一人一策”培育机制，提高综合素质能力

一是优化针对性交流锻炼机制。综合分析经理层成员年龄层次、阅历经验、性格特点，制定针对性

培养方向和措施，常态开展“上挂下派”等中短期挂职锻炼工作，谋划组织实施沪苏浙省（市）公司挂职锻炼，开阔视野、丰富阅历、增长才干。二是健全差异化教育培训机制。以“按需培训、分类培训、创新载体”为策略，完善因人施教的教育培训机制，常态建立培训需求互动机制，开展精准化、个性化的专题培训和分层分类的教育培训，建立“导师帮带”培养机制，系统提升培训精准度、实效性和吸引力，提升对外沟通交流、驾驭复杂局面的能力。三是完善全角度关爱帮扶机制。对先行先试的失误偏差采取容错处理，充分调动和保护经理层成员改革创新、干事创业的积极性；探索构建心理健康服务机制，积极引入外部专业心理健康服务队，充分运用谈心谈话、个人有关事项报告、考核调研等载体及时掌握困难诉求，对经理层成员提供有针对性的岗位调整、组织关怀和心理疏导。

3. 打造“数智赋能”支撑平台，推进管理灵活高效

一是打造领导人员智能管理平台。应用多源数据融合技术，深入分析基础档案库、能力素质库、绩效数据库等多源数据，发挥大数据分析、甄别和预警功能，实现数据互联互通、信息共建共享、资源灵活应用，为全面立体考评、精准科学选配提供决策依据，支撑内部人才市场构建。二是建设“N”个人才管理业务应用。依托智能管理平台，建设智慧构建成员画像、智慧决策选人用人、智慧绘制培养路径、智慧管理学习资源等人才管理业务应用，推动在人才招聘与选拔环节实现智慧精准识才、在技能认证环节实现智能全面鉴定、在培养与发展环节实现智慧匹配内容、在职业规划环节实现智能路径预测等，实现领导人员的精准化管理。通过智能管理平台对人选资格条件、选任程序、调整规模等硬性指标进行智能化校核，确保选任过程可追溯、可倒查、可追究。

三、省级电网企业以推动内生活力为目标的经理层任期制契约化管理效果

（一）队伍素质提升显著，干事创业热情激发有力

各级经理层成员政治意识、大局观念更加坚定，担当精神、责任意识持续增强，助力国网安徽电力有力应对疫情散发、灾害频发、供电紧张等风险挑战，全面打赢抢险救灾、电力保供等重大战役，队伍素质明显提高。在疫情防控方面，全年实现“供电零失误、员工零感染”；在人员培养方面，培养省部级及以上专家人才206人多次获得“全国五一劳动奖章”“全国劳动模范”“巾帼建功标兵”等荣誉；在科技研发方面，累计获得国网公司及以上科技奖励28项，连续5年获得省科技进步一等奖，获批1个国家级博士后研究工作站；在重大保供电任务方面，组建2700余人的省级应急基干队伍，常态化开展联合实战演练，圆满完成庆祝建党100周年、世界制造业大会等重大保电任务，展现了皖电铁军风采。2021年，国网安徽电力各项工作亮点纷呈，主要指标站稳前排，企业负责人业绩考核跃居国网公司第6名。

（二）经营效益提升显著，人力资本效能增长有力

三项制度改革深入落实，促进企业效率效益的提升。完成固定资产投资175.8亿元，投产110千伏及以上输电线路2014千米、变电容量1191万千伏安；售电量2216亿千瓦·时，同比增长15.5%；综合线损率5.8%，同比下降0.4个百分点；实现营收1287亿元，月均突破百亿元大关，同比增长16.2%；完成利润11.25亿元，位居国网公司第4名；资产负债率61.5%，同比压降1.63个百分点；职工劳动生产率87.7万元/人·年，同比提高10.8%。

（三）社会效益提升，发展环境能力增强

经理层成员职责界面更加清晰，人岗匹配度明显提升，队伍活力显著增强，国网安徽电力16家地市公司经理层成员绩效工资占比达到65%，同级经理层成员绩效工资分配差距达到1.1倍以上，充分激发“关键少数”带头作用，促进“顶梁柱”的央企价值全面彰显。2021年，国网安徽电力全力争取

省外来电，最高达1215万千瓦，占当时负荷近30%，做到“限电不拉闸”“限电不限民用”，成功应对全网电力供应紧张，持续提升客户电力获得感和满意度。积极服务“双招双引”、十大新兴产业发展，深入实施优化电力营商环境“深化创新年”活动，持续推进“三零”“三省”，压减客户办电成本2.2亿元，合肥“获得电力”指数首次迈入全国“优秀”行列。积极促成国网公司和安徽省政府签订“十四五”战略合作协议，使国网安徽电力发展环境更加优越。

（成果创造人：陈安伟、张有明、许正伟、张道荣、聂运生、章　丹、王　磊、付真斌、曹　俐、吕　妍、何　奇、王　远）

以创建国际一流油公司为目标的资源优化管理

中石化新疆新春石油开发有限责任公司

中石化新疆新春石油开发有限责任公司（以下简称新春公司）成立于2015年4月，是中国石化与新疆国有企业开展股权合作、在乌苏注册的合资公司，成为中国石化上游第一家落户新疆的企业。新春公司是胜利油田西部开发的主体单位，主要负责新疆探区准噶尔、吐哈等2个盆地15个区块的滚动勘探、油气开发及原油生产销售任务，探区面积5.1万平方千米。新春公司荣获中国石化油气田开发“特别贡献奖”，连续三届荣获中国石化“红旗采油厂”，连续七年荣获“省部级文明单位”称号，是中国石化首批油公司改革、人力资源项目改革、智能油田建设示范区试点单位，被誉为“中国石化上游板块油公司建设的模板”。

一、以创建国际一流油公司为目标的资源优化管理背景

（一）端牢能源饭碗、保障石油供给的能源战略要求

随着我国经济进一步发展，石油需求增大，对外依存度持续走高，“十三五”末，我国原油进口5.42亿吨，比“十三五”初增加30%，对外依存度高达70%。我国面临的石油供需矛盾日益严峻，石油供给不足的问题日益凸显。石油供给不仅关系国计民生，更关系到国家能源安全。新春公司承担胜利西部原油上产的重任，为落实“能源的饭碗必须端在自己手里”等重要指示精神，按照胜利油田西部大开发规划，明确未来十年的发展目标，新春公司要实现目标，就必须通过协同管理整合内外部资源，对各种资源进行优化、利用，探索实践以高质量发展为目标的协同管理，这是实现西部油气大发展、保障国家石油供给的要求。

（二）优化资源配置、提升管理水平的必由之路

能源企业涉及多个学科，技术复杂，生产环节多，内部分工精细，资源相对分散，要实现高质量发展，必须打破人、财、物、技术、信息等资源间的壁垒，通过整合和优化资源，实现业务协同、资源协同和信息协同，产生1+1>2的协同效应。此外，我国油田企业在管理方式、生产运行、技术攻关、人力资源、数据信息、文化培育等资源共享和运行管理方面存在短板，生产单位和项目责任主体缺乏自主权，生产运行缺乏一体化统筹管理，技术攻关尚未形成社会研究资源和多学科技术资源的有效融合机制等。新春公司亟待结合自身实际进行资源优化管理，发挥资源配置的协同效应、推动油田高质量发展、提高资源利用效率是油田企业提升管理水平的必由之路。

（三）解决技术难题、实现高质量发展的客观选择

新春公司所属油田为浅薄层超稠油，实现高速高质高效开发，需要解决“精细预测难、有效动用难、高速建产难”三大技术难题。由于油藏埋藏浅，地震覆盖次数低，地震可识别的厚度远超目的层厚度，导致储层的预测难度大。埋藏浅、油层薄、黏度高导致开采效果差、产量递减快、周期产油量低、举升难度大等问题，“浅、薄、稠、疏”稠油油藏也给产能建设工程带来挑战。新春公司以大兵团科技联合攻关为重点，有效利用企业内外部技术资源，构建协同技术攻关体系，这是破解超稠油开采系列技术难题的客观选择。

二、以创建国际一流油公司为目标的资源优化管理主要做法

（一）搭建新型油公司管理架构，实施以授权分权管理为核心的管理方式

油田探区面积广，管理跨度大，传统集权管理存在决策周期长、资源调配难和技术支持难等管理瓶颈。新春公司在胜利油田的统一领导下，立足胜利西部勘探开发部署，探索实践授权管理和分权管理相结合的新型油公司组织管理方式，对上承接胜利油田授予新春公司的自主决策、资源调配等管理权限，对下明确公司和生产单元（采油管理区）职能定位，向基层单位下放管理权限，推动胜利西部勘探开发快速高效发展。

1. 制定自主决策事项授权清单

为推动西部勘探开发高质量发展，胜利油田对新春公司实行授权管理，明确新春公司在准噶尔盆地具有勘探开发主体地位，拥有自主决策权、资源调配权、油品销售权等权限，自主制定发展规划，自主决策实施勘探开发方案。新春公司还担负油田其他产业发展责任，践行安全绿色低碳理念。结合西部特点，统筹考虑固沙、绿化、新能源建设等业务，从油田抽调专业化队伍，拓展新疆油田相关业务市场。此外，成立准噶尔勘探开发高质量发展工作组，制定决策事项授权清单，授权清单经油田审批后，由新春公司根据清单自主决策实施，需要油田相关部门审批的事项，做到简化审批流程、加快审批进度。同时，油田组建协调监督工作组，协调解决胜利西部生产运行中的瓶颈问题，监督新春公司日常决策，确保新春公司规范经营、高效推进，实现胜利西部油气勘探开发决策在现场、资源配置在现场、协调服务在现场。

2. 设置“综合管理、业务管理、经营管理”扁平化管理系统

为全面构建科学规范、精干高效的现代油公司组织体系，适应胜利西部快速发展需要，新春公司打破原有组织架构，按照“精干高效、统筹运行”“突出关键、保障重点、运行高效”原则，设置“综合管理、业务管理、经营管理”三大系统，内部组织架构更加扁平精干。新春公司构建机关和采油管理区两级组织架构，厘清职责界面，明晰两级管理的职能和决策定位，确保决策科学、管理有效、运行高效。公司机关作为决策中心、风险管控中心和经营协调中心，承担油田增量增效和夯实长远发展基础责任，重点管好市场资源、招投标和安全环保、质量的监督检查，以及应急队伍的调配；采油管理区作为油藏经营管理的独立核算单元，是原油生产、成本控制和利润创造中心，承担保效创效和油藏经营管理主体责任；操作层业务全部实行专业化外包、市场化运行，为新春公司高质量发展提供支撑。

3. 明确“785”采油管理区的分权管理

新春公司对采油管理区实行分权管理，创建“785”采油管理区运行方式。新春公司赋予采油管理区自主优化、内部绩效考核等七项权力，明确采油管理区利润、合规风险、QHSSE 等八项职责义务，完善采油管理区技术、经营、生产、党建、激励等五项机制建设，对采油管理区充分放权，做实采油管理区油藏经营责任主体，充分调动生产一线积极性。新春公司按照世界一流油公司建设目标，创建精干专业型管理区，管理区按照“管理 + 技术 + 市场”的运行方式，专注于提升经营管理水平和创效能力。

（二）优化生产动态流程，实施以一体化为主导的生产管理

传统的油田开发生产中，各专业工程间相对独立，技术缺乏共享，生产运行缺乏统筹，资源利用效率低。新春公司围绕复杂地质条件下油藏开发生产特点及核心业务，开展一体化生产管理，优化生产动态决策流程，建立油藏开发模型和单井产能效益评价模板，探索实施以一体化为主导的生产协同管理，实现油田开发生产精准化、高效化。

1. 推进一体化生产运行

新春公司深化地质工程一体化理念，以增储建产目标为核心，充分发挥一体化运行的纽带作用，推进物探地质一体化研究，深化地质认识；强化勘探开发一体化井位部署，加快增储建产；实行勘探开发一体化动态跟踪，深化油藏认识；推进油藏工程一体化，优化钻井方案，按照油藏要求先打定向井，再打水平井，将井身结构优化为压裂投产井身结构，改善钻井液性能，助力储层保护，将钻井工程对储层污染的可能性降到最低，提升油藏经营实效。

2. 构建油藏开发模型

新春公司推进油藏建模数模一体化技术应用，根据实时采集的数据，对油藏进行数值模拟、动态分析，精细油藏描述，强化动态监测，提高油田开发水平，从而指导油藏高效开发，使油田开发更具科学性。新春公司转变传统的密集打井为精准打井，优化地质开发方案，提高油藏精准预测水平。通过推进建模数模一体化，把地质建模及油藏数值模拟有机融合，及时跟进开发动态生产数据，根据拟合状况修正油藏参数，调整注采参数，进而提升油藏开发效果及采收率。

3. 开展单井产能效益评价

新春公司实行单井效益配产，利用油井数据，绘制单井产能效益协同图，按照日油水平高低将油井分为高产、中产、低产三类，按周期油汽比高低将油井分为高效、中效、低效三类，两者组合细分为9类油井进行分类施策管理，实现产量与效益间的平衡。高产低效井延长生产周期，控制转周节奏提效，低产高效井加快转周，增加产能，促使各类油井向协同基线靠拢，同时深挖潜力，使油井按照低产低效向中产中效、中产中效向高产高效的梯队发展。同时，新春公司利用大数据工具，构建适应稠油油藏的开发模型，利用海量数据，建立单井产能效益评价模板，开展效益配产，实现效益开发；利用实时数据，绘制注汽强度与油汽比关系模板，实现油藏开发最优化。

（三）整合优化技术研究资源，实施以大兵团联合攻关为重点的技术管理

油田开发的中后期面临地质条件复杂、勘探开发难度大等技术难题，传统的技术攻关方式难以解决这些难题。新春公司搭建产学研开放式科研平台，发挥大兵团协同技术攻关优势，组织开展理论技术、生产技术应用、生产一线技术难题联合攻关，实现高效勘探开发。

1. 搭建产学研开放式科研平台

为解决油田勘探开发技术难题，新春公司搭建产学研开放式科研平台，组织开展采油、钻完井及采油工艺三大攻关，加强不同团队技术融合，加快现场实施与优化，逐步实现理论与实践相耦合。一是开展理论技术联合攻关。由油田物探院、钻井院、勘探开发研究院、工程院、设计院等研究单位形成油田科研平台，以北京大学、石油大学等高校作为理论研究支撑，充分发挥内外部联合攻关优势，对储层预测、开发技术等进行深入研究，用开放协同的科研管理，攻克稠油开采的技术难题。二是开展生产技术应用联合攻关。新春公司联合高校、研究院所成立由首席技术专家、技术骨干为主导的联合攻关团队，开展技术应用研究。企业提出技术应用需求，对接高校高端研发团队的智库支持，依托科研院所的技术平台资源和行业服务功能，形成一套完整、高效的技术开发和转化支持体系。三是开展生产一线技术难题联合攻关。新春公司突出问题导向，根据技术难题成立技术攻关项目组，主要负责油田技术攻关项目的组织、研究、现场实施及后期效果的跟踪评价，同时组织进行油田生产运行的监督检查，确保安全、环保、平稳运行，为基层提供技术支撑。

2. 发挥专家和技术骨干的项目攻关作用

新春公司优选油田各类专业人才，成立多个项目攻关小组，首席专家带队开展课题攻关，在实践锻

炼中提升油田开发人才的专业能力和综合能力；构建“管理区－科研所”技术人才双向培养交流机制，选派技术骨干参与岗位交流，加强人才的复合锻炼；强化年轻干部培养，选派年轻同志参加以智能互联转型为主题的高层次培训，促进年轻干部综合素质进一步提升；通过开展“学术技术带头人”选拔和“金钥匙”技术竞赛，不断增强人才队伍的能力和活力，发挥专家和技术骨干的项目攻关作用。

3. 制定科技创新创效激励政策

一是制定《新春公司勘探开发成果奖励办法》，设立科学技术奖和技术攻关奖，对完成后的攻关项目进行生产技术、安全环保、质量等多方面考核，分等级进行奖励，充分调动科研人员积极性，推动科研成果转化。二是制定《管理创新创效奖励办法》，依据创效大小进行奖励。三是制定《激励性年金评选推荐实施办法》，重点向做出突出贡献的员工倾斜，起到吸引人才、稳定骨干的作用。如科研方案在生产现场实施后达到预期效果，奖励10万至20万元，激发油田科研人员的积极性，促进科研与生产一体化，为油田科研成果转化提供强有力的政策保障。

（四）优化人力资源配置方式，实施以资源共享为手段的人力资源管理

油田企业传统的人力资源管理模式主要是行政化管理，在开发后期易导致用工结构不合理、人工成本高、人均劳动效率低。新春公司树立“以最少的人生产最多的油”的管理理念，以提高油公司人均劳动效率为目标，突出价值引领，减少岗位设置，实施“大岗位管理”；开展岗位胜任力评估，综合评价人才、识别培养人才；根据生产技术需求和项目需求，采用劳务结算的方式在全油田选聘专业技术人员，实现人力资源市场化配置。

1. 开展主副岗轮值与“大岗位管理”

新春公司结合东营、新疆两地办公实际，在生产规模不断扩大的情况下，立足人力资源统筹优化，确保用工总量不增。一是针对东西部倒班的情况，实行主副岗轮流值班，确保权责明晰不错位，工作补位不缺位，履职到位不越位。同时，利用远程视频会议、生产指挥平台、网络办公系统，实现东西部同步运行、无缝衔接。二是根据各岗位不同的专业要求、工作难度与复杂性等特点，开展工作写实和岗位分析，将要求接近的职责模块组合设置成“大岗位”，按照需专则专、能兼则兼的原则，对作业、注汽、安全、设备、物资等岗位进行科学合并，确保各岗位职责明确，工作量饱满；打破传统油藏、工程、作业、注汽间的专业分工，根据业务相关度进行高度融合，形成以油藏为基础，地下、井筒、地面一体化融合的人力资源优化模式

2. 选聘面向全油田的专业技术人才

新春公司为加快胜利西部勘探开发进程，多种渠道、多种方式延揽人才，并遵循价值最大化原则，按照不同类型专家人才的业绩贡献进行差异化激励。一是采用多种方式引进人才。通过挂职交流引进的人才，新春公司将其纳入统一管理考核；通过借聘引进的固定岗位人才，由所属单位部门进行管理考核。二是通过项目管理使用人才。以项目组方式承接公司勘探、产能建设、钻采工程等项目的技术人才，采用双向选择、揭榜挂帅等方式确定项目组组长，与新春公司签订项目实施协议。业务主管部门从项目难度、方案编制速度、项目实施效益三个维度确定分档及标准，并在项目完成后组织验收、评审和确定效益系数。项目报酬按项目成员所在单位和项目组成员奖励进行分配。三是按照技术水平和价值贡献激励人才。特聘顾问和专家主要参与勘探开发重大决策部署论证、科研立项、技术攻关指导、关键技术咨询，按技术复杂程度支付咨询费。领军人才和骨干人才主要负责技术攻关，参与重点项目，按照项目成果和服务时间进行奖励。

3. 开展岗位价值评估

新春公司按照层层分解、分类实施的原则，对各类业务岗位进行梳理；遵循“自上而下、自下而上、上下结合”的流程，配强高效岗，压减低效岗，确定新春公司管理、专业、技术岗位；在此基础上构建岗位业务平台，实现数据共享和业务协同，形成一套全油田统一的数据库，各类数据归一化、标准化管理。突出价值引领，根据已建立的岗位业务数据库，科学运用人力资源管理工具，衡量管理和专业、技术岗位价值，确定岗位相对排序，形成新春公司岗位归级体系，突破传统职务职级排序，充分体现不同岗位价值。新春公司深化岗位胜任能力素质模型应用，通过能力要求进行雷达图比对分析，重点针对“能岗不匹配”问题调整岗位；针对岗位空缺，公开竞聘选拔能力突出的人员；同时对雷达图识别出的能力指标低成长、潜力大的岗位人员，使其参与交流锻炼，参加青年骨干培训。

（五）优化生产运营方式，实施以大数据智能化为支撑的现场管理

油田企业传统的运营方式是劳动密集型的现场管理，井站场人工值守和巡检，生产数据人工采集，运行周期长，生产成本高，劳动效率低。新春公司以打造国际一流的智能油田为目标，从方案优化、生产前端信息化配套、生产指挥智能平台搭建入手，通过油气生产参数实时全采集、源头数据自动入库、关键节点远程控制、所有井站场无人值守，生产全过程实时感知、预测预警、远程管控和指挥，实现数据资源共享，推动油田企业从传统的人工管理向信息化、数字化、智能化转变。

1. 搭建生产指挥智能化平台

新春公司搭建生产指挥智能平台，通过智能高速球机、智能控制柜、智能电表、智能仪表、智能传感器等硬件设备以及综合“区域生产指挥中心”网站、SCADA 系统、视频监控等信息系统的应用，对油田所有井站和联合站实现数据自动采集和处理、生产现场视频监控、设备远程操控、异常自动报警、趋势分析预警、生产数据动态分析、生产调度信息化运行。对采集到的数据进行信息挖掘，发挥大数据优势，为油田各业务决策提供智能辅助手段。生产指挥智能平台是日常运行与管理的中枢，数据监控、视频监控、电子巡井，抽油井调参、启停井、泵调频全部在智能互联平台进行。依托生产指挥平台，实现生产监控、报警预警、生产动态、调度运行、生产管理、应急处置六大主要功能，满足管理区开发生产、技术分析、经营管理、量化考核等业务管理需求。

2. 构建生产现场标准化信息网络

以视频监控、参数采集模块、应用远程采集控制终端（RTU）等为主要建设内容，实现温度、压力、工况、电参等数据的实时监控和自动采集。通过各个传感器和现场测控仪表进行压力、温度、液位等数据的采集，通过通信线路传递到 RTU，实现油井数据自动传输和远程控制，对工况状态进行监测和控制；同时在每个通信箱内安装工业交换机，用于汇聚摄像头、RTU 等设备的网络信号。汇集得到的网络信号通过使用 ADSS 光缆、无线网桥进行网络连接，传递给生产指挥智能互联平台。通过对井场、增压站、联合站、注汽站实行标准化信息网络的建设，新春公司实现油水井智能控制、增压站无人值守、注汽站智能管控、联合站远程调控。通过信息化网络的建设，实现生产前端数据的实时自动采集，为生产过程智能化奠定大数据基础。

3. 推行“远程智能巡检 + 现场区域联合巡检”的现场信息化管理

新春公司采用“远程 + 现场”两级监督模式，电子巡检取代人工巡检，取消夜班编制，组建夜班应急小组，负责夜班巡线及夜间应急情况处理，通过现场作业全程视频监控，实现现场问题全掌控，有效提高现场各项施工的监督力度。建立信息化条件下现场应急处置预案，充分利用实时视频监控、生产数据预警报警等反馈信息快速研判确定事件等级，并启动相应级别的应急预案。定期开展信息化模式下

的应急演练，促进多专业间协同配合，专业化队伍间应急响应联动，提升应急事件反应处置能力。通过发挥信息化管控的核心枢纽作用，传统的劳动方式转变为“远程巡检 + 现场区域联合巡检”的生产运行管理模式。

（六）优化文化传播方式，实施以新时代石油精神为引领的价值文化管理

新春公司通过搭建文化平台，推进文化理念与改革发展、生产经营以及新疆地域文化的交互融合，强化企业文化与价值创造协同发展，同时培育具有时代特点和石油特色的先进的新春价值文化。

1. 培育“想新春好，为新春好”主流价值观

新春公司遵循忠诚担当、精细创新的核心理念，培育切合公司实际、符合员工意愿的企业价值观：想新春好，为新春好。新春公司引导全体干部员工凡事从公司的整体利益出发，形成员工之间、上下级之间、甲乙方之间融洽互信、团结互助、共谋发展的良好局面，使之成为实现“打造高效智能油田，建设和谐美丽新春”愿景目标的思想指南和行为准则。

2. 搭建推动核心理念和主流价值观落地的文化平台

新春公司立足于企业工作、生活场景搭建企业文化四大平台，借助文化平台来推动核心理念和企业价值观的落地。一是工作场景平台。新春公司选树典型人物事例，对标学习“苦干实干”“三老四严”等石油精神事迹。同时通过导师带徒等方式，传承石油精神和石化传统，传递先进的技术技能。二是生活场景平台。新春公司建立基地综合文体中心，开展员工喜爱的多种文体活动，为满足员工精神文化需求奠定坚实的物质基础。三是学习交流平台。新春公司通过“春语新言”平台进行交流分享，激励员工日常的生产生活。四是展示传播平台。新春公司构建“多位一体”的文化格局，总结典型经验，传播文化故事，开展石油石化精神和优良传统教育，举办“春风十年”图片摄影展，为培育新时期石油文化凝心聚魂。新春公司通过思想文化工作的引领、榜样的树立，发挥思想文化和精神文化平台的传播优势，构建起新春人的文化网络，促进价值文化的升华。

3. 传承融合中弘扬新时代石油精神

新春公司在传承石油文化优良传统的同时，结合新时期的油公司运行模式，让勇于拼搏的石油精神与市场化的油公司模式结合，提升公司发展的速度、质量和效益。新春公司融合石油工业与西部地域文化，在新疆地区勘探开发时，新春人秉持“大漠、胡杨、骆驼”精神，在西部的特殊环境中耐住寂寞坚守，为石油精神赋予新的意义；扎根大漠戈壁，牢记“我为祖国献石油”和实现“西部原油快上产”的责任和使命，为保障国家能源安全创造价值。新春公司把传统的石油精神、西部的艰苦环境与油公司的先进管理理念、油田生产经营、改革发展相结合，打造具有自身文化特色的品牌，使公司的文化品牌价值得到有效提升。

三、以创建国际一流油公司为目标的资源优化管理效果

（一）有力保障石油供给

新春公司先后发现春风、春晖、阿拉德等三个油田，实现原油商品量从 5 万吨到 120 万吨的跨越。“十三五”期间，公司生产销售原油 546.1 万吨，实现产值 111.2 亿元，纳税 16.9 亿元，为保障石油供给、践行国家能源战略、推动西部大开发做出贡献。新春公司实现显著的经济效益，2021 年盈利 49009 万元，劳动生产率为 4355 吨/人·年，收入利润率为 14.40%，主要经济指标达到世界一流油公司水平，经营业绩连续在中国石化油田开发板块排名前列。

（二）推动企业管理变革

新春公司通过在生产经营多方面实施资源优化管理，实现了六大转变：管理方式由集权管理转向授

权分权管理；油气生产由专业管理转向一体化管理；科技攻关由单一的技术管理转向大兵团协同管理；人力资源由行政管理转向市场化管理；生产现场由劳动密集型管理转向数字化智能化管理；企业文化由传播管理转向价值管理。新春公司的资源优化管理实践，作为“新春油公司模式”已在中国石化推广，对能源企业乃至工业企业具有可借鉴的应用价值。

（三）攻克超稠油开采世界级技术难题

浅薄层超稠油有效开发是世界级难题，新春公司通过组织开展大兵团协同技术攻关，取得了多项突破和创新成果。其中浅薄储层精细预测技术和高效热力复合采油技术达到国际领先水平。新春公司共获国家专利11项，春风油田浅薄层超稠油百万吨产能高速高效开发关键技术获得国家科技进步二等奖和中国石化科技进步特等奖。研究成果已被应用到国内同类油田，开辟了稠油热力采油新领域，对国内外同类型油藏开发具有指导借鉴作用。

（成果创造人：刘小波、董臣强、卢　刚、刘双全、王其玉、王　波、
高志卫、张学超、牛汝东、傅　锐、王洪凯、赵　磊）

施工企业以大商务管理为核心的项目管控能力提升

中铁五局集团第六工程有限责任公司

中铁五局集团第六工程有限责任公司（以下简称中铁五局六公司）是世界500强企业——中国中铁股份有限公司旗下的国有大型综合一级施工企业，总资产约30亿元。公司主要从事涉及高速铁路、铁路客运专线和普通铁路的铺轨架桥、铁路运营、城市轻轨、地铁建设、铁路大型箱梁和各类T型桥梁的预制架设，各型号钢梁桥的拼装架设，市政工程以及公路、水利、房建等施工。截至2021年年底，累计完成铺轨达16658千米，架梁37946孔，制梁25096孔，房建施工面积达224643平方米，被誉为中国铁路和城市地铁的“铺架王牌军”。

一、施工企业以大商务管理为核心的项目管控能力提升背景

（一）是提升企业市场竞争能力的需要

当前，建筑市场已从过去的全面增长进入结构性增长的新阶段，人力成本与原材料价格持续高位运行，与行业密切相关的财税、投融资、资本市场、行业监管等方面政策持续调整，企业盈利空间受到挤压。管理体制机制不健全、建筑施工质量不高、安全管理不到位、技术创新明显不足、成本管控不严的企业将逐步被市场边缘化。推进以大商务管理为核心的项目管控能力提升，能有效帮助企业管控好项目施工进度、质量、安全和成本，提高企业制度执行力、创新力、控制力、影响力、抗风险能力，为国有施工企业持续做好国民经济的压舱石和助推器发挥积极作用。

（二）是实现企业高质量发展的需要

中铁五局六公司是较早在我国从事铁路建设铺轨架桥施工的专业化公司，具有国家铁路铺轨架桥工程专业承包一级资质，是国家铁路建设的亲历者和见证者。但是，管理粗放、程序空转、管理效率不足、过程管控不到位、项目创效能力不强、动真碰硬的执行力欠缺、体制机制建设不够完善、少数干部主动意识不够、能力素质有待提升等问题在企业中仍然存在。从铺轨架桥工程行业来讲，未来国家不再设置单独铺轨架桥专业资质，任何铁路总承包单位都能进入铺架市场，公司将丧失铺轨架桥专业资质优势。因此，必须持续深入推进大商务管理，提升项目管控能力，从而挖掘企业高质量发展新动能。

（三）是提高工程项目管理效益的需要

企业项目管理过程中仍然存在简单粗放、系统性不强、安全质量风险高、跑冒滴漏时有发生等问题。推行大商务管理，核心是坚持“一切工作到项目”，聚焦“效益提升、价值创造”，从导入系统思维、强化集成管理入手，着力构建更为科学的项目管理效益提升体系，推动企业高质量发展。这既是贯彻落实中央要求、充分发挥国有企业功能的重要举措，又是贯彻落实国企改革三年行动、推动企业治理体系现代化的重要任务，更是企业实现“堵漏洞、防风险、增效益”，提高工程项目管理效益的有效途径。

二、施工企业以大商务管理为核心的项目管控能力提升主要做法

（一）加强顶层设计，科学建立管控架构

1. 大商务管理顶层规划部署

中铁五局六公司领导班子认识到，推行大商务管理是企业为贯彻落实中央经济工作要求的全局性的重大战略决策部署，是系统解决当前营销源头质量不高、履约能力不强、项目效益低下的善策良方，是提升企业效益、推动企业高质量发展的制胜法宝。要落实国企改革三年行动方案，提高企业的综合实

力，实现企业高质量发展，就要把“一切工作到项目”作为企业大商务管理的出发点和落脚点，加强公司对项目的主动管控能力，强化公司主要领导、分管领导、各职能部门负责人围绕工程项目的管控能力，加快推进“揽干分离”向“揽干融合”转变，“施工管理”向“工程管理”转变，重过程管理向既重过程又重目标责任和结果考核兑现转变，建立价值创造、效益为先的评价机制。为此，中铁五局六公司决定将大商务管理体系的构建纳入公司“十四五”战略规划，彻底解决项目管理粗放，项目盈利水平不高的问题。

2. 大商务管理健全组织机构

一是成立由公司总经理任组长，其他领导班子成员任副组长，相关职能部门负责人任组员的大商务管理领导小组，为系统扎实推进工作提供强有力的组织保障。二是成立大商务管理执行落实机构的工作小组，并要求从公司到项目部各管理层级、各管理环节穿透协同，实现业务管理的综合集成，突出成本效益主线，打造全员、全要素、全过程、全管理环节的大商务管理体系。三是明确大商务管理小组成员工作职责。四是明确大商务管理小组工作目标。

3. 大商务管理完善配套制度

中铁五局六公司通过制定完善一系列配套管理办法，为企业大商务管理提供制度保障。完善《中铁五局六公司商务管理实施细则》《中铁五局六公司项目管理效益提升三年行动实施方案》。在商务管理市场经营上，激活市场经营机制，制定《中铁五局六公司经营开发工作管理办法》《中铁五局六公司经营要素管理办法》《中铁五局六公司施工项目投标评审实施细则》《中铁五局六公司经营系统业绩考核与薪酬管理办法》。在商务管理施工组织上：一是以“质量、安全”为目标，制定《施工组织设计管理办法》和《施工调查管理办法》；二是以“工期、投资”为目标，制定完善《计划工作管理办法》《工程调度管理办法》《工程进度管理办法》《四库一平台信息录入管理实施细则》等制度；三是以“环保、稳定”为目标，制定完善《技术创新管理办法》《绿色科技示范工程管理办法》等制度。在物资管理上，一是先后制定《物资管理办法》《物资采购管理办法》等11个管理办法，二是建立《物资申请计划制定流程》《物资采购计划制定流程》等11个内控流程，三是适时更新《中铁五局六公司物资管理手册》。在经济活动上，公司经实践总结，编制印发《中铁五局六公司“一对一”项目经济活动分析管理办法》。在项目考核上，调整修订以《项目经理期薪制考核办法》为基础、以《收尾项目管理办法》《片区管理办法》《专项考核管理办法》为延伸、以《项目风险抵押承包管理办法》为补充的一系列配套制度，形成“基本薪酬 + 绩效薪酬 + 专项考核 + 超额利润预兑现”的薪酬考核体系。总之，大商务管理的目标是什么，大商务管理需要强化什么，就重点考核什么，形成“目标确保”到“过程监控”再到“结果评价”的闭环管理。

（二）跟进市场开发，构建上下联动的经营格局

1. 组建市场经营专班

在南京软件园一期总部基地、南京智能制造产业园EPC项目、南京软件园26－02地块等特重点项目，公司成立了市场开发经营专班，由公司总经理亲自挂帅，分管经营的副总经理、分管片区的副总经理亲自督导，统筹项目营销策划工作，选调公司商务、技术、报价骨干人员，市场营销精英人员参与其中，负责具体业务工作。经营专班下设协调组、商务组、编标组、专家组、后勤组等负责具体业务工作，确保每个环节有人盯，每项事务有责任人。投标后期阶段，邀请上级专家对投标文件进行分级审查，提高投标文件质量，确保项目落地。

2. 促进经营生产无缝对接

经营投标前，组织在建项目专业人员参与项目施工调查、概预算梳理、成本测算、标书编制。经营投标后，组织拟任项目经理、总工程师、总经济师全程参与投标后的各阶段工作，特别是与业主、设

计、监理等相关方的对接沟通，确保中标后能全面掌握项目真实情况和业主的真实意图，确保项目在各个环节达到业主期望。将投标阶段与项目实施阶段贯通联动、穿透管理，做到标前标后“一盘棋”协同，将项目全过程中的不确定因素在项目实施阶段固化为价值，确保中标项目质量。

（三）梳理施工组织，勾画项目实施的规划图

1. 做好项目管理策划

公司总经理组织相关部门人员进入项目现场后，对作业场所进行详细的施工调查，掌握现场实际后，结合工程相关要求、公司资源配置、上级单位规定等，对各方面进行全面研究，确定目标模式，组建管理机构，确定施工方案，配置施工资源，规划临时设施，提出管理制度、办法纲要，明确财务、税务、经济管理细节，规划二次经营及科技创新方向。为项目后期开展工作制定蓝图、确定目标、指明方向，项目在后期管理中，按照该规划组织项目管理，便能很好地实现项目的各项目标，取得较好的效果。

2. 明确关键节点工期

一是在进行项目管理策划时，均会对关键工序进行明确，对节点工期进行筹划、优化，并结合资源配置、作业条件、节假日等反复调整节点工期，做到充分利用企业资源，降低作业成本，实现总工期目的。为后期公司资源调配、项目施工组织等提供了依据，为公司及项目成本降低、施工有序、工期兑现起到积极作用。二是项目施工全过程中，公司适时组织召开项目施工重点工作专题会，督促各项目按照计划完成相应的工作，以日保周、周保月、月保季、季保年确保项目按期完成施工。

3. 管控安全质量风险

一是施工进入各道工序程序前，项目施工严格按照公司审核批复的实施性施组进行施工技术交底，未进行技术交底的工序不得施工；技术交底内容必须叙述清楚完整。二是落实教育培训，分类分级对从业人员开展相应的岗前培训及取证培训。三是强化过程控制，将工序验收作为进入下道工序的前提条件进行刚性管控，所有工序严格执行质量“三检制”（作业班组自检、技术人员交底检查和质检人员专检），并如实填写验收记录，关键工序及隐蔽工程以“举牌”方式留存影像资料。四是对项目安全质量推行网格化管理，在项目部、分包队伍层面明确每个网格的施工管理直接责任人，实施动态管理。五是给各施工项目现场设置安装视频监控系统，进行远程实时图像监控管理。六是落实公司、项目领导带班制度，对项目危险性较大的分部分项工程的重要工序、关键节点（时段）进行领导施工现场带班作业，确保项目施工安全质量可控。

（四）管控物资核销，精准施策，量价双控

1. 管控物资数量

根据实施性施工组织设计，项目物资管理部门编制详细、准确的物资采购供应计划，切实发挥计划管理对采购的指导作用，严格执行限定额发料制度，并建立物资限定额供应台账，杜绝超计划供应。项目部根据实际发料数量，在成本物资管理系统 V2.0 中据实建立发放信息，按月编制物资管理动态报表，公司物资管理部门通过物资管理系统软件进行后台监控，利用职能监督检查等方式对项目实际发料过程和数量进行现场核查，确保物资消耗数量完全可控。

2. 管控物资价格

一是根据物资价格定价机制和市场规律，公司或上级单位每季度发布内部结算指导价，指导价充分考虑地域差异、当地产能、运输条件和支付差异等因素，严格禁止物资采购价超指导价结算的情况。二是项目投标前，公司物资管理部门参与项目标前物资市场调查及询价，研判物资资源及价格行情，为投标决策提供支撑依据。中标后，公司物资管理部门牵头项目部进行物资资源市场调查，编制项目物资管理策划书，明确物资采购方案、采购组织形式、采购方式和定价机制。根据资金自平衡，合理规划资金

支付条件，形成物资管理策划书，对项目部进行书面交底，确保策划有效实施。三是规范物资采购流程，确保采购价格集体决策、平稳可控。四是定期或不定期通过信息化手段对各项目的物资采购价格进行后台核查，将不同项目同类物资采购价核查情况以信息简报的方式进行通报，以此引起公司各级管理层的高度重视，对采购价格偏高的项目和采购人具有较强的警示和威慑作用。

3. 管控物资节超

项目部根据工程设计图纸和公司颁布的《统一常用物资消耗定额标准》，制定本项目物资核销定额标准，并报公司审批。根据各项目实际施工情况，每季度下发《物资核销工作安排及有关要求的通知》，明确核销项目范围和核销起止时间，并且对核销工作提出具体要求。为确保核销结果真实有效，每季度派工作组抽选 2 个或 2 个以上项目现场督导核销，督导现场物资盘点，召开物资核销专题分析会，对节超原因进行认真分析，制定相应整改措施。收集各项目物资核销资料后，组织人员核销会审，并将各项目物资核销及节超情况进行汇总，对同类物资的消耗数据及节超数据进行对比，指出各项目存在的共性问题和个性问题，并提出整改要求，以《物资管理信息简报》形式在公司范围内进行通报，对于存在重大数据节超的项目，组织业务部门对项目进行核销分析，确保核销数据真实可靠，节超原因清楚明了，整改措施具体有效，实现对项目物资节超的有效管控。

（五）分析经济活动，把好成本效益的方向盘

1. 建立组织机构

一是在公司层面，成立公司项目经济活动分析管理领导小组（以下简称公司工作领导小组），由公司总经理任组长，总经济师任常务副组长，分管财会业务的副总经理、总经济师、总工程师为副组长。公司项目经济活动分析管理领导小组下设领导小组办公室。二是在项目层面，成立项目部经济活动分析领导小组（以下简称项目工作领导小组），由项目经理（常务副经理）任组长，项目总经济师或分管工经工作的领导任副组长。项目部经济活动分析领导小组下设项目经济活动分析领导小组设办公室。

2. 履行管控流程

一是公司经实践总结，编制印发《中铁五局六公司项目经济活动分析管理办法》，明确项目经济活动分析的原则、目的、分析内容和要求等。二是经济活动分析计划下达。每年年初公司工作领导小组根据公司新开工、在建、收尾项目以及专业化分公司实际情况，下发经济活动分析计划表，明确本年度组织经济活动分析会议的单位、模式、计划召开时间。三是实施通知下发。公司工作领导小组依据项目施工生产及经营情况，在年中不定期下达经济活动分析会实施通知。四是经济活动分析报告编制、上报。项目工作领导小组在收到公司下发的实施通知后，由项目部经济活动分析领导小组办公室牵头负责，项目各业务部门配合，形成经济活动分析报告并上报公司经济活动分析领导小组办公室初审。五是经济活动分析报告分发、审阅。公司经济活动分析领导小组办公室在收到项目经济活动分析报告后，对其进行初步评审，评审内容为报告内容的完整性、报告内容的逻辑合理性、报告要求的响应性。将不满足要求的报告返回项目经济活动分析领导小组办公室，要求重新编制分析报告。对初审通过的报告，分发公司各工作领导小组组员进行详细评审，各工作领导小组组员立足业务和施工现场，对报告内容的真实性、分析深度和层次进行详细评审，评审不合格的，由公司各工作领导小组组员与项目对口业务部门进行沟通，由项目工作领导小组对报告进行修订完善、定稿，准备参会报告交流。同时项目经济活动分析领导小组办公室发送定稿报告至公司经济活动分析领导小组办公室存档。

3. 固化分析模板

根据不同施工阶段项目性质、不同主体单位、不同工作内容，将项目经济活动分析分为首次分析、期中分析、末次分析、年度分析、专项分析五种类型，针对不同类型，编制统一分析固化模板，确保经济活动分析报告质量。

一是首次分析：分析客体为新开工项目，并且要求新开工项目进行首次分析，在施工调查完毕并且施组编制经评审后进行，项目侧重进行经济运行预测、管理思路、资源要素配置、方案优化等的分析，找出项目管理关键点、风险点。

二是期中分析：项目施工生产及经营到一定阶段，项目规模较大或者经济运行出现风险预警时，公司选择部分重点项目进行分析，分析报告须对前期经济运行情况进行分析，并对后期经济运行结果进行预测；了解项目实际情况，下一步管理风险，制定措施，狠抓落实。

三是末次分析：收尾项目须进行末次分析，项目收尾阶段，经济运行结果初现，项目部须结合二次经营情况对项目整个周期经济运行情况及最终结果进行分析；核算项目经济运行最终结果，总结经验，查找不足，提高管理水平。

四是年度分析：生产型专业化分公司对年度经济运行情况进行分析。

五是专项分析：项目部存在安全、质量、环保、工期、效益、资金等风险预警时或者在特殊情况下重大项目、重大施组方案存在风险隐患时，公司组织项目部进行专项分析。

4. 召开分析会议

一是经济活动分析会议由公司总经济师主持，公司领导小组全体成员参与。会上由项目经理向公司工作领导小组汇报项目经济活动分析报告，公司领导小组就报告具体内容和项目各项重点业务工作进行逐一交流，对重点工作进行安排布置，对项目资源的调配、技术支持等公司后台管理工作进行充分部署。二是整理印发会议纪要。三是落实管理措施。参会单位分管领导、公司相关业务部门在收文后按会议纪要，开展项目管理工作，落实会议精神。四是跟踪监督落实。公司各业务部门不定期深入施工现场，依据会议精神，对现场业务工作的开展进行跟踪，监督项目管理团队落实管理要求。

5. 监督整改落实

公司各业务管理部门落实主体责任，各业务部门每年不少于4次深入每个项目施工生产一线，开展职能监督和业务指导工作。对落实经济活动分析会议精神不到位的项目，提出整改要求，立行立改并持续落实；对于未落实会议精神的单位，发出预警警告，挂牌整改落实，纳入项目经理期薪考核，并且依据未落实会议精神造成的影响按公司相关处罚罚则，进行处理；对造成公司资产损失、效益流失的，对相关项目及责任人追责问责处理。

（六）严格项目考评，树好正向激励的“指挥棒”

1. 考核项目员工绩效

一是公司层面根据项目类型、产值完成情况、项目实际利润率，分别设置对应的产值绩效工资和效益绩效工资标准，并对项目员工设置 -0.5 至 +0.5 的履职系数作为季度考核浮动系数，与员工季度绩效工资挂钩。履职系数只在本季度、本项目有效，跨季度或跨项目调动后取消，再次调整需经项目重新考核评定后确定，且调增人员不得超过员工总数的30%，调减的人数不得为零。同时为给项目一定的奖励自主权，按项目合同额的一定比例设立了项目部年度奖励基金，用于施工阶段重点工作奖励。二是项目层面根据公司制定的绩效工资标准，按项目季度产值效益情况核算绩效工资基数，同时结合项目员工履职情况按季开展员工考核评定工作，并通过履职系数、奖励基金的运用合理拉开员工收入。

2. 考核项目经理绩效

中铁五局六公司对项目经理的考核评价体系以项目经理期薪制为基本支撑，以全员风险抵押承包制为延伸，以收尾项目管理制为补充，考核结果与项目班子成员的收入直接挂钩。对项目考核评价的总体思路是：以安全质量管理为底线，以效益资金最大化为目标，突出目标管理，兼顾过程管理，通过严格考核兑现，以促进项目管理工作取得实效。

一是突出目标管理，科学设置关键业绩指标。按照“以安全生产为底线、以成本效益管理为主线、以现金流管理为生命线”的管理思路和激励导向，把营业收入、利润与资金、安全质量、片区经营、执行力建设作为关键 KPI 指标进行考核，引导项目集中精力抓安全质量、产值进度、效益资金等。

二是兼顾过程管理，甄选识别管理要素指标。要素指标由公司各业务部门通过对项目后台管控的重点工作指令进行甄选识别，将项目过程管理的关键要素提炼出来，再根据指标的不同赋予不同的奖罚标准。

3. 拉开项目考核差距

一是项目部的员工薪酬差异化明显，主要表现在两个方面。一方面，由于项目员工薪酬与项目产值效益等指标直接挂钩，不同项目部指标完成的情况不一样使得员工薪酬差异进一步拉大；另一方面，项目部通过履职系数、奖励基金的运用，同一项目的员工薪酬水平也有一定差异，薪酬正向激励效果较为明显。二是项目管理者按贡献取酬的激励导向明显。从近几年项目考核结果看，完成年度进度计划、确保安全质量、管理到位的项目，收入水平能达到预定目标值；实现超额利润、资金回流、在片区经营开发上出成效的项目，年收入比例将再提高三成至六成，收入差距合理拉开，有效激发了各项目的创效热情。

三、施工企业以大商务管理为核心的项目管控能力提升效果

（一）企业竞争力持续提升

通过“大商务管理”的构建实施，企业安全、质量、工期、成本整体管理水平、履约能力不断增强。近年来，荣获国家级鲁班奖 4 项、国优工程 8 项、中国安装之星 4 项、省部级优质工程及中国中铁杯 35 项，完成科研成果 6 项，获得国家授权专利 28 项，开发应用工法 52 项，通过国家级高新技术企业认定。先后创造了二十多次全国铺架纪录，是国内创造铁路铺架全国纪录最多的企业之一，得到业主及建筑行业的高度认可。

（二）企业规模不断扩大

通过打造全员、全要素、全过程、全管理环节的大商务管理体系，有力应对复杂严峻形势、战胜各种风险挑战，在“量”上稳中有进、持续增长，在“质”上优化改善、显著提升。从 2016 年到 2020 年，累计新签合同额 172. 65 亿元，较“十二五”增长了 23%。五年累计完成企业营业额 162 亿元，较“十二五”增长了 17%。五年累计实现利润总额 3 亿元，较“十二五”增长了 165%。五年来，在岗员工年均收入 11. 52 万元，年均增长 12. 87%，较“十二五”增长了 60. 8%。注册资本金从 1. 5 亿元增加至 4 亿元，机械设备达到 880 台套，具备同时施工 10 个以上铁路铺轨制架梁和 15 个以上城市地铁轨道项目的能力，为企业扩大经营和持续发展奠定了坚实基础。

（三）项目管控能力有效增强

中铁五局六公司以动真碰硬的勇气全面深化改革，突出对项目的管控能力，强化“一切工作到项目”的管理，企业从总部到项目作业层，管理责任清晰，改革重组生产型专业化分公司，施行片区化市场管理，推进机关本部“瘦身健体”，以扁平化管理提升了组织运转效率。从项目考核结果来看，实现超额利润、资金回流，在片区经营开发上出成效的项目，年收入将提高三成至六成，合理拉开了不同项目分配差距，激励导向明显，营造出了清晰、公平、持续的正向薪酬分配氛围，有效激发了各项目的大商务管理活力。

（成果创造人：王国庆、陈吉林、朱　健、张　鹏、范刘杰、龚楠富、陈　佳、林　平、袁世全、余　波、周　涛、李跟明）

国有企业以“增量思维”为引领的管理变革

株洲硬质合金集团有限公司

株洲硬质合金集团有限公司（以下简称株硬集团）始建于1954年，被誉为“新中国硬质合金工业的摇篮”。现为中国五矿集团旗下中钨高新材料股份有限公司的骨干企业，是集硬质合金研究、设计、制造、服务于一体的专业化大型企业，是全国研发和生产能力最强、产品种类最全的硬质合金制造企业。拥有全国硬质合金行业唯一的国家重点实验室、国家首批认定企业技术中心，多项核心技术突破了国外技术壁垒，硬质合金生产技术和市场占有率长期居于全国领先地位，是国家技术创新示范企业、国家知识产权优势企业、“制造业单项冠军示范企业”、国家级绿色工厂。株硬集团“钻石牌”商标在全球50多个国家和地区注册，产品出口70多个国家和地区。

一、国有企业以“增量思维”为引领的管理变革背景

（一）突破困境进行再创业的必然选择

株硬集团是一家老国有企业，作为行业龙头，有着辉煌的历史和成就，“钻石牌”产品享誉市场。而进入21世纪后，伴随着经济全球化、竞争国际化，国外硬质合金优势企业瑞典山特维克、美国肯纳金属、以色列伊斯卡等大举进入中国投资建厂，国内民营企业也如雨后春笋般快速涌现，仅株洲地区就建起了200多家硬质合金企业。相比之下，株硬集团仍然承担着一些历史包袱，机制、体制不够灵活，激励机制不健全，组织和员工活力不足，企业生产经营面临严峻挑战，发展速度逐步落后于行业平均水平，产销规模徘徊不前，经济效益不断下降，亏损日益严重。2016年，株硬集团本部3700多名员工，硬质合金产量只有3135吨，营业收入15.17亿元，经营亏损9759万元，经营面临危机。

（二）创新机制实现高质量发展的必然需求

作为一家老国有企业，株硬集团有历史优势，在国内有人才、品牌、技术、市场等方面坚实的基础。但进入21世纪后，在硬质合金行业高速发展及转型升级的关键十年，传统国有企业的机制弊端逐步显现。在生产方面，原有粗放式的生产模式下，能耗高、原材料消耗大、资源利用率低、浪费严重、生产效率低下；在经营意识方面，市场压力传导不足，从上至下市场意识、危机意识不够，服务理念落后，无法快速响应市场需求，决策效率无法满足市场形势的演变；在科技创新方面，科技创新与市场结合不够，产销研用融合不足，科研创效能力不高；在基础管理方面，内部分配机制过于平均且不灵活，员工的工作积极性不高，计划经济的思维仍然影响着干部员工干事创业的冲劲和闯劲。要有效解决这些问题，需要从机制创新入手，释放组织活力，提高企业高质量发展能力。

（三）打造职业化员工团队的现实需要

在企业发展低迷、经营困难的压力下，株硬集团员工收入下降，2016年人均年收入6.27万元，低于株洲市平均水平。部分员工对企业未来失去信心，员工队伍滋生消极、颓废的情绪，“等靠要”思想严重，不主动解决问题，不愿承担市场风险，呈现出消极畏难、不思进取状态。同时，部分管理、技术骨干人才流失。株硬集团认识到，越是在企业发展低迷期，越是要解决好人的问题，要引导员工转变思路，意识到发展还是要靠自己，主动寻找增量路径，寻求增量机会，创造增量价值。

二、国有企业以“增量思维”为引领的管理变革主要做法

（一）全方位树立“增量思维”，明确管理变革的总体思路

2017年，株硬集团提出“打好增量主动仗，开启全面再创业”，以“增量思维”为引领，全方位推进企业的管理变革，破解传统国有制造企业发展困境。以组织架构改革为切入点，以增量绩效考核机制为牵引，释放组织活力，从市场、研发和生产管理三个维度出发，充分挖掘增量机会，创造增量价值。同时，构建“人人关注增量，人人创造增量”的组织文化，将“增量思维”根植于组织体系和文化体系，保证增量价值的持续实现。

（二）重构产品线组织模式，建立基于增量的绩效考核机制

强化绩效考核的导向作用，以利润为核心，设计“以产品线为中心，面向产出”的核心团队增量绩效体系，建立产品毛利增量与费用预算、组织关键绩效、个人绩效指标、薪酬相联动的机制，确保绩效考核和薪酬分配科学合理、合规有效，转变员工“等靠要”的思维，鼓励“积极拓宽思路，主动寻找增量路径”，做大做强做优专业产品。

1. 优化产出组织架构，提升产出线运营效率

进行事业部制改革，将营销职责下放各生产运营单位，按专业产品建立六个事业部，赋予事业部人、财、物、事的权利，使其成为自主经营、自负盈亏的市场竞争主体。为进一步提高市场响应速度，进一步深化事业部改革，在事业部内将资源线和产出线分离，设计“以产品线为中心，面向产出”的矩阵式组织架构，将产品线作为独立核算单元，进一步下沉经营重心，逐步探索出适应增量思维的组织模式，提升团队运营效率，激发内部经营活力和市场竞争力。

2. 建立增量绩效核算机制，发挥事业部更大效能

株硬集团引入“费用包”和“薪酬包”概念，年度经营指标制定由管理部门与各事业部博弈“固定指标”转向建立“开放式预算体系”，引导各经营单位主动开拓思路，寻找增量路径，实现增量目标。在各事业部以每年增长率不低于30%滚动制定产品线三年发展规划的基础上，将产品线三年发展规划、年度经营计划、组织KPI、个人IPI及薪酬包进行有效关联。对事业部及产品线只确定毛利总额与费用包、薪酬包之间的核算原则，不设具体指标值。在增量绩效机制核算下，各事业部及产品线如果当年完成毛利总额与上年持平，费用包仅为上年的90%，毛利额增长，则费用包按阶梯式比例关系增长，薪酬包随之按一定比例关系增长，上不封顶。各事业部及产品线为了获得更多的费用包和薪酬包，主动提出具有挑战性的目标值以及所需的资源配置。

3. 实施差异化绩效考核模式，激励员工独特贡献

基于人均效率和增量效益，对核心团队和一线员工设计差异化的绩效考核模式，引导员工转换工作思维、方法，发挥各类员工的主观能动性，激励员工干事创新。核心团队薪酬包的增长主要来自事业部及生产线利润的增长，核心员工收入主要来源于团队绩效中的个人增量活动和独特贡献，促进核心员工及核心团队主动承担公司增量任务，实现跨部门、跨专业的协同发展和创新，提升公司高端人才资源协同效应。一线员工薪酬则主要来自生产，同时也将主动参与降本增效、精益生产等活动的情况与个人绩效进行关联，提升员工收入。

4. 完善经营分析预警体系，保障增量目标更好实现

建立财务与业务结合更为紧密的经营分析预警体系，将经营分析活动主体由管理部门调整为产出线，保障增量目标的有效实现。根据经营现状与目标值之间的偏差，并结合费用使用情况，采取“五级”监控处理策略。改变以往就财务指标论财务指标的问题，转向从财务指标追溯到业务指标，挖掘

数据背后的深层原因，对前期增量路径及时纠偏，规避经营风险，并寻找和补充新的增量路径，及时为新的增量机会快速配置资源，确保增量目标的实现。

（三）建立基于增量的市场体系，拓宽效益增量“喇叭口”

1. 重构营销体系，强化“营”的职能

株硬集团成立营销委员会，制定营销委员会运行机制，提升企业各类营销活动的规划、评审和决策能力。公司市场管理部门则作为其秘书机构，负责有关营销业务工作组织协调、评审评价、监督考核等工作，并强化其在品牌管理、客户管理、市场分析、新产品发布与推广策略等方面的职责。同时，将事业部营销机构的职责按照“营”和“销”进行划分，在事业部下面组建市场部，承担“产品路标规划”“需求管理”“新产品功能策划”等一系列有关“营”的职责，突破现有“客户圈”，着力开拓新市场、新领域、新业务，为企业创造更多的增量机会，获取更多的增量需求。

2. 强化市场与客户分析，把握增量收益支撑点

强化市场与客户分析，深入了解产品需求、客户及市场情况，寻找有效的增量收益支撑点，更好地挖掘外部增量。根据细分市场总需求、产品市场占有率、产品毛利率，确定产品在各细分市场的定位与布局，既集中优质资源发展核心产品，也减少投入或不投入主动放弃部分“红海”市场。同样，根据价值的不同，将客户分成价值客户、战略客户、大客户、利润客户、非利润客户，锁定其中20%需要重点维护、大力培养新需求的价值客户，从而获取更多增量机会和增量收益。从性能、价格、交付等八个方面分析各个细分市场中的客户需求，并与竞争对手进行横向对比，锻长板、补短板参与市场竞争。以此，不断优化产品结构和客户结构，不断发掘“蓝海”领域，为增量提供最直接的支撑。

3. 提升国际化运营能力，拓展海外市场空间

海外市场是株硬集团近五年重点拓展的增量空间。株硬集团积极融入“一带一路”倡议，加快“走出去”布局，不断开拓海外市场，提升国际化运营能力，拓展发展空间。一是充分发挥欧洲、美国等海外机构的平台优势，加速海外市场的布局布点，结合PCT专利，将“网状结构”球齿、中低温轧辊、螺旋孔棒等优势产品大力向国际市场推广。二是加强海外人才的培养和运用，培养一批“派得出、管得住、收得回”的国际化人才，实施海外机构轮岗机制，并加快海外机构的数字化转型，为海外业务的拓展及运营效率提供有力支撑。三是坚持跟世界顶级的行业巨头交流合作，分享信息资源，分享市场，不仅获得更多增量效益，还把行业巨头的各项优质资源、先进技术、进步理念等引入公司，促进株硬集团进一步发展。

（四）提升科技创新能力，驱动产业价值链位置攀升

直面产销研结合不紧密、研发与市场脱节、研发效率低下等问题，重点从研发体系、机制上进行改革，全面提升研发投入，提高研发效率，增强产品竞争力，使科技创新成为株硬集团高质量发展最强引擎。

1. 推进研发体系改革，建立新产品高效孵化器

以市场为导向，推进集成产品开发体系，将技术研发与新产品开发分离。技术研发为新产品开发做支撑，紧紧围绕产品发展开展研究，夯实底层技术和瞄准前沿方向；新产品开发直接面向市场，对产品市场成功和财务成功负责。新的研发体系，通过重设分管控界面，重构项目管理流程，组建项目“铁三角”（市场、研发、生产）团队，以市场评审作为决策评审依据，以技术评审确定研发路径，以投入产出衡量项目排序，以三级计划推动项目开展，实现研发和市场活动协同进行，从流程制度上打通市场到研发再到市场的闭环通道，高效推动技术创新到产品创新到增量价值的实现。

2. 加强研发顶层设计，擘画未来增量空间

立足产业的高质量发展进行科技发展规划布局，建立以硬质合金为核心，粉末、工具、复合材料、解决方案为四维，以人才队伍、研发平台、集成产品开发创新体系为三大支撑的“一核四维三支撑”研发框架，通过硬质合金原料粉末支撑高端硬质合金产品、硬质合金工具延伸产业链、新型复合材料开拓新领域、技术服务再制造提升产品附加值，最终聚焦到增量价值创造，实现以产业链为基准布局创新链，推动以创新链创造增量发展价值链的格局。

3. 建立多层次科技激励机制，鼓励科技人员增量创造

设立科研项目结题奖励、新产品新工艺提成奖励、新设备提成奖励、科技成果奖励、专利申请与授权奖励等多层次、多维度的科研奖项，充分调动科技人员的创造性。为确保新产品发展壮大，持续为增量效益发力，株硬集团将提成年限从三年延长至五年，有力推动科研成果的转化，促进科技人员快出成果、多出成果、出好成果，从而实现科技创新增量效益的大大提升。

（五）加快产业数字化、智能化转型，深挖内部增量潜力

1. 全面提升生产管理的数字化水平

株硬集团2019年启动ERP-SAP项目建设工作，2020年10月上线，通过全面上线实施管理系统，使原来各个孤立的管理系统进行了有效的连接，许多原来需要人工进行统计的数据可以从系统中直接采集，大大提高效率、减少发生错误的概率。株硬集团还建立适合自身生产特点的生产管理MES系统，打通生产设备与SAP系统的连接，实现管理的智能化。通过建立ERP、MES、WMS等系统来实现生产管理数字化。

2. 大规模技改投入提升智能制造水平

开展大规模技改，2020年完成“2000吨高端棒型材技术改造项目”，2021年建设的“中粗碳化钨智能化生产线”已开始投产。这些技改项目在设计时就充分考虑数字化的技术能力设施建设，从模具制造工序开始就采用计算机辅助设计（CAD）等技术来实现产品数字化设计。同时，株硬集团建设压制自动化生产线，完成硬质合金球齿尺寸及表面缺陷检测装置和硬质合金螺旋孔棒的全自动测量及分拣设备的研制。自主开发、组装压制设备机械手系统，低成本满足各单位自动化生产需求；PCB棒无心磨精密加工单元自动化生产线已正常运行；小直径线材挤压机、毛坯工具棒自动化检测机和产品外观自动检测设备成功投入生产，效率更高，大大减轻员工的劳动强度，提升了生产线的智能制造水平。

3. 推进全方位全过程的精益生产

全力推进精益生产，全员参与改进活动，向管理要增量。首先，请外部老师进行培训，学习精益生产的相关知识；其次，建立一支骨干队伍，树立一批榜样岗位，起示范带头作用；最后，强化考核，每月进行检查评比，对生产单位第一名授予“羚羊旗”，最后一名授予“蜗牛旗”。精益生产思维和理念深入人心，员工逐步学会利用5Why、PDCA等工具分析问题背后的问题，提高工作效率，提升劳动生产率，降低生产成本。

（六）建立基于增量的文化体系，让“增量思维”深植员工内心

株硬集团在“五过硬”“家庭、军队、学校、名牌”“精诚创造价值”企业文化建设的基础上，构建“人人关注增量，人人创造增量”的增量文化体系，保障在企业经营活动中，每位员工具备“增量思维”，都是“增量”的创造者。

1. 构建增量文化体系，延伸和发展株硬文化体系

2021年年初，株硬集团正式发布《增量产出文化手册》。增量产出文化以企业的使命愿景、核心价

值观和发展战略做基石，以沟通原则、创新原则、人才原则、管理原则做支柱。增量产出文化建设的重点，是各单位结合生产经营实际找痛点，针对痛点问题和管理要求制定本单位军规、各体系鼓励与反对内容，明确要达到的效果和目标。通过增量产出文化建设，解决不同单位的个性化、差异性问题，确保工作效率最优。

2. 加大增量产出文化宣贯，推动增量产出文化的落地

增量产出文化建设既要内化于心，也要外化于形。株硬集团加大增量产出文化宣贯，通过《钻石人》、公司宣传网页、融媒体等多类载体进行宣传和传播。创新宣传形式，用好“株硬学习与思考”微平台，基层党组织开辟“钻石视角”抖音号、微信群等网络媒体，宣传公司企业文化和本单位增量产出文化内容。各单位在办公区域、班组区域等设立增量产出文化墙。同时，通过开展相关活动，让员工全面了解和掌握公司增量产出文化理念内容，并积极践行。

三、国有企业以“增量思维”为引领的管理变革效果

（一）规模业绩双增长，行业龙头地位进一步巩固

株硬集团近五年的发展质量明显提升，企业适变能力和抗风险能力不断增强，经受住了新冠疫情和原辅材料价格巨幅波动的考验，实现了企业的可持续高质量发展。规模业绩大幅增长，公司本部的硬质合金年产量由2016年的3135吨增长到2021年的6357吨，增长率为102.78%；营业收入由2016年的15.17亿元增长到2021年的30.63亿元，增长率为101.91%；经营利润由2016年亏损9759万元转变为2021年盈利2.238亿元，增长率为329%。株硬集团品牌影响力在国内外持续提高，品牌满意度、忠诚度、美誉度不断提高，2021年公司品牌价值第三方权威机构测评为26.12亿元。2021年，株硬集团位列湖南省100强企业第73位，湖南省制造业100强第31位。

（二）充分调动员工积极性，效率效益双提升

目前，株硬集团“增量思维”理念深入人心，机制活力迸发，各经营单位、广大员工由“被动依赖公司投入”转变为“积极扩宽思路，主动寻找增量路径”，把“发动机”装到了每个员工身上，株硬集团效率效益实现了双提升。企业劳动生产率大幅提升，全员劳动生产率由2016年的66.6万元/人增长到2021年的136.72万元/人，增长率为105.29%。通过精益生产、质量控制，内部故障成本由2016年的5127元/吨，下降到2021年的902元/吨，下降了82.4%。随着株硬集团的高质量发展越来越好，效益大幅提升的同时，员工的收入也同步增长，在岗员工年收入由2016年的6.27万元增长到2021年的11.28万元，增长率为80%，相比株洲市平均水平高出35%。员工获得感和幸福感大幅提升，满意度也逐步增加，2021年年底员工满意度达到85.18%。

（三）创新驱动能力不断增强，行业领军地位进一步巩固

近五年株硬集团创新驱动能力不断增强，产品结构调整成效显著，技术升级步伐加快，实现了从跟跑向并跑和领跑的转变。一是新产品贡献率持续增长，近五年维持在30%以上的高水平，超同行平均水平。二是多项核心技术突破了国外技术壁垒，并通过硬质合金材料性能的提升，有力推动了行业的技术进步，直接提升了工业技术的效率。其中，“高端印制电路板高效可靠性微细加工技术与应用”获国家科技进步奖二等奖，实现国内首批制造微细刀具用的纳米硬质合金棒材批量生产，成功打破国外技术垄断，为我国纳米硬质合金微细刀具的生产提供了有力支持，推动了国家信息工业及电子工业的进步。新型耐高温WC－Co－Ni－Al硬质合金制备技术，使复合轧辊用于“新国标”高强度螺纹钢多切分轧制，实现了对传统钢辊的替代，过钢量提升10倍以上，使国内特种钢材轧制水平有了巨大的提升。

（四）社会效益显著，社会关注度持续提升

株硬集团在实现企业高质量发展的同时，社会效益显著。一是株硬集团连续7年获评湖南省环境诚

信企业，2019 年成功入围国家级绿色工厂。二是株硬集团 2020 年 12 月再次获得“制造业单项冠军示范企业（2021—2023）”称号。三是株硬集团的高质量发展成果引起社会的高度关注。2022 年，湖南省省委书记、省长等领导多次来到株硬集团调研，希望株硬集团在湖南省“三高四新”战略中走在前、做表率。央视新闻、《学习强国》、《湖南日报》、湖南电视台等国内十多家媒体对公司进行密集报道，形成了良好的社会影响力，树立了株硬集团良好品牌形象。2022 年 9 月，株硬集团荣获“湖南省第七届省长质量奖”。

（成果创造人：毛善文、徐　涛、徐尚志、伍文辉、潘宏伟、孔　娟、母通鑫、罗福利、夏艳萍、周雯青、吴　师）

轨道交通装备企业基于“共创共享”理念的业务单元管理变革

中车青岛四方机车车辆股份有限公司

中车青岛四方机车车辆股份有限公司（以下简称四方股份公司）是中国中车股份有限公司的核心企业，中国高速列车产业化基地，国内地铁、轻轨车辆制造厂家和国家轨道交通装备产品重要出口基地，具有轨道交通装备自主开发、规模制造、优质服务的完整体系。作为轨道交通装备制造业的一员，四方股份公司秉承质量优先、创新引领、客户导向的经营理念，努力打造以轨道交通客运装备为核心的卓越企业，逐渐形成由总部、事业部、技术本部、制造本部四大系统构成的扁平化组织架构，为四方股份公司快速发展提供了管理支撑。

一、轨道交通装备企业基于“共创共享”理念的业务单元管理变革背景

（一）外部市场竞争持续加剧

近年来，全球经济持续低迷，国内经济增速趋缓，周期性问题和结构性矛盾并存，特别是2020年突发新冠疫情以来，轨道交通业受到严重冲击，国内外市场纷纷推迟或减少运输装备采购，经营形势压力巨大，经营前景预期变坏。

从国际市场来看，受中美贸易战和贸易保护主义政策影响，美国、欧盟等海外高端市场拓展受阻。同时，轨道交通行业巨头的重组整合效应不断显现，国外竞争对手联手对抗中车的意图更加明显，国际市场开拓难度巨大。从国内市场来看，行业准入和市场竞争日趋激烈，国内城市轨道交通装备市场全面放开，各类资本争相涉足抢滩市场，产能出现过剩，竞争日趋激烈；此外，“十四五”期间，国内动车组新开线路减少，动车组业务需求大幅降低。

（二）内部管理效能未有效发挥

2004年动车组引进消化吸收以来，轨道交通装备业的高速发展，面临的主要矛盾是如何高质量高效率完成生产任务。一是重任务完成、轻产出效率，各业务单位以确保生产计划或工作任务按期完成为核心工作目标，对经营成果重视程度不够，在工作组织和管理过程中不能很好地调配资源利用，造成管理浪费，是生产型管理，不是经营型管理。二是本位主义强，缺协同意识，绩效考评体系主要是考评各项指标的完成，导向业务单元仅重视本单位绩效目标达成，以不超预算底线为管理目标，不能引导主动降成本增收益，制造分厂仅对部分费用负责，项目组成本管控意识弱，事业部单位仅关注材料成本管控，各业务单元各自为战，未能有效发挥协同效益，成本管控力度和深度不足。三是管理惰性强，运营活力弱，各专业职能管理部门只关注本专业的绩效目标能否达成，不在意四方股份公司整体管理效率和管理成本多少，固守既有的管理方式，缺乏管理改进能动性，外部环境压力难以传导至内部部门。

为有效应对所处的困境和存在的问题，四方股份公司积极探索内部经营机制变革，以企业经营效益和效率为目标，实施了业务单元管理变革并取得了预期成效。

二、轨道交通装备企业基于“共创共享”理念的业务单元管理变革主要做法

（一）总体思路

四方股份公司在保持“直线职能制+矩阵式管理体制”不变以及未对内部组织机构进行较大范围调整的前提下，通过明确企业内部组织单元的经营职能定位，建立四级运营主体框架，优化权责划分体系，调整资源要素配置，同步建立以经营产出为导向的组织绩效考评和薪酬分配体系，层层传递经营压

力，激发内生活力，形成总部管总（原则、框架、底线），专业职能部门管建（平台、能力），业务单位管战（产出、降低成本、资源利用）的内部运营总体框架。

（二）调整内部组织单元的经营职能定位，确定四级运营主体框架

1. 事业部系统

事业部系统是四方股份公司的业务前台。将事业部由原来的普通业务管理部门提升为业务主导角色，强化事业部经营主体责任，调整经营任务考核体系，改变事业部仅关注材料成本管控、只对边际贡献负责的现状，赋予事业部对业务板块整体毛利率负责（含产品设计、产品制造、产品交付与服务）的职责，直接承接四方股份公司目标指标。

2. 制造系统

制造系统是所有业务板块产品制造的赋能平台。为改变制造系统各分厂以确保生产计划或工作任务按期完成为核心工作目标、对经营成果重视程度不够等问题，将分厂定位由成本中心调整为模拟利润中心，作为制造工费的管理主体，承担制造经营利润和生产计划兑现率指标，推动分厂由生产型向经营型组织单元转变。

3. 技术系统

技术系统是四方股份公司产品的技术赋能平台。针对产品研发设计、制造工艺等对业务产出高度协同的技术部门，推动其由任务导向转变为“经营管理 + 任务导向”，同步调整绩效考评模式，导向从技术源头控制和降低产品成本，同时在重点科学研究、关键技术开发、产品试验验证等领域设立专项奖，鼓励主动创新、降本增效。

4. 总部系统

总部系统是四方股份公司的决策参谋、资源配置和风险防控管理平台。改变总部各职能部门只关注本专业的绩效目标能否达成，不在意整体管理效率和管理成本多少，缺乏管理改进能动性的现状，以支撑和做实业务单元变革为牵引，调整总部系统各职能部门定位，由管理转为“支撑 + 管理”功能，总部各职能部门按照业务归口，履行统筹经营和专业经营管理组织、指导、监督和管控职能。

匹配内部组织单元的经营职能定位的变化，四方股份公司基于不同层级利润中心或模拟利润中心的构建及其之间的关系，搭建四级运营管理体系。公司级运营聚焦四方股份公司主要指标和各项效率效益指标提升，通过建立发展规划、经营计划、全面预算和绩效考评联动机制，确保规划目标和年度目标实现。事业部级运营聚焦板块综合毛利和产品结构优化，通过业务主导运作模式、项目间平衡机制、售后服务体系，确保业务规划目标和板块年度目标实现。项目级运营聚焦项目毛利率和产品交付，通过完善项目管理模式，确保产品安全交付，完成项目目标。分厂级运营（子公司运营）聚焦制造毛利率（费用预算），通过降低制造费用，推进降本增效、减少浪费、提高效率、提升效益。

（三）构建界面清晰的权责配置体系，做实四级运营责任主体

1. 公司级运营

聚焦“两利四率”及创建世界一流示范企业主要指标，建立发展规划、经营计划、全面预算和绩效考评联动机制。

一是制订四方股份公司年度经营计划，根据经营计划分解设置各层级经营主体单位的组织绩效指标并设定“必保”和“奋斗”两级目标。

二是通过运营大数据统计分析为各层级运营主体提供数据支撑和管理指导。

三是依据经营计划组织全面预算，为各层级运营主体提供财务支撑和成本管理服务。

2. 事业部级运营

一是赋予事业部市场开发、项目管理、项目采购定价职能和主导产品研发、主导产品制造、主导资

源配置等职权，以业务板块规划发展，以整体效益和业务需求为牵引，实施资产投资、生产资源和人力资源配置与使用，事业部有权根据效益最大化原则选择使用母公司、子公司或其他资源实施产品制造。

二是按照产品制造全过程业务开展需要，建立业务流程和管理制度。

三是以 IPD 方式，以市场需求和市场预期主导产品研发。

3. 项目级运营

一是项目组设立在业务板块事业部，在事业部级运营基础上，进一步划小核算单元，将单个产品项目作为下一级运营单元，全面负责项目质量、成本、交货期，目标是实现项目利润率和完成项目交付，直接承接所在板块事业部经营利润的分解指标。

二是扩大项目组对项目成本费用管控的范围和深度，赋予项目组责权，在单个具体事项中引入“主责 + 关联”的考核方式，搭建费用归口明确、关系清晰、权责明确，项目组、各专业部门各司其职、相互协同的项目毛利管控机制。

三是项目组有权对资源使用和对各职能专业工作提出要求并提出奖励或考核建议，确保产品安全交付，满足客户需求，提升项目盈利能力。

四是为实现专业管理与项目管理相互协调、目标一致，四方股份公司建立以项目管理为龙头拉动，以财务管理为中心，以各专业职能管理为支撑，项目管理与职能管理相交错的平衡矩阵式项目管理模式。

4. 分厂级运营

一是调整费用管控范围。将制造工费中分厂能对其施加管理影响的费用项目纳入分厂管理范围。

二是调整管理职能权限。为支撑分厂对负责的制造工费进行有效管理，对部分管理职能予以调整并明确分厂在不同业务管理中的管理权限。

三是调整配套保障机制。由分厂牵头在四方股份公司层面组成制造工费价格工作组，实施定价核价工作；针对调整幅度较大的委外业务，编制四方股份公司级工序委外工作细则指导分厂组织工序委外工作。

5. 建立适应四级运营体系的专业管理机制

一是支撑方面，专业职能部门在风险可控前提下满足基层单位经营管理改善的目的，根据各层级运营主体的需求优化业务流程，修订管理制度，用制度流程给予支撑，如针对分厂级运营的需求，优化调整了业务流程 16 支；对于基层单位日常工作或运行机制转型过程出现的问题和困难，利用自身资源和专业优势，指导、协调、帮助基层单位予以解决，用部门资源提供支撑，如指导和帮助分厂开展内部运营财务分析。

二是管理方面，专业职能部门重点是定目标、定原则、定框架、定基准、管底线。具体内涵是：确定专业管理目标，引导基层单位追求更高的管理成效；定原则、定框架、定基准，约束基层单位管理行为，预防和控制经营管理过程专业风险；管底线，在参与业务服务过程中施加管理影响或在提供管理支撑时亮黄灯、亮红灯，确保业务开展合法合规、合理高效。

（四）完善以“3321”为框架的组织绩效考评体系

1. 聚焦经营业绩，划分“3”类考评单位

一是直接产出单位。与四方股份公司经营业绩关联度高、主要效益当期兑现、目标完成风险与外部环境变化强相关，包括事业部、子公司、制造分厂及内部模拟利润中心。直接产出单位当期效益直接影响最终绩效得分，得分上下限高，波动大。

二是关联产出单位。与直接产出单位高度协同，对直接产出单位当期效益具有重要影响，目标完成

风险与外部环境关联度弱相关的单位，包括设计、工艺、采购等单位。关联产出单位对当期效益的贡献程度影响绩效得分，以正向激励为主，鼓励主动创新、降本增效。

三是非产出单位。对直接产出单位当期效益影响较小，通过形成能力、提升效率对四方股份公司当期和长期产出形成保障与支撑，目标完成风险与外部环境几乎不相关，注重战略落地、价值观塑造、能力建设的单位，如职能管理部门等。非产出单位以履行职能管理、完成重点工作为主，绩效得分与四方股份公司经营业绩挂钩，以扣分为主，波动相对较小。

通过打破传统的职能分类考评的方式，赋予各单位明确的经营定位、管理目标，突出产出单位高风险、高收益的特征，鼓励产出单位“多劳多得”，也为差异化确定各单位年度绩效指标提供基本遵循和指引。

2. 突出考核要点，设置“3+2”型绩效指标

一是产出类指标。量化各单位对企业当期运营结果的支持程度，直接反映各单位年度绩效结果。该类指标设置基本分，设置“2”级目标，T1 目标值为基本目标，强调必保性和可实现性；T2 目标为奋斗目标，强调挑战性和规划目标的契合性，采用双向激励原则，根据完成结果有加有扣，是各单位绩效得分的关键组成部分。对于直接产出单位使用四方股份公司级产出指标的分解项；关联产出单位使用成本等影响直接产出单位的指标分解项；非产出单位除重要费用节约外，原则上不设置单独产出指标，与四方股份公司级产出指标关联。

二是能力提升类指标。包括各种运行效率和能力提升相关指标，如两金周转率、制造周期优化、设计重用率提升、设备停机率等。此类指标不设基本分，原则上以扣分为主。对于工作任务型指标，借鉴“OKR 工作法”，由承担单位分解确定分享关键绩效结果，纳入组织绩效体系统一管控，确保各项任务顺利完成、达到预期。

三是基础责任类指标。属红线、约束类指标，包括安全、环保、运营质量、风险、合规、部门费用管控等指标，此类指标数量较多，不占权重，不设基本分，采用“熔炉法则”，任何单位一旦触及指标底线，均实施绩效考核。

3. 鼓励自我改善，构建“1”个性化任务书

一是个性化绩效指标表。针对四方股份公司内部 48 个行政单位，根据其实际业务范围和管理职能设置绩效指标，逐个定制“1”套个性化任务书，契合该单位的特点，抓住该单位最重要的几项产出和能力提升指标。

二是差异化评价计分规则。针对不同指标管控实际，研究不同指标计分规则，例如：基于持续改善原则，对于各子公司经营指标，对比其年度指标值与上年度、前三年平均，根据结果的“两高于、一高于、两低于”差异化确定经营指标的得分区间；基于风险对冲考量，对管控幅度大、扣分风险高的单位，采用基本分加分的方式，降低关联考核影响，输出合理绩效得分，无论既有条件和管理基础是优还是劣，均可实现自我进步。

三是多种绩效结果应用。取消输出单一的考评结果，赋予每类指标得分不同含义：“产出”得分代表了本单位经营结果，反映操作等一线员工的工作成绩；“产出+能力”得分，代表了本单位管理结果，反映技术人员、管理人员工作成绩；绩效总得分，代表了本单位年度绩效结果，反映领导班子工作成绩。通过多种绩效得分，有效将不同指标责任有效加持各单位全体员工，驱使主体单位转变管理方向，由保证不越低线转为追求更高收益目标。

（五）变革分配机制，薪酬绩效联动激发主动性

1. 推行“基础+绩效工资包”薪酬分配机制

四方股份公司全员薪酬工资分配与单位绩效考评结果统筹衔接，薪酬分配坚持战略导向、业绩导向

和价值导向，建立健全与劳动力市场基本适应、与四方股份公司经济效益和劳动生产率挂钩的工资联动机制，保证薪酬与业绩的同向联动，充分发挥薪酬激励机制对激发人才价值创造活力与创新能力的关键作用。

具体做法是在工资总额预算范围内，建立单位薪酬工资包，由基础工资包和绩效工资包两个包组成。基础工资包按照组织绩效指标 T1 基准分核定，遵循“增人不增资，减人不减资”的原则，即各单位人员增加时，只核增该人员的固定工资；各单位人员减少时，只核减该人员的固定工资以及所在层级绩效工资的20%，以此引导各单位算好自身经济账，鼓励提升劳动效率，实现优员增效。业绩工资包是对超出 T1 基准分以上以 T2 分核定工资包封顶数额，按实际考评结果核发，兑现额度与各单位组织绩效得分实现线性计算，体现多劳多得、贡献多薪酬多的正向激励，鼓励各单位高目标引领，变要工资到挣工资。工资包方式的薪酬工资分配机制用切实的利益驱动各单位自主开展经营管理，力争实现高产出，自行提升业务能力和瘦身健体，进而实现经营管理的转型。

2. 构建“双因四驱”全员激励模型

四方股份公司通过构建“双因四驱”全员激励模型，实现从“端平一碗水”到“激活一池水”的转变。一是传递价值分配理念。四方股份公司按照工资包模式，年初即公布工资决定机制，发布各单位基础工资包和业绩工资包额度，各单位可以根据绩效指标、工作目标完成情况，实施工资发放，决定发放进度。通过赋能并授权各单位有充分的能力和自主权实施二次分配，层层传递以价值创造引导价值分配的理念。二是准确定位岗位价值。全面开展岗位价值评估，对四方股份公司全部岗位进行“称重”，实现不同岗位的精准价值定位。三是激活价值创造要素。依据组织绩效、个人绩效及岗位价值评估结果，运用管理学“保健＋激励”双因素理论，搭建了“组织绩效＋个人绩效＋岗位价值＋个人能力”四轮驱动激励模型，在薪酬结构中准确定位激励部分，在激励过程中精准识别激励要素，推动薪酬分配更加科学、合理，实现同层级、同岗位、不同能力、不同业绩人员的薪酬差异化。

3. 搭建橄榄型绩效评价模型

各单位高业绩目标的实现需要团队中每个人以高绩效目标的达成为基础和前提。为充分激发团队成员的价值贡献，四方股份公司搭建了更加科学合理的全员绩效评价模式，实现从注重均衡性到识别价值体的转变。一是通过对标世界一流企业实践及分析人力资源活力曲线呈正态分布的特征，优化了绩效结果的强制分布比例，将原来的“A，25%；B，35%；C，40%”调整成“A，10%；B，80%；C，10%”，精准识别价值创造群体，从组织视角关注绩效表现优异和待改进的两端群体。二是强化对绩效评价结果的应用，对绩效表现优异的员工（前10%）升职加薪，对绩效表现较差的员工（后10%）降职降薪。如员工年度绩效考评结果连续两年为C或五年内累计三次为C，将撤离原岗位进入部门内部研习岗一年从事学习及辅助性等工作，研习岗结束评估合格后返回原岗位或新岗位，评估不合格将进入四方股份公司内部劳动力市场，研习期间工资水平相应下调，切实实现人员能上能下、工资能增能减。

（六）打造齐心奋斗协作共享机制

1. 指标协同，同心协力兑现目标

促使心往一处想，劲往一处使，同心协力促进各层级经营高产出。对于全链条业务部门与直接产出单位经营成效密切关联的部门，按支持程度设置与直接产出单位联动的产出指标和能力指标。例如在事业部设置板块毛利率顶层目标，围绕板块顶层指标进行分解；在研发、工艺、采购等部门设置材料成本降低、降低采购成本等关联性目标。关联指标的设置，为进一步强化部门协同、提升部门合力起到了积极促进作用。同时，有针对性地设置关联产出单位业务支持指标和服务质量指标，引导各部门以促进直接产出单位经营绩效提升为指引，改进自身工作思路，积极主动响应直接产出单位的业务需求，提高工作效率，提高对直接产出单位经营管理的支持力度。

2. 数字赋能，管理升级提速增效

搭建数字化信息技术平台，既是四方股份公司基础管理的再造和升级，也为跨部门高效协同提供了有力支撑。四方股份公司围绕数字化财务、数字化项目管理、数字化研发、数字化制造、数字化服务等工作，初步实现产品研发设计、工艺设计、质量策划的全过程管控和一体化应用，实现产品研发过程数据的电子化、规范化、标准化和流程化管理；实现生产、质量、采购、运输环节协同，通过生产过程中人、机、料、法、环、测等要素的实时采集，实现计划执行跟踪、过程自动卡控、制造资源动态管理；以 ERP 为基础，关联 TC、QMS、EC、BPM、财务共享等信息化系统，实现项目、采购、质量、财务、运营等工作场景数字化连接，支撑跨部门协同。

3. 文化铸魂，营造干事创业氛围

四方股份公司坚守的企业精神是追求卓越、诚信四方。一直倡导发扬尽职尽责的敬业精神、精益求精的工匠精神、永不自满的创新精神、创造一流的争先精神。这种精神已融入四方人的血液中，汇聚成为拼搏奉献、勇创一流的动力源泉。四方股份公司推进内部经营机制变革，用高质量经营管理目标诠释追求卓越的价值内涵，用国企改革“双百行动”和争创世界一流企业表达诚信四方的使命愿景。

三、轨道交通装备企业基于“共创共享”理念的业务单元管理变革效果

（一）建立了内部市场化经营机制

四方股份公司通过构建四级运营体系，实施以“3321”为框架的组织绩效考评体系变革和以工资包模式的薪酬工资分配改革，以市场化经营为基本原则，探索形成一套适用企业内部责权利匹配、激发全员活力的实践方法和管理机制，实现了制造单元由生产管理向经营管理的逐步转变，职能部门由集权管理向支撑 + 管理转变，有效激发了各部门主动经营管理的意识，提升了企业运营效率。各级领导干部、员工的活力得到明显增强，能主动围绕经营目标积极开展拓市场广开源、优化业务流程、识别不增值作业、减少资源浪费、提高劳动效率等精益改善活动，工作自主性和积极性大幅提高。2021 年，四方股份公司完成全员改善提案 15819 条，人均提案达 1.5 条，实现改善经济效益 7660 万元。通过设置成本费用节约指标并与部门工资包相关联，原先对经营关注度低的技术部门成本意识明显增强，通过配置优化、零部件国产化、产品模块化设计等措施持续降低设计成本，2020—2021 年年均降本 2 亿元。

（二）保障了经营目标实现

2020 年，在新冠疫情突发、外部环境不利影响，四方股份公司收入规模大幅下降的情况下，通过推进经营管理机制变革，四方股份公司各单位经营意识和降本动力显著增强，有效降低了诸多不利因素，实现设计、工艺、制造、采购全价值链协同降成本，降低差旅费、修理费、办公费等 9 项费用。2020—2021 年年均降本增效 6.8 亿元，2021 年全口径人员劳动生产率同比提升 13%，在收入规模降低 5% 的情况下，归属母公司净利润不降反增，销售净利率提高 0.41 个百分点。2020 年国资委“双百企业”三项制度改革专项评估，四方股份公司获评 A 级企业。2021 年四方股份公司管理机制变革经验作为“双百行动”典型案例入选国资委改革三年行动简报《深度转换经营机制切实增强发展活力有效激发全员价值创造力》。

（三）促进了企业高质量发展

通过实施业务单元管理变革，聚焦投入产出优化核心问题，推动直接产出单位由成本中心向模拟利润中心转型，不断提升企业盈利能力，符合提质增效工作要求，有力促进了企业高质量发展，员工获得感、幸福感持续提升。持续组织先进模范员工健康疗休养，2019 年全年疗养人员 863 人次；不断提供优质服务保障，2021 年新建员工“新小家”43 个、国内外售后服务站“新小家”76 个，有效改善了广大员工的工作生活环境；持续开展帮扶慰问、金秋助学、心理咨询等员工关爱活动，2021 年各种慰问、帮扶费用累计近 2000 万元；年均员工离职率保持在 1.1% 左右，远低于制造行业平均水平。

（成果创造人：田学华、马利军、刘　彩、勾希萌、刘显峰、荣　豪、韩述生、王雷明、刘　锐、张　玮、李小辰、吴利刚）

助力乡村振兴的"村电共治"体系建设

国网湖南省电力有限公司株洲供电分公司

国网湖南省电力有限公司株洲供电分公司（以下简称株洲供电公司）是国网湖南省电力有限公司下属的供电分公司，担负着株洲市5区4县（市）的供电保障任务，供电区域面积11262平方千米，服务客户数193.25万户，其中10千伏及以上专变客户7695户。下设渌口区、醴陵市、攸县、茶陵县、炎陵县5个县级供电企业，以及天元区供电支公司、城东供电支公司2个城区供电机构。目前共有员工3731人，资产总额83.9亿元。近年来先后获"全国五一劳动奖状"以及"全国文明单位""国家电网公司先进集体"等称号。

一、助力乡村振兴的"村电共治"体系建设背景

（一）落实国家乡村振兴战略、巩固拓展脱贫攻坚成果的需要

乡村振兴、电力先行。当前，老百姓的用电需求、农业生产生活的需要特别是乡村产业的发展等对电力的依存度越来越高。乡村产业的兴旺发展，既带来了电力发展新机遇，也对不断提升农网供电能力和供电质量提出新要求；生态宜居的振兴目标，要求农村电网要更加注重与乡村建设融合，实施电能替代和多能互补，推动清洁能源开发；农村电商经济、乡村旅游的兴起和新能源汽车的普遍使用，要求农村供电服务更加多元化、便利化。中共中央、国务院《关于实现巩固拓展脱贫攻坚成果同乡村振兴有效衔接的意见》明确提出，要继续加大对脱贫地区基础设施建设的支持力度，重点建设一批高速公路、客货共线铁路、水利、电力、机场、通信网络等区域性和跨区域的重大基础设施工程。"村电共治"体系建设，对于满足"三农"用电需求、优化电网建设、助力乡村振兴、建设美丽乡村有着重要意义。

（二）补齐农村电力服务短板、提升"三农"用电体验的需要

株洲辖内9个县市区中醴陵市、攸县、茶陵县、炎陵县等四个县市拥有近80万户基数庞大的农村电力用户群体，面积占据株洲市域的80%以上，电力用户占株洲全市的78%，与城区相比，农村供电服务普遍存在投入不足、覆盖面窄、资源配置不均衡等问题，难以满足"三农"特别是乡村产业发展的用电需求。同时，农村供电所管辖多个乡镇，服务地域广、范围大，且人力、精力有限，仅依靠供电所现有的客户经理深入每家每户开展各类服务和协同的工作模式难以长期维系，服务资源匹配度不足、服务效能层层衰减，导致客户满意度下降，用电类投诉时有发生。实施"村电共治"工程，能够更好地满足百姓生产生活和农业产业发展的用电需求，实现乡村振兴和供电服务双赢双提升。推进"村电共治"体系建设，是提升基层治理能力、完善村级服务功能、推动农村产业高质量发展的必然选择和实际需要。

（三）处理农村电网薄弱环节、提升供电系统治理效能的需要

农村电网是农村经济社会发展的重要基础设施，而农村电网较城区电网相对薄弱，电网调度自动化和管理现代化水平偏低，存在季节性供电"卡脖子"、重过载、供电质量偏低等问题，部分线路距离房屋安全距离不够、线路穿越树木等电力安全隐患在一定程度上依然存在。与此同时，株洲供电公司在开展农村电网建设、电力设施设备运行维护、电力设施隐患排查治理等工作中仍在基层面临环境不优、推进受阻等困难，还存在电网规划设计不精准，规划与农村区域发展不协调，电力设施保护和安全隐患管控力不从心等问题。株洲供电公司急需破解电网发展建设在基层一线推进存在的难题，让电力工作落到

镇街、村社等最基层治理单元具备相应的平台载体。“村电共治”体系建设是解决电网企业电网建设、电力规划、设备运维等方面问题的必然选择，更是提高国有企业治理体系和治理能力现代化水平的需要。

二、助力乡村振兴的“村电共治”体系建设主要做法

（一）强化顶层设计，明确“村电共治”的推进思路

1. 明确“共治”工作思路

坚持以“政府主导、村组主责、供电支撑”为核心，在株洲市推动实施“村电共治”工程，推动电力工作纳入村务常态化管理，推动村务便民服务工作嵌入村务常态化管理，以电力“治理类”和村务“需求类”两类业务为源头驱动“村电共治”体系运转，着力构建“市、县、乡、村”四级联动组织体系，健全管理体系，凝聚政企合力，优化业务体系，提升服务效能，强化保障体系，确保推进效果，推进“办电便民、供电可靠、保电护网、管电除患、科学用电”五大专项服务行动，加快打造“对接融合、管理融合、业务融合、内部融合”的村电服务新模式。

2. 锚定“四心”建设目标

贯彻以人民为中心的发展理念，充分考虑农村用户的用电感受和诉求，明确了以“四心”为引领的建设目标。供电更用心。将电网建设纳入村级规划，科学规划建设农村配电网络，稳步推进农村电网改造升级，逐步消除城乡电力设施差异，补齐农村电网短板。办电更省心。以客户需求为导向，将办电业务嵌入村级组织和服务体系，致力于从“办电更近”与“响应更快”两方面提升民生品质。用电更安心。协同村级组织开展农村电力安全隐患治理，营造更放心安全的用电环境，守牢安全底线。服务更贴心。以客户为中心建立高效组织体系和服务网络，推动服务方式和服务流程由“被动服务”向“主动服务”转变，提升群众、企业“获得电力”满意度。

3. 坚持“四个”工作原则

紧扣农村电网实际，聚焦农村用电需求，明确了“村电共治”工程建设的“四个”基本原则。坚持以人民为中心。聚焦民生福祉，站在电力用户的角度思考“客户需要什么”的问题，致力于为用户提供更加便捷高效的电力服务。坚持问题导向。针对百姓办电、企业用电、农村电网建设中存在的堵点难点问题，采取有效措施，更好地满足乡村产业发展和居民生产生活用电需求。坚持因地制宜。统筹考虑不同地区的差异化需求，找准政企合作的契合点，持续优化供电服务体系，推进供电服务模式创新。坚持目标导向。立足实用实效，及时跟踪用户需求变化等情况进行调整和优化，推动企业效率效益与服务水平的双提升。

（二）建立组织体系，明晰“村电共治”的推进模式

1. 地方政府抓领导统筹

在株洲市成立了以市政府副秘书长为组长的“村电共治”工作专班，工作专班办公室设在株洲市乡村振兴局，株洲供电公司及相关市直部门作为专班成员。推动将“村电共治 · 便民服务”工程纳入了2022年株洲市委一号文，株洲市委市政府“两办”联合印发《关于开展“村电共治 · 便民服务”工程助力乡村振兴的实施意见》，推进供电服务下沉村级组织服务，将“村电共治 · 便民服务”工程作为一项服务民生的政治任务，形成强大的政治执行力。

2. 各县市区抓组织实施

各县市区与县供电公司相应成立“村电共治”二级工作专班，工作专班办公室设在县市区乡村振兴局（农业农村局），县供电公司及相关部门作为专班成员。专班定期召开工作推进会议，及时就重点项目推进、重难点问题解决开展专项调度。每月对上月“村电共治”工作进行总结，对下月工作进行

安排部署，并结合实际制订工作计划；每月组织对乡（镇、街道）、村（社区）工作开展情况开展督察，结合督察发现问题提出改进建议，对督察结果进行评价。

3. 乡镇政府抓具体落地

各乡（镇、街道）与供电所成立“村电共治”三级工作专班，工作专班办公室设在乡（镇、街道）政府，供电所及相关部门作为专班成员。专班每周收集村（社区）专班需要协调解决的问题，组织研究解决和推进落实；每月组织召开一次专班会议，协调解决村（社区）工作推进过程的重难点问题，专项调度上级督查发现问题的闭环情况。

4. 村级组织抓执行推进

各村（社区）成立“村电共治”四级工作专班，村（社区）委将电力工作纳入村委周例会和周计划，将供电所台区经理纳入村级组织网格管理，并指定一名村（社区）干部担任电力联络员，完善工作场所、机构和人员配置。电力联络员常态对接供电所台区经理，参与编制农村电网规划，协助办理村民办电申请，配合收集村民反映的电力隐患信息并协助开展隐患治理，及时将电力资讯传递给村民。

（三）健全管理体系，形成“村电共治”的工作合力

1. 建立政企“三项制度”

工作会商制度。“村电共治”工作专班执行定期不定期会商制度，其中定期会商按照“年考评、季点评、月推进”的方式开展工作，不定期会商根据工作需要适时组织专项协调调度。明确会商主题，重点督导、点评、调度重点任务进度，及时协调处理任务推进过程中的具体事项，安排重点工作。

工作交办制度。“村电共治”工作专班严格执行“一单四制”的工作形式，即任务清单，交办制、台账制、销号制、通报制。市级村电工作专班根据工作需要制定任务清单，县（市、区）、乡（镇、街道）村电工作专班提交问题清单至市村电专班。市级村电专班对任务（问题）清单实行管理，做到任务不完成、问题不解决，不销号，并对逾期未完成交办任务的单位予以通报。

督查督办制度。株洲供电公司推动市委政法委将“村电共治”工作成效纳入“平安建设”体系考核，推动株洲市乡村振兴局将“村电共治”工作成效纳入株洲市乡村振兴实绩考核，制定涵盖机制建设、便民服务点管理、农村电网巩固提升、农村用电安全管理等4项关键内容11项具体考核指标的体系。市“村电共治、便民服务”工程专班对各地各部门工作落实情况实行定期专项监督与现场检查，建立闭环管理机制。

2. 推动村电“四个融合”

推动村电对接融合。建立健全政企四级专班联动工作模式，市供电公司主动对接市乡村振兴局，各县供电公司对接县市区政府，各供电所对接乡（镇、街道），各供电所台区经理对接村（社区），将电力工作纳入属地政府及部门的日常管理工作范畴，建立常态联动机制。明确各级工作专班和公司内部的联络员，互通信息，协商具体事项，做到每周常态对接、每月定期会商，研究解决工作中的困难和问题，确保各项工作不折不扣落地见效。

推动村电管理融合。充分发挥四级专班组织协调、督查督办等职能，把建立健全村电管理体系、运转机制作为核心衡量标准，把电力设施维护及抢修联动、电网建设规划及环境维护、客户走访及便民服务、科学用电推广宣传等作为督查主要内容，推进重点项目、重点工作落地闭环，并将“村电共治·便民服务”工程工作成效纳入政企双方的考核评价体系，严格实施考核奖惩，推动工作实效提升。

推动村电业务融合。积极推进村级政务服务中心与属地供电所工作联动，规范电力“治理类”业务纳入村务常态化管理的工作流程，规范村务“需求类”事项纳入供电公司内部闭环管理的工作流程；同时，通过“村电共治”微信公众号线上服务平台实现两类业务在线上平台全过程、全流程可视化管

控，村级政务服务中心与属地供电所及时分流处置、限时办结，将各类事项矛盾解决在村（社区）。

推动村电内部融合。通过“村电共治”重塑管理体系、重构组织流程，分析“村电共治·便民服务”工程落地给乡村治理、企业治理带来的变化，不断完善政企协同机制，使工作开展与当前变化要求更加适应。市级“村电共治”工作专班根据各级专班工作职责列出任务清单，每月向各县（市、区）工作专班下达重点工作任务，确保各项工作在统一指挥、统筹协调下有序推进。

3. 强化公司“三个管理”

工作清单化。株洲供电公司成立以党政负责人为双组长的“村电共治”领导小组，建立各专业部门、县供电公司主要负责人总负责、分管领导主抓落实的推进机制，制订专项工作方案。将电网规划、电网建设、电网运维、营销服务等核心业务单元和信息通信、人力资源、财务投资、物资供应等支撑业务单元全链条分解，形成工作清单，确保责任、措施、人员“三到位”。

进度项目化。强化过程控制，将供电公司支撑业务单元全链条分解出来的工作清单进一步细化，做到每项工作有工作计划、有推进举措、有进展分析、有阶段总结、有专人负责，并将“村电共治”工作纳入供电公司各级周例会重点管控，制定工作任务清单并纳入公司工作安排管控系统闭环销号，强化各级工作调度，自上而下推动工作稳落实。

过程绩效化。建立符合实际的绩效管理体系，制定《“村电共治”工程工作评价细则》，每月组织县供电公司对照开展自评，每季度由市供电公司专业管理部门进行验收，每年度开展“村电共治”先进集体等评优活动，强化结果运用，评价结果应用于季度组织绩效和年度专项绩效激励。

（四）优化业务体系，提升“村电共治”的服务效能

1. 供电服务纳入村务管理，延伸农村电力服务触角

百姓办电不出村。率先在全省打破“N个镇+1个供电所”服务模式，株洲供电公司在株洲1388个村级政务中心设立电力便民服务点，将供电服务下沉到村级一线服务窗口，将电力服务纳入村级组织日常服务内容统一管理，大幅缩短供电服务覆盖半径。在具体操作上，由村（社区）提供办公场所，供电公司负责电力联络员业务培训和服务点配置投入，统一建设标准和服务功能，公示电力服务事项清单。在服务事项上，建立“供电所台区经理+村（社区）电力联络员+客户”的沟通联络机制，共同组建村（社区）幸福株洲工作微信群，百姓的用电需求村电双方第一时间获取，很快就得到解决；电力便民服务点“一站式”承办电费缴纳、业扩报装、故障报修等服务，及时将电力惠民惠企政策传递给乡村企业和群众。

线上服务指尖享。开发“村电共治”微信公众号线上服务平台，贯通与株洲政务服务“诸事达”平台的全程网办服务链条，实现供电服务与政企服务“一平台、一入口、一次办”。电力联络员在各村（社区）的幸福株洲网格微信群全方位推广“村电共治”微信公众号线上服务渠道，企业和居民用户均可通过手机终端享受线上交费、办电、报修、留言等实时交互服务，实现业务线上办、电费线上缴，有效解决跨区域、远距离、多头跑问题，提高办电效率。

产业用电主动办。建立乡村产业绿色通道，村（社区）电力联络员每月摸排和收集一次乡村产业用电需求清单。供电所根据清单了解农村产业中长期发展规划，快速响应产业用电需求，提前申报业扩配套项目，适度超前部署电网建设，为重点乡村产业项目开辟办电绿色通道；简化现场勘查等办电环节，最大限度地缩短接电时间，提高业扩报装效率，与乡村产业发展实现有机衔接。

2. 电网规划融入村级规划，村电发展实现同频共振

数字平台精准预测。加强与政府部门合作，建成株洲市智慧能源大数据中心，对各乡镇用电热力图、社会用电量数据、产业用电量增长等情况进行综合分析，制定适合农村的“电力大数据+”数字

化产品，精准研判未来电力特别是产业发展用电需求，为超前开展电网规划提供数据支撑。

广泛收集需求问题。构建分级联动机制，建立双向沟通渠道，加快推进农村电网建设，通过精益化巡检、大数据检测、用户诉求等途径，收集低电压及频繁停电、新建项目用电、企业技改扩能用电、新型农业用电、农业产业化用电等问题和需求，全面掌握农村电网的隐患点、重过载、低电压、低负荷等情况，建立用电问题和需求数据库。

协同制定规划策略。针对各类用电问题和需求，供电所协同村（社区）现场核实、制订解决方案或整改策略。村（社区）组织开展村庄规划编制或修编时，由村（社区）电力联络员组织制定配电变压器、电杆等安装位置，组织村组及村民签订选址同意书，在村级规划中预留配电变压器及电力走廊位置，为优化配电网网架结构提供便利；供电所按照城郊村、中心村、基层村、自然村差异化开展电网诊断分析和确定电网建设规划，定期向村（社区）反馈工作进展，征求意见建议，着力解决农村电网供电能力不足、电能质量不高等突出问题，满足负荷增长需求，提升供电可靠性。

3. 电力安全嵌入平安乡村，村级管理效能明显提升

政企民“随手拍”，联合开展隐患排查。通过政企信息互通，在村干部、村民范围内推广“村电共治”平台，针对外力破坏、线路断落、表箱脱落、表箱内部带电部位裸露等问题，村组、村民通过“随手拍”，上传至“村电共治”平台，供电公司根据隐患情况进行研判，积极开展隐患排查和危害治理，推进电网隐患“事后管控”向“事前管控”转变。村（社区）动态收集村民反映的电力设施安全距离不足、倾斜、塌方、占道等电力隐患信息，台区经理每周向村（社区）电力联络员收集电力隐患信息，建立台账并制定整改策略，及时开展治理并反馈整改方案、整改进度等情况至村（社区）。

挖潜外部监控资源，及时发现安全隐患。鉴于移动、电信等大型通信运营商在农村地区视频监控覆盖面广的特点，国网株洲供电公司加强与通信运营商合作，共享外部监控资源，运用智能视频监控系统，自动识别各种外力破坏隐患情形，通过自动实时预警，提高隐患发现效率和准确性，及时发现并处理隐患故障，将问题消灭于客户反馈前。

定期收集鱼塘隐患，切实减少人身伤害。治理线下钓鱼隐患。村（社区）电力联络员每年3月之前收集一次鱼塘信息并反馈至供电所，供电所根据鱼塘信息排查电力线下鱼塘隐患，建立台账并对现有鱼塘上方电力线路进行绝缘化改造、杆线迁移等改造工作；村（社区）将供电所电力安全意见作为审批新开鱼塘的前置条件，电力线下及电力通道保护区内不允许新开鱼塘，对未经审批随意新开鱼塘的行为进行严厉打击，切实减少人身伤害。

（五）完善保障体系，确保“村电共治”的推进效果

1. 平台双连接，强化平台支撑

开发应用专门面向株洲电力用户的“村电共治”线上服务平台，通过与株洲政务平台“诸事达”紧密连接，实行“一网通办”“一件事一次办”，满足村民办电、报修需求。供电服务职工通过平台，实时获取办电需求、报修需求，及时进行处理。同时多方主体通过“随手拍”及时反馈电力设施安全问题、电力安全隐患，实现农村电网多方共治。

2. 培训双推动，加强队伍建设

市级“村电共治”工作专班制订对各县市区“村电共治”工作专班的培训方案，推动各乡（镇、街道）和村（社区）结合自身实际加强对村级电力联络员的培训，包括电力安全、代帮办电、需求收集、隐患排查等业务工作要求等，统一职责要求和服务流程，保障工作顺利开展。进一步完善绩效管理和规章制度，充分调动村（社区）人员积极性，建立一支高素质的电力联络员队伍，激发村级组织的工作活力。

3. 宣传双发动，营造良好氛围

树立正确的舆论导向，依托省市主流媒体，开辟宣传专栏，深入挖掘在“村电共治”工作中涌现出的典型人物、优秀事迹，大力宣传推介“村电共治·便民服务”工程建设的进展和成效，推广“村电共治·便民服务”工程的经验做法，为“村电共治·便民服务”工程建设营造浓厚氛围，展现湖南株洲在助力乡村振兴的担当作为和时代风采，打造湖南“村电共治”助力乡村振兴的金字品牌。

4. 横向双联动，内外协同监督

株洲供电公司与市乡村振兴局协同对各地方政府、各部门工作落实情况定期开展专项监督与现场检查，强化工作问责，建立闭环管理机制，动态跟踪“村电共治”工作实效。株洲供电公司内部增强供电服务指挥中心的服务质量监督职能，对服务体系搭建、服务资源配置、服务流程规划开展实时常态检查，通过供电服务指标分析、客户满意度回访、外部监督评价，找准短板，进一步优化机制体制，改进提升服务质效。

三、助力乡村振兴的“村电共治”体系建设效果

（一）创新体系模式，农村电网治理水平显著提升

在新的“村电共治”体系下，株洲供电公司重塑再造业务流程规则，累计优化业务流程25项，完善制度标准32项，整合服务渠道4个，全面提升了电网安全水平，提升了企业核心竞争力和效率效益，推进了供电服务向互联互动、精益精细、主动服务转变。截至2022年9月，株洲农村地区户均配变容量提升12%，配网低电压率下降43.88%，供电可靠性指标稳居湖南省领先地位。“村电共治”助力乡村振兴的相关典型做法被国家发改委《改革内参》、湖南省乡村振兴局官方网站、株洲市委内部刊物《要情汇报》、株洲市政府内部刊物《政务要情》和株洲市《防汛抗旱工作动态》刊发推广，得到国家电网公司总部和湖南省电力公司关注和肯定，“村电共治”助力乡村振兴在全株洲范围内得到纵深推进。

（二）提升供电服务质量，电网投资效率效益不断提高

办电服务更快。全市乡村平均供电服务半径由原先的25千米缩短至1.5千米，大幅提升了办电便捷度。“村电共治”微信公众号服务平台操作简单，充分切合株洲百姓需求，与政府政务平台联动服务客户超100万户，办理用电需求业务1.3万余件，有效提升客户诉求处理质效，客户服务满意率99.93%，群众投诉量下降91.18%，百姓办电不出村正成为常态。

投资效益更好。株洲供电公司先后完成了3500余个局部频繁停电、低电压台区电网改造，农村电网得到极大改善，农村用电量持续稳步增长，脱贫攻坚成果得到巩固提升。

项目实施更畅。自2021年以来，株洲供电公司推进完成中心村小城镇电网、村村通动力电和机井通电、易地扶贫搬迁安置点的电力配套设施建设，配网项目开工建设2000余个，项目阻工数量同比下降30%，项目按期竣工率提升18.5%，电网建设更加高效。

（三）乡村和谐发展，电力赋能乡村振兴战略大局

经济发展环境更优。自2021年以来，株洲供电公司累计为全市60余个电制茶、电烤烟、电榨油等电能替代项目开辟绿色通道，绿色、低碳农业的发展步伐不断加快。推进“三零”“三省”服务，完成全市新装及增容农户2.3万户，累计服务农产品加工等小微企业和乡村产业项目5400余个，节约客户办电成本超过1亿元，办电成本平均下降28%，为株洲农业农村现代化建设发挥了重要作用。在湖南省政府组织的优化营商环境评价中连续两年位列第一。

节能减排效果更佳。通过推广电能替代技术提升了乡村电气化和用能智慧化水平，推动农村发展能源低碳绿色转型。电能在农村能源消费中占比大幅提高，为促进乡村能源结构和消费升级、加快形成绿

色生产生活方式发挥了积极作用。自2021年以来，电能替代电量累计突破22.67亿千瓦·时，位居湖南省前列，减少散烧煤消耗124.69万吨，减少二氧化碳排放226.7万吨。安全发展防线更牢。建立220千伏输电线路沿线248个村455个点位防山火联动体系，村（社区）委发动群众配合供电公司开展砍青扫障、山火防治等专项行动1700余人次。针对农村住宅、村道、新挖鱼塘等项目，开工前村（社区）委主动咨询，共治理电力设施安全隐患点200余处，有效保障了农村地区人民生命财产安全，电网企业的负责任形象得到充分彰显。

（成果创造人：姚震宇、陈小武、张学敏、夏文静、杨可人、阳　斌、范学海、周　俊、方　斌、姚力立、周彦尧、张　立）

环保技术咨询企业推动高质量发展的混合所有制改革管理

山东省环境保护科学研究设计院有限公司

山东省环境保护科学研究设计院有限公司（以下简称山东省环科院）始建于1978年3月，前身为山东省环境保护厅直属事业单位山东省环境保护科学研究设计院，2016年进行事转企改革。混改前山东省环科院注册资本5000万元，所属行业为环保技术服务业，主营环境咨询、环境治理与修复、环境检测与评估三大业务板块。山东省环科院经过四十多年的发展，已成为山东省内最强的生态环境综合服务商。

一、环保技术咨询企业推动高质量发展的混合所有制改革管理背景

（一）转制企业进一步深化改革

2011年3月，事业单位分类改革正式开始。山东省环科院于2016年转制为国有企业，划入华鲁控股集团有限公司（以下简称华鲁集团），成为其全资子公司。在改制后的四年多时间里，山东省环科院虽然取得了一定的成绩，但受经济整体下行、国家环保政策收紧、行业竞争加剧、缺乏丰富的企业管理及运营经验等因素影响，也存在一些需要改进和完善的地方，需要深化改革，进一步提升运营质效。

（二）把握混改机遇，激发活力

混改既是深化国有企业改革的有效途径，也是支持非公有制经济发展的重要措施。2019年5月，山东省环科院成为国家发改委第四批混改试点单位。山东省环科院按照国家和山东省有关文件的规定要求，发挥自身主观能动性，积极把握机遇，充分释放活力，第一时间成立混改工作领导小组，制订混改实施方案，开始实施混改。

（三）实现自身高质量发展的需要

混改前山东省环科院国有股权集中度较高，股权占比为100%，表决权较为集中，但是也存在一些弊端。董事会中，所有董事均由国有股东华鲁集团任命，董事会在重大事项决策时，可能存在将完成行政目标放在首位、不考虑经济目标的情况，出现泛行政化的问题。同时，实施混改前，山东省环科院未建立专职的采购部门，采购制度与管理办法存在不完善的地方，招标与工程施工混合运行，未能完全实现科学管理采购工作。在员工层面，部分员工对运营成本管控工作认识不到位、参与度不高，降本增效意识不强。另外，山东省环科院在国有独资企业时期，因考核晋升体系不完善、薪酬制度缺乏激励性，部分员工存在着业务发展观念淡薄、工作积极性不高、部门协同意识不强等状况，导致公司整体生产效率受到一定程度的影响。山东省环科院通过混改，着力构建高质量发展能力体系，让各种所有制资本取长补短、相互促进、共同发展，真正实现国有资本放大功能、保值增值以及高质量发展等目标任务。

二、环保技术咨询企业推动高质量发展的混合所有制改革管理主要做法

（一）明确混改总体思路，构建工作体系

1. 明确总体思路

成为国家发改委第四批混改试点单位后，山东省环科院开始寻求不同的投资主体。混改时，华鲁集团和山东省环科院坚持的原则是，股权结构要相对集中，国有资本要占据绝对控股地位，这是稳定国有企业公司治理结构的基石；积极引进其他国有资本、民营资本、外资等持股比例相对较高的重要股东，只有这样才能真正改变“一股独大”的状况，逐步形成良好的治理格局。

为顺利地开展混改工作，经过多方数次的讨论研究，最终确定将山东省环科院的土地和办公楼无偿划转给控股股东华鲁集团，通过降低股权的资产评估值，增强对员工持股和战投引入的吸引力。

2019年5月，山东省环科院按照“完善治理、强化激励、突出主业、提高效率”方针，以“引进有协同效应的战略投资者、高管和核心员工大比例持股”为核心，拉开持续推进和深化混合所有制改革的序幕。

2. 构建混改工作体系

华鲁集团、山东省环科院上下高度重视混改工作，成立以主要领导为负责人的混改工作领导小组。根据省国资委、华鲁集团混改工作要求，结合企业自身特点，山东省环科院对混改相关政策进行系统研究，调研、学习成功混改企业经验，科学制订混改实施分工方案、混改工作配档表，挂图作战，对表推进。在混改推进攻坚阶段，华鲁集团组织开展每周例会制度，有效解决事业单位改制以来系列历史遗留问题；山东省环科院不定期召开混改专题会、调度会，狠抓工作具体落实，保障混改工作的顺利推进。

（二）依法依规，推进员工持股

在混改推进过程中，山东省环科院严格按照国家和山东省相关政策文件要求，依法依规开展清产核资、财务审计、科学评估国有资产价值，对混改方案进行专家论证、履行公示程序，在山东产权交易中心公开挂牌增资项目，完善市场定价机制，切实做到规则公开、过程公开、结果公开。

混改方案和员工持股方案制定过程中，通过内部OA在线办公系统发放调查问卷、召开政策宣贯会、专家论证会等多种方式进行宣传，广泛征求员工意见，取得了全体领导干部和职工的普遍支持，全体员工齐心聚力，保证混改实施的透明、民主、科学、高效。

1. 员工持股基本情况

山东省环科院结合自身员工实际情况，确定参与持股的人员范围包括：领导班子成员；中层正副职；重要的经营管理人才、科技人才和业务骨干；已取得副高级及以上职称或已取得中级职称5年以上（含5年）人员。入股员工必须与山东省环科院或其子公司签订劳动合同。

按照有关规定，员工持股总额度不高于混改后公司总股本的30%，单一员工持股比例原则上不高于公司总股本的1%。员工持股与引入战略投资者同步实施，入股价格与战略投资者“同股同价”。

员工入股均以货币方式出资，并按照约定一次性足额缴纳。山东省环科院不得向员工无偿赠予股份，不得为员工提供借款或垫资，不得以国有资产或产权作为标的物为员工融资提供担保、抵押、质押、贴现等，不得要求与公司有生产经营业务往来的其他公司为持股员工提供借款或融资帮助。

山东省环科院以增资方式实施员工持股。采用两级员工持股平台进行员工持股，即由符合激励条件的员工出资持有二级员工持股有限合伙企业的份额，二级员工持股有限合伙企业作为有限合伙人参与设立一级员工持股有限合伙企业，一级员工持股有限合伙企业通过增资方式取得相应股权，对山东省环科院持股。

鉴于拟持股员工人数超200人，同时考虑到为后续新增激励人员预留空间，山东省环科院设立6个有限合伙企业作为二级员工持股有限合伙企业，各持股有限合伙企业人员根据拟持股员工的年龄、职级、岗位及持股额度合理分配持股比例。持股有限合伙企业除持有山东省环科院股权外，不得参与其他任何经营活动。

2. 持股员工范围的确定

根据相关政策要求，虽然实施全员持股不具有现实可行性，但在合规守法的前提下，适当扩大持股员工范围，有利于激励更多员工的工作积极性。在深入研究学习、理解吃透相关政策的基础上，山东省环科院经过多次对员工持股方案的修改完善，最终确定 249 位员工为企业中高层管理人员，并让对企业整体业绩和中长期发展具有重要作用的经营管理人才、科技人才和业务骨干，参与员工持股工作，持有山东省环科院的股票。

3、员工持股管理公司

员工持股管理公司（以下简称管理公司）负责对员工持股实施统一管理。管理公司由 7 名自然人股东共同发起设立。除执行董事外，其他 6 名股东必须为持股员工，其中执行董事由山东省环科院董事长担任，若董事长未与公司签订劳动合同，则由总经理担任。其他 6 名股东由全体持股员工按其所持股份额采取记名投票方式选举产生。股东不再是持股员工的，应退出管理公司，由持股员工进行补选。

管理公司职责权限有：制定与员工持股有关的管理制度；根据员工持股方案实施情况，对员工持股方案进行调整和完善；召集和主持持股人会议；统一管理持股员工股权流转；对后续激励人员是否符合员工持股条件进行审核；对持股平台日常运行管理进行监督；对应当强制退出的持股员工，监督退出；研究决定未予明确事项。

4. 持股员工的权利和义务

（1）持股员工权利

一级员工持股有限合伙企业与国有股东和其他股东同股同权。持股员工通过员工持股有限合伙企业对山东省环科院享有股东权利。持股员工间接享有对山东省环科院的表决权，由持股平台执行事务合伙人统一代为行使。持股员工对员工持股有限合伙企业的表决权按照合伙协议的约定行使。实行员工持股后，山东省环科院根据每年实际经营情况并考虑股东短期收益与单位中长期发展的关系，合理确定利润分配方案，由股东会决定分红方案，持股员工按其出资比例享有所持股权项下的收益权。

（2）持股员工义务

持股员工应当按约履行出资义务，自行筹集入股资金。持股员工应当遵守本方案项下的锁定期规定、履行本方案项下有关股权调整、退出机制的义务。公司破产重整和清算时，持股员工、国有股东和其他股东应以出资额为限，按照出资比例共同承担责任。员工因工作业绩表现良好而晋升或新进入人才符合持股条件的（以下简称后续激励人员），现有持股员工须服从员工持股管理公司的安排，同意后续激励人员进入员工持股平台。

5. 员工持股的股权流转、调整及退出机制

（1）自愿流转机制

山东省环科院员工持股设定 36 个月的锁定期。锁定期内，除根据规定需强制退出员工持股的外，不得对所持股权进行转让。锁定期内上市的，适用上市后的流转机制。在管理公司的统一管理下，可对所持份额全部转让或部分转让，优先转让给后续激励人员。转让应在管理公司规定的窗口期内进行。

（2）强制退出机制

出现强制退出情形的，应在规定的退出时间内退出，但有证据证明持股员工以强制退出机制故意套现或以其他形式获益、损害公司利益的除外。持股员工强制退出的情形包括：

（3）正常离职

正式退休；合同期内因工伤或患病丧失劳动能力，退出工作岗位，解除劳动合同的；死亡或被宣告死亡；因不能胜任工作被公司依法解除劳动合同的；持股员工有劳动合同规定的其他正常离职情形。持股员工因正常离职强制退出的，所持股权应在其离职后 12 个月内的窗口期一次性退出。

6. 后续激励机制

后续激励份额主要来自持股员工转让或退出的份额。实施后续激励机制时，如现有股权无法满足需

要，由管理公司根据实际情况予以调整，经山东省环科院股东会同意，并履行相应流程后，可以增加注册资本，但员工持股占比不能超过总股本的30%。

（三）面向企业战略发展，引入战略投资者

1. 明确引入战投的目标

一是引入战投，优化股权结构；二是完善治理结构，推动治理改革；三是完善决策机制，提升经营能力；四是深化三项制度改革，全面实现市场化运作；五是为员工持股奠定基础，激发企业内在动力。

2. 制定引入战投的原则

一是合规高效完成引入战投工作。二是实现资源与业务协同。三是有利于后续资本运作。

3. 明确引入战投的遴选标准

遴选条件分为三大类：一是基本条件，需要刚性满足，例如财务情况良好、资信情况优质等；二是优选条件，需要择优评定，例如行业关联度较高、市场优势明显、品牌知名度较好等；三是约束条件，对投资者进行必要约束，例如投资比例的限定、持股期限的限定、派驻董事人数的限定等。

4. 方案实施

一是加强混改宣传工作。在混改工作领导小组的统筹带领下，公司对员工开展引导、动员和宣传工作，充分保障员工合法利益，统一思想、形成合力；及时深入总结、宣传、借鉴典型案例和成功经验，使各层级管理人员和员工坚定改革信心，支持引入战投工作；统筹编制各项论证方案、混改引投方案、全过程工作及后续改革工作。

二是主动对接意向战投。为确保引入能给公司带来协同效应的战投，领导小组及相关部门通过广泛渠道主动对接有意向的战投，深入探讨了解相互的战略目标和资源捆绑点，通过利益共存来实现战略合作。

三是选择产权交易所公平交易。引入战投在取得华鲁集团和国资委的正式批复后，开始在山东产权交易中心公开披露挂牌增资信息，通过科学评选与谈判，确定最终引入的战投。

最终，永锋集团从众多的潜在战投中脱颖而出，成为山东省环科院的战投股东。

（四）规范法人治理结构，完善组织架构

山东省环科院在引入永锋集团作为战投，并开展员工持股工作后，华鲁集团由唯一股东变为控股股东，股权实现多元化和分散化。股东来源和性质变得更加丰富，股权比例更加合理规范，股东之间的监督制衡得到增强，股权结构对国有股东的制约力度得到提高，有效降低了企业的监督成本。

混改后，各方股东按照股权比例建立董事会，形成国有资本、员工持股平台、民营资本合作管理、相互制衡的治理架构。混改后由各方股东派出董事在董事会参与决策，5名董事中华鲁集团派出3名，员工持股平台派出1名，永锋集团派出1名，董事每届任期三年，任期届满获得连续委派可以连任。董事会推动各个利益关联方高效协同，对公司整体运作效率和质量的改进与提升起到了重要作用。

同时，山东省环科院对监事会也进行了改组，共由3名监事组成。其中，华鲁集团委派1名，永锋集团委派1名，职工代表监事1名，职工代表监事通过民主选举方式产生。少数股东监事的加入，使得公司日常运营管理的监督工作得到加强。

山东省环科院为确保董事会能够高效发挥作用，对运营机制进行优化，为例如优化表决和议事制度。战投永锋集团积极参与山东省环科院的各项战略制定，协助完善治理结构，为企业科学决策、保护中小股东权益提供了有效保障。

根据混改要求，对标现代企业管理模式，为培育细分领域“拳头产品”，山东省环科院对原有业务板块进行大幅度调整。环境治理与修复板块，吸收合并权属工程公司，将工程业务按照环境要素整合为8个业务部门。咨询板块，优化调整布局，按照行业分类重组为7个业务部门，建立碳排放等新业务领域专业团队。检测与评估板块，检测公司吸收合并波尔辐射公司，建立了覆盖全生态环境监测领域的监测实力。为拓展新兴业务，筹建智慧环保部、生态环境教育培训中心。为深入开发地方环保市场，新成立两家控股企业。

为解决机构臃肿、流程烦琐、工作效率低等问题，精简职能管理机构，压减管理层级，撤销原业务部门内设职能管理部室和岗位，推行“管理转支撑、支撑转业务”的梯次转岗，建立扁平化组织架构。通过合理的精简调整，山东省环科院共压减院层级2个职能部门、17名职能人员。

山东省环科院增设采购部，优化采购流程，降本增效；为加强对环评和工程技术文件的质量把关，增设总工办，守住质量“生命线”；为加强项目全过程管控，提升项目管理水平和实施效率，设立运营控制部，增设进度、质量、费用控制等岗位，确保项目管理的系统化和规范化。

（五）深化三项制度改革，充分调动积极性

1. 深化人事制度改革，为发展添动力

2020年11月，山东省环科院经理层成员全体重新竞聘，总经理揭榜竞聘，副总经理公开竞聘，经理层成员新增“80后”年轻干部2名，平均年龄由50岁降至44岁，博士研究生2名，占比达到40%，干部队伍年轻化、专业化水平显著提升。随后山东省环科院又组织实施了中层及以下人员竞聘上岗工作，共有36个中层岗位、58个职能支撑岗位公开竞聘，其余业务部门岗位面向全员双向选择。通过四轮竞聘上岗、三轮业务人员双向选择上岗，累计167人次参与竞聘上岗、300余人次参与双向选择上岗。最终提拔重用32人，其中“80后”年轻干部27名，降职4人，中层干部平均年龄由47岁降至42岁，人才队伍得到进一步优化。

2. 提升劳动用工改革，为发展增活力

畅通员工进出通道，优化人才结构。通过混改后的一系列竞聘上岗及岗位调整，山东省环科院中层干部中，40岁以下人员占比为53%，实现了干部队伍年轻化。为进一步加强人才队伍建设，开展2021年度招聘工作，通过各类招聘渠道发布简章，共收到简历700余份，按照岗位类型，山东省环科院及所属企业经过两轮四批次笔试及面试，共引进人才74人。除加强专业技术人员外，还引入了法务、投资运营等方面专业人才，有效填补了人才缺口，进一步优化了人才结构。

综合考虑人才队伍年龄结构和企业承受能力，盘活内部冗余，制定《退出工作岗位休养管理办法》，经过人员自愿报名、资格审查、公示等程序，5名符合条件人员办理了退出工作岗位休养手续，签订了退出工作岗位休养协议和竞业限制协议。对年度考核排名后5%的强制排序，确定为“基本合格”或“不合格”，考核等次连续三年为“基本合格”的，解除劳动合同，考核等次为不合格的，待岗培训半年后，重新竞聘上岗，仍不胜任岗位工作的，解除劳动合同，持续动态清理不能履职的人员。

推行任期制和契约化管理，助力高质量发展。山东省环科院充分考虑自身经营业务特点，结合发展现状，立足发展需要，聚焦改革重点，通过揭榜竞聘等形式，全面实施了任期制和契约化管理，做到了全面覆盖、差异考核、绩薪联动、能上能下，有效激发了干部职工的内生动力。

实施差异化经营绩效考核。根据《副职负责人薪酬考核管理办法》，充分考虑各业务板块所处差异化市场竞争环境，结合各板块差异化发展阶段，确定差异化的经营考核指标，强化利润指标，实现薪酬总额和效益效率同向联动，设置80分为合格线，明确不合格的无绩效年薪、不能评优等规则，并按照“双70”标准严格退出机制。

3. 完善收入分配改革，为发展提效力

结合推优和反向测评，创新性实施中层正职四维度考核和管理人员、业务人员三维度考核。年度考核基本合格的，次年薪档下调一档；连续两年评定为基本合格的，降低薪级一级。

为保证机构调整人员平稳过渡，稳定业务人员收入，跟踪了解业务部门对浮动薪酬包的需要与建议，逐月调整，在以丰补欠的基础上，加大预发浮动薪酬包额；增加业务单位人员基本工资；提高新入职人员工资和试用期待遇，所有新入职人员试用期基本工资提高25%，为吸引优秀毕业生打下了良好基础。

印发《薪酬管理办法》《工资总额管理办法》《岗位职级管理办法》，制定新的分配体系，进一步优化分配方式，坚持以效益为中心，建立业绩和薪酬行业平均“基本线”、行业头部“奋斗线”以及行业领跑“挑战线”的薪酬考核体系，差异化设定考核指标及与之对应的薪酬三条线，实现薪酬总量和效益效率同向联动。强化考核结果，将业务部门负责人薪酬与部门薪酬总量达到的三条线水平、部门平均薪酬水平挂钩，加大绩效薪酬占比，有效提高市场竞争意识。

（六）转型发展，为上市做好准备

1. 加强运营资产的投资力度

河北辛集制革园区污水处理、苏伊士危废综合处置中心等投建运项目有效优化了公司资产结构，使资产结构配比更为合理，在保持了较强盈利能力的同时，获得了长期稳定的收益与现金流，符合山东省环科院发展战略，实现了产业经营和资本运营“两业并重、高度融合”的重大突破，实施意义重大。

2. 不断增强科技创新能力

科技创新抓住机遇，牵头申报山东省科学技术厅主办的山东省绿色产业与环境安全创新创业共同体，并作为核心建设单位开展全方位环境治理战略合作，探索政府推动与市场运作相结合的生态环保新发展模式。

为提高技术创新能力，山东省环科院先后聘请知名专家担任“首席科学家”，在建设创新平台，开展科技研发与成果转化及培养创新人才等方面开展深入合作。2021年申报并成功获批济南市企业技术中心，有助于科技创新成果的转化。山东省环科院目前正在申报水污染防治及水生态修复山东省工程研究中心，持续提升自身综合创新能力。

三、环保技术咨询企业推动高质量发展的混合所有制改革管理效果

（一）优化股权、治理结构，转变经营机制

通过公开挂牌增资的方式，成功引入永锋集团作为战略投资者，推动山东省环科院实现了“资本增量、技术增量、市场增量、管理增量、品牌增量”，助力山东省环科院实施新旧动能转化和加快高质量发展，使企业发展获得质的飞跃。通过混改，山东省环科院的资源、技术、管理、市场和人才等要素得到进一步整合，与市场经济进一步融合，运行质量和效益显著提升。企业核心竞争力不断增强，发展内生动力得以激发，为环保龙头企业高质量发展、实现资本市场上市打下了坚实基础。

（二）发挥员工积极性，焕发活力和动力

山东省环科院中高层管理人员以及重要的经营管理人才、科技人才、业务骨干成功持股，实现了企业与员工利益的深度绑定，提高了员工的凝聚力、向心力和干事创业的热情。混改的同时，山东省环科院实施了以三项制度改革为核心的综合性改革，经理层和中层管理人员全体起立、揭榜挂帅、重新选聘。实施混改以及一系列综合性改革等措施后，法人治理更加规范，组织架构更加合理，制度规范更加健全，奖惩机制更加有效，市场主体地位更加突出，运行效率更加高效，国有资本活力、控制力、影响力、抗风险能力明显增强，新旧动能转换和产业转型升级得以实现。

（三）获得经济社会效益

山东省环科院克服新冠疫情、经济形势下行等不利因素，深耕主业，经济指标大幅提升。2021 年，山东省环科院营业收入实现 7.84 亿元，同比增长 27.53%；利润总额实现 9953 万元，同比增长 122.97%。2022 年第一季度实现开门稳、开门红，营业收入和利润总额分别同比增长 12.62% 和 87.91%，改革成效凸显，企业发展活力显著增强，干事创业动力激发，为高质量发展持续提供新动能。同时，山东省环科院的混改及三项制度改革经验，在山东省国资系统内获得了较高的评价，并得到广泛宣传，为山东省内其他国有企业混改和三项制度改革工作提供了宝贵的工作经验。

（成果创造人：樊　军、丁振波、边兴玉、康兴生、孙洪涛、陆建接、李　波、王晓明、胡以福、靖玉明、马　涛）

国有企业深化混合所有制改革的分拆上市管理

中铁高铁电气装备股份有限公司

中铁高铁电气装备股份有限公司（以下简称高铁电气）是我国大型综合性建筑企业中国中铁股份有限公司（以下简称中国中铁）下属子公司，于1958年伴随我国第一条电气化铁路宝成线宝凤段的修建而诞生，前身中铁电气化局集团宝鸡器材有限公司于2007年10月10日由中铁电气化局下属的宝鸡器材厂改制设立。2018年在全国中小企业股份转让系统挂牌，主要从事电气化铁路接触网产品及城市轨道交通供电设备的研发、设计、制造和销售，在国内同行业中建厂早、规模大、技术先进、品种齐全、市场覆盖面广，多项产品技术达到国际领先水平，承担建设了一系列国家重大轨道交通项目，在国内高速铁路接触网产品市场占有率约60%，在城市轨道交通供电设备市场占有率约50%。高铁电气拥有有效专利227项（其中发明专利30项）、软件著作权5项、核心技术28项。2021年，在上海证券交易所科创板首次公开发行股票并上市，当年实现新签合同额由2019年的16.84亿元增长至20.57亿元，营业收入由2019年的12.87亿元增长至14.15亿元，实现净利润1.46亿元。

一、国有企业深化混合所有制改革的分拆上市管理背景

（一）落实创新驱动发展战略的要求

伴随多个国家战略持续深入，轨道交通供电设备智能制造业市场增量持续释放，高铁电气为了快速适应政策变化和新的市场竞争环境，通过科创板新平台，将资本市场与科技创新更好融合，实现提质增效、创新驱动、绿色低碳、协调共享的企业高质量发展模式。高铁电气以中国证监会发布的《关于在上海证券交易所设立科创板并试点注册制的实施意见》《上市公司分拆所属子公司境内上市试点若干规定》为契机，进一步落实创新驱动发展战略。高铁电气立足科创板上市，把握市场化改革方向，通过科创板上市平台充分发挥创新驱动作用，实现管理机制、资本机制及市场机制等多重机制的创新，更好地支持行业科技创新，进一步推动企业可持续发展。

（二）落实国企混改目标的具体举措

高铁电气从中国中铁分拆至科创板上市，是深入领会习近平总书记关于国企改革的重要批示指示精神、落实国企改革三年行动、积极运用资本市场工具助力国有企业改革创新发展的具体举措。实现科创板上市，有助于高铁电气充分利用科创板的灵活性、差异化的制度安排和资本市场的创新活力，进一步激发高铁电气发展活力，加快体制机制改革创新，实现企业内部管控层级压缩，将以生产为主的分公司直接转变为分厂等业务单元，行政审批实现内部专业高效的流程化运作，进一步提升决策效率。推进产业结构优化，实现主营业务稳健发展，新兴业务加速产业化，促进高铁电气在新的经济社会发展环境下适应变局、构建格局、发展新局，持续打造提升核心竞争力、巩固优势地位，全面提升高铁电气的管理能力、创新能力、经营能力和抗风险能力。

（三）落实企业高质量发展规划的需要

高铁电气科创板上市，有效提升公司治理效能，持续促进体制机制创新、管理创新、制度创新，推动实现多元化股东结构，进一步合理化股权设置，优化治理体系建设，健全监督机制，推动企业现代化建设，符合科技创新发展趋势。科创板是国家实体经济创新的重要载体和平台，依托其灵活多样的制度安排和创新体系，有效推动资本、科技、产业的有机结合，通过全面对接资本市场主体监管要求、用好各类资本市场支持创新的政策工具，持续强化自身创新主体地位，塑造核心竞争力，保持企业长期增

长，符合规模化发展需要。市场化改革全面推行，通过持续信息披露、投资者关系管理、市值管理、资本运作等方式帮助投资者掌握企业经营发展状况，有助于企业自身实现独立估值和价值释放，获得资本溢价，最终实现国有资产保值增值。

二、国有企业深化混合所有制改革的分拆上市管理主要做法

（一）通盘谋划，制定混改规划

高铁电气为进一步扩展产能，持续提升技术研发和运营能力，通过与资本市场直接对接，打通直接融资渠道，改善高铁电气快速高质量发展中资金不足的状况。通过对自身存在的内外部环境进行科学分析，寻求发展机遇，对所拥有的治理能力、研发能力、生产能力、管理能力、财务能力、创新能力等方面进行科学评估，找准自身发展定位和方向，塑造自身核心竞争优势，确立自身竞争战略定位，综合各方因素前瞻性思考，以品牌定位作为竞争战略的核心，以打造品牌形象为目标制定高铁电气长期发展战略。

基于企业发展战略需求，高铁电气瞄准未来发展需求，设计并规划未来发展方向。一是紧跟行业发展步伐。中国高铁线路运营里程和运营需求日益增长，接触网零部件在高铁配套产业中的重要性日益凸显，高铁电气紧跟行业发展步伐，规划高速铁路接触网装备产业化项目。二是聚焦技术前沿。工业转型升级的必由之路是实行智能制造与绿色发展，传统的高铁设备、配件制造正面临转型升级的过渡期，亟待转型升级。高铁电气通过智能化与绿色化的转型升级方法，实现产业结构调整和优化，规划了高速铁路接触网零部件产业化及智能升级项目。三是瞄准制造业发展方向。立足工业 4.0 时代，高铁电气通过推进企业数字化、网络化、智能化改造促进智能制造产业发展，规划轨道交通供电装备智慧产业园项目。四是引领行业技术发展。高铁电气依托雄厚的技术沉淀，结合国内外相关领域技术发展，深度融合创新，充分利用新技术、新材料、新工艺，研发更可靠、更经济、更节能、更环保的配套技术装备，规划研发中心建设项目。高铁电气通过利用资本市场对募投项目的系统化推进实施，将有助于打造科研创新平台建设，加快科研成果转化，不断提高高铁电气适应市场需求的灵活性、创新性和高效性，进一步强化绿色化、智能化生产水平，推动产业升级。

2019 年 12 月分拆上市政策相继出台后，高铁电气及各级股东认真学习、研判国家关于科创板、科技创新、混合所有制改革等相关政策及法律法规的要求，反复分析论证上市的合理性、必要性、科学性及企业后续发展需求，认为通过科创板上市，可以塑造新的估值体系，打造新的融资平台，并为混合所有制改革探索新的路径；高铁电气属于我国战略性新兴产业中的轨道交通装备产业，拥有 28 项关键核心技术，科技创新能力及科技成果转化能力突出，符合国家创新驱动发展战略，具有较强的科创属性，各项指标符合分拆和科创板上市的标准，高铁电气最终确定在上海证券交易所科创板上市。

（二）市场调研，引入战略投资

借助多元股东和上市公司股权结构持续优化自身治理能力，借助不同股东为高铁电气提供多种资源和能力，发挥各自优势和专长，强化市场分工，优化资源配置，有效提升核心竞争力，达到推动和实现高铁电气快速发展的目的。科学的股权结构设计，既保障了国有股东绝对的控制权，又充分吸引了社会股东参与公司治理，充分听取社会公众股东建议，促进高铁电气高质量健康发展。

战略投资者必须具有较好的资质，且要有较强的投融资能力。另外，战略投资者不仅要能带来大量资金，更要能带来先进技术和管理，能够促进企业产品结构、产业结构的调整升级，并致力于长期投资合作，谋求长远利益回报。同时，需要考虑拟引入战略投资者自身战投资格是否满足上交所科创板上市资格审查相关要求。高铁电气加强同拟引入战略投资者和保荐机构的交流沟通，在充分做好前期尽调工作的同时，详细了解战略投资者自身资质状况。

在准备引入战略投资者前，高铁电气及各级股东对境内外的投资机构进行了整体了解，根据高铁电

气的需要寻求意向投资者，最终确定引入浙江制造基金合伙企业（有限合伙）、中国保险投资基金（有限合伙）两家战略投资者。

（三）规范治理，健全管理体系

高铁电气以上市为契机，以现代化市场经济体制下的管理思想及理论为基础，建立健全现代化企业管理机制。

一是优化治理结构，以高铁电气的需求为目标提升内部规范运行。优化“三会一层”顶层设计，建立党委核心领导、董事会战略决策、经理层执行落实、监事会依法监督的公司治理机制，构建起“决策科学、执行有力、监督有效、运转规范”的法人治理结构，提升“三会一层”履职的专业性和有效性，实现不同层级机构、不同利益主体之间的有效制衡，促进公司治理迈向现代化法人治理体系。充分发挥党委领导核心作用，使企业的组织优势、创新优势、发展优势、竞争优势、人才优势最大化，通过“把方向、管大局、保落实”，凝心聚力，上下一盘棋，保证项目科学决策、方向明确，顺利实施、平稳运行。通过设计科学的董事会架构改组董事会，引入独立董事3人，改组后董事会成员结构为内部董事4人，外部董事（含独立董事）5人，实现外部董事占多数。充分发挥独立董事在财务管理、经营战略、法律法规方面的充足经验，规避内部决策局限性，依托独立董事“外部专业力量”为决策提供支撑。董事会下设审计、战略、薪酬与考核、提名4个专门委员会，有效发挥专门委员会专项职能，完善决策体系，保障决策科学。通过设立监事会，配备符合《公司法》《上市公司治理准则》等相关规定的监事会成员，依法履行监督、保障职能。

二是健全制度体系，以规范运作为目标保障高铁电气的合规运行。高铁电气制定以公司章程为核心的一系列现代化上市公司规范运作制度和办法，持续巩固提升治理能力和管理效能，切实提高规范运作水平。进一步提升业财融合的能力，通过NC Cloud企业数字化平台财务管理系统，实现信息化平台迭代搭建，业务利用财务资源，财务推动业务改善，使业财融合逐渐成为企业的核心竞争力。进一步提升成本管理的能力。借助ERP信息系统优化采购、生产等职能，减少低效物资转移环节，减少物资交易成本，实现物资采购、流转等环节的标准规范，提升产品生产运转效率。

三是进一步强化风险管理控制与内部监督，及时识别、科学分析经营活动中与实现控制目标相关的风险，制定与生产、销售、财务等业务相关的目标，设立可辨认、分析和管理的风险种类与具体风险点，根据风险种类与风险点的评估结果，针对相关不相容职责、岗位采取分离措施，完善授权审批、会计系统、财产保护、预算、运营分析、绩效考评等业务流程、管理制度方面的控制措施，将风险控制在可承受度之内。加强沟通，进一步建立相关制度，完善主要信息系统的业务流程，提高信息质量，确保信息及时沟通。强化内部监督，修订并发布《内部控制手册》等系列内控制度，涵盖经济活动的过程始终，完善内部控制的全面、全员、全过程控制的管理，切实保障高铁电气高质量合规运作。

（四）多措并举，建立运行机制

一是坚持党的领导，构建市场化行权机制。高铁电气党委落实党的领导融入公司治理的要求，制定相关制度、文件，明确决策执行、监督等各环节的工作方式。修订完善企业党组织会议议事规则，规范各类党组织议事决策流程，制定（修订）行权清单、党委前置研究讨论企业重大经营管理事项清单，修订完善“三重一大”决策制度，明晰党委会、董事会、经理层的权责划分与衔接，优化股东会、董事会、监事会、经理层办公会议事规则，完善外部董事引入、退出及议事规则，制定实施董事会对经理层的授权办法及授权事项清单，修订《总经理工作规则》《经理层办公会议事规则》，构建权责对等、合规有序的行权管理机制。

二是坚持人岗适配，构建全员市场化选聘机制。高铁电气实施全员契约化管理，通过企业生命周期理论、企业发展阶段、同类型企业标杆分析，结合上级国资单位的管理要求，构建以“目标+财务”

管控为主、运营管控为辅的新时代管控模式体系。通过组织层面、岗位层面的工作分析，明确高铁电气各单位的核心职责与控制流程及各岗位职责与作业指导书，实现了管控模式支撑战略，单位职能与流程有序运转。

通过岗位任职条件构建岗位核心任职要素，并与员工自身条件进行对比分析，构建全员任职资格体系。通过历史业绩回顾盘点与岗位所需核心素质分析，明确员工与岗位任职资格匹配度，结合竞聘测试、述职等手段实现人岗匹配。通过市场化选聘，实现核心岗位（如管理、技术、投融资）人才的逐步引入。

三是坚持联动贯通，构建基于战略达成的组织绩效管理与员工绩效管理体系。高铁电气以经营管理活动与核心职责为基础，以组织经营任务为核心，基于战略目标和经营计划，运用适宜的绩效管理模式，构建绩效管理机制，不断督促组织和员工创造价值。通过组织绩效评审，识别绩效改进机会，形成固化制度，保障战略目标的实现。通过绩效对战略的有效承接，企业形成从战略方向到可视化的战略行为、从可视化战略行为到企业年度任务及目标、从企业年度任务及目标到责任单位、从责任单位到员工、从员工到行为的完整绩效管理循环，从而在竞争日益激烈的市场环境下形成更强的发展活力。最终形成"一人一份责任书"，构建"纵向到底、横向到边"的全员绩效考核体系，明确以职责、业绩、能力为核心评价要素的薪酬管理体系，进一步实现员工能进能出、职级能上能下、薪酬能升能降。

（五）多级联动，实现上市目标

一是构建项目管理体系，强化沟通机制，提高工作效率。高铁电气是新三板公众非上市公司，中国中铁是央企控股 A + H 股两地上市公司，分拆上市既要兼顾证监会、上海证券交易所、香港交易所对中国中铁的分拆及监管要求，又要兼顾高铁电气在全国中小企业股份转让系统挂牌新三板的监管要求，同时要满足国资监管要求。且高铁电气为中国中铁下属四级企业，在满足监管要求的同时，更要符合各级股东的决策管理程序，因此对整个分拆上市项目管理提出更高的要求。为高效推进高铁电气分拆上市，中国中铁设立科创板上市领导小组，中铁电气化局成立以主要领导任组长的上市工作领导小组并设立综合组、业务组、法律组、财务组 4 个工作组；高铁电气同步成立上市专项工作小组并设综合组、财务组、法务组、业务组、科技组、宣传维稳组 6 个工作组负责开展具体业务工作，构建中国中铁、中铁电气化局、中铁电工、高铁电气四级联动机制。建立领导小组决策、项目组执行以及中介机构配合的工作机制，并通过设立周/月例会，按照"一事一议、重点推进"的原则，及时解决项目实施中存在的问题。管理模式由原直线职能制转变为强矩阵职能制，实现多层级、多部门、内外部的高效协同。

在分拆上市过程中，领导小组发挥主体责任，在每个关键节点给予及时明确的指示，业务部门上下联动，解决资产边界、法人治理、独立性等实际问题，在项目进展最关键的时期，相关领导到现场督导，解决实际困难，为项目顺利完成提供有力的支撑；上市专项工作小组带领全体工作人员细化分解目标，落实责任，全力推进，全面完成各个节点的任务。从项目启动到完成上市制订严密的总体推进计划，分解为中介选聘、尽职调查、申报准备、审核注册、股票发行、首发上市六个阶段，根据每个阶段的重点工作形成 158 项具体工作子项；针对每一项具体工作，项目组均明确起止时间、工作要求、责任方、协助方、责任人员及中介机构分工；针对专项问题整改、路演、上市仪式等重点工作或专项工作，制订专项工作计划，作为总体计划的补充。在项目推进过程中，领导小组定期对计划执行情况进行检查、督导，随时根据政策动态、工作变化等外部影响因素及时调整计划，确保计划的科学性和可实施性。

二是敬畏市场规则，系统开展分拆上市工作，确保上市发行工作圆满成功。分拆上市是一个复杂、专业的过程，高铁电气及间接控股股东中国中铁作为国有控股上市公司，在政策规定理解的准确性、决策过程的合规性、交易程序的专业性等方面，既需满足境内外证券监管规定，又要遵循国资监管要求。

为确保项目合规运作，高铁电气选聘经验丰富的保荐机构、律师事务所、会计师事务所以及评估机构等专业单位，确定论证/尽调阶段、申报准备、监管审核、注册发行等每个阶段的工作重点，为项目前期可行性论证、分拆方案拟订、尽职调查整改、回复监管机构问询、策划发行方案等工作顺利推进奠定基础。

各级组织高度重视尽职调查和合规性整改工作，重点从监管政策对科创属性的要求方面逐条梳理是否满足条件，就尽调中发现的问题积极进行合规解决。IPO发行定价受主办券商投资价值分析报告给予的估值区间、有资格参与网下询价的投资者报价情况以及参与认购的机构投资者申购情况等多种因素影响，高铁电气在各级股东的大力支持下，组织中介机构认真研究并分类确定沟通策略。在由主办券商研究员出具投资价值分析报告的同时，邀请了在制造业和新股发行方面具有较大市场影响力的另外两家券商分析师同步出具投价报告，合理引导市场报价。同时，主动对接多家询价影响力较大的机构投资者开展路演，寻求报价阶段给予客观合理的报价，精心策划实施路演推介。

2021年上半年，很多IPO募资不足成为常态，各方在做好分拆上市各项工作的同时，关注政策动向，为发行寻找最佳时机，综合考虑战略投资者的选择、市场发行报价偏低、发行新规出台的可能性以及审计报告的有效期等多种因素，以高铁电气利益最大化为原则，不断优化发行节奏，在2021年9月18日科创板发行定价新规出台后的第一个交易日启动发行。

高铁电气秉承敬畏资本市场规则、尊重各级监管机构的态度，分工负责对接不同的监管机构，顺利完成审核，审核时间较当时科创板上市平均用时缩短43天。同时，高铁电气按照监管规则，做到规范运作，履行决策程序，充分保护广大投资者特别是中小股东的合法权益。

三、国有企业深化混合所有制改革的分拆上市管理效果

（一）顺利上市，为轨道交通供电装备制造业树立新标杆

高铁电气于2021年10月20日成功在科创板上市，正式挂牌交易，成为中国中铁第一家在科创板上市的子公司，成为科创板发行新规实施后上市的第一股，成为中央企业分拆子公司至科创板上市的第二单。高铁电气成功上市，将募集资金6.76亿元用于投资高速铁路接触网装备智能制造等项目，进一步提升我国电气化铁路和城市轨道交通供电装备制造水平，不断刷新以中国高铁为代表的“中国名片”。高铁电气通过分拆上市，成功引入浙江制造基金合伙企业、中国保险投资基金两家战略投资人和近两万名社会公众股股东，国有持股比例降至75%，社会公众股持股25%，实现了混合所有制改革，优化了股权结构，实现股权结构合理化，推动资本运作与实体经济互补互促，为企业持续快速发展注入了新活力；通过引入积极股东，进一步完善法人治理结构，提高企业决策能力和决策效率；通过搭建员工持股平台，将企业发展与核心员工利益紧密融合，进一步激发员工的积极性和主动性，提高企业管理团队的凝聚力和创造力；通过总结，形成了《国有企业上市公司分拆子公司在科创板上市操作指引》，该指引为高铁电气总结重大项目实施经验的同时，也为其他国有企业后续开展资本运作项目提供了参考和借鉴。

（二）资本运作，为深化国企混合所有制改革探索出新经验

通过探索与上下游产业进行兼并重组或合资合作，不断完善产业链条，实现主营业务由“研发生产制造”升级为“研发生产制造+装配施工+智能运维”的全产业链协同发展模式，提升产业集群优势。生产管理单元实现管理模式可复制化发展，形成了以芜湖分公司为代表的异地分厂，对公司跨区域规模化发展实现有力支撑。以铝合金副车架为代表的新兴业务实现快速规模化发展，首次实现年营收过亿元，成为公司新的利润增长点。2021年，高铁电气实现营业收入14.15亿元，较上年同比增长4.46%，实现归属于上市公司股东的净利润1.41亿元，年末总资产达30.51亿元，同比增长42.74%，市盈率由上市初期的20.29倍增长至26.70倍，保持了20倍以上的市盈率和2倍以上的市净率。电气

化铁路接触网产品成功入选工业和信息化部、中国工业经济联合会第六批制造业单项冠军，年度产销规模稳居国内同行业第一名。

（三）规范管理，为持续提升企业综合竞争力注入了新动能

高铁电气严格遵循国企改革三年行动的部署和证券监管要求，有效建立了现代企业治理体系和制度体系，把党的领导有效融入了公司治理各环节，形成了董事会向经理层授权机制，厘清了各治理主体的权责边界，将战略管理、研发管理、人才管理、风险管理有效嵌入市场经营环节，治理水平、管理效能、研发能力显著提升；围绕上市公司要求，建立健全了信息披露、关联交易、募集资金使用、投资者关系管理等重点工作的机制和流程，推动各项工作更加规范细致，运作水平持续提升。积极探索“大A套小A”母子上市公司治理新实践，不断提升母子公司规范运作和管理水平。随着三项制度改革持续深入推进、经理层任期和契约化管理逐步实施，市场化选聘、岗位竞聘全面推行，市场化理念不断深入，管理人员活力有效激发。市场化体制机制创新的实现，为提升企业综合竞争力注入了新动能。

（成果创造人：孙　璀、于腾群、段银华、郭俊亮、庞　洁、李　强、李广明、于迎丰、张厂育、杨春燕、王舒平、王徐策）

央企上市公司以“1242”为核心的任期制和契约化管理体系建设

中国中材国际工程股份有限公司

中国中材国际工程股份有限公司（以下简称中材国际）是国资委所属世界500强企业中国建材集团旗下上市公司，是全球最大的水泥技术装备工程系统集成服务商，是“中国工业大奖”获奖企业和国资委双百行动“标杆企业”。通过引进、消化吸收和自主创新，相继研发并建设了从我国首条日产1000吨到全球最大的日产14000吨系列生产线，承担了国内70%以上的水泥产能建设，实现了关键设备从成套进口、全面国产化到整线出口的重大突破，为我国基础设施建设和经济发展做出了巨大贡献。2008年，中材国际海外市场份额首次超越欧洲竞争对手，并连续14年蝉联世界冠军，在80个国家建成了近300座现代化工厂，20多个项目荣获鲁班奖、国家优质工程金奖、保加利亚最高建筑奖等国内外最高奖项，海外合同金额累计超过3000亿元，带动6000多家中国企业走出国门，SINOMA品牌成为世界建材工程市场的中国名片。

一、央企上市公司以“1242”为核心的任期制和契约化管理体系建设背景

（一）任期制和契约化管理是落实国企改革三年行动的客观要求

国有企业是中国特色社会主义的重要物质基础和政治基础，是党执政兴国的重要支柱和依靠力量。经过几十年的改革发展，国有企业作为独立市场主体与市场经济深入融合，规模实力显著增强，经济效益稳步提高，在很多行业和领域已经形成世界级规模的大企业大集团。但在新的发展格局下，与对标世界一流、实现高质量发展的要求相比，“大而不强、大而不优”的问题仍然存在，科技创新能力不强、关键核心技术“卡脖子”问题仍然突出，法人治理结构不够健全，市场化经营机制还未落实落地，内部发展活力动力还未被有效激发。

面对新阶段、新形势、新要求，党中央做出实施国企改革三年行动重大决策部署。任期制和契约化管理作为深化国企改革的“牛鼻子”工程，是要进一步理顺出资人、董事会和经理层之间的委托代理关系，使得国有资产在出资人、董事会、经理层等不同层面的责任层层落实，推动建立中国特色现代企业制度下的新型经营责任制，是完善中国特色现代企业制度的重要内容，是有效落实国企改革三年行动的客观要求。

（二）任期制和契约化管理是实现“十四五”发展战略的内在需要

党的十九大明确提出“推动高质量发展、培育具有全球竞争力的世界一流企业”的目标要求。自2001年成立以来，中材国际以技术创新和业务模式创新为引擎，各项经营指标实现了稳步增长，营业收入和净利润复合增长率达20%。近年来，受全球水泥市场影响，公司水泥工程业务面临发展“天花板”，公司进入发展平台期，急需寻找新跑道，注入发展新动能。

在此背景下，中材国际谋划制定“十四五”发展战略，以“推动绿色智能，服务美好世界”为使命，以“建成材料工业世界一流服务商”为愿景，以工程装备技术服务为核心，坚持数字智能和高端装备双轮驱动，实现主导产业做优做强、属地经营做强做大、第二赛道培育突破三业并举，致力于成为材料工业世界一流服务商。对照“新国际、新发展”的要求，业务结构单一、科研实力不强、治理体系不完善，市场化机制不活、中长期激励不足、党建经营融合不够等问题在一定程度上制约着战略目标的全面实现和企业长远发展，必须通过点燃任期制和契约化管理主引擎，全面深化企业体制机制改革，充分调动全体干部职工“新时代、新担当、新作为”的活力和动力，有效推动中材国际战略目标落实

落地。

（三）任期制和契约化管理是提高央企上市公司质量的重要举措

经过多年公司制股份制改革，中央企业的许多核心资产已经进入上市公司，进一步提高央企上市公司质量对于实现中央企业高质量发展、助力资本市场健康发展、维护国民经济平稳运行具有重要意义。央企上市公司要将任期制和契约化管理作为全面深化改革、实现高质量发展的重要抓手，保障公司重大经营决策落到实处、国有资产保值增值的目标落到实处，争做深入实施国企改革三年行动的表率、依法依规规范运作的表率和推动资本市场健康稳定发展的表率。

中材国际作为“双百”试点企业及央企上市公司，必须率先适应新要求，勇担新使命，以习近平新时代中国特色社会主义思想为指导，紧抓任期制和契约化管理“牛鼻子”，积极主动深化改革，全力破除影响和制约企业高质量发展的顽瘴痼疾，依靠改革应对变局、开拓新局，不断增强竞争力、创新力、控制力、影响力和抗风险能力，全面提高公司发展质量，努力建设成为材料工业世界一流服务商。

二、央企上市公司以“1242”为核心的任期制和契约化管理体系建设主要做法

（一）强化顶层设计，统筹构建“1242”实施框架

一是凝聚改革共识，全面增强任期制和契约化改革的主动性。中材国际紧密围绕公司“1236”改革工作思路，以“高质量改革赋能高质量发展”为目标，将任期制和契约化改革作为全面深化企业体制机制改革、推动企业做强做优做大、提升央企上市公司发展质量的重要法宝。强化全级次改革宣贯，多次召开任期制和契约化专题部署推进会，详细解读政策要求和操作要点；完成2974人改革问卷调查，改革支持度达100%；发布重点改革工作指引，明确任期制和契约化在内的15项重点任务的实施路径和时间安排；围绕任期制和契约化管理制度和指标体系等重点任务成立跨单位的专项工作组，以点带面，共同解决共性难点问题；开设改革专栏，全面共享各类政策文件及典型案例290项；深入调研交流，通过“引进来+走出去”开展内外部交流培训180次，全级次改革主动性、积极性和专业性明显增强。

二是突出统筹部署，有序推动任期制和契约化管理全覆盖。公司总部及各单位成立深化改革领导小组和工作小组，主要领导为第一责任人，实现组织全贯通；全级次明确任期制和契约化改革分管领导和责任部门，确保责任层层落实、压力层层传导，实现责任全贯通；全级次制定细化改革任务1311项，将任期制和契约化管理作为改革台账的重要内容，多次发布任期制和契约化的专项工作通知，实现任务全贯通；按照公司整体“一盘棋”，分层推进、全面落实的思路，统筹构建任期制和契约化管理的“1242”（1个基础、2类体系、4个关键、2个深化）实施框架，切实抓实抓好各重点环节，稳步推进全级次162名经理层成员全面高质量完成任期制和契约化管理工作。

三是强化监督评价，有效保障任期制和契约化质量稳步提升。建立“线上+线下”“月例会+季检查+年考核”的闭环管理机制，每月公布任期制和契约化等重点改革指标“成绩单”，开展任期制契约化工作专项检查，逐项审核考核指标千余项，严格落实整改机制。强化所属企业改革工作考核，将任期制和契约化完成情况纳入考核体系，强化以评促改。加强经验总结和宣传，完成《以任期制和契约化为抓手，以高质量改革赋能高质量发展》等3项改革成果，均荣获中国企业改革发展优秀成果一等奖，以典型示范促进改革持续深化，推动任期制和契约化质量持续提升。

（二）夯实“一个基础”，有效保障经理层行权履职

中材国际始终坚持“两个一以贯之”，坚持党的领导和完善治理有效融合，以《公司法》和公司章程为核心，不断完善和规范公司治理机制，有效落实经理层行权履职。

一是坚持党的领导和完善治理有效融合，有效落实中国建材集团党建工作体系，全面完成“党建入章”，实现“双向进入、交叉任职”，全级次100%制定党委前置研究讨论重大经营管理事项清单，把

党的领导融入公司治理各环节，把企业党组织内嵌入公司治理结构之中，有效发挥党组织“把方向、管大局、促落实”作用。

二是全面优化治理制度体系，通过自上而下的顶层设计、自下而上的基层创新相结合，持续健全以公司章程为核心、以议事规则为主体、以专项制度为支撑的治理制度体系，全级次修订完善制度废改立2300项，推动改革制度化、规范化和常态化运行。

三是有效落实董事会职权，在全级次100%实现董事会应建尽建、外部董事占多数的基础上，公司层面创新实施外部董事九大联合工作机制，联合调研15家所属企业和项目，提出管理建议60项并100%落实，充分发挥外部董事监督职能和“外脑”作用；出台落实董事会职权的工作方案和台账，二级企业100%落实董事会职权，依法保障董事会对经理层成员的选聘、考核及薪酬管理权。

四是完成董事会向经理层授权，在全级次100%实现治理权限体系清单化的基础上，22家企业全面完成董事会向经理层授权，将合同签署、具体规章制度审批等权限授予经理层，实现“权责统一、应授尽授”，充分保障经理层自主经营权，有效发挥经理层谋经营、抓落实、强管理的经营管理作用。

五是强化经理层行权监督，在厘清各治理主体权责边界的基础上，通过“组织、制度、机制”三融入和“定位、人员、事项、会议”四分开，严格落实总经理对董事会负责、向董事会报告的工作机制，强化对经理层经营管理的监督审计，确保经理层依法行权、规范履职。

（三）建立“两类体系”，加快形成制度和指标保障

一是统筹构建“1+5”配套管理制度体系。严格按照国资委及中国建材集团关于推行经理层成员任期制和契约化管理的相关政策指引要求，构建以《所属企业任期制和契约化管理办法》为基本制度、以《所属企业领导班子和领导人员综合考核评价办法》《所属企业考核管理办法》《所属企业负责人薪酬管理办法》《经理层成员考核管理办法》及《经理层成员薪酬管理办法》为配套文件的“1+5”管理制度体系，指导各级企业制定本企业经理层成员考核及薪酬管理办法等制度，对实施范围、操作流程、考核管理、薪酬管理和退出管理等重点环节进行规范，明确年度和任期考核相结合、业绩考核与综合评价相衔接、业绩贡献和薪酬激励强关联、考核结果与岗位退出硬约束的管理原则，为全级次高质量完成任期制和契约化工作提供了制度保障。

二是有效建立“公司+岗位”考核指标体系。针对所属企业业务同质化特点，全面梳理各单位经营发展现状及经理层成员职责体系，建立涵盖盈利能力、运营质量、资本回报等6个维度40项指标的公司考核指标库及涵盖市场、采购、项目管理、财务等15类120项指标的岗位考核指标库等2套指标库，为所属企业科学设置经理层成员考核指标提供参考。

（四）紧盯“四个关键”，切实提升工作质量和实效

1. 强化任期意识，任期管理实现规范化、常态化

任期管理规范化是推行经理层成员任期制和契约化管理的基本前提，中材国际通过明确任职期限、到期重聘签订并严格履行聘任协议，打破领导干部“铁交椅”。一是强化任期管理，期满重新聘任。从制度层面建章立制“定规矩”，明确要求全级次经理层成员任期期满必须开展任期考核，重新履行聘任程序，杜绝“自动”续聘，增强“到期重聘”的刚性。二是细化职责分工、实现“一岗一责”。编制岗位说明书模板，明确岗位基本信息、岗位职责、职位权限、任职资格等，让每位经理层成员清楚自己要干什么、能干什么，避免不同岗位职责分工内容高度重叠。三是编制契约模板，避免内容缺漏。发布岗位聘用协议及年度、任期责任书等契约文本模板，突出任期期限、权利义务等内容，明确约定奖惩依据、离职或解聘条件、责任追究等条款，为所属企业提供了兼具标准化和个性化的参考范本，确保全级次经理层成员岗位聘任协议、年度及任期经营业绩责任书签订完整、系统、规范，实现内容不缺项、形式不走样、实质不落空。

2. 细化指标设置，契约目标突出科学性、挑战性

一是考核指标注重体现岗位差异、实施“一人一表”差异化考核。坚持以“岗”定责、以“岗”考责，围绕岗位关键职责及分管业务领域，差异化设置不同岗位考核指标，通过制度规范岗位指标权重，要求除总经理外，其他经理层成员的岗位指标权重占比不得低于50%。

二是注重建立“摸高”机制，实现“跳一跳、摸得着”。建立“战略—任期—年度”“公司指标—岗位指标”的目标管理机制，坚持“横向衔接战略目标、纵向对标历史业绩”的思路，经理层成员按照不低于上一年度或前三年平均水平、不低于“十四五”战略目标、不低于市场对标的平均水平的原则，制定科学合理、具有挑战性的目标值，引导自上而下建立考核指标“摸高”机制。

三是年度和任期指标注重有所区分，形成有效衔接。通过明确不同周期的考核定位和要求，区别设定任期和年度考核指标。任期考核紧密围绕公司“十四五”发展战略目标，重点对业务转型、经营短板、资本回报等中长期经营成果进行考核，涵盖战略发展业务占比、净资产收益率、数字化转型等指标；年度考核包括年度KPI指标及重点工作任务考核，有效分解和承接任期考核指标，重点对经济效益、盈利能力、运营质量等方面进行考核，主要包括净利润、毛利率、两金、盈余现金保障倍数等指标。任期和年度考核有效衔接，明确任期内年度考核结果占任期考核结果的一定权重，考核指标实现100%量化，年度100%设置主要指标。

3. 完善薪酬机制，考核兑现坚持强激励、硬约束

高业绩就要匹配高激励，要坚持业绩导向，强化精准考核有效激励，真正体现“业绩升、薪酬升，业绩降、薪酬降”。一是在结构优化上做文章。坚持内外部对标，合理确定经理层成员薪酬水平，突出“强激励、硬约束”。构建“基本年薪+绩效年薪+任期激励+中长期激励”的薪酬结构，全级次经理层成员浮动工资占比均不低于60%。二是在拉开差距上下功夫。强化目标薪酬透明化，明确业绩贡献与薪酬兑现的关联规则，实现“按业绩算薪酬”，真正体现“业绩是干出来的，薪酬也是干出来的”价值导向。三是在刚性兑现上出实招。完善考核评价机制，根据经营业绩考核结果兑现薪酬，对于超额完成考核目标任务或做出突出贡献的，确保激励到位，对于年度和任期考核结果不合格的，扣减当年全部绩效年薪及任期激励。

4. 严格契约执行，岗位退出做到更坚决、更刚性

一是在明确退出底线上刚性约定。通过相关制度或契约明确“双达标”考核要求，对经理层成员实行经营业绩考核和领导人员综合考核评价，针对未达到经营业绩考核目标或综合考核评价要求的经理层成员，进行岗位调整或退出。其中经营业绩考核中，如出现年度考核结果未达到完成底线（70分）、年度经营业绩责任书中约定的主要指标未达到完成底线（完成率低于70%）、连续两年考核结果不合格（80分）、任期业绩考核结果为不合格（80分）等情形，终止任期、免去现职。二是在落实刚性退出上畅通渠道。根据考核结果严格落实刚性退出，同时建立末位淘汰、免职降职、转专务序列、自愿退出离职等多种退出方式，拓宽管理人员能“下”渠道。

（五）抓好“两个深化”，全面推动三能机制落地见效

中材国际充分发挥任期制和契约化管理在深化企业内部三项制度改革中的示范推动作用，以上率下，带动企业全面推行市场化用工制度和全员绩效考核，全面激发企业内生活力动力。

1. 强化市场导向，积极推行职业经理人制度

任期制和契约化管理及职业经理人制度是中国特色现代企业制度下中央企业推行经理层成员改革的两种重要机制，两者都是以固定任期和契约关系为基础，既互相联系，又有所区别。

在实施范围上，任期制和契约化管理是国企改革三年行动的“规定动作”，要求中央企业及各级子企业全面推行；职业经理人制度鼓励具备实施条件的中央企业积极探索，适用于法人治理结构健全、人

力资源市场化程度高和处于充分竞争行业和领域的企业。在市场化程度上，职业经理人最突出的特点是完全市场化，其中市场化选聘打破中央企业传统的干部委任模式，实现选人灵活高效。契约化管理要求经理层成员差异化设置具有较强挑战性、“力争跑赢市场、优于同行”的指标目标，除签署“两书一协议”外，还要重新签订劳动合同。市场化薪酬强调职业经理人薪酬水平按照“业绩与薪酬双对标”原则，由董事会与个人协商后合理确定。市场化退出强调“退岗退企”，以“考核低于底线就解除劳动合同”代替“解除聘任关系”来倒逼经理层铆足干劲、全力以赴完成考核目标。

中材国际在全面推行任期制和契约化基础上，结合所属单位发展现状及市场化水平，选取所属安徽节源和中材建设作为境内、境外推行职业经理人制度的典型试点，以市场化选聘为核心，以刚性考核为关键，积极构建“权责明确、奖惩分明、流动有序”的职业经理人“引、管、考、退”全过程管理机制。

以安徽节源职业经理人建设为例，突出市场导向，做实市场化选聘。坚持党管干部原则和董事会选聘经理层成员相结合，6名经理层成员全体起立，全面推行职业经理人管理，100%实现市场化选聘，除总经理通过竞聘留任外，其余5名均为新选聘人员，博士学历占比50%，平均年龄下降9岁，经理层团队进一步实现“高学历、专业化、年轻化”。突出刚性约束，规范契约化管理。严格执行职业经理人任期制，每届任期3年，到期重聘或解聘。100%签订两书两合同（劳动合同、聘任合同、年度和任期经营业绩考核责任书），实行“一人一岗、一岗一表”个性化考核，差异化设置年度和任期考核目标，以利润指标为主，与管理指标有机结合，考核目标逐年加压，进一步提高考核科学性和挑战性。突出业绩导向，推行差异化薪酬。加强薪酬市场对标，选取行业内12家上市公司，按照“业绩和薪酬双对标”原则，结合职业经理人岗位分工，差异化确定年薪标准；建立与考核强关联的薪酬兑现机制，实现薪酬能增能减，合理拉开薪酬差距。突出结果导向，明确市场化退出。建立明确的职业经理人退出机制，实现退出条款制度化、协议化。相关管理办法和岗位聘任合同中明确9项退出条件，如“双70”“双80”和任期综合考核评价为不称职等情况下，解除聘任关系的同时，依法解除（终止）劳动关系，真正实现“能进能出”。

2. 强化以上率下，持续推动三能机制突破

一是员工“能进能出”实现新突破。打造以岗位需求说话的公开招聘机制，员工100%实现市场化公开招聘，建立以绩效考核为核心的岗位退出机制，100%实现全员绩效考核，考核结果实行强制分布，全面实现员工市场化退出，确保员工进的公开公平，出的渠道畅通。

二是管理人员“能进能出”实现新突破。全级次构建管理、专业序列等职业发展多通道，针对新增或空缺的441个管理岗位100%实现竞争上岗，中层正职100%签署目标责任书，管理人员退出比例连续三年上升，实现职能管理序列化、竞争上岗常态化、调整退出制度化。

三是薪酬“能高能低”实现新突破。优化完善考核分配体系，建立“一适应两挂钩”的工资总额管理机制，修订各层级考核薪酬管理制度120项，有效拉开薪酬差距。构建上市公司—所属单位—工程项目三级四类中长期激励架构，覆盖1333人。坚持“效益优先、聚焦关键少数、岗位贡献导向，激励约束并重”四原则，科学制订激励方案，促进经营业绩稳步提升。中材国际实施股权激励以来，净利润复合增长率达32%，所属上饶中材通过实施岗位分红，净利润增长率达47%，5家企业和7个工程项目实现超额利润2亿元，实现企业和骨干员工成果共享、风险共担。

三、央企上市公司以“1242”为核心的任期制和契约化管理体系建设效果

（一）经理层干事创业动力得到有效激发

中材国际牢牢抓住经理层成员任期制和契约化管理“牛鼻子”，通过签署岗位聘用协议和考核责任书，进一步压实经理层经营管理责任，构建“人人肩上有压力、个个头上有指标”的管理格局，引导

经理层纷纷撸起袖子干事创业，充分激发经理层成员积极性和主动性，企业发展活力动力有效释放。

（二）体制机制活力不断增强

公司治理机制不断完善。中材国际及所属企业以任期制和契约化改革为契机，进一步完善以公司章程为核心的治理制度体系，明确界定各治理主体决策权限，基本形成权责法定、权责透明、协调运转、有效制衡的公司治理体系，“四会一层”运作更加规范高效，公司治理效能显著增强。

市场化经营机制不断健全。中材国际经理层成员率先垂范，全面实现任期制和契约化管理，试点突破职业经理人建设，有效带动三能机制改革全面落地，“能者上、平者让、庸者下、劣者汰”的氛围已然形成，市场化选人用人水平持续提升。

考核激励机制更加精准有效。中材国际建立健全以考核评价为基础，与岗位责任、风险和工作业绩相挂钩，短期激励与中长期激励相结合的薪酬激励机制，加大对关键岗位和核心关键管理科技人才的激励力度，灵活开展多种方式的中长期激励，按照价值贡献合理拉开收入差距，推动企业活力效率大幅提升。

（三）企业价值稳步提升

2021 年，中材国际全力克服疫情蔓延、原材料价格上涨等多重挑战，在抗疫支出高达 6.7 亿元的情况下，实现营业收入 362 亿元，同比增长 19%；归母净利润 18 亿元，同比增长 19%；市值 254 亿元，提升 1.1 倍；新签合同 510 亿元，创历史新高；科研成果不断显现，超低排放及能效指标全球领先，研发建设 144 座智能工厂，劳动生产率提升 50% 以上，累计荣获国家科技进步奖 11 项，制定国家及行业标准 184 项，拥有高新技术企业 25 家，所属企业入选科改示范企业、国家技术创新示范企业、制造业单项冠军示范企业、国家级专精特新“小巨人”企业，为公司建设成为材料工业世界一流服务商奠定了坚实的基础。

（成果创造人：蒋中文、李荧琳、吕英花、董丽娜、
杨　静、岳立广、王雪琴、张晓红、潘韵文）

钢铁企业基于"三统一 + 协同物流管控"的"一总部多基地"管理体系构建

宝钢集团新疆八一钢铁有限公司

宝钢集团新疆八一钢铁有限公司（以下简称八钢公司）始建于1951年，2007年进入宝钢集团，现为中国宝武钢铁板块的子公司。2020年年末，八钢公司兼并重组伊犁钢铁、巴州钢铁，在疆内形成乌鲁木齐、北疆伊犁、南疆巴州3个钢铁生产基地，粗钢产能合计达到1080万吨，占全疆总产能的57%。产品覆盖棒材、线材、型材、中厚板、热轧薄板、冷轧板、镀锌板、彩涂板以及金属制品等品种，规格达2000多个。八钢公司在阿勒泰、哈密等地拥有铁矿石生产基地，在乌鲁木齐、阜康等地拥有焦煤生产基地，在南北疆和乌鲁木齐还建有百万吨焦化厂、金属制品加工厂，参股钢铁物流集散中心等，具有完整的钢铁生态链，是新疆规模最大、产业链最长、产品最全的钢铁联合企业。

一、钢铁企业基于"三统一 + 协同物流管控"的"一总部多基地"管理体系构建背景

（一）贯彻从"老大"变"强大"指示精神的必然要求

联合重组符合企业发展规律，顺应现代化发展潮流，当前，中国宝武钢铁主业通过打造专业化平台公司和区域化平台公司，力求将"单打独斗"转变为宝武体系的"团队作战"，通过极致效率的不断追求，协同提升制造能力、核心竞争力，协同提高市场占有率和盈利水平，深度推进基础产业的高质量发展，通过深化改革、管理创新，不断提高竞争能力，实现由"老大"变"强大"。

（二）实现西部钢铁产业高质量发展的内在要求

八钢公司兼并重组后，产能规模进一步扩大，但仍存在传统运营模式的弊端，为优化营销体系和价格体系，提高资源保障能力和议价能力，降低采购成本和物流成本，促进产销平衡和优化资源配置，提升基地制造能力，缩小基地间管理与技术水平的差距，解决各基地的产品制造能力和劳动效率水平参差不齐等问题；为优化产品布局，高效配置装备，做到合理投资和生产布局，解决目前产品结构趋同、区域布局重叠、目标客户相同、同质化发展等问题，亟须策划实施"三统一 + 协同物流管控"的"一总部多基地"管控模式，建立分层、分业、分级管理模式，实现钢铁产业高质量发展。

（三）推进智能制造、转型升级的决策要求

构建"一总部多基地"管理模式，是八钢公司贯彻落实中国宝武重大决策部署以及推进智能制造、转型升级的有力举措。通过专业化整合、平台化运营、生态化协同、市场化发展，结合信息化建设及提升改造，将体制创新、管理创新、技术创新与信息化充分融合，构建具有八钢特色的"一总部多基地"管理模式。八钢公司站在高质量发展新起点上，以"同一个宝武"的历史责任与使命，把加快构建"一总部多基地"管理模式作为重大任务抓紧抓实抓出成效，是中国宝武对八钢公司的重大决策部署与工作要求，也是对八钢公司管理能力和管理水平的检验与考核。

二、钢铁企业基于"三统一 + 协同物流管控"的"一总部多基地"管理体系构建主要做法

（一）把握战略规划导向，设计"一总部多基地"顶层框架

1. 构建"一总部多基地"总体思路

把握"成为中国西北及中亚地区钢铁业引领者"的愿景和"深耕新疆，立足西北，拓展海外"的战略定位，以"全面加强管理体系和管理能力建设，加快创建世界一流示范企业"为主题，基于资产经营层定位，八钢公司以专业化整合、平台化运营、生态化协同和市场化发展为方向，坚持创新驱动，

不断深化管理创新、技术创新和商业模式创新，优化资源运营层“营销围着市场转、生产围着销售转、其他围着生产转”的生产运营“三转”模式，构建形成基于本地资源价值利用最大化的核心竞争力。

2. 确立“一总部多基地”建设目标

“一总部多基地”的核心思想是要建立强大的、集中一贯的总部管理运行体系，最大限度地发挥整体的运营能力，通过对运营流程的直接介入，推动各基地协同运作，并服务好各个基地。通过职能统筹管理、业务统筹策划、资源统筹配置，对现有营销、采购、生产和物流体系进行深度变革，优化销售端、采购端和生产物流过程中的资源配置，建立“三统一 + 协同物流管控”的管理模式，力争实现最佳生产组织体制，优化产品布局，以匹配市场环境，高效配置装备，做到合理投资和生产布局，解决目前产品结构趋同、区域布局重叠、目标客户相同、同质化发展等问题，从而掌握区域市场话语权，全面提升八钢公司整体盈利能力。

3. 构建“一总部多基地”组织架构

坚持“管理宽幅最优、管理效率最佳”原则，以“精干、高效、扁平化”为目标，对基地实施组织变革，将伊犁钢铁和巴州钢铁的管理机构进行重新优化整合，取消分厂设置，实现厂管作业区。此外在巴州钢铁“五厂五部”以及伊犁钢铁“六厂五部”构架下，全面规范岗位层级、岗位类别、岗位层级。巴州钢铁从 4 个生产事业部、12 个管理部室，整合成五厂五部；伊犁钢铁从 6 个生产单元、10 个管理部室，整合成六厂五部的组织机构。

（二）建设一个采购中心，增强采购价格谈判能力

1. 建设总部采购中心

在“一总部多基地”管理模式下，对各基地采购业务进行集中管理，形成一个采购中心服务于各个基地的业务格局，对外形成规模优势，增强价格谈判能力。以生产管控、计划管理、质量技术管理统一为前提，通过采购供应链系统信息管理平台，总部统一优化配置资源，制定统一的采购策略，维护统一的采购价格管理体系，统一供应商管理渠道，总部与基地间形成网络化的资源保供能力，快速响应市场，组建专业的采购策划与规范的流程管理团队，为基地提供“保供、降本、服务”，通过采购策略的不断创新，提升企业竞争力，降低企业采购成本，形成钢铁产业可持续发展的生态环境。同时依托采购供应链系统，实现采购业务的智慧化和智能化，提高采购全流程效率，提高采购和供应环节的准确性、及时性和匹配性。

2. 发挥规模采购优势

以八钢公司本部为“总部中心”，协同疆内其他钢铁基地采购，推进并完善“一总部多基地”管理模式，聚焦疆内钢厂采购供应链，整合分散采购资源，发挥规模采购优势，获得更加优惠的价格，避免同类产品重复采购，减少采购频次和供求对接成本，降低采购成本，提高采购效率，形成共建、共享、共赢的采购愿景。

3. 打造采购体系能力

制定简洁高效的制度体系，覆盖采购职能业务管理，提升采购业务的综合体系能力。八钢公司本部结合巴州钢铁、伊犁钢铁生产经营特性，以“采购围绕生产转”为核心理念，加强区域沟通、区域服务等相关职责。统一伊钢基地、巴州基地原料技术质量标准，采购渠道按区域运距最短来规划，尽最大可能降低物流成本。以本部采购中心为主导，伊钢基地、巴州基地相配合，在采购工作的寻源、价格拟签、合同、付款等事项上相互支撑。通过采购需求、采购时间、采购人员、采购地点以及供应商的适度集中，增加采购活动的规范透明度，极大限度缩短采购周期，各基地采购工作效率稳步提升。

4. 优化供应链管理

通过统一采购吸引更多优秀供应商，为八钢公司资源供应、产品开发、售后服务等提供更有价值的支持。与优秀供应商形成战略合作关系，优化企业上下游供应链管理，整合和利用库存资源，减少物流和仓储成本。去中间化工作，减少贸易环节，梳理贸易商清单，建立直供关系、建立忠诚的生态圈供应商。和财务部协同，通过改善付款条件、缩短结算周期等方式建立直供关系，提出明确的资金需求清单。

（三）统一营销体系管理，稳步提升市场占有率

在“一总部多基地”管理模式下，以“营销管理扁平化、流程效率最大化、资源调配最优化”为原则，将各个基地的营销体系进行整合，统一管理国内渠道、加工中心等销售和服务网络。对外形成统一的营销网络布局和用户服务能力，通过产品的同质化实现产品的近地化销售，为用户提供“贴身”服务，通过商业模式的不断创新，提升企业竞争优势。对内通过专业化的营销管理团队，组织各基地产销平衡、合同资源分配和生产组织协同，不断优化各基地品种结构以获取更好的盈利能力，不断降低物流成本和库存占用资金，形成快速响应用户、服务用户的敏捷制造能力。

1. 统一管理分销渠道

接收巴州钢铁、伊犁钢铁各区域的代理商，依据分销商绩效考核办法，按月考评各分销商绩效，提供公平竞争环境，不断遴选优胜劣汰，保持分销队伍始终保持活力，不断优化提升整体分销队伍营销能力。

2. 整合销售业务管理

基地与总部销售业务逐步做到“八统一”“三认同”，“八统一”是指参会、报表、排产、物流协调、绩效评价、异议管理、授权管理、保密管理的统一；“三认同”是指管理模式、绩效评价、企业文化三个方面的认同。在开展“八统一”的同时，对基地人员培训销售管理理念，讲愿景、讲使命、讲目标，使发展理念入脑入心，消除文化差异，增进价值认同，促进内化于心、物化于境，最终实现基地对八钢公司管理模式认同、绩效评价认同和企业文化认同。

3. 优化销售资源流向

坚持“以客户为中心，以市场为导向”，根据总部及各基地产品分类，突出各基地协同效应、资源优势，同时统筹各基地资源流向，通过基地间互供调整、资源调整及轧线产能提升等工作使八钢公司产销平衡以及两金库存总体受控，从而实现综合物流运距最短、综合运费最低，综合边际效益最大。在品牌统一的大背景下，实现三基地产品以最经济的方式流向市场及用户，提高区域资源配置效率，快速形成资源保障更为有力、市场占有率稳步提升的核心竞争力。

4. 优化产品价格体系

一是恢复区域价差。疆内定价以乌鲁木齐为基准，其他区域按照规定加价，有效增加八钢产品效益，特别是南疆区域；统一规格组距差价，按照就高不就低原则对本部、巴州、伊犁规格组距进行统一。二是制定品牌差异化定价策略。各基地按照八钢公司管理要求，实施价格协同集中管理。巴州钢铁、伊犁钢铁使用八钢品牌的产品，在疆内外与八钢本部产品同价。沿用原品牌的，伊犁钢铁和巴州钢铁在疆内与八钢产品保持价差，在疆外区域与八钢产品无价差。

5. 构建销售定价模型

一是整合营销业务链全流程数据，支撑公司营销管理部门对营销业务的综合分析。增强销售与生产、物流的协同，为公司产品结构优化、产能平衡、产品定价、渠道优化、用户服务提供分析依据。二

是以合同和客户为主线，建立销售产品、成品库存、销售合同、销售价格、质量异议、合同执行等销售主题，进一步实现市场、产品、客户、渠道、信用、价格与盈利、绩效及质量异议等营销管理分析应用。三是预测产品未来市场价格走势，制定合理销售定价策略。为解决以上业务痛点，通过深度学习模型，利用公开渠道采集的历史市场数据、结合八钢产销实绩数据，开发销售定价模型。

（四）统一生产管控，建立资源配置最优模式

基于各基地产品定位和跨基地同工序协同，八钢公司在产销平衡、合同资源分配和生产组织协同上统筹安排，在全疆范围内快速推进建立资源配置最优模型，实现整体价值最大化。

1. 建立生产管控沟通体制

各基地与总部建立生产管控联络体系和对口部门，视频监控系统覆盖各基地，基地按要求及时上报相关管控信息，统一生产管控信息发布；以解决问题为导向，协调解决各基地反馈的需要总部解决的问题；统一生产事故管理的标准、事故分析、整改措施的实施及验证、事故绩效评价等管理体系进行分级事故管理，各基地应急预案纳入八钢公司总部预案管理体系并进行分级管理。借助信息化手段，梳理和优化整合各基地生产管理报表，通过一张表掌握总部及基地的综合生产信息。各基地纳入公司生产早调会，通过视频调度形式参会，畅通基地与公司领导及制造管理部的管理沟通渠道。

2. 统一各基地生产计划管理

结合统一销售的产品需求，明确各基地生产任务，以满足资源需求和客户订单为核心，下达各基地具体产线月生产计划和资源需求计划；结合销售钢材品种、量的需求节点，总部编织炼钢、轧钢、原料周生产（原料）计划，基地落实执行；各基地依据月、周生产计划，结合自身设备及坯料情况，灵活安排日、班生产计划；制造部跟踪各基地的采购、物流及生产和原料计划执行情况，及时同相关部门协商以公司效益最优原则调整周计划，原则上不调整月计划，并对各基地计划完成情况按照八钢公司绩效评价制度及标准进行月度评价和反馈。

3. 实施质量技术一体化管理

为确保一总部多基地模式下，过程质量稳定、产品质量达标、体系能力提升。八钢公司总部负责制订生产质量标准管理制度，建立管理质量体系，定期进行审核；通过持续开展对标找差、协同支撑，加速提升各基地制造能力提升，促进经营业绩改善；基地作为生产运营层主要是执行公司的生产质量标准管理制度，并依据公司质量相关制度建立基地的质量体系。

（五）构建智慧系统和大数据中心，支撑管控模式落地

在构建“一总部多基地”管理模式的同时，推进信息化配套建设。同时结合乌鲁木齐本部信息化建设进度和智慧制造成果，对巴州钢铁、伊犁钢铁两个基地的基础自动化、信息化和智慧化等系统进行覆盖。

1. 构建“公司级、厂部级、分厂级、作业区级”四级指标体系

基于统一的八钢大数据平台，从公司级到作业区级的数据统一汇聚，实现数据融合共享，支撑数据驱动的智慧应用落地；通过公司级到作业区级“四指标体系”构建，各个层级管控指标体系脉络清晰，有助于快速发现问题、解决问题；基于指标体系，可构建一系列智慧管理应用，将公司管理从事后提前到事中（在线监控、异常推送）、事前（预警预测），解决管理中的“看不见、够不着、来不及”等痛点问题。在指标体系梳理过程中，明确指标口径、取数逻辑、系统寻源、管理责任等，并形成指标清单、数据字典和相关数据管理规范。八钢事前管控模型归属于宝武工业大脑计划中智能制造产线、智能化全流程两大攻关领域。模型以人工智能算法为核心，背靠四级指标体系，打通各业务系统数据，对多

系统应用进行优化，实现智能化数字化管理。

2. 构建“一总部多基地”信息系统平台和属地大数据中心

八钢公司重点以“三统一”（统一采购、统一物流、统一销售）为原则，创造性地开展功能设计，已基本构建完成以产业链、数据链为基础，集物流、信息流、资金流于一体，实时精准高效管控的“一总部多基地”信息系统平台，并全面覆盖巴州钢铁和伊犁钢铁。通过制造管理系统、物流和铁区管控系统、计量系统的无缝对接，达到生产组织高效协作、采销资源最优分配的目标。以总部智慧化、信息化为抓手和契机，以精益管理为落脚点，构建推进管理提升的长效机制，利用信息系统持续巩固质量、生产基础管理，以问题为导向，围绕工序平衡和生产均衡核心，提升巴州钢铁和伊犁钢铁两基地的工艺改进能力和水平。边缘数据节点数据同步至八钢公司大数据中心，实现八大业务领域的数字监控、智慧管理。其中边缘数据节点的功能定位主要是数据采集、对齐等；八钢公司属地大数据中心的功能定位主要是过程监控、预警等；集团公司大数据中心主要定位在穿透式管控、对标等。

3. 开发应用“库存、原料、产品”三个模型

一是库存预测模型。明确物流运输分公司等业务部门推行事前管理，相关人员准确掌握库存结构和数量的变化趋势，依此制定安全库存、优化库存相关成本。采集原料库各料场数十种煤炭和矿石历史收拨存记录，建立库存预测的时间序列模型，预测各原料未来库存短期变化量和长期变化趋势。二是配煤配矿模型。通过人工智能算法，打通检化验、库存、原料价格等业务系统数据，配合一系列前端展示和交互工具，动态提供原燃料成本最优配比方案，指导生产、采购、计划、库存等工序优化运行。利用历史配料配比实绩、原料检化验、库存等数据，开发配煤配矿的非线性规划模型，同时辅以响应优化器等可视化手段，确保相关人员能高效、准确找出最优解，同时通过系统将相关配比结果进行永久性结构化存储，以利于后续查询、对比、分析。三是钢材产品性能预测模型。基于产销、质检等业务系统生产工艺数据。通过机器学习模型，预测包括热轧 Q235B 在内的 4 种（目前规划）产品多种规格的抗拉、屈服、断后延伸率、冲击等力学性能，其结果直接用于生成生产质量证明书。

（六）打造物流管控平台，实现协同物流管控

八钢公司基于“一总部多基地”采购物流、销售物流和厂内物流现状，坚持自有生产资料和社会化生活资料相结合，对现有物流线路进行全面系统的梳理，通过“对流”线路的设计，实现车辆的重去重回，提高效率，降低成本。以“大物流”“一盘棋”为出发点，以“物流最优、成本最低”为原则，以“适度授权、兼顾效率、快速响应”为目的，通过总部监管、基地授权，实现扁平化、高效化物流管理。同时借助动态物流管控系统，实现大宗原燃料、产成品发运和厂内物流的动态跟踪，同时达到加强“两金”管控和库存管理的目的。

1. 策划物流竞价模式

八钢公司本部以“搭平台、定规则、管评价”为职能定位，提供物流管理专业性服务与支撑。负责搭建统一的物流服务商竞价采购平台，制定统一的竞价采购规则（物流运输相关管理办法、竞价采购书模板、物流服务合同模板、评标原则等）、统一的物流服务商管理原则（物流服务商准入资格、退出机制等），重在制度建设、业务监管、服务支撑、执行评价和目标型管理。基地负责执行本部对采购物流、销售物流、制造物流的竞价结果（合同签订、运力组织、业务结算等），做好物流服务商过程管理及评价，重在制度执行、业务直管、反馈结果和过程管理。根据采购、销售半径物流流向及运量变化，对“一总部多基地”物流运输业务进行竞价方案策划，对竞价模式、物流服务商入围条件、标段设计、合作模式进行优化。

2. 统一物流供应商管理

统一物流服务商引入管理，明确并提高物流服务商准入标准和准入门槛。对新引入的物流服务商和原有的物流服务商进行梳理和资质再审。对现有标段进行整合优化，考虑部分线路/标段按长标期组织运力，实现合作共赢。加强对物流服务商合规性的过程管控，系统设置风险监控，定期查看监控日报，及时关注合格物流服务商动态信息；严格物流服务商评价。按照八钢公司物流相关管理办法，对基地、子公司、本部相关单位进行宣贯培训，对物流服务商进行评价，并对评价的合理性进行抽查；引入欧冶云商对产成品物流进行专业化整合，不断满足各制造基地对产成品物流专业化服务和智慧化运营日益增长的要求。

3. 加强物流运输合同管理

重点关注“一总部多基地”合同签订工作。特别是富蕴、雅矿、艾矿原料发往伊钢，伊犁钢铁、巴州钢铁原料发往本部等合同的签订工作，满足原料紧急调运需要。配合欧冶物流专业化整合工作，完成本部及基地钢产品代运与欧冶物流合同签订工作。重视系统合同台账构建的工作。加强合同审批的系统化管理。严格执行合同审批及签订权限要求，推进合同的线上审批工作，按《物流运输服务合同管理办法》及相关授权进行层级审批。

4. 统一销售平台策划

销售部门负责对各基地销售区域重新划分和销售流向优化，降低物流运输费用；采购部门对各基地采购区域重新划分和采购流向优化，降低物流运输费用；按大物流管控要求出发，通过本部、基地大联动，优化运输路径、利装等方式，使物流总成本最低。

5. 优化物流管控系统建设

全力推进物流管控系统的线上操作，推进“一总部多基地”信息化系统全覆盖。完善物流管控系统审批流程，在物流管控系统中增加审批功能，实现物流管控系统线上审批（分公司级），公司级的向公司审批平台推送审批事项；构建经营决策系统，对公司厂内物流、采购物流、销售物流进行跟踪，为降低物流成本、提升物流效率、有效控制物流风险、提升物流人员工作效率提供管理支撑。

三、钢铁企业基于“三统一+协同物流管控”的“一总部多基地”管理体系构建效果

（一）制造能力和区域核心竞争力不断提升

随着兼并重组的完成，八钢公司在疆内已形成首府乌鲁木齐、北疆伊犁、南疆巴州三个钢铁生产基地，粗钢生产能力已达1080万吨，占全疆现有钢铁产能的57%，是新疆规模最大、产业链最长、产品最全的钢铁联合企业。2021年八钢公司钢铁主业人均钢产量达到1021.3吨/人，较2020年提升11.2%；实现营业收入406亿元（资产口径），同口径较2020年增幅为67%；资产负债率69.97%，较年初下降3.93%。巴州钢铁年人均产钢量提升至1078吨，较2020年增长36.6%；生产经营实现翻番式增长，全年钢材产量125.5万吨、销量136.46万吨，营收59.36亿元、利润5.27亿元；资产负债率61%，下降11%。伊犁钢铁年人均产钢量较2020年增长30.3%；实现营业收入48亿元，同口径较2020年增加14亿元，增幅43%；资产负债率61%，下降13%。

（二）多基地协同效益充分发挥

公司坚持“一总部多基地”管理运营模式，在不同基地产线实施专业化管理、专业化分工、区域化协同、技术和人才共享，实现协同性变革、系统性重塑、规范性重整，提高各基地各条产线的生产效率，巴州钢铁、伊犁钢铁两个基地收入及利润均创历史最好水平。通过推进“统一营销，统一采购，统一生产管控，协同物流管控”模式，实现科学化组织、精细化控制、高效化协同，以全流程优化推动降本增效工作再上新台阶。2021 年公司“一总部多基地”管控模式累计实现协同效益 8.74 亿元。

（三）新一代信息技术与钢铁行业深度融合

通过管理信息系统基本构建完成以产业链、数据链为基础，集物流、信息流、资金流于一体，实时精准高效管控的信息化平台，将八钢本部信息化系统成功覆盖至巴州钢铁和伊犁钢铁，推动跨基地信息资源深度整合、业务流数据流深度融合，形成具有八钢特色的“一总部多基地”管控模式。通过巴州钢铁和伊犁钢铁两基地经营管控系统的标准覆盖工作，快速地建立“一总部多基地”信息化与智慧制造整体架构体系，为八钢公司精细化管理和高速发展提供强有力的支撑，为打造中国宝武西部产业平台，为公司未来钢铁资源整合，为更好地实现“一总部多基地”的管控模式提供平台支撑。

（成果创造人：肖国栋、吴　彬、柯善良、兰　银、季艳军、谢香山、张志刚、姜振峰、薛宪营、姜旭海、刘　沁、成鹏远）

区域发电企业基于“四个导向”的市场化薪酬体系改革

中国华能集团有限公司河北分公司

中国华能集团有限公司河北分公司（以下简称河北分公司）成立于2009年4月，是中国华能集团有限公司和华能国际电力股份有限公司在河北地区的分支机构，是华能在河北地区开发建设、生产经营的责任主体和利润实现中心，根据授权负责对华能河北地区的所辖企业进行全面管理，履行对外协调、发展、营销、生产、经营和监督管理等职能。河北分公司本部下设11个部门及燃料调配中心、河北运营中心两个直属单位。所辖企业包括上安电厂、邯峰电厂、河北清洁能源分公司、华能河北能源销售有限责任公司，以及唐山项目开发部、沧州项目开发部、上安新能源项目处、邯峰新能源项目处、清能分公司5家新能源项目开发、建设单位。2020年河北分公司完成发电量184.9亿千瓦·时，供热量1141.3万吉焦，供热面积3600万平方米，营业收入62.7亿元，利润总额5.55亿元，资产总额达到125.8亿元。

一、区域发电企业基于“四个导向”的市场化薪酬体系改革背景

（一）应对行业转型压力

河北分公司2020年火电装机规模388万千瓦，火电容量份额占分公司总量的91.5%，火电板块的盈利水平将直接决定河北分公司的核心竞争力。随着风、光等新能源快速发展，在未来高比例新能源电力系统中，火电将面临前所未有的挑战：一是火电将逐步由主体性电源转变为清洁能源服务的基础电源，从主力电源向兜底保供和辅助服务转型；二是火电利用小时逐步降低并长期维持在4000小时以下，盈利能力将进一步降低并长期维持在盈亏平衡状态。面对“一转两降”新常态，河北分公司必须积极主动应对电力、燃料市场化改革，紧紧围绕供热、供汽、供冷市场做“加法”，紧紧围绕降本降耗做“减法”，提升火电企业核心竞争力。企业要利用市场化薪酬体系的改革，有效提升精益化管理水平。

（二）促进新兴业务发展

截至2020年底，河北分公司新能源装机36.25万千瓦，占河北省清洁能源总装机容量的0.78%，在七大集团对标中排名第7位，处于末位。践行“3060”使命，实现绿色发展，必须大力发展清洁能源。河北分公司必须团结带领全体员工，紧紧依靠“分公司统一领导、两个职能部门统筹（分公司规划部、建设部）、五个独立开发主体主导（基层企业五个项目管理处）、四项保障机制支撑（选人用人机制、考核激励机制、工程化的工作机制和党政工团齐抓共管的融合机制）”的“1+2+5+4”新能源发展组织体系，全员抓发展。科学合理的薪酬分配机制，可有效引导各单位优质资源向新能源领域倾斜，有效促进新能源业务发展。

（三）激发全员内生活力

原薪酬分配总体框架中，企业绩效工资总额由上年绩效工资总额的30%与当年综合评价系数的乘积确定，共存在四个方面的突出问题，不能满足企业高质量发展的需要。一是考核规则不够科学。原办法中绩效工资基数由上年企业工资总额决定，导致当年绩效工资无法准确反映企业当年的工作成效。二是考核评价不够直接。原办法的核心要素是综合评价系数，综合评价系数由绩效考核得分和利润增长率确定，考核评价的链条偏长，计算方法复杂，评价不直接，不利于管理单位有效把握考核政策、明确努力方向。三是考核分类不够精准。原办法对管理各单位实行统一考核标准，导向不精准，无法充分调动

员工积极性。四是考核结果不够客观。近年来，电力、燃料市场变革加快，外部形势的变化对煤机单位经营结果造成巨大影响，以利润目标完成率为核心评价指标的考核体系无法真实反映企业的工作成效。市场化薪酬体系改革，是创建一流区域公司、实现火电转型和清洁能源跨越式发展的内在需要，也是国企改革三年行动实施方案的具体要求。

二、区域发电企业基于“四个导向”的市场化薪酬体系改革主要做法

（一）聚焦“四个导向”，亮出薪酬改革指挥棒

新版《绩效考核办法》聚焦“四个导向”，突出过程管控，旗帜鲜明地亮出薪酬改革“指挥棒”。

1. 突出效益导向

火电、新能源运营类企业承担的主要任务就是要保经营，稳分公司利润基本盘。考核设置上绩效工资直接与利润总额挂钩，突出价值创造能力，每创造100万元利润总额，核定约5万元绩效工资。引导运营类企业不断提升绩效管理水平和盈利能力，深挖火电存量潜力、做优做强新能源增量。督导企业建立低利用小时下的运营策略，有针对性地细化降本措施，倒逼企业全力谋发展，以清洁能源增量利润保障员工收入实现正增长。

2. 突出发展导向

河北分公司将项目部作为单独主体进行考核，与生产运营人员绩效实现“硬脱钩”。项目开发基建人员基本工资按65%工资总额核定，绩效工资直接与核准、投产容量挂钩，多劳多得、自负盈亏，按照自主开发、合作开发和收购等不同模式进行奖励兑现，每万千瓦容量兑现绩效工资约5万元。为强化高质量发展理念，预留40%奖励额度，根据项目实际收益与投决对比情况进行统筹兑现。

3. 突出市场导向

燃料调配中心、能销公司市场化程度较高，为鼓励企业树立市场意识，主动面向市场、融入市场，将其归类为管理中心考核主体。燃料调配中心的绩效工资直接由分公司标煤采购单价南网对标水平确定，煤价较南网平均水平每低1元/吨，核定绩效工资5万元；能销公司的绩效工资直接由交易电量、电价及代理电量增长率核定。运营类企业绩效工资直接由企业当年利润总额和计提比例决定，按照对标领先原则合理剔除市场大幅波动等客观因素对利润的影响，真正实现“收入凭贡献”。

4. 突出对标导向

为了更好地对照标杆找差距、对照标准抓落实，考核体系设置市场领先和自身改善两个维度进行对标。市场领先方面，根据标煤采购单价超南网平均值、火电利用小时超统调平均值、新能源核准投产容量区域占比等横向对标情况核定绩效工资。自身改善方面，2020年为近五年分公司利润高点，以2020年实际工资利润率水平作为基准值，运营企业实际完成利润高于基准值则工资涨，低于基准值则工资降，促进企业深度挖潜，提升精益管理水平。

5. 突出过程管控

为加强分公司本部建设，强化各部门对基层企业的监督管理，创建管理评价标准体系，明确管理考核指标，通过管理评价加减分的方式对绩效工资进行修正，每分影响企业绩效工资总额1%。为有效解决项目进度不及预期等问题，建立前期、基建项目考核细则，设置节点奖励，与项目经理签订投产项目责任书，明确项目各节点完成期限和奖惩兑现额度，每月根据项目进展情况实时兑现节点奖励，极大促进了前期、基建工作的积极性。

（二）强化顶层设计，把牢薪酬改革“定盘星”

1. 坚持党的领导，成立专项组织机构

河北分公司党委把贯彻落实改革三年行动方案作为重大政治责任，紧紧围绕推动绿色转型升级、加

快建设一流清洁能源区域公司的战略目标，明确改革方向，确定改革任务。经分公司党委多次专题研究，针对河北分公司火电板块效益下降、清洁能源发展滞后的不利局面，为引导管理单位加快绿色发展步伐，做优存量资产，深挖内部潜力，保住利润持续增长的基本盘，确定深化薪酬体系改革的目标和任务，目的是强化绩效考核与薪酬激励的指挥棒作用，充分激发企业内生动力，努力增强企业活力和竞争力。

党委确定薪酬改革方向后，分公司成立以党委书记为组长的工作专班。主要领导对薪酬体系创建工作进行亲自指挥、亲自部署，工作组成员认真分析研究现行考核体系的不足和弊端，勇于解放思想、跳出固有体系，确定新版《绩效考核办法》《所属企业负责人薪酬管理办法》，形成经理层成员任期制和契约化管理等“一揽子”薪酬绩效相关制度，确定薪酬体系建设路线图。配套修订企业绩效目标责任书、经理层成员绩效目标责任书等，作为绩效考核的载体，明确考核目标值和绩效评价方法，确保考核结果刚性执行，实现闭环管理。

2. 创建新版《绩效考核办法》，确立改革路线图

聚焦原考核办法存在的四个突出问题，河北分公司对薪酬绩效体系进行了改革：一是核定绩效工资基数，打破“大锅饭”。打破以上年工资总额作为当年绩效工资基准值的核定惯例，以2020年各单位工资利润率水平作为零点，当年绩效只与当年的工作成效挂钩，由传统的“分工资”转变为“挣工资”模式，使绩效考核在价值创造过程中的“指挥棒”作用发挥更为明显。二是改变考核评价方法，明确“导向性”。改变以利润增长率及绩效考核得分为关键要素的绩效核定方法，企业经营成果直接兑现绩效工资。运营企业绩效工资直接与利润总额挂钩、新能源项目部绩效工资直接与核准和投产容量挂钩、燃料调配中心绩效工资直接与市场对标水平挂钩，有效解决预算目标合理性不足对企业主观能动性的影响，考核指向性进一步明确。三是实施企业分类考核，提高“精准性”。将9个考核主体分为火电运营、新能源运营、项目部和管理中心4类，一类一策，突出重点，提高考核精准性和针对性，有效解决统一标准激励不足的问题。四是引入市场还原机制，突出“客观性”。为有效解决电力、燃料市场波动对企业经营成果的影响，以2020年南网市场平均值为基准，每年以对标领先的原则，对市场波动进行利润还原，合理剔除客观因素对利润的影响，有效激发企业主动作为，不断提升精益管理水平。

3. 完善企业负责人薪酬管理机制，发挥“关键少数”作用

为积极推动企业发展，促进产业转型升级，规范企业公司治理，落实经理层薪酬的管理权，强化企业负责人责任，增强企业发展活力，修订《所属企业负责人薪酬管理办法》，重点突出负责人对企业业绩改善的主动作为，将负责人薪酬与企业绩效进行深度捆绑，建立与年度和任期考核评价结果紧密挂钩、与承担风险和责任相匹配的薪酬分配机制，实现薪酬水平能增能减，充分调动企业负责人积极性，引导企业负责人更加重视企业长远发展。

建立健全经理层成员任期制和契约化管理机制，指导和督促所属单位加快推进经理层成员任期制和契约化管理，根据绩效目标责任书约定开展年度和任期考核，并根据考核结果兑现薪酬和实施聘任或解聘，通过明确任职期限、到期重聘、签订并严格履行聘任协议和业绩合同等契约、刚性考核和兑现等要求，强化经理层成员的责任、权利和义务对等，畅通经理层成员退出机制。

（三）重构薪酬体系，制定薪酬改革“薪指数”

1. 坚持问题导向，理顺绩效改革思路

紧紧围绕河北分公司建设一流清洁能源区域公司的战略目标，对执行的各类考核相关制度进行系统梳理。针对原薪酬体系中存在的弊端，坚持问题导向，逐条逐项进行修订完善，理顺绩效改革的总体

思路。

2. 聚焦分类施策，构建薪酬体系框架

将河北分公司所有考核对象共划分为四类主体，“一类一侧”差异化考核，形成统一的薪酬体系框架。每类考核体系绩效工资核定方法都由绩效工资基数与管理系数的成绩确定。绩效工资直接由考核对象当年的工作成效确定，管理系数为河北分公司本部各部门对考核对象全年日常工作的评价打分，每增加（扣减）一分，影响绩效工资总额的1%。

3. 强化精准考核，形成分类考核做法

火电运营类考核体系。火电运营类包含上安和邯峰两个火电单位。火电单位承担的主要任务就是要保经营，稳利润基本盘。考核的总体思路是：利润指标为主，预算和对标指标为辅。考核指标共设置了三类。第一类为利润贡献奖，由利润总额乘以计提比例确定，利润总额包含市场波动、资产减值、科技投入等还原项，计提比例是以2020年工资利润率水平核定。市场波动主要考虑燃料和电力两个市场变化对利润的影响。第二类为预算目标奖，包含利润目标奖、安全目标奖和发展目标奖三项。利润目标奖根据利润预算完成率核定；安全目标奖根据全年安全生产情况确定；发展目标奖根据项目部重点区域核准容量占比确定。第三类为对标提升奖，包含利用小时对标和标煤采购单价对标两项。利用小时对标根据统调火电平均利用小时对标情况确定；燃料对标根据标煤采购单价与南网对标水平确定。

新能源运营类考核体系。新能源运营类包含清能分公司一个考核主体。清能分公司同时承担着经营和发展的任务，考核的总体思路是：利润和发展指标为主线，预算和对标指标为辅助。考核指标共设置了四类：第一类为利润贡献奖，具体计算方法与火电运营类基本一致。第二类为发展奖，具体计算方法与新能源项目部类相同。第三类为预算目标奖，包含利润目标、安全目标两项。第四类为对标提升奖，根据利用小时区域对标情况确定。

新能源项目部类考核体系。项目部包含唐山、沧州、上安和邯峰四个考核主体。考核总体思路是：容量奖励作为主要考核指标，用区域占比系数和预算完成系数进行修正。容量奖励根据项目部取得的核准（备案）和投产容量及单位容量奖金确定；区域占比系数由项目部重点区域获得的核准（备案）容量占该区域总量的比例确定，标准值为20%，每高一个百分点容量奖励总额度增加1%；预算完成系数根据年度发展任务完成率确定，标准值是60%，每高一个百分点容量奖励总额度增加1%。为了确保高质量发展，项目奖励采用递延的方式发放，第一年部分兑现，具备条件后对项目收益水平进行评估，根据评估情况兑现剩余额度的奖励。

管理中心类考核体系。管理中心包含调配中心和能销公司两个考核主体。调配中心的总体思路是：聚焦标煤采购单价指标，提高南网对标水平。考核指标共设置两个：一是效益贡献奖，根据河北分公司与区域标煤采购单价的差值确定；二是对标排名奖，每年根据市场情况确定两家火电单位区域排名，实现目标兑现奖励。能销公司的总体思路是：力争交易电量不低于市场份额，交易电价不低于市场平均水平，能销公司代理电量同比正增长。考核指标共设置三个：一是售电量考核，根据交易电量完成率核定；二是售电价考核，根据售电价格完成率核定；三是代理电量考核，根据代理电量完成率核定。

（四）强化宣传引导，激发薪酬改革“心动力”

1. 突出问题分析，营造改革氛围

疫情期间，在线组织召开多次务虚会，针对企业各领域存在的问题和整改措施进行深入分析讨论；在年度工作会上确定2021年打赢“绩效考核A级、清洁能源发展、作风建设”三大战役的目标，全体员工以改革求生存、求发展的进取意识不断增强，形成了走出“舒适圈”、投身二次创业的浓厚氛围。

2. 广泛征求意见，形成改革共识

薪酬改革思路确定后征求各类人员意见，在此基础上针对利润总额受煤炭市场、电力市场影响较大等问题，对绩效评价方式进行了科学调整，并测算各类极端情况下的绩效奖金兑现额，让广大干部职工认识到与绩效奖金直接挂钩的指标一定与自己的努力直接相关，进一步统一思想、凝聚力量。

3. 加强政策宣讲，推动改革落地

薪酬绩效体系形成后没有立即印发，而是组织召开多个宣讲会进行宣讲。先是召开分公司中层及以上干部大会，由主要负责人亲自宣讲，重点讲解绩效考核改革的目的、思路及征求意见采纳情况；之后由财预部、人资部组织到各基层企业进行宣讲，重点说明职工绩效奖励与哪些因素直接挂钩，让各类人员都明白自己努力的目标和方向。

（五）强化评估督导，打造薪酬改革“升级版”

1. 实时开展绩效评估，持续优化升级考核体系

考核办法下发执行后，每月对各类考核主体绩效情况进行模拟评价，确保考核体系科学合理，能够有效引导企业在分公司战略布局上同向发力。自2021年6月正式发布以来，共进行了两次修订完善，持续优化升级考核体系。一是调整火电利润贡献计提比例。以火电单位2020年实际工资利润率水平为基础，全额还原折旧等客观因素，采用分段累加的方式确定计提比例，最终实现两家火电单位与新能源运营单位计提比例一致，有效激发落后企业迎头赶上，领先企业不断自我超越。二是调整市场波动利润还原规则。2021年电力市场、燃料市场发生巨大变化，为有效激发火电单位领先意识，将市场波动对利润的影响，由全额还原调整为以对标领先原则进行还原，有效传导经营压力。三是强化新能源项目过程管控。针对新能源项目进度不及预期、投产滞后等问题，制定新能源奖励细则，增设节点奖励，前期共设置建设指标、核准（备案）、收益评价等三个节点，基建共设立开工、并网、投产、收益评价等十个节点。根据项目进度情况，每月实时兑现节点奖励，有效激发前期基建人员工作积极性，为项目早日高质量投产打下坚实基础。四是强化新能源投资收益硬约束。针对新能源项目存在经营情况不好、收益水平无法有效保证等风险，进一步加大新能源投资收益考核占比，由20%提升至40%。针对分布式项目点多面广、建设时间长、运维成本高等问题，以分布式项目为试点，根据第一年投资收益与标杆值（ROI＝5.2%）对比情况进行考核兑现，未达到标杆值水平的不予奖励兑现。有效引导前期、基建、运维人员全方位发力，实现项目资源优质、造价领先、运维精益的目标，确保项目收益。

2. 加强绩效兑现督导，确保考核结果刚性执行

2021年为新版考核办法执行的第一年，为确保各基层单位建立与分公司考核导向相统一、与企业自身发展需要相匹配的考核体系，确保考核结果刚性落地、向为企业经营发展做出突出贡献的个人和团队倾斜，分公司积极组织开展基层企业考核体系创建及薪酬分配落地情况的监督指导。一是加强对基层企业绩效分配审核监督。2021年年底，基层企业绩效考核结果下发后，要求各单位第一时间对新能源等重点领域人员薪酬分配情况进行梳理，并报分公司备案，结合上报情况编制《2021年火电企业新能源人员收入核查》报告，对薪酬分配情况进行全面总结分析，确保绩效奖励向做出特殊贡献的团队和个人倾斜，考核激励和导向作用有效发挥。二是同步开展薪酬绩效管理专项审计。2022年年初，分公司组织开展基层企业薪酬绩效管理专项审计工作，对各单位考核体系建设、组织机构职能发挥及考核结果兑现等全流程、全环节进行系统检查，对检查发现的问题提出明确的意见建议，并限期整改，确保分公司绩效考核理念在基层单位贯彻执行，分公司上下形成强大合力，共同促进企业转型升级。

三、区域发电企业基于“四个导向”的市场化薪酬体系改革效果

河北分公司自2020年实施市场化薪酬绩效体系改革以来，有效激发了全体员工干事创业的活力动

力，在严峻的电力、燃料市场形势下砥砺前行，加快了企业转型升级的步伐，提升了企业管理水平和核心竞争力。

（一）薪酬改革形成全员共识

新版《绩效考核办法》的建立，明确四类考核主体，精准实施差异化考核，构建效益导向、发展导向、对标导向和市场化导向的薪酬绩效考核体系。发电经营类企业以2020年效益水平为基准，效益升薪酬升、效益降薪酬降；以市场平均水平为基准，优于市场则薪酬升、劣于市场则薪酬降；新能源发展类企业，以发展容量为基准，多劳多得，上不封顶、下不兜底。全面推行经理层任期制和契约化管理，经理层成员签约率实现100%，差异化设置经理层考核指标，合理拉大收入差距。研究制定《所属企业负责人薪酬管理办法》，负责人薪酬与企业绩效结果深度挂钩，实现负责人薪酬与企业绩效的正向关联，充分激发“一把手”带头示范作用。

2021年，在新版薪酬绩效考核体系引领下，分公司新能源发展取得历史性突破、火电精益管理取得显著成效。年度特别贡献激励中，新能源奖励725万元，占总额度的57.3%。上安新能源项目部人均工资同比增幅21%，较同岗位员工高23个百分点，个人工资总额最高增幅达120%。燃料调配中心人均工资同比增幅18%，绩效工资同比增幅高达76%。打破了三家运营单位企业负责人薪酬固有排名，清能分公司负责人工资水平同比大幅提升。

（二）火电转型取得突出成效

2021年煤机面临极其严峻的电力、燃料市场形势，河北南网火电平均利用小时同比下降418小时，降幅9.1%。南网平均标煤采购单价同比上涨383.6元/吨，涨幅64.1%。面对电力收入大幅降低、燃料成本跳涨的被动局面，分公司系统积极主动作为，火电转型取得了显著成效。

安全生产实现“零目标”。安全绩效考核取得重大突破，获得满分。科技创新能力显著增强。全年获得专利授权78项、专利申请166项，完成年度预算任务的228%。火电可持续发展迈出重要步伐。煤机生存空间进一步拓展，上安一期二次延寿再获3年运行许可、邯峰各股东方签订永续经营协议；机组灵活性进一步增强，分公司火电机组全部具备30%负荷调峰能力；供热业务进一步拓展，供热面积突破4200万平方米，同比增幅40%。提质增效取得突出成绩，剔除煤价市场因素影响，实现利润总额8.1亿元，同比增加2.6亿元，增幅47%。火电利用小时超统调20小时，创历史最优成绩；标煤采购单价较南网平均值低17元/吨，为近五年来最佳水平；强化费用管控、深挖节能潜力、加强资金管理，全年降本节支约3.3亿元。

（三）绿色转型实现历史突破

截至2020年年底，河北分公司新能源装机占比仅为8.5%，抵御电力、燃料市场冲击能力严重不足。2021年，在分公司党委正确领导和配套考核机制的激励引导下，分公司上下热情高涨，全民搞发展态势逐步形成，绿色转型实现历史性突破。

前期发展取得重大突破。全年累计获得新能源建设指标534.2万千瓦，是存量新能源装机容量的8.5倍，河北区域七大电力集团对标排名第一位。基建投产规模再创新高。全年实现开工85万千瓦、并网60.3万千瓦，分别是期初新能源运营装机容量的2倍、1.5倍，新能源装机占比达14%，同比增幅65%。深州项目创造了分公司3个月开工、并网的新纪录，是河北省首个9月底下达指标当年并网项目。信都项目是河北省首个“光伏+电取暖”并网项目。鹿泉、磁县、信都整县分布式光伏项目实现了首批并网目标。

2022年以来，在煤价高企的严峻形势下，河北分公司各项工作在2021年基础上再次刷新历史最好成绩。截至 2022 年 10 月底，累计实现利润总额约 7.16 亿元，超集团年中调整目标约 6.1 亿元，同比增幅 252%。所属两家煤电单位均高质量实现扭亏目标，在集团公司 115 家火电单位中盈利能力均位居前十名。标煤采购单价在七大集团对标排名第一位、利用小时超河北南网统调平均水平 175 小时。累计实现新能源核准（备案）容量 391.7 万千瓦、新能源在建项目 163.5 万千瓦，为分公司实现高质量可持续发展打下坚实基础。

（成果创造人：董长青、谢天豪、贾丽娟、关殊颖、王国昌、梁荣勃、陈伟刚）

冶金矿山企业以高质量发展为导向的管理提升

河北钢铁集团沙河中关铁矿有限公司

河北钢铁集团沙河中关铁矿有限公司（以下简称中关铁矿）是河钢集团矿业公司子公司，2009 年被列入国家《钢铁产业调整和振兴规划纲要》，国家冶金矿山重点建设项目，2020 年建成投产，设计年采原矿量 200 万吨。2021 年全年主营业务收入 14.76 亿元，净利润 6.8 亿元，实现税金 3.2 亿元，成为河钢集团矿业公司吨精粉利润创效最高、盈利能力最强的矿山。

一、冶金矿山以高质量发展为导向的管理提升背景

（一）落实生态优先、绿色发展的高质量发展要求

我国经济发展已经由高速增长阶段转向高质量发展阶段，中关铁矿作为新建冶金矿山企业，必须转变以牺牲生态环境为代价的粗放型、低效率的矿山资源开发方式，树立新发展理念，走高质量发展之路。以创新推动高质量发展既是企业贯彻新发展理念，应对宏观环境外在挑战的必然之举，也是企业转变发展方式，为生存发展注入新动力的内在要求。

（二）聚焦关键环节，推动企业高质量发展

近年来国家对矿山行业安全、生态环保的法律规制不断健全完善，对企业安全、生态环保工作监管不断强化。安全已经上升为企业保证正常生产的底线，安全生产成为高质量发展的重要基础。生态环保已经上升为企业不可逾越的红线，绿色发展成为高质量发展的硬约束条件。创新大水矿山地质条件下高效开采技术，提高资源利用率，建设绿色矿山，成为高质量发展动力之源。借势云计算、大数据、物联网等现代技术的发展，创新生产全流程智能化管理，持续推进智能矿山建设，提升管理效率，成为高质量发展不可或缺的重要支撑。人是创新的主体，用好绩效激励调动职工的积极性，积极参与创新并推动企业高质量发展，绩效管理成为高质量发展的重要保障。中关铁矿作为一个新建矿山企业，全国典型的大水破碎矿床，面临安全风险与绿色发展的挑战，必须通过技术创新、管理创新推动高质量发展。

（三）完善管理、技术手段，适应复杂生产条件

中关铁矿是国内典型的高品位软破富水难采矿山，大水且矿岩复杂破碎，难以规模化开采，资源利用效率低，井下安全生产风险远远高于其他矿山。矿山在安全管控、高效开采技术、智能化管理和绿色发展等方面面临更多的挑战。由于受矿山地质条件、技术及主客观环境影响，中关铁矿建设经历了一个很长的周期，在建设期间，中关铁矿就以创新推动设计、工程组织、工艺技术、管理方式方法等方面的优化，不断适应技术发展及监管政策的要求。尤其在 2016 年以后，随着矿山即将建成投产，必须加快从传统管理手段创新向智能化管理创新转变，从单一业务线的创新向安全管理、产线技术管理、生产全流程智能化管理、绩效管理等多方位的系统共生创新转变。

二、冶金矿山以高质量发展为导向的管理提升主要做法

（一）明确高质量发展目标与实施路径，完善组织保障

1. 依据行业特点，明确高质量发展具体内涵与实施路径

中关铁矿积极探索大型冶金地下矿山高质量发展道路，明确“安全、绿色、高效、智能、活力”的矿山高质量发展目标。根据矿山实际，选择以下四个方向发力：一是安全生产管理，以安全零事故为目标，以安全生产风险分级管控和隐患排查治理双重预防机制建设为核心，应用信息技术，搭建安全管控平台，实现人防、技防协同，筑牢安全生产底线；二是产线技术管理，以国家生态环保标准为约束条

件，通过技术、管理双驱动，创新资源高效开采与利用技术，提高资源利用率，实现产线全流程节能减排，建设绿色矿山；三是生产全流程智能化管理，以生产流程为主线，充分利用现代技术搭建管理系统协同共生的智能化大数据管控平台，提升管理效率，持续推进智能矿山建设；四是绩效管理，实施目标绩效与超额利润分享机制，充分调动职工积极性。

2. 建立完善高质量发展工作组织体系与制度

中关铁矿成立以创新推动高质量发展工作的领导小组，董事长、总经理任组长，分管副总为副组长，领导班子成员、职能部门、作业区主要负责人为小组成员，负责领导创新工作，制订年度工作计划，明确工作协调部门及责任部门，推进工作的具体落地实施。依据工作职责、针对不同课题，建立形成以班组、作业区（部门）、矿专班为责任主体，职工创新工作室、矿专业技术创新平台、河钢集团产学研平台为支撑，全员参与的创新工作网络。先后制定《科技创新管理办法》《研发人员绩效考核制度》《研发项目管理办法》，《产学研合作制度》《科技成果转化组织实施与激励奖励办法》《员工创新平台管理办法》等创新管理制度与工作流程，建立课题征集、揭榜挂帅组队、资源支撑、方案研讨、完善改进、跟踪评价、月考核奖惩的工作机制，为实施以创新推动的高质量发展提供组织与制度保证。

3. 制定任务清单，统筹推进

中关铁矿聚焦安全管理、产线技术管理、生产全流程智能化管理、绩效管理四大领域，认真跟踪国内外矿山发展的技术与管理趋势，了解行业内的新工艺、新技术、新装备、新方法，聚焦先进技术与先进管理方法应用场景，结合自身矿山资源禀赋、地质条件、技术工艺、管理流程、职工技能，找准发展路径，制定任务清单，建立评价标准。任务清单中明确牵头部门、协同单位，责任人，时间任务节点，支撑条件。构建主体明确、责任清晰、任务具体，产线工序协同，现场诊断与交流，过程督导考核的工作推进体系。充分利用大数据、5G 通信、物联网等现代技术，制订可操作性的创新工作计划，确保闭环管理，不断改进提升。

（二）夯实安全管理基础，加强现代化技防

1. 以双控机制建设为核心，筑牢安全生产基础

中关铁矿作为全国典型的大水破碎矿床，井下生产安全风险远远高于其他矿山。中关铁矿以双控机制（安全生产风险分级管控和隐患排查治理双重预防机制）建设为核心，全面提升安全基础管理能力。

一是牢固树立全员时时刻刻查隐患，分分秒秒抓整改的安全理念，牢记安全生产是矿山的“生存底线”。坚持“每日一题”全员答题培训，每周播放安全警示案例视频，每月组织职工安全素质能力提升专题培训，不定期组织职工作业现场安全演练，利用线下试卷、线上微信小程序进行安全应知应会考试等多种方式，强化筑牢职工安全意识。大力推进零隐患、零违章、零事故的“三零班组”建设，创建安全生产标准化班组。

二是以“机械防护与能源隔离管理”为抓手，以主体设备安全技术改造为保障，以控制重大危险源和危险作业项目为重点，以主要风险点辨识为突破，以实现“一个中心，两个完善、三个提升、四个有利于”的管理目标。一个中心：落实机械防护，以能源隔离为中心，动态（检修过程）能源隔离为主，静态（正常生产）机械防护为辅。两个完善：完善安全生产风险分级管控制度，完善隐患排查治理制度。三个提升：提升职工安全生产技能，提升安全风险点的管控水平，提升作业现场的安全设施标准。四个有利于：有利于实现安全标准化操作，有利于防范安全风险，有利于处理安全事故，有利于提高生产效率。

三是加大安全设施的投入。投入 170 万元用于制作防护栏杆、防护罩（网）、双重防护链等，限制人身的任何部位接触皮带机或其他主体设备及附属设施的移动、转动、冲压等部位，在设备正常运行期间，所有职工都无法进入机械伤害点的范围，使人员与危险部位脱离接触，减少人机交互。投资 269 万

元对选矿产线所有电器操作箱进行电气隔离挂牌上锁，通过运用挂牌上锁及悬挂警示标牌，防止危险能源意外释放造成的人员伤害或设备损坏。推广应用先进大型采掘设备，消除设备选型不适带来的安全隐患，提高井下设备对大水矿山工况的适应性，实现安全高效采掘作业。

2. 建设安全管控平台，实现安全主动预防

2020年构建完成基于风险辨识和隐患排查治理的信息化安全管控平台，强化各个层级各个岗位的风险辨识管控及隐患排查治理工作。安全管控平台主要功能模块有风险管控、隐患排查、数据分析、资质管理、作业审批、教育培训、应急管理等。通过风险点信息和各岗位倒班规则的数据导入，在安全管控平台中为全矿每名职工建立岗位级账号，按照既定周期向各层级职工下发安全点检任务，各层级职工利用智能管控平台下发的点检任务按时开展岗位点检，自动生成每天的隐患排查清单，点检时发现的隐患在平台上如实记录并整改，形成闭环管理，汇总生成全矿整体的隐患排查治理台账。建立重大风险由公司级、科室级、班组级、岗位级共同管控，较大风险由科室级、班组级、岗位级共同管控，一般风险由班组级、岗位级共同管控，低风险由本岗位管控的四级管控机制，公司领导和安全管理人员可以定期查询任意时间段内的各层级岗位隐患排查率和隐患发现情况，极大地提升安全管理工作效率，做到全矿全方位无死角的风险管控和隐患排查。实现全员参与、流程规范、闭环管理、动态分析、动态提醒、可视化展示等管理功能，提高信息传递效率，提升安全管理水平，节省安全管理成本。

3. 实施“金睛”工程建设，提升安全技防水平

2019年中关铁矿组建全矿视频监控中心，2020年按照邢台市应急管理局技术强安、建设“金睛”工程的要求，将视频监控中心进行升级改造。采用综合管理一体机进行集中管理+网络硬盘录像机分散存储的方式，建立中关铁矿安全视频监控系统。在矿山安全重大、较大级别风险点，特种作业场所和关键控制岗位均安装高清摄像头，能够清晰、完整地看到一线岗位工人操作情况。重点盯住交接班时段、设备开停机时段、节假日生产时段、设备故障突发时段，对人的“三违”行为实施动态监管，实现作业行为可视化、可备查、可追溯。对于实时性要求高，如井下有轨运输系统装卸载等生产操作画面，选用双输出的摄像机，模拟信号用于实时监控进行远程操作，数字信号用于录像存储以便回溯即时影像。通过“金睛”工程视频监控中心的建设，推动由人防、物防到现代化的技防协同，着重对地下矿山重大隐患、重点部位进行安全巡查，严查“三违”作业，解决因人的违章行为而出现的安全隐患和发生各类事故。

（三）推进产线技术管理升级，建设绿色矿山

1. 攻关高效采矿技术，提高资源利用率

中关铁矿是国内典型的复杂大水难采矿山，大水且矿岩破碎、泥质化严重，存在安全隐患大，难以规模化开采，不得不缩减矿房尺寸，导致资源利用效率低，产能下降严重。为实现安全高效开采，减少资源浪费，中关铁矿技术团队依托河钢集团产学研平台，积极与院校合作，开展技术攻关，掌握核心大水矿山开采技术，提高资源利用率。

2016年中关铁矿与东北大学进行底部出矿开采技术研究，其核心技术获得国家“十三五”重点研发计划项目立项——金属非金属矿山完整性安全开采理论。

2018年中关铁矿与华北理工大学联合开展软破富水矿体安全高效技术研究。采用理论研究、理论计算、三维建模、数值模拟、室内试验、现场工业试验等相结合的研究方法，不断进行采矿方法优化及采矿试验工程实践，逐步摸索出一套复杂破碎矿体采矿方法优化及提产布局协同管理体系。

2019年依托河钢北科大钢铁绿色制造协同创新中心开展微差挤压爆破技术研究与应用，并开展力学模拟试验。通过对各水平二步回采矿房围岩及相邻采场充填体稳定性进行调查，采用数值模拟方法建立矿体回采现状实时三维模型，实现国内大水破碎矿床的低残留开采，采场矿石回采率由82%提高

至 90%。

2. 改进优化选矿工艺，提升产线效能

强化产线流程管理，积极进行选矿工艺技术改进优化，提升产线生产效能。例如，通过对选矿上料系统下矿溜槽改造、易堵料位置安装空气炮，上料台时由 400 吨/小时提高到 525 吨/小时。通过制作安装弹簧、橡胶二级减震缓冲床等措施，减小矿石对皮带缓冲托辊冲击，设备可开动率提高到 95% 以上；通过增加自磨机自返装置，单系列台效由 120 吨/小时提高到 160 吨/小时以上，超过设计台时。

3. 挖掘固废资源价值，实现资源利用的最大化

积极开发固废资源利用有效途径，2017 年与北科大联合开展超细全尾砂似膏体充填技术研究，以保证安全高效和低成本充填开采。利用钢渣、矿渣及脱硫石膏等固废资源，开发出高泥全尾砂骨料钢渣基绿色充填胶凝材料，并实现工业化应用。该技术不仅胶凝材料成本比 PO 42. 5 水泥成本低 40% 左右，还净化地表环境，减少环境污染，避免堆坝带来的安全隐患。2021 年累计充填井下空区 26. 5 万立方米，共消耗选矿尾砂 21. 2 万吨，消耗冶金工业废渣 5. 3 万吨，降低充填成本 1060 万元，减少环保资源税 720 万元。

改进原生矿破碎干选工艺技术。实施碎矿干选、选矿预选甩废，在提高矿石入磨品位的同时，提高临界品位矿石资源的回收利用率，减少流程循环量，降低工序能耗，产出的部分副产品石砟料，还可用于建筑、修路的原料。2021 年销售干选石砟料 17. 91 万吨，创效 136. 38 万元。加强选矿湿式预选的运转管理，提前对不合格的细泥和脉石进行抛尾，提升预选尾矿直线筛的设备处理能力，减轻流程循环负荷，稳定生产流程，年平均产出用于建筑材料的尾矿砂 10 万吨左右，进一步提高矿产资源利用率，挖掘了固废资源的价值。

4. 环境治理与生态保护同步，节能减排

矿体帷幕注浆堵水系统是水资源生态保护屏障的源头。为保护区域水资源、保证矿山的正常生产，在矿体周围建造水平和垂直向上全封闭的阻水帷幕，平面上形成环形全封闭的帷幕，有效降低帷幕内外含水层的水力联系，水率可达到 80% 以上，有效地保护当地地下水生态环境，避免采矿排水地下水漏斗的形成，同时降低了帷幕内矿井排水量，保障了大水矿床的安全开采，每年可节省 0. 46 万亿立方米矿井排水，大幅降低矿井排水费用。

水资源梯级综合利用，实现循环废水零排放。针对矿山建设及生产生活需要，系统地进行水资源梯级综合利用工作，利用产学研平台，逐步建立国内大水型矿山的矿井水梯级综合利用模式，实现矿井水的零排放和生产用水的闭环循环。具体包括：一是实现全矿供暖及制冷的“零碳排放”。水源热泵提取矿井水中的热量，用于副井井口防冻、全矿职工洗浴热水和矿区建筑供暖，彻底取代传统的燃煤锅炉。二是低能耗纳滤实现矿井水回灌及净水回用。采用以纳滤为核心的矿井水净化工艺来脱除矿井水中的污染因子，可达到国家规定的回灌水质标准，与反渗透相比，可节省 30% 的运行费用，净化后的清洁水可替代生活水源井，节省取水电耗。建成国内首家以纳滤为核心的组合水净化示范矿山，免费为全矿职工及附近村民提供饮用水，既提高了矿井水利用率，又造福了周边村民。

利用矿山闲置土地，共进行 55660 平方米的荒地治理，矿山绿化率达到可绿化面积的 100%。重点打造南部山坡生态治理和河道综合整治（即“一山一水”）的亮点项目，穿越矿区的河道内养殖荷花、锦鲤及天鹅，南山坡生态园种植果树、蔬菜、绿草等，整个矿山建成四季有绿、三季有花的生态化公园式工厂。

（四）实施生产全流程智能化管理，持续推进智能矿山建设

1. 制定并实施智能矿山建设规划

中关铁矿认真研究国内外智能矿山发展的战略趋势，2018 年制定并实施中关铁矿智能矿山建设规

划。按照“整体规划，分步实施”的原则，总体规划分三步走。

第一步，建设完善以集控中心职能为核心的信息自动化基础平台，优化完善安全生产系统的自动化控制，实现全矿集中调度指挥，地表产线一键启停和协同生产，逐步实现各子系统的少人化目标。

第二步，建成以大数据和云计算平台为支撑的智能决策体系，实现勘探、化验、地测、采矿、选矿、供销等环节信息的实时采集，打造基于大数据平台的智能决策，支撑远距离跨区域实时监控矿山生产现场。

第三步，大力推动“5G+智能矿山建设”和井下智能化作业水平，深入推进“5G+智能应用场景”建设，构建三维采矿智能设计，实现凿岩台车自主作业、装药车自主装药等井下采矿环节的全面自动化、遥控化乃至无人化作业，建设智能矿山。目前已经完成两步走，2022年启动了第三步。

2. 建设信息自动化基础平台，实现生产远程集中控制

2018年中关铁矿按照“三步走”战略规划，持续推进智能矿山建设，2020年建成以“集控中心职能”为核心的信息自动化基础平台。优化提升井下破碎、选矿、充填、排水等各自动化子系统，合作完成井下电机车无人驾驶系统。统一规划全矿网络架构，建成多网合一的信息高速公路，搭建矿山云平台，运用虚拟化技术，实现全矿业务系统数据采集、上传至集控中心等功能，并对全矿数据中心进行升级，实现矿山主体设备系统上线率100%。建成一体化智能集控中心，在地表集控中心实现井下溜破系统、主副井提升系统、上料系统、磨选系统、充填系统、压滤系统、排水系统等远程集中控制及自动运行，在地表集控中心实现井下电机车无人驾驶、智能调度和自动运行，实现电机车运行完全自动化和无人化。

3. 建设大数据平台，实现生产作业流程的智能管控

2020年以采选工程大数据为背景，开展全矿采选大数据集成分析、大数据集成建模及智能管控平台研究与实践。针对分散的数据孤岛、各工艺作业协同程度低、关联性差等难题，以提高效率、降低安全风险和劳动强度为目的，以生产全流程智能化管理为目标，建立全矿大数据智能管控平台，对各工艺数据进行统一的采集、汇总、分列，采选工艺流程等现场约18000点的工控数据在数据中心得到汇聚与存储，同时按照时间域、系统域、工序域进行分类、对比、关联、分析与展现。数据平台共建有地质资源、生产计划、生产调度、质量管理、能源管理、设备管理、销售业务、作业场景建模、生产工艺智能管控等模块，实现地质勘探、采矿、选矿、质检化验、供销等环节信息数据的实时采集与智能分析，动态掌握矿山生产经营状况，为管理高效决策提供信息支持。充分发挥数据对生产的引导分析作用，准确可靠地生成出采矿计划及设计，对产品质量数据进行采集、计算、汇总，并对关键数据的异常进行报警，进行人工干预及时控制产品质量波动；对能源消耗实施在线调度管理，及时掌握真实的能耗情况，减少能源管理的成本，提高能源管理的效率，实现生产全流程的自动化、信息化、智能化的高度融合。关键设备数控化率达到100%、关键设备联网率达到100%，运营成本下降15%，全矿定员由862人减至471人，入选国家智能制造示范工厂。

4. 深入推进“5G+智能应用场景”落地

2022年启动智能矿山建设第三步，上半年与邢台移动公司合作，基于移动5G频段优势和设备优势，完成矿山井下主干巷道5G环网的网络拓扑结构及部署方案，实际勘测5G信号在井下覆盖情况，并完成矿山井下5G主干网络设备安装及调试。

（五）完善绩效管理，激励全员创效

1. 明确关键指标，不断完善绩效激励机制

以生产经营指标为中心，将产量、成本、质量、利润等技经指标设为关键绩效考核指标，按照所占权重直接与绩效收入挂钩考核，安全管理、生态环保指标作为绩效否决指标参与考核，工作任务清单完

成情况直接与责任领导绩效考核挂钩。不断完善以问题与结果为导向、月考核月分析、绩效讲评反馈、持续进行改进的考核奖惩机制，绩效考核由“单位分钱”向“团队挣钱”转变。各考核主体单位根据自身实际制定绩效考核办法，并依据考核结果进行绩效工资的二次分配。重点加大对关键岗位人员及创新任务的正向激励力度，提升考核的精准性和激励导向效果。

2. 实施超额利润分享，增强职工创新的内生动力

在持续加大绩效考核激励力度的基础上，实施超额利润分享并向承担创新任务的关键工序和一线倾斜，超额利润分享按照一线作业区 80%、辅助作业区及科室 20% 的比例设定，实现关键团队和岗位收入翻倍。承担创新工作的负责人提奖额度与其绩效考核结果挂钩，奖励额度可以达到部门总额的 20%，奖励上限不高于 2020 年度实际收入的 2 倍。各作业区、科室计提超额利润奖励分配向重点工序、关键岗位人员倾斜，并根据个人贡献大小，进一步拉开奖励档次。2021 年共发放职工超额利润分享奖励 672.2 万元，同时，建立创新工作荣誉表彰机制，设立职工创新工作室，将物质奖励和精神鼓励有效结合，形成全员创效的工作氛围。

三、冶金矿山以高质量发展为导向的管理提升效果

（一）技术经济指标显著提高

2021 年实现年采原矿 200 吨，投产第二年就达到设计产能，打破了行业 3 ~ 5 年达产的周期律。2021 年全年主营业务收入 14.76 亿元，净利润 6.8 亿元，实现税金 3.2 亿元。成为河钢集团矿业公司吨精粉利润创效最高、盈利能力最强的矿山。在与行业对标 31 个技经指标中，电机车效率、掘进工班效率、选矿电耗、选矿从业人员实物劳动生产率等 4 个指标排名行业前三，25 个技经指标高于行业平均水平，处于行业第一方阵。

（二）生态效益、社会效益凸显

采用阶段空场嗣后充填法采矿，以全尾砂为充填骨料和充填胶凝材料对井下采空区进行胶结充填，净化了地表环境，减少环境污染，提升了资源利用率，2021 年累计充填井下空区 26.5 万立方米，共消耗选矿尾砂 21.2 万吨，消耗冶金工业废渣 5.3 万吨。在矿体周围建造水平和垂向上全封闭的阻水帷幕，平面上形成环形全封闭的帷幕，每年可节省 0.46 万亿立方米矿井排水。利用水源热泵提取矿井水中的热量，用于副井井口防冻、全矿职工洗浴热水和矿区建筑供暖，彻底取代传统的燃煤锅炉，实现全矿供暖及制冷的“零碳排放”。

中关铁矿《大水矿山地下水生态保护关键技术》入选国家自然资源部《矿产资源节约和综合利用先进适用技术目录（2022 年版）》，为促进我国矿山行业绿色低碳转型、提高矿产资源利用效率提供了技术选择方案。

（三）获得广泛认可

2021 年，安全生产实现五种重大事故为零，安全双控管理信息平台受到省、市政府主管部门的肯定和推广。中关铁矿通过了第三方环境管理体系认证、能源管理体系认证、质量管理体系认证，是河北省矿山绿色智能开采中心共建单位，入选省级生态环境监管正面清单企业、国家智能制造示范工厂揭榜单位、国家高新技术企业。

（成果创造人：田　欣、张国胜、路燕泽、郭　斌、霍顺生、王立杰、
杨志强、邓艳霞、孙琳琳、李　聪、张素娜、郝智垒）

社会责任与绿色发展

实现增油减碳的国内首个百万吨级 CCUS 项目建设与产业化运营

中国石油化工股份有限公司胜利油田分公司

中国石油化工股份有限公司胜利油田分公司（以下简称胜利油田）是我国重要石油工业基地，主要从事石油天然气勘探开发、石油工程技术服务、油气深加工及新能源开发业务。自 1961 年投入勘探开发建设，探明石油地质储量 56. 35 亿吨、天然气地质储量 2760 亿立方米，累计生产原油 12. 7 亿吨，约占全国同期陆上原油产量的五分之一，为保障国家能源安全和国民经济社会发展做出突出贡献。胜利油田坚持传统化石能源与新能源并举、降碳与碳利用并重、污染防治与生态保护并行的原则，油气增储增产增效与绿色低碳发展双向发力，自 20 世纪 60 年代末持续开展 CCUS（指碳捕集、利用与封存）技术攻关与实践应用，2021 年 4 月率先启动 CCUS 项目，并于 2022 年 8 月 25 日全面建成投产国内首个百万吨级 CCUS 项目，齐鲁石化利用高效碳捕集技术将煤制气工业尾气中的 CO_2 捕集液化后，作为产品出售给胜利油田，胜利油田利用 CO_2 在所属区块进行驱油与封存，年增油达到 20 万吨以上，年封存能力达百万吨级，为保障国家能源安全、推进实现“双碳”目标提供了示范样板。

一、实现增油减碳的国内首个百万吨级 CCUS 项目建设与产业化运营背景

（一）践行“双碳”目标、推进绿色发展的战略需要

中共中央、国务院《关于完整准确全面贯彻新发展理念做好碳达峰碳中和工作的意见》，明确提出“推进规模化碳捕集利用与封存技术研发、示范和产业化应用”。CCUS 作为国内外公认的碳中和关键技术，是电力、钢铁、水泥、化工等行业深度减碳的重要手段，到 2050 年 CCUS 将贡献约 14% 的 CO_2 减排量。我国地质封存潜力巨大，具备大规模碳捕集利用与封存的工程能力，但是缺乏规模化工程应用实践和完备的标准体系支撑。胜利油田推进实施的国内首个百万吨级 CCUS 项目，有助于形成低成本、低能耗、安全可靠的 CCUS 技术体系和产业集群，将为我国大规模实施 CCUS 项目提供更丰富的工程实践经验和技术储备，对搭建“人工碳循环”模式具有重要意义，有助于推进“双碳”目标的早日实现。

（二）端牢能源饭碗、保障国家能源安全的发展需要

党的十八大以来，以习近平同志为核心的党中央创造性提出“四个革命、一个合作”能源安全新战略和“能源强国”新目标，特别是习近平总书记视察胜利油田时，对能源安全的严峻形势、传统能源和新能源的辩证关系做出深刻论述，强调“能源的饭碗必须端在自己手里”，为我国能源高质量发展指明了方向目标。2021 年，国家原油对外依存度达到 72%，天然气对外依存度达 46%，我国石油安全形势极为严峻，最大的短板和弱项是石油和天然气的安全。增强国内资源生产保障能力，需要国有能源企业发挥支撑托底作用，大力提升油气勘探开发力度。CCUS 作为化石能源大规模低碳利用的新兴技术，能够有效破解低渗油藏效益开发世界级难题，打破“水注不进、油采不出”“采油速度低、采收率低”等瓶颈制约，并且能够将捕集的 CO_2 进行地质封存，实现增油与减碳双赢，但是目前的常规 CO_2 驱油技术提高采收率幅度有限，需要进一步深化理论认识和突破技术。据测算，我国适宜 CO_2 驱油的石油地质储量约 130 亿吨，运用 CCUS 技术可增加可采储量约 20 亿吨、封存 CO_2 约 60 亿吨，仅胜利油田就有 15 亿吨储量适合 CO_2 驱油。国内外矿场实践充分展示了 CCUS 技术驱油增产的广阔应用前景，加快石油行业 CCUS 产业发展，将为保障国家能源安全提供强力支撑。

（三）建设领先企业、推动区域经济发展的现实需要

中国石化以打造世界领先洁净能源化工公司为愿景，构建“一基两翼三新”产业格局，推进化石

能源洁净化、洁净能源规模化、生产过程低碳化、能源产品绿色化。胜利油田完整准确全面贯彻新发展理念，积极稳妥推进 CCUS 产业发展，构建清洁低碳、安全高效的能源体系，是油田自身推进高质量发展、建设领先企业、打造百年胜利的内在要求。长期以来，胜利油田主动融入区域经济社会发展，作为京津冀经济圈周边最大的陆上油田，且地处炼化产业聚集区，周边碳源丰富，100 公里范围内高碳排放企业年排放 CO_2 量达 1000 万吨以上，胜利油田有 20 亿吨以上的封存能力，源汇匹配优势明显，在实现自我减排降碳同时，大幅消纳区域碳排放，为区域产业结构调整、经济社会发展腾挪出“碳空间”。这些都迫切需要 CCUS 产业化运营、规模化发展，进一步提升“碳消纳”能力，提升 CO_2 在更广领域、更深层次上的工业利用。

二、实现增油减碳的国内首个百万吨级 CCUS 项目建设与产业化运营主要做法

（一）内外联合，谋划项目顶层设计

1. 构建融合联通的管理体系

着眼 CCUS 产业发展，围绕上下贯通、目标同向，构建多方参与、职责清晰的立体化管理体系。中国石化成立 CO_2 捕集利用综合示范项目建设领导小组，统筹项目论证、方案审核、组织协调等重要职能一体化组织项目建设和产业化运营管理。胜利油田牵头组织齐鲁石化、石油工程建设公司等单位成立工作专班，加强项目组织协调管理；油田内部成立由主要领导任组长的领导小组，专门组建 CCUS 项目部，落实“统筹管理、技术引领”职责，下设油藏工程、注采工程、地面工程、生产运行、QHSE 与井控等五个工作组推进项目运行。与地方政府成立协调小组，建立会商机制，在政策配套、项目征地、油地融合、绿色信贷等方面加强对接，共同推动百万吨级 CCUS 项目高效管理。

2. 编制可行性项目实施方案

CCUS 全产业链主要包括碳捕集、输送、驱油利用与封存等关键环节。胜利油田立足于国内首个百万吨级 CCUS 全链条产业化项目方案设计的系统化、最优化，联合各单位共同编制全产业链建设运营规划。一是优化捕集工艺，针对低浓度 CO_2 气源捕集成本高的问题，优选浓度较高的齐鲁石化煤制氢尾气气源，应用自主研发的低温精馏捕集工艺，有效降低捕集成本，解决了低成本碳源问题。二是优选输送方式，为加快项目建设运营进度，先期运用国内成熟的 LNG 罐车运输技术，同时加快推进国内首条百公里级 CO_2 长输管道建设，最大限度保证低碳、安全、高效输送。三是优选驱油与封存阵地，按照源汇匹配最优、运营成本最低、效益最优的原则，选取高 89 - 樊 142 地区作为驱油封存阵地，编制出采收率最高、CO_2 封存量最大的油藏工程方案，覆盖石油地质储量 2562 万吨，年注入能力 100 万吨、年均增油 20 万吨以上、提高采收率 11.6%，预计 15 年累计封存 CO_2 1068 万吨，增油 296.5 万吨。四是优化集油回注方案，CO_2 驱采出液实现全程密闭集输与处理，处理后的水、气重新回注地层实现循环封存。五是强化封存安全监测，运用体系化思维构建“三途径”（在线、走航、人工）、“三层次”（空中、地面、地下）、“三介质”（气体、液体、固体）监测体系，确保 CO_2 长期安全封存。

3. 推行三级项目建设运行机制

建立层级清晰、职责明确的组织体系，高质高效推进项目建设运行。在油田层面，建立完整运行体系，确定“日运行、周例会、旬分析”工作机制，聚合全系统、全产业链优势力量，推动项目安全高效运营；与地方政府、齐鲁石化建立协同运行工作机制，围绕捕集、输送、利用与封存、QHSE、油地协调等全链条重点环节，形成“目标同向、合作共赢”的工作合力。在直属单位层面，集聚各业务优势，建立设计、采购、建设、开发、注气等跨专业联动机制，按照项目建设方案，加强组织协调，及时解决项目建设中的各种问题，做到各专业信息共享、合力推进、无缝衔接。在现场执行层面，成立前线指挥部，制订详细的工作计划，明确责任单位和时间节点，采取“打表推进、挂图作战、响铃交卷”的工作方法，落实网格化管理，强化施工进度和施工质量把控，提升项目建设运行效能。

（二）创新驱动，突破关键核心技术

胜利油田持续开展 CCUS 相关技术攻关，自 1967 年以来，历经“室内实验研究、关键技术攻关、先导试验、工程示范”四个发展阶段，自主攻关三方面核心技术，构建了覆盖 CCUS 全链条、可工业化推广的技术系列，实现 CCUS 核心技术“从 0 到 1”的突破，为 CCUS 产业化发展奠定理论基础和提供技术支撑。

1. 突破碳捕捉技术，实现低成本工业化应用

针对现有碳捕集技术能耗高、效率低等问题，与南京化工研究院、清华大学、浙江大学等研究机构开展联合攻关，探索新理论、突破新技术。在高浓度 CO_2 气源（CO_2 含量 > 80%）捕集上，创新实施余热、余压回收节能工艺，形成低温精馏碳捕集技术，综合能耗较常规工艺降低 10% 以上，已成功应用于齐鲁石化百万吨级捕集工程。在低浓度 CO_2 气源（CO_2 含量 < 20%）捕集上，面对传统吸收剂性能低的世界级难题，自主研发新型多氨基吸收剂，吸收性能较传统方式提升 30% 以上。在捕集工艺设计方面，创新能量梯级利用工艺，再生能耗由 3.0GJ/tCO_2 降至 2.24GJ/tCO_2，达到国际领先水平，捕集成本降低 20% 以上。鉴于 CO_2 长输管道国内无工程应用先例，与美国海湾石油公司（GIE）、加拿大 Regina 大学开展技术交流，组织专业技术人员赴加拿大 Weyburn 油田学习考察，自主攻关研发多相态管输、国内首台套大输量管道离心泵等“卡脖子”技术，有效支撑了国内首条百公里级、百万吨级密相 CO_2 输送管道工程的顺利实施。

2. 突破碳利用技术，实现低渗油藏高效开发

面对特低渗透油藏埋藏深（大于 3000 米）、储层致密程度像磨刀石、常规 CO_2 驱提高采收率低的世界级难题，建立由中国工程院院士李阳牵头的“专家 + 团队”联合攻关模式，依托“中国石化 CCUS 重点实验室”，聚焦高效增油。在驱油方式方面，创新形成国内首创的低渗透油藏 CO_2 高压混相驱油理论，建立“压驱 + 水气交替驱”开发方式，实现碳油快速相溶、油井快速增油，驱油效率提高 25% 以上，整体达到国际领先水平，为我国百亿吨低渗透石油资源高效开发提供了理论支撑。在高效注入方面，研发国内首台套、具有完全自主知识产权的高效密闭地面注入装备，形成“零排放、高压注入、低温计量、分压分注”等注入技术系列，已推广应用 36 台套，填补了国内在该领域装备制造及应用上的空白。

3. 突破碳封存技术，实现长期安全封存

驱油过程中 CO_2 一次封存率仅有 40% ~ 60%，封存效率较低。胜利油田组织相关单位，共同开展产出气直接回注、混合回注和分离提纯液化回注 3 种方式研究，攻克产出气高效循环利用技术，通过多轮次循环注入，理论封存率达到 100%，实现 CO_2“封得多”；聚焦井筒、盖层与断层等 CO_2 泄漏风险源，建立井筒完整性、盖层密封性、断层稳定性的评价方法，制定注气压力控制标准，实现 CO_2“封得住”；研制高精度 CO_2 驱油与封存测试工艺、CO_2 前缘预测方法，明晰 CO_2 在地层中的运移规律，构建 CO_2 安全监测技术，实现 CO_2“封得久”。

（三）高质高效，推进项目施工建设

以“集约化设计、绿色低碳”为原则，围绕“打造标准化工地、绿色工地，创建标杆典范工程”，探索实施 CCUS 项目“六化”建设模式，突出设计施工一体化管控，提高建设效率、施工质量、安全管理水平，锻铸精品工程、优质工程。

1. 实施“六化”建设模式

一是固化标准化设计。发挥设计先行作用，定型注入站、集输处理站、回注站标准化设计，通过优化平面布局、工艺流程、设备定型，提升自动化水平，打造高水平智能场站；建立三维智能图元，精细化建模设计，实现工艺数据和安装数据自动核对，实现装备“零件级”数字化设计和交付。二是深化

工厂化预制。将预制装配理念引入工程，应用EP3D软件进行工艺管道加工设计，实现设计与工厂加工数据深度交互，因地制宜采用“固定预制厂+移动作业线+现场预制平台”组合的施工模式，减少现场工作量，降低现场交叉作业和高空作业的安全风险。三是推进模块化建造。发挥模块建造效率高、精度高等优势，推行“模块叠加集成”模式，统筹设计、预制和施工有机融合，形成标准化、系列化的8套工艺装置模块、35套子模块，减少占地，方便施工，现场施工人员减少30%，人机综合效率提升4%。四是加强机械化作业。推动转型升级，工厂内配备全自动数控切割设备、智能物流、机械化组对、全自动焊接等设备；施工现场设置工艺下料区、工艺预制区、工艺组装区，配置坡口机、自动焊机等设备，提高现场作业机械化占比，生产效率较传统模式提高20%以上。五是提升信息化管理。发挥信息管理集成透明、规范有序、智能高效的优势，全面实现数字化交付，综合采用物联网、云边端等信息技术，保证工程数据应采尽采；打造智能工地管控平台，为工程装上“智慧大脑”，围绕“人机料法环”关键要素，在安全环保、质量、进度、人员、物料、技术等六个方面实现穿透式管理。六是打造标准化工地。超前谋划、周密部署，形成标准化工地建设方案，按照“大封闭、小分割”的原则，科学布置人流、物流、作业流，确保施工流程设置合理；超前谋划，合理优化施工顺序，按照永临结合的原则，优先组织地管、道路硬化、场地绿化施工，为无土化作业奠定基础。

2. 实施“五严”质量管控模式

一是严把技术方案审核执行关，CCUS项目部将图纸、技术方案纳入统一管理，组织专家和部门从专业角度提出修改完善意见，确保方案的可行性。二是严把入场人员技能水平验证关。加强特殊工种岗前技能考试，持续操作过程动态跟踪，确保作业人员熟练掌握操作程序和要领，发现异常及时处理。累计组织295人参加焊工技能水平验证考核，考核合格273人，管道工程累计焊接一次合格率98.5%，有效保证了焊接质量。三是严把材料、设备进场验收和场外预制加工质量关。对照采购合同、设计文件、技术规格书严格进场验收，对需要复检的现场抽取样品密封送往有资质的实验室复检测试。四是严把施工机具进场验收关。大到起重吊装机械、小到手持电动工具，全部实行“验收贴标”管理，使用过程加强维护保养监管，出现异常立即停止使用，收回验收合格标签。五是严把施工作业环境管控关。时刻关注天气及现场环境变化，通过项目智能管控系统发布天气预报，编制或调整作业方案。

3. 实施网格化管理模式

为确保项目建设的优质、快速、高效，按照“分级负责、无缝对接、全面覆盖、责任到人”的原则，建立“全覆盖、全方位、分片管理、分级负责”的网格化管理模式。单元网格以涵盖完整工序为原则设置，尽量达到内部独立循环，减少不同单元间的工序施工交叉，每个单元设置一名网格长作为总指挥，负责内部总协调，组织网格员对施工现场安全生产、质量管理、扬尘治理、疫情防控等工作实行精细化管理。网格员不间断地开展日常监督工作，严格按照监督检查、问题告知、问题处理、整改落实等流程开展工作，通过日常巡查、重点抽查、定期检查、突击检查等方式，提高监管频次，督促责任主体落实，发现问题立即整改，将质量安全隐患消灭在萌芽状态，高质高效推进项目建设。

（四）试点运营，探索实施“人工碳循环”

以合作共赢为基础，以核心技术为支撑，以市场需求为牵引，探索“人工碳循环”模式，推动形成集经济效益、生态效益、社会效益为一体的CCUS产业链、价值链。

1. 对接上游，保障优质碳源供应

百万吨级CCUS示范项目中，齐鲁石化、胜利油田作为供需双方，以市场需求为引导，打造互利共赢运营模式。齐鲁石化在项目启动后，持续优化CO_2捕集工艺流程，不断降低项目碳排放和捕集成本；项目中交后，加速推进开工准备，对开车过程中可能出现的问题进行推演，制定防护措施；项目投产后，强化装置运营管理，确保开得起、稳得住、长周期、高效益。齐鲁石化应用低耗高效捕集技术，将

捕集的液态 CO_2 作为商品出售给胜利油田，年盈利近亿元，实现了碳减排与经济收益双赢。胜利油田利用齐鲁石化的低价气源进行驱油与封存，年均增油达 20 万吨以上，较以往采购社会高价气源，CO_2 驱油成本下降 500 元/吨，既增加了原油产量、降低了驱油成本，又实现了碳汇转化盈利。在该共赢模式的带动下，提升了周边高碳排放企业捕碳脱碳的积极性，引领企业产业结构调整，加快推动形成以胜利油田为中心的区域碳交易市场，大幅消纳区域碳排放，为区域生态文明做出积极贡献。

2. 服务生产，实施驱油增油工程

组织技术团队与美国奥斯汀大学、科罗拉多矿业学院开展技术交流，赴多家兄弟油田调研，在对标优化基础上，深化地应力和储层连通性研究，做实 CO_2 驱油实施方案。综合考虑油藏地质特点、开发阶段和气窜井预判等因素，采用“一井一策、一块一法”，优化配产配注方案；持续开展 CO_2 驱油动态跟踪与实时调控，定期组织现场动态分析会，了解矿场第一手资料，开展注采优化调配，确保开发效果。2008 年以来，胜利油田先后在滩坝砂、浊积岩、砂砾岩等不同类型低渗透油藏开展 CCUS 先导试验项目和推广应用项目，覆盖地质储量 3655 万吨，增加可采储量 365 万吨，累计注入 CO_2 64 万吨，采收率提高 10 个百分点，累计增油 11 万吨，新增利润 2.5 亿元。

3. 低碳导向，不断提升封存效率

在国内首创形成“CO_2 高压混相驱”核心技术并取得矿场应用突破，目前已建成注气站 15 座，日均注入 CO_2 2000 余吨，封存效果良好。创新实施采出液全程密闭集输与处理工艺，把随着采出液一同采出来的 CO_2 干燥后，直接增压回注到地层进行循环驱油与封存。为了保证 CO_2 的永久封存，建立断层安全性定性评价标准和 CCUS 环境监测体系，完成监测点位布设 504 个，获取注入井、油井、管线等周边大气、土壤气、浅层地下水环境监测背景值，建立数据台账，提升对土壤、大气、地下水、植被等环境介质的监测能力，为碳减排核查量化确立良好矿场实践和实验基础，保障 CO_2 长期安全封存。

4. 需求牵引，扩大产业化规模

统筹谋划产业发展布局，构建高端装备制造、区域利用封存等产业集群，实现 CCUS 项目产业化运营。通过技术合作、成果转化等措施，在淄博市建立以博山泵业为代表的高端注入装备制造基地，在东营市建立以胜机石油装备有限公司为代表的 CO_2 驱井筒工艺及集油处理装备制造基地，对地区贡献 GDP10 亿元以上。基于油藏开发需求推动建立区域利用场景，在胜利油田东部油区，吸引外部企业北京汇智中科公司在东营市投资建设碳捕集工厂，建成十万吨级碳捕集利用项目；在西部油区，与中国石化内部企业齐鲁石化建成百万吨级 CCUS 产业集群，重点建设 CO_2 输送基础设施，在国内首条百公里级长输管道上预留多个管汇接口，与周边排放企业共享输送网络，形成多个 CO_2 输送枢纽；在北部油区，与东营市大明热力公司建成十万吨级 CCUS 产业集群，重点打造低浓度捕集工艺应用及副产品（N_2）工业化应用新模式；在南部油区，与中化集团达成十万吨级 CCUS 产业集群共建意向。通过上下游一体化共赢发展，探索形成更有价值、更有效率、更加科学的人工碳循环模式，展现出 CCUS 产业化发展更加广阔的前景。

（五）强化保障，构建多元支撑体系

胜利油田充分发挥央企带头示范作用，着眼 CCUS 产业化发展，不断加强效益、创新、信息、标准等多维度、全要素支撑体系建设，确保国内首个百万吨级 CCUS 项目高质量运行。

1. 构建效益评价体系

以全价值链管理为路径，深化投资经营一体化。针对 CCUS 项目产业链长、影响因素多、对于成本精细核算要求高的实际，编制 CCUS 项目详细核算方案，精准解析 CCUS 全链条的财务运营情况，以单项目、单资产、单班组为最小经营单元，厘清存量与增量、生态效益与经济效益、当期收益与长远价值的业务边界，建立以精确计量、精准归集、精益引导为路径的目标管理机制，加强碳捕集、利用与封存等环节的资源要素统计分析，提高在 CCUS 各环节的预算管控能力。开展业绩评价和绩效考核的指标梳理，深化 ERP 项目工作结构分解（WBS）和统计订单应用，实施单项目独立核算，做到投入清、产出清；构建业、财、管协同联动考核指标，明确关键指标提升路径和影响因素，确保业务财务“同算一套账、同跑一条道”，开创国内将 CO_2 作为产品进行财务核算的先例，推动 CCUS 项目全链条价值提升。

2. 完善技术创新体系

深化与高校、科研机构、地方政府的 CCUS 技术交流合作。在“中国石化碳捕集、利用与封存（CCUS）重点实验室”“中国石化气驱提高石油采收率重点实验室”平台基础上，推动建立国家能源技术研发中心、国家重点实验室等高端开放共享的实验与研发平台，加快科研成果向现实生产力的转化。建立技术、经验共享与扩散机制，通过联合组建研发团队、申请国家重大项目等举措，协同攻关重大科学和工程问题，全力建成“技术开发—工程示范—产业化”的 CO_2 利用技术创新体系，打造碳减排技术创新策源地。围绕项目运营管理重大难题，与北京大学等知名院校合作开展“CO_2 驱油与封存地应力动态模拟技术研究”；发挥油田内部优势力量，建立“专家 + 团队”技术研发及成果转化一体化运行机制，对自主技术研究资源、外部高端科研院校、战略装备改造服务商等技术要素优化配置，协同推进技术研发、试验应用及装备服务团队的统筹运行，全力打通技术研究向矿场应用“最后一公里”。

3. 创建数字保障体系

建立 CCUS 信息系统，探索利用物联网、大数据、人工智能、移动应用等信息化技术，开展站控技术、深度学习、大数据等技术攻关，与 EPBP、PCS 等应用平台信息贯通、数据共享，提高注采调控、动态分析、安全预警等智能化水平。创建数字化管理现场，按照“现场可视、远程操控、集中管控”要求，构建全区域无人值守、机动巡检、集中管控的生产运营模式。以“平台 + 管理 + 监控”模式，突出“标准化、信息化、智能化、安全化”的有机融合，构建覆盖 CCUS 全链条的“集中、统一、规范、标准、开放”智能管理平台，开辟 CCUS 全链条安全管理智慧化的新路径。

4. 健全行业标准体系

根据 CCUS 产业特点和发展要求，开展 CCUS 现行国际标准、国家标准、行业标准、地方标准、团体标准、企业标准适用性分析，梳理应用现行标准 56 项，新制定标准 46 项。与山东省能源局、国际标准化组织（ISO）碳捕获与封存量化核查工作组等部门加强课题对接，建立突出油田实用性的标准群，实现 CCUS 标准体系全链条覆盖，包含基础通用标准，以及捕集输送、密闭注入、驱油与封存、地面建设、监测评价等 5 大类标准，补齐 CCUS 全产业链缺项标准空白，推动产业全链条质量进步、标准提升。

（六）党建引领，实现项目高质量运营

坚持把党建工作融入项目建设，把央企党建优势转化为发展优势，延伸到项目运营管理的各层级、全领域，促进党建工作与项目建设融合共促，把党员作用发挥到安全环保、检修改造、创新创效、管理提质、人才培养等生产经营业务链条上，提升全员推动绿色发展、贡献清洁能源、保障能源安全的自觉主动性，推动 CCUS 项目的高质量运营管理。

1. 政治建设引领项目运营

全面践行习近平总书记视察胜利油田重要指示精神，坚持把国内首个百万吨级 CCUS 示范项目运营管理作为重大政治任务，激发保障国家能源安全、推进“双碳”战略目标的内在动力，坚决扛起企业管理创新、自主研发创新、解决“卡脖子”技术难题的央企责任担当，先后开展专题调研 100 余次、举行课题交流 200 余次、组织考察学习 50 余次，制定实施胜利油田 CCUS 中长期发展规划，部署 CCUS + 新能源、CO_2 转化利用等前沿和储备性技术攻关，开展 CCUS 应用年度滚动研究，有效延展清洁固碳产业链，为推动实现胜利油田“十四五”末碳排放总量和强度降低 30% 打下坚实基础。

2. 组织建设保障项目运营

充分发挥国企党建优势，将党组织建在项目上，建立“支部 + 项目”“支委 + 团队”“党员 + 骨干”党建工作机制，设立安全、环保、质量、稳定、廉洁等党建考核、绩效考核“双约束性”指数，确保党建与中心工作同频共振，以组织力提升创造力，为项目运营提供强劲动力。发挥 CCUS 项目的人才练兵场、科技孵化器作用，采取“项目 + 人才”培养模式，打通单位部门界限，畅通人才成长通道，建立人才高效流动使用机制，打造形成“领军人才—学术带头人（技术骨干）—后备人才”的人才链，集聚形成地质、工艺、地面工程等 15 个专业领域的人才团队，为 CCUS 产业化规模化项目运营提供坚实人才支撑和智力支持。

3. 思想建设聚力项目运营

胜利油田在 CCUS 项目运营管理中，针对 CCUS 技术创新难度大、精细管理要求高等挑战，制定贯彻落实习近平总书记重要讲话指示精神 7 个方面 28 项主要措施，组织开展“牢记嘱托、再立新功、再创佳绩，喜迎二十大”主题行动，宣贯“再立新功再创佳绩 176 条”新理念，传承弘扬石油精神石化传统，践行“爱国、创业、创新、开放”的新时期胜利价值观，深入开展“从石油石化工业发展历程看什么，向老一辈石油石化人学什么，走好新的长征路靠什么”的大讨论，并将 CCUS 产业发展纳入转创主题，引领全员思想再解放、观念再转变，在加快推进 CCUS 全链条产业化运营管理中当先锋、立新功。

三、实现增油减碳的国内首个百万吨级 CCUS 项目建设与产业化运营效果

（一）实现了增油减碳产业化发展

2022 年 8 月 25 日，“齐鲁石化—胜利油田百万吨 CCUS 示范工程投产暨国内首条百公里级二氧化碳长输管道开工”仪式举行，标志着我国 CCUS 产业步入商业化运营，年封存 $CO_2$100 万吨，年增油 20 万吨以上，新增产值约 5 亿元，其中 2021 年增油 3.4 万吨，新增利润 5312 万元。项目的建成对于破解国内油田开发难题、提高国内油气产量、降低油气开采成本有着现实而深远的意义，打通上下游全链条、增油减碳一体化产业发展之路，促进 CO_2 在更广领域、更深层次的工业利用。国内首条百公里级 CO_2 长输管道已顺利开工，管道全长 114.5 公里，预计 2022 年年底建成后可实现每年 170 万吨的 CO_2 输送能力，填补我国 CO_2 大排量、长距离密相管输工程空白。通过打造国内 CCUS 产业发展高地，胜利油田力争“十四五”末 CCUS 注入能力预计达到 300 万吨、2035 年左右达到千万吨级，为保障国家能源安全、助力黄河流域生态保护和高质量发展做出贡献。

（二）发挥了绿色低碳发展示范效应

胜利油田争当传统能源企业绿色转型发展典范，以 CCUS 项目为平台，发挥人才与技术 CCUS 产业领军优势，创新搭建“地方政府 + 特大型央企 + 服务”共建模式，推动专业化管理、市场化运营，扩大应用规模，大幅消纳区域碳排放，推动黄河三角洲重点碳排放企业的低碳转型，不仅助力中国石化打造世界领先企业、谋划构建“一基两翼三新”产业格局，更为山东省聚焦新旧动能转换、区域“双碳”目标实现、黄河流域生态保护和高质量发展做出积极贡献。国内首个百万吨级 CCUS 示范工程为我国推广应用低成本、低能耗、安全可靠的 CCUS 技术体系打造了样板，对传统能源行业绿色转型发展、保障国家能源安全具有重要带动作用，每年可减排 $CO_2$100 万吨，相当于植树近 900 万棵，近 60 万辆经济型轿车停开一年。胜利油田将加快拓展 CO_2 驱油与封存应用领域，从低（特低）渗透油藏向中高渗透、页岩油等油藏类型领域拓展，制定 CCUS 滚动发展规划，加速推进 CCUS 产业化集群建设，逐步扩大 CO_2 驱油与封存规模，在落实国家“双碳”目标、推进绿色低碳发展中走在前，作表率。

（三）提升了企业发展质量和竞争力

国内首个百万吨级 CCUS 项目的建设与产业化运营，攻克了一批原创性、革命性、引领性技术，开创多个国内领先新纪录：首创的高压混相驱油与封存技术，实现了低渗油藏高效开发与碳封存，具备国际领先水平；研发的国内首台套高效密闭地面注入装备和大输量 CO_2 管道输送离心泵，打破了国外技术垄断；率先完成的《二氧化碳驱油封存项目碳减排量核算技术规范》《石油库碳排放核算和碳中和核定技术规范》两项重点省级地方标准，填补了国内空白，于 2022 年 11 月 4 日在全国首发，为 CCUS 产业化发展和新旧动能转换提供了标准支撑；首次将 CO_2 作为产品进行财务核算，推动了 CCUS 项目全链条价值提升。

国内首个百万吨级 CCUS 项目获得 22 项国家授权发明专利、8 项登记软件著作权和 2 项省部级科技进步一等奖。胜利油田入选"国家级绿色矿山试点单位"，连续 13 年蝉联"全国文明单位"。中央电视台以《迎来商业化运营时代！我国首个百万吨级碳捕集利用与封存项目投产》为题作了深度报道，《人民日报》、新华社、人民网等媒体对此高度评价。在党的二十大召开前夕，百万吨级 CCUS 项目作为石油石化系统唯一参展项目，入选"奋进新时代"主题成就展。

（成果创造人：牛栓文、聂晓炜、舒华文、杨　勇、陈　军、张学超、赵学展、王亚洲、于法珍、牛汝东、武继辉、沈　岳）

电网企业全面融入地方高质量发展的“双满意”服务体系建设

国网福建省电力有限公司

国网福建省电力有限公司（以下简称国网福建电力）是国家电网公司的全资子公司，以建设和运营福建电网为核心业务，承担保障福建省清洁、安全、高效、可持续电力供应的重要使命。经营区域覆盖全省9个设区市及平潭综合实验区，管辖9个市供电公司、1个水电企业、18个直属单位、62个县供电企业，员工5.6万人，资产1307.84亿元，客户2046.42万户，连续六届获评“全国文明单位”，所辖20家单位荣获“全国文明单位”称号。

一、电网企业全面融入地方高质量发展的“双满意”服务体系建设背景

（一）助力新时代福建省高质量发展的需要

“让客户满意、让党和政府满意”在国网福建电力生根发芽，并跟随时代步伐不断进步，成为落实“人民电业为人民”企业宗旨的重要载体。随着福建科学发展、跨越发展理念的实施，福建经济社会进入快速转型期和高质量发展时期，走上数字发展、绿色发展、创新发展的道路，对能源供给、消费和电力服务提出绿色、低碳、可持续的更高要求。作为全省能源骨干企业的国网福建电力，需要持续丰富“双满意”工程服务内容，将电力服务拓展到碳减排、社会治理、乡村振兴、数据服务、产业拓展、科技创新等社会、经济、民生的重要领域，为全面融入福建省高质量发展提供服务，为建设“机制活、产业优、百姓富、生态美”的新福建贡献力量。

（二）适应能源革命下电网企业转型的需要

“四个革命、一个合作”能源安全新战略与“双碳”目标的提出，深刻揭示了我国能源发展趋势，给能源生产、消费、电力服务带来深远影响，推动能源生产向清洁能源、能源消费向绿色低碳持续转变。随生产侧和消费侧向可再生能源转型，电网已从传统的电能输送基础设施转变为各类能源转化利用和高效配置的平台，电网企业也由单纯的电能提供商向能源互联网企业转型升级，推动国网福建电力延伸服务边界，拓展服务范围，升级服务模式，最大程度地满足全社会对于高质量电力服务的需求。

（三）满足多元化电力服务诉求的需要

福建省作为我国经济大省、沿海开放阵地、对台前沿窗口和低碳发展先驱，在能源结构、经济发展、产业结构、居民用能、自然资源等方面具有典型的地域特色，需要国网福建电力扎根地方、融入地方，满足党和政府、社会发展、产业发展的相关服务诉求，全面融入福建省高质量发展跨越的进程。国网福建电力主动融入政府治理现代化建设，满足党和政府在能源规划、乡村振兴、社会治理、营商环境方面的服务诉求；积极融入社会低碳转型，满足全社会对于绿色发展、“电动福建”建设、“清新福建”建设、“美好生活”建设的服务诉求；携手电力产业链合作伙伴，满足清洁能源发展、产业创新生态、用能模式升级的服务诉求；携手跨界合作伙伴，满足特色产业发展、产业金融发展、共享经济发展的服务诉求。

二、电网企业全面融入地方高质量发展的“双满意”服务体系建设主要做法

（一）适应高质量发展需要，构建“双满意”服务体系框架

1. 持续深入实践，推动“双满意”升级发展

自2001年以来，国网福建电力基于国有企业不同发展阶段的功能定位、发展目标和责任使命，立足电力行业特点，坚持20年持续实践“双满意”工程，经历了四个主要发展阶段。第一阶段，“双满

意”工程作为一项客户服务活动，在落实行业要求和强化服务能力方面提出实施电力“双满意”工程，推动其列入2001年、2002年福建省委和省政府为民办实事项目。第二阶段，自2003年开始，构建“双满意”指标体系，以其为考核抓手，推动国网福建电力围绕客户满意度提升服务水平。第三阶段，自2012年开始，开展全流程客户评价，将“双满意”服务理念和要求内嵌到业务全流程，实现服务全过程管控，全面提升服务意识，提高服务质量。第四阶段，自党的十九大召开以来，国网福建电力开展电力服务内容与社会责任匹配度的深度评估，将价值创造理论引入“双满意”服务体系，汇聚多方资源、整合服务内容、发挥平台优势，构建电网企业全面融入地方高质量发展的“双满意”服务体系。

2. 总结升华实践经验，探索“双满意”服务理论

国网福建电力总结、提炼20年的“双满意”工程实践，构建新时代电网企业全面融入地方高质量发展的“双满意”服务体系，用以指导电力服务工作实践。新时代的“双满意”服务体系已经从“让客户满意、让党和政府满意”，拓展到“让利益相关方满意”。服务对象延伸为涵盖“党和政府、社会、产业链、企业用户、居民用户”等所有利益相关方；价值创造模式已经由“电网企业单独创造价值”模式升级为“价值共创”模式；服务内容由单一的供电服务，拓展到社会治理、数据服务、产业服务、科技创新等领域。在业务定位上，针对党和政府的需求，结合公共关系理论和公共服务理论，将电力服务融入党和政府的工作大局，支撑国家治理，做好新时代“发展推动者”；针对社会发展需求，结合社会责任和可持续发展管理理论，为社会提供多元化服务，支撑社会经济发展，做好“民生保障者”；针对产业生态需求，结合产业链协同理论和客户满意度理论，引领产业链升级和价值链重构，支撑产业链协同发展，做好“行业引领者”。

国网福建电力从7个维度全面融入地方高质量发展，整合党和政府、行业协会、研究机构、发电企业、电力设备企业、综合能源服务商、金融机构、企业用户、居民用户等利益相关方的价值诉求，提出了“价值共创”模式，按照“党和政府”“社会发展”“产业生态”三类服务对象，整合各方资源，实施多方合作，强化多方互动，全面提升电力服务能力（见图1）。

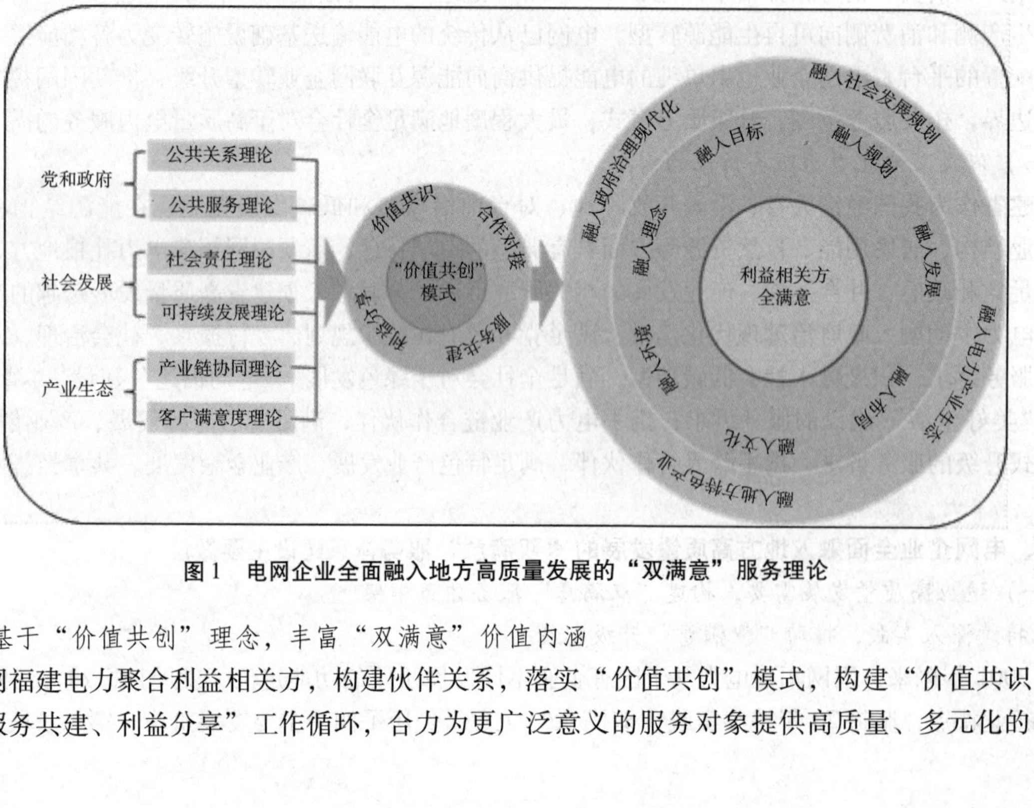

图1　电网企业全面融入地方高质量发展的“双满意”服务理论

3. 基于“价值共创”理念，丰富“双满意”价值内涵

国网福建电力聚合利益相关方，构建伙伴关系，落实“价值共创”模式，构建“价值共识、合作对接、服务共建、利益分享”工作循环，合力为更广泛意义的服务对象提供高质量、多元化的电力服

务。一是识别客户诉求，形成价值共识。国网福建电力在实施客户走访机制、政府与企业定期会商机制和日常服务过程中，关注并收集客户新的涉电需求。应用大数据技术研判客户投诉工单，量化分析服务对象的具体涉电服务价值诉求。二是汇聚多方资源，进行合作对接。在充分评估服务诉求转化为创新服务的可行性、重要性的基础上，国网福建电力发挥平台作用，汇聚合作伙伴，通过项目合作、长期协议、平台合作、合资公司等形式确定合作关系，共同推动商业模式创新和服务创新。三是实施服务共建，创新服务产品。以数据、平台、业务的互联互通为手段，与合作伙伴共同向服务对象提供服务，服务对象由单一的能源行业向金融、电信等行业拓展；推动服务的事项由电能供应向电力数据分析、综合能源服务、资源租赁等拓展；推动服务对象由具体客户向行业协会、政府和聚合客户升级。四是实施利益分享，实现最大价值。通过项目分成、平台分配等不同收益分配机制，实施与合作伙伴分享利益的机制，分享成果、分享利益，实现社会效益、经济效益、生态效益等社会综合价值最大化。

4. 全面融入地区发展，打造“双满意”服务体系

国网福建电力紧紧围绕全面融入福建省高质量发展跨越的时代要求，在“双满意”服务理论的指导下，构建“双满意”服务体系，以东南能源大数据中心、数字闽电平台、合作伙伴平台为支撑电力服务数字化运行、平台化管理的基础，面向党和政府、社会发展、产业生态三类服务对象分类出台供电服务、数据服务、创新服务、金融服务、能效服务、电碳服务等精准型、主动型专业服务措施，全面融入地方高质量发展，有力支撑“机制活、产业优、百姓富、生态美”的新福建建设，助力福建高质量发展跨越，（见图2）。

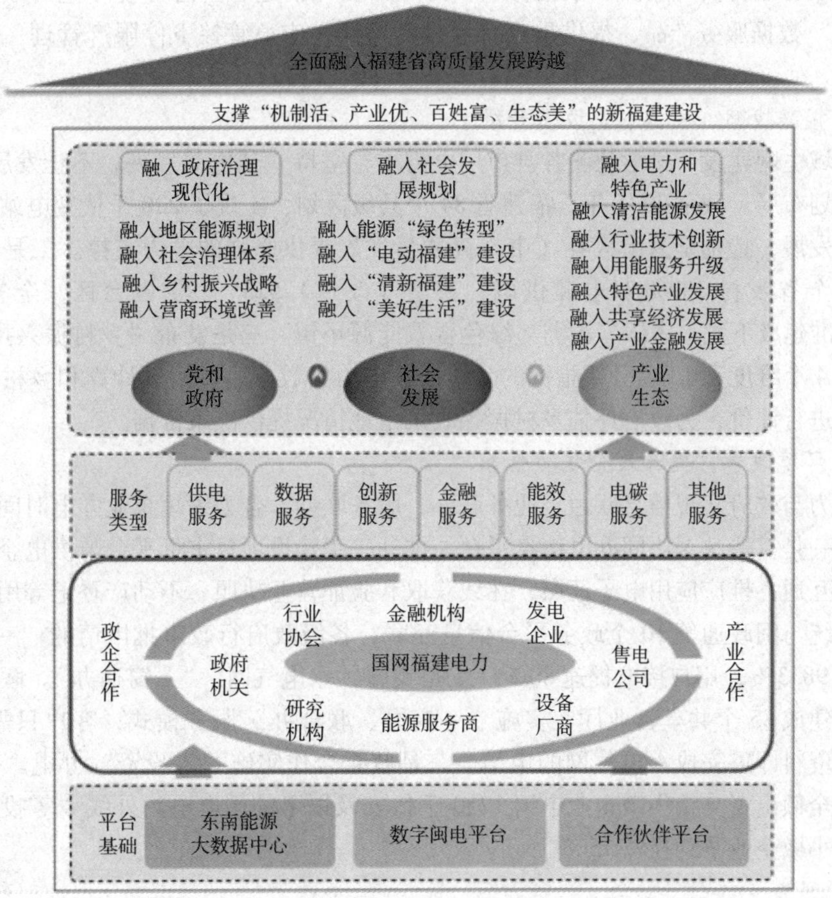

图2 全面融入地方高质量发展的“双满意”服务体系

（二）主动融入党和政府的工作大局，助力政府治理现代化

1. 融入地区能源规划，构建政企合作关系

2020 年 6 月，国家电网在福州与福建省政府签署战略合作协议，共同加快能源互联网建设。国网福建电力与福建省所有地市政府均签署战略合作协议，在能源转型、生态治理、产业发展、优质服务等方面发挥双方优势，开展政企合作，推动经济和社会发展。在战略合作协议框架下，促请福建省政府出台《全面提升“获得电力”服务水平 持续优化用电营商环境行动方案》《福建省“十四五”能源发展专项规划》《福建省“十四五”节能减排综合工作实施方案》等文件，将新型电力系统建设、能源转型、电力数据应用、优质服务等电力服务的重点内容全面融入福建省发展规划和治理政策中，更好地发挥对福建省高质量发展的战略支撑作用。

2. 融入社会治理体系，提供数字决策服务

一是服务政府热点工作，做好“发展研究员”。聚焦福建省政府需求，研发电力经济发展指数、纺织业产业链经济运行指数、散乱污用户分析、住房空置分析等政府治理数据产品 26 种，深度分析宏观经济格局、产业发展、电动福建以及分布式光伏等情况，精准绘制经济运行“晴雨表”，为政府决策提供支撑。二是聚焦社会发展热点，做好“问题预警员”。2020 年新冠疫情期间，开发复工达产指数模型，编制《工业用电形势分析》、《电力运行情况分析》以及企业、重点园区复工达产电力指数分析报告 474 份，成为福建省各级政府推动企业复工复产、满产超产的决策依据。三是实施政企配合，做好“生态建设者”。一方面推动地市、县政府对安装智能化环保用电监管系统的企业进行补贴，实现“全天候”排污治污设备运行实时监测和数据分析。另一方面与福建省生态环境厅签署战略合作协议，研发“电力 + 环保”数据服务产品，提供重点企业排污监测、应急管控下停限产管理、散乱污用户分析等系列应用服务。

3. 融入乡村振兴战略，实施农网改造升级

一是强化县域主网建设，科学预测各县市用电需求，坚持“让电等发展，不让发展等电”的原则，提前做好电网规划布局。截至 2021 年，福建省 84 个县级区划，实现了 220 千伏变电站县域全覆盖，为福建省经济社会发展，特别是为山区县（市）高质量发展提供坚强的电力支撑。二是实施新一轮农网改造升级，实现全省乡村 100% 双电源供电；新增（改造）5255 个供电台区，全省供电可靠率达 99. 926%，高标准建成下党、古田、湄洲岛绿色智慧能源小镇。三是发布“乡村振兴指数”。构建乡村振兴目标相匹配 4 个维度和 13 项分级指标的乡村振兴电力指数，通过指数计算和乡村类型画像对乡村发展情况和潜力进行评价，为政府评估乡村振兴政策落地情况提供决策依据。

4. 融入营商环境改善，提升政企联动服务

国网福建电力与政府实现信息联通、业务联办、服务联动，合力缩短企业办电时间，政企合作优化电力营商环境。一是打造政企协同办电信息平台。推动工程建设项目审批平台与供电企业用电报装信息管理系统的互联互通；推广应用电子证照，在线获取和验证营业执照、不动产登记等用电报装信息；将办电业务管理系统与闽政通等 10 个政务平台信息互联，各级政府行政审批申请的“一窗受理”，实现线上办电率高达 98. 3%，用户接电提速 80%。二是实施“水电气网”“一窗通办”。联合水、气和网等公共服务企业，建成 85 个共享营业厅，实施“一窗办、联合办”服务模式，客户只需 10 分钟，提供一张表格、一套资料即可完成水电气网的申请。三是政企合作实施“零投资”办电。促请厦门市出台由地方政府财政全额出资支持小微企业申请 1250 千伏安及以下的用电电力外线“零投资”政策，2021 年已为厦门市中小微企业节约投资 1500 万元。

（三）主动融入社会发展，推动社会低碳转型

1. 融入能源“绿色转型”，超前建设坚强电网

国网福建电力对接经济社会发展电力需求，按照适度超前的原则，建成以1000千伏特高电网为核心、500千伏超高压为主干网架的坚强智能电网，确保满足经济发展对电力的需求。一方面构建“三纵三横”超高压主干网架工程，围绕“一山一水一走廊”经济带，实现福建东部电网与西部电网电力调配，为全省能源资源跨地市优化输送配置创造了坚强的物理网架基础，满足经济发展电力需求。另一方面建设闽粤电力联网工程，强化闽粤两地能源交互，实现与福建、广东两省以及国家电网、南方电网深化合作的标志性工程，进一步优化粤港澳大湾区与海峡西岸经济区能源结构，实现福建与广东两省电网异步互联，促进电力互补互济、调剂余缺，提升极端条件下的电网保供电能力，充分发挥福建省清洁能源资源储量优势，有力促进闽粤两省绿色低碳发展。

2. 融入“电动福建”建设，主动服务电动汽车

国网福建电力全力支持福建省2020年发布的《关于进一步加快新能源汽车推广应用和产业高质量发展推动“电动福建”建设三年行动计划（2020—2022年）》，推动电动汽车产业高质量发展，建设“电动福建”。一是牵头制定电动汽车充电站行业标准。2021年，国网福建电力总结自身670座公共及专用充电站和224个高速公路服务区充电站的建设经验，协助福建省政府有关部门起草电动汽车示范站评价标准，细化充电设施施工、运维规范。二是推动充电桩进小区行动。与地方政府签订“电动汽车桩统建统营战略合作协议”，福州市政府印发《关于进一步推进电动汽车充电基础设施建设的通知》，在新建小区推广“充电设施统一建设、开发商统一回购、充电设施与车位统一销售”模式，明确在老旧小区提升改造整治中将充电桩列为配套设施。三是实施“联网通办”模式。与新能源汽车经销商合作，推广“购车办电—装桩接电—充电服务—增值服务”联网通办服务模式，将充电桩安装申请嵌入买车环节，让“数据跑”代替“客户跑”，实现勘查、施工、验收三同步，由客户经理对接客户，提供协调物业、现场勘查、编制方案、充电桩安装及装表接电全流程服务。

3. 融入“清新福建”建设，深入实施“两个替代”

福建省持续深化生态建设，“清新福建”成为福建省的亮丽名片。国网福建电力推动电源清洁替代、负荷电能替代，服务全社会能源低碳转型。一是全局谋划，推进“大规模”清洁能源生产。国网福建电力立足福建资源禀赋和电源结构特点，提出围绕推动清洁能源优化配置、配—微电网融合发展、系统灵活调节能力建设、市场机制体制建设等四条主线，助力清洁能源的生产，服务福建生态文明试验区建设。二是多点共进，推动“多领域”清洁能源替代。因地制宜聚焦特色产业，持续拓宽替代广度深度，积极推广茶叶、烟叶、笋竹、莲子、食用菌等农产品生产加工电气化，建设龙岩古田、宁德下党等电气化示范乡镇。结合福建海洋经济特色，大力推广港口岸电，推进平潭岛、鼓浪屿、湄洲岛等“全电气化岛”建设。三是实施绿电交易，促进清洁能源消纳。国网福建电力促请福建省发改委发布《福建省绿色电力交易实施细则（试行）》，以双电协议方式开展交易，通过市场机制反映绿色电力的环境价值，既促进可再生能源消纳，又满足用户绿色电力消费需求。首次交易就有3家风电企业、173家用户参加，达成19笔交易，累计成交电量2842.7万千瓦·时。

4. 融入“美好生活”建设，提供更加优质服务

一是实施基层“双长融合”服务机制。推广供电网格长与社区网格长（乡村小组长）“双长融合”电力服务新模式，推动社区服务与供电服务融合，推动供电服务与基层政务服务有机融合，提高用电服务与居民需求匹配度，更好地为居民提供精细化、便民化、个性化供电服务，提升居民的参与度和体验感。福建省建成三级网格2241个，网格经理11125人，与全省93个街道、190个社区建成236个“双长融合”示范点。二是构建诉求服务快速响应机制。依托客户服务中心和供电网格，整合群众线上线

下诉求渠道，及时传递用户需求到一线服务人员，实现面向客户24小时“停电诉求快速复电、用电咨询快速答复、投诉举报快速解决、业务申请快速办理”，推动服务水平持续提升。三是实施居民“发用一体”光伏服务机制。为光伏发电居民用户提供“发用一体”客户服务，融合管理发电、用电客户的业扩报装、营销档案、电费核算、账单推送等业务环节，“发用一体”客户一次即可办理发电和用电申请手续，无须重复提供资料。截至2021年，“发用一体”客户达到4.49万户，同比增长58.66%。

（四）融入电力产业生态，推动产业伙伴合作共赢

1. 融入清洁能源发展，服务电力市场改革

以电力现货市场、一体化电力辅助服务市场建设、清洁能源消纳为契机，打造“厂网”开放、友好、合作的福建省能源协同发展模式，在确保福建省能源安全的同时，与发电企业共同推动电量外送。一是扩大清洁能源外送。通过“北电南送”特高压新通道和闽粤电力联网工程，打通电量外送通道，完成年外送电量超过100亿千瓦·时。二是深化清洁能源交易。依托全国统一电力交易平台，积极发挥特高压输电优势，拓宽福建清洁能源省间交易途径。以特高压年度交易机制为基础，确定特高压年度最小送电规模要求，最大程度消纳福建清洁能源。三是开展交易代理服务。提供电力中长期、电力现货、辅助服务、容量市场、碳排放权等交易服务，培育发展现货市场和一体化电力辅助服务市场，推动发电企业、储能企业、用户在更大范围内参与清洁电力资源的优化配置。

2. 融入行业技术创新，实施联合开放创新

国网福建电力牵头打造创新联盟，实现能源电力行业开放式创新。一是构建开放创新体系。依托国网福建电力双创中心，以6个省部级实验室、91个创新工作室为抓手，引入外部资源，在柔性直流运维、电网安全、防灾减灾、电工新材料等领域，实施科技项目“揭榜挂帅制”，鼓励群众性创新。二是开展协同创新。通过创新联盟，聚集能源电力行业优势科技领域研发机构、重点实验室和资深专家、重点院校及科研机构的优势资源，为创新项目提供便利的交流平台，促进创新项目在更广范围的跨单位、跨领域合作。三是推动成果转化。设立科技成果孵化产业基金，遴选有推广潜力、市场前景的科技成果和项目进行孵化并推向市场，联合产业链企业，助推成果转化。2021年，项目转化收益1022万元。变电站“鹰眼”项目填补了变电站充油设备渗油快速辨别技术的空白，项目应用拓展至海外市场。

3. 融入用能服务升级，创新电力商业模式

国网福建电力创新综合能源、碳服务等商业模式，从而满足不同用户在用能上的多元需求，推动产业链企业共同向综合能源服务模式升级。一是协同提供综合能效服务。联合综合能源服务商、设备厂商，构建“全渠道、全融合”的“供电+能效服务”网络，将能效公共服务深度嵌入传统供电服务业务流程。主动推送电能能效账单和综合能效账单，引导客户自主开展智能运维、用能优化、能源托管、能源交易等能效提升服务，降低企业用户用能成本。创新实施“供电+能效”服务，2016—2020年累计节约电量27.94亿千瓦·时，全省单位GDP能耗324千克标煤/万元，低于全国平均水平166千克。二是创新“共享”用能服务模式。聚焦智慧用能领域，联合设备厂商、服务厂商，通过“电力设备租赁服务”“云托管”实现以养代修，延长设备使用寿命，降低企业固定资本投入成本。提供“多站融合”“共享电工”“智能运维”“用电保险”服务，客户不仅能够享受电力设备在线监测、运维托管等传统服务，还可获得电力设备租赁、故障保险等新型服务。三是绘制地区全域电碳地图。联合国网英大碳资产管理公司融合链接煤、油、气、热等各类能源消费数据，在厦门发布了国内首个电碳生态地图，截至2021年年底，为1811家上线规模以上企业推动“电碳画像”“电碳生态地图”等数据产品，全景展现区域碳排放热力图、各行业碳电强度分析图、同行业各企业碳电强度分析图、企业与行业碳电强度对比图等，推进电量看区域、行业、企业碳排放的全景、动态展现，服务社会用能转型，指导企业提升电气化和节能提效水平。

（五）融入地方特色产业，打造跨界合作全新业态

1. 融入特色产业发展，提供电能替代专业服务

针对福建省特色产业的发展需求，实施“一市一行业、一县一特色”电能替代，围绕制茶、烤烟、制瓷、渔业养殖等特色产业，提供以产业电气化改造和设备物联网建设为一体的智慧行业解决方案，推广全电制造，电气化率达70%以上，推动特色产业向电气化、智能化、数字化转型升级，打造乡村振兴的“福建样板”。国网福建电力与德化县陶瓷企业、综合能源服务企业、设备企业合作，共同发明新型电热窑炉，生产效率提升1.6倍，电费节约超20%，全年替代用电量达9.6亿千瓦·时，占全县用电量50%以上。对渔业养殖区进行新建、扩容配变及线路改造，帮助养殖大户实现“油改电”，推动海产品烘烤由传统的散烧柴加工改为电烤炉加工，大幅提高产能的同时，实现低碳生产。

2. 融入共享经济发展，实施资源跨界共享服务

国网福建电力与电信运营商合作，开展电力杆塔、变电站房、电缆沟等基础资源共享运营工作，共同促进福建省新型基础设施建设。一是制定共享标准。与福建移动、福建电信等通信公司合作，牵头制定《架空输电线路共享铁塔技术规范》和《配网线路共享铁塔技术规范》等。二是开展资源共享。在福州、莆田、宁德等地市，与电信运营商开展电力海底光缆共享合作，改变海岛传统微波通信的单一传输模式，实现对周边岛屿的网络覆盖。三是提供跨界服务。针对通信基站频繁窃电难根除、运维管理成本高、能耗感知滞后大等难题，设计“移动通信基站电力助手”，与龙岩、泉州、宁德、莆田、南平等铁塔公司、三明移动公司签约服务，覆盖全省直供电基站19400余个。

3. 融入产业金融发展，提供多元金融服务产品

国网福建电力应用电力大数据，连接金融机构、供应商、客户，提供多类型的金融服务产品。一是构建供应商金融服务产品。联合国网电商公司，在用电大数据的基础上，研发信贷智能风控系列产品，开通线上企业征信报告申请服务，支撑征信报告验证、电子发票打印等辅助功能，在“大数据征信+招投标”的基础上，进一步拓展业务场景。积极助力供应商普惠金融落地，对接供应商融资需求1300余项，解决融资需求超7亿元。二是提供客户多元金融服务。联合政府、商业银行、用电客户，创新“电力绿色贷”“光e贷”“抵押电e贷”等“电e金服”服务，快速便捷地提供金融保理、企业电力征信贷款、票据融资等全方位、多层次金融产品，为普惠金融发展提供有益补充。依托“电e金服”为产业链上下游企业提供金融服务超130亿元，服务企业超5000家，提供低成本融资超108亿元，节约利息支出近6500万元。三是向金融机构提供征信数据服务。研发用电客户贷前调查电力报告、贷后检查电力报告等贷款全流程征信电力服务数据产品，利用电力数据向金融机构提供全面和精细的风险评估工具，已与建设银行、工商银行、兴业银行等77家金融机构达成合作协议。为中小微企业提供电力数据征信，帮助其获得银行低成本、纯信用融资授信超6亿元，帮助超1000家企业获得低成本票据融资51.7亿元。

（六）打造服务平台，强化支撑保障作用

1. 建设东南能源大数据中心，强化外部数据服务能力

以“政府主导、电网主建、多方参与、共建共享”为原则，国网福建电力与福建省政府共同建设东南能源大数据中心，打造电网企业全面融入地方高质量发展的大数据平台。一是推动数据和业务融合。打通电力服务平台、政府各类政务平台、金融企业平台、互联网服务商平台的数据，实施数据互联互通，实现政务、能源、经济、气象数据全面融合，推动电力服务业务全线上、数字化流转、办理。二是丰富数据产品服务。围绕服务政府治理能力提升、能源行业转型升级和社会便捷高效用能，发布“电易+”“能易+”“碳易+”三大类等202款数据产品，提供包括乡村振兴电力指数、住房管理指标监测分析、企业污染防治监测分析等服务。三是强化数据赋能作用。结合“大云物移智链”等新技术

应用，将数据应用于政府治理、商业决策、企业降耗、金融征信等场景，为政府和环保、金融、通信、制茶、烤烟等提供数据服务，服务政府科学决策、行业转型升级和社会便捷高效用能，通过数据赋能，将电力数据分析结果融入全社会发展。

2. 打造数字闽电平台，赋能服务体系高效运转

国网福建电力打造数字闽电平台，以数字化赋能电网升级。一是建设数字化基础平台。聚焦内部电力数据资产，实施企业中台战略，打造数字闽电平台，实现321个指标、102张报表、175个标签在线管理，开发385项数据应用。二是推动电网服务转型升级。应用数字闽电平台，融合应用先进信息通信技术、控制技术和能源技术，推动电网向清洁低碳、安全可控、灵活高效、智能友好、开放互动的能源互联网升级。发挥能源互联网枢纽作用，打通利益相关方的业务流、数据流、价值流，推动电力服务模式向多元化、互动化、个性化升级。三是实施服务资源在线管控。建设电网资源总调度中心，开发部署于内网、专网的大屏、网页、移动应用客户端等终端，实现涵盖营销服务、生产运行、客户反馈、抢修指挥、综合能源服务等场景全业务服务资源线上管理和调度，确保服务资源的可视、可控、可调。

3. 打造多元合作伙伴平台，推动服务资源全面聚合

国网福建电力整合社会、产业链的服务资源，打造支撑电网企业全面融入地方高质量发展需求的资源聚合平台。一是构建生态圈合作平台。根据不同的业务需求，汇聚政府、行业协会、产业链企业、用户等利益相关方，构建平台化合作组织。2020年，国网福建电力与福建省工信厅牵头聚集省内外46家知名企业、高校及科研机构等产业链相关方，组建福建省智慧能源服务产业创新发展联盟。二是构建产业链服务平台。建设“网上国网”、省级智慧能源服务、能源工业云网、“新能源云”、“车联网”等网上服务平台，推动金融机构、发电厂、能源服务商、设备商、终端用户等产业链用户入驻。三是构建社会化服务平台。通过推进“网上国网”入驻政务平台、供电服务窗口进驻属地行政服务中心、电力缴费服务入驻微信和支付宝等手段，推动电力服务与外部平台的互动，实现电力服务社会化、开放化。

三、电网企业全面融入地方高质量发展的“双满意”服务体系建设效果

（一）有效助力福建省高质量发展，提高党和政府的满意度

全省电力客户满意度从2011年的72.48%提升至2020年的98.51%。福建省“获得电力”指数从2018年的77.35提升至2020年的96.11，2021年跃升至相当于全球190个经济体第14名，厦门市“获得电力”指标获评“全国标杆”，相当于全球第9位。建成316个乡村电气化村，惠及79万人，3115个光伏扶贫项目为群众带来超过6000万元的收益。“十三五”期间完成电能替代445亿千瓦·时，相当于减少标煤燃烧1.8亿吨、减排二氧化碳2.7亿吨。截至2021年年底，福建省非煤清洁能源装机、发电量占比分别达到58.0%、48.5%，居全国第11位、第8位，电能占终端能源消费比重达31.3%，高出全国约3个百分点，清洁能源转型比肩发达国家。建成投运多站融合数据中心站66座，共享基站383个，共享光纤1889千米，共享管廊114千米，光缆敷挂289千米，累计节约社会重复投资5000余万元。

（二）有效改善客户服务质效，全面提高客户满意度

87个电力服务窗口入驻行政服务中心，52个入驻乡镇便民服务中心窗口，“网上国网”注册用户数690.4万，企业和居民用电基本实现了“网上办、电话办、掌上办、指尖办”，适应电动汽车产业快速发展需要，带动全社会新建3526个充电桩，智慧车联网接入桩3.6万个，同比增长16.97%，解决车辆充电难题，让居民生活更方便、更舒心。推动小微企业“三零”（零上门、零审批、零投资）、大中型企业“三省”（省力、省时、省钱）服务加快落地，让客户办电更省力、更省时、更省钱，让小微企业切实感受到国家扶持政策的“实实在在”，企业办电时长由111.05天降至25.97天，居民办电时长由11.63天降至2.64天，小微企业办电成本降至平均2830元，助力13.88万户小微企业接电投产，年节

省资金10.7亿元。电网故障平均修复时长缩短70%，零计划停电示范区惠及62.35万用户，行风评议连续9年位居福建省第一，客户服务满意度98%，百万客户投诉正向排名进入国网公司前三。

（三）“双满意”服务体系赢得社会广泛认同

国网福建电力成功推动新时代电力“双满意”工程列入福建省委省政府、9个设区市和41个县（市、区）党委政府2021年为民办实事项目，高规格举办电力“双满意”工程二十周年系列活动。国家电网公司、福建省委分别向中央报送专报，成果入选“全国国有企业党的建设工作会议召开五年来国资委党委中央企业党的建设工作展”、全国“献礼建党百年”基层党建与民生发展优秀案例、福建省委“我为群众办实事”典型案例。2021年，中央电视台的《新闻联播》、《人民日报》、新华社《国内动态清样》多次报道公司工作，福建区域“国家电网”品牌美誉度达83%、新时代“双满意”工程外部好评度达97.4%。

（成果创造人：蔡鸿贤、黄惠英、邹永增、叶继宏、刘　强、
黄　平、王连辉、李清良、阎晓天、蔡丽华、吕士颖）

化工集团以“两碱一化”为核心的全产业链绿色发展管理

唐山三友集团有限公司

唐山三友集团有限公司（以下简称三友集团），位于河北省唐山市曹妃甸区，前身是1986年建设的全国三大碱厂之一——唐山碱厂，经过扩建和重组于1998年成立三友集团，是全国纯碱和化纤行业的排头兵，河北省属国有重点骨干企业，下辖23个子公司，三友化工为上市公司。资产总额270亿元，年销售收入240亿元，员工2万名。可年产纯碱340万吨、黏胶短纤维80万吨、烧碱50万吨、PVC40万吨、专用树脂10万吨、有机硅单体20万吨。纯碱、黏胶短纤维双双荣获中国名牌，“三友”商标为中国驰名商标，产量、质量、出口创汇等五项指标连续多年居行业前列。产品远销亚洲、非洲、欧洲、美洲、大洋洲100多个国家和地区，年国际贸易额7亿美元以上。三友集团是全国循环经济工作先进单位，拥有四家国家级高新技术企业、四家河北省政府质量奖企业；依托科技平台，开发低盐纯碱等70多个新品种，588项技术获国家专利，191项获省部级科技进步奖，36项新产品填补国内、省内空白，主持参与制定24项国家标准、19项行业标准、27项团体标准。

一、大型化工集团以“两碱一化”为核心的全产业链绿色发展管理背景

（一）绿色发展是适应宏观经济变化的必然要求

世界经济进入后工业化时代，能源、资源供求矛盾进一步加剧，全球范围内新一轮产业转移和资本转移蓄势待发。“十二五”期间，我国开始进入工业化中期，以“保持经济平稳较快发展、促进经济结构转型升级”为目标，以科学发展为主题，大力发展循环经济，稳外需、扩内需，我国经济进入了新型工业化发展阶段；国家《石化产业调整和振兴规划》提高资源配置效率；河北省颁布了《贯彻落实国家〈石化产业调整和振兴规划〉实施意见》，巩固提高盐化工。河北省人民政府印发的《关于加快沿海经济发展促进工业向沿海转移的实施意见》，为三友集团调整产业结构，在“两碱一化”（纯碱、氯碱、化纤）循环经济基础上，转变发展方式提供良好契机。作为行业的排头兵企业，三友集团有责任落实国家、河北省政策，坚定不移地走上加快转型、绿色发展道路。

（二）绿色发展是突破行业瓶颈的重要途径

三友集团所属行业为基础化工制造业，近年随着国家经济的飞速发展，基础化工行业发展迅速。纯碱、化纤、氯碱、有机硅产能迅速增长，自2006年至2011年，纯碱增长30%、黏胶短纤维增长71%，PVC增长1.5倍，烧碱增长41%，有机硅增长4.2倍，行业供需矛盾突出，步入产能过剩阶段，尤其基础化工产品同质化竞争严重，压缩了产品盈利水平，低端产能、低级产品、低效资产竞争力不足，淘汰风险加剧。国家发改委在发布的《产业结构调整指导目录（2019年本）》中，提高行业准入门槛，从工艺技术及单套产能等方面对行业新增产能做出明确要求，纯碱、PVC、烧碱、有机硅均为限制类产能，相关行业产能增速明显放缓，化工行业发展进入深度调整期。三友集团作为纯碱、化纤、氯碱、有机硅等行业的领先企业，立足行业发展现状，着眼自身发展局面，顺应政策及经济发展形势，着力谋划布局绿色发展产业及高端、高附加值绿色低碳产品。

（三）绿色发展是提升核心竞争力的首要选择

三友集团属基础化工企业，行业普遍资源需求量大，能耗高，对电石、硅块、煤炭、原盐等资源类原料年需求量分别达到60万吨、6万吨、200万吨、330万吨等，同时副产品达到20余种，内部副产品的优化再利用是绿色发展的要求，构建内部可循环的产业链，优化资源利用，实现吃干榨净，是企业

转型升级、实现更高质量的目标。面对复杂的经济环境和严峻的市场形势，为进一步提升核心竞争力，以“绿色发展”为核心，在“两碱一化”循环经济产业链基础上，依托科技开发与转化平台，提高自主创新能力，形成充分利用资源和节约能源的良好机制，促进节能降耗、成本降低、挖潜增效，打造绿色三友、效益三友。

二、化工集团以“两碱一化”为核心的全产业链绿色发展管理主要做法

（一）贯彻高质量发展理念，明确全产业链绿色发展总体思路

三友集团坚决贯彻落实“创新、协调、绿色、开放、共享”发展理念；秉承“产业链接、工艺衔接、资源集约、产业集群”的循环经济发展思路，着重做实循环经济、绿色发展。

1. 以“两碱一化”产业为基础

在绿色产业布局中，充分考虑各产业间的相互关系，尤其在各产业间的主导产品和副产品上，结合市场需求，分析各产业间的紧密度，让各产业互为上下游，使低附加值产品在三友集团内部各产业间流通消耗，通过相应生产工艺转化成高附加值产品。以“两碱一化”为基础，向有机精细化工延伸，形成“四大产业间”大循环，同时为做强绿色发展体系，谋划构建“三链一群”产业布局（完善“两碱一化”循环经济产业链，发展有机硅新材料产业链，发展精细化工产业链，打造新能源、新材料“双新”战略产业集群）。

2. 以科技创新为动力

坚持科技引领、创新驱动，推动产业升级、发展转型，三友集团各产业均处于不同的行业板块中，围绕“绿色产品”开发，强化技术攻关，深化技术创新，打破国外技术垄断，推进产品不断迭代升级；围绕“绿色产业”发展，本着“以废治废”的原则，深入分析各产业的废弃物和各环节废弃物组成，整合产业间废弃资源，加大治废利废技术攻关与应用，变废为宝，如：碱、氯碱公司间的电石渣浆利用，纯碱、热电公司间的碱渣综合利用，等等。

3. 以技术创新平台建设为支撑

推进科技创新，做好平台建设。内部平台建设上，进行全产业链技术创新研发平台全面覆盖，如工作站建设、技术创新中心建设、研发机构建设、示范平台建设等；借外部力量赋能，借力造船、借梯登高，强化与高校、科研机构的技术对接、技术交流、产品研发，加快推进成果转化；强化产业联盟组建，联合行业协会、上下游企业等，充分借智攻克企业关键技术难题，推进行业技术进步和可持续发展。

4. 以资源供给为保障

集中区域资源优势，打造供纯碱、氯碱生产的海盐原料基地和纯碱生产的矿石原料基地，同时借助河北省最大的南堡盐场，保障原料稳定供给；人才梯队建设，坚持“内外并重、引育并举”，科学制订创新人才培养计划，筑牢科技创新根基；强化标准化建设，继续提升产业链绿色发展保障水平，争当行业科技创新的“领跑者”。

（二）创立“两碱一化”循环经济模式，构建产业间大循环

三友集团始终坚持以提高资源综合产出效率为目标，创立以唐山三友氯碱有限责任公司（以下简称氯碱公司）为中轴的“两碱一化”（纯碱、氯碱、化纤）循环经济模式，同时提出“现在实施的项目、即将实施的项目以及未来谋划实施的项目，都必须从循环的角度出发，必须在三友的绿色产业链中找准自己的位置”。为继续延伸氯产品产业链条，筹建以氯碱公司氯化氢为原料的有机硅产业，形成目前纯碱、烧碱及 PVC、纤维素纤维、有机硅“四大产业”，原盐、矿石、能源为“三大基地”的大循环产业链。

1. “四大产业”构建循环链条

氯碱公司是“两碱一化”循环经济中轴，主导产品为烧碱（自用率达到80%）和PVC，其中液体烧碱通过管道直接用于生产纤维素纤维；氢气及氯气合成为氯化氢用于生产PVC、特种树脂和有机硅；次氯酸钠用于纤维素纤维漂白，盐酸用于热电除盐水生产；废弃物电石渣浆中的有效成分供纯碱公司生产轻质纯碱和重质纯碱。纯碱生产过程中产生的蒸氨废液用于生产氯化钙。有机硅产业是三友集团的第二循环经济产业链，主导产品为有机硅单体，向下游高附加值延伸生产硅油、硅橡胶、硅树脂等系列产品。其消泡剂产品供给化纤酸浴用于生产莫代尔纤维、阻燃纤维，提升生产效率。

2. “三大基地”提供有力支撑

唐山三友盐化有限公司（以下简称盐化公司）为原盐基地，主要为纯碱公司和氯碱公司提供原盐；原盐生产过程中产生的高浓度卤水用于生产溴素等产品。唐山三友矿山公司（以下简称矿山公司）为矿石基地，主要为纯碱公司提供碱石原料，同时通过对资源综合利用研究，基本实现无废开采，是国家级绿色矿山、唐山市矿山生态治理模式试验示范点。唐山三友热电有限责任公司（以下简称热电公司）为能源基地，为各公司提供生产需要的蒸汽、电力能源和除盐水。

（三）构建产业内微循环，多渠道变废为宝

多年来，三友集团贯彻“绿水青山就是金山银山”的绿色发展理念，在绿色发展的道路上，坚持“变废为宝”与“产业寻宝”同样重要的原则，陆续实施电石渣浆利用、化纤废气处理、碱渣综合利用等重点绿色循环经济项目，取得“增产增效、降本降耗、节水节电节汽”的良好效果。

1. 强化废液综合利用

研究浓海水用于纯碱生产新工艺。成立浓海水综合利用课题攻关组，投资5亿元，建设一条长达50千米的管道，将浓海水由曹妃甸引入厂内，同时建设自主研发的大型澄清等装置，经过增浓、除杂、精制等工艺技术处理后，实现浓海水的原盐资源及水资源的回收再利用，每年可处理利用浓海水1000余万立方米，综合利用原盐70万吨，节约水资源1000万立方米，本项技术在国内纯碱生产企业属于首次应用。通过对废盐泥进行压滤，回收盐泥中90%的水及盐分，供生产再利用，此系统每年可回收原盐10万吨、淡盐水150余万立方米，减少氨碱法纯碱生产过程中的废弃物排放。

研究从再生纤维素纤维生产过程废液中提取半纤维素为原料生产木糖浓缩液的方法。收集再生纤维素纤维生产过程中的废液作为半纤维素原液，在硫酸催化作用下对半纤维素原液进行裂解，解决黏胶废液的污染及合理利用问题，实现半纤维素的变废为宝，可年产“木糖醇浓缩液”2万吨，同时有效降低黏胶短纤维生产成本。

2. 促进废气回收增效

研究二硫化碳回收再利用技术。黏胶短纤维以天然纤维素为基本原料，将碱纤维素与二硫化碳作用生成能溶于稀碱液的纤维素衍生物——纤维素黄原酸酯，整个过程中二硫化碳一直存在，为实现废气的回收再利用，将工艺运行过程中高浓度废气经系统管路引入回收系统，通过洗涤反应，喷洒冷凝等方式把水、硫化氢及二硫化碳分离出来，在减少环境污染的同时，实现生产成本再降低。如投资7600万元自主设计二硫化碳废气回收装置一套，年回收二硫化碳8000吨，实现绿色生产的同时，年增效益4000万元。目前各生产线与回收系统均实现配套建设，做到回收系统全覆盖。

探索碱渣制备液体脱硫剂技术。将纯碱生产中的废弃物碱渣制备出的液体碱渣脱硫剂应用到热电公司锅炉烟气脱硫中，不仅每年可减少干基碱渣排放量，且脱硫成本较行业内广泛使用的石灰石脱硫方法降低三分之二。

3. 狠抓废渣变废为宝

研究氯碱公司电石渣浆用于生产纯碱的新技术，有效解决PVC生产过程中的废电石渣浆排放的难题，真正做到变废为宝，为纯碱、氯碱行业的可持续发展提供有益探索和宝贵经验。

研发应用碱渣综合利用——盐石膏项目，以纯碱碱渣废清液、除镁粗盐水与化纤公司副产物元明粉为原料，开发氨碱碱渣废液制备α型、β型石膏新产品、新技术，建设1.5万吨/年α和5万吨/年β石膏粉产业化生产装置，生产的差别化产品可代替天然石膏产品，实现碱渣上清液无害化、资源化再利用，对“纯碱—化纤—石膏”产业链的循环发展及区域石膏产业的发展起到积极的推动作用。

（四）人才助力搭建多种研发平台，加大绿色创新力度

1. 坚持人才培养与人才引进并重

构建“三线创新人才”培养通道，完善“高端人才为引领、科技人才为支撑、技能人才为主体”的创新人才体系，建立管理岗位、专业技术人员、技术工人“三线并行”的人才成长通道。通过定向培养、合作研究等形式，培养和造就一批企业技术创新团队。技术创新带头人培养，实施专家制、主任（副主任）工程师制、首席技师制，制定《关于引进高层次人才的指导意见》，丰富高层次人才引进手段。创新团队培养，通过选拔、培养等方式着力打造企业高素质、高技能的科技创新团队，先后组建“氨碱法纯碱生产废弃物综合治理及资源化再利用技术创新团队”等4个市级技术创新团队。创新人才培养，围绕急需紧缺技能人才、关键与核心技能，不断加大高技能人才培养力度，加快建设知识型、技能型、创新型技能人才队伍，以适应三友集团转型发展、绿色发展的新要求。

多角度开拓人才引进渠道，积极与北京化工大学、浙江大学等高校博士后科研流动站合作，吸纳优秀毕业博士进站工作；以院士工作站为平台，吸引院士团队与三友集团展开技术合作；聘请相关产业的行业带头人、高校院所教授等为技术顾问定期到企业交流指导，解决限制三友集团长远发展的重大技术问题，指导三友集团研发方向；聘请行业技术带头人到企业担任技术专家为企业提供长期指导服务，随时解决三友集团在生产、研发中遇到的技术难题等。与华北理工大学合作建立省级研究生创新实践基地，围绕企业生产技术难题、瓶颈课题，共同培养企业所需的高端人才，60余名三友集团专家任基地导师，75名研究生进入基地学习。

2. 打造四级创新系统，完善创新制度

在创新驱动发展战略指导下，不断健全“战略层、研发层、执行层、基础层”四级创新体系，三友集团及下属子公司均设置研发部门，做到上有领导抓、中有团队谋、下有专人干。不断完善科技创新管理及激励机制，根据三友集团中长期发展规划确定科技创新规划；制定并完善《科技创新管理办法》等系列创新管理制度，实现以制度促管理、以考核促提升，推进科技创新管理向系统化、纵深化迈进。经过资源整合，先后创建国家级技术中心、博士后科研工作站、特邀院士工作站、纤维素纤维新产品研发基地“两站一中心一基地”，2021年9月和央企合作共建国家级“化工领域催化剂粉体材料共性技术示范平台”。同时建设5个技术创新中心、8个河北省A/B级研发机构、4个高新技术企业，实现研发平台全面覆盖。

为全面提升自主创新能力，广泛发动各级技术专家及广大一线科技人员，集思广益，立足学科领域及本职岗位谋划技术课题，以“课题制”研发带动关键核心技术升级，谋划课题涉及“产业内提产、提质、降耗、调结构及对产业发展有较大提升空间的技术攻关，产业间合作的循环经济课题，原创基础前沿性课题”等领域，先后解决氯碱公司电石渣浆用于生产纯碱、化纤公司元明粉用于纯碱公司生产石膏、纯碱公司碱渣用于热电烟道气脱硫等瓶颈问题，为企业的绿色发展提供强大的技术支撑。

3. 产学研合作，“研发、创新”双联合

为充分发挥产学研合作的推动和导向作用，助力三友集团绿色转型发展，构建形态多样、主体多元的合作方式，并逐步向着长期、深层次、零距离的大联合、大协作、大创新合作格局转变。

在项目合作模式上，为解决生产过程中遇到的节能降耗、安全环保、提质增效等技术问题，以具体

项目为纽带与高校、科研院所开展委托开发、联合开发、联合申报政府计划等项目合作，在项目期限内纳入科技创新项目范畴进行全过程、全方位管理。

在科技资源合作模式上，与高校进行战略合作，构建起从技术到人才、实验设备、科学仪器等全方位共享机制，不断提高合作双方的核心技术和竞争实力。同时将三友集团国家技术中心、河北省技术创新中心等研发平台仪器设备纳入“河北省大型科学仪器资源共享平台管理系统”，进行省内高校、科研院所、企业间科研仪器设备的资源共享，实现各方优势资源有机结合。目前与天津大学、燕山大学、天津工业大学、北京服装学院等20余家国内高等院校和研究力量雄厚的科研院所围绕“高强耐久阻燃纤维”“浓海水梯级利用”“聚氯乙烯特种树脂”等项目开展科技合作，取得显著的科研效果。

4. 组建产业联盟，促进行业协同创新

为促进行业协同发展、推动行业技术进步与可持续发展，三友集团积极开展行业联盟合作工作，合作模式已由单一技术咨询、技术引进，向柔性引进专家、高层次人才培养、合作开发、共建研发机构等方向转变，实现合作模式的创新性突破。例如，为最大程度减小再生纤维素纤维生产及全生命周期对环境产生的影响，三友集团参与建立“再生纤维素 纤维行业绿色发展联盟”，致力于探索并推进行业的可持续发展模式。同时借助产业联盟，携手开展以“ 健康、绿色、环保”等为主题的新产品发布会、发布《可持续发展》报告等，传递绿色发展理念、践行绿色发展道路。三友集团先后成立和加入生物基“竹代尔”纤维产业技术创新战略联盟、非织造产业绿色发展创新联盟、中国石墨烯改性纤维及应用开发产业发展联盟、生物质再生纤维素利用国家创新联盟等。

（五）突破关键技术，研发“绿色低碳产品”

1. 抓原创技术，打破国外技术垄断

纺织业是国民经济的支柱产业，但所使用的莫代尔纤维完全依赖进口。为此，三友集团配备专业研发人员，建设小型试验线、中型试验线，历时7年，进行百余次试验，积累上万组数据，形成几十万字的分析材料，先后攻克浆粕、助剂、纤维强力等技术难题，打破国外技术垄断，实现我国黏胶短纤维在高端领域的重大突破。为满足市场需求，先后解决了莫代尔生产溶解碱浓度高等系列难题后，实现莫代尔纤维由中试生产线向大生产线转移，三友集团产能由5000吨/年提高到5万吨/年。

被誉为21世纪“绿色纤维”的莱赛尔纤维，是一种全过程绿色化生产的产品，兼备天然纤维和合成纤维的多种优良特性。在莱赛尔纤维的生产技术一直被极少数国家垄断，没有任何生产技术标准，买不到国外设备的情况下，通过自主研发，建设新溶剂法小试平台，三友集团自主开发建设5000吨新溶剂法绿色纤维素纤维中试线，研发出专有知识产权的原纤化和非原纤化莱赛尔纤维生产核心技术。在莱赛尔纤维的研发过程中，先后攻克107项技术难题，突破新溶剂法纤维纺前处理等五大核心技术，通过有机溶剂纺丝法制得，整个生产过程无化学反应，废弃物可生物降解，真正做到全过程绿色生产，实现新溶剂绿色纤维素纤维纺丝技术的开发和国产化。

通过引进、消化、吸收、再创新，建设20万吨/年功能性、差别化黏胶短纤维项目，此项目应用51项自有专利和12项自主研发新技术，主要工艺全部自主设计，核心设备全部自研自制，自动化程序全面覆盖，实现“单线产能规模最大、装备水平国际先进、自动化控制程度最精、吨丝综合能耗最低、环保设施行业最优、吨丝单位成本最低”6项行业领先。

2. 增品种、提品质，打造“绿色低碳产品”

研发“彩色纤维”产品。随着社会的进步和公众环保意识的增强，环境问题已引起广泛关注。通过湿法纺丝技术，研发50多个品种的着色纤维系列，有效解决下游纺织企业染色工序污水排放问题，每使用1吨彩色纤维可减少碳排放4.2吨，节约用水90立方米。现年产“三友彩纤”产品4万吨，涉及藏青、玫红、酒红等颜色，其中黑丝在解决色牢度后，市场占有率达70%。

研发 ReVisco®纤维产品。以废旧棉纺织品为原料，生产循环再利用 ReVisco®纤维产品，2020 年含有3%的废旧棉纺织品的首批溶解浆粕，在三友集团生产线上变成纤维，标志着纺织品循环再利用踏上新里程，每使用1千克废旧棉纺织品，可减少碳排放量2千克，与使用棉花相比，每千克可减少用水1.5立方米。目前此产品中的回收棉织品占比已稳定在30%。

研发环保纤维产品。EcoTang®是唐丝品牌系列中的环保纤维。该纤维原料源于通过可持续认证的林木，经过符合欧盟最佳可行技术数据标准（EUBAT）的生产工艺处理而成，采用特殊成分的分子追踪技术和检测方法，能够实现产品全流程可识别。此产品于2022年1月依据生命周期评估（LCA）方法完成黏胶纤维唐丝® EcoTang®产品的环境足迹评估，获得化学品生态安全性能的权威认可（Intertek绿叶证书）。根据 EcoTang® LCA 结果，使用1千克 EcoTang®产品的碳排放量为4.29千克，与 HIGG MSI 公开的黏胶纤维全球平均碳排放水平比较，降低二氧化碳排放量3.25千克。

研发高端功能纤维产品。为满足“个性化、小众化、高端化”市场需求，三友集团推行产品“定制化”模式，并先后推出蛋白系列纤维、负离子纤维、植物提取添加型的艾草、薄荷等纤维、石墨烯纤维等功能纤维。开发抗菌纤维（三友康丽）、阻燃纤维、异型超短纤维等，其中无纺布用阻燃纤维，采用高科技手段将环保型硅系阻燃剂加入纤维中，不含卤素，具有永久阻燃性。

3. 积极与国际先进认证体系对接，为“绿色产品”开通“绿色通行证”

不断强化管理体系建设，始终保持与国际管理体系同步接轨，各公司均通过质量、环境、职业健康安全“三位一体”管理体系认证。同时为突出“一带一路”建设，拓展伊斯兰国家市场份额，通过清真认证。尤其是以“高质量、高标准、严要求”为原则，通过一系列国际认证：行业首家通过纺织品生态认证（OEKO－TEX）；通过森林产销监管链认证（FSC），确保最终产品源自经过认证的合规森林；2019年取得绿色产品标签（MADE IN GREEN by OEKO－TEX®），形成从供应链各个环节到终端消费者可追踪的产品标签；2021年通过回收声明标准认证（RCS），SLCP社会劳工整合项目审核，并于2022年6月通过“纤维识别和可追溯性（FIT）评估”审核，成功进入美国PVH集团的采购合格供应商，是国内黏胶行业第一家符合美国PVH集团采购政策的企业。世界环保主义者发起成立的环保公益性组织（Canopy）发布的2021年最新纽扣排名报告，三友集团纽扣数量从22枚增加到27.5枚，由浅绿色衬衫评级成功上升为部分深绿色衬衫评级。

（六）推进行业标准化建设，为行业绿色发展贡献力量

进一步强化标准化工作，牢牢握住“行业话语权”，三友集团标准化建设的布局涵盖纯碱行业、氯碱行业、纤维素纤维行业、氟硅行业、采矿行业、制盐行业等。随着国家对绿色产业标准化建设的不断加强，三友集团内部在推进产品标准制定的基础上，深化产业标准制修订工作，做到产品标准和产业标准“双推动”。绿色产品标准制定方面，指定质检、生产等部门联合推进；绿色产业标准制定方面，指定生产、环保等部门联合推进，各负其责，各司其职，并做到无缝对接。建立绿色标准制定过程中的专项跟踪台账，对标准制定情况进行月度实时跟踪，包括标准名称、制定进度、参与部门等方面。实施标准监控动态调整的原则，完成一项标准清除一项，参与一项标准增加一项。增加绿色标准制定鼓励措施，为激励各公司参与节能低碳、绿色产品、绿色工厂等方面的国家标准、行业标准、团体标准制定，对主持、参与制修订且正式发布实施的各类绿色产品标准、绿色产业标准的团队或个人进行奖励；拓展标准制定范围，推进标准制定工作由紧盯工业级产品标准制定向食品级产品标准转变，参与制定《食品添加剂 碳酸钠》等两项强制性国家标准，由引领产品发展向引领产业发展转移，特别是在节能、减排、绿色方面，主持制定《碳酸钠生产技术规范》国家标准和《绿色设计产品评价技术规范 碳酸钠（纯碱）》、《碳酸钠（纯碱）行业绿色工厂评价要求》行业标准，参与制定《有机硅环体单位产品能源消耗限额》国家标准、《化工矿山项目可行性研究报告编制规定》行业标准、《氯碱工业技术经济核算

工作导则》团体标准，三友集团荣获“唐山市标准化创新突出单位”称号。

三、化工集团以“两碱一化”为核心的全产业链绿色发展管理效果

（一）形成了完整的绿色发展业务体系，节能减排效果显著

产业闭环循环，三友集团各产业之间实现供需循环、产业链共生。依托“两碱一化”循环经济模式，形成了“碱石—纯碱”“原盐—纯碱/氯碱”“烧碱—纤维素纤维”“氯气—有机硅—有机硅下游系列产品”等盐化工、化纤、精细化工产业链条。产品绿色化，先后开发了彩色纤维、莫代尔纤维、环保纤维、莱赛尔纤维、低盐纯碱等系列绿色产品。节能集团效果显著，通过循环经济产业链、“三废”综合利用等，切实实现节能、减排，双控双降。据统计，年节水1500万立方米，利用浓海水1000余万立方米，节省碱石100万吨，生产氯化钙6万吨，回收原盐80万吨，回收二硫化碳18万吨，特别是热电公司2016年达到超低排放标准，2019年排放浓度稳定，达到《河北省钢铁、焦化、燃煤电厂深度减排攻坚方案》验收标准；矿山公司实现矿山全方位立体化生态覆绿；自2019年起各公司连续被纳入河北省生态环境监管正面清单。各主导产品单位产品综合能耗指标均优于国家和省能源消耗限额标准先进值水平，其中，轻质纯碱、重质纯碱、烧碱产品已达到行业标杆水平。

（二）企业总体经济效益稳步提升

从近年的经营业绩来看，三友集团稳居行业前列，2017年利润达19.7亿元，2018年利润突破20亿元大关，为23.2亿元。2020年面对新冠疫情冲击等严峻考验，利润为10.16亿元。2021年面对省内新冠疫情突发、原燃材料价格大幅波动、区域环保制约等多重挑战，实现利润25.5亿元。同行可比指标43项保持行业领先。对标国务院国资委化学工业（全行业）企业绩效评价标准值，28项指标中，2021年净资产收益率、资产负债率等12项指标优秀，研发投入强度、总资产周转率等10项指标良好。从五年发展对比看，三友集团整体业绩水平大幅提升，“十二五”期间年均利润为3.85亿元、净资产收益率4.53%；“十三五”期间年均利润14.06亿元、净资产收益率10.72%；2021年是“十四五”开局之年，三友集团各项经营业绩指标再创历史最优水平，利润实现25.5亿元，净资产收益率达到14.68%。

（三）获得社会广泛赞誉

三友集团先后获全国循环经济工作先进单位、全国石油和化工行业节能先进单位、国家纺织行业节能减排技术应用示范企业等多项荣誉。集团所属纯碱公司自2011年起连续11年被中国石油和化学工业联合会评为“能效领跑者标杆企业”，并被国家工信部、市场监管总局评选为重点用能行业能效“领跑者”；化纤公司被评为“十三五”绿色发展示范企业。2011年以来，共有552项新技术获得国家授权专利，158项新技术获省部级科技奖励，170项列入政府或行业协会科技计划。

（成果创造人：王春生、李瑞新、李建渊、周金柱、郑柏山、钱晓明、马德春、王铁英、韩力锋、王全宏、于增盛）

面向建筑用能低碳转型的中央空调物联生态体系建设

青岛海尔中央空调有限公司

青岛海尔中央空调有限公司（以下简称海尔中央空调）是海尔集团（以下简称海尔）旗下公司，1993年成为中国空调行业第一个进入中央空调领域的企业，1997年推出中国第一台家庭中央空调，2006年推出中国第一台磁悬浮离心机，2013年搭建行业第一个云服务平台，现已成为全球领先的中央空调品牌。目前公司是国内规格最全、品种最多、技术水平最高的商用及家庭中央空调生产基地，拥有5大产品群、16大系列、1000多个型号的产品，具备10类中央空调产品生产能力，配置8条智能线体、4个模块化区域，年产能高达33万余台，是空调行业首个智能制造标杆企业。

一、面向建筑用能低碳转型的中央空调物联生态体系建设背景

在“双碳”目标下，各行业都走上了绿色低碳转型之路。高能耗、高成本的暖通空调设备与国家提倡的绿色高效趋势背道而驰，建筑用能电气化、供暖清洁低碳化成为行业重要的发展方向。“近零能耗”的智慧楼宇建设要求环保高标准，尤其在商业供暖领域，传统取暖方式在制热运行时还带来诸多问题：污染严重，耗能较大；室内温差大，制热不足不舒适；投资成本大，性价比低等。中央空调能耗约占建筑总能耗的60%左右，成为节能降耗的重要方向。海尔深入贯彻绿色发展理念，承接国家碳达峰碳中和“3060”目标，积极推进产业绿色化低碳化升级，通过技术研发、工艺改进、平台创新、供应链优化等不断提升产品和服务的绿色低碳属性，为用户提供绿色化产品和服务，助力暖通行业、建筑行业绿色发展。

二、面向建筑用能低碳转型的中央空调物联生态体系建设主要做法

（一）明确低碳化发展的战略方向和推进目标

立足高质量发展阶段绿色低碳的发展要求，海尔中央空调探索实践面向建筑用能低碳转型的中央空调物联生态体系建设，以用户需求为中心，从提供产品转变为提供节能减碳场景解决方案，助力建筑行业节能减排：战略方向上，明确绿色化、低碳化发展方向，2021年与其他企业共同发布《暖通行业2030减碳路线图》，助力行业在2030年实现减碳3.16亿吨的目标，在智造端、技术端、应用端布局3大重要举措；技术创新方面，坚持开放式创新，持续攻关低碳技术，提高产品低碳属性；生产制造方面，建设低碳互联工厂，实现大规模定制转型，产品100%由用户定制；智慧服务方面，创新云服务平台，实现网器实时在线监测，颠覆传统管理模式；用户体验方面，从提供产品转变为提供定制化场景化解决方案，帮助用户实现节能、降本、减碳。

（二）坚持开放式创新，持续增加产品低碳属性

以用户需求为中心，海尔中央空调不断突破行业关键核心技术，引领中央空调节能发展。如针对影响中央空调节能效果和使用寿命的机械摩擦损耗问题，其整合研发团队，在国内率先创新研发推出磁悬浮中央空调，实现机组的无油零摩擦运转，较大限度地消除因机械摩擦而带来的部件损耗，使空调的能效与运行稳定性大大提升，节能效果提升50%，使用寿命延长到25年，填补了磁悬浮中央空调在中国的空白。由海尔中央空调牵头的“大型节能环保磁悬浮离心式中央空调关键技术及产业化”突破压缩机部件、热交换部件、制冷循环结构部件和整体智能控制部件4大方面关键核心技术达到国际领先水平，完成大型磁悬浮离心式中央空调系统的整体创新设计，实现了空调的高效节能和绿色环保，并产业化形成了风冷冷水、水冷冷水、热泵3大系列，包括53个型号产品，在北京、上海、深圳等几十个城市建

立了大量样板工程，并出口到澳大利亚、土耳其等国家。2016 年该项目获得山东省科技进步一等奖。

海尔深入推进产学研合作，加快节能技术创新与应用。例如，海尔联合重庆大学、中国建筑设计研究院、北京城建设计发展集团等机构共同组成技术创新项目组，在建筑热环境理论和营造技术上，研究出适合中国建筑的标准和方法，提高热舒适性的同时，达到节能降耗的目标，成果“建筑热环境理论及其绿色营造关键技术”项目组获得2020 年度国家科学技术进步奖二等奖。目前，这一项目已经从理论走向实践，应用于鸟巢、成都双流机场、重庆机场、拉萨火车站、北京和杭州地铁部分线路、重庆龙湖时代天街大型综合体等 30 余项重大工程。近三年，项目的应用推动各地共实现新增产值 35.72 亿元，新增利润 4.73 亿元，取得显著的经济和社会效益。此外，海尔物联多联机节能减碳关键技术、高效高频化一体式变频技术、物联超低温空气源热泵技术的研究及应用等技术获评“国际领先”，为产品绿色升级提供了强有力的技术支持。

（三）打造低碳互联工厂，实现大规模制造转向大规模定制

物联网时代，海尔依托卡奥斯国家级工业互联网平台，加快智能制造转型升级，打造低碳互联工厂，推进制造模式从大规模制造转向大规模定制，实现工厂与用户零距离，产品按需定制。

1. 打造大规模定制交互平台，实现产品 100% 的用户定制

针对大型商用中央空调“快速设计和交付”“用户需求快速响应”等行业特征，海尔中央空调搭建用户在线交互、定制及全流程可视的大规模定制交互平台，实现与终端用户需求的无缝对接，并通过开放平台整合全球资源，迅速响应用户的个性化需求。由此，海尔中央空调加快从原来为库存生产转变成为用户个性化而创造，用户也有原先单纯的“消费者”变成生产和消费合一的“产消者”。用户在定制平台上可以实现创意交互、虚拟设计体验、按需定制、全流程可视。例如，大规模定制交互平台采用 3D 动态仿真模式进行产品立体应用场景介绍，包括酒店场景、轨道交通场景、办公室场景、工厂场景等，实现了产品在线定制交互、10 类中央空调产品在线功能定制，用户可在线发表创意，参与产品定制，订单直达工厂与模块商。同时从需求端到制造端，依托互联工厂实现用户全流程可视化定制体验。目前，该定制交互平台已汇集 3000 余家客户、1000 余家设计院、100 余家专业机构，它们可实时在线交互，实现定制定单全生命周期智能化管理。

2. 打造互联工厂，满足全流程用户参与体验

基于卡奥斯国家级工业互联网平台，海尔打造中央空调互联工厂。工厂的数字化系统架构以 COSMOPlat - MES 为核心，横向分别整合集成 WMS、SPC 等系统，实现从企业到工厂到车间到每一台设备每一个人的实时互联，即机机互联、机物互联、人机互联；纵向整合集成 ERP、PLM 等系统，从用户需求到产品设计，再到制造、物流、服务，全流程智能互通、透明可视，形成全生命周期管理的新型生产模式。

在生产端，海尔中央空调互联工厂通过应用 5G、AR（增强现实）、机器视觉等数字技术，实现生产环节透明可控，生产过程智能调度。比如，机器视觉在生产现场应用于识别分类、尺寸测量、缺陷检查、操作引导，其中缺陷检查主要通过图像采集对产品表面划痕、凹陷等外观缺陷进行自动检测，相比人工检测提高了精度、速度，进而提高产品质量和生产效率。同时，工厂关键设备如钣金数控冲床、等离子直缝焊接设备、钢板抛丸设备、筒体抛丸设备、封头机器人自动焊切割焊设备、钻铣床、超声波清洗机设备、自动码垛机器人等均实现数控化。工厂实现车间智能排产，自建立智能排程优化模型，自动匹配最优排程计划，实现了生产订单、生产计划、采购计划等关键信息的可视化，排产结果可准确到每一工序、每一设备、每一分钟，实现生产计划与过程管控的精细化，比如按期、延期、提前等信息一目了然，生产计划预测性强，生产状况透明程度高。同时车间生产任务的派工管理、生产准备管理、任务执行的全流程协同管理，实现快速响应、协同制造，由此实现订单兑现率提高 18%，计划编排时间缩

短30%~80%，设备利用率提高20%，人均效率提高13%。

在运营端，生产过程中焊接参数、压力及压装曲线参数、紧固扭矩参数、内筒跳动参数、产品性能参数等均可以通过系统自动采集，数据自动传输率100%。通过应用大数据、人工智能、数字孪生等技术，海尔的管理更具敏捷性、决策更有预见性。此外，研发、生产、质量、交付等全流程赋能工厂，供应商数字化工作台带来的深度协同，让场景定制下的快速研发、柔性生产、智慧预约、精准配送成为现实。

3. 加快工厂绿色生产升级，实现节能减碳

一是加快用能结构优化，提升清洁能源占比。海尔中央空调互联工厂配套建设分布式可再生供能系统，已完成总装机量2.25兆瓦的光伏发电系统建设，年发电量超260万度，折合约减少0.22万吨二氧化碳排放。二是依托工业互联网平台推进能源管理智能化，实现提效增质。海尔中央空调互联工厂依托卡奥斯工业互联网平台，建设智慧能源数据互联控制中心，对每条线体、每道工艺进行能耗监控，建立单台能耗管控指标，对园区电、水、气、热、压缩空气、污水处理、光伏等能源动力的产输配用全环节进行集中的动态监控和数字化管理，通过大数据分析，对生产终端能源供应施加影响，降低重要能源介质散放，改进和优化能源平衡。三是加快节能改造，提高能源使用效率。工厂通过空压机余热回收，水泵房电机变频改造，燃气三联供系统建设，实现能源的梯级利用，能源综合利用效率高达80%以上，年二氧化碳减排约0.65万吨。同时，实施基础设施绿色升级，应用厂房隔热保温、LED灯具、高反射屋面板、自然循环送风、LOW-E玻璃、冷量回收降温、太阳能发电、墙体保温等绿色技术，降低了32%的能耗、21%的用水量、19%的二氧化碳排放量。四是全面推行绿色制造工艺技术，降低碳排放量。工厂采用铜管自动清洗、机器人喷漆、取消助焊剂/切削液、智能灰尘回收过滤等先进的绿色环保生产工艺，将铜管由三氯乙烯更改为水清洗，年均减少三氯乙烯使用8.7吨，有效消除生产过程中的有毒光气、腐蚀性盐酸烟雾等污染；率先采用机器人喷漆代替人工喷漆作业，有效减少喷涂工艺对作业工人的粉尘危害；通过加装喷涂过滤、智能集尘过滤等系统，对重点工序、重点环境界面进行除尘管控，有效减少工厂烟尘、粉尘排放38%；推行供应商生产模块化供货，工厂共计9类370种零部件供货时采取标准工装配送，通过工装重复利用，年均减少部品纸包装、铁制品、铝制品消耗达21吨。此外，作为全行业首个获得国家二星级绿色建筑认证的智造工厂，园区内建筑均为海绵建筑，下雨时吸水、蓄水、渗水、净水，需要时将蓄存的水释放并加以利用，实现雨水在园区中自由迁移，提高水的利用率。

（四）创新物联云服务平台，实现服务智能化

为创造用户全流程体验，海尔充分利用新一代信息技术，打造中央空调物联云服务平台，推进从产品的智能化到服务的智能化的升级，实现100%的终身用户，帮助用户精确掌握实际能耗数据，为用户提供系统全面的节能增效和能源一体化解决方案。海尔中央空调通过云服务系统将海尔物联多联机、磁悬浮中央空调等产品接入，实现了在线监控、故障预警、能耗分析、维护保养提醒等功能，为用户机组设备提供全天候24小时的管家式服务，大大降低了故障的发生率，有效避免机组故障停机和低效运行，最大限度减少人工和运维成本，实现了从单一产品节能到项目全生命周期的节能。以位于长沙的圣爵菲斯大酒店中央空调为例，海尔早在2014年就实现了“无人值守”的智能控制，通过对数据的实时监控，人工智能可以自动调节相关参数，继而大量减少人工运维成本，每年可为圣爵菲斯大酒店节省110万元的费用。此外，海尔中央空调云服务平台还为行业提供共享节能服务，实现其他品牌中央空调系统的接入，为用户提供增值服务。目前海尔中央空调物联云平台已接入300余万用户、210余万网器以及2000多家资源方，成为高技术服务推动制造业转型升级的样板。

2021年，海尔中央空调联合国家住房和城乡建设部科技发展促进中心、中国建筑学会、暖通行业

专家、霍尼韦尔等生态方共同发布行业首个生态级智慧建筑物联云平台 Hai－BMS。此外，海尔中央空调还不断优化服务线下网络布局，设置4000余家服务网点，实现全国各地乃至偏远地区无缝覆盖。通过极速响应的星级体验，第一时间响应用户需求，为用户提供最适合的解决方案。

（五）创造场景体验，由提供产品转变为提供解决方案

以用户需求为中心，海尔中央空调针对全国不同地区的个性化应用需求，从提供中央空调硬件产品转变为输出全方位、全场景空气解决方案。围绕创造用户场景体验，海尔加快由提供产品转变为提供解决方案的转型升级。以青岛地铁13号线为例，传统蒸发冷螺杆机组能耗高、噪声大、占地面积大。海尔中央空调定制的蒸发冷磁悬浮机组方案，不仅不需要冷却塔，还能省却空调机房，并将设备房废热、余热回收供站台工作人员取暖，最终实现比传统机组节能40%～50%，节水50%～55%的运行效果。目前凭借差异化的定制方案，海尔中央空调共计为35座城市、136条线路提供定制化服务，串联起中国4200余千米的地铁线路。同时，该套场景的定制方案也在向三星堆的考古挖掘现场、迪拜世博会中国馆、各地蔬菜花卉大棚等更多细分领域延伸。在煤改清洁能源领域，海尔依托创新的低温空气源热泵供暖系列产品和物联平台，聚焦采暖、热水、烘干、种植养殖、余热回收等五大场景，推出了一系列聚焦清洁能源场景建设与改造的解决方案，如户式采暖、区域供热、设施农业、烟草烘干、商用热水，全面满足用户对清洁能源的需求。从2016年到2020年，在海尔中央空调实施的煤改清洁能源项目中，单个采暖期内，平均减少燃烧标准煤306万吨，减排二氧化碳828万吨，减排氮氧化物2.3万吨，植树造林252万平方米。

与此同时，聚焦用户需求，海尔不断迭代场景方案，为智慧楼宇、绿色楼宇提供定制化解决方案。“双碳”背景下，单一化的中央空调产品已经无法满足项目方对建筑整体方案的高品质要求，以满足用户需求为中心的空气场景解决方案逐渐成为用户首选。不仅是楼宇自动化，海尔智慧楼宇解决方案还融合了消防自动化、安防自动化、办公自动化等，从暖通设备升级到建筑方案，办公、会议、物管、停车等运维效率提高50%以上。

三、面向建筑用能低碳转型的中央空调物联生态体系建设效果

（一）打造了全球引领的中央空调自主品牌

根据产业在线行业研究报告的显示，2021年，在中国市场，海尔以52%份额位居首位，连续15年占据市场半壁江山；在全球磁悬浮中央空调TOP5名单中，海尔品牌上榜，凭借22.8%的份额成为全球销售台数最高的企业，连续4年稳居榜首，打造了一张靓丽的中国“名片”。

（二）打造了全球引领的“灯塔工厂”智能制造体系

通过行业创新全流程智能体系及智能制造转型升级，海尔中央空调打造了中国乃至国际范围内的智能制造标杆。2018年，海尔中央空调互联工厂入选世界经济论坛全球首批先进“灯塔工厂”名单，成为首批中唯一一家入选的中国本土企业；2019年，海尔中央空调智能互联工厂落地全球首个5G中央空调应用示范基地，开创5G物联网中央空调的新局面；2020年荣获中国电子技术标准化研究院“智能制造标杆企业”，智能供应链领域“德国ROI－EFESO工业4.0奖”，以及空调行业首个“智能制造能力成熟度四级”认证，实现绝对引领。2021年智能工厂持续升级，先后被评为“山东省全员创新企业”“山东省智能工厂”国家首批智能制造示范工厂。

（三）有效促进了建筑领域的节能减碳

自2006年中国首台磁悬浮空调在海尔诞生以来，海尔磁悬浮中央空调目前已覆盖商业地产、酒店、轨道交通等行业，打造5000余个节能示范项目，至2016年累计节能23亿千瓦·时电，相当于替代煤炭约82.8万吨，减少二氧化碳排放量约200万吨，约合植树造林200万亩（1亩约等于666.67平方米）。作为最早响应政府号召参与“煤改清洁能源”项目的企业之一，海尔中央空调自2016年在首批

试点中应用开始，已累计完成65万户家庭清洁取暖，海尔中央空调提出的清洁能源取暖生态模式，平均每个采暖季，相当于减少燃烧标准煤306万吨、减排二氧化碳828万吨、减排氮氧化物2.3万吨、植树造林252万平方米。2017年海尔中央空调互联工厂获首批国家级绿色工厂认定，在基础设施建设、生产工艺技术、能源体系优化、管理智能化、绿色产品生产等方面取得领先的实践经验。

（成果创造人：梁海山、李华刚、付松辉、赵建华、郑子辉、国德防、杨伟欣、王学道、杨宝林、赵立国、冯　闯、李　斌）

核电企业促进生物多样性保护的自然资本评估体系构建

中国广核集团有限公司

中国广核集团有限公司（以下简称中广核）的总部位于广东省深圳市，是国务院国有资产监督管理委员会控股的中央企业。中广核以“发展清洁能源，造福人类社会”为使命，践行“严慎细实”的工作作风，业务已覆盖核能、核燃料、新能源、非动力核技术应用、数字化、科技型环保、产业金融等，拥有3家香港上市公司及2家内地上市公司，是中国最大、世界第三大核电企业；集团控股在运清洁电力装机容量超过7300万千瓦，其中核电2938万千瓦，国内外新能源超过4300万千瓦。

一、核电企业促进生物多样性保护的自然资本评估体系构建背景

（一）探索自然资本评估中国路径的需要

开展自然资本评估实践，构建促进生物多样性保护的自然资本评估体系，不仅有助于企业自身的可持续发展，更有助于政策制定者了解自然资本现实情况、评估利弊得失，从而最大程度地发挥自然资本评估的作用。英国作为先行者，在自然资本核算研究和成果应用等方面取得丰硕成果，其环境部颁布的“启用自然资本评估方法”（ENCA）等相关文件，为政策制定者和项目决策者评估项目或政策的环境影响提供详细的方法指导。许多国际公司综合采用定性、定量和货币化估值方法，开展自然资本评估，为生产经营决策提供科学依据。当前，我国无论是在政府层面还是在企业层面，自然资本评估实践都处于探索阶段。中国作为全球生态文明建设的参与者、贡献者、引领者，探索自然资本评估的中国路径，逐步把自然资产及生态服务价值纳入国家及各层级决策之中，使自然资本成为主流经济，助推中国开启生态文明建设的新时代，不仅具有重要的现实意义，也是一项十分迫切的任务。

（二）评估核电企业生物多样性保护价值的需要

2019年，中国核电发展中心、国网能源研究院发布《我国核电发展规划研究》，指出安全高效发展核电是我国能源电力发展战略的重要组成部分，我国的核电工业要开展深入研究，对此提出科学合理又实际可行的发展目标、实施路径。以此为契机，社会各界越来越关注核电在生产运营中的环境绩效。在此背景下，核电企业开展自然资本评估，定量分析核电的生物多样性保护价值，从而系统披露核电企业生产运营全生命周期对生态环境和民生福祉的增益效用，帮助公众更好地了解核能发电的安全性、可靠性和可持续性，从而缓解公众的邻避效应，对于助推中国核电的安全高效发展具有重要价值。

（三）企业提高科学决策水平实现可持续经营的需要

生物多样性损失是继气候变化后全球面临的又一大系统性环境风险。稳定的生物多样性是人类赖以生存、发展和延续的重要基础，也是企业开展生产经营活动、推进可持续生产经营的必要条件。社会经济财富的增加，很大程度上是以自然资本的开发、使用和退化来实现的。一方面；核电企业的运营高度依赖自然资本，其生产经营活动可能直接面临着自然损失带来的重大风险；另一方面，随着生物多样性全球治理框架的统一，日益严格的监管和法律压力以及来自公众认知和投资者的压力等，都将对那些危害自然及生态健康的商业生产及运营带来与监管、声誉和市场相关的风险；构建生物多样性自然资本评估体系，有助于精准识别生产经营中的风险和机遇，科学指导核电企业加强生物多样性保护和积极应对生物多样性风险，也是提高核电企业科学决策水平及实现可持续经营的有效手段。

二、核电企业促进生物多样性保护的自然资本评估体系构建主要做法

（一）遵循“共生、互生、再生”的生物多样性保护理念，明确自然资本评估思路

在指导思想上，坚持“人与自然和谐共生”的科学自然观，“绿水青山就是金山银山”的绿色发展观，遵循“共生、互生、再生”的生物多样性保护理念，指导自然资本评估体系的构建和应用。

在方法依据上，参考联合国“环境与经济综合核算体系”（SEEA）中的《实验性生态系统核算》、基于自然的解决方案（NBS）、资本联盟发布的《自然资本议定书》等，运用科学的方法学基础指导自然资本评估体系的构建。

在工作思路上，一是识别实质性影响和依赖，构建自然资本评估指标；二是有序推进自然资本评估的开展，以评估促进质效提升；三是以“阶梯型”思路为指导，促进生物多样性保护；四是多渠道信息披露与沟通，增进生物多样性保护共识。通过以上四方面，以量化工具为基础，以评促建，将指标评估、管理提升、增进共识有机结合，实现“评估体系构建—评估应用—提升反馈—优化改进”生物多样性保护的精细化闭环管理。

（二）识别实质性影响和依赖，构建自然资本评估指标

1. 建立核电企业自然资本评估的议题库

不同企业的生产运营活动，对自然资本的影响和依赖不同，其自然资本评估的指标选取也存在一定差异。中广核以国际自然资本标准、国家绿色发展与生态文明建设的规划政策、典型企业的经验为参照，兼顾科学性、系统性、适用性和可操作性原则，选取适合核电自然资源状况以及核电企业业务实际的指标，建立自然资本评估的环境、安全和社会三大类实质性议题库，为筛选和确定自然资本评估指标提供依据。核电企业自然资本评估议题库见表1。

表1 核电企业自然资本评估议题库

议题		影响驱动因子/依赖	议题来源
1. 环境	1.1 放射性废弃物管理	1.1.1 液体流出物	国际标准及经验；典型企业经验
		1.1.2 气体流出物	国际标准及经验；典型企业经验
		1.1.3 核废料（放射性固体流出物）	国际标准及经验
	1.2 常规废弃物管理	1.2.1 常规废弃物存放成本（万元）	国际标准及经验
		1.2.2 常规废弃物运输成本（万元）	国际标准及经验
		1.2.3 废弃物回收利用占比（%）	国际标准及经验
	1.3 低耗低碳运营	1.3.1 应对气候变化	国际标准及经验；典型企业经验
		1.3.2 水资源管理	国际标准及经验
	1.4 环境监测	1.4.1 监测合格天数（天）	典型企业经验
		1.4.2 水质监测	国家规划政策；典型企业经验
		1.4.3 大气监测	国家规划政策
		1.4.4 土壤监测	国家规划政策
		1.4.5 噪声监测	国家规划政策；典型企业经验
		1.4.6 放射性元素检测	典型企业经验

续表

议题		影响驱动因子/依赖	议题来源
1. 环境	1.5 环境治理	1.5.1 环保税（万元）	国家规划政策
		1.5.2 环境保护总支出（万元）	国家规划政策
	1.6 生物多样性保护	1.6.1 项目所在地国家级保护动物数量	典型企业经验
		1.6.2 项目30千米边界内自然栖息地面积（公顷）	国家规划政策；典型企业经验
		1.6.3 野生动物和植物保护年投入资金（万元）	典型企业经验
		1.6.4 授粉昆虫如蜜蜂，蝴蝶等物种数量	国际标准及经验
		1.6.5 珊瑚礁面积（公顷）	国际标准及经验
		1.6.6 核算范围内鱼类繁殖种类	国际标准及经验
		1.6.7 电站运营中是否有超过生态恢复阈值的影响和扰动	国际标准及经验
2. 安全	2.1 安全生产和管理	2.1.1 核电安全管理	典型企业经验
		2.1.2 核电安全运行	国际标准及经验
		2.1.3 应急防范	典型企业经验
	2.2 辐射保护与职业病防治	2.2.1 核辐射剂量	典型企业经验
		2.2.2 职业病防治	典型企业经验
3. 社会	3.1 社区发展	3.1.1 支持本地发展	国际标准及经验
		3.1.2 社区规划投资	典型企业经验
		3.1.3 渔业	典型企业经验
		3.1.4 生态旅游	典型企业经验
		3.1.5 淡水使用	典型企业经验
		3.1.6 维护社会稳定	典型企业经验
	3.2 社区参与	3.2.1 社区参与机制	国际标准及经验
		3.2.2 合作伙伴关系	典型企业经验
		3.2.3 公益志愿	典型企业经验
	3.3 社区沟通	3.3.1 社区沟通机制	典型企业经验
		3.3.2 自然教育	典型企业经验
		3.3.3 信息公开	典型企业经验

2. 识别筛选实质性议题，确定评估指标

中广核以实质性、完整性为原则，从“对自身影响”“对社会影响”“对自然资本依赖”三个维度，通过内外部专家调研、访谈、问卷调查等实质性评估方式，得到利益相关方重要程度认知结果。基于以上方法，梳理出实质性议题列表，其中包括："绿色低碳运营""环境合规"等4项"对自身影响"的实质性议题；"重大公共安全事件""放射性物质排放"等9项"对社会影响"的实质性议题；"土地资源利用""获取矿产资源"等5项"对自然资本依赖"的实质性议题。

中广核结合其业务流程实际，明确影响实质性议题的驱动因子（依赖）。在具体指标选用时，中广核以可计量、可评估且具有行业代表性、高实质性、高准确度、来源可靠等为原则，采用尽可能多的定量指标构建指标体系，并深入挖掘企业内部数据、公开信息和商业数据等，最终形成包括17个实质性议题22个指标的自然资本评估体系。

3. 科学选用评估方法，确保评估体系的量化可操作性

自然资本评估对象不同，其业务范围也不同，因此难以通过同业对比分析其行业水平。为科学直观地呈现自然资本评估结果，中广核采用成本效益分析方法，将各指标的价值估算结果按照企业成本、企业效益、社会成本、社会效益划分，最终得出企业和社会成本效益的总价值，并以此作为衡量自然资本价值的标准。

中广核根据指标类型的不同，综合采用定性、定量和货币化估值等分析方法，主要使用到的货币化估值方法包括市场和金融价格法①、价值转移法②、替代成本法③、治理成本法④和旅行成本法⑤。

市场和金融价格法主要应用于"对自然资本依赖"的指标估算中，包括获取矿产资源、土地资源利用、淡水资源利用等。以淡水资源利用的估算方法为例，淡水资源的利用包括企业的生产用水支出和自然环境中淡水资源使用（主要为水库就地取水）的估算两部分。前者以中广核财务数据记录为准，纳入企业成本；后者需要核算评估对象所使用的自然界淡水资源总量，并借鉴中国金融学会绿色金融专业委员会发布的自然资本研究报告⑥，将水消耗成本按照9.73元/立方米折算，得出淡水资源利用的社会成本。

价值转移法主要应用于环境影响的指标估算中，包括放射性废弃物、废液和废气排放、气候调节等。替代成本法主要应用于社区福祉等指标中。治理成本法应用于极端天气等指标中。旅行成本法主要应用在科普旅游等指标中。

（三）有序推进自然资本评估，以评估促进质效提升

1. 系统实施自然资本价值分析，识别风险与机遇

中广核利用所构建的评估体系，精准估算企业运营"对自身影响"、"对社会影响"和"对自然资本依赖"各指标的价值，为直观反映企业生产运营活动对自然资本影响和依赖作用的价值结果，中广核将各指标所反映的企业成本、企业效益、社会成本、社会效益逐一加总，最终形成企业成本效益总值和社会成本效益总值。包括：生产运营活动对各项自然资本的影响和依赖对财务业绩产生的影响，对周边区域生物多样性的影响、可能带来的社会后果和生态影响等。据此，得到以下关于自然资本价值的公式。

企业价值=企业效益-企业成本

① 市场和金融价格法是用生态系统产品或服务在市场上的流通价格或成本作为自然资本的价值。

② 价值转移法是使用类似情况下开展的评估或研究得出的估值系数或相关二手数据，对自然资本进行估值。

③ 替代成本法是用人工等价物替代自然资本的投资成本作为自然资本的货币化价值。

④ 治理成本法是假设自然资本损失造成的危害价值与防治自然资本损失的成本相当。

⑤ 旅行成本法是通过估算人们旅游所花费的时间和费用，对自然景观或环境资源价值进行估值。

⑥《中国金融和投资机构自然资本成本分析——以中国商业银行为例》。

社会价值 = 社会效益 – 社会成本

自然资本价值 = 企业价值 + 社会价值

中广核通过对自然资本评估各项指标的价值估算，分析成本效益总值。以大亚湾核电项目自然资本评估结果为例，其生产经营活动共计产生企业成本 384. 41 亿元，产生社会成本 4. 96 亿元，社会效益 4634. 24 亿元，总效益约 4244. 87 亿元。其社会成本低于企业成本，说明大亚湾核电项目生产运营对自然资源的消耗在环境自身承载范围之内，可通过自身进行修复或恢复；其总效益远高于总成本，说明核电业务以可持续的方式利用自然资源，应对气候变化，促进生物多样性保护，提升周边居民生计福祉的实践卓有成效。

自然资本评估结果表明，中广核企业成本和社会成本主要在于资源利用，放射性废弃物管理，噪声干扰，环境合规、灾害防治及节能技改方面，具体指标包括原材料采购、乏燃料处理、自然灾害防治、环保费用支出等。由此，可以得知核电企业需要应对的关键风险：一是放射性废弃物的合规处理和涉核重大公共安全事件的防范及应对；二是核电生产所需原材料的可持续获取，避免原材料存量短缺引起的经营风险，或矿产过度开采和利用所带来的公众质疑对企业形象的影响；三是废弃物的合规排放，避免废弃物的排放对陆地和海洋生态系统造成负面影响，使企业税费或罚款负担升高；四是噪声干扰对员工职业安全健康造成影响。

企业效益和社会效益主要在于应对气候变化和社区福祉与科普教育。由此，可以得知核电企业需要把握的关键机遇：一是高效安全发展生产核电、风电等清洁能源电力，为应对气候变化做出企业贡献；二是重视社区关系建设和维护，积极推进核电宣教和工业旅游，帮助企业树立安全、友好、负责任的品牌形象，建设和推广生态友好品牌，为企业可持续发展奠定基础。

2. 加强数据管理，推进自然资本评估应用

一是在自然资本评估定量指标缺失和数据可获得性两方面，加强核电项目自然资本核算指标的数据管理。中广核构建的自然资本评估指标体系在核电项目应用过程中，仍有部分指标采用定性评价，采用定量分析的数据在获取时也存在一定局限性。中广核积极应对评估指标和数据的局限性，不断加强数据管理能力，促进自然资本评估的质效提升。一方面，对珊瑚、绿海龟、地下微生物等重要指标性物种和蜜蜂、蝴蝶等重要传粉物种，以及红树林、海草床等重要海洋生态系统面积等海洋生态指示指标，建立数据库或台账，定期跟踪分析，减少因数据不足采用定性分析的指标，指导生物多样性保护行动决策。另一方面，扩大自然资本指标及议题库相关数据的监测范围和收集范围，及时对年度数据进行收集、备案，解决自然资本评估数据的可获取性问题。

二是在自然资本评估体系的应用对象及范围上，实现从核电到清洁能源的推广应用。中广核将核电项目自然资本评估体系及工作流程应用到风电项目中，优化自然资本评估指标，将自然资本评估指标优化适应风电业务，形成品牌宣传部统筹、权威专家指导、下属单位实施的推进机制。在此基础上，中广核有序对云南磨豆山风电场、英国布雷尼格风电场、法国上索姆河风电场等风电项目开展自然资本评估，进一步探究清洁能源对促进生物多样性保护的增益作用，在多个项目应用中实现自然资本评估的质效提升。

（四）以“阶梯型”思路为指导，促进生物多样性保护

中广核将自然资本评估指标和结果应用到生产运营各环节，关注对自然资本成本效益造成重大影响的指标及其风险机遇，提出了“避免—减少—减缓—补偿”的“阶梯形”生物多样性保护思路，指导完善中广核各业务环节的工作要求，不断完善核电企业生物多样性管理。

1. 完善合规管理，避免生物多样性影响

中广核将“避免”作为生物多样性保护的首要原则，严格识别、严守合规底线，针对核电企业需

要应对的关键风险，中广核基于法律法规的要求统一制定并持续修改内部规范，监督内部规范的执行，不断完善合规管理，尽可能避免违规行为或不当的生产经营活动对生物多样性的影响。

在废弃物排放管理方面，中广核严格遵循《放射性污染防治法》《放射性废物安全管理条例》《放射性物品运输安全管理条例》等法律法规，在生产运营中重点加强对放射性废弃物的管理和处置，形成了一套系统高效的放射性废弃物控制与处理机制，对放射性污染风险进行运营全过程管控。同时以最严格的排放标准控制“三废”排放，采用国际先进技术和标准不断提升处理能力，排放量远低于国家允许排放标准限值。积极维护核电站周边的生态环境安全，采取针对性措施保护陆地和海洋物种，充分考虑并努力将项目实施对生物多样性的影响最小化，降低对社会成本的影响。

在涉核安全事件方面，中广核贯彻落实《核安全法》等国家法律、法规、导则和标准，持续完善安全管理体系，压实岗位安全生产责任，推进安全文化建设，提升应急防范能力，持续强化全产业链质量管理能力，不断夯实和巩固公司安全运营根基。规范以安全风险管控和隐患排查治理为核心的四项基本安全措施，持续落实“每日隐患排查、治理与公示制度”“每日高风险作业申报与控制制度”“每日领导现场带班检查制度”“最小区域网格化负责人制度”等规定，严防涉核安全事件的发生。

在职业病防治方面，中广核严格遵守国家职业安全健康相关规定，持续完善职业卫生与职业健康管理体系，通过技术措施、健康宣传、职业健康检查和健康监护等手段，全面保障员工安全与健康。积极防治噪声干扰及辐射造成的职业病，制定工作场所年度噪声检测计划和个人辐射剂量控制的管理目标，加强噪声监测，实时监控员工受到的辐射剂量水平，有效控制个人剂量，组织员工定期体检，为员工配备劳保防护用具，完善医疗保障，从源头和防治等渠道避免噪声及辐射对员工职业健康与安全造成危害。

2. 加强监测防控，减少生物多样性扰动

为实施监测自然资本的动态变化，将事后处理的工作机制转变为事前预警。中广核在生产运营中坚持开展生态环境和生物多样性监测，采取针对性措施保护陆地和海洋物种。一方面，中广核对所有在运核电项目周边 10 千米范围内的空气、水质、土壤、生物样本等要素进行实时监测和取样监测，进行环境巡检记录。另一方面，依据《核动力厂环境辐射防护规定》（GB 6249—2011）、《核电厂环境辐射监测规定》（NB/T 20246—2013）等，对运行核电厂周围环境进行有效环境辐射监测。

中广核通过追踪环境影响，全面掌握自然资本价值的动态变化情况，及时公开监测数据，定期报送环境监测月报和环境监测年报，并对各项环境监测数据进行信息化存档，接受各级监管部门和社会公众的监督，结合自然资本评估结果，确保营运没有对环境和公众造成影响。

3. 深化低碳减排，缓解气候变化

开展常态化气象监测，建立自然灾害预警机制，能够准确及时地预报灾害，确保核电项目安全运行。同时，中广核聚焦主责主业，大力发展核电风电等清洁能源，不断优化生产和运营过程中的能源管理体系，通过替换高能耗设备、优化设备运行、开展节能改造等方式，努力提升能源利用效率，减少运营环节能源消耗和温室气体的排放，深化低碳减排，为调节气候、缓解气候变化做出重要贡献。

4. 开展生态补偿，提高物种丰富度

通过人工修复、技术修复、植被补偿和动物补偿等措施，对生态环境进行主动修复和补偿，确保企业生产运营活动没有对社会效益和社会成本造成严重影响，保障各运营项目所在地的生物多样性水平。

在人工修复上，积极组织员工清理海岸线垃圾，修复海洋生态环境。在技术修复上，建立“中广核—微普生物环保合作实验室”，在微生物环保黑臭水体处理技术方面的研发取得突破性进展，有效修复河道生态环境。在植被补偿上，注重植被保护，采取措施进行植被恢复，包括红树林复育、珊瑚断枝复育、森林植被恢复、覆土绿化、防护林养护等。在动物补偿上，开展增殖放流活动，恢复或增加核电项目周边水生动物的群落数量，改善水域生态环境；救助斑海豹等国家级保护动物。在保护海洋生物上，利用卫星遥感、测量等手段监测水温，开展特征海洋生物耐热性研究，结合核电基地机组运行优化取排水方案，配合管理部门开展增殖放流活动。

5. 健全管理机制，升级管理制度

将“避免—减少—减缓—补偿”的“阶梯形”生物多样性保护思路融入管理规范中，逐步实现工作路径由“以查促建、以建为主”向“日常管理、事前预警”的转变，强化过程管控，注重常态化管理，做好顶层制度引领，扎实做好生物多样性保护的各项工作。

中广核明确了统一领导、分级管理、分工负责的生物多样性管理机制，各级公司的总经理分别担任生物多样性保护的第一责任人，场站长担任场站第一责任人，形成公司、分公司、场站三级管控模式，每级设置环境管理接口人专项对接生物多样性保护工作。同时，成立督察工作组，加强对各级单位生物多样性保护工作的监督领导，统筹协调各项工作。中广核优化升级《环境管理制度》《环境管理实施细则》等，逐步将生物多样性理念融入企业可持续发展战略，将联合国 2030 可持续发展目标贯穿整个生物多样性保护工作中。

（五）多渠道信息披露与沟通，增进生物多样性保护共识

1. 常态化信息披露，接受社会监督

中广核在云南磨豆山风电场举行 2021 年生物多样性保护报告发布仪式，首次向公众披露基于自然资本评估的生物多样性保护管理实践与成效。中广核逐步在核电风电项目中开展自然资本评估，并通过企业社会责任报告、生物多样性报告、案例或案例集等公开披露自然资本评估结果，以量化指标衡量核电企业业务活动的经济、环境和社会效益，评估清洁能源生物多样性保护价值，积极回应利益相关方期望和诉求，为中广核透明沟通、生物多样性保护管理提供具有实质性的沟通内容。

2. 多样化活动传播，增进社会共识

一方面，利用国际平台在联合国《生物多样性公约》第十五次缔约方大会（COP15）开幕之际，正式发布国内首份基于自然资本评估的生物多样性保护报告——《中国广核集团生物多样性保护报告》，更是在分论坛“可持续发展目标与 2020 年后全球生物多样性框架在商业部门主流化”的圆桌讨论环节，分享核电企业开展自然资本评估的经验与思考。

另一方面，充分利用各类科普活动分享生物多样性保护的工作成果。在 2021 年中广核第九届“8 · 7 公众云开放线上体验日”直播其核电板块助力“双碳”目标数据和全国核电行业首份自然资本评估结果，展示中广核在应对气候变化、助力“双碳”目标及生物多样性保护等方面的实践。通过公众开放体验日、科普展厅、核电科普进校园进社区等科普实践活动，与不同利益相关方深入沟通，拓展了与利益相关方沟通交流的形式，尤其是在核电方面，通过节日联欢、群众联谊等一系列体验式活动，社区居民得以走进核电基地，更好地了解核能发电的安全性、可靠性，以及其对生态环境和民生福祉的增益效用。

三、核电企业促进生物多样性保护的自然资本评估体系构建效果

（一）成功探索中国企业自然资本评估路径

中广核自然资本评估的研究过程和研究结论均通过国内外业界专家论证，其评估结果直观体现了中广核核电业务与自然互动产生的增益，形成企业与社会、环境多方共赢的局面。中广核发布的国内首份基于自然资本核算的生物多样性保护报告是我国实施时间最早、内容最翔实的企业生物多样性报告之一。中广核自然资本评估实践荣获首届“金钥匙——面向 SGD 的中国行动”“礼遇自然类”冠军奖，并作为案例两次被收录到《生物多样性公约》“企业与生物多样性全球伙伴关系”简报中，成功探索了中国企业自然资本评估促进生物多样性管理的经验。

（二）示范引领核电企业生物多样性保护实践

中广核站在新高度来谋划经济社会发展，开创性地应用自然资本评估方法，探明核电企业生产清洁能源的生物多样性保护价值，在联合国《生物多样性公约》第十五次缔约方大会、中广核第九届“8·7公众云开放线上体验日”等公开场合发布自然资本评估成果，连续两年发布生物多样性保护报告，为工商业界将生物多样性价值货币化、主流化提供良好示范与借鉴，对核能企业乃至全社会达成生物多样性保护共识起到示范引领作用。

（三）有效提升企业责任竞争力

中广核构建促进生物多样性保护的自然资本评估体系，利用其在核电领域的专业能力，助力解决周边社区在可持续发展过程中面临的社会和环境问题，推动企业可持续经营与发展。2021年，中广核名列全球公用事业品牌价值500强第13；在国务院国资委评定的“中央企业品牌建设能力排行榜”上位列第28；中国品牌500强排名第106位，在上榜的51家央企中排名第27位，实现了中广核责任竞争力和综合实力的全面提升。

在必尽责任方面，中广核坚守安全生产底线，实现25台运行核电机组83% WANO指标达到世界先进水平，自动堆停情况创历史最佳，安全管理水平获得WANO等国际同行评审的普遍认可。在应尽责任方面，中广核透明沟通、实践打造了示范性科普教育基地，其中五个基地获“全国科普教育基地”认定公示，大亚湾、宁德核电基地更是荣获首批“央企爱国主义教育基地”称号。在愿尽责任方面，中广核积极开展生物多样性保护，大亚湾核电基地通过自然资本评估，发现附近海域的浮游植物种类、浮游动物种类，同建设前相比分别增加了105种和113种。大亚湾核电基地和磨豆山风电场两个自然资本评估项目相较传统发电共减少二氧化碳排放63745万吨，相当于种植了178万公顷的森林，减排价值约人民币4636亿元。

（成果创造人：韩云飞、黄晓飞、朱　丹）

邮政企业服务乡村振兴的惠农协同服务体系构建

中国邮政集团有限公司

中国邮政集团有限公司（以下简称中国邮政）是依照《中华人民共和国公司法》组建的国有独资公司，由财政部依据国家法律、行政法规等代表国务院履行出资人职责。公司依法经营各项邮政业务，承担邮政普遍服务义务，受政府委托提供邮政特殊服务，对竞争性邮政业务实行商业化运营。中国邮政按照国家规定，以邮政、快递物流、金融、电子商务等为主业，实行多元化经营。经过多年持续发展，中国邮政已转型升级为实业与金融相结合、业务多元化的大型企业集团，下辖31个省（自治区、直辖市）的邮政公司，控股子公司、事业部及直属单位14家，员工总人数近百万，拥有5.4万个普服网点、3.41万个投递网点、42万个邮乐购站点，是国内唯一网点覆盖所有乡镇的中央企业。2021年，中国邮政总收入7005亿元，在2022年《财富》世界500强上榜的世界邮政企业中，营业收入排名世界邮政第1位，利润排名世界邮政第1。

一、邮政企业服务乡村振兴的惠农协同服务体系构建背景

（一）落实国家战略决策的必然要求

党的十九大提出，农业农村农民问题是关系国计民生的根本性问题，必须始终把解决好“三农”问题作为全党工作重中之重。乡村振兴战略是党中央部署的重大战略，是构建新发展格局、夯实我国内需战略基点的重要方面，是“国之大者”的集中体现。根据农业农村部相关统计数据，2021年，我国有农民合作社约225万家、家庭农场超过390万家，这些新型农业经营主体，既是乡村产业振兴的支柱，又是农业高质量发展的重要承载主体。作为大型央企集团，中国邮政通过构建邮政惠农协同服务体系，全方位落实乡村振兴战略，正视“三农”发展所需，是切实承担加快农业农村现代化的政治责任、经济责任和社会责任之所在，也是实施乡村振兴战略的具体实践。

（二）参与农村市场竞争的必然需要

随着国家乡村振兴战略的实施，中国邮政在农村面临更加激烈的市场竞争。在寄递业务方面，国家邮政局数据显示，2020年我国农村地区收投快递包裹总量超过300亿件。“电商平台+快递物流”战略联盟正在加快布局农村市场，随着这些电商平台开始布局建设自有或联盟物流，中国邮政的寄递业务会受到较大冲击。在金融业务方面，金融同业携金融科技优势正在寻找新的增长点和效益点，邮政农村金融的网点优势、存量客户资源将会受到巨大挑战。在电商业务方面，大型电商平台携资本优势已然形成寡头效应，邮政在传统电商领域难以在短期内建立流量和规模优势。中国邮政作为典型多元化的央企集团，在各细分行业领域都面临着前所未有的挑战，管理思想、商业模式、协同方法、竞争工具都亟待创新。

（三）发挥邮政资源优势的必然选择

中国邮政资金流、商流、物流、信息流“四流合一”的独特资源优势与全面推进乡村振兴的需要高度契合，是发展乡村产业、促进农村消费的重要保障。在网点渠道方面，累计建成5.4万个普服网点，其中有73.5%的网点在农村；投递网点3.41万个，其中农村投递网点2.92万个，占比约85.6%；4万个金融网点中，2.83万个在农村，居大型商业银行之首；42万个邮乐购站点中，有35.5万个分布在农村，具有其他经济主体无可比拟的渠道优势。在电商服务方面，中国邮政依托“邮乐网”电商平台，建设标准化的农产品基地，对接了100个全国特色农业产业。依托“邮掌柜”平台，搭建了品牌

商家直达农村的流通渠道，为农村消费量身打造36个工业品“大单品”，为农村小商户经营赋能。在物流服务方面，中国邮政持续推进县、乡、村三级物流体系建设，开展“邮快合作”“交邮联运”，以“共享”理念打造服务农村的“共配平台”，截至2022年4月，累计建成县级处理中心718个、农村投递网点2.92万个、投递道段8.5万条、县、乡、村电商仓配中心2191处，已成为促进城乡双向流通、畅通农村服务“最后一公里”的重要阵地。面对乡村振兴带来的新机遇、新空间，中国邮政需要牢牢把握农业农村发展趋势，推进宽领域多层次的协同经营，逐步构建邮政惠农协同服务体系，将资源优势转变为企业高质量发展的胜势。

二、邮政企业服务乡村振兴的惠农协同服务体系构建主要做法

（一）确定服务乡村振兴的总体思路

中国邮政明确做出“服务乡村振兴是中国邮政落实党中央战略部署的政治责任所在，是中国邮政履行央企担当、助力共同富裕的社会责任所在，更是中国邮政自身生存发展的根本所在”的战略判断，提出“争做乡村振兴综合服务提供商、乡村振兴普惠金融主力军、乡村电子商务发展主渠道、乡村综合物流服务主导者、乡村公共服务重要参与者”的战略定位。

（二）明确五大战略定位，健全服务乡村振兴的工作体系

1. 丰富服务乡村振兴五大战略定位内涵

一是打造乡村振兴综合服务提供商。中国邮政以惠农合作项目为抓手，顺应农村全产业链的发展趋势，提升产业链协同服务能力，协同提供集金融服务、农村电商、快递物流以及农业社会化服务的“一站式服务”，打造覆盖农业全产业链的社会化综合化服务平台。二是当好乡村综合物流服务主导者。以邮政农村物流基础网络为依托，健全县、乡、村三级物流体系，强化县、乡、村三级节点服务能力，打造开放共享的乡村共配平台，畅通工业品下乡“最后一公里”和农产品进城“最初一公里”。三是争当乡村振兴普惠金融主力军。发挥庞大的实体渠道优势，强化乡村振兴普惠金融支持，推进农村信用体系建设，加快“三农”金融数字化转型，努力破解普惠金融成本高、风险高、收益低的难题。四是争当乡村电子商务发展主渠道。落实加快农村电商发展，增加农民收入的要求，农产品上行与工业品下行并举，着力推动上行，增强网点站点、线上线下渠道服务能力，增强电商与寄递、金融一体化服务能力。五是成为乡村公共服务重要参与者。按照农村基础公共服务往村覆盖、往户延伸的要求，持续做好农村邮政基础设施建设，提升农村邮政网点便民公共服务，推动更多乡村地区实现“只进一扇门”“最多跑一次”，依托县、乡邮政网点打造“一站式服务”综合服务平台。

2. 构建服务乡村振兴工作体系

围绕“五大战略定位”，强化市场导向、需求导向、政策导向和目标导向，全面构建服务乡村振兴的工作体系。一是聚焦经营主体。按照系统集成、协同高效的方向，全面落实体系化推进农村市场发展的要求，聚焦“村、社、户、企、店”等五大经营主体，细化分类、精准施策，进一步夯实农村市场协同服务的客群基础。二是开展业务协同。推动以商流为牵引、物流为支撑、资金流为保障、信息流驱动的一体化服务方案有效落地，不断做大农村电商、农产品寄递、农村金融信贷三大牵引型业务规模，进一步完善农村市场协同服务的标准规范。三是做好支撑保障。全力提升“四大能力”（农村寄递物流服务保障能力，农村网点站点渠道连锁化、数字化服务能力，重大产业协同服务能力以及大数据整合服务能力），进一步支撑农村市场协同服务的质量提高。四是强化组织推进。基于政企联动、板块协同等机制建设营造良好的内外部发展环境，以责任到人、任务到人、目标到人、考核到人的“四个到人”确保各项工作落地见效。

（三）聚焦五大经营主体，构建服务乡村振兴的运营模式

中国邮政聚焦村（行政村）、社（农民合作社）、户（家庭农场、种养殖大户）、企（农业企业）、

店（农村商户）等重点经营主体的服务需求，提出并建立农村五大客群营销服务组织推进体系，加快拓展农村市场重点客群，进一步夯实中国邮政服务乡村振兴、布局农村市场的客群基础。

1. 村：推进农村信用体系建设

一是线上线下融合建设信用村模式。发挥“人工 + 数字化”优势，建立健全“一筛二访三审核，四采五评六公示”流程，通过“线上 + 线下”结合的方式，线下触达核实客户身份、经营项目、资金需求的真实性，采集农户数据，发挥村支两委的审核作用，产生白名单信用户，白名单客户自主线上申请，提升业务办理效率。同时，应用农村集体资产管理数据辅助验证信用村评分，在客户信息采集和系统自动评分评级后，直接给予客户主动授信额度。客户通过手机银行随用随支随还，助力提升数字普惠金融服务可得性和便利性。

二是数字化建设信用村模式。利用农业农村部的农村土地承包地数据、家庭农场名录数据、农村集体资产数据和“两区”划定数据等四大数据库，结合邮储银行内部的村民信贷、存款、产品持有、交易信息等数据，加工形成约 40 个业务指标。在贷前环节，形成客户准入环节优化信用评价模型体系，提供采集信息交叉验证，丰富提额策略；在贷后环节，提升风控水平，逐步完善新主体信用评价模型。

三是政府主动推荐建设信用村模式。进一步推进政企合作，强化政府引导作用，开发政府行政村主动推荐模块，银行制定申报数据和流程，由村支两委申请，乡镇政府审核，邮储银行客户经理复核、补充信息，开展批量化信用村建设。

2. 社：服务农民合作社等新型农业经营主体高质量发展

一是销售牵引型模式。中国邮政积极推动农产品销售合作端向农民合作社下沉，通过建基地、树品牌、强平台、拓渠道、促协同，打造“基地 + 品牌 + 平台 + 渠道 + 协同”的邮政农品销售牵引模式。以邮政农品品牌赋能农民合作社产品品牌化、电商化，依托农村电商平台资源和三级物流体系优势，畅通产销对接渠道，带动邮政金融、寄递融入产业链，形成农产品销售商流牵引、农产品寄递服务支撑、邮政金融保障的协同服务体系。服务对象主要为品质果蔬经营类、粮食规模生产类、农品加工销售类合作社。

二是金融驱动型模式。中国邮政发挥遍布城乡的网点渠道优势，提供邮政综合金融服务。以中邮惠农示范社以及国家级、农民合作社示范社等为重点，选择当地经营规模大、管理水平强、带动效应好的农民合作社，为合作社实际控制人及社员提供融资、开户、结算、理财等综合金融服务。服务对象主要为水产畜禽养殖类、农业机械服务类合作社。

三是寄递带动型模式。中国邮政通过寄递业务，不断提升农产品寄递物流能力，使农产品运得出，助力打通上行“最初一公里”通道。通过持续完善县、乡、村三级物流体系建设，提供专业化农产品仓储、包装、寄递解决方案，牵引带动农产品销售，开展金融信贷业务开展。服务对象主要为品质果蔬经营类、粮食规模生产类、农品加工销售类合作社。以服务沭阳花木特色产业为例，通过提升集散、揽投、同城配送“三个能力”，持续完善县、乡、村三级物流体系建设，累计帮助当地花木产业农民合作社寄递邮件超 1 亿件，市场占有率连续 3 年保持行业第 1 位。

3. 户：强化家庭农场、个体农户综合金融服务

一是推广乡村振兴卡。全国范围发行农民丰收卡，给予工本费、年费、小额账户管理费及短信服务费、跨行取现手续费减免的优惠，降低农村地区金融服务的成本；配置法律咨询、农技指导等非金融增值权益。联合当地农业农村主管部门发行区域性乡村振兴主题卡，更好地为农村地区提供定制化个性化服务。全国范围发行乡村振兴信用卡，在发卡客户方面，挖掘内部数据资源，实现“三农”经营贷款客户与信用卡交叉销售；在产品权益方面，配置涉农意外保险权益、医疗服务权益、农技指导权益等。

二是创新农村信贷服务。出台邮政金融惠农 13 条政策，给予惠农信贷价费补贴，加大惠农信贷额

度支持，提高惠农信贷风险容忍度等。创新“融资 E”服务包，在总部层面推出“融资 E”服务包，充分发挥邮政代理金融网点渠道优势，深度挖掘代理金融网点客户需求，建立白名单制度，增强邮储银行在农村地区的触客能力。结合产业特点创新产品，根据当地农业产业发展特点，邮储银行因地制宜开发特色信贷产品，满足本地农户生产融资需求。

4. 企：提升农业产业化龙头企业联农带农能力

一是建立以龙头企业为中心的联农带农机制。通过打造“邮政 + 龙头企业 + 合作社 + 农户”模式，有效带动新型农业经营主体高质量发展。

二是提供“产 + 加 + 销”的产业链一体化服务。以提供邮政惠农综合服务解决方案为切入点，助力龙头企业延长产业链、优化供应链、提升价值链、畅通资金链，建立以“邮政农品”品牌赋能为核心，以生产、加工、销售一体化服务为纽带的社会化合作模式。生产端，通过邮政农品基地辐射带动农民合作社、家庭农场，与中化等现代农业服务企业合作提供农业社会化服务，实现农业生产赋能。加工端，与农业产业化龙头企业联合打造农产品品牌，实现农产品品牌化、产品化、电商化。销售端，畅通产销对接渠道，建立仓储、销售、寄递协同服务机制。

5. 店：推动农村商户改造升级

一是平台赋能。通过线上“邮掌柜”平台等数字化方式，将 42 万个线下的邮乐购由单一功能站点，改造成为集提供金融服务、零售批发、农资销售、店铺管理、邮件代收代投、公共事业费代收为一体的综合服务站点。

二是业务赋能。依托开放式缴费平台线上线下、一站式服务能力，整合邮政体系网络服务能力，全面推广县域及以下地区水、电、燃气、供暖等公共缴费项目，以及与社保、医疗、教育、交通等民生系统的互联互通，将金融服务融入民生应用场景，打造中国农村市场一站式便民服务平台。

三是运营赋能。建立健全“邮政网点 + 邮乐购站点”的辐射管理机制，邮政网点设置渠道经理对下辖站点开展巡店管理。强化农村邮政网点对村级站点的管理与服务能力，加强农村邮件代投自提、公共便民服务等高频业务的叠加赋能，以邮乐购站点为阵地，打通服务群众“最后一公里”。

（四）增强四大服务能力，筑牢服务乡村振兴的坚实基础

1. 推进三级物流体系建设，增强农村寄递物流服务保障能力

一是强化目标定位，明确县、乡、村三级节点建设标准。县级中心是三级物流体系的枢纽节点，邮件处理、配送为其基本核心功能，根据地方产业特点建设农产品仓储中心。乡镇中心是三级物流体系县乡邮路与投递线路的联结点，基本功能包括邮件收寄、处理、投递等，同时叠加下乡进村畅销工业品、分销商品周转暂存等附加功能。村级综合便民服务站是三级物流体系的末端节点，基本功能包括邮件接收、代收代投自提等，因地制宜叠加电商购物、代办政务、便民服务、普惠金融等功能。

二是推进邮快合作，打造邮政农村寄递共配平台。中国邮政因地制宜综合运用三种模式（县级中心统一分拣处理、乡镇支局组织投递，县级中心直分直投村级站点以及乡镇中心进行分拣处理、组织投递），将各家快递企业的快件汇集至邮政县级中心或乡镇中心，打造邮政主导的县级共配平台，全方位助力各类快递企业提高代收、代投和处理邮件能力。

三是坚持“上行 + 下行”，构建“开放共享 + 快捷高效”的运输网络。中国邮政因地制宜选择不同组网模式，优化县乡邮路组织，确保县乡邮路每天不少于 1 个运输频次，邮路单程运行时长原则上不超过 1.5 个小时。积极采用“乡镇中心辐射”或“县级中心辐射”或“乡镇支局所辐射”等模式，在满足普服达标提质的同时，满足寄递、电商及邮快合作的行业服务标准，畅通工业品下乡和农产品进城通道。持续推进农村投递汽车化，重点乡镇所辖建制村投递频次从每周三次提高到每周至少五次。

2. 健全农村渠道服务网络，增强农村公共服务能力

一是持续推进农村邮政网点转型。推进农村邮政网点渠道合作和业务叠加，重构和丰富网点功能，推广社区团购、医药零售、综合便民服务等品牌连锁经营模式。强化线上线下渠道和私域流量运营，丰富线上线下联动生活服务场景，拓展税邮、警邮等政务服务项目，进一步增强邮政网点公共服务能力。

二是优化完善邮政农村渠道服务网络。在村邮站方面，强化村邮站建设，积极与各级政府联合开展村级站点场地建设和运营工作。在自提点建设方面，明确自提点建设职责和政策。在邮乐购站点方面，按照商业流通需求，大力建设商超型邮乐购站点。

三是统筹发展农村综合便民服务站。按照县域商业体系建设数字化、连锁化的总体方向，对村邮站、邮乐购、邮快驿站、“三农”服务站、惠农服务站、便民服务站以及社区站点等分类管理，统一站点品牌形象、完善服务功能。

3. 助力农业重大产业发展，增强农业重点产业协同服务能力

一是在主产区建立源头基地，促进农产品质量升级。以全国农产品产业布局为基础，按照农业农村部认定的308个全国级特色农产品优势区和667个省级特色农产品优势区，聚集当地规模化的经营主体，培育超过1000个中国邮政标准化农产品基地，打造基于优质农产品全流程源头品控和后续溯源体系，并叠加邮政精准化服务。切实提升农产品全产业链闭环服务能力，助力当地农业产业转型升级。

二是在产销对接区强化运营管理，畅通农品供销渠道。健全各类标准，打造全国统一的“邮政农品”品牌，发布《服务特色农业产业工作指南》《农产品品控标准》《农产品包装规范》，支撑各地做好农业产业整体服务，农产品分级、拣选、包装。完善平台功能，优化升级扫码购、积分兑换、邮乐小店等系统，开发“邮乐优鲜”社区团购平台，搭建网络直播平台，常态化组织营销活动，提升平台流量。加强组织保障，着力推进全国重大产业协同营销的整体部署，启动重点产业的“大会战”活动，大力推进跨省协同销售、跨专业协同营销。

三是在主销区做大商流规模，助力农产品销售。挖掘邮政内需，优先将农产品纳入集中采购、员工福利采购、食堂采购产品目录；利用农产品开展网点客户回馈，组织城市网点开展对基地产品的宣传、展示、销售；开办线上积分兑换农产品业务。深耕城市社区，基于邮乐优鲜系统开展社区团购，将“原汁原味原产地”的基地产品作为开展社区团购的优势产品，依托邮政社区网点、邮乐购站点组织推广。拓展外部渠道，集聚外部线上线下平台采购需求，整合各地农产品统一入驻外部电商平台和线下商超、食堂、政企采购等渠道。

4. 加强惠农数据平台支撑，增强邮政惠农数据整合服务能力

中国邮政充分发挥科技对服务提升的引领作用，加快推进惠农服务平台建设，从三端入口，连接不同的业务主体、外部组织、合作企业和平台客户，初步实现邮政综合服务的数字化和平台化。在客户端方面，推出中邮惠农APP，提供涉农贷款、农品销售、寄递、线上农资、惠农保险等核心服务。在管理端方面，整合内外部数据资源，构建“村、社、户、企、店”农村市场五大客群基础数据库，为各项服务乡村振兴工作提供了平台及数据支撑。在政府端方面，专项开发了农民合作社信息服务系统。

（五）构建两大推进机制，健全服务乡村振兴的制度保障

1. 对外建立政企联合推进机制

一是深化农邮合作，助力新型农业经营主体高质量发展。自2018年起，中国邮政与农业农村部共同建立助力新型农业经营主体高质量发展的联动推进机制，全面部署邮政普惠金融、农村电商、寄递物流等“一体化”协同服务模式，新型农业经营主体通过邮政赋能提升发展活力、增强了市场竞争力。二是深化商邮合作，全面落实商务部县域商业体系建设工作。中国邮政积极落实国家县域商业体系建设行动方案，主动承接推动6个方面10项具体工作，围绕农村消费升级、农业产业发展、城乡流通网络、

金融融资服务"四大领域"，细化12项具体落实举措。三是深化地方政府合作，主动承接地方政府乡村振兴工作任务。与26家省（自治区、直辖市）人民政府签署战略合作协议。有22家省委省政府下发了通知或实施意见，将中国邮政纳入落实乡村振兴战略的相关工作部署，共同推动乡村振兴落地见效。

2. 对内建立板块协同推进机制

一是完善组织推进机制。中国邮政成立以集团公司主要负责人为组长的服务乡村振兴战略工作领导小组，全面统筹服务乡村振兴工作。领导小组下设办公室，强化整体规划、协同发力，进行有效目标分解，将各板块、各部门重点工作统一到服务乡村振兴重点任务落地上来。二是组建惠农专班。为强化项目制推进落实，充分发挥板块协同优势，中国邮政建立横向上串联各个板块，纵向上贯穿"省—市—县"三级的惠农专班。通过落实分片挂钩指导、基层对接联系点的机制，推动工作下沉，协助基层解决问题。三是加强考核管理。落实责任到人、任务到人、目标到人、考核到人，强化重点工作全面、准确、高效传导至基层一线，将服务乡村振兴重点目标任务纳入各级邮政企业领导班子的绩效考核，切实强化目标导向，确保各领域工作见实效。四是构建以客户为中心的业务协同机制。依托集团客户信息管理系统（CRM）贯通四大板块业务数据，建立服务乡村振兴协同评估体系，全力推动基于CRM系统的农村市场客户洞察和精准服务，解决农村市场客户错位和资源错配的问题。

三、邮政企业服务乡村振兴的惠农协同服务体系构建效果

（一）实现良好的社会效益，大型央企责任使命充分彰显

通过构建邮政惠农协同服务体系，有效提升了中国邮政的社会形象，赢得了国家相关部门的充分肯定和社会各界的广泛赞誉。近年来，在国务院及相关部委陆续出台的乡村振兴政策文件中，中国邮政在县域商业体系建设、金融科技赋能乡村振兴、农村寄递物流体系建设等领域都承担了重要任务，国家队"主力军"作用充分彰显。农业农村部对中国邮政服务新型农业经营主体发展工作给予了肯定，指出其体现了"很高的政治站位、精准的市场定位和很好的服务方位"。全国历次两会期间，多位全国人大代表主动发声，为邮政助力乡村振兴所取得的成效点赞。

（二）实现良好的经济效益，邮政多元协同优势充分发挥

通过构建邮政惠农协同服务体系，在各板块协同联动优势的持续释放下，中国邮政在农村市场的发展步伐更加稳健，经营效益大幅提升。依托惠农协同服务生态的构建，在助力破解"融资难""销售难""物流难"方面取得实效，涉农贷款结余达到1.61万亿元，全国自营农产品交易额达到70.6亿元，其中基地农产品交易额达到14.07亿元，实现农产品寄递13.6亿件，生鲜快递"极速鲜"项目寄递8505万件。

（三）实现良好的发展效益，农村市场竞争能力显著提升

通过建设邮政惠农协同服务体系，从客户的视角出发，实现邮政产品供给与客户需求的精准匹配；从竞争的视角出发，提升中国邮政农村市场资源配置的效率。在农村市场，中国邮政的综合服务模式更具特色，提供集农业产前、产中、产后全环节全链条的一揽子服务解决方案；支撑保障更加系统全面，形成了从顶层设计到实践落地的贯穿式机制建设，从而提高了中国邮政在农村市场上的整体竞争力。

（成果创造人：姜春华、季建华、何建军、刘　星、申　兵、林建新、王昶太、陈林劼、朴春善、王小东）

服装企业基于ESG的价值链绿色化管理

波司登羽绒服装有限公司

波司登羽绒服装有限公司始创于1976年，是全球知名的品牌羽绒服装企业，产品涵盖男士羽绒服、女士羽绒服、儿童羽绒服等。波司登专注羽绒服领域46年，在羽绒、面料、工艺、板型等方面不断创新，羽绒服品质和保暖性广受国内外好评。波司登羽绒服连续27年（1995—2021年）中国市场销量领先，产品畅销美国、法国、意大利等72个国家，超2亿人选择购买波司登羽绒服，羽绒服销售额、销售量全球第一。

一、服装企业基于ESG的价值链绿色化管理背景

（一）践行“双碳”战略和可持续时尚的战略需要

生态环境日益恶化的今天，时尚产业已然成为仅次于石油化工产业的全球第二大污染源产业。全球时尚议程（Global Fashion Agenda）与咨询公司麦肯锡共同发布的一份研究报告就指出，全球时尚产业产生了21亿吨二氧化碳，约占全球二氧化碳排放的4%，是造成相当于法国、德国和英国经济总量的总和。另外，时尚产业所产生的污水占全球污水总量的20%，占世界淡水资源消耗总量的4%，是造成淡水资源短缺和水污染的主要因素之一。整个时尚行业向绿色低碳模式转变，迫在眉睫、任重道远，可持续时尚不只是潮流，更是时尚产业的唯一未来。气候披露要求渐严，“双碳”目标指向强化环境管治，要扭转改变过去高耗能、高排放的产业特征，不是一个品牌、一家企业所能完成的，必须跨品牌、跨集团、跨行业，合力共建一个能够造福所有品牌的循环供应链，才能实现彻底的变革。

（二）ESG管理成为企业社会责任和投资价值“必答题”

ESG是环境（Environment）、社会（Social）和治理（Governance）的简称，是现今衡量“好企业”的另一把标尺。企业能创造的价值从来不局限于经济利润，更包括创造社会价值的正外部性。尤其是近年，随着经济进入高质量发展阶段，面对气候变化、贫富差距等挑战，全球企业都在重新审视价值的边界，也愈发看重ESG管理能力。ESG是一个企业成长到一定规模后，承担社会责任，实现可持续发展的重要举措，与企业的中长期商业战略密不可分。在新冠疫情反复、“双碳”目标、共同富裕等背景下，ESG概念越发受到中国企业的关注。对上市公司而言，“标准化”的ESG实践与信息披露也已经从加分项和可选项，变为常规项和必选项。在风大浪急的经济环境中，波司登冲破消费变化、供应链、大宗商品等种种不确定性，聚焦核心主业，率先持续推动行业、价值链绿色发展，创造可持续性附加属性和价值的品牌（生产绿色、品质产品，主动承担社会责任等），实现自身ESG能力的综合领先，进一步抢占消费者心智，提升品牌认可度，也为更多中国企业蹚出一条可持续发展的转型之路。

二、服装企业基于ESG的价值链绿色化管理主要做法

（一）秉持守法善治，注重政策引导与ESG管治

透明度是企业管治的重要原则。基于企业的价值链全面建立系统性的ESG管理机制并采取相关行动，是优秀企业的普遍做法。波司登把可持续发展理念融入企业战略和经营的全过程，将ESG评级标准纳入发展战略中，持续完善公司治理机制，深化道德行为和合规文化建设，诚信守法经营，保障ESG标准有效落地执行，并及时督导绩效，评估可持续发展领域的新风险、新机会。

2021年开始，波司登从决策、管理、执行三个层级规划建立三级联动的ESG管理架构，将ESG置于较高战略位置，成体系地纳入其日常运营。决策层，由董事会审批集团的整体ESG策略及汇报；管

理层，组建由高级管理层领衔、跨部门共同协作的可持续发展督导组，促进可持续发展工作的有效落地，定期向董事会反馈及听取建议（见表 1）。

表 1　波司登 ESG 管理架构及工作职能

决策层	董事会	· 审批集团的整体 ESG 策略及汇报，对本集团可持续发展的整体方向、战略、目标、表现和报告负有最终及全部责任
管理层	· 可持续发展督导组	· 确定集团 ESG 目标、战略、工作计划等，供董事会审批 · 识别、监察及审视可能影响集团业务运营及表现的重要 ESG 议题、风险及机遇，供董事会审批 · 在识别过程中，会先将相关的议题、风险及机遇作优次排序，从而整理出较有可能影响集团业务营运及表现的重要议题、风险及机遇 · 监督、检讨集团的 ESG 政策、实务、框架及管理方针，并向董事会提出改善意见 · 审阅集团年度 ESG 报告及其他 ESG 相关披露 · 履行与上述相关或附带的督导小组认为适当的其他职能
	· 可持续发展督导组组长	
	· 各部门主管负责人	
执行层	各部门	· 收集年度 ESG 报告所需数据 · 提升部门内员工的 ESG 意识 · 推动集团可持续发展战略及行动方案在该部门的有效落地 · 整合及评估部门员工于其工作中识别到的 ESG 风险或机遇

企业重视并尊重内外部利益相关方的不同观点，增进与员工、客户与消费者、供货商与合作伙伴、股东与投资者、政府与监管机构、小区与公众等相关方的有效沟通，了解他们对企业业务不断变化的期望，并释放完善可持续发展方针的意愿（见表 2）

表 2　波司登利益相关方参与

利益相关方	沟通方式	持续性关注议题
员工	公司内网 培训及工作坊 员工满意度调查 工会及职工代表大会 各类座谈会	员工薪酬与福祉 职业赋能与公平晋升 员工权益保障 营造多元职场
客户与消费者	客户拜访 展览会 客户意见调查 客服中心和热线 公众号及天猫旗舰店留言评价	产品质量与顾客权益保护 服务体验与沟通 隐私保护与信息安全 客户关系管理

续表

利益相关方	沟通方式	持续性关注议题
供货商与合作伙伴	实地考察 行业会议 供方大会 电邮、电话及微信	产品升级，服务创新 协作创新，共赢发展
股东与投资者	股东大会 业绩发布会 公司公告 实地考察 路演及反向路演 策略会 电邮、电话、微信及公司网站	经营业绩 稳健经营、防控风险 信息透明，提升披露质量
政府与监管机构	与监管机构定期沟通 定期汇报 指导检查 专题调研 实地考察	合规运营 依法纳税 带动就业 聚焦碳中和，实现绿色发展
小区与公众	开展志愿者活动 通过波司登公益基金会进行小区投资 抗疫救灾	小区关系维护 参加公司大型小区／慈善活动 支持地区经济发展 热心公益，构建和谐社会

波司登主动融合时代趋势与自身、行业特性，梳理企业业务特点和运营现状，并结合《环境、社会及管治报告指引》重要性列表、可持续发展会计准则委员会（SASB）行业议题、全球报告倡议组织（GRI）行业议题、ESG 相关评级标准等本地及国际可持续发展准则，识别出 21 项与企业相关的重要性议题。邀请政府与监管机构、股东与投资者、员工、供货商与合作伙伴等利益相关方，参与开展多维的 ESG 实质性议题调研，响应各相关方关注的重要议题，持续改进制度管理，开展践诺行动。

2021 年，波司登将各项 ESG 管理及运营与 SDGs 对标，并聚焦其中 7 个目标，形成 4 个行动板块并制定具体的行动与绩效指标，用创造力和创新力在不同方面为社会创造价值，践行波司登温暖全世界的初心使命。通过在线调查收集超过 1500 份内外部利益相关方的反馈，波司登识别出重要性较高的议题，由管理层审阅确认并制定相应行动计划，从企业管理架构、产品品质、供应链建设、员工福利、社会责任践行等维度及时改进。其中，新增重要 ESG 议题“持续减少产品碳足迹”“高质量就业”与“双碳”目标及共同富裕的背景紧密贴合；“产品质量”、“客户权益保护”与“产品服务创新”ESG 议题的关注度持续居高，依然是产品为本。

（二）坚持以人为本，实现体面工作和相互成就

波司登视员工为最大财富和发展路上最紧密的伙伴，充分尊重员工价值，通过提供具有竞争力的薪酬与多样化的福利、打造全面的培训与发展机制、构建安全的工作环境等举措，营造包容和谐的职场氛围。波司登秉持以人为本的方针，关注员工、供应链中的工人和社区福祉，从公司内部到供应链、到社会层面，通过提供体面的工作，以多样性和包容的方式经营企业，为相关利益方提供健康的生活方式。

一是结合企业战略发展需求及员工特点，设计清晰、明确和公平的员工职业发展体系。体系包括管理路线和专业路线两条发展路径，并辅之以专业的培训项目，帮助员工更高效率地完成职业发展计划。培训项目包括TMT（Top Management Team）培养项目、鹰系人才发展项目、战略储备人才发展项目及领导力发展项目，针对性地培养总监后备人才、经理后备人才及应届校招毕业生等（见图1）。

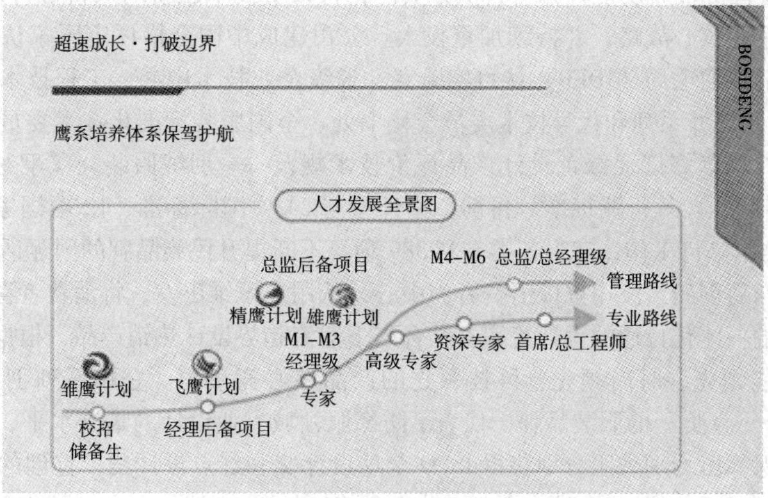

图1　波司登人才发展全景

二是重视员工激励。一方面，让员工的职业技能提升和集团的智能化改造数字化转型匹配。同时，为公平公正地评价员工绩效，建立以结果为导向的考核机制，并实施员工股权激励计划，在集团绩效和个人绩效两个层面评定激励资格，旨在表彰员工为集团增长做出的贡献，以及激励并留住优秀人才。通过分享发展红利，促进共同富裕，企业屡获“最佳雇主”荣誉称号。2021年投入超过560万元用于员工培训和发展，授予54名员工合计1.192亿股奖励股份及购股权；管理层（包括高级管理层及一般管理层）女性比例达到46%。截至2022年3月31日，共授予员工六期股权激励，授予购股权和奖励股份合计13.192亿份，其中购股权9.547亿份，奖励股份3.645亿份。

三是积极发挥行业领军责任，与供货商协同做好劳工权益保护。企业遵循《联合国工商业与人权指导原则》（UNGPs），在《供货商合作手册》《供货商评价标准》中规定企业对供货商行为的期望，明确颗粒度更细的劳工保障，包括工作时长、薪酬、生产安全投入与培训等。2021年共对241家供货商进行评审，评审覆盖率100%，通过率95%。通过问责制、合作和持续改进，将以人为本的理念融入运营，促进体面工作。面对百年变局和新冠疫情交织叠加带来的全球供应链重大考验，波司登多方协作、迅速响应、周密组织、精准施策，取得科学防控、稳链保供的阶段性胜利，提升产业链供应稳定性和竞争力（见表3）。

表3　波司登常态化疫情防控稳链保供措施

1	机制颁布	以最快的速度发布波司登供方防疫机制及管理办法
2	供方培训	通过年度视频大会对所有供方进行培训，确保措施落地
3	产能转移	对疫情重灾区实施产能转移，扩大安全区域的产能；
4	货物流通	与EMS及顺丰签订疫情下货物流通战略协议
5	金融支持	加大对上游供应链的金融支持力度，从源头保障供应链稳定

（三）打造产品先锋，促进创新提效与供应链共生

波司登注重产品创新与品质提升，持续夯实“品牌引领、产品领先、渠道升级、优质快反”核心

竞争力，并履行行业引领者的责任，深化负责任采购及供应链管理，为消费者提供优质、健康、绿色、安全的产品及服务。

一是持续推进技术创新，引领行业之先。一方面，聚焦科研技术投入，打造全国领先的极地环境模拟验证实验室，升级原材料专家实验室的软硬件能力，构建培育科研技术领先的能力，提高自主创新比例。另一方面，抓住国际高端功能性原材料供方资源，将科研技术创新纳入新材料开发、新产品研发、供应链管理等重要企业核心战略，并持续加重投入。公司建成中国合格评定国家认可委员会（CNAS）认可实验室、国际羽绒羽毛局（IDFB）认可实验室、省级企业技术中心、工程技术研究中心，并承担国际标准化组织/服装尺寸系列和代号技术委员会秘书处、全国服装标准化技术委员会羽绒服装分技术委员会秘书处工作，起草修订《绿色设计产品评价技术规范——羽绒服装》《羽绒服分级质量标准》《羽绒服装梭织服装标准》等行业标准。目前，累计参与 24 项国际标准、12 项国家标准、4 项行业标准、7 项团体标准的制修订工作，获得各类专利 389 项，不断提升民族品牌的国际话语权。

二是持续推进产品创新。波司登以消费者为中心，从用户思维出发，将消费者喜好作为产品创新的关键点，通过端到端一体化拉通的设计流程，结合当下潮流趋势设计热销产品，根据不同场景进行产品开发，加快构建功能领先、时尚领先、科技领先的产品核心竞争力。登峰系列羽绒服成为首个荣获“中国优秀工业设计奖金奖”的服装品牌，代表了防寒服领域工业设计的最高水平、最强实力。复合结构露营羽绒服和环保零压力羽绒服分别获得 ISPO 全球设计奖和红点设计奖，首创的波司登风衣羽绒服荣获“2021 国民消费十大创新产品”。

三是注重原材料的安全性、可持续性及可追溯性。积极践行负责任的采购承诺，与供货商密切合作，严格把控供应链每个环节，从源头提升产品的健康、安全性能。建立高于国家标准的羽绒质量标准，每一批羽绒都会通过 SAP 系统报检，由实验室人员抽样检测合格方能入库。2021 年普通产品市场退残率低于 0.08%，高端产品市场退残率低于 0.035%，高端用户满意度达 96%。在羽绒原材料的可持续性、可追溯性方面，除规定原绒须来自饲养周期超过 40 天的鸭或饲养周期超过 70 天的鹅之外，波司登优先选择已通过 RDS（Responsible Down Standard）羽绒责任标准认证的羽绒供货商，避免对动物不必要的伤害。每年设立并逐年提升有关 RDS 认证的目标，密切关注投资者要求及市场发展动态，持续完善在羽绒认证及动物福利方面的实践。2021 年所使用的羽绒 100% 通过 RDS 认证，65% 的羽绒获得生态纺织品 OEKO－TEX 认证，45% 的羽绒经过 Bluesign®认证。波司登秉持负责任供应链，更新羽绒检测标准，减少羽绒内影响环境的物质含量。

四是打造行业领先、优质快反的“互联网＋大数据＋智能制造”供应链体系。构建供应链数智化战略地图和运营体系，每月对原材料供货商及外包生产商的实施绩效进行考核，共享 SAP 平台考核信息，督促供货商遵守供应链行为准则。对部分重要供货商，派专员依照 SA8000 企业社会责任标准考核其执行情况，并督促改进。通过独立第三方机构 Sedex（供货商商业道德信息交流）对多家供货商进行社会责任审核，赋能供应链可持续发展。

（四）致力低碳、净零，迈向人与自然和谐向好

波司登围绕“双碳”目标，开启三个方向的净零之旅，全力推进碳排放量化和碳目标考核工作，持续减少自身以及整条价值链的环境足迹，身体力行自然向好经济，促进人与自然和谐共生，带动绿色发展进入全新的竞争维度。

一是提高运营和供应链中的能源效率。由以副总裁为组长的节能环保小组和能源环保办公室共同推进节能环保，建立符合 ISO 50001 要求的能源管理体系，根据排放热点在整个运营过程中识别最具效益的减排方法，联合供货商共同推进绿色管理全覆盖，引导供应链伙伴参与减排创效，促进绿色生产。并与中国质量认证中心签订“碳达峰、碳中和”项目合作协议，推进碳排放量化和碳目标考核工作，探

索碳中和林、温室气体核查及产品碳足迹、“近零碳”工厂等减碳实践。此外，在常熟供电局的支持下，建立能源数据实时监测平台，以数字化提升能源效率。

二是扩大可再生电力在自身运营中的使用规模。不断加大清洁能源投资，在具备条件的华东仓库屋顶铺设光伏发电设备。2021 年，华东仓库光伏发电量为 934 兆瓦·时，占华东仓库电力消耗的 23%。同时，评估在其他园区铺设光伏发电设备的可行性，以扩大可再生电力的使用规模，打造低碳物流园区。

三是遵循可持续时尚理念，探索环境友好型面料。绿色设计与绿色原材料是波司登减碳的一大利器。密切产学研用合作，在绿色设计与物料的创新研发方面持续发力。自主研发的 3D 羽绒面料，是由经回收的聚酰胺重新熔丝和喷丝制成，聚酰胺的回收利用有助于减少对基于化石的原材料的依赖并减少废料。近几年，在波司登服装上推广使用杜邦™Sorona®纤维新型环保面料，打破了传统纤维产业重度依赖石油和石化产品的局面，创新性地从植物性原料中提取糖分或葡萄糖成分用于纤维制造，有效减少了生产过程中对石油资源的消耗和碳排放，具有易护理、低碳、可循环等环保性能。

四是将环境管治责任延伸到产品的整个生命周期。2021 年首次对价值链的排放进行计算。面向合作供货商、加工厂、消费者，倡导环境守法，开展节能减碳，助力绿色发展，推动价值链的绿色化。发布能源环境安康管理公开信，要求全部供货商在生产过程中严格遵守国家、地方及行业节能环保的规定，努力相互督促，实现能源资源消耗最小化，促进产品碳足迹持续优化，被工业和信息化部评为绿色工厂、绿色供应链管理企业。

三、服装企业基于 ESG 的价值链绿色化管理效果

（一）ESG 实践与谋求业绩增长相互促进，业绩口碑创新高

2021 年 8 月，欧睿国际认证波司登羽绒服规模全球第一。集团营业收入/利润连续 5 年双增长，企业品牌价值超 507 亿元，屡创历史新高。

波司登品牌 2021、2022 连续两年入选 Brand Finance“全球最具价值服饰品牌排行榜 50 强”，彰显中国品牌可持续时尚软实力。第三方调研机构益普索（Ipsos）开展的波司登品牌健康度追踪报告显示，波司登的品牌认知率及第一提及率均处于服装行业领先地位，其中净推荐值（NPS）高达 56，品牌美誉度高达 9.11，成为超过 71% 中国消费者首选的羽绒服品牌。品牌全球价值的提升、消费者的口碑认可，是波司登软实力提升的重要表现。

（二）可持续时尚与绿色价值链共享共生，引领可持续发展

得益于企业管治、员工管理及福利，以及产品碳足迹等议题分数的提升，实力登榜中国首个“可持续时尚践行者”名录，荣获“2022 中国可持续时尚影响力领袖企业”，MSCI（明晟）ESG 评级跃升至行业领先的 BBB 级，成为行业可持续发展的楷模。波司登还获得两大国际权威评级机构穆迪（Moody's）和标普全球评级（S&P Global Ratings）“双投资级”信用评级，成为亚太地区品牌服装行业中首家获得投资级的公司，这也是目前中国品牌服装行业最好的国际信用评级结果。

（成果创造人：高德康、朱高峰、王晨华、陈　皓、焦宇航、孙韵洁）

化工企业以实现绿色高质量发展为目标的综合改革管理

云天化集团有限责任公司

云天化集团有限责任公司（以下简称云天化集团）是云南省属重点骨干企业，是全球领先的磷肥、氮肥、玻纤、共聚甲醛制造商。云天化集团聚焦肥料及现代农业、玻纤及复合材料、精细化工及新材料三大主业，其中，肥料产能规模亚洲第一、世界第二；玻纤及复合材料板块行业排名全国第二、全球第四（其中风电市场份额排名全球第一）；精细化工及新材料板块中的聚甲醛生产技术走在全国乃至亚洲前列、产能全国第一、市场份额超过30%。集团总资产超过1000亿元，年营业收入超过800亿元，年上缴税费近30亿元，在岗员工2.1万人。集团旗下拥有一家主板上市公司——云天化股份。2022年，云天化集团名列中国企业500强第280位、制造业企业500强第128位（分别较2021年上升6位、3位）。

一、化工企业以实现绿色高质量发展为目标的综合改革管理背景

（一）化工企业发展面临严峻挑战

进入21世纪，国内的多数化工企业，通过投资上规模的方式实现了快速发展。但随着全球经济减速、行业竞争加剧，传统化工企业的发展遇到了前所未有的瓶颈。另外，我国迈入生态文明新时代，“绿色”成为国家五大发展理念之一，及“碳达峰、碳中和”目标的提出，对高污染、高耗能的传统化工企业提出极为严峻的挑战。再加之面对百年变局和新冠疫情，我国经济发展面临需求收缩、供给冲击、预期转弱三重压力，企业发展面对的各种不确定性和困难持续加大，导致部分传统化工企业遭遇生存危机。

（二）云天化集团高质量发展存在四个方面难题

“十三五”期间，云天化集团在中共云南省委、省政府和省国资委的正确领导下，沉着应对内外部严峻形势，稳住了基本盘，但仍存在一些发展难题。一是产业结构不合理。“十三五”期间，云天化集团共有六大产业板块，且主要是资源依赖性较强的传统产业，主业不够突出，发展较为缓慢。传统产业占比大，新兴产业支撑不足，主要业务板块化肥产品所处行业产能过剩，同质化竞争激烈。二是历史包袱沉重。历经两轮云南省的化工行业整合，多户长期经营困难的老企业进入云天化集团，40多亿元的债务成为集团主业发展的严重拖累。三是企业治理不够精细。部分企业治理主体权责边界不够清晰，董事会运作不够规范，管理层级多，协同性差，市场响应速度慢，应对激烈市场竞争的能力不足，整体管理效率偏低。四是市场化经营机制不完善。集团内各级企业不同程度地存在“干部退出通道不畅、用工机制不活、人力资源配置错位、工作业绩与收入分配适配度不足、劳动生产率低下”等问题，企业的组织活力亟待增强。

（三）云天化集团战略落地需要支撑

经过多年发展，云天化集团具备了“肥料产业基础扎实、生产制造能力领先、发展现代农业优势独特、地理区位优势明显”4个方面的突出优势和特点。按照云南省着力壮大先进制造业、高原特色现代农业等5个万亿级支柱产业和绿色能源、新材料等8个千亿级支柱产业的战略部署，云天化集团主动承接省委的决策部署，准确把握自身的发展特点，持续深化改革、不断提升管理就成为必然的路径选择。

基于以上背景，2020年以来，云天化集团认真按照党中央、国务院及中共云南省委省政府做出的

重大战略部署，积极推动国企改革三年行动，抓改革强管理，为绿色高质量发展提供坚实支撑。

二、化工企业以实现绿色高质量发展为目标的综合改革管理主要做法

（一）明确“四个定位”，锚定战略发展目标

云天化集团以“改革创新”为根本动力，明确“四个定位”，即推动集团发展成为保障粮食安全的“国家队”、云南省先进制造业“标杆企业”、现代农业产业的“龙头骨干”、面向南亚东南亚辐射中心建设的“排头兵”，高位推动管理工作走深走实，着力解决制约和阻碍企业发展的深层次问题，努力把云天化集团打造成“具有全球影响力的绿色产业集团”。

（二）聚焦三大主业，优化产业布局

1. 着力升级传统产业

云天化集团积极布局“绿色化肥”新产品的研发制造，持续推进传统基础肥向新型肥、功能肥、有机肥、生物菌肥等方向转型，打造“基础产品升级 + 新型产品”的化肥产品结构体系，从基础大化肥“一肥打天下”的单一产品结构，向多维满足现代农业发展需求的系列产品结构升级，并成功推出国内首款绿色智能肥料。

玻纤产业则按照“产品差异化、上下游一体化、产能布局国际化”的战略定位，实施产业精耕化、管理精细化、市场精准化、制造精良化“四精”策略，开发高强高模、低介电等高性能玻纤产品，持续提升在风电、汽车及轨道交通、5G 电子等细分领域的市场占有率及竞争力。

2. 精心培育新兴产业

云天化集团重点发展饲料级磷酸钙盐、磷系阻燃剂、聚磷酸铵、磷系功能材料等升级产品以及工业级磷酸、食品级磷酸、聚磷酸等高端磷化工产品，先后建成 10 万吨湿法磷酸、1 万吨氟硅酸镁、3000 吨聚磷酸沥青改性剂等新项目，建成云南省首套“氟化”“硝化”精细化工生产线，填补了云南省在“三药”中间体新材料方面的空白。

依托自身在磷、氟等领域的资源禀赋、专业技术及生产制造优势，云天化集团积极深化与产业链头部企业的合作，推动 50 万吨/年磷酸铁电池新材料前驱体及配套等项目建设加速落地。

3. 持续发力创新驱动

为推动集团产业技术创新，云天化集团共建立 23 个创新联合体、产业技术创新联盟、公共研发平台，2 个“双创”平台，并成功打造国家磷资源开发利用工程技术研究中心、张福锁院士工作站和云天化“两院一中心”等技术创新平台。

云天化集团不断加大科技创新投入。2020—2021 年全集团累计科技总投入近 20 亿元，组织实施技术创新研发项目 757 项（其中新产品开发 126 项、新技术开发 99 项、新工艺开发 137 项），承担国家科技项目 2 项、省级科技项目 16 项。

云天化集团与以色列化工、全球知名玻纤龙头企业欧文斯科宁、英国叶片设计公司 STRUCTEAM、美国“格雷斯”公司开展深度合作，使集团总体技术水平始终保持与国际接轨。

4. 多措并举瘦身健体

云天化集团通过提升管理层级、股权转让等方式，累计完成 42 户企业的压缩管理层级工作，集团下属控股企业管理层级已全部控制在 3 级以内。

通过清算注销、破产清算、产权转让、债务重组等方式，全面完成 11 户僵尸企业出清工作；想方设法处置“两资两非”，通过市场化手段，使非集团主业且竞争力不强、盈利能力弱的业务单元择机退出，先后完成多户参股企业的股权转让，出售长期未分红、低效股权，回收资金 22.54 亿元。

云天化集团综合运用市场、经济等方式，全面完成职工家属区“三供一业”分离移交、社区管理职能和市政设施移交、退休人员社会化移交以及6家医疗教育机构、6户厂办大集体的改革工作。

（三）厚植绿色优势，促进发展转型

1. 抓“三绿”建设，夯实绿色发展根基

云天化集团围绕绿色矿山、绿色工厂、绿色产品三大建设（简称“三绿”建设），先后投入30多亿元实施绿色转型战略，构建覆盖资源采选端、生产制造端、产品终端的全生命周期绿色产业链，持续打造竞争新优势，夯实绿色发展根基。

云天化集团制定云天化集团绿色矿山、绿色工厂、绿色产品建设纲要，推行“三绿”目标管理，实行月度进展分析研判、决策调度，强化过程跟踪管理和结果考核的无缝对接。云天化集团把保护环境、修复生态，建设绿色矿山当作一种自觉追求，累计投入13.3亿元开展矿山覆土植被，可复垦植被率达到95%，远超行业平均水平；坚持“用地集约化、原料无害化、生产洁净化、废物资源化、能源低碳化”原则，建设绿色工厂，实现绿色智造；通过开发“高端水溶肥、功能型复合肥、有机肥、专用肥”等新型绿色肥料，提高肥料利用率，减少面源污染。

2. 抓“三云”项目，拓展绿色转型空间

紧紧围绕云南省打造世界一流“绿色食品牌”战略的新要求，云天化集团充分发挥自身在科学种植技术、工业化管理、品牌化营销等方面的优势，将化肥产业绿色转型的产业链由工业制造领域延伸至农业生产种植端，探索以工业思维赋能现代农业。创新农业发展模式，高起点、高标准布局现代农业，因势利导转型进军具有云南高原特色的“云米、云花、云菜”绿色食品产业（简称“三云”项目），引领云南现代农业升级提质，满足用户高品质的生活需求。2021年云天化集团现代农业板块实现销售收入15.1亿元。

“云米”项目围绕西双版纳勐海县20万亩（1亩约等于666.67平方米）优质特色水稻，通过标准化种植、订单化生产，专注打造中国香米第一品牌。截至2022年6月，“云米”项目累计同2200多家农户合作完成12.1万亩优质水稻订单种植，打造了“傣王稻”“傣嘉禾”香米品牌。“云花”项目主营专用肥、城市园艺、花卉种植销售等，发挥示范、引领、带动作用，助推高原特色现代农业转型升级、提质增效。2021年9月，“云花”项目第一批鲜切花上市销售。“云菜”项目致力于实现云南蔬菜产业设施化、绿色化、数字化，云南首家大湾区“菜篮子”展示交易中心建成，具备3万吨/年直供粤港澳大湾区的产能，“特芸南”“金菜链”品牌优质蔬菜成功打入粤港澳大湾区市场。

3. 抓“三个”关键，提升绿色竞争实力

云天化集团聚焦安全、环保、能耗三个关键环节，把安全生产作为企业生存发展的底线，主动引入杜邦先进的安全管理体系，实施安全风险管理和隐患排查治理体系“双重预防机制”；推进“两重点一重大”化工装置安全仪表系统（SIS）改造，实施生产控制室大集中和“四区分离”；运用无人机对危险源点进行巡检，推动危化品生产管理从机械化、自动化向更好更高要求的智能型、安全环保迈进。

以“碳达峰、碳中和”目标为引领，云天化集团坚持不懈开展重点物耗能耗对标，持续强化生产组织管理、精益化生产、装置定期评价及预防性管理，降低设备故障率；全面推进能源管理中心和能源管理体系建设，化肥、聚甲醛等产品的能源消耗、成本费用指标一直处于同行业领先水平。

（四）紧扣发展战略，完善治理体系

1. 突出战略引领，强化集团化管控

云天化集团确立“战略+财务”的管控模式，开启以战略型管控为主、以“管方向、管结果、管重大事项”为重点的管控模式的优化调整，重点突出产业布控和战略管控，侧重于产业战略规划、新兴产业培育、重大资本运作和资产重组以及关键资源调配；子公司聚焦关注自身产业链运营和改善，实施产业竞争策略，创造价值利润，并将集团的战略思路和目标贯彻落地。

2. 坚持依法合规，完善公司治理机制

云天化集团把加强党的领导和完善公司治理统一起来，动态全覆盖推进“党建入章”，明确党组织“把方向、管大局、促落实”的领导作用；明确重大经营事项必须经组织前置研究讨论后，再由董事会、经理层按照职权和规定程序做出决定；落实“双向进入、交叉任职”领导体制，把党建优势转化为治理效能。

云天化集团细化各治理主体权责边界。修订完善各级企业“三重一大”制度、授权管理体系规定、治理主体议事规则和权责清单、法人层级权责清单、对各层级治理主体权责事项实行清单化管理，以权责清单明晰党组织具体事项。

云天化集团还着力理顺母子公司管理关系，坚持授权、监管“两手抓、两手硬”，在战略、投资、大额资金使用等领域，明确集团审批事项、授权分公司、子公司事项两类清单。

3. 着眼效率提升，打造灵敏高效组织

云天化集团在国内营销中心等业务板块积极推进事业部制改革，从提升组织末端的灵敏性入手，切实解决企业内部业务的体系分割、管理分散、协同性弱、市场响应速度慢等问题。

云天化集团的事业部制改革，按照“授权、赋能、激活”的总体思路，通过人财物相配套、产供销相融合、责权利相对称的积极尝试，灵活配置业务资源，打破法人界限和直线职能的各种约束，激发各业务单元活力。

（五）对标行业先进，提升管理效能

1. 专注精益生产，在增强竞争能力上下功夫

云天化集团建立涵盖安全、环保、工艺、节能、质量、设备等环节的保障精准生产的智能系统，通过各种生产工艺、现场管理、操作过程等分析数据的运用，以最优的生产工艺、最佳的操作方法、最安全环保的工作措施，保证整个大生产的“安稳长满优”。

在运用产品力竞争、大型装置对标分析的基础上，2021 年云天化集团开展 23 个主要生产装置综合能力提升专项行动，积极推广运用大型生产装置智能控制，通过采集装置最优工艺参数建模，实时诊断分析设备故障，优化生产工艺操作管理，实现最优工况、最佳工艺参数、最小扰动、最低消耗，充分挖掘装置潜力，提升装置效率。11 万吨/年高性能玻璃纤维生产线，实现从自投料、生产制造到产品仓储全过程的智能自动化控制。

云天化集团以“机械化、自动化、信息化”为主要抓手，通过智慧安防、集中控制、自动检测、自动包装、自动仓储、无人过磅等的升级改造，实现工控数据与管理数据互联互通，实现信息化与工业化的深度融合。持续开展胶磷矿浮选尾矿减排与资源再利用项目，浮选尾矿品位单月突破 6.12%，磷精矿产率提高 3 个百分点以上，每年可新增精矿 20 余万吨，产值近亿元。

2. 聚焦价值创造，在优化卓越运营上求实效

采购端：建立大宗原材料采购平台，提高采购透明度；集中战略物资采购权，提高采购议价能力；构建价格预测分析模型，建立原材料对标管理机制，适时调整采购策略；建立合理战略库存，有效对冲市场风险。开展供应链金融采购业务，不断挖掘和创造更多的价值。

制造端：通过成本消耗定额、精益成本管控环、班组成本核算等机制，着力抓实精益生产与目标成

本管理，降低单位生产成本，形成良性循环的工作机制，实现全价值链降本增效。

销售端：坚持以“精准的产品投放、精准的价格策略、精准的渠道管控、精准的促销推广策略、精准的服务转型”为原则，持续深化营销转型，加强深度营销和客户引导，各产品线协同高效，全面实现了当期有效销售，构建起新型营销网络价值体系。同时以国际化营销网络、跨境物流、供应链金融为支撑，整合肥料产品供应链、农产品供应链、能源化学品供应链，形成集商贸、物流、金融、大数据于一体的全球供应链平台，服务国内外产业生态圈。

3. 强化财务管控，在促进业财融合上做文章

云天化集团积极推行业财一体化，把业务流程、财务会计流程、管理流程有机融合，以预算管控为抓手，大力实施从战略承接、预算编制、预算分析监控、预算考核全流程闭环管理改革，强化预算的“刚性约束”，切实发挥经营管理的“指南针”作用。通过大数据中心实时关注“产销存”“量本利”“现金流”等指标，对经营中出现的重大偏差，进行预警和纠偏，确保战略意图和经营目标的达成。

围绕内部挖潜增效，强化成本预算管控，持续推动“供应链运营评价、目标成本管理、大宗原材料采购评价、资金管理、库存及应收账款管理体系”等管理会计和供应链管理工具的建设运用，推动集团财务管理从传统的“财务核算与管理”向“财务 + 运管管理 + 战略支撑”三维一体转型升级，确保集团“战略 + 财务”管控模式落实落地。

（六）聚焦效率效益，强化激励机制

1. 主动开启经理层改革

云天化集团以打造专业化、职业化经营管理人才队伍为目标，坚持高目标、强激励、硬约束的原则，在经理层成员中积极推行市场化选聘、契约化考核、对标化薪酬、合同化管理、制度化退出的职业经理人改革，建立“权利责任统一、激励约束并重”的市场化机制，强化定量考核导向和“摸高”业绩机制，对标历史最优、同行标杆，目标具有挑战性，驱动经理层不断超越。在经理层改革中，重点强化契约精神，在业绩合同中明确契约目标，奖惩标准，激发经理层干事创业的激情和活力。

截至 2021 年 10 月，全集团共实施职业经理人改革，涉及 45 家企业的 176 人，实施经理层成员任期制和契约化管理的企业 21 家，涉及 46 人。第一轮经理层成员改革到期后，下属企业云天化股份有限公司动真碰硬，引入第三方咨询机构立体式开展经理层履职综合考核评价，根据考核结果降职、谈话、调岗 9 人，占考核人数的 6.1%。任期内累计考核结果为需改进（C）10 人、降职 3 人、免职退企 2 人，均按制度收回注销这些人员的持有股权。

2. 大力推行市场化选人用人机制

云天化集团大力推行员工公开竞聘、管理人员竞争上岗、末等调整和不胜任退出等制度，用市场化的配置方式，实现员工的合理流动，增强企业活力。自 2020 年以来，全集团实现管理人员竞争上岗 124 人，占比达到 30.31%，末等调整或不胜任退出 13 人，占比达到 3.18%；全集团共引进 2366 人，其中战略、审计、财会、技术研发等集团急需的高端专业人才 83 人（含博士研究生 21 人）；集团总部实行市场化招聘、协议制薪酬、契约化考核、市场化退出机制，先后市场化引进战略、财务、人力资源管理等岗位人才 14 人，根据绩效考核退出 4 人。

3. 全面实施差异化精准化绩效考核

云天化集团坚持把“效益”和“效率”作为薪酬分配的重要标准，通过分层分类梳理，精准定位激励群体。针对关键少数、核心骨干和普通员工，构建差异化、短中长期结合的多层次薪酬分配体系。

集团积极实施与“双效”挂钩同向浮动的工资总额管理机制，实现差异化薪酬分配。根据战略定

位、行业及属性，把下属企业分成“两类三型”（两类即商业类、费用类，三型即重要公司、新兴公司、其他公司），按照一企一策，针对各企业的特点，专设个性指标，制定差异化的责任目标和考核方式。

集团在下属企业负责人中积极实施年度和任期目标考核，实行一岗一责一薪，严格考核，刚性兑现，真正实现薪酬分配的能高能低。针对全体员工实施“效率+效益”的激励机制，进一步强化薪酬激励作用，工资总额与经营结果直接挂钩、同向联动，调动广大员工的积极性。

4. 积极探索中长期激励约束机制

近年来，云天化集团率先在云南省属企业中实施限制性股票激励计划、员工持股计划、超额利润分享，在此基础上，集团在下属企业实施任期激励，引导和推进企业可持续发展。针对存在不确定性和一定风险的投资项目及初创型、创新型业务的核心团队，则以“对赌”方式实施业绩捆绑激励，推动新项目、新业务快速落地成长。“对赌”由企业与团队签订激励协议，约定业绩目标，以缴纳业绩捆绑金为标的，期满后根据项目业绩考核结果按0.5至3倍返还兑现，形成风险共担、利益共享机制，充分调动核心团队的积极性、主动性和创造力。截至2022年6月，已实施14个业绩捆绑项目，278名核心团队成员参与业绩捆绑激励。

三、化工企业以实现绿色高质量发展为目标的综合改革管理效果

（一）管理效率显著提升

2021年，云天化集团实现净现金流91.9亿元，同比增长67%，创历史新高，财务成本同比下降2.3亿元，“两金”占用减少45亿元，存货均值同比下降5.25亿元，周转天数同比下降6天。安全环保竞争新优势不断扩大，平均每年实现装置运行“百日红”达到70个以上，多套生产装置刷新历史纪录，其中合成氨装置连续运行552天、80万吨硫酸装置连续运行487天，均创造了全球同类装置长周期运行新纪录；玻纤F10生产线连续运行11年，多项指标保持国内领先水平；成本消耗持续降低，黄磷、硫酸、磷酸一铵、磷酸二铵等生产企业连续多年荣获中国石油和化学工业联合会授予的“全国能效领跑者标杆企业”称号。2021年，全集团通过实施对标战略集采、推进目标成本管控等精益管理措施，创效19亿元。通过完善激励约束机制、健全市场化经营机制等改革举措，集团上下攻坚克难精神更加饱满，组织活力持续增强，集团全员劳动生产率快速提升，2021年达到61万元/人，同比提高84.5%，2022年上半年达到95万元/人（年化）。

（二）经营业绩连创新高

云天化集团经营业绩持续改善，2021年实现营业收入820亿元，同比增长11.7%，利润总额53.45亿元，同比增长10.67倍，进出口总额31.7亿美元，同比增长64.25%，主要经营指标创下近10年的新高，集团所属企业整体盈利面刷新历史纪录。云天化集团正从“保生存保现金流”的恢复性增长阶段，阔步向内涵式高质量发展迈进。2022年上半年，集团经营业绩再续辉煌，累计实现营业收入456.1亿元，同比增长15.4%，实现利润总额50.3亿元，同比增加31.8亿元。实现经营活动净现金流44.1亿元，同比增长35.6%，总资产报酬率12.8%（年化），同比提升6.1个百分点。

（三）社会效应明显增强

云天化集团精细化工及新材料产业快速崛起，实现了打造千亿级新材料电池产业集群的良好开局。集团磷酸产品无论是工业级、肥料级，还是食品级、电子级、医药级，产能和技术均居全国前列。集团非肥板块盈利在总利润中的占比达到50%以上，收入在自产产品营业收入的占比从2019年的33%提高到41%，转型升级战略得到较好落实。2021年，全集团研发投入达到5.34亿元，同比增长72.42%，

创新驱动的力度快速提升；突破了高性能异形玻璃纤维及其复合材料关键制造技术，实现异形玻璃纤维的国产化，实现了全球最大产能超高模量玻璃纤维的制造，使产品性能及生产技术达到世界先进水平；在磷矿采选领域，自主开发了针对云南胶磷矿的尾矿再选工艺，实现了胶磷矿浮选磷尾矿再利用关键技术的突破，继续领跑国内胶磷矿浮选技术。整合肥料产品供应链、农产品供应链、能源化学品供应链，打造了两条链——产业链和供应链，布好了三张网——国内物流网、国际航运网、国际运销网，初步形成集商贸、物流、金融、大数据为一体的供应链平台，产业链、供应链高效协同，集团连续四年稳居云南省外贸发展综合贡献百强企业第一位。“三绿”建设成绩斐然，截至2022年6月，全集团已建成7个国家级绿色矿山，拥有23个绿色工厂和115个绿色产品；完成复垦植被6.20万亩，可复垦植被率超过95%，达到国际先进水平，集团绿色高质量发展的基础更加雄厚。

（成果创造人：张文学、段文瀚、潘明芳、何祖明、宋家明）

以安全、绿色、智慧为导向的北京冬奥会电力服务保障管理

国网北京市电力公司

国网北京市电力公司（以下简称国网北京电力）是国家电网有限公司（以下简称国家电网）全资子公司，也是首都能源骨干企业和公用事业单位。以电网规划建设、运行管理、电力销售和供电服务为主营业务，下辖34家单位，供电范围覆盖全市16个区1.64万平方千米，服务客户900余万户。2021年地区电网最大负荷2457.1万千瓦，北京电网110千伏及以上变电站528座、变电容量1.45亿千伏安，线路长度1.21万千米，形成了“500千伏扩大双环网、220千伏分区供电、110千伏辐射状供电”坚强网架结构。国网北京电力荣获“全国五一劳动奖状”，被评为“全国文明单位”等，连续多年保持“首都文明单位（标兵）”称号。

一、以安全、绿色、智慧为导向的北京冬奥会电力服务保障管理背景

（一）党和国家交付的首要政治任务

北京冬奥会是我国重要历史节点的重大标志性活动。北京市委市政府立足主办城市责任，将筹办服务好北京冬奥会作为落实首都“四个中心”功能定位、服务新首都发展的重大战略任务。市领导高度重视冬奥会电力服务保障工作，多次亲临一线检查指导，明确要求“确保冬奥会电力供应”。这就要求国网北京电力必须将确保冬奥电力安全、稳定、可靠、持续和绿色供应作为坚决守牢守稳的底线红线，全力保障奥运盛会圆满成功。

（二）服务“双碳”目标的必然要求

作为“双碳”目标提出后我国首次承办的全球综合性体育盛会，北京冬奥会举世瞩目、意义非凡。将“绿色办奥”作为“四大办奥理念”首位，昭示了我国正以实际行动积极兑现“双碳”目标承诺，以冬奥“舞台”传递“低碳环保”理念，让世界看到中国绿色低碳可持续发展的决心。北京冬奥组委“本届冬奥会所产生的碳排放将全部实现碳中和”的办赛承诺，要求电网企业必须持续推动构建清洁低碳安全高效能源体系，妥善处理好清洁转型与能源安全、系统成本、技术创新以及市场化改革间的关系，有效挖掘需求侧响应潜力，解决清洁能源最大化消纳等现实挑战，将绿色低碳有机融入各项工作，为实现可持续发展做出贡献。

（三）推动企业创新发展的重大挑战

国网北京电力地处首都，在2008年奥运会、党的十九大、新中国成立70周年、建党百年庆典等一系列重大活动中的保电保供，对推动电网技术提升和企业转型发展发挥了极其重要的作用。北京冬奥会是国网北京电力首次在冬季户外提供服务保障的重大国际活动，点多、面广、时长，组织筹办经验相对不足；核心场馆、比赛设施、转播设备供电要求高，标准规范必须与国际接轨；高山滑雪等场馆特殊的地形、气候条件，设备防冻、人员防寒、整体防疫等多重挑战交织，压力前所未有。站在特殊的历史节点，面临复杂多变的宏观环境，国网北京电力必须不断增强创新驱动力，以“中国智慧+中国方案”积极应对保供电、惠民生、促发展等各项挑战，持续化解安全管理基础不牢固、能源转型步入“深水区”、创新发展动力不足等风险问题，全面推动管理创新、科技创新、商业模式创新，加快建设具有中国特色国际领先的能源互联网企业的步伐，奋力推动各项工作再上新台阶。

二、以安全、绿色、智慧为导向的北京冬奥会电力服务保障管理主要做法

（一）明确指导思想与主要目标

国网北京电力立足电网实际，以“三首”理念作为全力做好服务保障各项工作，确保供电万无一失的行动指导。一是坚持首都意识，深刻认识公司地处首都，位置特殊、地位重要、责任重大；二是坚持首善标准，着眼身处首善之区独特坐标，坚守超前引领的理念、开阔高远的视野、追求极致的目标、精益求精的标准；三是坚持首创精神，以创新思维、创新方法，攻克电网升级、安全强基、能源转型、数字赋能等重点任务，点面结合、以点带面，全力以赴为举办一届简约、安全、精彩的奥运盛会提供坚实保障。

国网北京电力明确电力服务保障工作的主要目标：全面加强冬奥场馆、重要活动场所、住地、新闻中心以及市政、交通枢纽、医院、广播电视等重要客户服务保障，实现“五个确保”（确保安全生产形势平稳，确保赛区电网稳定运行，确保开闭幕式及比赛场馆供电万无一失，确保赛区及周边不发生因电引起的火灾、森林草原火灾，确保不因疫情影响供电保障）、“四个零”（设备零故障、客户零闪动、工作零差错、服务零投诉）工作目标。

（二）构建冬奥服务保障体系

1. 明确管理组织架构

发挥集中力量办大事的体制优势，组建冬奥电力服务保障工作领导小组和11个专业工作组，主要负责同志亲自挂帅，全面负责冬奥配套主配网规划建设、场馆电力设施服务以及赛时运行保障的领导指挥，重大事务的决策部署，重要方案的审议审定以及重要事项的统筹协调等工作。主动对接北京市委市政府、国家电网等，选派骨干力量到北京冬奥组委、北京市重大项目办专职办公，直接参与冬奥场馆及配套基础设施前期规划及技术标准制定，密切跟踪国际奥委会、各单项赛事组织赛事调整、涉电需求等变化情况，建立“日问日查”反馈机制，持续完善服务保障方案。

2. 建立组织协调机制

按照“总体启动、全面建设、测试演练、赛时保障”四个阶段，统筹编制冬奥会筹办举办整体工作方案，印发年度重点工作推进计划，以“月”为单位分解细化重点任务及计划安排，明确主责部门单位并纳入公司重点任务督办手册，确保年度工作目标实现。建立“季、月、周”三级调度协调机制，在公司、专业、部门三个层面全面统筹协调各项工作，强化推进计划的约束性和严肃性。按季度召开公司层面总体调度会、按月召开专业层面联席调度会、按周召开部门层面问题协调会，确保各项工作有序推进、稳步实施。

（三）推动涉奥基础设施建设

1. 夯实电网建设基础

紧扣安全办奥、绿色办奥，落实《北京城市总体规划（2016年—2035年）》，对标电网规划最高标准，系统编制电网提升重点工作方案，规划建设从500千伏到220伏全电压等级、从电源端到负荷侧的全链条供电保障网架体系，优化主网结构，增强重点区域电源支撑与电网清洁能源接纳能力。实施配电网智能化升级工程，推进智能融合终端建设和系统接入，提升配电网柔性开放接入能力、灵活控制能力、抗干扰能力及信息化水平。

建成投运13项电网工程，以优质工程金银奖达标为抓手，强化设计、施工、调试、验收等全过程精益化管理，推动工程项目质量管理体系高效运转。实现“500千伏双电源全覆盖、220千伏双环网、110千伏链式两方向电源、10千伏双方向直供”。首都电网网架结构明显提升，达到奥运会历史最高标准。加强新能源电力输入通道建设，±500千伏张北柔直工程突破柔性直流输电技术壁垒，创造12项“世界第一”，是京津冀协同发展的标志性工程。北京电网首座直流换流站——延庆换流站成为风能、

太阳能等清洁能源所发电能入京的重要电源支撑。

2. 精益场馆建设服务

汲取2008年奥运会经验，制定以《重大活动场所高可靠性供电技术原则》为基础，涵盖中低压设备选用、建设、验收、运行监测系统建设、工程图纸审核、临时供电工程建设等方面的“1+6”技术标准体系，联合北京冬奥组委、北京市重大项目办发布冬奥会永久配用电设施建设指导意见，促请国家电网形成企业标准，规范各场馆电力建设工作，为赛时高可靠供电奠定基础。创立冬奥场馆服务保障一体化工作模式，与北投、北控、首钢等8家场馆业主签订11份合作框架协议，提供方案、设计、物资、建设、评估、保障“六位一体”全方位服务支撑，协助业主完成32座场馆配套电力接入工程。作为冬奥会唯一电力服务合作伙伴，国网北京电力创新临时电力设施供电模式，提供从负荷确认、方案设计、物资筹措、安装调试、接入测试，到赛时保障和赛后拆撤的全流程服务。冬奥测试活动物资全部用到正赛，一次投入多次使用、费用分摊，有效控制成本费用。

（四）健全赛时指挥保障机制

1. 建立保障指挥体系

把冬奥场馆和涉奥重要客户作为服务保障的重中之重，紧密对接北京市、北京冬奥组委以及国家电网等指挥体系，参与北京市城市运行保障指挥部构建，联合北京冬奥组委规划建设部组建冬奥电力运行中心（EOC）场馆运行团队，在北京冬奥会运行指挥部调度中心（MCC）设立电力专席，健全联动机制，强化运行监测、风险分析、协调处置能力。构建“1+2+N+23+3+外围”保障指挥体系（指公司冬奥供电保障总指挥部+北京、延庆赛区现场指挥部+供电公司及专业单位+23支场馆电力保障团队+3支应急保障团队+外围保障队伍），24小时不间断运转。以2020年“相约北京”首场冬奥测试活动为契机，成立冬奥供电保障现场指挥部，直接负责场馆侧供电保障组织管理和统筹协调工作。

2. 严格落实保障责任

强化“领导干部在位、专业人员在岗、应急队伍在点”的工作要求，针对赛区、场馆区位分布特点，建立“一供电公司一场馆”联保责任机制，由各供电公司主要负责人承担指定场馆保电领导责任。以“供电零闪动、防疫零感染”为工作目标，构建计划、方案、标准“三维度”管理机制，以冬奥会供电保障重点工作计划为抓手，以设备修校试、隐患排查、状态检测、一二次设备联合传动、大负荷试验、负荷特性测试、设备防护、负荷接入管理、数字化监控指挥、疫情防控共10项重点工作方案为核心，以“1+6”技术标准为基础，细化场馆团队组建、电源关系摸排、隐患排查等40项重点任务、115项工作计划，实现方案编制、过程督导、检查整改闭环管理。成立专项督导组，按照“边查边改”原则指导场馆团队解决实际问题，确保“挂图作战”“拔钉销账”的实现。

3. 强化应急管理演练

筑牢涉奥应急管理防线，建立健全公司层面“总体预案、专项预案、现场处置方案、一岗一案”四级预案体系，印发《北京冬奥会供电保障风险分析防控专项工作方案》，规范应急管理和突发事件响应程序。印发《冬奥综合应急救援专项工作方案》，明确公司层面及各二级单位应急救援队伍值守布防、装备配备等要求，全面做好应急救援工作准备。

巩固政企协同联动机制，与“相约北京”冬奥测试活动组委会，国家体育场、国家游泳中心等场馆业主签订供用电安全责任书。在北京冬奥组委统筹部署下，联合各场馆业主完成两个冬季、四轮次54场保障演练，参与北京冬奥会运行指挥部调度中心“赛时一天”综合演练，开展华北电网应对极寒天气应急演练，联合冰上、雪上竞赛场馆运行团队开展电力消防、场馆内外联动演练，全链条检验预案，全要素锻炼队伍。演练后及时盘点总结，细化制定专项提升方案44个，为赛时保障打下坚实基础。

（五）保障安全供电万无一失

1. 守牢安全管控防线

保障电网安全。密切跟踪天气变化，科学安排运行方式。在保障特级时段，保持电网“全接线、全保护”运行，直供变电站 24 小时有人值守，重点杆塔“运维 + 安保”双看护，不安排停电作业。市、区两级调度实施“双场所值守，不见面交接班”模式，主备调特级时段同步运行值守。

保障设备安全。构筑“设备巡视、蹲点值守、警企安防、应急抢修”四层防御，正赛前组织开展三轮次“地毯式”隐患排查治理。加大直供变电站、开闭站、配电线路监控力度，增强重要站室、输电线路、通信系统安全防护力度，严防恐怖活动和外力破坏。针对北方冬季特点开展差异化运维，强化高寒、高海拔、大风环境的设备状态检测和视频监控力度。

保障网络安全。实行 24 小时网络值班，加强网络末梢、并网电厂等网络边界物理防护，加强对互联网出口、信息系统内外网和桌面计算机安全监测与预警。部署技防设备，实现“网络边界 + 设备本体”双重防护。专业化保障团队“现场 + 远程”联合值守，对网络边界、互联网大区、管理信息大区进行实时监控。

保障人员安全。严格执行现场安规、“两票三制”制度，落实安全风险管控措施，全覆盖开展现场督查，防范触电、高坠、物体打击等风险。针对赛事期间停工现场，落实覆盖遮挡、巡视看护、防恐防暴等安全措施，开展每日巡查，杜绝私自施工、外部人员误入、现场火灾火情等问题。严格管理防寒用品，严禁燃气炉使用，确保人身与消防安全。

2. 构建数字支撑体系

创建冬奥电力运行保障指挥平台，打破数据壁垒，融合核心业务系统海量数据，全面覆盖北京、延庆赛区 32 座冬奥场馆及配套设施 187 项“电气、机械、监测、环境”状态信息，监测点位超 22.1 万个。纵向支撑“总指挥部—现场指挥部—场馆电力保障团队—保障值守点位”四级穿透指挥，横向实现与北京冬奥会运行指挥部调度中心信息互通，实现全面感知的数字化、智能化、标准化供电保障。

创建扁平数字化通信网络。全面应用 i 国网音视频系统，完成全部场馆电力保障团队指挥部光缆接入，实现各层级指挥信息实时交互、音视频实时互联、监控告警实时传递。结合 5G 量测、调控云等先进技术，推动冬奥场馆电力运行数据全场景监测、全时段感应、全天候告警，为赛事保障提供精准决策的技术支撑。

创建电网企业数字化保障指挥模式，打造“强前端、大后台”新型电力保障指挥模式，统一规范保障作业标准，全面覆盖故障研判、主动响应、实时沟通、统一调配及事故处理流程，实现电网侧到场馆侧“穿透式”监视指挥，全面带动场馆保障人员“动”起来，保障体系“活”起来，实现保障指挥全链条由传统模式向数字化的变革。

3. 聚焦核心对象保障

以“常规 + 特种”举措保障开闭幕式。高规格组建开闭幕式服务保障专班，遴选专家骨干进驻北京冬奥组委开闭幕式工作部集中办公，合力推动国家体育场电力设施调试改造、保障筹备各项工作的开展。以实战标准联合完成联排、彩排 20 次，按照演出最大需求配备应急发电车，全部重要负荷配备不间断电源、飞轮储能等特种装备。制定详细保电方案和应急预案，针对开闭幕式 7 类演出负荷“量身定做”10 套保障方案。开闭幕式期间，保障人员对位盯防重要保障点位 150 个、核心供电设备 368 台，开展多轮次巡视检查及测温测负荷；应急保障团队在驻扎点集中备勤，随时应对突发情况。

以“管理 + 技术”机制保障重要客户。针对遍布全市的 187 户冬奥会重要客户，固化“五案四表”管理模式（“五案”指“1 + N”团队工作方案、客户用电安全服务方案、现场处置方案、事故应急预案、发电车接入方案；“四表”指重要客户联系表、全要素信息统计表、用电安全隐患明细表、同母线客户统计表），细化“1+N”服务保障标准。完善重要客户电子档案，更新重要客户“标签画像”，根据重要客户保障范围开展同母线高压客户隐患排查等差异化服务工作。巩固“管理+业务+技术”三级沟通联系机制，明确各级联络专人，对冬奥重要客户坚持“日问周查”，对城市运行重点客户坚持“周问月查”，及时响应客户诉求，做到服务、通知、报告、督促“四到位”。

（六）加快绿色科技创新转型

1. 积极推动绿电交易

2019年1月与北京冬奥组委签订冬奥会场馆绿色电力供应协议，供应周期覆盖冬奥会、冬残奥会测试活动和正赛。配合北京电力交易中心适时组织多次跨区跨省绿电专场交易，累计开展冬奥绿电交易8批次，成交电量7.55亿千瓦·时。出台冬奥绿电交易专项实施方案，建立清洁能源引入和使用闭环管控机制。创新采用负荷聚合方式，积极推动冬奥场馆及其配套设施客户参与绿电市场化交易。确保全部场馆100%绿电供应以及冬奥会、冬残奥会期间北京地区新增用电量100%绿电供应。

依托国内最大能源区块链平台“国网链”，搭建基于区块链的冬奥绿电溯源平台，将交易合同、交易结算、信息披露等关键环节数据上链存储。通过跨链技术与“长安链”“天平链”等国家级区块链平台，多重交叉比对上链可信数据，为绿电数据的可信透明提供保护，使绿电消纳有据可查、有迹可溯、碳减排有证可寻。

2. 着力加快低碳转型

推广综合能源服务。依托“网上国网”、智慧能源管理平台，构建“线上线下”协同的能源服务实施体系，为冬奥场馆客户提供电能基础分析、能效诊断、能效账单解读服务，引导客户积极提升能效。应用智能电网领域前沿技术装备，在延庆赛区建设冬奥专区交直流混合配电网示范工程。建成首钢冬奥供电服务中心“分布式发电+储能+冷热管理+智能家居”系统，实现能源协调互济，有效降低能耗。建设五棵松冰上运动中心屋顶光伏，助力打造北京市超低能耗示范项目。推进延庆赛区配套酒店楼宇用能优化，提升电力资源利用效率，促进冬奥清洁低碳发展。

完善充电网络布局。贯彻国家新能源汽车产业发展规划，将充电网络及配套电网规划与赛事场馆建设规划相结合，在延庆赛区建成发充储放综合充电示范站，打造“新能源车用新能源电”典型示范。完善赛区周边及沿线地区充换电网络，全面满足赛时充电需求。在机场、火车站等交通枢纽布局充电站，全面覆盖市内23个高速服务区，打通城际交通绿色通道。在京礼高速延庆阪泉服务区建成国内首座480千瓦大功率群充群控充电站，缩短一半充电时长，提升充电服务能力。

推动终端用能电气化。贯彻北京市乡村振兴战略实施规划，围绕冬奥延庆赛区核心区和京藏沿线开展“煤改电”工程建设。积极争取补贴政策，与相关区委区政府签订“煤改电”电网配电设施改造工程投资共建协议，科学有序推动53个村、1.86万户基本实现“无煤化”。在延庆冬奥村推广蓄热式电极锅炉，满足周边11万平方米的供暖需求。

3. 全面升级技术装备

依托坚强公用电网，奥运史上北京冬奥会首次采用“市电主供、应急发电机冷备”供电方式，实现主备电源、应急电源在供电容量、响应时间上的无缝配合。冬奥会期间，各赛区场馆配置的应急发电机均未启动，为奥运会电力供应成功贡献了清洁、可靠的“北京方案”。

针对赛时超低温、高海拔等特点，聚合中国电力科学研究院、南京南瑞继保电气有限公司、华北电力大学等科研技术力量，推动冬奥特种供电设备研发落地。研发国内最大功率氢能源发电车，全面优化高可靠快接型临电设备。建立冬奥负荷电压暂降耐受数学模型，构建5类冬奥负荷特性库、8种供电模式，形成涵盖设计、施工、运行等环节技术标准10项。

深度融合“大云物移智链”等现代信息技术，运用巡检机器人、巡视无人机等装备，实现重要变电站、输电线路状态感知全覆盖、智能台区全覆盖。基于保电信息模型，构建应用深度学习的保电知识图谱，针对性加强运维风险防范，支撑保电运维智能辅助决策的做出，有效减少人力资源投入，提升电网运维智能化水平。

（七）强化综合保障能力

1. 强化党建引领，激励引导人员岗位建功

坚持“一场馆一特色、一团队一品牌、一名党员一面旗帜”，引导党员岗位建功、示范带动。充分运用冬奥官方合作伙伴权益，加强与新华社、《人民日报》等媒体合作，拓展新媒体、融媒体等传播渠道，及时报道先进人物、典型事迹，打造首都电力先锋群体形象，讲好“国网故事”。

2. 优化后勤保障，打造有温度的保电家园

发掘挖潜后勤保障能力，围绕全体保障人员制定30项关心关爱措施，提供“吃、穿、住、用、行、医＋心理”全方位保障。依托文化角、读书会、兴趣组、创客营等特色活动，周全考虑不同场景、不同专业需求，努力提供安心、贴心、暖心服务，打造有温度的保电家园。

3. 严抓疫情防控，构建立体防控体系

严格遵守北京冬奥组委、北京市及国家电网疫情防控要求，从“人员接触、场所交叉、物品接触、餐饮住宿、办公环境”五个维度构建立体防控体系。组织全体保障人员进行轨迹排查、健康筛查、专项体检等，100%完成“加强针”接种，按需足量配备医疗防疫物资。赛事期间，外围保障人员坚持“两点一线”，闭环区域人员严格执行“双值守双备份、双组不接触”规定。

4. 建立会商机制，落细落实涉外服务保障

主动与国际奥委会（IOC）技术能源部建立日会商机制，与各利益相关方主要官员及技术专家进行大量有效沟通，高效妥善应对涉外涉电需求。制定落实涉外工作“十条注意事项”，组织涉外交流专题培训，并将其贯彻落实到每一个团队、每一名队员，始终提供热情友善、公正合理的电力服务，保障涉外工作的平稳有序。

5. 严格保密管理，守牢涉密工作底线红线

将保密和保电同部署、同要求。开展常态保密提示提醒，印发保密“口袋书”，发挥好预防和警示作用。组织落实“涉密不上网、上网不涉密”工作要求，严禁通过社交媒体传递与保障相关的涉密及敏感信息，守好不发生失泄密事件的底线红线。

三、以安全、绿色、智慧为导向的北京冬奥会电力服务保障管理效果

（一）冬奥电力服务任务圆满完成

历时7年筹办、历经70天决战，北京冬奥会、冬残奥会4场开闭幕式、32座场馆、441场赛事供电万无一失，187户重要客户用电平稳有序，131万户“煤改电”居民等城市运行保障安全平稳，交通枢纽、医疗卫生、景观照明供电安全可靠，以实际行动捍卫了“双奥荣耀”。《新闻联播》重点关注，中央电视台、《人民日报》等主流媒体累计报道675篇次，各类新媒体阅读点赞量突破1亿次。国网北京电力荣获党中央、国务院授予的“北京冬奥会、冬残奥会突出贡献集体”称号，其1名职工获“北京冬奥会、冬残奥会突出贡献个人”称号，其5个集体和16名职工分别获得北京市冬奥先进集体和先进个人称号。2024年巴黎奥组委、2026年米兰奥组委代表实地考察电力组织工作后给予高度评价，声称“为服务2026年米兰—科尔蒂纳丹佩佐冬奥会提供了灵感与宝贵经验”。国际奥委会主席巴赫表示“北京冬奥会是一届真正无与伦比的冬奥会”。

（二）首都电网绿色智能发展取得突破

在奥运史上首次实现全部场馆100%绿色电力供应，减排二氧化碳约32万吨，“用张北的风点亮北京的灯”成为冬奥会最闪亮的名片，彰显了“绿色办奥”理念。新技术、新装备、新系统为电力服务

保障工作赋能赋智，数字化、智能化“两化融合”成为首都电网绿色发展的重要动力。首都电网实现从交流电网向交直流混合电网的跨越，建成全景数字化保障平台，人工智能、5G 量测等高精尖技术集成应用，实现重大赛事活动电力运行的全景感知与智慧指挥，智能运维及保障效率不断提升。2022 年，《绿色冬奥高质量电力供应的关键技术、装备及应用》获得中国能源研究会能源创新奖技术创新一等奖，《基于区块链的冬奥绿色电力交易及溯源关键技术与应用》获得中国国际大数据产业博览会领先科技成果“新技术”奖。

（三）企业管理水平实现提升

首都保电传统得到传承与提升，科技化、体系化、数据化管理支撑企业提质、降本、增效。电网设备在持续低温等严峻考验下的可靠运行树立了新标杆，“设备防冻、人员防寒、整体防疫”难题得到有效破解。队伍凝聚力、战斗力持续增强，90 后接过接力棒成为新中坚。冬奥电力运行保障指挥体系持续应用于首都的常态化供电保障水平提升，近几年企业承担冬奥会、冬残奥会测试活动和正赛、建党百年、全国“两会”等多项重大电力保障任务，电力物资循环利用，仅发电机租赁费用一项节约成本 2600 余万元；新技术新标准新装备等“冬奥遗产”得到持续推广应用，创造了更大的经济和社会价值。

（成果创造人：王昕伟、王　鹏、史景坚、杨志东、陈　京、于宏海、
徐　剑、代贵生、陈广久、栾逢时、张　皓、丁建武）

服务黄河流域生态保护和高质量发展的区域电力系统建设与管理

国网山东省电力公司济南供电公司

国网山东省电力公司济南供电公司（以下简称国网济南供电公司）是国家电网大型重点供电企业之一，担负着全市10个区、县的供电任务，服务客户328.17万户。公司现有14个职能部室，17个业务机构，6个县公司，共有76个营业窗口，57个供电所。公司现有全民员工3883人。拥有35千伏及以上变电站355座，变电总容量3527.02万千伏安；35千伏及以上输电线路468条，总长度5237.5千米。2021年实现售电量308.02亿千瓦·时，同比增长11.1%。先后荣获“全国文明单位”“全国电力行业优秀企业”等称号。

一、服务黄河流域生态保护和高质量发展的区域电力系统建设与管理背景

（一）服务黄河流域生态保护和高质量发展的重大举措

党的十八大以来，党中央高度重视黄河流域生态保护和高质量发展，济南市的黄河流域生态问题有了较大改善，但尚不足以支撑黄河流域的高质量发展。从能源结构来看，济南市“产业结构偏重、能源结构偏煤、交通结构偏油”问题依然存在；从环境质量来看，空气污染治理仍需持续改善。能源是减污降碳的主战场，黄河重大国家战略对能源结构调整提出了更严格的要求，要求电网发展要在兼顾生态保护和可靠供电的同时，实现节能降碳转型。为服务黄河重大国家战略，供电企业为黄河流域生态保护与高质量发展提供“电力引擎”。

（二）创新实践新型电力系统的客观要求

传统电力系统以化石燃料为主要动力来源，是碳排放的主要来源。电力系统脱碳是实现“双碳”目标的重要途径，采用清洁能源替代化石能源更是关键环节。随着新能源大规模并网、新型用能设施大量接入，电网形态越来越复杂，为持续保障供电安全可靠，供电所面临的挑战更加严峻。作为新型电力系统的有机组成部分，区域电力系统能够对地区内清洁能源进行高效利用，实现区域能源结构的优化与用能效率的提升。国网济南供电公司作为服务济南市能源资源安全与经济社会发展的重要一环，必须创出典范、做出标杆，带动产业链、供应链上下游共同推动能源电力向以清洁能源为主转变，为国家能源转型发展贡献“济南智慧”。

（三）实现企业自身转型升级的迫切需要

随着能源电力转型的不断推进，电网形态发生极大改变，国网济南供电公司在实现企业转型升级的过程中面临着严峻挑战。首先，传统电网规划管理以保障供电安全性和可靠性为目标，对需求侧变化及碳排放约束考虑较少，无法满足区域发展对于节能降碳和清洁替代的迫切需求。其次，新能源发展面临既要大规模开发、高水平消纳，又要保障电力安全可靠供应的严峻挑战。另外，传统电网的数据管理手段未能打通企业内外部信息壁垒，无法深度挖掘电力大数据中的应用价值，难以支撑企业数字化转型升级。同时，随着产业电气化与智能化程度的不断提升，现有单一的供电服务模式无法适应多样化、个性化、差异化的客户服务诉求。在落实黄河重大国家战略的背景下，国网济南供电公司要着力解决好电网发展、电源发展、调度运行、营销服务、模式创新等一系列新挑战，促进公司实施质量变革、效率变革与动力变革。

二、服务黄河流域生态保护和高质量发展的区域电力系统建设与管理主要做法

（一）明确区域电力系统建设与管理的指导思想和整体思路

1. 确定区域电力系统建设与管理的指导思想

秉承“人民电业为人民”的企业宗旨，全面服务黄河流域生态保护和高质量发展重大国家战略，聚焦黄河流域中心城市和新时代社会主义现代化强省会建设能源需求，全面践行“生态优先、高质量发展”的发展理念。强化黄河流域生态保护责任担当，实现绿电稳定消纳与能源智慧化管理，积极推动黄河流域生态环境改善。树牢区域发展担当意识，保障安全可靠电能供应和高水平电力服务，全面助推城市发展和乡村振兴。为黄河流域生态保护和高质量发展提供坚实可靠的能源保障。

2. 理清区域电力系统建设与管理的整体思路

国网济南供电公司从电网安全稳定根本出发，聚焦提升电网坚强智能水平，实现电源侧清洁替代与需求侧电能替代进程。从电网补强工程入手，推进城乡电网基础设施智能化改造，提高电网受电能力和供电能力。科学规划、因地制宜制定区域能源转型实施策略，加强科技创新，多措并举解决新能源消纳难题。以新型数字化作为技术手段与管理方式，提升各专业服务能力，提供定制化电力数字产品。推进脱贫攻坚与乡村振兴衔接，持续做好黄河滩区迁建、易地扶贫搬迁后续帮扶工作。深入实施电能替代，实现新增能源消费主要由清洁能源和外电供给，推进能源消费结构低碳转型。通过源网荷储多元协同互动，助推全产业链各主体协作共赢，保障电网和能源经济安全转型。充分发挥电网资源优化配置的枢纽平台作用，建设清洁低碳、安全可控、灵活高效、智能友好、开放互动的区域电力系统。

（二）聚焦区域发展路径，构建区域电力系统总体框架

1. 完善组织体系建设，科学编制实施方案

成立“碳达峰、碳中和”与新型电力系统示范区规划建设工作领导小组，负责与国家电网公司、国网山东省电力公司和济南市委市政府有关部门沟通衔接，审议公司行动方案、工作目标、重大任务及工作安排，统筹各方力量全面推进各项工作。领导小组下设办公室、发展规划、智慧运检、运行控制和信息支撑等专项工作组，编制公司服务“双碳”及区域电力系统构建实施方案、路线图、时间表，形成19项措施和25项重点任务，高效承接战略落地。

2. 深度融入政府发展规划，针对性优化电网架构

国网济南供电公司推动相关电网规划纳入《济南市能源发展“十四五”规划》，完善区域各级电网结构，形成高压坚强支撑、中压柔性互联、低压形态多元的电网新架构。发挥电网大范围资源优化配置平台作用，利用送受端区域主网架和省际特高压、超高压输电通道实现“绿电入济”，推进陇东—山东特高压、烟威清洁电源基地送出至济南等输电通道建设。科学测算新能源消纳空间，确定广域集中式、局部分布式新能源发展总量及年度发展布局。推广“集中汇集、升压并网、配套储能”的典型模式，促成济南市整县屋顶分布式光伏试点工作方案和储能配套支持政策的出台。合理布局生物质发电，深度挖掘工业余热余气发电潜力，增加本地绿色能源供应。

3. 改进能源互联网规划方法，纳入区域低碳发展路线

借鉴“四水四定”① 原则，国内首创“以碳定能”能源互联网规划理念。打破“以需定供”传统规划模式，将能源领域碳排放指标作为主要约束条件，明确能源供应、消费、配置各环节降碳目标。结合起步区发展定位，编制《起步区新型电力系统示范区建设方案》，完成全国首个零碳视角下的能源互联网规划，推动传统电网向碳视角下的能源互联网转型升级。聚焦起步区终端能源节能降碳和清洁替代两大发力点，确立建筑及工业领域逐步电气化、交通领域电能和氢能全面替代的发展路径和时序。分析

① “四水四定”是指坚持以水定城、以水定地、以水定人、以水定产，把水资源作为最大的刚性约束。

区外电力、氢能等能源供应趋势，提出碳中和目标下的最佳能源供需匹配方案，形成以电为中心、冷热协同、氢为补充的能源供应消费结构。

（三）提出新能源稳定消纳措施，建立高效调度机制

1. 开展多元资源协同优化，实行绿电优先调度

国网济南供电公司落实《中华人民共和国可再生能源法》相关要求，服务清洁能源消纳，建立实现清洁能源高效利用的优先调度管理体系。强化创新支撑，开展大规模新能源接入与电网的相互影响机理研究，深入分析关键气象因素对新能源发电功率的影响，提升可再生能源资源评估和功率预测水平。构建全时间尺度调度框架，削减新能源出力不确定性对电网的影响。运用优化业务流程、统一接入标准、健全价格机制等手段，挖掘工业高载能负荷、电动汽车、虚拟电厂等资源调节潜力，引导各类市场主体参与系统调峰、促进新能源消纳。结合风储、光储、独立储能电站等建设成果，推进多类型电源协调控制。组建市县需求侧管理中心，建立“专职机构+柔性团队”组织体系、“平时+战时”管理运行机制，做强带班管理、监测调度、技术保障“三位一体”协同运作的现代需求侧管理指挥中枢，实施削峰填谷需求响应，挖掘用户侧可调节负荷潜力，保障需求侧资源常态化、规模化利用。

2. 制定新能源接入防御策略，构筑多重联合保障

注重电网安全调度，发挥建模仿真、设备应用、机制建设等多重联合保障作用，促进新能源安全稳定接入。研究适用于大电网稳定分析的分布式电源仿真建模方法，开展大规模分布式电源接入的安全稳定分析计算；实现电力电子化电力系统精细化电磁仿真，揭示“双高”电力系统稳定机理，提升电网特性精准认知能力。积极采用“六统一”交流保护设备，全面推广标准化安全自动装置。将新能源、储能、精准切负荷等纳入系统保护，精细化制定系统保护控制策略；建立常规优化和故障应急方案，常规优化方案解决清洁能源消纳带来的电网风险运行问题，故障应急方案解决外部故障导致的电网安全稳定问题，提高电网安全防御和应急处置能力。

3. 部署智能化调度平台，健全网源协调管理

建设调控统一数据资源库，推动信息感知融合应用，打造智能化调度平台，高效化实施网源协调管理。开展基于人工智能的设备状态趋势感知、调控机器人助手、电网稳态自适应巡航等技术的研究与推广应用，全面提升电网运行智能感知、分析和控制能力。改造县（配）调、主配一体化调度自动化系统，统一配网调度技术支持系统建设及终端接入标准。优化市、县（配）调管理，规范电源、停电计划管理，强化运行方式管理。完善网源协调工作机制和技术管理体系，依托政企联动、网源互动的模式深入开展网源协调管理。

（四）构建平台型智能中枢，开发智慧能源管理系统

1. 建设“双碳”监测数据中台，优化低碳发展数据支撑

发挥电力大数据在碳排放核算方面的先天优势。在技术层面，将公司内部数据和外部相关方数据进行服务化处理并沉淀至数据中台，形成灵活、强大的共享服务能力。在管理层面，建设数据融合共享体系，将资源、系统和数据由分散的“部门级”汇聚至“公司级”，实现数据的跨部门共享。在应用层面，开发数字化碳管理工具，开展“双碳”指数监测，对高耗能产业进行碳排放动态实时监控，服务地市公司开展“碳足迹”研究，以碳视角推动公司重点工作。服务政府监管部门及时追踪地区碳排放变化趋势，为碳排放分析测算及管理提供依据。开发“双碳+重点项目”应用场景，为重点企业减碳提供依据，建立“双碳+建筑运行”等典型场景。

2. 提供定制化能源数据分析，赋能政府科学决策

开发能源数据分析工具，对区域发展成效、产业结构变化等实现定量评估。深入分析“能源—经济—社会—民生”互动关系，定制能源大数据产品，为政府提供宏观经济形势预判等专题决策咨询建

议报告，助力政府挖掘构筑新动能。研发基于电力大数据的新旧动能转换态势分析平台，从区域、行业视角评估济南市新旧动能转换发展成效。出台山东省首个区域“电经指数体系”，体系包括电经区域指数、电经产业指数和电经企业指数三个部分，从“电力—经济”关联度出发，以电量、电费、GDP、产业经济数据、企业产值等数据为支撑，预测区域经济发展，反映产业结构变化，指导企业用能优化。

3. 部署“新能源云”平台，布局新能源开放服务业态

紧密结合地区新能源发展战略，有效利用新能源资源品种丰富的特点，聚焦服务产业链，在智慧能源大数据中心部署“新能源云”平台，汇聚新能源全产业链信息。对内优化和完善新能源管理的业务流程，对外为新能源产业链各方提供一站式线上服务，完善储能项目、技术装备等平台功能，优化新能源建设、并网、运行等全流程发展模式，服务政府主管部门和新能源企业。

（五）融合新型数字技术，打造智慧运检新高地

1. 丰富态势感知手段，建立国网试点集中监控中心

分别建设输电监控中心、变电集控站、县公司输变配集中监控中心，建立输电“立体巡检＋集中监控”、变电“无人值守＋集中监控”和县域“数字运维＋集中监控”的“三位一体”运维新模式。将设备、通道、环境等数据信息进行深度融合，开展大数据多维统计分析、精准定位，完整展示电网运行信息、设备状态信息、运行环境信息、基础地理信息和状态监测信息等，实现设备全域监视。通过数字孪生、越界告警、检修可视化等技术手段，对作业现场任务实施情况、工作质量、安全履责等进行全过程监督。各级监控中心通过检修作业面的可视化展示，全方位管控作业现场的实时动态，建立远程会商机制，推动“分散现场管控”向“集约远程指挥”转变。

2. 应用智能研判技术，建设推广智能巡检

加强缺陷发现和主动预警能力，研发实施以多数据源融合为核心的设备智能巡检体系。基于电力物联网，广泛应用台区智能融合终端将海量设备状态信息转换为精准实时数据，传送到自主研发的配电网运行热力图，直观体现设备负载情况。同时，热力图会自动预警并主动派发运检工单，指导实施负荷切改、配变增容等治理措施。自主研发了“信鸽”无人机巢，通过管控系统一键下发全部机巢巡视任务，机巢接收指令后自动开仓、无人机自主起飞，按照预设航线开展半径4千米范围内的设备巡视，任务完成后无人机自主返航、自动充电，全程无须人工干预。

3. 贯通多类型抢修资源，推行综合抢修管理

整合抢修资源，缩短管理链条，增强快速响应能力。强化各专业协同指挥体系，建立贯通运检部、调控中心、供电服务指挥中心和市县公司输、变、配各专业的综合抢修管理机制。其中，供电服务指挥中心将调度自动化、生产实时管控系统、用电信息采集系统等9个系统17个接口高度集成，全方位监测和分析研判配电网故障及异常。创新主动抢修模式快速清除故障，通过智能融合终端和用电信息采集系统，第一时间获取配网和用户停电信息，由供电服务系统汇集并智能研判停电范围，自动下派工单至抢修人员。抢修人员接到工单后，主动上门服务，快速抢修复电。

（六）提供智慧化多元服务，构建新型营销服务模式

1. 数字化赋能乡村振兴，实现区域改造方案智慧化

推动基层营销服务升级，深入开展乡村振兴电力服务。高效服务滩区迁建，针对长清区孝里镇黄河滩区特殊的地理位置及电网现状，结合乡村振兴总体工作要求，兼顾人文环境，提出适用于黄河滩区脱贫迁建的电网建设与改造方案。重点在配电物联网、智慧台区、优质服务三个方面，全面赋能智慧滩区建设，打造全省最大集中连片电力扶贫精品工程。在三涧溪村建设大数据智慧台区，通过智慧台区的监测及数据共享，应用人工智能、数据挖掘等技术，实现智慧台区状态快速感知。建立评价和指导乡村振兴发展的“涧溪指数”，从产业兴旺、生态宜居、乡风文明、治理有效、生活富裕5个维度进行量化

分析。

2. 做实电能替代工作，形成以电为中心能源的消费格局

深化多领域电能替代，提供综合能源服务，助力生态文明区域建设。国网济南供电公司与政府相关部门建立工作协同机制，服务生态文明区域建设的任务目标及具体措施，配合政府开展工业锅炉和窑炉拉网式排查。组建前端市场开拓、后台支撑服务两个团队，形成适应市场发展需要的市、县一体化组织体系，针对市场开展调研和挖掘潜力，推动需求向替代项目的转化。以现代信息通信、人工智能等技术为支撑，以工业园区、公共机构、城市商业区等为重点，构建以电为中心的综合智慧能源供应模式，为区域内各类市场主体提供“互联网+能源托管”服务。助力济钢集团搬迁，助推建成拥有10套能源系统的济钢新能源站。

3. 智能化升级服务流程，建设数字化供电所

统筹推进建设示范化数字供电所，通过数字化接入和信息化管理实现供电所业务流程、指标管控、设备状态等关键信息可视化，不断推进供电所管理从量化向精益化转变，达成“为乡村服务、为企业增效、为基层减负”的目标。围绕“用上电、用好电、不停电”，将流程、职责、任务“三清单”分解压实到每一个岗位，实现服务链条全畅通、岗位职责全覆盖。深化中台数据价值挖掘，开发电力看乡村振兴、客户诉求热点分析等7项数据产品，指导供电所精准查找服务短板。建立以客户为中心的“服务需求热力图”，主动了解客户用电诉求，确定差异化、精准化的服务对策，实现服务模式由“被动应答式”向“主动互动式”转变，靠前服务济南市新旧动能转换重点项目、重大工程。统一服务标准，实现内网平台服务信息聚合、外网应用服务信息传递，供电服务快速响应。

（七）实现源网荷储协同发展，营造互利共赢生态圈

1. 深化多主体互动形式，推进协同一体发展

高度重视源网荷储互动模式在区域电力系统安全稳定运行中的重要作用，推动电源、电网、负荷和储能之间通过源网协调、网荷互动、网储互动和源荷互动等多种交互形式，提高电力系统功率动态平衡能力，保障电力系统经济安全高效运行。建成首个“5G+源网荷储”多站融合示范站，站内储能根据电网峰谷实行“谷充峰放”，储存的电量除供全站使用外参与电网调峰，充分发挥储能装置的双向调节作用。通过负荷主动调节和响应，汇聚各类柔性、可调节资源参与电力系统调峰和新能源消纳，确保电网安全经济可靠运行。推进济南智慧用电“海绵台区”示范村王老村建设，推动电网供电、光伏发电、电池储能供电互补互济能源供应体系示范应用。

2. 完善多层次电力市场建设，创造互利共赢新局面

积极推进电力市场改革综合试点工作，完善多层次统一电力市场体系，促进中长期市场与现货市场、省间市场与省内市场有序衔接，加快构建促进清洁能源消纳的现货市场机制，采用灵活价格机制促进新能源参与现货交易。加强可再生能源消纳责任指标管理体系建设，围绕消纳责任权重目标任务，引导储能电站、售电公司、批发用户等市场主体，与新能源场站签订中长期合约，鼓励新能源发电企业开展“绿证”交易，扩大新能源市场化交易规模。

3. 推动多方长效合作，助力实现低碳减排

国网济南供电公司与政府机构、能源供应商等机构建立长效合作机制，挖掘多元资源调节潜力，助力实现低碳发展目标。围绕公司“碳达峰、碳中和”行动方案，与11个区县政府及管委会签署“十四五”战略合作协议。在济南市比亚迪动力电池项目中，承担了220千伏变电站投运前过渡电源的建设工作。与中石化济南签署战略合作协议，建成集加油、加气、加氢、电动汽车充换电、光伏发电、储能等功能于一体的超级综合加能站。

三、服务黄河流域生态保护和高质量发展的区域电力系统建设与管理效果

（一）促进黄河流域生态保护和高质量发展

节能降碳成效显著。全市外电、清洁能源发电累计节约省内标煤消费约2亿吨、减少二氧化碳排放约6.6亿吨。从电网规划、调度并网、营销服务等角度助力新旧动能转换起步区发展，“上云”工业企业达到3万家，关停“散乱污”企业7600余家，跟进环保新材料产业园、“四新”产业园等重大项目电力配套工程建设。助推济钢集团搬迁，济钢1200万吨钢铁产能全部退出，释放济钢原址及扩展区17万亩产业升级空间。完成电供冷热、电气化农业大棚、电气化示范村镇等各类替代项目1700个、累计完成煤改电21.26万户。实现全社会替代电量约847.5亿千瓦·时，相当于减少散烧煤约4636万吨、减少二氧化碳排放约8443万吨。

区域供电服务质量能力显著提升。用户平均停电时间0.3736小时，同比下降62.17%。配电线路故障停运率0.22条次/百公里·年，同比下降78.54%。供电可靠性99.9934%，位居全省前列。低压故障停电平均复电时长由67分钟下降至38分钟，客户报修工单数量同比下降61%。累计完成1006个贫困村电网升级改造和94个黄河滩区迁建配套电网建设项目，实现1.66万眼机井通电，农村户均配变容量提升至3.38千伏安，惠及群众110余万人，配套电网改造规模全省第一。

（二）推动清洁能源替代和能源结构调整优化

新能源装机容量显著提升。服务保障3个集中式和7675个分布式清洁能源项目并网发电，新能源和可再生能源发电装机达290.4万千瓦，同比增长43.4%。集中式风电总装机87.6万千瓦，分布式风电总装机58.02万千瓦，光伏总装机78.6万千瓦。生物质发电方面，各试点项目发电总装机合计达36.91万千瓦。全省首座特高压变电站泉城1000千伏变电站在济南建成投运，绿色外电入济能力提升至400万千瓦，有效消纳富风富光地区清洁绿电。

加速能源结构绿色低碳转型。煤电发电量占全社会用电量的比重由78%降低至64.9%，清洁能源发电量占全社会用电量的比重由3.7%提升至11.1%，市外电量占全社会用电量的比重由18.3%提升至24%，电力清洁化水平逐步提高。在运充电站共计140座，充电桩1179台，公交充电站42座，充电终端127个，电动自行车换电点171个，日充电电量突破28万千瓦·时，居国网第5位、全省第1位，全年充电量突破6400万千瓦·时，同比增长114.75%。

（三）实现企业转型升级和服务水平全面提升

电网数字化转型成果显著。建成国网首个物联网配电室、首套基于台区融合终端控制的低压柔直互联系统，投运国网首座智慧变电站，实现集控站分区运行。全省率先实现220千伏输电线路可视化和无人机自主巡检全覆盖，累计巡检9261架次，节省人员3010余人次，车辆1500余车次，紧急缺陷处置周期缩短90%，输电施工、异物等重点隐患识别率可达99%，变电缺陷识别准确率提升至90%。配电能源互联网建设成果取得11项全省第一。

获得电力服务水平持续提升。全省率先实施用上电、用好电、不停电“宜商三电”服务模式，高效满足中科院科创城等全部737个省市重点项目用电需求，扎实落地“投资到红线”“三省”“三零”等惠民惠企政策，累计降低居民、企业用电成本7.66亿元。助力济南市营商环境“获得电力”指标蝉联2019、2020年度“全国标杆”“全省第一”。

（成果创造人：任志刚、王　勇、郭　新、施亚林、王　晶、刘　晓、刘淑磊、刘双喜、韩晓光、肖　杰）

基于共享理念的闲废物资处置服务平台建设

中车哈尔滨车辆有限公司双盛分公司

中车哈尔滨车辆有限公司双盛分公司（以下简称双盛公司）是中车哈尔滨车辆有限公司子公司，成立于2017年，位于哈尔滨市道外区先锋路。主要经营铁路运输设备制造、维修，金属制品制造；从事进出口业务，货物运输代理，仓储，自有房地产经营，场地租赁，机械设备租赁，软件及信息技术服务；经销钢材、建材、有色金属、矿产品、机电产品、五金交电、通信设备、电子产品、化工产品；设计、制作、发布、代理广告业务等。

一、基于共享理念的闲废物资处置服务平台建设背景

（一）落实循环经济理念，应对宏观环境变化的需要

近年来，我国引入循环经济的理念，党的十八大把初步建立资源循环利用体系作为2020年全面建成小康社会的目标之一，这从根本上转变了我国经济发展方式，是国家层面资源利用领域的一次深刻革命。2015年政府工作报告中，提出了“互联网＋”行动计划，试图推动互联网技术与现代制造业的融合，提升传统制造业的现代化水平。党的十九大以来，中国经济由高速增长阶段转向高质量发展阶段，国家深度推进供给侧结构性改革等各项部署均围绕着高质量发展进行，2018年的政府工作报告提出，“国有企业要通过改革创新，走在高质量发展前列”。宏观环境的变化对双盛公司的发展理念、战略规划、内部管理等均提出巨大挑战，双盛公司必须顺应数字化时代背景、响应国家“互联网＋绿色生态”和“完善废旧资源回收利用体系”的号召，推动企业转型升级。

（二）推进循环经济交易，提供行业解决方案的需要

作为工业企业，工业品循环物资具有再利用价值高、经济效益好、容易产生规模效应的特点，是发展循环经济和循环物资行业的重要组成部分。但是，循环物资的处置领域还不够规范：从行业层面看，存在产业形态散乱、交易规则不统一、定价不规范等问题；从企业层面看，存在渠道少、公开度不够、买家资源不足、处置价值低、交易环节存在廉洁风险等痛点和难点问题。哈尔滨公司需要抓住工业企业循环物资处置发展空间和潜在市场机遇，考虑运用“互联网＋”的现代化手段，为企业创造新的经济增长点。

（三）突破发展瓶颈制约，推动企业转型升级的需要

当前企业发展面临的瓶颈如下：第一，抗风险能力较弱，业务模式单一，经营发展不确定性有所增加；第二，企业整体盈利能力还不够强，业务整体附加值不高，且存在低效无效资产占用较多资金的情况，对企业的经营和发展产生了制约；第三，精益管理水平有待提升，还存在物料浪费、丢失损坏等问题。面对以上不利因素，哈尔滨公司必须打破发展瓶颈，寻找新的经济增长点，同时推进低效无效资产处置、精益管理和提质增效工作的全面开展，进一步提高整体效率、效益和管理水平，为公司的高质量发展提供支撑和保障。

二、基于共享理念的闲废物资处置服务平台建设主要做法

（一）明确目标定位，创新商业模式

1. 依托“订钢网”进行系统调研和分析

双盛公司探索利用“订钢网”的竞价模块进行废旧物资销售，并在齐车公司范围内推广。同时，双盛公司组织人员通过国家统计局网站、集团公司对标等途径收集相关数据。2018年我国废旧物资回

收总量2.86亿吨，总价值7663亿元，集团公司内部废旧物资销售额约5亿元。2019年国家十大类再生资源的回收量超过3亿元。考虑到工业废旧物资处置领域还不够规范，哈尔滨公司基于“订钢网”转型，为买卖双方提供一个网上交易平台，在绿色资源再利用领域有着较为广阔的市场，能够解决中车各企业在废旧物资处置过程中的痛点、难点，并带来可观的增值收益，是一条适合平台发展的可行之路。

2. 应用“互联网+”思维，搭建商业模式框架

双盛公司创新“循环物资+互联网”经营模式，搭建了“互联网+”思维下电商业务的商业模式框架。一是明确了电商业务发展的整体思路，以信息为纽带，把各分散的实体通过信息系统聚集到一起，用企业的资源和能力，挖掘数据中蕴含的信息，为客户创造价值，并通过提供产品和服务实现持续盈利的整体解决方案，最终转变为企业的价值。二是明确了“进行产业链延伸，创造价值增值，使中国中车绿色循环经济交易电商平台成为循环经济行业的解决方案提供商”的愿景。三是结合互联网连接红利、模式红利、长尾效应等优势，明确了“万物互联，物尽其用，创造价值”的理念。

基于上述思路，双盛公司结合客户价值、企业资源和能力、盈利模式三大要素，确定了资源配置、管理机制、技术服务、制度流程、人力资源等保障措施，丰富了框架的具体内容。一是用产品和服务吸引客户，拓展客户交易渠道、降低客户交易成本、提升客户交易收益、降低客户交易风险，充分满足客户需求，为客户创造价值。二是优化资源配置，以创新和改革为契机、以电商平台用户为中心、以基础数据为核心、以业务发展驱动技术创新，通过循环物资交易、共享装备、再制造产品等业务，进一步挖掘行业链整体价值，提供系统的解决方案。三是拓展盈利方式，通过交易撮合获取各类服务费、通过扩大交易量获取资金沉淀和佣金、通过电商业务拉动线下的仓储物流服务获取收益等方式，提升企业盈利能力。四是与产权交易中心合作开展业务，促进存货及低效无效资产等实现常态化处置，有效盘活资金。

3. 明确目标，重新进行平台业务定位

双盛公司重新确定了为国有企事业单位提供废旧物资、二手设备、产权交易、积压物资、折价产品、废旧办公用品、共享装备、再制造产品8个方面3种模式的交易服务目标，并重新定位了平台的8大业务。

（1）废旧物资。通过竞价方式处置企业生产过程中产生的边角余料、工业废弃物、包装物、报废配件、报废物料等，如废钢。

（2）二手设备。通过竞价或撮合方式处置企业100万元以下的闲废设备、工艺装备等资产，如闲置机床、报废设备。

（3）产权交易。实现企业100万元以上的实物资产及其他类产权、股权等进场交易，如高价值设备、房产等。

（4）积压物资。通过竞价或撮合方式处置企业长期不用的物资类存货，如因产品转型而积压的钢材等。

（5）折价产品。通过竞价或撮合方式处置企业长期不用的配件、半成品，不能实现销售的产成品等存货，如试制未售出的产品等。

（6）废旧办公用品。通过竞价处置企业废旧和闲置的办公用品，如废旧电脑等。

（7）共享装备。通过租用、提供服务方式实现具有共同使用需求的各企业间通用装备共享，如大型设备、试验检验设备等。

（8）再制造产品。通过竞价或撮合方式，为再制造业务提供集中买卖的信息资源和交易平台。

（二）稳步开拓市场，不断提高平台知名度

1. 细分市场，分析确定目标客户

公司对目标客户按央企、国企和民营企业进行区分，从对不同类型客户的成功概率和吸引力方面思考，对市场进一步细分为集团公司内部客户、采取传统方式进行销售的央企及国企、拥有内部电子交易平台但功能不完备的央企及国企和民营企业四类。依托市场机会分析矩阵，公司确定了以集团内部为最佳客户，密切关注其他央企和国企，暂不考虑民营企业。

2. 平台推介，集团内部广泛应用

（1）深耕集团内部市场，筑牢发展基石。一是以未注册和未交易的企业为重点，深耕中车内部市场，实现中车企业在平台上交易全覆盖。二是充分利用平台的交易功能，使集团各企业低效无效资产和存货通过平台实现常态化处置。三是与“中车购”链接，通过“中车购”可直接进入“宜企拍”，实现与“中车购”资源的共享，并承接中车集团全部闲废资源网上公开竞价销售业务，实现集团从物资采购到循环物资销售全过程受控。

（2）平台的发展得到上级单位关注，形成借力。随着电商平台业务的迅速发展，中车集团在支持平台发展方面思想统一、态度坚决，就是举中车之力，确保平台加快做强、做优、做大。在2019年中国中车年度工作会议、年度精益管理工作会议等场合，中车主要领导都特别针对推动电商平台发展，提出明确要求，并在集团公司内部大力推广。

3. 行政支持，全力开拓外部市场

在巩固中车市场的基础上，公司以地方国有企业为突破口逐步形成全国市场布局，全力开发央企市场，努力扩大市场规模。供应商方面，重点突破中车物流公司、中车收入排名前十企业的供应商；地方国企方面，重点突破集团公司各子企业所在城市的企业。在100家央企中，闲废资源处置分为三类：第一类，仍采用传统线下方式处置的企业，这是平台重点开发市场；第二类，拥有内部电子购销平台的企业，但不具备电商平台特质，有一定的开发空间；第三类，有电商平台的企业，仍有一定的合作机会。中车集团领导积极为电商平台推广，并向属地省市领导重点推介该平台，并寻求对电商平台的支持。

（三）全面整合资源，培育壮大业务

1. 机构调整，优化资源配置

为了进一步整合资源，培育壮大业务，公司本着充分利用既有资源、提高工作效率、强化风险管控的原则，将“电商事业部”与分公司机构进行整合。整合初期，成立“电商业务部”，作为职能部室开展原有业务。随着业务发展，又组建了“电商运营中心”，以事业部的模式开展电商业务。

2. 业务导向，完善管理机制

（1）运行机制。公司采取资产经营责任制模式，进行战略管控和财务管控，制定符合公司发展的战略和目标，电商业务由公司自主开展，独立核算，独立经营。

（2）动力机制。公司比照哈尔滨公司薪酬结构，进行内部收入分配，并对集团外部电商业务的市场开拓建立激励政策，形成全员营销的市场开拓机制。在人才发展方面，重新核定管理班子职数，培养后备干部，明确电商业务的人才培养和晋升机制。

（3）约束机制。公司建立约束机制，明确电商业务的经营目标，依据实际情况确定考核指标，并将公司纳入上级单位的经济责任制和基层领导班子达标进档双重考核。

3. 设计开发，促进平台转型

（1）流程设计。一是卖方线上编制循环物资竞价公告，将竞价申请提交至平台。二是平台线上对竞价公告进行审核及编制，审核通过后发布竞价公告，同时冻结卖方保证金。三是买方（报名者）线上报名参加本次竞价，同时冻结买方（报名者）保证金。四是买方（报名者）线上对本次竞价公告资源进行报价，规定时间内价高者中标。五是平台线上解冻未中标者保证金，线上发布中标结果公告。如有流标情况，线上释放买方、卖方保证金。六是买方（中标方）线上配款至平台，平台线上配款至卖方，同时释放买方（中标方）、卖方保证金。

（2）基础配置。5台服务器，分为应用、数据库、跳板机、备份、测试；1台防火墙、配置了sql注入、ddos防御、防篡改、防恶意扫描、防暴力破解等；操作系统使用Linux，应用服务使用Tomcat，数据库服务使用Oracle；平台建立了用户及平台资金（虚拟）账户。

（四）平台升级，进行服务延伸

1. 加快二期平台建设，提升客户体验

平台经过几年的开发及运行，逐渐无法满足客户增长的需求，矛盾逐步显现，为此，公司加快了二期平台建设，并采取了升级软硬件等措施，实现循环物资产业的共享、共赢。同时，平台继续优化业务模式、业务流程、交易规则，完善用户分析及管理体系，完善价格指导体系，建设开发手机App、电子合同、电子签章、网上支付等功能，为用户提供更加便捷的服务。主要实现全方位业务分析（主要从用户、公告、交易情况、结算情况、溢价情况、价格趋势、违约情况等，并结合同比、环比多个维度分析，全方位数据挖掘和业务分析，充分利用系统已有数据，发挥数据价值）、可视化运营监管（将分析结果以图形化的方式，鲜明、准确地呈现，可读性、直观性大幅度提升，更进一步发挥数据价值）、指标化领导驾驶舱（从中层领导、高层领导视角，定制化关注内容和指标，精确匹配领导关注内容，精准提供决策信息）、精准性风险管控（大数据分析交易行为，精准分析违约交易，输出高风险企业清册，精准管控相关企业）、便捷化报告输出（分析结果一键导出，彻底解决数据制作、报告编制的烦恼）等功能，打造平台管理能力，实现平台“交易+管理”双服务。

2. 获取产权交易资质，促进资产处置

在集团公司投资管理部的帮助下，公司获得了上海联合产权交易所、北京产权交易所经纪方会员资质。平台已完成资产进场交易130余项，成交金额3亿多元，和上海联合产权交易所、外部成熟经纪方单位建立良好的合作关系。

3. 推出共享装备交易，实现资源共享

“宜企拍”以共享为理念，搭建了“共享装备”模块，以利用率较低的资产为业务对象细分了可移动装备、大型装备、检验试验装备三个业务方向，通过平台促成供需双方的资源共享，以提高供方低效资产的有效利用率，减少需方的低效投资，实现供需双方共赢。

（五）聚焦风险控制，进行流程管控

1. 完善规则，确保依法合规经营

齐车集团、齐车公司分别指定专门的管理部门负责电商业务，与公司建立了高效的互动沟通机制，全力帮助平台识别风险，确定防控措施并组织落实。公司也对电商运营中心内部职责、规章制度和电商平台的交易流程进行了完善。电商运营中心按互联网企业管理模式成立了管理部门，并配置人员、确定相应的管理职责，严格依据《中华人民共和国电子商务法》等法律法规，确保平台运营安全。

2. 强化管理，保证交易真实可靠

确保平台的交易信息真实可靠。一是买卖双方均需注册为平台会员，平台需对注册企业的信息进行审核，重点审核其经营资质，并评定其资信等级。二是卖方企业需将待销售物资的信息、图片、底价和相关要求按平台提供的标准模板提交至平台，由平台发布公开竞价公告；平台根据卖方的资信情况进行现场确认，确定货物的真实性。三是买方根据自身需要到卖方现场看货，向平台交纳公开竞价保证金后可报名参加公开竞价。四是平台组织进行待售物资宣传推广、网上公开竞价、确定竞价结果、交易资金和货物监管以及货款结算等工作。

随着交易额不断增加，平台形成了一定的资金沉淀，公司与中车财务公司就保证沉淀资金安全事宜进行了充分研究，平台资金收支全部由中车财务公司管理，中车财务公司具有非银行金融机构资质，可规避“资金池”利用风险，有效控制资金风险。

3. 严格审核，完善信用风险管理

平台与市场监督管理局建立了常态化沟通机制，能够及时提供风险预警。客户注册平台会员时，平台严格审核客户资质、资信，对有不良资信的企业将进行严格管控；平台建立“黑名单”机制，对违约的会员除扣除相应保证金外，还要将其列入“黑名单”，第一次被列入“黑名单”的会员，将停止其在平台1—6个月的交易资格，第二次被列入“黑名单”的会员，将取消其会员资格，以保证交易会员的信用；平台利用大数据对信用好的买家进行星级评比，高星级买家享受信息的优先推送。

4. 数据上云，全面提升网络安全

平台初期共计配置了5台服务器，服务器等托管在中国移动数据中心，数据中心安全等级高；平台硬件采用防火墙防御，网络采用关闭端口等措施；平台操作客户端若出现网络中断，将采取移动数据联网；服务器采用本地备份、异地备份和物理备份，以保障数据安全。随着平台发展，平台改为租用华为云服务，具有灵活扩容、全适配硬件自主选择、无边界网络畅通无阻、智能化辅助操作简便的特点，也可为客户提供更优质的交易环境。

（六）专能结合，打造优秀业务团队

1. 完善机构设置，迅速完成人员配备

双盛公司围绕电商平台，合理设置机构，迅速完成人员配备，在本部层面设置了电商运营中心，在其内部设置了市场推广部、网络运营部、系统开发部、产权业务部、行政部、财务部等6个部门。随后按业务设置相应岗位并确定岗位职责，在电商平台首次对外推介会后，迅速从哈尔滨公司内部抽调运营管理、市场营销、信息技术、财务管理等方面的精兵强将，投入电商运营中心工作，保证运营需要。

2. 外部引进人才，支持平台业务发展

双盛公司通过外部引进人才，支持平台业务发展，建立人才外部引进机制，迅速招聘相应人员。双盛公司按照业务发展的态势对平台涉及的8大业务板块进行梳理，从交易平台、流水业务、资产处置、全流程服务到大数据投入使用，分析团队需要的熟悉掌握互联网形态、信息技术等方面的人才，并迅速引进。

3. 进行人才培养，不断提升业务素养

双盛公司建立了人才内部培养机制，不断强化人才梯队建设和后备力量培养，确保满足平台业务发展需要。一是进行软件操作能力培训，提高业务团队的办公自动化软件、平台系统应用软件的了解程度；二是进行业务能力培训，提高业务团队对业务相关知识、各类统计分析方法及工具的了解，培养全局分析等各种综合能力；三是根据工作目标编制内部报表，结合电商运营中心考核和分配细则，促进业务团队在工作中精益求精、不断创新；四是进行企业文化和品牌意识培训，品牌作为可溢价的无形资产，强化业务团队的品牌意识，打造一支高素质的复合型业务团队，提升电商平台的核心能力。

三、基于共享理念的闲废物资处置服务平台建设效果

（一）经济效益显著

宜企拍平台单笔最大交易额674万元、单笔最小交易额38.98元、单日最大交易额1260万元、平均溢价率20%以上、单笔最多竞价次数1307次、单笔最长竞价时间356分钟。平台依靠自身的渠道优势和推广优势，实现了线下交易无法取得的效果。截至2022年9月，完成交易额约10.4亿元（竞价8.1亿元；产权2.3亿元）。平台目前拥有会员8000余家，累计实现交易额35.14亿元，溢价5.87亿元，溢价率20.05%。

（二）社会效益明显

与常态业务相比，平台网上交易模式具有买家多、竞价次数多、容易找到末端真实需求等优势，而且平台拥有中车信用、央企背景，有很高的社会信誉度，更容易获得买卖双方的信赖，增强客户交易信心。平台公开化、背对背的竞价交易模式，能够最大程度地规避廉洁风险，营造了“不能腐”的交易氛围，真正实现阳光经营，为各类企业特别是央企、国企提供了良好的解决方案。平台为国内工业再生资源产业高质量发展提供服务，使资源配置优化到终端或次终端，从而降低流通成本。

（三）买方、卖方和平台的三方共赢

从买方角度来看，实现了公平公正、增加渠道和节约费用等目标，充分满足了卖方需求。从卖方角度来看，实现了合规阳光、增加收益、省时省事省力等目标，更加简单高效。从平台自身来看，长尾效应、连接红利、数据红利、模式红利等相互叠加最终实现了交易的增值，为客户创造了价值，最终实现买方、卖方和平台的三方共赢。

（成果创造人：柯庆友、姜成吉、徐喜太、谷芳治、李敬涛、姚　杨、单佣权、孙诗苗、卞　际、李瑞鑫、黄　娜、苏德龙）

电网研究院所服务区域清洁低碳发展的一体化能源咨询服务管理

国网河北省电力有限公司经济技术研究院

国网河北省电力有限公司经济技术研究院（以下简称河北省电力经研院）于2012年3月13日成立，是国网河北省电力有限公司（以下简称河北省电力公司）的二级单位，主要负责为河北省电力公司电网规划、工程设计、项目评审、技术经济和智库研究等业务提供技术支撑，具体负责220千伏—500千伏电网规划的研究和编制、35千伏及以下电网规划评审工作，承担河北南网220千伏及以上电网项目可研、初设及电厂（用户）接入系统设计编制，负责110千伏—220千伏电网项目可研，电厂（用户）接入系统设计评审，负责河北南网220千伏及以上电网项目施工设计工作。现有正式职工179人，均为本科及以上学历，其中博士研究生4人、研究研究生120人，副高级及以上职称比例达到57%，具备工程设计、工程咨询“双甲”资质，成功入选河北省高新技术企业，先后荣获“全国工人先锋号”“全国和谐劳动关系示范企业”“河北省五一劳动奖状”等。

一、电网研究院所服务区域清洁低碳发展的一体化能源咨询服务管理背景

（一）落实国家“双碳”战略、服务美丽河北建设的内在要求

党的十八大以来，党和国家将生态文明建设纳入“五位一体”总体布局，积极稳妥推进“碳达峰、碳中和”、构建新型电力系统等一系列重要部署，为推动清洁低碳发展指明了前进方向。河北省是碳排放大省，单位GDP二氧化碳排放强度位居全国前列，对构建新型电力系统、打造高质量能源枢纽平台的需求更加迫切，对能源技术变革、高水平能源发展咨询的渴望更为强烈。河北省电力经研院、市电力经研所有义务主动响应国家号召，积极适应能源发展需要，做好对经济发展走势、产业升级影响、负荷需求变化等情况的研判，升级做优能源互联网技术、科研支撑、服务保障等业务，助力“经济强省、美丽河北”建设。

（二）构建新型电力系统、助力能源转型升级的必然要求

电力行业是我国最大的碳排放行业，碳排放量占全国碳排放总量的40%以上；同时，电力也是未来10年能源增长的主体。突破电力发展“卡脖子”技术、攻克一批能源转型引领性技术，没有可以借鉴的国际经验，比以往任何时候都更加需要有力的前瞻性战略研究和发展规划研究。河北省电力经研院、市电力经研所是电网公司重要的咨询机构，承担着战略智库研究、电网规划、工程设计、项目评审、工程技经等核心能源咨询业务，肩负着电网发展规划研究的重要职责使命，需要进一步强化能源咨询体系管理、优化能源咨询生态，持续提升能源咨询质量，推动河北电网实现更高质量、更有效率、更可持续的发展。

（三）强化内部资源协同、助推企业高质量发展的重要抓手

传统的省经研院、市经研所咨询体系，面向区域绿色低碳发展目标时，不可避免地存在以下问题。一是协同化程度不高，难以应对规模庞大的咨询项目。传统课题研究与项目评审工作模式，很少实施跨单位、跨专业联合攻关，单兵作战的局限性大。二是专家队伍结构不合理，影响能源咨询服务水平。市经研所专业带头人少，结构性缺员严重，权威性不强。三是数据管理方式落后，资源整合不足，影响内部管理效率。数据收集渠道不畅，常态化的数据收集机制还不健全，数据管理方式相对落后。因此，亟须加强能源咨询体系内部的协同，将分布在经研院所的各种资源“化零为整”，提升能源咨询体系的整

体实力。

二、电网研究院所服务区域清洁低碳发展的一体化能源咨询服务管理主要做法

（一）优化咨询管理顶层设计，建立高效化工作组织

1. 结合能源发展需求，确定咨询管理目标

以服务“双碳”目标、构建新型电力系统为导向，对当前能源发展需求开展调查和研究，以建成“河北省内一流能源咨询机构、国网系统一流经研体系”为目标，每年承担90%以上河北省及南部6市的能源咨询课题研究，在城乡建设、城市更新和乡村振兴绿色发展上做出突出贡献，在新型电力系统关键技术和示范工程上实现突破和应用，不断提升能源咨询体系的核心竞争力。

2. 梳理企业工作流程，明确管理实施路径

遵循“融合共建、共享共赢”的指导原则，明确“构建管理方式—搭建数据平台—培养专家队伍—推动要素汇集—闭环对标评价”的实施路径。一是坚持“协同融合、标准统一、常态交流”的导向，构建一体化能源咨询管理方式，推动业务形成“横向协同、纵向贯通”；二是基于“互联互通、信息共享、业务协同”理念，研发集成管理、知识体系等功能的一体化大数据平台，推动实现能源咨询管理精益化和规范化；三是打造全专业专家队伍，充分挖掘人才智力资源；四是汇聚政府、企业、高校三方的人才、技术、数据各类要素，提供多样化的咨询服务；五是完善全覆盖对标体系，闭环管理，实现精细精准评价和精益改进。

3. 建立协同工作组织，制定规范管理文件

以河北省电力经研院和市电力经研所为核心，建立“1+6+N”能源咨询组织机构，“1”是指河北省电力经研院，“6”是指石家庄、保定、邯郸、邢台、沧州和衡水6家市电力经研所，“N”是指高等院校和以供电企业为服务对象的外部咨询机构。组织机构设立领导小组，组长由河北省电力经研院院长担任，成员是经研院办公室及市级经研所、设计院主要负责人，统筹负责方案实施、督导、成果总结和推广应用。深化校企合作，充分借助高水平“外脑”，加强与高校科研团队和咨询机构的联系，定期召开研讨会开展理论探索研究，协同推进能源咨询管理实践。联合制定《国网河北电力能源咨询管理组织机构管理细则》，明确各方职责、工作重点、评价考核等内容。

（二）构建一体化管理方式，实现业务协同化管理

1. 构建信息共享机制，畅通信息获取渠道

“线上+线下”同轨运行，建立能源信息共享平台。“线上”：成立工作组，紧密围绕政府、行业与企业的实际需求，筹办《经研参考》《政策参考》等电子刊物，更新政策法规、行业动态、科技创新等信息，确保数据获取及时、准确、持续。“线下”：定期召开碰头会，依托智库联盟体系、战略合作关系等，畅通社会经济数据、行业运行数据及一线基础数据等信息获取渠道；依托河北省能源大数据中心，加强能源数据库集群建设，提高能源数据监测、采集和分析水平。

2. 统一业务运作方式，打破协同管理壁垒

由河北省电力经研院牵头，与市经研所签订电网项目联合攻关框架合作协议，灵活组建省、市能源咨询体系规划、变电、线路等专业联合攻关团队，打通河北省经研院和市经研所之间的业务运作壁垒，统一业务运作方式，推动能源咨询体系内部专业人员上下互动、技术交流，持续开展多业务集中融合、多专业联合作业，实现信息开放共享、业务高效协同。

3. 健全技术标准体系，搭建技术交流平台

一是建立统一规范的技术标准体系。聚焦电网规划、工程设计、项目评审、工程技经等核心业务，以国家电网公司已发布的技术标准为基础，结合河北省地区特色，健全电网规划设计领域技术标准，形

成系统完善的技术标准体系，形成总则、指标体系、新能源发电、输电、变电、配电、负荷接入、通信网络、运行控制和电力市场等10个方面34项技术标准，统一规定技术标准体系结构、层次、专业、分类、范围，定期开展技术标准体系维护，逐年滚动修编技术标准体系表，有效规范电网规划、设计、建设等各领域、各环节的实践。

二是搭建促进技术落地和交流的平台。发挥能源咨询体系内各技术专委会桥梁和纽带作用，搭建技术论坛交流平台，以"技术专委会+技术论坛"的模式，集中展示新技术、新设备、新方法，集中宣贯配电网规划设计导则、典型方案标准造价等新标准，形成体系内部常态技术交流和合作机制。

4. 建立过程管控机制，提高工作成果质量

一是建立清单管控机制。印发《关于加强科技创新和智库研究推动转型发展的意见》《科技工作管理实施意见》等3项制度，以"刚性制度"强化"柔性团队"管控。明确"两定一图一表"责任制，逐个项目定措施、定进度，编制项目"实施任务清单"和"实施计划清单"，细化分解目标及职责，落实工作责任，推动实现"柔性团队"管理的制度化和规范化。二是建立成果审核机制。由河北省电力经研院牵头，六地市经研所、设计院参与，组织成立经济技术研究体系成果审核委员会，组建由体系内部专家和电力系统内专家组成的评审团队。建立"专业中心—体系内部专家—系统内专家"三级校审机制，定期召开专题评审会议，对各项课题进度计划和成果报告审核把关，提出相应的修改建议，并指导技术人员完成成果修改，规范工作成果报送流程，提高工作成果质量。

（三）搭建一体化数据平台，实现业务数字化转型

1. 研发数据管理平台，实现作业协同化

基于可扩展标记语言（Extensible Markup Language，XML），采用面向服务的体系架构（Service－Oriented Architecture，SOA），开发"能源咨询业务一体化大数据平台"，内含规划、设计、评审、技经四大能源咨询模块和时政信息、数据挖掘、知识管理三大智库研究模块，为体系协同工作提供坚实的平台支撑。一是实现"数据一个源"。通过与河北省能源大数据中心业务中台对接，自动获取PMS、OMS、用采等电网数据，并保存断面数据，各单位专业人员可通过登录平台获取统一的基础数据，真正做到了"数据贯通"。二是实现"算法一个源"。通过在平台内嵌工程造价分析、负荷精准预测等算法，统一技术经济分析、负荷预测等计算方法，推动"经研院—经研所"的"业务融通"。三是实现"采集一通道"。市经研所利用一体化平台填报变电站负荷、变电站站内设备参数、线路参数等电网信息数据和"发展业务种类数""项目可研评审通过比例""创新成果奖项"等能源咨询体系对标指标数据，实现对业务数据的集中、动态、实时分析和展现。

2. 固化数据管理流程，实现管理精益化

应用数字技术重塑能源咨询工作管理流程，实现由线下向线上、由粗放向精细、由流程管理向数据管理转变。以项目评审为例，评审模块共有计划管理、评审管理、资料管理、深化应用四方面功能，由项目经理根据评审任务完成月度计划安排、评审计划调整，并下达给相关单位评审人员；设计人员通过平台上传报告、图纸等预评审资料，评审人员基于一体化平台开展线上评审，同步完成评审纪要的生成、下发，利用一体化平台实现评审业务全过程的管理，推动评审工作向一体化、规范化、流程化、信息化方向发展。

3. 健全平台运行制度，实现应用规范化

一是印发能源咨询大数据平台运行管理规定，落实平台各模块维护和管理责任，明确"所有业务线上运行"要求，确保大数据应用平台运行效率与效果，提升业务协同能力。二是在经研院试点开展平台使用考核机制，将平台指标纳入业绩考核细则，分别以季度和年度为周期对平台各模块使用情况开

展督导检查，对未按规定使用平台的部门予以通报。在能源咨询管理对标指标中加入对经研所平台使用情况的考核，建立有效的约束机制，确保平台运行效率。三是充分总结平台运行经验，深化平台在能源咨询领域的应用，统筹开展大数据平台功能拓展工作，进一步丰富平台功能，提升能源咨询体系管理质效。

（四）建设全专业专家队伍，挖掘多层级智力资源

1. 严格设置准入条件，“选好”专家

一是符合发展需要，具有较高的专业学术水平和较强的分析判断能力，熟悉电网相关专业的研发、成果转化等。二是发挥作用明显，在加强联系沟通、扩大交流合作、促进改革发展、提升影响力和带动力等方面，能够切实发挥作用。从省、市两级能源咨询体系中，遴选电网规划类、工程设计类、项目评审类、工程技经类等4种类别100名专家组建能源咨询体系专家库。采用项目制、顾问制、特聘研究员等方式积极吸纳外部专家，为智库发展和重大研究项目提供顾问支持。

2. 智能匹配组建团队，“用好”专家

依托一体化大数据平台，建立精准的专家属性标签，实现入库专家的分层、分级、分类、分领域管理，结合工作任务需求，针对项目层次、项目规模、项目技术领域，运用关键词文本分析、匹配算法技术，依据关键词的相似度和模糊性对专家和项目进行匹配，实现专家与项目、业务的精准、智能匹配。建立揭榜挂帅机制，实施揭榜挂帅项目，以能源咨询重大需求为导向，以解决问题成效为衡量标准，在广泛调研的基础上遴选1～2项重点项目作为“揭榜”项目，遵循不设门槛、差额入围、公平竞争的原则，在体系内部征集“揭榜”团队，开展课题攻关，对于取得突出成效的项目，赋予团队5%的成果收益权，最大程度地调动体系内部各方智力潜能。

3. 实行分级动态管理，“管好”专家

建立动态评价制度，出台省、市能源咨询专家库管理办法，任期内根据专家的岗位、业绩等变化情况，对专家库实行“能进能出、能上能下”的动态管理，根据专家工作对质量和数量进行分级，最高为五级、最低为一级，每季度由河北省电力经研院对专家工作表现进行评级，对被评为一级的专家，及时调整出库。建立定期培训制度，每年度对新入库专家进行规章、专业知识及管理制度等方面培训，使新入库专家掌握相关政策，明确自身权利、责任和义务；每季度组织专家学习、研讨，及时了解和掌握政府及公司系统工作动态；每月组织开展专题业务培训，不断提升专家专业技术水平。

（五）推动全要素汇聚整合，提供多样化咨询服务

1. 打通能源咨询合作渠道，拓展能源服务边界

一是与河北省委省政府中心智库——河北省社科院签订战略合作协议，在河北省电力经研院挂牌成立河北省能源发展研究中心，建立重大课题合作机制、人才培养交流机制、领导互访联系机制、研究成果发布机制，着力打造河北省能源电力权威智库。二是与河北省能源局签署合作框架协议，在深化电网规划建设、服务河北省能源互联网建设方面加强合作，明确在河北省电力经研院成立“河北省能源互联网研究中心”，负责合作工作的具体落实。三是联合国网能源院成立“国网电力供需研究实验室河北分站”，联合华北电力大学设立研究生工作站，通过签订合作协议、开展联合研究等举措，实现与国网公司智库、电力知名高校的全方位合作。

2. 打造能源数字服务平台，提升咨询服务价值

一是打造省级“双碳”监测平台。组建能源咨询体系联合工作专班，完成全省12个地市107家重点企业调研，分析形成钢铁、水泥等主要行业生产工艺与用能特性，利用“以电测碳”算法，形成碳排量、减碳量与电力的映射关系，创新构建河北省“碳达峰、碳中和”监测平台。平台包括四大模块，

即碳达峰碳中和规划模块、碳排放监测模块、碳汇监测模块、碳减排监测模块。平台可动态评估碳排放水平，政府和相关方可及时了解和掌握各地区、各行业的碳排放情况和全社会“碳达峰、碳中和”进程，为统筹与控制碳排放量提供准确的决策依据。二是打造分布式光伏运行监测及规划分析平台。针对河北省分布式光伏爆发式增长态势，从加强分布式光伏运行监测分析，推动其科学有序发展出发，打造分布式光伏运行监测及规划分析平台。平台通过贯通营销、调度、设备多业务系统，可穿透省、市、县3个维度，涵盖光伏发展趋势监测、电网运行质量监测、光伏资源评估、光伏发展规模预测、开放容量分析、限制接入区域分析、仿真计算等7大功能场景，率先实现分布式光伏运行监测及开放容量在线评估，为推动分布式光伏科学有序发展提供保障。三是打造分县新能源消纳预警平台。在考虑大电网安全稳定基础上，兼顾集中式新能源和分布式新能源发展，差异化提出各类型地区新能源接入约束条件，进一步测算域内电网的承载能力，搭建县级新能源消纳分析模型，实现县级新能源消纳的定期评估、按年预警，指导98个县域新能源开发并网。

3. 打造系列能源咨询特色服务，助力能源转型发展

一是培育“电力看经济”数据成果。着力培育“电力看经济”等拳头数据成果，汇集全省电量负荷数据，利用大数据方法进行数据挖掘、清洗、建模、分析，完成宏观经济分析、重点行业监测、产业转型升级、商圈活力指数等应用场景需求设计报告及建设方案编制，为政府部门有效掌握电力数据变化、判断经济社会发展情况、制定产业结构优化目标、掌握产业结构演变特点、制定产业差异化发展政策等提供数据支撑。

二是培育源网荷储协调规划研究成果。常态化开展电网发展与运行诊断分析，科学评估电网三年提升行动实施效果，及时完善电网项目库，推动形成“规划—建设—运行”管理闭环，确保三年提升行动落地见效。深度参与河北省“十四五”能源电力规划编制，同步优化电网发展规划，协同开展电力设施空间布局规划，做到紧密衔接。强化新能源消纳计算，依托电网规划大数据集成与深化应用研究实验室，自主研发新能源消纳计算分析软件，进一步提升计算精准性。科学制定新能源规划，统筹考虑地区资源禀赋、电力负荷及周边电网建设条件，制定河北省南部地区逐县新能源消纳热力图和消纳裕度表，积极引导经营区域新能源有序发展。

三是深化前瞻性课题研究。密切关注高耗能产业去产能政策信息，紧密跟踪河北节能减排、产业结构优化等工作动态，高质量完成“双循环”背景下河北省南网电力电量分析研究。加强储能技术研究，提前布局新能源领域科技项目4项，开展多类型储能系统运行控制技术研究，深化“新能源+储能”技术经济分析，按照合理成本收益原则，测算不同新能源发展规模下储能配置比例及辅助市场需求，为未来大规模新能源并网消纳做好技术储备。充分发挥技术优势和组织优势，逐市逐县开展清洁能源发展潜力、新能源消纳能力测算，积极为河北省能源转型、产业升级等方面的政策文件、规划方案制定提供决策咨询，努力构建谋合作、促落地、求共赢的能源产业生态圈。

（六）完善全覆盖对标体系，实现体系闭环化管理

1. 科学调整评价模式，实现精准评价

经研院、所制定了针对性改进提升措施，促进能源咨询体系整体指标水平的提升。在确保科学性和指导性的前提下，遴选年度对标指标值最优和提升了明显的经研所，总结提炼典型管理方法，形成典型管理经验，以成果交流会、座谈会等形式在体系内广泛推广宣贯，引导和支撑体系管理机制体制完善和模式创新，以评价反馈促进各项业务和管理水平提升。

2. 动态优化评价指标，实现精细评价

按照“一下一上一总结”流程，每年优化对标评价指标。“一下”即河北省电力经研院向市经研所

下发指标修订基本要求；“一上”即市经研所紧密结合指标评价过程中存在的问题、专业工作的变化，提出建设性意见和建议；“一总结”即河北省电力经研院结合市经研所意见建议，修订完善《能源咨询体系专业对标指标》，从基本信息指标、专业支撑指标和基础管理指标3个方面14个指标评价市经研所工作；另外，河北省电力经研院设立常态化工作质量评价小组，制定工作质量评价标准，对各部门的规划工作、设计工作、评审工作、技经工作和加分项5个方面13个评价项目开展工作质量评价。

3. 深化诊断分析功能，实现精益改进

以能源咨询业务流程为切入点开展对标分析，在人员、技术、管理等方面深入分析，形成分析诊断报告，将评价反映的问题梳理形成问题清单，针对性地采取改进措施并形成措施清单，以不断强化能源咨询体系建设为目标进行持续改进；针对普遍性或突出性问题，邀请内外部专家开展专题分析，在实践性、推广性等方面提出下一阶段具体、有效的工作措施，形成分析诊断专题报告，为工作的改进提升提供依据。

三、电网研究院所服务区域清洁低碳发展的一体化能源咨询服务管理效果

（一）服务决策能力和协同管理水平显著提升

一是电网规划更加协调。基于“统一平台、统一数据、统一算法”的原则，“省经研院—市经研所”上下联动，首次共同编制“十四五”电网发展规划，将市级配电网规划纳入升级电网规划体系，形成“1+5+7+17”电网规划体系成果，有效解决了以往省、市两级规划衔接不充分、交叉重叠等问题，相关成果顺利纳入河北省“十四五”发展规划。二是评审质效持续提升。依托一体化大数据平台，健全现场评审、应急评审机制，发布配电网评审“1+2+1”标准体系，编制技经清单化评审手册，规范成本项目管理，合法合规节约投资，提升了电网项目尤其是配网项目工程造价、精准投资水平。“省经研院—市经研所”联合开展项目评审，单个项目评审差错由2.1个缩减至0.8个，差错率同比降低13%，单个项目评审时间由2.3个小时缩减至1.2个小时，工作效率同比提升48%，国网系统评审能力排名由第22位升至第12位。三是资质升级取得突破。加强能源咨询体系专家队伍培养，河北省电力经研院率先取得新能源设计乙级资质，石家庄、邯郸市经研所具备咨询甲级资质，实现了能源咨询资质的重大突破。

（二）市场拓展能力和价值创造能力明显提高

一是市场开拓有所突破。河北省电力设计院成功承揽12项110千伏及以上电网工程设计，首次承揽南极科考站微电网设计项目；市经研所承揽设计项目数量同比增加15%。二是数据赋能成效显著。打造“电力看经济”“低碳经济发展”等能源数据特色服务，积极寻求能源、经济、环境协同发展平衡，积极服务能源生产清洁化、全社会综合用能最优化。组建“煤改电”需求侧管理柔性团队，创新开展煤改电精益管理实践，通过精准控制，降低了居民采暖设备能耗和采暖费用支出，实现政府、电网、用户三方共赢。三是创新研究提档升级。以碳监测为切入点，依托“以电折碳”算法，建立78个典型行业和碳排碳汇模型，率先建成省级碳监测平台和碳管理服务中心，实现煤电行业碳监测偏差率控制在2.7%以内。综合以上三方面效益，该成果共产生经济效益10780万元。

（三）电网企业的央企担当品牌形象得到彰显

一是取得能源咨询业务一体化大数据平台专利著作权。河北省电力经研院研发的“能源咨询业务一体化大数据平台”在2020年1月取得国家知识产权局颁发的软件著作权证书，对推动电网企业技术创新具有重要示范引领作用。二是任务响应时间缩短，企业品牌形象进一步提升。受益于一体化大数据平台的应用，第一时间完成西藏阿里帮扶项目、“煤改电”、老旧小区改造等民生工程评审任务，惠及居民36万余户，有力确保了各项民生工程如期开工建设。三是咨询服务边界持续拓展，为政府精准施

策提供有效支撑。新冠疫情期间完成“复工复产指数”电力专报45期，助力政府精准施策，有力发挥了“思想库”“智囊团”作用，获得了地方政府的高度认可。四是资源聚合能力提升，有效支撑了区域能源发展。通过课题合作方式，体系内专业技术人员与中国科学院、清华大学、河北社科院、省政府研究室等16家单位专家建立了常态化交流机制，构建起“能源咨询”朋友圈，形成了共建、共研、共享的政企协作良好局面，为支撑能源互联网建设、服务能源结构清洁低碳转型提供了重要的智力支持。

（成果创造人：冯喜春、王 桐、郭占伍、王林峰、刘 芮、李 响、王杉杉、孙轶良、彭 婵、车 斌、申向梁、刘 璇）

黄河流域生态脆弱区电网建设全过程环境保护管理

国网宁夏电力有限公司

国网宁夏电力有限公司（以下简称国网宁夏电力）是国家电网有限公司全资子公司，负责宁夏电网规划、建设和运营，供电面积6.64万平方千米，供电人口超过720万。截至2021年年底，拥有各类用工1.9万余人；资产总额超过400亿元，资产负债率64.97%。区内售电量819.85亿千瓦·时，外送电量904亿千瓦·时，营业收入583.33亿元。先后荣获“全国五一劳动奖状”“国家科技进步二等奖”等。

一、黄河流域生态脆弱区电网建设全过程环境保护管理背景

（一）是贯彻国家生态文明建设思想的需要

生态文明建设是关乎中华民族永续发展的根本大计。党的十九大以来，“坚持人与自然和谐共生”已经纳入新时代坚持和发展中国特色社会主义的基本方略，美丽中国“四大举措”更是将社会主义生态文明观推上了全新的高度。然而，我国的水土保持形势依然严峻，根据全国水土流失动态监测结果，2020年全国水土流失面积269.27万平方千米，约占全国国土面积的28.05%。输变电工程呈点位间隔式占地特点，建设过程中的土方开挖、植被砍伐、弃土弃渣等容易造成水土流失。宁夏作为西部自治区，光伏、风电等潜在新能源蕴藏丰富，在国家“西电东送”及“双碳”战略下，为满足自治区内外电力需求和支持清洁能源开发，促进电力事业快速发展，进行远距离、大规模电网建设活动等，一定程度上对当地生态环境造成损害、扰动。国网宁夏电力承担着高质量建设宁夏电网的重要使命，在落实国家生态文明建设思想的背景下，必须践行央企使命，为推进区域绿色协调发展尽到责任、贡献力量。

（二）助力黄河流域生态保护的客观需求

宁夏全境属于黄河流域，是西北地区重要的生态安全屏障。黄河流域生态保护和高质量发展先行区建设，是宁夏生态保护建设的首要任务。然而，宁夏是一个干旱少雨、缺林少绿、生态环境十分脆弱的自治区，最明显的特征是全区土地沙化严重，沙化土地总面积1.12万平方千米，占全区土地总面积的21.65%。在本就脆弱的生态保护区开展大规模电网基建工程，如果保护不当，容易造成不可修复的生态损害。面对这样的生态保护形势，必须深刻转变“污染在前，治理在后”的电网建设模式，为实现绿色高质量可持续发展提供支撑。

（三）解决当前电网绿色建造难题的需要

在生态脆弱区实现电网建设全过程生态保护，还存在观念、技术、标准等方面的难题。一是技术门槛高，工程投资大。绿色建设技术门槛高、投资大，受传统经济发展模式影响，一些职工仍然认为粗放型电网开发模式能直接降低企业成本，忽视后期生态环境的社会治理成本。二是生态数据聚合难，电网绿色规划不易实现。宁夏土地沙化地带分布广泛，然而在脆弱生态区真正实现环境数据的监测、聚合、评估难度大，要将生态环境数据应用于电网规划有一定难度。三是绿色技术体系不够成熟，标准还不尽完善。国家倡导的“绿色建造”要求在规划、设计、施工、交付等全过程中实现节约环保，然而，电网建设领域全过程环境保护控制的标准还不够健全，技术还未完全成熟，尤其，面向黄河流域脆弱生态区的管理模式、技术标准、技术应用还存在不足，无法满足特殊区域环境对基建工程环保的需求。国网宁夏电力迫切需要解决上述问题，推进模式变革，开创新路径，探索出一条资源节约型、环境友好型的电网之路。

二、黄河流域生态脆弱区电网建设全过程环境保护管理主要做法

（一）融入生态保护发展理念，优化电网建设管理模式

1. 聚焦环保难题，确立生态电网建设思路

国网宁夏电力秉持国家生态文明建设的发展思想，立足服务宁夏回族自治区“努力建设黄河流域生态保护和高质量发展先行区”的发展定位，围绕“筑牢黄河流域生态保护屏障，推动电网建设与生态环境和谐共存”的目标，针对宁夏电网地处黄河流域典型生态脆弱区环境特点及衍生的电网建设工程环保难题，坚持“管住源头、管好过程、绿色交付”的生态保护理念，以打造绿色环保、生态友好的电网工程项目为引领，构建了以“绿色规划、绿色设计、绿色施工、绿色移交”于一体的电网建设全过程环境保护管理模式，通过环保型新技术、新材料、新工艺的赋能，提出了一套解决大规模电网建设活动与黄河流域沙土化、荒漠化环境和谐发展的解决方案，有效实现资源节约、绿色低碳、生态友好的发展目标。

2. 融入生态理念，优化电网工程建设原则

为推进电网建设全过程生态保护，国网宁夏电力基于处于黄河流域生态重点保护区、脆弱区的发展环境，在平衡电网建设的“经济价值、社会价值、生态价值”的基础上，确立了四项工作原则：一是确保生态红线控制，始终守牢生态环境安全的底线，坚守耕地百分百不侵占、水源百分百不污染等原则，将生态功能保障、环境质量安全、自然资源利用等监管要求融入输变电工程的各个环节，同时在审批流程中新增“红线控规审批”。二是确保水土流失防治，要求所有电压等级输变电工程项目严格按照各级环保要求，因地制宜编制项目环水保实施方案，并提交业主单位审查。三是确保黄河流域生态修复，抓好全方位保护、全流域布局，按项目治理，统筹推进输变电工程贯穿山水林田湖草沙系统治理，全力实施黄河流域生态保护和高质量发展。四是确保“双碳”目标、减排措施落地，聚焦风光电的消纳，坚持协调发展、合理规划、科学选址，促进宁夏清洁能源资源优势向经济优势转变。

3. 确立生态目标，明确生态电网建设标准

基于电网建设全过程环境保护的发展思路、工作原则及发展模式，确立“安全优质、绿色低碳、经济高效、资源节约、环境和谐”的电网建设环境保护总体目标。为实现总体目标，进一步确立支撑目标实现的电网建设管理标准：新技术、新材料、新设备等应用率达到90%及以上，创新工法应用率达到90%及以上，机械化施工率达到90%及以上，通用设计、通用设备应用率100%，分项指标控制不低于90%，环评评价汇总不得低于90分，工程生态保护评价达到优秀标准。

（二）全面开展电网绿色规划，守住生态环境保护源头

1. 注重因地制宜，推动持续发展植入

实施电网绿色规划，是打造生态友好型电网工程的基础和关键。宁夏输变电工程建设基于黄河流域脆弱环境现状，围绕联合国可持续发展目标，聚焦可持续发展目标，贯彻落实绿色发展理念，通过管理创新和技术应用创新，采用更加有利于节约资源、保护环境、减少排放、提高效率、保障品质的建造方式，逐步实现输变电工程建设过程中人与自然生态的和谐发展。

2. 深化分层分级，夯实生态保护基底

采用分层、分级的管理理念提升对生态的保护能力。分层，即根据不同地貌特征，确定针对性保护方案，如沙漠、林地、水域、湖泊及跨河段等特殊环境下开展环境保护的方案，需要确立正确工作思路。分级，即根据不同管控要求，如宁夏回族自治区层面划分的生态保护区，需采用避让方式，对应开展工作。输变电工程在规划和可研阶段就要对涉及的生态保护区水域、植被情况进行分析和预测，调查被保护区域的植被分布、水域分布、生长特性等情况，核实线路塔基是否涉及该保护区；若无法避让，应分析输变电工程建设对保护区的影响程度及可能导致的不良后果，采取针对性的措施进行保护。

3. 规范源头建设，实现全寿命周期管控

全面建立前期规划、设计、验收、移交全寿命、全过程施工规范与标准。前期规划做到位，方可保证生态目标、修复目标、管理目标的最终实现。针对性地制定有关电网建设环境生态保护的管理制度，从规划、选址、踏勘到建设、验收、移交进行全过程标准化管控，编制每项工序作业指导书，推行定期监督检查制度，提出针对性奖惩方案，对破坏生态环境的工作方式及时制止，不断提高全员的生态保护意识。

（三）全面开展电网绿色设计，创优工程环保技术标准

1. 融入绿色理念，制定全套技术标准

坚持把电网基建活动过程和结果的“绿色化”“生态化”作为绿色发展的主要内容和途径，在技术标准设计中积极推行“四节一环保”（节能、节地、节水、节材和环境保护）。综合考虑宁夏黄河流域典型地形地貌、交通条件、政策因素、施工条件等，结合标准化设计理念，建立一套具有地域特征的设计技术标准体系，包括《输变电工程生态保护机械化施工标准》《输变电工程生态保护环水保措施标准》《输变电工程生态保护评价标准》等，指导工程可研、设计、建设等全过程绿色发展。

2. 引入智能应用，提升生态管控效率

模拟环境、统计材料，为设计的“绿色建设”注入科技力量，大大降低建设成本。应用三维技术。三维技术的应用，通常可以理解为三维技术的运用与建设管理系统相结合，对输变电工程的站址分布及线路路径进行空间布局和规划，有效检测并对可能发生的生态破坏进行预防和避让。引入卫星遥感技术，提升生态环境监测效率。利用卫星搭载的传感器，随时随地对施工环境进行成像，获取施工现场及附近地面的水、植物、土地、大气等生态环境状况。比较不同时期所拍的“照片”可辅助掌握生态环境的变化情况。

3. 推行成品应用，促进预制装配生产

全面推广装配式变电站，促使变电站建构筑物和主设备从传统的“量体裁衣”向“成衣定制”转化，将传统的“砌筑施工”转变为现场机械安装的一种新型施工模式，即在工厂实现设施、设备标准化生产，运输到现场就可以直接进行组合安装。此外，推广预制构件工厂化生产加工，广泛采用建筑用成型钢筋制品加工与配送，降低建筑材料损耗，有效减少劳动投入等。

（四）全面实施电网绿色施工，加强环境保护过程控制

1. 推行机械化施工，提高施工效率产能

按照“先进性，专业化、标准化、系列化”原则，在容易造成生态破坏的敏感地带，围绕临时道路、基础形式、组塔放线、接地敷设等全环节，广泛组建专业化施工队伍，使用机械化施工装备，采用机动化施工管理模式，确保工程施工精益高效。一是优化基础型式，在充分考虑特线路工程机械化施工特点的基础上，研究及借鉴其他行业工程经验，遴选微型桩、变截面桩、带翼板桩等作为适用于线路机械化施工基础型式的补充。二是优化机械化环水保措施，适应大规模应用机械化场景，编制和实施相应差异化环水保方案，有效加强对生态脆弱地带植被、土地及周边水源等自然环境的保护效果。

2. 打造智慧工地，实现环评数据实时监测

结合基建全过程综合数字化管控平台，配合使用无人机、卫星遥感、AI、移动互联等多样化人工智能技术，打造智慧可视工地，实现施工现场信息互通共享、工作协同、智能分析、风险预控，在保障工程质量、提升作业效率基础上，实现对关键绿色施工指标数据的实时监测、动态分析、主动预警等。

3. 坚持分类施策，实现护水护土特色化

（1）水土保持后续设计。针对不同地形地貌、施工工艺、塔型、基础形式，对变电站及输电线路塔基区工程措施、植物措施及临时措施进行详细的水土保持设计，设计内容包括但不限于：斜坡防护、

土地整治、植被恢复、余土处置等，“点对点”地明确工程施工阶段水土保持相关的各项要求及实施的各项水土保持措施。一是应用了扰动迹地土壤改良技术及保土新材料，针对干旱区、半干旱等架空输电线路塔基扰动区，采用现地调查汲样方法，对该区域土壤特点进行系统的调查分析，同时依据植被适生性原理，筛选相对优良原生土壤，进行土壤性质参数（主要包括土壤容重、孔隙度、紧实度、含水量等）测定，以确定土壤物理结构改良技术。二是创建了立体复合生态护坡模式，针对坡顶平台及坡面处植被恢复条件不同，结合经济性因素等，利用植生袋、加筋护坡毯、挂网喷播等技术，研究立体复合生态护坡模式及其配套施工工艺，形成以该类植被恢复条件中小型边坡水土保持植物措施施工工艺方案。三是制订水土保持临时占地控制方案，即《不同电压等级输电线路水土保持临时占地控制范围标准化指南》，根据输电线路工程不同分区临时占地面积预测模型及参数取值原则，逐项研究其合理性，分析在满足施工需求的前提下能否进一步压缩占地面积，优化施工组织方案。四是引入快速植被恢复技术，解决因工程线路长、施工场地呈多点状分布，塔基植被恢复灌溉普遍存在取水困难的问题。为确保后期植被效果，工程逐基布设雨水积蓄装置，在节约长距离取水所耗人力物力的同时还充分保障后期植被生长所需水源。五是采用新型施工工艺，塔基基础设计尽量采取掏挖和灌注桩基础，避免大面积破坏地表原地貌；施工过程中采用人抬道路和索道运输建设材料和塔材、采用飞艇和无人机放线等施工工艺，减少施工对地表的扰动；跨越林区时，采用高跨方式跨越以减少林区树木砍伐，全面贯彻保护优先的理念。

（2）水土保持监理。工程施工过程中，水土保持监理单位严格执行国家水土保持法律法规和工程有关水土保持的规定，坚持水土保持“三同时制度”，严格落实水土保持管理制度和相应措施，最大限度避免或减少水土流失。一是质量控制。对水土保持工程施工过程，从所用材料到工程质量进行全面监理，对水土保持工程质量做出综合评价。二是进度控制。采取巡视检查、旁站等监理方法对水土保持工程进度进行管控，通过现场巡查的方式监理各防治分区水土保持措施实施进展情况，并及时向施工单位、业主项目部反馈现场存在的问题及整改建议。三是投资控制。水土保持监理单位配合主体工程监理对水土保持工程量及投资进行确认，对工程实施的水土保持投资进行综合评价。

（3）水土保持监测。通过现场踏勘、外业查勘、现场测量、无人机航拍、地面观测等技术手段对工程建设过程、主要建设内容、土石方数量、扰动面积、防治责任范围、水土流失情况及防治水土流失措施实施情况等进行全面了解，并重点调查水土流失防治效果，计算水土流失防治六项目标值。一是引入“天地一体化”监管技术，强化水土保持监管调查效果。工程充分借助卫星遥感技术，以“天地一体化”监管技术为核心，通过“卫星遥感普查 + 无人机核查 + 人工现场调查”相结合的多维度技术手段，对工程现场情况进行全面调查，在实现工程全线施工影像全覆盖的同时实现卫星遥感和无人机影像的双覆盖。二是创新应用水土保持环境因子及面状水土流失监测技术。按照水土流失影响因子监测要求，研究开发新型高精度水土流失环境因子监测传感设备，实现现场温度、湿度、降雨等多环境因子的远程可靠稳定测量；结合相位式激光测量技术原理，研究直流工程面状水土流失监测技术；研究并设计水土流失监测设备总体架构，形成符合要求的高精度、稳定性水土流失监测设备。

（五）全面推行电网绿色移交，加强工程环保效果评估

1. 构建评估体系，实现工程内部自评

以绿色施工为宗旨，以资源高效利用为指导思想，开展生态保护效果内部评估。生态保护效果评估体系由管控水平、资源节约效果、环境保护效果、量化限额控制 4 个维度 54 项二级指标组成。其中：管控水平维度 20 项；资源节约效果维度 4 项；环境保护效果 25 项；量化限额控制 5 项，涵盖了绿色施工的基本指标。

按照“主体工程开工前、整套启动前、申请专项评价前”三个阶段，组织设计、施工、监理等各

参建单位，依据生态保护效果评估体系，采取工程内部自评方式，从管控水平、资源节约效果、环境保护效果、量化限额控制4个维度，对输变电工程生态保护工作情况开展自评估，全面核查评价指标，进行量化评分和综合评价，形成三个阶段评价内容，组合形成完整的“电力建设绿色施工专项初评报告”，以体现绿色策划、绿色设计、绿色施工在生态环保、低碳节能等方面的贡献值。

2. 加强验收管控，优化外部沟通机制

将无人机及卫星遥感与地理信息系统结合，采用集监测、分析、处理于一体的新型环水保验收核查方式，解决传统验收模式“到不了、看不全、效率低、精度差”的问题，核实环水保监理、监测单位数据有效性、精确性，全面了解环水保设施运行及管护责任的落实情况，确保验收调查的科学性、可靠性和标准性。一是编制了《环境保护验收管理与技术导则》，形成适用于公司的环保验收标准，解决环境保护验收管理技术体系缺失的问题。二是编制了《水土保持验收管理与技术导则》，形成适用于公司的水保验收标准，解决水土保持验收管理技术体系缺失的问题。三是构建了电网公司环境保护能力评价体系，包括电网公司环境保护能力构成要素与关联关系分析、电网公司环境保护能力量化诊断以及电网公司环境保护能力评价标准与系统开发。

3. 推进同步移交，保障成果信息一致

在实际工作中，推进项目成果实体与数字化同步移交机制。绿色移交遵循系统性、及时性、准确性的原则，充分体现绿色策划、绿色设计、绿色施工在生态环保、低碳技能等方面的贡献值，检验输变电工程生态保护成果。一是明确移交标准。施工过程严格按照国家标准《建筑工程绿色施工规范》（GB/T 50905—2014）和《建筑工程绿色施工评价标准》（GB/T 50640—2010）进行精细化管控，为绿色移交提供坚实保障。二是规范移交成果。移交成果包括实体移交成果（如输变电生态保护工程实体及生态保护工程使用说明书等）和数字化移交成果（如三维设计图纸、发明专利、监测报告等），数字化移交成果与实体移交成果信息保持一致性和准确性。三是规范移交程序。以规范化移交为原则，组织各参建方编制输变电工程绿色移交程序，以绿色移交程序为依据，开展输变电工程绿色移交工作，避免移交后工程建设方与工程使用方扯皮。四是同步土地复垦与绿色恢复。超前策划复垦方案，恢复表层熟土，种植景观树林，通过表皮设计实现项目与园林景观和谐融合，还原绿色生态环境，助力“碳达峰、碳中和”目标的实现。五是同步档案移交。输变电工程生态保护过程中加强档案管理，开展档案预立卷和过程资料整理，工程建设档案与工程进度同步进行、同步成型，实现档案同步移交。

三、黄河流域生态脆弱区电网建设全过程环境保护管理效果

（一）提升电网绿色低碳建造水平

国网宁夏电力在电网建设活动全过程推广绿色技术，构建了全过程可管、可控、可量化、可追溯的电网建设和生态环境保护管控模式，推动电网建设模式向绿色环保转变升级，提升电网绿色低碳建造水平，推动电网设计、建设、交付全过程绿色低碳、安全高效发展。一是电网绿色建设水平获得积极认可。宁夏妙岭750千伏变电站、青山750千伏等变电站通过“电力建设绿色施工专项评价”；2022年，宁夏境内5项电网基建工程荣获国家电网公司智慧及区域级标杆工地。二是提升电网工程建设效率。通过推广模块化、预制化变电站，以及机械化施工等技术，进一步缩短了建设工期，电网工程建设周期平均减少约10%—15%。三是有效降低电网投资成本。基于设计单位、施工单位、生产单位、监理单位的高效协同，项目管理人员人均项目管理花费时间减少20%左右，精简施工作业人员数量15%左右，大大降低人力资源成本支出。四是显著提高电网工程施工安全。全面采用机械化施工技术，大量运用挖机、吊车、混凝土泵车、牵张设备等机械开展施工作业，减少了现场作业人员数量，有效降低了作业安全风险等级。

（二）有效助力黄河流域生态修复

国网宁夏电力全面推广绿色规划、绿色设计、绿色施工、绿色移交于一体的电网建设模式，以绿色

建设助力提升生态脆弱区环境保护效果，进一步实现了宁夏电网工程节能资源、保护环境、减少排放、提高效率、保障品质等建设目标的多赢、共赢，促进黄河流域生态保护。在节能方面，节电设备（设施）配置率达到80%；在节地方面，工程围墙内占地面积较常规工程平均节省14.24%，建筑面积较常规工程平均节省22.18%；在节水方面，主要建构筑物、二次设备舱大量采用成品，节省了大量的工程用水与生活用水；在节材方面，屏柜数量较常规工程平均节省24.60%，光缆长度较常规工程平均节省38.20%，电缆长度较常规工程平均节省28.43%；在环境保护方面，实现红线坚决不跨越，植被100%恢复、土壤零污染。

（三）有效塑造绿色电网品牌形象

国网宁夏电力以电网绿色建设模式助力黄河流域生态脆弱区环境保护，推动区域绿色转型发展，有力践行央企责任，积极塑造生态电网、绿色电网品牌价值，提升社会形象。一是提升绿色电网品牌价值。推广生态保护新管理、新技术、新材料在电网建设工程中的深化应用，提升生态价值，为全区大规模基建工程绿色转型提供有益借鉴和典型经验，积极服务宁夏能源转型和高质量发展和美丽新宁夏建设。二是助力宁夏回族自治区内、跨区电力保供。立足于电网建设和经营发展的大规模电网建设、新型电力系统构建，针对宁夏独特的气候环境、地理特征，在宁夏输变电工程领域引入生态保护模式和标准，坚决履行好能源保供责任，外送电力累计突破5000亿千瓦·时，连续17年获得践行社会责任A类指标，赢得社会的广泛赞誉。

（成果创造人：张　强、叶健强、马志伟、薛　东、杨文华、蒙金有、梁　俊、苏纪臣、刘国敬、张晓晨、田　源）

供电企业精准支撑乡村振兴战略的村网共建体系构建

国网四川省电力公司绵阳供电公司；国网甘肃省电力公司平凉供电公司

国网四川省电力公司绵阳供电公司（以下简称国网绵阳供电公司）成立于1975年，是国网四川省电力公司直属的特大型企业，设本部职能部门12个，业务支撑和实施机构12个，下辖县级供电公司6个，受托管理产业单位——绵阳启明星集团。供区包括涪城区、游仙区、安州区、江油市、梓潼县、北川县、盐亭县，与三台县、平武县有趸售关系，拥有电力客户204.55万户。配电网规模位居全省第二，35千伏及以上变电站126座（500千伏变电站4座），变电容量1508万千伏安，输电线路318条、线路长度5292千米。2021年售电量达137.17亿千瓦·时，同比增长17.7%。2021年业绩考核位居四川省电力公司第二。先后荣获“全国五一劳动奖状”“全国文明单位”“四川省模范劳动关系和谐企业”等省（部）级及以上荣誉140余项。

国网甘肃省电力公司平凉供电公司（以下简称平凉供电公司）是国网甘肃省电力公司下属分公司性质的供电企业，现有14个职能部室、6个业务支撑机构和7个县（市、区）供电公司，1家省管产业单位，辖区内设置乡镇供电所47个、营业网点50个，服务各类电力用户66.9万户。平凉供电公司所辖330千伏变电站4座，主变容量1740兆伏安，线路10条，长度304.45千米；110千伏变电站（开关站1座）18座，主变容量1117兆伏安，线路55条，长度1266.59千米；35千伏变电站52座，主变容量534兆伏安，线路80条，长度1088.27千米。平凉供电公司积极服务脱贫攻坚和乡村振兴，先后荣获全国、国网公司和甘肃省级文明单位，被评选为甘肃省思想政治工作优秀企业和市级文明行业标兵。

一、供电企业精准支撑乡村振兴战略的村网共建体系构建背景

（一）落实国家战略部署，践行使命担当的历史选择

全面推进乡村振兴，加快农业农村现代化，事关全局、影响长远。实现乡村振兴的总体目标要守住保障国家粮食安全和不发生规模性返贫两条底线，创新乡村治理体系。当前乡村治理体系中，电网等公共服务企业已实行“去行政化”改革，但尚未向镇、村延伸，行政执法主体“事实上缺位”，长期存在“企业想管不能管、政府能管难以管”的尴尬局面。要素保障职能在乡村治理缺位，制约了乡村治理体系和治理能力现代化。从电力侧来看，供用电秩序维护困难，农网工程建设、线路通道清理、电力设施保护等工作的协调链条长、难度大、效率低，拉低了保障能力和治理效能。作为社会经济发展的“先行官”，电网企业牵头创新镇、村要素保障体系是践行国有企业“六个力量”的使命担当，也有利于改善农村要素保障整体环境，更好地服务新时代“三农”工作。

（二）助推经济社会发展，畅通乡村服务“最后一公里”的迫切需求

以乡村振兴统筹推动农业全面升级、农村全面进步、农民全面发展，是实现高质量发展的强劲动力。我国乡村地域广、面积大、人口多，区域、城乡发展不平衡突出，实施乡村振兴战略、加快农业农村现代化，能够有效应对各种风险挑战，挖掘更多潜力。各公共要素保障企业采取在乡镇一级驻点服务的传统模式，但是在乡村振兴的背景下，要素资源与需求部位“距离”被拉远，乡村服务“最后一公里”未完全畅通，难以完全满足人民群众日益增长的美好生活需要。从促进农业高质高效、乡村宜居宜业、农民富裕富足角度考量，一方面要进行资源整合，搭建共建共管共享治理平台，下沉前移保障和服务职能，织细织密农村公共要素民生服务网；另一方面实施支撑乡村振兴的“三农”服务管理，通

过电网升级、服务提升、能效转型，供电企业要主动融入乡村数字化与基础设施建设进程。通过两端发力切实推动公共服务能力提升，为乡村振兴提供全方位的要素保障和公共服务体系，以“国网力量”助力实现农业更强、农村更美、农民更富。

（三）推动公司高质量发展，提升群众获得感的必由之路

随着服务“双碳”目标落地、新型电力系统建设、电力体制改革和市场交易纵深推进，电网调度运行、电价形成机制和执行方式等发生重大变化，如何在新形势下提升工作质效、增强核心竞争力，是乡村供电服务的新课题。乡镇供电所是电网企业在农村地区最末端、最基层的服务组织，是农村供电服务的一线窗口，是国网构建以新能源为主体的新型电力系统的重要基层载体之一。但城乡公共服务不均等，乡村基础设施建设规划发展存在错位，人财物等核心资源浪费严重，低效投入、重复建设、同杆架设、“蜘蛛网”等现象普遍存在。因此，必须聚焦乡村振兴的重点任务和关键举措，进一步整合公共服务资源，加强乡镇供电所能力建设，做强基层电网和服务支撑，提升城乡公共服务均等化水平，在促进企业高质量发展的同时，提升人民群众获得感、幸福感、安全感。

二、供电企业精准支撑乡村振兴战略的村网共建体系构建主要做法

（一）“村网共建”总体思路

结合当前镇村组织体系和农电管理实际情况，坚持问题导向和价值导向，紧密围绕“服务升级、效益提升、资源互补、发展融合”四协同目标，着力解决“保障与管理主体缺位、政企协作不畅、服务资源分散、服务能力较弱”四类问题，融入可持续管理理念和工具方法，广泛开展内外部讨论和试点验证，最终确立总体思路：以切实提高乡村民生公共要素保障服务能力为核心，按照“政府牵头、企业参与、村社实施、要素融合、共建共享”原则，创新“村网共建”服务模式。其中“村”代表乡镇政府、村社，“网”代表公共要素服务企业，“村网共建”实施两端发力、双轮驱动。

（二）推动“村”“网”共建、多网融合，共同织密乡村民生服务网

通过与县（区）、镇、村分级分类合作，构建“村网共建”总体合作框架，推动形成完备制度保障。融合要素、政权体系基层网格，引入村社“网协员”服务单元，最大程度释放不同服务角色工作效能，形成运转流畅、高效的服务链路。依托企业成熟的系统建设基础，为“村网共建”模式下的新型服务模式搭建信息化、智能化互动共享平台，科技赋能数字乡村建设。通过电网试点带动，推动政府整合“水、电、气、邮、信、路、银”等公共要素资源，提高“村网共建”价值创造能力，带动人才“就地创业”，汇聚本地“第一资源”，全面推进乡村振兴。

1. 电力先行，首创四级贯通要素保障服务体系

按照“市级统筹、区县管控、镇村落实”原则，创新构建市县乡村四级贯通的公共要素服务保障体系，由电网倡导实施逐步辐射至公共服务企业，形成政府牵头、企业支撑的基层共建格局。一是搭建政企合作平台。与7个区县、28个乡镇两级政府签订“村网共建”合作协议，在规划制定、执法授权、联管服务、考核约束等方面进行合作，疏通乡镇行政执法梗阻，下沉管电职能和供电服务，提升乡村公共安全、公共管理、公共服务保障水平。二是推动多网资源聚合。整合电、水、气、银行、通信、邮政、交通、辅警等公共资源，优化资源配置，打通协作渠道，推进公共基础设施一体化建设，实现企业责任在基层的有机统一。三是强化基层党组织共建。坚持党建引领，进行党组织结对共建，实施“共亮身份、共提素质、共量质效、共促廉洁、共帮弱小”的“5+”行动。开展共产党员服务队进乡村，划分“红色责任田”，实现服务保障网格全域覆盖，助推乡村治理效能提升。四是建立政企服务协作机制。全面实施镇村便民（党群）服务中心驻点服务，推动营业厅服务功能前移至村社，大力推广业务线上办理。建立常态化“镇村—企业”定期联席会议机制，推动企业与政务服务平台信息接入，开展电力大数据精准画像乡村用能、测绘民生、辅助规划，推动公共服务与乡村经济发展有效衔接。

此外，分级分类深化基层政企合作，构建“村网共建”民生服务体系。市级层面统筹组织保障，编制出台《“村网共建”试点实施方案》，成立“村网共建”试点工作领导小组，划定成员单位工作职责，以“政府主导、企业推动、改革创新、服务前移”为主线，进一步深化政企合作，充分发挥基层优势，推动电力供管服务前移，带动要素保障企业加入，建立与经济社会发展相协调、与农村电网建设相适应的服务体系。区县层面确立合作框架，建立由地方党委领导、政府组织实施、供电公司全员协作配合的工作机制，明确电力设施保护、隐患排查整治、用电咨询服务及电力发展规划等方面的合作内容。乡村层面细化实施单元，以县级供电企业为实施单元，成立农村新型供电服务合作协议工作小组（即村网共建工作小组），负责合作事项的落实与执行。建立“乡村—企业”定期联席会议机制，县供电公司参加乡镇、村社的月度例会，推动农村电力服务与地方经济社会发展有效衔接。

2. 两端发力，创新要素保障服务联动模式

有效整合各企业在区县、乡镇的管理、信息、服务资源，将要素保障职能和服务纳入基层服务体系，疏通镇村公共服务要素执法梗阻，以“网协员”为协同单元，探索“村”“网”合作、融合共建可持续模式，实施基层事情基层办。一是增强“村”的治理效能。促进试点区（县）政府将电力设施保护、供用电秩序维护等12类行政执法权限下放至乡镇，在村社设立网协服务办公室，在村社干部、退役军人中择优选拔培训“网协员”，协助开展行政执法和供电服务类信息收集工作，明晰“网协员”工作标准和职责界面，建立“乡镇+企业”履责效能共管机制。二是提升“网”的服务能力。构建“行业管家+网协员”服务互补机制，大力推行“一员复用”措施，快速响应群众服务需求。将安全风险小、技术门槛低的“信息类”服务业务，有偿委托给乡镇，由网协员负责。企业乡镇管理机构选派党员或业务骨干担任“行业管家”，负责安全风险高、专业性强的工作。确保具体业务实施充分放权至企业，监管考核权限紧紧把握在镇村，联动畅通乡村服务“最后一公里”。三是建立“村网共建”联合培养机制。由政府牵头开展专业技能培训取证，企业提供师资、装备、场地等，开展“师带徒”“手把手”式培训。畅通“智力、技术、管理”下乡通道，确保网协员满足服务工作的技能、技术需求，通过“村网共建”培育更多乡土人才，为乡村振兴提供人才支撑。

3. “亲”“清”共建，提升要素保障服务质效

激励约束并重，强化责任落实，着力构建新时代“三农”服务“亲清”关系，营造“村网共建”健康发展和可持续管理的良好氛围。一是架起“连心桥”。通过政府牵头，在镇村整合各类要素资源，建立“规划+资源配置+产业投入”三位一体发展模式，为乡村生态环保建设、集体经济发展提供有力支撑。在政治服务、抢修服务、营销服务、志愿服务、增值服务等方面拓展党员服务内涵，真正实现农村要素服务乡乡有人、村村有点、户户有应。二是科学考核评价。政企联动建立健全考核评价机制，签订“网协员”岗位责任书，编制网协员《工作指南》《评价标准》。企业根据村社规模、工作量、考核评价结果等差异，向乡镇政府支付信息购买服务费。乡镇政府综合考量群众反馈、企业意见等，按季度考核评价网协员，实现报酬与履职质效精准挂钩。三是加强风险管控。网协员和行业管家相互监督、相互制约，主动收集群众意见建议并及时跟踪处理，有效防控安全、廉政、服务、稳定等各类风险，避免私自谋利、违规收费等行为，助力提升乡村德治、法治水平。

（三）做强多网支撑、服务软实力，共同打造乡村振兴强劲引擎

“村网共建”模式发挥效能，企业关键是要做强“网”端支撑，在硬支撑和软实力两方面，提升公共要素服务企业基础设施建设和网格化服务水平。从助力乡村振兴战略大局的维度出发，针对乡村地区基础设施落后、交通不便、资源匮乏等情况，制定差异化策略，科学规划支撑乡村振兴的“三农”服务目标任务。通过供电企业试点引领，不断推进乡村电气化，持续创新服务模式，加强数字技术场景应用，提高农户生产效率，降低农业用能成本，改善农村生态环境。

1. 加快乡村电气化，提高基础设施建设水平

按照“乡村振兴、电力先行”的发展理念，着力打造与现代化农业、美丽宜居乡村、农村产业融合相适应的新型农村电网，推动乡村能源生产和消费的升级，服务产业转型。一是统筹乡村发展，推动基础设施升级。紧密对接乡村振兴发展要求，严格执行技术标准，对接做好主、配网发展需求论证和规划衔接工作，科学修编县城区网格化规划，健全“多维支撑、协同联动、政企合作”规划机制。加大农村电网升级改造力度，持续完善农网网架，全面消除县域电网薄弱环节。积极服务乡村基础设施建设、产业扶贫等项目用电，为涉村业扩项目开辟绿色通道。推进乡村分布式新能源优先接网、全额保障性收购，促进乡村分布式新能源利用和消纳。持续改善农村水、电、路、气、房、信等基础设施条件，着力在村覆盖、户延伸上下功夫，建设宜居宜业的美丽乡村。二是服务“双碳”目标，推广绿色用电。主动与地方政府、供热企业对接，全面实施城乡接合部及周边乡镇居民取暖土炕、小火炉、土灶煤改气、煤改电或洁净煤替代工程。开展清洁取暖进校园专项行动，实现农村中小学校全部使用电采暖。积极推进智慧车联网、智慧能源服务系统向乡村地区延伸，便捷乡村电动汽车出行。合理开展乡村地区快充站及高速充电站建设，优化充电站布点。在乡村地区推广电动车辆的使用，为供电所台区经理合理配置电动摩托车（自行车），开展新能源车辆租赁服务。三是助力乡村经济，推动产业发展。结合地区产业特色，推动典型区域及行业开展清洁替代，大力推广农田机井排灌、农业大棚电保温、电动喷淋等技术，助力打造电气化大棚、电气化养殖点，助力特色批发零售企业实现贮存、冷藏电能化。推广各类电烘干、电加工、电制冷（热）、保鲜冷链温度控制、保温数字化控制、冷库使用热泵等技术，提供加工、保鲜、包装、传送等全产业链“一条龙”的清洁替代服务。推动“全电景区”“全电农家乐”等观光景区全电化行动，推进线缆、杆变的整治和美化工作，实施农家院、休闲观光园电气化改造，助力改善乡村人居环境，实现绿色旅游与乡村振兴的融合发展。

2. 聚力服务提升，打通乡村服务“最后一公里”

深入践行“人民电业为人民”企业宗旨，把创新思维和精益理念贯穿服务全流程，以乡镇服务单位为载体，以“网协员”“行业管家”为链接，做好民生网格化服务，全面提高乡村服务质效。一是完善服务制度。健全供电服务人员管理制度，制定《供电服务人员管理实施细则》《员工能力素质评价实施细则》，建立薪点晋升积分台账。组织开展明察暗访测评，持续规范各级人员服务行为。深化供电服务“全链条”“全业务”管控，开展“守规矩、除积弊、真服务、促发展”专项行动。科学核定供电所定员，优化内设班组，规范岗位设置，助力供电所队伍建设，提升供电服务水平。二是加强基层服务单元建设。针对乡村供电区域实行网格化、片区化服务模式，全面推广台区经理、综合柜员制，客户服务坚持“首问负责、一口对外、一次办结、一次到位”原则。推进供电营业厅转型升级，拓展业务内容，完善服务功能，强化互动体验，开展“三型一化”（综合型、服务型、智能型、线上线下一体化）营业厅试点建设工作。扎实开展“全能型”乡镇供电所建设，为不同类型的客户提供差异化、专业化服务。三是提高服务效率。积极推广网上国网等信息化服务工具，拓展微信、支付宝等服务渠道，实现供电服务线上线下一体化。通过营销移动作业应用推广，提高服务人员现场工作效率。依托电力营销监管平台，为客户提供精准服务。推广基于智能电表的扫码共享用电服务，方便乡村客户在公共性、流动性场合用电，有效解决农业排灌、居民活动等临时性用电难题。

3. 数字技术赋能，推动要素保障服务提档升级

立足行业特点和应用场景优势，大力夯实乡村信息基础设施，推进乡村管理服务数字化，着力打破政企之间、企业之间、层级之间的信息壁垒，提升乡村公共管理和服务效能。一是共建共享乡村数字化平台。联合中国电信、西南科技大学等单位，在绵阳江油双石村试点数字乡村建设，推进“5G + 物联网 + 全千兆光纤”全覆盖，集村务管理、综合治理、应急救援于一体，实现社保、农户信息等在线查询，交通、

电力等基础设施可视化监测，森林火灾、山体滑坡、泥石流等灾害提前预警。二是深化政企信息贯通应用。推动政企信息共享功能向乡村延伸，打破政企业务平台壁垒，逐步实现证照信息实时调用，解决基层调控难、签字难、监管难等问题。扩展政府涉电行政线上审批功能，深入推进“房电联动过户”，大力推广水电气“一事通办”，实现办电“零收资”。三是联通城乡服务新场景。结合网协员服务内容，整合企业信息系统资源，建成全业务管理平台，定制移动端“川电网协助手”。以“PC 端 + APP 端”的方式，“电管家”“网协员”之间业务信息、服务过程、质效评价有效互动，减轻基层负担，实现信息共享、统一调度、内外协同，为乡村数字服务提供经验参考。

（四）强化保障措施，提供“村网共建”原动力

1. 压实层级责任

在试点区域，成立市县公司主要领导为组长的乡村振兴工作领导小组。领导小组定期听取汇报、安排部署工作、督查落实情况，研究解决电力助推乡村振兴工作重大问题。领导小组负责落实电网企业乡村振兴的工作部署，全面助力乡村振兴的“三农”服务各项工程。建立健全乡村振兴责任体系，制定助力乡村振兴总体实施方案，全面涵盖电网建设及改造升级、乡村电气化提升、光伏扶贫、帮扶行动计划等内容。动态调整年度乡村振兴工作要点，定期向党委会汇报乡村振兴工作开展情况，确保“村网共建”支撑乡村振兴各项工作落地落实。

2. 加强队伍建设

以落实层级培训责任、完善培训内容、创新培训方式、加快实训基地建设为主线，全面构建深入农村工作前沿的基层员工“大培训”体系。深化达标结果应用，实现达标结果与员工薪酬收入、职业发展的有效联动，健全人才“选育管用”机制，创新建立人才队伍甄选平台，全方位指导“百人库”储备人员和青工成长成才。加强驻村干部教育培训，结合扶贫政策宣贯，开展支部书记、驻村干部培训。建立包含学历、职称、技能等级、绩效、达标测评等级等因素的员工素质能力积分台账，精准制定员工素质能力提升目标。组织召开多期管理创新项目发布会，自主研发 E - IDEA 创新工作平台，创建《创新前沿》“六新”专刊，推行“揭榜制”“领导挂帅制”工作制。结合“三项制度”改革，科学设定考核指标，加强过程管控和结果运用，激励企业干部员工踊跃投身乡村振兴事业。

3. 完善多维机制

持续深化驻村帮扶制度，从提升驻村帮扶能力、协助乡村基层建设、提高驻村干部待遇等角度着手，打造一支“永不撤退的工作队”。健全多渠道农电工职业发展通道机制和农电工薪级与岗位胜任能力联动机制，持续开展“走下去锻炼、走上来培养”的双交流活动。以“考核 + 竞聘”方式全面推行供电所所长、台区经理、综合柜员等岗位竞聘制，开展供电所岗位及薪酬调整工作，有效激发农电职工队伍服务乡村振兴、扎根基层一线的内生动力。积极协助政府做好劳务对接平台建设和劳动力输出工作，针对性地开展各类技术技能培训。从“产业选择、农民培训、技术服务、项目帮扶、组织方式、产销对接、基层党建”等维度科学布局，构建全产业链体系指导机制，加强农户就业指导，做到“授之以渔”，切实增强乡村“自主造血”能力。

三、供电企业精准支撑乡村振兴战略的村网共建体系构建效果

实践表明，“村网共建”模式有效提升了政府、企业、群众的满意度和获得感，实现了综合价值最优。目前该模式已在四川绵阳、甘肃平凉取得良好成效，正在国家电网供区有序推广中，有力支撑乡村振兴战略落地，推动资源整合和服务提升。

（一）经济效益方面

依托网协员熟悉当地、熟悉群众的优势，走村入户常态化开展宣传教育，快速响应群众诉求，及时反馈并协助解决问题，构建业务办理易、工作效率高、沟通协调畅的新服务体系，服务能力和响应速度

全面提升。网协员累计解决群众各类用电问题上万次，电力服务响应时间由 60 分钟缩减至 20 分钟左右，故障抢修平均恢复时间缩短 36%；缓解企业缺员压力 15%—20%；农网供电可靠率提升至 99.81%。报装接电“绿色通道”服务 5.23 万户；群众用电满意率 100%；平凉 428 个贫困村全部通动力电，惠及 44 万农村群众的生产生活。实施“村网共建”服务模式，进一步改善了经营指标，利于企业降本提质增效，全面提升乡村服务保障能力。

（二）社会效益方面

高效推进乡村公共基础设施建设，电网等投资可精准匹配乡村产业发展，有效避免人、财、物等资源的浪费。试点区域户均配变容量均达 2.05 千伏安以上，10 千伏及以下乡村电网供电能力有效提升，平凉市庄浪、静宁两个深度贫困县供电服务水平达到甘肃省农村平均水平，缓解了城乡电网发展不平衡的状况。按照“一村一员”原则选拔网协员，预计可为绵阳农村提供 1300 个就业岗位。通过“传帮带”机制开展技能培训，支持网协员参加各行业国家职业技能鉴定取证，培养一批新型农业发展需要的“农创客”、懂技术的“新农人”，为此网协员每月能增加收入 1000—2000 元，有效增强村民返乡创业、建设家乡的吸引力，人才留村意愿更强，构筑了乡村振兴“人才链”。“村网共建”相关做法获时任四川省委书记彭清华的批示，项目模式入选“2022——金钥匙面向 SDG 的中国行动赛”，平凉供电公司获评“全国脱贫攻坚先进集体”，对此《人民日报》等 19 家央、省、市媒体集中采访、重磅报道。

（三）生态效益方面

网协员在履行原有村干部职责基础上，能够及时回应群众各类诉求，与公共服务单位有效互动，实现了公共服务资源向村社的延伸，行政执法和公共安全服务有效落地，有助于完善乡村治理体系和提升治理能力。自“村网共建”服务开展以来，绵阳境内电力设施隐患治理 600 余处、森林防火树障清理 5200 余棵，促进了电力建设与环境的协调发展。实施配套乡村电气化项目，建设光伏路灯示范基地和新能源充电桩，为中小微企业开展节能降耗定制解决方案，成功打造绵阳江油双石村、北川石椅村、甘肃平凉等集生态农业和观光旅游为一体的魅力新乡村。精准服务风力、光伏、生物质发电、垃圾发电等绿色低碳产业发展，仅平凉市光伏项目补贴电费就超 700 万元，惠及 2000 余户群众，助力乡村建设与生态环境有机融合。

（成果创造人：谢连芳、冯 侃、高 俊、谢志刚、肖勇华、苏华堂、孙 竹、边 辉、刘海于、陈丽娜、王俊橙、牛 勤）

电信企业助力乡村振兴的数字化服务体系建设

中国联合网络通信有限公司湖南省分公司

中国联合网络通信有限公司湖南省分公司（以下简称湖南联通）成立于1997年8月，隶属于中国联合网络通信有限公司，下设14个市级分公司、122个县级分公司，固定资产投资规模250亿元，年收入超100亿元，共有职工1万余人。公司经营业绩连续多年位于联通集团前列，被评为“全国通信行业用户满意企业”等，屡获“全国青年文明号”等数百项荣誉，是湖南省实力雄厚、品牌强劲的全业务电信运营商。

一、电信企业助力乡村振兴的数字化服务体系建设背景

（一）有效落实国家以数字化赋能乡村振兴战略的需要

国家“十四五”规划指出加快数字乡村建设，推动乡村管理服务数字化，中央网信办发布的《数字乡村发展行动计划（2022—2025年）》部署了智慧农业创新发展行动和数字治理能力提升行动等8个重点任务，《数字乡村标准体系建设指南》提出到2025年初步建成数字乡村标准体系。同时，湖南省委省政府印发的《湖南省数字乡村发展行动方案（2020—2022年）》提出惠农服务体系日益完善，乡村治理能力明显提高的目标，湖南“十四五”规划也明确着力建设乡村振兴的现代化新湖南。在国家政策指引和行动指南要求下，湖南联通主动作为，承担央企责任，积极落实数字化赋能乡村振兴，搭建数字乡村平台，构建数字化服务体系。

（二）乡村治理数字化、产业数字化和服务数字化的需要

当前，湖南省各地数字乡村建设模式仍在摸索之中，发展中遇到的问题也亟须解决。在乡村治理层面，湖南省广大农村普遍存在乡村治理数字化水平低、基层治理场景复杂、治理反馈机制不健全等问题；在乡村产业层面，5G、云计算、大数据和物联网等技术在农业生产、加工和销售中融合程度低，且农业信息化投入成本高，单个数字化场景需求形成一个个孤立的信息系统，形成数据孤岛；在乡村服务层面，政府与农村农民之间信息的传播层级多、链条长、时效慢，广大农民难以享受到便利、快捷、全面的公共服务，综合服务体系亟待加强。湖南联通多年深入农村市场，通过深度调研，自主研发数字乡村平台并构建整体服务体系，为乡村治理、产业和服务注入“智慧基因”。

（三）基础电信企业发挥自身优势创新企业发展模式的需要

传统通信业务市场趋于饱和、用户红利逐渐消退，传统业务、传统手段很难驱动通信市场的快速增长，在联通集团公司战略规划体系指引下，湖南联通努力从市场驱动向市场和创新双轮驱动转变，创新企业发展模式。针对农村市场，企业虽配备省—市—县—乡镇—村五级农村市场生产组织体系，但农村网络覆盖和网络质量有待提高。由于缺乏统一的数字化平台规模化快速切入农村市场，且单一的“谁建设谁买单”业务推广模式无法助力企业乡村数字化服务“遍地开花”，农村市场业务增长遇到瓶颈。在此背景下，湖南联通结合基础电信企业网络优势、组织架构优势、科技创新和生态资源整合优势，制定“云+网+应用”融合服务方案，结合乡村振兴发展要求，加大资源投入农村网络建设，并打造数字乡村平台，创新运营模式，实现服务体系全流程管理，构建了企业高质量数字化管理和服务体系。

二、电信企业助力乡村振兴的数字化服务体系建设主要做法

（一）明确总体建设思路，整合资源，保障服务体系构建工作有序开展

1. 明确数字化服务体系构建的总体思路

湖南联通依托数字乡村平台，以“数字技术赋能乡村基础设施建设、乡村治理模式创新、乡村产业升级，乡村服务完善”为总体建设思路，构建助力乡村振兴的数字化服务体系。建设内容包含标准规范体系、运营服务体系、生态合作体系、平台建设体系和信息安全体系，重点夯实数字化平台底层技术，沉淀数据中台、视频能力中台、AI 能力中台等中枢能力，通过集中化中台支撑，实现数字乡村末端应用差异化，快速迭代产品研发，引导各生态方协同推进，建立统一、融合、开放的助力乡村振兴的数字化服务体系。

同时，湖南联通坚持统筹规划与基层创新衔接发展，一方面，坚持“自上而下”的统筹规划和“自下而上”的基层创新推广双向互促，在数字化服务体系思路上充分考虑各地资源禀赋、产业特色、群众素质等方面差异，依托驻镇帮镇扶村触点资源，把握当地实际情况与多层次需求，制订接地气、切实际、有力道的乡村数字化服务方案，通过以评促改、同台竞演等方式鼓励基层创新，开展数字乡村场景需求挖掘，打造建设样板再进行复制推广。

2. 明确数字化服务体系构建三大原则

一是坚持数字乡村建设参与方多方共赢的原则，以平台为中心，建立数字乡村生态圈，整合内容服务提供商、金融保险服务提供商、智能硬件提供商等资源，实现平台各生态伙伴的合作共赢，做优做强数字乡村平台，提高数字乡村平台服务体系的能力。二是坚持共性与个性并存的原则，实地调研全省数字乡村 14 个地市 122 个乡村，整理共性需求，打造标准化数字乡村平台，形成易复制、可推广、交付快的标准化服务产品，同时根据乡村个性化需求，因地制宜开发满足各乡镇村需求的特色应用，实现“一村一品，千村千面”。三是坚持可持续性发展原则，湖南联通不断丰富服务内容，完善管理制度，提升服务水平，以平台为核心完善生态运营体系，实现平台的可复制推广和自我生长，使得数村平台在广大农村市场落地生根，助推惠农服务和乡村治理体系日渐完善，增强乡村振兴的内生动力。

3. 明确数字乡村服务体系构建整体目标

依托数字乡村平台，湖南联通确定“云 + 网 + 应用”融合服务方案，明确服务体系构建整体目标为通过基础网络建设实现乡村宽带网的普及以及数字乡村服务的推广，不断丰富县、乡、镇、村不同场景下惠民服务、生态宜居、乡村治理、智慧防疫等数字化服务。目前，数字乡村云平台在湖南省已经完成 7477 多个乡村的部署开通，平台总入驻用户已达 300 万，平台注册用户数超过 35 万，基本实现建制村光纤网络和 4G/5G 普遍覆盖，农村互联网普及率明显提升。

4. 组建职责清晰的数字乡村工作组织

湖南联通优化数字乡村统筹运营组织体系，成立数字乡村 BU 组织架构，组建数字乡村省—市—县—乡—村五级数字乡村工作团队，包括技术开发团队、业务推广团队和售后维保团队，各个团队职责划分明确，确保服务体系构建目标与工作任务高度一致，责任匹配到位，通过部门联动、能力整合，共同推动助力乡村振兴的数字化服务体系构建的高效落地。第一，技术开发团队由省级公司和 14 个地市分公司共计 115 人组成。第二，业务推广团队由市、县、乡、镇共计 2000 名驻地网专员组成，湖南联通通过“重点乡镇 + 属地化自有”和“普通乡镇 + 大商”模式，有效扩充乡镇地区服务体系的推广力量。第三，售后维保团队由各地市分公司 1400 名农村智慧家庭工程师组成，每个项目均明确交付责任人，负责平台配套硬件的安装和平台及应用的售后维保。

5. 制定健全的财务保障措施

一是在网络建设方面，投入数十亿元进行农村网络建设，实现农村网络无缝覆盖。二是在平台建设

方面，单列资金负责数字乡村平台建设、功能迭代和升级，确保平台长期有效运营。三是在平台使用方面，湖南联通为乡镇村委方提供便捷、高效的数字乡村云平台基础服务，帮助乡镇村委快速建立数字化管理基础能力，迈出管理转型的第一步。四是在硬件投入方面，湖南联通整合数字乡村生态合作伙伴，结合通信产品和服务，为乡镇村委与村民提供硬件服务，减少乡镇村委在平台建设和数字化服务提供方面的资金投入。

（二）加强农村基础网络和服务云平台建设，夯实数字化服务体系技术基础

乡村数字化服务的推广，承载于千兆光网和5G网络等基础网络建设的普及，湖南联通在全省农村基础网络建设方面，发挥信息通信的扩散效应，加速农村千兆网络建设，依托安全可信、云网一体、专属定制、多云协同的联通云，打造了强大的云网资源底座。同时，通过云网边深度融合，打造了数字乡村云平台，为乡村振兴插上“数字化”翅膀，夯实数字化服务体系的技术基础。

1. 千兆网络新基建，无缝覆盖新农村

在千兆网络新基建层面，湖南联通深入推进农村地区新一代信息基础设施建设，打造集约高效、绿色智能、安全适用的数字乡村基础设施，修好农村信息高速公路，深入开展电信普遍服务，打通农村区域“最后一公里”，积极推进900M低频网投资建设的“万站超越”工程，同时借助L900基站建设进行固网资源覆盖，随着全省信息基础设施建设加快推进，基本实现建制村光纤网络和4G/5G普遍覆盖，农村互联网普及率明显提升。

2. 云网资源强基座，数智赋能新农村

在平台云网资源保障层面，基于云网融合、安全可控的数字基础设施，湖南联通已在长沙、株洲、湘潭、岳阳、邵阳等地建成云数据中心，形成两地三中心的布局。数字乡村云平台基础资源由湖南联通长沙云数据中心提供，作为中国联通在中南地区规模最大的云数据中心，数据中心周围的产业园密布，该中心占地面积145亩（1亩约等于666．67平方米），总投资50亿元，总建筑面积13万平方米，总计机架12000架，总带宽出口5T，为数字乡村平台平稳运行提供了强大的云网资源基座。

3. 数字乡村平台活应用，科技赋能新农村

湖南联通以乡村场景需求为研究方向，以问题导向为根本，立足实际情况，聚焦乡镇村委和村民的具体困难，践行科技创新发展理念，基于5G、大数据、人工智能、物联网等技术，充分发挥自主研发技术优势和自有产品优势，打造服务产业升级、乡村治理、惠农服务数字化应用，提供统一数字乡村云平台，为乡镇村委和村民营造一个智慧、安全、便捷、个性化的数字化、智能化服务环境。平台基于“容器+微服务”的云原生开发架构，所有应用基于云端IDE、“本地IDE+插件”的方式进行DevOps的开发，具有应用上线迭代快、运行稳定、易伸缩扩容等优点，通过向客户提供“平台SAAS化部署+边缘计算+智能硬件终端”的综合解决方案以及打造数字乡村公众号平台（2C）、IPTV数字乡村平台（2H）和数字驾驶舱平台（2B），有效降低了因数字乡村平台部署系统带来的复杂度和维护难度，使数字乡村平台变得平价、轻便、门槛低、易复制推广、村委村民即装即用、数据安全可信。

（三）建立多种运营模式，确保乡村数字化服务体系高效落地

在乡村数字化服务体系试点过程中，湖南联通创新推广模式，转变固有“谁建设谁买单”的思路，针对不同建制制发展现状，建立通信合作社社会运营、业务置换、ICT项目制三种运营模式，实现乡镇村委、农民和公司三方共赢，确保乡村数字化服务体系的全面推广和高效落地。

1. 建立通信合作社社会运营模式，壮大农村集体经济

针对经济困难、需要帮扶的乡镇村，采用通信合作社社会模式。湖南联通各分公司与县、乡、镇政府开展合作，联合建制村设立集体经济通信合作社，通信合作社参与方联合进行联通通信业务代理和宽带联合投资建设，共同推进通信基础设施建设、数字乡村运营、智慧农业推广和智慧家庭惠民的系列工

作的开展，借此助力农村赋能农业、致富农民。此模式可让村集体获得通信优惠和年终分红。已有2275个村实施此模式，拉动集体经济收入超1亿元。

2. 设置业务置换运营模式，为用户提供专属通信服务

针对有小规模资金预算，且有数字化管理需求的乡镇村，采用业务置换模式。湖南联通投资建设基础网络与数字乡村云平台，村委负责该区域的宽带覆盖，并承担部分智能终端设备的投资，湖南联通无偿提供数字乡村云平台，农民可无偿获得终端设备，包含光猫、机顶盒、路由器、摄像头设备等，此模式可快速推进农村宽带覆盖，打通农村末端信息孤岛，为落实乡村数字服务奠定坚实基础。已有3258个村实施该模式，覆盖服务人口超60万。

3. 建立ICT项目制运营模式，提供定制化服务

针对有定制化需求又有资金预算的乡镇村，采用ICT项目制模式。政府出资建设和运营，联通根据项目需求提供场景化解决方案，满足政府复杂业务需求，如湖南联通承建的湘潭姜畲镇数字乡村一期项目，总建设金额380万元，基于联通基础信息化设施，打造姜畲镇数字乡村平台，在业务平台上打造了镇务信息、智慧乡镇、千分制管理、一网通办、综合治理、雪亮工程、智慧党建、数字驾驶舱等功能。目前数字乡村ICT项目模式给企业累计创收超2000万元，给区县和乡镇村委提供了众多数字乡村场景个性化解决方案。

（四）聚焦乡村产业、治理、民生，实现全方位数字化乡村服务

湖南联通通过互联网、大数据、云计算、人工智能、区块链等技术加速创新，日益融入数字乡村发展各领域全过程，推动各类资源要素快捷流动、各类市场主体加速融合，引领重构乡村产业服务、治理服务、民生服务，探索全方位数字化乡村服务，促进农村数字经济和实体经济融合发展，持续释放数字化在数字乡村产业、治理、民生等领域的叠加倍增效应，构建助力乡村振兴的数字化服务体系。

1. 推出产业数字化服务，助推乡村产业向智能化、现代化转型

湖南省农林渔牧业持续高速发展，产值规模居全国第七，增速全国领先，形成了以“四带八片”为代表的产业发展格局，湖南联通聚焦本省农村产业重点领域，充分发挥信息化服务优势，立足本地特色资源，创建培育三农数字经济新业态，以实际行动为乡村产业兴旺注入“智慧基因”。

在农业发展方面，联通数字乡村平台，有效连接各个乡村经营主体数据。在永州接入的农产品质量安全溯源系统，加强了对农产品质量安全监管的力度，在岳阳湘阴县樟树镇部署的智慧大棚应用，帮助农户实时掌握樟树港辣椒种植的温湿度、土壤墒情数据；在郴州资兴市高桥村推出的智慧鱼塘应用大大地提高了鱼塘作业的工作效率，减少了人力资本的投入，该村的党支部书记说：以前管理作业10个鱼塘需要4—5个人的人力投入，安装了联通数字乡村的智慧鱼塘后，2个人就可以管理得很好了，而且翻塘死鱼的情况杜绝了。

在乡村旅游方面，湖南联通为湖南多个景区提供智慧旅游服务。永州双牌县霞灯村搭建的一码游服务平台，具有旅游资源介绍、全景体验、主题活动展示、票务预订等功能，提高当地特色景点阳明山、百年银杏林特色景点游客量，推进休闲农业与乡村旅游的融合发展，实现霞灯村旅游产业收入成倍增长，通过旅游充分挖掘乡村多元价值，连片规划引入社会资本，因地制宜发展乡村休闲、生态旅游、绿色康养、文化创意等兴业富民多元业态。

在乡村农产品销售方面，湖南联通以农产品直通车的模式，对接智慧社区平台进行引流。怀化市麻阳苗族自治县兰村乡作为湖南联通的定点帮扶村，通过湖南联通数字乡村平台，打通了冰糖橙销售的直播渠道和线上商城，3天销售量达18000千克，村支书把这个消息通过数字乡村平台传达给农户，带动了当地农户学直播的积极性。

2. 创新乡村治理服务，补足治理短板，实现乡村管理更高效

为解决湖南省广大乡村治理层面普遍存在乡村治理数字化水平低、基层治理场景复杂、治理反馈机制不健全等问题，湖南联通打造云监控、云广播、智慧党建、三务公开等核心功能应用，加快数字技术与乡村治理深度融合，创新治理新模式，高质量推进乡村进行数字化、智慧化的管理，有效提升乡、镇、村委基层工作人员的工作效率，以数字化治理赋能乡村振兴。张家界桑植县的道人山村家家户户安装了联通云监控和云广播，以前村干部走村串户挨个通知惠农政策、补贴、人口信息普查等，现在通过数字化技术极大地减少了村委干部走村串户的工作量；在郴州市高亭司镇大元村，大大小小的河道和水库安装了防溺水系统，通过平台实时监控和报警信息推送，让当地的中小学生暑假溺水事故发生率下降到零；益阳市桃江县王母村部署的疫情防控应用，以数字化方式排查打工返乡村民的健康信息，发现“红黄码”及时上报村镇管理员，大大地提高了乡、镇、村委疫情防控的效率和应急处理能力。

3. 丰富民生服务，满足多元化需求，提升农民生活质量

为解决农民就医难、教育难、养老难和乡村娱乐活动匮乏的问题，湖南联通打造便民服务、乡村书屋、远程问诊、乡村娱乐、在线教育等应用，致力于村务服务智能化，推动公共服务品质最优化，提升农民获得感和幸福感。湖南联通为株洲市石峰区上线了乡村书屋，为农民构建政务、农业知识库，提供图书、农技视频教学等内容，丰富农民的文化生活；在邵阳市新宁县车头村，当地交通非常不方便，村民去一趟县医院看病非常困难，通过远程医疗问诊应用，搭建当地市级医院、县级医院的专家线上看诊平台，作为乡村医疗资源的补充，打破了区域医疗资源不平衡的格局，辅以居家养老，慢病管理内容，助力智慧医疗。同时，湖南联通在服务村民生活方面，结合村民需求，推出权益类、智慧家庭类、消费物联网类、安防平台类等农村市场专属通信产品，在村民娱乐模块嵌入了沃视频、沃学习、沃畅游、视频彩铃等应用，让广大村民享受到信息通信服务“走进农村、走近农民”的福利。

（五）完善服务流程和培训考核机制，推动数字化服务体系动态提升

1. 实施数字乡村服务体系全流程管理

针对数字乡村服务体系的业务流程全过程，湖南联通通过梳理标准化的 SOP 服务流程，全流程服务贯穿，让数字乡村服务体系业务流程中每个客户经理、技术支撑经理、平台部署工程师、培训讲师清楚知晓平台服务的关键步骤及动作，提高数字乡村平台活跃度和用户依赖度，达到促活的目的，为用户的转化率和业务的渗透率提升提供保障。

2. 实现业务流程标准化规范化

第一，数字乡村 BU 牵头编制《数字乡村业务商机全流程手册》；第二，数字乡村 BU 组织编写《数字乡村平台产品介绍手册》《平台操作手册》《数字乡村业务案例集》《产品说明及销售指导（一指禅）》和产品宣传海报等标准化推广工具包；第三，湖南联通编制《中国联通湖南省分公司数据安全管理办法》和《系统运维操作手册》，同时对数字乡村服务云平台实行深度的联通云安全防护，切实保护乡村干部和群众的信息隐私和数据安全。

3. 持续改进服务，完善售后服务

为确保助力乡村振兴的数字化服务体系构建工作的可持续性发展，湖南联通建立完善的售后服务体系。第一，快速响应用户需求，在提供标准化服务的基础上，针对乡镇村委提出的个性化需求，技术支撑团队第一时间响应，组建技术团队进行需求分析和任务分解，确保快速、高效满足用户需求；第二，高效处理用户故障，专职售后服务团队为用户提供“7×24 小时”服务，出现故障快速定位，并匹配对应技术团队支撑；第三，快速迭代服务体系能力，数字乡村 BU 统筹开展持续性行业洞察、竞品分析、市场调研等工作，不断迭代平台能力，更新推广模式，提炼服务优势，打造具备核心竞争力的服务体系。

4. 明确团队培训和考核机制，激发团队活力

一是在团队培训方面，湖南联通从课程设计、讲师管理、讲师效果评估三个维度构建数字乡村培训体系，全省采取统一培训和逐级培训模式，以点带面，确保数字乡村工作队伍快速熟悉并掌握各自工作技能。二是在考核机制建设方面，面向湖南联通 14 个地市各个区县乡镇基层单元，数字乡村服务平台建设分别从平台登录量、客户满意度、业务渗透率三个维度进行量化考核。以上考核指标结果是判断数字乡村服务平台建设的实施成效和决定当地实施团队薪酬的重要依据。

三、电信企业助力乡村振兴的数字化服务体系建设效果

（一）为全省乡镇村委和村民提供了高效便捷的服务

湖南联通加大乡村信息基础设施建设力度，积极推进电信普及服务，持续提升农村通信网络质量和覆盖水平，筑牢乡村数字化服务体系构建基础，助力缩小数字鸿沟。目前，5G 基站规模已突破 3 万站，乡镇及以上场景实现连续覆盖，覆盖效果行业领先，4G 农村覆盖率突破 98.1%，人口覆盖率突破 97.5%，较 2019 年分别提升了 8.09% 和 6.2%。在较好的网络资源基础上，湖南联通在全省累计建设数字乡村平台 7477 个，平台覆盖率 32%，覆盖人口超过 100 万，平台活跃率为 33%，赢得了用户的良好口碑，推广成效显著，形成了通信运营商在数字乡村领域独特的竞争优势，用户数和覆盖小区数均处于中国通信行业的领先地位。安防监控、云喇叭、信息采集等作为刚需场景，已成为数字乡村平台的核心应用。湖南联通通过"云 + 网 + 应用"融合服务方案，提升了乡、镇、村级政务服务水平，打通了便民服务"最后一公里"。

（二）推进企业农村市场发展，促进企业的数字化转型

数字乡村平台标准功能在各乡村逐渐稳定运行后，在农村市场实现传统通信业务收入和创新业务收入双增长，促进企业数字化转型。一方面，带动了传统通信业务发展，数字乡村平台推广以来，累计带动移动网络发展 68 万户，宽带发展 15 万户，自农村通信合作社模式推出后，累计签约村组 1123 个，带动宽带空白村组覆盖 461 村，累计发展宽带 25604 户。2022 年 8 月，湖南联通农村市场月度出账收入达 1.66 亿元，同比提升 8.34%，拓展数字乡村联通用户份额提升 3.2%。另一方面，带动创新业务发展，为乡镇村委提供个性化的综合服务方案，服务收入超过 2000 万元，打造了湘潭市姜畲镇数字乡村、郴州市安仁县数字乡村、益阳市新市渡镇建新村数字乡村等标杆示范项目。

（三）服务于乡村振兴工作，得到社会各界的肯定

一是数字乡村平台得到各级领导的高度评价和主流媒体报道。自湖南数字乡村平台推广以来，获得《人民邮电报》、新浪财经头条、搜狐网、红网等几十家媒体报道，其对平台能力表示认可。二是为发展壮大农村新型集体经济助力乡村振兴贡献力量。湖南联通已与湖南省 14 个地市 300 多个乡镇达成战略合作协议，建成 1200 个集体经济合作村，助力农村创造集体经济效益共计 6000 万元（按 5 万元/村的集体经济收入计算）。湖南联通推进数字乡村建设与村集体经济模式的深度融合发展，拓展了乡村集体经济发展的新空间，也为践行国家乡村振兴战略贡献了不可或缺的力量。三是为农村产业链不同主体创造价值，为农民增收创造条件。湖南联通依托自身具备的网络、资源和技术优势，积极推动数字化技术赋能农村数字经济，振兴乡村产业，把数字红利真切地带给更多的村民。

（成果创造人：欧阳恩山、雷　鸣、何凌轩、朱　宏、王海荣、李　佳、胡太白、余　依、杨　鹏、郑　荣、曾小梅）

服务浦东引领区建设的政企协同低碳供电体系构建

国网上海市电力公司浦东供电公司

国网上海市电力公司浦东供电公司（以下简称浦东公司）担负着浦东新区共约1210平方千米的供电任务，涵盖浦东自贸区、金桥和张江国家级开发区、外高桥保税区、陆家嘴金融贸易区等重点区域。它是国家电网有限公司大型重点供电企业。2021年供电服务客户达到254.37万户，年售电量382.10亿千瓦·时，线损率3.41%，供电可靠率99.9906%，全员劳动生产率达767.4万元/人·年，资产总额251.86亿元。浦东公司高水平开展电网发展、安全生产、经营管理、优质服务等工作，多次受到电力行业和上海市嘉奖，还先后荣获“中国质量奖”“亚洲质量创新奖”，被评为“全国质量诚信标杆企业”“中央企业先进集体”等，营造了“政府支持、媒体理解、客户满意、企业与员工和谐发展”的良好局面。

一、服务浦东引领区建设的政企协同低碳供电体系构建背景

（一）支撑浦东引领区建设的必然要求

浦东开发开放已30多年，浦东要在全面建设社会主义现代化国家新征程中锐意进取，推进更深层次改革、更高水平开放。中共中央、国务院发布的《关于支持浦东新区高水平改革开放中 打造社会主义现代化建设引领区的意见》指出，“聚焦基础性和具有重大牵引作用的改革举措，探索开展综合性改革试点，从事物发展全过程、产业发展全链条、企业发展全生命周期出发谋划设计改革，加强重大制度创新充分联动和衔接配套，推动各方面制度更加完善”“实施以能耗强度为核心、能源消费总量保持适度弹性的用能控制制度”。浦东公司作为浦东地区电力能源服务的提供者，有责任、有能力贯彻绿色低碳发展理念，支撑浦东引领区能源体系高质量发展。

（二）推动能源高质量发展的本质要求

能源是经济社会发展的基础和动力源泉，推动经济社会发展绿色化、低碳化是实现高质量发展的关键环节，绿色低碳发展更是推动高质量发展的内在要求。要增加新能源消纳能力，狠抓绿色低碳技术攻关，创造条件尽早实现能耗“双控”向碳排放总量和强度“双控”转变，加快形成减污降碳的激励约束机制；要确保能源供应，大企业特别是国有企业要带头保供稳价。浦东公司聚焦“建设具有中国特色国际领先的能源互联网企业”的战略目标，加快构建适应新能源占比逐渐提高的新型电力系统，在规划理念革新、硬件设施配置、运行方式变革、体制机制创新上做系统性安排，将先进的信息通信技术、控制技术与能源技术深度融合，有效支撑可再生能源的大规模开发利用，助力能源体系高质量发展。

（三）发挥排头兵引领作用的内在要求

国家电网有限公司作为关系国家能源安全和国民经济命脉的特大型国有重点骨干企业，需要准确把握新时代新征程国有企业的战略定位，坚决贯彻落实党和国家关于“碳达峰、碳中和”目标以及能源高质量发展的重要决策部署，加快建设世界一流企业。作为服务浦东引领区能源高质量发展的排头兵，浦东公司充分发挥敢闯敢试、先行先试的“探路者”精神，深入贯彻落实关于“碳达峰、碳中和”的重大战略决策，加快构建城市新型电力系统示范区，促进供给侧清洁化、低碳化发展，推动消费侧电气化、高效化发展，推动形成绿色低碳的生产方式和生活方式；主动探索节能降碳先进技术的研发、推广和应用，以能源数字转型融入数字孪生城市建设，通过能耗和碳排的精细化管理赋能城市现代化治理能

级提升，引领供电企业从基础公共服务供应者向智慧城市共营者转型。

二、服务浦东引领区建设的政企协同低碳供电体系构建主要做法

浦东公司发挥排头兵引领作用，推动供电服务高质量发展，支撑浦东社会主义现代化引领区建设，助力“碳达峰、碳中和”战略实施，建立政企协同低碳供电体系，共同提升清洁能源供应，推动能源消费“碳治理”，促进碳生态繁荣。

（一）政企协同三维顶层设计

浦东公司与政府部门从组织、平台、行动三个维度构筑顶层设计，为政企协同低碳供电模式提供全方位保障。

1. 政企协同顶层组织设计

浦东公司在公司、部门两个层面与政府部门建立组织协同，织密协同网络。在公司层面，浦东公司与上海市浦东新区发展和改革委员会、科技和经济委员会、生态环境局、城市运行综合管理中心等四方签署“双碳”战略合作协议，形成以政府为主导、浦东公司为支撑的多方合力“双碳”战略合作联盟。在部门层面，为服务区域低碳发展，浦东公司组建临港能源服务中心，积极与政府部门、开发主体、企业用户等沟通，成为国家电网首个与政府合署办公的部门，现场“一站式”解决用户服务需求，并利用政务大厅电力专窗，及时与用户对接。同时，为充分发挥合署办公效能，临港能源服务中心构建敏捷型矩阵式组织架构，按照“层级扁平、业务融合”的组织原则，设置客户服务部、能源解决方案部、能源保障部和交付管理部。在前端，临港能源服务中心作为服务触点直接面向各类用户，短平快响应用户需求，高效提供全业务融合服务；在后台，浦东公司按专业归属对口直接指导营销、运检、发展、调度等工作，按业务相关支撑具体工作。为充分发挥临港能源服务中心服务效能，浦东公司对其业务流程进行全方位梳理、优化和再造，按照“一口对外”“内转外不转”原则，统一对接临港新片区管理委员会（以下简称委员会）及电力客户，实现不同行政区域、不同电压等级电力全流程业务的融合。如推出电力接入“即插即用”、迁改工程“快速净地化”、电力施工前期证照在线审批及容缺受理、电力经济分析等创新举措，实现临电接电时长大幅压缩；依托“一网通办”平台，搭建“电力接入一件事”专用通道，配合管委会打通施工证照在线行政审批流程，缩短施工证照审批时长。

2. 政企协同顶层平台设计

浦东公司与政府部门聚焦“双碳”管理中的信息流管理，与浦东新区和临港新片区建立协同机制。一是协同开发能源云平台，整合多维数据。浦东公司与政府部门签署合作协议，建立平台建设合作机制。在浦东新区发改委1753万元资金的支持下，浦东公司赴张江人工智能岛、浦东燃气销售公司等机构和能源企业开展系统建设需求调研，打造国网系统政企合作社会化能源平台——智慧城市能源云平台。另外，浦东公司与浦东新区城市运行综合管理中心签订战略合作协议，获取区市场监管局36153家企业的注册时间、业务范围、统一社会信用代码等档案信息，以及能源类企业持续更新的用水、用气数据。还与5家社会平台达成数据共享协议，获得平台用户内部能耗数据。二是协同延伸能源云平台，开发政府平台。2021年，浦东公司与临港管委会达成合作协议，开发区级综合能源智慧管控平台——临港综合能源智慧管控平台，包含综合能源全景指挥、碳排管理分析辅助决策、能源数据生态应用三大子系统，全面整合临港新片区431平方千米范围内的电力、燃气、建筑、交通、自然碳汇等相关数据。平台已实现9大类118项数据的聚合，做到“一屏观全貌、一网管全程、一云控能效”，为新片区能源保障、能效管理、碳排管理、能源服务城市数字化治理提供支撑。

3. 政企协同顶层行动设计

基于政企协同顶层双平台，建立智慧能源浦电云，构建以工单为核心的闭环协同机制代替原来的“一事一议”，提升协同效能。一是协同事项识别。基于双平台，双方分别通过物联感知、视频识别等发现电网、城市运行隐患。二是协同事项生成。电网、城市运行隐患交由各自专业部门审核，经审核需要双方协同实施的，则通过信息平台发起协同工单并下发。三是协同事项处置。工单承接方创建处理计划，明确双方责任分工，各自开展处置工作。四是协同事项监控。相关方每项责任事项完成后，将完成情况录入平台，平台自动推送至下一工作节点并通知责任方。若某项工作超出计划期限后仍未完成，则信息平台自动发送提醒至双方，由相关方协调推进相关工作。五是协同事项闭环。协同事项全部完成后，双方对完成情况进行审核确认。

（二）打造智能韧性电网，提升“零碳电”供应

浦东公司构建政企融合工作机制，提前了解政府规划，提升规划能力，融入数字孪生城市建设，建设数字孪生变电站，打造钻石型配网，提升电网新能源承载力。支撑政府新能源补贴落地，共同推进分布式光伏建设，加速清洁能源发展。

1. 电网风控全面提升，提高电网承载能力

一是建设韧性智能电网。首先，优化电网规划。浦东公司准确了解新能源发展计划、产业规划和充电站建设计划后，从输入与输出两个角度，综合考虑分布式能源大规模接入、需求侧管理、终端消费电气化等趋势影响，引入新能源置信容量评估和考虑需求侧资源的负荷预测方法，构建考虑可再生能源、需求响应资源、储能等可调综合资源的新型电网规划模式，提升新能源消纳水平和电网规划运行效率。其次，建设数字孪生变电站。浦东公司为准确感知新能源接入后变电站运行情况，打造上海首座数字孪生变电站——35 千伏蔡伦变电站，首个站本体与数字孪生系统同步建设并移交运行使用的变电站——110 千伏博艺变电站。数字孪生变电站通过在本体站内设备上安装“神经元”传感器，采集海量数据；利用实时感知数据和设备三维数字模型，在虚拟空间构建出智慧变电站的数字版“克隆体”，并利用人工智能技术深入挖掘海量数据价值，开展研判分析，准确把控设备实时状态为决策提供支撑。浦东公司积极参与临港数字孪生城市建设工程，率先实现 110 千伏博艺变电站三维立体模型的接入和基础运行数据的动态传输，推动数字孪生电网融入数字孪生城市，为政府开展城市运行管理提供能源基础设施和数据支撑。最后，建设钻石型配网。为提升新能源接入后配电网稳定性，浦东公司创新推广“钻石型”配电网，采用以开关站（断路器）为核心的接线模式，以国网上海电力组织开发的自愈系统来实现配电自动化和就地采集信息，远方自动执行的自愈策略将故障处理时间由分钟级压缩至秒级。浦东公司联合新区政府共同开展电力网架规划，对重点 A + 区域或新能源、储能、分布式能源集中并网区域实现“钻石型”配电网的全覆盖，以高品质的电能供应服务引领区快速发展。

二是构建智能风险防范。为确保新能源不断接入下的可靠供电，浦东公司通过双平台实时采集各重点区域的新能源出力、负荷及负载率，并通过政务专线与政府运行检测平台实现数据互通，联合开展能源供给风险点的闭环整治，全面提升能源保障水平。首先，依托平台新能源基础发电设施数据，结合区域负荷需求数据，全面刻画区域电力系统的不确定性，为高比例新能源接入的电力系统运行提供合理的决策依据。其次，基于历史数据预测未来一段时间的新能源发电量，根据新能源间歇性和波动性的特点，对现有储能、灵活电源、可调节负荷容量配置展开稳定性风险评估，加强能源应急和调峰能力，提升风险防范能力。通过台区负载率数据，实时显示新片区重载台区列表，开展供电容量风险评估，同时基于历史用电数据和气候数据，结合用户用电行为、负荷因素、温度因素及区域特征等四个与台区重过载强相关的要素，开展台区配变重载风险预警提示，为电网安全稳定运行及设备维护提供重要参考。

2. 助力激励举措落地，加速清洁能源供应

一是助力清洁能源发展。首先，基于临港综合能源智慧管控平台，浦东公司对新片区内的电力、燃气、水消费量等原始数据进行监测和分析，通过 GIS 技术展现区域综合能源基础设施的全景地图，构建数字化设施场景来全景监测区域综合能源信息，全面反映区域综合能源消费侧现状及趋势，辅助政府部

门及时掌控区域内的能源供需动态，提升政府部门综合能源指挥工作效能。其次，自贸区临港新片区作为上海首个整县制光伏推进区域，浦东公司与临港管委会协同配合推进分布式光伏发电发展。浦东公司提供并网服务和并网验收单，被用作光伏发展专项扶持资金申请的必备条件之一；按照临港管委会公布的奖励目录，将享受度电奖励的项目实际发电量报发展改革处，作为光伏发展专项扶持资金测算的基本依据，已被写入《中国（上海）自由贸易试验区临港新片区扶持光伏发电项目操作办法》。

二是打造"能源管家"模式。为满足客户综合能源服务需求，浦东公司拓展客户经理工作职责，融合客户服务、方案规划、工程管理、设备管理等构建"能源管家"服务模式，公司临港中心能源管家入驻临港新片区审批审查中心综合窗口，为新片区政企客户提供"零距离"服务。针对客户综合能源服务需求，浦东公司与政府部门协同推进流程优化，实现双方流程无缝对接，公司可从政府部门直接调用客户资料，减少客户办电资料的提交数量，加速办电流程。

（三）构建双向管控网络，推动"碳治理"提升

浦东公司通过能源数字转型实现能耗和碳排的精细化管理，打造碳排辅助决策管理系统，全面聚合临港新片区范围内综合能源基础数据，研发碳核算模型，助力新片区建立科学规范的能源碳排核查体系。在此基础上，浦东公司联合浦东新区政府部门协同建立区域、行业及企业纵向全贯通的碳排放监测机制，准确感知碳排放，进而形成涵盖生活消费、工商业消费和平衡用能的横向治理举措，减少碳排放。

1. 纵向贯通，全层级排放监测

一是区域网式监控。首先，开发碳监测功能，实现观"碳"。浦东公司联合自贸区临港新片区管委会建交处、发改处、高科处，共同开展新片区碳排放核算方法的研究，根据《上海市温室气体排放核算与报告指南（试行）》，结合临港人口规模、GDP、产业结构、能源结构等历史和规划数据，构建新片区碳排放测算模型，为政府提供碳排放热力图，形成碳排放全景画像。其次，开发碳预测功能，实现算"碳"。以区域历史 GDP、用电量、清洁能源占比等数据为基础，通过大数据分析，配合开展碳市场政策研究、配额测算等工作，为政府"双碳"决策提供数据支撑，为产业链上下游提供碳排放趋势预测，运用数据和市场手段统筹能源电力发展和实现节能减碳目标。

二是行业链式监控。以建筑行业为例，浦东公司协助开发建筑综合能耗值计算、建筑能源消耗折算、建筑碳排放核算及预测模型。在政府平台中实现能耗分项计量，对能耗、碳排放强度等数据展开实时监测、采集传输、存储处理。通过数据分析和发布，提供从建筑能耗管理到碳排管理的解决方案，加快推进公共建筑节能改造，试点开展能耗限额管理，有助于优化建筑用能结构，提升建筑能效水平。此外，浦东公司协助交通行业进行碳排放监测，助力构建低碳立体公交体系，提升绿色交通出行比例，辅助打造国内领先的交通碳排放体系。

三是企业点式监控。首先，推动园区能耗"一屏知天下"。浦东公司为园区开设能源监控功能，使其全面掌握配电间的实时运行情况、入驻企业的能耗排名以及园区的当月综合能耗等。同时为园区提供城市能级评价、用电同行对标、整体能耗趋势等指标和《用能行为分析报告》，从平均有功负载率、峰谷比、功率因数三个维度对园区用电经济性进行标杆分析，指导园区经济用电。其次，进行企业能耗及碳排放分析。浦东公司依据《上海产业能效指南（2018 版）》《工业企业温室气体排放核算和报告通则》等开发工业领域能源碳排放核算模型，综合供电公司的电力、油品、燃气等消费数据，对辖区内的规模以上企业、两高企业实现碳排放精准核算及投入产出耗能核算，为政府部门制定针对性决策提供支撑。

2. 横向覆盖，全领域低碳治理

一是生活消费电气化。为满足居民电动汽车充电需求，浦东公司与基层社区居委会共同开展深度调

研，针对老旧小区居民充电难的问题，开发了一套由转接设备、移动储能充电桩、共享充电桩组成的充电百宝箱，已在上海21个小区落地应用，惠及居民233户。充电百宝箱包括由分线端子箱、PJ柜转接排组成的转接设备，最大可将仓位扩充至12倍，实现不停电便捷接入；提出多方协作的小区电动汽车充电综合解决方案，开创充电桩接入“电网侧+用户侧+投资方+运维方”多方协作模式，解决充电桩接入难的问题；率先将个人充电桩共享和充电拼团结合，用户可以通过国网e充电APP参与桩主计划，利用共享拼团增加利用率；采用“移动储能充电桩”有序充电模式，解决无固定车位、可开放容量不足等问题。此外，推出“数智充电”增值服务，首推“车主充电年度账单”，率先为小区物业提供接入可视化服务，数据化、动态化呈现小区的容量使用情况、可接入充电桩数量，发布包含已建成小区居民充电桩分析报告。

二是工商业消费电气化。浦东公司通过政府城市大脑准确获取港口、教育、医院、工业等用户的用能形式信息，积极推进电能替代，提升电能终端消费比例，减少碳排放量。其中，推进绿色校园的清洁高效建设，重点推广电厨炊、电供热水、电采暖等电气化技术。推进全电医院建设，包括空调用电、电气化厨房用电、生活热水用电等，有效节省成本。酒店电能替代与节能改造，采用地源热泵替代溴化锂机组，地源热泵通过热导介质溶液在埋入地下的循环系统中流动，实现与大地间的热交换。

三是综合用能平衡化。上海市用电峰谷差逐年增大，电网负备用量不足、区域电网供应不足。浦东公司充分发挥楼宇可调节资源优势，选取部分商务楼宇，开展虚拟电厂需求响应，参与电力市场中长期电力电量交易及调峰辅助服务交易。但由于权威性不足、激励有限，用户积极性不高，实施成效不尽如人意。因此，与政府部门合作共同提供电费补贴和税收优惠，通过综合能源管控平台的实时数据采集和可视化功能，实现虚拟电厂用户数据及区域需求响应管理，开展虚拟电厂用户的邀约、建设、数据采集、运营管理工作，打造全国虚拟电厂标杆示范区域。在临港示范区内，打造第18个区级建筑能耗监测平台，并推动大型公共建筑纳入需求侧响应管理，初步形成需求侧机动调峰能力30兆瓦左右。

（四）延伸碳资产管理，促进“碳生态”发展

临港区级平台“临港综合能源智慧管控平台”应用自然碳汇减排计算模型，支撑绿化决策，提升固碳效能。同时，浦东公司协助临港新片区管委会开展电力信用评价，助力上海首笔“碳中和科技贷”入市，繁荣碳金融生态。

1. 开发碳汇模型，提升绿植固碳效能

浦东公司依据《LY/T 298森林生态系统碳储量计量指南》等开发自然碳汇减排计算模型，结合新片区内各类林地、绿色植被等规划类数据，对自然资源进行碳汇核算管理，实现对临港新片区森林生态系统、城市绿化碳汇减排的核算。同步开展临港新片区内的绿植物种调研并创建名录，逐步完善新片区内各类乔木、灌木、草本与地被植物的物种、栽种量与栽种面积的统计与清算，有助于精准计算现有生态系统中自然碳汇的实际减排量。同时，统计林业小班现状面积数据，结合物种统计与调查，为临港新片区自然生态与绿化景观规划提供辅助决策与分析。

2. 开展信用评价，助力碳金融发展

一是开展电力信用评价。浦东公司通过平台接入新片区内企业级电力用户的用户基础信息、电量信息、履约表现和用电行为数据，按照“一户一源”和“分析一户、评价一户、记录一户、负责一户”的原则，确保信用信息数据来源的唯一性，做到信息完整、准确、及时，并动态更新。平台依据客户信息的完整度和真实性、申请容量、缴费行为、安全用电、违章用电和窃电等行为指标，对企业用户的信用行为进行等级评价，并提交至临港管委会相关管理部门，辅助政府部门对新片区企业级电力用户开展信用等级评定、信用修复、联动惩戒及监督管理等活动。

二是助力上海首笔“碳中和科技贷”入市。首先，打造能源数字化产品。依托云平台数据资源，

深度分析企业能源碳排放、能耗特性及能耗水平，形成企业用能行为分析报告，为绿色金融产品设立提供创新思路和数据支撑。其次，创新利率联动机制。主动对接银行等信贷机构，将用能分析报告作为贷款审批的重要依据，将企业贷款年化利率与绿色用能挂钩，助力小微企业获得普惠性质贷款，促进上海首笔“碳中和科技贷”入市。此外，浦东公司将继续联合浦发银行、国网英大长三角金融中心、市担保基金等金融机构，构建绿色金融服务体系，协同开展绿色能源分析、碳资产融资管理和融资担保服务，共同推动绿色普惠金融发展。

三、服务浦东引领区建设的政企协同低碳供电体系构建效果

浦东公司全面贯彻国网公司“建设具有中国特色国际领先的能源互联网企业”战略要求，践行“双碳”战略定位、开创政企合作新模式，在环境、经济、社会等方面形成良好的实践效果。

（一）环境效益

一是建设智慧能源综合管控与服务一体化体系，优化区域能源供应结构，推进清洁能源接入电网并100%消纳，着力打造清洁能源优化配置平台，构建清洁低碳的能源供应体系。二是通过打造贯通新能源供给、消费和碳管理的全价值链低碳发展模式，2021年助力临港新片区每年降低碳排放50.56万吨。

（二）经济效益

直接经济效益方面，一是成功中标自贸区临港管委会平台建设项目，辅助临港管委会深度挖掘数据价值，开展区域、行业、企业用能分析，辅助管委会谋划区域发展方案，项目合同金额149万元。二是为临港管委会提供新片区能源管控平台运维、开发、技术指导等服务，支撑区域高质量发展，预计总体收入超过3000万元。三是全员劳动生产率767.4万元/人·年，是国网平均水平的9.36倍。间接经济效益方面，一是充分挖掘CCER、碳配额等碳资产价值，支撑碳金融服务拓展业务。临港新片区近一年能源碳排放187万吨，按照目前52元/吨的交易价，碳交易市场份额高达9724万元。平台通过收取开发辅助费、金融衍生服务费，可获得年收入1070万元。二是开展个性化能耗诊断、定制化节能方案、精细化能源设施管理等增值服务，进一步推进综合能源产业发展。通过收取运营服务费、推广费等，可获得年收入1802万元。

（三）社会效益

一是设立能源服务中心，构建协同运作组织模式，持续优化业务流程，提升工作效能，电力配套工程全流程提速50%以上，助力国际领先电力营商环境打造。2020年国家级新区营商环境评价中，浦东新区位列第一，其中“获得电力”评分97.39分，指标单项排名第一。二是优化电网规划和建设，优化设备运检模式，提升电网韧性，整体供电可靠性达到99.9906%，核心区域可靠性超过99.999%，比肩东京、新加坡等世界一流城市。三是2021年浦东公司“95598”处理及时率和客户满意率分别达到99.70%和99.15%，“12345”市民热线考核成绩优秀。国网工单回访满意率逐步提高，至2021年年末达到了99.11%，优质服务呈现高水平。四是打通多种能源子系统间的技术壁垒、体制壁垒和市场壁垒，促进多种能源互补互济和多系统协调优化，形成能源供应多元体系，支撑区域发展规划及多能调控，实现政府精细化监管，上海市委书记、国家电网公司董事长、浦东新区区委书记等先后专项调研，并给予高度肯定。

（成果创造人：周　翔、周　敏、王　威、林震宇、郭　睿、庄辛远、
王天一、赵震宇、汪敏华、罗　潇、施　旖、朱　峰）

服务分布式新能源大规模接入的有源配电网管理

国网河北省电力有限公司保定供电分公司

国网河北省电力有限公司保定供电分公司（以下简称国网保定供电公司）是隶属于国网河北省电力有限公司的国家特大型供电企业，是河北省保定市最大的公用事业服务单位，承担着为地方经济社会发展提供更安全、更经济、更清洁、可持续的电力供应的重要使命。企业现有职工 9807 人，资产总额 167.96 亿元，下辖县级供电企业 19 个，服务人口 1168.7 万，供电面积约 2 万平方千米。截至 2022 年 6 月末，保定电网拥有 35 千伏及以上变电站 414 座、变电容量 3226.78 万千伏安，输电线路总长度 10790.93 千米，电缆线路 3128 千米。曾荣获全国“五一劳动奖状”，先后被评为全国文明单位、全国一流供电企业、全国“安康杯”竞赛优胜企业、河北省企业管理创新先进单位、河北省数字经济创新发展示范企业等。

一、服务分布式新能源大规模接入的有源配电网管理背景

（一）落实“双碳”目标促进能源清洁低碳转型的必然要求

按期实现“双碳”目标是我国向世界做出的郑重承诺，也是经济社会高质量发展的必然要求。“双碳”目标一方面为我国产业结构升级、低碳能源推广指明前进道路，同时也对能源清洁低碳转型提出新的更高要求。配电网则是实现“双碳”目标的主战场之一，不断清洁能源消纳、安全保障、资源配置三种能力，是有效满足能源清洁低碳转型要求的必然要求。配电网清洁消纳能力方面急需通过信息通信技术与配电系统的规划、运行、控制、管理等环节的深度融合，促进清洁能源高效转换，支撑高比例分布式新能源就地消纳。配电网安全保障能力方面需要加快推进各级电网协调发展，优化网架结构、提升装备水平、强化新技术应用，全力以赴打好电力保供攻坚战，保障基本民生用电需求，着力提升配电网安全保障能力。电网企业作为清洁低碳转型的主力军、配电网建设的主体，需要把推进配电网转型升级作为根本任务，保障新能源大规模开发和高效利用，有力支撑绿色低碳发展，服务好经济社会和行业减排，为实现“双碳”目标贡献智慧和力量。

（二）推动新型电力系统建设与发展的必然需要

高效、清洁、低碳已成为能源发展的方向，新型电力系统生产过程就是以新能源为主体，消费的电能就是低碳/近零碳电能。从全国范围来看，预计火电机组将由每 5 年 10 个百分点的速度下降，光伏风电等新能源将由每 5 年超过 10 个百分点的速度上升。从保定范围来看，新能源装机容量已占电源总装机的 56.77%、占河北南网新能源装机的 22.1%。传统配电网形态在加快改变，物理上由无源网变为有源网，形态上由被动网变为主动网，功能上由供电网变为综合能源/信息网，定位上由电网末端变为电网前端，“源网荷的动态平衡”将替代“供需矛盾”成为供电企业经营发展面临的最大挑战。变革有源配电网管理模式，引导新能源科学发展、合理布局，是电网企业提升分布式新能源消纳水平和并网服务能力，创新新能源业务新模式，推动新型电力系统建设与发展的必然要求。

（三）解决大规模分布式新能源接入瓶颈的必然选择

近年来，国家及地方政府先后出台推进分布式新能源发展的相关政策，以分布式新能源为主体的有源配电网业务产业正进入高速发展期。一方面，电力系统“双高”“双峰”特性给电网的安全性、可靠性、灵活性带来极大挑战，风光发电对以传统能源为主体的保定电网形成巨大冲击，对电网调峰调频能

力提出更高要求。另一方面，电源结构相对单一、调峰调频机组配置不足、储能技术尚待规模化运用等电网现状，直接导致电网灵活性不足。变革有源配电网管理模式，成为供电企业解决新能源消纳和电网安全稳定运行矛盾，实现电网高质量发展的必然选择。

二、服务分布式新能源大规模接入的有源配电网管理主要做法

（一）明确总体思路，构建有源配电网管理架构

1. 统筹谋划布局，明确建设原则愿景

国网保定供电公司围绕“信息透明、调控灵活、源荷互动、主配协同”的建设思路，推动建设贯穿规划、并网、运行、服务等全链条，涵盖顶层设计、技术支撑、管理机制等全领域，推动大规模分布式电源接入的有源配电网管理。通过大数据分析、人工智能等技术完成数据质量治理，提升分布式新能源有效感知能力和精准功率预测能力，推进分布式新能源可观、可测；结合微电网、储能等载体，利用5G等技术实现多级协同控制，提升电网频率、电压快速支撑响应能力，推进分布式新能源的可控、可调；拓展分布式新能源精准控制、负荷聚合调控、区域能源协调控制等多种模式，推动电网向“源荷互动”转变，深化“源网荷储”协同控制应用。

2. 强化顶层设计，强化要素协调推进

国网保定供电公司以大规模分布式新能源接入有源配电网建设为契机，围绕有源配电网制度建设、模式重塑、技术应用、指标评价等管理要素，协调一体开展创新探索，优化管理组织架构，构建智能化技术支撑，打造专业化人才队伍，将持续、高质量地提升并网客户的服务能力以及电网的安全运行水平作为出发点和落脚点，构建有源配电网闭环管控新体系，全面推动服务大规模分布式新能源接入的有源配电网管理升级。

3. 紧扣要素衔接，深化四个协同管理

一是深化接入协同。厘清划分有源配电网精算、配置、验收、图模等一体化闭环业务管控界面，形成电网端和新能源端深度互动的流程机制。二是深化调度协同。在顶层设计、技术支撑、配网运营等领域，建设“信息透明、调控灵活、源荷互动、主配协同”的源网荷储技术支撑体系。三是深化管理协同。编制23项有源配电网管控系列管理制度，全面覆盖有源配电网规划、调度运行、应急处置、停电检修等运营管理全业务，推进有源配电网管理制度的迭代提升。四是深化评价协同。围绕有源配电网多目标、多角度评价评估难题，确定有源配电网安全、经济、发展等多目标评估方法，提升有源配电网满足用户需求的能力。

（二）强化专业合力，夯实有源配电网实施架构

1. 发挥协同合力，建立高效业务体系

一是建立建设领导小组。全面领导有源配电网管理建设工作，研究解决建设过程中的重大事项，督促各项建设工作按计划推进。二是设立领导小组办公室。保障分布式新能源大规模接入的有源配电网建设工作高效有序开展。三是建设柔性团队。抽调发展部、营销部、设备部、调控分中心等部门专业业务骨干建立矩阵式组织架构。四是建立专项工作组。分别负责新能源接入前期规划、项目建设、并网接入（含数据接入）、电网消纳能力评估、电能质量监测监控、基础资料建立、现场检查与动态服务，内外联动拓展工作组织链条。

2. 打破专业壁垒，打造联动管控体系

一是建立跨部门协同推进机制。打破发展、调控、营销专业壁垒，强化跨专业资源共享，加强创新项目专业协同、分工配合，确保高质量完成有源配电网建设工作。二是强化业务融合联动管控。组织各部门、各专业按分工建立工作推进和进度、技术沟通协调机制，整合内部资源，提高工作质量。三是夯

实数据贯通机制。积极与各级调控中心等部门单位协同，按统一技术路线推进建设，发挥主配网协同调度优势，实现快速响应、数据共享、信息互通。四是狠抓责任落实与合规管理。把压紧压实责任作为有力保障，提升新能源电力接纳能力，动态公布经营区域内可接纳新能源电力的容量信息并提供查询服务，依法依规将符合规划和安全生产条件的新能源发电项目和分布式发电项目接入电网。

3. 制定管理制度，夯实专业融合基础

国网保定供电公司联合调控运行、设备运维、安全管控、营销服务、信息通信等专业，通过23项制度建设，率先构建有源配电网综合管理体系，制定《有源配电网检修作业安全监督》等管理制度，强化需求供给双侧安全，强化安全管控制度建设；制定《有源配电网分布式电源安全监督管理意见》等制度文件，从设备运维全流程做出明确操作指导，强化设备运维制度建设；编制《10kV分布式电源并网管理意见》《10kV分布式光伏调度运行管理意见》等管理制度，促进“源网荷储”深度互动、以电为中心的多种能源协同利用，强化调控运行制度建设；制定综合市场配套政策，发挥激励效应，促进“双碳”目标与“市场化”紧密耦合，在电源侧和负荷侧参与响应的基础上满足“源网荷储”多市场主体服务需求，固化升级政策机制，强化营销服务制度建设。

（三）优化配电网网架结构，促进新能源安全高效消纳

1. 厘清并网脉络，开展承载能力分析

一是开展承载力测算分析。在网架结构上共享多元数据资源，以测算结果定制承载力区位图，“网随源动”优化调整电网规划，精准布点优化网架，刚性提升主网接纳能力。二是拓宽配电网潮流调度模式。规划前期充分考虑分布式新能源有功出力“组团”群调群控和无功电压的自动控制，控制策略随新能源并网同步设定。三是充分调研各方接入需求。主动服务分布式电源用户接入，接洽各方充分了解并网需求，提升规划引导分布式新能源精准规划、有序规范接入电网的精准度。

2. 开展智能运维，动态修编网架规划

一是开展有源配电网专项规划。完善配电网多目标优化规划方法，编制与有源化发展相适应的配电网建设技术原则，提升配电网对分布式电源、负荷及储能资源的承载能力。二是坚持配电网架问题“不放过”。全面掌握和分析配电网架存在的问题，形成问题清单并每月更新，对问题进行编号。将需通过网架工程解决的问题全量转化为项目储备，实行问题销号制度，保障网架问题项目转化率达到百分之百。三是实行网架规划动态修编。每月根据问题清单更新情况，结合市政规划信息，及时开展网架规划动态修编，提报修编方案及可研评审，确保与市政规划建设同频共振。

3. 梳理涉网性能，提升保护适应能力

一是规范分布式新能源并网流程。细致梳理低压分布式新能源从申请、勘察、验收、送电到并网全过程，全面开展实地调研，及时收集反馈意见，将低压分布式光伏接入电网技术要求纳入流程。二是强化分布式新能源并网管控。将技术要求纳入并网验收流程和项目合同中，并建立相关指导意见。

4. 推进图模管理，夯实透明管控基础

一是推进基础信息和运行数据全景监视。结合营销部门用电信息采集系统的HPLC宽带电力载波，落实百分之百低压分布式新能源用户运行信息接入，并嵌入智能电网调度控制系统，拓展主配一体化调度控制系统功能，支撑解决有源配网“盲调”问题。二是强化基础运维。组织人员每天从用采系统中导入主配一体化智能电网调度控制系统，各级调控机构自动化人员按调管范围分别维护智能电网调度控制系统有源配变标识。设备异动资料按照“谁主管谁负责”，对其唯一性、准确性、规范性、实时性负责。三是强化考核监督执行。定期对所辖配网图模异动流程流转各环节的正确性、及时性、规范性进行统计分析，通过开展配网图模通过率等通用考核指标的考核评价，将配网图模异动流程管理中因人员责

任导致的图实不符、数据缺失等情况，纳入通报考核。

5. 强化闭环管控，更新计划管理方式

一是提升巡视检测能力。将运行适应性、解并网及孤岛控制与应急处置相结合，依据主配一体化系统实现配网分布式电源可视化，对触电风险直观预判。二是精益开展计划方式安排。按照用户计划停电不超1次，精心优化作业施工方案，进一步缩小停电范围和缩短停电时长。三是优化检修作业方式。在分布式光伏并网的配网线路检修、业扩接火等工作中，优先创新采用带电作业方式，选取夜间分布式光伏不发电时段或与用户光伏设备停修结合开展。四是精准开展电网设备补强。夯实安全供电基础，强化停电风险管控，提升电网供电保障能力。五是建立精算后评价机制。确定算法，定期核算供电能力增加及停电时户数降低成效，依托绩效激励举措助力精算管理闭环提升，提升计划管理精益精准程度。

（四）搭建新能源平台，提升运行智能化水平

1. 构建监控体系，实现分布式新能源“全景感知”

一是提升信息接入敏捷度与透明度。试点光伏分钟级高频采集接入，构建配网图模数据共享体系，落实配网线路主干到分布式新能源的信息全透明。二是提升数据采集质量。联合河北省电力调控中心开展“分布式光伏全景数据汇集”项目开发，建设调控云系统落实多种运行数据在线展示，优化系统数据交互方式。三是提升感知力和分析能力。聚焦分布式新能源对低频控制负荷影响，展示分布式新能源集中并网区域情况，呈现负荷性质“由荷到源”变化，通过分布式光伏建设对低频减载控制能力的影响分析，辅助建立低频减载能力监测预警机制。

2. 完善预测功能，推动分布式新能源“全区组合”

一是试点功率预测系统建设。开展涿州试点分布式新能源功率预测系统建设，推进各类数据台账梳理及模型开发，服务配变、线路、母线、变电站四种颗粒度功率预测，健全信息采集、数据预处理、数据管理、分布式光伏电源总览、变电站—母线—线路—台区接入总览、分布式光伏短期功率预测、预测后评估等7大管理功能。二是优化基于功率预测评估的检修运行方式。开展中长期功率预测评估，服务分布式光伏接入电网后负荷预测、方式安排、日前校核、过载预警等管理职能，强化分布式新能源运行控制，指导检修运行方式安排，为生产组织预留调度空间。三是依托气象预测模型提升抗灾防灾管理能力。融合网格化数值气象精准建模，有效应用分布式光伏功率数据，强化电网设备运行数据、外部灾害信息叠加分析，支撑常态化灾情监测和预警能力提升。

3. 健全控制手段，实现分布式新能源“全域调控”

国网保定供电公司通过融合多维度调度资源，探索分布式新能源调控管理。开展智能电网调度控制系统与营销用采系统建设，推进分布式光伏遥控并解网和分布式新能源全域可控。建设5G监控系统建成应用、基于4G和光纤通信的分布式能源群调群控，深化多维度探索分布式新能源监控管理。推进“线路—台区—用户”全链条电气量和环境量实时监测、光伏出力有效调节，服务建设智能配电物联示范区分布式新能源可调可控、应急处置管控模式。

4. 打造应用场景，推进分布式新能源“试点先行”

一是制定并网标准。在清苑将低压分布式接入要求嵌入并网流程，指导分布式新能源用户规范并网，打造新标准落地样板。二是实施高精度预测。在涿州开展县域分布式光伏精准建模，推进多时间尺度新能源功率预测，实现分布式光伏未来态感知，满足负荷预测、方式安排、日前校核、过载预警等需求，打造高精度预测样板。三是优化项目投资比选。在徐水建设分布式新能源监控系统，综合几种方案对传输延时性、投资性价比等多维度进行比选，为分布式光伏控制手段提供数据支撑，打造多模式融合样板。四是探索台区自治模式。在顺平、徐水依托宽带载波和微功率通信（IPv6）方式的智能通信单

元，推进端侧设备可测、可调、可控和“源网荷储”协同控制，打造台区自治样板。五是探索远程批量控制。在保定探索基于用采系统的分布式光伏并解网控制模式，强化电网调峰和设备过载自动控制场景应用，打造远程批量控制样板。六是开展光储一体化示范区建设。在长城汽车徐水分公司建设“光储示范区”，合作探索电网、厂区分布式—储能—用户负荷的“源网荷储”互动，提升用户侧“光伏+储能”商业价值，打造光储一体化协同样板。七是深化分布式电网监测能力。在博野试点应用配网同步相量测量与动态记录，提升分布式对电网影响监测水平，打造微观监测样板。

（五）主动对接结对共建，推进地市县调度同质化管理

1. 强化一体推进，深化三个重点

国网保定供电公司加强省地县调一体化建设，深化集群自治、群间协同、输配协调三个重点，提升有源配电网调度管理质效。推进地县（配）调一体模式向省地县（配）调一体模式转变，协同调度机构新能源预测、电力平衡、负荷控制及调度计划管理等业务开展，推进调度模式转变；通过集群同步化控制，充分调控集群内可控资源，实现集群发电本地消纳，深化集群自治；根据发电功率和负荷的短期/超短期预测结果、检修信息，开展日前、日内、实时优化调度，基于目标和各类约束的模型算法给出电网各节点最优运行状态，实施集群协同优化调度，推进落实分布式发电就近消纳，深化群间协同；通过系统双向互动、输配分解协调的无功电压优化和动态经济调度，推进落实区域电网的最优控制和分布式电源的最大消纳。

2. 科学编排计划，促进能力提升

一是推动主配网多源数据融合。根据负荷预测实际情况，统筹考虑系统负荷预测、母线负荷预测、日最大负荷预测及度夏度冬最大负荷预测等各类数据，服务推动主配网同质化、扁平化、集约化协同管控。二是构建主配协同、分级管控体系。建立负荷分析月周通报制度、专项督导制度，开展负荷预测经验交流活动，科学编排计划，有效降低运行风险，大幅提高供电可靠性。三是提升负荷预测能力。通过负荷预测竞赛、评选树立优秀典型，通过线上视频会议、线下巡回宣讲等多样化宣贯手段，推广典型经验。

3. 三级调度机制，引导同质管理

一是压缩升级管理层级和流程。建立分布式新能源管理专职队伍，10千伏并网分布式光伏电站按照集中式光伏电站管理，加强一次、二次设备安全管控，现场配置AVC、AGC设备、光差保护、独立防孤岛装置等，明确要求光纤接入调度数据网的链路通道，实现电站信息实时上传。二是建立三级调度验收机制。联合省调建立省—地—站交互的新能源调度并网线上验收流程，实施场站自验收、地调预验收、省调，引领分布式与集中式新能源场站并网同质化管理。三是强化主配一体化管理执行。在设备检修、计划申报、故障处置等环节按照主网管理执行，在智能电网调度控制系统主站部署新能源自动发电控制系统和无功电压控制系统，推进落实全部13座分布式光伏电站有功出力的群调群控和无功电压的自动控制。

（六）夯实保障支撑，推荐有源配电网可持续运行

1. 强化人员培育提升，筑牢运行根基

一是构建素质图谱。完善有源配电网调度人员行为基础数据收集，借助大数据聚类分析技术，实现对电网调度员工作行为的精准化描述。提出典型能力要求“六力模型”，提出电网调度员能力图谱分析方法，完善内部机构，健全沟通机制，大力培养复合型专家型人才。二是强化业务培训。基于人员素质图谱，在组织保障、机制保障、人员保障、技术提升等方面推进课程建设，统筹分布式电源、负荷精准预测和储能等新设备可调可控能力要素分解，提高系统运行人员业务素质和专业技能。三是畅通员工通

道。加快调电网度员岗位晋升通道的建设，培育持久动能，全面提升电网调控运行体系的工作效率。

2. 构建指标评价体系，促进持续改进

一是整体规划指标体系。充分利用大数据、人工智能等手段，运用数字化转型的先进思维理念和当前分布式新能源管理实践，量身打造有源配电网功率上送安全水平等5项评价大指标及15项评价子指标体系，实时反映有源配电网运行状态，指导电网安全调度运行及前期规划建设。

二是明确评价指标内涵。“有源配电网功率上送安全水平”评价指标关注220千伏供电区、县域、全网三个维度的有源配电网功率上送状况。“有源配电网电压安全水平”评价指标精准刻画220千伏供电区、县域、全网三个维度对有源配电网电压越限、波动状况。“有源配电网源载水平”评价指标关注220千伏供电区、县域、全网三个维度的有源配电网源载水平。“分布式光伏感知控制水平”评价指标反映有源配电网下对分布式光伏的监测、控制水平。“分布式光伏持续并网发电水平”评价指标以排名来评价地市单位的有源配电网错时停电作业水平。

三是高效开展评价实施。通过生产模拟图、柱状图、数据表等方式全面、直观地监控电网设备和分布式新能源设备的运行状况，动态评价新能源设备及其对电网安全性能的影响。

3. 健全后评估机制，提升运转成效

国网保定供电公司建立结果导向型体系后评估制度，充实管理体系关于新能源规划、设备验收、调控运维、检修应急等核心业务关键技术细节，同步更新管控体系目标要求，完善技术细节；推动各业务管理部门不断分析有源配电网的新特征、研究有源配电网的新形态，持续丰富有源配电网的业务本质管理系统内容，保障业务目标落实。将《卓越绩效评价准则》引入有源配电网管理体系，采用卓越绩效评分和度量工具，诊断性评价管理体系的成效，持续提升业务管理体系的运转过程及机制建设。

三、服务分布式新能源大规模接入的有源配电网管理效果

（一）管控消纳能力增强，助力“双碳”目标落地

圆满完成服务分布式新能源大规模接入的有源配电网管理试点，形成的23项制度建设及管理模式等成果，有效提升了新形势下分布式新能源管理模式，为优化调整电网规划，精准布点优化网架，刚性提升主网接纳能力，引导分布式电源精准规划、有序规范接入电网，优化并网验收管理流程等各关键环节和流程提供了理论及体系支撑。各级有源配电网发展管理水平得到大幅提升，管理效率大幅提高，分布式新能源并网投产时间缩短近60%。分布式新能源管理模式优化助力“碳达峰、碳中和”战略及光伏扶贫政策的可靠落地，大力推动分布式新能源用户有序并网，每年可折合节约标煤1.1万吨，相当于减排二氧化碳73.7万吨，实现了节能降耗和环境保护的目的。

（二）深化提质增效应用，价值效益充分体现

2021年分布式新能源用户年收益同比提高59%，国网保定供电公司在提升客户能源使用满意度的同时，为政府创造良好营商环境提供了强大支撑。2021年保定地区分布式光伏用户跳闸同比降低35.6%，电网多供电及用户多发电量200余万千瓦·时，涉及金额139万元。运检类投诉同比下降67.2%。优化新能源场站调控运行，研发末端并网电压自动调节装置，各级电压合格率均达到99%以上，同比提高1.57个百分点，实现电网经济运行，同比减少损失电量800余万千瓦·时，减少线损经济损失428万元。创新构建“供电能力精算”模式，精准研判停电最优经济方案，实现“一户一年停一次”“大幅压减用户停电时长”目标。仅2021年累计减少重复停电632条次，节约资金611万元，惠及光伏用户6.76万户，为百姓增收202.3万元。2021年成果实施以来，累计经济效益达1380.3万元。

（三）服务保障能力提升，彰显电网责任担当

国网保定供电公司依托有源配电网建设，先后承接国家电网公司分布式新能源调度综合试点、能源

互联网专项试点、可持续管理示范项目等建设任务，形成有源配电网管理、能源低碳发展的保定实践示范。已落实7项技术应用在雄安电网推广，项目平稳融入雄安电网建设，为分布式光伏调控运行提供最优技术路线，服务整县分布式光伏开发政策高质量落地，服务雄安新区“千年大计”。先后申请国家发明专利18项，在中国电力企业联合会配电网调度控制运行论坛上推介有源配电网管理先进经验。围绕服务新能源发展、有源配电网建设，在《人民日报》、新华社、中央电视台等20余家媒体刊发新闻60余篇，形成能源领域创新实践的现象级传播推广示范。

（成果创造人：高　岩、王　强、胡文丽、张纪欣、高　龙、刘新建、崔　良、董　默、樊茂森、管敏丽、王光华、刘东宇）

赋能美丽乡村建设的绿色供电服务管理

国网河南省电力公司兰考县供电公司

国网河南省电力公司兰考县供电公司（以下简称兰考供电公司）始建于1953年，营业区供电户数34.4万户，是河南省12家大型县供电公司之一，内设机构总量12个，下辖2个网格化供电服务机构、8个中心供电所、9个供电服务站和1个产业单位，全口径用工总量839人。兰考电网呈现为以两座220千伏变电站为电源支撑，县城区以110千伏为主供网架，农村地区以35千伏为主供电网的运行模式。2018年7月，国家能源局正式批复兰考成为全国首个农村能源革命试点建设示范县，兰考供电公司积极承担全国首个农村能源革命试点县重要任务，入选国网公司批复的全国5个县级能源互联网综合示范区之一，获评国家电网有限公司“十四五”能源互联网规划唯一县域示范区，国网公司管理提升示范基地，被列为河南省电力公司新型电力系统县级示范区。

一、赋能美丽乡村建设的绿色供电服务管理背景

（一）落实美丽乡村战略部署，履行政治社会责任的需要

国家农业部（现为农业农村部）于2013年启动美丽乡村创建活动，并于2014年2月正式对外发布美丽乡村建设十大模式，为全国美丽乡村建设提供范本和借鉴。作为国家新型城镇化综合试点县、全国普惠金融改革试验区、全国省直管县体制改革试点县、河南省改革发展和加强党的建设综合实验示范县，兰考进一步深入开展美丽乡村建设工作，具有很强的典型性和示范意义。2018年国家发布《美丽乡村建设评价》（GB/T 37072—2018），将美丽乡村建设评价重点放在村庄规划、村庄建设、生态环境、经济发展、公共服务内容等方面，涉及22项定量指标和78项定性指标，这将推动兰考美丽乡村建设提档升级。兰考供电公司必须实现内部跨层级、跨部门高效协作，以及外部多单位、多任务协同互动，公司亟须加快体制机制改革，明确公司在美丽乡村建设中的定位与责任，为全面落实美丽乡村建设战略部署提供基础保障。

（二）探索能源绿色转型路径，赋能美丽乡村建设的需要

2015年国家发布的《美丽乡村建设指南》（GB/T 32000—2015）围绕村庄规划、村庄建设、生态环境、经济发展、公共服务等方面，明确了全面提高供电可靠性、大力发展清洁能源支撑生态文明建设等重点任务。2018年以前，兰考生活垃圾无害化处理率仅为65%、农村秸秆利用率不足70%。能源方面，兰考县仅有兰考秸秆电厂和夜明珠光伏电站两座发电站，90%的电力均需从县外引入煤电，风电暂未开发，全县新能源发电装机4.99万千瓦，年发电量2.4亿千瓦·时，装机容量仅占全县用电负荷的16.5%。煤电和燃煤等高碳排放能源约占社会总耗能的94.5%，清洁能源占比约5.5%，低于国家美丽乡村建设标准，达到排放标准的传统化石能源占比约50%，电能占终端用能的比重为49.33%，距离美丽乡村建设指标中的“使用清洁能源户数比例”还有一定差距，能源环境发展面临一系列挑战。兰考供电公司需要紧抓能源发展与产业转型升级新机遇，立足兰考本地能源资源优势，加快新能源开发利用步伐，加强新能源送出配套工程建设，推广电能替代技术，助推县域乡村电气化水平的全面提升和乡村产业结构的优化升级，充分调动各方履责动力和积极性，实现美丽乡村建设发展中能源结构的转型升级。

（三）提升企业绿色服务能力，实现各方共同发展的需要

兰考县随着美丽乡村建设步伐的加快，产业不断丰富，乡村经济持续向好，农村的用电需求越来越

大，电力系统服务用户的形态革新、功能革新、技术革新需求日益迫切。兰考供电公司支撑美丽乡村建设工作的过程中，供电质量、县域电网智能互动水平、先进技术应用等方面与发达地区差距明显。兰考供电公司需要确保能源革命和美丽乡村前期建设阶段的优秀工作成果，结合乡村振兴工作综合性、整体性、渐进性和持久性的特点，通过优化调整服务对象、整合提升服务主体和创新服务模式等方式，不断提高和巩固服务效果；依托全国首个农村能源革命试点示范县建设，深化兰考农村能源互联网平台功能创新和示范应用，持续改进服务体系，满足客户日益增长的个性化服务需求。

基于以上背景，兰考供电公司以《美丽乡村建设指南》为指引，以助力打造“农业强、农村美、农民富”为目标，开展了完善工作机制、加强电网建设、推动乡村电气化等一系列工作。

二、赋能美丽乡村建设的绿色供电服务管理主要做法

（一）完善工作机制引领，融入美丽乡村建设蓝图

1. 明确责任定位，紧密对接美丽乡村战略

一是在服务美丽乡村建设中发挥枢纽作用。加快电网全面跨越升级，确保清洁能源的优化配置，实现美丽乡村建设与生态文明建设和谐共生。二是在服务美丽乡村战略中做好电力应答。按照统一规划、差异化分区、精准高效的原则，统筹乡村电网发展质量和效率效益，实现推进美丽乡村与提升供电服务水平相融合。三是在服务美丽乡村建设中展现新作为。结合资源优势和产业特点，精准对接用电需求，提供技术支持和服务指导，实现美丽乡村建设与产业发展相衔接。

2. 明确责任清单，确保美丽乡村攻坚实效

一是建设坚强电网，确保用电质量。兰考供电公司统筹优化兰考各电压等级电网，加强城乡配电网建设及配网网架建设；不断拓展新能源消纳渠道，实现新能源的高效利用；与乡镇党委联合，加快农网改造升级，加快补强联建乡镇、村供电网络基础短板，提高农村电网建设标准，充分保证乡村产业、乡村旅游等新业态用电。二是推广清洁能源，推进绿色发展。基于兰考能源资源条件，确定兰考县域清洁能源总量和分布，引导清洁能源有序开发；利用开展电源侧、电网侧、负荷侧、储能侧的一体化建设，构建绿色低碳循环体系；积极推进电能替代，在结对村内积极推广电能替代项目和相关技术，引导产业电气化升级，助推提质增效。三是优化营商环境，共同提供优质服务。全面优化办电流程，精简办电手续和服务环节，为用户提供用电咨询、工程指导、用电分析等全方位供电服务；定期开展支部联创活动，开展用电需求全面摸底，编制助力乡村产业发展的用电方案。

3. 强化责任落实，实现责任链条有效衔接

一是加强与各级政府机构沟通与衔接，依托公司供电所与外部企业建立联络通道，推动构建政企互动的“协同链”。组建公司乡村振兴领导小组，负责与县委县政府、县乡村振兴局、乡镇、脱贫村各层级协调对接；发挥14个供电所和农电工属地化优势，架起与用工企业的沟通联络机制，发展多样化合作模式，形成合力推动乡村振兴的工作局面。二是以乡村振兴责任清单为出发点，构建内部贯通“协作链”，确保公司上下高效联动。建立领导小组、工作小组、驻村工作队“三级”联动的组织机构，明确各部门责任；完善驻村工作队员在岗履职管理制度，着重奖励贡献突出团队及员工，形成“头雁”引领效应。

（二）加强电力系统建设，夯实美丽乡村建设基础

1. 推进电源建设，提高电力保障能力

一是积极对接政府，深度参与风资源开发方案的编制，助推“电网友好型”风电开发利用。二是提前发现“整县屋顶光伏”开发建设中存在的隐患，兰考供电公司联合政府机构、光伏开发企业共同成立“柔性团队”，引导光伏科学开发、合理接入，全力保障“整县屋顶光伏”顺利推进。

2. 持续电网建设，提高能源消纳能力

一是统筹优化兰考各电压等级电网，加强城乡配电网建设及配网网架建设。积极争取电网投资，全面加强主网建设，快速建设形成“布局合理、技术适用、供电质量高、电能损耗低”的兰考新型村级电网，全面提高供电质量和可靠性。二是扩大巩固新能源接入线路，累计建设投运中原、仪封、兰熙风电场等新能源并网线路50千米，保障50万千瓦风电顺利并网。

3. 调动负荷需求，提高资源利用能力

一是在桐乡供电所建设直流微电网示范项目，促进分布式可再生能源友好接入，形成多元微电网与兰考电网的互联互通，推动兰考电网向高弹性配电网转变；二是探索分布式新能源及多元化负荷互动管理的现代配电网。考虑电动汽车充电桩、集中式储能、工业负荷三类主体，对接70余家企业落实受控可行性，选定4个参与主体，累计签订可调负荷4200千瓦。进一步提升能源系统运行效率，降低能源成本，促进能源低碳化。

4. 拓展储能建设，提高综合协调能力

兰考供电公司充分发挥政府政策引导与市场推动作用，统筹布局电源、电网、用户侧储能设施，提升电力系统综合调节能力。一是开展电网侧储能项目建设。探索开展基于“源—网—荷—储”的一体化运行示范应用，服务新能源就地消纳。二是推动电源侧储能。公司积极与兰考县政府沟通，达成配备储能可提高兰考新能源装机空间的共识，配合政府督促新能源企业按照国家、河南省发改委等相关文件要求配置储能设施，积极推动新能源侧配套储能设施的建设。

（三）推动能源低碳化转型，服务美丽乡村生态环境

1. 全力推广绿色宣传，落实电费减免政策

兰考供电公司面向社会全方位宣传“以电代煤、以电代油，电从远方来、来的是清洁发电”，打造源网荷友好互动管理，服务能源资源合理开发和清洁高效利用，将环保理念融入电网规划、设计、建设、运行、检修等环节，提升清洁能源开发利用宣传效果。严格落实国家连续两年降低一般工商业电价10%部署要求，持续扩大电力直接交易规模，准入市场主体119家；落实低保、五保户电费减免政策，客户经理主动上门登记，为每户每月减免10度电量电费；开展贫困户大走访，整改室内用电安全隐患，无偿更换有隐患的室内电线、开关、插座等。

2. 合力推动以电代煤，保障居民清洁供暖

兰考供电公司因地制宜、分级分类推进清洁替代，保障电力供应与清洁取暖电力消费同步。创新实施居民“煤改电”用户电能替代打包交易，推动政府出台设备购置补贴等支持政策，全面满足居民采暖用电需求。同时做好清洁取暖电网配套建设，积极做好农村地区电网升级改造，满足电采暖大规模接入需求，保障热负荷可靠供电，达到供电能力100%满足、线路100%联络、用户故障100%隔离。2018—2021年，共安排“煤改电”配套投资2.8亿元，新建10千伏线路长度464.72千米，新建改造台区621台，容量17.04兆伏安，完成清洁供暖4.5万户，圆满实现兰考地区“煤改电”目标。

3. 有力推进以电代油，实现农业电气生产

兰考供电公司依托政府高标准农田建设，围绕农业生产灌溉，大力实施“以电代油”，打造高效节水灌溉体系，做好新增农田机井通电工作。推广粮食及农副产品电烘干替代，利用电气化农业生产技术，助推大棚自动采光、自动喷淋、恒温恒湿控制、水产恒温养殖等现代农业在乡村落地。2017—2021年，完成“井井通”配套工程投资0.99亿元，新建改造10千伏线路137.19千米，新建机井配变402个，受益机井达4900眼，惠及农田22万亩（1亩约等于666.67平方米）。

4. 构建绿色交通体系，助力政府公共服务

兰考供电公司整合“车、桩、站”和城市交通系统信息资源，形成车桩站联动、信息共享、智慧

调度的交通运行格局，服务公众绿色出行。联合政府推动县域出租车、公交车、物流车、公务用车全部替换为新能源车；加快配套充电基础设施建设，优先推进县城区域、公共交通充电桩配套；合理布局、有序引导推进商业、居民、农村等地区充电站建设，构建绿色交通体系。

5. 支撑政府生态建设，提升乡村绿化水平

兰考供电公司配合政府积极推动乡村旅游发展，优化供电服务，开展景区用能设备电气化节能改造，建设以电为中心的景区综合能源系统，打造绿色低碳“全电景区”，实现景区“玩、吃、住、行”用能全程电气化，推动红色旅游与绿色电能的“结合共赢”。围绕乡村生态旅游和红色旅游发展，加快仪封乡代庄、固阳乡徐场、三义寨乡南马庄等生态旅游区以及张庄红色旅游区电网景观化改造，延伸建设东坝头等黄河景区电网末端。投资8279万元开展中心村（小城镇）电网建设改造工程，新建改造配变台区462个，新增配变容量126兆伏安，保障了兰考县81个中心村户均容量不低于2.5千伏安，达到全省领先水平，全面满足周边特色园区的用电需求。

（四）加大乡村电气化改造，推动美丽乡村经济发展

1. 创新赋能发展，提升农业生产电气化水平

兰考供电公司聚焦农村未来个性化、综合化、智能化服务需求，通过政企协同量身定制电气化方案，将电气化示范县建设与兰考能源革命7个片区规划协同推进，推广瓜果种植、畜牧养殖业、菌菇种植等农业自动化的电气化设备，将先进信息通信技术、控制技术与先进能源技术深度融合应用，推动能源系统运行智慧化，实现农业电气化水平、电力普遍服务水平全面提升，并为全国提供农村农业发展方式新样板、新思路。以仪封乡奥吉特菌菇产业示范园“供电+能效”电气化改造项目为例，兰考供电公司引导客户投资空气源热泵6台实现以电代油，并进行节能改造，通过在配电室加装温湿度监测设备，实现蘑菇大棚恒温恒湿集中控制；通过在蘑菇大棚用电回路安装智能表计，集成用能监控大数据接入，实现对监测大棚能耗实时监测，成功探索出符合企业生产实际的高效生产模式，实现乡村从电气化改造向智慧能源进乡村跃迁，全力打造乡村电气化综合示范“兰考样板”。

2. 坚持因地制宜，推进乡村产业电气化升级

兰考供电公司坚持因地制宜、突出特色的原则，大力推动乡村产业电气化，通过生产设备电气化和生产过程自动化，提升乡村产业发展水平，促进乡村能源生产和消费升级。堌阳镇作为制造产业示范，围绕木材加工，在徐场民族乐器村、刘堡村现代家具物流示范园，推进乐器及家具开料、配料、烘干环节电气化改造，与综合能源公司对接，打造商业街屋顶光伏和储能微电网。兰考供电公司在东坝头引入电烧烤、流动电餐车设备，推动燃油船舶、公共交通电气化改造及充电桩配套建设，推进露营地房车共享用电，建设风光储一体化智慧路灯，开展黄河湾旅游景区用能设备电气化节能改造，建设以电为中心的景区综合能源系统，建成“全电景区”。

3. 强化示范引领，打造居民生活电气化样板

兰考供电公司围绕乡村家庭生活、乡村公共事业、乡村绿色出行等打造农村生活电气化样板，推动乡村绿色发展方式的转变。以“红色张庄”全电村落示范项目为例，兰考供电公司和政府建设充电桩、分布式光伏发电站、储能等设备，对党校空气源热泵或电采暖进行改造，对该村变压器及低压配套设施进行升级，打造“红色张庄”电气化特色村镇，确定新农村建设电气化改造标准，打造全电村落示范名片，同时把“梦里张庄”打造成为休闲农业及乡村旅游示范样板，民宿发展示范样板。张庄村初步建成红色宜居综合型乡村电气化特色村镇，拥有电动观光车5台、安装充电桩6个，可满足5台电动观光车及张庄新能源车主充电需求，村级分布式光伏发电50千瓦、小型储能设备一套、节能路灯8个、全电民宿4家（含全电厨房）。

（五）提供多元化便民服务，优化美丽乡村供能服务

1. 打造营销融合班组，优化电力营商环境

一是优化“强前端”，构建“大后台”，整合区域内服务核心资源。建立大融合性班组，优化“强前端”网格服务模式，提升营配业务融合质效。构建网格服务“大后台”支撑体系，建立“中心供电所+服务站”管理模式，利用“集约管控平台+现场作业终端”开展营销全业务流程管控，实现主动服务和主动运维，实现服务全要素可视化。二是持续优化“三级网格”建设，创新网格化属地主动服务。统一供电所和供电部（中心）“三级网格”模式，深化“三级网格”服务响应机制，打造“豫电管家”特色服务品牌，在网格责任区内推动“主动办电、主动告知、主动抢修”等主动服务信息可视化，同时探索村所共建共治共享机制，提升用户满意度。三是开展工作数字化转型，推动公司服务手段由线下向线上转移。深化“综合值班岗”的“中枢大脑”和“指挥中心”作用，开展业务监控和指挥调度，供电部（所）应用实现全业务线上管理，全面提升业务流转效率；持续强化“三型一化”营业厅和无人营业厅建设，促进发展质量、效率和效益全面提升。四是强化移动终端全业务应用，实现业务功能融合。通过“豫电助手”向各级营销管理人员和基层一线直观展示各指标情况，将“指标变工具”；深化智能电表非计量功能应用，优化用电采集和供电服务抢修业务流程，用户停电信息告知时长由270秒缩短至30秒，降低用户用电投诉率，提升用户获得感。

2. 建立动态监测机制，辅助政府监管决策

一是发挥电力大数据资源优势，创新建立乡村电力指数。利用电力大数据准确、实时、客观反映居民活动状态、产业经营活动的特征属性，按天提取数据，按月统计分析，构建农业发展、产业兴旺、生活富裕“三位一体”乡村振兴电力指数，探索乡村振兴纵向发展成效和横向差异评估新模型：“农业发展电力指数”立足于亩均用电量看农业电气化水平；“产业兴旺电力指数”立足于乡村产业用电量占比看产业发展程度；“生活富裕电力指数”立足于农民户均用电量看农民生活水平提升趋势。为乡村产业布局、乡村电气化水平、农村空心化程度提供量化分析模型和工具，为政府确定投资导向和产业扶持提供决策辅助。二是用好乡村振兴电力指数，提升政府综合施策精准度。通过乡村振兴电力指数多维度量化及趋势分析，助力农村地区补短板、强产业、促发展、惠民生：“农业发展电力指数”较低的地区，应加大力度建设优势产业，推动农业高质高效发展；“产业兴旺电力指数”得分较高地区，应优先布局资金、技术密集型产业；得分低的地区，应聚焦特色产业，培育发展新动能；“生活富裕电力指数”为分步提升乡村基础设施提供导向，有利于逐步建成全民覆盖、普惠共享、城乡一体的基本公共服务体系，推动城镇和乡村融合发展。

3. 完善供能监测手段，增强供电服务能力

一是提升用户数据监测能力。兰考供电公司为构建美丽乡村建设工作动态监测机制，在全国率先建设多能互补、信息融合、联动协调的农村能源互联网，累计接入电、热、气、油等能源数据2577万条，建成“能源监测、运营指挥、公共服务”三个功能中心，基本实现“全县域、全品类、全链条”能源运行可观可测。二是提升企业用能感知能力。兰考供电公司选取具有节能潜力的典型企业，加装用能监测装置，实现设备级运行监测，实现企业客户用能信息的动态全感知，实现对柔性负荷的实时调节和需求侧响应，将用户侧分散资源聚沙成塔，对具备负荷调节能力的工商业用户进行调度，有效提升电网调峰能力，降低用户用能成本，缓解电力供需矛盾。三是强化抢修服务保障能力。兰考供电公司通过智能电表非计量功能改造、软硬件整合升级、业务流程优化，加强配网抢修可视化协调指挥能力建设等多项举措，实现对停电信息的精准判别和故障抢修业务的全过程可视化闭环管控，大幅缩短停电信息的感知与告知时长。

三、赋能美丽乡村建设的绿色供电服务管理效果

（一）电网供电能力变强，支撑服务美丽乡村能力提升

一是强化乡村配网供电能力，供电可靠性明显提升。2018—2021年，兰考供电公司配网工程总投资39351.69万元，新建改造10千伏线路727.83千米，年平均新建改造约194.09千米；新建改造配电台区765个，年平均新建改造约204个；新增配电容量18.81万千伏安，年平均新增5.02万千伏安。供电可靠性由99.788%提升至2021年年底的99.8693%，年均停电时间由20小时以上缩短至11.45小时。

二是强化输变设备感知能力，大力推进电网智能化转型。实现兰考110千伏及以上重要输电线路施工外破点运行环境监控覆盖，35千伏及以上变电站网络安全监测装置覆盖率100%；设备侧和客户侧感知终端增量接入率、县城区域存量感知终端接入率、数据覆盖率、增量设备实物ID覆盖率实现"四个100%"；配电自动化终端覆盖率89.84%，营配调数据一致率96.7%。大大降低故障时户数，提高电网供电可靠性。

（二）清洁能源占比提升，助推"碳达峰、碳中和"目标实现

一是能源供应方式加速变革，地区清洁能源快速发展，新能源装机容量、发电量持续提升。截至2021年年底，兰考新能源装机容量达到105.3万千瓦；区域内清洁能源上网电量16.58亿千瓦·时，同比提升59.35%，清洁能源发电占比达到89.04%，远远超过全国平均占比71.3%；全县非化石能源消费占比从22%提高到63%，电能占终端能源消费比重从37.5%提高到66.3%，清洁取暖普及率从14%提高到99%，公共绿色出行率达到90%以上，助力建设生态宜居美丽乡村。

二是优化能源消费结构，有效推进乡村电气化示范项目和电能替代工作的成效。通过机井通电台区建设，每年可等效减少柴油消耗1219吨。2021年完成电能替代项目共107个，电能替代完成电量1.38亿千瓦·时，累计电能替代完成电量3.83亿千瓦·时，占全社会用电量的19.41%，电能占终端能源消费比重为65.86%。生活垃圾无害化处理率从65%提高到100%，秸秆、畜禽粪污资源化利用率超过90%，薪柴和散煤在生活中的使用全部消除，县域人居环境明显改善。

（三）转型乡村能源网络，企业供能服务能力不断增强

一是帮扶成效显著，帮扶户年均收入达到国家脱贫标准近3倍。

光伏项目共涉及帮扶6055户，装机总容量达35.35兆瓦，累计为兰考县11.2万户次"低保""五保"人口减免电费62.7万元，结算光伏扶贫购电费补贴2949.5万元。

二是供能服务质量全面提高，助力美丽乡村获得感提升。通过兰考农村能源互联网平台的创新应用，停电信息分析到户率达到90%以上；10千伏线路跳闸事件上报及时率、示范区智能电表（台区总表）停（上）电事件上报及时率、示范区低电压（台区总表）上报及时率达到80%以上；电网运行故障研判准确率达到80%以上。通过不断深化网格化服务建设和规范服务行为，投诉总量由2017年年底的1075件，减少至2021年的7件，下降率为99.35%。兰考供电公司"获得电力"得分稳步提升（2021年得分93.16分），电力营商环境得到充分改善，业扩报装时限达标率连续三年完成100%。

三是全面服务兰考乡村产业振兴，4年来兰考县GDP增长26%。兰考供电公司结合各类用电客户需求，以客户需求为导向，强化了区域内乡村产业振兴的保障能力，区域内产业蓬勃发展。全县GDP由2018年的304亿元增加到2020年的383亿元，2021年全县规模以上工业企业增加值同比增长5.3%。

（成果创造人：崔军朝、孟凡斌、杨跃武、许晓晨、畅广辉、洪　浩、李　明、徐　岚、李文峰、李　鹏、马浩博、张艺涵）

化工企业以全面绿色低碳发展为目标的循环经济产业链管理

天辰化工有限公司

天辰化工有限公司（以下简称天辰化工）成立于2007年3月，隶属于新疆生产建设兵团第八师的大型国有企业新疆天业（集团）有限公司（以下简称新疆天业），是一个年产45万吨聚氯乙烯树脂、32万吨离子膜烧碱的大型氯碱化工企业，地处新疆天山北麓中段，古尔班通古特大沙漠南缘，"戈壁明珠"石河子北部。园区内的天业铁路专用线与北疆铁路北疆线相连，其优越的地理位置和丰富的原料资源，有利于天辰化工成为氯碱行业旗舰和循环经济典范。天辰化工目前拥有3家直属企业，分别为天辰电石厂、天辰化工厂以及天辰机械厂，公司主要经营电石、化学制品、塑料制品、自备电力的生产与销售。天辰机械厂主要从事压力容器、管道制造安装和石油化工、机械、热电等大中型工业设备、电气安装及大型设备的吊装等，施工能力约1亿元/年。

一、化工企业以全面绿色低碳发展为目标的循环经济产业链管理背景

（一）绿色低碳发展是国家经济社会发展的一项重大战略

在2020年9月的第七十五届联合国大会一般性辩论上，我国做出"二氧化碳排放力争于2030年前达到峰值，努力争取2060年前实现碳中和"的承诺。确定"双碳"目标后国家陆续推出"碳达峰、碳中和"的相关政策，从引导"双碳"落地，到国家明确发文遏制"两高"项目盲目发展，政策指导层面已经越来越清晰——"双碳"目标已成为长期国家战略，它不仅被定义为能源问题、环境问题，更是经济问题和长远发展问题；2021年，国务院发布《关于加快建立健全绿色低碳循环发展经济体系的指导意见》；2021年，国家发展改革委发布《"十四五"循环经济发展规划》，提出推进循环经济发展，构建绿色低碳循环的经济体系，助力实现"碳达峰、碳中和"目标；从国家出台的政策看，主要内容围绕减少碳排放设立目标，对于高碳排放企业进行管控，并以鼓励节能、绿色、健康高质量发展为主。

（二）绿色低碳发展是石化行业实现可持续发展的关键

石化产业从事能源加工转换和石化产品生产，同时又是高耗能产业，既要实现自身的绿色发展，又承担着推动全社会低碳转型、保障国民需求和经济发展的重要责任。因此，在"碳达峰、碳中和"这一新目标、新形势下，石化产业的发展将发生深刻变革，如何在增长产能及产量的同时，实现碳排放的有效控制，成为石化产业面临的重要挑战。从生产端看，低碳约束下我国石化产品生产成本将增加。低碳发展的目标要求，务必要通过源头减量来实现，对于石化产业现有燃料和原料结构的大规模调整势在必行，加快实施以全面绿色低碳发展为目标的循环产业链管理体系建设迫在眉睫。

（三）绿色低碳发展是化工企业实现转型升级的内在需求

天辰化工作为一家大型氯碱化工企业，是传统的资源转化型产业，高能耗、高耗盐，在生产过程中消耗大量的能源并排放大量的三废污染物，同时存在产业链长的问题。因此，促进能源节约、资源综合利用，推动氯碱产业链循环、产品创优创新、技术工艺革新，实现创新突破、绿色发展，是天辰化工生产经营的内在需求。一方面提升企业生产效率、能源利用率、资源回用率，构建以全面绿色低碳发展为目标的循环经济产业链管理体系迫在眉睫；另一方面，转变生产方式、赢取环境效益，才能够在长久的市场竞争中占据主动。在绿色低碳发展的时代背景下，安全生产、绿色发展已逐渐成为社会共识，全球各国都在积极发展绿色经济，消费者对产品质量有了更高需求，这要求化工企业加快产品向高端升级，同时落后产能、落后工艺技术将被淘汰，随着消费升级和产业升级，产品向下游高附加值延伸，高性能

的化工新材料需求和供应迅速增长。

二、化工企业以全面绿色低碳发展为目标的循环经济产业链管理主要做法

（一）确立循环经济产业链管理的总体思路

天辰化工紧抓契机，将贯彻以全面绿色低碳发展为目标的循环经济产业链管理作为公司转型升级的突破口，将循环经济产业链管理要求全面贯穿到研发、三废治理和能源管理和生态建设的全过程，培育形成以全面绿色低碳发展为目标的循环经济产业链管理新模式。

天辰化工循环经济产业链管理整体思路是：在充分依托新疆资源优势的基础上，以成本为核心，建设循环经济产业链，将传统氯碱生产过程向上下游延伸，同时攻克电石渣制水泥关键技术，建立“煤—电—电石—聚氯乙烯—电石渣水泥”主导产品产业链。

按照“规模化、循环化、可持续”的发展思路，实施新一轮结构调整，将产业和产品进一步向上下游延伸，形成更加完善的循环经济两大产业链：第一个是主导产品产业链，第二个是构建废气、废水、废渣资源综合利用产业链。与此同时，实施技术创新发展战略，将自主创新和产学研结合，逐步建立成套绿色化工关键支撑技术体系。

基于以上思路实现产品循环、品质提升及向再生资源的转变，驱动企业化工高质量发展，该产业链通过“原料—产品—废物—原料”的循环过程，实现资源的闭路循环，有效促进资源节约集约循环利用，更加有力地推动当前化工企业优化生产工艺，提升资源利用效率和绿色减碳目标。

（二）建立组织保障体系与运行机制

1. 建立循环经济产业链管理的组织保障

天辰化工积极贯彻落实新疆天业深化体制改革要求，实施独立法人治理结构，设立专门的组织管理机构，将循环经济产业链管理的相关工作压实到现有组织管理结构中，负责制度建设、实施、考核及奖励工作，建立目标责任制、中长期规划及量化的年度目标及实施情况。管理机构最高管理者为公司董事长，负责建设统筹规划与组织管理，下设最高管理者代表总经理及副总经理、总工程师、安全总监和工会主席，管理者下设党群办、综合科、财务科、设备科、生产技术科和生产车间等，各部门负责人具体负责相关管理工作。

天辰化工生产技术科分管技术研发、能源和环保管理工作，并在各车间设立专员，形成公司、车间两级监督管理队伍，负责对公司内各车间的生产装置、三废综合利用、技术研发改进实施全天候监控，并配备移动监测设备，对指标异常的车间进行书面通知，要求车间迅速整改。同时，公司广泛采用第三方检测手段，利用环保领域专业力量对公司环保工作进行体检，查找公司工作缺项。

2. 建立循环产业链运行机制

天辰化工成立组织管理机构，统筹领导、协调、推进循环产业链管理工作，制定循环产业链管理的中长期规划、年度目标及实施方案并严格执行。负责循环产业链管理日常工作，各部门依据分派的成员单位职责，承诺和确保本部门满足循环产业链管理要求，完成对本部门人、物、财、设备等资源的集中调配，服务推进循环产业链管理；以现代化管理、先进的生产设备为手段，以精准的检测仪器、严格的安全、质量、环境管理体系为保障，优化工艺设计、技术和设备，致力突破“科技创新”，继续巩固持续增长态势，以更优良的产品品质及稳定的供货能力与同行业竞争；满足基础设施、管理体系、能源与资源投入、产品、环境排放、绩效的综合评价要求，并进行持续改进；同时要求全厂各级领导及全体职工要通过循环产业链管理找出公司在生产过程和管理上存在的不足，提高能源、资源利用效率。

（三）依托科技产业重整，构筑循环经济产业链

1. 设计绿色循环产业链

发展循环经济，将各类废弃物转变为再生可利用资源，构建绿色产业链和资源循环利用链，建设循

环经济环保效益型企业，是天辰化工实践新疆优势资源转换战略中始终坚持的基本思路。建立“煤—电—电石—聚氯乙烯—电石渣水泥”主导产品产业链的同时，构建废气、废水、废渣资源综合利用产业链，使产品循环链大循环和三废循环链综合利用有机结合，形成内外循环、大小循环相结合的循环产业链，使上一道工序的废物成为下道工序的原料，实现产品循环向再生资源转变。

充分依托新疆资源优势，建立“煤—电—电石—聚氯乙烯—电石渣水泥”主导产品产业链。即把一企业生产过程中产生的排放物，转化成另一企业的原材料，从而实现资源的循环利用。

煤在自备电厂转化为电能支撑全产业链的动力；电石生产是由外购的生石灰经破碎后，与炭素材料在电石炉中高温熔融反应生产电石和一氧化碳，电石送往下游化工生产原料乙炔气，电石炉气（一氧化碳）送乙二醇项目和固碱加热炉；聚氯乙烯树脂产品经离子膜电解法制氯化氢气体和电石法制乙炔气为原料气，经合成、聚合生成聚氯乙烯树脂，包装外售。

2. 研发绿色技术

在知识经济时代，研发能力代表着企业的核心竞争力，化工企业之间的竞争，本质上是工艺技术的高低的较量。循环经济产业链的管理必然离不开绿色研发的支撑，天辰化工重点围绕低效、减污等环节开展研发、设计和优化，通过引进行业高端人才、采用业界先进技术、设备等，保障产品质量始终处于行业前沿。在产品研发设计前期，就充分考虑产品在生命周期内对环境的影响，优先选择清洁绿色的生产工艺，进行有毒有害物质替代，减少原材料使用，减少三废生产；充分利用生产环节中的副产品，大力发展循环产业链，减少原材料的使用，公司不断加大技术创新投入力度，加快技术创新和新产品研发能力建设步伐，逐步形成一套较为完善、科学的技术创新体系和工作机制。

天辰化工通过自主创新、吸收创新、集成创新，成功攻克数项循环经济关键技术，其中三废综合利用技术主要包括干法乙炔配套电石渣新型干法水泥技术、聚合母液水回收利用技术、变压吸附氯乙烯尾气全回收技术、湿式电石法乙炔上清液闭式循环技术，含汞废酸零解析及含汞废水处理技术、天然气和电石炉气双燃料混烧技术、含汞废酸深度解析技术和天然气制氢联产 PVC 技术等绿色技术深度支撑循环经济产业链的良性发展。

3. 全员创新与改进

在装置运行过程中，各车间针对运行中进一步提升绿色管理的技术改进项目，由各车间上报生产技术科，生产技术科组织各部门过会评审，符合绿色技术改进的上报公司党委会，通过后报送天业集团专家和风控会，直至立项。在实际生产管理中，鼓励全员开展节能降耗、资源综合利用等合理化建议和各类五小活动，鼓励全员创新，积极建言献策，激发职工的创造性。

通过技术创新与改进，大胆创新使用新型蒸发式空冷器应用于精馏冷凝系统，替代传统列管式全凝器，空冷器将冷却塔和列管式水冷器合为一体，省去单独的循环水冷却系统，减少设备占地面积，光管换热，降低一次性投资，水的蒸发耗量降低，操作费用降低；针对树脂生产中的聚合干燥尾气对环境的影响，以树脂聚合干燥尾气中少量细小的聚氯乙烯树脂颗粒、氯乙烯、非甲烷总烃的处理为研究对象，运用湿法除尘技术，采用旋流降低空塔气速、多层管式洗涤及尾气泡沫捕集的处理工艺，解决少量细小颗粒物处理难的技术问题，达到尾气污染物在排放达标的基础上进一步有效降低的目的。

（四）加强三废综合利用，完善夯实循环产业链

1. 废水综合利用

在氯碱化工领域，逐步建立完善废水综合利用网络，形成水资源的梯级利用，天辰化工不断走创新之路，以“源头减排、过程防治、资源化利用”为思路，充分利用可回收利用的能源，降低一次能源使用量。将源头减排和有效治理紧密结合。对于电石渣上清液，采用闭式循环新工艺实现零排放；对于聚合母液水，采用具有国际领先水平的生化处理技术，建成聚合母液水生化处理装置，PVC 生产过程

中产生的离心母液水采用"酸化水解 + 接触氧化"工艺，并通过投加特种菌强化处理效果，处理后离心母液回用于热电站循环冷却系统，不外排。聚合母液水的回用率达到95%以上，吨产品的水资源消耗和排水量远低于行业清洁生产的先进水平。全厂综合废水进入综合废水处理站，处理后废水回用于热电站循环冷却系统，不外排。乙炔清净工序产生的次氯酸钠废水，部分循环利用，部分去乙炔发生利用，全部综合利用，不排放。电解工艺产生的酸碱废水中和后返回化盐工序，电解工序做到废水零排放。

2. 废气综合利用

依托新疆天业完善的废气综合利用网络，通过不断的研发和实践，以乙炔化工和电石炉气化工高效利用为切入点，利用电石炉气制乙二醇等，形成电石炉气高值化利用与乙炔化工延伸发展、传统化工与新型化工有机结合发展的新格局；电石炉气的另一综合利用路径为天然气和电石炉气双燃料混烧技术用于粒碱生产，其与单一天然气燃烧模式相比，可节省2/3的天然气用量。

针对碳减排问题，天辰化工启动二氧化碳尾气制碳酸钠项目，将粒碱生产中固碱加热炉产生的二氧化碳尾气制成碳酸钠溶液，碳酸钠溶液又作为离子膜电解工艺中精致剂使用，同时减少二氧化碳排放，实现废气综合利用。

在聚氯乙烯树脂生产过程废气综合利用方面，在国内聚氯乙烯行业创造性开发出天然气制氢联产PVC新工艺、变压吸附氯乙烯尾气回收工艺、氯化氢组合吸收—解吸等工艺，解决了废气排放问题，还使氯气的使用效率提高20%，使聚氯乙烯产品的综合能耗明显降低。

3. 废渣综合利用

各个环节产生的废渣如电厂粉煤灰、炉渣、化工电石渣、电石厂除尘灰与电厂产生的脱硫石膏制得电石渣水泥产品。创造性开发出电石渣生产水泥工艺，衍生了化工产业链。实现了电石渣再利用资源化，形成了新的效益增长点，解决了一直困扰电石法生产聚氯乙烯的难题。

（五）实行能源一体化，有力支撑循环产业链

1. 健全完善能源管理制度

天辰化工围绕水、电、气三大用能领域，不断细化能源管理制度，建立起完善的能源管理体系。并依据能源管理制度，结合车间及班组节能工作实际，形成节能工作操作规程，建立起覆盖全厂、深入岗位的能源管理体系。在制度方面，制定《能源计量器具配备和管理制度》《节能降耗管理制度》《现场能源消耗日常管理制度》《生产能源消耗管理制度》《节水管理制度》《水资源管理考核制度》等，强化全员节能意识，提高能源利用效率。

2. 实施能源技改

天辰化工充分调动广大职工的积极性和能动性，开展能源合理化建议征集活动，采纳符合生产实际和能源管理工作需求的建议，并组织开展相关技改活动，减少能源消耗。同时，公司引入第三方能源服务，评估公司重点用能环节，结合能源专家的系统诊断，对存在问题项逐一整改落实，为公司确定能源改进方案提供依据。例如：充分利用BDO - EG项目的副产氢气引入氯碱生产装置，取代原有的天然气制取氢气工艺，以及在烧碱熔盐炉燃料选择中优先使用电石炉气，从而大大减少了天然气消耗量；合理控制蒸汽用量，提高蒸汽冷凝水和蒸发冷凝水的回收效率，有效地降低了一次水的使用量；采用变频调速技术，通过对各大功率设备如鼓风机、水泵等变频调速技改，自动调节电机输入频率或通过人为设置频率改变电机转速，提高或降低母管流量和母管压力。由于实行变频软启动，启动电流随频率升高而逐渐增加，启动过程平稳、无噪声，从而消除启动电流对电机的绝缘的冲击，降低产品的电力消耗，可节电20%—30%，有效杜绝"大马拉小车"的现象。

3. 开展碳足迹量化工作，促进二氧化碳资源化利用

天辰化工积极响应“碳达峰、碳中和”的生态文明发展指引，优化用能结构，合理利用能源和节约能源，技改等项目选用先进工艺和高效设备，加强计量管理，提高装置自动化控制水平。采用集中控制等智能措施，提升工厂生产效率；开展智能制造，降低单位产品能源资源消耗；加强计量管理，提高装置自动化控制水平，选用先进节能节水技术和设备，实现节能减排。在生产过程中充分利用供能系统余热，电石产生的副产品电石炉气供给固碱蒸发装置作为燃料使用，天然气作为备用燃气，降低一次能源使用量，体现了绿色工厂“能源低碳化”的原则。

针对温室气体排放，天辰化工开展碳足迹量化工作，并获得第三方机构的温室气体排放核查报告。天辰化工将核查结果上报至师市及兵团碳排放管理部门，利用核查结果对其温室气体的排放进行改善，并将核查结果对外公布。

将碳足迹改善纳入环境目标，依据碳排放核查的不符合清单项，确定碳足迹量化提升计划，明确管理部门，由专人负责数据的记录、收集和整理工作；建立与二氧化碳排放相关数据的监测、收集和获取的规章制度；提升能源与物料使用效率、降低营运成本，开发新的商品与服务，来降低客户或供货商的温室气体排放；申请加入全国碳排放权交易市场；规避未来温室气体总量超标风险。

（六）全力构建生态文明圈

1. 提高全员意识，形成绿色低碳的企业文化

一方面，天辰化工积极贯彻国家下发的一系列关于绿色低碳发展的文件精神，组织公司全员进行专题学习，从政策上领会绿色低碳发展的要求，使全员自觉投身于企业绿色低碳发展建设中，把绿色发展的理念落实到每一个车间班组，落实到每一道生产工序上。组织开展经常性的节能减排爱护环境的宣传，广泛宣传建设绿色企业的重要性、紧迫性，把绿色低碳作为企业全体员工共同追求的目标，培养全体员工共同的绿色、节能、环保价值观念，统一员工的思想和行动。另一方面，注重培养员工共同的节能、环保行为习惯，使员工牢固树立绿色、节能、环保意识，自觉遵章守纪，养成节约用水、节约用电、节省原材料、杜绝浪费的良好行为习惯；把节约资源和保护环境及绿色企业建设内容渗透到员工的教育中，开展绿色低碳企业、车间、班组等创建活动，培养员工的节约环保和低碳意识，形成绿色低碳的企业文化。

2. 完善激励约束机制，强化责任落实

天辰化工严格执行节能目标计划，明确岗位责任制，将节能目标层层分解，落实到科室、车间、班组，下级对上级负责，落实责任、逐级考核，加强监督、强化节能目标管理。实施从健全节能组织机构、建立节能目标责任制体系到节能宣传与培训。同时细化工序及产品的能耗定额，严格实行“节奖超罚”制度，推动企业在生产管理、设备运行、过程控制等方面的节能。加强培训和节能管理，提高员工的节能意识，落实责任人，在生产中实现“零跑冒滴漏”、计量数据监测、过程能源合理控制等，降低能源的用量和浪费。

三、化工企业以全面绿色低碳发展为目标的循环产业链管理效果

（一）经济效益凸显

通过循环产业链的管理，天辰化工企业运行成本得到降低，经济效益逐年增加，企业市场竞争力逐渐增强；运用绿色工艺、采用自动化控制，天辰化工产品质量不断提升，产品更具竞争力。聚氯乙烯树脂及烧碱产品成本进一步降低，其产品质量达到国际一流水平。天辰化工主要产品聚氯乙烯树脂 2021 年至今优等品率 100%、合格品率 100%，在此基础上通过技术研发试验调整分散剂配比，将数值单项指标吸油率由 24% 提升至 25%—26%，提升了树脂产品品质；固碱产品从 2021 年的至今合格率 100%，减少了 10% 的开车碱，提升了碱产品的品质。实现 2021 年度营业收入 40.65 亿元，较 2020 年同期

28.84 亿元增长 40.95%；公司利润总额 4.66 亿元，营业利润率为 11.46%。

（二）环境效益显著

以全面绿色低碳发展为目标的循环产业链管理，给天辰化工带来经济效益的同时，也取得了显著的环境效益。公司一直秉承“绿色发展”的经营宗旨，持续加大绿色工艺技术的研发投入，打造专注于绿色工艺研究的技术团队，形成一大批节能减排、提质增效的绿色工艺技术，形成互为原料、综合利用的循环化工生产模式，走出一条绿色循环的高质量发展道路，实现了资源循环利用，最大程度减少资源浪费。例如，对全厂范围内照明灯具和节能电机进行更换，减排二氧化碳 2755 吨；APC 技术在 PVC 汽提干燥装置的改造应用项目实施后，可节省蒸汽 12.8 万吨/年，折合 12657.92 吨标准煤/年，折合 4855.2 吨二氧化碳。

（三）赢得社会的广泛赞誉

构建和应用以全面绿色低碳发展为目标的循环产业链管理模式以来，天辰化工有一定的社会影响力，公司先后被工业和信息化部评为“两化融合促进节能减排试点示范企业”，公司及产品聚氯乙烯树脂被中国石油和化学工业联合会评为“中国石油和化工行业绿色工厂”和“石油和化工行业绿色产品”，被工信部、财政部、科技部评为第一批“资源节约型、环境友好型企业创建试点企业”，被石河子市评为“节水型企业”和“花园式单位”。

（成果创造人：郭成军、杨培龙、历国庆、周红燕、滕永战、常秋林、张继军、孙泽国、马致昌、李永鹏、张　乐、樊丽萍）

电网企业基于“碳效码”的能效服务管理

国网浙江省电力有限公司湖州供电公司

国网浙江省电力有限公司湖州供电公司（以下简称湖州供电公司）隶属于国网浙江省电力有限公司的国有大一型供电企业，下辖长兴、德清、安吉三个县供电公司和吴兴、南浔两个分公司。截至2021年年底，共有35千伏及以上变电站140座，变电容量1972万千伏安；35千伏及以上输电线路359条，线路总长5627千米；供电服务人口超过300万。公司荣获“全国五一劳动奖状”，先后被评为“全国电力行业优秀企业”“国家电网公司先进集体”等。深入贯彻绿色发展理念，聚焦服务国家“碳达峰、碳中和”目标，协同政府、企业、金融机构等主体，以高质量提升“供电＋能效服务”水平、推进能源清洁转型为目标，以促进工业企业节能减排为切入点，围绕碳排放“测、评、触、用”等关键环节，运用数字技术赋能，推动实施基于“碳效码”的能效服务管理模式变革。通过系统科学论证，建立政企协同工作机制，明确能效服务“实施路径”；构建碳效智能评价体系，打造“三位一体”的碳效码，锻造碳效评价“一把公尺”；推动政企“同频共振”，打造能效服务政府治理和企业服务“两个入口”，推进线上线下服务无缝对接；拓展碳技改、碳评价、碳管家、碳金融、碳绿电等应用场景，培育新业态新模式，激发能效服务“链式反应”；强化配套标准机制建设，夯实能效服务“基础保障”。通过实施这一系列创新举措，对内提升了公司“供电＋能效服务”的精准性、有效性，锁定高碳低效企业，靶向施策，助力企业提升能效水平，对外打造了市场环境下多方同频共振碳效对标生态圈，形成了较为成熟的政府、企业、社会多方共赢的商业模式，营造了全社会减碳增效良好氛围。这一模式具有良好的示范推广应用价值，目前已在浙江省内全面推广应用，并拟在全国推广。

一、电网企业基于“碳效码”的能效服务管理实施背景

（一）推动能源清洁低碳转型的需要

能源是现代经济社会的“血液”，在保障生态文明建设、社会进步和谐、人民幸福安康方面发挥着重要作用。党中央、国务院始终高度重视能源清洁低碳转型。2020年9月，习近平总书记在第七十五届联合国大会上向国际社会做出中国力争2030年前碳达峰、2060年前碳中和的郑重承诺。中央财经委员会第九次会议强调，要把碳达峰、碳中和纳入生态文明建设整体布局，拿出抓铁有痕的劲头，如期实现2030年前碳达峰、2060年前碳中和的目标。《国民经济和社会发展第十四个五年规划和2035年远景目标纲要》提出推进能源革命，建设清洁低碳、安全高效的能源体系，提高能源供给保障能力。围绕落实中央决策部署，浙江省进一步提出以数字化推进碳达峰、碳中和，探索更多解决方案和有效路径。作为关系国计民生和国家能源安全的大型国有重点骨干企业，国网浙江省电力有限公司全面落实国家“双碳”目标要求，发挥电网在能源资源配置中的枢纽平台作用，为经济社会发展提供安全、经济、高效、可持续的能源电力供应，努力当好能源清洁低碳转型的推动者、先行者、引领者。

（二）落实国网公司战略目标的需要

近年来，国家电网公司党组深入学习贯彻习近平总书记关于能源电力发展、国企改革发展和党的建设等重要论述，研究提出“建设具有中国特色国际领先的能源互联网企业”的战略目标，深入推进“一体四翼”发展布局。围绕助力实现国家“双碳”目标，国网公司迅速响应、紧密对接，2021年3月在央企中率先确定并发布公司“碳达峰、碳中和”行动方案，提出6个方面18项重要举措，明确能源电力行业落实碳达峰、碳中和的实施路径。聚焦客户用能优化，深入推动“供电服务”向“供电＋

能效服务”延伸拓展，助力提升全社会终端用能效率，助力实现“碳达峰、碳中和”目标。浙江省电力有限公司贯彻落实国网公司决策部署，编制《全面实施“供电+能效服务”三年行动计划》，提出打造能效公共服务政府支撑工程、能效公共服务客户普及工程、能效市场化服务开拓工程等“三大工程”，推动公司成为能效服务产业的引领者和推动者，意义重大、影响深远。湖州全市工业领域煤炭、石油、天然气等化石能源消费占比高于浙江省5个百分点，面临能耗强度、碳效强度高于浙江省平均水平等短板。湖州供电公司结合区域优势，深入落实国网公司战略目标，将“供电+能效服务”作为支撑国家能源战略和服务地方经济社会发展的有效手段，厘清电网企业服务工业领域“碳达峰、碳中和”各业务的逻辑关系和协同流程，通过推动“供电+能效服务”，对核心业务进行流程再造，助力客户减少用能消耗、提升用能水平，服务政府能源管理、提升全社会能效水平，同时打造企业新的增长极，实现可持续发展。

（三）提升企业能效服务质效的需要

通过深入开展政府与企业调研，梳理调研反映的共性问题、深层次问题，湖州供电公司在推进能效服务过程中面临一些困难和挑战。从外部市场环境看，一是“供电+能效服务”模式与政府推进“双碳”目标落地的契合度有待提升，与政府协同的联动机制尚未真正形成，助推“供电+能效服务”业务开展的政府政策支持力度有待加强。二是工业企业低碳转型缺少有效的技术指引和资金支持，科学降碳路径较为模糊，投入成本高，且缺乏统一评价体系和数据产品来披露碳数据，用户对自身能源排放底数不清楚，对所在领域、所在行业的状况了解不明，开展节能技改等“供电+能效服务”业务意愿不强烈。从供电企业内部看，一是“供电+能效服务”手段较为单一，尚未形成较为成熟的商业模式，亟须提升“供电+能效服务”的精准性、有效性，用数据说话，借助“碳效码”打造全新的工作模式，精准锁定高碳低效企业，提高节能技改等“供电+能效服务”实施效率，推动绿色低碳链式反应。二是能效服务作为新型业务，涉及知识面广，公司能效经理专业技术能力有待增强，为用户提供科学专业的服务能力需要提升。为此，湖州供电公司以助力工业企业碳效改革为切入点，深入挖掘能源电力大数据价值，创新数字化服务产品，探索实施基于“碳效码”的能效服务管理模式，进一步提升市场开拓能力。

二、电网企业基于“碳效码”的能效服务管理主要做法

（一）建立政企协同工作机制，明确能效服务“实施路径”

湖州供电公司深入落实国网公司能效工作有关部署，深入调研分析各方需求，系统科学论证，明确“供电+能效服务”指导思想与实施路径，建立政企联动合作机制，跨部门协同归集能源经济数据，建设多元融合数据中心，为更好地开展“供电+能效服务”提供有力保障。

1. 调研分析掌握各方需求

组织开展调研分析，先后召开政府部门、企业代表参加的座谈会5次，现场调研走访政府部门和不同行业典型企业86家，精准分析政府部门、用能企业、供电公司在能源转型、能效服务方面的核心诉求、优势资源和存在困难（见表1）。邀请清华大学能源所、浙江大学、中国石油大学等专家学者及本地企业反复研讨，征求各方改革意见建议，为找准“供电+能效服务”工作方向奠定坚实基础。

表 1　利益相关方分析表

类别	政府部门	用能企业	供电公司
核心诉求	践行“双碳”目标，促进企业、社会转型发展	节能增效，降低用能成本	开展能效服务，增加售电收入，履行社会责任
优势资源	政策优势、社会公信、数据资源	节能降耗，改造选择权	数据资源、服务优势
存在困难	缺乏统一的用能分析和评价标准，精准管控无抓手	企业节能降碳改造缺少有效的技术指引和资金支持	“供电 + 能效服务”方式传统单一，无法精准获取客户需求

2. 建立政企联动合作机制

面向企业内部，建立以公司分管领导为组长，相关单位、部门负责人参加的“供电 + 能效服务”领导小组和工作小组。面向企业外部，密切联系政府部门，推动成立以电力部门为主导，政府发改、经信、统计等 8 个部门参与的工作专班。聚焦各方核心诉求，建立多方联动合作机制，在业务流程重构、服务产品创新、示范项目落地等方面开展深度合作，打造跨部门、跨层级、跨专业的快速反应链，为创新“供电 + 能效服务”手段和机制，提供坚强的组织保障。

3. 明确能效服务目标方向

湖州供电公司结合国内外能源企业数字化业务发展实践，针对典型案例进行调研梳理，吸收先进经验，明确变革目标方向。在国家“双碳”目标背景下，以高质量提升“供电 + 能效服务”水平、推进能源清洁转型为目标，以促进工业企业节能减排为切入点，围绕碳排放“测、评、触、用”关键环节，运用数字化技术、数字化思维，建立跨部门协同工作机制，建设多元融合能源数据舱，构建基于碳效码的“1 + 2 + N”“供电 + 能效服务”运营模式，创新形成一套“碳效码”智能评价体系，打造政府治理和企业服务两大平台入口，推出碳技改、碳评价、碳管家等 N 项应用场景（见图 1）。对外打造市场环境下的多方同频共振碳效对标生态圈，推动绿色低碳链式反应，形成全社会减碳增效良好氛围；对内提升公司“供电 + 能效服务”的精准性、有效性，锁定高碳低效企业，精准发力，靶向施策，提高能效服务项目实施质效，不断提升全社会能效水平，助力“双碳”目标实现。

4. 建设多元融合数据中心

着眼建设能源大数据中心，湖州供电公司以电力大数据为驱动，开展数据清洗治理，完成浙江省 380 万用户税电数据核查，以企业“统一社会信用代码”为关键字段，通过数据清洗确保数据一致性，实现企业各种能源品类数据与增加值数据自动匹配。贯通“用电数据—用能数据—经营数据”产业链条，对电、煤、气、油等不同部门、不同层级的 39 类企业能源数据及经营数据进行共享、解构与融合，打破数据孤岛，形成涵盖全省 4.2 万家规模以上企业共 578 个行业 1200 万条数据的能源数据舱。建立数据安全共享机制，应用“区块链技术”，严格落实数据加密及脱敏处理，实现数据“可用不可见”，确保网络信息与数据安全。

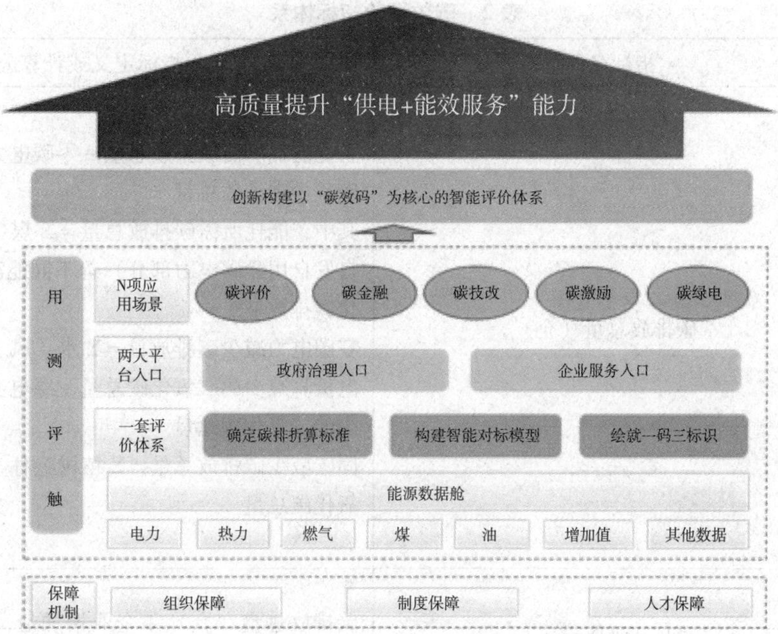

图1 高质量提升“供电+能效服务”管理架构

(二)构建碳效智能评价体系,锻造碳效评价“一把公尺”

湖州供电公司采取“V”字模型系统拆解目标任务,利用数字化技术,创新开展企业能源碳效评价,精准分析企业碳效水平。

1. 确定能源消费碳排测算标准

着重对汇集的企业电、煤、气、油等不同种类的能源消费数据进行解析分类。在深入学习贯彻生态环境部《“十三五”省级人民政府控制温室气体排放目标责任考核办法》《综合能耗计算通则》(GB/T 2589—2020)和《浙江省温室气体清单编制指南》等文件要求的基础上,遵循“普适性、精准性”原则,确定形成不同种类能源碳排放转化因子。科学建立测算模型,通过碳排放因子将企业各种用能数据统一折算为碳排放量,并将光伏等零碳能源碳减排量、固碳量等纳入计算因子。进一步按月度、季度、年度等频度形成企业能源消费碳排放总量数据库,实现企业能源消费量精准可量化。

2. 构建碳效评价智能对标模型

深入研究企业发展规模、技术产业结构、生产经营业绩与能源消费碳排放总量之间的关系。开展评价维度、评价标准等研究,细分企业、行业、区域等不同维度,构建碳排放总量、碳排放强度、碳效值、碳中和率、碳排指数等评价指标。对标行业碳效平均值,围绕碳排放水平、碳利用效率、碳中和等情况,科学设置分级评价规则,构建碳效评价智能对标模型,锻造碳效评价“一把公尺”(见表2)。

表2　碳效评价指标体系

维度	指标名称	指标定义或计算公式
企业	碳排放总量（企）	企业能耗所需碳排放总量－零碳电力减少碳排放量－固碳减少碳排放总量 其中，能耗所需碳排放总量＝Σ煤、油、气、电（包括自发自用零碳电力部分）等不同能源消耗所产生的二氧化碳排放量 零碳电力减少碳排放量＝Σ水、风、光伏等零碳电力发电折算减少的二氧化碳总量＋绿电交易零碳电力折算减少的二氧化碳总量 固碳减少碳排放总量＝Σ植树造林、碳封存等减少的二氧化碳总量
	碳排放强度（企）	碳排放总量（企）÷企业增加值，即企业单位增加值碳排放量
	碳效值	企业单位增加值碳排放量÷所处行业内企业单位增加值碳排放量平均值
	水平对标	水平对标评价根据企业周期内单位增加值碳排放量（L）大小，划分低碳、中碳、高碳3个等级，同时设置“标识”显示企业碳效相应等级，有效评价企业在全工业所处的碳效水平，每年根据实际动态调整。 （1）L≤0.6吨/万元，为低碳，代表单位增加值碳排放量低。 （2）0.6吨/万元＜L≤2.0吨/万元，为中碳，代表单位增加值碳排放量接近平均水平。 （3）L＞2.0吨/万元，为高碳，代表单位增加值碳排放量高

续表

维度	指标名称	指标定义或计算公式
企业	效率对标	效率对标评价根据企业某一周期内单位增加值碳排放量与所处行业同期单位增加值碳排放量平均值进行比较，得出碳效值（K），碳效值根据大小，分为5个等级，同时根据企业碳效5个等级对应设置“标识”，有效评价企业在所处行业的碳效水平。 K=某企业某一周期单位增加值碳排放量÷所处行业同期单位增加值碳排放量的平均值。 （1）$K \leq 0.6$，为等级1，代表企业碳效率高。 （2）$0.6 < K \leq 0.8$，为等级2，代表企业碳效率较高。 （3）$0.8 < K \leq 1.2$，为等级3，代表企业碳效率接近行业平均水平。 （4）$1.2 < K \leq 2.0$，为等级4，代表企业碳效率较低。 （5）$K > 2.0$，为等级5，代表企业碳效率低。
	中和对标	碳中和率=碳中和量÷企业能耗所需碳排放总量×100% 碳中和量=零碳电力减少碳排放量+固碳减少碳排放量 其中：零碳电力减少碳排放量=使用自发的水、风、光伏等零碳电力减少的碳排放量+使用绿电减少的碳排放量 固碳减少碳排放量=Σ植树造林、碳封存等减少的二氧化碳排放量
行业	碳排放总量（行）	Σ行业内企业碳排放总量
	碳排放强度（行）	Σ行业内企业碳排放总量÷Σ行业内企业增加值
区域	碳排放总量（区）	Σ区域内企业碳排放总量
	碳排指数	Σ区域内碳排放强度÷Σ各区域碳排放强度平均值

3. 打造“三位一体”的碳效码

围绕企业碳排放水平、碳利用效率、碳中和进程，绘就融合三个标识于一体的“碳效码”，实现“一码三标识”（见图2）。其中，水平标识，通过计算不同企业单位增加值的碳排放量，识别评价企业在工业领域为低碳或高碳；效率标识，通过将企业单位增加值的碳排放量与行业平均水平相比较，形成五级五色碳效评价；中和标识，反映一定周期内企业能源利用结构和碳中和进程，鼓励企业通过购买绿电、开展节能技改、利用光伏发电等提升自身碳中和水平。目前，已完成全省4.2万家规模以上企业的碳效标识赋码全覆盖及季度动态更新。

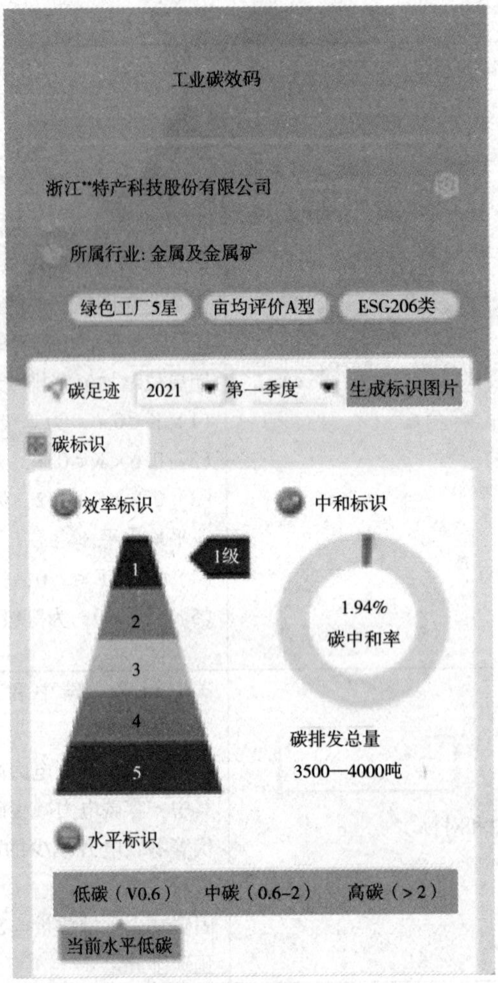

图 2　“碳效码”标识

（三）推动政企“同频共振”，打造能效服务“两个入口”

依托“碳效码”智能对标体系，打造政府治理和企业服务两大入口，构建跨部门、跨专业应用场景，为供电公司拓展“供电＋能效服务”做好支撑，全方位服务政府治理和企业自治。

1. 构建“政府治理”入口

聚焦政府治理需求，探索建设省级“工业碳平台”，形成综合集成场景，设置省市、区域、行业、企业等四维驾驶舱，全景展示碳效排名、碳排放分布等 20 多类监测信息，按季度开展“碳效码”自动计算与发布。建设“碳监测”“碳对标”“碳中和”等核心功能模块，对企业碳效水平进行多维度排名，动态生成碳效“热力图”，精准定位能效服务对象。动态跟踪企业“碳足迹”，实现企业碳排放监测“一屏掌控”。

2. 构建“企业服务”入口

创新“企业码＋碳效码”双码融合，将碳效码底层平台与政府“浙里办”APP 企业码模块打通，把标识信息放在企业码端口上，企业通过“一码查询”识别自身“碳效标识”。开发“碳诊断”“碳服务”“碳知识”等功能，实现企业服务一触即达。通过“碳诊断”功能，可查看企业碳效在行业内的排名、行业碳效均值等评价信息；查看企业碳效等级对应的政策优惠及相关的产品服务信息。通过“碳服务”功能，可获取地方政府发改、经信、金融、生态环境等部门和供电公司为企业提供的服务。通过“碳知识”功能，为企业推送与碳相关的名词解释、碳效码相关计算公式；基于“双碳”论坛科普，传递碳领域最新动态，打造服务企业降碳提效的“好助手”。

3. 推进线上线下服务无缝对接

以服务企业降碳提效为核心，聚焦供电公司能效服务需求，贯通电企服务通道。在政府治理入口，开发“碳应用”功能模块，实时感知企业“节能技改”“清洁能源建设”等能效服务需求，实现相关服务需求一键跳转和审批。在企业服务入口，设计“供电+能效服务”典型应用场景，将“碳效码”嵌入企业“能效账单”，建立“线上+线下”多渠道精准引流机制，助力能效服务市场拓展。

（四）拓展跨场景综合应用，激发能效服务“链式反应”

聚焦“供电+能效服务”重点领域，创新政策机制和产品服务，不断细化应用场景，精准服务企业，构建能效服务全链式响应模式，助力企业绿色低碳转型。

1. 撬动“碳技改”，助力政府能效治理靶向发力

强化政企联动，政府根据碳效码评价结果，筛选碳排放治理重点行业、企业，形成改造清单，推动开展节能改造。湖州供电公司根据改造清单，聚焦降低能耗、减少排放、资源循环利用等重点，精准跟踪，因企制宜实施节能降碳改造项目，提供电能替代、能效诊断等“供电+能效服务”产品（见表3），主动为企业提供全程“交钥匙式”服务，引导企业聚焦关键领域和薄弱环节，在产品设计、工艺改进、装备改造等方面下功夫，实施一批节能降碳技术改造示范项目，提高能源利用效率和绿色发展水平。在湖州已推动678家企业实施节能改造，如湖州市某铝业公司首次碳效评价为五级，湖州供电公司组织专业人员主动上门开展“供电+能效服务”，通过引进卧室式全自动氧化着色生产线，实现生产线全流程自动化控制，每条生产线节电35%，同样产量下每年节电114.49万千瓦·时，最新碳效评价更新为三级，达到行业平均水平。

表3 部分“供电+能效服务”产品

	产品名称	工作内容	重点应用对象
供电+能效服务	节能评估	开展能效评估，提出节能建议。根据企业需要，实施“互联网+能源托管”服务，为用户出具能效分析报告	碳效低的企业
	节能改造	针对企业老旧供电设施、电气设备进行淘汰更新，降低电能损耗，减少碳排放量	碳效低且存在老旧设备的企业
	电能替代	针对存在燃煤、燃气窑炉实施电能替代	碳效低且存在燃煤、燃气窑炉的企业
		推行电制茶、电烤烟、农业排灌电机井等电能替代	碳效低的农业生产类企业
		采用冰蓄冷、热水电锅炉、碳晶、发热电缆、电热膜等技术，提升制冷和供热能效水平	碳效低且制冷和供热用能较多的企业
		建设电动汽车充电桩、港口岸电桩等，实施以电代油	碳效低的运输类企业

2. 拓展“碳评价”，激发企业能效治理内生动力

推动政府建立“碳效资金池”，在湖州将每年约3000万差别电价的部分资金用于企业节能改造等。重点对碳效等级为1—2级的企业进行专项奖励，对碳效等级为4—5级的企业开展节能改造、光伏建设等提供资金补助。推动政府部门修改完善《星级工厂评价标准》，将碳效评价结果作为基础条件，纳入绿色工厂星级管理评价体系，应用于湖州市3414家绿色工厂星级管理评价。将碳效评价结果纳入“亩均论英雄”评价体系，在规模以上工业企业亩均效益综合评价中增设碳效指标，包括水平对标、效率对标、单位能耗增加值3个分项指标，权重15分，通过差别化政策推动3880家规模以上工业企业提升碳效水平，进一步激发企业实施节能改造的积极性。

3. 打造“碳管家”，推动企业能效服务精准施策

组建“碳效工程师”团队，打造基于“碳效码”的“供电+能效服务”多元服务体系。通过企业碳效评价结果、政府能效管理信息等，将能效服务全面融入传统供电业务，精准定位高碳低效企业，提前介入客户整体用能规划与节能技改，并根据企业行业类别、生产特性等，定制推广节能评估、交易响应、节能改造等5项能效服务产品，拓展供冷供热电气化、光伏安装等12项应用场景，形成内外部协同高效的市场开拓快速反应链，实现客户服务需求精准识别与公司市场开拓能力双提升。

4. 打通“碳金融”，提供企业能效治理资金支持

推动政府将“碳效码”应用纳入《湖州市绿色金融促进条例》，推动人民银行等多家银行出台《关于金融支持湖州市工业碳效改革的实施意见》，支持金融企业以绿色低碳为导向，创新“碳效贷”“碳惠贷”“项目碳改贷”等金融产品，对低碳高效企业给予信贷支持和贷款利率优惠，以差异化的信贷政策支持实施绿色低碳重点工程，解决客户节能改造项目资金问题，助推“供电+能效服务”开展。为全省177家金融机构及辖7839个金融网点提供服务，累计发放绿色金融贷款101.7亿元。例如：中国银行湖州分行推出的“工业碳惠贷”产品，将碳效评价结果与利率定价相结合，在正常利率基础上按企业碳效高低可给予10—40bp额外利率优惠，其中普惠小微企业融资利率可低至年化3.85%，企业最高可获得1500万元信贷支持。

5. 推广“碳绿电”，拓展“供电+能效服务”新业态

联合地方政府出台《绿电交易与碳效结果应用细则》，宣传推广绿电交易的概念、价格、优势与意义，挖掘绿电零碳价值，大力提高企业使用清洁能源的意识。推动湖州市32家企业参与绿电交易，交易电量1.4亿千瓦·时。聚焦碳中和率较低的企业，在湖州市全面推进光伏等零碳电力的开发，先后与10家企业、园区代表签订屋顶光伏建设运营战略合作协议，推动2万多个光伏项目并网发电，合计装机容量约1900兆瓦，累计发电量16亿千瓦·时以上，清洁能源发电装机容量占比达45%。创新新能源云碳普惠场景“碳惠湖州”，完成20925家分布式光伏居民用户进驻，汇聚各类绿色生活行为数据730万条，预计每年将贡献碳汇量10.2万吨。

（五）强化配套标准机制建设，夯实能效服务基础保障

湖州供电公司深刻总结碳效评价体系建设应用经验，推动出台碳效评价应用配套制度和标准规范，培养服务企业的“碳效工程师”团队，构建跨部门联动工作机制，持续夯实能效服务基础保障。

1. 出台评价应用编码细则

促成“碳效码”纳入政府数字化改革总体方案，推动碳效评价结果与政府节能改造、企业绩效评价等政策的有机结合。推动政府部门出台《浙江省工业企业碳效综合评价暨碳效码编码细则》等15项配套管理制度规范，建立高碳联合治理、低碳联合激励的政策机制。联合发布《工业企业碳效评价规范》地方标准，固化评价原则、评价流程等内容，保障碳效评价标准化、规范化的开展。

2. 培养“碳效工程师”团队

结合“供电+能效服务”工作需要，采用轮岗实践、工作帮扶、业务交流等形式，大力实施复合型人才培养工程，先后开展各类培训30余次，培训员工700余人次，举办“供电+能效服务”劳动竞赛及“人人过关”考试。通过考核基础理论知识、能效诊断案例分析等全面考察从业人员技能水平，对优胜单位和个人进行表彰奖励，促进供电服务人员从“供电工程师”向“碳效工程师”转变，打造一批精通业务、熟悉产品、了解客户、技术全面的“碳效工程师”团队，为高质效开展“供电+能效服务”提供坚实人力保障。

3. 构建跨部门联动工作机制

与各级政府部门、相关单位建立常态化联动工作机制。一方面，依托“碳效码”评价结果推动各级政府出台强制性、鼓励性多重政策，高碳低效企业将被列入清单化管理，并成为差别化“能耗双控”、节能监察的重点对象，进一步增强高碳低效企业开展“供电+能效服务”、实施降碳提效的主动性，同时动态掌握政府在能效管理方面的工作动向。另一方面，建立客户走访常态化工作机制，将碳效评价结果纳入客户电能能效账单、综合能效诊断报告等，深入分析企业生产流程、主要用电用能设备及生产工艺，及时了解掌握客户需求。同时，出台《碳效码数据归集及结果发布制度》等，确定数据归集职责、周期和种类，率先建成跨部门层级、跨业务种类、跨行业标准的程序化工作链，打破顶层设计数据业务壁垒，形成企业碳排放“云—网—端”链式监测机制，保障垂管部门与地方机构的权责匹配、数据融通，确保碳效评价和结果应用权威可靠。通过实施这些举措，在管理模式上从过去政府使用行政手段倒逼企业绿色化转型，转变成现在企业主动要求实施绿色低碳改造，有效激活工业企业自觉开展绿色生产的内生动力；湖州供电公司从原来大海捞针式地开拓市场转变为精准定位高碳低效企业，形成政府、企业、社会多方共赢的政策治理机制和服务模式。

三、电网企业基于“碳效码”的能效服务管理实施效果

（一）实现碳排放有效监测，提升能效服务质效

湖州供电公司实施基于“碳效码”的“供电+能效服务”运营管理，建成跨部门层级、跨业务种类、跨行业标准的管理工作链，实现政府经信、统计，供电公司等组织之间的39类重要数据、20余个事项融通，协同推动公司“供电+能效服务”工作高效开展。利用“碳效码”实时动态监测企业碳排放数据，提前预警，为企业提供包括能源替代、节能改造、回收利用等在内的建议和措施，辅助企业整改到排放合理阈值范围，促进节能减排有力有序地推进。2022年3月，省经信厅、省统计局、省电力公司三部门联合印发《关于加快工业碳效码推广应用的通知》，大力推进“碳效码”在全省的应用，为深入开展基于“碳效码”的“供电+能效服务”工作营造了良好的外部环境，激活了各类企业自觉践行绿色生产的内生动力。国网浙江电力有限公司下发《关于统一“碳效码”建设的指导意见》，在全省系统内全面推广基于“碳效码”的“供电+能效服务”工作模式。2021年10月，国家统计局赴湖州专题调研“碳效码”智能评价体系构建与应用情况；2022年4月，国家工信部组织召开“工业碳效码”视频座谈会，拟全国推广。

（二）履行企业社会责任，具有良好示范推广价值

湖州供电公司以“碳效码”推动能源清洁转型，主动融入政府对企业的管理评价体系，形成基于“供电+能效服务”的政企协同治理机制。基于“碳效码”的能源转型管理相关做法得到有关领导、专家的肯定。被央视、新华社、人民网等主流媒体报道，在第二十六届联合国气候变化大会上作专题介绍。2022年4月，国家能源局在第三次中英能源转型监管交流中，向英国天然气电力市场办公室（Ofgem）介绍了基于“碳效码”的能源服务模式。相关成果入选“中国改革2021年度地方全面深化改革典型案例”“数字化改革最佳实践案例”被评为数字经济系统第一批优秀省级重大应用、第二批数字经

济系统多跨场景应用“揭榜挂帅”项目，荣获“浙江省改革突破奖”，获评浙江省数字经济系统优秀理论成果和优秀制度成果等，被评为国家电网公司第六届青年创新创意大赛一等优秀青年创新项目，荣获浙江数据开放创新应用大赛二等奖、“直通乌镇”全球互联网大赛二等奖、浙江省电力公司首面首域项目国际领先等级、湖州市改革突破奖、浙江省电力行业协会数字能源转型最佳实践案例一等奖等。2021年9月，浙江省政府召开全省工业碳效码发布会暨场景应用推广会，实现“碳效码”全省推广应用。这一模式普适性、可复制性强，在操作层面能够落地实施，为全国其他供电企业深挖能源大数据价值，推动供电与能效服务转型并探索出一条崭新道路，具有良好的示范推广应用价值。

（三）推动能源清洁转型，企业经济效益显著提升

湖州供电公司以打造“3060”能源清洁低碳示范发展展示窗口为契机，创新“碳效码”智能对标体系，助推“供电＋能效服务”提升，推动形成较为成熟的涵盖政府、企业、社会等多方在内、多方共赢的商业模式，公司“市场开拓指数”等指标明显提升。项目实施以来，累计完成电能替代电量101亿千瓦·时、综合能源营业收入25.2亿元，目标完成率分别达到112%、128%；全省推广后每年可实现降碳500万吨，相当于25万亩（1亩约等于666.67平方米）森林一年吸收的二氧化碳量，有效助力全社会减碳增效，支撑“双碳”目标实现。各类企业通过应用“碳效码”，积极推动节能低碳改造，逐步提升碳效等级，享受到更多的政府补贴优惠，湖州市累计降低用能成本2.1亿元、融资成本2000余万元，取得了显著的经济效益。

（成果创造人：何文其、邢建旭、夏星航、卢　峰、岑　梁、沈百强、李　磊、马　亮、徐　俊、袁慧宏、尹小明、章宙文）

能源企业融入打造“无废城市”的垃圾焚烧发电项目建设管理

华能国际电力江苏能源开发有限公司南京电厂

华能国际电力江苏能源开发有限公司南京电厂（以下简称南京电厂）位于江苏省南京市六合区，现有两台32万机组为苏联引进超临界机组，总装机容量为64万千瓦，在同期建设的俄供机组中实现了“五个率先”，即率先投产、率先实现安全文明生产达标、率先建成“无渗漏发电厂”、率先创建成国家级“双文明单位”、率先创建成“一流火力发电厂”，并建有我国首个700℃关键部件实炉验证试验平台，具备持续开展700℃条件下研发高温合金材料和高温部件设备的现场验证试验条件，试验平台建成投运以来保持稳定运行，积极为国家能源工业发展和科技创新做贡献。同时，南京电厂还管理着南京市江北新区化工园2CB50级抽背式热电联产项目和南京华能能谷新能源开发有限公司、华能南京江宁绿色能源开发有限公司等新能源产业公司。

一、能源企业融入打造“无废城市”的垃圾焚烧发电项目建设管理背景

（一）国家绿色发展的必然要求

能源是经济社会发展的重要基础，在我国以化石能源为主导的能源结构之下，“两山”理论明确经济发展要和生态发展有机融合。2016年的“十三五”规划中提出要构建清洁低碳、安全高效的现代能源体系；2021年的“十四五”规划则更加明确要求“推进能源革命，提高能源供给保障能力”。在此方针指引下，以清洁低碳为方向，加快能源转型升级，实现能源高质量发展成为能源央企的核心发展思路。南京电厂作为20世纪90年代建成投产的传统燃煤火电站，运行时间已经接近设计寿命，受设备老化、系统优化限制等因素影响，已不能满足当前“双碳”目标要求。绿色转型已然是南京电厂势在必行的选择。

（二）城市生态发展的必然方向和大型能源企业的必然使命

2018年12月29日，国务院办公厅印发《“无废城市”建设试点工作方案》，“无废城市”是以创新、协调、绿色、开放、共享的新发展理念为引领，通过推动形成绿色发展方式和生活方式，持续推进固体废物源头减量和资源化利用，最大限度减少填埋量，将固体废物环境影响降至最低的城市发展模式。南京市作为省会城市，始终坚持创新驱动，坚持人与自然和谐共生，2021年11月发布《南京市“十四五”生态环境保护规划》（以下简称《规划》），《规划》明确了未来五年全市生态环境保护工作的总体要求，科学谋划了重点任务、主要举措和保障措施，对深入推进生态环境保护、开启美丽南京建设新征程，具有十分重要的意义。同时，提出要坚持全过程监督，建设“无废城市”，打造“无废城市”，全面推进工业固体废物、生活垃圾、建筑垃圾、医疗废物和农业废弃物等各类固体废物减量化、无害化、资源化和治理能力匹配化，实现固体废弃物全过程监管。全力打造“无废城市”，推动实现减污降碳协同增效和高质量建设“强富美高”新南京。而生活垃圾焚烧发电产业是未来解决生活垃圾减量化、无害化、资源化的主要方式，是解决城市生活垃圾的理想方法之一。

作为国民经济重要支柱的大型能源企业，华能牢记责任使命，发出“双碳”宣言，运用自身优势投入“无废城市”建设。城市废弃物前置干燥炭化处理技术、污泥加压热水解技术、循环流化床锅炉固废生物质耦合发电技术等拥有自主知识产权的生物质耦合发电技术在系统内得到应用推广。同时，南京电厂在华能系统内率先获得垃圾焚烧发电项目特殊经营权并参与项目的具体开发建设，秉承华能“双碳”宣言，整合华能与项目合作方的各方设备、技术与管理优势力量，高质高效开展项目建设管理

工作，致力于南京市生活垃圾处理能力的进一步提升，助推南京市加快打造“无废城市”进程，为高质量建设“强富美高”新南京贡献华能力量。

（三）传统城市火电厂转型发展的必然选择

南京电厂作为投产运营近30年的火力发电厂，在能源产业结构升级、电力市场化交易持续推进、煤炭等化石燃料价格高企的背景之下，其营利空间持续被压缩。同时，机组老化等自身原因也进一步要求南京电厂必须尽快做出改变，突破行业壁垒寻求更大的生存空间，实现企业高质量转型发展，为全厂职工谋求更多获得感和幸福感。

在集团公司绿色转型高质量发展目标的要求下，南京电厂借助传统火电转型发展的契机，成功取得南京市江北生活垃圾焚烧发电二期项目的特许经营权，进而形成“一厂多站”的管理模式。该项目填补了华能在垃圾焚烧发电领域的空白，将绿色发展与创新创效有机结合，在新时代进行“无废城市”建设的深度探索，进一步提升华能在江苏省的影响力。

垃圾焚烧发电项目，致力打造成为行业标杆：垃圾抓斗起重机、垃圾焚烧炉、DCS系统等主设备的选型要高质量、高标准；建设投资要保证，项目概算资金要做到统筹考量，不缺漏项、分配比例合理。这对没有经验可借鉴的垃圾焚烧发电项目参与者、建设者来说，无疑具有很大的挑战性。项目建设管理过程中，南京电厂不断学习并总结经验，最终实现传统火电项目建设与垃圾焚烧发电项目建设的互融互通。

二、能源企业融入打造“无废城市”的垃圾焚烧发电项目建设管理主要做法

（一）建设全流程精品化引导理念

1. 确立精品项目建设管理理念，“精品意识”居中把握

南京电厂综合分析研判项目建设和未来发展情况，确立以精品意识为中心的项目建设管理理念，引导干部职工在工作中树立精品意识，打造精品工程项目，树立行业标杆项目。一是干部职工要勇于新担当，敢于新作为，在工作推进中以身作则、率先垂范，不断提升自我素质、综合能力，在研究垃圾发电行业关键技术的基础上进一步往更深层次拓展、更高水平延伸，把“精品意识”融入项目建设管理具体工作中。二要善于创新，在工作中打开思路，以新思维、新理念武装头脑，不断推进工作创新争优。在项目设计、选型、建设、调试等项目建设各环节管理上高标准、严要求，将华能管理理念融入项目建设管理全过程，形成更加全面、严谨、高效的项目建设管理模式。三要坚持精耕细作。着眼认真做好每一项工作，将每个环节、细节做细、做深、做透。结合垃圾发电特殊性，从提高垃圾吨发电量、降低厂用电率、制定更严格的环保指标等方面着手，树立垃圾发电行业新标杆，引领垃圾发电行业新标准。在新冠疫情常态化防控背景下，以“钉钉子”精神，确保每一项工作都真正落到实处。

2. 项目建设管理注重顶层设计，由“党建引领+”推动

2020年1月，南京电厂为促进高质量转型发展，构建综合能源建设新体系，成立了由厂长、党委书记任组长，副厂长任副组长，各部门负责人分工负责的领导小组，同时成立了由生产技术骨干和优秀管理人员组成的江北环保电力项目部，统筹谋划，全面推进该项目。项目建设过程中，率先将党支部建到项目上，南京电厂党委确定“党建引领+”实施方案，适时开展党建活动，定期开展党课学习，切实把党建优势转化为发展优势，推动项目规范有序高质量建设。

3. 明确项目建设管理思路方法，“件件落实”稳步前进

南京电厂在生活垃圾焚烧发电项目建设管理全过程中，将件件落实作为项目精品化全流程的指挥法宝，做到全员、全方位、全面落实，有利于保持长期竞争优势。在制度建设上深入落实执行，内容上囊括安全生产、施工管理、疫情常态化防控等方面，为垃圾焚烧发电厂项目总体安全施工扎牢安全网，工程的质量目标、环境保护管理目标、职业健康安全目标均得以实现，全面打造精品工程。项目建设管理

中加大智能化系统选用投入，致力建设现代化垃圾电厂。落实“绿水青山就是金山银山”的“两山”理论，项目建设过程中开展清洁化技术攻关，打造环境友好型电厂。项目建设管理过程中注重人才培养计划的落实，“以干代训”培育垃圾发电项目建设专业管理人才，形成具有现代化意识的管理和运维团队。

（二）搭建全方位智慧化运维体系

南京电厂在生活垃圾焚烧发电项目的设备选型、智能化系统投入等方面充分考虑经济性、可靠性、先进性等，确保项目建成后即成为行业标杆。

1. 大力提升设备国产化率，走中国特色技术道路

项目在初设、设备选型初期，南京电厂即明确必须大力提升设备国产化率，随即开始全面对标，除政府规定的设备型号之外，项目设备国产化率达100%。其中，上海康恒环境股份有限公司（合作方）作为垃圾焚烧设备与技术供应商，在本项目的炉排等大型关键设备上开展技术攻关，不断优化设计，提升设备性能，最终实现百分百国产化。

2. 优选精研智能化系统，打造智慧清洁工厂

针对生活垃圾焚烧发电在环保、安全、经济方面的高性能，南京电厂生活垃圾焚烧发电项目引入自动燃烧控制系统（ACC系统）、垃圾吊无人值守全自动加料技术等，智能化运维能力处于同行业领先地位。

为了控制、运行、监视焚烧炉的燃烧，项目建设中优选了ACC（自动燃烧控制）系统和DCS（集散控制）系统，生活垃圾焚烧发电过程由ACC控制算法实现，能有效保证垃圾稳定、充分燃烧并抑制二噁英。项目实施过程中通过调试使得炉排速度、蒸汽流量、燃烧风量均实现自动控制并及时可靠，实现燃烧的自动控制。在此系统控制之下，项目运行有如下优点：恒定的蒸汽蒸发量能有效地利用能源；稳定炉温可降低NO_X的发生量，以及降低操作人员耐火材料的损伤；热灼减量最小化能防止二次污染；减少操作人员，实现减员增效。项目建设过程中，同步研发智能垃圾吊和垃圾仓管控平台系统，实现从垃圾的入仓开始到投炉焚烧全流程智能监控分析。

3. “大集控”的效率整合，实现电厂高质量增效发展

根据全厂生产过程控制系统规模，结合华能传统火电项目集控系统建设应用情况对垃圾焚烧发电项目集控系统设计进行优化调整，将全厂主控系统与辅控系统整合成一个大的控制系统，消除了辅控系统的信息孤岛现象，有效增强了主、辅控制系统之间的数据交换能力，使得主机设备与辅机设备更好地协调，提高全厂的生产效率，节约人工成本。

这些智能化系统的投入可助力项目精准操控，提升运行效率和经营效益，主、辅集控系统的优化整合提高信息交互能力，有效实现控员增效的管理目标。

（三）多角度推动清洁化技术应用

为最大程度减少垃圾焚烧电厂废弃物对环境的影响，遵循“无废城市”减量化、无害化固废控制原则，南京电厂坚持引入先进技术进行污染综合治理，守护一方碧水蓝天。

1. 优选危废处置技术路线，保障项目实施环境友好

为保证项目建成后对周边环境影响程度降到最低水平，在二噁英处理、废水处理、渗沥液处理和垃圾的臭气防治方面，项目组均采用了国际国内非常成熟的技术路线：从源头上控制酸性气体及有害气体（二噁英类物质）的生成，从烟气处理全流程上全面控制烟气排放造成的二次污染，将烟气中的烟尘、酸性气体、重金属等有害物质降到最低；全厂废水零排放，渗沥液污水全部回用，不对外部水环境构成污染；垃圾卸料厅、垃圾池、锅炉间和渗沥液处理站均采用封闭式混凝土结构，设置双层密封门及负压系统，实现臭气“零”溢出。

2. 严把高标准建设技术关，助力项目实施清洁高效

项目部成立技术攻关小组，对项目关键技术及设备选型进行把关，对技术规范书的编写工作和系统、设备的招投标工作进行全过程监督管理。针对技术规范书的编写，技术攻关小组联合设计院与行业专家联合讨论，多次召开跨部门、跨专业的当面讨论会，对标“精品工程、行业标杆”要求，找寻项目建设的“最优解”。严苛的技术管理带来的是清洁的效能回报。本项目投产运营后，生活垃圾焚烧处理规模为2000吨/日，年处理量约73万吨。垃圾发热量达到设计值时，每年可向电网供电3.71亿千瓦·时，相当于可节约标准煤约11.73万吨，极大地减少二氧化碳排放的同时，提高了废物资源的利用效率。

3. 依托项目建设全过程管理，打造创新型项目建设模式

南京电厂生活垃圾焚烧发电项目技术人员在项目基建期深挖发明专利，在固废处置和垃圾耦合焚烧等项目工程中申报并取得多项实用新型及发明专利。《垃圾炉与燃煤炉烟气并联处理装置》《具有干化灭活功能的无害处理菌渣装置》《适合垃圾炉的高效除灰装置及除灰方法》等获得专利授权，另有《利用可再生电力的污泥干化装置及污泥干化方法》《应用于火电厂的餐饮垃圾预处理耦合发电系统》等多项实用新型和发明专利已完成申报。同时正在着手申报“生活垃圾焚烧发电生产准备流程”“生活垃圾焚烧发电建设流程”等行业标准。鼓励各专业技术人员学习理解消化国内外先进技术，开展创新创效研究，激发企业内生创新动力。

（四）布局未来战略化人才管理

创新是企业发展的核心，创新工作的核心是人才培养，南京电厂立足煤电发展基础，结合垃圾电厂项目建设发展情况，培育适合垃圾电厂的能力强、具有创新性的人才队伍。

1. 创新人才管理模式，盘活专业人才“蓄水池”

南京电厂认真贯彻落实党中央关于人才工作的系列重要要求，如何在垃圾发电领域培育起一支成熟的人才队伍，是项目建设准备的重点内容。南京电厂一直深耕煤电行业，在多年的经营管理人才培养中形成了成熟可靠立体化人才培养模式，拥有完备的煤机管理人才梯队。为了顺利地将煤电人才向垃圾焚烧发电领域培养，南京电厂首先提升全员思想意识，营造良好的学习氛围，加快人员培训进度。

培训坚持“实”字为先、务求实效的原则，根据垃圾发电项目后期的投产及运行需要，脚踏实地、步步为营，将培训工作做实、做深，加强培训过程中的监督、考核工作，通过考试、问答等形式检验培训效果，确保每个人都能满足岗位需求，确保培训质量过关。对生产人员的培训坚持以师带徒、全员参与的原则，生产准备人员互相签订师徒合同，规范培训内容及培训时长，融合奖惩制度，互相授业、全员参与，让培训规范化、制度化。

2. 扎实开展人才培训，打造人才培养“孵化器”

南京电厂坚持“引进来”和“走出去”相结合，从生产一线抽调精兵强将，将人才送出去观摩学习，交流心得，增长学识阅历；将专家请进来授课教学，开阔员工眼界，提升专业素养。通过仿真机模拟学习，迅速实现煤机和垃圾发电同频切换，加快人才培养进程，满足项目所需。

人才培训坚持以外委培训为主、自主培训为辅的原则，通过康恒宁波项目培训中心、光大南京江宁项目培训中心等外委培训机构培训生产准备人员垃圾发电行业相关理论知识及实操技能，通过华能内部培训方式培训生产准备人员机、炉、电、化、安全等相关知识，有效利用多方培训资源，整合多方优势，全面提升生产准备人员的理论知识水平和专业技能水平。理论知识学习、仿真机培训、同类型项目驻厂培训、专项培训等形式，使生产准备人员尽快具备相应的岗位技能。

南京电厂依托生活垃圾焚烧发电项目搭建起人才培训平台，用一批技术人才带出一种华能人才的管理模式已成型，可复制、可推广、可借鉴的垃圾焚烧发电人才培养基地已经建立，将充分发挥好人才培养“孵化器”作用，助力华能在“二次创业”新征程中取得新的突破。

（五）坚持人与自然环境和谐共生

南京电厂生活垃圾焚烧发电项目地处老山山麓，绿树成荫，流水潺潺。项目外观设计上注重与周围环境的和谐，外墙主体为蜂巢状幕墙，大量的六边形窗户与简洁现代的外墙涂装，使得生活垃圾焚烧厂既有工业美感又有艺术气质。后工业化设计与自然共融，整座建筑在大片绿植映衬下极具观赏性，柔和流畅的线条语言与建筑的规则几何形态形成有趣的对比，完美体现了建筑与自然环境的融合。

除了焚烧垃圾发电外，南京电厂生活垃圾焚烧发电项目还将承担起环保科教宣传的社会责任，建设用于科普宣传的参观通道，致力于成为科普教育基地，积极宣传“无废文化”，增强公众环保意识；引导人民群众切实从自身做起，减少生活垃圾的产生，自觉做好垃圾分类回收，提升“无废城市”建设大众参与度，助力突破“无废城市”建设的社会发展瓶颈。

三、能源企业融入打造“无废城市”的垃圾焚烧发电项目建设管理效果

（一）管理水平提升方面

通过全程参与华能首个生活垃圾焚烧发电项目建设管理，南京电厂相关专业管理及从业人员“学中干、干中学”，各项专业知识及技能水平得到快速提升，并快速完成了从“学习者”到“能力者”的角色转变，对垃圾焚烧发电项目建设的全流程管理有了深入、详细、全面的认识，掌握了项目建设过程中的关键节点、关键环节等重难点及关注点，形成系统的垃圾焚烧发电项目建设管理知识体系。在打造华能首个精品、标杆垃圾焚烧发电项目过程中厚积薄发，为今后华能在垃圾发电领域开疆拓土奠定了坚实的人才及管理基础，助力华能加快建设世界一流现代化清洁能源企业。

（二）经济和社会效益方面

促进地区经济发展。该项目建设本身带来中央企业、地方国资和民营资本的投资，在促进南京市地方经济发展过程中发挥一定作用。同时，该项目改善了环境，提高了环境质量水平，有利于改善投资环境、吸引外资、发展南京市经济，并促进旅游产业和其他第三产业的发展，间接产生的经济效益是显著的。

输送电力资源化。该项目建成后，生活垃圾通过高温焚烧产生热能，热能转化为电能，项目产生的电不仅可以满足厂区本身自用电，还可以缓解区域电力紧张矛盾，将电能输出电网来获取上网电价的收入，进一步实现了垃圾的资源化。

促进居民身心健康。生活垃圾中往往有病原性生物和腐蚀性有机物，如果处理不当，极易传播疾病，污染环境。垃圾的无害化处理，变废为宝，符合节能环保和循环经济理念，有利于居民身心健康，减少疾病的发生，提高居民的生活质量和居住环境质量，更可改善城市卫生条件，塑造现代化城市形象。

增加就业机会。该项目的建设与投产，涉及设计、土木工程建设、机械制造、设备维护维修等行业，为社会提供了大量的就业机会，产生了良好的社会效益。同时，该项目建成投产后也为南京电厂煤机机组运行到设计年限后的人员分流提供了更多的选择机会，有助于职工队伍的稳定，让职工群众有更多的归属感和获得感。

（三）生态效益方面

减少对环境的影响。该项目采用机械炉排炉技术处理城市生活垃圾，工艺技术先进，设备运行可靠，垃圾不需要经过预处理直接进入炉内充分燃烧，有机物均完全分解，垃圾中所含的病毒、细菌均被灭杀。焚烧过程中产生的烟气和垃圾渗滤液经过系统的净化处理和治理措施后，各种污染物均达到排放标准，避免给环境带来二次污染；垃圾焚烧给环境带来的负面影响大大减少，促进了垃圾无害化和资源化的可持续发展。

节约土地资源。南京市现有的简易填埋场已超负荷运行，随着该市人口的增多，城市生活垃圾处理的需求不断增长，现有的填埋处理方式已经无法满足填埋需求，垃圾降解产生的有毒有害物质容易造成土地资源永久浪费，甚至污染地下水。项目采用高温焚烧方式，与传统的卫生填埋方式相比，垃圾减容量95%以上，大大减少了垃圾量。而垃圾的减量化，可节约土地资源，提高城市土地使用率，有助于土地资源利用效益最大化，并减少对环境造成的二次污染。

资源综合利用。该项目建成投产后，焚烧发电产生的炉渣再处理后可用作混凝土添加剂，或用于路基建造等，废物再生利用率高。城市生活垃圾无害化处理的方式，是目前城市建设的发展趋势和处理城市生活垃圾的有效途径，在治理空气污染和水环境污染的同时，能促进厂区和周边环境的绿化、美化，改善城市人居环境，达到资源回收利用的良好效果，进一步开展资源综合利用，符合国家相关政策，同时，有助于进一步提高人们垃圾分类回收意识。

（成果创造人：李　斌、韩孚昌、郑　晖、黄　伟、王学东、朱　军、徐　君、孙明星、周建亚、徐慧琳、庄承彬、李其河）

轮胎生产企业助力“双碳”目标的绿色制造管理

玲珑集团有限公司

玲珑集团有限公司是一家以轮胎主业为核心、能源供应为保障、原料生产为辅助、设备制造为基础的高新技术企业。玲珑集团有限公司的业务涵盖轮胎制造、交通科技、医疗健康、能源、置业、物流、商贸、教育、金融九大板块，员工总数超过20000人，是中国民营制造业500强、世界轮胎20强、中国轮胎前3强。2016年玲珑集团有限公司旗下玲珑轮胎成功登陆A股市场，先后被三大国际指数——MSCI中国指数、富时罗素指数和标普新兴市场指数纳入其中，且被纳入沪深300指数，赢得了全球一流资本市场的青睐。玲珑集团有限公司立足“三国七地”全球化开放式研发创新体系，建设中国首家大型室外综合轮胎试验场—中亚轮胎试验场，共同为整车企业轮胎研发、测试构建完整科学专业的测试体系。在研发领域多层次、多维度、多方面取得卓越成绩，荣获了国家级科技大奖，其中，“低断面抗湿滑低噪声超高性能轿车子午线轮胎”获得国家科学技术进步二等奖，“节油轮胎用高性能橡胶纳米复合材料的设计及制备关键技术”荣获国家科学技术发明二等奖。玲珑集团有限公司被评为“国家级绿色工厂示范企业”“山东省节能突出贡献企业”等。玲珑集团有限公司坚持以习近平新时代中国特色社会主义思想为指导，完整、准确、全面贯彻新发展理念，加快构建新发展格局，推进企业高质量发展。玲珑集团有限公司按照轮胎全生命周期，将绿色制造管理主要划分为绿色研发原材料采购、绿色工艺绿色生产制造、废旧轮胎综合利用三大部分。立足于上下游产业链，和其他组织开展绿色低碳合作，致力于打造全产业链绿色低碳发展。校企联合“产学研用”共促绿色低碳前瞻性发展。立足全球化顶层设计，明确前瞻性统筹规划。围绕“双碳”长远目标，建立健全组织架构和制度，打造强大的绿色、低碳、可持续发展团队。联手国际国内行业协会，协同国内一流科研高校，组建创新产业联盟、协同上下游产业链联盟。同时，创新迭代绿色发展工艺，完善绿色发展标准体系，彰显社会责任且参与社会公益共识。新时代新成果，玲珑集团有限公司将在“双碳”领域高质量可持续发展中取得佳绩，并得到社会的认可，享誉国内外。

一、轮胎生产企业助力“双碳”目标的绿色制造管理背景

（一）适应“双碳”发展，发挥引领示范作用

近年来，全球气候变化对人类社会构成重大威胁，越来越多的国家将“碳中和”上升为国家战略，提出了“无碳”的未来愿景。中国作为世界上最大的发展中国家和煤炭消费国，基于可持续发展的内在要求和构建人类命运共同体的责任担当，适时提出“双碳”高质量开放包容的长远发展目标，对中国运输市场和轮胎市场产生了广泛性和持续性的影响。

随着“双碳”目标持续推进，中国经济结构面临大调整，钢铁、重化工等高耗能产业发展受限，国内货物运输总量下降，加之国五排放标准和国六排放标准提前的切换和影响，中国全钢子午胎市场销量下滑。传统市场受到冲击，轮胎绿色生产发展方面面临比较大的成本压力。第一，进口天然橡胶有高达20%的关税，占原材料成本20%—30%以天然橡胶需要承担较高的关税成本。第二，随着世界能源危机持续恶化，企业在能源方面的成本增加。第三，环保设备的购买成本、使用成本和维护成本较高。第四，轮胎行业生产责任制规定，谁生产轮胎谁处理，企业在全生命周期研发理念、设计思路和废旧轮胎综合利用等方面需要投入更多的时间和资金。

作为中国轮胎行业领军企业，玲珑集团有限公司一直致力于用“玲珑智慧”彰显“玲珑力量”，必

须主动响应我国“双碳”长远发展目标，发挥行业引领示范作用。

（二）节能减排，满足监管要求

全球轮胎看中国，中国轮胎看山东，山东省拥有中国轮胎产能的一半。近年来，山东省对“两高”（高耗能、高排放）行业加大监督检查力度，建立行业电子监管平台，提出行业能效改造升级方案，企业面临的能耗和环保压力较大。玲珑集团有限公司属于高耗能行业，年耗标煤 30 万吨左右，资源耗用高，面临的节能减碳压力较大。特别是近年对智能化、信息化装备的应用，国家对环保标准加严。玲珑集团有限公司新增治理设备等，都导致耗用能源数量增加。轮胎生产过程中还需要使用大量的电力、蒸汽、柴油等二次能源。对于废水、废气、粉尘的治理和废弃物管理，国家相关部门都制定了明确的标准，要求分类处理、达标排放。

（三）转型升级，适应产业结构调整

山东省人民政府提出《关于加快七大高耗能行业高质量发展的实施方案》。其中，省政府希望通过推广低碳发展，促进整个行业升级轮胎产业转型升级，重点强调轮胎产业加快向高端化、高附加值、高性能方向迈进，为中端以上乘用车、高端工程机械和航空的配套能力明显提升，低断面、超低断面、高速度级别的高性能轿车子午线轮胎成为主打产品。

山东省人民政府发布《山东省“十四五”制造强省建设规划》，规划重点强调“到 2025 年，轮胎产业产值达到 2000 亿元”“淘汰落后产能（年产能 120 万条以下的普通全钢子午胎企业、年产能 500 万条以下的普通半钢子午胎企业）”。从政策端来看，省政府对于行业绿色、低碳、可持续发展十分重视。

玲珑集团有限公司 2020 年启动绿色制造管理，全面、深刻、持续地学习、领会、内化山东省委省政府关于中国轮胎行业的政策，坚持绿色、低碳、可持续、可循环的发展方向，推动从产品研发、原材料采购、生产全流程、全生命周期管理全方位、多维度、多领域实现真正的绿色可持续发展。

二、轮胎生产企业助力“双碳”目标的绿色制造管理主要做法

（一）建立灵活广泛的合作机制，夯实绿色发展基础

1. 携手国际行业协会，对标世界一流标准

玲珑集团有限公司积极参与行业协会组织，先后加入中国橡胶工业协会、中国石化联合会、中国化工学会橡塑绿色制造专业委员会和中国轮胎智能制造与标准化联盟等，与行业协会围绕“双碳”目标，进行低碳发展。

玲珑集团有限公司通过了全球可持续天然橡胶平台（GPSNR）执行委员会评估，顺利加入 GPSNR 成为中国大陆首个该会成员。加入 GPSNR 后，玲珑集团有限公司全渠道践行可持续发展理念，为维护全球橡胶可持续发展、促进行业产业链优化、秉承人文精神和低碳理念贡献自己的力量。

2. 牵手高校研发科技，构筑校企创新堡垒

玲珑集团有限公司先后与清华大学、上海交通大学、北京化工大学、华南理工大学、江苏大学、吉林大学、太原科技大学、青岛科技大学、青岛轮学盟科技服务平台有限公司等高校或企业签署 320 余项合作协议，包括植物油和生物橡胶在内的生物基材料、石墨烯等纳米材料、蒲公英橡胶轮胎、发电轮胎等先进轮胎、橡胶破坏等机理研究、本构模型及有限元仿真、轮胎环保技术研发与指标控制等，涵盖了从机理到性能、从材料到产品的多方面研究，对材料创新体系搭建提供有益的补充和支撑。

玲珑集团有限公司携手北京化工大学，成立“轮胎与橡胶绿色低碳技术研究院”，在轮胎新材料、新技术的可持续、可再生、环保性等方面开展更深入的研究，通过以新知识带动新发展，以新概念推动新方向，在新领域培养新人才，助力整个轮胎行业的低碳、绿色、科技化、人才化等多维发展，共同助力社会实现“双碳”目标。

（二）积极构建绿色供应链，开发绿色原材料

一是加强对供应商的绿色管理。玲珑集团有限公司参照ISO 14064组织进行温室气体排放的内部核查，通过每年的碳盘查掌握组织层面的温室气体排放情况。坚持可持续管理模式：在新增供应商选择、绿色原料、绿色包装、绿色运输、供应链碳中和，以生命周期方式推进负责任的可持续管理。在供应链共赢方面，制定周密的采购政策，要求所有供应商执行《供应商可持续发展要求》，要求供应商一方面要有社会责任，对供应商提出环境、责任、人权、劳动安全等要求，另一方面对玲珑集团有限公司负责，提供优质的产品和服务。

二是玲珑集团有限公司采取绿色产品策略，逐步加强可再生及可回收材料开发在轮胎产品中的应用，减少对石油基材料的依赖，不断促进可循环、可再生、可降解材料的研发，减少对环境的危害。近年来，绿色供应链体系搭建，环保材料、可降解材料的应用，蒲公英橡胶、石墨烯轮胎和3D打印材料应用创新研究，助力“双碳”目标达成。

例如，玲珑集团有限公司组建全球性的蒲公英研发团队，即“蒲公英橡胶产业技术创新战略联盟”，联盟利用提取的蒲公英橡胶制造出蒲公英橡胶玲珑概念胎，获得了行业的好评和高度关注。蒲公英橡胶是一种集天然橡胶和能源于一身的植物资源，提取出天然橡胶后，剩余的废渣还可以发酵得到生物乙醇，蒲公英项目的开发必将为我国稀缺资源的战略储备做出贡献，也会促使橡胶业降低合成橡胶的用量，达到降低碳排放、改善环境的目的。联盟在蒲公英橡胶方面的探索和研发，对保护热带雨林和生物多样性，拓宽天然橡胶的供应渠道，降低生产成本和碳排放有重要意义。

与十余家高校、企业、科研院所共同承担“国家重点研发计划项目——新型生物基橡胶材料制备技术及应用示范”，并基于可持续发展的生物基橡胶材料提取/合成和应用进行开发。作为课题“生物基橡胶应用关键技术研究”的责任单位，玲珑集团有限公司完成了蒲公英雪地胎、生物基衣康酸酯乘用胎、杜仲橡胶载重胎的研究和试制工作。

（三）改善工艺、技术，推进低碳生产

成立以总裁为组长的领导小组，每月召开综合调度会，汇总各单位绿色制造情况，曝光超出消耗定额的单位，并要求责任单位及相关部门查找原因，制定整改措施并跟踪落实效果。每月6日，组织各分厂、分公司能源、环保、成本管理人员参加绿色制造管理会议，总结上月经验，查找存在的不足和问题，制定下月计划和目标，出台改善、提高对策，确保单位产品能源消耗指标持续稳定降低。

1. 改善工艺，降低生产能耗

通过节省原材料实现节能：针对主要产品子午胎的生产工艺进行节能研究，遵循提高产品质量、降低产品消耗的原则，在充分借鉴国内外先进技术的基础上，成功地完成了子午胎综合节约工艺技术的研究，通过改造密炼设备和工艺技术，调整炼胶配方，在提高胶料性能的基础上，降低天然胶和合成胶用量。

通过稳定产品质量实现节能：轮胎生产耗电主要是动力系统、生产过程中半部件工序为重点耗电区域，用电量占整个公司用电总量的80%以上。为此，将所有动力系统全部进行节电改造，对开放式炼胶机进行专用电控系统改造。

淘汰高耗能工艺：遵循提高产品质量、降低产品消耗的原则，在充分借鉴国内外先进技术的基础上，成功完成了子午胎硫化工艺技术的研究、改造，将传统恒温硫化工艺改为高温变温硫化，降低蒸汽使用量。

2. 积极利用新能源，采用节能电器

玲珑集团有限公司根据各生产基地地域环境，建立光伏项目发电设施，充分利用屋顶空间面积，将

光伏面板功能最大化，提高“光能—电能”转换比率。积极配合国家电网并电工作的开展，在山东招远总部基地、山东德州基地、广西柳州基地、吉林长春基地以及欧洲塞尔维亚新建项目相继自建光伏发电设施，减少碳排放量。

全厂的变配电设备均选用国家推荐使用的节能型电器，并选择合理的无功功率补偿和最佳的供电方案，力求降低电能损耗。选择有CCC标志和有节能认证标志的节能灯（光效、使用寿命、谐波等各项性能指标有保障的产品）。充分利用自然光，在屋顶增加采光带，车间照明根据不同区域、不同照度的要求，相应设置局部照明，即采用混合照明方式，满足各种照度要求且最大程度地节约照明功率。

（四）废弃物减量化、无害化，加大循环利用

1. 明确标准体系，高效落地“三废”处理

玲珑集团有限公司利用成熟的标准化的管理体系，对生产过程中排放的废水、废气、固体废弃物和噪声等污染物进行高质量管理。制定《废气控制管理程序》《废水控制管理程序》《固体废弃物控制管理程序》《厂界噪声控制管理程序》等，每年度明确管理目标并将其逐层分解，按照月度跟踪制度运行和目标指标达成状况。

废水管理：按规定办理废水排污许可证，建立污水处理站，实行污水在线监测，并委托第三方检测机构每月检测污水排放情况，确保达标排放。

废气管理：轮胎生产基地生产过程中产生的工业废气主要为挥发性有机化合物及颗粒物，挥发性有机化合物产生的环节包括胶料制备过程、半部件制备过程及硫化过程。颗粒物产生环节主要为胶料制备过程。

玲珑集团有限公司加大环保处理设备投资，采用“除油 + 过滤 + 活性炭吸附脱附催化燃烧”的新处理工艺，替代旧处理工艺；硫化车间每台硫化机都单独制作了集尘罩，对每台硫化机进行封闭，单机单罩替代了以前的每条硫化地沟用软帘整体围挡收集排放的收集形式，烟气收集率及处理效果大大提升，可降低风量1/3，运行成本大幅度降低，车间工作环境得到有效改善。

在规范废气管理、达标排放的基础上，玲珑集团有限公司进一步充分利用这些废气排放过程的能源。例如，将轮胎硫化尾气的蒸汽管路进行统一规划、设计，回收的二次蒸汽用于原材料烘房、半成品升温、职工澡堂，冬季用于车间取暖，夏季用于生产现场的制冷。每个生产基地均安装除尘及废气治理设备。

固体废弃物管理：生活垃圾由当地环卫部门统一收集后送当地垃圾处理厂，集中处置；一般废弃物，与资质单位签订合同，统一收集，定期外卖处置；危险废弃物，建设有危废库，用于危险废弃物的临时存储，与危险废弃物处置资质单位签订处置合同，定期转移处置。

2. 践行绿色制造理念，发挥资源循环优势

余热利用。在轮胎生产分厂，应用节能新装备——热水型制冷机，利用轮胎生产过程中产生的二次蒸汽和动力站工艺罐产生的废气，对水进行升温后，应用到热水型制冷机，用于轮胎生产工序夏季制冷、冬季采暖。通过此装备的应用，年可节约标煤500吨。

水循环利用。针对山东地区缺水的现状，玲珑集团有限公司结合有自己工艺特点的冷却水循环利用技术，采用闭路循环冷却的形式，极大地节约了循环水的使用量和消耗量。

分布式供能。轮胎生产过程中，压缩空气系统压力在7.2千克—8千克，以确保成型工序冷风压力工艺要求，而半部件工序设备及硫化工序设备实际需求压力在5千克—6千克，存在“大马拉小车”问题。通过对供压缩空气系统进行降压控制，实现能源合理优化分配，从而减轻空压机运行负荷，年可节约标煤400吨。

（五）探索废旧轮胎循环利用，促进产品全周期

玲珑集团有限公司针对废旧轮胎处理的“零污染、零残留、零排放、全利用”展开全面研究与开发。在长春生产基地，建设年产20万条的翻新轮胎项目，持续开展废旧轮胎可回收工作及整个绿色橡胶产业链规划，降低能源和资源的消耗，减少碳排放。与致力于成为全球固废轮胎循环利用龙头企业——克林泰尔环保科技有限公司，签订战略合作协议，实现循环利用废旧轮胎中的炭黑，实现轮胎价值最大化，提供轮胎全生命周期服务。

三、轮胎生产企业助力“双碳”目标的绿色制造管理效果

（一）企业“双碳”卓有成效

2020—2021年，温室气体排放总量增速快速下降，单位产品碳排放量持续下降，2021年相较于2020年下降近50%。废水、废气、噪声、固废年度环境目标达成情况近在2020年、2021年均是100%。

关键指标及领先水平。半钢子午线轮胎单位产品能耗先进值为308千克标准煤每吨，少于GB 29449—2012《轮胎单位产品能源消耗限额》先进值380千克标准煤每吨72千克标准煤，比强制性国家标准先进值指标降低约19%。全钢子午线轮胎单位产品能耗先进值为234千克标准煤每吨，少于GB 29449—2012《轮胎单位产品能源消耗限额》先进值285千克标准煤每吨轮胎51千克标准煤，比强制性国家标准先进值指标降低约18%。

（二）企业发展稳定，经济效益显著

在全力发展绿色低碳经济的过程中，玲珑集团有限公司产品的市场占有率不断提升，企业营业收入不断扩大，在地方政府税收贡献方面稳中有进（见图1）。

玲珑轮胎经济绩效

项目：总收入（万元）	
2019	1,716,416
2020	1,838,272
2021	1,857,922

项目：每股收益（元）	
2019	1.41
2020	1.82
2021	0.58

项目：缴税（万元）	
2019	53,501.83
2020	53,763.15
2021	48,367.85

项目：研发投入（万元）	
2019	72,992
2020	76,340
2021	93,409

项目：营业成本（万元）	
2019	1,261,402
2020	1,367,249
2021	1,537,226

项目：环保和安全投入（万元）	
2019	5,406
2020	7,541
2021	7,398

项目：净利润（万元）	
2019	166,746
2020	222,027
2021	78,856

图1 玲珑集团有限公司产品轮胎经济绩效图

（三）获得广泛认可，发挥示范作用

成果实施以来，玲珑集团有限公司被评为“国家级绿色工厂示范企业”，荣获第五届中国工业大奖，成为国内首家获此殊荣的轮胎企业。

（成果创造人：王　琳、刘炳刚、温　波、王　蕾、孙松涛、曹志伟、杨德梅、王　博、王焕亮、隋晓飞、孙贵富、林虹竹）

锻造企业"绿色制造+大数据"融合发展体系构建与实施

湖北三环锻造有限公司

湖北三环锻造有限公司（以下简称三环锻造）始建于1961年，占地67万平方米，员工1468人，是国内中重型商用车转向节、转向节臂专业化生产企业，是国家智能制造专项和工业强基项目的承担单位，年产销规模15亿元，拥有国际先进水平的12条智能锻造生产线、18条智能机加生产线和6条3D打印模具制造生产线。2021年国内市场占有率57.5%，国际市场占有率34.8%。三环锻造先后被评为"国家制造业与互联网融合发展试点示范单位""智能制造示范工厂"等。

一、锻造企业"绿色制造+大数据"融合发展体系构建与实施背景

（一）顺应国家发展战略，推动可持续发展的需要

我国资源相对不足，人均占有量低，粗放型的增长方式造成资源过量消耗、环境过度污染、生态系统退化，资源和环境与经济社会发展的矛盾日益突出。为此，国家提出"双碳"行动计划，加快推动绿色低碳发展，降低碳排放强度。在实现"双碳"目标的大形势下，三环锻造唯有积极响应，调整自身发展战略，以发展循环经济、推行绿色制造为目标，控制和降低对资源的依赖程度，提高资源利用效率，才能实现可持续发展。

（二）顺应节能减排大势，实施轻量化发展策略的需要

面对全球亟须解决的环境难题，降低能耗、减少排放被认为是全球汽车产业践行低碳模式的重要途径，并成为中国汽车产业规划中首要着力点。三环锻造是汽车底盘类关键零部件供应商，原材料物耗和制造能耗成本占比高达60%以上，提高材料利用率，实施汽车零部件材料和结构轻量化发展策略，铝合金材料应用及一体化结构设计是大势所趋，能够有效降低零部件制造过程中的碳排放量，同时有效降低汽车运行过程中的碳排放量，是公司绿色制造最可行有效的手段。

（三）打造绿色智慧工厂，实现自身战略发展的需要

当前，原材料价格大幅涨价，能源供应紧张，行业低价同质竞争已呈常态，为改善公司高能耗、高物耗、高排放给环境和成本带来的不利影响，积极应对市场竞争新常态，三环锻造的"十三五"规划明确提出"调结构、上水平、国际化，坚持创新、绿色发展"战略，制定了绿色设计、绿色制造、打造绿色智慧工厂发展策略。三环锻造长期重视信息化建设，积极将云计算、物联网、大数据等技术运用到生产经营管理中，通过与厂家和产学研机构联合开发节能高效绿色装备、实施转向节结构和材料轻量化锻造工艺等措施，从源头上落实"双碳"行动，提质降本增效。

二、锻造企业"绿色制造+大数据"融合发展体系构建与实施主要做法

（一）"绿色制造+大数据"融合发展模式的顶层设计

2015年，三环锻造以绿色制造为基础，以生态化发展为核心，以智能监测和大数据分析为辅助，制定《绿色工厂中长期发展规划》，按照厂房集约化、原料无害化、生产洁净化、废物资源化、能源低碳化的原则设计、建设工厂，因地制宜确定绿色目标和绿色策略，确立了三环锻造绿色工厂建设年度目标和实施方案，从以下几个方面开展实施。

一是绿色文化。树立绿色发展文化思想，在教育培训体系中贯彻低碳理念，重塑企业使命：致力于提供优质安全绿色的锻件产品，以使命引领三环锻造企业文化及行动，夯实绿色发展管理与绩效评价基础。

二是绿色研发。依据《产品绿色生态设计通则》，基于大数据的绿色设计理念及应用，从顾客要求的识别开始，包括原材料采购、生产、销售、使用、处理等产品的全生命周期引入绿色生态设计理念，强化虚拟仿真及先期设计模拟，推广应用绿色技术工艺，如锻件预热调质处理、模具3D打印再制造技术、锻压能耗优化管理、多主轴机加工技术等。

三是低碳制造。推动生产制造与新一代信息技术融合，推进制造智能化。充分应用高效节能装备设施，如自动化的立体高架库、环保节能型的物流运输设备和运输车辆、蓄热式加热技术、工业炉余热回收利用系统等技术。

四是环保治理。制定《工厂环境与环保治理管理制度》，应用物联网技术对各类污染源、排放与环境进行实时监测，实施网络化监测、信息化预警、制度化管控等措施，制定科学的环保指标，如吨锻件三废排放率、吨锻件能耗、原材料利用率、包装物循环次数等，通过数据指标提升环保治理水平。

五是绿色能源。厂区节能布局、生产工艺系统设计、建筑节能、自然通风和自然采光、雨水收集、可再生能源、光伏清洁能源综合利用等措施改善用能结构和工业建筑节能。

六是绿色生态。改善厂区环境，完善空气治理，增加园区绿化率，为员工提供适用、健康安全和高效的工业建筑。公司追求互利共赢和可持续盈利增长，并充分考虑生产对周围环境、社会的影响。

（二）夯实“绿色制造＋大数据”的数字化基础平台建设

为实施绿色智慧工厂战略，三环锻造从绿色研发设计到绿色制造，融合人、机、物、能、环泛在物联网，联合专业云平台厂商搭建了工业互联网平台，构建基于海量工厂数据采集、汇聚、分析的网络体系。公司依据锻造行业特征，逐步建设泛在连接边缘层、混合云平台层、业务应用层，培育独具锻造行业特色的工业互联网平台（以下简称锻造云平台）。

1. 以泛在连接边缘层为基础，搭建绿色工厂数据采集体系

三环锻造在长期的发展过程中，购置不同类型的设备设施，其数控系统、接口协议、数据类别不尽相同，公司与高校和研究机构合作，开发了智能边缘网关实现不同协议数据基层汇聚。实现人员、物料、机器、能源、环境的互联互通，全方位采集各制造单元能耗、物耗、设备能效；实现全过程环保数据的采集，即时采集“三废”排放数据，实时监测可再生能源发电量及消耗量；实现多源环保数据分散采集，定时汇聚，统一存储。

2. 以平台层为核心，打造绿色工厂大数据分析基础

锻造云平台集成工业微服务、大数据服务、应用开发等功能，为数据汇聚、建模分析、应用开发、资源调度、监测管理等提供云计算、云存储等基础支撑。

一是设计数据积累。三环锻造建厂60多年来，积累了大量的模具设计、材料成型、锻压工艺、热处理、成分化验和性能试验等多领域知识，这些知识经过整理、提炼，统一存储在云平台知识库中。在知识库中建立各类产品的能耗、物耗、排放等标准，保证在产品研发设计源头上就实现节能、节材、低排放等目标。

二是制造数据积累。长期以来形成独特的加工工艺库、设备维保库、品质保证库等专业知识库，对各种加工状态的能源利用率、设备功率因素、损耗等进行规范，将实时采集到的数据与标准进行对比，帮助企业方便、快捷地实现工业数据的集成管理和价值挖掘。

三是运营数据积累。三环锻造在预测维护、成本优化、产品溯源、质量保证、能耗管理等方面进行不同程度的数据挖掘与分析，大部分数据分析含有绿色发展相关数据指标，为企业低碳运营、绿色管控提供依据。

3. 以数据为基础，开发智能绿色场景解决方案

三环锻造基于开放环境部署应用，面向锻造企业各环节场景，培育锻造云平台服务的最终输出。面

向绿色设计、低碳生产、环境监测、环保排放、能源管控等场景，联合云厂商合作开发定制化工业APP30多个，如绿色工厂仿真设计、绿色产品研发、在线检测、设备管理及预测性维护、能效优化及智能调度等。

（三）实施“绿色制造+大数据”融合发展的典型举措

1. 树立绿色发展文化理念

一是绿色文化融合企业价值观。随着以新时代铁匠精神为核心的企业文化体系不断完善，三环锻造对绿色文化重视持续提升，倡导员工形成绿色思维方式，秉承“致力于提供安全、优质、绿色锻件产品”的企业使命。在策划、落实工作之前，慎重考虑其是否对生态产生影响，是否存在环境污染等潜在风险。企业用好用活经济杠杆，建立绿色价值导向，鼓励员工进一步丰富节能环保、循环经济等知识体系，妥善处理企业发展与生态环境之间的矛盾。

二是新时代铁匠精神助推发展。三环锻造用一脉相承的“打铁”文化凝聚思想，用新时代铁匠精神助推企业发展。一是紧跟“中国绿色现代化”三步走战略，通过卓越绩效导入、深入行业调研等方式，以3年为周期滚动制定企业绿色发展规划；二是将铁匠精神同国家五大发展理念相结合，确立以效率、和谐、持续为目标的绿色发展方式，突出绿色、智能、互联互通的内涵。

2. 基于大数据的绿色设计理念及应用

三环锻造主导产品——转向节作为汽车底盘系统的重要零件，其绿色设计主要围绕产品的设计、原材料选择、产品制造等方面展开，包括新材料、新产品、新工艺、新技术和新模式的研究与应用。绿色设计推行主要从以下几个方面开展。

一是导入绿色设计理念。依照《产品生态设计通则》（GB/T 24256—2009），依据循环经济理论、产业生态学理论、生命周期理论，以及政策法规和利益相关方的要求，综合考虑成本、环境影响、产品性能、法规要求、最佳可行技术及客户需求等，从顾客要求的识别开始，包括原材料采购、生产、销售、使用、处理等产品的全生命周期引入绿色生态设计理念，最大限度降低资源消耗，避免采购含有毒有害物质的原材料，减少污染物产生和排放，从而为环境保护贡献力量。

制定《顾客要求确定与评审程序》，确保在接受订单（合同）之前，对顾客的所有要求都已明确。程序文件明确了评审流程及部门的相关职责。在与顾客沟通过程中应充分识别顾客的各种要求，如交货期、质量要求、价格、特殊要求（如型号、材料、油漆、特殊规格等）、包装防护、运输、服务要求等。若顾客没有明确有关要求，则业务员应识别预期或规定用途所需的要求，如外观、国家/行业/企业标准中所规定的要求等。与产品有关的义务，包括法律法规（如防火、防污染、安全等）所规定的要求也应予以识别。

制定《产品质量先期策划程序》，对产品制造的过程设计、生产、销售、持续改进等产品全生命周期进行严格规范。对产品全生命周期内，在相关有毒有害物质的识别与管控，污染物质的产生与排放，节能增效措施的运用与推广方面，按照《产品质量先期策划程序》进行分析评审，并按照产品开发的五大阶段，明确评审流程和各相关部门的项目职责。

制定《采购管理程序》，对生产所有物资的采购进行了明确的要求，并规定了采购过程中各相关部门的职责，避免采购含有毒有害物质的原材料。

二是绿色制造工艺的运用。三环锻造发布《全员改进及创新管理办法》《知识管理制度》《精益改善奖励规定》《创新工作室成果鉴定标准》等文件，鼓励全员深入开展绿色制造工艺的创新活动，近两年，取得了500多项成果。

三是基于数字化的绿色制造。为保证绿色制造的可持续性，建立了基于大数据的产品全生命周期平台，在绿色制造过程充分发挥数字化工具的作用。新产品设计研发与加工制造大数据应用管理，优化了资源配置，缩短了研发周期，减少研发投入；实现质量问题的先期预测，提升新产品的一次成功率及合格率，提高材料利用率。

3. 基于大数据的低碳制造

一是低碳智能化锻造系统关键技术及应用。基于智能锻造大数据运用的低碳制造，建成国内第一个集锻造、热处理、机加工的全流程数字化车间，数字化大数据工厂体系涵盖产品的研发设计、生产制造、企业管理、物流/供应链、客户关系管理等制造企业的各个业务领域，智能感知和在线工艺调整专家系统等的应用。

二是汽车复杂热态锻件在线检测系统关键技术及应用。针对热模锻件热态下难以检测等难题，公司联合华中科技大学联合研发了汽车复杂热态锻件在线检测系统，攻克高温锻件三维测量数据高精度配准与融合等关键技术，研制复杂热模锻件全自动化三维测量装备，开发大数据智能分析软件模块，实现热态模锻件无序抓取、三维在线测量、大数据智能分析锻件外形质量，本技术有效提升复杂汽车热模锻件成型精度，减少锻件加工余量。

基于热态锻件在线检测及大数据运用的低碳制造，在三环锻造主导产品转向节、转向臂等复杂热模锻件生产线上的应用，实现了锻件成型精度提升 20%—30%，转向节、转向臂等锻件检测时间由原来的 30 分钟/件降低至 5 分钟/件，加工余量减少 20%—30%，原材料减少 1%—3%，机加成本降低 10%，每年节材降耗 500 余万元。

4. 能源管理与清洁能源应用及能耗监测、优化措施

能源管理方面。2018 年，重建能源管理系统（EMS），通过智能电表、能耗传感器实时采集各生产线及关键设备的耗能数据，系统集成大数据和深度学习技术，对能耗进行可视化监测，对能源消耗量进行预测，制定了《能源监测分析、综合平衡及优化调度管理办法》，对各车间的用能进行规范管理，实现关键装备、关键环节能源的综合平衡和优化调度。

利用清洁能源方面。从 2018 年起，三环锻造充分利用厂房顶部、停车场、楼顶、空地，安装太阳能电池板，建设光伏电站，截至 2020 年年底，已累计安装光伏电站规模总计为 25. 6 兆瓦，日均发电 2. 8 万千瓦 · 时。

优化能源布局方面。为提高能源利用率，减少能源在传输过程的消耗，厂区内设置 35 千伏安专用变电站，设计和规划变电站时，采取最优化布置，有效降低电能传输线路损耗，线路损耗由 2. 5% 降至 1%，年可节省电量 225 万千瓦 · 时，相应节约了 900 吨标准煤。

实施能耗大数据管理方面。三环锻造依托能源管理系统，即时统计各生产线班组能耗，结合专家系统完成大数据推理，把每条生产线各个班组的能耗情况以柱状图表示，制定《班组能耗考核办法》，建立能源消耗标准，管理人员可以根据能耗统计情况，查找能耗差异，促进能源优化管理。

通过大数据的采集和分析，找出能源消耗的关键控制点，逐步优化生产工艺，持续改进能源管理措施，自系统上线运行以来，能源综合利用率提高 46. 3%。

5. 环保监测及管控措施

三环锻造构建环保管理平台，实现管理污染源与环境监测、排放预警与管控、固废处理与再利用，实现环保精细管控，降低污染物排放，严格执行“三废”处理规定，消除环境污染风险。环保治理措施如下所述。

一是实时监测污染源。在冷却水循环利用系统中安装传感器，对流量、流速、损耗、添加剂等数据实时采集；在污水总排口设置污染源自动在线监测系统，包括流量计，PH 计，COD、氨氮、总磷在线监测，实时监测污水排放达标状况。在废气排放口安装自动监测装置，实行 24 小时监测。所有监测数据汇入环保管理平台，统一存储，利用可视化数据大屏幕，实时监测污染源排放数据，超标自动报警。

二是排放预警与管控。出台《污染物排放达标考核办法》，依托环保管理平台，集成大数据技术，建立单位产量污染物排放考核标准，对各部室车间的污染物排放进行日统计、月考核，日统计超标发出预警，并综合分析排放数据，给予优化生产排班、物耗用量、设备能耗等辅助决策建议。对月排放总量超标的部室车间，考核负责人效益工资，通报批评，督促其想办法改进。

三是碳资产管理。依托环保管理平台，将各部门的能源消耗、污染物排放，折算成碳排放当量，建立各部门碳排放标准及模拟交易机制，超标部门可向节约部门购买碳排量，年底综合结算。2020 年进行首次模拟交易结算，全公司共减排 620 余吨碳。

（四）实施“绿色制造 + 大数据”融合发展模式的保障措施

一是建立考核机制。根据公司整体发展思路，将五年规划分解落实至年度工作计划；以规划指标为起点，建立“战略—规划—计划—投资—预算—考核—评价”闭环管理机制；加大绿色发展资金投入（年均递增 3.75%），创新推出资源有偿使用模式，对水、电、油、气等资源进行阶梯化改革，与主责部门绩效考核挂钩。借助绿色发展考核评价机制，做好全面绿色发展考核工作，发挥绿色指标预警作用。

二是落实责任追究。按照《党政领导干部生态环境损害责任追究办法（试行）》实行一岗双责，明确损害生态环境的追责情形、追责原则、追责形式、追责程序、免于追责的情形及追责后的结果运用。对违背科学发展要求，不履行或不正确履行职责，造成环境污染、生态破坏等严重后果和恶劣影响的情形，给予通报、诫勉、责令公开道歉、组织处理、党纪政纪处分；不仅追责直接责任人，还追责相关监管部门负责人，确保追责公平性和公正性。

三是完善人才培育。在人才队伍建设上坚持高端引领与整体推进相结合，出台一系列人才政策。形成绿色价值取向，牢固树立保护生态环境就是保护生产力、改善生态环境就是发展生产力的理念；形成绿色发展方式，树立“绿色”底线思维，确立发展既考虑当代人需要，又顾及子孙后代需要，不突破环境承载能力底线。“十三五”期间，企业教育经费达到工资总额 2.6%，在创新管理、绿色制造、工业大数据等方面培养初、中级工程师 300 多名，占职工总数 4.9%，实现专业领域、岗位层级全覆盖。

四是紧跟政策导向。充分发挥产学研合作高校作用，以科技成果转化为纽带，以中试基地、产教融合企业为平台，积极响应《“十四五”智能制造发展规划》《工业互联网创新发展行动计划（2021—2023 年）》《支持新一轮企业技术改造若干政策》等规定。“十三五”期间，先后与华中科技大学、上海交通大学、重庆大学等 8 所高校，北京机电研究所、湖北机电研究院等 4 所研究机构，开展智能制造、近净成形、绿色设计等 21 项绿色发展项目攻关活动。

五是滚动攻克短板。围绕公司中长期战略规划，企业定期邀请产学研合作组织，实地调研企业绿色发展短板，滚动制定年度绿色发展攻关项目清单。2018 年，完成国家首批智能制造专项，开创国内智能锻造新模式；2019 年，承担国家工业强基工程项目，在国内率先攻克转向节近净成形技术；2020 年，运用转向节结构轻量化设计制造技术和产品结构数值有限元分析模拟技术，在行业内研发转节臂一体化、转向节轻量化新产品，填补了国内空白。

三、锻造企业“绿色制造 + 大数据”融合发展体系构建与实施效果

（一）提质降本增效，促进公司核心竞争力的提升

通过“绿色制造 + 大数据”的实施与管控，公司经营质量、产品制造质量有效提升，经营制造成本显著降低，同时运营管理效率大幅增加，公司核心竞争力进一步增强。一是实现了设计绿色。将设计的产品导入平台进行先期模拟验证，模拟产品成形过程，计算性能指标，产品研发设计周期由 7 天缩短到 3 天，研发试制成本降低 56%，产品一次性研发成功率达 85%。二是实现了产品绿色。对产品锻造成型数据进行分析和计算，不断优化产品造型设计，公司目前材料利用率由 85.5% 提升到 92.1%，高

出行业平均水平5%，产品造型优化后减少后续机械加工难度，刀刃具成本降低8%。三是实现了能源绿色。对智能电表采集的能源数据进行实时监控分析，监管能源消耗异常并提醒管理人员干预，将能源数据与产量数据、产品数据综合比对，分析能源与制造过程内在关联，改善不合理用能，优化高能占比耗工序装备及制造工艺，能源利用效率提升46.3%。

（二）构建生态与经济和谐发展体系

通过建设绿色工厂，三环锻造完成55万平方米绿地建设，厂区绿化率达25.8%，公司园区实现四季常青、一季一品，树立了生态环境与工业生产和谐共存的森林式工厂典范。大力建设光伏电站，每年减少消耗标准煤6400吨，减少碳排放1.6万吨、二氧化硫480吨、氮氧化物240吨，为建设资源节约型、环境友好型社会做出贡献。2020年，三环锻造被授予“绿色工厂”称号。

（三）推动行业转型升级与可持续发展

三环锻造成功研发铝合金轻量化转向节、带臂一体化转向节等产品，在行业内实现了轻量化、集约式转向节的批量制造，解决了行业“卡脖子”难题，主导或参与制定了与绿色制造相关的系列标准，突破了国际技术封锁，解决了自主品牌商用车无高品质结构轻量化转向节可用的困境。持续开展智能制造和数字化工厂建设，通过“绿色工厂+大数据”建设实践，成功实现了转型升级，为行业转型升级与可持续发展树立了典范。

（成果创造人：汪　锋、梁文奎、胡　全、左　培、晏　洋、吴冬波、张　军、胡洪斌、赵志阳、邓正超）

建材企业基于创新价值工程方法的绿色低碳化改造管理

华新水泥股份有限公司

华新水泥股份有限公司（以下简称华新）始创于1907年，110多年来为国家和地方经济社会发展做出突出贡献，20世纪50年代的北京十大建筑、长江中下游数十座公路和铁路大桥、举世瞩目的青藏铁路、三峡工程、白鹤滩、溪洛渡等国家重点工程，均选用华新水泥。近年来，在中国水泥产量年均复合增长率为7.5%的背景下，华新主要经济指标年均复合增长率连续20年保持25%，从一家地方性水泥工厂，发展成为在全国十余个省市及海外拥有280余家分子公司，涉足水泥、混凝土、骨料、环保、装备制造及工程、新型建筑材料等领域全产业链一体化发展的全球化建材集团，总资产525亿元，营业收入325亿元，名列中国制造业500强和财富中国500强。

一、建材企业基于创新价值工程方法的绿色低碳化改造管理背景

（一）面向国家工程建设和低碳发展的重大需求

2011年3月发布的《国民经济和社会发展第十二个五年（2011—2015年）规划纲要》，对未来五年内节能减排和低碳发展的目标提出约束性指标新要求，“非化石能源占一次能源消费比重达到11.4%。单位国内生产总值能源消耗降低16%，单位国内生产总值二氧化碳排放降低17%”。中国是世界最大的建筑材料生产国和消费国，建材工业肩负着“大国基石”的重要责任，面向国家工程建设的重大需求，在工业化、城镇化、现代化进程中发挥重要作用。同时，建材的生产存在“高资源消耗、高环境排放”的问题，2020年，中国建材工业二氧化碳总排放量约14.8亿吨。面对国家工程建设和低碳发展的重大需求，既要提供高质量、高性能的水泥材料，也要实现生产过程的资源低消耗、环保低排放，建材企业必须加快绿色转型，实现低碳可持续发展。

（二）找到符合国情且更具经济性的建材企业绿色低碳发展路径

国内外的研究机构及行业组织、世界一流的建材企业都在积极地研究和探索减碳的路径和方法，比较前沿的包括氢能源应用、CCUS碳捕集等技术路线，但这些方案的技术成熟度还不高，投资和运营成本居高不下。即使是最为广泛应用的替代燃料技术，也面临着国内外废弃物质量、分类、处理、流通等差异。面对客观现实，需要找到符合中国国情，废料收集、处理和降耗减碳综合成本低、效应大、更具经济性的绿色低碳可持续发展路径。

（三）践行“清洁我们的生活环境”的企业使命

近年来，随着国家城镇化发展和两型社会的建立，固体废弃物围城状况愈发严峻。据统计，全国每年的生活垃圾清运量约3亿吨，工业危废产生量约2000万吨，市政污泥产生量约6000万吨，污染耕地约1000万公顷（1公顷等于10000平方米），水面漂浮物约10万立方米，这些废弃物给人民的生命健康带来了危害，填埋处置因渗滤液、臭气污染，焚烧处置留存高危灰渣和二噁英污染等问题，迫切需要找到更合适的废弃物处置方案。

二、建材企业基于创新价值工程方法的绿色低碳化改造管理主要做法

（一）树立绿色低碳建材理念和战略目标

尽管建材行业的碳排放主要是在生产过程中，但在建筑材料的生产、流通、使用的整个循环过程中，从各种原材料、各类燃料的制备，到水泥的生产过程及物流运输，再到混凝土和混凝土制品的加工，到最后的建筑工程及回收利用，都涉及和存在碳排放的环节。基于此，华新首先树立了全生命周期

绿色低碳建筑材料理念，从全生命周期来推进绿色低碳发展。

华新将绿色低碳作为公司长期发展战略，并将成为收益指标领先的低碳可持续发展行业先锋作为公司的战略目标之一，持续地对建筑材料全生命周期循环全过程中的绿色低碳化进行技术突破和管理创新。实现了二次资源（废弃物）生态化预处理和二次资源（替代燃料）在水泥生产过程中的大规模应用，减少化石燃料的使用；在运输环节，尽可能利用碳排放更低的水运物流方式，尽量选择在一些具备水运条件且靠近消费市场的区域进行业务布局；在下游的砼及制品环节，除了加大沿江业务布局力度外，还积极探索利用水泥窑尾烟气吸碳养护砼制品（水泥砖）；借助物联网、大数据、AI 等技术，在矿山开采、生产控制、物流调度等过程环节进行智能优化管理，实现这些过程环节中的低碳化和节能降耗；拓展高新建材领域，深化 UHPC 超高性能混凝土的工业化产品应用，节省钢筋和普通混凝土用量及更长的建筑寿命来实现建筑工程总体的减碳。

每次的战略委员会会议都会专门汇报绿色低碳各项工作的进展和讨论下一步的行动计划。在日常运营中，华新管理层通过组织研讨会、宣贯会、内部刊物及发布白皮书、投资者交流等方式，向内部员工及社会公众介绍和传递华新的全生命周期绿色低碳建筑材料理念及公司绿色低碳可持续发展战略规划。

（二）创新全流程价值工程管理方法

在建设绿色低碳建材企业的过程中，需要通过持续的技术突破和管理创新来实现战略目标。在众多的实现途径和方案中，华新创新提出“突破核心功能、创造整体价值”的全流程价值工程管理方法，坚守技术先进性、商业可行性、成果可推广性的原则，在原燃材料、能源消耗、环境影响、资金投入四个方面平衡考量整体投入和产出的经济性价值回报，对各个落地项目的核心功能的实现与投入做分析比选，找到最佳的路径方案。

具体而言，在选择路径时，从原燃材料资源是否充分利用、能源的消耗尤其是化石能源相关的消耗是否更低，大气、水体、土壤等环境的影响是否更小，货币资金的投入是否更低四个方面的整体经济性价值去衡量。路径选择后，再对路径实现的方案或项目进行技术分析，定义和量化其各项功能，找出核心功能，再来分析各个功能实现的成本和机会成本，再系统地调配各种功能实现的成本，找到突破核心功能实现的方法和技术。在成本的调配中聚焦核心功能的投入，使得核心功能得以突破，实现项目目标的同时，确保技术先进、商业可行、成果可推广，最终创造整体投入产出的经济性价值。

（三）技术创新推动战略落地

在绿色低碳战略落地过程中，通过创新价值工程方法，聚焦整体投入产出的经济性价值比选后，最终选择出来的最佳路径大都需要通过自主技术创新来突破。创新作为华新的核心价值观之一，早已根植于企业文化之中，华新建立了国家级企业技术中心、博士后工作站和湖北省工程技术研究中心、工程实验室等。每年都会开展“技术创新竞赛”，分原创类（原创性地开发或研制出新的生产工艺和装备或设备，已投入工业化生产应用并具有较好推广价值的技术项目）、应用类（利用公司原创类获奖项目技术或第三方研制的既有技术，结合工厂自身实际情况，开展规模化生产并取得较好经济效益和社会效益的项目）、推广类（鼓励原创创新项目团队推广自身创新成果，根据原创创新成果应用到其他同规模单位的数量和质量进行评估）三个类型展开竞赛评比。另外，一些重大的技术创新项目也会通过揭榜挂帅的方式来招募和选择团队。

华新还建立了融合技术创新和水泥生产系统的工程转化模型。以技术创新研究与水泥工程建设系统的接口管理为核心，重构项目全过程工作管理流程，实现多目标动态优化，项目设计、制造、施工到建成运行等全过程管控，解决水泥工程建设过程中不同技术系统精准衔接的问题，保障技术创新成果能快速直接成功转化应用到工程项目。

建材工业中最大比例的碳排放来自水泥行业，水泥行业的碳排放主要是碳酸盐分解和化石燃料燃烧产生的排放，其中碳酸盐分解这部分的碳受制于特殊钙质资源的稀缺性，很难消除，因此主要研究方向是在化石燃料的替代上。一些发达国家在20世纪70年代就开始使用垃圾衍生燃料作为水泥工业生产的替代燃料，但国外的垃圾分类和品质和国内都存在差异。通过创新价值工程方法的比选，首先确定它的核心功能是处置的安全性、经济性、节能减排。通过对填埋、焚烧、水泥窑协同处置几种方式的分析，在核心的处置规模、安全性，尤其是在经济性上做出认真比较，最终选择自主技术创新研发的方案。经过坚持不懈的技术创新攻关，华新相继研发出具有国际先进水平和自主知识产权的水泥窑协同无害化和资源化处置技术与装备，涵盖城市生活垃圾、市政污泥、工业危废、污染土、漂浮物、医疗危废六大环保业务处置平台。利用水泥窑高温、长流程与碱性环境的特点，研发出水泥窑高效生态化协同处置固体废弃物成套技术，开发了超大规模生活垃圾生态化预处理与RDF制备技术，设计出协同处置过程有害排放物的全程高环保标准系列消解技术，集成了多种固废生态化预处理和水泥窑协同处置系列技术，实现了安全、彻底、无害化处置，消除环境风险，大幅减轻环境总负荷，资源节约效果显著，创造整体经济性价值。2017年，华新“水泥窑高效生态化协同处置固体废弃物成套技术与应用”荣获国家科学技术进步二等奖。

建材行业总体来看仍是一个资源型行业，对石灰石矿山等原材料资源的依赖性非常高。但在实际的生产过程中，对用于水泥生产的石灰石资源有着严格的质量要求，因此就会产生不适合水泥生产的石灰石资源。华新用这些“废料”石灰石资源生产骨料，骨料和水泥用于生产混凝土，骨料生产过程中产生的废弃渣土，与一定比例的水泥混合，利用水泥熟料生产过程的余热蒸汽进行蒸养制砖，整个形成水泥—骨料—墙材联产的绿色低碳综合循环利用过程，实现原材料资源的“吃干榨净”、总体能源消耗最小化，降低碳排放对环境的影响，减少项目总投资的整体经济性价值。在设计和规划出整体的循环利用方案后，再次创新运营价值工程方法，通过技术研发探索水泥窑尾烟气吸碳制砖的创新应用。经过华新科研团队的努力，成功开发出水泥、骨料矿山废弃渣土免烧蒸汽制砖的创新工艺和生产线装备系统方案，设计和制备出水泥窑烟气二氧化碳养护水泥砖的中试生产线，经过多次的试验和改进，得到了稳定生产的工艺和技术参数，将压蒸养护水泥砖生产线转化成用水泥窑烟气二氧化碳制备混凝土砖自动化生产线。2021年12月28日，世界首条水泥窑尾气吸碳制砖生产线在华新武穴工业园成功运行。交付了近7000万块吸碳环保砖。通过实验室长期性能测试、客户现场检测、第三方机构检测，该吸碳环保砖平均抗压强度达到15MPa以上，完全满足国家相关标准要求，且强度会随龄期持续升高。该成果获得2021年度中国建材联合会和中国硅酸盐学会的技术进步一等奖。

（四）拓展绿色低碳产品

尽管水泥这个产品已经诞生了200多年，生产工艺和技术已日臻成熟，但华新仍坚持根据市场和客户的需求、原材料资源的情况在产品上进行创新。在明确了低碳发展路线后，一方面坚持改进传统产品，另一方面加大研究和拓展新型建筑材料产品。

传统水泥产品方面，运用全流程价值工程管理方法，基于水化调控、物理与化学活化、不同废渣的性能互补效应的原理，研发出相应的生产工艺，利用53%的混合材掺量制备42.5等级高性能复合水泥和功能胶凝材料。项目先在旗下恩施工厂进行试生产，实现年产120万吨水泥生产线的产业化，该生产线每年可减少二氧化碳排放24万吨。后续，又将该技术推广至公司旗下其他分公司、子公司，充分利用周边的工业废渣资源，尽可能降低熟料系数，给客户交付更加绿色低碳的水泥产品。

在全生命周期绿色低碳建筑材料理念体系下，积极拓展新型建筑材料领域，深化超高性能混凝土（UHPC）的工业化产品应用，通过节省钢筋和普通混凝土用量及更长的建筑寿命来实现建筑工程总体的减碳。UHPC是一种具有超强力学性能、高韧性、防腐蚀、抗渗漏、超高耐久性和优良浇筑及成型性能的水泥基混凝土材料，能通过节省钢筋和普通混凝土用量及更长的建筑寿命来实现建筑工程总体的减碳。但目前在全球范围内，受其成本较高等影响，更多的是装饰性或修补性应用，缺少工业化产品应用。华新再次运用全流程价值工程管理方法，通过平衡考量原燃材料、能源消耗、环境影响、资金投入四个方面的整体投入产出，提出 UHPC 工业瓦板的思路，并通过自主创新，开发出能满足现代化工业厂房仓库屋面材料轻质美观、安装方便、经久耐用和性价比高的 UHPC 工业瓦板产品。产品对比钢结构兼具保温、防腐、防火等符合工业使用需求的良好性能，同时，相比普通混凝土结构或钢结构，在整个建筑工程及使用过程中有更低的二氧化碳排放。在研发和试产过程中，最大的难题是提升良品率和找到适合的自动化生产线技术方案。研发团队不断地进行工艺技术改进实验，想方设法提高产品成品率，保证质量性能达到要求；生产及设备团队加强生产设备日常巡检及预防性维护，提高设备运转率，确保生产及运行稳定，同时持续完善自动化生产线，最终逐步实现稳产达产。

（五）数字化赋能绿色低碳发展

在绿色低碳建材企业建设的过程中，需要解决矿山开采过程中的精细化管理，以及水泥生产过程使用可替代燃料存在的窑况不稳定、窑内温度压力波动大、熟料质量不稳定等问题。再次创新运用价值工程方法，选择了通过数字化技术创新来解决这些管理问题。

基于近年来物联网、大数据、AI 等数字技术的高速发展，华新通过自主研发和应用建材低碳化关键技术，融合智慧矿山管理、生产过程智能控制、船运码头物流调度、质量管控、能源分析等管理运营（IT）推动生产层面的智能执行（OT），提升矿山开采智能化水平和效率，提高水泥生产过程中非化石燃料的替代率，实现建材全生命周期的低碳化和节能降耗。通过研究智慧矿山管理技术应用，对矿山生产、职业健康与安全、技术支持与后勤保障等进行主动感知、自动分析、快速处理，最终实现安全矿山、无人矿山、绿色低碳矿山的建设；研究水泥生产 APC 控制模型，实现在最大化协同处置各种垃圾衍生燃料（RDF）、替代原燃料（AFR）时，提升烧成系统稳定性；研究基于 RDF、AFR 各品种类型、粒度大小、水分含量、热值均值等参数背景下的窑炉燃烧预测控制模型；研究水泥窑能耗寻优模型，使用最少的传统燃料，通过燃烧释放出的热量，使生料完成形成矿物组成的化学反应，获取更多的优质熟料，研究水泥窑围绕优化成本、产销平衡、智能生产三大理念进行“三位一体”的闭环运行；研究船运码头管理和水运调度技术应用，为实现大体量物流调度运输和物流低碳化提供解决方案。在此基础上，将 AI 技术与矿山开采管理、建材生产工艺、专业技能以及行业洞察相结合，对海量原始生产管理数据进行清洗、整理和加工后，能够将信息形成知识，将知识逐步积累并沉淀，带来更高级别的过程分析、优化和洞察，从而做出更加智能的低碳化控制决策，最终实现数字化赋能绿色低碳发展的整体性经济价值。

在数字化平台的建设过程中，华新坚持以自主创新、自主研发为指导策略，做到全面自主掌控，有利于提高项目推广效率和质量，极大地降低了总体实施成本。

（六）打造专业化的组织和团队

湖北省作为国内开展碳交易试点工作的省份之一，在初期制定政策时，就邀请华新作为企业代表为湖北碳市场建设献策，奠定了全省水泥行业温室气体核算指南等一系列碳交易政策、制度的基础。2015年，华新就将碳资产管理纳入年度发展战略中，成立了以总裁为主任，财务、生产工艺等相关职能中心相互配合的碳资产管理委员会，并成立了专业的气候保护部门，对碳资产实施全统筹管理。切实履行碳排放控制义务，参与碳排放权交易，推进碳排放权交易顺利履约，这也是国内第一个成立专门的碳排放管理组织的建材企业。随着绿色低碳战略的持续落地，华新持续完善了碳减排组织架构，由总裁亲自领导，技术研究院负责节能降碳技术研究，可持续发展部负责碳资产管理、水泥业务部标准及法规部研究相关政策，业绩改善部对工厂能效实施考核。

组织的设立也带动了专业的成长，华新基于经验总结出“生产减碳降耗十大黄金法则”，大力在公司内分享和推广，持续深化节能减碳效果。先后举办了“双碳”高级研讨会、替代燃料专题研讨会等会议，研讨、交流在绿色低碳发展中的各类问题和方案、经验。公司季度的综合办公会中，也都安排了绿色低碳发展的先进典型项目介绍经验。2021 年 8 月，基于多年摸索和积累，华新在国内同行中率先发布《低碳发展白皮书》，明确绿色低碳可持续发展目标及主要行动方案。

华新持续完善创新支持和激励保障的机制，驱使创新成为绿色低碳发展的第一动力。通过“双通道”职业发展路径、各类定制化的专业培训等方法营造创新生态，每年技术序列能力提升的培训项目都会有超过2000 人次参与。每年都会组织“争创十佳能手”劳动竞赛等活动，通过选拔和激励“技术能手”“点子王”等先进典型，营造和激发创新氛围。

三、建材企业基于创新价值工程方法的绿色低碳化改造管理效果

（一）经济效益显著

在绿色低碳发展过程中，华新坚持应用创新的全流程价值工程管理方法，始终关注整体投入产出的经济性价值，对落地项目的核心功能的实现与投入都进行了认真的分析比选，因此也获得了更高的投资经济效益，为股东和社会创造了更多价值。近 10 年，华新在固定资产仅增长 66% 的情况下，营业收入增长了 160% 、归母净利润增长了 865%，净资产收益率稳定在 20% 以上。用国内外同行 50% 的投资，实现了水泥产能从 5000 万吨增长至 1. 1 亿吨，并形成了 1. 5 亿吨的绿色骨料产能、4000 万立方米的绿色混凝土产能、600 万吨的环保协同处置能力、300 万平方米的新型工业瓦板的生产能力。

（二）生态和社会效益突出

大规模使用废弃物衍生替代燃料，取得了很好的减污降碳效果，取得了突出的生态和社会效益。截至目前，华新在湖北、湖南、重庆、广东、河南、云南、四川等省市已累计安全生态化处置各类废弃物 1500 多万吨，年处置生活垃圾占中国水泥行业处置总量的 50% 以上，节约标准煤超过 240 万吨，减排二氧化碳超过 1200 万吨。另外，通过水泥窑尾烟气吸碳制砖的创新应用的探索和数字化绿色低碳建材生产运营体系的建设，总体的碳排放量又减少了约 10%。公司业务规模不断增长，但单位产品产值碳排放强度从 2010 年年末的 24. 2 吨二氧化碳/万元产值降至 2020 年年末的 19. 4 吨二氧化碳/万元产值。新冠疫情发生以来，华新利用水泥窑协同处置多地疫情医废近 500 吨，成为支援当地抗疫的“硬核力量”。

（三）为行业“双碳”工作提供有益借鉴

通过持续的建设和积累，华新已成为绿色低碳可持续发展的行业先锋和标杆。在全国行业平均替代燃料热替代率 1. 5% 的背景下，华新已实现平均替代燃料热替代率超过 15%，旗下黄石工厂的替代燃料热替代率已超过 40%。2022 年年初，工信部公布了重点用能行业能效“领跑者”企业名单，水泥行业 9 家单位上榜，其中，华新信阳、株洲公司为水泥行业前两名，这是继 2021 年入选“领跑者”数量位居行业第一后，华新继续在行业领跑。华新绿色低碳发展过程的技术突破和管理创新也得到了各级主管部门和社会公众的充分认可，先后获得了国家科技进步奖、中华宝钢环境奖，被评为“新一代信息技术与制造业融合发展试点示范企业”“全国建材行业‘十大科技突破领军’企业”等。

（成果创造人：李叶青、王加军、杨宏兵、梅向福、汤　峻、杜　平、刘伟胜、叶济群、汪宣乾、江　涛、韩前卫）

供电企业促进“双碳”目标落地的高耗能企业能源服务管理

国网冀北电力有限公司唐山供电公司

国网冀北电力有限公司唐山供电公司（以下简称国网唐山供电公司）隶属于国网冀北电力有限公司，是国家电网有限公司34家大型重点供电企业之一，担负着唐山7个市辖区、3个县级市、4个县、2个开发区的供电任务，供电面积13184平方千米（不含芦台、汉沽）。本部设置部室（中心）33个，其中职能部门13个、业务机构20个，分公司性质的县公司10个，增量配电业务试点混合所有制公司1个。国网唐山供电公司拥有35千伏及以上变电站647座，容量9079.27万千伏安；35千伏及以上输电线路943条，总长10698.48千米。2021年国网唐山供电公司售电量为774.2亿千瓦·时，同比上升6.07%，占国网冀北电力有限公司售电总量的48.15%，电量规模在国家电网有限公司34家大型供电企业中排名第五。国网唐山供电公司是全国第6个、国家电网有限公司系统第3个迈入1000万千瓦的市级供电公司，历史地区最大负荷1310.1万千瓦。

一、供电企业促进“双碳”目标落地的高耗能企业能源服务管理背景

（一）高耗能企业绿色低碳转型，落实区域能源发展战略

日益严峻的生态环境问题要求我国向可持续发展模式转变。当前，我国正经历产业结构调整、经济转型发展的“新常态”时期，这要求有效控制高耗能行业过快增长，加快淘汰落后生产能力，加大节能减排的投入、加强工业企业大气污染综合治理，高耗能行业面临缩减产能、提升能效、转型升级的深刻变化。而河北省的高耗能行业企业存在创新观念相对薄弱、创新资源相对缺乏、中小型企业研发水平和创新能力偏弱、产学研交流合作渠道缺少等矛盾，限制了用能结构的改造升级。因此，综合考量现阶段各类企业的能源应用情况，从企业用电角度出发，准确把握高耗能企业的用电需求，深入分析相关企业的用电特性，制定具有针对性的能源综合服务产品和管理模式，对助力高耗能行业向高端制造业转型升级，落实河北保供应、调结构、转方式、强支撑的区域能源发展战略，服务京津冀协同发展，具有重要意义。

（二）构建新型电力系统，推动“双碳”目标实施

积极推动应对气候变化措施，落实“双碳”目标，构建以新能源为主体的新型电力系统是时代赋予电力行业的责任和使命，需要电源、电网、用户等产业链各方共同努力。“双碳”目标的提出，对引领我国及时实施低碳转型，以低碳创新推动可持续发展，同时倒逼产业结构调整，抑制高耗能产业发展冲动，在推动战略性新兴产业、高技术产业、现代服务业进步等方面发挥关键作用。唐山作为一座百年工业重镇，正处于经济转型、产业优化、生态治理的攻坚期，绿色转型需求迫切，更加需要电力系统发挥平台枢纽作用。结合唐山地区资源禀赋，国网唐山供电公司初步确立了构建彰显地区特色、以“新能源+大工业用户”为主体的新型电力系统工作目标。其中，在负荷侧，为客户提供发供一体、多元用能、多态服务，构建“数字化”现代客户服务模式，推动低碳节能生产和改造，持续拓展电能替代广度和深度，定期推送用电能效账单、综合能效诊断报告，大力实施综合能源服务成为负荷侧用能服务的有力举措。

（三）新业态电网综合能源服务转型，提升企业经营质效

近年来，多项压减钢铁产能措施出台，推动钢铁企业减量置换，钢铁行业发展受到严格管控。受此影响，国网唐山供电公司售电量在2013年急剧下滑，企业经营增长乏力，如何拓展新兴业务扩大售电

市场成为摆在国网唐山供电公司决策层面前的首要问题。当前，以电网企业为代表的能源企业正借助数字化、智能化发展大势，谋求向综合智慧产业发力，追求横向“电、热、冷、气、水、氢”等多品种能源协同供应，实现纵向“源网荷储用”等互动优化，向用户提供综合能源一体化解决方案。结合以高耗能企业作为主要电力客户的唐山市用电环境，建立针对高耗能企业的低碳化定制化综合用能服务模式，是顺应电力市场改革、优化营商环境、提升公司市场竞争力、助力企业完成向综合能源服务企业转型的重要手段。

二、供电企业促进“双碳”目标落地的高耗能企业能源服务管理主要做法

国网唐山供电公司采用结构化分析模型深入分析高耗能典型企业的用能特性和综合用能需求，从而建立了系统化、数字化、定制化、差异化的“四维协同”高耗能企业综合能源服务闭环管理模式，在企业用能画像、构建综合用能需求分析平台、定制能源服务产品以及完善服务推广保障四个方面进行服务管理，多措并举提升项目服务与推广能力（图1）。

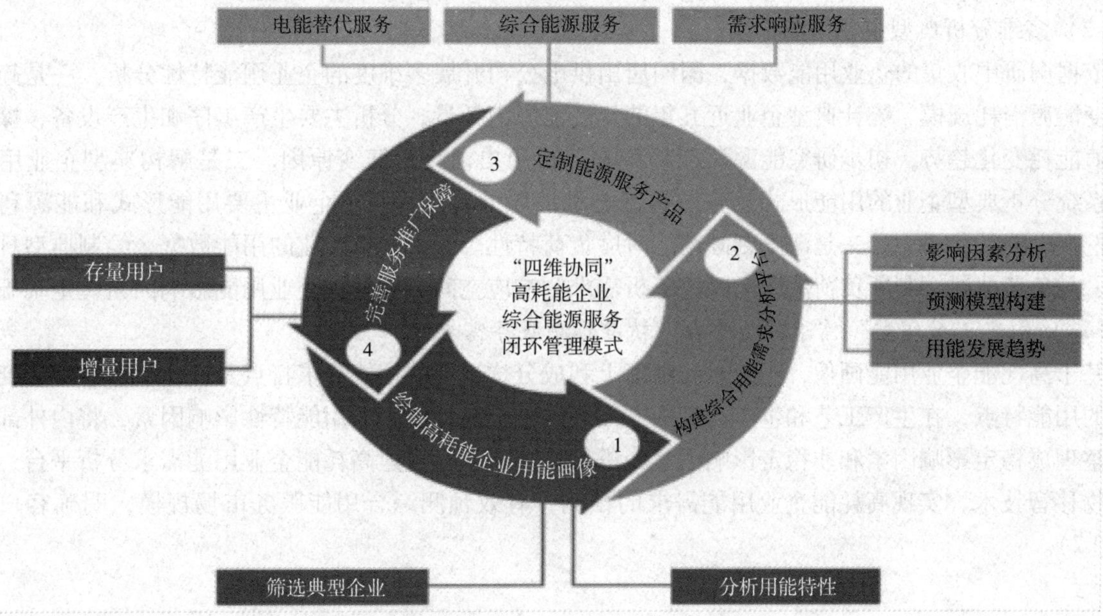

图1 “四维协同”高耗能企业综合能源服务闭环管理模式

（一）绘制高耗能企业用能画像，精准定位服务边界

唐山市高耗能企业涉及六大行业，多达494家企业，且不同行业之间生产环节不同、生产设备多样、用能特征各异。为确保科学了解高耗能企业用能特点，细致描绘高耗能企业用能特性，国网唐山供电公司差异化分析六大行业，分别筛选不同行业中的典型企业，组建调研团队，多维度分析典型企业用能特性，搭建高耗能企业用能分析数据库。

1. 系统界定高耗能企业标准

（1）多方收集高耗能行业数据。

国网唐山供电公司充分发挥政企联动优势，联合市发改委、市统计局，开展唐山市高耗能行业发展规模动态研究，掌握石油、煤炭及其他燃料加工业、化学原料及化学制品制造业、非金属矿物制品业、黑色金属冶炼及压延加工业、有色金属冶炼及压延加工业、电力热力的生产和供应业等六大高耗能行业步入“十四五”以来的发展规模、业绩、产量、耗能趋势、企业规模等多项数据，从源头确保数据的真实性和时效性，通过建立动态数据库，掌握高耗能企业的年度业绩发展和能耗数据，为深化整合管理信息奠定庞大的数据基础。

（2）科学筛选高耗能企业。

在充分考虑高耗能企业问题的基础上，国网唐山供电公司为全面梳理用能特性，采用科学性精益管理工具“帕累托法”筛选典型企业。重点选择企业资产总值、产量、能源消耗量三大指标进行比对，以80%为筛选标准，将三项指标中均出现的企业作为该行业的典型企业。通过上述方法，共筛选出六大行业14家典型企业，把它们作为重要目标客户，对其开展深入细致的用能需求调研分析。

2. 描绘高耗能企业用能特性

（1）组建“三跨”高质量调研团队。

为深入了解高耗能企业的生产环节与用能特点，全面掌握能源使用状况与能源服务潜能，国网唐山供电公司组建跨单位、跨部门、跨专业的“三跨”调研团队，提前谋划调研方案，全面调研六大行业中的典型企业的发展状况、能源利用状况、企业发展趋势，收集企业用能数据的同时，关注企业关心的政策制度、市场发展与电力市场改革制度等，开展现场研讨，深入了解用户想法和需求。

（2）多维分析典型企业用能特性。

依据调研中收集的企业用能数据，国网唐山供电公司开展多维度的企业用能特性分析。一是趋势分析年度能源消耗规模。统计典型企业近五年的年度能源消耗量，分析主要生产工序和生产设备，探究单位产值能耗变化趋势，初步研究能源消耗趋势和分析历史消耗量演变原因。二是解构典型企业用能情况。系统分析典型企业的用能形式及各种类型能源消耗的占比，找出企业主要用能形式和能源利用效率，挖掘电能替代潜力。三是深度刻画用能时序负荷特性。深入剖析企业的用能数据，绘制典型日负荷曲线、月负荷曲线，判断负荷波动区间，分析需求侧响应空间，为分析企业用能影响因素奠定基础。

（二）构建“数字型”需求分析平台，精准预测服务需求

基于高耗能企业用能画像，明确时间维度上和成分构成上的用能需求特点及变化规律，考虑到传统工业的用能特点，在生产工艺和生产产量两方面逐层分析高耗能企业用能特性影响因素，将内外部因素分类整理成稳定影响因素和非稳定影响因素，进行系统建模，搭建高耗能企业用能需求分析平台，利用大云物移智技术，实现高耗能企业用能需求的预测，有效预测综合用能服务市场规模，明确客户群体（见图2）。

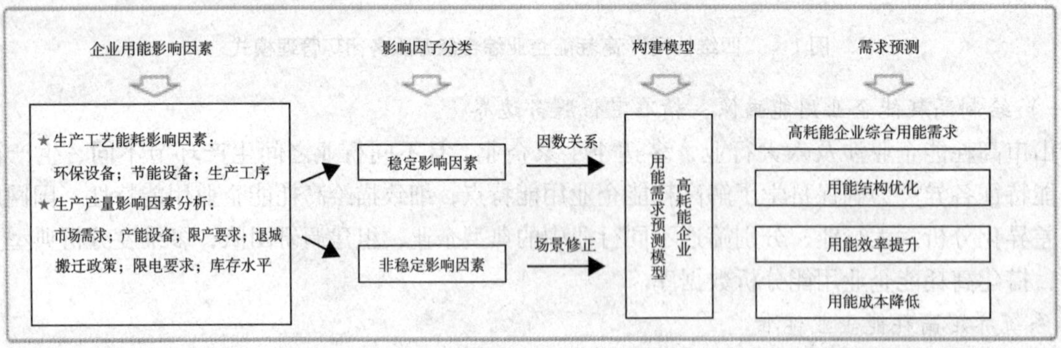

图2　企业用能需求分析平台搭建步骤

1. 综合分析企业用能影响因素

国网唐山供电公司邀请电力行业、高等院校及相关研究机构技术人员，联合高耗能企业专业人员，拆解高耗能企业生产全周期、全链条，进行全环节耗能分析，同时重点分析环保设备、节能设备、生产设备等影响耗能的主要设备，找出耗能的重要环节，挖掘电能替代潜力。通过挖掘市场、库存、产量之

间的链条关系，分析产能置换、限产、退城搬迁、限电等影响限度，将内外部因素进行分类，从因素的持续性和影响程度等2个维度选取12个指标构建定性分析指标体系，为搭建数据平台奠定基础。

2. 搭建综合用能需求预测系统

（1）构建用能需求预测模型。

国网唐山供电公司通过影响因素分析，将影响企业能耗的因素进行分类，基于结构化因素预测理论，设计用能需求预测模型。对于稳定因素，采用差分自回归移动平均模型（ARIMA），观察序列本身的相关性信息来拟合函数，预测未来的序列信息，构建产量与因素的函数关系模型。对于非稳定因素，运用影响较大的非稳定因素进行修正，结合单位产量综合电耗构建高耗能企业电量预测模型。

（2）建设综合用能需求预测系统。

国网唐山供电公司基于用能需求预测模型，结合国家电网有限公司新型电力系统建设重点工作任务，科学设计构建综合用能需求预测系统总体功能框架，主要包括能源数据库、能源监测中心及六项功能应用（能源预测、源网荷储、多能协同、交易服务、需求响应、能效管理）。其中能源预测模块实现了唐山全域发电侧、负荷侧72小时电力电量预测，实现特色场景内的分布式能源发电预测以及电、热/冷、气等用能预测，为开展源网荷储、多能协同优化提供分析基础；源网荷储模块以满足源网荷储互动需求为基础，开展区域电能流向监测及控制，推动电能就近生产和利用，实现单向能源流向双向能源流和多向信息流的网格化网络转变，促进用能效率有效提升；多能协同优化模块以微网控制为核心，综合特色场景的能源流、业务流、信息流，促进可再生能源与可调节负荷间的协同，发布电源、储能、高耗能企业负荷协同运行指令，保障特色场景能源可靠供应，提高能源综合利用效率；交易服务模块根据国家发电市场交易规则，通过提供发用电市场预测、市场交易价格分析等交易服务功能，对接省交易服务平台，引导唐山市高耗能企业参与电力市场交易；需求响应模块结合行业生产特性，应用大数据技术，优化完善负荷侧资源普查，构建用户响应能力画像，辅助现场精准普查，形成全时维、全行业的需求响应资源池；能效管理模块主要为高耗能企业提供用能数据分析，开展节能降耗、异常诊断，服务用户节能改造，降本增效。

3. 建立用户需求动态监测机制

国网唐山供电公司通过搭建高耗能企业用能需求分析平台，实现数据归集、数据处理、数据存储、数据计算和数据服务等功能，建立了标准高效的数据归集机制，形成高耗能企业能源信息数据库。基于高耗能企业用能需求数据动态更新功能，挖掘了多数据融合的价值，发挥了多元负荷状态的灵敏监测作用，实现了高耗能企业用能数据的“四个分析”：一是结合综合用能系统负荷日计算，每天开展日常分析；二是针对分布式电源接入、电力市场改革等对综合能源服务影响较大的问题开展专题分析；三是建立高耗能企业用能来源、用能结构、负荷特性、转型任务、成本结构等综合用能全业务链条的贯通分析；四是加强典型企业不同用能数据间的对比分析，准确判断综合用能服务水平和潜在综合用能服务市场空间。通过分析发现问题所在、指标短板和瓶颈，突出重点，针对性地开展客户分析和市场拓展工作。

（三）拓展“定制化”能源服务方式，精准打造服务产品

国网唐山供电公司聚焦客户能效提升、用能结构优化等需求，大力拓展新业务、新模式、新业态、新服务，定制能源系统提升服务产品，推进综合能源服务业务转型升级。

1. 细分客户市场，制定差异化综合能效解决方案

国网唐山供电公司通过建立市场开拓体系，开展客户能源结构信息普查，掌握唐山地区综合能效服务市场发展现状，明确重点目标客户群体，形成潜力项目清单，以满足客户能效提升、降低用能成本为目标，确定综合能效解决方案，优化服务模式，延伸服务链条，建设典型示范项目，推广综合能效服务

重点技术，创新商业模式和体制机制，为客户提供涵盖能效诊断、节能改造、运维托管等全过程综合能效服务，实现由单一设备能效提升向系统化、平台化综合能效服务方式转变。

国网唐山供电公司依托供电服务体系，延伸服务链条，发挥优势资源，打造共赢市场格局。一是聚焦工业企业、公共建筑、产业园区等节能潜力大，规模增长快的客户群体，结合客户用能特点，合理匹配节能技术。二是聚焦冶金、建材、纺织、化工等工业企业与产业园区重点推介电机拖动、供配电系统改造、工业锅炉、窑炉、余热余压利用等节能技术。三是聚焦学校、医院、交通枢纽等公共建筑重点推介建筑供配电、锅炉、暖通空调、热泵、照明等节能技术。

2. 对接客户需求，出台一体化多能服务解决方案

国网唐山供电公司在做精做细市场研究的基础上，全面掌握经营区域多能服务市场现状与客户需求，厘清各县区目标客户、技术路线和市场竞合策略，积极主动满足客户冷热电需求，为客户提供涵盖冷热电多种能源协同供应和梯次利用的一体化解决方案。通过固化专业市场开拓模式，建立国网唐山供电公司供冷供暖供电多能服务典型案例库和潜力项目储备制度，提升运营管理能力，形成电供冷热、天然气三联供、生物质热电联产等项目的运营管理规范，实现资产安全高效运营。

国网唐山供电公司以电为中心构建多能服务产业生态圈，推动能源高效转化利用。一是通过调研区域内医院、酒店、交通枢纽、数据中心、商业综合体等优质公共建筑用能信息，加强技术示范与推广应用，积极推动建筑物可再生能源一体化供应，有效推进传统能源与太阳能、地热能、生物质等可再生能源的协同开发利用，实现多能互补和协同供应，降低建筑物能耗水平。二是以冷热电供应负荷稳定、用能价格高、银行信用好的政府机关、学校、医院、酒店等公共建筑为目标客户，探索开展冷热销售、热水直营等业务。三是结合资源禀赋，择优选择技术路线，在气温条件适宜的南部区域大力开展热泵供暖项目，在生物质资源丰富、补贴政策良好的平原地区开发生物质热电联产项目，在工业企业聚集、余热资源丰富的迁安、丰润、丰南、古冶等地区开展余热回收等项目。

3. 拓展服务方式，实施多元化分布能源服务举措

以抢占优质市场资源、促进清洁能源消纳、助力乡村电气化为目标，国网唐山供电公司因地制宜开展分布式清洁能源规划设计、投资建设、运营维护的多元化服务，丰富客户侧售电市场服务方式，在可再生资源丰富，能源使用价格高且用能需求较大的区域，为客户提供分布式能源项目咨询、规划设计、施工、运维等服务，拓展能源增值服务市场。

国网唐山供电公司以“自发自用”为主要原则，统筹推进分布式能源业务发展。一是在分布式风电、光伏方面，对消纳能力强的工业园区、经济开发区、港区、工业企业、学校、医院等客户，重点运用全国能源管理（EMC）、建设—拥有—经营（BOO）等模式，提供涵盖规划设计、建设运营以及项目投资的一条龙服务。二是对负荷不稳定的客户，主要采用工程总承包（EPC）、设备销售等模式，提供方案设计、工程实施和代运维等服务。三是在分布式生物质方面，对生物质资源丰富，同时具备稳定用电和用热需求的畜禽养殖、酿酒、皮革制造等客户，优先采用EMC、BOO或与业主企业成立项目公司等形式，共同开发生物质资源，共享供电和供热收益。四是对生物质资源丰富但分散，缺乏建设补贴，用电、用热需求不稳定的客户，重点采用EPC模式，提供规划设计、建设运维等服务。

4. 服务区域规划，开展系统化专用充电项目建设

国网唐山供电公司坚决贯彻“能源转型、绿色发展”理念，持续推进清洁能源消纳、综合能源服务，促使区域能源消费向低碳转型。按照经济适用的原则，国网唐山供电公司积极主动对接唐山市政府，加强与交通局、公交公司、物流公司、出租公司、网约车公司等集团客户合作，掌握电动专用车推广计划和充电需求，为专属电动车提供优质充电服务，提升充电保障能力。

国网唐山供电公司根据专用电动车辆的增长情况，提前做好配网规划，编制专用车充电设施建设规

划，并适时滚动修编。同时，国网唐山供电公司承担充电站红线外配套电网投资，并指定客户经理协调进展，确保配套电网与充电站同步投运。根据各专用车充电、行驶与停放的使用习惯，推介定制化专用充电与公共充电相结合的服务产品，如利用变电站资源建设运营充电站等。

（四）完善"差异化"推广应用保障，精准实现服务升级

在高耗能企业能源服务管理实践应用过程中，国网唐山供电公司针对存量和增量两类客户拓展业务，编制"差异化"实施方案。对于增量客户，在业扩报装环节及时了解客户需求，积极推荐能效市场化服务；对于存量客户，结合客户日常巡检，通过省级平台数据挖掘等方式发现客户需求，引导客户参与能效市场化业务。

1. 多元制定客户业务服务流程

国网唐山供电公司针对增量客户，在收到能源服务申请后，安排专员进行对接跟踪，全面了解客户用能计划，组织做好能效服务联合勘察，出具《能效（电能）分析报告》，根据客户需求开展综合能源建设、改造设计，确保综合能源服务项目与客户整体工程进度的一体化推进，并做好全过程参与跟踪。针对存量客户，通过大数据分析挖掘客户需求，并通过高耗能企业用能需求分析平台对客户用能现状进行全面分析，提前编制综合能源服务方案，主动向客户推荐，并根据客户意见完善方案设计，力求达到客户要求的节能效果。项目实施完成后，由地市公司开展客户满意度评价，客户服务中心收集客户意见建议，做好项目成效评估，配合市县公司前端人员做好服务需求再发掘。

2. 同步推进长短周期奖励措施

国网唐山供电公司优化混改后的综合能源奖励机制，将奖励金额向开展真正综合能源业务的单位和个人倾斜。建立按项目提成的市场化短周期奖励机制。按照上一年综合能源专项奖励提前列支奖励资金，根据合同签订、工程竣工、账款回收等节点分别给予相应奖励，提高实效性和时效性。开展虚拟股权、项目跟投等中长期激励机制研究，为建立职业经理人制度做好准备。

3. 多措并举优化项目管控能力

国网唐山供电公司强化风险防控能力，聚焦四大重点领域，统筹研究建立项目投资白名单制度，将技术成熟、风险较小的项目纳入白名单，定期更新动态。拓展平台服务能力，结合业务开展需求，完善平台功能，深化平台应用，利用平台规范项目储备、合同管理、账务管理，实现全流程线上运作。夯实规范提高管理能力，印发智能运维、医院能源托管、园区多能供应、楼宇 CPS 等六大典型领域业务指导手册，实现提供综合能源服务产品标准化服务的目标。

三、供电企业促进"双碳"目标落地的高耗能企业能源服务管理效果

（一）提升综合用能服务管理效率，拓展能源服务能力

自项目实施以来，针对综合用能服务管理，制定了规范化、定制化的高耗能企业的服务产品和流程，项目流程推进效率提升 35%，业务办理时间缩短 30%，为提供定制化服务、创造个性化产品提供了研究范式，具备良好的示范及推广效用。截至 2022 年 4 月底，国网唐山供电公司综合能源服务业务累计储备潜力项目 28 项，其中终止跟踪项目 3 项，继续跟进 16 项，签订项目合同 9 项。已促成东江化工余热余气资源回收利用项目、中海油渤海油田岸电项目等项目投产。现有万达广场供热改造、唐山弘也水泥有限公司设备销售、唐山电力建筑安装有限公司玉田鑫迪分公司楼宇用能光储充一体化等项目正在重点推进。

（二）促进企业节能减排，推动地区"双碳"目标落地

国网唐山供电公司不断创新与地区高耗能企业的能源管理合作方式，优化节能减排方法，节能效果卓有成效。其中中海油渤海油田岸电项目是我国首次大规模实施海上油田电能替代项目，也是推动国网唐山供电公司由"供电服务"向"供电＋能效服务"延伸拓展的重大工程，该工程通过海底电缆从陆

上2座220千伏变电站向海上采油平台供电，解决了以往海上油田依靠柴油和天然气等燃料发电带来的供电成本高、电能质量差、碳排放高等长期存在的问题，年替代电量可达16亿千瓦·时，每年节约能源约6.5万吨标准煤，可减少二氧化碳排放约17万吨；天柱钢铁“退城搬迁”项目每年节约能源0.5万吨标准煤，可减少二氧化碳排放约1.3万吨。通过高耗能企业能源服务数字化实践，地区重点工业企业节能减排成效显著，对推动地区实现“双碳”目标落地具有重要意义。

（三）扩大企业售电规模，促进营业收入多元化发展

自该项目实施以来，国网唐山供电公司逐步弱化了近年来钢铁行业“去产能”对经营的负面影响，售电市场开始新发展新突破，2021年全年售电量达到774.2亿千瓦·时，打破了2013年的售电量纪录，较2020年增加售电量44.3亿千瓦·时，仅该项目实施带来的电量效益就有11亿千瓦·时，增加售电收入近5亿元。该项目实施现实了综合能源服务收入的快速增长，2021年增收综合能源服务费2200万元。通过综合能源服务业务的持续拓展，国网唐山供电公司摆脱传统依靠售电的单一经营模式，实现营业收入的多元化发展。

（成果创造人：王　涛、梁　吉、陈建军、路　峰、刘大鹏、刘　勇、皇甫成、朱正甲、张兆鑫、刘晓琳、卢泽钰、杨鸿宏）

区域发电企业数字赋能的新能源生产管控体系建设

华电陕西能源有限公司

华电陕西能源有限公司（以下简称陕西公司）成立于2009年，是中国华电集团有限公司（以下简称集团公司）的全资子公司，全面负责集团公司在陕西区域的电力、煤炭、新能源及其他项目的开发、建设和运营工作，承担经营发展责任、经济安全责任和国有资产保值增值责任。陕西公司本部内设9个部门，管理资产总额135.55亿元，总装机容量211.2万千瓦，其中：火电132万千瓦；新能源79.2万千瓦（风电项目12个共68.7万千瓦，光伏项目3个共10.5万千瓦）。控股管理和参股企业5家（榆横电厂、新能源公司、煤炭运销分公司、物资分公司、华彬公司），业务涉及火电、风电、光伏发电、煤炭开发、煤炭物流等领域。

一、区域发电企业数字赋能的新能源生产管控体系建设背景

（一）顺应国家绿色低碳转型发展客观需要

随着经济社会快速发展，传统化石能源大规模开发利用导致资源紧张、环境污染、气候变化等问题日益突出，减排降碳任务十分艰巨。党中央、国务院从保障能源安全、推动绿色发展的战略高度出发，审时度势，大力推动能源生产和消费革命，持续深化能源清洁低碳转型。新能源发电企业在推动能源清洁低碳转型中肩负着重要职责和使命，面对新形势新要求，牢固树立绿色发展理念，优化新能源生产管控体系，为经济社会发展提供安全高效、绿色低碳的电力供应，更好地满足新时期人民群众日益增长的美好生活用电需要，对推进经济社会绿色低碳转型、服务生态文明建设，具有十分重要的意义。

（二）适应集团公司新能源发展布局的需要

陕西公司深入落实集团公司新能源发展部署要求，2020年完成7个新能源“保电价”项目全容量并网，总装机规模在原有5个新能源场站35.2万千瓦的基础上实现翻番，达到79.6万千瓦，所辖新能源场站增加到12个，分布在陕西省榆林市、咸阳市的五个县（区）。结合“十四五”规划，陕西公司将在全省范围内布局新能源发电项目，新增装机规模达到500万千瓦。面对新能源发展现状，必须积极顺应能源革命和数字革命相融并进的趋势，加快推进企业数字化转型，主动推动新能源生产方式变革，不断提升新能源生产运营管控效率，进一步提升资产效率、优化营销决策、降低发电成本、提高经济效益，为推动企业高质量发展提供坚实的技术支撑。

（三）提升新能源生产管理效能的迫切需要

陕西新能源发展受风资源和开发条件限制，风电场普遍存在“偏、散、小”的特点，随着新能源装机规模不断扩大，原有新能源生产管控模式和人力资源配置已不适应生产经营发展需要，主要表现在：一是各场站技术力量分散，技能培训不易开展，生产组织效能有待提升；二是场站岗位实行运检一体，开展检修消缺时运行检修之间的监督力度需要增强；三是新能源数字化、智能化管控程度有待提升，在应用远程集控和分级诊断发现设备异常和管理缺陷等方面还不适应；四是员工之间交流互动、共同提高技能水平仍需持续发力。综合上述原因，转变原有新能源生产管控模式，优化生产组织，开创一条适合新能源安全生产管控的新途径，具有很强的紧迫性和必要性。

二、区域发电企业数字赋能下的新能源生产管控体系建设主要做法

（一）开展顶层设计，明确“1+6+N”生产管控体系

1. 深入调研分析，明确工作目标

陕西公司紧紧围绕“数字赋能、生产提质、基层减负”的总体要求，按照《中国华电集团有限公司风光电项目管控体系优化指导意见》，经过多次调研和反复研究，在汲取兄弟单位新能源管理先进经验的基础上，结合企业实际及发展需要，明确以“远程集中监控、片区检修维护、现场少人（无人）值守、统一规范管理”为目标，研究制定公司“三定”及生产运维方案，推动新能源生产管控模式由“本地监控、自主运维”转变为“远程集控、片区运维”；坚持“分步实施、稳步过渡、滚动发展”的策略，推动公司上下统一思想、凝聚共识，取消场站原有管理模式，把工作重点放在运维片区建设上，逐步实现远程集控和少人值守目标；持续优化生产管理体系，加快管理创新和技术创新，建设适应新时期新能源发展的生产管控体系。

2. 构建“1+6+N”生产管控体系

陕西公司深化体制机制创新，遵循“区域集控、分级诊断、片区维护、专业检修”的管控思路，以互联网、大数据、人工智能等新兴技术为支撑，推进生产要素整合，优化生产人员的配置和分工，构建一套机构健全、职责清晰、管理顺畅的新能源生产管控体系。集约、安全、高效的新能源“1+6+N”生产管控体系，“1”是指建立1个新能源生产调控指挥中心，承担新能源调度控制的枢纽核心职责；“6”是指根据新能源生产管理业务需要，建立新能源运行监控中心、安全管控中心、分析诊断中心、技术监督中心、设备管理中心、市场营销中心，分别负责新能源运行分析、在线监控、安全管理、技术监督等业务工作，以及承担新能源设备管理与服务客户、进行市场拓展的具体职责；“N”是指根据新能源资源分布与开发利用现状，整合零散场站资源，成立N个运维片区管理场站，主要负责各个片区的生产运维。在实践中，位于西安的新能源生产调控指挥中心，通过云边协同智慧管控平台，链接6大安全生产经营管理中心，统筹管控N个运维片区厂站，构成新能源一体化生产管控体系。

3. 系统科学论证，制定实施路径

陕西公司深入落实集团公司工作部署，在“三定（定员、定编、定岗）”方案的基础上进一步优化升级，以做实片区为重心，逐步推动实现“远程集中监控、片区检修维护、现场少人（无人）值守、统一规范管理”的目标。一是优化三级管控模式。加强顶层设计，明晰管理思路，优化陕西公司、新能源管理主体、运维片区三个层级管控职责，以“三定”为抓手，促进上下同欲，推动新能源管控体系优化升级。二是优化机构设置。优化调整新能源机构设置，推进集控中心建设，成立分析诊断中心，挂靠生产技术部，充分发挥技术监督、分析诊断和安全保障作用；运维片区下设检修班和试验操作班，实现运检分离，组织机构更加高效。三是优化人员配置。采取“片区集中+场站驻点+定期轮换”的管理思路，盘活人力资源，充分发挥片区管理优势，定员设置更加精简。四是优化职责界面划分。理顺职能生产部门、运维片区、班组、岗位四级职责界面，将安全生产工作重点下沉片区，压实片区和班组的安全生产主体责任，夯实现场安全生产基础。

（二）强化全面现场智慧管控，实现集中统一管理

1. 建立“统一”调度指挥中心

为保障新能源统一生产调度指挥中心高效运行，陕西公司依据集团公司数字化转型方向，结合新能源“1+6+N”生产管控体系，利用虚拟化、微服务和大数据技术，搭建区域新能源云边协同智慧管控平台，打破数据孤岛，促进数据共享和云边协同，搭建运行监控、安全管控、分析诊断、技术监督、设备管理、市场营销等六大功能模块，统一规范管理各运维片区的生产运行、设备检修维护、技术监督和营销等相关工作。在实践中，利用大数据、智能分析、虚拟化、三维展示等技术，汇聚新能源发电场站

海量、实时数据，以及设备运行、生产经营、物资管控等数据资源，实现新能源生产管理的全过程在线管控。通过统一门户构建全景视图和全员操作台，优化管理流程，支撑集团公司、发电企业、监管部门进行生产、运营和监管，实现智能管理、高效生产、安全管控。

2. 建设6大生产管理中心

陕西公司积极推动新能源生产体系管理职能变革，建设以运行监控、安全管控、分析诊断、技术监督、设备管理、市场营销为核心的6个管理中心，形成相互协同、职责明确、流程顺畅的管理机制。一是运行监控中心负责分散的风（光）电站机组、箱变、变电站、功率预测、AGC/AVC等系统数据集中统一监控运行，及时发现设备运行的异常和报警信号，指挥和调度运维片区生产人员进行消缺、维护、检修和倒闸操作，负责设备停复役管理和缺陷管理。各场站取消运行监控人员，实现场站少人或无人值守，提高生产运行效率。二是安全管控中心融合视频监控、电气五防、两票管理、智能巡检等系统，对新能源现场安全生产实施全面管控，并通过数字化手段实现重大安全风险作业远程监控、两外人员动态管控。三是分析诊断中心采集生产实时数据、各类指标、机组能效、无人机巡检等数据，通过诊断系统和集团公司新能源诊断平台的技术支撑，实施大数据分析，通过机器学习模型算法实现设备健康预警；利用微服务推送模块，及时通知运维片区检查处置，并对各片区、场站运维质量进行评价考核，压实区域级诊断的主体责任，形成集约、专业、高效的分级诊断体系，促进管理效率提升。四是技术监督中心发挥技术监督网络的作用，负责指导、监督各运维片区按各项技术监督细则要求开展设备技术监督，统计并考核技术监督计划完成率和检查问题整改完成率。五是设备管理中心对设备全寿命周期内的维护、检修、技改建立设备台账，融合联储联备、物资库房等功能，实现数字化设备管理。六是市场营销中心通过搭建“网、源、荷、储”新型综合交易体系，打造开放式能源互联交易平台，实现与风光功率预测系统、电网现货交易平台的联网，提供高效、智能的营销决策，推动实现发电效益最大化。在部门管理职能划分上，运行监控、安全管控中心由新能源集控中心负责管理，分析诊断、技术监督、设备管理中心由新能源生产技术部负责管理，市场营销中心由新能源集控中心和陕西公司市场营销部负责管理。

3. 开展生产现场可视化监控

应用三维可视技术，强化智慧管控平台运行监控。一是通过智慧管控平台实时监测展示场站机组、升压站、AGC、电能量、功率预测等主要数据；通过三维可视化技术展示场站机组分布信息。利用三维可视化呈现单个发电机组整机效果与各部件组成信息，实时展示机组主要参数信息和过去24小时内发生的故障信息，并支持更多故障记录查询。二是深化移动互联应用。APP发布端在集控中心部署建设，通过无线局域网与集控、场站办公内网相连。在信息交互方面，移动端APP具备接收、展示数据与信息查询功能，能够实时监视区域、场站、机组相关信息，主要包括负荷、电量、运行状态等，实现移动终端与电脑端的实时信息交流、实时信息查看。在智能巡检方面，系统部署在集控中心并针对单个试点风电场进行应用开发部署，主要包括巡检管理、检修管理、缺陷管理和设备台账功能模块。

（三）推行“N片区”集约化管理，提升检修运维效率

1. 因地制宜划分新能源场站运维片区

陕西公司新能源现有装机79.6万千瓦，建有1座330千伏变电站、8个风场、3个光伏电站，分布在定边、靖边、神木、榆阳、咸阳区域。根据场站地理位置，科学划分三个运维片区进行管理。其中，定靖运维片区管辖靖边光伏电站、王渠则风场、石涝河风场、张崾先风场，总装机容量30.6万千瓦；榆神运维片区管辖乔岔滩风场、十里界风场、飞跃风场、小壕兔风场、小壕兔光伏电站、骏晔光伏电站，总装机容量39万千瓦；咸阳运维片区管辖土桥风场，装机容量10万千瓦。运维片区负责落实和执行本片区的安全、生产、经营等任务目标，管理片区外委队伍、检修班和操作试验班；负责所辖片区内与当地政府、相关企业、市县级电网企业的沟通协调工作；接受电网调度和集控中心的业务调管。

2. 建立“片区集中+场站驻点+定期轮换”运维模式

在运维片区下设检修班和操作试验班，实行运检分离，实践点检定修，采取“片区集中+场站少人值守+定期轮换”的管理思路，将生产人员集中在运维片区，场站实行少人（无人）值守。一是检修班主要负责开展所辖设备巡视、维护、定检、检修、抢修、技改等工作，负责风机、光伏、箱变、集电线路、升压站等设备的点检工作，负责组织外委队伍开展合同范围内的检修维护工作，负责升压站设备电气二次检修维护工作等。二是操作试验班主要负责接受并执行各级调度、集控中心调度指令，开展箱变、集电线路、升压站设备的倒闸操作，负责检修工作安全措施布置、工作许可、监督验收及安全措施恢复，以及升压站内设备的巡视检查和电气、油务、工器具的试验检验。三是通过分设检修班和操作试验班，真正做到运检分离，通过明确现场运行操作、巡回检查、检修维护等工作的执行流程，保障“两票三制”落实，强化运行、检修之间的安全监督和质量验收，减少现场作业的安全风险。四是场站实行无人值班、少人（无人）值守。陕西公司不断深化片区做实，优化生产管理，在远程集控运行、场站无人值班、少人值守的基础上，编制无人值守场站技术标准和运维管理制度，实现靖边光伏电站、张崾先风电场、飞跃风电场和骏畔光伏电站无人值守，进一步提高人员工作效率。五是培养综合型人才，每年对操作班、检修班岗位进行轮换，提升生产人员综合业务水平。

3. 强化场站协同化检修运维

陕西公司深化集约化、一体化管理，将外委运维队伍纳入运维片区管控体系统一管理，在共同检修维护中提高员工检修维护技能；试点实施外委长协，优选技术力量强的大型国企合作开展设备检修维护工作。例如，定靖片区检修维护由中车风电承担，榆神片区检修维护由东方风电承担。陕西公司通过与两家单位签订框架合作协议，在智能运维、风机智能诊断、备品备件联储和技能培训四个方面开展深入合作，提升新能源运维支撑能力。通过社会化招聘，新能源公司招聘35名设备运维和管理方面经验丰富的技能人才。通过组织开展生产骨干分批去设备厂家基地学习，进一步提升风机运维技能，夯实安全生产基础。

（四）健全完善制度机制，加强生产运行规范管理

1. 建立健全业务流程管理制度

一是系统梳理原有工作标准、规章制度、工作流程，修订安全生产管理标准79项、技术标准41项、工作标准45项，厘清片区与职能部门、调度指挥中心工作界面，片区制定124项标准化制度，形成纵向衔接、横向协同、高效运作的管理体系和制度体系。二是进一步细化设备操作、巡检、消缺、预试等工作流程，按照两票管理、缺陷管理、检修管理、定期工作管理等标准制度，明确工作程序，制定详细的工作流程。各运维片区、集控中心严格按照流程开展工作，生产技术部负责监督考核。

2. 推行分级诊断状态检修机制

运用移动互联、智能故障诊断、大数据预警等先进技术手段，通过云边协同新能源智慧管控平台，开展分析诊断工作，重点分析设备已发生故障、重要设备参数告警值等，进一步将发电设备运行状态分为故障、告警、预警三个层级，推动设备检修模式从故障检修向预知性的状态检修转变。设备发生故障后运行监视中心第一时间通知片区开展检修工作，设备发生告警和预警时经过大数据分析诊断出具分析报告，编制计划检修方案反馈片区，由片区根据风资源情况开展计划检修预防工作。在设备定期检修前，对发电设备自上一次检修以来的运行、检测试验、故障告警、可靠性等数据进行诊断分析，编写定期检修前分析报告，动态跟踪定期检修后机组的运行状态，并对发生的问题、原因进行深入分析，做到“应修必修、修必修好”。

3. 加强区域性的技术监督协作

建立陕西区域技术监督协作机制，发挥陕西区域发电技术监督网作用，推动技术监督共建共享，组

织监督网成员对新能源电气设备开展专项排查，利用榆横电厂电气、热控专业优势带动新能源生产人员的技能提升。充分发挥技术监督安全保障作用，由陕西公司新能源生产企业集中统一负责风光电设备的继电保护、热工控制、网络通信、电气试验、油品监督等关键技术管理，加强技术监督人员、设备设施配备，组织技术监督人员参加电科院培训取证，建设新能源油品化验室和电气试验室，增强区域自主实验、自主监督、自主技术管理能力。

（五）多措并举夯基固本，支撑管控体系高效运转

1. 打造高素质专业化技术队伍

科学测算岗位定员，优化场站人力资源配置。根据风场容量每10MW核定定员1人、光伏容量每20MW核定定员1人的原则进行测算，测算出总定员后，按照科学先进、满足生产的原则进行定员分设，达到精简高效的目的。一是满足集团公司自主管理要求，300MW装机的片区配置管理人员4人，驻场点检6人；二是综合考虑场站分布距离、班组管理及休假等因素，差异化配置操作试验员，距离片区100千米以内的场站，设置3名操作试验员；距离片区超过100千米的场站，在场站间确定合理的驻守点，根据实际设置1—3名操作试验员。三是通过全员岗位竞聘、区域内调动、市场化招聘等方式，多措并举充实片区生产人员。四是综合考虑区域内场站分布、运维检修难度和技术人才培养储备等因素，提出“片区集中＋场站驻点＋定期轮换”的管理思路，生产技术人员集中在运维片区，集中技术管理优势解决安全生产过程中出现的问题；场站不设置值班人员，个别场站仅保留少量的值守人员，各片区操作试验班人员定期轮换到各场站进行设备检查、定期工作和试验检验等工作，实现人力资源的合理调配。

坚持以人为本，推行系统化全方位专业培训。利用承担集团公司新能源生产技能培训体系建设试点任务的契机，开展新能源岗位员工技能提升培训。一是确定岗位技能分级培训标准，每个岗位按能力等级划分为Ⅰ、Ⅱ、Ⅲ级，培训内容由浅到深，岗位要求由低到高。二是建立岗位胜任力评价标准。根据分级培训标准，规范各岗位所需知识技能的培训时间、考核要求、合格标准等，明确各岗位的上岗条件和考核评价办法。三是编制培训教材。根据各岗位能力分析结果，按照所需的知识和技能模块分别编制相关教材，同步编写配套课件和试题库。四是建设培训平台。打造个人学习平台、培训管理中心和考试平台，管理整个培训实施及培训结果评估，满足员工随时随地学习和交流的需求。五是组织签约31对导师带徒协议，签约11对结对子培养协议。全面提升新能源岗位员工专业技能水平。

2. 弘扬企业文化凝聚奋进力量

坚持以社会主义核心价值观为统领，以集团文化为主、“公司标识、核心价值、工作作风”三个统一相结合，为新能源生产管控体系运转、企业高质量发展提供强大精神动力。树立“求实、创新、和谐、奋进”的企业核心价值，坚持求真务实，真抓实干，引导干部职工在检修运维中出实招、干实事、求实效、创实绩；深入实施创新驱动发展战略，不断完善创新机制，激发创新活力，大力推动质量、效率、动力变革；注重以人为本，和衷共济，尊重劳动、尊重知识、尊重人才、尊重创造，努力营造企业与员工、社会共创共赢的发展环境。建立“马上就办、办就办好”的工作作风，引导员工在新能源运行监控、安全管控、分析诊断、技术监督、设备管理中提高工作时效和办事效率，做到知责、尽责、负责；提升工作标准和工作质量，全心全意、精益求精、脚踏实地，做到敢为、能为、有为。

3. 强化业绩考核正向激励引导

以生产管理变革为契机，修订《陕西公司工资总额管理办法》，大力推动全员业绩考核，在“三定”基础上，指导所属企业通过岗位评估，调整设置岗位岗级，不断深化以岗位价值为基础、以业绩贡献为依据的内部分配制度改革和绩效薪酬联动机制。一方面坚持绩效引领，优化绩效考核机制，建立“一个办法、两个细则”和“12＋1＋6”（12个月、1个年度、6类考核指标）的绩效考核体系，突出

基本效益指标、关键要素指标、战略发展、安全环保和党的建设考核导向，根据新能源产业特点，设置不同的考核指标和考核权重，建立考核目标分档和考核结果分级制度，加大薪酬分配向片区一线倾斜力度。实行“三岗九薪”制，通过考试考核、综合测评等方式，确定不同技能水平、不同工作表现、不同综合素质运检员在同一岗位的不同岗级，建立责任层层落实、压力逐级传递的全员业绩考核体系，提高月度绩效奖金分配比例（由30%调增至60%），加大浮动工资占比。根据陕西公司发展重点，建立风光电项目拓展激励制度，年度奖励金额121.6万元，为激励新能源发展发挥重要作用。

三、区域发电企业数字赋能下的新能源生产管控体系建设效果

（一）新能源生产管控能力大幅提升

陕西公司通过实施数字赋能下的新能源生产管控体系建设，建立了高效运行的“1+6+N”新能源生产管控体系。通过强化生产调度指挥中心统一调控，健全完善“片区集中+场站驻点+定期轮换”的管理机制，在规范管理各运维片区的生产运行、检修维护的同时，有效盘活了人力资源，发挥了片区管理优势，所有风光电场站均接入远程集控中心远程监控运行，运维片区实现集中维护检修，各场站做到少人值守，正式定员从100人减少至83人，外包人员从54人压缩至44人。截至2021年年底，风电机组年度能效损失率3.08%，在集团排名第五；风机故障台次较2021年年初下降58%，风电利用小时数同比提高340个小时，光伏利用小时数同比提高112个小时，提高了新能源运营效率和管控水平。

（二）经济效益各项指标实现新突破

一方面，企业盈利能力、经济效益显著提升。通过推动平台生产管理、安全管理、巡检管理等功能一体化，实现全业务流程管控，生产人员可以合理安排项目现场计划检修、巡视的次数，减少检修、巡视使用的检测、测试材料费用，每年可节约运行维护费用50万元。通过区域新能源公司运维片区分级调度生产监视的自动化、智能化，促进新能源场站智慧运行，在机组优化方面每年可提高经济效益100万元。截至2021年12月，陕西公司劳动生产率达到547.56万元/人，较2020年提升了271.19%，位于集团公司前列。单位容量利润完成224.49元/千瓦，同比增加106.03元/千瓦。利润总额由2020年的4440万元，提升至1.78亿元，实现单位容量利润翻一番、利润总额翻两番，经营综合和发电企业对标指标在集团公司排名分别由第24名、第27名提升到第2名和第1名。另一方面，为区域经济社会发展提供了有力支撑。积极服务当地风电、光伏电站发展，促进地区新能源的高效开发利用。

（三）取得显著的社会效益与环境效益

陕西公司通过实施数字赋能下的新能源生产管控体系建设，一方面，打造了新能源生产管理示范样板。在集团公司内率先构建了一套适应新能源发展趋势的“1+6+N”生产运维管控体系，荣获集团公司五星级发电企业称号，为塑造“华电”品牌、提升社会美誉度做出积极贡献。另一方面，有效实现减排降碳，促进区域能源清洁低碳转型，推动绿色可持续发展。2021年新能源发电量相当于减少标准煤消耗7.6万吨，减少CO_2排放19.1万吨，减少SO_2排放37吨，减少NOx排放54吨，为引领区域能源清洁绿色发展、助力“碳达峰、碳中和”提供有力支撑。

（成果创造人：李强德、王　毅、张幸福、李庆林、宁　志、吕嘉兴、
党　龙、杨　军、吴大利、张元元、马永辉、王　玮）

区域发电企业基于智慧低碳的综合能源服务转型管理

华能江苏能源开发有限公司

华能江苏能源开发有限公司（以下简称华能江苏公司）承担中国华能在江苏省的能源电力产业管理职责，是华能集团重要区域公司和战略支点。管理南通电厂、南京电厂等13家单位。职工总数3788人。运营装机1367.5万千瓦，低碳清洁能源占比42%，约占江苏统调装机的10.3%；投产、在建及核准口径装机共计1853.7万千瓦，其中低碳清洁能源占比57.17%。华能江苏综合能源服务有限公司（以下简称华能江苏综合能源公司）为华能江苏公司下属全资子公司，是2015年电力市场化改革全面铺开后华能最早成立的能源销售公司之一（以下简称能销公司），2017年首批首个获得江苏售电资质，以能源销售、新能源发展、综合能源服务三大业务板块为支撑，着力布局南京、常州、南通、浙江金华四大产业基地。2021年以351亿千瓦·时售电签约业绩稳居江苏省四大发电集团能销公司之首，目前备案光伏项目总容量突破830兆瓦，新能源装机突破120兆瓦，填补了华能江苏公司在分布式光伏项目标准建设上的空白，打造了江苏铁塔“智慧零碳空中花园”、华能江苏大厦“零碳智慧楼宇”等综合能源示范项目，被中国电力企业联合会、江苏电力交易中心评为“AAA”信用企业。

一、区域发电企业基于智慧低碳的综合能源服务转型管理背景

（一）推动国家能源结构转型升级的必然要求

深入贯彻落实国家能源生产消费革命对电力企业提出了新要求，适应能源系统形态发展的新变革，需要在遵循电力市场运行规律和市场经济规律的前提下，加快绿色清洁能源开发与综合能源高效利用，推动国家能源结构转型升级，在东部发达地区大力发展综合能源服务将是推进能源低碳发展，实现“碳达峰、碳中和”目标的关键着力点。

（二）适应电力市场化体制机制改革的现实需要

2015年《关于进一步深化电力体制改革的若干意见》（电改9号文）发布后，我国电力市场改革全面铺开。在市场化交易电量规模大幅提升和利好政策的推动下，能源销售公司大量涌现。截至2021年年底，江苏省电力市场注册的能销公司多达275家，同质化竞争激烈，通过降价抢占市场的恶性竞争时有发生。随着我国电力市场建设稳步有序推进，能销公司发展不平衡、不充分的问题日益凸显。特别是近年来燃料成本大幅波动，工商业销售电价目录取消，新的管理办法出台，在复杂多变的环境下，相当数量的能销公司因仍维持粗放式管理，业务模式单一，盈利空间收窄，专业技术力量薄弱，企业风险管控能力不足，无法实质开展业务而沦为“僵尸企业”，不得不批零倒挂、亏损退市。能销公司正在经历大浪淘沙式的洗牌，凭借单一售电方式难以适应电力市场新形势，迫切需要转变观念，以客户为中心拓展延伸综合能源服务，打造新的核心竞争力。

（三）加强区域能源资源优化配置的重要举措

近年来，煤炭供不应求的局面愈演愈烈，煤价持续上涨，发电企业盈利状况受煤电板块业绩影响极大。华能江苏公司管理南通电厂、南京电厂等13家单位，电力保供形势严峻、责任重大。通过推动区域能源资源优化配置，持续加大清洁能源投资，充分发挥华能江苏综合能源公司贴近市场、海量用户、机制灵活的独特优势，推动一批以分布式光伏为主体的示范性综合能源项目落地，加强科技创新，实现智慧运维，有助于增强企业发展后劲，打造华能江苏公司新的增长极。

二、区域发电企业基于智慧低碳的综合能源服务转型管理主要做法

(一) 开展顶层设计，明确定位综合能源服务“蓝海”

1. 明确目标，领航定向谋发展

近年来，华能集团公司坚持战略统领，明确提出“加快建设世界一流现代化清洁能源企业”战略目标，赋予华能江苏公司更大使命、更重责任。作为华能集团公司重要战略支点，华能江苏公司设立全面深化改革领导小组和创一流工作领导小组，认真学习国际一流企业的先进经验，根据华能江苏公司实际情况，研究制定“建设清洁化、智慧化、精益化一流区域公司”战略目标，在绿色发展上着力打造“三大平台一个基地”。基于大战略矩阵，深入思考华能江苏综合能源公司成立以来逐渐凸显的购售电业务单一、价差模式盈利空间收窄、风险防控能力不足等问题，明确了继续集中经营当前的市场和售电业务，利用资源优势，将其打造为提供综合能源服务的专业化平台。

2. 制定方案，组织保障促落实

华能江苏公司推动华能江苏综合能源公司成立转型升级领导小组和工作小组，制定《向综合能源服务转型升级规划方案》，明确了以客户为中心，外部以市场为驱动力，内部以创新为驱动力，构建能源销售、新能源发展、综合能源服务“三驾马车”的业务体系，秉承“‘3 + X’综合能源 +”经营理念，即基于现有三大业务，打破定式思维，探索新业务新业态发展的无限可能，强调产业升级和组织落地，实现“1 +1 +1 >3”的协同效应，科技赋能创新驱动，进一步拓展在能源领域的经营模式和商业内涵，积极推进转型升级各项工作。华能江苏综合能源公司全面贯彻落实“一个平台、双轮驱动、三驾马车”战略要求，建设全业务支撑大数据平台，坚持面向市场找出路、要效益，坚持科技创新提高核心竞争力，能源销售、新能源发展、综合能源服务三大业务齐头并进，由单一售电向综合能源服务转型，助力华能江苏公司综合能源发展开上新时代的快车道。

3. 三步推进，科学规划强动力

第一步，紧紧围绕电力销售及热力增量市场开拓、分布式能源开发建设运维一体化、综合能源服务开发等主营业务，着眼绿电、绿证、碳交易、增值服务拓展等新业务和综合业务保障需要，推动其建立适应当前工作需求的组织架构，厘清工作界面，配备合理力量，满足现有业务发展需要。

第二步，着力打造新能源开发基地，积极推进整县、整区分布式光伏建设；建设综合能源监管平台，着力解决项目分布范围广、建设管理难、运维分散等痛点，打通分布式光伏项目开发、建设和运维全链条；大力开展综合能源服务，加大科技投入，激发全员创新动力，积极参与科技成果和众创项目申报，获取一批科技成果和专利。

第三步，通过建立综合智慧能源体系，构建多种类型的互联网络，提升综合能源生产、配送、使用的智能化水平，将华能江苏公司所有分布式光伏电站全部接入综合能源智慧平台，实现光伏监管容量达到300万千瓦以上；对用户用能数据进行实时检测和分析，利用人工智能、大数据技术、软件工程技术等手段，为用户提供一站式综合能源服务；强化科技赋能，培养一支高水平的科技创新团队，掌握一批核心技术和专利，申报国家高新技术企业，致力将企业打造成集专业化、数字化、智能化为一身的一流综合能源服务商。

(二) 明确授权专业公司，落实配套机制

1. 建立适应工作需求的组织体系，重视复合人才培育

基于“三步走”计划，华能江苏公司根据改革转型需要，加强组织领导，优化人力资源配置，推动华能江苏综合能源公司建立适应当前工作需求的组织架构。增设工程运维部、科技能源部，将财务与预算部从原综合业务部分离，设置工程建设、科技信息、综合能源开发等岗位，细化职责分工，并不断健全企业管理、营销、新能源领域各项基础制度体系。同时积极推动华能江苏综合能源公司以合资公司

形式探索市场化用工机制，加强市场营销、光伏开发、建设、运维专业团队的培育（见图1）。

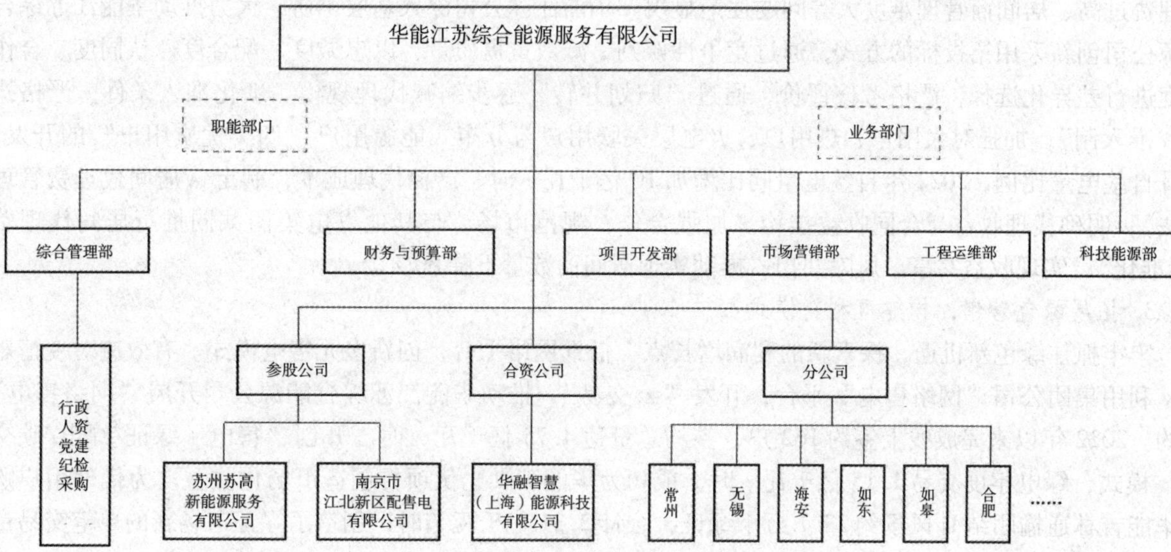

图1 华能江苏综合能源服务有限公司现组织架构

2. 实施"党建引领+"专项行动，加强思想政治引领

华能江苏公司党委坚持党建引领，实施"党建引领+改革强基""党建引领+综合能源服务"，积极推进华能江苏综合能源公司党支部改建升级为党委，协助其成立基层工会、分工会、团支部，不断加强组织建设。以习近平新时代中国特色社会主义思想为指引，建立"时政学+专题学"机制，从中找方向、找思路、找动力。从华能江苏公司整体利益及战略规划出发，结合新能源行业融合发展及新业态、新模式的状况与趋势，确保企业发展始终沿着正确的方向。

3. 提供资金技术支持，完善考核激励机制

华能江苏公司把新能源（光伏）发展重大任务落实作为检验党组织建设成效的试金石，将党支部建在资源摸排、前期调研、改革创新的最前沿，汇聚抓党建促发展的强劲动力，精准发力推动江苏综合能源公司改革转型。在新能源开发、信息化建设、智能运维等领域提供资源、资金、技术支持，加强区域内各发电企业之间合作，统筹推进公司本部及所辖各企业绩效考核及薪酬发放方式的改革，分阶段、分级别设置、发放企业、部门、个人光伏建设、科技研发等专项奖励。

（三）深入挖掘用户价值，做精做优做强能源销售

1. 选择优质客户，推进电、热、新能源开发

华能江苏公司实施"售电+"策略，推动华能江苏综合能源公司聚焦自身客户资源丰富的优势，有效整合资源，深化用户价值挖掘和服务拓展，实现用户价值开发最大化。把同优质客户建立长期、稳定的战略合作关系作为首要任务。在6768家电力用户中择优选择长期大用户，从中寻找深度合作可能。广泛开展热电联销、供应链联销，一体推进电、热、分布式光伏开发和转化。2022年以来，共101家热用户转为售电用户，电量转换率37%，计划在未来三年逐步提高热用户转化率超过70%。强化综合能源对电力销售的正激励，将分布式光伏用户积极转化为电用户，常熟龙腾特钢分布式光伏项目并网后，成功转化为电用户，签约电量11亿千瓦·时。2023年，已有12家电用户转化为分布式光伏用户，备案容量35兆瓦。

2. 严控代理成本，加强居间商管控

随着交易规模、体量不断扩大，华能江苏综合能源公司电力交易居间商的规模也逐步扩大，但居间代理费过高、居间商管理难度大等问题逐渐显现。华能江苏公司深入基层调研，大力推动华能江苏综合能源公司创新采用招投标的方式，通过竞争性谈判，减数量提质量，以忠诚度、配合度、认同度、合作广度进行差异化选择，严格考核评价，通过“归划并转”逐步缩减代理规模。细化准入条件，严格执行“准入制”。加强对大用户、热用户、火电厂关联用户与分布式能源用户“四类优质用户”的开发，提升自签电量比例，2022 年自签电量同比增加 10 亿千瓦·时。严控代理成本，制定《居间代理费管理办法》，明确代理收益与合同收益挂钩。加强合作，规范市场，与其他发电集团共同推行居间代理费“标准化”，实现收益共享、风险共担，推动实现居间商数量下降 60%。

3. 拓展绿色营销，构建盈利新模式

牢牢抓住绿色新机遇，探索新的利润增长点。借助网络平台，创新多元售电模式。有效应对疫情影响，利用集团公司“网络售电”平台，开发“云交易”，推动华能江苏综合能源公司开展“网络售电”签约。2022 年以来完成线上签约 162 户，签约总量达 4.75 亿千瓦·时。开创“售电 + 绿证/绿电/碳交易”模式，绿电年度交易 1.15 亿千瓦·时，成功为华能泗洪光伏项目创造市场化收益。为代理用户购买华能吉林通榆团结 D 风场约 23.1 万个绿证，合计 2.31 亿千瓦·时，创造了绿证市场新的单笔交易量纪录。精心准备电力现货市场化交易，深度参与政策研究、规则编制，建立交易辅助决策系统，发挥发售一体优势，统筹制定“火电—绿电—售电”交易方案，实现华能江苏公司利益最大化。

（四）强化场景应用，打造分布式光伏示范项目

强化场景应用，坚持打造绿色综合能源服务企业的战略定位，以绿色工厂、绿色办公、绿色校园、绿色交通为主要路径，以分布式光伏为主体，以综合能源管理平台为支撑，全面推进“绿色 +”模式落地，在融入公用事业中，宣传华能、发展华能、维护华能。

1. 突出共享共赢，打造现代化“绿色工厂”

坚持互利共赢、共享发展，推动合作走深走实。常熟龙腾“绿色工厂”项目作为华能集团首个光伏建筑一体化项目已经全面建成，光伏总容量达 49.9 兆瓦，成为江苏省内最大的分布式光伏电站。采用“自发自用、余电上网”模式，系统性开展分布式光伏、电力市场交易、节能降耗等合作，降低了企业用电成本和能耗指标。参照《绿色工厂评价通则》，结合南通海安金锻、圣德曼等企业生产特性和厂房布局，高效建设分布式光伏、充电桩，辅以节能管理、碳排放权交易，助力工厂节能降耗和绿色转型。

2. 突出系统集成，打造零碳型“绿色办公”

针对园区特点，系统性编制减碳方案。以南京幕府创新小镇项目为示范，利用旧厂房改造、新型园区开发，设计主题太阳能路灯，系统打造绿色零碳园区，同时着眼规划，提前将分布式光伏、地源热泵等导入园区建设。加强科技赋能，利用江苏铁塔公司屋顶打造“智慧零碳空中花园”，将光伏与园林景观设计巧妙融合，为集团级科技项目“零碳生态综合屋顶的精细化太阳能发电预测、质量评估与异常感知技术研究”提供支撑。在其基础上将华能江苏大厦打造为集风光储充为一体的“零碳智慧楼宇”，建设垂直轴风机、双轴跟踪光伏向日葵、充电桩、碲化镉光伏玻璃与储能系统，实现绿色建筑一体化，使用 100% 绿色电能，实现零碳办公，被中国光伏行业协会认定为“绿色智慧楼宇”。

3. 突出示范引领，打造友好型“绿色校园”

重点布局有影响力、代表性的高校，着力提出一套校园能源综合解决方案，发挥示范引领作用。利用东南大学九龙湖校区建设以 13.5 兆瓦分布式光伏为主体的综合能源系统项目，融合校园用电特点，通过智能运维和建筑群能效管理系统，实现对电站的实时监控、故障预警和能耗实时监测，实现能耗综

合管控。南京大学、河海大学等项目正在推进，还将建设惠及人民教师的充电桩，提供生活热水等，并适时建设光伏项目实验室、产业实习基地，打造独具特色的“绿色校园”。

4. 突出深度融合，打造低能耗“绿色交通”

积极推进交能融合，在地铁、公交、港口等领域深度挖掘产能、用能场景和绿电应用。南京地铁项目利用三个不同类型场地作为试点先行开发，集实时监控、远程指导、数据统计等功能为一体，实现地铁系统整体节能降耗和收益最大化，预计光伏装机容量约10兆瓦，光伏发电量将由地铁系统全额消纳。在常州，与当地新能源汽车充电设备运营商深度合作，广泛布局智慧充电网络，积极探索光伏与新能源汽车跨界融合，加强充电桩、储能、光伏电站的系统集成，推动光储充一体化应用示范，形成“绿色交通”模式。

（五）拓展服务外延，提升综合能源市场竞争力

1. 提供增值服务，开拓市场化发展思路

2021年，华能江苏公司通过华能江苏综合能源公司组织140个户号参与用户侧辅助服务，借助辅助服务削峰填谷改善用户负荷特性，帮助用户降低用能成本，提高电能利用率及设备的运行效率，并从辅助服务补贴中获取净利润5.23万元，实现与用户的双赢。2022年3月，在华能江苏公司的领导下，华能江苏综合能源公司成功取得江苏省能监办颁发的承修四级、承试四级的承装（修、试）电力设施许可资质。华能江苏公司整合所辖各电厂丰富的检修人力资源，组建市场技术服务团队，提升综合能源服务竞争力，开启自主开展市场化电气预防性试验等电力设施业务的新篇章。

2. 深化创新引领，加大科技成果转化

集中力量在分布式光伏、储能、“绿色”系列领域众创项目申报与行业、国家、国际标准制定等方面实现更大突破。2022年华能江苏综合能源公司“综合能源创新工作室”挂牌，紧密围绕华能江苏公司生产经营、绿色转型发展、综合能源服务等中心任务，不断深化产业工人队伍建设改革。区别于传统煤电企业，充分发挥青年人才生力军的作用，加强复合型人才培养和青年干部队伍建设，探索适应未来发展的市场化管理体制，全力打造“综合能源创新能手”，努力创建“综合能源服务团队”。依托科研机构和高校优质资源，深化产学研合作，将科技创新融入华能江苏公司项目建设全过程，《一种光伏并网逆变器控制系统》实现华能系统能销公司发明专利零的突破，《一种优化光伏发电成套装置》《一种分布式光伏防雷交流汇流箱》等两项实用新型专利成功获得国家知识产权局授权，《一种开闭跟踪式半片组件光伏板》《一种新能源大倾角光伏板自动清扫装置》等发明专利、《光伏板导流夹》等17项实用新型专利已被知识产权局受理，充分发挥重点项目在凝练高质量科技创新成果的引领作用，提升企业竞争优势。

（六）搭建大数据平台，实现能源业务智慧管控

坚持数字化赋能，自主研发并上线运行集分布式光伏电站运维管理、综合能源项目开发管理、能源销售管理于一体的大数据综合能源管理平台。该平台通过对各光伏电站的智能化监控，实时评估公司运营情况和电站运行水平，最终实现对企业运营风险和电站运行风险的全过程管理，主要包括设备管理、量测管理、运行监视、模型管理、实时计算和统计分析等模块。目前，已接入省内光伏电站39座，合计容量177兆瓦，未来华能江苏公司所有投产光伏项目将全部接入该平台，预计三年时间接入光伏装机容量达到300万千瓦，年发电量达到30亿千瓦·时以上，在综合能源数字化转型道路上迈出了坚实的步伐。

三、区域发电企业基于智慧低碳的综合能源服务转型管理效果

（一）推动综合能源项目开发，拓展综合能源服务市场

2021年以来，华能江苏综合能源公司作为华能江苏公司分布式光伏和综合能源项目开发的主力军，

在多个领域实现"从 0 到 1"的突破，其综合能源项目从无到有、多点开花，在南通、盐城、无锡、泰州等地不断获得分布式光伏项目开发权，陆续与三个整区签订光伏开发协议，备案光伏总容量突破 830 兆瓦，新能源装机突破 120 兆瓦，预计到 2023 年年底区域分布式能源集约化、数字化管理将达 800 兆瓦。

华能江苏综合能源公司打造了江苏铁塔"智慧零碳空中花园"、华能江苏大厦"零碳智慧楼宇"等综合能源示范项目，主导制定的"绿色办公"标准体系为多场景综合能源应用提供了指引。在此基础上，华能江苏综合能源公司将优质客户案例进行行业复制推广，拓展了综合能源服务市场，实现持续且高价值的客户增长。依托大数据综合能源管理平台，智能分析用户需求，开展负荷预测，实现设备远程状态监测、资产运维和托管，并提供有效的决策支持依据。对用户侧分布式光伏、风电等新能源和储能系统进行聚合管理和集成调控，为 2023 年开展"虚拟电厂"生态化应用提供有力支撑。

（二）生态效益显著，助推能源结构转型与"双碳"目标实现

截至 2022 年 6 月底，华能江苏公司光伏项目建成 47 个、在建 21 个、待建 218 个，实现可再生能源代替燃煤发电，有效降低化学能源和木材的消耗，改善生态平衡，提升周边环境，为清洁化、智慧化、精益化一流区域公司的建设提供有力支撑。

按投产 300 万千瓦光伏及综合能源项目计算，年平均发电量为 29.1 亿千瓦·时，可减少排放二氧化碳 259 万吨、硫氧化物 8.73 万吨、氮氧化物 4.37 万吨、烟尘 272.1 万吨，节约标准煤 92.54 万吨，等效植树 3521 万棵。同时，华能江苏公司不断引导合作企业践行绿色能源消费理念，促进清洁能源消纳利用。通过华能江苏综合能源公司实现绿证销售约 23.1 万个，合计 2.31 亿千瓦·时，减排二氧化碳 20.16 万吨；绿电销售 7500 万千瓦·时，减排二氧化碳 6.54 万吨，助推国家能源结构转型与"双碳"目标实现。

（三）创新业务增长点，推动电力市场体系完善

2021 年，全社会用电需求超预期增长，煤炭价格持续飙涨，在电力企业普遍亏损严重的情况下，华能江苏公司统筹谋划，前瞻性布局绿电、绿证、碳交易等新兴领域，大力推动华能江苏综合能源公司积极参与需求侧调峰辅助服务市场攻关，在推动电力市场体系进一步完善的同时，多个业务板块共同发力，实现华能江苏综合能源公司营业收入较 2020 年增长 28.92%，实现利润 1293.54 万元，有效降低了单一售电业务模式带来的风险。

同时，华能江苏公司业务协同机制有效增加了华能江苏综合能源公司的用户黏性。在 2022 年售电板块，签约电量同比增长 13.77%，签约客户数量同比增长 40.87%，签约业绩居于江苏省四大发电集团能销公司之首。已锁定绿电资源 4 亿千瓦·时，预计增加电费收入 3000 万元以上。

（成果创造人：曹庆伟、齐革军、费维刚、罗海光、周国明、崔　磊、杜润华、朱　静、詹　旭、王　静）

能源企业实现绿色转型的滩涂光伏示范项目建设管理

华能（浙江）能源开发有限公司玉环分公司

华能（浙江）能源开发有限公司玉环分公司（以下简称华能玉环分公司），即华能玉环电厂，位于浙江省玉环市，是中国华能集团基层企业，隶属于华能（浙江）能源开发有限公司。华能玉环分公司拥有我国首个投入商业运行的国产百万千瓦等级超超临界火力发电厂，是国家“863”计划中引进超超临界发电技术并逐步实现国产化的依托工程，现有四台高效超超临界燃煤机组，总装机容量411万千瓦。华能清港滩涂渔光互补光伏发电项目（以下简称华能清港光伏项目），由华能玉环分公司全资开发建设，是我国首座建设于潮间带的平价光伏电站，项目地址位于浙江省玉环市清港镇苔山村附近海域，使用未利用滩涂1798亩（1亩约等于666.67平方米），装机容量130兆瓦，配套新建一座110千伏海上升压站。项目2021年1月开工建设，2021年12月并网发电，年发电量1.5亿千瓦·时，每年可节约标准煤约4.5万吨，减少二氧化碳排放11万吨以上。

一、能源企业实现绿色转型的滩涂光伏示范项目建设管理背景

（一）顺应发展趋势服务集团战略落地的内在要求

面对能源转型变革浪潮，华能集团公司确立了加快建设“三色三强三优”世界一流现代化清洁能源企业的战略目标以及“两步走”战略安排。在华能二次创业新征程上，华能集团公司应向绿色低碳转型迈出更大步伐，牢牢把握绿色低碳转型的发展大势，全力打造“三大支撑”，推动煤电优化发展，持续提升新能源发展质量。华能玉环分公司基于集团战略，要以实际行动推动集团战略落地，加快建设华能浙东南超大型多能互补综合能源基地。在集团战略的部署下，应加快优化能源供给结构，其中实施可再生能源替代行动尤其是沿海地区就地就近利用未开发滩涂资源显得尤为重要。

（二）践行发展规划推动企业转型发展的必然选择

华能玉环分公司积极挖掘清洁能源开发的潜力和优势，积极发展清洁能源产业。华能玉环分公司根据建设“华能浙东南超大型多能互补综合能源基地”的发展规划，聚焦企业绿色转型，选定曾被视为光伏建设禁区的潮间带作为建设基址，力争在“碳中和”进程中牢牢掌握企业生存发展权。在华能玉环分公司的发展规划下，建设潮间带渔光互补光伏电站是企业践行发展规划和迈向绿色转型的第一步，对企业发展来说尤为重要。建设潮间带渔光互补光伏电站既是落实集团发展战略的有力行动，也是助推企业实现转型发展的有效途径。

（三）破解沿海滩涂光伏工程建设技术难题的需要

沿海淤泥质潮间带一直以来是光伏项目建设选址的禁区，其因潮汐影响无法连续施工，基础施工难度大，桩基沉降偏移量大，物资运输困难，建设条件恶劣等被众多开发者排除在选项之外。在土地资源日渐匮乏的时代，滩涂作为我国重要的后备土地资源，在东南沿海经济发展较快地区依旧处于大规模未开发利用状态，如何开发利用是值得深思的问题。特别是在光伏发电进入平价时代以来，潮间带光伏建设项目鲜有成功案例，如何在控制成本基础上，破解沿海潮间带滩涂光伏工程建设上的一系列难题成为一个极具价值的课题。沿海滩涂光伏工程建设管理的成功探索，将为沿海光伏建设做出示范，带动沿海新能源产业带建设水平上升。

二、能源企业实现绿色转型的滩涂光伏示范项目建设管理主要做法

（一）明确企业发展战略，践行转型发展规划

1. 围绕发展战略，精准制定发展规划

华能玉环分公司拥有我国首个投入商业运行的国产百万千瓦等级超超临界火力发电厂，其发展以火电为主。进入新时代以来，华能玉环分公司深刻认识到，要推动公司高质量发展，必须牢牢把握绿色低碳转型，牢牢把握科技自立自强。在“双碳”目标新视域下，华能玉环分公司力争在“碳中和”进程中牢牢掌握企业生存发展权。华能玉环分公司围绕打造“竞争力一流的江南能源创新示范窗口”的战略目标，确立玉环分公司建设“华能浙东南超大型多能互补综合能源基地”的发展规划，聚焦企业绿色转型，提升发展力。

2. 定位实施路径，推动企业绿色转型

华能玉环分公司抓住“十四五”能源转型关键窗口期，结合浙江省清洁能源禀赋、清洁发电技术经济性、新能源等相关能源产业发展，坚持绿色转型发展，凭借科技创新和数字化改革推动高质量发展，在风、光、火、气、储、综合能源等方面开展全方位布局。滩涂光伏项目的建设得到公司的高度重视，项目部全力以赴，深入项目资源开展论证，加快解决送出方案、用海用地等重难点问题，为项目开工打下基础，进而在项目开工建设前制定一套滩涂光伏开发建设管理体系，确保项目开发建设科学有序进行。

（二）确立建设指导思想，建立高效组织架构

1. 明确指导思想、原则及总目标

全国首座潮间带全渔光互补生态光伏电站，肩负着为近海滩涂大规模绿色开发作示范的使命。工程建设工作应始终本着“以人为本，安全第一，在自主创新、质量管理、风险防范三方面有机统一”的工作理念，以“前期推进、建设管理、调试运营”的科学管理三部曲为重要指导，根据当地沿海基址地理条件、自然环境、历史经验等，充分评估自身事故风险，不断完善工程建设管理体系。修编制度，强化开发管理顶层设计，从人、事、技三个维度出发，以超前规划、提前预控、及时闭环的模式滚动提升项目开发管理水平。管理措施上注重实用性和可操作性，进一步促进滩涂光伏项目建设工作的制度化、规范化、科学化，形成易执行、可复制、可推广的常态化管理工作经验，不断提高企业滩涂光伏项目科学开发与高质量管理的能力与水平。

2. 强化组织管理，形成“三三”责任矩阵

建立“三纵三横”项目开发管理组织结构，分层分级分解任务，不断完善组织保障，强化组织领导力，提升管理效率。组织结构纵向上：一是在华能玉环分公司层面建立清港滩涂光伏项目领导小组，主要负责清港光伏项目的决策管理和统筹协调工作，制定清港光伏项目的建设目标并提出具体要求，重点研究解决清港光伏项目施工过程中的技术难题，牵头组织成立特色技术攻关团队；二是工程部根据项目实际情况协调推进政府、研究机构和现场技术应用等一体化技术平台的搭建与实施；三是成立光伏项目管理部，主要负责清港滩涂光伏现场组织管理，监督示范项目的施工标准执行情况，与承包单位沟通协调，按照预期目标组推动建设进度，负责指挥、组织、协调项目的具体实施。组织结构横向上：在基层构建三个责任区，责任区包括项目技术攻坚小组、项目临时党支部、生产预备组三个分区，其主要职责分别为基层施工安全与质量监督，宣传与协调，数据资料整理与生产准备，三个责任区协同合作实现“面向现场、靠前指挥”的管理目标。华能玉环分公司清港全渔光互补生态光伏建设示范工区，总体上形成“三纵三横”的建设管理模式，即“三三”责任矩阵，实现由小到大，由点及面，由基层到管理

层的项目建设分级组织管理。

3. 编制制度标准，保证科学管理有据可依

针对清港光伏项目的施工特点、工种风险及周边环境情况，华能玉环分公司结合应急管理要求，参照相关文件编制制度，如《光伏运维海上作业安全专项管理规定》《光伏项目部光伏建设项目管理制度》《光伏消防和保卫安全管理规定》等。同时为了能够更好地应对各种特殊事件（或作业），针对不同情况编制了专项方案，如《水上光伏作业人身事故应急预案》《光伏围堰垮坝安全事故处置方案》以及各种防台保安全的专项措施等。用科学理念完善安全体系，以制度促管理，让一切项目管理工作有章可循，有据可依。制度是管理规范化的基础，有效的制度能让管理更加标准化、程序化、统一化，让工作更加系统性、高效性、科学性。

（三）集中技术力量优势，支持工程技术创新

1. 集中专家力量，发挥技术引领作用

项目组建技术专家团队，发挥技术引领作用。充分发挥“专家治理”的引领、支撑作用，引入专家治理模式，邀请国内专家团队发挥设计龙头引领作用，借助强大的专业技术力量，组建技术专家团队，对施工、重大技术方案评审提供专业指导，动态调整和优化设计方案。项目建设以来，先后邀请在国内水上光伏建设领域有重要影响力的专家组成方案评审团队，对项目实施性施工组织设计进行评审。

2. 开展课题预研究，完善外联机制

在工程筹备期，基于工程建设的堵点和痛点，建立多个项目技术路线研究课题小组，征集、遴选、优化课题研究成果。围绕渔光互补、防风防涌防沉降、淤泥质基础、生态治理等重点，联系集团内外专家开展大量的方案论证与技术路线研究。在工程建设期，建设单位组织专业技术人才成立技术联络小组，收集、整理现场施工难题，由现场技术支撑中心统筹解决问题。现场采用“管理贴近一线，问题实时反映”的管理模式，外联实行“每日联络一周讨论”的机制，及时有效解决现场工程难题，保证预定技术路线的顺利执行。不断完善对外合作攻关平台，联合西安热工研究院、信息产业十一研究院等，实现工程资源和信息共享，为解决潮间带渔光互补光伏项目开发建设的工程技术难题奠定了基础。

3. 推进工程技术创新，攻克工程建设难题

一是华能玉环分公司因地制宜、注重实效，在项目中创造性提出“生态围堰”技术路线。以一种木竹黏土围堰的施工方法，提高围堰施工效率，缩短工期，改善抗水防渗作用，减少沉降，降低施工中覆盖层开挖量和堰体填筑量，有效控制施工成本。本项目采用分区块围堰蓄水、分步实施的方法，结合自主创新的施工方法达成全时施工条件。

二是通过遴选兼顾安全系数与经济效益的最优方案，掌握区域地质特性，反复论证防浪涌、防台风、防腐蚀、防沉降等问题，经过单桩抗拔、水平抗弯、抗压承载力等试验，充分优化桩基选型、支架选材和光伏组件布置方式，既提高了安全系数，又有效控制了造价成本，从而让项目实现平价上网的条件。

三是光伏电站配置海上升压站为国内首创。海上升压站地形条件复杂，施工难度极大。通过充分论证和方案优化，采用透水结构、预制 PHC 管桩基础、抱箍支模体系、混凝土平台一次浇筑的工艺，将升压站与光伏区有机融合，首开滩涂光伏发电海上升压送出的先河。

四是基于立体空间综合利用的研究重点，华能玉环分公司提出“三层减碳”立体空间利用的技术路线。“三层减碳”即上层空间高效发电，中层空间生物固碳，下层空间全域养殖，空间整体上呈“渔光互补”模式。在实现滩涂海产增殖的同时促进当地海洋生物多样性和生态环境保护，推动滩涂开放

养殖的绿色发展。

五是提出滩涂生态治理蓝色碳库建设技术路线。本项目针对滩涂原址入侵水生植物——互花米草，制定专项治理方案，该生态治理方案在工程建设过程中同步开展。实施后，还原了滩涂原貌，修复了其基础生态功能，有效解决滩涂入侵水生植物问题。工程后期，华能玉环分公司种植红树，丰富工程滩涂区域生态系统结构，增强了滩涂生态环境的自我修复能力。

（四）强化项目主体责任，构建高效质量监检体系

1. 固本强基，盯防三级质量控制流程

华能玉环分公司提出将“质量引领，坚持改革创新”作为项目建设的核心工作，成立清港光伏项目攻坚小组。科学合理配置攻坚小组人员结构，包括电气、自动化、土建、安全、综合事务等专业人才。组织结构上，攻坚小组配合安监部质量监督管理办公室（以下简称质监办），全面落实日常质量监督管理事务，包括对“双三级”验收的验收人员、验收过程、验收结果和实体质量进行监督管理。同时，明确“质监方案—执行检查—问题汇总—提出整改”的运转模式。以“专业化、属地化、信息化”为支撑，建立总包自检自查、监理重点盯防、质量监督考核的三级质量控制流程。推行“样本引路、示范先行”做法，统一全线工艺标准。

2. 多维度提升质量监检智能化水平

在工程建设管理中强化项目部主体责任，挖掘管理潜力，提升项目质量管理效能。华能玉环分公司在项目质量管理过程中投入多种数字化辅助设备，提升质量监检智能化水平。一是实现施工场地“人工+无人机”协同质量监察工作；二是绘制全域实景工程地图，通过北斗定位和奥维地图在地图上实现工程建设数据分区管理并显示统计分析结果，在地图上直观具体地展示工程进度、质量管理数据及其他工程信息，为建设管理提供决策依据；三是基于华能玉环分公司远程监控调度系统，在清港滩涂光伏项目安装防火、防外力监测装置33套，借助“物联网+”大数据进行挖掘与分析，实现了办公端、PC端、手机APP智能监控在线可视化监测，成为质量监检“第三只眼”。

3. 确定基建重点，实行关键环节质量负责制

海上升压站平台一体浇筑、海上全时作业、管桩施工质量、隐蔽工程施工、定向施工、生态围堰施工、主设备安装等重点工序和环节的质量管控，由公司聘用的专家全面负责现场指导，确保重点工序环节质量的保障。同时，依托“三三”责任矩阵建立管理、技术、操作为主体的三级质量保障团队，专业人员划分质量管理责任区，做到人人守土有责。华能玉环分公司不断调整优化人员配备，充实各级质量管理团队，为各项技术标准、方案措施、科技攻关、技术支撑等工程技术质量管理提供坚实的支撑。

4. 实施“PDCA”法则，确保质量管控措施标准化

强化月度建设管理分析、技术工艺分析“两项制度”，构建精细质量管理标准，在各个质量监检环节精准施策，精准管控。为确保质量管控措施能够固定化、标准化，华能玉环分公司按照质量管理“PDCA”法则，对常态化检查及整改后依旧存在的问题及质量隐患制定针对性的措施与整改计划，对切实可行、有效保证施工质量的措施进行标准化，并推广应用。对质量管控效果欠缺的措施重新开展“PDCA”循环。

（五）提升安全管控能力，完善全员安全管理制度

1. 提高政治站位，确立主动安全思想

基于“安全就是效益、安全就是竞争力”的核心思想，华能玉环分公司提出清港光伏项目基建安全的“主动安全管理”模型，进一步丰富新能源项目开发基建安全理论。在清港光伏项目开发中华能玉环分公司以专业化、标准化、信息化为基础，辅以末端检查等协同机制，构建基于新能源项目基建的

主动安全管理模式。实现“从零开始，至零结束”的安全建设目标，践行“安全就是效益”的安全价值观，全员主动安全理念就是让隐蔽风险预警化、基建安全管理规范化、管理手段科技化。“要用安全的方式开展工作，也必须用安全的方式开展工作”。作为项目业主，单位有责任给外包单位提供安全的作业环境，有责任提醒外包单位作业风险。现场的每位人员都是行走的安全员，提高认识，明确现场检查是去看“风险”，而不是看“风景”，每个人都有分析、指出、预防、解决风险隐患的责任和义务。

2. 坚持问题导向，严把五道关，推进外包管理规范化

华能玉环分公司滩涂光伏基建项目深刻吸取教训，深入推进外包工程安全管理规范化建设，严格监督监理、施工单位落实安全生产责任，强化合同约束，加强对外包单位安全管理、技术管理、资质审查、风险管控、教育培训“五道关”的监管，对不能满足安全建设要求的分包单位和个人坚决予以清退，建立健全项目开发黑名单制度。一旦发现不具备安全资质的人员进入生产现场，要按照“谁审查谁把关、谁批准谁负责”的原则，追溯责任、从严考核。工程项目部和安监部重点检查分包单位落实安全主体责任情况，督办安全管理问题，纠正施工单位以包代管、以罚代管的错误认识。

3. 坚持查改结合，深层次推进无障碍检查

推行现场无障碍检查，建立末端评估反馈机制。组织安全管理人员下基层蹲点办公，建立末端评估反馈机制。检查评估现场人员应知应会知识掌握情况、施工管理情况、相关方安全措施到位情况，出具检查报告，由责任方填写问题倒查反演表，基于最终效果，从末端向前端倒逼，反推在前端如施工组织、安全培训、监理到位情况等问题漏洞。推行无障碍检查，获取没有任何事前准备和毫无修饰的一手资料，为改进安全管理提供决策支持。华能玉环分公司安监部作为无障碍检查归口管理部门，负责编制检查计划，落实安全检查总结及奖惩考核。安全检查小组可随时检查现场，具有无障碍通行权限，并结合远程监控调度系统及高风险施工管控系统等数字化方式，实现施工场地 24 小时全天候监察。持证人员有权利对消防报警等设施进行直接操作以检查值守人员反应能力，有权对施工及管理人员、三级责任区人员应知应会知识进行考问，有权对有关设施设备和施工活动进行检查拍照、录像。无障碍检查实行以来，施工现场杜绝了“上有政策、下有对策”和“望风而动、表面应付”的现象，从而将安全监察从保姆式监督转到管理监督和现场监管并重上。

4. 强化科技兴安，提升本质安全水平

在主动安全管理中强化科技兴安理念，以工业互联网和智慧电厂建设为依托，推进清港光伏开发建设安全管理与科技管理深度融合。在清港光伏基建智慧安全方面，已研发投用“双重预防机制管理系统”和“高风险施工管控系统”两个板块。另外联合海康威视等单位研发“高风险施工管控系统”，该系统基于视觉智能识别功能，能够及时发现并记录如安全帽未佩戴、口罩未戴、作业区域高温检测、禁行区监控、工程车辆违章等风险点，在施工安全管理和防疫监管中发挥了较好作用。此外，“高风险作业实时管控系统”同时研发了桌面系统和手机 APP，以满足复杂生产场景和多种安全难题在线管控要求。科技兴安理念的强化，进一步促使安全管控责任落实到位，在管理上解决了检查存盲区、验收作假、监督效率低等问题。

5. 升级风险隐患管控，绘制风险地图

基于“双重预防机制管理系统”“高风险施工管控系统”的数据沉淀，摸索总结各类风险隐患及违章案例的分布特点，从而绘制风险隐患电子地图，对清港光伏基建中的升压平台、围堰通道、海上作业高风险区、吊装区、海上钢平台等以一张立体图来展示。依据风险地图实现风险隐患“单元化”预控，将清港光伏项目基建过程中的各类工种及重大工程节点分为基层管理单元，建立预控标准，明确责任人

责任边界和标准化检查表。利用智慧安全管理系统，在移动端 APP 加入“隐患风险随手拍—责任人领单”功能，从而将高频高危风险点整合到风险地图中。

（六）创新项目管理手段，提升进度管理效率

1. 开发智慧基建系统，实现全流程管理信息化

清港光伏工程在地理位置上处于交通末端，对物资采购衔接要求高；工程作业面广，涉及工种较多，工程进度管理难度大，采用传统管理手段难以高效覆盖。为实现工程建设全线集中化、标准化管理，发挥信息技术在工程建设链中的高效整合作用，华能玉环分公司根据项目实际情况，构建了以工期进度、质量安全、资料管理、通信办公、防疫台账为主的信息化集中在线管理平台，为本项目开发建设提供进度管理分析、技术资料共享、防疫管理和工程数据统计等支持。智慧基建信息化管理平台的开发解决了传统管理方式依赖个人工作素质、进度管理粗放等问题。

2. 应用工程无人机技术，提升工程量管理效率

项目建设管理过程中，施工进度工程量主要由施工方在监理和业主方监督下统计汇总，其中存在两个主要问题：一是因工程量数据与进度考核机制挂钩，上报数据与真实进度有时存在人为偏差；二是滩涂光伏工程量统计难度大且复核工作需要耗费较多人力。针对上述问题，华能玉环分公司运用工程无人机执行现场巡查任务，实行一日双飞，对施工进度及日完工量进行全局摸排核对。无人机实时飞行巡查时，通过高清全局摄像功能，分组分片扫描施工区域，打包数据在后台合成全域实时完工进度图。经核对，扫描的工程量与实际精确统计的工程量误差在 2% 以内。

3. 建立协同推进和进度管控机制

以提升建设管理组成单元协同互动能力为核心，制定协同推进和进度管控机制。具体实施路径：一是制订里程碑计划，确保关键节点有效把控；二是定期编制工作进展报表，做到信息互通；三是组织召开工程启动会、现场推进会等，并组织各分包单位专项协调，确保项目稳步推进。在工程设备安装调试阶段，建立全程监督和专项提升机制，定期进行现场检查，确保设备安装到位、主要功能运行正常。每周编制系统调试进度周报，及时反映终端、通信、线路存在的缺陷，编制落实整改计划。组织承包单位开展建设策略完善、专项管理效果提升等专项工作，确保进度满足工程建设管理需求。

三、能源企业实现绿色转型的滩涂光伏示范项目建设管理效果

（一）建成全国首个潮间带全渔光互补光伏电站示范项目

2021 年 12 月 17 日，华能玉环分公司成功建成投产了全国首个潮间带全渔光互补光伏电站示范项目。项目装机容量 130 兆瓦，配套新建一座 110 千伏海上升压站，是全国首座沿海滩涂全围堰全天候施工海上升压光伏电站。本项目预计年发电量 1.5 亿千瓦·时，每年可节约标准煤约 4.5 万吨，减少二氧化碳排放 11 万吨以上。本项目自投产以来，累计发电 4935 万千瓦·时（统计时间截至 2022 年 5 月 12 日），按照上网电价每千瓦·时 0.4153 元计算，已实现发电上网收入 2049.5 万元。该项目投产后已出售绿证电量 9500 万千瓦·时。

（二）为近海滩涂大规模绿色开发打造了新样板

清港光伏项目使用未利用滩涂 1798 亩（1 亩约等于 666.67 平方米），打破了沿海淤泥质潮间带选址壁垒，创造性地实施全围堰全时施工建设方案。项目建设中同步开展生态治理，还原滩涂原貌修复滩涂生态功能，有效解决滩涂入侵水生植物——互花米草的侵扰，结合红树种植，逐步恢复滩涂的自然生态属性。华能清港光伏项目作为全国第一座潮间带全渔光互补光伏电站，其成功建设具有重要示范作用；华能玉环分公司摸索出的一套成熟技术路线和建设管理模式，为东部沿海地区近海滩涂规模化、集

约化绿色开发和滩涂立体空间综合利用打造了样板，为沿海地区后续滩涂光伏建设管理提供宝贵经验。

（三）推动华能玉环分公司高质量转型发展

华能玉环分公司通过清港光伏项目打破陆地资源条件限制，形成一套完备的滩涂光伏规模化开发经验。此项目是华能玉环分公司落实国家“双碳”目标、落实华能集团发展战略的具体行动，也是推动华能玉环分公司绿色转型发展的重要举措，该项目的成功建设标志着华能玉环分公司在绿色转型路上迈出了关键一步。该项目的建设管理为实施可再生能源替代行动，尤其是沿海地区充分利用未开发滩涂资源提供了新方案，为加快优化能源供给侧结构调整做出新的努力。

（成果创造人：陈　锋、曹志华、李　挺、张志挺、王　俊、金玉磊、雒　贵、韩　兵、周　景、陈　方、修纯军、孙　威）

基于在线拍卖交易平台的能源企业废旧物资再利用管理

国能（北京）商务网络有限公司

国能（北京）商务网络有限公司（以下简称商务网公司）是国家能源集团所属物资公司的全资子公司，主要打造信息化系统咨询规划、软件开发、系统集成、运营运维、产品创新等服务能力，提供从咨询设计到投资建设、运营运维等全流程服务，主要负责国家能源集团唯一的电商与非招标平台——国能e购（含国能e拍）的规划、建设与运维工作，并开展国能e拍等有关业务板块的运营服务，是国家能源集团内部的专业化信息公司之一。公司共申请发明专利8项、外观专利3项、软件著作权40余项，参与供应链数字化管理指南等国家标准的编制，荣获全国国企管理创新成果一等奖等多个奖项。

一、基于在线拍卖交易平台的能源企业废旧物资再利用管理背景

（一）国家出台相关政策，发展循环经济势在必行

建立健全绿色低碳循环发展经济体系是推进中国式现代化的重要任务，我国经济已经由高速增长阶段转向高质量发展阶段，绿色可持续发展成为国家战略，废旧物资循环利用成为可持续发展的重要因素。近年来，国家密集出台发展循环经济相关政策，着力优化废旧物资回收处理网络布局，持续提升废旧物资无害化处理和资源化利用水平。构建废旧物资循环利用体系是发展循环经济、建设资源循环型社会的重点任务。商务网公司积极响应国家“双碳”行动号召，在国家能源集团的统一领导下，以和谐绿色发展为宗旨，创新废旧物资回收利用体系建设，追求经济与环境和谐共生，创造性构建基于在线拍卖交易的废旧物资再利用管理新模式，为可持续发展战略赋能。

（二）行业内部痛点明显，急需创新性解决方案

行业废旧物资处置体系痛点众多，主要表现为交易模式传统单一、价格不透明、行业标准缺失、评估体系不规范、信息不对称、交易过程繁杂、同质化现象严重、创新能力较差等。据初步统计，我国中央企业废旧物资处置规模达千亿级，但由于废旧物资管理水平不高，管理手段和方式落后等，废旧物资处置工作大多以线下模式运行，处置流程和标准不一，存在不小的管控难度和风险，普遍存在废旧物资处置申报时间长、程序烦琐、内控制度不健全、再利用机制不健全等问题，致使大额资产处于呆滞状态。以上问题已成为行业中普遍存在的痛点、难点。为解决上述问题，加强物资全生命周期管理和资产处置的监督管理，确保资产处置工作合法合规、公正公开，亟待探索废旧物资循环经济体系新模式。

（三）企业管控成本巨大，产业变革升级迫在眉睫

加强废旧物资管理，对企业而言是一项十分重要的工作，有助于优化资源配置，促进企业降本增效。国家能源集团所属企业众多、行业分布广泛、产品种类错综繁杂，在生产制造过程中会产生大量的边角余料、报废设备等。过去对这些废旧物资未进行集团级的统一规范管理，各级单位自行确定、把握废旧物资处置的方式、流程及标准，难免存在操作不规范、流程不统一、事后难追溯、内幕交易频繁等问题。另外，由于缺乏统一、有力的宣传渠道，参与的买方企业受制于地域，不利于处置资产的充分竞争。“临时处置”的方式必然增加诸如采购部、财务部等相关部门的工作量，占用相当一部分时间和精力，据参与处置过程的工作人员描述，仅在发布公告后，接受意向购买群体电话询问就是一件非常烦琐、耗费精力的事情，如果用一个词去形容，那就是“不堪其扰”。因此，在互联网时代，建立新型废旧物资管理模式是发展循环经济的必然选择，是促进企业降本增效的必然路径。

二、基于在线拍卖交易平台的能源企业废旧物资再利用管理主要做法

（一）加强顶层设计，构建废旧物资全链生态蓝图

1. 谋篇布局，构建废旧物资处置新模式

商务网公司不断探索物资循环经济体系建设工作，以“互联网+物资竞拍”为循环资源交易发展的新方向，通过整合废旧物资交易数据，打造废旧物资交易过程中标准化纵横贯通流程，创造新的发展模式、业态和格局，加强物资全生命周期管理。建设废旧物资在线交易体系，使废旧物资处置全流程规范化、智能化，通过“互联网+物资竞拍”的先进电子技术将经济活动组织成一个“资源—产品—消费—再生资源”的物资反复循环流动的过程，推动粗放型管理向精细化管理转型，不断为循环资源发展赋能。

一是转变发展理念。商务网公司积极规划新型废旧物资处置模式，构建废旧物资在线交易体系，着力营造公平竞争的市场环境，全面促进“互联网+物资竞拍”的深度融合，着力构建一个经济效益好、科技含量高、充分利用资源优势的再生资源回收产业生态圈。二是立足自主创新。商务网公司创新物资处置理念和方式，创造性构建废旧物资竞拍平台，推进产业链协同，建立完善的废旧物资挂网竞拍机制，建成竞价分析与监控平台，形成有效的管理能力和机制，实现废旧物资处置全流程的规范化、智能化。

2. 健全制度，打造废旧物资协同生态圈

商务网公司积极辅助国家能源集团开展废旧物资体系建设，协助国家能源集团物资管理有关部门广泛调研、征求意见，加强沟通协商，打通专业壁垒，弥补流程空缺，发布了《国家能源集团废旧物资处置管理办法（试行）》；完成《国能e拍竞拍操作规则（试行）》等30余项平台规则修订，形成与制度规章互为补充、规范严密的废旧物资管理体系；各采购机构签订国能e拍协同服务协议，进一步明晰职责分工，撰写国能e拍平台与转让方的合作协议。

3. 整合资源，构建废旧物资智慧业务链

商务网公司从构筑废旧物资循环管理新优势的战略高度出发，在运用大数据、物联网、人工智能等技术的背景下，为满足废旧物资产业升级需要，将废旧物资处置业务与互联网进一步融合，通过资源整合和共享，有利于提高资源配置效率，推动技术和产业变革朝着信息化、数字化、智能化方向加速前进，打造了以回收商管理、智能分析、网络竞拍等业务为支撑的物资循环智慧业务链，强化物力集约化的深入发展。

（二）技术驱动创新，建设数智化废旧物资竞拍平台

1. 统一标准，建立多维度立体化的交易体系

商务网公司在国家能源集团的循环资源总体处置战略指导下，依托废旧物资管理制度体系，聚焦废旧物资变现产业链协同、全产业链智能化管控等目标搭建废旧物资管理体系，明确规则，划清底线，加强监管，规范秩序，以便更好统筹物资管理，形成治理合力，构建有活力、有创新力的物资管理环境。通过云计算架构、大数据分析、媒体应用，实现业财协同一体化、资金收付自动化，紧密跟踪先进技术发展趋势，实现废旧物资处置全链条业务智能化、数字化、智慧化，搭建公开、公平、公正、独立运行的撮合模式竞拍平台，即“国能e拍”。

国能e拍是国家能源集团废旧物资处置业务的信息化支撑平台，通过专业化网络竞拍服务，打造智慧交易中心，解决废旧物资存量巨大、处置渠道不畅通、处置效率低等问题，增强废旧物资回收的公开性和透明度，加速资源循环利用的效率，促进企业提质增效。通过智慧物资循环产业链协同管理，实现资源建库、场次发布、在线报名、资质审核、保证金缴纳、实时竞价、合同备案等全流程电子化、信息化。通过“背靠背竞价”“价高者得”的竞价方式，实现处置交易增值。通过“资源公开”“平等参

与”的交易原则，维护交易公平。通过运用“网上竞价”“电子化操作”的交易手段，促进交易便捷化。通过场次自动开标、智能辅助推广、资金自主收缴等功能，实现废旧物资交易的数字化、智能化。

2. 协同管理，建成全要素易拓展的管理体系

平台建立以用户为导向的业务机制，不断吸收、整合各类用户资源，持续挖掘废旧物资回收价值，为用户提供更多优质选择和服务。在服务集团内部企业的同时，加强与其他央企、外部平台的沟通协作，打造合作共赢的平台生态体系。平台用户除了使用废旧物资处置专区的信息公示、自主报名、保证金自助缴纳、在线竞价等通用化功能外，还可向资源交易团队申请使用物资分包策略、价格设定参考、协助买家踏勘、辅助物资交接等个性化功能。

平台构建全链条废旧物资信息服务系统和废旧物资处置信息追溯系统，具备在线交互、全程留痕功能，通过实施“规则统一”“全流程追溯”的管理策略，确保交易合规。利用平台中发生的大量交易数据进行搜索、比较、分类等分析归纳，通过竞价买方的法人姓名、联系电话、报价 IP 等信息，充分挖掘各项交易数据之间隐含的关联关系，建立逻辑关系模型，挖掘数据与现象之间的因果关系，从而探究产生围标串标行为的根源。

3. 多级贯通，构建多层次多系列的竞拍体系

一是全方位、多视角展示拍品。废旧物资回收商通过照片、视频、物资清单等内容展示了解废旧物资情况，吸引更多回收商参与竞价。对于强制踏勘项目，回收商可在信息公告期内前往现场踏勘；对于非强制踏勘项目，回收商可根据报价需要自行前往踏勘；进一步了解项目情况。另外，商务网公司着力开发“直播带看”，以远程“云踏勘”的方式代替传统现场踏勘，促进“互联网 + 服务”的深度融合，提高踏勘效率，降低经济成本。二是提供多元竞拍模式，智能推送竞拍结果。废旧物资回收商线上报名，进行废旧物资竞拍。竞拍过程由信息公告期、自由报价期和限时报价期三部分组成。信息公告期内回收商进行报名，有两种竞拍方式——动态报价和网络竞价。

国能 e 拍平台如实记录竞拍过程，竞拍记录包含回收商具体出价及出价时间，竞拍结束后系统自动生成竞拍记录并发布竞拍结果公告，竞拍结束后有效最高报价者确定为预成交回收商。公告内容包含竞拍候选人企业名称、起拍价、成交价、成交日期等，公示期结束后系统自动发送成交通知书到回收商账号。

（三）统一处置流程，实现废旧物资处置业务全流程贯通

1. 精准对接，实现竞拍业务全覆盖

国能（北京）商务有限公司积极推进国能 e 拍与集团 ERP 系统的对接及适应制度改造工作，打通国能 e 拍与集团 ERP、SRM 平台的数据传输通道，精准对接集团 ERP/SRM 系统，通过国能 e 拍平台全过程跟踪废旧物资处置工作进展，对废旧物资处置全过程智能管控，切实解决行业内所面临的上下游协同、库存优化等方面的问题。

2. 集成计划，实现竞拍流程自动化

各资产处置单位可通过数据传输通道集成处置计划并传输至国能 e 拍，实现废旧物资处置业务在线全流程贯通以及竞拍全流程自动化、智能化，国能 e 拍平台可对处置计划接收、公告发布、网络竞拍、成交、销售合同管理、物资交割和发货、开票信息维护、收入确认并过账等全流程进行维护，并配有在线交互、全程留痕功能。商务网公司运用互联网思维，依托国能 e 拍平台，以减少企业人力投入和时间投入为出发点，以废旧物资收益更大化为目的，邀请更多有实力的买家参与，保障了废旧物资处置的有效化。

3. 综合运行，实现竞拍过程智能化

国家能源集团各子公司、分公司组织基层企业拟订废旧物资处置计划，从计划工厂、计划类别、处

置部门等维度提报处置计划至 ERP 系统，审批通过的计划通过接口将信息传输至 SRM 系统，SRM 系统履行内部审批程序，国能 e 拍平台对其进行策划并且编制竞拍告知，发布信息公告。信息公告发布后，国能 e 拍平台随即将信息同步到资产处置单位及服务机构。竞拍结束后，将确定的最终结果传输至 SRM 系统，资产处置单位依据处置结果创建处置合同，经法务审批后进行物资交割和发货。

（四）广开运营渠道，赋能废旧物资产业链业务治理

1. 多方联动，扩大平台影响力

通过构建覆盖全产业链的集群式架构，建成了覆盖全国的客户网络，为物资转让方提供买方客户资源管理、循环物资处置方案咨询等配套服务，积极与优质平台通过系统对接、资源互传、场次共享等方式进行广泛而多样化的合作，共同推动循环物资共享产业链生态建设。国能 e 拍平台建立以用户为导向的业务机制，不断吸收、整合各类用户资源，平台与产权交易所完成了系统对接，实现废旧物资处置项目公告在产权交易所系统的同步发布，竞买人可在国能 e 拍平台和产权交易平台实时查看并参与国能 e 拍发布的处置项目。

2. 优化功能，推动业务高效运行

废旧物资在线交易平台以远程“云踏勘”的方式代替传统现场核验，运用流媒体技术构建“云踏勘”模式，创造性应用“直播带看”方式，助力绿色低碳新生态的构建，打造能源行业绿色供应链新生态。同时，搭建回收商管理体系，全面加强对回收商从注册、到竞拍、到合同履约等全流程管理，从信用、评价、考核、失信等角度建立回收商画像，提升竞拍业务全过程的风险防控能力。利用大数据、云计算、云推送技术，针对处置项目情况和回收商情况，实现项目精准获客。

3. 智能协同，构建智慧物资服务新体系

基于在线拍卖交易的废旧物资再利用管理模式形成“中心布局、多点支撑”的产业链组织体系。中心布局是指以商务网公司为依托，形成集群式综合性服务中心，并提供相应的技术、平台和服务支撑。多点支撑是以分布全国主要省市的服务机构为支撑，各个服务机构负责协助转让方进行处置计划提报、回收商寻源以及外部市场开拓和品牌推广等工作。

启动“远程办”机制，组织开展废旧物资处置“云端”教学，远程指导多家单位开展废旧物资处置工作，即时跟进项目进展；同时着力推行平台操作远程指导方式，无缝衔接线上通道。

坚持“管家式”服务，围绕集团公司赋予的“管理 + 服务 + 监督”新定位，实行“1 + N”的运营模式，即一个运营主体 +24 个服务主体。国能 e 拍的运营主体是商务网公司，负责平台建设、功能优化和运维工作以及利用国能 e 拍平台开展废旧物资网络竞拍工作；服务主体即各个配送机构，负责协助资产处置单位进行处置计划提报、回收商寻源、异议和投诉处理以及外部市场开拓和品牌推广等工作。对于转让方，国能 e 拍平台的运营人员工作内容包含明确告知所需材料、材料预审项目挂网及竞拍后及时通知，解答所有与国能 e 拍平台相关疑问；对于回收商，国能 e 拍平台工作人员的工作内容包含介绍如何注册账号、如何参与报名、如何缴纳保证金、如何参与竞拍等，对于回收商在竞拍项目过程中遇到的任何问题，第一时间予以解决。

三、基于在线拍卖交易平台的能源企业废旧物资再利用管理效果

（一）物尽其用，赋能国家发展战略

国能 e 拍平台减少了企业人力投入和时间投入，提高了废旧物资的收益，促进了更多有实力的买家参与，保障了废旧物资处置的有效化，增强了大批量废旧物资的灵活流通性，为国家能源集团探索绿色转型发展之路贡献了力量。废旧物资再利用管理体系实现了社会、经济和环境的共赢，促进了资源的再使用和再循环，提高了资源利用率，促使资源消耗减量，保护了环境，带动了相关产业发展，取得了良好的环保效益和社会效益。打通了废旧物资产业链条，拉进资产处置方与回收商的距离，大幅提升我国

物废旧资循环利用水平，推动物资产业成为标准化、规范化、信息化的利国利民的国家战略性新兴发展产业，全面提升全社会资源利用效率，助力我国加速实现“碳达峰、碳中和”生态文明发展目标。

（二）深挖价值，推动行业转型升级

国能 e 拍平台的建立，规范了废旧物资处置模式和交易流程，确保资产交易规范化、市场化、阳光化，规避风险。同时，减少了库房物资堆积，提高资金利用率，满足了各单位的废旧物资处置实际需求，促进废旧物资循环再利用，将废旧物资处置制度固化入业务流程，操作公开、过程受控、全程在案、永久追溯。通过网络信息技术和废旧物资处置规范化、制度化、精细化进程的发展，采用拍卖竞价的处置方式，创造了合规、透明、增效、便捷的交易过程，营造了公开、公平、公正的交易环境，逐步构建一个循环资源产业生态圈。废旧物资处置由分散到集中，处置规模扩大，获客能力得到有效保障，激励有效竞争，在资源优化配置、循环再利用的同时，加强了绿色经济服务能力，促进了行业发展的转型升级。

（三）经济增长，促进企业降本增效

通过在线拍卖交易平台，充分汇聚了各地废旧物资资源，提高了废旧物资循环再利用率，促进了国有资产保值增值，实现废旧物资价值最大化。“国能 e 拍”平台上线以来，竞买企业入驻量迅速增长，注册总数达 2200 余家，处置物资成交总价 2.60 亿元，溢价金额 7404 万元，平均溢价率 40%。以国家能源集团年处置金额 10 亿元、平均溢价率 40% 计算，每年可为集团公司增值创效 4 亿元。废旧物资处置业务更加规范，处置效率得到有效提升，平均可节省管理成本 10% 以上；废旧物资处置由分散到集中，处置规模扩大，获客能力得到了有效保障，激励有效竞争，平均可降低处置成本 15% 以上，物资管理绿色发展和价值创造成效显著，进一步提升资源循环利用水平。

（成果创造人：刘　婷、杨艳丽、毛建新、穆大勇、
范亚国、肖　鹏、刘映男、张智勇）

电网企业服务塞罕坝生态文明示范区的创新生态管理

国网冀北电力有限公司承德供电公司

国网冀北电力有限公司承德供电公司（以下简称承德供电公司）地处燕山腹地，承担着保障承德地区经济发展、人民生活用电、首都供电安全和向华北电网输电的重要职能。公司负责承德市四区八县（市）3.9519万平方千米，353.01万人口的输、配、供、用电管理工作。截至2022年6月，承德电网已形成500千伏“四站两带”：常规火电、清洁能源输送带；220千伏“两环四射”：中心双环网、东部双环网，四个方向双辐射供电；110千伏及以下配电网实现高可靠性、强供电能力的供电网络。承德供电公司曾荣获“全国五一劳动奖状”，先后被评为“全国精神文明建设先进单位”、“全国企业文化建设先进单位”、“全国模范职工之家”、全国“安康杯”竞赛优胜单位、“河北省先进集体”“国家电网公司文明单位”等。

一、电网企业服务塞罕坝生态文明示范区的创新生态管理背景

（一）贯彻落实国家重大部署的需要

塞罕坝生态文明示范区作为生态建设和环境保护的先行者，树立起拱卫京津冀生态安全的绿色屏障，是山水林田湖草综合施治样板区、自然保护地协同管理试验区、生态经济发展创新区。服务塞罕坝生态能源和谐共赢示范区被列为冀北公司战略目标落地示范工程。冀北供电公司为落实这一重大战略部署，需要构建创新生态，培育接续有力新动能，打造经济社会高质量发展新引擎，发挥创新生态效用，营造浓厚氛围，推动示范区内以新能源为主体的新型电力系统建设，推动区域内的能源生产和消费革命，服务创建全绿电生产、全绿电乡村、全绿电旅游示范窗口，并以新型电力系统建设成效，在电力能源领域支撑塞罕坝生态文明示范区建设，使其成为能源生态和谐发展的“冀北名片”“核心范式”。

（二）服务示范区能源转型升级的需要

实现“碳达峰、碳中和”目标是能源行业新的革命，将推动我国以煤炭为主的高碳能源结构向以新能源为主的低碳能源结构转变。伴随着风能、光能、天然气等清洁能源重大项目的相继落地，构建以新能源为主体的新型电力系统，推动建设绿色低碳的能源生产与智慧高效的能源产业集群，推进广泛而深刻的能源变革，成为电网企业创新发展的时代命题，需要发挥电网企业的优势地位和核心优势，以创新为核心动力，推进上下游科研机构协同发力，构建符合时代发展要求的创新生态，创新思路方法，实现创新驱动新型电力系统建设、驱动低碳转型与低碳发展。同时，将服务示范区建设新型电力系统建设作为电网企业基层创新主战场，立足全局、服务大局，不断提升基层创新管理水平，为实现建设目标做出更大贡献。

（三）解决示范区新型电力系统建设瓶颈的需要

塞罕坝区域内农、林、牧、旅、乡村产业齐全，风、光、水、地热资源丰富。通过广泛调研，发现塞罕坝示范区新型电力系统建设亟须在能源网架体系方面充分运用现有资源、平台、技术，对电网的发、输、变、配、用、调度等各环节进行改造和赋能，提升电力系统运行效率和全社会能效水平，促进电网运行更加安全稳定和经济高效，实现能源电力资源更优配置。同时，由于刚刚起步的示范区本地消纳能力有限，外送能力不足，清洁能源与新能源生产与消纳不平衡的矛盾突出；新型电力系统对满足能源互联网技术的需求的数字共享能力有待加强，数字化创新能力仍需提升；产业升级亟须赋能，生态能源和谐共赢急需发力。需要将加快推进“一体化”融合发展作为落实创新驱动的核心任务，有效发挥创

新生态作用，丰富发展机制建设，提升各类创新资源要素配置效率，以示范区新型电力系统建设为契机，打造创新驱动工作循环提升的试点样板，更好地服务示范区建设，持续为高质量发展提供内生动力。

二、电网企业服务塞罕坝生态文明示范区的创新生态管理主要做法

（一）立足服务建设目标，优化创新生态顶层设计

1. 明确创新生态建设总体目标

一是聚焦示范区新型电力系统建设需求，聚焦“卡脖子”的关键环节，践行初心使命，主动作为，自主创新，强化弱点、打通堵点、攻关痛点。二是规划好示范区新型电力系统的实施路径，围绕创新全链条，自立自强，以推动电网高质量发展为第一要务，充分发挥电网资源优化配置的枢纽平台作用。三是强化创新生态保障措施，顺应创新规律，深耕厚植，奋勇争先，深化组织、人才、合作等体制机制改革，抢占制高点。将“三推动”（推动能源互联网塞罕坝落地、推动“双碳”目标塞罕坝范式的打造、推动塞罕坝智慧能源生态样板的实践）和“三赋能”（赋能塞罕坝生态文明示范区新型电力系统建设、赋能塞罕坝农林牧游产业及乡村振兴、赋能塞罕坝能源可持续发展）落到实处。

2. 规划创新生态建设基本路径

开放合作，共建共赢。发挥“链主”带动作用，整合拓展创新链条，发挥政府作用，整合内部架构，强化外部协同，多方合力推动建设，统筹规划、内外结合，构建面向需求、面向市场、开放协同的创新生态。重点突破，深度融合。强化规划衔接与需求对接，遴选创新重点领域方向，推动创新成果与示范区新型电力系统建设深度融合，打造示范标杆，为示范区新型电力系统建设提供实施载体。创造条件，加快培育。注重发挥“大云物移智链”等先进技术作用，有效整合各类创新资源，强化创新选育推广全过程，加快成果转化产业孵化。夯实基础，持续推进。建设人才、改进、激励联动“金三角”，引入国际先进管理方法工具，促进协同演进，激发全员创业创新热情，强化人才队伍根基，为服务示范区新型电力系统建设提供不竭动力。

3. 整合内部架构，凝聚内生力量

承德供电公司统筹协调内部创新资源，建立创新生态建设小组，对服务示范区新型电力系统创新生态工作进行统一规划和管理。下设工作领导小组和办公室，落实“搭平台、建机制、育人才、出成果”工作思路，提供更加有力的组织保障。整合管理、技术和其他创新方法，建设内部创新生态，推进管理创新促进技术创新的耦合驱动，促进新型电力系统高质量可持续发展，更好地服务示范区建设。比照对标管理、企业绩效等目标完成情况，从专业角度提出创新实施的重点和热点问题。通过“顶层规划”与“基层探索”相结合，引导、激励广大职工发挥工作热情和创造活力，鼓励跨部门、跨专业合作，汇总问题、做法和亮点，聚焦建设需求开展创新工作，应用各领域专家的专业知识和经验，推动提升专业创新领域的创新能力和创新水平。

（二）发挥“链主”带动作用，多方合力建设创新联合体

1. 汇聚外部资源，共筑系统建设创新联盟

优化“技术研究—生产制造—实施应用”创新产业链条，发挥电网企业在产业链中的“链主”作用，运用市场化的产业培育机制，引入外部力量，螺旋驱动“创新”能力提升。在生态聚合管理方面，搭建示范区新型电力系统平台和纽带。一是对内主动与中国电科院、南瑞集团、国网数科、国网电动、国网信产等单位对接合作，推动新型电力系统“全周期”创新服务。二是对外采用邀请和招募两种途径，通过签署合同或合作协议等方式建立合作关系，联合能源、金融、科研、高校等43家单位，成立示范区新型电力系统创新联盟。三是运用在行业发展、市场方向以及核心技术等专业领域的信息优势，对企业及项目进行甄别，研究应用新技术、新工艺、新设备和新材料，结合线上平台发布信息，招募相关企业和单位建立合作关系。四是积极吸引62家企业投资建成新能源发电厂站，共同提高发电效率，

共享政策红利。五是发挥外部效应和集聚效应，发现新的经济增长点，进一步提升公司市场竞争力，巩固“链主”地位，完善产业生态系统，确保产业生态系统的构建符合本地需求且减少不同主体之间的摩擦成本。

2. 强化创新参与，建立政企对接共建机制

一是组织基层单位共同参与，强化承德供电公司在研究论证建设方案中的地位、作用，协同地方规划局，完善规划方案，使其纳入示范区总体规划与市政规划。二是组建专业创新实施团队，以建设领导小组为核心，选拔各专业创新核心人才组建电网建设、综合能源建设、信息数字化建设、综合业务支撑4个专业小组，统筹协调解决各专业建设重难点问题。三是建立专项工作过程考评机制，将过程考核节点纳入绩效考核，对贡献者给予积分奖励，确保各项建设工作有序进行。

3. 强化产业转化，建立共性技术供给体系

一是突出企业在供给中的主体地位。以重大创新需求为牵引，发挥创新联盟间供给中枢和纽带，缩短市场需求和基础研究之间的链条，推动有序供给。二是联合多方共建研发平台。以电网企业为主导，联合示范区新型电力系统建设研发基地，促进人才、技术、信息的交流和融合，提升重大研究成果和创新技术进行商业化运用的效率。

（三）聚焦建设需求，加快推进成果孵化

1. 调研需求现状，明确创新总体规划

以科学推进示范区新型电力系统建设为目标，紧密围绕建设思路，依托政府的大力支持和示范区的积极配合，深入开展全面调研与基础信息分析梳理工作。准确把握区域新型电力系统各类能源总体供需形势，了解分布式电源部署与就地消纳需求，预测评估多种形式方案。通过大数据分析与对比测算，对应区域经济总量评估各类能源消耗规模、类型与占比，重点抓住能源创新建设领域，充分对接区域综合能源规划，建设总体规划与创新生态建设规划，创新方向需求，充分融合孵化方案，确保电网技术水平、电能服务品质、能源变革发展影响力的“三个领先”，打造清洁、绿色、高效新型电力系统的“塞罕坝样板”。

2. 优选关键领域，明确创新重点方向

承德供电公司传承“两山”理论、“塞罕坝精神”，紧扣新型电力系统需要，建立多要素齐全、多场景合一的创新生态系统，结合需求调研成果，明确塞罕坝新型电力系统建设创新方向，在清洁供给、绿色消费、网架优化、数字转型、能源安全、生产经营、能源服务、生态创新等“八大领域”开展成果验证、迭代升级，确定可再生能源利用、一体化微网等“十六个具体方向”，组织开展创新攻关实践，服务建设互动化、零碳化、电气化、生态化、智慧化的塞罕坝示范区新型电力系统。

3. 聚焦创新提速，制定创新实施方案

承德供电公司协同综能公司、经研院、电科院、外部大院大所编制《塞罕坝生态能源和谐共赢示范区新型电力系统建设方案》，确定以供需两端为单元，以源网荷储互动为目标的创新实施方案与重点任务。多次与区、公司相关部门沟通汇报，论证了方案的安全性、经济性、创新性、环保性，编制孵化攻关方案，细化时间安排，提升投入产出效率。同时，组织编制专项创新攻坚方案，依托产业联盟，集中优势资源攻破难题，开展前沿技术创新落地实施，推进建设、运行、服务等的关键突破。

4. 建立孵化中心，开展重点项目孵化

建立塞罕坝示范区新型电力系统孵化中心，打造资源“汇集地”、技术“展览馆”、创意“试验田”、孵化“练兵场”和成果“展示窗”，建设项目孵化区、产业加速区和专业配套功能区三大核心功能区块，支撑示范区新型电力系统技术孵化、项目培育、成果转化的全生命周期管理，根据孵化不同阶段，引导和促进相关成果落地。同时，提供共享联合研发、生产协作所需的试制设备和场地场景，对内

辐射创新工作室，对外联合企业，充分发挥省地两级公司资源优势，共同服务新型电力系统建设并形成长效协同机制。按照实施方案要求，围绕八大领域，推进10个方面23类40项重点任务，组织发展、营销、运检、调度、互联网等专业团队，重点承接相应领域创新任务攻坚，专业间相互配合，团队间成果互通，推进成果共享共建。以年度为创新周期，通过揭榜挂帅等方式，组建跨专业、跨部门的创新项目柔性团队，遴选成熟技术项目入驻孵化中心，开展全过程支撑保障，人资、财务、物资、建设等部门协同提供资源支持。

（四）强化关键领域布局，分类推动成果推广应用

1. 依托成果孵化，制订总体规划

制定《塞罕坝生态示范区新型电力系统创新成果推广方案》，以项目成果群方式，推动新型电力系统数字化转型、有源配电网典型示范、能源互联网业态创新业务三大关键领域成果推广，组织实施22个推广项目，推动示范区新型电力系统落实落地。

坚持围绕产业链部署创新链、围绕创新链布局资金链，搭建成果转移转化桥梁，建立成果价值评价和转化机制，将成果推广转化成效作为创新能力和成果积分评价的重要部分。依据项目成果群目录，通过成果推介会、创新论坛、创新大赛等形式，促进成果转化和推广，打通成果转化的“最后一公里”，实现成果价值“从1到N”的辐射效应。根据成果的特点和类型，分别采取专利权、著作权、技术秘密等不同方式推动知识产权保护，将知识产权保护融入创新全过程管理中，把每百万元投入至少产出3项发明专利列入项目验收标准，实现新型电力系统成果有效转化。

2. 实施推广应用，分类施策突出重点

新型电力系统数字化转型方面：一是通过数字化平台，应用多元用户精准画像和个性化用能服务推荐技术，能源大数据分析可视化建模和智能展示技术，大数据、人工智能、区块链等数字化基础技术组件，提升用户侧物联网覆盖率；二是通过输电全景智慧运检体系，开展智能红外图谱数据库算法、动态负荷安全经济调度、智慧线路无人机激光建模及自主巡检等技术研发。有源配电网典型示范推广方面：一是利用风光等清洁能源、分布式电源、分布式储能成果，推进微电网和多能转化的应用，提升源网荷储协同和互动能力；二是推广多能源耦合技术，综合能源规划、分析及仿真技术，综合能源数字孪生技术，基于AI的综合能源系统多能流优化与决策技术，综合能源系统全生命周期评价技术，高效电转冷热及运行控制技术，清洁能源接入及柔性集成技术，配用电系统节能低碳技术，推进能源生产与能源消费过程中的绿色低碳，提升电网生产碳汇创造能力和清洁能源电网可靠性。能源互联网业态创新应用方面：一是聚焦乡村电气化，推广应用乡村能源站，提升产业和农村生活的能效公共服务水平；二是应用能源大数据成果，推动终端电能替代的覆盖率和电能的占比，服务示范区风光水电一体化和农林牧游一体化，为农林牧游等特色化产业赋能。

（五）建设开放式网络，推进创新生态高质量发展

1. 积极拓展创新载体，提供多元服务

建设“线上信息互通共享、线下实体服务联动”的协同模式，为示范区新型电力系统建设提供多元服务。一是开放、协作、共享交流平台。通过组织交流会、案例发布会，分享优秀案例和先进经验，培养创新思维，激发创意，组织开放互动交流研讨不断完善想法、分享孵化课题。二是支撑特色活动。包括新型电力系统主题活动、创新创意大赛、青创赛、职工技术创新、质量管理（QC）小组活动、成果评审和展示、路演发布、产品推介、论坛、培训和会议等。三是培养具备创新精神和创业能力的高端人才。集聚行业内外各类专家、导师、人才等智力资源，开展新型电力系统创新培训、项目指导、优秀案例分析和典型经验分享等活动。四是开展协同创新。联合示范区能源企业机构，开展清洁能源消纳、能源绿色低碳创新。推动多方协同创新落实落地，促进创新链、产业链、资金链、政策链对接，培育形

成生命力旺盛、根植力强大的复合创新生态。

2. 搭建线上平台，实现共享互动

依托"大云物移智链"等现代信息技术，结合示范区创新实际需要，建设国网系统首个地市级三级专区—承德专区，建设创新管理数字化平台，支撑创新队伍管理、成果管理、能力评价、项目管理和可视化展示，打造集线上论坛、培训、远程可视化等功能于一身的线上平台，促进质效提升，实现创新资源的充分共享。积极打造开放式创新网络，探索知识产权许可、技术专利授权等新机制，在创新平台上开放技术创新资源，催生联盟企业协同创新活力。积极开放示范区新型电力系统资源，通过开放创新平台，加快资源与需求之间的海量汇聚与智能匹配，提升示范区新型电力系统成果转化效率。同时，依托线上平台交易中心，实现成果的转化和市场化交易。

3. 深化线下平台，推进创新落地

强化内部协同运作，充分调动各级组织和全体员工的创新活力，充分耦合创新思路，使单专业小创新变成多专业协同创新。构建开放、共享的线下平台，提供专业化的众创空间、孵化平台，生产试制设备、试验装置和场地等硬件资源，强化青年创新创意大赛、职工技术创新竞赛、QC小组活动、创客训练、路演发布以及论坛和培训等创新活动对示范区创新生态的支撑作用，与线上平台有效互动，营造鼓励大胆创新、勇于创新、包容创新的良好氛围，不断激发创新活力。设立工匠室、创新工作室等实体或虚拟平台，广泛集聚产业链上下游创新资源，服务示范区新型电力系统创新的同时，带动相关中小微企业技术、产品、工艺、模式、业态创新提升。

（六）夯实保障机制，驱动创新生态持续发展

1. 实施评价改进，促进创新生态演化革新

一是结合卓越绩效评价导则和实施指南，建立以示范区新型电力系统创新能力、成果质量、业绩贡献为导向的评价体系。二是实施绩效评价，把成果纳入卓越绩效评价指标。三是在国网系统地市公司首家建立创新能力评价机制，采用示范区新型电力系统参与度、贡献度、成果级别、推广实效等量化指标，建立积分制评价标准，并把评价结果与负责人绩效考核和员工绩效挂钩。四是邀请专家组建诊断团队，开展创新生态建设诊断，制定问题清单，策划改进建议。五是加强管理诊断中的过程指导，跟踪指导诊断工作情况，会同专业部门及时分析研究，提供相应指导。因地制宜、量体裁衣将改进提升点孵化为各类改进项目，在不同层面驱动改进提升的落实落地。六是总结创新生态建设经验，在创新环境、人才激励、协同共享、创新能力、成果转化和创新评价等方面开展制度固化，营造示范区创新环境，提升创新服务能力的同时，健全创新体制机制。

2. 依托培育基地，培育两级创新人才队伍

一是建立健全人才培训机制，打造"博、精"复合型、创新型两级人才队伍。按照内部人才培养与高端人才引进相结合的原则，优化人才结构；加强业务和技术协同，根据需求优化调整管理模式、业务流程和组织架构，促进各类资源优化配置和共享增值。二是构建常态化的协同培养机制，打造既懂管理又懂技术的人才队伍。按照专业全覆盖的原则，在安全生产、电网建设、经营管理、市场开拓、优质服务等领域遴选一批工作经验丰富、专业能力强、具有专业领军潜能以及在示范区新型电力系统建设中工作突出的干部员工作为后备专家。三是邀请政产学研用有关合作单位人才作为外部专家。四是实行"能进能出"的管理机制，定期开展动态评估，实行优胜劣汰模式，保持示范区新型电力系统建设活力。

3. 强化激励机制，激发建设动力

编制印发《承德供电公司塞罕坝示范区新型电力系统创新奖励工作实施方案（试行）》，针对示范区新型电力系统创新设置专项创新激励和能力评价机制。坚持物质激励与精神鼓励相结合，发挥好物质

激励的基础性作用，探索多种激励方式，在国网系统地市公司设立奖励制度。特别是在员工评奖、招聘、岗位晋级、干部选拔、职员职级评定等方面体现创新能力结果应用，为员工职业生涯树立积极导向。依据创新能力评价结果，不断更新优化创新队伍，提升高度，拓展宽度，让更多专业能力强、管理经验丰富、创新思维活跃的人才加入创新队伍。

三、电网企业服务塞罕坝生态文明示范区的创新生态管理效果

（一）建设成果不断涌现，孵化转化成效显著

示范区新型电力系统建设累计孵化创新成果171项，获国网公司优秀成果2项、省级优秀成果21项。2个创新班组获评电力行业质量信得过班组、5个建设班组获评省级协会质量信得过班组。依托相关成果获得专利授权53项，发表核心期刊论文20篇。被中国能源化学地质工会全国委员会评为“职工技术创新成果转化孵化基地”。完成源网荷储一体化成果6项、多能互补成果5项。1项成果清洁能源消纳项目纳入国家大型光伏基地建设项目清单超100万千瓦。5项专利成果授权收益30万元，1项成果获国网孵化基金支持。“新能源+混合式”调相机技术每年为新能源发电企业增收约3.3亿元。孵化成果获国网公司科技进步一、二等奖各1项，中国电力科技进步三等奖1项，冀北公司科技进步二、三等奖各1项。塞罕坝智慧变电站区域线路全自主无人机巡检系统成果提高运维效率300%以上。客户侧绿色用能双碳示范应用+能源托管服务成果孵化完成电能替代项目171个，替代电量3.26亿千瓦·时。完成电动汽车充电电量114.15万千瓦·时，拉动产业聚合成长，带动产业链上下游共同发展。

（二）能源网架支撑能力大幅增强，用能实现清洁化

创新生态建设成果有效支撑了塞罕坝能源示范生态区新型电力系统建设需要。“新能源+混合式”调相机技术应用提升塞罕坝区域现有通道30%以上的送出能力；动态负荷安全经济调度控制技术应用，新能源输送能力提升19%；单电源变电站智能转供、5G配电网自愈等技术，实现偏远地区故障0.2秒内隔离、负荷快速转供，极大提高了供电可靠性；多时空尺度分布式电源功率预测技术应用，分布式光伏预测准确率提升至85%，实现源网荷储各环节运行态势全景感知，示范区资源禀赋优势全面发挥，风能、太阳能等清洁能源大规模开发利用取得成效，电网与用电侧协同互动，弃风、弃光难题得到破解，实现清洁能源生产侧大规模送出，实现基于“四流”的源网荷储互联互通柔性调。示范区所在国家九大清洁能源基地之一的冀北清洁能源基地，已实现100%清洁能源装机，示范区碳汇领先指数达99%，电能占终端能源消费比重达到1/3。截至2021年，示范区清洁能源装机容量累计增长559.32%。

（三）能源价值创造能力全面提升，服务区域发展效应彰显

示范区电力经济景气指数均在临界值100以上，年度电力经济景气指数整体呈加速上升趋势。从产业用电结构变化来看，第三产业用电量增长趋势明显，增长接近20个百分点。提高区域能源供给质效，助力多元用户节能减碳，用电成本降低20%，全年实现电能替代量18.86亿千瓦·时。电碳码应用品牌成功落地，实现高宽带、低功耗、广覆盖的“5G+智能电网”。推动了生态产业化、产业生态化发展，构建全市文旅康养体育、钒钛新材料、清洁能源、绿色食品及生物医药、大数据、特色智能制造现代产业体系，绿色产业增加值占GDP比重达到50%以上。生态文明发展指数上升至2021年的78.51，生态文明建设持续优于地区整体水平。能效公共服务覆盖率84%、设备智慧化率80%，能源大数据赋能指数达70%。吸引投资建成复兴地村乡村能源生态共赢示范项目，每户年均增收约1000元，激发乡村活力。

（成果创造人：吕春雷、郭金智、黄　波、刘　洋、郭明辉、李　莉、
席海阔、张婉明、张新亮、丁家超、白明辉、张艳春）

全国企业管理现代化创新成果

（第二十九届）

下 册

中国企业联合会 编

企业管理出版社
EMPH
ENTERPRISE MANAGEMENT PUBLISHING HOUSE

图书在版编目(CIP)数据

全国企业管理现代化创新成果. 第二十九届. 下 / 中国企业联合会编. -- 北京:企业管理出版社,2023. 6

ISBN 978 - 7 - 5164 - 2848 - 1

Ⅰ. ①全… Ⅱ. ①中… Ⅲ. ①企业管理 - 现代化管理 - 创新管理 - 成果 - 汇编 - 中国 Ⅳ. ①F279. 23

中国国家版本馆 CIP 数据核字(2023)第 099206 号

书　　名：全国企业管理现代化创新成果(第二十九届)下册
书　　号：ISBN 978 - 7 - 5164 - 2848 - 1
作　　者：中国企业联合会
责任编辑：张　羿　赵　琳
出版发行：企业管理出版社
经　　销：新华书店
地　　址：北京市海淀区紫竹院南路 17 号　　邮编:100048
网　　址：http://www. emph. cn　　电子信箱：emph001@163. com
电　　话：编辑部(010) 68701638　　发行部(010) 68701816
印　　刷：北京环球画中画印刷有限公司
版　　次：2023 年 6 月第 1 版
印　　次：2023 年 6 月第 1 次印刷
开　　本：880mm × 1230mm　1/16
印　　张：29. 5
字　　数：857 千字
定　　价：488. 00 元（全三册）

全国企业管理现代化创新成果（第二十九届）

顾　问： 王忠禹

主　编： 胡文瑞　朱宏任

副主编： 史向辉

专家组成员：（按姓氏笔画排序）

王　毅　王利平　王继承　冯海旗　宁连举
吕　萍　刘丽文　杜莹芬　李晓光　杨子真
吴贵生　吴剑锋　汪　涛　宋毓钟　张文彬
张学平　张秋生　范合君　罗　鹏　周绍朋
项安波　赵　艳　赵　峰　赵剑波　秦志华
高红岩　崔永梅　崔新健　董小英　焦　豪
蔡曙涛　蔺　雷　魏秀丽

目　录

数字化转型与智能化升级

国际化经营与保链稳链

风险防控与财务管理

数字化转型与智能化升级

石油化工企业集团以业务变革为核心的数字化转型

中国石油化工集团有限公司

中国石油化工集团有限公司（以下简称中国石化）是全球最大的一体化能源化工集团之一，拥有完整的产业链和较强的综合实力，业务范围覆盖油气和新能源、炼油和销售、化工和材料、资本和金融等领域，业务遍及全球70多个国家和地区，是世界第一大炼油公司、第三大化工公司。2021年，中国石化实现营业收入2.79万亿元（同比增长0.37%），利润总额1165.85亿元（增长60.54%），各业务板块全面盈利，经营业绩创历史最好水平，在2022年《财富》世界500强中排名第五位。

一、石油化工企业集团以业务变革为核心的数字化转型背景

（一）强化集团一体化管控与风险管理的需要

中国石化生产经营遍布全国、辐射境外，点多面广，集约化、精准化管控难度大。一是需要统筹考虑原油、炼油、化工、物流、销售，形成全国一盘棋，实现整体效益最大化；二是需要提升集团整体协同优化、监测预警、调度指挥、统筹采购等能力；三是生产经营类型多，服务贸易量大，需要提高集团资金管理、财务审计、风险防控、精准营销、个性化服务等能力。

（二）提升全产业链生产运营水平的需要

石化生产已进入大型化、炼化一体化、产业集群化、基地化的发展模式。一是整体人均劳效相较国际一流企业仍有较大差距，需要提升全流程一体化优化和装置操作的智能化水平；二是石化资产密集，设备失效导致的非计划停工损失大，需要提高资产绩效管理水平；三是石化的制造流程是物质流、能量流和信息流融合的巨系统，安全环保压力大、节能减排任务艰巨。

（三）引领行业高质量数字化发展的需要

一是石化行业研发设计类软件90%为国外产品，存在“卡脖子”风险，需要中国石化这样具备相应行业理论知识与工程经验的用户企业担当工业软件产业链“链主”，做好“备胎”；二是全集团在不同历史时期建设的信息系统存在信息孤岛现象，需要加强数据治理，统一数据标准，实现数据共享；三是随着新技术在石化行业的不断应用，需要建立配套的标准，引领和规范行业智能制造发展。

二、石油化工企业集团以业务变革为核心的数字化转型主要做法

（一）以高质量发展为目标，构建数字化转型管理新体系

1. 制订以业务变革为核心的数字化转型战略

石化工业属流程制造业，具有资源密集、资金密集、技术密集、多产业交叉协同及安全环保、绿色低碳要求高的特点。作为国有特大型骨干能源化工企业，中国石化立足自身发展需要，结合石化工业业务特点，围绕打造世界领先洁净能源化工公司的愿景目标，率先提出数字化转型是以价值创造为目的、以提升效率和效益为导向并用数字技术驱动全产业链业务变革的过程。图1所示为中国石化数字化转型总体框架。

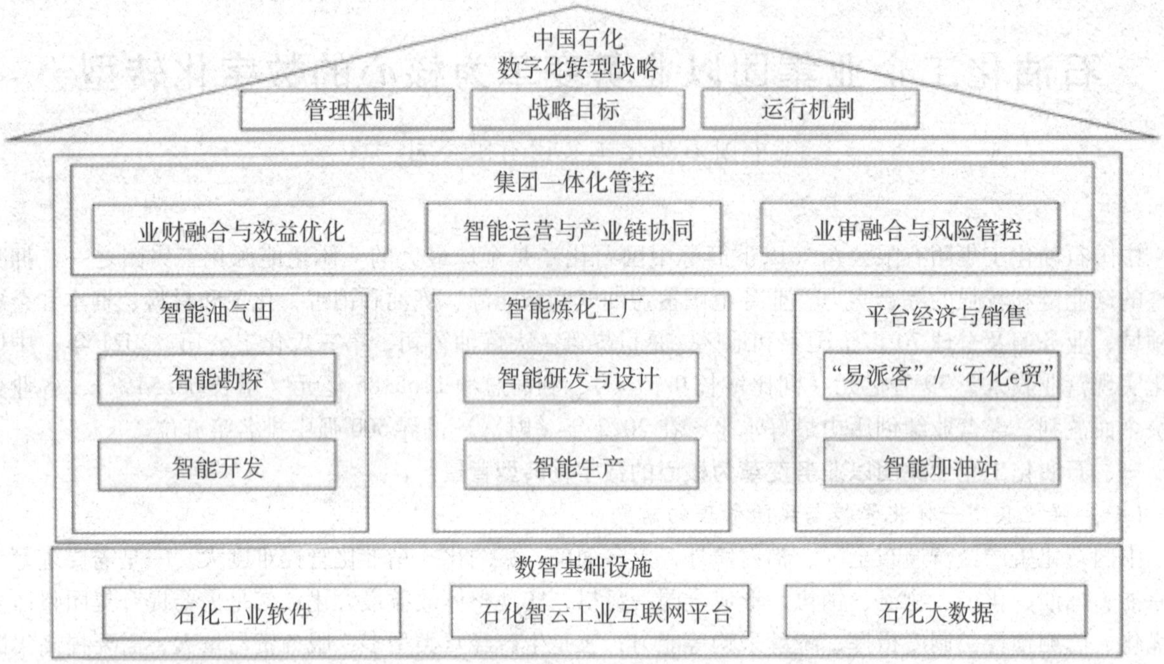

图1　中国石化数字化转型总体框架

中国石化统一组织开展了"2+6"数字化转型研究与规划（即2个整体规划研究+6项专项子规划），指导大型集团数字化转型复杂系统工程的有序协同实施。率先制订"十四五"信息化规划和数字化转型研究两个整体规划，全面指导集团有序协同。中国石化对标壳牌、埃克森美孚、巴斯夫等一流能源化工企业，结合自身发展需要，制订了"十四五"信息化规划，主要内容包括：以"数据+平台+应用"的新模式开展信息化建设；大力推进数据中心、物联网、工业互联网等新型基础设施建设，夯实数字化转型基础；建成覆盖全产业、支撑各领域业务创新的管理、生产、服务、金融"四朵云"，构建完善统一的数据治理与信息标准化、信息和数字化管控、网络安全"三大体系"，打造敏捷高效、稳定可靠的信息技术支撑和数字化服务"两大平台"。结合"十四五"信息化规划，中国石化开展数字化转型战略研究，提出未来10年的转型路径和总体目标：以石化智云工业互联网平台为支撑，聚焦集团一体化管控能力、板块创新创效能力、专业化统筹管理能力和新经济价值创造能力的提升，围绕全产业链开展数字化转型，围绕集团、生产和销售等全产业链进行数字化转型的15项转型任务。两个整体规划研究，明确了大型集团数字化转型的建设目标、发展重点任务、关键技术领域突破、实现路径、协同推进策略及保障措施。系统谋划信创工程、数据治理等6项专项子规划，进一步明确数字化转型重点领域关键技术攻关策略、实现路径和工作要求。在整体战略规划和研究的基础上对重点领域编制了信创工程、网络安全、数据治理、应用架构等6项专项规划，重点对国外IT软硬件技术国产化替代、网络和信息安全的自主可控、集团数字治理和价值挖掘及应用、技术管理等顶层架构和设计等方面明确了任务和要求。

2. 建立业务域"域长负责制"的新体制

为加快推进集团数字化转型，统筹集团数字化转型发展中长期战略和重大事项，有效解决信息化建设与业务"两张皮"问题，确保数字化转型战略在全业务域、全价值链、全产业链的落地，形成信息和数字化发展"业务主导、技术统筹、协同推进"长效化机制，中国石化成立了由集团公司董事长担任组长、集团公司副总裁担任副组长，以及由集团总部部门、事业部、专业公司等相关部门的相关人员为成员的网络安全和信息化委员会（以下简称网信委）。在网信委的领导下，创新建立了“域长负责制”的新体制，促进数字化转型战略落实、落地。中国石化把全产业核心业务划分为19个业务域，制订并发布了业务域“域长负责制”工作方案，明确了“域长”单位名单和工作职责，由集团公司业务部门、事业部和专业公司的“一把手”担任各业务域“域长”，牵头负责本域的数字化转型研究、信息化应用顶层设计、业务流程标准化、数据治理和深化应用等工作。按月定期召开“域长负责制”工作例会，检查和协调推动各业务域信息化建设、数字化转型等工作，实现了从“要我数字化”到“我要数字化”的转变。

3. 形成“ABCD”四方协同运营新机制

为彻底改变原有“竖井式”信息化建设模式，中国石化以业务为核心，全面推进业务应用“上云、上平台”，确保信息化建设、实施和运营符合信息化发展规划、平台化发展理念，保障“数据+平台+应用”的信息化建设新模式在流程制造业率先落地，创新建立了石化智云工业互联网平台“ABCD”四方协同运营新机制。

“ABCD”四方协同运营新机制的核心重点是打破传统“科层制”组织管理模式，整合集聚集团内外各方技术优势，打造3支服务团队、4支质控团队（A. 管理方；B. 平台服务团队；C. 质量管控团队；D. 建设方），覆盖12个开发测试区和19个业务域，通过基础标准、服务标准两大类共29个相关标准来规范基于石化智云业务应用的研发过程，加强过程质量管控，实现持续运营。“ABCD”四方协同运营新机制，保障了“数据+平台+应用”信息化建设新模式在流程制造业率先落地。通过统一构建“数据湖”/数据资源中心、石化智云工业互联网平台、App应用集群，推动各级信息和数字化建设与应用“上云、上平台”，有效管理了总部和企业的应用组合和数据集成，从根本上打通传统壁垒和信息孤岛，统筹解决碎片化供给和协同化需求的矛盾，提升系统的纵向贯通性和业务覆盖度，促进业务协同。

（二）以数智网联平台为载体，打造国内领先的数字化基础设施能力

1. 打造“云边端”协同石化智云工业互联网平台

中国石化在国内最早研发了“云边端”协同石化智云工业互联网平台，打造了服务集团、服务行业的“上云、用数、赋智”新能力。面向中国石化内部，解析石化生产所需的70多种各类工业协议，沉淀400TB的数据资产，已承载400多个工业机理模型、20多个工业智能算法，形成了大数据、物联网、工作流等十一大类技术服务及计划、调度、操作等覆盖全业务的业务组件，接入近90个系统、托管4000个API，实现了与航天云网和物资供应商的平台融通、系统直连。面向外部能源化工市场，全力向能源化工行业赋能。基于石化智云技术体系，孵化了工业互联网平台ProMACE并研发了千余种工业App和百余种面向各应用场景的行业解决方案，固化了中国石化成功做法和实践经验，以工业“云边端”协同的模式向煤化工、化纤、磷化工等细分行业进行推广，已应用于国家管网、大连恒力、中煤榆林等国有及民营企业，在镇海炼化二期基地已成功为园区28家中小企业提供了云平台各类基础赋能服务。该平台成为上中下游数字化转型重要基础设施，服务于石化行业和中小企业，入选国务院国资委发布的第一批行业领域公有云项目清单和央企信息化应用优秀案例并成为工业和信息化部的工业互联网试点示范。

2. 开展石化工业软件“卡脖子”技术的研发攻关

中国石化勇担国家石化工业软件产业链“链主”责任，积极布局体系化石化工业软件研发与攻关，保障产业链的安全。针对石化工业软件“卡脖子”风险，中国石化积极布局，联合高校、软件开发商、石化企业等力量，自主研发DCS、MES、流程模拟、在线实时优化、先进过程控制、资源规划优化等40余款炼化生产核心软件，破解了部分关键工业软件“卡脖子”风险。以自主的复杂原料百万吨级乙

烯成套技术、石化智云工业互联网平台及乙烯工业生产装置为基础，整合工艺设计、工厂建设、软件研发、装备研发等各单位的力量，通过“成套技术成果的软件化、工程建设交付的数字化、石化工厂运营的智能化”融合创新，打造石化领域首套数字孪生的智能乙烯生产装备，基于数字孪生开展实时监测、故障诊断、实时优化、决策支持等应用；首次实现乙烯装置工艺、设备、操作、安全、环保全域智能运行；以工业互联网平台为基础，融合复杂的工艺机理、关键的设备技术、先进的人工智能技术，研发自主可控的工业 App，防范工业软件“卡脖子”风险，“数字孪生的智能乙烯工厂”首批入选科技部十大人工智能示范应用场景之一。

3. 制订集团级全业务域、全产业链统一的数据标准

中国石化成立了以中国石化党组领导担任主任、各业务域“域长”为成员的数据治理委员会。建立了数据治理责任人制度，组建了专家团队，各方协同联动、共同发力，营造企业全员数字化文化，推动中国石化数据治理工作全面开展。创新地提出石化行业数据治理“七步法”方法论，制订数据标准，系统开展数据梳理和应用，编制并发布了数据治理白皮书、数据治理工作指南及工作模板，明确了中国石化数据治理战略目标、总体框架、工作模式及能力体系，提供了一套符合中国石化实际情况的工作方法和工作模板，有效推动各业务域数据治理工作的有序开展，在财务、物资、人力资源、金融、审计、炼化、油气等业务域形成一批数据标准，构建了覆盖中国石化各业务领域的数据资源目录。建设推广的中国石化数据服务平台通过了中国信通院数据中台能力成熟度模型测评，已实现 500 余个数据源汇聚，数据资源总量达到 PB 级，提供 5000 余个 API 数据服务，全年累计调用服务 8.63 亿次，支撑着炼化业财融合、财务价格分析、客户服务分析、集团生产运营等一批数据创新应用。打造具有“采聚理用管保”六大核心能力的“多‘湖’一中台”技术支撑体系，实现数据一次采集、多点使用，为各业务域提供统一的数据治理、数据服务、数据安全等服务，对内促进经营管理、生产营运、客户服务、金融资本等业务数字化转型；对外支撑数据资产运营，实现数据价值变现，培育“共享共赢”的开放合作新生态。

（三）以高效运营为发力点，打造集团一体化协同优化和风险管控新模式

1. 打造数据和模型驱动的“石化智脑”

以支撑集团公司数字化转型、全方位赋能业务发展为目标，中国石化打造了“反应快、识大局、善优化”的集团级智能运营中心，打造了集团公司生产经营管理的“石化智脑”，打造了上中下游全产业链一体化协同管控和以数据驱动的优化决策模式。智能运营中心实现了生产经营数据跨业务、跨板块横向贯通、海量数据的多级企业纵向穿透，实现了上中下游全产业链一体化协同管控。智能运营中心集成了 25 个业务部门的 40 套源系统，搭建了原油产量、乙烯产量、成品油销量等 1848 个数据模型，可提供 656 个数据服务，日数据量达 40 万余条；全面监控集团公司上中下游 106 家企业的集团级重大风险源，构建中国石化重大危险源风险一张图，实现了集团级 10 类异常事件分级管理，以及应急情况下 106 家企业应急物资、应急救援队伍、应急车辆、消防设施等应急资源的快速跟踪与协调，有效支撑着中国石化全产业链生产运行、精准决策，实现了管理决策由“经验判断”向“数据模型支撑”转变、业务运营由“计划调度”向“实时调度”转变、管理手段由“电子化”向“数字化、网络化、智能化”转变。面向集团、板块、区域全局资源优化，搭建一体化优化应用，以数据驱动的优化决策模式强化市场预测、产销衔接，覆盖全集团的 473 种原油、146 种原料、484 种产品及 776 套装置，实现原油保本点、原油配置、加工路线、产品结构等优化应用和生产效益动态实时测算，实现了由“单厂局部最优化”向“集团统筹最优化”转变。

2. 构建业财融合的战略型、集约化财务管控体系

中国石化财务信息化建设历经业财一体化、财务标准、数据集中化及应用智能化 4 个阶段，通过多

年建设，已逐步构建了操作层、数据层、智能层的“111”财务管理数智体系，搭建了财务管理8个“一”的应用集群，实现了会计管理全集团“一本账”、预算管理全集团“一个环”、资金管理全集团“一个池”、价格管理全集团“一双眼”、税务管理全集团“一把尺”、资产管理全集团“一条链”、不动产管理全集团“一幅图”、财务风险管理全集团“一张网”。总部层面，强化全面预算管理、现金流量管理、资产负债管理、全员成本管理、企业价值管理、财务风险管理，由核算财务向管理财务转型，由传统财务向战略财务、经营财务转型，夯实价值管理基础。板块层面，聚焦产供销全价值链和风险管控，支持各级决策，由决策执行向决策支持转型，引领资源优化、价值创造，驱动从价值理念、价值规划、价值量化、价值监控、价值引导到价值评价的完整价值管理闭环。

3. 建立数据驱动在线风险管控和业审融合新模式

中国石化建立了“大监督”信息平台，形成了数据驱动、高效智能的大监督体系。利用机器学习、自然语言处理、自定义调查、自动化流程等手段，快速定位事件相关信息和文件集群，跟踪数据流向，对被调查对象的所有文件进行信息比对、交叉印证等综合预判，实现了评审过程部分自动化，提高调查和决策效率；基于中国石化数据服务平台，实现了财务管理、物资供应管理、油品销售、工程建设等4个业务领域重要数据的采集、存储和利用。通过大监督、大数据审计平台，实现内控、审计、监察等数据资源连通共享，支撑在线监督和远程审计。自2021年以来，集团审计项目全部采取“远程在线+”审计方式，现场参审人员减少30%、审计时间缩短52%。中国石化“大监督”和“大风险”平台得到了中央纪委、审计署的表扬。

（四）以石化智造为着力点，打造全产业链智能生产营运和转型升级新标杆

1. 开展安全高效运营的智能油气田建设

基于石化智云工业互联网平台，中国石化完成中原普光、江汉涪陵、胜利海洋等3家智能油气田建设，实现了传统油气田向数字油气田再到智能油气田的转变。建立了数据资源中心，实现了勘探智能决策云应用，多学科异地协同效率提升30%以上，巡检时效从4小时缩短至30分；利用气藏动态实时监控信息和专家经验，基于数模成果、油气藏工程及大数据分析算法，在油藏动态跟踪、在线对比分析的基础上构建适合碳酸盐岩油藏和高含硫气藏等油气藏类型的指标巡检、开发预测和异常诊断模型，突破传统分析和决策模式，硫沉积预测准确率提高到90%以上，硫沉积解堵成功率近100%，气井见水预测准确率提高到92%以上，出水时间平均延迟3个月以上，实现油气藏异常的主动预警和闭环式持续优化，实现油气藏、单井管理由主观的分析到超前控制的转变和经验决策向智能决策的转变。针对油气田生产集输业务中的管线泄漏巡检和现场安全施工监测，利用卷积神经网络，对无人机管线巡线和安全施工监测视频进行实时处理，及时发现风险点，推送安全警报；基于地理信息、视频等信息，整合应急物资、应急队伍等应急资源，构建生产运行、环境监测、应急响应、应急处置、应急指挥一体化生产应急指挥体系，事故响应时间降低50%以上，大幅提高应急处置效率。

2. 打造石化行业领先的炼化智能工厂

中国石化经过近10年的探索实践，试点和推广建设了16家智能工厂，国内规模最大，推广数量最多。其中，茂名石化等5家企业被评选为国家智能制造试点示范，九江石化获评2019年国家级智能制造标杆企业，镇海炼化、天津石化被评为2021年国家智能制造示范工厂。牵头承担了工业和信息化部“石化行业智能制造标准体系”研制工作，已完成22册智能工厂等行业核心标准，解决了“石化行业建设智能工厂到底需要哪些标准，有哪些标准，还要编制哪些标准”的问题；开展了国务院国资委“中央企业工业互联网平台协同推进试点”、应急管理部和工业和信息化部“工业互联网+安全生产”等试点示范项目。成功中标国家“5G新型基础设施建设及应用”“人工智能基础示范工程”等示范项目，实现5G和人工智能技术在石化行业形成典型的应用场景，推进国产化5G轻量化模组、人工智能

计算平台、边缘侧智能装备等软硬件技术的研发和推广应用。一是从局部优化向全局一体化优化转变。从企业价值链表征和协同优化入手，建立企业一体化优化模型、全厂效益测算及优化模型，实现企业全局计划优化、全厂效益测算分析，实现全厂、板块、运行部和装置多级效益测算分析，提高原油原料、能源管理及公用工程、装置能力等生产要素的资源配置能力。二是从装置经验控制向智能控制转变。以效益最大化为核心为目标，聚焦重点装置控制优化。通过流程模拟技术、机理模型的综合应用，实现装置操作和控制实时优化。三是从人员密集型操作向“无人化”和“少人化”模式转变。以提升作业效率、降低人员重复性劳动为目标，在罐区、管线、化验室、仓库、计量等5个环节，通过工业机器人、智能视频的融合应用，实现罐区巡检、化工成品库仓储与接卸、地磅计量、实验室化验等人机融合作业或现场无人作业，代替人做某些单调、频繁和重复的长时间作业和危险、恶劣环境下的作业。四是安全管理从事后监管向事前预警转变。强化本质安全为目标，从加强安全风险防控入手，提升风险预判，利用5G、人工智能、传感器等技术，聚焦工艺报警及设备失效预警，从源头杜绝安全风险、隐患，提高企业安全管理水平。以环保低碳为目标，从加强环境风险预警入手，聚焦于废气、废水、固废环保设施，对异常工况进行分析和优化，提高企业环保节能管理水平。五是设备管理由事后检修向预知性维修转变。以全面提升设备状态感知为目标，从感知仪表、静设备等设备状态采集、分析及异常和故障诊断入手，结合5G、振动物联传感器、腐蚀探针、机器人等，对现有动静电仪等主要设备状态进行数据采集，利用大数据、故障征兆库及专家知识等，实现大机组、机泵、静设备腐蚀、电气装置、阀门仪表等设备异常状况的诊断分析，提供设备的安全稳定运行水平，实现预知性维修。六是交付方式从纸质交付向数字化交付和一体化运营转变。新建炼厂全面开展数字化交付，实现三维模型、PID图、设备主数据等设计资产向业务业主的移交，实现虚拟资产和实体资产同步移交。基于数字化交付的成果，新建炼化企业开展设备主数据管理、安全管理和应急指挥等方面的应用和开发工作，实现“设计+运营”的一体化。

3. 探索和实践“材料基因组”智能研究院建设

以高分子材料“研发周期缩短一半、研发成本降低一半”为目标，中国石化采用高通量计算设计、高通量制备与表征和材料数据库等三大协同创新平台，融合大数据、机器学习等新技术，变革材料研发理念和模式，推进新材料研发由“经验指导实验”的传统模式向“理论预测、实验验证”的新模式转变，提高新材料的研发效率，增强在新材料领域的知识和技术储备，提升应对高性能新材料需求的快速反应和生产能力。中国石化已完成大连石油化工研究院、上海石油化工研究院等3家智能研究院的建设，形成9个计算软件的网络共享，支撑电力、节能、管道等七大领域的技术服务；利用人工智能辅助实验结果的分析，开展催化剂电镜图像分析、X射线衍射谱图识别等应用，单张电镜图像分析时间从30分降低到20秒，X射线衍射谱图识别准确率超90%，旋风分离器性能预测时间从3天缩短至2分；创新服务模式，实现专家团队在线远程技术咨询服务，保障疫情期间装置稳定运行。

（五）以专业化电商平台为切入点，打造石化数字服贸新业态

1. 打造工业品电商平台“易派客”

中国石化基于“互联网+供应链”的模式，打造欧盟认证的装备制造业工业品电商平台“易派客”，形成具有较强国际影响力的“互联网+协同创新”的商业新生态。该平台在线单品达600多万种，品种覆盖通用设备、原材料等57个工业大类，彻底改变了企业物资装备部门仅仅保供的职责定位，把采购能力升级为标准服务，以“互联网+”的形式与社会共享，为各行各业贡献优质供应商资源、提供优良产品，采用专业的SC2B物资采购流程，提供全方位服务，以共享经济的模式给社会创造价值。该平台形成了易采购、易标准、易保理等“易”系列服务产品，对内服务中国石化，对外为社会企业提供采购、销售、金融和综合服务。推出国际业务平台（含英语、俄语、西班牙语版），国际业务

平台商品达2万余种，累计交易金额达736亿美元，业务范围涵盖全球104个国家和地区，与“一带一路”沿线59个国家共计169家供应商、156家采购商建立合作关系，实现“一带一路”沿线企业间的工业品进出口贸易275亿美元，占国际业务平台贸易总量的37%。

2. 建成石化产品电商平台“石化e贸”

“石化e贸”是以中国石化化工产品、炼油产品、润滑油、燃料油等产品为主的销售电子商务平台，实现上下游一体化、生产运营销售一体化、物流资金流一体化，不断提升企业的经营创效能力和市场影响力。“石化e贸”形成“合约+现货”“服务+产品”“线上+线下”“平台+支撑”的化工品电商营销模式，已成为集研发、生产、营销、交易、支付、物流、服务于一体的石化产品垂直电商平台，整合中国石化上下游间的纵向产业链和内外部企业间互融互通的横向供应链，实现工厂到客户的供需高效对接，构建石化行业电商生态圈，年交易量已达5000万吨以上。疫情期间，通过“石化e贸”，中国石化投放了百余家企业生产的产品，涉及六大产品条线106类产品2271个产品牌号，有效满足了市场需求和疫区物资供应。

3. 构建综合服务型的智能加能站

结合新零售商业理念，中国石化以“加油服务”为入口，以“互联网+”为依托，突破传统模式，对传统站库进行数字化升级，构建“人、车、生活”综合型服务驿站，推动油品供应商向综合服务商转型。建设站级一体化应用，实现油气电一站式加能和站点收银一体化、支付收单联动化、发票开具简洁化、业务操作一体化、班日结一键化、现金管理闭环化、风险管控可视化、站端部署轻量化，创新管理手段，提升员工工作效率，防范经营风险；支持精准营销，增强客户体验，促进企业转型发展，提高企业核心竞争力，构建“人、车、生活”综合型服务驿站，推动由油品供应商向综合服务商转型、由单一能源供应商向智慧清洁综合能源供应商转型。在3万座加油站推广实施“电子钱包”，全面实现“无接触模式”，即无接触加油、无接触支付、无接触开票、无接触购物。在质量管理、零售等业务领域推广RPA应用，全年节约运营成本400万元；建设智慧油库，实现数据互联互通和融合应用。

三、石油化工企业集团以业务变革为核心的数字化转型效果

作为国有重要骨干能源企业，中国石化积极发挥旗帜、栋梁作用，在做强、做优、做大数字经济中走在前列，跳出传统要素驱动发展模式，大力推进以业务变革为核心的全产业链数字化转型，着力推进企业管理模式、生产营运模式、营销服务模式的创新，着力提升石油石化产业数字化、网络化、智能化水平，着力打造人民满意、世界一流、绿色高效的能源化工企业，加快推动我国由“石化大国”向“石化强国”目标的迈进。2021年，中国石化实现营业收入2.79万亿元（同比增长0.37%），利润总额1165.85亿元（增长60.54%），各业务板块全面盈利，经营业绩创历史最好水平，提升了绿色可持续发展竞争力。

（一）初步形成以集团统筹为核心的运营管理新模式，提升集团一体化管理和风险防控能力

中国石化增强了生产运营一体化统筹能力，原油、天然气、成品油、化工品、煤化工五大业务链实现了横向协同及全程监控，覆盖全产业链上下游的106家企业，实现了从原油采购与生产到重要产品存储与销售的监测与预警，提升上中下游各板块间的原料互供、产销衔接等业务协同，提高了生产经营一体化优化水平，累计增效50亿元以上。强化了集团管控、风险防范，促进了管理提升、业务转型。流程标准化率达到92%，集团统一“资金池”“票据池”覆盖境内外所有企业，企业资金集中度达到94%，统筹运作资金年均创效60亿元以上；实现会计核算“一本账”，全级次报表实现统一系统、统一标准下的快速出具；合同、法务、审计、内控、纪检监察等管理实现全程在线、信息共享，实现了线上、线下闭环管控，审计时间下降52%，8000余家授信交易对手的授信业务实现了在线管控，构建了以数据为支撑的“大监督”格局。中国石化经营管理数据治理经验被国际数据管理协会评为“2021数

据治理最佳实践奖”。

（二）初步形成生产营运新模式，提升资源优化、降本增效、绿色低碳、本质安全水平

中国石化 16 家智能工厂的炼化企业劳动生产率平均提升 30% 以上，万元产值能耗降低 8%，重点环境排放点实现 100% 的实时监控与分析预警，企业重点装置报警下降 70% 左右，已累计为企业带来效益超过 30 亿元。镇海炼化炼油竞争力长期居亚太地区炼厂第一组群，100 万吨/年乙烯裂解装置在所罗门绩效评价中累计 5 次位列全球第一组群。中科炼化智能工厂获评工业和信息化部“2021 年工业互联网平台创新领航应用案例”“2021 年 IDC 数字化转型 – 未来营运领军者优秀案例”。通过数字化转型，提升企业全面感知、协同优化、预测预警和科学决策的能力，创新生产组织方式、运营管理模式，部分企业实现了一体化优化、精细化生产、智能化管理。

（三）初步形成以平台经济为核心的营销服务新模式，促进石化商业新业态发展

“易派客”“石化 e 贸”“易捷”等专业电子商务平台快速推广，形成了具有石化特色的“互联网 +”商业生态圈。其中，“易派客”打造了易采购、易保险等“易”系列服务产品，业务遍及 104 个国家和地区，平台运营 5 年累计交易金额达 2.1 万亿元。2021 年，平台交易金额为 5312 亿元，在线支付金额 1304 亿元，品牌价值突破百亿元，拥有 26 万多个注册会员。“易派客”先后获评 2017 年“金砖国家”核心成果、2020 年全国“十佳电子化采购平台”、第一批全国供应链创新与应用示范、国家中小企业公共服务示范平台等，在国内工业品电商领域居于前列。“石化 e 贸”为客户提供了合约采购、现货销售、竞价交易等“一站式”服务，提高了市场快速响应、精确营销服务能力；融合电商平台、企业微信公众号、移动端 App 等多种线上渠道，形成以“易捷”为核心的油品和非油品综合服务矩阵，实现线上、线下多渠道聚合及多场景无接触消费服务，石化“钱包”一键加油项目被评为“2021IDC 中国未来客户领军者优秀案例”。

（成果创造人：王子宗、景　帅、官向阳、李剑锋、王玉冰、孙　鸽、吴　泊、蒋　楠、王景涛、任　嵬、赵学良、高　瑞）

电网企业全面赋能经济社会高质量发展的能源大数据应用管理

国网浙江省电力有限公司、国家电网有限公司大数据中心、国网江苏省电力有限公司南京供电分公司

国网浙江省电力有限公司（以下简称国网浙江电力）是国家电网有限公司（以下简称国家电网）的全资子公司，以建设和运营电网为核心业务，是浙江省能源领域的核心企业，下辖20家直属单位、11家地市供电公司和69家县级供电公司，供电服务人口超过6400万，先后获得“全国文明单位”“中国一流电力公司”“全国五一劳动奖状”“电力行业AAA级信用企业”“全国电力供应行业排头兵企业”“浙江省工业大奖金奖”“浙江省最具社会责任感企业”等荣誉称号。在建党百年之际，国网浙江电力党委获得中共中央颁发的“全国先进基层党组织”荣誉称号。

国家电网有限公司大数据中心（以下简称国网大数据中心）是国家电网的直属单位，是国家电网数字化转型的专业支撑机构和数据共享平台、数据服务平台、数字创新平台，支撑国家电网“一体四翼”发展布局、新型电力系统建设、双碳管理及数字化转型。

国网江苏省电力有限公司南京供电分公司（以下简称南京供电公司）是国家电网下属的大型供电企业，负责向南京市11个区的480万余户电力客户提供安全、经济、清洁、可持续的能源供应服务，先后获得“全国用户满意标杆企业”、第十七届“全国质量奖”等荣誉称号。

一、电网企业全面赋能经济社会高质量发展的能源大数据应用管理背景

（一）服务国家治理现代化的使命担当

我国在第七十五届联合国大会上承诺2030年前“碳达峰”、2060年前“碳中和”，因此，在节能减排、大气污染治理、民生服务等方面的力度不断加大。落实“双碳”目标，能源领域是主战场，电力行业的碳排放又约占能源行业排放的41%。因此，电力行业在推动能源革命、构建“清洁低碳、安全高效”的现代能源体系中，承载着重大使命。当前，能耗双控、碳效评价等环节相对割裂，导致资源零散、建设重复、全局性不足。以新能源为主体的新型电力系统将从单一的“电力”载体向“电－能－碳”的综合载体转变，迫切需要一个集各类能源数据于一体、能客观反映国民经济活跃程度和社会民生发展状况且能为政府、企业、人民各方在社会治理、民生服务等方面提供快速、准确服务的综合性平台。

（二）助推经济高质量发展的重要举措

当前，我国经济已由高速增长阶段转向高质量发展阶段，正处在转变发展方式、优化经济结构、转换增长动力的攻关期。近年来，东北等地陆续出现电荒、涨价等现象，使得我国经济发展最具潜力、最富活力、最有创造力的中小微企业面临经营压力大、成本上升、融资难等问题。但是，企业涉及面广、数量大，受到自身特性和外部环境诸多因素的影响，企业信息相对割裂，政府对企业的动态监测支撑不足、运营情况掌握不够，导致政策供给相对滞后。电力无形之中成为政府与企业之间的桥梁和纽带，在大数据正成为经济高质量发展的新引擎时代，国家电网有责任基于海量电力数据、数字化基础等优势，进一步发挥数字化牵引作用，推动经济高质量发展。

（三）激活能源大数据价值的内在需求

数据是数字经济时代影响全球竞争的关键战略性资源，对劳动力、资本等其他资源形成乘数作用，能放大各类生产要素在社会流转中产生的价值。释放数据价值，有助于提升全要素生产率、提升政府治

理效能，赋能现代化经济体系高质量发展。政府科学治理及经济高质量发展实现需要海量、高频、实时能源数据支撑，但各品类能源数据多头管理、协同薄弱，能源各行业间、行业上下游间、不同部门间存在数据壁垒，不同能源行业间数据标准不统一，数据散落化、碎片化特征明显，仍存在数据孤岛问题。能源数据的汇聚、融合和使用等方面存在组织不顺、标准不一、流程缺失、权属约束和安全风险等问题。自 2019 年起，国网大数据中心、国网浙江电力、南京供电公司实施电网企业服务“双碳”战略的能源大数据应用管理，探索能源数据与政府数据的融合分析，破解能源数据要素配置不优、流动不畅等体制机制问题，挖掘能源数据引领、撬动、赋能等价值，助力社会治理精准有效化、经济决策科学智慧化、民生服务便捷高效化，支撑国家治理能力现代化和经济高质量发展。

二、电网企业全面赋能经济社会高质量发展的能源大数据应用管理主要做法

（一）明确总体思路，建立组织机构和工作机制

1. 明确能源大数据应用管理总体思路

国网大数据中心、国网浙江电力、南京供电公司紧扣服务经济社会发展和人民生活改善的时代命题，依托电网特性和数据资源优势，聚焦能源数据作为宏观经济的“晴雨表”的重要价值，以资源全局共享、应用多方共建、服务联合共创的“一盘棋”思想，政企协同建设能源大数据组织机构和工作机制，探索数据要素“聚”“融”“通”“用”，引入全生命周期管理理念，创新构建能源数据汇聚体系、能源数据治理机制，重点打造“辅助社会治理”“赋能经济发展”“服务民生改善”三大应用场景，建立数据安全机制、协同创新模式、开放合作生态等 3 项保障，支撑服务国家治理现代化、经济高质量发展和能源数据价值挖掘。

2. 健全数据管理组织机构，明确各方职责义务

国家电网总部设立“数字化工作领导小组”作为数据管理的领导机构和最高议事机构，建立公司董事长、总经理双组长负责制，保障数据管理工作的全局领导。在总部和省级公司设立数字化部，归口企业数据管理和数字化转型工作，组建国网大数据中心等专业支撑机构，开展跨专业数据管理和应用。按照“政府指导、电网主建、多方参与、成果共享”的原则，在国家发展改革委、国家能源局等主管部门指导下，总部统筹指导各级能源大数据中心建设运营，推动煤、油、气、电等能源数据统一汇聚与共享应用。国网大数据中心负责能源大数据中心建设运营技术支撑，牵头探索建设公司级能源大数据中心；省级电力公司作为省级能源大数据中心承担主体组织开展建设运营，因地制宜配套建设一批各具特色的地市级能源大数据中心。

3. 构建政企联动工作机制，推动出台支持政策

国家电网与省级政府签署战略合作协议，明确支持省级能源大数据中心建设运营，支撑政府科学治理，促进行业数字化转型，服务社会低碳发展和新型能源体系建设。一是以落实战略合作协议为抓手，与各级政府的发展改革委、能源局等对接联动，以工作领导小组、工作专班等形式建立常态化沟通机制，建立决策高效传达，以及业务分析、场景落地高效响应的扁平化管理模式。二是加强与各级政府沟通，推动能源领域大数据应用纳入“十四五”发展规划，将能源大数据中心建设运营纳入政府重点任务，促请政府出台支持性文件。三是协调政府主管部门发文批复省级能源大数据中心建设工作，明确政府、用户和各能源企业的职责，通过政府协调企业监管数据的权属问题，将政府政策要求、企业发展需求等融入到能源大数据应用建设当中。

（二）构建能源数据汇聚体系，筑牢能源数据资源底座

1. 建成能源大数据服务平台

国家电网整合政府、公司及合作伙伴资源，复用公司云平台和数据中台等数字化基础设施，搭建公

司级和省级能源大数据服务平台，打通公司级、省级及配套地市级数据链路，集聚各级能源大数据中心业务资源和优秀成果，实现资源统一展示、服务便捷开放、数据在线分析。省级能源大数据服务平台按照“一省一平台”统一规划设计、建设，支撑省、地一体化能源大数据运营。能源大数据服务平台主要由数据汇聚层、数据共享层、数据服务层组成，数据汇聚层提供能源数据（电、气、煤、油、热等）、政务数据、地理环境数据等接入、存储、计算服务；数据共享层提供数据服务目录、数据资产服务、人工智能服务、公共技术服务等核心组件服务；数据服务层支持产品快速开发和标准化管理，可快速响应能源大数据应用服务需求。

2. 构建能源大数据管理标准

国家电网构建能源大数据管理标准体系，实现能源数据规范、统一。一是建立数据标准、数据质量、数据共享等能源大数据制度框架，制订发布《国家电网有限公司数据管理办法》，细化形成《省级能源大数据中心建设运营工作管理办法》等管理规范。二是建立健全覆盖基础、数据、技术方法、平台与工具、管理等七大类23个方面39个方向的能源大数据标准体系，率先完成《能源大数据基础第3部分：总体架构和技术要求》2项企业标准及若干地方标准编制。三是建立企业级统一数据模型（SG-CIM），含有5000余个数据实体和8万余个属性，形成统一、规范的数据接入标准，以标准化主数据、规范化编码、统一性口径开展数据清洗、转换、整合和接入处理。

3. 建立能源大数据接入策略

国家电网统筹建立能源大数据接入策略，推动多源数据完整聚合。一是利用政企协作机制，汇聚能源公共数据。依托政府授牌共建的能源大数据中心，协调政府印发用能企业能源消费数据接入方案等文件，将供能企业采集平台的能源消费数据归集至能源大数据支撑平台。二是有效发挥多元合作优势，采集高频能耗数据。编制供能单位数据集采工作规范，利用省、地一体的各级能源大数据中心和综合能源公司加装的采集装置获取能耗实时采集数据。三是依托“双碳”数据应用推广，促进用户数据黏合。通过数字化应用引导企业主动填报数据，获取节能降碳高效服务，实现应用促进数据汇聚、数据促进应用发展的良性循环。

4. 建设能源大数据资源目录

国家电网组织建设能源数据资源目录，支撑实现能源数据及跨领域数据的纳管。一是制订能源数据资源目录建设标准，设计总部、省级、地市级资源目录一级、二级、三级分类，编制能源数据资源目录分类体系，实现资源目录的线上收集与定期更新，形成公司范围能源大数据资源目录。二是贯彻落实国家有关文件要求，完成48类277项电力市场信息梳理与发布，涉及电网企业发展、财务、营销等八大业务领域，构建电网侧对外开放数据资源目录。三是搭建能源数据资源统一窗口，统筹内外部能源数据需求和获取渠道，面向管理、业务、技术人员等不同对象，提供统一的数据资源浏览、查询和申请服务。

（三）创建能源数据治理机制，开辟能源数据融通路径

1. 搭建数据资源服务平台

国网大数据中心、国网浙江电力、南京供电公司建成数据资源服务平台，提高数据资源智能化治理质效。一是实施数据资源智能化盘点，建立了从元数据采集、智能化盘点到人工盘点补充的全流程智能盘点体系，提升数据资源盘点效率和质量。二是开展负面数据智能研判，以共享为原则、不共享为例外建立数据共享负面清单制度，支撑从负面数据收集、更新到负面数据研判、认定、审核、发布的全过程管控，实现基于数据特征的智能化、自动化负面数据识别，提高负面数据动态管理的效率和质量。三是创新数据质量自动检测方法和工具。创新提出不依赖业务规则、从数据本身特征出发的质量检核方法，

开发数据质量智能检测工具，有效完成特定主题域数据质量的自动检测。该工具获得权威科研机构的认可。

2. 创建能源数据共享模式

国网大数据中心、国网浙江电力、南京供电公司探索能源数据共享模式。一是开展能源数据安全定级梳理。基于能源数据特性，联合各政府部门、重点企业、科研机构开展数据分级分类、价值评估工作，明确将能源数据分为无条件共享、受限共享、非共享3类，在此基础上建立基于影响因子、价值密度双视角的智能评估算法，实现对海量数据的自动化识别与确权。二是试点推广数据授权机制，引导企业将数据管理权限让渡至政府，由政府统一审核数据共享开放流程。三是构建能源数据“云上申请”，无条件共享数据实现“云上数据”的“零审批”“自动授权”；受限共享、非共享数据通过简化共享流程，实现一次授权、多次使用，提升数据共享应用效率。

3. 打通政企数据交互渠道

国网大数据中心、国网浙江电力、南京供电公司建设政企数据共享交换应用，通过政企专线接入政务网，实现政企双向数据共享。一是电力企业定期推送业务数据，完善政府综合数据分析能力。通过政企数据共享交换应用，将欠费征信、窃电征信、重点客户用电趋势等数据传输至政府前置数据库，支撑政府侧业务数据分析。二是政府实时与电力企业业务交互，助推民生应用。通过政企数据共享交换应用，封装JSON电力数据服务，支撑政府侧办电业务数据调用，已支撑新装增容预受理、更名过户预受理等业务的高效运转，实现“一网通办”，助推客户“最多跑一次”。三是电力企业实时查询政府共享数据，实现政企数据融合应用。企业作为客户端，通过政企数据共享交换应用，主动访问政府公共数据共享平台提供的数据查询服务，实时查询居民证照、企业证照、户籍、不动产、实名信息等数据，提升客户办电业务效率。

（四）创新辅助社会治理产品，推动治理能力现代化

1. 浙江省双碳数智应用助力数智析碳

国网浙江电力打造浙江省“双碳”数智应用，为政府科学决策、企业能效提升、公众低碳生活提供统一应用服务。一是形成总体设计思路。从政府、企业、个人3类主体“双碳”目标下高频、共性需求分析出发，形成体系化的需求输入清单，然后设计基础类、跨域类和综合类场景清单，最后以标准规范、管理提升、服务优化3类目标为导向，构建重大成效清单。二是构建“双碳”数智驾驶舱。以“能耗总量”“能耗强度”“碳排总量”“碳排强度”四大关键指标为抓手，将治碳、减碳、普惠管理闭环线上化呈现在数字驾驶舱中，动态跟踪省级层面及分区域、分领域的指标情况，集中展示经济发展、能源安全、碳排放、居民生活4个维度平衡指数和市、县低碳高质量发展指数，以及能源、工业、建筑等领域关键指标、工作成效。

2. 用能预算化管理应用支撑能耗双控施策

国网浙江电力针对能耗双控工作中政府治理和企业服务，在全国率先探索构建用能预算化管理应用。一是建设“节能降碳e本账”应用场景。面向政府治理，落实重点用能企业能耗总量控制和节能目标清单，打造节能审查管理、用能预算化、能效创新等11个模块，实现政府能耗双控业务流程线上化。面向企业服务，针对企业难以知悉能用多少能、已用多少能、如何节能等问题，提供用能体检、自主测算等智慧用能服务，助力企业算好节能账。二是创新“省－市－县－企业”用能预算分级管理机制，开展能耗双控“准入－监测－预警－评价－服务”的工作闭环管理，辅助政府“周监测、月考核和季通报”，将企业能效水平动态应用于地方政府用能指标分配、企业用能确权与年度基准分配、企业用能动态监控与分析预警等全流程。

3. “散乱污”企业识别实现大数据精准治污

南京供电公司与南京市生态环境局针对乡镇“散乱污”工业企业定位难、取证难、监督难的痛点，对“散乱污”企业进行监控识别，助力打赢、打好污染防治攻坚战。一是根据南京市生态环境局提供的“散乱污”企业名单，借助中台数据资源提炼“散乱污”用户多维特征值，组成多维特征数组，开展无监督的 k－means 聚类分析，分析“散乱污”企业用电行为特征，提取典型特征标签，进行客户画像。二是通过用户日均电量、峰谷比、波幅比、行业分类占比、区（县）分布占比等指标，分析被扫描区域内低压用户在用电量、行业集中度、时空分布等特征是否与“散乱污”企业特征相似，输出疑似清单并联合生态环境执法部门现场核查，将隐藏于居民社区、小工业园区的“散乱污”企业显形。

4. 居民碳积分服务引导绿色低碳生活

南京供电公司面向居民，与地方政务公用 App 深度合作，试点推出居民碳积分服务，引导居民清洁低碳消费。一是推行个人碳账户。居民客户只需完成简单注册，即可生成个人碳账户，碳账户中保留个人各项碳积分，通过碳积分可获取相应权益。二是推行居民参与错峰平谷获得碳积分。在电网负荷较高时，居民收到短信提醒，只需要暂时关闭空调等大功率电器，就可以参与让电活动，进而获得碳积分。居民还可将步行、骑行、公交、地铁等低碳出行行动自动转换为碳减排量，获取碳积分。三是推行碳积分兑换电量等服务。居民碳积分不仅可兑换景区门票优惠券、美食优惠券、打车券等奖品，还可兑换电量电费或电动汽车充电服务消费券等。目前，已有 20 多万户居民开通个人碳账户，超过 1.6 万户居民参与空调负荷调节。

（五）建设赋能经济发展应用，促进经济高质量发展

1. 中小微企业景气分析帮助企业纾困解难

南京供电公司开展中小微企业景气分析，为政府提供精准决策参考。一是构建中小微企业景气模型。围绕电量增长、用电结构、业扩增长 3 个方面构建中小微企业景气模型，对中小微企业及专精特新企业开展景气度分析，梳理重点监测场景。二是动态预警重点中小微企业产能异常情况，辅助政府识别经营困难企业，开展政、电、银协同服务，实施“一对一”针对性纾困解难，助力企业恢复产能。三是针对困难中小微企业设置电费缓交期。对受疫情影响暂时出现生产经营困难的小微企业和个体工商户，设立 6 个月费用缓缴期，缓缴期间免收欠费滞纳金，累计为南京市 8000 余家中小微企业提供电费缓交服务。

2. 绿色金融服务支撑企业信贷融资需求

国网浙江电力针对中小企业融资难、融资慢、融资贵等问题，联合相关金融机构打造绿色金融服务产品，为中小企业提供绿色金融扶持。一是构建绿色金融评价指标体系，融合用电数据和企业税收等经营数据，构建行业能耗强度评价、企业能耗强度评价、企业能耗趋势性评价等七大类 25 个指标，对行业和企业的绿色能效情况进行综合判定。二是开展绿色能源等级评价，将企业分为 A、B、C、D、E 共五大等级，为金融机构授信审批和金融政策差异化扶持提供重要参考。三是依托国家电网“电 e 金服”平台、浙江省企业信用信息服务平台等，与英大碳资产公司、建设银行等单位合作推出“绿色能源贷”“碳 e 信”等绿色信贷类产品，帮助企业获取绿色低息贷款。

3. 产业链监测分析防范行业断链风险

国网浙江电力在绍兴嵊州等地试点开展产业链监测分析，为地方政府产业链生产断链风险预警提供支撑。一是依托低压侧智慧电表，同步监控企业综合能耗，以实时电量数据为切入点率先实现产业链实时预警功能。二是突破专业壁垒，融合政府部门企业报税、用地、用工等外源数据创新“电量－产能”折算体系。三是助力地方政府构建，产业链预警机制，对关键指标分类分级预警企业产能异常状态，反

映规模以上（以下简称规上）企业产能与地区21类行业上下游关系，实现产能实时评价，助力政府精准施策促进企业动态管控产能，区域经济平稳有序增长。目前，已为企业提供125次优化用能策略，节约能耗约12.94吨标准煤。

（六）打造服务民生改善场景，助力民生保障有温度

1. 乡村振兴电力民生指数赋能乡村发展

国网浙江电力创新构建乡村振兴电力民生指数，助力乡村振兴科学研判和精准提升。一是指数化评价反映社情，设计乡村幸福用电、乡村绿色用能、乡村产业发展3个分指数及供电可靠性、光伏户均容量等14项指标，以电力数据反映乡村经济社会发展情况。二是对总指数和3个分指数设定绿、黄、红三色阈值，评价结果实时进行“一村四图”展示，即每村展示幸福用电总指数、绿色用能指数、产业发展指数、电力先行指数，范围覆盖浙江省所有行政村，清晰体现乡村发展差异化水平。三是针对各乡镇及行政村指数总体及指标特色差异，开展指数到指标的穿透性分析，深挖清洁能源发电、产业用电、户均用电容量等乡村发展薄弱点，制订“一村一案”提升计划，助力乡村补短板、强产业、惠民生。

2. “在这”电力指数引导居民就地过年

国网浙江电力创建“在这”电力指数，做好稳就业、保产业工作。一是首创“在这”电力指数、工（商）业假日停产指数模型。通过比对居民用户、工商业企业日用电量与基准电量之间的浮动比例，实时监测居民和企业外来务工人员离开所在城市情况和工商业经营情况，提升政企联防力度，精准服务社会治理。二是建立“在这”电力指数日监测大屏，实现春节期间全浙江省人民生产生活用电情况在线监测，范围覆盖浙江全省居民用户和15.8万户工业用户、2.2万户商业用户。三是基于“城市大脑”形成实时展示大屏，春节期间设立24小时服务专班，负责线上监测浙江省人民群众生产生活用电情况，为政府分区分级的疫情防控精准施策提供依据。

3. 电力关爱应用实时守护独居老人

国网浙江电力与民政部门、社区等合作，推出电力关爱应用，实现对危及老人人身安全状况的预判及预警。一是利用宽带电力线载波（HPLC）电能表采集的高频用电数据，实时监测用电数据情况，以15分为一个频段，回传至电力云端数据库。二是构建数据组合模型，监测分析关爱对象的用电情况，根据异常波动程度构建红色、黄色、绿色三色预警功能，用以研判独居老人家中用电是否存在异常情况。三是根据识别结果出现红色、黄色预警时，将异常信息以短信形式快速输出至社区及志愿者，供工作人员及时上门提供贴心关爱服务，从而为独居老人提供实时安全服务和保障。

（七）构建数据多维保障体系，强化能源数据运营支撑

1. 健全数据安全机制

一是建立数据安全管理制度。建立覆盖规划、建设、运行等全生命周期的数据安全管理体系，形成事前防范、事中监测、事后应急的机制。制订数据安全突发事件应急预案，指导应对和处置国家秘密信息、重要敏感信息和关键数据安全突发事件。二是建立数据安全运营队伍。建立两级数据安全在线监测组织，形成“2+27+N1”的企业级数据安全保障体系，明确数据安全职责分工，实行7×24小时全天候在线监测、分析研判和应急处置。三是建立数据安全技术保障。赋能数据安全监测分析工作；部署敏感数据识别及数据脱敏、加密、审计、水印等安全组件，打造能源数据全生命周期安全防线。

2. 构建协同创新模式

一是实行专家标签化管理，以优秀专家人才和资深专业人员为主体，打造企业级、多层次专家柔性团队，以专班的形式集中攻关，结合属地特色（如浙江丽水以零碳示范区为基础，负责农业领域；浙江杭州发挥“城市大脑”优势，负责交通领域等），对接属地政府相关部门，开展业

务规划、设计、开发，缩短建设周期，快速完成产品上线运行。二是建立“一地创新，全省推广”模式，形成《能源大数据产品统一开发规范》，以省级能源大数据服务平台为基础，开放地市资源，发挥地市属地优势，对接属地政府、企业形成典型产品和案例，由省侧统一推广，形成省级效应。

3. 打造开放合作生态

一是组建并运营中国能源研究会能源大数据专委会、中国电力大数据创新联盟等数字生态载体，筹办多届电力大数据高峰论坛和特色活动，实现“产、学、研、用”一体化数字生态链条高水平协同创新。二是与浙江大学、上海交通大学、正泰集团等知名高校和企业开展合作工作，设立近零碳能源数智技术实验室、国网新能源云碳中和创新实践基地等，组建绿色发展产业联盟，形成优势互补的共创生态，三是成立电力数据应用专业委员会，联合浙江省总工会、浙江省大数据局等连续6年举办浙江省能源数据创新应用比赛，2021年吸引浙江省内能源行业170余支队伍参赛，产生40余项大数据成果。

三、电网企业全面赋能经济社会高质量发展的能源大数据应用管理效果

（一）构建了政企协同发展格局，助力治理能力提升

国网大数据中心、国网浙江电力、南京供电公司对接政府精准治理、社会民生改善等需求，打造数智服务应用矩阵，赋能国家治理体系现代化建设。在社会治理方面，牵头打造全国碳排放监测平台，深度参与多地碳市场管理，实现浙江省域5.8万家重点用能企业的看碳、析碳、管碳，为企业提供能效服务38091次，支撑政府出台能源监管政策4项，支撑用能企业完成用能权交易金额5.45亿元；组织电力看环保全国网应用，实现在线监测重点污染企业46万家，环保监测精准发现违规排污、超额排污等违法现场236处，节约企业监测设备采购成本1亿多元。“工业碳效码”获浙江省数字化改革最佳实践；基于能源大数据中心的“电碳数链协同治理体系，助力社会精准降碳”项目央企首家获评2022年“保尔森2－绿色创新类别”年度唯一大奖。在民生服务方面，乡村振兴电力民生指数、共同富裕电力指数为政府落实乡村振兴、共同富裕战略提供决策支撑；与民政部门共同开发电力关爱应用，联合村（社）志愿者对用电异常的独居老人提供上门帮扶；电力扶贫分析入选《国办专报》；“在这”指数和返乡指数助力疫情防控，获得浙江省委书记和国家电网董事长等的批示肯定。

（二）打造了数据开放合作生态，服务社会经济发展

国网大数据中心、国网浙江电力、南京供电公司建立跨界融合的数据开放合作生态，打造电力看经济、电力数据辅助企业征信等产品，助力政府敏捷制定经济调控政策，服务中小微企业纾困解难。企业复工电力指数已在全国推广；累计向地方政府提供咨政服务2208次，辅助政府出台经济发展政策20余项，减少困难企业电费滞纳金支出600余万元；联合金融机构推出“碳惠贷”等绿色金融产品，中小微企业金融贷款服务累计发放609.04亿元低息贷款，惠及企业1635家，获得中国人民银行行长批示肯定；产业链预警助力帮扶有减产、停产风险的企业79家（次），排除产业链风险点4个，统筹保障财政资金600万元。

（三）建立了数据智慧运营体系，增强数据创新动能

国网大数据中心、国网浙江电力、南京供电公司建立了一整套完备的能源大数据交换、共享、应用体系，提升了数据共享复用能力和数据产品构建效率，提升了企业发展质量和效益。首创面向多元主体的数据接入和治理方法，以能源大数据服务平台为数据底座，累计接入能源和社会经济数据418.7亿条，实现能源领域全品类数据覆盖。支撑国家电网获评国内首个DCMM五级（最高级别）认证单位；

数据质量智检工具在 9 家省级电力公司部署推广应用，获得 2021 年度 DAMA 中国数据管理峰会工业企业数据治理最佳实践奖。电力发票数据共享应用实现业务报销全链线上化、财务过账全面自动化、会计档案全程无纸化，年节约成本约 5 亿元。打造共享复用的数据服务模式，构建能源数据接入渠道 201 项，缩减数据重复开发工作量 60% 以上，数据分析应用开发周期由 4 ~ 6 个月缩短至 5 ~ 30 天。

（成果创造人：尹积军、沈　亮、皮一晨、杨　维、戴铁潮、邓　星、
周春雷、黄宇腾、王　璞、刘文思、张永建、齐　飞）

大型煤炭企业以多层级智能协同为目标的全面数字化升级管理

陕西煤业股份有限公司

陕西煤业股份有限公司（以下简称陕西煤业）是陕西煤业化工集团公司（以下简称陕煤集团）以煤炭主业资产出资，联合三峡集团、华能开发、陕西有色、陕鼓集团共同发起设立的股份有限公司，被誉为“中国西部煤炭航母”，控股股东陕煤集团位列世界500强209位。截至2021年，陕西煤业拥有煤炭地质储量220.96亿吨，可采储量126.44亿吨，90%以上的优质煤炭资源位于陕北、黄陇等优质煤产区，所管理的36处矿井生产能力19800万吨/年。达到国家一级安全生产标准化矿井共18对，27处煤矿入选“绿色矿山”名录。2021年，陕西煤业实现营业收入1524亿元，同比增长60.32%；实现归母净利润209.3亿元，同比增长40.83%；基本每股收益为2.16元，同比增长40.8%。净资产收益率连年位列行业第一名，相继获得“最佳信息披露A股公司”和“中国主板上市公司价值百强”等荣誉。

一、大型煤炭企业以多层级智能协同为目标的全面数字化升级管理背景

（一）贯彻落实煤炭行业智能化发展政策文件的需要

煤炭是我国能源体系的“压舱石”，煤炭行业数字化、智能化发展是实现煤炭工业高质量发展的强大动力。2020年，国家发展改革委等八部委联合印发了《关于加快煤矿智能化发展的指导意见》，明确提出“要推动智能化技术与煤炭产业融合发展，提升煤矿智能化水平”，进一步指出煤矿智能化发展的主要目标。陕西煤业作为国有特大型能源企业，在扛起保障能源安全和稳定供应的重大责任使命的同时顺应数字化发展的时代趋势，深入开展煤矿智能化建设，打造陕西煤业高质量发展的数智驱动力，引领煤炭行业数字化转型升级，践行能源安全新战略，实现能源革命与数字革命同频共振。

（二）与数字化时代共进，建设世界一流企业的必由之路

数智企业是数字经济时代企业发展的新范式，陕西煤业以成为世界一流企业为愿景，意味着企业需要进行全面数字化升级，构建起贯穿整个价值链的数据集成系统和管理模式，向数智企业转型。陕西煤业从“数字化战略”“产品和服务”“供应链”“客户营销”“生产运营”“数据智能”“数字化治理”等7个方面对公司数字化现状进行评估后发现，公司在数据治理和使用方面存在很多问题。例如，信息割裂、流程不贯通、数据多源等问题给企业数据的贯通融合和共享应用带来很大挑战；数据资产分散，限制了资源的高效利用，制约了数据价值的有效发挥。此外，“供应链协同不足”“计划性、粗放性生产”等是当前存在的普遍性问题。陕西煤业的数字化升级将解决这些问题作为重点任务，从根本上改变公司的业务全链路，实现传统产业与现代科技的渗透融合，提高资源优化配置水平，促进商业模式创新，使陕西煤业成为全球煤炭行业乃至能源行业的一流企业。

（三）解决煤炭企业共性问题，实现高质量发展的迫切需要

陕西煤业各矿井均属井工开采，生产环境恶劣多变。例如，皮带巡检工、变电工、排水工、主扇司机、矿灯工、选矸工等传统岗位工一直处于作业环境差、劳动强度高的工作状态；随着开采深度的不断增加，受地质条件及瓦斯、水、火、冲击地压等多种自然灾害的威胁日益增多，灾害治理难度也随之变大；由于人口老龄化趋势的加快，劳动人口比重开始下降，劳动力资源明显减少，新时代年轻人对工作环境要求日益提高，煤炭企业面临着招工难和人力成本高等突出问题。上述煤炭企业的共性问题制约着企业的发展，陕西煤业迫切需要探索出智能化解决方案，通过全力推动“机械化、自动化、信息化、智能化”的“四化”建设，改变煤矿传统的生产方式，改善煤矿生产环境条件，提升煤矿装备水平，

创建本质安全型矿井，在提高生产效率的同时降低人力成本，以全面数字化升级的煤炭行业解决方案直击行业痛点问题，推动煤炭行业转型。

二、大型煤炭企业以多层级智能协同为目标的全面数字化升级管理主要做法

（一）确立全面数字化升级的目标与思路

陕西煤业以“四个革命、一个合作”能源安全新战略为指导思想，坚持“系统智能化、智能系统化”的总要求，按照国家发展改革委等八部委关于加快煤矿智能化发展和建设指导意见的整体部署，全面推动“机械化、自动化、信息化、智能化”的“四化”建设，引导产业链向数字化、智能化转型，实现能源革命与数字革命同频共振，引领未来能源发展。具体思路为：以成为世界一流企业为愿景和战略目标，坚持“创新、安全、高效、绿色、和谐”五大发展理念，构建陕西煤业、矿业公司、生产矿井三级协同管理框架，从完成矿井智能化改造到实现产供销一体化智慧运营再到形成业财一体化智慧决策的路径出发，实现“智能矿井－智慧矿区－智慧陕煤”依次递进的数字化升级建设目标。全面推进信息基础设施升级改造工作，建立数据治理体系，配套制度资金、人才队伍、考核激励等组织保障机制，为陕西煤业的数字化建设奠定坚实基础。为此，陕西煤业成立推进“四化”建设工作和数字化转型领导小组，先后发布《数字化转型“十四五”规划》《煤矿“四化”建设总体规划纲要》《关于进一步加强“四化”工作的决定》《煤矿“四化”建设考核管理办法》和《智能化工作面建设激励办法》等文件，积极研究建立智能化建设标准体系，推动开展“智慧陕煤”的“四化”建设工作。

（二）构建信息基础设施和数据治理体系

1. 改造升级信息基础设施，提高信息化基础能力

（1）编制信息基础设施建设规范

为规范企业信息基础设施建设工作，陕西煤业编制了《陕西煤业信息基础设施建设规范》，面向工业互联网体系架构，系统性地构筑超宽互联网络、超强数据处理与共享的智能化信息设施体系，明确各层级生产网络、办公网络、数据中心建设标准与要求，规范信息基础设施运行管理。

（2）建设陕西煤业智能专网

为保障数字化升级目标的顺利开展，陕西煤业全面推进网络设施升级改造工作。2021 年 12 月，建成覆盖陕西煤业、8 个矿业公司和 38 对矿井的 OTN 信息传输智能专网，实现带宽灵活调速和网络可视化运维管理，为数据共享、系统互联提供信息传输“高速路”。

（3）创新应用 5G、Wi－Fi6 等新一代通信技术

2021 年 5 月，陕西煤业组织召开煤炭企业 5G 技术研讨会，邀请多名专家和 11 家矿用 5G 无线通信系统技术厂家共同研讨 5G 技术在煤矿的建设和应用；同时，印发《关于推进煤矿 5G 系统建设相关要求的通知》，进一步明确和规范煤矿 5G 技术的应用场景和方向。在小保当矿业、小庄煤矿试点开展“5G＋智慧矿区”建设，安装部署 60 余个矿用 5G 通信基站，创建“5G＋高清视频图像”“5G＋泛在感知物联网”“5G＋数字孪生工作面”“5G＋工业互联网混合云平台”“5G＋综采工作面远程控制”“5G＋精确定位与无人驾驶”等应用场景。

2. 构建数据治理体系，夯实数据应用基础

陕西煤业针对系统深度互联难、数据共享难、业务协同难等问题，构建行业内首个数据治理体系。通过统一安全与生产数据标准，发布以数据为管理对象的规范制度与流程保障机制，搭建三级协同的数据中台建设框架，汇集数据模型、融合数据应用，设置数据治理工作目标，切实提高数据资产的应用价值。

（1）设计关键业务数据标准，建设数据资产运营保障机制

首先，通过深入业务调研与系统研究，陕西煤业编制《陕煤数据资产目录》和《陕煤数据标准》，

范围涵盖全领域16个业务分类，反映核心工作的70余个业务主题，能够识别出代表人、事、物的100多个业务对象，映射形成3000多个数据标准，形成了煤炭行业首个数据标准体系。其次，同步建设全面的数据资产运营保障机制。陕西煤业以数据安全、质量可靠、共享便捷为目标，发布《数据质量管理规范》《数据安全与共享管理规范》等管理细则，保障数据的“清洁、安全、可用、易用”；发布《数据管理组织职责与管理制度》，明职责、立岗位、建流程、定规范，保障数据管理“责任到岗、责任到人”；结合数据中台能力，建立基于平台的数据运维细则，落实数据全生命周期管理，保障数据“健康发展、高效利用”。

（2）搭建三级协同的数据中台，承载数据资产

利用“云大物移智链边”等信息技术，以“陕西煤业－矿业公司－生产矿井”三级协同一体化为目标部署并搭建数据中台，整合陕西煤业全业务域数据，实现对数据的“采、存、算、管、用”全生命周期管理，落实数据使用的“四统一”，即标准统一、资产统一、服务统一、应用统一，实现陕西煤业上中下游一体的数据标准、模型算法、服务组件、软件应用等的集约建设与能力共享。

（3）细分应用建设任务，分类设置完成时间

针对数据治理体系建设工作，陕西煤业分类设立“3个1”的目标，具体表述为：若基于已有的数据指标、模型进行开发，新建应用的工作应在1周内完成；若针对已治理的数据构建新模型和新指标，开发形成新应用的工作应在1旬内完成；对于新应用的建设需求，从需求分析、数据采集、模型建立到应用建成的相关工作，应在1个月内完成。“3个1”目标将工作任务由易到难分类，为不同任务设置完成时间，极大缩短各类智能化新应用的开发周期，提升建设效率，节约建设成本。

（三）完成矿井智能化改造和安全生产信息平台建设，实现安全生产一体化管理

1. 开展矿井智能化改造

矿井智能化改造主要是在煤矿信息基础设施改造的基础上，围绕“采、掘、机、运、通”等生产环节进行智能化子系统建设。首先在煤矿信息基础设施方面进行系统建设。一是基于“万兆工业环网＋无线宽带网络（4G/5G）＋窄带物联网”通信网络，融合有线宽带与无线宽带，以及窄带传输技术，建立矿山通信多源异构网，承载煤矿所有智能化系统的应用，解决煤矿移动设备、传感器网络数据接入问题，达到数据传输的实时、可靠性要求。二是搭建矿山地理信息系统（GIS），为智能化子系统及各类应用提供精准的空间地理坐标。其次在智能采掘方面进行系统建设。一是率先在煤炭行业完成“自主采煤、无人干预”智能开采3.0版的升级。基于隐式迭代三维建模技术和多源数据融合系统，将钻探、物探、测量等数据进行耦合分析，构建高精度多属性动态地质模型，实现三维虚拟场景配准地质与设备模型，将真实开采工况映射至赛博空间；同时，根据透明地质模型“CT”切片、开采工艺、设备工况等数据分析决策出最优的生产信息，建立规划截割模型并传递至智能精准控制系统，做到采煤机自主控制截割高度、运行方向、运行速度、折返换向点的精准执行，液压支架自主完成中部与三角煤部分的规划控制精确跟机、拉架、推溜，实现全工作面设备生产循环的“一键启停”、自主执行和可视化监控等功能。二是大力推广应用四大类快速掘进系统建设，累计建成52套智能快速掘进系统，实现巷道施工作业的掘、支、锚、运等全部工序高效自动化作业，具备人员接近危险区域识别与报警功能，提供掘进作业效率和现场安全管理能力。最后，在“机、运、通”等环节全面实现“智能辅助”，应用特种机器人进行“智能替代”。一是在“智能辅助”方面，在井下变电所、机房硐室、皮带运输系统等全面实现智能集控；建设“智慧能源”管理系统，实时监测矿井各系统在用设备能耗，分析并确定节能降耗措施，发现并消除无功能耗，实现能源高效利用；对选煤厂和装车系统进行智能升级，在千万吨大型煤矿均建成顺煤流皮带运输智能控制系统。2020年10月21日，在小保当矿业建成并投运全国首套铁路混编智能运销系统；2020年6月8日在曹家滩矿业应用车辆精确定位与智能调度，建立起井下

“滴滴”打车智能调度系统，极大缩短派车时间。二是在“智能替代”方面，采用机器视觉、深度学习、智能诊断、无线传输和远程控制等技术，成功研发全国首套智能快掘机器人系统，推广应用井下固定设备巡检机器人、选矸机器人、管路拆卸安装和气体移动监测机器人等智能装备。例如，自主研制并在 2020 年 9 月 9 日应用于小保当矿业一号矿的国内首套护盾式智能掘进机器人系统，集掘、支、锚、运、通风、除尘等功能于一体；同时，研发智能掘进机器人系统协同控制技术，建立并行与协同工作机制，实现了多机器人的并行与协同作业。

2. 部署安全生产信息共享平台

安全生产信息共享平台在陕西煤业、矿业公司和生产矿井三个层级部署，按需分层级、分权限部署专业管理模块，形成三级单位业务全协同和数据全对接，覆盖陕西煤业全部生产矿井，集成 900 多个监测监控子系统，服务近 7 万名煤炭产业工人，于 2019 年 11 月 5 日投入运行。在生产矿井端，部署 GIS“一张图”协同管理、地测防治水管理、机电管理、综合调度等 15 个模块，集成生产业务数据，实时调度管理。以龙软安全生产信息管理系统为支撑，包含“采、掘、机、运、通”等专业业务流程的数据，并对“水、火、瓦斯、粉尘、顶板”等不安全因素进行在线监测、工业视频、数据采集和预测预警。通过可视化面板（“一张图”）展示煤矿灾害治理规划、工作面采掘接续、重大设备接续、采掘队伍接续等内容，形成以时间轴为主线的工作面衔接安排，实时反映各矿井的生产态势；在陕西煤业和矿业公司层面，部署安全生产运营综合门户、“一张图”综合信息服务平台，综合预警、生产经营调度管理等 8 个模块，对所属矿井进行全面管理。在数据管理方面，在陕西煤业总部和矿业公司建立两级数据仓库，各个矿业公司负责将所属矿井的“一张图”的完整数据和业务数据进行入库管理并实时更新，同步上传陕西煤业数据仓库；陕西煤业对 36 对矿井的“一张图”的完整数据和业务数据进行集中存储和管理，保证数据的真实性、规范性和安全性。陕西煤业、矿业公司和生产矿井三个层级，基于矿井“一张图”的数据和信息，以安全生产管理的核心业务为主线，对煤炭板块的风险预控、标准化、动态诊断等要素进行综合管理，实现安全生产、应急救援指挥管理的分级管控和基于大数据的安全生产智能分析，形成涵盖生产、安全、经营、管理的全面数据归集与统一使用。为保障安全生产，陕西煤业 2021 年 9 月建成“千眼”智能视频监控平台，对煤矿安全监控系统进行全面智能化升级改造，为所属煤矿井下关键岗位和“四员两长”配备智能矿灯和手持移动终端 1 万余台，达到作业全过程实时视频监控可追溯；黄陵矿业与华为团队合作首创的 AI + NOSA 智能风险管控系统，于 2020 年 12 月 25 日完成，该系统融合 AI 识别、物联网、云计算等多项技术，对井下“三违”、非标准作业进行实时监管、智能预警、后台记录、现场制止和联动闭锁，建成全国首家 NOSA 四星煤矿，实现人工和 AI 智能系统双重风险管控模式。

（四）搭建煤炭产供销一体化平台，实现智慧运营

1. 搭建物资商城服务平台，实现煤炭物资供应一体化管理

煤炭物资商城服务平台由 40 多个物资站点超市、4 个物资区域中心库、若干个社会资源共享库构成，以物资统一采购供应管理 SAP 系统作为支撑，实现物资的统一采购、代储代销、资金结算和云仓存储并拓展到煤炭物资采、储、用全程线上管理。首先，在保障煤矿安全生产的前提下，为解决物资数量多、品种杂及名称不统一的问题，大力推行“一套码”标准化管理，规范物资编码 24 万余条，实现“大宗物资 - 大型设备 - 小型设备 - 配品备件”的全覆盖，为实现物资采、储、用等全程线上管理提供基础支撑。其次，为有效缩短物资采供周期和采购成本，以“基础数据层 - 业务支撑层 - 决策分析层”为架构，陆续建成 MDM 主数据管理系统（2017 年）、采购供应管理 SAP 系统（2018 年）、西煤云仓（2019 年）等业务系统，打造“统一物资管理、统一物料编码、统一采供网络、统一仓储管理、统一调剂处置”的物资数字化管理模式。最后，为实现“零库存”目标，创新物资商城模式，将信息平台延

伸至矿区需求终端，实现物资采供线上下单、线下配送、一键领用，让服务生产一线的“物资超市”实现“随要随领”的服务目标。此外，将“锁”在矿区“抽屉”里的物资数据纳入商城统一管理，打通了物资“数据孤岛”，实现全过程信息共享共用，促进企业物资共享调配，降低物资储备资金。该商城于2021年4月完成规划方案，6月启动需求调研工作，8月完成项目蓝图设计、修订及确认，11月在彬长矿业试点上线；2022年6月，煤炭板块全面试运行。

2. 搭建煤炭智慧运销管理平台，实现煤炭运销一体化管理

煤炭智慧运销管理平台立足煤炭专业化销售业务，以煤炭公路智慧零售系统为支撑，围绕内部数据资源整合、产销业务协同、运输资源匹配、客户精准服务、下游产业拓展等重点环节，按照“基于大运销、连通大数据、服务大市场、激发新动能”的基本建设思路，目前已实现智慧运销和智能调度两大主要功能。智慧运销方面，围绕铁、地、港三大业务线，依托客户、合同、调运、质检、纠纷、结算、账户等九大主要模块进行业务协同和数据共享，构建出煤炭运销业务“一张网”，实现从合同签订到煤款结算全过程线上办理、流程可溯、实时可控、关联可查，形成“终端客户－运输司机－物流公司”煤炭销售“一条链”，推动交易、结算、物流等环节“一键完成”。例如，在结算环节，通过客户、合同、调运、质检的业务数据归集及结算规则、质量体系等基础数据的应用，进行结算周期的一键结算。促进煤炭运销从传统的“坑口卖煤”向“入厂交付”新模式转变，实现煤炭营销服务客户“零距离”。2020年10月10日，智慧运销平台在运销集团榆林销售公司试点上线，实现煤炭营销流程从合同签订到煤款结算全业务流程的线上化。智能调度方面，构建出煤炭运输环节车货高效匹配及货运派单、排队、提煤、运输过程和交货的全流程、实时跟踪物流服务体系，通过智能调度指挥中心，实现运力分析、车辆调度的全局统筹管理。例如，运用历史数据合理设置预约时间段和预约数量，实现司机到场分时预约，避免车辆扎堆排队；引入市场竞争机制，实现定价与竞价委托派车双模式，缓解车辆调配不合理导致的运力资源浪费或用车紧张；竞拍周期内，通过矿区生产计划、库存、竞拍量、调拨量等指标，自动均衡分派每家货主的当日可派车量，实现各环节煤炭资源和车辆资源的智能调度。2021年3月15日，智能调度平台在红柳林矿单煤种试点上线，现已覆盖红柳林矿、柠条塔矿、小保当矿全煤种。

（五）构建业财一体化实时管控体系，实现智慧决策

2020年5月，陕西煤业将煤矿安全生产信息共享平台、物资商城服务平台和智慧运销管理平台的关键数据并网汇入煤炭产供销全过程财务实时管理平台中，构建出贯穿“陕西煤业－矿业公司－生产矿井”3个层级的煤炭业财一体化的数字化实时管控体系，动态掌握安全生产态势、物资消耗储备情况、销售服务结算业务等全流程的数据，达到业务高效协同、资金合理使用、管理决策科学的目的。煤炭产供销全过程财务实时管理平台主要包括产供销实时协同、生产经营日清月结、“双十体系”预算、资金司库管理等4个方面的内容。

1. 产供销实时协同

统一规范并实时共享各矿井的煤炭洗选加工、煤炭实时库存、物资消耗领用、物资保障储备、煤炭装车运输、煤炭流向价格等信息，消除了矿井、物资、销售部门之间的信息孤岛，达到煤炭产供销业务的完整性和连贯性，实现产供销一体化协同。在煤炭生产端，财务人员深入践行业财融合，聚焦煤炭安全生产，对生产经营看板实时反映的生产异常信息穿透查询至“采掘一张图”，和生产人员及时定位影响因素并进行深层次原因分析；同时，生产部门通过各环节、过程反馈的费用支出数据，强化成本意识，促使生产部门从工艺优化、现场管理、技术创新等源头方面查找原因，达到在生产过程中降成本的目的。在煤炭销售端，及时掌握市场行情和价格波动，合理安排销售结构，优化配采比例，确保煤质达标的同时实现收入最大化；实时了解煤仓库存数据，合理安排装车发运，避免爆仓影响生产。在物资供应端，所有物资“一物一码”。矿井材料管理员在产供销协同看板了解生产接续计划，结合材料定额，

合理提报材料需求，提高需求计划准确性，避免不合理采购；同时，通过查询编码掌握物资实时库存数据，提高物资采购精准化，压缩库存资金占用。

2. 生产经营日清月结

通过获取矿井每天的产量、进尺、销量、售价、成本等数据，核算出每天的收入、成本和利润，根据经营指标分解，对比完成进度，建立预警模型，形成基于安全生产业务量的“经营分析一张图”，生产矿井、矿业公司、陕西煤业各级管理者可以多层级穿透性查询，实时掌握所属单位的生产经营目标完成情况，从而及时分析发现经营管理中存在的问题，为落实生产经营目标任务提供数据支撑。

3. “双十体系”预算

“双十体系”预算是以“双十体系”为基础，支撑陕西煤业、矿业公司、生产矿井 3 个层面的全面预算管理。“双十”指的是根据煤炭板块所属煤矿的特点，将生产经营划分为“十大过程、十大环节”。“双十体系”以煤矿经营总开支为基础，将业务与财务密切衔接，形成“生产作业－劳动组织－要素耗费－列支渠道”的多维数据库。纵向来看，各级管理层可以及时掌握过程、环节支出情况，以便分析问题采取措施，保障企业生产经营的有序开展；横向来看，通过建立采煤、掘进、治灾等煤矿安全生产经营的过程和环节管理标准，矿井之间可以进行过程、环节效率对标，发现自身短板，持续优化改进。从应用层面来看，一是以采煤和掘进环节的生产管理标准化为基础，建立采掘环节经营开支标准，结合月度生产作业计划，实行月度预算管理，使各级管理人员可以准确掌握各过程环节的生产作业情况和成本开支情况；二是不同于以会计核算科目为基础的传统成本预算编制，“双十体系”预算编制是以各作业环节和生产过程为基础，将材料、电费、人工等成本项目划分至各作业环节和生产过程，进一步明确材料、电费、人工等指标的管控主体，有效落实以生产部门为主导的成本管理责任，促进各生产区队及班组加强现场一线作业成本管理；三是财务部门可以从各作业环节和生产过程入手，结合生产作业完成情况，深入分析预算执行情况，精准定位生产作业薄弱环节，以经营数据指导生产，从作业安排、劳动用工、物资消耗等方面提供财务角度的建议，促使生产部门通过优化生产过程、强化劳动组织、提高作业质量等措施，有效降低成本支出；四是改变了财务人员在预算、分析、考核环节的工作模式，实行“双十体系”预算以后，在数据平台中即可完成业务数据与财务数据、实际数据与预算数据的比对分析，不再需要财务人员每月以 Excel 表格的形式对财务数据进行整理加工、调整和统计，有效满足企业内部考核管理对财务数据准确性、及时性和科学性的需求。

4. 资金司库管理

集中统一管理陕西煤业的所有账户、存款、票据、贷款和授信，形成“资金管理池”，全方位展现资金整体状况；同时，可以建立风险指标模型，查看风险分析报告，对企业资金合规性、流动性、资金收支、债权债务等风险进行多维度分析，实现企业对内外部资源的有效开发利用，统筹资源、防范风险，充分发挥资金效益，支撑主业发展，落实陕煤集团战略。

（六）强化组织领导，全面支撑数字化升级

1. 领导团队

首先，陕西煤业成立智能化建设工作领导小组，由集团董事长和总经理任组长，设立 13 个系统工作专班，明确目标，落实责任，高效统筹煤矿智能化建设具体工作。其次，所属各矿业公司成立领导机构，由“一把手”为组长并设置智能煤矿建设项目组，各煤矿落实主体责任。最终，形成“陕西煤业－矿业公司－生产矿井”三级联动的智能化建设组织架构。其中，智能化建设工作领导小组整体统筹协调支持及保障措施，督促煤矿智能化建设工作落实，发挥“陕西煤业－矿业公司－生产矿井”三级联动中的顶层作用，集中力量、自上而下、由点及面，逐步推进煤矿智能化建设。另外，成立智能化矿山建设推进工作顾问委员会和专家咨询委员会，通过外聘专家等方式加强智能化建设的咨询指导工作。

2. 制度保障

陕西煤业高度重视煤矿智能化发展制度建设，统筹规划，超前布局，研究制订行动计划，印发《关于加强煤矿智能化建设的实施意见》，明确智能化发展的行动方向。以国家印发的相关文件为基础，根据企业发展经验和具体工作需要，汇总信息基础设施建设、智能矿井地质保障、设备全生命周期管理、安全生产标准化信息管理、科研管理信息系统等8个方面的内容，全面细化煤矿智能化发展中的关键问题。发布《陕西煤业智能矿井建设标准》与《智能矿井建设验收办法》，规范煤矿智能化建设标准，为全面提升陕西煤业煤矿智能化建设水平提供支撑和依据。

3. 资金保障

由陕西煤业设立智能化专项资金，优先支持煤矿智能化技术与装备研发、工程建设等项目立项，每个智能化矿井建设根据实际情况给予配套资金支持，优先安排项目资金、成果评价及验收推广等事宜；采取多种渠道筹措建设资金，积极争取政府专项资金支持，保障智能化建设资金投入到位、使用到位；统筹资金管控，确保智能化建设资金专款专用，保障安排的计划任务顺利实施。陕西煤业每年设立1亿元的重大科研项目配套引导资金，2021年上调至3亿元；同时，投入100亿元转型创新基金，加快技术创新和成果应用。2019—2021年，陕西煤业实施重点智能化项目215项，完成投入61亿元，为全面数字化升级顺利推进提供资金保障。

4. 人才队伍建设

陕西煤业注重智能化人才队伍建设。首先，科学审定和配置人力资源，优化定编、定员方案，制订各岗位任职资格配套管理办法和标准。依托数据标准体系建设目标，构建标准遵从、平台运维、数据运营协同的组织与人员能力，设置数据治理、数据应用、数据管理、数据安全等全新的数据领域职能，牵引人才队伍有序转型，以复合型专业人才队伍保障煤矿智能化的高效建设与稳定运行。其次，积极与中煤科工、电信、华为及科研院校等开展跨界合作，在开展技术攻关的同时着力培养智能化人才。最后，陕西煤业大力弘扬"工匠精神"，集成内部创新资源和员工智慧，发挥劳模、工匠等优秀技能人才的示范引领作用，在基层矿井成立创新工作室，鼓励支持员工立足岗位微创新，形成"人人都是创客，事事皆可创新"的全员创新、全员创效的浓厚氛围，为煤矿智能化建设汇聚大众智慧。

5. 考核与激励机制

陕西煤业不断完善工作考核评价体系，激发建设智能煤矿积极性和主动性，保障智能化建设顺利向前推进。为激励陕西煤业所属各单位完成"四化"建设任务，每年组织召开集团煤矿"四化"建设推进会、智能快掘现场会、"四化"建设工作表彰会等工作会议，实行月度检查、季度总结、年度考核的考评机制，设置专班不定期进行督导巡查和通报奖惩情况，明确目标、分级负责、确保效果，对智能化建设优秀单位最高奖励达200万元，3年累计奖励达3000余万元，进一步激发了全员积极性，全面加快了煤矿智能化工作进程。

三、大型煤炭企业以多层级智能协同为目标的全面数字化升级管理效果

（一）以数促管，管理水平显著提升

陕西煤业通过建设数据中台，实现数据全生命周期运营管理，切实打通了数据应用、系统集成的壁垒，"陕西煤业－矿业公司－生产矿井"三级智能协同体系得以有效实施，实现"纵向共享、横向联动、业财一体、实时管理、智能分析"，提升了陕西煤业智慧运营和智慧决策能力。在产量逐年增加、采掘接续正常的情况下，与2018年相比，掘进工作面数量从283个减少至165个，净减118个，减少了41.6%；综合单进水平由252米提高至365米，提高了45%，快掘进尺最高突破2800米，智能快掘效率提高3倍以上；掘进单班作业人数由15～20人减至8～10人，采煤单班作业人数由12～15人减少

至5~7人。累计实现：采煤工作面减员1200余人、掘进队伍及掘进工作面减员1万余人、辅助系统替代作业人员3200人以上，共减少井下用工1.4万余人。

（二）以数提质，经济效益持续增强

通过产供销一体化的智慧运营，实现各级部门之间的信息数据标准一致与及时共享，提高了煤炭产业链协同合作效率，“供应链协同不足”“计划性、粗放性生产”等问题得到解决。截至2021年年底，商品煤成本同口径与2018年相比下降了20元/吨；物资集采费用降低18%以上；“陕煤商城”涵盖商品数量达到92万余个，供应商数量近2000家，累计交易金额115亿元，统一物资材料编码41万种；在井下应用5G无人驾驶技术及“滴滴”打车智能调度系统后，派车时间由20分缩短为5分，费用下降20%以上；进场车辆排队时长降低了45%，装车效率提高30%以上，煤炭销售运力水平、服务质量得到了大幅提升。截至2021年年底，陕西煤业建成智能化采煤工作面48个、智能快掘系统四大类52套，智能化产能占总产能的97%。与2018年相比，所管理企业煤炭产量由1.6亿吨上升至2.1亿吨，产量增加了5000万吨，年均增长10%；掘进进尺由47万米增加至53.4万米，增加了6.4万米，年均增长4%；全员工效达到18吨/工，提高了28.6%；万吨掘进率由29.4米/万吨降到25.4米/万吨，减少4米/万吨，下降了13.8%。煤矿大采高智能化工作面，年生产能力由450万吨提升至800万吨，平均工作面单产产量67万吨，提高了78%；智能综采工作面，全员劳动效率由人均3649吨提升至5200吨，提高了42%，陕北、黄陵矿区全员年均工效超过1万吨，最高的榆北煤业全员年均工效超过2万吨。煤炭板块在岗人均年收入由11万元上涨至14.35万元，增长了31%，实现了企业发展与职工生活同步、红利效益与职工同享的目标。

（三）以数促转，生态效益明显释放

首先，陕西煤业在建设智能矿井和智慧矿区的同时，全面实施智慧节能系统和智慧能源管理体系建设，实现矿井用能科学和矿区绿色节能。截至2021年年底，煤炭板块能耗有效控制在3.5千克标准煤/吨，到“十四五”末将达到3千克标准煤/吨；在千万吨大型煤矿建成顺煤流皮带运输智能控制系统，平均每个矿井每年节电230万千瓦时以上。截至2021年年底，已建成绿色矿山27对，其中国家级11对、省级16对，入库率达75%；黄陵、澄合、陕北等5家矿业公司实现了“绿色矿山”全覆盖。2019—2021年，每年节约煤炭燃烧55万吨，年均综合减少CO_2排放量近65万吨。上线运行国内首个陕西省国土空间生态修复大数据平台，实时监测地表形变、地面采空区沉陷等数据变化，已在所属36对生产矿井全面完成系统平台搭建，在17对矿井安装运行了监测装备，设置监测点1100余个，监测面积超过1000平方千米。

（成果创造人：杨照乾、王世斌、杜　平、李孝波、张高峰、张茹敏、刘长来、祝治安、张亚梅、赵宇波、王钻研、钱劲帆）

轨道交通装备企业贯穿产品全生命周期的数字企业建设

中车唐山机车车辆有限公司

中车唐山机车车辆有限公司（以下简称中车唐山公司）是中国中车股份有限公司（以下简称中国中车）的核心企业，是中国轨道交通的发祥地、中国高速列车产业化基地，主要从事轨道交通装备的研发、制造、检修、服务及工程总包、污水处理等多元化产业。

一、轨道交通装备企业贯穿产品全生命周期的数字企业建设背景

（一）适应数字经济发展趋势的需要

近年来，互联网、大数据、云计算、人工智能、区块链等加速创新，数字经济日益融入经济社会发展的各领域和全过程，正在成为重组全球要素资源、重塑全球经济结构、重构全球竞争格局、把握新一轮科技革命和产业变革新机遇的关键力量。面对市场竞争加剧、产业转型升级、现代产业链打造、客户需求多变、产品混线生产、交付周期持续压缩等内外部压力，企业越来越需要数字化方式来破局。数字企业建设已非选择题，而是当前必须完成好的重要任务，是现代化企业生存发展的必然选择。

当前，我国大多数企业开展数字化建设是从数字技术引进、数字化实施、数据治理等角度开展工作，还没有形成成熟的数字企业建设路径，没有真正实现数据贯穿产品全生命周期，没有现成的数字企业样本，因此，需要加大力度探索数字企业建设路径，建设真正意义的数字企业。

（二）落实集团数字化战略的客观要求

中国中车作为我国高端装备制造业的先进代表，主动融入数字时代，聚焦数字化智能化发展，将数字化摆在了集团“五化”发展战略的首要位置，先后发布了《中国制造2025中车行动计划》（中车“智造2025”）、《中国中车数字企业建设指导意见》、“13354”数字化转型战略。中车唐山公司作为中国中车核心子企业，信息化建设起步早，具有先机优势，因此，更要勇于承担，打造数字化典范。为了落实集团“13354”数字化转型战略，中车唐山公司系统梳理了前期工作基础，基于公司整体经营情况和发展愿景，面对体制机制改革、运营模式转变、信息系统重构等挑战，起草了数字企业建设专项规划和蓝图，将数字企业建设作为核心战略主题写入战略规划，从公司层面明确了数字企业战略方向和举措。

（三）提升企业核心竞争力的关键举措

中车唐山公司信息化建设起步于2006年，引进了SAP等高端信息化平台并持续深化系统应用。经过十余年持续建设，公司在信息化应用水平、系统规模、基础建设等方面已经奠定了良好的信息化基础，建设了与国际一流企业对标的信息化系统架构，公司研发设计、生产制造、运维服务、经营管理等业务实现了与信息化的融合，信息化已经成为公司业务运行、流程优化、资源配置、经营决策的重要抓手。但是，伴随着企业快速发展，信息化建设不断暴露问题，出现了上下游业务衔接不顺畅和数据信息难以跨业务、跨系统、跨职能，以及数据运用价值不足、驱动力不足等典型问题。面向高质量发展的新时代要求，中车唐山公司仅靠信息化建设已经不能满足公司的发展需求。要发展成为具有全球竞争力的企业，中车唐山公司势必要深度融合数字技术、挖掘数据深度、实现数据全生命周期贯通，建设数字企业成为破解发展瓶颈的必然选择。

二、轨道交通装备企业贯穿产品全生命周期的数字企业建设主要做法

（一）确定“144N”数字企业战略

1. 建设思路

中车唐山公司为推动数字企业建设，开展全局规划，明确“144N”“数字唐车”发展思路，把数字化打造成企业品牌，贯穿于产品全生命周期乃至公司整个经营发展过程，全力建设数据驱动型企业，打造“数字唐车”，推动企业转型升级高质量发展。一个主线：聚焦 1 条企业高质量发展主线，深度融合新一代数字技术，以数据要素为基础，贯穿全生命周期，聚焦研发、制造、服务和运营四大领域，实现全价值链协同，系统互联，数据互通，构建数字企业，提升经营效率，为企业高质量发展持续激发新活力。4 个环节：贯穿四大价值链环节，将数字技术与产品研发、制造、服务、运营进行全生命周期深度融合，通过应用数字技术实现企业产品研发、制造、服务和运营的创新突破，提升智能化、智慧能力。4 个能力：打造企业四大核心能力，顶层策划公司数字化研发、数字化制造、数字化服务和数字化经营，以公司典型产品为载体，建成贯穿产品全生命周期的数字化典范，充分发挥数字化赋能机、催化剂和孵化器的核心作用，打造产品全生命周期技术能力和多品种、小批量、定制化柔性制造能力，以及产品全生命周期智慧服务能力、数据驱动的数字化运营管控能力。N 个业态：通过数据贯通产品全生命周期，打造技术、制造、服务、运营一体化协同应用能力，基于工业互联网平台开展面向内外部的数字化生态创新应用，实现与上下游企业生态互联，探索轨道交通新业态。

2. 实施阶段

把“数字唐车”建设路径分为 3 个阶段，即“标准化筑基 - 信息化落地 - 数字化赋能”的建设路径。在标准化阶段，公司以业务为基，标准化先行，从标准化建设入手夯实基础，开展业务建设，实现管理标准化、技术标准化、制造标准化；在信息化阶段，围绕市场、技术、制造、服务和管理业务，搭建较为完善的信息系统架构，通过系统的高度集成实现覆盖产品全生命周期的业务管控，有效支撑以高速动车组为代表的轨道交通装备产品的业务应用；在数字化阶段，聚焦到以数据为核心要素，围绕研发、制造、服务和运营的四大数字化平台，以四大能力为基础，贯通数据应用，围绕价值链推动数字化升级，构建全量全要素数据资产，打造全生命周期数据驾驶舱、生产指挥数据驾驶舱、经营管理数据驾驶舱，促使数据要素成为企业发展新动能，创新多业态应用，建成数字企业。

3. 建立三大保障措施

一是把数字企业建设作为“一把手”工程。明确数字企业建设目标，整体绘制一张数字企业建设蓝图，通过一个整体计划抓落实，确保项目方案落地、效果呈现。成立数字企业建设办公室，统筹开展数字企业建设的推进与落实工作。组建数字化研发、数字化制造、数字化服务和数字化运营 4 个专项项目组，各专项项目组由主管高管直接负责及推进落实，组织协同各职能单位落实推进。二是以评估和考核机制调动全员积极性。通过开展各部室、生产单位数字化能力评估及现场拉练，验证数字企业建设情况及实际效果。通过目标引领、指标拉动、任务驱动的方式，将各部室、生产单位的数字化水平作为年度核心指标，与组织绩效、中干业绩评价直接挂钩，奖惩结合，考核直接兑现到组织及个人，全力保障数字企业建设。三是不断强化数字化人才的投入和培训。持续健全数字化人才培养认证体系，培养数字化人才队伍，为数字企业建设提供人力资源保障。制订数字化人才评价标准，与公司现有员工职业发展体系有机结合，培养具备行业战略发展眼光与数字化思维的领军型人才，以及具备数字化技术、管理能力支撑数字企业建设的专家型人才和能够快速适应业务数字化的应用型人才。

（二）分步骤夯实数字企业基础

1. 推动业务标准化

坚定先标准化后数字化的发展路径，围绕制度文件、企业标准、数据规范、业务流程、业务数据等

开展大量的标准化基础工作。一是围绕经营管理体系，实现管理标准化。实现多标一体，即以 IRIS 质量管理体系为核心，建立覆盖“两化”融合、质量、环境、安全、能源等 13 个管理体系的一体化企业经营管理体系，实现了公司业务关键过程（COP）、支持过程（SP）和管理过程（MP）管控体系的搭建，对公司全部管理制度、业务流程、工作标准进行优化升级，实现管理标准化。二是围绕大技术体系，实现产品技术标准化。大技术体系以订单产品项目和新产品研制项目为抓手，主要从技术管理、产品标准化、技术标准化的角度推动全生命周期能力建设，重点打通研发、试验、制造、运维、检修等产品全生命周期技术环节。具体通过纵、横两条线来实施，纵线主要围绕产品研制主流程，理顺技术系统各部门之间在产品全生命周期各阶段的输入和输出，通过制度、模板和表单的形式进行固化；横线主要以核心产品技术的标准化来实现，开展结构标准化、接口标准化、产品模块化、构型管理基础等工作，建立产品谱系化技术数据库，完善产品技术数据规范、技术标准和规范性文件，为产品全生命周期的技术打通奠定基础。三是围绕标准化生产线，实现制造流程标准化。建立标准工位评价标准和标准生产线评价标准，在此基础上开展标准工位和标准生产线的建设，实现生产计划拉动的标准化生产线运作模式，市场、技术、人、机、料、法、环、测各要素的管理都以标准化的形式予以完善，为数字化生产线的建设奠定基础。

2. 推动业务信息化

一是搭建覆盖产品全生命周期的信息化系统。对标西门子、三一重工等国内外优秀企业的先进模式，围绕市场、技术、制造和服务等核心业务打造全生命周期贯通的信息化业务平台，建成了以研发协同平台（PLM）、企业运营管理平台（ERP）和制造运营管理平台（MES）为主体，以及企业决策分析系统（BI）、客户管理系统（CRM）、产品运维管理（MRO）、供应链协同（SRM）等为辅的信息化架构。实现了主产品流程、主业务流程横向到边、纵向到底的信息化系统覆盖，有效支持了以高速动车组为代表的轨道交通装备产品的设计、仿真、制造、管理、执行与服务等。公司“两化”融合体系达到创新突破发展阶段，信息化支撑了公司业务体系落地，夯实了数字企业建设基础。二是强化数字基础设施和算法保障。实施基于工业互联网的建设工程，以信息安全为先导，面向客户、供应商等企业生态伙伴，面向集团、企业内部用户构建了新一代信息化基础设施，形成了稳定后台、共享中台和敏捷前台。稳定后台通过现代 IT 基础设施运维服务体系，满足公司数据驱动多业态业务执行、多源异构数据的存储交换等需求，提供数据管理及安全保障体系；共享中台不断完善公司业务中台和数据中台建设，实现业务服务化共享和数据共享；敏捷前台搭建一体化用户应用门户，实现多种用户信息化互联互通。此外，公司引进人工智能算法技术，基于中车工业互联网，采用分布式架构集成数据处理、统计分析、机器学习等先进人工智能算法，满足大数据分析、挖掘和数据建模等各种技术需求，为数字企业建设提供快速、灵活、可靠的算法支撑。

3. 推动数据资产化

为了构建企业数据资产，中车唐山公司围绕研发、制造、服务、运营数据驱动的业务场景能力需求，总体规划了数据驱动的共享及服务能力建设方案，分析数据问题现状，盘点数据资产，建立数据资源目录，重点开展了两项工作：一是通过研究数据归集方法，统筹制订元数据、主数据、参考数据、业务数据、指标数据等数据标准，构建数据产线，基于统一的数据标准，收集、整理、治理与加工数据，构建数据驱动业务能力；二是开展数据治理，建设数据治理、管控的组织及制度规范，明确数据治理的管理部门，明确管理职责和流程，为数据治理提供保障，构建从数据集成、清洗、融合、应用到数据资产化的全面数据治理体系，提高数据资产的价值，保障数字企业建设。

（三）探索数字化协同研发

运用数字技术，搭建共享数据通道，实现基于产品构型和产品模型的设计、工艺、制造、服务一体化产品协同研发，面向产品全生命周期技术开展产品协同研制，产品技术数据直达业务执行端，提高研发质量、效率，降低研发成本。

1. 基于构型管理，贯通产品全生命周期数据信息

基于构型管理理论，借鉴军工技术状态管理和航空构型管理经验及标准，建立轨道交通行业的构型管理规范，搭建构型管理平台。技术部门结合轨道车辆各产品平台，进行不同视图的构型研究，结合轨道车辆产品开发流程及产品特点，创新性地建立了设计构型、工艺构型、运维构型、检修构型、试验构型、功能构型规则，搭建了“设计（EBOM）→制造（MBOM）→检修（SBOM）→运维（OBOM）”的构型管控机制，通过构型管理生成贯穿产品全生命周期各阶段唯一数据源的构型数据，确保数据同源、数据链完整，数据可传递、技术可传承、质量可追溯、成本可控制。实现了以设计为源头，将产品研发数据纵向贯通到产品制造、质量控制、供应链协作、运维服务等过程，将制造、运维、检修数据反馈到设计工艺端。公司构型管理已100%覆盖新产品，按产品构型归集全生命周期数据，通过产品构型的选配与局部变换，快速形成新产品构型，支持变形设计，从数据链角度消除部门分工阻隔，实现构型数据的一致性和可追溯性，打通公司各技术阶段数据，提升产品全过程的数据融合价值，实现产品全生命周期技术数据贯穿。公司基于构型实现了时速250千米动车组的快速设计，基于构型管理实现天津地铁5号线、福州地铁4号线、福州地铁1号线等产品的设计、制造和服务应用。

2. 基于三维模型，推动产品全生命周期协同研发

依托工程一体化平台优化产品研发、工艺等技术流程，建立基于MBD（Model Based Definition）的产品研发规范体系，构建研发工艺制造服务一体化协同研发平台。技术部门通过建立产品模型标注规则，设计产品三维模型，依托产品三维模型提取产品数据，生成产品制造作业指导书。通过打通工程一体化平台、生产制造系统和服务系统的全业务链条，将产品数据向制造端、服务端延伸，将工程一体化平台输出的产品三维标注模型推送至制造现场的生产作业工位，实现产品制造过程的技术要素管理，驱动生产制造活动的开展，实现产品研发、工艺与制造的数据贯通。通过生产设备对产品制造数据进行采集，对数据进行分析应用，实现产品数据分析反哺设计人员，推动设计工艺制造服务一体化协同研制。基于MBD的一体化协同平台已应用于公司动车组转向架产品的研制过程中，实现了基于模型的产品设计、工艺设计，将三维作业指导书推送至作业工位，有效提高研制产品生产质量。

（四）大力实施数字化精益制造

基于工位制、节拍化的生产原则，建立高效的数字化供应链，搭建生产指挥数据驾驶舱，打造数据贯通的柔性生产线。

1. 打造数据贯通的柔性生产线

结合公司多品种、小批量的离散装备制造特点，结合产品工艺布局、生产模式、制造批量等实际情况，中车唐山公司打造了数据贯通的精益柔性生产线，实现各生产要素的管理从文档方式向结构化数据方式的转变，推行多平台产品共线生产，提升公司生产线的柔性与可重构能力。负责生产制造各要素（技术、人、机、料、法、环、测）的职能部门，依托企业制造运营管理平台将生产所需的制造要素数据按照计划精准投递至生产作业工位。员工运用数据仓库、数据看板等手段对生产线制造、加工、资源、成本等维度的数据进行管理与分析。此外，通过平台实现生产制造信息的自动化数字化采集，反哺设计、工艺、质量等要素部门进行改善优化，共同促进提质、降本、增效与节能可持续发展。通过柔性生产线建设，完成公司生产线、工位、制造资源要素的标准化定义和数据库建设，累计发布或更新公司制度62项、企业标准和规范性文件共计880余项，定义生产线、工位、各制造要素核心基础数据156项。基于柔性生产线实现了复兴号标准动车组、台州市域S1线等动车组产品和城轨产品的混线生产。

2. 建立高效的数字化供应链

中车唐山公司以数据驱动的采购计划与供应计划为触发点，对标行业一流供应链管理体系，通过流程优化提升、数字化平台建设、供应链大数据分析等手段全面提升供应链相关业务的响应能力。充分利用大数据技术实现物料需求计划、采购供应、质量检验、仓储物流和异常响应等各环节的协同应用，数据衔接营销、设计、工艺等前置业务，实现数据贯通。大力推广物料预警、VMI 库存、供应商直送等数字化模式，通过全生命周期库存管理，优化动态期量库存，压降库存金额。通过数字化供应链协同建设，已实现供应链在已推进的所有项目贯通使用，打通生产制造与物料供应数据通道，实现物料供应与生产制造联动，物料配送齐套率达到99.12%，供应周期平均下降60天。

3. 搭建生产指挥数据驾驶舱

中车唐山公司通过制造体系全要素数字化系统建设，形成以计划为主线、各制造要素和制造资源高效协同的制造管控模式。通过打通计划管理体系，贯穿市场、技术、制造、运维、检修五大阶段，实现制造要素数据直达工位，覆盖成本、质量、计划、资源、供应链等核心管理要素，实现在制造过程中生产任务、排产、质量、交期等全量全要素数据的贯通，建成生产指挥数据驾驶舱，实现基于制造数据驱动的运营管理实时化运作。相对传统生产制造管理模式而言，实现了业务管理向数据管理转变、事后协调向事先控制转变、分散管理向集中管理转变、问题潜伏向公开透明转变。围绕生产品质、效率和效益的提升，建立可测量、可跟踪、可评价的生产运营指标体系，将指标体系映射到生产指挥数据驾驶舱，通过搭建指标数据模型，提升指标数据采集、分析、控制能力，引导决策层、管理层、作业层及全员持续关注和解决现场问题，持续提升制造过程的安全、质量、交期、成本等方面的绩效。

（五）打造全生命周期智慧服务

打造产品全生命周期智慧服务解决方案，建设产品全生命周期数据驾驶舱，实现产品全生命周期数据追溯、产品运行状态洞察、故障预警及远程维护，实现产品全生命周期智慧化服务。

1. 基于产品构型，打造数字运维服务

基于产品构型，搭建了具备产品运维、资源管理、设备维保、物料管理等功能的 MRO 平台（产品运维检修管理平台）。在服务端，实现了数字化运维检修服务管理，实现了产品运维检修信息、履历信息、质量信息收集的全覆盖，通过产品综合保障分析研究，解析 MRO 业务场景与业务流程，围绕业务、客户与市场需求，实现对产品维修方案的优化及产品维修性、可靠性设计的合理评估，向客户提供全生命周期运维检修服务解决方案。在研发端，实现服役产品的质量数据、技术数据、成本数据、履历数据传递至研发用于优化产品设计，实现从产品设计阶段就综合考虑维修保障阶段的技术需求，为企业在产品全生命周期服役阶段的运维检修活动提供技术支撑。在管理端，实现产品运维成本精准测算，使公司服务业务板块实现了“总部－区域中心－服务站”三级资源高效协同的精细化管理能力。此外，MRO 平台搭建配件电商信息化管理平台，打通了客户、主机厂、供应商协同的配件服务业务链条，实现配件产业链全流程的数字化管控。数字运维服务已在南京、上海、广州等16 个动车组服务站，以及武夷山、台州等14 个城轨车服务站全面推广应用，实现运维检修现场作业标准化与无纸化、工单数据结构化、维修任务与工时数据工位化。

2. 基于数字模型，打造智慧诊断服务

打造数字化智慧服务，基于数字模型提供故障精准预测、远程诊断、远程指挥。服务部门以提升车辆可靠性、降低维修成本为目标，通过无线传输通道，实现服役车辆运行数据采集。专家骨干借助智能诊断专家系统，实现对线路列车运行状态全方位的监控，结合数据处理技术与智能分析技术，对服役车辆开展性能分析、健康评价、预警预测及维修优化决策，实现产品故障诊断、故障预警、健康管理、寿命评估和运维决策。武夷山有轨电车项目作为中国中车首个 PPP 总包项目，集“投－建－营”于一体，全面开展车辆运维、检修、运营等工作，成为数字化智慧服务的最佳载体，各类智慧服务已全面应用。

3. 搭建驾驶舱，提供数据管理界面

运用企业工业大数据中心，打通基于构型的产品全流程追溯与车辆运行数据流程，搭建面向客户、集团与公司的全生命周期数据驾驶舱，实现数据通用接入、统一治理与存储，打破数据业务壁垒。通过市场、设计、制造、运维、检修和运营全过程的数据贯通，支撑产品配置、产品履历、产品技术参数、产品项目成本控制、产品生命周期成本、产品可靠性分析及资产管理与运营决策等产品数据应用分析。实现轨道交通产品全生命周期数据驾驶舱应用，支撑快速响应产品运维、服务需求。员工运用驾驶舱实现产品多业务数据的集中管理，建立产品数据画像，对产品数据资产进行管理，为各单位提供产品全生命数据共享服务。

（六）完善全生命周期运营管控

构建以经营计划为牵引、以指标体系为索引、以项目为管控载体、以数据驱动的运营分析为手段、以绩效考核为推动的现代化企业数字运营体系，打造公司、事业部和生产线级的经营管理数据驾驶舱，支撑企业经营效果不断提升。

1. 构建数据贯通的项目管理体系

以项目全生命周期质量、成本、进度最优为目标，梳理全生命周期业务流程，按照系统化思维，搭建了全价值链六大阶段项目管理系统（PMP），强化项目管控能力，实现市场营销、研发设计、生产制造、供应协同、运维服务等各阶段的项目数字化管控。通过打通项目管理平台与市场营销平台、研发设计系统、生产制造系统、运维服务系统，实现项目全生命周期数据的贯通，实现对质量、成本、进度KPI指标的跟踪，实现项目质量、成本和进度的可视、可控、可分析，在项目各执行过程中实时对项目进行全生命周期管理。已实现订单类、科技类、管理类、投资类、新产业类等所有8类项目的数字管控，实现各类项目数据的可控、可视、可分析。

2. 构建数字运营管控模式

搭建数字化运营管控平台，通过对经营计划、运营计划、运营分析、运营评价流程进行梳理，建立数字化运营管控逻辑。搭建四级计划/三级费用联动管控模型，将项目和成本费用作为两大管控载体，项目通过四级计划联动来管控，成本通过三级费用模式来管控。以数字化运营管控平台为手段，通过数据挖掘、分析发现生产经营问题，稳步推进年度经营计划。在此基础上重点开展指标体系及考评机制优化，运用关键影响因素分析法，基于价值创造，围绕项目、市场、研发、工艺、生产、采购、物流、服务等价值链增值环节展开深度分析，确定影响公司级运营指标达成的纵向和横向影响因素，揭示公司级指标与下级指标之间的影响关系和下级指标之间的横向关联关系，构建公司运营管控地图。形成以经营绩效为主要评价内容、以履职评价为辅助评价内容，以及应用结果以经营绩效奖为主、多种奖励形式为补充的“一主多辅”绩效评价体系。形成公司运营指标库，明确指标定义、取值方式。将运营过程指标内嵌于业务过程中，借助专业的业务系统实时提取业务数据，通过运营管控平台实现运营指标的静态展示、数据分析和问题追踪，使运营过程指标的结果真实反映业务执行的实际情况。

3. 打造经营管理数据驾驶舱

基于用户角色和业务内容的不同角度，搭建了公司级、部门级、生产线级三级经营管理数据驾驶舱，分别服务于高层领导、部门级技术管理人员与生产线级技术管理人员，实现公司指标的传递，实现经营数据的可视、可控、可分析。结合数字化运营管理模型，实现三级管理协同，实现多维度、多视角的企业运营管控。运用经营管理数据驾驶舱，企业员工能够通过各种仪表盘和统计分析报表及时看到各类指标的完成情况和过程分析，能够直观地监测公司经营管理情况；能够通过各种数据分析模型来模拟决策结果，直观地对经营管理问题进行挖掘、追溯和模拟预测；能够通过指标完成情况和业务预测预警，将指标实际值与设定目标值进行对比，找出差距原因，便捷有效地分析经营管理问题，控制经营风险，确保企业经营目标达成。

三、轨道交通装备企业贯穿产品全生命周期的数字企业建设效果

（一）初步构建了数字企业样板

中车唐山公司实现了数据贯穿产品全生命周期，数字化成效从局部效果向整体价值链提升转变，建立了面向产品全生命周期的数据资产，实现数字化与企业管理螺旋式提升的效果，大大提升了企业技术、制造、服务和运营管控的管理水平，打造了一系列可复制、可输出的数字解决方案。通过数字企业建设突破了企业传统管理模式的束缚，培育了数字化思维，重构管理制度体系和经营模式，实现了企业的核心变革，先后获得"国家级'两化'融合示范企业""河北省'两化'融合示范企业""制造业信息化科技工程应用示范企业"等荣誉认可。"两化"融合管理体系贯标通过国家评定，"两化"融合评估得分为81.61分。

（二）提升了管理效率和经济效益

通过建设数字企业，中车唐山公司管理层级大幅压缩，管理链条简洁高效，管理效率大幅提升。产品研发方面，研发效率提高30%，同类产品研发周期缩短32.8%，工程变更减少10%，产品可靠性提升10%，典型订单产品模块化利用率提升至60%；制造方面，建成80条数字化生产线、465个数字化工位，关键重要工序数字化率达80%以上，有效缩短生产周期10%，提高生产效率23.6%，降低产品不良率27%，提高能源利用率18.9%；服务方面，关键系统部件的感知诊断覆盖率不低于50%，故障平均修复时间缩短25%，车辆检修效率提高10%；运营方面，企业运营成本降低20.8%；数据方面，数据质量指数提升27%，相关经营报表的自动生成率达80%以上，经营数据的自动提取、实时更新率达85%以上。数字产业化的经济效益不断提升，重点研发的"銮舆·天机"网络安全攻防平台、"銮舆·人和"智慧安全双控平台和"銮舆·地利"智慧城市安全应急平台，半年时间已获得外部市场订单4个，带来经济效益2000万元。企业经营效率大幅提升，年营业收入121亿元，比转型前增加13.3%。

（成果创造人：周军年、谭　沐、刘春明、吴洪文、徐应明、王远霏、马宵锋、张绍东、李文军、蔡卫华、戈　鑫、巨　星）

全面支撑能源互联网企业建设的数字化服务体系构建

国网信息通信产业集团有限公司

国网信息通信产业集团有限公司（以下简称信产集团）成立于2014年，是国家电网有限公司（以下简称国家电网）专业从事数字化业务的全资子公司，是我国能源行业主要的数字化技术、产品和服务提供商。信产集团注册资金150亿元，拥有53家子公司（含1家上市公司），分布在北京、合肥、福州、天津、成都、厦门等地。目前，员工总数6654人，科研人员占比50%，中级及以上职称占比40%。建成国家级科研平台2个及省部级科研平台13个、院士专家工作站1个、博士后科研工作站1个；获得中国专利奖银奖1项、优秀奖6项，省部级/行业级及以上科技奖励281项，其中含国家科技进步奖二等奖2项。2021年，营业收入270亿元，资产总额607亿元，连续5年入选软件和信息技术服务竞争力百强企业，居能源行业首位；连续两年获国家电网业绩考核A级。获省部级/行业级科技奖励155项，3个“信创”典型应用获工业和信息化部应用系统自主替代试点工作卓越奖，获评国家电网管理提升“标杆模式”。

一、全面支撑能源互联网企业建设的数字化服务体系构建背景

（一）服务国家能源安全新战略，加快能源产业数字化、智能化升级的需要

党中央高度重视数字技术与传统产业融合发展，对数字产业赋能传统产业转型升级、催生新产业新业态新模式、做强做优做大我国数字经济等做出一系列决策部署。当前，我国能源行业总体仍处于数字化智能化转型的孵化期，距离清洁低碳、安全高效的数字化智能化能源系统还有很长的路要走。能源行业以建设能源强国和发展数字技术、数字经济为使命，深刻把握能源发展和数字技术、数字经济发展的客观规律，探索能源生产和消费新模式，积极推动建设数字化智能化为特征的现代能源体系，服务“四个革命、一个合作”的国家能源安全新战略，力争如期实现“碳达峰”“碳中和”。信产集团作为能源数字化领域领先的产品技术与服务提供商，积极发挥能源数字产业主力军与先行者的作用，通过重构数字化服务体系，全面支撑国家能源数字化、智能化升级的安全新战略。

（二）全方位赋能国家电网能源互联网建设的要求

近年来，以电为中心、以新能源大规模开发应用和电动汽车等新型用电终端广泛发展为标志的新一轮能源革命蓬勃兴起，电力系统运行的复杂性和波动性不断攀升，迫切需要应用新一代数字化技术，提升装备智能化水平，加强网络安全与系统运行，实现对可再生能源的全息感知、智能分析和精准预测，应对电力发展面临保障持续稳定供应和加快清洁低碳转型的双重挑战。国家电网以建设具有中国特色、国际领先的能源互联网企业为目标，充分发挥电网作为能源转换利用和输送配置的枢纽平台作用，通过先进数字技术与能源技术的融合，赋能清洁低碳、安全可靠、泛在互联、高效互动、智能开放的能源互联网建设，实现能源电力清洁低碳转型、能源综合利用优化、多元主体灵活接入，推动企业自身高质量发展，引领能源行业数字化转型。信产集团作为国家电网能源互联网建设的中坚力量，充分发挥其科技创新平台、运营支撑平台、融智服务平台、效益创造平台的作用，为国家电网能源互联网建设提供坚强支撑与强劲动力。

（三）紧抓产业升级新机遇、实现高质量发展的需要

信产集团持续以数字化服务体系构建为根本，不断提升核心竞争力。国家能源数字化、智能化升级及国家电网能源互联网建设对信产集团数字化服务能力提出更高的要求，传统的数字化服务模式已经不

能满足当前形势的需求，迫切需要从发展战略、技术体系、业务模式、保障机制等方面重构新的数字化服务体系。自2018年以来，信产集团主动适应新形势、承接新战略、紧抓发展机遇，通过形势研判与对标分析，全面总结产业发展新需求，在战略层面需要审时度势，不断优化产业布局，明确产业发展重点及策略，加强战略管控，确保战略落地；在产品技术层面需要持续增强科技创新能力，打造安全自主可控核心技术产品，提高研发成果市场转化率；在市场营销层面需要牢固树立危机意识、竞争意识和服务意识，不断优化配置营销资源，提高客户服务水平。通过数字化服务体系构建，全面提升核心竞争力，紧抓产业升级发展新机遇。

二、全面支撑能源互联网企业建设的数字化服务体系构建主要做法

（一）明确数字化服务体系构建思路，支撑能源互联网建设

1. 实施产业批次发展布局，为可持续发展提供动力

信产集团本着可持续发展原则，制订“卓越提升三年行动计划”，明确“三个一批”产业集群发展规划，突破创新一批，重点在电网业务方面实现新领域突破，构建数字化技术创新应用业务模式，全面深化新技术创新应用，聚焦国内短板“卡脖子”芯片研制，实现高端芯片突破；综合示范一批，重点围绕“双碳”、新型电力系统、能源互联网、“信创”等国家战略，打造一批精品综合示范工程，充分发挥示范引领、带动和窗口作用；规模发展一批，重点加强“国网芯”、北斗及地理信息服务、网络安全、运维集成等的规模发展。

2. 构建经营多维协同格局，为高质量发展夯实基础

信产集团以高质量发展理念建立大营销、大研发、大制造的高效协同三大体系。搭建集团级和省级两级营销平台，打造系统外和国际专业化团队，做强总部和行业营销，做实省级营销平台；构建两级协同研发体系，加强原创技术、核心技术及自主产品研发；完善智能终端生产基地建设，实施市场驱动、按需生产，建立全流程质量控制体系，提高产品质量和交付能力。构建省“思极”科技公司“前店后厂”协同方式，将省“思极”科技公司构建成为信产集团面向省级公司的辐射渠道，打造区域服务的桥头堡、主阵地，将专业化公司建设成为各专业领域数字化产品、解决方案的输出单位，形成“前店后厂”协作模式，推进各单位向属地化、专业化“两化”方向发展。实施“战略+财务”集团化管控模式，合理设置股东会、董事会、监事会，规范“四会一层”和党委的权责关系。对下属企业实施分类管理、分类考核，强化经营增量创效导向，建立容错免责机制，鼓励创新举措。芯片、北斗等产业板块引入多元战略投资者，打造产业生态合作典范。

（二）打造原创技术策源地，为能源互联网建设提供坚实的数字技术基础

能源互联网是数字技术与能源产业深度融合发展的主要应用形态，能源互联网对多样的信息采集能力和灵活的网络接入能力、高速可靠的网络传输能力、智能的数据分析和决策能力、强大的网络信息安全保障能力等方面提出更高的要求。信产集团依托先进的数字技术，以数字产业全链条、能源应用全场景的“两全一新”理念打造能源数字产业原创技术策源地，为国家电网能源互联网建设提供坚实的数字技术基础。

1. 打造“四统一”研发机制，支撑技术攻关成果转化

信产集团以“协同化”“高效率”理念，建立“四统一”研发运行管理机制，立足保障研发全流程高效运转，围绕研发布局统一规划、核心资源统一配置、重大项目统一攻关、研发成果统一推广原则，持续完善配套的制度规范体系；构建跨组织协作机制，加强内部研发协同，组建跨单位、跨部门、跨专业项目专班，整合信产集团资源和力量集中攻关重点项目，设立综合试点和专项试点单位；搭建大平台促进成果转化，开展核心知识产权布局、重大成果集中培育、项目成果转化应用等工作，快速培育新业务、新产品，更好支撑系统内外部市场拓展。

2. 首创“电力数字空间”引擎，实现关键技术自主可控

“电力数字空间”是信产集团为全面支撑国家电网能源互联网建设需求而首创的产品技术体系，重点从感知层、传输层、应用层及安全防护等方面打造一批拥有完全自主知识产权、技术水平国际领先的产品与服务。

（1）“国网芯”及智能终端支撑能源互联网全景状态感知

芯片是能源互联网建设的基石，发展“国网芯”是国家电网落实国家芯片安全自主可控战略的具体实践。信产集团瞄准芯片产业链（设计、制造、封装、应用）具有资金与人才密集型特点的“两端”（即芯片设计与芯片应用），研发具有广阔应用空间和高附加值的芯片及终端产品。成立能源互联网智能终端核心芯片可靠性技术国家地方联合工程研究中心，建立科研与产业的桥梁和纽带，促进科研成果向现实生产力转化。现已开发包括安全、主控、通信、传感、射频识别八大类别的140余款芯片产品，本着开放和跨界协作的理念，与芯片应用单位、终端厂商、芯片设计公司、芯片标准组织密切协作、合理分工，共同推进能源数字化芯片与终端的国产化进程。芯片销售量从2010年起步时期的每年0.25亿颗提升到每年1亿颗；除本土外，还销往中亚、欧洲、南美、非洲的68个国家。电力系统用电侧设备的核心芯片国产化率从不足10%提升至60%以上。智慧物联平台累计接入终端设备近256万台，累计采集数据超过百亿条。

（2）“空天地”一体化网络支撑能源互联网数据传输

北斗、5G等是国家的重要空间网络基础设施，随着电力设备和服务不断延伸并扩展到山区、沙漠、海洋等广阔区域，信息服务的空间范畴不断扩大。信产集团充分发挥内部协同研发制造优势，建成“电力北斗+5G+GIS新时空工程中心”，打造“空天地”通信网络，将北斗技术与5G通信、GIS、空天遥感、物联网技术进一步融合，承载数据的多元流动，赋能源网荷储各环节泛在互联，建设广覆盖、大连接、低时延、高可靠的一体化网络，保障源网荷储各环节全天候、全时空互联互通。研发智能手持设备、智能安全帽、地质形变监测终端、分布式故障定位装置等产品体系。目前，产品覆盖北京、河北、天津等15个省（自治区、直辖市）的19个落地站点骨干网络，建成北斗地基增强站1208座，电力北斗精准时空服务网全面组网，北斗综合服务平台在国家电网系统内全面部署。

（3）“智慧中枢”支撑能源互联网智能分析精准预测

针对能源互联网建设提出的能源调度精益化、电网运行智能化等要求，构建由人工智能平台和数字孪生平台组成的“智慧中枢”。通过人工智能平台提供具有前瞻性的态势判断和运行决策，实现电网全景全息可视、态势实时感知、故障智能诊断、趋势分析预测、辅助智慧决策，保证电网资源优化配置与高效运行。通过数字孪生平台进行电网空间实景沉浸式孪生重建与映射协作、电网精准辅助决策、电力设备故障预测与健康管理技术研究等。人工智能平台在安监、设备、调度等领域应用，在国网大数据中心和安徽、福建等省级公司共14家单位落地，自研流程机器人支撑企业人财物、设备、营销等超过200个专业场景应用；数字孪生平台累计接入输电线路939条和变电站342座，提供30余起天气事故精准预警，强化调度领域智能决策。

（4）立体安全防护平台保障能源互联网全场景可信互联

立体安全防护平台满足开放互联为特征的能源互联网建设需求的新一代网络安全防护理念，可为能源互联网多能源主体、多系统平台、多样海量终端提供可信的全场景网络安全环境。信产集团本着物防、事防、人防的“三防”原则，研发网络安全分析与防护套件、设备接入控制系统、终端行为分析装置，打造集情报上报、存储、处置、分析、展示于一体的智能主动防御安全平台，建立攻防兼备的安全队伍，提供情报态势分析、实时监测响应、防御联动处置、攻击渗透检查、实战对抗演练等服务，为能源互联网建设锻造依法合规、可信互联、精准防护、安全互动、智能防御的安全盾牌。该平台服务国

家电网全面落实等级保护各项要求，支撑服务渗透测试队伍工作，提供全过程网络安全防护产品系统及服务。2021 年，该平台自动拦截处置 3.42 亿次网络攻击，有效防范各类网络安全事件，在国家电网网络攻防演习及实践中保持核心区域安全“零突破”。

3. 建立“产学研用”合作机制，促进产业生态协作共赢

能源互联网建设不仅需要技术手段支撑，更需要借助以价值主张为核心的数字能源生态作为保障。信产集团作为国家技术标准创新二级基地，积极参与能源互联网标准体系建设，推动能源数字产业生态高水平竞争与协作，参与编制并发布国际标准、国家标准、地方标准、行业标准与团体标准。依托 ITU－T、IEC、IEEE 等国际标准渠道，参与发布电力线通信、智能客户服务、电力物联网、5G 通信等技术标准。搭建信通研发业务技术标准实施数字化服务平台，为产业链内研发人员精准实施标准提供数字化、智能化和全方位支撑。信产集团从“需求对接、基础研究、技术开发到应用推广”进行全链条科研创新设计，加强创新关键要素资源共建共享，助力能源数字化产业高质量发展。

（三）加强“互联开放”协作，支撑能源互联网清洁能源消纳

针对能源互联网电源侧存在新能源大规模并网随机性强、波动性大的特点，信产集团通过智慧物联体系实现海量终端互联互通、可观可测，高效融合多形式能量、异构信息，为能源电力企业提供全方位数字化服务，满足“源源互补、源网协调、源储互动、源荷互动”的多元用户需求，推动市场开放，打造共赢生态，支撑能源互联网清洁能源消纳。

1. 虚拟电厂服务实现能源聚合协调配置

信产集团在天津滨海新区智慧能源小镇落地应用虚拟电厂，以能源与城市融合发展为愿景，虚拟电厂通过接入多元化能源资源，主动响应电网调度信号，协调区域电网供需平衡，实现小镇各种能源资源的优化配置，充分体现能源互联网清洁低碳、安全可靠、泛在互联、高效互动、智能开放的特征，成为天津市与国家电网战略合作、构建以新能源为主体的新型电力系统的典范。小镇全面建成后，区域内供电可靠性超过 99.999%，清洁能源利用比例达 90%；电能占终端能源比重超过 45%，助力天津电网到 2025 年初步建成国际领先的能源互联网。

2. “智慧水电”服务助力清洁能源信息数字化运营

信产集团通过构建“智慧水电”平台，实现水电清洁能源信息数字化、业务互动化、决策智能化、运营一体化。该平台基于智慧电厂、超融合、数字孪生等先进理念及业务需求，构建智能感知、集中监控、智慧运维、科学决策的数字化电厂。目前，已累计服务雅砻江、大渡河、金沙江、福堂、黑水、明星电力、映秀湾等近 10 家发电企业，累计为 30 余座水电站（约 67 万个测点）提供实时计算服务，设计核心算法及规则近千种，为发电企业的经济运行、发电控制、精益调度、状态检修、电力交易提供智能决策与支持，实现电站运行坚强可靠、经济高效的运行模式。

（四）落实“三融三化”思想，赋能大型能源企业能源互联网建设

国家电网能源互联网建设以数字技术和数据要素创新应用为驱动，以“三融三化”为指导思想，要求数字化服务融入电网业务、融入生产一线、融入产业生态，满足架构中台化、数据价值化、业务智能化的需求，信产集团通过全方位运用电力数字空间产品服务能力，打造覆盖电网业务、客户服务、电力交易、企业运营等各环节的应用，赋能国家电网能源互联网建设。

1.“网上电网”支撑能源互联网智能规划

信产集团主导研发的“网上电网”助力国家电网实现网上规划电网、网上建设电网、网上运营电网，有效支撑电网智能规划、高效前期、精益计划、精准投资、自动统计、协同服务等六大方面的业务。通过融汇电力物联网数据，实现图数一体、在线交互、人工智能等功能，通过构建网上管理、图上作业、线上服务模式，实现业务发展数字化可视化、在线化和生态化。面向全国推广实施，贯通基建、

调度、设备、营销等专业22套系统数据链路，实现数据从源端直采、跨业务融合、全线上集成、零人工录入、全自动生成。经初步测算，“网上电网”可帮助杭州供电公司在“十四五”期间延迟主网建设投资4.7亿元，高效利用配网结余资金4.99亿元，每年节约人力成本3592.9万元。

2. “网上国网”高质量在线服务用电客户

“网上国网”是国家电网线上服务主入口，面向不同用户群体提供办电、交费等传统电力业务，以及电商、电动车、光伏、金融等新兴业务，承载着连接客户、汇聚资源、对接供需、构建生态的重要使命。目前，注册用户数达到1.7亿，日活跃用户数800万以上，交费2.1亿笔，办电2351万件，融合贯通浙江“浙里办”、上海“市民云”、重庆“渝快办”等30家政务平台，已经成为国家电网用户体量最大、活跃程度最高、最具社会影响力的线上服务平台。

3. 新型电力负荷管理平台支撑安全有序用电

信产集团建设新型电力负荷管理系统，支撑有序用电下的负荷控制和常态化的需求侧管理。通过负荷分类分级在线监测、负荷管理业务流程贯通，推进负荷资源统一管理、统一调控、统一服务，提高电网灵活性和系统稳定性。现已完成国家电网总部侧及7个省级侧新型电力负荷管理系统建设，首次用于支撑“迎峰度夏”有序用电专项演练，将推动各地区负荷控制能力达到本地区最大用电负荷的10%。

（五）提供“智慧能效”服务，支撑能源互联网绿色用能需求

绿色发展是能源互联网建设的目标之一，信产集团通过整合以电为核心，包含水、电、气、热、油等综合能源，对各环节、全流程优化计算，实现综合能源高效利用、低碳节能、绿色清洁，满足能源互联网绿色用能需求。

1. 智慧综合能源服务实现能源高效利用

信产集团面向园区、企业和公共建筑等用户，研发推广“云平台+站端系统+边缘代理装置”的智慧能源综合服务平台，全面支撑能源托管、代运维服务、电能替代、需求响应、能源交易等综合能源服务，同时具备项目规划、平台建设、数据中心、系统建设用能服务、运维运营等服务能力。现已建成河北、河南、重庆、西藏、黑龙江等7家省级智慧能源服务平台。

2. 政企合作服务模式助力我国“双碳”战略

信产集团打造全国首个政企合作的智慧能源“双碳”云平台，面向政府、企业、碳服务商与社会用户，提供碳监测、碳减排、碳评估等功能，围绕碳排放趋势、结构、流向等构建分析体系，辅助政府开展“双碳”目标演进预测和路径规划，帮助企业实现碳资产管理及碳交易分析。现已推出系列“能源+”数据增值产品185项，帮助政府、企业实现高效用能。在上海浦东新区累计接入6500余户高压用户水、电、气等数据；在安徽合肥接入25000户10千伏以上用户数据，定制节能方案2400例，有效推动零碳园区建设。

（六）强化服务保障机制，提升能源互联网数字化服务水平

数字化服务体系构建带来企业经营管理的变革，信产集团坚持以人才为本，以效率为导向，强化优化数字化服务支撑。通过释放关键要素活力，保障数字化服务体系的运营效率，提升能源互联网数字化服务水平。

1. 细化客户服务，支撑需求敏捷响应

信产集团设立营销组织统一对接国家电网总部客户，省级客户代表处分别对接各省（自治区、直辖市）电力公司客户，解决专业化单位在开拓市场时多头对接客户的问题，将专业化单位客户服务热线统一接入服务热线，实现集团与客户双向沟通的界面统一。从客户关系开发与维护、客户初步需求了解与产品推介、客户需求了解深度沟通、客户购买意向促进、投标与商务、交付过程协调与回款及售后服务等环节入手，不断提升客户满意度。主动贴近客户，加大主动回访力度，形成典型分享案例，提高

对客户服务的重视程度和响应质量，客户满意率同比提高3.6%，投诉率下降65%，协同服务能力提升显著。

2. 优化人才激励，提升企业内生动力

信产集团不断完善市场化用人机制，全面推行经理层成员任期制，经理层成员全部纳入任期制和契约化管理，职业经理人在经营管理队伍中占比显著提升。严格执行职业经理人业绩评价，强化绩效考核兑现与运用，对于不称职、不担当、不作为等问题，实施内退、降职免职、转为专家序列。落实差异化绩效考核，针对各级单位、部门、班组和项目团队，以及经营类、管理类、技术类、技能类和服务类等不同类型员工，制订“关键业绩制”“目标任务制”和“工作积分制”3种考核方式。针对产品研发、技术研究、市场营销、项目经理等核心岗位设立新产品增量效益奖、科研成果转化奖、合同提成奖、回款提成奖、项目里程碑奖、项目节支成本奖等绩效工资核定模式，构建形成覆盖各级组织、各类员工的差异化绩效考核管理制度。实施多元化激励机制，选取下属上市公司开展股权激励，通过减少业绩考核限制条件、扩大激励人员范围、提高首次授予额度上限，调动核心骨干人才创新创业积极性。遴选市场化程度高、具备核心科研人员的项目开展项目合伙人制试点，重点向关键技术攻关、承担国家重大科技任务等团队及科技人才倾斜，共同分享项目利润、共同承担项目风险。

3. 迭代数字平台，驱动管理质效提升

建设并迭代生产经营管理系统（以下简称“一系统”）是信产集团推进自身数字化转型的重要抓手。以信息化手段实现标准体系的有效落地，为生产经营精益化管理奠定基础。固化横向协同、纵向联动的经营管理流程，构建“业务融合、流程贯通、数据共享、功能易用、管理精益”的业务支撑应用。构建“全面监测、全景展示、智能分析”的业务监测应用，增强企业风险防范能力。深度融合门户、ERP等系统，减少数据多头录入环节；综合应用移动App和远程办公等手段，减轻基层员工负担。“一系统”现已在信产集团本部及下属22家单位应用，固化业务流程902个，日均页面访问量23000余次、日均在线用户1300余人，成为全面覆盖各级员工、支撑信产集团生产作业和精益管理的必备工具。

三、全面支撑能源互联网企业建设的数字化服务体系构建效果

（一）支撑大型能源企业能源互联网建设成效显著

信产集团数字化服务体系全面支撑国家电网能源互联网建设，深度参与数字化建设顶层设计、系统建设及运营运维，助力国家电网建成央企领先的一体化集团级信息系统，连续4年被国务院国资委评为央企第一，荣获“‘两化’融合示范单位”和“十大最具影响力大数据企业”等称号。支撑传统业务创新发展方面，基本实现核心资源全口径在线管理、电网业务全过程在线运转，打造“网上电网”“网上国网”、现代智慧供应链、能源互联网营销服务系统等央企领先业务应用，有力保障电网生产运行、企业经营管理和客户优质服务。推动新兴业务规模化发展方面，基础资源运营和数据增值服务等新兴业务不断发展，2021年的营业收入超过70亿元。“国网芯”研发应用实现跨越式发展，人工智能技术应用初见成效，电力北斗、5G等技术加快创新。

（二）企业经营绩效卓越

在全面支撑国家电网能源互联网建设的过程中，信产集团的数字化服务体系技术底座不断夯实、经营成效显著。原创技术方面，自主研发工业以太网通信、移动安全技术、数字孪生平台技术等核心技术，形成智能芯片、硬件设备、基础软件、应用软件、咨询服务、系统集成服务、运维服务、运营服务等8条产品线508种产品，其中自主研发429种产品。经营业绩方面，2021年，营业收入270亿元，同比增长17.1%；年度回款298.2亿元，同比增长25.1%，首次超过收入总额；经营活动现金流量净额25.5亿元，首次超过利润总额；资产总额607亿元，首次突破600亿元。生态建设方面，信产集团成功引入代表国家芯片产业发展战略意志的国家集成电路产业基金及国内领先的导航电子地图供应商和位

置服务提供商等战略投资者；参与编制并发布国际标准 7 项、国家标准 43 项、地方标准 2 项、行业标准 22 项、团体标准 98 项，完成“5G 通信模块标准”等 4 项技术标准验证；与多个高等院校和科研单位建立联合创新中心、创新实验室等多类型科研平台，与其他“双创”示范基地、社会各类众创空间、央企创新平台等签订战略合作协议，同时多领域组建产业技术协会与学会组织，有效支撑了企业长期可持续发展能力。

（三）社会效益显著

在全面支撑国家电网能源互联网建设的过程中，在促进节能减排、加快能源转型方面产生了积极的社会效益，树立了良好的品牌形象。在天津滨海新区智慧能源小镇构建分时、梯度的虚拟电厂群，减缓电力投资约 1 亿元，年减排量约 135 万吨标准煤。厦门集海分中心“源网荷储”协同服务作为虚拟电厂参与内外两级电力需求侧响应，形成典型示范。能源互联网营销服务系统接入江苏省碳排放总量 33% 的企业数据，助力开展能效服务 967 项，减少碳排放 169 万吨标准煤。建成全国首个政企合作的智慧能源“双碳”云平台并在上海浦东新区试运行，助力 6500 余家企业高效用能。作为我国能源央企成立最早的一批数字化企业，在积极服务国家电网能源互联网建设的过程中，有力地推动了能源产业的智能化升级。

（成果创造人：黄　震、李　强、张立军、孙　挺、杨　树、赵建伟、许中平、李晓蕾、王春新、郭　翔、李庆兵）

军工企业集团基于价值创造的全流程、全要素、全生命周期固定资产数字化经营管理

中国航天科技集团有限公司

中国航天科技集团有限公司（以下简称航天科技）是我国战略高技术领域拥有自主知识产权和著名品牌且创新能力突出、核心竞争力强的国有特大型高科技企业集团，世界500强企业之一，是我国航天科技工业的主导力量、国家首批创新型企业，主要从事运载火箭、各类卫星、载人飞船、货运飞船、深空探测器、空间站等宇航产品和战略、战术导弹武器系统的研究、设计、生产、试验和发射任务。科研生产基地遍及北京、上海、天津、西安、成都、香港、深圳等地。航天科技致力于发展卫星应用、信息技术、新能源与新材料、航天特种技术应用、空间生物等航天技术应用产业；大力开拓卫星及其地面运营、国际宇航商业、航天金融投资、软件与信息服务等航天服务业，是我国境内唯一的广播通信卫星运营服务商，我国影像信息记录产业中规模最大、技术最强的产品提供商。长期以来，为国家经济社会发展、国防现代化建设和科学技术进步做出了卓越贡献。

一、军工企业基于价值创造的全流程、全要素、全生命周期固定资产数字化经营管理背景

（一）积极响应国家盘活存量资产、提升价值创造能力的要求

固定资产经营管理是现代企业管理的基本业务，也是企业运营的基础性工作。近年来，国家多次发布政策，要求构建资产经营管理体系，盘活存量资产，提升资产效益。2022年5月，国务院办公厅印发《关于进一步盘活存量资产扩大有效投资的意见》，要求有效盘活存量资产，形成存量资产和新增投资的良性循环。国务院国资委印发《关于加快推进国有企业数字化转型工作的通知》，将数字化转型作为国资央企改革发展重点任务，做出全面部署。国务院国资委在“国企改革三年行动计划”中要求“推进国有资本布局优化和结构调整，聚焦主责主业，发展实体经济，推动高质量发展，提升国有资本配置效率”；《对标世界一流企业价值创造行动》要求通过资产管理有效手段，提高净资产收益率，增强企业价值创造能力，实现高质量发展。航天科技作为航天强国和国防建设的核心骨干企业集团，积极响应国家政策，推动固定资产经营管理数字化转型。

（二）支撑军工企业实现“三高”全面发展、加快世界一流企业建设的重大举措

航天科技提出以高质量保证成功、高效率完成任务、高效益推动航天强国和国防建设为目标，加快世界一流航天企业集团建设。固定资产作为军工企业全口径资产的重要组成部分，是国防建设的重要能力支撑，是完成军品任务、推动产业升级、实现“三高”全面发展的重要物质基础。航天科技通过内外部调研，发现军工企业固定资产经营管理普遍存在以下6个方面的问题：一是认识不到位，资产经营管理目标不清晰、路径方法不科学；二是过程监管不到位，全链条管理不闭环，系统性管理不够；三是管理基础薄弱，流程标准不统一，资产家底不清；四是管理手段落后，信息化程度低，难以实现集中统一管理；五是资产管理与业务管理脱节，资产效能、效益缺乏评估手段，决策支撑不够；六是经营意识不强，整体资产效能效益不高。通过打造全级次穿透式固定资产经营管理数字化平台，创新管理方法，持续提升军民能力统筹、资源优化配置水平，支撑现代企业制度建立，能够破解军工企业固定资产经营管理难题，实现固定资产数字化经营管理。

（三）提升军工企业资源优化配置能力的内在需求

资源优化配置的关键在于结构合理，资源优化配置的过程就是生产要素结构优化调整的过程。中央提出的供给侧结构性改革，目的就是解决结构性问题，主要通过优化要素配置和调整生产结构来提高供

给侧体系质量和效率，增强供给体系对需求变化的适应性和灵活性，提高全要素生产率。对军工企业固定资产经营管理而言，首先是要提升完成科研生产任务、推动可持续发展的能力，要在主要业务领域、关键核心能力、重大系统创新方面主动配置资源，实现军民结构、主业结构、能力结构等方面合理最优，资源配置要同步甚至超前于企业发展；其次是要提升资产经营效率效益，将有限的资源精准配置到所需要的区域、单位和关键环节，准确把握投资节奏和资金来源安排，不断提高资产运行效率，从国防、经济、社会、科技等维度实现综合效益最佳。

（四）构建先进开放的科研生产体系的关键基础工作

资产是能力的载体，先进的科研生产能力最终体现在高效的固定资产布局和使用上。能力建设，本质上是增强要素配置、调整生产结构的过程。多年来，国家以型号研制生产形成的能力布局，难以满足当前军工企业敏捷生产需要，能力体系存在不匹配、不协调、不平衡的问题，最终反映在固定资产的布局结构上。对军工企业固定资产经营管理而言，要瞄准建设航天强国、构建先进开放的科研生产能力体系，加强对存量资产和能力结构布局的研究，准确定位能力瓶颈短板，通过国家投资、自筹资金或利用社会资源等方式，加快能力超前部署，提高能力投放的精准度和有效性。

二、军工企业基于价值创造的全流程、全要素、全生命周期固定资产数字化经营管理主要做法

（一）加强顶层设计，构建固定资产经营管理体系

航天科技以航天系统工程为指引，运用先进的管理理念和技术手段，明确自身战略定位与发展目标，实现固定资产经营管理效能、效益的显著提升。

1. 利用系统工程思想，研究提出固定资产经营管理顶层框架

基于系统工程思想，按照资产经营全寿命周期管理要求，围绕资产经营的“4W1H”，以业务驱动、数据驱动为导向，研究构建资产经营“双V”模型，将资产经营活动分解为项目级的经营过程（资产本体，“内V”）和组织级的管控过程（管理活动，“外V”）。在此基础上，以数据为核心，以流程为主导，以模型为工具，以组织为基础，以信息化系统建设和全面推广应用为抓手，研究提出固定资产经营管理顶层框架，在军工企业中率先开展基于自主信息平台的固定资产数字化经营管理，建立资产、产品、能力的映射关系，实现固定资产利用率管理。在此基础上，挖掘数据价值，建立多维度能力分析模型和效益评价模型，打通资产与效能、效益的关联关系，推动资产精准配置和高效运营，有效提高资产效能、效益，推动被动配置资源向主动配置资源转变。

2. 立足主动优化配置资源，提出固定资产数字化经营管理“三步走”的整体思路

航天科技固定资产数字化经营管理体系的定位是主动优化配置资源，通过优化要素配置和调整生产结构来提高供给体系质量和效率，增强供给体系对需求变化的适应性和灵活性，提高全要素生产率。整体思路，“夯实基础、账实相符，优化配置、提升能力，创新管理、高效运营”“三步走”整体思路。数字化经营管理目标，利用2～3年时间，以固定资产经营管理信息化平台为抓手，统筹能力监管和固定资产运营相关要求，立足数据思维，建立固定资产全流程、全要素、全生命周期的数字化经营管理体系，实现全级次、全口径固定资产的在线实时管理，创新管理手段，推动被动配置资源向主动配置资源转变。实现能力有效监管，支撑构建先进开放的科研生产能力体系；实现资产高效运营，提升资产效能、效益。主要原则，摸清家底、管活用好；全局统筹、系统最优；分级分类、高效运行；顶层策划、分步实施。

（二）夯实管理基础，形成先进开放的固定资产经营管理标准规范

军工企业固定资产管理普遍存在认识不到位和缺乏现代企业应有的资产管理理念、组织队伍、制度、标准流程和管理要素，严重制约了统一管理和信息化工作开展。为此，航天科技依托组织、制度、标准的“三位一体”保障，开展固定资产数字化经营管理。

1. 完善组织队伍，打造能力效益型资产管理队伍

加强基层固定资产管理组织和队伍建设，明确各级单位归口管理部门，落实管理责任，根据固定资产管理需求，合理配备队伍人员，持续提升管理能力水平。在管理过程中，统筹能力建设与资产管理，重点关注资产配置、使用和处置，着力提升资产效能、效益，从关注项目向关注能力、关注效能转变，持续推动设备仪器管理队伍向能力效益型资产管理队伍转型。

2. 研究、出台固定资产管理办法，填补二级制度空白

研究、出台《集团公司固定资产管理办法》，将集团公司管理体系、流程标准、分级分类管理、专项管理等管理思路和要求制度化，能放的放到位、该管的管到位，为各单位固定资产管理提供可实操的制度依据，支持差异化管控模式落地，支撑集团公司现代企业制度建立。该管理办法的适用范围从固定资产拓展到实物形态资产，涵盖在建项目已投入使用但未转固定资产、科研费一次性摊销购置的实物资产，以及土地和软件等无形资产，提高规范化管理水平。

3. 统一固定资产分类与代码标准，明确资产管理流程与要素，奠定信息化管理基础

固定资产分类与代码标准：对照国际标准、国家标准和行业标准，按照“全面性、先进性、实用性”的原则，将各单位原有的15000多条标准整合到3800余条，更新发布固定资产分类与代码标准（Q/QJA727－2020），在全面对接国家标准的基础上，增加细类层级，满足能力监管和精细化管理需要，把不同名称的同类资产进行归集，为资产分析奠定基础。资产管理流程与要素：打破资产管理行政化管理界限，梳理资产管理通用标准化流程，明确固定资产从开箱验收到处置报废全生命周期各个环节的管理要求，规范管理角色和审批权限，形成31个标准化、通用化资产管理流程规范文件。从集团总部、各二级单位的业务需求出发，针对不同性质的固定资产、不同业务的管理要求，梳理明确7类资产607项管理要素，在此基础上形成固定资产核心元数据标准，作为固定资产数据格式的重要输入，这也是实现资产分级分类管理的重要依据。

（三）坚持数据思维，构建固定资产经营管理数字化平台

自主构建固定资产经营管理信息平台，明确业务功能需求，规划并形成固定资产经营管理信息系统建设方案。在此基础上，建立全级次贯通的业务管控平台，为后续资产经营管理提供抓手和工具。

1. 构建“全面覆盖、纵向到底”的固定资产业务功能体系

从航天科技固定资产经营管理实际出发，坚持“全面覆盖、纵向到底”的原则，采用矩阵式方法整理全级次管理业务需求，调研125家军民品公司，汇集4000余项管理需求，结合先进资源优化配置理论与资产配置经营理念，构建业务功能体系，覆盖固定资产经营、战略管理、财务金融、安全保障、科研生产、质量技术、研究发展、国际合作等方面的固定资产配置与经营管理业务需求。在此基础上，研究形成系统建设框架方案，信息平台定位是统一的、开放的，业务是贯通的、整合的，数据是动态的、共享的。

2. 建立全级次贯通、穿透式管理的固定资产经营管理信息平台

采用先进的微服务架构、容器化部署、多租户技术，完成固定资产经营管理信息系统自主开发部署上线，实现国密网、商密网的分别集中部署。目前，系统已覆盖600多家法人单位，在线登记固定资产原值2100亿元，日均流程发起数近1000个，在军工行业率先建立四级贯通的固定资产业务管控平台，实现全级次、全口径、全寿命的固定资产集中动态管理，推动基于网络平台和数据思维的业务模式变革，摸清家底，“管住”资产，有效落实国有资产监管的各项要求，坚决守住国有资产不流失的红线，防范腐败风险。信息平台主要功能包括：资产全生命周期管理，台账动态管理和资产履历可溯；关键设备设施管理，确保核心能力安全可控；能力体系监管，支持能力建模，主动配置资源；利用率管理，提升核心资产使用效能；开放共享，调配盘活低效资产；资产维保信息库，降低设备运营成本；供应商管

理，降低采购成本；知识共享，提高业务管理水平；决策支持，支撑集团化管控与科学决策。此外，系统功能框架设计还兼顾后续管理需求，可向包括原材料、在制品、库存商品在内的存货、物资等实物形态流动资产，以及专利、品牌、商誉等无形资产扩展应用，满足集团公司全口径资产管理要求，形成泛资产管理系统。

3. 积累数据资产，系统整理形成固定资产主数据

一是多部门联动，完成全级次固定资产数据整理与初始化。坚持数据思维，将数据整理作为系统建设的关键基础性工作，制订数据整理工作方案，采用多部门联动、试点先行、全面启动、培训答疑、巡查督导、集中核查等工作模式，开发数据整理工具，包含7类模板、345个必填项、262个非必填项。历时5个月完成117万余台（套）固定资产、2亿个数据项整理和数据初始化。二是开展全级次固定资产数据整治专项工程。持续推进数据治理工作，形成数据治理工作方案和治理规则，开发数据在线治理功能模块，将校验规则内置到系统，开展资产数据评估、治理。针对影响数据分析的31项关键要素，开展数据治理，完成数据治理任务39.5万个，将用于分析的核心数据质量从78%提高至97%，提升了资产数据的完整性、准确性、科学性。

4. 便捷功能提高管理效率，在线考核提升业务水平

“一键出表”功能，支持由业务驱动数据，通过为各级单位和专项业务自动生成报表，实现管理减负，提高管理效率。组合查询功能，支持600余项管理要素自由组合，开展多个维度的资产数据分析。知识共享功能，支持线上培训和经验共享。考核管理功能，支持在线获取固定资产全生命周期管理、利用率、共享收益等数据，缩短考评体系检查过程，考核过程更便捷、考核数据更准确、考核结果更客观，提升业务管理水平。

（四）摸清资产家底，掌握存量资产布局

1. 推动投资闭环管理，实现集中动态管理和穿透式监管

通过投资项目管理与资产经营管理的集成，形成投资规划、投资计划、投资决策、项目实施到资产经营和资产效益、效能分析有效联动的全链条闭环管理。动态监管投资项目建设进度，深入至单项固定资产和单项建筑工程，实现穿透式管控和在线风险预警，提高固定资产经营管理的系统性。

2. 固定资产动态统一管理，摸清资产家底

通过数据整理工具和信息平台资产登记功能，内嵌固定资产分类代码和管理要素填写规范，确保固定资产登记上账的准确性、实时性和唯一性。通过资产盘点并与财金系统对比分析，确保固定资产账实相符、账账相符，从而全面掌握固定资产家底，实现分级分类、上下联动的实时动态管理。

（五）构建资产数据驱动的数字化能力模型，围绕能力配置资产

依托信息平台，打通资产到产品、能力的纽带关系，以资产为依托，形成资产数据驱动的能力体系，实现围绕能力配置资产。

1. 建立资产到能力和产品的映射支撑关系

航天科技提出“资产包”和“产品能力树”的创新理念。通过资产组合，建立“资产包”管理的概念，将单台（套）不具有独立功能或具有局部独立功能的多个零散设备设施进行组合，形成具有更高级别、更完整独立功能的资产组合，使其具有单项资产管理相关属性和要素，以此解决账上的部分单台（套）资产不具备完整独立功能、无法体现实际能力并进行能力监管的问题，也称之为能力单元。在“资产包”的基础上，将多项资产或资产包组合形成虚拟生产线。当生产线结合房屋、构筑物，以及土地等无形资产，提供某个系统级产品的全链条能力时，即构建起产业园区这一层级的“资产包”，具备站在某个领域的视角进行体系评价的能力指标。在产品方面，依据集团公司相关标准，形成覆盖系统、分系统和各级单机产品的全级次产品目录，建立产品代码；在能力方面，按照型号研制流程，从设

计仿真、生产制造、试验验证、服务保障、基础支撑等维度对能力进行分类，建立能力代码，通过“产品代码+能力代码”的方式，从产品和能力两个维度形成集团公司全级次“产品能力树”。利用信息系统，建立资产、“资产包”与“产品能力树”的关联关系，掌握每项资产在科研生产能力体系中的位置和作用。

2. 开展核心资产利用率监测

利用率监测是资产效能分析、能力监管、资源调配的基础。利用物联网、工控网、电力线通信等方式，在线获取核心重要设备设施在线运行数据。制订利用率计算和统计标准，明确监测指标，满足多维度资产利用率的统计、对比、分析，为实现资产效能分类管理提供数据支持。明确设备仪器相应接口和数据采集要求，作为各单位后续购建资产的一项技术指标。在数字化转型中推动网络化发展，实现设备设施的在线联网和实时监测。通过采集利用率数据，掌握设备利用情况。一是可以限制利用率低的单位重复购置资产，从源头上控制闲置浪费；二是针对利用率超负荷的单位，准确定位能力短板，提高投资精准度；三是以数据为依据，强化资产盘活和能力主动调配，如无偿划转、协议转让、设备租赁、委托加工。

3. 建立能力分析模型，从经验化判断到模型化决策

通过全级次“产品能力树”，建立资产到产品、资产到能力的纽带关系，实现资产的多维度归集与分析，结合资产利用率，支撑开展全级次产品、全研制流程的能力分析建模，对存量资产的总量、技术能力状况、运行使用效率、能力水平等进行综合效能评价，支撑体系化能力评估。基于模型和能力表征要素，进行能力短板分析和评估分析，针对设计仿真系统、先进制造装备、大型科研试验设施、“独生子”生产线、高端进口设备等关键核心资产进行专项效能评价，准确识别制约能力提升的瓶颈短板，支撑动员能力预演。对核心和重要能力瓶颈，加大资源倾斜，通过新增投资，实现能力精准配置。对一般共性能力，编制协作能力需求清单，通过社会化协作、生产性服务采购、设备设施融资租赁等方式，多渠道引入外部优势资源，实现资源由被动配置向主动配置转变，从源头控制低效无效资产，实现能力布局优化和军民资源统筹，助力能力体系的优化升级。

（六）数据驱动经营管理，提高价值创造能力

基于数据分析效益，形成投资要问效、经营要提效的意识，通过数据改变传统管理思路和模式，用数据说话、用数据管理、用数据决策、用数据创新，以数据驱动经营管理效能提升。

1. 建立可裁剪的固定资产经营管理综合效益评价模型

结合财务数据、经济运行分析数据、绩效考核数据等，针对不同性质单位、不同领域投资、不同类型项目，建立差异化、可剪裁的资产综合效益评价指标体系，从技术水平、经济效益、国防效益、社会效益等方面开展综合效益评价，支撑资产处置方案评估和重大资产运营方案决策。

2. 提高价值创造能力，多渠道支撑资产经营

基于模型和分析，通过精准的经营绩效评价、可持续发展能力评估等，支撑决策智能化，对不同单位、不同业务实施差异化管控，实现基于资产效能效益的高效运营。一是加快闲置低效资产盘活。通过资产效益评价，识别闲置低效资产。对无效资产，加快清理剥离，为企业瘦身，同时尽可能完成资产净值回收。对低效资产，加强集团内部动态调配，打破闲置资产单位权属界限，简化审批流程，建立北京、西安、上海、成都等区域内跨单位资产流通调配机制。对接供需双方，制订低效资产处置调配专项方案，有效控制资产闲置浪费，提升资产效能。自2018年开始，建立固定资产处置年度计划，处置原值规模由2018年的2亿元逐年递增，2022年已通过信息系统上报处置计划33亿元；处置方式由报废为主向无偿划转、协议转让、进场交易等多种形式转变，及时剥离无效资产，盘活存量资产，资产经营意识逐步增强。二是推动富裕能力对外开放共享。通过信息系统开放共享模块，动态发布固定资产开放共

享目录清单，推动集团内部资源共享、共用。进一步对接工业和信息化部军民融合共享平台、地方资源共享平台等多个渠道，推动富裕能力面向社会需求开放使用。近两年持续推进军工关键设备设施开放共享，先后发布3批对外共享目录，涉及资产原值170亿元。2020—2021年，每年对外服务时长122万小时，实现收入12亿元。三是建立资产维保信息知识库，降低经营成本。利用信息系统，推动跨层级、跨地域、跨单位的资产维保数据的采集，建立集团级维保信息知识库。通过设备常见故障情况、维修案例等数据分析，实现故障提前预警、维保精准定位，降低维保频次。通过对维修信息的统计分析，对同一类型设备仪器的可靠性、维修性进行评价。建立供应商、维修方信息名录，指导新增资产采购决策，实现业务资源整合归集，实施集中采购。

三、军工企业基于价值创造的全流程、全要素、全生命周期固定资产数字化经营管理效果

（一）构建固定资产经营管理体系，实现经营管理数字化转型

构建固定资产经营管理体系、数字化“两总”体系和信息技术抓总的组织体系，全面优化固定资产经营管理方法，推动固定资产经营管理实现从分散到集中、从部分到全部、从个别阶段到全寿命、从主要要素到全部要素、从管理到经营等5个方面的转变，完成了新一代信息技术驱动下的研制业务和管理模式的变革重构，实现从传统小样本经验思维向智慧大样本数据思维模式的转变。目前，航天科技制订了固定资产经营管理专项制度、统一了分类代码、管理要素与标准流程，在此基础上自主开发的信息平台对航天科技军民固定资产、土地、科研软件等资产实现100%覆盖，系统用户数11.7万人，覆盖率达到72%，固定资产投资、验收、登记、使用、维修、处置等全业务流程上线，流程总数超过17万个，形成了宝贵的“数据资产”。

（二）推动投资模式转变，实现“管项目”到“管能力”的转变

梳理13000余项全级次产品目录和7000余项能力目录标准，形成4000余个核心“资产包”，建立资产到产品、能力的纽带关系，掌握各项主要资产在能力布局中的位置和能力体系中发挥的作用，开展全级次产品、全研制流程的能力分析建模，利用标准工时对型号、产品、工序等各个层级的能力需求进行量化，支撑体系化能力评估、能力短板分析、能力布局优化和新增投资决策，有效突破当前资产分布与能力布局脱节、资产管理与能力监管脱节的管理障碍。构建基于数据驱动的能力分析模型，从经验化判断到模型化决策，实现围绕能力配置资产，推动军民资源统筹与融合发展，支撑战时能力动员预演。

（三）开展多渠道精准施策，固定资产价值创造显著提升

坚持以价值创造为导向，基于资产大数据开展资产效能分析建模，推动资产精准配置和高效运营，有效提高资产效能、效益，实现国有资产保值、增值。实现经营意识从管实物、管资产到管价值的理念转变，通过建立业务板块资产到财务效益的纽带关系，开展各领域资产效能评价，多渠道精准施策，确保核心高效资产完整有效、一般低效资产加快盘活、无效资产及时剥离。

（四）形成一套可复制、可推广的标准、方法和成熟的信息平台

为军工企业资产配置与经营管理提供了经验借鉴，形成了一整套可复制、可推广的标准、方法和成熟信息平台，具备较好的推广应用价值。从市场调研看，自主定制化开发的固定资产经营管理信息系统较目前国内主流厂商的标准产品功能更为完善，对军工企业和生产制造类企业具有更好的适应性。目前，航天科技已试用系统并拟直接采购，中核集团、中国船舶、航发集团正洽谈交流。

（成果创造人：万彦辉、周润松、凌国厚、黄李昊、赵晓旭、张　宇、胡家烨、王　丹、沈　勤、阎　师）

电网公司供应链数据资产价值应用管理体系建设

中国南方电网有限责任公司

中国南方电网有限责任公司（以下简称南方电网公司）是中央管理的国有重要骨干企业，负责投资、建设和经营管理南方区域电网，参与投资、建设和经营相关的跨区域输变电和联网工程，为广东、广西、云南、贵州、海南5省（自治区）和港、澳地区提供电力供应服务保障。供电面积100万平方千米，供电人口2.54亿人，供电客户1.07亿户。南方电网东西跨度近2000千米，覆盖粤、桂、云、贵、琼并与港、澳地区的电网相联，此外还与东南亚国家的电网相联。目前，南方电网西电东送已形成“八交十一直”19条大通道，送电能力超过5800万千瓦，与周边国家电网互联互通也不断取得新的进展。2021年，南方电网统调最高负荷2.16亿千瓦，同比增长8.2%；全社会用电量14056亿千瓦时，增长11.1%；非化石能源电量占比达48.9%。2021年年底，公司资产总额10822亿元，在世界500强企业中排名91位，成功入选全国第一批供应链创新与应用示范企业。2022年，南方电网公司在国家数据管理能力成熟度评估（DCMM）中被评为“优化级”，成为全国第三家获得数据管理能力成熟度最高等级的单位。

一、电网公司供应链数据资产价值应用管理体系建设背景

（一）“数字中国”建设快速推进，数据要素市场空间广阔

“十三五”时期，我国各部门、各地区认真落实国家相关政策，“数字中国”取得决定性进展和显著成效，实现信息基础设施建设规模全球领先、信息技术创新能力持续提升、数字经济发展活力不断增强。《中华人民共和国国民经济和社会发展第十四个五年规划和2035年远景目标纲要》指出，要充分发挥海量数据和丰富应用场景优势，促进数字技术与实体经济深度融合，赋能传统产业转型升级，催生新产业、新业态、新模式。2020年4月，中共中央、国务院印发《关于构建更加完善的要素市场化配置体制机制的意见》，将数据和劳动力、资本等列为同等重要的生产要素，数据被提升到前所未有的战略高度。据测算，2020年我国数据要素市场规模达到545亿元，“十三五”期间，市场规模复合增速超过30%；“十四五”期间，这一数值将突破1749亿元，整体进入高速发展阶段。

（二）数字电网成果不断涌现，能源数字经济潜力巨大

受到能源绿色低碳转型、数字技术生产力等因素影响后，能源经济活动与电力系统发展模式开始发生变革，数字电网应运而生，大英山数字孪生变电站、南方区域电力市场AI应用生态平台等一大批数字电网成果和创意项目不断涌现。国家电网有限公司提出，在电价持续降低，电网企业经营压力巨大的严峻形势下，深挖资源价值和潜力，以数字化改造提升传统业务、促进产业升级，开拓能源数字经济这一巨大蓝海市场，是电网企业走出发展困境、培育新动能、开辟新空间的必由之路。南方电网公司提出，要加快供应链数据的研究分析和增值应用，充分挖掘数据资源作为“第二桶石油”的价值。

（三）南方电网大数据发展成效显著，供应链数据储备丰富

“十三五”期间，南方电网公司大数据发展取得显著的成效。2019年，南方电网公司在国家数据管理能力成熟度评估（DCMM）中被评为“稳健级”，位列央企前列。在供应链领域，南方电网公司大力开展物资域信息化建设，电子商务系统、供应链统一服务平台、电子采购交易平台等系统相继建成并上线运行，基本实现采购、品控、物流、监督等业务线上处理。对接国家招标投标公共服务平台，累计推送招标信息20.9万条，推送数据量位居全国前列。与455家供应商实现合同履约、物流管理等核心业

务场景互联互通，涉及合同排产、成品入库、发货到货、在途跟踪等900余项业务数据字段共享。积极探索供应链智能化运营，尝试应用人工智能AI评标、结构化评审、远程异地评标等，打造智能评标基地。试点将需求申报与工程项目设备材料清册数据共享共用，实现需求智能申报。应用大数据技术对供应商进行画像分析，实现分类分级评价。在南方电网公司供应链改革方案中明确提出，要加快供应链数据资产价值研究和实践，全方位提升供应链的资源保障、价值创造和核心竞争力。

二、电网公司供应链数据资产价值应用管理体系建设主要做法

（一）科学搭建供应链数据资产应用框架

1. 夯实基础，首创供应链数据资产价值应用原理

南方电网公司成立供应链数据资产价值实现路径课题组，对供应链数据资产价值相关理论开展研究，结合供应链数据资产内外部应用实践案例和商品二重性理论，首度提出数据资产价值实现“三要素”基本原理，即数据价值释放必须具备数据有效性、应用场景和市场交易3个核心要素。其中，数据有效性是保证数据具备使用价值的关键因素，也是数据价值挖掘的基础条件；应用场景是供应链数据价值释放的媒介；市场交易是准确衡量数据价值的手段。

2. 结合实际，构建供应链数据资产价值运营体系

围绕数据资产“三要素”，结合公司现代数字供应链体系建设规划，南方电网公司创新性构建“123 + N”的供应链数据资产价值运营体系（即首创1个基本原理，聚焦2个维度应用，创新设计3类数据产品，应用于N个业务场景）。1个基本原理，即供应链数据资产价值实现“三要素”基本原理——数据价值释放必须具备数据有效性、应用场景和市场交易3个核心要素。2个应用维度：聚焦外部增值应用和内部支撑管理两个维度，充分释放供应链数据资产的内部管理价值和社会经济价值。3类数据产品：以客户需求和管理应用为驱动，创新设计供应链数据标准类、定制类、共享类三大系列产品。N个业务场景：全面应用于供应链采购服务、合约品控、仓储配送、运营监控、保证保险、企采贷、电子保函、应收账款融资等内外部业务场景。

3. 上下联动，形成供应链数据价值应用管理机制

遵循供应链数据资产基本原理，结合南方电网公司供应链数据资产价值运营体系，形成“136”供应链数据资产价值应用管理机制（即强化1个战略引领，落实高效组织、基础工作、制度规范三大支撑，开展场景调研、产品设计、推演应用、试点上线、分批推广、总结提炼6项举措），全面形成横向协同、纵向联动的高效管理机制。

强化战略引领。紧紧围绕南方电网公司向“数字电网运营商、能源产业价值链整合商、能源生态系统服务商”转型的总体发展战略，深刻把握数据生产要素的战略地位和战略价值，以释放南方电网公司供应链数据资产价值为目标，依托电网企业在现代能源体系中的核心枢纽作用和供应链的传导功能，扎实推动南方电网公司供应链数据资产价值挖掘、产品设计和场景应用，助力公司实现高质量发展。

落实三大支撑。一是搭建高效组织。由南方电网公司供应链管理部指导，南网供应链集团牵头，建立协调沟通工作机制，明确职责分工，协同配合、形成合力，确保各项工作任务责任到人，积极协调解决存在问题，按照计划稳步高效落实各项工作。二是做好基础工作。南网供应链集团、南网数字集团、各电网公司成员单位及系统内外金融单位协调联动，严格遵循国家法律法规相关规定，开展政策宣传，加强业务培训，高效推进供应链数据产品场景应用试点及推广，提前制订实施方案，开展场景演练，做好基础工作保障，确保各项工作无缝衔接。三是完善制度规范。构建和完善数据管理制度体系，编制《数据资产管理办法》，完成元数据、主数据、数据质量、数据开放共享、数据认责、统一电网数据模型等10余个制度与技术标准制订。

开展6项举措。践行“人民电业为人民”的企业宗旨，以共商、共建、共赢、共享为原则，发挥南方电网公司产业、数据和金融多重优势，依托供应链核心企业地位，协同各成员单位、内外部金融单位，探索形成南网供应链集团“平台统筹”、各电网公司“推广实践”、金融平台单位“专业服务”的多方联动的推进机制。经过场景调研、产品设计、推演应用、试点上线、分批推广、总结提炼6项举措，助力南方电网公司“三商”转型。

（二）创新设计3类供应链数据系列产品

标准类产品：以电子凭证对供应商评价、采购服务、合同履约、设备运行、资金结算、应付款项等数据进行装载传递，形成外部金融机构、政府部门、企业法人等多方认同、社会通用且可以进行市场交易的供应链标准数据资产凭证，如供应链数字资信凭证、供应链数字债权凭证、供应链数字信用凭证等，实现电力行业供应商评价结果、债权状况、履约能力、采购能力等标准数据市场流通，已广泛应用于外部金融机构授信、供应商分类分级评价等业务，助力盘活社会资源。定制类产品：根据特定业务场景和客户需求，个性化定制加工组装供应商履约记录、合同应付款项、保证金、中标信息等，形成供应链定制产品数字单证，如供应商履约数字单证、供应商应收账款数字单证、供应商中标信息数据单证、供应商保证金数字单证等，用以在特定业务场景中对供应商评价、履约、融资、第三方咨询进行确权和增信，促进供应链利益相关方信息互通，降低各方交易成本，已广泛应用于投标保证保险、履约保证保险、“企采贷”、小微企业普惠金融等供应链金融业务，有效缓解供应链上下游企业“融资难、融资贵”问题。共享类产品：聚焦支撑内部管理、促进业务发展，结构化、指标化、批量化整理加工组装采购、履约、仓储、配送、经营等数据，形成供应链数据共享服务包，包括供应链采购数据服务包、供应商履约数据服务包、供应链仓储配送数据服务包、运营监控指标库等，全面支撑供应链业务运营，赋能企业管理，已广泛应用于供应链采购服务、合约品控、仓储配送、运营监控等业务，助力降本增效，全面提升供应链运营效率。

（三）对内支撑企业运营管理，实现供应链业务赋能增效

在公司内部，面向公司业务、管理痛点难点，创新应用供应链数据共享类产品，推进资源、技术、信息融合共享，打造数字采购、数字品控、数字物流、数字监督和数字运营，全面为供应链业务赋能增效。

场景一：采购服务业务场景。优化整合采购策略数据，稳步推进规范采购管理、加大网省采购集中度、取消三四级单位采购管理权限等措施，提升全网采购效益和效率，有效降低采购成本。全面分析采购需求数据，实施采购需求整合“四步法”，即“精简计划、合并需求、整合项目、复用专家”，提升采购规模、减少采购批次，有效降低招标代理成本。科学利用采购计划数据，实施采购“班车制”，依据采购需求和项目特点，合理选择框架、批次，科学安排采购批次数量、时间，高效统筹同类项目到同一批次采购，有效降低专家报酬、差旅等费用。深入挖掘采购过程数据，及时总结采购经验，分析采购失败原因，持续完善采购策略，提高采购一次性成功率，减少重复采购次数。

场景二：合约品控业务场景。共享合同数据，推广“电子签章”。应用“电子签章”全面实现合同线上签订、线上查看，有效减少合同打印整理盖章、现场签约成本。分析履约数据，优化履约管理。根据全网物资生产、配送数据分析情况，科学制订催交计划，灵活安排催交节点，动态调整催交策略，高效安排工作资源，大幅降低物资催交差旅和时间成本，提升工作效率。整合监造数据，减少重复投入。利用监造数据梳理整合全网监造资源和监造需求，统一筹划安排，推进全网“一厂一监造”模式落地，有效避免原有“一场多监造”模式下资源重复投入，保证驻场监造工作规范高效，促进监造机构责任落实、质量提升。

场景三：仓储管理业务场景。规划最优仓库网络布点。融合全网仓库布局数据和近3年领料数据，

结合仓库选址理论，以供应管理模型和需求驱动价值网络模型为指导，以满足服务时效为原则，以最小化成本为目标，基于现有仓库分布，运用重力重心、线性整数规划和多阶安全库存优化等大数据算法，搭建仓网及库存优化模型，规划最优的"区域仓 + 周转仓 + 急救包"仓网布点。制订科学库存供应策略。通过数据清洗、需求分析、需求分类、风险覆盖期和全网库存平衡对公司电源、主配网基建、应急抢修等项目数据及电力物资特性数据进行多级库存优化建模，根据量化分析结论制订物资供应策略和每个网络节点中每种物资品类的库存策略（推荐补货规则和对应补货参数）及全网合理的库存水平。开展储备物资融合管理。根据各级物资储备数据，创新运用"只见物资，不见项目"的区域集中储备物资融合管理理念，实现物资使用跨地区、跨专业、跨项目"三融合"，以"大储备"形式提升单个储备项目"蓄水池"容量，确保可靠供应，降低总体库存水平。

场景四：物资配送业务场景。灵活应用供需"节拍管理"工具。通过海量供需数据高效赋能领用需求预测、库存计划和供应链执行"三道防线"，实现上游管控、下游统筹，减少"牛鞭效应"，压降集中储备库存。高效实施物资配送"三库一表"管理。建立收发货站点数据库、物流参数数据库、运输车型数据库和梯度运价表，动态收集和分析物资运输业务数据，促进优化配送路线，助力最大化节约物资配送成本。创新应用大数据算法。建成全国同行业领先水平的"多对多装车 + 路径优化混合规划算法"，实现 3D 视觉模型辅助班组装车作业和多需求单位、多发货仓库、多供应商发货计划一键智能规划。

场景五：运营监控业务场景。"一套数"实现数据共享共用。基于南方电网公司数据中心构建数据模型库，推动南方电网公司各应用系统数据共享共用，实现南方电网公司各领域、各业务、各层级数据融会贯通。"一张图"实现企业决策与管控。应用战略运行管控平台实时预警，强化月通报、季研判、年考核的管控机制，构建"两库、三化"统计管理机制，以加强统计管理"规范化、图表化、信息化"为主线，确保对外完成政府布置的统计任务和对内为公司风险预警、管理决策提供数据支撑。

（四）对外开展商业增值交易，实现供应链生态圈创利共赢

充分发挥供应链共享服务平台在促进数据共享流通、加速跨专业数据融合、全面释放数据价值方面的优势条件，全面应用供应链数据共享类产品分析业务规律，洞察新商业模式；应用供应链数据标准类产品和定制类产品，实现供应链数据产品增值交易，挖掘数据资源作为"第二桶石油"的价值。

场景一：保证保险业务场景。转换保证金管理模式。应用供应链采购数据服务包、供应商履约数据服务包等供应链数据共享类产品，全面分析全网保证金数据和投标、履约等环节过程数据，结合供应商需求调研数据，遵循经济学替代原理，创新设计并实践应用投标保证保险和履约保证保险，将保证金无偿托管业务模式转为有偿保险商业模式，有效降低由投标保证金收退造成的烦琐工作量和资金管理风险。2019 年 11 月、2020 年 12 月，投标保证保险和履约保证保险分别试点上线并逐步全网推广。差异化设定优惠保险费率。应用供应商履约数据服务包、供应商经营数据服务包、电网设备运营数据服务包等供应链数据共享类产品，开展供应商分级分类评价。根据供应商分级分类评价结果，结合供应链数字资信凭证、供应链数字采购凭证等供应链数据标准类产品，设定优于社会同类产品的差异化保证保险费率。吸引优质供应商投保，为南方电网公司增加保费收入和信息服务收入，培植新型供应链商业生态和利润增长点，助推公司高质量发展。

场景二："企采贷"数据融资业务场景。孵化数据融资新型商业模式。应用供应链采购数据服务包、供应商经营数据服务包等供应链数据共享类产品，分析近年供应商经营状况及采购规律数据，结合供应商调研需求，遵循风险管理理论，创新设计并实践应用"企采贷"数据融资新型商业模式：供应商基于产生的真实中标结果向银行申请无担保、无抵押贷款，银行要求供应商在后续履约和收款中绑定贷款银行账户，确保资金闭环管控。2021 年 6 月，"企采贷"试点上线并逐步全网推广。实现央企确权

和增信。依托南方电网公司供应链核心企业地位，通过与银行合作开发并交易供应商中标信息数据单证等供应链数据定制类产品，为供应商中标信息进行确权和增信。设计闭环的风险管控流程，解决供应商与金融单位之间信息不对称造成的金融风险，引导银行向电力行业优质供应商提供无担保、免抵押、低利率的融资服务，推动形成信息对称、风险可控、利益共享的供应链生态圈，助推金融为实体经济赋能。

场景三：应收账款质押业务场景。开拓应收账款质押新业务。应用供应链采购数据服务包、供应商履约数据服务包等供应链数据共享类产品，归集梳理近年供应商应收账款、履约能力、违约扣分等多项数据，结合供应商调研数据，创新设计应收账款质押业务。拟根据全网供应链履约、结算、物流数据共享互通情况，适时启动应收账款质押业务试点和推广。降低供应商融资成本。南方电网公司通过交易供应链数字债权凭证、供应链数字资信凭证等供应链数据标准类产品，为供应商的债权、资信状况、履约能力等提供确权和增信，支撑银行完善供应商评估，助力供应商降低融资成本，优化营商环境。

场景四：电子保函业务场景。创新电子保函业务模式。应用供应链采购数据服务包、供应商经营数据服务包等多个供应链数据共享类产品，深入分析近年供应商采购过程数据，结合供应商调研需求，创新设计电子保函业务，解决传统保函办理手续烦琐、验真难等问题。共享供应链保函数据。通过保函数据实时互联互通，实现电子保函业务在线办理、在线提交、在线核验、在线理赔、在线监管，达到“线上操作便捷高效、全程留痕实时追踪、多重验真安全可靠”，提升保函办理效率，降低保函管理成本。构建保函数据维护闭环。通过电子投标保函系统对投标人购买电子投标保函、电子投标保函评审、电子投标保函理赔等工作实行全过程监督管理，探索将投标人围标、串标等不良行为纳入供应商信用档案，建立供应商评价、中电联等行业统一信用信息及外部公共信用信息互联“数据资源池”，有效支撑供应链业务规范和健康发展。

（五）全面构建供应链数据资产价值应用保障机制

1. 全力加快供应链数字化人才培养

加速打造一支适应供应链数字化建设、供应链数据资产管理运营需要的人才队伍。高度重视供应链“业务－数字”复合型人才引进和培育，重点打造业务与技术融合型人才队伍，打造复合型数字化人才梯队。建立数字经济领军人才、数字化高级人才的选拔和培养机制，选聘数字化技术专家，加强数字化人才储备。建立与高校、科研院所、供应链领先企业、数字技术先进企业良好合作生态，深化集成创新。

2. 持续完善供应链数字化平台建设

持续完善电网管理平台（供应链域）、电子采购交易平台等供应链数字化平台建设，与设备供应商、物流商、服务商在合同履约、物流服务等方面实现业务贯通和数据共享，开展基于标识解析的电网物资供应链管理、品控管理、供应链协同及优化、供应商溯源、产品全生命周期管理、供应链生态圈协同等创新应用建设。以系统平台改善升级加强供应链数据治理，促进供应链全域数据汇集，全面提升供应链域数据质量，推动供应链业务加速数字化转型。

3. 培育供应链领域数据文化

在公司内部，供应链领域树立以客观数据为决策依据和衡量标准的价值观和制度体系，培养供应链各业务线员工的数据思维，营造客观务实、用数据说话的数据文化氛围。在公司外部，依托南方电网公司核心企业地位，利用供应链传导功能，积极对供应链上下游企业输出电网大数据能力，积极参与国家、国际标准制订，努力将数据文化建设推向更广阔的领域，体现央企社会担当。

4. 保障公司供应链数据安全

坚持以数据开发利用和产业发展促进数据安全、以数据安全保障数据开发利用和产业发展的理念，遵循国家数据安全法律法规要求，加强数据安全治理，按照“同步规划、同步建设、同步运行”原则，提升数据全生命周期安全防护能力，确保不发生重要数据泄密安全事故，为供应链数据资产的挖掘、整理、加工、应用保驾护航。

三、电网公司供应链数据资产价值应用管理体系建设效果

（一）有效提高管理效益

提高供应链运营效率。采购服务业务，2019—2021 年，全网物资采购集中度提升至 81%，采购项目数量压减 70%，评审专家人次下降 55%，采购成功率提升 15.28%；获评“中国招标投标行业信用评价 AAA 级”“货物项目招标代理机构 10 强”荣誉。合约品控业务，远程履约平均节约单个品类单个厂家出差时间 8 人·天，电子签约有效压缩物资合同签订时间 2 天；成功申报导线绝缘支撑装置等 2 项专利，牵头编制电化学储能装置监理规范等 12 项国家及团体标准。仓储管理业务，以南方电网供应链（广东）有限公司为例，2021 年业扩配网物资区域集中储备周转率 3092.3%，物资供应时间由 57.7 天下降至 10 天，效率提升 82.67%。物资配送业务，以南方电网供应链（广东）有限公司为例，2021 年区域集中储备物资运输车辆综合满载率达 93.4%，提升约 21.6%。

（二）有效提升经济效益

助力国有资产保值增值。一是创造新的利润增长点，累计为公司增加保费及信息服务收入近 5000 万元；二是提升南网供应链集团经营效益，2019—2021 年实现营业收入年均增长 66%、利润总额年均增长 52%，全员劳动生产率提升 18%，资本保值增值率增长了 3.8 倍；提升国有资本核心竞争力，助力国有资产保值增值。

推动供应链降本增效。充分发挥供应链数据资产价值应用支撑运营管理功能，助力降本增效。2019—2021 年，供应链全域累计节约成本 53.38 亿元。其中，采购服务业务节约 34.38 亿元，合约品控业务节约 2.05 亿元，仓储管理业务节约 16.53 亿元，物资配送业务累计节约 0.42 亿元。

（三）取得显著的社会效益

打造行业示范样本。创新性构建“123 + N”数据资产价值运营体系，已在南方电网公司及南网供应链集团等分别实现不同程度的推广应用，为推动国家数据要素市场建设、释放数据资产价值、创新数据资产商业模式提供了示范样本。“两金一贷”场景纳入公司对外发布的《南方电网数据资产管理体系白皮书》，得到业界普遍认可，成功申报国家发展改革委“数据要素市场关键场景项目”。

服务实体经济发展。截至 2022 年 8 月，供应链金融服务累计释放保证金和提供低成本融资超过 78 亿元，年化资金成本平均至少降低 2.67 个百分点，为供应商节约融资成本超过 1.5 亿元。

（成果创造人：杨　洽、匡少攀、谭　琼、郑之茂、刘　柳、王　斌、
周宇婷、鲁　毅、陈婧延、任继承、宋义林、李　勇）

通信企业集团实现全国一体化跨省通用的“电子身份认证”体系构建

中国联合网络通信集团有限公司

中国联合网络通信集团有限公司（以下简称中国联通）于2009年由原中国网通和原中国联通合并重组而成，公司在国内31个省（自治区、直辖市）及境外多个国家和地区设有分支机构，拥有130多个境外业务接入点，拥有覆盖全国、通达世界的现代通信网络和全球客户服务体系，主要经营固定通信业务、移动通信业务和国内、国际通信设施服务业务及数据通信业务、网络接入业务、各类电信增值业务、与通信信息业务相关的系统集成业务等。目前，用户规模达到4.6亿户。中国联通是目前唯一一家整体进行混合所有制改革试点的中央企业，公司在2021年《财富》世界500强中排名260位。

一、通信企业集团实现全国一体化跨省通用的“电子身份认证”体系构建背景

（一）积极响应“数字中国、智慧社会”建设号召

为积极响应国家“数字中国、智慧社会”的建设号召，多地政府及企业积极探索“电子身份认证”，但在用证权威性、安全性、跨省互通、多证兼容等方面仍存在一定问题。中国联通秉承高度政治责任感，深度落实全面数字化转型战略，切实助力更多服务事项一网通办，积极探索“电子身份认证”与通信行业结合的试点应用，进一步探索拓展至全国线上线下各触点全面应用，旨在通过数字化创新手段，为用户提供更加便捷的身份认证服务。中国联通作为“网络强国、数字中国、智慧社会建设主力军”，在前期试点成果的基础上，加快推广应用“电子身份认证”服务，持续扩大“电子身份认证”可办理业务种类和应用场景，切实增强广大用户对信息通信服务的满意度和获得感。

（二）深度落实中国联通“1+9+3”新战略

2021年，中国联通提出“1+8+2”的战略规划，坚决扛起“网络强国、数字中国、智慧社会、科技创新”的使命责任，积极探索推出“电子身份认证”等新型数字化手段，更好服务国家战略，更好满足人民对美好数字生活的需要，为行业拓展更广阔的发展新空间。2022年，中国联通新战略升级为“1+9+3”，坚定不移持续做好“电子身份认证”，构建新型数字化能力和服务手段，打造更便捷的身份认证方式，是贯彻落实中国联通“数字化转型”“科技创新”及“高品质服务”新战略的具体实践；同时，打造新型的“电子身份认证”数字化能力，也能形成中国联通的差异化新优势，助力企业高质量发展。

（三）满足客户高品质服务需求

随着国家公共服务的数字化水平不断提升，人民群众越来越习惯于使用数字化服务和设施，对于使用电子证照办理各类业务的需求也逐渐普遍。办理通信业务是人民群众生产生活中的高频应用场景，实现电子证照在通信行业的应用已成为群众普遍需求的趋势。作为基础通信央企的“国家队”“主力军”“排头兵”，中国联通不仅要做好通信网络保障，紧贴群众普遍需求，探索建立无实体证件接触方式的新型“电子身份认证”，为广大人民群众提供优质的通信产品和服务，还应充分发挥自身技术与资源优势，积极助力做好科技防疫，展现央企责任与担当。

二、通信企业集团实现全国一体化跨省通用的“电子身份认证”体系构建主要做法

从分析、解决“电子身份认证”在权威性、安全性、跨省互通、多证兼容等方面的难点问题入手，以为用户提供高品质认证服务为目标牵引，中国联通研究并建设全国一体化跨省通用“电子身份认证”体系，在通信行业创新实现“发证权威、多证兼容、用证便捷、安全可靠、跨省互通、认证智能”的

“电子身份认证”能力。

（一）深入分析风险点和难点，规划“电子身份认证”新体系

1. 分析实施“电子身份认证”风险点和难点

2018 年以来，“电子身份认证”开始在政府电子政务和腾讯等互联网公司及中国铁路等行业试应用。“电子身份认证”作为一项新兴技术，主要存在 6 类风险点和难点问题。一是法律及政策风险。尚未有国家权威机构统一明确“电子身份认证”的法律效力，存在应用的法律效力风险；尚缺乏全国统一政策，地方政策仅在当地适用且存在未来发生变动的风险。二是标准不统一。“电子身份认证”在初期主要存在基于卡方式的“SIM 数字身份认证”和“居民身份网络可信凭证”（即 CTID 网证）两类标准，各有优缺点，而且未来走势在初期还不明朗，标准的选用成为困扰用证方的一个难题。三是兼容性问题。由于缺乏全国统一标准，各认证机构纷纷推出自己签发的电子身份凭证，但认证结果在信息量、信息格式等方面存在较大差异。若要同时支持多种电子身份凭证、保障用户使用习惯的延续性，需解决各类证件的兼容性问题。四是通信行业尚无全面用证经验。“电子身份认证”早期主要应用在政府电子政务及铁路等行业，尚未全面应用在通信行业中，需探索打造全新的“电子身份认证”办理通信业务的新流程体系，将这种新型认证方式与通信业务办理有机融合，实现全国范围内线上线下全渠道便捷用证，给用户更好的业务办理认证体验。五是跨省互通问题。各地政府签发的电子身份凭证仅面向本地民众，无法实现跨省互通，在很大程度上限制“电子身份认证”的推广应用范围，需探索实现身份认证信息跨省互通，使认证应用突破地域限制。六是安全风险。“电子身份认证”作为一种新型认证方式，需重点关注在充分保障用证便捷性的同时，保护用户用证安全和个人信息安全。

2. 规划“全国一点领证及跨省用证”新体系

中国联通在充分调研分析现状的基础上，全面梳理、整合现有其他行业“电子身份认证”的应用流程，基于中国联通 IT 系统的智能化升级改造，全国集约提供支撑能力，最大限度化解风险、兼容差异。一是针对法律及政策风险，选择所在省份政策比较明晰、政府支持力度大的省级分公司先行试点；再与国家权威机构合作，研究全国应用推广可行性；同时积极主动与上级政府主管部门沟通汇报，争取政策支持，将政策风险降到最小。二是针对标准不统一，考虑两种身份认证方式各有应用场景，同步并行开展应用试点工作。“非 SIM 卡方式”的“电子身份认证”已可满足公众市场上用户办理通信业务的安全所需，而且推广成本低、受众用户多、开发速度快，因此先行开发上线。三是针对多种签发凭证难以兼容，调研现有在其他行业应用较为成熟的多个电子身份凭证签发机构，分析各类凭证的异同点，抽取共性内容作为基础信息开发共享模块，同时设置个性化参数适配差异点、采用智能路径定位不同电子身份凭证签发机构，求同存异解决兼容难的问题。四是针对通信行业无用证经验，借鉴其他行业的应用流程和使用方法，分析存在的不足和局限，整合提出改进方案，结合通信业务办理特点，制订通信业务“电子身份认证”应用流程和体系。五是针对跨省互通，利用中国联通全国集约化 IT 系统优势和跨省业务打通能力优势，由中国联通总部集中管理各机构签发的电子身份凭证，统一提供领证、用证能力，突破地域限制。六是针对安全风险，充分应用好“动态二维码”及“动态人像比对”两项技术，隐藏用户身份证件上的明文信息，采用加密传输及智能识别技术，在便捷、安全保障的前提下智能识别证件、身份。

（二）开展可行性分析研究，确保“电子身份认证”办理合法合规

1. 选取“电子身份认证”首批试点

为应对解决“电子身份认证”可能存在的政策及法律风险，中国联通采用“先在数字经济比较发达、所在省份政策比较明晰、政府支持力度大的省级分公司进行试点，再研究全国应用推广可行性”的办法，并且前期采取仅在自有营业厅及“中国联通 App”开放应用的实施策略，同时在系统上确保

认证过程有记录可追溯。上海分公司在数字化创新方面一直走在全国前列，且上海市政府对“电子身份认证”政策明晰度高、支持力度大，试点环境相对成熟。中国联通总部根据各方面环境成熟度综合评估后，选取上海分公司首批试点“电子身份认证”，验证了使用地方政府签发的电子身份凭证办理通信业务的可行性。后续，中国联通选取数字经济较为发达、当地政府支持力度较大的天津、重庆、山东、广东等省级分公司陆续试点“电子身份认证”。试点前，均先申报当地通信管理局获得认可并按照当地通信管理局明确的可办理业务种类开展“电子身份认证”应用。

2. 研究“全国一点领证及跨省用证”体系可行性

在中国联通省级分公司试点应用的同时，为加快推进“电子身份认证”在全国范围内应用，中国联通总部与公安部第一研究所多次沟通，积极开展全国通用体系的可行性研究和实践。一是充分研究评估公安部第一研究所签发的电子身份凭证的权威性和安全性。公安部第一研究所承建的“互联网+”可信身份认证平台（以下简称 CTID 平台），是国家网上身份认证基础设施的先导工程，具备权威完整的基础身份数据、稳定迅速的网络服务能力、广泛深入的行业应用实践、安全及合规的信息保护方案、丰富齐全的认证分级体系。CTID 平台可为全国各地居民签发与实体身份证唯一绑定的“居民身份网络可信凭证”（以下简称 CTID 网证），具备“权威、可信、安全、高效”特点，而且即使后续国家网上身份认证基础设施有所演进，也会基于 CTID 平台既有应用体系进行演进，政策变化风险的影响可控制在最小范围，完全符合中国联通寻求合作的全国统一的权威认证机构的要求，为后续“电子身份认证”的全国应用创造条件。二是积极向工业和信息化部汇报工作进展情况，确定使用 CTID 网证在全国范围内可办理通信业务的范围。经双方充分沟通、友好协商，公安部第一研究所授权中国联通作为“互联网+”可信身份认证平台的合法应用机构，可通过 CTID 平台进行网证下载、用户身份认证等，具体由其全资子公司中盾安信负责合同签署等相关工作。现阶段，中国联通将 CTID 网证作为服务密码、短信验证码等既有认证方式的补充，明确除开户、过户、客户资料变更等强实名认证业务外，其他业务可以使用 CTID 网证进行“电子身份认证”后办理。

（三）梳理各类电子身份凭证差异，实现多种凭证兼容使用

1. 梳理完善基础数据，兼容差异化信息

为兼容多种电子身份凭证，在数据梳理整合方面主要完成下述工作，为后续身份识别打下坚实数据基础。一是在中国联通业务支撑系统（以下简称 cBSS 系统）建立“每笔业务订单”与“身份认证信息”的关联关系，包括订单流水号、认证方式、认证来源、认证结果等。认证方式扩展新增“二代身份证-电子”方式；认证来源包括 CTID 平台、各地方政府身份认证平台、居民身份证识别设备等；认证结果信息指用户身份核验通过后，各类身份认证机构平台返回的结果信息。二是分析各类“电子身份认证”平台返回的认证结果信息，取各类结果信息的最大集，在 cBSS 系统建立“电子身份凭证公用信息库”并实时更新。“认证方式、认证来源、证件姓名、证件号码、性别、民族、证件地址”等共性信息为必填项，其余信息根据不同身份认证平台返回的个性化结果选择填写，以兼容差异化。其中，对于 CTID 平台返回的信息（仅为加密身份标识 PID，不含用户任何具体身份信息），其对应的“证件号码”字段记录为 PID，“证件姓名、性别、民族、证件地址”字段均记录为 CTID。三是在中国联通集约化的自然人系统（负责客户资料集中管理的系统）中记录 CTID 平台返回的用户“身份标识 PID”与“客户资料”的对应关系，以解决 CTID 平台仅反馈标识 PID 而无法定位到具体人的问题；此外，系统中还记录各类身份认证平台的访问地址，以实现智能定位到不同身份认证机构平台的功能。同时，对自然人系统中存储的二代证正面照片、二代证反面照片、芯片照等照片类型，增加对应照片来源，如同一个用户通过实体证件和电子身份凭证两种身份认证，在系统中会有两条显示不同来源的记录。

2. 智能识别用户身份，支撑认证全过程

在完成数据准备工作的基础上，“电子身份认证”的实现过程如下所述。一是获取电子身份凭证二维码。用户告知营业员使用何种电子身份凭证并出示电子身份凭证二维码，营业员“扫码”获取二维码信息，并由 cBSS 系统将二维码信息传递至自然人系统。二是根据二维码完成用户身份信息核验和识别。自然人系统根据记录的身份认证机构访问地址，将二维码信息送至对应平台进行用户身份认证并在获取认证结果后进行处理。其中，对于身份认证通过的用户，各地政府身份认证平台均返回“证件姓名、证件号码、证件地址、照片”等关键身份信息；自然人系统仅需更新用户证件正、反面照片或芯片照等信息并记录照片来源；CTID 平台则仅返回代表用户身份的加密身份标识 PID，需进一步通过 PID 关联到用户在中国联通自然人系统中留存的客户资料，从而获取姓名、证件号码等具体身份信息。三是完成身份认证后进行业务办理。自然人系统将用户身份认证及识别结果返回 cBSS 系统并展现给营业员来进行业务办理。四是业务办理完成后更新相关信息。业务办理完成后生成业务订单，业务订单中记录用户办理此次业务使用的身份认证方式和认证结果，根据此次认证结果更新“电子身份凭证公用信息库”相关信息。对于办理开户业务的场景，如果自然人系统中无此开户号码对应的客户资料信息，则会根据认证结果新建客户资料；同时，cBSS 系统还会将用户现场照片发送自然人系统进行留存。

（四）构建“领证、用证”业务流程及规则，优化用户办理体验

为实现“电子身份认证”在通信行业广泛应用，在行业内无经验可参考的情况下，中国联通通过多方调研，借鉴其他行业关于“电子身份认证”的应用流程和使用方法，深入分析这些行业在应用中存在的不足和局限，整合提出改进方案；同时，结合通信行业特点，以用户体验为优先，本着“能简则简”的原则，从电子身份凭证申领和使用两类场景出发，逐步设计出符合用户使用习惯和中国联通业务发展要求的“电子身份认证”业务流程和规则，为用户提供最优认证办理体验。

1. 明确电子身份凭证申领途径

一是首次领证，即用户通过“中国联通 App”首次申领 CTID 网证，或通过各地政府 App 首次申领电子身份凭证。由于用户在各地政府 App 领证不需要通过中国联通，仅对用户通过“中国联通 App”申领 CTID 网证过程进行描述。用户登录“中国联通 App”申领 CTID 网证时，对本网用户，系统会自动关联用户在中国联通留存的姓名、证件号码等信息，用户只需输入短信验证码、进行动态人像比对后申领，最大程度简化用户操作。对异网用户，由于之前在中国联通未留存客户资料，则需上传身份证正、反面照片，“中国联通 App”从证件照片中抓取姓名、证件号码等身份信息并通过自然人系统将“用户姓名 + 证件号码 + 动态人像信息”传递至 CTID 平台进行身份核验。二是凭证更新，是指用户通过“中国联通 App”更新 CTID 网证有效期及网证文件，或通过各地政府 App 更新电子身份凭证。对网证超过有效期的场景，CTID 网证 6 个月有效期到期后需要进行更新，只需点击“网证更新”、进行动态人像采集。对用户手机终端更换的场景，由于 CTID 网证文件会留存在旧终端里，用户需要使用新终端重新下载存储网证，再使用新终端正常进行“电子身份认证”。对用户实体身份证件信息变更（证件有效期延长或更名等）的场景，由于 CTID 平台的用户身份信息与实体身份证最新的制证信息保持同步，此时不需要进行网证更新操作，CTID 平台会按用户更新后的身份信息进行核验。

2. 设计差异化用证流程

一是线下亮证，是指用户在线下出示电子身份凭证二维码。CTID 网证二维码通过“中国联通 App”出示，用户点击“出示二维码”、进行动态人像比对后即可在手机终端上展示二维码；地方政府签发的电子身份凭证二维码通过地方政府 App 展示。二是线下用证，是指用户在联通自有营业厅出示二维码后，营业员“扫码”完成身份认证。CTID 平台返回用户身份标识 PID，通过 PID 可获取自然人系统中的客户资料信息，据此校验资料的一致性，完成身份认证全过程。为减少后续可能的业务纠纷，会在用

户签字确认的综合业务受理单上注明身份认证方式等认证信息。三是线上用证，是指用户在“中国联通 App”办理业务时，通过“扫脸”（即动态人像对比）使用 CTID 网证完成身份认证的过程。当用户选择使用 CTID 网证认证且通过“扫脸”进行动态人像比对后，系统会自动匹配存储在用户手机终端中的网证文件，将网证文件及动态人像传递至 CTID 平台进行身份认证。四是身份认证凭条查询，是指营业员通过认证流水号获取 CTID 身份认证凭条的过程，一般应用在用户对认证结果有争议的场景，确保认证可溯源。地方政府身份认证平台返回的是完整用户信息，已经可以作为身份认证凭证。但是，CTID 平台只返回用户身份 PID，并无具体身份信息，所以，需要提供 CTID 身份认证凭条查询功能。

（五）加强领证、用证安全，避免冒领、冒用及用户信息泄露

1. 强化领证身份校验，避免冒领

一是对本网用户，在“中国联通 App”申领 CTID 网证时，系统会根据用户登录的手机号码自动关联证件姓名、证件号码等客户资料信息，将“用户姓名 + 证件号码 + 用户动态人像”送至 CTID 平台进行身份认证，三者必须完全匹配才能申领成功，有效避免他人冒领网证，确保用户使用“电子身份认证”办理业务时网证使用人与业务号码归属人是同一人，提升业务办理安全性。二是对异网用户，系统也会将“用户姓名 + 证件号码 + 用户动态人像”送至 CTID 平台进行身份认证，三者必须完全匹配才能申领成功，确保证件为用户本人申领，提升领证安全性。

2. 强化用证动态识别，避免冒用

一是线下办理业务时，对 CTID 网证二维码，采用动态更新机制，设置有效期，超时则需用户本人进行“动态人像比对”重新生成，进一步增强使用安全性，以防不法分子盗用二维码办理业务。同时，各地政府自行负责电子身份凭证二维码的动态更新。二是线上办理业务时，“详单查询”等高隐私性业务增加“电子身份认证”方式。目前，采用的是通过短信或图形验证码进行二次身份核验（第一次身份核验在用户登录“中国联通 App”时进行，包括服务密码、短信验证码等认证方式），可能会因验证码泄露造成用户隐私泄露或财产损失。“电子身份认证”因需要用户本人“扫脸”确认身份，可有效避免此类风险，进一步提升高风险业务办理的安全性。三是对于“补换卡、移网解挂”等高风险业务，若用户已申领过电子身份凭证且手机丢失，必须由用户本人“扫脸”后才可使用电子身份凭证办理业务，可有效提升业务办理安全性。

3. 弱化明文身份信息，避免泄露

一是线下办理业务时，通过扫描用户出示的电子身份凭证二维码来进行用户身份验证，二维码上无任何明文身份信息，可有效避免用户个人信息泄露。二是线上办理业务时，对于“移网解挂”等需要上传身份证件正、反面照片的业务，增加“电子身份认证”的可选认证方式；对已申领 CTID 网证的用户，无须上传展示明文信息的身份证件正、反面照片，避免用户信息泄露。

（六）充分发挥 IT 系统和数据信息集约化优势，实现信息跨省互通、业务跨省可办

1. 建立“电子身份认证”集约共享能力集，实现认证信息跨省互通

为快速对接各机构的“电子身份认证”平台，结合各平台提供的“电子身份认证”服务能力与中国联通集约化系统能力，建立“一点获取电子身份凭证、一点存储身份信息、一点完成身份信息核验识别”的共享能力集。通过集约的共享能力集，在对接各机构身份认证平台时只需完成“接口适配、二维码路由解析”等少量个性化功能点即可，建设时间、建设成本大幅降低。一点对接各地身份认证平台系统后，用户无论在本地营业厅还是在跨省异地营业厅出示电子身份凭证二维码时，系统均可通过“扫码”向身份认证平台发出身份鉴权请求。如果鉴权通过，对于地方政府身份认证平台，将返回用户具体身份信息；对于 CTID 平台，将返回用户的身份识别码 PID，中国联通系统可根据 PID 自动关联获取用户在自然人系统存储的客户资料信息，从而完成身份认证，实现认证信息跨省互通。

2. 叠加跨省异地业务优势，实现认证业务跨省可办

自2020年以来，中国联通已全面正式推出全量跨省异地业务，用户在异地营业厅办理业务，无地域感知限制，但在身份认证方面，还不支持通过电子身份认证方式办理跨省异地业务。基于中国联通已推出的跨省异地业务办理能力，结合上述“电子身份认证”信息跨省互通能力，通过系统升级改造，在跨省异地业务办理原有的身份认证方式上，增加“电子身份认证”方式，即可通过电子身份认证方式办理中国联通跨省异地业务。CTID平台集中存储全国居民的身份信息，通过一点对接CTID平台，将CTID平台的集约化优势与中国联通跨省异地业务优势叠加，用户在全国各地使用“电子身份认证”更加畅通无阻；各地政府身份认证平台只为本省居民提供电子身份凭证，但中国联通的集约化系统通过一点对接各地政府的身份认证平台，结合中国联通的跨省异地业务，实现用户使用地方政府发放的电子身份凭证也可随意跨省认证办理通信业务。

（七）加强数字技术攻关，持续提升身份认证智能化水平

1. 自动采集验证所需信息，智能识别“我是我”

一是在线下用证时，用户出示电子身份凭证二维码后，营业员“扫码”，这时系统会自动获取二维码信息并传至对应认证机构进行身份核验，根据各认证机构返回的结果智能识别“我是我”。二是在线上用证时，用户“扫脸”后，系统会自动匹配存储在用户手机中的网证文件，将“网证文件+动态人像”传至CTID平台进行身份认证，根据CTID平台返回的结果智能识别“我是我”，从而确认当前进行认证操作的人没有问题，与所持的身份凭证一致。

2. 自动关联客户资料，智能识别“我是谁”

在用户身份识别环节，各地政府身份认证平台均返回“证件姓名、证件号码、证件地址、照片”等关键身份信息，可直接确认用户身份，明确“我是谁”；然而，CTID平台仅返回代表用户身份的加密身份标识PID，不含用户具体身份信息，无法直接确认用户是谁。因此，为满足业务办理需要，需要识别出目前持CTID网证认证办业务的人是谁：一是用户在“中国联通App”申领CTID网证时，自然人系统建立每一个用户PID与证件姓名、证件号码的对应关系。二是用户在用证时，根据CTID平台返回的PID，自动关联自然人系统中该PID对应的证件姓名及证件号码，通过“证件姓名+证件号码”自动查找自然人系统中对应的客户资料并传输展现到前端业务办理系统，从而智能识别出“我是谁”。

3. 内部建立访问路径地址，智能定位认证平台

在用户确定使用的电子身份凭证种类后，根据内部系统中准确记录的各类身份认证平台的访问路径地址，中国联通集约化系统自动将身份验证所需信息（线下“二维码”、线上“网证文件+动态人像”）送至对应的身份认证机构平台，实现智能定位并路由到不同身份认证机构平台的功能。

4. 持续优化二维码自动识别技术，智能识别认证机构

用户在线下渠道出示电子身份凭证二维码进行认证时，由于各认证机构的二维码编码方式差异很大，包括字符串、URL网址、纯数字、字符串与数字混搭等方式，而且无规律可循，现有技术手段很难做到“解析二维码直接准确识别认证机构”，因此，暂时通过“营业员手工点选认证机构”方式认证。后续，将继续研究二维码自动识别技术并进一步升级“扫码”设备、实现读取二维码上中间位置Logo图案的功能，采用自动识别Logo图案与解析二维码相结合等方式，实现“扫码自动识别认证机构”，替代“由用户告知、营业员手工点选”的操作方式，进一步提升认证过程的智能化程度。

三、通信企业集团实现全国一体化跨省通用的“电子身份认证”体系构建效果

（一）社会效益

全国一体化跨省通用“电子身份认证”新体系实现“发证权威、多证兼容、用证便捷、安全可靠、跨省互通、智能识别”的能力，切实提升中国联通用户的认证服务感知和满意度，以实际行动落实中

国联通新战略，打造中国联通差异化新优势；助力“电子身份认证”服务在通信行业的领证、用证全流程实践，为通信行业服务手段的数字化转型提供可参考模式；同时，切实推动更多服务事项“一网通办”“跨省通办”，助力“数字中国、智慧社会”建设，更好地满足人民群众对美好数字生活的需要。此外，输出的专利也为企业和行业沉淀并保护了知识产权，获《人民邮电报》及新浪网、腾讯网等媒体报道。

（二）直接经济效益

仅在用户自发领证、用证的情况下，自2021年至2022年4月，“中国联通App”电子身份凭证申领量突破95万笔，日领证峰值超3000笔；使用电子身份凭证办理联通业务的业务量超过16万笔。通过该项目的实施，一是助力吸新增网用户，促进经营发展。按照2022年年末中国联通有138万新增用户估算，因吸引新增用户入网一年新增收入约1.76亿元。二是通过提供差异化便捷身份认证服务，减少存量用户流失。充分利用“电子身份认证”服务带来的便捷服务口碑效应，估算2022年中国联通全年减少收入损失约9798万元。三是中国联通总部统一建设、统一运营，节约省级分公司建设运维成本。“电子身份认证”能力由中国联通总部一点建设、赋能全国，一年可节省建设维护费用约8253万元。总计，在吸引异网用户入网、减少存量用户流失、节约建设运维成本等方面估算，中国联通每年至少产生经济效益约3.57亿元。

（三）后续每年效益

随着“电子身份认证”社会效益的作用和影响逐步增大，领证用户量及用证业务量快速增长，经济效益逐年大幅提升。一是领证、用证用户规模持续增长。随着“电子身份认证”普及，一方面，可用电子身份凭证办理的业务种类将更加多样化；另一方面，将会有更多省份建设本地政府的身份认证平台，预计2023年年末将有1.6亿户中国联通用户申领电子身份凭证。那么，2025年后每年在吸引新增用户入网、减少存量用户流失方面的经济效益约为15.9亿元。二是新的认证能力带来新的利润增长点。中国联通“电子身份认证”能力成熟后，可借此对外部行业输出认证能力获得相应政企、社区项目为中国联通带来收入，如将“电子身份认证”应用在社区智能门禁、智能安防等领域，预计全年新增收入约为15亿元。三是常态化节约建设运维成本。按照保守估计，系统建设运维成本不随着业务量增加，那么，中国联通每年集约化建设维护IT系统所节约的成本仍为8253万元。预计从2025年开始，中国联通每年至少产生经济效益约为32亿元。

（成果创造人：杨庆友、韩丽艳、王君珂、靳慧芳、常　成、尚一多、
李张体、何　坤、王伟华、王　磊、吴　帆、郑永绵）

半导体显示企业以“灯塔工厂”为引领的数字化变革管理

京东方科技集团股份有限公司

京东方科技集团股份有限公司（以下简称京东方）创立于1993年，是一家为信息交互和人类健康提供智慧端口产品和专业服务的物联网公司，形成了以半导体显示事业为核心，以及传感器和解决方案、MLED、物联网创新事业、智慧医工事业融合发展的事业群。作为全球半导体显示产业龙头企业，京东方带领中国显示产业实现了从无到有、从有到大、从大到强。目前，全球每4个智能终端就有一块显示屏来自京东方，其超高清、柔性、微显示等解决方案已广泛应用于国内外知名品牌。全球市场调研机构Omdia数据显示，2021年京东方在智能手机、平板电脑、笔记本电脑、显示器、电视等五大应用领域显示屏出货量均位列全球第一。截至2021年，京东方累计可使用专利超过7万件，在年度新增专利申请中，发明专利超过90%，海外专利超过35%，覆盖美国、日本、韩国及欧洲等多个国家和地区。美国专利服务机构IFI Claims发布2021年度美国专利授权量统计报告显示，京东方全球排名跃升至第十一位；世界知识产权组织（WIPO）2021年全球国际专利申请排名中，京东方以1980件PCT专利申请量位列全球第七位。

一、半导体显示企业以“灯塔工厂”为引领的数字化变革管理背景

（一）主营业务趋向多元化发展，企业运营管理难度激增

京东方自成立以来，一直专注半导体显示器件，现已成为半导体显示领域的龙头企业。但是，在持续发展的过程中，京东方遇到两个问题，一是产业基础投入较大而收益率较低；二是市场端产品价格、需求总量呈现周期性波动，企业营业收入也随之波动。在确保产品和技术持续领先的同时，京东方基于自身核心能力和资源优势，提出“开放两端、芯屏气/器和”的物联网发展战略，开启集团全局性、面向物联网时代的组织能力革新再造。企业主营业务转向以显示制造为主及以传感器、智慧医疗、创新业务等为辅的多元化业务群，整体运营管理的难度激增，传统的管理模式已跟不上业务战略转型的脚步。

（二）企业物联网转型战略，需要以数字化变革方式实现

2020年，京东方在物联网发展战略指导下已构建起千亿级的“1+4+N”“航母”事业群（其中，“1”为以显示器件业务能力和资源为核心的“母舰平台”，“4”为物联网创新业务、传感器及解决方案、Micro LED及智慧医工四大“巡洋舰层”，“N”为以“1+4”核心技术产品为基点的“登陆舰层”），16条半导体显示生产线、10万名员工遍布五大洲18个国家和地区，如何利用好如此巨量的业务流、资金流、信息流生成高质量的数据流并创造更大价值，成为其转型发展面临的首要问题。为此，京东方开启了管理模式的升级，在2020年启动了数字化变革，旨在建立与之相适配的管理理念、管理模式和流程机制，通过数字化技术进一步提升管理能力和经营效益。首先，建立产品设计、材料供应、生产管理、产品销售、人事管理、财务管理等专业化、集中化的管理体系，有效降低管理成本和供应链成本，大幅提升管理能力和运营效率，确保企业既高效运营又风险可控。其次，梳理现有业务，打通散落在各个部门和系统的数据，然后统一数据标准，推动全域数据实时在线，搭建起全流程的数据共享服务能力，将业务流、资金流和信息流生成的数据流呈现在统一业务平台上，破除组织间的信息墙，实现系统互通、数据互联、全域贯通。最后，将企业复杂多维的运营数据及数据分析架构，按照数据使用者的需求一目了然的全方位呈现，直观展示业务节点，分析改善方向并预测未来发展趋势，实现经验决策向数据决策转变。

（三）数字化变革需要落地实践，积累成功经验

京东方做数字化变革，除了大力推动通过流程改善提升管理效率外，特别关注实际数字化应用落地的价值产出。经过充分的规划检讨，决议建设一个数字化与智能化融合的标杆工厂。一方面，可以挖掘数字化价值，提升企业核心竞争力；另一方面，还能积累数字化经验，探索制造企业数字化转型的成功路径。“灯塔工厂”是全球制造数字化领域里最高级别的评价，是由世界经济论坛甄选的面向全世界制造企业的“奥斯卡”级别的认证。其评价维度和建设体系非常契合京东方的数字化规划方向。京东方根据生产线情况，选取福州工厂作为标杆试点，按极高的要求和标准建设“灯塔工厂”：在建设实施中采用前沿的自动化设备和信息化系统，并且通过生产底层数据的广泛采集和多维度数据的深度联合，结合大数据和人工智能技术挖掘极致的生产效能；在建设过程中培养一批数字化变革人才，为数字化方案在集团内众多生产线的大规模复用提供指引。

二、半导体显示企业以“灯塔工厂”为引领的数字化变革管理主要做法

（一）明确数字化变革战略规划，构建多措并举的变革体系

京东方以建立“一个、数字化、可视的京东方”为目标，整体规划了数字化变革的战略蓝图：“一个”是归一化管理，建立“航母”事业群专业化、集约化的业务管理体系，使各业务协同运作、发挥规模优势；“数字化”是推动业务流程化、流程数据化、数据资产化；“可视”是按照京东方运营体系要求挖掘数据资产的价值。战略规划细化为两条路线落地：一方面，基于流程提升运营管理水平，推进集团范围内端到端价值流拉通，建立统一的架构体系，均衡各业务数字化管理水平，包括市场到线索、产品开发及问题到解决等 14 个关键业务流程；另一方面，建设“灯塔工厂”加速变革落地，通过建设一个数字化与智能化融合的标杆“灯塔工厂”，将大数据、人工智能等先进技术整合入运营体系，形成系统方案落地。

1. 组建数字化变革组织，提供组织保障

首先，京东方在 2021 年从决策层面成立了集团级变革管理组织，支撑数字化变革高效实现。顶层设立变革指导委员会，主要成员为企业高层领导，负责数字化变革过程重大事项的管理决策；中高层设立企业架构委员会，主要成员为业务、技术、应用和数据架构专家，负责数字化变革过程中的技术评审；数字化业务核心层，设立各领域业务数字化变革与 IT 管理团队，主要成员为集团研发、生产、营销等各领域流程负责人、IT 负责人及相关领导，负责决策各领域变革需求及权限范围内的变革项目的里程碑；运营层设立各领域的流程数据运营部，负责各领域流程和数据工作的统筹和赋能。其次，在落地实施层面，京东方成立首席变革与 IT 管理官组织，专职推进集团数字化变革进程。其中，企业架构与流程数据管理中心负责规划企业架构与变革路径、统筹流程和数据管理体系建设，为数字化变革提供方法论；变革项目管理中心负责统筹变革项目从立项到结案、评价的全过程管理，通过推动变革项目落地，将企业架构和流程体系贯彻到位，形成实践论；IT 技术相关中心负责业务流程在 IT 系统落地、运转及优化，提供技术支撑，为数字化变革提供工具论。

2. 强化变革资源投入，提供资源保障

坚持专业的人做专业的事，强化数字化人才招募。京东方建立了高管“挂帅”的变革领导机制，除变革指导委员会由董事长“挂帅”外，重大变革项目均由各业务线负责人主管，确保了变革内部高层资源的充分投入；此外，充分识别引入外部有成功变革经验的优秀专家，不断从内部甄别精兵强将充实到数字化变革岗位，核心项目采用专职团队推进，各组织选拔业务骨干参加，充实人才队伍。

实施多维度变革激励，强化制度保障。根据数字化变革实绩需要，设置专项激励金，重点激励优秀项目及实施过程中的优秀员工，充分激发参与热情；持续优化相关人事制度，将数字化变革经历纳入晋升考核优先评价因素，以鼓励更多优秀人才踊跃投身数字化变革，加速培养京东方自己的数字化人才

梯队。

科学评估，专款专用，强化资本保障。京东方认为，数字化变革是实现长期稳定高质量发展的重要支撑，为此，将每年营业收入的一定比例作为数字化变革专项投入，为数字化管理水平持续提升提供资本保障，确保这项事关基业长青的长期工程高质量完成。

3. 明确变革项目路径，提供规划保障

首先，数字化变革项目规划是站在经营管理高度且以业务战略为牵引、以拉通端到端流程为目的并综合考虑投入产出比和优先级后再设立的变革项目。其次，变革规划以京东方管理的主要矛盾为主要抓手，在变革行动前进行充分预研。最后，数字化变革整体和项目都要有产品意识，变革的成果要以数字化产品为载体，真正赋能业务组织的价值创造。在此基础上，京东方明确了变革规划，设立了集成产品开发变革、产供销变革、产品与基础原材料主数据治理等项目，为数字化转型提供了路径规划保障。

(二) 形成“三阶八步法”变革方法，统一观念与步骤

京东方结合了自身变革的经验，总结提炼“三阶八步法”数字化变革方法论。

1. 业务流程化阶段

京东方流程体系全称为端到端流程体系，是由客户需求发起到客户满意结束，以分类分层的流程架构为基础，由业务部门担任流程负责人并主导建设，由流程文件描述，覆盖企业运营全业务领域的业务管理体系。京东方流程体系的四大特征：第一，流程体系的本质是业务管理体系；第二，端到端流程的精髓在于流程间的衔接；第三，前端为客户需求，后端为客户满意；第四，流程产出包括流程架构/流程负责人/流程控制人/流程文件/关键控制点/流程绩效。为更好地建设京东方卓越流程，对流程六要素进行了明确，同时规范了流程 1 ~ 5 级的分级原则。基于优秀的流程体系建设，京东方从集团层面制订了流程端到端的拉通和优化计划。例如，在问题到解决流程方面，实现器件和整机流程架构整合，部分关键绩效指标上线，与集成产品开发/计划到出库/管理供应链主流程融合，与质量体系文件对标查缺补漏；在管理供应链流程方面，建立选型策略、供应资源库、全面向上、供应商发展等管理流程，提高了运营效率；在管理变革 IT 流程方面，推进了审批流程优化及自动化，缩短审批单数量，优化审批流程。

2. 流程数据化阶段

首先，数据标准化，即基于流程文件来完善数据资产，包括数据资产目录、数据模型、数据标准、数据分布，通过数字化变革项目及日常数据运营，开展数据治理工作，持续改善数据质量。其次，流程 IT 化，基于流程架构、数据架构和软件包实践，规划相应的应用架构，将具体流程固化在 IT 工具内，随业务流程的不断运行，在 IT 系统内生成海量原始数据。最后，数据价值化，建设企业级的数据中台，聚合和治理跨域数据，将数据抽象封装成服务，实现数据资源在各组织部门的共享，推进信息资源的整合，实现数据的全生命周期管理。通过多年的数据中台规划和建设，逐步实现数据入“湖”，保障数据唯一、同源，为人工智能和大数据分析等提供数据支撑，成为流程数据化和科学决策分析的有价值数据。

3. 数据可视化、资产化阶段

数据的可视化、资产化是企业精益管理和科学决策的必然要求，其核心是把企业复杂多维的运营数据及数据分析架构，按照数据使用者的需求一目了然地全方位呈现，直观展示业务目前所处的节点及每个环节的亮点与不足，分析其改善方向并预测未来发展趋势，实现经验决策向数据决策转变。在实际操作中，变革团队聚焦业务实际应用场景和行业标杆实践，建立数据模型，搭建统一报表中心，帮助业务用户实现线上收集、汇总、查询、展示数据，减少手工工作量，提高员工工作效率。京东方建立分级管理、决策看板，打造工厂级、集团级、战略项目跟进的管理驾驶舱看板，实现实时的预警通知、问题反馈、下钻分析、滚动预测，将京东方的人和物连接成一个有机整体，帮助各级管理者全面了解业务，从

而做出更加明智的决策，最终实现增强盈利能力、降低成本、增加收入并实现数字化转型的目标。

（三）建设数字化“灯塔工厂”标杆，验证变革落地方案

1. 业务技术维度具体做法

首先，自动化与数字化深度融合，夯实数字化基础。在生产制造层面，京东方已建成贯穿生产全过程的自动化制造工厂，通过全流程的自动化生产，极大提升生产过程工艺参数稳定性和一致性，可以为客户提供更为可靠的品质保障；高度连续的生产过程中，自动化生产可以使所有的机器设备都按既定的节拍运转，保证生产的均衡性，极大提高劳动生产率，缩短生产周期，可以为客户提供更为稳定的交付保障。在运营层面，建立适配生产业务的互联互通系统，提升信息化水平。匹配制造业务流程，在IT系统内进行固化，各细分业务由专业系统管理并打通生产计划系统、物料控制系统、设备预防保养系统、制造执行管理系统、质量控制系统、仓储管理系统之间的连接，实现数据自动流动，将生产过程数据化，及时掌握业务实时现状，进而实现对生产业务的不断分析和改进。在供应链层面，持续推进京东方与外部企业间的互联互通，通过数据协同使生态链向上下游延伸，提高数据流畅程度，减少管理环节，减少出错率，实现产业链数据的贯通。例如，京东方搭建的绿色产品管理系统（简称GPM），根据欧盟和中国的相关法规及客户的要求，对供应商提供的材料进行监督和管理，确保绿色产品生产。目前，占总量近1/4的1000余家一级供应商、150余家二级供应商已接入该系统并在持续推进。

其次，广泛采用前沿技术，挖掘极致效能。在自动化和信息化完善的基础下，创新性将多年的运营经验和行业尖端技术相结合，在生产计划安排上，建设了闭环动态排程自动派工系统，运用基因算法每15分统筹安排800多台设备的最优排产，将结果实时自动派工至生产设备闭环执行。在生产过程中，物联网监控生产设备动作时间，自动识别瓶颈动作，实时监控全自动生产线过程中瓶颈动态漂移情况并建立敏捷团队，利用动作提速和动作合并，改善瓶颈，获得更好的节拍时间，充分释放产能潜力。在品质管理上，运用机器学习算法，对1000余项设备参数进行数据建模，预测品质缺陷产生风险，识别并推荐关键控制参数，自动触发设备参数调整和远程校准。在过程检测和维修中，使用AI技术对关键缺陷类型进行识别并将缺陷精准坐标发送至高精度维修设备，加载对应维修方法进行修正，实现过程品质自动化、数字化控制，最大限度实现高质量生产。在能源管理上，通过大数据和物联网技术实现能耗管理智能化控制，确定最佳用量标准并自动根据排产计划进行参数调整，以数字式分析代替经验式设置，在保证良率水平的同时实现最优能耗。在企业运营管理上，实现关键业务可视化管理，挖掘极致管理效率。对各项关键业务的指标和过程数据，建设综合信息平台，将制造数据与经营数据进行关联，应用数字化看板实现可视，辅助管理者进行经营决策，提升核心管理竞争力。

2. 组织机制维度具体做法

一是自上而下推动数字化变革，建设数字化文化。京东方成立跨组织的数字化转型办公室，由总经理“挂帅”，贯穿赋能，落实运营。建立体系化实施机制，成立智能制造项目平台，以经营目标牵引驱动、形成有效举措和指标映射，实施敏捷开发模式。实现自上而下赋能，引导全员关注变革提升，激发组织智能化创新活力。二是培养数字化人才，培育数字化文化土壤。结合企业人才岗位分类和行业特点，建立契合自身的数字化人才培养体系：数字化高管规划蓝图远景，转型骨干作为数字化项目的教练，需求转译员作为业务组织和技术组织的衔接桥梁，数据工程师作为数字化技术解决方案的实施者，工业互联网架构师检讨如何搭建科学合理的工业互联网技术架构，数字化现场主管作为数字化实施的前锋和一线推动力量。

（四）培训辅导、推广案例、激励人才，标杆经验全面推广

1. 建立智能制造学堂，固化实践案例，形成智力资本

京东方大学堂增设了智能制造学堂，一方面，不断提炼企业数字化变革实践经验，将每个组织的优

秀成果提升至集团层面，把在标杆工厂中应用的先进技术和宝贵经验进行案例整理总结，打造了一批标准的、框架完善的、基于京东方实践的精品课程，形成固化的智力资本；另一方面，开展数字化知识赋能培训，提升各级员工的数字化能力水平，依据不同岗位和层级的员工的职责和能力要求，为专业岗位序列员工和管理岗位序列干部分别设计重点内容和赋能方式，定制化满足能力提升需求。另外，针对各工厂专项需要，为工厂提供内训师培训、认证和一对一辅导，培养了一批专业的数字化人才。

2. 平台化推广，发挥“灯塔工厂”标杆效应

为了加快对内赋能，推动京东方数字化变革发展，参照福州“灯塔工厂”模式，打造一批内部的“灯塔工厂”。京东方根据福州工厂的先进经验和已有的评估结果，完善了制造领域数字化、信息化建设的蓝图与实施步骤，确定了短期建设的三大重点工作方向和投资规划。在精准生产方面，打造“一个”制造排程系统，标准化数据模型和调度模型，实现集约化运营；在设备效能方面，推广数字化OEE管理，实施透明化监控和智能化分析，提升设备效能；在品质管控方面，推广缺陷自动管控系统ADC，基于云端训练和边缘计算，大幅提升检测效率和准确率。

3. 出台数字化人事激励制度，加速数字化变革落地

为鼓励京东方内外部优秀人才投身数字化转型事业，让投身数字化事业的人才“干事有平台、发展有空间、数字化有机会”，助力转型战略成功，京东方出台了一系列人事支持制度，如鼓励内部员工向数字化事业轮岗，给予更多上升机会；提高从事数字化人员的激励倾斜度；对数字化事业人工成本预算、人效指标的考核，原则上不做绝对指标考核要求；根据数字化事业组织绩效达成情况，适当相应提高员工高绩效比例等。

（五）赋能上下游，全产业链协同数字化升级

1. 打造生态图谱，实现协同共赢

基于永葆企业创新生命力与产业链协同共赢的长远考虑，京东方着力推动构建融合创新生态体系。积极与各大科研院校、研究机构和产业链伙伴合作，在显示、传感、物联网等领域推进关键技术突破；同时，搭建京东方全球创新伙伴大会等行业平台，推动与全球行业伙伴的交流协作，由内到外构建庞大的创新生态，推动企业自身与产业链上下游的协同创新。

2. 构建赋能平台，助力全产业链的数智化升级

京东方着力构建赋能平台，将京东方近20年的半导体显示产业实践及显示生产线积累的智能制造经验转化为平台能力、系统能力，不断赋能产业链上下游企业，解决中小微企业的转型痛点，打破泛半导体行业工业软件由国外垄断的局面，助力全产业链的数智化升级。为此，京东方着力打造了覆盖数据采集、智能分析到场景应用的全产业链工业互联网平台，推出智能生产、智慧厂区及工业互联线上服务等众多标准化、平台化的系统级解决方案，聚焦精准生产、产品品控，打通产业链各环节并实现协同管理。短短一年时间，已为全国200多家企业提供数字化转型服务，大幅提升企业运营管理效率，推动产业链上下游智能制造能力和数字化应用水平提升。

三、半导体显示企业以“灯塔工厂”为引领的数字化变革管理效果

（一）企业管理数字化水平大幅提升

2021年年底，以北京市国资委信息化水平评测标准为依据，在北京市国资委等单位的指导下，从顶层设计与治理、信息化保障、信息化应用、信息安全4个维度对京东方进行了评测，由2015年的80.3分提升至95.6分，达到A级水平；在国家智能制造成熟度标准下，京东方2021年成功通过国家四级标准，成为北京市首家、电子行业内全国第四家通过该等级评审的企业。与此同时，京东方在探索数字化转型过程中也受到社会各界的广泛认可。在质量管理方面，2021年荣膺“中国质量奖”一等奖；在生产制造方面，2022年获评“维科杯”中国智能制造数字化工厂年度标杆企业；在供应链协同方面，

2022 年度在“The Asset Triple A Asian Awards”系列评选中荣获“最佳供应链金融解决方案”国际大奖。

（二）“灯塔工厂”效益显著

京东方福州工厂在 2022 年 3 月获得世界经济论坛的认证，获得“灯塔工厂”的正式认定，这也是国内第一家显示制造类“灯塔工厂”。“灯塔工厂”是京东方数字化变革应用的成果和实效，搭配工业互联网技术架构，在生产效率、人员效率、产品质量、能源效率等方面体现出可观效益。

生产方面实现快和准。建立“动态排产 - 自动派工”系统，根据需求智能核算排产计划，使得生产要素恰到好处地协同到位并高效运转，排产周期由 8 小时缩短至 1 小时，整体生产排布效率提升 87.5%，实现在制品数量最小化、设备综合效率最大化。

产品方面实现优和省。基于大数据分析预测平台，通过采集设备端多项参数，构建缺陷模型，打通生产调度系统，快速为研发生产环节规避风险，有效把控产品质量。目前，已经实现 80 多种产品、800 多台设备单元的智能良率闭环管理，最终产品缺陷率降低 75%。在产品高端化、复杂化的严格要求下，仍保持 97% 以上的良品率水平。

能源管理方面实现有效绿色减排。京东方通过搭载 AI 驱动的能源管理系统，实现单线单位能耗大幅下降 39%，单位水耗下降 27%；同时，持续推动绿色园区建设、节能减排管理、绿色产品管理及生态环境管理等各生产环节的有效实践，实现全链条、全环节的绿色运营，极大提升可持续发展能力。

（三）有效带动产业链数字化升级，实现协同共赢

产业链布局方面，京东方作为国内半导体显示行业龙头企业，在全国甚至全球已然形成一条清晰、稳定且体量庞大的产业链，依托京东方工业互联网平台赋能和供应链安全等关键目标及京东方工业互联网平台支撑产业链协同管理，预期可实现企业发货能力提高 16%、库存量减少 25%、订单履约周期缩短 30%、产业链成本降低 25%。对外赋能方面，京东方工业互联网平台，重点解决中小微企业的转型痛点，为中小微企业提供标准化、平台化的服务，客户只需用单独采购整套产品的价格的 1/10，即可享受同等的服务和收益。除此之外，为响应国内高端制造对工业软件自主、可控的诉求，京东方基于自身经验凝聚一整套核心智能制造系统平台，打破泛半导体行业工业软件由国外垄断的局面。

（成果创造人：陈炎顺、张　羽、王锡平、付　华、陈　健、刘文瑞）

船舶企业基于数字化仿真的车间生产管理

沪东中华造船（集团）有限公司

沪东中华造船（集团）有限公司（以下简称沪东中华）是中国船舶集团有限公司（以下简称中船集团）下属造船企业，拥有两大总装造船基地和强大的自主研发和先进制造能力，以及完善的品控体系和服务网络，致力向全球客户提供一流的产品与优质服务。沪东中华是中国唯一的大型 LNG 运输船建造企业，已经交付和在建的大型 LNG 船超过 30 艘，实现了国家重大能源运输装备的自主可靠生产，建造的 23000 箱集装箱船是当今世界上载箱量最大、全球首个应用 LNG 为主要动力燃料的“超级工程”。沪东中华拥有国家级企业技术中心、国家能源 LNG 海上储运装备重点实验室、LNG 技术研究所，建立了企业博士后科研工作站和船体、轮机、信息化博士工作室，先后承担了国家一系列装备研制、技术创新、能力建设等重大科研项目，拥有 70 多项国家级奖励和 700 多项发明专利。

一、船舶企业基于数字化仿真的车间生产管理背景

（一）贯彻国家战略发展规划的需要

2020 年，国务院国资委印发相关文件强调，需贯彻落实党中央、国务院关于推动新一代信息技术与制造业深度融合、打造数字经济新优势等决策部署，促进国有企业数字化、网络化、智能化发展，增强竞争力、创新力、控制力、影响力、抗风险能力，提升产业基础能力和产业链现代化水平。在中船集团“2019—2025 关于智能制造示范项目有关事项的通知”精神中，也强调企业需要“通过新一代信息通信技术实现智能、精准决策与执行，促进设计、生产、管理等业务的数字化、网络化、智能化升级”。

（二）船舶行业数字化管理模式改革的战略需求

尽管我国是造船大国，但还不是造船强国，在科技水平和综合实力等方面和日、韩等国际造船发达国家相比，我国数字化造船差距明显。针对船舶制造行业，国外先进造船企业处于由“工业 3. 0”向“工业 4. 0”的推进阶段，日、韩等国外先进造船企业普遍使用了数字化技术、自动化技术和精益生产等技术，实现了厂域空间全网络覆盖，物联网技术大量应用；大数据技术在局部领域应用，由智能单元向智能生产线推进，为智能船厂打下坚实的基础。国内船厂发展水平参差不齐，骨干船厂生产现场自动化及自动化装备的比例正在逐年攀升，但与国外船舶行业相比，生产智能化、网络化、集成化管控技术水平仍然不高，在数字化、自动化、精益生产等方面仍有短板需要补齐。

（三）企业生产管理水平亟待提升的紧迫现状

船体制造生产任务受设备生产能力、物料到货情况、人员配置情况等因素的影响，传统的生产排程面临着船体制造生产过程中资源配置不合理、产能控制不均衡、设备效能不能充分发挥的问题，极大地影响了企业的效能。沪东中华迫切需要一套行之有效的数字化管理手段来优化企业的生产排程流程，实现生产过程的资源优化配置、产能均衡控制和智能调度，减少生产计划异常的发生，降低处理异常造成的生产成本；提升企业运转效率，减少时间成本；使物料流动更加顺畅，降低物料管控成本。

二、船舶企业基于数字化仿真的车间生产管理主要做法

（一）战略引导，树立数字化管理思维

沪东中华在《长兴二期智能制造建设实施思路》中要求，“围绕船舶建造主流程，重点打造船体联合车间、曲面车间、涂装中心、堆场、舾装、集配、船坞、港池、码头等区域数字化、智能化车间”。

基于建设数字化、智能化车间的思想，沪东中华对数字造船总体框架进行了设计，从顶层指导企业数字化转型。加强基础网络、数据中心、配套标准规范等基础能力建设，积极推进商密基础网络试点推广建设，夯实工业互联网条件保障基础，推动带宽持续扩容，形成有效支撑船舶企业数字化转型的基础保障条件。利用云平台技术，打造数字化、网络化、智能化的研发、生产、服务的开放工业生态体系；同时，与电信运营商、高等院校、研究机构等优势互补、加强合作，以工业以太网、工业无线网等新型技术、设备改造生产现场网络基础环境。以数字模型为中心，通过仿真分析和数据智能技术深度应用，实现从面向问题的被动式反应转变为基于数据的预测分析和辅助决策，实现全部元素建模定义、全部数据采集分析、全部决策仿真评估，构建装备在全生命周期各阶段的数字孪生，量化并减少产品全生命周期中的各种不确定性，实现需求的自动跟踪、设计的快速迭代、生产的稳定控制和保障的实时管理。

（二）“把手工程”，建立部门岗位职责协同

1. 成立专项团队，实现组织流程系统性变革

沪东中华首先制订了“战略引领，把手工程，统领全局，系统策划，分步实施”的推进方针。对沪东中华的数字化、智能化制造总体框架进行了设计，从顶层指导了企业推进数字化、智能化。沪东中华坚持信息化推进是“把手工程”，在中船集团的战略指导下，沪东中华构建了信息化及智能制造工作机构，具体构成及职责为：第一层为信息化及智能制造领导小组，由董事长“挂帅”，主要负责全面领导信息化及智能制造工作，健全组织体系，完善相关管理机制，负责确定信息化及智能制造发展战略，决策生产管理、技术工艺等方面的信息化、智能化工作方向，协调处理信息化推进过程中的重点、难点问题，对重大事项进行指导与决策；第二层为智能制造办公室，由副总担任主任、首席信息总监担任常务副主任，主要负责组织策划生产管理、技术工艺等智能制造方案，协调项目推进重大问题，负责项目的跟踪与评审；第三层为管理、信息技术、工艺、建设等4个工作组，主要是分管领导担任各组负责人，主要负责组织优化管理流程，推进管理信息化，数据信息化，组织研究智能制造管理模式，确定组织架构，规划人员编制，组织编制信息化建设工作总体规划及实施方案，负责梳理生产工艺现状，制订生产工艺智能化改进方案与实施计划，负责智能制造建设工作推进与落实。

2. 建立技术层面岗位职责协同，突破管理壁垒

船舶企业基于数字化仿真的车间生产管理是针对车间生产的综合管理平台，业务流程涉及生产、工艺、物资配套、调度等生产资源。实施过程中综合考虑各要素的影响，对车间生产排程业务进行了流程再造，根据业务流程的优化变更，修订了相关岗位的职能，在相关岗位绩效考核增加信息化应用绩效考核，对相关岗位人员的资格进行了培训和认证，对各部门业务岗位职责人员的信息化应用行为起到鼓励和强化作用。生产线数字模型构建的完不完善和生产过程状态数据的信息采集的是否及时、准确、完整直接关系到项目实施的成败及项目的效益。本项目建立了部门岗位职责协同机制，联合业务流程涉及的生产管理、制造、设备、信息、物资配置等岗位，建立了专项问题处理小组，通过各业务岗位的职责联动，凝聚工作合力，强化了各业务环节信息的及时采集反馈，车间生产排程管理人员通过仿真系统的各种报表查看分析数据使用的问题，发现问题及时通报在内部工作群中，由各业务人员及时进行处理。

（三）优化工艺布局，实现资源合理规划

由于船舶制造企业受外界条件（如船坞、平台）和设备能力（如吊车、平车、油压机等）的限制，企业在船舶制造工艺方面及生产管理方面存在很多不同，而分段制造是所有工艺过程中受外界条件和设备能力限制最小的过程。相对来说，控制好分段制造过程，使分段制造最大限度地为其他过程节点让步，可以为优化整个船舶制造工艺过程、缩短周期提供有利条件。本项目对船厂分段制造车间中的预处理、钢材切割与部件小组立等几个生产线的主要工艺工序进行系统地分析，以相关环节作业环境需求与设备运行需求为目标，开展产品设备建模及车间标准模型库建立并进行复杂场景准确度评估，保证虚拟

场景和实际场景的准确度。通过建立车间综合评估体系，为生产线仿真建模提供坚实的基础。本项目通过项目组人员深入生产一线对各个工艺工序过程的流程进行调研，绘制出生产线工艺工序图，梳理出每个工位的生成设备配置、人员配置、能力参数及需要的工艺工法资料，构建生产线工位的资源配置图，形成对“人、机、料、法、环”等重要生产要素的管理，为生产线仿真建模提供基础。

（四）强化信息基础建设，确保生产数据实时采集

1. 构建车间物联网络，实现生产线数据实时采集

本项目通过传感网络技术实现数字化车间现场感知点（物料、工装、设备、人员、分段等）的组网控制和数据汇聚及向现场感知点发送数据等功能。通过分布安装在车间现场的传感器，设计和构建无线传感网络，使车间现场中的人员、设备、物料、中间产品、环境等多种实体对象间具备相互感知、相互查询、相互监控的能力；同时，通过感知点之间的互相组网，实现感知点的数据上传（将数据发送给汇聚结点，汇聚结点收到数据后，通过接入网关将数据上传至上层的高速传输网络）和下发（从应用系统下发控制信息，接入网关接收到上层网络的数据后，由汇聚结点将数据发送给感知点），从而完成感知点与上层网络之间的数据转发和交互功能，实现制造过程信息的实时获取与状态的自动感知、生产现场的远程管控及对移动对象的识别与定位，为船体分段制造生产线仿真数据夯实基础并提供决策支持。

2. 构建生产过程数据库

本项目以现场及整个生产线的所有数据分类与采集方式为基础，构建生产过程数据库，形成满足详细生产计划、资源数据、产品数据实时更新需求的生产过程信息数据库，为生产线实时仿真奠定基础。车间内数据包括生产信息、资源信息、派工信息、焊接信息及其他文档信息，通过原有数据系统提供接口或其他方式导入，经过海量异构系统进行处理，再进行数据输出至应用。通过数据接口，将数据中心处理的信息导出至车间看板，以供监控车间实时生产信息。可以阶段性导出综合报表，以供留存。数据处理中心系统内通过数据接口，将历史数据经过优化放入数据存储库，以供后续生产监控处理使用。

3. 搭建船体分段制造车间仿真参数化标准模型库

针对建立船体分段制造车间虚拟模型过程中会出现方案的验证与优化的不断迭代问题，本项目结合船体分段制造车间工艺信息与设备信息，建立船体分段制造车间制造环境中的标准模型库并对其进行分析、调试。建立资源描述、设计和实现的统一框架，有效反映各实体之间的层次关系。构建船体分段制造车间生产过程数据库，将车间内的场地、设备、工装、人员等制造资源进行统一管理，形成标准模型库，为模型建立与优化迭代提供基础数据和模型，实现快速调用、快速组装，为生产线快速构建提供数据支撑。

（五）虚实结合，构建车间生产线“数字双胞胎”

1. 生产线仿真建模

本项目通过分析沪东中华船体分段生产线各作业单元生产能力参数，对仿真对象进行全要素分析，包括船体生产零部件、生产线厂房布局、厂区道路设施、场地资源、加工设备设施、运输设备、起重设备等实体，同时分析各加工流程、加工过程信息等，以明确流水线的工艺、设备、人员、计划、质量等信息。明确各建模对象的实体要素参数、实体位置参数、实体间相对位置参数等，分析对象的物理属性，具体的物理参数有生产节拍、生产能力、等待时间、故障时间及维修时间。本项目利用 Plant Simulation 仿真工具创建船体分段制造车间生产线的数字模型，对生产线的各个实体进行建模，将实体要素参数附加到模型中，提供分析产量、资源利用情况和瓶颈环节的图表，对生产线作业流程进行优化，对资源进行合理配置，从而提高产量、发现生产瓶颈、降低生产管理成本。

2. 动态仿真

本项目建立了数据传输接口之后仿真系统接收到数据库的各类生产数据，仿真系统通过提前写入的表格数据读取逻辑对表格数据进行预处理，定义各实体参数。确定运行时间后在仿真系统中进行仿真；仿真完成之后在仿真系统看板中输出仿真结果予以展示，之后再以规定格式记录在表格中，通过ODBC接口继续回传给数据库中用以保存。决策人员可以针对该次仿真结果进行决策，对生产计划进行调整，修正生产数据。重复此交互过程得到更优的生产方案。

3. 生产排程管理优化

本项目针对传统船体制造过程中普遍存在的问题，如车间建设、加工、排产等环节缺乏验证优化手段及建造过程中资源配置不合理、产能控制不均衡、设备效能发挥不足等问题，基于仿真分析系统生产线仿真模型，围绕船体分段制造车间三大环节，利用车间布局方案验证及优化、车间改造升级方案验证及优化、生产过程作业能力评估及优化、生产过程瓶颈分析及优化、排产与资源配置验证及优化、基于算法的仿真迭代验证及优化技术，实现布置方案的优化、验证资源的投入优化和车间改造升级方案的优化、车间工艺流程的优化、作业能力的优化、生产瓶颈的优化、排产与资源配置的优化等，结合算法、车间信息系统，形成完备的方案验证、迭代优化及反馈机制，保障车间效率的持续提升。通过构建各作业单元的生产线仿真模型，建立船体分段现场生产线的“数字双胞胎”，通过船舶生产线实时数据采集和数据驱动仿真机制，在三维虚拟环境中对整个生产过程进行建模、实时仿真与分析，实现虚拟工厂和物理工厂同步运行，在此基础上实现对分段建造方式的优化和资源调度的优化，从而实现船体分段建造生产线精益管理，提高建造效率。针对传统船体分段制造车间性能难以评估的问题，通过构建船体分段制造车间虚拟模型数据输出体系，包括布局建设投资成本、设备投资成本、车间产能、各工位利用率、车间生产节拍、生产效率、物流设备利用率、物流运输效率、运输精准率、拥堵率、准点率及生产计划完成率等输出指标，利用生产线仿真数据与生产排程数据互联。

（六）集成提升，构建车间数字化集成管控平台

沪东中华开发车间集成管控平台，针对车间管控信息流和多业务数据的动态管理关系，与ERP/PDM系统进行集成，获取生产管理的物料信息、设备资源信息、生产计划信息、产品设计信息等，实现通过集成管控平台对设备状态信息、制造进度信息、物料需求信息的管控；与MES系统进行对接，实现车间设备资源信息、物料信息、设备加工指令、控制信息、工单进度信息等的反馈，有利于车间管理的精细化管控；与仿真系统进行集成，基于实时数据对车间排产、计划、物流等进行仿真和迭代，实现车间生产管理作业计划的自适应调整。

三、船舶企业基于数字化仿真的车间生产管理效果

（一）管理水平有效提升

1. 生产效率提高

基于船体分段生产线仿真的车间排程管理提高了整个车间的优化能力，进而提高了生产线的生产效率。实时数据采集系统的自动化数据采集和管理，能够实现数据的追溯和查询，大大提高了备品备件检索的工作效率。该成果实施后，管理模式由传统的人员驱动数据模式转变为数据驱动人员模式，生产运作透明化、生产进度可视化、生产全要素精益管控标准化，有效地提升了企业市场竞争力。通过构建车间物联网，实现了车间设备的互联互通，以及生产信息的及时、准确完成反馈。通过数据感知和实时监测，车间生产状况进一步透明化，通过生产管控平台的构建，各业务模块之间实现了数据共享，信息交流及时、准确。通过对数据的开发利用，科学分析，平衡了车间生产线的设备负荷，提高了车间设备的生产利用效率。

2. 产品质量提升

基于生产线仿真的实时数据采集贯穿待加工件的来料、加工到成品全过程，可以进行全生产过程的质量管控，依据物料、设备、生产等各环节采集的数据对不良产品进行及时有效的分析，这样既缩短了不良产品的分析周期，也提升了产品的质量。通过对设备的运行状态的实时监控，实现预测性维护和故障诊断，提升了设备的利用效率，确保生产的连续性，从而提高了产品质量的稳定性，降低了产品质量损失。2021 年，沪东中华产品质量检验一次合格率由 2020 年的 93.9% 提高至 95.6%。

3. 可靠性提升

基于生产线仿真的生产排程管理实现了产品原材料、零部件、制造参数等数据的可追溯和查询，以及所有生产计划、生产流程、设备管理、仓储物料管理等的全程可控，替代了原有的人工操作，使得数据和信息有据可依，可靠性得到大大提升。

（二）经济效益大幅提升

船舶企业基于数字化仿真的车间生产管理既提高了生产效率，也提升了产品的质量。促使企业的生产过程管理实现信息化，通过实时的数据采集、管理、统计与分析，实时反馈船体分段生产线的生产情况和质量状况；对产品原材料、零部件、设备参数进行追溯与查询，从而不断提高生产质量及生产效率；可视化的生产状态能够实时监控生产运营状态，使管理层可以全面、及时掌控生产数据，提高了管理水平，进而提高了生产效益和企业价值。合计年度可产生效益 1553.3 万元。

（三）社会效益显著突出

船舶企业基于数字化仿真的车间生产管理提升车间柔性排产、实时仿真、资源智能调度等智能化水平并在行业内展开示范应用，实现生产资源合理配置、产能均衡控制、设备效能充分发挥的管理效益，进而提高了船舶中间产品的制造效率，实现了降本增效及数字化转型升级。沪东中华率先通过本项目推动船舶企业车间生产的智能化、数字化，推动新一代信息技术在传统重工业企业的应用示范，具备行业内外的可复制性，可以向行业内制造企业推广，可以促进工业的转型升级。

（成果创造人：潘冬伟、吉中良、范志川、沈　寒、史亭亭、项　乔、
胡志博、张建刚、钱　程、王　雷、程　伟）

核潜艇装备实现“设计－建造－检验”全流程数字化贯通的协同管理体系构建

中国船舶集团有限公司第七一九研究所

中国船舶集团有限公司第七一九研究所（以下简称七一九所）成立于1965年，位于湖北省武汉市。现有职工3200余人，中国工程院院士2人，享受国务院特殊津贴专家21人。设有船舶工程、船舶系统、核动力装置、电气工程等46个专业，建有二回路系统综合试验室、武器系统对准与标校试验室、减振降噪试验室等20余个现代化试验室。获得国家科技进步特等奖3项、一等奖1项，国家、省部级科技奖励300余项。获得“全国先进基层党组织”“全国文明单位”“全国五一劳动奖状”等荣誉，并且有多人获得“共和国勋章”“全国道德模范”等荣誉。

一、核潜艇装备实现“设计－建造－检验”全流程数字化贯通的协同管理体系构建背景

（一）支撑海军战略转型、全面建成世界一流海军的使命所在

一直以来，潜艇装备因其具备优异的隐蔽能力、打击能力、反击能力等，是各国海军的杀手锏装备。针对当前国际形势，为实现人民海军战略转型，党中央对海基核力量建设做出一系列重要指示，强调在新时代的征程上，在实现中华民族伟大复兴的奋斗中，建设强大人民海军的任务从来没有像今天这样紧迫，要努力把人民海军全面建成世界一流海军。七一九所作为我国唯一的某战略武器装备总体研制单位，承载着核潜艇性能提升的重大使命。

（二）引领潜艇行业发展、提升总体牵引及工程抓总能力的必然选择

为引领潜艇行业发展、提升总体牵引及工程抓总能力，落实“总体负总责”“穿透式管控”等要求，七一九所积极响应国家数字军工发展战略，通过大量分析研究发现，打通数字化“设计－建造－检验”全流程是必然选择。应在统一装备研制全流程技术架构、工具体系、流程标准等的基础上，搭建覆盖军、厂、所的一体化协同平台，形成军、厂、所基于数字样机的设计协同、技术协调、数据发布、场景应用、状态追溯等全业务、全流程闭环管控能力，在此基础上制订行业标准，提升总体单位全工程抓总能力。

（三）缩短潜艇研制周期、充分发挥三维设计效益的内在需求

核潜艇作为大型系统工程复杂装备，参研单位多、设计接口复杂，研制周期一般较长。为加快核潜艇研制进度，一方面，需进一步提高设计效率，缩短设计周期；另一方面，需厂所深度协同，开展并行建造、异地建造，缩短建造周期。2011年，七一九所根据海军和行业需求提出“精品工程”战略，针对型号研制周期长、精细化程度不高等问题，举全所之力，构建全三维数字化设计体系，推进三维设计平台的工程化应用，于2015年在行业内首次实现全三维精细化设计和三维交付。由于是首次应用，对三维设计及协同模式理解深度不够，而且受软件功能、系统架构等限制及厂、所设计环境隔离等因素制约，出现的“施工设计结果向生产设计转化难”“军代表室检验验收模式转变难”等问题一定程度上影响了三维设计效益及数字化设计红利体现。

二、核潜艇装备实现“设计－建造－检验”全流程数字化贯通的协同管理体系构建主要做法

（一）提升总体格局及站位，确立“军、厂、所一体化协同”战略

1. 确立“军、厂、所一体化协同”战略

七一九所从装备提升和行业发展的总体高度，充分认识到装备研制模式全面转型的必要性，数字化工作总体战略由推进自身“数字化设计”能力提升转变为推进“军、厂、所一体化协同”落地。一方

面，七一九所充分整合资源，聚集设计、管理、信息化专业资深人才，合力开展军、厂、所数字化“设计－建造－检验”全流程贯通的转型路线探索及方案制订，结合新型号研制，采取先测试、后应用、再逐步完善的“三步走”策略，最终予以落地；另一方面，主动作为，积极与配套总装厂、驻所/驻厂军代室汇报沟通，加强“军、厂、所一体化协同”理念推广，有力促成行业总体单位统一思路，高效推进工作。

2. 确立军、厂、所全覆盖的协同研制模式

以保质保量、按时交付高质量装备为宗旨，解决施工建造、检验验收亟需，基于“设计－建造－检验”全流程贯通思想，创新装备协同研制模式：一方面，首次将军代表系统纳入协同体系中，实现驻所军代表对厂、所协同设计成果进行确认，驻厂军代表能够直接接收实时协同设计结果并据此开展建造结果检验验收；另一方面，推进功能性能设计与工艺设计深度融合，打破厂、所以往严格明确的责任边界，厂、所共同开展施工设计，确保设计结果满足可生产性要求，推进总体设计数据到生产设计的直接可用，避免二次建模带来的错误和重复工作，推进设计与建造的单一数据源，避免数据不一致导致的建造返工。

（二）成立多维度联合团队，保障一体化协同落地

从三维设计体系建设、数字化协同、型号研制 3 个维度组建专项攻关团队，保障军、厂、所一体化系统战略落地。一是成立数字化设计平台开发团队。以所首席专家为核心成立项目工作组，组建涵盖各专业骨干专家的专项技术团队，专项推进方法研究、体系建设与平台研发。二是成立数字化设计与建造厂、所协同组织机构。由总体所、总装厂领导“挂帅”，型号总师及相关设计部门、质量管理部门、计划管理部门、信息化部门主要领导具体负责，核心骨干人员参与，军代表担任顾问，全面深入开展技术对接、工艺对接、检验对接、标准对接等，确保设计建造检验各方需求均得到响应，确保相关技术路线合力正确。三是依托某重点型号研制，成立“施工设计大会战”组织机构。设置由型号总师、副总师“挂帅”的会战工作组，厂、所的总体、结构、系统、设备等相关专业设计人员及工艺人员参与，确保设计建造检验一体化协同模型在型号设计中的应用落地。

（三）确定建模方案及要求，统一“设计语言”

1. 制订“设计－建造－检验全要素融合定义”的建模方案

瞄准协同模式从“可生产性设计协作”向“设计－建造－检验全要素融合定义”转变目标，七一九所考虑全工程协同需求，深入开展模型构建方式方法研究，实现工程数据传递方式从“交数据”到“保贯通”转变。一是设计了一套厂、所共同认可的且在设计完成后总装厂可无缝衔接扩展使用的协同模型编码体系，为数字样机模型在设计建造检验中的映射演进奠定基础；二是联合军、厂对协同模型能否满足现场施工及军检验收多场景应用需求开展推演验证，编制了厂、所共用且军代表认可的数据表达规范，明确数字样机模型各类最小单元元素的定义形式要求，确保各阶段三方对模型信息理解的一致性。

2. 梳理提出精细化、规范化建模“四大要求”

以“一次构建，全流程可用”为目标，梳理提出精细化、规范化建模四大要求，以减少模型设计返工，提高设计效率。一是技术要求规范化，将以往分散的技术要求进行整理，进行统一管理和规范化调用；二是典型安装形式模板化，将设备、管路附件、吊架的安装形式及对应紧固件的规格、型号等通过安装形式库进行管理，支撑安装信息的快速规范化定义、查看和统计；三是基础库通用化，将基础库分为标准件库与型号库，便于基础库模型的统一管理与规范化应用；四是 MBD 规范化，分数据包类型、分装配层次开展结构、管路、电气、舾装等数据包三维 MBD 规范化定义形式研究。

（四）建立一体化协同体系，明确管理措施

1. 提出基于“单源数据”的协同管理方案

军、厂、所共同聚焦“设计－建造－检验”全流程数字化贯通需求，结合以往型号在三维数据传递中出现的上下游不兼容、顶层数据不统一等问题经验，详细梳理了施工设计发布、生产设计完成、检验验收前后等主要节点的协同流程，创新性地提出了基于“单源数据”的精益协同管理方案，据此开展协同标准体系构建、设计全过程管控，推动施工设计与生产设计的深度融合。一是以保证模型施工工艺性及可生产性为目标，构建综合平衡、工艺协调流程。经厂、所充分沟通，一方面，施工设计阶段应充分考虑三维模型的施工工艺性及可生产性，尽可能减少生产设计带来的二次修改；另一方面，以设计意图和设计要求完整表达为要求进行模型三维标注，形成“一次构建、全流程可用”的通用数据包，确保在施工设计阶段完成厂、所协同设计主体工作。二是以保证基础库模型与实物样本一致性为目标，构建基础库管理流程。厂、所遵循标准规范要求，兼顾总体设计、生产设计、工艺设计等各阶段需求，严格按照基础库入库签署程序，共同完成各类基础库建模、入库工作；同时，建立更新管控机制，支撑及时反馈现场施工建造过程中设备/附件实物与数字模型的差异，确保实物的相应更改能够及时准确地反应到数字模型中，支撑实现装船设备/附件与三维数字样船模型100%一致。三是强化厂、所沟通，构建在线技术协调管理流程。七一九所通过共用流程一体化，打通厂、所在线协调流程，支撑实现厂、所共同参与的数据包发布流程、数字样机协调流程、现场问题反馈流程，推进跨厂、所无障碍沟通，以及对全部技术问题的集成化闭环管理。四是依托“单源数据”传递，构建全新数据报验流程。借助一体化协同环境和数据同步手段，通过将最新状态的数字样机模型映射到厂、军建造和检验环境，实施“单源数据”传递。设置厂、军共同参与的“提交报验单－发起报验申请－自动打包生成检验包－军代表确认－下发检验任务－回传检验结果”的一体化、自动化流程，实现检验申请线上发起、检验输入线上确认、检验任务自动下发现场MES系统、检验结果自动回传备份的检验全过程闭环管控，满足军代表以总体设计结果作为检验验收依据的要求。

2. 建立“1＋N”协同设计标准体系

七一九所贯彻跨域一体化协同研制思想，制订了协同设计标准体系文件，保障协同研制稳步推进。一是牵头制订并发布了《军、厂、所协同“设计－建造－检验”工作管理规定》，指导总体施工设计、总装建造、检验验收等不同阶段三维数据的管理工作。二是结合CATIA V5应用经验及新型号研制需求，完成基础环境定制、基础库构建、建模要求、三维作业指导、三维标注、三维数据包完整性、数据包交付格式、数据管理要求和厂、所协同要求等八大类共计100余项企业标准及工程技术要求文件的编制。

3. 实施设计全流程的过程管理

以设计状态精益控制为目的，通过数据成熟度管理、设计节拍管理、设计接口管理、显性化质量管理等，开展设计全流程的过程管理。一是开展数据成熟度管理。以厂、所共同认定的数据成熟度定义规范为基础，将成熟度控制融入签署流程，进而对数据包和基础库模型状态进行管理。二是开展设计节拍管理。提出三级固化原则：第一级，区域接口固化；第二级，主要设备、主要管路、干线电缆通道固化；第三级，数据包固化。通过节拍控制，逐级固化设计状态，减少不必要的修改，提高设计效率。三是开展设计接口管理。将方案设计、技术设计各系统间的设计接口关系显性化地反馈到原理图与三维数据包中，对系统与系统间接口的增、删、改过程进行管理，管控系统与系统间的设计边界、区域与区域（模块）间的平衡边界，合理控制设计节拍。四是开展显性化质量管理。按照检查要素标准化、检查集与成熟度流程绑定、全局检查集发布、质量检查全局展现等思路，开展质量管理方案研究，建立三维设计质量检查工具库（160项）并对其进行结构化管理。

（五）提出通用数据包方案，统一数据交付载体

1. 提出具备四大特征的通用数据包理念

以“一次构建、多场景应用”为目标，提出三维通用数据包理念，总结归纳通用数据包应具备的四大特征，推动实现设计信息集约表达、多场景通用。一是设计信息全面覆盖。通用数据包中涵盖逻辑原理、规格型号、形状尺寸、关键定位尺寸、技术要求、关重件标识、明细及接口等全部设计信息，实现以三维数据包作为设计信息的唯一载体。二是表达方式分级选取。针对不同重要程度的设计内容，可依据设计详细程度要求，选取三维建模、尺寸标注、文字标注等不同精细度的表达方式，采用工程标注表达的还需在三维视图之中进一步分层分类，便于快速清晰浏览。三是验收信息归一显性。将需要作为验收依据的设计信息集中在三维数据包中进行定义且通过显性方式表达，便于直观便捷查看。四是同类专业统一规范。不同部门、不同专业间同类型的原理图、三维模型应形成统一的建模规范和样式要求。

2. 明确符合多场景应用要求的通用数据包方案

基于通用数据包理念，对船体、管路、风管、电气、舾装等各类型三维数据包进行了要素梳理、样例构建、工具开发、要求编制等工作，通过对以往产品的二维设计图纸、技术文档等内容进行分析，结合船厂建造与军代表检验要求，总结归纳设计信息，明确通用数据包“二维原理图（管路/风管/电气）+三维几何+模型属性+标注视图+参数特征+详图”的组成形式，形成军、厂、所三方统一认定的型号通用数据包方案，推动军、厂、所就型号三维数字样机构建、发放、查看模式及方法达成一致，支撑实现三维数字样机“设计建造检验全过程通用、船/机/管/电多专业通用、在线及离线应用通用、不同制造方式通用”。

3. 定制通用数据包多样化发布形式

提出通用数据包 5 种发布形式，即“三维模型直接查看、二维 PDF 图册、三维 PDF 图册、三维网页文件、三维轻量化解析查看”，5 种发布形式均能完整展现通用数据包的所有设计信息，供船厂生产建造与军代表检验时不同的应用场景使用，推动交付模式从“多技术载体并存”向“单一通用数据包”转变。结合现场应用需求，提出车间现场配置计算机安装三维软件直接查看，配置打印机快速打印二维 PDF 图册查看，以及配置手持终端查看三维 PDF 或三维网页或三维轻量化模型等 3 种现场查看模式。具体针对手持终端查看需求，开展了终端保密管理、配套任务管理、三维数据包查看、检验结果记录等辅助工具的定制开发，有效支撑了三维数据包在现场端的便捷应用。

（六）构建一体化协同平台，打通数字化“设计－建造－检验”全流程

1. 构建“一平台两域四区”管理架构

在 V5 平台建设及型号三维设计应用经验基础上，以“改进问题、推动转型、满足需求”为目标，结合新型号研制需求及 CATIA V6 功能特点，按照“厂、所跨域环境一体化和产品数据一体化、共用流程一体化”的原则，建设基于 CATIA V6 的新一代设计建造检验一体化协同平台，形成了面向数字化“设计－建造－检验”贯通的军、厂、所“一平台两域四区”架构，实现军、厂、所基于数字样机的设计协同、技术协调、数据发布、场景应用、状态追溯、检验验收等全业务、全流程闭环管控能力。

2. 完成基于型号研制需求的百余项管理工具开发

结合型号研制需求，完成型号工程管理和厂、所协同管理两方面的工作，开发了大量的可视化管理工具，提升设计、生产效率。一是面向新型号工程管理及数据管理应用需求，完成计划管理、结构树管理、原理图管理、文档管理、数据流程管理、接口管理、基础库管理等二十二大类 76 项数据管理界面及功能开发；二是面向厂、所一体化协同需求，完成产品建造计划管理、关重件清单管理、数据包协同更改管理、技术协调管理、现场问题管理、可视化拆分管理等六大类 30 项功能及流程开发。

三、核潜艇装备实现“设计－建造－检验”全流程数字化贯通的协同管理体系构建效果

（一）大幅缩短型号研制周期，提升设计质量

结合某重点新型号研制，军、厂、所数字化“设计－建造－检验”全流程贯通的核潜艇装备一体化协同管理体系得以充分应用。经统计，型号设计周期相比以往缩短约30%，耐压结构数据发放、大型模块数据发放整体周期大幅压缩，可支撑工厂高效开展并行建造；同时，通过施工设计厂、所深度融合，可生产性导致的设计更改大幅降低，总装厂基本可根据总体施工设计模型开展生产设计，避免了二次建模重复工作，生产设计效率相比以往提升约40%。经统计，单一型号研制中，总体所可节省人工成本约1800万元。

（二）打通设计到建造、检验的“最后一千米”

形成的面向现场施工及军检验收多场景应用需求的通用数据包方案，建立的“一次构建、全流程可用”数据包应用机制，实现了工程数据传递方式从“交数据”到“保贯通”的转变，大幅提升了潜艇行业“设计－建造－检验”的全场景无纸化、数字化应用能力，促进三维设计效益的充分发挥。

（三）加速数字化设计理念推广，引领潜艇数字化转型

提出的“军、厂、所‘设计－建造－检验’一体化”“跨域环境、产品数据、共用流程3个一体化”等模式，可为舰船行业各单位、各型号装备数字化建设提供重要参考和有益启发；提出的“模块化开放式云平台”理念作为行业顶层框架的基础平台架构，已纳入国防工业及中船集团2035长远规划，正有力引领潜艇行业数字化转型。

（成果创造人：吴鹏炜、刘　潜、李　霖、王祖华、彭云飞、孙宇航、陈　刚、吴汪洋、唐熊辉、赵德月、罗　威、段　晨）

军工企业提升联合作战能力的网信体系建设管理

中国电子科技集团公司第二十九研究所

中国电子科技集团公司第二十九研究所（以下简称中国电科29所）隶属于中国电子科技集团有限公司，创建于1965年，位于四川省成都市，是我国第一个（也是目前国内最大的）从事综合电子战信息系统、装备研制、生产的大型骨干研究所，构建了集研发创新、核心制造、测试评估和服务保障于一体的科研生产体系。现有员工5200余人，拥有中国工程院院士1人，国家863/973计划首席专家7人，研发人员占比超过54%，2021年营业收入超过109亿元。中国电科29所承担了全军大部分电子对抗装备的研制生产任务，为国防建设及国民经济发展做出了重要贡献，中国电科29所具有“全平台、全专业、全产业链”的企业特点，即具备覆盖陆、海、空、天、弹、电磁、网络等全平台，覆盖芯片、组件、整机、系统和体系等全产业链能力，覆盖电子对抗全专业门类。两次被中共中央、国务院、中央军委授予“某建设工程重大贡献奖”，荣获国家科技进步特等奖4项、国家科技进步一等奖5项、国家科技进步二等奖16项、国家技术发明二等奖2项、全国科学技术大会奖3项等。

一、军工企业提升联合作战能力的网信体系建设管理背景

（一）适应军队实战化要求，打造新质作战能力的需要

网络信息体系（简称网信体系）是以网络中心、信息主导、体系支撑为主要特征的复杂巨系统，通过链接陆、海、空、天、网、电多维战场空间的各类作战单元，形成一体化联合作战能力。2020年新修订的《中华人民共和国国防法》明确指出，“国家采取必要的措施，维护在太空、电磁、网络空间等重大安全领域的活动”。电磁域成为陆、海、空、天之后新的影响国家重大安全的主战空间，电子对抗作为电磁域作战的核心手段，已成为关系国家战略安全的新质作战力量。为适应军队实战化要求，提升基于网信体系的联合作战能力，迫切需要加快电子对抗体系建设，打造新质作战能力。

中国电科29所作为电子对抗行业的“国家队”，必须要切实履行好维护国家电磁空间安全与强军兴军的使命责任，迫切需要研究装备体系在网信体系中的能力生成模式，改变过去重要素轻体系、重平台轻信息的建设思路，以任务使命为牵引、分阶段持续建设，解决体系建设边界不清、目标不明的问题，不断提升基于网信体系的联合作战能力。

（二）推动电子对抗融入联合作战，提升全域作战能力的需要

在当前高速发展的信息化战争时代，陆、海、空、天等各域作战都强烈依赖于电磁频谱，电磁频谱成为双方争夺的主要战场。电子对抗作为夺取制电磁频谱权的主战手段，是形成全域作战能力进而影响战争胜负的关键。信息化战争时代赋予了电子对抗新的地位和融入联合作战的使命要求，也提出了全新的挑战。

中国电科29所在电子对抗行业代表了国家最高水平，围绕联合作战能力提升，迫切需要改变过去仅仅关注电子对抗装备建设、以满足单武器装备技术要求为目标的传统研发管理方式，联合军地电子对抗、火力打击、指挥控制等领域优势力量，构建一个跨学科、跨领域、多主体参与的联合研究与建设团队，突破制胜机理、工程理论、集成技术等难题，加快推进实战化能力生成；同时，围绕电子对抗装备成体系建设与成体系运用，构建全生命周期、多专业要素的建设管理体系，形成新的管理组织方式，既要推动电子对抗融入联合作战、服务联合作战，还要引领电子对抗行业的发展，使我国电子对抗行业全面满足网信体系的新要求。

（三）破解跨军种多域联合建设难题，形成体系总体能力的需要

网信体系建设涉及陆、海、空、天等跨军种跨领域跨平台联合建设等难题，主要体现在：一是军改后电子对抗部队组织关系正在重塑，体系建设的理论方法和组织模式是空白；二是体系建设面临要素的多样性、组织关系和战场环境的复杂性，既需要优化管理主体、扩展管理对象提升体系建设的引领性、完备性水平，还需要自顶向下的规划牵引和自底向上的能力演进的有效结合，解决长期以来建设和应用分离、技术和战术分离的现实困境；三是体系建设涉及军地众多单位，如何有效开展多方联合与协作，在体系建设全生命周期形成“战－建－研”三方合作机制，如何在各方快速达成互理解互遵循的体系建设共识，如何充分发挥各方优势开展科学合理的任务分工与工程实践，对牵头单位的体系抓总能力提出新的时代要求。面对网信体系建设的使命任务，中国电科29所迫切需要探索新发展方式、重塑新组织架构、创构新管理模式，持续提升体系总体能力与行业引领力。

二、军工企业提升联合作战能力的网信体系建设管理主要做法

（一）明确总体思路和规划，建立网信体系下电子对抗体系建设管理新模型

中国电科29所结合自身专业技术优势和深厚行业积淀，研究确立体系建设管理的总体思路：即以联合作战能力提升为目标，采用基于模型的系统工程方法构建装备数字孪生，提出基于“任务空间－数字空间－物理空间”的联合作战能力演进模式，在任务空间收敛明确任务边界，同步映射物理空间和数字空间的建设内容与逻辑关系，开展分阶段建设，破解体系建设实战化应用难题；研究确定网信体系建设的五大核心要素：武器平台、通信网络、标准规范、数据知识和算法模型，形成战区主战、军种主建、工业单位主研的“战、建、研三位一体”联合机制，既统筹军地各方、企业内外的接口关系，又汇聚各自优势；构建“多元－大双线－小双线”网信体系管理架构，优化企业组织结构，强化管理制度，夯实体系建设基础；面向体系能力迭代提升，开展敏捷开发和持续交付，实现从交装备到交体系能力的跨越转变；强化创新人才培养机制，促进体系建设生态与人才队伍的可持续发展。

（二）围绕联合作战使命任务，构建基于“三大空间”的联合作战能力演进模式

1. 建立装备数字孪生模型，实现装备需求、建设和运用无缝衔接

中国电科29所采用基于模型的系统工程方法，运用数字孪生技术构建与实际装备相映射的数字模型，在数字空间准确模拟、预测物理装备全生命周期状态。为实现装备数字孪生模型的“互连－互通－互操作”，中国电科29所着力强化数字空间顶层架构设计与标准规范制订，主动牵头联合军地多个单位制订《模型建模规范》《系统接口规范》等多项体系建模与仿真的标准，从基础数据定义、模型建设方法、仿真系统集成接口等方面对装备数字孪生模型进行统一要求，填补标准规范的空白，确保参与数字空间建设的各方模型“建得真、连得通、仿得实”。同时，充分收集装备论证、研制、生产、保障等过程中产生的各类数据并深入分析，将分析成果沉淀形成装备全生命周期数字孪生模型，确保数字空间能够全面支撑装备体系建设与运用，实现装备需求、建设、运用的无缝衔接。

2. 构建“三大空间”迭代演进，高效解决装备实战化使用问题

中国电科29所提出“任务空间－数字空间－物理空间”迭代的联合作战能力演进机制，主动说服中央军委总部和各战区、各军种的装备需求与建设部门，达成共识；主动投入人、财、物，率先开展实装验证与数字仿真同步映射的机理研究；主动开展体系研究环境的总体论证，实现立项后又积极推动军地联合研究环境在工业与军方单位的同步部署运用。在任务空间中，军地双方围绕联合作战使命任务，共同开展装备体系融入联合作战的战法和规则研究，生成使命任务和能力需求清单，分阶段逐步收敛军事需求；在数字空间，以能力需求为目标，通过仿真推演与效能评估，反复研究和生成作战运用预案，支撑实战体系运用，分阶段明确体系建设边界；在物理空间，依次在工业单位的内场实验环境、军方演训场或试验外场进行实装集成与作战运用，分阶段落实体系建设工作，持续优化体系集成规则，积累实

战数据。

3. 构建“战、建、研三位一体”联合机制，实现优势聚合叠加

中国电科29所基于“三大空间”的迭代演进机制，加快推动形成战区主战、军种主建、工业单位主研的“战、建、研三位一体”联合建设新格局，推动使命任务与生产关系的重新适配，确保始终深刻领会落实军事需求、始终统筹发展全军电子对抗装备体系。中国电科29所采用数字工程理念及数字孪生技术，构建军地联合研究环境，在战、建、研三方形成统一的“一个平台、一套标准、一套模型”。军地联合研究环境是“任务空间－数字空间－物理空间”迭代演进的具体载体，在战、建、研三方畅通“军事使命、任务清单、能力要求、体系研究、体系建设、体系运用与体系评估”的能力生成与迭代演进环路，加快形成“以体系带装备、以装备促体系、以体系增能力”的发展范式。

（三）打造网信体系建设管理体系，形成核心支撑能力

1. 构建“多元－大双线”管理架构，改变交付机制，提升体系管理效率

中国电科29所按照国内单位大联合、优势力量大协作的攻关思路，牵头推动中央军委机关、军内研究院所、战区部队、工业单位，成立由联合工作组、联合总体组、联合总师组、联合检验组构成的“多元－大双线”管理架构。联合工作组：由中央军委、军兵种、战区单位组成，是体系建设的主要管理和决策的顶层组织机构，负责统筹推进建设工作，制订工作方案和推进计划，协调解决矛盾问题，调配力量开展工作。联合总体组：由各军内研究院所组成，负责建设工作的技术要求、技术状态和技术边界的管理与决策，指导具体体系建设工作。联合检验组：由战区单位、使用部队组成，主要负责联合作战需求分析，组织实装兵力条件下的体系效能展示与检验评估。联合总师组：由技术总体单位牵头，由各工业单位和军内研究院所组成，提出体系建设系统需求，以体系顶层设计牵引系统设计，实现任务分工和各类组织的协同攻关。联合工作组、联合总体组、联合检验组以军方为主导，是新意义的“行政线”，重在聚合“多元”的认识和能量，在体系建设中把握主线、细化阶段、建立目标。联合总师组以中国电科29所为主导，是新意义的“技术线”，重在集中同步释放“多元”的能量，在体系建设中落实工作、提高效率、达成目标。通过军地联合的“多元－大双线”管理架构，形成多层次的联合议事和决策方式，发挥各方在组织协调、需求把关、工程实践、效能检验等方面的优势，推动构建“先研究再付费”的报价、审价和付费新方法，实现军地互利共赢：军方通过在阶段性建设工作完成后进行审价和付费，破除以往产品研制要求一旦发布就难以更改的束缚，实现项目过程中的需求优化与迭代；在阶段性建设成型后，项目成果“看得见、摸得着”，改善产品研制经费与目标价格批复的局限性，让军方心里更有底数、审价更科学，让工业单位的付出回报更合理。以此激发军方开展下阶段建设的信心和决心，激发工业单位持续建设的主动性和能动性。

2. 实施“小双线”协同管理，促进多专业业务协同

“小双线”是中国电科29所作为联合总师组的组长单位，对具体项目按行政线、技术线的双线管理，实现对质量、技术、成本、计划管理等多专业的业务协作，建立多层次的管理、决策方式，形成统筹推进和全线贯通的联合团队。行政指挥线设立总指挥、副总指挥及计划协调组，主要负责重大事项的指挥决策和组织协调、经费协调和人力资源等保障工作，通过制订总体工作计划、组织实施项目管理来督促检查研制进度，根据需要组织召开工作协调会议。技术管理线设立技术总师、执行总师、副总师技术专家组，主要负责总体技术体制设计与审查，履行所内“使用总体”职责，全面做好建设中的重大问题攻关、重大风险防范，牵头组织开展技术管理工作、系统集成和验收准备等工作。通过双线同规划、同决策、同部署，确保体系建设在计划管理、技术管理、成本管理、质量管理、安全管理和标准管理的统筹衔接和一体化推进。

3. 优化管理主体，调整研发组织架构，适应体系建设的要求

中国电科 29 所组建负责体系研究、体系建设抓总的专责体系总体部门，与整机研发部门、专业技术研究部门和生产制造部门一同形成完整的体系建设研发组织架构。体系总体部门根据联合作战和全域作战需求，建立体系研究、协同组网、指挥控制、情报侦察和共性技术等专业组，完善体系建设专业组成，从职责上厘清体系建设总体部门与其他部门的协同关系：一是着眼全军电子对抗体系能力提升，强化顶层规划与设计，对战区、军种等各类体系集成项目进行统筹建设，充分盘活现役装备存量以实现体系增能增效，避免有装备无能力；二是牵引和规范整机研发部门，使整机系统的研制、改进符合体系标准规范要求，在联合作战场景中和装备体系全局中评估装备的贡献率，针对体系短板与装备弱项促进新型装备立项研制或现役装备改进升级，针对装备编配列装不足促进产品的大规模制造；三是牵引专业技术研究部门开展核心技术攻关，针对体系建设过程遇到的新问题新技术同步进行关键技术研究与体系集成验证，逐步提升体系建设实践的核心竞争力。

4. 配套完善管理流程和制度，提供全面制度保障

聚焦体系建设与联合作战能力提升，中国电科 29 所着力加强重大体系建设、人才激励、科技创新与应用、军品质量与保密管理等方面的制度建设。一是发布并更新《重大工程研制工作程序》和《工程管理办法》，明确资源投入、项目论证、项目策划组织、项目计划管理的具体要求，强化重大工程的研制过程管理；二是将重大工程列入全所的重点项目清单，“重点项目目标达成率”纳入所级计划考核，按季度根据目标达成情况兑现绩效奖惩；三是强化网信体系科技创新，2017 年以来，共新建、修订支撑网信体系科技创新类制度 8 项，重点优化技术开发、资源投入、成果管理相关的流程与制度要求，营造促创新、重基础的良好导向；四是在 2018 年以质量体系文件向 9001C 换版为契机，结合新时代军品质量工作要求，全面修订军品质量程序文件。

（四）适应管理对象丰富化，实现管理对象的具象化和可视化

1. 拓展管理对象，精准把握网信体系核心要素

一是扩展对武器平台的管理。将卫星、舰艇、飞机等搭载平台，以及火炮、导弹等火力武器平台纳入网信体系建设的管理范畴，联合相关单位开展一体化建设，促进体系作战效能最大化发挥。二是扩展对通信网络的管理，加强“建网 - 组网 - 用网”的过程耦合和管理，使网络成为体系作战效能的聚能器。三是加强对标准规范的管理，在研究战争形态与制胜机理的基础上，突出对体系建设和应用规律的把握，形成具有我军特色的先进标准规范体系。四是加强对数据知识的管理，加速信息能力向决策和行动优势的转换，推动数据知识持续积累、科学治理、有序流转和按需共享。五是加强对算法模型的管理，实现物理空间到数字空间的映射，形成可为作战体系赋能增值的数字化资源与服务，打造网信体系能力的倍增器。针对网信体系建设要素的多样化和复杂化，中国电科 29 所从联合作战使命任务与军事需求出发，建立军地联合研究环境的可视化工具集，统一体系要素、关系、环境的表达方式和语境，具象化和可视化体系建设核心要素，推动军地利益攸关方积极参与体系建设与运用。

2. 理顺管理关系，促进形成体系建设整体合力

一是在规划论证阶段，将“军方用户提需求、工业部门接任务”的关系转变为“军地联合研究需求、各尽所长明确任务”。依托军地联合研究环境，强化与军方通信/保障部门的沟通汇报，主动融入现有指挥链、情报链、保障链，以“平参差、补短板，查漏补缺”的方式，使得战、建、研各方感受到明显的体系增量，促进体系任务落地落实。二是在设计研发阶段，构建工业部门间的协作发展关系。将“以平台为中心”的原有配套关系优化调整为“以体系能力为中心”的新关系。以体系能力提升为牵引，推动武器平台的改进改型，大力激发主机平台单位的体系建设积极性；通过“建标准、建服务、提整体解决方案”，团结志同道合的电子信息装备单位，拓展电子对抗行业边界。三是在运用检验阶

段，建立军地单位的合作共赢关系。创造条件积极参与军方年度大项演训活动，盘活装备存量，形成体系能力增量，提升军方用户获得感；同时，工业单位不断总结经验、查找差距，持续提升体系抓总能力和企业核心实力，为行业可持续发展增添目标和动力。

（五）创建敏捷研发和能力交付机制，实现从交装备到交体系的能力跨越转变

1. 实施“军地协同需求管理”，有效提升战斗力

一是需求研究，以联合作战任务使命为牵引，以快速提升体系作战能力为目标，以军地联建实验室、军地联合研究环境等为载体常态化举办需求对接和任务研讨会，组织军方用户、军地科研院所和工业单位集智聚力，梳理当前能力短板，联合明确建设需求。二是需求验证，首先依托军地联合研究环境，在数字空间通过“体系设计 - 体系分析 - 体系仿真”等手段演示、分析需求的必要性和可行性，通过数字模型和模拟推演在军地多方达成需求的初步共识；随后，结合军方演习演练任务，在物理空间进行实装集成运用，进一步验证需求的科学性和合理性，总结分析需求偏差，优化完善建设需求，实现作战能力的持续交付。通过军地协同的需求管理方法，建立面向需求全生命周期的循环迭代和优化调整方法，使体系建设需求紧贴实战目标的同时能够快速落地见效，加速体系作战能力提升进程。

2. 加快数字化研发转型，实现任务牵引的敏捷开发与能力产出

一是精细化任务牵引。中国电科 29 所将复杂体系工程按照能力提升基线划分为多个阶段，每个阶段又按照技术验证与工程应用成熟度划分为多个任务目标，面向每个任务目标，采用敏捷开发方法快速研制原型和部署使用，以精细化任务目标管理实现具象化能力产出。二是数字化协同设计与管理。中国电科 29 所以研发过程管理为主线，根据不同阶段目标开展数据模型、任务分配、需求追溯管理等，集成多类设计、仿真、验证和测试工具，实现快速的任务分解、原型设计、任务监控和效果评估。三是知识化产品研发。采用大数据、人工智能和云计算等新技术，沉淀模型、算法和数据并形成知识库，推动多专业领域技术的融合创新，有效实现产品的原创竞争力和快速更新换代，以知识的获取、提炼为基础，以知识的有效存储、共享、融合为手段，最终实现技术方案最优解，最大化满足用户需求。

（六）强化创新人才培养，保障体系建设可持续发展

1. 实施多要素考核激励，确保体系建设可持续发展

一是从考核指标维度不断强化体系建设、体系运用研究的考核导向。将战区某体系工程、战略支援部队某体系集成项目、空军某联建实验室等重大任务纳入考核范围，作为相关部门的核心 KPI 指标，提高关键人才的考核权重。二是为实现从传统的完好性保障向效能型保障提升，发挥应有的作战效能，将一体化保障业务的计划完成率、重大演训保障顾客满意度等纳入考核评价体系，由综合计划部、服务保障部等牵头，分解到相关责任部门并加强考核应用。三是不断强化科技创新考核激励，从技术研究、规划落实、成果转化、人才培养等方面不断丰富科技创新类考核指标的维度，突出创新研究、成果转化、人才培养的导向。

2. 完善创新型人才培养机制，构建一流人才梯队

一是在作战频谱管控、装备体系研究等方向引进“XX 万人计划”专家 1 人、培养中国电科首席科学家等省部级人才 3 人，人力资源总投入硕士及以上人员占比 81.8%。二是以卓越讲坛、短期培训班开展系统工程、网信体系建设等专题培训 10 期，汇聚各方智力资源，快速补充体系知识能力短板。三是强化战斗力生成的人力资源投入，建立服务保障组织体系、加强人力资源培养与投入，全力支撑重大演习演练，全面开展模拟训练、技术支持、升级改进等任务。四是及时跟踪学科前沿动态，以访学深造、境外培训开展科技创新管理、人工智能、大数据、太赫兹毫米波等专题培训 28 期，支撑网信体系建设技术创新探索。

三、军工企业提升联合作战能力的网信体系建设管理效果

（一）形成网信体系发展新路径，提升了我军联合作战能力

中国电科29所打造了军地联合研究环境，突破了网信体系建设的理论方法研究，形成了体系设计、体系分析、体系仿真、体系评估等关键技术，建立了一整套体系研究的标准规范与装备数字模型、一系列体系研究的工具集；构建了战区、军种、工业单位“战、建、研三位一体”的联合机制，打通了“任务空间－数字空间－物理空间”的联合作战能力演进方式，为持续提升联合作战能力提供了核心支撑。中国电科29所作为多个体系建设工程的总体单位，组织20余家工业单位在近百支部队完成了体系集成建设与能力检验，实现多型在役、在研骨干装备的网络化接入与体系化集成，在多个方向开展常态化实战化运用，在20余次重大演习演练中发挥了重要作用，战区用户评价为“体系作战能力在5个方面实现首次突破”，电子对抗融入联合作战效能大幅度提升。体系建设成果成功接受近百次各级首长和领导的检阅，获得中央军委、战区、军种的高度认可和积极评价。

（二）推动组织管理体系重塑，实现全军电子对抗装备体系统筹发展

中国电科29所走出“使命任务空间牵引、装备数字空间与物理空间相映射”的体系发展新路径，理顺了全军各级各类体系与装备建设项目的使命定位、技术架构、接口关系，优化了众多体系建设参与单位的研发组织关系，形成“人人建体系、人人用体系”的良性发展局面。中国电科29所研究形成了一系列模型、数据、软件产权保护与价值、贡献评估的方法，统一“体系提能力、系统牵装备、装备促体系”的发展共识，实现了战区联合作战能力提升、军种装备体系发展、工业单位研发优势积聚，以各方的获得感叠加促进体系建设的长远发展。

（三）提升体系总体能力与行业引领力，取得了良好效益

一是取得良好军事效益。已牵头完成了中央军委装备发展部某联合体系研究、战区某体系工程、空军某协同系统、海军某集成系统等网信体系项目论证立项，对我军联合作战能力提升起到良好示范引领作用；获得中央军委装备发展部某体系专业组挂靠单位殊荣，作为牵头单位配合军方规划部门完成某体系领域“十四五”规划论证，实现体系建设的谋篇布局与可持续发展；网信体系建设的理论创新和实践总结，得到中央军委首长及中央军委总部、战区和军种等各级肯定。二是取得可观经济效益。获得军方多项重大体系集成项目承研资格，已签约经费超过14亿元，获得国防科工局超过3亿元的体系能力建设专项经费支持；以体系建设理念和建设成果孵化出智能化信息系统、试验靶场试验系统，培育出新型信息领域的核心技术实力，在某军种智能化信息系统竞标中战胜传统优势单位，成功迈入超百亿元预期产值的新产品领域。三是取得较好社会效益。中国电科29所以体系部门为牵引，发挥国家战略科技力量作用，推动创新链和产业链深度融合，多人当选四川省天府科学家、四川省“三八红旗手”及入选“天府青城计划”、成都市“鄒鹰计划”等青年优秀人才序列；形成百余项体系技术专利，在成果转化和产业引领方面构建新的体系、新的装备、新的工具和新的产业，在我国战略纵深大后方（当年三线建设主战场的四川省）开创了军工电子“新三线”的建设新格局。

（成果创造人：刘　刚、于　翔、项　川、张　弓、高　原、宿　丁、
刘湘德、何俊岑、王俊凌、王　凯、袁方宇、危　辛）

赋能荒漠油田高效生产的物联网建设

中国石油天然气股份有限公司新疆油田分公司

中国石油天然气股份有限公司新疆油田分公司（以下简称新疆油田公司）是中国西部最大的石油生产企业，隶属于中国石油天然气股份有限公司。拥有彩南油田、陆梁油田、石西油田等沙漠整装油田，勘探开发区域主要为准噶尔盆地。涵盖科学技术研究、油气预探与油藏评价、油气开发与生产、油气储运与销售、新能源等5类核心业务和13项辅助业务，总资源量为119亿吨，油气综合探明程度为27.6%，连续20年实现稳产千万吨以上。曾于2018年获国家科学技术进步一等奖。2021年，新疆油田公司原油产量为1370万吨，天然气产量为27亿立方米，原油超产量和净增量居集团公司首位。

一、赋能荒漠油田高效生产的物联网建设背景

（一）贯彻中石油战略部署，建设现代化油公司的必然要求

新疆油田公司地处偏远的沙漠和戈壁荒滩，油气勘探开发建设点多、线长、面广，员工工作量多、劳动强度大，生产安全风险高，存在传统管理方式与组织结构扁平化的矛盾。传统生产管理方式以“现场值守、人工巡检”为主，管理层级多、用工数量多、劳动强度大，用工总量控减与生产规模增大的矛盾日益突出。因此，新疆油田公司迫切需要借助物联网建设，将高危工作岗位用智能化自控系统替代人工巡检，用智能巡检、智能分析、多参数智能报警、管线泄露监控替代人工分析，缩减管理层级，进一步提升管理效率，达到“增井、增产、少增人”，建设成为现代化石油公司。

（二）加快数字化转型升级，重构生产管理方式的迫切需要

面对新形势、新要求，新疆油田公司在生产管理等方面仍然存在诸多差距，主要表现在：油水井日常管理、生产运行、措施管理等方面仍然依靠人工线下管理；油气储运、储气库等生产单元仍存在采集数据不足的问题；信息感知纵向不到底，生产数据未能实现上下全穿透，主要数据仍依赖逐级上报，指挥决策层无法实时感知，缺乏对现场一线的实时分析预警和管控手段。面对诸多差距，新疆油田公司迫切需要加快物联网建设与数据应用，推进大数据、人工智能等技术与生产运行深度融合，提升全面感知、实时分析、远程指挥、精准管控的能力。

（三）技术和管理双轮驱动，促进企业高质量发展的内在需求

新疆油田作为一个60多年的老油田，面临“两高（高含水、高采出程度）、一低（低采油速度）”难题，在业务发展过程中仍面临着增储上产任务重、降本增效压力大、安全环保压力大、深化改革等诸多挑战。为此，新疆油田公司秉承集团公司的“生产上精耕细作、经营上精打细算、管理上精雕细刻、技术上精益求精”理念，着力解决用工紧张、成本压力大、提质增效难等管理问题。

二、赋能荒漠油田高效生产的物联网建设主要做法

（一）明确目标，健全组织，推动物联网建设新跨越

1. 统一思想，确定物联网建设与应用管理目标

2017年，新疆油田公司按照“数字油田－智能油田－智慧油田”的建设思路，确立“以加快物联网、人工智能、大数据等技术在油气领域的工业化应用，推动数字技术与生产经营管理深度融合，聚焦全面感知、自动操控、预测趋势和优化决策等4个智能化层次，不断提升油田生产智能化水平，逐步建设成为智能油田”的总体目标。新疆油田公司在确立物联网建设总体目标的基础上，把总体目标细化分解为技术、管理和经济3个子目标。一是技术目标，利用物联网技术，建立油气地面生产各环节全

覆盖的数据采集与监控子系统、数据传输子系统、生产管理子系统，实现生产数据自动采集、重点环节自动（远程）控制、生产状态报警预警等功能，支持油气生产过程管理。二是管理目标，变革传统管理模式，优化组织结构，由“劳动密集、驻点值守、定时巡检”向“无人值守、监控指挥、按需巡检”转变，由“分散管理”向“集中管控”转变，由“人工判断+经验分析”向“自动预警+智能分析”转变。三是经济目标，减少自建系统投入、节省人工及办公费用、减少能耗与损耗、降低维修及采购成本、降低资金成本、增加收入、控制风险损失。

2. 明确路径，遵循6项物联网建设原则

第一，物联网建设路径遵循先易后难的理念，与产能同步建设实施。一是优先选择具有代表性与较高经济效益的采油采气厂或作业区先行集中建设示范区，在数据采集接口标准、模型、软件等相对成熟后再在其他作业区进行推广实施。二是优先选择高产区、重点地区、高危井、偏远地区、环境敏感区等。三是站库改造工程按照油气生产物联网系统建设标准进行实施。四是新区建设按照油气生产物联网系统标准与产能建设同步实施。第二，建设要求遵循6项原则，达到“省人、省事、省心、省钱”的效果。按照统一、实用、标准、安全、经济等建设要求，坚持以油田业务需求为导向，达到预期的建设与应用效果。一是统一性，坚持“统一规划、统一标准、统一设计，统一建设、统一投资、统一管理”的原则；二是实用性，有目的、有重点地采集各项数据，保证业务及数据的连续性，做到“好用、实用、管用”；三是标准化，采用科学的编码、规范的技术、统一的标准，与已有或将来建设的信息系统互联，达到系统集成和数据共享；四是安全性，严格遵循集团公司及新疆油田公司信息安全管理规范和要求，建立可靠的数据传输、权限控制，备份与恢复机制；五是经济性，结合工艺优化、简化并合理配置系统资源，优先考虑油田已有的系统和国产设备仪表；六是低成本，以业务需求为导向，采用低成本物联网技术体系，降低建设与运维成本。

3. 组织保障，明确职责

为加快推进油气生产物联网系统建设，强化物联网建设项目组织协调管理，实施物联网建设“一把手”工程。按照《关于成立新疆油田公司物联网建设领导小组的通知》和《新疆油田公司油气生产物联网建设运行管理办法（试行）》的要求，建立强有力的组织保障机构，成立以新疆油田公司主要领导为组长的物联网建设领导小组，结合矩阵式管理特点，形成各项目经理部，下设经营管理、工程技术、工程建设、物资保障及资料综合5个专业小组，统一组织领导，明确职责分工，确保物联网建设落到实处。

（二）标准先行，明确规范，构建物联网建设新方案

1. 标准化设计，优化项目周期

按照“优化设计就是最大的降本”的原则，方案设计阶段充分结合业务流程、生产活动、管理模式等环节，从“技术路线、建设标准、系统平台、设备采购、运维管理”5个方面统一规划设计。物联网全面建设前期，新疆油田公司先后编制发布《新型油田作业区物联网标准化建设方案》等系列指导性文件，指导物联网系统按照规范、统一、安全的框架进行设计和实施，确保物联网按照“标准化、可复制”模式建设。项目批复前，新疆油田公司组织团队先行启动现场踏勘工作，项目批复后立即开展初设和施工图设计，针对图纸采取“边出边审边改”的模式，有效缩短项目设计周期。

2. 标准化建设，降低建设成本

第一，仪表国产化替代，降低物联网建设成本。通过调研国内5家仪表厂商并协调2家现场测试，论证国产仪表替代进口仪表方案。通过1个月测试数据分析，国产仪表与进口仪表采集温度数据整体趋势保持一致，完全满足现场应用需求。第二，节约建设投资。2019年，油气生产物联网建设项目新建65千米架空光缆调整为加挂52千米运营商光缆。第三，优化简化施工工艺，降低安全风险。风城稠油

生产管汇改造将原设计方案中的4米钢制通信杆及配套独立基础修改为8米水泥杆（无须基础），降低施工难度。陆梁抽油机井改造将原方案中井口套压压力变送器安装方式由焊接改为丝扣连接，取消井口二级动火作业，确保施工安全。

3. 标准化管理，保障建设效果

首先，统一现场采集控制规范。新疆油田公司为持续加强物联网系统建设，按照规范、统一的框架进行设计和实施，组织专门团队开展《油气田生产运行数据采集与监控设计规范》标准编制工作，对现有生产工艺和流程分析，规范井间站各单元及模块的监控对象。其次，编制运行维护管理办法。为进一步规范和加强油气生产物联网系统运行维护管理工作，新疆油田公司组织开展编制《油气生产物联网系统运行维护管理办法》，主要对数据采集、数据传输、生产监控管理等方面开展运维的标准设计和职责划分。最后，形成特色管理指南。按照物联网建设领导小组的工作要求，新疆油田公司成立由地质、工程和信息技术人员组成的联合项目组，通过分析各油藏特性，结合工程管理要求，对功图量液适应性开展分析，总结形成一套具有新疆油田公司特色的《新疆油田功图量液管理指南》。

（三）自主创新，"四新两低"，研发低成本物联网新技术

1. 成立物联网技术应用实验室，围绕"四新两低"开展科技攻关及适应性应用研究

新疆油田公司设立物联网技术应用实验室，定位于集团公司物联网重点实验室。一是针对新型无源无线传感技术、低功耗油气生产物联网技术、自主控制技术等开展应用研究；二是对高低温、沙尘等恶劣环境下的仪表设备检定、设备标准符合性、互联互通、质量性能、新产品、环境可靠性和耐用性等开展适应性测试；三是对物联网建设涉及的设备及其厂商进行统一规范性评估和管理，验证进场设备性能、规格、通信等各项指标满足物联网建设需求，确保入场设备的合规性与可靠性并形成油田设备退出机制，保障物联网建设质量。新疆油田公司油气生产物联网系统从设计、试点到投运，物联网技术应用实验室持续围绕"四新两低"（新架构、新技术、新产品、新平台；低成本、低功耗）开展物联网技术创新。新架构：新一代物联网系统基于A11建设3层架构标准，取消RTU、CPE，简化为传感器、网关、平台透传模式，实现施工简单、维护简易、集中管理等目标。新技术：新型物联网技术采用低功耗窄带传输技术、互联网云平台技术等新技术，实现低功率传输、低功耗仪表设计及集中生产监控。新产品：新型数据采集仪表结合低功耗窄带传输技术，自主研发设计具备低功耗、远距离、数据透传功能的数据采集仪表，包括温度、压力、电参、功图等仪表。新平台：新型物联网生产监控平台，基于插件化驱动的采集技术，实时采集多种数据来源，采集层面不依赖组态软件，客户端操作系统不受限，系统升级在服务器端即可完成。

2. 自主研制数据采集仪表，降低数据采集成本

新疆油田公司在数据采集与监控子系统层研发基于低功率传输芯片模组仪表，满足油气生产物联网A11采集标准，实现更低功耗的仪表数据传输。采集层终端采用低功耗设计，采用高精度的传感器及无线射频模块，实现生产数据的自动采集，定时休眠，主动上报。

3. 优化数据传输网络，降低网络传输成本

新疆油田公司在原有"七环+一链"的主干传输环网的基础上，在网络接入方式统筹考虑当地地形地貌、天气环境、带宽需求、投入成本、供配电等因素，因地制宜采用"有线+无线"的技术方案。低功耗新型数据传输技术架构，把无线仪表直接与网关连接，采用星型组网结构，减少改变中间部分链路，创新提出无RTU、无CPE。在偏远油区，充分利用北斗卫星+Wi-Fi MESH数传技术对现场生产数据大面积汇聚和远程传输的特点，构建起一个点面结合的、高可靠性的卫星无线传输网络系统。

4. 研发生产监控组态系统，降低部署和维护费用

新疆油田公司研发基于B/S架构的统一化展示平台，该平台将低功耗协议和油田主流传输协议进

行集成，把云计算技术引入油田物联网采集与监控子系统。与此同时，采油厂采用“集中部署+作业区备份”的方式降低费用、提高效率。

（四）集中监控，联合指挥，构建管理组织新模式

1. 自主研发云平台，实现一体化集中监控

以工业物联网平台架构为基础，开展集团公司工业控制技术和系统体系研究，形成具备自主知识产权的工业生产监控云平台。系统高度集成“采油-集输-处理-注入”全过程工况数据。系统主要面向生产现场监控管理及操作，具备生产现场数据自动采集、生产过程实时控制、生产设备状态监控及生产预警分析等功能。嵌入流计算与大数据分析模块，全面辅助生产分析任务。

2. 设立指挥中心，打造生产决策核心枢纽

建立生产指挥中心，打破原有的部门壁垒，将生产运行相关业务人员以“联合指挥”工作模式组织起来，成为作业区生产运行决策的核心枢纽。平时，以生产指挥中心为龙头，综合运营中心、专家决策中心提供效益和技术的决策支持，物资共享中心及应急救援中心保障生产计划实施，数据中心提供高效调度指挥信息化手段，确保生产运行安全、环保、平稳、经济、高效。发生应急事件时，生产指挥中心及时掌握现场动态，专家决策中心提供处置方案，应急救援中心实施现场处置。覆盖“应急管理（常态、非常态、全过程）+救援处置（事前、事发、事中、事后）”的闭环管理。此外，利用移动互联网技术开发 App，拓宽生产运行数据应用共享深度和广度，形成“生产信息便捷查询、生产指令闭环管理、生产巡检移动管理”的“单兵”系统，成为各级管理人员生产指挥决策的“随身小秘书”。

3. 优化组织架构，形成新型组织管理模式

依托物联网对生产集中监控管理，建立油田生产过程“感知-分析-决策-执行与反馈”的完整闭环，生产管理由“分散管理”向“集中管控”转变，把传统的“劳动密集、驻点值守、定时巡检”生产运行体制转变为“无人值守、监控指挥、按需巡检”的生产管理新模式；油气生产变为“监控中心-现场班组”两级架构，以进一步优化资源配置。

（五）数据驱动，知识引导，形成智能决策新应用

1. 智能生产分析与优化，实现生产管理精细化

通过物联网实时采集各类生产数据，形成生产数据分析系统，充分挖掘数据价值，自动发布报表，数据资源深化分析应用为油气田生产动态调控、信息综合分析提供高效的技术支持手段。

2. 智能视频与图像分析，实现监督管控可视化

新疆油田公司大力推广油气生产物联网系统建设，按照网格化管理思路，建立覆盖油气水井、中小型站库、大型站场并横跨老区、新区的监控感知网络，利用视频图像深度学习技术，建立井口、站库、阀池典型场景识别模型，实现现场全视角监控、全数据采集、全状况预警。

3. 智能设备预见性维护，实现设备故障主动化

基于设备运行实时数据、故障维修记录等数据驱动，重构采油现场组织、集输现场组织及应急作业、故障巡检、维修、信息系统设备设施维护等业务的运行模式。建立大型生产设备的智能预测模型，实现实时掌控设备状态，提前预警设备故障，以事前主动管理、集中排班保养的新管理模式全面提升现场运行维护管理能力，用工队伍向“管理+专业技术+核心技能”的方向发展。

4. 智能巡检与现场调度，实现故障巡检少人化

围绕强化质量监督、井下作业监督、安全环境监督等业务的智能化管理，建设站库智能巡检、输油管线智能巡检等典型示范场景，实现操作人员全轨迹巡检跟踪，现场物资设备编码化管控，作业标准规范化模型评估，以此重构全新的巡检调度业务体验，打造智能、高效、安全的智能油田现场。

（六）夯实运维，流程预警，打造安全环保新环境

1. 五大管理保障机制，确保运维系统化

一是设备长寿管理机制。以“设备健康生产超前预防、主动维修、全过程养护”为目标，强化管理力度，推行现场标准化工作。对物联网设备建立“体检诊断机制”，对于“老弱病残”类设备重点监护，把不健康的隐患消灭于萌芽状态，使设备的运行指标始终处于优良可控的范围之内。二是备件优化管理机制。对损坏率较高的模块、设备进行故障源头分析，在故障高发期加大维护、保养、检查力度，从根本上降低故障率、减少备件数量；对备件需求和设备故障影响生产的记录进行分析，确保最短时间内修复设备、恢复生产。三是信息管理共享平台。将表单台账、设备静态参数、运行参数、检测记录、维保记录等各项资料、数据统一录入物联网设备管理系统，可随时调取设备相关数据了解其“全周期生命历程”，实现用信息化手段管理物联网设备，为运维管理科学化、精准化提供数据分析支持。四是考核评价奖惩机制。通过负激励使操作人员在潜移默化中养成自觉遵守制度、严格落实责任、扎实执行操作标准的习惯；通过正激励对管理到位、责任心强的优秀单位或员工给予奖励，推动运维工作水平的提高。五是例会落实运行机制。制订周、季、年及专项会议四大会议制度，通过“1 次会议 +1 份报告 +1 个答复”的方式，解决仪表、设备、系统、网络、报警限值等一般问题，无法解决的疑难问题通过专项会议并协同各科室和上级领导及时解决。此外，注重从人的角度培育和提升自主化运维能力。按照“实际、实用、实效”原则，把物联网运维工作的培训需求与生产需求、管理能力、综合素质、岗位需求有机结合起来，为每名员工量身定制个性化的培训和学习计划，坚持“一周一题、一月一评、一季一考”的培训制度；搭建“维修实验室”，增强“实战”经验的实操化培训；通过网络仿真软件模拟搭建组网、配置网络并推演应急预案，持续提高运维能力。

2. 全流程监控、预警，杜绝安全环保事故

新疆油田公司应用物联网技术对生产过程进行实时监控、预警，杜绝安全、环保事故。围绕强化质量监督、作业监督、安全环境监督等业务的智能化管理，实现井场、站库生产及作业现场重大危险源、高风险作业、承包商施工、环境敏感区域、生产要害部位、通勤客车等重点领域和关键环节的实时视频监控、风险智能预警。通过操作人员全轨迹巡检跟踪和作业标准规范化模型评估，自动识别并预警违章行为、风险隐患，发挥现场震慑作用。

三、赋能荒漠油田高效生产的物联网建设效果

（一）形成新型生产管理模式

截至 2021 年 12 月，新疆油田公司已建物联网井 26940 口，覆盖率 86%；建设物联网站 2434 座，覆盖率 89%。具体管理成效如下所述。一是组织扁平化，新型生产组织简捷高效。生产运行转变为“无人值守、远程监控、按需巡检”，逐步凸显“一少（现场值守岗位少）、一专（专业化运维管理）、两集中（监控工作集中、运维工作集中）”的新型管理特点。二是人员精简化，用工需求总量大幅降低。生产现场向“无人化、少人化”转变，替代生产减少一线操作用工需求 1272 人，降低操作员工 60% 的劳动强度，显著提高劳动生产效率 40%。三是生产智能化，生产运行时率持续提升。业务工作实现“笔尖”到“指尖”的数字化管理模式转型，油田精细管理水平进一步提升，持续提高生产时率 10%。四是安全可视化，安全管控水平显著提高。管理方式由“人工判断 + 经验分析”向“自动预警 + 智能分析”转变，生产指挥效率提高 35%；异常处理由“事后处置”向“事前预防、事中控制”转变，故障处置效率提高 75%，生产应急事件下降 30% 以上。连续多年实现绿色清洁生产，无重大污染事故，各油气生产单位年均节约生产用车成本 120 万元/年。

（二）取得丰硕技术创新成果

新疆油田公司在物联网建设过程中取得丰硕的技术创新成果，以新型低功耗仪表和基于工业物联网

云平台的生产云平台为代表的软硬件产品获得多项专利，形成了较为完整的物联网建设技术标准体系与知识产权体系，已获省部级成果2项、软件著作权4项、实用新型专利13项及新疆维吾尔自治区专利奖1项，公开发表学术论文34篇；参与编制标准制订、修订3项，编制发布企业标准2项、国家标准1项。新疆油田公司的物联网建设项目被树为集团公司“标杆项目”。2021年2月，国务院国资委发布2020年100个国有企业数字化转型典型案例，《新疆油田油气生产物联网建设及应用研究》成功入选，被人民网、新华网、中国科技网、《中国石油报》等媒体连续报道，新疆油田物联网建设成效获外界高度认可，形成了可复制、可推广的标准化物联网建设模式。

（三）助力荒漠油田降本增效

新疆油田公司通过物联网建设与应用管理，持续提高生产时率10%，为油田降本增效提供了有力支撑，年综合效益近9亿元，老油田焕发新活力。从节省人工成本、节省办公费用、节省能耗与损耗、节省维修与采购费用、降低事故损失费5个方面计算，年综合效益为8.87亿元，有力支撑了生产规模增大、投资规模增大情况下的新疆油田公司桶油操作成本连续5年保持下降态势。油田生产由人工巡检转变为电子巡检后，替代了现场54%的人工劳动活动，劳动强度持续下降，降低了操作员工60%的劳动强度；采用了远程集中监控模式，将现场操作的员工回撤到市区，促进员工的工作和生活平衡，员工幸福感明显提升。

（成果创造人：石国伟、张亚顺、杨绍楠、韩　光、周继伟、司长征、
赵春雪、吴　斌、省荣辉、杨　兵、马　骥、范丰琴）

包装企业面向大规模定制的数字化工厂管理

浙江大胜达包装股份有限公司

浙江大胜达包装股份有限公司（以下简称大胜达）成立于1999年，总部位于杭州市萧山经济技术开发区，隶属于中国民营500强企业胜达集团有限公司，2019年在主板A股上市，是集包装研发、设计、生产于一体的企业，主要产品为瓦楞纸板包装。近年来，先后获得工业和信息化部“两化”融合贯标示范单位、工业和信息化部服务型制造示范项目、浙江省未来工厂、国家工业产品绿色设计示范企业、国家绿色工厂等荣誉。

一、包装企业面向大规模定制的数字化工厂管理背景

（一）“批量化+个性化”的客户需求特点推动企业智能化发展

包装行业的主要经营模式是“以销定产”，根据客户的订单制订生产计划，按照生产计划采购所需的原纸、胶水及其他辅料等组织批量化生产，产品采用经销和直销相结合的销售模式，最终通过产品的生产与销售来实现盈利。随着行业发展，客户对纸包装行业的需求正在发生着革命性变化：一是客户需求个性化、定制化趋势越来越明显，对企业的设计开发能力、制造敏捷水平提出更高要求；二是批量化订单仍然是企业的主流，这是企业追求效益最大化的选择所致；三是客户对产品质量、交付及时的要求越来越高，大胜达必须以更可靠的质量和及时交付来满足客户需求。因此，大胜达迫切需要推进智能工厂建设以满足客户日益增长的需求。

（二）各项成本上升，促使大胜达不断创新、深化变革

过去几年，疫情致使企业成本普遍上升。大胜达作为包装企业，成本的上升主要来源于3个方面：一是上游企业没有复工、原材料短缺带来的物料成本上升；二是疫情与能耗双控背景下能源价格提高带来的能耗成本上升；三是工人未及时返工、用工短缺带来的人力成本上升。各项成本的上升对大胜达的企业管理形成巨大挑战，也要求大胜达不断创新和精益管理、降本增效。

（三）纸包装高质量发展的重要意义

纸包装行业是国家国民经济的重要组成部分，近年来，电商、物流、冷链供应等行业对纸箱需求的提振作用明显并激生诸多新消费增长点。我国已经是名副其实的纸包装大国，然而，“从大到强”的高质量发展还有较长的路要走。《关于加快我国包装产业转型发展的指导意见》对纸包装的未来发展提出指导性意见，《关于加快推进快递包装绿色转型的意见》提出要加快实现快递包装标准化、绿色化、循环化……聚焦包装行业，我国也将努力实现从包装大国到包装强国的转变。大胜达积极响应号召，加快推进数字化工厂建设。

二、包装企业面向大规模定制的数字化工厂管理主要做法

（一）智能装备，以硬件支撑实现装备互联

1. 打造全自动智能柔性生产系统，实现一体化生产

大胜达引进全自动瓦楞纸板生产线、印刷联动线、印刷机、模切机、钉糊一体机、在线输送设备及打包、缠绕、贴标机等生产设备，打造纸包装智能柔性生产体系，实现从纸板生产、模切、印刷、钉糊、打包到物流仓储整个离散制造流程的一体化全自动生产。

2. 通过物联网进行系统集成，实现物料流转全自动化

大胜达将物联网平台与企望ERP融合，建立完善计划调度控制中心，从客户订单开始，生成生产

计划单，优化排程到各工序和机台，实时查看计划加工进度、生产实际状况，及时了解并处理生产的异常状态，监控仓储及发运物流情况。工厂内部运用I-DMS系统对生产物料进行智能配送，集成ERP系统内的交付时间和配送计划等信息，智能分析出是否进行AGV智能存储或直接送达出货周转区；出货直接延伸到配送车厢，可带托盘直接配送，优先采用先进的双飞翼配送模式，提高物流运行效率。此外，大胜达建立基于3层货架的AGV全自动智能仓库，通过智能仓储信息管理系统，将入库统计、货架存放货物信息统计、货架空置信息统计等信息通过5G网络发送至中心服务器自动完成信息汇总。

（二）智能监测，实现数据采集和设备监控可视化

通过智能监测实现全过程信息实时追溯。大胜达引进瓦楞纸板生产线全自动控制系统方案、印刷机制造执行系统（MES）管理系统、成品仓库二维码管理系统，优化工厂资源规划系统、应用链管理、实时数据库、先进过程控制，分散控制系统、现场总线控制系统，实现关键装备数控化。生产装备、传感器、控制系统与PLM、ERP、MES、WMS等管理系统的互联互通，实现对生产进度、现场操作、质量检验、设备状态、物料传送等生产现场数据的自动采集和上传及生产全过程信息实时追溯。

运用5G实现全面可视化管理。大胜达采用数字化制造仿真软件对设备布局、工艺流程、产线布置、车间物流进行仿真，实现可视化管理。具体来说，通过电子看板显示实时的生产状态；通过安灯系统实现工序之间的协作；生产线能够实现快速换模，实现柔性自动化；能够支持多种相似产品的混线生产和装配，灵活调整工艺，适应小批量、多品种的生产模式；具有一定冗余，如果有设备故障，能够调整到其他设备生产；针对人工操作的工位，能够给予智能的提示，充分利用人机协作。

通过智能数据采集实现设备检测预警。基于机器学习与信号处理设备，大胜达按需维护服务代替计划性维护，对设备与系统的异常进行精准识别与预警，规避非计划性停机损失，降低运营成本，提升用户满意度。

（三）智能管理，实现多种智能运营系统

1. 一体化生产管控中心

大胜达融合ERP系统、APS智能生产排程系统、MES制造执行系统、i-DMS智能车间物料配送系统、WMS智能仓储管理系统、OMS智能物流管理系统、PLM、订单管理系统、能源综合监控系统等，构建以快速响应用户个性化需求为核心，销售、研发设计、生产智能制造、供应链管理、能耗管理、数据中台管控等紧密协同配合的现代纸包装智能制造协同运营生产管控体系。

2. 设备能效分析

大胜达通过AI智能建立设备管理模型，将设备调整至最优运行参数配置，提升设备生产效率。系统可以监测机器的生产数据，不仅可以对机器的异常进行监测警告，还可以利用机器学习等手段进行故障预测与故障原因诊断。系统也会监测智能工厂各系统软件的运行情况，及时发现软件出现的异常，减少故障带来的损失。该模块在生产环节对工厂的机器进行保障，降低系统运维难度，也方便管理人员在发生故障时及时收到预警，在分析总结时获得故障情况统计并得知故障原因。通过设备管控系统实现设备状态信息透视全景在线，实现生产设备的远程运维监控，同时建有生产线设备监控系统，采用可视化看板监控设备的基本信息、状态、执行的任务。此外，大胜达还建立设备检测预警系统，实时对设备和系统进行故障识别和预警，减少因设备和系统的非计划性成本。

3. 智能配送 & 智能物流

通过RFID、条码等识别技术对成品进行智能存储和在线物流跟踪，工厂内部运用I-DMS系统对生产物料进行智能配送，智能仓储管理系统（WMS）与条码信息及ERP系统内的交付时间和配送计划等信息高度集成。首先，仓储计算机系统读取发运方的发出单形成原始入库记录单存入数据库，发出单记录了出厂日期。其次，仓储计算机系统根据入库记录单中的属性生成二维码，根据位置图编号生成位

置二维码，将位置二维码对应张贴于位置格架。再次，当原纸抵达仓库门口，将原纸二维码张贴于对应的原纸上并通过PDA对入库的二维码进行识别，利用5G网络泛在连接、强透传能力，将识别信息直接传送到云端服务器，当原纸运送到仓库二维格架时，用PDA扫描该格架条码，至此，该原纸完成了入库操作，待所有入库原纸及位置扫描完成后，PDA系统生成一张入库单。最后，PDA与计算机同步提取PDA中入库单信息并与计算机原始入库单比对，更新计算机入库单数据，同时更新计算机系统库存。

（四）数据融通，联合开发企业级数据中台

大胜达建立企业级数据中台，实现对各种数据的采集，从而进行海量的结构化数据和非结构化数据集成。首先，针对设备、生产数据的采集，大胜达应用北大信研院完全自主研发并开源的“XiU－OS矽璓工业物联操作系统”进行该类型的数据采集。其次，针对企业内部不同信息系统的数据采集与抽取，大胜达开发数据溯源工具和数据ETL工具。数据溯源工具利用深度学习中的图神经网络模型，实现企业数据库字段对齐与翻译；数据ETL工具实现企业不同信息系统的数据抽取与转换，二者结合可以高效实现企业数据仓库的建设。最后，针对互联网数据的采集，包括行业新闻、自媒体数据等，大胜达开发通用采集框架和智能解析工具。利用该工具大大提高采集效率，实现大规模数据汇集。

（五）智能决策，建立智能决策辅助平台

大胜达通过北大信研院研发的智能决策辅助平台，集成ERP、APS、MES、WMS、I－DMS等管理信息系统数据，实现对车间作业计划管理和调度、工艺执行管理、物流与仓储管理、质量分析管理与跟踪、设备运行管理、能耗管理等数字化管理，提高制造过程透明化和精细化；基于大数据与人工智能技术进行数据计算、数据建模，采用先进的物料技术和管理手段，实现生产制造现场物流与物料的协同、精准管控，通过集中排程、可视化调度及时准确掌握原料、设备、人员、模具等生产信息，适应个性化订单需求；实现对企业研发设计、生产制造、供应链、物流等的协同，全面实时地监控工厂经营生产状况全貌。重点进行以下6个方面的管理提升。一是虚拟厂长管控及现实交互。用户通过与虚拟机器人进行语音交互，可以获知企业工厂的一切经营运行数据并获得诊断分析与洞察报告，从而便于及时发现问题并做出运营生产的调整，下达指令将任务指派到人，实现数据驱动精益化经营及生产。二是智能设计。利用AI技术，基于大胜达以往的设计案例库和外部数据库，进行平台个性化设计适配功能，客户只要在平台上输入包装设计需求，平台会自动快速提供若干种方案供客户选择，方案确定后，系统自动排单、下单生产、交付。三是智能营销。基于商业地图、潜在客户挖掘等，深度挖掘热点行业和潜在客户，使营销更加聚焦和精准。四是智能检测。在纸板生产、印刷、模切、钉糊、贴标等重点检验环节，大胜达引进检测设备及系统，实现对压缩强度、环压强度、耐破强度、黏合强度等基于AI机器智能学习的纸包装检测的在线检测。五是智能调度。智能派单：结合采购距离、运输距离、排产情况、库存情况等维度，智能判断当前销售订单的最优生产基地。智能派车运输调度：能够实现跨工厂智能拼单运输，能够根据客户单位的GPS位置智能规划送货路线。标准生产配方挖掘与推荐：能够结合瓦楞纸生产的特性，从历史大数据中挖掘“标准配方”。动态库存周转优化：能够根据原纸价格趋势、当前生产节奏、产品类型、产品数量等进行动态优化，计算合理的库位值，及时进行采购提醒。六是智能预警。订单逾期预警提前感知：能够根据历史生产大数据情况，自动预测订单生产是否可以及时交付，可以根据预测结果调整生产节奏和物料准备。订单量预测与物料齐套智能规划：能够利用历史生产数据有效预测订单量订单趋势，能够计算客户稳定性、潜在流失风险等，能够根据预测结果提示物料准备用量。生产环境安全预警：针对工业环境监测中存在的问题，通过物联感知设备的互联互通和数据的高效处理，通过低时延、高传输网络系统，及时预警污染物超标情况和生产安全隐患。

（六）共享行态，建立共享产业大脑

1. 建立数字管控中心，进行行业大数据分析

大胜达建立全网的上下游企业信息采集引擎，囊括上下游企业的基本工商信息、舆情动态、法律诉讼等相关数据，进行行业态势分析，精准为顾客提供定制化方案。根据国家统计局、中国包装联合协会的统计数据进行对接，对包装行业的整体态势进行感知。大胜达数字管控中心囊括30多个软件系统的数据并建立了适应于包装行业的企业数据中台，可以实现在线的数据采集、存储、集成、计算，包含销售、生产、采购、库存、人员等方面的数据。智能商业情报挖掘理解系统能够监测互联网中主要的招投标站点并进行实时的数据抓取，利用NLP自然语言处理技术进行相关的文本处理、实体抽取、本文分类，将与瓦楞纸包装相关的商业信息运用App推送至营销人员，促进营销人员精准把握市场态势，更好地匹配顾客需求。

2. 通过交互式设计和分布式响应，实现区域协同化

大胜达设计人员可利用雅图ArtiosCAD建模设计产品，实现产品数字化设计、3D成型模拟及设计和工艺路线仿真，直观检测成型效果。用户将需求、基础原始图稿、平面与结构要求甚至是产品模型提交到云设计平台，设计人员通过系统建模设计平面与结构，利用行业先进的设计软件雅图ArtiosCAD进行产品数字化设计，能够将设计的产品进行数字化模拟折叠成型，通过设计和工艺路线仿真直观检测成型效果，进行可靠性评价，加上专业的数字化割样机，运用计算机辅助制造能够快速、高效的对设计产品进行数码打样，完成后将设计样回馈于客户进行效果确认，实现交互设计。AI智能包装设计平台快速响应用户个性化需求，提升包装设计效率。由人工智能包装设计联合实验室开发的AI智能包装设计平台通过对消费者的需求和包装规范进行深入学习，整合消费者和产品之间的关系，确定其使用产品时的行为，改良现有设计中的不足，模拟消费者在使用产品时的行为，从而保证包装设计的所有元素能更大地实现产品的价值。虚拟人AI包装设计师“小方”直通包装印刷工厂，实现一站式包装设计印刷制作。AI人工智能机器人“小方”通过强化学习能力、智能排版和智能配色，将图层化和模块化的智能设计模式应用到包装设计中，能够快速完成包装设计。该系统还可以通过网站数字化处理用户上传的图片计算出所需要的纸箱。方案确定后，系统自动排单、下单生产、交付。

为了以更短的时间响应来自不同地理位置的顾客需求，大胜达建立了在地理上相互分散的分布式多工厂网络。大胜达在全国各地创建了12个生产基地，通过分布式快速响应制造模式，实现产品销售“1小时订单需求响应，2小时接单，8小时产线投产，10小时订单交付”，以及产品服务“1小时投诉响应，2小时企业联动，8小时问题回复，10小时问题解决”。

三、包装企业面向大规模定制的数字化工厂管理效果

（一）管理效益

大胜达通过大规模定制数字化工厂项目建设，一方面显著提高了企业的产品质量和生产效率；另一方面使车间生产更加透明化，降低了企业的管理成本，实现了高效率、低消耗的精益化生产。产品一次合格率提高至99.95%，产品不良品率降低96.7%，人均生产效率提高290.7%，成品库存周期缩短至0.6天，成本费用率降低30%左右，能源利用率提高18.8%。

（二）经济效益

1. 直接经济效益

大胜达实施数字化工厂项目，取得显著效益，实现营业收入7.55亿元，同比增长31.31%；利润总额达3261.22万元。万元产值综合能耗从2018年的9.01吨标准煤变为0.082吨标准煤，下降99.1%。企业年人均生产效率大大提升，发展至2021年的680万元/人。大胜达总资产报酬率提高61.3%。

2. 间接经济效益

生产经营效率大幅度提升。大胜达生产效率提高 286. 8%，能源利用率提高 18. 8%，成本利润率提高 15%；定制化复杂产品研发周期减少至 3 ~5 天，缩短 57. 1%；翻单的订单需求响应从 0. 5 天降低至 1 小时，生产响应时间从原来的 2 小时缩短为 15 分，订单交付周期缩短至 10 小时。

产品质量显著提高。企业产品不良品率降低 96. 7%，一次合格率从 98. 5% 提升到 99. 95%，产品质量各指标都有较大幅度的提升。

库存周转周期明显降低。通过智能调度系统动态监测库存情况，有效利用仓库存储空间，降低企业库存成本，成品库存周期缩短至 0. 6 天，原纸月末库存从原来的 30 ~45 天周转天数降低至 12 ~18 天周转天数。

取得多项核心技术成果。围绕大数据、云计算、人工智能等重点领域，未来工厂在建设期间形成丰富的知识产权，有发明专利 25 项、实用新型专利 26 项，参与制订国家标准《GB/T 39256 –2020 绿色制造：制造企业绿色供应链管理信息化管理平台规范》。

（三）社会效益

1. 树立行业标杆，得到相关方高度评价

大胜达近年来被评为工业和信息化部“两化”融合贯标示范单位、浙江省“两化”深度融合示范企业、浙江省信息化示范企业、浙江省管理创新试点企业、浙江省服务型制造示范企业、浙江省个性化定制示范点企业、杭州市首批工厂物联网示范样板项目、杭州市智能制造试点应用项目等。2020 年，申报成功 13 项国家/省级荣誉，并且多次被《浙江日报》《萧山日报》等媒体报道。

2. 输出数字化工厂建设经验，引领行业信息化建设

大胜达已经向湖北、四川、新疆等西部地区复制经验并打造引领当地的智能工厂建设。目前，大胜达与北京大学信息技术高等研究院达成深度合作，将持续挖掘工业互联网平台建设、数据深度应用潜力，深耕纸包装行业、大力推进智能化改造，为我国包装产业发展持续发力，为传统制造业升级不断探索。未来工厂建设完成后已接待 6000 余人的考察、参观、交流，为上百家单位提供了“互联网 +”、智能化工厂建设的经验。此外，依托大胜达 & 北大联合实验室的方式，为浙江省乃至我国推进包装行业的信息化建设培养了一大批既懂 IT 又熟悉业务的复合性人才。

（成果创造人：方能斌、方聪艺、孙俊军、张　伟、朱民强、田亚利、王火红、石义伟、刘海群、何金田、詹　凯、王旭峰）

集成电路设计企业以战略为引领的数字化转型管理

成都华微电子科技股份有限公司

成都华微电子科技股份有限公司（以下简称成都华微）成立于2000年，注册资金5.41亿元，隶属于中国电子信息产业集团（以下简称中国电子）。现有员工近800人，其中一半以上是研发人员。2021年，实现销售收入5.1亿元。成都华微是国家“909”工程集成电路设计公司和国家首批认证的集成电路设计企业，也是中国电子旗下的高可靠集成电路设计平台和可靠性保障平台，还是四川省本土最大的集成电路设计公司。产品广泛应用于航空、船舶、电科等诸多特大型工业企业。

一、集成电路设计企业以战略为引领的数字化转型管理背景

（一）战略引领，确保国家安全和发展全局的必然选择

当前和今后一段时期是我国集成电路产业发展的重要战略机遇期和攻坚期，成都华微作为央企下属企业，担负着义不容辞的责任与使命。

（二）行业推动，适应经济数字化趋势的客观要求

过去几年，我国不断加大数字化的投入，以不同方式激励企事业单位进行数字化改革。这不仅提高了我国经济的数字化水平，也促进了国内科技水平的提高及数字产业的规模化发展。党中央、国务院高度重视发展数字经济，将其上升为国家战略并做出总体部署。2020年4月，党中央、国务院发布相关文件，提出了土地、劳动力、资本、技术、数据5个要素领域改革的方向，将数据作为一种新型生产要素，明确了完善要素市场化配置的具体举措。成都华微很早就感受到数字化的趋势，同期即开始进行数字化转型工作。

（三）数据驱动，推进公司高质量发展的重要举措

在向数据驱动发展的路上，成都华微已布置的信息系统与流程、底层耦合较深，很难做到信息的完全互联互通；多年来应用系统沉淀了大量数据资源，但数据资源对企业研发管理、经营决策等贡献率亟待提高。更为关键的是，成都华微作为高可靠集成电路研发企业，又面临着两类棘手的约束：一是产业模式，二是行业限制。在产业模式方面，成都华微主要以设计为主，同时又存在芯片测试等生产性环节，设计与测试具有完全不同工作模式、基础设施、数据信息。数字化转型是一个自上而下的系统工程，以数字化转型为契机，成都华微希望同时实现组织、流程的变革与优化，打造敏捷化、扁平化的组织架构，实现数字化转型与组织再造的融合。

二、集成电路设计企业以战略为引领的数字化转型管理主要做法

（一）坚持企业战略引领，明确数字转型方向

1. 强化战略引领，服务发展目标

锚定建设国际一流高可靠芯片设计与测试企业的战略目标，成都华微提出以国家需求为导向、以技术创新为宗旨，聚焦高可靠芯片行业前沿技术、共性技术、关键技术，解决高可靠芯片设计中的重大科技问题，建成国内领先、国际先进的高可靠芯片设计、测试平台，带动上下游产行业的发展，促进高可靠芯片行业的进步，为实现高可靠芯片的自主可控、解决集成电路“卡脖子”提供技术支撑，实现科技成果工程化、产业化。围绕着企业发展战略，成都华微以构建企业数字时代核心竞争能力为主线，制订数字化转型方案，统筹构建数字化新型能力。围绕企业“四地一体”（即共性技术、关键技术的发源

地，新技术、新产品的策源地，技术孵化、成果转化的新高地，技术孵化、成果转化的新高地，开放共享、协同创新的重要载体）建设，打造符合企业发展的数字化平台体系。

2. 聚焦行业特色，明确转型方向

成都华微结合业务现状、面临问题、行业特点，明确转型方向，即以组织变革为核心，挖掘数据潜在价值，实现数据驱动的业务创新，实现组织变革与数字化转型的相互促进与融合。以集成电路研发为导向，构建服务于本企业的数字化转型体系，打造符合企业自身业务的平台体系。重点突破集成电路设计与测试数字化转型的关键技术瓶颈和障碍，探索敏捷高效的建设路径。

3. 制订转型方案，打造“1121”体系

以战略为引领，围绕转型目标，制订转型方案，着力打造“一个核心、一个基础、两个能力、一个战略”的“1121”体系。以组织架构为核心、以数字基础设施为基础，建立企业级的研发、测试、运营数字化平台，实现对企业战略的支撑。组织架构面向数字化转型的要求，构建敏捷、创新的组织体系，实现跨部门的创新协作。数字基础设施对数据进行统一采集、储存、计算、分析和可视化呈现。数字基础设施和组织架构相互配合，共同支撑数字能力平台，实现企业研发数字化、运营数字化，促进数据链与业务链结合。

（二）变革企业组织架构，构建数字转型核心

1. 变革公司组织架构，构建数据驱动基础

以 IPD 强矩阵为基础，建立适合高可靠集成电路研发企业的混合型矩阵组织架构。将公司分为 3 个层级，一是集成组合管理团队，由公司经营班子、评审专家团队、功能部门主管组成，主要负责战略规划、投资决策、技术评审；二是原有功能部门转变为技术、资源、能力中心，负责向跨部门开发团队输送技术、资源、能力；三是跨部门开发团队，主要负责产品、技术、规划等的开发，由各功能部门相关人员组成，他们向项目经理负责，由项目经理对他们考核，原有部门主管不再拥有考核权，项目经理对外直接向客户负责，客户经理对内直接向经营班子负责。

建立决策团队。决策团队是一个由公司经营班子、各功能部门管理者组成的跨部门团队，涵盖多个领域，包括但不限于财务、市场、研发、检测、质量、采购、制造等，其主要职责为确定公司使命、愿景；审批中长期战略规划、年度业务计划、预算和产品规划；确定市场、产品、资源的投资优先级；决策评审和重大变更审批；为跨部门团队提供合格资源；对跨部门团队的绩效进行管理。

建立规划团队。规划团队负责规划和产品定义的跨部门团队，由相关功能领域代表组成，主要包括财务、市场、研发等，其主要职责为形成公司使命、愿景；制订、管理和维护长期战略规划、年度业务计划；制订、管理和维护产品规划；制订项目任务书；参与制订、管理和维护技术与平台规划。

建立开发团队。开发团队执行产品/技术/平台开发工作，是一个对产品/技术/平台的市场和财务负责的跨部门开发团队，其中，产品开发团队的主要职责有根据任务项目书的要求实施产品开发，对产品市场和财务负责；形成产品业务计划书，报决策团队进行决策；组织产品的技术评审；管理产品开发团队负责的多个产品开发项目；考核核心组成员；根据集成产品过程进行开发流程管理等工作。

2. 改进项目组织架构，提升项目管理效能

确定项目指导职能。指导职能确定项目方向，对项目重大事宜进行决策并对项目提供必要的支持。其中，项目赞助人以资金或其他方式为项目提供财务资源，对项目财务和商业成功负责。职能部门经理主要负责某领域能力建设，为项目提供合适的人力，对长期的技术能力负责。

明确项目管理职能。管理职能对项目目标的达成负责，负责挑选适合项目管理的方法、技术和工具等执行项目管理的活动，识别所有对项目有威胁的偏差并报告给项目指导职能，由其来决定是否要改变

项目范围。此外，项目管理职能还负责协调所有不同的利益干系人。其中，项目经理行使项目管理职能，项目经理可以将其中某些管理职责，如质量协调、配置管理、项目财务等分配给项目支撑人员。

完善项目执行职能。在项目范围内依照团队制订的项目管理规范执行项目，保证高质量交付，完成客户需求。项目执行小组负责按项目计划完成各交付件的开发及相关工作，典型的项目执行团队有设计团队、验证团队、测试团队等。

3. 组建数字赋能团队，提高数据驱动能力

组建数字化转型决策团队：确定数字化转型战略，确保企业发展战略与数字化转型战略协调一致，甚至融为一体；确定组织优化、流程优化、管理创新等；统筹开展跨部门沟通、评价和改进，构建覆盖全员的职能职责体系和协同工作机制。组建数字化转型规划团队：对数字时代企业内外部环境进行分析，结合企业发展战略，制订企业的数字化转型战略规划，设计企业数字化整体架构（组织、数据、技术、安全、应用），策划数字化转型落地实施机制；以数字化转型为契机，调整组织结构、优化原有流程、设计新的流程、创新管理思路等；以数字化产品为核心，集合共性问题，结合企业总体数字化转型方向，对公司业务进行赋能、协调、督导；对数字化转型相关资金统筹管理，做出制度化安排。组建跨业务部门、技术部门等多部门的数字化实现团队：以用户为中心开展业务场景和价值模式设计，完成业务流程优化调整；开展必要基础资源数字化和标准化，开展数据建模；搭建数字能力平台，灵活赋能业务发展；依据数字能力建设要求，完善组织机制建设，及时调整岗位职责并明确技能要求；建立数字化人才的教育培养体系，搭建学习、交流和赋能平台；建立并执行覆盖全员数字化转型考核激励机制，纳入组织整体绩效考核体系；开展资金统筹优化、协同管理和精准核算，确保资金投入有效性、稳定性和持续性。

（三）构建数字基础设施，夯实数字转型基础

1. 采用开放总线，完成数据采集

采用新型 Open API 技术，为多源异构系统的快速集成提供有效支撑，实现边缘设备与云端的集成、传统工业软件与云端的集成、平台内部不同软件和功能的集成。采用基于 REST API 技术的工业软件，如 PTC Windchill、SAP 等，实现平台内功能组件的集成，构建工作流，提升功能复用效率；同时，将平台内部的 REST API 以 Open API 的形式对外开放，促进平台间的功能调用和集成。在此基础上，通过管理各软件系统提供的 Open API，实现集成接口的自动化和标准化，从而实现软件定义的集成。

2. 建设私有云，应对数据存算

通过私有云的建设，实现研发、业务的云上运营。通过优化资源组织、分配和使用模式，提高资源利用率，提升扩展能力。简化 IT 管理和运维，缩短 IT 资源申请流程，加快新项目实施速度。

建立高性能计算集群，将若干相互独立的计算机，利用高速通信网络组成的一个较大的计算机服务系统。服务器之间可以彼此通信，协同向用户提供应用程序、系统资源和服务数据，以单一系统的模式加以管理。

面对计算、存储资源不易扩展，无法应对业务数据峰谷变化和快速分析的需求，通过资源弹性伸缩，快速应对数据和业务变化。平台存储和计算分离解耦，支持业务高峰的海量数据快速计算。实现一站式可视化数据开发平台，集成大数据和 AI 数据作业开发，支持百万级别任务调度。

3. 采用可信服务，保障数据安全

采用安全可信产品和服务，提升基础设施关键设备安全可靠水平，提升重大网络安全事件应急处理能力；深化网络安全防护体系和态势感知能力建设，增强网络空间安全防护和安全事件识别能力。开展安全监测和预警通报工作，加强大数据环境下防攻击、防泄露、防窃取的监测、预警、控制和应急处置

能力建设。

4. 实现场景可视，创新数据服务

集合数据统计、数据展示、数据分析和挖掘等整体解决方案，快速准确地提供报表等决策依据，帮助企业做出合理的经营决策。采用数据可视化技术，根据业务逻辑和管理需求，进行多种样式的数据展现，实现数据挖掘。

建立管理驾驶舱，打破数据隔离，实现指标分析及决策场景落地。通过详尽的指标体系，实时反映企业的运行状态，将采集的数据形象化、直观化、具体化展示，为企业管理提供一站式决策支持服务。管理驾驶舱提供数百项指标，包括企业所有的业务环节，涵盖设计、财务、库存、销售、生产、设备、人力、质量、物价等组成部分。

实现可视化报表功能，为企业中各层级管理人员提供个性化可视化报表服务。不同角色能轻易获得为各岗位、角色设置的常用报表，能获取其他被授权查看的预定义报表。实现主动式报表推送服务，可以定时或以事件触发的方式将相关报表以邮件方式提供给用户。

（四）构建研发能力平台，提升数字化研发能力

1. 通过里程碑管理，强化监督控制活动

一是通过阶段评审和例行监控确保项目及其输出符合国家需求和企业目标；二是为目标的达成提供必要的支持，包括对团队的激励、对资源的保障、项目工作的建议等；三是面向过程，以基于风险的思维，对项目的风险管理活动进行监测和评审，确保风险控制措施的有效性和及时性。

通过里程碑进行管理；同时，建立一套统一的方法向决策团队汇报项目进展。通过评审点进行控制：由于项目的不确定因素是渐进明晰的，为确保项目与组织目标保持一致，监督和控制流程定义了一系列的主要评审点，即 DCP、TR、RCP，其中，DCP 定义为“投资决策评审点”，目的是确保投资收益；TR 定义为“技术决策评审点”，目的是确保技术方案的可行性；RCP 定义为“风险决策评审点”，目的是确保产品风险可控。

2. 强调数据驱动流程，重构研发流程体系

定义产品从立项准备到关闭过程中各个阶段的所有活动、数据，通过数据驱动研发流程的自动化执行，指导产品开发团队聚焦产品目标，在限定的范围、时间、成本、资源内确保产品交付。

实现并行开发、跨部门合作。每个部门都应清楚自己和其他部门处于哪一阶段，本部门需要在何时向其他部门提供或寻求何种帮助。

实现 PDCA，具体表现在：先有计划再去实施，任何阶段的活动，必须先有计划和方案，然后再去实行；实施过程要有评审和检查，每一阶段都要有评审记录，关键活动都有对应的检查活动；PDCA 不仅贯穿在子活动中（比如设计子活动、版图子活动），也贯穿在项目的整个活动中。

实现研发平台复用。公司/事业部级开发流程更适合公司/事业部平台的开发，而公司级开发流程本身就是事业部级流程的开发平台。

实现专业分工和合作。横向来看，研发流程中共有 5 条分支：软件、设计、版图、验证、测试，而电路设计中会有设计人员和验证人员。

实现高度结构化。将产品开发活动分解为最优的、可执行的活动单元，用以有效地指导专业人员开展工作。

实现可追溯和过程记录。每个活动都会有相应的文档记录，通过数据串流所有活动。

3. 基于数字虚拟空间，实现设计快速迭代

利用算力、算法、数据，在数字空间中进行集成电路产品的设计验证。通过数字化的平台，构造数

字原型，实现产品的快速迭代。在数字空间内，构建统一化、集成化、智能化的管理平台，将 Synopsys、Cadence、华大九天等公司的 EDA 软件进行统一管理、自动分配，完成集成电路海量数据的快速处理，实现产品的快速仿真，构建高可靠的集成电路产品。

依托高性能计算集群，实现分布式计算。在设计大规模 FPGA 产品、高性能 SoC 产品时，将需要处理的数据分散成多个部分，交由分散在系统内的计算机组同时计算，将各计算结果合并得到最终结果，从而实现计算资源的共享、计算负载的平衡。

基于模型库、时序库等数据库，开展基于模型的产品设计。建立功能样片、性能样片等虚拟模型，以虚拟模型为主要工作对象，通过多次迭代的虚拟研发，实现产品快速研发。以虚拟模型和物理样品相结合进行协同设计分析和验证，以设计、流片、封测为主线，全面贯通基于模型定义的设计流程，实现数据库、数据模型在芯片设计、芯片流片、封装测试等关键环节的全过程应用。

4. 利用多维测试数据，提升测试智能水平

面向集成电路测试中的物料采购、计划调度、生产作业、设备管理、物流仓储等全流程，利用海量、多维度数据建立起全面的评估体系，不断优化问题环节、提升生产效率。

基于订单、库存、生产过程数据等，建立集成电路测试调度算法模型，形成优化的详细生产作业计划。实现生产过程关键物料、设备、人员等数据的动态检测与采集，构建模型实现生产作业的在线分析，优化生产工艺参数、实现产品质量的精确追溯。

通过测试流程优化、工时量化分配、资源合理调配和工时自动反馈，构建计划自动编制与资源高效调配、关键路径自动识别与高效压缩、计划多维预警与偏差处置、工时精细反馈与计划自动更新，提升计划管理的规范化、精细度、自动化程度，保障计划按期推进。

对集成电路测试设备关键运行参数数据的实施采集，建立设备运行模型，进行设备综合效率的分析，驱动工艺优化和生产作业计划优化。

对集成电路成品、管壳盖板等材料，通过条码、二维码、RFID 等，实现出入库管理。对批次管理、物料对应、库存盘点、质检管理、虚仓管理和即时库存管理等进行数字化管理，有效控制并跟踪仓库业务的物流和成本管理全过程。

（五）构建运营能力平台，提升数字化运营质量

1. 基于企业过程数据，实现运营效益分析

建立数据模型，对财务效益进行分析。涵盖利润分析、利税分析、可利用资金分析、财务费用分析、管理费用分析等，实现与历史数据、年度目标、成员企业、国内同行等多维度对比分析等。

基于全流程数据，对成本利润进行分析。涵盖标准成本测算、订单成本测算、产品成本模拟测算、标准成本与实际成本差异分析。实现原材库存价、当月采购价、当前市场价等不同价格条件下，不同品类产品的成本利润分析。

建立数据模型，对价格走势进行分析。涵盖宏观经济数据分析、行业数据分析、原材料及产（成）品市场价格信息分析等，实现宏观经济数据、行业形势数据、价格走势数据采集和分析，实现决策的一体化。

基于全流程数据，对内部经营进行分析。涵盖原材料、半成品、产成品的库存数量分析、结构分析、成本分析、潜盈亏分析、流动资金占用分析等，支持公司合理把控库存节奏。

2. 建立资金预算模型，保障资金动态平衡

以企业战略和项目全周期预算为指引，建立年度更新、预算半年调整、预测季度滚动的资金预算模型，提升规划、预算、预测的时效性和准确性。一方面，通过动态滚动在预算执行过程中合理调配资

源，提高预算的协调性；另一方面，通过连续编制滚动预算，按照轻重缓急对项目进行排序，实现预算高效配置，提高资金的使用效率。

运用最佳现金持有模型进行数据分析，对预算目标、预算编制、执行控制、分析调整、预算考核等环节不断改进，不断促进资金预算管理的精细化、科学化、动态化管控。

通过预警模型对资金支出重点关口预先校验，对敏感物品、敏感事项等负面字段进行精准预警，对黑（灰）名单、大额资金、连号发票等进行有效提示，有效监控资金支付风险。

3. 建全企业人才画像，保证人才科学发展

招聘过程中，整合来自各渠道的招聘数据，建立标签体系，深度洞察人岗匹配度，基于能力模型精准发现和识别人才；在薪酬评定中，关联考勤数据与绩效结果，精细化核算员工薪酬，与业务、财务系统合理控制人力成本，自动生成薪酬报表；在绩效辅导中，基于员工基本信息、认知轨迹、项目经验、业绩表现等构建全生命周期的人才画像，可视化输出团队人才地图，科学制订个性化的人才发展计划。

4. 强化资产数据分析，提升资产管理效率

对数据进行清洗、整合、建模、分析，打通资产管理系统与项目管理系统、预算管理系统、供应链管理系统和财务管理系统之间的连接。建立资产卡片，追踪资产全过程的实物状态、价值变化等全维度信息，实现资产管理实物流、信息流和价值流“三流合一”。

在资产实物管理方面，实现新增资产的规划计划、采购建设、运维检修、退役处置的实物全过程实现无缝衔接；在资产信息管理方面，实现信息在流程内部与流程之间的关联共享，实现信息全生命周期高效流转；在资产价值管理方面，实现资产采集购置、运行维护、报废处置等全过程的成本归集，反映企业整体资产价值变化。

建立资产管理统计分析模型。自动从资产的验收、领用、调配、使用工时、状态调整、位置变动、维修维护、报废处置等流程中抓取数据，汇总形成资产使用率、故障率、维修时长、状态分布、区域分布等台账及统计分析表单，全面掌握资产状态和使用维护情况，对设备资产长期停用、故障、超期未检验等异常情况进行预警。

生成资产可视化报表。在资产管理和使用数据分析的基础上，从资产总览、资产配置和资产效益 3 个方面对资产管理的总体情况、变化趋势进行分析，形成资产管理总体态势可视化图表，推送给相应管理层。

三、集成电路设计企业以战略为引领的数字化转型管理效果

（一）激活数据商业价值，提升企业数字化治理能力

成都华微通过将数据资产化，将不同系统、不同类型的数据纳入一个可对比、可计算的范围，使其更易于企业日常经营活动中进行搜索、过滤和管理，充分激活数据的商业价值。通过对全域的数据资产进行高效的开发、应用及质量管理，让数据具备敏捷的对外服务的能力，具备全流程的服务能力。

（二）经济效益显著增长，解决若干国家“卡脖子”难题

自“1121”体系实施以来，成都华微经营效益取得显著增长，主要经济指标都出现成倍的增长。其中，销售收入从 2019 年的 14226 万元增长到 2021 年的 51124 万元，两年时间实现近 3 倍的增长；利润总额从 -1701 万元增长到 6752 万元；净资产收益率从 -2.67% 增长到 11.04%。“1121”体系的实施，有力地保障了国家重大项目的推进，有效地解决了若干集成电路“卡脖子”难题，取得了显著的社会效益。近年来，成都华微陆续承担了国家科技重大专项、国家重点研发计划重点专项等国家重大项目 5 项，预先研究国家重点项目数十项，有效地提升了项目的研发效率。据统计，实施数字化转型后，成都华微项目及时完成率由前几年的 10% 左右提升到近两年的 100%。

（三）创新企业治理体系，探索行业数字化转型新路

以数字化转型为契机，成都华微对企业架构、项目架构、工作流程等进行变革，形成敏捷化、扁平化的组织架构。通过数字化转型与组织变革、流程再造的相互融合，打通了数据的壁垒，打通了部门间的壁垒，促使组织从流程驱动、以产品为中心向数据驱动、以客户为中心转变，有效地推动成都华微治理模式、手段、方法的升级，也为行业内企业构建现代化治理体系提供了有益的探索。

（成果创造人：李　国、黄晓山、王　策、李春妍、周　健、赖周华、
王　鑫、胡　参、刘　洋、赖　强、唐泽辉、覃章敏）

城市轨道交通企业基于建设全生命周期和经营全过程的数字化管理

无锡地铁集团有限公司

无锡地铁集团有限公司（以下简称无锡地铁）成立于2008年，前身为无锡市轨道交通发展有限公司，与无锡市轨道办“两块牌子、一套班子”合署办公，承担无锡市轨道交通规划建设、运营服务、经营开发、融资投资等职责。无锡地铁遵循“建一流地铁、创运营典范”理念，已成长为无锡市综合性大型国有企业。目前，内设职能部门10个，下有一级控股企业14家，各类投参股企业达43家，员工规模达6000多人，注册资本174.38亿元。无锡地铁承担无锡地区地铁、高铁、城铁、市域铁路建设任务；围绕“安全、服务、效益”三大核心，高质量承担轨道交通运营保障任务。无锡地铁还全面布局智能建设、智能交通、绿色能源等关联产业，积极探索并启动了无锡市首单基础设施REITs项目，以智慧城轨、数字化建设为企业高质量发展夯实基础。

一、城市轨道交通企业基于建设全生命周期和经营全过程的数字化管理背景

（一）以便捷服务满足市民对美好生活向往的要求

随着技术的不断发展，特别是物联网、大数据、人工智能等数字技术的革命性突破，使得通过数字化手段营造市民理想的生活变成一种可能。借助数据的贯通与整合，从出行前的智能规划与线路导航到出行过程中的信息与便捷购物，出行可以进一步融入市民的生活中；依托物联网技术与智能化设备，可以让车站更智慧，为市民提供全方位、自动化、智能化的服务。面对以技术提升服务的可能，无锡地铁需要结合自身管理和技术沉淀，提升数字化服务能力，不断满足市民对更高品质生活的需求。

（二）以数字技术高品质建设城市轨道交通要求

面临数字经济带来的机遇与挑战，无锡地铁清醒地认识到，在城市轨道交通建设过程中还有很多不足和需要改进的地方，例如，规划、设计、建设、运营、维护之间互相脱节，信息不能有效地传递和共享；物资需求、采购和库房管理、使用不能自动形成闭环，资产价值无法充分发挥等，尤其面对无锡市第二轮轨道交通建设规划，从政府期望到企业自身发展，都需要企业向更高品质、更高效率、更低成本的方向发展。无锡地铁对照“建一流地铁、创运营典范”的愿景，以数字化技术高质量建设城市轨道交通工程，实现大范围、全方位、高效率的运行控制与管理，推进城市轨道交通向网络化、协同化和智慧化方向发展。

（三）以创新运营模式推动企业高质量发展要求

无锡地铁作为为市民提供公共出行服务的公益性企业，单一的票务收入越来越难以支撑企业的日常运营；同时，面对政府对企业越来越高的管理和经营要求，如何有效地整合分散的各类资源，通过多元化的经营、数字化的赋能和商业模式的创新来助力企业的发展，实现经营创收反哺运营亏损，从而达到企业高质量可持续发展是摆在无锡地铁面前的迫切问题。因此，无锡地铁必须创新经营理念，按照“客流培育+资源开发”的思路，采用数字技术，布局智能建设、智能交通、绿色能源等关联产业，打造站城一体化的TOD项目，创新经营广告、传媒、商业、文创、通信、物管、培训、咨询、建材、围挡等多元业态，以智慧城轨、数字化建设为企业经营模式创新夯实基础。

二、城市轨道交通企业基于建设全生命周期和经营全过程的数字化管理主要做法

（一）构建企业数字化管理规划与布局

1. 以企业战略为牵引，构建数字化管理整体蓝图

企业数字化以企业发展战略为指引，采用数字化思维与科学方法整体规划，做好顶层设计，是企业开始数字化管理的关键路径。无锡地铁借助开放小组架构框架（TOGAF）并结合企业实际，形成一套从企业战略与目标切入，经分析建模和蓝图规划后形成实施策略和推进路线，最终推导出具体行动与任务的企业数字化整体蓝图。一是数字基础设施方面，传统的模式往往采用烟囱式建设，硬件堆砌、管理割裂，信息化资源无法灵活调度，资源利用率较低，针对这些痛点难点，无锡地铁实施了“管理上云”，以管理系统为切入点开始云的建设，于2017年初正式投入运行，成为全国首个城市轨道交通企业私有云案例。优化了硬件的架构，减少了硬件投入，为数据的互联互通打下了基础。二是核心数字应用方面，无锡地铁按照产业布局和管理需要，在业务架构上，对人、财、物等核心业务实行纵向到底的一体化管理和服务，对多元的个性化业务实行横向到边的“端到端”管控，形成了以地铁建设全生命周期及经营全过程的两条主线管理；在应用架构上，按照功能内聚的原则，将全部应用划分成8个业务域进行规划设计，形成了人、财、物、安全、服务、建设、运营、资源开发的“八域”格局；在技术架构上，通过服务总线、消息总线的应用，打通系统之间的壁垒，实现系统之间的交互，应用与应用之间、业务与业务之间通过数据这一核心要素实现相互融合和联动，显著提升管理效率、降低企业成本。三是数据管理治理方面，无锡地铁基于数据管理能力成熟度模型的相关指导，按照“汇聚、融合、运用、进化”4个步骤，持续开展数据标准化，制订各类数据标准，定义各类主数据51项，采集管理、生产、服务和外部等各类异构多源数据，形成了“一湖多池”的中央数仓，通过对汇聚的数据清洗、切片、挖掘和分析，为企业的管理和决策提供科学的数据支持。

2. 以核心技术为抓手，构建企业数字化保障体系

为保障企业战略得到贯彻和实施，无锡地铁采用业务与技术双轮驱动的方式，积极探索技术与业务的融合，主动思考技术对业务的赋能，通过典型应用场景的挖掘和试点，形成一系列具有核心知识产权的行业最佳实践，以此进行商业模式创新和轨道交通产业布局。控股江苏太湖云计算信息技术股份有限公司（以下简称太湖云计算）为企业提供数字技术能力保障。太湖云计算通过将信息技术与对外服务融合，打造了轨道交通行业首个具有自主知识产权的对外服务与管理平台。通过建设企业内部的管理系统，将企业管理思想融入管理系统中，推动企业的数字化发展，形成自主产品，对外输出。成立无锡时代智能交通研究院有限公司为企业提供技术创新应用保障。通过对技术应用的研究推动轨道交通设计、制造、建设和运营的一体化，实现全流程的数字化赋能。

（二）推动地铁建设全生命周期数字化管理

1. 推动地铁建设设计管理数字化

在设计过程中，通过基于BIM的数字化建设管理平台（以下简称数字化建设管理平台），为设计单位、施工单位、监理单位提供统一协作平台，以可视化模型贯穿工程各阶段，实现了图纸管理、设计变更控制、BIM模型与工程实体匹配等管理优化。在S1锡澄线及4号线项目中实现全线路工程的全面可视化。以BIM技术对工程各专业进行建模，实现工程本体模块化管理；利用倾斜摄影、激光雷达等测绘新技术快速获取大范围三维空间数据，多源数据联合建模，自动化生成地铁实景模型，实现工程周边环境实景化管理；将勘察数据进行批量导入和处理，在图形端沿线路纵断面自动生成地层信息，创建地质钻孔三维模型及管线模型，实现工程地质与管线走向的动态化管理。

2. 推动地铁建设施工管理数字化

一是投资控制。通过将合同管理系统中概算总额及分解的分部分项价值数据引入数字化建设管理平

台，控制设计（做到限额设计）。通过数字化建设管理平台的形象进度完成情况传递到合同管理系统，结合预算管理系统，控制建设过程的计量与支付，保证整个项目的投资从源头、过程到决算的全过程控制。二是进度控制。将年度计划、季度计划导入数字化建设管理平台，结合平台中形象进度的验收，通过计划管理系统的项目总工筹控制项目的全过程计划，有序推进和关键工期的异常预警。三是安全质量控制。通过数字化建设管理平台中的智慧工地监测系统及现场管理 App 将施工现场的人员状态、环境监测状态、风险源状态、危大工程的状态反映到数字化建设管理平台，实现控制和预警，打通市级监管平台，实现上下协同。通过 BIM 模型将施工过程中的隐患以“图钉”的方式标记并直观展示，风险源及危大工程以“红绿灯”的方式内置在 BIM 模型中。在数字化建设管理平台实现“发现 - 整改 - 验收”的安全质量闭环管理机制。四是信息管理。通过数字化建设管理平台实现安全、质量验收的数字化，形成档案的自动化收集并传递到档案管理系统，自动归档。通过财务系统的支付数据反馈到合同管理系统形成合同的自动结算和项目的概算回归，形成投资、进度的关键指标并集成到数据平台，为施工现场的可视化、数字化管理提供数据支撑。同步建成施工建设管理驾驶舱，分工程、分线路、分站点进行分析汇总，根据不同管理层级逐层进行管理支撑。

3. 推动地铁建设运营管理数字化

BIM 技术的应用是贯穿地铁建设全生命周期的基础，在地铁建设的设计及施工阶段，数字化建设管理平台已经建立了完整的竣工模型，通过数字化移交，实现设施设备等资产的可视化；通过设施设备的运营维修维护平台与数字化建设管理平台可以便捷查找到相关设备的操作手册、维护方法、维保年限；通过运营维修维护平台发布指令查找故障部位，实现快速化定位与识别，提高维修的时效。通过数字化建设管理平台与综合监控系统、运营施工调度系统、运营维修维护平台的数据联动，当设备发生故障时，综合监控系统把对应设备的故障信息传递至数字化建设管理平台，通过数字化建设管理平台中的 BIM 模型进行标记并精准定位故障设备再反馈到运营维修维护系统，实时派发工单及施工要求，通知现场安排施工环境，让运维人员到指定施工现场开展维修作业。

（三）推动资产经营全链条数字化管理

1. 提升资产形成数字化管理能力

一是实现资产形成自动化。在地铁项目前期阶段，无锡地铁将资产组织工作前移，建立资产与概算、项目及合同之间的对应关系，将资产组织要素细化至合同清单。建设资产一体化平台，与数字化建设管理平台、合同管理系统、财务管理系统、运营维修维护系统数据打通。在地铁项目建设阶段，随着工程建设到竣工决算业务开展，按照预定规则，实现概算自动回归、管理费用自动分摊，以计量、支付、决算等数据构建准确的资产价值，实现资产价值从概算、立项、建设到转固全过程自动化，提升资产组织工作效率，确保资产价值与地铁项目同步。二是实现资产过程管理数字化。在资产转固后，通过项目建设相关数据导入，在资产一体化平台中与工程建设同步形成资产数字卡片，包括资产编码、资产名称、型号规格、品牌厂家、资产位置等关键信息，与资产实物 RFID 芯片或二维码铭牌建立关联，实现资产调拨、资产维护、资产报废等功能，跟踪资产价值变化，加强资产账实相符管理，提升资产盘点效率。

2. 以数字技术提升资产使用效率

一是实现经营性资产可视化。无锡地铁建设资源开发系统，通过与相关业务系统打通，对内实现资产衍生资源可视化管理，提升资产经营管理效益。在从数字化建设管理平台导入地图与模型数据的基础上，对所有广告位、商铺位进行统一编码、统一标注，形成资源地图，实现资产经营可视化。引入客流数据和商业交易数据，对广告位及商铺位分别按时间段和位置进行评估和切分，实现资源灵活组合与调配。对资产租赁进行动态跟踪，记录资产经营状态变化。与财务系统打通，关联资产收入、资产折旧、资产维护等数据，记录资产价值变化。通过资源开发系统对资产经营的可视化，使无锡地铁实现资源集中管理，及时掌握资产状态变化，满足市场需求。二是实现经营性资产价值最大化。在资产可视化管理的基础上，无锡地铁通过移动端输出、数据互通、资源共享，对外实现资产经营的数字化推广。通过小程序、App 等移动端打造线上地铁城，营销地铁文创产品，发布广告、商铺招商信息，以直播等新兴方式提升营销效果。联合地铁商业、地铁周边与旅游景区等形成商业联盟，通过系统打通相互用户体系、积分体系、票券体系，以线上线下共同活动提升营销效果，扩大商业影响力。通过与周边城市地铁系统打通，共同建立长三角资源一体化开发平台，实现客户资源、广告资源的共享利用与组合开发，以规模效应提升资源价值，获得多方共赢效果，形成长三角城市合作新典范。

（四）提升全场景贯通数字化服务能力

1. 构建多模式贯通数字化出行服务能力

一是创新数字化出行模式。围绕传统出行中存在购票烦琐、找零不便、票卡丢失等痛点，无锡地铁自 2015 年起对提升出行便利性进行研究。结合移动互联网技术发展，无锡地铁创新思路，开创性地提出以手机扫码替代传统票卡的方案并于 2016 年完成相关设备系统改造，建设数字出行平台和“码上行”App，于 2017 年在全国率先推出扫码出行模式，极大提升用户出行便利性，形成示范效应，引领轨道交通行业数字化出行发展，目前全国已有 38 个城市使用该数字化出行模式。此后，无锡地铁对发码、支付、清分、出行服务建立技术标准，以标准化数据接口构建对地铁出行功能的数字化赋能能力，在“码上行”App 的基础上引入支付宝、银联、灵锡等多个 App，为市民出行提供多样化选择，进一步提升市民出行体验。二是实现多模交通的数字化贯通。通过数字出行平台与公交、地铁、公共自行车、停车场系统联通，打通用户和出行数据，将多种交通出行功能集成，用户通过一个 App 畅通全城。通过地铁与公交出行数据关联，实现地铁与公交的换乘优惠，鼓励公共交通出行；通过地铁出行与停车数据关联，引导用户地铁站点周边停车换乘地铁进入市区，探索以“P + R 模式”缓解无锡市区交通拥堵情况。联通全国其他城市，实现地铁出行服务互通，提升异地用户出行便利，以轨道交通行业互通推动长三角城市协同一体化发展。

2. 构建多维业务贯通数字化生活服务圈

一是统一用户体系。以统一身份认证实现用户在出行、消费及物业等不同生活场景功能中的无缝切换，提升用户体验，强化出行对相关业务的引流作用。二是统一商城体系。将地铁商业、物业服务、地铁周边等商业资源线上化，针对不同场景创新模式为用户提供服务，如线上预约站内取货的地铁早餐服务、社区团购业务等。三是统一微服务调用。将地铁、物业与商业功能微服务化，业务相互贯通。以出行为例，无锡地铁创新性地推出单次不记名且可转让的数字票，能够在各类商业促销活动中发放，由于摆脱对 App 的限制，用户使用方便，极大提升了以出行带动商业的效果。四是统一接口服务。通过对内接口，将无障碍服务、大件行李托运、失物招领等运营便民服务集中化，实现服务一键预约；通过对外接口，与铁路、机场系统联通，集成火车时刻表、机场班次表、铁地联乘等功能，实现信息一屏查询。无锡地铁的数字化服务扩大至社区服务和商业服务，形成多维业务贯通的数字化生活服务圈，提升了城市生活品质。截至 2021 年，共推出 29 项服务内容，“畅行畅心”运营服务以 93 分的高分通过省级试点中期评估，树立江苏省样板。接入商户 6300 家，接入 62 个社区，服务面积约 172 万平方米，服务人群规模约 2.5 万户。通过 App 创新经营模式每年直接创利 500 万元，使数字化服务可持续运行。通过业态创新，企业同时实现经营模式创新，推动多元化业务发展，以经营收益弥补服务成本，建立业务的自我造血机制，实现可持续发展。

（五）构建以赋能为核心数据治理模式

1. 通过数据治理，实现业务联动数据融通

无锡地铁以数据管理能力成熟度评估模型为指导，在企业内部进行持续的数据治理、数据汇聚、数据清洗和数据利用，充分利用技术手段支撑业务的联动，实现数据的融通，为后续的数据对业务的赋能打下良好的基础。

通过数据管理，保障企业数字化整体蓝图的有效落地。数据架构上，无锡地铁通过企业服务总线实现系统间的互联互通，通过对外服务与管理平台实现企业内共性需求的功能共享，通过数据集成平台实现“一湖多池”的中央数仓和按主题利用；在数据安全上，无锡地铁综合企业自身需要和国家、行业监管要求，制订企业数据安全标准，通过对数据访问的授权、分类分级控制和监控数据的访问，实现企业对数据生存周期的数据安全管理；在数据质量上，无锡地铁通过明确数据质量目标，通过技术和管理手段并举实现数据质量检查，之后通过对数据质量进行分析，从而实现对数据质量的提升。

通过数据汇聚，实现企业级的多源异构数据的自动入库。无锡地铁采取数据库底层对接、文件摆渡、接口数据交互、消息总线订阅、网络爬虫抓取等多种数据采集方案，将多源数据统一汇入中央数仓，实现“一湖”建设。

通过数据清洗，实现入库数据的高质量和高可用。无锡地铁开展形式多样的标准化工作，尽可能规范业务和技术术语，制订元数据、主数据和业务数据的标准和规范并在业务系统建设时要求贯彻执行，从而在源头上保障数据口径的一致。在数据采集的自动化脚本中，通过内嵌处理策略和规则，对数据进行审查和校验，删除重复数据、纠正错误数据，从而保证数据质量。

2. 通过数据应用，实现业务创新数据赋能

无锡地铁按照管理和发展需要，构建了人力资源、成本收益、资产资源、安全、服务、发展、党建和社会责任八大分析领域，累计实现基础指标218个、关键指标25个、轨道交通企业之间类比指标64个，为企业高层全面、准确、及时掌握企业状况提供数据支持，为领导决策提供科学的数据辅助。通过业务数据与财务数据的融合，以财务数据反向追溯业务问题，实现企业管理提升；通过实时采集设备运行数据，搭配故障、维修保养等历史记录，辅以深度学习等人工智能算法，试点了电扶梯等设备由故障修、计划修转向状态修，降低了运维成本，提高了设备使用寿命；通过将无锡地铁的数据与轨道交通企业同行的数据进行横向对比，找出薄弱环节，以实现对企业的持续改进。

三、城市轨道交通企业基于建设全生命周期和经营全过程的数字化管理效果

（一）实现了城市轨道数字化管理，建设运营效率持续提升

无锡地铁在2014年相继开通了1、2号线，无锡由此成为全国地级市中首个一年内开通运营两条线路的城市，其中地铁1号线荣获行业首个国家优质工程金奖。截至2021年年底，无锡地铁已完成第一、第二轮轨道交通建设，包括地铁1号线及南延线、2号线、3号线一期和4号线一期，开通里程112千米、车站80座，推动无锡进入地铁网络化运营时代。

无锡地铁在第二轮地铁建设中，通过数字化建设管理平台在设计、施工、运维等全过程应用，提升了地铁建设全生命周期管理水平。相较第一轮建设，人员层面，无锡地铁在3条线路同时建设的情况下，每条线路平均减少管理人员20人；设计层面，通过引入数字化管理，减少设计错误及遗漏，整体工程设计变更减少30%；工期层面，项目建设总体工期缩短近10%，提前6个月开通；安全与质量层面，未发生一起一般及以上安全事故，荣获交通运输企业安全标准化一级达标企业称号。基于BIM的数字化建设管理平台于2021年获得铁路BIM联盟杯一等奖。

通过数字化在运营维护阶段应用实现了运营检修可视化，促进部分设备从计划修向状态修模式的转变。推动设备检修策略科学合理，设备整体维护量下降23%，设备故障率下降5个百分点。平均设备

故障处理时间缩短15%，设备整体可靠度提升至99.94%。通过智能运维系统中的列车智能检修功能，列车可用率从68.63%提升至82.47%，列车正点率从99.98%提升至99.99%。一方面，通过设备运维模式转变提升管理效率、降低人工；另一方面，提升设备运行自动化，实现主所等重点区域无人值守管理，减少值班人员配置。

（二）丰富了城市轨道经营新业态，企业经济效益不断提升

无锡地铁实现对资产从形成到经营的生命周期管理，资产经营能力增强，企业经济效益显著提升。2017—2021年，无锡地铁企业营业收入由4.12亿元增长到13.97亿元，同比增长239.08%，企业利润总额由0.19亿元增长到2.64亿元，同比增长1289.47%；非票务收入由2.14亿元增长到11.48亿元，非票务收入占比从51.94%扩大到82.18%。2021年，通过资产经营收入弥补运营亏损2.83亿元后，仍创收利润2.64亿元。

无锡地铁在第二轮规划建设中，通过数字化建设管理平台在工程建设中的应用，建设成本下降，S1线相比概算节约0.93%，约为2.4亿元；4号线一期相比概算节约0.82%，约为1.96亿元。运营成本降低17.22%，约为1.98亿元。

无锡地铁业务领域扩展至广告、传媒、商业、文创、通信、物管、培训、咨询等方面。2017—2021年，通过经营全过程的数字化管理，置业从无到有并于2021年实现销售收入2.19亿元，广告销售收入增长74%，其他商业销售及服务收入增长425%，多元化业务快速发展。

形成智慧建设、智慧水务、智慧防汛、智慧运维等一批数字化产品产权，截至2021年，相关数字化产品推广创造的直接经济收入超过1.8亿元。

（三）提升轨道交通行业影响力，社会民众满意度持续上升

无锡本地自2017年实现地铁全线网扫码乘车后，用户数量逐年递增，截至2021年出行服务用户数扩大至300万人。推动地铁公交两网融合，在江苏省率先推出扫码乘车联乘优惠制度。无锡地铁实现与全国城市地铁互通，提升异地民众出行便捷。

社会民众满意度及行业影响力持续上升。获得江苏省用户满意服务之星班组、江苏省用户满意服务企业等荣誉。此外，无锡地铁还获得了2021年全国城市轨道交通科技进步二等奖等荣誉。先后有多家地铁单位到无锡地铁进行专项学习交流，在地铁行业内获得一致称赞及好评，在整个轨道交通行业内的影响力得到明显提升。

（成果创造人：张　军、谢　辉、潘海刚、周茂庆、陶　杰、朱　军、张　建、王晓舜、董利军、任东涛、彭翠枝、梁　黎）

基于“互联网 +5G 院前急救”的“120”指挥调度中心信息系统构建

中国电信股份有限公司巴音郭楞蒙古自治州分公司

中国电信股份有限公司巴音郭楞蒙古自治州分公司（以下简称中国电信巴州分公司）是中国电信股份有限公司（以下简称中国电信）在新疆维吾尔自治区巴音郭楞蒙古自治州（以下简称巴州）设立的地州市级分公司，现有 9 个县级分公司、3 个区域营销中心、15 个职能部室和 17 个党支部。全口径从业人员 589 人，其中合同制员工 444 人、外包人员 145 人。中国电信巴州分公司已成为巴州当地 4G/5G 网络覆盖最广、提供 4G/5G 业务最丰富的全业务运营商，在巴州率先推动“光网城市 · 智慧新疆”信息化战略，互联网出口带宽 800G、出疆带宽 4400G、FTTH 端口数 80 万个，各级服务组织体系遍及州城乡和团场连队，充分践行了中国电信“用户至上，用心服务”的服务理念。连续 9 年收入增长高于行业平均水平，收入市场份额、移动用户市场份额和宽带用户市场份额均位居全疆前 3 名。近年来，中国电信巴州分公司获得“全国文明单位”、获得新疆维吾尔自治区“开发建设新疆奖”、获得集团级“先进集体”“青年文明号”“五四红旗团总支”、获得巴州“先进基层党组织”“双拥先进单位”“脱贫攻坚奉献奖”“民族团结示范单位”等多项集体荣誉。截至 2021 年年末，主营收入突破 7.32 亿元，服务用户总规模超过 180 万户，为加快推动网络强国、社会稳定、智慧城市、智慧社区、平安乡村、四化融合等“数字巴州”建设做出积极贡献。

一、基于“互联网 +5G 院前急救”的“120”指挥调度中心信息系统构建背景

（一）落实“数字中国”国家战略，赋能支撑“数字巴州”建设的需要

“数字中国”战略是我国加快数字经济、数字社会、数字政府建设，以及迎接数字时代、激活数据潜能做出的整体部署。中国电信巴州分公司顺应数字经济发展浪潮，围绕新时代党的治疆方略，落实中国电信“云改数转”战略，以赋能“数字巴州”为己任，充分发挥云网融合优势，助力“数字巴州”建设。一方面，拥有行业领先的网络能力和分布式、自主可控、安全可信的“国家云”；另一方面，具有天翼云、大数据、5G、物联网等技术能力和支撑保障能力，强化科技创新，积极承担巴州社会、经济、稳定、医疗等领域信息化建设重任，加快构建医疗数字化平台枢纽，夯实网信安全底座，助力巴州卫健医疗行业数字化发展，为“数字巴州”建设注入新动能。

（二）践行“健康中国”国家战略，助推巴州医疗智能化发展的需要

随着经济社会发展，人民群众对健康安全的要求日益提高，国家对人民健康保障的要求提升到新的高度，“健康中国”正式升级为国家战略，医疗卫生服务直接关系人民身体健康，政府强化公共医疗配套体制的建设和健全，国家医疗卫生工作重点正逐步从传统的以医疗为中心向以人为本的健康保障型转变。中国电信巴州分公司为抢抓卫生、健康、医疗领域 DICT 市场发展机遇，敏锐感知医疗领域的信息化、数字化需求，积极推动科技呵护健康，充分应用大数据、云计算、智能可穿戴设备、物联网、5G 等新型信息技术，联合巴州卫健委创新建立巴州“120”指挥调度中心信息系统，成为社区服务信息网络和社会保障系统的重要环节，显著提高巴州医疗服务数字化智慧化水平，助力巴州卫健行业及医疗事业的繁荣发展。

（三）解决制约院前急救瓶颈问题，推行“120”院前急救体系建设的需要

巴州各级医院“120”急救体系存在没有统一的指挥平台、没有实时任务系统、缺乏地图导航和报警定位响应机制，以及出车接诊耗时长、车辆调度不合理、无法实现就近接诊、盲目出车、院前信息反

馈不及时、平均出车时间超过6分、空车率占比超过30%等问题，浪费了患者的黄金救治时间。院前急救没有一个闭环管理的流程，造成巴州卫健委无法对下辖医疗机构的急救相关工作进行有效的管理和考评，严重影响了院前医疗急救的效果和群众的满意度。中国电信巴州分公司聚焦巴州“120”院前急救突出的痛点问题，联合巴州卫健委推行“120”院前急救体系的深度信息化建设，充分利用巴州医疗卫生资源和信息通信新技术手段，整合现有医疗卫生机构资源，创新相应产品、运营、支撑、服务机制，及时提出“120”急救中心指挥调度系统综合解决方案，以达到统一受理、可视调度和高效管理的目标，从而切实解决原“120”院前各种痛点问题。

二、基于“互联网+5G院前急救”的“120”指挥调度中心信息系统构建主要做法

（一）聚焦客户商机管理，强化客户需求挖掘

巴州“120”指挥调度中心是在负责“120”指挥功能的基础上承担紧急医疗救援的组织、指挥、协调工作。一期建设覆盖了库尔勒市区7家二级以上医院，二期建设覆盖巴州各县的医院，项目建设完成后形成巴州统一的指挥调度系统，打破行政区划，发挥更加积极的作用。重点做好行业洞察、咨询规划、解决方案、统一管理、安全保障、激励机制和任务承担等7个方面的工作，切实解决巴州卫健行业存在的痛点。强化日常客情走访，开展巴州卫健委和各大医院现场调研工作，分析应急防控日常工作需求，探究“120”急救指挥高效便捷方式。一是强化商机管理，深入客户关键商机挖掘，引导和创造客户“120”急救信息化需求。二是强化卫健行业现状分析，识别“120”急救出车接诊耗时长、车辆调度不合理、无法实现就近接诊等痛点。三是强化头部客户攻坚，公司领导带头进行高层拜访，实现客户单位决策人、关键人全面对接。四是研究卫健行业生态，找准突破场景，明确合作领域。五是聚焦卫健行业需求，输出适配本地发展情况的行业洞察报告。

（二）聚集急救蓝图规划，建立院前急救模式

“120”指挥调度系统必须具有先进的设备、完善的网络系统、齐全的使用功能，能够满足日常急救、突发公共卫生事件工作和现代化医疗管理的需要，更应满足高密度、高效率、全面沟通、调度指挥、信息传送、汇集、处理的需要。考虑巴州整体城区与各县分布较远及跨区域、体制交叉等特点，按照“集中受理、分散救治、就近出车、紧急救治”的原则，合理规划指挥中心、各救助站点与救治医院的布局，建立急救绿色通道，形成统一、规范、高效、合理的管理和处理巴州应急救援体系。采取“州市合一、独立设置”的方式，确定标准的巴州“120”指挥模式，即：呼救者打“120”电话到急救中心，调度员询问呼救者情况，调度员调派救护车前往急救，救护车到达现场，现场救护，送病人到医院，任务完成返回。

（三）聚焦客户需求引导，提供适配解决方案

创新巴州“120”指挥调度中心信息系统综合解决方案，基于云技术应用，提供集电话语音模块、急救指挥调度模块、车载视频终端模块、单兵视频监控采集模块、车载导航医助模块、车辆定位模块、远程急救会诊模块、公共服务平台模块、远程生命监测模块于一体的现代化综合解决方案。系统平台实现超融合架构简单、业务快速上线，扩容无瓶颈，呈现统一可视化的管理界面，所有资源的管理和维护故障处理即换即用。

1. 系统结构组成

系统基于IP网络，集指挥调度、视频、监控、文字、语音调度等功能于一体的多媒体通信融合管控系统。系统采用软交换技术和分布式架构设计，以综合接入、互联互通、多级联网的系统平台特性，实现跨制式、跨系统、跨区域、跨部门、跨运营商的纵横互联。主要由交换机、计算机信息、地理信息、数字录音、大屏幕、UPS电源、急救综合管理、车载信息、网络医院等9个子系统组成，各个子系统之间具备完备和合适的接口，且有完备的接口协议。一是交换机子系统：交换机主要是提供良好的通

信线路，以及加强对通信线路的管理，以辅助急救信息子系统实施对呼救者的处理。二是计算机信息子系统：调度人员用来进行呼救受理及指挥调度的实时信息处理系统，指挥调度对象是各急救站所有的救护车。三是地理信息子系统：为调度员提供处置呼救的现场感受，通过矢量化的城市地理信息为就近调派救护车、监控车辆状况提供基础的工作平台。四是数字录音子系统：将急救过程中的对话进行全程数字录音，将为急救当时和以后的事故查询提供最真实、最直接的依据。五是大屏幕子系统：提供高度可视化工具，提高领导和指挥中心对大型突发事故的急救进度把握能力，辅助领导指挥急救。六是 UPS 电源子系统：系统安全可靠运行的基本工作环境保障。七是急救综合管理子系统：为中心领导、科室领导及日常管理人员（包括技术人员、财务人员）、医学专家等提供信息查询、信息统计分析功能。八是车载信息子系统：提供救护车的当前位置和状态，实现指挥中心与救护车的数据通信联系，准确合理地派车，为领导提供实时管理人员与救护车的手段和数据。九是网络医院子系统：通过建立分站子系统，可实现快速的静态调度功能，分站的部分管理功能也可通过分站子系统完成，从而形成急救业务的数字化管理。

2. 系统主要功能

一是呼叫受理调度功能：采用 CTI 技术，接收多路呼救并按座席状态自动分配，自动显示呼救电话的主叫号码及显示呼救电话安装地址及电话的户主姓名等信息，系统自动生成急救预案，通过电子地图快速定位，根据“就近”原则自动推荐最佳急救车辆。考虑特殊情况，系统还实现“迟缓放车”“增援”“任务挂起”等功能。二是有线/无线（5G）通信功能：自动监测话机状态，产生相关程序，自动生成急救预案，对恶意号码屏蔽，通过 CPS 车载系统可实现车载人员、调度员、呼救者多方通话并实现话路转移，可以对车辆进行调度和监控。三是 GIS 电子地图处理功能：对呼救电话位置精确定位，就近派车，指挥和监控车辆行车路线，依据急救预案确定理想救治的医院。四是数字录音功能：提供多路实时并行数字录放功能，对急救过程通话录音，为急救当时和事后查询提供直接依据。五是任务监督功能：系统可自动记录来电时间、调度时间，以及救护车接收指令时间、出车时间、到达现场、完成任务、返回站中等时间。也可由调度员记录受阻碍原因，指令执行结果，记录呼叫者反馈。六是实力管理功能：对急救人员（司机、医生、护士、担架员）进行管理，对车辆状态（未当班、站内待命、收到指令、驶向现场抢救转送、途中待命、暂停调用）进行管理，在监控屏幕动态监查显示车辆状况。七是大数据平台功能：大数据驱动急救指挥业务管理做出科学的决策支持，做到智慧指挥调度，将中心调度数据进行分析，依托受理繁忙情况、接警及时情况、受理及时情况、派车及时情况演变出相应的分析。八是大屏展示功能：大屏展示实现可视化调度，在大屏幕上可直观地实现急救指挥大数据的可视化展示，包括急救车辆现场视频、行驶轨迹、人员在岗情况等。

（四）聚集“6 个集中统一”管理，实现急救数据信息充分共享

构建系统集中统一管理模式，组建覆盖巴州的急救专网、构建面向医疗监管机构的“120”急救指挥调度信息系统和大数据中心及面向医疗机构、患者的急救业务平台，为院前急救提供一体化综合服务，切实做到“6 个集中统一”管理，实现急救数据信息充分共享。

1. 做到“6 个集中统一”管理

一是电话呼入集中统一受理：“120”系统同时受理巴州区域内的所有“120”电话呼入，及时根据病人的需求进行合理调配，启用中心系统三方通话功能，将电话转接到相应急救站或科室并自动启动通话录音。求救方可在指挥中心人员的监听下直接向急救分站或出警车辆进行病情陈述。二是急救车辆集中统一调度：巴州区域内的所有急救车辆的运行状态始终处在指挥中心系统的跟踪状态下，在重大突发性事故发生时对所有急救资源的统一调度指挥。指挥中心可随时查看所有车辆的待命、接诊中、车辆编号、所属单位等信息，对所有车辆以往的接警过程的运行轨迹全程记录存档，以备以后的随时查阅，对

所有急救车辆在岗离岗实现无线考勤，实时掌握车辆的岗位情况。三是急救信息集中统一查询：急救过程的语音和文字信息（包括急救病历、通话录音、车辆运行轨迹等）自动存储在指挥中心服务器上并以不同的表格形式索引内容（医院、病种、时间段等）进行查询、统计、打印、报表，有利于指挥中心对巴州区域内全部医疗救援信息统计管理和医疗急救资源的合理调度分配。四是快捷电话集中统一管理：在受理席软件平台，可以根据调度工作的需要设置多个快捷电话（软电话）号码键和呼入、呼出电话的流水记录表，工作人员可以对这些号码进行点击拨号，提高调度效率，减少调度失误。五是自动语音集中统一告知：系统具有自动语音播报功能，对接诊过程中的车辆位置信息和各种上传至调度席的病人信息进行自动语音提醒，方便受理人员及时了解接警处理情况。六是基础数据集中统一管理：系统具有大型的数据库管理功能，分别建立急救医疗知识、急救系统专家、地理信息资料、录音资料、急救站信息、医院信息、急救车辆、急救患者、辅助决策预案、急救处理记录、急救资源等数据库，为急救指挥业务管理做出科学的决策支撑。

2. 实现急救数据信息充分共享

“120”院前急救提供一体化综合服务，融合创新“上车即入院”模式，通过院前和院内急救的患者信息实时共享，赋能医疗机构提升院前急救效能。一是整合院前院内急救信息，将救护车上自动采集的患者生命体征数据及医护人员的诊断、评估等相关信息同步到医院急救信息系统。医院可根据患者情况，提前做好各种接诊准备工作，待患者抵达医院时立即展开救治，从而缩短急救准备时间，提高抢救效率。二是实现急救医疗知识、急救系统专家、地理信息资料、急救站信息、急救车辆、急救患者、辅助决策预案、急救处理记录等数据信息的集中汇集完善，分布储存备份、分析、处理、共享。三是数据库管理人员可通过呼救受理台、主任台及数据管理台，对数据库系统进行维护管理，在车载终端系统中嵌入急救医疗知识数据库、急救系统专家数据库等方便救护人员在救护车中救治病人。

（五）聚焦系统稳定运行，构建云网一体化防护体系

积极利用云计算、大数据、人工智能等新技术，构建云网融合技术架构，提升系统关键信息基础设施网络安全能力，提供“技防+人防”的全方位安全保障服务。第一，平台以中国电信云网资源和数据资源为底座，完全部署在天翼云上，统一技术安全底座，构建“平台+应用”模式支撑业务平台上云。第二，基于中国电信独特的云网一体化优势及骨干网络原生安全能力，实现了骨干网络和安全资源的整合、重构及对外开放，构建云网一体化防护体系，提供国家级网络安全保障，做到大流量攻击近源清洗，保障系统连续稳定运行。第三，面向云网端用数，基于数字化转型底座，构建行业可比的、具备差异化优势的云网端用数全栈云原生安全防护能力。第四，平台提供双机热备能力和一主一备两条链路，以保障系统平台网络的畅通，有效避免系统中断情况发生。第五，制订突发事件的安全应急预案，提供专业工程师驻场服务，保证“120”系统平台“永远在线”。

（六）聚焦市场化激励导向，建立多劳多得的绩效激励机制

创新市场化激励机制，以激励机制为核心推进政企卫健行业改革，推进项目大单分级管理，匹配相应资源激励发展。一是卫健团队人员100%绩效打破岗位层级，实行抢盘激励机制，按量收发展业绩和差异化贡献匹配激励。二是实行超收提成和大单激励机制，项目按照年化收益、业务融合、行业影响力等维度分级管理，资源向高项目增量倾斜，配置专项人工成本，用于DICT大单激励，正向激励按季直接到团队、到个人。三是将DICT大单项目纳入经营积分体系，按照云业务、网络类业务、行业应用、信息化服务四大类匹配不同积分系数，项目质量越高、产品价值越高，积分就越高。

（七）聚焦院前急救任务，强化职责落实担当

巴州“120”指挥调度中心信息系统承担的任务可分为日常工作和紧急状态下的工作等两类工作，主要负责巴州区域内的院前医疗急救、危重病人的转运、突发公共医疗卫生事件的紧急医学救援及重要

会议、重大活动和重大考试等的医疗应急保障工作。一是承担全域内日常急救医疗的电话受理、指挥、调度工作，开展急危重病人的现场抢救、途中监护和转送医院工作。二是在突发公共卫生事件或灾难事故发生时，是巴州政府、巴州卫健委重要的医疗救援指挥中心。在紧急状态下，经巴州卫健委授权，可指挥、协调巴州医疗急救资源，组织参与巴州公共卫生突发事件现场紧急救援。三是负责对巴州紧急医疗救援急救分站的行业管理和业务指导。四是与公安（“110”）、消防（“119”）、交通事故（“122”）等全面联合，形成巴州整体的社会应急联动系统。五是承担“120”指挥技术培训工作并对公众进行急救知识的普及宣传，开展群众性自救互救知识教育，提高全民急救医疗意识，开展急救医学的科研及学术交流等。

三、基于“互联网+5G院前急救”的“120”指挥调度中心信息系统构建效果

（一）取得了良好的社会效益

一是提升院前紧急救治影响力：该项目不仅是抢抓产业数字化市场高速发展机遇，巩固和扩大中国电信巴州分公司在政企行业的领先优势，推进企业高质量发展的管理创新举措，也是公共卫生事业医疗急救工作的重要组成部分。该项目推行“120”院前急救体系的深度信息化建设，规范医疗急救行为，实现了巴州“120”急救9县1市统一受理、可视调度和高效管理的目标，有力推进巴州医疗急救事业的发展，提升紧急医疗救援能力和服务水平，保障和维护巴州人民群众的身体健康和生命安全。2020年，该项目入选工业和信息化部、国家卫健委试点项目；在中国电信新疆公司2021年政企改革现场会上，全疆参会人员实景现场观摩，为中国电信新疆公司政企行业起到示范引领作用。二是提高院前急救群众满意。该项目实施后为居民患者争取了抢救的时间、提供了安全的急救保障，从接到急救电话到出车接诊的平均时间由6分以上控制到3分以内。系统具有结构简单、方便维护、升级简便迅速、系统可靠性高、接入速度快、成本低廉等优点，有效解决了出车速度慢、空车率高、盲目出车、院前信息反馈不及时和传统的“120”特服服务手段相对不完善所造成的信息误报、漏报、谎报等制约院前急救的瓶颈问题，显著提高巴州医疗服务数字化智慧化水平和院前急救群众满意度，助力巴州卫健行业及医疗事业的繁荣发展。三是提升院前紧急救治能力：该项目2020年系统上线以来已接听有效呼救电话360250次，有效派车138615次，共计161334名患者得到及时救治，院前紧急救治能力大幅提升。院前医疗急救的全过程可以在指挥中心和出诊医院的大屏上实时展现，指挥中心可以根据情况向急救现场下达指令，出诊医院可以根据传回的视频和数据提前准备院内急救工作，救治率得到有效提高。

（二）提升了显著的经济效益

一是项目签约拉动收入增长：该项目从2020年实施以来，共签约金额1083.31万元，项目集成收入126.96万元，云网收入每年63.98万元。二是拉动基础业务快速增长：该项目坚持基础业务与新兴业务融通互促发展、双轮驱动，通过产业数字化项目拉动基础业务每年以2%～3%的比例递增覆盖，年拉动移动用户新增3500户和宽带用户新增2000户左右，带来年化收入超过1500万元。该项目从2020年实施以来，共拉动移动用户新增7000多户和宽带用户新增4000户左右，带来收入超过3000万元。三是构建行业发展良好生态：通过该项目，中国电信巴州分公司在巴州政企行业集成商中展现了影响力，卫宁健康科技集团股份有限公司等60家国内知名厂商纷纷与中国电信巴州分公司签订为期3年的战略合作协议。自2020年至今，与合作伙伴共同拓展信息化市场，累计项目签约金额2.17亿元，同比增幅236%。

（成果创造人：罗　明、杨　益、许泽民、尹黎军、刘梦龙、
李亚军、池艳红、陈志远、肖冲锋、顾祖鸣）

偏远山区引水式水电站基于数据驱动的大坝智慧管理

四川华能太平驿水电有限责任公司

四川华能太平驿水电有限责任公司（以下简称华能太平驿公司）隶属华能四川能源开发有限公司（以下简称华能四川公司），是中国华能集团有限公司（以下简称华能集团公司）在地方设立的基层企业。华能太平驿公司管理华能太平驿水电站，该站地处四川省阿坝藏族羌族自治州（以下简称阿坝州），装机470兆瓦，设计水头111.5米，为径流引水式水电站。该站是国家"八五"重点建设工程，是华能集团公司自主修建的第一座水电站，是中央发电企业进入四川省少数民族地区的第一座水电站。该站自1994年建成以来，累计发电超过360亿千瓦时，累计上缴税收超过20亿元，为少数民族地区的发展做出重要贡献，多次受到国务院国资委、华能集团公司和四川省委、阿坝州政府表彰。

一、偏远山区引水式水电站基于数据驱动的大坝智慧管理背景

（一）自然灾害多发区域水电站实现防灾减灾的必然要求

近年来，国内极端天气频发，多地频繁出现不同规模、不同类型的自然灾害，给通常处于深山峡谷之中的水电站安全管理带来严峻挑战。目前，各大发电集团公司水电站已陆续建成远方集控中心，实现对水电站厂房设备的无人化管理，而对径流引水式电站大坝的管理目前基本处于常规的人员驻守值班管理阶段，一旦大坝周边区域发生泥石流等地质灾害，势必会威胁到值班人员及大坝区域人民群众的生命安全。以华能太平驿水电站为例，大坝在"5·12"地震前，闸门动作次数约2000次/年；震后，由于库区内山体垮塌及泥石流等次生灾害影响，调节库容进一步减小，调节次数急剧增加到约4000次/年。在已经实现一体化全监控的情况下，受限于闸门启闭、测控、通信、供电等设备可靠性及控制技术、控制精度，运行中心无法实时远控大坝现场设备，4~5名值班人员常年驻守大坝，主要负责日常巡检、及时操作闸门及保电紧急操作等。大坝周边自然灾害频发，给值班人员的人身安全带来巨大威胁，同时也给该站的安全生产和高质量发展带来严峻挑战。

（二）国有企业数字化转型背景下的必然需要

华能集团公司作为坚定的国有企业数字化转型践行者，牢牢把握紧抓科技革命和数字革命新机遇，积极探索数字经济新模式，引导产业链向数字化智能化转型，从而引领未来发展。华能太平驿公司认真落实华能集团公司数字化转型战略部署，推动实现引水式水电站大坝无人化智慧管理，显著提高数字化管理水平并形成示范效应。

（三）新时代背景下实现员工对美好生活向往的必然选择

对引水式水电站大坝来说，其地理位置多处于高山峡谷之中，长期驻守在这些地方上班，一定程度上会对现场值班人员的身体、心理状态产生负面影响，影响水电站的安全稳定运行，降低员工生活幸福感。因此，推动建设无人化智慧大坝，实现"城市水电站"的目标，既是践行"不断实现人民群众对美好生活的向往"的要求，也是推动企业发展、增强员工归属感的选择。

二、偏远山区引水式水电站基于数据驱动的大坝智慧管理主要做法

（一）加强原始数据收集，掌握第一手资料

1. 基于无人机及遥感卫星的大坝周边气候、地质数据收集

为准确掌握华能太平驿水电站大坝下游经常发生泥石流灾害的冲沟数据，华能太平驿公司利用无人机对冲沟内的堆积物料、冲沟两侧山体情况进行航拍，通过基于国家地球系统科学数据共享平台、文献

查阅及野外调研等途径，获取泥石流灾害数据、气候分区图、构造分区图、地貌分区图、岩性与断裂分布图、高程数据、土壤质地数据等；获取以准实时遥测降雨产品——由中国气象局国家气象信息中心研发的东亚区域大气驱动场再分析数据集，以及地面站的日降水数据；收集、购买研究典型山地小流域的多源、多时相遥感影像，特别是已实施治理工程措施的小流域治理前后的资料。

2. 基于 SCADA 监控系统的机组运行数据收集

目前，随着气候问题日益突出，部分地区降雨量较往年明显增多，容易引发泥石流灾害。对于引水式水电站来说，由于大坝离厂房距离较远，一般采用线路通信将大坝水位信息传送到水电站控制中心（或远控中心），而在发生泥石流灾害时，大坝与控制中心（或远控中心）的通信极有可能中断，控制中心（或远控中心）操作人员无法实时掌握大坝水位信息，若提闸放水、机组停机，而上游水位无变化，会造成经济损失；若正常发电，不采取任何措施，而上游来水增加，会导致漫坝，影响大坝安全稳定运行。对于引水式水电站来说，大坝水位与厂房机组的运行参数（如压力钢管压力、水轮机出力、尾水水位等）具有密切关系，当大坝与开关站通信中断时，可以通过厂房各参数反向计算大坝水位。针对此种情况，华能太平驿公司管理创新项目团队（以下简称团队）通过监控系统提取了不同机组、不同负荷段、不同大坝水位、不同调压井水位、不同尾水位的近 1 年的几十万条数据进行收集整理，形成初始的神经网络学习资料。

3. 基于高分辨率摄像头的水位数据收集

为保证数据的准确可靠性，避免因水位传感器故障影响水位测量数据，团队提出利用摄像头自动识别大坝水位的构想，通过大坝不同角度摄像头收集大量的水位数据并将这些数据进行人工标注，得到基于机器学习的水位图像识别功能的初始数据。

（二）掌握关键算法，自主开展数据处理

1. 大坝周边孕灾地区数据处理

团队通过提取孕灾区域的地貌形态和边界特征，筛选泥石流单元，计算坡度、相对高差、地形指数、植被覆盖度、土壤质地及降水空间分布等特征，利用条件概率统计、层次分析法、主成分分析法等手段，分析并筛选容易发生泥石流的主要环境特征。统计分析震后泥石流流域内崩滑体补给方量的关键影响因子，对崩滑体的稳定性进行判识，通过遥感解译结果，选取崩滑体的坡度、几何中心点到沟道距离、补给面积、总面积等 4 个因子，确定影响崩滑体补给泥石流方量大小的关键因素，进而采取地形地貌特征与动力学理论，建立崩滑体补给方量计算公式。针对泥石流预警方法，设计基于雨量、地声、泥位和雷达监测数据的分析方法，构建与监测参数相关联的阈值模型——雨量阈值模型。利用野外踏勘、无人机及遥感数据分析的方法，搜索与泥石流沟的地形、地质条件和物源条件类似的泥石流沟，收集历年的泥石流灾情数据及降雨数据，采用统计分析的方法反演触发彻底关沟泥石流的雨量阈值；采用信号处理原理中的小波降噪、频谱分析、谱功率分析和信号相关性分析等方法，对泥石流在沟道内运动产生地声信号进行自动化分析，构建以频率、短时过零率等参数为核心的泥石流地声阈值，实现基于地声的泥石流预警方法；在水力学的基础上，计算不同降雨重现期作用下沟道内泥石流的泥深、流速和流量等特征参数的数值，再结合监测断面的地形条件及实时监测的泥位数据，实现基于泥位的泥石流预警模型；通过对高频雷达关键数据的采集分析技术，以及自学习数据库模型技术，采用遗传算法和模糊匹配法，形成自主研发的秒钟时间尺度智能预警算法，实现三帧图像序列准确确认泥石流事件，实现基于雷达探测的泥石流预警技术。通过雨量阈值发出的预警信号触发位于流通区的地声和泥水位计加密监测并将异常泥石流监测信号作为触发因素传递给位于沟口附近的多普勒雷达监测系统，实现泥石流流速的高频监测与识别，最后设定不同指标的联动方式，形成智能化多指标协同的预警体系方法。

2. 大坝水位与厂房运行参数的数据处理

团队通过对机器学习算法、神经网络计算模型等进行研究，通过大批量数据的反复学习、优化，采用前向传播算法神经网络拟合的方式进行机器学习，得到大坝水位与参数的数学模型。在处理数据时，由于不同的数据其物理量不同且有些数据间相差很小或有些数据明显超出正常范围，需要人工甄别。团队采用分工合作的方式，由经验丰富的技术人员对初始数据进行数据筛选，进行初步的数据整理。由理论知识丰富的技术人员对初步整理的数据进行归一化处理，方便进行神经网络学习。团队采用前向传播算法、梯度下降神经网络学习方法进行学习，最终得到大坝水位与厂房运行参数的数据模型，在计算大坝水位时只需要输入相应的几个参数，即可通过训练好的数学模型计算出大坝水位，完全不依赖于大坝水位传感器，为应对各种风险提供决策支持。

3. 大坝工业电视摄像头数据处理

为进一步提高大坝水位测量可靠性，团队提出基于现有工业电视摄像头的水库水位识别方法。基于工业电视摄像头的水位图像识别算法属于人工智能领域课题，通过水位图像识别算法得到的水位数据作为闸门启闭的辅助参考。为了消除干扰，增强目标图像信息，更好地进行图像特征提取，首先对图像进行预处理，将预处理后的图像以图片的形式输入卷积神经网络进行训练，在完成全部场景条件下的训练迭代后，完成水库特定区域视觉图像的识别与特征抽取，即获取水库入口处天然河道视觉图像的上游来水量特征、水电站取水口视觉图像的水库水位特征、闸门启闭视觉图像的闸门开度特征并得到完成训练的卷积神经网络。

4. 各类数据模型的二次开发处理

团队通过学习了解当前流行的自动控制算法、北斗通信协议、水电站厂内经济运行算法等，结合华能太平驿水电站实际情况，进行现有成熟模型的二次开发，形成多个算法类发明专利；同时，针对一些不方便直接测量的数据（如水库入口流量、闸门下泄流量等），组织专业技术人员对数据间的内在关联性深入分析，结合现有的经验公式、神经网络学习算法对大坝入口流量、闸门下泄流量进行间接计算，为大坝的安全运行提供数据支撑。

（三）注重时效，推动各类算法与现场设备的实时联动

1. 泥石流预警算法实现泥石流的提前预警

华能太平驿公司通过在泥石流流域内部署雨量监测站、泥位监测站、泥石流地声监测站、视频监测站、雷达监测等专业监测设备，形成泥石流全过程监测网络，再由监控中心和现场站点采用分布式架构搭建的系统监测预警平台，监控中心实现对各现场站点的管理、数据库存储、监测数据的分析、预警模型的管理、预警信息的发布等功能。现场站点由现场主控单元与各类监测传感器组成，通过计算机算法，形成智能化联动监测。现场主控单元由遥测终端、太阳能供电系统、电源管理模块等组成，是现场传感器的管理中心，具有监测传感器的供电、数据采集、预处理、暂存、发送等功能。最后，结合应急疏散线路规划、水电站临灾管控对策，总结面向水电站的泥石流监测预警与应急响应模式。为进一步掌握水情的第一手信息，华能太平驿公司在华能四川公司业务部门的统一指挥领导下，通过与上游水电站建立合作机制、与地方政府建立雨情信息共享机制、与上游水文站建立信息推送机制等，建立了一套华能太平驿水电站水情测报系统，通过收集汇总降雨、上游电站检修情况等数据，自动分析来水流量，为水库闸门调节提供数据支撑。

2. 动态纠偏算法提高闸门调节成功率

一是对闸门门体进行整体升级，将原有刚度、强度无法满足要求的闸门全部更换，提高闸门刚（强）度和重量，防止闸门动作时门体变形。二是改造闸门控制液压系统，保证闸门启闭时的启闭力矩满足要求，确保在设定时间内闸门启闭到位，提高闸门调节及时性。三是对闸门测控系统进行改造，针

对测量精度导致双缸不同步纠偏失败问题，采用陶瓷活塞杆闸门开度测量技术。为保证闸门控制可靠性，在设计时增加了紧急启门和紧急停止功能，同时增加了特殊情况下的应急控制。四是针对闸门双缸不同步问题，经团队研究实现了动态纠偏功能。通过对压力油缸、液压站的工作原理进行研究分析，提出基于闸门开度与油缸行程的动态纠偏方法并在现地操作屏上配置闸门纠偏装置，防止闸门动作过程中因左右偏差过大导致闸门卡死。华能太平驿公司自主设计实现的动态纠偏算法，实现了闸门动作成功率100%。五是在闸门动作可靠性得到满足后，通过对大坝巡检维护制度修编、完善、优化，建立新的"无人值班"大坝巡检维护制度，维护人员仅需要定期去大坝现场进行设备巡检即可，降低了开关站到大坝危险暴露次数及大坝工作危险暴露次数，保障人员生命安全。在自动或远程控制方式下，比例阀开启初始电压由现地控制单元模拟量输出模块 AO－6380 自动输出，经比例阀伺服板放大后，去控制比例阀通油口大小，由程序根据左、右油缸差值自动调整输出电压大小进行油缸同步。为保证闸门控制可靠性，团队研究提出基于水位浮子的闸门控制逻辑。通过安装在库区水标尺旁的两只水位浮子实现的闸门控制，是防止洪水漫坝、引水隧洞进气的最后一道防线。高限水位、低限水位两只水位浮子接点直接接入华能太平驿水电站大坝公用控制单元 LCU7，在上位机将"应急启门投退"软压板置投入时，水位浮子应急启门、落门才有效。当水位浮子报警动作时，可起到预警作用。当水位浮子报警和应急同时动作时，公用控制单元 LCU7 自动按预设的启门顺序，分别控制各道闸门完成启门任务。

3. 深度学习算法辅助闸门控制

通过数据自主采集处理、算法自主开发的大坝水位图像识别算法、大坝水位－厂房运行参数神经网络模型等，实现对大坝闸门的辅助调节。在闸门控制、水位调节过程中，运行人员不仅可以通过传统的水位传感器掌握水位数据，还可以通过水位图像识别、大坝水位－厂房运行参数神经网络模型得到的水位数据综合判断，避免因传感器故障导致运行人员无法获取水位信息，提高大坝控制可靠性和运行安全性。

4. 自主设计实现基于北斗通信的柴油发电机远方控制

当前，大坝供电线路主要有两路，一路为华能太平驿水电站开关站至大坝，一路为地方 35 千伏电网至大坝，两路供电线路互为备用。为保证市电全失时大坝设备的正常运行，华能太平驿公司在大坝现场布置了两台柴油发电机，作为备用电源，为大坝提供最后的电源保障。随着无人化智慧大坝的正式实现，当两路市电全失时需要柴油发电机自动启动。大坝 400 伏动力盘自动判断市电电源，当电源消失时系统自动启动柴油发电机并合上柴油发电机进线开关，保证正常供电。然而，当柴油发电机无法自动启停时，现有模式无法手动远方干预柴油发电机，存在较大安全隐患。为此，团队提出了通过北斗卫星通信系统实现柴油发电机的远方手动干预的思路，通过购置 PLC（可编程控制器）、北斗终端等设备，自主设计开发出一套柴油发电机远方控制小型上位机系统。在常规通信（如光纤通信、4G/5G 网络通信）中断时，自动启动北斗通信系统，远方（集控中心）可以通过自主开发的软件实现对柴油发电机的启停控制，保证供电可靠性。

5. 基于人脸识别的智能门禁管理系统，实现大坝的无人化管理

为保护无人值班期间大坝现场设备的财产安全，华能太平驿公司采用当下成熟的人脸识别技术、工业电视监控系统等在大坝各个出入口、设备间出入口等设置基于人脸识别的门禁系统，实现对大坝进出的智慧管理。智能门禁通过人脸识别、指纹识别等实现对大坝的安全管理，当未经允许的人员误闯入大坝现场后，智能门禁系统首先发出警告并将采集到的人脸信息发送至水电站管理人员；同时，调用现场工业电视摄像头，实时监控该人员的行动轨迹，保证大坝设备安全。智能门禁系统与泥石流灾害预警系统、水情测报系统实现数据共享，在泥石流灾害风险高发时段，智能门禁系统会自动禁止所有人员进入，当地质灾害风险报警解除后恢复正常。

6. 建立大坝数据智能管理中心，全面接入智能AI系统

依托大坝现有工业电视监控系统、智能门禁系统、监控系统、泥石流监测系统、水情测报系统等，在大坝现场建立大坝数据智能管理中心，将大坝上下游水情数据、水位数据、各设备运行参数接入，依托团队自主研发的水位图像识别算法、水位机器学习算法、闸门开度调节智能算法、灾害场景智能算法等，当开关站与大坝失联后，大坝数据智能管理中心自动接管大坝所有设备的控制权，根据上游来水情况、水位变动情况实时计算、调整闸门开度。大坝数据智能管理中心依据工业电视系统、泥石流灾害预警系统及内置的灾害场景智能算法实时分析大坝设备安全性，一旦判定泥石流灾害风险较大或水位上涨过快，立即启动一键启门功能开启全部闸门，恢复天然河道，防止因泥石流灾害导致闸门无法提起，形成堰塞湖，影响上下游人民群众生命财产安全。大坝数据智能管理中心在控制现场设备过程中，会通过自主研发的基于北斗通信的短报文系统实时向开关站、都江堰办公区发送现场设备状态数据，开关站、都江堰办公区可以根据设备状态，通过北斗通信发送控制指令操作大坝现场设备，实现人与AI的互联互补。在此基础上，团队针对径流引水式电站大坝水位变化特点，通过研究大坝水位－发电负荷－闸门开度关系，自主设计出一套水位自动计算方法，实现无人干预情况下大坝水位的自动调节。为保证大坝水位在正常区间，对溢流堰工作闸门进行优化，自主设计、安装活动式溢流堰挡板，实现溢流堰堰顶高程的动态调节，进一步保证大坝的安全运行。

（四）多方位提升员工数字化技能，为智能化管理提供人才保障

一是大力开展岗位建功活动。华能太平驿公司以“党建引领＋管理创新”主题实践活动为依托，逐步组建由主要领导、分管领导、各部门主要负责人、技术技能带头人、青年业务骨干组成的管理创新项目团队并开展岗位建功活动，对表现突出的业务骨干敢于提拔、重用，形成良好的工作氛围。二是以太平驿实训基地为依托，大力开展应急培训、自动化培训等专业培训，着力提高干部职工技能水平。鼓励管理创新项目团队参加各种类型的内部、外部培训，提高自身各方面技能水平。团队成员自学各种编程语言、仿真软件等，为实现智慧大坝管理创新研究打下坚实基础。三是加强青年干部职工培养。华能太平驿公司通过师带徒、青年创新工作室、青马工程等载体，把优秀的青年员工培养成创新人才、把优秀的创新人才培养成业务骨干，积极参与到本项目中。四是强化激励机制。建立完善《科技创新管理办法》，鼓励干部职工积极参与科技创新工作中，以“五小”活动、QC攻关活动、安全生产合理化建议等为载体，积极引导员工总结大坝安全管理工作中遇到的难题并提出好的建议，对解决问题的思路方法进行多重优化，对取得成果的想法、改进方式等进行表彰并广泛宣传，通过有效的激励机制在华能太平驿公司形成比学赶超的良好创新氛围。

三、偏远山区引水式水电站基于数据驱动的大坝智慧管理效果

（一）设备检修期延长，经济效益明显提升

通过技术革新、设备改造，大坝设备稳定性逐步提升，大坝设备的检修周期明显延长；同时，现场无须大量维修人员，极大节约了人力成本。据统计，在智慧大坝建设完成前，大坝设备的平均检修次数为11次/年，闸门动作时发卡次数平均8次/年；智慧大坝建设完成后至今，设备未出现故障，闸门动作可靠无发卡，检修次数0次，有效节约了检修成本，保证了大坝的安全可靠运行，未发生因设备原因造成的弃水、窝电等不良影响。2021年，实现发电量16.82亿千瓦时，为华能太平驿水电站投产以来发电量新高，年利用6242小时，位居四川省第一。

（二）职工幸福感、认同感明显提升，人才队伍建设明显加强

实现无人化智慧大坝后，水电站人员到现场次数由每周100人次以上减至不到10人次。在周边区域持续发生极端灾害天气的情况下，大坝设备运行稳定可靠，运行和管理人员无须检修、维护、操作，人身安全得到可靠保证，对华能太平驿公司的认同感明显提升，幸福感持续增强，华能太平驿公司整体

管理成熟度和生产经营综合价值创造能力持续提升。在实施该项目期间，业务骨干得到锻炼培养，从思想上、行动上完成了从传统水电行业一线普通员工到新时代创新人才的转变，3 名职工被聘任为技能、技术带头人，1 名青年职工进入华能集团公司团组织向党组织推优荐才人才库，1 名青年职工获得华能集团公司青年岗位能手荣誉称号，两项成果被四川省总工会授予“五小”活动优秀成果。

（三）大坝周边地区抗灾害能力显著提高

华能太平驿水电站大坝设备性能的提升，提高了大坝的抗风险能力，为大坝上下游周边地区人民群众的生命安全提供了坚实保障，泥石流监测预警系统通过短信、手机 App 实时发送预警信息，水情测报系统实时与地方政府、上下游水电站共享信息，一旦发生泥石流灾害，多方联动，有力保障人民群众的生命安全和国有资产的安全。

（四）践行社会责任，企业形象持续提升

通过对华能太平驿水电站无人化智慧大坝的研究，降低了大坝周边区域泥石流灾害引起的人身伤亡及设备损毁安全风险，减少了电厂机组因大坝设备故障而导致的非计划停运概率，增强了电厂电力供应的可靠性，提高了企业在电网的口碑，为企业赢得了声誉；同时，为大坝上下游人民群众的生命财产安全提供了有力保障，得到了地方政府的高度表扬和少数民族地区人民群众的认可，为华能集团公司树立了良好的企业形象。在引水式电站大坝的长期运行管理过程中，华能太平驿水电站大坝经历了地震灾害、泥石流灾害的发生、救援、恢复的全过程，为多泥石流灾害区域水电站大坝的运行积累了丰富的经验，为同类型水电站大坝实现无人化智慧管理、应对地质灾害提供了支持。华能太平驿公司先后取得30 余项实用新型专利授权并在省部级以上权威期刊发表多篇论文。

（成果创造人：陈　嵩、赵栋栋、黄国华、翁昌友、唐振宇、龙海山、
张　玺、唐小焰、钟永高、靳太和、柳　钢）

基于数字化的新型采油管理区作业区建设

中国石油天然气股份有限公司辽河油田分公司

中国石油天然气股份有限公司辽河油田分公司（以下简称辽河油田）是中国石油天然气集团有限公司（以下简称中国石油）的地区分公司，总部位于辽宁省盘锦市。勘探领域包括辽河探区、鄂尔多斯探区和深海探区。其中，辽河探区是勘探开发主战场，目前发现40个油气田，投入开发38个，年产量占辽河油田的90%以上。油藏类型多样、油品性质各异，开发方式从天然能量开发、水驱、稠油蒸汽吞吐到蒸汽驱、SAGD、火驱等方式转换，形成了9种主要开发方式及配套技术，涵盖陆上石油的全部开发方式。目前，形成油气主营业务突出，以及储气库业务、工程技术、工程建设、燃气利用、多元经济协调发展的格局。辽河油田开发建设50多年来，累计生产原油4.9亿多吨、天然气890多亿立方米，实现财税贡献2900多亿元，获省部级以上科技成果493项，全面建成“国家能源稠（重）油开采研发中心”，蒸汽驱、SAGD、火驱等特色技术保持行业领先水平。辽河油田先后获得“全国五一劳动奖状”“中央企业先进集体”“全国先进基层党组织”“全国文明单位”“辽宁省五一劳动奖状”等多项荣誉。

一、基于数字化的新型采油管理区作业区建设背景

（一）传统油气田企业管理模式矛盾问题

随着国内外宏观环境深刻变化，油气行业加速变革，市场竞争激烈，数字化时代给油气行业转型带来新的机遇，传统油田企业管理模式的劣势逐渐凸显，难以持续支撑企业高质量发展。一是层级复杂效率低下。组织机构“大而全、小而全”的矛盾凸显，管理链条长、信息传递缓慢导致管理效率低下，同时负担较高的组织运行成本。二是机构臃肿分工过细。各级本部机构设置繁多，管理界面模糊，职责同构现象明显，职责交叉、多头管理、权责脱节现象依然存在，管理缺位、越位、不到位现象仍有发生。三是人力资源矛盾叠加。作为劳动密集型的大型油气田企业，基础数据录入、现场巡检等一线生产工作严重依赖人力劳动，数字化程度低、结构性缺员、老龄化程度高、富余人员显化难等矛盾突出。

（二）新型采油管理区作业区建设实施背景

放眼国外，当今世界能源行业正经历百年未有之大变局，国际原油价格震荡波动，促使国际石油公司开始了新一轮的业务和组织机构的战略化调整，突出油气主业，聚焦油气领域，在产业链布局上集中于上下游一体化发展；组织机构纵向多采用“总部-业务-地区”三级管理模式，横向多采取部门团队协作；根据行业发展动态，及时调整业务结构，进行业务集中管理，以专业化实现低成本。着眼国内，各大石油公司正处在建设世界一流综合性国际能源公司的关键战略机遇期，通过提高核心竞争力，全力应对“世界格局深刻变化、全球能源产业变革演变加速、国内能源市场改革”三大挑战。辽河油田作为中国石油深化改革试点单位，建成与数字化模式相适应的新型采油管理区作业区是深化改革的核心和关键，是构建新型高效组织体系的重要抓手，也是加快数字化转型和智能化发展的重要举措。

（三）新型采油管理区作业区建设实施条件

2018年以来，辽河油田稳准推进各项改革，在战略机遇、经验支撑、数字化保障等方面为推进新型采油管理区作业区建设提供了三方面有利条件。一是战略机遇具备。按照“突出主营、优化辅助”原则，编制业务归核化发展方案，确立主营和辅助业务清单，分类分阶段开展业务归核化改革。“十四五”期间，深化人事劳动分配制度改革，实现关键性突破，改革成果巩固扩大，改革红利逐步释放，

广大员工队伍对改革充满信心，为推进新型采油管理区作业区建设提供了重要的战略机遇。二是经验支撑具备。近年来，兄弟油田结合实际积极探索实践，在试点推进、攻坚啃硬等方面取得积极进展和阶段性成效，在系统压减管理层次和机构人员、保障业务发展等方面显见成效，改革经验不断丰富，改革“风向标”作用发挥显著，提供了充足的经验参考。三是数字化保障具备。党中央、国务院高度重视数字化转型，对推动数字经济和实体经济融合发展做出重要指示，加快建设数字中国，数字化技术已经深深融入各个行业当中。辽河油田把握“新数字化时代”发展趋势，2022 年物联网建设完成 70%，生产现场数字化覆盖率达到 68%，协同工作环境基本建成，技术队伍结构规模化，为信息化技术提供保障。

二、基于数字化的新型采油管理区作业区建设主要做法

（一）调研论证，统筹设计

辽河油田领导高度重视《新型采油气管理区作业区建设实施意见》（以下简称《实施意见》）源头性工作，集中优势力量，强化顶层设计，成立工作领导小组，按照物联网建设计划，以工程思维加速推进新型采油管理区作业区建设。

1. 组织多轮次研讨交流

开展方案编制调研。领导小组多次召开现场调研，围绕业务范围、机构编制、专业化班组建设等方面征求意见，确保《实施意见》与油田实际的匹配度和契合度；提前与各部门开展对接，围绕富余人员调剂、作业区优化调整等方面开展桌面推演，让问题暴露在方案之前，将矛盾解决在实施之前，确保新型采油管理区作业区建设高效推进。

开展数字化进度对接。油气生产数字化是助力新型采油管理区作业区建设的重要支撑和有效手段，领导小组与规划计划部、信息管理部积极对接，结合物联网规划建设进程，一次性标准设计到位，分步组织实施，成熟一个、推进一个、转型一个。

开展改革经验交流。多渠道收集国际与国内、石油石化行业内外的典型案例，吸收借鉴胜利油田、长庆油田等单位先进管理经验，前往大庆油田庆新油田、采油三厂学习调研，积极与建设成熟的企业沟通交流，先后召开研讨 10 余次，结合辽河油田实际，明确“对照标准、对标先进、分类分步、持续提升”的建设共识，为《实施意见》的编制指明方向。

2. 开展多层次宣讲动员

主动对标，讲清目的意义。一是要充分认识到深化改革是发展所需。把全面深化改革、推动创新发展作为兴企强企的必由之路，巩固发展新优势。二是要充分认识到深化改革是破局之策。对标中国石油 16 家油气田企业，只有大胆探索、锐意改革才能进一步激发活力、提高效率、提升效益，实现高质量发展和世界一流的战略目标。

明确方向，讲清改革任务。一是讲清目标任务，将工作任务拆分，层层分解指标，层层落实责任，打造“谁主管、谁负责”的管理格局。二是讲清时间节点，融入“工程思维”，跟进“设计图”“施工表”执行落实，挂图作战，压茬推进，确保新型采油管理区作业区建设稳准实施。

顾全大局，讲清责任担当。一是面向各级党组织，充分发挥领导作用，结合主题教育活动，向广大干部员工讲明政策、讲清形势，积极回应合理诉求。二是面向各级党员干部，牢固树立政治意识、责任意识、大局意识，不为个人利益束缚，保持平和心态，正确对待个人进退留转和岗位变动。三是面向广大干部员工讲明政策、目标责任、措施路径，打消顾虑，放下包袱，支持改革、参与改革，汇聚干事创业的正能量。

3. 谋划全方位总体设计

明确功能定位。新型采油管理区作业区，定位为以油气藏为核心的生产经营管理单元，核心业务为采、注、输等生产运行及地质、工艺、地面等研究与支持业务。

确定管理层级。通过与物联网建设紧密结合，加快传统人员密集型油田企业数字化转型和智能化发展，优化管理层级，压缩管理链条，由5级减少至3级，向“油气田公司-新型采油管理区-专业化班组”管理模式转型。

制订机构数量标准。对现有采油作业区进行摸底，结合井站规模、地质单元，重新划分采油作业区，对于油气水井开井数低于200口、采油站数量低于10个的采油作业区就近合并。确立新型采油作业区优化整合原则，新型采油作业区不得超现有采油作业区数量，油气当量50万吨以下具备条件的单位可直接按照新型采油管理区建设。

确定规模划分标准。根据油气当量和油气水井标准井口数，将新型采油管理区划分为A、B、C三大类，将新型采油作业区划分为A、B、C三大类。油气当量低于10万吨的，原则上不单设采油作业区。

明确组织机构设置。新型采油管理区机关机构数量控制在8个以内，基本模式为“四办四中心”，“四办”侧重于党政事务、经营财务管理、安全生产管理和对上联系、对下指挥、对外协调；“四中心”侧重于地下、井筒、地面一体化研究和技术支撑及日常油气生产、运行维护。新型采油作业区机关机构数量控制在3个以内，设置“两室一中心”（综合管理室、技术信息室、生产运行中心），直接管理到班组。基层专业化班组根据实际情况，可设置中控班、措施班、巡检维护班和资料化验班等班组。

明确党组织建设。按照“四同步四对接”要求，设置与新型采油管理区作业区相适应的基层党组织，成立党支部，找准基层党建“三基本”建设和企业“三基”工作的结合点，推动新型采油管理区作业区建设。

（二）试点先行，示范引领

辽河油田领导率领领导小组开展调研，分析研讨，最终选择4家试点建设单位，其中：2021年12月，锦州采油厂、特种油开发公司率先完成新型采油作业区试点建设工作；2022年2月，庆阳勘探开发分公司、荣兴油气开发公司完成新型采油管理区试点建设工作。

1. 打造综合化两级机关

传统采油厂机关向“四办四中心”模式过渡。根据新型采油管理区“四办四中心”职责配置，适应“去行政化”改革要求，对传统采油厂机关部门优化整合，同等规模采油厂机关部门数量由20个压减至8个以内，缩减60%以上。传统采油作业区机关向“两室一中心”模式过渡。根据新型采油作业区“两室一中心”职责配置，机关机构数量控制在3个以内。将党群组与经营组整合为综合管理室；生产技术组与安全组整合为生产运行中心；地质室更名为技术信息室，实现“小而全”向“小而精”的转变。

2. 成立专业化生产班组

按照“专业强化、统筹使用”原则，推动专业力量集成，管理模式从“区块管理”向“条块管理”转变，建立与技术进步和物联网建设相适应的专业化班组，强化基层地质、工程、数字化等技术力量，设置中控班、措施班、资料化验班、巡检维护班4类专业化班组。实施专业化班组模式后，管理水平得到进一步提高、工作协调更加方便快捷。

3. 建立数字化运行模式

锦州采油厂作为辽河油田首批试点单位，实施高质量、高效率、低成本物联网建设，完成1967口油水井、116个场站建设，设立数据采集点10300个，安装308个视频监控，生产井视频监控覆盖率为20.5%，站场视频覆盖率为60%，利用电子巡检弥补人工巡检间歇性不足，用技术密集替代劳动力密集，利用物联网技术将生产现场的分散管理转变为集中管控。建立数字化生产运行指挥模式。按照“集中监控、统一指挥、专业化运维”设计理念，建立“1主控+4分控”的集中指挥平台，形成“可视化监督、智能化分析、科学化决策、系统化指挥”的一体化生产指挥体系。一是建设生产数据集中显示平台，实现厂、区、站三级上下贯通、横向协同的运行模式，具备生产过程实时监控、生产异常主动报警、油井工况自动诊断、功图自动计产等功能；二是建立生产运行指挥中枢，以采油厂生产运行中心为指挥中枢，通过高清大屏展示现场生产数据的实时展示；三是优化数字化工作方式，利用视频监控、视频会议等信息系统对生产现场进行监测分析，实现生产业务高效运行；四是实现可视化视频巡检，生产指挥中心实现油井可视化巡检，借助安全生产管控平台，实现对人车擅自闯入、井口环保风险、异常停井诊断、劳保着装识别等异常情况的自动识别和报警。建立“大岗位”劳动组织模式。一是中控班下设数据分析岗、数字化运维岗、运行监控岗，数据分析岗负责对系统数据进行分析；数字化运维岗主要负责系统的运行维护和异常处置工作；运行监控岗为 24 小时倒班值守岗位，对负责范围内的站区、井场进行视频巡检。二是措施班设置油井分析岗、作业注汽质量监督岗，按照技术信息室、生产运行中心制订油水井调参、热洗、加药、测试计划执行；作业区注汽质量监督岗负责大修、小修作业质量监督，注汽参数监督工作。三是资料化验班设置化验岗、资料员岗位，化验岗负责油、水、气样的化验、数据汇总上传；资料员岗主要负责收集各类资料，审核、录入上报、整理存档。四是巡检维护班设置工程技术员、巡检维护岗、维修电工岗，巡检维护岗以“技术员带班、巡检维护岗两人一车、维修电工岗区域化配备”为标准，每天进行两次巡回检查，同时配合设备移装、设备维修、基建工程等重点工作。

4．探索最优化人员配置

通过数字化生产运行模式下的试点运行，精细核定新型采油管理区作业区的岗位设置和人员配置。与同规模的传统采油厂对比，“四办四中心”模式管理人员编制定员由 153 人压减至 102 人，精简 33%；调整 3 支队伍结构，将专业技术人员从地质研究所、工艺研究所划入协同研究与信息中心，人员规模压缩至 52 人。对比同规模采油作业区，新型采油作业区“两室一中心”模式化压减编制定员由 45 人压减至 40 人，精简 11%。

（三）总结完善，定向破题

辽河油田 4 家试点单位发挥示范、引领、带动作用的同时，不断扩大试点的业务范围和深度。领导小组与试点单位多次开展对接，总结好做法。坚持问题导向，从 3 种关系总结思考，明确解决问题路径方案，真正“试”出形成行之有效、可借鉴可推广的经验做法。

1．处理好新旧生产组织模式并行的关系

一是优化调整队伍机构，精干管理人员编制，增设中控技术分析、数字化运维等技术岗位编制，探索“建设 + 运维”一体化管理，强化地质工艺及修井、注汽质量监督技术力量。二是加强基层党建工作，按照“宜专则专，宜兼则兼”原则，增强专职党支部书记管理编制。三是推行“大岗位”管理，结合物联网建设，精干数字化模式下的技能操作人员编制。四是改进工作轮班制度，依托信息化技术优选轮班作业方式，减少送班班次，降低管理和运行成本。

2．处理好机构改革与配套措施的关系

一是推动建设过程中的党建工作，优化设置基层党组织。二是动态优化岗位薪酬配套制度，优化盘活内部人力资源。三是推进采注输生产现场的物联网建设和运维模式，构建数据共享大平台。四是做好数字化模式下的工艺升级改造，组织开展老区关、停、并、转、减等地面工艺流程优化。五是健全大监督管理体系，健全完善公司 QHSE 管理体系和建设过程中的质量、安全、环保监督管理工作。六是全面梳理制度流程资料，对过程资料优化精简。七是构建数字化生产运行模式与综合管控机制，确保生产经营活动高效低耗、质量最优、风险受控、长期稳定运行。

3．处理好改革发展与队伍稳定的关系

一是注重制度的延续性和统筹平衡，重点关注岗位变化后的薪资待遇、3 支队伍序列转换、职位晋升通道等涉及员工切身利益的焦点，提前做好制度的解读，防止制度不平衡引发的矛盾。二是持续完善竞争上岗机制，按照“民主、公开、公平、公正、竞争、择优”的原则，明确岗位设置及上岗条件，规范上岗工作流程，形成“岗位靠竞争、收入凭贡献”的动态运行机制。三是稳妥有序显化富余人员，积极畅通员工市场化流动和退出渠道，建立内部人力资源调剂平台进行余缺调剂，对内“出劳务”、对外“闯市场”，引导和推动员工向新兴业务、新兴领域、数字化运维等岗位合理流动。

（四）全面铺开，稳步推广

结合 4 家试点单位的建设经验，领导小组持续优化《实施意见》，形成新型采油管理区作业区建设模板，为辽河油田全面推广新型采油管理区作业区奠定了坚实基础。在全面推广阶段，辽河油田主要从 7 个方面同步发力，加速推进、持续优化、不断提升。

1．整合现有采油单元

按照集约化设计、合理化布局的工作思路，辽河油田根据采油作业区规模划分标准，对 51 个传统采油作业区进行优化整合，保留采油作业区 43 个，整合撤并科级生产经营单位 8 个。

2．加快全面建设进度

2021 年 12 月，辽河油田进入全面推广阶段，加速推进新型采油管理区作业区建设，按照一项工作、一名领导、一个团队、一张图表、一抓到底的“五个一”工作机制要求，形成领导成员分工负责、业务科室主导推进、基层单位协同配合的工作格局。目前，已完成 3 个新型采油管理区、11 个新型采油作业区的建设工作。

3．创新采油集输合建模式

在新型采油作业区中创新采油集输一体化合建模式，以联合站为中心，辐射所辖周边相应采油作业区中转站、计量站、油气水井。数字化中控室设在联合站，实行“联合站集中监控 + 中转站少人值守 + 计量站无人值守”模式，下设集输班、措施班、机电班、中控资料班等班组。对确实不能与联合站合建的特殊情况，数字化中控室设在较大的中转站或作业区基地，持续推行站点无人值守，打造“作业区（中转站）集中监控 + 中转站少人值守 + 计量站无人值守”模式。

4．完善配套制度

一是核定新增业务的工作定额，结合物联网建设成熟后的生产运行模式，针对新增岗位开展工作写实，核定日常工作定额。二是调整绩效奖励系数，统筹推进业绩奖励向一线艰苦岗位倾斜，结合工作内容、工作强度，合理调整员工绩效奖励系数。三是完善修订制度流程，第一时间完成制度、内控流程的修订工作，共修订制度 161 个、梳理流程 204 个，最终保留制度 137 个、流程 201 个。

5．推行“大工种”模式

一是明确主业业务“大工种”定位，基于核心技能的精度和全流程的广度，打破分散型工种设置。优化合并核心操作岗位，尝试“采油工 + 集输工”“采油工 + 热注工”大工种组合，逐步推进复合型操作岗位设置，拓宽履职范畴，提高劳动生产率。二是“以一赋多”提升岗位效能最大化，按照“一岗多责，一专多能”的岗位定位，以岗位融合为抓手，探索更加科学、规范、高效的“大岗位”管理体系，梳理再造业务流程，减少流程环节，缩短工作链条，提升运行效率。三是促进内部转岗跟进培训，针对显化富余人员、萎缩退出业务人员，系统开展转岗培训。筛选年龄 30 ~ 50 岁的员工，开展电工、电气焊等社会通用工种转型培训，培养员工新技能，外闯市场“走出去”创收创效。聚焦新能源等新兴领域，提升年轻核心业务人才密度，开展业务储备培训，弥补新兴业务人员不足。

6. 打造调剂实体平台

以线上两级人力资源调剂平台为依托，打造人力资源调剂实体平台，坚持“三定”先行、制度引导、考核倒逼、培训转岗、外闯市场、分流托底，促进新型采油管理区作业区建设产生的冗余人员“上平台、动起来”，对内顶替外雇岗位“出劳务”、对外开疆扩土“走出去”，实现自己的活自己干、外部的活抢着干，有效盘活人力资源。

7. 精简整合基层资料

实施新型采油管理区作业区建设后，业务流程、管理流程、操作流程发生了较大变化。在持续扩大数字化应用范围的同时，推进油气生产物联网 A2、A5、A11 等信息系统的有效融合，实现生产数据的自动采集、自动上传、自动处理；同步组织相关部门整合优化基层资料，为资料“瘦身”，为基层减负。

三、基于数字化的新型采油管理区作业区建设效果

（一）产生了良好的管理效益

一是提高生产管理效能。打造“四化”生产管理体系，打造集约生产“生态圈”，将承包站、计量站降级为 22 座无人值守站，扩大管理半径，推行“无人值守、有人巡检、远程监控”的新型井站管理模式，年节约站场运维费 364 万元、送班车费用 140 万元，盘活人力资源 186 人。优化完善制度流程，形成有章可循、有据可依规范管理界面。二是优化人员队伍结构。推行“大岗位、大工种”，有效促进员工由“操作型员工”向“技术型员工”的转变，打造出“一岗多责，一专多能”的复合型人才队伍。队伍结构显著改善，优化压减管理岗位与技能操作岗位，适度增加专业技术岗位，向“管理 + 专业技术 + 核心技能操作”的用工方式过渡。

（二）取得了显著的经济效益

一是节约人工成本支出。根据采油作业区优化整合设置标准，整合撤并科级生产经营单位 8 个，减少编制定员 148 人，内部挖潜 83 人到生产一线，缓解基层班组缺员压力，同比节约人工成本支出 1494 万元。在 11 个新型采油作业区实施“作业区集中监控 + 中转站少人值守 + 计量站无人值守”的管理模式，降低生产一线对人工劳动的依赖程度，减少技能操作编制定员 1045 人，同比减少人工成本 15675 万元。二是降低组织运行成本。辽河油田超计划完成 3 家新型采油管理区建设工作，压减二级单位机关科室部门 9 个，压减管理人员编制定员 36 人；优化合并 11 家传统采油作业区建设，压减管理人员编制定员 218 人，共计减少管理成本 1170 万元。

（成果创造人：张金利、赵万辉、李红伟、潘瑞生、刘　胜、刘光宇、刘秦红、王　亮、杜媛静、谢雨桐、林振锦、王　飞）

基于数据融通的中老铁路“电气化工程”智能建造管理

中铁武汉电气化局集团有限公司

中铁武汉电气化局集团有限公司（以下简称武汉电气化局）成立于2014年，是世界企业和世界品牌双500强——中国中铁股份有限公司（以下简称中国中铁）旗下重要成员企业。主要从事铁路电气化、电力、通信、信号和城市轨道交通、公路交通、机电设备、输变电、楼宇智能化、工业与民用建筑等工程建设，是集工程施工、设计咨询、投融资、运营维护、产品制造、商务开发于一体的全产业链综合性国家高新技术企业，是轨道交通“四电”系统集成商和工程总承包商，具备为业主提供一站式综合服务的能力。武汉电气化局始终站在轨道交通“四电”技术前沿，在智能装备制造、工程软件开发、工程调度信息化、BIM技术应用等领域进行深度研究探索，打造了海南环岛、汉十、哈牡、连镇、梅汕、蒙华等国家重点铁路“四电”工程精品，全面推进时速350千米高速铁路“四电”系统集成技术。积极参与“一带一路”国际铁路项目，为中国铁路走出去输出中国标准。

一、基于数据融通的中老铁路“电气化工程”智能建造管理背景

（一）践行“一带一路”，落实中国国家铁路集团有限公司指示与企业发展战略的需要

中老铁路是承载着友谊、科技、绿色、开放的跨国铁路，是我国“一带一路”与老挝变“陆锁国”为“陆联国”战略对接的重要项目，也是“一带一路”首条以中方自主投资建设、全线采用中国技术标准、使用中国设备并与中国铁路网直接联通的跨国铁路。

新时代下的铁路“四电”建设工程要坚持稳中求进的工作总基调，坚持新发展理念，坚持以供给侧结构性改革为主线，围绕建筑业高质量发展总体目标，以大力发展建设工业化为载体，以数字化、智能化升级为动力，创新突破相关核心技术，加大智能建造在工程建设各环节应用，形成涵盖科研、设计、生产加工、施工装配、运营等全产业链融合一体的智能建造产业体系，提升工程质量安全、效益和品质，有效拉动内需，培育国民经济新的增长点，实现建筑业转型升级和持续健康发展。中国国家铁路集团有限公司（以下简称国铁集团）指示，要将中老铁路打造成“四电”新标杆、实现“四电”建设新突破。武汉电气化局充分认识到中老铁路的重要性和高质量建设好中老铁路的重大意义，将中老铁路项目确定为“一号”工程，集全集团之力，以数字管理、智能建造为抓手，以“数字中老、智能中老、创新中老、匠心中老”为核心，倾心打造中老铁路“四电”创新示范工程新标杆。

（二）根据中老铁路项目特点，打造智慧铁路精品工程的需要

中老铁路线路位于印度板块与欧亚板块碰撞缝合带附近，穿越“三山”（磨盘山脉、哀牢山脉、无量山脉），横跨“四水”（元江、阿墨江、把边江、澜沧江-湄公河），具有“三高”（高地热、高地应力、高地震烈度）、“四活跃”（活跃的新构造运动、活跃的地热水环境、活跃的外动力地质条件、活跃的岸坡浅表改造过程）的特点，地质构造复杂，岩层节理发育，挤压破碎，整体性差。桥隧占比高、长大隧道多。全线桥隧占比达87%，最长的安定隧道17.5千米，10千米以上的特长隧道15条共206千米，I级高风险隧道8条共104千米。施工揭示Ⅳ、Ⅴ级围岩占比90%以上，泥岩、炭质板岩、页岩等软质岩343千米，占比86.8%，全线14条隧道揭示可溶岩26千米。隧道、路基路堑边坡施工时极易产生塌方、掉块等病害，施工难度超出预想。建设智慧铁路精品工程，要通过精心设计、精心组织、精心施工，使中老铁路设计新颖、安全可靠、技术先进、品质一流，成为优质工程、创新工程、生态工

程、人文工程和廉洁工程。

（三）提高企业智能管理效率，实现行业领先的需要

武汉电气化局是中国铁路电气化工程施工的“国家队”“主力军”，始终站在世界轨道交通“四电”技术前沿，在智能装备制造、工程软件开发、工程调度信息化、BIM技术应用等领域都有较深度研究与应用。但是，当今时代变换日新月异，企业发展如“逆水行舟，不进则退”，安于现状必将落后淘汰。现有的智能调度指挥系统、成本管理系统、安全隐患排查系统、物资管理系统、仓储管理系统、机械设备管理系统、轨行车辆管理系统、BIM应用平台等智能建造信息化系统，虽然提高了建造过程中各单一管理环节的效率与质量，但由于各管理系统是根据业务需要陆续开发的，在借助数字化系统实现业务流程化、流程表单化、表单信息化的过程中都有一套独立的数据采集处理办法，数据在各平台间不能自由调用，平台之间数据兼容性差，缺乏统一的管理标准。这就容易造成各业务系统对同一数据的重复采集处理，造成一线管理人员的重复劳动。冗余的数据、不断重复的流程，加上信息化平台数量增加造成的边际效应会严重制约工程智能建造过程的管理效率，甚至会发生信息化平台上线管理效率“不升反降”、管理成本“不降反升”的情况。

二、基于数据融通的中老铁路“电气化工程”智能建造管理主要做法

（一）明确中老铁路电气化工程智能建造工作思路

按照国铁集团打造中老铁路“四电”新标杆、实现“四电”建设新突破的要求，武汉电气化局将中老铁路项目确定为“一号”工程，成立以主要领导为组长的新标杆工程建设领导工作组，下设工程建设、科研工装、技术创新、工艺工法4个小组，高起点高标准高质量推进工程建设。针对西南山区深切峡谷、高海拔、多地震、热带雨林的特征，结合中老铁路多山区、桥隧占比大、交通不便、施工组织难度大的特点，武汉电气化局以调度指挥信息化、施工装备机械化、工程建模BIM化、工厂预配智能化、工艺工法精细化、文明环保绿色化、建造运维创新化、工程文化融合化的“八化创新”作为工作思路；树立“设计、施工、维护”一体化工作理念，从BIM设计深化、数字建造管理、智能工装研发、专业技术创新、工艺工法优化、高效运维管理6个方面发力，坚持“数字管理、智能建造”双轮驱动，以“数字中老、智能中老、创新中老、匠心中老”为核心，打造中老铁路“四电”新标杆。为了完成上述目标，深度梳理中老铁路“电气化工程”智能建造过程中现有管理流程与数据采集处理过程，建立基于智能建造大数据贯通管理的理念，统一标准，优化流程。以此为载体，开发武汉电气化局调度指挥大数据平台，集成项目管理已投入使用的智能调度指挥系统、安全隐患排查系统、物资管理系统、成本管理系统、仓储管理系统、机械设备管理系统，BIM应用系统、智能物联网工装（包括工程测量、参数计算、腕臂预配、吊弦预配、综合作业、检测实验、智能安全帽等），提供项目管理整体状态分析的能力和各业务状态的分析能力；对生产现场、机械设备、物资、人员等全方面的可视化监控系统，依托物联网技术，为各级机关和项目后台提供实时的远程视频化调度指挥、技术支持。

（二）研发中老铁路“电气化工程”七大智能工装系统

1. 研发和投用接触网施工参数一体化测量装置

接触网一体化测量装置采用北斗定位系统、激光扫描等技术，依托CP－Ⅱ控制网，可进行接触网施工参数计算、测量，是一种便携式、集成化装置，能够在无轨状态下快速、准确地测量接触网施工所需参数，完成沿线所需设备的定位、放样及测量等工作，消除铁路“四电”工程对“轨道”的依附，实现智能计算、精准测量、规范记录（形成准确的一杆一档）、数据共享。相较于以往用诸多仪器逐项数据测量再换算所需参数，本装置大幅提升测量效率、测量准确度，简化了流程，提高了效率。这是数字贯通的起点，可通过4G或5G网络将测量数据实时传输到BIM平台用以建模，简化了流程，提高了

效率。此设备填补了国内CPII测量空白。

2. 研发和投用了SZP－Ⅰ隧道综合智能作业平台

隧道综合平台是用于隧道内施工的多功能公铁两用设备，采用模块化设计，分下装和上装两部分。下装平台具备标准轨道、1.4米窄轮距、1.8米宽轮距3种走行方式；上装平台通过更换机械手，可进行锚栓打灌、拉拔试验、吊柱安装、腕臂安装4种作业，填补国内空白。

3. 研发和投用便携式接触网智能检测小车

便携式检测小车是用于接触网施工、运维阶段的便携式检测设备，可以连续测量接触网导高、拉出值，自动识别零部件漏装、错装、损坏，可检测相关设备是否侵限。检测小车单重70千克，可人工推行，也可遥控运行，可通过4G或5G网络实时传输现场检测数据至调度大数据平台。智能检测小车轻便、检测结果直观精确、检测效率高，轨道占用少，相较于传统的检测轨道车，极大地减少对其他专业的干扰，将原拉通式占轨检测碎片化，将联调联试部分检测工作前置化，实现接触网系统性检测前对各锚段参数进行系统全面的检测把关。

4. 迭代升级接触网腕臂自动预配平台

在全自动腕臂预配的基础上，针对中老铁路160千米时速接触网专业的特点，对平台进行零部件适应性调整和数字化改造，具有全自动进料、来料检测分类、智能化分拣入库、库内网格化储存、库存信息计算与反馈、自动化取料供料、定长切管、自动喷码、工件自动装配、螺栓自动拧紧等功能，能与调度指挥大数据平台信息交互、数据贯通，进行腕臂机械化、智能化、信息化预配。只需2名操作人员，平均耗时4.5分预配一套腕臂，较传统方式提升工效50%以上。通过在全线设置的工厂化预配中心中的运用，实现腕臂生产全过程的自动化、信息化管理，提高预配的精度、效率。

5. 迭代升级接触网整体吊弦数字化预配平台

平台由数控模块、上料模块、组装模块、成品控制模块共计四大模块组成，采用全液压伺服控制系统，实现吊弦生产流程计算机控制、生产数据参数化管理、生产进度信息化监控、原材料全自动识别上料、整体吊弦机械化一键组装、成品智能化质量检测包装六大功能。结合中老铁路（玉磨段）新标杆打造，在全自动基础功能上，进行信息化改造、普速铁路吊弦材料适应性升级，实现与大数据平台信息的交互。只需1名操作人员，平均2分40秒预配一组吊弦，较传统方式提升工效40%以上。

6. 研发和投用接触网4C检测车

接触网4C检测车用于对接触网几何参数进行精确测量和检测，对接触网系统缺陷进行全面识别，帮助检修人员快速找到故障和缺陷。接触网4C检测车利用采集装置对接触网悬挂部件、支持装置、定位装置实施高精度成像和数据采集，完成对接触网系统缺陷的全面识别，触发自动检测异常并及时预警。通过配套软件分析指导故障隐患的消缺，实现对供电设备的全方位、全覆盖综合检测监测。通过信息化改造，实现了检测数据的贯通应用，自动向信息平台反馈最终检测的工程实际数据，用于BIM平台自动修正BIM模型。

7. 迭代升级智能安全帽性能

基于物联网、无线通信技术，成功接入智能调度指挥系统。针对中老铁路电气化工程建设点多、线长的管理特点，为作业人员配备智能安全帽用于远程技术支持，视频化调度指挥。安全帽内置北斗天线，集成摄像头、语音、通信主板等模块，具备无线传输、图像采集、实时监控、语音对讲、轨迹回放、人员定位、任务发布、安全报警等功能。可作为调度指挥大数据平台集成的单兵工具，用于远程技术支持、视频化调度指挥。

（三）研发两大平台，实现数字贯通，打造“数字中老”

1. 调度指挥大数据平台

以自主研发的智能调度指挥系统为核心，集成成本管理系统、安全隐患排查系统、物资管理系统、仓储管理系统、机械设备管理系统、轨行车辆调度系统、BIM 应用系统、物联网工装设备。例如，在中老铁路（玉磨段）建设中，以大数据平台为核心，整合并优化项目管理信息，包括进度管理、调度指挥、视频监控、安全管理、成本管理、机械设备管理、物联网管理等功能。配合以 BIM 模型的工程实体参数，通过移动互联网，实现电气化工程建设全过程信息共享、数字贯通。

2. BIM 技术应用平台

与西南交大联合研发铁路“四电”BIM 技术应用平台，整合工程地理与“四电”专业信息，采用模型轻量化、数字驱动技术，通过网络进行可视化实时渲染交互，实现模型大场景漫游和参数化调整，直观进行专业接口深化设计交底以及便捷的数字提取应用。在深化设计阶段，BIM 技术人员运用设计资料利用建模工具对站内及隧道内接触网系统建模，发现各专业间接口存在的碰撞问题，深化设计，指导现场施工。通过选取代表性的隧道示范段进行 BIM 建模，解决线缆与线缆、洞室等之间的衔接问题，为后期施工带来便利，节约成本；数据驱动生成的接触网系统模型实现参数化调整，结合实际情况对单组或整段接触网腕臂、吊弦进行微调，确保模型与现场工况一致。在测量计算阶段，在磨憨站及友谊隧道试点区段将 GIS 信息与 BIM 系统结合，利用无人机倾斜摄影技术扫描建成的地理信息模型与数字驱动技术自动生成的接触网 BIM 模型结合，把模型植入企业级 BIM 应用平台中。利用 BIM 技术平台中的“基于 CPII 接触网基础数据智能测量系统”获取接触网 CPII 施工参数一体化测量装备的测量信息及 BIM 平台“接触网工程计算系统”中的计算信息，实现线路测量与接触网腕臂、吊弦计算数据便捷导入，实现“千千米级”铁路接触网模型数据驱动生成，便捷提取。在施工生产阶段，用 BIM 漫游视频实现工艺交底，同时结合 VR 技术实现工艺教学培训。利用 BIM 应用平台，开展工程进度的实时跟踪反馈和物料统计，结合调度大数据平台，将生产预配信息直接下发至智能工装设备（接触网智能腕臂预配平台、接触网整体吊弦数字化预配平台和隧道综合智能作业平台），实现智能化工厂化预配和施工安装。在施工检测和运维阶段，将 BIM 技术与供电设备检测监测系统结合，实现便携式接触网智能检测小车、接触网悬挂状态检测监测装置的检测数据与 BIM 技术平台的数据交互、实时传输，通过检测数据的反馈对接触网 BIM 模型参数进行实时分析、调整。BIM 平台具备接入用于运营维护的 PHM 系统数据的功能，从而实现牵引变电所变压器运行后的健康状态预测。

3. 打通关键环节实现全过程数字贯通

一是打通现场测量环节，使用一体化测量装置进行工程测量，数据自动传入 BIM 平台；二是打通计算建模环节，BIM 平台集成的参数计算模块自动计算出各组件精确参数，根据测量数据和计算参数自动生成工程 BIM 模型；三是打通工厂预配环节，大数据平台从 BIM 模型中获取精确参数，下发作业指令给腕臂、吊弦预配平台和隧道综合作业平台，进行自动生产，作业平台实时向大数据平台反馈生产数据、运行状态和监控信息；四是打通检测反馈环节，智能检测小车和 4C 检测车实时将检测数据、波形反馈给信息平台，将经过 AI 分析的检测报告上传到 BIM 平台。

（四）完善中老铁路“电气化工程”智能建造保障机制

1. 组织保障

成立以总经理为组长、各相关部门配合的领导小组，负责项目的总体运行和组织管理，以具体科研开发小组为落实主体。在具体的课题建设过程中，配齐配强各类技术、管理人员资源，为课题的顺利运行提供稳定的组织保障。

2. 责任分解

将项目课题系统分解为“管理、协调、研发和执行”四大板块，详细将任务分解到各单位和管理目标，促使单位与单位之间、部门与部门之间的责任更加明确、沟通更加快捷、运行更加协调，保证整个项目快速、合理、有序运转。项目课题领导小组作为组织协调的中心，站在全局的角度，把握方向、把握节奏，统筹安排、统筹兼顾、统筹协调好项目各个领域。工程部、科技部主要负责技术方案选用与技术开发；战略规划部主要负责方案编制与成果汇报；成本管理部、物资设备部、安质部、人力资源部负责日常管理、作业施工监督、生产数据录取；中老铁路玉磨项目部负责现场组织协调与生产作业。

3. 制度保障

一是重点抓好两个策划：生产组织策划方案、盈利策划方案。二是强化现场监督管理。相关部门、项目部和物资中心料库分别建立对应的三级现场监督制度，主要对相关科研研发、现场试验实施监督，制订相应的管理办法和考核指标，主要对项目的研发进度、经费使用、日常管理和协调配合等进行监督。做到管理无缝隙、控制无障碍、执行无误差。三是明确分工与职责。重点加强各单位的质量管理创新意识，确保公司各部门上下之间相互融合，要求具体执行人员认真做好每一个程序的工作，获取每一项准确资料，检测数据要客观、真实、准确，要求技术人员对动态变化较大的数据进行反反复复的核实并认真分析数据变化，做好对前后数据的跟踪调整。四是加强技术支持和项目工作指导。武汉电气化局总经理、党委书记多次指示和安排相关部门负责人派技术人员现场给予技术指导，一起分析项目过程中存在的问题，及时解决出现的各种技术问题；同时，要求对一切可获得的资料尽可能取全、取准，认真分析、认真对比、认真调试，达到预期目的。

4. 人才保障

依托公司设计院、科技设计部、劳模（专家型）创新工作室、青年蜂巢创新工作室等研发平台，组成由总工程师、软件开发、数控制造、BIM、通信网络、电气与自动化等相关人才构成的课题研发队伍，开展3000多次测试，确保调度指挥平台助力中老铁路“四电”工程智能化建造工作。

（五）强化项目智能管控，高质量推进“电气化工程”建设

1. 进度管理

以仪表盘、饼图、柱状图、折线图、列表等展示形式，显示开工累计已完成产值、当年已完成产值、当月已完成产值，各专业已完成产值、各月及各月开工累计完成产值、季度计划产值及已完成产值，施工现场进度照片及简短文字说明、今日施工安排、实物工程量等。通过对产值完成情况的精准掌握，配合BIM应用平台与智能工装设备，实时将生产预配信息直接下发至智能工装设备（接触网智能腕臂预配平台、接触网整体吊弦数字化预配平台和隧道综合智能作业平台），实现智能化工厂化预配和施工安装，从而实现对“人、机、料”的动态监测，合理估算项目完成的进度。

2. 安全管理

以柱状图、折线图、云图、详细列表等展示形式，显示安全隐患排查数量、整改完成数量、整改完成比例、考核分数、安全隐患排查列表、整改情况通报、各级别隐患排查数量、隐患排查数量趋势图、常发隐患公示等。通过对项目全线安全隐患排查情况的精准掌控，配合智能安全帽，实时观测隐患部位，由项目后台及时分析隐患原因，制订整改方案，迅速排除安全隐患，并且借助平台广播功能，做到上岗、上工前信息化交底，进一步降低事故风险，从而实现动态安全管理。

3. 物资管理

以柱状图、示意图等展示形式，显示采购总金额、到货情况、供应商数量、报验比例、各专业物资采购合同情况、作业队领料情况、急缺物资预警、近期进场物资、物资仓库平面图。数据来源主要是中

国中铁物资管理系统、武汉电气化局仓储管理系统及大数据平台对数据的清理、分析、计算。在后台将库房配置为几块区域，点击区域可查看当前区域的物资名称、库存数量、库存比例信息，点击摄像头图标可查看视频监控信息。通过对项目进场物资数量、型号、分布情况的精准掌握，做到全流程精准溯源，让物资进场、报验、领用、安装、调试、维护过程都有据可查，避免在某一环节造成浪费，从而节约成本，提高效率。

4. 机械设备物联网管理

统计机械设备总数量、设备利用率、操作人员数量、设备详细情况列表及设备影像和操作人员详细资料与影像；在电子地图上显示设备所在位置，点击可以查看各机械设备的实时监控视频和位置信息，在调度指挥中心通过话筒与机械操作人员进行视频对讲。数据来源主要是中国中铁机械设备管理系统、轨行车辆调度系统及大数据平台对数据的清理、分析、计算、补充填报的相关信息。调度指挥大数据平台的物联网功能主要用于对武汉电气化局自主研发的工装设备进行集中管理，包括从大数据平台向工装设备下达生产参数、生产指令，从工装设备获取实时生产数据、设备运行状态、生产统计信息及实时监控画面。精准掌握七大工装系统运行情况，配合工程调度指挥大数据平台的数据贯通与分析处理能力，为项目管理者提供各类决策建议，疏通管理难点，优化项目建造过程。

三、基于数据融通的中老铁路“电气化工程”智能建造管理效果

（一）圆满完成了中老铁路“电气化工程”建设任务

武汉电气化局在中老铁路“电气化工程”建设中通过运用数字化管理平台、智能化施工装备技术，两年半就将中老全线新建的“电气化工程”全部完成并将火车供电的导线设备参数控制在毫米级精度，打造了中国制式“电气化工程”建设的新标杆。调度指挥大数据平台作为中老铁路项目智能化管理系统的核心和中枢，集物联网、云计算、大数据、4G、高清视频技术于一身，能实现视频监控、计划管理、现场指挥、调度统计、项目信息、电子地图及手机管理七大功能，还可集中管理项目施工进度、安全质量、成本控制、物资仓储、机械设备，有实时查看、远程指挥、动态管理、数据管理等集约化功能，即时呈现项目动态、分析进度指标、预警项目风险、视频化调度指挥，让项目管理可视、可测、可管、可控，实现了在建工程全寿命周期管理目标，极大地提升了项目部对项目管理各方面的掌控能力。在工程测量、计算建模、零部件制造、施工生产、检测实验等阶段运用智能工装设备进行生产，节约了技术人员，减少了作业工人，降低了安全风险，提升了工程质量，提高了工程建设效率，圆满地完成了中老铁路建设任务，将中老铁路“四电”工程打造成了品牌示范标杆工程，赢得了业主的高度肯定与中老两国人民的赞扬，不负中国中铁“开路先锋”的美誉。

（二）建立了一套铁路“电气化工程”智能建造的规范

武汉电气化局响应业主全过程智能建造要求，以现场为中心，聚焦数字化、智能化、集约化、标准化，组织研发两大应用平台和七大智能工装，打造了一个信息共享和高度集成的数据信息平台，逐渐摸索形成铁路“四电”工程智能化建造的实施规范，变被动式、粗放式管理为主动式、精细化、标准化和智慧化管理，解决了项目建设全过程各参与方独立运行的信息孤岛和信息流失难题，使铁路电气化工程项目建设的管理和决策更加高效，更加及时准确地识别铁路电气化工程建设过程各阶段的监管盲区和质量风险，得到了建设单位的肯定和支持，有力支持了中国铁路建造标准走出去。

（三）自主创新多项设备，填补了国内空白

在中老铁路智能化建造的过程中，武汉电气化局自主研发了多项智能工装设备，走在了行业技术前沿。研发的“基于 CPII 数据的接触网基础数据智能测量系统”“便携式智能接触网检测小车”都属于国内铁路电气化行业首创。接触网整体吊弦全自动预配平台、智能腕臂预配平台均做到生产全流程自动

化、智能化，处于国际先进水平。“综合智能作业平台”采用组装不同机械臂的方式，同时具备铁路隧道内自动钻孔、拉拔锚栓实验及自动安装接触网吊柱、腕臂等多种功能，可满足铁路铺轨后和未铺轨两种工况，还可进行自动驾驶、自动定位、自动作业。

首次做到铁路“电气化工程”建设的工程测量、零部件制造、施工生产、检测实验等各阶段都运用智能工装设备，以调度指挥大数据平台为核心，利用移动互联网对各阶段智能工装设备进行集中管理、信息交互，统一调度指挥，工程建造全过程数据贯通，填补了国内空白。

（成果创造人：毛明华、冯小鹏、高旭红、丁　芊、刘劲磊、沈曼盛、米　丰、周志强、冯玉华、赖　鹏、朱声学、金沧海）

煤炭企业基于大数据的智能化选煤生产管理

枣庄矿业（集团）有限责任公司

枣庄矿业（集团）有限责任公司（以下简称枣矿集团）源于1878年创办的中兴矿局，和当时的抚顺煤矿、开滦煤矿并称中国近代三大煤矿。1956年，成立枣庄矿务局；1998年，改制为枣庄矿业（集团）有限责任公司；2011年，整合为山东能源集团权属企业。枣矿集团已发展成为集煤炭生产加工、煤化工、热电联产、橡胶化工、物流贸易于一体，跨国界、跨地域、跨行业、跨所有制的大型企业，年产煤炭2200余万吨、焦炭300余万吨，发电15亿千瓦时，年产轮胎1300万条，年营业收入达1000亿元。

一、煤炭企业基于大数据的智能化选煤生产管理背景

（一）落实绿色低碳生产的政策导向

做好煤炭清洁高效利用，事关国家能源安全，对促进“碳达峰、碳中和”目标实现十分重要。煤炭行业既要不打折扣落实国家碳减排目标，做好“减”的工作，更要担当能源转型过程的兜底保障使命，履行“保”的职责，确保国家能源安全和“双碳”目标的实现。这对选煤提出更高的要求，如何以降低洗选加工运行成本为目标积极推进绿色煤炭产品建设标准是尤为重要的问题。随着煤炭绿色产品的概念的提出，传统的选煤生产模式已经跟不上时代的变化。因此，在确保产品质量与选煤生产效率的前提下，减少企业在生产过程中的各种消耗，探索实现选煤行业降低能耗指标，对实现低碳绿色运行的最佳经营模式具有积极的现实意义。

（二）提升选煤生产质效的客观需要

选煤作为煤炭现代化工业生产中的关键环节，既是洁净煤技术中的源头技术，又是综合利用资源提高煤炭企业经济效益、社会效益的重要途径和手段。因此，煤炭洗选加工技术的发展成为提高经济效益、节约资源、促进节能减排、实现经济与环境和谐发展的关键。要想切实提高选煤厂的选煤能力及经济效益，就需要在全面了解当前选煤工作中存在各种问题的基础上从设备性能、生产工艺特点进行深入的分析、研究，有针对性地探究一些有效的应对措施，提升洗煤厂智能生产管理手段，合理有效的使用能源，以最大限度提升选煤效率。

（三）建设智能化选煤厂的重大举措

近年来，枣矿集团各选煤厂已安装了自动化控制系统，但随着工业管理水平进入数字化、智能化时代，人工智能、变频技术等飞速发展，选煤厂生产系统普遍存在“大马拉小车”现象及驱动方式落后等问题，造成设备传递效率低、空载和带载负载率设备电耗损失大及现场监测控制、智能传感等设备的保护系统不完善，生产系统存在大量的信息孤岛，智能化控制体系不完善，作用得不到充分发挥，无法达到煤矿减人、增安、提效和提高职工幸福感与获得感的智能化煤矿建设根本目标。因此，有必要通过实施新一代信息技术提高选煤生产智能化管理水平，实现节能降耗，促进选煤生产安全、质量、效率与效益的稳步提升。

二、煤炭企业基于大数据的智能化选煤生产管理主要做法

（一）构建智能化选煤生产管理体系总体架构

为加强对智能化选煤生产管理体系的领导，枣矿集团各选煤厂成立由厂长任组长、主任工程师任副组长及生产车间、机电车间、技术室、调度室等单位负责人为成员的工作领导小组负责整个体系的开

展，同时成立由生产管理技术人员负责人员培训、规律研究、标准制订、考核评审及偏差控制等工作，严格落实责任制度，建立健全全过程控制措施，把管理体系落实到选煤生产过程中，使新的选煤生产管理体系深入每一名员工心中成为自觉行为。厂领导负责智能化选煤生产管理体系工作的统筹规划和全面把控。技术部门负责管理体系的研究、标准设计、规范操作的建立，以及动态监控和考核标准的评审。调度部门负责管控平台和决策管理系统的建立、生产协调。生产部门负责开展重介分选系统、负载跟踪系统技术研究、标准操作及规范等业务的人员培训、宣传。机电部门负责管理体系设备维护，保障体系正常运行。

（二）建立智能型生产管控平台，实现系统数字化建设

建立智能生产管控平台，实现实时控制及信息化的集成共享系统，通过人机界面实时监测子系统设备工况并对各子系统的I/O进行控制。通过已建成的工业控制网络传输平台，在调度指挥控制中心实现所有自动化子系统的数据采集、处理、存储、发布，完成一个信息集中控制显示的平台，同时在企业信息管理网络中可以看到安全、生产的实时信息，完成可预测、可预判、可预控的管控一体化。智能控制系统是以网络为支撑、以信息化管理为核心、以信息技术为手段的集成应用系统，采用现代的互联网技术、通信技术、计算机技术、大数据分析管理技术，结合行业专家库知识，实现生产和管理的集成化，实现生产数据的智能分析，实现生产系统的智能调整。智能工业控制体系的建设，是把信息化和自动化相结合，将信息化融入企业生产和管理的全过程。新型工业智能控制系统已获得国家发明专利。

（三）建立智能化重介分选系统，实现系统最优生产状态

基于选煤理论，利用数据挖掘，构建原煤密度组成实时预测模型，通过模拟可选性曲线分析，预测精煤理论产率和分选密度，建立分选密度与原煤质量组成的数学模型。采用自适应控制、模糊识别、模糊控制、人工智能、神经网络等现代控制算法结合人工检验数据加以修正（测量值），及时调整重介分选密度，得到最优化的分选效果和控制方式，实现精煤质量区间稳定在0.5%以内。首先，完成重介选煤过程中各种在线数据的采集，即完成分析预测所需要的大量历史数据的采集。其次，通过对大量历史数据的分析，完成入洗原煤密度组成的预测、分选密度的预测、精煤产率和效率等的预测；通过预测值和实际值进行比较，通过大数据的处理以及人工智能的预测，得到指导和调整生产的依据。最后，通过重介选煤密度与灰分在内灰、分流及磁性物含量、煤泥含量的动态波动条件下，是具备一定的相关性关系的。根据煤质要求，利用映射数据库中的数据，深度分析其中的内在规律和算法公式，通过密度智能跟踪系统对生产过程进行自动调整，形成最佳洗煤方案。

1. 基础数据采集

基础数据采集包含历史数据、实时数据。历史数据从历史数据库及现场各种记录表格中得到，实时数据从现场安装的各种传感器及化验室化验数据得到，化验室数据需要人工将化验结果输入到系统平台中，数据输入后，可以通过网络实时记录到数据服务器，为智能控制平台的数据分析功能和预测模块提供数据支持。判断生产情况是否异常的因素很多，但能及时反映生产情况的主要数据有原煤煤质、产品质量、产品产出率。在煤质数据库中，反映原煤指标的有原煤灰分、原煤-1.45灰分、原煤-1.45产率，反映产品质量的指标有精煤灰分、三产品产率、分选密度等，因此，从数据库中提取这几个指标，进行大数据的分析与建模。

2. 数据分析与建模

在上述几个数据中，有的数据是一个班化验几次，有的是一个班只有一个数据记录，为能在一个时间段上进行数据分析，首先需要把数据统一到一个班次上，通过聚集函数对一个班次内的检查结果进行加权平均，用平均值代替这个班次的结果。通过对上述数据的分析发现，精煤产率围绕原煤-1.45产率上次按波动；精煤产率与原煤灰分的趋势相反，成反比关系，当原煤灰分提高时，精煤产率下降，研

石产率上升；原煤灰分和精煤产率的变化对精煤灰分基本没有影响。一是预测原煤浮沉资料。原煤的性质直接关系到生产的各项指标，是评定和预测重介选煤效果的基础，而原煤资料的分析每个月才做一次，原煤快速浮沉组成也滞后洗煤过程 1 ~ 2 个小时，而原煤的组成是实时变化的，所以，通过收集和整理大量的原煤化验结果，根据原煤煤质资料和原煤灰分来预测原煤的密度组成。对于滨湖煤矿，原煤来自本矿区，因此可以认为这一段时间内入洗原煤的煤质变化不是太大，相应的其密度组成变化也不会太大，时间间隔越短，密度组成的差异就越小。根据现场数据和经验可知，一定煤层的原煤密度组成的变化，主要是由矸石含量的变化引起的，具体表现为原煤灰分的变化。由于原煤浮沉资料的获得比较费时费力，而原煤灰分容易测得，如果能够将原煤灰分的变化通过一定算法转化为原煤密度组成的变化，则可以近似得到原煤密度组成的实时变化资料，预测三产品的产率。为此，针对滨湖煤矿选煤厂，对 2 年的原煤灰分 20 ~ 30 之间的浮沉数据进行汇总分析，建立原煤灰分和精煤产率、中煤产率、矸石产率的数学关系模型，实现了原煤灰分实时预测三产品产率并在实际生产中进行验证。采用在线测灰仪的灰分作为校正原煤密度组成的标准，具有实时的优点，但必须保证在线测灰仪测定灰分值的准确度。由于瞬时测量值受各种因素的影响较大，不能直接用瞬时值来表示当前原煤的灰分。因此，用一段时间内测量值的平均值来表示原煤灰分，提高测量准确度。二是预测分选密度和精煤灰分。通过对大量基础数据的采集和分析，发现重介选煤密度与灰分在内灰、分流及磁性物含量、煤泥含量的动态波动条件下，是具备一定的相关性关系。把原煤内灰数据进行分层抽样，发现原煤内灰 ±0. 2 区间，分选密度和精煤灰分有一定的数学关系，分不同的区间对分选密度和精煤灰分进行建模。针对原煤内灰不同的区间，建立分选密度和精煤灰分的数学模型。系统初始启动时，延续上个班组的选煤密度，认为原煤是相对稳定的，精煤灰分化验结果出来之后，实际精灰和哪个预测模型的误差最小，就能确定现在的原煤内灰处于哪个区间，进而用相应的预测模型对分选密度进行调整，同时利用人工检验数据对形成的数学模型加以修正，形成适合生产的最佳曲线模型。此方法实际使用大量的数据汇总分析结合人工智能的思路，更精确地代替人为的思路，实现对分选密度的精确控制和调整。

3. 重介分选系统智能调节控制

通过煤质数据的分析和建模，可以得到重介洗煤的最佳分选密度，通过 PLC 的智能调节完成密度的控制。重介悬浮液的控制系统是集密度、液位、压力、黏度控制的典型多变量、时变、非线性的复杂系统。重介质选煤工艺的核心是配备合理密度的悬浮液。旋流器给一部分水直到合格介质桶，一部分水经过分流箱，当液位检测计检测到合介桶水位过高，液位检测计将信息反馈给 PLC，利用 PLC 控制分流箱把水流向稀介桶。若密度检测计测得煤泥水浓度过高，由 PLC 控制水阀开度，降低煤泥水密度。总体控制是密度计和磁性物含量检测计，将检测到的数据传送给 PLC，PLC 根据密度的大小、磁性物含量的多少控制阀门的开度。密度和液位之间耦合程度大，建一个精确的模型难度大，需要采用模糊 PID 控制来解耦。模糊控制不需要精确的数学模型，根据技术工人的多年经验设定参数，解决控制对象不能精确建立模型问题。煤泥水选煤过程中，添加的清水与加入介质作为系统的干扰因素，利用模糊控制器控制阀门，形成液位和密度的闭环控制系统。根据悬浮液循环流程进行机理建模，得出合格介质桶液位高度变化、合格介质桶密度变化及混合管道介质密度变化的关系。若密度太高应迅速增加补水阀门的开度，液位太高就要减小阀门的开度等。在模糊控制系统中应将实践中累积的控制经验进行抽象和提取，凝练成简单的可用自然语言描述的控制规则，存放在控制单元的存储器中，这些规则称之为模糊推理规则。原有的 PID 控制下加入了解耦和模糊环节。若一个系统不进行解耦，其超调量相当大，无法满足生产要求，液位和密度的控制必须进行解耦控制。使用模糊 PID 解耦能够达到与 PID 解耦相同的效果，调节时间更快，为选煤厂的选煤环节提供一种更合理的密度控制方法。

（四）建立多维度负载跟踪系统，实现系统节能降耗

根据各选煤厂入洗原煤煤质的不同，选煤厂设计煤流运输及储装运系统负载系数，一般选择在1.2～1.5倍，而选煤设备及产品运输驱动系统的可靠性、稳定性和节能性对煤炭产量及成本有着重要影响，因此，项目设计提出建立多维度工艺负载智能跟踪系统。根据入洗原煤分选性质，运用神经网络技术建立皮带负载、能耗和运行速度之间的非线性模型，运用模糊智能控制方法，通过优化模糊规则，实现工艺系统煤流运输自适应负载变化的调速控制，实施生产自动化控制升级，解决选煤生产过程设备控制、工艺切换、信息化管理中的一系列问题。

1. 改进驱动结构

利用永磁直驱方式代替异步电机和齿轮减速器的传动方式，使皮带转速随物料的多少进行变频调速，降低皮带机使用成本，建立系统节能的基础，解决系统效率低、机械故障多、重载启动困难等问题，提高传递效率，降低系统传递损耗，提高系统运行可靠性，传递效率提高15%～20%。新型驱动系统以具有高效、节能、低噪声、免维护、输出转矩大、启动平稳、界沟紧凑、体积小、重量轻的驱动系统取代原传统驱动系统，解决其效率低、机械故障多、重载启动困难等问题。皮带的控制部分采用PLC控制的变频调速系统，功率部分采用变频器调速，现场反馈部分是皮带秤的称重数据，或者来自智能跟踪系统的皮带载重量，以及系统采集的运行电机电流信号、皮带保护信号等。根据皮带运行时的皮带载重量及运行频率、电机电流、皮带保护信号等，得到皮带运行速度值、载重值、电流值、频率值等数值的对应关系，构成以皮带载重为主、电流检测及速度检测为辅的负载智能跟踪控制系统，除自动调整皮带变频器功率输出之外，各参数值进一步保证皮带运行的可靠性。利用变频器和PLC控制系统，一是实现运输系统软启动；二是实现负载变化和速度变化闭环控制；三是采用变频器驱动、集成PLC控制单元，可实现工作过程中功率因数达到0.9以上，降低无功功率消耗；四是根据选煤工艺、原煤质量、在线分选等数据信息，通过实时检测分品种皮带负载情况，实现动态调整皮带机变频器功率输出，实现远程/就地变频调节功能。

2. 系统负载智能跟踪控制

完善智能跟踪控制。根据选煤工艺、原煤质量、在线分选等数据信息，通过多维度、多层次分析原煤质量，预测最佳入洗原煤量、预测三产品产量，进一步预测皮带负载量的变化，实现分品种煤流荷载在线监测、系统远程/就地变频调节并实现多级负载随动控制，优化相关规范文件中设备选择和处理能力不均衡系数K的选取，实现系统综合能耗同比节能10%～20%。在选煤厂生产过程中由于某一环节设备生产能力过剩就会影响到整个生产系统的高效运行，同时也增加了单位产量的电力消耗。在实际生产管理过程中可以通过多种方法与途径来提高选煤厂生产效率、降低电耗。通过多维度、多层次分析原煤质量，预测最佳入洗原煤量、预测三产品产量，进一步预测皮带负载量的变化，探讨下级皮带不用安装负载检测装置的情况下，实现多级根据负载率随动控制，利用模糊智能控制算法建立自适应工艺负载变化智能调速控制系统。原煤入洗皮带的负载量是由给煤频率、皮带额定负载量及三产品重介旋流器的处理能力决定的，所以，根据原煤在线灰分仪预测三产品产量。针对滨湖煤矿的现状，原煤中矸石含量多，当矸石含量超过一定比重后，降低给煤频率，保证三产品重介旋流器的正常运行。建立原煤在线灰分仪和原煤入洗量的数学模型，根据实时在线灰分、皮带额定负载量、给煤频率确定皮带最优负载量曲线。根据最优负载量，确定最优的给煤频率，保证皮带尽可能大地满足最优节能曲线。确定最优的给煤频率之后，入洗皮带安装皮带秤，根据皮带秤的称重量确定皮带的实施负载，得到实时负载曲线。为了节约成本，洗煤厂全厂并不需要每条皮带都加装皮带称重装置，单一煤流线上，根据第一级皮带的入洗量，用PLC可编程控制器完成后续皮带的跟随控制，即根据第一条皮带的负载量完成后续皮带的控制，当第一条皮带负载增大时，频率输出增大，速度增快，PLC逻辑控制器可以根据数学模型算法得到后续

皮带的提速时间及频率输出曲线，达到节约电能、减少磨损、延长使用寿命的效果。

3. 完善系统集控模式

优化系统集控模式利用数据分析，开发预检测模拟系统，实现单一逆煤流系统启动为逆（顺）煤流系统联合判定运行模式。注重开发预检测模拟启动方式，保证顺煤流启动的可靠性，避免长时间空载造成的电能浪费。

（五）建立智能化决策管理系统，实现选煤智能预测预警

在统一信息化管理平台和一体化监控平台的基础上，结合集团应用系统与选煤厂的实际信息化需求，打造涵盖安全、生产、经营、保障等方面且实时、专业的安全生产经营管理系统和安全生产辅助决策支持系统。大力建设智能工厂、智能化实验室等延伸应用，对数据进行最大可能的综合利用；在云平台的基础上，打造移动办公、移动智能工厂应用，保证信息在部门与部门之间、生产单位与管理部门之间的共享与传递。以云计算、物联网、数据挖掘技术为支撑，以行业、集团、厂制订的各类安全生产规程、规范为知识依据，结合生产自动化、安全生产日常获取的动态数据和历史数据，基于动态三维工厂平台，整合全厂控制系统数据、消防安全数据、生产数据、物流数据、视频数据、地理信息系统等数据接口，对安全生产的各类信息进行展示、分析、推理，挖掘历史数据中蕴含的模式和知识，诊断并概括现时安全状态，预测未来安全形势，实现安全生产的动态诊断和辅助决策。

1. 构建"两化"融合信息控制体系

搭建 CMES 平台，把各个系统有机集成到一起，使企业各个环节有条不紊地运行的同时，实现总调度对各个系统的统一管理，进而实现相关业务数据的综合分析及对生产状况的实时检测和调控，最终达到管控一体化的目的，逐步形成稳健高效、实时监控的新型工业控制系统。信息化管理系统主要完成生产数据的采集、统计、分析，设备的故障、状态、数据分析，设备的巡检管理，材料库存的管理等。信息化管理不但可以实现单一选煤厂的管理，同时利用公司内部专用网络可实现多个选煤厂的统一管理，通过把各个选煤厂的数据收集、汇总、统计，形成整个集团公司的生产技术报表，为公司管理层提供决策依据，对生产现场进行监管，实现产、运、销的一体化平台。

2. 选煤厂设备及设施三维建模

构建选煤厂三维虚拟模型，对三维可视化软件进行二次开发，调用 Web API 接口集成设备健康管理平台、信息化管理系统、电力采集与信息平台，获取设备状态及异常信息，三维场景和视频场景与异常设备信息联动，实现智能预测、预警。

3. 构建智能决策软件模块

实现生产情况分析、经营情况分析、工艺效果评价、生产指标预测、设备运行分析、综合辅助决策及不同管理层面的统计分析，为生产管理者提供智能决策。智能决策系统以煤质管控、洗选加工、计量管理数据支持为基准，完善各智能体系建设，提出基于云计算技术的煤炭企业信息化解决方案，能够及时准确的向生产管理决策者提供煤炭质量的变化等信息，合理地组织全局生产，提高市场竞争力，生产出产销对路的煤炭产品，这对于提升传统企业管理水平是非常重要的。新型智能控制系统的应用，使选煤厂实现生产、安全、节能、经营管理体系突破的同时，取得良好的社会效益和经济效益，促进企业安全标准化建设水平，提升企业安全管理水平，保证精煤产率和效益。

（六）建立智能生产管理保障系统，实现系统正常运行

严格责任落实。各级管理人员要严格履职，抓好体系管理工作，强化现场管理和工作落实，建立工作任务清单，明确具体责任人，实行工作限时完结制度，确保各项工作有落实、有回复。强化人员培训：充分利用班前会、班后落实会和集中学习等有效时间，通过培训意识和业务技能，发挥管理制度、技术研究成果的应有作用，将它们简单、高效地推广于现场应用；按照公司要求，制订培训学习计划，

涵盖分选理论、工艺流程、系统管理、指标测算等，鼓励司机学习洗煤设备工艺的专业知识并与实践相结合，提高司机的操作技能。加强设备检查维护：做好设备的定期检查、维护保养，保证各系统设备安全、高效运转，降低设备故障率，减少材料配件的损耗，节约安全生产成本。严格考核机制：通过月度考核、季度考核、年度考核等方式，跟踪考核节支创效工作开展情况，加强日常监管、专项督查、问效考核等管理，对于执行较好的单位和个人，给予奖励；对于执行不到位的单位和个人，严格处罚，督促整改，切实提高洗煤生产管理。

三、煤炭企业基于大数据的智能化选煤生产管理效果

（一）数字化建设实现了大幅提升

基于大数据的智能化选煤生产管理体系通过融合云计算、大数据、物联网等技术应用，解决了“信息孤岛”和“数据烟囱”的传统缺陷，将传统选煤的独立应用转变为数字赋能，以主要分选工艺环节、运输环节实现智能化控制为关键点，依托大数据平台，逐步实现了全厂数据信息的集中融合和共享，强化了智能管控平台、智能生产中心、智能决策中心建设，实现了选煤厂生产全过程智能控制，促进了选煤厂的生产变革和管理模式的改进，提高了企业数字化智能化管理赋能生产经营水平，真正实现了选煤安全生产、精益管理和价值提升的目标。根据统计，2021 年，滨湖煤矿精煤生产率提高 0.6%、高庄选煤厂精煤生产率提高 0.4%。按照高庄选煤厂 2021 年原煤入洗量 255.09 万吨、精煤和中煤吨价差 855 元计算，产生效益 872 万元。

（二）洗选能耗显著降低

通过建立智能生产管理体系，实现了生产系统控制、煤质管控、视频巡岗、事件调度等多种操作控制职能，实现了重介分选系统密度的自动调整跟踪、系统入洗量和产品分配的闭环自动稳定调节；推进“智能选煤大脑”构架，达到全厂连续化大生产的稳定有序进行，提高了生产系统运行可靠性，设备传递效率提高，降低了选煤厂的综合能耗。高庄选煤厂综合电耗节约电费 133 万元。介质消耗由 0.82 千克/吨降为 0.48 千克/吨，按照介质价格 1200 元/吨计算，年创经济效益 33 万元。提高了设备运行稳定性，设备故障率降低，降低了维护成本和材料成本，每年约为 35 万元。

（三）选煤厂实现了高质量发展

智能化选煤生产管理体系运用工艺、机械、电气、传感检测、软件工程、人工智能等多学科知识，实现设备智能运行、状态智能监测、系统智能调整、指标智能调节等功能，推进科技创新，实现选煤厂生产去岗位化管理，构建智能决策、无人化、少人化、智能化的高效选煤生产系统，为选煤厂低碳绿色运行的最佳设计和生产经营模式提供生产线优化思路及方法，实现了企业的高质量发展。通过系统优化，2021 年，高庄选煤厂生产岗位用工减少 17 人，按照每人年平均工资 8.5 万元计算，每年可节约人工成本 144 万元。

（成果创造人：侯宇刚、陈传海、李　文、赵庆民、刘永安、曹东京、赵　伟、陈小霞）

基于大数据平台的铁路工程地质勘察数智化管理

中铁第四勘察设计院集团有限公司

中铁第四勘察设计院集团有限公司（以下简称铁四院）于 1953 年在湖北省武汉市成立，是世界 500 强企业——中国铁建股份有限公司（以下简称中国铁建）的领军企业，现有职工 5300 余人，是国家认定企业技术中心及国家委托铁路、城市轨道交通专业投资咨询评估单位，综合实力位居全国勘察设计百强前列。拥有 30 多个勘察设计专业、20 余项甲级及专项资质，具备服务现代交通建设全产业链的综合技术优势。几十年的发展历程中，铁四院设计建成高速铁路 13000 余千米，累计承担 30 余个城市 100 余条城市轨道交通总体总包设计项目，创建并确立了高速铁路、城际及市域（郊）铁路、城市轨道交通、磁浮及新型交通、长大桥梁、水下隧道、现代铁路客站、综合交通规划、地下空间及 TOD 开发、全过程咨询及工程总承包等“十大核心品牌”。

一、基于大数据平台的铁路工程地质勘察数智化管理背景

（一）突破传统管理模式瓶颈的迫切需求

铁路工程勘察设计行业中，传统的铁路工程地质勘察管理存在诸多关键、共性问题，以下 3 个方面的问题十分突出：一是铁路工程地质勘察管理模式与勘察手段几十年来没有显著的变化，地质调绘主要还是采用勘察人员依靠地质测绘“三大宝”地质锤、罗盘、放大镜在现场进行实地调查，纸质记录调查资料，耗费人力多，工作效率低，勘察质量受勘察人员业务素质影响大；二是工程地质钻探设备工作模式也一直未改变，仍是人工识别、纸质记录、勘察技术人员现场以点代面的检查验收等，基本没有智能管理，也难以做到全程管控，同时由于铁路工程为线路工程，尤其是山区铁路交通不便，技术人员很多时间是花在去勘探现场的路上，工作效率低下且会耽误勘探机组现场工作；三是勘察成果资料多为纸质记录和存档，后期须通过计算机辅助二次转化为电子文档，资料利用率低，延用性差。这些弊端长期存在，严重制约了工程地质勘察管理的发展。铁四院每年铁路工程地质勘察钻探工作量近 300 万延米，按照传统管理模式需耗费大量人力长年驻守现场，勘察效率与质量难以适应现代化工程建设及铁路建设快速发展的要求，难以适应高质量发展及人力紧张、提质增效的需求，地质勘察管理发展遇到瓶颈及挑战。创新地质勘察数智化管理模式，通过地质勘察工作与大数据融合，搭建地质勘察大数据平台，以数字化推动纸质勘察数据升级为无纸化电子数据，以智能化推动传统地质勘察升级为智能勘察，是有效解决人力资源紧张、提质增效且突破现有铁路工程地质勘察管理模式发展瓶颈的迫切需求。

（二）顺应行业信息化发展的内在需求

党的十九大以来，国家对建设网络强国、数字中国做出战略部署，印发了一系列文件，明确提出推动交通行业数字化转型和发展。勘察设计类企业应深度融合 BIM、大数据、智能化、移动通信、云计算等信息技术，实现企业管理信息系统的一体化应用，促进企业设计水平和管理水平的提高。大数据赋能传统产业转型升级，铁路工程地质勘察数智化管理迎来发展的良机。铁路勘察设计行业内部分企业在工程地质勘察数智化管理方面做了一些尝试，但成绩和效果不够显著。作为中国铁路勘察设计的领军企业，铁路工程勘察设计是铁四院的主营业务，地质勘察是铁路工程勘察设计工作的重要基础。铁四院有责任，也有能力积极响应国家号召，锚定“数智四院”目标，大力推进信息化建设和数智化转型，打造铁路工程地质勘察数智化管理模式，实现从传统勘察到数智化勘察的飞跃，引领行业发展。这是顺应行业信息化发展的内在需求。

（三）助力企业高质量发展的现实需求

党的十九大对建设质量强国做出战略部署，建设工程的发展不仅事关企业自身的发展，而且事关国家战略全局。在新时代高质量发展引领下，铁四院深刻领会高质量发展的丰富内涵和实践要求，在重视量的发展的同时着力解决质量和效率的问题，在质量、效率的大幅度提升中实现量的有效增长，牢牢抓住“强基达标，提质增效”的工作主题，以质量提升和效率增长为核心，通过数智化管理模式，实现勘察全过程信息化、数字化、智能化管理，提升铁路工程勘察设计管理水平，助力企业高质量发展。作为行业内的标杆企业，铁四院致力于打造世界一流的交通工程领域综合型科技集团，将数智化转型作为企业“头号工程”重点推进，在“十四五”规划中明确推进数智化转型，赋能业务发展，建立以数据为核心的新一代勘察设计体系，推动铁路工程地质勘察数智化管理模式提档升级，增强企业核心竞争力，为铁路工程地质勘察提质增效提供有力支撑。这是推动企业高质量发展、持续巩固领军企业地位的现实需求。

二、基于大数据平台的铁路工程地质勘察数智化管理主要做法

（一）明确数智化管理总体思路，搭建管理体系

针对铁路工程地质勘察传统管理行业现状、存在的共性问题、弊端及发展需求，铁四院成立专项工作组，研究如何有效破解工程地质勘察发展瓶颈问题。在查阅国内外相关资料和调研相关企业的基础上，通过系统研究分析，认为唯有转变思维，从地质勘察工作方式、管理模式方面着手突破，通过打造地质大数据平台及研制智能管理机器人等数字化、智能化措施，解决技术人员不到工程现场就能勘察、管理及勘察成果电子化采集、高效利用的问题，才是最合适的办法。铁四院最终明确以数智化管理方式突破铁路工程地质勘察传统管理模式发展瓶颈的总体思路。铁路工程地质勘察数智化管理，其显著特点是通过地质大数据平台，实现地质资料、地质环境数字化，利用智能化信息技术、智能设备，实现智能化管理、决策，改变传统地质勘察管理模式——技术人员必须到工程现场才能开展勘察工作的模式，从而大幅度提升人的效能。针对这些特点，铁四院优化传统铁路工程地质勘察流程，构建基于大数据平台的铁路工程地质勘察数智化管理体系。利用大数据平台的数据采集功能与强大的分析、计算、处理功能，实现对铁路工程地质勘察质量、进度全过程管理，借助智能化设备，实现智能管理，有效提升勘察管理质量与水平，为生产调度提供有力的数据支撑，提高决策效率和决策效果，促进铁路工程地质勘察优质高效完成。

基于大数据平台的铁路工程地质勘察数智化管理体系主要包括三大部分：一是地质勘察大数据平台，二是数字化地质调绘，三是智能勘探管理。

1. 地质勘察大数据平台

集成区域地质数据、多源遥感数据与各项目地质勘察数据，构建地质勘察大数据平台，形成数字资产，资源共享，为智能勘察设计和管理提供基础数据支撑，是地质调绘数字化和智能勘探管理的基础。

2. 数字化地质调绘

实现技术人员不到工程现场也可全面勘察现场情况、完成主要调绘工作的目标，提高工作效率；同时，可以更全面、直观利用既有地质资料开展工作，提高勘察质量。

3. 智能勘探管理

利用地质勘察大数据平台的地质勘探 AI 管理系统及地质勘探 AI 管理机器人，通过全程视频监控、智能识别勘探点坐标、勘探孔深、电子记录等信息化、智能化技术和管理手段，实现勘探管理由传统的全靠人现场管理转变为大部分工作通过管理系统及机器人远程、智能化管理和少量控制性工作由勘察人员现场检查、核对，在提高勘察质量的同时大幅度提升管理效率。

（二）构建地质勘察大数据平台，研制智能化的勘察管理设备

铁路工程地质勘察数智化管理实现的基础和关键，是要有满足勘察需要的信息化的系统平台及智能化的设备。铁四院在铁路工程地质勘察领域加强顶层设计，指引创新工作。为切实做好科研攻关，于2018年在内部抽调研发精英的基础上，结合引入外部高端人才，组建成立研发团队，专门从事勘察设计研究开发工作。在科研创新过程中，注重与高校、科学院等研究机构合作，联合创新研发和培养高端人才。

1. 构建地质勘察大数据平台

为解决传统地质勘察管理数据采集难、存储难、管理难和应用难的现实问题，铁四院从数据标准化处理、多源地质数据存储、地质数据管理应用及服务共享等方面着手，经过多年的持续研发，集成区域地质数据、多源遥感数据与各项目地质勘察数据，构建了地质勘察大数据平台。提供地质数据共享应用等功能，在大数据平台上进行数字化地质调绘系统、智能勘探管理系统等相关勘察设计管理系统的开发、集成，为切实实现数字化、智能化铁路工程地质勘察管理奠定坚实基础。通过地质勘察大数据平台，可以实时掌握各个铁路工程地质勘察项目的进度和质量，为铁路勘察项目生产调度决策提供翔实的数据支持，为铁路工程地质勘察优质高效完成提供有力支撑。

2. 研制智能化的勘察管理设备

智能化的勘察设备是实现铁路工程地质勘察数智化管理的重要法宝，铁四院强强联合专业智能设备制造单位，针对铁路工程地质勘察数智化管理需求研发智能勘察设备并形成自己的专利成果。已研发的智能勘察设备有地质勘探AI管理机器人、无人机（倾斜摄影采集和三维激光扫描）、电子测绘平板。在铁路地质勘察项目现场推广使用地质勘探AI管理机器人，全程视频监控（实时智能上传）、智能识别勘探孔位和勘探孔深，在严寒、酷暑等复杂恶劣的野外勘探施工环境中长时间工作，有效代替勘察管理人员进行现场勘探管理，减少了人力资源投入成本。采集的数据实时上传到地质勘察大数据平台，便于掌握现场勘探进度和质量，为铁路工程地质勘察生产调度的合理安排提供科学支持。

（三）实施数字化地质调绘，提升调绘质量和效率

针对传统铁路工程地质调绘需要技术人员到工程现场实地调绘，费时费力且以点带面勘察难以全面掌握地质情况等共性问题，研究、推广使用数字化地质调绘模式，包括室内虚拟调绘、现场电子调绘和危岩落石智能调查评价3种调绘方式，依托地质勘察大数据平台，首先是解决技术人员不用去现场的问题，在地质勘察大数据平台上就可以进行调绘，提高效率；其次是地质勘察大数据平台有全面的地形地貌、既有地质资料，有利于技术人员整体、准确把控地质情况，提高调绘质量。

1. 室内虚拟调绘

在地质勘察数据大平台搭建的工程地质数字化调绘平台进行室内虚拟调绘，根据项目所处区域坐标从地质勘察大数据平台上调用区域地质图、遥感解译、铁路线位、既有勘察成果等基础资料。在充分分析这些基础资料的基础上，技术人员不用到达工程现场，在数字化调绘平台上就可以开展沿铁路线位的虚拟调绘工作，初步完成工程地质勘察的地质调查工作并对现场电子调绘、勘探工作进行策划。室内虚拟调绘可完成地质调绘70%左右的工作内容且利用的资料全面、调绘质量和工作效率高，室内虚拟调绘效率可达现场调绘效率的10倍以上。

2. 现场电子调绘

现场电子调绘是室内虚拟调绘的补充和核实，依据室内虚拟调绘的调查策划，对代表性、重点地质区域进行补充调查、核验和量测，主要辅助手段有无人机航测、地面激光雷达测量等。现场电子调绘通过电子测绘平板进行地质调绘数据采集，内容包括调绘影像、音频、文字等地质调绘内容及调查轨迹。地质调绘内容记录采用模块、标准化操作，可有效减少人员素质高低带来的偏差，同时提高记录效率及

省去后期资料再转化整理的过程。调查轨迹记录可为审核工作提供便利，当审核发现调查深度或准确性不足或存在疑问时，还可以作为导航数据，引导到现场进行补充调查。现场电子调绘在以上技术手段的加持下，工作质量和效率较传统现场地质调绘有大幅度提升。

3. 危岩落石智能调查评估

危岩落石是山区铁路勘察的重难点，传统铁路工程地质勘察模式下全部采用人力现场调查，费时费力，效率低下且容易发生遗漏，存在勘察质量隐患。为解决该问题，铁四院从提高工作效率和工作质量两个方面着手，针对性开发了危岩落石智能调查评估系统。该系统基于地质勘察大数据平台，现场通过无人机倾斜摄影采集系统和三维激光扫描系统智能化采集数据，取代传统勘察模式下全靠人力现场调绘、记录，而后通过系统平台进行三维建模、岩石结构面集合信息提取、处理，可全面、精准、高效的调查危岩落石情况，对铁路工程通过区域危岩落石风险进行精细化、定量分析，为工程防护措施提供科学依据。瑞梅铁路地质调绘勘察，初测阶段采用的是传统地质勘察调绘方法，投入20人，用时两个半月完成初步调绘工作；定测阶段采用的数字化地质调绘方法，投入12人，用时1个月完成详细调绘工作。同样长度的地质调绘工作且在精度要求更高的情况下，采用数字化地质调绘方式，投入的人员数量只有传统地质勘察调绘的60%，而现场工作时间仅为传统地质勘察调绘的40%，勘察效率提升100%以上，降低了人力、工期等勘察成本，经济效益明显且勘察质量在全面性、准确性方面高于传统地质勘察调绘方式。

（四）开展智能勘探管理，全程、远程、智能、高效管控现场

铁四院从实现勘探管理的全程、远程、智能和数字化采集4个方面入手，开展智能勘探管理系统研发。该系统可将勘探现场工作全过程及岩芯、记录摄像实时上传并保存到系统，对现场实时和历史监控，对勘探孔位、孔深进行智能识别，实现电子记录和远程检查、验收、统计及其他相关数智化管理，在提高地质勘探质量的同时显著提升勘探管理效率。

1. 视频监控，全程、远程管控

对钻探、物探、原位测试等综合勘探实施全过程视频监控，勘察成果影像资料进行实时或回溯查看，技术人员不用去现场就可远程对现场工作全过程情况进行实时检查、验收，不仅解决了传统勘探管理以点带面管理的弊端，有效地从源头上保障了勘探质量，同时也节省了大量人力、物力和时间，提高了管理工作效率。合新高铁定测勘察，计划钻探工作量约7800孔34万延米，要求40天内完成，现场钻机400余台，如采用传统地质勘探管理办法，现场需要同时派遣40余名技术人员开展勘探管理工作，人力成本高昂，部分钻机还可能因需要等待检查验收而耽误工作。本项目勘探管理采用地质勘探AI管理系统进行管理，有效运用全程监控、远程检查和现场检查验收相结合的方式进行工作，共派遣技术人员23人，按时、高效地完成了勘探管理工作，勘探管理效率提升近一倍且所有勘探过程均有记录，勘探管控质量更高。

2. 智能识别，高效管理

在铁路工程地质传统勘察管理模式下，勘探点孔位和孔深通过测量人员和技术人员现场多次实测，效率低下且还一定程度增加勘探机组的工作量。采用地质勘探AI管理机器人智能识别孔位、孔深，直接解决了这些弊端问题。勘探机组工作时，地质勘探AI管理机器人智能测量、识别与分析孔位、孔深数据，不需要技术人员现场操作，通过系统平台远程检查孔位、孔深的正确性和准确性，提高了管理效率。

3. 电子记录，数字化采集

钻探成果电子采集采用标准记录格式、标准地层匹配，现场技术人员在识别分层深度及岩土定名后，主要记录内容即可从标准库中智能生成，高效、准确。电子记录数据同步存入地质勘察大数据平

台，被资料整理系统直接调用成图，省去二次输入，大大提高工作效率。因为采用标准化的记录采集格式，有效降低了技术人员业务能力差别带来的技术质量误差，从而提高了勘察成果质量。

（五）组织保障，确保数智化管理有效运行

1. 完善制度，推行标准化运行

结合铁路工程地质勘察数智化管理特点及工作流程，铁四院修订了相关的质量管理体系文件，将地质勘察数智化管理的流程、使用方法和要求纳入程序文件，形成铁路工程地质勘察数智化管理一系列办法和文件，进一步规范勘察作业质量、安全管理、成果管理制度，推行标准化管理，从制度上保障该创新体系在生产中的落地实施、推广应用。

2. 组建专业团队，明确职责

根据铁路工程地质勘察工作内容和数智化管理要求，铁四院针对性组建成立数字化调绘智能勘察团队、危岩落石智能勘察团队、智能勘探管理勘察团队和地质勘察大师团队，每个团队根据工作特点抽调经验丰富技术人员及年轻成员组成并配备专业勘察设备。其中，地质勘察大师团队主要由勘察专业总工程师、督查人员及管理专家组成，负责地质勘察技术支持和审查工作。3 个智能勘察团队均为临时组织，成员日常进行常规勘察设计工作，待专项勘察任务下来后，立即成团，负责相应勘察任务，既保证了专业勘察质量，又保证了人力资源的充分应用，效能最大化；同时，这些团队均由新老员工搭配组成，充分保证技术、经验的传承。

3. 加强培训，确保有效应用

铁路工程地质勘察专业性强、技术含量高，数智化管理体系又涉及较多的信息化技术和智能化设备，为了使地质勘察设计人员深入认识该创新管理的思想，熟练各种业务规则和掌握系统、设备的正确使用方法，铁四院组织、开展了大量的培训工作，包括前期的理念升级培训、管理制度修编培训、软硬件使用方法培训等。除定期组织培训外，重大工程勘察项目开展工作前必须组织培训，每年培训次数不少于 10 次。参与培训的人员主要有项目负责人、地质组长、一般勘察设计人员、勘探人员等，培训考核合格后方可上岗开展工作。培训制度的落实保障了铁路工程地质勘察数智化管理的正确有效运用。

4. 开展后评估，持续完善铁路工程地质勘察数智化管理体系

为保证铁路工程地质勘察数智化管理功能更加全面，更好地提高地质勘察管理水平，铁四院除加强科研攻关外，还强化管理效果后评估，建立后评估领导小组，由技术专家组成工作组，编制评价指标体系，评估内容包括功能全面性、系统智能性、使用友好度、软硬件稳定性、后续须改进处等五大类指标，根据实际应用的情况及用户体验、需求，持续完善管理体系和升级、开发相应勘察软件系统和智能化勘察装备。自铁路工程地质勘察数智化管理应用以来，铁四院每年定期开展使用效果后评估工作并根据评估情况开展科研攻关，持续完善铁路工程地质勘察数智化管理功能。目前，在研的课题主要有《智能铁路测量数据库和地理信息服务平台建设》《工程勘察信息系统》《三维遥感铁路工程地质勘察系统》《孔内多属性地质勘探数据智能采集处理系统》《智能化岩心识别平台设计与软件开发》等。

三、基于大数据平台的铁路工程地质勘察数智化管理效果

（一）突破铁路工程地质勘察模式瓶颈，提升管理水平

基于大数据平台的铁路工程地质勘察数智化管理有效解决了地质勘察发展几十年以来的瓶颈问题，实现了技术人员不用到工程现场即可开展勘察及管理工作，智能勘察设备辅助勘察及管理将人的效能大幅度提升，同时实现勘察成果资料的数字化，使得成果利用率、延用性及成果价值更高且勘察质量更高，极大地提高了铁路工程地质勘察效率，实现了铁路工程地质勘察管理从“人工 1.0”“计算机辅助 2.0”到“数智化 3.0”的跨越。在地质勘察人员数量没有增加的基础上，铁四院完成的地质勘察工作量逐年攀升，钻探勘察从 2016 年的 276 万延米增长到 2021 年的 371 万延米，年均增长 19%，勘察质量

合格率均为100%，铁路工程地质勘察管理水平显著提升。

（二）促进企业勘察设计数智化全面发展，创造经济效益

基于大数据平台的铁路工程地质勘察数智化管理体系的创建和有效应用，攻克了勘察设计数智化管理的最后阵地——地质勘察板块，有效填补了勘察设计数智化管理的最后拼图，实现企业勘察设计数智化全面发展。多个数智化项目被列入工业和信息化部大数据产业发展试点示范项目名单。在我国铁路勘察设计企业中，铁四院率先研创并应用地质勘察数智化管理，自2016年开始在个别项目试用，至2020年开始大型、重要铁路项目全面使用，数智化管理已占据铁四院勘察设计管理的主体地位。据统计，自2020年至2022年6月，两年半的时间，地质勘察数智化管理累计应用于大型、重要铁路勘察项目如合新高铁、甬舟高铁、合武高铁湖北段、瑞梅铁路、长赣高铁等20余个项目，地质勘察线路长度累计超过3000千米，智能化勘探管理钻孔超过16万孔/700万延米，仅从人力资源投入方面计算，节约生产成本2000多万元，经济效益十分显著。

（三）提升核心竞争力，助力企业高质量发展

经过多年的持续研发和实践检验，铁四院在铁路工程地质勘察数智化管理方面形成了一整套自主创新的数智化管理平台系统，包括地质勘察大数据平台、数字化地质调绘系统和地质勘探AI管理系统及地质勘探AI管理机器人等专利技术产品、成果，拥有多种类知识产权，已形成100多项的发明专利和软件著作权。铁路工程地质勘察效率和质量不断提升，企业的数智化水平、综合实力和核心竞争力不断增强，助力企业高质量发展再上新台阶，铁四院连续5年在住房和城乡建设部全国勘察设计企业百强排名中名列第一。作为领军企业，铁四院将持续发挥勘察设计行业引领作用，为铁路行业工程地质勘察数智化管理贡献铁四院方案。

（成果创造人：姜　鹰、廖进星、谭小科、邬　强、孟祥龙、李时亮、董同新、石碧波、陈世刚、谢百义、王卫国、李　军）

民营企业集团适应母子管控体制的数字化转型管理

浙江荣盛控股集团有限公司

浙江荣盛控股集团有限公司（以下简称荣盛）总部位于浙江省杭州市，始创于1989年，现已发展成为拥有石化、化纤、房产、物流、创投等产业的现代企业集团。目前，拥有总资产4000亿元，居世界500强180位、中国企业500强76位、中国民营企业500强13位、中国石油和化工民营企业百强第二位。荣盛还拥有荣盛石化、宁波联合等上市公司，上市产业涉及石化、房产等领域。

一、民营企业集团适应母子管控体制的数字化转型管理背景

（一）全球竞争环境下企业高质量发展的必然要求

过去两年，欧美主要发达国家和经济体密集出台了参与国际竞争的数字化战略并持续加大资源投入和政策支持。围绕数字技术建立核心竞争力已成为影响一国经济增长、战略能力和国际地位的重要因素。2015年的第二届世界互联网大会上，“数字中国”被首次提出建设。2017年，党的十九大提出“五位一体”总体布局，将“数字中国”建设上升至国家战略。2021年，“十四五”规划和2035年远景目标纲要进一步将“加快数字化发展，建设数字中国”进行专题阐述，使其成为新时代国家信息化发展的重要战略和未来5年乃至15年数字化转型发展的行动纲领。荣盛作为一家中国民营企业，一方面，因石化产业链业务遍布全球，企业发展深受国际经济、社会、政策影响，必须抢抓数字化机遇，方能在全球竞争中行稳致远；另一方面，荣盛成立至今始终秉承“坚持实业报国，引领行业发展”使命，义不容辞响应国家战略，落实高质量发展要求，加快企业数字化转型。

（二）数字经济时代实体企业敏捷经营的迫切需要

数字经济作为继农业经济、工业经济之后的主要经济形态，近年来得到蓬勃发展。2005—2020年，我国的数字经济规模由2.6万亿元增长至39.2万亿元，占GDP比重由14.2%提升至38.6%。但是，在传统制造业，大多数企业的信息化基础薄弱、软硬件能力失衡、生产方式落后、经营管理与决策效率低下，在风险交织、瞬息万变的市场环境中面临空前压力。以荣盛为例，2015年的年营业收入已超过800亿元，但由于信息化投入有限，软硬件设备老旧、开发运维人员短缺、系统“报错”频繁、数据采集与集成脱节等问题凸显，特别是随着集团下属逸盛石化、中金石化、浙江石化等一批百万吨、千万吨级生产企业相继投产，以及房地产和金融创投等多元产业快速发展，企业在生产、管理、贸易、投融资等各环节管控薄弱、效率低下的问题集中爆发，严重制约了企业发展，迫切需要从顶层对企业的数字化管理进行统筹规划。

（三）母子管控下高频决策与风险控制的重要保障

企业在不确定性的环境中，必须依托各类信息与数据的互联互通、集成融合，才能化解复杂系统的不确定性，实现高频、科学决策。荣盛在经营早期将有限的资金、人才等资源集中投入到大项目投资和生产经营上，相对忽视了职能支持和风险防控，特别是在缺少强有力的信息化、数字化保障的情况下，对下属单位的管控相对粗放，对市场的需求响应滞后，管理决策缺乏科学、系统的支持。2016年以来，随着企业规模迅速扩大，一批子公司相继成立，荣盛在经营实践中逐步形成了基于企业文化和发展需要的母子管控管理模式，即：通过对下属单位采用层级的管理控制、资源的协调分配、经营风险防范等策略和方式，寻求企业运行、控制及决策管理的最优。母子管控目标的实现必须依托关键业务软件系统、硬件网络平台及智能商业决策大数据分析3个方面的有力支撑，因此，完善的数字化配套成为企业实现

高频决策、高效管理的必要手段和重要保障。

二、民营企业集团适应母子管控体制的数字化转型管理主要做法

（一）构建母子管控模式，完善“五位一体”绩效体系

1. 构建母子管控管理模式

多年来，荣盛坚持“纵横双向”的企业发展战略：纵向推动产业链向上延伸，形成石化全产业链竞争优势；横向坚持创新发展，差异化经营，深耕现有产业。为适应企业发展与环境变化，荣盛探索形成了符合自身发展的一体化母子管控模式，即：在集团层面管理决策、管理控制（运营管理部门）、业务支持（运营保障部门）三级管理的基础上，将集团对成员企业的管理细分为高度集权、垂直管理、分级审批、监督管理4种类型。集团总部作为战略决策、经营决策中心，通过集权和分权相结合的管控模式，对子公司的管理体制、关键资源、管理活动等进行分级分类管理，一方面，统筹清理组织边界和职能围墙，实现了经营活动的跨组织、跨职能、扁平化运行；另一方面，推动集团内部的总体战略和经营风险有效控制。母子管控模式确立荣盛全面风险管理和数字化转型的基本框架。

2. 建立“五位一体”绩效体系

为适应企业跨地区、多领域发展需要，2013年，集团总裁办公会议明确将集团绩效考核由直线考核转变为以子公司、中心为单位的集中型考核。自2014年起，集团绩效考核领导小组逐步建立完善了内容涵盖经营业绩（KPI）、人力资源（HRM）、安全环保（HSE）、现场评估、稽查审计专项考核的“五位一体”绩效管理体系，各子公司、中心根据集团公司绩效考核目标自行制订下属部门及员工绩效考核细则，由此实现集团对子公司经营情况的过程控制和全面评价。“五位一体”的绩效管理体系成为荣盛母子管控的有力保障和数字化转型的重要内容。

（二）立足经营管理实际，夯实数字化管理基础

1. 强化数字化组织领导

2016年1月，荣盛将“扎实推进数字化建设”纳入“十三五”期间5项工作重心之一。为有效协同企业资源，组建了以集团董事长为首及集团各中心分管领导、各子公司负责人为成员的数字化建设领导小组，统筹数字化战略规划并对重大事项做出决策；下设数字化建设办公室及人力、财务、生产、安环、供应链等8个专项工作组，选调总裁顾问、外部专家、集团各职能部门、各成员企业富有经验的中层以上人员为成员，专门负责数字化建设的框架搭建、方案研讨、项目落地及调整改进等工作，确保企业经营与数字化建设在业务及管理方面充分融合、高效协同。

2. 开展数字化学习调研

为深入了解、学习数字化建设先进企业的经验做法，荣盛各专项工作小组通过实地考察、座谈交流、专题培训等形式，用3个月的时间对中国石化、海尔、华为、美的等数字化领先企业的先进做法进行了专题调研学习；同时，加强与第三方咨询机构密切合作，领导小组、专项小组结合调研情况，与第三方机构协同研讨不同信息技术、软硬件设备、网络平台对荣盛企业管理、产业合作、行业竞争、客户服务、产品形态等的影响，加快推动数字化条件下企业管理和业务新形态的构想和规划。

3. 启动数字化总体规划

通过对先进企业的调研学习和对市场、人才、技术、资本、信息等数字化核心要素及应用的深入研讨，2016年4月，荣盛明确了集团数字化建设目标：一是利用先进、实用硬件设备和网络技术，大力推动智能制造，快速、准确采集和利用生产、市场、客户数据信息，打造国际化布局的数字神经网络；二是利用信息化手段推进优化和提升所有关键业务的效能和效率，实现与国内外供应链伙伴的深层次协同和服务，推动价值创造、分享和商业模式变革，提高企业的核心竞争能力；三是以技术为先导，建立覆盖关键领域的知识管理体系，利用商业智能和决策支持系统提高企业管理水平和决策能力，助力企业

稳健步入世界500强企业行列。在此基础上，结合产业链布局及大项目工程进度，2016年5月，集团总裁办公会议首次提出“一个协同门户，两套保障体系，三层系统结构、四个专业平台”（简称“1234”）的企业信息化总体规划，即：在“十四五”期间，建成全局性、可扩展的企业经营决策综合信息门户，构建安全防护、运行维护两套保障体系，搭建决策管理、业务管理、控制操作3层系统结构，配套经营管理、生产管理、工程管理及协同办公4套管理平台。

4. 落实数字化资源保障

硬件资源方面：荣盛在智能制造、智慧物流、电商平台、IT系统等领域累计投入信息化、数字化建设资金100多亿元。充分发挥母子管控模式在企业资源配置方面的优势，由集团数字化工作领导小组牵头调动集团下属聚酯、炼化、PTA、商务、物流、房地产等各个板块的既有资源，统筹部署企业在数字化转型过程中的信息化技术、软硬件设备、网络、系统等核心要素，在控制成本的同时有力提升数字化转型的效能和效率。软件资源方面：大力引进优秀人才并辅以竞争力的薪酬福利，2015年以来，累计从互联网、云计算、物联网等行业大型企业引进信息技术、数字化专业人才1000余人；优化职位层级管理体系，打通数字化专业人才职级晋升通道的同时，依托“荣盛学院”，联合浙江大学、浙江工商大学等高校培养既懂管理又懂数字化转型的复合型人才，为企业从信息数字化到业务数字化，最终迈向数字化转型提供了重要的人力保障。

5. 完善管理和创新机制

一是加强标准化建设。过去5年，集团下属企业累计制订实施技术、管理等一系列的管控制度和流程2500余项，牵头或参与制订国际、国家等各级标准100余项并在行业内率先获得“浙江制造”认证。二是贯彻PDCA循环管理。集团董事长部署建立“防风险、助发展”巡查机制，成立“十巡十查”专项工作组，每年对各板块子公司的生产经营及管理情况进行一次全面监督检查。集团稽查、审计及各职能部门按照年度、月度计划，对各项管理制度等进行常态化检查，定期发布通报，运用PDCA管理对问题项循环跟踪，防范企业管理风险。三是加强内部创新。成立集团大质量创新管理委员会并配套出台《大质量创新管理规定》，内容涵盖技术创新和经营管理创新，涉及产品、制造、研发、流程优化、管理变革、产业链优化等方面。以2021年为例，荣盛广大员工积极参与、提出企业创新和合理化提案5323项，已采纳实施4112项，采纳实施率77.2%，覆盖企业产品创新、设备改造、节能降耗、品质提升、安全环保、管理优化、人文关怀等领域，增创经济效益超过5亿元。持续的标准化建设和PDCA管理优化为荣盛实施数字化转型提供了重要的智力支持和管理驱动。

（三）统一数据平台标准，实现企业信息集成共享

1. 破解数据孤岛问题

荣盛作为一家多业态经营的集团化企业，数据的有效性和可用性直接关乎数字化转型的成败。为此，根据企业经营实际，结合共性应用系统的建设，荣盛于2016年启动“统一标准，分级管理”的主数据管理模式，即将数据标准分为3类——集团集中管理、集团与业务板块分级管理、业务板块自行管理，在此基础上花费大量人力、物力一步到位统一编码。目前，累计更新维护主数据110余万条，其中仅物料编码一项就超过100万条。通过统一母子公司间的数据标准，一方面降低了沟通成本，另一方面为企业信息集成共享奠定了基础。

2. 加强信息系统建设

信息系统的先进性是企业数字化转型程度的窗口。荣盛在IT系统建设方面重点推进了经营数据的集成共享，结合母子管控体系，形成荣盛特色。首先，有效整合ERP/CRM/LIMS/BI/HRMS等经营管理系统、MES为代表的生产执行管理系统、OA协同办公系统及Aconex为代表的工程管理系统四大平台数据；其次，全面配套TMS、TOS等多个商务、物流子系统；最后，在此基础上通过数据集成，开展

财务、营销、采购、生产、人力、研发等大数据分析，从而实现纵向贯穿“战略－执行－反馈”管理闭环，横向打通“产－供－销”协同闭环的集团管控、综合决策数字化管理目标。例如：在协同办公方面，集团内部统一了身份验证、办公邮箱、审批协同平台，大幅提升办公效率；在人力资源管理方面，按照人力资源六大中心（制度中心、监控中心、评价中心、支持中心、创新中心、文化中心）定位，搭建了统一的信息管理平台并通过全流程业务集成，实现了人力资源管理下沉、业务赋能及全流程覆盖；在财务管理方面，通过用友 NC 财务系统的规则配置，实现了全集团系统业财融合和快速数据抽取及合并，显著提升了财务工作效率。

（四）推动数智工厂建设，促进生产环节降本增效

智慧园区方面：荣盛与杭州大华、浙江中控、海康威视、新华三等智慧物联服务商开展深度合作，重点依托 AI、物联网、大数据技术对下属石化产业链生产企业展开智慧园区建设：一是通过 AI 技术的加载实现园区安全管理、便捷通行、协同办公等业务的智慧化升级；二是将物联网应用神经延伸至各种业务场景，实现人、车、物数据信息线上融合与计算，通过物联网传感器，监测园区环境及能耗情况，为园区数字化管理提供数据源；三是构建园区大数据平台，向下汇聚各类业务子系统数据，向上为企业业务提供数据支撑，从而实现了园区“数据全融合、状态全可视、业务全可管、事件全可控”。

智能制造方面：荣盛一方面通过 MES 等生产执行管理系统，与 DCS/PCS 等工业控制系统进行集成关联，有效固化生产流程和管理标准；另一方面，通过自动化、一体化智能设备的广泛应用，实现企业营运过程的一体化、数字化、透明化及企业综合管控的智能化和可视化。例如：荣盛早在 2011 年便在国内率先启动“机器换人”项目，在杭州本部的聚酯工厂，通过一整套智能设备和流程、品质的标准化控制，实现了一卷纺丝从生产线自动落丝→输送→检测→仓储→包装的全自动一体化生产，节约 40% 人工，年增加 3800 万元收益，原料单耗、产品质量、综合能耗均达到国内外先进水平；在浙江石化 4000 万吨炼化一体化工厂，数字化智能制造设备应用于 600 万吨聚烯烃产品的均化→包装→检测→码垛→集装箱装车作业，大幅提升了生产效率和产品质量控制水平。精益管理已经深入到生产管理的各个方面、各个环节，通过信息流拉动和贯通共享，提升业务管控能力，为管理创新创造良好基础。

（五）搭建荣盛电商平台，助力传统营销模式变革

为加快企业从生产制造向服务制造转型升级，荣盛独立搭建集团物资采购销售电商平台。该平台借助“互联网＋”，由系统按照竞价物资交易原则和电子竞价方式，自动匹配成交，突破了传统交易对时间、地点、操作方式等的限制，规避了传统交易的种种弊端、风险并最大限度降低了集采成本、提升了产品效益。该平台自 2021 年 9 月上线到 2022 年 3 月间，仅产品销售方面，累计挂牌竞拍物资 48 项、2408 批次，成交 308.5 万吨，竞拍成功率达 90% 以上。其中，销售竞拍推价最高近万元每吨，有数百次挂牌推价超过 2000 元每吨，累计推价创效达数千万元以上。

（六）加快数字物流建设，强化产运供销服务配套

荣盛打破制造业以生产营销为重心的传统逻辑，将物流作为企业打通供应链、提升满意度、建立核心竞争力的重要环节纳入集团六大核心板块。成立了以荣通物流为代表的专业物流公司，服务集团成员企业并开展物流自营业务。通过“1234”数字化平台，积极整合船运帮、易港通、TOS、TMS、GPS、微信小程序等企业内外部物流信息和数据交互资源，全面推动物流“操作数字化、商务电子化、经营网络化”建设。过去 3 年，荣通物流营业收入和利润率年均增长分别达到 3.85%、26.45%，成为支持荣盛石化产业链转型发展的重要保障。

（七）发挥整链经营优势，提升全球资源配置能力

在“纵横双向”战略的指导下，荣盛用不到 10 年的时间完成了从石化产业链下游一根丝（涤纶丝）到上游一滴油（原油）的产业链飞跃，形成了拥有年产能 4000 万吨炼化一体、1380 万吨芳烃、

280 万吨乙烯、2000 万吨 PTA 和 450 万吨聚酯的全产业龙头企业。基于强大的产能及规模优势，荣盛开启了从单一工厂向全球供应链转型：在加拿大涉足石油勘探，在新加坡经营原油采购，在上海主导化工品销售，在全球优势区域拓展贸易平台，在全国布局完善物流网络。大量的经营数据通过“1234”数字化平台互联互通、集成融合，将割裂的工作部门串联起来，成为荣盛整合全球资源、发挥产业链经营优势、形成核心竞争力的重要保障。

（八）借力企业资本运作，推动上下游价值共享

相较于传统企业，荣盛对待资本更为开放，主张“资产经营 + 资本运作”双轮驱动，通过兼并收购和合资合作，促进产业结构调整。因此，荣盛一方面与石化同行共筑合作共赢之路，先后合资成立全球最大的 PTA 生产基地、全球最大的单体石化基地及相关配套产业，推动产业链上下游价值共享；另一方面成立荣盛创投等专业投融资平台，致力于投资国内外优秀的高成长、高科技企业，发挥金融对产业发展的支撑作用。

三、民营企业集团适应母子管控体制的数字化转型管理效果

（一）规划项目按期投产，实体工厂安稳运行

过去 5 年，荣盛下属浙江石化 4000 万吨/年绿色炼化一体化项目、大连逸盛 100 万吨/年瓶级切片项目、海南逸盛 50 万吨/年瓶级切片、宁波逸盛新材料 600 万吨/年 PTA 项目、宁波中金 20 万吨/年间二甲苯项目相继投产；浙江永盛科技 20 万吨/年聚酯薄膜项目和 20 万吨/年聚酯纤维复产，25 万吨/年聚酯薄膜扩建项目部分投产；浙江杭州盛元化纤 50 万吨/年聚酯化纤二期启动建设；舟山金塘园区 450 万吨化工产业链项目签约。当前，荣盛八大生产基地均保持满负荷运行，在数字化转型背景下，2021 年人均营业收入为 1970.6 万元，较 2015 年提升 117.4%，生产管理实现“安、稳、长、满、优”目标。

（二）风控体系逐步完善，敏捷经营成果斐然

过去 5 年，通过技术应用、创新集成、组织重构、商业模式变革的数字化转型，荣盛实现了实体工厂、贸易平台、金融服务等管理领域的高效协同、决策和国际化运作，企业生产、经营、投资、财务等方面的资源分配与风险控制体系逐步完善。2021 年，实现营业收入 4483 亿元，同比增长 45.27%；利润总额 307.5 亿元，同比增长 86.02%；净资产收益率为 24.06%，同比增长 45.03%；全员劳动生产率 221.16 万元/人·年，同比增长 90.43%；人均营业收入 1970.6 万元，较 2015 年增长 117.4%。

（三）竞争能力显著提升，企业形象稳步提高

数字化转型在助推大项目建设、大质量管理与企业高速成长的同时，也助力荣盛向着“有责任担当、有行业地位、有持续盈利能力的百年企业”迈进。荣盛先后获得“全国实施卓越绩效模式先进企业”“浙江省管理创新示范企业”“浙江省信用管理示范企业”“中国上市公司最佳投资者关系奖”“化纤行业‘十三五’高质量发展领军企业”“全国文明单位”等殊荣，企业形象和社会影响稳步提高。

（成果创造人：朱太球、倪建明、俞凤娣、俞传坤、沈　明、杨长该、
曹益锋、李伟慧、张林娟、沈丹味、陈　科、张文惠）

以创建世界一流为目标的水电站智能化管理

华能澜沧江水电股份有限公司小湾水电厂

华能澜沧江水电股份有限公司小湾水电厂（以下简称小湾电厂）位于云南省澜沧江中游河段，是国家重点工程、西部大开发战略标志性工程、西电东送骨干电源。小湾电厂建成了全球首座300米级混凝土双曲拱坝，使中国特高拱坝设计及建造能力迈入世界一流水平，推动了国际坝工技术的进步；实现了世界一流机电设备的技术引进和消化吸收，成为国内单机700兆瓦及以上水轮发电机组实现自主设计制造的转折点。小湾电厂总装机容量4200兆瓦，以500千伏电压等级接入电力系统，年平均发电量达189.9亿千瓦时，作为南方电网总调直调电厂，在南方电网系统中担任调峰、调频、调压任务。小湾电厂不断探索水电管理和技术的前沿领域，在国内率先推行“运维合一”管理模式，成为华能集团单机最大、南方电网首个实现“无人值班”的大型水电厂。全力推进水电工控领域全面自主可控，着力攻关“卡脖子”关键核心技术，成功研发并投运了全国首台（套）700兆瓦水电机组国产计算机智能监控系统，5号机组获国家能源局授予“国家能源领域首台（套）自主可控计算机监控系统”。

一、以创建世界一流为目标的水电站智能化管理背景

（一）适应新型电力市场的需要

近年来，随着电力市场化交易的深入推进，电力市场供需变化频繁，水电厂发电及检修计划需及时动态调整。目前，水电机组主要采用传统的检修管理模式，在时效性、管理效率等方面难以适应外部环境的要求。因此，各发电企业必须将人工智能、大数据、云计算等先进技术运用于机组状态检修评价及评估，探索更高效的状态检修管理模式，以更好地适应新型电力市场的要求。

（二）一流水电厂试点创建的需要

作为华能集团创建世界一流电厂工作中的水电试点单位，小湾电厂须结合自身特点，积极开展管理创新和技术攻关，在智能化建设方面取得突破性成效，持续优化资源配置，提升生产管理效率，力争早日达成“一流管理、一流环境、一流设备、一流运维、一流检修、一流人才、一流绩效、一流形象”的世界一流现代化水电厂目标。

（三）实现企业高质量发展的需要

小湾电厂生产设备设施运行可靠、在线监测系统覆盖完善、远程集控功能完备，已实现无人值班管理模式，在水电行业中具有较强的核心竞争力。当前，以智能化、数字化为核心特征的新工业革命正在兴起，为了应对生产发展和经营管理面临的机遇和挑战，小湾电厂必须应用先进的信息化、智能化技术，提升智能化管理水平，促进企业提质增效和高质量发展。

二、以创建世界一流为目标的水电站智能化管理主要做法

（一）组织保障，奠定智能化电厂管理体系基础

1. 建立智能电厂管理组织机构

为确保智能电厂建设工作的顺利推进，2016年，小湾电厂成立了由厂领导牵头的智能电厂管理组织机构，明确了相关人员的分工及职责。领导小组负责贯彻、执行上级智能化建设有关规定，统一领导电厂智能化建设工作。领导小组下设办公室，负责智能电厂建设工作的组织和实施，对内组织协调各部室的智能化建设工作，对外开展调研交流、研究先进技术和管理方法的引进。小湾电厂结合现场实际，研究并形成了适用于水电厂的智能电厂管理架构，为智能电厂建设指明方向。

2. 搭建小湾电厂智能化体系架构

智能化体系架构包括生产智能化和管理智能化两大主线。其中，生产数据分析中心及工业互联网应用、状态检修及状态维护、智能巡检、智能库坝等单元构成生产智能化，班组管理标准化、检修全过程管理信息化、智能仓储、智能安全与防护等单元构成管理智能化。根据管理层级的不同，该架构分为4个层级单元：智能管理层、智能监管层、智能监控层、智能设备层。其中，智能管理层包括生产智能化和管理智能化；智能监管层指独立的智能化管理单元，主要实现生产过程寻优指导、设备健康状态智能诊断、高坝大库状态智能评价、状态检修及状态维护、智能化管理、标准化管理等管理模式；智能监控层指计算机监控系统、状态检测系统等汇集了各种高级应用算法的智能监测或控制系统，主要用于处理智能设备层的生产数据与管理数据，为智能化管理体系提供数据支撑与技术支持；智能设备层指各种先进检测系统与智能测控设备。

（二）紧盯前沿，开创机电设备智能化管理模式

1. “生产数据分析中心+工业互联网应用”

小湾电厂历时3年开发了统一的厂级生产数据分析中心——动态数据分析平台，整合了计算机监控系统、各在线监测系统数据，实现了设备自动预警、智能监盘、报表自动生成、智能趋势分析等功能，系统实现了设备智能化管理“看、想、做”的有机集成，以及从在线感知、智能分析到决策执行的有机统一。根据动态数据分析结果，组织开展现场试验，解决了设计、制造、安装期间的重大遗留问题。为贯彻落实国务院相关文件精神，以及华能集团、澜沧江公司工业互联网项目的部署和要求，小湾电厂深度参与工业互联网项目建设和应用，将工业互联网和厂级生产数据分析成果有机结合，实现工业互联网全厂数据总览、运行数据、特征量数据、机组综合数据展示及数据对比分析等功能。研究开发设备运行算法模型，实时掌握设备运行健康趋势，及时对设备故障进行预判和预警，为设备运行方式优化、精准维护、检修项目策划、检修质量管控及实现无人值班提供了有力的数据支撑。通过生产数据的智能分析应用，促进了生产业务的数字化转型，大幅降低人员设备巡检、运行维护等业务量，提高了现场生产效率，有效保障机电设备的安全稳定运行。

2. 实现智能巡检管理

一是智能巡检机器人系统。智能巡检机器人系统由轨道式智能巡检机器人、传输网络及综合管理平台三大部分组成，挂载了摄像机和各类传感器，采集的信号通过光纤网络传输至综合管理平台。综合管理平台采用智能图像分析技术、智能数据分析技术，实现音视频采集、烟雾探测、温度监测、噪音监测等功能。发现设备异常后，系统将自动输出人机交互报警信号并自动抓拍与录像。该系统具有全天候监视、可远程操控、巡检数据智能分析、智能报警等优点。二是智能巡检摄像机。智能巡检摄像机采用热成像双目数字摄像机。摄像机实时监视设备运行情况，形成热图像监视画面和正常监视画面上送工业电视平台，工业电视平台通过智能图像分析技术，可及时发现设备温度异常情况并预警。开展了工业电视与多系统联动功能的研究，目前已实现了工业电视与火灾报警系统联动功能，研究制订了工业电视与设备状态、水灾报警系统、环境监测系统、门禁系统联动的实施策略。三是可视化巡检系统。研究开发了可视化巡检系统，用以辅助运行人员开展巡检工作，提高巡检工作标准化、信息化水平。可视化智能巡检系统由后台服务器、PC端数据同步客户端、手机智能巡检终端等构成。巡检人员到达相应位置扫描巡检区域二维码后，智能巡检终端便会自动调出巡检内容及标准，提醒巡检人员录入关键运行数据、巡检情况及设备缺陷照片。巡检人员还可利用智能巡检终端查看关联设备的运行规程及正常运行特征图片，以判断设备运行状态。通过可视化巡检系统的图文并茂的提醒提示功能，有效避免了巡检不到位情况。

3. 实现设备检修全过程信息化管理

研发SAP平台检修标准化管理系统，统一规范了机组检修全业务流程，实现了设备检修全过程信息化、智能化管理。依托华能集团SAP平台的检修标准化管理系统投入使用，实现了SAP平台内各类生产信息模块之间的无缝集成，充分发挥了检修信息化管理便捷、快速、统一的优势，设备检修管理的效率和质量得到有效保障。该系统各项检修数据能在华能集团SAP平台各功能模块之间进行交互，避免了信息孤岛；系统内部检修数据按照指标化、结构化的原则开发，能进行自动统计汇总、集中展出、动态分析；实现了所有业务的线上审批，减免了大量纸质审批流程；系统可以自动判定相关数据的合格性，实现了检修智能验收，提升了检修管理智能化水平。

4. 实现状态检修及状态维护管理

在当前电力体制改革形势下，电力市场供需变化频繁，水电厂发电及检修计划需及时动态调整。为解决传统计划检修及预防性维护模式不能很好适应电力市场新需求的问题，研究提出“状态检修+状态维护”的新模式。状态检修方面，系统地建立了巨型水电厂设备设施状态检修策略，创建了巨型水电厂设备状态评估模型。根据设备运行趋势分析、风险及寿命评估及各类规程规范等内容，依据评价标准对各系统设备的关键部件、关键项、关键评价内容及分数权重进行综合评价并结合现场实际制订出各专业状态检修策略。状态维护方面，制订了巨型水电厂的设备设施状态维护策略，实现了由预防性维护到状态维护的转变。根据状态监测与检测结果，对设备关键运行参数的变化情况开展运行趋势分析并结合设备特点和使用寿命，分析设备固有的故障模式，制订状态维护任务。

5. 研发应用智能仓储管理系统

小湾电厂运用物联网技术，开发并应用了智能仓储管理系统。以SAP系统为运行平台，实现与电子商务、在线法务等系统的集成与共享，将仓库作业中的上架、下架、领料出货、库位管理、盘点、物资查询等功能集成在移动手持终端App上，手持终端通过无线网络与SAP服务器相连接并进行数据实时交互，可在移动终端上直接进行业务处理，便捷掌握物资出入库情况、库存情况、闲置情况、报废情况，提升仓储业务执行效率及准确性，为物资采购管理提供决策依据，实现电厂仓储管理模式的变革。

6. 创新打造班组标准化平台

推陈出新，开发了班组管理标准化平台，实现班组管理的标准化、规范化、信息化和智能化。融入指纹识别、手写签名、智能多维度工作分配等先进技术，实现班组日常管理无纸化办公、工单任务闭环管理、班组建设自动评价、指纹识别及电子签名等实用功能。班组管理标准化平台包括任务工单管理、班组基础管理、班组安全管理和星级班组考评四大管理功能。班组标准化平台的应用，实现了班组日常管理常态化、安全管理规范化、生产管理精细化、综合管理简易化、业绩考核指标化，提高了班组管理智能化水平和电厂信息化水平。

（三）科技引领，实现水库大坝智能化管理变革

1. 监测数据的智能感知

瞄准前沿，完成外观观测自动化改造。针对小湾电厂外观测点数量多、分布广，大坝坝体高、坝肩边坡高差大、观测距离长、气象条件复杂多变等特殊情况，研发了外观智能变形监测系统，提高了大坝安全智能化管理水平，成为特高拱坝和复杂地理环境下变形观测技术的重要突破。

协同管理，强化监测系统联动作业。针对小湾工程枢纽运行情况和管理要求，研究出一套基于外观监测自动化系统、GNSS系统、大坝监测自动化系统、强震监测系统的联动作业策略，在地震、暴雨、库水位骤升骤降等特殊工况下或某一重要监测数据发生较大变化时触发联动作业机制，各系统自动同时开展监测数据采集、整理和入库，协同工作，及时掌握重点工况的监测数据，自动开展分析和预警，为工程安全决策提供数据支撑。

创新赋能，技术攻关提质增效。针对水工建筑物运行维护、大坝安全管理、安全监测方面在生产技术、管理上的痛点难点问题，研究效能改进、性能提升、经济优化等方面的创新措施，通过创新不断提高水工建筑物运行维护、安全监测及大坝安全管理的水平。

2. 结构安全的智能水工巡检

充分利用智能化设备，实现巡检消缺闭环管理。将大坝运维管理的巡视检查核心业务与物联网、移动通信技术深度融合，研发了国内首个适用于特高拱坝的移动终端水工巡检系统，提出了面向水工图像的数字特征提取与模式识别技术，解决了以往水工巡检作业中的巡检数据难以结构化和成果信息追溯对比困难的问题，全面提升了特高拱坝水工巡检的自动化和信息化程度。

3. 灾害信息的智慧预警

一为研发防汛设施在线监测及灾害预警系统。系统主要由重点排水渠过流量监测、工区雨量监测站和灾害预警中心平台组成。灾害预警中心平台通过接收现场流量、雨量和水位等实时数据并经过数据处理软件进行智能分析、统计和比较验证，及时发现数据异常和防汛设施异常，依据应急预案要求启动防汛应急分级响应，实时发布相关预警信息，实现智能分级预警。二为研发边坡落石自动监测及及预警系统。当有落石滚落至被动防护网，产生的振动电流信号大于设定值时，振动监测模块将启动相应通信模块，向指定的手机联系人发送预警短信并发送至灾害预警中心平台。通过边坡落石监测系统可以及时掌握边坡落石情况，方便应急人员做好抢险救灾和撤离等工作准备。

4. 运行性态的智慧决策

研发了数据驱动的特高拱坝安全分析与运维管控平台，实现大坝运行性态的智慧决策。以全面提升特高拱坝运行工况安全诊断与安全管控能力为目标，针对异构监测系统数据孤岛、庞大监测系统数据采集耗时多、资料整编分析工作量大、大坝安全评价历时周期长等亟待解决的技术难题，围绕运行期大坝安全主要影响因素，研发了拱坝运行安全数字感知、智能识别、趋势研判和综合分析成套技术，建立了测值快速甄别评判与阈值分析模型，构建了大坝工况综合分析与分级评价模型，满足了运行期特高拱坝及其安全监测系统异常工况的高效甄别与缺陷隐患的及时响应需求，实现大坝工作性态的健康诊断和分级预警，提出相应的应急预案与防范措施，切实提高小湾电厂大坝安全管理及技术决策水平。

（四）多位一体，构筑安全防护智能化管理体系

1. 无线对讲系统提高厂房通信保障能力

为进一步提高整个厂区的指令通信保障能力，提高工作效率和通信可靠性，建设了无线对讲系统。当电厂移动信号、电信信号出现故障的情况时，无线对讲系统还能保证现场生产运行、设备调试、应急处理的通信能力。使用无线对讲系统可实现点对点呼叫、点对组呼叫和点对群组的呼叫，适用于电厂组织大规模的设备检修、设备调试、故障处理、大坝巡视检查等工作。

2. 智能门禁系统实现人员出入的智能管控

小湾电厂门禁系统以智能射频识别技术为基础，实现门禁出入管理，由软硬件两部分组成。硬件部分包括门禁服务器、门禁管理工作站、传输网络、读卡器、门磁锁、开门按钮、破碎按钮、发卡器、射频卡、门禁控制器等设备。该门禁系统实现了人员出入的智能化控制。系统可灵活设置门禁出入权限，能对所有门的刷卡和开关状态进行实时监控，系统可根据需要以各种条件组合查询并导出门禁进出记录。具备远程控制开启关闭功能，特定部位的门可设置为紧急情况自动开启，以便人员及时疏散，确保人身安全。

3. 安全管理信息化系统实现安全管理智能化

安全管理信息化系统能同时提供移动智能终端在线方式访问、移动数据交互功能，主要实现基础信息管理、危险源与违章管理、安全工器具管理、安全监察日常事务管理、安全检查管理等功能。电厂员

工发现危险源或人员违章情况，可随时用手机拍照上传到管理系统中。危险源上传到管理系统中后，系统会下发任务工单到责任部门，责任部门处理完成后回填危险源整改情况。违章情况上传到管理系统中后，系统会启动整改、考核流程，实现违章整改考核的闭环管理。系统可按时间段或按违章类别统计各部门违章情况，实现违章信息化管理。通过系统移动终端可实现对安全工器具基本信息、检查校核记录、借用归还记录的台账信息管理，实现对电厂安全组织机构、相关人员安全资质、安全法律法规等内容在线检索及下载，还可实现安全检查标准化管理，安全检查人员在移动终端上启动某项检查后，检查人员可根据系统提供的检查内容及检查标准进行检查并在系统中回填发现的问题，若需要整改则转至整改责任部门进行整改。

4. 远程实时在线监视提高运行操作安全性

为加强对日常巡检、倒闸操作及现场作业的安全监控，杜绝违章行为，防范安全事故发生，小湾电厂建设了运行操作远程实时在线监视系统。运行操作远程实时在线监视系统由前端视频终端、无线Wi－Fi通信网络和后台服务器构成。通过该系统可在后台上查看现场实时视频，及时发现施工作业过程及操作过程中存在的安全隐患及违章操作。运行操作远程实时在线监视系统实现了日常巡检及倒闸操作过程中的实时远方管控，提高了运行值班负责人及电厂管理人员对全厂工作的全面掌控能力，有效地提升了电厂安全管理水平。

三、以创建世界一流为目标的水电站智能化管理效果

（一）电厂生产管理水平显著提升

小湾电厂在现场管理标准化、规范化的基础上，以创建世界一流现代化水电厂为目标，研究并形成具有特色的智能化电厂管理架构，建成一批具有实用性和先进性的智能化生产设备及管理系统，实现电厂生产管理模式的转变，显著提升电厂管理水平、设备健康水平。小湾电厂已连续12年实现“零事故、零伤害”，截至2022年11月16日，累计安全生产4822天，自投产以来已累计发电2220.07亿千瓦时。近3年来，机组自动开停机成功率保持在99.95%以上（2021年至今开停机成功率100%），主要发供电设备完好率、AGC/AVC投入率、保护和自动装置的投入率和正确动作率均为100%，处于业内先进水平。

小湾电厂被评为电力行业单机700兆瓦及以上混流式电站发电耗水率指标最优水电站，4号机组被评为“电力行业2020—2021年度标杆水电机组”。小湾电厂已与2019年11月26日转入无人值班管理模式，阶段性实现了创建世界一流水电厂的目标。

（二）电厂创新工作取得显著成效

小湾电厂通过以创建世界一流为目标的水电站智能化管理，营造了热烈的创新氛围，取得了显著的成效。小湾电厂在机电设备智能化管理、水库大坝智能化管理、安全防护智能化管理等方面共获得华能集团科技单项奖2次，以及国家发明专利11项、实用新型专利59项、软件著作权31项；获得国家级管理创新奖2项，获得省部（集团）级科技奖27项、管理创新奖21项。先后获得“国际里程碑工程奖”“国家优质工程金奖”“中国土木工程詹天佑奖”“菲迪克工程奖”“全国文明单位”“全国工人先锋号”“中国美丽电厂”“全国企业文化示范基地”“全国安全文化建设示范企业”等荣誉称号。

（三）取得了显著的经济效益

通过智能电厂建设，小湾电厂实现技术和管理的全面提升，大幅降低现场人员工作量，显著提升设备设施运行可靠性，预计在设备生命周期内能够增加1～3年的使用寿命。小湾机电设备及其安装总费用为10.68亿元、正常使用寿命为12年，寿命周期内每年折旧8900.84万元。按照提高1年使用寿命来折算，机电设备寿命周期内每年可节约设备采购及安装资金741.74万元。

推行状态检修后，为检修工期的优化提供了技术保障，进一步降低检修成本、增加机组可用系数和

发电能力。根据当前设备状态评估结果，每年度实施 2 台机组 C 级检修，单台机组检修工期可由 18 天缩短到 16 天；每年度可实施 3 台机组 D 级检修，单台机组检修工期仅为 10 天。按照每年 2 台机组 C 级检修、3 台机组 D 级检修来计算，相比之前 5 台机组 C 级检修工期，每年全厂共计可多发电运行 28 天。按照 80% 的平均负荷率计算，每年可多发电量为 37632 万千瓦时，按照 0. 20 元/千瓦时的电价计算，每年多发电带来的经济效益将达到 7526. 4 万元。

（四）取得了显著的社会效益

小湾电厂作为国家实施西部大开发、“西电东送”战略的标志性工程，通过智能化水电厂的建设和管理提升，积极响应国家数字化转型发展战略，为创建世界一流现代化水电厂的目标打下了坚实的基础，也为水电领域内各企业的智能化电厂建设和管理提供了思路及参考依据。

（成果创造人：杨劲松、南冠群、钟　智、皮跃银、范迎春、龚登位、赵晓嘉、郑智燊、金　威、王远洪、陈映喜、余　意）

电子制造企业基于综合信息平台的智慧工厂建设与运营管理

深圳长城开发苏州电子有限公司

深圳长城开发苏州电子有限公司（以下简称深科技苏州电子公司）是中国电子信息产业集团有限公司（以下简称中国电子）的二级企业——深圳长城开发科技股份有限公司（以下简称深科技）的下属全资子公司，成立于2006年，现有员工80多人，2021年营业收入超过5.3亿元，实现利润6800多万元。深科技苏州电子公司目前拥有4条高度自动化SMT生产线、约1500平方米的100级净化车间及强大的技术实验室。深科技苏州电子公司专注于电子制造加工行业，以先进的技术能力和可靠的质量得到行业的广泛认可，生产和运作技术处于行业领先地位。目前，深科技苏州电子公司是手机摄像头音圈马达线圈组件的重要供应商，是手机摄像头行业供应链中重要的一环。2021年，线圈组件出货量超过1亿片，约占A客户全球市场份额的18%。

一、电子制造企业基于综合信息平台的智慧工厂建设与运营管理背景

（一）响应国家“制造强国”战略的必然要求

智能制造已经成为新的战略制高点，以智能制造为主攻方向，推动制造业数字化转型已经成为时代发展的趋势。我国“十四五”规划纲要为制造业指明了方向，加快补齐基础零部件及元器件短板，改造提升传统产业，深入实施智能制造与绿色制造工程，建立智能制造示范工厂完善智能制造标准体系，推动先进制造业的快速发展。深科技苏州电子公司承担了以工业化、信息化“两化”融合为基础的智能制造为目标的“智慧工厂”任务，以响应“两化”融合和数字化建设的国家战略，积极践行工业化和信息化的深度融合，建设一流的国际化制造企业，以此带动整个集团的智能制造发展，在行业内形成示范作用，为我国的智能制造贡献一份力量。

（二）传统制造产业实现数字化转型的必然选择

深科技苏州电子公司的主要产品是手机摄像头音圈马达线圈组件，主要供给世界著名品牌手机制造商，是手机摄像头的核心部件。产品的组装精度要求严苛，要求在防静电的高洁净度的100级净化间生产环境中制造，工艺窗口很窄，传统的电子生产环境和生产模式已经无法保证高端电子产品制造要求，难以和国际一流的企业竞争。为了能够实现高品质的制造，深科技苏州电子公司树立高起点的智能制造目标，以运作技术为基础，以自动化技术与信息化技术为手段，实现制造过程的数字化运作模式，树立电子制造的智慧工厂标杆，引领高端电子制造行业发展。

（三）实现深科技的“加快推进高端制造”的重要手段

深科技的“十三五”“十四五”发展战略中明确提出“加快推进高端制造，夯实EMS核心能力”，明确3个发展方向：提高制造技术综合实力、提升精益水平，建立智能化制造系统，建立智能化绿色工厂。深科技苏州电子公司响应《深科技智能制造发展战略》，为深科技的高端制造建立一个标杆工厂。

基于上述情况，从2019年开始，深科技苏州电子公司构建智慧工厂蓝图，以制造精益化和流程标准化为基础，先后进行了设备自动化、制程信息化的建设并与生产运作技术深度融合，历时两年，于2020年完成了智慧工厂的建设并顺利运营。

二、电子制造企业基于综合信息平台的智慧工厂建设与运营管理主要做法

（一）对标智能制造标杆企业，确定智慧工厂建设战略蓝图

1. 对标智能制造标杆企业，明确智能制造方向

由于产品客户位于东南亚，深科技苏州电子公司参考新加坡经济发展局颁布的智能制造成熟度指数，关注智能制造顶层设计的3个方面基本构成，即过程、技术和组织；理解运营、供应链、产品生命周期、自动化、连通性、智能化、人才完备以及结构与管理8个指标内容，作为智能制造关键要素；明确16个评估维度内容，作为智能制造发展要求。对标西门子“灯塔工厂”，明确智慧工厂的技术方向和管理目标，坚持持续改进产品品质和工艺并将信息化系统与自动化装备高度结合为智能制造方向，最终实现产品、工厂、系统和设备之间的互联，对物联网上创建的数据进行分析，以完成具有针对性的优化，以数字化思维重塑企业创新优势。

2. 梳理现状，分析差距，确定当前工厂管理及信息系统不足

对比标杆分析结果，全面梳理生产过程的现状，针对传统企业信息系统构建中的孤岛化问题，着手解决信息相互割裂造成的数据不准确、不及时、不匹配的现象。经过梳理统计，信息系统目前共有MES（生产执行系统）、QMS（品质管理系统）、WMS（仓储管理系统）、EAS（设备管理系统）、iDAS（环境管理系统）和MES－HR（人员管理）6个独立的孤岛系统模块在线运行，互相之间没有数据关联，无法在相关维度上进行统计和分析。

3. 依照深科技战略规划与业务特点，确定智慧工厂建设的蓝图

依照深科技公司“加快推进高端制造，夯实EMS核心能力”的战略规划，分析公司高品质制造的业务特点，聚焦于“人员中心”“设备中心”“资源中心”“工艺中心”“能源中心”“控制中心”高端制造6个核心运作维度，深科技苏州电子公司于2019年规划“一个综合平台，两个基础保障、三种技术融合、四个应用层”的智慧工厂战略蓝图。

（二）系统化布局，构建6个维度的综合信息平台

1. 根据工厂组织运作机制，构建6个维度协同运作的组织框架

针对工厂组织运作机制——生产部对作业人员进行管理、设备部对制造设备进行管理、工程部对工艺进行管理、厂务部对能源进行管理及管理组对资源的调配与控制等，深科技苏州电子公司规划并构建“人员中心”“设备中心”“资源中心”“工艺中心”“能源中心”“控制中心”6个维度协同运作的组织模式。6个维度保持相对独立，维度之间通过数据调用接口，建立数据调用关联，形成闭环的信息链接框架。

2. 梳理6个维度之间的运作关系，设计综合信息管理平台运作逻辑

工艺标准化要求以人员作为核心，合理统筹设备、资源、工艺、能源和控制高效平稳运作，最终保证工序质量。因此，6个维度之间的协调运作是质量控制的关键，再结合智慧工厂蓝图所要实现的管理目标与效果，最终设计综合信息管理平台运作逻辑。

3. 结合系统现有模块功能，搭建智慧工厂综合管理平台

按照智慧工厂综合管理平台框架与运作逻辑设计，对现有的6个系统模块——MES、QMS、WMS、EAS、iDAS和MES－HR进行分析验证，补足相关功能，另外新增加SCADA（工厂数据管理平台）、变更管理、能耗管理及“易事通”异常与决策管理等5个软件模块的建设，形成总共11个模块的综合信息管理平台。这11个模块的综合信息管理平台作为智慧工厂智能控制中心，可根据组织功能的需求分别支持6个中心组织，采用软件模块和组织中心相互支持和调用的分布协同模式，实现各环节、各维度互联互通的数字化生产管理模式。

(三) 基于3种技术融合，构建数字化综合管理系统

1. 组建技术联合团队，促进3种技术融合

抽调智能制造技术中心、自动化设计部、信息系统部、系统流程管理部和深科技苏州电子公司相关技术与管理人员，组建涵盖运作管理技术、自动化实施技术、信息互联技术3种技术领域的项目联合团队，充分沟通和实施培训，统一智慧工厂实施的路线，对数字化运作管理进行深入分析，探讨3种技术融合的方案和实施计划。以运作技术为依托，实现管理要求的规范化；以自动化技术为基础，实现作业过程的数字化；以信息化技术为桥梁，实现作业过程控制和管理要求规范的紧密融合，实现运作管理效率的提升，实现工厂数字化管理的目标。

2. 基于3种技术的融合，创建数字化综合管理系统

以运作技术、自动化技术、信息技术为核心，实现了自动设备运行的互联互通、在线的数据检测和品质控制，通过智能终端对生产进行远程监测与控制，实现了全方位的精益化和柔性化生产，形成生产、设备、品质、人员的数字化综合管理系统。

(四) 构建4个应用层，建设智慧工厂

在工厂总体运作层面，贯通数据采集、数据治理和数据呈现3个环节，构建智能设备层、智能感知层、智能应用层和智能管理层共4个应用层的模块化管理结构。

1. 使用智能制造设备，构建智能设备层

针对智能设备层，使用先进的智能制造设备，实现制造全过程所有要素的数字化处理和数字化采集。智能设备层主要包含以下4个方面的应用。一是使用智能生产设备。工厂内所有主生产设备已实现与MES的互联互通，产品相关生产信息与检测数据透过在线自动扫描工装二维码全部上抛MES，为实现工厂数字化管理奠定坚实的基础。二是使用自动物流搬运设备。通过在线AGV与上工装、上盖板、三合一等站点的信息实时联动，实现SMT工装自动装卸与搬运，在线循环使用，无须人工干预。三是使用自动视觉检测设备。当前，工厂主要产品是手机摄像头音圈马达线圈组件，对外观品质要求比较严苛，通过导入在线自动视觉检测设备，实现产品外观自动检测并自动挑选出不良品。四是使用设备自动安灯系统。SMT线体已实现高度自动化流水线生产，产品在线单件流，单台设备运行状态直接决定整个线体效率。设备自动安灯系统通过设备运行状态的数字化采集对接事件管理系统，快速解决现场设备异常。

2. 运用数据采集技术，构建智能感知层

针对智能感知层，运用先进的数据采集技术，突破数据孤岛，实现制造全过程所有要素数据的互联互通。通过447个数据采集点，29个数据接口实现对能源、环境、设备、人员、产品数据的全面采集运用。

采用非侵入式与边缘计算技术，实现能源数据采集。与生产制造系统融合，建立数字化能耗监控体系。通过实时的水、电、气数字化采集和监控预警，实时反馈、实时调节，为合理利用能源、降低能源消耗提供了数据决策，构建适应公司可持续发展战略的绿色生产管理模式。采用非侵入式智能数据采集终端与边缘计算终端，实现高频率数据采集，数据即采即用，高精度数据处理，高时效数据传输，集成能源数据在线检测、多维度统计分析，基于丰富的智能算法，可支撑实现能源数据价值的深度挖掘。

自主研发智能iDAS，实现环境数据采集。为满足精密制造净化间严苛的环境要求，深科技产品开发中心自主开发iDAS，通过各类采集终端采集车间内设备低阻、温湿度、人员防静电手圈、粒子洁净度等数据，形成车间内环境监控看板，实时监控车间内环境状态并对接事件管理系统触发环境异常事件，实现车间内所有环境异常闭环管理。全面导入SCADA，实现设备数据采集。全面导入SCADA，通过相关方式实现线体主设备运行状态及关键工艺参数、关键过程指标等数据分钟级采集并将采集数据上

传至 EAS。SCADA 从底层通信、逻辑控制、分布式存储、数据分析与处理、Web 服务、UI 交互进行集成，通过 BI 工具实时呈现设备运行状态可视化，实现设备自动 OEE 管理。

运用 RFID 技术，实现人员数据采集。运用 RFID 技术，在净化间出入口处安装非接触式无线光电收发器采集人员进出车间信息，在车间内各工位安装读卡器，人员执行上岗、离岗刷卡动作，采集人员上下岗信息，通过以上采集的信息对接人岗管理系统实现车间内人员定位与定岗管理。

对产品工装使用镭射二维码及信息跟踪技术，实现产品数据采集。由于当前线圈组件产品外形较小，无法贴附或镭射二维码实现产品信息追溯，通过在循环使用的工装板边镭射二维码及产品在工装上的相对位置确定产品在线唯一身份信息。实时采集原辅材料使用信息、产出数据、测试数据、工装治具使用情况等，产品数据上传 MES，实现数据与单个产品关联绑定，方便后续产品生产数据查询追溯。

3. 应用软件管理系统，构建智能应用层

第一，构建应用人岗管理系统。通过 RFID 自动采集人员进出车间信息和上下岗打卡信息与排班数据进行比对，实现一线管理人员实时了解车间人员上下岗信息、岗位技能匹配状况及人员进出车间情况，实时对接 MES - HR 的人员请假、人员班制、人员技能和生产计划，采取顺岗原则实现人岗系统智能排班并输出人岗兵阵图至车间现场看板。应用智能排班系统：智能排班系统兼顾产品、技能、效率的约束，解决了生产调度“最后一里路”，实现人尽其能、人尽其用、人尽其效，达成用工浪费最小化；同时，系统也支持对自动排班信息进行手动调整，提升现场一线管理人员排班效率，实现排班结果可视化。应用人岗兵阵图：依据智能排班结果及人员上下岗打卡信息实时产生人岗兵阵图，车间内人员上下岗状态一目了然，方便一线班组长现场管理，实时显示未上岗人数、岗位技能不匹配人数及新人作业重点关注等信息。第二，构建设备管理系统。设备是制造性企业最重要也是最直接的有形资产，设备管理水平直接影响着产品品质与生产效率。工厂全面导入 EAS 后，改变了之前依靠人工管理、纸质记录的传统设备管理方式，实现设备全生命周期管理的电子化、精细化、移动化。日常点检电子化、移动化：通过在 EAS 内配置设备点检计划及点检明细，系统自动触发每班点检任务，生成每班点检记录，点检记录电子化保证了点检结果的可追溯性，满足客户对设备点检作业的严苛要求，改变传统开班生产的纸质点检方式，提升点检作业效率，点检结果一目了然，便于点检 NG 项目的改善与追踪确认。另外，针对能采集到的关键工艺参数，通过 BI 工具实现参数自动校验，自动校验结果实时显示在看板上，便于现场工程师的确认与改善。保养电子化、可视化：支持多周期性保养计划维护及移动端作业，节省纸张的使用，保养计划提前一天自动邮件推送至相关负责人，以便提前做好保养准备工作。在 PC 端、移动端及现场看板上呈现不同周期设备保养计划及保养状态，实现保养计划执行状况及执行结果及时查看和追溯性要求。第三，构建文件管理系统。建立文件管理系统对接公司文件系统——Portal 平台，将 IC/QAI/PMP 等文件与产品、工艺站点进行绑定，通过授权访问，改变之前纸质文档发放上线使用的习惯，既节约纸张的使用，又提升文件发放、更新、查阅、回收等效率，文件版本升级可实时同步到车间各文件查阅终端，各线体在产品切换时也同步自动切换产品关联的文件，实现车间文件电子化。第四，构建事件管理系统。以综合信息管理平台为基础，引入外部成熟事件管理软件系统——“易事通”，建立起综合人、机、料、法、环、能源的异常反馈决策体系。通过各类数采数据库对接事件管理系统，建立现场查询、展示、移动通知、广播播报和远程 AR 交互的多级实时监控反馈系统，形成远程、后台、实时的数字精益化的管理模式和异常事件闭环管理系统。事件闭环管理：从异常事件发起、响应、处理、确认及改善等各个环节进行管理，形成异常事件管理闭环并形成异常事件处理知识库。通过对异常事件历史数据分析，为长期有效改善指明方向，降低生产过程中的变异，为考核异常事件处理人员提供数据支撑。事件管理系统支持移动端的异常事件发起与处理作业，提高了工作效率，提升了异常事件处理时效性，工程师与管理人员可通过手机 App 处理与分析异常事件并关注异常事件处理进度。为了保证异常事件的及时告知，建立车间广播系统，通过调用数据接口，打通事件管理系统与车间广播系统的连接，车间广播系统可实时自动播报事件的类型及发生地点，呼叫相关责任人到岗处理，提升异常事件处理的时效性，保障车间正常运营。人机协同管理：制造过程中异常千变万化，有规律的异常事件可以通过自动反馈自主决策、自主处理、恢复正常。大量无法自主判断决策的异常事件可以通过异常反馈系统通知到相关人员，由人去判断和处理。人是系统外最为智慧的“终端”，在综合信息系统外设置人机接口，把异常状态反馈到人，通过人机交互，形成人机协同的管理模式，把难以判断、难以决策的事件交给人去处理，处理的方法进入知识数据库，不断积累，不断进步。也就是说，人是整个系统的最高裁判和决策者，是事件的处理者，也是知识库的贡献者，是整个系统柔性运作的关键点。事件管理系统体现业务协同的原则，支持手动触发与自动触发异常事件，通过对接 MES、人岗、SCADA、iDAS 等系统，依据事先设定的判断标准自动触发异常事件，同时也支持管理层发出指令、下达指示。

4. 利用智能分析结果，构建智能管理层

针对智能管理层，基于 MES、iDAS、人岗、能源、设备数采、事件管理系统等完整高效的数据采集体系及高值的 BI 工具、稳定的 IT 架构基础，建立了数字化运营控制中心平台，实现生产数据可视化、生产管理透明化，以数据驱动生产管理全面提升。进一步利用大数据分析技术，充分挖掘数据背后的管理与制程改善机会，为管理层决策提供数据支撑。第一，构建以中央控制室为中心的多层级可视化智能运营平台。传统的制造管理模式时有问题发生，现场员工通知管理人员、技术人员到现场分析和解决问题。生产数量、生产品质要等到下班后由统计员点数、制表上报，管理人员组织班前会、班后会通报情况，关注要点，预防问题，这种事后管理的模式深刻地影响传统制造行业。多层级可视化智能运营平台的建立改变传统的制造管理模式，由现场、走动式管理向远程、后台、实时的管理方式转变。中央控制室平台：打造透明化、数字化中央控制室运营控制平台，开发出包含 42 项运营管理指标、77 项明细管理指标、205 项矩阵管理指标和 67 份图表的 9 块看板系统，实现实时、远程与后台管理。基于数据可视化和事件管理系统为驱动引擎拉动车间绩效提升，事件管理闭环，建立工厂级自驱动改善单元。车间看板系统：在车间内安装 3 块看板，用以实时显示环境监控、人员管理及轮播生产达成、品质监控、点检状态、事件管理看板，便于现场主管、工程师等相关负责人及时发现问题并解决问题。线头看板系统：在车间 SMT 主线线头各安装一块看板，实时显示当线的生产达成率、直通率及 DT 信息，便于当线员工及组长、工程辅助及时发现问题、反馈问题、解决问题，提升问题解决的时效性。移动终端看板：通过下载 Power BI 应用工具，在手机等移动端可实时查看智控中心 9 块大屏的内容，实现管理人员与责任工程师随时随地监控运营管理指标表现，真正实现远程管理与后台管理的创新管理模式，以数据驱动生产管理全面提升。第二，构建以智能数据分析为依据的精准考核激励系统。透过智慧工厂综合信息管理平台，谁管理哪些设备、谁生产多少产品、谁的产品质量高都是实时精确的，再通过智能数据分析，构建精准考核激励系统，确保精准激励，做到大家都心服口服，达到公平公正的目的，同时也达到提高人员能力、减少人为异常、提升品质、减少公司人力成本投入的效果。制订并实施技工上线激励制度，依据数据考核，既增加员工收入、调动员工的工作积极性，也更好地留住一线关键技术人员。

（五）夯实智慧工厂运营的两个基础，实现管理变革

1. 提升精益制造成熟度，保障智慧工厂高效运营

按照深科技苏州电子公司精益成熟度模型及精益推行规划，在原有精益制造的基础上，推出“精益 2.0”版本，优化精益成熟度内容并结合数字化的发展方向，优化评估标准，为不断夯实与提升精益制造水平提供改进方向，为智慧工厂高效管理运行夯实基础。

2. 建立标准化管理流程，保障智慧工厂平稳运营

按照公司流程管理规划和要求，在优化组织结构、引进先进运作技术、优化运营管理流程的基础

上，实现流程的标准化；在现场作业方面，从质量管理、环境管理、生产安全等方面强化现场作业规范性要求；借助数字基础和信息化平台，实现设备管理、物流控制、品质控制、工艺控制、能源监控等数字化控制的要求，为智慧工厂平稳运营提供制度保障。

三、电子制造企业基于综合信息平台的智慧工厂建设与运营管理效果

（一）市场竞争力得到提升，提高经济效益

深科技苏州电子公司事业部属于某国际品牌供应链体系下的三级供应商，拥有优质的客户资源，通过智慧工厂的建设和运营，提高了生产品质与市场信誉度，实现了市场份额的提升；同时，效率提升，成本下降，人均产值提升 128%，位居集团各分公司、子公司第一，为整体运营提供了良好的经营氛围，公司年利润增加 848 万元，实现了良好的市场效益和经济效益。

（二）企业行业知名度得到提升，产生良好的社会效益

营造了有利于公司制造高质量发展的良好环境与氛围。通过苏州电子公司智慧工厂的成功建设与良好运营经验，加快了公司构建高质量发展的指标体系、制度体系、标准体系、统计体系、绩效评价、考核办法的步伐，引导各工厂各部门在推动公司制造高质量发展上下功夫，营造出有利于公司持续推动制造高质量发展的良好环境与氛围。

企业行业知名度得到提升。智慧工厂建设的成功，使得企业在行业内的品牌影响力得到提高。客户通过参观智慧工厂，对深科技苏州电子公司的智能制造水平给予居于行业世界先进水平的超高评价，极大地增加了客户对公司产品的信任度。在 2021 年度中国电子管理创新评比中，智慧工厂项目荣登榜首，获得中国电子管理创新一等奖。中国电子系统内兄弟公司多次组团参观学习，为中国电子在智能制造的建设提供了样板，积极为民族制造业贡献一份自己的力量；同时，也推动了深科技内部以智慧工厂为主题的学习、推广活动。

（三）实施能源消耗的监控与预警，实现绿色发展

手机的音圈马达驱动线圈是高精密的元器件，对于 DI 水等级、洁净空气等级、防静电等级等生产环境的要求非常严格，并且生产过程需大量消耗纯净水及压缩空气、氮气，属于高耗能的高端制造行业。为了减低消耗、降低成本，响应国家绿色生产的战略，能耗监控成为本次智慧工厂建设内容的重点之一。智慧工厂实现了对工厂内耗能实况全方位、多角度的实时监控，可对关键设备的电压、电流、功率、功率因数、频率、负载率、流量、水温等参数实时监控并支持历史数据查询，帮助能耗管理人员实时了解全工厂用能系统运行状态。根据能耗监控数据分析结构，优化生产运作，降低能耗。对产品质量、数量与能耗进行管理监控，在保证质量的前提下调整各项能耗参数，尽可能减少能源消耗，避免由于质量过剩造成的浪费。根据 2021 年年度统计，总体的能耗降低 23.6%，节约费用 130 多万元，取得明显的经济效果，为国家的绿色制造做出应有的贡献。

（成果创造人：张五庆、卢　平、于化荣、史初浪、王　剑、易万清、
王劲刚、叶杰林、郭泽权、李林丽、梁新华、张飞飞）

供电企业基于“互联网+”平台的智慧综合能源服务体系构建

国网辽宁省电力有限公司大连供电公司

国网辽宁省电力有限公司大连供电公司（以下简称大连供电公司）是国家电网有限公司（以下简称国网公司）34家大型供电企业之一，下设13个职能部门、15个业务实施机构和13个供电分公司，用能客户437.6万户，资产总额159.17亿元。2021年，大连供电公司售电收入175.57亿元，完成全社会用电量441.95亿千瓦时。大连供电公司先后获得中央企业先进集体等荣誉称号，始终保持全国五一劳动奖状等称号。

一、供电企业基于“互联网+”平台的智慧综合能源服务体系构建背景

（一）助力“双碳”目标实现，加快推动能源消费革命的需要

随着“双碳”战略目标的提出，能源行业作为排碳大户备受关注。加快能源转型，引导供给侧与消费侧双向发力，进一步控制能源消费总量、提高能源利用效率、降低碳排放强度，仍然是我国能源高质量发展的主要工作。当前，我国正处于能源转型的关键时期，企业能源利用效率低、能源成本高等问题十分突出。2020年3月，国家发展改革委等四部委共同发布相关文件，首次提出“综合能源服务”，明确要求大力开展综合能源服务、降低能源整体消耗水平；同年5月，国家能源局发布相关文件也指出：综合能源服务对于提升能源系统效率和产业链供应链现代化水平具有重要作用。加快推进综合能源服务，可以提高能源利用能效、降低用能消耗成本，是国家实现“双碳”、推进能源供给侧改革、带动和提升能源相关产业的国际竞争力的重要举措。

（二）贯彻国网公司战略布局，推动新兴产业升级发展的需要

为适应能源发展新形势，2017年，国网公司印发了《国家电网公司关于在各省开展综合能源服务业务的意见》，吹响了国网公司进军综合能源业务的号角并明确提出要推动公司由电能供应商向综合能源服务商转变。2019年，国网公司为推动综合能源服务业务发展进程，印发了《国家电网有限公司关于推进综合能源服务业务发展2019—2020年行动计划》，进一步对综合能源服务业务工作进行部署。2020年，国网公司提出“一业为主、四翼齐飞、全要素发力”的发展总体布局，再次明确加快推动综合能源服务重点向能源消费侧转型、整合新型服务渠道和资源、全面推动产业升级的要求。随着“大云物移智链”等信息技术及热电联供技术、新能源发电技术、储能技术等技术的发展，使得能源之间互联、能源和信息融合进一步加强，为供应多种能源产品、提供多种能源服务、互联多方信息资源提供了可能，综合能源服务已具备全面实践的基础。

（三）满足客户多元用能需求，助力大连供电公司业务提升的需要

受辽宁区域经济增速影响，电量需求增长减速，大连供电公司在稳定电网主营业务收入的同时，亟待在推动能源消费革命转型、新兴产业升级发展的背景下从消费侧构建新型服务体系，满足客户多元化需求。当下，用能客户存在以下需求。一是对电力代运维的需求。高压客户普遍存在电力设备运维能力有限、成本偏高、能效低下、故障频发等现象，对精通专业、技术成熟的代运维服务有较高需求。二是对能效分析的需求。用能客户对于不同作业方式、不同环境状况、不同运作时期的能源消耗无法提前掌控，造成能源浪费的同时增加企业成本，对具有事先统计、使用提示、事后反馈的能效分析服务有较高需求。三是对专业电力服务的需求。由于存在技术人员和资源的不足，用能客户在电力工程、碳计算、电力资源共享领域对撮合交易、提供定制方案的专业电力服务有着较高需求。优化综合能源服务体系，

提升客户服务水平和满意度，已成为大连供电公司当前业务转型升级的重中之重。

二、供电企业基于“互联网+”平台的智慧综合能源服务体系构建主要做法

（一）开展顶层规划设计，确立综合能源服务思路

1. 明确多方共建理念，确定总体指导思想

大连供电公司通过“线上广泛调研+线下重点走访”方式，深入调研3000多家企业和200余家综合能源服务商，了解大连地区综合能源服务的需求和供给能力。在充分开展调研和分析的基础上，大连供电公司明确“开放、合作、共享、共赢”的多方共建理念，确定“对内整合资源、对外合作共享，打造‘能源服务网上商城’，构建综合能源服务生态圈，汇聚产业链资源提供智慧服务”的指导思想。一方面，聚合政府、电网企业、综合能源服务商、客户等多方之力，打造“联合协作、共建共赢、一体运作”的综合能源生态圈，推动大连供电公司由供电企业向综合能源服务商的业态升级；另一方面，研究互联网技术、物联网技术和大数据技术在综合能源服务方面的应用，打造服务网上商城，推动线上线下深度融合，实现综合能源服务线上交易、设备实时可视监测、业务工单数字驱动，打造智慧综合能源服务体系。

2. 构建智慧能源服务模型，打造能源服务生态圈

大连供电公司以“加快建成能源互联网示范基地，打造综合能源服务标杆，推动能源服务生态圈共赢”为目标，以政府协同政策保障机制、内部联动组织保障机制、多类人才保障机制三维综合保障体系为基础，以“e电通”平台为载体，汇聚能源服务商、科研机构、设备厂商、用能客户、金融机构等产业链单位，打造多方共赢服务生态体系；开发多元化、多级别、多类型的综合能源服务产品体系，满足客户多样化用能需求；通过“e电通”平台实现智慧服务模式，实现“线下管家服务+移动App工单驱动+线上24小时监测”，全面提升客户用能的安全性、经济性和效益性。

3. 制订“三步走”实施规划，明确长期工作目标

构建“试点开展能源托管服务、重点拓展特色服务、全面推广综合能源服务”的“三步走”工作规划。第一阶段：2019—2020年，建设“e电通”平台，试点开展能源托管。大连供电公司建设“e电通”平台，找准区域能源市场用户中电力运维能力有限等问题点，以能源托管为切入点，跑通服务流程，完善服务产品，验证商务模式，完成能源托管试点工作，为全面构建综合能源服务体系奠定应用基础。第二阶段：2021—2022年，重点拓展特色服务，延展综合能源服务边界。拓展“e电通”功能和服务产品，通过“供电服务+综合能源服务”的推广方式，大规模推广能效服务和能源托管服务，推动资源共享、电动汽车服务等新兴服务逐步规模化应用。第三阶段：2023—2025年，全面推广综合能源服务，打造行业标杆。“e电通”平台接入水、热、气等能源数据，构建地区能源大数据中心，推动地区绝大部分综合能源服务在“e电通”平台交易，拉动产业链整体协同发展，为大连的用能客户提供“一站式”综合能源解决方案，打造综合能源服务标杆，向全社会贡献综合能源服务体系典型经验。

（二）开发“e电通”平台，打造能源服务网上商城

1. 多方调研企业需求，把握平台建设要求

一是下发调查问卷。向3155家企业下发综合能源服务需求的调研问卷，从用能情况普查、用能需求、接受服务意愿等维度了解客户需求。二是开展用电信息大数据分析。通过营销业务应用系统、用电信息采集系统收集企业近3年以来的用电信息，对3000多家企业进行详细用能分析，掌握能耗水平，确定其节能空间和综合能源服务重点。三是开展现场需求调研。结合大连市的实际情况，选取11家典型客户进行走访，了解其在分布式光伏、电动汽车服务、空调节能、照明优化、给排水优化、电梯优化、冷热源优化、能源托管等服务上的需求，一方面，为制订相应的市场服务策略做好数据准备；另一方面，收集客户用能数据实时监测及可视化管理的需求，为平台开发奠定基础。

2. 开发“e电通”平台，实现“三端合一”

一是开发“三端合一”服务平台。平台采用电子商务模式，设计“Web端+移动App”的方式，开发网页端、用户端App、运维端App的“三端合一”服务平台，将大连供电公司、能源服务商、用能客户汇聚到同一平台，实现服务线上交易、业务线上交互、数据线上分析的功能。二是实现客户用能信息可视化监控。大连供电公司通过网页端实现客户用能全景监盘、能源监测、能源分析，对服务商进行资源调配、运营管理，对数据进行集成采集和监测分析，实现对客户设备状态和服务资源的全面掌握。三是提供移动端应用。一方面，通过移动端App，用能客户能够及时掌握本单位用电分布、能耗情况、碳计量、用电隐患等信息并可直接提出电力巡检申请，全面提升客户用能体验和用能管理水平；另一方面，综合能源服务人员通过移动App可以监控所服务的客户设备运行情况，接收故障信息，开展工单流转和线上记录，在线与大连供电公司、客户进行沟通。

3. 推动服务线上交易，实现过程可视受控

一是提供多类型综合服务产品。通过“e电通”平台，由大连供电公司和能源服务商向用能客户提供运维托管等12类综合能源服务，推动综合能源服务供需双方快速达成交易。二是推动线上交易。能源服务商通过平台将所能提供的服务信息上传，经平台审核后在其商铺发布。用电客户通过平台进行搜索，查询相关服务。如有意愿，则双方通过平台进行线上交流，达成交易意向，生成订单，签署合同。三是服务交易全过程状态可视化管理。交易达成后，能源服务商通过平台录入合同条款，维护合同里程碑节点及要求，能源服务商和用户可以通过平台实时查询服务的状态，进行沟通，用户能在平台对服务商进行评价。

（三）打造多方共赢服务生态，汇聚产业链资源

1. 构建多方合作运营模式，打造能源服务生态

一是实施平台建、运分离，开展专业化运营。大连供电公司负责“e电通”平台总体策划及建设开发，负责硬件升级维护和软件功能升级。将平台以租赁的形式交给经验丰富的平台运营商负责具体运营，平台运营商向大连供电公司交付租金，平台运营过程中产生的营业收益、广告收益等归平台运营商所有。二是连接服务商和用户，打造开放生态。通过能源服务商入驻“e电通”平台开设商铺及用户使用App查询、购买综合能源服务的方式，连接综合能源服务供需双方，汇聚综合能源服务企业、数据、技术、人员等多维度的资源，打造“开放、共享”的综合能源服务生态。三是打造多方共赢的商业模式。大连供电公司通过收取“e电通”平台的租金和所属产业单位向用能客户提供综合能源服务获得收益。平台运营商通过向用能客户、能源服务商提供各项平台服务费和广告，获得相关收益。能源服务商通过平台向用能客户方便、快捷地提供综合能源服务，获得服务收益。用能客户通过平台寻找适合需求的综合能源服务产品，提高能源管理水平，降低能效成本。

2. 构建产业融合发展联盟，共同推动技术创新

一是构建综合能源产业融合发展联盟。搭建战略合作纽带关系，与华为、国网综合能源公司等69家单位建立综合能源服务合作关系，构建强大的技术支撑团队，充分发挥科研机构、设备厂商、服务厂商的各自优势，结合国网公司的资源优势，为大连供电公司综合能源服务提供系统的解决方案。二是构建产业链联合创新机制。大连供电公司联合高校、研究院成立了新型电力系统联合研究院，开展校、企、电三方联合技术攻关，形成了外部11家科创孵化平台。三是实施创新成果全产业链转化机制。为解决创新成果转化困难的问题，在“e电通”平台开设“创新共享”模块，向入驻平台的产业链企业展示大连供电公司和能源服务商的各项技术创新成果，推动创新成果转化应用，形成“重视创新求发展，促进转化创效益”的良好氛围。

3. 联合提供专项金融服务，实现多方共同受益

一是打造电力信用工具，提供用能客户普惠金融服务。提供“云电贷（电 e 贷）”服务，针对综合能源客户提供普惠金融货款。申请企业以用电信息作为贷款依据，从申请、准入、测额、审批、签约、支用实现全线上自助服务。二是提供信用担保，推出基于区块链技术的供应链金融服务。大连供电公司以自身信用为担保，按照“签发－承兑－保兑－转让（流转）－兑付”的流程，在线上完成融资和担保手续，帮助中小微供应商解决融资难、融资贵问题，构建多方共赢的金融运行模式。三是提供财务保险服务，提升综合能源服务吸引力。为综合能源用户提供财产一切险、机器损坏险和公众责任险的保险，由保险公司和大连供电公司核实资产，保险费由大连供电公司承担，提升了用能客户的体验。

（四）打造多元多级产品体系，满足客户多样需求

1. 开发多元服务产品类型，满足差异用能场景

一是实现电力施工撮合交易。打通电力施工服务上下游产业链，充分发挥产业链企业专业技术人员资源优势，通过收取工程合同成交额 1%～3% 服务费的方式，提供线上找设计、找施工等全过程“管家”服务。二是加强与通信企业资源共享。大连供电公司与电信、联通、移动先后签署战略合作协议，充分盘活杆塔、站房、电缆、光纤等存量资产，为大连的通信客户提供北斗、5G、大数据等服务。三是实现电动汽车充电桩可视管理。大连供电公司与大连市交通运输局及高德、百度等电子地图公司合作，通过“e 电通”平台进行电子地图数据交换，实现通过电子地图对大连市所有电动汽车充电桩统一查询、了解充电状态，推动大连市电动汽车推广使用。

2. 定制能源托管服务清单，打造差异价格体系

大连供电公司根据能源托管客户的不同需求，动态组合远程监测、标准巡视、应急服务等子项目，确定 98 种定制化服务清单及价格矩阵，在提高用电安全性和可靠性的同时大幅度降低用户成本。一方面，提供定制服务，针对不同典型用户，如大型用电客户、国有企业、政府机关、商务办公等客户，提供标准服务方案、定制服务方案和线上服务方案三大类方案，每类方案又可自由组合远程监测、设备巡视、应急服务的种类、次数，从而组合出不同的定制化服务模式；另一方面，规范服务套餐价格，通过不同变压器容量和服务年限、服务内容的组合，设计不同的定制服务套餐价格，从而满足客户的不同需求。

3. 提供免费能源服务产品，培养客户使用习惯

为与大连供电公司签订一年及以上合同的能源托管用户，提供“五免费”服务。一是免费提供采集设备安装服务。为用户变电站和大型用电设备加装智能终端感知设备，提供能化改进服务，确保变压器及设备状态受控。二是免费购买商业保险服务。联合保险公司为客户变电站及相关设备购买财产保险。三是免费提供备品备件储存服务。充分利用大连供电公司专业供电公司的备品备件优势，免费为用户提供包括空气开关、电缆等备品备件库存服务。四是免费提供月度能效分析和碳计量报告解读服务。通过“e 电通”平台的能效服务和碳计量报告服务，生成客户月度能效分析和碳计量报告。五是免费协助完善用电管理制度服务。根据相关法律制度，为不同类型客户快速、准确地编制用电管理制度，确保客户用电安全。

（五）构建智慧能源服务模式，提升综合性效益

1. 实施线上 24 小时监测，确保设备可控受控

一方面开展全天候线上设备监控，运维人员依托电网设备监测平台 24 小时远程实现对客户变电站和电力设备的集约化、可视化管理，用能客户电工也可通过手机、电脑网页随时随地查看和接收变电站和设备实时数据与告警信息；另一方面，开展大数据云端分析，通过终端数据采集器，将设备状态信息上传云端服务器，分析每台设备三相电压、电流、有功和无功功率、功率因子、温度、动作信号等信

息，从而对设备健康状态进行分析，为线下的巡视检修提供依据。

2. 实施线下“管家”服务，确保安全高效用能

一是精准分析用能情况，出台整体解决方案。在合作意向期间，大连供电公司利用PMS、SG186、用电采集系统、用户数据采集终端等资源，构建客户用能模型，依托大数据分析技术，生成包括用能行为、用能结构、节能建议等方面的专业能效分析报告和能源托管方案，辅助客户直观了解用能习惯、用能结构中的不足，为用能客户能源托管提供指导。二是全面把握用户能耗，提供节能设备改造建议。在签订合同后，一方面，通过客户画像提供典型改造方案，构建涵盖数据汇总层、客户画像层、标签应用层的客户画像系统，精准分析客户消费行为和服务需求，按需提供同一类客户的典型设备改造方案；另一方面，大连供电公司为用户提供综合能耗分析报告，及时发现能源浪费现象，定位用户高耗能环节，有针对性提出定制化设备改造方案，帮助客户实现可持续的节能减耗。三是开展多点位线下巡视。大连供电公司设立多个运维工作站，通过“e电通”平台定期提醒运维人员，对配电设备进行定期巡检、试验、清扫、检修和应急等，将“被动抢修”变为“主动运维”，实现设备的全寿命周期管理。

3. 实施移动工单驱动服务，确保服务快速响应

一是按照客户需求实施工单服务。用能客户通过“e电通”平台申请特殊巡视、处理隐患工单，巡检人员携带专业工具对设备进行巡视、检查和缺陷处置并将结果予以记录。二是参与编制应急预案。运检人员与客户一起编制安全用电应急预案，针对不同设备的停电情况设计应急方案。三是实施故障快速响应机制。当用户设备出现故障时，抢修团队通过“e电通”App收到异常信息，研判应急建议预案，快速实施故障抢修。

（六）打造三维综合保障体系，全方位赋能发展

1. 构建政府协同政策保障机制，夯实发展环境基础

一是促请政府出台支持综合能源发展的政策文件。在大连供电公司的推动和促请下，大连市出台了一系列相关地方法规。仅2022年，大连市就连续出台7个有利于综合能源产业发展的文件，为综合能源发展奠定良好的环境基础。二是协助争取财税补贴。协助能源服务商和客户依据大连市相关文件条款享受相关税费减免的优惠政策，协助能源服务商和客户参加各级别政府和行业开展的节能减排、绿色发展评奖。三是构建政企合作协议。大连供电公司与大连市发展改革委、生态环境局签署合作框架协议，协同开展充电桩发展规划和充电服务网络建设，推广有序充电，加快综合能源产业高质量发展。

2. 构建内部联动组织保障机制，夯实内部协作基础

大连供电公司构建“领导指挥、全司联动”的综合能源服务内部组织，强化内部协同合作，健全“大综合能源”发展的组织保障。一是成立领导小组，高站位指挥全局工作。成立由大连供电公司领导班子主导的领导协调小组，从实现公司综合能源服务整体目标角度，有序推进各级单位综合能源服务体系构建工作的高效开展。二是成立内部专业柔性支撑团队，确保技术支撑。抽选暖通、电气、机电、法律、技经等专业人员，直接对接政府和客户，为其提供综合能源管理支撑技术服务。三是构建三级服务组织，融合推进“供电服务+综合能源服务”。建立“大连供电公司－县级单位－乡镇供电所”三级综合能源组织体系，依托大客户经理与台区客户经理组建综合能源服务柔性专班，推行供电服务与综合能源服务“一体融合”，发挥专班成员了解、熟悉客户的优势，对存量客户主动开展能效诊断结果解读、案例分享等活动，对新报装企业客户在业务受理、现场勘查、方案答复等节点同步开展综合能源服务推介。

3. 构建多类人才保障机制，夯实服务人员基础

一是选派高水平客户经理，提高服务人员准入门槛。根据《国网大连供电公司客户经理管理办法》，将客户经理按照首席客户经理、高级客户经理、中级客户经理、普通客户经理4个级别实施分级

管理，对按照综合能源客户预期产值、社会影响力、发展潜力等因素划分的不同等级客户，配置相应等级专属客户经理。二是选派高技术运维人员，确保服务人员基本技能。为客户提供线下综合能源服务的运维人员必须具备300小时以上专业理论及实操培训，具备3000小时以上10千伏变电站运维经验且安全无事故，还需持有国家相关部门核发的从事10千伏变电站运行维护的入网许可证、特种行业操作证等相关证件，按照有关规定进行培训、学习，经考试合格后方能在客户方开展现场综合能源服务。三是开展有针性的培训交流活动，提高综合能源服务水平。通过“请进来、走出去”的多形式培训、交流，全面打造“理论基础扎实、实践能力突出、综合素质过硬”的综合能源复合型人才。一方面，制订《国网大连供电公司“一专多能”综合能源人才培训方案》，通过技术培训、知识讲坛、交流研讨会等形式对综合能源发展现状、商业模式、关键技术及应用分析等进行培训，提升员工综合能源业务理论和技术水平；另一方面，通过外出交流参会、实地考察等形式组织13批次共63人赴上海综合能源峰会和无锡红豆智能产业园、徐州换电式电动汽车基地等开展交流学习及实践，增长员工见识、拓宽服务思路。

三、供电企业基于“互联网+”平台的智慧综合能源服务体系构建效果

（一）推动产业生态建设，实现业务迅速推广

一是初步打造综合能源服务生态圈。超过100家产业链单位入驻“e电通”平台，已签约客户235多家，运维用户变电站437多座，实现公司、用户、产业三赢。二是实现辽宁省内推广。基于“互联网+”电力服务平台的综合能源服务体系已在辽宁省内得到全面推广，“e电通”平台已经接入大连市行政服务“一网通办”模块，超过30家单位来大连供电公司开展调研学习。三是创新奖项硕果累累。获批5类“e电通”商标注册权，《挖掘光缆资源价值，构建互联互通网络》《拓展智能运维，服务客户用能管理》均获得国网公司2020年新兴产业升级最佳实践案例，《基于能效运维场景的智慧能源服务应用》入选2021年全国智慧企业建设创新案例。

（二）扩大新型业务收益，全面提升经济效益

大连供电公司综合能源服务业务量同比快速增长，2021年，新业务整体创收3300万元，全面提升经济效益，助力大连供电公司提质增效。在能源托管业务收益方面，2021年新增运维托管合同76份，接入客户变电站103座，合同金额1963.67万元；2021年实现资产盘活收益2886万元、少损电量收益6023万元。截至2022年9月，已签订能源托管合同132份，接入客户变电站193座，增加收入3433万元，同比增长超过45%。在资源共享方面，已与运营商完成了348.29千米的海底光缆共享、4个基微波塔共享，创造收入781.16万元。在其他新兴业务方面，在电动汽车服务、碳计算、共享电工等领域都已签订合作协议。

（三）满足客户用能需求，全面提升社会效益

一是提升能源服务效率。实现基于设备状态参量变化趋势的故障风险、家族性缺陷、设备超期服役、设备重负荷等预警，预警准确率达到95%以上，通过下达主动抢修工单，主动抢修工单占比增至45%，现场解决率达到100%。二是用户效益显著提升。用户设备整体故障率平均下降5个百分点，户均常态化运维费用降低37.7%，每户年均节约成本59万元，2021年共计节约用电成本5391万元。三是展现央企良好品牌形象。通过综合能源服务，服务多家用能客户，获得高度赞誉，树立综合能源服务标杆，展现央企品牌形象。

（成果创造人：刘　波、贾宏智、胡　博、刘　玉、李希元、王　毅、于海常、董吉超、张大巍、李君秋、王振宇、王　雪）

能源企业基于大数据中心的智能化生产运营管理体系构建

华能山东发电有限公司

华能山东发电有限公司（以下简称山东公司）是中国华能集团有限公司（以下简称华能集团）在山东的区域公司，2008 年 5 月注册成立，同年年底正式揭牌运营。目前，山东公司管理资产总额 942 亿元，职工 1.47 万人，管理运营 20 家火电厂、25 家风电场、20 家光伏电站、2 家生物质电厂、3 家储能电站、7 家供热公司和 1 家港口企业，运营和在建项目分布在山东省 15 个地级市及宁夏、吉林、湖北等省（自治区），并且在巴基斯坦中巴经济走廊投资建设运营萨希瓦尔电站 2 台 66 万千瓦清洁燃煤机组。目前，山东公司管理装机容量 2621 万千瓦（煤电 2305 万千瓦、风电 216 万千瓦、光伏 94 万千瓦、生物质 6 万千瓦），约占华能集团总装机容量的 12%，占山东省统调容量的 34%；供热面积 3.86 亿平方米，年供热量超过 1 亿吉焦，是山东省最大的发电和供热企业，同时也是华能集团装机容量最大的以火电为主的区域公司。

一、能源企业基于大数据中心的智能化生产运营管理体系构建背景

（一）提升能源行业竞争力的挑战驱动

传统能源生产和服务方式正在发生巨大改变，各大能源企业大力发展新模式和新业态，由能源生产向综合能源服务转型，山东公司传统优势领域市场竞争不断加剧。数字化转型是增强核心竞争力，实现高质量发展的必然选择。因此，牢牢把握能源革命、数字经济、央企改革大势，将数字化转型定位于增强企业核心竞争力、实现高质量发展的战略机遇和重要举措，加速信息技术与能源电力产业的深度融合，引导能源电力行业向数字化、网络化、智能化方向发展，为传统能源电力行业的全方位、全链条的产业升级、业态创新、服务拓展及生态构建提供全新的可能性成为山东公司在能源行业中提升竞争力的新挑战。

（二）华能集团数字化转型部署驱动

华能集团发展战略中明确要求坚持信息化，顺应数字时代新趋势，推进能源科技革命和数字革命、信息化与工业化深度融合，提高核心生产业务信息化水平，促进管理升级。到“十四五”末建成数字化支撑体系，打造数字化引擎，实现安全自主可控、数据规范共享、服务支撑发展，推进数字华能、智慧华能建设，赋能华能集团打造数字化企业、构建数字化产业链、培育数字化生态。华能集团基于数字化转型部署需要，将山东公司拟定为首批试点单位，充分发挥人才和技术优势，建立区域级大数据中心，成为华能集团统一智慧能源平台建设的先行者、探索者。

（三）山东公司高信息化水平的优势驱动

近年来，山东公司以信息化带动工业化，以信息化助力新旧动能转换，强化信息安全保障，积极开展各业务领域信息化建设，积极推广和应用信息新技术，圆满完成生产实时监管、供热营销、安全管理、班组管理、ERP 等系统建设和深化应用，信息整合、数据分析、科学决策能力显著提升，开创了信息化工作新局面。为全面落实华能集团加快数字化发展战略部署和山东公司 2021 年度工作会议精神，根据山东公司数字化转型实施方案，建成生产运营智能大数据中心，不断推进大数据、物联网、人工智能、5G、区块链等数字技术与各业务领域的融合应用，以期实现山东公司内部各业务互联互通及外部信息集成共享，形成信息技术支持企业管理创新和运营决策的新形态。

二、能源企业基于大数据中心的智能化生产运营管理体系构建主要做法

（一）确定数字化发展目标，构建企业管理新形态

1. 强化目标引领，明确数字化发展目标

山东公司全面贯彻中央促进数字技术与实体经济深度融合的精神，加强落实华能集团加快数字化发展的战略部署，赋能传统产业转型升级，催生新产业新业态新模式，主动顺应能源革命与数字革命融合发展的历史趋势，确定“十四五”数字化战略目标，即推动实施数字化转型的“1+2+3”战略：建设一个中心（生产运营智能大数据中心），提升两个能力（数字化应用能力、智慧化融合能力），实现3个领先（网络安全管理体系建设领先、工业互联网建设领先、智慧电厂建设领先）。明确企业发展要以数字化为支撑，通过数据赋能提高发展质量和效益，降低建设运行成本；企业管理要以数字化为引领，持续增强企业核心竞争力，加快治理体系和治理能力现代化进程，加快建设具有核心竞争力的一流现代化清洁能源区域公司。

2. 坚持目标导向，形成企业管理新形态

坚持目标导向原则，山东公司主要领导带队组织调研、专题研究，确定了数字化转型的战略规划和建设思路，组建了山东公司数字化转型组织机构，成立了数字化转型创新工作室，编制了山东公司数字化转型方案，充分结合利用华能集团数字化“十四五”规划、华能集团统一智慧能源管理平台规划及工业互联网平台规划及建设成果，运用云计算、大数据、物联网、5G、AI等最新的技术体系，构建山东公司区域运营中心，形成业务总览、协同总图、产业监管、绿色低碳、科技创新等大屏综合展示，实现内部各业务互联互通、外部信息集成共享，逐步形成信息技术支持企业管理创新和运营决策的新形态。

（二）应用现代化信息技术建设大数据中心

1. 按照架构柔性、知识共享、流程敏捷、互联互通、资源透明的总体思路开展建设

一是战略牵引，分步实施。大数据中心建设紧跟时代和技术发展步伐，围绕数字化开放式流程制造企业发展战略目标和区域公司集控中心实际情况及发展需要，按照一次规划、分步实施的原则，结合生产、经营实际需求，以解决发展中面临的问题、增强企业活力和自适应性为导向，分步骤、分阶段、分层级推进建设并持续优化，逐步提升发电企业的智慧化水平，形成可执行、可检查、可复制、可推广的企业治理智慧运行体系。二是架构科学，统分结合。贯彻落实集团战略规划，在集团数据共享平台的统一架构下，以大数据中心为主要载体，在同一架构、同一数据、同一标准的前提下，兼顾区域公司和发电企业的特色需求，加大建设统筹力度，实现各级次单位统筹谋划、分批实施、统一监管。三是点面结合，强化应用。运用系统工程理念及方法，不断完善大数据中心功能，提供用户友好性操作，提升核心生产、经营业务监管控智能化的范围广度和应用深度。注重早期获得感，从安全、生产、检修、经营等业务逐步扩展、深化到采购、库存、生产、营销、运维的管理全周期的智能应用，为企业转型、资源调配、业务调整的自适应奠定基础。四是对上兼容、对内融合。大数据中心建设要对上兼容，实现与集团平台的无缝对接，包括基础资源、数据、应用、服务、安全和标准规范；对区域公司内部应实现全面融合，打通数据孤岛，拉通业务流程，加快技术与业务融合，实现生产监控和经营管理的闭环管理和科学决策。五是数据驱动，确权管控。主动研究和把握智能经济时代产业发展规律、市场竞争规律、企业演变发展规律，坚持跨域交换、多源融合、集中部署、确权管控的建设原则，消除各电厂、各业务系统分类建设、条块分割、数据孤岛等问题，加快人、财、物等各类信息的互联互通与综合集成，按标准和规范存储原始数据，促进数据资产化、决策可视化、管理智慧化，使数据进得来、看得清、出得去、够及时、很准确、能管理、可维护。

2. 充分利用现代化信息技术设计系统总体结构

一是平台建设方面：建设开放共享的工业互联网+业务大平台，建立业务新形态，形成业务应用全贯通新格局。二是数据环境方面：将信息基础数据全面统一，生产、管理领域结构化、非结构化、实时等各类数据实现统一存储和管理，大数据分析能力明显提升，业务应用依赖的数据更加安全、充分、可靠。三是技术架构方面：充分利用互联网新兴技术，实现信息化基础设施云平台化，应用系统技术架构逐步服务化，松耦合化，使信息系统的资源调配更加灵活、优化升级更便捷。四是系统应用方面：围绕生产、安全、财务、营销、燃料、采购等各个环节加强管理的要求，不断深入推进数字化转型，加强企业运营管理各环节与数字化技术的深度融合，高质量实现全业务、全过程在线实时管控和决策分析支撑，为企业的资产、设备、组织、人员重新赋能。

3. 充分利用大数据资源强化业务与数据应用的协同开发

一是推进数据标准规范化。山东公司通过工业互联网平台及统一数字平台采集、加工、治理，实现各个业务系统的数据抽取、存储、治理、定义，打通各个系统之间运营数据壁垒，汇总各领域数据，构建统一数据资源池作为数据分析工作的基础，形成统一的指标体系和数据服务，以支撑智能大数据中心各领域应用监管与分析。结合山东公司各业务管理特征，根据各领域业务场景，梳理指标体系框架，构建层级指标体系，对数据的运算、管理、来源、模型等进行指导，围绕不同业务域的指标进行内容、编码、维度、频率等工作，有效指导数据到业务的转化、数据对业务的描述和数据在不同业务线的共享应用。二是充分利用大数据平台支撑业务开发。大数据平台是一个集数据接入、数据处理、数据存储、查询检索、分析挖掘、应用接口等为一体的平台。技术上采用可插拔组件，以微服务的形式发布成独立的功能，从数据采集、数据存储、数据建模到分析展示等都有对应的功能模块，支撑业务应用系统的设计、开发、测试、发布、运行全过程。在对数据进行向上汇聚时能够快速组织，提高响应速度；向下兼容时能够采取固定数据格式与交换方式，使各应用中心从本质上保持一致，从而达到应用中心底层使用一套数据中心的愿景。

（三）构建多产业链、多系统集成的智能化生产经营决策体系

1. 综合监管中心

通过综合监管中心，企业能够对生产运营、提质增效、经营核算、资产分布、安全管理、燃料管理、电力营销、热力营销、绿色发展及中远期规划等重点指标进行综合监管及全方位对标。通过数据挖掘、深度学习、智能检索等算法实现有效数据分析，集成机组智能诊断和应急调度指挥系统，为企业提供诸如负荷预测、远程设备诊断、潜在客户分析等服务，实现了生产经营信息集成共享及在线管控，为各级领导层提供决策支持；通过综合能源服务提升用户满意度，增强用户黏性，进而提升综合经营能力。

2. 安全监管中心

山东公司围绕安全生产党政同责、一岗双责和管业务必须管安全及“五落实五到位”等要求，将安全监管中心定位于对安全生产基础管理工作的在线监管中心，对区域内各电厂人员安全、设备安全、生产安全等进行监督管理，提供智能化安全预警，以集中监督和统一管理的手段提升山东公司对各个电厂的安全管控能力。将各电厂重点区域视频信号实时接入到综合指挥中心，通过视频通信的方式实现与各电厂集控室的影音交互，以达到山东公司对电厂突发情况的应急指挥，实现区域公司对现场重点区域的远程动态监管和紧急状况的远程指挥。

3. 生产监控中心

充分利用生产实时监管系统、实时监控 SIS 系统中的在线实时数据，配置发电、供热、环保等生产自动统计报表。针对火电、风电、光伏等领域，建立重要设备运行状态和性能优化分析模型，从海量生

产数据中抽取分析影响设备安全运行的信息，通过实时数据接口方式从生产监管系统中获取数据，实现山东公司对各个电厂生产指标数据的实时统计分析，为现场生产决策提供更加科学的判断依据，实现故障预警和状态监测。同时，为实现新能源建设集约化、智能化、规范化的发展目标，山东公司建设新能源智慧生产运维平台并将数据接入安全监管中心，对接入的大数据进行分析计算，进而拓展实现故障预警、专家诊断、智能排程等新能源智慧运维功能。此外，通过生产监控中心，能够对发电机组性能评价涉及的管理指标、技术指标、加减分项等 338 个机组绩效管理和经济运行水平的数据进行集成，根据规则自动计算评分值，实现对各电厂机组的集中精细化管控，激励各个电厂机组争优创优，提升机组管理水平和运行水平。

4. 燃料监管中心

燃料监管中心基于对燃料大数据的数据采集挖掘分析，运用数学计算模型和工具，实现煤量煤质动态监测、燃料价格监控、燃料市场导航、燃料实时调运、燃料全要素对标等功能。通过大数据平台将燃料全过程信息连接起来，打通上下游数据，实现燃料市场信息收集、资源开发、燃料采购、燃料场存、煤质检测、燃料耗用等燃料全过程全方位智能高效管理。加强燃料价值链全要素管控，通过实时动态监控各电厂燃料进、耗、存信息，实现山东公司对各厂燃料每日进耗存数据的统计分析及未来存煤趋势预测，对煤价、煤质、煤耗等燃料要素进行内外部动态对标，为提质增效提供着力点。在燃料采购管理方面，山东公司立足于燃料采购成本持续优化，依据多年煤炭市场宝贵经验，充分借助互联网、大数据、电子地图、数据分析模型等现代技术工具建立起“互联网 +”燃料采购大数据智能导航管理系统，为区域公司精准研判市场、优化客户结构提供最佳解决方案，极大地提升了燃料采购管理水平，在全国具有先进性和创新性。

5. 电力营销中心

通过融合内部和外部多渠道信息，建设电力智能化运营平台，提供电力交易辅助决策支持；结合生产实时监控平台及电力现货交易平台，根据机组动态成本、盈利能力及供热季节等因素，实现所有机组负荷优化分配，实现总体利益最大化。通过智能化交易平台的建设，借助于电力交易内外部技术支持系统进行数据收集、整理和分析。通过电力现货竞报价决策支持系统全面分析内外部信息数据，提供最优报价策略。建立包括产品管理、报价管理、合同管理、计费结算管理、支付系统管理，数据交互管理、客户信用管理和服务管理等智能化门户系统管理，提升山东公司综合能源管理的智能化。目前，电力营销中心实现了对装机容量、发电量完成情况、利用小时、电力市场开发情况、辅助服务收支情况及电力客户关系管理等方面的动态管控和内外部对标。计划下一步集成机组基础信息、成本信息、市场信息、生产信息、燃料信息、财务信息、外部信息等各项数据，为营销策略提供智能化支持。

6. 热力营销中心

热力营销中心充分利用大数据，从多维度收集分析市场信息，形成市场预测分析报告，实现市场不断拓展；采集分析热力生产及营销数据，实现供热生产、计量、收费、稽查等全过程信息监控，提高热力管理效率。建立统一客户服务平台和热力经营信息分析中心，提高热力经营集中管控力度和智能化水平。目前，热力营销中心对山东公司各热力公司的供热量、供热面积、热费回收、客户服务、热力市场及内外部对标数据进行监控和分析，实现了对热力生产和热力经营数据的集中监管。建设智能热力营销平台，实现客户信息、入网管理、管网管理、热力计量、热费回收、信用管理、稽查管理、呼叫中心、移动应用等全方位便捷化服务。

7. 物资监管中心

依托大数据平台及 ERP、电子商务、智能仓储等业务系统，建设智能物资管控中心，实现物资集约化管控和统一调配，降低山东公司总体库存，降低财务成本。物资监管中心针对采购量、采购金额、消耗量、消耗金额、期末存货量、期末存货金额等信息进行汇总分析；提供合同兑现、库存周转、库存资金占用等指标的对比及趋势分析。结合设备故障预警功能，分析备件消耗趋势，自动形成科学合理的物资采购计划，提高物资采购的精准度，降低采购成本，提高库存周转率，降低库存资金占用。

8. 远程诊断中心

远程诊断中心通过采集汽机、锅炉、重要辅机的设备状态数据，对设备运行实时状态进行检测，通过大数据专家系统对海量历史信息进行智能分析，以设备特性为基础，以故障知识库为核心，利用模式识别、数据挖掘、人工智能等技术，结合专家诊断，自动判断设备运行状态；同时，通过标准技术规范将可视化诊断界面集成展示在大数据中心，实现设备故障预测、快速定位及追溯，为日常运维和检修决策提供科学的数据支持。

（四）推进大数据中心应用，促进生产运营管理智能化

1. 燃料管理更科学

一是通过建立的煤炭“产运需”数字地图，能够使燃料管理人员全方位了解全国煤炭市场全景结构，实现对国内煤炭市场精准化、生动化的认知和把握，推动了区域燃料采购、调运智能化。二是通过系统中建立的燃料采购结构精准分析计算模型，实现了定量分析来煤对降低煤价的“正”“负”贡献，为持续改善优化进煤结构、有效降低山东公司燃料采购成本奠定了基础。三是通过煤炭资源寻优，为山东公司在一定范围内选择更优供应商提供了精准定位，实现开拓供应商智能化、精准化的新阶段。四是通过在线调运功能，实现对煤炭火车发运和船舶航运的在途情况的实时监控，彻底解决以往对煤炭到发信息的盲区，实现对铁路煤发运的智能化管控。五是燃料管理人员通过专业知识数据库，不仅能随时学习相关专业知识，也能及时了解市场信息及行业动态，提升燃料专业化管理水平。

2. 生产管理更智能

山东公司大数据中心上线一年多以来，通过远程诊断中心逐步接入黄台电厂10号机组、日照电厂3号机组、威海电厂5号机组、莱芜电厂7号机组及辛店电厂5号机组的汽轮机本体、锅炉四管、六大风机、给水泵、循环水泵、水泵等重要主辅机设备的状态数据。通过远程诊断中心，能够实时监测机组运行情况及稳定性并对设备健康状况提出诊断建议。远程诊断中心建立的设备状态诊断知识库经过一年多的数据处理和结果验证，累计发现各类设备故障378处，主要包括风机轴承早期磨损、联轴器磨损、风机平衡问题、离心泵汽蚀等问题，经过各电厂检修验证故障355处，故障诊断准确性高达到94%，劣化趋势预测准确性高达90%。

3. 调度指挥更便捷

通过大数据中心集成的应急指挥系统，能够使山东公司实时调度指导境内外管理各单位生产现场，及时下达部署工作安排。2021年8月，“烟花”台风过境山东，山东公司提前部署、超前防范，启动三级应急响应，通过应急指挥系统以视频连线的形式了解各基层单位现场防汛准备情况，安排指导基层单位部署相关防汛工作，检查落实防汛措施情况，备战“烟花”台风，确保了人员和设备安全，确保了电力生产安全稳定，充分发挥了系统实时指挥的高效作用，有效地提升了安全生产调度指挥水平。

三、能源企业基于大数据中心的智能化生产运营管理体系构建效果

（一）初步形成智能化生产运营管理体系

山东公司以华能集团自主研发的AIdustry工业互联网平台为支撑建成了华能集团首个区域智能大数据中心，通过构建全新数据治理体系、数据资产体系、数据服务体系、数据安全体系，将数据服务和管控贯穿于生产经营全过程，分期分批实现了综合监管中心、安全监管中心、生产监控中心、燃料监管中心、电力营销中心、热力营销中心、物资监管中心和远程诊断中心等应用功能，形成了多产业链、多系统集成的智能化生产经营决策体系，满足了企业产业门类广、管理企业多等管理特点，迈出了数字化转

型步伐，打造了传统发电企业转型升级的核心竞争力。通过大数据中心全面掌握生产经营状况，在线监控山东公司、电厂、机组的实时状态、成本、利润及电量、煤耗等关键指标信息，融合电力、煤炭外部市场等外部数据，不断挖掘数据价值助力业务智能化融合发展，基于大数据中心的智能化生产运营管理体系初步建成，全面提升了山东公司信息化发展的软实力和核心竞争力，为建立和完善战略类、经营类和生产类分析决策应用提供了智能化支撑手段。

（二）实现区域公司生产管理运营模式智能化转变

1. 以全新数据治理体系实现生产监管智能化

将20家煤电、25家风电、16家光伏、2家生物质、67台火电机组及供热数据等企业内部数据及燃料市场、电力市场等外部信息接入平台，打通数据壁垒，构建新的数据治理体系，形成企业“数据湖”。实现生产经营的对标管理、精细化管理，有效提升安全生产精细化管理水平。为山东公司对各个电厂生产运行监管能力提供有力支持，为各个电厂实现节能减排和降本增效提供数据支撑。

2. 形成市场化竞争与智能化管理融合新优势

山东公司新型区域生产运营管理体系聚焦电、煤等关键经营要素，培育市场化竞争与智能化管理融合新优势，全力搏击电力现货市场、煤炭市场激烈竞争和风险挑战，基于大数据平台建成燃料采购大数据智能导航系统，实现从煤矿源头到入厂燃煤分析全线贯通，改变和颠覆了燃料采购管理模式，提升了区域公司科学化、智能化、数字化管理水平，为实现企业不断降低燃料成本提供了创新工具。

（三）奠定能源行业推广应用的实践应用基础

2022年6月，山东公司对智能大数据中心51个业务场景、300多个分析模型的建设成果进行梳理并共享给华能集团及其他区域公司使用，大大节省了指标梳理、数据溯源、平台优化、业务分析等工作的研究时间和成本投入，为华能集团统一能源管理平台及区域运营中心建设提供了实践参考。山东公司生产运营智能大数据中心被华能集团推荐为2022年全国新一代信息技术与制造业融合发展试点示范项目（“两化”融合管理体系贯标方向），为能源行业数字化转型注入了新动能。

（成果创造人：王　栩、黄　涛、李彦彪、唐培全、任　寒、马　勇、刘增瑞、亓　新、李春晓）

咨询设计企业数字化管理体系构建

中通服咨询设计研究院有限公司

中通服咨询设计研究院有限公司（以下简称中通服设计院），始建于1963年，是致力于通信、建筑、信息化、节能环保的咨询、设计、软件研发与实施的国家级重点高新技术企业。中通服设计院是全球领先的通信信息服务提供商，是中国通信服务股份有限公司（以下简称中通服公司）旗下战略核心单元，是住房和城乡建设部、工业和信息化部等政府部门国家标准和行业标准制订单位之一，是国家发展改革委认定的国家企业技术中心。中通服设计院综合实力持续位居全国同行业前列，具有业内各类高级别资质。截至2021年年末，中通服设计院员工总数1557人，博士、硕士学历占比48%，中、高级职称占比70%；主营业务收入261022万元，净利润18818万元。中通服设计院获得“全国文明单位”“全国先进通信设计企业”“国家火炬计划重点高新技术企业”等众多荣誉。

一、咨询设计企业数字化管理体系构建背景

（一）顺应数字浪潮、探索国企数字化转型路径的需要

2021年世界电信和信息社会日以“在充满挑战的时代加速数字化转型”为主题，强调电信和信息通信技术在疫情背景下增强社会复原力方面的关键作用。我国“十四五”规划和2035年远景目标纲要将“加快数字化发展，建设数字中国”作为独立篇章，提出打造数字经济新优势、营造良好数字生态；国务院国资委2021年印发相关文件，明确提出国有企业数字化转型的基础、方向、重点和举措。中通服设计院作为大型咨询设计企业，多年来持续以创新转型促高质量发展。伴随数字化浪潮发展加速，企业规模逐步扩大、业务类型逐步增加及内外部竞合生态的渐进转变，需要探索适合企业自身的数字化转型路径，满足企业提供更高质量数字化服务需求，从而更好实现数字化赋能、重构企业竞争优势。

（二）推动管理变革、实现组织过程资产数字化的需要

中通服设计院从最初以面向运营商的勘察设计业务为主体到现在建立研发引领且以咨询设计业务为主体、向EPC工程总承包与全过程工程咨询转型的“一体两翼”业务转型战略，客户群体也由运营商转向政企类客户兼备。中通服设计院多年来积累了丰富的咨询设计服务能力，但伴随业务战略的逐步转型，对人员能力的要求更加复杂和多元，需要强化对人员的赋能，通过人在生产、管理过程中的行为予以数字化，以沉淀组织过程资产为核心，以IT支撑为手段，以管理制度为依据，促进经营分析、绩效考核的方式变革，提升经营管理的整体效能。

（三）提升交付价值、重构企业服务核心竞争力的需要

数字化时代，市场客户需求也在逐渐发生转变，一是政企类客户不仅只满足于咨询设计文件与工程项目交付，更需要定制化服务与产品、一体化解决方案，更注重产品与服务创造的后续运营价值与能力提升，从而对数字化研发创新能力提出更高要求；二是ICT行业整体正在从供给紧缺时代向供给过剩时代转换，市场同质化竞争日趋激烈，单纯依赖技术和产品在市场上获得绝对竞争优势愈发困难，必须以极致客户体验来寻求差异，这也为企业开展数字化转型提供了方向和切入点。一方面，通过数据要素与传统生产作业模式的叠加，实现传统生产模式的智慧化升级，提升服务的核心竞争力与市场溢价；另一方面，基于技术集成整合各类中台资源和原子能力，提供面向客户的个性化、定制化数字产品服务，从而增强客户黏性，实现业务模式升级。

二、咨询设计企业数字化管理体系构建主要做法

（一）自研信息化成熟度评价 I－see 模型，评估企业信息化发展现状

1. 构建企业信息化成熟度评价 I－see 模型

I－see 模型评价要素围绕管理制度、IT 支撑、经营分析、绩效考核及过程资产 5 个方面进行设计。首先，围绕业务战略、职能战略的建章立制为企业信息化提供建设需求；进而以快速迭代、敏捷开发实现企业规则制度的 IT 固化；在信息化系统沉淀大量企业生产运营数据的基础上，开展数据挖掘，以数据进行管理、决策与持续创新；利用 IT 规则和数据分析为开展持续的企业治理保驾护航，进而带来新一轮企业管理提升的规章制度更迭。同时，在此过程中，不断将企业的组织过程资产进行知识化，以知识传承带来价值流动，形成企业稳定的核心竞争力。

在使用 I－see 模型对企业信息化程度进行判定时需要判断该企业各二级指标契合度，各二级指标的得分是根据企业实际情况将指标映射到管理制度、IT 支撑、经营分析、绩效考核及过程资产 5 个维度进行评估得来。企业信息化建设需基于所在行业特点和企业信息化基础，有序推进。总的来讲，其信息化建设演进路径主要包含以下 5 个阶段。一是经验管理阶段，主要特征是以依赖项目团队/经理的过往经验对企业进行管理，缺乏完整的企业管理活动，管理活动缺乏制度引导和 IT 支撑。二是制度管理阶段，主要特征是有完善的制度体系，能进行大部分业务指导，企业管理主要依托企业现有的制度约束，但管理的信息化水平（如 IT 支撑的全面性）有待提高。三是体系管理阶段，主要特征是基于业务流程，有完善的制度约束且有广泛的宣贯落实和效果评估保障执行效果。关键业务管理虽有 IT 支撑工具，但 IT 经分能力需进一步提升。四是智能管理阶段，主要特征是基于业务流程，企业管理体系完善且相应的制度完备、IT 覆盖面广、数据有效应用及绩效考核闭关，组织过程资产 IT 化程度高等。五是卓越管理阶段，主要特征是企业信息化管理各项指标全面领先，总体达到标杆水平。通过对所有指标进行多维度考核，可获得企业管理信息化成熟度的评价得分，表 1 所示为企业信息化成熟度评价分级。

表 1　企业信息化成熟度评价分级

序号	评定等级	得分范围
1	经验管理阶段	［0，112］
2	制度管理阶段	［112，180］
3	体系管理阶段	［180，224］
4	智能管理阶段	［224，278］
5	卓越管理阶段	［278，314］

2. 开展中通服设计院信息化成熟度评价

管理制度得分为 49 分（总分 66 分），在中通服公司整体管控与指引下，搭建了较为完善的工程制度管理体系，特别是在投标管理、采购实施、供应商管理模块成绩较为突出；在客商管理模块，得分为 1 分，仍有提升空间。IT 要素得分 54 分（总分 75 分），满分指标 7 个，主要集中在商机管理、投标管理、合同签约、采购实施环节，在项目进度管理、项目后评估方面相对薄弱，得分为 1 分，部分满足，如项目后评估模块缺乏有针对评估指标预置通用型评估模板的信息化能力。经营分析得分 36 分（总分 66 分），满分指标 3 个，主要在商机管理、投标管理、合同签进环节，在控制过程和收尾过程的项目安全管理、质量管理后评估等有关的经营分析能力方面相对薄弱，是未来提升的重要方向。绩效考核得分 43 分（总分 66 分），满分指标 4 个，主要涉及投标管理、采购实施、合同签进等环节，但在标前成本管控、项目变更管理、项目进度管理等模块的绩效考核相对薄弱，得分为 1 分，仍有提升空间。过程资

产得分40分（总分44分），是5个模块中得分比例最高的模块。22个指标中绝大部分（19个）指标都获得了高分2分，但在项目成本管理中，有关变更签证、变更价款确认单、项目成本控制总结的过程资产目前还不具备，此项不得分。中通服设计院信息化成熟度总得分222分，目前处于体系管理的较高阶段，逐步向智能管理阶段演进。其中，过程资产、管理制度得分占比相对较高，IT支撑、经营分析、绩效考核还有很大提升空间。

（二）服务数字化，数据要素叠加传统要素，实现传统服务模式升级

1.“慧投”，实现商机精细管理、投标便携高效

中通服设计院从商机管理出发，自主研发智慧营销管理系统，实现从商机录入、商机审核到商机跟踪与评估再到投标立项的商机全流程数字化管理，保障商机科学评估、高效匹配。为适应大规模投标工作的需要，中通服设计院打造面向投标全过程的“慧投”投标管理平台，梳理从投标申请－投标立项－标书制作－投标归档等全过程规范化管控要求，通过IT系统予以固化，实现全流程规范合规、风险可控。通过对各类投标素材的统一、扎口管理，实现企业信息资源的标准化、定制化、动态更新。系统开发上架自研文本整合、文本校对、水印等各类实用工具，便利投标工作开展，提高投标工作效率。截至2022年9月，中通服设计院“慧投”系统累计参与投标项目9695个，累计下载文件数量3776518份，1800名人员累计使用，投标赋能普及率超过50%，投标环节增效60%以上。

2.“智咨”，集成咨询规划能力，提升方案质量

中通服设计院咨询规划业务经过多年发展，形成了厚实的业务积累，但面临政企市场的客户与业务的多样性，目前仍面临短板与痛点：一是业务人员能力不均、不同部门参差不齐；二是对于政企类业务市场，需要的是全过程工程咨询的复合型能力，传统管理咨询能力无法完全满足市场需求；三是传统的咨询规划项目管理包括成果、工具、方法论等管理，数字化手段不足，既往项目成果交付完即沉没，无法转化为组织知识资产。基于以上考虑，中通服设计院自研“智咨”平台。一是定位于数字化支撑，通过“七步工作法”，开展对咨询规划项目全流程管理，约定各环节需留存的文档内容，实现项目全过程组织过程资产留存。二是定位于专业化赋能，建立资源中心和资讯中心两大中心。资源中心定位于咨询业务高品质知识素材库，解决咨询素材获取难、渠道杂、质量难以把控等问题。通过专家库、案例库、工具库、售前库等不同类型的素材库，针对性解决咨询业务生产交付中存在的不同问题，满足不同需求。各类素材库基于共建共享的原则建立及运营，充分整合多年来沉淀下来的项目案例、专家等资源，应用AI算法实现智能分类、检索与推荐。平台通过数字化的方式将相应咨询工具线上化，一键调取、在线应用，极大提升了咨询生产作业效率。资讯中心定位于咨询业务的时事资讯库，便于咨询人员可以一键查阅行业最新动态/政策、下载相应报告。“智咨”上线以来，已在多个大型咨询规划类项目中得到应用。

3.“悦途”，提升勘察设计效率，变革查勘模式

勘察设计业务是中通服设计院的传统业务，基于多年来积累的业务优势，立足于勘察设计标准化、信息化、智慧化，中通服设计院自研“悦途”平台，实现标准、智能化的采集。基于可定义模板，适应各类场景填报需求。平台自定义查勘物的图例、数据格式、控件类型、下拉选项、自动化类别，增强了勘察设计工作的多场景、多专业的普适性。基于智能采集和分析技术，地理信息等填报内容可由系统自动生成，支持自动生成查勘报告、任务简报自定义的输出结果，可以自定义输出文档的内容和样式，提升报告的标准化、规范化和自动化的程度。通过智能硬件及传感技术，由智能手机取代传统的指南针、GPS、摄像机、测高仪，大幅提升了现场勘察作业的便携性。相较于传统单兵作战的设计作业模式，“悦途”通过自建并逐步丰富的工具库、资源库，实现流程、工具、资源三者的无缝衔接。与此同时，该平台提供基于BIM的智能化审查工具，优化施工图审查流程，提高设计方案质量。“智勘智设”

已经在中通服设计院的勘察设计生产作业中得到广泛应用，常规勘察资料输出耗时平均由 80 分压缩为 25 秒，设计方案耗时平均由 1 天减少为 20 分；平均单项工程设计差错数从活动前的 1.8 个降低至活动后的 0.8 个，设计文本质量得到显著提升，平均单册扣分率下降约 60%；审核人员单册得分同比下降 50% ~70%。

4. “数智工地”，工程建造高质高效，管理精细规范

工程项目施工交付是项目全过程管理重要环节，也是影响客户感知的关键。中通服设计院将工程实施的数字化纳入全生命周期数字化管理的重要一环，围绕工程项目施工组织全过程，自主开发了“智慧工地 + BIM 可视化施工 + BIM 运维一体化数字化平台”，助力工程施工实现数字化、在线化和智能化转型，达到减负、降本、增效的目的。智慧工地数字化生产管理平台定位于实现工程实施类项目的全流程管理，平台以工程项目实施中人、机、料、法、环为抓手，借助数字化技术，对工程项目施工全流程实时管控，重点面向设备采购、材料、安全、进度、分包等管理重点，匹配划小核算单元组织架构实际，实现多层级穿透取数并辅以不同维度的大数据统计分析，自动推送、风险可视、智能预警，保障施工全过程标准化、合规性、安全性，切实提高工程项目质量及工程管理水平。“数智工地”目前已经实际应用于中通服设计院所有工程项目中，全流程管理及支撑了包括深圳国际会展中心项目、无锡太湖数据中心项目、广东清远奥林匹克中心项目等大型项目。

5. “U 行者”，自动精准发现问题，提升网优效率

网络优化与评估定位于对工程建造方案的精细调优。传统模式下，此类业务一般对个人经验要求较高，自动化水平低。中通服设计院结合大数据及 AI 等技术，探索推进以数字化方式开发沉淀网络优化与评估的案例、算法、工具，实现对员工的统一赋能。“U 行者”平台通过综合无线专业的各厂家配置、性能、电子地图、MR 数据，实现多维数据的整合；通过自主设计质差连片栅格、射频问题定界、天线质量评估、居民区综合评估等多种算法，独创置信度、扇区雷达、位置关联等算法，实现对各类网络优化场景的全覆盖，满足不同的网络优化作业需求。通过动态监控天线质态，解决天线方位角错误/接反等基础问题，精准问题定界，精准透视“五高一低”等用户感知敏感区域质量，及时调优发挥效益。平台通过网络数据的收集、管理、分析的智能化，实现网络问题的自动精准发现和网络优化、规划及建设方案的自动输出，极大提升网络优化一线生产作业效率及质量。目前，“U 行者”共有 736 人注册使用，已在江苏、甘肃、内蒙古、新疆等多个省（自治区、直辖市）推广应用，形成了《业务感知评估方法与装置》等多项发明专利授权及软件著作权。

6. “慧通”，及时高效故障响应，实现可视管控

中通服设计院面向工程项目竣工后的常态化运维管理阶段，通过基于 BIM 技术的“慧通”运维管理平台，提升工程项目智能化运维能力。平台通过承接竣工阶段 BIM 模型数据，实现公共建筑的建筑模型、隐蔽管网、设备资产、智能化设备运行态势的三维可视化展现，包括 BIM 模型三维展现/交互、环境管理、能耗管理、安防管理、设备管理、空间管理、工单管理、停车管理等主要功能模块，通过采集、汇聚、整理各类智能化设备运行指标数据，建立设备设施运维管理流程体系，保障故障响应及时可靠，从而提高工程交付物的运营能力，为使用者和各级管理者提供决策支持。目前，“慧通”已应用于中通服设计院长江新济州生物多样性展示馆项目、东台科创大厦运维管理、盐城高铁三维可视化运维管理等项目中，形成了包括《CICDI 基于 BIM 模型的场馆运营管理系统软件》等在内的近 10 项自主知识产权。

（三）管理数字化，数据优化资源配置效率，实现业务流程智能增效

1. 内外相关方，实现精细管理运营

面向内外部相关方，包括客户资源、组织人力资源、合作方（供应商）资源等，开展数字化管理，

实现对相关方资源的精细化管理、评价、画像等。客户管理方面，通过对客户数据进行多维度定义，如客户级别、行业、状态等，沉淀客户信息，支撑政企市场营销模式由围绕项目向围绕客户转变，培育形成能够支撑市场持续高质量发展的“木本”客户；人力资源管理方面，围绕组织架构设置、绩效考核、薪酬管理等方面，建立人力信息全景系统，通过智能化全景查询模式，提高人力资源管理工作的智能化和工作效率；合作方管理方面，面向不同类型项目的不同采购需求，围绕采购流程、供应商管理、供应商评级等高需求模块，上线数字化服务组件，全面提升分包采购管理数字化水平。

2. 项目全周期，构建统一规则逻辑

面向项目前、中、后三大环节，提供客户订单、成果交付、合同收款等全过程跟踪管理、动态控制的能力模块，实现各级管理人员和业务人员对项目的进度、费用、质量、合同执行、安全、文档等方面的实时管控，实现项目管理的规范化、智慧化、成长性。项目前期，对项目跟进，投标立项、标前评审等环节进行多维度管理，提升项目前期的决策水平；项目中期，聚焦立项管理、销售管理和核算管理，做好项目交付的精细化跟踪；项目后期，针对项目验收、资料归档、应收账款等环节进行管理，做好项目的总结和评价。

3. “小智研发云”，赋能科技研发创新

中通服设计院基于自主研发“小智研发云”，面向软件研发团队构建产品全生命周期管理的软件研发中台体系。“小智研发云”由数据中台、业务中台、技术中台及组件库、工具库组成，是一套有机结合、协同一体并具备标准的组织、过程、技术相融合的研发体系。以积淀能力、注智赋能为目标，依托中通服设计院自研项目的积淀，以及和中国电信、中国移动、腾讯、百度、阿里、网易、华为等头部厂商的生态合作，不断打造并完善核心组件的复用、共享、覆盖，积淀并孵化更多信息服务产品和核心领域解决方案，实现中台和组件在自身数字化建设、对外智慧化服务的深度应用。构建中通服设计院知识管理系统，推进项目案例、工艺工法等的协同共享，促进隐性知识显性化，实现组织过程资产数字化，提高员工技能，使得人员能力价值通过数字化的方式得以共享。在此基础上，推进知识、经验向标准、专利等知识产权的转化，提升技术品牌价值。

（四）生态数字化，构建数字原子能力平台，聚焦研发赋能生态合作

中通服设计院自建数字化原子能力平台，通过内部能力解耦、能力封装，同时吸收生态体系内的合作伙伴产品，形成汇聚全网的“原子能力池”，沉淀原子能力资产，实现能力服务化、服务平台化、平台生态化。中通服设计院基于数字化原子能力平台，持续丰富原子能力库，加快原子能力规模化应用，结合自身在产品、技术、服务等方面的优势，坚持“长长对接”，对内提质降本增效，对外开展多维度合作，发挥各自优势，共建行业生态圈。

（五）自主打造数字管理驾驶舱，实现科学精准经营分析

中通服设计院自主搭建的企业数据中台，建设统一、清洁、智能的企业数据底座，基于数据底座自主建设管理者驾驶舱，通过商机、订单、客户、绩效、人力、过程、项目等多场景需要，实现经营数据的实时监测、可视展现、自动预警、智能分析、快速决策，让管理者真实、实时、全数字化地掌握企业的运行状态，为划小核算单元管理、部门整体运营及经营决策层提供了不同权限、不同纬度、不同颗粒度的数据视图与业务报表，在确保数据安全的前提下，有效支撑中通服设计院的运营管理和科学决策。目前，管理驾驶舱共发布243张报表，包含收入、变动成本、固定成本、运营利润近60项指标，实时支撑中通服设计院117个二级核算单元、137个三级核算单元和189名阿米巴“巴长”的经营决策。

三、咨询设计企业数字化管理体系构建效果

（一）管理效能提升，释放企业数字生产力

中通服设计院通过推进企业数字化管理体系变革，逐步实现企业的组织过程资产数字化，促进企业

内外部资源利用率和运营效率持续提高。中通服设计院数字化赋能运营效率提升 30% 以上，研发周期缩短近三分之一，在提高生产效率、提升服务能力的同时，逐步也形成了多项自主知识产权：截至 2021 年年底，中通服设计院累计获得专利授权 205 项，累计形成企业标准 72 项，累计主（参）编国家、行业标准 267 项，均列行业前茅。通过知识、经验向标准、专利等知识产权的转化，更好实现人员赋能、能力与经验传承，实现企业数字生产力持续释放，为企业取得良好经济效益奠定坚实基础。

（二）标杆示范引领，赋能行业数字化转型

中通服设计院作为大型咨询设计企业，在企业数字化转型方面勇于探索、精于创新，在全行业、全社会起到先行先试的示范引领作用。中通服设计院自研信息化成熟度评价 I－see 模型，对全行业开展信息化发展自评，具有有效的参考价值；自主开发“慧投”“智咨”“悦途”“数智工地”“U 行者”“慧通”等一系列数字化工具，已在全国 12 个省份共计 30 余家企业得到具体应用，将数字化能力对外输出，带动了整个行业数字效能的提升，为促进整个行业创新转型形成显著的示范引领效应。

（三）广泛社会认可，形成创新示范效益

中通服设计院积极推进企业数字化管理体系变革，持续提升产品和服务升级，得到全社会广泛认可。近 5 年来，获国际级优秀成果 10 项、国家级奖项 66 项、省部级以上科技进步奖 5 项、省级优秀成果 41 项；获得国家优质工程奖和国家优秀咨询奖，荣获江苏省政府授予的“江苏省省长质量奖”，是对企业生产经营管理质量、产品质量、客户服务质量等的充分肯定。

（成果创造人：殷　鹏、朱　强、朱晨鸣、周　斌、黄志华、李　享、刘　李、戎彦珍、唐怀坤、林　涛、黄春林、张　骏）

煤机企业缸筒线性自动化生产线建设

郑州煤机综机设备有限公司

郑州煤机综机设备有限公司（以下简称郑煤机综机公司）始建于1979年，是国内煤机行业的龙头企业——郑州煤矿机械集团股份有限公司（以下简称郑煤机集团）的全资子公司和核心配套基地，拥有专业技术研发团队，可独立承担液压支架及配件的设计、生产业务，加工制造能力位居行业前列，是全国煤矿综采设备、配件主要定点生产单位。拥有职工980余人，中高级职称近40人，技师和高级技师34人，中高级技工171人，本科及以上学历近160人，大专学历200余人。拥有发明专利和实用新型专利100余项，90余种产品取得煤矿安全认证。2021年，营业收入14亿余元，纳税0.76亿元，人均工效130.43万元，主要经济指标和技术水平均达到国内同行业领先水平。

一、煤机企业缸筒线性自动化生产线建设背景

（一）应对生产现实的需要

郑煤机综机公司的配件约占总产值的30%，根据配件小批量、多批次的特性，按照集群式、手推单件流的方式组织生产。同类生产设备集中摆放，不同设备加工不同工序，各员工负责操作本设备活件的上下料及转运工作。零碎产品在批量产品中穿插进行，工期冲突停下现加工产品满足急需产品产出。生产中突出的问题主要集中在以下几个方面。一是机械加工工艺要将机械加工制造技术与实际生产过程进行有效结合，在此基础之上，新产品、新技术与新设备才能够不断地推出。二是传统加工中存在的误差问题，如机床与刀具的误差。三是传统的机械加工过程中全靠人员技能来保证，但技术工人的待遇迟迟没有改善，导致国内很多工厂招不到人。四是管理压力大，生产产能受制、生产现场积压、生产断续、转运频繁等问题突出。同时，传统的生产模式在市场需求多样化面前逐渐显露出其缺乏柔性、不能灵活适应市场需求的变化，给企业带来极大的压力和困境。面对这样的困境，郑煤机综机公司通过调研，策划通过关节机器人、焊接机器人、自动翻转变位机结合产品加工设备等将原有缸筒离散式生产加工转变为自动化流水线型加工，开创国内煤机油缸自动化生产先例。

（二）适应公司发展需要

郑煤机综机公司贯彻落实郑煤机集团“五化”发展战略，以郑煤机综机公司中长期战略规划为指引，以精益生产为指导思想，以满足客户需求为目标，促进油缸类产品生产效率、产品品质持续提升，布局该项目作为郑煤机综机公司实现高质量发展的重要组成部分。该项目是公司实现高质量发展的重要组成部分。党的十九大报告指出，我国经济已经由高速增长向高质量增长转变，在当前情况下如何实现“企业高质量增长、员工长久幸福”已经成为郑煤机综机公司迫切需要解决的问题。结合当前国家政策和郑煤机集团发展战略及郑煤机综机公司发展战略，经郑煤机综机公司党政联席会研究决定实施该项目，从而适应发展需求、转变企业增长方式、实现高质量增长。该项目是提升公司产能的需要，在国内煤机行业内尚未见已实现线性自动化布局的可参考案例，该项目立足于发展现状，结合公司中长期战略规划，是郑煤机综机公司实现高质量发展的重要组成部分。

（三）持续降本增效的需要

煤机企业生产过程中，最核心件还是立柱千斤顶，在整个液压支架生产环节尤为重要。整个生产环节涉及销售、技术、采购、管理、原材料加工（人、机、料、法、环）等，造成企业投资过大、负担较重，特别是在千斤顶生产环节涉及“人、机、料、法、环”5个环节，传统加工环节断点非常多，导

致企业成本无法下降。在传统的生产成本管理模式下，生产成本是煤机企业控制成本的关键所在。在外部环境不可控的前提下，企业应该从自身角度出发，全方位、多维度探索降低经营成本之道。转变观念、拓展思路、创新才是降本的正确道路。郑煤机综机公司始终坚持“创新是推动高质量发展的第一动力”的企业发展理念，持续推动公司在运营管理、生产管理、质量管理等方面的数字化转型，适应企业战略发展需求。不断推进智能生产线、智能车间、智能工厂建设，加大信息化、数字化、自动化在企业管理活动中的应用，建设高效组织。通过数字化推进，促进“数字－信息－知识－智慧”的转化，把人从复杂、重复、繁重的工作中解放出来，思考流程优化变革，开展业务赋能，驱动全要素效率提升，从而实现降本增效。

二、煤机企业缸筒线性自动化生产线建设主要做法

（一）调整产品加工流程

为了确保项目的高质量落地开展，郑煤机综机公司成立专门项目组，总经理和副总经理分别任组长、副组长，制订实施计划，指导项目具体实施。改变原设备集群式设备布局为工序单件流生产组织布局。将生产线设计为直行形式，由机器人将整个加工流程设备组合串联，使它们成为一个整体。整体调整由原集群式生产、手推单件流生产向自动化线性作业生产转变。

（二）设计自动化生产方案

自动化产线生产过程没有人员直接参与。利用信息化、程序化，通过自动检测、信息处理、分析判断、操纵控制，使机器人、加工设备等按照预定的程序自动运行，实现预期的目标；或使生产过程、管理过程、设计过程等按照规定的程序自动工作，连续、稳定地生产出符合技术要求的特定产品。自动化生产线对生产执行、人员配置、生产节拍、生产周期、物流转运等固化，促使整个生产流程标准化。传统集群式生产模式优化布局到单件流生产模式实现了工序间的串联，有效地实现了活件全工序单件流生产，有效缩短了产品加工周期。人工单件流模式优化到自动化单件流生产线模式，用自动化代替了人工，将不可控的因素有效地通过流程的固化、标准参数实现了自动化生产，进一步固化节拍、减少断点。该项目布局由平倒机1台、刮滚机1台、止口机2台等加工设备组成，采用关节机器人、焊接机器人、自动翻转变位机，结合产品加工工艺、生产节拍，通过3D视觉采集数据等实现了φ125－140缸筒全工序（平倒－焊接－刮滚－止口）自动化生产。自动化生产线实现自动化生产后整体为向后智能工厂布局做准备。自动化方案实施后，产能和生产周期将有较大幅度提升。

（三）布局调整配套区设备

以往设备布局按照同类设备进行一体化布局，不同设备加工不同工序，导致活件频繁转运，车间在制品数量庞大，生产现场处处挤压。重新布局加工设备之后，将平倒机、刮滚机各1台和止口机2台及焊接机器人、抓取机器人、转运机器人等设备调整为自动化线性布局，缸筒毛坯从上料位取件，分不同工序装夹至不同设备内完成不同工序的自动化加工。

（四）构建增收新模式

从精益生产的角度重新梳理生产系统，重点提升设备的有效开机率，降低能耗、物料消耗等制造费用，重建物流拉动。控制在制品存量，持续消除生产过程中的断点，加快生产流速，提高生产效率，大幅提升单位时间的产出量，优化生产制造周期。持续推进车间生产的自动化线体改造，按照投资预算，强化项目实施过程管理，确保年度自动化建设目标达成，协同推进数字化转型落地，开展数字化知识学习与实践，培育数字化能力，实行数字化转型“一把手”负责制，每个单位、每个车间、每个岗位要树立数字化转型意识，明确效率提升目标和任务，扎实推进、务求实效。

（五）推进自动化生产模式的落地实施

缸筒线性自动化生产线布局过程中没有可以参考的先例，郑煤机综机公司只能通过不断地调研、商讨，不断优化选择最优方案并严格按照项目计划实施，主要从人员配置、设备保障等方面具体落地。一是人员方面。在整个布局过程中，公司、分厂、工区及一线作业人员经过多次商榷、层层选拔、不断试错，突破各个难关，最终确定上线人员，实现自动化项目正常运转。然后在整个运营过程中继续通过不断地学习及与厂家工程师交流，将逐步强化自身技能，最终将原一线操作工人培养成优秀的线体工程师。二是设备保障方面。线体加工设备为原有加工设备，整体设备异常问题点较多，造成线体断线频繁。结合线体布局测算周期和节拍，进行流程分析。逐步测算每台设备的理论加工参数，通过不断的试验并对数据汇总与分析，总结出来整体生产线加工设备标准化参数，通过不断运行测试，综合设备故障率下降50%以上，生产连续性得到了保障。在公司整体设备维保模式变革的要求下，从传统的故障后维修转变为计划性检修，这样在有效地保证线体正常预防性检修的前提下，通过标准参数加工，保证生产不间断进行。三是工序加工品质方面。以缸筒线全工序加工为例。缸筒平头倒角工序是缸筒加工工序的基准，在平倒站运用宏程序制作专用卡爪有效地保证了整体加工一致性，为后道工序加工品质保证奠定了基础。焊接站主要是进行上腔接头和起吊环的焊接，变位机变位坐标、焊枪逻辑程序、焊枪冷却等因素都能够导致焊接异常，通过不断测试、实验总结规律，进行单位互相换算，设置零点位置并记录坐标数据，尾座移动一段距离后记录坐标数据，测量移动的实际距离，用尾座坐标数据除以尾座实际移动距离，经过多次记录并计算得到实际数据，对整个逻辑进行梳理、优化，固化之后，焊接站漏液率为零，有效保证了线体焊接品质。刮滚站经常出现活件跑偏、滚压光洁度不达标的情况，分析整个刮滚工序加工过程，将原来人为的加工过程进行优化改善，有效保证刮滚质量。止口站是全工序加工重点工序，也是影响整体产线节拍的工序。第一，在车架窝时候不断屑，铁屑缠刀缸筒外圆造成中心架夹不到缸筒表面，中心架夹紧架窝表面有铁屑，影响了活件的中心，造成缸筒加工止口偏心；第二，加工矩形螺纹时扣尾会产生翻边毛刺，刀具无法实现自动除净，翻边毛刺靠近倒角台阶在用抛磨机抛磨时不能准确地抛到点上，需要反复抛磨且容易碰伤内倒角，抛过后的缸筒里会有抛磨砂和铁末混合物，清理比较困难，清洁度得不到保证；第三，矩形螺纹加工过程中不断屑（行业难题）经常导致内孔划伤。通过不断地调研测试，采用“宏程序+机器人”动作，采用一系列工艺最终克服以上问题，有效地实现了断屑、扣尾去除等难题，把难点工序嵌入程序完成，有效保证了产品的100%合格率。四是生产周期、生产线节拍方面。为了有效保证生产线正常运行，达到预期目标，整个生产优化从线体换产效率和加工过程两个方面进行优化。经过持续改善，把难点、复杂工序嵌入程序，减少了人员参与，提高了效率，提升了品质，增强了线体的整体抗风险能力。当下，在自动化生产线运行过程中持续从换线流程、加工过程、断点变化、工装配送、线体刀具寿命管理、自动化物流等方面逐步优化提升，坚持持续改善。

（六）优化生产管理方式

郑煤机综机公司传统的生产管理方式特点有4个。一是加工工序由车间主任制订后手工填写在流程卡上，都以工人的经验为主，车间实时情况无法查看，中间工序生产时间和标准产能不可控。二是车间现场没有严格的工艺流程，没有标准化作业，依赖工人的经验为主。三是生产进度信息、质量信息一般通过人工统计、纸质单据传导，故而造成信息反馈之后的异常处理不及时。四是不合格数据由质量部人工录入Excel，统计查询困难，无法追溯，无法对不良率进行统计分析。缸筒线性自动化生产线的实施中不断改善生产管理方式：一是与MES结合自动派报工，缸筒上生产线自动报工，实现智能化管理；二是按照线体工艺流程作业，线体工程师按标准作业，减少分厂领导的检查指导压力；三是生产线加工、数据采集（分析、汇总）、自动检测等实现自动下达、检测、汇总、分析，有效降低了管理难度；四是加强班前学习，线体工程师对操作流程和标准规范做到应知应会。目前，已把制度和流程嵌入系统和程序，让生产管理更加数据化、透明化。

（七）总结经验，复制推广

缸筒线性自动化生产线不仅改善了劳动条件，减轻了工人的劳动强度，而且能够确保生产安全，提高劳动生产率和产品质量，同时能降低能源及原材料的损耗，节省辅助加工时间，最终降低产品制造成本。分厂内部自动化推进历程如下。第一，2018 年年初至 2022 年 10 月，已上线 6 条自动化生产线。一是 φ125－140 缸筒自动化生产线从 2018 年年初的单线流布局到 2019 年年底最终完善自动流水线方案，再到 2020 年 9 月该项目完工正式量产，成为国内首条煤机油缸自动化生产线；二是 2021 年 11 月 25 日成功实现 φ250－230 大型盘套线正式量产；三是 2022 年 1 月 15 日成功实现 φ160－180 缸筒自动生产线正式量产；四是 2022 年 3 月 18 日成功实现 φ63－140 盘套自动生产一体机正式量产；五是 2022 年 10 月 13 日成功实现 φ180－280 盘套自动线正式量产；六是 2022 年 10 月 15 日成功实现 φ60－120 活塞杆自动线正式量产。第二，预计 2023 年上半年实现 φ160 以下缸体焊接自动化生产，2023 年整体实现 φ200－230 缸筒自动化、缸筒上腔焊接自动化、活塞杆自动 2 线、埃马克一体机自动化等自动化生产线量产。第三，向后规划 2025 年实现 17 条自动化生产线、单元等正式量产，通过智能物流拉动、自动排产等实现一体化自动生产。按照公司整体布局要求，逐步纵向延伸、横向到面，逐步完善整体分厂自动化推进，持续摸索推进智能生产线、智能化黑灯工厂的稳定运行。

三、煤机企业缸筒线性自动化生产线建设效果

郑煤机综机公司的自动化生产线项目不仅提高了企业生产效率，减轻了员工劳动强度，提升了产能，而且提高了生产工艺的稳定和产品一致性、降低了企业生产成本，并且客观上减少了辅助人员的数量、优化了管理人员队伍、降低了企业的运营成本。缸筒线性自动化生产线项目的实施是郑煤机综机公司智能化工厂的一次成功试验，为“三化”建设奠定坚实基础，在有效促进企业高质量发展方面初显成效。

（一）提升产能和综合效率

该项目实施后，立柱月产出 1300 组，产能提升 102%；千斤顶月产 6500 组，产能提升 170%；综合提升 129%，生产周期缩短 45%，人均综合效率提升 89%。

（二）实现降本增效的目的，产品质量更加稳定可靠

人工线体由 5 名操作工完成，现自动化生产线由 2 名线体工程师完成，人员数量降低 60%。自动化生产线实施后，焊接尺寸标准统一，漏液率由原来的 1.56% 降为 0。

（三）减少设备故障率

设备在固定参数下运行，减少人为参数干预，整体进行设备预防性检修，线体综合设备故障率降低 50%。通过 MES 等信息化技术，做到计划及时下达和完工产品的及时上传，实时监控设备状况，及时统计生产信息，免去了繁重的人工数据统计工作。

（成果创造人：张景河、陈　仲、张　飞、宋重阳、康东亮、王海涛、周建勋、王天永）

基于不动产投资信托基金的交通基础设施“工程－金融”整合数字化管理

中交财务有限公司

中交财务有限公司（以下简称中交财务公司）是2013年7月在北京成立的非银行金融机构，由中国交通建设集团有限公司（以下简称中交集团）及中国交通建设股份有限公司（以下简称中国交建）共同出资设立，注册资本金70亿元。其中，中交集团持股比例5%，中国交建持股比例95%。中交财务公司为集团公司及下属成员单位提供资金结算、存款、信贷、委托贷款、投资业务及财务和融资顾问等多品种、专业化的金融服务。截至2021年年末，资产总额达927.39亿元，利润总额15.65亿元。荣获2021“中国金融机构金牌榜·金龙奖”年度最佳服务财务公司奖。

一、基于不动产投资信托基金的交通基础设施“工程－金融”整合数字化管理背景

（一）基础设施行业融资渠道单一，债务风险不断累积，亟待金融创新

随着我国城镇化的持续、快速发展，各地基础设施需求都不断扩张。过去10年的基础设施投融资实践中暴露出诸多问题，如：融资手段单一，过于依赖债务融资；企业与地方政府负债率高，债务风险持续累积；过度依赖主体信用，市场化定价能力不强；基础设施项目投资额大、回收期长，企业缺乏灵活的退出途径等。为避免以债务融资为主体的传统投融资模式对基础设施发展的掣肘，亟待引入权益性的金融工具，即不动产投资信托基金（REITs，Real Estate Investment Trusts）。2016—2017年，在国家政策的指引下，国家发展改革委等部门提出要通过资产证券化的方式补基础设施短板、降基建行业成本，在后续几年内不断出台与完善REITs政策、开展REITs试点工作。

（二）中交集团基础设施资产体量庞大，迫切需要推动基础设施行业转型升级

中交集团作为全球领先的特大型基础设施综合服务商，旗下拥有大量基础设施资产。面对“新常态”下市场需求回落、竞争加剧的严峻形势，中交集团在内的基建企业普遍陷入发展困境。作为基础设施领域的超大型央企，探索、推进与引领行业的转型升级是中交集团的社会责任。2019年，国务院印发相关文件，统筹推进交通强国建设，中交集团被选为“交通强国建设试点单位”，承担多项试点任务，高速公路资产证券化是其中之一，亟待盘活存量高速公路资产，探索从工程到金融、从重资产到轻资产的创新经营模式，增强基建企业的运营能力和可持续发展能力。

（三）资产全生命周期管理和REITs运作提质、增效、降本的需求

伴随新一代信息技术不断创新突破，数据逐步融入产业创新和升级的各个环节，成为数字经济时代下的关键生产要素。为此，中央提出要“加快数字化发展，推动数字经济和实体经济深度融合”，要加快推进国有企业工业化、信息化融合和数字化转型。在基础设施REITs领域，目前存在大量的、处于生命周期中不同阶段的潜在REITs项目，其对应的管理、培育、申报、发行工作量巨大。若通过人工的方式对每一项基础设施资产开展需求量评估、资产价格评估、合规性审查等工作，需要耗费大量的人力、物力、财力。引入数字化方式，能够更高效地跟踪资产状况、评估资产价格，辅助企业进行发行决策和资产管理，能实现REITs发行和运营过程的提质、降本、增效。

二、基于不动产投资信托基金的交通基础设施“工程－金融”整合数字化管理主要做法

（一）支持金融创新的顶层战略

中交财务公司坚持“依托集团、服务集团、业财融合、价值创造”的经营战略，以高质量金融服务助力中交集团高质量发展。着力推进金融创新，将金融服务贯穿基础设施产业链的全过程，积极探索

创新商业模式，以“工程-金融”整合实现产业链向价值链的升级。由集团资本运营部牵头成立 REITs 试点工作小组，对 REITs 模式进行研究并组织试点，探索“工程-金融”整合的方式、方法。工作小组联合国内顶尖高校，对 REITs 的政策和交易模式、定价方式等重点问题进行研究。积极探索推进 REITs 实践，先后指导发行了“清西大桥类 REITs”等多单类 REITs 和公募 REITs 产品。在产品发行后，高度重视 REITs 产品的数字化管理，研究 REITs 数字化管理方案并成功开发数字化 REITs 管理平台。通过理论研究与应用研究，开发基于 REITs 工具的“一个框架、四种方法、一个平台”的交通基础设施“工程-金融”整合数字化管理方案。

（二）深入研究交通类基础设施 REITs 交易模式及资产管理方法和逻辑

1. REITs 交易模式和政策及国外实践研究

REITs 试点工作小组依托清西大桥、廊坊市外环路和襄阳凤雏大桥 3 个交通项目开展“基于 REITs 工具的基础设施投融资模式创新研究”，具体包括：境内基础设施投融资模式现状与挑战研究；境内外基础设施 REITs 的市场案例研究；境内当前各项基础设施 REITs 财政税收、法律法规、技术规范等专项政策研究；基础设施 REITs 现存政策相关问题分析；基础设施各项业务模式与 REITs 体系的匹配分析及结合应用方案。

2. REITs 资产管理方法、定价模型和发行规划研究

中交财务公司开展“交通类基础设施 REITs 资产管理逻辑研究”，依托国内市场已成功发行上市的 3 单高速公路公募 REITs 和 1 单高速公路类 REITs，对交通项目资产估值模型和 REITs 发行规划进行了研究。一是建立交通类 REITs 项目的底层资产估值基本框架，明确交通量和折现率是估值的核心；二是形成交通量智能化预测方法，依照实际项目特点，采用 SARIMA 模型、MA 模型和多元回归模型等方式对交通量进行预测；三是对估值实践中折现率的计算方法进行改进，改进后的计算方法更加适用于特许经营权类 REITs 项目（大部分交通项目属于此类）的估值；四是通过资产组合，能够对冲单个资产的经营风险，提升 REITs 整体的现金流稳定性，提高 REITs 估值；五是在时间规划上，合理安排多个候选 REITs 项目的上市先后顺序，能够平衡企业整体现金流，实现“投资→建设→运营→退出→再投资”的良好投资循环。

3. REITs 数字化管理方法研究与平台开发

中交财务公司依托中交集团拥有的 2 单类 REITs 项目和 4 单潜在意向 REITs 项目，研究数字化的 REITs 资产管理方法，联合数字化 REITs 资产评估和管理系统（以下简称 REITs 资产管理平台），用数字化的手段帮助中交集团进行潜在 REITs 项目筛选、模拟资产评估、管理已发行的 REITs 产品，实现 REITs 资产管理过程的降本、增效。

4. 积极参与 REITs 实践

注重理论与实践的结合，坚持“从实践中来，到实践中去”，积极参与 REITs 实践。将创新融资结构与优质资产进行有机结合，将运营期 PPP 项目资产盘活的同时实现了降低资产负债率、提升资产周转率和降低融资成本等多个目标。

（三）开发建立数字化 REITs 资产管理平台

1. 数字化平台的搭建过程

首先是针对中交集团内部和下属多家子公司的调研，了解各子公司的业务现状（包括机构建设、体制建设、人员结构、各类资金投入、设备管理等）、参与 REITs 和类 REITs 项目的实践经验和工程企业视角下对数字化平台的功能需求。第二轮调研针对金融机构，包括中联基金、嘉实基金和华夏基金，分享金融企业在 REITs 实践中的经验，收集 REITs 管理中的重点指标数据，了解金融企业视角下对数字化平台的功能需求。在前两轮调研的基础上，总结主要做法、典型经验及工程企业、金融企业双方的需

求，针对相关痛点、堵点问题合理设计数字化系统工作方式，通过敏捷式开发从数字化系统建设的各个阶段探索用户的实际需求及合理化的建议，形成全生命周期的数据治理标准和数据字典，即初步的平台搭建方案。第三轮调研在形成初步搭建方案后，调研对象包括监管机构和交通行业专家及部分子公司、金融单位，进一步拓展和完善思路，优化了整体的搭建方案并开始系统搭建。在调研的基础上，完成了初版的数字化平台并交由多家子公司和部分金融机构试用。在数月的试用和不断反馈、调整后，数字化REITs管理平台正式交付上线。

2. 树立数字化平台的基本原则

实用性原则：能够最大限度地满足实际工作的需要，把满足业务需求作为第一要素进行考虑，在满足功能要求和技术指标要求的基础上尽量简化设计。可扩充性、可维护性原则：考虑业务在未来一段时期内的发展趋势，具有一定的前瞻性，充分考虑系统升级、扩容、扩充和维护的可行性和方便性；针对本项目系统的特点，充分考虑提高业务处理的响应速度及统计汇总的速度和精度。经济型原则：在保证系统可靠和高性能价格比的前提下，尽量减少支出成本。高可靠性：系统的可靠性包括整体可靠性、数据可靠性，应从整体系统的可靠性、应用容错等方面充分保证整体系统的可用性并能够快速修复应用系统的故障，确保业务的连续性。易操作、易管理原则：提供友好的操作界面，方便用户操作；提高系统自动化管理能力，提高管理效率。

3. 构建数字化平台的主要功能

一是项目信息管理，基础信息管理模块中包含了项目基础信息、项目公司基础信息、融资信息、合规信息、项目资产清单、道路路段、机构信息等基础数据。以项目和资产清单为主线，将各类项目合规、资产合规、审批及政策清单进行收集汇总。二是运营管理，运营管理模块中包含运营公司信息、项目运营统计、年度运营计划、运营预测、绩效考核、退出准备、项目后评价和竞争性项目。从项目的全生命周期角度分不同的阶段和业务场景进行管理。三是金融产品管理，金融产品管理模块中包含了工程项目金融产品化时的沟通记录、专项计划（SPV）管理、金融产品、金融项目进度、第三方估值信息、基金公司、基金和基金经理的数据；同时，创新性地在工程企业的系统中加入了投资状态和投资者管理。四是风险管理，主要分为收入预警与信息提醒两大功能，系统在年度运营计划和绩效考核中将自动算出偏差量，根据实际情况来填报此项风险并通知相关人员。五是通行费收入预测，基于交通量预测模型，对高速公路项目的通行费收入进行智能化预测。在项目的通行费预测中系统最终确定以项目下辖各路段的交通量为最小单位，尽可能保证预测的精准性。六是资产评估定价，基于REITs评估定价模型和通行费收入预测结果，对项目的资产价值进行评估。依据用户实际需求建立针对单一资产和资产组合的资产评估与现金流管理功能。通过这样的功能设计实现REITs项目的资产估值与现金流管理，以及后续可能的基金扩募或打包发行等业务使用需求。

（四）数字化平台的数据采集和运营维护

1. 数据表单的形成

平台通过对中交集团各子公司不同阶段、不同模式的数据与金融机构、监管机构的需求比对后，梳理出一套符合REITs项目的数据治理标准与数据字典。通过整合现存历史数据，实现整个平台的业务数据统一，包含投资项目基本信息、项目审批信息、机构信息、资金信息等一系列所需数据。对原有系统数据资源进行数据归集，建设数据归集库，将各生产库的业务数据按数据源分门别类地进行存储，重点解决数据质量问题，将整合后的数据按标准格式存储，供项目综合库调用。将数据按标准化结构存储数据，通过清洗、去重、映射等工作，按数据来源把数据加载到统一字段名、统一字段、统一字符类型、统一结构的标准表单中，方便上层应用调用。数据主要有两类来源，一类是通过现存的诸如OA或财务系统的数据接入或中台资源库申请交互；另一类是通过用户手动录入或Excel导入的之前未通过数字化系统手段管理的各类型数据。

2. 运营数据收集

系统采用了以项目下辖各路段的交通量为最小单位，合计汇总为项目交通量的两层设计结构并预留了适当的接口，系统可针对此类项目进行扩展，同时记录车辆分类标准及高速公路、收费桥梁和隧道的收费标准。数据分析工作采用智能算法的方式。

3. 平台运维服务体系

平台的日常运维服务主要从应用安全、数据安全及日常巡检等3个方面分别进行。一是应用安全，对信息系统进行应用安全性检查，如身份鉴别、访问控制等方面。二是数据安全，主要检查系统的数据在采集、传输、处理和存储过程中的安全。三是日常巡检，检查平台部署的服务器操作系统、数据库和中间件开放的端口、磁盘使用率、内存使用率、共享资源，每次记录巡检日志。当平台发生预警、异常时，值班人员根据应急预案进行第一时间响应；发生重大突发情况时，值班人员应第一时间上报负责人，负责人协调资源并进行故障排除，恢复到系统正常运行状态。

（五）工程项目管理和金融资产管理整合

1. 数字化平台助力 REITs 资产管理

对于潜在高速公路 REITs 项目，平台基于对未来交通流量和运营成本的分析、对债券市场利率的监测与预判，以及对不同 REITs 发行方案的模拟分析，帮助原始权益人能够更好地制订 REITs 发行规划，更早地对资产主动管理，从而获取更高的收益。对于已经发行 REITs 的高速公路项目，平台对实际交通流量进行即时监测和动态预测，对不同运营策略的效果进行分析，将可研报告中的批复收益、发行计划中的预测收益和运营中的实际收益数据动态对比展现，直观比较多个资产管理运营策略的收益与风险，确保 REITs 资产长期、稳定的收益。

2. 打通“工程项目”和“金融项目”全生命周期管理

REITs 资产管理平台及时、准确、有效地评估、筛选和管理基础设施存量和增量资产，统筹管理处于不同阶段的潜在 REITs 资产，分类分项建立储备资产库、发行库和发后管理库，跟踪项目建设运营节点，统计项目财务状况，分析经营业绩，建立现金流测算模型，针对性地提升资产质量以满足公募 REITs 的发行要求。识别分析影响高速公路资产价值和 REITs 产品价格的关键因素，规划最佳发行时间，全生命周期主动管理，为高速公路 REITs 发行及扩募决策服务。在 REITs 资产管理平台内嵌入交通量预测模型，及时、动态、持续地提供交通量监测。对通行费数据、各项财务数据及 IRR 等收益指标进行动态跟踪监控并与历史运营数据进行对比，预测短期通行费收入和运营成本，实现资产估值。对异常的流量数据等进行提醒和预警，及时地发现风险并进行应对。

3. 数字化平台推动中交集团 REITs 业务发展

公司在受托对底层资产进行运营管理、对外输出资产运营服务的同时，能够通过扩募引入成熟优质资产，实现“重资产投资建设 + 轻资产运营管理”并重的均衡发展模式。数字化平台辅助中交集团对体系内大量优质高速公路资产进行集中梳理，从项目区位、区域经济活跃度、经营业绩和项目合法合规性等方面综合考量，筛选出多个优质扩募项目。

三、基于不动产投资信托基金的交通基础设施“工程－金融”整合数字化管理效果

（一）盘活存量资产，提升高速公路项目资产价值

REITs 能有效盘活企业存量资产，为企业提供退出渠道，提升项目变现能力。通过发行 REITs 和类 REITs 产品，让企业能够提前回收资金，从而投资到新的基础设施项目中，形成“投资建设→运营→退出→再投资”的良性投资循环。清西大桥类 REITs 产品，发行类 REITs 提前回收资金，扣除发行成本后，相比持有到期，当期获得 16.84 亿元的增量资金。融资效率方面，项目融资规模从 20.76 亿元提升

至37.60亿元，增幅81.12%，有效实现以较低融资成本扩大融资规模的目的。华夏中国交建REITs，发行后成功募集资金93.99亿元，实募资金超过账面价值28.03%。扣除中交集团及其关联方的20%份额外，剩下的80%均来自外部投资者，实现资产变现、提前回收资金，用以投资新的项目。REITs资产管理平台实现项目养护、运行管理的数字化，是未来实现项目全生命周期数字化的基础。平台进一步地融入REITs资产评估系统，连通实物资产和金融资产，智能评估不同运营策略、养护维护计划对资产价值的影响，指导管理者制订更好的运营维护方案，实现资产的保值、增值。

（二）形成“重资产建设＋轻资产运营”的均衡发展新模式

基础设施REITs可作为轻重资产分离的工具，通过发行REITs实现重资产基础设施项目的转让，以管理人或服务商的身份参与资产的管理与运营，实现轻资产运营。通过REITs业务降低企业带息负债规模和资产负债率，优化企业财务结构，降低企业财务成本，提高企业的资金流动性，促进向轻资产运营模式转型。公司从重资产、高负债的传统工程企业，逐步降低重资产的比重，更加关注服务能力、融资能力和运营能力，打通一条从传统的重资产运营模式到轻资产运营模式的转型路径，实现轻资产与重资产的平衡。

（三）创新示范效应显著，推广前景好

取得良好的社会评价，企业形象不断提升。公司的REITs和类REITs实践，对盘活存量资产、形成投资良性循环产生良好的示范效应，为进一步推动我国REITs市场发展积累了宝贵经验，也为我国加快补齐城市基础设施短板及建设交通强国提供了有力支持。其中，“廊坊外环路类REITs”获得中国公路学会的“中国交通投融资年度创新项目”三等奖，“基于REITs工具的基础设施投融资模式创新研究”获得中国公路学会科学技术奖二等奖。公司运用数字化手段赋能高速公路REITs资产管理，打造基础设施资产全生命周期运作模式，推动交通行业的产融结合，对深化国有企业改革且做优、做强、做大央企发挥了重要作用。推广数字化REITs管理平台，有助于强化资金保障能力，吸引社会资本参与基础设施建设，进一步激发市场参与活力，推动我国的基础设施建设，实现多方保障的基础设施投资和再投资。

（成果创造人：刘军军、王艳丽、王守清、肖光睿、梁恩桃、李晓婧、赵　可、周　秘、高帅雄、武建宏、王勇华、王　群）

支撑核电企业集团大监督管理的国资监管数字化平台建设

中广核智能科技（深圳）有限责任公司

中广核智能科技（深圳）有限责任公司（以下简称中广核智科公司）总部位于深圳市，是中国广核集团有限公司（以下简称中广核）数字化产业平台的核心企业，定位为中广核数字化、智能化业务发展平台和产业拓展平台，立足于中广核信息化、数字化、智能化发展战略和数字化转型工作，促进中广核向数字化、网络化、智能化转型升级。公司经营范围涵盖数字化和智能化项目建设、系统运维、产品研发和技术咨询与服务，已形成和睦云网为核心的高安全、高可靠工业互联网系列产品。数字化服务对象近20万用户、5000家合作方；服务业务覆盖中广核集团6+1产业、26台在运核电机组、7台在建核电机组、400余家公司，运营总面积超过8000平方米的数据中心机房。年度营业收入近10亿元，利润总额近5000万元。

一、支撑核电企业集团大监督管理的国资监管数字化平台建设背景

（一）落实上级管理要求

2018年7月，国务院国资委就国资监管工作做了整体部署，通过实施国资监管信息化建设“三年行动计划”，促使央企全面加强管控，实现高质量发展。2019年5月，国务院国资委印发在线监管系统建设工作方案，要求各央企按照国资监管数据采集和对接要求，建立本企业集团级数据共享交换平台，实现数据的统一汇聚、实时采集和上报管理。2019年9月，国务院国资委下发“三重一大”决策和运行监管系统建设，要求各央企实现集团所属二级单位“三重一大”决策监管业务全覆盖并根据最新的“数据采集指标体系”进行系统升级改造。2019年11月，国务院国资委下发关于统一数据采集交换平台对接工作的通知，要求各央企实现集团范围内国资监管数据的统一管理，实现央企与国务院国资委之间数据的双向传输等功能。2020年11月，国务院国资委下发了对国资监管信息化建设“三年行动计划”实施情况验收评估工作的通知，要求各央企总结提炼实施情况，于2020年年底参与各家企业的验收评估工作。开展国资监管数字化平台建设工作是落实国务院国资委管理要求的具体行动。

（二）数字化建设发展需要

全球信息技术迅猛发展，云计算、“互联网+”和大数据上升为国家战略，数字化是当今世界经济社会发展的显著特征，已成为企业竞争力提升和发展模式转型的关键要素。数据资源日益成为重要的生产要素、无形资产和企业财富。加快数字化建设已经成为企业发展的必然选择和共同任务。国务院国资委对推动央企做强、做优、做大做出了明确要求和工作部署，提出数字化是改进国资监管方式、提高监管履职能力、防止国有资产流失的重要手段，全面准确掌握企业运行状况，精准施策确保国有资产保值增值，亟待通过数字化手段解决相关问题。之前，系统建设大多是独立部署的系统架构，存在“信息孤岛”和“数据烟囱”的问题，无法实现数据统一管理和综合应用，未能充分发挥数据作为生产要素的关键作用。

（三）集团国资监管应用需要

为了进一步深入贯彻国家关于国有经济改革发展的各项要求，指导国资国企加快转型升级，中广核迫切需要建设起点较高、功能完备的国资监管信息化系统，以加快实现国资管理、国企服务手段的信息化、现代化，进一步提高工作效率，促进集团高质量发展，实现集团与下属企业之间、内部各职能部门之间的信息交换和共享，满足今后集团全级次信息化建设的要求。中广核虽然在企业经营自动化、信息

技术引领创新发展、网络安全强化等方面取得了长足进步，但仍存在缺乏统一的数据标准规范、数据重复采集、数据管理多头等问题。基于此现状，急需加快推进国资监管数据体系集成和应用工作，实现数据的统一采集和管理，促进数据资源的汇聚和共享，推动技术融合、业务融合、数据融合，打通信息壁垒，切实解决信息不对称、监管不到位的问题，提升集团总部全局洞察、动态分析、风险管控的能力。

二、支撑核电企业集团大监督管理的国资监管数字化平台建设主要做法

（一）确立国资监管设计原则和设计思路

设计原则方面，坚持重点突出导向。紧紧围绕集团高质量发展目标，按照应用系统数据对接为主、手工录入数据为辅的数据接入原则，横向上优先推动集团经营发展和监督管控重点关切领域的监管指标数据、业务规则在平台中的集成，根据业务监管需要和平台使用情况，按照急用先行原则逐步扩展接入相关领域的数据、开发监管应用、嵌入监管规则；纵向上首先确保管理层级二级以内的公司的指标数据接入监管平台，根据监管需要逐步向下扩展。最终建成横向到边、纵向到底、平台统一、实时在线、数据精准的国资监管平台。

设计思路方面，坚持系统观念、整体统筹。充分领会国资监管平台建设的改革属性，以平台建设为契机推进集团信息化建设和数据治理模式变革，增强集团总部部门间的业务协同和集团总部与成员公司之间的联动，在整体工作安排上统筹推进信息系统开发和改造、业务监管指标和规则的定义、相关制度完善、监督机制建设和运作等各项工作，在系统建设上做好顶层规划和蓝图设计，在满足集团总部既有监管需求的基础上具备足够的扩展性和灵活性，以适应数据范围扩展（包括横向领域扩展和纵向成员公司层级扩展）、监管规则调整和监管应用扩展（如成员公司个性化监管需求），依托国资监管平台探索大数据等技术在跨领域监督中的作用，为审计、纪检、巡视等提供业务数据支撑，通过各职能领域的监督反馈不断完善业务指标、监管规则和系统功能。

（二）完善国资监管业务指标及应用架构

深入梳理监管指标和监管规则的业务内涵。对于监管指标梳理，根据监管需要，结合国务院国资委的要求，按照“就源输入”原则全面梳理定义各业务领域纳入监管平台的业务监控指标，识别所需数据清单，建立数据模板，按照集团总部、二级公司的范围明确数据维度、数据规范、数据来源、统计口径、计算逻辑、数据用户、数据管理责任人等信息。例如，财资部针对本职能领域重点关注的“两非”“两资”处置、“两金”压控、法人压减指标的完成情况、投融资项目等业务异常开展监督；安全质量环保部针对安质环领域的安全事件统计及形势分析、重发安全事件风险防范措施落实情况等开展监督；体系与治理部聚焦授权执行情况、“三重一大”决策制度落实、制度流程体系完备性、成员公司治理体系运作等开展监督。对于上报国务院国资委的指标，按照法人实体关系进行拆解，确保相关指标数据既满足向国务院国资委报送需要，又满足集团对下属公司的有效监管需要；对于已经在业务应用中存在的业务数据，明确应用系统名称和存储结构，以便从应用系统中将数据接入统一监管平台；对于在业务系统中不存在的数据，应通过国资监管平台完成指标数据采集和接入；对于可被多次复用的数据，如企业法人基本信息、授权，则作为主数据进行管理；对于监管规则和监管视图定义，基于上述指标梳理结果，按照实时、在线、智能的原则设计并定义业务异常规则和管控规则，确保能够通过计算机技术实现指标异常自动识别并按照管控规则进行及时干预或控制。通过对本业务领域数据的监管视指标和规则的整理，不断提升事中控制能力，持续改进监督手段，提升监管效能。

构建横向到边、纵向到底的实时动态监管系统技术平台架构。在公司信息化架构下，设计中广核国资国企在线监管系统，发现搭建实时在线的国资监管平台是一项持续完善的建设工作，不可一蹴而就。故需要坚持统筹规划、顶层设计，以顶层设计协同推进各功能平台，确保产品体系和核心能力建设有序推进。在考虑技术平台满足国务院国资委要求的同时，还需充分考虑中广核自身的集团监管需求。在整

体搭建中广核国资国企在线监管系统的软件框架基础上，同时支持现有建设的如“三重一大”决策和运行监管系统建设、能源节约与环境保护系统建设等系统，构建具备中广核特色的国资国企实时在线监管系统。坚持核心软件安全底线，建立统一的技术体系和标准规范体系，保证关键产品和核心能力的自主可控，确保国资监管各项技术平台真正“为我所用”。在架构设计过程中充分考虑横向拓展性，各应用功能模块之间采用了功能弱耦合、数据大集中的方式，支持各应用功能模块的快速升级及系统组件的横向拓展建设，整体技术平台主要分为专题业务监管系统、监管数据统一处理中心、监管数据安全传输等方面。

（三）建立国资监管核心主题应用

专题监管应用主要是参考国务院国资委的建设成果，同时考虑中广核自身的集团监管需求，构建面向不同监管业务主题的应用系统。所以，专题监管应用系统同样是一个持续逐步构建的过程，各专题监管应用之间是松耦合关系，通过专题监管应用的逐个构建，促使整个中广核国资监管领域信息化全面发展。中广核专题业务监管系统建立在统一邮件服务、流程引擎、文件服务、授权管理等软件中台组件基础上，完成了对体系内控、能源环保、产权管理、审计监督、项目投资等业务需求的整理，聚焦建设了“三重一大”、能源节约、产权管理系统及各业务单元，满足各业务事前、事中、事后的全过程实时在线监管诉求。此处以中广核“三重一大”为例介绍。“三重一大”是指重大决策、重要人事任免、重大项目安排和大额度资金运作。为了贯彻落实企业管理要求，中广核于2019年组织启动了“三重一大”决策运行监管系统建设工作，通过信息化手段实现了对集团及各级成员单位“三重一大”事项决策的制度、规则、清单、程序、内容和落实情况的全过程监督，探索加强对制度流程执行情况的全流程监管，提高了企业总部监管的针对性和有效性。系统不仅实现了对集团及各成员企业“三重一大”事项决策的落实情况全过程监管，还将业务规则融于系统之中，通过信息化手段促进了各公司“三重一大”规范制度和规范执行。“三重一大”数据主要分为决策事项、决策制度和决策会议三大类。其中，“三重一大”决策事项包括贯彻执行党和国家的路线方针政策、法律法规和上级重要决定的重大措施，以及企业发展战略、破产、改制、兼并重组、资产调整、产权转让、对外投资、利益调配、机构调整、企业管理领导人员及其他经营管理人员的职务调整等。中广核“三重一大”系统建立了不同业务领域分类编码管理。通过分类编码的梳理，厘清了公司所属“三重一大”监管的业务内容，如对决策会议顺序的选择直接影响后续决策议题的执行顺序，一旦某项议题的决策顺序不满足此要求，将被判定出现业务异常。“三重一大”决策制度，包括公司章程、实施办法、党委（党组）会议事规则、董事会议事规则、经理层办公会议事规则等。在具体信息化落地时，对制度信息进行监管需求规则的梳理。例如，表决方式须选择已生效的某条事项进行关联，即事项值必须是已上报生效的数据；当制度类型选择“议事规则”时，表决方式和人数占比不允许为空；表决方式和人数的占比会关联到议题的决策是否有效，类似某次会议议题列席人员为10人，但领导班子只有5人，将不满足人数占比要求。“三重一大”决策会议包含党委（党组）会、股东会、董事会、总经理办公会等决策重要会议议题参与“三重一大”事项决策过程的记录。其中，会议议题的业务监管要求情况尤为复杂：对任务来源和专项来源，只能由集团公司统一配置供成员公司进行选择；事项编码只能选择已生效的某条事项进行关联，而决策顺序则需通过所选择的决策事项自动呈现，这样录入人员可以自行检查所属议题的决策顺序是否合规；某次议题如需法律顾问参会，则需上传对应的法律意见书等。确保对所决策内容进行充分前期调研、内外部咨询和讨论等，保证了决策的科学性，降低了决策失误。在具体信息化落地业务监管要求时，系统制订了相关业务逻辑校验以帮助用户提高数据的准确性。

（四）构建国资监管平台数据中心

根据国务院国资委下发的在线监管系统建设工作方案，需把国资国企在线监管系统打造成防止国有资产流失的重要手段。在此背景下，当年业界尚无普适性的产品，而且监管数据存在企业的各个业务领域，有些数据存放在已建的信息系统当中；有些数据没有系统支撑，分散在线下本地存储；有些则需要企业各领域工作人员进行填报。基于此情况，中广核建设了监管指标动态管理系统，按照国家相关数据标准、国务院国资委发布的相关数据标准，对监管指标目录信息动态管理，不断提高数据质量和规范性。建设了统一监管数据处理中心，包括采集汇聚、数据清洗、数据加工等内容，通过交换、调用等方式归集各业务部门的监管业务系统数据，打造了监管用户信息库、企业组织机构基本信息库等企业级监管数据库。

中广核国资监管指标管理系统建立了能够上下联动的监管指标目录体系，是国资国企在线监管数据处理的关键基础，通过指标统领驱动监管数据汇聚融合，明确监管对象、监管事项清单、监管方式、监管数据汇聚方式等信息，实现按需汇聚、统一建设，全面覆盖。基于目录统领，根据不同的业务维度构建不同的监管目录分类，支撑多层级机构部门之间监管数据共享交换，指标的名称、编码、统计频率、归口部门、责任人、监管规则等内容由业务用户进行自主定义，从而明确所监管数据对象的业务含义。例如，用户明确业务指标的监管场景所需绿灯、黄灯、红灯的条件，从而可设置不同的监控阈值，同时对每个指标数据可独立设定应遵守的规则，如长度、格式、值域等，便于对采集数据进行质量检查和无效数据过滤，提早剔除无效指标数据，避免无效指标数据进入后续业务过程。监管指标目录体系的构建，驱动了监管业务与数据的真实联动，支撑了各业务部门日常监督职能的落地。

中广核统一监管数据处理中心是对数据进行集中处理的核心平台。数据采集汇聚是通过多种采集方式将分散在各个生产经营管理业务运行系统中的数据汇聚至监管数据中心。平台支持对两种情况汇聚支持，第一种是监管数据来源于业务生产系统，第二种监管所需数据还未有信息化系统支撑的数据。采集方式包含在线填报、离线导入、接口对接、数据库直采等多种方式。平台支持对采集任务的配置、采集任务的实时监控、采集数据校核管理、采集数据的实时监管等具体采集管理功能。数据清洗，用于统一管理并调度对各类数据源进行前置处理，以提升加工执行效率和自动化程度。平台提供了数据库到数据库转换、XML 到数据库转换、Excel 到数据库转换流程和数据库到 HADOOP 文件转换的各项管理工具并支持包括拆分转换、合并转换、类型转换等处理方式。数据加工是从业务角度对数据进行建模、比对、校核等处理工作，实现数据间的关联、映射、去重、整合、分析等处理工作，为业务监管提供数据支撑。部门多、种类多，数据量大且复杂，是国资监平台数据的典型特点，需处理各类数据，包括基础数据和业务数据，业务数据又包含标准数据和非标准数据，按数据种类可分为结构化数据、非结构化数据等，平台可支持对上述各种分类数据生成并在最终应用层输出数据，为各个业务环节提供支撑。

（五）确保国资监管数据安全传输

监管数据的安全传输管理是数据在对外进行共享交换时的安全保护。在监管数据向上报送至国务院国资委时对上报数据进行安全管理，同时支持监管数据在企业内部、跨层级子企业之间的数据交换时的安全防护管理。监管数据对于央企来说往往都涉及核心的业务数据，具备高度的敏感性，触及企业的核心商密。对其安全管理一般从数据脱敏、数据授权、传输保密等方面保证。数据脱敏方面，中广核国资监管平台可定制脱敏规则库，具有全替换/部分替换、掩码、截断、偏移、标签化等多种脱敏方式。监管指标管理员可在“数据指标页面”选择不同的脱敏规则，防止生产库中的主要数据明文显示在系统中，导致数据泄露，也可用于处理生产机中涉及个人安全或公司的敏感信息。数据授权方面，中广核国资监管平台使用了统一的 4A 授权认证体系，所有系统用户均需通过总部 4A 认证服务器认证后方可访问各应用入口。授权认证过程以集团人员主数据为权威数据源头，实现人员身份统一管理，为在运和新开发系统提供集成支撑，实现权限统一管理。当前，授权接口已封装为中台服务并集成至中广核软件开发框架，可满足各项系统权限管理要求（如离职人员权限清理等）。传输保密方面，国资监管数据跨多网域，为保障数据安全性，中广核在硬件上、软件上均进行隔离处理。对国务院国资委进行报数时，因部分业务数据文件体积较大，采用了数字信封技术对国资监管数据文件进行处理。既利用对称加密的方式对数据内容加密来提升效率，又对加密密钥进行了非对称加密保护。既发挥了对称加密算法速度快、安全性好的优点，又发挥了非对称加密算法密钥管理方便的优点。

三、支撑核电企业集团大监督管理的国资监管数字化平台建设效果

（一）落实了国资监管工作要求

按照国资监管信息化建设“三年行动计划”总体工作安排，2020 年年底，国务院国资委对 94 家央企开展了“三年行动计划”实施情况验收评估工作，全面系统地检查央企国资监管信息化水平和效能，总结提炼“三年行动计划”的建设成效。中广核国资监管信息化建设专项工作组向专家组汇报了集团数字化转型工作的总体进展及国资监管信息化建设的主要成果。经过专家组对定性与定量考核指标的逐项检查，确认中广核圆满完成了各项任务，在国务院国资委的最终评分中获“优秀”评级，位列第一梯队。

（二）规范监管数据管理，提升监管数据共享交换能力

中广核积极响应国资监管信息化建设“三年行动计划”总体工作安排，持续推进了监管业务与信息化的有机融合，实现了与国务院国资委基础设施平台、监控体系的有效对接，达到中广核法人企业单位全覆盖。截至 2020 年年底，已交换逾 4016 条会议数据，涉及 10545 条议题数据；204 家成员单位成功报送逾 2320 条大额支付数据，涉及金额超过 2630 亿元等。通过数据监管打通了不同层级、不同部门、不同行业的数据贯通，实现了数据的共享、业务的协同，破除了地区、部门、层级的信息壁垒，突破了各部门监管业务系统的区域限制。

（三）创新数字化监管手段，提升监管能力

截至 2021 年 6 月底，中广核国资监管已梳理完成集团对内监管指标 200 余项，涵盖财务健康度、集团安全管理、投融资、企业内控等业务领域。涉及财务合并报表、“三重一大”、商务招标采购、企业内部流程管理系统等数据来源，设立约 50 项业务监管规则，产生 80 余个可视化报表，实现了“指标目录 - 指标业务界定 - 监管规则 - 数据模型”的物理上的统一管理，不仅改进了监督手段，提升了监管效能，同时建立了统一监管成果应用机制，为构建纪检监督、巡视监督、审计监督和职能监督大协同监督机制提供了信息化平台支撑。这些应用成果在国务院国资委内刊中进行了推广介绍，有效地落实了党中央、国务院关于国资监管的决策部署，对促进中广核规范管理、科学决策、风险防范发挥了重要作用。

（成果创造人：管庆华、蒋振钢、陈　朗、张学粮、包立新、王春霖、杨晓晨、范凌峰、张　峥、金　杉、邹来龙、春增军）

以“工厂大脑”为核心的卷烟智慧制造平台构建

浙江中烟工业有限责任公司杭州卷烟厂

浙江中烟工业有限责任公司杭州卷烟厂（以下简称杭州卷烟厂）于1949年创建于杭州。2011年，整体搬迁至之江国家旅游度假区内的新厂区。经过70多年的发展，杭州卷烟厂已经成为全国烟草行业具有一定影响力的卷烟工厂。1999年被中国烟草总公司确定为7家“管理示范联系点”之一，2004年获得“全国质量管理奖”，2012年被中国烟草总公司首批授予“2009—2011年度烟草行业卷烟工厂标兵单位”称号，2015年获得行业“精益十佳”标兵单位称号，三大车间先后于2014年、2015年获得全国现场管理星级评价五星级称号。现有在职职工1100余人，年生产卷烟能力500亿支，主骨干产品为“利群”品牌，是中国烟草行业纯一、二类烟销量第一的品牌，2021年批发市值达到1410亿元。

一、以“工厂大脑”为核心的卷烟智慧制造平台构建背景

（一）适应行业创新发展趋势的要求

“十三五”期间，烟草行业要加快信息化与烟草产业深度融合，以信息化、数字化、智能化、网络化、绿色化作为技术发展的新基点，积极探索“互联网+”发展新模式。在国家烟草专卖局的大力推动下，工业互联网、人工智能、物联网、云计算等技术在卷烟工厂试点应用逐步展开，各卷烟工厂正在积极向智慧工厂升级改造，逐步实现从传统制造企业向数字化工厂的转变，提升数字化、智慧化管理水平。

（二）提升企业智能制造水平的需要

杭州卷烟厂一直致力于企业信息化的建设，在信息系统建设、自动化控制等方面取得不错的成效。但从智慧工厂“数据-信息-知识-智慧”的实现路径来看，还存在一些亟待解决的难题：一是数据感知深度不足，信息维度较低、数据颗粒度大、部分影响生产决策的数据未完全进行自动化采集等；二是信息互联广度不足，信息孤岛、网状接口、烟囱式架构等现象不利于数据互联及关联分析，系统之间解耦困难，问题难发现、难处理；三是数据挖掘深度不足，虽然积累了海量数据，但数据挖掘利用不足，不能充分发挥数据资产价值，设备的预测性维护、工艺预见性报警管控等有待进一步提升。这就需要杭州卷烟厂突破卷烟制造数据获取、挖掘与分析、自适应控制与决策等核心技术，实现数据到知识、知识到服务的智能化制造过程。

（三）把握重大战略机遇的必然选择

杭州卷烟厂在70多年的发展进程中，不断探索，勇于进取，积极学习国内外各项先进科学技术和管理经验，在生产管理、信息化建设方面卓有成效，为进一步推进卷烟智慧制造平台打下坚实的基础。2017年，根据长期发展战略规划，杭州卷烟厂启动了智慧工厂的建设，提出了智慧工厂建设的战略规划并在智慧生产、智慧工艺、智慧设备、智慧安全、智慧管理等方面开展探索。卷烟智能制造已然成为行业重点推进工作之一，在这一重要战略机遇期，杭州卷烟厂理应乘势而上，抓住机遇，迎接挑战，加快“数字新基建”基础设施建设，解决以往存在的信息化难题，应用前沿的工业人工智能技术，提前布局，着力推进企业由数字化向智慧化迈进，着力推进高质量一流卷烟智造平台的升级。

二、以“工厂大脑”为核心的卷烟智慧制造平台构建主要做法

（一）以“工厂大脑”为核心，确立卷烟智慧制造平台核心框架

杭州卷烟厂遵循ISA-95标准和Purdue企业信息化层次模型，依据卷烟工厂智能制造能力成熟度

评估模型，以现有管理业务流程和信息化实施经验为基础，借鉴先进管理理念，利用“云、大、物、智、移”等新一代信息技术，在国家和行业“上云、用数、赋智”行动指南指引下，按照“业务数据化”“数据业务化”和“平台智能化”的路径，构建以“工厂大脑”为核心的卷烟智慧制造平台。平台以“工厂大脑”为灵魂，以数据驱动和科学决策为核心，让数据帮助工厂做思考和决策，以数据智能驱动业务的实时协同。通过数据和业务深度融合、关键指标的实时预警、核心风险的协同管理，全面实现工厂的精益化制造、精细化运营、精准化管控。卷烟智慧制造平台的总体思路是通过新一代信息技术，全面感知工厂的生产运行状态，通过生产数据“上云”工程，实现业务数据化；通过指标监控、预警研判、趋势分析等“用数”工程，实现数据业务化；通过数据和业务全面融合，打造以生产驾驶舱、个人驾驶舱为载体的“赋智”平台，驱动各部门协同处理问题，形成管理闭环，有效解决智慧运行的“最后一千米”问题。在总体思路的指导下，构建卷烟智慧制造平台的整体框架，主要包含支撑底座、中枢系统及智慧应用等。平台以驾驶舱为载体，通过支撑底座和中枢系统，对智慧生产、智慧工艺、智慧设备、智慧管理、智慧安全等五大应用进行全域业务与流程、数据与信息的深度融合，汇聚生产、质量、设备运行状态、过程评价等多维实时生产过程数据，实现跨部门、跨条线的数据和业务融合，提高生产管理的协同能力和管理水平；实现全流程数据协同的生产管控和实时决策，全面提升生产过程管控和决策分析的智慧化水平。

（二）以“厚底座、强中枢、薄应用”构建智慧制造平台核心技术

杭州卷烟厂以“厚底座、强中枢、薄应用”理念，依托物联网、云计算、微服务化等新技术，将“技术底座、中枢系统、业务应用”互联融合，构建“统一采集计算、统一开发运维、统一协同调度”三大企业级信息技术支撑底座，为卷烟智慧制造平台提供强大的技术保障，开发 14 个微服务、构建标准化物联网数据采集上云通道、搭建实时流式分析计算预测预警服务，将智慧生产、智慧工艺、智慧设备、智慧管理、智慧安全等系统接入其中。卷烟智慧制造平台也支持敏捷开发模式，为后续业务开发构建了统一的技术底座和开发框架，实现业务的快速构建和集成，减少系统运维及系统间接口的复杂性。

1. 统一采集计算底座

统一采集计算底座是智慧制造平台的数据基底，包括物联网、流式计算、PI 集成等 3 个部分。支持 OPC UA、Profibus 等多种工业通信协议，生产数据的采集频次整体达到 2 秒，部分关键设备达到 20 毫秒。生产数据一经产生，即由统一采集计算底座完成“边采集”“边计算”；业务数据则由 PI 集成完成全厂所有系统间及与浙江中烟本部业务系统之间的数据交换，降低业务系统之间的依赖和耦合性，通过并发接口实现业务在多系统之间的实时同步处理，确保业务的完整性和及时性。

2. 统一开发运维底座

统一开发运维底座，以业务系统的登录集成为基础，以微服务为支撑，以微服务化解构为主线，通过登录集成服务，实现全厂 20 多套业务系统的单点登录和业务集成。采用最新的微服务、云化开发理念，打造了一套基于微服务架构技术的系统底座，该底座实现了接口注册、接口发现、接口访问、服务调度等能力，同时基于该微服务底座开发了 14 个微服务应用供全厂各生产业务系统调用，为企业的微服务解构提供实践经验和平台支撑。

3. 统一协同调度底座

统一协同调度底座，以互联网开发模式为理念，依托上云数据，以用户需求为导向，采用卡片式系统设计，在权限控制的支撑下，实现按个人、按岗位配置的“千人千面”工作协同平台；通过调度底座的任务调度中心，实现全过程、全系统的过程监控、预测预警、待办跟踪、消息推送等任务的启用、暂停、升降级等任务调度，破除系统边界和业务边界，实现数据和算法驱动的管理协同，提高管理融合能力。

4. 互联互通中枢系统

因烟囱式系统、信息孤岛、网状接口的存在，导致系统之间解耦困难，问题难发现、难处理，信息互联广度不足。针对这些问题，杭州卷烟厂依托上述三大技术支撑底座，以数据集成和任务驱动为核心，构建“数据中台”和“业务中台”双中台的互联互通中枢系统，实现跨系统数据的集成、清洗和数据互联，依托任务调度中心，实现各系统和组件之间的接口、定时任务、预测预警等的统一调度管控。

5. 敏捷开发的“薄应用”

在三大技术支撑底座和互联互通中枢系统的支撑下，构建卡片式“千人千面”的前端应用敏捷开发技术，相比较传统应用，敏捷开发的“薄应用”又“轻”又“薄”，面对管理的新变化和新需求，实现业务需求的快速响应和敏捷开发。敏捷开发技术具备 Web 应用自动转化到 App 的能力，并且能自适应、自匹配页面。发布到 App 应用的业务功能卡片，同样具备千人千面的卡片自定义和配置方式，实现方便快捷的多终端接入及 App 应用的快速迭代更新。

（三）数据和业务深度融合，完善精益制造体系

围绕柔性排产、滚动计划、生产成本、质量风险防控等方面，利用实时流式计算技术，提高计划管理的准确性和及时性，缩短生产准备时间、优化能源供应计划，增强工艺质量和生产成本的过程管控，从而实现产品交付和风险防控等管理维度不断升级，在安全、生产、质量、成本和效率上形成合力，把工厂“严细实快”的精益管理理念深度融入卷烟制造全过程。

1. 数据和业务深度融合

杭州卷烟厂三大车间主要生产设备共有 6 万多个感知数据点，这些多源的数据分散在多个工业控制系统中，导致实时生产数据很难真正全面协同，当跨部门、跨业务流程出现实时生产问题时，存在原因分析难、故障定位难、历史溯源难、问题解决难等问题，因此，构建数据和业务深度融合的数据中台迫在眉睫。依托于统一采集计算底座，通过对多协议可扩展采集技术、“云 - 端”数据双向通信技术及“云 - 边”算法协同技术的研究，实现全域全量生产过程数据的上云汇聚，数据边采集、边上云、边计算，提高跨系统、跨业务问题的快速发现和处理能力，为数据驱动管理提升、数据推动管理变革提供坚实的数据和平台基础。

2. 精准分析和自主研判

在全域全量生产过程数据上云汇聚的基础上，通过数据建模、流式计算、深度学习等方法，建立数据之间的关联性，赋予数据更多的管理内涵和动能，实现基于人、机、料、法、环、测的全面、实时、立体的状态感知、精准分析和自主研判。以工厂地图的形式，实时感知、精准分析和自主研判生产设备的生产运行状态，主要包括产量、车速、物耗、温度、湿度、故障等 30 多个参数，生产运行状态和预警状态一目了然，帮助管理人员辅助决策，提高管理的数字化、透明化水平。

（四）关键指标的实时预警助力新型管理体系

新型管理体系的核心管理理念是基于指标管理体系、实时流式计算和指标预测预警的新型数据管理模式，依托数据中台、云库、流式计算等技术，实现融合指标、风控、绩效于一体的、基于大数据分析的智慧决策和数据治理管理体系，不断打造杭州卷烟厂管理新优势。

1. 构建实时预警的指标管控

卷烟智慧制造平台建立了以关键业绩指标 KPI 为中心的目标管理评价体系，对各类生产绩效数据实时加工处理、预测预警并实时展示，便于各管理层人员实时识别、及时纠偏。基于关键业绩指标 KPI 的目标管理评价体系，与职能配置、流程运行、活动展开的各环节、各要素相协调，通过具有内在逻辑的层层分解，形成上下联动、前后连贯的目标指标体系，实现对企业运行绩效的监视、测量、评价和改

进。结合关键业绩指标 KPI 的目标管理评价体系，梳理考核车间生产绩效的关键业绩指标，在智慧制造平台的生产运营驾驶舱，实时统计分析并大屏展示产量、质量、设备及消耗数据，实现卷烟生产实时的绩效分析数据，通过目标评价体系的数字化和模型化，提供管理决策的精准度和即时度，真正实现问题导向、目标导向的管理模式升级。

2. 数据驱动的生产辅助决策

以往，杭州卷烟厂主要的生产应用基本以单指标在线或离线统计分析为主，较为关注数据展示和汇总统计等内容，无法在生产过程中实时快速地进行在线响应。另外，对于生产运行评价，往往侧重对单台设备的运行效率进行评价，无法了解整个车间、生产线、工段、作业区的运行状况，无法及时发现效率异常、效率损失的关键因素。针对上述问题，依托工作协同平台，“工厂大脑”将流式计算、大数据分析模型和预测结果进行有效的整合，将生产过程采集的各类相关数据进行诸如产耗指标的关联性分析、设备体检报告分析等算法模型探索，通过流式计算平台实时计算后，同步展现到生产一线管理人员的工作协同平台中。当异常发生或趋势变化时，协同平台为生产现场人员提供多指标的关联分析、根因排序和趋势预测等，进行基于数据预测的预报警管控，实时响应快速解决生产过程中的相关问题并推送历史问题处理经验，为问题解决者提供辅助决策支持，进而全方位提升了协同平台的辅助决策能力，以及工厂的数字化能力和智能化作业管理水平。智慧制造平台除内嵌产耗相关性分析外，还拓展了设备健康度分析、制丝出丝率相关性分析、吸丝带启停位置优化等分析场景，进行先行先试的数据挖掘和分析探索，全面提高了“工厂大脑”的数字化、智能化水平。

（五）数据驱动的协同管理，构建互联融合体系

互联融合体系强调智慧先行、井然有序，依托数据的全面上云汇聚和业务的全面融合集成，通过统一消息应用、统一移动应用，不断融合云计算、大数据、物联网等互联互通技术，实现统一开发集成、数据全面上云、业务全面融合，破除业务系统边界，彻底解决感知深度不足、互联广度不足、数据挖掘深度不足等问题，形成设备与系统、系统与人员的深度互联融合。

1. “千人千面”的全业务协同管理

以“卡片式”功能整合来封装业务管理活动，便于在个人工作协同平台内配置多个功能卡片，通过卡片之间的数据联动，实现各业务活动的协同管理。依托卡片配置中心搭建的工作协同平台，实现了生产全过程数据的集成和连接，打通企业决策所需数据的“最后一千米”；同时，融入了用户画像、行为分析等互联网算法思路，将员工的基本属性（岗位、权限等）、平台属性（数据、业务）、行为属性（访问记录、工作量完成时间、数据分析历史）、业务属性（工作任务、通知、待办、日程、知识经验）等进行全面集成，将相关内容封装为微服务，实现跨平台、跨系统的全面协同管理。协同平台集成了杭州卷烟厂各业务系统主要功能和入口并将生产运行分析会、指标库、工厂地图等业务融合到平台，提供了统一的消息中心、任务中心、待办中心、调度中心等入口，实现一站式任务调度和执行跟踪管理。

2. “一体式融合”的数据驱动协同

杭州卷烟厂以上云数据为支撑，通过数据建模、流式计算、深度学习等方法，建立数据之间的关联性，赋予数据更多的业务属性、管理内涵和动能，充分挖掘、发挥和提高数据的资产价值，全面提高卷烟制造的“数智化”水平。依托系统平台为载体，以业务集成、流式计算、预测预警为驱动，将实时温湿度数据、批次管理数据、设备运行数据与产质耗数据进行实时关联，实现产品生产环境、作业过程、质量管控等数据串联分析；通过趋势预警、阈值预警、频度预警等措施，及时发现指标、事件的异常，进而触发跨部门、跨业务、跨系统的管理协同，实现生产过程同一秒级时点的多参数关联、多工序分析、多部门联动。

3. “一键式触发”的风险协同管控

以全厂的质量风险防控体系为基础，通过全面梳理制丝、滤棒成型、卷接、包装、成品检验关键工序，以产品全生命周期管理、提升质量管控能力、提升风险管控能力3条主线为驱动，借助全过程工艺数据上云、流式平台实时计算、多因素多维度的根因分析，打造工艺与质量实时监控，过程与风控即时预警的智慧工艺系统。风控协同管控模块以主动报警推送为驱动，以“问题清单”为主体，全方面分析与改进过程中存在的问题的管理闭环，建立了异常报警下的产品处理及问题分析、改进、反馈机制。

（六）完善配套管理措施，保证卷烟智慧制造平台效果

1. 完善项目组织保障机制

杭州卷烟厂把卷烟智慧制造平台作为一项战略性、系统性、长期性的基础工作来抓，作为企业提升自身管理水平的有效载体来抓。在卷烟智慧制造平台建设过程中，建立完整的项目实施框架组织和项目管理制度，包括项目领导小组、项目实施小组及项目目标管理、总控管理、招投标管理等，从人、财、物等方面给予充分的资源保障。按照“各司其能，各负其责”的原则，明确项目各参与人员的职责，将项目的各项实施工作落到实处，确保项目高效顺畅地推进。

2. 健全绩效考核管理制度

卷烟智慧制造平台的绩效考核，主要从部门绩效管理层面和员工绩效管理层面两方面来设定。对于部门绩效考核，主要考虑部门对企业整体发展目标的支撑程度，涉及本部门的主要经济运行指标完成情况。对于员工绩效考核，主要考虑员工生产任务的完成情况。与之配套，企业建立了一系列的激励机制，完善了管理、技术、操作等各种员工成长通道，为员工成长创造良好的环境。在绩效考核管理过程中牢牢把握3个原则。一是契合实际、定制灵活。在借鉴前期实际运行水平的基础上，系统分析当前部门绩效关键指标执行中存在的主要问题，实现绩效考核灵活定制。二是指标分解到项、数据客观真实。对所有指标分解到最小项，便于数据的采集和灵活定制，通过指标数据的自动采集，系统分析，不断提高考核的公正性、科学性、合理性。三是绩效导向、注重实效。以绩效提升为目标，进一步围绕生产、质量、安全、成本等绩效指标，针对薄弱环节，制订有效的改进和提升措施，挖掘潜力，提高企业整体绩效水平，追求卓越绩效。

3. 强化员工队伍培训工作

杭州卷烟厂秉持“服务员工，持续改进”的工作理念。围绕员工队伍素质提升这一重点，在职工教育培训中注重针对性、实效性和系统性，采取积极措施确保培训能取得实效。在卷烟智慧制造平台实施过程中，开展分层级、多专题的培训活动，涵盖工厂的管理层、技术层、操作层。既有管理理念的导入培训，也有操作、维护技术培训；既有外培，也有内培；既有工控技术、六西格玛、专利申报等专业培训，也有全面质量管理、全员生产维护等普及培训。通过系统化、专业化、全员化的培训，培养出一批掌握卷烟智慧制造平台的管理、技术骨干。工厂利用现场数据的能力，挖掘潜在改进机会的能力，分析问题、解决问题的能力和对过程的控制、对趋势的判断能力都有了大幅度提高，为工厂卷烟智慧制造平台的持续推进打下了良好的基础。

4. 加强标准化建设工作

对卷烟智慧制造平台中形成的一些管理制度和工作要求，杭州卷烟厂及时转化成各类管理标准和工作标准，纳入标准化体系管理范围，使各项成果能得到固化，持续产生效果。按照体系管理的要求，做好这些管理标准和工作标准的维护，确保这些标准能有效指导卷烟智慧制造的过程管理。对卷烟智慧制造平台建设过程中取得的创新成果，杭州卷烟厂进行提炼总结并完成了科技项目、专利、软件著作权的申报。

三、以“工厂大脑”为核心的卷烟智慧制造平台构建效果

杭州卷烟厂通过卷烟智慧制造平台系统的建设，实现了企业生产运营的全面提升，包括生产运营环境、技术装备、管理效能和管理效果的提升，大大增强了企业生产运营能力。

（一）初步建成卷烟智慧制造平台

依托统一采集计算、统一开发运维、统一协同调度三大技术底座，通过大力推进卷烟智慧制造平台建设，工厂对生产流程、管理流程进行全面梳理、完善，构建了工厂的“数据中台”和“业务中台”，以“工厂大脑”为核心卷烟智慧制造的管理模式初步形成。一是实现全业务域、全量数据的上云汇聚。提高了生产过程实时计算、预测预警、实时处理、实时反馈、指标动态管控的能力，为生产过程的透明化、智能化管理提供了数据保障。二是实现全业务链条的集中管理。以场景化、事件化为驱动，通过数据联动机制和全业务集成机制，实现了跨部门、跨条线的业务融合，提高了生产管理的协同能力和管理水平。三是实现基于目标体系、管控规则的预测预警。以问题为导向、以工作流为引擎、以任务待办为手段，跟踪指标体系的运行情况，依托“数据中台”中的数据分析组件，对指标进行根因分析和问题洞察，实现目标体系的闭环管理。四是实现全流程数据协同的生产管控和实时决策。以数据全面上云、业务全面云化、管理全面协同为目标，横向解决了动态协同的“痛点”，纵向解决了实时响应的“堵点”，提升了卷烟生产的“数智化”水平。

（二）提高企业自主创新能力

通过卷烟智慧制造平台设计、数据采集、数据加工、模型分析、大数据分析等的建设，形成了一批具有自主知识产权的专利族，其中授权发明专利18件（如《一种光子缺包检测设备运行状态的智能识别方法》等）、软件著作权30多项（如《智慧工艺系统》等），为提高企业的自主创新打下基础。项目还得到地方政府与行业的大力支持，如《自治式超高速生产智能系统》获得浙江省科技进步奖二等奖、“数据协同推进智慧制造平台建设”入选烟草行业2020年度提升企业核心竞争力典型案例。

（三）提升企业管理效能

通过卷烟智慧制造平台建设，实现“数据可视”“流程可知”“结果可溯”，提升了管理效能，行业对标指标逐年提升，工厂核心竞争力稳步提升。设备运行效率由2016年的81.89%上升到2021年的92.68%，M8－H1000超高速设备效率达到行业第一的水平；质量投诉理赔率从2016年的0.121PPM下降到2021年的0.035PPM，达历史最优值；单箱耗烟叶量从2016年的34.24千克/箱下降为2021年的32.11千克/箱，总共节支26582万元。2021年，杭州卷烟厂实现销售产值3677397万元、利润总额419367万元，相较2016年分别增长8.53%、87.39%。

（成果创造人：章　军、叶　霖、刘万里、张利宏、章　强、朱立明、金邦才、龚岳雄、许小双、喻允讯、岑优珍）

油田电网服务稳产增效的“发供用采”智慧协同管理

中国石化集团胜利石油管理局有限公司电力分公司

中国石化集团胜利石油管理局有限公司电力分公司（以下简称胜利电力）是胜利油田的电力保障单位，主营业务包括发电、供用电、配售电、电力建设、电力工程与技术服务、质检技术服务、节能产品开发与销售、建筑安装、清洁能源开发及新技术开发利用和节能减排业务。胜利电力成立于1965年，前身为胜利油田水电厂，现有员工4533人，管理35～220千伏变电站145座，6～220千伏输配电线路1.4万千米，油田电网覆盖6市16个县（区），是全国最大企业自备电网之一。50多年来，累计供电2200亿千瓦时，为胜利油田开发建设和黄河三角洲区域经济社会发展做出突出贡献，先后获得全国五一劳动奖状、全国模范劳动关系和谐企业、“十三五”中国企业文化建设优秀单位等荣誉。

一、油田电网服务稳产增效的“发供用采”智慧协同管理背景

（一）全力保障国家能源安全，守住效益稳产生命线的现实需要

能源安全是国家安全的重要保障，是经济社会发展的物质基础和命脉所在。当前，我国已成为世界第一大油气进口国，胜利油田作为国有大型能源企业，始终把保障能源安全作为核心职责，确保“十四五”末东部老区保持2200万吨稳产能力、盈亏平衡点降至45美元/桶。胜利油田的吨油操作成本中，电力成本占到近50%，随着网电钻机、电动压驱等电能替代装备的不断推广应用，油田运营成本中电力成本的占比还在持续加大。随着电力体制改革步入优化提升新阶段，由政府定价的传统模式已经打破，“能涨能跌”成为电力价格新常态，给油田控制用电成本带来极大不确定性；而受到煤炭价格飞涨影响，油田自发电成本居高不下，自备电厂账面持续亏损。建立“发供用采”联动机制，最大化优化内部资源，有效管控电力现货市场电价波动风险，化解电煤电能价格高位运行带来的成本增长，成为油田持续降低盈亏平衡点、实现长期规模效益稳产的现实选择。

（二）支撑油田清洁低碳转型，构建油电一体新机制的内在需求

中国能源行业碳排放占全国总量的80%以上，“双碳”战略的推进，将倒逼能源行业以清洁低碳为方向加快转型。胜利油田作为中国石化规模最大的陆上、海上产能基地，拥有4万余口油水井、520座站库，年平均用电负荷约700兆瓦，年用电量55亿千瓦时。胜利油田主动迎接绿色转型大考，超前布局发展绿电制氢、脱碳固碳产业，积极探索CO_2、N_2多元驱油等能源清洁高效开发利用策略，加快推动油气生产模式从高能耗向低碳清洁转变。解决好电力系统因新能源发电量占比提高造成的系统波动，提高清洁能源友好消纳能力，为油气生产提供清洁高效安全可靠的电力支撑；同时，将电力业务链条嵌入油气生产链条，深挖油气生产可调可控资源潜力、提供科学高效柔性生产策略。

（三）提升油田能源资源价值，打造协同聚合业务链的必由之路

胜利油田丰厚广阔的陆上、浅海滩涂为布局发展新能源提供了资源基础，油田生产多元场景为光伏、风电、地热、余热等新能源提供了就近便利的消纳条件，胜利电力拥有中国石化最大独立配套的自备发电系统和全国规模最大的企业自备电网，拥有大规模柔性可调的采注输负荷及油气开采、炼油化工完整产业链，是源网荷储一体优化、“发供用采”协同管理的最佳应用场景。由于电力是需要维持瞬时平衡的复杂系统，必须解决好油田热电灵活性差、分布式新能源集中调控和生产负荷柔性响应能力不足和“发供用采”各环节之间信息互通性差、缺少全链条能源信息监测及能够打通信息层、控制层的智能调控平台及相关硬件，以及资源统筹和智能调控手段有限等问题。以信息化、自动化为基础，建立全

链条资源管理系统和运行模式，促进电源侧灵活调节、电网侧多元互联、负荷侧柔性智能、储能侧高效耦合，通过源源互补、源网协调、网荷互动、网储互动和源荷互动等多种交互形式，形成油田“发供用采”全链条资源要素集聚创效合力。

二、油田电网服务稳产增效的“发供用采”智慧协同管理主要做法

（一）创新协同管理新模式，贯通“发供用采”主线

1. 聚焦资源高效聚合，打造一个平台

按照分层分区平衡、就近高效利用技术路线，建设源网荷储一体化智慧能源管控平台，以数据融合共享、全景监测感知为基础，通过云边端协同和能源物联网技术，结合交易电价、发用电预测、煤价、生产计划、边际成本和可调负荷等信息，输出运行计划及调控指令，向电力交易系统提供交易计划。对传统热电机组群、海量分布式新能源、大规模柔性负荷、多元化储能系统等构成的大型复合能源体系进行统筹优化和协同管控，推进源网荷储广泛互联、智能互动、灵活柔性、安全可控，实现一体化智慧决策、智慧调控，确保油气开发安全平稳经济用能。

2. 优化价值增值生态，构建三大机制

一是通过建立电价实时传导机制，促进电源侧电厂供电价格、新能源供电价格、外购电价格、用电价格与电力市场价格同频变化、实时传导。二是通过建立柔性生产运行机制，指导油气生产负荷柔性管理，为系统提供调节支撑能力，减少电网运行压力，降低勘探开发用能成本。三是通过建立电能采购优化管控机制，推动煤电、新能源和外购电一体化经济决策，实现用能结构动态调整。

3. 完善协同调控路径，联通 4 个端口

一是发电端打造灵活调峰洁净电源，推动煤电由支撑型向调节型转变。大力发展以光伏为主的新能源发电站，扩大绿电引入规模。二是供电端建设能源互联新型系统，推动电网由单向传输向多元互动转变。分阶段推进适应新能源发展的新型电力系统建设，构建形成分层分区平衡、多能互济、高效自治的区域供能系统。三是用电端创建弹性用能方式，推动能源利用由刚性消费向柔性生产转变。完善负荷调节设施，实现油气生产柔性化和需求响应价值化。四是采购端动态调整购电方案，推动电能采购由需求计划型向市场调节型转变。结合自备电厂电价、现货交易电价、新能源电价，灵活调节购电结构比例。

（二）开发智慧管控新平台，实现数据融合应用

1. 搭建“发供用采”能源大数据系统

通过数据采集模型和数据接口，对热电平衡、新能源发电、油田生产负荷和电力市场交易量价等海量信息进行实时采集、系统建模，集合“发供用采”各环节资源数据，实现源网荷储的全景实时监测，为系统运行提供全方位数据支撑。

2. 实施多目标博弈智慧决策管理

构建能量流－信息流－价值流耦合时序模型，建立多维度均衡、多目标博弈智能算法，整合火电＋绿电＋网电＋储能＋油藏的负荷资源，形成最优均衡管理策略，实现最优匹配和最佳效益。调整油田发供用月度协同为实时协同，统筹考虑外购电价格、火力发电成本、光伏发电成本、用能负荷需求和光伏出力预测等多变量因素，通过科学预测、智能分析和价值寻优，实现最优均衡管理。

3. 优化多任务实时高效响应策略

一是科学制订发电指导曲线，根据油田负荷预测、光伏预测和申报交易计划，叠加拟合确定发电指导曲线。二是加强实时监测和精准调控，密切监控发供用电负荷变化，及时调节机组出力，同时根据供需差额进行日内小时级实时调整，实现发供用电 3 个曲线精准耦合。三是优化电力市场交易策略，应对电力现货市场结算由月度结算变为 1 小时结算的周期变化，通过研判电力现货交易规律，科学预测现货市场电价趋势、实时计算外购电量电费。

（三）指导发电端灵活调峰，稳定支撑稳产增效

1. 优化发电厂深度调峰水平

通过智慧能源系统发布发电曲线，指导自备电厂制订发电计划。在保持热电支撑作用的基础上，适应电力、煤炭市场变化，强化调节功能、适价调量，实现发电效益最大化。针对新能源发电高峰期出力占比已达油田负荷38%的实际情况，牵头研究确定调峰能力提升技术方案，推进自备电厂有序实施能耗、供热、灵活性三改联动，使自备电厂深度调峰能力突破40%，实现机组快速响应、供热保障要求，最大能力消纳油田新能源电力。

2. 完善新能源电站调控措施

在全额消纳新能源基础上，对胜利电力132个光伏电站通过加装远传电能表、能源路由器和FTU负控终端等方式，实现新能源电站可观、可测、可调、可控，依据电网潮流和安全运行条件，合理调整光伏有功、无功出力和功率因数，必要时实施“弃风、弃光”措施。

3. 推动储能规模化试点应用

合理配置储能，布局规模化、集中式储能电站和小型化储能电站，提升电力系统综合调节能力。在新能源大量接入、地下空间条件适合的区域，发展新型压缩空气储能，利用110千伏电网系统就近传输消纳。在油田负荷集中接入的枢纽变电站布局电化学储能装置，满足新能源高比例接入和系统调峰调频需求。电化学储能采用固定式+移动式，满足页岩油气开发电动压裂压驱，以及网电作业、网电钻机、油田重大活动保电等临时性生产需求。推广多能互补和微电网绿色能源供应方式，开展智能微网、井工厂、燃气发电、余热光热等融合应用。

（四）推进供电端多元互联，促进源荷灵活匹配

1. 补强安全可控源网架构，稳定支撑多源互联

一是220千伏网架规划重塑。坚持开放开源合作，统筹国网与油网、传统能源与新能源融合发展。加快推进油田电网220千伏电源由5条拓展到16条，彻底解决油田主网供电能力薄弱问题。在清洁能源发电规模化建设的条件下，畅通绿电向外传输通道，实现油田清洁能源在统一电力市场内的互济互联。二是局部电源优化改造。结合油气生产和清洁能源灵活接入需求，开展电源线路调整优化，着力解决主力油区电力供应不匹配、电源分布不平衡等问题，持续增强重点产能保障能力和主网供电可靠性并为绿电入网搭建坚实消纳平台。三是电网适应性升级改造。分批次对变电站自动化装置、微机保护装置等进行更新改造，强化新能源并网保护功能。对新能源并网产生的无功潮流变化进行分析，进行区域无功功率平衡控制，提高供电电压质量，降低电网损耗。四是采用自备电厂熔融盐、深地空间压缩空气储能等多元方式合理配置储能设施，参与电力系统调节，推进燃煤机组与储能协调优化，消纳新能源电力、平抑波动和削峰填谷，增加电网灵活性调节能力。

2. 提高电网灵活调控水平，促进多元动态平衡

一是打通各类系统信息孤岛。实施终端智能化升级，加大FTU普及应用，推进高度感知、灵活柔性、安全可控的能源互联新型电力系统建设，满足各类电力设施即插即用、高效用能要求，提高电网信息感知能力、源网荷储协同互动响应能力。二是优化电力系统运行方式。加快数字化智能化运行控制技术升级和系统优化，充分考虑运行方式调整对外购电量的影响，及时确定调整时间和负荷数量，降低非计划性调整负荷造成的现货交易风险，驱动大规模综合能源联合优化调度。三是实施“三流合一”一体调度。加强能量流调度管理，建设完善电力调控系统AGC、AVC、发电及负荷功率预测等控制功能，统筹发布源网荷储运行指令并高效协同指挥，实现油田发供用电耦合运行、协同优化，提升高比例新能源环境下电力系统的安全稳定运行能力。加强价值流调度管理，结合电力现货市场价格，在自发自用前提下，加强小时内上网电量和国网购电总量的控制。对系统调优过程及调优计划执行进行跟踪监督，根

据年度生产计划、相关检修计划、长协电力交易电价、煤价等信息，自动生成最优系统协同运行规划并输出。加强业务流调度管理，建立供暖季节控制上网、电厂机组非计划停机、光伏出力波动、主网运行方式变化等多种典型场景的电网应急调控方案，结合电厂深度调峰及柔性负荷的灵活调节能力，实现电力系统分层分区的动态平衡管理。

3. 开展新型系统技术验证，推动智慧协同优化

一是开展新型电力系统建设试点。依托110千伏基南变电站，建设城南区域新型电力系统示范区，融合传统电源、新能源、储能、微网、充电桩、生产供电等综合能源场景，实现对胜利电力最大光伏电站、光储充微电网、页岩油等不同能源资源集中调控，为新型电力系统建设储备技术、积累经验。选取资源要素丰富的河60井组，建设“井工厂”智能微电网，实施油田井场多能互补全景监测与优化调控，通过配置分布式光伏发电、油井伴生气燃气发电、烟气余热回收、电热气联调等装置，实现偏远井场用能就地平衡。二是尝试绿色供电新模式。2020年年底，孤东油区电网主动脉因避雷线断股需进行停电抢修，为了油气生产不间断，胜利电力利用光伏电源连续5个小时全面替代传统电源，成功对孤东油区进行了保电保产试验，从技术上验证了电网高比例消纳新能源的可行性。三是集中攻坚新型电力系统建设难题。以集成化、高端化、平台化、智能化、产业化、流程化“六化”理念为指导，聚焦制约新型电力系统建设的技术瓶颈，与清华大学、中国电科院、山东电工电气集团等开展联合科研合作，组建专家团队围绕新能源消纳、电网稳控运行、多能互补高效利用开展前瞻性研究，积累了《分布式光伏协调控制技术》《能源互联关键技术研究》多项成果，为建设适应油田用能场景的新型电力系统储备了技术。

（五）服务用电端柔性生产，保障油气高效开发

1. 构建多维度柔性生产资源池

摸清柔性负荷资源是实现精准调控的关键。2021年5月起，胜利电力组织成立16个油气生产用能服务小组，深入56个油气开发单位开展用能调研，全面摸清油田注采输系统柔性生产潜力。结合油田提升、注水、注汽和集输四大系统中用能负荷集中的提油提液的举升、工艺流程中的升压、采出水及原油外输、电脱水、稳定天然气及大罐抽气压缩、采出水过滤、采出水及原油回收、事故流程缓冲、注水等9个节点，在保障油藏开发需求、工程工艺技术可行、生产运行安全平稳的条件下建立柔性负荷资源池，支撑油田柔性可调生产模式建立。结合油田开发生产规律特点，针对各生产节点负荷特性，找出柔性生产潜力的可控环节，梳理建立柔性生产可调资源分级分类清单，将油气开发生产负荷打造成具有油藏特色的可调可控的柔性负荷资源池。

2. 指导油气柔性生产高效运行

基于电力价格动态变化，胜利电力为油气开发单位制订柔性生产解决方案，及时发布柔性运行指导策略。月度内实施基于区域油藏开发特性的负荷准线，引导采油厂积极响应，制订实施长周期负荷曲线运行计划。每日内推送小时级负荷基线并根据电厂和新能源发电数据、省内调峰需求及电网运行方式进行实时调整，推送至对应的管控系统或智能终端，指导开发单位调整生产运行用能，实现新能源全额就地消纳，减少绿电长距离传输产生的损耗，平抑新能源电压波动对电网安全稳定的影响。指导采油厂结合开发方式、设备负荷及油井技术状况开展工艺优化，及时响应并调整用电负荷。

3. 建立柔性生产激励补偿制度

通过建立补偿机制，激励发供用全环节主动响应智慧能源管控策略，实现以电力价格信号引导源、荷一体化协同调控。一是对油田自备电厂根据智慧能源管控策略，为油田新能源消纳提供主动调峰服务期间的总发电量给予一定成本补偿。二是对各开发单位根据智慧能源管控策略，削峰填谷优化减少的电费支出给予经济激励。三是根据各开发单位吨油耗电量指标高低，对用电价格进行浮动，开发单位吨油

耗电量指标同比降低，成本考核时电价下浮一定比例；反之，则提高电价，激励开发单位能耗强度和用电成本持续优化。

（六）优化采购端管控策略，降低油田用能成本

1. 实施一体化采购优化决策

按照国家的新能源政策和油田的新能源发展计划，要求绿电全额消纳，当前油田新能源装机规模较小，绿电供给量较少（约为5%），煤电与外购电供应量占比大（约为95%）。油田绿电主要为光伏发电，运行成本主要由日常管理费、维修费组成；煤电的边际成本与煤炭、柴油、直接材料费（石灰石、液氨、化学药剂）、水费等变动成本直接相关；外购电力交易由中长期和现货交易两种形式组成，总用电量的90%为中长期电量、总用电量的10%为现货电力市场交易。通过运用经济学供需均衡理论，构建一体化经济决策模型，测算不同场景下3种电源的供电能力和边际成本，遵循效益最大化原则，选择各电量下的边际成本最低的电源，构成油田供给侧边际成本曲线。通过比较绿电、煤电、外购电的供电能力与边际成本，选取满足供电能力前提下的最优采购对象，将各电量下最优采购对象组合形成油田电力系统供给曲线。

2. 构建煤价盈亏平衡点模型

油田自发自用电成本主要与煤炭成本相关，测算自发自用电成本等于外购电成本时的临界煤价，确定不同煤价下的油田用能方式。根据油田电网年转供电量、综合供电煤耗、油田外购电电价、转供电附加费用，测算得出电厂供电单位成本。根据发供电一体化盈亏平衡煤价模型，油田自发自用电成本等于外购电成本，测算出盈亏平衡临界点煤价及边际贡献临界点煤价。根据盈亏平衡临界点和边际贡献临界点煤价制订购电策略，当煤价低于盈亏平衡临界点时，全部采购油田自发电；当煤价处于盈亏平衡临界点和边际贡献临界点区间时，在油田自发自用基础上采购外购电；当煤价高于边际贡献临界点时，全部采购外购电。

3. 优化外购电市场交易策略

现货交易按照分时（小时）结算电量后，增加了发供用平衡管控的难度。通过智慧能源系统实施发供用精准平衡与管控，加强负荷实时监测和精准调控，根据供需差额进行小时级实时调整，提高发供用负荷曲线实时匹配度，实现发供用电耦合运行，降低供需差额，动态调整电源结构比例，控制自备电厂上网电量和国网外购电量，将分时结算带来的外购电量和成本上涨控制在较低水平。构建电网负荷预测模型，提升电网负荷精准预测能力，根据油田负荷预测曲线、光伏预测曲线和申报交易计划曲线，叠加拟合后确定发电指导曲线。充分考虑电网运行方式对外购电量的影响，对涉及油田电网向东营市、滨州市及各县（区）电网调整负荷的工作，依据电量变化及时调整检修计划，降低非计划性调整负荷造成的现货交易风险。

（七）盘活全链条能源资源，建设运营虚拟电厂

1. 把握发展机遇

胜利电力跟进学习全国统一电力市场、电力现货交易等重大政策，抓住山东省首次开展虚拟电厂工作的机遇，注册成为虚拟电厂参与市场交易，在负荷高峰期间参与“顶峰”获取高电价激励，在负荷低谷期间参与“填谷”获取低电价优惠，提升能源资源整体创效价值。

2. 聚合响应资源

发挥源网荷储智慧能源系统一体化高效协同优势，有效整合油田自备电厂、分布式新能源和油气生产可调负荷等资源。将油田源荷的有效匹配和逆周期运行作为经营资源，通过虚拟电厂运营商等新模式，参与外部电力系统需求响应、辅助服务等新业态。

3. 参与市场交易

山东省电力市场现货交易正式运行以后，油田积极响应国家建设统一电力市场的部署，在资源准入、聚合调节、代理交易、分摊结算等方面搭建虚拟电厂运营技术支撑，被确定为山东省首家虚拟电厂试点单位。根据电力需求邀约，油田发挥源网荷储智慧能源系统一体化高效协同优势，做出及时响应，参与现货市场交易，实现能源资源价值提升。2022 年“迎峰度夏”期间，在山东电网负荷首次突破 1 亿千瓦时的情况下，油田顶峰上网响应规模 33 万千瓦时，在现货交易环境下，上网电价达到原长期协议电价的 3 倍，利润率达到93%。

三、油田电网服务稳产增效的“发供用采”智慧协同管理效果

（一）率先实现油田“发供用采”智慧协同，全业务链管理效率大幅提升

胜利电力在山东省和中国石化率先探索实现“发供用采”智慧协同管理，打通油气动力保障业务链，使“发供用采”4 个阶段近 3 万个节点有效协同联动，构建形成贯穿全业务链的 4 个垂直管理层级。第一层级是大脑中枢，即源网荷储一体化智慧能源平台。负责集中处理能量流、信息流、价值流数据，形成最优均衡管理和运行策略。第二层级是指挥中心，即新型电力调配系统。负责按照运行策略下达调度指令，实施源网荷储的统一管控。第三层级是执行载体，即区域综合能源管控平台。执行电力调度指令，实现区域内综合能源平衡协同运行。第四层级是细胞单元，即多能互补协调控制平台。负责为区域综合能源管控平台提供底层数据，实现小型光伏风电、光热余热、燃气发电、柔性生产负荷等用能侧的多能互补和就地平衡。通过理顺管理层级，实现油田“发供用采”全业务链由各自为战向协同互动转型，由孤岛运行向大数据智慧引领升级，为胜利油田实现效益稳产 2345 万吨提供坚强的动力保障。

（二）探索实现油气开发成本持续降低，电力运营经济效益日益凸显

实现了“发供用采”一体化运行由分段经营向链条整体效益最大推进，促进油气开发盈亏平衡点持续降低、油田整体经济效益得到显著持续提升。发供电单位运行成本同比降低 10 元/1000 千瓦时，自备电厂实现供电煤耗同比降低 5. 73 克/千瓦时，发电端月调峰电量 3150 万千瓦时，实现补偿 157 万元，推动了油田能源结构优化、清洁低碳转型和全链条价值创造；供电端发挥供电核心枢纽作用，实现油电一体协同运行，电网降损持续下降，增效 2090 万元；用电端开展柔性生产试点运行，综合电价减少 0. 04 元/千瓦时，试点运行以来降本增效 190 万元；采购端实现自备电厂、新能源发电全额消纳，节约电能采购成本 1200 万元。

（三）突破实现能源资源清洁高效开发，全面绿色低碳发展效能显著提升

“发供用采”智慧协同管理充分发挥了胜利油田大规模优质源网荷储资源优势，有力推动绿色低碳清洁发展。胜利电力累计投产中国石化最大的自备电厂灰场 37 兆瓦光伏发电工程、营二井“风光热储”多能互补示范工程等各类新能源项目 112 个，装机规模 204. 7 兆瓦，年发绿电能力 2. 46 亿千瓦时、供热能力 220 万吉焦，年代气 4090 万立方米、代油 7860 吨，节约标准煤 9. 5 万吨，碳减排 39. 4 万吨；电网并网接入光伏电站已达 145 座、容量 213 兆瓦，接入效率同比提升 50%，消纳绿电同比增加 124%。深度融入油气勘探开发生产全链条，终端用能电气化替代电量达 9800 万千瓦时，同比增长 75%，油气生产碳减排 15 万吨。市场化绿电交易和自发绿电消纳能力明显增强，2021 年为油气生产提供清洁能源 3. 85 亿千瓦时，油田绿电使用占比从 2019 年的 1. 98%提升到 9. 39%，相当于 1100 口油井由绿电驱动，碳减排 40 万吨。

（成果创造人：牛栓文、韩　辉、舒华文、张洪伟、刘玉林、李长杰、张学超、牛汝东、王　新、陈　萍、马玉岭、高全军）

化工企业以绿色理念为导向的生产过程智能化改造管理

重庆建峰化工股份有限公司

重庆建峰化工股份有限公司（以下简称建峰化工）是重庆市大型氮肥企业，于1991年建厂，位于重庆市涪陵区白涛工业园区，总资产29.4亿元。建峰化工拥有年产30万吨合成氨/52万吨尿素的化肥装置、年产45万吨合成氨/80万吨尿素的化肥装置和年产3万吨高压法/3万吨常压法的三聚氰胺装置各一套，两套大化肥装置分属国家“七五”重点工程、重庆市重点项目。主要产品包括工业尿素、三聚氰胺、固/液体车用尿素、增效尿素等20余种，年经营各类化肥200万吨以上，销售产值25亿元。先后成功为国际国内20多家氮肥企业和化工装置提供开车、设备检维修等技术服务，年服务产值数千万元。

一、化工企业以绿色理念为导向的生产过程智能化改造管理背景

（一）落实国家绿色智能化发展理念的迫切要求

近年来，随着国家大力推进以智能化为引领的创新驱动发展及“双碳”战略，提出“双循环”发展格局，安全环保要求进一步突出，企业改革调整压力日趋严峻。在“双碳”目标下，企业要可持续发展必须加快传统生产装置智能化改造，以能源绿色低碳发展为抓手，大力推动绿色低碳技术、研究、成果转化，加快推广应用减污降碳技术。

（二）推动化工企业提质增效的必然趋势

随着新技术的改造、国际新型节能型技术不断投产，行业能耗、环保标准不断提升，给建峰化工的经营带来新压力，尤其是第一套化肥装置已运行近30年，装置能耗与行业标杆有差距，老化问题突出，设备故障日益多样化，给公司安全稳定运行和节能降耗提出巨大挑战，提升生产装置智能化程度、降低生产劳动强度、降低生产成本、提高企业市场竞争力迫在眉睫。

（三）促进生产过程智能化管理的现实要求

随着企业的发展，企业在采购、库存、销售、生产、客户管理等诸多环节的业务越来越多，数据量急剧增加，各业务模块之间缺乏有效的信息化衔接，生产过程管理较为粗放，造成各环节之间衔接不及时，导致企业在物料供应、生产计划调度、设备利用率、产品库存管理、产品去向及追溯等不同方面的效率受到影响，间接增加了产品的成本，导致化肥企业经济效益下降、缺乏活力和竞争力。另外，公司作为独立法人单位，各类会议审议事项较多，相关文字材料数量巨大，容易造成浪费，而通过打造一套无纸化会议系统，不仅可以提高会议效率，还能进一步推动绿色智能化工厂建设。因此，传统的办公、生产、管理模式已经无法满足现代化工行业精益化管理的要求。提高企业管理信息化、数据化、网络化水平，提高各专业管理工作的准确性及科学性是企业可持续发展的基本需求。

二、化工企业以绿色理念为导向的生产过程智能化改造管理主要做法

（一）开展顶层设计，优化管理机制，坚持绿色理念导向的智能化道路

建峰化工制订绿色智能化建设规划，明确设计研发、企业管理、生产装备、节能减排、安全环保等各个环节智能化转型发展目标，确定实施路径与策略。以管理机制优化保障规划执行，优化各项管理制度，建立台账、规范生产管理程序，定期开展同行企业交叉检查，确保各项工作高效落实。坚持绿色理念引导规划实施，强化同行对标，加强成本管控，建立对标管理体系，实行行业、公司、部门三级对标管理，对关键指标实现日跟踪、周分析、月总结并及时优化调整，精益管控成本；同时，以项目为支

撑，促进安全、生产、经营、办公管理等方面的智能化平台建设。

1. 安全风险智能化管控平台建设

建峰化工属于危险化学品生产企业，存在易燃易爆、高温高压等危险有害因素，存在人员监管漏洞、车辆超速、风险实时全方位管控困难等难题，通过装置区电子围栏与人员定位系统建设，对进入厂区的人员进行管控、分类统计出入厂区的人员信息、精确显示厂区内人员动态，实现报警、实时定位等功能，实现对车辆精确管理，在事故应急处理时第一时间掌握企业应急状态时涉险人员情况，提高应急救援效率，全面提升企业风险管控能力和精细化安全管理水平。在隐患管理方面，加强生产装置隐患排查，强化风险研判，一方面，大力推广“安全生产智能信息化系统（工智道）”，简化过去隐患管理流程，从隐患发现登记到隐患整改处理验收，流程方便，易于隐患闭环管理；另一方面，加大奖励，提高员工隐患排查、处理积极性。

2. 生产监控预警平台项目建设

从务实设计的思路出发，从系统结构、技术措施、设备性能、系统管理、技术支持及维修能力等方面综合评估、选型，确保系统运行的可靠性和稳定性，达到最大最优的效果；建立生产监控预警平台，提供标准统一的接口，具有良好的开放性、兼容性，采用标准的数据库，便于数据的维护与归档统计。

3. 经营管理层信息化建设

拓展升级 OA 系统功能，优化现有邮件系统，实现与 ERP、MES、人力资源等系统的数据推送，将 OA 系统管理功能进一步提升；数据分析系统（BI）使集团分散、独立存在的海量数据变成有价值的信息，使业务管理人员、管理者能够充分掌握、利用这些信息，辅助决策。对数据标准体系管理平台根据信息化、智能化工作开展持续优化。

4. 生产管理层信息化、智能化平台建设

实施 ERP 升级改造项目，对财务模块、业务模块、物流模块实施改造，提升全面预算、研发管理及质量管理效率。将订单管理、计划管理、生产管理、成本核算等环节形成闭环。结合 ERP 系统及安全生产信息系统建设，对原有 MES 系统进行更新改造，基于工业互联网平台打造建峰数据底座，通过与 DCS 系统、现有信息系统进行数据集成，构建应用 App 并统一企业人工录入数据入口，提供标准统一的接口，整合企业数据，实现对生产系统数据、信息的实时发布、分析、评估、优化，发挥系统指导优化生产的作用。

5. 办公会议管理绿色智能化平台的建设

推行无纸化、智能化会议。明确智能化办公软件需求，量身定制、搭建智能化软件基础，依靠云端上传电子版会议议程、材料附件等内容，减少纸质材料打印，电子资料几乎完全取代纸质会议资料。启用会议室预约服务，避免会议室冲突。利用平台发布会议信息，及时发送通知，确保参会人员按时参会。会中，利用平板屏幕作为座位牌，参会人员对号入座，专机专用。登录后可完成签到，可打印或保存电子签到表。实现统一浏览内容、个性化浏览、个人意见标注上传、投屏、会议表决。提供会议专属网络交流平台，可进行一对一、一对多交流。会后，会议记录人员或接受工作安排的人员，可通过查阅参会人员上传到云端的文档，进一步修改、完善资料，或查阅领导批示后执行有关工作安排，满足用平板电脑查看操作会议议程、会议资料、会议议题、会议交流、资料投屏等会议需求。

（二）建立企业生产过程智能化管理平台，助推生产智能化落地

1. 构建智能化管理系统架构

建峰化工基于集团在装置 DCS 自动化水平和信息化系统基础上，主要搭建执行层的一体化、数字化、智能化管控系统并与实时数据库、ERP、OA 等系统互联互通，打破系统之间的壁垒和信息孤岛；根据各岗位、各层级的需求集中展示企业各个层级信息，实现生产情况、人员情况、作业情况等的智能

调度；加大智能移动端应用的比重。

2. 设备信息化管理

建峰化工通过生产智能化管理平台进行设备资料电子化，集中存储、共享；电脑端、移动端随时查询，克服传统档案室查阅不便的缺点。记录设备基础档案信息生成台账，包含设备的类别、设备状态、设备编码、位号、设备等级、点巡检项目等信息并支持设备信息的导入和导出；支持设备档案的增删改查；系统根据设备档案生成设备唯一的二维码；根据需求定制各种设备台账、统计报表等。

3. 巡检智能化管理

传统巡检系统需返回办公室上传数据或采用纸质台账，异常数据反馈时间长，发现隐患汇报滞后，巡检往往流于形式。建峰化工通过生产智能化平台搭建的巡检系统摆脱了传统模式的局限，采用 NFC 技术、GPRS/3G/4G 网络通信等技术，由智能防爆移动终端 App 系统和 PC 端系统管理平台组成实时巡检管控系统。巡检路线设置弹性科学，人机结合，精确到每台设备要求巡检的内容，可防止漏检，杜绝到站顶牌。利用便携移动终端及基于云储存的知识库系统，帮助企业现场各专业人员进行现场巡检工作，随时采集运行数据、上传巡检内容及设备隐患，查看设备参数，自动汇总统计绩效，形成标准的评价体系。帮助企业管理人员随时查看现场生产情况，为科学的现场生产调度工作提供依据。操作人员通过扫描现场巡检标签，系统自动识别巡检人员的专业及岗位，弹出相应的巡检内容，记录巡检数据。系统自动识别迟到、漏检、错检等情况并进行推送提醒，可生成绩效考核统计分析报表，提供正常巡检率、漏检率等管理数据。巡检过程中出现关键值异常，平台自动推送至相关管理人员。采集的数据一旦偏离正常数据，系统会自动提醒，所有记录的数据均会进入系统后台的数据处理中心，以便后期进行数据利用。巡检过程中支持知识库查询，可以随时查看设备参数、工艺属性、整改建议、整改历史、知识点等相关资料。巡检管理与隐患管理打通，巡检过程中一旦发现隐患可以一键发布，及时上报隐患并在隐患管理中记录整改过程，形成闭环管理。巡检管理与润滑管理打通，随时记录设备润滑操作，保养周期到期自动提醒；巡检管理与备车管理打通，非运行设备自动过滤，巡检点自动切换至运行设备。所有巡检记录结果后台会形成台账，支持打印存档。除标准的数据采集和巡更记录外，还可根据巡检点类别进行分类汇总，自动汇集成台账，便于安全、机电、工艺等专业化管理，满足上级安全监管部门的安全生产管理要求。

4. 生产过程隐患智能化管理

通过生产智能化平台将巡检、隐患管理、电子作业票等互联互通，确保生产装置的安全稳定运行。生产智能化平台的隐患管理流程包括隐患的发现、隐患处理、作业票申请、特殊作业许可申请、检维修等，各功能模块互相关联，实现隐患的闭环管理。建峰化工通过生产智能化平台实现从隐患的发现、记录、发布到隐患的整改、验收这一过程的全流程闭环管理，自动形成可追溯的隐患排查管理档案。预设常见隐患、隐患原因分析及解决方案等以供参考。通过打通巡检管理，巡检过程若发现隐患，可以一键发布隐患，整改过程有知识库支持，可随时查询设备资料、整改历史、整改建议等。现场人员可通过手持移动终端随时随地进行隐患记录和发布，系统将根据隐患的分类和分级将隐患推送给相关管理人员和部门。管理人员可通过隐患的描述、现场的照片或视频对隐患进行初步评估并派发给相关人员进行隐患整改。隐患整改过程全方位记录，整改人员接到整改任务后，可以通过文字描述、现场拍照或视频等方式对整改过程进行记录。管理人员可通过个人终端对整改进程跟踪管理，随时查看整改进度，了解整改动态，及时进行整改验收工作。所有隐患整改过程后台能自动归档，形成台账，所有数据、图片全部来自现场，避免二次加工，保证数据来源的真实性、实时性、全面性。

5. 特殊作业电子化管理

建峰化工通过生产智能化平台对作业许可流程可能给生产带来风险的作业进行控制。对具有明显风险的作业实施作业许可管理，明确工作程序和控制准则并对作业过程进行监督。系统融入相关国家标准和行业先进管理经验，通过流程优化将现有作业申请单、特殊作业许可证和安全交底单业务内容融合，搭建标准化的安全作业许可电子化业务流程（电子作业票），实现快速审批、全业务覆盖、高标准评价体系、安全风险全局管控的可视化、标准化作业管理，提高作业效率。通过智能化生产平台可在线申请特殊作业许可并进行安全评估，包括作业环境、作业工具、作业内容、作业单位/人员作业资质等；与证书管理打通，资质不符合的人员无法入选；对作业风险进行集中评估和计划，统筹合理分配作业量，降低作业的随机性，提高作业计划率，从全局控制作业风险，控制区域内的作业数量和作业人数；避免纸质评估内容不足的问题，评估内容、防护措施与作业内容紧密关联，降低对审批人专业素质和责任心的依赖，减少无关信息的干扰；对必填项、合理范围、分析检测结果等自动校验，消除故意违规和操作失误；对交叉作业或关联作业进行识别并关联相关作业，作业负责人需签字，确保周边作业人员清楚风险；安全作业许可逐级审批并有相关推送提醒；支持 NFC 工卡、密码、电子签名等验证方式。根据作业级别自动选定具有审批资格的审批人；根据作业内容生成定制化的安全交底内容并可拍照、视频记录；检测分析的自动提醒、检测结果的自动推送；系统自动识别有资质人员进行气体检测；工作审批或延期中气体检测时间超时，提醒重新检测，否则，无法审批；在地图上直观地全局把控查看厂区内各装置界区及其子区域内安全作业许可证情况。可通过工作起止时间、进度状态、特殊作用类型检索和筛选。通过作业票电子化，解决了纸质票证弊端并实现了以下几个目标：操作合规，标准化的审批签字流程，智能引导风险分析过程；审批快速，实时推送相关提醒，作业详情第一时间知晓，提高效率；计划前置，作业申请和计划提前完成，降低随机性，使工作更有计划；记录完整，作业现场状况、作业过程等都可以完整记录，方便追溯；全局管控，管理人员实时监控查看企业生产现场各类作业票证的所在位置、票证当前状态等信息；支持多种分类汇总统计，帮助实现快速管理决策。

（三）加强生产装置老旧设备智能化改造，提升装置安全运行能力

以自动化设备更新替代传统设备，提高生产效率。突出重点，着力基础设备、设施改造，短短两年时间重点开展包装智能化升级改造和智能码垛机、关键机组状态监测系统、压控机组控制系统智能化升级改造及全覆盖视频监控系统升级改造、传输皮带智能升降改造、电气设备在线监测技改等基础设备智能化改造。

以无线数传智能技术替代传统生产技术，实现生产过程全自动。引进全自动包装生产线技术，实现包装线自动化；引进智能无线传感器，内置无线发射天线，采用新型窄带物联网技术，对生产过程中电气设备进行在线监测，以无线数字信号传输方式消除长电缆传输带来的噪声干扰，以极高的测量精度和抗干扰能力，实现采集的数据实时无线传输至远端服务器，实现远程智能化云监测和预警，对生产过程重点设备重点监控，及时收集设备的运行数据，准确传输无线数据，实现设备监控全覆盖。

全面优化装置区监控系统网络，实现装置视频监控全覆盖。针对视频监控系统老化、技术落后、覆盖率较低等问题，按照高危区域全面监控、核心装置针对性监控、偏僻区域全天候监控等原则，重新梳理监控点位，对原有监控系统进行全面升级，网络机构由传统的同轴模拟信号升级成数字网络机构，采用千兆光纤交换机传输，解决原视频监控图像滞后、覆盖率低、清晰度低等问题；管理系统方面，淘汰原有传统 NVR 管理机模式，采用监控管理平台结构和磁盘阵列模式，实现图像管理、储存管理的弹性化和智能化；结合工厂道路管理引入车辆测速系统和引路系统，确保每辆进入厂区的车辆均能按照规定路线、规定速度行车，保障厂区行车管理规范和安全；除普通监控外，根据化工企业生产高温高压等特点，分析找出生产过程危险源，还引进红外监控装置，利用不同温度下的成像原理，通过热成像和红外测温全天候监控危险源是否出现泄漏、超温等现象。

实施生产作业装置网络化远程监控能力建设。先后引进升级 DCS 集散控制系统、ESD 紧急停车系

统、更新升级 SIS 安全风险监控，改造并新建 CCS 压缩机控制系统、PLC 散装产品传输系统、EAM 设备管理系统、无线数传智能称重管理系统，更新升级 GS－ERP 系统，新建“工智道”安全生产智能信息化系统等，生产过程制造与监控智能化水平逐步提升。

采用建立工况模拟系统的实验方式，将核心机组控制系统进行国产化升级改造，实现传统盘装系统向高度集成的控制系统升级、国外系统向国产化改进、单网络控制向多网络冗余升级等。提高整个机组控制系统的智能化控制程度和核心设备的安全性能，降低系统维护检修难度和安全风险，保证装置的安全生产。

在机组维护智能化方面，原机组异常维护是通过技术人员用手持设备进行监测并结合工控系统的参数进行故障分析，数据来源单一、准确性较差。为解决该问题，引进机组在线监测分析系统，能有效分析机组出现异常的原因，为深度检修提供参考依据。

在智能制造提升方面，打造“高纯度合成氨及柴油发动机氮氧化物还原剂生产数字化车间”和“高效合成氨及尿素生产数字化车间”，实现企业资源有效共享、合理配置与利用，提高综合管理决策水平，有效提升企业运营效率。

（四）优化工程技术，建设智能化应急救援系统，提升综合安全性能

加强危险化学品源头控制，降低污染物的产生，控制污染物向外环境排放，改善、提升区域环境质量水平，控制事件发生时的总量、浓度、波及范围。不断改进、优化工艺技术、设备设施功效，控制“碳强度”，有效利用每一滴水、每一立方米气。使用危险性小、毒害性低的次氯酸钠替代氯气，改进循环水的控制指标，满足循环水重复利用率，改善作业环境条件，降低现场作业人员危险；改进循环水配方，由有磷配方改为无磷配方，降低水环境质量的磷含量，改善区域水环境质量；尿素深度水解系统使用高效塔盘，降低中压蒸汽的消耗，建设碳资源的输入，降低“碳强度”；改造燃气锅炉低氮燃烧系统，控制氮氧化物的产生，达到脱硝的目的；根据环境温度变化修正燃烧系统标准曲线，降低天然气单耗，降低氮氧化物浓度，对废水、烟气进行 24 小时在线监测，与生态环境部污染源监测系统联网，及时、准确控制污染物排放，改善生产环境。

加大事故应急救援系统智能化改造，将原先必须人员到场手动应急设施全升级改造为智能化且具备远程或就地应急救援设备的设施，便于快速、安全、可选的应急救援处置模式，有效、及时控制初期事件，保障应急救援员自身安全的前提下快速有效切断事故源，有效运作应急预防装置，防止事故扩大，控制初期事故发展，避免向外环境溢散。

引进先进信息联络设备，加装全覆盖的视频监控系统，监控点位覆盖重要操作、危险性操作和消防通道、应急疏散通道、危险区域进出口，能够通过云平台调整来精准查阅危险源具体位置，现场实景图像引入中央控制室大屏显示；增设有毒有害报警系统点位，职能化预测生产装置可能的异常现象，改善作业环境条件，降低现场操作人员暴露在危险化学品场所的频次、时间，降低安全风险；改进消防系统报警系统，由原设计分工段报警改为每个检测报警点精准报警，便于结合视频监控系统快速查找位置，确认报警原因，便于快速采取针对性应急处置措施；配置可调频对讲机，设置生产运行、检维修、参观、事故应急救援专用频道，再通过中间转接公用对讲机，快速、有效、合理利用应急预防设施；使用全新数字 PI 网络，通过超强稳定的系统结构，实现现场、控制室与应急指挥中心信息及时、准确传达，结合视频监控系统的全方位反馈，将装置区变化情况第一时间反馈至应急指挥中心，准确判断事故源，迅速启动应急救援措施，缩短应急处理时间，提高应急处理能力。

三、化工企业以绿色理念为导向的生产过程智能化改造管理效果

（一）实现自动化生产设备互联互通、监控系统优化升级，装置生产效率及安全保障得到明显提升

通过系统联网的方式将生产运行相关数据进行分析上传，建立了工厂通信网络架构，实现了信息平

台化。各类业务流程通过系统固化，大幅减少违规作业，实现作业流程化、标准化；实现制造和管理信息的全程可视化，减少统计人力成本；降低设备维护费用，提高设备运行稳定性；预防重大事故的发生；在资源配置、工艺优化、节能减排等方面的智能化水平显著提升；提升公司生产管理的信息化、数字化、智能化水平，降低管理和运行成本，实现化工生产的“安稳长满优”。2021 年在安全生产智能化管理平台登记隐患超过 1400 条，设备故障率降低 18%，产品质量故障降低 50% 以上，事故发生率较 2020 年降低超过 50%，事故损失降低超过 84%，有效保障了装置的稳定运行。此外，通过监控系统管理平台升级优化、监控点位布置优化及特殊监控系统的引入，生产装置监控面由原来的不足 50% 提高至 100%，图像像素由原来的不到 80 万像素提高到大于 200 万像素。通过引入防闯入、人脸识别、围栏报警等识别技术，实现了控制、安全人员对全装置区的全方位掌控；通过监控磁盘阵列布置，监控视频储存天数由原来的 20 天上升至 90 天。由于引入了重点部位红外监控技术，发现 107D、100R1 等设备泄漏隐患，避免了事故发生，为公司避免了经济损失 1000 多万元。

（二）生产运营成本有效降低，促进效益提升

通过对老旧设备的智能化改造及核心设备控制系统的国产化、智能化升级，解决了控制系统老化、控制系统部件进口依赖严重且购买困难等问题，在提高了控制系统集成度的同时实现了系统 100% 国产化，降低后期系统维护成本 80 万元/年；整个核心机组因系统故障停车次数从升级前的平均 3 次/年降低到 0 次，平均每年可降低停车损失 600 万元以上。通过引进机组在线监测分析系统，改造后针对性分析解决了机组故障 10 余次，因该系统的全貌分析，对机组故障判断时间大大缩减，有效避免发生机组过度维修和事故迟迟不能解决的问题，创造的经济效益大于 50 万元/年。2021 年，生产成本较预算节约超过 1600 万元，碳排放量也得到有效降低，其中尿素单位产品二氧化碳排放量较 2020 年下降 5. 6%。

（三）信息化和工业化有效结合，成功打造绿色智能化工厂

通过智能化信息系统与工业生产相结合，有效推动了建峰化工智能化发展水平再上新台阶，设备自动化、设备管理、生产管理、质量管理及智能服务方面在同行企业优势突出，被重庆市认定为“绿色生态肥制备智能工厂”。

（成果创造人：李　鹏、王东波、罗小强、莫政辉、张明强、周志柯、
付福龙、蔡树杰、杨　超、何　敏、江　莉、王　勇）

以全面提升质效为目标的数字化供电所建设

国网陕西省电力有限公司汉中供电公司

国网陕西省电力有限公司汉中供电公司（以下简称汉中公司）隶属于国网陕西省电力有限公司，担负着汉中市行政区域内2区9县的电网建设运营，以及172.38万户用电客户的供电服务工作，管辖35千伏及以上变电站119座（共686.6万千伏安）、输电线路243条（共4641.2千米），为汉中经济社会发展和城乡广大电力客户提供安全可靠电力供应。连续13年保持全国文明单位，连续10年获评支持地方经济建设优秀单位。徐家坪供电所位于陕西秦岭南麓山区的略阳县徐家坪镇，辖区面积340平方千米，担负5600户的客户供电服务工作，荣获国家电网有限公司（以下简称国网公司）五星级供电所、国网公司先进班组、中国十佳供电所等称号。

一、以全面提升质效为目标的数字化供电所建设背景

（一）顺应国家高质量发展的客观需要

作为关系国家能源安全和国民经济命脉的特大型国有重点骨干企业，国网公司确立“一业为主、四翼齐飞、全要素发力”的发展布局，确保电力安全可靠供应，全力满足人民群众美好生活的用电需求，落实回应党中央、国务院部署的重要任务和回信嘱托。汉中山地占总土地面积达75.2%，山区电网供电范围大、总负荷比较小、供电线路过长、电网结构相对薄弱等问题突出。助力美丽乡村建设，服务好西部乡村高质量发展，推动汉中地区实现更高质量、更有效率、更可持续、更为安全地发展，发挥数字化在服务人民民生、提升公司发展质效的重要支撑作用，是顺应国家高质量发展要求的必由之路。

（二）落实国网公司数字化建设的必然需要

当前，国家实施数字转型升级发展战略，要求加快完善数字基础设施、加快建设“数字中国”。国网公司也提出要狠抓基础设施数字化、业务数字化、数字产业化和数字化保障能力，以数字化、网络化、智能化为电网赋能、赋值、赋智，以数字电网不断提升产业效率，驱动企业管理和业务变革，进而提升企业的服务效率和协同效能。作为数字化建设末端的乡镇供电所，需要提升数字化建设水平，培育新业务新业态，发挥用户侧资源优势，提供资源聚合和精准服务能力，通过加快实施供电企业和基层供电所数字化建设，增强电网全息感知能力，全面提升运营、管理、服务智能化水平，助力建设新型电力系统。

（三）促进供电所服务质效提升的迫切需要

汉中公司受地处深山、村落分散、交通不便等因素影响，现代化农村电网改造推进缓慢、农村安全用电风险隐患突出，甚至存在电器设备因低电压不能正常使用等问题。作为服务乡村高质量发展前沿阵地的乡镇供电所，随着电网上下游主体互动加强，电网管理工作内容和形式发生频繁变化，以各部门“专业职能”为主导、以各专业“应用系统”为中心的专业壁垒凸显，无法集中对基础要素进行数字化和数据化处理，导致工作业务线繁杂、流程上不贯通、数据多源、与外界联系不紧密、业务处理效率低等问题。通过形成基础数据共享，推进各专业系统同源应用，以更加人性化、个性化的服务手段有效提升服务效率，推动业务智能化、数字化服务，提升农村电网现代化水平，缩小城乡电力服务差距，是供电企业实现高质量发展、推动质效全面提升的关键。

二、以全面提升质效为目标的数字化供电所建设主要做法

（一）统筹谋划设计，夯实数字化建设硬件基础

1. 明确目标思路，规划工作实施路径

汉中公司紧密围绕全面推进乡村振兴的部署要求，贯彻落实数字化建设要求，明确数字化供电所建设实践工作目标：深入落实总书记的回信精神，以数字化供电所建设实践全面推动企业提升质效、更好服务党和国家工作大局、更好服务乡村高质量发展。以徐家坪乡村振兴示范区建设为契机，明确数字化供电所建设工作思路。一是奠定坚强的数字化建设软硬件基础。超前规划城乡电网均衡发展，优化数字化配电网网架结构，高效优质实施数字化配电网工程落地，全覆盖数字化服务智能终端，搭建数字化综合工作平台，满足数字化供电所建设基本条件。二是全面提升供电所服务质效管理。选取徐家坪供电所为试点，打造营配一体化运营的供电服务机构，实施“1+1”全能型一体化业务融合管理，推行数字化“新三样”，开展线上数字化服务，提供全面综合的互动专属服务，实施“组团式”服务，丰富数字乡村电力服务场景，促进专业职能融合。三是全力推动数字化供电所建设走深走实。建立党建+基层联学共建机制，充分发挥“两个”作用；建立数字化融合柔性团队机制，充分发挥智囊团作用；建立数字化建设激励机制，充分激励干事创业。

2. 建强配网网架，筑实数字化建设基础

一是优化数字化配电网网架结构。坚持以网格化规划思路打造新型乡村供电网架，将产业发展需求纳入电网建设规划，持续滚动修编“十四五”电网规划，不断优化电网结构。利用设备管理系统（PMS）、网上电网系统监测电网运行情况，建立电网诊断问题库，研判具体线路设备的处置方案，从供电区域和供电线路两方面出具诊断报告，指导电网规划，解决现有电网薄弱环节。及时对接政策指引和产业发展方向，开展负荷增长趋势、负荷特性分析及预测，设计满足未来负荷增长需求的供电网架方案，扩大城乡电网供电能力，遵循适度超前原则制订目标网架、过渡网架和后续完善方案，提升配电网运行质量。二是保障数字化服务“最后一千米”。推进配电网工程建设，使用配网勘测 App 等数字化手段实地查勘录入，全面加装电网末端数字化智能终端，推动数字化平台建设全面落地。持续沟通上级公司和各级政府部门，全力争取各类专项资金，打造“智慧物资供应链”，采用超前预测开展物资实物储备，保障工程物资供应充沛完备。培育核心施工单位，加速“标准化施工现场”覆盖，不断提升工程建设队伍的标准化和自动化水平，工程验收落实工程“三级验收”制度，确保农村电网改造升级工程“零缺陷”移交，实行工程质量责任追溯制度，加强工程过程质量管理，打造精品工程。持续推动徐家坪镇乡村振兴示范区建设电力保障提升、农村水电绿色改造等工程，提供数字化服务和电力保障，实施电气化项目，建设优质高效的智能数字化配电网。

（二）开展业数协同，推动“省－地－县－所”四级纵横融通

1. 建立“数据主人制”工作网络

汉中公司建立基层供电所“数据主人制”工作网络，形成横、纵向协同工作网络，由市县公司运检、营销等专业数据运维专责及供电所营配人员形成纵向工作网络，各专业间形成横向工作网络，推动数据管理能力下沉。一是组建数字供电服务指挥中心，下设数据运维班，开展数据问题在线流转、高效闭环，提升基层数据治理参与度与“获得感”，打造数据治理的良性循环。二是梳理明确“数据主人制”，加强重点领域数据质量治理，提高基层员工的“数据主人翁”意识，明确管理“责、权、利”，将数据分为“录入类、采集类、计算类”3类，以场景为导向梳理设备数据和基础数据，制订“数据主人”责任清单，将数据管理责任逐级分解，融入基层一线的日常管理中。三是深化数字化工具应用。依托数据中台，为各级、各类“数据主人”提供多维度数据管理与自助治理工具，自主开展站－线－变－箱－表－户各类场景主题数据整改，达到“线上线下电网一张图”，将“数据主人”作用延伸至数

据管理全局工作中，全面支撑公司科学管理水平、经营管理效益和服务客户品质。

2. 协同横向专业管理流程

一是整合运检、营销两个业务系统及流程，建设智能供电服务指挥平台，强化全设备、全状态、全过程、全时域多维度的穿透分析，开展配网故障智能研判、决策及指挥。通过对站－线－变－户等设备信息监测，依托营配调数据贯通，及时对配网故障主动研判、准确定位，合理指挥最优抢修力量，及时高效地开展主动抢修服务。结合 PMS 单线图形档案，模拟停电分析统计停电影响范围，主动告知客户停电事件，开展提前抢修并温馨提醒客户，从根本上降低故障工单总量和客户投诉风险，提升故障抢修效率。二是实施工单驱动业务。供服值班员主动线上派发异常工单，督导责任班所接单进行现场处置，专业管理部门对处置结果开展评价，闭环管理工单。利用抢修指挥模块，实施“设备运行自动检测、电网故障自动研判、故障抢修主动行动”，同时实时监督，可视化管理所有在途工单流转环节，实现业务管控、工单流转和供电所综合业务统一纳管。推进电网全景、经营指标分析、轻量级维护等 37 项功能场景深化应用，从流程管控、智能巡视、可视化管理等方面全面完善巡视闭环管理，实施配网运维精细化管理。

3. 贯通纵向“省－地－县－所”数据

在横向专业融合基础上，大力推行纵向“省－地－县－所”数据贯穿，基于 PMS、数字化工作台等数据管理系统，形成设备树，实现全网数据的全景展示和电网分析运营监测的数据共享化，包括数字化工作平台、数据中台、电网数据源和营销系统。电网数据源通过数据接口连接数据中台的实时数据中心和管理数据中心，实时数据中心和管理数据中心通过数据服务接口连接数字化工作平台，通过数字化综合平台数据展现模块、页面展现模块、图形展现模块和 GIS 展现模块等，推动电网数据资源横向融合、纵向贯通，信息高度融合和全面监控，有效支撑智能配电网建设，满足电网运营管理要求。

（三）实施数据牵引，构建数字化服务软、硬两平台

1. 布局数字化服务智能终端平台

汉中公司承担 10 千伏配网的建设运维职责和 10 千伏及以下客户的营销业务执行，在电网自动化服务客户用电方面抓基础数据，对配电网线路、开关、配变台区、表箱等设备的命名开展标准化整治，同步完成基础数据录入信息化系统。确保全部客户的表计、表箱资源号、采集器、联系号码、准确地址等对应关系核对准确，为数据推送和主动服务打好基础。加快配电自动化建设应用，累计完成 158 台配电自动化开关、34 台故障指示器配电网自动化覆盖率达 100%，完成 1120 个台区智能融合终端安装，实现终端覆盖率 100%。配电自动化的初步建成，使得台区经理可以便捷地使用手机 App、PMS 系统等随时随地监测设备电压、电流、负荷情况，自动判定故障区段并通过短信等方式进行告警，运维人员可以足不出户掌握电网运行情况，故障研判处置效率明显提升。

2. 搭建数字化综合工作平台

汉中公司围绕“能源电力数字化、运营服务数字化”，建设“数字陕电”工作平台，加快推进运维、运营、平台、客服等数字化发展，落实国网公司数字化建设发展战略纲要。严格遵从国网公司“分层分类”的数字化建设方式，重点围绕“电网一张图、数据一个源、业务一条线、应用一平台、作业一终端”建设目标，深入推进电网业务和数字技术融合创新，从数字化员工、数字化班组、数字化专责、数字化部门 4 个层面面向基层一线开展管理提升，对县级供电企业进行主动性、适应性、系统性建设升级，实现“三全四化”（电网全息感知、数据全线贯通、平台全面支撑，作业模式便捷化、组织模式敏捷化、运营管理精益化、客户服务精准化）的基层班所建设。

（四）推动业务转型，促进供电所全面质效提升

1. 打造一体化营配运营的供电服务机构

乡镇供电所作为服务乡村发展的前沿阵地，是供电企业通过数字化建设扎实做好全面提升公司质效、更好服务群众客户的“最后一千米”。汉中公司成立运营工作领导小组，融合内部营配职能构架，实施“两班组一中心”的业务机构融合调整，完善公司专业职能架构，破除专业壁垒，实现供电服务工作的优质高效开展。实施乡镇供电所10千伏属地化运维，在高低压配网营销服务、运维检修、故障抢修等业务方面设置营配融合班组，分别负责10千伏和0.4千伏的配网设备检修、故障抢修、营配调贯通、PMS及GIS数据维护等业务。成立县公司供服分中心，优化调整相应职责进行，负责全县域范围内供电服务质量的全业务监测、全流程管控和全过程跟踪督办，常态化开展营配调数据治理及数据质量稽查和异动校核。

2. 推行“新三样”数字化营配业务移动应用

一是搭建起“网上电网”系统等“互联网+”前端办电平台，开展掌上供服、勘查设计、营销标准化等营配专业移动作业，提升智能App内容覆盖，实现故障抢修、充电设施管理、可开放容量申报等功能，推进业务流程优化及管理水平提升。推广智能手机、背夹、蓝牙打印机等台区经理外设“新三样”，现场完成停复电、装拆电表、采集调试等操作，实现“作业一终端”。实施换表、业扩等营销作业电子化，实现现场勘察、计划信息上报、工作票办理等业务线上全流程。结合数字化工作台、数据微应用等数字化工具，统筹应用“i国网”和“新三样”开展采集失败户补抄等营配业务，开展基层员工移动App、业务系统操作应用水平，促进工作提升质效。二是以“智能供电服务指挥系统”为依托，以配电自动化开关、故障指示器、智能融合终端安装应用为基础，通过运检、营销业务系统、调控中心指挥平台的建设，强化全设备、全状态、全过程、全时域多维度的穿透分析，实时进行配网故障智能研判、决策及指挥。

3. 实施全能型“1+1”业务融合管理机制

依托“数字陕电”数字化工作平台，以快速响应、一站式服务为原则，以3个“1+1”发挥业务融合优势。一是在高压供电服务班实行营配业务“1+1”配合制，开展抢修业务综合、营销互相配合，因地制宜将抢修业务与“95598”服务工单处理、供电服务抢修指挥、电子渠道运营等业务有机融合，对协同工单、抢修过程和工作质量进行全过程管控，解决抢修工作中高压业务协同问题。二是在低压供电服务班实行营配业务台区“网格化”管理和台区经理“1+1”组合制，如遇线路设备计划或故障停电，各台区经理通过线上App及时对所管辖区用户做好停电解释及安抚工作，避免投诉事件发生，做到现场服务“一次告知”。三是在班组层面积极推进“1+1”双经理制，将同质性强、标准化程度高的业务向上整合集约，将一线服务协调工作落实到台区经理，开展业扩报装受理及项目全工程实施，压减客户报装时限，做到现场服务“一次到位”，提升客户接电满意度。

（五）数字创新赋能，拓展“三型”服务新策略

1. 拓宽线上数字精准灵活型服务

拓宽线上办电渠道，充分应用“互联网+”前端办电平台，广泛开展供电服务线上申请、办结、监测。灵活接纳光伏发电、小水电等分布式电源，规划建设坚固耐用、灵活友好、智能互动的现代化农村用电网。积极引导农村客户线上办电，接受业扩报装线上办理、电子化缴费、远程费控、电子化账单等线上服务。通过电动汽车使用量等大数据分析，规划充电桩设置地点和数量，积极与略阳县发展改革委、国网电动汽车（陕西）有限公司及充电桩场地管理单位沟通、协调，装设直流、交流充电桩，为群众提供绿色出行交通方式。

2. 推广全面综合互动专属型服务

重点围绕数字化服务终端使用，开展台区经理、窗口人员运维检修、故障抢修、业扩报装等业务培训，使台区经理、窗口人员由办理单一业务向综合型柜员转变。以互动型用电策略主动服务农业、农户，通过系统充分分析农业、农户用电特点，完善供电服务网格化管理，组建电力服务微信群，为农业制订更加经济的用电计划，帮助农民算好经济账、环保账，开展电能替代“进农村、进社区、进农户”等系列宣传活动。创新实施安全生产、营销服务、乡村振兴等“十个工作法”，利用大数据对辖区客户进行分类评定，主动上门为徐家坪镇万亩核桃园、社区工厂、蚕桑养殖基地等产业提供用电“一对一”专属服务。

3. 实施线上线下“组团式”服务

实行营销、运维、综合业务闭环管理，将党员责任区与台区经理制结合，开展线上办电缴费、故障报修、业扩报装申请等多元化电力综合服务。台区经理接到办电申请后，通过调用“网上电网”电力线路资源、周边配变负载率查询等功能，科学规划业扩报装接入点，快速筛选出具备可行性的接入方案，极大节省现场勘察时间，提高为客户接电的效率。以“线上受理报装、线上开展勘察、线下主动上门”方式，简化办电流程，认真落实提升“获得电力”服务水平9项措施，深化“阳光业扩”，推广“三零”“三省”服务。在乡村聚集地设立供电服务“便民站”，配备智能实用的办电自助设备，使自助服务与上门服务相辅相成，形成“以客户为中心，以员工为核心”的“双心”驱动供电服务新方式。通过“线上申请、预约上门、一次办结”方式，实现客户办理用电普通业务“一次都不跑”、复杂业务“最多跑一次”。

（六）健全机制保障，强化队伍建设和激励引导

1. 以“党建+”强化基层堡垒联学共建机制

一是以内交外联为抓手，以共产党员服务队为依托，通过与乡镇、农村、产业示范区等党组织开展联学共建和结对帮扶，开启政企合作新局面。着力培养乡村电力化人才，建成免费开放的涵盖红色教育、群众电力技能实训等功能的党员教育基地，联合徐家坪镇上坪“明理馆”，主动与“一社区四村”开展党建联学共建活动，以“四史”教育、提升公司质效、服务乡村群众等主题助力徐家坪镇乡村振兴示范区建设，激发公司员工提升质效、干事创业、服务农民的热情。二是开展“学制度、用制度，知敬畏、守纪律，强责任、勇担当”的主题活动，以红色教育阵地为实体，内部多次开展廉洁教育和爱国主义教育等活动，并与政府及兄弟单位数次协同开展“忆苦思甜”现场体验式教学，常态化开展党员“三亮三比”活动，主动将党建融入中心并服务生产安全等重点工作，深化全员安全生产积分制应用。三是发挥协同监督作用，防控“廉政”风险，制订支部书记、供电所所长、纪检委员、协同监督成员4项岗位廉洁责任清单，建立纵向管控、同级监管、外部监督“三位一体”的企业人员廉洁从业防控机制。积极发挥人员“传帮带”主观能动性引领作用，实施全员运检基本功大练兵，尤其针对青年员工现场工作经验薄弱环节努力帮扶。

2. 以柔性团队固化智囊全面支撑保障

成立以党政主要负责人为组长、各专业部门负责人为组员的数字化营配融合项目柔性团队，充分发挥智囊作用，制订数字化营配融合项目实施工作方案，明确工作目标、提升措施、工作责任和完成时限，统筹安排项目的计划、实施和验收，聘请专家开展数字化方面的相关知识培训，完成业务机构融合调整，集合营销、运检、发展等部门专业优势，为营配融合项目的实施提供组织保障、技术支撑和后勤保障，从指标完成、工作效率、业绩推广、问题解决4个方面开展项目运行质效评估，找出管理弱项持续改进，全力保障该项目的实施。

3. 以专项激励优化完整闭环考核机制

推进数字化服务提升工作监督奖惩机制，建立《数字化供电所建设与服务管理考核办法》等制度，数字化转型与评先争优、绩效考核、先进评定挂钩，激发队伍积极性和创造力。利用过程管控、目标量化和结果评价等手段及时协调推动滞后环节，逐项目、逐步骤分解落实责任，明确完成时限，形成完整的闭环管理机制，为工作开展提供坚强保障和有力支撑。设立专项激励机制，对业绩优秀、亮点突出的集体和个人进行表彰和激励。对优秀成果予以肯定的同时积极总结经验及亮点做法，利用观摩学习、经验交流和线上宣讲等方式将建设成果加速推广，形成易学习、可复制的典型案例，为供电企业以基层供电所服务提升为抓手助力实现全面富裕的过程提供宝贵经验。

三、以全面提升质效为目标的数字化供电所建设效果

（一）企业高质量发展大幅提升

汉中公司开展数字化供电所建设实践以来，企业发展质量明显提升，供电所数字化服务区域覆盖率实现零的突破，达到49.6%。徐家坪镇的电网骨干网架日趋合理，10千伏架空线路绝缘化率提升至100%。配电网供电能力明显增强，配变重载比例大幅降低至0；0.4千伏供电半径达标率提升至86.7%；0.4千伏导线绝缘化率提升至52.7%；综合电压合格率提升至100%；台区智能融合终端由0实现全覆盖，大幅提升供电可靠性。在乡镇成功实施22台充电桩项目建设，新增配变4台，极大保障电动汽车绿色出行。积极推动能源消费清洁化项目共86个，成功实施徐家坪供电服务提升样板工程，完成农网改造项目12个，新增配电变压器容量4200千伏安，农网供电可靠率99.97%，农网电压合格率100%，淘汰S7、S9等高能耗变压器，新建和改造线路92千米，5个集中安置点实现全部绝缘化，实现乡村全通三相电，建强了徐家坪镇现代化农村配电网。电气化温室、电气化果园、光伏发电、电灶等促进乡村产业向生态、环保、节能、绿色方向发展，为构建“一心一轴两带多点支撑”的产业布局和建设乡村振兴示范区提供坚强的电力支撑保障。

（二）企业数字化管理水平显著增强

汉中公司全面提升供电所服务质效管理，破除了专业壁垒，精简了业务流程，完善了数据管理相关规定和协同机制，消除了数据差异，实现营配专业资源的最优化配置。线路设备数字化、自动化从无到全覆盖，设备故障研判处理时间由3小时缩短至1.5小时。全能型台区经理集配网运维抢修、电网勘测设计、业扩报装等新型业务受理于一体，实现向全方位的供电服务转变，有效压减客户报装时限，缩短服务客户的距离，提升客户接电满意度。通过将乡村振兴和数字化建设有机结合，保障了电网保障能力补强升级、配电网智能化升级提高能效、客户侧多元融合高效协同，促进公司实现基础设施云化、业务办理在线化、运营维护数字化、决策部署智能化的根本转变。先后成功创建线损“百强供电所”和“进步百佳供电所”，徐家坪供电所获得国网公司五星级供电所、中国十佳供电所、中国金牌最美供电所等荣誉称号。

（三）数字驱动供电服务水平有效提升

汉中公司通过应用数字化手段分析社会发展需求，开展数字化精准服务，持续拓宽服务渠道。2021年，供电所“网上国网”客户绑定率突破91%，线上办电率100%，线上缴费客户占比达96.75%。截至2022年9月，供电可靠性提升至99.969%，停电时间同比减少1.23小时，供电服务满意率达99.96%，回访满意率100%，人民群众用电满意率与获得感大幅提升。供电所在服务乡村“人才、文化和组织”振兴中发挥作用效果显著。徐家坪党员教育基地被命名为“汉中市爱国主义教育基地”，被略阳县委县政府纳入干部学院课程，目前已迎接3000多人（次）参观。徐家坪共产党员服务队勇敢奔赴在疫情防控保供电、抗洪抢险等急难险重任务一线，志愿服务活动400余次，荣获陕西省学雷锋活动示范点，“节日里的坚守，万家灯火背后的‘守夜人’”被中央电视台、人民网、《国家电网报》等媒体广为宣传，开展的“我们都是张思德”大型直播活动点击量高达220万次。作为团长单位带领成立的“陕西省国资委助力脱贫攻坚汉中合力团”，先后实施中草药加工、仓储物流、茶叶种植、农村电商等产业帮扶项目18个，完成投资6亿元，受益群众达8452户，获得“全国脱贫攻坚先进集体”荣誉。

（成果创造人：陈　飞、刘　泽、刘俊华、韩书斌、才　华、
孟　凡、郭晨芝、徐晨筱、陈　鹏、彭璐璐）

金融企业实现资源高效配置的数字化转型评价体系构建

中泰证券股份有限公司

中泰证券股份有限公司（以下简称中泰证券）成立于2001年，是受山东省委直接管理的国有大型综合类上市券商，主要业务涵盖证券经纪、承销与保荐、投资咨询等。中泰证券在全国28个省（自治区、直辖市）设有44家分公司、289家证券营业部，员工8771人，控股中泰期货股份有限公司、中泰资本股权投资管理有限公司、中泰金融国际有限公司、中泰证券资产管理有限公司、中泰创业投资有限公司、齐鲁股权交易中心，参股万家基金管理有限公司。目前，中泰证券服务客户600多万户，累计为500多家企业提供股债融资服务，管理客户资产和融资服务规模双双超过万亿元；总资产超过2000亿元，净资产约370亿元，营业收入超过130亿元，净利润约33亿元，是证监会认定的A类A级及以上券商，也是具备较强行业影响力的头部券商之一。

一、金融企业实现资源高效配置的数字化转型评价体系构建背景

（一）坚定贯彻中央战略部署、提升金融机构服务水平的有力抓手

金融业作为我国经济体系的关键一环，在产业数字化转型进程中承担着先行者角色。金融监管部门先后出台相关指导性文件，要求强化对数字化转型过程的治理，健全多方参与、协同共治的数字化规范体系。在此基础上，中国证券业协会进一步提出了以高效数字化转型提升服务实体经济能力、增强人民群众对数字化金融满意度的发展目标。因此，数字化转型评价体系建设及创新应用是金融机构数字化转型规范发展的必然选择，也是坚定执行中央决策部署、提升金融机构服务水平的有力抓手。

（二）提升数字化转型资源配置效率、推动行业高质量发展的重要保障

近年来，随着数字经济的发展与数字技术的进步，数字化风暴正颠覆着金融行业的传统发展模式，数字化转型已成为证券经营机构高质量服务客户、提升业务规模、解决发展桎梏的必选项。正是基于数字化转型对金融机构发展的重要性，证券行业数字化转型资源投入也快速提升，据中国证券业协会披露数据，2017—2020年，证券行业数字化转型投入前50名券商的投入总和分别为93.03亿元、103.86亿元、181.38亿元、223.55亿元，个别券商数字化转型投入甚至已占其营业总收入的27%，巨额且仍处于快速增长的数字化转型投入亟待相应的保障配套机制进行合理支撑。在此背景下，高水平构建数字化转型的评价体系已成为券商合理配置数字化转型资源、实现自身高质量发展的重要保障。

（三）落实自身数字化发展战略、助力企业发展提质增效的核心举措

随着证券行业数字化转型进程的推进，中泰证券作为具备较强影响力的综合性券商，其数字化投入也随之快速增长。2017—2020年，中泰数字化投入规模分别为3.54亿元、3.55亿元、6.40亿元、7.83亿元，其中2020年数字化投入占营业收入的比重已达11.08%，居行业第三位、传统券商首位。然而，一段时间以来，中泰证券面临对行业数字化转型现状及趋势不清晰、部分高投入项目投入产出效率偏低、部分重点数字化转型需求难以及时满足等问题，暴露了企业在数字化转型方面的粗放式管理，成为中泰证券数字化转型深入推进的主要瓶颈。在此背景下，摒弃旧时粗放式的数字化转型管理模式，构建高质量的数字化转型评价体系就成为中泰践行数字化发展战略、实现企业发展提质增效的核心举措。

二、金融企业实现资源高效配置的数字化转型评价体系构建主要做法

（一）研究确定数字化转型评价体系构建总体思路

中泰证券围绕数字化转型评价体系的构建进行大量的调研并开展系统性的前瞻规划。在此基础上，

明确“宏观与微观相结合、体系建设与结果应用两手抓”的总体思路，研究制订中泰证券数字化转型评价体系建设方案与应用规则，“以宏观感知定方向、靠微观度量优自身、凭体制机制用结果”。

（二）确定数字化转型评价体系的宏观感知指标

1. 确定宏观感知指标体系

中泰证券数字化转型态势感知既包含传统的一般性统计分析，同时也构建包含收入类指标、成本类指标、数字化转型指标、控制类指标及地区哑变量、年度哑变量的指标体系，以规避传统统计方法影响因素多、统计结果不严谨等问题，从而实现对行业宏观数字化转型态势的全面展示与深入剖析。具体来看，收入类指标又进一步细分为整体指标与业务指标两类。其中，整体指标主要是指券商的营业收入规模；业务指标主要包含券商经纪、投行、资管、自营、信用5类业务发展情况的指标。成本类指标主要选取券商管理成本与营业成本两项。数字化转型指标主要依托企业数字化投入情况形成，依据数据标准化方式的不同分别包含指标1（ita，企业数字化投入占总资产比重）、指标2（itc，企业数字化投入占净资本比重）、指标3（itr，企业数字化投入占营业收入比重）、指标4（lnit，企业数字化投入的自然对数）。中泰证券以行业协会数据衡量企业数字化转型投入情况，尽量保证了数据指标的契合度与权威性。为了在分析过程中进一步规避企业其他发展特征要素的影响，进一步选取了企业年龄、股权结构、净资产收益率、固定资产比例、企业规模、净资本规模、企业利润、企业杠杆率、企业性质、GDP增速、金融规模作为控制指标，以控制相关特征因素对企业营业收入、成本、各业务发展等的影响。在此基础上，项目组还通过哑变量的方式对可能影响券商发展的地区因素和年度因素进行剥离，从而在剥离其他因素影响的基础上依托收入类、成本类及数字化转型指标对行业宏观数字化发展现状与影响机制进行测度与分析评价。

2. 选定宏观感知样本数据

在确定指标体系的基础上，进一步确定进行宏观感知的研究样本以进行指标赋值与数理分析。中泰证券以纳入中国证券业协会“年度经营业绩指标排名情况统计”的所有证券经营机构为初始样本并进行如下处理：一是以各年度券商总资产排名为基准，剔除总资产排名位于80名之后的券商样本，因其各年度“数字化投入”指标或较大规模券商显著偏小，其考察意义不大；二是对样本数据进行（1%、99%）的缩尾处理，其原因也是避免异常值的影响，从而形成了一个包含80家行业样本企业的面板数据。从样本区间选择上来看，中泰选取近5年的数据进行统计并在每年进行样本时间区间的轮动。宏观感知样本数据来源为各年度的《证券公司经营业绩指标排名情况》及万得数据库。地区宏观数据方面，主要包括地区金融规模及地区GDP增长率。其中，地区GDP增长率的指标数据主要基于国家统计局官方网站的数据进行提取，金融规模的相关数据主要从各年度《中国金融统计年鉴》及中国人民银行发布的《全国各省份金融运行报告》中提取。

（三）穿透式识别行业数字化转型现状与发展趋势

1. 宏观度量方法与计量模型

中泰证券数字化转型态势感知既包含传统的一般性统计分析方法，也包含系统性实证回归分析方法。中泰证券利用指标体系与样本数据分别从“数字化转型与券商营业收入”“数字化转型与券商经营成本”“数字化转型与券商各业务发展”等维度展开统计分析与实证度量，以明确行业宏观数字化转型现状并基于现状结果分析未来数字化发展趋势。其中，一般性统计分析方法为散点图拟合分析，系统性实证回归分析则使用面板回归方法并需构建相应的实证模型。在形成上述数字化转型态势感知指标体系的基础上，构建宏观感知实证模型，从而对行业数字化转型的现状与趋势进行实证感知与分析探究。

2. 穿透式宏观感知结果

在一般性统计分析与实证模型回归两类宏观感知方法具体的运用过程中，选取近5年的样本数据对相关指标进行赋值以供分析并在每年进行样本时间区间的轮动，即在2021年的宏观感知中利用2016—2020年5年的数据，在2022年的分析中利用2017—2021年5年的数据，以此类推。2021年，中泰证券利用上述两类分析方法（一般性统计分析、实证模型回归分析）对行业宏观数字化转型现状及未来的发展趋势进行测度分析发现：现阶段，券商数字化转型与其营业收入增速、营业收入规模呈现较为显著的正相关关系，数字化转型对券商营业收入的促进可能主要是由于其显著促进券商经纪业务的发展，但数字化转型对券商投行、资管、自营业务的促进作用不显著或不明确。

（四）明确微观数字化成效度量的价值取向与主要对象

1. 数字化成效度量的价值取向

企业微观的数字化成效度量涉及众多维度，确定度量的价值取向是厘清关注重心、形成度量框架及相应方法的重要基础。从中泰证券数字化转型的技术实践来看，研发效能高的系统产品不一定被用得好，评估数字化技术的应用效果要从产品、开发的角度转向实际用户的角度。从业务部门的角度讲，数字化推进部门往往不是真正的一线用户，这导致部分产品设计缺乏真正的“以客户为中心”。对于最终用户来讲，或功能复杂，或形同鸡肋，未被有效利用起来。基于此，中泰证券明确提出“以客户为中心、形成差异化竞争优势”的数字化成效度量价值取向。在此基础上，对公司数字化转型的实际成效（包括投入产出、客户满意度、员工满意度、业务竞争优势等维度）进行分析、度量，以进一步提高投入的科学性、有效性、规范性。

2. 微观数字化成效度量的主要对象

中泰证券数字化转型成效微观评价框架的构建主要包括评价对象的明确与评价内容的选定两部分。从评价对象方面来看，结合中泰证券业务发展特征与数字化投入重点，选定5条业务条线、两条中后台条线的19项数字化转型项目进行持续关注与评价。具体涉及的评价对象如下所述。财富管理条线。中泰财富管理条线面向分支机构，整体来看，财富条线系统产品众多，按照优先级选定其纳入评价的数字化产品主要包括面向客户展业的齐富通App；经纪业务办理平台，包括网上营业厅和线上集中运营；业务管理展业平台，包括综合金融CRM、员工展业平台掌e通等；投顾平台，包括公募基金投顾平台、产品投顾平台、大类资产配置平台等。机构业务条线。现阶段，机构条线纳入评价的数字化产品主要涉及XTP（极速交易）产品线，包括极速XTP柜台、交易终端SmartX、算法总线AlgoX、投资者风控平台RiskX、基金评价系统FundX等；托管外包产品线，主要包括面向客户的管理人服务平台和面向员工的托管外包运营中台等。自营业务条线。自营业务条线评价内容主要涉及量化策略平台和场外衍生品系统。其中，场外衍生品系统定位于前端交易员使用的系统，主要对其业务承载指标进行评价；量化策略平台则主要关注其策略数量与应用质量。投行业务条线。投行业务条线员工常用的数字化系统共有5个，目前已全部纳入评价体系，包括投行业务一体化平台、电子底稿系统、IPO发行管理系统、新三板持续督导系统、金融文档智能分析，实现了投行项目全生命周期数字化展业平台的评价与管理。国际业务条线。国际业务条线的评价内容主要涉及自研对客系统泰有财App及国际业务柜台系统。其中，泰有财App正式上线后实现了从无到有的突破并帮助中泰国际摆脱了业务开展完全依赖供应商的窘境，目前主要关注其客户总数、月活及累计入金金额指标；国际业务柜台系统主要跟踪客户数量、累计交易金额、累计交易佣金、开户成功率、开户平均时长等业务类指标。中后台管理条线。中后台管理条线员工常用的数字化系统主要有蜂巢产品、财务系统、人力资源管理、管理会计、资金运营系统等。其中，财务系统、人力资源、管理会计均以外包建设为主，评价体系主要对蜂巢系统和资金运营系统进行评价。金融科技条线。金融科技条线纳入数字化转型评价的内容主要涉及三大方面：一是大数据数字化平台，主要包括数据服务中台（报表中心、数据魔方等）、数据资产平台、全量数据平台；二是金融科技能力中心，包括低代码平台、流程IT中台、行情中心、共享资讯中心、区块链存证中台等；三是基础设施与运维服务，包括云资源平台建设、中泰全域网络、数字化安全及系统运维等。

（五）明确微观数字化成效度量指标，评价指导数字化业务

1. 微观数字化成效度量的主要内容

在明晰数字化成效度量的价值取向与主要评价对象的基础上，进一步明确评价维度与评价内容成为真正度量中泰证券数字化成效的关键所在。基于“以客户为中心、形成差异化竞争优势”的价值取向，整体来看，中泰证券数字化转型评价体系主要涉及以下两大方面内容。常规性指标，主要涉及相关数字化平台的投入与产出指标。以中泰齐富通 App 为例，其常规性指标包括全年累计投入、全年直接投入等 5 项投入指标；客户总数、客户实际月活等 15 项产出类指标。差异化竞争优势，主要对中泰展业的差异化竞争优势及亟待补充的短板进行衡量，通过相关核心指标的设定与度量深入把握业务发展的未来趋势与底层逻辑。

2. 度量微观数字化成效，指导数字化业务调整

2021 年，重点评估上述经纪财富、机构、投资、投行、中后台管理、金融科技、中泰国际七大条线的投入情况与各产品线的价值产出情况。从微观度量结果来看，纳入评估的七大条线中，研发资源占用从大到小为机构条线、经纪财富条线、金融科技条线、中后台管理条线、中泰国际条线、投资条线、投行条线。在此基础上，投入产出比情况较好的有机构业务的 XTP 产品线、财富管理齐富通产品线、中后台蜂巢产品线、金融科技大数据产品线、中泰国际产品线、机构托管外包产品线。目前，评价体系已完成自研类重点产品的价值度量全覆盖。在结果运用方面，基于上述宏微观评价结果，中泰证券在两大方面进行了数字化转型资源调整。一方面，基于宏观测度结果，中泰证券调整了不同业务条线间的数字化资源配置。对于转型效果较好的财富管理条线加强了投入，同时加强对投行、资管等业务条线数字化资源的精细化管理与产品开发；另一方面，在具体的金融科技产品审批上，结合微观的产品线投入产出分析情况，对于现有的金融科技产品按照其投入产出情况确定其后续优化迭代的投入限额，投入产出比越高，其优化迭代投入的限额也越大，对于部分投入产出比较低的产品在不影响业务开展并符合监管要求的情况下逐步减少迭代开发投入。此外，对于新申请立项的数字化项目，中泰证券也通过宏微观评价结果对其将来的投入产出进行充分评估并基于此确定其立项与否和投入限额。

（六）健全数字化转型评价管理组织，完善运行机制

一是强化数字化转型领导小组作用。数字转型领导小组作为中泰证券数字化转型工作的最高决策机构，会定期或在必要时召开数字化转型评价体系建设工作会议，听取并讨论数字化转型评价体系建设情况，提出对后续工作的高层级指导和要求，特别是针对部门层级的不同意见对相关事项进行决策和仲裁。二是设立负责数字化转型评价的专职组织。依托中泰证券数字化转型推进小组、金融科技委员会项目管理办公室与博士后科研工作站形成负责数字化转型评价的专职组织，在具体项目建设、项目推进及项目应用过程中实现专职负责，实现数字化转型评价工作的强强联合与有序推进。三是设置专门的数字化人才岗位，为数字化转型评价的基层支撑提供了条件。依托公司在各基层部门、业务部门设置的数字化转型人才岗位，数字化转型评价工作能够及时得到一线员工及客户的心声反馈，同时针对评价体系的实用性与优化点也能够根据一线意见进行及时的完善优化。四是为数字化转型评价体系落地应用提供坚强制度保障。中泰证券将数字化转型评价体系建设及创新应用项目分为“以点带面”“全面深化”“常态运用”3 个阶段进行推进，“以点带面”阶段主要解决项目急需解决的问题、较为容易解决的问题并完成项目全面铺开的基础性工作；“全面深化”阶段就项目难点问题进行攻坚并按照项目建设方案对相关工作进行全面铺开；“常态运用”阶段主要对已形成的评价体系进行常态化的运用并根据业务及管理需求变化对相应的指标体系进行增减和调整。在以上每个阶段中，中泰证券进一步确立了项目建设的应用场景、专业能力、指标体系和配套机制 4 条主线，应用场景明确了相关评价机制的应用范畴和主要对

象，专业能力明确了所需要实现的相关评价功能及功能实现所需的资源和技术，配套机制对相关资源整合、体系搭建和功能实现所需的制度和机制进行明确，指标体系则基于量化思维对开展相关评价所需的指标体系进行明确。五是强化结果应用，将评价结果纳入现有数字化决策体系之中。中泰证券依托现有的金融科技工作组会议、数字化项目审议会议、IT 项目治理会议主动将评测结果运用到数字化工作的事前审议和事后评议阶段，在具体的应用过程中坚持"宏微观结合、宏观定方向、微观优自身"的指导思想，切实实现评价结果对数字化转型实践的指导与提升，达到"以制度保规范、凭结果促高效"的项目建设及应用目标。

三、金融企业实现资源高效配置的数字化转型评价体系构建效果

（一）显著推动数字化转型进程，提高项目建设质效

数字化项目建设质量与投入产出效率明显提升。基于数字化评价的宏微观结果，仅 2022 年上半年，通过月度 IT 治理委员会金融科技工作组会议审议数字化项目共 105 项，其中通过 55 项、确定待优化项目 46 项（涉及金额超过 2000 万元），不通过项目 4 项（涉及金额超过 100 万元），不仅实现了对部分不成熟项目的进一步甄别和优化、提升了项目建设质量，同时规避了不必要的项目建设、节省了数字化转型成本。再以事后的项目价值度量体系为例，截至 2022 年 6 月，中泰证券已完成自研类重点产品的价值度量全覆盖（41 个），通过对已有重点数字化项目业务价值、客户价值与创收能力的分析，中泰证券能够在不同项目间对资源进行及时的优化调整，减少不必要投入、追加高价值项目投入。

"自主调研、自主规划、自主建构"的项目建设方式为中泰证券节约了大量第三方咨询成本。本项目通过多方调研、结合中泰证券自身数字化转型的实际需要，自主构建形成了较为完善的数字化转型评价体系，项目建设方式为中泰证券节省了大笔开支。通过项目开展带来的各条线查漏补缺、效率提升更是间接地为中泰证券节省了巨额的运营成本。

（二）完善数字化转型体制机制，提升企业数字化竞争力

在积极调研和自主规划的基础上，中泰证券逐步建设成了以评价体系为核心的高质量数字化转型保障机制，为始终坚持数字化转型发展路径提供了根本保证。一是数字化转型组织进一步完善。形成了以 IT 治理委员会、数字化转型与流程优化小组、战略 PMO 等为代表的、各层级均有涉及的数字化转型推进组织，通过一段时间的磨合，各层级组织间的职责分工较为明确。二是中泰证券数字化转型重心更加明确。通过评价体系内的数字化转型宏观态势感知，中泰证券首次从数理统计的定量维度厘清了行业数字化转型的现状、不足，能够据此对未来数字化发展趋势进行研判，自身的数字化转型重心也更加明确。在此基础上，目前的中泰证券流程线上化率已由 2020 年初的 54% 大幅提升至 90% 以上，处于行业领先水平。三是强化了团队人员专业素质。通过数字化转型评价体系的建设，不仅增强了中泰证券整体数字化赋能水平，还提高了项目组人员的专业知识和技术水平，相关成员利用一年左右的时间推动中泰证券数字化转型评价工作迈上新台阶，形成一套较为成熟的制度体系、方法体系和工作模式，强化了中泰证券在数字化转型领域的核心竞争力。

（三）获得广泛认可，产生良好的社会影响

该成果的实施注重理论与实践的紧密结合，获得多方认可。结合成果实施经验申报的课题成功立项"山东省金融学会重点研究课题"与"山东省金融应用重点研究项目"。中泰证券博士后科研工作站以数字化转型评价体系建设为基础的学术课题研究项目《金融科技赋能证券行业发展的机制效应探究》也成功获批 2021 年度山东省博士后创新项目资助，成为山东省金融企业博士后科研工作站近 5 年来唯一成功立项的项目。

产生了良好的社会效益，有效提升了中泰证券在数字化转型领域的美誉度与影响力。基于在数字化转型评价体系建设、创新运用及产学研结合等各环节取得的成绩，中泰证券在数字化转型领域的影响力

进一步增强。2021 年 7 月，中泰证券数字化转型工作入选国务院国资委“国有重点企业管理标杆”创建名单，成为唯一入选创建名单的券商。与此同时，以该项目研究为契机，中泰证券进一步加强了与上交所、深交所和各高校及软件行业官方组织等的合作交流，积极加入数字化技术委员会联合开展创新研究工作，构建数字化发展生态圈，充分体现了证券行业及相关机构对中泰证券的认可和肯定。

（成果创造人：李　峰、李高帅、张　勇、李　健、慕庆宇、谷文臣、王恩会、陈振华、於勇成、杜浩斌、单　昂）

供电企业基于源网荷储协调的配电网数智管理体系构建

国网江苏省电力有限公司苏州供电分公司

国网江苏省电力有限公司苏州供电分公司（以下简称苏州供电公司）是国家电网有限公司（以下简称国家电网）所属的30家大型供电企业之一，担负着苏州地区全社会电力供应和保障的重大任务，营业区辖苏州常熟、张家港、太仓、昆山4个县级市和姑苏、吴中、相城、吴江、工业园区、高新区（虎丘区）等6个区，服务用电客户567万户。随着经济社会的快速发展，苏州电网实现了跨越式发展，基本形成了特高压交直流混联接入作为支撑、500千伏作为骨干网架、7个220千伏分区电网互济运行、110千伏及以下智能配电网协调发展的网架结构。苏州供电公司连续8年荣获国家电网“大型供电企业业绩标杆”称号，先后获得“全国实施卓越绩效模式先进企业”“全国文明单位”“全国五一劳动奖状”等荣誉称号。

一、供电企业基于源网荷储协调的配电网数智管理体系构建背景

（一）适应能源战略低碳转型的客观要求

实现“双碳”目标是经济社会高质量发展的必然要求。在此背景下，越来越多的分布式电源、储能、光伏等接入配电网，在相对较低的新能源渗透率下，尚且能够通过系统调度的优化和市场机制的激励激发现有资源的响应和互动，促成新能源的消纳；在新能源渗透率达到相对较高的状态时，系统运行方式更加复杂，配电网的不确定性、随机性增加，传统的配电网管理方式已经难以适应，亟待应用数字化和智能化手段提升配电网的感知能力、互动水平和运行效率，促进源网协调互动，打造绿色低碳、智慧高效的能源供应体系，助力“双碳”目标实现。

（二）加快向能源互联网升级的必然选择

国家电网提出“建设具有中国特色国际领先的能源互联网企业”的战略目标，以及“一业为主、四翼齐飞、全要素发力”的总体发展布局，明确要求坚持一业为主，加快电网向能源互联网升级。作为电网的重要组成部分，配电网要实现向能源互联网的演进，面临许多问题和挑战，一是配电网发展速度快、设备规模总量大，现有的监测管控手段和资源配置能力不足，无法满足快速发展需求；二是分布式电源、储能、微电网、新能源汽车、新型交互式用能等设备大规模接入配电网，现有的配电网无法满足用户深度参与互动的要求及多元化用能服务需求，因此，配电网数字化、智能化转型势在必行。

（三）推动配电管理质效提升的迫切需要

苏州供电公司多年来不断完善配电网管理，实现了配网效率的显著提升，但相比新型电力系统建设、新能源接入等要求，仍存在较大提升空间，主要体现在：配电网规划较为被动，缺少低碳规划的模型，新能源适应性需进一步增强；配电网设备智能化水平参差不齐，运维管理强度业务工作强度大，管理精细化不足；调度控制模式无法适应分布式光伏出力随机性、间歇性特点，电网安全风险较大；主动服务意识仍需增强，响应市场和客户的速度、精度有待提高。为解决上述问题，亟待以数字化升级和管理变革为手段，提升设备智能化水平及电网全息感知能力，提升配电网的管控能力和服务能力，达到高供电可靠性、高品质能源服务的目标，推进区域低碳绿色发展。

二、供电企业基于源网荷储协调的配电网数智管理体系构建主要做法

（一）绘制转型蓝图，确立整体思路

1. 聚焦能源转型，指明工作方向

随着用户需求的不断拓展，配电网不仅承担输电网降压供电需求，也将承担分布式电源电力传输和消纳职责，服务智慧能源、用户互动，配电网系统结构、运行方式和故障特性将更加复杂。苏州供电公司结合苏州配电网和配电网管理现状，研判新能源、综合能源对于配电网的特殊需求。随着新能源的大量接入，配电网管理的重点是在坚守安全底线的基础上发挥配电网在能源资源优化配置中的枢纽作用，推动安全绿色的能源供应、灵活弹性的能源配置、互动共享的能源消费，实现配电网与电源侧、负荷侧及储能的协调互动，为此，苏州供电公司提出源网荷储协调发展的配电网管理转型升级目标。

2. 制订基本策略，明确实施路径

为实现源网荷储协调目标，苏州供电公司提出应用“数字化＋智能化”手段，推动数据连接、价值提炼，赋能规划、设备、运行、服务等配电网全链条管理环节场景应用，不仅有效提高配电网运行效率，更可有效支撑可再生能源大规模开发利用和各种用能设施“即插即用”，有力保障源网荷储协调运行、高效运转。经过深入论证、反复研讨，制订了具体实施路径：以“全链条”、一体化组织为支撑，各专业齐头并进，提供坚强组织保障；应用“数智化”手段，推动规划、设备、运行、服务等全过程升级，从环节上实现源网荷储协调互动。规划方面，加强源网规划的有效衔接、提升分布式电源并网能力；设备方面，升级智能化设备，打造数字化平台，提升源网状态感知能力和运营管理水平，实现源网透明管控；运行方面，聚合调节资源、雷电智能感知，保证电网安全稳定；服务方面，首创全电共享、构建微电网群，提升电网供电能力。

3. 加强组织领导，政企联动协同

建立上下贯通的组织架构。国网江苏省电力有限公司（以下简称江苏电力）专门成立数智配电管理体系建设办公室，对外加强与江苏省政府、苏州市政府沟通，对内定期召开服务例会，协调公司各部门、各单位，整合各专业力量全力服务苏州配电网发展。苏州供电公司成立以党政主要负责人为组长的领导小组，领导小组主要负责领导数智配电管理体系构建的整体工作，贯彻执行苏州市委市政府和上级公司要求，推进数智配电管理体系建设工作，研究和决定有关重大事项。领导小组下设建设办公室，负责制订实施方案，健全工作机制，全面组织协调、监督推进数智配电管理体系建设。

强化政企联动的工作机制。国家电网、江苏电力主要负责人多次与江苏省委省政府、苏州市政府沟通对接，推动苏州供电公司与苏州市政府签署战略合作协议，明确双方围绕能源供应、能源配置、能源消费，就推进分布式光伏建设、深化互联网新技术新应用等方面开展深度合作。

（二）统筹业务链条，形成管理合力

1. 打破专业壁垒，统筹发展全局

以柔性高效、扁平精简、生态协同为目标，统筹考虑苏州配电网发展定位和业务特征，深入分析发展策划、生产运营、合规管理等业务要求，主动变革管理机制，由领导小组组长负责区域配电网的统筹管理，实现配网规划、设备、运行、服务“全链条”、一体化管理，形成涵盖配网资产全生命周期的组织体系，减少专业壁垒带来的管理不畅。

2. 前中后台协同，业务协同共生

构建“前台业务融合－中台专业支撑－后台资源配置”的配电网管理架构，通过“扁平层级、业务融合”，有效提升配电网管理质效。夯实后台资源配置。发展策划部、运检部、营销部等专业部门定位为配网管理的后台，是配电管理指挥、服务、控制的平台，着力于技术能力、管理水平、专业指标优化工作，强化制度、规范、流程建设，确保专业、指标双提升。完善中台专业支撑。成立配网管控中

心、营销业务支持中心、供电服务指挥中心，打造配电管理的“中枢系统”。配电管控中心承接配网建设和自动化检修工作，常态化开展配网监测和分析，发现公司运营生产中存在的异动和问题，及时进行警示并协调解决。营销业务支持中心负责市县电费账务及核算、表计检验检测、营销业务稽查与质量监督等集约化业务实施。考虑规划编制与前台实施的对接需求，将全市配电网规划编制职能由经研所分别划分至配电管控中心及各供电服务中心。实现前台业务融合。设立市中、吴中两个区域供电服务中心和工业园区、项城两个区域供电公司，负责区域内10千伏及以下全部客户的供电和能源服务，形成涵盖需求感知、方案制订、工程建设、运维检修、故障抢修的“全链条”运作模式，有力支撑客户优质服务和配网可靠供电。建立“网格”责任制。编制“网格”经理、项目经理职责规范及任务清单，推动“网格”经理实现网格内“运、检、抢”全业务覆盖。

（三）坚持数字规划，友好接纳新型源荷

1. 源网协同规划，确保电源高效接入

应用规划数字化平台，加强源网规划的有效衔接，提升清洁能源消纳和存储能力。加强源网规划衔接，确保协调发展。全面诊断苏州区域配电网情况，研究新能源发展过程中的配电网适应性，滚动修编“十四五”电力规划、新能源基地接入及消纳能力分析、可再生能源发展规划编制及中期评估等工作，合理确定电源布局、科学制订配电网规划方案，促进源网协调发展。组建系统积木块，服务动态规划。围绕源端承载大规模清洁能源接入、荷端多特性综合能源及柔性负荷互动、网侧多目标优化的配网优化运行需求，将城市综合能源特征与复杂适应系统特征有机结合，组建多个系统积木块解决新型电力系统能源动态规划，促进新能源全消纳、能源应用经济低碳。

2. 应用智能算法，提升电源并网能力

针对配网经济性规划建设能力及便捷性报装接入能力优化提升的需求，苏州供电公司依托规划数字化平台，综合运用深度学习和卷积神经网络训练等智能算法，开展基于承载力评估的分布式源荷接入风险分析及规划辅助决策能力，系统性支撑区域源荷发展。开展分布式电源承载力智能测算。综合变压器容量、用电负荷、现状接入规则等因素，开展苏州全域配电网承载能力分析，根据承载能力将供电区域划分红（暂停接入）、黄（可以接入）、绿（推荐接入）3类区域。绿色区域为消纳裕度充足的供电区域。黄色区域为已出现上送但不重载的供电区域，建议配置储能或经专项论证后接入。红色区域目前不具备消纳条件，建议针对红色预警区域开展“薄弱位置消除、网架整体优化”。开展屋顶光伏资源评估。基于数字化规划平台，应用用地绘制、负荷预测需用系数等功能，按照“摸清开发潜力－分析消纳能力－明确规划思路－制订接网方案”的思路，针对屋顶不同建筑类型、主体性质和现有附属设施等情况，自动分析、测算屋顶可开发面积和装机规模。基于图数一体的数字孪生电网，实时调取设备运行状况，叠加区域光伏电站典型出力曲线，分析不同场景下配电网的消纳能力。利用分行业电量数据和热力分布图确定规划思路，在线对接入方案、投资规模等进行智能比对，分类确定适宜建设屋顶分布式光伏空间的较精准的接网、储能配置方案，推动分布式光伏整县推进工作在苏州地区科学开展。

（四）状态实时感知，实现源网透明管控

1. 升级智能化设备，夯实管控基础

深化数字技术与配电网融合发展，加快配电网基础设施智能化升级，实现电力生产、传输、消费各环节“在线互动”。建设“透明化”配电网。以配电网生产各环节感知为基础，部署基于5G通信、北斗定位的PMU智能感知模块、边缘计算终端和光纤防外破装置，实现故障的精准定位和预警。研制“硬件平台化”的新型配网终端，实现相电压、零序电压、相电流、零序电流等的全量数据采集，用一台终端满足馈线自动化、运行控制、电能质量监测等多类型应用需求。建设以新型融合终端为核心的智慧台区，部署低压故障指示器、智能断路器等，实现配变及台区状态全景感知。部署分布式电源监测设备。针对分布式光伏本地利用率不高、源荷分布不平衡等问题，部署中压柔性互联设备，灵活适配区域源荷发展现状及未来需求。构建末端低压侧光储直柔一体的组网方式，部署台区互联的低压直流系统，实现低压离散光伏的集中高效利用。针对已接入分布式屋顶光伏的中压线路，结合现场设备投运情况，差异化实施线路自动化补强工程，实现核心站所、分段开关及联络开关的自动化终端全覆盖，全面提高光伏并网线路的态势感知能力。

2. 打造数字化平台，提升运营质效

以数据中台为基础，依托实时监测数据，构建直采数据、直透现场、直管全程的配网管控平台，实现配网"业务+指标"双管控。构建配网管控平台。遵循 PMS3.0 总体架构，全面打通 D5000、OMS、PMS、配电自动化主站及云主站、营销"2.0"、配网抢修 App 及供电服务指挥系统，实现配网全景数据的共享互通与高效利用。试点基于区块链构建配网调控和设备管理数字化平台。遵循 PMS"3.0"顶层设计架构，以企业级服务中心、企业级消息中心为基础支撑，打造配网设备智慧管控平台，开展配网调控、抢修指挥、"95598"业务管控、安全监督、运行监测、生产管控、远程停复电、消防监测、数据调度和营销服务监督等场景应用。

3. 应用数智化手段，开展双向管控

依托配网管控平台，开展业务管控。依托管控平台，实现工单的智能派单、在途督办及事后评价功能。目前，已开展全面实现配网工程、配网运维检修、配电自动化、可靠性 4 个专业共计 23 项工单子类业务的线上闭环处置。以主动抢修工单为例，在智能派单环节，平台通过依托历史抢修工单数据，综合分析故障地址、退单记录、故障类型、抢修时长、满意度等多维信息，实现系派单逻辑的"离线学习"模式，构建苏州公司抢修队伍最优辖区模型，以最优辖区模型为基础，结合实时获取到的抢修队伍位置、承载力等变量数据进行"在线决策"，确定最优接单队伍，减少退单情况发生。在在途督办环节，平台实时跟踪工单及抢修处理进度，针对接单、抵达、执行、催办、终结等环节处理不及时情况主动发起预警。系统还可根据客户画像与意愿，跟踪处置人员服务态度与方式，督办工单真正实现客户满意。在事后评价环节，平台从抢修时限、抢修质量、用户满意度 3 个维度对每张配抢工单的各个重要节点（发起、执行、终结）进行量化评价并对工单进行综合评分，为后续考核评价提供精准依据。依托配网管控平台，开展指标管控。全面聚合配网各专业业务工单数据，按照各专业具体要求，构建指标动态数据库并设置指标红线阈值及预警督办渠道，平台同时支持指标数据快速回溯比对功能，方便专业管理人员第一时间掌握关键指标浮动情况及历史情况，为后续决策处置提供数据支撑。

（五）精准智能调控，保证系统安全稳定

1. 提前感知雷电，负荷动态调整

基于数字化平台、雷电探测器，首创基于"跟踪、预测、控制"的动态防雷体系，提高配电网抵御雷电灾害的能力。雷电信息实时跟踪、预判。依托智能配电网动态防雷系统，高精度感知 1 万平方千米内的雷电活动，融合电网拓扑及设备空间位置等数据，实现雷击危害提前预警，有效保护范围达 1000 平方千米。配电网负荷动态优化、调整。依托雷电预警信息，对配电网负荷进行动态调整及非线性协调控制，大幅改善雷电气候下配电网系统的稳定性。当雷电威胁解除，则从安全运行模式切换回原来的经济运行模式。

2. 聚合调节资源，应对异常波动

以应对大电网的异常波动、满足区域能源高效消纳为目标，围绕台区、馈线、供电单元、配电网格等多个维度，聚合分析光伏、储能和可控负荷等可调资源的调节裕度，建立配网侧安全性与经济性双重约束的运行控制模式，通过配电自动化系统和新型智能配变终端开展源网荷储协调优化控制。发挥苏州电网智能化程度高、电力无线专网强、能源客户种类丰富的优势，聚合光伏、充电桩、储能、变电站辅控系统等海量分布式资源，实现分布式电源群控群调示范应用；引导负荷资源参与电网调节，通过开展需求侧响应互动实践，推动用电企业积极主动响应电力系统需求，丰富电网可调资源。

（六）发展智慧能源，提升电网供电能力

1. 首创全电共享，实现电网补强

针对原有储能设施设备应用场景单一、不足等问题，通过模块化、可移动、可共享的储能系统，将主网调峰、调频需求与配电网不停电作业、应急保电、短时增容的需求相融合，实现区域内电能优化共享、质量调节等任务。已建设苏州首个可移动共享储能应急电源基地，占地900平方米，由10辆1000千瓦/2000千瓦半挂式新型储能电源车组成，储存电量总计10兆瓦时，依托共享型移动式储能系统，减轻区域线路负载，提高配电网安全稳定运行水平。当出现故障、停电等事件，实现"零闪动"保供电切换，解决传统应急电源车在保电接入、退出环节需要停电的问题，确保作业全过程对负载不间断供电，适用于重要负荷保供电、应急保障供电、配网临时增容、配网不停电作业等场景。

2. 构建微电网群，保证可靠供电

针对工业园区用电峰谷差高、能耗严重等问题，结合园区负荷特性和资源禀赋，统筹考虑不同台区的设备，试点建立智慧型低压微电网，接纳分布式光伏等可再生能源发电系统及储能单元、电动汽车等用电负荷。首次应用10千瓦直挂构网型储能、10千瓦移动式储能，通过构网储能、移动储能、分散自律控制等技术，打造"1大"+"N小"的源荷储于一体、微电网间协调互济的园区级微电网群，微电网间通过拓扑重构、能量互济，打造"不停电"园区。综合工业负荷、生活负荷、充电桩、码头等类型微电网，构建微电网群，在大电网瓦解的情况下，群间相互支援，保障园区内部负荷的长期、可靠供电。

（七）强化支撑保障，提升数智管理水平

1. 打造专业人才队伍，提供坚实人才保障

拓展人才培养途径，根据能源转型的需要，按照"统筹规划、超前培养、满足急需，保障投入"的原则，通过一年左右的培养周期，储备一批掌握配电网、新能源相关技术知识，熟悉新能源建设和运营的专业管理人才、专业技术及技能人才，建立一支与能源互联网发展相适应的人才队伍。强化人才激励机制，强化激励考核、人才评价等的管理，强化"干新业务有新收入"的理念在薪酬激励中的应用，增强新兴业务核心人才的有力倾斜，推动组织个人互促共进、互利共赢；量化个人能力和业绩，促进人才评价从经验向数据驱动转变；形成人人支持、人人参与的全员创新氛围，大力选取能源互联网建设工作中服务奉献和攻坚克难的典型，推动形成学习先进、争当先进的良好氛围。

2. 建立高端柔性智库，提供科学决策支撑

加强合作交流。加强与江苏电科院、江苏省内高校及外部合作单位的合作交流，打造一个开放、合作、共享的国际先进城市配电网建设技术平台与技术高地，充分发挥先进技术的示范效应。开展源网荷协调控制、新能源接入配电网关键技术等专题研究工作，充分利用先进技术破解配电网发展中遇到的难题。

建设专项智库。采取柔性模式建设智库研究力量，以项目制广泛吸纳内外部专家人才，以高端专家人才形成规范的研究队伍构成智库力量核心层；面向企业各级各类优秀人才和基层单位硕博士组成兼职研究队伍，构成智库力量的紧密层；与行业内外其他智库和咨询机构建立广泛的智库联盟关系，面向社会聘请专业人才，形成分散化、网格状外围智库队伍，构成智库力量的离散层。

三、供电企业基于源网荷储协调的配电网数智管理体系构建效果

（一）推动供电服务转型升级

在项目实践过程中，苏州供电公司融合先进经验，提出可借鉴、可复制、可推广的适应新能源的配

电网管理模式，固化过程实践，形成体系化的配电网管理标准和流程，有效推进配电网管理能力和水平的提升，大大提升了供电效率。配电网规划有效落地：通过坚强弹性配电网的建设和对分布式电源接入配电网的积极服务，2022 年，苏州供电公司新能源项目接入效率同比提高 15%。显著提升配网管控水平：实现配电网规划、运行、检修、抢修、停电、自动化、工程、缺陷、故障等核心业务的数字化管控，配网核心业务覆盖率达 100%，工单在线流转率达 100%，配网运行管控效率提升约 70% 以上。保障电网系统安全稳定：实时监控电网运行状况，处置各类异常，实现苏州电力系统安全稳定运行，2022 年全年无八级及以上电网责任事件。客户获得感更强：研判快、派单快、定位准，及时消除配电网隐患，从“被动抢修”向“主动服务”工作方式转型升级，客户满意度达到 95. 69%，同比提升 23%。

（二）推进向能源互联网演进的实践落地

全力推动能源安全新战略和能源互联网建设在供电企业落地实践。源网荷储互联互动：有效促进电源侧适应负荷变化的调节能力显著增强，有效引导负荷侧调整电力消费模式、积极参与供需互动，有效推动储能侧充分发挥调峰调频作用、保障电网安全运行和供需平衡，配电网作为基础平台的资源优化配置能力大幅提升。推进电网全景感知和智能控制全面升级：在“大云物移智链”等技术赋能下，实现配电网系统的全景感知，通过大数据的深度分析和高度利用，减少故障停运次数，缩短停电时间。2022 年，苏州范围内故障平均停电时间由 51 分下降至 30 分以内，供电可靠性水平达到 99. 9647%。为客户提供一站式综合能源服务：累计为 15 家企业提供“全电共享”服务，帮助客户降低初期投入成本约 450 万元，大幅降低了企业的资金压力。

（三）有效服务能源绿色转型

苏州供电公司形成以电为核心的能源系统，有力促进了能源电力从高碳向低碳、从低效到高效的转变，助推生态文明建设和可持续发展。服务能源结构调整：发挥聚合效应，吸纳源网荷储各环节资源，目前，生物质发电并网超过 50 万千瓦，光伏发电并网超过 250 万千瓦，可再生能源发电消纳率 100%，清洁能源电量占比提升 10%，满足电量年均增长 9. 1%、负荷需求年均增长 6. 6% 的能源电力需求。推动苏州节能减排：有效促进苏州配电网清洁能源的消纳，创历史最好水平，目前，苏州供电公司清洁能源电量占比达到 33%，等效减少煤炭消耗 320 万吨，减少二氧化碳排放 610 万吨，不仅缓解煤、石油、天然气等不可再生能源消耗，降低苏州地区环境污染，还有效落实了生态文明建设政策的要求，充分发挥了供电企业的公共服务职能，树立了全力助推地方经济绿色可持续发展的良好形象。

（成果创造人：杨　波、黄国栋、朱小明、冒烨颖、杨　晨、王　亮、
杨启明、董晓峰、顾家如、姜学蕾、唐　衍、顾　韧）

国际化经营与保链稳链

深化国际合作的北极特大型清洁能源项目建设与运营管理

中国石油俄罗斯公司、中国石油天然气股份有限公司勘探开发研究院

中国石油俄罗斯公司（以下简称俄罗斯公司）是中国石油天然气集团有限公司（以下简称中国石油）在俄罗斯合作项目的开拓、管理和运营机构，负责组织中俄油气合作发展战略、合作策略及合作机会研究，实施中俄油气合作发展规划和决策部署。目前，主要管理和运营亚马尔和北极 LNG2 两个大型液化天然气一体化项目，亚马尔项目 2021 年加工 LNG 超过 2000 万吨；北极 LNG2 项目规划 2025 年全面建成投产，设计产能 1980 万吨/年。2021 年，亚马尔项目获得第二届“一带一路”能源部长会议“能源国际合作最佳实践”殊荣，打造了“一带一路”成功合作标杆。

中国石油天然气股份有限公司勘探开发研究院（以下简称勘探院）是中国石油面向全球石油天然气勘探开发的综合性研究机构。中国石油长期赋予勘探院“一部三中心”定位，即油气勘探开发战略决策参谋部、技术支持与技术服务中心、重大应用基础理论和高新技术研发中心、高层次科技人才培养中心，主要职能包括全球油气业务发展战略规划研究、油气勘探开发重大应用基础理论与技术研发、全球油气业务技术支持与生产技术服务、全球油气勘探开发新项目评价等，业务领域涵盖油气勘探、油气田开发、油气井工程、信息化与标准化、新能源勘探开发、技术培训与研究生教育等。在本项目中主要负责俄罗斯油气合作发展战略研究、资源评价与超前选区、合作策略与合作模式研究、项目资产评价、天然气勘探开发工程关键技术研发、项目日常技术服务与决策支持等工作。

一、深化国际合作的北极特大型清洁能源项目建设与运营管理背景

（一）保障国家能源安全，扩大和深化国际合作的需要

伴随国民经济发展，我国天然气对外依存度逐年攀升，由 2007 年的 1.8% 快速增长到 2012 年 28.9%，随着天然气消费的日益增长，对外依存度仍将持续增加。天然气作为化石能源中唯一的低碳、清洁能源，正成为推动全球能源转型的重要力量。2012 年，我国一次能源消费结构中天然气占比为 5.5%，远低于世界平均水平 25%，而同期美国和英国的这一比例分别达到 29.6% 和 34.6%。因此，积极实施“走出去”战略，开展跨国天然气勘探开发，努力开拓国外油气资源合资合作勘探开发领域，扩大我国在国外天然气的资源份额，成为解决这一矛盾的必要途径之一。由于在储存、运输方面的优势，LNG 逐步成为我国天然气进口的主要方式。2012 年，LNG 进口量已经占到天然气进口的 48.3%，主要依赖亚太和中东地区，预测 2030 年 LNG 进口量占到 70% 以上，俄罗斯是未来世界 LNG 生产的主要增长点，扩大与俄罗斯 LNG 领域的合作、谋求进口多元化也是保障我国能源安全的重要战略选择。

（二）积极参与北极资源开发，开辟“冰上丝绸之路”的需要

北极地区因为丰富的自然资源和独特的地理位置，其战略意义引起世界各国越来越多的关注。北极地区油气资源丰富，拥有的待发现常规石油和天然气资源量占世界总量的 22%，其中天然气待发现资源量达 42 万亿立方米以上，是未来全球主要的天然气产量增长点。中国企业有必要参与北极油气资源开发，通过获取极地地区 LNG 项目可以借机进入北极油气资源领域，为更多地参与北极资源开发奠定基础，战略意义重大。随着全球变暖升温，冰川解冻，北极航道将成为欧亚、欧美之间最短最便捷的运输通道，北极的世界航运价值更加凸显。欧洲、北美是中国对外贸易主要伙伴，其中 90% 的贸易通过远洋航运完成，而选择北极航道将大大缩短与这两个地区的航程。《“一带一路”建设海上合作设想》提出专门新增建立中国 - 北冰洋 - 欧洲通道的国家发展战略，将“北极航道”纳入贯穿东西、连接南

北的国际性交通运输网络。通过在北极地区开展油气合作，可以深度参与北极航运，积累运营经验，推动“冰上丝绸之路”开辟，保障国家航运安全意义重大。

（三）落实集团公司国际业务结构调整战略，推动高质量发展的需要

根据党中央、国务院“充分利用国内外两个市场、两种资源”的战略方针，中国石油1993年率先实施国际化经营，历经探索、基础、快速、规模发展阶段，成功建成了中亚俄罗斯、中东、非洲、美洲、亚太全球五大油气合作区。在新的发展阶段，中国石油提出优化海外油气业务结构、调整油气业务布局的战略部署。业务结构需要向天然气方向优化，持续扩大天然气业务占比。2012年，海外油气产量结构中天然气占比只有18%，同时期埃克森美孚、壳牌、道达尔等国际油公司天然气产量占比达到32%~48%，与世界一流油公司还有差距。业务布局需要向“一带一路”沿线倾斜，做强做优做大俄罗斯地区油气业务。2012年，中国石油企业仅在哈萨克斯坦、土库曼斯坦、乌兹别克斯坦等中亚国家开展油气上游领域合作，与俄罗斯只有中俄原油管道一个下游合作项目，上游合作还是空白，BP、道达尔等国际油公司在俄罗斯权益剩余可采储量却高达400亿桶当量。俄罗斯天然气资源量居世界首位，寻求与其在天然气上游合作突破并实现规模效益发展，可以大幅度提升海外天然气业务占比，推动海外油气合作高质量可持续发展。

二、深化国际合作的北极特大型清洁能源项目建设与运营管理主要做法

（一）立足北极油气合作定位，主动获取跨国资产

1. 搭建战略选区平台，优选北极天然气合作重点目标

传统的新项目获取模式是资源拥有者提出资产或股权转让需求，合作意向者进行资产评价，再以投标形式竞争获取项目，更多地体现原资产拥有者的意愿，新投资者只能被动接受。自“十二五”以来，依托国家专项、集团公司攻关和海外公司项目，勘探院以主动寻求中俄油气合作新突破为目标，建立俄罗斯油气资源评价与战略选区平台，以六大盆地为重点，对俄罗斯油气资源进行系统评价并全面分析政治、经济等经营环境因素，明确了把北极地区作为中俄油气合作的首选战略合作区，优选亚马尔半岛、格丹半岛的南塔姆贝、萨尔马诺夫气田等6个LNG项目作为重点合作目标。

2. 深入分析投资环境，确定俄罗斯天然气合作模式

勘探院深入分析俄罗斯的对外油气合作政策法律法规、油气行业管理框架、油气合同模式、投融资机会、国际油公司在俄经营状况、油气田和储运设施、市场需求等投资环境因素，提出合作建议，向中国石油、国家各部委和国家领导人提交决策参考和高端智库报告20多篇，为高层决策提供参考，有力地支撑了高层对加强加快中俄油气合作做出决策，推动了合作进程。同时，从立足长远发展、有效规避投资风险出发，最终明确了与俄罗斯开展上下游一体化合作的投资原则与合作模式：一是与俄罗斯最大的油气私企合作更有利于工作推进；二是要有国际大石油公司参与，对俄方大股东能形成有效制约，进而降低投资风险；三是油气投资企业与中国资本、中国高端消费市场有机结合，提高项目成功的概率；四是最大化引入“中国元素”，既彰显中国制造和中国建造实力，又提升国内制造业核心竞争力；五是争取政府相关政策优惠，提升项目的经济可行性。

3. 推动建立多层面交流机制，构建共谋合作新平台

落实中国石油做强做优做大俄罗斯油气业务的战略部署，不断推动建立国家、中国石油、海外业务板块多个层面的中俄合作交流协调机制。在国家层面，推动能源合作始终成为两国领导人定期会晤、每晤必谈的重要内容，成为深化两国新时期战略协作伙伴关系的突破口和核心；在集团层面，协调通过中俄能源商务论坛、公司高层互访会谈等形式，持续深化与俄油、俄气、诺瓦泰克等俄罗斯油气公司的交流，进一步明确中俄能源合作的互补与互利，推动双方朝北极天然气领域合作的方向奋力前行；在海外业务板块层面，组织双方务实谈判交流，推进项目合作走深走实，在合作模式、运营方式等方面寻求共

同方向。

4. 建立极地一体化项目评价体系，确保高效快速评价

在北极这样的极寒和环境敏感地区，项目资产结构的复杂性前所未有，评价内容涉及油气勘探、开发、LNG 加工、港口码头、机场建设、北极航运、产品销售、环境保护等，很多领域没有相关的评价经验。以资产快速获取为目标，围绕资产价值的精准评价，建立极地 LNG 一体化项目评价体系。整合中国石油技术资源优势，组建专业完备、分工明确、协作有序的资产评价队伍；以 LNG 市场不确定性分析为核心，形成复杂经营环境 LNG 一体化资产价值评价方法；从评价方法的合理性、评价过程的协同一致性和评价结果的可靠性，建立三级质量控制体系；打造技术经济法律商务一体化谈判交流平台，促进与俄方在资产价值、股权构成、运营模式、合同条款等方面快速达成共识。在该体系的支撑下，中俄油气合作模式由过去招投标方模式转变为共谋合作、共绘蓝图模式，亚马尔和北极 LNG2 两个大型 LNG 项目分别历时 10 个月和 1 年半后圆满完成了包括气田开发、LNG 贸易、融资、工程建设的谈判，分别于 2014 年 1 月和 2019 年 7 月最终实现交割，中俄油气合作进入快速规模发展阶段。

（二）建立合规高效的股东决策体系，充分行使股东权利

亚马尔项目工程建设难度大，生产运营复杂，投资决策风险高。为保障股东权益，提升中方话语权，俄罗斯公司深入研究项目合同条款、合作伙伴特点、经营环境等因素，搭建股东决策支持平台，建立股东事务责任制度，最大化行使股东权利。充分发挥中方作用，在符合国企合规管理和科学决策的前提下，更好适应合资公司快速决策的需要。

1. 最大化行使股东权利，全力贡献“中国智慧”

俄罗斯公司深入分析股东协议明确的具有“一票否决”的事项内容，对于年度预算和工作计划、“五年商务计划”、重大交易及合同变更、关联交易、分红等 20 项重点事项，与国内决策支持部门和技术支持单位紧密结合，做到提前谋定，及时反馈。严格审查公司年度预算和工作计划，严格把关合同变更，持续控制投资和管理费用支出。对于涉及中方重大利益的事项，深入研究，拿出“中国方案”，发出“中国声音”。充分利用“五会一位”行使股东“六权”，做到股东行权最大化。严格落实《股东协议》，最大程度占有合资公司股东会、董事会、各咨询委员会、招标委员会、审计委员会和合资公司管理岗位中的相关席位。深入研究项目及合作伙伴特点，针对股东的 6 种权利（知情权、决策权、建议权、管理权、监督权和收益权），形成多维度、多方位、多途径的“六结合”行权策略：内外结合保知情、上下结合做决策、点面结合提建议、通专结合行管理、常非结合施监督、政经结合争收益。

2. 建立股东事务责任制度，提升中方内部决策效率

北极项目建设的复杂性决定了一项投资决策往往涉及多个专业领域，传统的海外板块相关部门直接与项目公司各管理部门对口支持模式难以实现高效的决策支持。为此，组建成立俄罗斯公司股东事务部并推动中油国际相应成立股东事务部专项负责项目重大股东事务，负责组织对合资公司决策进行审议并反馈审议意见，有效规避过去各部门直接支持带来的协调不畅、决策周期长等问题。

3. 搭建股东决策支持体系，大力提供技术商务支持

围绕北极 LNG 项目特点和难点，俄罗斯公司基于职能部门的业务，整合项目公司与国内研究机构的相关力量，形成了以勘探院海外研究中心为核心主导、以各专业分中心为骨干力量、以中油锐思公司为商务平台的技术商务一体化决策支持平台。对接合资公司管理模式，推动技术商务平台按照国际化的管理流程、技术标准、人才序列、商务准则高效运营。注重对标合资公司过程管理与质量控制，实现管理流程国际化；聚焦俄罗斯油气行业技术标准与规范，实现技术标准国际化；侧重专业人员的语言技术综合能力，实现人才序列国际化；强调遵循当地法律法规和国际规则，实现商务准则国际化。

通过不断探索完善，2016 年起决策支持体系全面推广应用，中方话语权持续提升，作为股东对合

资公司决策审议效率大幅度提高，决策周期由以往的一个月以上缩短到 15 天以内，得到合资公司和合作伙伴的一致认可，“中国智慧”“中国方案”成为合资公司决策中不可缺失的声音。

（三）全方位整合中国优势力量，助力项目高效建设

为推动中国企业直接参与项目建设，从金融、工程建造、装备制造、工程监理等价值链各环节引入“中国元素”，全产业链参与项目建设，各业务领域相互协同，相互促进，打造综合一体化竞争实力。

1. 充分发挥中国金融优势，破解项目资金困境

亚马尔项目投资高达 270 亿美元，采用国际融资方式，降低完全依靠股东融资带来的股东筹资压力和投资风险。2014 年，项目建设初期，遭遇国际油价断崖式暴跌、卢布大幅贬值、西方对俄制裁，已经出具贷款承诺函的国际商业银行纷纷退缩，融资问题成为项目成败的关键。推动中国丝路基金投资项目，增加注册资本，获得 9.9% 的股权，改善项目净资产状况；积极协调国家开发银行、中国进出口银行为代表的中国金融机构为项目提供 120 亿美元融资，占项目融资总额的 60%；中国资金的融入消除了国际金融机构的顾虑，带动国际出口信贷机构、商业银行及俄罗斯银行陆续提供 69 亿美元融资，亚马尔项目融资总规模达到 189 亿美元，创造了国际项目融资的奇迹，为项目建设提供了充足的资金保障。

2. 深度参与模块建造，成就极寒地区模块化建厂

积极应对亚马尔工程建设招标模式，全面分析欧洲和美国及亚洲的日本、韩国等的建造实力，系统对标中国企业的优势，从加快建设进度、节省投资成本和保障工程质量的角度，向合资公司提出由中国企业承担大部分模块建造的建议并全面协调和推荐中国企业参与竞争。以 CPOE 青岛模块厂承担具体模块建造作为起点，逐步探索形成从单一模块建造突破到重点工程整体承包的中国工程建造北极发展模式。中国企业于 2014 年承揽了项目 FWP5 和 MWP4 两个工程包 45 个模块的工作量，实现“中国元素”的首次成功引入。持续引入天津博迈科、南通太平洋、上海沪东等中国企业进入项目建设，实现 142 个模块中国制造贡献了 120 个，占比 85%；30 多艘运输船，中国制造贡献了 7 艘，占比 23%。在北极地区形成了以模块建造和船舶建造为重点的中国工程建造体系。

3. 大量引入中国装备，打造北极中国制造新名片

通过与 EPC 总承包商沟通，组织中国国内一流装备制造企业联合参与上游物资投标，形成了以钻机制造、钢材供应、管材制造为主的中国制造供应体系，实现 45 个中国厂商为项目提供百余种产品，项目的“中国元素”达到 90% 以上；针对北极 LNG 高端技术需求和严苛自然条件特殊要求，对标国际先进技术，积极推动相关企业技术创新与技术升级，打破国外垄断，成功突破一系列工程技术和现场施工难题，创建了由低端制造走向高端“智造”的中国制造北极发展模式，有力带动和促进了国内钢铁、电缆等众多产业技术创新和转型升级，成功打造中国制造北极新名片。

4. 广泛推行中国工程监理，确保建设质量

为了加快模块建设进度，降低管理文化差异对建设进度的影响，将国际化严格监督检查标准与中国企业特有的“大会战”能力有效结合，提出由中方担任关键模块建造的工程监理，推动中国石油企业与合资公司签署了向中国模块厂派驻模块监造人员的技术服务合同，实现中国企业独立完整承担了一个模块厂的全部建造监理工作，培养了模块监造高技能人员，加快了中国监造与国际先进水平接轨。

“中国元素”的成功引入，有力地保障了亚马尔项目顺利建设，实现项目第一条生产线于 2017 年 11 月提前投产，3 条生产线提前投产时间最多达 1 年以上；年产 LNG 达到 2000 万吨，比计划产能提高 21%。

（四）深入探索国际合作商务模式，多方推进全产业链效益最大化

结合北极特殊复杂的经营环境和俄罗斯相关法律法规，以追求上下游整体产业链总体价值最大化为

目标，从降低财税和销售风险、优化物流管理、探索过程创效、争取现货销售等方面，形成极地 LNG 一体化项目国际合作商务模式，多方位降低成本，扩大赢利空间，夯实了可持续发展的地区合作环境平台。

1. 推动俄方修法免税，确保股东投资环境稳定

一是充分利用政府间协议，降低合作的财税风险。在项目购股谈判阶段，签署关于税收稳定的政府间协议，努力推动两国政府抓紧谈判并坚持在俄政府代表签署协议后才进行股权交割，以国际法形式给项目创造良好的税收稳定性，降低了政策法律风险。二是努力促成中俄政府签署有关政府间协议的议定书，豁免合资公司负资产的法律责任，化解了被清算和破产的风险。三是推动俄罗斯政府修改相关法律，化解天然气销售风险，争取到 LNG 销售自主权。作为中国石油加入亚马尔项目的条件之一，推动俄罗斯政府对天然气出口法进行修订，使合资公司获得 LNG 产品出口自主权，打破了原来由俄罗斯天然气工业股份公司独家垄断俄罗斯天然气出口权的局面。增加了项目的自主性，降低了出口销售成本，有利于加快销售资金回笼，消除出口代理商违约风险。

2. 助推“北极航道”开发，大幅节约时间降低成本

由于大部分模块是在中国建造，优化物流管理成为控制项目建设成本和工期的关键因素之一。在亚马尔项目之前，还没有高价值、大型货物经过北极东北航道进行商业运输的先例。积极与其他股东一起认真研究航道运输条件，组织货运公司走白令海峡，项目建设期间共组织了近 100 航次货物通过“北极航道”运输，节约了建厂物流成本，树立了开发利用北极东北航道的信心。积极与合作伙伴沟通，促成中国船运公司加入“北极航道”运营，实现了中国海运、中国外运等企业参与 14 艘常规 LNG 运输船的运营，全生命周期内运营收益高达 85 亿美元，保障了“北极航道”的顺利开通，丰富了中国企业参与“北极航道”的运营经验，提升了对“北极航道”的掌控能力。项目投产后，LNG 产品通过“北极航道”运往国内市场，每年运输数十船 LNG。目前，航道窗口期已由之前的 5 个月逐步增加到 8 个月，正在努力实现全年通航。

3. 强化过程创效，促进多渠道回收投资

在学习国际大石油公司相关经验的基础上，建立独特的“技术服务、控减投资、增值税返还、利息减免”过程创效模式，在亚马尔项目和北极 LNG2 项目的建设和运营过程中，从整个价值链若干环节赢得效益，回收投资。一是大力推介中方勘探开发技术，争取到数千万美元技术服务承包费用。二是从融资、设备装备制造等服务中赢得巨额收益。三是从股东行权、控减投资中节省中方投资 2000 多万美元，间接获得收益。四是推动项目从俄罗斯政府获得增值税返还累计达 20 多亿美元，减少中方投资（股东贷款）支出 4 亿多美元，降低中方利息支出近 2000 万美元。五是争取到俄罗斯政府法律豁免，避免了资本弱化情况下的税务风险，减轻了中方近 5 亿美元的筹资压力，节省中方财务费用 6 亿多美元。外国股东受控债务的利息支出从法律上获准在税前扣除和抵减公司所得税，使合资公司节省所得税支出 8 亿多美元，相应间接增加中方收益近 1.7 亿美元。

4. 争取灵活销售方式，扩大份额销量盈利空间

LNG 销售直接决定股东的收益，在其他股东有意避开中方的不利情况下，俄罗斯公司坚定地提出了 LNG 现货公平销售原则，要求第一条生产线正式投入商业运营前的 LNG 产品按股比以现货方式全部卖给各股东关联公司并使用统一的价格公式和一致的商业条款。通过多轮谈判，2017 年签署了现货购销协义，中国石油获得 LNG 现货转销份额，每年可获得 3000 万美元转售利润，提升了上下游整体盈利水平，使得亚马尔项目 LNG 现货销售业务成为海外项目创效亮点。

（五）勇担社会责任，构建极地地区 HSE 管理体系

极地自然环境特殊。作为该地区的第一个合作项目，在高效运营项目的同时，积极推动当地社会发

展，严格保护北极美丽而脆弱的自然环境，构建 HSE 管理体系，不仅丰富了在北极地区的管理实践，也为可持续发展奠定了基础。

1. 重视履行社会责任，树立中国企业良好形象

在北极地区积极履行社会责任，寻求创建与地方政府、土著居民、项目建设者的良好关系，按照赤道原则进行规划，高于俄罗斯规范和一般企业标准，用实际行动践行人类命运共同体理念，树立负责任公司的良好形象。首先，把改善当地居民生活条件作为一项常态化的社会责任。为原住居民援建塔姆贝社区并提供燃油、原木等生活物资，修建 120 人规模的幼儿园和 200 个床位的寄宿学校、14 栋公寓楼、2 座直升机坪，以及水处理设施、小型电站、道路等公用工程。其次，加大当地雇员的招聘力度，提高中方在俄机构的本地化程度。新增翻译、律师、人事等岗位，全部由当地雇员担任，既提高了中方管理团队国际化水平，也增进了与当地居民的交流和了解。第三，助力“一带一路”沿线国家高校在校留学生人才培养。与莫斯科大学、圣彼得堡大学等高校合作，把项目作为中国留学生实习基地，提供了地质、商务、法律、钻井、天然气处理等实习岗位，为未来可持续发展储备了人才。

2. 推行跨文化协同，践行共商共建共享理念

一是与外交部门深入合作，主动邀请诺瓦泰克公司员工参加“旅游年”“青年友好交流年”等活动，促进了青年员工对两国关系和人民友谊的认同。二是推动组织诺瓦泰克公司与中国石油及相关企业在装备制造、勘探开发技术、企业文化等方面开展广泛交流，进一步提升了两大石油企业的相互认同，搭建了共同谋求更长远合作发展的交流平台。三是持续推动合资公司中俄双方员工的交流。利用中俄建交 70 周年等节庆活动，以及亚马尔、北极 LNG2 项目重要节点性事件加大与俄罗斯当地员工和周边居民的文化交流。充分结合当地红色资源，组织参观六大会址、列宁博物馆、莫斯科卫国战争博物馆等，双方员工的文化认同感进一步增进。

3. 积极参与极地环境保护，构建 HSE 管理体系

合作伊始，俄罗斯公司便把“强化环保理念，尊重自然生态，促进和谐发展”的绿色发展路线作为实现可持续发展的基础，从熟悉环境、学习理念到掌握技术、参与环保，逐步积累了在北极地区生产作业的环保经验，提升国际化水平。第一，熟悉北极环境和生态系统的脆弱敏感性，了解北极环境保护相关国际公约和俄罗斯当地法律，从人类生态文明保护的高度，牢固树立环境保护理念，明确永冻土结构破坏是作业区最大环保风险，国际化经营背景下的环境保护理念全面提升。第二，派专职人员进入合资公司 HSE 部门，担任部门负责人，主导构建了环境管理、安全与劳动保护管理一体化的三级 HSE 管理体系。在管理上全面负责生产全过程的自然环境保护，严格执行环境保护相关法律法规，国际合作环境下的环境保护管理水平全面提升。第三，在技术上，中方负责的模块建造及钻井施工等工程建设与生产作业，完全与国际标准接轨，形成与表层土壤、地表水、污水、雪层、大气、植被覆盖、生物多样性等环境保护相关的施工标准与流程，极端敏感环境的保护水平全面提升。第四，积极支持合资公司投资发展 CCUS（二氧化碳捕集、利用、封存）项目，为不破坏北极地区大气环境，减少甚至实现二氧化碳净零排放，中方主动提议出资支持该项目建设，使得清新原始的北极大气不受人类化石能源开采活动的污染和干扰。

三、深化国际合作的北极特大型清洁能源项目建设与运营管理效果

（一）项目提前建成并超产运营，有效提升中国在北极地区资源开发话语权

亚马尔和北极 LNG2 项目的成功获取和建成运营，标志着中国企业在俄罗斯北极地区油气勘探开发、液化、运输及销售一体化合作巨大成功，提升了中国在北极这一具有战略意义地区的话语权，推动亚马尔项目提前 1 年全面建成投产，产量远超计划产能。累积生产天然气 1050 亿立方米，配套生产 LNG 6500 万吨，分别超出设计产能的 23% 和 28%，2022 年实现全部投资静态回收，成为中国石油海外

现金贡献最大的项目之一。两个项目全面投产后，年产LNG将达到4000万吨，将成为全球重要的LNG生产基地，以亚太、中东为主的全球液化天然气供给格局将被打破。

（二）成功探索北极国际合作模式，中俄油气合作进入新时代

经历了10年探索和成功实践，聚焦北极天然气领域合作，按照积极探索、互利共赢的契合点，努力寻找共同发展的方向与途径，兼顾高度互补性与互利性的原则，逐步形成“寻求利益契合、构建优势互补、各方相互支持、协同发力”的合作模式，在北极地区大型LNG项目建设、经营管理、专业技术的能力和水平都得到大幅度提升。成功打造北极中国新名片，引领金融、模块建造、装备制造等企业跨越式发展，“中国元素”成为北极天然气能源开发的不可或缺的力量。在日趋复杂的地区环境下，中国资金已经成为北极能源开发的前提和基础，“中国元素”已经贡献了超过60%的建设资金。在工程建设和船运合同中，“中国元素”就高达163亿美元，极大地带动了中国企业走入国际高端能源市场。中国企业在北极油气经营合作中用实力赢得了合作伙伴的尊重和信任，诺瓦泰克公司等企业主动提出了北极地区其他大型天然气项目合作意向，为未来更广泛的合作奠定了基础。亚马尔项目的成功合作运营，成为中俄合作的又一华丽篇章，被两国领导人高度评价为中俄合作的“压舱石”和“风向标”。

（三）有效保障了国家能源安全和成功开辟了“冰上丝绸之路”，具有重要的政治和经济意义

自2019年以来，根据亚马尔项目签订的长贸合同，每年通过北极东北航道向中国输送400万吨LNG清洁能源。北极LNG2项目投产后，从俄罗斯销往中国方向的LNG将达到800万吨以上，这对保障国家能源安全和能源低碳绿色转型具有重要意义。依托亚马尔项目的顺利建设和投产，我国成功开辟了北极东北新航道，上海以北港口到欧洲西部、北海、波罗的海等港口，比传统航线航程缩短25%~55%，我国沿海诸港到北美东岸的航程，比巴拿马运河传统航线缩短2000~3500海里；每年可以节省500亿~1000亿美元的国际贸易海运成本。“冰上丝绸之路”的开辟，对缓解海上运输“马六甲困局”、保障国家航运安全具有重大意义。

（成果创造人：蒋　奇、张　兴、窦立荣、张成武、赵　伦、张　宇、陈烨菲、刘　志、刘贵洲、许　涛、徐海霞、闫若冰）

复杂环境下的中老铁路项目建设管理

中国铁路国际有限公司

中国铁路国际有限公司（以下简称国际公司）是中国国家铁路集团有限公司（以下简称国铁集团）为开展国际铁路合作而设立的全资子公司，于2014年成立，注册资金12亿元、现为49.7亿元。作为国铁集团开展国际铁路合作的经营平台，主要负责牵头组织中国国内铁路相关企业开展国际铁路项目合作，按市场化运作方式开展国际铁路项目技术咨询、工程承包、装备制造、铁路运营等业务。国际公司积极响应国家“铁路走出去”的战略，近年来完成中老铁路项目建设并安全开通运营，积极推进雅万高铁、匈塞铁路项目建设施工，有序开展中泰铁路项目的设计咨询，努力打开铁路高质量“走出去”新局面。

一、复杂环境下的中老铁路项目建设管理背景

（一）实现中老铁路建设目标的需要

中老铁路是中老两国最高领导人推动的政府间合作项目，沿途经过老挝琅南塔省、乌多姆赛省、琅勃拉邦省、万象省，终到老挝首都万象市，全长422.4千米。2016年12月25日开工建设；2017年12月，中老两国纪检监察部门在云南磨憨举行廉洁之路建设启动仪式，提出廉洁之路建设目标；2018年5月，国铁集团和老挝公共工程与运输部借鉴国内京张高铁建设管理经验，共同提出精品工程建设目标。

（二）适应复杂建设环境的需要

中老铁路作为“一带一路”早期落地铁路项目，面临着与国内铁路建设截然不同的建设环境。一是复杂的国际环境。二是复杂的经济环境。三是复杂的安全环境。四是复杂的自然环境。

（三）突破项目建设组织难题的必然选择

中老铁路作为在世界贫困国家推动的大型铁路交通基础建设项目，面临着极为艰苦的协调组织推进难题。一是建设资源组织难。建设用钢材、水泥、推土机、挖掘机等大量物资，需要从周边国家进口；交通基础设施薄弱，贯通南北只有一条20世纪70年代修建的13号公路，建设铁路沿线需新修施工便道1400多千米。基层劳务大部分由老挝籍员工组成，教育程度低、技能差、人员流动性强。二是征地拆迁推进难。老挝政府负责征地拆迁，没有大规模铁路建设和征拆经验，政府财政困难，无法及时筹措征地补偿资金；征拆标准制订不够科学完备，导致征地拆迁断点多、解决难。老挝土地私人所有，小政府大社会，征地拆迁推进难度极大。三是物资设备通关难。中老铁路物资设备主要来自中国，根据特许经营协议，大部分属免税物资。老挝政府免税物资总清单需要老挝财政部、国会审批，流程复杂；物资设备日常清关管理流程烦琐，需要老挝公共工程与运输部、财政部、工贸部等政府部门审批，时间较长。四是统筹协调组织难。老挝全民信奉佛教，生活节奏缓慢，政府周末不加班，周一至周五上午8点半上班、下午4点下班，平时不加班，办事程序、流程烦琐，审批环节多，审批时间长，工作效率低。人员物资通关、签证办理、免税车辆购置、安保等事项存在政府指定行为多；参建各方海外建设经验缺乏，特别是老挝政府指定分包方背景复杂、施工经验不足。

二、复杂环境下的中老铁路项目建设管理主要做法

面对不同于国内铁路建设的复杂环境和组织推进难题，全体建设者以“一带一路”、中老友谊标志性工程为统领，克服疫情影响，统筹建设资源，细化施工组织，优质高效完成建设任务。

（一）精心打造安全可靠的精品工程

1. 强化工程质量管理

一是优化设计方案。多方论证优化口岸站、中老两国互联互通、与老泰米轨铁路换装等方案，组织中老两国专家研究站房建筑风格及室内、室外装饰装修、站前广场、站区融合方案，积极融入老挝地域文化，努力体现中老两国元素。二是把住质量源头。严把工程原材料进场关，对于钢材、钢轨、防水板、“四电”专用设备等实行集中采购供应，所有原材料、构配件先检测后使用，建立原材料、构配件、成品和半成品检验和报告制度，坚决杜绝不合格品进入工程。三是坚持示范引领。积极组织开展标准化工地评选，抓好工程实体质量、现场文明施工、标准化作业。2018—2021 年，分 3 批评比产生标准化工地 41 个。坚持试验先行、样板引路，组织样板工程现场观摩。通过样板工程实践，建立标准化、可复制、先进可靠的施工工艺和安全质量保证措施。四是实行重点工程首件评估。为保证关键工序合理，组织对连续梁、路基、“四电”、房建等重点工程关键工序进行首件验收，开展达标评定，确保工程质量。五是创新施工工艺，提高建造水平。按照实用、有效的原则，积极推广应用具有先进性、科学性和实用性的新技术、新工艺、新材料、新设备，实现隧道二衬分仓浇筑、桥梁墩台身自动喷淋养护、国产固定闪光焊接设备焊接长轨等新技术、新工艺应用，攻克琅勃拉邦缝合带出现隧道软岩大变形、涌水量大及友谊隧道盐岩等地质难题和境外长大连续隧道群无线通信覆盖、160 千米/小时单线铁路信号控制系统等技术难题，有效提高施工效率、降低成本，确保工程质量。

2. 强化工程安全管控

一是构建责任体系，组织监理、施工等参建单位共同构建“全员参与、全面覆盖、全过程管理”的安全管理体系，执行安全管理标准，实行安全包保责任制，强化风险管理，加强过程卡控。截至项目开通运营，中老铁路未发生较大以上的安全生产事故。二是注重建章立制，完善管理制度体系。在严格执行中老两国有关安全生产法律法规的基础上，先后制订 20 余项安全管理办法，确保各级安全管理工作有章可循。三是加强风险管控，实施过程评估。在设计阶段进行风险评估，对全线 15 条高风险隧道明确需重点管控风险源，对高风险单位工程逐工点进行安全风险评估，通过后方可开工；结合工程进展，持续开展施工过程风险跟踪，动态辨识、评估风险源，及时调整风险等级和管控措施。四是强化安全教育，提高全员安全意识。在中方人员出国前进行安全教育培训，特殊工种必须培训合格和持证上岗，施工过程中严格落实岗前、岗中、岗后三级安全教育。五是紧盯安全风险点，加强重点领域防控。针对老挝雨季长的特点，落实各级领导管理责任，建立灾害应急响应机制，妥善做好灾后自救工作，建设期未发生因洪涝灾害造成人员伤亡、财产重大损失事故。六是推动参建单位自控体系有效运行。以日常、月度、季度和信用评价检查为抓手，利用现场检查和内业检查“齐步走”、前期问题“回头看”的检查方法，形成高压态势，对发现的各类问题实行闭环管理，从源头彻底杜绝安全隐患。七是提升应急处置能力。研究制订突发事件总体应急预案，建立三级救援机制，组建“中老铁路隧道应急救援站”，定期开展应急演练，切实提升突发事件应急处置能力。

3. 推进工程全面创优

一是明确质量创优目标。通过开展创优活动，使“干就达标准、建就成精品”成为习惯，促进参建各方精品工程意识行为螺旋上升，形成以质量为核心、人人争先进的建设格局。二是确定“五项”基本原则，即坚持质量核心原则、坚持价值导向原则、坚持创新驱动原则、坚持人才为本原则、坚持主体责任原则。三是实施“六高八建”组织目标。“六高”即高起点谋划、高标准管理、高质量建设、高效率推进、高可靠开通、高效益开发；“八建”即建示范工程、安全工程、优质工程、高效工程、人文工程、环保工程、廉洁工程、友谊工程，全面推进标准化管理。四是以单项精品带动全线创优。全线创建“精品工程”15 项，其中隧道工程 7 项（友谊、磨丁、努瓦山、普亚村一号、达隆一号、森村二号、拉孟山隧道）、桥梁工程5项（华楠站双线特大桥、班那汉湄公河、琅勃拉邦湄公河、欣和南里河、南柯内河特大桥）、路基工程1项、站房工程2项（琅勃拉邦、万象）。五是健全创优管理机制。成立磨万铁路精品工程建设领导小组，发挥牵头管总作用，组织各参建单位及时研究、协调解决重大事项，督促检查重要决策推进落实情况。工程质量得到保障，内实外美的琅勃拉邦跨湄公河大桥、友谊隧道、万荣及万象火车站成为老挝国家新地标，“澜沧号”动车组成为新名片。

（二）精心打造合规高效的示范标杆工程

狠抓依法合规建设。特许权协议是中老铁路依法建设的法律依据。建设过程中，始终坚持以特许权协议为纲，明确中老双方建设责任，指导项目工作推进并纠正偏差。积极发挥专业法律咨询平台作用，聘请律所开展项目合规性调查，提供重大事项全程跟进咨询服务，努力降低项目实施法律风险。积极与老挝政府部门沟通，充分尊重当地的宗教信仰、文化习俗，通过多种形式进行宣传，为工程建设顺利推进创造良好外部环境。

推动技术标准合规。依据特许权协议，中老铁路采用中国铁路建设标准。根据工程建设需要，将有关技术资料翻译成老挝语和英文，强化与老方沟通交流。大量培养、聘用老挝籍员工，加强技术培训，推行中国铁路技术、标准，实现中国铁路技术管理全产业链运用到中老铁路老挝段。积极向老挝国家铁路局提供中国铁路法律法规资料，推动老挝铁路立法。2019年5月，经老挝国会批准，老挝首部铁路法正式发布。

加强项目投资控制。加强工程招标管理，合理划分工作界面，确定招标概算及最高限价，树立“依法合规、遵循合同、实事求是”处理项目经济事务原则，保证项目运行平稳、投资安全可控。落实验工计价、工程预付款等程序，强化流程控制；加大第三方审价工作力度，为计量结果提供有力支持。组织设计单位、咨询单位、第三方审价单位及参建单位集中开展第三方审价工作，多次组织专题工作会，对全线隧道反坡排水43条隧道65个工点、“三电”迁改130多个工点、路基桥梁隧道岩溶处理等逐一审核，委托第三方审价。加强变更设计管理，严格落实变更设计会勘会审制度，确保工程措施有效优化。针对福格村、会福莱隧道软弱岩变形、友谊隧道盐岩段变形整治等重大变更设计，邀请国铁集团和国内设计、施工的专家调研，确保各项审批管理合规，非技术标准变化方面Ⅰ类变更设计委托中国铁路经规院进行咨询，确保审批合规、数量准确。

严格建设工期管理。研究提出有序、均衡、稳步推进工程组织推进总原则，强化施工动态管理，全面梳理剩余工程及设备安装调试工作，严格把控“四电”、铺轨、站房、万象南应急工程等工期目标落实，委托昆明铁路局集团公司负责竣工验收咨询、铁科院集团公司负责动态检测，稳步推进竣工验收工作。健全工作管理机制，根据加快剩余工程建设安排，自2021年8月建立全线日交班例会制度，及时发现、解决制约工程推进的征拆、资金、物资保障、地方协调等问题，为工程有序推进提供有效保障。强化铺轨和设备安装红线管理，加大重点工程督导力度，工程收尾攻坚阶段成立5个督导组，重点对铺轨、站房、万象至万象南段应急工程、物资设备督导、对外协调进行督导，确保剩余工程按计划顺利实施。

（三）精心打造与自然和谐共生的绿色环保工程

建立环保管理体系。构建“四位一体”环保管理体系，制环水保管理工作制度，实行环境保护逐级负责制。严格执行环评批复意见，与地方环保主管部门积极沟通，全力推进环境保护工作，确保环保目标实现。

做好绿色工程规划。全线设置109处隧道弃渣场、24处路基弃土场。建立沉淀池157个、废水处理站5个，最大程度地减少废水对周边环境的影响。跨河桥梁钻孔桩产生的泥浆，禁止直接排放，设泥浆储存池，循环利用。施工场地、混凝土搅拌站等临时设施的设置及油类、水泥等物料堆放，尽可能远离河流两岸。每年组织全线开展环水保专项检查并把环保检查纳入日常工作，通过信用评价及标准化工地评比把环水保纳入检查专项，督促问题及时整改到位。

加强生态环境保护。深入贯彻环保、绿化理念，严格执行环境影响评价制度，做到环境保护、水土保持设施与主体工程“同设计、同施工、同时投入使用”，坚持“预防为主、建设与保护并重”的原则，最大限度地减少对生态环境的破坏、减少对环境的污染、减少水土流失，努力建设资源节约型、环境友好型的铁路。

开展造地还林工程。坚持绿色、生态、地域性的原则，以生态恢复为主，营造低维护、可持续与自然生态环境深度融合的绿化植被，通过植物色彩及质感搭配形成一定图案纹理，体现当地文化特色，美化路域环境。全线绿化总面积约307万平方米，栽植灌木约863万株、乔木约5.5万株。截至项目开通运营，路基的边仰坡、隧道洞门口、桥下、临时用地等均已按照绿化方案逐步进行绿化植被生态恢复，造地还林约5000亩。

（四）精心打造利民惠民工程

落实项目便民设施。合理规划施工便道、营地等设施，使临时工程建设能够永久服务当地人民。截至2022年3月底，已移交使用或正在办理移交手续的施工便道795千米、便桥55座；已移交109个营地、37.4千米电力线路、15.8千米给排水管道，为沿线人民改修建道路水渠1008.8千米。

加强当地员工培训。建设期安排当地就业118716人次，创办培训学校、举办培训班1117期，为老挝培养了一批铁路建设人才。运营期先后进行4期老挝籍学员招聘，每期学员按照中文强化培训、铁路专业知识培训、现场实作培训3个阶段培养889人。

助推当地经济发展。最大限度采购当地砂石料、水泥、粉煤灰等建筑材料，累计达51.77亿元，带动资源开发，增加当地群众收入。按照“以站带城、城站融合”的理念，结合老挝当地建筑特点，将站房生产生活房屋建筑进行统一优化，使站区内风格与站房相互呼应，孟塞车站、琅勃拉邦车站、万荣车站、万象车站成为城市商业与人流聚集地。

量身打造车辆装备。在对老挝的宗教、文化、自然进行广泛调研的基础上，组织专业设计团队反复研究，形成多个动车组设计方案。经过老挝政府审定，最终确定以国旗色彩为基调的动车组装饰方案，一列用“占芭天香”内装方案，一列用“锦绣江山”内装方案。积极与动车组生产厂家开展技术讨论、专题研究，结合国际旅客特点，充分尊重老挝国情、文化、风俗习惯，对动车组外观内饰进行深度优化。

（五）精心打造历久弥新的民心相通工程

加强文化交流互鉴。以中老铁路建设为平台，先后举办中老铁路项目“友谊杯”羽毛球、足球比赛、“铁路承载梦想、友谊薪火相传”大型文艺汇演、中老铁路青年演讲比赛、中老建设青年文艺晚会、塔銮节中老铁路文化展等丰富多彩的活动，促进中老文化交流共享，不断增强老挝人民对中老铁路的认同感。

加强对外宣传展示。坚持正面发声原则，组织中老两国主流媒体对中老铁路全线首架、琅勃拉邦跨湄公河特大桥成功合龙、全线轨道首铺、全线隧道贯通仪式、轨道铺通、动车交付、中老铁路开通运营等重大节点进行集中宣传报道，通过出版宣传片、画册及征集“一首歌”、制作“澜沧号”动车组模型、拍摄中老铁路纪录片等，全方位展示中老铁路形象，取得良好宣传效果。

开展惠民利民活动。建设期间，各参建单位积极履行企业社会责任，积极改善当地生产生活条件，以实际行动造福沿线人民。为沿线贫困村落义务支教857人次、义诊看病5164人次，特别是在阿速坡溃坝灾害、南部洪灾和疫情期间，积极承担社会责任，组织捐资捐物1300多万元。

（六）精心打造可供借鉴的廉洁示范工程

健全完善工作联动机制。在中老两党纪委统筹谋划下，签署廉洁建设《合作谅解备忘录》，共同推进中老铁路廉洁建设。成立中老铁路项目联合党工委、纪工委，将全线32个参建单位党组织、纪检组织和党员管理纳入统一管理，每季度召开例会，贯彻落实上级部署要求，形成上下联动、协调有序的工作机制。逐级制订中老铁路“廉洁之路”建设实施方案，编制形成《中老铁路项目廉洁建设制度汇编》。

健全完善督促落实机制。加强关键环节监督检查，细化廉洁风险防控风险点1898个，制订防控举措6835条，完善管理制度办法594项，确保廉洁建设“嵌入”廉洁风险点。强化领导干部日常教育监督，落实领导人员每季度廉洁谈话、每年上报廉洁报告制度，严格规范行权履职行为。加强廉洁警示教育，重点监督群众关心的公务用车、公务用房、公务招待、干部任用、奖金薪酬、人员招聘等问题，使廉洁建设与职工利益紧密相连。

健全完善监督考核机制。把廉洁建设纳入信用评价项目，每半年开展一次参建单位信用评价。每季度开展廉洁建设监督检查，督促限期整改落实。强化群众监督，设置举报意见箱，公布举报电话，以零容忍态度严格核查处理。配合上级审计部门开展专项审计，对审计发现问题及时督促整改。健全完善考核评价和失信惩戒机制，将廉洁和队伍建设等纳入信用评价，实行一票否决制。

健全沟通协调机制。积极协助中老两党纪委开展定期会商，围绕议题开展沟通磋商，形成问题清单，限时落实，高质量、高效率推进解决中老铁路项目廉洁建设和工程推进的瓶颈问题。按照中老两党纪委部署，通过季度工作会商、日常信息共享、定期联合检查等形式，协调处理难点问题，统一步调，达成共识。

（七）精心打造利在长远的可持续发展工程

严格风险管控。一是资金风险，严格按照项目投资计划和施工进展督促股东资本金和银行贷款及时到位，统筹公司资金使用，确保满足建设需要，有效保障现场征拆、工程、物资等资金需求。加强建设资金监管，严格参建单位跨国转账业务审核，确保境外建设资金安全。二是政策商务风险，坚持依法合规原则，严格遵照特许权协议，做好物资设备、人员进场工作。截至项目开通运营，办理劳务签证7万余次，年均进场中方劳务人员13000余人次，确保项目建设人员需要。加强重点合同履约风险评估，严格落实合同审查、流转会签审批制度，现场核查履约进展，及时纠偏、防微杜渐，切实防范履约风险。三是员工安全风险，根据项目建设需要，协调老挝政府派出军队、警察进驻现场，建立安保工作目标和工作机制，通过驻扎、巡逻等方式，对违法犯罪行为进行震慑，在维护施工现场秩序的同时，为铁路建设提供和谐稳定的施工环境。

精心谋划运营管理。一是研究确定运营组织模式，运输组织通过洽商由昆明铁路局集团承担，设万象运管中心；固定设备维管通过招标由昆明铁路局集团负责，设琅勃拉邦维管中心。二是研究明确客货运开行方案，明确列车开行方案、客货运价格方案，客运主要以动车组为主、结合少量普速列车；货运运行以跨境运输为主、境内运输为辅。动车组，中车青岛四方－中车大连联合体中标，从中车大连厂采购17台HXD3C电力机车。三是积极开展老挝籍员工招聘培训，按照中文强化培训、铁路理论知识培训、现场实操培训3个阶段推进。四是研究制订运营期管理制度，按照老挝政府颁布法律法规、老中公司颁布管理制度、运管维管中心颁布作业标准的总体思路，基本建立中老铁路运营制度体系。五是研究明确客货运通关、营运期安保、备品备件采购，轨道检查车、救援机车及救援吊、大型养路机械等自轮运转设备等方案，为中老铁路高质量开通奠定坚实基础。截至2022年7月31日，中老铁路老挝段发送旅客月平均增长15.19%；货物发送量101万吨（国内发往老挝24.89万吨，由老挝发往国内76.11万吨），月平均增长16.95%，为疫情下老挝国民经济发展、人民群众出行发挥了重要作用，获得中老两党两国政府及人民的好评。

务实抓好综合开发。一是推动车站区规划布局，认真做好车站规划工作，积极推动老挝政府完成剩余车站区域征地拆迁。加强商业和广告策划，广泛开展租金调研，完成万象、琅勃拉邦等10个车站商业开发方案编制。沿线进行现场踏勘，选取合适户外广告资源位，做好相关招租准备。二是推动沿线产业布局。根据中老经济走廊合作和老挝国家发展五年计划，积极与老挝政府沟通，推动中老铁路相关产业规划和重点项目落地。推进纳堆国际物流枢纽建设，积极研究与老挝ITC公司、泰国Amata公司纳堆陆地港建设合作事宜，做好琅勃拉邦新城项目推介。三是落实综合开发项目。现场踏勘车站周围土地，与老挝政府召开会议，取得土地数据资料，编制《车站开发区征地情况报告》，完成《中老铁路土地综合开发选址及规划研究报告》《中老铁路沿线3省1市车站开发区MOU协议》签署。加强与老挝中央和地方政府沟通，积极开展土地调查，推动车站开发区MOU落实。

三、复杂环境下的中老铁路项目建设管理效果

（一）实现了精品工程建设目标

经过全体建设者不懈努力，中老铁路于2021年11月11日一次性通过老挝政府和老中公司联合验收委员会组织的项目验收；2021年12月3日，在中老两国最高领导人的见证下，中老铁路正式开通运营；国铁集团和老中公司分别获得老挝政府授予的“国家一级发展勋章”和“国家一级劳动勋章”。老挝人民革命党总书记、国家主席通伦视察中老铁路，给予高度评价，中老铁路已成为新时代中老传统友谊的新象征。

（二）实现了中老铁路廉洁建设目标

中老两国现场纪检监察部门坚持定期会谈交换意见、联合检查解决问题，沿线政府收取赞助费、过节费及官员收取礼品礼金和“吃拿卡要”等现象有了较大改善；政府部门围绕征地拆迁、免税物资审批、人员物资通关等事项制订了工作手册，缩短工作流程，提高了办事效率；老挝公安和国防部派遣军警进驻现场，查办偷抢铁路物资设备案件，取缔非法废品收购站，为中老铁路建设营造了稳定的治安环境，中老双方协同推动中老铁路建设，积累了宝贵的合作经验，结下了深厚的工作友谊。

（三）实现了泛亚铁路中通道设施联通的目标

中老铁路贯穿老挝北部和中部，连接中国云南昆明和老挝万象，对于推进老挝铁路沿线区域经济和城镇建设的快速发展、促进中国－东盟自由贸易区繁荣发展和大湄公河次区域综合开发具有极为重要的作用。特别是中老铁路万象南换装场的建成投用，实现了标准轨与米轨互联互通，向北可以通过中国路网与欧洲相衔接，向南通过泰国到达马来西亚、新加坡，陆海联运的国际物流通道将更加便捷畅通。中老铁路服务老挝经济发展、服务老挝人民、服务老挝企业的巨大作用正在凸显，受到老挝政府和人民及周边国家和人民的好评。随着铁路沿线经营开发的不断深入，老泰连接线跨湄公河大桥的建设、老挝万象至越南永安港及南向路网建设的推进，中老铁路在发挥“一带一路”的旗舰引领作用、标志性工程示范作用等方面意义重大、影响深远。

（成果创造人：鞠国江、肖乾文、王永顺、席继红、张建涛、董天胜、
胡　贺、宋宗波、蔡　超、黄　菊、骆云峰、庄纪文）

服务国家粮食安全的数字化农业全产业链综合服务体系建设

厦门象屿集团有限公司

厦门象屿集团有限公司（以下简称象屿集团）是厦门市属国有企业，成立于1995年。旗下拥有投资企业500余家，年营业收入超过4800亿元，员工超过10000名。象屿集团秉持“计利天下，相与有成”的使命，践行产业化投资与专业化经营，业务领域涵盖大宗商品供应链、城市开发运营、综合金融服务、港口航运、创新孵化等，致力于成为具有全球竞争力、以供应链为核心的综合性投资控股集团。象屿集团连续多年位居《财富》世界500强、中国企业500强、中国服务业企业500强、中国500最具价值品牌榜单。象屿集团旗下象屿农产公司于2021年获评第七批农业产业化国家重点龙头企业、2022年获评第二批国家级粮食应急保障企业名单等国家级资质与殊荣；旗下象屿生化公司的淀粉、结晶糖、苏氨酸、色氨酸产品的市场占有率位居国内行业前三，获评国家级绿色工厂、国家级绿色供应链管理企业、全国玉米淀粉加工十强、黑龙江省农业产业化重点龙头企业、黑龙江省技术创新示范企业、黑龙江省2021年大数据产业发展试点示范项目。

一、服务国家粮食安全的数字化农业全产业链综合服务体系建设背景

作为国有企业，象屿集团发挥自身业务优势，积极应对我国粮食产销地空间不均衡、经营主体“小散弱”、流通环节专业复杂等问题，为服务国家粮食安全战略、缓解世界粮食安全问题贡献力量。

（一）解决我国粮食生产地和消费地空间不平衡问题的迫切需要

当前，我国粮食生产重心北移，粮食生产区域越来越集中，使得粮食生产地和消费地距离进一步拉大，物流体系压力增大、粮食运输成本增加。以黑龙江、吉林、辽宁、内蒙古等为主的粮食主产区，地理、土壤、气候等自然条件适宜种植粮食作物，粮食产量高、三大主粮种植比例高。然而，包括北京、天津、上海等在内的粮食主销区，虽然经济相对发达，但人多地少，粮食产量和需求缺口较大。此外，粮食向少数地区集中加剧了生产风险，一旦主产区发生区域性自然灾害，我国的粮食生产可能会遭受巨大损失。为缓解产销空间不平衡矛盾，一方面需稳定主产区粮食生产能力，促进种粮农民增收；另一方面需促使粮食生产和消费有序衔接、顺畅流通，为主销区提供稳定可靠的粮源供给，提高国家粮食安全综合保障能力。粮食物流体系是连接粮食生产和消费的重要环节，我国的粮食物流体系建设依然呈现出分散而不统一的状态。例如，粮食物流过程中，铁水联运是主要运输方式之一，目前，部分港口与铁路之间还没有充分配置专用线，需要借助汽车进行倒运装卸，制约粮食物流铁水联运的发展。此外，粮食流通体系是由人员、程序、机械和环境等因素构成的一个复杂的系统工程，涉及多个环节，存在多重风险。因此，构建统一、规范的粮食流通体系至关重要。

（二）农业产业经营主体“小散弱”等问题普遍存在

近年来，随着我国传统农业向现代农业转型，新型种粮主体逐渐出现。这些粮食生产者以适度规模化、集约化、专业化和商品化的方式生产稻谷、小麦、玉米、大豆等粮食品种，拥有较大经营规模、较好物质技术装备、较强经营管理能力。尽管新型粮食生产主体数量规模不断扩大，但我国粮食生产主体以小农为主的局面尚未获得根本改变，小农数量多、经营规模小、竞争力弱、应对市场风险能力差等挑战还普遍存在。再加上我国农业人口老龄化问题日益严重，农业劳动力保障不足，目前新型粮食生产主体发展质量并不平衡，粮食专业合作社存在管理不规范、与农户利益联结不紧密等问题。因此，树立“大粮食安全观”，构建系统高效的集生产、仓储、物流、加工、贸易于一体的粮食全产业链发展模式，

应对粮食产业链经营主体“小散弱”问题尤为重要。

二、服务国家粮食安全的数字化农业全产业链综合服务体系建设主要做法

（一）明确思路，构建数字化农业产业链服务体系总体框架

象屿集团作为国有企业，以“牢牢把握粮食安全主动权”为目标，坚持“四个有利于”原则，即有利于国家、有利于农民、有利于政府、有利于伙伴，针对粮食产业链不同阶段、不同环节的痛点，充分发挥自身产业运营优势，从解决“储粮难”“卖粮难”到解决“种粮难”“运粮难”，再到助力“农头工尾”“粮头食尾”文章落地，在保障中国饭碗装满优质粮的同时，助力粮食供应链产业稳定，成为服务国家粮食安全、带动区域经济发展的可靠力量。

面对粮食产业棘手问题，象屿集团在找准可以为农民缓解卖粮难、打通“北粮南运”、延伸粮食产业链等方面提供服务的契合点后，将黑龙江作为粮食产业核心发力点，将粮食产业链不断外扩，扩展至全国各地，业务深度上不断向农业发展、民生消费领域延伸，契合粮食产业链的痛点问题，为农业产业发展保驾护航。基于多年深耕粮食产业链的丰富经验，象屿集团总结形成了具有象屿集团特色的“集种肥服务、农业种植、粮食收储、物流运输、原粮供应、粮食加工及农业金融等于一体”的“1133 + X”农业全产业链综合服务体系。以“牢牢把握粮食安全主动权”为“1”个目标；以数字化赋能为依托，建立农业产业级互联网平台的“1”个核心，连接产业链各相关方；落实做深粮食产业“一条链”、做大粮食深加工“一个园”、形成粮食收储运“一张网”为“3”条路径的产业发展战略，促进一、二、三产业交叉融合发展；通过合作模式、服务方式及产品技术的“3”个创新，有效串联粮食全产业链的信息和资源，助推农业产业链发展；匹配“X”重风险防控保障措施，有效管控风险，确保体系运行稳定。

（二）建立农业产业级互联网平台，健全粮食产业服务功能

为解决农户在购买农资时伪劣多、金融渠道少、送粮门槛高、销售信息不畅等行业问题，象屿集团与阿里云携手建设农业产业级互联网平台，通过线上和线下相结合的方式，利用农业产业级互联网平台连通粮食产业链环节，建立粮食种植（前段）、粮食仓点（中段）、粮食流通（后段）3个联盟的大生态，促进业务环节可视化、内部运营管控精细化、数据挖掘分析深度化，推动粮食产业链数字化转型。

1. 平台前段，线上线下合作种粮

为解决种植端农民利益无法保障及农业服务彼此孤立的痛点问题，象屿集团在平台前段聚焦种植端，构建粮食种植产业联盟，连接起经纪人、农资供应商、金融机构、物流商、保险机构、政府等生态方，服务种植户需求，稳定并扩大粮源。象屿集团旗下上市公司厦门象屿作为A股市场最大的玉米收粮规模优势是象屿集团建设粮食种植产业联盟的基础。在线下，参考互联网地面推广手段，象屿集团建立起我国第一支农业互联网平台地推队伍，推广惠及5省、横贯行业、保障种植户增收的高价值订单农业。以象屿渠道经理加服务顾问方式按村驻扎，确保一村一顾问、一镇一经理，直连关键种植户，协助农户线上预约售粮并全程跟踪，为农户售粮提供专属绿色通道。在线上，推出“兴兴象农”App，为农户提供种植订单、金融、农资、收粮预约、运输等各类专业服务，在保障农户利益的同时，积累种植户、种植过程、订单、农资、交易与金融6类关键数据。象屿集团还利用App积累的关键数据向金融机构提供数据服务，开展涉农金融及惠农商城工作，与金融机构共创涉农风控金融模型，提额降率惠及农户。

2. 平台中段，赋能管理提升仓储服务

为解决粮食行业的仓点管理缺乏标准化、与象屿同生态位的小散第三方仓点为农户提供的服务有限、农户利益受损等仓储痛点问题，象屿集团在平台中段聚焦仓储端，打造粮食仓点联盟。从粮食收购、烘干到仓储，用数字化手段赋能第三方仓点，增益代收、代储、代加工、代金融、代物业务的同时

实行标准化管理，保护农户权益。在平台建设上，象屿集团以一流粮食仓储管理体系标准为第三方仓点提供收粮、仓储、加工信息化服务，对于满足象屿物权管理标准的仓点，开展平台上的粮食银行赋能。在平台技术上，象屿通过物联网、云端仓储管理系统、区块链为核心的 WaaS，实现仓储即服务，以数字化手段将关键第三方仓点直连入平台，利用轻资产运营的方式将仓点在全域布局展开。基于平台大量的粮食收购、烘干、仓储数据，象屿集团建立粮食行业标准仓与标准仓单，从而得以在仓储端形成粮食异地调拨、供应链金融等服务能力。

3. 平台后段，助推流通保质保价

为解决粮食企业为满足粮食季节性供给持续性需求自行建仓但仓储规模小、供应链效率低的痛点问题，象屿集团在平台后段聚焦流通端，建立粮食流通产业联盟，利用平台前段、中段的成果，以自有粮为杠杆，利用全国范围的公铁水仓多式联运网络，为粮食企业提供行业内最高效的供应链服务，同时打造供应链金融生态。首先，象屿集团整合自有粮与第三方粮仓，形成交易规模优势，同时发挥其全国公铁水仓联运的流通规模优势，吸引用粮企业，获取用粮企业需求、计划、仓储、物流 4 类关键信息。其次，象屿集团建立农业产业互联网平台并直连用粮企业，畅通用户连接渠道。最后，象屿集团利用前期收集的数据信息，建立供应链网络、计划与运作模型，先对接年度需求优化仓网，而后对接月度需求优化计划，最后按实际日需求优化运作，不断优化第四方物流服务。在上述物流、商流、信息流中，推出供应链金融，为各生态方提供全方位的金融服务，畅通资金流。

（三）贯通产前、产中和产后，做深粮食产业“一条链”

在种植环节，象屿集团整合农业种植粮食资源，打造综合化种植服务平台，提供农村金融、农资商店、农业技术推广、粮食储备库等多项服务，构建全过程、全产业链的配套服务体系。一是利用象屿集团自身服务平台整合上游粮食资源，与种植大户、农业专业合作社直接开展合作，提升源头粮食资源的获取能力，有效锁定周边稳定的粮食资源。二是通过向农户提供成套规模化农机设备，帮助农户实现高效规模化农业生产。三是通过专业技术人员土地科学测量，为农户提供定制化种子、化肥、药剂选型、田间作业农技辅导等科学种植解决方案。四是通过订单种植、下游集采等多渠道订单导入的产销合作模式，帮助农户平滑市场风险，实现价值共赢和农企合作长期发展。

在收储环节，象屿集团已在富锦、北安、绥化、依安、五大连池、嫩江、讷河等粮食主产区建成七大现代化粮食仓储物流中心，通过整合黑龙江东西部区域，建立最为丰富的综合业务集聚区，延展吉林、辽宁、内蒙古外围库点布局，打造以辽宁锦州港、营口港为核心的港口辐射模式，实现了“三省一区两港”的东北区域布局。近两年，先后为福建、广东的地方储备粮进行异地代储服务。

在物流环节，象屿集团利用自身供应链资源优势，立足东北、面向全球建设粮食产业物流配套网络，与全国 15 个主要港口建立陆、铁、海三位一体物流通道，打通国内、国外市场，形成以国内为主、国外为辅的粮食贸易格局，贸易品种覆盖“玉米、水稻、大豆、小麦、高粱、大麦、蛋白粕”等，确保国家粮食急需时调得动、用得上，打造全程可溯源、货权可控的物流服务体系。

在深加工环节，象屿集团已建成富锦、北安、绥化三大深加工产业园区，年玉米深加工能力 335 万吨，拥有亚洲最大单体玉米淀粉加工生产线和世界最大单体苏氨酸、色氨酸生产线。依托象屿农产已形成的粮食供应链能力，在绥化地区投建 7.5 万吨水稻生产线，年产 5 万吨绥粳、五常稻花香高端大米产品，“象稻”品牌响誉业内。

在销售环节，象屿集团在东北三省与大连港、北良港、营口港合作，保障铁路专用粮食槽车直达港口；在南方销区构建长三角、珠三角及长江中上游地区消费市场网络；与海大、通威、双胞胎、新希望、普瑞娜、山东六和等国内前十大饲料厂建立战略合作关系，在大中城市农副产品集散地铺设稳定的销售网络。

（四）做大粮食深加工“一个园”，打造专业化、集约化和规模化产业园

象屿集团依托招商合作和自主研发双管齐下，构建优势产业集群，与入驻企业在产品研发、原料供应、生产运营、物流运输、市场营销等环节链条协同发展，做大粮食深加工“一个园”。一是围绕产业链进行定向招商，引入具有发展潜力的医药、食品、化工等精深加工企业，做大产业规模，集聚关键生产要素，为合作企业提供优质的采、运、销及公辅服务一体化解决方案。二是率先把企业建在主产区、把深加工建在粮堆里，加快自身粮食供应链业务转型升级，建立绥化、富锦、北安玉米深加工产业园，秉持“共享资源、共享优势、共享效益、共同发展”的理念筑巢引凤，建立研发联合体创新模式和合作机制，通过软硬件齐抓来吸引和凝聚高端研发人才，开展行业亟须解决的技术难题和长期重点项目的研究，打造科技、信息等高端服务和要素集聚平台，进一步带动粮食产业由粗放种植向精准生产升级，由初级加工向精深加工升级，由资源消耗型向高效利用型升级。三是充分利用国家及地方的产业扶持政策，重点建立原料供应、热电供应、污水处理、净水供应、仓储物流等配套的外包服务体系，同时减少重复建设，帮助入驻企业节省项目近20%的固定资产投资，缩短建设周期，提高投资回报率。四是积极推进绿色低碳产业园建设，开展绿色供应链管理，建立环境管理、能源管理等体系，将生态设计理念融入产品全生命周期，开展设备节能技术改造，使用节能设备、设施，减少污染物排放等。

在北安产业园区，象屿集团引入变性淀粉及淀粉基生物材料企业。与金谷集团共同出资建设玉米深加工项目，年处理玉米100万吨，主要产品为食用玉米淀粉70万吨、喷浆玉米皮10.16万吨、玉米高蛋白胚芽粕7.5万吨、粗玉米油3.3万吨。依托周边地区非转基因大豆品质优和业内认可度高的特点，推进大豆集散中心项目，加快打造象屿全国最北部“产购储加销”全过程的农产品一体化产业基地。

在富锦产业园区，象屿集团引入下游生物发酵产业。以玉米深加工为核心，联动上下游产业，积极配合富锦市政府推进富锦产业园区建设；联手包括海资生物公司、大连医诺等上下游企业，形成以淀粉及副产品、生物发酵制品、肌醇原料等产品为主导的食品医药生化产业园区。

在绥化产业园区，象屿集团引入下游生物发酵产业及配套产业，建设粮食深加工产业四大中心，包括：以酶法制糖为核心，年产结晶葡萄糖70万吨及28.4万吨发酵用糖的淀粉糖产业中心；以发酵法制氨基酸为核心，年产苏氨酸10万吨、色氨酸1万吨的生物工程中心；以热电联产和污水综合利用为核心的节能环保中心；以年产2000吨支链氨基酸为核心的现代生物技术研发中心，最终形成以现代化生物技术为核心的氨基酸产业集群。

（五）搭建粮食及加工产品供销网络，构建粮食收储运“一张网”

象屿集团通过集港铁路、疏港海运两条运输动脉相互串联，形成辐射，同时配套建设内陆公铁联运大通道，构造轴辐式网络，实现从线到面的“北粮南运”通道布局，保障粮食供应链流通效率，形成粮食收储运“一张网”。

一是强化粮食主产区网络布局。在东北区域，稳定延展吉林、辽宁、内蒙古外围库点布局，同步打造辽宁以锦州港、营口港为核心的港口辐射模式，实现“三省一区两港”的东北地区粮食产业布局；在华北区域，以轻重结合的方式做实区域布局，以供应链业务为切入点，辐射山东、河北并建立依托长江水系的横向通道布局，打造“三省一江”格局；在西北区域，以榆林象道国际物流园为支点，借助中西部物流通道的节点优势，建设以火运站为基点的布局模式，建立西北粮食大通道。

二是打造国际粮食采销体系。在美洲、黑海、中亚及俄罗斯等国家和地区设立经营支点并重点在“一带一路”沿线国家建立关键物流节点，通过自有布局和与海内外物流企业深度合作，强化国内国外从粮食原材料、半成品采购到产（成）品分拨配送之间的全链条流通服务能力，在海外主要粮源国构建收购和物流能力，探索国际粮商发展新格局。其中，象屿集团旗下中欧班列运营公司象屿易联持续聚焦俄罗斯、白俄罗斯及中亚五国，围绕大麦、小麦、玉米、亚麻籽等品种，发挥自备箱优势，为境外上

游原产地粮食出口到境内下游农产品客户提供跨境班列多式联运服务，降低物流成本，提升物流服务效率。

（六）创新合作模式，有效防范风险

1. 构建农业产业联盟模式，实现产业链提质增效

为解决农业分散性、经营主体弱小导致的农业产业化不高和资源浪费、利益分配不均等问题，象屿集团基于多年深耕农业领域的经验，形成一套符合多方共赢的粮食产业链、供应链模式，即象屿“4 + X”农业产业联盟模式，即“政府 + 龙头企业 + 合作社 + 农民 + X（银行、保险公司、期货公司、交易所……）”的模式，以规模经营为依托，在各成员之间及农户之间建立稳定的利益联结机制，促进土地流转、服务带动等多种形式规模经营、协调发展。其中，象屿集团起到打造市场与平台的作用，为专业合作社与家庭农场赋能，提供组织协调、技术服务、金融支持、订单收购等支持。发挥全国农业龙头企业影响力，为县级农业引入国际领先的种业公司、科研院校做支撑，引入金融期货保险做保障，嫁接深加工厂，引领更适于深加工的玉米品种种植。最后，帮助小农户融入农业产业链，以规模经营为依托，联合体各方建立稳定的利益联结机制，促进土地流转、服务带动等多种形式规模经营、协调发展，提高产品质量和附加值，实现全产业链增值增效。

2. 深入推进农产品技术创新，实现初加工到生物经济升级

一是成立玉米深加工研发中心，实现技术、研发、创新的系统化管理和体系化运营，产品既有淀粉、玉米蛋白粉、喷浆玉米皮等玉米初加工产品，还有结晶糖等玉米深加工产品，更有苏氨酸、色氨酸、缬氨酸等经过生物发酵技术产生的高端发酵产品，形成了完整的玉米深加工全产业链条。这些产品广泛应用于制糖、造纸、纺织、食品、医药、啤酒发酵、饲料等行业，销售网络遍布全国并已出口到欧洲、东南亚等国家和地区。二是建立合成生物学工程化平台、检测分析平台、功能饲料开发平台、多尺度发酵工艺开发平台、生物技术转化平台等5个功能性技术平台，实现氨基酸产品从菌种改造到生产放大的研究体系闭环，搭建起生产过程中副产物增值产品技术开发体系，从玉米初加工到深加工再到生物经济的“三级跳”。其中，象屿集团研发的世界首个环境友好型缬氨酸产品，在生产过程中可有效降低能源消耗，实现产品在生产过程中生产综合能耗下降39%、产品收率提升20%、环保废水下降97%、资源综合利用率提升50%，有效实现节能减排，也将为客户和行业带来更加绿色、安全、经济、优质的产品，帮助客户提升品质、降低成本，有效降低整个产业链的碳排放。

3. 开发保障农户权益的售粮服务

为帮助农民解决粮食烘干与储存困难等问题，象屿集团开展“粮食银行”模式，为农业产业链各环节主体提供“代收、代储、代烘干 + 资金”的业务。农户委托象屿集团开展代收入库、代保管及代烘干的“三代”业务，存入“粮食银行”的粮食，粮权仍为农户所有并可通过粮食质押获得资金支持，凭借象屿集团开具的标准仓单/非标准仓单，在规定的质押率范围内将货物质押给金融机构进行借款，约定期限内与象屿集团达成购销意向销售给象屿集团或结清相关费用赎回货物，解决农民“筹资难、保管难、卖粮难”问题。除此之外，为保障农户收益，象屿集团提出“二次点价”服务，这是针对农场或合作社创新的一种让利于民的收粮新举措。“二次点价”指在收粮结算方面，确保农户获得卖粮当日基准价格收益的前提下，提供“二次点价”结算的选择权，让农户享受价格上涨利润。这种点价方式使农户不用顾虑粮食实时价格，可及时将田间收获的粮食运到象屿集团，避免出现农户不能科学储粮导致粮食质量下降，也可以挤去中间环节消耗，让农户直接获利，提前锁定利润。

4. 形成“风险防控组合拳”

模式风险、渠道风险、商品价格风险、客商资信风险等都是供应链企业普遍存在的风险。象屿集团始终秉持风控意识、底线思维，将风险管理作为核心生产力，通过防控资信风险、价格风险、

货权风险等，从客户、商品、管理等角度形成“风险防控组合拳”，有效保障粮食产业链的稳定运行。

在管治方面，象屿集团设置以粮食产业链服务业务部门、总部风控部门、总部稽核部门形成的3道风险管理防线，从保障客户优质、商品聚焦及结构均衡等角度，开展风险防控工作。在业务模式风险防控方面，在粮食产业供应链源头严格规避上下家关联、循环贸易、无货物流动、整进整出等高风险业务，减少风险点暴露。在客商资信风险防控方面，持续开发企业客户，严格执行准入和动态跟踪机制。在价格波动风险防控方面，根据客户需求动态调整现货头寸，通过动态保证金、灵活结算方式、科学运用金融工具等方式对冲，减少价格风险。在货权管控风险防控方面，完善“自有+合作”物流体系，匹配相应的制约、查验、提货机制，牢牢掌控货权。

三、服务国家粮食安全的数字化农业全产业链综合服务体系建设效果

（一）促进了象屿集团农业产业链业务快速发展

近年来，象屿集团实现了农业产业链服务板块利润、资产及行业影响力的大幅提升。2021年，象屿集团粮食供应链经营货量1334万吨。目前，象屿集团农业产业链板块累计实现营业收入超过1750.95亿元，毛利150.24亿元。在仓储方面，象屿集团拥有七大现代化仓储物流中心，总仓储能力超过1500万吨，日烘干能力超过12万吨。在北方港口拥有100万吨粮食仓容，在南方港口拥有45万吨粮食仓容，与港口合作，开辟铁路入港通道。在物流方面，北方港口中转通货能力超过1000万吨，南方港口中转通货能力超过800万吨，充分利用公铁水多式联运体系网络，铁路专用线年发运能力达60万吨，累计完成粮食国储出库量1350万吨。在深加工方面，年玉米深加工能力335万吨，年产品量超过335万吨。拥有强大的研发能力，拥有亚洲最大单体玉米淀粉加工生产线和世界最大单体苏氨酸、色氨酸生产线。深加工产品位于全国前列，其中商品淀粉、结晶糖、苏氨酸、色氨酸市场占有率位居国内行业前三。

（二）实现了农业多方共赢

象屿集团坚持“计利天下、相与有成”的发展理念，数字化农业全产业链综合服务体系的发展实现了“农民增收、地方增税、行业增色”的多方共赢。为农户提供了公平可靠高效的售粮服务，被央视《新闻联播》等多次关注报道，一站式解决了农户“筹资难”“保管难”“卖粮难”等问题，推广的“二次点价、选择结算”模式，在确保基准底价的前提下，让农民能够享受价格上涨红利，叠加运费、种植等补贴，覆盖农户达5000户，直接帮助农民增收超过5000万元。累计为当地直接缴税超过27.51亿元，利税总额46.25亿元，带动就业超过4300人。自2015年率先大规模投资深加工以来，带动了深加工企业落地黑龙江，5年来新增近1500万吨产能，有效发挥了示范效应和乘数效应。象屿集团打造的农业产业级互联网平台是我国第一个农业领域产互平台，是农业领域的第一次创新，成为农业行业数智化转型的先行军、领头羊，推动了农业行业数智化转型，富锦、绥化、北安3家粮食深加工工厂在2022年均通过绿色制造体系认定，荣获国家级“绿色工厂”“绿色供应链管理企业”两项认证。

（三）保障了国家粮食安全

象屿集团在种植、收购、销售各端协调各方资源，形成农业全产业链生态圈，保障国家粮食生产和农民种粮收益，为筑牢国家粮食安全“压舱石”贡献力量。年均保管国储粮超过400万吨，高峰期超过1300万吨，涵盖玉米、水稻、大豆等多个品种，在历次国储粮检查中均高于标准顺利通过，确保存得好、调得动、用得上。

（成果创造人：张水利、邓启东、方弘哲、邵滥默、许振龙、吴　捷）

电网企业以高质量发展为目标的海外业务再投资并购项目管理

国网国际发展有限公司

国网国际发展有限公司（以下简称国网国际）是国家电网有限公司（以下简称国网公司）境外能源电力资产投资运营平台。按照“五突出一标杆”的工作要求，国网国际积极推动“一体四翼”的发展布局落地、落实，市场开拓不断取得新突破，已成功投资运营菲律宾、巴西、葡萄牙、澳大利亚、意大利、希腊、阿曼、智利等9个国家和地区的12个骨干能源网项目，资产分布在四大洲的9个国家和地区，资产规模超过3000亿元，资产类型以受监管的输电、配电资产为主，形成地域多元、监管政策稳定、业务风险可控、投资收益稳健的能源电力基础设施投资组合。在巴西，国网国际为里约热内卢、圣保罗、巴西利亚等15个州提供优质输配电服务，获得巴西政府、媒体和社会的高度评价。控股的巴西CPFL公司和全资的国网巴西控股公司均获得高于巴西国家主权信用评级。CPFL公司连续3年荣获“巴西杰出雇主”认证，先后荣获巴西最佳配电企业、最佳客户服务奖、年度可持续发展奖等重要奖项，“CPFL在医院”项目入选联合国可持续发展目标优秀案例。国网巴西控股公司多次获评巴西电力行业最佳企业，巴西美丽山特高压输电二期项目荣获第六届中国工业大奖，为首个获得该奖项的中国企业海外项目。

一、电网企业以高质量发展为目标的海外业务再投资并购项目管理背景

（一）共建“一带一路”，高质量发展带来新契机

“一带一路”从无到有、由点及面，务实合作不断推进，为中国企业“走出去”营造了良好的国际环境。全球能源经济低碳转型不断加快，也为能源电力行业国际业务带来新的发展机遇。中国经济从高速增长转向高质量发展阶段，呈现稳中向好、长期向好的态势，更为企业“走出去”提供了坚强后盾。中国国有企业尤其是能源企业，要深入贯彻“四个革命、一个合作”的能源安全新战略。国网公司作为关系国计民生的特大型国有重点骨干企业和“一带一路”建设的排头兵，要践行好中央企业“六个力量”，发挥好构建“双循环”新发展格局和推动“一带一路”建设等国家重大战略的骨干作用，把握好重大战略机遇期，当好“主力军”和“领头羊”，奋力开拓国际市场，以国际业务高质量发展助力重塑我国国际合作和竞争新优势。

（二）中国企业海外并购管理亟待新模式

纵观全球局势，外部政治经济形势复杂多变，经济全球化受到一定影响，多国对中资企业投资设置壁垒，开展直接海外并购面临较大不确定性，对中国企业“走出去”提出更高要求。国内政策环境方面，国家相关部委对国际业务投资管理、风险管控、资金管控、境外国有资产管理等出台一系列规定，明确要求加强国际业务集团管控和提级管理，对国际化发展和国际业务规范操作提出新的更高的要求。面对不断变化的新挑战，需要高度重视，采取措施积极应对。一直以来，国网公司的境外投资项目稳健运营，全部盈利。面对机遇与挑战并存的复杂严峻外部形势，既要坚持底线思维防范风险，又要兼顾经营效益保持发展态势。在国网公司党组的坚强领导下，国网国际认真分析内外部形势，着力探索新的着力点，统筹发展和安全，于变局中开新局，发掘出“借船出海”这一破解直接海外并购难题的“金钥匙”。通过海外控股企业利用自身优势进行再投资，能够有效规避东道国审查壁垒、合理利用监管政策、降低舆论压力、扩大资产规模，实现在当地的高质量可持续发展。

（三）丰富的海外拓展经验积累奠定坚实基础

国网公司始终积极服务和参与“一带一路”建设，将国际业务作为“一体四翼”发展布局的重要组成部分，提出“五突出一标杆”的国际化发展战略思路，建立完备的国际化发展体系。经过多年国际化发展，积累了雄厚的发展基础，拥有技术、规模、产业链、管理、人才等优势，对境外控股公司的管控有所加强，在国际竞争中具有强大综合优势和核心竞争力。国网国际自2008年成立以来，统筹利用国内国际两种资源，借助国网公司的技术、管理、人才、资信、品牌等综合优势稳健发展，境外资产分布在四大洲的9个国家和地区，资产规模超过3000亿元，所有项目全部盈利，形成地域多元、监管政策稳定、业务风险可控、投资收益稳健的能源电力基础设施投资组合。国际业务重点聚焦在熟悉和擅长的领域，积累了丰富的境外投资运营经验和国际化经营能力，培养锻炼出一支政治过硬、具有全球视野、通晓国际规则、拥有跨文化沟通能力的涵盖金融、法律、商务、多语种等方面的国际化人才队伍，员工共取得项目管理、工程管理、法律职业资格、注册会计师、特许金融分析师等各类资格证书129个，为公司国际化发展提供坚实的人才保障，有能力充分发挥“大国重器”和“顶梁柱”作用，服务国家大局，推动共建“一带一路”高质量发展。在国网国际运营下，CPFL公司资产规模、营业收入和利润逐年上升，通过投资并购优质存量资产形成滚动发展的能力逐步增强。面对自身收入增长的不确定性，CPFL公司扩大投资规模的意愿、能力和信心不断增强，成为国网国际实施“借船出海”战略的理想平台。

二、电网企业以高质量发展为目标的海外业务再投资并购项目管理主要做法

（一）主动适应形势变化，科学制订“借船出海”战略框架

“借船出海”战略，即大型能源电力企业以控制运营的境外实体公司为投资主体，充分利用当地公司的经营积累、发展能力、人才优势，开展能源电力资产再投资并购项目，实现高质量发展的国际业务战略。在当前国际投资形势日益复杂的外部环境下，我国大型能源电力企业直接开展海外投资面临高度不确定性，“借船出海”成为实现国际业务高质量可持续发展的重要途径。国网国际作为国网公司境外能源电力资产投资和运营平台，依托国网公司强大的综合实力开拓国际市场，投资运营境外12个大型骨干能源网项目，实施“借船出海”战略具备坚实的基础。国网国际凭借丰富的海外市场开拓和境外资产运营经验，深入研究以境外实体公司为主体开展投资并购所需的资源和条件，逐步形成国网公司“借船出海”战略框架。国网国际不断推动“借船出海”战略落地实施，取得丰硕的成果。2021年，国网国际控制运营的巴西CPFL公司成功收购巴西CEEE－T公司，实现了资产规模和经营实力的大幅提升，促进了国有资产保值增值，为我国企业实施“借船出海”战略提供一个成功案例。

（二）打造海外旗舰企业，着力构建“借船出海”投资平台

实施“借船出海”战略，不但需要我国企业在境外拥有实力雄厚的当地投资平台作为实施主体，而且需要一支精通当地商业规则、善于资本运作的海外一线团队。面对宝贵的投资并购机会，境内外企业需要具备强大的海外并购项目执行能力和风险防控能力，同时还要处理好和当地利益相关方，特别是和小股东的关系，对于企业国际化经营能力具有较高的要求。因此，如何培育打造实施“借船出海”战略的境外投资主体，是国网国际首先要解决的难题。巴西CPFL公司是巴西知名上市公司，拥有百年历史，是一家拥有发电、输电、配电和市场交易等业务的综合能源企业。国网国际于2017年收购并控股运营该公司，随后即开展要约收购、资产整合、再上市融资等一系列资本运作，使其成为国网国际控股83.71%的巴西能源电力上市公司。

国网国际选择CPFL公司作为实施“借船出海”战略的境外投资主体，主要开展以下工作。一是着力提升CPFL公司发展实力。入股CPFL公司后，国网国际把国网公司电网建设运营的先进管理经验引入CPFL公司，努力推动CPFL公司管理提升，提质增效。在国网国际的精心运营下，CPFL公司资产规

模、营业收入和利润贡献逐年上升，形成丰厚的经营积累，经营实力不断壮大。二是大力培养海外管理团队。国网国际在CPFL公司关键岗位派驻中方管理人员，与巴西当地人员共同参与CPFL公司实际运营，逐步形成一支精通业务管理、善于资本运作、富有进取精神的优秀海外管理团队，为CPFL这个百年老店注入新的活力。三是精心制订公司发展战略。国网国际和CPFL公司共同制订战略规划，以"提升企业价值"为首要任务，设立了中长期发展目标。战略规划中明确将实施投资并购作为CPFL公司实现发展目标的重要手段，赋予企业增长基因。四是积极争取小股东支持。CPFL公司严格按照上市公司标准建立完备的公司治理体系，在董事会中引入当地政治界、企业界知名人士担任独立董事代表小股东参与公司决策，通过股东会、战略沟通会等形式向小股东宣贯公司战略，使其认可中国国有企业对CPFL公司的管理模式，为开展投资并购项目争得小股东支持。在股东的支持和引导下，CPFL公司通过并购投资扩张的意愿和能力逐步增强，逐步成为实施"借船出海"战略的理想投资平台。

（三）精选投资并购机会，突出竞争优势锁定并购目标

作为长期从事境外能源电力资产投资并购的成熟企业，国网国际深知只有选对收购目标，境外并购项目才有可能取得成功。在"借船出海"战略实施初期，国网国际和CPFL公司投入大量的时间和精力遴选潜在投资标的并制订项目选择原则：一是投资标的必须具有优良的资产质量，能够获取稳定的投资回报；二是项目规模应与CPFL公司当前的并购能力相匹配；三是卖方出售意愿强，交易具有较大的确定性；四是项目应与CPFL公司具有协同效应，保证CPFL公司较强的竞争优势。按照上述原则，CPFL公司先后跟踪分析16个潜在投资项目，反复比选、优中选优，逐一排除不符合标准的投资项目，最终将收购标的锁定在CEEE－T公司。CEEE－T公司80%以上的资产位于CPFL公司下属南大河州配电公司区域内，13处主要检修基地中有10处与CPFL公司的检修基地相邻，与CPFL公司的运维协同效应非常显著。CPFL公司本身在南大河州有部分在建输电资产，建成后将全部并入CEEE－T公司的输电网络进行统一管理，可大量减少并网协调成本。输电业务与CPFL公司现有的清洁能源发电和配电资产可形成业务互补，能够对冲政策和气候变化对企业经营的影响，提升CPFL公司的抗风险能力。综合以上因素来看，CEEE－T项目对于促进CPFL公司发展具有重要的意义，被确定为重点推进的优质项目。

（四）依托海外专业团队，合理运用规则，科学参与竞标

2020年3月，CEEE－T项目正式启动。项目以公开竞标方式开展，市场对该项目高度关注，包括葡萄牙电力集团（EDP）、巴西大型电力企业Energisa公司、MEZ公司在内的多个国际和巴西当地投资者积极参与，投入了大量的资源开展竞标准备工作，竞争形势十分激烈。CPFL公司需要在短时间内全面掌握目标公司资产情况，精准评估资产价值，吃透竞标规则并制订竞标策略，面临极大的挑战。

为保证竞标工作顺利开展，国网国际和CPFL公司开展全面细致的准备工作。一是前后方协同作战。国网国际和CPFL公司共同组建了包括项目管理、法律、融资等专业的工作团队，建立前后方团队高效协同的工作机制，为项目成功提供了组织和人才保障。二是全面开展尽职调查。设立项目投标领导小组和投标工作组，全面组织中巴团队开展各项工作。前后方采用双平台联合作战、中葡双语开展工作，对目标公司开展财务、法律、税务、运营等专业尽职调查。三是精细估值，分析研判。为确保估值精度，项目团队向卖方提出1000多项问题，形成外文报告近100万字、中文报告15万字。最后阶段，项目团队连续工作48小时，对尽职调查揭示的风险及对估值的影响深入分析，提出专业建议，有效控制了风险。四是严格审批，充分授权。国网国际严格高效履行国网公司海外并购审批流程，在获得国网公司党组的决策同意后，充分授权前方团队在保证合理资产回报的前提下制订报价策略。

合理利用竞标规则是CPFL公司在激烈竞争中获胜的法宝。根据竞标文件，本次私有化招标共分为两轮。首轮竞标将采用一轮竞价的方式，前三名进入下一轮。第二轮则是采用现场竞价的方式，最终价高者得。CPFL公司竞标团队对竞标规则进行深入解读，结合自身的竞争实力和尽职调查过程中对主要

竞争对手出价的判断，在竞标前进行多轮推演，制订了科学的竞标策略。第一轮采用首轮高价策略。该策略一是确保CPFL公司能够成功晋级第二轮，二是向竞争对手展示CPFL公司势在必得的决心，增加竞争对手的心理压力。CPFL公司顺利晋级第二轮，与另外两家公司进入现场竞价阶段。第二轮采用快速小幅加价策略。现场竞价很快进入白热化。CPFL公司现场竞标人员沉着应对，按照既定竞标策略，对手每轮出价后毫不犹豫以仅高于对手1000万雷亚尔的价格出价，给对手造成巨大的心理压力。经过几轮激烈的争夺，所有竞争对手全部放弃竞标，CPFL公司中标价格仅高出第二名0.37%，以较小的代价赢得竞标。

海外员工在时间短、任务重、挑战多的条件下，全面完成项目尽职调查、投资评估、财务分析、法律咨询等工作，充分利用商业规则，完成竞标工作，确保各项并购工作“零差错”和“零失误”，前后方员工的精益工作作风和顽强拼搏精神彰显了国网公司负责任的企业形象。

（五）利用资本市场规则，最小成本完成强制要约收购

竞标成功后，CPFL公司完成CEEE－T公司66.08%股权的交割，将其并入CPFL公司统一管理。根据巴西公司法规定，一旦上市公司控制权发生转移，新的控股股东将有义务对其他股东持有的股份进行强制要约收购（MTO），收购价格最低可以是前期收购控制权价格的80%。如果能够以八折价格收购尽可能多的市场流通股，将摊薄CPFL公司的收购成本，从而提升投资效益。但是，如何使小股东接受较低的收购价格，成为CPFL公司必须解决的问题。为确保要约收购成功，CPFL公司一是组织相关部门和外部顾问制订了小股东沟通计划，确保小股东都能收到要约收购通知并向小股东充分解释说明本次股票出售机会；二是抓住巴西政府推动私有化的时间窗口，促使巴西电力公司、南大河州阿雷格里市政府等国有股东出售股份，形成示范效应。最终，要约收购成交率高达剩余流通股的97.8%。至此，CPFL公司持股比例由66.08%上升到99.26%，接近全资持有CEEE－T公司的股权。新增持的33.18%的股份收购价格为前期竞标获得的66.08%股份价格的八折，使两阶段收购资金节省超过8亿雷亚尔，项目整体的投资回报水平提高了将近1个百分点，超过12%。要约收购的成功为CEEE－T公司与CPFL公司资产整合运营并实现协同效应奠定坚实的基础。

（六）利用国际金融市场，灵活运作“境外融资、境外投资”

融资是企业的核心竞争力之一，在境外投资并购中发挥着筹措交割资金、提高投资回报、防范经营风险的重要作用，是投资并购成功与否的关键因素。CPFL公司作为一家能源电力资产运营公司，在面对较大体量的投资并购项目时，必须获得母公司的专业支持。国网国际为了帮助CPFL公司提升融资能力，主要开展了以下几项工作。一是发挥集团资信优势。国网国际拥有A+中国国家主权级评级，在并购CPFL公司后管理提升成效显著，带动CPFL公司巴西当地信用评级从AA提升至AAA，国际信用评级超过巴西主权信用评级，切实增强CPFL公司融资能力，有效降低融资成本，提高投标竞争力。二是多元拓展融资渠道。通过公开发行等方式，国网国际帮助CPFL公司建立了股权融资和债权融资相结合的资本结构，使CPFL公司深受国内外投资者和金融机构青睐，通过商业贷款、政策性贷款、债券发行、股票发行等多样化融资渠道，争取最优资金。三是坚持稳健融资策略。巴西雷亚尔汇率波动较大，如采用美元或欧元等外币融资，利率固然相对较低，但面临汇率风险。在国网国际指导下，CPFL公司坚持“风险中性”理念，采用自然对冲策略，针对巴西当地投资全部采用雷亚尔当地币融资，有效规避了汇率风险，确保投资收益的稳定性。收购CEEE－T项目，CPFL公司充分利用自身经营积累和金融市场资金来源，交割资金全部通过自有资金及当地雷亚尔融资解决，不需国网国际境内出资或担保，开创“境外融资、境外投资”新的资本运作模式，实现自我滚动良性循环和健康可持续发展。

（七）预先谋划周密准备，发挥双方协同作用，百日完成整合

接管整合是境外投资并购项目最为艰难的环节。如何将CEEE－T公司的企业文化、发展战略、管

理机制、运营理念、绩效考核等方面与 CPFL 公司无缝整合，是必须解决的问题。国网国际对于实施境外并购项目的接管整合具有丰富的经验，在并购之初，国网国际和 CPFL 公司就预先制订接管计划，确保接管工作顺利开展和过渡期内平稳运营。一是完成治理架构重置，规范日常管理。资产交割当日即完成股东大会、董事会和高管会人员更替，修订公司章程，选举产生新一届董事和高管成员，梳理重建重大制度和授权体系，建立健全企业法人治理的各个环节。二是优化队伍建设，深挖效益协同。精简职能部门岗位，稳步推进运维队伍优化整合。优化薪酬福利，签署新集体劳动协议，贯彻落实 CPFL 公司人力资源制度体系，节约人工成本约6150 万雷亚尔，降幅29.6%，较商业计划节约1200 万雷亚尔。三是加强财务协同，消除潜在风险。有序推进财务整合和统一管控，梳理财税制度及审批事项，改进保险方案，加强债务和融资管理。重塑采购流程，开展重点合同协同分析，预计每年节约成本约 930 万雷亚尔，及时叫停多项高风险采购合同，保护公司资产约 3500 万雷亚尔。四是发挥主业优势，提升精益化运维水平。评估电网结构和资产现状，制订核心资产专项运维计划，消除线路重要缺陷，制订综合管理提升计划，实现资产运营的综合管理提升。

三、电网企业以高质量发展为目标的海外业务再投资并购项目管理效果

（一）创立“借船出海”并购新模式，实现国际业务可持续发展

依托国网公司的优势，国网国际充分发挥境外所属公司平台作用，通过支持境外企业在当地和国际市场挖掘优质项目，扩大资产规模，获得稳定回报，打造了“借船出海”间接投资的并购新模式。本项目“以境外控股企业为投资主体，以价值创造为核心”，精准把握监管政策和市场规则，依靠国外成熟资本市场低成本融资，不需国网公司出资，形成“境外融资，境外投资”的滚动发展模式，海外业务获取了稳定收益，实现了良性循环，为后续可持续滚动发展和资本高质量增长打造了样板。

本项目是国网国际和 CPFL 公司运用“硬实力 + 软实力”取得的成功案例，形成了“全力依靠海外专业团队，充分利用当地规则”的并购工作模式。海外员工组成的专业团队精诚合作，在时间短、任务重、挑战多的条件下，历时120 天，全面深入尽职调查、精细评估资产价值、精准判断竞争态势、制订科学的竞标策略、合理运用竞标规则，确保了各项工作“零差错”“零失误”，从投资、交割到接管、运营实现无缝衔接。前后方员工的精益工作作风和顽强拼搏精神，彰显了国网公司负责任的企业形象。

（二）防范风险提升效益贡献，确保境外国有资产保值增值

成功收购 CEEE－T 输电资产后，CPFL 公司实现其百年发展历程中的历史性突破，进一步巩固其在当地电力行业的领先地位，业务正式涵盖了电力全产业链，输电资产形成规模，与发电、配电业务协同潜力巨大。在 CEEE－T 资产区域内的在建绿地项目建成后，CPFL 公司可全部通过自有资产并网，大大减少并网协调成本。成规模的发、输、配和电力交易业务，将有效对冲政策变化、气候变化等对经营的影响，大幅提升抗风险能力。

本项目并购价格比授权价低约10% 以上，大幅降低了经营期融资成本，而且实现“100 天完成接管整合，当年并购当年盈利”，成功将 CEEE－T 公司的企业战略、企业文化、管理机制、高管绩效考核等并轨，纳入 CPFL 公司管理体系，快速提高运营效率，后续每年可实现净利润 5 亿元以上，预计未来21 年净利润贡献超过 100 亿元，有力地支撑了 CPFL 公司长期稳定发展，为持续提升国际业务对国网公司的利润贡献、确保境外国有资产保值增值奠定坚实基础。

（三）服务构建新发展格局，助力“一带一路”高质量发展

巴西是首个同中国建立全面战略伙伴关系的拉美国家，中巴同为金砖五国的重要成员。本项目进一步加深了两国在能源领域的合作，夯实金砖国家之间的战略协作关系，为未来新的产业合作铺垫道路，同时也为区域能源安全供应增添稳定的力量。CEEE－T 项目资产位于巴西经济排名第四的南大河州，其电网已与乌拉圭、阿根廷互联，具有较高的地缘战略价值。借助于国网公司的大电网运营管理经验和

CPFL 公司在巴西 100 多年的经营积累，并购后的 CEEE－T 资产管理水平和运营效率大幅提升，树立了当地输电公司的标杆，推动了东道国电力行业的发展，实现了中巴互利双赢、共同发展。积极履行企业社会责任，积极投身文化、教育、体育、医疗、扶贫等社会责任和公益项目，造福当地民众，促进民心相通，成为服务当地经济社会发展、服务民生的典范。进一步带动国内装备制造和技术标准“走出去”，助力打造全方位的国际产能合作模式。

项目的成功经验，具有一定的可复制性和可推广性，对于中国企业在新的国际形势下，开展国际化经营、有效防控境外投资风险、谋划国际市场开拓和稳健运营、实现国有资本保值增值具有较强的借鉴意义，为中国企业多种路径“走出去”提供了“国网方案”。

（成果创造人：胡玉海、文　博、何云鹏、潘月辉、刘彦丽、李乐泉、黄富涛、孟仲伟、韩明芷、张　力、张凯航）

轨道交通装备企业提供系统解决方案的海外总包项目管理

中车株洲电力机车有限公司

中车株洲电力机车有限公司（以下简称株机公司）是中国中车股份有限公司（以下简称中车）旗下核心子公司，资产总额266亿元。经过80多年的发展，株机公司成功实现了从工厂制造模式向拥有20余家子公司、6家海内外生产基地的集团化管理模式转变。产品结构从单一产品发展为以电力机车、城轨车辆、城际动车组为支柱，具备有轨电车、中低速磁浮、跨座式单轨、齿轨车等全系列轨道交通产品谱系。

一、轨道交通装备企业提供系统解决方案的海外总包项目管理背景

（一）落实中国高端装备代表作“走出去”国家战略的使命与责任

株机公司乃至中车集团在“十三五”期间虽然积极实施海外市场拓展和跨国经营方面的探索实践，但受国内外政治经济环境影响，公司面临国际化业务发展与目标差距较大、新业务模式拓展进展滞后、国际化经营指数不高、资源配置能力不强等诸多问题，亟待加强外部市场拓展的力度，提升海外市场占比和国际化经营能力。轨道交通建设是高质量共建“一带一路”最重要的可视性民生工程。株机公司作为中国装备“走出去”的先锋企业，开展轨道交通总包项目模式国际化探索与实践，对促进轨道交通技术服务“走出去”和深化国际产能合作、实现中国与相关国家共赢发展具有重要现实意义。

（二）应对全球轨道交通市场竞争复杂变化的必然选择

近年来，经济全球化遭遇逆流，贸易保护主义有增无减，全球轨道交通装备行业竞争日趋激烈，产业集中度不断提高，株机公司国际产品订单体量较小且形式单一。从市场角度来看，国际工程市场总体承受压力，现汇及融资项目减少，项目业主资金不足、金融市场避险情绪浓厚、基础设施拉动经济复苏需求迫切。株机公司需通过开展总包项目实践，逐步建立一种兼顾轨道交通技术、项目资金、成本更节约、效率质量更高、风险可控，以及响应国别政策差异等需求的综合性商业模式，从而进一步提高国际轨道交通市场系统方案解决能力，在国际市场复杂变化中形成差异化竞争优势。

（三）企业实现高质量发展的实际需要

结合中车部署，株机公司提出“十四五”末国内国际两个市场业务形态实现“三个大体相当”，“国内收入和海外收入大体相当”“产品新造体量和维保检修、机电总包及其他新产业体量总和大体相当”“欧洲市场规模和海外其他区域规模大体相当”。目前，公司在车辆和产业链方面优势明显，但以车辆为中心的“车地一体化”机电集成系统解决方案管理模式不成熟、缺乏海外经验，技术方案以整年新造为主，初步探索构建了维保技术体系，修程、修制未成体系，实现状态修任重道远，产品数字化、智能化的研究应用及产业数字化和数据资产化进程缓慢，产业布局零散，以输出车辆产品为主，风险管控能力不足，从而制约了企业进一步寻求市场增量、实现高质量发展的整体要求。

二、轨道交通装备企业提供系统解决方案的海外总包项目管理主要做法

（一）从国际化战略出发，明确海外总包业务定位

株机公司基于企业经营发展目标，围绕国际化经营核心理念，打造基于数字化、智能化支撑下的设计、施工、运营、融资、全寿命周期服务在内的一体化系统解决方案，聚焦“三点两线一核心”，锻造五大核心能力，构建三大保障体系，实现由产品输出到提供“产品＋服务”再到提供系统总包解决方案的逐步升级，提升国际化经营核心竞争力。在近20年的国际化征程中，株机公司逐渐提炼、固化了

国际化经营的核心理念体系：秉承“三零三好”的服务理念，零缺陷质量好、零投诉服务好、零距离感情好；担当走出去“四种角色”，文化传译者、人才孵化器、产业推进器、社区好邻居；践行“五本经营”理念，本地化制造、本地化采购、本地化服务、本地化用工、本地化营销。

1. 深入研究海外总包市场形势

株机公司作为轨道交通装备供应为主的整车制造企业，从企业长远发展角度推进海外轨道交通总包业务模式，通过精准识别国际轨道交通产业环境与发展机遇，准确把握全球产业链的竞争态势和特点，细致开展国内外竞争对手能力对标，重新开展企业总包业务模式核心价值定位。根据国际铁路联盟（UIC）2020年针对全球57个国家铁路规划的梳理分析，2040年前全球铁路需求将有12万~15万千米，投资规划达万亿美元，市场潜力巨大。同时，据不完全统计，全球50余个开通地铁的重要城市（中国以外）里，包括纽约、伦敦、东京、悉尼、墨西哥城等在内已开通的9200余千米的地铁线中，有2800余千米地铁线路运营时间已达50年，其中有相当一部分线路需要从信号、通信、线路、车辆等全系统进行现代化改造和升级。

2. 明确海外总包业务实施方案

结合市场形势与模式特点，株机公司瞄准轨道交通现代化改造方向，通过与内部单位、产业链上下游、政府和客户的有效联动，构建“三个联动”的市场模式，组建联合体，寻找目标市场，做好市场策划，推荐相适应的总包方案。一是面向有资金、有技术、有经验、人工成本高的客户，推荐基于车辆长寿命周期成本降低的车辆及维保检修系统解决方案，以用户需求为基础，形成全寿命周期车辆维保检修体系。二是面向有技术、资金相对紧张、人工成本中等的客户，推荐基于智能化、集成化的智慧城轨建设机电设备一体化系统解决方案，通过“车辆+机电”捆绑招标、提供融资服务的模式，实现业务增量。三是面向不差钱、不差技术且勇于创新的客户，推荐车辆段一体化建设的系统解决方案，涵盖车辆段设计、资源配置、机电设备采购与安装等，通过创新服务费结算模式，按车里程服务费提供全生命周期的产品和服务。四是面向轨道交通建设茫然、经济条件较差但追求高大上的客户，以中低运量旅游轨道交通项目为依托，推荐“投、建、营”一体化的项目工程总包方案，策划组建联合体，集结产业链资源，承接项目总包。

（二）从车辆核心出发，构建“一体化”系统解决方案

1. 深入推进国际化“五本经营”一体化经营模式

针对不同国家关于本地化配套的政策要求，结合公司持续稳定经营的发展需要，株机公司有针对性地创新开展“五本经营”。以墨西哥城地铁一号线总包项目本地化率35%的要求为例，公司在本地化制造方面，采用轻资产方式在墨西哥工业新城克雷塔罗租赁厂房2万平方米，目前已实现首列车本地组装和调试；在本地化维保方面，由墨西哥子公司承接项目维保，搭建机制，配置资源；在本地化用工和管理方面，从公司选聘拥有海外项目经验、专业基础扎实的骨干员工派驻墨西哥；针对信号、通信、轨道、西班牙语及总包管理等专业人员短缺问题，协同人资部拓宽招聘渠道，通过猎头公司、内外部推荐等方式引进11名专业人员，本地招聘总包技术、施工、法律等专业人员30余名；考虑总包系统集成、需求管理、联调联试等经验不足，聘请欧洲领先的专业工程管理公司支撑项目执行、派员加入团队，实现高端人才为我所用，实现本地化管理；在本地化采购方面，借助墨西哥自由贸易区域优势，实施在墨西哥开展国际采购、本地供货模式，其中橡胶轮胎本地采购较国内降低成本2000多万元；本地化服务方面，灵活应对10列车辆原供应商CAF在技术和供应链方面的封锁，发挥技术优势与经验优势，车辆运营指标远高于业主自主维保时期。本地化营销方面，深入调研墨西哥乃至拉美区域轨道交通发展规划与市场特点，积极与墨西哥城市政府、地铁局、周边城市、中国驻墨使馆等交流互动，2022年陆续获得墨西哥市场轨道交通整车、服务等项目订单。

2. 构建“车地一体化”系统解决方案

2020年，株机公司联合中车香港公司成功中标墨西哥城地铁一号线列车采购及线路升级项目（简称墨西哥总包项目），为墨西哥城提供车辆、信号系统和轨道施工及维保服务，是中车第一个海外总包项目，涉及车辆、通信、信号、线路、机电等方面，还兼有融资。

（三）从项目实践出发，锻造海外总包项目“五种能力”

1. 坚持技术创新，逐步培养核心专业技术能力

一是持续开展产品技术原始创新。不断加强地铁、轻轨、磁浮、单轨、齿轨、有轨电车及无人驾驶技术等轨道交通新产品、新技术的创新力度与实践总结，从气候地理适应性、环保安全要求、成本经济性等角度，建立多样化技术方案的提供能力。二是全面提升全寿命周期服务能力。结合总包项目要求与公司轨道交通“造修一体化”优势，充分发挥公司轨道交通海外维保经验与维保技术实力，系统考虑项目全寿命周期的设计、制造、维保要求，积极引入智能运维与数字化辅助维护平台，提高轨道交通全系统RAMS管理水平。三是逐步提升总包模式集成技术能力。依托公司在轨道交通装备领域的技术影响，通过引进专家、战略合作伙伴、项目实践等方式，逐步培养包含车辆、通信、信号、供电、站段设备等的机电技术能力，系统掌握相关专业在东道国的技术规范和技术标准要求，熟悉主要技术性能文件与验收考核指标。

2. 坚持国际经营，持续提升海外市场开拓能力

一是紧盯重点国别市场。积极应对国际轨道交通工程建设模式由传统的设计－招标－建设（DBB）模式向设计－采购－施工一体化模式的逐渐演变，深入研究拉丁美洲、中东、中亚、东南亚等友好国家市场在不同项目中采用EPC（设计－采购－施工）、EPC＋M（设计－采购－施工－维保）、EPC＋F（设计－采购－施工－融资）等不同模式的需要，以墨西哥城地铁一号线总包项目的顺利履约为契机，进一步提高公司本地化经营能力，加大与当地产业、当地企业的融合，进一步熟悉当地法律法规、技术标准与政策要求等，开展重点区域总包业务市场联合攻关。二是丰富第三方合作资源。系统梳理公司各类战略合作伙伴，推进建立第三方市场合作机制，在一些重点国别选择有专长的稳定合作对象，强化区域竞争能力。结合某些国家市场需求，利用公司优势，适当选择当地企业或先进入者合作，扩大第三方市场合作朋友圈。针对大部分国家轨道交通建设广泛运用EPC、BOT、PPP等带资承包方式，加强与各类金融机构联系，建立向业主提供项目开发和建设资金的综合能力。三是积极探索战略并购路径。在重点国别市场深入了解设计咨询、运营维护管理等互补性企业状况，通过项目合作共享资源、信息，有效绕过贸易壁垒、技术壁垒，实现快速开拓并进入新市场的目标。

3. 坚持平衡共赢，重点强化国际工程管理能力

一是强化履约目标集成管理。坚持以项目履约兑现和公司利益最大化为目标，株机公司围绕总包项目从质量控制、合规经营、诚信履约、项目成本等方面规范管理，通过商务合同、计划体系、例会机制、文件管理平台等方式，将项目合同目标细化为各方不同阶段的动态小目标，形成一个具有明确计划、统一行动和机制约束的共同体，确保项目质量、进程、成本符合整体目标要求。二是强化相关方集成管理。根据主合同条款及业主要求，结合专业顾问建议和相关方调研等情况，株机公司重点开展项目整体分包架构设计、相关方选聘与分包合同签订，以共享思维积极发挥各相关方优势。在执行阶段，通过合同需求管理矩阵及联席会议、接口会议、考核奖励等机制，及时协调解决各方问题，实现对各分包商的全面管控。针对公司短板，引入世界一流工程管理公司提供支撑服务，为工程总承包项目系统集成、需求管理、接口管理、联调联试等方面推动相方关集成管理。三是强化项目过程管理。建立项目计划控制施工管理机制，通过明确合同计划、项目里程碑计划、主工期计划与施工计划，细化月计划、周计划、日计划与施工活动进度报告要求、监管要求等，确保项目设计、采购、施工、维保等全过程得到

有效管控。引入国际先进的数字化需求矩阵管理平台、文件管理平台、工期计划管理平台、接口管理平台等，组织项目各方在同一个信息化平台工作和实现信息共享，在提高工作效率的同时让相关工作更加系统化、规范化，也显著提高了项目可视性和控制力。四是强化项目数字化支撑。项目执行全过程的数据可视化、信息数字化和管理电子化，实现远程同步、Web 端办公和信息共享等数字化转型，可极大提升工程项目管理水平和能效，也是国际工程项目管理与智慧升级的发展趋势。结合项目执行与能力建设需要，公司以“互联互通、开放共享”理念重点建设基于项目的数字化协同平台，联合业主、监理、分包方等合作伙伴，重点从需求管理、接口管理、文件管理、计划管理、现场管理等5个方面开展数字化建设与协同化管理。

4. 坚持共享共建，持续提升产业链整合能力

一是基于项目整合优势分包资源。根据合同及业主要求，株机公司以项目优先、开放合作的思路在全球选聘合作单位，重点补强信号、通信、线路等专业短板，实现优势互补、风险共担。在信号系统方面，以第三方市场合作为指引，考虑技术实力与商务条件，与西门子建立合作关系。在通信系统方面，考虑国内地铁通信系统较成熟，扮演好产业链链长角色，与中国通号、华信邮电等开展合作。在线路施工方面，熟悉各企业技术资质、项目经验、商务条件等基本情况，一方面积极与国内各设计单位、施工单位建立联系，另一方面积极调研国别市场本地资源充足的专业公司。二是充分发挥集团企业协同效应。围绕海外总包业务发展，株机公司重点响应集团内部专业系统配套的有关要求，在国内外形成一些良好的实践经验。在海外总包业务发展中，株机公司充分考虑“主机带动、部件驱动、系统联动”，带动国内轨道交通信号、智能运维、金融保险、施工管理及轨道交通牵引系统等零部件产业，与集团兄弟企业“抱团出海”，实现集团利益最大化。

5. 坚持产融结合，协同提升资本市场融资能力

一是组建高水平专业融资团队。在项目投标阶段，联合香港公司以最高标准组建项目融资团队，内部选拔、银行聘请有国际投融资经验骨干，根据需要成立项目工作团队和国内支持团队。在外部引智方面，充分考虑相关机构在东道国影响力，聘请专业机构作为融资顾问，多家会计师事务所、律师事务所等提供专业支持。二是加强与各类金融机构的合作与联系。积极与世界主要的出口信贷机构多边金融组织、商业银行及资本市场建立战略合作与业务往来，为公司在海外总包项目及降低整体项目融资成本及风险等方面形成必要的资金支撑。为最大程度优化融资成本，拓宽融资渠道，株机公司联合香港公司从20余家各类国际金融机构开始联系，筛选出5家融资银行建立银团，优化融资结构，获得了较投标时更优的融资条件。三是创新企业融资模式。积极开展不同国家不同项目的融资需求调研，充分适应轨道交通建设的投资主体、投资范围及资金来源的各类差异。在筹资渠道上，逐步建立企业融资、全球金融市场融资等多渠道筹资模式；在融资方式上，开拓项目融资、过桥贷款等方式融资。

（四）从机制保障出发，构筑海外总包项目“三大支撑”

1. 持续培育国际化人才队伍

一是快速搭建项目专业人才队伍。针对专业人才培养周期长、现有人才缺口大等实际情况，株机公司积极拓宽人员招聘渠道，采取内部招聘、员工推荐、校园招聘、猎头公司等方式，为项目补充急需的西班牙语及信号、通信、线路建设、机电设备和项目总体控盘专家型人才，基本充实总包项目管理架构，建立起以“经营层+中层管理者+技术/管理骨干”为核心且年龄和专业结构基本合理的人才队伍。按照本地化、国际化、专业化等原则，推动项目团队开展本地化招聘工作。二是加强专业队伍培养。聚焦国际化发展目标，做好后续项目执行的人才储备，株机公司加大力度推进总包系统集成、信号、轨道等专业人才的培养与补充，丰富人才招聘渠道，完善相关激励制度。在项目执行中，选送青年干部、后备人才、国际化人才等参与项目历练，将墨西哥总包项目打造成为专业人才培训基地。开展专

业培训，借助专业机构力量策划实施系统培训，储备一批熟悉国际轨道交通工程技术标准、规范和市场运行规则、国际通用专业管理模式、FIDIC 标准合同及条款，以及相关区域市场的政治法律文化的专门人才。三是持续储备国际化后备人才资源池。株机公司基于对轨道交通装备企业发展环境、人力资源现状及公司国际化后备人才选聘、培养、配置方面的实践进行统筹分析，依托“两纵六横”架构（“两纵”指集团级与公司级国际化后备人才培养体系，“六横”指公司国际化后备人才培养学习平台，包含 E－learning、高等院校、海外子公司、集团培训班、英语俱乐部及国际业务合作伙伴），持续加大国际化后备人才储备。

2. 持续完善风险合规保障体系

一是坚持依法合规。针对既有项目和既有市场，株机公司始终严格遵守国有资产境外投资监管要求与东道国法律法规，聘请多家律师事务所、人力资源公司、会计事务所在合规经营、税务筹划方面提供专业支撑，严格按照东道国法律法规与国际贸易规则推进项目，在企业工商注册、商务合约条款、劳资关系、依法纳税与合理节税等方面落实举措。二是健全风险管控体系。针对海外总包项目风险较大的特点，探索实施从启动投标到项目执行的全过程风险管控体系，强化专业顾问资源合作，梳理政治、法律、融资、项目执行、员工安全等各类风险，认真识别、审慎分析、科学评估并做好集中管控；重点防范化解与项目有关的国际政治、本地化经营、法律、融资、疫情等重大风险，制订专项工作计划；公司相关专业部门加强重点国别的风险研究，深入研究法律、税务、用工等相关政策，积极用好中信保等政策性避险工具。

3. 持续开展政策研究与应用

一是做好国际工程总承包模式研究。结合项目需要与队伍培养，株机公司通过专家“请进来”授课与骨干“走出去”培训，积极开展工程总承包模式特点、FIDIC 条款、相关法律法规、国家部委管理要求等相关培训，策划开展项目分包架构、商务条款、安全质量环保要求等知识管理要求，实现公司本部与海外子公司联动知识管理模式。二是积极开展重点国别市场政策研究。基于项目实践总结与专业机构支撑，加强重点国别市场 PPP 政策、财税、法律、技术标准、本地化、用工等政策研究，熟悉东道国市场准入条件、管理法规、业绩要求、认证标准等特点，紧密联系国际贸易环境的深刻变化，逐步形成重点国别政策研究总结并不断扩大研究的广度与深度。三是推进内部组织流程优化。针对海外总包业务发展，株机公司明确分管高管及“特事特办，马上就办，办就办好”的工作方针，成立系统工程部作为总包项目履约主体单位，牵头统筹公司资源配置与政策研究，建立健全总包项目管理体系，提升总包项目订单履约和盈利能力，专业推进海外总包业务管理体系建设相关工作。成立维保分公司、智能装备分公司、智融公司等专业从事总包项目工作协同，联合作战。

三、轨道交通装备企业提供系统解决方案的海外总包项目管理效果

（一）践行国家战略，成功突破海外总包项目市场

海外总包项目涉及境外工程投融资、设计咨询、设备采购、建设施工、运营管理等方面，对带动我国产品技术服务“走出去”和深化国际产能合作、促进国内经济转型升级、实现我国与相关国家共赢发展发挥了重要作用。2020 年 12 月，株机公司、香港公司组成的联合体与墨西哥城地铁局签下集团公司首个海外轨道交通总包项目，合同总金额约 18.7 亿美元。墨西哥作为拉美排名前三的经济体，本项目的顺利履约将有力推动中墨两国高层交往引领双边关系发展，推进共建“一带一路”并拓展贸易、投资、轨道交通等领域的合作，将中墨关系打造成发展中国家和新兴市场国家间友好合作的典范。2022 年，在由联合国欧洲经济委员会主办第六届全球 PPP 项目论坛上，墨西哥城地铁一号线项目入选“全球 PPP 项目论坛十大经典案例”。

（二）创造企业效益，获得良好的投资收益

参与海外总包项目，中车作为社会资本方股东可获得项目相应的分红权益，集团旗下相关主机及配套企业可以在项目下开展工程建设、车辆及机电况、全寿命周期维保和融资、保险等金融业务，获得更大投资收益。以墨西哥城地铁一号线总包项目为例，通过投资带动项目公司实现车辆、机电设备、维保、工程建设等综合收入超过100亿元，投资拉动倍数约2.7倍。此外，通过一系列项目建设，为当地创造约1400个直接岗位和700个间接岗位。

（三）推动技术创新，实现产品、技术、能力的新突破

实现胶轮地铁市场零的突破，打破了阿尔斯通、CAF等在该技术的长期垄断，有利于丰富中车产品系列，实现车辆技术的新突破。通过海外总包项目系统解决方案的探索和实践，与国际著名金融机构、建设公司、设计公司、咨询公司等协同工作，培养参与单位在总包、融资、财税等方面的专业能力与全球资源整合能力，为集团海外总包市场进一步拓展奠定能力基础。通过项目实施，为株机公司培养了一批国际化总包项目管理人才，有效支撑公司国际化经营持续发展。

（成果创造人：周清和、傅成骏、王巧林、陈旺明、曾 欢、高 风、过肖元、熊 建、税 波、洪 筹、李静静、陆 跃）

邮政企业基于交商邮融合的县乡村三级物流商贸体系构建

中国邮政集团有限公司四川省分公司

中国邮政集团有限公司四川省分公司（以下简称四川邮政）为中国邮政集团有限公司（以下简称中国邮政）在川分支机构，是大型国有企业。历经邮电分营，政企分开，以及邮储银行四川省分行、中邮保险四川分公司、中邮证券四川分公司组建，四川邮政辖21个市（州）、185个县级分公司、6139个邮政网点和3万余个综合便民服务站点，业务范围涉及普遍服务和特殊服务、现代金融、快递物流、农村电商等领域的经营格局。四川邮政市（州）分公司、县级分公司、网点数量均居全国第一；组开邮运路线6856条，设立投递路线1.7万条，四川省城乡全覆盖。2021年，收入规模107.88亿元，列全国第八位，经营利润规模列全国第六位。近年来，涌现出了“马班邮路”的忠诚信使王顺友、“雪线邮路”的幸福使者其美多吉、“长征邮路”的美好信者哈弄夺机等先进人物和劳动模范。

一、邮政企业基于交商邮融合的县乡村三级物流商贸体系构建背景

（一）国家战略有要求

党的十九大提出“乡村振兴战略”，物流业作为先导性基础性产业，重要性更加凸显。物流业发展中长期规划（2014—2020年）将“城乡物流配送”作为12项重点工程之一，提出加快完善城乡配送网络体系，积极推进县乡村消费品和农资配送网络体系建设。我国物流基础“东强西弱”“城强乡弱”的特征较为突出，特别是农村网络基础设施薄弱、末端商品和服务供给能力不足，与群众期待尚有一定差距。因此，发挥邮政网络基础支撑作用，加快完善县乡村三级物流商贸体系，改造提升农村寄递物流基础设施，补齐农业农村短板弱项，深入推进电子商务进农村和农产品出村进城，推动城乡生产与消费有效对接，畅通城乡经济循环，构建新发展格局，不断增强人民群众获得感、幸福感，为四川邮政构建县乡村三级物流商贸体系指明了方向。

（二）农业大省有需要

四川作为农业大省，2020年第一产业增加值5556.6亿元，规模全国第一；乡村人口3620.9万人，占四川省人口比重为43.27%，乡村人口数量居全国前列。随着“蜀道难”到“蜀道通”的历史性转变，人民群众对寄递物流服务已从“有没有”转变为“快不快”“好不好”，但农村新型经营主体融资难、销售难、物流难“三难”问题依然突出。因此，加快构建农村物流基础设施骨干网络，推进农业农村现代化，擦亮四川农业大省金字招牌，推动由农业大省向农业强省跨越，实现人民群众更加均等、更加便捷、更加优质的产品供给和基本公共服务，对四川邮政构建县乡村三级物流商贸体系提出要求。

（三）国企担当有责任

四川省商务、交通部门先后推进“万村千乡”市场工程、电子商务进农村示范县建设、乡村运输“金通工程”，在乡村建设了大量商贸、交通节点，但由于功能较为单一，节点利用不充分，单独组网运行成本高，实际运营情况离人民的期盼还有差距。中国邮政作为央企，是“乡乡设所、村村通邮”的寄递物流领域“国家队”，具备商流、物流、资金流、信息流“四流合一”资源禀赋，进一步整合交通、商贸、邮政等资源，打通生产－分配－流通－消费四大经济环节，成为各方的共同愿望，为四川邮政构建县乡村三级物流商贸体系提供了有利条件。面对国家战略要求、四川农业大省需要，四川邮政基于交商邮融合构建县乡村三级物流商贸体系恰逢其时、责无旁贷。

二、邮政企业基于交商邮融合的县乡村三级物流商贸体系构建主要做法

（一）确定思路原则，把握交商邮融合发展方向

1. 明确总体思路

按照“统筹规划、因地制宜、整合资源、开放共享、科技赋能”的原则，基于整合交通、商务、邮政（即四川省交通运输厅/局和商务厅/局、四川邮政，以下简称交商邮）的场地（客运站、商超、邮政站点）、网络（客运网、商贸网、邮政网）等资源，以“区域经理＋渠道经理＋地推经理”运营体系和“自有网点＋社会站点”区域化管理为有力支撑，以统筹推进农村地区“客运站”“商超”“邮政站点”三站合一和农村地区“客运网”“商贸网”“邮政网”三网融合为主攻方向，构建畅通便捷、经济高效、便民利民的工业品下行、农产品上行双向通道，促进客流、商流和邮政“三流”有机融合，实现农村物流商贸网络能力提升，助力农民创收增收，促进农村消费升级。

2. 确定工作原则

一是坚持统筹规划、分步实施。综合考虑需求与可能，将建设分示范建设、扩大建设、巩固提升3个阶段。其中，统筹考虑商流、物流、客流等因素优先选择打造示范县52个，再全面扩大实现178个涉农县（市、区）县乡村三级物流商贸体系建设全覆盖，实现县级有中心、乡镇有节点、村级有驿站，深入调整优化、多方赋能，实现工业品下得去、农产品运得出。二是坚持因地制宜、务求实效。紧紧围绕切实满足城乡居民消费升级需求，助力巩固脱贫攻坚成果和乡村振兴有效衔接，将运营作为体系建设的出发点和落脚点，聚焦“堵点”和“痛点”，突出问题导向、目标导向和结果导向，根据当地产业规划、人口分布、中心镇村布局和邮政物流网络组网等情况，因地制宜推进自办为主联办为辅、联办为主自办为辅等多种建设、运营模式，力求精准推进、务实管用。三是坚持整合资源、协同推进。从农村快递物流规模化、集约化程度低及上下行不均衡、运行成本高的特征出发，统筹交通运输、农业、商务等既有农村物流商贸资源，加强协同配合，发挥政府、企业、村级组织等各方优势，合力推动交通运输、商贸流通、邮政物流等站点及网络设施共建共享共用。四是坚持开放共享、合作共赢。以开放共享的理念积极引入外部优质资源和专业能力，积极承接税票代开、税费代征、交管业务代办等政务便民服务，积极推进邮政与快递企业合作下乡进村，在产品、服务、品牌、运营等方面深化合作，实现节点和网络运营人员收入提升，农村物流商贸体系更加稳定。五是坚持科技赋能、创新引领。积极应用互联网、物联网新技术，深入推动模式创新、技术创新、管理创新，以科技引领支撑三级物流商贸体系构建，实现体系自动化、智能化、信息化。

（二）建立工作机制，形成交商邮融合发展之势

1. 联合开展专题调研

2020年以来，与交通、商务部门多次联合开展专题调研，通过实地考察深入探索融合建设县乡村三级物流商贸节点、创新农村运输组织、提升农村物流信息化水平途径和农村物流行业服务监管体系优化等，进一步找准交通、商务、邮政三方在节点共建、网络整合、融合发展等方面的契合点，为推动交商邮融合共建县乡村三级物流商贸体系工作谋划打牢基础。

2. 联合推动政策出台

一是强化示范引领。2021年，与四川省交通运输厅、四川省商务厅（以下简称交通、商务部门）联合出台相关文件，在雅安汉源、资阳乐至等52个县试点。二是全面复制推广。经过一年多的实践探索，在总结试点经验基础上，与交通、商务部门联合印发交商邮融合发展实施方案，在四川省复制推广。三是参与推动政策出台。联合推动四川省政府办公厅等部门印发涉及提升县乡村三级物流商贸体系运营能力支撑文件6个；参与编制《农村客运班线搭载邮件快件作业要求》行业标准，进一步推动客货邮混装规范化、标准化，优化农村物流行业服务监管体系，有效支撑和促进交商邮融合共建县乡村三

级物流商贸体系。

3. 联合推进落地实施

一是共创品牌。2021 年 4 月，在全国率先以“金通工程 · 天府交邮通”特色品牌方式共同打造四川省县乡村三级物流商贸体系。2021 年 9 月，交通强国建设试点四川乡村运输“金通工程”现场推进会召开，“金通工程 · 天府交邮通”品牌建设受到四川省政府领导和社会各界充分肯定，交商邮三方在会上签订战略合作协议，明确共建县乡村三级物流商贸节点、整合农村运输网络组织和制订交商邮体系运营标准规范等合作内容。二是整合资源。全面推动交通、商贸、邮政资源深度整合，实现资源互用、平台共享、降本增效、惠农助农、合作共赢。整合交通资源，交通部门在县乡两级客运场站新建、功能改造时，将三级物流商贸体系纳入统筹规划，补贴资金与叠加邮政服务功能挂钩；在交商邮联合打造的县乡村三级物流商贸体系 52 个示范县中，将“品牌共创”“节点共建”“网络共用”等工作纳入“金通工程”样板县评定标准，对创建成功的样板县配套给予 500 万元/县的财政补贴。整合商贸资源，商务部门将邮政三级节点建设、农产品仓储保鲜冷链物流设施建设、农产品进城和工业品下乡双向流通体系建设等与电子商务进农村示范工程相结合，给予资金等方面的大力支持。整合地方资源，地方党委、政府在与农村生产直接关联的分拣包装、保鲜存储等农产品基础设施用地和农产品冷链基础设施用电、农村投递汽车化、县域金融服务网络建设、快递进村工程等给予支持。三是统筹推进。在不断总结电子商务进农村示范县创建、乡村运输“金通工程”样板县打造等工作经验的基础上，交通、商务、邮政共同成立交商邮融合发展领导小组，共同参与交商邮融合发展示范县县级申报、市级初审、省级评选等工作，推动交商邮融合发展在四川省范围内由试点建设向全面复制推广纵深推进，以“三个统一”不断完善交商邮融合共建县乡村三级物流商贸体系的方法与路径。统一规划，由交通、商务、邮政联合细化节点融合建设、运输组织创新、骨干企业培育、信息平台共享、农村服务监管等工作任务，明确站点功能布局、设施设备配置、站牌设置等标准。统一要求，由交通、商务、邮政三方明确建设补贴资金、运输资源整合、体系运营补助等具体扶持内容。统一指挥，由省级交商邮融合发展领导小组统一指挥，县（市、区）人民政府负责落地，明确具体责任，实施闭环管理，确保交通、商务、邮政全面融合。

（三）建好三级节点，筑牢交商邮融合发展根基

1. 建强县级共配中心

在建设上优先充分利用已有客运场站、商贸仓储中心、邮件处理中心，在原有单一的客运集散、商品仓储、邮件实物寄递、处理功能的基础上，重组整合当地客运站、商贸仓储中心和邮政处理中心场地设施，打造集客运集散、工业品下行集散、农产品上行汇集和邮件快件集中分拣等功能于一体的综合性县级共配中心，形成服务县域、辐射周边、衔接城乡的寄递物流商贸节点。在重点县级中心配备自动化分拣设备，提升处理能力和效率。

2. 完善镇级运营中心

按照四川省委中心镇村建设规划，打破行政区划组织物流商贸体系网络，重点在四川省 700 个中心乡镇和 128 个副中心乡镇打造集“客运集散 + 农村邮政快递物流处理 + 代收代投 + 商贸服务 + 农产品周转 + 便民服务”等功能于一体的镇级运营中心（即农村区域分拨中心），农村区域分拨中心原则上覆盖周边 2 ~ 3 个乡镇；针对人口密集区、产业集中区，进一步配套增加“金通 · 电商邮快驿站”建设，加密乡镇节点布局。在建设上优先对现有乡镇综合运输服务站进行升级改造，其次在邮政乡镇支局网点改造时拓展乡镇综合运输服务和商品周转存储、批发零售等功能。

3. 健全村级综合站点

统筹推进各类涉农服务与邮政快递末端服务有机结合，共建共享场地设施，集合提供服务。在建设上利用镇村已有公共设施，依托村级商贸、邮政节点、快递站点，整合在村邮政快递、客运、电商、供

销、商贸、金融等资源，推广“乡村超市”模式，按照“一村一站”建设统一标准的村级综合站点（“金通·电商邮快驿站”），使其具备客运招呼、商品批发零售、快递代收代投、便民缴费、邮政业务代办、农资销售、农产品集货等基础功能，实现“多站合一、一点多能”。推动县、乡人民政府将站点服务人员纳入乡村公益性岗位，配套公共服务运行经费补助，进一步增强节点“造血”能力。

（四）优化网络组织，打通交商邮融合发展堵点

1. 整合农村3个网络

探索“客运网”“商贸网”“邮政网”3个网络融合，推动“客运网”可持续、“商贸网”增效率、“邮政网”降成本。一是县到乡的网络组织以“邮政网”为主、“客运网”为辅，结合客运班线和商贸流通路线优化邮路运输组织，最大限度复用县到乡客运车辆线路及班次。二是乡到村的网络组织以“客运网”为主、“邮政网”为辅，将邮政揽投员与“金通工程”“小黄车”驾驶员整合复用，利用“小黄车”富余空间运输乡到村的邮件、快件和下乡工业品、出村农产品，实现人、车、货、站、线等的精准匹配。三是利用整合复用后的县到乡、乡到村的网络组织，叠加农村地区工业品下行与农产品上行功能，实现与“商贸网”的深度融合，加快农村商贸流通效率。出台支持文件，鼓励农村客运企业、“金通工程”“小黄车”驾驶员、商贸站点经营者代理代办邮政业务，为客运企业（驾驶员）、商贸站点创收增收提供路径。

2. 加密物流运输频次

主推“乡镇中心辐射”网络模式（即针对业务量大的区域，通过“自办邮路＋委办邮路＋节点经营人员自取自送”相结合等方式，由县到乡邮路将邮件运输至农村区域分拨中心，再通过节点经营人员自取自送方式辐射至周边乡镇，最后由“金通工程”“小黄车”投递进村），辅以“县级中心辐射”模式（即对于所辖乡镇少、辐射区域小的县，通过“金通工程”“小黄车”从县级中心直接辐射所辖行政村组织串点投递）和“乡镇支局所辐射”模式（即利用县乡邮路将邮件运输至乡镇所辖支局所，再由投递员从乡镇支局所投递至行政村），实现除偏远地区外的县、乡邮路每天不少于1个运输频次、邮路单程运行时长不超过1.5小时，不断提升农村地区邮件、快件、工业品和农产品传递时效。

3. 开发新型服务方式

一是大力推广农村末端机制创新。优选想干事、能干事的人成为合作伙伴，匹配市场化激励制度，增加合作伙伴业务收入，将酬金制度与服务质量挂钩浮动，延长了邮政营业时长，延伸了邮政服务深度，实现农村也能在家门口收寄快递，进一步满足人民的业务办理需求。二是开通农产品直发直运邮路。针对地方农特产品，采取“大社驻点收、中社上门收、小社定点收”、够量直发直运、定制化运输等运营模式。增加全程冷链投入，提供冷链运输等定制化服务，从“田间地头”直发目的地城市。

（五）强化体系赋能，支撑交商邮融合高效运营

1. 组建体系运营队伍

创新组建“区域经理抓总＋渠道经理运营＋地推经理落实”的运营队伍。通过“自有＋外包＋机制创新＋外部联合”的方式，规划组建500人的区域经理队伍、500人的区域渠道经理队伍和2000人的地推经理队伍，以区域化运营模式，有效推动、支撑三级物流商贸体系运营。

2. 探索新型管理模式

探索推动“自有网点＋社会站点”的“1＋N”管理模式，即1个自有网点负责N个社会站点管理，实现站点有人建、有人管、有人支撑和维护。出台激励制度，推动“网点＋站点”双向引流，鼓励社会站点向人民推荐、转介邮政普惠金融、寄递物流等便捷服务。

3. 叠加业务支撑运营

开放县乡村三级物流商贸节点，打通与社会快递公司在县级分拣、末端投递等环节信息系统壁垒；

在业务量较大的同仓共配场地配备自动化分拣设备，实现同机分拣、共同配送，有效降低农村物流成本。在镇村节点叠加生活缴费、农资销售、通信服务、社区团购等便民服务功能，打造税邮驿站、退役军人服务超市、农民工服务站、警医邮服务站等“一点多能、多站合一”的特色末端站点，让人民享受“只进一扇门”和“最多跑一次”的便捷政务代办等服务；在农村区域布放金融自助机具 6863 台、移动展业设备 3198 台、助农通设备 523 台，配置社保制卡机 1118 台，实现人民就近便能享受金融服务。

（六）畅通双向通道，拓展交商邮融合服务功能

1. 做大下行商流规模

以大单品为核心，完善商品体系，围绕激发站点活力，从完善模式、丰富商品、运营推广和支撑保障入手，做大工业品下行商流规模。一是完善批销模式。建立以自营为主、“撮合”为辅的“自营 + 撮合”的批销运营模式。二是丰富平台商品。构建“全网 + 省级 + 区域”的批销商品体系，满足站点进货需求。全网大单品，引入中国邮政统量统谈的全国知名品牌，重点打造亿元级大单品和千万元级大单品；省级大单品，打造“蜀之驿”区域自有品牌，不断丰富平台商品。三是强化运营推广。以常态化批销活动为抓手，采用线上以直播带货为主、线下以地推走访为辅的批销活动推广方式，做大批销规模和影响力。

2. 做大上行商流规模

以解决农产品“销售难”为目的，构建“基地直采 + 异业合作 + 平台零售 + 终端直供”的全渠道产销对接体系，加大线上线下农产品推广力度，做大农产品上行商流规模。一是构建全品类产品体系。围绕特色农产品产业带，建立特色商品库，构建以基地农产品为基础、地方名优特和乡村振兴帮扶农产品为重点的农产品体系。二是构建全环节服务体系。借力三级物流商贸体系建设，做好农产品基地仓储规划建设，实现 100 个邮政农产品基地仓储覆盖率 100%；建设以邮政农品为主的全环节品控体系，实现基地全环节品控覆盖率 100%；围绕原汁原味原产地价值主张，持续提升“邮政农品”品牌社会影响力；围绕产品开发、销售渠道、品牌宣传、业务培训等方面赋能，完善业务支撑服务。三是构建全渠道产销对接体系。产前提供小企业贷款、个人经营性贷款、消费信贷等“一揽子”金融支持和农业技术咨询、农业培训辅导、农资农药销售等配套服务。产中根据农产品特性、生产周期、上下游产销情况等制订行业解决方案，提供农业专家一对一技术咨询、新媒体广告宣传等服务，协助打造生态旅游、农耕教育等场景嵌入。产后提供货款质押、仓单质押、支付结算、代收货款等金融服务；提供直发直运、同城配送、冷链专线等专业化寄递服务；依托电商平台及政企渠道资源，线上持续开展“月月有精品，周周有常款”社区团购和直播带货，线下聚焦政府、企业、部队、校园、批发商超等销售渠道，帮助农民做大农产品销售规模。

三、邮政企业基于交商邮融合的县乡村三级物流商贸体系构建效果

（一）促进农村物流水平持续提升

一是节点布局日趋完善。通过政企携手构建县乡村三级物流商贸体系，截至 2022 年 6 月，四川省已升级改造县级节点 90 处，县级中心邮件处理场地面积从 2.7 万平方米增加到 9.6 万平方米，涉农常温仓储达到 6.7 万平方米、冷库近万平方米；共建乡镇节点 1428 处、村级站点 14196 处。二是网络能力日趋强化。2021 年，四川省新增农村物流车辆 900 余台、冷链专用运输车 20 余台，实现县到乡运输汽车化 100%，乡到村投递汽车化占比 28%，较 2020 年提升 3% 和 12%，农村物流网络承载能力和运营效率大幅提升，总体运行成本呈边际下降态势。三是服务水平日趋提升。普遍服务方面，2021 年，四川省 99%（2016 个）的乡镇每周投递 5 次及以上，较 2020 年提升 7 个百分点；所有建制村（26369 个）每周投递 3 次及以上，较 2020 年提升 10 个百分点；周五投递频次建制村 4866 个，较 2020 年增加

2741个，农村地区公共服务均等化水平日趋提高。普惠金融方面，针对特色产业推出“花椒贷”“芒果贷”等放款快、综合利率低的信贷产品，2021年涉农贷款结余819亿元，精准扶贫贷款结余92亿元。政务便民方面，发挥三级节点优势，与政府共建“互联网+便民服务”平台，持续拓展税邮、警邮等综合便民服务向乡镇延伸。2021年至今，邮政代办税务、交管服务区（县）覆盖率达到100%，代办税务乡镇覆盖率达到80%。

（二）促进农村电商规模持续提升

一是助力工业品下行。2021年以来，通过县乡村三级物流商贸体系实现13万余吨农资化肥进村下乡，运送2.1亿件包裹快递下乡进村，为人民提供了7.6亿元的快消品和日常生活用品，减少了流通环节，从而提高了效率、压降了成本，更重要的是通过邮政渠道购买的工业品品质得到了保证。二是推动农产品上行。2021年以来，四川邮政结合县乡村三级节点建设，加快县下网点站点布局，累计建成“邮乐购”电商服务站点3万余个；充分发挥遍布城乡的营销网络优势，通过邮政渠道累计助农销售农产品超过4亿元，为助力解决农产品销售难问题开拓了新路径；开通农产品寄递绿色通道专属产品“极速鲜”和惠农易邮箱，收寄农产品5412万件，带动农户农产品销售约27.1亿元，节约农产品寄递物流成本约2亿元，助力解决农产品物流难、物流贵问题，进一步吸引更多的社会资本投资乡村，加快村集体资产变现，助力做大做强村集体经济。

（三）促进企业发展质量持续提升

一是运营成本下降。四川邮政处理场地入驻区（县）客运场站20个、乡镇综合运输服务站102个，共建“金通·邮快驿站”6329个，为企业节约场地建设费用资金2000余万元；通过邮快合作、寄递共享，推进“快递进村工程”，实现邮政与快递公司同仓共分、中转共运、末端共配，2021年代运代投社会快递业务量达3898万件（全国第一），节约农村物流运营成本1000余万元。二是经营质量提升。随着县乡村三级物流商贸体系的持续完善，四川邮政在农村地区的服务能力不断提升，经济运行质量持续提升，2021年，收入增幅超过集团水平，收入占集团比重持续提升至4.74%；经营利润稳步增长，规模保持全国第六位，收入利润率由全国第四提升至全国第三位；2021年，全口径劳产率22.7万元/人；2022年1—6月，农村金融收入占比72.68%、增幅7.94%，创近5年新高；农村寄递收入增幅33.57%；农村网点非金融业务收入增幅达44.5%，农村非金融网点收入万元以下低效网点同比减少328个，收入5万元以上网点同比增加178个。三是品牌影响增强。四川“金通工程·天府交邮通”被中央电视台《新闻联播》栏目头条报道，攀枝花“交通+邮政+快递”发展新模式入选第二届全球减贫案例，乐至“交商邮融合惠民生促发展”案例入选2021年交通运输部农村客货邮融合发展九大典型案例之一。四川邮政的“朋友圈”持续扩大，品牌影响力不断增强。

（成果创造人：马千军、蔡一德、吴继圃、龙　程、严丹婷、王　雯、武　龙、朱学智、沈　辉、张　杉）

国际工程公司促进国际国内“双循环”的海外并购整合管理

中国电力工程顾问集团有限公司

中国电力工程顾问集团有限公司（以下简称中电工程）是隶属于《财富》世界500强企业中国能源建设集团（股份）有限公司（以下简称中国能建）的二级央企集团，主要从事能源规划研究、咨询与工程勘察、设计、服务、工程总承包、投资经营等业务，下辖24家所属企业，业务覆盖全球100多个国家（地区）。2021年，新签合同额1953.32亿元，实现营业收入794.99亿元、净利润34.56亿元，位列2021年ENR全球150强设计公司排名第三位。截至2021年年末，总资产957.32亿元，被称为中国能源建设领域的“国家队”。

一、国际工程公司促进国际国内“双循环”的海外并购整合管理背景

（一）促进共建“一带一路”高质量发展的需要

“一带一路”自提出以来，成为我国参与全球开放合作、改善全球经济治理体系、促进全球共同发展繁荣、推动构建人类命运共同体的“中国方案”，成为当今世界深受欢迎的国际公共产品和国际合作平台。然而，我国企业参与“一带一路”建设的业务质量和效益有待提高、软实力有待提升、属地化发展不足等问题日益凸显。因此，中电工程通过积极延伸对外承包工程产业链，打通外循环、支撑内循环，注入对外承包工程发展新动力，促进提升海外绿色能源电力行业的整体形象与国际地位，对助力“一带一路”具有重要意义。

（二）构建国际国内“双循环”新发展格局的需要

“十四五”规划和2035年远景目标纲要提出，为应对机遇与挑战，要加快形成以国内大循环为主体、国内国际“双循环”相互促进的新发展格局。中电工程作为能源电力工程领域的“国家队”和“排头兵”，必须深度融入国家战略，加快构建企业“双循环”发展格局。近年来，中电工程主要依靠自身力量拓展国际业务，将国内技术、资金、人才等资源单向输出海外。然而，完全依靠自身培养海外属地化经营能力所需周期较长，难以在一定时期形成较强的海外市场竞争力。纵观有关国际经验，并购重组是加快海外战略布局、打通外循环、推动企业“双循环”发展的重要手段。

（三）落实中国能建海外优先发展战略的需要

中国能建作为我国能源建设航母企业和综合性特大型集团公司，积极响应国家对外开放与高质量“走出去”的倡议，全力实施国际业务优先发展战略。近年来，中电工程积极落实中国能建国际化战略，在发展中国家业务发展较快，但在市场空间广阔的欧美等高端市场仍然缺少海外布局支点，欧美市场合同占比偏低，对中国能建整体海外战略布局的支撑作用未能充分发挥。为此，中电工程必须加快全球化布局步伐，通过开展海外企业并购与整合打开欧美高端市场，发挥国内外子企业的互补和协同效应。

二、国际工程公司促进国际国内“双循环”的海外并购整合管理主要做法

（一）确立海外并购整合的指导思想、目标和基本原则

1. 明确海外并购整合的指导思想

主动落实国家“双循环”战略及对外设计咨询高质量发展的有关工作部署，针对国际产业链循环往复不畅、国际高端咨询业务能力不足、欧美高端市场难以实质进入，以及国内与国际市场相对分离、互促流动性差等痛点问题，利用新一轮全球能源电力工程建设与投资规则，聚焦经济发达国家，以并购具有一定

设计咨询优势、高端市场优势、产业多元优势、科技创新优势的海外设计类、工程类企业为手段，迅速获得境外人才、技术、品牌、经营网络、管理和业务流程等优质资源要素，通过境内外资源与要素的有机整合，形成价值创造新优势，快速突破海外高端市场、拓展高附加值业务，畅通国际外循环产业链，推动国际比较优势从中低端向中高端发展，带动国内企业技术、资本、装备、施工等大幅外向转移，实现更高质量的“走出去”；在提升国际化运营能力的同时，反哺国内经营，将并购企业的技术、管理和业务等优势，内向嵌入国内大循环，打造产业新生态、推动绿色低碳业务再升级、提升与国际接轨的经营管理能力、吸收引进国外先进技术，提升内循环价值链和竞争力，实现更高水平的“引进来”。

2. 确立海外并购整合的目标

通过以实现国内、国际“双循环”为目的，开展海外并购与整合，形成并购整合的外延式发展和提高自身能力的内涵式发展双轮驱动之势，带动中电工程产业进一步转型升级。通过“打开两侧、疏通中间”，在国内、国际两大市场持续发力，以稳健的“内循环”实施海外并购，带动并重塑“外循环”，实现良性互促共进发展新格局。2021 年实现“1 +5”目标，即 1 个总体目标和 5 个分目标。

1 个总体目标：通过海外并购与整合，不断深入推进全球化布局进程，逐步形成国内与国际市场融合畅通的良性循环，推进传统能源电力业务绿色低碳转型发展，实现国内与国际两大市场并进齐发格局。

5 个分目标：通过海外并购与整合，持续打造国内国际市场开拓和业务发展新优势。通过海外并购与整合，补齐国际业务短板，由国际总承包项目建设者转变成为国际工程建设领域全产业链一体化服务商，在国际市场具备策划重要市场、重大项目的能力，到 2021 年年底，国际设计咨询业务占比提升至 8% 以上。通过海外并购与整合，实现国际高端市场重大突破，市场横跨欧洲、北美、南美、亚太、非洲，具备全球化产业布局和自主运营能力，到 2021 年年底，欧美高端市场新签合同占比提升至 12% 以上。通过海外并购与整合，实现境内外市场互联互通、协同运作，国内国际各种资源要素能够根据市场需求实现双向自由流动，到 2021 年年底，跨国化指数提升至 10% 以上。通过海外并购与整合，引进吸收领先技术、专业化人才、多元化业务，进一步增强国内传统能源电力市场优势地位，提升国内清洁绿色能源市场竞争优势，专业化快速拓展国内市政、交通、建筑、数字信息等战略性市场和业务。通过获取海外并购企业的关键管理要素，实现经营模式、管理理念、融资方式、企业文化建设、企业组织制度建设等更加国际化、现代化。

3. 制订海外并购整合的基本原则

为加快推进海外优先战略目标实现进程，中电工程瞄准全球 ENR 总承包商排名前 20 名的工程类企业，明确战略发展、组织体系、国际化运营、投资并购、人力资源、财务管理、项目管理、技术创新、风险管控、品牌管理等十大重点领域，先后与德国豪赫蒂夫建筑集团公司、西班牙 ACS 建筑公司、瑞典斯堪斯卡公司等 8 家国际一流工程公司开展对标提升工作。对标结果表明，中电工程在国际化运营和投资并购两大领域与世界一流企业存在较大差距，这些国际领先企业在推进多元化、国际化发展时主要采取战略性并购、联合、重组等手段，快速进入海外目标市场，通过资源整合、优势互补、协同经营等方式，持续提升全球市场的竞争力。中电工程以学习和借鉴一流企业成功实践，将跨国并购与整合作为“走出去”“走进去”“引进来”的重要战略举措并纳入公司“国际业务高质量发展三年行动计划”，以“贯彻战略规划、补齐功能性短板、开拓高端市场”为选择并购标的的基本标准，在市场环境规范成熟、工程建设领域企业 ENR 排名位于世界前列的欧洲国家开展标的筛选，通过海外功能性并购整合，支撑“双循环”与绿色发展。

（二）构建海外并购整合的管理体系

1. 构建并购整合组织体系

首先，优化海外事业部管理职能。在海外事业部负责国际市场开发管理、国内国际资源整合、国际化能力建设及外事管理等职能的基础上，增设海外并购与整合的管理职能，牵头组织开展外海并购前的策划、并购实施和并购后的整合管理工作。其次，组建国际公司。为打通国内与国际市场双循环的通道，成立国际公司，定位为境内外需求侧信息共享、资源要素聚集流转及供给侧协同经营的综合枢纽平台。最后，成立国际财资中心。为实现境内外资本双向流动，借助香港国际金融中心的区位优势，成立紫荆能源（香港）国际财资中心，实行海外资金的跨境归集与管理，为海外项目提供融资支撑，为海外投资拉动 EPC 业务的发展提供投资平台和资金支持。

2. 构建并购整合业务体系

构建绿色转型技术研发体系。充分发挥中电工程智力密集型创新研发优势，将能源电力领域的综合经验向关联领域延伸。通过全方位的绿色低碳发展实施路径研究，提前掌握绿色低碳产业发展方向、技术升级方向和市场布局方向。聚焦新一代信息技术、核电技术、新能源发电、智能电网、氢能、储能等产业，建立 22 个专项技术中心研发体系，深入分析各产业发展现状与政策，研判产业发展前景、趋势及市场空间，研发储备优势技术，服务国内国际市场开发。促进“双碳”方案落地实施。充分发挥中电工程全产业链一体化集成能力，构建“碳中和”发展、智慧能源与数据、海洋能源工程、储能工程、生态环境治理工程 5 个研究院，践行能源、工业、建筑、交通、农业、林业等领域的产业布局，形成“双碳”方案 - 行业规划 - 产业策划 - 项目投建营一体化无缝衔接模式，前瞻性引导、孵化、创造重大项目。为国家端、行业端、区域端、客户端提供“碳达峰、碳中和”系统解决方案，助力各级地方政府优化调整能源结构、提高应对气候变化能力、加快转变经济发展方式，实现绿色低碳发展。

3. 构建并购整合制度体系

通过构建大并购整合制度体系，在搭建公司内部制度体系的同时，把监管层面的法律法规及政策文件纳入整个制度体系内，共同发挥作用，有效指引投资并购与整合业务开展。一是守护合规红线风险，遵守中国境内相关法律、行政法规及其他规范性文件。二是保障成功交易及管理，涵盖境外相关法律文件，主要包括国际通行规则、属地法律和政策及第三国相关法律。三是构建公司内部制度体系，主要是结合公司实际制订的投资业务相关的规章制度，为业务开展进行操作指引。

（三）并购具有技术优势的境外企业

1. 精准选择并购标的

中电工程通过筛选并购具有产业、技术、业绩优势的欧洲设计类、工程类企业，加速融入全球市场，形成国内与国际“双循环”发展模式，产生境内外协同效应，促进中电工程产业、技术迭代升级。首先要通过并购加速实现国际化战略目标。为加快推进各项业务全方位“走出去”，亟待收购与公司具有明显互补优势的境外优质工程企业，在业务领域、经营业绩、市场区域、技术研发、管理模式、设计标准等方面形成互补之势，加速实现国际业务优先发展战略目标。其次要通过并购加快补齐功能性短板。中电工程在传统火电、核电常规岛及输变电等领域实力强劲，但在核岛领域技术实力尚待增强，在大型海上风电、氢能、光热等绿色能源领域竞争力有待加强，在市政、交通、建筑、数字信息等非电领域亟待突破，亟待通过海外并购快速增强产业链的长度、宽度和厚度。最后要通过并购迅速拓展高端市场。中电工程海外分支机构主要集中在东亚、南亚及非洲等区域，市场布局存在资源不足、发展失衡等问题。目前，亚洲、非洲等传统市场竞争白热化，效益下降明显，容量趋于饱和，需要应用并购手段迅速打开欧洲、中东及美洲等高端市场，做强做优做大国际业务。中电工程广泛收集和分析欧洲各国家并购标的信息，密切关注 ENR 排名靠前的优质企业，经综合研判，西班牙易安国际股份公司与盖飒工程技术股份公司（以下统称西班牙公司）符合中电工程战略性并购的各项标准，选为并购标的。

2. 全面开展并购评估

西班牙公司原来的3家股东均为西班牙基础设施领域大型上市公司，为聚焦主营业务剥离辅业，采用全球公开竞标的方式，出售西班牙公司100%的股权。在获取信息后，中电工程一方面迅速成立西班牙公司投资并购专项工作组，统筹并购各项工作，协调内部资源，制订工作方案，明确工作机制，严格按照规定履行决策审批程序；另一方面充分发挥外部法律、财税、资产评估等中介机构的作用，在确定并购标的、开展内部立项后，即着手选择能力强、经验丰富的专业机构开展尽职调查、资产评估等工作，协助公司把控方向、降低风险，实现预期并购目标。通过全方位开展财务、税务、法律、技术、人力资源等尽职调查，结合标的特点，同时采用收益法和市场法进行估值并相互比较验证，将估值区间锁定在较合理水平。

3. 快速推进并购落地

首先，精心设计离岸交易架构。在充分考虑交易架构的税务优化、财务统筹及公司海外发展等要素的基础上，结合融资方案的成本优化、汇率及利率风险控制、可操作性等方面的考量，最终选择设立香港SPV公司持有境外目标公司股权的交易架构。其次，优化融资方案。综合考虑交易架构、杠杆效应、融资成本等诸多因素，创新融资方式，最终确定境外欧元融资方式。最后，多方联动推进快速审批。采用“提前预案、多方联动”的方式推进审批，收集研究相关政策文件，准确预估审批要点、流程和所需时间；在项目推进各关键节点请上级单位提前介入指导，整合东道国当地合作方的资源和信息优势，多方协同，合规、高效推进项目各项审批工作，最终快速顺利完成并购。

（四）制订实现融合发展的整合策略

1. 构建整合路径框架

针对并购后整合工作具有专业性强、涉及范围广、实务性强等特点，建立适用于国内与国际“双循环”发展的整合路径框架，科学规范整合步骤方法，分析整合重点要素，为系统科学的制订整合策略提供先导和基础。首先，依据公司并购动因和目标，建立实现“双循环”的双方匹配度评价体系。其中，评价指标主要包括双方内外部资源情况及产业结构等维度；评价标准是针对评价指标各维度，重点从各要素在企业运营中的重要程度、实现国内与国际“双循环”的支持程度、对境内外市场拓展和业绩增长的影响程度、整合的难易程度等方面进行综合考量。其次，基于双方匹配度评价分析结果，确定整合的关键要素。最后，确定各项关键要素整合的内容、整合的目标及整合的方式方法并形成综合性整合策略。

2. 识别整合关键点

一方面，构建整合匹配评价指标，中电工程依据双方资源要素和产业结构等维度逐级分解，建立三级整合匹配指标；另一方面，构建整合匹配评价标准，整合匹配评价标准包括4个维度，分别为要素在企业运营中的重要程度、对实现双循环的支持程度、对境内外市场和业绩的影响程度、整合的难易程度。指标值均为［0，1］内的确定数值，对每个维度赋予权重。综合采取公司经营数据、专家经验打分、AHP层次分析法等方法确定。通过系统化开展双方整合匹配度测算和分析工作，形成整合匹配度测算分析报告。测算结果显示，应重点整合组织体系、财务制度、人力资源、文化、企业生态等方面，充分发挥双方在生产资源、技术资源、业务领域、产业链、市场布局等方面的互补性。

3. 确定整合策略

依据西班牙公司整合匹配度测算和分析结果，投资并购工作组从组织、财务、人力资源、业务、技术、市场、文化等7个方面开展整合策略研究，确定整合内容、目标、方式和策略。

（五）在整合中夯实“双循环”基础

1. 开展共生式组织整合

在西班牙公司治理和管控模式设计方面，采取共生式组织整合策略，提出“最大限度保持现有治理机制、遵守当地法律法规要求、符合国有资产监督管理的基本原则、充分授权经营管理层开展日常经营工作、为未来业务协同奠定基础”五项原则。

中西结合、合理设计法人治理架构。沿用现有股东会、董事会、合规委员会、经营管理层的治理架构，通过董事会对关键事项与重要风险进行管控，日常经营充分授权经营管理层。采用“三重一大”决策制度，将党委会和办公会作为股东会的前置研究流程。

制订授权清单，明确各级治理机构授权。明确股东会、董事会、合规委员会等权责。股东会是国有资本管理机构，享有完整的对公司进行领导管理的权利。董事会是西班牙公司的主要决策机构，由全体董事对西班牙公司承担法律责任。合规委员会协助董事会就运营的合规性进行监督和管理。

细化议事规则，完善治理机制。在建立股东会和董事会会议机制与决议机制的基础上，进一步细化西班牙公司的决策流程，确保经营管理决策在中电工程与西班牙公司之间顺利流转与下达，推进决策的落地执行。

2. 开展监管式财务整合

按照国务院国资委报表监管要求，采取监管式财务整合方式，建立财务信息报送机制，提高西班牙公司运营情况的可视度。整合工作组通过梳理西班牙公司原有会计准则和财务报表，转换匹配相应的会计科目，搭建定期财报管理分析报表，深入理解西班牙公司资金集中、融资管理制度，为未来长期持续的财务管控奠定基础。

制订中西报表转换实施方案，实现西班牙公司与中电工程财报体系的无缝衔接。建立周期性报告分析报送机制，实现西班牙公司财报信息及时、高质、常态化报送，为中电工程管理层定期评估西班牙公司生产经营情况提供决策支持。设计西班牙公司生产经营情况报告模板格式，按季报送，年末决算实现全级次报送，财务报表工作形成常态化管理，进一步提高了对西班牙公司生产经营情况的监管力度。

依托西班牙公司，组建欧洲财资中心，发挥西班牙公司较为系统的境外资金及税务体系优势，利用境外市场的投融资成本优势，提高中电工程的投融资能力，发展以开发性建设为主体、参股投资和融资性建设为辅助的投融资业务，创造更多项目机会。

3. 开展保护式人力资源整合

在人力资源尽调基础上，采取保护式人力资源整合策略，制订留任激励机制，最大限度地确保西班牙公司人才队伍稳定。首先，留任关键人员。保留原经营管理团队和雇员，制订留任激励措施。在董事会层面，原 CEO 继续担任董事，同时邀请原股东副总裁留任外部董事；在经营层面，留任原职业经理人继续担任 CEO；识别 10 名业务单元管理层人员，以及后台职能的 5 名管理层人员作为关键留任人员，确保并购后前台业务的可持续性及后台职能运转的稳定性。其次，外派关键岗位。为充分保障西班牙公司的管理与协同顺利开展，通过识别关键岗位，外派董事会秘书、首席战略官、首席财务官、财务副总监、人力资源副总监、市场主管、财务主管等，在战略支撑、业务协同、财务监控、人员与文化融合等方面加强管控。在业务层面，外派商务和技术团队以推进国内国际业务协同，全力发挥既定的协同效应。制订《外派人员管理办法》，明确岗位设置、薪酬福利方案制订、人员选派、留任、轮换和回任、人员借用关系及借用期间相关管理等要求。

4. 开展兼容式文化整合

西班牙公司并购后，双方文化差异较大，主要表现在语言障碍、权力距离维度上的文化差异、对他国文化认识偏差导致的非理性反应等方面。一方面，中电工程主要负责人专程赴西班牙公司做出“以人为本、充分授权、团结稳定”的郑重承诺，消除西班牙公司员工的担心和顾虑；另一方面，制订“百日沟通”计划，采用访谈与调查问卷的方式，从角色转换、变革管理、组织文化、企业价值观、整合效果等方面开展多轮与高层管理人员、普通员工的深度沟通，及时化解文化危机。在价值观层面，双方统一了对于职业行为和组织价值观的定义，将卓越的技术与协作定义为组织的核心价值。

（六）在整合中健全绿色发展产业链

1. 深度开展融合式绿色技术整合

依托中电工程22个专项技术中心，与西班牙公司开展合作，通过全方位的绿色低碳发展实施路径研究，提前掌握绿色低碳产业发展方向、技术升级方向和市场布局方向：以规划技术研究为引领，研发以新能源为主体的新型电力系统配置方法与综合能源智能运维平台；立足燃煤机组为基础保供和调峰电源，研发燃煤机组节能降碳和灵活性调峰关键技术；紧跟“双碳”背景下新能源新业态发展态势，研发以低温发电、光热发电、高空风能为代表的新型发电系统与技术；围绕储能、氢能“两个基本点”，研发电化学储能和氢能关键技术与系统集成方案。

依托西班牙公司，建立欧洲技术研发中心，重点开展核电、大型燃机、光热、海上风电、能源新业态、数字化、城市基础设施等领域的技术研发和产业培育，为国内、国际市场开发和项目执行提供技术支撑。

中电工程组织研究西班牙公司的光热发电技术，通过和设备厂商合作，联合研发产品，形成独有的工艺包，开展技术应用。通过开展光热资源规划和全产业链发展规划，积极推动中国光热技术进步和产业升级，以规模化开发带动光热装备及技术服务发展，以龙头企业为依托实现全产业链发展，打造成具有国际竞争力的光热产业。

在能源数据技术中心的基础上，整合西班牙公司现有的数字化能力，形成敏捷创新团队。基于西班牙公司EcosimPro等现有数字化产品，以中电工程广东电力设计院海上风电大数据中心为试验基地，联合开发新产品和新方案，打造中国第一个“数字孪生”的智慧能源项目。开发完成后，将产品推广至中电工程，共同开发中国乃至国际市场。

依托西班牙公司，组建国际标准研究中心。中电工程发挥西班牙公司完善的欧美标准技术体系优势，在已有项目执行基础上，开展工程领域中外技术标准对比研究，充分响应市场开发的要求，实现中国标准与欧美标准对接融合，加大推进对欧美标准的掌握程度。目前，已将150余项欧美标准与中国现行国家标准和电力行业标准进行比较，列出对照表并对重要条款做出说明，提出使用指南，指导企业在涉外工程中选择和使用。

2. 深度开展互补式产业与业务整合

在高端咨询业务领域，依托西班公司建立高端咨询中心，建立独立、客观、专业化的国际咨询团队，发挥西班牙公司在业主工程师、项目规划咨询、技术和市场尽职调查等方面的业绩和能力优势，与中电工程“碳中和”发展研究院等协同开展高端咨询业务，国家端、行业端、区域端、客户端提供“3060”的“双碳”目标系统解决方案。

在海外充分发挥西班牙公司在欧洲、美洲、中东等区域健全的市场渠道优势、完善的项目开发体系和欧美技术标准体系优势，联合中电工程在新能源发电、输变电业务方面的突出能力，进一步开拓全球绿色能源市场；发挥西班牙公司在机场、医院、车站等方面的高端基建业绩和水景艺术的知名品牌优势，拓展非电业务在国内外的发展，实现国际业务多元化发展。西班牙公司借助中电工程的全球资源开发国际市场，提高项目执行能力。

在国内充分发挥西班牙公司的技术优势，补强中电工程核电、非电业务能力，借助中电工程和当地政府的良好关系和渠道优势，发挥西班牙公司水景艺术、民用与功能性建筑（机场和医疗设施等）的优势技术领域，进军并高质量服务中国非电业务市场。数字化业务协同方面，充分考虑中国市场的需求和特点，基于 EcosimPro 等现有产品，联合西班牙公司二次开发新产品，或在其现有数字化资产的基础上进行产品服务和业务领域的延伸，培养新的数字化能力，开拓中国乃至全球市场。

3. 深度开展集约式市场整合

按照集约式市场整合策略，授权海外事业部统筹管理西班牙公司战略规划、市场布局、项目开发与执行，以欧洲市场为模板，对做好属地化、巩固核心市场开发进行实践，加快自身国际化运营，扩大国际市场布局，优化国际业务开发资源。

依托西班牙公司建设欧洲区域业务中心，统筹协调欧洲区域内经营工作，协同市场开发与项目执行，与中电工程共享全球市场分析信息、客户关系信息，共同做好品牌宣传，建立和维护公司的区域公共关系及市场营销渠道，加速中电工程欧洲业务属地化运营的建设步伐，探索深化新的国际化运营模式。

中电工程整合西班牙公司在中东、北非和中南美等区域的优势资源，并入相应区域业务中心，完善中电工程全球布局。西班牙公司进一步接入中电工程全球网络，与中电工程其他区域业务中心形成互补，形成市场开发合力，提升市场开发质量，拓展各区域业务，最大程度发挥协同效应和集而成团的优势，加快集团整体国际业务的发展。

（七）建立整合后健康发展机制

1. 优化协同组织架构

中电工程与西班牙公司秉持“整体利益最大化、互利共赢、市场化合作、互相尊重、激励导向、守土尽责”6 个业务协同指导原则，充分发挥双方的比较优势、属地化经营优势、整体资源优势，形成优势互补的业务合力，提升业务发展的质量和效率。通过全面对接中电工程与西班牙公司的组织体系，围绕实现“双循环”，优化西班牙公司组织机构和职能，设置专职战略规划人员，与国内企业共同梳理整合后的业务板块发展方向；设置专职市场开发人员，在欧洲、中东及美洲等重点市场，协助中电工程进行市场分析与开发，实现国内与国际市场信息互通共享；设置专职运营团队，协助国内企业开展项目建设与人员培训；设置专职采购团队，在欧洲区域开展采购寻源、供应商及采购管理；设置专职投资和税务管理人员，负责投资分析、资金和财税管理等事务，支撑国际财资中心业务发展。

2. 建立市场与业务协同机制

首先，建立协同沟通机制。中电工程海外事业部负责国内、国际市场开发与业务协同管理，与西班牙公司联合组建业务协同团队，作为业务协同的信息枢纽。坚持“事前立项、一事一议”的原则，在保证整体利益最大化的前提下，尽可能满足各方利益。其次，建立业务协同流程。协同需求申请阶段，协同需求方向海外事业部提出申请；协同需求筛选阶段，业务协同团队开展初步筛选，从加强技术、业绩、资源、客户关系等优势互补的角度进行综合分析，提出协同方案；协同决策阶段，海外事业部明确各方工作范围，签署协同协议。最后，建立协同成本分摊机制。成本分摊分为“各摊成本、服务费用、考核抵扣”3 种方式。对于以联合体项目投标的项目，风险与成本由参与各方协商分担。需西班牙公司提供协助和技术支持时，签订服务合同，支付服务费用。西班牙公司受委托以中电工程名义开发的部分项目，协同成本在考核时予以抵扣。

3. 建立风险防控机制

由于西班牙公司交割后的整合与跨境运营涉及多个国家法域管辖，存在诸多不确定风险。因此，中电工程将国内、国际市场与业务协同纳入“内控、风险、合规、法律”四位一体的防控体系。首先，控制资金跨境流动风险。中电工程在资金跨境流动监管相对比较成熟的香港，成立紫荆能源（香港）国际财资中心，作为境外资金运作的平台公司，严格监管资金跨境流动，保障资金使用和资金安全。中电工程财务部、法律部研究多地规则，统筹税务合规筹划，确保投资收益及股息收入跨境支付的税款缴纳等符合西班牙，以及中国内地和中国香港等的法律要求，保障跨境支付合规。其次，控制技术双向流动风险。为实现技术交流与融合创新，从并购阶段开始，中电工程就制订符合各国技术进出口管制的技术管制规则，设立专门管理人员，在合规范围内实现技术利用最大化。最后，控制人才双向流动配置风险。建立国际人才资源库，明确相互交流人才选拔要素，实施交流人才培养计划，建立交流人员绩效评估机制，以及海外派遣人才薪酬福利激励体系，并且开展海外派遣人才回流管理。

4. 建立整合创效评价机制

为有效监管并购后整合工作开展情况，验证实现“双循环”的并购与整合实效，中电工程从组织治理、市场与业务、技术创新、资本运作、企业文化、综合绩效共6个维度建立西班牙公司整合创效评价体系，每半年开展一次综合评价，及时修正整合策略、整合方式及运营协同相关工作机制。

三、国际工程公司促进国际国内“双循环”的海外并购整合管理效果

（一）开拓欧美高端市场，协同效率效益不断提升

中电工程将西班牙公司打造成海外的市场开发平台、属地化执行平台、信息平台、管理平台及投融资平台，通过内部协同经营、合作承揽及执行项目等方式完善市场版图，为中国能建其他单位进入欧美、中东等高端市场提供支撑。

2021年，并购整合成效显著，有力推进中电工程与西班牙公司业务协同发展，快速提升在海外市场尤其是欧美发达国家市场的品牌影响力。中电工程与西班牙公司在海上风电、生物发电、核电、输变电、数字化、基建及水景艺术等业务领域均开展多个项目的业务协同，累计协同项目86项，其中已签约的项目19项、正在推进的项目12项、已识别的潜在项目12项。已签约合同主要分布于欧洲、南美、中东、中亚等区域，实现了高端市场的业务拓展。

通过与西班牙公司协同运营，中电工程签署西班牙、意大利、墨西哥等国多个新能源并购高端咨询项目，实现了咨询业务高质量“走出去”；成功中标墨西哥196兆瓦燃机项目，顺利开展阿联酋乌姆盖万150MiGD海水淡化厂EPC项目执行，通过设计咨询带动西班牙北部RDF垃圾电站项目总承包；带动中国能建其他板块高端市场非电业务发展，落地和实施智利某机场项目、巴塞罗那体育馆修复项目、沙特红海园区等大型项目等。此外，中电工程全力支撑西班牙公司在核电领域拓展一体化、综合化、高端化服务，在ITER1项目上取得重大突破，签署了TCC2安装合同和FWP总承包合同。

（二）国际国内相互促进，建成协调发展的“双循环”格局

2021年，中电工程全年实现海外签约621亿元、营业收入82亿元，同比增长分别为50%和90%，国际设计咨询业务占比由4.0%提高到8.1%；欧美高端市场业务占比由6.0%提高到13.3%，国际化指数由6.2%提高到12.2%，充分验证了“双循环”发展的前瞻性、全局性和有效性，为后续落实集团海外优先发展战略提供了有力的支撑和保障；西班牙公司营业收入、利润总额同比逆势上升2.04%、1.2%，实现了并购整合的平稳过渡和持续增长，为属地化发展夯实基础，并购整合成效初步显现。

凭借良好的经营业绩，中电工程2020年和2021年连续蝉联荣登ENR“中国工程设计企业60强”榜首，进入“中国承包商80强”榜单，获评“最具效益承包商”“最具国际拓展力工程设计企业”“国有重点企业管理标杆企业”荣誉称号。西班牙公司位列ENR2021年国际工程设计公司225强107名，排名较上年提升5位，企业品牌和价值持续提升。

（三）上下游相互带动，实现产业链绿色发展

中电工程牵头开展江苏省、上海市及雄安新区等20个省级和32个市区级、59个园区级“碳达峰”专题研究，充分展现了作为规划咨询和国际高端智库的品牌实力；同时，开展了一系列绿色示范工程，如全过程设计咨询欧洲最大电网侧单体电池储能电站——英国门迪二期工程等。

以西班牙公司为高端咨询平台，服务上下游企业实现绿色发展。在海外为三峡集团 Anchor 和 Belvis 项目等一批绿色项目提供咨询与顾问服务，在国内为香港中华电力青山电厂资产退役项目等提供咨询服务，带动后续总承包业务。中电工程还与中广核集团签订了技术服务框架协议并相互发出服务订单，实现了核电业务国际合作的新突破。

（成果创造人：罗必雄、刘　壮、顾　军、杨炳良、朱　丹、黄明亮、
左　鹏、刘国芳、蔡逢敏、刘　叶、强琬青、夏昊君）

满足新形势下航空发动机发展的专业化核心供应链建设

中国航发动力股份有限公司

中国航发动力股份有限公司（以下简称航发动力）始建于1958年，是国家“一五”期间156个重点建设项目之一，位于陕西省西安市，占地面积336万平方米，资产总额237.4亿元，拥有从业人员1万余名。经过60多年的建设，航发动力融汇了俄系和欧美两大技术生产体系，具备涵盖产品全寿命周期的设计、制造、总装、试车整套技术和发动机综合服务保障能力，综合技术水平国内领先；建有从毛料精铸、精锻到热表、特种工艺，从盘轴、叶片、机匣、燃烧室等零部件到总装试车等10多个专业化优良制造中心，18条航空发动机及燃气轮机专业化生产线，叶片精锻、盘、轴、燃烧室、燃油喷嘴加工等生产线具备的制造能力国内第一，总装试车及核心加工能力始终处于行业先进行列。从涡喷发动机到高推重比新型涡扇发动机，从航空动力、航海动力到空天动力，从一代发动机到X代发动机，航发动力先后创造了中国多个“第一”，已经成为中国航空发动机集团有限公司（以下简称中国航发）所属的中国大中型军民用航空发动机研制生产基地、大型舰船用燃气轮机动力装置生产修理基地，是国内一流、国际知名的高技术装备制造企业。

一、满足新形势下航空发动机发展的专业化核心供应链建设背景

（一）产业龙头、科技报国，新形势下航空发动机产业链建设的需要

当今百年未有之大变局加速演进，我国正处在实现中华民族伟大复兴的关键时期。国际先进发动机生产商通过全球“大协作”的配套集成，每年数千至上万台发动机的生产，高度集成垄断世界航空发动机市场。为此，中国航发提出，要通过供应链的建设来促进产业链的发展，充分发挥举国体制优势及产业链的龙头作用，推进开放合作，提升“基础固链、技术补链、融合强链、优化塑链”的能力，打造自主可控、安全可靠的产业链，成为国家可依靠的战略科技力量。航发动力围绕国家利益和集团战略，迫切需要加快实现产业链、供应链的自主创新，发挥“链主”作用，大力建设产业供应链。

（二）聚焦主业、动力强军，装备发展中建设核心供应链的需要

随着国家安全形势、国防建设政策的改变，装备发展需求急剧增长，航发动力批产型号任务艰巨，发展与科研生产面临多重考验和瓶颈。原有依赖国防技改投入，大而全的建设、生产组织模式，原有临时性、应急性、工序补充型的外包供应链无法满足当前迫切的建设需求、装备需求，倒逼企业聚焦核心能力建设，在任务配套和企业运营上借助社会资源布局建设专业化核心供应链。航空发动机高技术特征下产品多专业的复合性、恶劣工况下质量的高可靠与安全性等对供应商资质、技术、质量、生产、管理能力的要求极为苛刻，国内民口整体基础薄弱，对企业供应链建设与管理提出挑战。

（三）资源整合、融合发展，专业化建设供应链的需要

国家提出融合发展战略以来，大量民营企业涌入航空发动机行业，其在“专业技术、质量保障、专业产能规模”等方面发展极不均衡，给产业布局规划、产品质量埋下隐患，给行业健康发展埋下隐患。充分发挥主机企业“链主”的优势和作用，统筹实现军民企业优势互补、资源互通，带领民企专业化发展投入，以专业化构建核心供应链，以专业化供应链建设提高供应链整体绩效，建立多方互利共赢、良性循环的供应链生态，是航发动力在融合发展快速深化中的重要任务。

二、满足新形势下航空发动机发展的专业化核心供应链建设主要做法

（一）顶层设计构架供应链专业化能力需求

航发动力深入分析现有生产线的设备、人员和技术的优势与短板，分析未来任务、行业未来发展，在“聚焦主业”“置换能力”“科学控制”的3项原则下，从顶端生产线布局决策入手，研究短板和优势，研究行业及新技术走向，研究聚焦专业产能、专业产品布局，制订了《自制和外购件划分管理规定》；从聚焦产品工艺布局、调整优化混线生产模式出发，制订了《工艺流水线分配原则》；从精准化控制核心技术出发，制订了《产品外委外协负面清单》，指导区分零组件级控制和工序级控制。明确了航发动力的核心产品、核心技术、核心业务，指导和规范造买决策，识别构架外部供应链需求。从当前外包供应链的能力现状分析，从产品专业化、技术专业化、能力专业化确定关键、战略供应商的核心发展要素。按照上述策划，航发动力对10多个机型、数万个零组件展开甄别，按照专业化梳理确定了13000多个外包件号，对未来外转任务进行需求总量预测，确定了齿轮、中小结构件、钣金、机匣、叶片等外包的航空发动机产品专业，耐热不锈钢、钛合金、高温合金的高效率、高精度、低变形的加工工艺技术专业，年产从数十台至上百台产能配套的外部生产能力类型，对原有外包供应链上的供应商能力现状进行摸底识别，对外包供应链的核心需求与能力建设进行统筹构架，利用专业技术和管理优势向外部延伸，引导建设外包专业化核心供应链。

（二）以理论工具的创新明确专业化核心供应链建设基础

1. 设计供应商能力矩阵模型，分类识别专业化软、硬实力

为精准分类识别和匹配供应商专业化能力与需求发展能力，航发动力借鉴能力矩阵原理，从对供应商清晰、简单直观的综合素质能力评价出发，从“构划专业能力矩阵，表征硬实力要求”“建模综合能力矩阵，体现软实力特点”两个方面开展供应商能力矩阵研究与设计。航发动力对发动机零件进行分解归类，依据产品类型从工艺特点划分出外包所需轴类、锻铸叶片类、盘环、机匣、中小结构件等13类产品，调查收集了现有生产线产品类型所需要的主导工艺路线及主要设备类型，设计13类专业典型生产线设备图表。由供应商与其现有设备进行匹配，找出优势与能力短板。一是作用于精准画像，构划专业能力矩阵，表征核心供应商的硬实力要求；二是作用于指引供应商资源补充方向，避免无效投入。航发动力还从外包供应商的商业基础、生产能力、技术能力、质量能力4个维度梳理出20个科目，研究设计了38项评价指标，其中33项指标为量化型评价指标，减少人为主观判断，形成供应商综合能力矩阵模型。这些指标注重从企业软实力出发进行能力识别。在技术能力维度方面设计了外部认证、技术人员数量、CAD及仿真软件应用、工装设计能力、专利数量等指标；在生产能力维度方面设计了全工艺性、专业性、规模性等指标；在商业基础维度方面，设计了厂房面积、固定资产、员工人数、信息化应用、运输距离、财务能力等指标。力求从软实力方面建立识别模型，准确识别供应商的软实力特点。

2. 对标吸取先进经验，优化产品首件包管理模式

根据从简单工序、一般产品向长工序、全工序、关重件的外包生产组织方式的转变，为严格复杂产品、复杂工艺状况下的过程质量控制，航发动力对首件包管理进行了优化，对比研究了GE公司的GE－S1000、罗罗公司RR－SABRE3、国际宇航《航空航天质量管理体系要求》（AS9100D）、《航空航天首件检验要求》（AS9102）及行业首件包管理的内容、侧重及详细要求和特点，与航发动力《供应商首件包管理程序》《首件鉴定程序》进行了条款对比。对各标准控制的主要要素进行了对比，找出差异，从差异区分控制内涵，分析控制方式的不同作用和对企业的适用性、适宜性。通过对比研究，航发动力对首件包管理进行了优化，面向三、四代机高新技术快速应用发展，兼顾解决一、二代机的工艺、检验、产品符合性接收特点，按照外包产品工序、关重特性、外包类型（部分工序、近全工序、带料成品）及专业分类明确工艺评审、首件鉴定、样件评价、首件数据包、质量评审的不同应用场景、内容、批准

流程等，重新制订发布标准，探索多标准兼容，综合了国军标、国际航空标准的特点，调整首件包管理方式，按照要素分类控制。

3. 导入集团 AEOS 建设成果，进行快速推广

为加强转型发展中的供应链管理能力建设，引导和帮助供应商专业化发展，航发动力导入集团 AEOS 供应链体系建设的成果，持续推进战略供应商管理、驻派代表管理、特殊过程控制、计划管控云协同等。如推行驻派代表管理模式，针对项目多、难度大的部分专业项目和部分重点供应商，制订管理流程、推进方案，抽调精兵强将作为专职人员帮扶培育。2021 年，试点 4 家战略供应商，边推边建；2022 年，扩大至 9 家供应商推行，帮助培育核心供应商，指导专业化能力建设。

（三）匹配专长，精挑细选，布局外包核心供应链建设

1. 梳理供应商任务承制，找准供应商产品专长

航发动力设计能力矩阵的目的是实现对供应商的准确识别，与核心供应链的专业化建设精准匹配，与需求结合进行结构优化调整。为此目的，航发动力从历史件号生产的能力角度启动了外包供应商产品目录的梳理、编制工作，依据供应商承接的历史合同、项目、产品样件批准单，梳理历史任务承接共 36000 余条，形成产品目录，多次迭代，对产品按照 13 个类型进行专业化归类与合并，根据历史任务承接分析供应商专业特长，反映出产品特长、技术专长，精准画像。

2. 建档供应商设备能力，彰显供应商产能专长

航发动力向供应商发出设备备案上报要求，派出队伍现场核实，建立起供应商设备台账，具体到设备名称、型号、加工范围、精度、设备图片等信息，正在与供应商信息化系统结合，在对供应商设备动态掌握的同时对设备工艺能力进行分析整合，与 13 个专业的设备工艺需求相匹配，按照理论工时进行单台设备、同组设备、同类设备理论产能测算，识别专业加工特长与产能。

3. 审查供应商工艺规程，掌握供应商技术专长

航发动力通过审查供应商工艺规程，特别是科研件号的工艺规程编制，统计科研件号的试制生产承接数量、承接类型、反应速度、检验结果、质量波动等，分析供应商工艺技术能力专长，特别是针对航空发动机专用的耐热不锈钢、钛合金、高温合金等难切削材料特点，以及复杂型面下的高精度、高表面完整性、低变形工艺特点的复合加工技术、工艺编程技术重点识别，了解掌握供应商技术专长。

4. 匹配供应商发展方向，布局供应链核心建设

通过供应商设备清单与专业化能力矩阵相匹配，与历史任务承接件号类型、数量结合，企业摸清了外包民营供应商的技术特长与产品类型、理论产能，对供应商的特点、能力与企业需求精准匹配。在此基础上，企业组织供应商进行了讨论，指导供应商后续设备投入，确认了供应商当前及发展的专业方向，调动供应商主动作为，自觉自愿的专业化发展，在现承接的专业类型基础上主动选择 2～4 个专业化发展方向，形成外包供应商专业化能力分布，经批准后发布《外委外协供应商专业能力矩阵》。

（四）帮扶监督，精准管控，夯实外包供应链专业化基础

1. 驻派代表进驻，重点帮扶，突出供应链核心

航发动力导入驻派代表管理模式后，抽调专家对叶片专业、中小钢件专业、紧固件专业开展有针对性的专业化供应商辅导培育，以承担紧固件专业的蓝天钛金、叶片专业的地面设备及盘环和中小结构件专业的恒德、三航动力为试点，通过技术、质量、生产、检验等 4 个维度，针对叶片、紧固件、中小钢件、盘环的专业产品特点开展新产品导入、生产计划管理提升、设备维保、现场管理、质量体系帮建、技术能力评估及改进、工艺纪律检查、首件包批准、专业检验技能培训等方面进行培育帮扶工作。

针对任务承接排名居前的供应商，抽调退居二线干部带队，开展了计划管理专项提升等工作，统筹分厂月度计划，先从交付不稳定的恒德、蓝天钛金试点，2022 年已扩展 9 家核心供应商，总体下达生产计划，驻派代表帮助指导供应商编制对应的生产交付计划，排班定产，监督落实。通过先期试点和扩展，核心供应商的交付得到明显改善，计划准时完成率从长期低位徘徊的 83% 提高到 90% 以上，准时生产、准时交付成为供应商的关键改进项。

根据供应商专业化分工矩阵，航发动力还按照零件类型特点选择了 19 家供应商，开展针对性审核和生产、技术、质量控制的帮扶工作，指导完成整改 115 项。对供应商技术人员在工艺文件的编制方面进行指导和培训，组织供应商开展计划管理、现场管理、班组建设、批次管理改进，指导现场实施。

2. 放行代表认证，能力培养，提升专业化保障基础

为进一步推进供应商专业化发展，在原质量放行代表基础上，航发动力持续推进，针对供应商检验人员能力素质参差不齐的实际，加强培训，锻造一批专业化水平高、责任心强的质量放行代表人才队伍，组建由质量管理、工艺技术、检验检测等相关专家为主体的师资队伍，针对各薄弱环节精准定制，量身打造专项过程管控标准、产品检验检测方法、技术状态控制等影响生产过程的重点控制内容，组织各供应商推荐的优秀人员进行培训，教理论、教方法、教经验。考核合格人员予以颁发质量放行代表证书和专用印章，开展履职工作。每季度对质量放行代表工作进行回顾检查，收集交付质量、进度数据，进行综合评价，对薄弱环节组织再次培训，不断迭代提升个人能力。为确保质量放行代表工作的规范性、延续性，航发动力及时总结经验做法，对内，编制形成《HFW5106 V1.0 质量放行代表管理》，作为集团 AEOS 供应链管理体系文件，在全集团进行推广；对外，督促各供应商将质量放行工作要求落实到实际生产中去，在全力完成对产品全过程质量放行的同时，进一步探索产品生产过程质量监督和检查的有效途径。

3. 两级审核监督，系统管理，提高体系保障能力

航发动力在派驻代表、质量放行代表基础上开展体系审核监督，设置专业优良制造中心“月监督”、公司层“季审核”两个层级的的监督审核方式，提高供应商体系管理能力。由各优良制造中心对专业内供应商每月进行现场监督检查，公司层面采取对核心的 6 家战略供应商、业务排名前十的重点供应商每季度进行现场审核，通过《外委产品交付状态检验记录表》《通用量具借用台账》等 20 余项标准化管理表单的推广应用，通过标准化检查审核表单回顾检查，培育提高供应商的专业化体系管理能力。

4. 分类评审批准，固化过程，严格管控产品质量

航发动力通过对首件包产品管理模式创新，根据产品分类和外转任务，实施不同的评审和批准，固化工艺、固化规范、固化标准、固化参数，严格管控产品实现过程，达到外转产品符合质量和稳定生产要求。如针对简单工序外包，采取气球图明确检测要求，首件全面检验，工艺规范批准、首件包样件表批准，固化质量要求和规范；针对长工序外包，增加工艺评审环节，样件首件包全面批准，进行开工前风险评估和审查；针对全工序外包，增加首件鉴定环节，全面审查批准实现过程，评估过程符合性；针对关重件全工序外包，增加质量评审、试车考核环节，全面评价产品质量的符合性、一致性。

5. 计划拉动，云协同链接，织造外包任务管控核心网

航发动力在原有内部信息化基础上，导入集团 AEOS 供应链管理成果“云协同”理念，升级打造生产管控平台，外延计划管理，以计划拉动，云协同链接，织造起外包任务管控核心网。依托航发动力 MES、ERP、生产管控系统和供应链系统，打通内外部信息通道，形成从采购订单发起到外

协合同签订、零件返厂、车间接收、订单收货、合同报销的外包全业务流程管控，跟踪发货状态，跟踪排产计划，跟踪质量结果，监督执行进度，实现与供应商之间的生产协同可视化，信息交互集成，通过图形化界面直观了解、监督外包的工作执行情况，提升企业对供应商的管控能力。

（五）分类优化，精细评价，聚焦专业化业绩改善

1. 重构统计基础，分类优化，调整基于专业化方向的绩效评价

航发动力在原绩效评价基础上按照专业化要求重新确定，改变统计和评价方式，重构统计基础。细化数据统计方式，根据 13 类产品类型建立统计基础，具体统计指标跟踪到每一个零件、每一批产品、每一项订单。对同类型下的供应商按照交付的产品类型开展交付、质量、服务、价格 4 个维度的数据汇总、分类评价打分，依据专业化类型进行季度、年度绩效评价。

2. 评价结果应用，推动专业化中的竞争与改进

航发动力按照季度发布外包供应商专业绩效考核和排序。通过季度专业化绩效考核评价，组织驻派代表拉动改进，对情况较差的供应商进行警示。通过专业化排序排名，以结果为导向，按年度、季度绩效结果在供应商寻比任务份额分配中应用，占比分值达到 50%，推动供应商关注专业化绩效表现，激发供应商在不同赛道上的专业化的竞争，进一步推进供应商的专业化发展。

（六）策略导引，精确应用，引导外包核心供应链专业化发展

1. 专业化采购策略，触发业务整合发展

通过专业能力矩阵设计、专业匹配、专业方向确认与排序，在非核心产品外转过程中，明确供应商专业化选择引导的方针，开展任务分配专业化调整与引导，将专业化能力、专业化绩效评价结果应用与询比选择进行强关联，引导供应商专业化发展，鼓励专业化产线布局建设，提升专业化技术和管理能力。研究制订采购策略，核心目标是精准应用，保持产品质量的稳定、生产的稳定、供应商的稳定。为此，明确专业化引导下的采购策略，包括双流水开发、专业化调整、工序级供应商向全工序整合、短工序向长工序延伸等策略方针。

2. 专业化外协策略，增强信心，触发供应商专业化建设投入

通过确定供应商专业类型，确定供应商专业化定位，航发动力引导供应商向专业化发展，针对专业化的产能不足，指导动员供应商按照专业生产线、未来需求投入和补充设备，特别是发挥民营企业反应迅速、投资决策果断的特点，快速形成产能补充，使投资方向与企业需求、市场相匹配，供应商信心得到增强。

（七）需求发布，精算产能，计划牵引核心供应链建设

为保证核心供应链建设满足航发动力未来产能需求，让核心供应商大胆投入、快速投入，航发动力组织召开核心供应商座谈会、年度供应商大会，发布“三年任务需求”。组织内部按照零件、工序进行“三年需求计划”评估，对未来 3 年任务能力精准测算，具体到 2025 年的每月交付需求，以长协 + 订单明确任务，组织培育 12 家核心供应商进行任务对接，借鉴国际转包，设计了工序能力测算程序，对 12 家核心供应商的近 1800 台设备、15000 个件号的“三年能力”进行精算。产能精算采取逐件号、逐工序、逐月进行计划和工序能力匹配，分解到主要工序的主要设备，从专业设备数量、人员数量、排班情况测算出最大工时能力指数，以实做工时为基础测算出所需外协设备能力和缺口，找出核心供应商专业能力差距，从设备补充、场地扩建、人员招聘、工装复制、管理改进、工艺提升、功能线与精益专线建设等方面帮助其制订具体措施计划，拉动供应商根据任务需求迅速补充投入专业资源。

三、满足新形势下航空发动机发展的专业化核心供应链建设效果

（一）核心供应链助推航发动力完成高速增长目标

通过专业化核心供应链建设，核心供应商在航发动力的引导和帮助下，迅速结合专业特点，增补人员，加添先进设备，提高管理，扩充专业化产能。经统计，2021 年航发动力外包业务获得高速增长，外包供应商完成航发动力内部同口径计算的商品工时增长幅度达到 108%，远远领先于企业自制商品工时 16.6% 的增长，完成新转件号 7600 余项，培育的 12 家核心供应商产能占到外包总量的 74.5%，实现了“转得出、接得住、管得好”的指导方针目标。航发动力通过专业化引导，整合外部供应链，缓解了企业内部资源与任务的矛盾，满足科研和装备订货年均增长值的任务，顺利达成百亿元目标的历史性突破。

（二）专业化核心供应链建设促进外包供应链绩效的提升

航发动力专业化核心供应链建设，对外包进行集约化调整整合，提高专业化的产品经济批量，促进外包供应链的专业化、集约化，降低了价格成本，提高了交付表现。经统计，2021 年外包业务准时交付率达到 97.67%，某重点型号外包价格整体降低 7%，返补差价 5300 万元；通过专业化的引导培育，核心供应商进一步优化工艺、完善体系、调整精益生产线、补充专业检测设施设备，产品质量得到保障和提升，2021 年一次交检合格率均有 3% ~8% 的不同程度提高，总体产品合格率达到 98.6%，2022 年上半年验收符合率达到 99.9%，合格率达到 99.07%。

（三）满足新形势下的航空发动机产业链建设成长

通过面向航空发动机零部件特点和专业能力，全面推进融合发展过程中的专业化引导培育，突出“专、精、特、新”发展方向，利用主机厂的技术优势和民口资源，航发动力在上百家外包供应商中已初步培育形成以 12 家（其中 5 家战略的以航空发动机、燃气轮机叶片、盘环、轴、机匣等为核心的）专业产品特点突出、技术和产能国内领先的核心供应商，将 1800 余台先进设备纳入航发动力生产计划管理，利用社会资源建设年交付数百万件零件的产业化生产线数十条，承接起航发动力 75% 的外包任务。随着确定的专业化设备、人员到位，专业化生产线持续建设，2022 年继续保持加速的增长势头。紧密围绕航发动力，作为企业供应链的核心资源和专业能力延伸，初步形成全产业链特点的航空发动机零部件专业化产业集群，满足新形势下航空发动机装备发展需求，推进航空发动机产业链的建设成长。

（成果创造人：宁　辉、沈　鹏、杨冀秦、邹兆安、林子博、胡海峰、周清理、赵　昭、黄正阳、何　英、崔庞博、魏钱锌）

船舶科研院所基于标准化的国际规则治理能力建设

中国船舶集团有限公司综合技术经济研究院

中国船舶集团有限公司综合技术经济研究院（以下简称中船综合院）成立于1961年，是船舶行业专业、权威的船舶标准化研究机构，承担船舶行业标准化技术归口职能，面向政府部门和企事业单位开展标准化战略、规划与体系研究和标准化课题研究及重大标准研制、验证与宣贯，以及标准化专业技术培训、国际国内标准技术管理、国内外标准资源共享、标准化良好行为评价等多项服务。中船综合院是国际标准化组织船舶与海洋技术委员会（ISO/TC8）国际秘书处单位、船舶行业多个国际标准化技术组织国内技术对口单位、工业和信息化部船舶行业标准制订管理部委托机构、中国船舶集团有限公司（以下简称中船集团）标准化技术归口单位，同时还是国家技术标准创新基地（船舶与海洋工程装备）共建单位、高端装备制造业（高技术船舶）标准化试点单位。

一、船舶科研院所基于标准化的国际规则治理能力建设背景

（一）建立全球海洋命运共同体的必然要求

船舶工业发展与国际海事公约、规范、标准等的制订与应用紧密相关，国际海事公约、规范、标准三者互为依托，构成了船舶及相关设备系统设计建造需要履行的“规则”主体。中国作为世界主要造船国家和海洋大国，有义务和责任主动引领国际海洋新秩序的重构，积极倡导新的海洋价值观，构建“蓝色合作伙伴关系”，与世界各国一道共同建设和平、合作、和谐的全球海洋命运共同体。我国船舶企业应开拓思路，改变传统“跟跑”的做法，面对船舶工业面临国家战略、法规变动、技术创新、地缘政治、产业链安全、国际非政府间组织愈加活跃等方面的需求与挑战，主动参与国际海事规则的主张、倡议及方案，参与和讨论海洋新秩序规则重构，切实加强国际协调，追求各方共赢的“包容性利益”。

（二）加快建设世界一流船舶工业的重要途径

目前，我国船舶工业与世界一流水平仍存在差距和不足，需要通过深度融合全球规则治理提升软实力和国际影响力。船舶工业发展正处在新旧动能转换和重大技术创新的十字路口，工业技术创新的关口日益向国际规则制订前移，跟踪规则走向、主动参与其中有利于主动引导布局国内技术研发体系且推动船舶工业高质量发展、增强中国造船及海洋装备制造业的国际竞争力，对于推动我国向世界造船强国迈进具有重要意义。

（三）承担国际标准化职责企业的使命担当

当前，我国船舶企业参与全球治理仍然有以下瓶颈问题：一是国际标准研制唯数量论，主导制订的标准对行业发展的引领性和影响力不足；二是国际标准研制对国际海事组织（IMO）法规的支撑力度不够，对国际海事公约规范等缺乏系统性研究，法规标准制订尚未形成一体化布局，对国际要求响应滞后；三是科技创新与国际标准化工作的融合度亟待提升，缺乏系统规划，国际标准立项推进与工业界科技创新存在脱节，标准化专业机构与技术研发企业协同合作不充分，影响整体效能发挥；四是标准政治化趋势显现，影响了本应客观和中性的标准化技术立场，使国际标准竞争日趋复杂。以上问题的解决需要充分发挥承担国际标准化职责企业的平台优势，转变发展观念，打通工作堵点，依托承担国际标准化职责企业的优势在国际规则治理体系中进行长期战略性布局，提高我

国在相关领域国际规则治理中的主导权和影响力。

二、船舶科研院所基于标准化的国际规则治理能力建设主要做法

（一）辨析国际标准化环境，明确船海领域国际化发展战略

2007 年承担国际标准化组织船舶与海洋技术委员会（ISO/TC8）秘书处之初，为尽快熟悉国际机构的“游戏规则”，建立一套能够指导我国船舶行业实质性参与国际标准化工作行之有效的管理方法，中船综合院分析政策、技术与竞争环境，运用内外部因素评价分析方法对环境进行了深入辨析，进而通过 SWOT 分析法确定了依托标准化专业机构有序推进我国参与船舶领域全球规则治理的整体工作战略。

1. 分析船海领域国际标准化内外部环境

政策环境方面，国内始终关注和支持国际标准化工作。技术环境方面，信息技术的发展和国际海事立法的日趋严格催生了船舶行业智能化与绿色化的发展趋势，带来国际标准化工作新机遇。我国造船工业已走在世界前列，一些技术领域已由“并跑”发展到“领跑”，具备制订前沿领域国际标准的技术储备。国际竞争环境方面，欧美日韩等发达经济体参与船舶领域国际标准化工作历史悠久、技术实力强、人员参与力度大，具有抱团取暖、一致发声的特点，我国很难在既有的利益格局与话语体系下围绕前沿领域和重大问题制订标准。我国接手 ISO/TC8 秘书处工作后，尽管资源调动能力、工作机制和工作模式仍需进一步提升，但我国承担 ISO/TC 8 秘书处工作为我国船舶工业国际标准化工作建立了一手信息渠道和专家培养平台，提供了介入各分技术委员会和工作组具体事务的机会，为我国开展技术和管理布局创造了良好机遇。

2. 建立内外部关键因素评价量化分析模型

中船综合院通过外部因素评价模型（EFE）和内部因素评价模型（IFE），梳理总结了当前参与船舶工业国际标准化工作面临的优势、劣势、机会和挑战并通过赋权和打分得出加权评价分数。其中，外部环境评价（EFE）的总分为 2.90，高于平均水平 2.5，说明我国船舶行业参与国际标准化工作的现状能够对外部的机会和威胁做出反应，可以通过适当的方式利用有利的机会、避开不利的威胁；内部环境评价（IFE）的总分为 3.25，高于平均水平 2.5，说明我国船舶行业参与国际标准化工作总体内部优势高于平均水平。

3. 明确船海领域国际标准化五大战略目标

通过对我国船舶工业开展国际标准制订面临的内外部环境进行 SWOT 分析，从国际标准制订战略方向、组织架构和人员任职调整、人才培养、国内外资源对接等方面形成针对性工作策略并由此提炼出“战略引领、分步推进”的总体工作原则。由于国际平台任职本身带来的公正与中立要求，在实际工作层面需要以国际标准制订战略方向的确定为抓手，实施相关策略。为此，在 2007 年承担 ISO/TC8 秘书处职务之初，经过技术研判与国际研讨，在充分考虑前沿技术发展和国际海事法规履约需求后，明确海上安全、海洋环境保护、海上安保、海事教育培训与海洋技术五大战略方向作为未来国际标准化工作的重点，为后续工作策略的实施奠定了基础。

（二）开展国际业务架构重组，形成战略管控能力

基于五大战略方向引领，ISO/TC8 主席和秘书处结合海事工业及海洋科学研究与开发活动的最新进展，从组织架构调整、人员任职安排、工作机制构建方面着手构建战略管控能力。

1. 主导国际标准化组织机构的调整优化

在 ISO/TC8 全会前的主席战略咨询会上，充分发挥我国承担主席和秘书处的主导作用，利用 ISO 导则赋予的权限，在建立五大战略方向的基础上，对 ISO/TC8 的组织架构进行重大调整。在已有海

事安全、海洋环境保护、海洋技术分技委的前提下，将船海前沿领域国际标准化工作抽取出来，新成立海上安保、海事教育与培训、智能航运、水生有害物种直属工作组，提升直属工作组在ISO/TC8内的地位和重要性，充分发挥国际资源调动能力和协同作用。

2. 调整关键领域领导岗位人员任职安排

考虑到国际平台涉及众多国际力量，主席需遵守ISO技术工作导则9年换届的要求。为在遵循国际工作规则的前提下深入影响分技术委员会的工作，充分调动重要海事国家和国际组织在ISO/TC8内工作的积极性，培育ISO/TC8内部合作竞争新格局，ISO/TC8主席和秘书处与各国代表团充分沟通交流，逐步完成了ISO/TC8内8位分技委主席的重新任命，通过继续任命中国、日本、韩国新专家承担原有分技委主席保持中、日、韩在ISO/TC8内管理权的平衡，通过交换任命英国、美国分技委主席的方式保持英、美在ISO/TC8内的利益格局，通过替换任命分技委主席的方式为俄罗斯在ISO/TC8内争取一席之地。

3. 强化中方秘书处领导的工作机制建立

ISO/TC8秘书处在完成日常管理工作的基础上，已通过ISO信息系统初步形成对下属各分技委工作的检查、督导、改进管理。2016年起，ISO/TC8中方秘书提出在年度两次召开主席战略咨询会的同时，同步召开秘书处研讨会，围绕秘书处内部存在的主要问题及解决途径进行规范化管理，以国际标准研制工作为切入点，对重要国际标准项目执行情况和重要活动进行总结，对重点工作思路与工作方法进行规划部署，对面临的新形势、新机遇和新挑战不断动态调整和完善管理模式，进一步强化中方秘书处领导下属分技术委员会秘书在ISO/TC8领导力构成中的地位形成强有力的秘书处工作机制与协调管理权限。

（三）充分利用国际标准制订规则，提升我国标准业务能力

标准化以其技术的本质特性，对于科技发展具有重要的引领和支撑作用，因此在充分利用国际标准规则的基础上，基于结构布局合理、技术引领作用强、出口带动能力高的基本制订原则，做好国际标准培育、立项、推进3个层面的国际国内制订流程管理，对于提升我国国际标准制订能力、更好服务我国船舶工业科技创新和产业竞争、依托国际标准开展全球规则治理能力建设具有重要作用。

1. 开展以客户需求为导向的标准预先培育研究

长期以来，ISO/TC8作为连接海事立法机构和工业界的桥梁，一直以国际海事立法要求和工业界需求作为标准化工作的主要推动力量，不断以国际标准满足客户需求。国际层面采用国际标准路线图带动项目、国际标准需求研讨、立项前国际会议介绍、注册预备工作项目等方式，国内层面通过在国内召开国际活动研判国际标准需求、围绕产业科技创新开展国际标准同步研究、主导参与路线图布局我国标准提案等方式，分别开展国际标准预先培育研究，国际国内良好衔接，确保我国提出的国际标准在满足国际客户需求的同时服务我国科技创新与产业竞争。

2. 开展以适用性分析为基础的国际标准立项策划研究

根据ISO技术工作导则规定，国际标准经审核通过后，由ISO/TC8秘书处开启8～12周的委员会内部投票，2/3参加国成员赞成且提名4或5国专家参与方通过国际标准立项。为确保我国提出国际标准提案的立项通过率，在国际标准立项投票前，ISO/TC8国内技术对口单位邀请技术专家和国际标准专家从项目国内外研究情况、必要性、拟解决的关键问题、应用情况、技术内容等方面分别从聚焦可行性、先进性、合理性和协调性等维度开展提案审核，通过国内提案审核的项目随即沟通国外专家就标准内容进一步提出意见，吸引国际专家参与国际标准项目研制。

3. 开展以全周期咨询为抓手的国际标准推进策略研究

国际标准通过立项进入推进层面后，秘书处惯常通过起草阶段协商一致、委员会阶段投票征集意见、询问阶段和批准阶段分别通过 20 周和 8 周的阶段投票，方可推进国际标准进入最后的出版阶段。为保障我国主导国际标准项目顺利推进直至发布，中船综合院利用同时承担 ISO/TC8 秘书处和国内对口单位的天然优势，针对传统领域、前沿领域和国际标准修订项目分别采用圆桌合作、路线图引领和快速通道等差异化国际标准推进策略开展全周期咨询指导，对标准项目各阶段提供全周期的技术指导、意见处理和技术协调、风险防范与化解等专业咨询服务，重点根据 ISO 技术标准要求指导并提出各阶段标准的推进策略，根据项目进展情况适时优化调整方案中的工作计划。

（四）以合作共赢为核心的理念，提升标准化治理风险管控能力

我国一直坚持稳中求进的工作总基调，秉持合作共赢理念，应对工作中挑战的同时总结经验、汲取教训，消除不稳定因素，建立并不断完善风险防范措施，提升风险管理能力，为我国与“一带一路”沿线国家共同开展国际标准制订及交流合作和在 ISO/TC8 内高质量开展国际规则治理工作营造良好发展环境。

1. 建立基于合作共赢的“和”的文化理念

为了能够在各方博弈暗潮涌动的国际平台上切实发挥我国的主导性治理作用。在 2016 年中方主席上任之初就创新性地提出以“和”的思想领导委员会开展工作，建立“和而不同、协和万邦、合作共赢”的文化理念。在随后的管理工作中，从领导岗位任职、会议议程的设置、工作任务分配上都会考虑平衡并提前沟通获取绝大数成员国的认可；通过主席战略咨询会听取大家意见确定 ISO/TC8 下一步发展方向；联合德国 2007 年共同承担秘书处后依托国际标准项目全流程管理，逐步完全接过秘书处工作，建立全面独立运营管理国际平台的掌控能力。

2. 建立以国际规则为基础的风险管理能力

秘书处根据 ISO 规则要求负责 ISO/TC8 内所有国际项目管理工作，针对项目研制开展系统全流程风险识别，根据标准类别、状态、所属机构将标准项目分为不同的风险等级并制订差异化的全过程预案：针对风险较高的项目，秘书处制订针对性的推进策略，加大在提案提出前的准备和国际沟通工作，设计提案在会上提出并介绍的环节，组织对相关设备的现场参观和调研；针对项目研制过程中出现的变化，秘书处通过先后组织多次国际会议，与相关国家进行双（多）边沟通，采用延长研制周期、冷冻或撤销标准项目等方式管理风险。

3. 建立以国际标准为载体的“一带一路”国家合作

近年来，中船综合院与多个“一带一路”沿线国家海事和标准化机构都建立了良好的关系，通过联合标准研制、签署合作协议、定期互访等方式不断拓展和深化技术标准国际交流与合作，全球资源调动能力初步建立。围绕我国主导的国际标准新项目，采用联合项目负责人形式，与韩国围绕防污漆、智能船舶等开展国际标准联合立项申报，大幅提升了国际标准立项成功率，实现了“共赢”发展。与泰国、印度尼西亚、土耳其等 3 个“一带一路”沿线重点国家的 4 家海事机构进行了双边会谈并签订合作协议，内容涉及国际标准、造船、修船及海上与岸上能源等合作领域。与马来西亚、越南、印度尼西亚等 3 个国家的船舶协会及标准化机构建立了友好的合作关系并邀请其来华参与国际标准化活动。

（五）国际标准清单结构化，持续提供最佳解决方案

ISO/TC8 国际标准制订具有覆盖的领域广、成员国家和国际组织数量多、紧跟立法和市场最新需求、快速响应反馈等特点，而且下辖各分技委和工作组所对口的市场需求、技术资源及活跃程度

均不相同，需要通过法规需求、技术领域、标准状态等维度开展国际标准清单结构化，分析标准研制需求，合理分配资源，以国际标准化工作为抓手推动船舶海洋领域技术创新，持续提供最佳解决方案，在国际海事技术标准发展中传递出“中国力量”。

1. 通过标准清单法规需求结构化支撑国际海事立法和履约

中船综合院作为秘书处承担单位，依托能够掌握国际标准研制动态信息与一线参与国际海事组织（IMO）会议的渠道优势，对ISO/TC8内国际标准按照技术领域和国际法规支撑情况进行数据结构化分析，迅速研判出当前海事立法对国际标准的需求，从而帮助国际国内船舶工业界快速响应，迅速集中优势资源推动国际标准制订，确保标准的实用性。针对IMO仍处在立法进程中的热点议题，提供国际标准解决方案，直接被强制性法规引用；针对IMO已生效的公约法规，通过国际标准为其实施提供支撑，提升国际标准应用和执行的效力。ISO/TC8国际标准从2007年共计发布215项增加到2022年共计发布399项，其中170余项直接面向IMO法规需求。

2. 通过标准清单技术领域结构化引领我国船舶行业发展

当前ISO/TC8在研标准以绿色和智能为主要方向，与船舶工业发展趋势相契合。为充分发挥ISO/TC8平台信息优势，秘书处按照技术领域对标准清单进行结构化，从而研判各主要海事国家在智能船舶、网络安全、温室气体减排、替代燃料、压载水管理、船舶岸电等前沿技术领域的资源投入力度、技术路线和发展水平。以智能船舶为例，当前欧洲和日本、韩国等重要海事国家或地区在ISO/TC8内开展的国际标准项目研制主要聚焦数据传输、船载网络、船岸协同等通信基础设施层面，为我国在智能船舶领域技术路径的选择和国际市场竞争提供重要参考。

3. 通过标准清单研制状态结构化提升我国标准项目推进与应用水平

国际标准研制分为预备、提案、起草、委员会、询问、批准、出版发布等阶段，每一阶段各有特点，需要项目主导方快速响应相关专家意见。标准发布后，应用情况是评价标准水平和影响力的重要因素。依托ISO/TC8秘书处平台和资源，中船综合院按照标准研制状态对国际标准清单进行结构化处理，为国际标准化工作管理和具体项目推进提供重要参考，有效提升了我国标准项目推进能力，将中国的技术和科研成果转化为国际标准。船舶工业企业广泛转化和采纳国际规则和标准，我国在ISO/TC8内的采标率已达到75%，秘书处积极利用国际标准5年一复审、发布后根据需要可立即修订的规则，保持ISO/TC8国际标准满足可持续发展、海上贸易、工业发展和海事立法等最新需求，有效提升了国际标准应用水平。

（六）夯实标准化资源基础，强化标准化系统运行支撑保障

国际标准化专家、信息流和资金流是我国直接参与国际组织管理和国际标准制订工作进而发挥全球规则治理主导作用的重要基础。为有效支撑保障我国在船舶领域融入国际标准和规则治理，需要不断围绕人才、信息和资金探索创新管理方式，实现国内外国际标准化融合发展。

1. 打造高质量国际标准化专家资源库

为有效引导ISO/TC8国际标准化工作高质量开展，中船综合院针对国际和国内标准化专家资源建设谋划并提出了一套吸引、遴选、培养、保留的专家培养计划。国际层面，采用个人申报和成员国推荐相结合的方法，遴选高级别专家参与顶层规划和重点国际标准研制，定期对召集人、项目负责人和注册专家开展专项培训和推优；国内层面，制订明确的评价指标对专家资质进行审核，构建“小核心大外围”的国内专家体系，策划并提出成立“国际标准化组织船舶与海洋技术委员会国内专家咨询组”提供顶层策划，同时组建“国际层面注册专家＋国内层面支持专家”国内对口工作组，通过更广泛的国内技术力量组织为直接参与国际工作的专项领域专家提供支持，在具体工作任务充

分反应我国的立场和诉求。

2. 建立参与全球海事规则治理的信息流

秘书处和国内技术对口单位通过 ISO 会议系统、项目系统、文件系统向国内海事行业界传递最新的项目研制情况、会议活动预告、机构进展等信息，同时向行业界收集标准项目的技术观点、项目研制意愿、会议参与申请等通过国际标准化工作平台中国际标准投票、提案管理、会议管理、专家管理模块传达我国主张。此外，秘书处通过建立船海领域国际标准数据库，及时对 ISO/TC8 国际标准、项目、专家等情况进行量化监测管理，将数据资源与欧盟等国家项目、技术发展情况进行关联分析，为秘书处国际国内决策提供支持。

3. 建立参与全球海事规则治理的资金流

资金需求方面，国际会议、智力引进、团队建设具有周期长、要求高、专业性强的特点，需要稳定的资金投入。资金来源方面，中船综合院建立资金调动机制，多渠道保障深度参与全球海事治理工作资金需求，主要采取自主投入、申请集团专项投入、科研项目投入 3 个主要应对措施，以及向标准研制单位提供咨询等横向方式筹措资金，有针对性地对国际标准、国际海事法规、国际合作等领域提供专项研究支撑，专门为 ISO/TC8 主席和秘书处工作的顺利开展提供保障并支持重要领域专家参与工作。

三、船舶科研院所基于标准化的国际规则治理能力建设效果

（一）前沿领域标准与技术主导能力提升

中船综合院基于 ISO/TC8 秘书处平台，加快将技术和科研成果转化成为国际标准，截至 2022 年 6 月，带领我国在 ISO/TC8 内共主导制订国际标准项目 115 项，正式发布标准 82 项；长期一线参与国际工作，从顶层战略、国际任职和重点技术等方面积极培养大批国际化人才，带领我国陆续承担 ISO/TC8、ISO/TC8/SC4 舾装与甲板机械分技术委员会和 ISO/TC8/SC13 海洋技术分技术委员会主席和秘书处工作，承担智能航运、潜水器、船舶适居性、船舶岸电等 21 个工作组召集人，占比 ISO/TC8 领导职务的 1/3，推荐 200 余名中国专家参与国际标准研制；切实推动我国船舶行业通过国际标准支撑国际海事组织（IMO）立法与履约，成为海事领域全球“规则”制订的重要力量，2007 年以来共向 IMO 提交 76 份法规提案，其中 20 余项国际标准解决方案均是我国主导或参与研制。

（二）国际规则治理经济效益大幅提升

中船综合院通过加快科研成果的国际标准转化，不断推动我国船舶及设备产品“走出去”，实现经济效益与产业竞争力双提升。我国主导研制的舾装甲板等优势领域国际标准常年得到欧美等船东的高度关注，通过与国际专家共同开展标准研制和技术交流，企业的技术能力和产品品质得到国际各方的认可，在标准研制期内就常常获得欧美船东的订单，标准发布后更是直接被欧美国家之家采标使用。2018—2021 年，中船综合院围绕创新能力、人才培养、国际化水平和能力提升等主要方向，不断提升发展质量和效益，核心经营指标不断改善。随着 ISO/TC8 秘书处在国际标准化工作中影响力的不断提升，中船综合院通过实施精细化经营管控和成本工程，经济规模和效益稳步提升。利润总额由 2017 年的 633.9 万元增长到 2021 年的 890 万元，复合增长率 8.85%，高质量发展能力持续增强。

（三）全球治理能力得到国际认可

中船综合院依托 ISO/TC8 秘书处形成全球海事治理发展工作体系和工作机制，以国际标准为媒介，标准法规协同推动我国船舶行业实质参与全球海事治理工作。我国深度参与全球海事治理的水平和能力不断提升，国际履职得到国际社会广泛认可，前沿海事立法的中国话语权和影响力不断加

强。不断拓展和深化技术标准国际交流与合作，先后与欧美日韩等先进海事国家或地区、“海上丝绸之路”沿线重点国家和部分东南亚国家的船舶协会及标准化机构建立友好关系或合作意向。围绕我国主导的国际标准新项目，采用联合项目负责人形式与韩国、挪威、英国等开展国际标准联合立项申报。中船综合院还作为中方单位牵头支撑我国工业和信息化部装备工业二司和丹麦海事局政府间国际合作，与丹麦标准化机构及海事企业在智能航运、替代能源等国际标准化和国际海事法规领域建立了定期交流与互访机制。

（成果创造人：韩笑妍、王　晶、石　瑶、冯书桓、王立志、郭　娅、董　琳、岳　宏、刘凯茜、赖俊星、祁　超、孙耀刚）

中方担任作业者的致密气田新型国际合作高效开发管理

中国石油天然气股份有限公司长庆油田苏里格南作业分公司

中国石油天然气股份有限公司长庆油田分公司（以下简称长庆油田公司）是我国产量规模最大的油气田企业，每年新增油气探明地质储量占全国新增探明储量的三分之一以上，油、气年产量分别占全国的八分之一和四分之一，历年累计生产原油4.2亿吨、天然气5155亿立方米，实现油气当量8.2亿吨。苏里格南对外合作项目（以下简称苏南项目）由中国石油天然气集团有限公司（以下简称中国石油）和道达尔公司合作开发，中外双方投资占比分别为51%、49%，开发区域位于我国最大的“低渗、低压、低产和低丰度”长庆苏里格气田南部，总面积2392.4平方千米。2010年11月，作业权转为中国石油，成为中国石油陆上对外合作项目的首个中方作业者。中国石油天然气股份有限公司长庆油田苏里格南作业分公司（以下简称苏南公司）从2012年投产以来，投产气井900多口，2021年产量达到31.66亿立方米，累计生产天然气188.75亿立方米，销售额220多亿元。先后获得中华全国总工会“工人先锋号”、中国石油“青年文明号”等荣誉称号，8人获省部级、长庆油田公司级劳模。苏南区块也被道达尔公司评为“全球优质项目”。

一、中方担任作业者的致密气田新型国际合作高效开发管理背景

（一）推动混合所有制改革，提升中国能源公司影响力和运营效率

中国石油与道达尔公司合作成立的苏南公司是国有企业开展混合制多种经营的进一步深化，也是开展对外合作的一种尝试和试炼。国有企业引进多元化投资主体，改善了产权结构，在产权多元化基础上，逐步建立规范的现代企业制度和市场化的运作机制；利于国有产权的流动、重组，优化资源配置，提高运营效率；凝聚更多社会资本，有效放大公有资本对其他资本的辐射功能，提高国有经济的控制力、影响力和带动力。此外，我国原油对外依存度大，除了要加强国内油气资源的勘探力度，也需促进海外石油投资并建立海外石油基地。寻求具有深厚国际背景的企业进行战略合作，与国际石油巨头建立长期战略合作关系，进行管理思路、组织结构、人员配置、工作流程、投资规划、生产运营、企业文化等全方位的学习借鉴、融合创新，为企业海外合作项目的发展提供人员、技术和管理等方面的支撑，为中国石油“走出去”积累经验。

（二）提升致密气高效开发，保障国家能源安全

天然气作为最具潜力的清洁能源，是能源转型的主力军。当前，我国天然气年需求量约为3000亿立方米，而国内年产量约为1700亿立方米，对外依存度达43%，预计2030年将达到50%。苏里格气田作为我国陆上最大的整装气田，是国内天然气需求的重要气源地，苏里格气田通过连续多年的技术攻关和“5+1”合作开发模式成功推广，已实现规模气田的有效开发。然而，面对国内巨大的天然气市场需求和动荡的国际油气市场环境，仍需针对“低渗、低压、低产和低丰度”的气田特性，进一步实现降本、提质、高效开发。作为中国石油陆上首个中方担任作业者的合作项目，合作为低效、低产气田实现中外资源优势互补高效开发提供了条件，是中国石油对低效致密气田对外合作方式的一次有效探索，有助于实现优势互补、风险共担，带领项目朝着符合中国国情与本土实际的方向发展。

（三）攻克致密气田技术瓶颈，提升气田开发效益

通过20多年的开发，苏里格气田地质条件逐年变差，剩余未动用储量90%以上属于薄层致密气

藏，气藏埋藏深、有效储层薄、物性差、气水关系复杂、单井产能低，经济有效开发难度逐年加大，气区主体开发技术需继续优化，致密气合理井网还需进一步论证，工程技术需进一步攻关配套，其中钻井与国外致密气钻井指标相比仍有差距，钻井参数总体相对较低，钻井提速仍有提升空间；压裂与国外致密气相比，苏里格气田致密气储层薄、压力系数低、砂体连续性差、单井产量低，需结合自身特点建立压裂技术模式，进一步实现提产降本。国际石油公司除技术方面外，营运及安全管理也普遍优于国内企业。此外，国际油价动荡波动严重影响油气企业投资动力，致密气田作为低效低产气田，经济有效开发面临严峻挑战。

二、中方担任作业者的致密气田新型国际合作高效开发管理主要做法

（一）构建合作管理新型模式，中外融合确保高效规划

1. 建立共生组织，形成发展合力

苏南公司作为国有控股的合作项目，既要执行国有企业“三重一大”事项集体决策的议事规程，也要遵照国际通用惯例的议事模式，逐步形成“一统一、两坚持、两尊重”的管理理念，所有事项需经过中外双方人员组成的决策机构批复方能实施。一是成立联合管理委员会（决策层），中方代表担任主席，道达尔公司代表担任副主席，对项目所有重大事项做出决议，形成投资、财务、人事等完整的管控体系，突出“审批决策”。二是成立技术委员会（技术层），由中国石油、道达尔公司及外聘等人员组成咨询专家组，负责对地质分析、钻采工程、地面工艺的方案部署、投资计划、技术管理等业务进行科学论证。三是组建工作任务实施部门（实施层），中国石油 182 名、道达尔公司 35 名管理、技术等人员共同开展采购、布井、钻井、生产等业务，办公、作业、监督等共同完成，有力助推合作项目高质量发展。

2. 科学合理分工，实现资源共享

中方具有地域文化、雄厚可靠的承包商资源及多年积累的苏里格气田开发经验等优势，而道达尔公司具备资深的地质专家团队和先进的国际合作管理理念。人员方面，长庆油田公司从各个单位精挑细选了各类人才，负责钻井、地面、外协、采办、财务、天然气生产、QHSE 管理、企管、人事、党群等工作；道达尔公司通过总部派驻、招聘一流大学毕业生和各油田经验丰富的人员，负责区域研究及布井、钻井监督、协助压裂等技术性工作。道达尔公司方 81.8% 的人从事地学研究、方案优化及井筒作业现场质量监督工作。中外方人员的科学分工促使人力资源效益最大化，人均产值达 1733 万元。

3. 培育复合人才，开拓国际视野

苏南公司培训资金充裕且来源多元，道达尔公司每年出资 30 万美元，联合账每年预算 120 万元，中方账按照工资总额计提 100 多万元，促使苏南公司实施多层次、全方位的培训体系。运用中国石油、长庆油田公司培训平台，组织业务、党建培训；开展一对一、一对多的线上、线下外语（英语或法语）自助培训活动；利用合作优势，积极开展国际性培训交流。中国石油先后派出员工近 300 人到国外现场学习低渗透油气资源增产技术、勘探开发项目管理等先进生产技术、开发理念及管理方法。中国石油、长庆油田公司利用苏南项目，采取技术人员轮训、管理人员挂职锻炼、党员干部提拔交流等方式学习苏南公司的地质研究、钻完井技术、现场管理、精益管理等，不断培育中方管理、技术人才。

（二）携手 4 年精准客观评价，顶层设计确保高效开发

1. 总体开发方案科学合理，30 年合作期全规划

苏南项目合作期为 2006—2036 年，自合同签订后，道达尔公司单独承担开发费用，中外方共同进行 4 年评价，消减了中方前期的勘探投资风险。作业权转换成中国石油后，双方又进行了一年多

的方案优化，至 2014 年国家发展改革委批准，项目前期论证及开发方案编制优化历时 8 年，为气田开发奠定科学扎实的基础。经过 10 多年的运行，受多方面因素影响，项目开发执行情况与开发方案存在较大差异，于 2019 年 9 月启动开发方案修订工作，根据项目的历史业绩对地质与气藏工程、钻采工程、地面工程、经济评价和 HSE 进行全面的优化和完善，新的总体开发方案 2022 年 9 月获国家发展改革委批准，全域性、全面性地规划了合作期每年的投资、地质研究、建井数、地面建设、质量控制、产量、产品销售、分成等内容，是苏南公司的工作指南和行动准则。

2. 精雕细刻气藏管理设计，促使气藏认识立体化

苏南公司综合应用三维地震、地质、野外露头、岩心、测井、试采、生产动态等信息，开展地质、储层、流体与流体研究工作，获得地层、构造、沉积相、成岩、储层孔隙结构、储层物性及非均质性和流体、流体渗流特征、储层伤害与流体流动规律的认识，建立地质模型，计算储量，进行气藏综合评价和数值模拟来指导开发。通过开发实践，获得新的静、动态数据，进行新一轮的研究、认识与指导开发，为气田的井网优化、井间加密、提高储量动用程度和最终采收率提供依据。通过开展扎实的储层精细描述研究，多方法多手段深化地质储层立体认识，强化气藏富集区规律研究，优化井位部署，指导气田高效规模开发，推动产建效果稳步提升。

3. 棋盘式大井丛布井开发，形成新型开发模式

苏南合作区块地质特性具有天然气储集层非均质强、有效砂体规模小、储量丰度低、气井单井产量低和开发成本高的特点。为提高开发效率、减少土地占用，苏南项目采取棋盘式 9 口井大井丛布井技术，以单井 EUR 和经济效益最大化为目标设计井网，同类致密气开发井场气层覆盖面积增加了 60% 以上，开发征地面积减少 80%。苏南公司基于大井丛布井形成“两定一集中”的大井组串接技术，即 2 ~ 3 座 BB9 井丛接入区域 BB9′井丛，区域集气后直接进站，如需注醇由区域井丛向所辖的基本井丛集中注醇。此技术具有简化采气管网、方便井丛接入、订货和施工方便、管理点少、便于集中巡护与维护、节约投资和运行费用、污染环境少等优势。

（三）大力推动联合管理创新，创新模式确保高效建产

天然气开采的钻井、压裂是关键，前期费用占总投资的 64% 以上，其效果关系到后期的产量和收益。因此，中外方成立创新攻关小组，将管理创新的重心放在钻完井各环节。通过方案优化、作业简化、工具迭代等方式，从顶层设计推动技术革新，保障气田高效开发。

1. 创新形成小井眼低成本钻井模式，建井费用显著降低

苏南公司钻井二开井段开始采用 Φ215. 9 毫米井眼，下 Φ89 毫米油管直接固井，固井井段长达 3000 多米，环空间隙大，固井灰量大，成本高。苏南公司创新实施小井眼钻井技术，通过钻头优选、钻具组合优、轨迹优化、钻井液体系优选等，探索小井眼完井管串安全下入、固井质量、事故预防等方面，形成一套小井眼钻井技术施工方案，其二开井身结构的小井眼突破 3000 米。通过不断优化，形成以 81/2" 一开井眼 ×7" 表套 +6" 二开井眼 ×31/2" 套管主体井身结构，物料投入下降 45%，油料消耗下降 36%，岩屑产出量减少 50%；应用气密扣密封技术，全井段套管扭矩实时监测，实现无油管完井，气密扣泄漏事故为 0；平均建井周期由 39. 5 天降至 18. 16 天，建井成本下降 38%，实现泥浆不落地应用；应用天然高分子和有机盐钻井液体系，使机械钻速提升 20%；研发“一袋式”堵漏剂，漏失井数和漏失量下降 60%，泥浆成本下降 10%；双钻机共享资源，钻井滤液回用率达 85%，节约用水 408 立方米/井，废液拉运量降低 71% 等。通过持续创新优化，刷新 4 种井型（直井、D1000、D1400、D1600）建井周期记录 13 次，提高机械钻速 10% 以上。

2. 率先推广工厂化压裂钻完井模式，施工效率大幅提升

苏南公司率先推广运用工厂化钻完井模式，形成标准井场布局、流水线作业、一层一法一设计

的工厂化压裂试气配套技术，9 口井 6 个工序流水线批量施工，20 层 5 天全部完成作业，近 5 年来平均试气无阻流量达到 28 万立方米/天。创新地以 TAP 阀连续分层技术、在线连续混配压裂液技术为基础，对每个井丛的 9 口气井，以 3 口井为单元实现压裂与试气拉链式衔接，压裂与电缆桥塞射孔作业两个工序交替进行，批量化、流水线化地连续作业缩短井组作业周期，实现通井、安装井口、射孔、压裂、排液、测试等作业“6 个一次通过”，30 天完成压裂试气。TAP 阀投球连续分层压裂，不动机组集中施工，5～6 天完成压裂泵注，作业时效由 1.7 层/天提升至 3.3 层/天；优选小枪身深穿透射孔枪，60 度螺旋布孔，1 米集中射孔，单一裂缝半径有效延伸；引入混合水设计，有效缝长由 200 米上升至 250 米，泄流面积提高 25%；静压力降低，提高排量上限，最高排量达到 5.1 立方米/分；坚持“一层一法”理念，建立模拟设计标准，充分匹配储层地质参数与裂缝几何参数，设计缝长由 113 米上升至 249 米。苏南公司的井眼虽小，但压裂排量达到 5.1 立方米/分，始终处于苏里格气田前列。压裂全程无液氮拌注，压后自喷率 100%；试气周期缩短 10 天以上；单井压裂试气成本平均降低 20% 以上；TAP 阀 +1 米射孔最大化的聚集改造能量，裂缝半长高达 270 米，单井最终累产可达同类型地质条件自营气田的 1.5 倍。

3. 推行国际通用施工过程质量管控，保障整体开发效果

通过学习道达尔公司的相关理念，形成“质量是最大效益、质量≠事后检验结果、质量 = 标准程序 + 过程控制、过程控制主要是甲方的事、应用成熟技术并持续优化”等质量管理共识。融入业务过程的思想，与上位制度、内控、HSE 体系相关联，针对六大主体作业，设置 64 项主体作业质量控制关键流程，对应设置质量控制标准加以约束，形成了全方位的质控体系。采取国际通用的背靠背专业工程师现场监督模式，工程师必须具备现场指挥作业、作业全过程干预和现场复杂工况的应急处置能力等，确保施工过程全方位、全时段、全过程质量管理受控。例如，根据每年更新发布的《标准化钻井规程（SDI）》《标准化压裂作业程序（SOP）》，对钻井工程与压裂作业进行全面监督、及时纠偏。每年分专业对所有质量控制结果进行审查，实现项目建设全方位、全过程、全环节的质控管理，确保高质量达产 30 多亿立方米。

（四）推进数字智能气田建设，综合平台确保高效管理

1. 应用地学综合研究平台，赋能现场生产预测

苏南公司将现场生产数据作为地学综合研究平台的实时数据源，利用气井积液、管网压力结点分析等模型软件，实现对气井积液时间、管网水合物生成等的精准预测，形成气藏管理体系，有效指导现场生产作业。初期评价气井产能和预测单井 EUR，快速利用生产数据验证地质模型和评价储量，响应气藏动态变化特征指导井位部署，运用近远井带适当压差补充远井带能量，进行适当放压生产；借鉴道达尔（菲纳）北海低渗气田（如 Ann、Alison）的开采经验，对生产能力差井长期关井，依据生产动态优化产气量，开展间歇生产管理；利用模型模拟气体（或多相流）从储层到井筒及至汇管的完整生产动态，认识气藏与井筒瞬态或稳态流动特征，指导气井生产与措施生产管理；预判管线、管网饱和气量及流速，指导产建连井部署；分析井丛干管积液程度以引流排液；判断水合物冻堵风险以优化注醇。

2. 优化运用数智管理平台，赋能现场作业管理

苏南公司采用 SCADA 系统实现实时监测预警、设备智能自动控制、气井智能仿真开关等功能，同时逐年整合优化已有数字化平台的功能应用，对生产、建设现场进行“全区域、全过程、全天候”可视化监控。生产建设视频、数据实现实时回传、远程监控，实现了气田集中监控、智能报警、无人值守、自动运行。苏南公司目前已投运 4 座 400 万立方米规模无人值守的集气站；全新升级监控预警、报警弹窗定位、运行参数报警跨平台分级推送，基本实现一区一人“黑屏监控”；作业现场的

监控中心搬至西安，远程集中监控600千米外的900多口气井和集气站，改善了工作环境，为长庆油田公司其他单位做出先行先试表率；现场60名操作人员支撑30亿立方米的生产运行，人均产气5000万立方米，气井平均开井时率提高24.1%，人工开关井工作量下降81.6%。

3. 全面推广协同办公平台，赋能工作效率增长

为提升办公效率，苏南公司针对过往办公管理系统冗杂、处理复杂等问题，对传统的业务工作开展模式进行信息化升级改造。在长庆油田公司协同平台的基础上，大力推进协同办公平台在苏南公司的深度应用，搭建了适应对外合作项目管理运行模式的协同办公管理平台，实现移动终端审批，达到整合资源、提高效率、降低成本的目的。目前，建成了四大类、67项业务流，90%的管理业务实现线上运行。现场办公更智能，编制推出基层管理和操作手册，基础资料降低44.3%，数据全准率99.22%以上。开发安全生产运行智能管家App，智能提醒、在线督办、闭环管控等智能管理模式切实推动安全环保责任落实落地，实现全过程控制，有效压实建设、施工、监督三方责任。

（五）对标国际QHSE管理标准，绿色发展确保高效运行

1. 融合外方安全管理标准，形成清晰明了本土安全准则

融合道达尔公司的“12项黄金法则”，形成“苏南十项HSE作业准则”，全面推行ACT卡、STOP卡、工具箱会议、HSE讨论日、HAZOP等5项国外先进HSE管理工具应用；培育“以上率下、重在执行、不指责、正向激励”的安全管理文化，使安全经验分享形成惯例，累计开展分享超过1200余次，提升全员安全意识；推行承包商HSE一体化管理，组织承包商HSE周、月度例会，加强制度学习、安全培训、风险分析、隐患问题通报、重点工作督办，提升承包商安全管理能力；强化监督监理管理，确保履职到位。应用钉钉软件开展监督监理日打卡、工作写实工作制度，固化监督现场检查表单，严格监督监理考核，实行末位淘汰清退监督监理机制。

2. 长输管线密闭输送采出水，走出致密气田环保新天地

苏南公司的各井丛管线气液混输至集气站，站内分离器将油气水进行初分离，分离效率达95.98%以上，采出水和气分输至处理厂。苏南公司铺设采出水管线78.7千米，全程实行密闭输送，替代传统的车辆拉运模式，节约运行成本，减少碳排放，大大降低安全风险和经济风险，提高生产组织效率。与气液混输相比，减少管道的摩阻损失，减少处理厂的压缩机装机功率，降低能耗；井丛和集气站设的清管器发送、接收装置，对集气管道定期清管，清除管道内的积液及杂质，降低管道的沿程摩阻，减少原料气输送的能量损耗，提高管道输送效率；清管作业时采用不停气密闭清管工艺，减少天然气放空量，达到节能和减少大气污染物排放的双重目的。

3. 推进生态化管理创新模式，引领沙漠气田绿色新路径

苏南项目主力开发区域位于毛乌素沙漠，地理环境特殊而脆弱。为确保开发生产和环境保护两不误，苏南项目以生态化技术创新为桥梁和纽带，把产业特性和生态特性全过程有机融合，通过对基本井丛设计并建成95套昼夜互补、季节性互补的风光互补发电装置，减少电力线路和架设投资；首创的“井下节流+井丛集中注醇”中低压工艺方法，降低注醇管线的设计压力和壁厚，工艺简单且运行成本低；管网系统采取“树枝状井间串接”工艺，大井丛地面集输管网的敷设减少约36%；采用道路企地共建模式，升级改行乡村道路，减少占地，改善气田区域的交通条件；经过中外方的联合攻关和创新，采用“超大”规模集气站工艺技术，已建成4座集气站，日集气量规模达400万立方米/日，为致密气田最大规模集气站；全面应用废弃泥浆不落地技术，钻井液回用率达到80%以上。产生的岩屑外运制砖。天然气计量分配采用“计量原料气、分配商品气”的理论创新，根据组分的不同进行比例的修正贸易气量，实现湿气交接，打破国际通行的商品气贸易交接惯例，实现苏南合作区和自营区共用处理厂和外输管道，降低了区块投资。

（六）建立国际经营管控系统，全生命周期确保高效经营

1. 构建"三全"预算管理体系，保障现金流为正

苏南公司构建全生命周期、全过程、全要素的"三全"预算管理体系，使全面预算"指挥棒"作用充分发挥，规范物资管理、项目管理、设备管理、财务管理、产品分成、人力资源、预算、总体开发方案等项目全生命周期管理流程，利用系统固化控制点，实现内部控制的自动化和标准化，支持和强化苏南公司内部控制体系。强化预算的事前和过程控制，将月末、事后控制改为事前、事中的在线控制。通过预算的可用性检查，从系统功能上杜绝超预算的情况发生，通过额度预警使业务人员能及时掌握预算的使用情况，为财务预警分析体系的设计、建立奠定基础并提供有力的技术支持。通过预算全面管理，确保现金流为正，提高企业抗风险能力，实现苏南公司单位成本较总体开发方案降低6.08%，连续5年超额完成提质增效目标，控投降本4.42亿元。

2. 自创"三流"合一财务系统，保障资金安全

自苏南项目成立之初，苏南公司自行开发了一套财务管理系统，通过物料管理、成本核算、财务管理、投资计划管理、设备资产管理、产品分成管理和人力资源管理等业务流程的标准化管理和集成应用，打破业务部门间的壁垒，加强数据共享和业务协同，大幅减少中间环节，在系统中动态反映业务数据，便于各级领导实时掌控关键信息，实现了物流、资金流、信息流"三流合一"，满足对外合作业务的管理需求，成为中国石油首个启用SAP ERP上游行业解决方案的成功案例。通过各类专业的报表，详细反映企业设备资产运行、物资采购收发存、项目计划与进度跟踪、人员考勤报工、财务结算等各类业务整体情况，实时反映企业经营状况及各类费用，实时查询项目明细，便捷灵活地追踪查询应收应付、人员工资等费用，使企业日常经营管理更加透明、安全；实现企业预决算的自动加载分析，从多个维度对总体开发方案进行跟踪分析评价，为企业及时优化和调整开发方案提供参考，为苏南公司经营管理、合作开发推进等提供依据，确保项目的收益最大化。

3. 构建"五防"经营管控系统，保障建设有序

苏南公司在实践中，逐步建立了"策防、物防、人防、技防、心防"的经营管控系统，以策防为前提，物防、人防、技防为手段，心防为保障，相辅相成、互为补充，形成经营管理大联防。印发苏南公司特有的联合账会计处理、资金筹措和费用回收等管理办法，界定各级管理界面及权限。根据生产经营管理分类建立风险库，根据领导干部量化打分评估出十大经营风险，建立风险管控机制，把握策防核心。通过配强物资和工器具，进行物理阻隔，夯实物防基础，如在不相容岗位的设置方面，供应商物资代储，既降本又降风险。发挥组织机构作用，凝聚人防合力，接受上级的财务大检查、审计、巡察、外部测试等，以查促防、以查促改、以查促优，实现上下联动。"四办四中心"既各司其职，又联合作战，保障经营管理流畅运营；企地协作，共建道路、精准扶贫等履行国企社会责任，规避用地风险；中外携手筹款52次，超过150亿元，确保保障投资到位。利用现代化手段，以业务需求为中心，强化技防保障，开发任务计划管理系统，细化工作管理粒度，敏捷跟踪任务执行状态，优化管理模式，由传统管理向精细管理转变。从重点项目、人员、时段出发，筑牢心防屏障。对重点项目，加大造价审查力度，形成日常纠错、季度通报的机制；强化廉洁、合规教育，把好节日作风建设监督关，筑守干部员工拒腐防变的思想防线。

三、中方担任作业者的致密气田新型国际合作高效开发管理效果

（一）创新成果显著，实现多方共赢

苏南项目作为中国石油陆上首个由中方担任作业者的合作项目，实现了中外双方信息沟通的常态化和透明化，形成完备的管理体系，为后期中方作业者的新型合作形式提供了有效的管理借鉴。苏南项目的成功开发管理经验得到多方认同，长庆油田公司召开专题会议，全面推广苏南项目开发

经验；中国石油对外合作单位多次对标学习苏南公司关键质控体系、精益管理理念、智能化建设和先进技术，累计接待100多场次近2000人。苏南公司充分发挥合作辐射优势，为参与苏南项目建设的川庆钻探、长城钻探、渤海钻探、西北管道等中国石油关联企业和外部承包商培养了一批高素质施工队伍，引入110亿元的外资。气田开发带动地方产业服务蓬勃发展，为地方各类工程服务创收近10亿元，为气区所属的内蒙古自治区乌审旗、鄂托克前旗代缴纳税收16.53亿元，极大地拉动了当地消费，促进了经济社会发展，积极承担国企的社会责任，实现了多方共赢。

（二）成本大幅降低，实现高效开发

苏南项目累计产气188.75亿立方米、凝析油21.7万吨，苏南公司投资整体回收率103%，单位利润和单位完全成本均创苏里格之最，人力资源成本下降40%，总投资同比下降27%，10年产量激增20倍，用工总量不变，而且逐步缩减现场作业人员40%，人均贡献气量上升至1600万立方米——刷新区域开发纪录。开发效果与同相邻区块致密气田相比，单井日产量提高近2倍，单井建设成本降低15%，集气站数量减少80%，1000立方米气完全成本降低46%，地面工程1亿立方米产量投资降低10.5%，累计节约近12亿元，成本大幅降低，经济效益持续上升。当前，苏南项目建成天然气产能30亿立方米/年，2023年将达到40亿立方米，静态Ⅰ+Ⅱ井比例95%，动态Ⅰ+Ⅱ井比例92%。年产气量为全国1300万户家庭提供了生活用气，特别是冬季保供期间，最高日产量达到1200万立方米，成为长庆油田公司应急保供阶段的主力调峰单位，得到国务院冬季保供督导小组、国家应急管理部的充分肯定，最大限度地满足了沿线城镇居民冬季取暖需求和工业用气，也为京津冀环渤海地区大气改善做出重要贡献。

（三）技术创新领先，带动效应凸显

苏南公司在开发建设过程中，坚持继承与创新，探索总结成了以“三维地震砂体识别技术、棋盘式大井丛布井技术、储层精细描述技术、小井眼配套钻完井技术、工厂化压裂试气配套技术、大井组长半径规模集输工艺技术、气井增产工艺技术、智慧气田管理技术”等为代表的五大类38项主体开发技术系列，实现了以4 1/2″油管+8方大排量升级压裂、气井智能开关、智能注剂、天然气试气回收、钻井“电代油”、压裂液重复利用、钻井滤液回用，部分技术已经达到世界先进水平，创造了苏南公司零碳智能化开发模式。在合作过程中，各项先进技术自动“外溢”其他气田，有效带动了国内致密气田的发展，促进我国与世界同步进入“天然气时代”的步伐。苏南公司成为中国石油国际合作的典范、道达尔公司全球战略合作旗舰项目、长庆致密气高效开发典范和长庆示范智慧气田典范，成为首家进入内蒙古自治区绿色矿山名录和内蒙古自治区“诚信示范企业”的油气田企业。

（成果创造人：单吉全、李新明、王　栋、冯宁军、戴立斌、马　骞、苗　震、马晓蓉、武尚品、杜　超、张学忠、何　涛）

电网企业以打造国际品牌为目标的跨境供电服务管理

内蒙古国合电力有限责任公司

内蒙古国合电力有限责任公司（以下简称国合电力公司）是内蒙古电力（集团）有限责任公司（以下简称内蒙古电力）于2011年为推进内蒙古自治区与蒙古国电力合作、拓展对周边国家跨境电力进出口业务而注册成立的全资子公司。依托自身在国际业务领域的丰富经验，发挥在对外业务许可、海关高级认证及技术、资金、人才、管理等方面的综合优势，以拓展投资、运营海外能源项目为核心，持续开发跨境电力进出口业务，加强与内蒙古自治区区外知名企业合作，参与内蒙古自治区内配售电增量市场竞争和优质新能源项目。目前，主营业务是对蒙古国跨境供电，主要供电服务对象是蒙古国奥尤陶勒盖公司，2020年与蒙古国那林苏海图电力公司签订购售电协议，新增第二项对蒙跨境购售电业务。国合电力公司直接管理国合220千伏开闭站1座、220千伏国奥输电线路2条。先后获得内蒙古电力“安全生产3000天长周期”特别奖、“重大活动保电先进单位”等荣誉称号。

一、电网企业以打造国际品牌为目标的跨境供电服务管理背景

（一）高质量推进“一带一路”的客观要求

蒙古国是“一带一路”的重要节点国家，中蒙两国经济互补性强，经贸合作前景潜力巨大。长期以来，在双方共同努力下，两国经贸合作按照矿产资源、基础设施、金融合作“三位一体、统筹推进”的总体思路顺利开展，“一带一路”提出以来，得到蒙方积极响应。国合电力公司作为承担内蒙古电力国际业务拓展职能的子公司，面对跨国电力合作带来的新机遇、新挑战，坚持互利合作、共享共赢，主动创新、担当作为，积极融入和服务国家“一带一路”，落实内蒙古自治区战略部署，促进中蒙两国电力能源互联互通与电力技术交流。

（二）落实集团公司“开放蒙电”战略的重要举措

作为关系国家能源安全和国计民生的大型公共服务企业，电网企业在党和国家事业发展中肩负着重要责任和使命。随着我国经济发展进入速度变化、结构优化、动力转换的新常态，宏观经济下行压力增大，对用电需求产生较大影响，电网企业利润空间逐步缩减，给企业发展带来严峻冲击。同时，以市场化为方向的新一轮电力改革进入攻坚阶段，受输配电价降低、增量配电与售电侧放开等因素影响，供电企业面临的市场竞争日趋激烈。内蒙古电力自觉服从和服务内蒙古自治区工作大局，提出加快建设“责任蒙电、绿色蒙电、数字蒙电、开放蒙电”的战略目标。国合电力公司结合跨境供电和打造“蒙电国际”品牌实际，围绕进一步提升跨境供电服务水平，制订了《国合电力公司优化跨境供电营商环境工作实施方案》，以市场为导向、以客户为中心，不断提升跨境供电服务质量，进一步巩固内蒙古电力的国际市场份额。

（三）持续提升公司国际竞争力的必然选择

国合电力公司系统梳理跨境客户服务待完善之处，主要体现在：受行业束缚过多及服务意识的缺乏，倾向于被动接受客户，无法有效适应竞争环境；过分依赖电力企业的市场内部机会，缺乏开拓市场意识及立足主营业务的深刻研究与分析；企业内部流程环节不够精简，相关部门缺乏高效沟通协作。此外，跨境供电服务管理还存在中蒙两国间文化和电力技术、设备差异及在供用电合同的签订与履行中的协商难题等，没有现成经验可以借鉴。着眼解决上述难题，持续优化跨境供电服务管理模式，推动供电企业客户服务提档升级，不断提升跨国供电服务质量和效率，实现业务高效协同、市场快速响应，满足

国际客户个性化用电需求，具有很强的紧迫性。

二、电网企业以打造国际品牌为目标的跨境供电服务管理主要做法

（一）明确总体思路，构建跨境供电服务管理体系

为深入贯彻落实高质量推进“一带一路”建设部署要求，全面提升“获得电力”服务水平、持续优化用电营商环境，立足跨境供电和打造“蒙电国际”品牌实际，国合电力公司在系统总结对已有跨境供电项目管理和电力客户管理经验的基础上，从建立健全国合电力公司信息收集发布及对外联络机制、提高跨境供电可靠性、规范跨境供电工程项目过程管理、规范公司关联市场主体行为、多维度进行常态化监督管控等方面着手，构建跨境供电服务组织体系，实施一系列管理创新措施，着力提升境外客户对“获得电力”服务水平及“蒙电国际”品牌的获得感。

1. 高效协同，建立多方联动组织体系

着眼有力有序推进跨境供电服务管理工作，成立服务打造“蒙电国际”品牌的跨境供电服务专项工作领导小组，编写优化跨境供电营商环境实施方案，经领导小组成员审核后提交至主要领导和分管领导审核。在此基础上，国合电力公司主要领导对提升跨境供电服务水平做出总体部署，由其他相关部门会审后，制作跨境供电服务管理工作推进台账，进一步压紧压实责任，将各任务部署到各相关部门。经营管理部每月跟踪督办实施方案各项工作的推进情况，发现问题及时与相关部门沟通对接，反馈意见，形成多方协同的工作机制。

2. 明晰职责，完善市场信息响应机制

对内，建立并完善国际电力市场信息相关处置管理流程和动态响应机制，明确市场信息、项目信息流转过程中各部门具体职责分工，推动建立有效、规范的信息收集甄别、分类流转、批转办结流程，实现境外项目决策机制、跟踪反馈机制的持续优化，为电力市场开拓提供有效制度保障。对外，建立“一口对外”外事管理机制，形成“境外函件 - 外事主管 - 安生专责、营销专责、国际业务专责、计划基建专责 - 相关分管领导审核 - 公司主要领导批示 - 外事主管”的闭环管理。通过优化外事管理标准，明晰公司各部门职责，提高公司对外供电服务水平，引导境外客户规范开展外事联络工作。

3. 加强监督，保障管控体系稳健有效

为切实落实跨境供电服务管理工作，纪委监察部建立专项监督实施方案开展常态化监督，将落实工作质量作为公司对各相关部门重点考核内容之一，纳入公司绩效考核体系。围绕各项工作的落实情况，进行阶段性工作总结，深入挖掘服务中存在的问题和短板，不断完善管理体系。

4. 立足提升能力素质，培育复合型国际化人才

从决策、战略、执行 3 个方面着手，聚焦专业技术、法律法规、合规风险管控、外语能力提升，对工作组人员进行全面培训，增强业务人员“软实力”，着力打造高素质专业化的跨境供电服务团队。拓展培训形式，搭建交流互动、互学互助平台。采取专责轮讲和“纯英文办公一小时”“学先进、促业务”等方式沟通交流购售电协议签订涉及的各个环节。例如，通过轮讲，一方面，进一步提高各岗位、各专业间的融合性，有助于更好地突破专业壁垒；另一方面，调动每一位员工的积极性，让员工主动整理、汇总相关知识内容，有助于提高其语言表达能力、沟通能力。

（二）立足全球视野，持续符合海关高级认证企业标准

Authorized Economic Operator（简称 AEO），即“经认证的经营者”，获得 AEO 认证的企业，既代表着企业国际资质与信誉，也是公司内部管理水平的体现。国合电力公司围绕打造“开放蒙电”建设目标，在中国海关与俄罗斯、蒙古国等“一带一路”重要节点国家海关开展 AEO 互认磋商之际，积极推动获取 AEO 海关高级认证。

1. 根据认证标准，改进完善公司制度

电力贸易属于特殊行业贸易，在申请海关高级认证企业过程中，供公司借鉴的有效案例较少，为此，专业人员系统梳理《海关认证企业标准（高级认证）》内容，根据组织机构控制、进出口业务控制、内部审计控制、信息系统控制、财务状况、贸易安全等方面的要求，对应完善公司相关制度、手册、进出口业务单证、安全制度、财务数据、开闭站相关维护维修制度等材料。为持续符合海关高级认证企业标准，根据梳理标准情况及对标结果，改进智能营销信息系统中财务及关务模块，确保公司信息系统具备覆盖进出口业务全过程、报关流程不可逆、责任到人等要求。

2. 梳理认证激励措施，助力拓展国际业务

海关高级认证企业守信联合激励自2016年11月正式实施，通过海关高级认证企业能够获得来自40个部门的49项联合激励措施。国合电力公司采用实地调研、材料研究等方式方法，从国家发展改革委、海关总署等14个相关部门总结出30条激励措施并结合公司潜在业务，制订《国合电力公司海关高级认证企业激励措施对照表》，明确激励措施、运用方式、预期效果，为工作中因地制宜推进使用提供操作指引。

（三）多方协同，建立完善的购售电管理机制

1. 立足提高业务效率，建立多方协同机制

与境外客户、集团公司、属地供电公司密切联系，建立多方协同机制，在集团公司整体布局和属地供电公司的通力合作下，组织国合电力公司生产、财务、法务、外事等相关部门专业人员成立购售电协议谈判专项工作小组，在战略层面深入开展研究分析，为购售电协议谈判奠定坚实基础。

2. 立足合作共赢原则，商谈签订购售电协议

在开启谈判前，工作小组围绕产权分界点、计量点、资产归属、电费结算规则、电力出口报关、合规管理、安全生产等领域，多方面实地了解境外用电方情况，分阶段、分层次、分类型研究项目购售电协议各项条款，预判对方谈判诉求点，科学制订每轮谈判应对策略，为进一步提高谈判效率提供有力支撑。在此基础上，组织境外用电方、专项工作组成员，采用线上线下联动方式，召开购售电协议谈判会议，在谈判过程中形成中英双语版会议备忘录，最终经过多轮次谈判确定协议关键性条款，完成购售电协议签署工作。

（四）建立代理境外客户购电市场交易，拓展业务模式

国合电力公司积极适应国际国内电力市场形势变化，科学把握电力行业相关政策方向及实施规律，通过以“研究－分析－实操－再分析－再研究”的闭环模式，提前谋划、超前布局，结合跨境供电业务的特殊性，积极探索代理境外客户进入电力市场交易的运作模式，打破单一业务、单一客户的经营风险，更好地适应电力体制改革需求，提升企业竞争力。

1. 落实电力体制改革要求，探索境外用户售电模式

2021年10月，国家发展改革委发布相关文件要求全部工商业用户进入电力市场，国合电力公司顺应国家和内蒙古自治区改革政策的要求，主动参与电力市场交易，推动购售电模式由传统的大电网统购向境外用户售电转变为参与市场交易购电向境外用户售电。为精准把握电价市场化政策对跨境供电成本的影响，实时关注、跟踪、收集、整理国家和内蒙古自治区发布的电力市场化相关政策文件，包括电价市场化政策、售电政策、电力市场交易规则等，结合跨境购售电业务实际情况适时开展政策信息研究分析，研究把握国家和内蒙古自治区电力市场化改革政策的导向，研究分析在现行市场规则下契合国合电力公司业务模式和发展定位的电力市场交易形式。

2. 分析电力市场交易规则，构建代理境外用户交易模式

国合电力公司通过分析电力市场交易规则及配套细则规定对跨境供电项目购售电协议履约的影响，

合理设计条款和引用规范，构建境外代理交易模式，科学规避和降低公司运营风险和运营成本。一是按照认购电量与日均负荷，代理用户申报交易电量。在代理境外重要用户参与国内电力市场交易的过程中，作为非用电主体，国合电力公司参与交易存在一定偏差考核风险，特别是现货交易市场开启后，各时段偏差电量按照现货交易价格结算，偏差率大小将直接影响成交的电能电价，因此，国合电力公司要求境外用户每月提供次月认购电量及认购期内日平均负荷，交易员以此作为申报交易电量依据，按照交易规则及交易品种序列开展月度电能量交易，编制中长期交易合约曲线，有效降低和规避现货市场对跨境供电项目购电成本的影响。二是定期复盘总结交易经验，科学制订最优交易策略。定期对市场成交电量、成交均价和每日出清结果等数据信息进行统计，对比市场内同类型用户交易情况，分析境外用户负荷曲线和实时市场出清结果对公司经济效益的影响，根据季节特点不断总结市场交易经验，以最大限度降低购电成本为目标制订最优交易策略。统计数据和分析结论作为《电力市场资讯季度报告》中季度经济运行分析报告的依据，供公司决策层参考。

（五）建立“一票一单一号”国际结算机制，确保电费回收率

着眼做好跨境供电每月电费结算保障工作、确保电费回收率，国合电力公司综合采取系统与人工双重审核、线上与线下联动制单、多人复核等有效措施，在跨境供电 10 年期间实现跨境供电报关结算零差错、零失误。

1. 强化系统与人工双重审核，实现报关零差错

国合电力公司将系统与人工双重审核管理作为电力出口报关工作的实施方式，在每个供电项目实施前与智能营销信息系统第三方运维单位提前对接，确定项目用电信息后建立线上客户信息库。在此基础上，国合电力报关专员及时对接口岸代理报关公司，提交人工审核完成的报关单据及相关资料后，由报关公司根据中国国际贸易单一窗口要求内容完成报关工作。在首次结算当日，国合电力公司派员赴口岸海关，与海关关员做好出口备案及单证确认工作并全程参与、监督报关工作。

2. 开展线上与线下联动制单，提升履约便捷性

国合电力公司将线上与线下联动的方式（即线下制作单据、系统审核、线上服务）作为每月跨境电费结算、电力出口报关高效完成的重要保障。“线下”，在结算日当天，由国际结算专责与境外用电客户沟通联系，完成中英双语版电费结算清单、商业发票的制作、复核、确认工作。“线上”，在收到境外用电客户汇款后，填报智能营销信息系统中电费结算模块内容，通过系统设置的“财务管控”“电费预警”模块，强化业务监督管理及风险预警，提升风险防控能力。

3. 利用“多人一岗－多人复核”，确保结算零失误

设置专人对接中蒙跨境电费结算工作，采取“多人一岗－多人复核”措施，健全完善每月电费核算、电费发票制作、电力出口报关、结汇等工作流程中对涉及的单据与资料的审核、复核制度。纵向上，要求“多人一岗”，发挥互相监督、“顶板顶岗”的作用，同时防范疫情影响导致的不确定因素；横向上，要求一张单据“多人复核”，实现不同专业人员协作贯通、部门负责人整体把关。

4. 应用多元化金融保障手段，促进收益共享共担

一方面，以人民币作为跨境电费结算货币，有效减少货币兑换环节，节约汇兑成本，规避汇率波动带来的潜在风险，便于公司财务核算工作，同时享受银行人民币结算操作的便捷服务，加快资金周转；另一方面，针对不同境外用电客户性质、特征及规模采用银行保函及预付款的担保手段，在减少用户资金占用、增强现金流动性、促进资金优化配置的基础上，有效保障了国合电力公司电费回收指标完成率。

（六）持续提高跨境供电管理能力和服务水平

1. 以“数字蒙电”建设为契机，搭建智能营销平台

为及时掌握境外用户用电负荷、分析境外用户用能总体情况，业务人员于每个工作日将通过智能营销信息系统平台进行抄录，完成电能量数据信息采集；在对关键数据进行统计分析的基础上，利用系统平台将对蒙古国用户日供电量、累计供电量、日最大负荷及相关检修信息以短信形式发送至相关业务人员，实现动态掌握供电信息。针对电量负荷信息异常情况，及时与境外用户沟通，更新用户生产信息。为避免双方电量数据出现偏差，国合电力公司以每日确认用户次日用电量数据、双方以书面形式每周确认抄录电量表计指针数、每月结算日与属地供电公司、220 千伏开闭站就现场表计照片数据进行核对的方式，对用户实际用电量进行预判、分析与核对，通过一系列数据管理措施，保证跨境供电结算数据准确无误。

2. 建章立制，规范境外客户办电流程

参照国内供电企业办电业务相关标准流程，结合国合电力公司对蒙跨境供电实际，梳理境外客户办电共通点和难点，捋顺和明确办电各环节关键节点和相关方职责，深化与属地供电公司在设备应急抢修和电力设施保护方面合作，根据客户用电需求及接入电网不同诉求，制订、完善境外客户办电工作流程。制订完善配套流程标准，从根本上解决了境外客户办电有“规”可循、有“章”可依，整体提高了境外客户办电效率和便利度。严格按照与境外客户签订调度协议内容开展所属输变电设备的停电检修提前告知工作，通过智能营销信息系统向国合电力公司主要领导及安全生产部门、输变电运检部门负责人发送境外客户检修相关信息，实现生产检修和营销服务有效联动。

3. 完善客户服务，提高电力客户获得感

国合电力公司明确境外客户接入电网涉网设备及对提供电能和服务的具体要求，在为用户办电提质增效上狠下工夫，进一步提升境外用电客户电力获得感，推动实现为客户创造价值、为社会创造效益的“多赢”目标。

一是建立“境内 + 境外”计量校准机制。采取“境内 + 境外”双举措，实现电能计量准确无误，保证电能计量这一供电企业的“秤杆子”供需两侧实时准确。在境内，为保证重要线路计量的可靠性、减小误差，国合电力公司每年定期与内蒙古电力科学研究院计量检测中心、属地供电公司按照关口计量装置校验规程定期开展现场校验工作，优质高效完成各项计量检定工作。在境外，为解决双方技术标准不统一造成的数据偏差，一方面，国合电力公司与境外用户从现场校验周期、双方责任、计量准备工作、作业程序与质量要求等 5 个方面着手，共同编制双语版《OT 220 千伏中心变电站电能表装置现场校验方案》，有效覆盖校验工作所需参数、技术标准、校验流程、双方技术人员工作职责等系列内容，为顺利开展境外电能计量装置现场校验工作提供技术支撑；另一方面，根据双方签订的《关口计量装置现场校验服务合同》，及时组织开展境外电能计量装置现场校验工作。

二是完善电力需求响应机制。着眼对境外用电客户电力需求的变化做出快速反应，坚持市场为导向，按照合同约定、用户知情要求，以市场化方式引导用户合理错峰避峰、参与电力需求侧管理，追求双方效益的最大化。

三是建立安全性评价机制。延伸服务范围，组织内蒙古电力科学研究院安评中心专家赴蒙古国为用户开展安全性评价。项目专家克服语言交流、蒙方管理技术标准与我方不一致等困难，以严谨细致的工作作风和标准专业的服务水平赢得 OT 项目方的赞誉。

四是提升岗位人员专业水平。根据营销业务及政策变化情况制订系统性业务培训计划，利用集团公司培训中心平台、北极星线上培训课程和解析政策、解读材料等媒介及形式，定期开展内部培训。通过定期总结，树牢“理论指导实践、实践验证理论”的学习思维，鼓励各专业人员结合所学的理论知识，

定期汇总整理工作中存在的共性、个性问题，总结提炼方式方法，不断更新专业知识体系，持续提高专业素养。

4. 实时关注外部市场信息，加强动态资讯分析整合

为方便公司决策层及时掌握电力市场化最新信息，组织经营管理部以季度为周期开展经济运行分析，内容包括季度外送电量负荷统计分析和下季度负荷变化预测、季度电力市场交易分析、季度伦敦金属交易所国际铜价走势分析、季度国内煤炭价格走势分析及与电力交易业务关联性较大的、对公司业务指导性较强的政策文件和市场重大资讯信息汇总整理，形成《电力市场资讯季度报告》，为领导层决策提供参考借鉴。

三、电网企业以打造国际品牌为目标的跨境供电服务管理效果

（一）跨境供电服务质效显著提升，国际化经营实力明显增强

国合电力公司通过实施服务打造“蒙电国际”品牌建设的跨境供电服务管理，企业供电管理水平得到显著提高，跨境供电服务能力大幅提升。自2012年向蒙古国供电以来，连续7年年度电力出口量达10亿千瓦时以上，截至2021年12月25日，累计电力出口量突破100亿千瓦时，电费回收率100%。满足了境外用电客户的个性化需求，得到了境外重要客户的高度评价，对国合电力公司持续稳固和拓展蒙古国电力市场起到积极促进作用。

（二）有力促进“一带一路”，巩固了中蒙双边友谊桥梁

国合电力公司通过多重举措不断提升跨国供电服务管理水平，一方面，有效助力“一带一路”，保障蒙古国电力用户的用电需求，畅通中蒙贸易往来，自2012年向蒙古国供电以来，截至2021年12月25日，国合电力公司实现出口创汇约64亿元；另一方面，由于国合电力公司将近50%电能来源于连接的周边风电场，按照火电供电平均每1千瓦时消耗302.5克原煤计算（2021年），2021年全年相当于节约原煤约20.729万吨，减排二氧化碳约6.83万吨，有效响应了国家“双碳”战略目标与内蒙古自治区清洁能源发展战略，进一步促进了与蒙古国的双边友谊和电力合作。

（三）展现国有企业责任担当，塑造了“蒙电国际”良好品牌

通过采取一系列措施提升跨境供电服务管理，国合电力公司打造了集服务、技术、管理为一体的“蒙电国际”品牌。通过主动走出国门优化服务，提供电能表校验等技术服务，在摸索中形成中、蒙、英三语标准化国际客户服务管理及全过程国际购售电协议管理、精准的国际结算管理、上下联动智能高效的业务管理受到国际客户的一致认可，具有一定的推广意义。2020年，国合电力公司与蒙古国那林苏海土公司签订购售电协议，成功开通第二项购售电业务，进一步树立了内蒙古电力的国际化品牌形象，开辟了国合电力公司可持续发展的新路径。

（成果创造人：贾振国、郝智强、张宝刚、赵　昶、张赞斌、刘明永、
王　婕、靳　晶、张婷远、纳　钦、卢苏伦嘎、钱　猛）

军工企业数据驱动的“三优”物资管理

中国电子科技集团公司第十研究所

中国电子科技集团公司第十研究所（以下简称十所）建于1955年，是中华人民共和国成立后组建的第一个综合性电子技术研究所，属国家一类科研单位，现位于四川省成都市。十所担当着我国电子行业、电子系统及设备的主要承研商和供货商的角色，集电子设备技术、软件技术和系统集成技术优势于一体，在航空电子、通信及数据链、航天电子、情报侦察、敌我识别、精确制导领域的总体设计、系统集成、设备开发等方面拥有丰富的经验和雄厚的技术实力。十所先后荣获国家、省部级科技成果奖430余项，其中国家发明奖2项和国家科技进步特等奖10项、一等奖8项、二等奖18项，全国科学大会重大成果奖9项。获得国家质量金质奖1枚，银质奖4枚。曾荣获第一批“全国文明单位”称号，多次荣获“全国五一劳动奖”。

一、军工企业数据驱动的“三优”物资管理背景

（一）军工装备企业市场化转型的需要

长期以来，我国军工装备企业主要依靠国家纵向拨入科研、事业经费，承担国防武器装备和航天等科研生产任务，实行具有中国特色的事业单位管理体制，实行以计划为主的经济运行模式，但军工装备企业市场化运作仍具有一定局限性，并未实现以真正的市场主体参与公平竞争。为了推动军工装备企业市场化转型发展，中国电子科技集团有限公司（以下简称中国电科）要求各成员单位落实“产业发展主阵地、资产保值增值主力军、对外融资主渠道、体制机制创新主平台”的工作要求，通过市场化手段，优化和调整产业布局和资产结构。

（二）军工装备企业生产经营全方位物资保障的需要

为了推动物资保障工作，切实为部队提供“能打仗、打胜仗”的武器装备，保障军品物资供应质量、数量，保障军工企业生产经营物资的全方位、按时、按需供应是我国军工企业面临的重大任务。十所作为系统所，亟待以牵头较强影响力的多个大工程、大项目为契机，系统推进物资保障工作，带动产业链上下游融合发展，尽快补齐产业链供应链短板。为了最大限度提升物资保障能力，打破企业生产协同壁垒，降低物资管理难度，迫切需要对现有物资管理模式进行变革，实现物资协同管理。

（三）军工装备企业提质、降本、增效、高质量发展的需要

随着十所企业规模和自身产值的逐渐扩大，物资采购量持续高速增长，传统粗放式物资统型管理模式主要存在以下几个问题：一是未建立研采协同的物资管理制度、流程和机制，职责不清晰，物资管理规则不完善，研采两端未对物资选用做协同管控，科学的方法和信息化工具缺失，基于物资统型的选用规则难以有效实施，导致物资采购规格型号日趋增多；二是缺乏统筹的管理组织机构进行物资管理的顶层规划、策划和管控推进，相关法规和管理要求难以贯彻落地；三是缺乏系统的数字化物资管理体系，难以对数字化规律进行梳理、掌握和在此基础上对数据的感知、汇集、分析、挖掘、应用。如何改变现有物资管理模式，快速响应客户需求并满足规模化科研生产的需要，成为十所迫切需要解决的问题。

二、军工企业数据驱动的“三优”物资管理主要做法

（一）构建基于数据驱动的“三优”物资管理框架与组织

1. 物资管理框架构建

十所成立以所领导“挂帅”，以及由职能部门、研发部门、生产部门和保障部门骨干组成的跨部门

联合物资管理团队，规划构建基于数据驱动的“三优”物资管理总体框架，形成“1131”物资管理新模式，即打造“1 个物资管理框架”、建设“1 个数字化平台”、优化“3 项物资管理业务”、构建“1 套持续优化机制”。

按照“优选、优采、优配”理念，引入精益生产（TPS）、数据化管理核心思想并实施本地化设计，完成基于数据驱动的物资管理体系、平台和机制的设计、实施运用。

以信息化数据平台为支撑，持续动态地改进完善物资采购管理体系，将选型、采购和仓储物流能力提升作为核心管理方针和目标，以反馈评价与持续优化机制为保障，实现从离散制度管理和粗放定性评价向“精益、敏捷、信息化”的新型物资管理模式转变。

2. 物资管理组织结构变革

一是成立“三优”物资管理专项工作机构。十所组建“三优”专项领导工作机构，由主管所领导牵头担任行政总指挥，由主管副总工程师担任总设计师，各相关职能部门和研发部门领导成立管理团队，各领域技术管理和数据管理专家成立数据团队，从管理层面到技术层面，围绕数据的“三优”物资管理总框架，从顶层设计出发，明确 3 年期工作目标、计划和考核机制，分阶段实现“三优”工作目标。

二是组建“三优”物资管理专家团队。为保障“三优”管理工作平稳运行，十所抽调研发和供应链部门专家，组建“三优”管理专家和技术专家团队，从流程和专业指导两方面加强“三优”过程管控力度。为实现“三优”管理工作成果固化，在制度建设方面，拟制和发布《中国电科十所物资选用管理基本制度》《中国电科十所采购管理基本制度》《中国电科十所仓储管理基本制度》3 个中位制度，以及《中国电科十所物资盘库实施细则》等相关 16 个下位制度和相关流程 25 个，确保规划相关要求实施。

三是细化“三优”物资管理岗位工作职责。系统梳理采购代表、采购经理、库管员、齐套配送员等岗位人员工作流程及职责，建立岗位人员任职资格标准，开展人员培训和认证。

（二）搭建数字化平台，支撑“三优”物资管理

1. 建立数据采集及一体化平台

一是数据引入与规范定义。基于十所物资管理结果和过程数据表格，层层分解明确采购数据类别，分析各评价指标相关数据，借助信息化手段，对物资代码数量、采购成本数据、优选目录器件选用频次等物资管理关键数据进行采集汇总，结合行业标杆单位调研和自身情况，设定改善目标指标值。利用数据管理技术，建立数据同步机制，将散布在多个信息化系统中的数据有效地进行归集和结构化处理，对需要而未能采集的数据在一体化物资管理平台中开发相关采集功能，实现对相关数据的统一存储、监控、预处理和查询利用，为后续工作提供有力支撑。

二是数据建模研发与连接萃取。跨业务单元连接起来的数据和精细化萃取的数据能够帮助数字化一体管理打通壁垒。基于业务数据库的原始数据和建模研发等沉淀的数据资产，将全系统中的主数据（即贯穿各个隔离业务的核心对象）进行识别与关联连接，打通业务数据孤岛，进一步提炼可直接应用的高价值标签数据，从而帮助企业构建自己的萃取数据中心，对接上游应用进一步指导物资管理。

三是数字资产管理与主题式服务。从业务系统或数据平台中抽取数据、采集元数据、识别数据关系，可视化包含元数据、数据字典的数据模型并从业务流程和数据应用的视角出发，完善包含业务属性、管理属性的数据资产信息，形成数据资产地图。对相应的数据资产管理开展全面评估，将评估结果作为评估基线，分析物资管理现状与问题，进一步指导数据战略规划的确定。数据主题式服务：对不同的数据系统，提供统一的 API，使数据系统之间做到互通互联。进行数据网关部署，实现数据服务同时

具备认证、授权、限流、监控四大功能，实现数据全链路打通。

2. 支撑“三优”物资管理

团队在物资管理体系和流程建设基础上，结合物资管理关键数据建设需求及十所信息化建设规划、计划，升级电路设计系统、PDM 系统、ERP 系统、MES 系统，提出元器件优选库与电路设计工具集成、PDM 系统与电路设计工具集成，以及 ERP 和 MES 系统中采购计划管理、采购合同、仓储资源、存货物资、筛选计划、齐套配送等功能的信息化建设需求。新建“一体化物资管理平台”，实现关键数据的实时感知、预警、决策、评估和统型选用控制，构建“优选、优采、优配”能力和持续物资管理优化机制。通过一体化物资管理平台收集、分析、评价 2022 年十所结果数据，对比改善目标指标值，寻找管理短板和差距，依靠基于数据分析的感知机制，发现物资采购全流程中存在统型管控不力、元器件选型控制不到位、提前采购预警不足、战略备货预测不准、供方考核及时性和准确性不足、积压物资管控不足等难点问题。

（三）基于数据驱动的物资优选

1. 借力数据模型，多层级实施物资统型

通过“一体化设计选用管理、评估和决策平台”，对 2017—2020 年的物资采购数据，按数字集成电路、微波集成电路、光电集成电路等类别进行采购频次及数量的大数据分析和评估，结合设定的“优选”“可用”“慎用”“限用”“禁用”五级选用等级，进行选用等级划分优化，自动生成《电子元器件选用目录》并定期更新，结合相关管理制度和流程，做好设计选用控制。对非优选选用情况，通过电子化审批加强管控和考核。系统定期自动分类统计和提示长期未选用和采购物资，支撑物资代码报废决策，每年度进行数据库升级优化，统型考核指标落实到对应部门，系统自动统计相关数据形成考核结果，推送考评系统。

2. 依托平台系统，实施领域内外 CBB 统型

基于元器件选用目录，开展各领域产品平台和 CBB 建设规划及设计，提升自研类和外包类 CBB 产品复用率，高效梳理 CBB 统型脉络。第一阶段（2018 年）实现领域内的 CBB 统型。第二阶段（2019—2020 年）实现领域间的 CBB 统型，形成《自研和外包类 CBB 选用目录》，支撑设计优选。系统自动统计 CBB 复用相关数据，形成考核结果，推送考评系统。通过“一体化设计选用管理、评估和决策平台”，为领域内及领域间的 CBB 统型提供数据支撑。两阶段 CBB 统型逐步推进，助力元器件国产化率螺旋式上升。

3. 建立以价值工程为导向的物资优选策略

研采结合的价值工程可以应用在物资选型控制中，达到“优选”的效果，一方面提升产品的可制造性，降低物料成本；另一方面提高整个物资选型、统型和供方选择的成效，有利于后端采购和仓储物流成本的有效降低。

通过“一体化物资管理平台”，在产品设计过程中，一方面，设计师可以通过智能搜索引擎便捷获取设计所需的元器件基础选用信息，可进行优选等级由高到低的推选、展示，智能搜索引擎也可根据研发需求按优选等级、典型采购周期、采购价格、存货情况等要素进行排序推选，有效提升设计选用效率；另一方面，设计师输入选用清单后，平台可自动运算和分析设计产品的物料齐套典型周期、采购物料总成本、瓶颈物资清单、产品国产化率、产品优选器件占比等信息，以支撑研发产品的物料选定和投产决策。2018 年，通过以上设计选用策略的分阶段推进实施，十所实现了价值工程为导向的元器件优选机制及 VE 系统的应用。

4. 基于多专家多准则决策模型的供应商管理

设计和运用“基于多专家多准则决策的供应商优选模型”，将供方物资按期交付率、质量问题按期

闭环率等指标直接运算形成分类供方考核数据及排名，根据多专家多准则决策模型分析结果，有序开展合格供方的准入、退出工作。十所合格供方的准入工作严格按照固定顺序开展，对准入供方的必要性、供方产品的质量进度服务情况、供方资质证明文件的有效性等多方面的要求进行全要素验证和量化，根据工作结论明确供方为十所提供的产品和产品适用的范围。十所对合格供方的退出形式、退出时机、退出条件、退出后的保障要求进行详细规定并成文，在启动和实施供方退出时充分考虑双方后续合作意愿、供方历年业绩表现等因素，降低因供方退出产生的风险可能。

（四）基于数据驱动的物资优采

1. “四强”采购计划管控模式

第一，强策划：提升采购需求预测能力。督促批产项目集中需求，降低采购进度成本风险。提前对接后两年物资需求，根据投产任务，及时向重点厂家发送投产函；每周监控装备部采购申请提出情况，及时通报提醒；督促供应链部集中提出采购需求，降低采购成本。持续优化安全库存设置，降低物资到货周期风险。组织完成《十所安全库存优化方案及建议》所级评审，将现有阻容感类安全库存物资扩充至半导体集成电路、电连接器、半导体分立器件、微波单片集成电路类，使得安全库存物资采购周期为“零”的同时，进一步降低采购和管理成本。第二，强计划：提升采购计划周期合理性。组织完成《典型周期管理办法》所级评审，通过历史数据和供应商协同确定了几万种物资的“典型采购周期数据”，在信息化系统中实现全面应用，实现对非典型周期计划进行警示提醒；实现对典型周期的定期优化和异常周期识别；对成套 BOM 中瓶颈物资提前预警推送采购员进行计划跟踪协调；对年度、季度、月度计划考核指标自动运算和推送绩效考核系统，形成相关部门、小组和个人绩效。用于指导各项目战略备货、提前采购和项目采购计划预警管理，提升了采购计划的科学性、预见性。第三，强控制：强化采购过程管控和考核。持续开展采购合同清理机制，加强合同执行过程监控，通过周例会进行数据统计、分析和通报，确保合同按期执行。拟制和下达《采购经理岗绩效考核管理细则》，细化和量化采购经理合同执行考核指标，推进精细化管理。第四，强重点：强化瓶颈物资管控。加强重点二配单位的风险预警和过程管控。对其进行定期“风险评级”，制订工作措施，按风险等级确定“协调会频次”和“高层互访”“驻厂监制”“紧耦合管理”方式等管控机制。重点任务按照《重点二配厂家管理办法》运行。建立“存货互通”机制。与重点供方协同，建立物资“共享数据库”，采用“调拨”等方式缩短到货周期。通过优化流程、落实责任、积极协同、形成机制，指定专人负责监管协议任务，确保物资及时交付闭环。

2. 建立数据驱动的精益化采购成本管控模式

一是基于数据驱动的元器件战略备货模式。设计和运用“数据驱动下基于遗传算法和 BP 神经网络的库存预测模型”，系统自动运算近 3 年采购频次和数量较高通用类物资，以及停产禁运物资，结合库存信息与需求不确定性，设计和运用“基于 UNISON 数据驱动框架的间歇性需求预测模型”进行提前物资需求预测和告警，实现精准采购相关物资，降低成本。

二是基于数据驱动的通用类高风险物资管理模式。设计和运用“基于弹性供应链的采购模型”，对通用类高风险物资采取弹性备份采购策略，确保提升其可采购性；系统自动运算高风险物资典型周期，计划排程时，警示提醒提前采购；建立基于历史数据的通用类高风险、长周期瓶颈物资安全库存，实现消耗感知补货，产生实时补货计划，指导补货和生产。

三是基于历史采购价格和年度谈价准则算法的成本控制模式。建立基于历史采购价格和年度谈价准则算法的物资价格体系和成本控制机制，系统呈现支撑采购谈价，给出参考谈价目标。

（五）基于数据驱动的物资优配

1. 基于数字化平台的物资存货管理

一是智能化库房管理。统筹布局、集中管理：将所区所有科研生产相关库房、调试、试验资源全部搬迁至西区，实现统筹管理、集中布局、工序最优。立体仓储、节省空间：建立生产、调试大楼，布局立体仓储，最大限度节省场地资源。运用智能设备：智能方舱解决盘料的发送效率和账务一致性问题；在新建库房布局料箱搬运机器人，增加货架存储空间，提升库房管理效率。

二是数字化出入库管理。与主要供方协同，明确标准入库信息数据格式和内容，要求供方生成统一二维码随实物粘贴交付，实现物资扫码到货登记和入库。出库依据输入BOM清单，实现全BOM清单中元器件、外包件等所有物资基于库存数据线上运算和齐套锁定并分拣出库。建立完整的WMS系统，自动运算提出库区库位设定策略和方案、全面运用物料标识技术（如RFID、视觉识别）、全面提升出入库效率。

三是基于数据分析的库存管理和后补充机制。基于历史数据分析，选定采购年均频次和数量较高的阻容感物资清单，形成按期安全库存清单，基于历史数据设定底线参数，库存低于底线梳理，系统自动促发采购流程。

四是基于数据的积压物资管控。采购申请生成计划环节自动调用积压物资；各项物资超期自动发起超期复验流程，以确保及时齐套下装；报废物资定期形成清单，发起报废处置流程；设定积压物资上线参数，超出自动预警。

2. 基于智能优化算法的物资物流管理

一是基于数据的仓储物流配送模式构建。基于一体化平台，以十所物资需求为导向，结合生产线的工艺路线、生产计划、工位特点，将取货、厂内物料操控和投料3个关键环节进行系统优化，将物流系统和生产系统进行系统性优化和整合，形成精细化的物资配送指示，实现生产线物资需求的快速响应，使物流系统精准地服务于十所生产需求。

二是基于数据的物流路径智能调度。为保持市场竞争优势，十所在现有信息化平台支撑之下，通过分析物料的接收、存储、出库等整体过程及各活动数据的关系，综合考虑仓库所处地理位置、规模、存放货物的特征、仓储技术条件、所需物品种类及数量等因素，使用局部最优单亲遗传算法、改进布谷鸟算法等智能算法，构建多目标集成生产配送调度优化模型，以配送时间最短、配送成本最低为目标，在保证满足物资需求的前提下实现多辆运输车资源的均衡调配，合理安排配送路径，实现十所物资的精准化和快速化配送，提升物料配送效率。

（六）反馈评价与持续优化保障

1. 建立基于数据驱动的系统性和科学性物资管理评价体系

2019年，十所物资管理团队以构建创建“专业的”选型管理能力、“高效的”采购管理能力、“迅捷的”仓储物流能力为目标，以实现对“质量、成本、效能”的有效评价为出发点，以头脑风暴法、鱼骨分析法和成功关键分析法为等科学方法为指导，形成系统、科学和可量化评估的数据指标体系。在运用数据的基础上，通过运用熵权法、层次分析法等方法体系确定各数据指标的权重，构建起基于数据驱动的系统性和科学性物资管理评价体系。

2. 建立基于数据驱动的物资管理能力持续优化机制

一是建立常态化改进机制。根据物资管理业务规划、体系及流程建设成果，以提质、降本、增效为目标，每年度开展一次优化改进工作，实现从物资管理能力优化到管理模式创新再到信息化优化的全面改进常态化。从质量、成本、效能3个评价角度出发，对选型、采购和仓储物流全过程进行评价，准确发现问题，通过年度目标管理、专项计划和管理提升课题等方式，成立改善组织，推进制度、流程、机制和信息化系统的优化完善，以解决发现的问题闭环，更新相关数据指标，实现评估指标的改善。

二是建立前后端协同机制。借助“一体化物资管理平台”，通过对物资代码压减率、优选目录器件选用率、物资单一供方控制率、采购基础信息准确率4项选型相关的数据的定期采集与评价，准确掌握选型工作控制成效，建立常态化的《元器件选用控制办法》。首先，对相关设计部门的优选目录器件选用占比进行硬性考核，确保优选目录在实际详细设计过程中有效推行运用；其次，每年度组织专家组对优选目录更新优化，不断迭代提升元器件优选库和自主可控替代库效能；再次，实时对优选库与电路设计平台软件和PDM系统集成功能优化改进，以提升设计使用效率；最后，每年对采购物资历史数据进行综合统计分析，指导前端设计优化，提升产品可制造性和选用器件可采购性。

三是建立现场持续改善机制。在采购和仓储物流现场管理方面，为了固化现场改善的成果，共形成21项日常生产现场作业管理办法和规则。发动全员参与作业管理，建立全员参与的活性化改善机制。首先，建立鼓励现场改善的激励机制，推动现场作业者踊跃参加作业管理改善；其次，定期对作业现场人员进行系统性、专题性的管理知识及理念培训（如6S管理）；最后，通过建立改善小组，以改善提案发表交流的方式促进更多的人员参与到改善活动中来，促进作业管理改善活动的全员参与，形成良性循环。

三、军工企业数据驱动的“三优”物资管理效果

（一）确保及时、高质物资供保

效能提升方面，物资代码压减率由2018年增长3.6%改善至2021年降低9.1%；优选目录器件选用率由60.5%提升至2021年的95.3%；物资按期到货率由2018年的75.5%提升至2021年的95.3%；物资按期齐套率由2018年的72.3%提升至2021年的94.6%；配送及时率由53.1%提升至2021年的98.9%；采购物资到货周期缩短30%以上；物资线上配送覆盖率从2018年的71.2%提升至2021年的99.5%；及时配送率由2018年的53.1%提升至2021年的98.9%。

质量提升方面，质量问题整改闭环率由2018年的56.7%提升至2021年的93.1%；闭环时间由平均的75天降至13天；采购物资检验合格率由2018年的99.5%提升至2021年的99.99%。

（二）实现企业经营降本增效

采购成本逐年下降，2021年，采购同比下降率达5.1%，非军审价产品谈判降价从2018年的502万元提升至2021年的4150万元；减少筛选费用400.86万元；减少备货资金占用4185.05万元；减少库存资金占用5623万元，2021年存户周转率达3.53。据不完全统计，十所仅在2021年物资管理过程中共计产生直接经济效益4563万元。按军工电子行业间接经济效益与直接经济效益2~3倍计算，通过物资管理改善，至少产生间接经济效益约9000万元。十所基于数据驱动的物资管理模式在行业内得到推广，吸引并带动包括中航631所、国营783厂、国营765厂等一批行业内外的企业进行了解和参观。十所从自身出发，帮助下属公司和供应商企业进行基于数据驱动的物资管理模式推广，产生较为显著的社会效益。基于物资管理量化评价与改善体系，最大程度的识别和改善科研生产活动和过程中的环境因素、危化品等，实现企业危化品种类和数量缩减50%以上的目标。

（三）形成军工企业物资管理体系

首先是建立了物资管理结果数据和过程数据能力模型，通过新建“物资预警、决策管理平台”，升级现有ERP、MES等多个相关信息化系统，实现基于数据驱动的物资管理感知和过程管理提升，显著提高业务工作效能。

其次是应用所建立的物资管理评价体系，针对性预警和驱动了13项物资管理模式的创新，推进物资管理相关的典型周期采购、阻容感筛选规范合并、待验点整流化等近20项管理模式或作业模式的变革。

最后是基于建立的多项相关常态化和持续化管理提升机制，使军工企业数据驱动的“三优”物资管理整套系统方法固化，形成《十所元器件统型管理办法》《拣选作业规则》等相关制度或作业规范20份，改善事项115项，模板或表单55份，新建流程图46个，作业指导书56份，持续不断激励相关组织和个人坚持学习，推动物资管理水平持续提升。

（成果创造人：黄金元、周　兵、赵星星、刘　欣、何忠书、倪　燕、苏　桃、王　娟、张二宏、张无量、李　雪、周　庆）

以打造多式联运示范工程为目标的智慧供应链管理

白银有色集团股份有限公司

白银有色集团股份有限公司（以下简称白银有色）前身是成立于1954年的白银有色金属公司。2008年，白银有色引进中信战略投资实施股份制改造；2017年2月登陆A股市场，成为目前国内A股市场有色冶金行业一家整体上市的大型国有企业。公司注册资本74.05亿元，下属分子公司40家，在境内拥有金属和非金属矿山15个，具备矿山采选1000万吨、铜铅锌冶炼60万吨、黄金15吨、白银500吨的生产能力。2021年，在中国500强企业中排名333位、在有色行业排名第二十二位，在中国100大跨国公司中排名97位。

一、以打造多式联运示范工程为目标的智慧供应链管理背景

（一）国家和地方物流产业政策支持加快建设工业物流服务体系

按照甘肃省和白银市的相关文件精神，提出以白银有色综合物流园为基础规划建设银东工业物流服务体系的总体思路。2021年11月，根据交通运输部、国家发展改革委的相关文件精神，白银有色铁路运输物流有限责任公司（以下简称白银物流公司）、西藏白银国际物流有限公司（以下简称西藏公司）牵头，联合信银数科供应链（苏州）有限公司（以下简称苏州供应链公司）、捷时特物流有限公司向甘肃省交通运输厅申报《黄河流域“连欧亚、畅南向、衔长江、通达四区五群”大宗物资数字化多式联运释放工程项目》，拟打造6条多式联运示范线，最大限度服务和推动区域社会经济高质量发展。国家和地方相继出台的政策有利于推动全国统一大市场建设，打通物流“大动脉”，形成国内大循环，破除妨碍各种生产要素市场化配置和商品服务流通的体制机制障碍，降低“制度性交易成本”，将对推动国内物流市场高效畅通、规模拓展、激发竞争和创新活力带来新机遇。

（二）白银有色工业物流服务体系存在亟待解决的问题和补齐的短板

一是物流服务空间集聚，资源集约，平台辐射效应不足，制约了物流产业发展。二是工业物流需求增加，多式联动、现代仓储、物流装备水平现代化、流通加工、信息技术应用、共同配送、供应链物流创新等方面的服务水平和能力亟待提高。三是物流信息管理和技术应用相对滞后，物流公共平台尚未实现全面对接，跨平台、跨行业对接能力较弱，一定程度影响了企业运营效率和行业整体竞争力的提升。四是国际货运班列开行带动了出口贸易规模的不断扩大，对国际物流服务能力提出更高要求。五是现代供应链发展模式创新不足，“大而企、小而企”的现象普遍，业务外包、两业协同联动比重较低，供需结构矛盾依然存在，信息资源不能有效交换和共享，互促双赢局面尚未形成。这些问题和短板必须通过实施智慧供应链管理才能解决。

（三）白银有色“一体两翼”发展战略明确了构建工业物流服务体系的基本思路和发展定位

“十四五”期间，白银有色提出打造有色金属产业为主体，生产性服务业和战略性新兴产业为两翼的“一体两翼”现代化经济体系和产业发展新格局。工业物流作为生产性服务主业，“一体两翼”发展战略明确了构建工业物流服务体系的基本思路和发展定位。基本思路是以“立足兰白、辐射西部、融通‘一带一路’”为发展目标，致力于建设成为大型陆港、公铁联运交通枢纽和货物集散中心的重要物流商贸平台，成为白银市发展现代物流打造的多式联运示范工程。发展定位是依托白银市既有交通枢纽的铁路、公路物流基础，整合地区物流资源，建设银东物流园区，最终形成以互联网+现代物流为核心的重要的交通货运物流枢纽节点；充分发挥区位优势和交通优势，立足白银，辐射西北，融入全国物流

网络，发展以工业物资集散和集装箱运输为特色的公铁联运、铁海联运、国际联运，实现综合物流功能；重点发展有色冶金、煤炭、化工、建材、机械装备、国防军工、新能源、新材料等工业物流，配套发展商贸物流和智能配送；对接国家“军民融合”战略，建成西部战区重要的物资集散中心；与上下游的制造、商贸企业深度融合，更加关注终端需求，注重现代供应链发展，从价值链中低端向中高端转变；积极顺应由“资源经济”向“通道经济”转变的大趋势，进一步融汇中亚、南亚等“一带一路”贸易物流大通道，实现国际班列常态化运行。

二、以打造多式联运示范工程为目标的智慧供应链管理主要做法

（一）聚焦“一个方向”，完善“两大体系”，建设“三个高地”

把实现核心业务、新兴业务和增量业务规模效益上台阶作为主攻方向，瞄准打造全球物流供应链公司这一定位，布局“一带一路”国际物流通道和海外仓，构建物流产业发展新格局。聚力打造“互联网+”物流运行体系和构建智慧供应链两大支撑体系，系统推进物流发展质量、效率和动力变革，激发内生动力。推进基于“5G+”工业互联网的新型融合基础设施和智慧园区建设，打造“互联网+”新业态，加速推进公司向现代物流和智慧物流企业转型，打造智慧物流创新应用、产业物流融合和绿色物流发展3个新高地。

一是聚焦“拓存创增、提质增效”，实现物流核心业务、新兴业务和增量业务等“三大业务”规模效益上台阶。构建白银有色本部重资产占有公铁联运市场、西藏公司轻资产重管理拓展商贸物流一体化业务、苏州供应链公司线上线下信息化数据经济为主的错位发展新格局。持续拓展公铁联运核心业务，白银有色本部以物流、检修、铁路工程3个市场为主攻方向，进一步激发内部存量市场，拓展外部增量市场。加快补齐甘、青两地省级物流枢纽设施（即白银综合物流园和藏青工业园西藏白银国际物流公司）功能建设短板，推动解决设施衔接不畅和信息不共享问题，提升多式联运衔接效率，发挥平台聚集效应，积极开展物流贸易等增量业务，增加收入。以网络货运平台项目建设运营作为新兴业务创新发展的路径和载体，苏州供应链公司作为公司物流数字化转型新模式、新技术、新业态应用的典范，加速拓展物流平台业务，不断提升社会化运力整合能力和运输透明化管理能力，有效拓展业务规模。依托交易数据建立以“承运”为核心的生态体系，逐步延伸至油品、保险、金融、维修等后市场服务，构建良性生态圈。用好数据开拓新增值业务，以物流大数据与智慧供应链建设项目为抓手，加快推进物流服务模式创新和服务领域拓展，加大智慧物流技术应用，创新物流服务组织方式，发展平台化服务组织模式。

二是完善物流运行和现代供应链两大支撑体系。持续完善物流基础设施和服务功能建设，加强与国内物流通道网络的一体衔接和与国际物流基础设施的互联互通，全面提升物流枢纽服务效能，聚力打造“互联网+贸易+物流+金融+大数据”的物流运行体系；发挥供应链企业的引导辐射作用，以物流为牵引，推动供应链各主体各环节设施设备衔接、数据交互顺畅、资源协同共享，促进资源要素跨产业、跨区域流动和合理配置，提升产业链供应链自主可控水平，聚力构建安全可靠的现代供应链体系。

三是加快推进3个高地建设。推进基于“5G+”工业互联网的新型融合基础设施和智慧园区建设，打造“互联网+”新业态，建设智慧物流创新应用、产业物流融合和绿色物流发展3个新高地，推进公司从传统物流向数字物流转型。其中，智慧物流创新应用高地是指启动智慧物流信息化、数据化、可视化项目建设，融入集团信息化和智慧供应链平台，对接国家、省级铁路、公路、航空物流信息化平台、海关监管信息系统、“一带一路”通道物流枢纽、重要物流节点园区和相关企业物流信息平台，加强新型物流基础设施建设，加快智能物流装备应用，推进物流信息技术应用创新，构建“数字驱动、协同共享”智慧物流创新发展新生态，形成智慧物流应用新场景。产业物流融合高地是指对集团公司范围内的物流运输业务和维检修业务进行优化整合，进一步高效配置资源，发挥专业化优势，放大集聚和规模效应。绿色物流发展高地是指做好大宗货物和中长途货物的公铁联运、绿色仓储，实施物流配送车辆电动化，推广绿色产品应用和绿色基础设施建设，利用人工智能、WMS 管理系统、机器人、无线射频识别等先进技术，建设智慧仓应用新场景，实现节能减排和清洁文明生产。

（二）整体布局“一个园区、四个中心、一条环线铁路”

根据银东工业园区建设规划，结合白银有色的区位优势，充分利用白银有色铁路运输 2000 万吨的运能资源，甘肃东方钛业公司铁路专用线从白银有色铁路接轨，建设满足 1000 万吨物流量运输能力的铁路站场，主要服务于该公司现有 10 万吨钛白粉产能，以及在“十四五”规划期间拟建设的“硫－磷－铁－钛－锂”绿色循环产业项目和年产 10 万吨钛白粉粗品二期项目，满足周边铬盐化工等企业铁路物流远期发展需求。靖煤热电联产及刘化集团复合肥和煤气化项目铁路专用线从银光集团车站接轨，以银光车站为基础建设满足 500 万吨物流量运输能力的铁路站场，形成一个通过银光公司和白银有色铁路专用线、途经白银市车站连接红会铁路线的运输通道。远期考虑向东延伸至刘川乡鹰嘴车站，与红会铁路形成环形铁路线。最终，形成“一个陆港型综合物流园区、四个物流中心、一条银东工业园区环线铁路”的工业物流整体布局模式。

建设陆港型综合物流园区。白银综合物流园是白银市和白银有色发展现代物流而打造的货物集散公铁联运示范工程。园区总投资 3.4 亿元，设计公铁联运年货运量 1500 万吨、集装箱吞吐量 20 万标准箱、装卸作业量 500 万吨、仓储作业量 200 万吨，具备公铁联运、互联网信息、军民融合、甩挂运输、国际班列、海关监管、包装装卸、仓储管理、零担专线和综合服务等十大功能，成为连接新疆、宁夏、兰州、青海、西藏、四川等地区的核心货运节点。2016 年，综合物流园项目建设被交通运输部列入甘肃省“十三五”货运枢纽（物流园区）项目库。2020 年 6 月，通过交通运输部专家组验收并公示确认。按照配套满足陆港型综合物流园区的功能实施分步建设，园区一期建设完成，正在为国内 60 余家企业提供供应链全程的物流贸易服务。二期工程 2019 年开工建设，2021 年底投入运营。综合物流园区作为连接 4 个物流中心的纽带，通过利用所在区域交通运输枢纽、库房、集装箱运输中心和物流过程管理的“无缝衔接”，建立物流公共电子商务和基础设施建设服务两个平台，形成多层次、全方位、快捷高效的综合物流服务体系，为地方企业提供物流信息和低成本物流服务。

建设 4 个物流中心。一是白银公铁联运全封闭煤炭储运集配中心。依托白银物流公司既有基础设施优势，建设年储运能力达到 300 万吨以上的白银公铁联运全封闭煤炭储运集配中心项目，打造集储备、交易、运输、配送于一体的煤炭储运交易集配基地，满足白银市煤炭清洁转化和煤化工的物流需求。二是建设钛白工业物流中心。钛白工业物流中心作为甘肃东方钛业公司“硫－磷－铁－钛－锂”绿色循环产业基地片区开发的配套设施，为有效解决铁路运输“最后一千米”问题，从既有东方钛业专用线区间出岔，建设 3.4 千米服务于甘肃东方钛业公司的铁路专用线，承担东方钛业硫－磷－铁－钛循环产业基地的原料运入和产品运出任务，为磷酸一铵项目、磷酸锂铁项目、硫酸项目和热电联产项目原料运输和产品发送提供重要保障。三是银光（高科技产业园）物流中心。利用银光集团铁路站场基础设施，规划扩能建设铁路物流运输体系，主要服务银光集团和刘化白银工业园及白银热电联产项目，辐射高科技产业园入驻企业物流需求，承担原料煤和化工物资的运入和产品的运出任务。四是银东工业物流中心。以甘肃东方钛业公司铁路专用线向南延伸至银东工业园区腹地为中心，规划建设公铁联运物流中心，依托交通枢纽的便利条件，为银东工业园和高科技产业园服务，实现化工物资、装备制造物流服务业的集聚，配套生活服务功能，形成集公铁联运、装卸、仓储为一体的综合工业物流节点，为工业区企业提供生产性物流服务，形成覆盖全园区的物流网络。

建设银东工业园区环线铁路。陆港型综合物流园区和 4 个物流中心建成后，形成白银市车站经白银有色公司车站，辐射至银光集团、刘化集团、靖煤热电、甘肃东方钛业公司、高科技园及银东入驻企业的铁路运输通道，近期满足园区内2000万吨的物流需求。

（三）“三化”改造助推工业物流项目高标准建设

一是推进智慧供应链信息化、数据化、可视化项目和汽修汽配智慧仓等“三化”改造项目，融入白银有色信息化和智慧供应链平台，对接国家、省级铁路、公路、海关、物流信息化系统；加速拓展苏州供应链公司网络货运平台业务规模，实现在白银有色本部和西藏公司的业务对接，完成平台异地线上线下运行，打造“互联网+”新业态。

二是推进白银综合物流园、白银煤炭储运物流园和白银工业物流大数据及智慧供应链平台即“两园区一平台”的项目建设工作，加快补齐省级物流枢纽白银综合物流园功能建设短板，以网络货运平台项目建设运营作为智慧物流的重要载体，加快推进物流服务模式创新和服务领域拓展。

三是以刘化集团“煤气化”和甘肃东方钛业公司“硫-磷-铁-钛-锂”项目为载体，协同配合开展铁路专用线项目建设，为承接其物流总包业务奠定基础。建设白银有色中心编组站、钛白铁路站场铁路智能调度指挥系统、货物运输信息化管理系统，实现场站之间高效行车组织，后期谋划委托运营组织、检维修及全流程物流业务平台化智能化管理等，力争安全高效承接好800万吨的新增物流需求。

四是高标准规划建设银东（氟化盐）综合物流中心，具备大型公铁联运货场和仓储等功能，就近服务银东工业园区和高新技术产业园入驻企业，同时缓解白银有色中心编组站的运输组织压力。

（四）扩展综合物流园功能，建立现代物流服务体系

以白银有色综合物流园为基础，利用白银市工业物流服务体系规划用地，配套建设公铁联运、甩挂运输、资源型产品集散、城市配送中心、物流信息平台、应急物流、新型智慧仓储、军民融合物资集散中心、现代供应链管理和物流拓展服务等功能区，发展以工业物资集散和集装箱运输为特色的公铁联运、铁海联运、国际联运。对接国家“军民融合”战略，建成西部战区重要的物资集散中心，与上下游的制造、商贸企业深度融合，注重现代供应链发展，从价值链中低端向中高端转变。顺应“资源经济”向“通道经济”转变的大趋势，融汇中亚、南亚等“一带一路”贸易物流大通道，实现国际班列常态化运行。通过扩展综合物流园的功能，发展商贸物流和智能配送，全方位构建工业物流服务体系。

（五）培育多元增值业务，打造工业物流新生态

一是整合区域资源。依托既有的铁路、公路物流基础，整合地区物流资源，形成满足区域经济发展所需的物资接发运、仓储、配送、装卸等能力，充分发挥区位优势和交通优势，立足白银，辐射甘肃，融入全国物流网络和“世界丝绸之路”经济带物流网络，发展以工业物资集散和集装箱运输为特色的多式联运及供应链物流。重点发展有色冶金、煤炭、建材、石油化工、新能源、新材料等工业物流，配套发展电商物流、国际物流、跨境电商、进出口贸易、现代物流技术服务、物流装备检修等业务。利用西藏公司，积极开拓公铁联运供应链物流业务和商贸物流一体化业务，进一步融汇中亚、南亚贸易物流大通道，构建多点多级支撑物流发展新格局。利用网络货运平台苏州供应链公司取得全国通用的电信增值业务许可证、信息安全等级保护三级许可证和网络货运资质，以信息化技术应用为载体，以网络货运为基础，以大宗物资信息化为平台，打造“实体+平台+贸易+金融+大数据”的现代智慧物流供应链新业态。

二是开发内部市场。坚持“以制造业带动物流业，用物流业支撑制造业”，提升公司产品发运物流服务升级，使发运产品从有色金属扩展到化工、型材和建材物资；加强与公司采选冶等企业协同联动的基础上，重点推进与营销系统的深度融合，探索铁路集装箱发运全价值链物流全包服务模式，通过点对点和库对门服务，实现货物途损和仓损为零的目标；以物流为牵引，通过内部物流协同和工程车辆维修协同，推动供应链物流各环节设施设备衔接、数据交互顺畅、资源协同共享，实现产业物流融合发展、协同发展，构建集团现代供应链创新应用新场景，提升供应链自主可控水平。

三是拓展外部市场。利用铁运物流公司的运营优势，借助中亚国际货运班列的开行，开发出从哈萨克斯坦等境外直达国内集装箱区域通关一体化物流业务；利用铁路装备维修资质和技术能力强的优势，加强与金川、酒钢、宁东铁路公司等周边铁路自备车企业合作，开展机车检修、整车装配交验、上门技术指导等服务；开展铁路集装箱业务；与甘肃东方钛业公司签订铁路项目建设总包、专用线委托运营管理、委托运营维护和全流程物流供应链服务总合同；开发酒钢车辆检修和金川硫酸罐车洗检业务，拓宽外部市场。

四是培育多元化物流增值新业务。在公铁联运中植入仓储、加工、配送、信息等增值业务。将全新的服务理念融入物流一体化和个性化服务中，扩大产业链盈利。开展物流联盟合作，推广辐射中核钛白物流服务模式，与捷时特物流有限公司、中国中化、中核钛白和中国铁塔建立物流合作联盟，为合作方提供公辅设施、物流服务和劳务输出，开展多元化物流增值新业务。在公铁联运融入智慧物流，壮大能够带来主要收入的核心业务，发挥物流集散地的效应，培育高成长性的国际班列等外部业务，紧盯社会大物流培育支撑企业发展的种子业务，从全价值链开发低成本服务的新物流项目。建立物流业务信息化管理系统，实现与现有铁路微机连锁调车系统、汽车 GPS 系统和监控系统的高度融合，实现仓储智能化，提高物流效率，降低物流成本；利用规划建设供应链管理营销管控平台，开放信息寻求物流合作联盟，增加第三方物流服务的比重，努力将资质资源优势转化为竞争优势，将区位优势转化为发展效益优势。

（六）构建“四位一体”市场化经营机制，为智慧供应链和工业物流新业态赋能助力

一是构建“四位一体”市场化经营机制。面对建设智慧供应链和打造工业物流新业态发展的瓶颈问题，以改革推进流程再造，构建以全面预算管理为统领、化小核算单元开展成本分析、建立内部互为市场体系和进行模拟市场化经营考核等“四位一体”模拟市场化经营机制。通过市场和管理协调赋予经营主体的市场化地位，赋予基层单位更多的生产经营组织权、备件采购建议权和灵活用工权。按照市场对现有作业单元进行重新划分，按照占有的市场、资产、资源的权重不同，以契约形式确定各基层单位的经营指标、重点控制指标和专项指标，进一步激活力、增动力。

二是建立完善现代企业治理体系。坚持加强党的领导与完善现代公司治理相统一，将经理层任期制契约化管理作为落实董事会职权试点改革的突破口和建立完善市场化经营机制的“牛鼻子”，建立健全系统规范的配套制度，依法合规授权放权，市场化公开选聘职业经理人；对标“三年最优”、同行业先进，围绕“两利四率”，突出挑战性，坚持目标引领，建立“摸高”机制，以“军令状”标准约定经理层成员退出条款，严格按照契约约定，依据经营业绩考核结果刚性兑现。强化履职监督，发挥“六位一体”监督合力，加强事前规范指导、事中跟踪监控、事后考核问责，提升合规经营管理水平；突出用业绩说话，刚性兑现激励激发经理层谋经营、抓落实、强管理，从根本上解决制约建设智慧供应链和打造工业物流新业态的体制机制性障碍。

三、以打造多式联运示范工程为目标的智慧供应链管理效果

（一）产值利润倍速增加，经济指标创历史新高

2020 年，公铁联运总货运量 1000 万吨，营业收入 7.28 亿元，净利润 850 万元，与 2016 年比较，增长率分别为 81.49%、209.44%、301.08%。5 年来，公司的经营规模与效益、体量与质量实现同步晋档升级。2021 年，实现公铁联运总货运量 1100 万吨，营业收入 9.3 亿元，净利润 900 万元，生产经营成效创历史最好水平，奋力实现了“十四五”物流高质量发展的良好开局。

（二）成功实现从企业物流向现代物流企业转型

借助于工业互联网等技术，推动物流业与制造业深度融合创新发展的供应链共建模式，促进要素优化配置和生产方式变革，为制造企业量身定做供应链一体化服务物流解决方案，加速新旧动能转换。搭

建园区一体化信息化网络，通过构建智慧物流网络，运用数字技术对公司各物流要素进行改造、整合和提升，将管理决策变为“数据决策”，完成由“赋能”到“赋智”的升级，实现企业物流向物流企业转型。2021 年，物流业务覆盖全国 31 个省（自治区、直辖市）的 150 个网点，延伸到中欧地区，物流外部市场占比突破 60%，公铁联运总货运量突破 1100 万吨，比 2019 年提升 51.8%。

（三）智慧供应链赋能工业物流新业态良性发展

打造全新的数据物流企业——苏州供应链公司，高效完成苏州供应链公司网络货运平台体系建设，完成网络货运系统上线运行，赋能物流转型升级，创新发展新业态新模式。自 2021 年 12 月成立以来，已实现物流合同 1.3 亿元，整合外部运输车辆 15000 台。依托交易数据建立以“承运”为核心的生态体系，逐步延伸至油品、保险、金融、维修等后市场服务，构建良性生态圈，打造“互联网 + 贸易 + 物流 + 金融 + 大数据”的新业态。

（成果创造人：王　彬、吴贵毅、吴　聪、刘光武、王宏伟、赵玉宗）

跨国公司本外币一体化资金池业务管理

通用技术集团财务有限责任公司

中国通用技术（集团）控股有限责任公司（以下简称通用技术集团）成立于1998年，是中央直接管理的国有重要骨干企业，拥有沈机股份、中国汽研、环球医疗、中国医药4家上市公司。通用技术集团在央企绩效经营考核中连续12年获得A级，自2014年以来，7次入围《财富》世界500强，2018年获批成为国有资本投资公司试点企业。通用技术集团财务有限责任公司（以下简称财务公司）隶属于通用技术集团（持股95%），注册资本53亿元，是经国家主管部门批准设立的为集团公司及集团成员单位提供财务管理服务的非银行金融机构。

一、跨国公司本外币一体化资金池业务管理背景

（一）企业集团全球一体化管理趋势明显

在经济全球化的大环境下，跨国企业集团、大型国有企业和大型民营企业规模不断扩大，境外业务板块和子公司逐步增多，对外投资逐步扩大，资金往来和收付存贷结算业务日益频繁化，境外资金沉淀增加并逐渐成为一个个小的资金池。集团及企业管理者基于自身经营和管理的需要，从整体去谋划全球资金配置、理顺境内外资金循环，实现集团全球化的资金精准管理变得越来越重要。

（二）国家政策为全球一体化管理提供路径

跨境资金池是外汇政策革新后的衍生产物，根据政策沿革的脉络，从“谨慎试点”“全面启动”到“日臻完善”不断演进，为企业集团提供越来越多的政策红利。

2012年，国家外汇管理局发布《关于开展跨国公司总部外汇资金集中运营管理试点的批复》，启动跨国公司总部外汇资金集中运营改革试点，2014年全面启动并在全国范围内推行。2012年11月，中国人民银行出台《中国人民银行关于跨国企业集团开展跨境人民币资金集中运营业务有关事宜的通知》，在上海自贸区试点的基础上在全国范围内推行跨境人民币资金集中运营业务。2019年，国家外汇管理局发布《跨国公司跨境资金集中运营管理规定》，大幅度简化外债和境外放款登记，实行资本项目外汇收入结汇支付便利化，调整优化账户功能等，首次允许人民币入池，正式标志着跨境资金池本外币一体化时代的到来。2021年3月，面向信用等级较高的大型跨国公司，中国人民银行、国家外汇管理局推动“两池合并”，决定在北京和深圳两地开展首批跨国公司本外币一体化资金池试点。自试点以来，跨境资金集中运营业务办理规模合计近500亿美元。2022年7月，中国人民银行、国家外汇管理局决定在上海、广东、陕西、北京、浙江及深圳、青岛、宁波等地开展第二批跨国公司本外币一体化资金池试点，标志着跨境资金池政策逐步趋于完善。

（三）通用技术集团发展对全球一体化管理的内在需求

一方面，受局部战争、地缘政治、贸易摩擦等因素的影响，跨境业务面临越来越多的挑战，集团需要更有力的手段加强境外资金管理，降低业务风险；另一方面，通用技术集团是传统的外贸型企业，在跨境贸易和海外工程承包领域对境内外资金融通有着天然需求。在国家鼓励中国企业“走出去”的大背景下，通用技术集团越发重视海外战略发展并在香港成立了境外资金管理平台，加强境外资金统一管理、打通境内外资金池、实现全球一体化运作成为集团业务发展的迫切需求。

二、跨国公司本外币一体化资金池业务管理主要做法

财务公司作为主办企业，分别于2015年和2019年获得中国人民银行跨境人民币双向资金池业务资

质和国家外汇管理局跨国公司跨境资金集中运营业务资质，通过上述两个“池子”，财务公司有效调剂了集团境内外资金余缺，降低了企业融资成本，提升了集团资金管理效益。2021 年 3 月，财务公司完成跨国公司本外币一体化资金池试点业务备案，成为北京地区首批 5 家试点企业、全国首批 10 家试点企业之一。财务公司参与试点业务的类型包括资金归集、外债引入、境外放款、经常项目集中收付汇和轧差净额结算等方面。

（一）通过跨境资金池资金归集，实现境内外资金集中

1. 境内资金归集

财务公司在获得监管机构关于跨境资金池的批复后，即可通过合作银行现金管理系统实现境内资金归集。境内资金归集模式包括自动归集和手动归集。财务公司与合作银行可事先完成系统搭建，约定归集频率、留存余额等条件后，由系统自动完成归集动作。未实现系统搭建的财务公司，可由成员单位手工向财务公司主账户汇款，实现手动归集。境内成员单位有资金使用需求时，由成员单位向财务公司提交线上或线下申请，财务公司根据申请完成资金下拨和对外支付业务办理。需要注意的是，根据国家外汇管理局的有关要求，境内外汇资金归集账户架构仅能为单层账户，不可搭建多层级账户体系。

2. 境外资金归集

跨境资金集中运营业务项下，财务公司获得国家外汇管理局批复后，需先与任一境外成员单位签署外债框架性协议，然后基于该框架协议下，将境外资金归集至国内资金主账户。境外资金归集仅有手动归集模式，归集业务发起方可为财务公司，也可为境外成员单位。若发起方为财务公司，由财务公司向合作银行提交有关申请单据，合作银行完成单据审核后，通过银行现金管理系统将境外资金归集至财务公司国内资金主账户；若发起方为境外成员单位，由境外成员单位直接将资金汇款至财务公司国内资金主账户。两种发起方式均会占用跨境资金池外债额度。境外成员单位有资金使用需求时，向财务公司提交线上或线下申请，财务公司根据申请填写合作银行有关单据，合作银行完成单据审核后，通过银行现金管理系统将境外资金下拨至境外成员单位账户，由境外成员单位自行完成对外支付。跨境资金下拨将释放跨境资金池外债额度。考虑境外归集资金计入“吸收存款”科目，根据中国人民银行的有关要求，财务公司归集的境外资金需缴纳外汇存款准备金。

（二）通过境外放款和外债引入，实现境内外资金融通

境外放款和外债引入是跨境资金池资本项下最基础和最重要的功能。境外放款，是指境内成员单位通过财务公司跨境通道向境外成员单位发放贷款的业务。第一步，借贷双方签署借贷协议；第二步，境内成员单位向财务公司提交背景资料，申请办理境外放款；第三步，财务公司向合作银行申请通过跨境通道向境外成员单位付款；第四步，贷款到期后，境外成员单位通过财务公司跨境通道向境内成员单位还款。外债引入，是指境外成员单位通过财务公司跨境通道向境内成员单位发放贷款的业务。第一步，借贷双方签署借贷协议；第二步，境外成员单位通过境外银行向国内资金主账户汇款；第三步，合作银行、财务公司对收款背景进行审核，将款项计入成员单位在财务公司的内部账户；第四步，贷款到期后，境内成员单位通过财务公司跨境通道向境外成员单位还款。

2015 年至 2022 年 8 月底，通用技术集团通过跨境资金池累计办理境外放款 60. 84 亿元，外债引入 13. 08 亿元，打通了境内外资金壁垒，调节了境内外资金余缺，至少为成员单位节约利息成本 1. 69 亿元。

（三）集中收付汇与即期结售汇结合，实现“购付一体”和“收结一体”

集中收付汇是跨境资金池经常项下的主要产品，具体是指成员单位通过财务公司国内资金主账户集中代理境内成员企业办理经常项目收支的业务，包括货物贸易外汇收支、服务贸易外汇收支等。

财务公司通过国内资金主账户为纳入外币资金池的成员单位办理集中收付汇业务，其结算流程主要

分为两个环节：财务公司与成员单位之间的结算（“境内结算”环节）及财务公司通过合作银行与境外交易对手间的结算（“跨境结算”环节）。

经常项目集中付汇业务：成员单位在确认账户资金头寸后，向财务公司提供业务背景资料和付汇申请；财务公司及合作银行在对其背景资料审核无误后，通过财务公司国内资金主账户对外进行付款。

经常项目集中收汇业务，主要分为三步：第一步，成员单位提前联系财务公司，由财务公司提供收汇路径；第二步，关联外商将经常项下款项汇至财务公司国内资金主账户；第三步，财务公司及合作银行对成员单位业务背景资料进行审核。审核无误后，财务公司将款项计入成员单位内部账户。

财务公司于2020年末实现即期结售汇业务无纸化，于2021年末实现集中收付汇业务无纸化，两项产品联动操作，实现“购付一体”“收结一体”全流程无纸化。

以“购付一体”为例，成员单位购汇、付汇均采用线上提交申请，背景资料作为附件线上提供，财务公司完成审批，将付汇指令推送给合作银行后对外付出。两项产品组合在以下4个方面的作用明显：一是办理效率有了大幅提升，半个工作日即可完成购汇、付汇，比以前提前了1个工作日；二是发挥规模优势，以量换价，大幅降低了购汇成本和付汇手续费；三是线上化办理减少成员单位、财务公司用印手续、台账登记和业务归档的工作量；四是财务公司收集成员单位数据，便于风险管理和大数据分析。

2022年前8个月，在“购付一体”“收结一体”全流程无纸化的作用下，财务公司集中收付汇金额达到3.71亿元，同比增长773%，节省购付汇成本52.55万元，是2021年同期的15.28倍。与此同时，集中收付汇业务量的大幅提升也带动了即期结售汇业务的显著增长，其中以即期购汇交易最为突出，2022年前8个月的交易额达到4.1亿美元，较2021年同期增长58.81%，对成员单位的优惠返点金额也由2021年的365万元提升至2022年的561万元，同比增长53.63%。

（四）集中收付汇与代开信用证结合，提供信用支持和数据收集

代开信用证是企业集团及其下属财务公司为加强结算集中管理、为成员单位提供授信支持和专业支持而推出的一项国际结算代理产品。当前，越来越多的企业集团财务公司尝试代开信用证业务与跨境资金池集中付汇业务相结合，不仅为成员单位提供了授信支持，而且提升了财务公司的综合服务水平。

代开信用证是指财务公司根据成员单位的委托，使用财务公司在商业银行的专项授信额度，向合作银行申请开立进口信用证的业务。对外开出的信用证开证行为合作银行，申请人为成员单位，财务公司为成员单位提供授信支持和国际结算专业支持。在开展业务前，财务公司和成员单位需做好相关准备工作。财务公司方面，需要在合作银行获取同业开证授信，开立相关账户并签署国际结算代理开证合作协议；成员单位方面，需要完成财务公司相关授信额度申请手续、开立相关外汇账户、签署代理信用证合作协议等准备工作。完成上述准备工作后，成员单位即可向财务公司申请代理开证业务。业务办理的具体流程为：成员单位向财务公司提交开证申请书及相关贸易合同；财务公司据此向合作银行提交代开信用证申请书及相关贸易合同；合作银行对外开出信用证，通过财务公司将信用证报文传递给成员单位；信用证来单后，银行将全套货运单据通过财务公司传递给成员单位；财务公司根据成员单位提交的付款申请进行扣款操作并向合作银行提交付款申请；合作银行根据财务公司的付款申请扣款对外付汇。

对企业集团而言，提供结算数据支持，助力集团风险管控。集团公司通过财务公司代开信用证业务，一方面，可以对成员单位应付资金信息实现数据收集和分析，在资金监控方面，从对付汇结果的管控前移至对结算过程的管控，有效提升集团结算效率，降低集团资金风险；另一方面，财务公司收集相关结售汇信息、跨境人民币等信息，协助集团推进集团汇率风险管理、跨境人民币业务等重点工作。

对成员单位而言，提供授信和专业支持，全方位助力成员单位业务开展。一是提供授信支持，解决成员单位授信不足难题。二是发挥专业优势，提供信用证条款代拟服务，协助成员单位与外商沟通。三

是站在成员单位立场，协助成员单位与合作银行沟通协调，发挥财务公司特有优势。四是提升业务办理效率，降低业务手续费。此外，财务公司可以发挥规模优势，以量换价，整体降低银行代开信用证的手续费，从而节约成员单位的财务成本。

对财务公司而言，以代开信用证为抓手，财务公司提供相关结售汇、付汇、贸易融资等综合服务，实现了对国际业务全链条、全流程、全品种的一站式服务，丰富了财务公司的产品体系，提高了财务公司的综合服务水平。

（五）跨境资金池与 CIPS 标准收发器结合，实现资金可视可控

随着跨境人民币业务规模的不断扩大，市场对跨境人民币支付结算的需求与日俱增。为进一步整合人民币跨境清算渠道，提高人民币跨境支付结算效率，中国人民银行在 2015 年组织推出了跨境人民币支付系统（Cross－Border Interbank Payment System，CIPS 系统）。CIPS 系统是我国的重要金融市场基础设施，是跨境人民币支付清算体系的核心系统。

CIPS 标准收发器是 CIPS 系统直接参与者与间接参与者及企业直接的业务处理组件，是为跨境人民币业务场景量身定做的业务处理和信息交互工具。CIPS 标准收发器是 CIPS 标准的应用载体，采用国际标准，解决了以往跨境人民币支付涉及节点多、CIPS 系统直接参与者与间接参与者及最终用户之间存在的支付指令标准不统一、人工处理环节多等难题。如果把 CIPS 系统比喻成人民币国际化的“高速公路”，那么，CIPS 标准收发器则打通了“高速公路”和最终用户之间的“最后一千米”，极大便利了企业跨境人民币结算。

2021 年 4 月，财务公司完成 CIPS 标准收发器全国首发业务落地，成为全国 6 家率先接入 CIPS 标准收发器的试点企业之一。2021 年 5 月，跨境清算公司正式推出 CIPS 标准收发器企业版。2021 年 12 月，财务公司完成全国首笔 CIPS 支付透镜业务。对企业集团而言，CIPS 标准收发器的重要功能之一是建立银企间信息系统数据接口，实现跨境汇款的线上化。支付透镜服务是 CIPS 标准收发器的增值服务。财务公司通过上述两项服务，一是实现线上提交付款申请及背景资料，业务办理效率由 2 天提升为 1 小时以内，同时省略了用印、寄单等手续；二是通过支付透镜了解资金清算情况，实时掌握汇款进度；三是得益于 CIPS 统一银企接口数据标准，一点接入，可以与多家合作银行开展线上汇款业务。以 CIPS 标准收发器与集中收付汇结合为例，成员单位向财务公司提交集中付汇的线上申请，财务公司审核贸易背景并与代理付款银行进行沟通后，即可通过 CIPS 标准收发器将付款申请发送给代理付款银行，再由代理付款银行将资金付至成员单位指定的境外收款方。在这一流程中，一方面，成员单位可通过财务公司免费使用 CIPS 标准收发器，跨境付汇手续费更低且跨境资金到账迅速；另一方面，成员单位无须与银行对接，集中付汇线上化程度大幅提升，简化了操作手续。

2022 年 8 月，财务公司完成全国首笔 CIPS 代开信用证业务。CIPS 信用证业务是跨境清算公司基于标准收发器推出的创新增值功能，可为进、出口企业与银行之间信用证业务提供高效、安全、一站式的数字化解决方案，全面支持线上化开证改证、寄单到单、付款收汇等功能，助力市场主体提升国际结算效率。相较于传统银行网银或银企直连系统，通过标准收发器办理信用证业务有着独特优势。一是信息交互覆盖面更广，线上化程度更高。例如，闭卷申请及回执，大多数银行仍未实现线上化。二是 CIPS 统一接口标准，可实现“一点接入，全网联通”。凡上线 CIPS 信用证业务的银行，财务公司均可向其发送线上申请、获取回执，无须与各家银行单独开发银企直连系统。

2022 年 9 月，财务公司完成全国首笔通过 CIPS 标准收发器办理成员单位交易明细和账户余额查询业务。查询币种包括人民币、美元、欧元等。相较于传统银企直连查询方式，CIPS 统一接口标准，可实现“一点接入，全网联通”，无须与各家银行单独开发银企直连系统。相较于传统技术为基础的国际金融信息传递系统，CIPS 标准收发器采用国产技术，可以更好地保护交易主体的信息安全。

(六) 实现"全链条""全流程""一站式"综合服务

财务公司将跨境资金池集中付汇业务与代开信用证、即期购汇、进口押汇结合，为成员单位提供综合服务方案，实现财务公司国际业务"全链条""全流程""一站式"服务。例如，某成员单位向财务公司申请代开信用证，财务公司办理信用证开证；信用证项下付款到期当日，由财务公司办理进口押汇放款给成员单位；成员单位通过跨境资金池国内主账户办理集中对外付汇；进口押汇还款当日，成员单位在财务公司办理无纸化即期购汇并完成还款。该产品组合优势明显：一是降低成本，成员单位在财务公司办理4项国际业务的成本均显著低于外部银行；二是提高效率，成员单位无须对接外部银行，财务公司提供"全流程""一站式"闭环服务；三是专业服务，财务公司国际业务团队提供信用证条款复核、集中议价、外汇盯盘交易等专业服务，协助成员单位降低业务风险、提升经济效益。

(七) 跨境资金池试点政策再添新功能，丰富管理和服务手段

财务公司分别于2021年3月和2022年7月获得《本外币一体化资金池试点业务备案通知书》和《本外币一体化资金池试点业务的变更备案通知书》，主要获得了3项突破性的业务资质。

一是意愿购汇。增加一定额度内意愿购汇。国家外汇管理局根据国际收支整体状况、跨国公司上年度跨境收支及结购汇等情况计算确定意愿购汇额度，额度内购汇所得外汇资金可存入国内资金主账户，优先用于对外支付。主办企业可使用境内外汇衍生品、按照套期保值原则管理相关外汇风险敞口。该项政策给予跨国公司更大的自主性，便于其根据自身实际情况和需求，更为灵活地管理汇率风险。

二是跨境资金池主账户与一般性质外币账户资金实现同名划转。在试点政策之前，财务公司作为主办企业，外币主账户与一般外币账户无法实现同名划转。在实际业务开展中，部分成立年限较早的财务公司，基于相关文件精神，通过一般外币归集账户办理外币资金归集。由于本外币资金池主账户与一般外币归集账户属不同账户性质，无法实现资金同名划转，致使集中付汇业务资金头寸无法通过一般外币归集账户得到补足，集中收付汇业务资金划转路径较为复杂，对业务办理效率有一定影响。2022年7月，财务公司获得相关批复后，获取了跨境资金池主账户与一般性质外币账户资金实现同名划转的资质，流程得到优化，业务办理效率有了大幅提升。

三是境外集中收付汇。境外成员单位在经常项下有资金支付需求时，需要先将财务公司资金下拨至其境外账户后再对外支付，用时较长。经常项下收汇后，需要办理上划至财务公司的手续。2022年7月，财务公司获得相关批复后，可通过财务公司国内主账户直接为境外成员单位完成集中收付，一是可以减少境外成员单位的工作量，提高收付款效率；二是丰富境外资金管理手段，使境外资金进入国内后更加安全，进一步加强财务公司对境外资金的管控力度。以境外成员单位通过财务公司集中付汇为例，某香港成员单位，外币资金存于财务公司账户中。该成员单位向孟加拉国收款方支付货款时，从财务公司国内资金主账户直接支付给孟加拉国收款方，无须将存于财务公司的外币资金下拨至成员单位在香港的自有账户再支付给外商。

三、跨国公司本外币一体化资金池业务管理效果

(一) 降低融资、系统开发等成本，实现集团利益最大化

一是比较境内外两个市场融资成本，通过境内外资金联动大幅降低融资成本，实现集团资金最优配置和集团利益最大化。二是跨境资金池项下集中收付汇结合代开信用证、结售汇等业务，财务公司整合资源，发挥规模优势，以量换价，为成员单位节省中间业务手续费。三是结合CIPS标准收发器，实现"一点接入，全网联通"，显著减少系统开发、维护费用。

(二) 收集成员单位业务信息，强化集团风险管理

一是通过CIPS系统实现境外资金可视可控，强化境外资金安全和信息安全。二是财务公司集中审核成员单位跨境资金池相关收付汇、代开信用证、结售汇、外币融资等业务背景，确保业务背景真实、

风险可控。三是对集团大数据进行分析，鼓励使用跨境人民币，统筹资源，对冲外汇敞口，降低集团汇率风险。

（三）提高效率，减少工作量，提高服务成员单位的水平

一是通过集中收付汇、结售汇等产品的无纸化升级，大幅提升业务办理效率，减少成员单位纸质单据用印、邮寄等工作量。二是随着监管政策的不断演进，简化业务备案、收支结算、跨境融资等资金池业务手续，享受业务便利化的政策红利。三是财务公司提供“全链条”“全流程”“一站式”的产品组合，避免同一业务背景、不同环节分财务公司、外部银行两地办理导致双线提供资料、双线审核，进而导致影响业务办理效率、增加成员单位工作量，切实提高服务成员单位的水平

（成果创造人：张浩远、陈　光、冯松涛、徐　艺、张颖慧、宋小舟、穆笑宇、刘荣昊）

新能源发电企业面向全生命周期成本控制的采购管理

华能国际电力江苏能源开发有限公司清洁能源分公司

华能国际电力江苏能源开发有限公司清洁能源分公司（以下简称华能江苏清洁能源分公司）是华能国际电力江苏能源开发有限公司开展新能源项目开发建设的专业分公司，位于江苏省南京市。公司采取“总厂制”管理模式，先后注册成立24家项目公司，分布在南京、徐州、扬州、南通、盐城、连云港、常州等7个地级市，负责中国华能集团有限公司（以下简称华能集团）在江苏省的风电及其他清洁能源开发、建设和经营管理任务。截至“十三五”末，华能江苏清洁能源分公司总装机容量达到296.43万千瓦，其中海上风电装机达251万千瓦，在区域公司装机占比达20%，在江苏省海上风电总装机容量中占比21.11%。随着发展规模的不断扩大，华能江苏清洁能源分公司安全生产稳定、发展目标明确、资产盈利能力强、管理逐步规范，资产总额达到295.35亿元，已经成为华能集团在江苏省转增量、调结构的重要一翼，各项综合指标始终走在江苏省内发展前列。

一、新能源发电企业面向全生命周期成本控制的采购管理背景

（一）绿色低碳转型战略赋予企业的必然使命

随着能源结构转型，控制以化石能源为主的能源消费，提高新能源在能源供给的比重，已成为国家中长期战略。在国家实施绿色低碳发展、推进能源革命的战略思想指引下，特别是国家“3060”政策提出以后，新能源呈现井喷式发展，新能源特别是风能已经从补充能源进入到替代能源的发展阶段。华能集团牢牢把握绿色低碳转型发展大势，持续提升新能源发展质量，提出“东西两线”发展战略，而华能江苏清洁能源分公司作为华能集团“东线战略”的主战场，承担着发展海上风电的主要任务，是集团公司转结构、谋发展的重要支撑。

（二）新能源企业实现跨越发展的必由之路

新能源发电是承托国计民生的基础性产业，近年来因国家政策大力扶持而发展迅猛。新能源项目具有固定资产投资占比高、前期投资比重大的特点，对外而言，随着技术不断成熟及平价、竞价上网政策的全面推行，新的项目不再享受电价补贴红利，项目投资收益率很难保证；对内而言，最早投产的一批风机也逐渐步入“暮年”，加之受疫情及贸易摩擦的影响，备品备件供应时间及成本陡增。上述现状要求华能江苏清洁能源分公司必须不断提高全生命周期采购精益化管理水平，争取最大的投入产出比；建立维护安全稳定的长期供应链，确保供应环节稳定、及时和准确，使项目保持一个良好的收益率水平，促进新能源业务良性发展。

（三）实现精益化采购管理的有效途径

华能江苏清洁能源分公司各项目分布于江苏省各地，各地方政府部门为把税收留在当地往往要求必须当地注册公司，导致企业下属项目公司越来越多，呈现一种爆发式的发展状况，各项目公司均是一个独立结算的主体，在ERP系统中都有一套独立的流程，导致在生产经营过程中会有大量同类型、同性质的采购需求出现，按照传统的随到随采、一单一采模式，采购工作量大、采购效率低、采购成本高，甚至可能导致设备长停，带来的电量损失更是巨大；另外，华能江苏清洁能源分公司以海上风电为主，海上风电环境复杂、窗口期有限、可达性较差、运维成本高，以上诸多因素要求开展采购工作时必须对设备稳定性、施工期计划性重点考虑，转变传统采购理念。随着采购管理平台的上线，经过数年的积累，采购领域的数据资料越来越全面，为开展精细化采购管理提供了可能。

二、新能源发电企业面向全生命周期成本控制的采购管理主要做法

（一）基于全生命周期成本控制的采购管理思路

华能江苏清洁能源分公司立足海上风电、陆上风电、光伏发电三大业务板块并举的特点，明确总体成本管控实施方案，规划“一个项目一条主线一个基石，多个抓手多套机制多个保障”的总体思路，立足“基建控制成本、运维精细化管理”两个着力点，切实落实采购成本管控工作，实现基于全生命周期成本控制的采购思路。

1. 以采购需求为样本统筹管理，精细化确定采购策略

华能江苏清洁能源分公司将下辖风电场、光伏电站划分为基建、生产两大类采购需求，在总体采购制度不变的基础上，针对不同的建设、生产需要，归纳总结出基建、生产两套采购需求样本。基建类，根据以上采购需求样本分类，横向上以一个自然年为时间轴，制订年度采购计划。根据各风场本年度的采购需求，对同一采购样本添加采购量和需求时间，依据需求时间来制订更为细化的季度采购计划和月度采购计划，使采购工作均匀地、合理地分布在一个自然年中，减少突击采购的现象。合理分配采购时间后，针对同类采购需求可进行集中采购和框架协议采购等采购方式的确认，对零星采购需求可按采购金额来确定单采的采购方式和采购层级。

2. 以“三色三强三优”为引领，完善组织框架设计

华能江苏清洁能源分公司以相关法律法规为纲领、以集团采购制度为依托，成立由总经理、党委书记任组长和副总经理任副组长及各部门负责人分工负责的采购领导小组。成立采购工作小组，抽调生产技术骨干和优秀管理人员组成，适时地修订采购管理实施细则，将创新做法融入制度建设，使采购工作有法可依、有案例可参考。将制度植入智能化采购平台，科学合理地设置平台流程和操作权限，使采购管理制度与智能化平台保持逻辑一致，有效提高工作效率。

3. 明确集约化高效采购的工作要求

华能江苏清洁能源分公司以发展为导向，形成风电场零星分布的运营格局，与传统火力发电厂不同，分散布局确实成为采购管理工作的痛点，而华能江苏清洁能源分公司通过10多年的探索，通过逐年累月的采购数据统计和采购台账的更新完善，分析研究得出以一定范围内的框架协议和集中采购的方式采购，比较符合目前公司发展态势和采购需要，既能满足采购需求的时间要求，也能形成规模效应，从而满足节资要求。

4. 以全过程管理推动采购质量和供应商评价

华能江苏清洁能源分公司依循与供应商合作共赢的发展理念，努力寻找优质合作供应商。利用采购前资格审查、采购过程中详细评价、采购后效果评估、供应商年度综合打分等管理措施，多维度、全过程地评估每一个合作供应商。针对不同类型的供应商，确定侧重不同的合作定位，使供应商库充盈有度，符合采购工作的服务属性。

（二）从“小采购”向“大采购”转变，从价格驱动向价值驱动转变

所谓价格驱动是在“小采购”框架内，企业采购管理单纯围绕价格做文章，只重视眼前利益，缺乏与供应商的关系管理。与“大采购”相适应，价值驱动管理是围绕企业综合价值，在采购时不能仅仅局限于产品的价格，还应从质量、服务、售后、合作、稳定性等多维度、多方面对采购工作进行衡量考虑，使项目全生命周期利益最大化，既注重把公司打造成在市场供应链中提供全面价值的企业，也注重成为有能力在电力供应链群体中获取全面价值的帮助。

华能江苏清洁能源分公司高度重视采购计划统筹管理工作，全面推行“年统领、季调整、月执行”的计划管理模式。年度预算及综合计划下达15日内，编制公司年度采购需求计划，宏观层面对当年的采购工作进行安排把控，再以季度为节点对计划进行查漏补缺，保证计划的完整性，每月5日将本月精

确的采购需求计划进行分析归类，再以此为基础合理开展打捆集采，发挥规模优势，进而降低采购成本。

（三）整合需求以实现高质量采购效果

供应商有长期合作订单会进行自主安排备货计划，以备框架协议中后续订单的执行。不同于“小采购”下的零星订单，供应商的备货不充足，很可能导致订单签署后无法按要求供货等行为，不利于订单的执行。通过系统中（采购管理平台）大数据资料库，详细梳理历年采购数据，科学合理开展框架协议采购，一方面，能够发挥规模优势、体现规模效益，采购成本能有大幅度下降；另一方面，通过框架协议可将单一采购需求直接转化为采购订单，能够大幅节约采购时间，有效应对现场突发的紧急故障，保障了修复工作开展及时性，减少了停机弃风弃光时间。2022 年 5 月签订运维站电缆、光缆维修项目框架协议，该模式在如东八仙角海上风电场 2#SVG、大丰海上风电场 35 千伏开关柜进线侧等数起电缆故障维修中发挥了重要作用，经统计，采购成本由单次 2 万 ~ 4 万元降低至 1.25 万元，同时也节省了询价操作、审批流程等时间，能让维修单位第一时间进场工作，减少了大量的停机时间。

（四）细化采购策略，打造优质供应链

华能江苏清洁能源分公司通过“价值 - 风险”分类方法，按照成本/价值和采购风险这两个细分标准，将采购项目大致分为 4 类：战略型采购、杠杆型采购、常规型采购和瓶颈型采购。针对不同的类型制订不同的采购策略和供应商管理办法。实际采购工作中主要面对的是一般型供应商与杠杆型供应商。一般型供应商管理的要点是：精简内部流程，用最简单的方法（如询价、竞价方式）进行采购，缩小采购半径，实现本地化采购，逐步实现零库存。杠杆型供应商管理的要点是：发挥采购的杠杆作用，价格越低越好。通过生产技术部门（如运行维护部）对主设备及其备品备件进行标准化、通用化分析，提高产品集中度，发挥规模效应，通过集中招标采购等方式最大限度地发挥价格杠杆作用。在供应商激励方面，可通过签订长期采购合同、增大采购份额等方式进行。这些在采购实践中都进行了应用，如安全工器具检测采购就是对一般型供应商管理的有益探索；近期，公司正在开展的常用电气类备品备件维修采购就是对杠杆型供应商管理的积极实践。

（五）严把采购活动全流程规范

1. 大力提高采购计划准确性，奠定精细化分析基础

采购计划的准确性直接影响到采购成果质量和价格，华能江苏清洁能源分公司采购部门统筹分析基建与生产项目实际情况，编制推广《采购精细化管理提升工作指引》，将涉及基建和生产过程中的采购项目归类划分为六大类，包括：一般工程、服务类，土建、建筑物修缮、装饰、油漆类，大型 EPC、PC 项目类，工程、服务类，物资采购类，外协修理类。分别对需求计划编制标准进行约定，主要包括采购目标、项目立项情况、标的功能、量化技术指标、工程量清单、概预算情况等内容。有效解决工程量不明确、采购结果与概预算偏差大等问题，为采购结果精细化分析奠定基础。

2. 优选采购组织形式和方法，形成透明化采购格局

采购部门在对需求计划、供应商名录整合分析的基础上制订企业年度采购或框架协议采购目录，目录充分考虑企业内所有区域集中采购、框架协议采购的项目，各管理部门在调查研究的基础上，采购目录报决策机构审批。框架协议采购成果可在同一级别公司管辖范围内共享，如已有单位执行了框架协议且标的、规格、型号相同，产品质量和服务良好的前提下，根据企业采购管理制度实施细则可以分享采购的成果。

企业依据采购项目的规模标准不同，在满足生产或运营的条件，优先选用竞争性强、透明度高的采购方式，企业采购制度规定采购方式的甄选方法。对于客观条件不够、缺乏充分竞争、费用过高（即交易成本不合理）等问题，企业通过制订专项制度来规范。如直接采购除了用于紧急采购外还可用在

单一来源采购、配套需求的采购等方面。因此，关于直接采购的管理在华能江苏清洁能源分公司采购制度中给予明确的审批流程设计。

企业直接采购、竞争谈判采购和框架协议组织采购都适用于紧急采购，采购紧急程度和程序特点如表1所示。

表1 采购方案区别与选择

	框架协议	竞争谈判	直接采购
紧急程度	该紧急可以预见	该紧急不可预见（相对缓急）	该紧急不可预见（最紧急）
程序特点	和招标、询比价、谈判等采购方式配合使用	面对面沟通	面对面沟通
	标的数量、时间不确	标的数量、时间确定	标的数量、时间确定
	成交人不止一个	成交人一般一个	成交人一般一个
	两个以上合同	一个合同	一个合同

3. 依托全流程风控管理，打造创新型闭环模式

华能江苏清洁能源分公司采购风险管理体系覆盖采购、生产运营、物流管理的全部环节，以发布的采购价格、质量预警、信用登记等重要指标为引导，以企业内控制度的完善和采购过程的监督为保障，有效降低了企业采购的综合风险。

华能江苏清洁能源分公司根据场站分布情况，对各场站的采购验收工作采取责任到人的包干模式，按区片设置采购验收小组，由采购人牵头，经营部、需求部门、技术部门派员组成验收小组，对各场站的到货物资进行到货验收，验收合格后形成验收报告，进行入库登记，完成货物采购闭环。施工服务类项目则由需求部门会同工程部、监理单位、建设单位等进行多方验收后形成验收报告。

4. 开展多维度采购质量评价，盘活优质供应商库

华能江苏清洁能源分公司积极推行建立采购质量评价体系建设，包括采购过程质量评价和采购结果质量评价，通过全口径采购指标对标排名和供应商履约质量评价反馈等手段有效实施。通过综合统计分析系统，每季度对采购重要指标进行量化评分，采购过程合规合法、简洁高效、保持领先；制订货物质量检测、服务质量评价标准，必要时部分专业工程通过第三方开展工程质量检测，遵循“谁使用谁评价”的原则，每年度对供应商执行综合评价及量化打分，对供应商进行优胜劣汰，保障了供应商库的优良。

（六）优化组织保障，推进标准化建设

华能江苏清洁能源分公司在开展管理制度建设时充分考虑“管”“控”分离原则，体现公平和效率，主要包括两个层面，一是管理和执行的分离；二是执行和监督的分离。采购组织体系由采购部门、采购领导小组、采购工作小组、监察审计室构成。公司采购领导小组是采购管理的领导和综合协调机构，采购工作小组是采购管理的协调和议事机构，监察审计室对公司采购流程全过程进行监督并做好监察记录。

按照管理层级，不断完善采购管理制度，强调制度的刚性执行。华能江苏清洁能源分公司严格执行国家法律法规和华能集团及上级公司的有关规定，落实华能集团及上级公司的采购管理要求，结合公司战略规划及生产经营特点，制订采购管理相关制度并监督执行，开展权限范围内的采购、供应商管理、评标专家管理等相关工作。针对执行过程中的矛盾点、空白点定期进行修编完善，根据目前新能源行业的新形势新业态，补充完善了包括光伏项目 EPC 招标在内的招标文件及合同范本体系。

（七）助推采购管理数字化、智能化平台建设

华能电子商务平台是实现数字化的全流程线上采购平台，流程涵盖从需求计划到合同履行资料归档

等全过程工作，实现公开采购数据全部留痕，可追溯，便于监督，最大限度地实现采购公开化，在提高采购效率的同时预防腐败的发生。

华能智慧供应链一体化平台通过建立企业内部、供应商、物流商等相关方的信息集成与互通机制，实现数据接口统一化，形成供应链全流程的数据闭环。平台贯通需求、计划、供应、采购、制造、协同、仓储、物流、调配、回收、处置等供应链管理全过程，包含供应链服务、运营、管理等职能，应用新一代信息技术实现大数据支撑、网络化共享、智能化协作，实现了深度数据挖掘与智能分析能力。

三、新能源发电企业面向全生命周期成本控制的采购管理效果

（一）经济效益持续提升、采购质量稳步优化

严格按照公司管理制度开展采购，严格控制采购成本，保质保量完成项目采购任务。2021 年，公司完成发电量 43.40 亿千瓦时——同比增加 65.75%，经营利润 14.06 亿元——创历史新高；海上风电基建项目实现全容量并网，累计新增投产容量 160.94 万千瓦；完成 164 万千瓦光伏项目备案，取得 219 万千瓦光伏项目开发权。

2021 全年共完成采购工作 415 项，其中公开招标 83 项、公开询价 205 项、竞争性谈判 11 项、单一来源采购 116 项。采购总概算 57452.92 万元，采购合同金额 47154.43 万元，节省投资金额 10298.49 万元，节资率为 17.93%。电子招标率、上网采购率、公开招标率均为 100%，各项指标继续保持领先水平。

（二）管理水平显著提升，采购流程日益规范高效

规范与细化过程文档模板设计，使采购流程环节的文档更加完善，可追溯；使采购工作更加具有计划性、规范操作性与系统性，优化采购工作流程，加强进度督查，提高采购的时效性。实现集中招标全覆盖，企业采购管理水平大幅提升。按照整体规划、分步实施的原则，使公司招标采购业务全部纳入招标采购集中管控体系，达到招标采购管控体系改革的预期目标，构建了一个规范、廉洁、高效的采购环境，树立了企业良好形象。一方面，为采购部门和广大供应商提供了一个公开透明、公平竞争、规范高效、优质服务的交易平台，避免了暗箱操作，集中招标运行一年多来，未发现违规违纪及损害企业利益的情况；另一方面，为供应商提供了便捷的参与环境，供应商通过网络参与招投标，使大量实力相当的供方同台竞技，既可实现充分竞争，又能确保采购的物资、工程及服务有较高的性价比。通过修订使制度既保持了与上级公司的一致性，又兼顾了华能江苏清洁能源分公司的自身特点，使采购工作更加规范有序、高效便捷。

（三）社会效益逐步显现，全面实现降本提效

华能江苏清洁能源分公司所属风电场、项目部较多，采购业务量大，采购项目重复性较高，由公司创建框架协议不但可提高采购效率，还可以发挥集采优势，节约采购成本。目前，华能江苏清洁能源分公司采购管理部门已在采购管理平台创建了通信线路租赁框架协议、物业管理服务框架协议、安全工器具检测框架协议、电缆光缆维修等 7 项框架协议，大幅度减少重复采购问题。目前，海上风电投产项目日渐增多，海缆锚海事件时有发生，针对海缆应急抢修，已在积极寻找船机资源及海工作业队伍，采取框架协议采购方式，提前锁定海缆抢修资源，避免风机长周期停运。通过创新采购管理模式，强化过程风险管控，从基建期设计源头控制成本到生产期统筹采购成本下降，初步建立了基建 - 生产一体化的成本管控机制，实现了全生命周期采购效率及成本控制双提升。

（成果创造人：史振兴、顾天骄、姚中原、袁　辉、张士月、周　婷、邢　峥、邱宗颖）

风险防控与财务管理

大型石油企业集团有效统筹发展与安全的重大经营风险防控管理

中国海洋石油集团有限公司

中国海洋石油集团有限公司（以下简称中国海油）是1982年经国务院批准成立的特大型国有企业，是中国最大的海上油气生产运营商，主要业务板块包括油气勘探开发、专业技术服务、炼化与销售、天然气及发电、金融服务等并积极发展海上风电等新能源业务。2022年，中国海油在《财富》杂志世界500强企业排名65位。中国海油穆迪评级为A1，标普评级为A+，评级展望均为稳定。中国海油主要经营业绩指标在央企位居前列，已连续18次、6个任期在国务院国资委年度考核中获评A级，为开展央企经营业绩考核以来连续18个年度、6个任期获得A级评价的8家央企之一。

一、大型石油企业集团有效统筹发展与安全的重大经营风险防控管理背景

（一）实现世界一流企业目标的必然选择

加快建设世界一流企业是全面建设社会主义现代化国家的重大任务，是新时代国有企业的战略目标。中国海油以战略目标为引领，在推进创新发展、产业集成和开放合作的同时，以追求卓越管理来夯实发展基础，以重大经营风险防控实践为主要对标内容，在全球范围内遴选包括壳牌、BP、埃克森美孚等16家大型综合油气公司和制造业公司作为对标对象，围绕风险偏好、管控架构、管理流程、管理工具4个维度对标分析。国际油气公司典型良好实践包括：注重风险的不确定性及风险能够带来的价值，通过前瞻性和预见性的评估，管控高风险的同时尽量避免高损失事项；风险量化工具方法在部分国际油气公司使用较为成熟，各类风控云平台已经涌现，为国内石油企业的风控数字化提供借鉴。通过对标，中国海油认识到仍然存在许多不足和差距，为实现世界一流和高质量发展目标，持续加强重大经营风险防控成为中国海油发展过程中的必然选择。

（二）落实国家防范化解重大风险的必然要求

党的十九大把防范化解重大风险作为三大攻坚战的首要战役。中国海油的生产运营具有高投入、高科技、高风险特点，对外合作过程中也面临地缘政治风险和国际化经营风险。近年来，公司面临的发展环境正发生着深刻而复杂的变化，世界百年未有之大变局和疫情交织叠加，单边主义、保护主义上升，公司国际化经营风险及面临的技术封锁、技术“断供”风险日益增大；国际石油市场形势复杂多变，能源行业变革不断提速，公司未来面临的竞争压力持续增大，企业发展不确性风险持续增大，全面深化风险管理显得更为紧迫和必要。

（三）有效支撑中国特色、国际一流能源公司战略目标的必由之路

在国际化经营过程中，中国海油面对经营和政策等诸多方面的风险与挑战。一是西方某些国家遏制中国发展的方式手段不断增加，给中国海油海外发展带来不确定性，中国海油进入相关海外项目的难度加大，面临境外经营被制裁、投资限制等风险，现有海外项目的复杂性也随之增加。二是部分“一带一路”国家经营环境存在较大不确定性。“一带一路”沿线国家和地区的政治、经济、社会、法律环境差异显著，宗教民族问题交织，甚至发生军事冲突、恐怖袭击等极端事件，这给中国海油“十四五”时期推进国际化经营战略带来风险和挑战。三是气候变化协议和能源转型增加油气投资难度。当前，全球能源正在向高效、清洁、多元化方向发展，主要发达国家在加快推进低碳化甚至去碳化的能源转型，全球碳定价、碳交易市场也在不断发展，欧洲和加拿大的碳价逐年攀升，已对境外石油天然气开采造成实质性影响。我国提出“碳达峰、碳中和”目标，碳约束的政策未来对油气业务投资必将产生影响，

这就需要石油企业未雨绸缪，做好风险研判，提前做好产业规划和风险应对。中国海油要如期实现中国特色、国际一流能源公司的战略目标，必须统筹发展与安全，持续健全统一、规范和有效运行的全面风险管理体系，有效防控重大经营风险，提升科学管理水平。

二、大型石油企业集团有效统筹发展与安全的重大经营风险防控管理主要做法

（一）健全风险防控机制，统筹防范重大经营风险

1. 明确风险管理的指导思想

中国海油明确了风险管理的指导思想，即：贯彻落实党和国家防范化解重大风险的部署要求，围绕中国海油战略目标，建立健全与中国特色、国际一流能源公司相匹配的风险管理与内部控制体系。构建统筹协调、覆盖全面、传导有效的风险管理运行机制，不断完善以风险管理为导向的内控制度体系，践行效益、效率和风险平衡的内控建设原则，持续提升重点领域风险管理能力，特别是海外风控及合规体系和能力建设，着力防范化解各类运营风险，守住不发生系统性风险的底线，为战略规划的稳步实施和企业高质量发展提供支持保障。

2. 构建分层、分类、分等级的风险管控机制

中国海油以发展与安全为主线，形成分层、分类、分等级的立体防控风险管理机制。分层管理方面，集团公司总部及所属单位按照管理职责权限履行相应风险管理职能，对风险实施分层排查和报告，按照风险等级（高、中、低）统筹资源、分配任务，及时制订应对措施。战略层面，总部对年度排查的集团层面重大风险，集中优势资源积极应对、密切跟踪监控应对，总部统一明确全面风险管理体系框架、各项内控要素标准、制度程序，对风险实施动态监测，统筹建设风险内控信息系统，明确风险分类标准为一级风险5项、二级风险47项、三级风险133项。执行层面，所属单位对年度排查的重大风险进行管控，组织本单位的风险识别、评估和应对工作，负责健全完善本单位内控制度体系。分类管理方面，业务单元按风险类别负责相应业务领域的风险管理。分等级管理方面，风险分为高、较高、中、低、较低5个等级，中国海油按照不同风险等级，制订相应的风险应对策略。

3. 深化以风险管理为导向的内控制度体系建设

紧紧围绕中国海油战略，以"强内控、防风险、促合规"为目标，将风险管理理念、内控框架与治理和业务实际相融合，逐步深化以风险管理为导向的内部控制制度体系建设。优化以风险管理为导向的16个较为完整、有效的内控制度体系，以基本制度、管理办法、操作细则3个层级为主线，坚持系统集成，进一步强化管理制度化、制度流程化、流程信息化的内控理念，将风险管理和合规管理嵌入内控制度和业务流程，实现运营全过程风险防控，形成全面、全员、全过程、全体系的风险防控机制。

4. 推进信息化、数字化建设

中国海油坚持以核心业务为载体加强信息化建设，以价值为导向加快推进数字化转型。按照"一个平台、两套体系、三朵云、四项能力、五大提升"的总体蓝图，推进新一代信息数字技术与业务深度融合，加快业务数字化进程。一是建成以ERP系统为核心，财务共享、采购、人力资源等覆盖核心业务流程的经营管理信息系统，为集团管控、运营风险防范和共享服务提供信息化支持。二是构建"四位一体"数字化风控信息平台。按照集中统一、分层管理、与业务相融合的原则，构建多场景广泛应用、多领域专家经验沉淀、多主题数据集聚、外部模型功能搭载的"四位一体"智能风控系统框架并予以实施。借助信息化手段和管理平台，加强风险信息的收集和共享，推进内控体系与业务系统互联互通、有机融合，实现重点风险领域的监控及预警，加快数字化赋能，促进风险管理体系的持续优化。

（二）加强投资前期论证，提升投资决策风险研判水平

1. 明确重大投资项目投前风险评估的方法和程序

重大投资是中国海油重点关注的风险领域。为落实国家层面加强企业重大投资领域专项风险评估的

要求，加强投资项目可行性研究阶段的风险管理，健全投资管理制度，明确重大投资项目投前风险评估的方法、程序。突出和压实项目单位的主体责任，在提交决策机构审议的重要事项议案中必须附有充分揭示风险及其应对措施的专项风险评估报告或章节，对重大风险制订有针对性的应对措施。评审过程中，注重发挥咨询中心作为第三方审查机构的咨询评估作用，强化各业务部门的专业风险管理职能，风控机构作为二道防线参与重大投资项目的审查，通过加强投资前期论证，全面辨识并防范投资风险，保证决策质量。

2. 加强风险管理方法工具的研究和运用

在健全管理机制和发布实践指导文件的基础上，加强方法工具的研究和运用，推动在风险评估机制和方法相对欠缺的中下游项目开展风险量化试点。提炼“五阶十步”风险评估思路，按照风险识别、风险分析、风险评价、风险量化、风险应对5个阶段，形成符合中下游项目特点的风险评估决策十大步骤。筛选出1套“定性+定量”的风险评估方法，制订液化天然气（LNG）接收站等六大类项目的风险清单，设计风险大类权重与可能影响的输入变量挂钩，对各项风险清晰描述。结合实际在LNG项目可研阶段运用定性加定量的风险评估方法，拆分经济评价模型，优选投资、经营成本、加工费、加工量、工期为财务评价关键输入指标，以及内部收益率（IRR）和净现金流量（NPV）为关键评价指标，确定主要风险点与财务评价关键参数之间的关联性，分析关键输入参数概率分布，运用蒙特卡罗模拟法抽样模拟输出结果。配套研发模拟计算软件，实现风险量化软件的国产化、自主化和定制化。应用结果表明，风险量化模型和评价方法能够深化投资可研阶段对各类风险的专业研判和应对，促进项目单位提前制订应对预案防控风险，为科学决策提供支撑。

（三）强化风险意识，分层、分级落实健康、安全、环保风险防控

1. 坚持质量、健康、安全、环保的核心价值理念

为实现可持续发展的战略目标，中国海油坚持“安全第一、环保至上，人为根本、设备完好”的质量、健康、安全、环保的核心价值理念，坚持清洁发展、安全发展的科学发展观。始终坚持“质量、健康、安全、环保是公司的生存基础和发展保障”“管理质量、健康、安全、环保事务，不仅是经济责任，更是社会责任”“员工是公司最宝贵的资源和财富，以人为本，关爱生命”“安全行为‘五想五不干’”“质量、健康、安全、环保是企业整体素质的综合反映”等管理理念。强化安全风险意识，建立安全风险分级管控和隐患排查治理双重预防机制，实现风险管控关口前移，将风险管控在隐患发生之前，从源头预防事故的发生。

2. 明确安全风险防控主体责任

按照“管业务必须管安全、管生产经营必须管安全”和“谁主管、谁负责”的原则，明确各级安全风险分级防控主体责任，出台《项目建设和运行HSE风险管理细则》和《安全风险分级管控规定》，明确分级防控安全风险的责任。质量健康安全环保部负责安全风险分级防控的综合监管和指导，所属单位负责本单位范围安全风险分级防控和重大安全风险监控开展情况的监督管理。

3. 实施安全风险分级管控

一是按照分级管控流程开展安全风险危险源辨识、风险分级、风险管控、风险监控及风险告知等工作。安全分级方面，对危险源可能导致的人员伤害、财产损失、环境破坏和社会声誉4个方面进行风险严重性和可能性分析，采用5×5的四级安全风险矩阵，形成安全风险清单。风险管控方面，评估不同风险控制措施的充分性、有效性，按照消除、替代、工程控制、标志、警告、管理控制和个体防护的顺序采取应对措施，达到消除、降低和控制风险的目的，鼓励使用蝴蝶结（BOW TIE）、保护层分析（LOPA）等方法开展风险分析，明确各项措施的责任人。风险监控方面，按照风险等级分级监控，遵循风险级别越高监控层级越高的原则，主要负责人对本单位重大风险负有监控责任。风险告知方面，各

级单位制订重大安全风险的降级措施，逐级上报集团总部，加强安全风险信息共享和协调联动，及时将相关信息告知相关方。二是在工程建设领域创新推出重大海上作业的风险分级管理和管控技术路线。按照作业安全风险等级，建立重大作业分级管控模式（集团管控一级风险，所属单位管控二级风险，项目公司管控三级风险），根据每项作业的环境条件、技术难度、作业规模、作业水深、项目大小等特点，将作业分为A、B、C三大类，制订海上重大作业风险分级管控策略和资源保障措施，确保工程建设优质、高效、安全投产。

（四）持续完善科技创新体系，有效降低科技研发风险

1. 加强系统性科技风险的研判与应对

中国海油制订5年科技规划，完成近、中、远相结合的科技创新战略布局。以国家重大使命和战略任务为指引，部署实施16项重大攻关工程，分批推进海洋油气勘探开发关键领域重大技术装备研发。系统梳理海上油气勘探开发等关键领域技术路径和产业链图谱，积极推动打造原创技术策源地和现代产业链"链长"。中国海油突出需求牵引、加强统筹联动，强化重大科技任务的统筹组织。在攻关资金方面，加大攻关投入，优先保障所需经费，切实加大应用基础研究、工程验证等环节的投入；积极争取国家科研渠道支持；实行所属单位投入作为经营考核利润加回的激励制度。通过持续完善科技创新体系，解决了科技资源配置重复、科研力量分散等问题，有效降低系统性科技风险，提升了科技管理整体效能。

2. 降低关键技术受制于人的技术风险

充分利用央企创新联合体等国家相关科研攻关平台开展联合攻关，加快解决关键核心技术受制于人的技术风险。自主研发建造全球首座10万吨级深水半潜式生产储油平台——"深海一号"能源站，实现3项世界级创新、13项国产化设备的示范应用，是中国海油进军深海油气开发的重大技术装备；首套水下油气生产系统在东方1－1气田乐东区块示范应用，打破国外技术垄断，标志着我国深水油气资源开发核心技术装备水平迈上新台阶；历经15年技术攻关，成功研制"璇玑"旋转导向和随钻测井系统，使我国成为全球第二个同时掌握上述两项技术的国家。聚焦服务增储上产，部署实施"七年行动计划"科技重大专项，持续攻关油气勘探开发领域重大技术瓶颈，将攻关目标直接与储量、产量挂钩，推动渤海油田成为我国第一大原油生产基地，有效降低科技"卡脖子"风险。

3. 统筹应对科技人才短缺的风险

在攻关团队方面，充分发挥集团公司各级专家、人才优势，优先保证关键核心技术攻关和原创技术策源地建设所需人才队伍配置，建立一支敢打硬仗、能打胜仗的科研攻关队伍，提升科技创新攻关保障能力。先后涌现出攻克旋转导向钻井与随钻测井技术的全国劳模及攻克LNG储罐核心技术、参与设计"深海一号"的"全国三八红旗手"等一批科技英才，为应对科技领域风险提供有力的人才保障。

（五）构建资金管理"一张网"，健全资金风险防控机制

1. 建立全流程资金风险管控网络

中国海油进一步增强金融风险防范的前瞻性、有效性、针对性，促进金融单位客观全面地评价金融风险，及时有效地识别和处置风险，严守不发生系统性金融风险底线，将金融板块做强、做优、做专、做精。建立统一的资金管理系统，强化顶层设计，固化标准流程，完善执行分析，将资金管理制度、管理信息、日常业务管控等内嵌到系统，为资金管理打造一个高效、透明、规范、安全的管理平台，与业务系统高度集成，实现资金的有序、可控和集约管理，最大限度降低融资成本，做到资金创效最大化；从项目可研到采购、服务、销售合同的签订，再到合同实施，直到合同终止，健全信用风险、金融风险实时追踪和管理的全流程资金风险管控网络，形成资金风险管控"一张网"的格局，便于金融资源的统筹与分配、融资担保管理及控制、财务扩展能力预判与管理、金融财务风险管控、资金集中管理的监

督与落实。

2. 注重对金融衍生业务的集中管理

中国海油始终遵循套期保值的原则，在油价剧烈波动时期，利用油价套期保值锁定风险，平抑成本、合规操作。强化信用风险管控，实时监控应收账款回收情况，连续多年油气款安全收回。建设覆盖全集团的资金管理系统，与业务系统高度集成，支撑集团资金的集中管理，有效提升资金管理效率，降低资金风险。

3. 统筹金融单位加强金融风险防控

中国海油组织所属金融单位制订金融机构风险评价和预警指标体系，在融资租赁板块设计租赁资产比重、杠杆倍数、客户集中度关联度等监控指标，分阶段、分等级实施常态化监测和预警。制订金融机构风险应急预案，按照分级、分类原则确定相应金融业务风险事件的范围，建立风险应急组织体系，规范突发风险事件的监测、预警、报告、处置工作流程。为提高金融领域的风险识别和预警处置能力，加强风险动态监测，及早感知、及时化解重大风险隐患，组织金融属单位开展信用风险压力测试，探索基于不同压力情景下的测试方法、流程及模型，固化经验和方法，配套开发融资租赁领域的信用风险压力测试软件，为形成信用风险预警与应对的长效机制打好基础。

（六）加强重点环节管理，深化境外风险防控体系建设

中国海油高度重视境外风险管理，加快构建全球风险防控体系，持续加强境外资产、投资决策、油气资产并购及处置、信息化建设，按照“一案一策”原则制订针对性的风险化解处置措施，确保境外风险总体可控，稳步提升中国海油国际化经营能力和抗风险能力。

1. 强化全方位海外资产风险防控

中国海油积极推进全方位海外资产风险防控，包括运营风险管理、资产减值风险管理和纳税风险管理等多个方面。健全区域化集中管理与统一协调机制，通过明确职能定位与职责分工、优化流程、完善协调机制，逐步实现区域化集中管理和统一协调资源。采用精细化风险管理体系，根据油田服务和油气勘探开发面临的风险特点，分析其减值原因，形成有效的海外资产减值风险控制措施。全周期管理海外纳税风险，投资前对目的国税收制度做全面深入的了解，聘用专业机构担任企业税收风险的外部监控人。以风险管控为导向，从内控体系建设出发，提升管理、规范运营，形成覆盖公司治理、战略规划、勘探开发、财务管理、采办、法律合规、人力资源、工程建造及健康、安全、环保等方面较为健全的内控制度体系。

2. 健全境外科学投资决策机制和制度

建立一套符合政策监管要求和境外业务管理需要的、以中国海油《投资管理制度》为核心的投资管理制度体系，涵盖中国海油对境外投资管理的各项要求。在管投向、管回报、管程序、管风险等方面认真履行境外投资项目决策主体、执行主体和责任主体的责任，制订境外投资项目负面清单、出台违规经营投资责任追究管理办法等73项境外管控制度，不断完善境外投资管理制度体系。

3. 加强海外油气资产并购及处置等重点业务的合规管控

中国海油注重强化油气资产并购和处置的合规性，坚持“危地不往、乱地不去”，相继出台《油气资产并购及处置、海外勘探项目管理制度》《油气资产并购管理办法》《油气资产处置管理办法》和《并购管理委员会议事规则》。规范境外制度审核发布流程，从制度制订环节防控风险。所属海油国际公司加强对境外机构制度的事前审核，形成审核与反馈机制，统一制度模板、制度命名和制度编码规则，确保制度合规。通过定期的内部审计、内控监督评价、纪检、巡视巡察等监督形式，加强对境外机构内控制度建设和执行情况的监管，发现问题及时整改完善。以境外廉洁合规为重点，依据相关文件，组织开展境外廉洁合规培训，增进员工对境外反腐败法律及“长臂管辖”的理解，提升境外合规经营

能力。

三、大型石油企业集团统筹发展与安全的重大经营风险防控管理效果

（一）风险内控体系进一步完善，有效防范和化解重大经营风险

中国海油通过定期开展重大安全风险事项识别和管控，以安全生产专项整治行动为抓手，切实抓好重点工程建设项目实施和工程质量，保障中国海油所有工程建设项目按里程碑节点推进、顺利投产。将“安全第一、质量优先”理念贯彻落实到工程建设全过程，有效防控安全风险。在金融风险管控方面，有力化解金融风险，守住在金融业务领域不出现重大风险事件、不发生系统性风险的底线。近年来，中国海油未发生重大安全生产事故，未发生重大金融风险事件，有效防范和化解了重大经营风险。

（二）经营业绩屡创新高，有力促进中国海油高质量发展

紧紧围绕中国海油战略目标，持续优化全面风险管理机制，加强内控制度效能，有效促进集团管控能力的提升，对中国海油高质量发展发挥了保障作用。2021 年，中国海油生产经营指标再创历史新高，全年实现营业收入 8178 亿元、利润总额 1196 亿元、净利润 875 亿元，“两利四率”指标表现优异，归母净利润位居央企第四。经营绩效创历史最好水平，各单位均超额完成利润目标。“拓市扩销”取得明显成效，国内天然气销量和成品油零售量均同比增长 15% 左右，天然气市场份额稳居全国第二，海油商城累计交易量突破 6000 亿元。降本提质增效成果显著，成本费用利润率创 7 年来最高水平。全员劳动生产率突破 360 万元/人·年，位居央企前列。

（三）风险管理理念融入经营管理全过程，有效建立风险管理文化

中国海油通过持续推进风控体系建设，在完善制度体系、健全工作机制、应对风险、培育风险文化等方面取得积极成效，逐步健全了覆盖各领域的风控管理体系，为企业运营奠定坚实的基础。2021 年，国务院国资委公布《国有重点企业管理标杆创建行动标杆企业、标杆项目和标杆模式名单》，中国海油“以战略为导向的风险管理体系”入选标杆项目。

（成果创造人：汪东进、徐永昌、田　鹏、杨晓滨、时　超、蒋廷瑞、李又武、于姣姣、王毓敏、彭　川、王　蒙、关　欣）

船舶制造企业集团提升国际化经营水平的汇率风险管理

中国船舶集团有限公司

中国船舶集团有限公司（以下简称中国船舶集团），是经党中央决策、国务院批准并于2019年由原中国船舶工业集团有限公司和中国船舶重工集团有限公司实施联合重组成立的特大型国有重要骨干企业，旗下科研院所、企业单位和上市公司共106家，拥有我国最大的造修船基地和最完整的船舶及配套产品研发能力，是我国船舶工业发展的“国家队”“主力军”，是我国海军武器装备科研、设计、生产、试验、保障的主体力量，是全球最大的造船集团。2021年，中国船舶集团总资产8839.46亿元、净资产3720.65亿元，2021年全年实现营业总收入3461.95亿元、利润总额208.47亿元、净利润185.28亿元，手持船舶订单量、新接订单量、造船完工量三大造船指标均居世界第一。

一、船舶制造企业集团提升国际化经营水平的汇率风险管理背景

（一）有效促进企业国际化业务发展、提高国际化经营水平的必然要求

近年来，我国造船行业国际化水平不断提升。2021年，出口船舶占比为88.2%，造船三大指标国际市场份额继续保持世界领先，造船完工量、新接订单量、手持订单量以载重吨计分别占世界总量的47.2%、53.8%和47.6%。作为造船业的“主力军”“国家队”，中国船舶集团在国际化发展过程中面临的最主要金融风险是汇率风险。受国际船舶市场长期惯例和典型买方市场特征影响，中国船舶集团承接的船舶订单中超过85%以美元计价和结算，但生产建造中发生的成本主要是以人民币计价和结算，经营收支存在着较大的货币币种错配；同时，船舶建造周期长，从订单签约到最终交船大约需要2~4年，采取订单式生产模式，前期收款比例较低，约占订单总额60%~70%的收款集中在最终交船时点，中国船舶集团在船舶建造过程中要垫付较大规模的资金，经营收支又存在着较大的期限错配。2021年，中国船舶集团手持民船海工订单合同总额2282.7亿元，船东所属国家或地区总体而言相对分散。2021年，中国船舶集团在手持合同结算货币方面，以美元结算的订单合同额为2025.9亿元——占比88.8%，以人民币结算的订单合同额为190亿元——占比8.3%，以欧元结算的订单合同额为66.8亿元——占比2.9%。如何有效防范汇率波动风险，既是中国船舶集团保持对韩日造船企业相对价格优势的必然要求，也是有效规避汇率波动冲击进而实现自身经营效益稳定的必然要求，更是坚持底线思维、防范化解重大风险进而实现高质量发展保驾护航的重要举措。

（二）积极适应人民币汇率双向波动“新常态”、应对汇率风险的迫切需要

自2015年“8·11”汇改以来，我国人民币市场化程度不断提高，人民币对美元中间价环比变动率显著扩大。人民币汇率双向波动是国内外经济形势、国际收支状况及国内外外汇市场变化等多种因素共同作用的结果，合理反映了外汇市场的供求变化，发挥了调节国际收支和宏观经济自动稳定器的作用，促进了内外部均衡，扩大了我国自主实施正常货币政策的空间。目前，央行已经退出常态化干预，人民币汇率双向波动已成常态，并且波动明显加剧，2005—2020年，年平均波幅超过8%，其中2018年人民币对美元汇率波幅达到11.33%、2020年人民币对美元汇率波幅达到9.5%。人民币汇率走势的不确定性及波动加大，进一步增加了中国船舶集团旗下造船企业防范汇率风险的压力和难度。中国船舶集团迫切需要进一步优化汇率风险防范机制，采取更有力措施，主动应对汇率市场变化，尽可能规避汇率波动对主营业务及企业财务状况的冲击影响。

（三）全面落实国务院国资委金融衍生业务管理要求、防范金融风险的重要举措

为推动中央企业切实加强金融衍生业务管理，2020 年以来，国务院国资委先后印发相关文件，要求中央企业建立“严格管控、规范操作、风险可控”的金融衍生业务监管体系。中国船舶集团认真贯彻落实国务院国资委的政策要求，充分结合自身业务实际，全面完善金融衍生业务管理制度，加强集团管控力度，将金融衍生业务有效运用于日常汇率风险管理中，优化汇率风险防范机制，运用市场化手段应对市场变化，向风险管理要效益，逐步建立起一套相对完善的汇率风险管控体系。

二、船舶制造企业集团提升国际化经营水平的汇率风险管理主要做法

（一）明确基本思路，全面构建汇率风险管理体系

1. 汇率风险管理的目标和基本原则

中国船舶集团开展汇率风险管理工作的目标是控敞口、防风险，重点关注汇率波动对企业主营业务收支的负面影响，实现经营预算目标达成，提升经营可预测性，更加主动管控经营风险，基本原则：一是坚持风险中性理念，严守套期保值原则，以降低风险敞口为目的，与业务的品种、规模、方向、期限相匹配，与资金实力、交易处理能力相适应，不得开展任何形式的投机交易；二是与主业经营密切相关，有真实的业务背景，选用的金融衍生工具要结构简单、流动性强、风险可认知；三是业务规模应与资金需求合同对应，不超过需要保值金额的 100%，期限一般不得超过订单周期或者经营合同规定的时间，不得盲目从事长期限业务或展期；四是金融衍生业务的执行汇率应以经营承接测算汇率为主要参考基准，不押注汇率单边走势变化，不以盈利为导向；五是金融衍生业务基本是持有到期后按合约约定要素交割，合约存续期间不进行反向操作，亦不博取汇率的阶段性价差收益；六是开展金融衍生业务必须严格履行本单位内部审批程序，遵照会计准则有关规定及时、规范、准确做好账务处理。根据上述目标和原则，中国船舶集团确立了制度标准化、服务专业化和实施体系化的基本工作思路，健全汇率风险管理体系。

2. 建立健全汇率风险管理的组织体系

中国船舶集团建立了“集团公司统筹、财务公司协同、成员单位实施”的汇率风险管理组织体系。中国船舶集团董事会负责审批成员单位开展金融衍生业务的资质，办公会负责审批成员单位开展金融衍生业务的年度计划，总会计师是金融衍生业务的分管领导，财务金融部是金融衍生业务的归口管理部门，成员单位是金融衍生业务的具体实施主体，财务公司是金融衍生业务的集中平台，审计部及成员单位内审部门负责金融衍生业务的审计检查。

3. 全面梳理汇率风险管理的业务体系

中国船舶集团以高质量发展战略纲要为引领，结合国务院国资委对金融衍生业务的管理要求，强化集团管控，搭建“集团公司抓管控、财务公司强服务、成员单位保落实”的管理框架。中国船舶集团统抓全集团汇率风险管控，确定汇率风险敞口覆盖率总体目标，审批成员单位金融衍生业务资质和年度金融衍生业务计划，动态跟踪和指导成员单位做好汇率走势研判和汇率防范策略优化，监督和考核成员单位金融衍生业务开展情况及汇率敞口覆盖率。中船财务有限责任公司（以下简称财务公司）作为中国船舶集团金融衍生业务的专业化集中管理平台，通过“服务渗透、集中交易、产品创新”等专业金融服务，为成员单位开展金融衍生业务提供有市场竞争力的服务支撑。成员单位是金融衍生业务的具体实施主体，结合本单位生产经营实际和汇率市场走势，建立规范的金融衍生业务操作流程，合理制订具体锁价机制，实施各项金融衍生业务具体操作，落实集团下达的汇率风险管理目标。

4. 建立健全金融衍生业务和汇率风险管理制度

中国船舶集团于 2020 年 11 月修订印发相关文件，推动成员单位依据自身实际制订本单位的金融衍生业务制度，共同构成自上而下的汇率风险管理制度体系。通过制度固化的形式，中国船舶集团对金融

衍生业务实行事前业务资质核准及年度业务计划审批、事中动态监控和事后检查相结合的管控模式，严守套期保值原则。

5. 要求成员单位规范业务操作流程

成员单位董事会（或类似决策机构）负责本单位金融衍生业务风险防范策略及交易授权的审批，严禁企业负责人直接操盘。成员单位的财务部门归口负责金融衍生业务交易，其他相关业务部门及法律部门协同做好业务基础分析、金融衍生业务合约法律审核及风险审查，严格执行不相容岗位及人员分离原则。成员单位财务部门依据业务资质、业务计划制订具体金融衍生业务操作方案，按规定程序审批后操作。对于未经批准的操作方案，不得拨付资金，不得进行交易结算。开展金融衍生业务时，成员单位对交易工具、交易对手信用、合同文本等进行风险评估，审慎选择交易对手。开展业务时向多家合作金融机构进行询价、比价，择优选择交易对手，优先通过财务公司集中开展结售汇业务。对外汇资金及保证金等账户实施专门管理，规范资金划拨和使用程序，加强日常监控，动态开展资金风险评估和压力测试，提前做好交割资金安排，确保按期交割。如需调整金融衍生合约要素，需履行本单位有关专项审批程序。

（二）以汇率风险敞口覆盖率为核心抓手，确保汇率风险整体可控

1. 倡导成员单位选择结构简单、有效覆盖的对冲工具

基于船舶海工业务主要为出口收汇、美元结算的特点，为对冲人民币可能升值风险，国内外汇市场上可供选择的金融衍生产品包括普通远期结汇、买入美元看跌（人民币看涨）期权、卖出美元看涨（人民币看跌）期权及比例远期结汇等。通过比对不同产品的优缺点，中国船舶集团建议成员单位操作的金融衍生工具以远期结汇为主，在人民币稳定或贬值行情中选择一些比例远期结汇产品，在汇率市场走势不确定情况下操作适当比例的期权产品。例如，某企业签约订单以美元结算，签约后两年才收到美元款项，企业通过远期结汇产品锁定未来结汇价格，无论到期市场价格如何，企业都按照约定的远期价格结汇。如果企业觉得未来美元结汇价格可能更高，市场有很大的不确定性，可以支付一定的期权费，买入一个期权（美元看跌，人民币看涨），如未来人民币大幅贬值，企业可放弃行权按市场更高价结汇，仅损失期权费；若未来人民币升值，可选择行权，按合约价卖出美元。

中国船舶集团积极探索尝试更多对冲汇率风险手段。一是积极响应国家号召，从集团层面推动成员单位使用人民币跨境结算，提高人民币结算在国际业务中的占比，努力从源头规避汇率波动带来的风险。二是推动成员单位结合自身财务资金状况与市场情况，择机开展一定比例的外币借款形成风险对冲。

2. 通过风险管理报表掌握成员单位业务开展情况

中国船舶集团统一制订了成员单位汇率风险敞口情况表，该表包括主要船海企业和贸易公司的风险敞口金额（手持美元+预计未来净收汇）、采取的各种汇率风险防范措施、期权按100%行权情况下的风险敞口覆盖金额和覆盖率、期权以最低成交比例情况下风险敞口覆盖金额及对应的汇率风险敞口覆盖率等核心指标，通过一张表格全面反映每个成员单位及汇总后全集团的汇率风险敞口和覆盖情况。

中国船舶集团还统一编制了某一时期成员单位新开展、已交割金融衍生业务情况表和某一时点手持金融衍生业务情况表，可定期梳理监测成员单位各个时期金融衍生业务操作情况和持仓结构情况，从而观察和判断各单位汇率风险防范策略执行情况。

3. 动态监控风险敞口覆盖率情况，及时督导

中国船舶集团将动态监控汇率风险敞口覆盖率作为统筹管控汇率风险的重要手段。为了确保风险敞口覆盖率与年度套期保值工作目标一致，中国船舶集团要求成员单位每月更新报送汇率风险敞口情况表，对于汇率风险敞口较大、风险敞口覆盖率较低的成员单位，中国船舶集团及时予以提醒和督导。

2021 年，中国船舶集团年度工作会明确要求，全集团汇率风险敞口覆盖率不得低于 80%，最终达到 87.7%。2022 年，中国船舶集团年度工作会进一步明确要求，全集团汇率风险敞口覆盖率要达到 85%以上，努力避免汇率波动对企业经营效益和稳定健康发展产生冲击和影响。

4. 提高信息化水平，对金融衍生合约实时估值

中国船舶集团正在推动覆盖全级次成员单位的财务信息化建设和司库体系建设，将金融衍生业务相关报表内嵌到相关信息化系统，争取实现以更高频率收集各成员单位的风险敞口覆盖情况，实时掌握成员单位每笔金融衍生合约情况，整合财务公司外汇风险管理系统，对未到期金融衍生合约进行动态估值和监控，为全集团汇率风险管理决策提供有力的数据基础和依据。

（三）建立汇率锁价机制，落实风险管控口径

1. 合理设定汇率价格锁定机制

按照集团明确的汇率风险管理基本原则和汇率风险敞口覆盖目标，成员单位结合自身业务特点和决策机制的灵活性，始终坚持汇率风险中性理念，合理设定锁价机制。一是坚守套期保值原则，不以盈利为目的。成员单位不能通过押注人民币贬值来改善本单位经营效益，严防投机心理，对集团下达的汇率风险敞口覆盖率要求，要抓紧做好汇率锁定策略安排，切实减少汇率波动对企业经营效益的冲击。二是以经营承接测算汇率作为主要参考基准。不论当前外汇市场走势如何，成员单位都要依据本单位实际经营承接测算汇率作为主要参考基准，可酌情考虑目标成本或者预算目标因素。三是出现机会及时操作。成员单位须坚决避免心存侥幸，不一味等待人民币贬值，只要出现合适的时间窗口，接近、达到或超过经营承接测算汇率，即应实施锁汇。如果可预见的时期内预测汇率市场无法达到经营承接测算汇率，成员单位也不能一直留存汇率风险敞口，要重新研究确定可能的汇率锁定价格及机制，经本单位相关决策机构审批后，择机通过合适的金融衍生工具实施汇率风险敞口覆盖。

2. 压实成员单位财务管理人员执行责任

中国船舶集团明确各成员单位总会计师和财务负责人承担着本单位汇率风险防范工作的“专业”和“专职”作用，积极主动向本单位主要领导及班子成员提供汇率风险管理决策建议和专业支撑，带领本单位汇率风险管理团队，严格按照集团确定的汇率风险敞口覆盖率目标和历次防范汇率风险专题会明确的工作要求，执行本单位董事会或管理层审定的风险防范策略，扎实有效做好各项汇率风险敞口覆盖工作。各成员单位财务部门与本单位负责经营、采购及负责目标成本管控的相关部门做好协同配合，研究制订明确的汇率风险敞口覆盖工作的管理流程及价格确定机制并在实际操作中严格执行落实，选择汇率锁定工具，确保汇率风险敞口及时锁定覆盖。

3. 保证成员单位应有的操作自由度

在集团整体汇率风险管理的策略方针指导下，成员单位可自主选择操作策略和操作时机。成员单位设立跨部门的汇率分析小组，负责研究汇率走势，作为本单位承接产品、签订合同的参考依据。汇率分析小组根据年度金融衍生业务计划，结合汇率市场变动情况定期召开小组会议，确定当前阶段衍生业务的具体操作方案，包括拟选择的交易品种、业务规模、预期汇率、操作策略等。财务部根据汇率分析小组确定的阶段性金融衍生业务操作策略开展交易，主要策略包括：分批多次锁价策略，因无法确定合适的锁价时机，对同一收汇期限分批次操作，平均锁汇价格；集中锁汇策略，市场有利条件下，设定一定的锁定目标价位，当市场达到目标价位后短时间内集中锁汇。

4. 合理运用套期会计

很多金融衍生业务合约期限跨年，金融衍生工具的公允价值波动对企业会计报表产生很大的影响。在严格遵守会计准则有关规定要求的前提下，中国船舶集团相关成员单位主要将开展的金融衍生业务适用套期会计准侧，从而有效解决金融衍生工具与被套期项目利得或损失不在同一期间的问题，避免因为

年末合约公允价值的大幅波动影响当期经营效益的情况。

（四）建立定期会商研判机制，动态优化汇率风险管理策略

为积极适应汇率市场新变化，更好应对汇率波动风险，中国船舶集团坚持每季度定期组织召开防范汇率风险专题会，由集团总会计师、财务金融部部门领导、相关成员单位总会计师及财务部门负责人共同参加。一是主动邀请国家外汇管理局的工作人员、国内外大型商业银行或证券公司首席经济学家、外汇分析师、资深外汇交易员等外汇专家，对最新汇率政策及汇率市场变化进行分析研判，对科学应对汇率风险给出策略建议，帮助中国船舶集团汇率风险管理团队持续更新对汇率市场趋势及规律特点的了解和认识，不断提升汇率风险管理的专业能力。二是组织成员单位研讨交流汇率风险管理措施的实施情况及效果，梳理对比成员单位汇率风险敞口覆盖情况，开展相互对标，效果好的做法相互借鉴、效果不好的做法及时纠偏。三是立足自身经营承接实际和汇率风险敞口情况，综合借鉴外汇专家对汇率市场的分析研判和成员单位研讨交流情况，适时做好汇率风险防范策略的动态优化，形成当前阶段汇率风险防范工作思路，明确下一阶段汇率风险管理工作目标及具体要求并以专题会会议纪要形式推动在各成员单位落地执行。

（五）以财务公司为专业平台，实现汇率风险集中管控

财务公司依据“服务渗透、集中交易、产品创新”的理念，为中国船舶集团成员单位提供专业服务保障。

1. 财务公司组建专业团队研究市场，提供各项外汇服务

中国船舶集团通过财务公司组建外汇业务专业团队，持续跟踪外汇市场汇率波动，有效履行集团外汇市场专家的角色，向全体成员单位提供外汇市场晨报、周报、季度报等研究分析服务，为有需要的成员单位提供定制化的汇率风险管理方案设计及委托盯盘等服务。对影响汇率波动的重要政策变化或事件，财务公司也会第一时间进行专题分析并提供研究报告，帮助成员单位顺应市场变化，及时做好汇率风险防范策略安排。在提供各项专业保障的同时，财务公司积极宣传和倡导“风险中性”理念，助推成员单位主动规避汇率波动风险。财务公司通过建立专门的信息共享、交流平台，让成员单位及时获得外汇市场信息，成员单位之间相互借鉴操作经验，共同贯彻落实好集团汇率风险防范措施。

2. 发挥财务公司专业优势，集中开展结售汇业务

2014 年，财务公司获得中国银保监会批准的普通类衍生产品交易业务资质，是军工集团财务公司中唯一一家具有金融衍生牌照的财务公司，可为成员单位提供代客即期结售汇、远期结售汇、人民币外汇掉期和远期外汇买卖业务等专业服务。财务公司建立了专业交易团队，与众多交易实力强的商业银行建立交易对手关系，不断提高交易水平和竞价能力，为成员单位提供最具市场竞争力的结售汇报价。2019 年以后，中国船舶集团要求以财务公司为集中交易平台，集中办理即期及远期结售汇等业务。一方面，有助于集中管控汇率风险敞口，集中管理衍生品交易对手，减少成员单位自行询价、竞价的工作量及可能引发的汇率价格扰动，提高操作效率；另一方面，有助于充分发挥财务公司可从银行间外汇市场直接获取第一手外汇交易报价的优势，降低成员单位汇率锁定的交易成本，实现集团利益最大化。

3. 积极开展专业化创新，提升成员单位保值增值能力

一是立足于现有外汇衍生品资质，不断推进业务创新。结合集团实际需求，自主设计掉期理财通、外汇宝等创新组合产品，帮助成员单位提高外币资金收益率和降低融资成本。掉期理财通系列产品的 3 种模式如表 1 所示。外汇宝产品是由即期外汇买卖 + 欧元存/贷款 + 远期外汇买卖组成，通过外币之间的转换，在没有汇率风险的前提下，利用美元、欧元间掉期点和利率差异，提高初始外币的收益水平。二是推进跨境本外币一体化运营，主动减少资金币种错配。利用跨境资金池对外债和对外放款集中调配，开展跨境资金池本外币一体化运营，打通集团境内外资金融通渠道，积极推动境内外资金按原币种

使用，减少资金币种错配，从源头降低集团公司整体汇率风险敞口。2014 年，中国船舶集团以财务公司为主办企业，获批跨国公司外汇资金集中运营管理试点业务资质，打通跨境外币资金池，成为首家获批该资质的军工央企。2015 年，中国船舶集团又以财务公司为主办企业，获批上海自贸区跨境人民币资金池业务资质，具备为成员单位提供本外币跨境资金池业务全程服务的能力。自此，财务公司陆续开展了对境外企业发放自营贷款、境内企业对境外企业委托贷款、吸收境外企业外币资金、通过意愿结汇给境内企业提供融资支持等跨境业务。截至 2021 年，财务公司累计办理从境内对外放款业务 79.5 亿元，累计办理从境外获得外债 18.5 亿元。2021 年，财务公司上线人民币跨境支付系统（CIPS）标准收发器（企业版），建立银企间标准化、智能化的业务处理和信息交互模式，为集团成员单位开展跨境人民币结算提供支持。

表 1 财务公司掉期理财通系列产品

	理财模式	套利模式	融资模式
产品结构	USD/CNY 掉期 + 人民币委托理财	USD/CNY + 人民币委托理财 + 美元贷款	USD/CNY 掉期
操作模式	近端结汇做人民币理财，远端购汇	近端结汇做人民币理财、贷款美元用于对外支付，远端购汇用于还美元贷款	近端结汇用于人民币资金需求，远端购汇可以以更高价格结汇
适用对象	有闲置美元资金的企业，暂时不用	有美元收汇，又有美元对外支付的企业	想推迟结汇，又有人民币资金需求的企业
业务优势	获取比美元存款更高收益，人民币贬值后继续结汇的选择权	不占用任何资金的情况下，赚取无风险收益	期限任意，人民币融资成本低，用较小的成本获取人民币贬值后继续结汇的选择权

（六）强化过程控制，确保各项汇率管控措施落实到位

1. 实施金融衍生业务资质审批及年度计划核准

强化业务资质准入审批。中国船舶集团董事会负责核准成员单位开展金融衍生业务的资质，核准事项包括交易场所、品种、工具等内容。中国船舶集团核准成员单位可以开展防范汇率风险的金融衍生业务的主要标准包括：一是具有客观的经营业务基础及需要；二是具有健全有效的金融衍生业务管理制度和风险管理机制；三是具有开展金融衍生业务能力的专业团队；四是近 3 年年均外汇收入（或支出）不低于 1000 万美元（或等值外币），或者近 3 年年均外汇收入占总收入（或外汇支出占总支出）的 30%以上；五是每个二级成员单位自身及下属子公司开展金融衍生业务的主体数量不超过两个。2020 年 8 月，中国船舶集团首次批准了 41 个业务主体开展金融衍生业务的资质，主要包括外汇远期、外汇期权、货币掉期、利率掉期等货币类金融衍生业务，对开展金融衍生品业务的成员单位设置严格的准入条件，有效避免了滥用、不规范使用金融衍生工具的情况。2022 年 7 月，中国船舶集团完成新一期成员单位金融衍生业务资质核准工作，将业务主体数量降至 30 个，推动金融衍生业务稳步有序实现专业化集中管理。

2. 加强金融衍生业务年度计划管理

成员单位结合当年业务需求，制订本单位年度金融衍生业务计划，履行本单位内部审批程序后，上报中国船舶集团财务金融部审核汇总，统筹形成全集团年度金融衍生业务计划，报请集团分管领导及主要领导审批后，最终提请中国船舶集团党组会及办公会审批。成员单位须在集团批复的年度计划内，规

范开展金融衍生业务。

3. 完善考核评价及监督机制

中国船舶集团对汇率风险管理工作的成效，不是以单纯的金融衍生工具的盈亏情况来评价，而是将风险敞口的损益与衍生工具的损益进行综合衡量评价。基于此，中国船舶集团既关注成员单位开展金融衍生业务的平均锁价汇率（高于经营承接测算汇率），也关注成员单位的风险敞口覆盖比例。实施汇率风险敞口覆盖率定期通报机制，将汇率风险敞口覆盖率是否完成集团确定的年度目标纳入对相关成员单位的每年度个性化考核指标范围，将汇率风险管理工作列入相关成员单位总会计师年度工作述职及考核评价范围。实施严格的金融衍生业务定期报告制度。中国船舶集团每季度向国务院国资委报送金融衍生业务开展情况报告及季报报表，每年向国务院国资委报送全年金融衍生业务开展情况报告并由财务决算审计会计师事务所出具专项审计意见。成员单位每月向中国船舶集团报送包括外汇资金情况、开展的汇率风险防范措施、外汇风险敞口及已锁定比例等内容的月报，每季度向中国船舶集团报送包括开展金融衍生业务的类型、交易品质、持仓规模、盈亏等内容的季报，每年向集团上报包括年度金融衍生业务开展情况、套期保值效果评估、审计检查中发现的问题及整改情况等内容的年度专项报告。财务金融部每季度抽查部分成员单位金融衍生业务开展情况，在每年的财务专项检查中，将相关成员单位金融衍生业务列为重点检查内容。审计部对成员单位开展各类审计时将金融衍生业务作为重点审计内容，关注金融衍生业务制度健全性和执行有效性、会计核算的真实性等。相关成员单位的内审部门定期对本单位金融衍生业务的规范性、内控机制的有效性、会计核算的准确性等进行审计监督。

三、船舶制造企业集团提升国际化经营水平的汇率风险管理效果

（一）成功规避汇率波动对企业经济效益的冲击

2020年以来，人民币汇率大幅波动，人民币对美元汇率从最低的7.16至2021年底的6.373，累计升值11%。据统计，2020年，超过2600家A股上市公司存在汇兑损失，其中汇兑损失超过1亿元的达114家，合计汇兑损失高达348.51亿元。中国船舶集团充分利用上述汇率风险管理体系，坚持汇率风险中性理念，将汇率风险敞口覆盖率控制在80%以上水平，提前在较高结汇价位锁定了汇率，成功规避了人民币大幅升值对企业经营效益产生的冲击。新开展远期结汇、外汇期权合约规模分别为75.2亿美元、1.47亿欧元，平均锁定汇率分别为美元7.1644和欧元8.5291，均高于相应经营承接测算汇率且远高于2020年末美元即期汇率6.5398和欧元即期汇率8.0386。累计交割远期结汇、外汇期权合约规模共计339.86亿元，相较于交割时合约市值实际盈利3.69亿元。2020年末，未到期的远期结汇、外汇期权合约规模共计768.27亿元，相较于同期合约市值浮盈55.77亿元。

2021年，中国船舶集团新开展远期结汇、外汇期权合约规模分别为150.46亿美元和1.5亿欧元，平均锁定汇率分别为美元6.7915和欧元8.403，均高于相应经营承接测算汇率且远高于2021年末美元即期汇率6.3730和欧元即期汇率7.2121。美元总体汇率风险敞口覆盖率达到87.7%。2021年，中国船舶集团累计交割远期结汇、外汇期权合约规模共计607.77亿元，相较于交割时合约市值实际盈利23.59亿元。2021年末，中国船舶集团手持远期结汇、外汇期权合约规模1275.92亿元，相较于同期合约市值浮盈97.29亿元。

2022年，人民币汇率出现大幅贬值，汇率双向波动已成常态，中国船舶集团始终依托汇率风险管理体系，聚焦主业，坚持汇率风险中性，坚持套期保值，确保经营利润稳定。

（二）探索了成功经验，有效促进了企业高质量发展

中国船舶集团严格贯彻国务院国资委汇率风险防范要求，通过构建和实施汇率风险管理体系，不仅显著提升了防范汇率波动风险的能力，还有效增强了船舶海工产品的相对国际竞争力。2021年，成员单位通过财务公司办理成交超长期限远期结汇超过15亿美元；开展个性化交易如原价展期、平仓、差

额交割等业务 2.08 亿美元；利用跨境资金池获得外币贷款 6870 万美元，有效化解了境外成员单位融资难题。2020—2021 年，中国船舶集团成员单位通过财务公司累计节约汇兑成本 5153 万元。2021 年，在人民币持续升值的背景下，中国船舶集团利润总额保持较高幅度增长，与韩国现代重工、三菱重工等国际主要竞争对手经营效益下滑形成鲜明对比，进一步巩固了世界第一造船集团的地位，助力我国由造船大国进一步向造船强国迈进。2022 年以来，人民币汇率出现较大贬值，中国船舶集团抓住即期、远期结汇价格较高的契机，逐步将全集团的汇率风险敞口覆盖率达到了 90% 以上，平均锁价远高于成本预算汇率，锁定了收益，有效规避汇率未来不确定性对报表的冲击和影响。

中国船舶集团作为大型船舶制造企业，结合出口型船舶海工业务特点，通过“制度标准化、服务专业化、实施体系化”的管理体系，经过实践检验，能较好适应当前复杂多变的人民币汇率波动形势，取得了良好的汇率风险防范成效，为我国有进出口业务的实体企业提供了体系化方法论，有助于提升实体企业防范汇率风险专业化水平，夯实高质量发展基础，具有较强的示范参考和推广应用价值。

（成果创造人：贾海英、李朝坤、徐　舍、金　胜、崔　明、王志军、许　魁、关　颖、王　华、胡浩然、丛　润、高　倩）

军工企业集团以建立双重预防机制为核心的环境风险管理

中国航天科工集团有限公司

中国航天科工集团有限公司（以下简称航天科工）是中央直接管理的国有特大型高科技企业。现由总部、6个研究院、17个全资或控股公司及直属单位构成，境内共有500余户企事业单位，现有员工15万余人，拥有包括8名两院院士、200余名国家级科技英才在内的一大批知名专家和学者。航天科工以“科技强军、航天报国”为企业使命，始终坚持“国家利益高于一切”的企业核心价值观，大力发展航天防务技术，建立了完整的防空导弹武器系统、飞航导弹武器系统、固体运载火箭及空间技术产品等技术开发与研制的生产体系，为我国武器装备现代化建设做出了突出贡献。航天科工连续10个年度在国务院国资委公布的中央企业负责人经营业绩考核中位列A级，连续3个任期获得“业绩优秀企业奖”，获得过1次“节能减排先进企业”荣誉称号。

一、军工企业集团以建立双重预防机制为核心的环境风险管理背景

（一）顺应时代，加强我国生态文明建设的必然要求

近年来，我国经济进入高质量发展阶段，生态文明建设和打好污染防治攻坚战持续深入推进。新时代要求企业践行“绿水青山就是金山银山”的理念，牢固树立风险意识，打赢“蓝天、碧水、净土”保卫战，满足人民对美好生活的向往。对航天科工来说，摊大饼似的管理已不符合时代特征，必须要抓大放小、有的放矢，按照源头严防、过程严管、后果严惩的思路，构建环境风险分级管控和环境污染事故隐患排查治理双重预防机制的管理思想应运而生。

（二）从严执法，提升环保行业整体水平的现实需要

随着国家有关环境保护的法律法规不断完善，对环境保护监管的强度不断增加，对企业的环保要求也逐步加强，这要求企业不断落实环境保护主体责任。航天科工牢固树立环境风险意识，加强环境风险预判，防患于未然，把风险和隐患消灭在污染事故发生之前，管控措施前移，确保不发生环境污染事故，减少甚至杜绝环保处罚事项的发生，切实履行环境风险防范责任，减少资源浪费和降低环境污染与危害。

（三）央企担当，提升航天科工环保管理水平的迫切需求

航天科工作为大型军工企业，在环保管理方面已经投入不少的人力、物力与财力，基本建立了适合自身的环境保护管理制度。但是，由于自身涉及火化工品研制生产、大型试验、建筑施工、机械加工、电子制造、纺织等多个领域，具有业务涵盖面广、污染风险性高、管理难度大的特点，环保管理频繁应付事后的污染物处置工作，与新形势下一流企业的建设要求还存在差距。航天科工迫切需要改变现状，在现有环保管理工作的基础上，建立以环境风险分级管控和环境污染事故隐患排查治理双重预防机制为核心的环境风险管理，提升环保管理水平。

二、军工企业集团以建立双重预防机制为核心的环境风险管理主要做法

航天科工以风险评估为基础，通过强化源头控制、推进过程管理和深化末端治理3个阶段开展以双重预防机制为核心的环境风险管理工作。双重预防机制指风险分级管控和隐患排查治理。风险分级管控的重点为分级，也就是将风险分级、将责任分级。隐患排查治理是指根据国家各项法律法规标准进行环境隐患排查，以降低风险。建立环境风险分级管控与环境污染事故隐患排查治理双重预防机制，目的就是要斩断风险从源头（固有风险）到末端（污染事故）的传递链条，形成环境风险辨识管控在前、隐

患排查治理在后的“两道防线”。

（一）重视顶层设计，夯实基础管理

环境保护管理不同于其他行业，尤其是风险评估工作的开展，既要符合国家法律法规标准规范，又要兼备航天行业特色。只有充分利用航天系统工程思想，加强组织领导、做好充分调研是做好工作开展的前提。为取得预期效果，航天科工加强组织领导，做好顶层设计，完善保障措施，建立完善的环境风险防范体系，将环境风险防范和管控作为工作的重点，有效防范环境风险、减少突发环境事件的发生，减少环境污染事件的发生。航天科工企业规模大、所属单位众多、分布范围广、涉及生产工艺和场所多，环境风险管理难度较大。为了对所属单位存在的环境风险有一个全局性的掌握，航天科工以节能环保考核评级和污染源普查为基础，筛选出重点管控对象，组织专家梳理并系统地辨识和分析存在的主要环境风险和有害因素。参照相关的节能环保法律、法规、规章、标准和规范，总结航天科工近几年节能环保管理的研究成果和成熟经验，经过航天科工和专家的多次讨论、咨询和质证编制了风险评估报告，为日后有序开展生态环境保护、环境风险分级防范和隐患排查治理工作奠定了坚实的基础。

1. 收集基本情况

航天科工通过节能环保考核评级和污染源普查工作收集各单位的基本情况，梳理出航天科工 40 家重点管控单位，涵盖企业单位、事业单位、火化工品研制生产单位、建筑施工单位和服务业单位等具备航天特色的单位。这 40 家重点管控单位涉及的主要场所基本覆盖航天科工的所有作业场所，包括机械加工、电装焊接、金属焊接、涂装、喷砂、电镀（含印制板）、铸造、锻造、辐射、地面试验、实验室、施工、住宿餐饮、污水处理设施、危险废物贮存、锅炉房等。最终，针对重点单位、重点场所的环境因素筛选出环境风险物质。为了更好把握环境风险，除对环境风险物质的收集和筛查外，航天科工对各单位“三废”排放及处置情况进行调研。废水方面主要了解工业废水、生活污水、清净下水和雨水是否分类收集和处理，以及监测是否达标；废气方面，针对废气的污染物种类是否规范排放；危险废物方面包括其收集、定期转移及临时贮存场所、危险废物的申报和是否委托有资质单位处理等。

2. 进行风险识别

航天科工针对环境风险物质在生产、运输、贮存过程中潜在的环境风险进行识别，其中，生产过程中潜在的环境风险因素主要指在使用环境风险物质进行生产时，可能会因操作不当或使用次序错误而引发的事故；设施、管道、机泵等泄露、断裂或损伤等，也会导致相应物质的泄露等环境事故；运输过程中潜在的环境风险因素涉及的风险物质主要通过汽车运输进厂引起的环境风险；贮存过程中潜在的环境风险因素较大，涉及的环境风险物质，其贮存多为罐装或者桶装，其主要风险为贮存桶泄露可能引起火灾、中毒、爆炸等。与此同时，针对潜在的环境风险事故进行情景分析，包括火灾/爆炸/泄露、防控设施失灵或操作不当、非正常工况、污染治理设施非正常运行、违法排污、停电/断水/停气、通信或运输系统故障、自然灾害等情况。

3. 划分风险等级

航天科工结合自身的航天特色将管理环境风险和固有环境风险两者综合，综合环境风险进行分析确定。通过确定管理风险系数和固有环境风险系数确定综合管理风险系数，从而建立综合环境风险评估模型。管理环境风险系数依据航天科工开展 3 年的节能环保考核评级工作的实际情况进行确定。通过筛选出的 40 个重点管控单位的节能环保考核评级复核报告，分析各作业场所的得分情况，确定各作业场所的环境风险系数。固有环境风险指无论其管理效果如何，作业场所自身依旧存在环境风险，固有环境风险系数依据环境风险物质的使用、航天科工环保专家的专业与经验积累进行确定。固有环境风险系数分为 3 个等级，系数越大，环境风险越高。作业场所的综合环境风险系数由管理环境风险系数与固有环境风险系数的乘积得到。航天科工各个作业场所的环境风险等级依据综合环境风险系数进行确定，按系数从高到低划分为一级、二级、三级3个风险等级，其中，一级风险等级最高。

（二）强化源头控制，侧重分级处理

航天科工根据风险等级划分，以建立双重预防机制为基础开展源头控制管理，通过清洁生产模式加大研发投资力度，采用清洁的原辅材料、优化生产工艺、回收再利用废弃物和改进设备，强化意识，降低环境风险，进而提升对污染源头的管控水平，减少污染物的产生与排放，降低环境风险。

1. 一级风险，加强工艺和原材料的改进

一级风险的单位和场所被视为航天科工重点管控区域，航天科工强化隐患的治理，尤其在工艺和原料的选购上杜绝或者少用有毒害的、稀缺的材料，选取较纯且品质较高的原材料，从源头上杜绝危害大、难处理的风险因素的产生，如氰化物是传统电镀行业常用的原辅材料，有剧毒，航天科工配合各单位加大研发力度和资金投入，先后开展对镀金工艺低毒、环保原辅材料的研究，成功设计出清洁的无氰镀锌工艺，目前已被应用于军民品电镀生产过程中，减少了含氰废水的排放。

2. 二级风险，关注废弃物的回收再利用

二级风险的单位和场所作为航天科工关注类的单位和场所，如铸造和机械加工类，航天科工加强对生产工艺和废弃物回收利用改进，以风险物质减量化为原则，达到降低风险的目的。对于机械加工，航天科工加大资金投入，研制出一种有效的乳化液净化设备及处理工艺，该设备可以在线除油污，过滤杂质、除臭杀菌，进而延长乳化液的使用寿命，提高乳化液的循环使用率，减少废乳化液的产生，降低风险。

3. 三级风险，强化员工的风险意识

三级风险的单位和场所作为航天科工一般类的单位和场所，对员工的专业能力及面对突发情况的应急能力有很高的要求，故重点强化员工的风险意识。为了避免和减少突发状况的产生，加强各单位对突发事件的应急应变能力，有效减少因疏忽或反应不及时而导致的环境污染问题，航天科工加强了对环境风险管理和应急应变的制度建设。

航天科工为保障污染源头管理工作的有效开展，达到良好的管理效果，遵循“监督分离”的原则，建立单位内外监督制度，各个生产单位间相互监督，生产单位内部环保部门、质量管理部门和生产部门共同监督管理，有效地从源头对污染物的产生进行管控。

（三）推进过程管理，深入隐患排查

1. 制订工作计划

航天科工以风险评估的风险等级划分为基础，采取分级管理评价方式深入隐患排查，对各单位及其场所开展调研和评价，评价内容包括重点关注项、综合管理和作业现场3个部分，其中，重点关注项评价部分是对被评价单位评价期内的事件与处罚、指标与统计、组织机构与资金保障、环保手续、专项整改、国家重大决策部署落实情况等方面进行评价；综合管理评价部分是对被评价单位在组织体系、制度体系、监督体系、考核奖惩、规划和工作计划、风险管理、应急管理、监测和统计管理、宣传培训、信息公开和公众参与等方面进行评价；作业现场评价部分是对被评价单位中包含机加/焊接/冲压、热处理/表面处理（不含涂装）/印制电路板制造、涂装、铸造/锻造、辐射、装配调试、复合材料、实验/试验、贮存（不含医疗）、辅助保障、餐饮、医疗、施工等一种或多种生产经营活动的作业现场进行相应评价。近几年，航天科工每年根据各单位风险级别，分批在节能环保工作要点中予以重点强调，制订年度专项分级管理评价工作计划，分类分级指导，重点考核，各单位将该项工作纳入当年生产经营考核中，调动其积极性，提高其重视程度。

2. 成立评价小组

航天科工成立由安保部相关领导主管、节能环保技术中心相关辅助人员及专家组组成的评价小组。

近年来，航天科工加强对各单位节能环保骨干的筛选和培养，着重从理论知识、业务水平、实践经验、职业素养等方面，打造一支由航天科工、节能环保技术中心和所属各级单位专家组成员组成，涵盖节能环保管理、环保治理、工艺设备、环境影响评价等方面的专家队伍，为分级管理评价工作的开展提供有力的人力资源保证。

3. 进行现场调研

航天科工评价小组人员进行现场调查，调查方式采取询问座谈和现场勘查等形式。询问座谈主要针对重点关注项和综合管理，重点考查环境风险的管控措施是否符合相关法律法规标准。现场勘查主要是针对作业现场和设备设施，根据各单位的厂区平面图，对标准中涉及的场所逐一走访，对标准中涉及的污染净化处理设施、应急设施、淘汰设备、标识、排污口等详细核查并据实记录。现场调查结束后，评价小组会同受评单位主管领导和相关部门的管理者召开末次会进行工作小结，评价小组负责人总结考评工作的过程，考评组的专家成员结合综合管理和作业现场两方面剖析受评单位出现的问题并提出改进建议。末次会上，评价小组与受评单位充分交换意见，双方互通有无，相互学习，既提高了专家的现场专业能力，又指明了受评单位今后改进的方向，提升了航天科工整体环境风险管控能力。经过分级管理评价工作的开展，梳理出各受评单位存在风险物质识别不全、应急预案情景构建不全面、应急物资配备不完善、环境风险物质无处理设施、风险提示标志牌设置不完整及生产加工现场不整洁等风险问题。评价小组根据末次会总结，形成评价意见，在现场调研工作结束后 5 个工作日内提交给受评单位。

4. 开展分类整改

受评单位收到现场复核意见后，根据评审组提出的整改建议，制订整改方案和计划，对诸如管理制度缺失、危险废物贮存场所不规范、管理混乱等可以立整立改的项目优先完成整改并辅以照片记录；对于因整改时限、整改经费等因素无法当年整改的项目制订整改方案，做到整改措施、责任、资金、时限、预案“五到位”。航天科工根据分级管理评价发现的风险和各单位资金筹措情况分类整改，整理归纳出两张表——生态环境保护问题情况汇总表和生态环境保护风险情况汇总表，分别为资金要求较小的风险和资金要求较大的风险的整改情况汇总表，作为风险数据库的基础。目前，航天科工已严格按照整改方案和节点逐项落实，全面完成整改工作。分级管理评价是一项长效工作，困难在于坚持并不断推进隐患整改。各单位每 3 年进行一次现场评审，及时发现隐患并整改，不断提高环境风险管理绩效，持续巩固成果，实现环境风险全面达标、本质达标和动态达标。为保证管理效果，强化对已通过现场评审单位的监督，航天科工建立了分级管理评价“回头看”监督机制，有步骤、分阶段地对已完成分级管理评价现场评审的单位开展“回头看”复查活动。主要复查达标现场评审发现的问题和隐患整改及持续改进情况、有无重大环保隐患、处罚等 3 个方面的内容。通过分级管理评价工作，各相关单位的基础资料得到进一步完善，生态环境保护制度、计划和总结、环境因素识别、应急预案、现场记录表单等重要材料均得到补充，作业现场各类标识、转移运输器具、应急物资等也相应进行了补充和修缮。通过开展分级管理评价，各单位进一步强化了生态环境保护日常管理，单位间加强了对标学习，凝聚共识，增强了风险防范意识，加大经费投入，积极对当前存在的问题进行整改，营造良好的内外部工作环境和工作氛围。

（四）深化末端治理，做到举一反三

航天科工持续加大资金投入力度，积极推进工业单位绿色升级，全面实施清洁生产提升改造、绿色化改造；加强指标监测和分析，坚持以问题为导向，对存在的重大问题及时开展整改并举一反三，坚决将重大问题彻底整改到位并持续改进，确保各项考核指标顺利完成，确保不发生突发环境事件。

1. 开展风险整治

航天科工通过风险评估，掌握各单位的风险等级，借助分级管理评价，建立风险数据库。根据前期对航天科工节能环保各项风险指标强度排名靠前的部分重点单位统计和摸底情况，经研究，航天科工组织开展节能环保风险整治专项工作。风险整治是末端治理的有效手段，遵循“依法依规、科学精准、末端治理、持续改进”的原则，通过材料准备、现场考察、报告编制、整治实施的形式，指导各单位编制切实有效的风险整治方案，彻底消除风险，建立更为规范的节能环保管理体系。通过对各相关单位开展风险整治专项工作，全面分析造成风险指标强度排名靠前的原因，发现存在的风险因素并通过改造和整治彻底解决相应问题，使风险指标强度得到明显下降，从而有效控制和避免发生环境违法事件和环保处罚事项。在该项工作的实施过程中，航天科工下发专项工作方案，召开专项工作动员会部署相关工作，各相关单位分别开展风险整治工作部署，提供相关基础台账信息等材料；航天科工通过材料核查和现场考察等方式对各相关单位进行分析和现场踏勘，确定风险因素，明确后续改造和整治措施，完成《风险整治方案报告》编制并向各相关单位进行反馈，各相关单位依据《风险整治方案报告》及时采取有效措施开展风险整治工作。以风险整治专项工作为重要契机，举一反三，认真研究分析本单位数据指标情况，持续改进，深入扎实解决本单位存在的各项风险。

2. 启动资金补助

在风险整治工作的基础上，为进一步推进航天科工环境风险隐患整改，持续加大航天科工所属各单位环境风险隐患整改力度和资金投入力度，深入打好“污染防治攻坚战”，航天科工启动专项经费用于引导、支持各单位的污染治理等改造示范工作，其中包括危废库改造、降噪综合治理、循环水节水改造、在线监测改造、热处理油雾净化改造、废气治理抽风净化系统改造、“煤改气”环保项目改造等。通过专项补助资金方式极大调动各单位的积极性，持续加大各单位整改力度和资金投入力度，组织开展隐患整改补助资金项目专项工作。航天科工遵循“依法依规、资金牵引、治理整改、持续改进”的原则，通过方案评审、阶段管控、项目验收、资金支持的形式，指导相关单位切实有效地开展节能环保项目改造工作。通过下发专项工作方案，召开专项工作动员会部署相关工作。各相关单位分别开展工作部署，编制项目实施方案。航天科工安保部组织专家对各相关单位的项目实施方案进行专业评审并向各相关单位进行反馈。各相关单位应在项目验收前按季度报送项目季度进度报告，明确项目开展的进度。安保部根据各相关单位项目进度情况，安排专家进行现场指导和开展相关培训等工作。各相关单位应在项目验收前将《六方验收报告》《工程结算审计报告》《检测报告》等材料进行报送审查，根据各相关单位材料报送情况组织现场验收，航天科工将对各相关单位验收材料进行归档并备案。航天科工对项目改造程序规范且通过现场验收的单位给予一定比例的资金支持，资金支持一般通过利润抵扣或拨款方式进行。

资金补助在一定程度上鼓励了各相关单位设立环境风险隐患专项经费预算，对纳入航天科工补助资金项目的单位也给予一定比例的资金支持，不断增强基层单位特别是经济困难单位工作的积极性和主动性。

3. 建立应急体系

应急体系对各部门的职责、应急预案的培训和演练、应急物资的配备等均进行了明确的规定。航天科工所属单位，现场均配备突发环境事件应急预案和现场应急处置方案，包括化学危险品、剧毒品、污水处理、车间生产现场等现场处置方案。此外，现场设置事故池、导排沟、防泄漏围堰等设施，配备灭火器、消防沙等必要的应急物资。定期组织人员培训，开展应急处置方案应急演练并进行记录，对事故池或其他环境污染事故进行有效检验和验证。航天科工下属单位开展氰氢酸中毒及遗撒处置演练、搬运酸过程中酸桶倾倒应急处置演练、电镀废水突然泄漏处置应急演练、电镀污泥处置过程中遗撒应急演练等应急演练活动。

三、军工企业集团以建立双重预防机制为核心的环境风险管理效果

（一）环境保护经济效益显著增加

航天科工通过实施以双重预防机制为核心的环境风险管理，有效防范和遏制了环境污染事故的发生，降低了环境风险，节省了不必要的环保投资成本和废物处置费用，降低了能源资源使用成本，创造了经济价值，帮助企业达到减污增效的目的。据统计，本成果实施 3 年来，经济效益不断增加，累计创造经济效益 25870 万元，无一起环保处罚事项发生。

（二）环境保护社会效益显著增强

航天科工以风险管理为根本抓手，环境保护全过程管控具有鲜明特色，发挥了军工典型企业示范带头作用，树立了良好的品牌声誉，充分体现了航天精神的责任感和使命感，受到了上级单位的好评和当地政府的认可。据统计，本成果实施 3 年来，国务院国资委重点关注的几项环保指标稳步下降。2021 年，化学需氧量排放量与实施之前的 2018 年相比下降 7.92%，氨氮排放量下降 15.45%，二氧化硫排放量下降 52.73%，氮氧化物排放量下降 36.29%，危险废物产生量下降 59.46%，危险废物回收利用率提高 446.43%。既减少了污染物的产生，履行量化减排义务，保护了生态环境，又履行了企业社会责任，提升了企业竞争力。

（三）环境保护管理水平显著提升

航天科工自 2018 年实施以建立双重预防机制为核心的环境风险管理以来，共发现并整改生态环境保护问题和风险 1078 项，整改率 100%，环境风险总体可控。通过风险分级管控和隐患排查治理，各单位环境保护基础管理工作得到进一步夯实，环境保护各项规章制度、环境因素识别评价清单、突发环境事件综合应急预案、专项应急预案、现场应急处置方案、现场各项记录表单、环保设备设施等重要资料均得以补充，作业现场各类标识、转移运输器具、应急物资等也得到相应修缮。通过各单位的共同努力，风险防范意识不断增强，管理目标更加明确，经费投入不断加大，问题整改持续深入，营造良好的内外部工作环境和工作氛围，生态环境保护管理水平得到显著提升。

（成果创造人：邵天民、闫梦则、范博文、乔思萌、于珊珊、王爱聪、赵晓萌、鲁雪梅、靳　励、楼　丹、汪　飞、程　龙）

通信企业集团数据驱动的云网投资精细化管理

中国电信集团有限公司

中国电信集团有限公司（以下简称中国电信）是中国特大型通信运营企业，主要经营移动通信、互联网接入及应用、固定电话、卫星通信、ICT集成等综合智能信息服务，每年的网络建设投资规模1000亿元左右，投资管理主体包括总部（集团）、省级公司、市级公司等多层级运营机构，投资专业包括5G、宽带、IDC、传输网等15个一级专业、87个二级专业，拥有全球规模最大的宽带互联网络和技术领先的移动通信网络，具备为全球客户提供跨地域、全业务的综合信息服务能力和客户服务渠道体系。截至2021年，中国电信移动电话、有线宽带、天翼高清、物联网、固定电话等各类用户总量近9亿户，注册资本2131亿元，资产规模超过9000亿元，有员工59万人，年收入超过4600亿元，连续多年位列《财富》杂志全球500强，连续10年获国务院国资委中央企业负责人经营业绩考核A级。

一、通信企业集团数据驱动的云网投资精细化管理背景

（一）支撑国家数字经济高速发展的必由之路

数字经济成为全球经济复苏的有力抓手和新增长点，也是推动我国高质量发展的重要引擎。作为数字经济底座建设主力军，中国电信正在加速传统网络转型升级，投资建设云网融合新型信息基础设施，稳步推进5G网络建设，加强算力基础设施布局，支撑新兴业务发展。而数字经济下行业的复杂性、需求的多变性、要素的多样性又决定了投资管理难度在不断增大，投资和网络能力建设响应需求的时间要求越来越短，投资规划、决策、建设的难度和风险加大。新任务和新挑战对中国电信投资管理提出新要求，一方面，投资需要更具全局性、战略性和前瞻性，融入国家大局，契合社会发展方向，实现投资规划、云网建设和国家战略深度融合；另一方面，需要加快投资管理精细化建设，创新方式方法，提升精准投资的能力，更好践行建设“数字中国”的责任使命。

（二）落实中国电信云改数转战略的必然要求

中国电信贯彻落实“加快建设高速泛在、天地一体、云网融合、智能敏捷、绿色低碳、安全可控的智能化综合性数字信息基础设施”，紧抓当前重要战略机遇期，全面实施云改数转战略。深化网络共建共享，筑牢“陆海空天”全域网络连接优势，发挥前瞻性资源布局的领先优势，全力推进国家“东数西算”工程，加快构建算力网络，建设智能化综合性数字信息基础设施，推动企业高质量发展再上台阶。面对新型数字信息基础设施的建设需求，中国电信需要紧抓时间窗口，把投资管理与业务发展、战略发展紧密结合起来，加大支撑力度，准确把握市场需求，优化投资配置，聚焦重点投向，加强投资效益导向，提升投资建设管理水平，持续提升企业核心竞争力。

（三）解决投资管理面临诸多问题的内在需要

中国电信投资规模大、专业结构复杂、工程项目数量多、服务区域广，投资效益和管理水平参差不齐，主要表现在：一是投资规划方面，预测与规划的准确性和科学性有待提升；二是投资效益方面，较先进运营商存在较大差距，市场发展和网络建设区域不平衡，省级区域间投资效益差异较大；三是工程建设管理方面，中国电信每年有超过20万个工程建设项目，对项目建设工期、造价、质量等方面的管理面临较大挑战；四是评价和考核方面，评价指标很难全面真实反映企业发展能力和投资成效，责权利不对等；五是数字化建设方面，数据驱动的投资分析决策支撑体系还需完善，

前后端系统多域关联及集团、省级公司、市级公司多层级数据贯通尚未完全实现。

从 2019 年开始，中国电信探索实施基于数据驱动的云网投资精细化管理体系，提升投资决策效率和投资效益，促进企业持续健康发展。

二、通信企业集团数据驱动的云网投资精细化管理主要做法

（一）确定指导方针，建立数据驱动的云网投资精细化管理体系

中国电信投资管理以“七到位，三提升”为指导方针，形成管理全流程闭环、组织全层级贯通、数据全场景融通的云网投资精细化管理体系，在投资管理过程中实现集约化管理到位、前后端联动责任书到位、投资滚动抢盘到位、奖惩机制到位、前评估/后评价到位、项目标准化管理到位、IT 系统支持到位，实现投资进度快、效益好、造价省，助力打造具有中国电信特色的世界一流企业。

1. 管理全流程闭环

中国电信构建以“投资规划－投资预算－工程建设－考核评价”为完整闭环的云网投资精细化管理体系，规范投资行为，提升投资效益，改善管理效率。云网投资管理体系以市场为导向、以规划为基础、以预算为核心，按年度计划管理和实施。投资规划通过宏观布局、需求预测、建需匹配等，从市场发展角度输出规划方案，形成对建设规模与投资规模的需求，指导投资预算。

2. 组织全层级贯通

中国电信将全流程管理自上而下，以“集团－省级公司－市级公司”贯穿集团组织体系各层级，将管理体系应用层级不断划小，落细落实，自下而上不断改进各上级主体投资精细化管理实践。投资管理遵循“集中与授权结合、责任与权利对等”的原则，实行集团、省级公司两级决策，集团、省级公司、市级公司三级实施的管理体制，落实分级管理责任。工程建设同样实行两级管理、三级实施的管理体制。集团公司负责全集团的工程建设管理工作，建立全集团的工程建设管理体系并监督执行；省级公司负责本省工程建设工作的管理、工程建设管理体系的建立并监督执行；市级公司负责辖区内的工程建设项目的实施管理。

3. 数据全场景融通

第一步实现标准化。一是实现生产系统集约化，集约构建全国一体化工程建设框架，解决各省份“烟囱林立”的问题，完成“集团－省级公司－市级公司”近 2000 个生产单位的系统框架统一，规范生产系统；二是实现数据跨域贯通，打通业务信息系统（B 域）、资源信息系统（O 域）、管理信息系统（M 域）三域的数据，实现“业务需求－工程建设－物资采购－资源交付－合同签署－产品销售－客户收入”近 200 万条工程明细的联系，规范业务流程；三是强化数据治理，明确数据对象定义、架构等内容，多环节协同校验，提升数据准确度，规范数据质量。第二步实现数智化。一是数据整合，融汇“客户”“合同”“资源”“投资”“收入”五大主题数据，为投资精细化管理建立数据底座；二是数据驱动投资管理，基于 86 个核心指标构建数据模型，输出省份、专业、生产阶段等多维画像应用于规划编制、投资配置、过程管理、通报考核等关键场景，在中远期通过算法建模、AI、云计算等技术实现数据智慧化，实现主要确定性场景下的智能分析与洞察。

（二）制订精准投资规划，提升投资布局科学性

1. 统筹长短期网络规划布局，优化投资滚动规划编制模式

中国电信投资规划主要输出对各年的建设需要、网络组织、投资和每一年度的工程建设项目的安排，注重与投资预算和年度项目计划的协调。考虑到市场竞争程度、技术变化速度，中国电信以 3 年为周期采用渐进明细的规划方式，每年向后一年滚动一次，逐年审视推进成效、滚动更新规划目标、科学规划网络建设，结合对内外部环境和规划执行情况的跟踪分析，及时修正规划和执行偏差。中国电信的云网投资滚动规划编制包括集团、省级公司、市级公司 3 个层级，结合专业技术特点、建设、维护责任

主体等维度，中国电信每年通过自上而下、自下而上的3轮互动，输出最终的规划方案，将规划编制成为统一思想、凝聚共识、推动发展的关键过程。中国电信在对规划流程和方法工具不断总结的基础上，制订并发布《中国电信云网发展规划方法指导意见》《数据驱动规划方法》《场景驱动规划指引》等工作文件，每年迭代更新。

2. 适应通信技术发展演进，建立多专业规划数据动态协同机制

首先全面梳理各专业之间的关系及数据流转，形成全专业数据流转体系，共建立42条数据流转关系线作为专业协同规划的基础。例如，5G无线网规划方案中输出BBU部署规模和部署详单等数据，同时作为STN、综合业务区等专业的输入需求，STN向传输ROADM专业及光缆专业输出波分和光缆的需求，传输ROADM专业需求主要来自城域网、CN2-DCI、163网、接入网、STN等专业对底层传输资源的需求。基于数据流转关系，对各专业的输入、输出数据格式和业务预测方法及专业之间的数据流转先后顺序进行标准化定义，形成全专业的数据流转规范体系，包括标准数据格式、各专业数据交互时间节点、变更触发机制。基于数据流程规范体系，各专业在开展规划和建模分析时，除考虑专业自身业务发展需求外，全面考虑相关专业之间的关联关系，接受上游专业的需求输入并向下游专业输出需求。某一专业的方案变化，也会动态触发相关专业的方案调整，从而实现专业规划间的密切协同。例如，CT云专业的上游专业之一为5G核心网，下游专业之一为IDC。5G核心网在规划初审、终审上报节点30天之前以标准的数据格式向CT云提交云资源需求，包括节点布局、存储容量、存储吞吐量等内容。CT云规划在需求分析时，对接5G核心网的需求，跨专业综合建模，形成本专业规划方案。在上报节点20天之前，向下游专业IDC/DC专业输出机房地址、空间、机架数、机架功耗、电源等建设需求。当某一专业规划方案进行调整时，在变更确认后，2天内推送至相关专业，触发其规划方案的调整。

3. 场景驱动和数据驱动，科学开展5G投资规划

数据驱动是通过对现网的3.8亿用户行为和9.7亿网络数据进行大数据分析，打通各专业的数据进行关联，以"两单两图"为核心收集潜在的5G网络需求。"两单"以"网找机"的思路，从网络视角促进精准运营，通过240万个有5G覆盖的4G小区清单和36万个4G超忙小区清单，在市场发展层面推进5G换机、"4升5"、5G登网及使用，同时纳入5G覆盖需求。"两图"以"机找网"的思路，从用户视角促进精准运营，通过移动用户常驻分布热力图和移动用户/5G终端用户轨迹图，促5G终端用户在有5G覆盖的情况下实现5G登网及使用，在无5G覆盖区域纳入5G网络建设需求。第一步，由集团统一定义重要区域并建立场景库，目前已包括景区、机场、车站、高校、三甲医院、高铁高速、商业综合体、会展中心、五星酒店九大场景库，入库6.4万个场景区域并在系统平台进行数字化管理；第二步，组织各省级公司根据场景的覆盖现状、业务特点进行评估和动态维护，输出规划需求；第三步，在建设期结束后跟踪建设完成情况，同步滚动迭代新增场景，实现重要场景从需求到建成的闭环管控。

（三）构建科学配置模型，合理管控投资预算

投资预算作为中国电信全面预算的重要组成部分，充分衔接投资规划，与经营预算、财务预算等全面协同。在投资预算编制时，分类施策，建立科学预算配置模型；在投资执行时通过投资"滚动下达""激励抢盘""信任+授权"三大机制动态管控，快速响应市场需求。

1. 聚焦重点区域重点专业，建立分类施策模型

建立分类模型。区域分类模型基于GE矩阵思路搭建，横看外部环境和内部价值，纵看规模与潜力，构建"2×2"指标体系衡量各省综合实力，共计输出35个指标。外部环境衡量行业吸引力，通过考察市场空间、竞争空间与发展空间情况辨析各省比较优势，确定区域基准分类；内部价值衡量市场竞争力，通过升降级机制校准区域基准分类，通过选取代表性指标，最终以"外部环境定调，内部价值校准"的方式，形成总体区域分类的GE矩阵，输出"三类省份"（战略大省份、规模发展省份、重点

区域投入省份）。

业务发展阶段模型基于生命周期矩阵思路搭建，重点研究移动网、光网、产业数字化三大类专业，在区域分类基础上分析各省份专业网络建设发展阶段，共计输出60个指标。业务发展阶段模型基于市场空间、企业发展、网络能力三大维度分析，通过三大类指标合力，描绘专业发展阶段视图以辅助施策。

制订指引策略。基于“区域分类模型”的分析结果，为“三类省份”制订区域投资策略，把控总体方向。与此同时，基于“业务发展阶段模型”的分析结果，制订针对不同业务发展阶段的分专业投资策略，把控专业投资方向。

2. 兼顾发展和效益，分级分类科学配置年度预算

中国电信在投资配置过程中实现集团、省级公司、市级公司三级贯通，集团结合投资规划输出的各专业建设需求，充分考虑各省级公司发展特点，在分类施策指引下，建立分省份、分专业预算配置模型。省级公司参照集团配置模型，结合各地市特点，因地制宜，将省级公司预算合理分配至各市级公司，从而提升全集团资源配置效率和效益。

3. 加强预算动态管理，提升资源配置效率

中国电信建立“滚动下达+激励抢盘”弹性预算机制，对资源配置实行全周期跟踪问效，结合省级公司“七到位、三提升”精细化管理达标检查结果，建立“信任+授权”机制，针对达标优秀的省级公司，充分授权，提升效率。

针对年初的投资预配置，建立“滚动下达”机制。中国电信通过签署责任书和任务书机制，加强前后端部门联动，把控投资节奏。年初，针对5G配套、政企楼宇等专业全额下达投资，针对光网、组网专线等专业下达部分投资。年内，对各省级公司建设进度、收入完成、利用率提升、造价管控等指标动态监控，根据省级公司任务完成情况分批滚动下达年初预配置投资。

设立专项资金池，配套“激励抢盘”机制。集团、省级公司、市级公司在年初配置预算时预留10%～15%的专项资金池，鼓励省级公司高认领、高配置。年中，省级公司额外承诺增量光宽用户、组网专线、数据中心等产业数字化专业增量收入、总增量收入等即可参与抢盘，按照不高于年初模型配置标准的方式增配投资。

高效支撑一线发展，创新“信任+授权”机制。中国电信建立管放结合、有管有放的投资管理模式，2021年组织开展省级公司“七到位、三提升”精细化管理达标检查，根据“达标一批、放宽一批”的原则，建立信任清单，充分授权。2022年年初，针对8个达标省级公司的投资一次性下达，年中随时承诺随时增配，在完成重点任务书的基础上，灵活调整投资结构，加大投资配置灵活调度权限。

（四）规范工程建设标准，提升数据治理能力

中国电信每年在建工程项目超过20万个，面向全国31个省（自治区、直辖市）的15个不同专业，覆盖土建、设备、信息化等多类项目，涉及建设、设计、施工、监理等多方干系人。面对中国电信的工程项目数量多、类型广、干系人复杂等特点，从2020年开始，中国电信对工程建设全过程开展标准化规范管理，按7个阶段梳理出47个关键环节、91项主要工作项涉及的关键人、工作内容、交付物。

1. 建立分场景标准工期，加强全过程监控预警

标准工期固化及应用。中国电信结合行业标杆及往年项目大数据分析，按工程类型、验收类型等分场景对74个二级专业设置总体及各阶段标准工期，为工程全过程的进度计划制订、进度管控提供依据。根据刚性设置、弹性管理的原则，工程管理员结合本专业、本地区各阶段的工期大数据，参考标准工期值，在单阶段不超2倍、总工期不超标准工期的系统管控下，科学合理制订T1至T7等7个阶段的进度计划。系统根据进度计划日期，监控预警工程全过程关键节点，通过系统及短信推送预警及告警消息，

督促工程管理员做好工程进度跟踪及管理。

现网进度大数据分析比对。结合近3年超过40万项全量工程进度留痕数据，以及约20万项在建工程进度留痕数据，重点对全国各省份工程交付、关闭两个关键节点的完成率、超期率、平均工期等指标进行多维度分析比对，通过横向对比促进各省级公司“比学赶帮超”，通过纵向对比分析各省级公司的进度管理成效。

2. 规范能力造价指标，监控异常和偏差

造价能力指标规范编制。造价能力指标规范的编制与计划建设系统投资专业目录相衔接，基于二级专业建立网络能力和造价指标集并在工程实施中引入基于能力指标集编制的网络能力和造价指标表，纳入概预算表格统一管理。能力指标的选取和设置，遵循尽量精简、兼顾效率的原则，主要考虑与各二级专业衔接，考虑管理需求等因素，倡导易用、易推广。能力指标分为造价型和数量型。造价型能力指标与投资相结合，反映网络能力的单位造价；数量型能力指标不与投资关联，仅反映工程建成后所提供的能力值。2022年，规范共设置12个二级专业的能力指标992个，其中造价型指标506个、数量型指标486个。

造价管控应用。针对造价型能力指标，设置“非异常数据区间”和“常规数据区间”两个区间，通过“数据异常率”和“造价偏差率”监控造价数据异常和偏差，结合能力指标平均单价，控制工程建设成本。其中，数据异常率为偏离“非异常数据区间”的工程数量占比，造价偏差率为偏离“常规业务区间”的工程数量占比。通过两大指标重点关注超过合理区间的正偏差工程，提醒相关建设单位关注、分析和整改。

3. 统一质量安全控制点，AI辅助高效检查

施工质量安全控制点及现场“7W”照片留痕规范。为促进施工现场质量安全管理工作“质”优“量”准，为施工质量安全溯源、参建人员履职画像等提供支撑，已建立施工质量安全数字化标准规范体系，覆盖5G、光宽、数据中心等全专业。数字化规范重点构建质量安全数据模型，设立八大质量安全控制环节，每个环节含多个质量控制点，每个控制点含若干控制要素，每个要素对应一张照片，每张照片包含“7W”信息，即：What——要素对象、Which——归属项目、When——时间、Where——地点、3个Who——现场拍照人员、现场检查人员及建设方审核人员。通过抓施工质量安全的留痕率、“7W”符合率、照片达标率等管控指标，促进施工质量安全精细化管理，实现工程全过程的质量安全可追溯。

AI辅助现场安全质量检查，提质提效。为提升数据质量与审核效率，结合施工人员人脸识别、安全防护用品穿戴、AAU安装、馈线防水、防雷接地、杆洞深度、电压测量等应用场景研发出具备跨省份调用的AI能力53个，实现全集团工程集约化管理，通过AI+人工审核、实时数据报表分析等手段促进工程质量安全管控效能的大幅度提升。在工程建设质量安全数字化基础上，试点推广安全云监管+智能安全帽等智能穿戴，打造数字工人、智慧工地，通过AI+后台管理人员远程对施工现场危险源风险识别、预警与干预，全面管控质量安全风险。

（五）建立“快、好、省”投资管理考核体系，加强全过程评价

1. 科学设置评价指标，建立评价指标库

“快、好、省”评价体系指标涵盖宏观、微观两大维度，围绕市场、竞争和发展空间及投资建设进度、投资效益、投资造价等6个方面，聚焦总体及移动网、光网、云、IDC、ICT、组网专线、安全等七大重点专业，本着“随增随减、逐步完善、动态调整”的原则，建立“快、好、省”指标体系，提升增量指标、财务效益类指标在评价指标中的地位。通过层层筛选和实践完善，选取与“快、好、省”敏感性高的典型指标63个，其中，“快”指标22个，涵盖投资完成、项目新建立项、建设

完成进度等指标；“好”指标 37 个，涵盖投资拉动增量收入、投资效益、存量资源利用情况等指标；“省”指标 4 个，主要为资源造价情况。

2. 固化算法规则，建设评价分析系统

搭建统一分析平台，厘清指标算法，规范取数口径，梳理计算逻辑，固化指标系统能力，将评价结果管理水平可评价、投资效益可量化、评价结果可视化。将指标系统取数的现状能力进行分类，分析数据现状及优化方向、系统取数改造的难易程度等，分步实施落地，初步实现数字化能力建设。在系统上固化总体评价与分专业评价算法规则，实现评价结果自动化和可视化。

3. 开展多维度分析，实现评价考核多场景应用

在投资画像应用上，集团以总体指标来打分评价，以分专业指标来画像分析，形成“两级评价体系”并以总体评价结果为导向，分专业指标画像做深入分析指导优化。其中，总体评价打分从 63 个指标中选取 10 个典型指标作为各省级公司的总体评价指标，根据内外部环境变化设定指标的权重。分专业画像根据不同专业“快、好、省”评价指标体系，以雷达图方式进行分专业画像分析。在指标体系基础上，落实“快、好、省”评价机制在日常分析、过程管控、绩效考核等不同场景的应用，发挥数据驱动作用，压实在投资决策、资源配置、评价考核中的闭环管理责任。集团组织与各省级公司签署云网发展任务承诺书，承诺建设能力和投资效益，按季度通报各项任务进度，年底开展评价打分，根据评价结果，建立“投资清算 + 信用熔断 + 绩效考核”的考核“组合拳”。

三、通信企业集团数据驱动的云网投资精细化管理效果

（一）投资建设精准把控，网络能力和利用率大幅提升

网络能力与利用率持续提升，5G、光网、IDC 能力世界领先，算力规模持续翻番，持续发挥“数字中国”建设的主力军作用。网络能力显著增强，中国电信 2021 年的 5G 基站达到 89.2 万个，建成全球最大的 5G SA 共建共享网络，FTTH 端口数扩大至 3.8 亿个，城域网出口带宽达 458Tbps，IDC 机架增长至 49 万架，天翼云服务器达 29 万台，天翼云已成为全球最大的运营商云。网络效能大步提升，达到或接近行业最优，5G 分流比持续提升，2021 年较 2020 年增长近 7 倍，光端口利用率超过 50%，行业最高；IDC 机架利用率超过 70%，行业最高。

（二）投资结构持续优化，投资和资产效益显著提高

近两年来，中国电信收入快速增长，复合增长率超过 6%，居行业第一，市场份额持续提升。投资结构持续优化，2021 年，客户产能类投资占比达 75%，其中产业数字化投资占比达 20%，较 2019 年提升 67%。产业数字化业务规模不断发展，收入占比逐年提升，2021 年，产业数字化收入增长率达到 16%，成为营收增长新引擎。投资效益持续提升，投资占收比保持下降趋势，由 2019 年的 25% 下降到 2021 年的 23.3%，百元投资拉动增量收入近 2 年持续翻番，2021 年达 33 元，固定资产周转率由 2019 年的 82.6% 上升到 2021 年的 96.6%，ROA 由 2019 年的 1.0% 上升到 2021 年的 2.1%。通过电联共建共享显著集约 5G 网络建设，按 5 年建成一张覆盖全国乡镇以上区域的 5G 网络来测算，较各自独立建设，中国电信和中国联通可节省投资和运营成本约 40%，节省成本约 2700 亿元。

（三）投资精细化管理水平不断加强，荣获多个国家奖项

一是有效把握规划方向和投资节奏，提升市场响应能力，前后端联动，加快交付周期，及时满足市场需求。二是工程建设管理成效显著，截止 2021 年，31 个省（自治区、直辖市）新建工程进度数据、网络能力、造价留痕率达到 100%，工程效率提升超过 15%，造价数据准确性大幅提升。2 个项目分别荣获中国施工企业管理协会 2018—2019 年度、2020—2021 年度“国家优质工程奖”，71 个工程荣获中国通信企业协会 2020 年度“全国优秀信息通信设计成果遴选”一、二、三等奖，39 个工程荣获中国通

信企业协会2020年度“全国优质信息通信工程项目遴选”金、银奖。三是数据驱动机制和数字化手段充分融通各个系统的海量基础数据，数据分析、数据评价逐步体系化、系统化，激发数据价值，实时跟踪反馈，有力支撑资源优化调整和投资管理改进。“基于数字化技术的网络规划精细化管理系统”获2019年第十六届通信行业“企业管理现代化创新”三等成果。

（成果创造人：邵广禄、冯 杰、黄礼莲、李 进、孙宇钊、周 昕、黄洪波、原全新、吴跃华、鲁 娜、闫 飞、孙 巧）

建材企业以风险防控为重点的大合规监督闭环管理体系建设

中国建材股份有限公司

中国建材股份有限公司（以下简称中国建材股份）是世界500强企业中国建材集团有限公司的核心产业平台和旗舰H股上市公司，旗下拥有7家A股上市公司，员工总数近15万人。中国建材股份围绕基础建材、新材料、工程技术服务三大主业，不断提升核心竞争力和盈利能力。2021年，总资产4625亿元，营业收入2737亿元，净利润256亿元，归母净利润162亿元。水泥、商品混凝土、石膏板、玻璃纤维、风电叶片生产和水泥系统集成服务等7项业务规模位居全球第一。

一、建材企业以风险防控为重点的大合规监督闭环管理体系建设背景

（一）合规经营管理的客观要求

国务院国资委发布了一系列法治国企及合规治理的规范性文件并组织开展"合规管理强化年"，赓续国企深化改革实现高质量发展的合规新规、管理新路。面临国资监管的细化要求和其他行政、司法体制改革下的"严监管"态势，国有企业必须不断探索适合自身发展特点的合规体系建设，为企业稳健行远铺建合规之道。中国建材股份积极推动公司加强合规管理，是贯彻落实国家有关部门决策部署，适应市场化、法治化、国际化发展需要采取的一项重要举措。作为"走出去"战略的践行者、推动者、受益者，中国建材股份广泛深入参与国际业务，合规管理体系的构建与运行将协助公司更好应对地缘性政治、经济、法律的管理挑战，营造良好"域外场"，在当前全球强化合规的大趋势下势在必行。

（二）"三精管理"的具体落实

"三精管理"是中国建材股份在长期实践中总结提炼出的行之有效的管理经验，其内核凝练为"组织精健化""管理精细化""经营精益化"。大合规管理监督闭环体系建设正是对"三精管理"理念的具体贯彻。通过在已有治理结构和组织布局上精干高效地建立合规组织体系，聚焦重点岗位合规职责，真抓实干，更具活力；通过实践重点业务领域清单化管理，深入业务各环节开展风险排查及风险等级评估，探究业务细节合规标准，确保投资、质量、财务管理等版块做精做细做合规；通过坚持管业务也必须管合规的原则，深度挖掘合规管理的痛点难点，减少触发行政及司法责任，以合规夯基筑底支撑业务发展，保障公司稳固实现经营效益。大合规管理监督闭环体系建设秉持"三精管理"的整体理念，反过来又丰富了"三精管理"的内涵，形成"三精管理"的实践范例。

（三）高质量发展的战略保障

为创造材料领域全球领先的上市公司、实现高质量发展的宏伟目标，中国建材股份在面临复杂多维的境内外监管环境的情况下，必须顺应国务院国资委关于深化法治央企建设的思路，紧跟证监会、交易所的监管政策风向，严守证券相关规则，发挥上市公司走在前、做表率的领头作用，坚守透明、诚信经营方针，步步为营推动合规管理各项工作。建材属于高能耗、高排放行业，关于节能减排、环保、安全和质量的政策要求较高。另外，国际化经营面临的问题不一而足，包括劳动用工、反垄断调查、境外廉洁、关税、汇率，以及违反决策程序投资等，情况复杂多变。中国建材股份通过实施年度全面风险评估和季度风险分类监测机制，测算可能面临的前几大风险。根据违规经营排查发现的违法违规问题也集中在安全环保、质量管理等领域，呈现出业务领域广、时间跨度大、行为类别多样等特征，面临风险暴露层级广、影响深的问题，亟待事前事中事后精密布局风险防控措施，精准识别合规义务，打破"头痛医头、脚痛医脚"的思维，整体布局大合规体系。

二、建材企业以风险防控为重点的大合规监督闭环管理体系建设主要做法

（一）以组织架构及制度为抓手，构建合规体系

1. 以两条线为脉络夯实合规组织架构

大合规管理监督闭环体系从党建和公司治理两条线并进开展合规管理工作并交叉融合。首先，坚持党委发挥把方向、管大局、促落实的领导作用，落实全面依法治国战略部署有关要求，把党的领导贯穿合规管理全过程，保障党中央关于深化法治建设、加强合规管理的重大决策部署在公司得到全面贯彻。在坚持党的领导的前提下，董事会充分发挥合规定战略、做决策、防风险的职能并分层授权，实现从决策层到管理层到执行层的递进细化管理，明确每一层级各负责人员的领导职责。经理层发挥谋经营、抓落实、强管理作用，指导监督合规管理工作。在具体工作开展中，设置董事长牵头的高级别合规管理委员会。董事长作为合规管理委员会领导小组组长，切实履行法治建设第一责任人职责，统筹推进合规管理工作，定期召开会议，研究解决重点难点问题。该领导机构覆盖的所有成员均参加公司董事会会议、办公会会议，切实将合规审查作为必经程序嵌入经营管理流程，必要时，对相关议题及重大决策事项实行合规审查一票否决制。中国建材股份总法律顾问担任合规管理委员会工作小组组长，对董事长负责，组织各部门协同开展合规管理具体工作，指导各级子公司加强合规管理。在领导结构及责任明晰的前提下，中国建材股份筑牢合规执行层级基础构架，由业务及职能部门承担合规管理主体责任，法律合规部牵头负责合规管理工作，审计、纪检、巡察部门负责合规监督工作，实现合规管理全覆盖，落实到部门，落实到岗，落实到人。审计体系由审计部门牵头，受公司党委、董事会直接领导并向其报告工作。纪检巡察体系均服从党委领导，向党委汇报。3 个体系在统一的领导下工作，统筹部署、信息互通、机制契合，聚集监督合力。

2. 以“2 + N”为思路配备合规制度保障

以内控流程为依归，以风险管理原则为引领，制订“2 + N”合规制度体系，由法律合规部牵头修订完善《合规管理办法》，编制更新《合规手册》（含合规义务来源附录）。其中，《合规管理办法》作为合规纲领性文件，明确合规组织职责、工作机制及保障；《合规手册》在构筑公司工作共同价值观的基础上，描述重要事项，提供行为准则，同时反面列举合规风险及违规后果，形成有效约束。另外，通过瞄定投资管理、安全环保、市场交易、财务税收、知识产权、劳动用工、境外合规等合规重点领域，开展合规风险识别、审查与评估，制订相关领域专项合规指引，模块化组建合规管理制度体系并形成其他重点领域合规示范效应。以合规制度建设为契机，梳理整合包含党内法规在内的外部规范，进一步明悉合规要求，持续开展规章制度“废改立”工作，结合巡视、巡察整改要求，组织各级子公司对重点领域相关规章制度进行全面梳理，促进现代企业制度体系趋于完备。

（二）以风险防控为重点，构建合规机制

1. 合规尽职调查机制

中国建材股份各部门在投资管理、采购环节建立起合规尽职调查机制，对重大投资项目必须进行前期业务、法律和财务尽职调查，形成专项报告，摸底交易方具体情况，分析研判交易方案，审慎定夺投资决策。在采购环节，通过完善对商业伙伴的全流程管理，放大采购风控合规管理效应。对拟开展合作的商业伙伴分类型开展完整尽职调查、简化尽职调查或豁免尽职调查，进行基础信息搜罗和初步研判后，区分风险类型后做出合作决策，把对自身员工的诚信与合规标准推广到商业伙伴并要求其做出自我合规申报及合规承诺，进一步延伸内控反舞弊要求。在与商业伙伴开展商业合作后仍需密切关注合规动态，采取“黑名单”管理手段进行动态风险管控。纪检、巡察及审计体系针对投资、采购等重点领域经常开展专项检查、专项审计等工作，就发现的风险暴露点作为合规尽职调查的重点，针对性提前防范合规风险，有效实现风险管控前移。中国建材股份挑选典型企业开展特定业务领域风险管控调研，通过

实地调研、访谈，为目标企业独立出具专项报告，提供建立商混客户库的具体思路和建议并给出客户资信分级评定标准。

2. 合规审查机制

以公司已有的内控流程为基底，以部门规章制度为依据，对各部门业务再度梳理并从合规角度审视、增设及优化现有流程，在重要环节分析合规风险，嵌入合规管控措施，绘制《流程管控清单》，为各部门对本部门经营管理行为进行合规审查提供重要参考。法律合规部负责规章制度、经济合同、重大决策合规审查。在“三重一大”事项上坚持合规审查必行，突出合规审查的刚性约束，确保“应审必审”，对不合规的事项实行一票否决。切实对应国务院国资委印发的相关文件对合规审查的建设需求，将合规审查作为规范经营行为、防范违规风险的第一道关口，从源头上防住大部分合规风险。合规审查采用书面回复、会议研讨或会签等方式进行，严格定位具体业务、具体岗位、具体流程、具体人员的内外部合规要求，对照具体情境进行合规分析并提供审查意见，必要时报呈办公会、董事会供决策参考。纪检、巡察体系及审计体系定期审查，提供后援。3 个体系在合规审查上相互助力，针对关键节点强化过程管控、实时动态监测，实现合规风险即时预警、快速处置并通过闭环管理不断提升审查质量，更好支撑保障中心工作。通过合规审查机制的建立，中国建材股份指导各级子公司充分收集业务领域合同样本，完成销售业务流程梳理，发掘各个节点风险，形成合同管理及执行过程中存在问题的明细表；完善修订销售业务所涉各部门、各环节、全流程的合规义务清单；根据合同样本中的高频风险点，拟制规范合同文本，列示必备条款。

3. 合规风险识别机制

在已有的风险管理成果之上，由法律合规部组织开展全方位、全流程、全岗位的合规风险识别。合规风险识别从如下 3 个维度展开。一是业务类别，逐层梳理公司机构设置、部门职责、各部门具体业务、对应岗位等，建立合规风险识别框架。二是合规依据，即法律法规、党内规定、监管规定、行业准则和公司章程、规章制度及国际条约、规则等。在识别过程中，以法律法规和监管规定为基础，覆盖基本法律法规和重要监管规定，以其余合规依据为补充，筛选其中的义务性规定和禁止性规定。三是合规风险，即违反合规依据中的义务性条款（应为）和禁止性条款（不能为）所产生的风险，对应业务场景转化为风险提示语言，归纳风险行为所产生的法律责任和后果。结合经营业务违法违规问题排查专项工作成果及各部门业务实际，按业务类型将合规风险进行分类。通过列示风险的表现形式、产生原因、违规后果、防控要求、责任主体等，制订出 17 个部门的《风险识别清单》。

4. 合规风险评估机制

在全面开展风险识别工作的基础上，在原有的风险合规监测表单及风险评估模型之外，选定财务管理、资金管理、安全环保、投资并购、信息披露、境外投资 6 个重点领域，参照《合规管理体系要求及使用指南》中合规风险评估的标准，结合《中央企业违规经营投资责任追究实施办法（试行）》中损失量化分级，深度展开合规风险定量评估。采用建模测评、企业自评及业务专家意见及经验推导来量化结果，判定合规风险等级，帮助选择优先关注的风险及针对性应对策略，组建重点领域合规风险库。合规风险量化评估采用风险水平值正相关于发生的可能性、影响程度 2 个因子，每个因子又设立相关维度。风险水平值以该风险的“发生可能性”和“影响程度”作为根据，由两者计算得出风险水平值，即风险水平值 = 发生的可能性 × 影响程度。

5. 合规风险反馈机制

合规风险的反馈包括合规风险报告机制、合规风险预案机制。合规风险报告包括常规的合规管理报告及专项合规风险报告。常规部分，中国建材股份在年度《合规管理报告》的基础上，结合《全面风险管理报告》《内控体系建设和监督评价报告》等，编制形成一个符合境内外监管要求的《企业管治报告》，前三个分报告经合规管理委员会审议，《企业管治报告》经董事会专门委员会、董事会审议。专项合规报告针对重大风险暴露时点，响应监管要求，进行专项检查并由问题暴露部门及法律合规部出具合规报告，分析合规问题，提出解决方案，上报寻求处理决策。此外，依托《经营业务违法违规问题排查情况统计表》，以个案分析为参照，就可能存在的重大合规风险，完善问题预案，必要时强化日常演练，不断提升重大合规风险的应对处置能力。

6. 合规举报、调查和整改机制

在畅通原有信访渠道的基础上，扩充举报渠道（包括但不限于电话、邮箱、专人对接等），供员工、商业伙伴及外部机构随时反馈合规问题、纪律问题。针对反映的问题和线索，纪检巡察、审计及法律合规部组成联合调查小组，按案件初筛、立案、分流调查、分析研判、报告、决策处理等流程完成举报案件处置闭环。针对重大的合规风险事件和合规风险暴露情况，明确责任，完善制度，落实整改措施并定期“回头看”。近两年，围绕采购招标、生态环保、境外合规等重点领域，开展专项检查整改。在采购招标方面，组织各部门及各级子公司开展自查自纠及专项监督检查，就发现的问题持续跟踪、整改、落地；在生态环保方面，本着“啃硬骨头”的决心和魄力，组织相关单位就督察反馈问题制订整改措施131个，逐级签订目标责任书，将责任逐级传导压实，创建环保专家库，借助72名环保专业人士的专业力量，创新验收销号工作模式，有序推进整改任务；在境外合规方面，组织多次境外专项风险事项排查，包括多边银行制裁、欧盟出口管制新条例等，组织专项治理检查，对境外财务人员、资金监管、合规培训等情况进行抽检，就发现的问题建立整改台账并督促及时整改，促勉监督效果的循环提升。

（三）以技术和文化为结合，建立合规保障

1. 建设合规管理的信息系统

针对合规风险管理工作，建立起一套全层级的风控平台信息化系统，以在线系统为平台，利用大数据、智能化等手段开展动态监测，以信息化、数字化为公司依法合规经营提供有力支撑。风控系统集成合规风险事件库、法律纠纷、制度管理、季度风险监测、法务人员管理等多个模块，实现风险防控精准监测、合规管理数据速递收集。一方面，风控系统对审计、纪检巡察及相关业务职能部门分类开放，实现管理互联、信息共享，业务端口和各级子公司上报的合规风险事件可根据实际情况同时触发合规监督、审计监督和纪检巡察监督介入；另一方面，子公司均开设独立账号，管理员可通过与第三方数据库联动，监测违规事件错填漏填的情况，保障数据录入的全面性和准确性，督导各级子公司规范线上报送工作，及时高效地上报规章制度、纠纷案件、违规事件等各类合规管理信息和风险数据，上级公司可通过分析看板页面进行数据总览、趋势研究，实现合规数字化管理，反向促发上级公司发掘风险趋势、优化管理手段，结合内外部监管要求更新管理策略。

2. 培育合规文化

组织党委理论学习中心组集体学习，开展知识竞赛、交流研讨、征文比赛、情景短剧等多种形式的合规宣传教育。董事会和管理层通过出席活动和公开言谈，率先垂范推进合规文化建设，促使职工遵循法律、规则和标准，全员签署和遵守《合规承诺书》，共同营造良好的合规环境。建立制度化、常态化的合规培训机制，制订年度合规培训计划，注重内外部培训资源的开拓利用。主要培训工作包括但不限于：中国建材股份董事按照联交所要求，持续参加董事培训，不断提升履职能力；中国建材股份法律合规部每月发布法律速递，总计120余期，就新法发布事宜进行内部普法宣传，为外规内化工作打下良好基础；号召各级子公司累计组织生态环保专项培训2300多次并特别开展生态环保类刑事合规讲座，加大宣贯力度；组织参与2022年法治工作会暨“合规管理强化年”工作推进会，各级子公司进行合规培训与经验分享。合规培训效果全面，培训结果书面留痕，营造人人合规的积极氛围，侧面推动风险管理和内控理念深入人心，建立起廉洁自律、重视风险、诚信经营、合规致远的企业文化。

（四）以落实考核评价为前提，强化监督问责

1. 合规考核

把合规经营管理情况纳入对各部门和各级子公司负责人的年度综合考核，列入经营业绩责任书及年度考核测评表，细化评价指标。针对各部门重点岗位，通过“正面”或“负面”行为模式，明确合规责任，纳入岗位职责，划清行为边界，提供重要岗位的任前合规培训考核内容，制订54个重点岗位的《岗位职责清单》。在《岗位职责清单》已定的前提下，对岗位员工合规职责履行情况进行评价，将结果作为员工薪酬考核、提拔任用、评先选优等工作的重要依据。

2. 合规评价

关于大合规管理监督闭环体系的评价可分为内评价及外评价。内评价包含合规内控一体化语境下对于合规标准的复核，即在内控缺陷认定标准、风险评估标准上，加入合规维度，就合规管控进行评价；内评价还包括法律合规部参考审计部门、纪检部门的监督意见，对大合规体系有效性进行自评价，形成年度评价报告。外评价即按照《合规管理体系要求及使用指南》标准，引入外部专业机构对大合规体系进行评价认证，主要关注其设计、实践及有效性，以专业力量推动大合规体系提质增效。

3. 合规追责

在建立合规考核评价机制的基础上，明晰违规责任范围及程度，细化惩处标准，进一步完善违规行为处罚机制。对履职过程中因故意或者重大过失应发现而未发现的违规问题，或者发现了违规问题但存在失职渎职行为，给公司造成损失或不良影响的单位和人员开展责任追究。由法律合规部负责提供合规专业意见及建议，审计部负责牵头违规投资经营责任追究工作，纪检部负责牵头违规违纪责任追究工作，三者协同联动，形成追责体系，确保精准定责、严密问责。

（五）以重要子公司为关键切入口，加强对各级公司的合规管理

为在合规管理领域切实发挥承上启下的旗舰平台作用，中国建材股份秉持集团公司“合规管理强化年”的合规管理理念和纲领，强化合规赋能，在履行对子公司穿透式合规监督指导的同时，以重要子公司为关键切入口递延大合规管理监督闭环体系，通过在重要子公司开展试点的方式向下宣贯推行，在已有的重要子公司范围内细化确定境外重要子公司名单，在严格遵循《企业境外经营合规管理指引》的同时，鼓励探索适用境外业务合规管理闭环体系的新思路，因地制宜、发挥实效。中国建材股份在合规管理的具体领域，如环境、社会及公司管治方面，其合规实践和经验富有层次性，可采用遵守强制性要求，以良好管治为原则，采取“不遵守就解释”的做法，以及按照监管机关若干建议最佳常规进行治理，境内外各级子公司既可以有的放矢地进行借鉴，亦可以创新衍生各类合规管理流程及工具。

三、建材企业以风险防控为重点的大合规监督闭环管理体系建设效果

（一）合规管理体系建成，公司治理水平提升

合规管理体系初步建成，推动全部二级子公司设立合规委员会，督促重要三级子公司全部完成总法律顾问的配置，境外重要子公司均配备合规管理人员，合规管理体系逐步完善，合规管理队伍基础不断筑牢，专业力量不断汇聚。公司治理水平不断提升，成果不断涌现：国务院国资委国资法治栏目刊发《坚持“三效”原则，疫情下的中国建材奏响强化合规管理乐章》等中国建材股份法治建设成果相关文章；法律合规部作为主要参编单位的首部建材行业合规管理标准发布实施；合规建设成果荣获2021—2022年度全国建材企业管理现代化创新成果一等奖；中国建材股份入选福布斯2022ESG50，彰显了公司在环境、社会和公司治理方面的优异表现。

（二）风险防控能力加强，经营管理安全巩固

近3年来，子公司法律纠纷案件数量整体下降56.49%，涉案金额同比减少38.57%。截至2022年

6月底，中国建材股份总资产4859亿元，归母净资产1031亿元；2022年上半年营业收入1090亿元，归母净利润54.5亿元，每股基本收益0.646元，实现了国有资本保值增值，创造了良好的经济效益和社会效益。海外公司狠抓境外合规，落实境外重大项目法律合规人员全程参与，强化合规审查，以合规筑底，攻坚克难。目前，累计在境外84个国家承建288条水泥生产线，打造了享誉全球的SINOMA品牌，收获了良好的管治口碑，成为中国企业"走出去"的重要窗口和"国家名片"之一。

（三）依规行事氛围浓厚，合规文化持续浸润

中国建材股份合规管理体系持续推进合规培训，加强法制合规宣传，合规培训和宣贯工作稳步取得效益，借助纪检巡察体系的威慑力和审计系统对内控评价及违规经营投资责任追究的强大抓力，厚植合规为先的行为意识，培育合规入心的文化底蕴，实现了由"要我合规"向"我要合规"的思想转变，营造了日益浓厚的以合规为指南针的工作氛围。2022年上半年，中国建材股份纪委收到的信访举报同比下降50%，其中初次举报同比下降28%、重复举报同比下降67%，党风廉政建设和合规工作成效不断显现。

（成果创造人：王　兵、堵光媛、田　苗、崔向阳、陈海仙）

建筑企业集团基于“人机协同”的财务数智化转型

中铁隧道局集团有限公司

中铁隧道局集团有限公司（以下简称中铁隧道局）位于广东省广州市，是世界500强中国中铁股份有限公司（以下简称中国中铁）的骨干成员企业，40多年一直专注于隧道及地下工程建设，是集施工、设计、科研、设备、物贸、投资六大功能为一体的综合企业集团，业务范围涵盖全部基建领域。年隧道施工能力超过500千米，累计建成各类隧道10000余千米——约占全国隧道总长的10%。拥有TBM、盾构130台，是国内保有数量最多、门类最齐全的同类施工企业。具有铁路、公路、市政施工总承包特级资质及铁道、公路、市政行业甲级设计和测绘资质。企业注册资本29.98亿元，年营业收入近600亿元，在建项目300多个，全集团职工总数为14247人，拥有专业技术人员8167人。荣获国家科技进步奖17项、省部级科技进步奖390余项；拥有国家级工法27项，获得知识产权500余项；累计获“鲁班奖”22项、“詹天佑奖”40项、国家优质工程奖58项、全国市政金杯奖11项、国际项目管理银奖1项。拥有盾构及掘进技术国家重点实验室、国家级企业技术中心、博士后科研工作站、广东省重点实验室等。

一、建筑企业集团基于“人机协同”的财务数智化转型背景

（一）拥抱数智化转型是企业未来发展的必要路径

新一代人工智能技术的发展为全球产业变革带来了深远的影响。无论是德国的“工业4.0”、欧盟/日本的“工业/社会5.0”，亦或美国的《先进制造业国家战略计划》，都将人工智能与产业乃至社会的融合作为国家战略。面对新一轮产业革命的挑战与机遇，我国于2015年、2017年先后发布《中国制造2025》和《新一代人工智能发展规划》，2019年将“智能+”作为国家战略写入政府工作报告。在政策和技术的双重利好下，各行各业积极探索企业数智化规划的落地实施路径，以塑造行业竞争新优势。国内外建筑市场竞争更趋激烈，提升管理效率、降低运营成本成为建筑企业获取竞争优势的关键所在。数智化转型可以实现人工智能技术与相关业务场景的融合，解决流程运转缓慢、决策数据不足等难题，助力企业由粗放型向集约型管理转变。

（二）财务数智化转型是管理会计转型的必由之路

传统的会计核算业务，由于高度标准化正在逐步被计算机自动制证取代，财务转型迫在眉睫。2014年，财政部提出“全面推进管理会计体系建设”。2016年，财政部将“推进管理会计广泛应用”作为“十三五”时期会计改革与发展的主要任务之一，在全国范围内掀起了财务共享建设的大潮。中铁隧道局于2017年完成财务共享建设，为财务数智化和管理会计体系建设打下了良好的数字化基础。2020年，世界经济论坛的《未来就业报告》预测，到2025年，人类和机器在目前我们正在进行的这些工作任务上所花的时间将持平，8500万个工作岗位可能会被机器取代，而9700万个新岗位可能会出现。这些新岗位更适应人类、机器和算法之间的协作，这无疑为财务管理转型和管理会计体系建设规划了新的愿景。因此，应用人工智能技术改造财务工作流程，进一步释放人力，应用数据提升决策的准确性、实现管理会计工具与方法落地，是促进财务人员实现管理会计转型的必由之路。

（三）财务数智化转型是企业提质增效的必然要求

作为大型建筑企业集团，中铁隧道局工程项目数量众多，管理机构分散，核算单元多达1000多个，财务管理呈现点多面广、管理分散的特点，集团总部无法实时获取有效数据，因此，难以实现管理决策

的快捷高效。面对财务管理现状，通过财务数智化转型提高工作质量和效率、提升企业发展质量，是摆在中铁隧道局面前的一项现实任务。加强人工智能与财务管理各业务场景的融合，实现财务数智化转型，释放人力、深化数据应用，进一步推动财务会计向管理会计转型，支持精准决策，更好地服务于企业创新发展和高质量发展，是“赋能新时代，展现新作为”的有力抓手，更是以高质量的财务管理促进企业提质增效、推动企业高质量发展的必然要求。

二、建筑企业集团基于“人机协同”的财务数智化转型主要做法

（一）制订财务数智化转型规划

1. 确立财务数智化转型框架

中铁隧道局的财务数智化转型规划为“一个目标、双智能和三大平台支撑体系”。第一，确定财务数智化的转型目标。“一个目标”是财务数智化的转型目标。中铁隧道局明确“以智能化转型提质增效、释放人力，推动管理会计转型和数字化决策，以高质量财务管理助推企业高质量发展”的转型目标，旨在通过财务数智化转型，实现财务管理的工作模式转型、财务会计向管理会计转型，助力企业管理转型升级。第二，探索财务数智化的落地路径。“双智能”是财务数智化的落地路径。“流程智能”是梳理流程中需要智能化的工作场景，通过研发自主决策的智能财务机器人，逐步实现业务流程的全面智能化，提升工作效率；同时，流程运行中嵌入财务治理的部分职能，在业务风险防控、工作标准化、信息质量控制等方面进一步优化。“数据智能”是指提升数据应用的能力，借助算法实现数据分析和预测，推进数据应用的智能化，提升财务管理决策、业务决策的精准性，实现管理会计工具和方法的落地。第三，搭建财务数智化的实施工具。“三大平台支撑体系”是财务数智化的实施工具，包括数据中心平台（以下简称数据中心）、业财共享平台（以下简称共享平台）及“Human－AI 协同平台”（以下简称协同平台）。其中，共享平台衔接各种业务系统成为业财资税流程中心；数据中心则汇集业财资税融合数据，以及获取的内外部业务数据，形成高质量的多维度数据资产；协同平台实现人和 AI 对共享平台和数据中心的协同作业，将财务工作模式与行为逐步数字化、智能化，构建人机协同的工作新范式，是实现财务数智化转型的核心。

2. 梳理流程智能的工作场景

对业务流程中可以智能化的工作场景进行深入分析，有序开展流程智能建设。例如，共享平台的表单是数据采集的载体，验工计价、采购、费用核算等各类表单的使用实现了相关业务场景数字化，但这些业务场景有大量的内、外部原始凭证信息需要手工录入，工作量大且自动化程度较低，在样本量较大的情况下非常容易出现失误或舞弊现象。数据采集智能化，可以大幅降低提单人员的工作量，同时提升填单质量。

3. 分析数据智能的管理痛点

数据的积累与应用，是管理会计工具方法落地的信息基础，是提升企业数字化决策能力的主要体现。中铁隧道局在对数据应用进行分析时发现主要存在 3 类管理痛点：第一，数据资产的质量仍不够高，在人工处理的模式下，业务数据采集、财务处理的标准化程度、工作质量等难免会存在或多或少的问题，导致积累的数据资产质量不高，需要进一步治理和提升信息质量；第二，数据资产的维度仍然不足，由于业财融合的深度和广度有限，向业务端和企业外部延伸还不够深入和全面，向非财务信息的延伸更是严重不足，分析维度不全面，最终会影响分析目标的实现；第三，数据应用的范围还不够广，由于数据资产维度不足、质量不高，导致更深入的数据应用较少，部分数据分析即便得到应用，也因效果不佳而很少用于企业实际决策，数据资产的决策支持作用未能充分发挥。

（二）保障财务数智化转型资源

1. 成立数智化转型推进机构

组建财务数智化转型推进工作组，包括领导小组、业务小组和技术小组。由总会计师任领导小组组长，财务部长任执行副组长，分别抽调财务业务专家、擅长数智化建设的信息专家，以及完成项目所需的业务、信息及综合型人才进入相应业务小组和技术小组。

2. 整合财务数智化转型资源

在人才层面，认真分析企业现有人力资源，决定引进数字化专业人才并对企业现有人员进行数字化、智能化培训，逐步培养一批既懂业务又懂数字化的综合人才。在组织层面，通过交流、宣传等手段提升组织的数字化成熟度，塑造数字文化，特别是管理层的数字化思维，让管理层认识到数智化转型的重要性，提升推动转型工作的积极性。在外部合作层面，积极与咨询机构、科研院校等进行交流与合作，使各方的知识碰撞产生新的成果。充分调研技术企业，招标选择具有针对性技术和相关经验的企业进行技术合作，为构建“三大平台支撑体系”打下良好基础。

（三）确立人机协同工作新范式

1. 梳理现有数字化体系的缺陷

2017 年，中铁隧道局通过共享平台实现财务核算、资金支付、税务管理等日常业务的流程化、数字化。2018 年，为应用共享平台积累的业财信息，实现对管理决策的支撑，中铁隧道局建设数据中心，初步构建数字化运行体系。但是，现有数字化运行体系仍存在共享平台的自动化、智能化程度不足和数据中心应用范围不广等问题，具体表现为共享平台仅能实现会计凭证制证自动化，对流程上的复杂工作如信息采集、内控审核、税务报送、资金支付等，仍需采用人工方式处理；数据中心的智能化程度低，仅能实现统计分析方式的建模，无法应用各类智能算法，如机器学习等。

2. 搭建人机协同工作作业平台

为解决数字化运行体系的缺陷，中铁隧道局在现有共享平台和数据中心的基础上，搭建实现人机协同工作的作业平台，即协同平台，进而形成三大平台融合的信息化支撑体系。该平台主要以“非侵入”的模式在共享平台外围形成作业平台并将数据接入数据中心，为数据中心增加以 python 机器学习库为基础的算法库，实现数据分析的算法应用，形成具有感知、认知、决策、行动能力的智能财务机器人和人机协同的交互界面。明确将人作为协同平台设计的核心要素，将 AI 技术构建的“决策大脑”机器人作为辅助人类工作的合作伙伴，人与 AI 互补共生、共同成长、共创价值。协同平台用于构建各类“RPA + AI”的智能财务机器人及人机协同的场景交互，采用“轻建设、重决策”的建设策略，以轻量化平台为建设要求，利用成熟的 OCR 和 RPA 服务，着重实现机器人的认知、决策能力，与原有数字化体系实现松耦合架构，与共享平台完全解耦、平行运行，降低大规模、紧耦合数字化应用带来的风险并增强场景应用的可扩展性。协同平台规划 AI 中台，在流程智能建设中支撑智能机器人的“大脑”开发。机器人采用云服务，避免 PC 端逐一部署，其云端大脑采用以专家系统、机器学习为代表的类脑智能技术，设计感知、认知与决策模型，将业务专家的知识和经验数字化、结构化，变成机器人可以自主决策的规则库，实现自动处理信息、识别票据与凭证、自主决策执行任务。

3. 确立双智能人机协同新范式

人机协同工作新范式的核心是“以人为中心，AI 辅助人类工作”，在设计中特别关注 AI 配合人类工作的能力建设。为体现人在决策中的核心作用，中铁隧道局将程序化、机械化的数据采集、搬运、处理等任务分配给 AI 执行，存在不确定性的数据分析和决策类任务由人来完成。第一，流程智能采取人机协同增强范式。基于协同平台和共享平台构建的智能财务机器人，混合各类人工智能技术，具有“感知 – 认知 – 决策 – 行动”的能力，与人一起完成较为复杂的流程化工作。不同的业务场景，采用不同的决策和算法模型。例如，为实现智能化的数据采集与合规性审核，中铁隧道局设计人机协同智能提单、审单流程。在流程场景中，智能提单由人通过移动端上传票据，提单机器人进行识别、验真、填单、预审和初步的内控检查；智能审单在共享审核节点由审单机器人替代人工进行初审，对业务信息进行下载、识别、比对、决策与预警，对不确定事项交由人工处理，形成人与机器协同工作的新范式。模型还考虑了业务中可能出现的未规则化风险，由算法分析被人工复审驳回的数据，支持业务专家的分析和稽核工作。第二，数据智能采取人机协同组合范式。数据智能的人机协同是一种更为高级的协同范式，AI 负责数据处理等基础工作，人负责最终分析与决策。中铁隧道局的流程智能深化了业财数据、内外部数据的融合，扩展了业务数据的智能化采集范围，优化了数据中心的数据资产。

（四）以人机协同实现流程智能

以人机协同的工作范式，逐步将审单、提单、资金支付、税务认证等业务场景的处理流程数智化。下面，我们以智能审单和智能提单为例，对流程智能实现的过程进行简单介绍。

1. 人机协同实现智能审单

智能审单是将共享中心审核工作交由人和智能审单机器人共同完成，旨在替代共享初审的工作量，通过预警提示，对后序的共享复审、资金支付、稽核等节点提供支持，达到提高审核效率和质量的目的。第一，设计智能审单业务架构。经过多次研讨，中铁隧道局决定采用完全模仿人类审单操作流程，基于协同平台开发智能审单机器人，以“非侵入”的方式模拟人类的行为操作共享平台、完成任务。第二，确定审单机器人的自主决策方式和内容。在人机协同的工作范式下，需要机器人具有自主决策能力并向人类反馈其详细的决策过程、依据与结果；对于无法判断、需要人工进一步核实的事项，着重反馈问题的具体呈现。中铁隧道局认识到，AI 决策过程的核心在于决策知识库（规则库）的可发展性和决策结果的可解释性，对机器无法决策的事项交由人工处理，这也同步实现了人与机器的任务分工。第三，再造人机协同流程。智能审单机器人开发完成后，中铁隧道局再造审单工作流程，让智能审单机器人参与到现有的数字化业务流程中，完成对人类工作的替代或提升。第四，推动智能审单落地实施。中铁隧道局认真策划智能审单的落地实施，按照规则梳理与植入、识别模型训练、业务信息标准化、实验流程和正式流程分步实施、建立数据分析评估指标 5 个步骤有序进行。一是规则梳理与植入。基于《中国中铁会计核算手册》，中铁隧道局按可执行的数智化标准对业务流程进行重新梳理，将规则按执行条件、判断函数、结构输出的方式整理并最终形成结构化规则，植入专家知识库。二是识别模型训练。由于数据采集的需求，需要机器人对通用票据和内部原始凭证进行识别，转换为结构化信息。中铁隧道局初期训练了 20 类识别模型，可应用于 32 个内部原始凭证的识别。三是业务信息标准化。继共享建设标准化之后，智能审单对标准化提出了更高的要求，中铁隧道局对业务支撑性附件、业务表单经济事项及其凭证模版等再次进行了标准化。四是实验流程和正式流程分步实施。智能审单覆盖的每一个流程都经过实验流程转入正式流程。实验流程对现有业务流程的改造少，待实验流程满足上线标准后，切换转入正式流程。五是建立数据分析评估指标。中铁隧道局从协同平台和共享平台采集数据，进入数据中心，建立数据分析评估指标，监控人机协同的成效。评估指标对智能审单的实施、规则的调整起到了很好的指导作用，成为共享运营数据智能转型的基础。第五，验证智能审单成果。人机协同的智能审单模式覆盖中铁隧道局 66 个业务表单，占业务总量的 86%，实现决策和预警规则共计 1404 条。分析指标显示，机器人处理初审任务的时长平均约 2 分/单，单台机器人 24 小时可处理单量超过 700 单，对比人工初审 8 小时不足 200 单的工作量，效率提升3 ~5 倍。随着规则的不断优化和提单质量的不断提升，机器人转人工率逐步降低到 30% 以下，即 70% 以上的初审任务被审单机器人替代。机器人同时为人工复审和资金支付等后续节点提供预警，复审人员从每天人均 200 单左右提升至 400 单以上，审核效率提升超过 100%。

2. 人机协同实现智能提单

在智能审单机器人运行成熟后，为进一步推进流程智能、提升服务能力，中铁隧道局研发智能提单机器人。智能提单机器人为业务端提供智能化数据采集服务，目标是最小化业务提单的录入信息量并将内控审核前移，为财务岗位的初审工作提供预警信息，保障提单质量，避免无效流程的流转。第一，设计智能提单业务架构。对智能提单的业务架构，中铁隧道局采取“数据智能采集、最小化人工填报”的开发策略，基于协同平台研发的智能提单机器人，借助发票接口、OCR 识别等实现数据的智能采集。第二，再造人机协同业务流程。对智能提单的人机协同工作流程进行再造，业务人员仅需在移动端提供发票、内部原始凭证等影像资料，录入极少量的必填信息；提单机器人进行票据识别、验真和数据优化，调用预审模型进行合规性预审，调用填单模型代替人工填写业务表单，最后向移动端反馈结果。第三，验证智能提单结果。中铁隧道局对业财效率及质量双提升的预期目标进行验证。智能提单机器人辅助业务经办人员完成重复性高、易于标准化的报账信息录入工作，一方面，大幅减少业务前端表单录入的工作量，提高业务处理效率，有效解决业务经办人员共享报账工作量大的问题，以差旅费表单为例，提单机器人可节约 70% 以上的工作时间；另一方面，通过移动端拍照识别、票据验真，提高信息录入的准确性，有效解决信息繁杂导致的错填问题，同时提单预审提升了信息质量，减少了不合规报账导致的审核、审批工效浪费。

3. 拓展人机协同的业务场景

中铁隧道局不断拓展人机协同业务场景，分批研发执行各类决策任务的财务机器人，如资金支付机器人、税务认证机器人、银行回单补扫机器人等，这些智能财务机器人成为不同场景工作人员的协同助手，不断拓展流程智能的场景应用范围。

（五）以人机协同实现数据智能

1. 不断提升数据资产质量

流程智能推动了数据治理，每个场景的流程智能建设都在一定程度上提升了数据质量，中铁隧道局的流程智能建设逐渐平滑过渡到数据智能建设，每个数据智能项目的建设，都设计自动化数据采集策略、数据治理方案，以保证数据的及时性、准确性和获取的自动化。比如，在资金管理驾驶舱的项目中，设计共享平台、资金系统、银行短信解析等多来源数据的自动比对策略，生成集团、子公司、项目部三级管理报表和数据核对表，便于高层监管和基层核对数据，共享中心根据问题反馈持续优化表单配置、自动制证模板、合并抵消模型和数据分析模型，不断优化、提升数据质量。此外，财务数字化团队不断将数据服务向业务端扩展，与商务部共同开发对工程项目成本信息的补充采集应用，与科信部共同开发对科研项目的数字化管理应用等。这些服务将业务数据与财务数据进一步融合，不断扩展数据维度，优化数据质量。

2. 不断提升数据应用效能

中铁隧道局的数据智能建设以“自主化、常态化”为策略，以提升数据应用效能为目标，基于数据分析平台，培养数字化团队，进行自主的数据清洗、挖掘、分析建模，为专业财务提供分析工具和技术支持。下面，以人机协同的智能审单运营分析为例进行说明。工作效率和质量分析是共享中心运营分析的核心。协同平台提供人机协同的行为数据，为共享中心运营分析提供新的分析维度，从不同角度、不同维度和不同业务类型对任务总量、变化趋势、剩余任务进行监控和分析，动态调整人员配置，充分保障业务处理的时效性。结合共享平台数据智能生成的智能审单机器人实时运营报告，设置机器人处理效率、人机审核一致率、预警率、转人工率等关键指标，直观呈现人机处理时长、人机处理的一致性和差异细节、AI 预警比例等。

3. 实现财务风险智能预警

基于统计的方法已经实现多种风险预警报表，如针对资金管理的账实不符预警、大额对私付款预警、银行账户长期无动态预警等。

（六）完善配套机制，确保稳健运行

1. 转变财务人员的数智工作思维

不断培养财务人员的数智化管理思维，借助形式多样的培训活动及“财经大学堂”等内外部学习、宣传平台，通过学习目标管理、学习型团队创建及畅通沟通机制等措施，鼓励财务人员学习前沿信息技术及管理理论，培养财务人员的数智化管理思维。

2. 适应新的财务管理工作方式

人机协同的新工作范式为财务团队加入了新的合作伙伴，工作内容上，AI 逐步替代传统财务会计工作，同时完成部分既定规则下的管理会计工作内容；而人工则着力于管理会计模型构建、管理会计行为及战略财务。工作方式上，人工通过开发各类信息平台及智能机器人来完成重复性、可通过规则固化的财务管理行为，而人自身则着力于运用人类智慧及专家经验来完善提升机器人，同时将主要精力投身于机器人无法替代的复杂性工作。以智能审单为例，机器人替代初审岗 70% 的工作量后，富余的人工将工作重点放在数据分析、决策建议、过程控制、风险防控等更高附加值的工作上。

3. 重塑财务管理工作的组织架构

工作思维的转变、工作内容和工作方式的分工调整，必然带来组织架构的革新，组织架构需要动态的调整优化。以中铁隧道局共享中心为例，在人员总数逐步下降的情况下，由原有的共享运维、业务审单岗位新增数据整理分析、业财协同项目开发等数据管理岗位，拓展内外部综合代理记账、出纳业务集中管理、税务管理及咨询等系列业务及工作职能；组织架构也由初始的运营和业务审核科室新增司库管理、税务管理、数据资产开发、综合代理记账等相关科室。

4. 形成新的财务管理工作制度

重新梳理业务场景，全面识别合规风险，对财务管理模式的变化以制度的形式予以固化。为促进业务及流程进一步标准化，发布《项目层业务表单操作指引》《业务表单审核要点》等；为进一步规范会计基础工作，发布《关于规范共享平台常用影像的通知》《关于明确共享业务影像上传及发票录入标准的通知》等；修订《流程管理办法》，将业务场景、审批流程、岗位（人员）职责等重新进行制度规范；修订《业务稽核管理实施细则》，增加审单机器人工作质量的稽核方案，形成防错纠弊的稽核机制；发布《运营质量提升方案》，建立机器人运行评估机制，共享财务、业务财务、战略财务 3 类人员从各自的角度出发，按月对机器人和数据中心的运行情况进行检验、评估，提出优化建议。

三、建筑企业集团基于“人机协同”的财务数智化转型效果

（一）优化工作分工，提升财务工作效率

中铁隧道局基于人机协同的财务数智化转型，重塑了财务管理工作组织架构，优化了任务分工，部分岗位替代人工，效应不断增强、场景不断拓展，实现了财务管理效率的大幅提升。一年来的统计数据表明，智能审单不仅自身单机日均业务处理量是人工的 3～5 倍，而且将复审效率提升了两倍。目前，中铁隧道局已由智代审单代替审单人员 15 名，按照年人均成本 30 万元估算，年直接节约成本 450 万元。智能资金支付将原本由数百名基层单位出纳完成的网银制单业务改由共享中心 7 人完成，为中铁隧道局实施财务人员总数控制与结构调整奠定了基础。智能提单（以差旅费为例）节约人员填单时间超过 70%。工作效率的提升，带来企业直接和间接成本的下降。

（二）优化数据资产，提升数据支撑能力

中铁隧道局基于人机协同的财务数智化转型，不仅实现了数据资产及时性和准确性的大幅提升，而

且不断向业务前端延伸，向企业外部数据资产延展，数据资产的维度也大幅扩展，整体数据资产质量得到进一步提升，不断拓展应用场景，为业务财务、专业财务及各级管理者提供更精准、更高效的数据支持，助力企业数字化决策。以银行存款为例，中铁隧道局境内外拥有在建项目300余个，核算账套1000余套，银行账号2000余个，基于流程智能和数据智能，各级管理层能够实时获取银行存款余额、现金流等传统模式下需要大量数据统计、耗费大量时间才能获取的关键决策及预警信息。

（三）深化业财融合，助力企业转型升级

人机协同的财务数智化转型，形成了基于组织、人员、流程、数据决策分析、风险预警及价值创造等的全链条数智化管理模式，带动多个部门实现了一定范围的人机协同并实现了相关系统的互补增强。

（成果创造人：孙　璀、李献林、马永红、牛　健、闫　刚、郑　骞、李延春、段伟朝、胡周伟、刘　勇、卢云飞、殷小建）

城市轨道交通工程基于“标准图式”的关键安全风险预防管理

南昌轨道交通集团有限公司

南昌轨道交通集团有限公司（以下简称南昌轨道交通集团）成立于2008年，主要承担南昌市轨道交通的投资、建设、运营、开发、经营等职能，是一家下辖3个分公司、9个全资子公司、10个参股公司，以及拥有员工6000多人、总资产超千亿元的特大型国有企业。南昌轨道交通工程目前已建成通车地铁1至4号线，运营里程128.4千米，正在建设1号线北延线、东延线和2号线东延线，“十四五”期间力争开工2~3条地铁新线。南昌轨道交通集团近年来努力通过创新解决技术和管理痛点，获得“国家优质工程金质奖”等荣誉。

一、城市轨道交通工程基于“标准图式”的关键安全风险预防管理背景

（一）自觉落实安全生产方针是城市轨道交通项目建设的基本遵循

据不完全统计，2010—2018年，我国城市轨道交通工程施工期间共发生各类事故约173起，累计造成310人伤亡，经济损失巨大，社会影响恶劣。2016年10月，国务院安委办印发相关文件，要求准确把握安全生产特点和规律，坚持风险预控、关口前移，全面推行安全风险分级管控，进一步强化隐患排查治理，推进事故预防工作科学化、信息化、标准化。为贯彻落实中共中央、国务院和江西省各级政府有关安全生产领域改革发展的重要指示精神，落实城市轨道交通项目的关键安全风险管理是南昌轨道交通集团的必然选择。

（二）应对项目复杂地质环境，需提高安全风险管控的针对性与有效性

城市轨道交通项目以在复杂的城市和地质环境中实施的地下工程（基坑和隧道）土建施工为主，决定了源于环境层面的工程安全风险的孕育、发展具有很强的隐蔽性，不利于风险的尽早识别、管控。这种隐蔽性又导致了事故的突发性，不利于事故的应急处置并可能引发连锁反应，造成更大的人员伤亡和经济损失。南昌市以砂性地层为主，地表江河湖泊众多，地下水量丰富、补给迅速，基坑开挖过程中围护结构在高水头压力作用下易突发涌水涌砂事故，使风险防控工作陷于被动；隧道掘进过程（盾构）主要穿越富水砂层、上软下硬地层，极易产生不均匀推力和扭矩，导致开挖面失稳和地表沉降过大，引发地面塌陷及周边管线、建筑物破坏等事故。城市轨道交通项目的基本特点、南昌市复杂地质环境下基坑和隧道工程建设安全问题，对南昌轨道交通集团开展城市轨道交通项目关键安全风险管理工作提出了客观要求。

（三）实现企业安全发展，必须全面提高各层级安全预控的自觉性

城市轨道交通项目规模大、复杂度高，决定了建设工序繁杂、建设周期长、参建人员和设备众多、工作内容和责任交叉范围广等特点，易造成信息流动和管理的不畅；各参建单位之间协同运作、管理困难，整体形成标准化管理流程的难度很大，构成了技术和管理层面的项目安全风险来源。随着南昌轨道交通工程同期建设体量的不断增大，险情仍时有频发，暴露了参建各方在履行现场安全管理职责上存在的不足。为扭转传统风险管控方式在南昌城市轨道交通建设项目安全风险管理中存在不足的不利局面，南昌轨道交通集团积极探索，通过大量的案例分析总结、异地考察调研，总结出一套创新性的安全风险管理方法。

二、城市轨道交通工程基于“标准图式”的关键安全风险预防管理主要做法

（一）识别关键安全风险并建立相应的控制清单

1. 确定应用“标准图式”指引的安全风险可视化管理目标

针对城市轨道交通项目关键安全风险管控难的问题及风险的隐蔽性、突发性，即“看不见、想不到、管不住”等特点，南昌轨道交通集团查阅了大量文献并调研了国内多个城市的轨道交通项目安全风险管控情况，发现普遍采用的风险管理办法较为常规，同样面临生产安全事故频发的窘境。南昌轨道交通集团基于自身地铁1、2、3号线建设过程积累的海量资料、数据和风险隐患预警、处置信息，组织各参建单位、科研院所开展问题分析、交流研讨、深入论证、统一认识等工作。最终从创新管理的角度统筹全局、积极探索、顶层设计，提出城市轨道交通工程基于“标准图式”的关键安全风险预防管理，实现安全生产“零事故”的终极目标。

通过管理组织的分级、管理职责的明确和压实等办法，实现关键安全风险管理的有效落实；依托履约考核、奖励合作、沟通反馈等机制，保障关键安全风险管理的顺利、健康实施。通过识别关键安全风险管理要素、强化重点要素管理细节，构建关键安全风险管理“标准图式”及实施办法，用图式标准来统一施工设备和工艺、数据采集和“标准图式”管理流程，规范轨道交通项目安全管理工作，使员工在安全管理与施工操作过程中，有可视化标准遵循，达到“按图索骥”的效果，避免了文件要求或口头指令的模糊性，增强了操作的有效性。在此基础上，通过数字平台建设实现管理信息化、信息可视化、风险控制智慧化，提升建设项目关键安全风险的数字化管控能力。

2. 加强建立“标准图式”安全风险管理体系建设的组织领导

为有效落实主体责任意识、明确参建各方的风险管控职责，确保管理工作全员参与和有序开展，实现管控职责的层层监督和严格落实，南昌轨道交通集团基于矩阵式组织管理模式，将关键安全风险管理组织细分为3个层级，包括决策指挥层、中间管理层和现场实施层。其中，决策指挥层主要为南昌轨道交通集团分管领导，负责以“标准图式”为核心的关键安全风险管理建设、宏观分析和目标制订；中间管理层主要由南昌轨道交通集团建设分公司质安部负责组织风险咨询单位、第三方监测单位、环境监理及应急抢险单位开展管理工作；现场实施层主要由监理单位会同建设单位项目部负责组织施工单位、施工监测单位及设计代表开展现场工作。

3. 识别关键安全风险要素，列出关键风险控制清单

针对基坑开挖和盾构掘进过程关键风险形成的隐蔽性、事故的突发性特征，南昌轨道交通集团从扼制风险的孕育、发展角度出发，努力通过风险分级管控、隐患排查治理，实现关键安全风险预控和施工安全关口前移。例如，基于南昌地区富水砂层、上软下硬地层的不良地质条件和地铁1至3号线监测预警（2683次）、基坑涌水涌砂和盾构地面沉陷等关键风险事件（21次）的经验，结合基坑、盾构工程的建设特点，总结分析施工全过程关键风险形成和预警原因，开展调研论证、专家咨询、试点应用和意见征求，综合识别、提取关键风险的管理要素。

（二）以团队学习的方式共同绘制关键安全风险“标准图式”

为有效实现风险预控、关口前移、风险分级和隐患排查治理等措施，南昌轨道交通集团根据多年实践经验，要求相关单位和部门准确、及时、详细地上报关键安全风险重点管理要素信息并落实相应风险处置办法，主要包括基坑围护结构渗漏形式划分、基坑开挖支护时间节点上报、盾构渣土称重数据采集、盾构长时间停机问题处置、周边地下管线阀门排查。

为解决安全生产文件难以落地实施的问题，将抽象的要求具体化为便于参考、执行的操作流程，南昌轨道交通集团基于工程建设“按方案施工、按图纸施工、按标准施工”的原则，以“标准图式”为重要依托与核心载体，将关键安全风险管理要素融入其中，贯通管理信息和责任链条，形成畅通、规范

的管理流程。

结合基坑和盾构施工过程特点、关键风险类型，分别形成由基坑围护结构渗漏风险管控图、基坑土方超挖风险管控图、基坑建设环境风险管控图等组成的基坑关键安全风险管理“标准图式”，以及由隧道盾构掘进过程左线风险管控图、隧道盾构掘进过程右线风险管控图、隧道建设环境风险管控图等组成的盾构关键安全风险管理“标准图式”。

将关键安全风险管理要素信息通过图表化处理融入相应的风险管控图中，即以“平（剖）面图”的形式展示空间信息，如施工进度、险情位置等；以“图中附表”的形式展示常量和变量信息，如风险等级和监测数据变化、险情变化等。

（三）用制度与流程保障“标准图式”发挥指引作用

针对各参建单位确立全方位履约考核制度。首先，制作并发放不同参建方的安全风险管控标准化作业手册，明确各级风险管控单位的监督职责，形成职责分明、齐抓共管的风险管理组织。其次，强化日常工作检查及信息系统自动考核监测，确保基坑和盾构“标准图式”的各项风险管控措施得到有效落实。最后，按照“一次提醒、二次通报、三次罚款、四次约谈”的原则，结合信息系统记录，严格考评参建各方遵照项目关键安全风险管理规定落实相关工作的实际情况，确保管理要求落到实处。

1. 关键风险“标准图式”管理办法

构建关键安全风险管理“标准图式”之后，为确保管控的有效实施，南昌轨道交通集团召集各参建单位开展系统的宣贯培训工作，组织为期3个月的现场试用活动，召开效果分析总结会，参建各方从实际情况出发提出切实的完善意见，最终由建设单位确立基于现场风险分级、隐患排查的巡视预警和基于监控数据超阈值的监测预警，以及基于监控数据同经验、方案等对比分析的综合预警等风险管控原则。具体实施办法如下所述。一是基坑围护结构渗漏风险管控。对基坑围护结构渗漏隐患进行排查、对治理过程和效果进行跟踪，判断基坑涌水涌砂、变形超控、坍塌及周边管线破裂、地面沉陷、建筑物倾倒等风险并采取相应处置措施。二是基坑土方超挖风险管控。每日对比实际与计划的开挖区域、土方量，判断按方案施工情况和土方超挖风险；对比完成土方开挖与支撑架设的时间，判断支护体系失效风险。对超挖和支撑架设滞后隐患暂停开挖，加大人员和设备投入、加快支撑架设，同时加密无支撑区域巡视和监测频率。三是基坑建设环境风险管控。监测数据超过预警阈值时，需立即明确周边重点建（构）筑物、管线和道路信息及预警监测点位置、监测信息，紧急制订或实施应急处置方案，同时重点巡视预警区域周边环境。四是隧道盾构掘进过程左（右）线风险管控。分析盾构掘进上部土压、注浆量、出土量实际值较理论值偏差较大的原因并制订、实施相应的纠偏措施。盾构长时间停机时需记录停机保压、盾尾防渗漏、盾体防抱死等安全保障措施细节；盾构复推前同样需记录具体安全保障措施，确保盾构机处于良好状态、能够顺利复推。掘进地层即将变化时，加强施工管理，做好渣土取样、关注盾构掘进参数变化并及时做出调整，确保盾构掘进顺畅。分析盾构环境监测及掘进参数预警原因并有针对性地采取处置措施，避免后续施工出现类似安全风险事件。五是隧道建设环境风险管控。在十字路口、管线密集区域加密布置监测断面及监测点，管控地面沉陷及周边环境风险。辨识评估周边环境风险分为4个等级并采用红、橙、黄、蓝4色标注，形成环境风险汇总表；针对风险等级制订预控措施并在施工过程中严格落实。根据地勘报告详细绘制盾构区间地层剖面图，为盾构掘进和风险管控提供指导和依据。

2. 关键风险“标准图式”管理流程

为应对城市轨道交通工程建设工序复杂、工作内容繁多、信息流动和管理不畅等问题，降低沟通成本、增强各参建单位的协同运作水平，南昌轨道交通集团变关键风险的“被动管控”为“主动防范”，要求相关单位和部门采取标准化的施工设备和工艺、数据采集和图式管理流程。一是标准化的基坑围护结构施工。为加强基坑围护结构施工规范性，严格施工人员作业规范、减少不当操作，控制隐蔽工程质量，降低围护结构涌水涌砂风险，编制《南昌轨道工程车站围护结构施工标准化手册》，对围护结构施工工序、技术做出标准化要求。二是标准化的隧道盾构设备及施工。为提高盾构施工质量、降低关键安全风险、杜绝重大安全事故，编制《南昌轨道交通工程土压平衡盾构管理规定》《南昌轨道交通工程土压平衡盾构施工标准化管理规定》，针对富水砂层螺旋机喷涌问题，要求所有进场盾构机必须加装螺旋机及土仓高分子聚合物注入泵，完成设备标准化改造。对土压平衡盾构技术规格制订标准化要求，确保盾构施工安全、优质、高效、有序进行。三是标准化的数据采集。通过建立盾构管控平台可以实时共享掘进过程数据，利用人工和智能分析相结合的方式规范管控标准，实现不同品牌、不同类型的盾构机数据采集的标准化，为关键安全风险管理和大数据分析奠定基础。四是标准化的图式管理。依托设计图纸进行标准化的图式制作，涵盖图式线型、宽度、颜色、图案填充、图例等；对施工现场监控中心图式张贴的位置、范围、大小进行统一要求；对图式信息的填写、更新、上报等格式、内容均做出标准化规定。基坑和盾构施工关键安全风险“标准图式”管理，即规范利用相应“标准图式”信息和实施办法开展工作。以基坑工程为例，开工后需对基坑围护结构渗漏、土方超挖、建设环境风险隐患进行实时排查，发现隐患后暂停开挖并对隐患进行治理，待确认隐患完全消除后恢复施工，同时重复上述风险管控过程，直至基坑开挖全部结束。

（四）构建数字化管理平台，使“标准图式”直观可视

1. 开发安全风险信息管理系统，辅助关键安全风险自预防管控

为配合以“标准图式”为核心的关键安全风险预防管理顺利实施，开发关键安全风险信息管理系统（以下简称信息系统）。信息系统作为工程建设信息可视化、智慧化的可移动集成工作平台，将管理、监督、建议、控制和科研相结合，有效实现多工程的集中管理和多层级的协同管理，以及科学化、规范化的关键风险管控，具备准确、安全、高效、灵活等优势。专业技术人员通过复核信息系统自动分析数据得到的初步结论，可及时下达整改报告，做到不间断、全覆盖，大幅提升工作效率和客观程度。信息系统的其他主要功能包括隐患排查治理、监测数据上传及预警、基坑围护结构渗漏数据上报、基坑开挖数据上报及预警、盾构掘进参数上传及预警、建设环境风险预警。

2. 借助信息可视化，实现关键安全风险自预防管控及时预警

信息系统基于及时上报、实时采集的数据，动态展示基坑和盾构施工进度、作业面与环境风险源相对位置，精准实现项目关键安全风险控制和高质量预警预报。信息系统整合视频监控和BIM技术，接入基坑和盾构施工现场图像，能够实现即时可视化管理；通过数字孪生同步建立轨道交通数字化工程并集成显示工程进度、统计数据、风险信息、预警位置等情况，有效实现关键安全风险管理并与南昌轨道交通集团整体的信息架构融合。基于集中化、移动化、智能化的理念，分别开发了大屏监控软件、手机App软件、智能网站系统，全方位、多角度地展示施工过程的各项上报和监测数据。通过管理信息可视化，进一步解决“看不见、想不到、管不住”的城市轨道交通项目关键安全风险管理难题。

3. 运用大数据分析，实现关键安全风险自预防管控智慧化

以物联网、大数据和人工智能等为标志的智慧化新技术已逐步融入轨道交通建设的各个领域，辅助项目安全风险管控，实现施工风险预判。南昌轨道交通集团建立了涵盖南昌地铁建设以来全部盾构施工参数和风险事件的大数据库，通过比对掘进过程中上部土压、注浆量及出土量的实际值与理论值、经验值的差异，判断盾构掘进是否存在超挖、地面是否存在沉降和塌陷风险，进而对隐患采取适当控制措施，实现关键风险的超前预警和管控。

（五）依“标准图式”进行沟通反馈，培育员工管控关键安全风险的自觉意识

为提升项目关键安全风险管理的实际应用效果，南昌轨道交通集团鼓励各参建单位及其工作人员，

特别是实施“标准图式”管理的一线员工对管理办法、流程的实用性、有效性多思考、多沟通、多反馈，倡导员工积极提出建设性意见和建议。提出反馈意见的单位、项目部或个人按照统一格式向上一级主管单位、部门或领导提交提案，由质安部、监控管理中心统一组织提案的追踪、审核与答复。对合理、先进、有效、具备可行性的提案经过评估予以采纳的，建设单位将予以表彰；对在项目关键安全风险预判和重大安全事故管控中带来实践效益的提案，将给予主要提案人一次性奖励，提高员工风险管控的积极性及自主意识。在各个工程建设项目上全面开展 QC 小组、工作创优活动，提高员工的创新主体意识；细化评比规则和奖励标准，定期开展创新先进项目部及先进个人的评选活动并给予通报表彰和一次性奖励。建立荣誉激励制度，对各参建单位在项目关键安全风险管理实施中及时预判、管控风险，成功避免基坑开挖过程涌水涌砂和盾构掘进过程地面沉降、塌陷等重大安全事故的单位，予以重点表彰。

与高等院校、科研机构建立产学研合作机制，一方面，强化解决在基坑/盾构“标准图式”指导下的技术创新支撑问题；另一方面，依托高校的教育资源，对技术、管理人员开展更深入的培训。

三、城市轨道交通工程基于“标准图式”的关键安全风险预防管理效果

（一）有力提升城市轨道交通项目关键安全风险管理水平

城市轨道交通工程基于“标准图式”的关键安全风险预防管理显著增强了南昌轨道交通集团的安全管理能力，有效遏制了重（较）大生产安全事故的发生，创造了良好的经济效益。关键安全风险“标准图式”管理自 2018 年在南昌地铁 3 号线区间盾构工程和 4 号线全线工程中实施后，在降低施工期预警和安全风险事件的数量上发挥了重要作用，南昌地铁 2、3、4 号线预警次数相比 1 号线分别降低了 37%、95%、98%，基坑涌水涌砂等关键风险事件由南昌地铁 1 号线 9 次、2 号线 6 次、3 号线 6 次降低到 4 号线 0 次，极大提高了项目关键安全风险管控水平。此外，建设、勘察、设计、施工、监理、监测、风险咨询等各方共同参与，提高了沟通和决策效率，有利于及时发现、判别和处置安全风险隐患，避免了微小险情的进一步扩大，减少了事故抢险乃至赔偿等费用的开销，保障了工程顺利进行、节约了工期。关键安全风险“标准图式”预防管理的实施在提升工程建设质量方面同样起到了重要的助推作用，南昌地铁 4 号线基坑围护结构渗漏控制、盾构区间线路调线调坡控制和管片拼装质量均相比 1、2、3 号线有了显著提升；主动控制了基坑及隧道结构变形，降低了各类事故风险及应急抢险频次，减少了事故造成的损失。

（二）显著增强企业安全生产和稳健发展的社会效益

自实施基坑和盾构工程关键安全风险“标准图式”管理及可视化、智慧化管控项目安全风险以来，提高了工程建设质量，降低了工程风险、生产事故率和环境影响，保持了重（较）大生产安全事故“零发生”，群众满意度高，社会评价良好，增强了民生福祉和社会稳定，充分体现了南昌轨道交通集团始终恪守安全生产“生命线”的社会责任和建设“平安、活力、生态、效益、满意”地铁的核心理念。城市轨道交通工程基于“标准图式”的关键安全风险预防管理显著提高了南昌轨道交通集团工程建设的安全管理与决策水平，有利于在宏观上掌控工程建设进度、安全状况并在微观上详细了解各工点的核心数据；增强了现场管理人员的安全责任意识和管理能力。切实做到了施工风险预控、安全关口前移，保障了大规模工程建设的有序、安全开展和按时、高质量的完成，实现了企业提升自身安全生产管理能力、锻造良好品牌形象、夯实稳步健康发展基础的不懈追求。关键安全风险“标准图式”预防管理的实用性有效提升了建设单位及各参建单位的安全风险管控能力，管用性创造了显著的社会经济效益，好用性提高了关键风险管控工作效率，形成了一套各方愿意用的基坑和盾构施工关键安全风险管理办法。

城市轨道交通工程基于“标准图式”的关键安全风险预防管理源于南昌地区复杂环境下的轨道交通工程建设实践，既具有很强的针对性、实用性，又具有很强的可复制性，真正实现了城市轨道交通项

目关键安全风险的责任化、精细化、标准化、信息化、可视化、智慧化管控，具备很高的业内推广价值，为提高我国轨道交通项目安全风险的管理水平做出了贡献，对安全风险管理理念和方式均具有积极的推动作用。

（成果创造人：万先逵、刘为民、黄鹤华、吴招锋、詹　涛、李　佳、
周国强、李垂乔、李　亮、张　申、温智君、陈静伟）

以双向融合为核心的审计体系建设

北京首钢建设集团有限公司

北京首钢建设集团有限公司（以下简称首钢建设）是首钢集团有限公司（以下简称首钢集团）的控股子公司，成立于1956年，2008年完成国有企业主辅业改制，拥有60多年的工程施工经验，是一个以建筑业、建筑制品业、检修服务业为主营业务且多种业务并行的大型综合性施工总承包特级企业。市场区域覆盖北京、河北、山东等国内20多个省（自治区、直辖市）及非洲、中东、东南亚等多个国家和地区。其承揽的首钢北京园区“冬奥”项目得到了国际奥委会的认可及社会各界的好评；2022年，“首钢滑雪大跳台”获得中国建设工程“鲁班奖”。

一、以双向融合为核心的审计体系建设背景

（一）国家对企业风险管控和审计职能转换的刚性要求

2019年，审计署发布关于做好“两统筹”有关工作的具体措施，要求创新审计管理模式，积极推进跨层级、跨专业审计资源的优化配置，加强不同类型审计项目的统筹融合和相互衔接，积极探索融合式、嵌入式、1+N等审计项目组织方式，努力做到“一审多项”“一审多果”，最大限度地扩展审计覆盖面。《审计署2019年度内部审计工作指导意见》更是明确提出：对所有业务活动进行内部控制审计，或针对某项业务活动及某个环节开展专项内部控制审计。2022年1月召开的全国审计工作会议提出，“要围绕防范化解重大风险问题开展各项审计，把推动防范化解风险摆在更加突出的位置，及时反映影响经济安全的苗头性、倾向性、普遍性问题”。这些要求成为“十四五”期间企业的重要任务，也体现了审计监督职能的新转变。

（二）新形势下建筑行业高质量发展的战略需求

近10年来，国内基建投资增速放缓、由增量转向存量，建筑行业平均利润低下，增长模式和驱动因素发生根本改变，规模和质量成为企业发展并重的两个维度。因行业特性，工程项目多且地域分散，建筑产品生产周期长，资金相对分散，建筑行业普遍存在存货占用资金量大、周转率低、实际与计划脱节等问题，运营风险、财务风险、市场风险非常突出，成为企业迫切需要解决的问题。因此，坚持风险管理战略对建筑行业的发展至关重要，而审计与内控评价在完善企业内部治理、强化风险防范、强基固本方面具有重要意义。

（三）满足企业发展升级和风险防控的客观需求

在外部环境复杂的大背景下，首钢建设还存在规模快速增长前提下的管理粗放问题，风险管理压力增加，因此，必须转变思维。一是扩大规模，围绕自身冶金和建筑工程提高专业化能力，聚焦主业在细分领域深耕和做强，寻求增量。二是加强风险防控和精益化管理，推动发展质量升级。将规模发展和风险管理统筹谋划，量身定制风险管理方案；通过风险管理与规模发展的战略协调，“两条腿走路”，加速助跑。围绕首钢建设“转型风控和提升运营质量”发展战略，紧贴公司实际，落实审计署“两统筹”的要求，扎实推进IT审计、内控评价与常规审计项目及审计组织方式的统筹融合并作为改进“全面覆盖”审计方式、推动企业稳中求升、提升审计监督效能及减轻被审计单位负担的重要途径，进一步助推企业资产质量提升。

二、以双向融合为核心的审计体系建设主要做法

（一）以“企标”与风控体系为基础，构建双向融合的审计组织体系

1. 建立“四位一体”企业管理标准与风险控制体系

首钢建设以增强市场竞争力、提升管理水平及实现管理高效切实相关的权力清单、制度标准、风险控制、信息系统作为核心要素，通过信息系统对风控体系、制度体系、权力清单等进行有机融合，编制“四位一体”的《企业管理标准与风控手册》（以下简称手册），作为首钢建设构建企业管理标准并保障有效运行的基本制度，建立与之高度融合的信息化系统。

2. 顶层设计创新审计职能，确立双向融合的实施基础

随着近几年企业内外部环境的快速变化和2021年以来“三重压力”的影响，以及信息化和大数据业务的高速发展，新风险、新矛盾、新问题突出，首钢建设内部审计发展的瓶颈与局限性越发凸显，制约了企业风险管理工作。局限性表现为：“审下不审上”，无法实现同级监督；IT审计未开展，对IT风险无法监控；内部审计职能单一，只能查结果，缺乏有效工具无法开展问题及根源的因果双查；“治未病”无思路，事前审计未开展，风险隐患不清晰。因此，赋予内审部门新职责开展内控评价（又称内部控制审计），成为企业战略发展和风险管控的迫切需求。首钢建设调整部门职责分工，在手册中增加审计机构的内控评价、IT审计等相关职责；将内控评价、IT审计列为公司年度重点工作并列为审计部门负责的企业层级重点任务课题，研究细化后进一步清晰目标。

3. 制订评、审兼顾的审计计划，明确双向融合的实施时间

一是在本年度经营目标审计、工程项目审计、领导人员离任审计等审计计划的基础上，增加内控评价和IT审计计划，统筹安排、明确时间；二是与专业部门讨论选取企业关键业务和重要风险环节，作为审查融合的实施项目并列入年度计划；三是组织召开年度审计专业会，讲解评、审步骤和工作重点，进行具体工作部署。通过年度审计计划的落地实施，保障双向融合审计体系建设的开展。

4. 找准审查融合切入点，保障双向融合的实施路径

一是找准审查融合的切入点。在详细分析内控评价和内部审计的逻辑链条基础上，结合审计实践，在对具体会计记录、原始单据等检查验证时，同步运用内控评价工具，反向查找内控体系的设计与执行缺陷，将两种工作方法深入融合、嵌入流程、同步开展。二是解析审查融合的实施路径和策略。正向采用内控评价方法查缺陷、定风险，发挥“探雷器”作用快速查找问题，杜绝大海捞针，实现“防未病”“查已病”；反向采用审计检查方法揭示问题，“查小病”“防大病”，逆向查找内控缺陷；通过因果双查实现分类施策的精准整改，达到标本兼治。

（二）以审计为立足点的内控评价，建立双向融合的流程评价体系

1. 建立风险库，实现风险画像本土化

首先，梳理国家指导性风险库。按照《中央企业全面风险管理指引》梳理出一、二级风险和具体风险事项，作为企业风险的参照物。确定一级风险的分类名称。其次，将风险事项本土化处理。首钢建设增加适合本行业特点的工程项目管理风险、采购与供应链管理风险等列为二级风险事项并作为风险分类和归集标准。最后，建立具象化的企业风险库。按照手册的风险控制矩阵，梳理每个业务流程的风险控制点，依据风险编号将风险分类、风险描述、流程分级、关键控制点、控制措施描述及输出文档等汇总，结合审计实践及问题案例，准备内控评价工作底稿（测试底稿和抽样测试表）。按照手册，首钢建设共梳理出22个一级流程的439个风险控制点。

2. 编制评价手册和评价方案，实现评价体系的标准化、流程化

一是结合审计实践编制内控评价手册，建立评价体系的标准化模板。确定评价的统一标准、主要内容和程序，明确内控缺陷的认定要求和缺陷分类的认定标准等。二是制订内控评价方案，将评价过程流

程化处理，明确评价项目组的职责与分工，解决各司其职的问题，既提高工作效率，又实现过程控制，及时复盘、检验，帮助内控评价的成果落地。

3. 开展内控流程测试，实现业务重现和对标找差

首先，组织内控流程穿行测试，准确识别风险诊断缺陷。核心是业务重现和对标找差距的过程，就是按照评价方案的标准流程、评价手册的样本量标准进行抽样，将抽取到的业务按手册标准化流程重现一遍、检查差异，查找内控的设计或执行问题。实际测试中，首钢建设全量检查22个一级流程的439个控制点。其次，准确判断缺陷分类并定性，促进完善治理。通过记录内控流程的测试结果，对控制缺陷按照设计、执行缺陷和重大缺陷、重要缺陷、一般缺陷进行分类和定性；汇总后发出缺陷整改清单，组织制订相应的整改措施，同时也作为修订和完善手册、优化流程的重要依据。在年度内控评价中，首钢建设评价项目组共提出内控缺陷14项，其中设计缺陷1项（重要缺陷）、执行缺陷13项（4项重要缺陷、9项一般缺陷）。内控评价应结合审计案例和实践经验，考虑业务频次、复杂程度、重要性等风险相关因素，采用定量与定性相结合的方法进行最有效的测试。对已嵌入信息系统的业务流程，应采取系统测试的方式，检查信息系统中业务流程与风控手册中风控矩阵要求是否一致、执行是否有效，同时检查其设计是否有效。对未嵌入信息系统的业务流程，应采取线下抽样的方式并严格按照抽样规则进行，检查实际操作是否按风控矩阵的要求执行，检查内控设计是否有效并提出向信息系统迁移和固化的建议。最后，制订整改措施，将内控缺陷转化为管理提升的事项清单。通过召开内控评价专题会发布、组织制订整改措施，出具内控评价报告并履行相关决策程序。以审计为立足点的内控评价，全面梳理内部控制管理制度，利用评价工具发挥“探雷器 ”作用，快速“防未病”“查已病”，解决面对风险和环境变化束手无策的问题，对同级专业部门22个一级流程进行检查和评价，解决“审下不审上”、同级监督缺位的问题，突出对风险的事前防范，有效克服以往审计与风控部门各行其是、各自为战的弊端。

（三）创新“四防”IT审计，建立双向融合的数字化支撑体系

IT审计是建立大数据审计思维，为双向融合审计体系提供数字化支撑并向智能化审计体系的过渡。首钢建设IT审计的具体内容包含两个层次：信息技术对管理活动支持的有效性的、线上管理行为的合规性。首钢建设在此基础上，开展“四防”IT审计，重点围绕业务流程控制检查的实际效果。

1. 审查系统与制度流程一致性的问题，提升线上控制率，防止一错百错

调研现状，梳理流程，测试信息系统流程与手册流程的一致性。访谈企业关键用户和IT人员，调研信息系统应用现状并梳理系统的业务流程。而后，提出评价与优化建议，分析系统功能应用的可行性。对业务流程未在线上实现、业务流程已实现线上但功能点未全部启用、流程已实现线上但线上设计不符合内控要求的3类问题，根据测试结果分析未上线原因，与关键用户及IT人员分析讨论后提出优化建议。对业务流程中手工控制部分，识别哪些可由信息系统支持，提出往系统控制的迁移路径。

2. 梳理风控矩阵与审查权限不相容的问题，防止舞弊行为

梳理职责分离矩阵，对权限不相容测试评估。调研业务系统应用现状并识别敏感业务功能，按照职责分离矩阵进行汇总。梳理敏感业务活动，进行职责分离测试，测试系统的权限配置，审查系统权限是否有角色冲突。评价项目组通过梳理126个敏感业务活动，识别出537人存在角色冲突，涉及市场开发、生产资源、商务管理等多个流程的审批功能。

设计整改方案，保障权限与角色相匹配。对系统中角色冲突内容，与业务部门讨论分析职责冲突的原因，确认整改范围、风险等级；制订整改方案，包括岗位职责调整、补偿性设计、角色设计等方案。对个别单位业务量较小、无法做到岗位职责分离的，增设本单位业务领导或上级业务管辖岗位进行补充控制。

3. 梳理权力清单，落实授权最小化，防止泄密行为

一是审查系统授权情况，是否按需控制、有没有扩大权限；是否按角色授权，是否超出岗位应有权限，最大限度地防止企业核心商业秘密外泄。二是检查系统权限，是否统一由信息中心管理，系统新增权限是否经过审核后才能生效。三是审查人员权限是否匹配到岗位，能否与用户岗位变更相适应。四是组织制订整改措施。对照查出的问题，首钢建设设置按需授权与最小化授权原则，按岗位授权并明确岗位操作权限；整合 HR 系统账号对应职工，完善用户权限申请流程，实现上岗审核赋权、离岗自动失权的精准控制。杜绝因授权不当发生舞弊并掩盖风险的现象，全面落实合规与内控要求。

4. 审查线上行权质量和行权效率，防止控制失灵失效

首先，识别行权流程，确定判断标准。对照内部控制规范拟定判断标准，如行权员工在一个审批行权中不能出现两种情况：秒批（指审批时间过快，小于 30 秒）、审批意见高度重复（指审批意见出现 5 次以上完全相同的结论）。其次，获取数据进行评估，组织制订整改措施。收集相关行权数据表单，进行数据可视化图表分析和评估。将问题数据作为行权质量分析的参考依据，作为下一步提升行权质量的参考标准。如第三季度秒批次数 630 次，涉及 102 个部门 186 位员工，行权意见相同（5 次以上）人员达到 48 人次。根据审计结果，组织召开 IT 审计结果发布会进行集中通报，将存疑事件提交本人要求说明情况，推动行权责任有效落实、系统功能进一步优化。

（四）审查融合标本兼治，建立双向融合的专项审计体系

首钢建设选取前端业务——采购招标、核心业务——资金管理、关键业务——“两金”管控 3 项重要业务对下属 20 家单位开展专项审计与专项风控评价同步实施的审查融合。

1. 实施采购招标审查融合，促进合规采购并降低采购成本

一是正向筛查内控风险点，采用内控评价的流程测试及缺陷诊断等评价工具，定位采购招标流程关键控制点，梳理出手册——“生产资源篇”采购业务三级流程的 6 个关键控制点，对每个控制环节穿行测试筛查风险，查找设计与执行缺陷。二是反向采用专项审计方法，从物资采购的报表端、业务端、票据端检查执行合规性和数据合理性，逆查业务流程设计与执行缺陷。主要对供应商资源、项目采购策划、采购招投标、价格体系、采购合同签订、评标专家库等 7 个业务层面进行审计，查出供应商管理、招投标管理、集中采购及战略采购等 4 个方面 12 项管理问题。三是分析内部审计与专项内控评价审查融合内容，补充增加招标效率、物资结算、资金支付、集中招标、集中采购、战略采购等效益效率类评价，助推降低采购费用提高效益。实施采购招标审查融合，实现因果双查标本兼治，发现问题、缺陷及相应整改更加快速和精准，推动内控设计有效并执行到位，满足供应商管理的合规要求。

2. 实施资金管理审查融合，保障资金合规使用并提高周转效率

一是正向运用专项内控的评价工具，按照手册——“财务管理篇”分析、梳理资金业务流程 12 个关键控制点，对每个控制环节穿行测试，共查出 18 个设计与执行缺陷。二是反向采用资金专项审计方法，从财务端、业务端、票据流、数据流审查合规性、分析数据合理性。审查货币资金、承兑汇票、应收应付、其他应收应付、预收预付、内部借款等财务制度执行的合规性，分析资金收支数据的合理性，审验票据真实性；对发现问题和疑点逆查资金内控制度的设计与执行缺陷。资金管理的审查融合，能够追根溯源，按病果查病因，实现机制体制的标本兼治。如采用专项审计方法检查财务账，发现“项目借款归还不及时的问题”，进一步深究根源并运用内控评价方法抽取 16 笔借款文件，对借款流程穿行测试，发现缺少项目部层面的借款申请、项目经理的审批环节，实际业务中项目借款是由分公司财务部门统一申请并还款。对此，提出“项目借款审批有待完善的执行缺陷”，提交总部机关财务部门研究解决制度与实际不一致的问题，促进资金周转效率与制度执行的合规性。

3. 实施“两金”管控审查融合，准确识别风险并落实分类管控

建筑企业的“两金”反映在财务报表上就是“应收账款 + 存货”，“两金”居高不下成为阻碍企业发展的“绊脚石”。“两金”管控的审查融合，就是以财务报表数据为基准，按照已完已结、已完未结、在施工程项目所属状态，清理汇总各单位“两金”占用情况，分析项目经营趋势准确识别风险并提交业务部门和相关单位落实分类管控措施，推动消化低效、无效资产挂账。一是结合建筑业“两金”业务形态，正向分析“两金”结构。全量检查“存货 – 工程成本余额”，对照合同条款、已完工程量、业主方签批量，审查收入的应结未结；按合同付款比例检查项目应收款余额及合同应收款，对实际收款与经营报量、财务结算对比，审查资金的应收未收。通过对 13 家单位 1100 多项工程的财务收入、财务工程结算、合同成本、未结转成本、应进未进成本等收支盘点及数据计算，与合同金额、预算审批、经营报量收入等经营数据比对，查找确认业主或监理方已同意进度报量但未能及时付款形成的隐性债权，确定 1000 多项属于正常核算的“两金”。二是核定待批收入，分析经营趋势。通过对工程项目经营状况、存货及应收工程款的排查，提出 50 多项工程属于风险项目并分别预警项目的经营潜亏风险、资金回收风险、债务诉讼风险等。提交总部机关运营部门、财务部门等及时做好应对决策，进一步强化项目履约管理，实现在施项目应结尽结、应收尽收。促进风险项目及时止损，降低“两金”的不合理占用。三是分析“两金”形成的原因。建筑企业“两金”的构成就是项目建设过程中预算收入“应结未结”与资金“应收未收”，因先投入成本后结算收入反映在财务账面的沉淀。有因业主不履约、故意压量的原因；也有企业内控体系不严密的原因；或是合同中未约定计量条款、收款条件，导致业主拖延结算。四是逆查内控缺陷并设立关键控制指标。根据“两金”审计成果，反向查找内部控制的设计与执行缺陷，如过程控制不及时不到位就会造成成本积压，形成难以结转的存货。为此，首钢建设设立双编校验完成率（自编预算）、重计量完成率（业主履约）两个关键性的控制指标，从指标体系上进行约束；持续跟踪，解决自编预算和审批不及时的问题；在合同评审中重点检查计量条款，进行约束。“两金”管控的审查融合将风险关口前移，帮助企业准确识别风险并建立分类管控措施；推动企业细化措施，修订《结算工作方案》《资金回收落实方案》等专业细则，进一步完善内控制度。

三、以双向融合为核心的审计体系建设效果

（一）审计整改增值效果彰显，经济效益效果突出

根据双向融合审计结果，首钢建设以内控缺陷、审计问题、IT 审计整改为抓手，多部门多层级联动整改、分类施策，建立持续整改保障体系，全面落实风控闭环管理。一是组织召开审计结果发布会，以审计整改通知书、审计移送通知书、分管单位审计情况通告 3 种形式实现被审计单位、总部机关、公司领导层的审计结果共享，推动具体问题立行立改。二是建立整改月反馈、季评审、年追责机制，审计部门对问题紧盯不放，全年持续跟踪整改并落实责任追究，仅 2021 年就考核了 13 家单位 1.61 万元，奖励 8 家单位 1.3 万元。三是专业联动研究解决策略与路径，运营部主抓项目结算，财务部主抓工程回款，审计部主抓风险项目清理，分别签订承包及整改方案。联动召开“抓结算、促回款”月度专题会，运营部将风险项目按已完未结、在施诉讼、停工等分类整理，列为整改事项在月例会上督办，采取难点项目结算大事记反馈、到期未完项目定期汇报、重大疑难项目重点跟踪等措施；财务部对长期应收项目一对一分析、查找原因，列为重点项目纳入月度专题会汇报、按月落实考核。

2019—2021 年，审计披露问题事项 102 项，完成整改 96 项，整改率 94%。2021 年，14 项内控缺陷全部完成整改，整改率 100%；信息化缺陷完成 14 项整改，其他 3 项正与信息系统融合推进。两年来，推动 47 个风险项目竣结并消项，降低经营风险 3 亿多元，挽回经济损失近 3000 万元，降低坏账风险 2200 多万元，节约费用 300 多万元，促进历史项目资金回收 1.3 亿多元。

（二）嵌入经营管理，全面落实“防未病”管控体系

以双向融合为核心的审计体系建设，既是“经济体检”，更是“抓治病”“防未病”，实现揭示问题与推动解决相统一，审计成果向公司管理行为转化，重大风险得到有效防范和化解，全面推动了企业高质量发展。根据双向融合审计成果，首钢建设对现有管理制度、流程体系进行整合、查漏补缺及颁布更新等工作。2020 年，废止制度 34 个、新修订制度 43 个、制订《非正常履约项目结算承包方案》等专业细则 8 个，改善内控薄弱环节，健全内部控制体系；2022 年，完成手册“2.0 版”全面更新。2021 年，结合信息系统研发，强化项目的施工图预算、成本策划、完工成本锁定、收入核定、结算策划等在线管理。2022 年，为 638 个线上控制点分别设置专属流程 387 个、公共流程 251 个，在系统中进行植入，推动风险控制和风险监控全部自动化。根据审计成果，首钢建设将审计预警的重大风险项目纳入分公司年度承包书，升级管理并重点防控。

（三）因果双查、标本兼治，实现内部审计与内控评价战略协同

双向融合的审计体系建设将不同类型审计项目统筹融合、相互衔接，实现一审多项、一审多果的嵌入式双向融合审计，取代过去单一的审计职能，提升审计质量，全面改进“全面覆盖”审计方式，形成常态化、动态化审计震慑，在合规体系、依法治企、高质量发展方面发挥了重要作用。该体系的实施将审计关口前移，打破审计与内控评价职能过于独立的界线，全面建立事前风险审、事中过程审、事后结果审的战略协同。对总部机关 13 个业务部门的内控评价，打破“审下不审上”的桎梏，拓展审计层次和覆盖范围，解决同级监督缺位的问题。聚焦资金管理、采购招标、“两金”管控等重要业务开展的专项审计与专项内控评价的审查融合，实现因果双查、标本兼治，能够精准判断问题、预警风险并精准整改，为企业找差距、确定不足、动态提升提供依据，实现内部审计与内控评价的战略协同。

内部审计与内控评价双向融合是国内首次提出的“一审多项”嵌入式审计组织方式创新，处于企业领先地位。该体系能够帮助企业准确识变并科学应变，落实“稳”中求升的发展要求，通过审计提前揭示不良苗头和有害倾向，推动把重大风险隐患解决在萌芽状态，进而通过一体推进揭示问题、规范管理、深化改革来保稳、维稳、促升。通过双向融合审计，将风险管控理念渗透到每名职工及各个环节，树立了企业全面风险管理理念，增强企业全流程和全员风险防范意识，充分体现内部审计与内部评价双向融合在管控风险中的重要作用。

（成果创造人：任立东、赵桂艳、杨　波、武阔君、甘小青、吕英瑞、侯立艳、刘彩云、齐文文、敖学燕、郭赞赏、李晓清）

制药企业以确保用药安全为核心的药物警戒管理体系建设

华北制药股份有限公司

华北制药股份有限公司是目前我国最大的化学制药企业之一，位于河北省石家庄市。其前身华北制药厂是中国“一五”计划期间重点建设项目，1953 年筹建，1958 年建成投产，它结束了我国青霉素、链霉素依赖进口的历史，为改变我国缺医少药局面做出了重大贡献。1992 年，重组设立华北制药股份有限公司（以下简称华药）。华药拥有微生物药物国家工程研究中心、抗体药物研制国家重点实验室、抗生素酶催化与结晶技术国家地方联合工程实验室 3 个国家级创新平台。公司产品涉及化学药、生物药、营养保健品等，产品领域涵盖抗感染药物、心脑血管药物、肾病及免疫调节类药物、肿瘤治疗药物、维生素及营养保健品等 700 多个品规。“华北制药”品牌价值达 196 亿元。2021 年，销售（营业）收入 103. 8 亿元，利润总额 1. 35 亿元。华药在抗生素领域积累了巨大的优势，生产规模、技术水平、产品质量在国内均处于领先地位。华药是我国最早进入生物制药领域的制药企业之一，以基因重组抗狂犬抗体、基因重组人血白蛋白等为代表的抗体生物技术处于国内行业领先地位。

一、制药企业以确保用药安全为核心的药物警戒管理体系建设背景

药品是一种特殊商品，具有双重属性，在治疗疾病的同时也会为患者带来风险。药品风险来源复杂，既有人为风险，也有天然风险。药品人为风险包括用药差错、不合理用药、药品质量问题、标识缺陷等。药品天然风险包括药品已知风险和未知风险。药品已知风险包括药品已知不良反应、已知药物相互作用等；药品未知风险包括药品未知不良反应、非临床适应证患者使用、未试验人群的应用（如孕产妇、婴幼儿、老年人、肝肾功能障碍者等，他们一般被排除在临床试验入选标准以外）。药物警戒的作用就是通过科学的一系列警戒手段发现、评估上述可能存在的风险因素，在各个层面进行风险管控，以使药品风险最小化并达到风险/获益平衡可以接受的范围，最终实现公众用药安全的目的。

（一）与国际制药行业接轨的需要

自“沙利度胺（反应停）药害事件”以来，全球开始了对药品上市后安全性的关注与重视，特别是如人用药品注册技术国际协调会议（ICH）、世界卫生组织（WHO）、国际医学科学组织委员会（CIOMS）等相关国际组织，以及美国（FDA）和欧盟（EMA）的监管机构已经形成了一整套相对成熟的药物警戒和安全的监管法令、体系、系统和监管措施。目前，以辉瑞、葛兰素史克（GSK）、罗氏等为代表的发达国家跨国制药企业均已按照现有法规及指南要求建立起完善的药物警戒管理体系，配备了专业的药物安全团队来收集和评价药品不良反应报告。例如，葛兰素史克已存储超过 200 万份的安全性报告，罗氏累积超过 100 万份安全性数据，拜耳已存储超过 60 万份的安全性报告。基于这些长期积累的药物安全性数据，上述制药企业有针对性地制订并执行风险管理计划，不仅保障了企业的药品安全，规避不合理用药，对公司品牌的提升做出了很大贡献，让公众有理由相信药品是安全的、可靠的，也为企业带来了丰厚的利润。

近年来，国内各制药企业也逐渐重视药物警戒工作，但国内绝大多数制药企业仅处于药物警戒工作初级阶段。有些只是在形式上建立了一些药物警戒制度与相应的机构，但实际上，制度只是一纸空文，机构也是形同虚设，人员严重不足且多为兼职，大部分企业还只是处在收集不良反应信息的初级阶段，至于上市后的研究、风险管理等工作根本无从谈起，完全无法有效地开展相关药物警戒工作，与国际同行发展水平相去甚远。随着我国加入 ICH 后，我国医药市场将成为全球医药市场同步运作的一部分，

我国药品企业已经进入全球药品市场竞争阶段，药品生产企业的药物警戒工作也将面临很多机遇和挑战，药品企业开展药物警戒工作非常紧迫。因此，迫切需要国内制药企业改变现状，与国际同行业接轨，建立起本企业行之有效的药物警戒管理体系，减少用药风险，保障药品安全。

（二）加强药品风险管理安全发展的需要

近年来，我国“欣弗”“齐二药”等严重药害事件频发，引起了国家对药品安全的高度重视，2017年发布了“十三五”国家药品安全规划并在国家层面实施药品安全战略，保障公众用药安全。随着国家相关法律法规的不断完善，医药监管形势日趋严峻，作为“药品安全第一责任人”的药品上市许可持有人，全面开展药品安全风险防控工作已迫在眉睫，应主动转变观念，变被动报告为主动监测，不能等药品出了安全问题再去处理，而是要提前进行风险预测和评估，尽可能地消除安全隐患。而药物警戒管理体系的建立与实施是药品安全保障体系的一个重要组成部分，开展药品安全风险防控工作也是其核心命题之一。建立完善的警戒体系既是保障药物警戒工作顺利开展的必要因素之一，也是保证药品质量和公众用药安全、维护公众身体健康的根本保证。今后，在制药企业开展药物警戒和风险管理工作势在必行。

（三）实现企业可持续发展的需要

药品自身的特殊双重属性决定了质量合格的药品同样隐藏着风险。在国家大力实施 GMP 的背景下，生产企业大多重视药品生产环节，往往忽视药品上市后的风险管理。因此，一个可信的、有责任感的药品生产企业应该对药品实施全生命周期风险管理，主动开展药品上市后的安全监测，对药品不良反应进行深入分析研究，从而采取有针对性的改进措施，提高药品质量，取得经济效益和社会效益的双赢结果，才能实现企业的可持续发展。

面对药品安全监管的严峻形势，华药充分认识到药品安全战略在推动企业发展中的重要性和必要性，因此，围绕国家药品安全规划和华药中长期发展规划深入开展药品安全战略研究，把药品安全战略放在突出的位置。华药用战略的眼光重新对企业开展药物警戒工作进行定位，自 2017 年开始逐渐探索如何将药物警戒管理体系引入企业用药安全管理中。

二、制药企业以确保用药安全为核心的药物警戒管理体系建设主要做法

（一）明确药物警戒管理体系的目标、范围和原则

1. 明确药物警戒管理体系的目标与任务

华药药物警戒工作目标及任务如表 1 所示。

表 1 华药药物警戒工作目标及任务

目标	通过对药品的研究、生产、流通和使用实施全程警戒，提高临床合理、安全用药水平，保障公众用药安全
任务	早期发现未知药品的不良反应及其相互作用；发现已知药品的不良反应的增长趋势；分析药品不良反应的风险因素和可能的机制；对风险/获益评价进行定量分析，发布相关信息，促进药品监督管理和指导临床用药

2. 确定药物警戒管理体系的覆盖范围

药物警戒贯穿于药品上市前研究、上市后安全性监测及评价和最后的撤市或淘汰的整个药品全生命周期，药物警戒贯穿药物发展的始终，药物警戒管理体系是一个涵盖药品整个生命周期的全方位药品安全监管体系。因此，华药在建立药物警戒管理体系之初充分考虑这一特点，该体系覆盖整个公司范围内

所有的涉药单位，贯穿于药物研发、药品注册审批、药品生产、药品营销的全生命周期管理。药物警戒监测的对象除了药品不良反应，还包括药物误用、滥用、无效、用法错误、药物相互作用等。

3. 明确药物警戒管理体系构建与实施的工作原则

紧紧围绕华药的发展要求，充分考虑企业的组织结构和特点，结合华药的药品及业务流程等因素，本着结合实际、注重实效的工作原则进行体系策划。首先对企业现状进行认真的自我诊断，调研体系中的重要部门，包括研发、生产、销售、运输、注册、质量、技术、法律事务部等，了解各业务环节的工作流程，弄清楚建立体系在业务上存在的难点，和业务人员讨论如何将药物警戒工作和业务管理相互融合等问题，将体系构建工作的着眼点放在能够切实解决企业的实际问题上，而不是为了建体系而建体系。在进行深入调研、分析的基础上，围绕华药的发展战略和目标，制订药物警戒管理体系构建实施方案，各专业人员经过反复讨论和修改后确定方案，保证了实施方案的可行性、适用性和可操作性。

实现药物警戒管理体系与企业质量管理体系的有机融合。依据全面质量管理理论，同时充分借鉴ISO9001 质量管理体系的风险控制理念，以 ISO9001 质量管理体系为基础，通过分析影响质量的六大主要因素，构建华药药物警戒管理体系。借助企业已有的 ISO9001 质量管理体系来开展工作，使药物警戒管理体系构建工作取得事半功倍的效果。

华药自 20 世纪 80 年代初便开始推行全面质量管理，建立了有效的质量控制体系，2000 年通过 ISO9001 质量管理体系认证，已有几十年的运行经验。因此，在工作之初，首先调研 ISO9001 质量管理体系的构建和运行情况，对 ISO9001 质量管理体系的组织构架、文件体系和管控程序进行深入研究，将药物警戒管理体系中通用的部分（如文件管理、教育培训等内容）完全引用 ISO9001 质量管理体系已有的控制程序，其他药物警戒管理体系专用文件按照 ISO9001 质量管理体系文件要求进行撰写。充分借鉴 ISO9001 质量管理体系的风险控制理念，实现药物警戒管理体系与 ISO9001 质量管理体系的有机融合。

（二）构建药物警戒组织管理体系

参照当前世界制药跨国公司的通用模式，整合华药内部的人力、技术资源，在整个华药各层面建立各自的药物警戒机构。集团层面负责药物警戒的管理、备案工作，具体负责指导性文件的制订及内部相关审计工作，监督和指导各涉药单位的药物警戒工作开展情况。各涉药单位按照集团指导文件要求制订本公司的各种管理办法和 SOP，负责相关具体工作。

1. 成立药品安全委员会

以公司上市许可持有人为单位分别成立药品安全委员会。药品安全委员会为华药负责药品安全的最高决策机构，主要负责华药药品安全性问题及药物警戒管理体系问题，定期对华药药品安全性情况进行回顾性评价。当华药药品出现重大安全性事件时进行客观、准确、有效的评价、讨论和决策，采取一定措施确保公众用药安全。药品安全委员会主任由华药总经理担任，副主任分别由华药负责药物警戒、质量、生产、法务、营销和研发的副总经理担任，成员包括华药药物警戒、质量管理、生产、临床研究、注册管理、法律事务、市场营销等相关部门的负责人。

2. 指定药物警戒负责人（QPPV）

指定一名公司高层领导——副总经理担任华药药物警戒负责人，独立履行公司药物警戒职责。药物警戒负责人负责华药药物警戒管理体系的建立、运行和持续改进，确保药物警戒管理体系符合相关法律法规的要求，主要承担以下职责：确保药品不良反应监测与报告的合规性；监督开展药品安全风险识别、评估与控制，确保风险管理措施的有效执行；负责药品安全性信息沟通的管理，确保沟通及时有效；确保持有人内部及与药品监督管理部门和药品不良反应监测机构沟通渠道顺畅；负责重要药物警戒文件的审核和签发。

3. 成立公司专门药物警戒组织机构

按照国家相关法律法规要求，依据华药实际情况，在集团层面成立专门的药物警戒组织——药物警戒部。药物警戒部独立于质量管理部职责之外，从产品研发到上市后对药品全生命周期安全进行管理。与此同时，要求华药研发和各涉药单位全部设置药物警戒部门，定岗定编，明确各级人员岗位职责及工作内容，负责相应的药物警戒工作。

（三）建立药物警戒管理体系工作流程及文件

1. 建立药物警戒管理体系工作流程

药物警戒是发现、评估、理解和预防药物不良反应或其他与药物相关问题的科学和活动。药物警戒强调主动、系统、持续地进行风险管理，即在药品全生命周期的过程中主动地综合运用科学手段来发现、评估、沟通风险信息和使风险最小化，最终以提高临床合理用药水平、保障公众用药安全为目的。药物警戒核心流程包括安全性信息管理（个案报告收集与处理）、信号检测与分析、安全性风险管理（风险沟通与干预）等3个主要步骤。

2. 建立药物警戒文件管理体系

建立药物警戒文件管理体系，健全开展药物警戒工作的相关制度，以制度规范工作行为，以制度明确责任，以制度监督执行结果。华药制订、发布药物警戒管理体系文件，分别对华药药品不良反应信息的收集、报告和处置，以及华药药品安全委员会和内部审计、药品上市前等工作组织或工作程序进行明确与规范。

华药药物警戒管理体系文件包括药物警戒授权人的职责、信息收集、单个病例、死亡病例、药品定期安全更新报告（PSUR）、风险管理、信号检测、内外部审计、沟通机制、培训体系等方面的相关文件，以保障药物警戒管理体系更好地达到药物警戒的各项目标，具体体现在药物警戒活动的每一个流程上，最终反映落实在文件记录中。

华药药物警戒管理体系文件基本可分为四大层次的目标文件：第一层次，药物警戒质量目标（STP），即需要企业高层讨论后发布的药物警戒相关宗旨和工作方向；第二层次，管理制度/规范性文件（SMP），主要是各类文件的标准和要求，属于框架性文件；第三层次，标准操作规程（SOP），即药物警戒工作的标准操作，要求文件的可操作性和执行性强，必须详细描述某一项工作从开始到结束的工作过程；第四层次，记录各类文件的关联记录（SRP），即记录药物警戒工作的相关表格、报告、登记表或台账等。

（四）开发药物警戒云平台

华药充分利用信息化管理手段——华药药物警戒信息管理系统开展工作。通过该系统对反馈、收集的所有药品安全性信息按照要求进行提交上报，利用该数据库进行安全性数据挖掘与统计分析。该系统通过引入药物警戒云平台的方式开展精准经营和风险管理，基于SaaS模式，整合临床研究及上市后药品安全性数据，为企业建立药物安全性数据库，强化风险管理，保障患者用药安全。

药物警戒数据库对安全性信息的存储容量、处理速度、管理能力和传递效率均显示出了极大的优越性，药物警戒云平台的开发、使用使得华药能够基于更加真实的医疗背景和大量的患者信息进行安全性信息的收集、分析、研究和上报，提取药品的安全性信号，实现对药品的全生命周期的风险管理。

1. 建立有效、畅通的药品不良反应信息收集途径

建立有效、畅通的药品不良反应信息收集途径，主动、全面地收集药品使用过程中的疑似药品不良反应。通过药物警戒云平台的手机端App快速将获得的不良反应信息反馈至华药药物警戒信息管理系统，再通过专业人员评估或随访完成信息的完善与处理。

目前，华药的不良反应数据来源主要有6种。一是医疗机构和药品经营企业，可以通过日常拜访医生

和客户，收集临床发生的药品不良反应。二是热线电话和投诉，设立专门的药品咨询电话或药品安全呼叫中心，提供24小时服务，将免费热线号码印制在华药药品说明书及官方网站中，方便药品使用者咨询用药信息及上报不良反应。三是学术文献，学术文献是高质量个例药品不良反应报告的来源之一，华药制订了《药品安全性信息文献检索标准操作规程》，对文献检索频率、时间范围、文献来源、文献类型、检索策略等进行规定，日常按照SOP的要求报告文献来源的不良反应。四是互联网及相关途径，通过华药官方网站、微信公众号、二维码等数字社交媒体，建立药品不良反应报告的专门路径，提供报告方式和用于报告的药品不良反应/事件报告表，发布药品不良反应相关知识，为收集不良反应信息提供便利。五是药品上市后的研究及相关项目。根据研究目的的不同，由企业发起的药品上市后研究主要分为两类：一类是以了解药品安全性、有效性为主要目的的上市后研究，如Ⅳ期临床试验、观察性流行病学研究、药品重点监测；另一类是以市场推广为主要目的市场项目，如患者支持项目、市场调研、患者教育活动等。六是监管部门来源，政府不良反应监测部门定期将其收到的来自医疗机构的不良反应/事件报告以一定的形式提供给上市许可持有人并要求生产企业对报告进行必要的后续处理。

2. 开展符合要求的报告与处置活动

华药药物警戒专职人员利用华药药物警戒信息管理系统对收集到的上述安全性信息，按照国家发布的《个例药品不良反应收集和报告指导原则》的要求进行一系列核实、分析、编码、评价、报告、汇总处理，对不同的安全性信息进行管理和维护，最终按照相应的要求及时向国家药品不良反应监测系统进行提交。

3. 开展有效的风险信号识别和评估活动

药品不良反应信号监测是保障公众安全用药的重要手段，也是药品风险管理过程中极其重要的环节。安全信号管理流程包括对信号的正确识别和信号检测、筛选、评价的过程，以及与信号相联系的风险管理相关活动。

华药充分利用数据挖掘计算机辅助检测方法（华药药物警戒信息管理系统）和人工检测方法相结合的措施，定期对前期收集的大量药品不良反应监测数据进行全面分析，了解华药药品不良反应发生的类型与频率、联合用药情况及不良反应发生人群的特点、不良反应发生的进展、救治与转归等相关信息，挖掘深度隐藏的风险信号，对出现的信号进行评价、优先级排序、确认，从而提高监测数据的利用价值，对用药安全起到预警作用。

4. 对已识别的风险采取有效的控制措施

随着华药药物警戒管理体系的不断完善，逐渐形成一套药品风险控制和沟通机制。重点对发生的严重不良反应（死亡）进行调查分析与处理，对涉及单位的生产、检验等环节及药品上市后安全情况等全过程进行深入调查，最终形成调查报告，向政府监管部门进行汇报。对华药药品不良反应报告和监测资料定期进行汇总分析，进行风险和获益评估，定期撰写安全性更新报告。利用华药药物警戒信息数据库充分发掘药品安全风险信号，对华药生产的重点药品的国内外不良反应报道进行跟踪，通过检索CNKI、万方和维普等网站，查找药品上市前非临床安全性研究、临床研究及上市后的临床应用研究的文献报导，以期发现药品安全性方面的线索，进一步了解药品不良反应发生的类型与频率，了解不良反应发生的物质基础与机理，结合本企业收集的资料对所生产药品的不良反应情况进行分析、研究。对已识别出风险的药品，按照华药《上市后药品安全风险管理实施办法》《药物警戒计划管理办法》《药品安全突发事件应急预案》和《药品召回管理办法》等管理制度的要求，及时采取风险控制措施，如修订药品包装、标签、说明书，改变药品包装规格，改变药品分类管理状态，开展医务人员与患者的沟通和教育，药品使用环节的限制，暂停药品生产、销售、使用，召回药品，注销药品注册证书等。与此同时，采取有效措施做好药品使用和安全性问题的宣传培训，对涉及用药安全的内容变更立即以适当方式通知药品经营和使用单位，指导医师、药师临床合理用药。

（五）形成闭环管理，确保管理体系有效实施

1. 建立考核机制

华药建立药物警戒工作绩效考核制度，将药物警戒工作状况作为各单位经营状况及企业管理人员业绩考核的重要指标之一，将是否发生药品重大安全风险作为一项重要的否决指标。对各单位主动收集个例药品不良反应报告情况和药物警戒内部审计情况进行相应的奖励，从各方面鼓励开展药物警戒工作。

2. 定期开展内审和管理评审

为审核药物警戒管理体系运行的符合性和有效性，定期针对华药所有活动、药品及服务进行药物警戒管理体系内审。内审覆盖所有要素，重点包括药物警戒管理体系各要素的运行情况、体系文件执行情况等内容，找出存在的缺陷项，针对不符合项内容进行整改。在内审整改的基础上，组织专家对药物警戒管理体系和整体运行工作体系管理评审，确保药物警戒管理体系得到正确的实施与保持。

3. 定期开展各种培训活动

药物警戒部门通过各种形式的涵盖全员的培训，把握分层培训、普适性与重点提高相结合培训、培训与考核相结合及有侧重这四大原则，对企业内部人员（不仅仅限于从事药品不良反应监测和报告的工作人员）进行全方位、多角度的培训，根据法律法规及企业药物警戒制度变化、人员职能变化对培训做出相应调整，培训内容重点突出，培训形式根据实际情况选择面授、视频、电话会议等。培训内容包括国内外药品不良反应监测现状和发展趋势、药品群体不良事件的收集和上报、PSUR 递交计划制订与 PSUR 撰写、文献检索、信号挖掘、风险管理、如何与医护人员、患者及公众沟通药物安全问题、风险评估的相关方法研究、药物警戒的审计、药物流行病学知识等。

通过以上培训，加强企业领导层对药物警戒工作的重视，提升本企业的药物警戒意识，从而构建“患者安全第一位”的良好企业文化氛围，全方位推进药物警戒工作。

三、制药企业以确保用药安全为核心的药物警戒管理体系建设效果

（一）构建药物警戒管理体系，发挥示范带动作用

华药围绕公司发展战略明确了契合企业实际的药物警戒目标与任务，通过药物警戒管理体系策划、实施、运行、评审和改进，形成贯穿于药物研发、药品注册审批、药品上市的全生命周期管理的科学高效的药物警戒管理体系，为提升企业生产经营全过程科学化管理层次和水平、有效防范药品安全风险、增强企业核心竞争力、推进企业的可持续发展发挥重要的支撑和促进作用。

2018 年，华药作为国内大型制药企业在河北省乃至全国率先建立起药物警戒管理体系，早于国家正式实施药物警戒制度（2021 年），成为国内药品生产企业药物警戒管理实施的先行者和排头兵，为国内制药企业开展符合中国特色的药物警戒工作发挥了很好的示范带动作用，其经验有重要的推广应用价值。在药物警戒管理方面，华药具有丰富的理论和实践经验，因此成为国家药物警戒相关制度规范和地方标准的参与者和制订者。2021 年，华药作为主要制订者参与编制了国内首部有关药物警戒方面的地方标准——《药品不良反应快速报告导则》，为提高国内制药企业药物警戒管理水平发挥了重要作用。

（二）药物警戒管理体系保证用药更加安全、有效

药物警戒管理体系的有效实施弥补了药品上市前研究的不足，为药品上市后再评价提供服务。药品上市前的临床研究病例少、研究局限性、研究时间短、研究目的单纯的特点决定了药品在上市初期不可能发现它的全部不良反应，只有药品上市后才有可能收集到全部不良反应，因而，药品上市后的安全性监测是服务于上市后再评价、确保用药安全性的重要工作。另外，积累药品安全性资料也可以协助政府管理部门对上市后的药品开展评价工作。2018—2021 年，华药协助国家药品不良反应监测中心对多潘立酮口腔崩解片、奥拉西坦注射液、重组人粒细胞刺激因子注射液等 18 个制剂药品的安全性及获益风

险进行评估，按照要求及时提供了上述药品的相关资料；对注射用盐酸曲马多、氧氟沙星片、小儿氨酚黄那敏颗粒等20个药品的药品说明书进行了修订，保证用药更加安全有效。

药物警戒管理体系的有效实施促进了临床合理用药，开展药物警戒工作有助于提高医护人员、药师和患者自身对药品不良反应的认识和警惕，注意用药的安全性问题，从而提高安全用药、合理用药的水平。

（三）药物警戒管理体系的构建与实施促进了企业发展

随着国家对药物警戒工作的逐渐重视，从2015年开始，国内许多省份已经陆续在药品招标环节中增加相关药物警戒内容作为考核指标之一。由于华药的提前布局，近几年药物警戒部已先后为华药药品在北京市、安徽省、广东省等地区的采购招标中提供相关证明资料，保证了相关招标指标分数的取得，为华药药品成功中标提供了技术保障。此外，2018—2021年，华药药物警戒部已协助华药国际、华药金坦、华药华民等子（分）公司完成了相关国际药物警戒管理体系的认证工作，及时向出口国（地区）提供药物警戒主文件（PSMF），使得华药圆满完成了出口任务。

药物警戒管理体系的构建与实施有利于维护企业利益、树立良好的企业形象。当企业受到不恰当的药品安全性问题侵扰时，应用本企业药品安全数据库数据，可以快速、有效、科学地对药品安全性进行评估，及时向用户反馈药品安全性信息，从而提高公众信任度及业内的知名度，有利于创立品牌、树立企业形象，维护企业和药品的信誉和利益。

（成果创造人：高任龙、王欣明、李航宇、申永锋、张　钧、李　佩、韩立莎、韩翠忍、吕素贤、王利杰、董书法、王　彦）

基建投资项目以风险防控为重点的“投资合作 + EPC”管理

中铁发展投资有限公司

中铁发展投资有限公司（以下简称中铁发展）是中国中铁股份有限公司（以下简称中国中铁）的全资子公司，是产融结合的专业化平台。中铁发展于2020年在青岛注册成立，注册资本金50亿元，是立足晋、鲁、豫三省且以投资管理、建设管理、总包管理、营运管理“四位一体”职能为主的基础设施产业投资运营商。中铁发展致力于基础设施建设项目的投融资、建设和运营，以投资城市基础设施为主业，统筹中国中铁旗下金融、设计、施工、房地产、工业制造等板块，实现投融资、建设管理、施工总承包、运营管理上中下游产业链一体化，为地方政府城市基础设施和新型城镇化建设提供从投融资到总体规划、勘察设计、建设总承包、产业导入的“一站式”综合服务。中铁发展拥有市政公用工程、公路工程和建筑工程施工总承包壹级资质，经营范围包括股权投资、建设项目管理、工程总承包服务、土地整理服务、土地开发服务、商业运营管理、建筑工程咨询等。中铁发展2020年完成新签合同额330亿元，营业收入121亿元，实现净利润11.08亿元；2021年上半年完成新签合同额135亿元，营业收入84亿元，净利润7.37亿元。

一、基建投资项目以风险防控为重点的“投资合作 + EPC”管理背景

（一）拓展新兴市场、提升长期发展能力的必然途径

我国经济发展进入新常态，正逐步形成以国内大循环为主体、国内国际双循环相互促进的新发展格局，首要任务是利用好国内规模市场优势，深挖内需潜力。基础设施建设作为拉动内需的重要引擎，是国家推动内需的重要抓手，“十四五”规划明确提出实施城市更新行动，将大力推进以人为核心的新型城镇化战略，促进城乡区域协调发展，进一步提升城市发展质量，基础设施投资领域新兴市场前景广阔，这为建筑央企提供了全新的发展机遇和巨大的增量空间。在我国规范地方政府举债融资、严控政府隐性债务的政策背景下，以基础设施为代表的公共产品不断增长的需求和受到约束的供给能力之间的缺口不断扩大，地方政府迫切需要推动新型城镇化建设，但财政支付能力又相对乏力，解决地方政府建设资金不足的问题成为投资合作的主要动因。现阶段，城市片区开发项目如雨后春笋般涌现，正逐步成为推动新型城镇化建设的主流模式，这也为中铁发展运作“投资合作 + EPC”模式创造了推广的环境，为长期发展能力的提升指明了全新的路径。

（二）实现转型升级、提高企业发展质量的必然选择

中铁发展是中国中铁在晋、鲁、豫区域内基础设施“投建营”一体化的专业平台，具有投资、建设、总承包、运营等方面的综合能力，能够整合技术、资金、人才、管理、品牌等方面的综合资源，具备以“投资合作 + EPC”模式投资城市片区开发项目的综合实力。中铁发展正处于转型升级的关键时期，经营资源继续投入到高铁、公路、城市轨道交通等传统基建板块市场以图“分一杯羹”的战略很难使新设公司有质的突破，必须坚持专业化、差异化的发展战略，进军新市场、开拓新疆土，培育独有的竞争优势。面对城市片区开发领域全新的发展机遇和广阔前景，中铁发展在成立之初就确定了聚焦城市建设领域、推广实施“投资合作 + EPC”模式的发展路径，力争在“十四五”期末，将公司打造成为国内城市片区开发领域一流的专业化投资运营公司，实现企业转型升级和高质量发展。

（三）防控实施风险、保障预期投资价值的必然需要

“投资合作 + EPC”模式不同于已成熟应用的PPP模式，存在很多不确定的系统风险和经营风险。

从建设领域行业政策上看，现阶段，住房和城乡建设部只对EPC模式有相应的文件，财政部和相关部门暂未颁布适应“投资合作+EPC”模式的制度规范，将来监管部门可能出台相关约束性文件，潜存不可预见的政策风险，中铁发展已投资实施的项目一旦被叫停，将导致投资成本难以收回、陷入进退两难的窘境。另外，城市片区开发“一揽子”工程存在大量的公益性项目，公益性项目缺乏“使用者付费”基础、没有经营收入，主要依靠政府付费回收投资成本，潜存地方政府隐性债务风险或施工企业为政府垫资施工的风险。从社会投资人角度看，在资本金出资、建设资金融资、EPC实施、投资回收、收益保障和股权退出等方面存在不同程度的经营风险。

风险与机遇并存。城市片区开发项目的兴起使中铁发展在高质量发展奋进的路途上迎来了全新的机遇和挑战，“投资合作+EPC”模式独特的竞争优势对中铁发展快速抢占城市片区开发市场有着积极的影响，但迎来机遇的同时也面临着很多不确定的风险，中铁发展贯彻落实“在危机中育先机、于变局中开新局，抓住机遇，应对挑战，趋利避害，奋勇前进”的指导思想，坚持以风险防控为重点实施“投资合作+EPC”模式，加强对潜在风险的预警和应对，建立健全风险识别和化解机制，以此降低风险问题带来的不利影响，保障预期投资价值的有效实现。

二、基建投资项目以风险防控为重点的“投资合作+EPC”管理主要做法

（一）加强顶层体系建设，健全运行保障机制，促进依法合规经营

1. 完善经营组织体系，推动立体协同经营

中铁发展实施“1+4+41+N”的区域经营机构模式，即在机关总部设立晋、鲁、豫区域总部，全面统筹经营开发工作，在晋、鲁、豫三省分别设置山西总部、山东总部、山东总部（青岛）、河南总部4个省级总部，将区域内其他41个地级市划分为15个重点城市和25个一般城市，与15个工程局共建41个城市分部，同时联动系统内投资、设计、施工、金融、工业制造等N个专业公司，构建起区域总部、省级总部、城市分部和专业化公司立体、协同的经营战略布局，在组织机构建设上为中铁发展全面运作“投资合作+EPC”项目提供了保障。

2. 完善管理制度体系，防范违规投资经营

中铁发展高度重视规章制度与经营实践的有机结合，确保各类规章制度能够有效指导经营实践活动的开展与运行。根据投资经营的需要，以投资项目风险管控为重点，以合法合规为目标，统筹推进风险、内控、法律、合规一体化建设，编写投资经营合规管理手册1套、制订项目投资负面清单10项、出台投资经营相关管理制度6项及工程项目总承包相关的管理制度5项，构建一套与实践紧密结合、成熟有效的“投资合作+EPC”模式运行机制和制度保障机制。

3. 完善法律合规体系，促进依法合规经营

从企业发展战略的高度，注重对投资项目法律合规风险的全过程管控。充分发挥法律合规团队事前预防、事中控制、事后补救的作用，对涉及重大项目、重要制度、重要决策的事项，由内外部法律专业团队提前介入、全程参与，通过参与谈判、风险提示、出具法律意见书等多种形式，及时提示相关单位、相关项目注意规避风险，筑牢底线，不碰红线，构建涵盖投资运营管理各个领域、融入各项业务过程环节、覆盖全组织层级的法律合规风险管理体系，确保各类投资项目全过程合法合规。

（二）深化前端经营开发，加强源头风险防控，孕育优质投资项目

1. 扎实开展高端经营，畅通政企合作渠道

中铁发展坚持投资商、合作商、承包商、服务商“四位一体”的前端经营策略，从经营源头上孕育出优质的、风险可控的投资合作项目。一方面，以服务商、合作商的身份与当地政府开展高端对接、深度经营，中铁发展在晋、鲁、豫区域内建立起了畅通政企高层的对接渠道和常态化沟通交流机制，组织好中国中铁与政府、重要业主的会晤、洽谈，针对政府和业主的个性化需求，多维度、多途径提供特

色服务和高质量的"一揽子"投建方案，让业主省心、放心，充分发挥投资拉动业主的优势，按照高层对接达成的合作意向，积极推动战略合作协议、项目合作协议的签订，保证意向合作项目的成功落地；另一方面，以投资商、总承包商的身份提前介入项目的前期策划，将投资、设计、采购、施工等环节统筹在中铁发展的宏观管理下进行，有序衔接投资管理板块、设计板块及施工板块，精细化、经济性地设计投资合作模式，使得投资科学可行、设计易于操作、施工经济合理，在项目实施的最前端规避投资合作和施工建造的不利风险，确保投资效益和施工利润双丰收。

2. 深度构建经营网络，筛选优质可投项目

统筹晋、鲁、豫4个省级经营总部做好政策、资源、市场和项目等信息的搜集、筛选、汇总和分析，构建起"经营两张网"，即晋、鲁、豫项目信息网和晋、鲁、豫公共资源关系网，动态掌握主责区域内项目信息、市场发展动向、规划建设信息和经济运行情况等，比选、优选出预期投资风险可控、预期收益可观、预期资金易退出的项目重点跟踪。制订项目信息筛选和判别的"五个标准"：项目规模原则上不低于100亿元，施工总承包规模原则上不低于50亿元；项目规模低于标准但收益高于同质类的其他项目平均水平；股份公司（上级）明令禁止的负面清单项目；满足股份公司（上级）要求的收益标准；优选GDP3000亿元以上、财政收入支出平衡、信誉良好的城市。达不到"五个标准"的项目不进行投资合作。

3. 事前识别运作风险，健全防控预警体系

建立投资项目风险分类预警防控体系，包括政策风险、合法合规风险、融资风险、建设风险等重大风险的防控机制。防范政策风险，重点防范项目适用法律法规及政策变化、行业规定变化、政府信用、利率变动、税费政策变化、收费标准定价及调价等风险，在投资协议中明确此类风险由政府方承担；防范合法合规风险，重点关注项目实施程序等风险，在相关协议中明确项目实施程序和模式风险主要由政府方承担，中铁发展仅履行协助政府方降低或规避风险的义务；防范融资风险，重点防范政府方出资不到位、外部合作伙伴出资能力、项目银行贷款可获得性、项目再融资、融资成本上涨、表外融资资金断链、债务偿还等风险，在相关协议中明确此类风险在政府方和投资人之间合理分担；防范建设风险，重点防范征地拆迁延迟、政府需求变化或提出设计变更、设计质量（深度）不达标、工程概（预）算不足、地质变化、文物保护、物资设备的获取、安全质量进度、施工成本上涨、建设成本超支、工程竣工达标验收等风险，以上风险中征地拆迁延迟、政府需求变化或提出设计变更等风险应主要由政府方承担，设计质量（深度）不达标、工程概（预）算不足、地质变化、文物保护、物资设备的获取、施工成本上涨、建设成本超支、工程竣工达标验收等风险，在政府方和中铁发展之间合理分担，安全质量进度风险由投资人在项目实施管理过程中严格控制。

（三）理顺投资合作模式，加强投资风险防控，保障投资平稳推进

1. 区分项目经营属性，分类应用运作模式

为防范城市片区开发项目在经营性质、资金来源等方面存在的风险，中铁发展对"投资合作+EPC"模式进行改进，延伸为"投资合作+EPC+"的模式，对开发区域内必须由政府方作为投资人的公益性项目做分拆处理，剥离投资合作属性，回归EPC模式或PPP模式，规避企业为政府垫资施工或形成政府隐性债务的合规性风险。例如，中铁发展对中标的长治经济技术开发区高端产业及综合配套区项目，在设计标前合作模式时，根据片区内各类项目经营性和公益性的属性进行了分类。片区内具有经营收入、预期投资回收保障性强的产业园区建设部分由产融城投公司与中铁发展成立项目公司进行运作，合作期内，项目公司通过产融城投在片区内的土地出让收入、税收本级留存收入、销售收入、中央预算资金、专项债资金等实现投资回收及合理回报，合作期满后由产融城投回购中铁发展股权，中铁发展实现投资退出。片区内园区市政道路及能源包工程等公益性工程全部由政府投资，中铁发展不进行投

资合作，仅作为EPC总承包商负责建设施工，产融城投公司按照工程总承包项目合同支付工程款，工程结束且验收合格后交付产融城投公司。

2. 组建投资联合主体，构建开发总体框架

在“投资合作＋EPC”模式中，中铁发展需要同时承担项目融资、设计、施工总承包及采购等相关工作，对中铁发展而言，并不同时具备项目融资、设计、建设、运营等全方面的资质能力，存在独立经营大型城市片区开发项目资质、实力不足的问题。中铁发展通过“投资公司＋”的方式，联合中国中铁系统内同级单位或外部建筑央企（如中建、中交等），形成投资公司＋设计单位＋施工单位的投资联合体（以下简称联合体），实现各业务板块的优势资源强强联合，提升投资大型城市片区开发项目的市场竞争力，增强“投建营”一体化运作的综合能力。例如，上合示范区项目和长治产业园项目就是由中铁发展牵头组建联合体方式中标实施的“投资合作＋EPC”项目。

城市片区开发中标后，中铁发展作为联合体牵头人与政府方代表（招标采购或直接授权的平台公司）签订《投资合作协议》，共同出资成立项目公司，签订投资合作协议，项目公司在合作期内负责项目的资金筹措、规划设计、建设管理、商业运营等工作，提供“一揽子”解决方案。项目合作区域内新增财政收入（土地转让收入、税收本级留存）地方留存部分全额返还至平台公司，平台公司收到的财政资金、片区内资产运营收入及政府专项债作为资金来源，向项目公司支付投资回报，投资回报主要由投资成本、财务成本和奖励资金等构成。合作期满，片区内项目设施移交给平台公司或政府指定机构，平台公司收购中铁发展股权，中铁发展实现投资退出。

3. 妥善处理多重身份，明确利益分配机制

在“投资合作＋EPC”模式下，中铁发展既是投资商又是总承包商，又可能是分包商，多重身份不仅增加了管理责任，而且由此带来的错综复杂关系也增加了管理风险。中铁发展在实施过程中，一方面通过市场化、公司化运作项目公司，合理划分各方职责，严格按照出资比例划分股权，规范项目公司的管理流程和决策程序，避免政府方股东大包大揽的现象，以确保投资合作正常运转；另一方面以协议方式提前明确各方职责，建立合理的利益分配机制，在《股东协议》中应明确各方出资比例，进行权责利分配，同时在《投资协议》中明确融资责任、回购方式等核心条款，各协议内容落到实处，避免框架化。建立合理的利益分配机制，以按照资金投入比例、对项目的贡献程度（如承担的设计施工任务等）、风险分摊及合同履约情况等建立公平合理的利益分配机制，在保证项目整体效益最大化的同时保证各方股东利益最大化。

4. 多元拓展融资渠道，保障建设资金供应

“投资合作＋EPC”模式下所需建设资金并非直接来源于财政资金或项目业主自筹资金，是由社会资本方通过股权或债权等方式直接或间接完成资金筹措供项目业主使用，无论是社会资本方完全使用自有资金，还是进行融资贷款，融资风险通常是分配给社会资本方承担的。城市片区开发项目收入的资金来源不同于“使用者付费”项目，更多依赖于土地开发收入和政府财政资金，存在较大的不确定性，金融机构对项目的未来收益偿债能力和项目本身的合法合规性审查要求严格，往往要求股东提供有效的增信措施或担保，而中铁发展作为央企不得对外提供担保，无法满足银行审核贷款及放款要求，从而导致项目融资困难，部分建设资金无法落实。

中铁发展成立至今，投建的“投资合作＋EPC”项目达330亿元，随着投资规模的不断扩大，资本金出资压力大和建设资金融资难的问题将成为限制中铁发展的掣肘因素。中铁发展采取融资渠道多元化的策略破除融资困境。一是加强与金融机构的合作，提升自身的资信水平，获得银行大体量授信额度，制订有效的金融合作计划和金融长期合作战略规划，与工商银行、农业银行等多家金融机构建立长期战略合作伙伴关系，这些金融机构向中铁发展提供不少于500亿元的意向性融资支持。二是开展外部信用

主体评级。中铁发展取得联合资信评估股份有限公司的 AA + 的主体信用评级报告，取得该评级后，中铁发展可直接与资本市场进行对接，拓宽融资渠道，扩大融资规模，降低融资成本，节省财务费用，同时将扩大资本市场投资者范围，提高融资成功率。三是引入外部财务投资人。中铁发展在多个项目中探索引入外部财务投资人的方式，与中国政企 PPP 基金、中国平安的险资基金等进行了深入的沟通，已经签署合作协议，降低了中铁发展的出资压力。四是化整为零、分类实施，项目滚动开发过程中的土地出让金、政府专项债资金优先用于片区内公益性项目建设，打包片区内预期经营收益可观的“使用者付费”项目进行收益权抵押融资或引入公募基础设施 REITs。五是项目实施过程中积极引入供应链融资、保理及信托产品等，中铁发展通过中铁信托等机构发行 30 亿元的资产专项计划，进一步盘活存量资产，增加了投资能力。中铁发展融资多元化坚守的底线是：所有渠道的融资均以项目公司名义实施，中铁发展不提供任何形式的融资担保和增信措施，防范连带责任风险。

（四）规范项目建设管理，加强施工风险防控，提升工程施工效益

1. 平衡投建两级关系，提高施工组织效率

中铁发展采取“一套班子、两块牌子”的管理模式，项目公司和指挥部两级机构合署办公，一套管理团队，兼职项目公司和指挥部同级职务。项目公司重点突出建设管理和履约监管两项职能，履行业主职责、发挥主导作用，制订融资方案、筹集建设资金、保障工程如期交付，通过公开招标聘用监理、咨询第三方服务机构的方式对项目的进度、安全、质量、费用进行监督；指挥部重点突出施工管理和项目履约两项职能，主要负责前期工作协调、工期进度、计量支付、成本控制和安全质量等工作，通过信用评价机制，抓好对施工单位主要管理人员履约能力的考评，做好“投资公司 +”组织模式下的施工、设计、采购等业务板块的统筹管理、有序衔接、层层推进。

2. 成本工期双元并重，提升施工创效水平

中铁发展坚持施工整体“一盘棋”原则，层层压实主体责任，中铁发展作为联合体牵头人，发挥好总协调、总服务的职能，联合体内参建工程局发挥好责任主体职能、参建局下属工程公司发挥好实施主体职能，层层压实各级责任，保障工期进度、提升整体效益。充分考虑项目的融资进度、开工手续办理周期等因素，优先安排优势施工资源，先行组织控制性工程、关键性工程、重难点工程的开工，充分考虑项目边界条件变化和建设时序变化对项目预期收益的影响，组织谈判和组织生产并联实施，施工单位全面进场作业，按照项目策划严格履约，保障建设时序不间断，消除工期延误对预期效益的影响。

中铁发展建立“五阶段成本管控体系”，在决策阶段、设计阶段、招标阶段、施工阶段、竣工阶段动态预警实际成本与责任成本的偏差，及时纠偏，密切监控项目全投资税后财务内部收益率和自有资金税后财务内部收益率等经济指标的变化，对出现重大偏差的参建单位，通过约谈整改、责任成本执行情况分析、现场督导等管控手段，确保施工成本始终控制在预算成本之内。

3. 设计施组双元协同，保证施工稳步推进

基于全流程一体化的宏观视角，统筹组织各阶段的工作任务。在设计阶段，组织联合体内设计单位提前介入，高度关注施工现场设计和相关技术标准，按照“预算不超概算、概算不超投资估算”的原则推动设计标准化、动态化、精益化，避免出现较大设计变更造成的超概、超支风险，同时调动参建单位优化设计的积极性突出设计在 EPC 各环节的先导作用，从源头上进行方案优化、降低造价，节约投资支出；施工组织阶段实施“大标段、专业标”的分包策略，通过信用评价选用规模作业能力强、专业化能力强的三级工程公司施工，避免标段拆分过多、参建单位过多，造成管理成本投入过大，影响预期效益的风险；物资采购推行“集采”模式，充分完善中铁物贸供应网络，最大限度降低采购成本，紧扣施工进度安排，编制采购计划和采购方案，保证物资供应，防范断供风险。

（五）落实效益保障措施，加强回报风险防控，实现预期投资价值

1. 建立资金封闭机制，保证资金专款专用

“投资合作+EPC”模式下，常由平台公司向社会资本方支付投资成本及回报款项，合作设立的项目公司具体负责筹集建设资金支付EPC工程总承包费用，因此，中铁发展作为EPC工程总承包商获取的工程费用依赖于项目公司筹资能否如期到位，作为投资商获取投资成本及回报依赖于平台公司的资信能力及片区内土地出让、资产经营收入能否预期实现。即便是项目回报机制的付费来源直接与地方财政支付责任挂钩，由于项目建设进程与政府方财政支付时序不匹配，能否在项目建设完成后安排回购的财政资金具有较大不确定性，存在中铁发展投资回款不及时或投资损失的风险。为防范投资回款风险，中铁发展与政府方达成协议，政府方出具资金封闭运行的政策文件，明确片区内未来的土地出让收入、税收等其他本级留存收入不挪作他用，全部用于片区项目建设，实现资金封闭运作，保障投资成本和收益及时回收。

2. 落实土地出让计划，确保预期转让收益

城市片区开发项目中，通常以地块的出让金解决项目资金成本及收益平衡，存在约定地块不能按时出让或出让收入不达预期的风险。中铁发展协助地方政府依据国民经济和社会发展规划、国家宏观调控要求及政府投资计划，合理编制片区范围内投资年度计划，尤其是要将可用于开发建设的土地列入年度土地储备计划并编制土地储备项目预算，合理安排基础设施、公共服务设施及经营性用地的征拆、建设工作，同步做好周边环境提升及景观打造，提升土地溢价能力，督促政府在预定时间内尽快出让土地，确保土地出让预期收益的实现。

3. 以收定支滚动开发，缓解经营资金压力

中铁发展牢固树立“分期实施、峰值控制、滚动开发”的理念，将片区开发的首期期限限定在3年之内，通过结算方式与周期的约定，保证资金及时回收，降低资金的时间成本；同时，提前设定投资峰值，通过各期合作内容肥瘦搭配的方式，避免出现单期（项目包）投资峰值过高的情况；采取以收定支的方式促进后续滚动开发，减轻资金压力，降低项目整体风险。

三、基建投资项目以风险防控为重点的“投资合作+EPC”管理效果

（一）构建全新经营模式，为企业转型升级、实现高质量发展奠定经营基础

中铁发展以“投资合作+EPC”模式的全产业链优势获得了多方业主的高度赞同，与山西、山东、河南三省和太原、济南、青岛、郑州等市的地方政府及主要平台分别签订了战略合作协议，扩大了影响力、提升了企业知名度，在城市片区开发领域奠定了行业领先优势，使得中铁发展由工程承包商向投资商、运营商的转变，经营能力由单一的施工专业能力发展成具备投资、建设、总承包、运营管理“四位一体”的综合能力，产品结构由基建板块单一化升级到集投融资、施工、设计、资产运营等板块多元化，为企业转型升级、提高发展质量奠定了坚实的经营基础。

（二）实现全新盈利模式，为拓展市场规模、实现可持续发展夯实经济基础

中铁发展通过“投资合作+EPC”模式实施的上合示范区中央广场项目和长治经济技术开发区项目总投资额达330亿元，两个项目在投资合作模式、资本金出资、建设资金融资、施工总承包及投资回报和股权退出等环节的风险预控方案均以签订协议或取得业主承诺的方式予以固化，预控了多类投资经营的风险，确保了项目全周期投资收益率不低于10%、工程施工利润率不低于13.5%，投资、施工板块双元协同、双重获利。本成果实施以来，中铁发展实施的“投资合作+EPC”项目实现营业收入82.5亿元，实现净利润6.5亿元，投资性现金流入11.6亿元，取得了显著的经济成效，为中铁发展搭载了投资和施工并行盈利的双轮驱动，获得了持续稳定的现金流、积累了规模可观的营运资本，为进一步拓展市场份额、提升长期发展能力奠定了坚实的经济基础。

（三）为国家新型城镇化战略保驾护航，履行国企责任，奉献国企担当

中铁发展实施的“投资合作 + EPC”模式为建筑企业在服务区域经济发展、支持重点项目建设方面提供了良好的范本，对今后在大型项目的合作模式创新、投融资开发创新具有显著的推广价值，对促进基建企业转型升级、助力企业高质量发展具有重要的借鉴意义。

（成果创造人：薛　健、王慧丽、任超宇、李世欣、马现祥、曹占东、宋佳蔚、来瑞阳）

炼化企业以“要素”为牵引的全面风险管理

中国石油化工股份有限公司北京燕山分公司

中国石油化工股份有限公司北京燕山分公司（以下简称燕山石化）地处北京，隶属中国石油化工集团有限公司（以下简称中国石化），成立于1970年，是我国第一个炼油化工联合企业。目前，燕山石化拥有生产装置63套，可生产94个品种、431个牌号的石油化工产品，是中国石化12个千万吨炼厂和10个大型乙烯装置之一，是我国重要的合成橡胶、合成树脂和高品质成品油生产基地。截至2021年年底，燕山石化累计加工原油3.64亿吨，生产乙烯2496.78万吨，实现销售收入14497.44亿元，上缴利税1782.87亿元。燕山石化先后获得全国五一劳动奖状、中央企业先进基层党组织、国家级“两化”深度融合示范企业等荣誉称号。

一、炼化企业以“要素”为牵引的全面风险管理背景

（一）贯彻落实党中央防范化解重大风险要求的必然选择

党的十九大把防范化解重大风险作为三大攻坚战之一。提高防范化解重大风险的政治站位，打好防范化解重大风险的有准备之仗，增强防范化解重大风险的能力本领，打赢打好防范化解重大风险攻坚战，是完善中国特色社会主义制度的应有之义。面对波谲云诡的国际形势、复杂敏感的周边环境、艰巨繁重的改革发展稳定任务，国内外各类重大风险事件时有发生，对相关企业造成极为重大的影响，甚至引发企业倒闭，必须引起企业的高度关注。燕山石化始终把安全环保工作摆在各项工作首位，立足于“HSE工作仍处于必须严管阶段”的客观实际，坚持最严的工作标准、最严的管理措施、最严的考核问责，为打造世界领先洁净能源化工企业不断努力。除了安全环保，政策变化、经营效益等也是燕山石化生存的前提和基础，只有有效防范化解生产经营过程中面临的重大风险，才能生存和发展。

（二）落实中国石化风险管控要求的内在需求

中国石化历经16年的探索与实践，全面风险管理工作已成为企业经营管理的重要组成部分。目前，中国石化的风险管理工作逐步从经验型升级到专业型并不断向价值型转变，从体系设计向专业管理渗透，风险管理与日常经营管理活动逐渐融合。燕山石化响应中国石化“提升风险意识，聚焦重点工作，强化组织领导，完善运行机制，全力防范化解重大风险，坚决守住不发生系统性风险底线”的号召，以《中国石化全面风险管理办法》为纲要，着力探索全面风险管理新模式，努力进入深化风险管理建设的新阶段。

（三）实现企业高质量发展的必由之路

燕山石化站在确保国家能源安全的高度，始终坚持管理创新理念，构建发展新格局。从安全管理看，中国石化安全生产形势虽然大局稳定，但事故多发态势没有得到根本遏制，安全生产形势严峻而复杂，特别是工程、检修作业环节事故多发，占炼化企业事故总数据的70%左右。2021年5月，燕山石化对标国际安全评级与可持续发展标准（简称ISRS）第九版，开展了预评级工作，虽然成为国内首家采用ISRS第九版实施评级并达到5级标准的企业，但“风险识别和评价”要素得分仅为304分，得分率60.80%，成为评级“短板”。在这种情况下，急需探索全面风险管理新模式，实现对风险的有效识别和管理，提升总体抗风险能力，为企业安全绿色高质量发展提供助推引擎。

二、炼化企业以“要素”为牵引的全面风险管理主要做法

（一）总体层面统筹谋划，明确方法论和路线图

1. 运用体系化思维，探索风险管理总体改进思路

燕山石化开展多轮次内外部研讨，首先明确了改进思路，即以PDCA循环为基础，选取“风险识别和评价”作为全面风险管理要素，确认要素归口部门和配合部门职责，探索要素统筹、专业支撑风险管理命运共同体，以打破管理定势，重构管理框架，再造管理制度，细分承接条款，保障全面风险管理工作持续高效运行。要素统筹是指要素归口部门负责制订主干制度《燕山石化全面风险管理办法》，关注目标设定、风险信息收集、风险评估、风险应对、监控预警和监督评价与改进等6个业务环节，形成PDCA循环；指导要素配合部门优化专业风险管理制度；赋予要素归口部门更大的统筹管理和监督职权，持续监督并提升要素运行效果。专业支撑是指将“风险识别和评价”要素作为牵引，要素配合部门负责业务范围内的专业管理工作，根据《燕山石化全面风险管理办法》提出的6个业务环节，建立并细化专业风险管理制度，建立“1个主干制度+10个分支制度”的风险制度体系；按照“管业务管风险”的原则，实施“风险识别和评价”过程管控，动态监控各类风险，做好突发事件的应急处理，以问题为导向持续改进。

2. 明确“三步走”计划，统筹风险管理改进工作

风险管理改进总体思路明确后，燕山石化按照“三步走”计划，构建全面风险管理新格局。第一步：成立专班，策划机制优化方案。建立覆盖公司领导、中层领导、专家、业务骨干及外部协作机构的工作专班，制订优化工作方案，实现风险全面管控的总体策划。第二步：建设宣传阵地，提高机制优化效果。进行阶段性工作部署和培训，利用公司主页、《燕山油化报》和微信公众号等多种媒体平台，向全体员工宣传优化机制相关内容和工作要求，全面提升员工风控意识和“管业务管风险”的工作理念。第三步：建立季度例会机制，推动机制落实。每季度组织召开工作例会，传达上级精神，交流工作经验，研讨并落实工作方案，切实把风控工作落细落实；在机制优化过程中，及时总结工作经验和典型做法，查找短板，完善工作机制；开展内部审核，以问题为导向，对检查发现的突出问题督促整改，确保燕山石化全面风险管理工作持续改进。

（二）以要素统筹、专业支撑重构全面风险管理机制

1. 主干制度变事项管理为流程管理，更注重整体统筹

燕山石化对标ISRS第九版6级目标，梳理全面风险管理涉及的全部业务内容，将全流程细化为6个业务环节（年度目标设定、风险信息收集、风险评估、风险应对、监控预警、监督评价与改进）和16项具体工作并明确每项工作的职责分工，形成全面风险管理“6+16”的PDCA全流程管控机制，在此基础上修订主干制度《燕山石化全面风险管理办法》，变事项管理为流程管理。在此过程中，为提高重大风险评估效率，对主干制度和专业制度进行专门评估，实现了重大风险的评估标准互认。

2. 风险管理机制变分散管理为总、分管理，更注重专业衔接

风险管理机制重构前，全面风险管理与专业风险之间各自运行，属于分散管理，统筹策划及衔接不足。为了强化全面统筹，主干制度重构后，按照要素统筹、专业支撑模式，集中资源“点对点”帮扶和指导生产安全风险、环境保护风险、公共安全风险、信息安全风险、产品质量风险、关键知识风险、供应链风险、项目风险、设备风险、法律风险10个专业风险管理部门，运用5W1H标准承接主干制度《燕山石化全面风险管理办法》，制订或完善10个专业分支制度。风险管理机制变分散管理为总、分管理，1个主干制度和10个分支制度共同构建联系紧密的全面风险管理“1+10”制度体系。

3. 重大风险“问卷调查+专业评估”，更注重提高科学性

燕山石化在公司层面集中创建风险调查二维码，公司领导、中层领导、专家和业务骨干等4类评估

人通过微信扫码参加问卷调查，同时明确重大、重要和一般风险的得分及各类评估人的评估权重，量化风险评估结果，将排名前十的风险类别确定为重大风险类别，后经专业风险评估，确定重大风险类别对应的具体重大风险，变业务人员自评为多层级全方位评估，形成“问卷调查 + 专业评估”的评估模式，提高了风险评估的科学性和准确性。2021 年、2022 年，公司参加风险问卷调查人员均超过 1000 人，通过收集调查问卷评估数据，采用雷达图、柱状图等方法进行统计分析，层级人员调查结果的契合程度较高，客观上印证了“问卷调查 + 专业评估”评估模式的科学性和准确性。

（三）以“预警 + 监控 + 复验”为手段，确保风险有效控制

1. 构筑风险防控“三道防线”

燕山石化以问题为导向、薄弱环节为抓手，以专业管理部门、风险管理部门和监督部门为“三道防线”，采用“预警 + 监控 + 复验”的方式，确保风险有效控制。专业管理部门定期采用检查底稿、专项检查等方法对所属各单位执行情况进行自检，风险管理部门负责重大风险和薄弱环节监控，纪检、巡察和审计人员从独立视角突出政治监督，抓好专项监督、日常监督和专项整治。

2. 厘清“三道防线”风险管控责任

专业管理部门通过业务评价、关注存在问题，举一反三寻找问题产生的根源及原因、评估业务流程的绩效表现等，查看是否有遗漏的风险因素、决策是否合规、采用措施是否恰当、内外部环境变化是否产生新的风险因素，发现缺陷及时加以改正。针对评估出的重大风险，专业管理部门确定风险管理目标、风险监控指标、可能造成的损失及预警范围、应对措施。风险管理部门负责制订重大风险评估专项实施方案，统一发布重大风险，每季度动态评估监控指标的适宜性，对重大风险管控情况进行监督检查，纠正执行偏差，确保重大风险受控。风险管理部门选取公司领导关注的、问题发生频率较高的和对生产经营产生重要影响的领域进行专项检查。纪检、巡察和审计部门协助专业部门进行监督、评价、检查、报告和改进风险管理工作，找出管理漏洞及薄弱环节，发现风险措施执行中存在的不完善之处，提出改进措施及意见，促进风险管理的有效执行。

3. 推动“三道防线”形成合力

为充分发挥控风险、降成本、保效益的保障作用，燕山石化构建集中统一、协同发力的大监督工作格局。通过建立大监督信息化平台，推进风险管理信息资源共享。大监督成员单位在履行各自监督职能过程中互相通报、共享各类风险管理信息，完善风险管理信息的收集、研判和处置机制。推进风险管理工作会商，通过对接联络、碰头会议等方式，研究风险管理中需要协作配合的相关事项，协商解决风险管理中遇到的普遍性问题和焦点、难点问题，把风险管理与各项专项监督、岗位廉政风险点梳理、个人风险隐患行为排查、案件防控等结合起来，实现各种监督方式的有效衔接。

（四）以“变更 + 风险 + 应急”为链条，改进专业协同管理

1. 强化多要素制度保障

燕山石化以“风险识别与评估”为焦点，安全管理部门牵头修订《燕山石化生产变更安全管理办法》，一旦生产工艺、设备设施、劳动组织等发生变更，由申请单位变更风险评估小组针对变更事项开展风险评估，经专业管理部门审批后实施变更工作。企业管理部门牵头修订《燕山石化全面风险管理办法》，针对公司层面组织的专业风险评估结果，组织编制专业风险清单，经公司主管领导审批发布。生产管理部门牵头修订《燕山石化应急管理办法》，依据申请单位风险评估结果和管理信息部发布的专业风险清单编制公司级应急预案，使应急需求与各层级的风险识别和评价结果相对应。

2. 优化变更业务流程管理平台

利用信息化是提升管理的有效手段。燕山石化优化业务流程管理平台（BPM）开发，建立变更管理业务流程（AJ13），组织识别所有涉及机械、技术或组织的变化，尤其是对安全、健康和环境有影响

的作为变更管理范围，以有效管控生产过程中因变更带来的风险，预防和减少事故的发生。

3. “变更＋风险＋应急”的深度融合

针对变更管理评估出的较大及以上的风险点，根据企业实际制订应急预案，会同消防资源，共同构建多种形式救援力量的统一调度、上下联动，实现预测预警、辅助决策、指挥调度、社会动员智慧化，提升企业防范化解重大安全风险、应对处置各类事故的综合能力。

（五）以“三清单一表”为抓手，推动风险管理联防联控

1. 建立风险信息收集清单

风险信息收集清单是风险管理的基础。各职能部门根据风险信息收集成果，形成本专业领域的风险信息收集清单。风险信息收集可提高风险评估的科学性和准确性，避免风险防控资源错配，各部门（单位）在风险信息收集的基础上才能进行科学与准确的风险管理工作。

2. 建立专业风险清单

专业风险清单是风险管理的核心，主要分为风险清单一览表、制度对照表、各部门风险清单 3 个部分。风险清单一览表既是风险地图，也是专业风险查询索引，便于风险清单查询，通过其可按照职能部门查询各部门依据 10 个分支制度（包括公共安全风险、网络安全风险、关键知识风险、供应链风险、产品质量风险、设备安全风险、安全风险、突发环境事件风险、固定资产投资项目风险和法律风险）的评估标准评估出的专业风险清单，以及按照通用风险评估标准评估出的专业风险标准不能覆盖的其他部门业务风险清单。制度对照表是《燕山石化全面风险管理办法》与 10 个专业风险制度的对照表，包括制度名称、归口部门、专业风险名称、风险等级情况、重大风险互认关系、纳入燕山石化重大风险监测的条件、专业风险清单名称、风险容忍标准、风险评级矩阵等内容，体现了主干制度与分支制度的逻辑关系，体现了重大风险的互认关系。各部门风险清单包括综合管理部、管理信息部、党委组织部、计划经营部、科研技术部、机动工程部、安全监察部、能源管理和环境保护部、发展规划部、法律事务和审计部等 10 个部门按照分支制度评估出的专业风险清单，以及 16 个机关部门、物资装备中心和行政事务中心评估出的 111 项其他风险。

3. 建立“两高一重”清单

“两高一重”清单是精准落实管控措施的工具之一。燕山石化对高风险业务、高风险岗位和重点人员进行全面梳理和更新，目前共有 7 项高风险业务、三大类高风险岗位和 273 名重点人员，均已制订防控措施，动态进行评估。

4. 建立季度重大风险监测表

季度重大风险监测表是抓实关键领域重大风险防控的手段。在专业风险清单的基础上，风险管理部门对现有重大风险单独列表，重点监控，进一步强化重大风险管理，提醒各职能部门相关单位加强重大风险日常管控。

（六）以全面风险管理机制为总纲，聚焦重点领域重大风险应对

1. 聚焦安全风险，提升双重预防机制

一是强化双重预防机制顶层设计。为确保双重预防机制建设与运行工作取得实效，燕山石化成立由董事长和总经理任组长的领导小组，统筹安排双重预防机制建设与运行各项工作。对照《燕山石化全面风险管理办法》，修订完善《燕山石化生产安全风险和隐患排查双重预防机制实施细则》等制度文件，建立 HSE 管理体系。二是开展风险识别和评价，按风险分级管控。第一步，划分风险分析对象和单元。燕山石化所有装置和罐组，按照“功能独立、大小适中、易于管理”的原则，分析装置和罐组 158 处，划分风险分析单元 323 个，主要设备设施均纳入风险分析单元。第二步，制订风险辨识评估和清单。专业管理部门、二级单位、岗位员工应用 SCL、JHA、HALOPA、风险检查表等方法开展风险识

别和评估。根据风险识别结果，选择可能造成爆炸、火灾、中毒、窒息等严重后果的事件作为重点管控的风险事件，识别风险事件4700多件。第三步，评估及更新管控措施。针对风险事件，从工程技术、维护保养、人员操作、应急措施等方面识别评估现有管控措施的有效性，制订管控措施8200多项，根据管控措施确定隐患排查任务。第四步，分级管控风险。根据风险事件可能造成的后果严重程度，明确对应的专业管理部门、二级单位、基层单位、班组和岗位人员分级管控的范围和责任，将责任分解到各层级岗位，确保风险管控措施有效实施。第五步，展示风险地图。根据《中国石化装置设施危险等级划分标准》，将装置（设施）的危险等级按事故后果严重性分为4个等级，从高到低依次为1、2、3、4级，分别对应红、橙、黄、蓝4种颜色。三是落实隐患排查治理。划分隐患排查网格。在燕山石化范围内全面推行隐患排查网格化管理，建立“横到边、纵到底”的隐患排查网络，实现生产区域隐患排查全覆盖、无死角。建立起涵盖生产厂、储运罐区、危化品库房、化验室等排查单元的330个隐患排查网格，每个网格确定1名“网格长”、5名“网格员”，分专业全面开展隐患排查整改。排查发现隐患立即组织整改，无法立即整改的隐患，各单位严格按照“五定”要求落实整改方案、责任人和完成期限，在隐患未得到彻底消除之前，落实好防范措施，确保风险受控。四是建设数字化信息化平台。风险识别评价利用中国石化安全风险管理平台（PHAMS），结合HALOPA分析、SIL评估等，采用装置（设施）风险检查表分析方法，开展风险分析单元划分、风险事件识别、管控措施和排查任务制订等工作，将排查任务推送至燕山石化安全管理平台的“隐患管理”模块。根据管控措施和排查任务，确定操作岗位、各专业及厂领导、公司领导各层级排查责任人，按照时、周、月、季频次开展排查，在系统中自动定期下发排查任务。将巡检系统与安全管理平台的“隐患管理”模块进行关联。针对排查出的隐患，明确整改责任人，设立整改预警，进行隐患治理全流程跟踪，实现闭环管理。

2. 聚焦供应链风险，替代生产建设进口物资

一是对照《燕山石化全面风险管理办法》，建立《燕山石化供应链风险管理实施细则》，明确供应链风险识别和评估要求，成立风险评估团队，分析供应链各个过程环节，找出可能影响供应链的风险因素，识别风险源，列出风险清单。二是增强企业间交流，寻找替代产品，科学、系统地进行替换尝试；与生产紧密沟通，选择合适品种；交替使用国产物资，待稳定后完全替代；广泛寻源，打破进口独家采购；提前做好进口采购物资过程控制管理等手段，溴素、二氯乙基铝、三异丁基铝、三乙基铝等从全部进口到使用国产；长城润滑油部分替代壳牌、美孚、嘉实多润滑油；对部分进口装置设备及备件进行测绘，逐步实现国产化。三是配合总部进行大型设备国产化攻关工作，增加进口物资备件储备量。燕山石化配合总部完成设备进口物资储备工作，将燕山生产所需涉美配件需求计划全部提交至总部，与总部逐项沟通对接配件生产厂家及图号，逐步完善相关信息，达到无误采购水平；设备进口物资签订合同后，联系生产厂商确定生产进度网络图、最终交货日期，按进度节点追踪物资制造进度，临近交货时通知总部物资装备部（国际事业公司），确定报关安排，报关后安排物流提货运送至现场。

3. 聚焦经营效益风险，优化“效益四维传导”

一是价格传导，优化经营战略。将市场价格情况及时传递至生产经营管理各层级当中，打破生产企业“唯生产论”的刻板印象，将价格管理与经营计划、生产优化等管理体系融合，形成完整的价值管理体系，使价值引领、价格引导的思维深入到从管理人员到一线生产人员每一个员工的内心。为此，燕山石化建设了价格管理分析平台，不同于社会上价格行情变化网站的有关配置，该系统聚焦于企业的生产实践进行定制化展示，重点关注对炼化企业影响较大的宏观经济政策、产业政策等信息和原辅料及化工产品市场行情等内容，以满足精细化管理、一览式掌握的需求。二是边际测算，决策生产规划。构建以装置处理量为基准的边际效益模型，关联财务核算与生产实际，结合数学原理和模型，通过分析装置的成本构成、盈利能力及历年装置运行情况，利用编程软件准确测算各种市场条件和生产环境下，装置

效益与生产规划变动的关系，给出生产规划、装置开车流程调整等建议。三是“技财”联动，精细过程分析。通过“技财”指标联动模型，打破技经指标和财务指标的壁垒，将财务工作向生产端前移，更准确地分析燃料动力等公用工程的消耗对效益的影响，更好地复盘和发现装置能耗的核心问题，深入对接生产过程和决策，进一步判断装置的运行情况，挖掘装置成本潜力并对整体的装置生产情况评估提出依据，为能源优化提供决策依据。四是载体驱动，落地操作参数。炼化企业的核心业务是生产装置的实践，实现价值引领到装置操作参数的精准传导、精细控制，是生产优化的“最后一千米”。载体在线优化系统，财务人员基于该系统通过前端测算，指导效益最优操作指标落地，通过目标函数实时输出操作参数。

三、炼化企业以“要素”为牵引的全面风险管理效果

（一）整体抗风险能力不断加强

2021 年，燕山石化克服 5 年一次大修、解决历史遗留问题等不利因素的影响下，整体盈利超年度预算 3.13 亿元；营业收入利润率 1.5%，同比提升 3.8%；全员劳动生产率 170 万元/人，同比增加 21.6 万元/人；研发投入强度 0.3%，同比增加 0.03%，创 3 年来的新高；资产负债率 43.6%，同比降低 1.85%，抗风险能力进一步提升。2021 年，燕山石化未发生重大经营风险事件。

（二）重点领域风险绩效完成情况优化向好

无上报中国石化一般 A 级及以上安全生产事故，企业级安全风险降低率达到 64%；全面开展大检修风险识别与评价，检修现场施行安全管理网格化管控。2021 年，通过风险识别、评估，避免 25 起高危事故、215 起一般事故；非计划停工数量同比降低 30%，直接经济损失减少 32.9 万元；炼油和化工产品七大类 33 个品种抽检合格率 100%，上报质量事故为零；网络安全水平等级达到 A 级，未发生网络安全事件。

（三）风险管理水平得到相关方认可

2020 年，邀请挪威船级社开展国际安全与可持续发展评级。2021 年 5 月，燕山石化达到 ISRS 第 9 版 5 级标准；经过持续改进提升，2022 年 9 月已成为国内首家达到 ISRS 第九版 6 级标准的炼化企业。得到挪威船级社咨询老师的肯定，客观说明全面风险管理机制优化工作的重要意义和取得的实际效果，相关工作经验具有较强的推广价值。

（四）企业社会形象不断提升

管理机制的优化提升，促进了企业的社会良好形象的提升。燕山石化获得“企业信用评价 AAA 级信用企业”称号，成为国内首家取得清洁氢认证的企业；“燕山石化氢能叉车加注示范站建成投用”等 6 篇新闻通稿、1419 条新闻报道“刷屏”人民网、新华网、光明网、中国网等主流媒体，特别是刊登在《北京日报》的“燕山石化首发运行 2 辆 49 吨氢能重卡”的消息，北京市主要领导就此做了批示，在鼓舞广大干部职工的同时，树立燕山石化安全绿色高质量发展的良好形象；自产氢气成功点燃冬奥会、冬残奥会主火炬，率先产出京标ⅥB 成品油供应北京市场，坚决扛起国有企业的责任使命，社会形象不断提升。

（成果创造人：李　刚、王　哲、曲宏亮、章丽莉、王延军、付　潇、
高海军、刘瑷琴、巴福利、吴　萍、金凯媛、崔　华）

基于战略赋能价值创造的航空发动机成本工程体系构建与实施

中国航发哈尔滨东安发动机有限公司

中国航发哈尔滨东安发动机有限公司（以下简称中国航发东安）始建于1948年，是以研制生产轻型航空动力、航空机械传动系统、航空机电产品、微型燃气轮机、铝镁合金铸造和高精管轴管材产品为主的航空制造企业，现有职工5000多人，占地面积128万平方米。在70多年的发展历程中，中国航发东安生产了第一台涡轮轴航空发动机、第一台涡轮螺旋桨航空发动机等多个军用、民用新产品，是中国轻型航空动力、航空机械传动系统的专业化研制生产基地。

一、基于战略赋能价值创造的航空发动机成本工程体系构建与实施背景

（一）提升国家武器装备经费使用效益的必然选择

党中央、国务院发挥举国体制优势，投入大量经费，集中优势资源，旨在推动航空发动机和燃气轮机领域尽快实现重大突破。中国航发东安完成好党和国家赋予的重大使命任务，必须同时当好国家的“账房先生”，做好国家经费的看护人、守门员，坚持“该花的钱再多也要保障，不该花的钱再少也要控制”，切实提升装备经费使用效益。聚焦价值创造，实施成本工程，对于最大效益使用好国家经费、以资源消耗最小化保障使命任务完成具有重大的实践意义。

（二）解决航空发动机成本经济性短板的必由之路

航空发动机结构及工艺复杂、研发制造周期长、涉及技术领域多、更新迭代多、品种多、需求紧迫，这使得航空发动机研制生产成为庞大复杂的系统工程，成本控制难度非常大，国内产品价格高且面临国际市场和用户的倒逼。中国航发东安作为国家重大专项实施主体之一，保障重大任务完成的同时必须主动适应现代战争和市场竞争对装备成本经济性的要求。聚焦低成本可持续发展，实施成本工程，对于提高装备效费比水平，实现航空发动机效能与成本最优，既是形势所需，又是必由之路。

（三）支撑航空发动机产业高质量发展的重要载体

与其他央企相比，中国航发东安成立之初就面临历史包袱重、管理层级多、经济运行质量不高等问题。当前，航空发动机仍处于爬坡过坎关键期，短期内难以通过大规模扩张来支撑高质量发展，作为任务保障型重要军工央企，既要强健自身科研生产能力，又要保持企业高质量经济运行，深耕细作、精益管理是现实选择。聚焦产业高质量发展，推进成本工程体系和能力现代化，对提升全产业链、全价值链运行质量及建设一流的装备供应保障能力，既是客观必要，又是有效载体。

二、基于战略赋能价值创造的航空发动机成本工程体系构建与实施主要做法

（一）构建“三维”成本工程蓝图，明确成本管控战略目标

1. 确立航空发动机成本工程体系的工作思路

中国航发东安基于战略成本管理和价值工程赋能战略实现，以降低装备成本、提高经费使用效益、支撑高质量可持续发展为价值创造出发点和落脚点，以投入产出最大化、资源消耗最小化、装备效费最优化和保障重大任务完成为战略赋能价值创造评价基准，坚持开源与节流双向加力，管理与技术降本双轮驱动，综合运用系统工程、价值工程理论方法、航发精益运营管理系统（AEOS）流程化建设理念和成本规划、估算、核算、控制等技术、方法，构建战略成本管理实施的组织、制度、标准、路径和方法，形成以“三维目标、四化路径、六大支撑”为核心内容的航空发动机成本工程体系。通过体系的持续运行和迭代，推动成本管理向深层次、细末节、规范化深化，切实提升企业低成本可持续发展能力。

2. 方向目标维度的“三级”总体目标体系

在宏观层面上，面向公司建立基于全成本要素的投入产出目标评估模型，牵引全公司以追求投入产出最大化为目标推进各项业务模式变革，引领行业由单纯追求短期成本压降规模逐渐向追求全业务流程成本管理水平提升转变。在中观层面上，面向各分厂建立基于当期产出的成本费用评估模型，牵引各分厂以追求资源消耗最小化为目标推进各项成本费用支出管控和科学合理核算。在微观层面上，面向各产品建立基于全生命周期的产品效费权衡管理模型，牵引各产品或项目以追求技术方案效费最优化为目标推进低成本设计、降低产品固有成本。

3. 实施步骤维度的“三步走”里程碑路径

聚焦公司战略要求，规划设计“三步走”成本工程能力提升路径。第一步，2016—2017 年，推进成本管理由“1.0 版”向“2.0 版”迈进，实施“扫浮财”行动，一般性支出大幅下降；第二步，2017—2019 年，推进成本管理由“2.0 版”向“3.0 版”迈进，推动财务降费向业务降本深化，初步形成基于战略赋能价值创造的成本工程体系；第三步，2019—2022 年，推进成本管理由“3.0 版”向“4.0 版”迈进，业财深度融合，成本体系和降本能力更加现代化，全员参与降本由规范约束逐步向文化自觉转变。

4. 实施原则维度的“四全”工作基本原则

成本工程实施坚持全员成本管理、坚持全要素成本管理、坚持全价值链成本管理、坚持全寿命周期成本管理的“四全”原则，有机统一、相辅相成。

（二）构建“四化”业务降本增效路径，深化提质增效管理转型

1. 基于产融协同的产业链集约化战略赋能

聚焦主业价值创造实施“瘦身健体”工程。针对非主营业务，坚定推动非主业剥离、对外投资清理、管理层级压缩、亏损企业治理等专项行动。

聚焦供应链价值创造建立小核心大协作格局。坚持“转移任务必须转移成本”的小核心大协作降本理念，发挥产业链“链长”作用，将“两非”剥离、主业非核心业务剥离与产业链建设统筹谋划，以各类企业充分参与竞争为核心重塑供应链。

聚焦产业能力集聚走实资本增值路线图。构建“产融结合、以融促产、正向循环”的资本增值经营路线图，撬动社会资本支持主业发展。强化资本运作，开展资产重组、非公开发行、债转股等；实施投资拉动，引入战略投资者；建立专业平台，实现资本增值反哺主业发展；发挥资金的杠杆作用，投资航空发动机产业链延伸端，实现资本大量增值。

2. 基于正向管理的产品链一体化战略赋能

开发正向成本管理地图，推动正向研发全阶段降本。以正向研发为依托，聚焦产品固有成本和经济可承受性，着眼于全寿命周期，将成本要求与功能、性能指标作为同等重要指标纳入技术评审点，从基于研制全流程的阶段维度、WBS 分解的层次维度和成本迭代的逻辑维度 3 个维度建立以正向成本管理地图为指引、以 DFX 低成本设计方法为支撑的“三化四代” + “四对接九权衡”正向成本管理框架，推动正向成本管理与正向研发有机融合。

开发研发体系财经支撑模块，支撑正向研发全阶段降本。在集团 AEOS 研发体系框架下，开发融入项目的“盈利能力、经费管理、成本管理”三大模块财经支撑作业指导书和管理模板 12 份，基于 IPT 团队定义设计、制造、成本、财经等各领域代表角色职责，有力保障 IPT 项目财经要求的落实。建立厂所联合技术攻关降本利益共享新机制，推进厂所共担降本责任、共解降本难题、共享降本成果，激发设计系统降本内生动力。

开发 360 度型号降本地图，推动产品全生命周期降本。聚焦重点型号，将降本目标分解落实到最小

成本单元，建立以“降本目标指标、工具方法、措施路径、资源保障”为核心的360度型号降本地图，实施全生命周期成本管控。

3. 基于技术提升的价值链精益化战略赋能

聚焦精益工艺降本，推进面向制造的工艺技术优化。一是实施工艺降本专项行动。每年聚焦工序复杂、超差多、加工周期长、加工效率低、加工成本高等工艺不稳定环节，统筹厂所协同平台、高校等资源，持续开展工艺攻关专项降本行动。二是实施工艺课题研究计划。每年公司定项目、定目标、定考核并列入计划，开展难切削金属加工技术专项研究；优化装配、试车等工艺，大力缩短占台时间，降低重复装配和试车成本；识别工序或工步冗余、工艺方法选择不当、消耗件更换频率高等问题，实施工艺规程优化。三是实施工艺标准优化计划。每年推进典型工艺规程及指导书的精益化、标准化应用迭代；推广应用典型工装模块设计库；实施材料定额优化，解决材料消耗不合理、定额缺失及试车油料消耗不合理问题。

聚焦精益质量降本，实施“一次成功”战略工程。一是推行“一次把事情做对”。二是开展质量降本专项行动。围绕质量问题频发的关键工序和零部件，制订废品损失压降专项计划并取得良好成效，质量损失率连续3年下降。三是建立质量“一本账”。深入践行“质量制胜”战略，从型号和主责单位两个维度建立质量“一本账”，发布“质量管理50条”，明确“六个100%”要求，持续强化过程质量管控。

聚焦精益生产降本，推进面向用户的均衡交付模式。一是用精益改善行动提升生产。针对齐套率低、一次装炉或电镀批量少、供应波动大、装试周期长、工序交接转移路线长、材料浪费多、生产停滞多等重难点工序环节或零部件，开展全员精益改善，项目列入年度计划和考核。二是用生产期量标准约束生产。每年制订年度投入产出定量化指标。发布批生产产品期量标准管理指南，指导行业建立完善投入产出、安全库存、生产周期、经济批量等生产成本控制标准。建立完善成本核算和控制标准586项。三是用“2332”产出指标均衡生产。树立“物料停滞在单位内即为浪费”的精益思想，推动按批量、节拍有序开展滚动采购、滚动投产、滚动交付，坚持以销定产、以产定采，杜绝无审批超采、以战储名义超采。四是用数字化赋能生产。运用ERP、MES等信息化手段改善生产管理模式，采用智能技术推进数字化生产线和精益生产单元建设，推动制造过程智能防错、生产线可视化监控、零件自动传输、装夹与标记，探索业务降本增效新途径。

聚焦精益服务降本，推行军地一体化联合保障模式。一是改进备件管理。与用户共享备件资源，大力推动军企共建、产备一体虚拟库建设，以降低储备成本、提高备件利用率。二是加强预防性保障。全面推广使用数字化飞参数据自动判读软件进行部队飞参数据监控与分析，利用在线诊断技术，预判故障发生趋势。三是开展深度维修研究。深入研究国外发动机保障体系，转型服务保障模式。向军修厂学习，开展深度修理工艺技术和柔性维修线建设研究，降低换件率，减少返厂排故成本。

聚焦精益供应降本，推行“分包竞优”集中采购模式。一是强化集中采购。建立多种形式的“分包竞优”集中采购新模式，形成公司战略采购专区。二是实施统谈分签。整合、集中打包采购需求，扩大单批采购数量，签订长期协议；选用成熟的供应链渠道开展“代购代储”；运用公司战略采购专区，推进专业、优质供应商共享，降低各单位采购寻源、管理成本。三是实施激励采购。将批量采购预付款及现金折扣、稳定采购需求、保证采购年限和批量、扩大采购份额等作为激励条件，推动供应商实施降价。四是推进采购目标价建设。建立各单位外委、外协、外购涉及产品、工序目标价格标准数据库，切实做到采购价格谈判有标可依。

4. 基于运营效率的支撑链最优化战略赋能

建立“一事一报一批”固定资产投资制度，强化非主业投资刚性约束。严控技改自筹投资，强化固定资产投资效益管理，严控自筹、征地、楼堂馆所及设施建设，严控一般能力投入；深入研究试点型号销量上涨带来的产能缺口，审慎决策生产能力扩充和固定资产投资，增加投资收益分析，盘活低效无效资产；建立投资项目后评价机制，提升固定资产投资效益。

建立“机械化换人、自动化减人”人事制度，强化人工总量人工成本双管控。以提升劳动效率和经济效益为核心目标，构建降总量、调结构、增效能的人工成本控制机制。降总量：大力推进打包人员分流的非核心业务剥离，推进“人随业务走”；规范劳务派遣用工，推动劳务派遣转劳务外包；实施生产智能化提升，实现“机械化换人、自动化减人”。调结构：精准制订用工计划，加强多能工培养，提高人岗适配度，严控非技术岗用工和返聘。增效能：优化绩效分配体系，实施人工总量、工资总额双预算、双管控，考核劳动生产率、人均收入等效能指标，提升人工成本投入产出效率。

建立“双管控”的带息负债与财务费用管控制度，强化资金集中和资金增值管理。实施带息负债平均余额与年末余额、带息负债规模与财务费用双管控制度，推进降杠杆减负债向精准管控转变；依托集团司库建设，提升公司资金使用效率，严控资金支付合规；拓宽融资渠道，发挥公司“链长”作用，利用银行授信降低供应链融资成本，激发供应链活力。成本工程实施以来，带息负债规模大幅减少，累计压降带息负债3亿元。

建立“四个统一”全面预算管理机制，强化各项费用支出的全过程管理。聚焦预算组织、预算标准、预算监控、预算评价“四个统一”，建立具有航空发动机特色的全面预算管理机制：一个目标（服务于公司战略目标）、两大职能（优化资源配置职能、提升价值管控职能）、三个层级（顶层预算——公司预算、执行层预算——各部门或分厂预算、延伸层预算——各分子公司预算），提高预算刚性约束，各项支出连年实现绝对值下降。

建立基于过程的存货监测评价模型，强化生产性资金占用全面管控。对标世界一流企业，结合航空发动机生产制造特点，构建以5个过程、5级评分、39项评价指标为内容的存货监测模型，从经营规划、物资采购、生产制造、订单交付、综合管理等5个存货影响关键过程域设置指标，识别存货过程管理的薄弱环节，指明改进方向，提升管理水平。

（三）构建“三保障”管理运行机制，强化成本工程实施的资源支撑

1. 基于纵向联动、横向协同的两级组织与人才保障

纵向联动链接上下的组织保障维度。构建公司机关、各部门或分厂两级上下联动的成本工程组织管理网络。公司机关成立成本工程领导小组，下设成本工程办公室及成本工程审核专家组，成立各部门或分厂领导小组和专业工作组。

横向协同贯穿产品的厂所降本维度。由型号总会计师牵头，贯穿整机设计所、主承制厂、配套承制厂，一体化推进产品目标成本测算、目标成本分解和成本控制，压实“业务谁主管、成本谁负责，成本谁产生、降本谁负责”的责任，推动产品降本厂所联动、厂厂联动。

2. 基于全流程报价审价的成本价格数据共享中心保障

协同推动行业成本价格“大协作”管理。推动成本价格数据由线下存储、分散管理向统一存储、集中共享转变，解决成本数据不共享、平台不联通、业务不协同等突出问题，满足成本数据显性化、可视化管理需求，为全生命周期、全方位、立体式成本管控提供有力支撑。

不断完善成本价格数据“驾驶舱”管理。深度挖掘大数据价值，累计完成14.19万条数据收集，形成50个产品报审价格数据，为各单位建立各项成本标准、报价标准，开展型号经济性分析和成本估算建模提供数据支撑，形成“大家用，大家建”“大家用，大家试”“大家用，大家管”的工作机制。

一体推进成本价格数据“数智化”管理。一是开展成本要素分析，分析产品成本高点和改进方向。二是开展类比分析，对国外、国内相同或相近产品的成本水平的比较分析，掌握国内同类产品成本状

况，分析产品的成本优势和存在问题。

3. 基于规范约束向文化自觉转变的特色成本文化保障

树立正确的成本理念。利用多媒体设置成本专题、组织虚拟论坛、发布标杆案例、分享降本心得，开展“五小活动”，评选表彰成本工程先进集体和先进个人、优秀型号降本党员突击队，引导职工树立过“紧日子”的思想，自觉践行“该花的钱再多也要保障，不该花的钱再少也要控制”的行为标准。

打造特色成本文化。开展全员参与、全员降本的“铸心”成本文化建设，通过文化的引领、辐射作用，推动成本理念渗透到科研生产各环节，推动形成形式多样的文化产品，切实推动成本工程由规范约束向文化自觉转变。

（四）构建“两定”工具方法库，强化成本工程实施的技术支撑

1. 基于价值创造的分级分类定性定量考核模型

建立基于价值引领的成本考核指标库。以降低装备成本、提高经费使用效益、支撑高质量可持续发展为出发点和落脚点，以投入产出最大化、资源消耗最小化、装备效费最优化和保障重大任务完成为价值创造评价基准，采取定量和定性、业务和财务、技术和管理指标相结合，围绕全员、全要素、全价值链分类建立40余项的考核指标库，通过财务指标的引领牵引业务模式的改变。

设置基于精准促进的分级分类考核规则。结合实际，因地制宜设置考核规则及其权重分值。分级考核方面，搭建基于行业的总量指标（抓总部门承担）、基于成本要素的分项指标（公司各业务部门承担）、基于各实体的具体指标（各分厂承接）3个层级的指标分解体系。分类考核方面，区分部门、分厂精准考核；区分各部门或分厂的整体绩效（与单位工资总额挂钩）、各部门或分厂领导班子履职（主要领导、科研生产业务领导、成本工程抓总领导共担指标，与个人年薪挂钩）和型号“两总”系统履职（型号总指挥、总师、总会计师共担指标，与项目绩效奖励挂钩）3个方面，定向考核，着力解决领导层和业务系统降本驱动力不足问题。

构建基于定量评分的降本绩效排名标准。基于各部门或分厂指标数量不同、赋分权重不同，按100分制计算指标得分；以激励+约束为导向，在各部门或分厂整体经营绩效评分基础上实施-2~1分的加减分制度，核算最终得分；考虑降本增效属于经营必须活动，运用正态分布函数测算得出80分概率最高。

构建基于全流程的成本管理成熟度评价标准。立足战略类、运营类和管理与支持类全价值链设置16个一级业务域和40个二级业务域，设置成本管理水平评价指标和等级分值，建立符合行业特点的“五级”成本管理成熟度模型（一级为初始级，二级为已管理级，三级为已定义级，四级为已量化管理级，五级为卓越运营级）。定期组织自评，推动全价值链成本管理质量水平系统化提升。

2. 基于成本管控的分类分层定性定量工具方法软件模型

建立基于性能参数的价格估算模型库。借鉴美国price参数法估算原理，建立基于参数法的涡轴系列发动机整机及其部件的科研价格、批产目标价格、维修价格等估算模型和商用发动机整机及其部件的科研价格、批产目标价格估算模型；借鉴美国ADC效能模型和商业画布模型分析原理，建立涡生轴发动机效能与费用权衡模型、全生命周期经济性分析与权衡模型，根据全生命周期不同收入定位建立7种商业模式并形成相应软件，初步解决航空发动机成本精准估算的问题，填补全军相关领域的空白。

建立基于工序参数的通用试验计价模型库。针对航空发动机是试验出来的特点，分层分级构建通用试验计价标准模型，形成高空试验台、控制系统等900余项行业成本控制标准，为科研精准预算、目标成本确定及外委定价提供支撑。成果填补行业空白、全军空白，得到军方认可，被建议列入军标。

建立基于会计科目的成本要素核算标准。编制《会计核算标准手册》，形成99个一级会计科目核算标准，规范统一核算内容和口径，解决经济业务计入会计科目不一致、横向可比性不强等问题，为成

本标准建设、精准估算等提供了有效支撑。

建立基于“三级三类”定额的标准成本数据库。以“三级三类”定额为基础，建立公司标准成本管理机制，将消耗定额作为标准成本的编制基础，准确识别资源消耗影响动因并将实耗与定额进行差异量化分析，最终将定额修订为成本耗费标准，使工艺技术、生产制造、财务管控三者有机结合。

建立基于“行业一流”的成本控制对标标准。考虑成本管理标杆不易获取的现状，建立成本工程对标指标模型，对外同各军工集团对比，对内单位之间分类对比，每季度“晾晒”对标指标值和排名，为各单位对标先进找差距提供支撑。

建立基于“成功树”的降本驱动因素识别方法。应用“顶事件”分析思维，按照 PDCA 思想，从计划、实施、检查评价等环节，定位影响目标实现的成本驱动因素和关键过程控制点，开展原因分析、措施制订和影响评估，识别薄弱环节并精准施策，实现闭环管理。

建立基于管理会计的成本管理应用工具包。根据研发设计、生产制造、售后服务、采购供应等不同阶段及经营管理、实体车间不同需要，引入诸如作业成本法、标准成本法、量本利分析、价值工程等管理会计、经济性分析、低成本设计相关的成熟工具、方法，助力成本工程科学推进。

（五）构建“四融合”业财联动流程标准，强化成本工程实施的流程支撑

1. 融合经济性理念的产品研发流程标准构建

打造公司统一的产品研发流程架构，将研发体系财经支撑模块的成本管控要素贯穿产品研发各阶段，发布 88 份 AEOS 产品研发体系文件，解决设计试验、制造工艺、服务保障等各业务领域分散割裂、各自行动、不考虑成本等问题，实现流程建设科学化和规范化、产品降本体系化。

2. 融合精益化思想的生产制造流程标准构建

按照系统策划、重点突破、分布实施、持续改进的总体思路，系统梳理和设计生产制造流程，优化从订单到交付全过程的生产制造管理业务流程，以拉动为原理，以流动创造最大化价值为原则，消除停滞产生的浪费；重构工艺标准体系，优化工艺流程与标准，从源头降低制造成本。发布 49 份 AEOS 生产制造体系文件，用最低的消耗创造更高的价值。

3. 融合小核心大协作的供应链管理流程标准构建

建立供应商管理流程和规范，覆盖寻源、准入、过程控制、评价、培育到退出的管理全流程；建立公司供应商资源库，各单位共享优良资源，制订管理标准和规范，考查、审核、评价结果共享；对供应商过程实施管控，推动供应商持续改进，提升绩效；建立公司供应商管理信息系统，逐步实现物流、信息流、资金流集成管理。发布 37 份 AEOS 供应链管理体系文件，形成完整、规范、协调、高效的供应商一体化管理机制，实现供应链成本最小化、客户价值最大化。

4. 融合军地一体化的售后服务保障流程标准构建

建立配套的储备计划、调用程序、周转流程、物流配送等管理机制，推动备件管理变革；推动工程技术服务从问题牵引的被动保障转变为以完好率、响应时间等效能指标牵引的主动服务，由经验主义向流程化、标准化转变；分析使用需求，形成对应到具体维护情景、分类清晰、便携易用的通用工具箱和专用工具包，推动客户支援变革。发布 88 份 AEOS 服务保障体系文件，降低售后质量成本，提升服务保障业务的价值创造能力。

三、基于战略赋能价值创造的航空发动机成本工程体系构建与实施效果

（一）形成降本增效长效机制，填补全行业成本管理体系化空白

通过体系搭建、运行和持续改进，推动行业提质增效由短期表面式、单点运动式向长期体系化降本转变，实现了由财务降费向业务降本的模式转型，填补了行业成本体系化管理的空白，有力支撑了公司经济运行质量的改善，为其他装备行业成本工程体系建设提供了参考。

（二）大幅降低全要素成本，持续提升经济效益和经济运行质量

自成本工程实施以来，各项经济指标持续向好。从产品成本角度看，主要产品平均成本由国外同类产品的1.6倍至3倍下降为1.2倍至2.6倍，2021年，某军航材备件82%实现价格下降，单台产品成本明显下降；从企业费用管控角度看，在收入大幅增长的前提下，累计压降成本费用近2.4亿元，其中财务费用年均下降32.31%、管理费用“十三五”期间年均增幅较“十二五”期间年均增幅同比下降2.63个百分点；从企业发展效率角度看，投入产出效率明显改善，如营业收入利润率同比提高3.88个百分点、净资产收益率同比提高2.98个百分点；从企业规模效益角度看，利润总额年均增长24.43%，净利润年均增长22.01%。

（成果创造人：唐　斌、孙洪伟、张西彩、王仁鑫、王国彦、关　鑫、张志宏、刘　鑫、田　路、潘聚冬、赵伟斌、付加伟）

冶炼企业全过程精细化成本管理

株洲冶炼集团股份有限公司

株洲冶炼集团股份有限公司（以下简称株冶）位于湖南省株洲市，始建于1956年，是国家“一五”期间建设的重点企业，国家主要的锌生产基地、锌冶炼行业的标杆企业，国家第一批循环经济建设试点企业和长株潭“两型”社会试点企业。拥有国家级工程技术研究中心、国家认可实验室、博士后科研工作站等科研机构，靠自主研发形成一批国际领先拥有知识产权的核心技术。株冶于2004年在上交所上市，系央企中国五矿集团有限公司（以下简称中国五矿）的重要骨干企业，共有8个国有或国有控股子公司、1家混合所有制公司。目前，主要产品产能为锌及锌基合金68万吨、综合回收硫酸60万吨、铟60吨。2021年，株冶营业收入164亿元，利润总额3.32亿元。

一、冶炼企业全过程精细化成本管理背景

（一）摆脱困境、实现高质量发展的需要

株冶搬迁以前面临较大困难，存货周转率低、劳动生产率低，用电成本和产业链无优势，人工成本远高于行业先进水平，一直在亏损边缘挣扎。由于出血多、造血少，资产负债率逐年升高，股票一度“ST”。搬迁项目建设又投入大量资金，负债进一步增加；同时，清水塘老基地产能退出、资产报废，计提大额资产减值准备，资产负债率等经营指标一度下滑，濒临资不抵债的困境。搬迁改造后，株冶实现涅槃重生，但主要得益于工艺技术升级和智能制造的红利，存在全员成本管理意识淡薄、成本管控范畴狭窄、成本管理方法落后、成本整体控制水平差等问题，如何持续改善资产结构？如何增加自身造血功能？如何提升持续盈利能力？如何实现高质量发展？这些都是公司最紧迫的难题。在运用SWOT、波特五力模型分析企业内外部环境的基础上，株冶确立实现“绿色、智能、高效的‘双一流’锌行业标杆”目标；确定智能制造、成本领先、品牌建设等战略方向。面对高质量发展战略落地的要求，基于新株冶文化沉淀、战略定位、员工结构、运营基础的成本管控机制和体系亟待系统性重新构建，成本管理精细化体系应运而生。

（二）对标世界一流企业、提升管理水平的需要

冶炼加工行业具有资产重、能耗高和毛利低等共同特性，属于典型的红海市场，其盈利来源主要为市场加工费与加工成本的差值。株冶是纯冶炼加工企业，市场和资源“两头在外”，与同行中的中金岭南、驰宏锌锗等相比，一是缺乏矿产资源，原料完全外购；二是产品主要面向大型钢铁公司，缺乏话语权，所以，有效控制加工成本成为效益的核心关键变量。

2020年6月，为加快培育具有全球竞争力的世界一流企业，国务院国资委决定在央企和地方国有重点企业开展对标世界一流管理提升行动，推动国有资本和国有企业做强做优做大。2020年8月，中国五矿将株冶列入“对标世界一流管理提升行动”重点企业名单，强调对标世界一流要抓住成本控制这个企业管理的“牛鼻子”，成本精细化管理成为必经之路。

（三）打造国际竞争力、勇当行业标杆的需要

我国有色金属市场国际化程度高，有色金属的金融属性不断强化，在全球政治经济不确定性因素增加的背景下，有色金属等大宗商品市场价格波动加剧，如果成本管控水平不足，企业经营风险将日益突出。2020年以来，全球疫情蔓延，大宗商品价格波动、煤焦等燃料价格猛涨、原料价格上涨等问题导致传统制造业面临的压力加大。全球锌冶炼产能持续增长，而精矿供应产能受疫情及地缘政治的影响，锌

精矿供应更趋紧张，加工费同比大幅下降，呈现低位运行态势，市场竞争日趋激烈。如何应对市场加工费变化，实现目标效益和可持续发展，是株冶必须解决的难题。只有将纯冶炼加工成本保持在市场加工费以下并不断进行优化，提升成本核心竞争力，才能保持全球范围内的行业竞争优势。

二、冶炼企业全过程精细化成本管理主要做法

（一）构建完全加工成本范畴的成本管控体系

1. 凝聚成本精细化管控的战略共识

在上级公司层面，核心领导通过多种方式强调成本理念，即要把降成本作为竞争力提升的永恒主题；要坚持成本领先，提高成本竞争力；要以一切成本皆可降的理念推进成本管理；建立一流企业的核心是实施精细化管理，精细化管理的核心就是不断降低成本；对传统的基础原材料企业来讲，成本竞争力就是核心竞争力。

在株冶层面，广大干部员工更坚定地支持通过成本精细化管理提升核心竞争力的变革路线。全员力图构建“纵向到底，横向到边”的全面成本管理体系，将一切影响产出、抵减收入、提高成本、加大投入的管理事项，全部纳入全面成本管控范畴，实现生产成本要素“全覆盖、无死角”管控；不断提升“通过精细化管控攻坚克难，实现全过程有效降本”的全员战略共识。

2. 营造全员成本精细化管理攻坚氛围

首先，完全加工成本目标确定后由公司预算部门牵头，以标准化的表格层层分解到每个岗位，确保从公司管理层到各操作岗位，人人头上有指标，成本目标与员工联系更紧密。其次，运用公司电子报、微信公众号等对成本理念、成本节约案例及成本精细化工作进行宣传，将成本管理意识具体化、可视化，营造人人讲成本、人人降成本的氛围，成本意识逐渐深入人心。最后，制订《成本精细管理培训年度计划》，辅助每个生产厂培养出成本管理员，成本管理员再对班组长进行培训，班组长把最基础的管理要求落实到基层员工。

3. 成立精细化管理两级组织机构

成立成本精细管理推进领导小组，董事长任组长，总经理为副组长。领导小组下设成本精细管理推进工作组，常设机构在财务部门，包括6部、6厂、2中心共14个二级单位，负责推进成本精细管理各项工作。建立“部门－生产厂－班组”的三级成本管控机制。部门负责目标设定、指标分解和专业管控及检查、督导；生产厂负责指标再分解、措施制订，抓管控及分析总结；班组负责数据统计、指令执行和落地。严格做到成本分解到基层、落实在基层。

4. 建立成本精细化管理制度规范

制订《成本精细管理办法》《成本精细化实施方案》《全成本管控方案》等管理制度并持续迭代版本。规定成本精细工作目标和原则、组织架构和职责、工作机制、工作任务分解、工作推进计划、专项攻关工作计划、具体操作流程及绩效考核评价等管理内容，指挥、引导各部门和生产厂在制度框架下共同开展成本精细管理。

（二）设定基于常态化对标体系的成本管控目标

1. 拓宽成本管控范畴到完全加工成本

株冶搬迁转移后，大力推行精细化管理，对成本管控范畴进行拓宽。将制造企业传统的车间加工成本管控扩大到对除原料采购成本外生产经营过程中发生的所有成本费用加上副产品回收抵减的完全加工成本全要素管控，即锌完全加工成本＝（期间费用＋车间加工成本＋回收率损失＋综合回收抵减）/产量。

2. 确立“一底线、两空间、三对标”的目标体系

“一底线”指的是行业死亡线。“两空间”指的是行业存活空间和发展空间。株冶根据锌产品市场

价格处于低谷期的极端情况下的经营业绩表现，把企业的发展状态分为3个阶段，由低到高依次为生存底线、基本生存空间、发展空间，通过“九宫格”的方法测算对应的产品完全（加工）成本。“三对标”指的是对标项目可研设计水平、对标行业最好水平、对标自身历史最好水平。“三对标”是基于满足公司基本发展的目标的前提下，以对标项目可研设计的完全加工成本为基础，横向对标行业先进，选取同行业20家左右具有典型代表的企业，计算75%、85%、95%的分位值，设定为参考系，结合株冶当前完全加工成本和未来3年目标值的挑战性和可实现性合理确定完全加工成本基本目标；纵向对标历史最优，是在完全加工成本指标行业最优的情况下梳理近3年企业实际最优的成本分项或技术经济指标作为参考，设定为奋斗目标。

3. 建立成本目标精细化分解机制

从成本全要素和管理全流程方面对成本目标进行科学设定，明确中长期目标、年度目标、职能环节目标、要素目标、岗位目标确定机制：首先，对完全成本中长期总目标进行确定，结合年度经营目标要求对年度成本目标进行滚动刷新，确定采购、生产、销售等各环节的分目标；其次，对成本全要素设定分目标；最后，目标再分解到工序班组、岗位指标，实现成本全要素有控制标准、全流程有控制单位。

（三）推行成本“三化”，保障过程受控

1. 操作标准化，确保精细落地

打造“43253”成本管理标准化操作工具。“4”指四张表：成本指标定额表、管理任务分解表、成本标准化操作表和绩效考核评价表。“3”指三报告：成本日报、成本周报和成本月报。“2”指二清单：浪费行为清单和节约经验清单。“5”指五分析：成本数据异常要分析、市场变化影响要分析、生产调整要分析、措施执行情况要分析、绩效兑现要分析。“3”指三反馈：耗用异常必反馈、浪费行为必反馈、发现问题必反馈。

对成本管理标准化操作工具的使用采取“督导员”方式进行推进。先选定一家员工成本意识强、基础较好的生产厂作为标杆单位，由公司成本精细化工作组委派技术及管理专家下沉到一线辅导生产厂对公司成本指标的承接、分解，全面识别成本管控点，针对性建立分层分级的成本标准化操作手册。“督导员”对生产厂成本标准化工作建立和执行情况进行督导。

2. 管控数字化，保障精准高效

搭建MES、ERP、EAS、LIMS等多信息化系统，统一数据接口标准。以ERP、MES为核心，将人财物、实时生产技术指标有机结合，集成采购、生产、销售全流程信息，实现生产全流程分析管理；MES日报管理系统实现成本日归集、反映和异常情况预警。管理层、部门、生产厂、班组、员工不同层面可获取各自岗位需要的数据，满足管理需求。

3. 费控专业化，创新预算管理

考虑公司专项费用发生源头和审批责任分立，为强化专项费用的管控，采取专业管理加属地管理双管控的模式。专业部门制订专业费用管控办法，确立费用预算目标并分解，对费用进行事前审批、事中控制和事后总结、考核评价，抓费用总预算控制和月度计划管理，承担管控责任。各生产厂负责费用属地管理，负责费用使用报批报审、费用发生的合理性判断、费用使用台账的建立、费用预算的控制等工作。通过双管控模式，专业管理部门和费用使用单位的管控意识和能力明显提升，费用预算更加精准、使用更加合理、目标完成度更高。

（四）创新性破解成本精细化管控关键难题

1. 创新采购模式，持续降本增效

一是建立采购电商平台，从物资的采购计划申请、采购招标、合同签订等全流程在电商采购平台进行，采购上线率达到100%，发现市场价格能力提升的同时优化采购验收入库流程，验收实现电子开单，货物进厂即完成初步验收，采购效率获得提升。二是构建供应商电子管理系统，供应商采取线上注册、专业部门评价准入的机制，排除不合格供应商，鼓励营销部门开发新供应商，保持平台供应商的充分竞争，对燃料辅材备件供应情况综合评判，实时分析反馈，与供应商一起解决问题。积极发展战略合作伙伴，实现供应链端的采购成本压降。三是强化大宗辅材的市场分析，价格波动超过10%时，采取经营周分析或日碰头方式，精准采购节奏保生产供应的同时创造最大效益，及时关注市场行情变化，建立大宗辅材市场分析报表，做好分析预判。

2. 攻坚生产难题，挖掘压降潜力

生产部门牵头对影响成本的重点难点问题进行研究分析，选取提升规模降本、改善回收率、能源消耗压降等10个重难点项目，制订推进计划表、配套措施，采取挂牌的方式，由10个中层或骨干管理人员摘牌签订“军令状”，突破“成本无法再降低”的传统思维定式束缚，通过专家集中会诊、成立突击队等方式，发扬“干毛巾也能再拧出水”的精神，集中公司人、财、物等优势资源攻坚克难，全面实现既定目标。

3. 精细管控存货，提周转、控占用

不合理库存占用不但增加资金占用且增加财务成本，同时存在跌价风险。株冶建立存货周转率测算模型，通过对标可研设计水平、对标自身历史最好水平、对标行业最好水平等多个维度，初步形成可视化“体检单”，参考“体检单”，对异常指标进行深入分析，挖掘指标背后的经营、管理问题，形成“诊断书”，在“诊断书”问题的基础上，对症下药“抓药方”，提出全面、扎实、明确的周转率提升方向。

原料库存控制：明确原料的最低安全库存目标，对原料供应过程精细管控，合同签订、付款、发货、到货、检验化验、卸车等时间建立日跟踪台账，每车矿都有人跟进，到货量按预期执行，确保安全库存目标落地，降低原料采购流程上的占用成本。

在制品库存控制：根据工序作业时间分析，核定每个工序的周转天数，确定各流程在制品月末数，再通过周盘点对数据进行监控、核实，对异常占用情况及时对症下药，加速周转。

产品库存控制。一是从生产组织上控制，减少不合格产品的占用，当班产生的不合格品，下班必须处置完毕；下达产品溢量指标，精准匹配订单和产量；制订产品库龄指标，平衡回炉成本和资金占用成本，超过库龄的产品立即回炉处置。二是从销售节奏上控制，打破备货惯例思维，结合生产节奏优化合同，缩减客户订单与提货时间差，优化流程加快发货速度，快速降低产品库存。

辅材备件库存控制：根据历史最好水平，结合实际生产，设定月末金额上限并对辅材和备件的库龄设置目标，每月进行库龄分析，对库龄超过30天、60天、90天等不同情况，通过削减采购计划、以旧换新、加快处置等方式加速处理，严控辅材备件库存的占用。

4. 严控设备风险，全力保障效率

设备管理严格执行设备卫生交接班制度，每台设备维护责任细化到班组、个人，设备维护到位，以红旗机房红旗设备为样板，提升现场设备管理水平。重视周、月计划检修、月检修，将“消缺”这种重要不紧急的事情全部列入计划性检修，不遗漏不放过，缩减突发性抢修频次，用好计划检修费用，减少非计划性检修成本支出。鼓励修旧利废及备件国产化，每月从设备业务线奖励中拿出一部分作为修旧利废专项奖励，鼓励生产厂变废为宝、修旧利废。对故障率高的设备进行攻关，对进口设备备件进行国产化攻关，对专用备件非标备件进行攻关，自主小改小革，提高备件的标准化水平，解决采购价格高的问题；通过剥锌机、码锭机等自动化设备的改进攻关，减少人员配置，降低人工成本。对设备损坏风险度进行评价排序，积极投保机器损失险，对冲工艺影响、人员误操作等导致设备损坏增加维修费，同时也将保费压降到最低。

（五）多维度协同，为源头降本提供支撑

1. 调优结构，提升劳动生产率

优化组织和配置人力资源。制订“3 年百人强企计划”，按照整体发展需要，以引进加培养的模式，优化人力资源配置；加大员工内部流动，进一步明晰岗位设置、岗位职责，员工数量科学合理确定，达到人、岗、事匹配，做到人尽其才、才尽其用；根据员工的专长和特点在公司内部进行二次分配，通过双向选择，实现人力资源优化配置。

提高员工熟练程度。加大员工教育培训和技能训练，突出技术培训这一重点，结合生产实际情况，做好员工操作技能的培训、抽考、名师带徒、岗位练兵比武等技能培养工作，发挥公司内部培训讲师、技术及技能骨干的作用，以岗位和现场培训为主，采取线上与线下、集中学习和考试、经验交流等形式提高培训效果，优化提升岗位员工的操作技能和熟练程度。

强化薪酬激励考核工作。用好激励指挥棒，设计管理专家、技术专家、操作能手 3 条人才晋升通道，设置 6 个专家等级，建立与多条晋升通道配套的“岗薪制 + 薪点制”相结合的宽带薪酬体系，其中最高等级专家的薪酬可以达到公司领导薪酬水平。打通中层干部与技术专家、管理专家的横向通道，允许中层干部横向转岗为技术专家或管理专家，薪酬及福利待遇不变。对 985、211 院校本科生以上大学生实行补贴保护制度，充分调动各类人才的积极性和创造性。结合公司《员工职业发展通道管理办法》《人员退出管理办法》《管理人员失职行为责任追究办法》，有针对性进行员工绩效考核评价，对业绩不良者进行绩效改进与岗位轮换，对多次考核业绩不达标者设定淘汰机制。

2. 多方联动，综合提升降成本

不同的锌原料含量结构会产生不同的车间加工成本和综合回收对成本的抵减，为获得完全加工成本最小化，株冶建立原料采购全效益测算模型，结合对市场价格的研判，精准平衡每单锌原料合同的采购价差、品位、富含、杂质等，综合评价其对完全加工成本的贡献度，选择最优采购方案。

3. 科技助力，运营管理创佳绩

株冶加大科技方面的投入力度，搬迁转移以来科技投入年均增加 20% 以上。制订《科技成果评价管理办法》，推广实施内部科研项目半月推进机制、外部科研项目月推进机制。重视科研平台、博士后工作站的建设和运维，与中南大学、湖南工业大学等高校共建实验室。编制科技攻关年度预算，安排 8 个成本攻关专项课题，由技术专家牵头进行研究，定创效目标、做实验、抓实施。科研项目联合科研攻关形成研发 - 应用 - 推广的全链条模式，科研重点放在生产技术指标提升和综合能源节约上。

（六）刚性兑现，激发持续改进活力

1. 依据成本关联度设置绩效权重

成本绩效挂靠权重根据部门、生产厂的任务属性与公司成本目标的关联程度，按 10% ~50% 不等进行设置。管理部门挂靠完全加工成本，绩效与公司全成本互动，与成本关联度大的部门权重相对更大，如财务部、生产部等，按 20% ~40% 设定；党群部门、办公室等与成本关联度偏小的部门权重一般按 10% 设定。

2. 依据职能量身定制绩效挂靠方式

绩效挂靠根据部门或单位的职能职责量身定做。生产部门挂靠产量及技术经济指标，推动生产组织协调作用的发挥；经营部门负责挂靠库存成本、采购成本、销售成本；财务部门挂靠期间费用和财务费用指标，紧盯预算，对合理性进行控制；人力资源部门挂靠人工成本、劳动生产率指标，优化用工控成本。专项费用、部分技术经济等关键指标，不但挂靠对应管理部门，也与使用单位挂靠，管理部门与使用单位责任清晰、目标量化。

3. 为专项活动配套约束与激励

对二级单位的成本精细管理工作开展情况分部门、业务中心、生产厂3个片区实行月度打分、季度评比，设置“猎豹奖”和“蜗牛奖”，“猎豹奖”单位获得专项奖励，“蜗牛奖”单位员工绩效整体下浮10%。各部门和生产厂建立员工成本管控考核评分，与绩效工资、年终奖金和职位晋升等挂钩，促使员工都有动力将成本管控贯彻执行到位。结合公司的生产运动会制订成本精细化管理劳动竞赛办法，以运营班组为单位，每月对关键成本消耗指标开展精细化成本管理劳动竞赛，全面激发员工活力，提升班组成本管理意识。

4. 定量评价，奖罚结合，刚性兑现

成本费用指标的绩效兑现采取与目标比较每减（增）百分比奖扣挂靠绩效百分比的方式计算。扣完所有挂靠绩效为止，奖励额度按1～2倍封顶。针对影响成本的关键技术经济指标也采取此挂靠方式，直接鼓励成本主体提高指标，降低成本。兑现程序：由公司考评委员会每月对各部门、生产厂的指标完成情况进行统计分析，测算绩效并经决策后兑现发放。

三、冶炼企业全过程精细化成本管理效果

（一）全员成本管理意识及精细化管理水平提升

株冶成本精细化管理体系从无到有、从有到体系化，不但是理论的创立与实践，更是全员成本意识提升的过程。各层级组织及员工在成本精细管理实施过程中，成本管理理念进一步深入人心，企业文化的引领作用明显增强，战略部署及精细化实施效果显著，机制建设及协同落地能力有效加强，全过程成本管控力度凸显，管理工作实现系统化、清单化，管理效率提升明显，实现了将少数人的“要我成本管理”变成多数人的“我要成本管理”的目标。

（二）经济效益明显，进入高质量发展通道

成本精细管理推进以来，株冶完全加工成本逐年降低，盈利能力持续提升。2020年比转移前最好水平下降30.64%，同比2019年下降7.5%，2021年消化电、煤等生产要素价格上涨因素后，比2020年下降6.8%，连续两年成本降低比率稳定在5%以上。利润总额达到3.32亿元，营业毛利率4.69%，经营性现金净流入6.14亿元，创十几年来最好业绩。流动资产周转率、总资产周转率处于行业前列，运营效率大幅提升。资产负债率降幅达11%，偿债能力明显增加。

（三）树立行业成本标杆，社会效益彰显

通过成本精细化管理体系的构建和实施，株冶经济技术指标全面完成可研目标，关键技术指标如锌、银、铜回收率达到行业领先水平，特高级锌（99.995%）的产出率达100%，99.996%的高纯锌产出率达到40%以上，产品质量达到国内乃至世界领先水平。2021年，入选工业和信息化部重点用能行业能效“领跑者”，优于标准先进值15%，达到国际先进水平。行业成本排名由2019年的75分位上升到2021年的95分位以上，核心竞争力处于行业一流水平。

（成果创造人：刘朗明、何献忠、陈湘军、谭轶中、王浩宇、龙　双、
潘　帅、翟周违、周正华、冯　平、熊卫江、陈新峰）

建筑企业“人本”理念驱动的安全管理

中国建筑第八工程局有限公司

中国建筑第八工程局有限公司（以下简称中建八局）是中国建筑股份有限公司的全资子公司，是国内率先拥有施工总承包特级及行业设计甲级的“三特三甲”资质企业，承建大跨度、大空间、复杂结构工程数量全国领先。2021 年，中建八局新签合同额 6348 亿元，完成营业收入 3588 亿元，各类在建项目 2200 多个，现场施工作业工人 53 余万人，各类大型机械设备近万台。截至 2021 年年底，获得国家科技进步奖 13 项、省部级科技进步奖 1218 项，获得国家优质工程奖 310 项、“詹天佑奖”33 项、“鲁班奖”263 项；拥有授权专利 12782 项，其中发明专利 1174 项、实用新型专利 11549 项；开发、编制 53 项国家级工法、2692 项省部级工法。

一、建筑企业“人本”理念驱动的安全管理背景

（一）顺应安全发展和防范事故、减少伤亡的建筑业发展需求

建筑业是我国的传统行业，也是吸纳农村转移劳动力的最大领域，由于技术工艺落后、管理水平不高，安全生产水平一直较低。近 10 年，我国有 3 万余人死于施工安全事故，造成了难以估量的社会影响和经济损失，阻碍了建筑业的安全健康稳定发展，也成为经济社会安全发展的制约。优化安全管理模式、改进安全管理方法、降低事故率是建筑行业及建筑企业发展的最重要的需求。

（二）突破建筑业安全管理瓶颈的需求

建筑业安全事故致因众多且复杂，国内外大量调查研究表明，安全文化缺失导致大量人为的不安全行为，而领导失察失职是文化缺失的关键所在。中建八局面对国家建筑与基础设施建设与升级的空前发展形势，项目规模与类型的扩张加之建造工艺的复杂性增大，人员的安全保障需求和难度都呈现日益增长趋势。传统以经验和法规制度为导向的安全管理模式不仅在事故预防中缺少主动性和科学性，而且管理资源消耗大，各方各级单位与人员积极性也未能充分激发，人在安全生产中的主动性亟待提升。通过锁定“人的不安全行为管控”这一安全管理的关键主线，着力提升管理者安全领导力、建构先进安全文化、深度改善不安全行为，集成融合安全、管理、信息等先进技术以从底层提升安全管理数字化水平，成为突破建筑业安全管理瓶颈的核心需求。

（三）减少事故经济损失与提升企业软实力的需求

建筑业安全事故经济损失规模巨大，每年造成的直接经济损失超过百亿元，加之停产、停标、罚款及商誉破坏等间接经济损害，每年总体经济损失高达千亿元，减损已成为企业高质量发展、提升软实力不容忽视的重要目标。中建八局在飞速发展的过程中一直积极探索并完善防范化解重大安全生产风险的科学对策。然而，中建八局下辖各类在建项目 2200 多个，现场施工作业工人 53 余万人，各类大型机械设备近万台，如果安全管理水平停滞不前，不仅难以应对行业科技变革带来的新兴安全风险，更无法有效防范每年近亿元的潜在经济损失。中建八局需要根据安全发展目标，结合建造工艺流程与安全管理模式等现实情况开展全方位的精准施策，围绕人这一安全管理的核心目标与载体，树立科学的安全管理理念、培育优秀的管理者安全领导力、建构先进的安全文化、有效规范全员安全生产行为，以更高水平的安全软实力助力企业安全管理创新升级和减损创效的实现。

二、建筑企业"人本"理念驱动的安全管理主要做法

（一）打造以LCB为核心特色的人本安全理念，优化顶层设计

1. 强化安全领导力，凝聚安全管理能力、技巧与艺术内核

中建八局面向企业管理者解析安全领导力内涵，从科学的角度激发管理者在安全管理活动中作为主动方的工作思维与行动方式，突破现有管理者"强管制、弱引导"的普遍管理方式。改善传统以强制、约束、惩处等手段的习惯性粗放使用，大量融入以关心、尊重、引导、激励的管理与互动方式，增强对企业和管理者在安全理念上的认同感和信任感。

2. 建构先进安全文化，塑造集体安全价值观与行动规范载体

中建八局在公司领导层、管理层先行印刻安全文化精神，以此作为制度优化、方法完善、技术创新及措施开发等营造先进安全文化氛围的首要工作。树立"一切管理皆文化"的安全实践观，打破建筑业对安全文化缺少深入理解和充分重视，以及认为安全文化的形式虚空、过程缓慢、效果微弱等传统偏见，改善全员在安全文化建设中的积极性、规范性和科学性，彻底夯实安全文化的灵魂与根基地位。

3. 深度管控不安全行为，科学防范事故风险的关键致因

中建八局强调在提升不安全行为深度管控的过程中，不仅要关注现象，更要关注原因。不断挖掘不安全行为的特征与规律并以此作为实施和优化行为管控的科学依据，在循环往复中达到以控行为防事故的目标。中建八局根据安全领导力、文化和行为三者间的密切关系，在现有传统安全管理模式的基础上，从人的角度开辟安全管理新路径，重构以"安全领导力驱动文化与行为"为特色的人本安全管理理念，强调提升人的安全内能并以此激发人的安全外能，在制度优化、方法完善、技术创新及措施开发等安全管理关键方面实现以需求为导向的综合能力最大化发挥。

（二）优化基于LCB人本理念的安全管理制度，划清规则边界

1. 领导率先垂范的安全责任制度，覆盖并规范全员安全行为

基于LCB人本安全理念，将领导者的安全理念坚持、安全热情展现、安全带头作用、安全创新求索等融入安全职责，在此基础上，以"党政同责、一岗双责、齐抓共管"为原则，以高度的示范效应将新的管理职责与工作职责"横向蔓延到边、纵向深入到底"，实现企划、人力、财务、合约、商务、工程、技术等全部业务部分的有机联动与落实机制。协同两级总部、项目等各级管理人员，建立全面统一的安全责任制考核制度，确保职责清晰，分工准确，落实到位。

2. 安全知识集群的教育培训制度，建构并传承企业安全文化

针对领导干部、安全监管人员、管理人员、作业人员等不同职能群体的安全知识与技能需求，分别制订差异化与个性化的安全教育培训制度，在实践中形成以安全早班会、晚班会、安全讲师公开课、安全工程师实训营、领导干部安全生产研讨班等典型活动为代表的安全教育培训体系，特别注重安全理念、知识、技能和文化的培塑、传递与传承，夯实安全文化知识基础。

3. 赋能专属职权的监管分离制度，提升管理集团安全领导力

充分发挥安全管理人员安全领导力的重要现实条件是为其提供专属的安全职能与权力，不仅要激励安全管理人员在工作中面对隐患与风险处置、生产与安全矛盾等难题时敢于决断，还要为安全决断提供可行并可达的制度保障，以此更加深入地展现管理在安全生产中的重要地位。在这种特有的监管分离制度中，安全监督和安全管理被明确界定为两种相互独立的安全管理职能序列，在人员配备、组织机构、管理职责等方面通过具体制度（如全员安全生产责任制度等）进行明确规定，突出对人员安全领导力的提升与规范，确保两条工作线既自成体系，又有机结合，促进各级管理人员在工作中的协调互动。

（三）完善基于 LCB 人本理念的安全管理方法，支撑持续提升

1. 开发安全领导力测评提升方法，促进变革型领导能力发挥

根据企业及项目的组织架构，通过对负有安全管理职责的管理者进行层级、职能等基本特征进行梳理和提取，明确需要进行安全领导力测评和提升的各方、各级管理人员。中建八局特别关注班组这一建设生产活动的基本单位，将施工一线的班组长也纳入安全领导力测评提升工作中。融合国际先进测评体系与企业现实及需求，开发适合建设单位、总包单位、分包单位及一线班组的安全领导力测评指标体系，通过安全影响与德行垂范、安全指导与愿景激励、安全关注与个人尊重三大变革型维度和安全控制与绩效管理的契约型维度，有效反映管理者影响下属的领导风格、领导方式及领导能力等方面的综合情况。以“诊断、设计、实施、优化”的闭环过程建立行动式的安全领导力提升流程，通过引入专家顾问团的形式为提升规范、提升措施、有效性评估等关键任务提供智慧支持，为企业安全管理集体在提升以“垂范、尊重、关心”为特色的变革型安全领导力和巩固“管制、约束”为特色的契约型安全领导力两大方面提供科学保障。

2. 设计安全文化测评建构方法，激发宏观、中观、微观全尺度互动

针对安全文化本身难以进行测量和评估的难题，开发由安全承诺、安全管理体系、安全沟通、安全参与、安全培训、监督支持六大维度构成的建筑业文化测评指标体系，在全面精准反映安全文化即时状态的同时，明确安全文化建设与管理工作中的问题、重点与策略，解决行业企业长期以来缺少科学认识与理解工具和安全文化建设缺乏指导依据的现实问题。在此基础上，为进一步发挥安全文化对人员行为安全的影响，开发以行为安全提升为目标的安全文化建设流程与措施，通过 PDCA 的可持续循环法则，形成宏观层面上各方文化互动、中观层面上各部门文化互动、微观层面上全员文化互动的全尺度安全文化动态建构模式，充分调动建设生产活动主体的安全文化建设积极性，推进文化兴安水平。

3. 深化不安全行为调查干预方法，兼顾行为内因和外因

中建八局不仅重视工人的不安全作业行为，还格外重视管理者的不安全管理行为。首先，针对工人不安全作业行为的复杂性与实际管理需求，引入认知心理学和劳动生理学方法，通过开发“发现危险、认识危险、思考应对、选择应对、实施应对”五阶段的致因和“体力疲劳 - 脑力疲劳”两个维度的不安全行为心理和生理致因调查工具，突破原有依靠不安全行为检查表仅能“以现象查行为”的传统浅层次模式，挖掘出更多基于认知失效和基于疲劳水平的工人个体行为安全干预措施，为支撑不安全行为的深度管控提供更加科学的依据。其次，针对管理者不安全管理行为，以国内外现有安全管理体系为基础，结合企业安全管理现实，构建包括安全目标、安全投入、安全信息管理、安全绩效等 8 个维度的安全管理行为评估方法，为安全管理行为的现状评估和问题诊断提供了规范、实用的工具。设计安全管理行为的改善方法，提出引导、保障、控制、约束等 4 类共 16 项干预措施，为建筑业安全绩效持续提升提供新的思路、方法和工具。

（四）创新基于 LCB 人本理念的安全管理技术，升级数智融合

1. 鼓励多元科技手段优化典型安全管理技术措施

中建八局基于 LCB 人本安全理念，格外注重对各级管理人员和一线工人针对现有安全保障条件提出优化和改进意见及建议，鼓励全员自发探索多元化的科技手段解决问题，从需求导向实现问题的妥善解决，使全员的安全参与感、主动性、积极性、创新性等方面得到持续提升，在实践过程中形成不断积累充实的基础类安全数字资源。防护设施方面，通过结合 BIM 技术对施工现场所有存在高处坠落、物体打击风险的区域进行统一辨识、规划与管理，以工具化、定型化为制作标准，以防护可靠为原则，组织专项优化小组结合实际需求并不断吸收、整合、集成业内科技成果，实现防护措施升级改造，从而推进各高危节点的基本防护设施管理。监管工具方面，通过以物联网技术和通信技术为依托，推出安全巡

查、教育培训、工人定位、远程监控等一系列安全管理App，使安全隐患从发现到消除全过程可跟踪、可追溯，结合大数据不断调整监管重点，提升监管效能与数字化水平。教培场所方面，以“科技助力文化教培”为导向，通过打造具有实体场景体验为特色的安全教育培训场馆与统一的教育培训用具，开发教学工具箱、VR虚拟现实体验设施、网络模拟考试系统等系列科技含量丰富的教育培训方法，选拔并任命经过系统培训的安全教育师资，搭建以课程知识体系为架构的教学资源数据库，形成“沉浸式、多方位、重实用”的高质量安全教育培训资源。安全设备方面，通过制订《科技推广技术应用清单》，将整体提升平台技术、工具式水平模板钢结构托架技术、BIM应用技术等科技手段作为必选技术推广项在企业及项目全域激励应用，从源头上消灭高空作业等重大安全隐患，强化施工现场的本质安全化水平。

2. 推进“大智移云物”新技术与重大风险管理的融合创新

人工智能等新兴技术的飞速发展为建筑业重大施工安全风险预控提供了丰富的融合与创新空间，中建八局通过校企联合攻关、人才互通培养等多维创新模式引入新技术、新产品、新装备，推进施工现场高危场景安全管控的智能化、数字化、动态化水平，同时在实践过程中形成不断积累充实的重点安全数字资源。

“人员”要素方面，通过采用基于计算机视觉、深度学习等研发的人员不安全行为及相关心理与生理数据实时采集技术，通过人体三维骨骼结构及参数、皮电信号数据等深度实时反映出工人在作业过程中的状态安全情况，解决施工现场工人多、分布广而管理人员少导致的行为监测盲区大的管理难题。“机械”要素方面，针对现场因机械设备多、运动轨迹复杂导致安全风险高的问题，通过应用联合开发的施工机械自动选取算法和智能模拟原型系统，实现机械设备的自动定位、路径规划、作业行为的智能采集、模拟分析与动态预警，协助管理者及时发现模拟中的安全隐患，为高效地开展人机协作安全管理提供全新手段。“环境”要素方面，通过梳理基于设计规范的安全规则组建融合BIM与安全规则的集成框架，组织设计并应用包括信息收集模块、输入模块、运算模块和输出模块4个模块的危险环境实时识别预警系统，实现现场不安全环境的自动监测、主动报警和关键信息提示。“人－机－环”耦合方面，针对现场人员、机械设备、环境条件耦合安全风险预控问题，以BIM技术为基础、场景解析技术为核心，通过实时感知人员与机械设备的时空特征、属性标签、行为交互轨迹等智能分析人机碰撞可能性与严重性，为大幅提升管理者的安全决策信息支持问题。

3. 创建以数字资源为引擎的安全综合管控平台

中建八局在安全综合管控平台的建设中，首先面向数据来源的边缘端，利用现场检查、各类传感器、视频采集甚至是无人机等终端设备，发明施工现场的数据采集方法、装置及系统，对施工现场及关键部位的施工方法、物的状态、作业条件、人的行为等进行远程监测，管理者也可以手动录入项目的安全状态。数字化安全综合管控平台能够实时记录项目的安全数据，并且让不同项目干系人实时检视项目的安全状态。

面向数据分析的云端，通过开发安全混合仿真技术突破多源感知数据的系统分析，实现安全管理微观与宏观因素进行联合分析，解决云端安全分析技术和边缘端安全识别监测技术的集成融合，形成以数字资源为引擎的“宏－中－微”多尺度监测分析、超前预控和深度管控，可为多项目的安全综合管理提供支持。

（五）开发基于LCB人本理念的安全管理措施，激励多元落地

1. 以新内涵赋能传统安全管理方案

“安全生产月”活动。“安全生产月”是全国范围开展的群众性安全生产宣传教育活动，中建八局在全面落实政府及上级组织的活动要求的基础上，赋予“安全生产月”活动以“表彰台、检查站、助

推器”等3项功能。“表彰台”功能是在“安全生产月”期间，组织“行为安全之星”评比表彰、安全管理工作先进个人和先进单位的表彰，激发各级干部和作业工人的安全生产工作积极性；“检查站”功能是进行年度安全生产工作目标和任务梳理、检视，列出序时进度滞后的项目并查找原因和责任人；“助推器”功能是通过各种会议、简报等形式营造氛围，推进落后单位和滞后项目的快速赶超。

“安康杯”活动。“安康杯”竞赛活动是工会组织和业务部门联合组织开展的传统活动。中建八局围绕安全文化建设的活动目标，在安全宣传教育、班组安全建设、事故隐患排查等方面广泛开展群众性安全生产活动。每年组织“全员安全五个一（拍一部安全微电影、写一个典型安全案例、听讲一堂安全课、读一本安全书、查一起安全隐患）”为主要内容的竞赛活动，得到广大工友的响应和参与。

2. 以新形式定制安全人才培塑方案

安全型领导人才培塑是对中建八局C职级以上领导干部开展系统的安全培训，通过专家授课、现场观摩、座谈研讨等形式，帮助领导干部把握安全生产形势、梳理安全管理思路、提升安全生产领导力。

安全教培人才培塑是中建八局提升安全教育培训能力的重要举措，主要包括安全讲师大赛、安全讲师小组活动、安全讲师公开课、安全讲师“七进”、安全讲师进阶培训等。2015年至今，安全讲师大赛已开展5届，参与人数有4000多人，安全讲师大赛作为选拔安全工程师骨干的重要手段已得到各级单位领导的关注与认可。

安全工程人才培塑是中建八局安全管理与科技创新能力提升的重要举措之一，起源于中建八局承办的上海迪士尼项目。2015年，为深入学习国际先进安全管理理念，选拔109名安全工程师组建了安全工程师（迪士尼）实训营，在上海迪士尼项目边工边学、工学结合，培养出一批优秀安全监管骨干，学员们回到全国各地的公司和项目后，成为先进管理经验的传播者与践行者。中建八局复制安全工程师（迪士尼）实训营模式，先后组织宁梁和雄安实训营，依托特色项目进行定向培养。中建八局下属各单位也相继效仿，组织安全工程师（中广核）实训营、安全工程师（园博园）实训营等一系列实训营活动。

3. 以新机制独创特色安全管理方案

“行为安全之星”活动是以正向激励为核心，以行为安全观察为手段，以解决工人的不安全行为为目的，通过安全观察对行为安全的工人予以鼓励、表扬，充分调动、发挥一线作业人员的自觉性和积极性，引导工人改变不安全的行为习惯，减少隐患数量，实现事前控制安全管理目标。

“行为安全之星”活动于2017年3月启动，中建八局与清华大学联合设计活动模型，总结“一二三四五、安全无事故”的工作方法并在深圳市的两个项目试点，后扩大至华南区域，试点效果明显。中建八局“行为安全之星”活动的获奖对象从一线作业工人向作业班组、作业分包及管理人员等扩展。正向激励方式除为获奖人员发放积分卡用以兑换现金、生活用品外，尝试采用为“行为安全之星”获奖对象邮寄“一封家书”、项目经理陪同吃一次晚餐、为家属买一张探亲车票、开放一个“行为安全之星”专属食堂窗口等不同方式，从物质、精神等多方面激发不同人群履行安全职责的积极性。

三、建筑企业“人本”理念驱动的安全管理效果

（一）人员安全保障升级，员工伤亡率大幅下降

中建八局以LCB人本安全理念为指导，持续深化安全领导力建设、健强安全监管队伍、优化安全标准化体系、培育全员安全文化，安全管理成效显著。过去10年，中建八局未发生较大及以上安全生产责任事故，远低于集团每年下达的指标及企业内控目标。良好的安全管理得到了各级政府和行业的认可，“十三五”期间，中建八局承建的工程项目获得省级安全生产标准化示范工地等省级奖项890多个、全国建设工程项目施工安全生产标准化工地等国家级奖项160多个、国际安全大奖30多个，以及

各类国家级观摩工地100多个，安全管理水平的持续提升有力支撑了企业的高质量发展。

（二）提升施工安全事故预防效率，大量避免事故损失

通过实施基于LCB人本理念的安全管理体系，理念、制度、方法、技术、措施各维度的丰富内涵与相互间的紧密联动，大幅提升了施工安全事故预防的能力与效果。近年来，与行业平均水平相比，中建八局每年可规避高达近亿元的直接与间接安全经济损失。过去10年，中建八局的新签合同额从2011年的2100亿元发展到2021年的6348亿元，施工项目从不足千个到2200多个，从单一的房屋建筑施工企业发展成为涵盖房屋建筑、基础设施、投资运营和创新业务的大型综合投资建设集团。“十三五”期间，中建八局累计实现合同额2.09万亿元、营业收入1.05万亿元，年均增长率分别达到14.31%和17.83%。

（三）安全管理体系深受同行认可，在业内广泛应用

2017年，集团领导带队到中建八局调研，高度认可“行为安全之星”活动，集团党组决定在全集团开展“行为安全之星”活动并于同年3月召开集团“行为安全之星”活动启动仪式。在此期间，住房和城乡建设部、国务院国资委等部门的相关领导也先后到中建八局开展专题调研，对活动形式和效果给予充分肯定和高度赞扬。“行为安全之星”活动已成为集团全面推行的安全管理活动。

2016年，广西壮族自治区住房和城乡建设厅发文推广中建八局的“安全早班会”制度；2020年，山东省住房和城乡建设厅、山东省应急管理厅先后发文推广中建八局的“十项零容忍隐患”整治制度和“行为安全之星”活动。

中建八局安全讲师团队积极响应国务院安委办关于安全教育“七进”活动的要求，走进北京市住房和城乡建设委、雄安新区安监局、新疆建工等单位进行授课。中建八局安全讲师的品牌影响力已逐步彰显，对我国建筑施工企业安全管理及科技创新能力的提升具有引领和借鉴意义。

（成果创造人：方东平、王学士、郭玥诚、郭红领、刘　薇、马岩辉、王立峰、韩　冬、张大鹏、李在上、刘更伟）

军工院所基于价值链关键环节的成本管理优化

北京航天长征飞行器研究所

北京航天长征飞行器研究所（以下简称长征飞行器研究所）隶属于中国航天科技集团有限公司（以下简航天集团），创建于1971年，是我国再入飞行器总体研制单位。50多年来，长征飞行器研究所根植于我国航天事业的沃土，走出了一条创新立所、管理强所的路子，为航天强国建设做出了重要贡献，为铸就国家战略安全基石提供了有力支撑。长征飞行器研究所荣获高技术装备发展建设工程突出贡献奖、全国文明单位等称号。

一、军工院所基于价值链关键环节的成本管理优化背景

（一）国家高质量发展战略对装备发展提出了更高要求

近年来，我国经济已由高速增长阶段转向高质量发展阶段，必须推动经济发展质量变革、效率变革、动力变革，提高全要素生产率。装备领域，聚焦“能打仗，打胜仗”目标，国家提出了建设“高质量、高效益、低成本、可持续发展”的新要求，陆续发布了相关文件，要求全面开展低成本设计与制造，军工产品定价议价机制发生了新的变化，引入了目标成本和激励约束的概念，对航天企业控制产品成本提出了更高的要求。

（二）长征飞行器研究所的多重身份对成本管理提出更高要求

作为航天产品的分系统单位、设计单位、集成单位和质量主责单位，长征飞行器研究所既要从设计角度全面满足用户对产品技术性能的需求，又要从产品集成角度满足用户对产品质量的需求，更要从分系统总包单位角度满足用户日益提高的产品成本控制的要求。多重身份下，长征飞行器研究所成本管理面临诸多挑战，成本管控的理念、措施已不适应高质量发展要求和装备管理模式变化，型号队伍及综合管理人员成本意识还不到位，成本管控要素还不全面，成本管控的基础数据还不健全，效能提升的措施方法还不够具体。新形势下，如何处理好多重身份下的成本控制，已成为长征飞行器研究所亟待研究解决的重大课题。

（三）实现高效稳健长期发展对成本体系建设提出了更高要求

航天集团第七次工作会议做出推动航天强国建设、加快建成世界一流航天企业集团的战略部署，正式提出高质量、高效率、高效益的发展目标，在第八次工作会议上进一步强调必须立足新发展阶段形成高质量、高效率、高效益全面发展的新格局。面向未来发展，长征飞行器研究所提出“建设世界一流航天装备供应商”的战略目标，质量和效益领先是世界一流的重要内涵，先进的成本管理体系和过硬的成本管控能力是世界一流企业的核心竞争力之一。

二、军工院所基于价值链关键环节的成本管理优化主要做法

（一）构建两类成本模型，夯实成本科学管控基础

为更准确、更快速获得成本数据，促进成本管控科学有效，长征飞行器研究所构建两类成本模型。构建产品成本定额模型，搭建技术方案 - 工艺 - 成本间的桥梁，识别出影响产品成本的关键影响因素。在成本定额模型建设的基础上，进一步构建产品成本参数模型，搭建技术指标 - 成本间的桥梁，实现在竞争环境下快速估算成本。在应用过程中，通过成本参数模型快速预测成本，为外部决策提供有力支撑；通过成本定额模型较准确的设定产品目标，为内部限价设计提供有效指导。

1. 构建产品成本定额模型，实现成本准确可知

长征飞行器研究所是再入飞行器总体设计单位，产品种类繁多，涉及多个层级的产品结构，包括系统级产品、分系统级产品、子系统级平台化产品、单机级通用化产品、零部组件级模块化产品、基础类标准化产品。过去，采用常规的分批成本核算方法，以产品批别或订单设置成本明细账，自下而上归集和分配各级产品费用。实际上，影响产品成本的因素很多，既包括设计材料的选择，即原材料的型号、尺寸和重量及元器件的质量等级等，也包括产品生产过程中的工艺路线、工艺流程及工艺方法等。以往采用的方法，由于没有对各产品成本组成进行逐级分解，很难获悉影响产品成本的关键因素。为摸清影响产品成本的关键因素，长征飞行器研究所利用标准成本法，从材料定额、工艺定额和工艺路线等层面获取底层成本构成数据。型号队伍人员收集整理了典型产品的原材料用料、元器件等级、工艺流程及方法等基础数据，形成产品材料定额、工艺路线和工时定额的数据库，建立产品定额模型库并不断进行迭代校验。结合产品特点，深入开展同类型产品的统型工作，推动成本对象的标准化，从而实现产品成本定额模型的通用化。目前，已完成85%典型产品的成本定额模型建设工作。通过建设产品成本定额模型，积累了大量的基层数据，从中识别出对产品成本影响重大的材料与工艺，特别是生产流程中不顺畅、工艺不科学、资源配置效率低、成本管控难度大的环节，为具体产品的优化设计、工艺管理等提供有力支撑，切实做到从源头降本增效，提高产品的价格竞争力。以某新型产品为例，首轮设计后，通过定额模型测算的成本高于竞标目标成本33%。为了达到目标成本的要求，设计人员联动生产单位工艺人员，在满足该产品性能指标的前提下识别出影响成本的关键因素为材料及工艺方法的选择。据此，设计人员对壳体厚度、结构形式和力学性能进行优化，协同生产单位将壳体工艺由机加优化为旋压，工时相应节省，工时费节省了5%，材料由铝棒改为铝板，材料费及其他费用节省了21%，从而实现了产品的竞标目标成本。

2. 构建产品成本参数模型，实现成本快速可测

装备产品竞标等工作，需要快速进行产品价格测算与优化迭代。为了满足此需求，长征飞行器研究所在建设产品定额模型的基础上，研究构建产品成本参数模型，建立技术指标-成本间的对应关系。运用参数法、工程法，建立了产品成本与功能指标、组成数量等参数间简洁、直观的数学关系，形成了重要金属结构件、电子装置、毁伤单元等3类典型产品的成本参数模型，利用成熟的PRICE软件（一款参数化成本估算模型系统软件，其研发公司为美国洛克希德马丁公司的成本分析部门）对3类典型产品成本参数模型进行辅助校验和数据迭代，实现了典型产品成本参数模型自主化，可快速完成从技术指标到成本数据的转化，有效指导设计人员限价设计及管理人员竞标策略确定等相关工作。目前，产品成本参数模型的应用场景正逐步覆盖到成本预测、决策、预算、控制、核算、分析、考核等，在规划竞标价格、经济性审查、成本基线确认、限价设计、管理短板识别等方面起到了强有力的支撑作用。以某型号产品竞标工作为例，在满足战术指标的条件下，合理运用成本参数模型，对复杂异形体舱段的设计、工艺和制造成本进行实时预测，实现了设计方案与成本快速迭代优化，设计方案测算成本最终满足目标价；同时，结合量本利分析，得出盈亏平衡量低于竞标获胜后的订购量，在第一时间支撑了长征飞行器研究所的顶层决策。

（二）聚焦4个关键环节分类施策，促进效能多维叠加

结合波特价值链模型理论，识别出长征飞行器研究所成本管理中影响价值创造的关键环节为“需求对接、方案设计、产品集成、试验验证”的成本管控，系统实施了6条有效措施，成功降低了单机产品成本、系统综合成本、规模制造成本、交易管理成本、试验验证成本和质量损失成本。

1. 需求环节精准转化功能需求，降低单机产品成本

作为航天分系统总体单位，长征飞行器研究所深刻意识到满足功能需求的前提下，一味追求单项技

术、单项配套产品的先进性，往往对资源的需求更多，成本相应更高。因此，建设性提出加强与用户单位的需求对接，将功能性的需求转化为合理的技术指标，既满足用户要求，又不刻意拔高要求，实现功能、技术、成本同步优化，使成本管理的源头更前移一步。以某产品为例，用户提出了一系列功能指标，同时也对配方中的材料种类、比例等做了具体要求。设计人员与用户进行了多次协调沟通，建议在满足功能的前提下充分考虑成本因素，进一步优化技术要求，将配方中某高价格材料的比例降低25%。此方案得到了用户认可，原材料成本降低30%，达到了成本控制的预期效果。

2. 设计环节多学科融合优化设计，降低系统综合成本

航天是系统工程，实现系统最优是工程型号的最高目标。系统最优既包括性能最优、功能最优，也包括成本最优。长征飞行器研究所设计人员在开展工程型号设计过程中，坚持将成本作为系统优化设计的核心目标之一，不是通过简单堆砌技术指标较高的产品来提升系统指标，而是通过总体系统集成和多学科耦合优化设计，选择合理的单机产品，将其快速集成设计为综合性能优、更有竞争力的系统级产品。

3. 集成环节推进供应链布局优化和产品化，降低交易制造成本

供应链不仅关系到配套产品能否按时齐套，也直接关系到产品成本。近年来，长征飞行器研究所系统实施了供应链强壮性工程，实施了“疏堵点、解痛点、通经络”三步走实施方案，结合产品特点，从配套关系、把控程度、工艺路线、地缘优势等多维度综合考虑，系统布局优化有竞争力的、有韧性的供应链体系，牵引形成以京津冀地区为中心、辐射四大片区的“1+4”片区制供应链管理模式，减少产品流转过程中的跨省协调、运输、时间等损耗，片区内产品组批投产、统一验收、分别交付，有效降低了交易成本，满足了型号产品配套需要。对高价值产品以有序竞争为导向，在各供应商之间形成良性竞争的态势，通过市场手段引导供应商加强成本管控，采取签订长期稳定战略协议、增加预付款与里程碑拨款强度等方式，引导供应商开展制造能力升级，从而实现配套产品合理的批生产阶梯降价，产品成本降低约8%。

产品化是缩短新型号研制周期、降低规模化制造成本的核心路径之一。长征飞行器研究所按照通用化、系列化、组合化的产品化思路，不断收敛产品型谱，不断提升产品成熟度，初步构建了系统级、单机级、模块级和电路级的货架产品，有效降低了产品制造成本，提高了效率与质量可靠性，有力支撑了大规模生产。在此基础上，组成了强大的中台，中台中的每个产品都经过了技术和成本的成熟度认定。以强大的中台为支点，配以必要的个性化设计，快速形成了技术可靠、成本可控、技术经济竞争力强的产品。近年来，已经连续多年实现新立项型号产品化率不低于82%、产品型谱化率不低于82%的目标，高质量、高效率、高效益地完成了一系列型号的批生产任务，生产效率提升了一倍以上，生产成本降低20%以上。

4. 验证环节推进虚拟仿真与质量成本分析，降低质量验证成本

通过梳理各型号多年的试验技术数据，建立了强度虚拟试验室，采用积木式的层级虚拟验证策略，将飞行器虚拟仿真技术分解成材料级、部件级、组件级和全再入飞行器级仿真，通过对材料级与部件级的虚拟仿真和试验结果比较，验证虚拟仿真模型的正确性，通过不断迭代，逐步提升试验的真实性，提高虚拟仿真的精度。目前，长征飞行器研究所已经基本具备飞行器类产品虚拟试验能力，实现了由完全依靠实物试验向虚拟试验与实物试验相结合的跨越，大大减少了实物试验，提高了研制效率，降低了研制成本，平均每个型号节省成本2%。

质量成本是产品全周期成本的重要组成部分。长征飞行器研究所实施精细化质量成本分析，实现质量成本数据可知可视，借此推动全员提升质量意识和成本意识，降低质量损失成本。实行质量成本统计与质量归零工作同启动、同采集、同分析、同总结，质量归零问题与成本分析同步开展，质量归零问题

成本分析在质量专题分析会上单独汇报，将质量问题归零成本统计渗入质量管理流程、覆盖质量管理要素、映射质量薄弱环节、指导过程管控改进，通过即时采集、划小单元、划短周期的方法，有力提升了质量成本管理的针对性，依托质量信息系统建设提升了数据统计和分析的精准性。将质量成本与型号负责人、产品负责人及单位负责人的绩效考核紧密挂钩，促进质量管理和成本管理同步提升。通过精细化质量成本分析，员工的质量意识逐步提升，产品质量水平逐步提高，质量损失成本逐步降低。

（三）配套4个管理措施，推动业财深度融合

1. 开展基于成本目标的全面预算约束管理，推动业务成本过程管控精细化

长征飞行器研究所将全面预算管理作为成本战略落地的重要途径，近年来开展预算编报精细化管理，持续强化预算过程追踪和分析，构建有效的预算绩效考核体系，确保主业经营按照预算成本的目标科学开展。一是坚持面向业务，突出成本目标管理。以全面预算为载体，科学分解“五年规划”和“三年滚动计划”中的成本管控战略目标，开展基于成本管控指标实现的预算编报。以净资产收益率这一重要的成本监测指标为例，长征飞行器研究所按照杜邦分析法，将指标分解为资产报酬率和权益乘数，又进一步分解资产报酬率至净利润率、资产周转率，最终指标细分至项目成本预算、管理费用预算、“两金”额度等细化预算管控项，明确了对应的责任部门。二是坚持项目为本，强化成本过程管控。以目标成本为牵引，以型号全周期预算和年度预算为抓手，推进项目全周期预算管理，将经济性目标的要求贯穿型号项目研制生产全流程。通过预算项目库建设，实现年度预算资源和年度科研生产任务计划相匹配，精细化管理“任务、经费、结算、指标”四链，有效保障了长征飞行器研究所近3年成本管控和经营效率双提升。三是坚持结果评价，突出成本责任闭环。建立全周期经济性考核、年度战略绩效考核和季度预算执行考核三位一体考核体系，将预算评价和考核作为成本管理责任落实和资源使用效率提升的重要手段。借助管理信息系统按月监测“3+10”成本指标，及时预警成本监测指标偏差项并提出解决措施。建立预算绩效管理机制，强化支出责任和价值意识，促进项目绩效和预算绩效目标同实现。

2. 开展基于技术经济一体化的设计效益审查，推动型号成本源头管控常态化

长征飞行器研究所建立技术经济一体化审查机制，发布《长征飞行器研究所科学技术委员会工作规定》，明确了技术经济一体化评审工作的顶层规范，发挥科技委专家智库平台优势，对标技术指标和经济指标审查方案的合理性和经济性，主要审查内容包括方案满足技术指标的情况、是否存在过度设计的情况、试验项目和投产数量的精准性、型号间的横向比较等要素，确保新立项项目成本控制水平代表长征飞行器研究所整体水平，通过审查后方可开展后续工作，否则不予立项。2022年已累计完成16次型号及项目方案评审、竞标审查，平均每个项目减少试验项目20%，整体或局部方案优化7次，平均成本降低7%。

3. 开展基于智能系统的资产效能监控，推动资产成本管控全周期化

利用自主掌握的电力线载波技术，研发了准确、便捷的设备利用率监控系统，开发仪器设备智能监控管理平台，具备非接触测量、适配灵活、自动组网、数据效率高等特点，通过信息化手段，实现设备仪器利用率在线实时智能监控。以此为核心，构建了信息化、网络化的资产管理平台，实现资产全周期数字化管理，有效提升资产管理精细化水平和资产运营效益。一是提高设备利用率。使用本系统实现了仪器设备使用的实时状况感知，及时掌握关键设备的使用情况，通过预约使用、指挥调度、共享共用等方式，解决了不同时段、不同设备、不同单位忙闲不均的问题，使仪器设备资源得到更加高效的利用。二是延长设备使用寿命。可根据设备额定功率设置阈值，当出现短路或过载等故障时，系统自动预警，及时发现故障，排除安全隐患，延长设备寿命。通过大数据分析，准确掌握每台仪器设备的累计使用时间，为科学制订维修计划奠定坚实基础，降低设备维修综合成本。三是推动节能降耗。本系统支持设备

能耗数据实时在线自动读取和智能分析，通过数据综合分析，掌握能耗－时间特性，及时发现可错峰运行设备（系统），利用峰谷电收费规则，合理削峰填谷，配合储能设备应用，降低了能耗成本。四是优化资产结构。通过智能化数据分析，全面掌握不同单位、不同产品、关键设备的实际利用率，为资产投资论证提供了科学的决策支撑，避免了盲目投资、重复投资和低效投资。长征飞行器研究所是航天集团能力监管实施方案首批试点单位，自主开发的设备利用率自动监测系统被航天集团列为重要推广项目。

4. 开展基于战略强化的人力效能提升，推动人工成本管控体系化

人才是第一资源，是实现高质量发展、赢得市场竞争主动的战略资源。长征飞行器研究所作为科研创新型组织，其人工成本在总成本的占比较大，只有不断提升人才效能，才能实现有限资源约束条件下的产出提升。长征飞行器研究所深刻理解人才引领发展的战略意义，深入实施新时代人才战略，将人才战略精准地匹配到组织发展的根本需求上。发布了相关文件以解放人才和增强人才活力为出发点，努力建设适应高质量发展的人才机制，采取了一系列有针对性的措施，比如：瞄准技术创新、技术基础、管理创新等研究方向，探索“揭榜挂帅”机制；设立自筹项目、青蓝工程和“鸣镝”技术创新基金等3类创新课题库，构建新型自主投入研发体系；制订发布核心专业需求指南，围绕高精尖缺专业实施靶向引才；实行目标导向的考核评价机制，健全物质与精神并重的奖励激励体系。通过实施人才战略，最大程度地调动了组织内部各种智力潜能，激发了人才创新创造活力，人力资源效能稳步提升，人均创新产出显著增长。近3年，新增享受政府特殊津贴人员1人，入选国家“万人计划”青年拔尖人才1人，入选军事科技领域青年人才托举工程2人，入选集团公司学术技术带头人2人、集团青年拔尖人才5人；2021年较2020年同期，预研项目立项数目增长35%，获批经费增长151%，人均创新研发费用增长146%。

三、军工院所基于价值链关键环节的成本管理优化效果

（一）建成成本管理新体系，初步实现精细化、体系化和制度化

成本管理新体系的建立夯实了成本管理的数据基础、流程基础和制度基础，成本管控要求基本覆盖了产品全过程和业务全流程，形成了人人关注成本、事事控制成本的良好氛围。一是夯实了数据基础。通过建立产品成本定额模型和产品成本参数模型，细化了各类产品的成本基础数据；通过建立设备仪器利用率监控系统，及时掌握各类资产的利用率、能耗、使用时间等基础数据；通过全面预算管理，掌握了各类业务实施过程中的动态数据。这些数据为精细化成本控制提供了科学的基础支撑。二是夯实了流程基础。通过建立设计方案经济性审查机制、全面预算管理机制、资产效能监控机制、人力效能提升机制，在技术（设计）、人、财、物等职能的管理流程中有机嵌入了成本管理要素，实现了体系化推动业财深度融合。三是夯实了制度基础。编制发布了一系列相关文件，对成本管控相关工作进行了顶层策划和系统部署，确保成本管控工作持续推进，往深里走、往实里走、往高处走。

（二）成本管理能力显著提升，有力支撑市场开拓

建立了产品成本定额模型和产品成本参数模型，在全级次定额数据的支撑下，通过不断的迭代校验，使成本模型不断优化、定额数据不断丰富，奠定了限价设计的坚实基础，促进了设计－工艺深度耦合，实现了设计－生产的联动，有效提升了产品的价格竞争力。近3年来，利用两个模型顺利完成了10余个型号、85%产品的价格测算与设计方案的迭代优化工作，工作效率提高20%，其中某型号某产品成本测算与设计方案迭代仅用时两天，实现了又快又准又优，有力支撑了该型号竞标工作。基于两个模型，推动设计工艺一体化的有力结合，极大优化了产品设计方案，从材料、工艺设计源头优化产品成本并指导供应商通过优化工艺流程、选用先进工艺设备等方式加强制造成本控制，大大提高了价格竞争力。近年来，长征飞行器研究所承担的新研型号成本更加合理，有力推动装备技术经济一体化发展，赢得了用户的充分认可。

（三）高质量、高效率、高效益发展能力显著提升，有力支撑国防建设

通过建立精细化的成本管理体系，在产品设计、制造、试验等环节，以及设备管理、人力资源管理、预算管理、市场开发管理等工作中，都有效贯彻了成本管控的理念与要求，有力提升了成本管控水平，经济效益不断迈上新台阶。2020年初至2022年9月，长征飞行器研究所净利润增长超过收入增长12个百分点，营业收入利润率提升0.9个百分点，收入利润等主要经济指标在院属单位中增长率名列前茅；成本费用率降低0.9个百分点，净资产收益率提升8.1个百分点，成本费用类指标持续改善；2021年全员劳动生产率达到121万元/人·年，在航天集团各单位中位居前列。通过建立精细化成本管理体系，有效提升了协同设计能力、供应链管理能力、数字化试验能力、资源配置效率和人力资源效能，装备供给能力得到全方位提升，科研生产管理水平不断迈上新台阶，为各类用户提供了更有效率、更高质量、更优成本的航天产品，为航天强国建设做出了重要贡献。

（成果创造人：沈　波、惠俊鹏、王　晶、李　磊、程　澄、李　宝、张君发、王　妍、董而泰、郑芃秋）

平台型供应链服务企业产融协同业务的风险管理体系构建与实施

国网物资有限公司

国网物资有限公司（以下简称国网物资公司）成立于1998年，注册资本10亿元，截至2021年年底拥有各类员工426人。国网物资公司是国家电网有限公司（以下简称国网公司）供应链服务平台的建设方和运营方，为国网公司及其27家省级公司、产业集群单位、供应商、设计单位、施工单位等近20万家供应链参与主体提供便捷、优质的业务服务、数据服务和信息服务等平台服务。供应链服务平台基于数字技术，形成平台集群，包括电子商务平台（ECP）、电力物流服务平台（ELP）、电工装备智慧物联平台（EIP）、“E物资”掌上应用平台、供应链智慧运营系统（ESC）、企业资源管理系统（ERP）、“E链”国网一站式服务门户等信息平台，实现“云采购”“云签约”“云履约”“云结算”“云监造”。2021年，该平台实现物资采购5137亿元，招标5.95万标包，合同签订额3530.5亿元，合同履约额2701亿元，运输里程357万千米，废旧物资处置60.52亿元，供应商服务17万家。国网物资公司先后获得“首家中国5A级网络平台型供应链服务企业”“十佳采购平台”“先进电子化平台”“十佳社会代理机构”“优秀采购代理机构”等荣誉称号。

一、平台型供应链服务企业产融协同业务的风险管理体系构建与实施背景

（一）贯彻国家政策、防范化解重大风险的需要

党的十九大报告将防范化解重大风险作为决胜全面建成小康社会三大攻坚战的首要战役，防范化解重大风险的重要内容之一即是防范化解金融风险，供应链金融等产融协同业务风险也受到关注。2019年以来，面对国际国内的环境变化，全球产业链面临多重冲击，国内外供应链断链风险突出。为此，国家明确提出“六稳六保”政策，力保产业链供应链稳定。产融协同业务风险化解既是落实保链稳链固链的重要举措，又是防范化解金融风险的重要内容，在供应链服务企业风险管理中具有非常重要的意义。防范化解产融协同风险必须充分考虑平台经济特点，发挥核心平台数字化优势，构建基于全局视角、各方共建共享共治共用的风险管理体系，确保风险防得住、管得牢。

（二）发挥平台优势、促进产融协同业务健康发展的需要

2019年以来，国家出台多份文件促进平台经济规范健康发展，坚持一手扶持、一手监管，鼓励平台企业在依法依规前提下充分利用数据、渠道、技术等方面优势，加强数据采集、分析挖掘、综合利用且发挥创新引领作用，明确要求强化全面风险管理。在现代供应链领域，国家积极培育一批具有全球影响力的数字化平台型供应链企业，积极发挥互联网平台、数据生产要素等平台优势，加速发展产融协同业务，稳定产业链供应链。截至2020年12月底，国网物资公司已推动17项产融协同产品落地，其中在线投标保证保险、履约保证保险、应收账款融资等形成一定业务规模，为产融协同业务风险管理体系构建提供了业务基础。国网物资公司作为平台型供应链企业处于供应链核心地位，依托供应链线上业务场景，充分积累了业务流、资金流、信息流、物流等多种信息，为风险实时计量、反映、监控、预控提供了有力支撑。在充分发挥平台优势情况下，构建充分共享各类信息、深度挖掘数据价值、基于平台核心的产融协同风险管理体系既具备必要性，更具备可行性。

（三）践行央企责任、持续优化营商环境的需要

2019年以来，国务院持续深化“放管服”改革，优化营商环境，激发市场活力，增强发展内生动力。国网物资公司产融协同业务充分发挥央企龙头带动作用，立足电力设备核心企业地位和供应链服务

平台，秉承开放共享、合作共赢理念，将自身资源禀赋和要素优势拓展辐射到全供应链，帮助上下游、中小微企业获得更加优质高效的普惠金融服务。这一过程中亟待构建产融协同风险管理体系，以大数据为支撑，放大平台效应，促进供需高效匹配，快速对接上下游特别是中小微企业金融需求，降低金融风险。管好产融协同风险，构建产融协同风险管理体系既是做好产融协同业务的前提，也是解决中小微企业融资难、融资贵、融资慢问题的有效手段，为央企践行社会责任、发挥产业链供应链“链主”作用发挥基础性作用。

二、平台型供应链服务企业产融协同业务的风险管理体系构建与实施主要做法

（一）加强顶层设计，搭建管理体系框架

国网物资公司坚持以加快建设平台型供应链服务企业战略目标为引领，以“强业务、防风险、促创新”为指导思想，成立“一把手”“挂帅”的产融协同业务风险管理体系建设小组，统筹协调和研究推进产融协同风险管理体系建设工作。立足自身能源产业链、供应链核心平台地位，根据产融协同行业传统风险和新型风险特征，创新管理优化产融协同风险管理过程。按照“全产业链应用、全流程量化、全方位实时”的原则，基于全产业链、全价值链、全风险链，描绘微观层面、中观层面、宏观层面三大应用目标，以技术、管理、组织 3 个保障体系为支撑，建立业务层、数据层、筛选层、分类分级层、体系层、应对层六大纵向机制，形成“3 核心 3 应用 3 支撑 6 层面”的“3 +3 +3 +6”的“全链全量实时”产融协同业务风险管理体系的顶层架构。

（二）建立数据感知机制，提升数据汇聚能力

1. 发挥平台型企业优势，实时感知一线业务数据

国网物资公司作为现代智慧供应链主要建设和运营单位，以供应链服务平台为支撑，聚焦供需双方的信息匹配，应用物联网、大数据等技术，建立数据感知机制，实现产业链各方数据赋能。依托大数据技术和 5G 移动互联技术，针对资质能力信息、生产信息、监造信息、质量信息、运输信息、平台信息等方面，完善企业资源管理系统（ERP）、电子商务平台（ECP）、电工装备智慧物联平台（EIP）、电力物流服务平台（ELP）、“E 物资”掌上应用平台等的数据感知能力，拓宽国网物资公司数据收集范围。依托物联网技术，对接生产厂家、运输商等供应链主体核心业务系统，构建“透明工厂”“透明供应链”，在物资生产、物流仓储等重要环节促进供应商、第三方物流企业、平台型企业三方之间的一线核心系统对接，实现数据感知能力实时化。

2. 聚焦产融业务风险特征，深挖产融数据价值

以供应链运营中心为大脑中枢，应用云平台技术汇聚五大基础平台业务数据，统一处理繁杂的数据信息，推动数据高效整合、安全储存，深化过程管控、成品质量、物流服务、服务支撑的数据汇聚能力，实现全方位、全流程、全环节、全过程数据的抓取和汇聚。在此基础上，以智能采购、数字物流、全景质控三大业务链业务数据为基础，准确对应供应链产融协同业务场景，精准识别业务数据中嵌套的产融协同业务数据，实现业务数据与产融协同业务数据匹配。通过在 ESC 平台中嵌入人工智能技术，筛选有效数据、智能挑选数据、精准匹配数据，为产融协同风险管理体系提供坚强可靠的数据保障。

（三）强化风险联接机制，厘清数据与风险的关系

1. 坚持风险导向原则，构建风险相关度判断模型

通过精准识别业务数据与风险数据特征，利用风险相关度量化标准、相关度量化模型确立供应链业务数据与产融协同业务数据相关性，形成产融协同业务链条各环节的风险相关度系数，搭建产融协同风险与产融协同数据的桥梁。从企业资质（企业信用、业务能力等）、违约风险、项目重要性、生产进度、物流进度等平台型供应链企业密切关注的供应链业务风险数据出发，聚焦产融协同业务风险类别，利用主成分分析法和层次分析法深入分析数据与风险之间的关系，形成数据关系图谱。构建风险相关度

模型，将供应链服务平台聚集的供应链环节业务数据进行模型筛选，深层次挖掘相关数据与不同产融协同各业务风险之间的相关程度，准确判断各类数据权重并进行量化，形成相关度系数，为风险量化奠定各层级数据传导基础。通过强化风险数据联接机制，有效减少人为主观因素的误判，规范数据转化质效，提升数据的相关度水平，增强风险量化环节的客观量化能力。

2. 建立追溯判断机制，持续优化相关度科学水平

注重关键操作记录，实现相关度判断结果的有效追溯。针对判断数据风险的关系、检验风险数据的一致性和相关度等敏感环节开展敏感度分析，通过风险相关度判断平台系统显示公式运用时间、导出系统操作日志等方式，实现风险联接关键操作信息全记录。运用深度学习、回归分析等方法，持续实证分析相关度模型合理性。根据风险量化实际应用情况不断调整优化数据相关度赋值，保持数据图谱的相关度的科学性。

（四）建立风险量化机制，完善分类分级体系

1. 分类分级风险指标

国网物资公司编制实时化产融协同风险指标库，涵盖供应链 10 项核心业务（计划、采购、合同、配送仓储、质量监督、废旧处置、供应商关系管理、标准化与信息化、专家管理、监督检查）及投标保证保险、履约保证保险等 17 项场景化金融产品。预置逻辑判断条件量化 67 项风险监控点，包含 41 项“预警事件指标”和 26 项“异常事件指标”。其中，“预警事件指标”旨在对产融协同的效率效能进行预警，“异常事件指标”旨在对业务合规风险进行预警。产融协同业务风险指标库根据业务流和金融流风险变动情况，实时更新指标判定过程和计算公式，实时剔除无效指标、新增有效指标，保证产融协同风险指标库满足立体化产融协同风险管理体系的需要。

2. 实现风险指标赋权

在风险赋权方面，设计可灵活选定范围（如行业数据群、业务数据群等），利用极小极大标准化方法处理产融协同风险指标库中的风险原始数据，采用信息熵法对风险指标进行三级赋权：I 级风险——对产融协同业务影响较大的风险指标；II 级风险——对产融协同业务影响一般或风险发生概率一般的风险指标；III 级风险——对产融协同业务影响较小且风险概率较低的风险指标。

3. 构建风险指数

在风险指数化方面，基于指标标准化处理结果和三级赋权体系，采用合成指数法，将风险指标指数化。完成风险值衡量过程，完善风险分类分级体系及其指数分析，为构建“微、中、宏”监测体系创造数值基础。

（五）创新风险监测体系，实时展现风险变化

1. 微观风险指数体系

微观风险指数体系以风险指数为基础，以不同供应商的单笔订单为导向，基于供应链服务平台、风险相关度判断平台、风险数值量化平台三大支撑平台的实时数据搜集能力、实时风险判断能力、实时风险量化能力，以供应商为类目、订单号为科目，将每一笔订单从招标采购至废旧处置的风险变化指数于供应链运营平台进行展示，构建实时化的产融协同业务微观风险指数，形成微观风险管理体系。

2. 中观风险指数体系

中观风险指数体系立足于全供应链角度，根据供应链中平台方、供应商、金融机构、第三方物流等不同参与方关注的不同风险板块痛点，以单笔订单为导向的微观风险指数为数据基础，将每一笔订单风险指数进行合理分类，通过合理科学的数据化解析方式将微观风险指数赋权，建立多维度的中观风险板块指数。

3. 宏观风险指数体系

宏观风险指数体系立足于电力系统的市场、政策、技术、标准等资源要素，结合各主体单位的总体目标，深入了解电力系统中不同主体单位对风险的关注要点，以订单为导向的微观风险管理体系为基础，以中观风险管理体系为抓手，确立宏观风险管理体系，为各主体单位实现风险管理的总体目标提供必要的流程和方法，帮助其立足于更多维、更全面、更宏观的角度观察风险实时的变化，保证风险在可管控、可承担的范围之内。在宏观风险管理体系之下，根据不同主体单位的相关要求，形成物资监管风险指数、电力监管风险指数、金融监管风险指数、全供应链风险指数等宏观风险指数，畅通不同主体单位的数据反馈渠道，丰富各单位风险数据来源，形成合作关系数据纽带，助力形成供应链风险指数，完善全体系、立体化风险管理体系。

（六）全面应用风险指数，制订风险应对策略

1. 微观风险应对措施

立足于订单角度的微观产融协同风险，国网物资公司根据招标采购、合同签订、生产备货、物资配送、货物验收、质检评价等业务环节中出现的风险因素，针对产融协同商品风险波动的幅度，根据单笔订单在业务环节中的风险变化，模拟金融机构对产融协同产品授信风险变动，调整该笔订单产融协同产品利率与贷款成数，建立产融协同业务利率调整机制，形成动态利率盘。建立风险指数预警机制，当某一风险指数超过临界值时，启动“熔断”机制，发出预警信号，及时中止该笔订单在某一环节的产融协同业务，规避风险的不可控性。

2. 中观风险应对措施

立足于中观维度的产融协同风险，国网物资公司基于市场需求、市场规模等角度，对产融协同产品进行精准画像，深度挖掘产融协同产品的风险因素，将优质产融协同产品嵌入公司业务流程，持续迭代升级该类产品，增强该类产融协同产品的用户黏性。对受原材料价格波动较大的电缆类产融协同产品，严格限制融资规模。对质量保证环节的产融协同产品，结合物资设备历史运行情况，合理调整降低利率。根据“鳄鱼效应”准则，动态调整优化高风险、低利润的产融协同产品，革除无法优化的产融协同产品，及时止损。

3. 宏观风险应对措施

立足于宏观维度的产融协同风险，国网物资公司基于国家政策、经济环境等宏观环境因素，深入分析宏观环境因素对开展产融协同业务的影响，通过预先调整供应链整体产融协同业务规模、产融协同业务种类、产融协同业务综合利率，应对多变、复杂的宏观环境带来的相关风险。

（七）构建持续完善机制，提升体系自我改进能力

1. 建立双向评价机制，及时发现风险管理体系缺陷

针对在实际应用中出现的产融协同产品定价过高、损失较大、盈利过低等情况反映出的风险评估不准、风控措施应对不恰当、贷后监控不及时等产融协同风险管理体系问题，国网物资公司不断完善针对产融协同风险管理体系的考核评价机制，全面提升产融协同产品的风险管理效果。从平台型供应链服务企业和供应商的双重角度出发，推行双向考核与评价，构建产融协同风险管理综合评价体系。一是从平台型供应链服务企业角度出发，搭建公司级和部门级别两级考核评价标准。部门级评价标准要求不同部门从供应链的不同重要环节，如招标业务、物资生产、物流运输等相关风险管控环节进行评价；公司级评价标准针对全供应链产融协同风险管理效果进行评价。两级评价结果进行汇总对比形成综合评价结果。二是针对参与产融协同服务的供应商、金融机构设置单独的风险管理评价指标，由各参与主体填写产融协同风险管理考核评价表进行评价打分，从供应商的角度发现风险管理体系的缺陷和问题，反向激励平台型供应链服务企业主动完善产融协同风险管理体系机制，主动提升产融协同服务水平。

2. 建立风控体系完善制度，确保风控缺陷全面整改

健全风险管理体系缺陷整改机制。对在双向考核评价机制中发现的风险管理体系缺陷和问题纳入整改范畴，建立风险管理体系完善清单机制，对发现的风险管理体系不完善的地方编号排序，分清风险管理体系缺陷的轻重缓急，设置风险管控柔性团队小组。根据风险管控小组柔性化的特征，明确小组内部相关负责人，追踪至相关部门，根据缺陷的重要程度，整改一项、评估一项、验收一项、剔除一项。对风险管理体系各节点进行整改。以产融协同风险管理体系的“感知－联接－量化－监测”各节点为基本单元，要求产融协同风险管理团队各部分业务负责人根据岗位工作内容，针对风险控制双向考核机制中发现的体系漏洞进行查漏补缺，对本岗位负责的体系机制问题进行及时修订整改。综合整改产融协同产品，各产融协同产品负责人和风险控制人员承担该产品整改责任，深入研究其在市场运营中出现的风险控制漏洞和自身缺陷，以产品项目部为中心，对风险控制漏洞和产品缺陷进行责任分解，将细化的责任落实到参与产融协同业务的各业务部门，实时跟踪问题缺陷整改过程。各层级产融协同业务部门及时填报问题整改情况，整改结果逐级审核上报，各级领导对风险管控体系出现的异常缺陷情况严格把关，跟踪本部门相关人员对涉及本部门发现问题的整改情况，对反馈及时性、接受及时性、整改成效性进行综合评定，确保风险管控体系缺陷问题闭环处理。

（八）搭建风险支撑机制，保障体系平稳运行

1. 完善文化宣贯与考核，夯实体系管理支撑

国网物资公司基于“3 核心 3 应用 3 支撑 6 层面”的“3＋3＋3＋6”的“全链全量实时”产融协同业务风险管理体系的顶层架构，坚持风险管控为导向的战略目标、坚持业财融合为中心、坚持风险管控文化横向和纵向渗透、坚持将风险管控文化融入企业文化建设全过程，形成“多位一体”的产融协同风险管理文化。一是打造“多位一体”的风险管控文化，以业务和财务为核心，制订以合规风险为导向的风险管控战略方针，自上而下地全面推广产融协同风险管理文化，将“多位一体”的产融协同风险管理文化纳入企业文化建设工作中，增强员工对“多位一体”风险管控文化的认同感。二是坚持业财融合为中心，构建业财融合的风险管控机制。国网物资公司将财务和业务相结合，充分了解业务部门和财务部门实际情况和风险管理难点，建立风险快速反馈机制，协同业务部门和财务部门互通风险状况，提高业务风险数据和财务风险数据的对接分析与汇总能力。三是坚持“纵向到底，横向到边”。国网物资公司将产融协同风险管理体系相关责任落实到公司的每一位工作人员，编制并印发《产融协同风险管理工作考核方案》，从风险发现及时率、风险规避准确率、体系修正偏差率等多个方面明确考核指标。

2. 完善组织机构与团队，夯实体系组织支撑

一是完善组织架构。成立供应链运营中心作为国网物资公司全供应链风险监测部门，明确“全链运营分析评价、全程监控预警协调、全域资源统筹调配、全量数据资产管理和全景规划建设运行”的新五大职能。对供应链运营人员进行风险多维画像，根据画像特征将合适的人员放到合适的工作岗位上，着力提升供应链运营队伍的综合素质，打造满足产融业务业务要求的复合型人才梯队。二是建立产融协同专家柔性团队。围绕产融协同风险管理体系需要的业务能力，构建风险专家人才能力模型，全面评价专家能力，实行专家分类分级管理。根据专家人才能力模型，从相关高校、所属公司，甄选具有物流、财务、风控等专业背景的人员，选拔从业经历覆盖面广、运营理念前瞻性强、数据思维洞察力强、战略方向敏感度强的专家人员，构建多专业多层级的风控专家团队。根据产融协同专项工作及项目需要，定期更换专家团队成员。

3. 完善平台深化与应用，夯实体系技术支撑

面向产融协同业务增长，产融协同风险因素增多，健全现代智慧供应链平台、风险相关度判断平

台、风险数值量化平台应用机制，组建包含业务专家、数据专家、分析专家3类角色的平台建设应用团队，明确各角色的工作任务和各阶段平台运用成果，推进平台运用过程中业务人员、数据人员、技术人员的能力互补和联动协同，有效提升平台的专业性和有效性。提高平台管理规范化水平，基于统一的标准化平台工作流程，结合数据应用管理全过程内容，针对需求管理、建设管理、应用管理和运维管理等4个阶段进行重点管理，实现平台全流程管理的标准化、规范化。通过评审平台建设需求的可行性，分析产融协同业务需求，结合产融协同风险管理体系的相关要求，进行需求重复性检查，规避平台相关功能的重复建设；通过对平台应用建设过程进行标准化管理，开展建设过程管控、应用过程管控、运维过程管控等工作，促进平台应用建设过程的规范性。

三、平台型供应链服务企业产融协同业务的风险管理体系构建与实施效果

（一）推动国家政策加速落地，促进产融生态圈良性循环

产融协同业务风险管理体系充分回应供应链各方的核心关切，通过运用“全链全量实时”产融协同业务风险管理体系，多维度解决传统产融协同业务推广过程中的痛点问题。国网物资公司利用风险指数预警机制和风险“熔断”等机制，发现并处理招标采购、合同签订、生产备货、物资配送、货物验收、质检评价等全业务环节中产融协同风险问题8690个，剔除低危风险问题8663个，筛选高危风险13个。据测算，供应链整体风险指数下降50%，供应链运营效率指数提升95%，有力地促进了电力行业安全、稳定、持续发展。

（二）平台经济优势凸显，促进产融协同业务跨越式发展

国网物资公司基于产融协同业务发展的需要，构建以平台型供应链服务企业为核心的“全链全量实时”产融协同业务风险管理体系，解决了产融协同各参与方的“定价之难”“后顾之忧”，产融协同业务获得迅速发展。经测算，相关合作金融机构面向中小微企业信贷业务量提升53%，不良资产率基本保持稳定，融资类产品年利息收入可达143.55亿元，保证保险类产品年保费收入可达6.89亿元，经济效益显著。

（三）持续优化营商环境，促进产融协同业务可持续发展

国网物资公司利用“全链全量实时”产融协同业务风险管理体系有效帮助353家中小微企业主动对接金融服务，提前预知经营风险，避免供应商因流动性违约面临巨额赔偿问题的发生。据统计，应用“全链全量实时”产融协同业务风险管理体系后，中小微供应商供应可靠率高达99.99%，有力保障了国家重大工程建设。“全链全量实时”产融协同业务风险管理体系快速响应产业链上企业的支付结算、资金融通、保险保障等综合需求，为供应商提供差异化定价服务，贷前、贷中、贷后结合内外部历史履约及征信数据、供应商财务和履约信息为资信优良供应商提供下浮利率，缓解中小微供应商融资压力。调研显示，融资类产品通过降低利率为供应商节省资金57.42亿元、保证保险产品为供应商释放周转资金861.3亿元，国网公司的中小微供应商获取金融服务的意愿高达97%，比构建“全链全量实时”产融协同业务风险管理体系前提高了26个百分点。

（成果创造人：蔡敬东、梅仉和、王光旸、白俊维、胡　东、孙海燕、邢　健、刘镓铭、韩　芸、曹佳文、刘　恒、李斯仪）

钢铁企业以系统性优化为目标的生产经营效益测算系统构建

新余钢铁集团有限公司

新余钢铁集团有限公司（以下简称新钢）是一家产能达千万吨钢材的省属大型国有钢铁联合企业、江西省工业骨干企业，现有资产总值653亿元，在岗员工1.91万人。下属上市公司1家（新钢股份），直属及参控股企业94家。2021年，产钢1062万吨，实现营业收入1086亿元。位列2022年中国企业500强230位、中国制造业企业500强106位。2022年1—6月，产钢553万吨，实现营业收入560亿元，经济效益在全国90多家大中型钢铁企业中排名第十一位。经过60多年的发展，新钢成为集矿石采选、钢铁冶炼、钢材轧制及延伸加工于一体，拥有普钢、特钢、金属制品、钢结构、化工制品产品系列共800多个品种、3000多个规格的生产制造企业。公司具有较强的科技创新能力，先后4次获得国家科技进步二等奖，拥有国家企业技术中心、国家认可实验室、院士工作站、博士后工作站及江西省船用钢工程技术研究中心等多个科技创新平台。公司产品开发能力强劲，成功开发了海洋工程用钢、IF钢、临氢钢、低温移动式罐车用钢、耐磨钢、模具钢、汽车用钢、高牌号冷轧电工钢、稀土钢等几十类高端产品，广泛应用于石油石化、大型桥梁、军用船舶、核能电厂、航空航天等国家重点工程，产品远销20多个国家和地区。

一、钢铁企业以系统性优化为目标的生产经营效益测算系统构建背景

（一）应对钢铁行业激烈竞争的需要

近年来，钢铁行业产能严重过剩，竞争日趋激烈，目前是依靠国家产量控制调控化解市场供需矛盾。但是，企业之间的竞争不仅仅限于产品之间的竞争，内部精益管理的软实力正逐步成为争夺生存权的关键要素。

（二）应对钢材价格和原燃料价格波动的挑战

随着上下游产品金融属性的强化，钢材价格和原燃料价格波动日益加剧。以进口矿为例，2008年进口矿实行的是长协年度议价模式，全年价格保持不变。如今，按照普氏指数定价的模式每日变化可高达10多美元。按照月度指数均价结算的进口矿，有时候已经进厂使用完毕，最终价格却尚未出来。很多钢厂都发现传统的财务核算模式已经难以及时客观地反映当前的成本效益情况，如何创新财务核算模式，为公司生产经营决策提供客观有效的支撑，是钢铁行业财务系统近年来面对的主要问题之一。

（三）实现企业进一步发展的需要

新钢是一家年产规模千万吨钢材、以产品多元化为特色的长流程大型钢铁企业。近年来，受行业政策影响，钢材品种效益与下游行业景气度高度相关。受上下游行业周期影响，品种利润波动频繁且剧烈，品种吨钢效益差距数百元已是常态，月度品种吨钢利润波动数百元也屡见不鲜。由于公司轧材产能高于铁水产能，金属料流向能否效益最大化对公司的利润影响极大。当下，原燃料价格、钢材价格的暴涨暴跌已经成为常态。原有人工月度测算效益的模式完全无法满足如今精细化管理的需求。原有的财务分析模式也难以应对新常态下的管理需求。如何通过大数据系统让财务数据与生产实际、经营管理、前沿市场高度融合，如何通过业财融合的财务分析，为公司决策提供更加快速有效的决策依据，是新钢经营财务部门当前阶段面临的重点攻关难题。

二、钢铁企业以系统性优化为目标的生产经营效益测算系统构建主要做法

（一）研究生产经营效益测算系统的理论依据

系统创新基于现代管理会计理论，新钢围绕管理会计最新研究进行业财融合的探索。其中，计算环节的理论依据主要是会计核算理论：单位毛利 = 单位售价 - 单位成本；单位成本 = 单位变动成本 + 单位固定成本；边际贡献 = 销售单位 - 单位变动成本。定价环节的理论依据是管理会计原理并根据管理需求进行选择：中间回收品价格根据中间品定价理论选择使用可实现净值；产品价格按照贴近市场原则选择每日区域接单综合价格；原燃料成本按照贴近实际成本理论选择实际周成本。成本法选择的理论依据主要基于业务流程和管理需求的不同特点，按照不同成本法的适用范围理论，选择最适合的成本法反映问题。铁前环节选择实际成本法，因为铁前环节主要受原燃料采购影响较大，实际成本法最合适铁前环节周成本的测算。钢轧产线效益测算环节选择标准成本法，因为钢轧环节制造成本相对稳定，用标准成本法可以大幅提升计算速度。规格效益测算环节选择作业成本法，成本要精准分摊到具体规格，对生产工艺数据要求极为精准，需要用作业成本法根据不同环节的成本特点对综合成本进行重新分摊。

（二）明确指导原则

新钢明确该生产经营效益测算系统以服务公司生产经营决策为主要原则，用管理会计的思路，根据业务特点选择最适合决策的数据和计算方法，解决以往财务部门单独用财务结算数据分析、业务部门用业务数据分析、生产部门用生产数据分析的数据口径差异问题。经营财务部门需要用业财融合的方法结合财务、经营、生产数据做出综合分析。产线效益测算系统需要对接企业内部各个环节的数据孤岛，另外还要与行业大数据库对接，最终实现钢铁主业各工序的“周成本、日毛利”测算。通过对成本效益和市场的分析，及时发现生产和经营的优化方向，及时调整成本管理和销售策略，提升精益化管理水平。

（三）设置目标方案

新钢全面梳理业务流和成本流，根据管理需求的不同重构计算模型并固化到系统当中，能够直观反映用于指导销售接单和钢轧金属料流向的“周成本、日毛利”测算结果，能够直接生成反映公司每日生产线、效益品种大类成本利润和市场信息的管理看板，为公司决策层和生产经营部门提供更加快速有效的决策依据。

（四）梳理各环节流程、数据为建设成本测算系统打下基础

1. 铁前环节流程、数据梳理

对铁前环节的工艺和结算流程进行梳理，对各环节之间同品种的名称进行梳理。通过制作同义词库，既可以充分利用已有的“孤岛”系统数据，又能避免对已有系统进行改变，加快了工作进程。

2. 钢轧环节流程、数据梳理

对钢轧环节的流程和数据进行梳理，主要是针对钢轧环节不同规格的牌号与相应的生产线进行对应，建立工艺、数据流程图，为后期对接相应的系统数据点打下基础。对生产线不同影响的流程问题做重点研究，以中厚板为例，同一钢种在不同生产线上进行轧制的成本相差较大，在钢轧环节对此问题的数据信息进行重点梳理。

（五）构建“周成本、日毛利”成本测算体系

将成本数据分为主要原燃料成本、附加成本类两个大类，主要原燃料成本大类包括焦煤、焦炭、铁料、废钢、合金等的成本，附加成本大类包括燃料动力类成本、辅助材料类成本、人工成本类、制造费用类。按照生产工艺梳理成本流程，构建成本规则。

1. 重构铁前环节成本规则

铁前环节包括烧结、焦化、球团、炼铁。新钢的炼铁厂分为以1050立方米的炉型为主的铁一区和

以2500立方米炉型为主的铁二区，由于炉型和用料结构不同，铁区之间成本差距极大。以往的财务核算是按照实际发生成本进行核算。铁区的成本差异传导到钢轧，使钢轧品种效益受铁水成本差异影响较大，在分析钢材品种效益的时候会产生误导。为了达到指导金属料流向和营销接单方向的目的，在建模时把铁水成本进行平衡处理，从而避免对钢轧成本产生误导。

2. 精算炼钢环节消耗成本

炼钢环节成本最为复杂的是废钢、合金、实际投入的铁水消耗数的准确性，不同钢种之间消耗的历史数据波动较大，需要根据实际情况重新梳理精算到钢种大类的标准单耗。

3. 建立轧材环节标准成本

轧材环节需要根据不同的品种作业特点建立相应的标准成本，包括中厚板、卷板、线棒，根据流程特点来建立成本规则。对新钢而言，有些环节上下游都有相近的处理设备，但成本不同，在设置程序之前也需要根据实际情况制订相应的标准成本规则。

4. 建立品种规格成本模型

对轧材环节而言，品种规格的作业时间不同，品种加价能否高于成本是决策的关键因素。通过对品种数据按照成本特点用作业成本法的思路进行划分并跟踪统计数据，把综合成本重新分摊，搭建品种规格成本模型。

5. 附加成本

燃料动力类成本：取预算单耗数据，根据实际情况进行修正。辅助材料类成本：取预算单位成本数，根据实际情况进行修正。人工成本类：取预算单位成本数，根据实际情况进行修正。制造费用类：取预算单位制造成本，根据实际生产情况进行修正。

6. 制订成本核算规则

相关核算规则与月度成本核算规则保持一致，各工序之间用综合成本分布结转，无产量生产性成本中心向有产量生产性成本中心进行成本平移，根据生产实际数据进行月度参数修正。结合各工序的成本分离规则，核算出各产品对应的区间成本。

7. 确定管理看板需求分析

管理看板是系统结果如何转换为决策信息的关键环节，做好精简有效的管理看板是系统的核心问题。制作管理看板之前，通过对公司决策层的需求的收集汇总，对不同层面的需求和密级进行分类，最终确定公司决策层管理看板、生产管理部门看板和经营管理部门看板的模板。

8. 制订经营分析取数、分析规则

经营分析是经营财务部的重要职能，由于经营数据、生产数据和财务数据口径差异较大，以往要把不同部门的数据报表还原成统一口径的报表进行分析，需要耗费大量的人力。因此，通过对数据报表进行定位，与相关单位共同协商制订取数规则和分析规则，可以大大提高效率。

（六）加强信息化建设

1. 数据采集模块开发

根据取数定位，开发与公司其他系统的数据接口，与市场大数据系统、公司内部生产系统进行对接，做到凡是系统有的数据或以系统数据做规则处理得出的数据都实现自动采集。

2. 数据录入模块开发

开发铁水成本、合金价格、废钢价格、钢材价格、消耗参数、内部结算价格等手工录入模块。该模块数据以固定表格形式展现，设计为导入录入的方式，大幅提升工作效率和数据准确率。

3. 规则维护模块

该模块主要从核算系统获取成本科目、主原料成本分离、附加成本分离规则、成本还原规则等核算规则，根据生产经营实际情况而灵活变化。

4. 报表查询模块

制作历史报表查询功能，该模块用于查询每日成本毛利的基础报表。

5. 期货套保测算模块

用市场大数据库中的期货数据，根据虚拟钢厂的消耗进行编程，得出每日的市场盘面利润，与公司效益进行对比，为公司经营管理决策提供依据。

6. 信息看板模块

信息看板模块分为适用于公司决策层阅读的管理看板报告、适用于生产排产和营销接单的生产经营看板模块。管理看板主要包括公司产线效益、每日公司周边市场钢材品种价格、有代表性的原燃料价格，设置定制化权限，可以根据不同的个人需求定制管理看板模块。生产经营看板包括公司主要品种利润、生产线效益等信息。

7. 研究报告模块

对接市场大数据库，自动汇集钢铁行业内钢材市场、原燃料市场日报、周报、月报等，为公司经营决策提供依据。

8. 经营分析模块

对接财务数据、业务数据、市场数据，根据已有的经营分析方法制订规则、进行编程，该模块可以自动生成经营评价图。

（七）体系建设过程中的优化与流程再造

生产线效益测算体系的基础是成本效益核算过程，体系的有效性很大程度上取决于周成本与周定价结果的准确性，如何让取值规则更加贴近企业实际情况是体系建设过程中的重要优化方向。

优化成本核算管理过程。最初，生产线效益系统取的成本报表数据与对标企业差距较大，经过调研发现供销两端取值不规范导致测算偏差、成本法与业务拟合度不够导致成本测算差异、中间品定价不能及时跟随市场变化导致内部利润转移等掩盖了真实品种效益是导致成本对标差异的主要问题。对副产品的定价规则根据业务特点修正，对原燃料消耗数据进行跟踪校验，对销售产品的取值规则根据管理需求进行规范，经过核算优化，成本核算消耗部分的基础数据有了进一步提高。

通过管理需求的调整，优化系统建设方向。最初，管理需求是为了指导金属料流向，成本测算精度仅精确到生产线。随着公司精益管理需求不断提升，要求测算精度精确到品种大类，后期又要求精确到规格成本。不断提升的管理需求对系统建设提出了不断优化的需求，测算系统围绕决策支撑这一核心内容不断进行优化。

从生产线测算优化到品种大类测算。以往，系统是根据生产线综合成本和综合销售价格计算生产线效益。为了从单一指导金属料流向转变为指导生产的同时还要指导销售接单，最终从上千种产品中选择了具有代表性的主要品种，再缩至50个品种大类核算日毛利，为销售接单提供参考。

管理看板从单纯的生产线品种效益数据看板到结合市场数据的综合信息看板的转变。系统建设之初，主要是为了测算和反映成本效益问题。随着管理要求的提高，看板内容增加了与公司密切相关的市场数据，管理者通过看板可以快速了解每日内外部情况。

系统推动了预算管理流程再造。以往，公司的预算管理主要是为了核算便利，未考虑市场变化因素。通过生产线效益系统的测算，发现了贴近市场价格对公司精益管理的重要性，对公司传统预算管理提出了新的要求，公司预算价格的制订规则也更加贴近市场，提高了预算管理的准确性和有效性。系统和管理相互促进、提升，形成良性循环。

三、钢铁企业以系统性优化为目标的生产经营效益测算系统构建效果

（一）构建了一套新的生产经营效益测算系统

新钢的效益测算系统通过优化成本计算方法，强化业财融合，大幅提高成本测算和经营分析的有效性，促进了全面预算管理及经营评价等工作的优化。通过独立开发系统，有效解决了传统成本毛利核算人工核算耗时较多及数据准确性、效率性都十分低下的问题。该系统的开发与运用，有效改变了以往靠月底测算月度成本效益数据来指导经营排产的滞后性问题。通过业财融合管理看板的开发，有效帮助决策者针对内部生产经营和变幻莫测的市场及时做出反应，提高了新钢的市场反应速度。该系统还填补了新钢标准成本管理的空白，通过用标准成本与日常实际成本进行对比分析，对成本优化和经营生产发挥了重大作用，促进了公司采购、焦化、烧结、炼铁、炼钢、轧材、销售等工序制造过程中价值管理能力的提升，从财务的角度促进了工序之间的有机融合，满足了精益管理的要求。

（二）实现了良好的经济效益

2020 年，新钢总利润 29.51 亿元；2021 年，实现年利润 45.48 亿元，利润增幅 54%。2021 年，生产线效益测算系统正式上线，在该系统的支撑下，公司月度生产检修、金属料流向、销售接单都参考了效益排序进行决策，为公司利润快速增长提供了保障。

间接效益测算：按 2021 年全年钢产量 1062 万吨计算，销售部根据生产线效益测算系统指导接单选择效益更好的品种接单，按照同一生产线不同品种吨钢效益最小差距 50 元/吨计算，2021 年间接创效约 5.3 亿元。2020 年 9 月，上线系统，2020 年第四季度间接创效 1.25 亿元，近两年合计创效 6.56 亿元。

（成果创造人：卢梅林、李雪红、纪钟晨）

施工企业基于资产证券化的 PPP 项目投融资管理

中铁一局集团有限公司

中铁一局集团有限公司（以下简称中铁一局）是世界 500 强企业——中国中铁股份有限公司（以下简称中国中铁）的全资子公司。中铁一局具有铁路、公路、市政公用、建筑工程施工总承包特级资质；具有水利水电工程施工总承包壹级资质；铁路铺轨架梁、桥梁、隧道、公路路面、公路路基、环保工程专业承包壹级资质；具有铁道甲（Ⅱ）级、市政、建筑行业甲级设计资质，以及工程造价咨询甲级、测绘甲级等多项资质。截至 2021 年，中铁一局员工总数为 24832 人，其中各类专业技术人员 14407 人，具有高级职称的 2236 人，其中具有正高职称的 132 人，享受国家级政府津贴的 4 人；拥有各类机械设备 9061 台（套）；资产总额 598 亿元，净资产 126 亿元。2021 年，实现新签合同额 2400 亿元，企业营业额 1126. 06 亿元。截至 2021 年年底，共获得“鲁班奖”25 项、“詹天佑奖”27 项、国家优质工程奖 93 项（其中金质奖 10 项）；获得国家级科技奖 19 项、省部级科技奖 413 项；获得中华人民共和国成立 70 周年“功勋企业”、全国守合同重信用企业、中国施工管理优秀企业、全国企业文化建设优秀单位等上百项国家级荣誉。

一、施工企业基于资产证券化的 PPP 项目投融资管理背景

（一）顺应 PPP 项目资产证券化发展趋势

2016 年 8 月，国家发展改革委印发《关于切实做好传统基础设施领域政府和社会资本合作有关工作的通知》，明确指出推进 PPP 项目与资本市场的发展相结合，通过在股权、产权交易市场开展资产证券化、股权转让等方式，为 PPP 项目投资提供多样化的退出渠道，从而提高 PPP 项目的流动性，吸引更多的社会资本参与到 PPP 项目建设当中。2016 年 12 月，国家发展改革委和证监会联合发布《关于推进传统基础设施领域政府和社会资本合作（PPP）项目资产证券化相关工作的通知》，鼓励符合条件的 PPP 项目优先开展资产证券化，规定了 PPP 项目资产证券化的工作机制。2017 年 2 月，上交所和深交所发布推进 PPP 项目资产证券化的通知，鼓励并支持 PPP 项目相关企业或机构依法积极开展 PPP 项目资产证券化的业务，并且成立了 PPP 项目资产证券化的工作小组，实行“即报即审，专人专岗负责”，为 PPP 项目开展资产证券化开辟了绿色通道，促进了 PPP 项目资产证券化的快速落地实施。2017 年 3 月，中国首批 PPP 项目资产证券化产品正式落地。PPP 项目资产证券化能快速顺利落地，不仅仅是因为现实需要，更与国家在政策上的支持有着直接的、关键性的联系。

（二）防范 PPP 项目投融资风险的需要

截至 2020 年年末，财政部 PPP 在库项目总计 13298 个，总投资额为 19. 2 万亿元，其中，管理库项目 9928 项，投资额为 15. 21 万亿元；储备清单项目 3370 个，投资额 3. 96 万亿元。PPP 项目的数量、规模都呈现较快的增长趋势，但局限于项目周期长及投资金额大的特点，其落地率并不尽如人意。从政府方面看，近年来随着经济发展进入新常态，经济增长的速度放缓，随之而来的是地方政府的税收收入相继减少，银行贷款受限且各类城投债审批趋严，政府面临较大的财政支出压力。在当前企业杠杆率高企、信用违约风险增加，经济下行压力并未完全缓解的市场背景下，资产证券化作为将优质的低流动性资产转化为流动性相对较强的证券资产，不仅能盘活大量的存量资产，还能通过外部增信等方式降低投融资风险。因此，在降低企业融资风险的基础上支持实体经济的发展，需要资产证券化来充分发挥资本市场在投融资方面的作用，达到防范和降低系统性金融风险融资的目的。

(三) 实现 PPP 项目良性滚动发展的需要

近年来，为了促进企业规模和效益的持续增长，施工企业普遍通过投资、建设、运营一体化的形式，以获取相应的施工份额实现营业收入的转化，通过 10 ~ 20 年的运营，实现投资本金的逐步回收与投资收益的逐步实现。基于此，中铁一局所属广州分公司先后在粤、贵、桂等主营区域实施投资项目 16 个，涉及公路、房建、市政、城市轨道交通等多个领域，总投资 276.32 亿元，带动施工产值 186.33 亿元，形成了区域投融资项目集群滚动发展的良好态势。但是，随着近几年 PPP 项目陆续进入运营期，企业由于持有大量的长期资产，降杠杆、减负债压力加大，再投资机会减少，而资产证券化产品的期限分割、流动性强等特点与 PPP 项目投资回收期长、资本流动性不足等特点有很高的契合度，为促进企业资本→资产→扩大资本→扩大资产的滚动、可持续循环发展，实现降杠杆、减负债的目标，通过开展 PPP 项目资产证券化工作，促进 PPP 项目的良性发展，对施工企业现实意义重大。

二、施工企业基于资产证券化的 PPP 项目投融资管理主要做法

(一) 强化组织领导，明确基本原则

1. 强化组织领导

PPP 项目资产证券化是一项政策性极强、错综复杂的系统工程，涉及到政府方、原始权益人、投资人、管理人、监管人、中介机构等多个利益相关者，需要各方齐心协力才能顺利实施。为了统筹规划、有效推进，自项目立项起，中铁一局委托广州分公司专门召开 ABS 推介会，邀请券商、律师事务所、会计师事务所、信用评级机构、银行等机构共同参加；组建了以总经理为组长、分管业务领导为副组长的 ABS 工作领导小组，负责统筹推进 ABS 要素体系构建、资源协调、设定目标、制订计划与方案等；ABS 工作领导小组下设工作小组，由主管部门负责人为组长、相关业务部门负责人为副组长，负责与领导小组的沟通汇报、推进落实目标、制订推进计划和措施、协调各相关利益方、解决 ABS 开展过程中的问题和障碍，定期评价工作进展情况等。

2. 明确基本原则

针对 PPP 项目资产证券化工作的复杂性与政策性，中铁一局 ABS 工作领导小组确定三大基本原则。一是依法合规原则。讲程序，依法完成任务；讲规律，科学完成任务。二是目标导向原则。明确肇庆国道 321 二期 PPP 项目资产证券化的工作目标，根据目标倒排时序，全面压实各层级工作责任，确保完成任务。三是风险防范原则。切实增强政策风险、投资风险及金融风险意识，系统强化底线思维，把监测应对外部风险和识别化解内部风险有机结合、统筹推进，为资产证券化顺利开展提供有力保障。

3. 选择中介机构

中铁一局作为国有控股公司开展资产证券化除了需满足证券监管要求外，还需同时遵循国资监管要求及审批程序，在法律法规理解的准确性、决策过程的合规性、交易程序的专业性等方面有着较高的要求。为了确保项目依法合规运作，中铁一局聘用证券机构、律师事务所、会计师事务所及评估机构等经验丰富的专业机构，各专业机构均配备专业团队与中铁一局对接，为项目前期可行性论证、尽职调查方案、现金流预测、交易结构与要素设计、回复监管机构问询、策划发行方案提供专业服务。

(二) 选定目标项目，制订实施方案

1. 选定目标项目

根据国家发展改革委和证监会的要求，PPP 项目资产证券化对基础资产的要求为“只有建成且正常运营 2 年以上，能够产生稳定的可持续的现金流的 PPP 项目”才能进行资产证券化。中铁一局在充分调研的基础上，选取肇庆国道 321 二期 PPP 项目（以下简称肇庆二期）作为目标项目，一方面，肇庆地区经济相对发达，肇庆市政府具有良好的创新意识和契约精神；另一方面，中铁一局广州分公司在该地区共规范运作有 4 个投资项目，其中肇庆二期已稳定运营近 3 年，能够产生稳定的、可持续的现金

流，满足资产证券化对基础资产的要求。2016 年 7 月，肇庆市政府授权肇庆市公路局为项目实施机构，通过公开招标方式确定中铁一局与北京中铁华瑞建设投资管理中心（有限合伙，以下简称北京中铁华瑞）联合体为社会投资人，以 PPP 模式实施肇庆二期，项目总投资 27.24 亿元，特许经营期 20 年，其中建设期 2 年、运营养护期 18 年。2016 年 9 月，北京中铁华瑞、中铁一局与政府出资代表肇庆市畅达路桥建设有限公司（以下简称畅达路桥）共同组建 PPP 项目公司，即肇庆铁畅投资建设有限公司（以下简称肇庆铁畅），负责项目的投融资、建设、维修与养护管理、移交。肇庆铁畅注册资本金 1 亿元：畅达路桥持股 10%，不计利息回报，不参与分红，主要负责项目报批报建和征地拆迁等前期工作；中铁一局持股 5%，主要负责项目施工总承包，不参与运营管理；北京中铁华瑞持股 85%，主要负责项目资本金出资。2018 年 8 月，肇庆国道 321 二期工程建成通车，进入运营期，运营平稳，运营单位为广东路瑞通建设管理有限公司，该公司是中铁一局与畅达路桥合资成立的专业道路养护公司，双方各占 50% 的股权。

2. 制订实施方案

选定目标项目后，中铁一局在认真研究分析实施肇庆二期资产证券化的主要影响因素及瓶颈的基础上，制订《中铁一局肇庆二期 PPP 项目资产证券化实施方案》，计划利用 1 年时间，即 2020 年 8 月至 2021 年 8 月，完成肇庆二期资产支持专项计划产品的发行。按照时间安排，分阶段明确 8 项主要工作任务和 20 项具体实施措施，以及各项工作任务完成的时间节点、涉及的部门及外部机构并对工作任务进行分解分工，全面动员部署，层层落实责任，确保工作任务的贯彻落实。

3. 建立协作机制

为了有效推进肇庆二期资产证券化的顺利进行，中铁一局建立中铁一局、中铁一局广州分公司、肇庆铁畅三级联动机制，按照实施方案，进一步明确路线图和时间表。在日常工作方面，建立以领导小组决策、项目工作组执行及中介机构配合的专业团队工作机制，逐级压实领导责任，层层狠抓任务落实，通过设立周（月）例会沟通机制，按照一事一议、重点突破、全面推进的原则及时解决项目推进过程中存在的问题，保证项目按计划节点有序推进，按时完成预定目标。

（三）协调各相关利益方，充分开展尽职调查

1. 协调各相关利益方

中铁一局 ABS 专业化工作团队通过与券商团队、会计师事务所、律师事务所、投资方团队积极对接，建立良好的支持、沟通及反馈机制，及时确认项目资产为长期应收款，与项目相关利益方建立了良好、高效的协同工作机制，不断调整资产证券化产品结构以突破各自面临的难点，打消各方对产品结构的相关疑虑，赢得了各方的理解和支持，确保 ABS 产品顺利发行。

2. 获取政府方同意函

根据肇庆二期的合同约定，项目公司进行股权转让及应收账款转让需政府方审批后方可实施。肇庆市政府方作为 PPP 项目公司肇庆铁畅的股东方，需出具正式同意函明确支持肇庆二期开展资产证券化。因发行资产证券化产品对政府回购支付的及时性产生较大约束与监督且政府方需要配合出具解除 PPP 合同限制性转让条款的函件或出具审计机构出表要求的相关函件，政府沟通难度一般较大。中铁一局自 ABS 前期策划开始持续与肇庆市公路局、肇庆市国资委等政府相关部门积极沟通、商洽，向政府部门宣讲 PPP 项目开展资产证券化的相关政策及重要意义，以获得政府方在出具相关函件上的支持。经过中铁一局的不懈努力，肇庆市政府于 2021 年 1 月出具了关键性的同意函。

3. 充分开展尽职调查

对 PPP 项目资产证券化的尽职调查以《证券公司及基金管理公司子公司资产证券化业务管理规定》《政府和社会资本合作（PPP）项目资产证券化业务尽职调查工作细则》为指引，明确规定尽职调查的

对象、内容、调查方式及相关方配合要求。基础资产选定后，原始权益人（肇庆铁畅）全面配合专项计划管理人（广发证券），协助律师事务所、评级机构等中介机构，通过查阅、访谈、列席会议、实地调查等方法开展尽职调查，对肇庆铁畅的历史沿革、组织构造及法人治理、股东构成、PPP 项目合同、主营业务情况、财务状况及偿债能力、资信状况等进行详实考察与调查，对其现金流状况进行评估，出具相应的法律意见书与信用评级报告。

（四）构建基础资产池，确定产品基本要素

1. 构建基础资产池

资产证券化是以基础资产现金流为偿付来源的结构化融资产品，因此，基础资产是从发起机构全部资产中剥离出来的特定资产，通过资产重组形成 ABS 的资产池，入池的资产必须具有权属清晰、质量和信用可被准确评估、有担保、能产生可预见的现金流等特征。基础资产的选择是 PPP 项目资产证券化的关键。随着 PPP 模式的快速发展，其所涉及的领域范围不断扩张，而不同领域、不同类型的 PPP 项目其运营模式和盈利能力存在较大差异，不同项目的回报率也不尽相同，对基础资产的选择标准亦难以统一。对 PPP 项目收益权等基础资产，市场一般重点关注项目的净现金流，即项目的经营性现金流扣除各种刚性支出后的净现金流才是支持 PPP 项目资产证券化产品成功发行的可靠现金流。肇庆二期已进入运营期3 年，运营状态良好且稳定，其基础资产（PPP 项目收益权，即 PPP 项目公司基于肇庆二期合同及其补充合同而享有的在 PPP 项目运营维护期内要求肇庆市公路局、肇庆市交通集团有限公司支付可用性服务费的债权）经过会计师事务所分析测算，未来拥有持续、稳定、可测量的现金流流入，选定相应基础资产可进行 ABS；根据会计师事务所对肇庆二期的收益权进行评估并构建基础资产池，选定可用性服务费（不包括运维绩效服务费）入池并对入池的可用性服务费的未来现金流进行科学预测，根据预测结果确认该项目的 ABS 融资规模为 27. 92 亿元、融资期限为 15. 39 年。

2. 设计产品交易结构

肇庆二期资产证券化工作主要分为两步：先由中铁一局受让北京中铁华瑞持有的肇庆铁畅的 85% 股权；肇庆铁畅再以 PPP 项目收益权作为基础资产发行资产支持证券。肇庆铁畅股权转让工作开展的同时，中铁一局 ABS 团队经过与券商团队多番讨论与研究，设计出资产支持专项计划交易结构，如下所述。第一，肇庆铁畅作为原始权益人将肇庆二期全运营周期的收益权让予专项计划，计划管理人通过设立专项计划向资产支持证券投资者募集资金并以专项计划募集到的资金购买肇庆铁畅项目全运营周期的收益权；同时，代表专项计划并按照专项计划文件的约定对专项计划资产进行管理、运用和处分。第二，计划管理人委任肇庆铁畅作为专项计划的资产服务机构，为专项计划提供资产管理服务；计划管理人聘请专项计划的托管银行，在托管银行开立专项计划账户，对专项计划资产进行托管；计划管理人及肇庆铁畅聘请专项计划的监管银行，在监管银行开立资金归集账户并由监管银行为资金归集账户提供监管服务；计划管理人按照专项计划文件的约定将专项计划利益分配给专项计划资产支持证券持有人。第三，专项计划设立后，资产支持证券在中国证券登记结算有限责任公司登记和托管；专项计划存续期内，资产支持证券可在证券交易所进行转让和交易。第四，为专项计划设置内外增信措施：一是优先级/次级资产支持证券的结构化分级安排；二是现金流超额覆盖机制；三是差额支付承诺。

3. 确定产品基本要素

肇庆二期资产支持专项计划的发行涉及多个利益相关方，中铁一局统筹协调各方利益与意见，按照政策和程序，科学合理地确定专项计划的各项基本要素：基础资产、发行规模与期限、发行方式、各参与方（原始权益人、计划管理人、托管/监管银行、销售机构、资产服务机构等）、支付方式、增信措施等。

（五）引入中长期投资者，解决期限错配问题

解决肇庆二期与资产证券化间的期限错配问题，引入长期投资人是关键。肇庆二期期限长且有稳定的收益与现金流，适用于长期投资者参与，尤其是养老基金、社保基金、保险资金及类似机构投资者。为寻求与项目周期相匹配的长期限合格资金投资者，中铁一局 ABS 工作团队讨论、发掘项目的投资亮点，精心策划产品推介会，制作产品推介手册，借力中国中铁与券商金融资源，大规模对接投资机构，通过现场拜访和视频连线等方式开展大范围的机构投资者沟通工作，先后与近 30 家投资者进行了沟通洽谈，充分向投资者宣讲、传递中铁一局 ABS 产品的投资价值。经过多番商洽与谈判，通过中国中铁多方协调资源，最终引入国寿资管作为长期投资人，确保了肇庆二期资产支持专项计划的顺利发行。

（六）内外结合增信，提升基础资产信用质量

基础资产信用质量是肇庆二期资产证券化信用评级首要的关注点。如何通过内外部信用加强手段提高基础资产信用质量是提高证券信用评级、广泛吸引投资者的关键。若 ABS 证券端期限与 PPP 项目资产期限一致，则 ABS 证券端长达 10 年期以上，只有长期限保险资金才有购买长期限 ABS 产品的能力，而保险金融机构对 ABS 产品的安全性要求非常高，一般需要央企本部提供差额支付承诺等增信措施，因此，肇庆二期资产证券化还需重点解决增信措施问题。为提升肇庆二期资产专项计划的基础资产信用质量，中铁一局 ABS 工作团队与券商团队充分研讨，设计采用现金流超额覆盖，优先/次级分层结构的内部增信措施。第一，现金流超额覆盖，在资产专项计划存续期间，基础资产现金流对优先级资产支持证券覆盖倍率为 1.79；第二，优先/次级分层结构，产品分为优先级和次级资产支持证券两档，优先级证券共 26.18 亿元，次级证券共 1.74 亿元。该结构保证项目优先级资产支持证券持有人的受偿顺序优先于次级资产支持证券持有人，次级资产支持证券由原始权益人自行认购，为优先资产支持证券提供信用支持。但是，仅凭借内部增信方式无法实现肇庆二期资产证券化产品的正常发行。肇庆二期的基础资产为收益收费权类资产，不同于信贷资产价值的相对确定性，其价值构成取决于项目的持续运营与盈利能力，基础资产与原始权益人破产风险完全隔离的可能性不大，因此，该资产支持专项计划需要采用担保或差额支付承诺等外部增信措施。PPP 项目由于预期回报不高、信用风险较大，外部增信机构往往由发起人或与之关联度很强的母子公司、姐妹公司担任并由其提供增信担保或承诺。为此，肇庆二期 ABS 专项计划外部增信措施采用中国中铁对优先级证券的还本付息提供差额支付承诺。内外结合的增信措施，为肇庆二期资产证券化注入了最符合条件的信用支持。

三、施工企业基于资产证券化的 PPP 项目投融资管理效果

（一）盘活存量资产，降低资产负债率

发行肇庆二期 ABS 是贯彻落实中央“六保”“六稳”的决策部署，响应国家发展改革委、财政部等部委关于开展 PPP 项目资产证券化的号召。发行 ABS 盘活了肇庆二期里中铁一局实际出资的 1.21 亿元，同时提前收回净现金 5.37 亿元，合计释放 6.58 亿元的流动性，增加了中铁一局经营性净现金流；采用出表融资，在一个会计周期内先出表再入表运作，合并报表后纳入少数股东权益，降低了中铁一局的资产负债率。

（二）提升投资效益，规避项目回购风险

经测算，肇庆二期发行 ABS 产品可节约融资成本，提前回收现金流 5.37 亿元，提前实现了投资收益，有效规避了投资风险与回购风险。首先，肇庆二期总投资为 27.24 亿元，资本金为总投资的 20%，即 5.4489 亿元，北京中铁华瑞出资 3.6405 亿元，资金年化利率为 10.48%。债务资金为总投资的 80%，到账 21.6573 亿元，资金年化利率为 4.75%。肇庆二期 ABS 产品，发行规模 27.92 亿元：优先级占比约 93.75%，金额为 26.18 亿元，资金年化利率为 4.9%；次级占比约 6.25%，金额为 1.74 亿元，资金年化利率为 7.75%，综合加权资金年化利率为 5.21%，切实降低了融资成本，提升了投资效

益。其次，受国内外经济环境及疫情影响，肇庆市近几年政府财政收入大幅下降，财政支出压力大增，财政资金无法及时支付肇庆二期回购款，通过发行肇庆二期市场化标准 ABS 产品，对地方政府付费形成有效约束和监督，避免因延期回购触发基金及银行贷款违约风险，从而降低了项目的回购风险及运营风险。

（三）创新融资模式，实现投资项目滚动发展

肇庆二期资产证券化是 PPP 项目在投融资领域的重要成功探索，真正意义上打通了投融资管理“投资、融资、建设、运营和退出”全链条中“最后一千米”的“退出”环节，实现投融资全链条管理。肇庆二期资产证券化实现 PPP 项目收益权出表融资，不增加原始权益人母公司中铁一局的资产负债率，有效加快其资金回收。该项目是全国首单超过 15 年期长期限出表型 PPP 资产证券化项目，采用先出表再入表模式运作，是出表型 PPP 项目资产证券化的创新典范，充分彰显中国中铁、中铁一局及相关合作机构的创新开拓精神。该融资模式可模板化、可复制，对后续开展 PPP 项目资产证券化具有较大的借鉴意义及推广价值。

（成果创造人：薛　峰、石晓烽、王桂忠、张　敏、裴贺元、徐生辉、冯可恒、党瑞琪、孙乃泾、董　鑫、王天钧、唐　艳）

航空工业企业基于服务型管控的协同财经治理体系建设

中航西安飞机工业集团股份有限公司

中航西安飞机工业集团股份有限公司（以下简称中航西飞）隶属于中国航空工业集团有限公司（以下简称航空工业集团），成立于1997年，是我国大中型军民用飞机科研生产基地。公司A股股票于1997年在深圳证券交易所挂牌上市，成为中国航空制造业首家上市公司。中航西飞主要从事大中型飞机整机及航空零部件等航空产品的研制、批产、维修及服务，目前主要产品有大中型运输机、轰炸机、特种飞机等，同时还承担了ARJ21、C919、AG600等民用飞机机体零部件设计、制造、配套与服务，与中国商用飞机有限责任公司、中航通用飞机有限责任公司及欧洲空中客车公司、美国波音公司等国内外知名航空公司拥有长期而稳定的合作关系。

一、航空工业企业基于服务型管控的协同财经治理体系建设背景

（一）实现新型航空产业集团创新发展战略的需要

近年来，国家积极推进国有资本投资公司试点工作，航空工业集团作为军工第一家试点单位，承载着军工央企改革首发试点重任，探索建设以主机单位为核心的新型产业集团是航空工业集团国有资本投资公司的重要组成部分。中航西飞作为航空工业集团组建的第一家新型航空产业集团，需充分发挥航空产业的“龙头”带动作用，引领产业结构调整和发展方式转变，释放航空技术溢出效应，催生航空新技术、新产品、新服务，加快航空产业体系化、专业化、集群化发展，提升价值创造能力和可持续发展能力，逐步具备与世界一流企业一争高下的领先创新力，形成在全球航空制造业和核心技术领域的卓越竞争力。但是，重组完成的中航西飞成员单位分布范围广且管理模式迥异、管理水平参差不齐；成员企业财务管理各自为政，各项财务制度无法向成员企业有效推行，成员企业的财务标准无法统一、规范，缺乏实时动态信息支持，“灯下黑”情况突出；财经数据传递及时性、规范性和可靠性较差，严重影响集团整体的经营决策和战略决策，进而影响集团整体的健康发展、持续经营和战略目标的实现。迫切需要加强航空产业集团整体财经治理能力，降低财务运行成本和经营风险。

（二）推进内外部一体化高效协同的需要

当今世界正经历百年未有之大变局，国际国内复杂严峻的经济形势与产业发展环境对航空工业发展提出新挑战。面对强国强军的时代要求，中航西飞将全力推动航空武器装备发展新跨越、构建现代化航空产业新体系。这就要求财务管理必须围绕主责主业，做好资源统筹配置，强化协同、创新管理，为航空工业战略与规划目标实现贡献更多智慧与力量。中航西飞财务与业务协同度不足，内部管理效率不高，业务部门侧重产销指标的完成而对成本费用的合理性与经济性缺少关注，财务部门则很少了解财务报表背后的业务数据信息，部门之间缺乏了解与沟通，导致业财信息不一致，财务部门服务职能发挥不充分；业财流程衔接不顺畅，财务系统和业务系统未实现一体化管理，大量基础数据需手工采集加总，财务处理效率不高，业财“语言”不统一，数据无法进行全流程追溯，无法基于财务数据进行有效分析和管控。因此，迫切需要建立业务、财务全面融合推进机制，打通从业务到财务的信息通道，实现一体化财经高效协同。

（三）提升财务价值创造能力的现实需要

新时代财务管理的发展趋势是聚焦财务转型升级和业财融合，在夯实原有财务会计工作的同时，把工作重点转移到决策支持、预算预测、资金统筹、税务筹划、控制评价等方面上来，服务经营发展，支

持企业价值创造活动，实现由单一的财务管理向协同的财经治理转变。推进协同财经治理体系建设，是实现财务管理转型升级的必由之路和前提。协同财经治理体系建设能够有效提升企业整体的财务管控能力、价值创造能力、交易处理效率、决策支持能力，同时强化财务战略管控和风险防控能力，释放更多人力致力于价值创造和服务保障。但是，大型军工制造复杂体协同财经治理体系建设在国内尚没有成熟先例，需要探索走出一条具有军工特色的协同财经治理体系建设之路。

二、航空工业企业基于服务型管控的协同财经治理体系建设主要做法

（一）顶层统筹规划，明确协同财经治理体系建设的总体思路

1. 系统设计协同财经治理体系建设框架

中航西飞对标、走访、调研国内先进企业，搜集先进企业实践案例，经过反复迭代优化，形成了基于服务型管控的协同财经治理体系建设框架。以航空工业战略规划纲要为指引，以建设世界一流航空产业集团为目标，以 AOS（航空工业运营管理体系）为基础，聚焦经营发展和价值创造，明确服务型管控财经治理策略，通过组织人员变革、流程优化再造、财经数据治理、全面预算管理、管理会计工具应用和财经数据资产深化利用等方面，实现商务流、业务流、资金流、信息流的四流统一，最终实现内外协同、上下协同、业财协同的目标，支撑新型航空产业集团高质量发展。

2. 确立集中管控、适度授权的财经治理策略

中航西飞致力于聚力新思维、构建新体系、搭建新架构、激发新活力：基于统一的产业集团运营管理体系，实现体系平台化、平台资源化、资源服务化，持续提升价值创造能力和集团治理能力；通过适度授权分权，创新激励机制，释放人才潜能，激发组织新活力，占领航空产业发展制高点。以产业化发展战略为指引，中航西飞确立了集中管控、适度授权的财经治理策略。根据集团内部母子公司不同层级的管理权限及定位，形成母公司与子公司两级财务治理体系。对下属单位既要“赋权”，也要“赋能”，既要管控，也要服务。建立统一平台，主动为成员单位提供服务，了解成员单位的需求和问题，更好地帮助企业防范和化解经营风险。按照“赋权与赋能并重，寓管控于服务”的原则，母公司制订集团核心管理体系和顶层管理及程序文件，子公司在母公司指引下制订本单位财务治理体系及程序文件。建立《集团财经管控服务事项清单》，明确各个层面的管控目标、控制底线和管理权限，在母子公司之间形成了有效的管理权限层级和规范。根据不同事项，管控类型分为权限类、指引类、服务类等三大类，细分为审批、审核、考核、推荐、建议、备案、监督、指导、协调、保障等 10 个小类，有效支持下属单位健康良性发展，改变过去“一管就死、一放就乱”的集团管控现象。

3. 规划服务型管控的协同财经治理体系的构建路径

航空工业企业基于服务型管控的协同财经治理体系建设分为 3 个阶段。规划期着重进行顶层设计和试点上线，完成体系建设高阶规划、标准体系建设及信息化系统整体规划。优化财务组织体系，组建财务共享中心，优化业务流程，实施业财数据治理，完成试点单位信息化平台的上线运行。攻坚期则主要进行业财集成和持续优化，深入推进财务端与业务端的协同优化，实现销售、采购、生产等主价值链流程的业财有效对接，完成试点单位财务经营全业务覆盖。推广期全面推进、整合突破，向成员单位全面推广应用协同财经治理体系，建成规模合理、流程标准规范、系统运行高效的一体化财经管理平台，实现财经管理的规范化、标准化、显性化。

（二）重构财务组织，打造服务型管控财务组织架构

1. 构建三维价值驱动的财务管理组织体系模型

通过财务管理功能定位由核算到价值创造、财务管理模式由分散到集中的双变革，将传统财务职能整合为战略财务、业务财务、共享财务三大价值驱动，构建三级财务组织，重新定位各级财务职能、管理模式和管理使命。通过三维价值驱动的财务管理组织体系模型构建，打造共享财务－业务财务－战略

财务的财务人才梯次培养体系，操作层、业务层、战略层逐层递进，完善从经济事项交易处理到生产经营业务财务支持再到中航西飞顶层财务战略规划的人才培养和选拔机制。

2. 实施财务组织机构调整优化

中航西飞在原有财务管理部5个业务室和各生产专业厂（部门）26个财务组的基础上，调整优化为3个业务室，建立总部财务共享中心，财务共享中心属独立建制单位，业务受财务管理部领导。财务共享中心内部机构按照扁平化原则设置，依据业务流程和业务循环，分为采购应付、收入成本、费用报账等业务组。扁平化后的组织结构沟通便捷、决策环节少，有利于组织的高效运作。

3. 建立“总部+分中心”的财务共享运行模式

对下属异地大型航空制造单位，考虑到单位业务复杂度、员工搬迁调动、交通条件等客观情况，确立了“总部+分中心”的财务共享中心运行模式。西安地区的分、子公司及其他区域体量较小的子公司，纳入西安总部财务共享中心统一进行财务处理。依托子公司陕飞公司，成立财务共享中心汉中分中心，处理汉中及附近地区分、子公司的业务。所有资金结算类业务由总部通过银企直联进行统一处理，除资金结算以外的业务，由汉中分中心在当地完成。“总部+分中心”的运行模式，便于沟通与监督的实现，降低了单据传递成本，提高了财务处理效率。

4. 建设协同融合型财务人才队伍

为协助员工主动适应财务共享模式下财务工作新业态，统一各成员单位财务人员思想，在产业集团范围内开展财务共享理念宣讲，促进财务人员转变思维、更新观念、找准定位和方向。畅通产业集团内部财务人员交流通道，推进本部与成员单位、成员单位之间财务骨干相互挂职，促进人才交流。总部财务共享中心试点运营期间，选调各单位优秀人员参与建设，提升各单位对财务共享的认知。强化财务人员专业技能教育，树立“专业为本”的财务文化，定期实施财务共享中心内部岗位轮换、开展财务知识学习竞赛，始终让财务团队保持协同融合的氛围和积极向上的氛围。

（三）基于业财协同，优化业财一体化标准流程

1. 调研梳理财务流程现状

对公司本部20个业务部门进行了近100人次的业务访谈，深入了解公司核心业务流程。随后，相继走访陕飞公司等成员单位，详细了解各单位财务部门工作机制、组织机构设置、人员岗位职责、会计科目、凭证附件单据、空白表单等情况。收集资料近200份，梳理中航西飞财务流程现状267个。通过对本部及各子公司相关信息的采集梳理，全方位了解各企业业务和财务管理情况。后续通过相关资料汇总和基于现阶段业务实质的调研结果，对财务共享流程的普遍适用性进行初步识别。

2. 依托流程滤镜进行流程标准化改造

在业务访谈和现状诊断的基础上，按照风险控制前置、精简审批环节、规范业务操作、数据全程共享、系统过程管控的原则，在267个现状流程的基础上，依托流程滤镜，根据业务性质差异、审批流程差异、系统支持程度、管理相关性及是否涉及核算流程等方面对业务流程现状进行整理、合并、拆分和标准化再造，最终形成152个财务共享标准流程。

3. 通过风险控制形成标准化财经流程规范

首先，将改造后的标准化流程提交至企业内控部门，由内控主管部门从风险管控角度提出流程修改意见和风险控制事项，将修改意见逐一落实，形成新的流程模板，反复沟通反馈直至最后通过内控部门风险管控审核，确保流程优化与风险控制有机融合。其次，将核算类流程纳入共享平台固化，管理类流程用于规范和指导业务/财务的运行合并。最后，将标准化流程在公司制度中进行固化，同时编制涵盖资金管理、采购管理、生产管理、库存管理、销售管理、成本费用、人力资源、税务管理、长期资产、投资、报表、综合共12个分册21万字的财经业务流程手册，通过财务端流程的标准化主动驱动前端业

务的规范化。

（四）统一财经语言，实施业财数据标准化治理

1. 会计核算数据标准化治理

通过梳理业务流程，判断业务类型，明确按照会计科目的维度对业务进行分类，对现行的业务操作中涉及的有关内部控制及审批的流程及业务的特点进行确认，使财务人员能够将业务与会计处理进行结合。按照管理导向原则，设置了包含科目编码、名称、辅助核算、适用公司、核算内容的标准会计科目体系，体现多维度、多层次的会计核算。将业务与会计处理的结合，明确每个会计科目的经济事项解释，区分哪些业务可以在该科目核算、哪些不包括在内，以及集团的明文规定等，明确集团标准的会计核算流程。按照统一、标准、规范的原则，编制完成《中航西飞会计核算标准化手册》，统一标准科目体系共梳理明细科目 2369 项。从 2019 年 1 月 1 日起纳入统一集中核算系统，在集团内国密网整网接入单位刚性应用、末级管控，本部可以实时查看成员单位账务和经济活动发生情况。通过设置标准会计科目体系，统一会计科目编码、设置，提高会计信息的质量；撰写会计科目释义，避免科目乱用、混用。

2. 业务数据标准化治理

通过业财一体财务共享体系构建，基于从业务端到财务端全价值链流程的业务信息流转，提出业财一体标准化数据治理需求，由财务部门将涉及财务核算、支付及对外输出的各项数据进行统一，建立有效的治理原则，规范、统一财务核心流程涉及的基础数据，盘活因基础数据标准不同而产生的信息孤岛，将分散、杂乱、独立的各类基础数据转向为统一规范、唯一输出及面向内、外部的共享数据，实现财务共享系统与现有信息系统的互联互通。完成梳理 10 个业务模块（研发、供应链管理、生产制造、资本与运营管理、改革与管理创新、科技管理、人力资源管理、财务管理、合规管理、信息化管理）共 29 类主数据信息，累计改造完成信息系统主数据集成点 270 个，累计清洗各类主数据共 310 万条。以管理为导向，将业务与财务融合，梳理 865 项标准化经济事项，做好业务语言与财务语言的转换。通过财务共享平台，建立以经济事项为驱动的智能财务核算体系——多维度、多层次的事项会计核算，支撑管理会计深度应用。

（五）服务经营发展，优化战略目标导向的全面预算管理

1. 构建目标协同的全面预算管理体系

以战略目标为导向，构建航空产业集团内部各层级战略目标、经营目标、预算目标一致协同的全面预算管理体系，加强战略规划 - 运营计划 - 全面预算 - 业务执行 - 预算反馈 - 考核分析的闭环管控。强化战略规划纲要刚性承接，巩固年度运营计划考核联动性，形成“横向到边、纵向到底”的目标管理网格化协同责任落实分解机制。彻底改变“五个两张皮”（预算与战略两张皮、预算与计划两张皮、预算与业务两张皮、预算与核算两张皮、预算与考核两张皮）的问题。全面预算系统与战略运营系统、财务共享平台紧耦合，战略任务、运营计划、全面预算与业务执行、资金管理强关联，高效、敏捷、科学支撑战略执行。通过“业计财”的高效融合，建立起外部客户需求与内部管理之间、战略规划与经营目标之间、整体目标与局部目标之间的有效目标协同。

2. 优化全面预算管理流程

优化原有自上而下的预算编制方法，建立自上而下、自下而上、上下协同的预算编制模式。在销售、采购、生产、薪酬等核心价值链各个环节，逐项梳理预算编制、控制、调整、核算、考核、分析流程，完成业务到财务、绩效评价端到端流程梳理，使得预算编制数据具有可溯性；通过业务主管单位责任划分，落实业务预算主管责任，形成经营管理、财务、采购、人力、生产的协同机制。打通业财通道，规范、固化预算编制、分析的规则和流程，实现全面预算数据的生成标准化、集成标准化；实时获取预算执行信息，动态监控板块预算执行情况，实现重点项目过程管控，构建 KPI 绩效评价体系。根据

业务预算，建立业务预算与财务预算的映射关系，搭建预算标准、业务预算、财务预算、科目预算、财务预算报表的支撑体系，通过系统自动生成财务科目、财务报表、财务指标预算，通过预算调整影响指标并能及时预警。

（六）强化成本管控，深入推进管理会计工具应用

1. 构建以 CVA 为导向的“361”管理会计治理体系

CVA 指客户增加值，等于客户感知效用减去客户全生命周期使用成本。CVA 体现了一切活动以客户为中心、通过为客户提供价值来获得价值增值的理念。中航西飞以 CVA 为导向，构建了“361”管理会计治理体系，即 3 个基础、6 个协同、1 个目标。3 个基础是指 AOS（航空工业运营管理体系）的体系保障、数据融合、IT 支撑。六个协同是指在航空产品的全价值链环节的研发协同、工艺协同、制造协同、供应链协同、销售协同和服务协同。1 个目标是指最终实现 CVA 客户价值的最大化。

2. 实施全价值链航空产品成本协同管控

中航西飞以“361”管理会计治理体系为指导，在航空产品的全生命周期内实施成本管控，最大化提高客户感知效用，降低客户全生命周期使用成本，以实现客户价值最大化目标。

研发协同方面：全面推进限费用设计；建立支持项目价值管理的成本工程师系统，以客户需求为导向，进行费用目标分解；寻求研制费－生产费－保障费之间的适当平衡，追求全生命周期成本最优；通过分析和比较选出最优成本方案；基于最优成本方案，进行全面设计。实施基于工作包的项目预算管理与分析，将预算目标、过程控制、分析评价、考核贯通项目运营全过程，确保型号商业成功。

工艺协同方面：基于生产线工艺布局设计、定额优化、公差分配、工艺准备等工艺规划，提高劳动生产率，降低资源占用；通过工艺模拟仿真优化，实现虚拟仿真趋近于实际制造过程，缩短研制周期，压减实物资源消耗，降低实验及制造成本。

制造协同方面：推进需求计划拉动的高效率低成本智能制造。以客户需求为源头，贯通计划－排产－作业执行，实现物料－零件－装配－保障精准化计划协同，加快在制品的存货周转；将原有 19 个传统功能型生产专业厂按照装配类、零件类、保障类整合优化为 144 个精益单元，在精益单元推进模拟经营业绩考核，健全精益单元经济责任目标考核体系，将成本管理深入精益单元作业过程。

供应链协同方面：以前端防杂、中间治乱、后端减重为抓手，三管齐下，把成本控制住，把库存降下来，同时提高客户交付水平。改变原综合定额计划需求管理模式，以拉动计划为牵引统一公司各产品存货单元需求数据源。建立生产、采购排产数据模型，自动生产采购需求订单，驱动供应链计划排产，发挥“链长”的带动性作用。

销售协同方面：建立高效的内部报价流程，构建精准的价格估算模型，支撑产品快速对外报价；基于约束资源进行多项目边际贡献对比，实现订单选择决策，优化资源配置。

服务协同方面：建立基于大数据应用的客户服务成本管控能力。动态采集产品使用和服务过程的数据；基于历史数据，进行区域中心设立的经济性论证；支持服务保障由快速响应向预测响应转变；形成系统化的航材预测和自主推荐营销能力；基于需求预测，航材存货利用率提高 85%。

（七）聚焦数字转型，发挥数据价值和决策支持服务职能

1. 构建内外网一体化集成财经信息平台

在标准化流程梳理和数据治理基础上，建设国密网、商密网、园区网互联协同的一体化集成信息平台，集成合同管理系统、物资管理系统、成本系统、人力资源系统、网报系统、核算系统及资金平台等其他系统，实现全流程信息化流转，最大化减少手工操作，提升工作效率。通过业务财务端到端全口径的数据采集，保证财务数据从前端业务数据集成而来，降低数据流转中人工干预产生差错的风险。在信息系统建设推进过程中，充分考虑军工企业保密规则要求。在不违反保密原则、不突破内外网数据物理

隔离的刚性约束下，通过引入图文识别传输技术等手段，实现了与外部的银行、税务、票据、商旅等系统的内外网快速交互。

2. 建立健全财经数据共享和数据资产管理机制

通过整合数据信息资源，以经济事项、问题导入、业务流程、财务数据为输入，重点对经济行为、流程数据进行维度剖析，从财务到业务进行基础到深度的分析；在促进业务合规操作、管理提升的同时，开拓财务内循环诊断分析，财务工作效率提升；最终整合业务资源，为公司经营管理提供决策支持。财务分析报告逐步从单一报告形式向专业 FMAR（财务管理分析报告，即 Finance Management Analyze Report）、运营“驾驶舱”、分析标准化平台迈进。进一步将分析工作打造成为公司提供及时、精准、明晰的管理工具。为加强公司制度体系建设工作，保证财务分析工作的合规性，组织对原有财务分析制度进行重新梳理，开展分析制度的优化、完善工作。组建财务分析工作团队。在配备专职、辅助分析岗位外，建立支持团队及“7 + N”的专家团队，进一步提升所需数据、信息资料的时效性、准确性和透明化，发挥团队组织专业集中和高效沟通的优势，保障分析工作有序推进和高效完成。

3. 提供个性化自助数据服务

通过基础分析与深度分析相结合、常规分析与个性分析相结合、定期制式分析与不定期专项分析相结合，运用多种财务分析方法与分析工具，结合相应业务流，对数据信息资料进行深层次探究；通过分析论证，查找发现问题的实际根源，明晰问题诱因，确定问题性质，找到症结所在，对标、制订相关措施方案，达到管理改进与提升的目标。

4. 开展基于“驾驶舱”的“无 PPT 式”经济运行分析

中航西飞以结构化的业财数据管理为基础，运用“企业运营指挥驾驶舱”召开定期经济运营分析会。利用“驾驶舱”改变了以往企业 PPT 式的财经分析，企业管理者在信息系统中，可以从顶层经营及业务指标逐层向下追溯，直至最底层业务数据，建立了一套面向全系统监控、分域统筹管理的数据处理模型和业务运行分析方法论，实现了企业经营管理、日常运营与信息化的融合，形成了“数据分析、价值挖掘、直观展现、过程追溯的决策处理过程。通过各业务域数据按业务逻辑与关联关系向战略经营层的流动与汇聚，建立了“规划 - 管理 - 执行”三级虚拟管控架构对公司发展规划和日常运营的新型支撑能力。

三、航空工业企业基于服务型管控的协同财经治理体系建设效果

（一）集团管控能力不断增强，服务保障力度持续提升

基于服务型管控的协同财经治理体系建设，统一航空产业集团内部各类财经业务处理准则。各下属单位统一应用一套系统、一套规则，通过信息系统对集团级规范的刚性控制，提高了相关财务核算制度的有效执行，让制度真正得到落实，强化了集团执行力。标准化的财务信息，将原有零散的、无价值的数据变成了“数据黄金”，利于财务大数据的挖掘分析；同时为工业化端和信息化端提供了标准财务接口，为“两化”融合在经营管理中的深入推进打下坚实基础，加速了企业数字化转型步伐。统一的财经治理体系重新梳理和优化了核算业务流程，将行业相关内控要求引入核算流程，提高核算的风险控制功能，让财务数据和信息流按规定的程序运行，杜绝财务违规操作行为。风险控制由集中财务负责向前转移，通过业务端流程的发起，实现业务和财务的流程贯通，从而提升财务全流程的风险管控力度。统一的管控体系将审计接口从原有的事后审计前移到事前和事中进行过程控制并在系统中设置相应的预警机制，真正起到防范和控制风险的效果。审计人员即使在总部也可通过系统对成员企业的日常财务数据设置预警条件、进行筛查分析，再根据数据的异常情况有针对性地了解情况和实地审计，大大加强了审计的针对性和准确性。

（二）财务处理效率显著提升，企业运行成本明显降低

通过流程优化、标准梳理和智能技术的应用，大幅提高了财务核算效率，减轻了会计人员的工作压力，使会计人员释放更多的精力从事财务分析、管理控制等工作。报销周期由2018年的7个工作日缩短为56小时，员工满意度显著提高。由于财务数据的规范化、标准化，财务报告编制周期大幅缩短，单体报表实时出具，关联交易报表1小时出具，合并报表周期从7天压缩到2天以内，及时支持各类决策。协同财经治理体系通过流程梳理，消除重复、多余的流程节点，将业务细化、流程标准化、核算简单化，达到会计核算流程标准规范统一，从而压缩基础财务人员数量。部分基础财务人员通过培训转岗，进入其他经营管理岗位，进一步提升了内部业财融合效能。通过全价值链航空产品成本协同管控，2018—2021年，航空产品毛利率提升1.64个百分点，净资产收益率提升0.74个百分点。

（三）引领军工企业财经职能转型，行业示范效应显著

作为航空工业率先进行新型产业集团服务型管控的协同财经治理体系建设的试点单位，中航西飞探索出一条具有军工企业特色的建设之路，为行业推广积累了大量宝贵经验。在此期间，攻坚克难，创造了多个行业“第一”：建立了国内第一家航空制造业财务共享中心、第一家实现标准智能化自动记账军工企业、第一家实现银企直联快速支付军工企业、第一家实现全流程财务影像处理军工企业、第一家实现发票税务全面集中验真管控军工企业。期间，国务院国资委及中国船舶、中国航发等先后对中航西飞的协同财经治理体系建设推进情况进行了考察、调研，“西飞经验”已在军工企业推广并开花结果。

（成果创造人：罗继德、孟晓军、张慧峰、王锐华、苏　博、刘　浩、董　衍、校春丽、李红卫、王　星、张勇德、杨　莹）

铁路企业践行依法治企战略的法律风险防控体系建设

中国铁路呼和浩特局集团有限公司

中国铁路呼和浩特局集团有限公司（以下简称呼和局集团公司）前身为呼和浩特铁路局，成立于1958年，管内现有京包、包兰、集二3条国铁干线和乌吉、包石、包环3条国铁支线，以及临哈、唐呼等24条合资铁路，还有联络线30条、疏解线2条，总营业里程6908千米。所属运输站段36个，非运输一级企业11家，合资铁路公司10家。配属机车966台、客车2150辆、CRH5型动车组13组。固定资产原值2115.5亿元，净值1712.9亿元。现有职工66083人。近年来，呼和局集团公司先后获得国家5A级物流企业、全国“五一”劳动奖状等荣誉称号。

一、铁路企业践行依法治企战略的法律风险防控体系建设背景

（一）贯彻党中央部署的内在要求

党的十九届六中全会强调在新时代要坚持系统观念，统筹推进“五位一体”总体布局和“四个全面”战略布局，全面深化改革开放，坚持全面依法治国。中央印发的“八五”普法规划，要求深化依法治企，推动企业合规建设，防范法律风险，提升企业管理法治化水平。对国有企业而言，依法治企是落实全面依法治国战略的重要组成部分，是确保国有企业持续健康发展、维护自身合法权益、提高企业管理水平的内在要求。

（二）推进铁路企业高质量发展的必然选择

进入“十四五”，我国已开启全面建设社会主义现代化国家新征程。立足新发展阶段，贯彻新发展理念，服务构建新发展格局，迫切需要铁路企业进一步强化依法治企，推动铁路高质量发展。随着经济全球化的加剧，市场竞争越来越激烈，企业面临的经营风险也越来越大。法律风险是企业面对的众多风险中对生存发展影响比较重要的风险隐患，重视和加强法律风险防范是铁路企业适应市场竞争环境变化的客观需要，是展示国有企业良好形象的需要，是保障国有资产安全的需要，是国有企业自身改革和发展的需要。以依法治企为出发点建立法律风险防控体系，不仅能确保铁路企业适时规避法律风险，提高经济效益，还能有效改善内部的经营管理模式，让铁路企业以饱满的姿态面对激烈的市场竞争，进一步推动铁路企业健康稳步快速发展。

（三）夯实集团公司发展基础的有效手段

建立健全法律风险防范机制，是加强企业风险管理最基本的要求。近年来，呼和局集团公司市场化步伐不断加快，市场竞争日益激烈，经营环境也随之发生巨大变化。随着公司制改革的持续推进，集团公司正逐步摆脱过度行政化束缚，内外部风险逐渐加大。为适应内外部环境变化，谋求企业长远发展，以依法治企战略为出发点，制订出一套符合集团公司发展需要的法律风险防控体系，推动集团公司走好法治化、规范化经营道路，真正服务于铁路企业发展大局，协助集团公司抢抓历史机遇，拓展做强做优做大的发展空间，是保持集团公司持续平稳发展的有效手段。

二、铁路企业践行依法治企战略的法律风险防控体系建设主要做法

（一）突出目标导向，明确法律风险防控体系的原则和总体框架

1. 明确法律风险防控体系的基本原则

一是坚持围绕中心服务大局的原则。发挥法律风险防控体系在安全生产、运输服务、铁路建设、经营管理、企业改革等方面的引领、推动、规范、保障作用，确保铁路工作健康发展。二是坚持问题导向

和目标导向原则。聚焦践行依法治企中法律事务管理的突出问题和法治建设薄弱环节，固根基、扬优势、补短板、强弱项，增强法律风险防控体系的针对性和实效性。三是坚持全过程全方位推进原则。把法律风险防控体系建设融入呼和局集团公司生产经营管理各个环节，实现法律风险防控与各业务领域、各管理层级、各工作岗位的紧密衔接。

2. 规划法律风险防控体系的总体框架

一是建立“全、专、研、准、述”的五字法律论证工作法模式。通过“五字工作法”实现法律论证工作的全面查清基本事实、注重听取专业意见、深入研究论证内容、准确把握法律法规、充分阐释论述，进一步健全呼和局集团公司重大决策合法性审查机制，实现对重大决策事项精准化、规范化、流程化的法律审查论证，确保论证工作质量，切实把集团公司依法决策各项具体要求落实落地，提升集团公司依法治企水平。二是建立“合同全过程管理”模式。把合同管理由原来的对合同文本的审查，分别向前和向后进行延伸和拓展，升级为将合同办理事项的整个生命周期都纳入合同管理过程，对合同事项的前期决策论证、相对方选择确定、合同文本起草审查、合同的签订履行、变更和解除直至终结，监控每一个环节，对每一个流转过程都提出合同管理方面的要求，通过优化审查方式，实现各环节相互配合协调，多角度全方位将法律风险的防控贯穿整个合同事项。三是建立纠纷案件闭环管理模式。在铁路企业法律风险防控体系下，由铁路企业法律事务部门归口管理指导、其他各部门共同参与，在案件预防、过程控制、总结整改3个主要环节中，通过防范、处置、化解和补救等多种手段，最终形成管理闭环，达到避免、转移、降低和消灭法律纠纷案件风险的目的。四是加强法律人才队伍建设保障。增强法律工作管理力量，完善法律专业岗位及专业机构设置；扩大法律人才队伍，坚持引进增量和盘活存量并举，进一步壮大法律专业力量；提高法律人才的业务素质，打造德才兼备的高素质法治工作队伍，培养充足的法律人才，为法律风险防范体系提供法律人才队伍保障。

（二）筑牢引领基础，搭建法律风险防控体系的组织架构

一是为现有管理组织赋能。在原有发挥关键少数作用的集团公司及所属单位主要负责人履行推进法治建设第一责任人职责制度下，在全路率先建立集团公司及所属单位两级机关法治建设责任制，明确集团公司各级党政领导、机关工作人员在集团公司法律风险防控体系涉及的各项工作中依法合规履行职责的责任内容，充分调动现有管理组织架构人员在法律风险防控体系中的作用发挥，为现有管理组织架构赋能。二是成立法治建设工作领导小组。在集团公司及所属单位成立由主要负责人担任组长的法治建设工作领导小组，全面领导法治建设工作，把依法治企纳入工作统筹规划，深化法律风险防范体系推进力度，及时研究解决法律事务管理等依法治理有关重大问题，为推进法治建设提供保障、创造条件。三是理顺法律组织架构。为了解决所属单位法律岗位设置不足、法律组织架构不完整、法律专业职能发挥不顺畅的矛盾，在所属单位设置专职法律岗位，在全资子公司设置总法律顾问岗位及法律专门机构，形成了以法治建设工作领导小组谋划、主要领导负责、总法律顾问全面领导、法律事务管理部门主要推动、各职能部门协同配合的依法治企管理体系，高效推进依法治企各项工作落实，从源头上防范法律风险。

（三）做实事前防范，精准重大事项法律论证

1. 全面查清基本事实

为全面掌握论证事项基本事实，法律人员在重大决策事项进行法律论证的受理环节，全面向重大决策事项提出部门收集相关材料，在随后的初步审查、集体研究环节，发现需要补充相关资料或核实情况的也及时通知提出部门，通过深入审查书面资料，结合必要的现场调研、问询当事人等方式，最终全面查清重大决策事项基本事实。

2. 注重听取专业意见

为确保论证意见与专业规范的一致性，法律人员在论证业务专业性较强的事项时，针对事项涉及的

专业问题，及时通知业务部门参与审查论证，听取业务部门对事项是否符合本部门相关规章制度的专业意见；对专业性强的疑难问题，及时委托第三方资产评估、鉴定等服务机构提供专业报告，从专业方面协助审查。

3. 深入研究论证事项

一是前期介入项目。对重大决策项目，法律人员在了解情况后及时与提出部门沟通，在前期介入项目，对项目涉及的相关法律法规、国家有关政策进行研究，提前收集项目的相关背景资料、立项审批文件等，就项目专业技术问题和技术人员交流，共同研究是否符合规定。二是召开会商会议研判。针对复杂论证事项有关专业问题，由法律部门牵头组织重大决策事项提出部门、相关业务部门召开会商会议并安排有关部门协助进行事实调查，提供有关信息、资料等，深入对论证事项涉及的专业问题进行讨论分析。三是开展集体研究，根据论证事项情况组织相关法律人员、重大决策事项提出部门人员、其他相关部门人员对《法律论证意见书》初稿有关论证事项描述是否全面、适用法律是否正确等内容进行集体分析、研究。

4. 准确把握重大决策事项依法合规性

一是准确认定论证决策事项的法律关系。法律人员在掌握论证事项的基本情况后，合理运用背景材料，准确归纳提炼论证事项涉及的法律关系。二是准确运用法律规定对论证事项进行审查分析。对法律关系的主体、客体、内容及论证事项应履行的决策审批程序准确运用法律规定进行合法性分析，对论证事项防范法律风险的措施准确运用法律规定进行合法性分析或提示。三是准确表述法律论证意见。法律人员确保论证事项的描述内容完整、准确。《法律论证意见书》的合法性分析部分表述确保使用“法言法语”，用语准确、严谨、周密，不产生歧义，引用法律法规等规定完整。结论性意见和法律建议明确恰当，不使用“基本符合”“原则上符合”等含糊措辞。

5. 充分阐释、论述重大决策事项法律意见

一是及时向决策事项提出部门反馈《法律论证意见书》。针对每项重大经营管理决策事项，及时完成法律论证并向决策事项提出部门反馈《法律论证意见书》。二是参加决策会议陈述法律意见。借助总法律顾问和法律部门主要负责人列席决策会议的契机，全面阐述决策事项的法律论证项点，充分揭示论证事项可能发生的法律风险，为决策提供全方位的法律支持。

（四）做强事中控制，开展合同全过程管理

1. 将合同管理向前拓展

一是加强合同项目决策管理。呼和局集团公司把合同管理的起始点向前拓展，起始于合同事项的前期论证过程，参与事项前期研究和决策，了解相关事项的来龙去脉，准确把握相关业务的特点和办理过程，重点加强合同前期项目决策和办理依据的审查，对未履行签订前的决策论证程序或未提报办理依据材料的，不予启动合同办理流程，以此倒逼合同承办单位先行履行决策论证程序，从管理源头布控，强化依法合规开展经营事务的意识，防范出现管理风险和审计风险，推动法律事务管理与经营管理的深度融合，有效防范合同法律风险。二是规范合同相对方考察。严格要求合同承办单位、部门在合同报审前，对合同相对方主体资格、资质、资信、履约能力等情况进行全面调查并由承办人员和单位负责人对调查结果予以签字确认，未经签字确认的，不得提报合同审查。将合同相对方审查作为合同流转的必要流程，避免在不掌握合同相对方的情况下盲目与之签订合同，通过尽职调查，有效减少因为合作方原因引发的经济风险。

2. 细化审查合同文本

为有效降低合同文本不完善、不准确带来的法律风险，呼和局集团公司全面实施合同文本标准化策略，积极参与合同标准文本和示范文本的起草编制工作，以所属单位现场需求和使用为关注点，缩小合

同文本与实际应用的偏差，将现场经验纳入文本当中，将经验变为标准，以标准保障经营。积极推进和指导各单位使用已公布的合同标准（示范）文本，有效解决所属单位兼职合同管理人员法律专业知识欠缺、起草合同缺条少项的问题，提高了合同文本的规范性和准确性，避免合同文本约定不明或条款内容损害己方利益带来的后果。

3. 提高合同办理效率

一是推行分级分类审查，综合考虑合同类别、合同法律关系是否复杂、是否已经制订合同示范文本、法律风险高低程度等因素，明确各级合同管理部门合同管理权限和各级管理人员法律审查的重点，由原来的层层审流程、层层看文本优化为按层级、按岗位确定合同审查范围和重点审查事项，合同办理人员抓细节审内容，法律负责人抓全面看重点。二是优化审查方式，由原来的按照合同审查流转顺序逐级直线式审查，调整为流程审查和集中审查相结合的方式，即在原有的的基础上增加法律顾问集中讨论进行审查的方式。

4. 强化合同管理的协调配合

一是从管理主体上，呼和局集团公司把原来的合同管理部门“一家管”变为合同事项涉及部门有分工、有配合的共同管，合同承办部门对合同办理事项承担主体责任，专业管理部门就职责范围内事项承担联签审查责任，合同管理部门落实归口管理和法律审查，全面配合，共同完成完整的合同办理流程。二是从管理手段上，呼和局集团公司采用合同全过程管理后，合同办理不再局限于合同文本的审查，而是对合同办理每个阶段分别采取包括参与论证调查、审查资料完备性、合同履行登记查询、督促督办、检查考核等多种方式进行。

5. 向后延伸盯控合同履行

一是补齐合同签订以后对履行阶段进行事后管控的缺失，将合同的履行纳入合同管理过程。二是与法律纠纷处置相衔接，在确定合同相对方不再履行或没有能力履行合同主要义务时，适时启动相关法律程序，要求相对方设置财产担保或提请进行财产保全，必要时提起诉讼或申请仲裁，利用法律手段维护权益，避免风险的出现和损失的扩大。

（五）做好事后处置，规范法律纠纷处理

1. 提前防范涉诉法律风险

一是强化领导干部法治思维。定期举办法律培训、现场普法、以案释法等活动，定期发放法律书籍，稳步提升领导干部的法治理念及依法合规决策的水平。二是严格规范对外民事活动。制订涉法事项报告审批制度，加强对所属单位法律文书、往来信函、证明资料等涉法事项管理，特别是对跨单位协同处置的经营事项，必须经法律事务管理部门进行法律风险评估，通过严格规范对外民事活动，降低涉诉风险发生。三是加强纠纷案件监测。通过制订法律信息双向反馈机制，加强对纠纷案件的风险监测，由法律事务管理部门、业务部门、所属单位分别针对市场变化和行业法律法规修订、废止或新法颁布及行业政策调整、业务关联方经营状况严重恶化、相对方丧失商业信誉或丧失履约能力等信息及时进行沟通反馈，涉及法律风险的信息及时由法律事务管理部门同步分析检测，以保证灵活快速提出客观应对建议，及时降低诉讼发生可能性。

2. 运用案件处置应对机制妥善处置纠纷案件

一是形成纠纷案件报告机制。通过实施纠纷案件分析报告制度，严格规范所属各单位发案上报。发案阶段，所属单位在3日内向集团公司递交书面报告，介绍基本案情、简要分析及诉讼方案，以便法律顾问快速了解案件事实，查阅法律法规，研究法律关系，明确应诉思路。案件庭审结束后提交庭审情况报告，以便法律顾问了解案件庭审情况，细致梳理案情，掌握法官案件审理思维，进一步研判案件走向。案件结案后形成结案报告，以便分析案件发生的深层次原因、分析企业的经营风险，总结同类案件的处理技巧，提出改进措施，为今后堵塞管理漏洞、处置同类案件提供经验。二是形成案件分析会议机制。法律事务管理部门接到法律纠纷案件分析报告后，及时组织相关部门、涉案单位召开案件分析会，充分与案件相关业务部门、人员沟通，全面掌握对方当事人背景及案件事实，深入研究案件证据及争议焦点，合理制订诉讼方案，判断案件走向。三是形成案件关键环节严控机制。重点把控好案件的诉讼文书、证据比选、庭审提纲等关键环节，形成案件关键环节严控机制。由法律事务管理部门严格把控诉讼文书质量，确保文书措辞得体，内容有理有据，充分体现出己方诉讼思路，协助庭审辩论，实现庭审阶段性目标。法律顾问在组织证据研究过程中，以实战模拟的方式进行证据比选，不仅协调各方综合评估证据，分析对方针对证据可能提出的相关意见，还结合对方证据的真实性、合法性和关联性逐一进行分析，有针对性地起草质证意见，形成整体证据方案。由案件代理人拟好庭审提纲，庭审提纲内容包括案件事实、法律及专业技术问题，陈述、举证、质证、辩论、最后陈述各阶段需要阐述的要点，证人出庭做证的提问提纲，对于疑难复杂案件，由法律事务管理部门组织通过庭前模拟辩论，对庭审过程中可能存在争议焦点进行设想并进行辩论，不断完善庭审提纲，做到庭审时有的放矢。四是形成主动化解风险机制。在案件处置过程中力争通过企业管理视角帮助企业纾困，在条件成熟的情况下，法律事务管理部门积极采用非诉的方式化解诉讼难题，特别是对败诉风险较大的纠纷案件，主动采用替代商业方案与对方当事人进行和解、调解，既满足双方当事人的诉讼目的，实现铁路企业经营管理预期，同时也节约企业诉讼成本，构建了良好的企业外部环境。五是形成案件评估跟踪机制。在案件裁判机关做出裁判后，呼和局集团公司综合评估裁判结果，针对未达到诉讼目标的案件，进一步启动司法救济程序，根据案件所处的不同阶段，依法定程序在法定期限内提出上诉或申诉；针对达到诉讼目标的案件，结合铁路企业诉讼地位、裁判结果、执行条件等因素综合分析，及时履行或督促相对方及时履行判决义务。

3. 做好分析总结，堵塞管理漏洞

一是从案件应对处置方面分析总结，提炼出具有普遍适用价值的有效信息和指导做法。二是从案件成因方面分析总结，如实揭示法律纠纷案件中隐藏的管理漏洞和法律风险。三是通过责任追究督促管理人员履职尽责，建立案件考核追责机制，发现铁路企业内部管理人员对纠纷形成和企业损失负有责任的，依据国家法律法规和企业管理制度，坚决追究其法律及行政责任；对法律纠纷案件应对处置不力，以及违反相关规定或拒绝、拖延、提供虚假情况和资料的，根据情节和后果进行考核并追究相应责任，解决“新官不理旧账”的问题，督促铁路企业管理人员履职尽责。

（六）提升保障能力，加强法律人才队伍建设

1. 构建法律专职岗位及专业机构体系

为解决法律人员配备不足和法律事务管理质量不稳定的矛盾，整体提升集团公司的法治化水平，以所属单位及全资子公司法律业务复杂程度、外部法律风险可控程度为考量，分别设置法律专职岗位及专业机构。在业务相对单一的所属单位设置 1 名专职法律顾问岗位，改变所属单位法律事务管理兼职化、管理人员不固定的状态，在业务较为多元化的全资子公司设置兼职总法律顾问及专门的法律事务管理机构，以应对子公司经营环境复杂、法律风险较大的实际状况。

2. 扩大法律人才队伍规模

一是建立现有人才培养库。将现有法律人员中部分有一定合同管理工作经验或具有经营、财务等相关专业背景的人员纳入到人才培养库中，优先安排人才库内的人才到岗，以解决法律专业人员不足的问题。二是积极引进专业法律人才。针对各单位法律专业人员中拥有全日制法律专业学位的人员较少的实际，由法律部门与人事部门协作拟定招聘计划，适量向人才缺口较大的所属单位引进法律专业院校毕业生，充实各单位法律岗位。三是壮大铁路律师队伍。鼓励未取得法律职业资格的现有法律人员参加相关考试，推荐符合条件的人员参评铁路律师资格，持续壮大法治人员队伍。

3. 加强培训、交流、锻炼

运用业务锻炼、实践锻炼、专业交流等多种方式，加强对法律人员的培养，促进业务素质尽快提升，把法律人员培训纳入集团公司培训计划，开展全覆盖的法律业务培训。选调所属单位具备铁路律师资格条件的大学毕业生分批到集团公司轮流学习培养，提高法律人员实务操作能力。根据工作需要，选调所属单位优秀人才到集团公司企法部工作，选择企法部法律人员到所属单位挂职锻炼。通过多种措施，逐步提高所属单位的法律管理水平。

三、铁路企业践行依法治企战略的法律风险防控体系建设效果

（一）企业经营风险防控得到全面加强

通过实施以事前防范和事中控制为主、事后补救为辅的企业法律风险防控体系，在重大决策、经济合同、纠纷案件管理方面强化了风险防控，特别是对经营风险要素较高的物资设备招标投标、废旧物资处置、重要资产租赁、招商、资产评估备案审查等事项加强了法律风险控制影响，内部管理环境持续优化，实现了法律风控从量变到质变的转化，公司经营管理水平显著提升，进一步助力企业加快市场化、法治化转型的战略步伐，为集团公司健康可持续发展提供了有力保障。

（二）企业内部经营管理整体水平显著提升

法律风险防控体系实施以来，集团公司“三重一大”决策制度和领导班子议事规则不断修订完善，加强了顶层设计，明确总法律顾问或法律部门负责人列席党委会、董事会、总经理办公会等决策机构会议，对重大决策事项方案、重要规章制度进行法律审查，做到决策先问法、违法不决策。相关部门及单位依法治理水平持续增强，各级部门在完善决策流程、优化制度安排、保障经营安全、提升风控水平方面取得长足进步，依法治企理念渗透到生产经营核心关键领域并得到有力推动，依法治企能力得到全面提升，为实现企业经营目标提供了坚实保障，有效提升了企业经营过程中各级管理人员的理性思维和合规思维，形成了“敬畏规则、遵守规则”的良好氛围，集团公司内部管理环境得到优化，实现了风险防控从量变到质变的转化，经营管理水平得到显著提升，经营风险得到有效管控。5 年来，集团公司共签订合同 35000 多份，涉及金额 780. 8 亿元，未出现重大法律风险，未发生涉案涉诉事件，其他类型纠纷案件累计避免和挽回经济损失 4. 2 亿元。

（三）法律人才队伍不断壮大

通过加强法律人才队伍建设，法律人才岗位不断扩充，法律人才素质有效提升，逐步培养出一批专家型、能实战的骨干人才队伍。目前，集团公司 36 个运输站段全部配备专职法律顾问，11 家非运输企业除设置了专业法律机构外全部配备总法律顾问，企业法律审核把关作用得到了有效实施，法律事务管理水平得到进一步提升，为法务与业务的深度融合创造了条件。

（成果创造人：戴　弘、杨　斌、李玉平、呼　和、王　刚、梁东涛、康树良、冯英辉、朱　磊、范维泰、张　晶、王贝贝）

供电企业基于微观业务单元重塑的精益绩效管理

国网山西省电力公司太原供电公司

国网山西省电力公司太原供电公司（以下简称太原公司）成立于1958年，是国家电网有限公司（以下简称国网公司）的大型供电企业之一，是国网山西省电力公司（以下简称山西电力）的分公司，拥有固定资产238.17亿元。设有本部职能部门12个、业务支撑与实施机构8个、县供电公司8个、集体企业经营管理平台1个。太原公司全口径用工总数3340人，直接服务客户160.6万户（其中高危和重要客户112户），拥有35千伏及以上变电站124座——共计变电容量16787兆千伏安，35千伏及以上输电线路292条——共计3231.6千米，10千伏配电线路1116条——共计9958千米。太原电网位于山西电网中部，是山西电网北电南送、晋电外送的重要通道，经500千伏网络从北部省网受电，形成向东、向南、向西供电的格局，220千伏网架分西北、东北、南三片运行并与晋中、吕梁地区电网联络，110千伏网络采用双电源、双回路供电方式，太原电网区域内有16座大型发电厂，总装机容量6183.28兆瓦。2019年以来，太原公司先后获得中央企业先进集体、中国新闻宣传百佳优秀单位、山西省五一劳动奖状、国网公司红旗党委等荣誉称号。

一、供电企业基于微观业务单元重塑的精益绩效管理背景

（一）推进企业高质量发展的要求

近年来，国有企业高质量发展任务艰巨复杂，国家对电网公司业务经营提出了更加严格和透明的监管要求，电网公司经营管理面临着重大挑战和机遇。电网公司传统绩效管理方法单一，无法满足外部管理要求，经营管理数字化、价值化、信息化要求日益提高，积极推动绩效管理数字化转型，以价值视角支撑公司经营决策，以技术引领管理变革，深入推进绩效管理工作创新迫在眉睫。

（二）落实国网公司重大战略部署的要求

国网公司建设“具有中国特色国际领先的能源互联网企业”的重大战略部署，对提升公司管理、加强业财融合、提高精益化水平提出了更高的要求。精益管理工程是公司战略落地的重要支撑举措，是公司质效提升、基业长青的关键之举，也是公司战略赋予公司业财变革的重要责任与使命，其包含了效率效益导向下的开源节流、降本增效的内在要求。国网公司多维精益管理变革以价值创造为目标，以数据连接推动业务融合，以数据应用驱动管理变革，以创新实践促进数字化转型，推动价值与业务关联更加紧密，精益管理深度和广度不断拓展，数字化经营能力大幅提升。为全面深化应用多维精益管理变革工作的要求，公司进一步推动业财融合，优化信息数据获取效率，促进业务全流程贯通，推动公司由“信息反映精益”向“经营管理精益”迈进，开展绩效管理创新实践势在必行。

（三）促进企业降本增效的要求

如何推进业务部门价值创造与财务部门价值管理深度融合，贯通数据同源共享链路，对投入产出进行精益绩效评价与分析并以此为基础引领绩效管理与绩效评价，是提升精益化管理能力与实现公司降本增效的关键。为进一步满足公司运营过程中业务数据跨部门贯通、跨专业同源共享需求，实现公司“数据创造价值、价值驱动发展”的目标，迫切需要进一步应用先进技术，加强业财融合，实现业财数据体系化呈现及应用并将投入产出降本增效的要求传导到微观业务单元，提升公司绩效评价的精益化水平。开展基于微观业务单元重塑的精益绩效管理创新实践意义重大。

二、供电企业基于微观业务单元重塑的精益绩效管理主要做法

针对供电企业绩效评价中存在的专业壁垒多、颗粒度偏大、针对性弱化等问题，以国网公司多维精益管理体系变革为契机，整合业财数据，汇合多维同径数据源，重塑微观业务单元，从业务链中提炼价值元，多维转化、横纵比对，分析每一个业务单元的投入产出效率，聚焦绩效评价，建立多层次质效提升路径。依据“聚合信息、聚类剖析、聚焦台区”的工作思路，将“阿米巴”最小战略业务单元管理理念与公司经营充分融合，创新提出“网格业务单元”评价主体，将“网格经理人”作为微观业务单元，从而实现精细归集成本费用、利润收益于业务单元，最终进行绩效评价管理。通过数据同源共享管理，细化价值信息颗粒度，使其价值分析管理具有延展性，上叠可落至市公司、县公司层级，从会计核算主体角度进行宏观把控；下钻可细化至部门、班组、个人等微观单元，精准反映微观业务单元的绩效贡献，实现全级次价值贡献评价机制。通过精细反映、精准评价，推动精准投资及精准激励，与业务部门共同合作推动公司质效指标提升。

（一）重塑微观业务单元，构建全新组织架构

通过划分“网格业务单元”，将组织架构聚焦至“网格经理人”为微观业务单元，为投入与产出的精细化管理奠定组织基础。

1. 划分“网格业务单元”，构建全新组织架构

公司通过融入“阿米巴”最小战略业务单元经营理念，创新提出“供电服务网格化”的管理理念。一是破除营配专业壁垒，厘清成本收入的底层逻辑，从根源上消除“吃大锅饭，算糊涂账”的现象，提升运营效率效益和供电优质服务质量。二是聚焦城乡低压、居民等以民生保障为特征的中小客户服务需求，坚持城乡同质原则，以城市供电服务站、乡镇供电所为管理单元实施营配融合，综合考虑政府社区网格划分进行优化组合，将城乡供电区域以网格模式细分最小业务单元。

2. 组建全能团队，打破部门条线壁垒

公司按照“设备主人、服务主体”的原则配置网格服务责任组，按照网格所划范围将其线路、台区分配给所属“网格长”。将太原公司7个地市城区供电服务站（营业站）和55个乡镇供电所划分为255个综合服务网格，其中城区又划分出三大中心大网格，加强对城区中心的管理服务优化。网格划分过程中明确价值创造责任、工作流程、判断标准，将服务融入最末端客户，着力破解长期以来困扰供电服务“最后一千米”的问题。

3. 明确责任主体，建立网格服务路径

以城市供电服务站、乡镇供电所为基点，细分网格服务责任区，构建全能型网格服务责任组。一是跨专业合作组建全能型综合团队，由营销侧低压班组、运检生产高压班组及外委抢修班组的人员组成新单元，通过开展营销内部同类专业班组整合，推动营配相近专业班组融合，解决基层班组专业分工过细、协同效率不高的问题。二是责任组共同承担服务责任，全面整合公变台区线损管控、网格内台区设备维护、计量装置运维管理、低压客户对接服务等，形成“包片负责制”。明确“网格经理人”是第一责任人，负责客户所有用电需求，使“一口对外”“首问负责制”等真正落到实处，确保服务不打折扣。

（二）建立投入产出模型，明确绩效评价方法

在现有业务数据信息系统的基础上，引入人工智能、云计算、边缘计算等大数据分析技术，建设基于数据同源共享的微观业务单元绩效评价模型，通过底层可视化数据，全面提升价值评价过程中数据捕获自动化、价值分析实时化、问题诊断智能化水平，助力科学决策。

1. 搭建微观单元数字评价模型

以“产出－投入＝贡献”为基础，建立以微观业务单元为核心的投入产出绩效评价模型，依托内

部模拟利润，从“网格经理人”、员工级等多层级开展投入产出价值分析，将分析结果在人力资源管理与网格营业厅管理等领域展开深化应用。构建模拟评价模型。主体逻辑公式如下所述。网格价值贡献=内部模拟收入－内部模拟成本；内部模拟收入=显性收入+隐性收入。其中，显性收入为“网格经理人”管辖台区的售电收入之和，隐性收入根据线损率、停电次数等对收入的影响折算，内部模拟成本为购电成本、人工成本、运营成本与折旧（摊销）之和。内部模拟利润测算总体遵循“收入－成本=利润”的原则，收入=营业收入（显性收入）+增量效益收入（隐形收入）；成本以公司实际发生的员工相关成本费用为基础，经过还原、平衡、分摊后确定。

2. 明确智慧业财数据评价方法

一是对公司各层级人工成本结构进行全面分析。运用趋势型数据分析、对比型数据分析、比例型数据分析、分布型数据分析等可视化分析方法，按照年度、月度时间维度，从市公司、县公司、班组、个人四级组织维度对人员总数、人工成本总额、人均人工成本金额进行关联分析；通过横向、纵向对比工资、社保、薪酬福利、其他人工成本支出进行分析，对异常情况进行分析，把握未来趋势走向，为管理决策提供数据支撑。二是辅助公司人力资源管理指标分析。依托跨专业数据同源共享管理要求，以公司内部模拟利润为基础，为人资部门搭建精准的数据链共享平台，建立员工人工成本及效率指标分析模型，形成投入与产出之间的趋势关系，对“市供－县供－班组－个人”四级人工成本结构进行逐层分析，逐级模拟收入与产出贡献，实现企业整体价值创造与单位、班组、个人之间的联动对应，下沉管理职责，衡量微观业务单元的价值创造能力。按月度频率计算展示人事费用率、人工成本利润率、劳动分配率、人工成本投入产出效率，为管理决策提供数据支撑。三是搭建智慧微观单元绩效评价平台。通过采用先进的大数据 BI 分析工具，对网格综合服务单元的成本结构进行逐层分析，建立模拟内部成本、模拟内部收入、模拟内部利润等指标按月度变化趋势分析的大屏展示界面，横向对比各网格之间的投入产出效益，纵向分析网格成本收入发展的趋势，通过 GIS 对所有网格地理位置进行直观展示。

（三）归集指标分析要素，精准测评员工绩效

打通业务链路，延展数据同源宽度，拓宽业财融合广度，实现价值从精细化管理到精益化管控，为全级次价值贡献评价奠定数据基础。

1. 归集成本链路，组织投入要素测算

公司深入分析纳入“网格经理人”投入统计范围的成本费用类型，优化各类员工开支的直接归集链路，精准反映网格的投入，更好地对其成本进行测定与分析。一是明确成本类型优化归集链路。除工资薪酬福利支出、工资附加支出、差旅费外，其他报销至员工个人支出所包含的成本费用类型，形成核算至员工个人的管理维度。建立合理的方式将福利费支出、职工教育经费和工会经费归集至员工个人，主动衔接国网商旅系统，优化差旅费及其他员工支出报销流程，建立报销费用与员工的关联关系，将员工供应商未清项管理等量化至员工个人。二是按照微观单元分摊其他开支。将购电成本、运营成本、设备（资产）的折旧（摊销）等无法按照员工直接进行归集的服务化网格单元成本，通过规范各类成本开支归集标准，完成系统断点改造、表单配置、数据标准在线管控，主动衔接“1233”卓越资金管理体系，建立起其他成本性开支按微观业务单元进行分摊的规则及系统路径，实现微观业务单元成本性支出业务全流程在线管理、组织机构和员工数据自动联动管控。

2. 分析业务类别，评估投入产出量值

根据网格单元交易的主体特点，分析电力业务价值链，确定模拟主营业务收入；采用量价法和增量效益法相结合的方式核定网格内部模拟收入，将最终结果聚焦至每位员工，形成员工产出量值。一是按部门明确内部交易主体类别。结合多维精益管理体系建设现有成果，以组织结构与业务活动的匹配对应关系为基础，根据各部门业务工作职责、业务类别将公司内部组织机构划分为供电主体、支撑主体和管

理主体三大类。其中，供电主体主要包括客户服务中心（包括供电所、营业班）等市场营销部门（班组）；支撑主体主要包括运维检修部（检修工区）等生产一线部门及调度控制中心、信通公司、经研所、物资部等支撑机构（部门）；管理主体主要包括办公室、人资部、财务部、营销部本部、运维检修部本部等职能部门。二是分类别评估业务内部模拟收入。微观业务单元归属于供电主体类别，以价值贡献为重点开展产出侧收入确认。基于微观业务单元供电主体自身业务特点，采取量价法和增量效益法相结合的方式对内部模拟收入进行测算。三是应用量价法模拟收益。以收入、成本、利润的价值关系为基础，建立“售电量平均售电单价（1－利润率）＝输配电成本＋售电量/（1－线损率）平均购电单价”的计算公式。以台区为售电量、线损率等指标的归集载体，通过台区与“网格经理人”建立的关联关系，将其售电收入归集至网格综合服务单元，即微观业务单元，可确定供电主体内的售电量，从而得出其内部模拟收入。

3. 分解模拟收入，精准测评员工绩效

在网格综合服务单元内部模拟收入合理测算的基础上，考虑用工类型、员工考勤、业务活动、实际工时、工作效率等因素，分别赋值，将员工价值贡献分成若干因素，将网格综合服务单元的内部模拟收入进一步细化到员工个人，精准评价员工绩效。引入增量效益法以调节收益。将各内部交易主体在完成业务过程中由于创新管理手段和方法、承担社会责任等带来的效益增量部分纳入评价，主要表现形式为增加公司整体社会贡献、形成管理创新和典型经验、增收节支、降低公司经营成本、提升工作效率。其中，增加公司社会贡献主要包含优化营商环境、助力脱贫攻坚、服务乡村振兴等国家决策部署，提升公司整体价值和影响力；增收节支主要包括含带电作业及零点检修的电量收益增长、故障停电的电量损失降低、万元资产运维成本降低等。

（四）重构绩效评价体系，分类组织绩效考核

1. 创建多元质效考评体系，分类精准考核

秉承“注重效率、兼顾公平”的原则，依托现有全员绩效评价体系，创建多元质效考评体系，最终兑现为员工物质激励、荣誉激励、晋升激励、履职积分等，夯实考核的坚实基础。以共享同源数据支撑内部模拟利润核定，建立网格单元对公司整体价值贡献的量化值，形成微观业务单元评价考核的核心。建立多维经营质效考评体系，突出内部模拟利润贡献，量化各项业务指标，过程考核与结果考核相结合，使公司上下形成“让有为者有位、让实干者实惠”的工作氛围，强化经营责任、价值创造意识，促进员工工作积极性长期维持在较高水平。

2. 构建工作积分＋指标考核的路径，全程量化评质效

提炼各类一线员工的主营业务特点，准确分析员工的业绩成果衡量标准，构建对应各类业务特性的工作积分＋指标考核的多元量化考核路径。将工作积分量化工作用于过程管控、指标考核量化重点指标用于结果评价，通过采取定量与定性、过程与结果相结合的评价方法，实现“财务－人资－营销”的数据同源共享。一是明确工作积分法，根据各标准任务项目的特点，采用计时、计件或标准定额等积分方法，确定工时、工件、标准定额与积分的换算标准。以量化员工工作任务为核心，明确每项任务对应的积分标准，根据员工实际完成的任务量确定个人积分总量，形成量化考核工作积分制。二是建立指标考核法，通过将客户满意度、供电可靠度、线损合格率、投诉举报数量等多项业务衡量标准设定为考核指标，设定不同的细化评分机制并按照合理的折算规则换算成绩效分数，融入到个人业绩考核评价当中，通过月度、季度、年度的跟踪评价与考核，形成对个人贡献度的正向引导和激励。

3. 考核结果分类应用，助推管理工作全面提升

开展经营质效考核，将考核结果与薪酬分配、评优评先、绩效分档、培养开发等挂钩，将指标结果及类比差距的信息公开，促进各网格团队自主查缺补漏、进位争先，激发前端队伍活力。打破员工成长

通道的限制，将单一的岗位转化为多通道的职业发展区间，实现员工发展从“独木桥”到“立交桥”的转变，把职业发展的主动权交给员工个人，凭业绩说话，通过个人努力实现职业发展，充分激发企业内生动力。进一步拓宽本成果的应用范围，发挥微观业务单元的绩效评价结果在决策支持、管理提升方面的作用，由人力资源指标分析、营销矩阵分析向公司业务培育机制建设、市场化机制建设、人力资源培育机制建设等领域的应用，更大范围赋能业务发展，全面提升公司的经营管理能力。

（五）建立有效激励机制，深化绩效精益评价

构建激励保障机制，从组织、沟通、技术全方位对项目进度进行严格把控，确保管理创新落实到位。由财务部牵头，协同人资部、设备部、营销部等业务部门，通过梳理各部门工作职责、业务实质，摸清系统功能现状；采取现场调研、多部门研讨、穿行测试等方式，识别目前管理方面和技术方面存在的难点和问题；依托大数据、云平台等前端技术手段，破解业财信息同源共享困局，全面高效的支撑体系为项目成果顺利落地提供了坚实的保障。

建立激励协同组织机制。建立业财融合机制，充分衔接国网公司多维精益管理体系变革要求，推动人资、财务业务链路贯通和有机融合，实现信息源头获取、信息结果同源共享。按照“业财协同，共建共享”的工作原则，成立专题研究工作小组，成员涵盖财务、人资、设备、营销等业务骨干，明确业务财务伙伴定位，统一业财研究目标；建立各层级业务与财务、业务与业务部门协同的部门联席会议制度，共同开展研究工作，协调解决研究难点，明确职责分工，共享研究成果。

建立激励常态沟通机制。按照上下级单位、纵向部门间配合联动、信息共享、链路互通的思路，统筹推进项目建设。建立双周汇报、按月推进的沟通机制。太原公司建立统筹计划管理方案，指导项目实施质量和项目进度控制；各项目承担单位根据工作开展情况，每双周向太原公司汇报并提交相关项目成果，纳入公司双周汇报的工作内容，针对业财共建共享过程中涉及的专题事项，及时向山西电力提出召开部门联席会议的请求，推动业财研究成果全面融合落地。

建立数字技术支持机制。按照研究方案设计与数据中台系统落地协同推进工作原则，运用大数据BI技术，搭建微观业务单元价值评价分析平台，组织SAP系统、财务管控模块等运维团队，选调技术骨干、数字化专家成立核心技术团队，全程参与各专题研究，结合公司系统现状提出合理化建议和系统落地措施，提升系统应用水平和基层体验，为研究落地应用提供坚强的技术支撑。

三、供电企业基于微观业务单元重塑的精益绩效管理效果

（一）精益绩效评价得到广泛认同

重塑了微观业务单元，创新了价值管理机制，提升了精益管理能力，适应了高质量发展的要求，在国网公司多维精益管理变革中实现率先发展的工作目标，被列为试点单位。依据“阿米巴”最小业务单元经营管理理念，创新了“供电服务网格化”的管理模式，以服务网格为微观成本单元，厘清成本收入的底层逻辑，使经营责任承担主体进一步细化，经营责任落实更加精准，各层级主体的价值贡献反映更加精确，各项价值管理举措落到实处。以价值考核为驱动，创新基层激励机制，提升提质增效动力，公司上下形成积极挖掘价值、创造价值、维护价值的良好氛围，将降本节支、提质增效的行动彻底渗透到公司最基层，公司提质增效举措落地更实、公司成本控制要求执行更严，有效降低了公司经营成本，提高了服务质量与经营业绩。

（二）协同管理能力持续提升

以价值评价为抓手，创新业财融合机制，协同管理合力持续提升。基于数据同源共享的微观成本单元价值评价体系，以成本数据归集为起点，以业务网格及人员考核评价为过程，以辅助业务决策为终点，形成业财融合的闭环。首次提出在多维精益管理视角下建立员工成本及效率指标分析模型，依托跨专业数据同源共享管理，构建财务数据与组织部、营销部、运检部等跨部门的数据共享管理平台，为业

务部门提供精准数据链分析，进一步打破专业间壁垒，促进业财深度融合，提升了管理协同效率，加快向“数字驱动价值”管理精益迈进。具体实践中，以投入产出为依据，创新资源配置机制，提升公司发展动力。2021 年年末，公司已实现低效预算项目大规模压减，全民劳动生产率连续提升，为公司长远发展提供了更坚实的资源基础与更强劲的发展动力。

（三）经济效益显著增加

本项成果在太原公司 36 个基层供电所（营业站）已推广应用且效果良好，入选了国网公司多维精益典型实践案例库。一是提升财务多维精益服务能力，强化价值引领作用。在财务服务方面，辅助决策分析、微观成本投入产出评价等效果显著；在财务监督方面，实现微观成本单元实时监控，成本中心业务流程规范化、智能化。二是业财融合程度大幅提升。通过近两年的实践优化，基层班组生产成本增效和产出指标提质的主观能动性大幅提高，形成了领导主管、专业主抓、基层主体的良好局面。三是成本均衡入账进度水平大幅提高。2021 年年末，太原公司成本入账进度率达 100%，在山西电力系统内名列第一。四是经营效益指标显著提升。公司 36 个内模成本单元售电收入同比增长 51230 万元，台区线损率下降 1.44 个百分点，设备掉闸率下降 33%，年均节约资金成本 2637 万元。

（成果创造人：武登峰、张　举、刘朝阳、刘文博、杨　苗、郭安龙、
王彬彬、梁荟敏、郭学英、任健萍、甄　洋）